D1727722

Netzwerkprotokolle
in Cisco-Netzwerken

Andreas Aurand

Netzwerkprotokolle in Cisco-Netzwerken

Theorie und Praxis der Konfiguration von Cisco Komponenten

 ADDISON-WESLEY

An imprint of Pearson Education Deutschland GmbH

München • Boston • San Francisco • Harlow, England
Don Mills, Ontario • Sydney • Mexico City
Madrid • Amsterdam

Die Deutsche Bibliothek – CIP-Einheitsaufnahme

**Ein Titeldatensatz für diese Publikation
ist bei der Deutschen Bibliothek erhältlich**

Umwelthinweis:
Dieses Buch wurde auf chlorfrei gebleichtem Papier gedruckt.
Die Einschrumpffolie – zum Schutz vor Verschmutzung – ist aus umweltverträglichem
und recyclingfähigem PE-Material.

10 9 8 7 6 5 4 3 2 1

03 02 01 00

ISBN 3-8273-1619-7

© 2000 by Addison-Wesley Verlag,
ein Imprint der Pearson Education Deutschland GmbH,
Martin-Kollar-Straße 10–12, D-81829 München/Germany
Alle Rechte vorbehalten
Einbandgestaltung: atelier für gestaltung, niesner & huber, Wuppertal
Lektorat: Rolf Pakendorf, rpakendorf@pearson.de
Herstellung: Elisabeth Egger, eegger@pearson.de
Satz: text&form, Fürstenfeldbruck
Druck und Verarbeitung: Kösel, Kempten (www.KoeselBuch.de)
Printed in Germany

Inhaltsverzeichnis

Vorwort

Trotz der immer größeren Verbreitung des TCP/IP-Protokolls existiert in den meisten Netzwerken weiterhin eine heterogene Umgebung mit mehreren verschiedenen Netzwerk-Architekturen. Das führt natürlich zu einem wesentlich komplexeren Umfeld, insbesondere was die Konfiguration der Netzwerk-Komponenten und die Fehlersuche anbelangt.

Dieses Buch unterscheidet sich von den meisten anderen Fachbüchern dahingehend, dass es als ein übersichtliches Nachschlagewerk aufgebaut ist und auf der einen Seite einen detaillierten theoretischen Überblick über die eingesetzten Netzwerk-Protokolle gibt sowie auf der anderen Seite die Implementation auf den Cisco-Komponenten (Router, LAN und ATM-Switches) mit ausführlichen Beispielen beschreibt.

Um die Arbeitsweise der verschiedenen Protokolle näher zu verdeutlichen, sind in den theoretischen Abschnitten häufig Traces aufgenommen. Bei den Beispielen wurde Wert darauf gelegt, neben der Konfiguration auch die Ausgaben der zugehörigen »show«-Befehle auf den einzelnen Routern mit einzubeziehen. In der Praxis verwende ich diese Beispiele oft, um bei der Fehlersuche eine Referenzkonfiguration mit den entsprechenden Ausgaben als Vergleich zur Hand zu haben.

Aufbau des Buchs

Der Aufbau des Buchs orientiert sich an folgendem Muster: Im ersten Teil eines Kapitels beschreibe ich jeweils den theoretischen Aufbau eines Protokolls, im zweiten Teil des Kapitels die Konfiguration auf den Cisco-Komponenten (gekennzeichnet durch »Cisco-Konfiguration« in der Überschrift) und im dritten Teil finden Sie ein oder mehrere größere Beispiele (»Beispiel« in der Überschrift). Bei Protokollen, die sehr ausführlich behandelt werden – wie z.B. OSPF, Bridging oder ATM –, sind die einzelnen Teile als separate Kapitel ausgeführt.

Die einzelnen Kapitel wiederum sind in vier verschiedene Teile gruppiert:

- Teil 1 beschreibt einige allgemeine Aspekte bei der Konfiguration von Cisco-Routern (vor allem Security und Memory Management),

- Teil 2 die verschiedenen Netzwerkprotokolle (IP, OSI, DECnet, AppleTalk, IPX, NetBEUI und NetBIOS),

- Teil 3 die einzelnen Data-Link-Protokolle (Ethernet, Token-Ring, FDDI, Bridging, ATM, ISDN, Frame-Relay, PPP, SMDS und X.25) und

- Teil 4 Techniken zur Übertragung von Sprachinformationen über Datennetzwerke (VoATM, VoFR, VoIP und FoX).

Da das Buch als ein Nachschlagewerk aufgebaut ist, sind die einzelnen Kapiteln in der Regel in sich abgeschlossen und können daher jeweils als separate Referenz dienen. Im Anhang des Buchs befinden sich folgende Teile, die den Charakter des Buchs als Referenz und Nachschlagewerk ergänzen sollen:

- Übersicht der im Buch erwähnten RFCs

- Abkürzungsverzeichnis

- Übersicht der beschriebenen Beispiele

- Übersicht der im Buch erläuterten Befehle

- Ausführlicher Index

Konventionen bei der Schreibweise

Fachausdrücke wurden meistens in der englischen Schreibweise belassen, da sowohl die Netzwerkstandards als auch die Cisco-Handbücher größtenteils nur englischsprachig vorliegen und es meines Erachtens sinnvoll ist, die dort verwendeten Ausdrücke unverändert zu belassen, um einfacher eine direkte Zuordnung herstellen zu können.

Die im Text beschriebenen Cisco-Befehle werden in der Schrift Helvetica dargestellt, zugehörige Argumente *kursiv* und wichtige Teile eines Befehls in **fett**. Ausgaben von EXEC-Kommandos (z.B #show oder #debug) sowie der Netzwerktraces sind in Letter Gothic gehalten und wichtige Teile der Ausgabe wiederum in fett hervorgehoben. Optionale Keywords oder Argumente sind in eckigen Klammern angegeben und bei mehreren möglichen Werten für ein Keyword werden diese durch | getrennt.

Helvetica	Router-Kommandos
Fett	Wichtige Bestandteile eines Befehls
Kursiv	Argument eines Befehls
# Kommando	EXEC-Kommando (teilweise auch mit vorangestelltem Hostnamen, z.B. c2505# ...)
|	kennzeichnet mehrere mögliche Keywords oder Argumente eines Befehls
[]	kennzeichnet optionale Argumente
Letter Gothic	Ausgabe von show und debug Kommandos bzw. von Netzwerktraces
Fett	Wichtige Teile der Ausgabe bzw. des Trace
0x123	Es handelt sich um einen Hexadezimalwert
123	Es handelt sich um einen Dezimalwert

Beispiel für die Schreibweise von Router-Befehlen:

interface *name* ← Argument
   encapsulation frame-relay
   frame-relay keepalice ***seconds*** ← wichtiges Argument
   frame-relay   dte l dce l nni
                            ←— mögliche Keywords

Bei der Konfiguration der Router wird normalerweise die Ebene, in der man sich befindet, durch den Prefix hostname(config...)# angegeben. Da dies aber meines Erachtens bei der Vielzahl der beschriebenen Befehle zu unübersichtlich gewesen wäre, habe ich die Kommandos, die zu einem Untermenü gehören, eingerückt dargestellt. Die Schreibweise sieht also z.B. für die Frame-Relay-Befehle folgendermaßen aus:

Router(config)# interface s0	interface s0
Router(config)# encapsulation frame-relay	encapsulation frame-relay
Router(config-if)# frame-relay interface-dlci 100	frame-relay interface-dlci 100
Router(config-fr-dlci)# class VOFR	class VOFR

Komplette Routerkonfigurationen sind häufig in mehreren Spalten aufgelistet. Befindet sich zwischen den einzelnen Spalten ein Strich, handelt es sich um die Konfiguration von mehreren Routern, der Hinweis auf die einzelnen Router erfolgt über den Befehl hostname in der ersten Zeile. Dadurch soll ein direkter Vergleich zwischen den Konfigurationen der einzelnen Router erleichtert werden. Existiert kein Strich zwischen den Spalten, handelt es sich um den Setup eines einzelnen Routers.

Allgemeine Cisco-Konfiguration

Der erste Teil des Buchs beinhaltet einige allgemeine Anmerkungen bezüglich der Konfiguration von Cisco-Routern, insbesondere die neuen Filesysteme der Version V12.0 sowie Erläuterungen zur Security und zum Performance-Management der Router.

Allgemeine Cisco-Konfiguration

1.1   IOS-Konfigurationsdateien

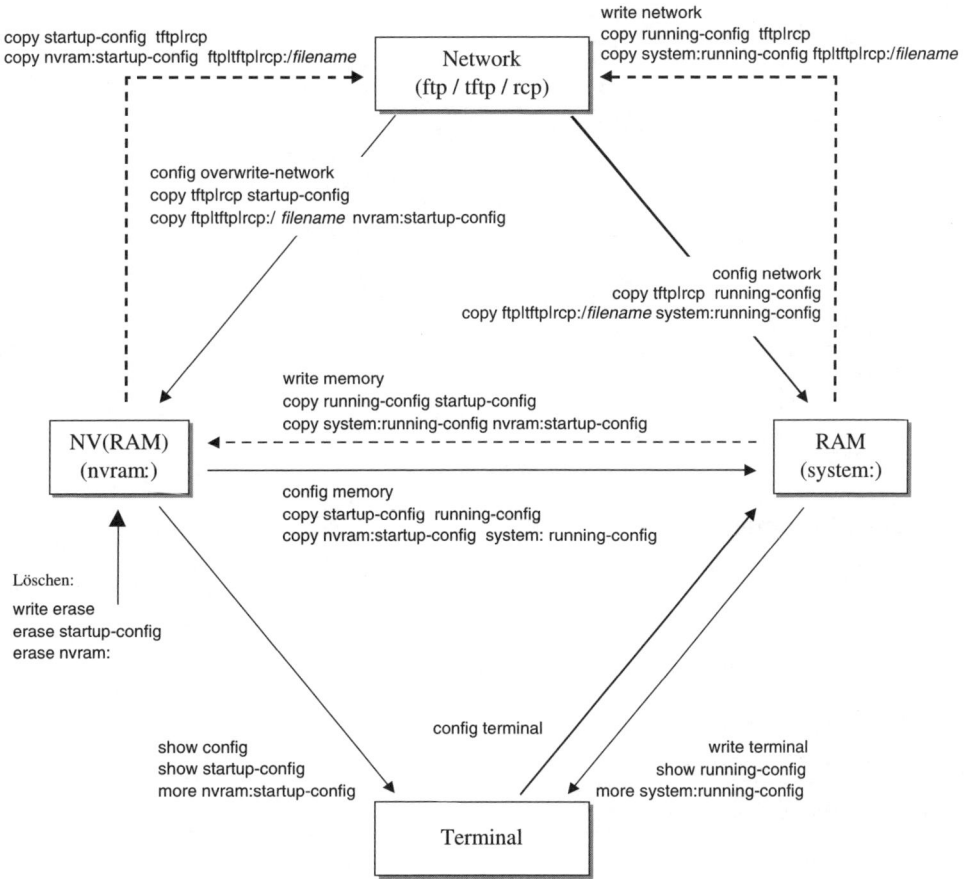

Ab der IOS-Version V12.0 verwalten die Router die Memorybereiche als Filesysteme. Die Router werden in unterschiedliche Klassen eingeteilt, die jeweils nur bestimmte Kommandos zur Verwaltung der Filesysteme zulassen.

● Class A   Cisco 7000 Serie, C12000 und Lightstream 1010

● Class B   Cisco 1003, 1004 und 1005, Cisco 2500, 2600, 3600 und Cisco 4000 Serie

● Class C   Cisco MC3810

show file system

```
File Systems:

     Size(b)      Free(b)      Type  Flags  Prefixes
           -            -      flash    rw   disk0:
           -            -      flash    rw   disk1:
           -            -     opaque    rw   null:
           -            -     opaque    rw   system:
           -            -    network    rw   tftp:
           -            -      flash    rw   slaveslot0:
           -            -      flash    rw   slaveslot1:
           -            -      flash    rw   slavebootflash:
           -            -      nvram    rw   slavenvram:
           -            -       disk    rw   slavedisk0:
           -            -       disk    rw   slavedisk1:
*   20578304      8799952      flash    rw   slot0: flash:
    20578304     15615744      flash    rw   slot1:
     7602176      3971000      flash    rw   bootflash:
      126968       122949      nvram    rw   nvram:
           -            -     opaque    wo   lex:
           -            -    network    rw   rcp:
           -            -    network    rw   ftp:
```

Filesystem-Kommandos

cd *filesystem:*

pwd

delete *filesystem:filename*

dir *filesystem:*

copy *filename1: filename2:*

erase *filesystem:*

format *filesystem:*

mkdir | rmdir *directory*

RAM- und NVRAM-Filesysteme zum Speichern der Konfiguration

dir nvram:

```
Directory of nvram:/

 1  -rw-      4016              <no date>  startup-config
 2  ----        44              <no date>  private-config
 3  -rw-      4016              <no date>  underlying-config

126968 bytes total (122952 bytes free)
```

dir system:

```
Directory of system:/
 2  dr-x         0              <no date>  memory
 1  -rw-      3850              <no date>  running-config
11  dr-x         0              <no date>  vfiles
No space information available
```

more system:running-config

```
!
! Last configuration change at 11:16:24 UTC Fri Jan 7 2000
! NVRAM config last updated at 11:15:51 UTC Fri Jan 7 2000
!
version 12.0
...
```

more nvram:startup-config

```
!
! No configuration change since last restart
! NVRAM config last updated at 02:03:26 PDT Thu Oct 2 1997
!
version 11.3
...
```

Flash-Memory zum Sichern der Konfiguration einsetzen

copy nvram:startup-config *flash:xxx*

dir flash:

```
Directory of flash:/
 1  -rw-   9902528    Dec 15 1999 13:44:15  c3640-js-mz_120-7_T.bin
 2  -rw-      3793    Jan 07 2000 11:18:31  xxx
16777216 bytes total (6870672 bytes free)
```

more flash:xxx

```
!
! No configuration change since last restart
! NVRAM config last updated at 11:15:51 UTC Fri Jan 7 2000
!
version 12.0
...
```

Konfiguration aus der Flash-Memory laden (nur Cisco-7000-Serie, C12000, LS1010)

boot config *device:filename* | nvram:

copy running-config slot1:running_07_01_2000
```
Destination filename [running_07_01_2000]?
4063 bytes copied in 2.460 secs (2031 bytes/sec)
```

dir slot1:/
```
Directory of slot1:/
  2  -rw-      4063   Jan 07 2000 10:28:46  running_07_01_2000
20578304 bytes total (15615744 bytes free)
```

Router-Konfiguration über das Netzwerk laden

Die Router lassen sich so einrichten, dass sie beim Booten Konfigurationsdateien von einem TFTP-Server laden.

[no] service config

● Network-Konfigurationsdatei (enthält Kommandos, die für alle Router im Netz gelten)

   boot network *file* [*ip-address*]   Standard: *network-confg*

● Host-Konfigurationsdatei (enthält Kommandos, die für den spezifischen Router gelten)

   boot host *file* [*ip-address*]   Standard: *hostname-confg*

1.2 IOS-Software-Images

1.2.1 Übersicht der verschiedenen Software-Images eines Cisco-Routers

System-Software

Die System-Software enthält das normale IOS-Betriebssystem des Routers und ist in der Regel in der Flash-Memory abgespeichert.

```
00:20:02: %SYS-5-RELOAD: Reload requested
System Bootstrap, Version (3.3), SOFTWARE
Copyright (c) 1986-1993 by cisco Systems
2500 processor with 8192 Kbytes of main memory
...
Cisco Internetwork Operating System Software
IOS (tm) 2500 Software (C2500-I-L),Version 12.0(3)T,RELEASE SOFTWARE (fc1)
Copyright (c) 1986-1999 by cisco Systems, Inc.
Compiled Mon 22-Feb-99 17:42 by ccai
```

Flash-Boot- bzw. XBOOT-Software

Unterhalb des IOS-Systems liegt die Flash-Boot- oder XBOOT-Software, die eine minimale Konfiguration des Routers – z.B. für Upgrades der System-Software – erlaubt.

- XBOOT: Speicherung der Software in einem ROM (z.B. Cisco 2500, 2600, 3600)

```
00:36:02: %SYS-5-RELOAD: Reload requested
System Bootstrap, Version (3.3), SOFTWARE
Copyright (c) 1986-1993 by cisco Systems
2500 processor with 8192 Kbytes of main memory
...
3000 Software (IGS-RXBOOT Bootstrap),Version 9.14(4),RELEASE SOFTWARE
Copyright (c) 1986-1993 by cisco Systems, Inc.
Compiled Mon 13-Dec-93 15:53 by chansen
```

- Flash-Boot: Speicherung der Software in der Flash-Memory (z.B. Cisco 7500, 4500/4700)

dir bootflash:

```
Directory of bootflash:/
  1  -rw-     3631048   Aug 06 1997 20:36:40  rsp-boot-mz.111-8.CA1
7602176 bytes total (3971000 bytes free)
```

System-Bootstrap- bzw. ROM-Monitor-Software

Die unterste Software-Ebene der Router ist im ROM implementiert und gestattet nur einen rudimentären Zugriff auf die Router. Dies ist notwendig, um z.B. das Enable-Passwort des Routers zu umgehen.

C7500# show version

```
Cisco Internetwork Operating System Software
IOS (tm) RSP Software (RSP-JSV-M),Version 12.0(7)T, RELEASE SOFTWARE (fc2)
Copyright (c) 1986-1999 by cisco Systems, Inc.
Compiled Mon 06-Dec-99 19:40 by phanguye
Image text-base: 0x60010908, data-base: 0x61356000
ROM: System Bootstrap, Version 11.1(2) [nitin 2], RELEASE SOFTWARE (fc1)
BOOTFLASH: GS Software (RSP-BOOT-M),Version 11.1(8)CA1,EARLY DEPLOYMENT
```

C3640# show version

```
Cisco Internetwork Operating System Software
IOS (tm) 3600 Software (C3640-JS-M), Version 12.0(7)T,RELEASE SOFTWARE (fc2)
Copyright (c) 1986-1999 by cisco Systems, Inc.
Compiled Wed 08-Dec-99 02:36 by phanguye
Image text-base: 0x600088F0, data-base: 0x611A4000
ROM: System Bootstrap,Version 11.1(19)AA,EARLY DEPLOYMENT RELEASE SOFTWARE
```

C2504# show version

```
Cisco Internetwork Operating System Software
IOS (tm) 2500 Software (C2500-I-L), Version 12.0(3)T,RELEASE SOFTWARE (fc1)
Copyright (c) 1986-1999 by cisco Systems, Inc.
Compiled Mon 22-Feb-99 17:42 by ccai
Image text-base: 0x03032C04, data-base: 0x00001000
ROM: System Bootstrap, Version (3.3), SOFTWARE
```

Anzeige der eingesetzten Software-Images

show hardware bzw. # show version

Geladene IOS-Software

```
Cisco Internetwork Operating System Software
IOS (tm) RSP Software (RSP-JSV-M), Version 12.0(7)T,  RELEASE SOFTWARE (fc2)
Copyright (c) 1986-1999 by cisco Systems, Inc.
Compiled Mon 06-Dec-99 19:40 by phanguye              System-Bootstrap-Software
Image text-base: 0x60010908, data-base: 0x61356000
ROM: System Bootstrap, Version 11.1(2) [nitin 2], RELEASE SOFTWARE (fc1)
BOOTFLASH: GS Software (RSP-BOOT-M), Version 11.1(8)CA1, EARLY DEPLOYMENT RELEA

c7500 uptime is 3 weeks, 1 day, 37 minutes          Flash-Boot-Software
System returned to ROM by reload
System restarted at 14:03:49 UTC Wed Dec 15 1999
System image file is "slot0:rsp-jsv-mz_120-7_T.bin"
```

Main-Memory   Shared-Memory zur Kommunikation
                     zwischen den Interfaces

```
cisco RSP2 (R4700) processor with 65536K/2072K bytes of memory.
R4700 CPU at 100Mhz, Implementation 33, Rev 1.0
Last reset from power-on
G.703/E1 software, Version 1.0.
G.703/JT2 software, Version 1.0.
Channelized E1, Version 1.0.
X.25 software, Version 3.0.0.
SuperLAT software (copyright 1990 by Meridian Technology Corp).
Bridging software.
TN3270 Emulation software.
Primary Rate ISDN software, Version 1.1.
Chassis Interface.
1 FIP controller (1 FDDI).
1 GEIP controller (1 GigabitEthernet)(2 E1).
2 VIP2 R5K controllers (2 FastEthernet)(4 Serial)(2 E1)(1 ATM).
2 FastEthernet/IEEE 802.3 interface(s)
1 Gigabit Ethernet/IEEE 802.3 interface(s)
40 Serial network interface(s)
1 FDDI network interface(s)
1 ATM network interface(s)
123K bytes of non-volatile configuration memory.

20480K bytes of Flash PCMCIA card at slot 0 (Sector size 128K).
20480K bytes of Flash PCMCIA card at slot 1 (Sector size 128K).
8192K bytes of Flash internal SIMM (Sector size 256K).
No slave installed in slot 3.
Configuration register is 0x2142 (will be 0x2102 at next reload)
```

1.2.2   Boot-Software festlegen

System-Software

boot system flash [*filename*]

boot system rom

boot system rcp | tftp   *filename*   [*ip-address*]

Die Angabe einer vollständigen File-Spezifikation für das Laden über TFTP oder RCP ist möglich (z.B. C:\TFTP\TEST-11_3.BIN).

Secondary Bootstrap Image

Der Secondary Bootstrap erlaubt das Laden einer größeren System-Software über ein kleineres Secondary Image.

boot bootstrap   flash I bootflash   [*filename*]
boot bootstrap   tftp   *filename*   [*ip-address*]

XBOOT bzw. Flash-Boot Image

Auf einigen Plattformen muss das XBOOT Image vor der System-Software geladen werden. Ansonsten ist das Flash-Boot Image nur notwendig, wenn der Router über TFTP bzw. RCP booten soll oder das System Image nicht existiert.

boot bootldr *device:filename*

Switch/Configuration-Register

Das Configuration-Register steuert, welche Software der Router lädt und ob er die gespeicherte Konfiguration ausführen soll oder nicht.

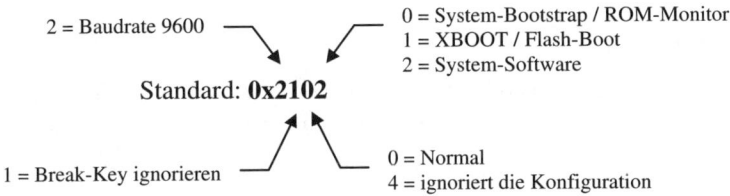

Globales Kommando zum Setzen des Configuration-Registers: **config-register** 0x...

Kommando im ROM-Monitor: **> o/r** 0x...

	Prompt	Konfiguration laden	Konfiguration ignorieren
ROM-Monitor	>	0x100	0x140
XBOOT Image	Router(boot)>	0x101	0x141
System Image	Router>	0x102	0x142

System aus dem ROM-Monitor booten

> boot *filename ip-address*   System Image über TFTP laden

> boot flash *filename*   System Image aus dem Flash laden

> boot flash *partition:filename*   System Image aus dem Flash laden

> boot *device:filename*   System Image von einem Device laden (4000, 7xxx)

1.3 Interface-Konfiguration

Reset auf ein Interface

clear interface *name*
clear line *name*

Reset auf die Interface Counter

clear counter *interface-name*

Angabe der Bandbreite eines Interface

Einige Routing-Protokolle sowie die Mechanismen zur Lastverteilung benutzen den Band-width-Parameter zur Bestimmung der Auslastung eines Interface. Der Parameter ergibt sich aus dem Wert der tatsächlichen Übertragungsrate der Schnittstelle dividiert durch 1000 (Linespeed/1000).

interface *name*
  bandwidth *value*

Asynchrone Schnittstellen

Neben den speziellen asynchronen Schnittstellen kann man auch den AUX-Port eines Routers als asynchrones Interface konfigurieren. Er weist aber eine schlechtere Performance auf.

show line

```
  Tty Typ     Tx/Rx      A Modem  Roty AccO AccI  Uses   Noise   Overruns
    0 CTY                 -   -     -    -    -     0      0
I   1 AUX    38400/38400  - inout   -    -    -     0      0
*   2 VTY                 -   -     -    -    -     4      0
*   3 VTY                 -   -     -    -    -     8      0
    4 VTY                 -   -     -    -    -     2      0
    5 VTY                 -   -     -    -    -     0      0
    6 VTY                 -   -     -    -    -     0      0
```

Die TTY-Nummer der Line bestimmt die Nummer des zugehörigen asynchronen Interface. Async1 entspricht in diesem Fall also der Line 1 (AUX Port).

interface *async1*

  ... ...

Daneben besteht bei einigen Routern die Möglichkeit, eine normale synchrone Schnittstelle als einen asynchronen Port aufzusetzen.

interface *serial 1*
  physical-layer async

Reverse-Telnet

Reverse-Telnet bietet die Möglichkeit, von außen über die IP-Adresse des Routers die an den asynchronen Ports angeschlossenen Geräte anzusprechen (z.B. Modem oder Drucker).

- Reverse XRemote   9000 + *Line Number*

- Raw TCP   4000 + *Line Number*

- Telnet (CR wird in CR/LF umgewandelt) 2000 + *Line Number*

- Telnet (keine CR-Umsetzung)   6000 + *Line Number*

- Telnet auf Lines in Rotary-Groups   3000 + *Rotary Group*

```
interface e0
  ip address 1.1.1.1 255.255.255.0
!
line aux 0
  modem inout
  flowcontrol hardware
  transport input all
  login
  password c
```

Line AUX 0 entspricht in diesem Beispiel der Line #1

```
# telnet  1.1.1.1  2001
```

Keepalive

Die Router setzen Keepalive-Pakete zum Testen ihrer physikalischen Schnittstellen ein.

LAN-Ports: Loopback-Pakete zur eigenen MAC-Adresse

WAN-Ports: Keepalive-Funktionalität des verwendeten Data-Link-Protokolls

Ein Interface wird als *Down* gekennzeichnet und ein Reset wird auf die Schnittstelle durchgeführt, wenn nach Ablauf von drei Keepalive-Intervallen keine Nachricht empfangen wurde.

```
interface name
  keepalive seconds
```

● **Keepalive auf dem Ethernet**

```
DLL: - - - - - Datalink Header - - - - -
DLL:
DLL: Destination Address             = 08-00-2B-B4-7F-20
DLL: Source Address                  = 08-00-2B-B4-7F-20
DLL:
DLL: DIX format, Protocol Type       = 90-00
LOOP:
LOOP: - - - - - Ethernet Loopback protocol (LOOP) - - - - -
LOOP:
LOOP: Skip count (bytes)             = 0
LOOP:
LOOP: Function code                  = 1 (Reply to sender) [current]
LOOP: Receipt number                 = 0
```

● **Keepalive auf dem Token-Ring**

```
DLL: - - - - - Datalink Header - - - - -
DLL:
DLL: Access Control                  = 18
DLL: Frame Control                   = 40
DLL: Destination Address             = 00-00-30-1C-0A-12
DLL: Source Address                  = 00-00-30-1C-0A-12
DLL:
DLL: 802.2 DSAP                      = AA
DLL:         .......0 = Individual DSAP
DLL: 802.2 SSAP                      = AA
DLL:         .......0 = Command Frame
DLL: 802.2 PDU Control               = 03
DLL:         ......11 = Unnumbered Frame
DLL:         000.00.. = UI-Data
DLL:         ...0.... = Final
DLL:
DLL: 802.2 SNAP SAP, PIDENT          = 00-00-00-90-00
LOOP:
LOOP: - - - - - Ethernet Loopback protocol (LOOP) - - - - -
LOOP:
LOOP: Skip count (bytes)             = 0
LOOP:
LOOP: Function code                  = 1 (Reply to sender) [current]
LOOP: Receipt number                 = 4342
```

● **Keepalive auf einer seriellen PPP-Verbindung (über die LCP-Echo-Funktion)**

```
PPP Serial1(i): pkt type 0xC021, datagramsize 16
PPP Serial1: I LCP ECHOREQ(9) id 148 len 12 magic 0xC7DC9
PPP Serial1: input(0xC021) state = Open code = ECHOREQ(9) id=148 len=12
PPP Serial1: O LCP ECHOREP(10) id 148 len 12 magic 0xA3111
```

Interface-Status

- show interface zeigt *line down, protocol down* an

  - Modemsignal fehlt
  - Interface ist auf Shutdown gesetzt

- show interface zeigt *line up, protocol down* an

  - DTR liegt am Interface an
  - Rx, Tx oder Clock am Interface defekt
  - Clock-Signale fehlen bei einer Back-to-Back-Verbindung (Befehl clock rate fehlt)
  - Modemstrecke defekt
  - Keepalive fehlt
  - ScTE fehlt (Kabel zu lang)

1.4 Cisco Discovery Protocol (CDP)

Das CDP ist ein spezielles Cisco-Protokoll zur Überprüfung, ob andere Cisco-Komponenten an den direkt angeschlossenen Netzwerken existieren. Die Systeme senden zur Erkennung standardmäßig alle 60 Sekunden ein CDP-Multicast-Frame über die aktiven Schnittstellen.

- CDP über serielle Leitungen

  Frame Relay: CHDLC Paket-Typ 0x2000

  PPP: Network Layer Protocol 0x0207 und Network Control Protocol 0x8207

- CDP über Ethernet (Multicast 01-00-0C-CC-CC-CC, Protokoll-ID 00-00-0C-20-00)

```
DLL: - - - - - Datalink Header - - - - -
DLL:
DLL: Frame 3 arrived at 31681.9 milliseconds, length = 339 bytes
DLL:
DLL: Destination Address         = 01-00-0C-CC-CC-CC
DLL: Source Address              = 08-00-2B-B4-7F-20
DLL:
DLL: 802.2 format, packet length = 325
DLL: 802.2 DSAP                  = AA
DLL:        .......0 = Individual DSAP
DLL: 802.2 SSAP                  = AA
DLL:        .......0 = Command Frame
DLL: 802.2 PDU Control           = 03
DLL:        ......11 = Unnumbered Frame
DLL:        000.00.. = UI-Data
DLL:        ...0.... = Final
DLL:
DLL: 802.2 SNAP SAP, PIDENT      = 00-00-0C-20-00
```

● CDP über Token-Ring (Functional-Adresse C0:00:08:00:00:00, Protokoll-ID 00-00-0C-20-00)

```
DLL: - - - - - Datalink Header - - - - -
DLL:
DLL: Frame 3 arrived at 10657.6 milliseconds, length = 346 bytes
DLL:
DLL: Access Control                   = 10
DLL: Frame Control                    = 40
DLL: Destination Address              = C0-00-08-00-00-00
DLL: Source Address                   = 55-00-20-00-67-3F
DLL:
DLL: 802.2 DSAP                       = AA
DLL:          .......0 = Individual DSAP
DLL: 802.2 SSAP                       = AA
DLL:          .......0 = Command Frame
DLL: 802.2 PDU Control                = 03
DLL:          ......11 = Unnumbered Frame
DLL:          000.00.. = UI-Data
DLL:          ...0.... = Final
DLL:
DLL: 802.2 SNAP SAP, PIDENT           = 00-00-0C-20-00
```

CDP einschalten

CDP Version 2 ist auf den Routern ab der IOS-Version V12.0 implementiert. CDP ist nicht nur auf den Routern verfügbar, sondern auch auf den Cisco Catalyst Switches.

cdp run
cdp advertise-v2

interface *name*
  [no] cdp enable

CDP-Informationen anzeigen

show cdp

```
Global CDP information:
        Sending CDP packets every 60 seconds
        Sending a holdtime value of 180 seconds
        Sending CDPv2 advertisements is  enabled
```

show cdp neighbors

```
Capability Codes: R - Router, T - Trans Bridge, B - Source Route Bridge
                  S - Switch, H - Host, I - IGMP, r - Repeater

Device ID          Local Intrfce  Holdtme  Capability  Platform  Port ID
007425216(cat5000) ATM1/1/0.1       126      T B S     WS-C5000  5/1-2
069045099(cat5500) Fas 4/1/0        159      T B S     WS-C5500  7/22
```

show cdp neighbors detail

```
-------------------------
Device ID: 007425216(cat5000)
Entry address(es):
   IP address: 10.100.7.25
Platform: WS-C5000, Capabilities: Trans-Bridge Source-Route-Bridge Switch
Interface: Fddi0/0, Port ID (outgoing port): 4/1-2
Holdtime : 177 sec

Version :
WS-C5000 Software, Version McpSW: 4.5(3) NmpSW: 4.5(3)
Copyright (c) 1995-1999 by Cisco Systems

advertisement version: 1


-------------------------
Device ID: 069045099(cat5500)
Entry address(es):
   IP address: 10.100.7.26
Platform: WS-C5500, Capabilities: Trans-Bridge Source-Route-Bridge Switch
Interface: FastEthernet4/1/0,  Port ID (outgoing port): 7/22
Holdtime : 138 sec
Version :
WS-C5500 Software, Version McpSW: 5.1(2a) NmpSW: 5.1(2a)
Copyright (c) 1995-1999 by Cisco Systems
advertisement version: 2
VTP Management Domain: 'cat5000_domain'
Native VLAN: 176
Duplex: full
```

show cdp entry 069045099(cat5500)

```
-------------------------
Device ID: 069045099(cat5500)
Entry address(es):
   IP address: 10.100.7.26
Platform: WS-C5500, Capabilities: Trans-Bridge Source-Route-Bridge Switch
Interface: FastEthernet4/1/0,  Port ID (outgoing port): 7/22
Holdtime : 174 sec

Version :
WS-C5500 Software, Version McpSW: 5.1(2a) NmpSW: 5.1(2a)
Copyright (c) 1995-1999 by Cisco Systems

advertisement version: 2
VTP Management Domain: 'cat5000_domain'
Native VLAN: 176
Duplex: full
```

1.5 Security

1.5.1 Network Access Security

Die Network Access Security bezieht sich auf den Zugriff von Netzwerkgeräten auf den lokalen Router (z.B. beim Aufbau einer PPP-Verbindung). Folgende Tools sind verfügbar:

● Statische Passwörter

● Login-Authentication über die lokale Benutzer-Datenbank des Routers

● TACACS und TACACS+

● CHAP und PAP

● CiscoSecure

● AAA Tools mit lokaler Authentifizierung, Radius, Kerberos oder TACACS+

AAA Tools

● Lokale Authentifizierung

> aaa new-model
> aaa authentication **PPP**   default I *name*   **local**   *method2 method3 ...*
> username *name* password *password*
>
> interface *name*
>   encapsulation ppp
>   ppp authentication   chap I pap   default I *name*

● Radius-Authentifizierung

> aaa new-model
> radius-server host *ip-address*
> radius-server key *name*
> aaa authentication **PPP**   default I *name*   **radius**   *method2 method3 ...*
>
> interface *name*
>   encapsulation ppp
>   ppp authentication   chap I pap   default I *name*

● Kerberos-Authentifizierung

> aaa new-model
> kerberos local-realm *kerberos-realm*
> kerberos server *kerberos-realm host*
> aaa authentication **PPP**   default I *name*   **krb5**   *method2 method3 ...*
>
> interface *name*
>   encapsulation ppp
>   ppp authentication   chap I pap   default I *name*

● TACACS+-Authentifizierung

```
aaa new-model
tacacs-server host address
tacacs-server key key
aaa authentication PPP   default I name   tacacs+   method2 method3 ...
!
interface name
   encapsulation ppp
   ppp authentication   chap I pap   default I name
```

1.5.2   Terminal Access Security

Die Terminal Access Security bezieht sich auf die Sicherheit des Routers selbst. Dazu zählt die Kontrolle über den Zugriff auf den EXEC-Modus oder die Möglichkeiten, sich von außen z.B. über Telnet auf den Router einzuloggen.

1.5.2.1   Password Protection

Über die Password Protection kann man den Zugriff auf den privilegierten Modus des Routers steuern.

Statischer Passwort-Schutz

● Secret-Passwort

Das System verschlüsselt das Passwort über einen MD5-Algorithmus, es ist daher nicht mehr im Klartext sichtbar. Bei der Eingabe ist Groß- und Kleinschreibung relevant.

```
[ no ] enable secret password
```

● Enable-Passwort (benutzt, falls kein Secret gesetzt)

Das Enable-Passwort wird dann benutzt, wenn kein Secret-Passwort auf dem Router definiert ist.

```
[ no ] enable password password
```

● Verschlüsselte Anzeige von Passwörtern

Der Router verschlüsselt die Passwörter zwar bei der Ausgabe, intern sind sie aber weiterhin im Klartext abgespeichert.

```
service password-encryption
```

AAA-Authentifizierung

aaa new-model
aaa authentication **ENABLE** default *method1 method2 ...*

Zusätzlich definierte Methoden kommen nur dann zum Einsatz, wenn die vorhergehende Methode einen Fehlerstatus zurückliefert (z.B. weil der TACACS-Server nicht verfügbar ist), nicht jedoch, wenn der Zugriff abgelehnt wurde. Folgende Methoden kann man bei der Password Protection einsetzen:

● ENABLE   Enable Password

● LINE   Line Password

● TACACS+   Tacacs-Authentifizierung

● RADIUS   Radius-Authentifizierung

● KERBEROS   Kerberos-Authentifizierung

● NONE   Keine Authentifizierung

Enable-Passwort umgehen

Eine Umgehung des Enable-Passworts ist nur über den ROM-Monitor möglich. Um in den ROM-Monitor zu gelangen, muss während eines Reboot des Routers der BREAK-Key der Terminal-Emulation gedrückt werden.

1. Switch-Register modifizieren

   > o/r 0x142   ⇒ Flash Image ohne die Router-Konfiguration starten
   > i   ⇒ Router mit neuem Wert booten

2. Der Router ignoriert beim Booten die existierende Konfiguration und geht automatisch in den Setup-Modus. Die Frage *Would you like to enter the initial configuration dialog?* ist deshalb zu verneinen.

3. Anschließend kann man das Passwort umsetzen:

   router> enable   ⇒ benötigt jetzt kein Enable-Passwort mehr
   router# config memory
   router# config terminal
   (config)# *Passwörter setzen*
   (config)#   config-register 0x102
   router# write memory
   router# reload

1.5.2.2   Login Authentication

Die Login Authentication steuert den Zugriff von außen auf den Router (z.B. über Telnet oder X.29).

Statische Authentifizierung

● Über das Line-Passwort

line #
    login
    password *name*

● Über einen lokalen Benutzer

username *name* password *password*

line #
    login local

Alte TACACS- und Extended-TACACS-Authentifizierung

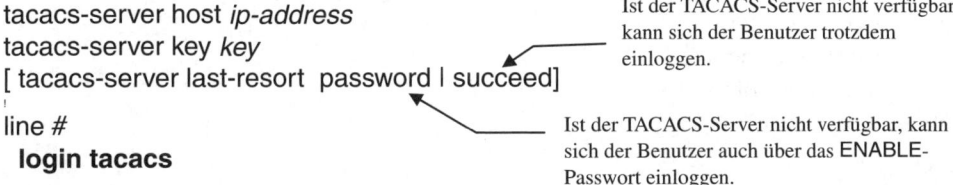

tacacs-server host *ip-address*   Ist der TACACS-Server nicht verfügbar,
tacacs-server key *key*   kann sich der Benutzer trotzdem
[tacacs-server last-resort password I succeed]   einloggen.

line #   Ist der TACACS-Server nicht verfügbar, kann
    login tacacs   sich der Benutzer auch über das ENABLE-
                                             Passwort einloggen.

AAA-Authentifizierung

Sind bei der AAA-Authentifizierung mehrere Methoden definiert, kommen die anderen nur dann zum Einsatz, wenn die vorhergehende Methode einen Fehlerstatus zurückliefert, nicht jedoch, wenn der Zugriff abgelehnt wurde.

● Lokale Authentifizierung

aaa new-model
aaa authentication **LOGIN** default I *name* **LOCAL** *method2 method3 ...*
username *name* password *password*

line #
    login authentication default I *name*

● Line-Authentifizierung über das Line-Passwort

aaa new-model
aaa authentication **LOGIN** default I *name* **LINE** *method2 method3 ...*

line #
    password *name*

● AAA TACACS+-, Radius- und Kerberos-Authentifizierung

aaa new-model **TACACS+** I **RADIUS** I **KRB5** *method2 method3 ...*
aaa authentication **LOGIN** default I *name*
!
line #
 login authentication default I *name*

Beispiel für eine AAA-Authentifizierung

aaa new-model
!
aaa authentication **LOGIN Lab** tacacs+ enable   Ist der Radius- oder Tacacs+-Server nicht
aaa authentication **ENABLE default** radius enable   verfügbar, wird das ENABLE-Passwort für
!   die Login Authentication und Password
Protection benutzt.
tacacs-server host 10.100.224.68
tacacs-server attempts 2
tacacs-server timeout 3
tacacs-server login-timeout 3
tacacs-server key XXX
!
radius-server host 10.100.224.68 auth-port 1645 acct-port 1646
radius-server key XXX
radius-server retransmit 2
radius-server timeout 3
radius-server deadtime 1
!
line vty 0 4
 access-class 1 in
 password c
 login authentication Lab

debug tacacs
debug aaa authentication

● Tacacs-Server ist verfügbar

```
AAA/AUTHEN: create_user user='' ruser='' port='tty2' rem_addr='184.4.0.2'
authen_type=ASCII service=LOGIN priv=1
AAA/AUTHEN/START (0): port='tty2' list='LAB' action=LOGIN service=LOGIN
AAA/AUTHEN/START (8900504): found list
AAA/AUTHEN/START (2661488329): Method=TACACS+
TAC+: send AUTHEN/START packet ver=192 id=2661488329
TAC+: Using default tacacs server list.
TAC+: Opening TCP/IP to 10.100.224.68/49 timeout=3
... ...
TAC+: ver=192 id=2661488329 received AUTHEN status = PASS
AAA/AUTHEN (2661488329): status = PASS
TAC+: Closing TCP/IP 0x9BE350 connection to 10.100.224.68/49
```

● Tacacs-Server ist nicht verfügbar

```
AAA/AUTHEN: create_user user='' ruser='' port='tty2' rem_addr='184.4.0.2'
authen_type=ASCII service=LOGIN priv=1
AAA/AUTHEN/START (0): port='tty2' list='LAB' action=LOGIN service=LOGIN
AAA/AUTHEN/START (8900504): found list
AAA/AUTHEN/START (2921256677): Method=TACACS+
TAC+: send AUTHEN/START packet ver=192 id=2921256677
TAC+: Using default tacacs server list.
TAC+: Opening TCP/IP to 10.100.224.68/49 timeout=3
TAC+: TCP/IP open to 10.100.224.68/49 failed -Connection refused by remote host
AAA/AUTHEN (2921256677): status = ERROR
AAA/AUTHEN/START (2921256677): Method=ENABLE
AAA/AUTHEN (2921256677): status = GETPASS
AAA/AUTHEN/CONT (2921256677): continue_login
AAA/AUTHEN (2921256677): status = GETPASS
AAA/AUTHEN/CONT (2921256677): Method=ENABLE
AAA/AUTHEN (2921256677): status = PASS
```

1.5.3 Übersicht über Access-Listen

Pro Interface und Protokoll kann man nur eine Access-Liste definieren. Für die Auswahl eines Eintrages ist die Reihenfolge innerhalb der Access-Liste ausschlaggebend (First Match).

Jede Access-Liste hat immer ein implizites »deny any« am Ende. Sollen über den Parameter »deny« nur bestimmte Adressen gefiltert werden, muss am Ende immer ein explizites »permit« stehen.

access-list # deny *protocol-address wildcard-mask*
access-list # **permit any any**   ⇒ neue Syntax
access-list # **permit 0.0.0.0 255.255.255.255**   ⇒ alte Syntax

Numbered-Access-Listen

Protokoll	Bereich
IP	1–99 und 1300–1999 (ab IOS V12.0)
Extended IP	100–199 und 2000–2699 (ab IOS V12.0)
Ethernet Typecode Bridging	200–299
Ethernet Address Bridging	700–799
Extended Transparent Bridging	1100–1199
DECnet IV	300–399
XNS	400–499
Extended XNS	500–599
Appletalk	600–699
IPX	800–899
Extended IPX	900–999
IPX SAP	1000–1099
IPX NLSP Aggregation:	1200–1299

Extended: **access-list # permit I deny** *source-address wildcard-mask destination mask qualifier*

Standard: **access-list # permit I deny** *protocol-address wildcard-mask* ... ...

Protokolladresse
oder **any**

0 = Bit in der Adresse wird überprüft
1 = Bit in der Adresse wird nicht überprüft

Named-Access-Listen

Protokoll	Kommando
IP und Extended IP	ip access-list standard I extended *name* deny I permit ...
ISO CLNS	clns filter-set I filter-expr ...
NetBIOS	netbios access-list bytes I host *name* ...

1.6 Performance Management

1.6.1 Switching Modes

In der Regel geben die Router nicht jedes zu verarbeitende Paket zum Prozessor, sondern sie benutzen verschiedene Switching-Mechanismen, um die Pakete direkt zwischen den einzelnen Schnittstellen weiterzuleiten.

● Traffic-driven Switching-Mechanismus

Das erste Paket jeder Verbindung wird über den normalen Routing-Algorithmus verarbeitet (*Process Switching*). Der Router legt während des Forwarding-Prozesses einen *Route-Cache*-Eintrag für das Zielsystem an und fügt die Layer-2-Adresse des nächsten Systems (*Next Hop*) auf dem Weg zur Zieladresse hinzu. Alle weiteren Pakete für den gleichen Zielrechner gehen dann direkt zwischen den beteiligten Schnittstellen über den gleichen *Switching-Path*.

● Topology-driven Switching-Mechanismus

Ab der Version V12.0 (bzw. in IOS V11.1CC) lässt sich *Cisco Express Forwarding* (CEF) als Switching-Modus einsetzen (nur C7xxx und C12000). Statt der Route-Cache-Tabelle benutzt der Router eine *Forwarding Information Base* (FIB), welche die komplette Routing-Tabelle mit den zugehörigen Layer-2-Next-Hop-Adressen enthält.

Process Switching

Jedes Paket wird in den System-Puffer kopiert und anschließend an die CPU weitergegeben (z.B. notwendig für X.25, PPP Authentication CHAP). Ein Hauptunterschied zwischen Process Switching und Fast Switching besteht darin, dass Process Switching die Pakete immer aus dem Interface Pool (*Packet Memory*) in den Public Pool (*Main Memory*) kopieren muss.

interface *name*
 no *protocol* **route-cache**

Fast Switching (standardmäßig eingeschaltet)

Die Pakete verbleiben in der Packet-Memory und der Router überprüft anhand des Fast Switching Cache, über welche Schnittstelle die Daten weiterzuleiten sind. Fast Switching sollte ausgeschaltet werden, wenn ein Interface mit hoher Übertragsrate größere Datenmengen zu einem Interface mit geringer Bandbreite überträgt oder Packet Level Tracing notwendig ist.

interface *name*
   protocol **route-cache**
                  ⬉——— AppleTalk, CLNS, DECnet, IP, IPX, Source-Bridge

● IP-Routing

Fast Switching für Pakete einschalten, die über das gleiche Interface versendet werden, über das sie auch empfangen wurden:

interface *name*
   ip route-cache **same-interface**

Dieser Befehl ist eventuell notwendig bei NBMA-Netzwerken (z.B. Frame Relay) oder falls Secondary-IP-Adressen für ein Interface definiert sind. Falls definiert, generiert der Router keine ICMP Redirects mehr für diese Schnittstelle.

● Source Route Bridging (SRB)

Fast Switching für SRB/TB: source-bridge transparent *ring-group* **fastswitch**

Fast Switching für Explorer-Pakete: source-bridge **explorer-fastswitch**

Fast Switching für Remote-SRB: source-bridge remote-peer ... **ftcp**

Falls Access Expressions oder NetBIOS-Access-Listen konfiguriert sind, schaltet der Router automatisch Fast Switching für Source Route Bridging auf dem Interface aus.

Autonomous und SSE Switching (nur Cisco 7xxx)

Autonomous, Optimum bzw. SSE Switching arbeiten analog zum Fast Switching, erlauben aber eine schnellere Verarbeitung der Pakete. Bei CBUS-Bridging z.B. verteilt der ciscoBus die Pakete unabhängig vom Systemprozessor zwischen den Schnittstellen. Bei allen nachfolgenden Befehlen handelt es sich um Interface-Kommandos.

Transparent-Bridging über Autonomous Switching:	bridge-group # **cbus-bridging**
Transparent-Bridging über SSE Switching:	bridge-group # **sse**
Autonomous-Switching für IP, IPX und SRB:	*protocol* route-cache **cbus**
SSE-Switching für IP, IPX und SRB:	*protocol* route-cache **sse**

Distributed Switching

Bei Distributed Switching (nur Cisco 7xxx mit Route Switch Processor (RSP) und Versatile Interface Processor (VIP)) verteilt der VIP-Controller die Pakete direkt zwischen den Schnittstellen, ohne den RSP zu involvieren.

interface *name*
   ip route-cache **distributed**
   [ip route-cache optimum]

NetFlow Switching (nur IP)

NetFlow Switching erkennt so genannte Traffic Flows, beschleunigt die Verarbeitung von Security-Filtern und erlaubt das Erzeugen von Statistiken über den Verkehrsfluss.

Das erste Pakete eines Flow geht über den Standard-Switching-Pfad sowie durch die ACL (Access Control List). Falls die ACL es gestattet, legt der Router einen NetFlow-Eintrag an, der die IP-Adresse, den Port und Applikationsinformationen beinhaltet. Alle weiteren Pakete für diesen Flow werden direkt, ohne ACL-Überprüfung, weitergeleitet.

interface *name*
   [ip route-cache distributed]
   ip route-cache **flow**

show ip cache flow

```
IP packet size distribution (23 total packets):
   1-32   64   96  128  160  192  224  256  288  320  352  384  416  448  480
   .000 .521 .043 .173 .000 .000 .000 .000 .000 .000 .000 .000 .000 .000 .000
   512  544  576 1024 1536 2048 2560 3072 3584 4096 4608
   .130 .000 .130 .000 .000 .000 .000 .000 .000 .000 .000
IP Flow Switching Cache, 1 active, 32767 inactive, 1 added
  0 flows exported, 0 not exported, 0 export msgs sent
  0 cur max hash, 1 worst max hash, 1 valid buckets
  0 flow alloc failures
  statistics cleared 40 seconds ago
Protocol        Total  Flows  Packets Bytes  Packets Active(Sec) Idle(Sec)
--------        Flows  /Sec   /Flow  /Pkt    /Sec    /Flow       /Flow
TCP-Telnet          2  0.0       16   144     0.4      7.9        34.7
Total:              2  0.0       16   144     0.4      7.9        34.7
SrcIf  SrcIPaddress DstIf   DstIPaddress    Pr SrcP DstP Pkts B/Pk Active
Et0/0  192.168.1.20 Et0/1   192.1.1.197     06 0017 2B30   24  178  14.4
```

Cisco Express Forwarding

Central CEF Mode: CEF-FIB und Adjacency-Tabelle befinden sich auf dem Route-Prozessor

Distributed CEF Mode: CEF erfolgt direkt zwischen den Port-Adaptern der VIP-Karten

ip cef [distributed]
interface *name*
 [no ip route-cache cef]

Normalerweise schaltet der Router automatisch CEF für alle Schnittstellen ein. Ist es explizit für ein Interface ausgeschaltet, benutzt der Router den nächst niedrigeren Switching-Modus.

Switching-Informationen anzeigen

show interface tokenring 0 stat

```
TokenRing0
        Switching path    Pkts In    Chars In   Pkts Out   Chars Out
            Processor    6307975   994731756     351192    40368204
          Route cache     178366    56731220     188865     8259781
                Total    6486341  1051462976     540057    48627985
```

show interface tokenring 0 switching

```
TokenRing0 10.10.10.1
        Throttle count:         0
   Protocol       Path    Pkts In    Chars In   Pkts Out   Chars Out
      Other    Process        108        3024      67809     1666523
        Cache misses          0
                Fast          0           0          0           0
           Auton/SSE          0           0          0           0
         IP    Process     817811   224830239     275542    36808023
        Cache misses     592518
                Fast          0           0          0           0
           Auton/SSE          0           0          0           0
  SR Bridge    Process    4028684   443964736          1          33
        Cache misses          0
                Fast     178424    56746599     188923     8262451
           Auton/SSE          0           0          0           0
LAN Manager    Process     532740    17106008       2236       80496
        Cache misses          0
                Fast          0           0          0           0
           Auton/SSE          0           0          0           0
        ARP    Process     133439     7877053        175        8780
        Cache misses          0
                Fast          0           0          0           0
           Auton/SSE          0           0          0           0
        CDP    Process      27958     9030430       5593     1823318
        Cache misses          0
                Fast          0           0          0           0
           Auton/SSE          0           0          0           0
```

show ip interface

```
Tokenring0 is up, line protocol is up
  ...   ...   ...   ...
  IP fast switching is enabled
  IP fast switching on the same interface is disabled
```

show ip cache

```
IP routing cache 3 entries, 488 bytes
Minimum invalidation interval 2 seconds, maximum interval 5 seconds,
   quiet interval 3 seconds, threshold 0 requests
Invalidation rate 0 in last second, 0 in last 3 seconds
Prefix/Length        Age        Interface        Next Hop
194.1.2.1/32         0:10:14    Serial1          194.1.2.1
194.1.3.2/32         0:25:13    Serial0          194.1.3.2
```

1.6.2   System Memory

Die Router unterhalten unterschiedliche Memory- und Puffer-Bereiche für die Bearbeitung und Speicherung der Datenpakete:

- Main Memory   Vom Prozessor z.B. für den System-Puffer und für Process Switching eingesetzt

- Shared Memory   Zwischenspeichern von Paketen (auch *I/O Memory* oder *Packet Memory* genannt)

- System Buffer   in der Main Memory; nur für Process Switching

- Interface Buffer   in der Shared Memory; für Process und Fast Switching

Shared Memory

Die einzelnen physikalischen Interfaces setzen die Shared Memory zur Ein- bzw. Ausgabe der Datenpakete ein.

- Der Router teilt die I/O-Memory zur Bootzeit automatisch zwischen den Schnittstellen auf. Diese Aufteilung lässt sich auch nachträglich nicht mehr verändern.

- Teilweise ist die Shared Memory als eigenständiges Modul verfügbar (z.B. C4000-Serie) oder die verfügbaren Memory-Module werden zwischen Main und Shared Memory aufgeteilt (z.B. C2500).

- Im Fast-Switching-Modus bleiben die Pakete in der Shared Memory und das System übergibt sie von dort direkt an das Output Interface.

show memory

```
              Head   Total(b)   Used(b)   Free(b)  Lowest(b)  Largest(b)
Processor     651BC   5873220   1013800   4859420   4795492    4836732
      I/O     600000   2097152    451708   1645444   1592164    1592164
```

Prozessor: Main Memory
I/O: Shared Memory

show controller cbus

Die C7xxx-Router bezeichnen die
Shared Memory auch als MEMD.

```
MEMD at 40000000, 2097152 bytes (unused 384, recarves 1, lost 0)
  RawQ 48000100, ReturnQ 48000108, EventQ 48000110
  BufhdrQ 48000130 (2972 items), LovltrQ 48000148 (8 items, 2016 bytes)
  IpcbufQ_classic 48000150 (24 items, 4096 bytes)

  3570 buffer headers (48002000 - 4800FF10)
  pool0: 9 buffers, 256 bytes, queue 48000138
  pool1: 225 buffers, 1536 bytes, queue 48000140
  pool2: 328 buffers, 4512 bytes, queue 48000158
  pool3: 4 buffers, 4544 bytes, queue 48000160
  slot1: TRIP, hw 1.4, sw 20.01, ccb 5800FF30, cmdq 48000088, vps 4096
    software loaded from system
    TokenRing1/0, addr 0007.f226.1204 (bia 0007.f226.1204)
      gfreeq 48000158, lfreeq 48000188 (4512 bytes)
      rxlo 4, rxhi 246, rxcurr 4, maxrxcurr 8
      txq 48000190, txacc 48000272 (value 131), txlimit 131
    TokenRing1/1, addr 0007.f226.1284 (bia 0007.f226.1284)
      gfreeq 48000158, lfreeq 48000198 (4512 bytes)
      rxlo 4, rxhi 246, rxcurr 4, maxrxcurr 5
      txq 480001A0, txacc 4800027A (value 131), txlimit 131
```

Die verfügbare I/O-Memory wurde in
vier unterschiedliche Pools aufgeteilt.

rxhi Maximale Anzahl von MEMD-Puffern, die von der Local Free Queue verwendet werden dürfen

rxlo Anzahl der MEMD-Puffer, die von der Local Free Queue immer allokiert bleiben

rxcurr Aktuelle Anzahl der von der Local Free Queue benutzten MEMD-Puffer

1.6.2.1 System Buffer

Die Router unterhalten zwei Arten System-Puffer: *Public* und *Interface Pool*. Beide Bereiche liegen in der Main Memory und werden lediglich beim Process Switching für den Zugriff des Prozessors auf die zu verarbeitenden Pakete benutzt.

Falls der Prozessor einen System-Puffer anfordert und in dem entsprechenden Pool kein freier Puffer mehr existiert, generiert der Router ein *miss* und der Algorithmus versucht, weitere Puffer für diesen Pool anzulegen (*create*). Gelingt dies nicht, erzeugt der Algorithmus einen *failure* und entfernt das Paket (*dropped*).

Public Pool

Der Public Pool ist temporär und wird bei Bedarf erzeugt bzw. wieder freigegeben. Zum Public Pool gehören *Small, Middle, Big, Verybig, Large* und *Huge*.

buffer *name* initial | min-free | max-free | permanent *number*

- *small*   104 Byte
- *middle*   600 Byte
- *big*   1524 Byte
- *verybig*   4520 Byte
- *large*   5024 Byte
- *huge*   18024 Byte

Interface Pool

Der Router legt zur Boot-Zeit für jede Schnittstelle einen permanenten Interface Pool an, den er zum Versenden bzw. Empfangen von Paketen einsetzt. Falls alle Interface-Puffer in Gebrauch sind, greift das System auf den Public Pool zurück (*fallback* Counter).

buffer *interface-name* initial | min-free | max-free | permanent *number*

- permanent   Permanente Puffer, die vom System nicht getrimmt werden
- max-free   Die maximale Anzahl von freien Puffern
- min-free   Die Anzahl der Puffer, die immer frei bleiben sollen
- initial   Anzahl der Puffer, die zur Boot-Zeit temporär zusätzlich allokiert werden

Informationen über System-Puffer anzeigen

show buffers

```
Buffer elements:
    500 in free list (500 max allowed)
    11822870 hits, 0 misses, 0 created
Public buffer pools:
Small buffers, 104 bytes (total 50, permanent 50):
    47 in free list (20 min, 150 max allowed)
    685257 hits, 0 misses, 0 trims, 0 created
    0 failures (0 no memory)
Middle buffers, 600 bytes (total 76, permanent 25):
    ...    ...
Big buffers, 1524 bytes (total 50, permanent 50):
    ...    ...
VeryBig buffers, 4520 bytes (total 10, permanent 10):
    ...    ...
Large buffers, 5024 bytes (total 0, permanent 0):
    ...    ...
Huge buffers, 18024 bytes (total 1, permanent 0):
    ...    ...
Interface buffer pools:
Serial0 buffers, 1524 bytes (total 64, permanent 64):
    16 in free list (0 min, 64 max allowed)
    48 hits, 0 fallbacks
    16 max cache size, 15 in cache
Ethernet0 buffers, 1524 bytes (total 64, permanent 64):
    16 in free list (0 min, 64 max allowed)
    48 hits, 0 fallbacks
    16 max cache size, 16 in cache
```

Der Router setzt die Buffer Elements als Platzhalter in internen IOS-System-Queues ein.

total	Die Gesamtzahl von Puffern dieses Typs, entspricht PERMANENT + (CREATED – TRIMS)
hits	Wie oft ein Puffer erfolgreich allokiert wurde
trims	Die Anzahl Puffer, die das System wieder freigegeben hat
no memory	Es war keine Main Memory mehr verfügbar, um einen zusätzlichen Puffer anzulegen

1.6.2.2 Hold Queue

Die Hold Queues werden nur im Process Switching Mode und bei ausgeschaltetem Priority Queueing benutzt. Sie enthalten einen Zeiger auf denjenigen System Buffer, in dem sich das zu verarbeitende Paket gerade befindet.

interface *name*
   hold-queue # in | out

Standard: 75 für Input und 40 für Output

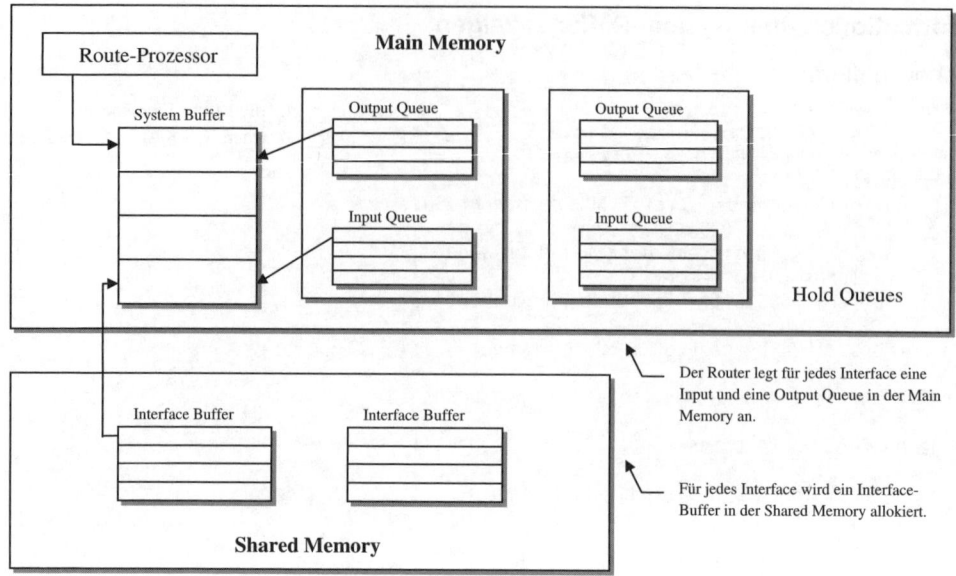

Falls die Reservierung eines System Buffer oder eines Hold-Queue-Eintrags mehrmals fehlschlägt, erfolgen für das betroffene Interface folgende Aktionen:

● Incoming

Das Interface nimmt für ca. eine Sekunde lang keine neuen Pakete mehr an und erhöht den *throttle* Counter. Die *drop* und *ignore* Counter werden in dieser Zeit nicht verändert.

● Outgoing

Der Router entfernt alle zu sendenden Pakete aus dem Netzwerk und erhöht den *drop* Counter.

show interface *name*

```
  ...   ...
Output queue 0/40, 0 drops; input queue 0/75, 0 drops
5 minute input rate 11000 bits/sec, 4 packets/sec
5 minute output rate 7000 bits/sec, 3 packets/sec
  1595309 packets input, 295772778 bytes, 0 no buffer
  Received 0 broadcasts, 0 runts, 0 giants, 0 throttles
  38 input errors, 38 CRC, 0 frame, 0 overrun, 0 ignored, 0 abort
  1612070 packets output, 104811073 bytes, 0 underruns
  0 output errors, 0 collisions, 15 interface resets
  0 output buffer failures, 0 output buffers swapped out
  124 carrier transitions
```

● no buffers Counter

Die Anzahl der empfangenen Pakete, die abgewiesen wurden, weil nicht genügend System-Puffer (Main Memory) zur Verfügung stand.

- ignored Counter

  Die Anzahl der empfangenen Pakete, die der Router nicht in den Interface Buffer (Shared Memory) kopieren konnte.

- output buffer swapped out Counter

  Router mit einem RSP-Prozessor bieten die Möglichkeit, in einer Überlastsituation Pakete aus der Shared Memory in die System-Puffer zu kopieren. In diesem Fall zählt der Counter hoch. Alle anderen Router entfernen die Pakete (drop), sobald die I/O-Memory komplett ausgelastet ist.

1.6.3   Queueing

Die Cisco-Router bieten vier unterschiedliche Queueing-Algorithmen: First Come First Serve, Weighted Fair, Priority sowie Custom Queueing. Schnittstellen mit einer Übertragungsrate kleiner als 2.048 Mbit/s verwenden standardmäßig Weighted Fair Queueing, ansonsten gilt für alle Interfaces Fist Come First Serve.

Priority Queueing (nur für langsame serielle Verbindungen)

Priority Queueing ordnet die zu sendenden Daten einer der vier Queues *high, medium, normal* oder *low* zu. Sobald Daten zu übertragen sind, erfolgt eine Überprüfung der Priority Queues. Das Paket mit der höchsten Priorität wird immer zuerst gesendet. Dies kann dazu führen, dass der Router Pakete mit einer geringen Priorität überhaupt nicht mehr oder mit großer Verzögerung sendet.

- Priority Queueing für Pakete, die der Router über ein bestimmtes Interface empfängt

  priority-list # **interface** *name* high I medium I normal I low

- Priority Queueing basierend auf dem Protokolltyp des Pakets

  priority-list # **protocol** *name* high I medium I normal I low]

- Priority Queueing für alle nicht über eine Priority-Liste erfassten Pakete

  priority-list # **default** high I medium I normal I low

priority-list # **queue-limit** *high-limit medium-limit normal-limit low-limit*

interface *name*   ↖___ Maximale Anzahl von Paketen, die in
  priority-group #   jeder Priority Queue warten dürfen.

Custom Queueing

Custom Queueing weist den Daten einen bestimmten Prozentsatz der verfügbaren Bandbreite eines Interface zu und erlaubt auf diese Weise eine feinere Abstufung als Priority Queueing.

Um das Verhalten der einzelnen Queues zu modifizieren, stehen für jedes Interface 17 Output Queues zur Verfügung. Queue Null ist die System-Queue und deshalb nicht modifizierbar.

Der Byte-Count definiert dabei die Datenmenge, die der Router aus einer Queue übertragen soll, bevor er die nächste Queue abarbeitet.

- Custom Queueing für Pakete, die der Router über ein bestimmtes Interface empfängt

    queue-list # **interface** *name* *queue-number*

- Custom Queueing basierend auf dem Protokolltyp des Pakets

    queue-list # **protocol** *name* *queue-number*

- Custom Queueing für alle nicht über eine Priority-Liste erfassten Pakete

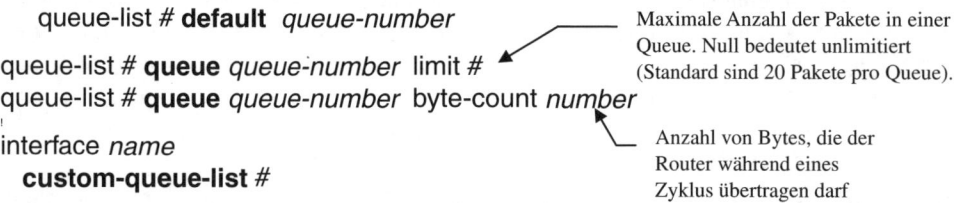

    queue-list # **default** *queue-number*
    queue-list # **queue** *queue-number* limit #
    queue-list # **queue** *queue-number* byte-count *number*
    !
    interface *name*
      custom-queue-list #

Maximale Anzahl der Pakete in einer Queue. Null bedeutet unlimitiert (Standard sind 20 Pakete pro Queue).

Anzahl von Bytes, die der Router während eines Zyklus übertragen darf

Weighted Fair Queueing (WFQ)

Um die verfügbare Bandbreite eines Interface auf die verschiedenen Protokolle aufzuteilen, setzt Weighted Fair Queueing ein *Time-Division Multiplexing*-Modell ein und unterscheidet zwischen zwei Arten von Datenverkehr: *High-Bandwidth*- und *Low-Bandwidth*-Verbindungen.

High-Bandwidth Verkehr hat eine geringere Priorität als Low-Bandwidth Verkehr und teilt sich die Übertragungsbandbreite proportional zur zugewiesenen Gewichtung.

Neue Daten für High-Bandwidth-Verkehr werden abgelehnt, sobald der Wert für den *Congestion Message Threshold* erreicht ist. Verkehr mit geringer Bandbreite ist davon nicht betroffen.

Unter Distributed Weighted Fair Queueing (DWFQ) führt statt des Prozessors der VIP-Controller die Priorisierung durch.

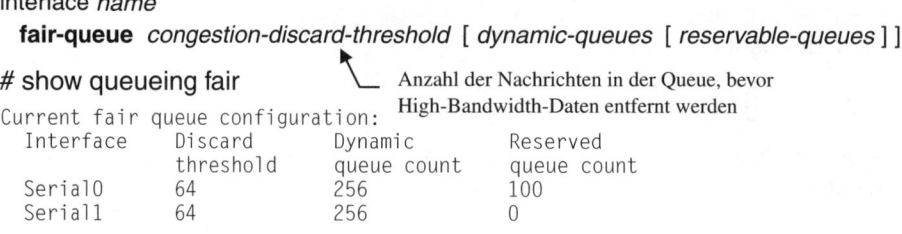

interface *name*
  fair-queue *congestion-discard-threshold* [*dynamic-queues* [*reservable-queues*]]

show queueing fair

Anzahl der Nachrichten in der Queue, bevor High-Bandwidth-Daten entfernt werden

```
Current fair queue configuration:
  Interface    Discard      Dynamic        Reserved
               threshold    queue count    queue count
  Serial0      64           256            100
  Serial1      64           256            0
```

show queue s0

```
Input queue: 0/75/0 (size/max/drops); Total output drops: 537
Queueing strategy: weighted fair
```

```
Output queue: 0/64/537 (size/threshold/drops)
   Conversations  0/3 (active/max active)
   Reserved Conversations 0/0 (allocated/max allocated)
```

Weighted Random Early Detection (WRED)

Random Early Detection (RED) ist ein Mechanismus zur Vermeidung von Überlastsituationen. Bei Erreichen eines für die Schnittstelle definierten Schwellenwerts leitet der Router die Pakete nicht mehr weiter, sondern er entfernt sie aus dem Netzwerk.

WRED sollte nur für TCP/IP-Netzwerke benutzt werden, da bei Paketverlusten der TCP-Congestion-Avoidance-Algorithmus automatisch die Übertragungsrate auf der Senderseite reduziert.

Andere Protokolle führen lediglich eine Retransmission der verlorenen Pakete durch, ohne jedoch die Übertragungsrate zu reduzieren und erhöhen dadurch noch die Belastung des Netzwerks.

Bei der Behandlung der IP-Pakete kann der Router zwischen der IP-Precedence der Daten unterscheiden und deshalb Pakete mit geringerer Priorität früher verwerfen als IP-Pakete höherer Priorität.

interface *name*
  random-detect
  random-detect precedence *ip-precedence min-threshold max-threshold*

Beispiel für Queueing

queue-list 1 protocol clns 2
queue-list 1 protocol ipx 2
queue-list 1 protocol bridge 3
queue-list 1 default 1
!
queue-list 1 queue 1 byte-count 3000 limit 10000
queue-list 1 queue 2 byte-count 300 limit 5000
queue-list 1 queue 3 byte-count 200 limit 10
!
priority-list 1 interface Serial1 low
priority-list 1 protocol clns low
priority-list 1 protocol ip high
priority-list 1 default medium
priority-list 1 queue-limit 5000 4000 3000 2000
!
interface TokenRing0
  priority-group 1
!
interface Ethernet0
  custom-queue-list 1
!
interface Serial0
  random-detect 9

show queueing

```
Current fair queue configuration:
Current priority queue configuration:
List   Queue  Args
1      medium default
1      low    interface Serial1
1      low    protocol clns
1      high   protocol ip
1      high   limit 5000
1      medium limit 4000
1      normal limit 3000
1      low    limit 2000
Current custom queue configuration:
List   Queue  Args
1      1      default
1      2      protocol clns
1      2      protocol ipx
1      3      protocol bridge
1      1      byte-count 3000 limit 10000
1      2      byte-count 300 limit 5000
1      3      byte-count 200 limit 10Current custom queue configuration:

Current RED queue configuration:
  Interface Serial0  exponential weighting constant is 9
```

show interface e0

```
Ethernet0 is up, line protocol is up
  ...   ...
  Input queue: 0/75/0 (size/max/drops); Total output drops: 163
  Queueing strategy: custom-list 1
  Output queues: (queue #: size/max/drops)
     0: 0/20/0 1: 0/10000/0 2: 0/5000/163 3: 0/20/0 4: 0/20/0
     5: 0/20/0 6: 0/20/0 7: 0/20/0 8: 0/20/0 9: 0/20/0
     10: 0/20/0 11: 0/20/0 12: 0/20/0 13: 0/20/0 14: 0/20/0
     15: 0/20/0 16: 0/20/0
```

show interface to0

```
TokenRing0 is up, line protocol is up
  ...   ...
  Input queue: 0/75/0 (size/max/drops); Total output drops: 0
  Queueing strategy: priority-list 1
  Output queue: high 0/5000/0,medium 0/4000/0,normal 0/3000/0,low 0/2000/0
```

show interface s0

```
Serial0 is up, line protocol is up
  ...   ...
  Input queue: 0/75/0 (size/max/drops); Total output drops: 0
  Queueing strategy: random early detection(RED)
    mean queue depth: 0
    drops by precedence:  class drops        threshold
                            0     0             20
                            1     0             22
                            2     0             24
                            3     0             26
                            4     0             28
                            5     0             31
                            6     0             33
                            7     0             35
                            rsvp  0             37
```

RED-Schwellenwerte für die einzelnen Precedence-Klassen

Netzwerkprotokolle

Der zweite Teil des Buchs beschreibt die in heutigen Multiprotokoll-Netzwerken einge-setzten Architekturen und Routing-Protokolle.

Eine häufig verwendete Klassifizierung der einzelnen Routing-Protokolle basiert auf dem eingesetzten Routing-Algorithmus (Distance-Vector bzw. Link-State) oder auf dem Gel-tungsbereich (IGP bzw. EGP) des Protokolls.

Geltungsbereich von Routing-Protokollen

- IGP – Interior-Gateway-Protokolle

  Protokolle für den Austausch von Routing-Informationen innerhalb eines autonomen Systems. Dazu gehören z.B. RIP, EIGRP, OSPF, ISO-IS-IS-Protokoll oder Novell IPX.

- EGP – Exterior-Gateway-Protokolle

  Protokolle für den Austausch von Informationen über die Erreichbarkeit von Netzwer-ken aus anderen autonomen Systemen (z.B. BGP). Die Auswahl einer Route in ein an-deres autonomes System folgt speziellen Regeln, die man auf dem lokalen Router kon-figuriert.

- AS – Autonome Systeme (Autonomous Systems)

  Ein autonomes System (auch *Administrative Domain* genannt) bezeichnet ein Netzwerk, das sich unter einer gemeinsamen Verwaltung befindet. Spricht man im Zusammenhang mit IGP (z.B. OSPF) von einem autonomen System, handelt sich im Prinzip um eine Routing Domain.

- Routing Domain

  Eine Routing Domain ist der Teil eines autonomen Systems, in dem die Systeme das gleiche Routing-Protokoll einsetzen und untereinander Routing-Informationen austau-schen. Das Routing zwischen den einzelnen Domains eines autonomen Systems erfolgt in der Regel über Route Redistribution (d.h. Routen eines Protokolls werden in das an-dere Protokoll übernommen und die Metriken werden entsprechend angepasst).

- Area

  Um eine Routing Domain in mehrere kleinere Netze aufzuteilen und dadurch die Ver-waltung großer Netzwerke zu vereinfachen, setzen einige IGPs so genanntes hierarchi-sches Routing ein (z.B. OSPF oder IS-IS). Dabei bezeichnet man die einzelnen Netze häufig als Areas, das Routing innerhalb einer Area als Intra-Area- oder Level-1-Routing und das Routing zwischen den Areas als Inter-Area- oder Level-2-Routing.

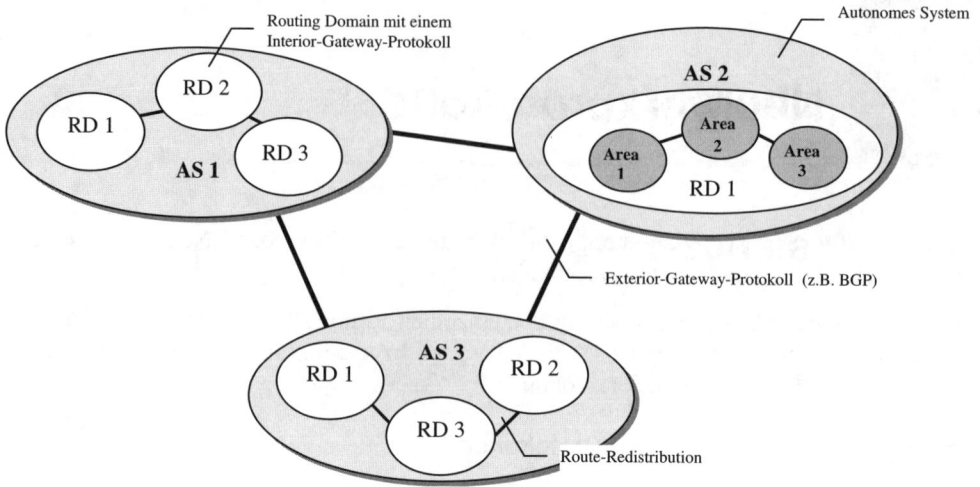

Übersicht über Routing-Protokolle

2.1   Distance-Vector-Protokolle

Der Austausch von Routing-Informationen erfolgt nur zwischen Routern des gleichen physikalischen Sub-Netzes. Diese Nachrichten beinhalten Vektoren, die die Distanzen zu allen
erreichbaren Instanzen des Netzwerks beschreiben. Das heißt, Routing Updates eines Routers enthalten immer die Informationen über das gesamte Netzwerk und zwar aus der Sicht
des lokalen Routers.

Netzwerkprotokoll	Durch den Vektor beschriebene Instanz
Appletalk	Netzwerknummer
DECnet Level 1	Knoten-Adresse
DECnet Level 2	Area-Adresse
IPX	Netzwerkadressen
TCP/IP (RIP, IGRP, EIGRP)	(Sub-)Netzadresse

Als Wert für die Distanz können unterschiedliche Metriken zum Einsatz kommen:

- Reliability   Verfügbarkeit des Netzwerks

- Delay   Verzögerung der Übertragungsstrecke

- Bandwidth   Bandbreite der Übertragungsstrecke

- Load   Belastung einer Netzwerkressource (z.B. CPU-Auslastung eines Routers)

- Hop Count   Zahl der Router, die auf dem Übertragungsweg durchlaufen werden

- Cost   Die – angenommenen – Kosten für die Benutzung einer Verbindung

Die Berechnung der eigentlichen Routing-Tabelle erfolgt anschließend über den so genannten *Bellman-Ford*-Algorithmus. Der Algorithmus bevorzugt jeweils die Route mit der
»besten« Distanz und trägt diese – zusammen mit dem Nachbar-Router, der die Route bekannt gegeben hat – in die Routing-Tabelle ein.

Hauptprobleme der Distance-Vector-Protokolle sind die relativ langsame Konvergenz bei
Änderungen in der Netzwerktopologie, das damit einhergehende Count-to-Infinity-Verhalten und die daduch entstehenden Routing-Schleifen innerhalb des Netzwerks.

Count-to-Infinity-Verhalten

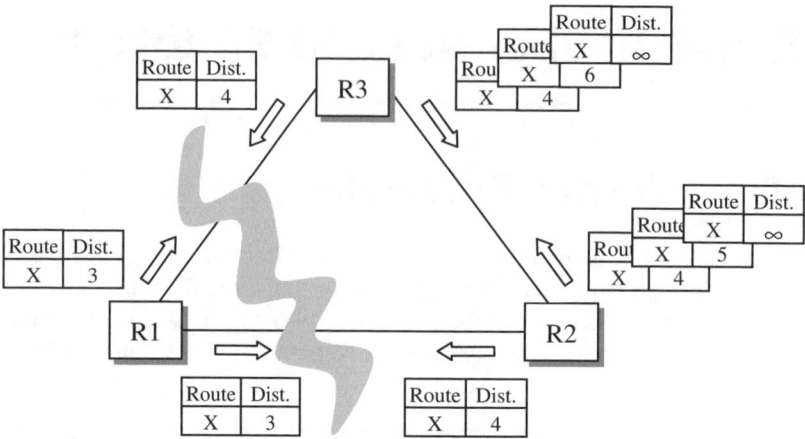

Wenn R1 die Verbindung zum Netzwerk verliert und z.B. R2 erkennt, dass sein Nachbar R1 nicht mehr erreichbar ist, sendet er ein Routing-Update (X,5), da er der Meinung ist, sein Nachbar R3 könne die Route X weiterhin erreichen (die ursprüngliche Distanz für die Route X von 4 wird nun um 1 erhöht).

Hat mittlerweile auch R3 keine Routing-Informationen mehr von R1 empfangen, ist für ihn die Route X weiterhin über R2 erreichbar und zwar mit der neuen Distanz von 5. Er sendet deshalb ein Routing Update (X,6), was wiederum R2 veranlasst, ein Routing Update (X.7) zu senden.

Ohne entsprechende Mechanismen würde sich in so einem Fall die Distanz für die Route X permanent erhöhen, während die Router R2 und R3 die für X bestimmten Pakete immer untereinander zusenden.

Um die Auswirkungen dieses Oszillierens zu begrenzen, unterhalten alle Distance-Vector-Protokolle ein Limit für die Distanz. Ist dieser Wert erreicht, kennzeichnen sie die zugehörige Route in der Routing-Tabelle als nicht erreichbar (z.B. bei IP-RIP ein Hop-Count von 16). Außerdem besitzen alle Datenpakete der verschiedenen Netzwerkprotokolle eine maximale »Lebenszeit« innerhalb des Netzwerks.

2.1.1 Mechanismen zur Vermeidung von Routing-Schleifen

Triggered Updates

Bei einer Änderung in der Netzwerktopologie senden die Router sofort ein Routing Update an ihre Nachbarn. Dadurch verringert sich die Konvergenz des Protokolls (d.h. die Zeit, bis eine Änderung im Netzwerk bekannt ist).

Hold Downs

Wird eine Route aus der Routing-Tabelle entfernt, akzeptiert der Routing-Prozess für einen gewissen Zeitraum (die Holding-Time) keine neue Route für die gleiche Instanz.

Poison Reverse

Über ein Interface empfangene Routing Updates werden vom Router mit einer auf *unreachable* (nicht erreichbar) gesetzten Distanz über dieses Interface zurückgesendet.

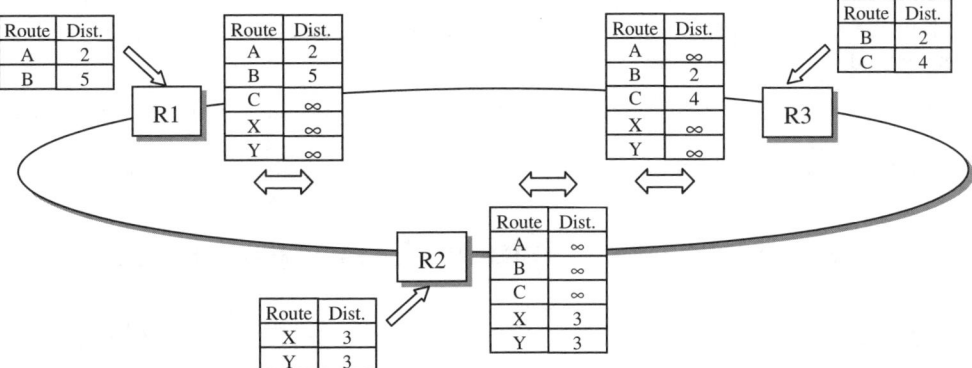

Split-Horizon

Alle Routen, die ein Router über ein Interface lernt, bezieht er in den Routing Updates, die er selbst über diese Schnittstelle sendet, nicht mehr mit ein.

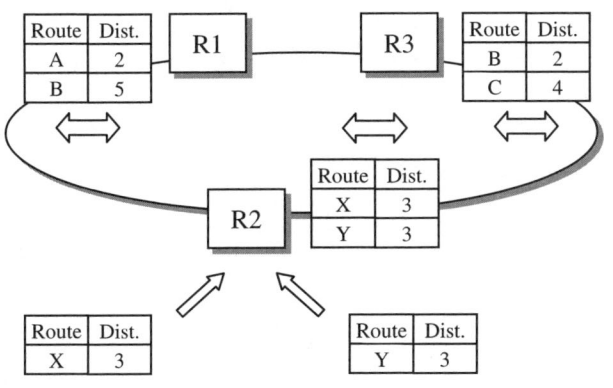

R2 sendet nur die Routen X und Y in das Netzwerk. Die Routen A, B und C wurden über das gleiche Interface gelernt und sind deshalb im Routing-Update nicht enthalten.

Dieses Verfahren kann aber bei NBMA-Netzen (z.B. Frame-Relay oder X.25) zu Problemen führen. Daher sollte man es in diesen Fällen eventuell ausschalten.

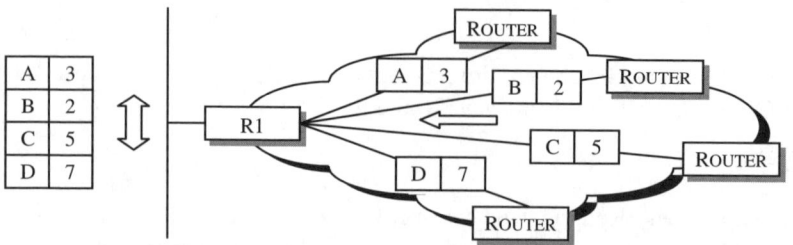

Falls die Frame-Relay-Verbindungen alle über ein Interface laufen, sendet R1 keine Information über Routen, die er von einem Router gewonnen hat, über die anderen Verbindungen zu den übrigen Routern zurück.

Dadurch kennen die anderen Router im Netzwerk nicht die Routen der übrigen Frame-Relay-Router. Eine Lösung wäre eine *fully-meshed* Konfiguration (d.h. alle Router des Frame-Relay-Netzes sind direkt miteinander verbunden) oder auf R1 Split-Horizon auszuschalten.

2.1.2   Übersicht über Distance-Vector-Protokolle

Protokoll	Metrik	Maximale Distanz	Hello Time
DECnet Non-Broadcast-Netzwerke Broadcast Netzwerke	Cost - Equal-cost Path-Split	Hop-Count von 30	15 Sekunden 10 Sekunden
EIGRP – IP, IPX, Appletalk langsame Leitungen (< T1) andere Schnittstellen	R, D, B, L - Unequal-cost Path-Split		60 Sekunden 5 Sekunden
IGRP	R,D,B,L - Unequal-cost Path-Split	Hop-Count von 100 (max. bis 254)	
RIP	Hop-Count	Hop-Count von 16	
IPX RIP	Delay - Equal-cost Path-Split	Hop-Count von 16	
Appletalk RTMP	Hop-Count	Hop-Count von 16	
Appletalk AURP			
BGP	Path Attributes		

Metrik: R = Reliability, D = Delay, B = Bandwidth, L = Load

Maximale Distanz: Hop Count, ab dem die Protokolle eine Route als unerreichbar betrachten.

Hello Time: Intervall, in dem Hello-Nachrichten an die Nachbar-Router versendet werden.

Protokoll	Routing Update	Invalid Time	Holding Time	Flush Time
DECnet Non-Broadcast- Netzwerke Broadcast Netzwerke	600 Sekunden 10 Sekunden	2 x Hello Timer 3 x Hello Timer		
EIGRP – IP, IPX, Appletalk langsame Leitungen (< T1) andere Schnittstellen	Triggered Updates	3 x Hello Timer 3 x Hello Timer		3 x Hello Timer 3 x Hello Timer
IGRP	90 Sekunden	3 x Update Timer 270 Sekunden	3 * Update + 10 Sek. 630 Sekunden	7 x Update Timer 630 Sekunden
RIP	30 Sekunden	6 x Update Timer 180 Sekunden	6 * Update Timer 180 Sekunden	8 x Update Timer 240 Sekunden
IPX RIP	60 Sekunden	3 x Update Timer 180 Sekunden		4 x Update Timer 240 Sekunden
Appletalk RTMP	10 Sekunden	2 x Update Timer 20 Sekunden		6 x Update Timer 60 Sekunden
Appletalk AURP	30 Sekunden			
BGP	Triggered Updates			

Routing Update: Zeitintervall, in dem Routing-Update-Pakete zu den Nachbar-Routern versendet werden.

Invalid Time: Wenn in diesem Zeitraum kein Routing Update für eine Route empfangen wurde, kennzeichnet das Protokoll sie als nicht erreichbar.

Holding Time: Falls eine Route nicht mehr gültig ist, nehmen die Router für diesen Zeitraum trotzdem keine andere (bessere) Route für die betroffene Instanz an.

Flush Time: Empfängt ein System innerhalb dieses Zeitraums keine Routing Updates für eine Route, entfernt es sie komplett aus der Routing-Tabelle.

2.1.2.1 Beispiel: Split-Horizon in einem Frame-Relay-Netzwerk

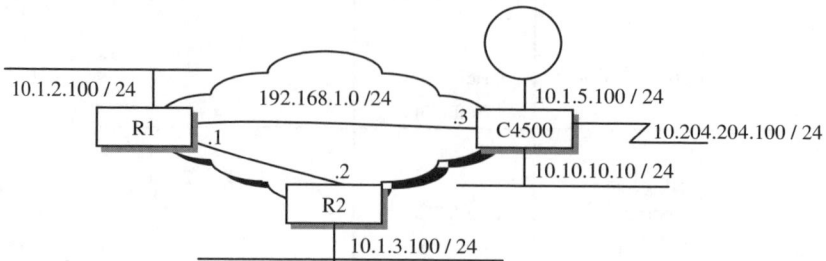

hostname R1
!
interface Ethernet0/0
 ip address 10.1.2.100 255.255.255.0
!
interface Serial0/0
 ip address 192.168.1.1 255.255.255.0
 ip split-horizon
 encapsulation frame-relay
 frame-relay map ip 192.168.1.2 101 broadcast
 frame-relay map ip 192.168.1.3 100 broadcast
 no frame-relay inverse-arp
!
router rip
 version 2
 network 10.0.0.0
 network 192.168.1.0
 no auto-summary

hostname R2
!
interface Ethernet0/0
 ip address 10.1.3.100 255.255.255.0
!
interface Serial0/0
 ip address 192.168.1.2 255.255.255.0
 ip split-horizon
 encapsulation frame-relay
 frame-relay map ip 192.168.1.2 102 broadcast
 no frame-relay inverse-arp
!
router rip
 version 2
 network 10.0.0.0
 network 192.168.1.0
 no auto-summary

hostname C4500
!
interface Ethernet0
 ip address 10.10.10.10 255.255.255.0
 media-type 10BaseT
!
interface Fddi0
 ip address 10.1.5.100 255.255.255.0
!
interface Serial0
 ip address 192.168.1.3 255.255.255.0
 ip split-horizon
 encapsulation frame-relay
 frame-relay map ip 192.168.1.1 102 broadcast
 no frame-relay inverse-arp
!
interface Serial1
 ip address 10.204.204.100 255.255.255.0
!
router rip
 version 2
 redistribute eigrp 1
 network 10.0.0.0
 network 192.168.1.0
 no auto-summary

Da die 10.0.0.0-Subnetze über das Netzwerk 192.168.1.0 miteinander verbunden sind, wurde die automatische Route Summarization durch den Befehl no auto-summary ausgeschaltet.

Die Switches des Frame-Relay-Netzwerks informieren die Router mit Hilfe des LMI-Protokolls über die vorhandenen DLCIs. Diese sind deshalb nicht explizit auf den Routern definiert worden.

Da die Cisco-Systeme standardmäßig den Split-Horizon-Algorithmus auf den Frame-Relay Interfaces ausschalten, wurde er in diesem Beispiel über das Kommando ip split-horizon explizit eingeschaltet.

Split-Horizon ist auf R1 über den Befehl ip split-horizon eingeschaltet

Der Split-Horizon-Algorithmus verhindert, dass der Router R1 die über S0/0 gelernten Subnetze 10.1.3.0, 10.1.5.0, 10.10.10.0 und 10.204.204.0 in das eigene Routing Update eingefügt.

- Frame-Relay-Informationen

R1# show frame map

```
Serial0/0 (up): ip 192.168.1.2 dlci 101(0x65,0x1850), static,
                broadcast,
                CISCO, status defined, active
Serial0/0 (up): ip 192.168.1.3 dlci 100(0x64,0x1840), static,
                broadcast,
                CISCO, status defined, active
```

R2# show frame map

```
Serial0/0 (up): ip 192.168.1.2 dlci 102(0x66,0x1860), static,
                broadcast,
                CISCO, status defined, active
```

C4500# show frame map

```
Serial0 (up): ip 192.168.1.1 dlci 102(0x66,0x1860), static,
                broadcast,
                CISCO, status defined, active
```

- Routing-Informationen

R1# show ip interface s0/0

```
Serial0/0 is up, line protocol is up
  Internet address is 192.168.1.1/24
  ...  ...
  Split horizon is enabled
```

R1# show ip route rip

```
     10.0.0.0/24 is subnetted, 5 subnets
R       10.1.3.0 [120/1] via 192.168.1.2, 00:00:17, Serial0/0
R       10.10.10.0 [120/1] via 192.168.1.3, 00:00:14, Serial0/0
R       10.204.204.0 [120/1] via 192.168.1.3, 00:00:14, Serial0/0
R       10.1.5.0 [120/1] via 192.168.1.3, 00:00:14, Serial0/0
```

R2# show ip route rip

```
        10.0.0.0/24 is subnetted, 2 subnets
R          10.1.2.0 [120/1] via 192.168.1.1, 00:00:02, Serial0/0
```

C4500# show ip route rip

```
        10.0.0.0/24 is subnetted, 4 subnets
R          10.1.2.0 [120/1] via 192.168.1.1, 00:00:05, Serial0
```

● RIP-Debug-Informationen von Router R1

R1# debug ip rip

```
RIP: received v2 update from 192.168.1.2 on Serial0/0
        10.1.3.0/24 -> 0.0.0.0 in 1 hops
RIP: received v2 update from 192.168.1.3 on Serial0/0
        10.204.204.0/24 -> 0.0.0.0 in 1 hops
        10.10.10.0/24 -> 0.0.0.0 in 1 hops
        10.1.5.0/24 -> 0.0.0.0 in 1 hops
RIP: sending v2 update to 224.0.0.9 via Ethernet0/0 (10.1.2.100)
        10.1.3.0/24 -> 0.0.0.0, metric 2, tag 0
        10.10.10.0/24 -> 0.0.0.0, metric 2, tag 0
        10.204.204.0/24 -> 0.0.0.0, metric 2, tag 0
        10.1.5.0/24 -> 0.0.0.0, metric 2, tag 0
        192.168.1.0/24 -> 0.0.0.0, metric 1, tag 0
RIP: sending v2 update to 224.0.0.9 via Serial0/0 (192.168.1.1)
        10.1.2.0/24 -> 0.0.0.0, metric 1, tag 0
```

Der Routing Update enthält nicht die über S0/0 gelernten Routen.

Split-Horizon ist auf R1 über den Befehl no ip split-horizon ausgeschaltet

Durch den ausgeschalteten Split-Horizon-Algorithmus lernen jetzt alle Router die Routen der anderen Router.

● Routing-Informationen

R1# show ip interface s0/0

```
Serial0/0 is up, line protocol is up
    Internet address is 192.168.1.1/24
    ... ...
    Split horizon is disabled
```

R1# show ip route rip

```
        10.0.0.0/24 is subnetted, 5 subnets
R          10.1.3.0 [120/1] via 192.168.1.2, 00:00:15, Serial0/0
R          10.10.10.0 [120/1] via 192.168.1.3, 00:00:13, Serial0/0
R          10.204.204.0 [120/1] via 192.168.1.3, 00:00:13, Serial0/0
R          10.1.5.0 [120/1] via 192.168.1.3, 00:00:13, Serial0/0
```

R2# show ip route rip

```
        10.0.0.0/24 is subnetted, 5 subnets
R          10.1.2.0 [120/1] via 192.168.1.1, 00:00:24, Serial0/0
R          10.204.204.0 [120/2] via 192.168.1.3, 00:00:24, Serial0/0
R          10.10.10.0 [120/2] via 192.168.1.3, 00:00:24, Serial0/0
R          10.1.5.0 [120/2] via 192.168.1.3, 00:00:24, Serial0/0
```

C4500#show ip route rip

```
        10.0.0.0/24 is subnetted, 5 subnets
R          10.1.3.0 [120/2] via 192.168.1.2, 00:00:11, Serial0
R          10.1.2.0 [120/1] via 192.168.1.1, 00:00:11, Serial0
```

● RIP-Debug-Informationen von Router R1

R1# debug ip rip

```
RIP: received v2 update from 192.168.1.2 on Serial0/0
     10.1.3.0/24 -> 0.0.0.0 in 1 hops
RIP: received v2 update from 192.168.1.3 on Serial0/0
     10.204.204.0/24 -> 0.0.0.0 in 1 hops
     10.10.10.0/24 -> 0.0.0.0 in 1 hops
     10.1.5.0/24 -> 0.0.0.0 in 1 hops
RIP: sending v2 update to 224.0.0.9 via Ethernet0/0 (10.1.2.100)
     10.1.3.0/24 -> 0.0.0.0, metric 2, tag 0
     10.10.10.0/24 -> 0.0.0.0, metric 2, tag 0
     10.204.204.0/24 -> 0.0.0.0, metric 2, tag 0
     10.1.5.0/24 -> 0.0.0.0, metric 2, tag 0
     192.168.1.0/24 -> 0.0.0.0, metric 1, tag 0
RIP: sending v2 update to 224.0.0.9 via Serial0/0 (192.168.1.1)
     10.1.3.0/24 -> 192.168.1.2, metric 2, tag 0
     10.1.2.0/24 -> 0.0.0.0, metric 1, tag 0
     10.10.10.0/24 -> 192.168.1.3, metric 2, tag 0
     10.204.204.0/24 -> 192.168.1.3, metric 2, tag 0
     10.1.5.0/24 -> 192.168.1.3, metric 2, tag 0
     192.168.1.0/24 -> 0.0.0.0, metric 1, tag 0
```

2.2   Link-State-Protokolle

Im Gegensatz zu Distance-Vector-Protokollen verteilt hier jeder Router nur Informationen über seine eigenen Verbindungen (Links) in Form von Link State Advertisements (LSA). Die Link-State-Protokolle verteilen diese LSAs über Link-State-Pakete (LSPs) im gesamten Netzwerk (so genanntes Fluten oder *Flooding*) und jeder Router speichert die empfangenen LSAs aller anderen Router in seiner Link-State-Datenbank.

Alle Router besitzen also die gleiche Sicht des Netzwerks. Um Routing-Schleifen zu vermeiden, müssen die Protokolle daher lediglich sicherstellen, dass alle Router alle LSAs empfangen haben und damit die gleiche Link-State-Datenbank benutzen.

Die Berechnung der eigentlichen Routing-Tabelle erfolgt dann über den von Dijkstra entwickelten SPF-Algorithmus (Shortest Path First). Dabei wird in der Regel die Route mit den geringsten Kosten bevorzugt.

Übersicht über Link-State-Protokolle

Parameter	IS-IS	OSPF	NLSP
Hello Time	3 Sekunden		
LAN	10 Sekunden	10 Sekunden	10 Sekunden
WAN	1 Sekunde	30 Sekunden	5 Sekunden
Designated Router	IS Hellos: 10 Sekunden ES Hellos: 600 Sekunden	wie LAN bzw. WAN	3 Sekunden
Holding Time			
LAN (auch DR)	10 x Hello Timer	4 x Hello Intervall	5 x Hello Timer
WAN	3 x Hello Timer gilt auch für ES und IS-Hellos	4 x Hello Intervall	5 x Hello Timer
LS Advertisement Update Time	max. nach 15 Minuten	max. nach 30 Minuten	max. nach 120 Minuten
LS Advertisement Hold Time	max. 20 Minuten	max. 60 Minuten	max. 125 Minuten
Designated Router CSNP	max. nach 10 Sekunden	-	max. nach 30 Sekunden
Metrik	Standard: Cost sowie Delay, Expense, Error	Cost	Cost (Throughput)
Path-Splitting	Equal-cost Path Splitting	Equal-cost Path Splitting	Equal-cost Path Splitting

Holding Time: Empfängt ein System innerhalb dieses Zeitraums keine Hello-Nachrichten von einem Nachbarn, wird der Router als nicht mehr erreichbar betrachtet.

LSA Update Time: Intervall, in dem auf jeden Fall ein Update für eine LSA erfolgen muss, egal ob sich die Informationen bzgl. der Verbindung geändert haben oder nicht.

LSA Hold Time: Erfolgt in diesem Zeitraum kein Update für eine LSA, entfernt das Protokoll den Eintrag aus seiner Link-State-Datenbank.

DR CSNP: Um sicherzustellen, dass keine LSAs verloren gehen, sendet der Designated Router periodisch eine Liste aller LSAs als CSNP (Complete Sequence Number Packet).

Hello Time: Intervall, in dem Hello-Nachrichten an die Nachbar-Router versendet werden.

Vergleich zwischen Link-State- und Distance-Vector-Protokollen

● Distance-Vector-Protokolle

    ● Router besitzen nur Informationen über das Netzwerk aus Sicht der Nachbar-Router.

    ● Langsame Konvergenz bei Änderungen in der Netzwerktopologie.

    ● In großen Netzwerken relativ hohe Belastung der Bandbreite, da die Updates sehr umfangreich sind.

● Link-State-Protokolle

    ● Jeder Router hat in der Regel die gleichen Informationen über das Netzwerk.

    ● Schnelle Konvergenz, falls eine Veränderung in der Topologie eintritt.

    ● Relativ wenig Netzwerkbandbreite benötigt, dafür aber CPU und Memory intensiver.

3

TCP/IP-Protokoll

3.1   Internet Protocol (IP)

Das IP-Protokoll stellt einen ungesicherten, verbindungslosen Datagram-Service für die Übertragung von Paketen in einem TCP/IP-Netzwerk zur Verfügung.

IP spezifiziert lediglich das exakte Format der innerhalb des Netzwerkes zu übertragenden Daten. Alle Funktionalitäten wie z.B. Routing oder die Zuordnung einer IP-Adresse zu einer physikalischen Adresse sind in anderen RFCs definiert:

● Fehlerkontrolle und Fragmentierung

RFC 791	Internet Protocol (IP)
RFC 792	Internet Control Message Protocol (ICMP)
RFC 1191	Path MTU Discovery

● IP und physikalische Netzwerke

RFC 826	ARP
RFC 903	Reverse ARP
RFC 2390	Inverse ARP (alter RFC 1293)
RFC 894	Standard for the transmission of IP-Datagrams over Ethernet Networks
RFC 1042	Standard for the transmission of IP-Datagrams over IEEE 802 Networks
RFC 1209	The Transmission of IP-Datagrams over the SMDS Service
RFC 1390	Transmission of IP and ARP over FDDI Networks
RFC 1356	Multiprotocol Interconnect on X.25 and ISDN in the Packet Mode
RFC 1469	IP Multicast over Token-Ring Local Area Networks
RFC 2225	Classical IP and ARP over ATM
RFC 1626	Default IP MTU for use over AAL5

● Adressierung

RFC 919	Broadcasting Internet Datagrams
RFC 922	Broadcasting Internet Datagrams in the presence of subnets
RFC 950	Internet Standard Subnetting Procedure
RFC 1166	Internet Numbers
RFC 1219	On the assignment of subnet numbers
RFC 1918	Private Internets
RFC 1519	Classless Inter-Domain Routing (CIDR)
RFC 2050	Internet Registry IP Allocation Guidelines

● Routing-Protokolle

RFC 1058	RIP
RFC 1195	Integrated IS-IS
RFC 1256	ICMP Router Discovery Protocol (IRDP)
RFC 2543	RIP Version II
RFC 2328	OSPF Version II
RFC 1771	BGP-4

Das IP-Protokoll definiert eine *Standard Network Byte Order*, die alle IP-Implementationen verwenden müssen: Bytes werden von links nach rechts und die Bits innerhalb eines Bytes werden mit dem MSB-Bit (Most Significant Bit) zuerst übertragen (entspricht dem Non-Canonical Format).

Bitübertragung

3.1.1   IP-Paketformat

● Header Length (4 Bits)

Die Länge des IP-Headers, angegeben in 32-Bit-Wörtern. Ohne die optionalen IP Options beträgt die Länge 20 Octets, d.h. die Header Length hat den Wert fünf.

● Total Length (16 Bits)

Die Länge des IP-Pakets inklusive Header und Daten. Durch den 16-Bit-Wert ergibt sich eine maximale Größe von 65535 Octets. Entsprechend dem IP-Standard muss eine Paket mindestens 68 Octets groß sein, die Standardgröße beträgt **576**.

Die maximal für ein Interface erlaubte Größe eines Datagrams bezeichnet man als **MTU** (Maximum Transfer Unit).

- Identification (16 Bits)

  Das IP-Protokoll benutzt das Identification-Feld, um IP-Fragmente eindeutig einem IP-Datagram zuordnen zu können. Fragmente gehören dann zum gleichen IP-Paket, wenn die Source und die Destination-Adresse, das Protokoll-Feld und der Identifier identisch sind. Das heißt, alle IP-Fragmente eines Pakets besitzen den gleichen Identifier.

- Flags (3 Bits)

Bit 0	Reserviert, immer Null	
Bit 1	(DF – Do not Fragment Bit)	1 = Das IP-Paket darf nicht fragmentiert werden
Bit 2	(MF – More Fragment Bit)	1 = Es folgen noch mehr IP-Fragmente

- Fragment Offset (13 Bits)

  Offset des Fragments innerhalb des ursprünglichen Pakets als Vielfaches von 8.

- Time To Live (TTL) (8 Bits)

  Spezifiziert, wie lange (in Sekunden) ein Paket im Netz verbleiben darf. Die Systeme verringern dieses Feld bei jeder Bearbeitung des IP-Datagrams um die aktuelle Bearbeitungszeit, mindestens aber um eine Sekunde. Hat das TTL-Feld einen Wert von Null erreicht, muss das Paket aus dem Netzwerk entfernt werden.

- Protocol (8 Bits)

  Beschreibt das Protokoll, dessen Informationen sich im Datenfeld befinden. Eine Liste findet man unter *http://www.isi.edu/in-notes/iana/assignments/protocol-numbers*.

1	ICMP	8	EGP	46	RSVP	88	EIGRP
2	IGMP	9	IGRP	47	GRE	89	OSPF
6	TCP	10	UDP	54	NHRP	103	PIM

- Header Checksum (16 Bits)

  Die Header Checksum bezieht sich nur auf die Informationen innerhalb des IP Headers, sie beinhaltet nicht die eigentlichen IP-Daten.

- Padding (variabel)

  Um sicherzustellen, dass der Header an einer 32 Bit Grenze endet, wird er gegebenenfalls mit Nullen aufgefüllt

Type of Service (TOS)

Der TOS-Parameter (8 Bits) gibt dem Netzwerk einen Hinweis auf die gewünschte Qualität, mit der es das Paket bei der Übertragung behandeln soll (Quality of Service).

0 1 2	3	4	5	6	7
Precedence	D	T	R	0	0

- Precedence (definiert die Wichtigkeit des Pakets)

Network Control	7
Internetwork Control	6
CRITIC/ECP	5
Flash Override	4
Flash	3
Immediate	2
Priority	1
Routine	0

- D-Bit (Verzögerung)

  0 = Normal Delay
  1 = Low Delay

- T-Bit (Durchsatz)

  0 = Normal Throughput
  1 = High Throughput

- R-Bit (Zuverlässigkeit)

  0 = Normal Reliability
  1 = High Reliability

IP Options (variabel)

IP Options stellen optionale Funktionalitäten zur Verfügung, deren Benutzung den Systemen bei der Übertragung eines IP-Pakets freigestellt ist.

0	1	2	3	4	5	6	7
Copy Flag	Option Class		Option Number				
Option Length							
Option Daten (je nach Option von unterschiedlicher Länge)							

- Copy Flag

  0 = Option ist nur in dem ersten Fragment eines IP-Pakets enthalten
  1 = Option ist in jedes IP-Fragment zu kopieren

- Option Class

  0   Control,
  2   Debugging and Measurement
  1, 3 reserviert

- Option Number

	Option	Länge	Class	Copy Flag
0	End of Option List (nur 1 Octet)	–	0	-
1	No Operation (nur 1 Octet)	–	0	-
2	Security	11	0	✓
3	Loose Source Routing	variabel	0	✓
4	Internet Timestamp	variabel	2	Nein
7	Record Route	variabel	0	Nein
8	Stream ID	4	0	✓
9	Strict Source Routing	variabel	0	✓
20	Router Alert (RFC 2113)	4	0	✓

Standard-MTU-Werte für einzelne physikalische Netzwerke

MTU	Netzwerk	Spezifikation
65535	Maximale IP MTU	RFC 791
17914	16 MB Token Ring	RFC 1191
9180	Classical IP over ATM	RFC 2225
9180	SMDS	RFC 1209
9180	ATM AAL5	RFC 1626
4464	4 MB Token Ring	RFC 1042
4352	FDDI	RFC 1390
1500	Ethernet V2	RFC 894
1500	PPP	RFC 1661
1500	X.25	RFC 1356
1492	IEEE 802.3 Ethernet	RFC 1042
576	X.25	RFC 877
576	Standard IP MTU	RFC 791
68	Minimale IP MTU	RFC 791

Eine evtl. Fragmentierung der IP-Pakete erfolgt auf dem Router, dessen ausgehendes Interface eine zu kleine MTU hat. Die Re-Assemblierung der einzelnen Fragmente zu einem kompletten IP-Datagram erfolgt immer auf dem Zielrechner.

Deterministic Fragment Loss (DFL)

Die IP-Fragmentation erlaubt zwar die Übertragung beliebig großer IP-Pakete innerhalb des Netzwerks, durch die so genannte Deterministic Fragment Loss kann es aber zu erheblichen Performance-Problemen kommen.

DFL tritt dann auf, wenn es nach der Fragmentierung eines Pakets zu einer ungewöhnlich hohen Verlustrate von bestimmten Fragmenten kommt. Beispielsweise verwirft ein Router bei relativ schnell aufeinander folgenden Fragmenten immer bestimmte Fragmente, wodurch selten alle Fragmente ankommen und das Zielsystem deshalb auch fast nie ein komplettes IP-Paket bilden kann.

Eine im RFC 1122 empfohlene Möglichkeit, dies zu umgehen, besteht darin, für alle nicht-lokalen Verbindungen die Standard-MTU von 576 zu verwenden. Dies verhindert zwar nicht ganz die Fragmentierung, stellt aber einen Kompromiss zwischen den DFL-Effekten und dem Overhead von zu kleinen Paketen dar.

Eine andere Möglichkeit ist der Einsatz von Path MTU Discovery, um die kleinste MTU innerhalb des Pfads vom Quell- zum Endsystem zu bestimmen.

3.1.2 Path MTU Discovery – RFC 1191

Path MTU (PMTU): die maximale Größe, die innerhalb eines bestimmten Pfads ohne Fragmentierung übertragen werden kann, also das Minimum der MTUs aller Komponenten, die auf dem Pfad in Richtung des Zielsystems das Paket weiterleiten müssen.

Zur Bestimmung der PMTU setzt der Host in allen IP-Paketen das *Don't Fragment Flag* im Header. Falls ein Router dieses Paket nicht weiterleiten kann, da die MTU des ausgehenden Interface zu klein ist, schickt er ein ICMP *Destination Unreachable*-Paket mit dem Code-Feld *Fragmentation needed and DF set* an den Sender zurück.

Dadurch wird der Host informiert, dass er die Paket-Größe für diese Verbindung verringern muss. Eine Möglichkeit, die notwendige MTU-Size automatisch festzulegen, besteht darin, dass der Router direkt im ICMP-Paket die benötigte MTU einträgt. Da nicht alle Router Path MTU Discovery unterstützen, beschreibt der RFC noch verschiedene andere Verfahren, wie der Host selbst die MTU nach bestimmten Algorithmen verkleinern kann.

Die Path MTU Discovery endet durch die Übertragung des Pakets ohne Fragmentierung oder wenn der Host den Prozess abbricht und das DF-Bit nicht mehr setzt. Normalerweise bleibt das Bit aber in allen Paketen definiert, sodass der Host bei einer geänderten Route sofort eine eventuell kleinere MTU entdecken kann.

Um eine möglicherweise aufgetretene Vergrößerung der MTU zu erkennen, sollte der Host die PMTU periodisch erhöhen. Ein Ansatz ist die im RFC beschriebene Anhebung auf sog. Plateauwerte. Ist eine erste Anhebung erfolgreich, wird in einem relativ kurzen Zeitraum der nächste Wert probiert. Schlägt die Erhöhung aber fehl, wartet der Router eine längere Zeit, bis er den nächsthöheren Wert nochmals versucht.

Modifikation des ICMP-Pakets durch einen Router

0	8	16	24	31
Type = 3	Code = 4	ICMP Checksum		
unused = 0		Next-Hop MTU		
IP Header und 8 Octets der ursprünglichen Daten				

● Next Hop MTU

Path MTU Discovery verwendet ein 16-Bit-Feld, das in der ICMP-Spezifikation als unused deklariert ist. Dieses enthält die Information über die maximale Größe eines IP-Pakets, die der Router ohne Fragmentierung weiterleiten kann.

```
DLL: - - - - - Datalink Header - - - - -
DLL:
DLL: Destination Address            = AA-00-04-00-F1-FC
DLL: Source Address                 = 00-60-5C-F4-72-6F
DLL:
IP: - - - - - Internet protocol (IP) - - - - -
IP:
IP: Internet header version         = 4
IP: Internet Header Length          = 20 bytes
IP: Type of service                 = 00
IP: Total Packet Length             = 56 bytes
IP: Identification                  = 39
IP: Fragment Information            = 0000
IP: Fragment Offset                 = 0
IP: Time to live (sec)              = 255
IP: Protocol Type                   = 1 (ICMP)
IP: Header Checksum                 = 35713 (correct)
IP: Source Address                  = 10.207.7.65
IP: Destination Address             = 10.207.7.68
IP:
IP: Protocol "ICMP" data
IP:
ICMP: - - - - - Internet Control Message Protocol (ICMP) - - - - -
ICMP:
ICMP: Message Type                  = 3 (DestUnreachable)

ICMP: Message Code                  = 4 (FragmentationNeeded)
ICMP: Checksum                      = 17958
ICMP: Unused                        = 00000240  ◄————— Next-Hop MTU 576
ICMP: Original Source Address       = 10.207.7.68
ICMP: Original Destination Address  = 10.207.7.95
```

3.1.3 IP-Adressierung

Die eigentliche IP-Adressierung ist im RFC 1166 (Internet Numbers) beschrieben.

	Erstes Octet		Adressbereich	Private Internets
Class A	0xxx	xxxx	1.0.0.0–126.255.255.255	10.0.0.0 / 8
Class B	10xx	xxxx	128.1.0.0–191.255.255.255	172.16.0.0 / 16
Class C	110x	xxxx	192.0.0.0–223.255.255.255	192.168.0.0 / 16
Multicast	1110	xxxx	224.x.x.x–239.x.x.x.	

Spezielle Netzwerkadressen

● 0.0.0.0   Adresse des lokalen Systems (nur während des Startup)

● ALL0.HOST   Host auf diesem Netz (nur während des Startup)

● NET.ALL1   Broadcast für das Netzwerk (z.B. 192.168.10.255)

● 255.255.255.255   Limited Broadcast

● 127.x.x.x   Loopback-Adressen

Subnetting (RFC 950)

Subnetting erlaubt das Aufteilen eines IP-Netzwerks in mehrere kleinere Subnetze. Die Definition der Subnetz-Grenzen erfolgt über eine Subnetz-Maske. Da ein Subnetz nie nur Nullen oder Einsen enthalten darf, muss es mindestens zwei Bits umfassen.

Beispiel: Netz 193.29.94.0, Subnet-Maske 255.255.255.192

(192 = 1100 0000, d.h. Bits 7 und 8 für Subnetz und Bits 0 bis 6 für Hosts)

Bit 7/8	Subnetz	Broadcast-Maske		
00	193.29.94.0	193.29.94.63	00 111111	nicht erlaubt
01	193.29.94.64	193.29.94.127	01 111111	
10	193.29.94.128	193.29.94.191	10 111111	
11	193.29,94.192	193.29.94.255	11 111111	nicht erlaubt

Anzahl der Subnetze und Hosts bei Subnetting

● Class-A-Netzwerk

Subnetz-Maske/Anzahl der Bits		Anzahl der Netze	Anzahl der Hosts
255.192.0.0	2	2	4194302
255.224.0.0	3	6	2097150
255.240.0.0	4	14	1048574
255.248.0.0	5	30	524286
255.252.0.0	6	62	262142
255.254.0.0	7	126	131070
255.255.0.0	8	254	65536
255.255.128.0	9	510	32766
255.255.192.0	10	1022	16382
255.255.224.0	11	2046	8190
255.255.240.0	12	4094	4094
255.255.248.0	13	8190	2046
255.255.252.0	14	16382	1022
255.255.254.0	15	32766	510
255.255.255.0	16	65536	254
255.255.255.128	17	131070	126
255.255.255.192	18	262142	62
255.255.255.224	19	524286	30
255.255.255.240	20	1048574	14
255.255.255.248	21	2097150	6
255.255.255.252	22	4194302	2

● Class-B-Netzwerk

Subnetz-Maske/Anzahl der Bits		Anzahl der Netze	Anzahl der Hosts
255.255.192.0	2	2	16382
255.255.224.0	3	6	8190
255.255.240.0	4	14	4094
255.255.248.0	5	30	2046
255.255.252.0	6	62	1022
255.255.254.0	7	126	510
255.255.255.0	8	254	254
255.255.255.128	9	510	126
255.255.255.192	10	1022	62
255.255.255.224	11	2046	30
255.255.255.240	12	4094	14
255.255.255.248	13	8190	6
255.255.255.252	14	16382	2

● Class-C-Netzwerk

Subnetz-Maske/Anzahl der Bits		Anzahl der Netze	Anzahl der Hosts
255.255.255.192	2	2	62
255.255.255.224	3	6	30
255.255.255.240	4	14	14
255.255.255.248	5	30	6
255.255.255.252	6	62	2

3.1.3.1 Variable Length Subnet Masks (VLSM)

VLSM (definiert im RFC 1219) erlaubt die Aufteilung eines Netzwerks in Subnetze mit unterschiedlichen Subnetz-Masken. Dazu müssen die Routing-Informationen zusätzlich noch die Subnetz-Maske beinhalten.

Das Weiterleiten der IP-Pakete basiert dabei auf dem »longest Match«-Mechanismus. D.h. die Routing-Protokolle wählen immer die Route mit der längsten passenden Subnetz-Maske aus. Als Routing-Protokolle unterstützen z.B. OSPF, RIPv2, Integrated IS-IS oder EIGRP VLSMs.

In dem folgenden Beispiel ist das Netzwerk 192.1.2.0 in mehrere verschiedene Subnetze aufgeteilt. Die einzelnen Subnetze unterscheiden sich jeweils in den linken Bits des Subnetz-Anteils.

	6 Bit Subnet	2 Hosts	Subnetz-Maske 255.255.255.**252**
192.1.2.1 / 30	000000 00	ungültig, da Subnet nur aus Nullen besteht	
	000000 11	ungültig, da Subnet nur aus Nullen besteht	
192.1.2.4 / 30	000001 00		
	000001 11		
	5 Bit Subnets	6 Hosts	Subnetz-Maske 255.255.255.**248**
192.1.2.8 / 29	00001 000		
	00001 111		
192.1.2.16 / 29	00010 000		
	00010 111		
192.1.2.24 / 29	00011 000		
	00011 111		
	4 Bit Subnets	14 Hosts	Subnetz-Maske 255.255.255.**240**
192.1.2.32 / 28	0010 0000		
	0010 1111		
192.1.2.48 / 28	0011 0000		
	0011 1111		
	3 Bit Subnets	30 Hosts	Subnetz-Maske 255.255.255.**224**
192.1.2.64 / 27	010 00000		
	010 11111		
192.1.2.96 / 27	011 00000		
	011 11111		
	2 Bit Subnets	62 Hosts	Subnetz-Maske 255.255.255.**192**
192.1.2.128 / 26	10 000000		
	10 111111		
192.1.2.192 / 26	11 000000	ungültig, da Subnetz nur aus Einsen besteht	
	11 111111	ungültig, da Subnetz nur aus Einsen besteht	

3.1.3.2 Classless Inter Domain Routing (CIDR)

Unter CIDR (RFC 1517, 1518, 1519, 1520) gibt es keine klassische Trennung mehr zwischen Class-A-, -B- und -C-Netzwerken. Man kann jede Adresse in einen beliebigen Netzwerk- und Host-Anteil aufteilen.

Die Abgrenzung zwischen der Netzwerknummer und dem Host-Anteil erfolgt über einen Netzwerk-Prefix. Alle Routing-Protokolle unterstützen OSPF, RIP II, Integrated IS-IS, EIGRP und BGP Classless Inter Domain Routing.

Beispiel für den Einsatz von CIDR zur Aufteilung des Adressblocks eines Internet-Service-Providers (ISP) auf mehrere Kunden-Netzwerke.

ISP-Block	214.0.64.0 / 18	11010110.00000000.01000000.00000000
Client Block #1	214.0.68.0 / 22	11010110.00000000.**010001**00.00000000
Class-C-Netzwerk #1	214.0.68.0 / 24	11010110.00000000.01000100.00000000
Class-C-Netzwerk #2	214.0.69.0 / 24	11010110.00000000.01000101.00000000
Class-C-Netzwerk #3	214.0.70.0 / 24	11010110.00000000.01000110.00000000
Class-C-Netzwerk #4	214.0.71.0 / 24	11010110.00000000.01000111.00000000
Client Block #2	214.0.72.0 / 22	11010110.00000000.**010010**00.00000000
Class-C-Netzwerk #1	214.0.72.0 / 24	11010110.00000000.01001000.00000000
Class-C-Netzwerk #4	214.0.75.0 / 24	11010110.00000000.01001011.00000000

Route-Aggregation

CIDR unterstützt außerdem Route-Aggregation, d.h., ein einzelner Routing-Eintrag (die so genannte Summary Address) repräsentiert den Adressbereich von mehreren normalen Routen. Um Routing-Schleifen zu vermeiden, sind folgende Einschränkungen zu beachten:

1. Falls das System Route-Aggregation durchführt, sind alle Pakete zu verwerfen, die zu der Summary-Adresse passen, nicht aber zu einer expliziten Route.

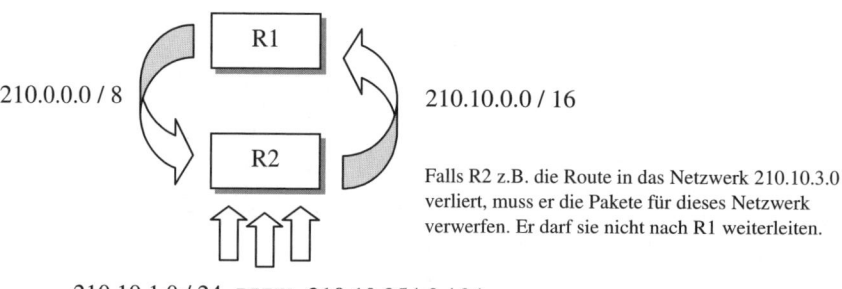

Falls R2 z.B. die Route in das Netzwerk 210.10.3.0 verliert, muss er die Pakete für dieses Netzwerk verwerfen. Er darf sie nicht nach R1 weiterleiten.

2. Dem Eintrag für eine Default-Route darf nicht gefolgt werden, falls der Router für die Zieladresse Route-Aggregation durchführt.

3. Das Weiterleiten der Default-Route (0.0.0.0 / 0.0.0.0) über ein Routing-Protokoll ist immer explizit zu konfigurieren. Dadurch soll ein irrtümliches Generieren dieser Route vermieden werden.

3.2   IP Multicast

IP Broadcasts (RFC 919 und RFC 922)

● Limited Broadcast (255.255.255.255)

Die Adresse 255.255.255.255 kennzeichnet einen speziellen Broadcast, der nur für ein lokales physikalisches Subnetz gilt und nicht weiter geroutet werden darf.

● Local Broadcast (SUBNET.ALL1)

Bei einem lokalen Broadcast ist jedes Bit des Host-Anteils des lokalen IP-Subnetzes auf Eins gesetzt (z.B. 10.130.20.0 / 24, der Broadcast ist dann 10.130.20.255). Im Gegensatz zum Limited Broadcast ist der Local Broadcast routebar.

● Directed Broadcast

Die Router leiten den Broadcast über die normalen Routing-Mechanismen an ein entferntes Netzwerk weiter. Analog zum lokalen Broadcast sind alle Bits des Host-Anteils der Adresse auf Eins gesetzt.

● Multi-Subnet Broadcasts (NET.ALL1)

Bei einem Multi-Subnet Broadcast sind zusätzlich die Bits des Subnetz-Anteils noch Eins. Ansonsten behandeln die Protokolle die Multi-Subnet Broadcasts aber genauso wie Directed Broadcasts (z.B. 10.130.20.0 / 24, der Multi-Subnet Broadcast wäre dann 10.255.255.255 oder 10.130.255.255).

Zur Vermeidung von Schleifen darf ein Router einen Broadcast nie über das Interface weiterleiten, über das er ihn empfangen hat. Bei Directed oder Multi-Subnet Broadcasts geben die Router den Broadcast entsprechend dem *Reverse-Path-Forwarding*-Algorithmus weiter.

RPF – Reverse Path Forwarding

Die Router geben einen Broadcast nur dann weiter, wenn sie das Interface, über das sie den Broadcast empfangen haben (incoming Interface) auch für das Versenden von Unicast-Paketen in Richtung des Senders benutzen. Das heißt, über das Incoming-Interface läuft der »beste« Pfad in Richtung des Senders.

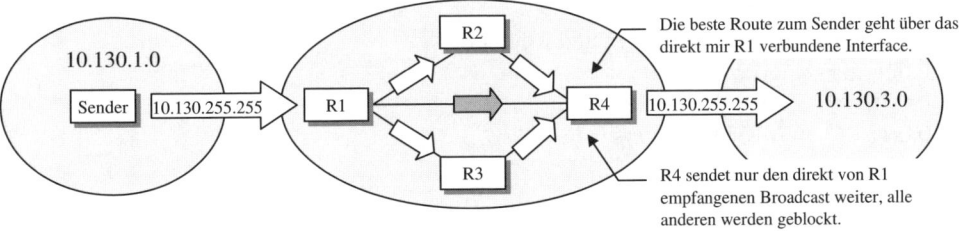

3.2.1 Multicast-Adressen

Gültigkeitsbereiche von IP-Multicasts (sog. Scope)

● TTL Scoping

Die meisten aktuellen Multicast-Implementationen grenzen die Reichweite von Multicasts durch das TTL-Feld im IP-Header ein. Dabei wird ein lokaler Grenzwert für die TTL definiert und ein Multicast-Paket nicht mehr weitergeleitet, wenn die verbleibende TTL kleiner als dieser Wert ist.

TTL 0	Multicast ist auf den lokalen Host beschränkt
TTL 1	Multicast ist auf das lokale Subnetz beschränkt
TTL 15	Multicast ist auf das gleiche Gelände beschränkt
TTL 63	Multicast ist auf die gleiche Region beschränkt
TTL 127	weltweit
TTL 191	weltweit; limitierte Bandbreite
TTL 255	keine Einschränkung

● Administratively Scoped IP-Multicast (RFC 2365)

Administratively-Scoped-Multicast-Adressen werden lokal definiert und dürfen fest konfigurierte Grenzen (*Administrative Boundaries*) nicht überschreiten. Diese Grenzen legt man auf den einzelnen Schnittstellen der Multicast-Boundary-Router fest. Die Router blocken dann alle Multicasts, die zu der Boundary-Definition passen. Daher müssen diese Adressen nur innerhalb des konfigurierten Bereichs eindeutig sein.

Statically assigned Link-Local Scope (224.0.0.x / 24)

Diese Adressen sind für Routing-Protokolle und andere *Low-Level Topology Discovery/Maintenance*-Protokolle (z.B. IDRP und IGMP) reserviert und auf das lokale Subnetz beschränkt. Das heißt, sie dürfen nicht weiter geroutet werden.

224.0.0.1	All Systems on this Subnet
224.0.0.2	All Routers on this Subnet
224.0.0.4	DVMRP Router
224.0.0.5	OSPF All Routers
224.0.0.6	OSPF All Designated Routers
224.0.0.9	RIP2 Router
224.0.0.10	IGRP Router
224.0.0.13	All PIM Routers

Static Global Scope

224.0.1.22	RFC 2165 Service Location Protokoll (SLP) General Multicast
224.0.1.35	RFC 2165 SLP Directory Agent Discovery
224.0.1.24	Microsoft WINS Server Autodiscovery
224.0.1.39	Cisco PIM Rendezvous Point Announce
224.0.1.40	Cisco PIM Rendezvous Point Discovery
224.0.1.41	H.323 Gatekeeper Discovery
224.0.1.75	All SIP Server
224.2.127.254	SAPv1 Announcements

Administratively Scoped (239.0.0.0 bis 239.255.255.255)

239.255.0.0/16	IPv4 Local Scope
239.254.0.0/16, 239.253.0.0/16, 239.252.0.0/16	IPv4 Local Scope Expansion
239.192.0.0/14	IPv4 Organization Local Scope
239.0.0.0/10, 239.64.0.0/10, 239.128.0.0/10	IPv4 Organization Local Scope Expansion

Die höchsten 24 Bits jeder Scoped-Region sind für Relative Assignments reserviert. Dabei handelt es sich um einen Integer-Offset von der höchsten Adresse eines Bereichs, der eine 32-Bit- Adresse repräsentiert. Zum Beispiel: Scope 239.255.255.0 / 24:

Relative 0	239.255.255.255	SAP Session Announcement Protocol
Relative 1	239.255.255.254	MDHCP Protocol
Relative 2	239.255.255.253	SLPv2 Discovery

Abbildung eines IP-Multicasts auf eine Data-Link-Multicast-Adresse

● IEEE-802-Netzwerke

Die niederwertigen 23 Bits der Multicast-Adresse werden in die niederwertigen 23 Bits des LAN-Multicasts **01-00-5E-00-00-00** übernommen. Da aber 28 Bits des IP-Multicasts signifikant sind, kann es zu doppelten LAN-Multicast-Adressen kommen (die ersten 4 Bits eines IP-Multicasts sind immer 1110).

z.B. IP-Multicast 236.**200**.36.1   01-00-5E-**48**-24-01 ◄—— Von dem dritten Byte des IP-Multicasts ist einfach 128 abzuziehen und der Wert in Hexadezimal umzuwandeln.

● Token Ring (RFC 1469)

Über die Functional-Address C0:00:00:04:00:00

● VLANs

Die Zuweisung von Multicast-Adressen zu einzelnen VLANs ist über das IEEE 802.1p GMRP-Protokoll möglich (GARP Multicast Registration Protocol).

3.2.2 Internet Group Management Protocol (IGMP)

IP Hosts

IP Hosts setzen IGMP (Version 1 in RFC 1112, Version 2 in RFC 2236) ein, um die direkt am gleichen Subnetz angeschlossenen Router davon zu unterrichten, für welche Multicast-Gruppen sie Daten empfangen möchten.

Ein Knoten, der einer Multicast-Gruppe beitritt, sendet zu Beginn einige IGMP-Reports, um die Router über die Gruppe zu informieren – für den Fall, dass er das erste Gruppenmitglied ist.

Will ein Host eine Multicast-Gruppe verlassen und er ist der letzte Host, der auf einen Query geantwortet hat, sendet er eine Leave Message zu den lokalen Multicast-Routern.

Multicast-Router

Multicast-Router benutzen IGMP, um zu erkennen, für welche Multicast-Gruppen Mitglieder auf ihren lokal angeschlossenen Subnetzen vorhanden sind.

Für ein physikalisches Netzwerk kann ein Router entweder die Rolle eines Querier oder Non-Querier annehmen. Nur der Querier-Router darf IGMP General Queries senden.

Jeder Router startet als Querier. Falls er jedoch eine Query-Nachricht empfängt, deren IP-Source-Adresse größer ist als seine eigene, geht er in den Non-Querier-Modus.

Der Querier-Router sendet periodisch IGMP General Queries (alle 125 bzw. bei V1 alle 60 Sekunden), die von den Hosts für jede Multicast-Gruppe mit einer Report-Nachricht beantwortet werden.

Die Hosts antworten aber nur dann, wenn sie innerhalb einer gewissen Zeit keine Report-Nachricht von einem anderen Host ihrer Multicast-Gruppe empfangen haben.

IGMP-Paketformat (nach RFC 2236)

0	8	16	24	31
Type	MaxResponseTime	Checksum		
Group Address				

Im IGMPv1-Format ist die MaxResponseTime auf Null gesetzt und das Type-Feld in eine 4-Bit-Version und einen 4-Bit-Type aufgeteilt.

● IP-Header

Protokollnummer 2, TTL gleich 1 und evtl. die Router-Alert-Option

- Type

0x11	Membership Query (General Query bzw. Group-Specific Query)
0x12	V1 Membership Report
0x16	V2 Membership Report
0x17	Leave Group

Type	IP-Zieladresse	IGMP Group Address
General Query	AllSystems-Multicast – 224.0.0.1	0.0.0.0
Group-Specific Query	Die Gruppe, die abgefragt wird	Die Gruppe, die abgefragt wird
Membership Report	Die Gruppe, die sich anmeldet	Die Gruppe, die sich anmeldet
Leave Message	AllRouters-Multicast – 224.0.0.2	Die Gruppe, die sich abmeldet

- Checksum

  Die Checksum erstreckt sich über das gesamte IGMP-Paket.

3.2.3 IP-Multicast-Routing

Das Versenden von Multicast-Daten zu den einzelnen Mitgliedern einer Gruppe erfolgt über einen Multicast Distribution Tree, der alle Hosts dieser Gruppe miteinander verbindet. Der Aufbau dieses Baums ist die Aufgabe der Multicast-Routing-Protokolle.

Die Basis für diese Routing-Protokolle bildet die Kombination aus dem Sender der Multicast-Pakete und der zugehörigen Multicast-Adresse – auch als (S,G) für (Source,Group) bezeichnet.

Sind Empfänger an einem lokalen Netzwerk des Routers vorhanden, benutzt er die Multicast-Möglichkeiten des Data Link Layers zum Weiterleiten der Pakete.

Falls die Gruppen-Mitglieder über verschiedenen Verbindungen verteilt sind, duplizieren die Multicast-Router das Paket und übertragen es über die benötigten Interfaces.

Je nach Verteilung der Mitglieder einer Multicastgruppe innerhalb eines Netzwerks unterscheidet man zwischen zwei Arten von Multicast-Routing-Protokollen:

Sparse-Mode-Multicast-Routing-Protokolle

Diese Protokolle (z.B. Core Based Tree (CBT), Sparse-Mode PIM) gehen davon aus, dass die Mitglieder der Multicast-Gruppe ziemlich verstreut (*sparse*) im Netzwerk verteilt sind (z.B. im Internet oder bei Wide-Area-Verbindungen).

Sparse-Mode-Protokolle verwenden als Distribution Tree einen Shared Tree, bei dem die Router die Multicast-Pakete zuerst an einen zentralen Multicast-Router weiterleiten.

Der Aufbau einer Verbindung zu diesem Router erfolgt dann, wenn sich ein Host über IGMP in einer Multicast-Gruppe anmeldet.

Dense-Mode-Multicast-Routing-Protokolle

Dense-Mode-Protokolle (z.B. MOSPF, DVRMP, Dense-Mode PIM) basieren auf der Annahme, dass genügend Bandbreite im Netzwerk vorhanden ist und dass die Mitglieder ziemlich dicht (*dense*) im Netzwerk verteilt sind.

Die Router bauen als Distribution Tree einen Shortest Path Tree – mit dem Sender der Multicast-Nachrichten als Wurzel – auf, den so genannten Source Rooted Tree.

Für jedes (S,G)-Paar müssen die Multicast-Router einen separaten Distribution Tree berechnen. Dies geschieht, sobald ein Router das erste Multicast-Paket für eine Gruppe empfängt.

- MOSPF – Multiprotocol Extensions for OSPF (RFC 1584)

  MOSPF unterstützt Intra- und Inter-Area-Multicast-Routing, ist aber abhängig davon, dass in dem Netzwerk OSPF als Unicast-Routing-Protokoll eingesetzt wird.

  Jeder MOSPF-Router flutet periodisch seine lokal über IGMP gelernten Multicast-Informationen als Group Membership LSAs innerhalb der eigenen Area.

  Die Berechnung des Shortest Path Source Rooted Tree für ein (S,G)-Paar erfolgt erst dann, wenn der Router das erste Multicast-Paket für diese Gruppe erhält.

- DVMRP – Distance Vector Multicast Routing Protocol (RFC 1075)

  Für den im Rahmen der Broadcast-and-Prune-Technik eingesetzten Reverse-Path-Forwarding-Algorithmus verwendet DVMRP sein eigenes Unicast-Routing-Protokoll. Für das normale Routing der Unicast-Daten ist weiterhin ein separates Routing-Protokoll notwendig.

3.2.4 Protocol Independent Multicast (PIM)

PIM arbeitet unabhängig von den eingesetzten Unicast-Routing-Protokollen. Eine PIM-Domain kann daher über mehrere Unicast-Routing-Domains (z.B. RIP, OSPF usw.) definiert werden.

3.2.4.1 Dense Mode PIM

PIM-DM (Internet-Draft) arbeitet zwar unabhängig von den eingesetzten Unicast-Routing-Protokollen, die für den Aufbau des Source Root Tree eingesetzte Broadcast-and-Prune-Technik benötigt aber die Routing-Tabelle für den Reverse-Path-Forwarding-Algorithmus.

Broadcast and Prune

1. Zu Beginn der Multicast-Übertragung fluten die Router die Daten über alle Interfaces wie normale Broadcast-Pakete nach dem Reverse-Path-Forwarding-Algorithmus (siehe Seite 1).

2. Anschließend schneidet das PIM-Protokoll die Zweige (*Branches*) des Distribution Tree ab, an denen keine Empfänger für die Multicast-Gruppe vorhanden sind (sog. *Pruning*).

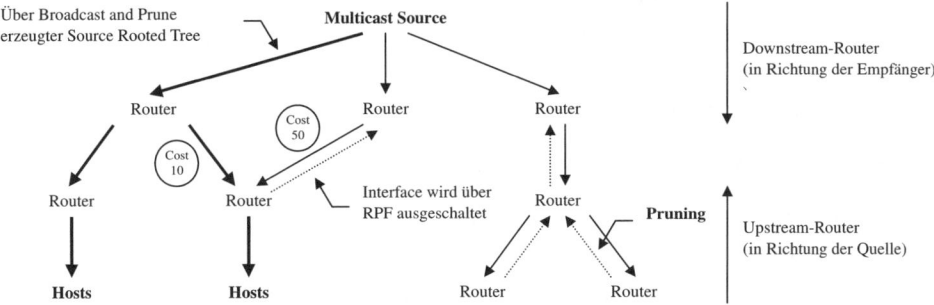

3. Dies erfolgt, indem der Downstream-Router eine Prune Message an den Upstream-Router sendet, der dann das Interface für das zugehörige (S,G)-Paar in den Prune-Status setzt.

4. Nach Ablauf einer gewissen Zeit (des *Prune Timers*) geht das Interface automatisch wieder in Forwarding und leitet Multicast-Pakete für das (S,G)-Paar erneut über den Zweig weiter.

Grafts

Erscheint in einem »abgeschnittenen Zweig« ein neues Gruppenmitglied, kann der Router ein Graft-Paket in Richtung der Upstream-Router senden.

Dadurch wechselt der komplette Zweig direkt vom Pruning in den Forwarding-Zustand ohne das die Router warten müssen, bis der Prune Timer abgelaufen ist.

3.2.4.2 Sparse Mode PIM

Sparse Mode PIM ist im RFC 2362 definiert. Zum Aufbau des Distribution Tree müssen die Router einem so genannten Rendezvous Point (RP) explizit mitteilen, dass sie Nachrichten für eine bestimmte Multicast-Gruppe empfangen möchten. Dadurch wird der RP-centered Shared Tree für diese Multicast-Gruppe aufgebaut.

Für jede Multicast-Gruppe existiert innerhalb eines autonomen Systems ein eindeutiger Rendezvous Point und ein RP-centered Shared Tree für die Verteilung der Daten.

Für jedes physikalische Subnetz wählen die PIM-SM-Router den Router mit der höchsten IP-Adresse als Designated Router aus.

Host meldet sich über IGMP an eine Multicast-Gruppe an

1. Sobald der DR eine IGMP-Report-Nachricht für eine bestimmte Multicast-Gruppe empfängt, sendet er periodisch PIM Join Messages an den RP.

2. Der DR und alle Router auf dem Weg zum RP erzeugen daraufhin einen (*,G)-Eintrag in ihrer Multicast-Forwarding-Datenbank (* bedeutet, dass der Eintrag für alle Quellen gilt).

3. Das Incoming Interface dieses Eintrags zeigt in Richtung des RP und das Outgoing Interface auf den Downstream-Router.

4. Dadurch ist der Weg eines Multicast-Pakets vom Rendezvous Point in Richtung der Empfänger unabhängig von der Quelle festgelegt.

Quelle beginnt Multicast-Daten zu senden

1. Der DR packt die Multicast-Daten in eine PIM-Register-Nachricht ein, die er dann als Unicast zum Rendezvous-Point weitergibt.

2. Dort werden sie ausgepackt und wieder als Multicast entsprechend der Multicast-Forwarding-Tabelle über den Shared Tree weitergeleitet.

Router wechseln vom RP-centered Shared Tree zum Shortest Path Source Rooted Tree

1. Falls die Datenrate sehr hoch ist, haben die PIM-SM-Router noch die Möglichkeit, von dem Shared Tree in einen Shortest Path Source Rooted Tree zu wechseln.

2. Der RP sendet dazu eine PIM-Join-Nachricht in Richtung der Quelle und die Upstream-Router erweitern ihre Multicast-Forwarding-Tabelle um den spezifischen (S,G)-Eintrag.

3. Nachdem der Source Rooted Tree aufgebaut ist, können über eine PIM Prune Message in Richtung des RP die Router aus dem Shared Tree entfernt werden.

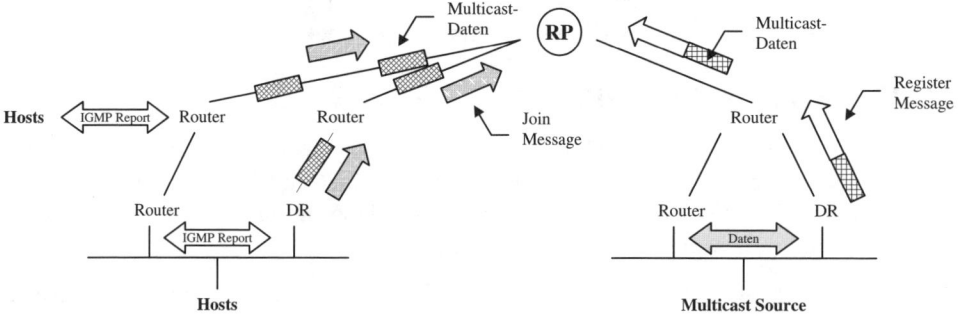

3.3   Internet Control Message Protocol (ICMP)

ICMP (RFC 792) dient zum Versenden von Fehler- und Kontrollnachrichten und ist auf jedem Host und Router implementiert. Da ICMP keine Fehlerbehandlung durchführt, geben die Systeme im Fehlerfall nur Error-Reports weiter.

ICMP-Paketformat

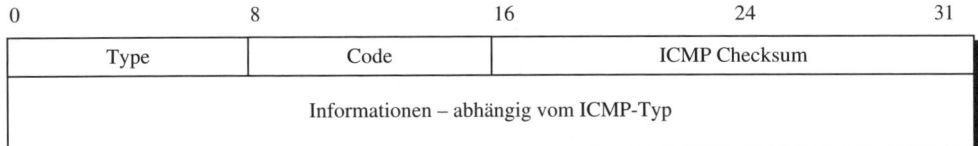

0	8	16	24	31

Type	Code	ICMP Checksum
Informationen – abhängig vom ICMP-Typ		

Überblick über die verschiedenen ICMP-Nachrichten

ICMP Message Type	Type Field	Code Field
Echo Reply (Ping)	0	0
Echo Request (Ping)	8	0
Destination Unreachable	3	
Network Unreachable		0
Host Unreachable		1
Protocol Unreachable		2
Port Unreachable		3
Fragmentation Needed and DF Set		4
Source Route Failed		5
Destination Network Unknown		6
Destination Host Unknown		7
Source Host Isolated		8
Communication with Destination Net administratively prohibited		9
Communication with Destination Host administratively prohibited		10
Network unreachable for Type of Service		11
Host unreachable for Type of Service		12
Source Quench	4	0
Redirect	5	
Redirect Datagrams for the Host		1
Redirect Datagrams for the Type of Service and Net		2
Redirect Datagrams for the Type of Service and Host		3
Router Advertisement (IRDP RFC1256)	9	
Router Selection (IRDP RFC1256)	10	
Time Exceeded for Datagram	11	
Time-to-live Count exceeded		0
Fragment reassembly Time exceeded		1
Parameter Problem on Datagram	12	
Parameter Problem		0
Required Option is missing		1
Address Mask Request	17	0
Address Mask Reply	18	0

3.4 User Datagram Protocol (UDP)

UDP (RFC 768) stellt eine ungesicherte, verbindungslose Transportverbindung zur Verfügung:

1. Es besteht keine Garantie, dass die Daten übertragen wurden, und bei einem evtl. Datenverlust erfolgt auf UDP-Ebene keine erneute Übertragung der Daten.

2. Pakete können in der falschen Reihenfolge beim Empfänger ankommen, ohne dass UDP eine Neuordnung in der richtigen Reihenfolge durchführt.

3. Deshalb übergeben die Applikationen die Daten an das UDP-Protokoll nicht wie bei TCP als einen Datenstrom, sondern als Nachrichten mit festen Grenzen.

UDP-Segment-Format

0	4	8	12	16	20	24	28	31	8 Octets
Source Port			Destination Port					
Length			Checksum					
UDP Data									

● Length

Die Länge des User Datagram einschließlich des UDP-Header und der Daten.

● Checksum (optional)

Die Checksum über das gesamte UDP-Paket inklusive eines Pseudo-Header, der aus der Source- und Destination-Adresse, dem IP-Protokoll und der UDP-Länge besteht.

3.5 Transmission Control Protocol (TCP)

TCP (RFC 793) stellt ein gesichertes, verbindungsorientiertes Transport-Protokoll zur Verfügung. TCP betrachtet den von den Applikationen gelieferten Datenstrom als eine Sequenz von Octets (so genannter *Bytestream*), der nur zur Übertragung in Segmente unterteilt wird. Im Gegensatz zu UDP handelt es sich bei TCP also um ein byteorientiertes Protokoll:

1. Erneute Übertragung (Retransmission) von Daten, die innerhalb eines gewissen Zeitraums (Retransmission Timeout Interval – RTO) nicht vom Empfänger quittiert wurden.

2. Eine Sequence Number dient auf der Empfängerseite zur Anordnung der Segmente in der richtigen Reihenfolge (falls so genannte Out-of-Order-Segmente auftreten).

3. Kontrolle der Übertragungsrate der zu sendenden Daten durch den Empfänger (Flow Control) und Anpassung derselben durch den Sender bei Datenverlusten (Congestion Control).

TCP-Standards

RFC 793	Transmission Control Protocol
RFC 1122	Requirements for Internet Hosts – Communication Layers
RFC 1144	Compressing TCP/IP headers for low-speed serial links
RFC 1155	Structure and identification of management information for TCP/IP-based internets
RFC 1213	MIB for Network Management of TCP/IP-based internet
RFC 1323	TCP Extensions for High Performance (obsoletes RFC 1072, RFC 1185)
RFC 2018	TCP Selective Acknowledgement Options
RFC 2012	SNMPv2 Management Information Base for TCP using SMIv2 (updates RFC 1213)
RFC 2581	TCP Congestion Control (obsoletes RFC 2001)

TCP-Segment-Format

- Sequence Number (32 Bits)

  Die Sequenznummer des ersten Daten-Octet dieses Segments. Bei einem SYN-Paket handelt es sich um die Initial Sequence Number (ISN). Die Systeme wählen die ISN beim Verbindungsaufbau nach einem Zufallsprinzip aus. Sie ist für jede Verbindung unterschiedlich.

- Acknowledgement Number (32 Bits)

  Bei gesetztem ACK-Control-Bit enthält dieses Feld die Sequenznummer des nächsten vom Sender erwarteten Octet.

- Code Bits (6 Bits)

URG	Bit 10	Urgent-Pointer-Feld ist signifikant
ACK	Bit 11	Acknowledgment-Feld ist signifikant
PSH	Bit 12	Push Function; Segment muss sofort gesendet werden (z.B. bei Telnet)
RST	Bit 13	Reset-Paket
SYN	Bit 14	Es handelt sich um ein Synchronize Sequence Number Packet
FIN	Bit 15	Ende der Datenübertragung, es folgen keine weiteren Daten mehr vom Sender

● Offset (4 Bits)

Die Anzahl der 32-Bit-Wörter innerhalb des TCP-Header. Legt den Beginn des Datenbereichs nach dem Header fest.

● Window (16 Bits)

Die Anzahl der Daten-Octets, beginnend mit dem Octet des Acknowledgement-Feldes, die der Empfänger bereit ist anzunehmen (d.h. die Window Size der Verbindung).

● Checksum (16 Bits)

Die Checksum über das gesamte TCP-Paket inklusive eines Pseudo-Header, der aus Source- und Destination-Adresse, dem IP-Protokoll und der TCP-Länge besteht.

● Urgent Pointer (16 Bits)

Falls das URG-Bit gesetzt ist, zeigt der Urgent Pointer auf die Sequence Number des ersten Octet nach den Urgent-Daten.

● TCP Options (variable Länge)

Alle TCP-Implementationen müssen in der Lage sein, in jedem Segment TCP Options zu empfangen und nicht unterstützte Optionen zu ignorieren, ohne einen Fehler zu generieren. Eine Übersicht über die aktuellen TCP Options findet man unter *http://www.isi.edu/in-notes/iana/assignments/tcp-parameters*.

Option	Länge		Referenz
0	–	End of Option List	RFC 793
1	–	No-Operation	RFC 793
2	4	MSS – Maximum Segment Size	RFC 793
3	3	WSOPT – Window Scale	RFC 1323
4	2	SACK Permitted	RFC 2018
5	Variabel	SACK	RFC 2018
8	10	TSOPT – Time Stamp Option	RFC 1323
9	2	Partial Order Connection Permitted	RFC 1693
10	3	Partial Order Service Profile	RFC 1693
14	3	TCP Alternate Checksum Request	RFC 1146
15	Variabel	TCP Alternate Checksum Data	RFC 1146
19	8	MD5 Signature Option	RFC 2385

TCP Options

● Maximum Segment Size (MSS)

Die maximale Größe eines Segments, die der Sender akzeptiert (ohne TCP und IP-Header). Diese Option kann beim Verbindungsaufbau angegeben werden. Falls nicht gesetzt, ist nach RFC 1122 eine MSS von **536** (Standard MTU von 576 minus 20 Byte IP Header und 20 Byte TCP Header) anzunehmen.

● Window Scale Option (WSopt)

Diese Option wird beim Verbindungsaufbau ausgehandelt und erlaubt die Vergrößerung des Receive-Window-Parameters des TCP-Header von 16 Bits auf 32 Bits.

● Selective Acknowledgement (SACK)

Das Aushandeln, ob SACK unterstützt wird oder nicht, erfolgt beim Verbindungsaufbau über die SACK-permitted-Option. Die SACK-Option selbst kann dann in jedem Datenpaket benutzt werden.

● TCP Timestamps (TSopt)

Die Timestamp-Option wird ebenfalls beim Verbindungsaufbau ausgehandelt. Der Sender kann in jedes Datensegment einen Zeitstempel eintragen, der dann vom Empfänger in den ACK-Paketen zurückgesandt wird.

3.5.1 TCP Retransmission Timer

Da TCP eine gesicherte Verbindung zur Verfügung stellt, ist es notwendig, Pakete, die innerhalb einer gewissen Zeit (dem Retransmission Timeout – RTO) nicht quittiert wurden, erneut zu übertragen.

TCP berechnet diesen Timeout als eine Funktion der gemessenen Round Trip Time (RTT), d.h. der Zeit, die benötigt wird, bis der Sender für ein gesendetes Segment das zugehörige ACK-Paket empfängt.

Der ursprünglich im RFC 793 beschriebene einfache Mechanismus ist zwischenzeitlich um die Karn's und Jacobson's-Algorithmen erweitert worden, deren Implementation laut RFC 1122 auf allen Hosts erfolgen muss.

Karns Algorithmus zur Berechnung des RTT bei Retransmissions

Falls eine Retransmission eines Segments erfolgt ist, kann der Sender nicht mehr unterscheiden, ob das Acknowledgement das ursprüngliche oder das zweite Segment quittiert.

Deshalb führt TCP für Segmente, die mehrmals übertragen wurden, keine Neuberechnung des RTT durch.

Außerdem ist der alte RTT bei einer Retransmission um einen gewissen Faktor (oft 2) zu erhöhen (Exponential Backoff), um einen zu kleinen Wert des Timeout zu vermeiden.

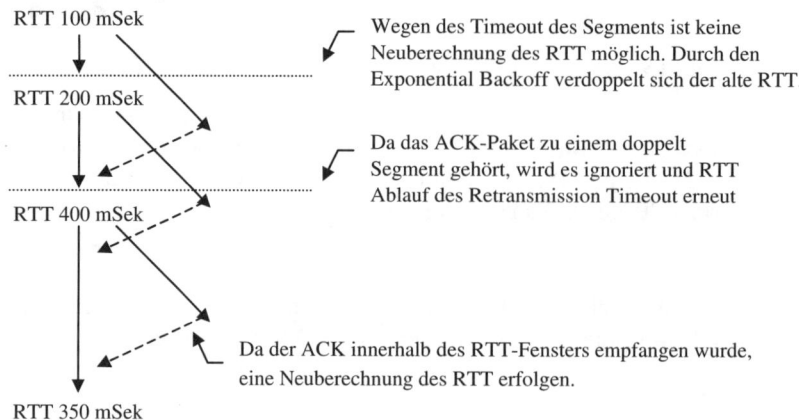

RTT 100 mSek

RTT 200 mSek

RTT 400 mSek

RTT 350 mSek

Wegen des Timeout des Segments ist keine Neuberechnung des RTT möglich. Durch den Exponential Backoff verdoppelt sich der alte RTT.

Da das ACK-Paket zu einem doppelt Segment gehört, wird es ignoriert und RTT Ablauf des Retransmission Timeout erneut

Da der ACK innerhalb des RTT-Fensters empfangen wurde, eine Neuberechnung des RTT erfolgen.

Jacobsons Algorithmus zur Berechnung der RTT

Dieser Algorithmus versucht die Varianz der Round Trip Time (RTTVAR) durch die Berechnung des durchschnittlichen Fehlers der vorhergesagten (SmoothRTT) zur tatsächlichen Round Trip Time (MRTT) zu bestimmen und diesen Wert bei der Berechnung des Retransmission Timeout mit einfließen zu lassen.

$$\text{Delta} = \text{MRTT} - \text{SmoothRTT}$$
$$\text{NEW\_SRTT} = \text{RTT} - (\delta_1 \times \text{Delta})$$

δ_1 und δ_2 liegen zwischen 0 und 1 und kontrollieren, wie schnell neue RTT-Werte die kalkulierten Werte beeinflussen

$$\text{NEW\_RTTVAR} = \text{RTTVAR} + \delta_2 \, (\, | \, \text{Delta} \, | - \text{RTTVAR})$$
$$\text{RTO} = \text{SmoothRTT} + 4 \times \text{NEW\_RTTVAR}$$

TCP Timestamp zur genaueren Berechnung der RTT

Setzen die Systeme die Timestamp-Option ein, liest TCP beim Versenden eines Segments die aktuelle Systemzeit aus und trägt diese dann in das TSopt-Option-Feld ein.

Der Empfänger übernimmt diese Zeit in das zurückzusendende ACK-Packet und der Sender kann dadurch für jedes Segment eine ziemlich genaue Round Trip Time berechnen.

3.5.2 TCP Flow Control

Zur Kontrolle des Datenstroms setzt TCP einen Sliding-Window-Algorithmus ein. Anstatt einer festen Fenstergröße für die gesamte Verbindungsdauer kann der Empfänger über den Window-Parameter im TCP-Header die jeweils aktuelle Window Size jederzeit anpassen.

3.5.2.1 Sliding Window auf der Senderseite

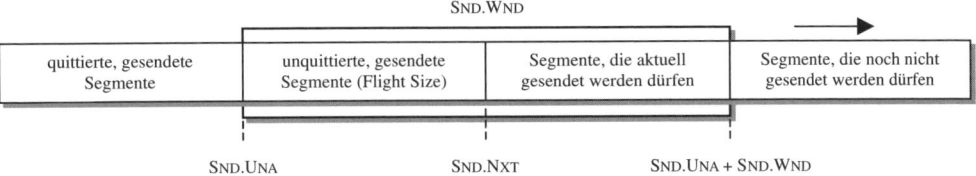

- SND.UNA

  Pakete, für die noch keine Quittierung empfangen wurde (wobei man die als nächstes zu quittierende Sequenz oft auch als Left Sequence oder Left Edge of Send Window bezeichnet).

- SND.NXT

  Das als Nächstes zu versendende Paket.

- SND.WND

  Die aktuelle Window Size des Senders.

Nagle-Algorithmus

Der Nagle-Algorithmus verhindert das so genannte **Silly Window Syndrom** (SWS), bei dem nur kleine Datenpakete gesendet werden, obwohl ein sehr viel größeres Fenster zur Verfügung steht.

Falls der Sender für übertragene Pakete noch keine Quittierung empfangen hat, puffert TCP alle zu sendenden Daten zwischen und zwar so lange, bis die Quittierung erfolgt ist oder ein komplettes TCP-Segment gesendet werden kann.

3.5.2.2 Sliding Window auf der Empfängerseite

● RCV.NXT

Paket, welches als Nächstes empfangen werden muss.

● RCV.WND

Die aktuelle Window Size des Empfängers.

● RCV.USER

Empfangene Segmente, die aber noch nicht von der Applikation verarbeitet wurden.

● RCV.BUFF

Der komplette Pufferbereich, den TCP auf der Empfangsseite der Applikation zur Verfügung stellt.

SWS-Avoidance-Algorithmus

RFC 813 (Window and Acknowledgement Strategy in TCP) schildert ein durch den Empfänger verursachtes Silly Window Syndrom. Die im RFC 1122 beschriebene Lösung für dieses Problem besteht darin, den Wert für RCV.NXT + RCV.WND, d.h. die rechte Ecke des Fensters, so lange konstant zu halten, bis die folgende Ungleichung erfüllt ist:

$$\text{RCV.BUFF} - \text{RCV.USER} - \text{RCV.WND} \geq \min (\tfrac{1}{2} \times \text{RCV.BUFF}, \text{EFF.SND.MSS})$$

Anschließend wird RCV.WND auf den Wert von RCV.BUFF – RCV.USER erhöht und damit steht wieder das komplette Fenster zur Verfügung. (EFF.SND.MSS ist die effektiv nutzbare Segmentgröße der Verbindung.)

Cumulative Acknowledgement und Selective Acknowledgement

Da TCP nur eine Variable (RCV.NXT) zur Markierung von quittierten Segmenten einsetzt, kann lediglich ein Punkt innerhalb des Datenstroms bestätigt werden und nicht beliebige Bereiche. Man bezeichnet dieses Verfahren auch als Cumulative Acknowledgement.

Um unnötige Übertragungen von Paketen zu vermeiden, wartet der Sender nach einer Retransmission auf das zugehörige ACK, bevor er entscheidet, ob auch alle anderen bereits gesendeten und nicht quittierten Segmente erneut zu übertragen sind oder nicht.

Eine andere Möglichkeit, diese Probleme zu umgehen, bietet die Selective-Acknowledgement-Option (RFC 2018). Setzt eine Verbindung diese Option ein, können die Systeme empfangene Segmente explizit quittieren, obwohl dazwischenliegende Segmente noch fehlen.

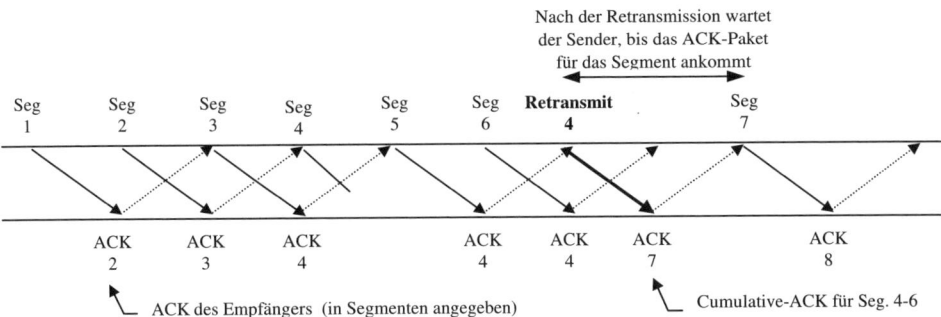

Zero-Window-Problem

Da die Gegenseite ACK-Pakete nur als Antwort auf empfangene Datensegmente verschickt, kann es zu Problemen kommen, wenn die Window Size auf der Empfängerseite auf Null zurückgeht.

Der Sender dürfte dann keine weiteren Pakete mehr senden und würde damit auch kein ACK mit einer neuen Window-Size erhalten, sodass ein weiterer Datentransfer nicht mehr möglich wäre.

Aus diesem Grund generiert der Sender in diesem Fall regelmäßig ein so genanntes **Probe-Segment** mit jeweils einem Daten-Byte.

Der Empfänger kann die Daten bei einer Window Size von Null zwar nicht annehmen. Er schickt aber auf jeden Fall ein ACK-Paket zurück und der Sender ist somit über die aktuelle Window Size informiert.

Wrapped-Sequence-Number-Problem

Die gleiche Sequence Number kann während einer Verbindung mehrfach Verwendung finden, falls die Übertragungsrate relativ hoch ist.

Bei einer Bandbreite von 1 Gbps dauert es z.B. ca. 17 Sekunden, bis die 32-Bit-Sequence-Number einmal komplett durchlaufen wird, bei 10 MBps immerhin ca. 30 Minuten.

Der im RFC 1323 beschriebene Mechanismus PAWS (Protect Against Wrapped Sequences) benutzt deshalb die Timestamp-Option zur eindeutigen Unterscheidung der Sequenzen.

3.5.3 TCP Congestion Control

RFC 2581 definiert vier verschiedene Algorithmen, die zur Flusskontrolle und zur Vermeidung von Überlastungssituationen eingesetzt werden sollten:

Slow Start und Congestion Avoidance zur Kontrolle der Datenmenge, die Knoten in das Netzwerk senden dürfen.

Fast Retransmit und Fast Recovery (FRR – RFC 1323) zur Verkürzung der Zeit, die der Sender auf einen Timeout wartet.

Alle Mechanismen arbeiten mit den folgenden Variablen, um den Datenstrom zu begrenzen (jeweils in Byte):

Sender-Seite

- SSTHRESH (Slow Start Threshold)

  Dient zur Unterscheidung zwischen der Slow-Start- und der Congestion-Avoidance-Phase einer Verbindung. SSTHRESH kann zu Beginn auf einen willkürlichen Wert gesetzt sein (z.B. oft auf den Wert von RWND) und muss anschließend mindestens zweimal SMSS betragen.

  CWND < SSTHRESH   Während der Slow-Start-Phase

  CWND > SSTHRESH   Während der Congestion-Avoidance-Phase

- CWND (Congestion Window)

  Definiert im Prinzip die Kapazität des Netzwerks und kontrolliert damit, wie viele Segmente der Sender gleichzeitig auf das Netzwerk geben darf.

- AWND (Allowed Window)

  Die aktuelle Rate, mit der der Sender Daten an den Empfänger übergeben kann. Entspricht min (CWND, RWND).

- LW (Loss Window)

  Die Größe des Congestion Window, nachdem der Sender durch Ablauf des Retransmission Timer festgestellt hat, dass Pakete verloren gegangen sind.

- IW (Initial Window)

  Die Größe des Congestion Window, nachdem die Verbindung aufgebaut wurde (entsprechend RFC 1122 auf Eins zu setzen).

- SMSS (Sender Maximum Segment Size)

  Die maximale Größe eines Segments, die der Sender übertragen kann.

- Flight Size

  Anzahl der Daten, die bereits gesendet, aber vom Empfänger noch nicht quittiert wurden.

Empfänger-Seite

● RWND (Receiver Window)

Definiert, wie viele Daten der Empfänger aktuell bereit ist entgegenzunehmen.

● RMSS (Receiver Maximum Segment Size)

Die maximale Größe eines Segments, die der Empfänger annehmen kann.

3.5.3.1 Slow Start und Congestion Avoidance

Slow Start – Exponentielle Erhöhung des Congestion Window

Zu Beginn einer Verbindung setzen die Knoten CWND auf den Wert des Initial Window. Anschließend erhöht der Sender diesen Wert für jedes quittierte Segment um SMSS – so lange, bis der Wert von SSTHRESH überschritten ist (steht zu Beginn einer Verbindung oft auf RWND).

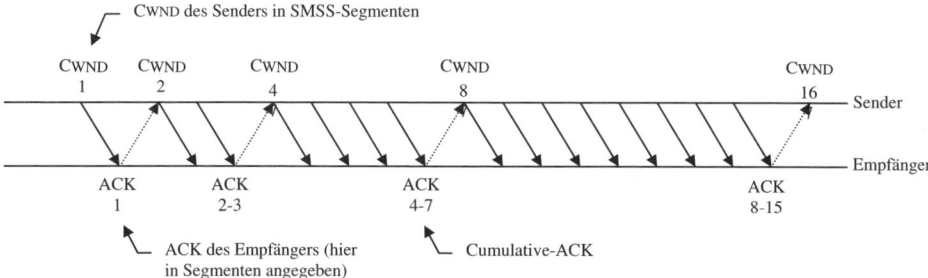

Congestion Avoidance – Lineare Erhöhung des Congestion Window

Nachdem CWND den Wert für SSTHRESH überschritten hat, wird CWND nur noch für jede RTT um SMSS erhöht und zwar bis der Wert von RWND erreicht wurde oder ein Paketverlust auftritt.

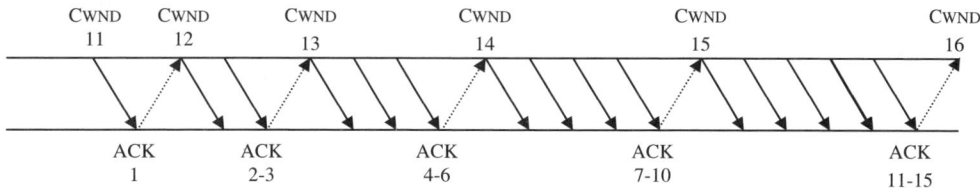

Eine gängige Formel für die Erhöhung des CWND ist $CWND = CWND + (SMSS \times SMSS) / CWND$. Dabei wird CWND beim Empfang jedes ACK um einen Bruchteil von MSS erhöht.

Paketverlust

Den Verlust eines Datenpakets erkennen die beteiligten Systeme entweder über den Retransmission Timeout oder bei FRR über den Empfang von doppelten ACKs.

Nach der erneuten Übertragung des verlorenen Segments führen sie erneut den Slow-Start- und Congestion-Avoidance-Algorithmus zur Anpassung des Congestion Window durch. Die Werte für SSTHRESH und CWND berechnen sich in diesem Fall folgendermaßen:

SSTHRESH = max (FLIGHT SIZE / 2, 2 * SMSS)

CWND = maximal auf Loss Window (LW)

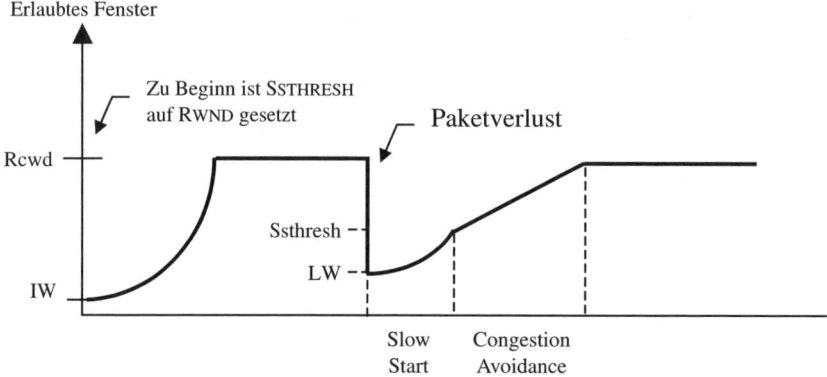

3.5.3.2 Fast Retransmit and Recovery

Falls die Knoten ein »out-of-Order«-Segment empfangen, sendet der Empfänger direkt ein zweites ACK-Paket (sog. **Duplicate ACK**) für das letzte korrekte Segment zurück. Dadurch informiert der Empfänger den Sender über ein »out-of-Order«-Segment und welche Segmentnummer er eigentlich erwartet.

Fast Retransmit

Der Sender interpretiert den Empfang von drei doppelten ACKs (d.h. vier identische ACK) als Verlust eines Segments und überträgt das verlorene Paket erneut, ohne den Ablauf des Retransmission Timeout abzuwarten. Anschließend bestimmt der Fast-Recovery-Algorithmus die Übertragung von neuen Daten:

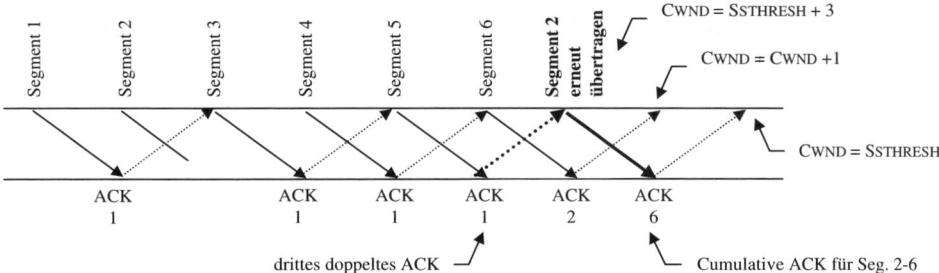

Fast Recovery

1. Drittes doppeltes ACK empfangen:

   SSTHRESH = max (FLIGHT SIZE / 2, 2 x SMSS)

2. Übertragung des verlorenen Segments:

   CWND = SSTHRESH + 3 x SMSS

3. Für jedes nachfolgende duplicate ACK des gleichen Segments:

   CWND = CWND + 1 x SMSS

4. Übertragung neuer Segmente. Sobald eine Quittierung von neuen Daten erfolgt ist:

   CWND = SSTHRESH ("Deflating")

5. Erhöhung von CWND entsprechend des Congestion-Avoidance-Algorithmus.

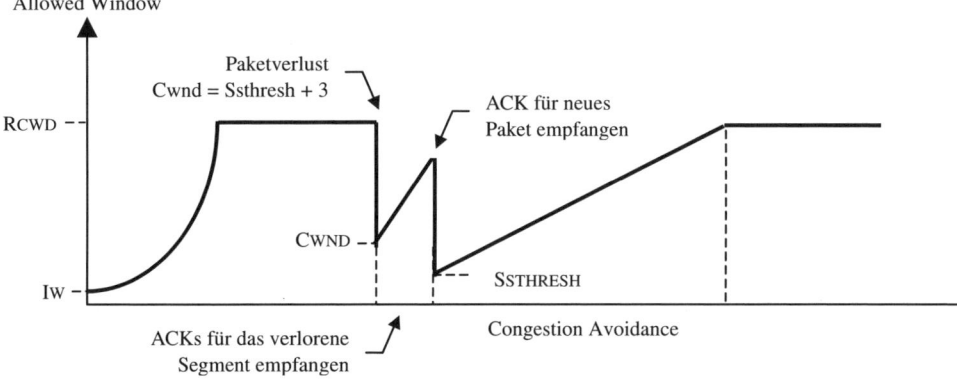

FFR funktioniert relativ gut bei einzelnen Paketverlusten, weist jedoch Probleme auf, wenn mehrere Pakete nacheinander verloren gehen. RFC 2582 stellt dazu einige Modifikationen zur Verfügung.

3.5.4 TCP-Datenübertragung, Verbindungsauf- und -abbau

Verbindungsaufbau

Das Aushandeln der unterstützten TCP-Optionen und der Austausch der Initial Sequence Number (ISN) erfolgt über einen Three Way Handshake. Entsprechend RFC 1122 sind beim Aufbau einer Verbindung bestimmte Parameter auf folgendende Werte zu setzen:

- Retransmission Timeout (RTO) = 3 Sekunden

- Round Trip Time (RTT) = 0 Sekunden

- Initial Window (IW) = 1

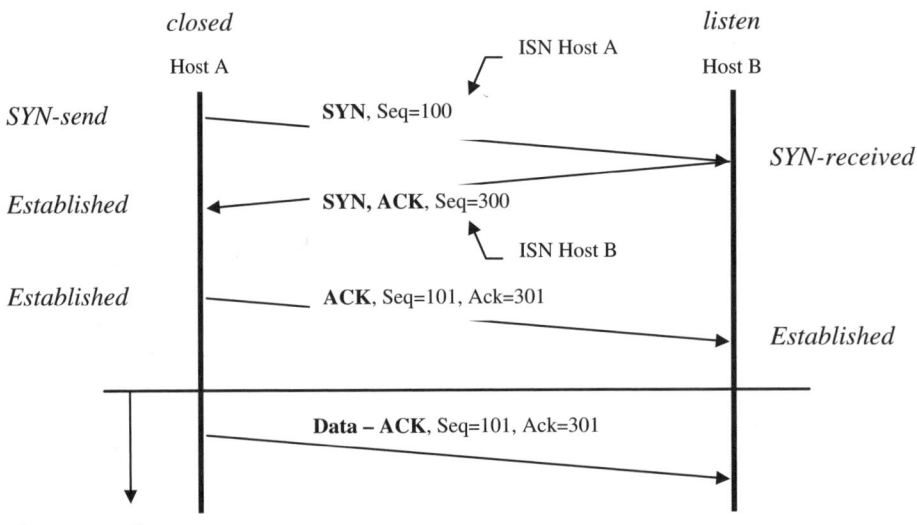

Datentransfer

Datentransfer

Die Übertragung eines Segments kann durch drei verschiedene Mechanismen ausgelöst werden:

1. Eine Applikation hat Daten in der Größe des MSS-Wertes an das TCP-Protokoll weitergeleitet.

2. Die Applikation verlangt das direkte Versenden der Daten, indem sie das Push-Bit setzt (z.B. Telnet).

3. Die Daten werden auf jeden Fall nach Ablauf eines Timers gesendet.

RFC 1122 legt folgendes Verhalten des Senders und des Empfängers während einer Datenübertragung fest:

● TCP-Keepalive-Pakete (optional)

Die Knoten dürfen nur dann Keepalives senden, falls innerhalb eines gewissen Intervalls keine Daten oder ACK-Pakete empfangen wurden. Der Wert für dieses Intervall ist konfigurierbar und muss größer als zwei Stunden sein.

Das Keepalive-Segment setzt die Sequence Number auf SND.NXT-1 und trägt evtl. noch ein Daten-Byte ein. Da bei einer inaktiven Verbindung SND.NXT gleich RCV.NXT ist, liegt die Sequenznummer außerhalb des Fensters. Der Empfänger sendet daraufhin ein ACK-Paket zurück und bestätigt dadurch dem Sender, dass die Verbindung immer noch besteht.

● Delayed ACK (optional)

Die Systeme quittieren nicht jedes Segment direkt, sondern warten eine gewisse Zeit, um den Empfang von mehreren Daten auf einmal zu bestätigen. Dieses Intervall muss kleiner als 0,5 Sekunden sein. Zusätzlich muss der Empfänger jedes zweite Segment mit voller MSS-Größe direkt quittieren.

Verbindungsabbau

Der Verbindungsabbau erfolgt unabhängig für jede Richtung ebenfalls über einen Three Way Handshake. Bei Empfang eines Reset-Segments (RST) baut der Zielknoten die Verbindung aber sofort ohne Quittierung ab.

Nach Abbau der Verbindung ist das (Remote Socket, Local Socket)-Paar noch für vier Minuten aktiv (entspricht zweimal MSL), es darf in dieser Zeit nicht neu vergeben werden.

Damit vermeidet TCP, dass Pakete einer alten Verbindung – die sich evtl. noch im Netzwerk befinden – zu Störungen innerhalb einer neuen Verbindung führen können.

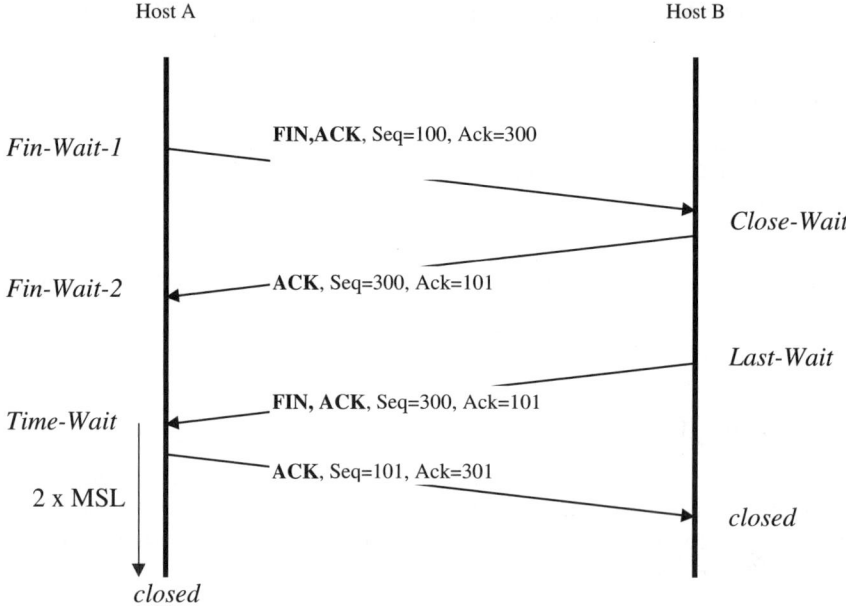

MSL – Maximum Segment Lifetime. Die Zeit, die ein Segment maximal im Netzwerk existieren kann. Der TCP-Standard definiert hierfür einen Wert von zwei Minuten.

3.5.5   TCP und UDP-Port-Nummern

Eine Übersicht über alle Portnummern findet man unter der folgenden Adresse *http://www.isi.edu/in-notes/iana/assignments/port-numbers.*

21	FTP
23	Telnet
25	SMTP
53	DNS
65	TACACS-Database Service
67	Bootstrap Protocol Server
68	Bootstrap Protocol Client
69	TFTP
80	World Wide Web HTTP
102	ISO-TSAP
119	Network News Transfer Protocol (NNTP)
123	NTP
137	NETBIOS Name Service
138	NETBIOS Datagram Service
139	NETBIOS Session Service
144	NewS
161	SNMP
162	SNMP Trap
163	CMIP/TCP Manager
164	CMIP/TCP Agent
179	Border Gateway Protocol
213	IPX
387	Appletalk Update-Based Routing Protocol
396	Novell Netware over IP
512	RSH
513	RLOGIN
514	REXEC
520	Routing Information Protocol (UDP)
554	RTSP
1503	T.120 Daten (TCP)
1701	L2F- Layer 2 Forwarding (UDP)
1718	H.225 Gatekeeper Discovery (UDP)
1720	H.225 Call Signaling Channel (TCP)
1985	Cisco HSRP (UDP)
1996	Cisco RSRB – Remote Source Route Bridging (TCP)
1998	XoT Port (TCP)
2065	DLSw Read Port (TCP)
2066	DLSw Write Port (TCP)
5060	SIP – Session Invitation Protocol (UDP)
8554	Alternativer RTSP Port
9875	SAP – Session Announcement Protocol (UDP)
17189	H.225 RAS Control Channel (UDP)

3.5.6   Cisco-Konfiguration: TCP

Folgende globale Parameter können für TCP-Verbindungen vom und zum Router definiert werden (betrifft z.B. Telnet Sessions oder BGP-Verbindungen usw.).

● TCP Window Size (in Byte)

  ip tcp window-size *size*

● Path MTU Discovery für TCP-Verbindungen, die der Router initiiert

  ip tcp path-mtu-discovery

● TCP Selective Acknowledgement und Timestamp Options

  ip tcp selective-ack
  ip tcp timestamp

TCP-Informationen anzeigen

debug ip tcp transaction

```
TCP: sending SYN, seq 3986358735, ack 158531753
TCP0: Connection to 10.143.4.68:1995, advertising MSS 1460
TCP0: state was LISTEN -> SYNRCVD [23 -> 10.143.4.68(1995)]
TCP0: Connection to 10.143.4.68:1995, received MSS 1460, MSS is 1460
TCP0: Connection to 10.143.4.68:1995, ignoring option 3
TCP0: Connection to 10.143.4.68:1995, ignoring option 8
TCP0: state was SYNRCVD -> ESTAB [23 -> 10.143.4.68(1995)]
02:44:13: TCP2: state was ESTAB -> FINWAIT1 [23 -> 10.143.4.68(1995)]
02:44:13: TCP2: sending FIN
02:44:13: TCP2: state was FINWAIT1 -> FINWAIT2 [23 -> 10.143.4.68(1995)]
02:44:17: TCP2: FIN processed
02:44:17: TCP2: state was FINWAIT2 -> TIMEWAIT [23 -> 10.143.4.68(1995)]
02:45:17: TCB000D1808 destroyed
02:45:17: TCP2: state was TIMEWAIT -> CLOSED [23 -> 10.143.4.68(1995)]
```

show tcp brief

```
TCB        Local Address      Foreign Address      (state)
000D1808   10.143.4.91.23     10.143.4.68.1995     ESTAB
```

show tcp

```
tty2, virtual tty from host host 10.143.4.68
Connection state is ESTAB, I/O status: 1, unread input bytes: 0
Local host: 10.143.4.91, Local port: 23
Foreign host: 10.143.4.68, Foreign port: 1995
Enqueued packets for retransmit: 0, input: 0 mis-ordered: 0 (0 bytes)
Event Timers (current time is 0x962F2C):
Timer          Starts    Wakeups          Next
Retrans           10         0            0x0
TimeWait           0         0            0x0
AckHold           10         3            0x0
SendWnd            0         0            0x0

KeepAlive          0         0            0x0
GiveUp             0         0            0x0
PmtuAger           0         0            0x0
DeadWait           0         0            0x0
iss: 3986358735  snduna: 3986358815  sndnxt: 3986358815   sndwnd:     8681
irs:  158531752  rcvnxt:  158531785  rcvwnd:        4968 delrcvwnd:     32
SRTT: 484 ms, RTTO: 3284 ms, RTV: 1158 ms, KRTT: 0 ms
minRTT: 4 ms, maxRTT: 300 ms, ACK hold: 300 ms
Flags: passive open, higher precedence, retransmission timeout
Datagrams (max data segment is 1460 bytes):
Rcvd: 17 (out of order: 0), with data: 10, total data bytes: 32
Sent: 13 (retransmit: 0), with data: 9, total data bytes: 79
```

Window Size
des Senders

Window Size des Empfängers
(rcvwnd + delrcvwnd
= ip tcp window)

ISS: Initial Sequence Number des Senders

IRS: Initial Sequence Number des Empfängers

TCP Trace einer Telnet-Verbindung zum Router

● Verbindungsaufbau über SYN-Paket

```
IP: - - - - - Internet protocol (IP) - - - - -
IP:
IP: Internet header version      = 4
IP: Internet Header Length       = 20 bytes
IP: Type of service              = 90
IP: Total Packet Length          = 64 bytes
IP: Identification               = 17119
IP: Fragment Information          = 4000
IP: Fragment Offset              = 0
IP:         ..0............ = Last Fragment
IP:         .1............. = Don't Fragment
IP:
IP: Time to live (sec)           = 128
IP: Protocol Type                = 6 (TCP)
IP: Header Checksum              = 34578 (correct)
IP: Source Address               = 10.143.4.68
IP: Destination Address          = 10.143.4.91
TCP:
TCP: - - - - - Transmission Control Protocol (TCP) - - - - -
TCP:
TCP: Source port                 = 1995 (Unknown)
TCP: Destination port            = 23 (TELNET)
TCP: Sequence number             = 158531752
TCP: Acknowledgement number      = 0
TCP: TCP Header Length           = 44 bytes
TCP: TCP Control Bits            = 02
TCP:         .......0 = --
TCP:         ......1. = SYN: Synchronize sequence numbers
TCP:         .....0.. = --
TCP:         ....0... = --
TCP:         ...0.... = --

TCP:         ..0..... = --
TCP: Window                      = 8192
TCP: Header Checksum             = 54221
TCP: Urgent pointer (not used)   = 0
TCP: Option Code                 = 2 (Max. Segment Size)
TCP: Option Length               = 4
TCP: Option Data: Max segment size = 1460
TCP: Option Code                 = 1 (No Operation (pad))
TCP: Option Code                 = 3 (Unknown)
TCP: Protocol Error              = 03
TCP:
TCP: Port TELNET data (0 bytes)
```

Initial Sequence Number
des Senders

Window Size des
Senders

● Quittierung des Empfängers über SYN, ACK

```
IP: - - - - - Internet protocol (IP) - - - - -
IP:
IP: Internet header version       = 4
IP: Internet Header Length        = 20 bytes
IP: Type of service               = 00
IP: Total Packet Length           = 44 bytes
IP: Identification                = 0
IP: Fragment Information          = 0000
IP: Fragment Offset               = 0
IP:          ..0............. = Last Fragment
IP:          .0.............. = May Fragment
IP:
IP: Time to live (sec)            = 255
IP: Protocol Type                 = 6 (TCP)
IP: Header Checksum               = 35733 (correct)
IP: Source Address                = 10.143.4.91
IP: Destination Address           = 10.143.4.68
TCP:
TCP: - - - - - Transmission Control Protocol (TCP) - - - - -
TCP:
TCP: Source port                  = 23 (TELNET)
TCP: Destination port             = 1995
TCP: Sequence number              = 3986358735
TCP: Acknowledgement number       = 158531753
TCP: TCP Header Length            = 24 bytes
TCP: TCP Control Bits             = 12
TCP:          .......0 = --
TCP:          ......1. = SYN: Synchronize sequence numbers
TCP:          .....0.. = --
TCP:          ....0... = --
TCP:          ...1.... = ACK: Acknowledgement
TCP:          ..0..... = --
TCP: Window                       = 5000
TCP: Header Checksum              = 21231
TCP: Urgent pointer (not used)    = 0
TCP: Option Code                  = 2 (Max. Segment Size)
TCP: Option Length                = 4
TCP: Option Data: Max segment size = 1460
TCP:
TCP: Port TELNET data (0 bytes)
```

Initial Sequence Number des Empfängers

Initial Sequence Number des Senders + 1

Window Size des Empfängers

● Sender überträgt ACK-Paket, Verbindung geht in Established

```
IP: - - - - - Internet protocol (IP) - - - - -
IP:
IP: Internet header version      = 4
IP: Internet Header Length       = 20 bytes
IP: Type of service              = 90
IP: Total Packet Length          = 40 bytes
IP: Identification               = 17375
IP: Fragment Information          = 4000
IP: Fragment Offset              = 0
IP:          ..0............. = Last Fragment
IP:          .1.............. = Don't Fragment
IP:
IP: Time to live (sec)           = 128
IP: Protocol Type                = 6 (TCP)
IP: Header Checksum              = 34346 (correct)
IP: Source Address               = 10.143.4.68
IP: Destination Address          = 10.143.4.91
TCP:
TCP: - - - - - Transmission Control Protocol (TCP) - - - - -
TCP:
TCP: Source port                 = 1995
TCP: Destination port            = 23
TCP: Sequence number             = 158531753
TCP: Acknowledgement number      = 3986358736
TCP: TCP Header Length           = 20 bytes
TCP: TCP Control Bits            = 10
TCP:         .......0 = --
TCP:         ......0. = --
TCP:         .....0.. = --
TCP:         ....0... = --
TCP:         ...1.... = ACK: Acknowledgement
TCP:         ..0..... = --
TCP: Window                      = 8760
TCP: Header Checksum             = 23548
TCP: Urgent pointer (not used)   = 0
TCP:
TCP: Port TELNET data (0 bytes)
```

Aktuelle Sequence Number des Senders

Initial Sequence Number des Empfängers + 1

Aktuelle Window Size des Senders

● Datenübertragung

```
IP: - - - - - Internet protocol (IP) - - - - -
...
IP: Source Address               = 10.143.4.91
IP: Destination Address          = 10.143.4.68
TCP:
TCP: - - - - - Transmission Control Protocol (TCP) - - - - -
TCP:
TCP: Source port                 = 23 (TELNET)
TCP: Destination port            = 1995 (Unknown)
TCP: Sequence number             = 3986358736
TCP: Acknowledgement number      = 158531753
TCP: TCP Header Length           = 20 bytes
TCP: TCP Control Bits            = 18
TCP:          .......0 = --
TCP:          ......0. = --
TCP:          .....0.. = --
TCP:          ....1... = PSH: Push function
TCP:          ...1.... = ACK: Acknowledgement
TCP:          ..0..... = --
TCP: Window                      = 5000
TCP: Header Checksum             = 22396
TCP: Urgent pointer (not used)   = 0
TCP:
TCP: Port TELNET data (12 bytes)
```

Sequence Number des von der Gegenseite erwarteten Pakets

```
IP: - - - - - Internet protocol (IP) - - - - -
...
IP: Source Address               = 10.143.4.68
IP: Destination Address          = 10.143.4.91
TCP:
TCP: - - - - - Transmission Control Protocol (TCP) - - - - -
TCP:
TCP: Source port                 = 1995 (Unknown)
TCP: Destination port            = 23 (TELNET)
TCP: Sequence number             = 158531753
TCP: Acknowledgement number      = 3986358748
TCP: TCP Header Length           = 20 bytes
TCP: TCP Control Bits            = 18
TCP:          .......0 = --
TCP:          ......0. = --
TCP:          .....0.. = --
TCP:          ....1... = PSH: Push function
TCP:          ...1.... = ACK: Acknowledgement
TCP:          ..0..... = --
TCP: Window                      = 8748
TCP: Header Checksum             = 23283
TCP: Urgent pointer (not used)   = 0
TCP:
TCP: Port TELNET data (3 bytes)
```

Quittiert die 12 Bytes des empfangenen Datenpakets

```
IP: - - - - - Internet protocol (IP) - - - - -
...
IP: Source Address               = 10.143.4.91
IP: Destination Address          = 10.143.4.68
TCP:
TCP: - - - - - Transmission Control Protocol (TCP) - - - - -
TCP:
TCP: Source port                 = 23 (TELNET)
TCP: Destination port            = 1995 (Unknown)
TCP: Sequence number             = 3986358748
TCP: Acknowledgement number      = 158531756
TCP: TCP Header Length           = 20 bytes
TCP: TCP Control Bits            = 18
TCP:          .......0 = --
TCP:          ......0. = --
TCP:          .....0.. = --
TCP:          ....1... = PSH: Push function
TCP:          ...1.... = ACK: Acknowledgement
TCP:          ..0..... = --
TCP: Window                      = 4997
TCP: Header Checksum             = 49389
TCP: Urgent pointer (not used)   = 0
TCP:
TCP: Port TELNET data (42 bytes)
```

Quittiert die 3 Bytes des
empfangenen Datenpakets

● **Verbindungsabbau über FIN, ACK vom Host aus**

```
IP: - - - - - Internet protocol (IP) - - - - -
...
IP: Source Address              = 10.143.4.91
IP: Destination Address         = 10.143.4.68
TCP:
TCP: - - - - - Transmission Control Protocol (TCP) - - - - -
TCP:
TCP: Source port                = 23 (TELNET)
TCP: Destination port           = 1995 (Unknown)
TCP: Sequence number            = 3986358877
TCP: Acknowledgement number     = 158531801
TCP: TCP Header Length          = 20 bytes
TCP: TCP Control Bits           = 19
TCP:          .......1 = FIN: No more data from sender
TCP:          ......0. = --
TCP:          .....0.. = --
TCP:          ....1... = PSH: Push function
TCP:          ...1.... = ACK: Acknowledgement
TCP:          ..0..... = --
TCP: Window                     = 4952
TCP: Header Checksum            = 27158
TCP: Urgent pointer (not used)  = 0
TCP:
TCP: Port TELNET data (0 bytes)

IP: - - - - - Internet protocol (IP) - - - - -
...
IP: Source Address              = 10.143.4.68
IP: Destination Address         = 10.143.4.91
TCP:
TCP: - - - - - Transmission Control Protocol (TCP) - - - - -
TCP:
TCP: Source port                = 1995 (Unknown)
TCP: Destination port           = 23 (TELNET)
TCP: Sequence number            = 158531801
TCP: Acknowledgement number     = 3986358878
TCP: TCP Header Length          = 20 bytes
TCP: TCP Control Bits           = 10
TCP:          .......0 = --
TCP:          ......0. = --
TCP:          .....0.. = --
TCP:          ....0... = --
TCP:          ...1.... = ACK: Acknowledgement
TCP:          ..0..... = --
TCP: Window                     = 8619
TCP: Header Checksum            = 23499
TCP: Urgent pointer (not used)  = 0
TCP:
TCP: Port TELNET data (0 bytes)
```

● Verbindungsabbau über FIN, ACK vom Router aus

```
IP: - - - - - Internet protocol (IP) - - - - -
...
IP: Source Address              = 10.143.4.68
IP: Destination Address         = 10.143.4.91
TCP:
TCP: - - - - - Transmission Control Protocol (TCP) - - - - -
TCP:
TCP: Source port                = 1995 (Unknown)
TCP: Destination port           = 23 (TELNET)
TCP: Sequence number            = 158531801
TCP: Acknowledgement number     = 3986358878
TCP: TCP Header Length          = 20 bytes
TCP: TCP Control Bits           = 11
TCP:            .......1 = FIN: No more data from sender
TCP:            ......0. = --
TCP:            .....0.. = --
TCP:            ....0... = --
TCP:            ...1.... = ACK: Acknowledgement
TCP:            ..0..... = --
TCP: Window                     = 8619
TCP: Header Checksum            = 23498
TCP: Urgent pointer (not used)  = 0
TCP:
TCP: Port TELNET data (0 bytes)

IP: - - - - - Internet protocol (IP) - - - - -
...
IP: Source Address              = 10.143.4.91
IP: Destination Address         = 10.143.4.68
TCP:
TCP: - - - - - Transmission Control Protocol (TCP) - - - - -
TCP:
TCP: Source port                = 23 (TELNET)
TCP: Destination port           = 1995 (Unknown)
TCP: Sequence number            = 3986358878
TCP: Acknowledgement number     = 158531802
TCP: TCP Header Length          = 20 bytes
TCP: TCP Control Bits           = 10
TCP:            .......0 = --
TCP:            ......0. = --
TCP:            .....0.. = --
TCP:            ....0... = --
TCP:            ...1.... = ACK: Acknowledgement
TCP:            ..0..... = --
TCP: Window                     = 4952
TCP: Header Checksum            = 27165
TCP: Urgent pointer (not used)  = 0
TCP:
TCP: Port TELNET data (0 bytes)
```

3.6   Address Resolution Protocol (ARP)

ARP (RFC 826) ist für die Zuordnung einer IP-Adresse zu einer physikalischen Adresse notwendig. Damit die anderen Systeme diese Information direkt im ARP Cache speichern können, beinhaltet ein ARP Request auch immer die Hardware und Protokoll-Adresse des Senders.

ARP Request und Replies werden als LAN-Broadcast mit dem Protocol-Type 08-06 gesendet und sind somit auf das lokale Netzwerk beschränkt.

ARP-Frame-Format

0	8	16	24	31	31
Hardware Type		Protocol Type			
Hardware Length	Protocol Length	Operation			
Sender Hardware Address					
Sender Hardware Address		Sender IP Address			
Sender IP Address		Target Hardware Address			
Target Hardware Address					
Target IP Address					

- Protocol Type – Ethernet-Protokoll-Nummer

  IP-Protokoll   08-00

- Hardware Type – Typ des Interface, für das der Sender eine Adresse sucht

Ethernet	1
IEEE-802-Netzwerke	6
Frame Relay	15
ATM	19

- Operation

ARP Request	1
ARP Response	2
RARP Request	3
RARP Response	4
InverseARP Request	8
InverseARP Response	9

Cisco-ARP-Konfiguration

Auf Ethernet Interfaces können die ARP-Pakete als Ethernet V2 oder als IEEE 802.3 (mit IEEE 802.2 SNAP Encapsulation) Frames gesendet werden. Standardmäßig verwenden die Router Ethernet V2 Frames.

interface *name*
  no arp arpa ⟋ — Ohne no arp arpa benutzt der Router Ethernet V2 und
  arp snap   IEEE 802.3 Frames für ARP
  arp timeout *seconds*

\# show interface e0

```
Ethernet0 is up, line protocol is up
  Hardware is Lance, address is 0060.5cf4.726f (bia 0060.5cf4.726f)
  Internet address is 10.143.7.91/22
  MTU 1500 bytes, BW 10000 Kbit, DLY 1000 usec, rely 255/255, load 1/255
  Encapsulation ARPA, loopback not set, keepalive set (10 sec)
  ARP type: ARPA, SNAP, ARP Timeout 04:00:00
```

\# show arp

```
Protocol  Address         Age (min)  Hardware Addr   Type   Interface
Internet  10.143.39.225           1  0000.0c07.ac01  ARPA   Ethernet0
Internet  10.143.7.91             -  0060.5cf4.726f  ARPA   Ethernet0
Internet  10.143.5.85             0  00e0.2b73.a200  ARPA   Ethernet0
Internet  10.143.7.68             0  aa00.0400.f1fc  ARPA   Ethernet0
```

\# clear arp

ARP Trace

● ARP Request im IEEE-802.2-SNAP-Format

```
DLL: - - - - - Datalink Header - - - - -
DLL:
DLL: Destination Address          = FF-FF-FF-FF-FF-FF
DLL: Source Address               = 00-60-5C-F4-72-6F
DLL:
DLL: 802.2 format, packet length  = 36 bytes
DLL: 802.2 DSAP                   = AA
DLL:          .......0 = Individual DSAP
DLL: 802.2 SSAP                   = AA
DLL:          .......0 = Command Frame
DLL: 802.2 PDU Control            = 03
DLL:          ......11 = Unnumbered Frame
DLL:          000.00.. = UI-Data
DLL:          ...0.... = Final
DLL:
DLL: 802.2 SNAP SAP, PIDENT       = 00-00-00-08-06
ARP:
ARP: - - - - - Address Resolution Protocol - - - - -
ARP:
ARP: Hardware Address Space       = 6
ARP: Protocol Address Space       = 08-00
ARP: Length of hardware address   = 6
ARP: Length of protocol address   = 4
ARP: Opcode                       = 1 (Request)
ARP: Sender's Hardware Addr       = 00-60-5C-F4-72-6F
ARP: Sender's Protocol Addr       = 10.143.7.91
ARP: Target Hardware Addr         = 00-00-00-00-00-00
ARP: Target Protocol Addr         = 10.143.7.28
```

- **ARP Request im Ethernet-V2-Format**

```
DLL: - - - - - Datalink Header - - - - -
DLL:
DLL: Frame 23 arrived at 21601.5 milliseconds, length = 60 bytes
DLL:
DLL: Destination Address          = FF-FF-FF-FF-FF-FF
DLL: Source Address               = 00-60-5C-F4-72-6F
DLL:
DLL: DIX format, Protocol Type    = 08-06
ARP:
ARP: - - - - - Address Resolution Protocol - - - - -
ARP:
ARP: Hardware Address Space       = 1
ARP: Protocol Address Space       = 08-00
ARP: Length of hardware address   = 6
ARP: Length of protocol address   = 4
ARP: Opcode                       = 1 (Request)
ARP: Sender's Hardware Addr       = 00-60-5C-F4-72-6F
ARP: Sender's Protocol Addr       = 10.143.7.91
ARP: Target Hardware Addr         = 00-00-00-00-00-00
ARP: Target Protocol Addr         = 10.143.7.28
```

- **ARP Reply im Ethernet-V2-Format**

```
DLL: - - - - - Datalink Header - - - - -
DLL:
DLL: Destination Address          = 00-60-5C-F4-72-6F
DLL: Source Address               = AA-00-04-00-82-C5
DLL:
DLL: DIX format, Protocol Type    = 08-06
ARP:
ARP: - - - - - Address Resolution Protocol - - - - -
ARP:
ARP: Hardware Address Space       = 6
ARP: Protocol Address Space       = 08-00
ARP: Length of hardware address   = 6
ARP: Length of protocol address   = 4
ARP: Opcode                       = 2 (Reply)
ARP: Sender's Hardware Addr       = AA-00-04-00-82-C5
ARP: Sender's Protocol Addr       = 10.143.7.28
ARP: Target Hardware Addr         = 00-60-5C-F4-72-6F
ARP: Target Protocol Addr         = 10.143.7.91
```

3.7 Proxy ARP und Reverse ARP

Mit Hilfe von Proxy ARP ist es möglich, in unterschiedlichen physikalischen Netzwerken die gleiche IP-Netzwerkadresse zu verwenden.

Der Router beantwortet die ARP Requests für Hosts, die auf einem anderen physikalischen Netzwerk liegen, mit seiner eigenen LAN-Adresse und routet die IP-Pakete an das Zielsystem weiter.

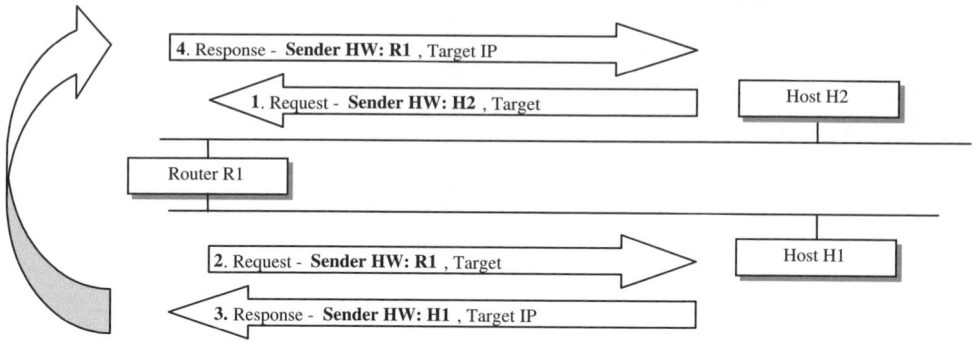

Cisco-Proxy-ARP-Konfiguration

Proxy ARP ist standardmäßig auf den Schnittstellen eingeschaltet. Über den Interface-Befehl no ip proxy-arp kann er ausgeschaltet werden.

In dem folgenden Beispiel erfolgt ein Flashupdate des Routers über ein serielles Interface und einen anderen Router als Proxy ARP Server.

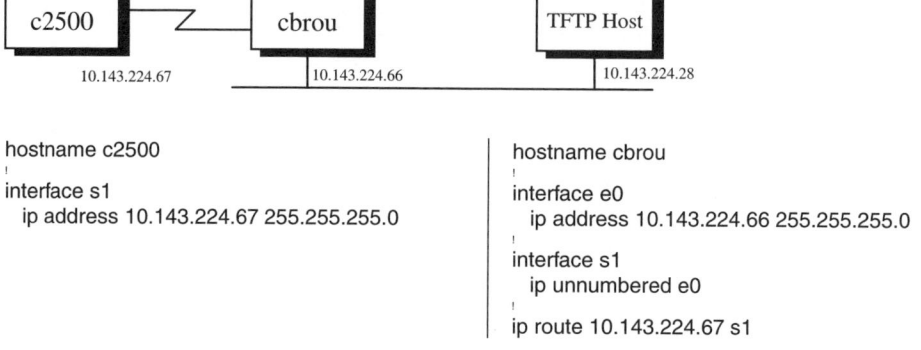

hostname c2500
!
interface s1
  ip address 10.143.224.67 255.255.255.0

hostname cbrou
!
interface e0
  ip address 10.143.224.66 255.255.255.0
!
interface s1
  ip unnumbered e0
!
ip route 10.143.224.67 s1

RARP – Reverse ARP

RARP erlaubt die Zuordnung einer physikalischen Adresse zu einer IP-Adresse und wird meistens beim Booten von Systemen zum Bestimmen ihrer eigenen IP-Adresse benutzt.

RARP verwendet das gleiche Format wie ARP, jedoch als Protocol Type 80-35, und ist damit wie ARP auf das lokale physikalische Netz beschränkt.

3.8 Bootstrap Protocol (BOOTP)

BOOTP (beschrieben im RFC 951) definiert ein Bootstrap-Protokoll, über das ein Client seine IP-Adresse, die Adresse eines Servers und den Namen eines evtl. zu ladenden Bootfiles ermitteln kann.

Zusätzlich zu diesen Informationen erlaubt BOOTP auch die Bestimmung von anderen Parametern wie z.B. der Gateway-Adresse, der NetBIOS- und WINS-Server.

BOOTP RFCs

RFC 951	Bootstrap Protocol (BOOTP)
RFC 1497	BOOTP Vendor Information Extensions
RFC 1542	Clarifications and Extensions for the Bootstrap Protocol
RFC 2132	DHCP Options and BOOTP Vendor Extensions

Paketformat

0	8	16	24	31 31
Message Type	Hardware Type	Hlen	Hops	
Transaction ID				
Seconds		Flags		
ciaddr				
yiaddr				
siaddr				
giaddr				
chaddr (16 Octets)				
sname (64 Octets)				
file (128 Octets)				
vendor (variabel)				

● Message Type

1 = Boot Request
2 = Boot Reply

● Hardware Type

1 = Ethernet
6 = IEEE-802-Netzwerke

● Hlen (Hardware Address Length)

Gibt die Länge (in Octets) der Hardware-Adresse im »chaddr«-Feld an. Der Wert beträgt in der Regel sechs, was einer 48-Bit-MAC-Adresse entspricht.

● Hops

Optionales Feld, das von Relay Agents beim Weiterleiten eines BOOTP Request jeweils um 1 erhöht wird. Bei einem Wert von 16 müssen die Relay Agents das Paket verwerfen.

● Transaction ID (XID)

Beinhaltet eine Zufallszahl, die für zusammengehörende BOOTP Requests und Replies gleich ist.

● Seconds

Die Zeit (in Sekunden), die vergangen ist, seit der Client seinen ersten BOOTP Request gesendet hat.

● Flags

Das MSB des Flag-Feldes ist das sog. Broadcast Flag, alle anderen Bits sind reserviert und immer Null. Falls das Broadcast Flag gesetzt ist, zeigt der Client damit an, dass der Server oder Relay Agent den BOOTP Reply zu der Broadcast-Adresse und nicht zu der Client-Unicast-Adresse senden soll.

● ciaddr (Client IP Address)

Kennt der BOOTP Client eine IP-Adresse, die er benutzen möchte, trägt er diese beim BOOTP Request hier ein, ansonsten setzt er das Feld auf 0.0.0.0. Falls der Client eine Adresse benutzt, muss er in der Lage sein, eingehende IP-Unicast-Pakete und ARP Requests für diese Adresse zu beantworten.

● yiaddr (Your IP Address)

Der BOOTP Server trägt in dieses Feld die IP-Adresse des Clients ein. Dem Server ist es dabei freigestellt, ob er die Adresse aus dem »ciaddr«-Feld übernimmt oder ob er dem Client eine andere Adresse zuweist.

● siaddr (Server IP Address)

Der Server trägt hier beim BOOTP Reply seine eigene IP-Adresse ein.

● giaddr (Gateway IP Address)

Das »giaddr«-Feld wird benötigt, wenn der BOOTP Request eines Clients über einen Relay Agent zu einem Server auf einem anderen Netzwerk weitergeleitet werden muss bzw. der BOOTP Reply zurück zum Client über ein anderes Netzwerk geht.

● chaddr (Client Hardware Address)

Die Hardware-Adresse des Clients.

● sname (Server Name)

Enthält den Namen des BOOTP Servers (optional).

● file

Der Name des Bootfiles, das der Client laden soll.

● vendor (Vendor Field)

Optionales Feld, das zusätzliche Parameter enthalten kann. Entsprechend RFC 1542 soll der BOOTP Client immer die ersten vier Octets mit dem »Magic Cookie« 0x63 0x82 0x53 0x63 (dezimal 99 130 83 99) auffüllen.

BOOTP-IP-Adressen und UDP-Ports

	IP-Source-Adresse	IP-Destination-Adresse	UDP-Port
BOOTP Request (Client)	0.0.0.0	255.255.255.255	67 (BOOTPS)
BOOTP Reply (Server)	Server-Adresse	Client-Adresse oder 255.255.255.255	68 (BOOTPC)

Bestimmung der Destination-IP-Adresse für den Boot Reply

Die Bestimmung, ob der Server den BOOTP Reply als Limited Broadcast oder als IP Unicast zum Client senden soll, ist abhängig von den Werten der »ciaddr«- und »giaddr«-Felder sowie des Broadcast Flags (beschrieben im RFC 1542).

BOOTP Request des Clients				BOOTP Reply des Servers		
Reihenfolge	»ciaddr«-Feld	»giaddr«-Feld	B	IP-Adresse	UDP-Port	MAC-Adresse
1	ungleich Null	-	-	»ciaddr«	68	normal
2	0.0.0.0	ungleich Null	-	»giaddr«	67	normal
3	0.0.0.0	0.0.0.0	0	»yiaddr«	68	»chaddr«
4	0.0.0.0	0.0.0.0	1	255.255.255.255	68	Broadcast

normal	= Die MAC-Adresse des IP-Pakets wird über die normalen IP-Mechanismen bestimmt (z.B. ARP).
-	= Wert des Feldes ist in diesem Fall unerheblich für die Bestimmung der Adressen
B	= Broadcast Flag

BOOTP Relay Agent

Relay Agents sind dann notwendig, wenn der BOOTP Client und der zugehörige BOOTP Server nicht am gleichen IP-Subnetz angeschlossen sind. Da die Clients den BOOTP Request als Limited Broadcast senden, der nicht geroutet werden kann, übernehmen spezielle Relay Agents die Aufgabe, den Request an den Server weiterzuleiten.

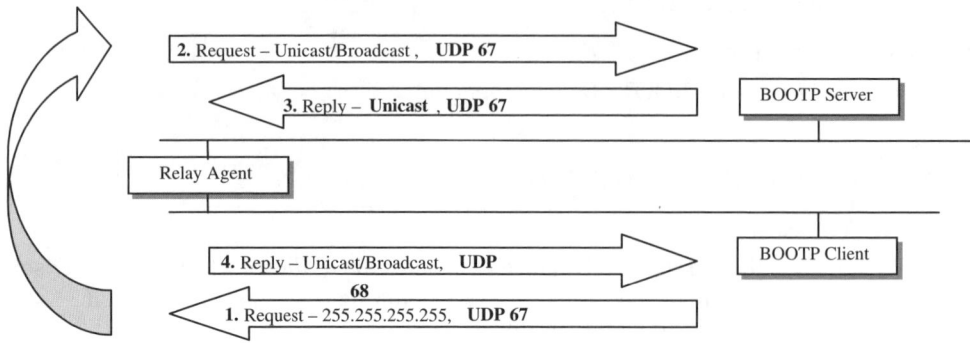

- BOOTP Request Messages

  Bevor der Relay Agent eine Boot Request weiterleiten kann, muss er das »giaddr«-Feld überprüfen. Ist das Feld leer, trägt der Router die IP-Adresse des Interface ein, über das er den Request empfangen hat, ansonsten lässt er das Feld unverändert und erhöht den »Hops«-Parameter um Eins. Anschließend leitet er den Request zu der neuen Zieladresse weiter. Dabei kann es sich um eine Unicast-, Broadcast- oder Multicast-Adresse handeln.

- BOOTP Reply Messages

  Falls das »giaddr«-Feld in einem BOOTP Request eine IP-Adresse beinhaltet, senden die BOOTP Server den BOOTP Reply direkt zu dieser Adresse (über den UDP-Port 67). Der angesprochene Relay Agent leitet die empfangene Reply-Nachricht dann zu dem Client weiter.

  Über das »giaddr«-Feld in der Reply Message kann der Agent normalerweise ermitteln, über welches Interface er den zugehörigen Request empfangen hat, um dann zusammen mit der »ciaddr«, dem Broadcast Flag und der »chaddr« zu bestimmen, mit welcher IP- und MAC-Adresse er den Client ansprechen soll.

Übersicht über die BOOTP Vendor Extensions (RFC 2132)

Die Vendor Extensions bestehen aus einem Tag Octet, das die Extension identifiziert, einem Längenfeld und den eigentlichen Extensions.

Code	Länge	Extension
RFC 1497 Vendor Extensions		
0	1	Pad
255	1	End (markiert das Ende der Vendor/Option Extension)
1	4	**Subnet Mask** (die Subnetz-Maske, die der Client für die IP-Adresse benutzen soll)
2	4	Time Offset
3	n	**Router** (enthält eine Liste von IP-Adressen der Router des Subnetzes)
4	n	Time Server
5	n	Name Server
6	n	**Domain Name Server** (DNS)
7	n	Log Server
8	n	Cookie Server
9	n	LPR Server
10	n	Impress Server
11	n	Resource Location Server
12	n	**Host Name** (enthält den IP-Namen des Clients)
13	2	Boot File Size
14	n	Merit Dump File
15	n	Domain Name (enthält den Domain-Namen, den der Client benutzen soll)
16	n	Swap Server
17	n	Root Path
18	n	Extensions Path
Host IP Layer Parameters		
19	1	IP Forwarding Enable/Disable
20	1	Non-Local Source Routing Enable/Disable
21	n	Policy Filter
22	2	Maximum Datagram Reassembly
23	1	Default IP Time to Live
24	4	Path MTU Aging Timeout
25	n	Path MTU Plateau Table
Interface IP Layer Parameters		
26	2	Interface MTU
27	1	All Subnets are Local
28	4	Broadcast Address
29	1	Perform Mask Discovery
30	1	Mask Supplier
31	1	Perform Router Discovery (RFC 1256)
32	4	Router Solicitation Address
33	n	Static Route

Code	Länge	Extension
Interface Link Layer Parameters		
34	1	Trailer Encapsulation
35	4	ARP Cache Timeout
36	1	Ethernet Encapsulation (Ethernet V2 oder IEEE 802.3)
TCP Parameters		
37	1	TCP Default TTL
38	4	TCP Keepalive Interval
39	1	TCP Keepalive Garbage
Application und Service Parameters		
40	n	Network Information Service (NIS) Domain
41	4	Network Information Servers
42	n	NTP Server
43	n	Vendor Specific Information
44	n	**NetBIOS over TCP/IP Name Server (NBNS)**
45	n	NetBIOS over TCP/IP Datagram Distribution Server
46	1	**NetBIOS over TCP/IP Node Type (B-Node, P-Node, M-Node, H-Node)**
47	n	NetBIOS over TCP/IP Scope
47	n	X Window System Font Server
49	n	X Window System Display Manager
64	n	Network Information Service+ (NIS+) Domain
65	n	Network Information Service+ Servers
68	n	Mobile IP Home Agent
69	n	Simple Mail Transport Protocol (SMTP) Server
70	n	Post Office Protocol (POP3) Server
71	n	Network News Transport Protocol (NNTP) Server
72	n	Default World Wide Web (WWW) Server
73	n	Default Finger Server
74	n	Default Internet Relay Chat (IRC) Server
75	n	StreetTalk Server
76	n	StreetTalk Directory Assistance (STDA) Server

3.8.1   Cisco-Konfiguration: BOOTP Relay Agent

Um einen Router als BOOTP Relay Agent zu konfigurieren, müssen auf dem entsprechenden Interface eine oder mehrere ip helper-Adressen definiert werden. Dabei handelt es sich um eine Form von statischer Adressierung, über die ein lokaler Limited Broadcast in ein anderes Netzwerk weitergeleitet wird (entweder als Unicast zu einer bestimmten Adresse oder als Directed Broadcast zu einem bestimmten Netzwerk).

Ist auf einem Interface eine IP-Helper-Adresse gesetzt, leitet der Router standardmäßig UDP-Broadcasts für folgende Ports weiter. Die Liste der Ports kann man über den Befehl ip forward-protocol udp entsprechend anpassen.

- BOOTP   Port 67 und 68
- DNS   Port 53
- NetBIOS Name Server   Port 137
- NetBIOS Datagram Server   Port 138
- TACACS   Port 49
- TFTP   Port 69

BOOTP-Relay-Agent-Konfiguration

interface Ethernet0
  ip address 10.143.4.91 255.255.255.0
  ip helper-address 192.168.2.1
  ip helper-address 192.168.1.255 ⬉   Helper-Adressen können Unicast-Adressen
                                      oder auch Directed Broadcasts sein
interface Serial0
  ip address 10.10.20.1 255.255.255.0
  no ip directed-broadcast
  encapsulation x25
  x25 address 1
  x25 htc 2
  x25 map ip 10.10.20.2 2 broadcast

interface Serial1
  ip address 10.10.10.1 255.255.255.0
  encapsulation x25
  x25 address 1
  x25 htc 2
  x25 map ip 10.10.10.2 2 broadcast

no ip forward-protocol udp bootpc
no ip forward-protocol udp tftp
no ip forward-protocol udp domain ⬋   Es werden nur Broadcasts für
no ip forward-protocol udp netbios-ns   den UDP Port 67 (bootps)
no ip forward-protocol udp netbios-dgm
no ip forward-protocol udp tacacs

ip route 192.168.1.0 255.255.255.0 10.10.10.2
ip route 192.168.2.0 255.255.255.0 10.10.20.2

show ip route

```
      10.0.0.0/24 is subnetted, 3 subnets
C        10.10.10.0 is directly connected, Serial1
C        10.10.20.0 is directly connected, Serial0
C        10.143.4.0 is directly connected, Ethernet0
S     192.168.1.0/24 [1/0] via 10.10.10.2
S     192.168.2.0/24 [1/0] via 10.10.20.2
```

debug ip udp

```
UDP: rcvd src=0.0.0.0(68), dst=255.255.255.255(67), length=308
BOOTP: opcode 1 from host 0.0.0.0 on Ethernet0, 0 secs, 0 hops
UDP: forwarded broadcast 67 from 10.143.7.91 to 192.168.2.1 on Serial0
UDP: forwarded broadcast 67 from 10.143.7.91 to 192.168.1.255 on Seril
```

show ip sockets

```
Proto   Remote    Port     Local  Port  In Out Stat TTY OutputIF
  17    0.0.0.0      0  10.143.4.91    67   0   0    1   0
```

Trace des BOOTP Request auf dem Netzwerk 192.168.2.0

```
DLL: - - - - - Datalink Header - - - - -
DLL:
DLL: Destination Address              = AA-00-04-00-F1-FC
DLL: Source Address                   = 00-60-5C-F4-72-6F
DLL:
IP: - - - - - Internet protocol (IP) - - - - -
IP:
IP: Internet header version           = 4
IP: Internet Header Length            = 20 bytes
IP: Type of service                   = 00
IP: Total Packet Length               = 328 bytes
IP: Identification                    = 36
IP: Fragment Information              = 0000
IP: Fragment Offset                   = 0
IP:            ..0.............. = Last Fragment
IP:            .0.............. = May Fragment
IP:
IP: Time to live (sec)                = 255
IP: Protocol Type                     = 17 (UDP)          IP-Adresse des
IP: Header Checksum                   = 35733             Relay Agents
IP: Source Address                    = 10.143.4.91
IP: Destination Address               = 192.168.2.1
IP:                                                       IP-Adresse des
IP: Protocol "UDP" data                                   BOOTP Servers
IP:
UDP:
UDP: - - - - - User Datagram Protocol (UDP) - - - - -
UDP:
UDP: Source port                      = 67 (DHCP)
UDP: Destination port                 = 67 (DHCP)
UDP: Length                           = 308 bytes
UDP: Checksum                         = 8251
UDP:
UDP: Port DHCP data
DHCP:
DHCP: - - - - - DHCP/BOOTP Protocol - - - - -
DHCP:
DHCP: Opcode (op)                     = 1 (BootRequest)
DHCP: Hardware type (htype)           = 1 (Ethernet)
DHCP: Hardware Address length (hlen)  = 6
DHCP: Hops                            = 1
DHCP: Transaction ID (xid)            = 3805027634
DHCP: Seconds since boot (secs)       = 356
DHCP: Flags                           = 0000
DHCP:            0.............. = Non-broadcast
DHCP:
DHCP: Client's IP Addr (ciaddr)       = 0.0.0.0           Relay Agent trägt hier
DHCP: 'your' IP Addr (yiaddr)         = 0.0.0.0           seine IP-Adresse ein
DHCP: Server IP Addr (siaddr)         = 0.0.0.0
DHCP: Gateway IP Addr (giaddr)        = 10.143.4.91
DHCP:
DHCP: Client HW Address (chaddr)      = 08-00-2B-13-A4-9F
DHCP: Server's Hostname (sname)       = "......"
DHCP: Bootfile name (file)            = "......"          Die Hardware-Adresse
DHCP:                                                     des Clients
DHCP: Magic Number                    = 63-82-53-63
DHCP:
DHCP: Tag: Pad Field
```

3.9 Dynamic Host Configuration Protocol (DHCP)

DHCP ist ein auf BOOTP basierendes Client-Server-Protokoll, über das die Server den Clients bestimmte TCP/IP-Parameter zur Verfügung stellen können. Im Gegensatz zu BOOTP erlaubt es DHCP den Clients, alle für eine ordnungsgemäße TCP/IP-Funktion notwendigen Parameter über das Netzwerk zu beziehen.

DHCP RFCs

RFC 1534   Interoperation Between DHCP and BOOTP

RFC 2131   Dynamic Host Configuration Protocol (DHCP)

RFC 2132   DHCP Options and BOOTP Vendor Extensions

Adressvergabe über DHCP

DHCP unterstützt drei verschiedene Mechanismen, um IP-Adressen für die Clients zu allokieren:

● Automatic Allocation

  Der Client bekommt vom DHCP Server eine permanente IP-Adresse mitgeteilt, die er nicht mehr erneuern muss.

● Dynamic Allocation

  Der Server weist dem Client die Adresse nur für einen bestimmte Zeitraum zu (auch als LEASE bezeichnet). Der Client muss nach Ablauf dieser Zeit die Adresse wieder für andere Clients freigeben oder sie über den Server erneuern lassen.

  Die Zeitdauer legt der Server in den DHCP-Optionen 58 (Renewal Time) und 59 (Rebinding Time) fest. Im Renewing State erneuert der Client die Adresse auf dem Server, über die er sie bezogen hat, im Rebinding State muss er über einen Broadcast auf allen DHCP Servern nachfragen.

● Manual Allocation

  Die IP-Adresse wird durch einen Netzwerkadministrator festgelegt und DHCP hat lediglich die Aufgabe, den Client über diese Adresse zu informieren.

Wenn die Server eine neue Adresse allokieren, sollten sie über entsprechende Mechanismen überprüfen, ob die angebotene IP-Adresse bereits in Benutzung ist (z.B. mit Hilfe eines ICMP Echo Request).

Paketformat

DHCP verwendet das gleiche Paketformat wie BOOTP, die notwendigen Erweiterungen erfolgen über das Vendor Extension Feld, unter DHCP auch als Option bezeichnet. Dadurch kann DHCP auch die BOOTP Relay Agents benutzen und die Clients und Server müssen nicht unbedingt auf dem gleichen lokalen Subnetz angeschlossen sein.

Die DHCP Clients benutzen immer BOOTP Request Messages und die Server antworten stets mit einem BOOTP Reply. Der eigentliche Typ der DHCP-Nachricht wird durch die Option 53 in den Vendor Extensions festgelegt.

● DHCP Options

Code	Länge	Option
50	4	Requested IP Address (von DHCP Discover benutzt)
51	4	IP Address Lease Time (vom Server im DHCP Offer gesetzt)
52	1	Option Overload
53	1	**DHCP Message Type**
54	4	Server Identifier
55	n	Parameter Request List
56	n	Message (enthält eine vom Server eingetragene Error Message)
57	2	Maximum DHCP Message Size
58	4	**Renewal (T1) Time Value**
59	4	**Rebinding (T2) Time Value**
60	n	Vendor Class Identifier
61	n	**Client Identifier**
66	n	TFTP Server Name
67	n	Bootfile Name

● DHCP Message Types (verwendet die DHCP-Option 53)

Code	Typ		Funktion
1	DHCP Discover	Client	Broadcast, um einen DHCP Server zu finden
2	DHCP Offer	Server	Antwort auf ein Discover mit den TCP/IP-Configuration-Parametern
3	DHCP Request	Client	Anforderung von bestimmten Parametern oder Erneuerung der Adresse
4	DHCP Decline	Client	Der Server zeigt damit an, dass die Adresse bereits in Gebrauch ist
5	DHCP Ack	Server	Quittiert die angeforderten Configuration-Parameter des Clients
6	DHCP Nak	Server	Der Server zeigt damit an, dass die IP-Adresse des Clients inkorrekt ist
7	DHCP Release	Client	Freigabe der IP-Adresse durch den Client
8	DHCP Inform	Client	Der Client besitzt bereits eine IP-Adresse, er fragt nur nach lokalen Parametern

Trace einer DHCP-Verbindung

● DHCP Discover Request des Clients

```
DLL: Destination Address             = FF-FF-FF-FF-FF-FF
DLL: Source Address                  = 00-00-F8-50-D4-BF
DLL:
IP: - - - - - Internet protocol (IP) - - - - -
...
IP: Protocol Type                    = 17 (UDP)
IP: Header Checksum                  = 60323 (correct)
IP: Source Address                   = 0.0.0.0
IP: Destination Address              = 255.255.255.255
IP:
IP: Protocol "UDP" data
IP:
UDP:
UDP: - - - - - User Datagram Protocol (UDP) - - - - -
UDP:
UDP: Source port                     = 68 (DHCP)
UDP: Destination port                = 67 (DHCP)
UDP: Length                          = 308 bytes
UDP: Checksum                        = 38041
UDP:
UDP: Port DHCP data
DHCP:
DHCP: - - - - - DHCP/BOOTP Protocol - - - - -
DHCP:
DHCP: Opcode (op)                    = 1 (BootRequest)
DHCP: Hardware type (htype)          = 1 (Ethernet)
DHCP: Hardware Address length (hlen) = 6
DHCP: Hops                           = 0
DHCP: Transaction ID (xid)           = 3109656680
DHCP: Seconds since boot (secs)      = 0
DHCP: Flags                          = 0000
DHCP:          0.............. = Non-broadcast
DHCP:
DHCP: Client's IP Addr (ciaddr)      = 0.0.0.0
DHCP: 'your' IP Addr (yiaddr)        = 0.0.0.0
DHCP: Server IP Addr (siaddr)        = 0.0.0.0
DHCP: Gateway IP Addr (giaddr)       = 0.0.0.0
DHCP:
DHCP: Client HW Address (chaddr)     = 00-00-F8-50-D4-BF
DHCP: Server's Hostname (sname)      = "..............."...
DHCP: Bootfile name (file)           = "..............."...
DHCP:
DHCP: Magic Number                   = 63-82-53-63
DHCP:
DHCP: Tag: DHCP Function             = 53
DHCP: Length                         = 1
DHCP: DHCP Function                  = 1 (DHCPDISCOVER)
DHCP:
DHCP: Tag: Client Identifier         = 61
DHCP: Length                         = 7
DHCP: Client Identifier              = 01-00-00-F8-50-D4-BF
DHCP:
DHCP: Tag: Requested IP Address      = 50
DHCP: Length                         = 4
DHCP: IP Address: 10.185.224.65
DHCP:
DHCP: Tag: Hostname                  = 12
DHCP: Length                         = 7
DHCP: Hostname                       = "WINNT."
DHCP:
DHCP: Tag: Parameter Request List    = 55
DHCP: Length                         = 7
DHCP: Parameter Request List         = 01-0F-03-2C-2E-2F-06
DHCP:
DHCP: Tag: End Of Options            = 255
```

- **DHCP Offer Reply des Servers**

```
DLL: Destination Address              = 00-00-F8-50-D4-BF
DLL: Source Address                   = 00-60-5C-F4-72-6F
DLL:
IP: - - - - - Internet protocol (IP) - - - - -
...
IP: Source Address                    = 10.185.224.62
IP: Destination Address               = 10.185.224.65
IP:
IP: Protocol "UDP" data
IP:
UDP:
UDP: - - - - - User Datagram Protocol (UDP) - - - - -
UDP:
UDP: Source port                      = 67 (DHCP)
UDP: Destination port                 = 68 (DHCP)
UDP: Length                           = 307 bytes
UDP: Checksum                         = 23852
UDP:
UDP: Port DHCP data
DHCP:
DHCP: - - - - - DHCP/BOOTP Protocol - - - - -
DHCP:
DHCP: Opcode (op)                     = 2 (BootReply)
DHCP: Hardware type (htype)           = 1 (Ethernet)
DHCP: Hardware Address length (hlen)  = 6
DHCP: Hops                            = 0
DHCP: Transaction ID (xid)            = 3109656680
DHCP: Seconds since boot (secs)       = 0
DHCP: Flags                           = 0000
DHCP:         0.............. = Non-broadcast
DHCP:
DHCP: Client's IP Addr (ciaddr)       = 0.0.0.0
DHCP: 'your' IP Addr (yiaddr)         = 10.185.224.65
DHCP: Server IP Addr (siaddr)         = 0.0.0.0
DHCP: Gateway IP Addr (giaddr)        = 0.0.0.0
DHCP:
DHCP: Client HW Address (chaddr)      = 00-00-F8-50-D4-BF
DHCP: Server's Hostname (sname)       = "..............."...
DHCP: Bootfile name (file)            = "..............."...
DHCP:
DHCP: Magic Number                    = 63-82-53-63
DHCP:
DHCP: Tag: DHCP Function              = 53
DHCP: Length                          = 1
DHCP: DHCP Function                   = 2 (DHCPOFFER)
DHCP:
DHCP: Tag: Server Identifier          = 54
DHCP: Length                          = 4
DHCP: IP Address: 10.185.224.62
DHCP:
DHCP: Tag: IP Address lease time      = 51
DHCP: Length                          = 4
DHCP: IP Address lease time           = 3600
DHCP:
DHCP: Tag: Renewal (T1) time          = 58
DHCP: Length                          = 4
DHCP: Renewal (T1) time               = 1800
DHCP:
DHCP: Tag: Rebinding (T2) time        = 59
DHCP: Length                          = 4
DHCP: Rebinding (T2) time             = 3150
DHCP:
DHCP: Tag: Subnet Mask                = 1
DHCP: Length                          = 4
DHCP: IP Address: 255.255.255.0
DHCP:
DHCP: Tag: DNS Name Servers           = 6
DHCP: Length                          = 8
DHCP: IP Address 0: 10.185.224.100
DHCP: IP Address 1: 10.185.224.6
DHCP:
DHCP: Tag: NETBIOS name servers       = 44
DHCP: Length                          = 8
DHCP: IP Address 0: 10.100.0.5
DHCP: IP Address 1: 10.101.19.13
DHCP:
DHCP: Tag: Gateways                   = 3
DHCP: Length                          = 4
DHCP: IP Address: 10.100.224.1
```

Server verwendet die »yiaddr«, um den Client anzusprechen

● **DHCP Request des Clients**

```
DLL: Destination Address            = FF-FF-FF-FF-FF-FF
DLL: Source Address                 = 00-00-F8-50-D4-BF
DLL:
IP: - - - - - Internet protocol (IP) - - - - -
...
IP: Source Address                  = 0.0.0.0
IP: Destination Address             = 255.255.255.255
IP:
IP: Protocol "UDP" data
IP:
UDP:
UDP: - - - - - User Datagram Protocol (UDP) - - - - -
UDP:
UDP: Source port                    = 68 (DHCP)
UDP: Destination port               = 67 (DHCP)
UDP: Length                         = 308 bytes
UDP: Checksum                       = 27549
UDP:
UDP: Port DHCP data
DHCP:
DHCP: - - - - - DHCP/BOOTP Protocol - - - - -
DHCP:
DHCP: Opcode (op)                   = 1 (BootRequest)
DHCP: Hardware type (htype)         = 1 (Ethernet)
DHCP: Hardware Address length (hlen) = 6
DHCP: Hops                          = 0
DHCP: Transaction ID (xid)          = 3109656680
DHCP: Seconds since boot (secs)     = 0
DHCP: Flags                         = 0000
DHCP:         0.............. = Non-broadcast
DHCP:
DHCP: Client's IP Addr (ciaddr)     = 0.0.0.0
DHCP: 'your' IP Addr (yiaddr)       = 0.0.0.0
DHCP: Server IP Addr (siaddr)       = 0.0.0.0
DHCP: Gateway IP Addr (giaddr)      = 0.0.0.0
DHCP:
DHCP: Client HW Address (chaddr)    = 00-00-F8-50-D4-BF
DHCP: Server's Hostname (sname)     = "..............."...
DHCP: Bootfile name (file)          = "..............."...
DHCP:
DHCP: Magic Number                  = 63-82-53-63
DHCP:
DHCP: Tag: DHCP Function            = 53
DHCP: Length                        = 1
DHCP: DHCP Function                 = 3 (DHCPREQUEST)
DHCP:
DHCP: Tag: Client Identifier        = 61
DHCP: Length                        = 7
DHCP: Client Identifier             = 01-00-00-F8-50-D4-BF
DHCP:
DHCP: Tag: Requested IP Address     = 50
DHCP: Length                        = 4
DHCP: IP Address: 10.185.224.65
DHCP:
DHCP: Tag: Server Identifier        = 54
DHCP: Length                        = 4
DHCP: IP Address: 10.185.224.62
DHCP:
DHCP: Tag: Hostname                 = 12
DHCP: Length                        = 7
DHCP: Hostname                      = "WINNT."
DHCP:
DHCP: Tag: Parameter Request List   = 55
DHCP: Length                        = 7
DHCP: Parameter Request List        = 01-0F-03-2C-2E-2F-06
DHCP:
DHCP: Tag: End Of Options           = 255
```

● DHCP Acknowledge des Servers

```
DLL: Destination Address          = 00-00-F8-50-D4-BF
DLL: Source Address               = 00-60-5C-F4-72-6F
DLL:
IP: - - - - - Internet protocol (IP) - - - - -
...
IP: Source Address                = 10.185.224.62
IP: Destination Address           = 10.185.224.65
IP:
IP: Protocol "UDP" data
IP:
UDP:
UDP: - - - - - User Datagram Protocol (UDP) - - - - -
UDP:
UDP: Source port                  = 67 (DHCP)
UDP: Destination port             = 68 (DHCP)
UDP: Length                       = 307 bytes
UDP: Checksum                     = 23084
UDP:
UDP: Port DHCP data
DHCP:
DHCP: - - - - - DHCP/BOOTP Protocol - - - - -
DHCP:
DHCP: Opcode (op)                     = 2 (BootReply)
DHCP: Hardware type (htype)           = 1 (Ethernet)
DHCP: Hardware Address length (hlen)  = 6
DHCP: Hops                            = 0
DHCP: Transaction ID (xid)            = 3109656680
DHCP: Seconds since boot (secs)       = 0
DHCP: Flags                           = 0000
DHCP:      0.............. = Non-broadcast
DHCP:
DHCP: Client's IP Addr (ciaddr)       = 0.0.0.0
DHCP: 'your' IP Addr (yiaddr)         = 10.185.224.65
DHCP: Server IP Addr (siaddr)         = 0.0.0.0
DHCP: Gateway IP Addr (giaddr)        = 0.0.0.0
DHCP:
DHCP: Client HW Address (chaddr)      = 00-00-F8-50-D4-BF
DHCP: Server's Hostname (sname)       = "............."...
DHCP: Bootfile name (file)            = "............."...
DHCP:
DHCP: Magic Number                    = 63-82-53-63
DHCP:
DHCP: Tag: DHCP Function              = 53
DHCP: Length                          = 1
DHCP: DHCP Function                   = 5 (DHCPACK)
DHCP:
DHCP: Tag: Server Identifier          = 54
DHCP: Length                          = 4
DHCP: IP Address: 10.100.224.62
DHCP:
DHCP: Tag: IP Address lease time      = 51
DHCP: Length                          = 4
DHCP: IP Address lease time           = 3600
DHCP:
DHCP: Tag: Renewal (T1) time          = 58
DHCP: Length                          = 4
DHCP: Renewal (T1) time               = 1800
DHCP:
DHCP: Tag: Rebinding (T2) time        = 59
DHCP: Length                          = 4
DHCP: Rebinding (T2) time             = 3150
DHCP:
DHCP: Tag: Subnet Mask                = 1
DHCP: Length                          = 4
DHCP: IP Address: 255.255.255.0
DHCP:
DHCP: Tag: DNS Name Servers           = 6
DHCP: Length                          = 8
DHCP: IP Address 0: 10.185.224.100
DHCP: IP Address 1: 10.185.224.6
DHCP:
DHCP: Tag: NETBIOS name servers       = 44
DHCP: Length                          = 8
DHCP: IP Address 0: 10.100.0.5
DHCP: IP Address 1: 10.101.19.13
DHCP:
DHCP: Tag: Gateways                   = 3
DHCP: Length                          = 4
DHCP: IP Address: 10.185.224.1
```

3.9.1   Cisco-Konfiguration: DHCP Server

Ab IOS V12.0 können die Cisco-Router auch als DHCP Server konfiguriert werden. In den vorhergehenden Versionen war nur der Einsatz als DHCP Client möglich.

DCHP Server einrichten

```
ip dhcp pool PC                                         Welche IP-Adressen zur
   network 10.185.224.0 255.255.255.0                   Verfügung stehen
   dns-server 10.185.224.100 10.185.224.6
   netbios-name-server 10.100.0.5 10.101.19.13
   default-router 10.185.224.1
   lease 0 1
```

● Ausschluss von bestimmten Adressen (globales Kommando)

   ip dhcp excluded-address 10.185.224.1 10.185.224.64

● Parameter für ICMP Echo Request (globales Kommando)

   Über den Echo Request testet der Router, ob die IP-Adresse, die er einem Client zuweisen möchte, schon im Netzwerk existiert.

   ip dhcp ping packets 3
   ip dhcp ping timeout 300

Informationen über den lokalen DCHP Server

```
# show ip dhcp server statistics
Memory usage          13544
Address pools         1
Database agents       0
Automatic bindings    1
Manual bindings       0
Expired bindings      0
Malformed messages    0
Message               Received
BOOTREQUEST           0
DHCPDISCOVER          3
DHCPREQUEST           11
DHCPDECLINE           0
DHCPRELEASE           3
DHCPINFORM            0
Message               Sent
BOOTREPLY             0
DHCPOFFER             3
DHCPACK               3
DHCPNAK               0
```

```
# show ip dhcp binding
IP address        Hardware address      Lease expiration       Type
10.185.224.65     0100.00f8.50d4.bf     Nov 01 1999 02:42 AM   Automatic
```

DHCP Client unter Windows NT

C:> usage: ipconfig [/? | /all | /release [adapter] | /renew [adapter]]

```
/?       Display this help message.
/all     Display full configuration information.
/release Release the IP address for the specified adapter.
/renew   Renew the IP address for the specified adapter.
The default is to display only the IP address, subnet mask and default gateway for
each adapter bound to TCP/IP. For Release and Renew, if no adapter name is
specified, then the IP address leases for all adapters bound to TCP/IP will be
released or renewed.
```

C:> ipconfig /all

```
Windows NT IP Configuration
        Host Name . . . . . . . . . : winnt
        DNS Servers . . . . . . . . : 10.185.224.100
                                      10.185.224.6
        Node Type . . . . . . . . . : Hybrid
        NetBIOS Scope ID. . . . . . :
        IP Routing Enabled. . . . . : Yes
        WINS Proxy Enabled. . . . . : No
        NetBIOS Resolution Uses DNS : No


Ethernet adapter Ewrk31:
        Description . . . . . . . . : DEC EtherWORKS 3/TURBO Ethernet Adapter
        Physical Address. . . . . . : 00-00-F8-50-D4-BF
        DHCP Enabled. . . . . . . . : Yes
        IP Address. . . . . . . . . : 10.185.224.65
        Subnet Mask . . . . . . . . : 255.255.255.0
        Default Gateway . . . . . . : 10.185.224.1
        DHCP Server . . . . . . . . : 10.185.224.62
        Primary WINS Server . . . . : 10.100.0.5
        Secondary WINS Server . . . : 10.101.19.13
        Lease Obtained. . . . . . . : Tuesday, August 03, 1999 11:08:24 AM
        Lease Expires . . . . . . . : Tuesday, August 03, 1999 12:08:24 PM
```

3.10   Cisco-Konfiguration: allgemeiner IP-Setup

Bridging von IP-Paketen und IP-Default-Gateway

Standardmäßig ist auf den Routern IP-Routing immer eingeschaltet. Man muss es daher für Bridging explizit ausschalten.

no ip routing

Falls IP-Routing ausgeschaltet ist, der Router aber trotzdem eine IP-Verbindung aufbauen muss (z.B. wegen SNMP oder TFTP), kann ein Default Gateway definiert werden.

ip default-gateway *ip-address-gateway*
interface *name*
  ip address *ip-address*

IP-Adressierung

interface *name*
  ip address *address mask*
  ip address *address mask* **secondary**

● Subnetze zulassen, die nur Nullen oder Einsen enthalten (lt. RFC 950 eigentlich nicht erlaubt)

  ip subnet-zero

● Anzeige der Netzwerkmaske

  line *name*
    ip netmask-format   bitcount I decimal I hexadecimal

● Source Interface für lokale Services (z.B. Telnet, FTP, Tacacs, TFTP) festlegen

Falls mehrere Interfaces für IP konfiguriert sind, kann hierdurch festgelegt werden, welche Source-Adresse der Router für bestimmte Services benutzt.

  ip *service* source-interface *name*

    z.B. Telnet, TFTP usw.

● Hearself-Funktionalität: Ping auf die lokale Adresse einer seriellen Schnittstelle

Der Router leitet bei einem Ping auf die lokale Interface-Adresse die Daten an den Router auf der Gegenseite weiter, der die Pakete wieder an den lokalen Router zurücksendet.

  x25 map ip *local-ip-address remote-x25-address*
  frame-relay map ip *local-ip-address dlci-to-remote*

Unnumbered IP

Unter Unnumbered IP wird einem Interface die Adresse eines anderen Interface zugewiesen. Die IP-Adresse des spezifizierten Interface bestimmt gleichzeitig, welche Routing-Prozesse über das Unnumbered Interface laufen. Das heißt, alle Routing-Protokolle, die für das zugehörige Numbered Interface definiert sind, senden auch Routing Updates über das Unnumbered Interface (siehe auch das Kapitel über Unnumbered Interfaces und IP-Routing-Protokolle).

interface *name*
    ip unnumbered *numbered_interface*

Unnumbered IP wird nur für folgende Punkt-zu-Punkt-Verbindungen unterstützt:

- HDLC
- PPP
- LAPB
- Frame Relay in Point-to-Point-Konfiguration
- SLIP
- Tunnel Interfaces
- Nicht jedoch für X.25 und SMDS, ATM

MTU-Größe festlegen

interface *name*
    mtu *size*
    ip mtu *size*

- IP-MTU-Größe des Interface

    # show ip interface e0
```
Ethernet0 is up, line protocol is up
   Internet address is 10.104.7.65/22
   Broadcast address is 255.255.255.255
   Address determined by non-volatile memory
   MTU is 576 bytes
   Helper address is not set
```

- Physikalische MTU-Größe des Interface

    # show interface e0
```
Ethernet0 is up, line protocol is up
   Hardware is Lance, address is 0060.5cf4.726f (bia 0060.5cf4.726f)
   Internet address is 10.104.7.65/22
   MTU 1500 bytes, BW 10000 Kbit, DLY 1000 usec, rely 255/255, load 1/255
   Encapsulation ARPA, loopback not set, keepalive set (10 sec)
   ARP type: ARPA, ARP Timeout 04:00:00
```

IP Domain Lookup

IP Domain Lookup ermöglicht die Verwendung von IP-Namen, ohne dass diese in der lokalen Hostdatenbank des Routers eingetragen sein müssen. Die Auflösung erfolgt über das Domain Name Service Protocol (DNS).

ip domain-lookup
ip domain-name *Name_der_lokalen_Domain*
ip name-server *server-address-1*
ip name-server *server-address-2*

Allgemeine Informationen über IP anzeigen

show ip interface
```
Ethernet0 is up, line protocol is up
   Internet address is 192.3.1.1/24
   Broadcast address is 255.255.255.255
   Address determined by non-volatile memory
   MTU is 1500 bytes
   Helper address is not set
   Directed broadcast forwarding is enabled
   Multicast reserved groups joined: 224.0.0.5 224.0.0.6
   Outgoing access list is not set
   Inbound  access list is not set
   Proxy ARP is enabled
   Security level is default
   Split horizon is enabled
   ICMP redirects are always sent
   ICMP unreachables are always sent
   ICMP mask replies are never sent
   IP fast switching is enabled
   IP fast switching on the same interface is disabled
   IP multicast fast switching is enabled
   Router Discovery is enabled
   IP output packet accounting is disabled
   IP access violation accounting is disabled
   TCP/IP header compression is disabled
   Probe proxy name replies are disabled
   Gateway Discovery is disabled
   Policy routing is disabled
   Network address translation is disabled
```

```
# show ip interface brief
Interface      IP-Address        OK? Method    Status      Protocol
Ethernet0      10.100.224.65         YES NVRAM      up              up
Loopback0       192.168.0.1          YES NVRAM      up              up
Serial0        unassigned        YES not set   up          up
```

debug ip packet detail

ping 192.1.1.225

```
Type escape sequence to abort.
Sending 5, 100-byte ICMP Echos to 192.1.1.225, timeout is 2 seconds:
IP: s=192.1.1.65 (local), d=192.1.1.225, len 100, unroutable
    ICMP type=8, code=0.
IP: s=192.1.1.65 (local), d=192.1.1.225, len 100, unroutable
    ICMP type=8, code=0.
Success rate is 0 percent (0/5)
```

3.10.1 IP-Access-Filter

Standard-Access-Filter (1-99 und ab IOS V12.0 zusätzlich 1300-1999)

Falls beim Zuweisen einer Access-Liste kein Wert für IN oder OUT angegeben wird, handelt es sich um eine OUT-Access-Liste. Dabei ist zu beachten, dass jeweils nur eine Access-Liste für IN und OUT erlaubt ist.

● Filtern von IP-Paketen, die der Router weiterleiten soll

access-list # permit I deny *address* mask
interface *name*
  ip access-group # IN I OUT

  ● IN: Überprüfung der Source-Adresse beim Empfang des Pakets

  ● OUT: Überprüfung der Destination-Adresse beim Senden des Pakets

access-list 1 permit 10.10.10.10 0.0.0.0   ⇒ nur Host 10.10.10.10
access-list 2 permit host 10.10.10.10   ⇒ nur Host 10.10.10.10
access-list 3 permit 0.0.0.0 255.255.255.255   ⇒ alle Hosts
access-list 4 permit any   ⇒ alle Hosts

interface e0
  ip access-group 1 IN
  ip access-group 3 OUT

● Telnet-Verbindung zum und vom Router filtern

access-list # permit I deny address mask
line *vty 0 4*
  access-class # IN I OUT

  ● IN: eingehende Telnet-Verbindungen zum Router

  ● OUT: ausgehende, vom Router initiierte Telnet-Verbindungen

Extended-Access-Filter (100-199 und ab IOS V12.0 zusätzlich 2000-2699)

access-list # permit I deny *protocol source mask destination mask qualifier port#* [established]
interface *name*
  ip access-group # IN I OUT

● IN: Überprüfung der Source- und Destination-Adresse beim Empfang des Pakets

● OUT: Überprüfung der Source- und Destination-Adresse beim Senden des Pakets

access-list 101 permit ip any any   ⇒ alle IP-Protokolle, alle Hosts
access-list 102 permit tcp any any eq telnet ⇒ alle Telnet-Pakete

Access-Listen mit dem Established-Parameter gelten nur für aktive Verbindungen und der Router wendet die ACL nur bei TCP-Daten an, die das ACK oder RST-Bit gesetzt haben. Notwendig, wenn man z.B. eingehende Verbindungen von einem System blocken möchte, ausgehende TCP-Verbindungen zu diesem Knoten aber weiterhin möglich sein sollen.

Named-Access-Filter

Named-Access-Filter unterscheiden sich von den normalen Standard- und Extended-Access-Filtern nur darin, dass man sie über einen Namen identifiziert und nicht über einen numerischen Wert.

ip access-list standard I extended *name*
  permit ...
  deny ...
!
interface *name*
  ip access-group *name* IN I OUT

Protokollieren von Access Violations

Falls bei einer Access-Liste der LOG-Parameter definiert ist, generiert der Router für jedes verworfene Paket eine Meldung.

access-list 100 deny ip host 1.1.1.1 any **log** [log-input]

```
%SEC-6-IPACCESSLOGDP: list 100 denied icmp 1.1.1.1
(Ethernet0 aa00.0400.82c5) -> 1.1.1.2 (0/0), 1 packet
```

Accounting von Access Violations

Accounting von Access Violations wird von den Routern nur für Named-Access-Listen unterstützt.

interface *name*
  ip accounting
  ip accounting access-violations

\# show ip accounting access-violations

```
     Source        Destination      Packets      Bytes   ACL
184.4.7.130       184.4.0.3              18       1512    22
```

Informationen über Access-Filter anzeigen

\# show ip access-list

```
Standard IP access list 22
    permit 184.4.0.3
    deny    any
Extended IP access list UNIX
    permit host 184.4.7.130 any
```

show ip interface e0

```
Ethernet0 is up, line protocol is up
   Internet address is 184.4.7.129/25
   Broadcast address is 255.255.255.255
   Address determined by non-volatile memory
   MTU is 1500 bytes
   Helper address is not set
   Directed broadcast forwarding is enabled
   Multicast reserved groups joined: 224.0.0.9 224.0.0.5 224.0.0.6
   Outgoing access list is UNIX
   Inbound   access list is 22
   Proxy ARP is enabled
   Security level is default
   Split horizon is enabled
   ICMP redirects are always sent
   ICMP unreachables are always sent
   ICMP mask replies are never sent
   IP fast switching is enabled
   IP fast switching on the same interface is disabled
   IP multicast fast switching is enabled
   Router Discovery is disabled
   IP output packet accounting is enabled
   IP access violation accounting is enabled, system threshold is 512
   TCP/IP header compression is disabled
   Probe proxy name replies are disabled
   Gateway Discovery is disabled
   Policy routing is disabled
   Network address translation is disabled
```

3.10.2 R-Kommandos

Bei ältere IOS-Versionen muss man die R-Kommandos ohne ip angeben.

● Befehle für eingehende RCP- oder RSH-Verbindungen

Als lokaler Benutzer auf dem Router kann entweder ein definierter User angegeben werden oder der Hostname des Routers.

Den Zugriff von außen über RCP oder RSH auf den Router kann man über das **access-class #**-Kommando der VTY-Lines steuern.

[no ip rcmd domain-lookup] ◄— Bei Domain Lookup versucht der Router, die IP-
ip host *remote-host ip-address*◄ Adressen über DNS aufzulösen, und ignoriert die lokale
ip rcmd rcp-enable   rhosts-Datenbank.
ip rcmd rsh-enable
ip rcmd remote-host *local-user ip-address remote-user* [enable *level*]

● Befehle für ausgehende RCP- oder RSH-Verbindungen   1:   User
                                                        15:   Root

Loggt man sich ohne Username ein, benutzt der Router für ausgehende R-Verbindungen den Hostnamen als lokalen Benutzernamen.

ip rcmd source-interface *interface*   Username auf dem Zielrechner, unter dem die
ip rcmd remote-username *name* ◄   R-Kommandos ausgeführt werden soll

● Informationen über die rhosts-Datenbank des Routers anzeigen

show rhosts

```
Local user    Host          Remote user
andreas       194.2.1.2     andreas
Router        194.2.1.2     andreas
```

debug ip tcp rcmd

Beispiele für R-Kommandos

● *# copy running-config rcp* oder *# copy rcp running-config*

hostname C4000
ip host unix 10.185.224.28
ip rcmd rcp-enable
ip rcmd remote-username TFTP
ip rcmd remote-host c4000 unix TFTP

● RSH von und zu einem Unix-System

```
hostname C4000
ip host unix 10.185.224.28
ip rcmd rsh-enable
ip rcmd remote-username TFTP
ip rcmd remote-host c4000 unix TFTP
```

router# rsh 10.185.224.28   ls -al   ⇒ RSH über den User TFTP zu
                                               einem Unix-System

unix# rsh -l C4000 192.1.1.1   show version ⇒ RSH von einem Unix-System
                                               zum Router

● RSH auf sich selbst

```
hostname C4000
username andreas password XXX
ip rcmd rsh-enable
```

ip rcmd remote-host andreas 192.1.1.1 C4000 ↙ Falls der Benutzer sich unter
                                               andreas auf dem Router eingeloggt
ip rcmd remote-host andreas 192.1.1.1 andreas hat.

ip rcmd remote-host c4000 192.1.1.1 C4000 ↙ Falls der Benutzer sich unter keinem
                                             User auf dem Router eingeloggt hat.
ip rcmd remote-host c4000 192.1.1.1 andreas

rsh 192.1.1.1 /user andreas   show version   ⇒ andreas als Remote-User
rsh 192.1.1.1 /user c4000   show version   ⇒ C4000 als Remote-User
rsh 192.1.1.1 show version   ⇒ der lokale Benutzer als Remote-
                                                  User

3.10.3 SNMP

SNMP-Konfiguration

```
snmp-server community name  RO | RW  [ access-list # ]
snmp-server contact text           ↖— Read-Only
snmp-server location text            Read-Write
```

show snmp

```
Chassis: 5029590
4 SNMP packets input
    0 Bad SNMP version errors
    0 Unknown community name
    0 Illegal operation for community name supplied
    0 Encoding errors
    3 Number of requested variables
    0 Number of altered variables
    3 Get-request PDUs
    1 Get-next PDUs
    0 Set-request PDUs
```

```
10 SNMP packets output
    0 Too big errors (Maximum packet size 1500)
    1 No such name errors
    0 Bad values errors
    0 General errors
    4 Get-response PDUs
    6 SNMP trap PDUs
SNMP logging: enabled
    Logging to 10.185.224.68, 0/10, 6 sent, 0 dropped.
```

SNMP-Traps

Source-Adresse für die Traps

snmp-server trap-source *interface*

interface *name* ← SNMP-Traps für *linkup* und *linkdown*

   [no] snmp trap link-status

Ohne Angabe eines Trap Typs sind **alle Traps** eingeschaltet.

● Traps global definieren

  snmp-server enable traps [*trap-type*]

Ohne Angabe eines Trap Typs sind **keine Traps** eingeschaltet.

● Traps pro Sink-Host definieren

  snmp-server host *ip-address community* [*trap-type*]

SNMP-Beispiel

snmp-server community lab RW
snmp-server community public RO
snmp-server trap-source Loopback0
snmp-server enable traps frame-relay
snmp-server enable traps snmp
snmp-server host 10.185.224.68 public

debug snmp

```
SNMP: Queueing packet to 10.185.224.68
SNMP: V1 Trap, ent frame-relay, addr 184.4.0.1, gentrap 6, spectrap 1
 frCircuitEntry.1.2.77 = 2
 frCircuitEntry.2.2.77 = 77
 frCircuitEntry.3.2.77 = 2
SNMP: Queueing packet to 10.185.224.68
SNMP: V1 Trap, ent ciscoSyslogMIB.2, addr 184.4.0.1, gentrap 6, spectrap 1
 clogHistoryEntry.2.8 = LINK
 clogHistoryEntry.3.8 = 4
 clogHistoryEntry.4.8 = UPDOWN
 clogHistoryEntry.5.8 = Interface Serial0, changed state to up
 clogHistoryEntry.6.8 = 227670
SNMP: Queueing packet to 10.185.224.68
SNMP: V1 Trap, ent products.7, addr 184.4.0.1, gentrap 3, spectrap 0
 ifEntry.1.2 = 2
 ifEntry.2.2 = Serial0
 ifEntry.3.2 = 32
 lifEntry.20.2 = up
```

3.10.4 ICMP Router Discovery Protocol (IRDP)

Unter IRDP senden die Router in periodischen Abständen spezielle ICMP-Pakete (Type 9 und 10) und informieren mit deren Hilfe die an das Subnetz angeschlossenen Hosts über ihre IP-Adressen. Dadurch benötigen die Endknoten keinen statischen Gateway-Eintrag in ihrer Routing-Tabelle. Bei Ausfall eines Routers ist daher auch keine Umkonfiguration der Hosts notwendig.

```
interface name                 Die Router senden die IRDP-Nachrichten als Multicast
    ip irdp                    (224.0.0.1) und nicht als Broadcast.
    [ ip irdp multicast ]
```

show ip interface to0

```
TokenRing0 is up, line protocol is up
    Internet address is 192.2.1.2/24
    Broadcast address is 255.255.255.255
    Address determined by setup command

    MTU is 4464 bytes
    Helper address is not set                              IRDP-Multicast ist
    Directed broadcast forwarding is enabled               eingeschaltet.
    Multicast reserved groups joined: 224.0.0.1 224.0.0.2
    Outgoing access list is not set
    Inbound  access list is not set
    Proxy ARP is enabled
    Security level is default
    Split horizon is enabled
    ICMP redirects are always sent
    ICMP unreachables are always sent
    ICMP mask replies are never sent
    IP fast switching is enabled
    IP fast switching on the same interface is disabled
    IP multicast fast switching is enabled
    IP multicast token ring functional is disabled
    Router Discovery is enabled
    IP output packet accounting is disabled
    IP access violation accounting is disabled
    TCP/IP header compression is disabled
     Probe proxy name replies are disabled
    Gateway Discovery is disabled
    Policy routing is disabled
    Network address translation is disabled
```

show ip irdp to0

```
TokenRing0 has router discovery enabled
Advertisements will occur between every 450 and 600 seconds.
Advertisements are sent with multicasts.
Advertisements are valid for 1800 seconds.
Default preference will be 0.
```

debug ip icmp

```
ICMP: src=192.3.1.1, dst=224.0.0.1, irdp advertisement sent
IRDP: entries=1, size=2, lifetime=1800, bytes=36
IRDP: address=192.3.1.1 preference=0
```

3.11 Cisco-Konfiguration: IP-Routing

Administrative Distance

Die Administrative Distance bestimmt die Gewichtung der verschiedenen Routing-Protokolle. Die Router setzen die Distance ein, falls mehrere Routen aus unterschiedlichen Protokollen zu einem Netzwerk existieren.

Das Protokoll mit der kleinsten Distance hat Vorrang vor Protokollen mit höheren Werten. Der Router trägt nur die ausgewählte Route in der Routing-Tabelle ein.

Bei einer Distanz von 255 ignoriert der Router alle über dieses Protokoll empfangenen Routing-Informationen. Das heißt, das Kommando distance 255 kann zum Filtern von eingehenden Routing Updates eingesetzt werden.

router *routing-process*
    distance *value* [*gateway-address mask*]   [*access-list*]

Der Filter wird beim Einfügen von Routen des spezifizierten Gateways in die lokale Routing-Tabelle angewandt.

Routing-Protokoll	Standardwert für die Distance
Direkt verbundene Interfaces	0
Statische Routes	1
EIGRP Summary Routes	5
External BGP Routes	20
Internal EIGRP Routes	90
IGRP	100
OSPF	110
IS-IS	115
RIP	120
EGP	140
External EIGRP	170
Internal BGP	200
Unreachable	255

Routing-Informationen anzeigen

show ip route

```
Codes: C - connected, S - static, I - IGRP, R - RIP, M - mobile, B - BGP
       D - EIGRP, EX - EIGRP external, O - OSPF, IA - OSPF inter area
       E1 - OSPF external type 1, E2 - OSPF external type 2, E - EGP
       i - IS-IS, L1 - IS-IS level-1, L2 - IS-IS level-2,
       * - candidate default, U - per-user static route
Gateway of last resort is 184.4.3.128 to network 0.0.0.0
     192.168.254.0/24 is variably subnetted, 2 subnets, 2 masks
D        192.168.254.0/24 is a summary, 00:13:13, Null0
C        192.168.254.1/32 is directly connected, Loopback0
     184.4.0.0/16 is variably subnetted, 5 subnets, 4 masks
D        184.4.4.128/25 [90/307200] via 184.4.3.129, 00:13:16, Ethernet0
C        184.4.3.128/25 is directly connected, Ethernet0
D        184.4.0.4/32 [90/409600] via 184.4.3.129, 00:13:16, Ethernet0
S*   0.0.0.0/0 [1/0] via 184.4.3.128
```

Distance ➚ ➘ Metric

* = Routing-Einträge, die als Default Route in Frage kommen

show ip route 184.4.1.8

```
Routing entry for 184.4.1.8/30
  Known via "eigrp 99", distance 90, metric 2195456, type internal
  Redistributing via eigrp 99
  Last update from 184.4.3.129 on Ethernet0, 00:14:37 ago
  Routing Descriptor Blocks:
  * 184.4.3.129, from 184.4.3.129, 00:14:37 ago, via Ethernet0
     Route metric is 2195456, traffic share count is 1
     Total delay is 21000 microseconds, minimum bandwidth is 1544 Kbit
     Reliability 255/255, minimum MTU 1500 bytes
     Loading 1/255, Hops
```

* = Route, die das System als Nächstes verwendet, um ein IP-Paket zu diesem Ziel weiterzuleiten (interessant bei mehreren Routen zum gleichen Zielnetzwerk).

Default Network

Alle Routen, die als mögliche Default Route zur Verfügung stehen, werden als Candidate Default Route bezeichnet. Die Auswahl des Default Gateway (oder Gateway of Last Resorts) erfolgt über die Administrative Distance und die Metrik der einzelnen Candidate Default Routes.

Falls der Router direkt mit dem Netzwerk des Gateway of Last Resorts verbunden ist, generieren einige Routing-Protokolle eine Default Route und leiten diese auch weiter.

Unter RIP z.B. das Pseudonetzwerk 0.0.0.0 oder unter IGRP bzw. EIGRP als Exterior-Routes gekennzeichnete Routing-Einträge (siehe Kapitel RIP und EIGRP Routing).

Falls ein Router keine Default Route über die normalen Routing-Protokolle lernt, kann man solche Routen manuell über ip default network-Befehle konfigurieren.

ip default-network *network*   oder   ip route 0.0.0.0 0.0.0.0 *ip-address*

Default-Network-Kommando und Subnetze

Falls es sich um ein Subnetz handelt, konfiguriert der Router automatisch statt eines Default-Netzwerks eine *Summary Route* in dieses Netzwerk.

Dadurch werden alle Pakete für Subnetze dieses Netzwerks, die nicht in der Routing-Tabelle enthalten sind, zu dem angegebenen Subnetz weitergeleitet.

Um eine Default Route für alle anderen Netze zu erzeugen, ist anschließend noch ein weiterer ip default network-Eintrag für das eigentliche Netzwerk notwendig.

ip default-network 17.1.0.0   ⇨ Summary Route: ip route 17.0.0.0 255.0.0.0 17.1.0.0
ip default-network 17.0.0.0

Der Router leitet nur 17.x.x.x Subnetze über diesen Eintrag weiter, aber keine anderen Netze.

show ip route

```
 Gateway of last resort is 17.1.0.0 to network 17.0.0.0
 *   17.0.0.0/8 is variably subnetted, 2 subnets, 2 masks
 C      17.1.0.0/16 is directly connected, Loopback3
 S*     17.0.0.0/8 [1/0] via 17.1.0.0
```

* = Candidate Default Route

Statisches IP-Routing

Der Router gibt statische Routen, die auf ein Interface verweisen, automatisch (d.h. ohne *redistribution static*) an die dynamischen Routing-Protokolle weiter (sofern die Protokolle über das angegebene Interface laufen).

Wenn ein Interface nicht mehr verfügbar ist, entfernt das System alle statischen Routen, die über dieses Interface gehen, aus der Routing-Tabelle (außer sie sind als permanent markiert).

ip route *ip-address* [*subnet-mask*] *gateway* [*metric*] [*distance*] [permanent]
ip route *ip-address* [*subnet-mask*] *interface-name*   [*distance*] [permanent]

Standardmäßig haben statische Routen eine Distance von eins.

Die Route bleibt in der Tabelle, auch wenn das Interface nicht verfügbar ist.

Floating Static IP-Routing

Floating Static Routes sind Routen, deren Administrative Distance höher ist als die Distance der dynamischen Routing-Protokolle.

Der Router setzt diese Routen nur dann ein, wenn eine über ein dynamisches Routing-Protokoll gelernte Route nicht mehr verfügbar ist.

Floating Static Routes werden meistens bei Dial-on-Demand-Routing eingesetzt, um eine Backup-Leitung zur Verfügung zu stellen (siehe Kapitel »Beispiel für ISDN-Konfiguration mit Floating Static Routes«).

ip route *ip-address* ... ... floating

4 IP-Routing-Protokolle

4.1 RIP

RIPv1 (RFC 1058) ist ein Distance-Vector-Protokoll mit einer Hop-Count-basierenden Metrik. Die maximale Metrik beträgt 16 und kennzeichnet ein Netzwerk, das nicht mehr erreichbar ist.

Die Router senden alle 30 Sekunden Routing Updates. Falls innerhalb eines Zeitraums von 180 Sekunden kein Update mehr für eine Route erfolgt ist, wird sie als ungültig markiert und nach insgesamt 240 Sekunden aus der Routing-Tabelle entfernt.

Um das Oszillieren einer Route zwischen zwei oder mehr Pfaden mit der gleichen Metrik zu vermeiden, dürfen existierende Routen nur dann verändert werden, wenn eine Route mit einem kleineren Hop Count existiert.

RIP-Routing-Pakete benutzen UDP als Transport-Service (Port 520) und als IP Destination Address den Limited Broadcast (255.255.255.255).

RIPv2 (RFC 1723) verwendet den gleichen Distance-Vector-Algorithmus wie RIPv1, unterstützt aber zusätzlich noch VLSM, CIDR sowie Authentication und benutzt für die Routing Updates statt eines Broadcast die Multicast-Adresse 224.0.0.9.

RIP RFCs

RFC 1058	Routing Information Protocol (Updated by RFC1723)
RFC 1581	Protocol Analysis for Extensions to RIP to Support Demand
RFC 1582	Extensions to RIP to Support Demand Circuits
RFC 1923	RIPv1 Applicability Statement for Historic Status
RFC 2091	Triggered Extensions to RIP to Support Demand Circuits.
RFC 2092	Protocol Analysis for Triggered RIP
RFC 1721	RIP Version 2 Protocol Analysis
RFC 1722	RIP Version 2 Protocol Applicability Statement
RFC 1723	RIP Version 2 Carrying Additional Information (obsoletes RFC1388)
RFC 1724	RIP Version 2 MIB Extension
RFC 2082	RIP-2 MD5 Authentication

RIP-1-Paketformat

0	8	16	24	31

Command	Version (1)	0	
Family of NET 1		RIP-1: muss Null sein	RIP-2: Route Tag
IP Address von NET 1			
RIP-1: muss Null sein		RIP-2: Subnet Mask	
RIP-1: muss Null sein		RIP-2: Next Hop	
Distance zu NET 1			
Family of NET 2		RIP-1: muss Null sein	RIP-2: Route Tag
IP Address von NET 2			
RIP-1: muss Null sein		RIP-2: Subnet Mask	
RIP-1: muss Null sein		RIP-2: Next Hop	
Distance zu NET 2			
weitere Routing-Einträge			

- Command

  1 = Request Anforderung von Partial oder Full-Routing-Informationen
  2 = Response Routing-Informationen des Senders

- Family of NET

  2 IP
  FFFF RIP-2 Authentication

RIP-2-Paketformat für Authentication

0	8	16	24	31

Command	Version (1)	0	
0xFFFF		Authentication Type	
Authentication ...			
...			
...			
... Authentication			
Family of NET		RIP-2: Route Tag	
bis zu 24 Routing-Einträge			

Trace von RIP-1-Paketen

● Request-Paket

```
DLL: - - - - - Datalink Header - - - - -
DLL:
DLL: Destination Address              = FF-FF-FF-FF-FF-FF
DLL: Source Address                   = 00-60-5C-F4-72-6F
DLL:
DLL: DIX format, Protocol Type        = 08-00
IP:
IP: - - - - - Internet protocol (IP) - - - - -
...
IP: Time to live (sec)               = 2
IP: Protocol Type                    = 17 (UDP)
IP: Header Checksum                  = 50943 (correct)
IP: Source Address                   = 10.100.224.65
IP: Destination Address              = 255.255.255.255
IP:
IP: Protocol "UDP" data
IP:
UDP: - - - - - User Datagram Protocol (UDP) - - - - -
UDP:
UDP: Source port                     = 520 (RIP)
UDP: Destination port                = 520 (RIP)
UDP: Length                          = 32 bytes
UDP: Checksum                        = 0
UDP:
UDP: Port RIP data
RIP:
RIP: - - - - RFC 1058 - Routing-Information Prototcol (RIP1) - - - -
RIP:
RIP: RIP Command 1 (Request), RIP Version 1
RIP:
RIP: AFI Address          Metric
RIP: Request for all data
```

● Response-Paket

```
DLL: - - - - - Datalink Header - - - - -
DLL:
DLL: Destination Address          = FF-FF-FF-FF-FF-FF
DLL: Source Address               = AA-00-04-00-91-C5
DLL:
DLL: DIX format, Protocol Type    = 08-00
IP:
IP: - - - - - Internet protocol (IP) - - - - -
...
IP: Time to live (sec)            = 1
IP: Protocol Type                 = 17 (UDP)
IP: Header Checksum               = 38203 (correct)
IP: Source Address                = 10.204.0.1
IP: Destination Address           = 10.204.0.255
IP:
IP: Protocol "UDP" data
IP:
UDP: - - - - - User Datagram Protocol (UDP) - - - - -
UDP:
UDP: Source port                  = 520 (RIP)
UDP: Destination port             = 520 (RIP)
UDP: Length                       = 272 bytes
UDP: Checksum                     = 22233
UDP:
UDP: Port RIP data
RIP:
RIP: - - - - RFC 1058 - Routing-Information Prototcol (RIP1) - - - -
RIP:
RIP: RIP Command 2 (Response), RIP Version 1
RIP:
RIP: AFI Address          Metric
RIP:   2 0.0.0.0             1
RIP:   2 10.185.144.0        1
RIP:   2 10.185.208.0       16
RIP:   2 10.185.224.0        1
RIP:   2 10.185.225.0        1
RIP:   2 10.185.240.0        1
RIP:   2 10.186.16.0        16
RIP:   2 10.186.17.0        16
RIP:   2 10.203.96.0         1
RIP:   2 10.254.65.0        16
RIP:   2 10.254.71.0         1
RIP:   2 10.254.76.0        16
RIP:   2 10.254.78.0         1
```

Da die Source-Adresse im gleichen Netzwerk liegt, führt der Router auch alle 10er Subnetze auf.

Trace von RIP-2-Paketen

● Request-Paket

```
DLL: - - - - - Datalink Header - - - - -
DLL:
DLL: Destination Address          = 01-00-5E-00-00-09
DLL: Source Address               = 00-60-5C-F4-72-6F
DLL:
DLL: DIX format, Protocol Type    = 08-00
IP:
IP: - - - - - Internet protocol (IP) - - - - -
...
IP: Time to live (sec)           = 2
IP: Protocol Type                = 17 (UDP)
IP: Header Checksum               = 59125 (correct)
IP: Source Address                = 10.185.224.65
IP: Destination Address           = 224.0.0.9
IP:
UDP: - - - - - User Datagram Protocol (UDP) - - - - -
UDP:
UDP: Source port                  = 520 (RIP)
UDP: Destination port             = 520 (RIP)
UDP: Length                       = 32 bytes
UDP: Checksum                     = 0
UDP:
UDP: Port RIP data
RIP:
RIP: - - - - RFC 1388 - Routing-Information Prototcol (RIP2) - - - -
RIP:
RIP: There are 24 bytes in this packet.
RIP: RIP Command 1, RIP Version 2, Routing Domain 0
RIP:
RIP:  AFI RtTag Address      Mask          Next Hop      Metric
RIP:   0     0 0.0.0.0       0.0.0.0       0.0.0.0       16
```

● Response-Paket (mit Authentifizierung)

```
DLL: - - - - - Datalink Header - - - - -
DLL:
DLL: Destination Address         = 01-00-5E-00-00-09
DLL: Source Address              = 00-60-5C-F4-72-6F
DLL:
DLL: DIX format, Protocol Type   = 08-00
IP:
IP: - - - - - Internet protocol (IP) - - - - -
...
IP: Time to live (sec)           = 2
IP: Protocol Type                = 17 (UDP)
IP: Header Checksum              = 58825 (correct)
IP: Source Address               = 10.185.224.65
IP: Destination Address          = 224.0.0.9
IP:
UDP: - - - - - User Datagram Protocol (UDP) - - - - -
UDP:
UDP: Source port                 = 520 (RIP)
UDP: Destination port            = 520 (RIP)
UDP: Length                      = 332 bytes
UDP: Checksum                    = 0
UDP:
UDP: Port RIP data
RIP:
RIP: - - - - RFC 1388 - Routing-Information Prototcol (RIP2) - - - -
RIP:
RIP: There are 324 bytes in this packet.
RIP: RIP Command 2, RIP Version 2, Routing Domain 0
RIP:
RIP:  AFI RtTag Address      Mask              Next Hop        Metric
RIP: Auth entry, type 2,  Password  = "RIP............."
RIP:   2    0 10.185.144.0   255.255.255.0   10.185.224.70   5
RIP:   2    0 10.185.225.0   255.255.255.0   10.185.224.70   5
RIP:   2    0 10.185.240.0   255.255.255.0   10.185.224.91   5
RIP:   2    0 10.185.208.0   255.255.255.0   10.185.224.1    5
RIP:   2    0 10.254.78.0    255.255.255.0   10.185.224.70   5
RIP:   2    0 10.254.76.0    255.255.255.0   10.185.224.1    5
RIP:   2    0 10.254.71.0    255.255.255.0   10.185.224.70   5
RIP:   2    0 10.254.65.0    255.255.255.0   10.185.224.1    5
RIP:   2    0 10.186.10.0    255.255.255.0   10.185.224.1    5
RIP:   2    0 10.203.96.0    255.255.255.0   10.185.224.70   5
RIP:   2    0 10.186.17.0    255.255.255.0   10.185.224.1    5
RIP:   2    0 10.204.0.0     255.255.255.0   10.185.224.70   5
RIP:   2    0 10.99.99.0     255.255.255.0   10.185.224.28   5
RIP:   2    0 10.20.20.0     255.255.255.0   10.185.224.28   5
RIP:   2    0 192.168.1.1    255.255.255.255 0.0.0.0         5
```

4.1.1 RIP und Subnet-Routing

Die Maske der Subnetze eines Netzwerks sollte immer gleich sein

Das Interface, über das ein Router ein Routing Update empfängt, bestimmt die zu verwendende Subnet-Maske für diejenigen Routen, die im gleichen Netzwerk liegen wie das lokale Interface.

Die gleiche Einschränkung gilt auch für IGRP, nicht jedoch für RIP-2, da dort Subnetz-Routing unterstützt ist.

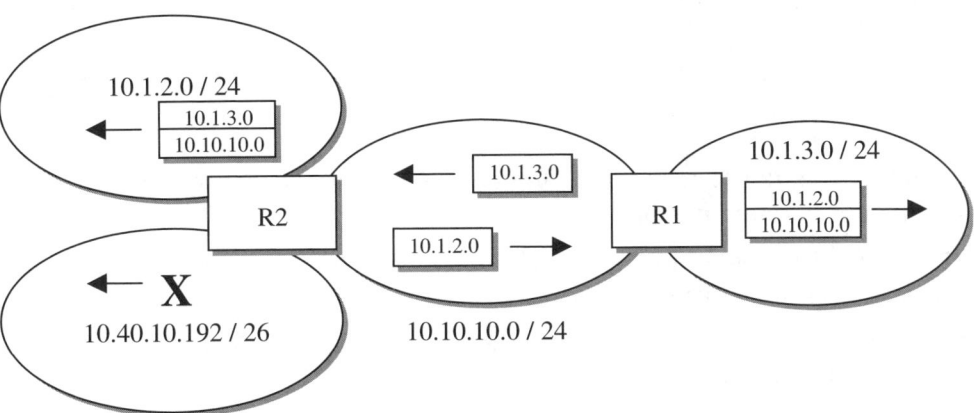

Die über die Interfaces S0/1 und E0 empfangenen Updates leitet der Router R2 nicht an das Interface Lo0 weiter, da dessen Subnet-Maske 255.255.255.192 und nicht 255.255.255.0 beträgt.

hostname R2	hostname R1
!	!
interface Loopback0	interface Ethernet0/0
ip address 10.40.10.193 255.255.255.192	ip address 10.1.3.100 255.255.255.0
!	!
interface Ethernet0/0	interface Serial0/1
ip address 10.1.2.100 255.255.255.0	ip address 10.10.10.2 255.255.255.0
!	clockrate 128000
interface Serial0/1	!
ip address 10.10.10.1 255.255.255.0	router rip
!	network 10.0.0.0
router rip	
network 10.0.0.0	

R2# debug ip rip

```
RIP: sending v1 update to 255.255.255.255 via Ethernet0/0 (10.1.2.100)
     subnet  10.1.3.0, metric 2
     subnet  10.10.10.0, metric 1
RIP: sending v1 update to 255.255.255.255 via Serial0/1 (10.10.10.1)
     subnet  10.1.2.0, metric 1
RIP: sending v1 update to 255.255.255.255 via Loopback0 (10.40.10.193)
RIP: received v1 update from 10.10.10.2 on Serial0/1
     10.1.3.0 in 1 hops
```

R1# debug ip rip

```
RIP: sending v1 update to 255.255.255.255 via Ethernet0/0 (10.1.3.100)
     subnet  10.1.2.0, metric 2
     subnet  10.10.10.0, metric 1
RIP: sending v1 update to 255.255.255.255 via Serial0/1 (10.10.10.2)
     subnet  10.1.3.0, metric 1
RIP: received v1 update from 10.10.10.1 on Serial0/1
     10.1.2.0 in 1 hops
```

Die Subnetze eines Netzwerks dürfen nicht über ein anderes Netzwerk miteinander verbunden sein

RIP fasst Subnetz-Routen automatisch auf die Netzwerkgrenze zusammen, wenn es sie über ein anderes Netzwerk weiterleiten muss.

Die gleiche Einschränkung gilt auch für IGRP, nicht jedoch für RIP-2, da dort Subnetz-Routing unterstützt wird.

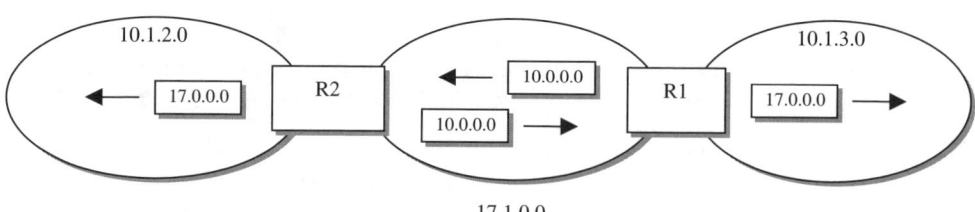

17.1.0.0

hostname R2	hostname R1
!	!
interface Ethernet0/0	interface Ethernet0/0
ip address 10.1.2.100 255.255.255.0	ip address 10.1.3.100 255.255.255.0
!	!
interface Serial0/1	interface Serial0/1
ip address 17.1.0.2 255.255.0.0	ip address 17.1.0.1 255.255.0.0
!	!
router rip	router rip
network 10.0.0.0	network 10.0.0.0
network 17.0.0.0	network 17.0.0.0

Hosts im Subnetz 10.1.2.0.0 können keine Verbindungen zu Netzwerk 10.1.3.0 aufbauen, da die von R1 über das Netzwerk 17.1.0.0 versendeten RIP-Updates nur das Netzwerk 10.0.0.0 beinhalten und nicht das Subnetz 10.1.3.0. Das Gleiche gilt analog für die Hosts im Subnetz 10.1.3.0.

R2# debug ip rip

```
RIP: sending v1 update to 255.255.255.255 via Ethernet0/0 (10.1.2.100)
     network 17.0.0.0, metric 1
RIP: sending v1 update to 255.255.255.255 via Serial0/1 (17.1.0.2)
     network 10.0.0.0, metric 1
RIP: received v1 update from 17.1.0.1 on Serial0/1
     10.0.0.0 in 1 hops
```

R1# debug ip rip

```
RIP: sending v1 update to 255.255.255.255 via Serial0/1 (17.1.0.1)
     network 10.0.0.0, metric 1
RIP: sending v1 update to 255.255.255.255 via Ethernet0/0 (10.1.3.100)
     network 17.0.0.0, metric 1
RIP: received v1 update from 17.1.0.2 on Serial0/1
     10.0.0.0 in 1 hops
```

4.1.2   Cisco-Konfiguration: RIP

RIP für ein Netzwerk einschalten

Die Router nehmen einen RIP-Broadcast nur dann an, wenn die Source-Adresse des RIP-Pakets im gleichen Subnetz liegt wie das Interface, über das der Router den Broadcast empfangen hat.

```
router rip
  network ip-network        Der Router sendet keine RIP-Updates über dieses Interface. Der
                            Empfang von RIP-Nachrichten ist aber weiterhin möglich.
  passive-interface name    Die RIP-Nachrichten werden direkt als Unicast-Paket zu dem
  neighbor ip-address       angegebenen Neighbor weitergeleitet.
```

Neighbor ist definiert: Der Router sendet Broadcast Routing Updates und zusätzlich Point-to-Point-Updates zu den angegebenen Nachbarn.

Neighbor und Passive Interface sind definiert: Router sendet nur Point-to-Point-Updates zu den Nachbarn, jedoch keine Broadcast Routing Updates mehr.

RIP-1 und RIP-2

Standardmäßig kann ein Router RIP-1- und RIP-2-Pakete empfangen, gesendet werden jedoch nur RIP-1-Pakete.

```
interface name
  ip rip send version       1 | 2 | 1 2
  ip rip receive version    1 | 2 | 1 2

router rip                  Router sendet und empfängt nur
  version 1 | 2             RIP-1- oder RIP-2-Pakete.
```

Route Summarization und Route Redistribution

Da es sich bei RIP-1 und IGRP um Distance-Vector-Protokolle handelt, die kein VLSM unterstützen, gelten die im IGRP-Kapitel aufgeführten Einschränkungen bzgl. der Route Summarization und Route Redistribution auch für RIP:

1. Automatische Route Summarization auf die Netzwerkgrenze bei der Weitergabe von Subnet-Routen in ein anderes Netzwerk.

2. Automatische Route Summarization auf die Netzwerkgrenze bei der Übernahme von Routen aus einem anderen Routing-Protokoll, sofern die Route in einem anderen Netzwerk liegt.

3. Liegen die Redistributed-Routen im gleichen Netzwerk, übernimmt der Router nur diejenigen Subnetze, deren Subnet-Maske mit der RIP-Subnet-Maske übereinstimmt.

RIP-2 erlaubt zwar das Versenden von Subnetzen über Netzwerkgrenzen hinweg, die automatische Route Summarization muss man aber bei Bedarf explizit ausschalten (verhält sich ähnlich wie EIGRP).

```
router rip
  version 2
  no auto-summary
```

4.1.3 Beispiel: RIP Default Network und Default Route

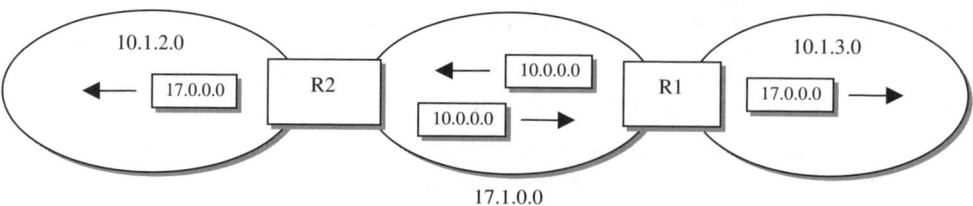

```
hostname R2                              hostname R1
!                                        !
interface Ethernet0/0                    interface Ethernet0/0
  ip address 10.1.2.100 255.255.255.0      ip address 10.1.3.100 255.255.255.0
!                                        !
interface Serial0/1                      interface Serial0/1
  ip address 17.1.0.2 255.255.0.0          ip address 17.1.0.1 255.255.0.0
!                                        !
router rip                               router rip
  network 10.0.0.0                         network 10.0.0.0
  network 17.0.0.0                         network 17.0.0.0
```

Beispiel 1 mit »ip default-network 17.0.0.0« auf Router R1

R1# show ip route

```
Gateway of last resort is 10.10.10.1 to network 17.0.0.0
R*   17.0.0.0/8 [120/1] via 10.10.10.1, 00:00:21, Serial0/1
     10.0.0.0/24 is subnetted, 4 subnets
C       10.1.3.0 is directly connected, Ethernet0/0
R       10.1.2.0 [120/1] via 10.10.10.1, 00:00:22, Serial0/1
C       10.10.10.0 is directly connected, Serial0/1
R       10.30.10.0 [120/1] via 10.10.10.1, 00:00:22, Serial0/1
```

R1# debug ip rip

```
RIP: received v1 update from 10.10.10.1 on Serial0/1
     10.1.2.0 in 1 hops
     10.30.10.0 in 1 hops
     17.0.0.0 in 1 hops
RIP: sending v1 update to 255.255.255.255 via Ethernet0/0 (10.1.3.100)
     subnet  10.1.2.0, metric 2
     subnet  10.10.10.0, metric 1
     subnet  10.30.10.0, metric 2
     default, metric 2
     network 17.0.0.0, metric 2
RIP: sending v1 update to 255.255.255.255 via Serial0/1 (10.10.10.2)
     subnet  10.1.3.0, metric 1
```

Da der Router direkt mit dem Netzwerk des Gateway of Last Resorts verbunden ist, erzeugt er eine Default Route, die aber nicht in der lokalen Routing-Tabelle sichtbar ist.

Wegen des Split-Horizon-Algorithmus sendet der Router die Default Route nicht über das Interface Serial0/1 zurück, da er das Default Network 17.0.0.0 über dieses Interface lernt.

Beispiel 2 mit »ip default-network 17.1.0.0« auf Router R2

hostname R2
!
interface Ethernet0/0
  ip address 10.1.2.100 255.255.255.0
!
interface Serial0/1
  ip address 17.1.0.2 255.255.0.0
!
router rip
  network 10.0.0.0
  network 17.0.0.0
!
ip default-network 17.0.0.0
ip route 17.0.0.0 255.0.0.0 17.1.0.0

Da es sich bei 17.1.0.0 um ein Subnetz handelt, wandelt der Router das Default Network in eine Summary Route um (ip route 17.0.0.0 255.0.0.0 17.1.0.0). Deshalb ist ein weiteres Default-Network-Kommando notwendig:

R2# show ip route

```
*    17.0.0.0/8 is variably subnetted, 2 subnets, 2 masks
C       17.1.0.0/16 is directly connected, Loopback3
S*      17.0.0.0/8 [1/0] via 17.1.0.0
     10.0.0.0/8 is variably subnetted, 4 subnets, 1 masks
R       10.1.3.0/24 [120/1] via 10.10.10.2, 00:00:10, Serial0/1
C       10.1.2.0/24 is directly connected, Ethernet0/0
C       10.10.10.0/24 is directly connected, Serial0/1
C       10.30.10.0/24 is directly connected, Loopback2
```

R1# show ip route

```
Gateway of last resort is 10.10.10.1 to network 0.0.0.0
R    17.0.0.0/8 [120/1] via 10.10.10.1, 00:00:28, Serial0/1
     10.0.0.0/24 is subnetted, 4 subnets
C       10.1.3.0 is directly connected, Ethernet0/0
R       10.1.2.0 [120/1] via 10.10.10.1, 00:00:28, Serial0/1
C       10.10.10.0 is directly connected, Serial0/1
R       10.30.10.0 [120/1] via 10.10.10.1, 00:00:28, Serial0/1
R*   0.0.0.0/0 [120/1] via 10.10.10.1, 00:00:28, Serial0/1
```

R1# debug ip rip

```
RIP: received v1 update from 10.10.10.1 on Serial0/1
     10.1.2.0 in 1 hops
     10.30.10.0 in 1 hops
     0.0.0.0 in 1 hops
     17.0.0.0 in 1 hops
RIP: sending v1 update to 255.255.255.255 via Ethernet0/0 (10.1.3.100)
     subnet  10.1.2.0, metric 2
     subnet  10.10.10.0, metric 1
     subnet  10.30.10.0, metric 2
     default, metric 2
     network 17.0.0.0, metric 2
RIP: sending v1 update to 255.255.255.255 via Serial0/1 (10.10.10.2)
     subnet  10.1.3.0, metric 1
```

Beispiel 3 mit »default-information originate« auf Router R1

Bei der Verwendung des Kommandos default-information originate generiert der Router immer eine Default Route, egal, ob ein Gateway of Last Resort vorhanden ist oder nicht.

hostname R1
!
interface Ethernet0/0
  ip address 10.1.3.100 255.255.255.0
!
interface Serial0/1
  ip address 17.1.0.1 255.255.0.0
!
router rip
  network 10.0.0.0
  network 17.0.0.0
  default-information originate

R1# debug ip rip

```
RIP: received v1 update from 10.10.10.1 on Serial0/1
      10.1.2.0 in 1 hops
      10.30.10.0 in 1 hops
      17.0.0.0 in 1 hops
RIP: sending v1 update to 255.255.255.255 via Ethernet0/0 (10.1.3.100)
      subnet  10.1.2.0, metric 2
      subnet  10.10.10.0, metric 1
      subnet  10.30.10.0, metric 2
      default, metric 1
      network 17.0.0.0, metric 2
RIP: sending v1 update to 255.255.255.255 via Serial0/1 (10.10.10.2)
      subnet  10.1.3.0, metric 1
      default, metric 1
```

R2# show ip route

```
Gateway of last resort is 10.10.10.2 to network 0.0.0.0
      17.0.0.0/8 is variably subnetted, 2 subnets, 2 masks
C       17.1.0.0/16 is directly connected, Loopback3
S       17.0.0.0/8 [1/0] via 17.1.0.0
      10.0.0.0/8 is variably subnetted, 4 subnets, 1 masks
R       10.1.3.0/24 [120/1] via 10.10.10.2, 00:00:23, Serial0/1
C       10.1.2.0/24 is directly connected, Ethernet0/0
C       10.10.10.0/24 is directly connected, Serial0/1
C       10.30.10.0/24 is directly connected, Loopback2
R*    0.0.0.0/0 [120/1] via 10.10.10.2, 00:00:23, Serial0/1
```

4.1.4   Beispiel: RIP-2 mit Authentication

hostname dscrt1

key chain RIP-AUTH
  key 1
    key-string RIP

interface Ethernet0
  ip address 10.175.224.65 255.255.255.0
  ip rip send version 2
  ip rip receive version 1 2
  ip rip authentication key-chain RIP-AUTH ◄── RIP-2 Simple Password Authentication

router rip
  version 2
  redistribute ospf 1 metric 5
  network 10.0.0.0   Eingehender Filter:
  distance 255   Durch die Distance-Befehle werden alle empfangenen RIP
  distance 130 10.175.224.70 0.0.0.0   Updates, außer von 10.175.224.70 und 10.175.224.91,
  distance 120 10.175.224.91 0.0.0.0   ignoriert
  passive-interface e0
  neighbor 10.175.224.91 ◄── Ausgehender Filter:
                              Es werden lediglich Point-to-Point-Routing-Updates zu dem Router
debug ip rip [events]   10.175.224.91 gesendet, aber keine RIP-Broadcast-Nachrichten mehr.

show ip protocols
```
Routing Protocol is "rip"
  Sending updates every 30 seconds, next due in 12 seconds
  Invalid after 180 seconds, hold down 180, flushed after 240
  Outgoing update filter list for all interfaces is
  Incoming update filter list for all interfaces is
  Redistributing: rip
  Neighbor(s):
    10.175.224.91
  Default version control: send version 2, receive version 2
  Routing for Networks:
    10.0.0.0
  Passive Interface(s):
    Ethernet0
  Routing-Information Sources:
    Gateway         Distance      Last Update
    10.175.224.70        130      00:00:17
    10.175.224.91        120      00:00:09
    10.175.224.1         255      00:00:26
  Distance: (default is 255)
    Address         Wild mask        Distance  List
    10.175.224.70          0.0.0.0        130
    10.175.224.91          0.0.0.0        120
```

show ip route rip

```
10.0.0.0/24 is subnetted, 13 subnets
R        10.175.144.0 [130/1] via 10.175.224.70, 00:00:04, Ethernet0
R        10.175.225.0 [130/1] via 10.175.224.70, 00:00:04, Ethernet0
R        10.175.240.0 [120/1] via 10.175.224.91, 00:00:26, Ethernet0
R        10.175.208.0 [130/3] via 10.175.224.70, 00:00:04, Ethernet0
R        10.254.78.0 [130/1] via 10.175.224.70, 00:00:04, Ethernet0
R        10.254.76.0 [130/2] via 10.175.224.70, 00:00:04, Ethernet0
R        10.254.71.0 [130/1] via 10.175.224.70, 00:00:04, Ethernet0
R        10.254.65.0 [130/2] via 10.175.224.70, 00:00:04, Ethernet0
R        10.186.16.0 [130/3] via 10.175.224.70, 00:00:04, Ethernet0
R        10.203.96.0 [130/1] via 10.175.224.70, 00:00:04, Ethernet0
R        10.176.17.0 [130/3] via 10.175.224.70, 00:00:04, Ethernet0
R        10.204.0.0 [130/1] via 10.175.224.70, 00:00:04, Ethernet0
R*   0.0.0.0/0 [130/1] via 10.175.224.70, 00:00:04, Ethernet0
```

4.2   IGRP

IGRP ist ein Cisco-proprietäres Distance-Vector-Protokoll mit einer so genannten Composite-Metrik, die sich aus vier verschiedenen Werten zusammensetzt. Die Route mit der kleinsten Metrik beschreibt den besten Pfad. IGRP-Routing-Pakete benutzen direkt das IP-Protokoll (mit der Protokollnummer 9) als Übertragungsmedium.

IGRP-Routing

● Routing-Updates

IGRP sendet standardmäßig alle 90 Sekunden (die sog. Broadcast Time) Routing-Updates, die zusätzlich zu den vier Metrik-Parametern noch den Hop Count und die MTU enthalten. Die Router ziehen diese beiden Parameter aber nicht zur Kalkulation der Composite-Metrik heran.

● Stabilisierung des autonomen Systems bei Änderungen in der Routing-Topologie

  ● Flush Updates (entspricht Triggered Update)

  ● Hold Downs (dreimal Broadcast Time)

  ● Split Horizon

  ● Poison Reverse

● Path Splitting

Unequal-Cost Path Splitting erlaubt die Verteilung des IP-Datenverkehrs über maximal vier verschiedene Routen. Es werden dabei diejenigen Routen ausgewählt und in die lokale Routing-Tabelle übernommen, deren Metrik in einen Bereich fällt, der über die *Variance*- Konstante festgelegt wird.

Brauchbare – *feasible* – Routen besitzen eine Metrik, die kleiner ist als das Produkt aus *Variance x »beste lokale Metrik«*.

● Autonomous System

Durch die Verwendung einer Autonomous System Number bietet IGRP die Möglichkeit, Routing-Informationen lediglich innerhalb einer definierten Routing-Domain zu verteilen.

IGRP-Route-Typen

IGRP unterstützt Subnetze lediglich für Netzwerke, an denen der Router direkt angeschlossen ist. Dabei ist zu beachten, dass wie bei RIP die Subnet-Maske für alle Subnetze eines Netzwerks gleich sein muss. IGRP unterscheidet zwischen drei unterschiedlichen Typen von Routen.

● Interior Route

Subnet Route eines Netzwerks, an das der Router direkt angeschlossen ist.

● Network Route

Routen zu Netzwerken innerhalb des autonomen Systems. Diese Routen enthalten keine Informationen über Subnetze.

● Exterior Route

Routen zu Netzwerken außerhalb des Autonomen Systems. IGRP erlaubt es mehrere Routen als Kandidaten für eine Default Route zu kennzeichnen (sog. Candidate Default Routes). Dazu markieren die Router diese Routen als Exterior Routes.

Fest definierte Metrik-Parameter

● Delay

Die Zeit, die eine Paket benötigt, um in einem nicht belasteten Netzwerk einen bestimmten Weg zurückzulegen. Die Delay wird in Einheiten von zehn Millisekunden gemessen und in einem 24-Bit-Wert abgespeichert (d.h. maximal ca. 168 Sekunden). Sind alle Bits gesetzt, kennzeichnet dies eine Route, die nicht mehr erreichbar ist.

● Bandwidth

Die Bandbreite der langsamsten physikalischen Verbindung auf dem Weg zum Zielnetzwerk. Die Bandwidth wird in Bruchteilen von 10.000.000 angegeben (10.000.000/Bandbreite in Kbit).

Medium	Delay	Bandwidth
Satellite-Link (500 Mbit)	200.000 (2 sec)	20
Ethernet	100 (1 ms)	1.000
T1 (1.544 Kbit)	2000 (20 ms)	6.476
64 Kbit	2000	165.250

Zyklisch neu berechnete Metrik-Parameter

● Load

Die Belastung des Netzwerks als ein Bruchteil von 255. Um diese exakt berechnen zu können, muss auf den Schnittstellen der Bandwidth-Parameter korrekt definiert sein.

● Reliability

Der Prozentsatz der Pakete, die ohne Fehler am Ziel ankommen. Die Reliability ist als Bruchteil von 255 definiert, wobei 255 eine hundertprozentige Zuverlässigkeit beschreibt.

4.3 EIGRP

Enhanced-IGRP ist eine Weiterentwicklung des IGRP-Protokolls und eine Art Hybrid-Protokoll zwischen Distance Vector und Link State mit folgenden Merkmalen.

● Unterstützung von AppleTalk, IPX und IP (mit VLSM) als Netzwerk-Protokolle

● IP-EIGRP-Routing-Pakete werden direkt in das IP-Protokoll eingebunden (mit der Protokollnummer 88)

● Fast Convergence durch den Diffusing Update Algorithm (DUAL)

● Routing Updates nur bei Änderungen in der Routing-Tabelle (d.h. keine periodischen Routing-Pakete)

● Partial Update: Die Router verteilen notwendige Routing Updates nur an die betroffenen Nachbarn

● Gleicher Distance-Vector-Algorithmus und gleiche Metriken wie in IGRP

EIGRP-Datenbanken (AppleTalk, IP und IPX unterhalten jeweils eigene Tabellen)

● Neighbor-Tabelle mit Informationen über alle EIGRP-Nachbar-Router

Der Aufbau der Liste erfolgt über das periodische Versenden von EIGRP-Hello-Paketen (standardmäßig alle fünf Sekunden). Die Hold Time für die Einträge in der Neighbor-Tabelle beträgt das Dreifache der Hello Time).

Sobald ein Router einen neuen Nachbarn entdeckt, sendet er ein Update-Paket (als Unicast) zu den anderen Nachbarn, die daraufhin ihre Topology-Tabelle entsprechend erweitern.

● Topology-Tabelle mit allen *Feasible Successors* einer Route

Enthält Informationen über die einzelnen Routen, die Nachbar-Router, die diese Routen anbieten, und die zugehörige Metrik. Der Aufbau der Liste geschieht über Update und Reply-Nachrichten.

● Routing-Tabelle mit den ausgewählten *Successors* einer Route

Der DUAL-Algorithmus wählt für die einzelnen Ziele diejenigen Routen aus der Topology-Tabelle aus, die den Pfad mit der kleinsten Metrik bieten, ohne dass eine Routing-Schleife auftritt.

Diffusing Update Algorithm (DUAL)

Die Auswahl der Routen, die der Algorithmus aus der Topology-Tabelle in der Routing-Tabelle übernimmt, basiert auf so genannten *Feasible Successors*. Damit bezeichnet das Protokoll alle Router, die eine gültige Route zu einem Ziel aufweisen.

Der *Successor* ist dann derjenige EIGRP-Nachbar, der den Pfad mit der kleinsten Metrik besitzt, ohne dass eine Routing-Schleife entstehen kann. Dessen Route wird dann in die Routing-Tabelle übernommen.

Da die EIGRP-Router alle Routen ihrer Nachbarn in der Topology-Tabelle speichern, können sie bei Ausfall einer Route sehr schnell einen anderen Pfad ermitteln. Dies erfolgt in der Regel ohne eine Neuberechnung, indem sie einfach die Route eines Feasible Successor in die Routing-Tabelle übernehmen.

Diffusing-Computation-Prozess

Falls kein Feasible Successor für eine zu aktualisierende Route existiert, beginnt der Router mit dem Diffusing-Computation-Prozess:

1. Der Router markiert die Route in der Topology-Tabelle als aktiv. Dadurch sind keine weiteren Änderungen mehr an dem Eintrag möglich. Dies soll Routing-Schleifen während der Neuberechnung verhindern. Anschließend sendet der Router Query-Pakete an die betroffenen Nachbarn.

2. Findet der Nachbar einen Feasible Successor für die Route, sendet er diese Information als Reply an den lokalen Router zurück (es darf sich dabei aber nicht um den lokalen Router selbst handeln). Ansonsten beginnt er selbst mit dem Versenden von Query-Paketen an seine EIGRP-Nachbarn.

3. Wird innerhalb des Active Timers (standardmäßig drei Minuten) kein Reply von einem Nachbarn empfangen, setzt der Router den Pfad auf »Stuck-In-Active« (SIA), entfernt den Nachbarn aus der Neighbor-Tabelle und beginnt erneut mit dem Diffusion-Computation-Prozess.

4. Der Prozess endet erst dann, wenn von allen Nachbarn ein Reply empfangen, der neue Successor für die Route berechnet und der alte Routing-Eintrag überschrieben wurde. Anschließend setzt der Router den Routing-Eintrag wieder auf passiv.

5. Falls der Diffusion-Computation-Prozess keinen Successor ermitteln kann, muss der Router die Route komplett aus der Topology- und Routing-Tabelle entfernen.

Diffusing Update Algorithm (DUAL)

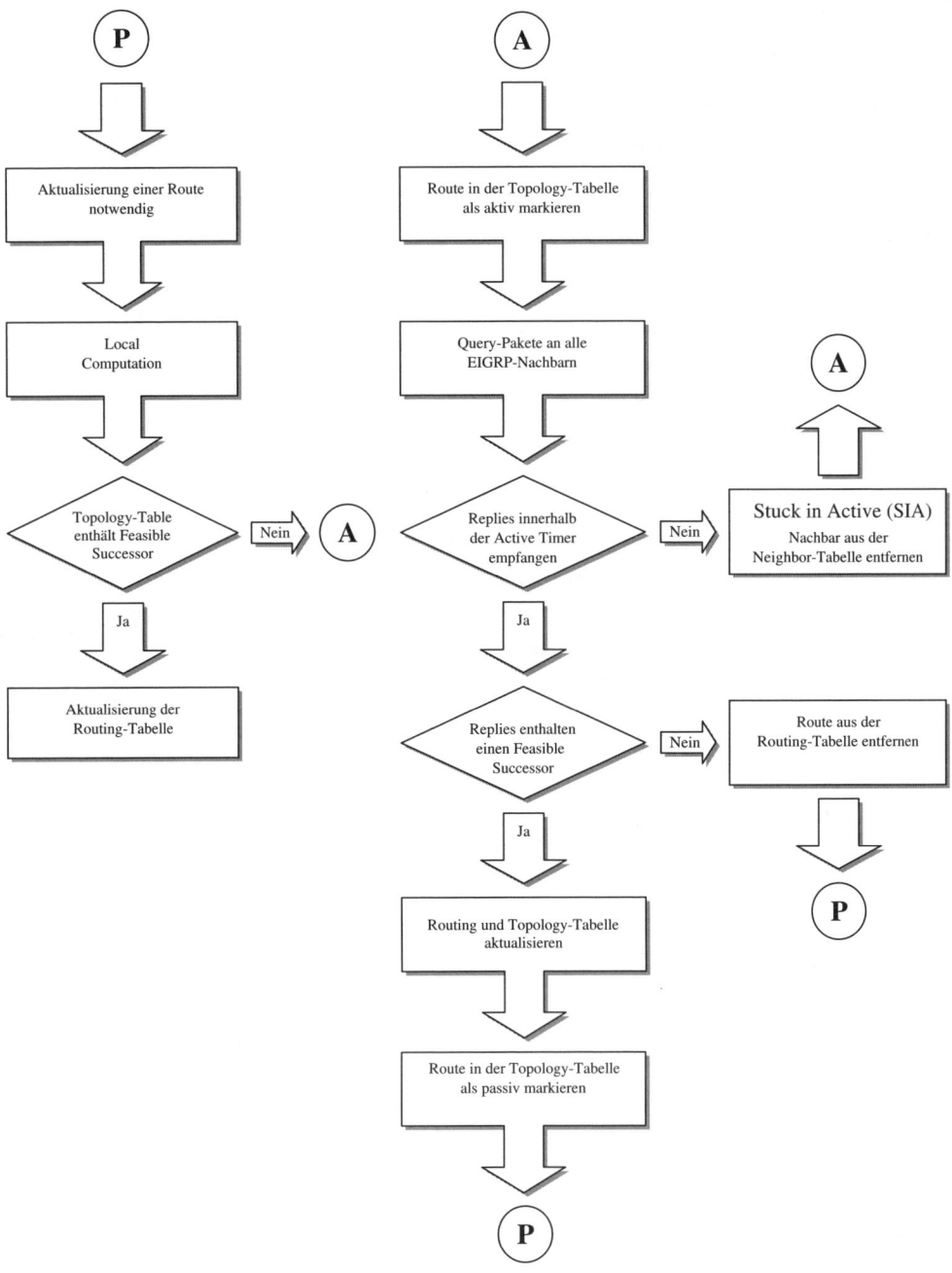

P: Route befindet sich im Passiv-Status

A: Route befindet sich im Aktiv-Status

Folgende Ereignisse können zur Aktualisierung einer EIGRP-Route führen:

- Änderung der Metrik einer Route

- Empfang eines Update-, Query- oder Reply-Pakets

- Veränderung der physikalischen Verbindung zu einem EIGRP-Nachbar

- Der Router empfängt innerhalb der Hold Time keine Hello-Nachrichten von einem Nachbarn

EIGRP-Paketformat

0	8	16	32
Version	Opcode	Checksum	
Flag			
Sequence Number			
Acknowledge Number			
Autonomous System Number			
TLV (Tag Length Value) - Feld (variabel)			

- Opcode

Update	1
Reserved	2
Query	3
Hello	4
IPX-SAP	5

- Tag

EIGRP-Parameter	1
reserviert	2
Sequence	3
Software-Version	4
Next Multicast Sequence	5

EIGRP-Pakettypen

Typ	Aufgabe	Quittierung
Hello	Neighbor Discovery	
Ack	Quittierung von Paketen (Hello-Paket ohne Daten)	
Update	Informationen über Änderungen in der Netzwerktopologie	über Ack
Query	Anforderung von Routing-Informationen	über Reply
Reply	Antwort auf einen Query	über Ack
Request	Anforderung von spezifischen Informationen	

4.3.1 Cisco-Konfiguration: IGRP und EIGRP

IGRP-Routing für ein Netzwerk einschalten

router igrp *autonomous-number*
   network *ip-network*
   [variance *multiplier*]
   [passive-interface *name*]   *Router sendet keine IGRP-Updates über dieses Interface. Updates werden aber weiterhin empfangen (analog zu RIP).*
   [neighbor *ip-address*]

EIGRP-Routing für ein Netzwerk einschalten

router eigrp *autonomous-number*
   network ip-network
   [variance *multiplier*]   *Router sendet keine Hello-Messages über dieses Interface und damit*
   [passive-interface *name*]   *ist EIGRP komplett ausgeschaltet. Das Netzwerk des Interface erscheint aber weiterhin in den EIGRP-Updates.*

Um bei langsamen Verbindungen den Verlust von EIGRP-Routing-Paketen zu vermeiden, kann über Bandwidth-Control die für EIGRP-Daten verfügbare Bandbreite festgelegt werden (standardmäßig 50%).

interface *name*
   bandwidth *kbits*
   appletalk l ipx l ip bandwidth-percent eigrp *autonomous-number Prozent-Anteil*

EIGRP- und IGRP-Protokoll-Informationen

Anzeige der EIGRP Neighbor-Tabelle: # show ip eigrp neighbor

Anzeige der EIGRP Topology-Tabelle: # show ip eigrp topology

Anzeige der EIGRP Routing-Tabelle: # show ip route

show ip protocol

```
Routing Protocol is "igrp 33"
  Sending updates every 90 seconds, next due in 81 seconds
  Invalid after 270 seconds, hold down 280, flushed after 630
  Outgoing update filter list for all interfaces is not set
  Incoming update filter list for all interfaces is not set
  Default networks flagged in outgoing updates
  Default networks accepted from incoming updates
  IGRP metric weight K1=1, K2=0, K3=1, K4=0, K5=0
  IGRP maximum hopcount 100
  IGRP maximum metric variance 1
  Redistributing: igrp 33, eigrp 22
  Routing for Networks:
    1.0.0.0
  Routing-Information Sources:
    Gateway          Distance      Last Update

  Distance: (default is 100)                      Über den Befehl default-information gesteuert
Routing Protocol is "eigrp 22"
  Outgoing update filter list for all interfaces is not set
  Incoming update filter list for all interfaces is not set
  Default networks flagged in outgoing updates
  Default networks accepted from incoming updates
  EIGRP metric weight K1=1, K2=0, K3=1, K4=0, K5=0
  EIGRP maximum hopcount 100

  EIGRP maximum metric variance 1
  Redistributing: eigrp 22                        Über den Befehl no auto-summary gesteuert
  Automatic network summarization is in effect
  Routing for Networks:
    1.0.0.0
  Routing-Information Sources:
    Gateway          Distance      Last Update
Distance: internal 90 external 170
```

4.3.1.1   Route Summarization

IGRP

Falls der Router die Routen über ein anderes IP-Netzwerk weiterleitet, erfolgt eine automatische Route Summarization auf die Netzwerkgrenze.

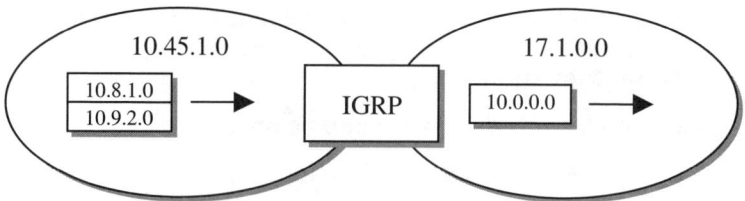

Durch die automatische Route Summarization wird in das Netzwerk 17.2.1.0 lediglich das »normale« Netzwerk 10.0.0.0 weitergeleitet. Deshalb dürfen Subnetze des gleichen Netzwerks nicht über ein anderes Netzwerk miteinander verbunden sein (gleiches Verhalten wie unter RIP).

EIGRP

Eine automatische Route Summarization erfolgt nur, wenn der Router direkt mit dem Netzwerk verbunden ist, und nicht für Routen aus anderen Netzwerken, das heißt auch nicht bei der Route Redistribution.

router eigrp *as*
  no auto-summary

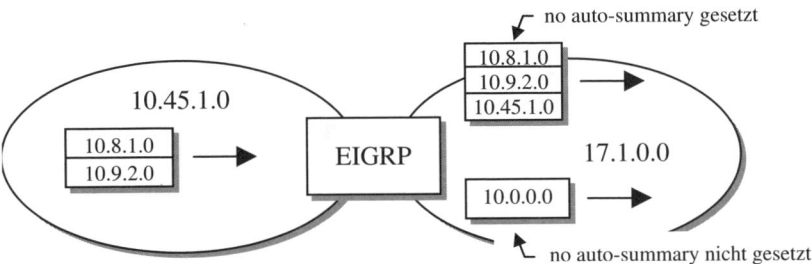

Da der Router direkt mit dem Netzwerk 10.0.0.0 verbunden ist, führt er beim Weiterleiten der Routen in das Netzwerk 17.1.0.0 eine automatisch Route-Summarization durch. Der Befehl no auto-summary schaltet dieses Verhalten aus.

interface *name*
  ip summary-address eigrp as 20.1.0.0 255.255.0.0

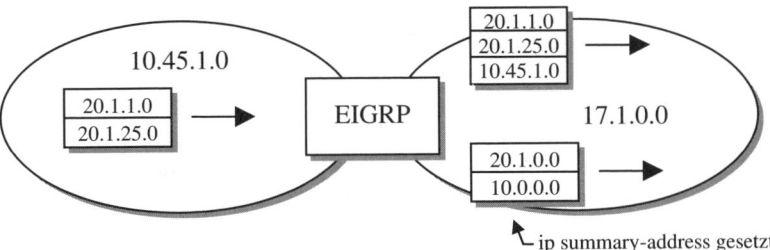

Da der Router nicht mit dem Netzwerk 20.0.0.0 verbunden ist, erfolgt beim Weiterleiten der Routen in das Netzwerk 17.1.0.0 keine Route Summarization. Über den Befehl ip summary-address kann man jedoch Route Summarization für das entsprechende Interface einschalten.

4.3.1.2   Route Redistribution zwischen IGRP und EIGRP

Solange EIGRP und IGRP die gleiche Autonomous System Number verwenden, erfolgt eine automatische *Redistribution* der Routen zwischen EIGRP und IGRP.

IGRP

Falls die Redistributed-Subnetze eine andere Netzwerknummer aufweisen, führt der Router eine automatische Route Summarization auf die Netzwerknummer durch.

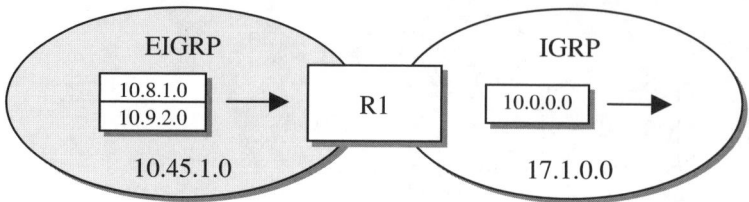

Falls die Redistributed-Subnetze im gleichen Netzwerk liegen, übernimmt der Router nur diejenigen Routen, die die gleiche Subnetz-Maske wie das IGRP Outbound Interface aufweisen (analog zu RIP muss man auch bei IGRP für alle Subnetze eines Netzwerks die gleiche Maske verwenden).

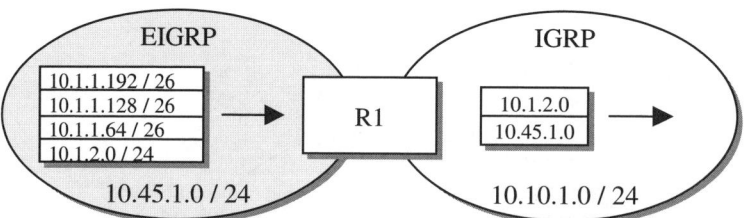

Beim Übergang von EIGRP nach IGRP werden nur die Subnetze mit der Maske 255.255.255.0, nicht aber die anderen Netzwerke mit der Maske 255.255.255.196 übernommen.

EIGRP

Da EIGRP VLSM unterstützt, gibt es bei der Redistribution von IGRP nach EIGRP keine Probleme. Eine Route Summarization muss man aber explizit definieren:

interface *name*
  ip summary-address eigrp as 20.1.0.0 255.255.0.0

4.3.2 Beispiel: Route Redistribution aus anderen Routing-Protokollen

Die unterschiedliche Behandlung von Subnet-Routen zwischen EIGRP und IGRP gilt auch für die Übernahme von Routen aus anderen Routing-Protokollen.

router eigrp I igrp *as*
   redistribute *routing-process*
   default-metric *bandwidth delay reliability loading mtu*

Standard-Metrik für
übernommene Routen
z.B. 10000 100 255 1 1500

Route Redistribution von RIP nach EIGRP

interface s0
  ip address 150.1.2.1 255.255.255.0
!
interface e0
  ip address 150.1.1.1 255.255.255.0
!
interface e1
  ip address 185.1.0.1 255.255.0.0
!
router rip
  network 150.1.0.0
  passive interface e0
!
router eigrp 1
  redistribute rip subnets
  network 150.1.0.0
  network 185.1.0.0

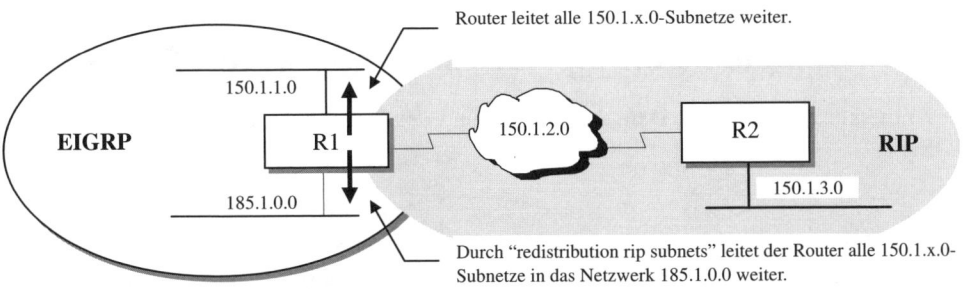

Router leitet alle 150.1.x.0-Subnetze weiter.

Durch "redistribution rip subnets" leitet der Router alle 150.1.x.0-Subnetze in das Netzwerk 185.1.0.0 weiter.

Route Redistribution von RIP nach IGRP

interface s0
  ip address 150.1.2.1 255.255.255.0

interface e0
  ip address 150.1.1.1 255.255.255.0

interface e1
  ip address 185.1.0.1 255.255.0.0

router rip
  network 150.1.0.0
  passive interface e0

router igrp 1
  redistribute rip
  network 150.1.0.0
  network 185.1.0.0

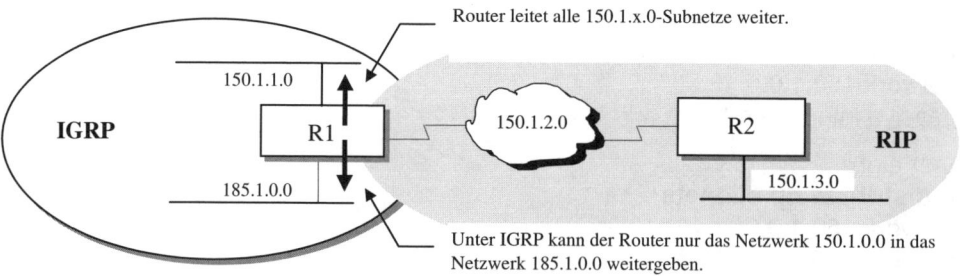

Router leitet alle 150.1.x.0-Subnetze weiter.

Unter IGRP kann der Router nur das Netzwerk 150.1.0.0 in das Netzwerk 185.1.0.0 weitergeben.

4.3.3 Beispiel: Default Network und Default Route

Die Anmerkungen bzgl. des Default Network und der Default Route gelten für IGRP und EIGRP.

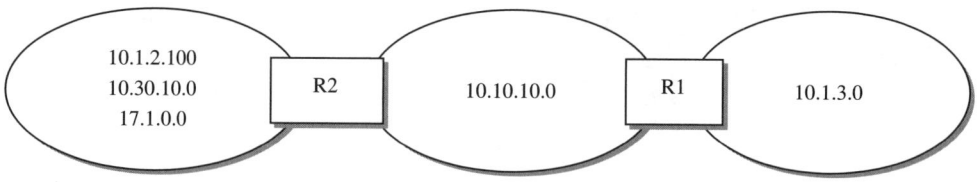

hostname R2
!
interface Serial0/1
  ip address 10.10.10.1 255.255.255.0
!
interface Loopback2
  ip address 10.30.10.1 255.255.255.0
!
interface Loopback3
  ip address 17.1.0.1 255.255.0.0
!
interface Ethernet0/0
  ip address 10.1.2.100 255.255.255.0
!
router igrp 1
  network 10.0.0.0
  network 17.0.0.0

hostname R1
!
interface Serial0/1
  ip address 10.10.10.2 255.255.255.0
!
interface Ethernet0/0
  ip address 10.1.3.100 255.255.255.0
!
router igrp 1
  network 10.0.0.0

Beispiel 1 mit »ip default-network 17.0.0.0« auf Router R1

R1# show ip route

```
Gateway of last resort is 10.10.10.1 to network 17.0.0.0
I*   17.0.0.0/8 [100/8976] via 10.10.10.1, 00:00:07, Serial0/1
     10.0.0.0/24 is subnetted, 4 subnets
C        10.1.3.0 is directly connected, Ethernet0/0
I        10.1.2.0 [100/8576] via 10.10.10.1, 00:00:07, Serial0/1
C        10.10.10.0 is directly connected, Serial0/1
I        10.30.10.0 [100/8976] via 10.10.10.1, 00:00:07, Serial0/1
```

R1# debug ip igrp

```
IGRP: received update from 10.10.10.1 on Serial0/1
      subnet 10.1.2.0, metric 8576 (neighbor 1100)
      subnet 10.30.10.0, metric 8976 (neighbor 501)          R1 lernt die Route 17.0.0.0 als
      network 17.0.0.0, metric 8976 (neighbor 501)           normale Netzwerk-Route.

IGRP: sending update to 255.255.255.255 via Ethernet0/0 (10.1.3.100)
      subnet 10.1.2.0, metric=8576
      subnet 10.10.10.0, metric=8476                 R1 markiert die Candidate Default Route
      subnet 10.30.10.0, metric=8976                 17.0.0.0 als Exterior Route.
      exterior 17.0.0.0, metric=8976

IGRP: sending update to 255.255.255.255 via Serial0/1 (10.10.10.2)
      subnet 10.1.3.0, metric=1100
```

Da der Router R1 direkt mit dem Netzwerk des Gateway of Last Resorts verbunden ist, leitet er die als normale Network Route von Router R2 gelernte Route 17.0.0.0 als Exterior Route weiter.

Beispiel 2 mit »ip default-network 17.1.0.0« auf Router R2

Da es sich hierbei um ein Subnetz handelt, wird das Default Network in eine Summary Route umgewandelt und es ist ein weiterer Default-Network-Eintrag notwendig.

interface Serial0/1
  ip address 10.10.10.1 255.255.255.0
!
interface Loopback2
  ip address 10.30.10.1 255.255.255.0
!
interface Loopback3
  ip address 17.1.0.1 255.255.0.0
!
interface Ethernet0/0
  ip address 10.1.2.100 255.255.255.0
!
router igrp 1
  network 10.0.0.0
  network 17.0.0.0
!
ip default-network 17.0.0.0
ip route 17.0.0.0 255.0.0.0 17.1.0.0

R2# show ip route

```
Gateway of last resort is 17.1.0.0 to network 17.0.0.0
 *   17.0.0.0/8 is variably subnetted, 2 subnets, 2 masks
C       17.1.0.0/16 is directly connected, Loopback3
S*      17.0.0.0/8 [1/0] via 17.1.0.0
        10.0.0.0/8 is variably subnetted, 4 subnets, 1 masks
I       10.1.3.0/24 [100/8576] via 10.10.10.2, 00:01:04, Serial0/1
C       10.1.2.0/24 is directly connected, Ethernet0/0
C       10.10.10.0/24 is directly connected, Serial0/1
C       10.30.10.0/24 is directly connected, Loopback2
```

R1# show ip route

```
Gateway of last resort is 10.10.10.1 to network 17.0.0.0
I*   17.0.0.0/8 [100/8976] via 10.10.10.1, 00:00:18, Serial0/1
        10.0.0.0/8 is variably subnetted, 5 subnets, 2 masks
C       10.1.3.0/24 is directly connected, Ethernet0/0
I       10.1.2.0/24 [100/8576] via 10.10.10.1, 00:00:18, Serial0/1
S       10.0.0.0/8 [1/0] via 10.10.10.0
C       10.10.10.0/24 is directly connected, Serial0/1
I       10.30.10.0/24 [100/8976] via 10.10.10.1, 00:00:18, Serial0/1
```

R1# debug ip igrp

```
IGRP: received update from 10.10.10.1 on Serial0/1
    subnet 10.1.2.0, metric 8576 (neighbor 1100)
    subnet 10.30.10.0, metric 8576 (neighbor 501)
    exterior network 17.0.0.0, metric 8976 (neighbor 501)
```
Candidate Default Routes
werden als Exterior-
Netzwerke gekennzeichnet

```
IGRP: sending update to 255.255.255.255 via Ethernet0/0 (10.1.3.100)
    subnet 10.1.2.0, metric=8576
    subnet 10.10.10.0, metric=8476
    subnet 10.30.10.0, metric=8976
    exterior 17.0.0.0, metric=8976

IGRP: sending update to 255.255.255.255 via Serial0/1 (10.10.10.2)
    subnet 10.1.3.0, metric=1100
```

Beispiel 3 mit »no default-Information«

Standardmäßig empfangen bzw. versenden IGRP und EIGRP Informationen über die Candidate Default Routes.

router igrp l eigrp *as*
  no default-information in l out

● Candidate Default Routes auf R1 beim Empfangen ignorieren

  interface Serial0/1
    ip address 10.10.10.2 255.255.255.0

  interface Ethernet0/0
    ip address 10.1.3.100 255.255.255.0

  router igrp 1
    network 10.0.0.0
    no default-information in

R1# show ip route

```
Gateway of last resort is not set
I    17.0.0.0/8 [100/8976] via 10.10.10.1, 00:00:56, Serial0/1
     10.0.0.0/24 is subnetted, 4 subnets
C        10.1.3.0 is directly connected, Ethernet0/0
I        10.1.2.0 [100/8576] via 10.10.10.1, 00:00:56, Serial0/1
C        10.10.10.0 is directly connected, Serial0/1
I        10.30.10.0 [100/8976] via 10.10.10.1, 00:00:56, Serial0/1
```

R1# debug ip igrp

```
IGRP: received update from 10.10.10.1 on Serial0/1
    subnet 10.1.2.0, metric 8576 (neighbor 1100)

    subnet 10.30.10.0, metric 8976 (neighbor 501)
    network 17.0.0.0, metric 8976 (neighbor 501)
```
R1 wandelt beim Empfang
den Typ automatisch von
Exterior nach Network um.

R2# show ip route

```
Gateway of last resort is 17.1.0.0 to network 17.0.0.0
 *    17.0.0.0/8 is variably subnetted, 2 subnets, 2 masks
C       17.1.0.0/16 is directly connected, Loopback3
S*      17.0.0.0/8 [1/0] via 17.1.0.0
      10.0.0.0/8 is variably subnetted, 4 subnets, 1 masks
I       10.1.3.0/24 [100/8576] via 10.10.10.2, 00:01:04, Serial0/1
C       10.1.2.0/24 is directly connected, Ethernet0/0
C       10.10.10.0/24 is directly connected, Serial0/1
C       10.30.10.0/24 is directly connected, Loopback2
```

R2# debug ip igrp

```
IGRP: sending update to 255.255.255.255 via Serial0/1 (10.10.10.1)
      subnet 10.1.2.0, metric 8576
      subnet 10.30.10.0, metric 8976
      exterior 17.0.0.0, metric 8976
```

● Candidate Default Routes auf R1 beim Senden ignorieren

interface Serial0/1
  ip address 10.10.10.2 255.255.255.0

interface Ethernet0/0
  ip address 10.1.3.100 255.255.255.0

router igrp 1
  network 10.0.0.0
  no default-information out

R1# debug ip igrp

```
IGRP: received update from 10.10.10.1 on Serial0/1
      subnet 10.1.2.0, metric 8576 (neighbor 1100)
      subnet 10.30.10.0, metric 8976 (neighbor 501)
      exterior network 17.0.0.0, metric 8976 (neighbor 501)
IGRP: sending update to 255.255.255.255 via Ethernet0/0 (10.1.3.100)
      subnet 10.1.2.0, metric=8576
      subnet 10.10.10.0, metric=8476
      subnet 10.30.10.0, metric=8976          R1 gibt die empfangene Candidate
      network 17.0.0.0, metric=8976           Default Route nicht weiter.
IGRP: sending update to 255.255.255.255 via Serial0/1 (10.10.10.2)
      subnet 10.1.3.0, metric=1100
```

4.3.4 Beispiel: EIGRP Path Splitting

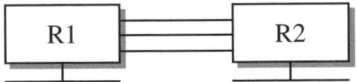

hostname R1
!
interface Ethernet0/0
  ip address 10.1.3.201 255.255.255.0
!
interface Serial0/1
  no ip address
  encapsulation frame-relay
  bandwidth 2000
  clockrate 2000000
  frame-relay lmi-type ansi
!
interface Serial0/1.1 point-to-point
  ip address 1.1.1.1 255.255.255.0
  bandwidth 100
  frame-relay interface-dlci 100
!
interface Serial0/1.2 point-to-point
  ip address 1.1.2.1 255.255.255.0
  bandwidth 200
  frame-relay interface-dlci 200
!
interface Serial0/1.3 point-to-point
  ip address 1.1.3.1 255.255.255.0
  bandwidth 300
  frame-relay interface-dlci 300
!
router eigrp 10
  network 1.0.0.0
  network 10.0.0.0
  no auto-summary

hostname R2
!
frame-relay switching
!
interface Ethernet0/0
  ip address 10.1.2.254 255.255.255.0
!
interface Serial0/1
  no ip address
  encapsulation frame-relay
  bandwidth 2000
  frame-relay lmi-type ansi
  frame-relay intf-type dce
!
interface Serial0/1.1 point-to-point
  ip address 1.1.1.2 255.255.255.0
  bandwidth 100
  frame-relay interface-dlci 100
!
interface Serial0/1.2 point-to-point
  ip address 1.1.2.2 255.255.255.0
  bandwidth 200
  frame-relay interface-dlci 200
!
interface Serial0/1.3 point-to-point
  ip address 1.1.3.2 255.255.255.0
  bandwidth 300
  frame-relay interface-dlci 300
!
router eigrp 10
  network 1.0.0.0
  network 10.0.0.0
  no auto-summary

R1# show ip eigrp interfaces

```
IP-EIGRP interfaces for process 10

                 Xmit Queue   Mean   Pacing Time   Multicast    Pending
Interface   eers  Un/Reliable  SRTT   Un/Reliable   Flow Timer   Routes
Et0/0        0       0/0        0        0/10           0           0
Se0/1.1      1       0/0       12        6/243         295          0
Se0/1.2      1       0/0       12        3/121         169          0
Se0/1.3      1       0/0       16        2/81           81          0
```

R1# show ip eigrp neighbors

```
IP-EIGRP neighbors for process 10
H   Address      Interface   Hold Uptime    SRTT   RTO   Q   Seq
                             (sec)          (ms)        Cnt  Num
1   1.1.3.2      Se0/1.3      14  00:04:14   16    486   0   34
0   1.1.2.2      Se0/1.2      11  00:04:23   12    726   0   36
2   1.1.1.2      Se0/1.1      11  00:04:35   12   1458   0   35
```

SRTT (*Smooth Round Trip Time*, in mSek.): Angabe, wie lange es dauert, bis der lokale Router eine Quittierung für ein gesendetes EIGRP-Paket von seinem Nachbarn erhalten hat.

RTO (Retransmission Timeout, in mSek.): Legt die Zeit fest, die der Router wartet, bis er ein EIGRP-Paket nochmals sendet.

Unterschiedliche Bandwidth auf den seriellen Subinterfaces

R1# show ip route

```
        1.0.0.0/24 is subnetted, 3 subnets
C          1.1.1.0 is directly connected, Serial0/1.1
C          1.1.2.0 is directly connected, Serial0/1.2
C          1.1.3.0 is directly connected, Serial0/1.3
        10.0.0.0/24 is subnetted, 2 subnets
C          10.1.3.0 is directly connected, Ethernet0/0
D          10.1.2.0 [90/9070848] via 1.1.3.2, 00:04:31, Serial0/1.3
```

Der lokale Router übernimmt den Successor mit der kleinsten Metrik aus der Topology-Tabelle in die Routing-Tabelle.

R1# show ip eigrp topology

```
IP-EIGRP Topology Table for process 10

Codes: P - Passive, A - Active, U - Update, Q - Query, R - Reply, r - Reply status

P 1.1.1.0/24, 1 successors, FD is 2169856
        via Connected, Serial0/1.1
P 1.1.2.0/24, 1 successors, FD is 2169856
        via Connected, Serial0/1.2
P 1.1.3.0/24, 1 successors, FD is 2169856
        via Connected, Serial0/1.3

P 10.1.3.0/24, 1 successors, FD is 281600
        via Connected, Ethernet0/0
P 10.1.2.0/24, 1 successors, FD is 2195456
        via 1.1.3.2 (9070848/281600), Serial0/1.3
        via 1.1.2.2 (13337600/281600), Serial0/1.2
        via 1.1.1.2 (26137600/281600), Serial0/1.1
```

FD = Feasible Distance

Metrik des lokalen Routers — Metrik des Nachbar-Routers

Codes:

P (Passive)	Es existiert ein Successor für diese Route.
A (Active)	Das Protokoll führt EIGRP-Berechnung für diese Route durch.
U (Update)	Update-Paket zu diesem Nachbarn gesendet.
Q (Query)	Query-Paket zu diesem Nachbarn gesendet.
R (Reply)	Reply-Paket zu diesem Nachbarn gesendet.
r (Reply status)	Router wartet nach einem Query auf den Reply des Nachbarn.

Successor:

Anzahl der Successors für diese Route. Entspricht der Anzahl der Einträge in der Routing-Tabelle.

FD (Feasible Distance):

Router, deren Metrik für die zugehörige Route kleiner ist als die Feasible Distance, betrachtet der lokale Router als Feasible Successor.

Gleiche Bandwidth auf den seriellen Subinterfaces

Setzt man die Bandwidth auf allen Subinterfaces auf den gleichen Wert, ergibt sich für alle Routen die gleiche Metrik und damit führen die Router Path Splitting durch.

R1# show ip route

```
       1.0.0.0/24 is subnetted, 3 subnets
C        1.1.1.0 is directly connected, Serial0/1.1
C        1.1.2.0 is directly connected, Serial0/1.2
C        1.1.3.0 is directly connected, Serial0/1.3
       10.0.0.0/24 is subnetted, 2 subnets
C        10.1.3.0 is directly connected, Ethernet0/0
D        10.1.2.0 [90/2195456] via 1.1.1.2, 00:02:37, Serial0/1.1
                  [90/2195456] via 1.1.2.2, 00:02:37, Serial0/1.2
                  [90/2195456] via 1.1.3.2, 00:02:37, Serial0/1.3
```

⎰— Da alle drei Successors die gleiche Metrik aufweisen, übernimmt der Router alle in die lokale Routing-Tabelle.

R1# show ip eigrp topology

```
IP-EIGRP Topology Table for process 10
Codes: P - Passive, A - Active, U - Update, Q - Query, R - Reply,  - Reply status
P 1.1.1.0/24, 1 successors, FD is 2169856
        via Connected, Serial0/1.1
P 1.1.2.0/24, 1 successors, FD is 2169856
        via Connected, Serial0/1.2
P 1.1.3.0/24, 1 successors, FD is 2169856
        via Connected, Serial0/1.3
P 10.1.3.0/24, 1 successors, FD is 281600
        via Connected, Ethernet0/0
P 10.1.2.0/24, 3 successors, FD is 2195456
        via 1.1.3.2 (2195456/281600), Serial0/1.3
        via 1.1.1.2 (2195456/281600), Serial0/1.1
        via 1.1.2.2 (2195456/281600), Serial0/1.2
```

4.4 OSPF

OSPF ist ein auf dem Link-State-Algorithmus basierendes Interior-Gateway-Protokoll (IGP) und zeichnet sich durch folgende Merkmale aus:

● OSPF-Routing-Pakete werden direkt in das IP-Protokoll eingebunden (mit der Protokollnummer 89).

● Die IP-Precendence im IP-Header ist auf »Internetwork Control« gesetzt

● Hierarchisches-Routing durch die Verwendung unterschiedlicher Areas.

● Die Metrik basiert auf den Kosten einer Verbindung (standardmäßig 1.000.000.000/Bandbreite).

● OSPF unterstützt VLSM, d.h., für ein Netzwerk sind unterschiedliche Subnetz-Masken möglich.

● Extern abgeleitete Routen (z.B. von BGP) werden unverändert durch das AS weitergeleitet.

OSPF unterscheidet bei den Data-Link-Protokollen zwischen unterschiedlichen Netztopologien:

● Non-Broadcast Multi-Access (z.B. Frame Relay, SMDS, X.25)

● Broadcast Multi-Access (z.B. Ethernet, Token-Ring, FDDI)

● Point-to-Point (z.B. PPP, HDLC)

OSPF RFCs

RFC 2329	OSPF Standardization Report
RFC 2328	OSPF Version 2 (alte RFC 2178, RFC 1583, RFC 1247)
RFC 1131	OSPF Specification
RFC 1585	MOSPF: Analysis and Experience
RFC 1584	Multicast Extensions to OSPF
RFC 2676	QoS Routing Mechanisms and OSPF Extensions
RFC 2370	The OSPF Opaque LSA Option
RFC 2154	OSPF with Digital Signatures
RFC 1850	OSPF Version 2 Management Information Base
RFC 1793	Extending OSPF to Support Demand Circuits
RFC 1745	BGP4/IDRP for IP---OSPF Interaction
RFC 1587	The OSPF NSSA Option
RFC 1586	Guidelines for Running OSPF Over Frame Relay Networks
RFC 1370	Applicability Statement for OSPF

Router ID (RID)

Eine 32-Bit-Nummer, die den Router innerhalb des OSPF-autonomen Systems eindeutig identifiziert.

● Falls sich die ID eines Routers ändert, müssen alle LSAs, die mit der alten ID erzeugt wurden, aus der Routing-Domain entfernt werden.

● Dies erfolgt, indem der Router LSAs für die alte Router ID generiert, bei denen der LSAge-Parameter auf den Wert von *MaxAge* gesetzt ist (siehe 7.4.4).

4.4.1   OSPF-Areas

Falls ein OSPF-autonomes System in mehrere Areas aufgeteilt ist, müssen alle Areas eine physikalische oder logische Verbindung mit der Backbone-Area besitzen. Der Grund dafür liegt darin, dass OSPF zur Bestimmung von Inter-Area-Routen eine Art von Distance-Vector-Algorithmus benutzt und die sternförmige Topologie »Count-to-Infinity«-Probleme (siehe auch Kapitel »Distance-Vector-Protokolle«) vermeidet.

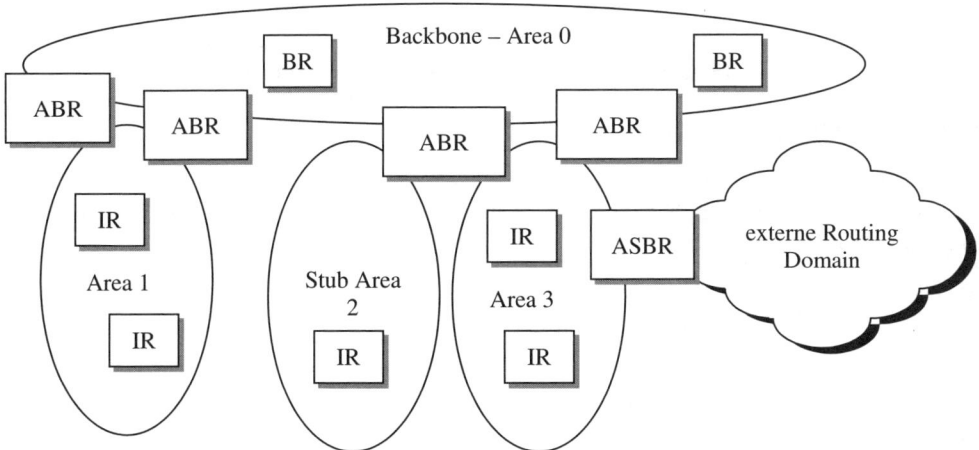

Router-Typen

● IR

Internal-Router: Der Router gehört nur zu einer OSPF-Area, er besitzt keine Schnittstellen zu anderen Areas.

● ABR

Area-Border-Router: Router mit Verbindungen zu mehreren Areas. Alle ABRs gehören immer auch zur Backbone Area.

● BR

Backbone-Router: Router mit mindestens einem Interface in der Backbone Area. Alle ABRs sind auch gleichzeitig BRs.

● ASBR

Autonomous-System-Boundary-Router: Gateway zwischen dem OSPF Autonomen System und externen Routing-Domains.

Stub Area

Eine Stub Area ist dadurch gekennzeichnet, dass die Router keine External-LSAs in die Area fluten. Die Verbindung von Stub Areas zu externen Routing-Domains erfolgt über eine Default Route. Die ABRs der Stub Area leiten die Information über die Default Route durch Summary-LSAs innerhalb der Area weiter.

Eine Area kann als *stub* qualifiziert werden, wenn nur ein ABR existiert oder kein optimaler Pfad für Verbindungen in externe Routing-Domains notwendig ist. Da die ABRs keine External-LSAs in eine Stub Area fluten, sind auch keine ASBRs innerhalb der Stub Area erlaubt.

Alle Router einer Stub Area müssen das E-Bit im Option-Feld der Hello-Pakete auf Null gesetzt haben, ansonsten bauen sie keine Adjacency-Verbindung untereinander auf.

Not So Stubby Area (NSSA)

Im Gegensatz zu Stub Areas können in einer NSSA-Area externe Routen über einen ASBR importiert werden. Die ABRs fluten aber weiterhin keine Type-5-External-LSAs aus dem Backbone in Richtung der NSSA-Area.

Anstatt der Type-5-External-LSAs generieren die ASBRs einer NSSA-Area Type-7-External-LSAs. Diese LSAs werden jedoch nur innerhalb der NSSA-Area geflutet.

Sofern das P-Bit im Option-Feld der Type-7-LSAs gesetzt ist, erfolgt auf den ABRs der NSSA-Area eine Umwandlung in Type-5-LSAs, die dann in Richtung des Backbone geflutet werden.

Jeder ABR einer NSSA-Area ist damit automatisch auch ein ASBR, da er die Umwandlung von Type-7-LSAs in Type-5-LSAs durchführen muss.

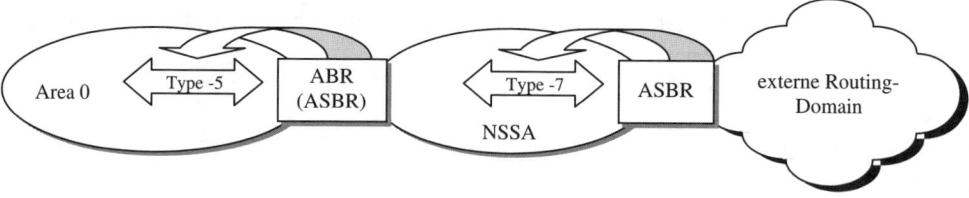

Virtual Link

Virtual Links werden dann eingesetzt, wenn eine Area keine direkte physikalische Verbindung mit dem Backbone hat oder wenn das Backbone partitioniert ist.

Die Router betrachten den Virtual Link als eine Unnumbered-Point-to-Point-Verbindung zur Backbone-Area. Die Virtual Links selbst werden durch die Router ID des anderen Endpunkts identifiziert. Dabei ist zu beachten, dass man eine Stub Area nicht als Transit Area für einen Virtual Link einsetzen kann.

● Anbindung einer Area, die keine physikalische Verbindung mit dem Backbone hat

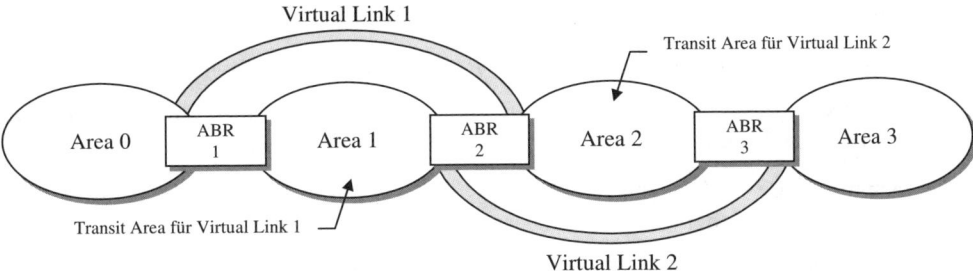

Der Virtual Link wird zwischen zwei ABRs aufgebaut, die eine gemeinsame Area besitzen. Der andere ABR muss mit dem Backbone verbunden sein (evtl. auch wieder über einen Virtual Link). Die logische Struktur des Netzwerks mit den Virtual Links sieht folgendermaßen aus:

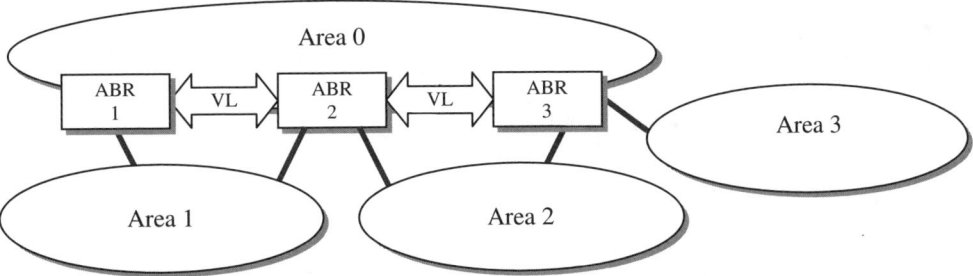

● Non-contiguous Backbone

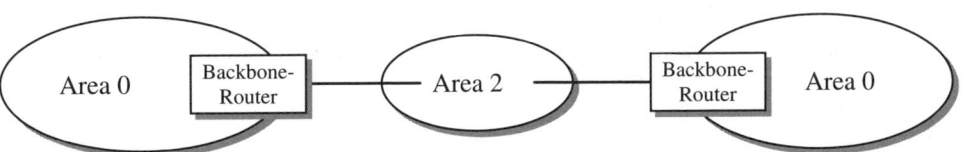

Der Virtual Link wird zwischen zwei Backbone-Routern konfiguriert, die ein Interface zu einer gemeinsamen Area aufweisen.

4.4.2 Neighbor, Adjacency und Designated Router

OSPF Neighbor

Eine Neighbor-Beziehung zwischen Routern, die an einem gemeinsamen Netzwerksegment angeschlossen sind, besteht dann, wenn der lokale Router sich selbst in den Hello-Paketen der anderen Router sieht.

● NBMA-Netzwerke im Point-to-Multipoint-Modus

Der Router sendet Hello-Pakete zu allen Nachbarn, mit denen er direkt kommunizieren kann. Diese Nachbarn werden entweder manuell konfiguriert oder dynamisch über ein entsprechendes Protokoll (wie z.B. Inverse-ARP) gelernt.

● NBMA-Netzwerke im Broadcast-Modus (eine manuelle Konfiguration ist notwendig):

1. Der Designated und der Backup Designated Router müssen mit allen anderen Routern des Netzwerks eine Verbindung aufbauen können.

2. Kann ein Router Designated Router werden (eligible), muss er in der Lage sein, Verbindungen zu denjenigen Nachbarn herzustellen, die auch Eligible Router sind.

3. Ist ein Router nicht zum Designated Router geeignet, muss er lediglich Verbindungen zu dem Designated und Backup Designated Router aufbauen.

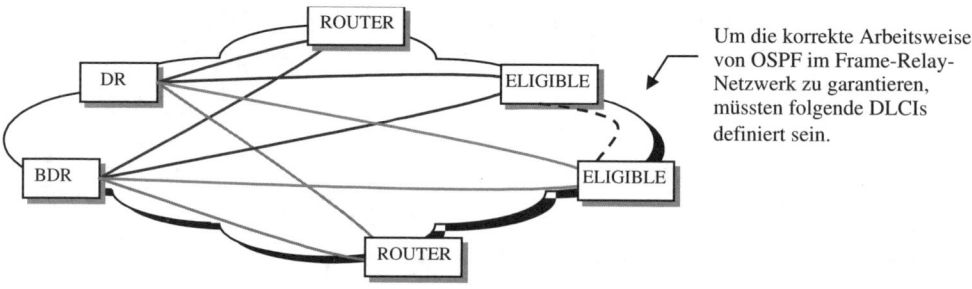

Um die korrekte Arbeitsweise von OSPF im Frame-Relay-Netzwerk zu garantieren, müssten folgende DLCIs definiert sein.

● Broadcast-Netzwerke

Die Erkennung der Nachbar-Router erfolgt dynamisch über das Versenden von Hello-Paketen als IP-Multicast (AllSPFRouter 224.0.0.5, MAC-Multicast 01-00-5E-00-00-05).

● Point-to-Point-Netzwerke

Die Ermittlung der Nachbar-Router geschieht automatisch über das Versenden von Hello-Paketen.

OSPF Adjacency

Router, die zusätzlich zu den Hello-Paketen noch ihre Link-State-Datenbanken austauschen, bezeichnet man als Adjacencies. Für den Aufbau einer Adjacency-Beziehung müssen auf den Routern folgende Parameter für das gemeinsame Netzwerksegment identisch sein:

- Area ID
- Password (Authentication)
- Hello und Dead Interval
- Stub Area Flag

In Point-to-Point-Netzwerken versuchen die Router immer, eine Adjacency-Verbindung mit dem System auf der Gegenseite aufzubauen. In Multi-Access-Netzwerken stellen nur der Designated Router und der Backup Designated Router eine Adjacency-Verbindung zu den anderen Routern im Netz her.

Die Synchronisation der OSPF-Link-State-Datenbank geschieht folgendermaßen:

1. Zur Beschreibung seiner Datenbank sendet jeder Router eine Sequenz von Database-Description-Paketen. Jedes dieser Pakete beinhaltet eine Liste von LSAs (Link State Advertisement).

2. Empfängt der Nachbar LSAs, die aktueller sind als seine Einträge in der Datenbank, fordert er für diese Advertisements über ein LSR-Paket (Link State Request) ein Update an.

3. Nach dem Versenden der Database-Description-Pakete und aller LSRs sind die Link-State-Datenbanken der Router synchronisiert und es besteht eine volle Adjacency-Beziehung.

Designated Router

Für jedes Multi-Access-Netzwerk (Broadcast oder Non-Broadcast) handeln die Adjacencies einen Designated und Backup Designated Router untereinander aus.

- Existiert noch kein DR auf dem Segment, wird der Router mit der höchsten Priorität Designated-Router
- Bei gleicher Priorität entscheidet die höhere Router ID.
- Eine Priorität von Null bedeutet, dass der Router nicht in der Lage ist, DR oder BDR zu werden.

Die Aufgabe des DR ist es, für alle Router des Netzwerks eine gemeinsame LSA zu generieren (sog. Network LSA). Damit verringert sich die Gesamtzahl der LSAs, die innerhalb der Area geflutet werden müssen:

1. Alle Router des Netzwerks senden ihre LSU-Pakete an den Designated Router, der die Pakete dann an die anderen Router weiterleitet.

2. Der Designated Router sammelt die von den einzelnen Routern zurückgesandten Link-State-Acknowledgement-Pakete (LS Ack).

3. Falls der DR innerhalb einer gewissen Zeit kein LSAck für eine LSA empfängt, sendet er ein LSU-Paket mit einer Kopie dieses LSA direkt an den betroffenen Router (als Unicast).

4. Jeder DR erzeugt außerdem für sein Netzwerk eine Network LSA, die alle Router (inklusive des Designated Routers) auflistet, die an diesem Netzwerk angeschlossen sind.

Da der DR dafür verantwortlich ist, dass alle Router am Netz die LSAs empfangen und quittieren, ist es wichtig, dass der Designated Router nicht im laufenden Betrieb wechselt.

Aus diesem Grund ändert sich der DR nur dann, wenn die anderen Router innerhalb des Dead-Intervalls keine Hello-Pakete mehr von dem »alten« DR empfangen.

Im Gegensatz zu Integrated IS-IS erfolgt deshalb kein Wechsel, wenn sich ein neuer Router mit höherer Priorität im Netz anmeldet.

● NBMA-Netzwerke   (z.B. X.25, Frame Relay, ATM)

   Da in einem NBMA-Netz in der Regel keine Broadcast-Funktionalität existiert, der Designated und der Backup Designated Router aber volle physikalische Verbindung zu allen anderen Routern benötigen, muss eine statische Verbindung zu allen Nachbarn definiert werden (siehe auch OSPF-Neighbor).

● Broadcast-Multi-Access-Netzwerke   (z.B. Ethernet, FDDI)

   Der Austausch der Routing-Informationen (LSU- und LSAck-Pakete) geschieht über IP-Multicast-Pakete. Die normalen Router senden ihre LSU-Pakete über den *AllDRouters Multicast* an den DR (und BDR). Der leitet die Information dann über den *AllSPFRouter Multicast* an die anderen Router weiter.

   ● DR und BDR: AllSPFRouter (224.0.0.5) MAC Multicast: 01-00-5E-00-00-05

   ● Alle anderen Router: AllDRouter (224.0.0.6)   MAC Multicast: 01-00-5E-00-00-06

4.4.3   OSPF-Paketformat

Option-Feld

Das OSPF-Option-Feld ist in den Hello- und Database-Description-Paketen sowie in allen Link State Advertisements (LSAs) enthalten. Über dieses Feld können die Router zusätzliche Optionen untereinander abstimmen.

0 = Stub Area

*	O-Bit	DC-Bit	EA-Bit	N/P-Bit	MC-Bit	E-Bit	T-Bit

- T-Bit
  Quality of Service   (RFC 2676 »QoS-Routing-Mechanismus and
                              OSPF Extensions«)

- E-Bit
  Stub Area Flag   (Kapitel 3.6, 9.5, 10.8 und 12.1.2 von RFC 2328)

- MC-Bit
  IP Multicast Routing   (RFC 1584 »Multicast Extensions to OSPF«)

- N/P-Bit
  NSSA LSAs   (RFC 1587 »The OSPF NSSA Option«)

- EA-Bit
  External Attributes LSAs (»The OSPF External Attributes LSA«)

- DC-Bit
  OSPF Demand Circuits   (RFC 1793 »Extending OSPF to Support Demand Circuits«)

- O-Bit
  Opaque LSAs   (RFC 2370 »The OSPF Opaque LSA Option«)

Das T-Bit als Indikator für die Unterstützung von mehreren TOS-basierenden Routing-Tabellen ist ab RFC 2178 nicht mehr zugelassen. In RFC 2676 wird das T-Bit aber wieder benutzt, um unter OSPF Quality of Service zu ermöglichen.

Common Packet Header (24 Octets)

0	4	8	12	16	20	24	28	31

Version	Type	Packet Length
Router ID		
Area ID		
Checksum		Authentication Type
Authentication		
Authentication		

- Version

  OSPF-Versionsnummer (aktuell ist 2)

- Type – OSPF-Pakettypen

Hello	1
Database Description	2
Link State Request	3
Link State Update	4
Link State Acknowledgement	5

- Length

  Länge des OSPF-Pakets inklusive des Common Header

- Router ID

  Router ID des OSPF-Routers, der das Paket versendet hat

- Area ID

  Die zum Paket gehörende OSPF-Area (bei Virtual Links die Backbone Area 0.0.0.0)

- Checksum

  Checksum über das ganze OSPF-Paket ohne das 64-Bit-Authentication-Feld

- AuthType

  Der AuthType definiert den für dieses Paket einzusetzenden Authentication-Algorithmus:

Null Authentication	0
Simple Password	1
Cryptographic Authentication	2
Reserviert	3–65535

- Authentication

  Dieses Feld benutzt der ausgewählte Authentication-Algorithmus.

4.4.3.1 Hello-Paket

Die Router versenden die Hello-Pakete periodisch über alle Schnittstellen (inkl. Virtual Links) und benutzen sie, um die Neighbor-Verbindungen zu den anderen OSPF-Routern eines Netzwerk-Segments aufzubauen. Auf multicast-fähigen Netzwerken erfolgt dies über den IP-Multicast *AllSPFRouter* (224.0.0.5).

0 4 8 12 16 20 24 28 31

OSPF Common Header (Type = 1)

Network Mask

Hello Interval	Options	Router Priority

Router Dead Interval

Designated Router

Backup Designated Router

Neighbor (s) ...

● Network Mask

Die Subnet-Maske dieses Interface.

● Hello Interval

Die Zeit zwischen zwei Hello-Paketen.

● Dead Interval

Die Zeit, bis ein Router am gleichen Segment als nicht mehr aktiv angesehen wird.

● Designated Router

Die IP-Interface-Adresse des DR dieses Netzwerks.

● Backup Designated Router

Die IP-Interface-Adresse des BDR dieses Netzwerks.

● Router Priority

Bestimmt die Auswahl des DR und DBR auf Multi-Access-Netzen.

● Neighbor(s)

Die Router ID jedes Routers, von dem der lokale Router innerhalb des Dead-Intervalls ein gültiges Hello-Paket empfangen hat.

Falls in dem Netzwerk keine Designated oder Backup Designated Router vorhanden sind, setzt der Sender die zugehörigen Adressen auf 0.0.0.0.

Trace eines Hello-Pakets

```
IP: - - - - - Internet protocol (IP) - - - - -
IP:
IP: Time to live (sec)              = 1
IP: Protocol Type                   = 89 (OSPF)
IP: Header Checksum                 = 21990 (correct)
IP: Source Address                  = 10.104.7.73
IP: Destination Address             = 224.0.0.5
IP:
OSPF:
OSPF: - - - OSPF protocol packet header - - -
OSPF:
OSPF: Version                       = 2
OSPF: Packet type                   = 1 (Hello)
OSPF: Packet length                 = 48
OSPF: Router ID                     = 10.1.0.1
OSPF: Area ID                       = 0.0.0.0
OSPF: Checksum                      = AD2C
OSPF: Authentication type           = 0 (No authentication)
OSPF: Password                      = "........"
OSPF:
OSPF: - - - - - OSPF Hello - - - - -
OSPF:
OSPF: Network mask                  = 255.255.252.0
OSPF: Hello Interval                = 10
OSPF: Options                       = 02
OSPF:          .......0 = TOS-0-only
OSPF:          ......1. = E External LSAs
OSPF:
OSPF: Router Priority               = 10
OSPF: Router Dead Interval          = 40
OSPF: Designated-Router             = 10.104.7.91

OSPF: Backup Designated-Router      = 10.104.7.73
OSPF: 1 neighbors in hello
OSPF: Neighbor                      = 10.104.7.91
```

Es besteht zu einem Router eine Neighbor-Verbindung.

4.4.3.2 Database Description

Die Router tauschen Database-Description-Pakete (DD) bei der Initialisierung der Adjacency-Beziehung aus. Sie beschreiben den kompletten Inhalt der Link-State-Datenbank des lokalen Routers.

Um eine gesicherte Übertragung dieser Pakete zu gewährleisten, wird ein so genannter Poll-Response-Mechanismus verwendet. Dabei arbeitet ein Router als Master, dessen DD-Pakete der Slave mit einem Response-Paket quittiert.

0	4	8	12	16	20	24	28	31

OSPF Common Header (Type = 2)								
Interface MTU				Options		0 0 0 0 0 I M		MS
DD Sequence Number								
LSA Header (20 Octets) ...								
... weitere LSA Header ...								

- Interface MTU

  Die Größe eines IP-Datagrams, das der Router ohne Fragmentierung über das Interface senden kann (Null bei einem Virtual Link).

- Sequence Number

  Identifiziert bei mehreren DD-Pakete die einzelnen Segmente.

- MS-Bit

  Master/Slave-Bit. Für den Master Eins und den Slave Null.

- M-Bit

  Auf Eins gesetzt, wenn noch mehrere DD-Segmente folgen.

- I-Bit

  Beim ersten Paket einer Sequenz von DD-Paketen auf Eins gesetzt.

Trace des Austauschs der Link-State-Datenbanken zwischen zwei Routern

● Poll des Master

```
IP: - - - - - Internet protocol (IP) - - - - -
IP:
IP: Time to live (sec)               = 36
IP: Protocol Type                    = 89 (OSPF)
IP: Header Checksum                  = 25911 (correct)
IP: Source Address                   = 10.104.7.91
IP: Destination Address              = 10.104.7.73
IP:
OSPF:
OSPF: - - - OSPF protocol packet header - - -
OSPF:
OSPF: Version                        = 2
OSPF: Packet type                    = 2 (DB Desc)
OSPF: Packet length                  = 32
OSPF: Router ID                      = 10.104.7.91
OSPF: Area ID                        = 0.0.0.0
OSPF: Checksum                       = E2D3
OSPF: Authentication type            = 0 (No authentication)
OSPF: Password                       = "........"
OSPF:
OSPF: - - - OSPF Database Description - - -
OSPF:
OSPF: Options                        = 02
OSPF:           .......0 = TOS-0-only
OSPF:           ......1. = E External LSAs
OSPF:
OSPF: Imm                            = 07
OSPF:           .......1 = Master
OSPF:           ......1. = More
OSPF:           .....1.. = Init
OSPF:
OSPF: DD Sequence Number             = 000000DC
OSPF: 0 LSA headers in DB desc
```

Poll des Master mit der Nummer DC

● Response des Slave

```
IP: - - - - - Internet protocol (IP) - - - - -
IP:
IP: Time to live (sec)          = 1
IP: Protocol Type               = 89 (OSPF)
IP: Header Checksum             = 7484 (correct)
IP: Source Address              = 10.104.7.73
IP: Destination Address         = 10.104.7.91
IP:
OSPF:
OSPF: - - - OSPF protocol packet header - - -
OSPF:
OSPF: Version                   = 2
OSPF: Packet type               = 2 (DB Desc)
OSPF: Packet length             = 212
OSPF: Router ID                 = 10.1.0.1
OSPF: Area ID                   = 0.0.0.0
OSPF: Checksum                  = 0156
OSPF: Authentication type       = 0 (No authentication)
OSPF: Password                  = "........"
OSPF:
OSPF: - - - OSPF Database Description - - -
OSPF:
OSPF: Options                   = 02
OSPF:           .......0 = TOS-0-only
OSPF:           ......1. = E External LSAs
OSPF:
OSPF: Imm                       = 02
OSPF:           .......0 = Slave
OSPF:           ......1. = More
OSPF:           .....0.. =
OSPF:
OSPF: DD Sequence Number        = 000000DC
OSPF: 9 LSA headers in DB desc
OSPF:
OSPF: - - - - - LSA header - - - - -
OSPF:
OSPF: LS age                    = 10
OSPF: Options                   = 22
OSPF:         001000.. = Error: These bits are supposed to be 0!
OSPF:         .......0 = TOS-0-only
OSPF:         ......1. = E External LSAs
OSPF:
OSPF: LSA type                  = 1 (Router links)
OSPF: Link State ID             = 10.1.0.1
OSPF: Advertising Router        = 10.1.0.1
OSPF: LS Sequence Number        = 8000023E
OSPF: LS checksum               = 6F64
OSPF: LSA header + data         = 48
OSPF:
OSPF:
OSPF: - - - - - LSA header - - - - -
...
weitere LSAs
```

Der Response enthält die komplette LS-Datenbank des Slave

● Response des Master mit seiner eigenen Link-State-Datenbank

```
IP: - - - - - Internet protocol (IP) - - - - -
IP:
IP: Time to live (sec)           = 36
IP: Protocol Type                = 89 (OSPF)
IP: Header Checksum              = 25710 (correct)
IP: Source Address              = 10.104.7.91
IP: Destination Address         = 10.104.7.73
IP:
OSPF:
OSPF: - - - OSPF protocol packet header - - -
OSPF:
OSPF: Version                    = 2
OSPF: Packet type               = 2 (DB Desc)
OSPF: Packet length             = 232
OSPF: Router ID                 = 10.104.7.91
OSPF: Area ID                   = 0.0.0.0
OSPF: Checksum                  = 5FC7
OSPF: Authentication type       = 0 (No authentication)
OSPF: Password                  = "........"
OSPF:
OSPF: - - - OSPF Database Description - - -
OSPF:
OSPF: Options                   = 02
OSPF:         .......0 = TOS-0-only
OSPF:         ......1. = E External LSAs
OSPF:
OSPF: Imm                       = 01
OSPF:         .......1 = Master
OSPF:         ......0. =
OSPF:         .....0.. =
OSPF:
OSPF: DD Sequence Number        = 000000DD
OSPF: 10 LSA headers in DB desc
OSPF:
OSPF: - - - - - LSA header - - - - -
OSPF:
OSPF: LS age                    = 179
OSPF: Options                   = 22
OSPF:         001000.. = Error: These bits are supposed to be 0!
OSPF:         .......0 = TOS-0-only
OSPF:         ......1. = E External LSAs
OSPF:
OSPF: LSA type                  = 1 (Router links)
OSPF: Link State ID             = 10.1.0.1
OSPF: Advertising Router        = 10.1.0.1
OSPF: LS Sequence Number        = 8000023C
OSPF: LS checksum               = 2B2F
OSPF: LSA header + data         = 48
OSPF:
OSPF:
OSPF: - - - - - LSA header - - - - -
...
weitere LSAs
```

weiteres DD, enthält jetzt die LS-Datenbank des Master

● Quittierung des DD-Pakets durch den Slave

```
IP: - - - - - Internet protocol (IP) - - - - -
IP:
IP: Time to live (sec)          = 1
IP: Protocol Type               = 89 (OSPF)
IP: Header Checksum             = 7662 (correct)
IP: Source Address              = 10.104.7.73
IP: Destination Address         = 10.104.7.91
IP:
OSPF:
OSPF: - - - OSPF protocol packet header - - -
OSPF:
OSPF: Version                   = 2
OSPF: Packet type               = 2 (DB Desc)
OSPF: Packet length             = 32
OSPF: Router ID                 = 10.1.0.1
OSPF: Area ID                   = 0.0.0.0
OSPF: Checksum                  = EB22
OSPF: Authentication type       = 0 (No authentication)
OSPF: Password                  = "........"
OSPF:
OSPF: - - - OSPF Database Description - - -
OSPF:
OSPF: Options                   = 02
OSPF:          .......0 = TOS-0-only
OSPF:          ......1. = E External LSAs
OSPF:
OSPF: Imm                       = 00
OSPF:          .......0 = Slave
OSPF:          ......0. =
OSPF:          .....0.. =
OSPF:
OSPF: DD Sequence Number        = 000000DD
OSPF: 0 LSA headers in DB desc
```

4.4.3.3 Link State Request

Über LSR-Pakete fordern die Router Teile der Link-State-Datenbank eines Nachbarn an, deren Inhalt aktueller ist als ihre lokale Datenbank. Jedes angeforderte LSA wird durch Angabe des Link-State-Typs, der Link-State-ID und der Router ID des Routers, der das LSA erzeugt hat, eindeutig spezifiziert.

0	4	8	12	16	20	24	28	31

OSPF Common Header (Type = 3)
LS Type
Link State ID
Advertising Router
... weitere angeforderte LSAs ...

Trace eines LSR-Pakets

```
IP: - - - - - Internet protocol (IP) - - - - -
IP:
IP: Internet header version      = 4
IP: Internet Header Length       = 20 bytes
IP: Type of service              = C0
IP:         .....0.. = Normal Reliability
IP:         ....0... = Normal Throughput
IP:         ...0.... = Normal Delay
IP:         110..... = Internetwork Control
IP:
IP: Total Packet Length          = 56 bytes
IP: Identification               = 65
IP: Fragment Information         = 0000
IP: Fragment Offset              = 0
IP:         ..0............. = Last Fragment
IP:         .0.............. = May Fragment
IP:
IP: Time to live (sec)           = 36
IP: Protocol Type                = 89 (OSPF)
IP: Header Checksum              = 25905 (correct)
IP: Source Address               = 10.104.7.91
IP: Destination Address          = 10.104.7.73
IP:
OSPF:
OSPF: - - - OSPF protocol packet header - - -
OSPF:
OSPF: Version                    = 2
OSPF: Packet type                = 3 (LSR)
OSPF: Packet length              = 36
OSPF: Router ID                  = 10.104.7.91
OSPF: Area ID                    = 0.0.0.0
OSPF: Checksum                   = D1AC
OSPF: Authentication type        = 0 (No authentication)
OSPF: Password                   = "........"
OSPF:
OSPF: - - - Link State Request - - -
OSPF:
OSPF: 1 LSA ids in LSR
OSPF: LSA type                   = 1 (Router links)
OSPF: Link State ID              = 10.1.0.1
OSPF: Advertising Router         = 10.1.0.1
```

4.4.3.4 Link State Update

Die LSU-Pakete sind für das Fluten der LSAs innerhalb des Autonomen Systems verantwortlich.

- Designated und Backup Designated Router:
  AllSPFRouter Multicast   224.0.0.5

- Alle anderen Router eines multicast-fähigen Netzwerks:
  AllDRouter Multicast   224.0.0.6

- Alle anderen Netzwerke sowie als Antwort auf ein LSR und bei Retransmission:
  Unicast

0	4	8	12	16	20	24	28	31
OSPF Common Header (Type = 4)								
Anzahl der LSAs in diesem Update-Paket								
LSA Header (20 Octets) ...								
... weitere LSA Header ...								

Trace eines LSU-Pakets

```
IP: - - - - - Internet protocol (IP) - - - - -
IP:
IP: Time to live (sec)          = 1
IP: Protocol Type               = 89 (OSPF)
IP: Header Checksum             = 7617 (correct)
IP: Source Address              = 10.104.7.73
IP: Destination Address         = 10.104.7.91
IP:
OSPF:
OSPF: - - - OSPF protocol packet header - - -
OSPF:
OSPF: Version                   = 2
OSPF: Packet type               = 4 (LSU)
OSPF: Packet length             = 76
OSPF: Router ID                 = 10.1.0.1
OSPF: Area ID                   = 0.0.0.0
OSPF: Checksum                  = A7ED
OSPF: Authentication type       = 0 (No authentication)
OSPF: Password                  = "........"
OSPF:
OSPF: - - - Link State Update - - -
OSPF:
OSPF: Number of advertisements  = 1
OSPF:
OSPF: - - - - - LSA header - - - - -
OSPF:
OSPF: LS age                    = 11
OSPF: Options                   = 22
OSPF:           .......0 = TOS-0-only
OSPF:           ......1. = E External LSAs
OSPF:
OSPF: LSA type                  = 1 (Router links)
OSPF: Link State ID             = 10.1.0.1
OSPF: Advertising Router        = 10.1.0.1
OSPF: LS Sequence Number        = 8000023E
OSPF: LS checksum               = 6F64
OSPF: LSA header + data         = 48
OSPF:
OSPF: VEB                       = 03
OSPF:           .......1 = B (Border router)
OSPF:           ......1. = E (AS boundary router)
OSPF:           .....0.. =
OSPF:
OSPF: Number of links           = 2
OSPF:
OSPF: Transit (DR IP addr)      = 10.104.7.91
OSPF: Transit (router IP addr)  = 10.104.7.73
OSPF: Router link type          = 2 (Transit network)
OSPF: Number TOS metrics        = 0
OSPF: TOS 0 metric              = 10
OSPF:
OSPF: Stub (IP network)         = 10.1.0.1
OSPF: Stub (network mask)       = 255.255.255.255
OSPF: Router link type          = 3 (Stub network)
OSPF: Number TOS metrics        = 0
OSPF: TOS 0 metric              = 1
```

Der Router sendet das LSU als Unicast-Paket, da es die Antwort auf ein LSR-Paket enthält.

4.4.3.5   Link State Acknowledgement

Um eine gesicherte Übertragung der LSU-Pakete zu gewährleisten, werden die gefluteten LSAs über LSAck-Pakete quittiert.

- Designated und Backup Designated Router: AllSPFRouter Multicast   224.0.0.5
- Alle anderen Router: AllDRouter Multicast   224.0.0.6

```
0        4        8        12       16       20       24       28    31
┌──────────────────────────────────────────────────────────────────┐
│                    OSPF Common Header (Type = 5)                   │
├──────────────────────────────────────────────────────────────────┤
│                      LSA Header (20 Octets)                        │
│                              ...                                   │
├──────────────────────────────────────────────────────────────────┤
│                    ... weitere LSA Header ...                      │
└──────────────────────────────────────────────────────────────────┘
```

Trace eines LSAck-Pakets

```
IP: - - - - - Internet protocol (IP) - - - - -
IP:
IP: Time to live (sec)          = 1
IP: Protocol Type               = 89 (OSPF)
IP: Header Checksum             = 49125 (correct)
IP: Source Address              = 10.104.7.91  ◄─── Da der Router der BDR des lokalen
IP: Destination Address         = 224.0.0.5         LAN ist, benutzt er den 224.0.0.5
IP:                                                  Multicast.
OSPF:
OSPF: - - - OSPF protocol packet header - - -
OSPF:
OSPF: Version                   = 2
OSPF: Packet type               = 5 (LS Ack)
OSPF: Packet length             = 124
OSPF: Router ID                 = 10.104.7.91
OSPF: Area ID                   = 0.0.0.0
OSPF: Checksum                  = 4096
OSPF: Authentication type       = 0 (No authentication)
OSPF: Password                  = "........"
OSPF:
OSPF: - - - Link State Acknowledgment - - -
OSPF:
OSPF: 5 LSA headers in LS ack
OSPF:
OSPF: - - - - - LSA header - - - - -
OSPF:
OSPF: LS age                    = 11
OSPF: Options                   = 22
OSPF:         .......0 = TOS-0-only
OSPF:         ......1. = E External LSAs
OSPF:
OSPF: LSA type                  = 1 (Router links)
OSPF: Link State ID             = 10.1.0.1
OSPF: Advertising Router        = 10.1.0.1   ┌─ Die Nummer des
OSPF: LS Sequence Number        = 8000023E  ▼   quittierten LSA
OSPF: LS checksum               = 6F64
OSPF: LSA header + data         = 48
...
weitere LSA Header
```

4.4.4   OSPF Link State Advertisements

Die Link State Advertisements (LSA) bilden die Grundlage des Link-State-Algorithmus und werden innerhalb des Autonomen Systems geflutet. Die Gesamtheit der LSAs bilden die Link-State-Datenbank des Routers. Ausgehend von dieser Datenbank konstruiert jeder Router den Shortest Path Tree für die Routen mit sich selbst als Wurzel. Dabei ist sichergestellt, dass alle Router die gleichen LSAs bei der Berechnung der Routing-Tabelle verwenden.

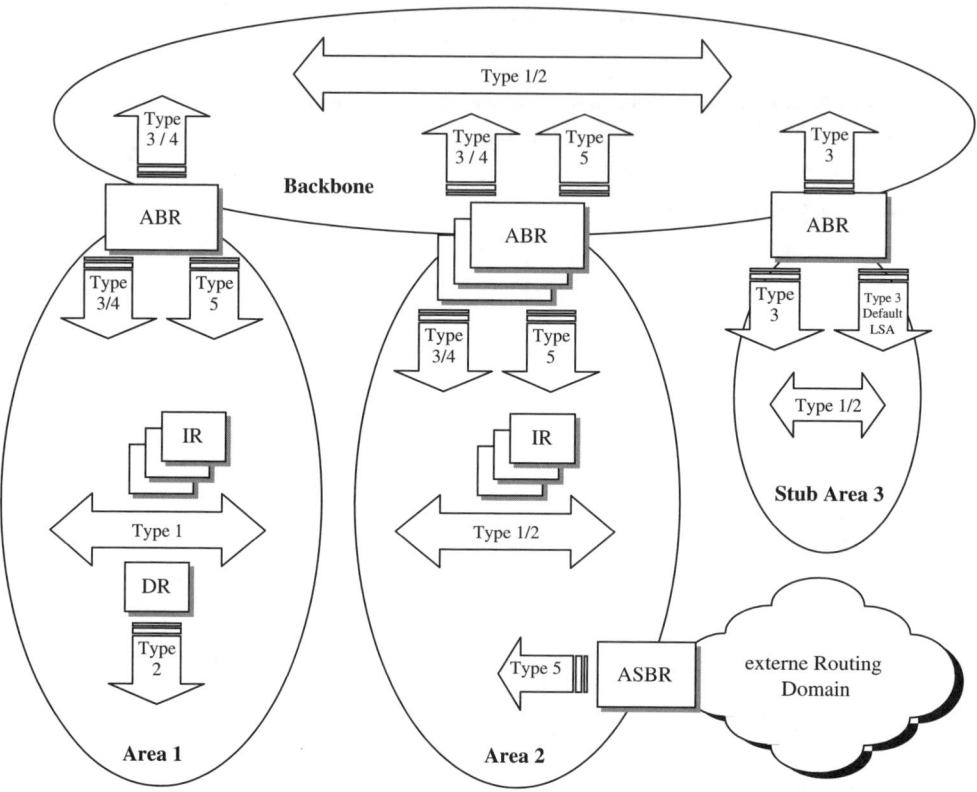

Rangfolge der verschiedenen LSAs bei mehreren Routen zum gleichen Zielnetzwerk

I.   Intra-Area (Type 1 und Type 2 LSAs)

II. Inter-Area (Type 3 LSAs)

III. External Type 1 (Type 5 LSAs)

IV. External Type 2 (Type 5 LSAs)

4.4.4.1 Common LSA Header

Die LS-Type-, Link-State-ID- und Advertising-Router-Parameter des Headers identifizieren ein LSA eindeutig innerhalb des autonomen Systems.

Da mehrere Instanzen eines LSA im Netzwerk existieren können, benutzt OSPF die LSAge, LS Sequence Number und LS Checksum, um zu bestimmen, welches LSA das aktuellste ist.

0	4	8	12	16	20	24	28	31
LS Age				Options		LS Type		
Link State ID								
Advertising Router								
LS Sequence Number								
LS Checksum				Length				

- LS Age

  Die Zeit, die seit dem Erzeugen des LSA vergangen ist. Zu Beginn auf Null gesetzt und bei jedem Hop um den InfTransDelay-Wert erhöht. Die maximale Größe der LSAge legt der MaxAge-Wert (steht auf einer Stunde) fest. LSAs, die MaxAge erreicht haben, werden zur Berechnung der Routing-Tabelle nicht mehr herangezogen.

- Options

  Die Optionen, die der von dem LSA beschriebene Teil der Routing-Domain unterstützt.

- LS Type

1	Router LSA
2	Network LSA
3	Summary LSA (Inter-Area-Netzwerk)
4	Summary LSA (ASBR)
5	AS External LSA
6	MOSPF Group Membership LSA
7	NSSA External LSA
9, 10, 11	Opaque LSA

● Link State ID

Die Link State ID identifiziert den durch das LSA definierten Teil der Routing Domain.

Type 1	Router ID des Routers, der das LSA erzeugt hat
Type 2	Interface-IP-Adresse des Designated Routers
Type 3	IP-Adresse des Zielnetzwerks
Type 4	Router ID des ASBR
Type 5 und Type 7	IP-Adresse des externen Netzwerks
Type 6	IP-Adresse der Multicast-Gruppe
Type 9, 10, 11	8 Bit Opaque-Type (von der IANA verwaltet) und 24 Bit Opaque-ID

● Advertising Router

Die Router ID (RID) des Routers, der das LSA erzeugt hat.

● LS Sequence Number

Die Sequence Number wird zum Erkennen von alten bzw. doppelten LSAs eingesetzt.

● LS Checksum

Checksum über das gesamte LSA (inkl. Header, aber ohne LSAge-Feld).

● Length

Die Länge des LSA inklusive des Headers.

Übersicht, welche Router welche LSAs erzeugen

Type	Link State ID	generiert von	geflutet
1	Router ID des Routers, der den LSA erzeugt hat	jedem Router	in der Area
2	Interface-IP-Adresse des Designated-Routers	jedem DR	in der Area
3	IP-Adresse des Zielnetzwerks	ABR	im gesamten OSPF AS
4	Router ID des ASBR	ABR	im gesamten OSPF AS
5	IP-Adresse des externen Netzwerks	ASBR	in der Area
6	IP-Adresse der Multicast-Gruppe		in der Area
7	IP-Adresse des externen Netzwerks	ASBR	nur in NSSA Areas
9	Opaque Type und ID		nur im lokalen Subnetz
10	Opaque Type und ID		in der Area
11	Opaque Type und ID		im gesamten OSPF AS

4.4.4.2 Router LSA

Router LSAs beschrieben den Status und die Kosten aller Interfaces eines Routers, die zu einer gemeinsamen Area gehören.

0	4	8	12	16	20	24	28	31

LSA Common Header (Type = 1)								
0 0 0 0 W V E B		0		Anzahl der Links				
Link ID								
Link Data								
Type		# TOS		Metric				
... weitere TOS-spezifische Informationen ...								
TOS		0		TOS Metric				

... weitere Router LSAs ...

- W-Bit

  Router ist ein Wildcard Multicast Receiver (siehe Multicast OSPF RFC 1584).

- V-Bit

  Router ist ein Endpunkt eines Virtual Link, die beschriebene Area ist die Transit Area.

- E-Bit

  Router ist ein ASBR.

- B-Bit

  Router ist ein ABR.

Die nachfolgenden Felder beschreiben jeweils einen Router Link.

- Type

  Das Type-Feld beschreibt die Art des Router Link.

Type 1	Point-to-point connection to another router (numbered und unnumbered)
Type 2	Connection to a transit network (Multi-Access-Netzwerk mit mehreren Routern)
Type 3	Connection to a stub network (Multi-Access-Netzwerk mit nur einem Router)
Type 4	Virtual Link

● Link ID

Die Link ID definiert das Objekt, mit dem dieser Router Link verbunden ist.

Type 1	Router-ID des Nachbar-Routers
Type 2	IP-Adresse des Designated Routers
Type 3	IP-Netzwerkadresse
Type 4	Router ID des Nachbar-Routers

● Link Data

Das Link-Data-Feld enthält zusätzliche, vom Typ des Router Links abhängige Daten.

Type 1 numbered Point-to-Point	IP-Adresse des zugehörigen Interface (gilt auch für Virtual Links)
Type 1 unnumbered Point-to-Point	MIB-II-ifIndex-Wert des Interface
Type 2	IP-Adresse des zugehörigen Interface
Type 3	Maske des IP-Netzwerks
Type 4	IP-Adresse des zugehörigen Interface

● # TOS

Die Anzahl der verschiedenen TOS-Metriken – ohne TOS-Metrik 0 – für diesen Router Link.

● Metric

Die Kosten dieses Router Links.

Um mit alten OSPF-Versionen kompatibel zu sein, können noch zusätzliche TOS-spezifische Informationen enthalten sein (bzw. bei der Unterstützung von RFC 2676 – QoS für OSPF).

● TOS

Der Type of Service, der zu dieser Metrik gehört

● TOS Metric

Die TOS-spezifische Metrik

Übersicht über Type, Link ID und Link Data

Type	Link-ID	Link Data
1 – numbered Point-to-Point-Verbindung	Router-ID des Nachbar-Routers	IP-Adresse des zugehörigen Interface
1 – unnumbered Point-to-Point-Verbindung	Router-ID des Nachbar-Routers	MIB-II-ifIndex-Wert des Interface
2 – Verbindung zu einem Transit Network	IP-Adresse des Designated Routers	IP-Adresse des zugehörigen Interface
3 – Verbindung zu einem Stub Network	IP-Netzwerkadresse	Maske des IP-Netzwerks
4 – Virtual Link	Router-ID des Nachbar-Routers	IP-Adresse des zugehörigen Interface

Trace eines LSU-Pakets mit Router Link LSAs

DR und BDR senden LSU- und LSAck-Pakete zum *AllSPFRouter Multicast*, alle anderen Router am LAN zum *AllDRouters*.

```
DLL: - - - - - Datalink Header - - - - -
DLL:
DLL: Destination Address            = 01-00-5E-00-00-05 (AllSPFRouter)
DLL: Source Address                 = AA-00-04-00-82-C5
IP:
IP: - - - - - Internet protocol (IP) - - - - -
...
IP: Time to live (sec)             = 1
IP: Protocol Type                  = 89 (OSPF)
IP: Header Checksum                = 44467 (correct)
IP: Source Address                 = 10.100.224.28
IP: Destination Address            = 224.0.0.5
IP:
OSPF: - - - OSPF protocol packet header - - -
OSPF:
OSPF: Version                      = 2
OSPF: Packet type                  = 4 (LSU)
OSPF: Packet length                = 128
OSPF: Router ID                    = 10.100.224.28
OSPF: Area ID                      = 0.0.0.0
OSPF: Checksum                     = 7935
OSPF: Authentication type          = 0 (No authentication)
OSPF: Password                     = "........"
OSPF:
OSPF: - - - - - Link State Update - - - - -
OSPF:
OSPF: Number of advertisements     = 2
OSPF:
OSPF: - - - - - LSA header - - - - -
OSPF:
OSPF: LS age                       = 1
OSPF: Options                      = 00
OSPF:          .......0 = TOS-0-only
OSPF:          ......0. = stub area
OSPF:
OSPF: LSA type                     = 1 (Router links)
OSPF: Link State ID                = 10.100.224.28
OSPF: Advertising Router           = 10.100.224.28
OSPF: LS Sequence Number           = 80000555
OSPF: LS checksum                  = 0DAE
OSPF: LSA header + data            = 60
OSPF:
OSPF: VEB                          = 00
OSPF:          .......0 =
OSPF:          ......0. =
OSPF:          .....0:. =
OSPF:
```

```
OSPF: Number of links              = 2
OSPF:
OSPF: Transit (DR IP addr)         = 10.100.224.28
OSPF: Transit (router IP addr)     = 10.100.224.28
OSPF: Router link type             = 2 (Transit network)
OSPF: Number TOS metrics           = 0
OSPF: TOS 0 metric                 = 1
OSPF:
OSPF: Stub (IP network)            = 10.99.99.0
OSPF: Stub (network mask)          = 255.255.255.0
OSPF: Router link type             = 3 (Stub network)
OSPF: Number TOS metrics           = 0
OSPF: TOS 0 metric                 = 1
OSPF:
OSPF: - - - - - LSA header - - - - -
OSPF:
OSPF: LS age                       = 2
OSPF: Options                      = 22
OSPF:          .......0 = TOS-0-only
OSPF:          ......1. = E External LSAs
OSPF:
OSPF: LSA type                     = 1 (Router links)
OSPF: Link State ID                = 192.168.1.1
OSPF: Advertising Router           = 192.168.1.1
OSPF: LS Sequence Number           = 80000038
OSPF: LS checksum                  = B5C7
OSPF: LSA header + data            = 48
OSPF:
OSPF: VEB                          = 01
OSPF:          .......1 = B (Border router)
OSPF:          ......0. =
OSPF:          .....0.. =
OSPF:
OSPF: Number of links              = 1
OSPF:
OSPF: Virtual (nbr router ID)      = 192.168.1.2
OSPF: Virtual (router IP addr)     = 192.168.1.194
OSPF: Router link type             = 4 (Virtual link)
OSPF: Number TOS metrics           = 0
OSPF: TOS 0 metric                 = 64
```

4.4.4.3 Network LSA

Network LSAs werden durch den Designated Router eines Broadcast- und NBMA-Netzwerks erzeugt (z.B. Ethernet, Frame Relay usw.).

0	4	8	12	16	20	24	28	31

LSA Common Header (Type = 2)
Network Mask
Attached Router

... weitere Attached Router ...

- Network Mask

  Die IP Subnet-Maske des beschriebenen Netzwerks

- Attached Router

  Die Router ID aller Router, mit denen der DR eine Adjacency-Beziehung besitzt

Trace eines LSU-Pakets mit einem Network LSA

```
DLL: - - - - - Datalink Header - - - - -
DLL:
DLL: Destination Address        = 01-00-5E-00-00-05 (AllSPFRouter)
DLL: Source Address             = AA-00-04-00-82-C5
IP:
IP: - - - - - Internet protocol (IP) - - - - -
IP:
IP: Time to live (sec)          = 1
IP: Protocol Type               = 89 (OSPF)
IP: Header Checksum             = 44167 (correct)
IP: Source Address              = 10.100.224.28
IP: Destination Address         = 224.0.0.5
IP:
OSPF: - - - OSPF protocol packet header - - -
OSPF:
OSPF: Version                   = 2
OSPF: Packet type               = 4 (LSU)
OSPF: Packet length             = 128
OSPF: Router ID                 = 10.100.224.28
OSPF: Area ID                   = 0.0.0.0
OSPF: Checksum                  = 7935
OSPF: Authentication type       = 0 (No authentication)
OSPF: Password                  = "........"
OSPF:
```

```
OSPF: - - - - - Link State Update - - - - -
OSPF:
OSPF: Number of advertisements      = 1
OSPF:
OSPF: - - - - - LSA header - - - - -
OSPF:
OSPF: LS age                        = 1
OSPF: Options                       = 00
OSPF:              .......0 = TOS-0-only
OSPF:              ......0. = stub area
OSPF:
OSPF: LSA type                      = 2 (Network links)
OSPF: Link State ID                 = 10.100.224.28
OSPF: Advertising Router            = 10.100.224.28
OSPF: LS Sequence Number            = 800000D9
OSPF: LS checksum                   = B50C
OSPF: LSA header + data             = 40
OSPF:
OSPF: Network Mask                  = 255.255.255.0
OSPF: 4 attached routers
OSPF: Attached router               = 10.100.224.28
OSPF: Attached router               = 192.168.1.1
OSPF: Attached router               = 10.100.224.73
OSPF: Attached router               = 10.100.224.91
```

4.4.4.4 Summary LSA

Type-3 Summary LSA

Die ABRs einer Area beschreiben über diese LSAs Inter-Area-Ziele. In Richtung des Backbone werden die Netzwerke der eigenen Area aufgelistet und vom Backbone werden die Netzwerke der anderen Areas empfangen (jeweils mit den zugehörigen Kosten).

Das heißt, Inter-Area-Routing verwendet einen Distance-Vector-Ansatz, um die beste Route zu einem anderen Netzwerk außerhalb der eigenen Area zu bestimmen.

Um in einer Stub Area eine Default Route für externe Netzwerke zu definieren, generieren die ABRs zusätzlich noch eine »Default Summary LSA« in Richtung der Stub Area. In diesem Fall ist im LSA die Link State ID sowie die Network Mask auf 0.0.0.0 gesetzt (die sog. OSPF Default Destination) und die Metrik auf den Wert der Stub Default Cost.

Type-4 ASBR Summary LSA

ASBRs Summary LSAs beschreiben die Kosten von den ABRs zu einem ASBR und dessen IP-Adresse. Sie sollen sicherstellen, dass alle Router einen Weg nach außerhalb des autonomen Systems kennen.

Paketformat

0	4	8	12	16	20	24	28	31

LSA Common Header (Type = 3 und 4)			
Network Mask			
0	Metric		
TOS	TOS Metric		

... weitere TOS-Einträge ...

● Network Mask

Type 3:   Enthält die IP-Subnet-Maske des beschriebenen Netzwerks

Type 4:   Das Feld ist in diesem Fall immer auf Null gesetzt

● Metric

Definiert die Kosten für die beschriebene Route

Um mit alten OSPF-Versionen kompatibel zu sein, können noch zusätzliche TOS-spezifi-sche Informationen enthalten sein (bzw. bei der Unterstützung von RFC 2676 – QoS für OSPF) .

● TOS

Der Type of Service, der zu dieser Metrik gehört

● TOS Metric

Die TOS-spezifische Metrik

Trace von LSU-Paketen mit Summary LSAs

● Type-3 Summary LSA (Ein LSA-Eintrag beschreibt jeweils nur ein Netzwerk.)

```
DLL: - - - - - Datalink Header - - - - -
DLL:
DLL: Destination Address        = 01-00-5E-00-00-05 (AllSPFRouter)
DLL: Source Address             = 00-60-5C-F4-72-6F
IP:
IP: - - - - - Internet protocol (IP) - - - - -
...
IP: Time to live (sec)          = 1
IP: Protocol Type               = 89 (OSPF)
IP: Header Checksum             = 40451 (correct)
IP: Source Address              = 10.100.224.65
IP: Destination Address         = 224.0.0.5
IP:
IP: Protocol "OSPF" data
IP:
OSPF:
OSPF: - - - OSPF protocol packet header - - -
OSPF:
OSPF: Version                   = 2
OSPF: Packet type               = 4 (LSU)
OSPF: Packet length             = 140
OSPF: Router ID                 = 192.168.1.1
OSPF: Area ID                   = 0.0.0.0
OSPF: Checksum                  = 6891
OSPF: Authentication type       = 0 (No authentication)
OSPF: Password                  = "........"
OSPF:
OSPF: - - - - - Link State Update - - - - -
OSPF:
OSPF: Number of advertisements  = 3
OSPF:
OSPF: - - - - - LSA header - - - - -
OSPF:
OSPF: LS age                    = 1
OSPF: Options                   = 22
OSPF:        001000.. = Error: These bits are supposed to be 0!
OSPF:        .......0 = TOS-0-only
OSPF:        ......1. = E External LSAs
OSPF:
OSPF: LSA type                  = 3 (Summary network)
OSPF: Link State ID             = 192.168.1.1
OSPF: Advertising Router        = 192.168.1.1
OSPF: LS Sequence Number        = 80000033
OSPF: LS checksum               = 4FE3
OSPF: LSA header + data         = 28
OSPF:
OSPF: Network Mask              = 255.255.255.255
OSPF: TOS                       = 0
OSPF: metric                    = 1
OSPF:
```

```
OSPF: - - - - - LSA header - - - - -
OSPF:
OSPF: LS age                            = 1
OSPF: Options                           = 22
OSPF:           001000.. = Error: These bits are supposed to be 0!
OSPF:           .......0 = TOS-0-only
OSPF:           ......1. = E External LSAs
OSPF:
OSPF: LSA type                          = 3 (Summary network)
OSPF: Link State ID                     = 192.168.1.2
OSPF: Advertising Router                = 192.168.1.1
OSPF: LS Sequence Number                = 80000029
OSPF: LS checksum                       = DB20
OSPF: LSA header + data                 = 28
OSPF:
OSPF: Network Mask                      = 255.255.255.255
OSPF: TOS                               = 0
OSPF: metric                            = 65
OSPF:
OSPF: - - - - - LSA header - - - - -
OSPF:
OSPF: LS age                            = 1
OSPF: Options                           = 22
OSPF:           001000.. = Error: These bits are supposed to be 0!
OSPF:           .......0 = TOS-0-only
OSPF:           ......1. = E External LSAs
OSPF:
OSPF: LSA type                          = 3 (Summary network)
OSPF: Link State ID                     = 192.168.1.192
OSPF: Advertising Router                = 192.168.1.1
OSPF: LS Sequence Number                = 80000029
OSPF: LS checksum                       = 4CF4
OSPF: LSA header + data                 = 28
OSPF:
OSPF: Network Mask                      = 255.255.255.252
OSPF: TOS                               = 0
OSPF: metric                            = 64
```

● **ASBR Summary LSA (ein LSA-Eintrag beinhaltet die Adresse eines ASBR)**

```
DLL: - - - - - Datalink Header - - - - -
DLL:
DLL: Destination Address              = 01-00-5E-00-00-05 (AllSPFRouter)
DLL: Source Address                   = 00-60-5C-F4-72-6F
DLL:
DLL: DIX format, Protocol Type        = 08-00
IP:
IP: - - - - - Internet protocol (IP) - - - - -
...
IP:
IP: Time to live (sec)               = 1
IP: Protocol Type                    = 89 (OSPF)
IP: Header Checksum                  = 40451 (correct)
IP: Source Address                   = 10.100.224.65
IP: Destination Address              = 224.0.0.5
IP:
IP: Protocol "OSPF" data
IP:
OSPF:
OSPF: - - - OSPF protocol packet header - - -
OSPF:
OSPF: Version                        = 2
OSPF: Packet type                    = 4 (LSU)
OSPF: Packet length                  = 140
OSPF: Router ID                      = 192.168.1.1
OSPF: Area ID                        = 0.0.0.0
OSPF: Checksum                       = 6891
OSPF: Authentication type            = 0 (No authentication)
OSPF: Password                       = "........"
OSPF:
OSPF: - - - - - Link State Update - - - - -
OSPF:
OSPF: Number of advertisements       = 1
OSPF:
OSPF: - - - - - LSA header - - - - -
OSPF:
OSPF: LS age                         = 1
OSPF: Options                        = 22
OSPF:        001000.. = Error: These bits are supposed to be 0!
OSPF:        .......0 = TOS-0-only
OSPF:        ......1. = E External LSAs
OSPF:
OSPF: LSA type                       = 4 (Summary ASBR)
OSPF: Link State ID                  = 192.168.1.2
OSPF: Advertising Router             = 192.168.1.1
OSPF: LS Sequence Number             = 80000029
OSPF: LS checksum                    = C338
OSPF: LSA header + data              = 28
OSPF:
OSPF: TOS                            = 0
OSPF: metric                         = 64
```

4.4.4.5 AS External LSA

External LSAs werden von ASBRs generiert und beschreiben Ziele außerhalb des autonomen Systems. Zusammen mit den Type-4 LSAs informieren sie über den kompletten Weg zu externen Netzen.

Bei der Definition einer Default Route ist im LSA die Link State ID und die Network Mask auf 0.0.0.0 gesetzt.

Die ASBRs einer NSSA Area verwenden für Type-7 LSAs das gleiche Format wie Type-5 LSAs. Lediglich im Header ist die Link State ID auf 7 gesetzt.

0	4	8	12	16	20	24	28	31
LSA Common Header (Type = 5)								
Network Mask								
E	0		Metric					
Forwarding Address								
External Route Tag								
Network Mask								
E	TOS		TOS Metric					
Forwarding Address								
External Route Tag								
… weitere TOS-Einträge …								

- Network Mask

  Die IP Subnet-Maske des beschriebenen Netzwerks.

- E-Bit

  Das E-Bit bestimmt den Typ der externen Metrik:

  0 = Type 1 External Metric (für IGP-Protokolle)
  1 = Type 2 External Metric (für EGP-Protokolle)

  Eine Type-2 External Metric wird im Gegensatz zur Type-1-Metrik nicht in eine interne Link-State-Metrik umgewandelt. Sie findet dann Anwendung, wenn das Routing zwischen den autonomen Systemen die Hauptkosten ausmacht (z.B. bei BGP).

- Metric

  Die Kosten für diese Route.

- External Route Tag

  Der Route Tag kann einen beliebigen 32-Bit-Wert enthalten, den OSPF nicht benutzt und transparent durch die Routing-Domain weiterleitet.

- Forwarding Address

  Das Feld enthält die IP-Adresse des Routers, zu dem Pakete für das angegebene Netzwerk weiterzuleiten sind.

Um mit alten OSPF-Versionen kompatibel zu sein, können noch zusätzliche TOS-spezifische Informationen enthalten sein (RFC 2676 unterstützt keine Type 5 LSAs).

Trace eines LSU-Pakets mit External LSAs

```
DLL: - - - - - Datalink Header - - - - -
DLL:
DLL: Destination Address        = 01-00-5E-00-00-05 (AllSPFRouter)
DLL: Source Address             = AA-00-04-00-82-C5
DLL:
IP: - - - - - Internet protocol (IP) - - - - -
IP:
IP: Time to live (sec)          = 1
IP: Protocol Type               = 89 (OSPF)
IP: Header Checksum             = 44334 (correct)
IP: Source Address              = 10.100.224.28
IP: Destination Address         = 224.0.0.5
IP:
OSPF: - - - OSPF protocol packet header - - -
OSPF:
OSPF: Version                   = 2
OSPF: Packet type               = 4 (LSU)
OSPF: Packet length             = 64
OSPF: Router ID                 = 10.100.224.28
OSPF: Area ID                   = 0.0.0.0
OSPF: Checksum                  = 9B54
OSPF: Authentication type       = 0 (No authentication)
OSPF: Password                  = "........"
OSPF:
OSPF: - - - - - Link State Update - - - - -
OSPF:
OSPF: Number of advertisements  = 1
OSPF:
OSPF: - - - - - LSA header - - - - -
OSPF:
OSPF: LS age                    = 2
OSPF: Options                   = 00
OSPF:         .......0 = TOS-0-only
OSPF:         ......0. = stub area
OSPF:
OSPF: LSA type                  = 5 (AS external link)
OSPF: Link State ID             = 10.203.96.0
OSPF: Advertising Router        = 10.100.224.91
OSPF: LS Sequence Number        = 8000011A
OSPF: LS checksum               = 4E54
OSPF: LSA header + data         = 36
OSPF:
OSPF: Network Mask              = 255.255.255.0
OSPF:
OSPF: E + TOS                   = 80
OSPF:         1....... = Type 2 external
OSPF: TOS                       = 0
OSPF: metric                    = 20
OSPF: Forwarding address        = 10.100.224.70
OSPF: External Route Tag        = 208.0.0.0
```

4.5   Cisco-Konfiguration: OSPF

OSPF-Routing einschalten

- Definition, über welche Schnittstellen OSPF laufen soll

router ospf *process*
   network *ip-network mask* area *area-id*

Die Maske legt fest, auf welchen lokalen Interfaces OSPF gestartet werden soll:

network 192.168.0.0   0.0.0.255   area 1.1.1.1
⇒ Alle Interfaces, die im Netzwerk 192.168.0.x liegen

network 157.23.1.1   0.0.0.0   area 2.2.2.2
⇒ Nur das Interface mit der angegebenen Adresse

- Router ID festlegen

Da sich die Router ID (RID) evtl. ändert, wenn ein Interface nicht mehr verfügbar ist, sollte für OSPF immer noch ein Loopback-Interface definiert sein. Die Router ID ist dann immer die IP-Adresse des Loopback Interface mit der höchsten Interface-Nummer.

interface loopback0
   ip address 192.168.254.254 255.255.255.255
!
router ospf 102
   network 192.168.254.254 0.0.0.0 area 2

- OSPF für ein Interface ausschalten

Der Router sendet und empfängt keine OSPF-Pakete mehr über das angegebene Interface. Die Interface-Adresse erscheint jedoch als Stub Area in der OSPF Domain.

router ospf *process*
   passive-interface *name*

- OSPF-Interface-Definitionen

interface *name*   ↙ Hello und Dead Interval müssen auf allen OSPF
   ip ospf cost *number*   (Standard 10)   Neighbors eines Netzes gleich sein.
   ip ospf hello-interval *seconds*   (Standard 10)
   ip ospf dead-interval *seconds*   (Standard 40)
   ip ospf network [broadcast I non-broadcast I point-to-multipoint]
   ip ospf priority *priority*
                          ◄— Priority = 0: Router wird nicht bei der Auswahl
                              des DR und BDR herangezogen

● OSPF Path Splitting

Bei gleichen Kosten unterstützt OSPF bis zu maximal sechs parallele Pfade.

```
router ospf 102
  maximum-path value
```

show ip route 192.168.254.0

```
Routing entry for 192.168.254.0/24
  Known via "ospf 1", distance 110, metric 124
  Last update from 184.4.1.2 on Serial0, 00:11:06 ago
  Routing Descriptor Blocks:
    184.4.1.10, from 184.4.0.4, 00:11:06 ago, via Serial1
      Route metric is 124, traffic share count is 1
  * 184.4.1.2, from 184.4.0.4, 00:11:06 ago, via Serial0
      Route metric is 124, traffic share count is 1
```

 * = Markiert diejenige Route, die als Nächstes verwendet wird, falls die Zieladresse nicht im Route Cache eingetragen ist.

OSPF-Informationen anzeigen

show ip ospf   Router ID

```
Routing Process "ospf 1" with ID 184.4.0.4          Router-Typ
  Supports only single TOS(TOS0) routes
  It is an area border and autonomous system boundary router
  Summary Link update interval is 00:30:00 and the update due in 00:07:32
  External Link update interval is 00:30:00 and the update due in 00:07:07
  SPF schedule delay 5 secs, Hold time between two SPFs 10 secs
  Number of DCbitless external LSA 0
  Number of DoNotAge external LSA 0
  Number of areas in this router is 2. 2 normal 0 stub 0 nssa
    Area BACKBONE(0)
        Number of interfaces in this area is 2
        Area has no authentication                Virtual Links zählen als
        SPF algorithm executed 35 times           Backbone-Interfaces
        Area ranges are
        Link State Update Interval is 00:30:00 and due in 00:07:06
        Link State Age Interval is 00:20:00 and due in 00:16:58
        Number of DCbitless LSA 0
        Number of indication LSA 0
        Number of DoNotAge LSA 22
    Area 44
        Number of interfaces in this area is 1
        Area has no authentication
        SPF algorithm executed 55 times
        Area ranges are
        Link State Update Interval is 00:30:00 and due in 00:07:03
        Link State Age Interval is 00:20:00 and due in 00:16:58
        Number of DCbitless LSA 0
        Number of indication LSA 0
        Number of DoNotAge LSA 0
```

show ip protocols

```
Routing Protocol is "ospf 1"
  Sending updates every 0 seconds
  Invalid after 0 seconds, hold down 0, flushed after 0
  Outgoing update filter list for all interfaces is not set
  Incoming update filter list for all interfaces is not set
  Routing for Networks:
    184.4.1.8/30
    184.4.3.128/25
    184.4.4.128/25
    184.4.0.4/32
  Passive Interface(s):
    Ethernet0/0
  Routing-Information Sources:
    Gateway         Distance      Last Update
    184.4.0.1            110      00:19:47
    184.4.0.2            110      00:19:47
    184.4.0.3            110      00:19:47
  Distance: (default is 110)
```

show ip ospf border-routers

Liste der ABRs und ASBRs, die der Router erreichen kann

```
OSPF Process 1 internal Routing Table
Codes: i - Intra-area route, I - Inter-area route
i 184.4.0.3 [5] via 184.4.4.129, Ethernet0/1, ABR, Area 0, SPF 35
i 184.4.0.3 [45] via 184.4.1.9, Serial1/1, ABR, Area 44, SPF 55
i 184.4.0.3 [5] via 184.4.4.129, Ethernet0/1, ABR, Area 45, SPF 22
i 184.4.0.1 [25] via 184.4.4.129, Ethernet0/1, ABR/ASBR, Area 0, SPF 35
```

show ip ospf interface

Network Type

```
Ethernet0/0 is up, line protocol is up
  Internet Address 184.4.3.129/25, Area 45
  Process ID 1, Router ID 184.4.0.4, Network Type BROADCAST, Cost: 5
  Transmit Delay is 1 sec, State DR, Priority 1
  Designated-Router (ID) 184.4.0.4, Interface address 184.4.3.129
  No backup Designated-Router on this network
  Timer intervals configured, Hello 10, Dead 40, Wait 40, Retransmit 5
    No Hellos (Passive interface)
  Neighbor Count is 0, Adjacent neighbor count is 0
  Suppress hello for 0 neighbor(s)
Ethernet0/1 is up, line protocol is up
  Internet Address 184.4.4.130/25, Area 45
  Process ID 1, Router ID 184.4.0.4, Network Type BROADCAST, Cost: 5
  Transmit Delay is 1 sec, State DR, Priority 1
  Designated-Router (ID) 184.4.0.4, Interface address 184.4.4.130
  Backup Designated-Router (ID) 184.4.0.3, Interface address 184.4.4.129
  Timer intervals configured, Hello 10, Dead 40, Wait 40, Retransmit 5
    Hello due in 00:00:05
  Neighbor Count is 1, Adjacent neighbor count is 1
    Adjacent with neighbor 184.4.0.3  (Backup Designated-Router)
  Suppress hello for 0 neighbor(s)
Serial1/1 is up, line protocol is up
  Internet Address 184.4.1.10/30, Area 44
  Process ID 1, Router ID 184.4.0.4, Network Type POINT_TO_POINT, Cost: 25
  Transmit Delay is 1 sec, State POINT_TO_POINT,
  Timer intervals configured, Hello 10, Dead 40, Wait 40, Retransmit 5
    Hello due in 00:00:05
  Neighbor Count is 1, Adjacent neighbor count is 1
    Adjacent with neighbor 184.4.0.1
  Suppress hello for 0 neighbor(s)
Loopback0 is up, line protocol is up
  Internet Address 184.4.0.4/32, Area 45
  Process ID 1, Router ID 184.4.0.4, Network Type LOOPBACK, Cost: 1
  Loopback interface is treated as a stub Host
```

DR und BDR

Adjacencies

4.5.1   Neighbor-Konfiguration

OSPF-Neighbor manuell definieren (nur für NBMA-Netzwerke erlaubt)

Der Designated und der Backup-Designated-Router eines NBMA-Netzwerks benötigen eine statische Liste für alle Nachbarn. Damit die anderen Router nicht zum DR oder BDR gewählt werden, sollte auf diesen Systemen die OSPF-Priorität auf Null gesetzt sein.

```
interface nbma-interface
  ip ospf priority 10
!
router ospf process
  neighbor  ip-address  [ priority # ]  [ poll-interval seconds ]
```

Umgehung der neighbor-Kommandos

● Point-to-Point-Sub-Interfaces (ab V10.0)

  Bei der Konfiguration teilt man das physikalische Interface in mehrere logische Schnittstellen auf. Jedes Subinterface stellt dann ein Point-to-Point-Interface dar.

  Nachteil: Jedes Segment gehört zu unterschiedlichen Subnetzen. Dies kann evtl. durch die Verwendung von Unnumbered Interfaces umgangen werden.

Numbered Interface	Unnumbered-Interface

interface ethernet0
  ip address *address netmask*
	interface ethernet0
	  ip address *address netmask*

interface Serial0
  no ip address
  encapsulation frame-relay
	interface Serial0
	  no ip address
	  encapsulation frame-relay

interface Serial0.1 point-to-point
  ip address *address1 netmask1*
  frame-relay interface-dlci *dlci1*
	interface Serial0.1 point-to-point
	  ip unnumbered ethernet0
	  frame-relay interface-dlci *dlci1*

interface Serial0.2 point-to-point
  ip address *address2 netmask2*
  frame-relay interface-dlci *dlci2*
	interface Serial0.2 point-to-point
	  ip unnumbered ethernet0
	  frame-relay interface-dlci *dlci2*

● Point-to-Multipoint-Interfaces (ab V10.3)

  Hierbei handelt es sich um ein Numbered-Point-to-Point-Interface mit einem oder mehreren Nachbarn. Die Router tauschen zusätzliche Link State Updates aus, die Verbindung zu den anderen Nachbar-Routern beschreiben.

```
interface nbma-interface
  encapsulation frame-relay
  ip address address netmask
  ip ospf network point-to-multipoint
```

● NBMA-Netzwerk als Broadcast-Netzwerk definieren (ab V10.0)

interface *nbma-interface*
encapsulation frame-relay
ip address *address netmask*   Ohne den Broadcast-Parameter sendet der Router
ip ospf network broadcast   keine Routing-Informationen über den PVC.
frame-relay map ip *address dlci* broadcast

Neighbor-Informationen anzeigen

show ip ospf neighbor

```
Neighbor ID     Pri  State      Dead Time  Address       Interface
184.4.0.3         1  FULL/BDR   00:00:38   184.4.4.129   Ethernet0/1
184.4.0.1         1  FULL/  -   00:00:33   184.4.1.9     Serial1/1
```

Status des Neighbor ⌐   Status der Auswahl des Designated-Routers

show ip ospf neighbor detail

```
Neighbor 10.185.224.91, interface address 10.100.224.91
    In the area 0 via interface Ethernet0
    Neighbor priority is 1, State is FULL, 6 state changes
    DR is 10.185.224.91 BDR is 0.0.0.0
    Options 2
    Dead timer due in 00:00:32
    Index 1/1, retransmission queue length 0, number of retransmission 1
    First 0x0(0)/0x0(0) Next 0x0(0)/0x0(0)
    Last retransmission scan length is 1, maximum is 1
    Last retransmission scan time is 0 msec, maximum is 0 msec
```

● OSPF Options

0	Stub Area	(»E«-Bit nicht gesetzt)
2	Keine Stub Area	(»E«-Bit gesetzt)
8	NSSA	(»N«-Bit gesetzt)
32	OSPF on Demand	(»D«-Bit gesetzt)

● Designated Router

DR	Router ist der Designated Router des Netzwerks.
BDR	Der Router ist der Backup Designated Router des Netzwerks.
DROTHER	Router ist kein DR oder BDR.
–	Point-to-Point Verbindung; es gibt keinen Designated Router.

Neighbor-Status

● Down

Keine Informationen über Nachbar-Router vorhanden.

● Attempt

Router hat in der letzten Zeit keine Informationen über den Nachbarn erhalten.

- Init

  Router hat ein Hello-Paket von einem Nachbar-Router empfangen.

- Two-Way

  Es besteht eine bidirektionale Kommunikation mit dem Nachbar. Das heißt, der lokale Router sieht sich selbst in den Hello-Paketen des Nachbarn.

- Exstart

  Die Router stimmen ab, wer beim Austausch der Link-State-Datenbank als Master und wer als Slave arbeitet.

- Exchange

  Austausch der Link-State-Datenbank durch das gegenseitige Versenden von Database-Description-Paketen.

- Loading

  Database-Description-Pakete wurden ausgetauscht und die Nachbarn haben eine Liste über notwendige Link-State-Requests und Link-State-Retransmissions aufgebaut.

- Full

  Es besteht jetzt eine volle Adjacency-Verbindung mit dem Nachbarn.

4.5.2 Area-Konfiguration

Stub Area

```
router ospf process
  area area-id stub                    ⎯ Standardmäßig 1
  area area-id default-cost cost
```

Beispiel für eine Stub-Area-Konfiguration

```
hostname dscrt1
!
interface Loopback0
 ip address 10.1.0.1 255.255.0.0
!
interface Ethernet0
 ip address 10.104.7.65 255.255.252.0
!
router ospf 1
 network 10.1.0.1 0.0.0.0 area 0
 network 10.104.7.65 0.0.0.0 area 1.0.0.0
 area 1.0.0.0 stub
```

show ip ospf database summary

```
        OSPF Router with ID (10.1.0.1) (Process ID 1)
Summary Net Link States (Area 1.0.0.0)
  LS age: 627
  Options: (No TOS-capability, DC)
  LS Type: Summary Links(Network)
  Link State ID: 0.0.0.0 (summary Network Number)
  Advertising Router: 10.1.0.1
  LS Seq Number: 80000001
  Checksum: 0x49E8
  Length: 28
  Network Mask: /0
       TOS: 0  Metric: 1
```

Der ABR generiert eine Default Route in Richtung der Stub Area.

```
  LS age: 619
  Options: (No TOS-capability, DC)
  LS Type: Summary Links(Network)
  Link State ID: 10.1.0.1 (summary Network Number)
  Advertising Router: 10.1.0.1
  LS Seq Number: 80000003
  Checksum: 0xAC77
  Length: 28
  Network Mask: /32
       TOS: 0  Metric: 1
```

Zusätzlich zur Default Route werden noch Inter-Area-Routes in die Stub Area geflutet.

Totally Stubby Area

Zusätzlich zu den externen Routen lässt eine Totally Stubby Area auch das Fluten von Summary Routes (Inter-Area Routes) nicht zu. Der Eintrag ist nur auf den ABRs der Totally Stubby Area notwendig.

router ospf *process*
  area *area-id* **stub no-summary**

Not So Stubby Area (NSSA)

router ospf *process*
  area *area-id* **nssa** [default-information-originate I no-redistribution I no-summary]

Der Befehl **default-information-originate** generiert eineType-7-Default-Route in Richtung der NSSA Area.

Virtual Links

OSPF sieht Virtual Links als Point-to-Point-Verbindungen zum Backbone an.

router ospf *process*
    area *area-id* **virtual-link** *Router-ID*

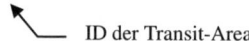

ID der Transit-Area

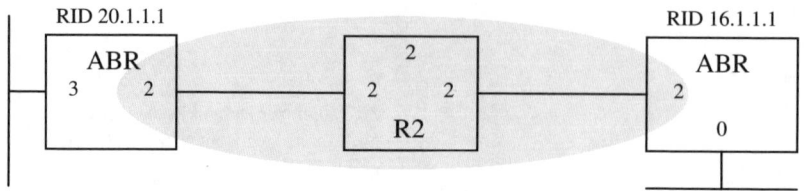

Da Area 3 keine direkte Verbindung mit dem Backbone besitzt, muss ein Virtual Link definiert werden. Als gemeinsame Area der ABRs R1 und R3 bildet die Area 2 die Transit Area.

R1: area 2 virtual-link 16.1.1.1   R3: area 2 virtual-link 20.1.1.1

show ip ospf virtual-links

```
Virtual Link OSPF_VL0 to router 16.1.1.1 is up
  Run as demand circuit
  DoNotAge LSA allowed.
  Transit area 2, via interface Serial1/1, Cost of using 25
  Transmit Delay is 1 sec, State POINT_TO_POINT,
  Timer intervals configured, Hello 10, Dead 40, Wait 40, Retransmit 5
    Hello due in 00:00:06
    Adjacency State FULL (Hello suppressed)
```

4.5.3   Route Redistribution

Redistribution von Routen nach OSPF

Bei Route Redistribution nach OSPF wird der Router automatisch zum ASBR und er flutet die importierten Routen als External Routes innerhalb des Autonomen Systems. Standardmäßig ignoriert der OSPF-Prozess bei der Redistribution eine Default Route und übernimmt sie nicht in die Link-State-Datenbank.

Normalerweise erfolgt immer eine Summarization auf die Netzwerkgrenze. Über den Parameter *subnets* kann der Router auch Subnetze importieren.

redistribute *protocol* [metric *#*] [metric-type *#*] [route-map *tag*] [subnets]

Standwardwert ist 20 (außer bei   1 für External Routes Type 1
BGP mit einer der Metrik von 1)   2 für External Routes Type 2

Route Maps

Bei der Redistribution kann man den Routen einen so genannten *Tag* (Etikett) zuweisen. OSPF selbst benutzt diesen Tag nicht, es leitet ihn aber unverändert durch das Netzwerk und man kann ihn z.B. für den Austausch von Informationen zwischen ASBRs einsetzen.

Beispiel: Über BGP gelernte Routen sollen bei der Redistribution nach RIP eine andere Metrik zugewiesen bekommen als die anderen Routen.

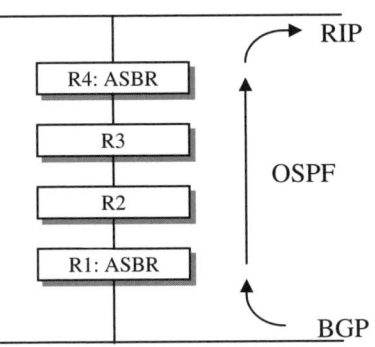

```
hostname R1
!
router ospf 1
  redistribute bgp 99 tag 99
```

```
hostname R4
!
router rip
  redistribute ospf 1 route-map FromBGP
!
route-map FromBGP permit 1
  match tag 99
  set metric 5
!
route-map FromBGP permit 2
  set metric 10
```

Match-Kriterium: Die Bedingungen, unter denen die Redistribution für das aktuelle Routing-Protokoll erlaubt ist. Falls kein Match-Kriterium existiert, gilt der Eintrag für jede Route.

Set-Kriterium: Die Aktionen, die erfolgen sollen, falls das Match-Kriterium des Eintrags passt.

Mutual (gegenseitige) Redistribution

Routen, die über ein Protokoll gelernt wurden, sollten nicht wieder in das gleiche Protokoll zurückgeleitet werden. Deshalb müssen evtl. Routing-Filter gesetzt werden:

● distribute-list out

Auf ASBR; der Router filtert »fremde« Routen bei der Redistribution nach OSPF.

● distribute-list in

Auf jedem Router; der Router übernimmt bestimmte Routen nicht in die Routing-Tabelle.

Default Routes

Da die ASBRs bei der Redistribution eine externe Default Route nicht in die Link-State-Datenbank übernehmen, muss das Anlegen einer Default Route auf den ASBRs explizit definiert werden.

● Normale ASBRs

router ospf *process*
  default-information originate [always] [metric #] [metric-type #]

Normalerweise generiert ein Router nur dann eine Default Route, wenn er in seiner Routing-Tabelle selbst einen Eintrag dafür hat. Mit dem Parameter *always* erzeugt er immer eine Default Route.

● NSSA ASBRs

router ospf *process*
  area # nssa **default-information-originate**

Beispiel: Router soll für Type-5 und Type-7 External Routes eine Default Route generieren.

```
router ospf 1
  redistribute rip metric 30 subnets
  network 18.185.224.0 0.0.0.255 area 0
  network 10.1.0.1 0.0.0.0 area 0
  network 10.0.1.1 0.0.0.0 area 1
  default-information originate always
  area 1 nssa default-information-originate
```

show ip ospf database external 0.0.0.0

```
        OSPF Router with ID (10.1.0.1) (Process ID 1)
            Type-5 AS External Link States
LS age: 70
Options: (No TOS-capability, DC)
LS Type: AS External Link
Link State ID: 0.0.0.0 (External Network Number )
Advertising Router: 10.1.0.1
LS Seq Number: 80000001
Checksum: 0xD2D3
Length: 36
Network Mask: /0
        Metric Type: 2 (Larger than any link state path)
        TOS: 0
        Metric: 1
        Forward Address: 0.0.0.0
        External Route Tag: 1
```

show ip ospf database nssa-external 0.0.0.0

```
        OSPF Router with ID (10.1.0.1) (Process ID 1)
            Type-7 AS External Link States (Area 1)
LS age: 144
Options: (No TOS-capability, No Type 7/5 translation, DC)
LS Type: AS External Link
Link State ID: 0.0.0.0 (External Network Number )
Advertising Router: 10.1.0.1
LS Seq Number: 80000003
Checksum: 0xA003
Length: 36
Network Mask: /0
        Metric Type: 2 (Larger than any link state path)
        TOS: 0
        Metric: 1
        Forward Address: 0.0.0.0
        External Route Tag: 0
```

4.5.4   Route Summarization

External Route Summarization (auf den ASBRs)

Normalerweise leiten die Router jede aus einem anderen Routing-Protokoll übernommene Route als External Route weiter. Diese Routen kann man aber durch Route Summarization zusammenfassen. In NSSA-Areas kontrolliert die Route Summarization die Übergabe von Type-7 LSAs in Type-5 LSAs.

router ospf *process*
  summary-address *network mask* [not-advertise]

Beispiel

interface lo0
  ip address 10.1.0.1 255.255.255.255
!
interface Ethernet0
  ip address 18.185.224.62 255.255.255.0
!
router ospf 1
  summary-address 18.185.0.0 255.255.0.0
  redistribute rip metric 30 subnets
  network 18.185.224.0 0.0.0.255 area 0
  network 10.1.0.1 0.0.0.0 area 0
  default-information originate always

show ip ospf summary
```
OSPF Process 1, Summary-address
18.185.0.0/255.255.0.0 Metric 30, Type 2, Tag 0
```

show ip route
```
     18.0.0.0/8 is variably subnetted, 9 subnets, 2 masks
R       18.185.144.0/24 [120/1] via 18.185.224.1, 00:00:13, Ethernet0
C       18.185.224.0/24 is directly connected, Ethernet0
O       18.185.240.0/24 [110/20] via 18.185.224.91, 00:35:18, Ethernet0
R       18.185.209.0/24 [120/2] via 18.185.224.1, 00:00:13, Ethernet0
R       18.185.208.0/24 [120/2] via 18.185.224.1, 00:00:13, Ethernet0
R       18.185.210.0/24 [120/2] via 18.185.224.1, 00:00:13, Ethernet0
O       18.185.0.0/16 is a summary, 00:04:10, Null0
R       18.254.65.0/24 [120/1] via 18.185.224.1, 00:00:14, Ethernet0
R       18.204.0.0/24 [120/1] via 18.185.224.1, 00:00:14, Ethernet0
     10.0.0.0/24 is subnetted, 3 subnets
C       10.1.0.0 is directly connected, Loopback0
```

show ip ospf database
```
... ... ... ...
          Type-5 AS External Link States
Link ID         ADV Router      Age       Seq#        Checksum Tag
0.0.0.0         10.1.0.1        106       0x80000002 0xD0D4    1
18.185.0.0      10.1.0.1        1015      0x80000001 0x5E62    0
18.204.0.0      10.1.0.1        106       0x80000002 0x56AA    0
18.254.65.0     10.1.0.1        106       0x80000002 0x2E5F    0
```

show ip ospf database external 18.185.0.0
```
OSPF Router with ID (10.1.0.1) (Process ID 1)
          Type-5 AS External Link States
  LS age: 564
  Options: (No TOS-capability, DC)
  LS Type: AS External Link
  Link State ID: 18.185.0.0 (External Network Number )
  Advertising Router: 10.1.0.1
  LS Seq Number: 80000001
  Checksum: 0x5E62
  Length: 36
  Network Mask: /16
        Metric Type: 2 (Larger than any link state path)
        TOS: 0
        Metric: 30
        Forward Address: 0.0.0.0
        External Route Tag: 0
```

Inter Area Route Summarization (auf den ABRs)

Der ABR generiert in diesem Fall eine Summary Route für den spezifizierten Adressbereich. Gilt nur für Intra-Area-Routen und muss für die Area definiert werden, die die Routen »erzeugt«. Inter Area Route Summarization sollte man in Richtung des Backbone durchführen.

router ospf *process*
   area *area-id* **range** *address mask*

> Welche Teile der Netzwerkadresse zusammengefasst werden sollen
>
> Beginn des Adressbereichs

Beispiele

- Summarization für die Netzwerke: 128.0.0.0 / 24 – 128.224.224.0 / 24

  router ospf 102
     area 1 range 128.0.0.0 255.0.0.0   (d.h. 128.0.0.0 / 8)

- Summarization für die Netzwerke: 192.213.64.0 / 24 – 192.213.95.0 / 24

  64 = 010|00000   224 = 111|00000
  95 = 010|11111

  router ospf 102
     area 1 range 192.213.64.0 255.255.224.0   (d.h. 192.213.64 .0 / 15)

- Summarization für die Netzwerke: 192.213.96.0 / 24 – 192.213.127.0 / 24

  96 = 011|00000   224 = 111|00000
  127 = 011|11111

  router ospf 102
     area 1 range 192.213.96.0 255.255.224.0   (d.h. 192.213.96 .0 / 15)

- Summarization für die Netzwerke: 192.213.64.0 / 24 – 192.213.127.0 / 24

  64 = 01|000000   192 = 11|000000
  127 = 01|111111

  router ospf 102
     area 1 range 192.213.64.0 255.255.192.0   (d.h. 192.213.64 .0 / 14)

4.5.5 Link-State-Datenbank

Der Parameter *Routing Bit Set* bei den einzelnen LSA-Einträgen bedeutet, dass der Router die zugehörige Route in die Routing-Tabelle übernommen hat.

● Type-1 Router LSA (jeder Router der Area)   O in der Routing-Tabelle

show ip ospf database router

```
            Router Link States (Area 0)
  LS age: 1466
   Options: (No TOS-capability)      Link State ID: Die Router ID des Routers,
  LS Type: Router Links              der dieses LSA erzeugt hat
  Link State ID: 192.168.2.2
  Advertising Router: 192.168.2.2
   LS Seq Number: 800002E0
   Checksum: 0xBC76
   Length: 48
  Area Border Router
   Number of Links: 3

  Link connected to: another Router (point-to-point)    Router ID des Nachbar-Routers
   (Link ID) Neighboring Router ID: 192.168.254.254
   (Link Data) Router Interface address: 192.168.2.2
     Number of TOS metrics: 0

      TOS 0 Metrics: 10
  Link connected to: a Stub Network
   (Link ID) Network/subnet number: 192.168.2.0     IP-Adresse des Netzwerks
   (Link Data) Network Mask: 255.255.255.0
   Number of TOS metrics: 0

      TOS 0 Metrics: 10
  Link connected to: a Virtual Link
   (Link ID) Neighboring Router ID: 192.168.254.254     Router ID des Nachbar-Routers
   (Link Data) Router Interface address: 192.168.1.2
   Number of TOS metrics: 0
    TOS 0 Metrics: 10
```

● Type-2 Network LSA (nur der Designated Router)

show ip ospf database network

```
              Net Link States (Area 10.10.10.10)
  Routing Bit Set on this LSA

   LS age: 191                                     Die IP-Adresse und nicht die
   Options: (No TOS-capability )                   Router ID des Designated
  LS Type: Network Links                           Routers
  Link State ID: 10.10.10.2 (address of Designated-Router)
  Advertising Router: 192.168.2.2
  LS Seq Number: 80000002

   Checksum: 0x5F0B          Liste der Router, die an dem Multi-
   Length: 32                Access-Netzwerk angeschlossen sind
  Network Mask: 255.255.255.0
      Attached Router: 192.168.2.2
      Attached Router: 10.100.224.73
```

- Type-3 Summary LSA (jeder ABR)   O IA in der Routing-Tabelle

show ip ospf database summary

```
            Summary Net Link States (Area 10.10.10.10)

LS age: 690
 Options: (No TOS-capability)                          Das Netzwerk der anderen Area, das
LS Type: Summary Links(Network)                        innerhalb der eigenen Area geflutet
Link State ID: 10.100.224.0 (summary Network Number)   werden soll.
Advertising Router: 192.168.2.2

LS Seq Number: 80000023                          Die zu dem Netzwerk
 Checksum: 0xFE06                                 gehörende Subnet-Maske und
 Length: 28                                       die Metrik
Network Mask: 255.255.255.0    TOS: 0  Metric: 30
```

- Type-4 ASBR Summary LSA (jeder ABR; zeigt auf die ASBRs des autonomen Systems)

show ip ospf database asbr-summary

```
            Summary ASB Link States (Area 2.2.2.2)
LS age: 316
 Options: (No TOS-capability  )                    Die Router ID des ASBR
LS Type: Summary Links(AS Boundary Router)
Link State ID: 10.100.224.91 (AS Boundary Router address)
Advertising Router: 192.168.2.2
LS Seq Number: 80000022
 Checksum: 0xFCB6
 Length: 28
Network Mask: 0.0.0.0 TOS: 0  Metric: 20
```

- Type-5 External Links (jeder ASBR)   O E1 oder E2 in der Routing-Tabelle

show ip ospf database external

```
            AS External Link States
Routing Bit Set on this LSA
 LS age: 1155
 Options: (No TOS-capability)                      Die Netzwerkadresse des
LS Type: AS External Link                          externen Netzwerks
Link State ID: 10.134.0.0 (External Network Number )
Advertising Router: 10.100.224.91
LS Seq Number: 8000000A        Die Subnet-Maske des
 Checksum: 0xA644              externen Netzwerks              Der Typ (1 oder 2)
 Length: 36                                                   der externen Route
Network Mask: 255.255.255.0
      Metric Type: 1 (Comparable directly to link state metric)
      TOS: 0                        Die Adresse des ASBR
      Metric: 3
      Forward Address: 10.100.224.70
      External Route Tag: -805306368
```

- Type-7 NSSA-External-Links (NSSA ASBRs)   O N1 oder N2 in der Routing-Tabelle

show ip ospf database nssa-external

```
              Type-7 AS External Link States (Area 222)
Routing Bit Set on this LSA
LS age: 454
Options: (No TOS-capability, Type 7/5 translation, DC)
LS Type: AS External Link
Link State ID: 10.20.1.0 (External Network Number )
Advertising Router: 184.4.0.5
LS Seq Number: 80000001
Checksum: 0x42A3
Length: 36
Network Mask: /24
      Metric Type: 2 (Larger than any link state path)
      TOS: 0
      Metric: 20
      Forward Address: 184.4.1.18
      External Route Tag: 0
```

- LSAs eines bestimmten Routers anzeigen

show ip ospf database adv-router 18.185.224.91

```
      OSPF Router with ID (18.185.224.65) (Process ID 1)
          Router Link States (Area 0)
Link ID          ADV Router       Age     Seq#        Checksum Link count
18.185.224.91    18.185.224.91    1071    0x8000039E  0x6456   2
          Net Link States (Area 0)
Link ID          ADV Router       Age     Seq#        Checksum
18.185.224.91    18.185.224.91    238     0x8000010A  0x4D3C
          Type-5 AS External Link States
Link ID          ADV Router       Age     Seq#        Checksum Tag
18.185.144.0     18.185.224.91    728     0x80000396  0x6DCD   3489660944
```

4.6   Beispiel: OSPF-Konfiguration

4.6.1.1   OSPF On Demand

OSPF on Demand stellt eine Erweiterung des OSPF-Protokolls für Demand Circuits dar (z.B. ISDN, X.25 SVCs, Dial-up-Leitungen). Die Router senden in diesem Fall keine Hello-Pakete und periodischen LSA Updates über den Circuit.

interface *name*
  ip ospf demand-circuit

ISDN-Verbindung als Backup für eine HDLC Standleitung

```
hostname c2500-1
!
username C2500-2 password XXX
!
isdn switch-type basic-net3
!
interface Loopback0
 ip address 181.1.0.2 255.255.255.255
!
interface Serial0
 description --- Link to C4000 ---
 ip address 181.1.0.10 255.255.255.252
 ip ospf network broadcast
 bandwidth 2000
!
interface Serial1
 description --- Link to C2500-2 ---
 ip address 181.1.0.13 255.255.255.252
 ip ospf network broadcast
 ip ospf cost 10
 bandwidth 2000
!
interface TokenRing0
 ip address 181.1.2.1 255.255.255.128
 bandwidth 16000
 ring-speed 16
!
interface BRI0
 ip address 181.1.0.17 255.255.255.252
 encapsulation ppp
 ip ospf cost 2000
 ip ospf demand-circuit
 dialer map ip 181.1.0.18 name c2500-2 broad 93100
 dialer-group 1
!
router ospf 1
 network 181.1.2.0 0.0.0.127 area 11
 network 181.1.0.2 0.0.0.0 area 11
 network 181.1.0.12 0.0.0.3 area 11
 network 181.1.0.8 0.0.0.3 area 11
 network 181.1.0.16 0.0.0.3 area 11
 maximum-paths 2
!
dialer-list 1 protocol ip permit
!
end
```

```
hostname c2500-2
!
username C2500-1 password XXX
!
isdn switch-type basic-net3
!
interface Loopback0
 ip address 181.1.0.3 255.255.255.255
!
interface Ethernet0
 ip address 181.1.2.129 255.255.255.128
 bandwidth 10000
!
interface Serial1
 description --- Link to C2500-1 ---
 ip address 181.1.0.14 255.255.255.252
 ip ospf network broadcast
 ip ospf cost 10
 bandwidth 2000
!
interface BRI0
 ip address 181.1.0.18 255.255.255.252
 encapsulation ppp
 ip ospf cost 2000
 ip ospf demand-circuit
 bandwidth 64
 dialer map ip 181.1.0.17 name c2500-1 broad 93200
 dialer-group 1
 ppp authentication chap
!
router ospf 1
 network 181.1.0.3 0.0.0.0 area 11
 network 181.1.0.12 0.0.0.3 area 11
 network 181.1.2.128 0.0.0.127 area 12
 network 181.1.0.16 0.0.0.3 area 11
 maximum-paths 2
!
dialer-list 1 protocol ip permit
!
end
```

Bemerkungen:

Im normalen Betrieb verhindert die höhere OSPF Cost des BRI-Interface Path Splitting. Dadurch senden die Router keine IP-Datenpakete über den ISDN-Link. OSPF on Demand stellt zusätzlich sicher, dass die Router nur bei Änderungen in der Routing-Topologie LSAs austauschen.

Informationen über den Demand Circuit anzeigen

show ip ospf interface bri0

```
BRIO is up, line protocol is up (spoofing)
   Internet Address 181.1.0.17/30, Area 11
   Process ID 1,Router ID 181.1.0.2,Network Type POINT_TO_POINT,Cost: 2000
   Configured as demand circuit.
   Run as demand circuit.
   DoNotAge LSA allowed.
   Transmit Delay is 1 sec, State POINT_TO_POINT,
   Timer intervals configured, Hello 10, Dead 40, Wait 40, Retransmit 5
      Hello due in 00:00:03
   Neighbor Count is 1, Adjacent neighbor count is 1
      Adjacent with neighbor 181.1.0.3  (Hello suppressed)
   Suppress hello for 1 neighbor(s)
```

● Routen bei Betrieb der HDLC-Standleitung

```
        10.0.0.0/24 is subnetted, 1 subnets
0 E2    10.185.224.0 [110/2] via 181.1.0.9, 00:06:56, Serial0
        181.1.0.0/16 is variably subnetted, 8 subnets, 3 masks
0 IA    181.1.2.128/25 [110/20] via 181.1.0.14, 00:06:56, Serial1.2
C       181.1.0.16/30 is directly connected, BRIO
0 IA    181.1.0.4/32 [110/21] via 181.1.0.14, 00:06:56, Serial1.2
0       181.1.0.1/32 [110/51] via 181.1.0.9, 00:07:11, Serial0
C       181.1.0.2/32 is directly connected, Loopback0
0       181.1.0.3/32 [110/11] via 181.1.0.14, 00:07:11, Serial1.2
C       181.1.0.12/30 is directly connected, Serial1.2
C       181.1.0.8/30 is directly connected, Serial0
0 E2 181.3.0.0/16 [110/4] via 181.1.0.14, 00:06:56, Serial1.2
0 E2 181.2.0.0/16 [110/4] via 181.1.0.14, 00:06:56, Serial1.2
0 IA 192.1.1.0/24 [110/30] via 181.1.0.14, 00:06:56, Serial1.2
0 IA 192.3.1.0/24 [110/60] via 181.1.0.9, 00:06:56, Serial0
0 IA 192.2.1.0/24 [110/56] via 181.1.0.9, 00:06:56, Serial0
```

● Routen nach Ausfall der HDLC-Standleitung

```
        10.0.0.0/24 is subnetted, 1 subnets
0 E2    10.185.224.0 [110/2] via 181.1.0.9, 00:18:10, Serial0
        181.1.0.0/16 is variably subnetted, 8 subnets, 3 masks
0 IA    181.1.2.128/25 [110/2010] via 181.1.0.18, 00:18:10, BRIO
C       181.1.0.16/30 is directly connected, BRIO
C       181.1.0.18/32 is directly connected, BRIO
0 IA    181.1.0.4/32 [110/2011] via 181.1.0.18, 00:18:10, BRIO
0       181.1.0.1/32 [110/51] via 181.1.0.9, 00:18:20, Serial0
C       181.1.0.2/32 is directly connected, Loopback0
0       181.1.0.3/32 [110/2001] via 181.1.0.18, 00:18:20, BRIO
C       181.1.0.8/30 is directly connected, Serial0
0 E2 181.3.0.0/16 [110/4] via 181.1.0.18, 00:18:10, BRIO
0 E2 181.2.0.0/16 [110/4] via 181.1.0.18, 00:18:10, BRIO
0 IA 192.1.1.0/24 [110/2020] via 181.1.0.18, 00:18:10, BRIO
0 IA 192.3.1.0/24 [110/60] via 181.1.0.9, 00:18:10, Serial0
0 IA 192.2.1.0/24 [110/56] via 181.1.0.9, 00:18:10, Serial0
```

4.6.2   OSPF in einem Frame-Relay-Netzwerk

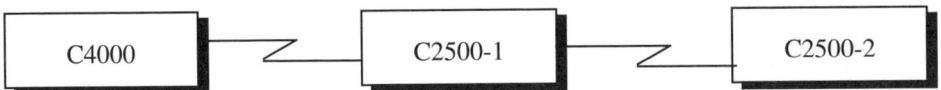

hostname c4000
!
interface Loopback0
  ip address 184.4.0.1 255.255.255.255
!
interface Ethernet0
  ip address 184.4.7.129 255.255.255.128
  ip ospf cost 5
!
interface Serial0
  description ---- Link to C2500-1 ----
  ip address 184.4.1.1 255.255.255.252
  encapsulation frame-relay
  ip ospf network broadcast
  ip ospf cost 10
  bandwidth 2000
  clockrate 2000000
  frame-relay map ip 184.4.1.2 77 broadcast
  frame-relay lmi-type ansi
!
interface TokenRing0
  ip address 184.4.6.129 255.255.255.128
  ring-speed 16
!
router ospf 1
  passive-interface Ethernet0
  network 184.4.7.128 0.0.0.127 area 0
  network 184.4.6.128 0.0.0.127 area 1
  network 184.4.1.0 0.0.0.3 area 44
  network 184.4.0.1 0.0.0.0 area 44
  area 44 virtual-link 184.4.0.3
  area 44 virtual-link 184.4.0.4
!
end

hostname c2500-1
!
frame-relay switching
!
interface Loopback0
  ip address 184.4.0.2 255.255.255.255
!
interface Serial0
  description ---- Link to C4000 ----
  ip address 184.4.1.2 255.255.255.252
  encapsulation frame-relay
  ip ospf network broadcast
  ip ospf cost 10
  bandwidth 2000
  frame-relay map ip 184.4.1.1 77 broadcast
  frame-relay lmi-type ansi
  frame-relay intf-type dce
!
interface Serial1
  description ---- Link to C2500-2 ----
  ip address 184.4.1.5 255.255.255.252
  encapsulation frame-relay
  ip ospf network broadcast
  ip ospf cost 10
  bandwidth 2000
  clockrate 2000000
  frame-relay map ip 184.4.1.6 33 broadcast
  frame-relay intf-type dce
!
interface TokenRing0
  ip address 184.4.5.129 255.255.255.128
  ring-speed 16
!
router ospf 1
  passive-interface TokenRing0
  network 184.4.1.4 0.0.0.3 area 44
  network 184.4.1.12 0.0.0.3 area 44
  network 184.4.1.0 0.0.0.3 area 44
  network 184.4.5.128 0.0.0.127 area 44
  network 184.4.0.2 0.0.0.0 area 44
!
end

hostname c2500-2
!
interface Loopback0
 ip address 184.4.0.3 255.255.255.255
!
interface Ethernet0
 ip address 184.4.4.129 255.255.255.128
 ip ospf cost 5
!
interface Serial1
 description ---- Link to C2500-1 ----
 ip address 184.4.1.6 255.255.255.252
 encapsulation frame-relay
 ip ospf network broadcast
 ip ospf cost 10
 bandwidth 2000
 frame-relay map ip 184.4.1.5 33 broadcast
!
router ospf 1
 network 184.4.1.12 0.0.0.3 area 44
 network 184.4.1.4 0.0.0.3 area 44
 network 184.4.4.128 0.0.0.127 area 45
 network 184.4.0.3 0.0.0.0 area 44
 area 44 virtual-link 184.4.0.1
 area 45 virtual-link 184.4.0.4
!
end

C4000# show ip ospf interface s0

```
Serial0 is up, line protocol is up
  Internet Address 184.4.1.1/30, Area 44
  Process ID 1, Router ID 184.4.0.1, Network Type BROADCAST, Cost: 10
  Transmit Delay is 1 sec, State BDR, Priority 1
  Designated-Router (ID) 184.4.0.2, Interface address 184.4.1.2
  Backup Designated-Router (ID) 184.4.0.1, Interface address 184.4.1.1
  Timer intervals configured, Hello 10, Dead 40, Wait 40, Retransmit 5
    Hello due in 00:00:07
  Neighbor Count is 1, Adjacent neighbor count is 1
    Adjacent with neighbor 184.4.0.2  (Designated-Router)
  Suppress hello for 0 neighbor(s)
```

C2500-1# show ip ospf interface s0

```
Serial0 is up, line protocol is up
  Internet Address 184.4.1.2/30, Area 44
  Process ID 1, Router ID 184.4.0.2, Network Type BROADCAST, Cost: 10
  Transmit Delay is 1 sec, State DR, Priority 1
  Designated-Router (ID) 184.4.0.2, Interface address 184.4.1.2
  Backup Designated-Router (ID) 184.4.0.1, Interface address 184.4.1.1
  Timer intervals configured, Hello 10, Dead 40, Wait 40, Retransmit 5
    Hello due in 00:00:06
  Neighbor Count is 1, Adjacent neighbor count is 1
    Adjacent with neighbor 184.4.0.1  (Backup Designated-Router)
  Suppress hello for 0 neighbor(s)
```

C2500-1# show ip ospf interface s1

```
Serial1 is up, line protocol is up
  Internet Address 184.4.1.5/30, Area 44
  Process ID 1, Router ID 184.4.0.2, Network Type BROADCAST, Cost: 10
  Transmit Delay is 1 sec, State BDR, Priority 1
  Designated-Router (ID) 184.4.0.3, Interface address 184.4.1.6
  Backup Designated-Router (ID) 184.4.0.2, Interface address 184.4.1.5
  Timer intervals configured, Hello 10, Dead 40, Wait 40, Retransmit 5
    Hello due in 00:00:02
  Neighbor Count is 1, Adjacent neighbor count is 1
    Adjacent with neighbor 184.4.0.3  (Designated-Router)
  Suppress hello for 0 neighbor(s)
```

C2500-2# show ip ospf interface s1

```
Serial1 is up, line protocol is up
  Internet Address 184.4.1.6/30, Area 44
  Process ID 1, Router ID 184.4.0.3, Network Type BROADCAST, Cost: 10
  Transmit Delay is 1 sec, State DR, Priority 1
  Designated-Router (ID) 184.4.0.3, Interface address 184.4.1.6
  Backup Designated-Router (ID) 184.4.0.2, Interface address 184.4.1.5
  Timer intervals configured, Hello 10, Dead 40, Wait 40, Retransmit 5
    Hello due in 00:00:06
  Neighbor Count is 1, Adjacent neighbor count is 1
    Adjacent with neighbor 184.4.0.2  (Backup Designated-Router)
```

4.6.3 Komplexes OSPF-Netzwerk

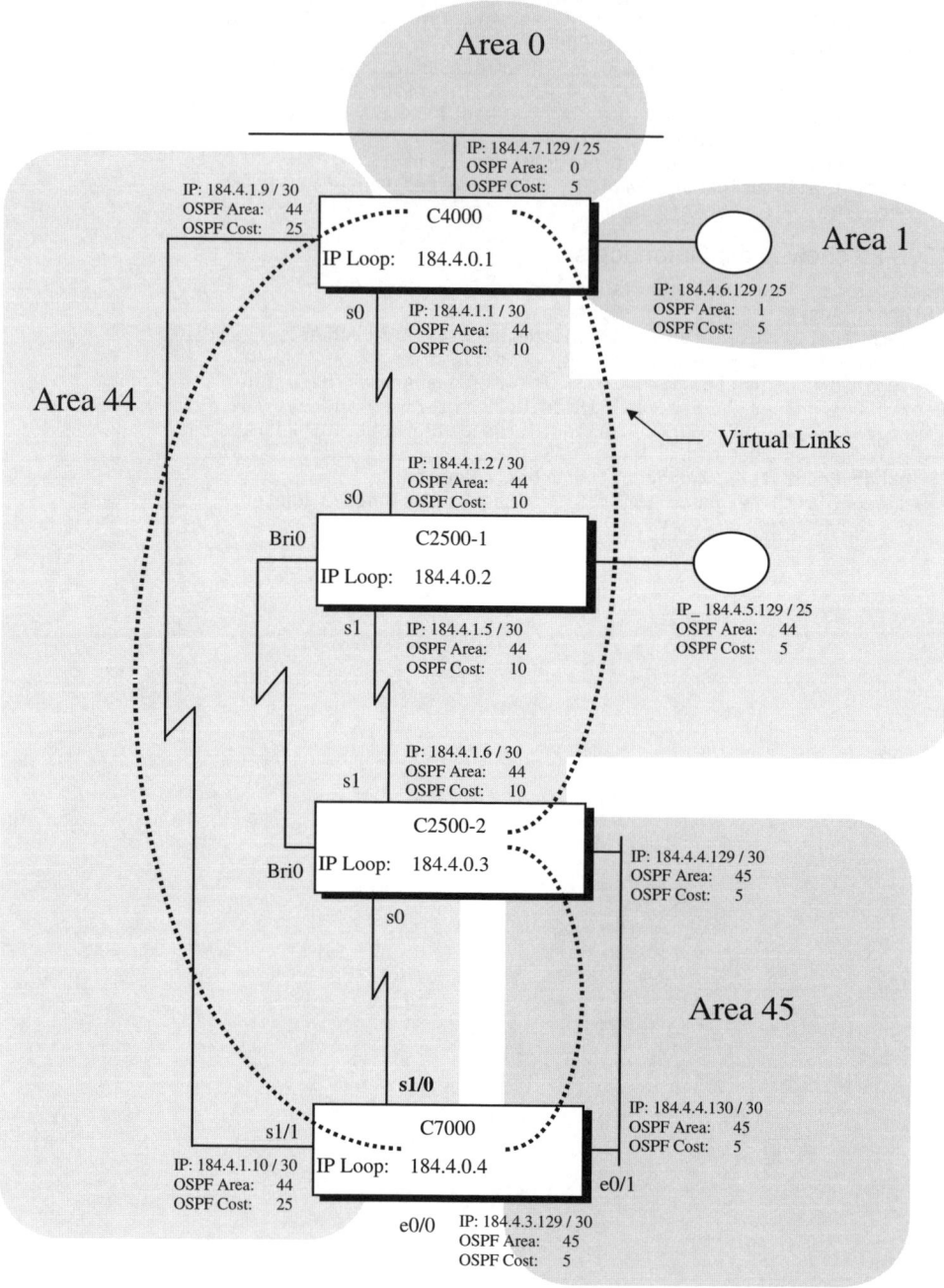

Area 0

IP: 184.4.7.129 / 25
OSPF Area: 0
OSPF Cost: 5

IP: 184.4.1.9 / 30
OSPF Area: 44
OSPF Cost: 25

C4000

IP Loop: 184.4.0.1

Area 1

IP: 184.4.6.129 / 25
OSPF Area: 1
OSPF Cost: 5

s0   IP: 184.4.1.1 / 30
OSPF Area: 44
OSPF Cost: 10

Area 44

Virtual Links

IP: 184.4.1.2 / 30
OSPF Area: 44
s0   OSPF Cost: 10

Bri0   C2500-1

IP Loop: 184.4.0.2

s1   IP: 184.4.1.5 / 30
OSPF Area: 44
OSPF Cost: 10

IP_ 184.4.5.129 / 25
OSPF Area: 44
OSPF Cost: 5

IP: 184.4.1.6 / 30
OSPF Area: 44
s1   OSPF Cost: 10

C2500-2

Bri0   IP Loop: 184.4.0.3

IP: 184.4.4.129 / 30
OSPF Area: 45
OSPF Cost: 5

s0

Area 45

s1/0

s1/1   C7000

IP: 184.4.1.10 / 30   IP Loop: 184.4.0.4
OSPF Area: 44
OSPF Cost: 25

IP: 184.4.4.130 / 30
OSPF Area: 45
OSPF Cost: 5

e0/1

e0/0   IP: 184.4.3.129 / 30
OSPF Area: 45
OSPF Cost: 5

Virtual Links	184.4.0.3 – 184.4.0.1 Transit-Area 44, Backbone-Verbindung der Area 45
	184.4.0.4 – 184.4.0.1 Transit-Area 44, Backbone-Verbindung der Area 45
	184.4.0.3 – 184.4.0.4 Transit-Area 45, Backbone-Verbindung der Area 44

Falls das Interface S1 auf C2500-2 ausfällt, stellt der dritte Virtual Link für die partitionierte Area 44 noch eine Verbindung zum Backbone zur Verfügung. Das ISDN-Interface ist in diesem Beispiel nicht für OSPF konfiguriert.

```
hostname c4000
!
interface Loopback0
 ip address 184.4.0.1 255.255.255.255
!
interface Ethernet0
 ip address 184.4.7.129 255.255.255.128
 ip ospf cost 5
!
interface Serial0
 ip address 184.4.1.1 255.255.255.252
 ip ospf cost 10
 bandwidth 2000
 clockrate 2000000
!
interface Serial1
 ip address 184.4.1.9 255.255.255.252
 ip ospf cost 25
 bandwidth 2000
 clockrate 2000000
!
interface TokenRing0
 ip address 184.4.6.129 255.255.255.128
 ring-speed 16
!
router ospf 1
 passive-interface Ethernet0
 network 184.4.7.128 0.0.0.127 area 0
 network 184.4.6.128 0.0.0.127 area 1
 network 184.4.1.0 0.0.0.3 area 44
 network 184.4.1.8 0.0.0.3 area 44
 network 184.4.0.1 0.0.0.0 area 44
 maximum-paths 3
 area 44 virtual-link 184.4.0.4
 area 44 virtual-link 184.4.0.3
!
ip route 10.100.224.0 255.255.255.0 184.4.7.130
!
end
```

```
hostname c2500-1
!
isdn switch-type basic-net3
!
interface Loopback0
 ip address 184.4.0.2 255.255.255.255
!
interface Serial0
 ip address 184.4.1.2 255.255.255.252
 ip ospf cost 10
 bandwidth 2000
!
interface Serial1
 ip address 184.4.1.5 255.255.255.252
 ip ospf cost 10
 bandwidth 2000
 clockrate 2000000
!
interface TokenRing0
 ip address 184.4.5.129 255.255.255.128
 ring-speed 16
!
interface BRI0
 ip address 184.4.1.13 255.255.255.252
 shutdown
 dialer map ip 184.4.1.13 93581
 dialer-group 1
!
router ospf 1
 passive-interface TokenRing0
 network 184.4.1.4 0.0.0.3 area 44
 network 184.4.1.12 0.0.0.3 area 44
 network 184.4.1.0 0.0.0.3 area 44
 network 184.4.5.128 0.0.0.127 area 44
 network 184.4.0.2 0.0.0.0 area 44
 maximum-paths 3
!
end
```

```
hostname c2500-2
!
isdn switch-type basic-net3
!
interface Loopback0
 ip address 184.4.0.3 255.255.255.255
!
interface Ethernet0
 ip address 184.4.4.129 255.255.255.128
 ip ospf cost 5
!
interface Serial1
 ip address 184.4.1.6 255.255.255.252
 ip ospf cost 10
 bandwidth 2000
!
interface BRI0
 ip address 184.4.1.14 255.255.255.252
 shutdown
 dialer map ip 184.4.1.14 93582
 dialer-group 1
!
router ospf 1
 network 184.4.1.12 0.0.0.3 area 44
 network 184.4.1.4 0.0.0.3 area 44
 network 184.4.4.128 0.0.0.127 area 45
 network 184.4.0.3 0.0.0.0 area 44
 maximum-paths 3
 area 44 virtual-link 184.4.0.1
 area 45 virtual-link 184.4.0.4
!
dialer-list 1 protocol ip permit
!
end
```

```
hostname c7000
!
interface Loopback0
 ip address 184.4.0.4 255.255.255.255
!
interface Ethernet0/0
 ip address 184.4.3.129 255.255.255.128
 ip ospf cost 5
!
interface Ethernet0/1
 ip address 184.4.4.130 255.255.255.128
 no ip mroute-cache
 ip ospf cost 5
!
interface Serial1/1
 ip address 184.4.1.10 255.255.255.252
 ip ospf cost 25
 bandwidth 2000
 clockrate 2000000
!
router eigrp 99
 passive-interface Serial1/0
 passive-interface Serial1/1
 passive-interface Loopback0
 network 184.4.0.0
 network 192.168.168.0
 no auto-summary
!
router ospf 1
 redistribute eigrp 99 route-map FROMEIGRP
 passive-interface Ethernet0/0
 network 184.4.1.8 0.0.0.3 area 44
 network 184.4.3.128 0.0.0.127 area 45
 network 184.4.4.128 0.0.0.127 area 45
 network 184.4.0.4 0.0.0.0 area 45
 maximum-paths 3
 area 44 virtual-link 184.4.0.1
 area 45 virtual-link 184.4.0.3
!
ip access-list standard FROMEIGRP
 permit 184.4.3.130
 deny   any
route-map FROMEIGRP permit 5
 match ip route-source FROMEIGRP
 set metric 99
 set metric-type type-1
 set tag 99
!
end
```

C4000-Informationen

c4000# show ip ospf

```
Routing Process "ospf 1" with ID 184.4.0.1
Supports only single TOS(TOS0) routes
It is an area border router
Summary Link update interval is 00:30:00 and the update due in 00:04:38
SPF schedule delay 5 secs, Hold time between two SPFs 10 secs
Number of DCbitless external LSA 0
Number of DoNotAge external LSA 0
Number of areas in this router is 3. 3 normal 0 stub 0 nssa
    Area BACKBONE(0)
        Number of interfaces in this area is 3          ⌐ Ethernet und die beiden
        Area has no authentication                        Virtual Links
        SPF algorithm executed 45 times
        Area ranges are
        Link State Update Interval is 00:30:00 and due in 00:04:35
        Link State Age Interval is 00:20:00 and due in 00:04:19
        Number of DCbitless LSA 0
        Number of indication LSA 0
        Number of DoNotAge LSA 23
    Area 1
        Number of interfaces in this area is 1
        Area has no authentication
        SPF algorithm executed 13 times
        Area ranges are
        Link State Update Interval is 00:30:00 and due in 00:04:35
        Link State Age Interval is 00:20:00 and due in 00:04:36
        Number of DCbitless LSA 0
        Number of indication LSA 0
        Number of DoNotAge LSA 0
    Area 44
        Number of interfaces in this area is 3
        Area has no authentication
        SPF algorithm executed 80 times
        Area ranges are
        Link State Update Interval is 00:30:00 and due in 00:04:35
        Link State Age Interval is 00:20:00 and due in 00:04:19
        Number of DCbitless LSA 0
        Number of indication LSA 0
        Number of DoNotAge LSA 0
```

c4000# show ip ospf interface

```
Ethernet0 is up, line protocol is up
  Internet Address 184.4.7.129/25, Area 0
  Process ID 1, Router ID 184.4.0.1, Network Type BROADCAST, Cost: 5
  Transmit Delay is 1 sec, State DR, Priority 1
  Designated-Router (ID) 184.4.0.1, Interface address 184.4.7.129
  No backup Designated-Router on this network
  Timer intervals configured, Hello 10, Dead 40, Wait 40, Retransmit 5
    No Hellos (Passive interface)
  Neighbor Count is 0, Adjacent neighbor count is 0
  Suppress hello for 0 neighbor(s)
Loopback0 is up, line protocol is up
  Internet Address 184.4.0.1/32, Area 44
  Process ID 1, Router ID 184.4.0.1, Network Type LOOPBACK, Cost: 1
  Loopback interface is treated as a stub Host
Serial0 is up, line protocol is up
  Internet Address 184.4.1.1/30, Area 44
  Process ID 1, Router ID 184.4.0.1, Network Type POINT_TO_POINT, Cost: 10
  Transmit Delay is 1 sec, State POINT_TO_POINT,
  Timer intervals configured, Hello 10, Dead 40, Wait 40, Retransmit 5
    Hello due in 00:00:02
  Neighbor Count is 1, Adjacent neighbor count is 1
    Adjacent with neighbor 184.4.0.2
  Suppress hello for 0 neighbor(s)
Serial1 is up, line protocol is up
  Internet Address 184.4.1.9/30, Area 44
  Process ID 1, Router ID 184.4.0.1, Network Type POINT_TO_POINT, Cost: 25
  Transmit Delay is 1 sec, State POINT_TO_POINT,
  Timer intervals configured, Hello 10, Dead 40, Wait 40, Retransmit 5
    Hello due in 00:00:02
  Neighbor Count is 1, Adjacent neighbor count is 1
    Adjacent with neighbor 184.4.0.4
  Suppress hello for 0 neighbor(s)
TokenRing0 is up, line protocol is up
  Internet Address 184.4.6.129/25, Area 1
  Process ID 1, Router ID 184.4.0.1, Network Type BROADCAST, Cost: 6
  Transmit Delay is 1 sec, State DR, Priority 1
  Designated-Router (ID) 184.4.0.1, Interface address 184.4.6.129
  No backup Designated-Router on this network
  Timer intervals configured, Hello 10, Dead 40, Wait 40, Retransmit 5
    Hello due in 00:00:01
  Neighbor Count is 0, Adjacent neighbor count is 0
  Suppress hello for 0 neighbor(s)
```

c4000# show ip ospf neighbor

```
Neighbor ID   Pri   State       Dead Time   Address       Interface
184.4.0.2       1   FULL/  -    00:00:33    184.4.1.2     Serial0
184.4.0.4       1   FULL/  -    00:00:31    184.4.1.10    Serial1
```

c4000# show ip ospf border-routers

```
OSPF Process 1 internal Routing Table
Codes: i - Intra-area route, I - Inter-area route
i 184.4.0.3 [20] via 184.4.1.2, Serial0, ABR, Area 0, SPF 45
i 184.4.0.3 [20] via 184.4.1.2, Serial0, ABR, Area 44, SPF 80
i 184.4.0.4 [25] via 184.4.1.2, Serial0, ABR/ASBR, Area 0, SPF 45
i 184.4.0.4 [25] via 184.4.1.10, Serial1, ABR/ASBR, Area 0, SPF 45
i 184.4.0.4 [25] via 184.4.1.10, Serial1, ABR/ASBR, Area 44, SPF 80
```

c4000# show ip ospf virtual-links

```
Virtual Link OSPF_VL1 to router 184.4.0.4 is up
  Run as demand circuit
  DoNotAge LSA allowed.
  Transit area 44, via interface Serial1, Cost of using 25
  Transmit Delay is 1 sec, State POINT_TO_POINT,
  Timer intervals configured, Hello 10, Dead 40, Wait 40, Retransmit 5
    Hello due in 00:00:09
    Adjacency State FULL (Hello suppressed)
Virtual Link OSPF_VL0 to router 184.4.0.3 is up
  Run as demand circuit
  DoNotAge LSA allowed.
  Transit area 44, via interface Serial0, Cost of using 20
  Transmit Delay is 1 sec, State POINT_TO_POINT,
  Timer intervals configured, Hello 10, Dead 40, Wait 40, Retransmit 5
    Hello due in 00:00:09
    Adjacency State FULL (Hello suppressed)
```

c4000# show ip route

```
Codes: C - connected, S - static, I - IGRP, R - RIP, M - mobile, B - BGP
       D - EIGRP, EX - EIGRP external, O - OSPF, IA - OSPF inter area
       N1 - OSPF NSSA external type 1, N2 - OSPF NSSA external type 2
       E1 - OSPF external type 1, E2 - OSPF external type 2, E - EGP
       i - IS-IS, L1 - IS-IS level-1, L2 - IS-IS level-2,
       * - candidate default, U - per-user static route, o - ODR
Gateway of last resort is not set
        10.0.0.0/24 is subnetted, 1 subnets
S          10.100.224.0 [1/0] via 184.4.7.130                    ⌐ Equal-cost Path Splitting
        104.0.0.0/32 is subnetted, 1 subnets
C          104.104.104.104 is directly connected, Loopback104   ⌐
O E1 192.168.254.0/24 [110/124] via 184.4.1.10, 00:10:57, Serial1
                      [110/124] via 184.4.1.2, 00:10:57, Serial0
        184.4.0.0/16 is variably subnetted, 12 subnets, 3 masks
O IA    184.4.4.128/25 [110/25] via 184.4.1.2, 00:10:57, Serial0
O       184.4.5.128/25 [110/16] via 184.4.1.2, 00:10:57, Serial0
C       184.4.6.128/25 is directly connected, TokenRing0
C       184.4.7.128/25 is directly connected, Ethernet0
O IA    184.4.3.128/25 [110/30] via 184.4.1.10, 00:10:58, Serial1
                       [110/30] via 184.4.1.2, 00:10:58, Serial0
C       184.4.1.8/30 is directly connected, Serial1
O IA    184.4.0.4/32 [110/26] via 184.4.1.10, 00:10:58, Serial1
                     [110/26] via 184.4.1.2, 00:10:58, Serial0
O       184.4.1.4/30 [110/20] via 184.4.1.2, 00:10:58, Serial0
C       184.4.1.0/30 is directly connected, Serial0
C       184.4.0.1/32 is directly connected, Loopback0
O       184.4.0.2/32 [110/11] via 184.4.1.2, 00:10:58, Serial0
O       184.4.0.3/32 [110/21] via 184.4.1.2, 00:10:59, Serial0
```

c4000# show ip route 192.168.254.0

```
Routing entry for 192.168.254.0/24
  Known via "ospf 1", distance 110, metric 124
  Tag 99, type extern 1
  Redistributing via ospf 1, rip
  Advertised by rip route-map FROMEIGRP
  Last update from 184.4.1.2 on Serial0, 00:11:06 ago
  Routing Descriptor Blocks:
    184.4.1.10, from 184.4.0.4, 00:11:06 ago, via Serial1
      Route metric is 124, traffic share count is 1
  * 184.4.1.2, from 184.4.0.4, 00:11:06 ago, via Serial0
      Route metric is 124, traffic share count is 1
```

C2500-1-Informationen

c2500-1# show ip ospf

```
Routing Process "ospf 1" with ID 184.4.0.2
Supports only single TOS(TOS0) routes
SPF schedule delay 5 secs, Hold time between two SPFs 10 secs
Number of DCbitless external LSA 0
Number of DoNotAge external LSA 0
Number of areas in this router is 1. 1 normal 0 stub 0 nssa
    Area 44
        Number of interfaces in this area is 5
        Area has no authentication
        SPF algorithm executed 19 times
        Area ranges are
        Link State Update Interval is 00:30:00 and due in 00:28:20
        Link State Age Interval is 00:20:00 and due in 00:18:19
        Number of DCbitless LSA 0
        Number of indication LSA 0
        Number of DoNotAge LSA 0
```

c2500-1# show ip ospf interface

```
Loopback0 is up, line protocol is up
  Internet Address 184.4.0.2/32, Area 44
  Process ID 1, Router ID 184.4.0.2, Network Type LOOPBACK, Cost: 1
  Loopback interface is treated as a stub Host
Serial0 is up, line protocol is up
  Internet Address 184.4.1.2/30, Area 44
  Process ID 1,Router ID 184.4.0.2,Network Type POINT_TO_POINT,Cost: 10
  Transmit Delay is 1 sec, State POINT_TO_POINT,
  Timer intervals configured, Hello 10, Dead 40, Wait 40, Retransmit 5
    Hello due in 00:00:05
  Neighbor Count is 1, Adjacent neighbor count is 1
    Adjacent with neighbor 184.4.0.1
  Suppress hello for 0 neighbor(s)
Serial1 is up, line protocol is up
  Internet Address 184.4.1.5/30, Area 44
  Process ID 1,Router ID 184.4.0.2,Network Type POINT_TO_POINT,Cost: 10
  Transmit Delay is 1 sec, State POINT_TO_POINT,
  Timer intervals configured, Hello 10, Dead 40, Wait 40, Retransmit 5
    Hello due in 00:00:04
  Neighbor Count is 1, Adjacent neighbor count is 1
    Adjacent with neighbor 184.4.0.3
  Suppress hello for 0 neighbor(s)
TokenRing0 is up, line protocol is up
  Internet Address 184.4.5.129/25, Area 44
  Process ID 1, Router ID 184.4.0.2, Network Type BROADCAST, Cost: 6
  Transmit Delay is 1 sec, State DR, Priority 1
  Designated-Router (ID) 184.4.0.2, Interface address 184.4.5.129
  No backup Designated-Router on this network
  Timer intervals configured, Hello 10, Dead 40, Wait 40, Retransmit 5
    No Hellos (Passive interface)
  Neighbor Count is 0, Adjacent neighbor count is 0
  Suppress hello for 0 neighbor(s)
```

c2500-1# show ip ospf neighbor

```
Neighbor ID    Pri   State       Dead Time   Address     Interface
184.4.0.1       1    FULL/  -    00:00:35    184.4.1.1   Serial0
184.4.0.3       1    FULL/  -    00:00:39    184.4.1.6   Serial1
```

c2500-1# show ip ospf border-routers

```
OSPF Process 1 internal Routing Table
Codes: i - Intra-area route, I - Inter-area route
i 184.4.0.3 [10] via 184.4.1.6, Serial1, ABR, Area 44, SPF 19
i 184.4.0.1 [10] via 184.4.1.1, Serial0, ABR, Area 44, SPF 19
i 184.4.0.4 [35] via 184.4.1.1, Serial0, ABR/ASBR, Area 44, SPF 19
```

c2500-1# show ip route

```
Gateway of last resort is not set
O E1 192.168.254.0/24 [110/134] via 184.4.1.1, 1d20h, Serial0
      184.4.0.0/16 is variably subnetted, 13 subnets, 3 masks
O IA    184.4.4.128/25 [110/40] via 184.4.1.1, 1d20h, Serial0
C       184.4.5.128/25 is directly connected, TokenRing0
O IA    184.4.6.128/25 [110/16] via 184.4.1.1, 1d20h, Serial0
O IA    184.4.7.128/25 [110/15] via 184.4.1.1, 1d20h, Serial0
O IA    184.4.3.128/25 [110/40] via 184.4.1.1, 1d20h, Serial0
O       184.4.1.8/30 [110/35] via 184.4.1.1, 1d20h, Serial0
O IA    184.4.0.4/32 [110/36] via 184.4.1.1, 1d20h, Serial0
C       184.4.1.4/30 is directly connected, Virtual-Access1
C       184.4.1.6/32 is directly connected, Virtual-Access1
O       184.4.0.1/32 [110/11] via 184.4.1.1, 1d20h, Serial0
C       184.4.1.0/30 is directly connected, Serial0
C       184.4.0.2/32 is directly connected, Loopback0
O       184.4.0.3/32 [110/51] via 184.4.1.6, 1d20h, Virtual-Access1
```

C2500-2-Informationen

c2500-2# show ip ospf

```
Routing Process "ospf 1" with ID 184.4.0.3
Supports only single TOS(TOS0) routes
It is an area border router
Summary Link update interval is 00:30:00 and the update due in 00:05:40
SPF schedule delay 5 secs, Hold time between two SPFs 10 secs
Number of DCbitless external LSA 0
Number of DoNotAge external LSA 0
Number of areas in this router is 3. 3 normal 0 stub 0 nssa
    Area BACKBONE(0)
        Number of interfaces in this area is 2
        Area has no authentication
        SPF algorithm executed 4 times
        Area ranges are
        Link State Update Interval is 00:30:00 and due in 00:05:23
        Link State Age Interval is 00:20:00 and due in 00:15:22
        Number of DCbitless LSA 0
        Number of indication LSA 0
        Number of DoNotAge LSA 21
    Area 44
        Number of interfaces in this area is 3
        Area has no authentication
        SPF algorithm executed 8 times
        Area ranges are
        Link State Update Interval is 00:30:00 and due in 00:05:23
        Link State Age Interval is 00:20:00 and due in 00:15:22
        Number of DCbitless LSA 0
        Number of indication LSA 0
        Number of DoNotAge LSA 0
    Area 45
        Number of interfaces in this area is 1
        Area has no authentication
        SPF algorithm executed 4 times
        Area ranges are
        Link State Update Interval is 00:30:00 and due in 00:05:23
        Link State Age Interval is 00:20:00 and due in 00:15:21
        Number of DCbitless LSA 0
        Number of indication LSA 0
        Number of DoNotAge LSA 0
```

Der Router sieht die Virtual Links als Backbone Interface.

c2500-2# show ip ospf interface

```
Ethernet0 is up, line protocol is up
  Internet Address 184.4.4.129/25, Area 45
  Process ID 1, Router ID 184.4.0.3, Network Type BROADCAST, Cost: 5
  Transmit Delay is 1 sec, State BDR, Priority 1
  Designated-Router (ID) 184.4.0.4, Interface address 184.4.4.130
  Backup Designated-Router (ID) 184.4.0.3, Interface address 184.4.4.129
  Timer intervals configured, Hello 10, Dead 40, Wait 40, Retransmit 5
    Hello due in 00:00:08
  Neighbor Count is 1, Adjacent neighbor count is 1
    Adjacent with neighbor 184.4.0.4  (Designated-Router)
  Suppress hello for 0 neighbor(s)
Loopback0 is up, line protocol is up
  Internet Address 184.4.0.3/32, Area 44
  Process ID 1, Router ID 184.4.0.3, Network Type LOOPBACK, Cost: 1
  Loopback interface is treated as a stub Host
Serial1 is up, line protocol is up
  Internet Address 184.4.1.6/30, Area 44
  Process ID 1, Router ID 184.4.0.3, Network Type POINT_TO_POINT, Cost: 50
  Transmit Delay is 1 sec, State POINT_TO_POINT,
  Timer intervals configured, Hello 10, Dead 40, Wait 40, Retransmit 5
    Hello due in 00:00:03
  Neighbor Count is 1, Adjacent neighbor count is 1
    Adjacent with neighbor 184.4.0.2
  Suppress hello for 0 neighbor(s)
```

c2500-2# show ip ospf neighbor

```
Neighbor ID    Pri   State       Dead Time   Address        Interface
184.4.0.4        1   FULL/DR     00:00:31    184.4.4.130    Ethernet0
184.4.0.2        1   FULL/  -    00:00:33    184.4.1.5      Serial1
```

c2500-2# show ip ospf border-routers

```
OSPF Process 1 internal Routing Table                        Virtual-Link-Verbindung
Codes: i - Intra-area route, I - Inter-area route
i 184.4.0.1 [20] via 184.4.1.5, Serial1, ABR, Area 0, SPF 4
i 184.4.0.1 [20] via 184.4.1.5, Serial1, ABR, Area 44, SPF 8
i 184.4.0.4 [5] via 184.4.4.130, Ethernet0, ABR/ASBR, Area 0, SPF 4
i 184.4.0.4 [45] via 184.4.1.5, Serial1, ABR/ASBR, Area 44, SPF 8
i 184.4.0.4 [5] via 184.4.4.130, Ethernet0, ABR/ASBR, Area 45, SPF 4
```

c2500-2# show ip ospf virtual-links

```
Virtual Link OSPF_VL1 to router 184.4.0.4 is up
  Run as demand circuit
  DoNotAge LSA allowed.
  Transit area 45, via interface Ethernet0, Cost of using 5
  Transmit Delay is 1 sec, State POINT_TO_POINT,
  Timer intervals configured, Hello 10, Dead 40, Wait 40, Retransmit 5
    Hello due in 00:00:07
    Adjacency State FULL (Hello suppressed)
Virtual Link OSPF_VL0 to router 184.4.0.1 is up
  Run as demand circuit
  DoNotAge LSA allowed.
  Transit area 44, via interface Serial1, Cost of using 20
  Transmit Delay is 1 sec, State POINT_TO_POINT,
  Timer intervals configured, Hello 10, Dead 40, Wait 40, Retransmit 5
    Hello due in 00:00:06
    Adjacency State FULL (Hello suppressed)
```

c2500-2# show ip route

```
Codes: C - connected, S - static, I - IGRP, R - RIP, M - mobile, B - BGP
       D - EIGRP, EX - EIGRP external, O - OSPF, IA - OSPF inter area
       N1 - OSPF NSSA external type 1, N2 - OSPF NSSA external type 2
       E1 - OSPF external type 1, E2 - OSPF external type 2, E - EGP
       i - IS-IS, L1 - IS-IS level-1, L2 - IS-IS level-2,
       * - candidate default, U - per-user static route, o - ODR
Gateway of last resort is not set
O E1 192.168.254.0/24 [110/104] via 184.4.4.130, 00:18:33, Ethernet0
     184.4.0.0/16 is variably subnetted, 12 subnets, 3 masks
C        184.4.4.128/25 is directly connected, Ethernet0
O        184.4.5.128/25 [110/16] via 184.4.1.5, 00:18:34, Serial1
O IA     184.4.6.128/25 [110/26] via 184.4.1.5, 00:18:34, Serial1
O        184.4.7.128/25 [110/25] via 184.4.1.5, 1d19h, Serial1
O        184.4.3.128/25 [110/10] via 184.4.4.130, 1d19h, Ethernet0
O        184.4.1.8/30 [110/45] via 184.4.1.5, 00:18:34, Serial1
O        184.4.0.4/32 [110/6] via 184.4.4.130, 1d19h, Ethernet0
C        184.4.1.4/30 is directly connected, Serial1
O        184.4.0.1/32 [110/21] via 184.4.1.5, 00:18:34, Serial1
O        184.4.1.0/30 [110/20] via 184.4.1.5, 00:18:34, Serial1
O        184.4.0.2/32 [110/11] via 184.4.1.5, 00:18:34, Serial1
C        184.4.0.3/32 is directly connected, Loopback0
```

C7000-Informationen

c7000# show ip ospf

```
Routing Process "ospf 1" with ID 184.4.0.4
Supports only single TOS(TOS0) routes
It is an area border and autonomous system boundary router
Summary Link update interval is 00:30:00 and the update due in 00:07:32
External Link update interval is 00:30:00 and the update due in 00:07:07
Redistributing External Routes from,
    eigrp 99
SPF schedule delay 5 secs, Hold time between two SPFs 10 secs
Number of DCbitless external LSA 0
Number of DoNotAge external LSA 0
Number of areas in this router is 3. 3 normal 0 stub 0 nssa
    Area BACKBONE(0)
        Number of interfaces in this area is 2
        Area has no authentication
        SPF algorithm executed 35 times
        Area ranges are
        Link State Update Interval is 00:30:00 and due in 00:07:06
        Link State Age Interval is 00:20:00 and due in 00:16:58
        Number of DCbitless LSA 0
        Number of indication LSA 0
        Number of DoNotAge LSA 22
    Area 44
        Number of interfaces in this area is 1
        Area has no authentication
        SPF algorithm executed 55 times
        Area ranges are
        Link State Update Interval is 00:30:00 and due in 00:07:03
        Link State Age Interval is 00:20:00 and due in 00:16:58
        Number of DCbitless LSA 0
        Number of indication LSA 0
        Number of DoNotAge LSA 0
    Area 45
        Number of interfaces in this area is 4
        Area has no authentication
        SPF algorithm executed 22 times
        Area ranges are
        Link State Update Interval is 00:30:00 and due in 00:07:03
        Link State Age Interval is 00:20:00 and due in 00:16:58
        Number of DCbitless LSA 0
        Number of indication LSA 0
        Number of DoNotAge LSA 0
```

Der Router sieht die Virtual Links als Backbone Interface.

c7000# show ip ospf interface

```
Ethernet0/0 is up, line protocol is up
  Internet Address 184.4.3.129/25, Area 45
  Process ID 1, Router ID 184.4.0.4, Network Type BROADCAST, Cost: 5
  Transmit Delay is 1 sec, State DR, Priority 1
  Designated-Router (ID) 184.4.0.4, Interface address 184.4.3.129
  No backup Designated-Router on this network
  Timer intervals configured, Hello 10, Dead 40, Wait 40, Retransmit 5
    No Hellos (Passive interface)
  Neighbor Count is 0, Adjacent neighbor count is 0
  Suppress hello for 0 neighbor(s)
Ethernet0/1 is up, line protocol is up
  Internet Address 184.4.4.130/25, Area 45
  Process ID 1, Router ID 184.4.0.4, Network Type BROADCAST, Cost: 5
  Transmit Delay is 1 sec, State DR, Priority 1
  Designated-Router (ID) 184.4.0.4, Interface address 184.4.4.130
  Backup Designated-Router (ID) 184.4.0.3, Interface address 184.4.4.129
  Timer intervals configured, Hello 10, Dead 40, Wait 40, Retransmit 5
    Hello due in 00:00:05
  Neighbor Count is 1, Adjacent neighbor count is 1
    Adjacent with neighbor 184.4.0.3  (Backup Designated-Router)
  Suppress hello for 0 neighbor(s)
Serial1/1 is up, line protocol is up
  Internet Address 184.4.1.10/30, Area 44
  Process ID 1, Router ID 184.4.0.4, Network Type POINT_TO_POINT, Cost: 25
  Transmit Delay is 1 sec, State POINT_TO_POINT,
  Timer intervals configured, Hello 10, Dead 40, Wait 40, Retransmit 5
    Hello due in 00:00:05
  Neighbor Count is 1, Adjacent neighbor count is 1
    Adjacent with neighbor 184.4.0.1
  Suppress hello for 0 neighbor(s)
Loopback0 is up, line protocol is up
  Internet Address 184.4.0.4/32, Area 45
  Process ID 1, Router ID 184.4.0.4, Network Type LOOPBACK, Cost: 1
  Loopback interface is treated as a stub Host
```

c7000# show ip ospf neighbor

```
Neighbor ID   Pri   State       Dead Time   Address       Interface
184.4.0.3      1   .FULL/BDR    00:00:38    184.4.4.129   Ethernet0/1
184.4.0.1      1    FULL/  -    00:00:33    184.4.1.9     Serial1/1
```

c7000# show ip ospf border-routers

```
OSPF Process 1 internal Routing Table
Codes: i - Intra-area route, I - Inter-area route
i 184.4.0.3 [5] via 184.4.4.129, Ethernet0/1, ABR, Area 0, SPF 35
i 184.4.0.3 [45] via 184.4.1.9, Serial1/1, ABR, Area 44, SPF 55
i 184.4.0.3 [5] via 184.4.4.129, Ethernet0/1, ABR, Area 45, SPF 22
i 184.4.0.1 [25] via 184.4.4.129, Ethernet0/1, ABR, Area 0, SPF 35
i 184.4.0.1 [25] via 184.4.1.9, Serial1/1, ABR, Area 0, SPF 35
i 184.4.0.1 [25] via 184.4.1.9, Serial1/1, ABR, Area 44, SPF 55
```

c7000# show ip ospf virtual-links

```
Virtual Link OSPF_VL1 to router 184.4.0.3 is up
  Run as demand circuit
  DoNotAge LSA allowed.
  Transit area 45, via interface Ethernet0/1, Cost of using 5
  Transmit Delay is 1 sec, State POINT_TO_POINT,
  Timer intervals configured, Hello 10, Dead 40, Wait 40, Retransmit 5
    Hello due in 00:00:06
    Adjacency State FULL (Hello suppressed)
Virtual Link OSPF_VL0 to router 184.4.0.1 is up
  Run as demand circuit
  DoNotAge LSA allowed.
  Transit area 44, via interface Serial1/1, Cost of using 25
  Transmit Delay is 1 sec, State POINT_TO_POINT,
  Timer intervals configured, Hello 10, Dead 40, Wait 40, Retransmit 5
    Hello due in 00:00:06
    Adjacency State FULL (Hello suppressed)
```

c7000# show ip route

```
Codes: C - connected, S - static, I - IGRP, R - RIP, M - mobile, B - BGP
       D - EIGRP, EX - EIGRP external, O - OSPF, IA - OSPF inter area
       N1 - OSPF NSSA external type 1, N2 - OSPF NSSA external type 2
       E1 - OSPF external type 1, E2 - OSPF external type 2, E - EGP
       i - IS-IS, L1 - IS-IS level-1, L2 - IS-IS level-2,
       * - candidate default, U - per-user static route, o - ODR
Gateway of last resort is not set
D    192.168.254.0/24 [90/409600] via 184.4.3.130, 1d21h, Ethernet0/0

     184.4.0.0/16 is variably subnetted, 12 subnets, 3 masks
C       184.4.4.128/25 is directly connected, Ethernet0/1
O       184.4.5.128/25 [110/41] via 184.4.1.9, 00:21:14, Serial1/1
O IA    184.4.6.128/25 [110/31] via 184.4.1.9, 00:21:14, Serial1/1
                       [110/31] via 184.4.4.129, 00:21:14, Ethernet0/1
O       184.4.7.128/25 [110/30] via 184.4.1.9, 1d19h, Serial1/1
                       [110/30] via 184.4.4.129, 1d19h, Ethernet0/1
C       184.4.3.128/25 is directly connected, Ethernet0/0
C       184.4.1.8/30 is directly connected, Serial1/1
C       184.4.0.4/32 is directly connected, Loopback0
O       184.4.1.4/30 [110/45] via 184.4.1.9, 00:21:14, Serial1/1
O       184.4.0.1/32 [110/26] via 184.4.1.9, 00:21:14, Serial1/1
O       184.4.1.0/30 [110/35] via 184.4.1.9, 00:21:14, Serial1/1
O       184.4.0.2/32 [110/36] via 184.4.1.9, 00:21:14, Serial1/1
O       184.4.0.3/32 [110/46] via 184.4.1.9, 00:21:14, Serial1/1
S    184.0.0.0/8 is directly connected, Null0
```

Path Splitting

4.7   Integrated IS-IS

Integrated IS-IS ist im RFC 1195 definiert und eine Erweiterung des ISO-10589 IS-IS Routing-Protokolls (siehe Kapitel »ISO-CLNS-Protokoll«). Es verwendet die gleichen PDUs und den gleichen Link-State-Algorithmus. Intergrated IS-IS unterstützt dabei drei verschiedene Router-Typen:

- OSI-only   routet nur OSI-Pakete
- IP-only   routet nur IP-Pakete
- Dual"   routet OSI- und IP-Pakete

Laut RFC 1195 müssen alle Router innerhalb einer IS-IS-Area vom gleichen Typ sein. Es ist daher nicht erlaubt, über ein Interface nur IP zu fahren und über ein anderes Interface nur OSI.

Zusätzliche IP-spezifische Felder

Zur Implementierung der IP-Routing-Funktionalität erweitert der RFC 1195 die in den ITU-T-Empfehlungen ISO 9542 (ES-IS) und ISO 10589 (IS-IS) beschriebenen Protokolle um zusätzliche »Variable-Length«-Felder. Eine detaillierte Beschreibung des IS-IS-Protokolls finden Sie im Kapitel »IS-IS-Protokoll«.

- IP Internal Reachability Information – Code 128

  IP-Adressen, die direkt über die lokalen Schnittstellen des Routers erreicht werden können und innerhalb der eigenen Routing-Domain liegen.

  - IS-IS Level1 Link State PDU
  - IS-IS Level2 Link State PDU

- Protocols Supported – Code 129

  NLPID der von dem Router unterstützten Netzwerkprotokolle (%xCC für IP, %x81 für CLNS).

  - IS-IS Hello-PDU
  - IS-IS Level1 Link State PDU
  - IS-IS Level2 Link State PDU

- IP Externale Reachability Information – Code 130

  IP-Adressen, die über die lokalen Schnittstellen des Routers erreicht werden können, aber außerhalb der Routing-Domain liegen.

  - IS-IS Level2 Link State PDU

- Inter-Domain Routing Protocol Information – Code 131

  Informationen der EGP-Protokolle, die der Router transparent durch das Netzwerk weiterleitet, ohne dass er sie auswertet (entspricht dem External Route Tag bei OSPF-Type-5-LSAs).

  - IS-IS Level2 Link State PDU

- IP Interface Address – Code 132

  - IS-IS Hello PDU
  - IS-IS Level1 Link State PDU
  - IS-IS Level2 Link State PDU

- Authentication Information – Code 133

  - IS-IS Hello PDU
  - IS-IS Sequence Number PDU
  - IS-IS Level1 Link State PDU
  - IS-IS Level2 Link State PDU

Trace von Integrated IS-IS LSPs

● L1 LSP

```
ISIS: - - - - - ISO 10589 ISIS network protocol - - - - -
ISIS:
ISIS: Network Layer Protocol Ident   = 131 (ISO 10589)
ISIS: Header Length (bytes)          = 27
ISIS: Version/Protocol ID Extension  = 1
ISIS: ID Length (0 means 6 bytes)    = 0
ISIS: Reverved/PDU type              = 12
ISIS:           ...10010 = 18 (Level 1 Link State Packet)
ISIS: Version                        = 1
ISIS: ECO                            = 0
ISIS: User ECO                       = 0        Fragmentiertes LSP
ISIS: Segment Length                 = 71
ISIS: LSP:08-00-2B-B4-13-E0-00-FE Seq:00000002 Chk:BE1F Lif:1199
ISIS: res/hippity/rtr type           = 03
ISIS:           ....0... = Router not 'attached'
ISIS:           .....0.. = Hippity cost - this LSP used
ISIS:           ......11 = Level 2 Router
ISIS:
ISIS: Parameter Code                 = 3 (Endnode Neighbors)
ISIS: Parameter length               = 16
ISIS: Cost                           = 0
ISIS: Optional metrics:
ISIS: metric                         = 80 = Unsupported, 0
ISIS: metric                         = 80 = Unsupported, 0
ISIS: metric                         = 80 = Unsupported, 0
ISIS: Neighbor ID                    = 08-00-2B-B4-13-E0 (08002BB413E0)
ISIS: Neighbor ID                    = AA-00-04-00-38-FD (63.312)
ISIS:
ISIS: Parameter Code                 = 128 (IP Internal Reachability Info)
ISIS: Parameter length               = 24
ISIS: Default Metric                 = 00 = Internal,0
ISIS: Delay metric                   = 80 = Unsupported, 0
ISIS: Expense metric                 = 80 = Unsupported, 0
ISIS: Error metric                   = 80 = Unsupported, 0
ISIS: IP Address/Mask                = 10.104.7.91 / 255.255.255.255
ISIS: Default Metric                 = 3C = Internal,60
ISIS: Delay metric                   = 80 = Unsupported, 0
ISIS: Expense metric                 = 80 = Unsupported, 0
ISIS: Error metric                   = 80 = Unsupported, 0
ISIS: IP Address/Mask                = 10.104.0.0 / 255.255.248.0
ISIS:
ISIS: Total length of optional data  = 44
```

● **L2 LSP**

```
ISIS: - - - - - ISO 10589 ISIS network protocol - - - - -
ISIS:
ISIS: Network Layer Protocol Ident    = 131 (ISO 10589)
ISIS: Header Length (bytes)           = 27
ISIS: Version/Protocol ID Extension   = 1
ISIS: ID Length (0 means 6 bytes)     = 0
ISIS: Reverved/PDU type               = 14
ISIS:            ...10100 = 20 (Level 2 Link State Packet)
ISIS: Version                         = 1
ISIS: ECO                             = 0
ISIS: User ECO                        = 0
ISIS: Segment Length                  = 77
ISIS: LSP:08-00-2B-B4-13-E0-00-FE Seq:00000003 Chk:977B Lif:1199
ISIS: res/hippity/rtr type            = 0B
ISIS:            ....1... = Router 'attached' other area(s) default metric
ISIS:            .....0.. = Hippity cost - this LSP used
ISIS:            ......11 = Level 2 Router
ISIS:
ISIS: Parameter Code                  = 128 (IP Internal Reachability Info)
ISIS: Parameter length                = 24
ISIS: Default Metric                  = 00 = Internal,0
ISIS: Delay metric                    = 80 = Unsupported, 0
ISIS: Expense metric                  = 80 = Unsupported, 0
ISIS: Error metric                    = 80 = Unsupported, 0
ISIS: IP Address/Mask                 = 10.143.7.91 / 255.255.255.255
ISIS: Default Metric                  = 3C = Internal,60
ISIS: Delay metric                    = 80 = Unsupported, 0
ISIS: Expense metric                  = 80 = Unsupported, 0
ISIS: Error metric                    = 80 = Unsupported, 0
ISIS: IP Address/Mask                 = 10.143.0.0 / 255.255.248.0
ISIS:
ISIS: Parameter Code                  = 130 (IP External Reachability Info)
ISIS: Parameter length                = 12
ISIS: Default Metric                  = 14 = Internal,20
ISIS: Delay metric                    = 80 = Unsupported, 0
ISIS: Expense metric                  = 80 = Unsupported, 0
ISIS: Error metric                    = 80 = Unsupported, 0
ISIS: IP Address/Mask                 = 0.0.0.0 / 0.0.0.0
```

Router ist mit einer anderen Area verbunden

4.7.1   Vergleich zwischen Integrated IS-IS und OSPF

Integrated IS-IS	OSPF
Data-Link-Protokoll (802.2 SAP FE)	IP-Protokoll (Protokolltyp 89)
Level1 Network	Area
Level2 Network	Backbone Area
L1-Router	Internal Router
L2-Router	Backbone Router / ABR / ASBR
Router kann nur zu einer Area gehören. Die Area-Grenzen liegen auf den Links.	Router kann zu mehreren Area gehören. Die Area-Grenzen liegen innerhalb des Routers.
Link State Packet (LSP)	Link State Advertisement (LSA)
Partial Sequence Number Packets (PSNP)	Database Description Packets (DDP)
Hello Timer	Hello Interval
Holding Timer (dreimal Hello Timer)	Dead Interval (viermal Hello Timer)
Timer können unterschiedlich sein.	Timer müssen zwischen Nachbarn gleich sein.

Synchronisation der Link-State-Datenbank in Broadcast-Netzwerken

● OSPF

Alle Router senden ihre LSAs über den AllDRouter-Multicast an den DR und BDR. Der Designated Router leitet diese LSAs über den AllSPFrouter-Multicast an die anderen Router im Netzwerk weiter.

Falls Systeme einige LSAs innerhalb einer gewissen Zeit nicht quittieren, sendet der DR ein LSU-Paket für die betroffenen LSAs direkt zu den involvierten Routern.

● Integrated IS-IS

Die an dem Broadcast-Netzwerk angeschlossenen Router erzeugen nicht für jeden anderen Router einen Eintrag im LSP, sondern nur einen für den so genannten Pseudonode.

Der Designated Router fast periodisch seine komplette Link-State-Datenbank zusammen und sendet diese als CSNP zu allen anderen Routern am LAN.

Die Router überprüfen daraufhin ihre eigene Link-State-Datenbank. Falls ein LSP auf dem lokalen Router aktueller ist als das des Designated Routers, sendet der Router dieses LSP erneut an den DR.

Falls ein LSP des Designated Routers aktueller ist als das auf dem lokalen Router gespeicherte, fordert der betroffene Router dieses LSP explizit über ein PSNP vom DR an.

Fragmentierung von Link-State-Paketen

● OSPF

LSA: Lediglich bei Type-1- oder Type-2-LSAs besteht die Gefahr, dass deren Größe die IP-MTU überschreitet. In diesem Fall verwendet OSPF die normale IP-Fragmentierung.

DDP: Die einzelnen Fragmente sind mit einer Sequence Number versehen. Der Nachbar-Router muss ein Fragment quittieren, bevor der Sender das nächste Fragment übertragen darf.

● Integrated IS-IS

LSP: Jedes LSP-Fragment besitzt eine eigene LSP-ID und kann deshalb unabhängig von den anderen Fragmenten weitergeleitet und verarbeitet werden.

CSNP: Beinhalten nur den Anfang und das Ende der LSP-Source-Adressen. Statt also alle Adressen anzugeben, beschreibt ein CSNP einen Bereich von Adressen.

4.7.2   Cisco-Konfiguration: Integrated IS-IS

IS-IS-Routing einschalten

Um Probleme zu vermeiden, sollte man den IS-IS-Typ (IP-only, OSI-only oder Dual-IS-IS) immer auf allen Schnittstellen identisch konfigurieren. Falls auf einem Interface des Routers *clns router isis* definiert ist, arbeitet er automatisch auf allen Schnittstellen im DUAL-IS-IS-Modus.

```
router isis
    net ... ... ...
```

interface *name*
   ip address *address mask* ↚   Die Nachbarn müssen im gleichen Subnetz liegen. Ansonsten kann der Router keine Adjacency-Verbindung aufbauen.
   ip router isis   IS-IS ist auf dem Interface ausgeschaltet. Die Route für dieses Interface
   [passive-interface *name*]↚   gibt der Router aber innerhalb der Area weiter bekannt.
   [distance # ip]
   [clns router isis]

Falls die Router eines Subnetzes nicht im gleichen Modus arbeiten, können sie keine gültige Neighbor-Verbindung untereinander aufbauen.

show clns neighbors s0   Router1: IP-only - Router2: OSI-only

```
System Id      SNPA       Interface   State   Holdtime   Type  Protocol
AA00.0400.F0FC *PPP*      Se0         Init    26         L2    IS-IS
```

debug isis adj-packets   Fehlermeldung bei der oben genannten Konfigurationen

```
ISIS-Adj: Rec serial IIH from *PPP* on Serial0, cir type 3, cir id 00
ISIS-Adj: No usable IP interface addresses in serial IIH from Serial0
```

```
# show clns neighbors s0              Router1: IP-only  - Router2: Dual-IS-IS

System Id      SNPA          Interface  State  Holdtime  Type  Protocol
AA00.0400.0114 *PPP*         Se0        Up     277        IS   ES-IS
```

```
# show clns neighbors e0 detail       Router1: Dual-IS-IS  - Router2: Dual-IS-IS

System Id      SNPA          Interface  State  Holdtime  Type  Protocol
0800.2BA6.81B4 aa00.0400.e6fc EtO      Up     28        L1L2  IS-IS
   Area Address(es): 49.003f
   IP Address(es):  10.100.224.66*
   Uptime: 00:01:49
```

Route Redistribution

● Redistribution nach Integrated-IS-IS

                                                     Routen werden entweder als L1,

    router isis *tag*   L2 LSPs oder als beides übernommen

        redistribute *routing-protocol*   [level-1 | level-2 | level-1-2]
                                   [metric #] [route-map *name*]
                                   [metric-type internal | external]

          IS-IS-Metrik < 63   IS-IS-Metrik > 64
                                                    und < 128

Da die Router eine externe Default Route (0/0) bei der Redistribution nicht in die Link-State-Datenbank übernehmen, muss man das Erzeugen einer Default Route explizit konfigurieren (gleiches Verhalten wie unter OSPF, siehe auch Kapitel »OSPF-Route-Redistribution«).

Bei Verwendung des Befehls **default-information originate** leitet der Router die Default Route als L2 LSP weiter (sofern für die Default Route ein Eintrag in der Routing-Tabelle existiert).

    router isis *tag*
        default-information originate

Bei Benutzung des **route-map**-Parameters gibt der Router die Default Route als L1 LSPs weiter (und nicht als L2 LSP). Über einen entsprechenden Eintrag in der Route Map kann man die Routen auswählen, die in der Routing-Tabelle vorhanden sein müssen, bevor der IS-IS-Prozess eine Default Route erzeugt.

    router isis *tag*
        default-information originate **route-map** *name*

● Redistribution in andere Routing-Protokolle   Der Router kann die IS-IS-L1-Routen,
                                               die L2-Routen oder beide Routen in das
                                             andere Routing-Protokoll übernehmen.

    router *routing-protocol*
        redistribute is-is *tag* level-1 | level-2 | level-1-2] ...

Route Summarization

Normalerweise gibt der Router bei der Redistribution und beim Übergang von Level-1-nach Level-2-Routing jede Route weiter. Route Summarization ermöglicht das Zusammenfassen von verschiedenen Routen.

router isis *tag*
  summary-address *ip-address mask* level-1 | level-1-2 | level-2

- Level-1 (External Route Summarization)

  Route Summarization bei der Redistribution von externen Routen in das Level-1-Netzwerk

- Level-2 (External und Inter-Area Route Summarization)

  Route Summarization bei der Redistribution von externen Routen in das Level-2-Netzwerk sowie bei der Weitergabe von L1-Routen in das L2-Backbone

- Level-1-2 (External und Inter-Area Route Summarization)

  Route Summarization bei der Redistribution von externen Routen in das Level-1- und Level-2-Netzwerk sowie bei der Weitergabe von L1-Routen in das L2-Backbone

4.7.3   Beispiel: Komplexes Integrated-IS-IS-Netzwerk

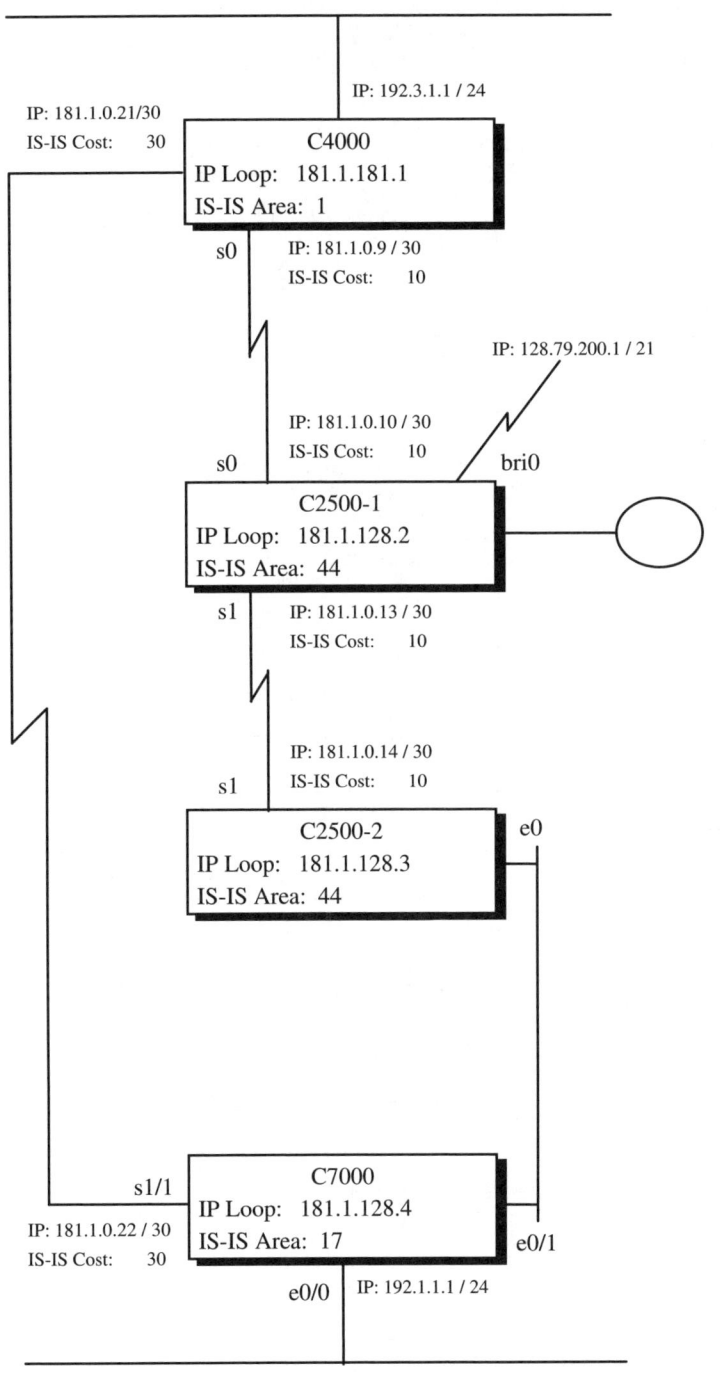

hostname c4000
!
clns routing
!
interface Loopback0
 ip address 181.1.128.1 255.255.255.255
 ip router isis
!
interface Ethernet0
 ip address 192.3.1.1 255.255.255.0
 ip router isis
 bandwidth 10000
 clns net 49.0001.0000.0000.0001.00
 clns router isis
!
interface Serial0
 description --- Link to C2500-1 ---
 ip address 181.1.0.9 255.255.255.252
 ip router isis
 ip ospf network broadcast
 bandwidth 2000
 isis metric 30 level-1
 isis metric 30 level-2
!
interface Serial1
 ip address 181.1.0.21 255.255.255.252
 ip router isis
 clockrate 2000000
 clns router isis
 isis metric 30 level-1
 isis metric 30 level-2
!
interface TokenRing0
 ip address 192.2.1.1 255.255.255.0
 bandwidth 16000
 ring-speed 16
!
router isis
 summary-address 181.1.0.0 255.255.0.0
 redistribute static ip level-2 metric 2 metric-type external
 maximum-paths 2
 distance 40 ip
 net 49.0001.0000.0000.0001.00
!
ip route 10.100.224.0 255.255.255.0 192.3.1.2
!
end

hostname c2500-1
!
clns routing
!
frame-relay switching
isdn switch-type basic-net3
!
interface Loopback0
 ip address 181.1.128.2 255.255.255.255
 ip router isis
!
interface Bri0
 ip address 128.79.200.1 255.255.248.0
 dialer-group 1
 dialer map ip 128.79.200.2 broadcast 0111555
!
interface Serial0
 description --- Link to C4000 ---
 ip address 181.1.0.10 255.255.255.252
 ip router isis
 bandwidth 2000
!
interface Serial1
 description --- Link to C2500-2 ---
 encapsulation frame-relay
 bandwidth 2000
 clockrate 2000000
 frame-relay lmi-type q933a
 frame-relay intf-type dce
!
interface Serial1.2 point-to-point
 ip address 181.1.0.13 255.255.255.252
 ip router isis
 clns net 49.0044.*0000.0000.0002.00*
 clns router isis
 frame-relay interface-dlci 181
!
interface TokenRing0
 ip address 181.1.2.1 255.255.255.128
 ip router isis
 bandwidth 16000   System-ID muss auf allen
 ring-speed 16   Interfaces gleich sein
 clns net 49.0044.*0000.0000.0002.00*
 clns router isis
!
router isis
 redistribute static ip level-1-2 metric 20 metric-type
                                                  external
 passive-interface Loopback0
 maximum-paths 2
 distance 40 ip
 net 49.0044.0000.0000.0002.00
!
ip route 128.79.0.0 255.255.0.0 interface bri0
!
dialer-list 1 protocol ip permit
!
end

```
hostname c2500-2
!
clns routing
!
frame-relay switching
!
interface Loopback0
 ip address 181.1.128.3 255.255.255.255
 ip router isis
!
interface Ethernet0
 ip address 181.1.2.129 255.255.255.128
 ip router isis
 bandwidth 10000
 clns router isis
!
interface Serial1
 description --- Link to C2500-1 ---
 no ip address
 no ip mroute-cache
 encapsulation frame-relay
 bandwidth 2000
 no fair-queue
 frame-relay lmi-type q933a
!
interface Serial1.2 point-to-point
 ip address 181.1.0.14 255.255.255.252
 ip router isis
 map-group toC2500-1
 clns net 49.0044.0000.0000.0003.00
 clns router isis
 frame-relay interface-dlci 181
!
router isis
 passive-interface Loopback0
 maximum-paths 2
 distance 40 ip
 net 49.0044.0000.0000.0003.00
!
end
```

```
hostname c7000
!
clns routing
!
interface Loopback0
 ip address 181.1.128.4 255.255.255.255
 ip router isis
!
interface Ethernet0/0
 ip address 192.1.1.1 255.255.255.0
 ip router isis
 bandwidth 10000
!
interface Ethernet0/1
 ip address 181.1.2.130 255.255.255.128
 ip router isis
 bandwidth 10000
 clns net 49.0017.0000.0000.0004.00
 clns router isis
!
interface Serial1/1
 ip address 181.1.0.22 255.255.255.252
 ip router isis
 no keepalive
 clockrate 2000000
 clns net 49.0017.0000.0000.0004.00
 clns router isis
 isis metric 30 level-1
 isis metric 30 level-2
!
router isis
 passive-interface Ethernet0/0
 passive-interface Loopback0
 maximum-paths 2
 distance 40 ip
 net 49.0017.0000.0000.0004.00
!
end
```

C4000-Informationen

show clns

```
Global CLNS Information:
  4 Interfaces Enabled for CLNS
  NET: 49.0001.0000.0000.0001.00
  Configuration Timer: 60, Default Holding Timer: 300, Packet Lifetime 64
  ERPDU's requested on locally generated packets
  Intermediate system operation enabled (forwarding allowed)
  IS-IS level-1-2 Router:
    Routing for Area: 49.0001
```

show clns protocol

```
IS-IS Router: <Null Tag>
  System Id: 0000.0000.0001.00  IS-Type: level-1-2
  Manual area address(es):
      49.0001
  Routing for area address(es):
      49.0001
  Interfaces supported by IS-IS:
      Ethernet0 - OSI - IP
      Loopback0 - IP
      Serial1 - OSI - IP
      Serial0 - IP
Redistributing:
    static
  Distance: 110
```

Auf dem Interface Serial0 fehlt der "clns router isis"-Befehl

show clns neighbors detail

System Id	SNPA	Interface	State	Holdtime	Type	Protocol

● C2500-1 über Serial0

Da sich die anderen Interfaces des Routers im DUAL-Modus befinden, läuft trotz des fehlenden clns router isis-Befehls auch über dieses Interface CLNS-Routing.

```
0000.0000.0002 *HDLC*          Se0      Up    24      L2   IS-IS
   Area Address(es): 49.0044
   IP Address(es):  181.1.0.10*
   Uptime: 01:34:00
```

● C7000 über Serial1

```
0000.0000.0004 *HDLC*          Se1      Up    23      L2   IS-IS
   Area Address(es): 49.0017
   IP Address(es):  181.1.0.22*
   Uptime: 01:50:55
```

show clns route

```
CLNS Prefix Routing Table
49.0001.0000.0000.0001.00, Local NET Entry
49.0044 [110/10]
  via 0000.0000.0002, IS-IS, Up, Serial0
49.0001 [110/0]
  via 0000.0000.0001, IS-IS, Up
49.0017 [110/30]
  via 0000.0000.0004, IS-IS, Up, Serial1
  via 0000.0000.0002, IS-IS, Up, Serial0
```

show clns interface

```
Ethernet0 is up, line protocol is up
  Checksums enabled, MTU 1497, Encapsulation SAP
  ... ... ...
  DEC compatibility mode OFF for this interface
  NET on this interface: 49.0001.0000.0000.0001.00
  Next ESH/ISH in 34 seconds
  Routing Protocol: IS-IS
    Circuit Type: level-1-2
    Interface number 0x1, local circuit ID 0x2
    Level-1 Metric: 10, Priority: 64, Circuit ID: 0000.0000.0000.02
    Number of active level-1 adjacencies: 0
    Level-2 Metric: 10, Priority: 64, Circuit ID: 0000.0000.0000.02
    Number of active level-2 adjacencies: 0
    Next IS-IS LAN Level-1 Hello in 3 seconds
    Next IS-IS LAN Level-2 Hello in 4 seconds
Loopback0 is up, line protocol is up
  Checksums enabled, MTU 1500, Encapsulation LOOPBACK
  ... ... ...
  Routing Protocol: IS-IS
    ... ... ...
    Next IS-IS LAN Level-2 Hello in 7 seconds
Serial0 is up, line protocol is up
  Checksums enabled, MTU 1500, Encapsulation HDLC
  ... ... ...
  Routing Protocol: IS-IS
    Circuit Type: level-1-2
    Interface number 0x2, local circuit ID 0x100
    Level-1 Metric: 10, Priority: 64, Circuit ID: 0000.0000.0002.00
    Number of active level-1 adjacencies: 0
    Level-2 Metric: 10, Priority: 64, Circuit ID: 0000.0000.0001.00
    Number of active level-2 adjacencies: 1
    Next IS-IS Hello in 4 seconds
Serial1 is up, line protocol is up
  Checksums enabled, MTU 1500, Encapsulation HDLC
  ... ... ...
  Routing Protocol: IS-IS
    Circuit Type: level-1-2
    Interface number 0x3, local circuit ID 0x101
    Level-1 Metric: 30, Priority: 64, Circuit ID: 0000.0000.0004.02
    Number of active level-1 adjacencies: 0
    Level-2 Metric: 30, Priority: 64, Circuit ID: 0000.0000.0000.01
    Number of active level-2 adjacencies: 1
    Next IS-IS Hello in 8 seconds
```

show ip protocol

```
Routing Protocol is "isis"
  Sending updates every 0 seconds
  Invalid after 0 seconds, hold down 0, flushed after 0
  Outgoing update filter list for all interfaces is not set
  Incoming update filter list for all interfaces is not set

  Redistributing: static, isis
  Address Summarization:
    181.1.0.0/255.255.0.0 into level-2
  Routing for Networks:
    Loopback0
    Ethernet0
    Serial0

    Serial1
    TokenRing0
  Passive Interface(s):
    Loopback0
  Routing-Information Sources:
    Gateway         Distance      Last Update
    181.1.0.22          40        00:06:11
    181.1.0.10          40        00:02:48
  Distance: (default is 40)
```

— Die L1-Routen werden in Richtung des L2-Backbone zusammengefasst.

— Der "distance"-Befehl überschreibt die Standard-Distance des IS-IS-Protokolls.

show ip route

```
Codes: C - connected, S - static, i - IS-IS, L1 - IS-IS level-1,
       L2 - IS-IS level-2,
     10.0.0.0/24 is subnetted, 1 subnets
S        10.100.224.0 [1/0] via 192.3.1.2
     181.1.0.0/16 is variably subnetted, 9 subnets, 3 masks
i L2    181.1.128.4/32 [40/40] via 181.1.0.22, Serial1
                       [40/40] via 181.1.0.10, Serial0
C       181.1.128.1/32 is directly connected, Loopback0
i L2    181.1.2.128/25 [40/30] via 181.1.0.10, Serial0
i L2    181.1.128.2/32 [40/20] via 181.1.0.10, Serial0
i L2    181.1.128.3/32 [40/30] via 181.1.0.10, Serial0
C       181.1.0.20/30 is directly connected, Serial1
i L2    181.1.2.0/25 [40/20] via 181.1.0.10, Serial0
i L2    181.1.0.12/30 [40/20] via 181.1.0.10, Serial0
C       181.1.0.8/30 is directly connected, Serial0
i L2 192.1.1.0/24 [40/40] via 181.1.0.22, Serial1
                  [40/40] via 181.1.0.10, Serial0
C    192.3.1.0/24 is directly connected, Ethernet0
C    192.2.1.0/24 is directly connected, TokenRing0
i L2 128.79.0.0/16 [40/83] via 181.1.0.10, Serial0
```

show ip route 181.1.128.4

```
Routing entry for 181.1.128.4/32
  Known via "isis", distance 40, metric 40, type level-2
  Redistributing via isis
  Last update from 181.1.0.10 on Serial0, 01:33:58 ago
  Routing Descriptor Blocks:
    181.1.0.22, from 181.1.0.22, via Serial1
      Route metric is 40, traffic share count is 1
  * 181.1.0.10, from 181.1.0.10, via Serial0
      Route metric is 40, traffic share count is 1
```

show isis database level-1 detail

● L1-LSPs von C4000

```
LSPID                      LSP Seq Num  LSP Checksum  LSP Holdtime  ATT/P/OL
0000.0000.0001.00-00* 0x00000017   0x6398        1066          1/0/0
  Area Address: 49.0001
  NLPID:       0x81 0xCC
  IP Address:  181.1.128.1
  Metric: 10 IP 192.3.1.0 255.255.255.0      ! Ethernet Netzwerk
  Metric: 10 IP 181.1.128.1 255.255.255.255  ! Loopback Netzwerk
  Metric: 10 IP 181.1.0.8 255.255.255.252    ! Serial0 Netzwerk
  Metric: 30 IP 181.1.0.20 255.255.255.252   ! Serial1 Netzwerk
  Metric: 10 IP 192.2.1.0 255.255.255.0      ! TokenRing Netzwerk
  Metric: 10 IS 0000.0000.0001.03            ! Pseudonode Eintrag
  Metric: 0  ES 0000.0000.0001
```

● L1-LSP des Ethernet-Pseudonode. Erkennbar an der LAN-ID, die ungleich Null ist.

```
0000.0000.0001.03-00* 0x00000009   0x27AF        988           0/0/0
  Metric: 0  IS 0000.0000.0001.00
```
                 ← * nach der LSPID: LSP stammt von dem lokalen Router

Da alle Router als Level-2-Router konfiguriert sind, ist die L2-Datenbank auf allen gleich. Die Router sind an der LSP-ID erkennbar, die sich aus der System-ID sowie der LAN- und Fragment-Nummer zusammensetzt. Aus diesem Grund muss die System-ID der einzelnen Router innerhalb der Routing-Domain eindeutig sein.

show isis database level-2 detail

● L2-LSPs von C4000

```
LSPID                      LSP Seq Num  LSP Checksum  LSP Holdtime  ATT/P/OL
0000.0000.0001.00-00* 0x0000009A   0xE56D        927           0/0/0
  Area Address: 49.0001
  NLPID:       0x81 0xCC
  IP Address:  181.1.128.1
  Metric: 10 IS 0000.0000.0001.03
  Metric: 10 IS 0000.0000.0002.00
  Metric: 30 IS 0000.0000.0004.00
  Metric: 130 IP-External 10.100.224.0 255.255.255.0
  Metric: 10 IP 192.3.1.0 255.255.255.0
  Metric: 10 IP 192.2.1.0 255.255.255.0
  Metric: 10 IP 181.1.0.0 255.255.0.0
```
   Route, die der Router über Redistribution in der L2-Datenbank übernommen hat.

Durch die Summary Address fasst der Router die L1-Routen beim Weiterleiten ins Backbone zusammen.

● L2-LSPs von C2500-1

```
LSPID                      LSP Seq Num  LSP Checksum  LSP Holdtime  ATT/P/OL
0000.0000.0002.00-00  0x000000A4   0xA93C        1016          0/0/0
  Area Address: 49.0044
  NLPID:       0x81 0xCC
  IP Address:  181.1.128.2
  Metric: 10 IS 0000.0000.0002.02
  Metric: 10 IS 0000.0000.0001.00
  Metric: 10 IS 0000.0000.0003.00
  Metric: 20 IP 181.1.2.128 255.255.255.128
  Metric: 10 IP 181.1.128.2 255.255.255.255
  Metric: 20 IP 181.1.128.3 255.255.255.255
  Metric: 10 IP 181.1.2.0 255.255.255.128
  Metric: 10 IP 181.1.0.12 255.255.255.252
```
   Da auf C2500-1 keine Summarization erfolgt, werden alle L1-Routen auch über das Level-2 Backbone weitergegeben.

```
      Metric: 10 IP 181.1.0.8 255.255.255.252
      Metric: 148 IP-External 128.79.0.0 255.255.0.0
```

- ● L2-LSPs von C2500-2

```
LSPID                       LSP Seq Num   LSP Checksum   LSP Holdtime   ATT/P/OL
0000.0000.0003.00-00  0x0000009A   0xC36A         1020           0/0/0
   Area Address: 49.0044
   NLPID:       0x81 0xCC
   IP Address:  181.1.0.14
   Metric: 10 IS 0000.0000.0003.01
   Metric: 10 IS 0000.0000.0003.02
   Metric: 10 IS 0000.0000.0002.00
   Metric: 20 IP 181.1.128.2 255.255.255.255
   Metric: 10 IP 181.1.2.128 255.255.255.128
   Metric: 10 IP 181.1.128.3 255.255.255.255
   Metric: 20 IP 181.1.2.0 255.255.255.128
   Metric: 10 IP 181.1.0.12 255.255.255.252
   Metric: 20 IP 181.1.0.8 255.255.255.252
   Metric: 63 IP 128.79.0.0 255.255.0.0
0000.0000.0003.02-00  0x00000069   0x87E3         427            0/0/0
   Metric: 0  IS 0000.0000.0003.00
   Metric: 0  IS 0000.0000.0004.00
```

- ● L2-LSPs von C7000

```
LSPID                       LSP Seq Num   LSP Checksum   LSP Holdtime   ATT/P/OL
0000.0000.0004.00-00  0x00000092   0xFEDE         795            0/0/0
   Area Address: 49.0017
   NLPID:       0x81 0xCC
   IP Address:  181.1.0.22
   Metric: 10 IS 0000.0000.0004.04
   Metric: 10 IS 0000.0000.0004.03
   Metric: 30 IS 0000.0000.0001.00
   Metric: 10 IS 0000.0000.0003.02
   Metric: 10 IP 181.1.128.4 255.255.255.255
   Metric: 10 IP 181.1.2.128 255.255.255.128
   Metric: 30 IP 181.1.0.20 255.255.255.252
   Metric: 10 IP 192.1.1.0 255.255.255.0
0000.0000.0004.02-00  0x00000069   0x422A         979            0/0/0
   Metric: 0  IS 0000.0000.0004.00
   Metric: 0  IS 0000.0000.0001.00
```

C2500-1-Informationen

show clns

```
Global CLNS Information:
  4 Interfaces Enabled for CLNS
  NET: 49.0044.0000.0000.0002.00
  Configuration Timer: 60, Default Holding Timer: 300, Packet Lifetime 64
  ERPDU's requested on locally generated packets
  Intermediate system operation enabled (forwarding allowed)
  IS-IS level-1-2 Router:
    Routing for Area: 49.0044
```

show clns protocol

```
IS-IS Router: <Null Tag>
  System Id: 0000.0000.0002.00  IS-Type: level-1-2
  Manual area address(es):
        49.0044
  Routing for area address(es):
        49.0044
  Interfaces supported by IS-IS:
        TokenRing0 - OSI - IP
        Serial1.2 - OSI - IP
        Serial0 - IP
        Loopback0 - IP
  Redistributing:
    static
  Distance: 40
```

show clns neighbors detail

```
System Id       SNPA           Interface   State  Holdtime  Type Protocol
```

● **C4000 über Serial0**

```
0000.0000.0001 *HDLC*          Se0         Up     21        L2   IS-IS
  Area Address(es): 49.0001
  IP Address(es):  181.1.0.9*
  Uptime: 01:34:14
```

● **C2500-2 über Serial1.2**

```
0000.0000.0003 DLCI 181        Se1.2       Up     24        L1L2 IS-IS
  Area Address(es): 49.0044
  IP Address(es):  181.1.0.14*
  Uptime: 01:34:14
```

show clns route

```
CLNS Prefix Routing Table
49.0044.0000.0000.0002.00, Local NET Entry
49.0044 [40/0]
  via 0000.0000.0002, IS-IS, Up
49.0001 [40/10]
  via 0000.0000.0001, IS-IS, Up, Serial0
49.0017 [40/20]
  via 0000.0000.0003, IS-IS, Up, Serial1.2
```

show ip route

```
        10.0.0.0/24 is subnetted, 1 subnets
i L2    10.100.224.0 [40/140] via 181.1.0.9, Serial0
        181.1.0.0/16 is variably subnetted, 10 subnets, 4 masks
i L2    181.1.128.4/32 [40/30] via 181.1.0.14, Serial1.2
i L1    181.1.2.128/25 [40/20] via 181.1.0.14, Serial1.2

C       181.1.128.2/32 is directly connected, Loopback0
i L1    181.1.128.3/32 [40/20] via 181.1.0.14, Serial1.2
i L2    181.1.0.20/30 [40/50] via 181.1.0.14, Serial1.2
i L2    181.1.0.0/16 [40/20] via 181.1.0.9, Serial0
C       181.1.2.0/25 is directly connected, TokenRing0
C       181.1.0.12/30 is directly connected, Serial1.2
C       181.1.0.8/30 is directly connected, Serial0
i L2 192.1.1.0/24 [40/30] via 181.1.0.14, Serial1.2
i L2 192.3.1.0/24 [40/20] via 181.1.0.9, Serial0
i L2 192.2.1.0/24 [40/20] via 181.1.0.9, Serial0
        128.79.0.0/16 is variably subnetted, 2 subnets, 2 masks
C       128.79.200.0/21 is directly connected, BRI0
S       128.79.0.0/16 is directly connected, BRI0
```

(Zeile `181.1.0.20/30`) — Summary Route von C4000

Da C2500-1 und C2500-2 zur gleichen Area gehören, ist die L1-Datenbank auf beiden Routern gleich.

show isis database level-1 detail

```
IS-IS Level-1 Link State Database
```

● L1-LSPs von C2500-1

```
LSPID                      LSP Seq Num   LSP Checksum   LSP Holdtime   ATT/P/OL
0000.0000.0002.00-00* 0x000000A4   0x4AD1         1004           1/0/0
  Area Address: 49.0044
  NLPID:        0x81 0xCC
  IP Address:   181.1.128.2
  Metric: 10 IP 181.1.128.2 255.255.255.255    ! Loopback Netzwerk
  Metric: 10 IP 181.1.0.8 255.255.255.252      ! Serial0 Netzwerk
  Metric: 10 IP 181.1.0.12 255.255.255.252     ! Serial1 Netzwerk
  Metric: 10 IP 181.1.2.0 255.255.255.128      ! TokenRing Netzwerk
  Metric: 10 IS 0000.0000.0002.02              ! Pseudonode Eintrag

  Metric: 10 IS 0000.0000.0003.00
  Metric: 0  ES 0000.0000.0002
  Metric: 148 IP-External 128.79.0.0 255.255.0.0
```

Die Redistributed Routes werden durch den Level-1-2-Befehl auch in die L1-Datenbank übernommen.

● L1-LSP des Token-Ring-Pseudonode; LAN ID = 2

```
0000.0000.0002.02-00* 0x00000007   0x389F         379            0/0/0
  Metric: 0  IS 0000.0000.0002.00
```

- L1-LSPs von C2500-2

```
0000.0000.0003.00-00  0x00000099  0xA2A2      484          1/0/0
   Area Address: 49.0044
   NLPID:       0x81 0xCC
   IP Address:  181.1.0.14
   Metric: 10 IP 181.1.2.128 255.255.255.128    ! Ethernet Netzwerk
   Metric: 10 IP 181.1.128.3 255.255.255.255    ! Loopback Netzwerk
   Metric: 10 IP 181.1.0.12 255.255.255.252     ! Seriall Netzwerk
   Metric: 10 IS 0000.0000.0003.01              ! Pseudonode Eintrag
   Metric: 10 IS 0000.0000.0003.02              ! Pseudonode Eintrag
   Metric: 10 IS 0000.0000.0002.00
   Metric: 0  ES 0000.0000.0003
0000.0000.0003.01-00  0x00000010  0x339A      1056         0/0/0
   Metric: 0  IS 0000.0000.0003.00
0000.0000.0003.02-00  0x00000068  0x7BF8      656          0/0/0
   Metric: 0  IS 0000.0000.0003.00
```

C2500-2-Informationen

show clns

```
Global CLNS Information:
   3 Interfaces Enabled for CLNS
   NET: 49.0044.0000.0000.0003.00
   Configuration Timer: 60, Default Holding Timer: 300, Packet Lifetime 64
   ERPDU's requested on locally generated packets
   Intermediate system operation enabled (forwarding allowed)
   IS-IS level-1-2 Router:
      Routing for Area: 49.0044
```

show clns protocol

```
IS-IS Router: <Null Tag>
   System Id: 0000.0000.0003.00  IS-Type: level-1-2
   Manual area address(es):
         49.0044
   Routing for area address(es):
         49.0044
   Interfaces supported by IS-IS:
         Loopback0 - IP
         Serial1.2 - OSI - IP
         Ethernet0 - OSI - IP
   Redistributing:
     static
   Distance: 110
```

show clns neighbors detail

```
System Id      SNPA                  Interface  State  Holdtime  Type Protocol
```

● C2500-1 über Serial1.2

```
0000.0000.0002 DLCI 181              Se1.2      Up     25        L1L2 IS-IS
  Area Address(es): 49.0044
  IP Address(es):  181.1.0.13*
  Uptime: 01:34:26
```

● C7000 über Ethernet0

```
0000.0000.0004 aa00.0400.0144  Et0        Up     29        L2   IS-IS
  Area Address(es): 49.0017
  IP Address(es):  181.1.2.130*
  Uptime: 21:37:04
```

show clns route

```
CLNS Prefix Routing Table
49.0044.0000.0000.0003.00, Local NSAP Entry
49.0044 [110/0]
  via 0000.0000.0003, IS-IS, Up
49.0001 [110/20]
  via 0000.0000.0002, IS-IS, Up, Serial1.2
49.0017 [110/10]
  via 0000.0000.0004, IS-IS, Up, Ethernet0
```

show ip route

```
        10.0.0.0/24 is subnetted, 1 subnets
i L2    10.100.224.0 [40/150] via 181.1.0.13, Serial1.2
        181.1.0.0/16 is variably subnetted, 10 subnets, 4 masks
i L2    181.1.128.4/32 [40/20] via 181.1.2.130, Ethernet0
i L1    181.1.128.2/32 [40/20] via 181.1.0.13, Serial1.2
C       181.1.2.128/25 is directly connected, Ethernet0
C       181.1.128.3/32 is directly connected, Loopback0
i L2    181.1.0.20/30 [40/40] via 181.1.2.130, Ethernet0
i L2    181.1.0.0/16 [40/30] via 181.1.0.13, Serial1.2
i L1    181.1.2.0/25 [40/20] via 181.1.0.13, Serial1.2
C       181.1.0.12/30 is directly connected, Serial1.2
i L1    181.1.0.8/30 [40/20] via 181.1.0.13, Serial1.2
i L2 192.1.1.0/24 [40/20] via 181.1.2.130, Ethernet0
i L2 192.3.1.0/24 [40/30] via 181.1.0.13, Serial1.2
i L2 192.2.1.0/24 [40/30] via 181.1.0.13, Serial1.2
i L1 128.79.0.0/16 [40/158] via 181.1.0.13, Serial1.2
```

C7000-Informationen

show clns

```
Global CLNS Information:
  4 Interfaces Enabled for CLNS
  NET: 49.0017.0000.0000.0004.00
  Configuration Timer: 60, Default Holding Timer: 300, Packet Lifetime 64
  ERPDU's requested on locally generated packets
  Intermediate system operation enabled (forwarding allowed)
  IS-IS level-1-2 Router:
    Routing for Area: 49.0017
```

show clns protocol

```
IS-IS Router: <Null Tag>
  System Id: 0000.0000.0004.00  IS-Type: level-1-2
  Manual area address(es):
        49.0017
  Routing for area address(es):
        49.0017
  Interfaces supported by IS-IS:
        Ethernet0/0 - IP
        Loopback0 - IP
        Serial1/1 - OSI - IP
        Ethernet0/1 - OSI - IP
  Redistributing:
    static
  Distance: 110
```

show clns neighbors detail

```
System Id       SNPA            Interface   State  Holdtime  Type Protocol
```

● C4000 über Serial1/1

```
  0000.0000.0001 *HDLC*           Se1/1       Up     26        L2   IS-IS
    Area Address(es): 49.0001
    IP Address(es):  181.1.0.21*
    Uptime: 01:51:33
```

● C2500-2 über Ethernet0/1

```
  0000.0000.0003 aa00.0400.02b0  Et0/1       Up     8         L2   IS-IS
    Area Address(es): 49.0044
    IP Address(es):  181.1.2.129*
    Uptime: 21:37:13
```

show clns route

```
CLNS Prefix Routing Table
49.0017.0000.0000.0004.00, Local NET Entry
49.0044 [110/10]
    via 0000.0000.0003, IS-IS, Up, Ethernet0/1
49.0001 [110/30]
    via 0000.0000.0001, IS-IS, Up, Serial1/1
    via 0000.0000.0003, IS-IS, Up, Ethernet0/1
49.0017 [110/0]
    via 0000.0000.0004, IS-IS, Up
```

```
# show ip route
     10.0.0.0/24 is subnetted, 1 subnets
i L2    10.100.224.0 [40/160] via 181.1.0.21, Serial1/1, from LSP 11
                     [40/160] via 181.1.2.129, Ethernet0/1, from LSP 11
     181.1.0.0/16 is variably subnetted, 10 subnets, 4 masks
C       181.1.128.4/32 is directly connected, Loopback0
i L2    181.1.128.2/32 [40/30] via 181.1.2.129, Ethernet0/1, from LSP 9
        Backup ix/lvl/metric:  7/L2/30
C       181.1.2.128/25 is directly connected, Ethernet0/1
i L2    181.1.128.3/32 [40/20] via 181.1.2.129, Ethernet0/1, from LSP 7
        Backup ix/lvl/metric:  9/L2/40
C       181.1.0.20/30 is directly connected, Serial1/1
i L2    181.1.0.0/16 [40/40] via 181.1.0.21, Serial1/1, from LSP 11
                     [40/40] via 181.1.2.129, Ethernet0/1, from LSP 11
i L2    181.1.2.0/25 [40/30] via 181.1.2.129, Ethernet0/1, from LSP 7
        Backup ix/lvl/metric:  9/L2/30
i L2    181.1.0.12/30 [40/20] via 181.1.2.129, Ethernet0/1, from LSP 7
        Backup ix/lvl/metric:  9/L2/30
i L2    181.1.0.8/30 [40/30] via 181.1.2.129, Ethernet0/1, from LSP 9
        Backup ix/lvl/metric:  7/L2/30
C    192.1.1.0/24 is directly connected, Ethernet0/0
i L2 192.3.1.0/24 [40/40] via 181.1.0.21, Serial1/1, from LSP 11
                  [40/40] via 181.1.2.129, Ethernet0/1, from LSP 11
i L2 192.2.1.0/24 [40/40] via 181.1.0.21, Serial1/1, from LSP 11
                  [40/40] via 181.1.2.129, Ethernet0/1, from LSP 11
i L2 128.79.0.0/16 [40/73] via 181.1.2.129, Ethernet0/1, from LSP 7
        Backup ix/lvl/metric:  9/L2/168
```

4.8   BGP

BGP ist ein auf einem Distance-Vector-Algorithmus basierendes Inter-Domain-Routing-Protokoll und wird primär für den Austausch *von Network-Reachability*-Informationen zwischen unterschiedlichen Autonomen Systemen (AS) eingesetzt.

Statt der Kosten einer Route übertragen die Router jedoch eine Sequenz von AS-Nummern, die den Pfad zum Zielnetzwerk beschreibt, sowie bestimmte zugehörige Attribute.

BGP benutzt diese Parameter, um die Routen nach lokal definierten Anweisungen (der *BGP Policy*) einzuordnen, und leitet dann die »beste« Route für ein IP-Netzwerk an seine Nachbarn weiter.

Da BGP alle zu durchquerenden AS in Richtung des Zielnetzwerks auflistet, ist es nicht von dem »count-to-infinity«-Problem der meisten Distance-Vector-Protokolle betroffen.

BGP-Systeme bezeichnet man auch als BGP Speaker und Router, zwischen denen eine BGP-Verbindung besteht, als BGP Peers. Die Übertragung der BGP-Informationen erfolgt über eine gesicherte TCP-Transportverbindung (Port 179).

BGP-4 RFCs

RFC 1745	BGP4/IDRP for IP – OSPF Interaction
RFC 1771	A Border Gateway Protocol 4 (BGP-4)
RFC 1773	Experience with the BGP-4 protocol
RFC 1774	BGP-4 Protocol Analysis
RFC 1863	A BGP / IDRP Route Server alternative to a full mesh routing
RFC 1965	Autonomous System Confederations for BGP
RFC 1966	BGP Route Reflection: An alternative to full mesh IBGP
RFC 1997	BGP Communities Attribute
RFC 1998	An Application of the BGP Community Attribute in Multi-home Routing
RFC 2042	Registering New BGP Attribute Types
RFC 2283	Multiprotocol Extensions for BGP-4
RFC 2439	BGP Route Flap Damping
RFC 2545	Use of BGP-4 Multiprotocol Extensions for IPv6 Inter-Domain Routing
RFC 2547	BGP / MPLS VPNs

Internal und External BGP

External BGP (EBGP):

● BGP Speaker gehören zu unterschiedlichen autonomen Systemen

● External Links: Verbindungen zwischen EBGP Peers

● EBGP Peers müssen normalerweise direkt miteinander verbunden sein

Internal BGP (IBGP):

● BGP Speaker gehören zum gleichen autonomen System

● Internal Links: Verbindungen zwischen IBGP Peers

● Solange IBGP Peers über ein IGP-Protokoll erreichbar sind, müssen sie nicht direkt verbunden sein

Weiterleiten von Routen, die über IBGP gelernt wurden

BGP Speaker leiten über IBGP gelernte Routen nur an externe BGP Peers weiter. Daher müssen alle IBGP Speaker eines autonomen Systems eine Peer-Beziehung untereinander aufbauen (sog. »fully-meshed«-Konfiguration). Zur Vermeidung dieser Anforderung existieren mehrere Techniken:

● RFC 1863   (Route Server)

● RFC 1965   (BGP Confederations)

● RFC 1966   (BGP Route Reflection)

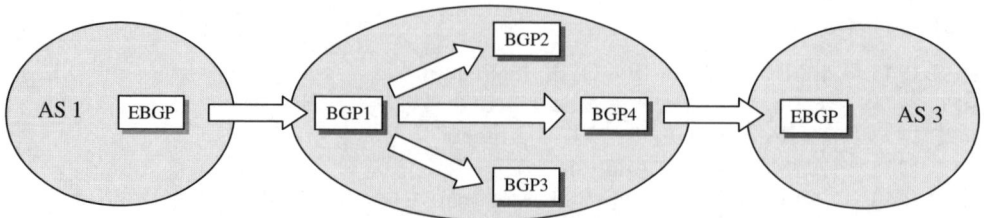

Router BGP2 und BGP3: Da sie die BGP-Routen von dem IBGP Speaker BGP1 lernen, geben sie diese Routen nicht mehr an den IBGP Peer BGP4 weiter.

Router BGP4: Um die Routen aus AS1 zu lernen, muss BGP4 eine Peer-Verbindung zu BGP1 aufbauen. Er leitet die Routen anschließend nur zu dem EBGP Peer des AS3 weiter, nicht jedoch in Richtung BGP2 und BGP3.

Transit Autonomous System

Falls ein AS aus mehreren BGP Speaker besteht und Transit Services für andere Autonome Systeme zur Verfügung stellt, muss eine konsistente Sicht des Routings innerhalb des AS gewährleistet sein.

Alle BGP Speaker eines AS sollten daher eine direkte Verbindung mit den anderen internen Speakern aufbauen und die gleichen BGP-Policies einsetzen. Dadurch ist sichergestellt, dass alle IBGP Speaker die gleichen Border-Router für Ziele außerhalb des eigenen Autonomen Systems verwenden.

Die Informationen über die externen Routen müssen dann an alle internen Router weitergeleitet werden. Um sicher zu gehen, dass alle Router des eigenen AS diese Routen kennen, senden BGP Speaker erst dann BGP-Updates zu einem anderen Autonomen System, wenn sie die zugehörigen BGP-Routen auch über ein IGP-Protokoll gelernt haben (sog. BGP-Synchronization).

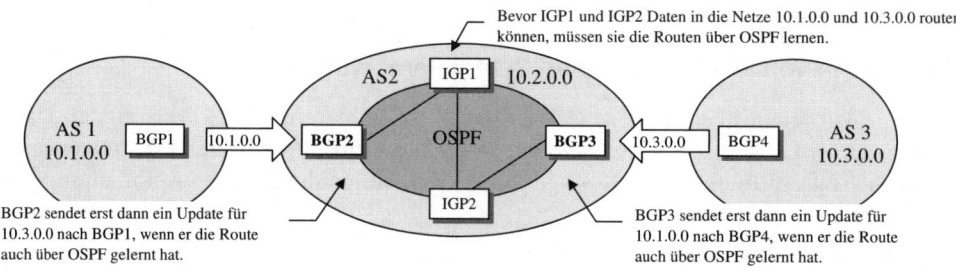

BGP Decision Process

Die Auswahl der Routen, die ein BGP Speaker an andere BGP Peers weitergeben soll, basiert auf so genannten Policies, die in einer lokalen Policy Information Base (PIB) definiert sind.

Dabei stellt BGP die Attribute einer gegebenen Route mittels eines Integerwerts dar, der dann den Grad der Preference einer Route angibt.

● Route wird von einem IBGP Speaker gelernt

Entweder benutzt der lokale BGP Speaker den Wert des LOCAL_PREF-Attributs für die Preference oder die Auswahl basiert auf vorkonfigurierten lokalen Policy-Informationen.

● Route wird von einem EBGP Speaker gelernt

Die Preference basiert auf vorkonfigurierten Policy-Informationen. Die Art dieser Informationen und deren Berechnung ist lokale Angelegenheit der BGP Speaker und wird nicht zwischen den Routern ausgetauscht.

Falls mehrere Routen die gleiche Preference aufweisen, erfolgt nach dem BGP-Standard die Auswahl in folgender Weise:

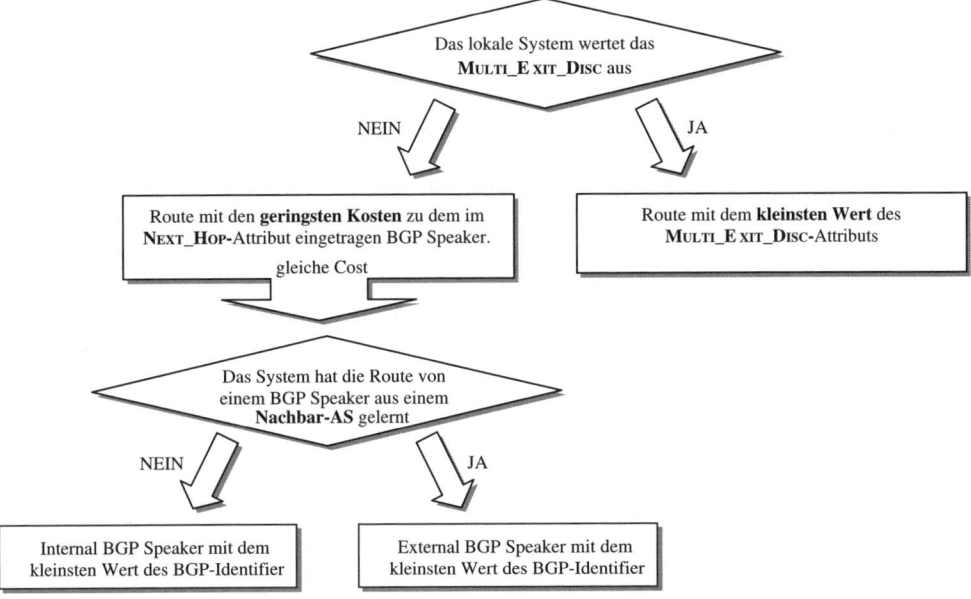

4.8.1 BGP-Message-Format

Common Message Header

Marker	16 Octets
Length	2 Octets
Type	1 Octet

● Marker

Das Feld enthält ggf. Authentication-Information. Falls nicht, sind alle Bits auf Eins gesetzt.

● Length

Länge des BGP-Pakets inkl. Header in Octets (zwischen 19 und 4096)

● Type

Open Message	1
Update Message	2
Notification Message	3
Keepalive Message	4

4.8.1.1 Open Message

Zur Abstimmung von gewissen Parametern tauschen die Router nach dem Aufbau der TCP-Verbindung zuerst eine Open-Nachricht aus. Akzeptiert der Peer die Open-Message, sendet er ein BGP-Keepalive zurück.

Common Header (Type 1)	19 Octets
Version	1 Octet
My Autonomous System	2 Octets
Hold Time	2 Octets
BGP Identifier	4 Octets
Optional Parameter Length	1 Octet
Parameter Type	1 Octet
Parameter Length	1 Octet
Parameter Value	variabel
... ...	

- Version
  Protokollversion der Message (aktuell ist 4)

- My Autonomous System
  Die AS-Nummer des Senders

- Hold Time
  Empfängt das System innerhalb dieser Zeit keine BGP-Nachrichten, sieht es die Verbindung zu dem BGP Peer als gestört an

- BGP Identifier
  Die IP-Adresse des Senders. Sie ist für alle lokalen Schnittstellen und für alle BGP Peers identisch.

- Parameter Type
  Aktuell ist nur der Parameter 1 für Authentication-Information definiert.

4.8.1.2 Update Message

Update Messages enthalten zum einen Informationen über die brauchbaren Routen zu einem anderen autonomen System und zum anderen Informationen über unbrauchbare Routen, die zurückgezogen werden sollen.

Common Header (Type 2)	19 Octets
Unfeasible Routes Length	2 Octets
Withdrawn Routes	variabel
Total Path Attribute Length	2 Octets
Path Attributes	variabel
NLRI	variabel

- Unfeasable Routes Length

  Die Länge des Withdrawn-Routes-Feldes

- Withdrawn Routes

  Die IP-Adress-Prefixe der Routen, die der Peer zurückzieht

- Total Path Attribute Length

  Die Länge aller Path-Attribute

- NLRI - Network Layer Reachability Information

  Enthält eine Liste von IP-Prefixen. Die definierten Path-Attribute gelten für alle diese Adressen.

Path Attributes

O	T	P	EL	reserved	1 Octet
Attribute Type Code					1 Octet
Attribute Length					1 oder 2 Octets
Attribute Value					variabel

● Attribute Flags

		Bit ist Null	**Bit ist Eins**
O	Optional Bit	Well-known Attribut	Optional Attribut
T	Transitive Bit	Non-Transitive Attribut	Transitive Attribut
P	Partial Bit	Complete	Partial
EL	Extended Length Bit	1 Octet Längenfeld	2 Octet Längenfeld

● Attribute Type Code

Attribute	**Code**	**Length**	**RFC**
ORIGIN	1	1	
AS_PATH	2	variabel	
NEXT_HOP	3	4	
MULTI_EXIT_DISC	4	4	
LOCAL_PREF	5	4	
ATOMIC_AGGREGATE	6	-	
AGGREGATOR	7	6	
COMMUNITIES	8	4	RFC 1997 – BGP Communities Attribute
ORIGINATOR_ID	9	4	RFC 1966 – BGP Route Reflection
CLUSTER_LIST	10	variabel	RFC 1966 – BGP Route Reflection

4.8.1.3   Path-Attribute der Update Message

Die Path-Attribute werden in vier Kategorien unterteilt:

● Well-known Mandatory

Der Speaker muss diese Attribute erkennen. Sie sind in jeder Update Message enthalten.

● Well-known Discretionary

Müssen erkannt werden, sind aber nicht unbedingt in einer Update Message enthalten.

● Optional Transitive

Der Speaker braucht diese Attribute nicht zu erkennen, er muss sie aber an den Peer weitergeben.

● Optional Non-Transitive

Der lokale Speaker entfernt diese Attribute aus der Update-Message, falls er sie nicht kennt.

Well-known-Mandatory-Attribute

● ORIGIN

Das ORIGIN-Attribut trägt der Router ein, der auch die zugehörigen Routing-Informationen erzeugt hat.

0	IGP	NLRI besteht aus Netzen, die sich innerhalb des AS befinden
1	EGP	NLRI wurde von einem EGP-Protokoll gelernt
2	Incomplete	NLRI wurde anderweitig gelernt (z.B. über Redistribution)

● NEXT_HOP

Das NEXT_HOP-Attribut enthält die IP-Adresse des Border-Routers, der als nächster Hop für die in der Update-Nachricht aufgelisteten NLRIs benutzt werden soll.

● AS_PATH

Das AS_PATH-Attribut enthält die Nummern aller autonomen Systeme, die die Route durchquert hat. Die Art der Liste wird durch einen Path Segment Type bestimmt.

1	AS_SET	ungeordnete Menge von autonomen Systemen
2	AS_SEQUENCE	geordnete Menge von autonomen Systemen
3	AS_CONFED_SET	ungeordnete Menge von AS in der lokalen Confederation
4	AS_CONFED_SEQUENCE	geordnete Menge von AS in der lokalen Confederation

Die Modifikation des Attributs erfolgt abhängig davon, wer die Route erzeugt hat und an welchen Peer der lokale BGP Speaker die Update-Nachricht weiterleitet.

Typ des Peers	Route wurde von einem anderen BGP Speaker erzeugt	Route wurde von dem BGP Speaker selbst erzeugt
EBGP Peer	AS_PATH wird wie unten beschrieben verändert	AS_PATH-Attribut enthält die lokale AS-Nummer
IBGP Peer	Speaker lässt das AS_PATH-Attribut unverändert	Speaker fügt ein leeres AS_PATH-Feld ein

Falls das erste Segment vom Typ AS_SEQUENCE ist, hängt das lokale System seine eigene AS-Nummer als letztes Element an die Sequenz an. Handelt es sich bei dem ersten Segment um ein AS_SET, erweitert der lokale Router die Sequenz um ein neues AS_SEQUENCE-Segment. Dieses Segment beinhaltet dann die lokale AS-Nummer. Das letzte Segment ist immer der linke Eintrag in einem AS_PATH.

Well-known-Discretionary-Attribute

● LOCAL_PREF

Leitet ein Speaker eine Update-Nachricht für eine externe Route an einen IBGP Peer weiter, kann er das LOCAL_PREF-Attribut einfügen. Bei der Auswahl zwischen mehreren Routen entscheidet der Peer dann auf Grund der höheren LOCAL_PREF.

● ATOMIC_AGGREGATE

Informiert die anderen BGP Speaker, dass das lokale System mehrere überlappende Routen zu einer Summary Route zusammengefasst hat.

Optional-Non-Transitive-Attribute

● MULTI_EXIT_DISC (MED)

Dieses Attribut dient auf Inter-AS-Links zur Unterscheidung zwischen mehreren Ein- oder Ausgangspunkten zum gleichen Nachbar-AS und wird von dem Peer des Remote-AS gesetzt.

Sind alle anderen Faktoren gleich, bevorzugt ein BGP Speaker den Ein- oder Ausgangspunkt mit dem niedrigsten MULTI_EXIT_DISC.

Empfängt der BGP Speaker das Attribut über einen externen Link, kann er es zu anderen IBGP Peers weiterleiten, nicht jedoch zu EBGP Peers.

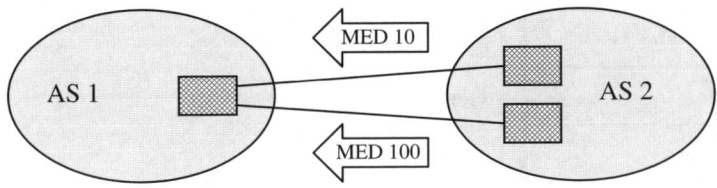

Optional-Transitive-Attribute

● COMMUNITY

Um die Kontrolle der Routing-Informationen innerhalb BGP zu vereinfachen, kann der Speaker mehrere Routen zu einer Gruppe – der Community – zusammenfassen. Die Routing-Entscheidungen basieren dann auf der Identität einer Gruppe.

   ● Communities mit globaler Bedeutung

   0xFFFFFF01   NO_EXPORT
   Routen mit diesem Community-Attribut darf ein Speaker nicht über die Grenzen einer BGP-Confederation weitergeben.

   0xFFFFFF02   NO_ADVERTISE
   Routen mit diesem Community-Attribut dürfen nicht zu anderen BGP Peers weitergeleitet werden.

   0xFFFFFF03   NO_EXPORT_SUBCONFED
   Routen mit diesem Community-Attribut dürfen nicht zu anderen EBGP Peers weitergeleitet werden. Dazu zählen auch Peers in einer anderen BGP-Confederation.

   ● Reservierte Communities

   0x0000000 – 0x0000FFFF
   0xFFFF0000 – 0xFFFFFFFF

Die restlichen Werte beinhalten in den ersten beiden Octets die Nummer des autonomen Systems, die letzten beiden Octets kann man frei definieren.

● AGGREGATOR

Die Nummer des Autonomen Systems und die IP-Adresse des BGP Speaker, der die Route-Aggregation durchgeführt hat.

4.8.1.4   Notification und Keepalive Message

Notification Message

Sobald ein Fehler innerhalb der BGP-Verbindung auftritt, sendet der Peer eine Notification-Nachricht und baut die Verbindung ab.

Common Header (Type 3)	19 Octets
Error Code	1 Octet
Error Subcode	1 Octet
Data	variabel

- Error Code

Message Header Error	1
Open Message Error	2
Update Message Error	3
Hold Timer Expired	4
Finite State Machine Error	5
Cease	6

- Message Header Error Subcode

Connection Not Synchronized	1
Bad Message Length	2
Bad Message Type	3

- Open Message Error Subcode

Unsupported Version Number	1
Bad Peer AS	2
Bad BGP Identifier	3
Unsupported Optional Parameter	4
Authentication Failure	5
Unacceptable Hold Time	6

- Update Message Error Subcode

Malformed Attribute List	1
Unrecognized Well-known Attribute	2
Missing Well-known Attribute	3
Attribute Flags Error	4
Attribute Length Error	5
Invalid ORIGIN Attribute	6
AS Routing Loop	7
Invalid NEXT_HOP Attribute	8
Optional Attribute Error	9
Invalid Network Field	10
Malformed AS_PATH	11

Keepalive Message

Keepalive-Nachrichten bestehen lediglich aus dem BGP Common Header mit einem Type-Feld von vier. Sie werden periodisch zwischen den BGP Peers ausgetauscht.

4.8.2 BGP Confederation

BGP Confederation ist ein Verfahren, über das man mehrere autonome Systeme nach außen hin über ein einzelnes autonomes System darstellen kann. Dadurch soll eine verbesserte Kontrolle der Routing Policies erreicht und die Anzahl der Verbindungen zwischen IBGP Speaker verringert werden.

Eine IGBP-*fully-meshed*-Konfiguration ist nur noch innerhalb des Confederation-AS erforderlich, die Verbindung zwischen den einzelnen Confederation-AS erfolgt über EBGP-Sessions. Die bei den BGP-Operationen benutzte AS-Nummer richtet sich danach, ob der Peer zu der Confederation gehört oder nicht:

● Kein Mitglied: AS Confederation Identifier (die extern sichtbare AS-Nummer)

● Mitglied: Member-AS Identifier (die intern sichtbare AS-Nummer)

Alle BGP Speaker einer Confederation müssen die Erweiterungen AS_CONFED_SET und AS_CONFED_SEQUENCE des AS_PATH-Attributs unterstützen. Router, die keine BGP Confederation unterstützen, können nicht in einem Confederation-AS integriert werden.

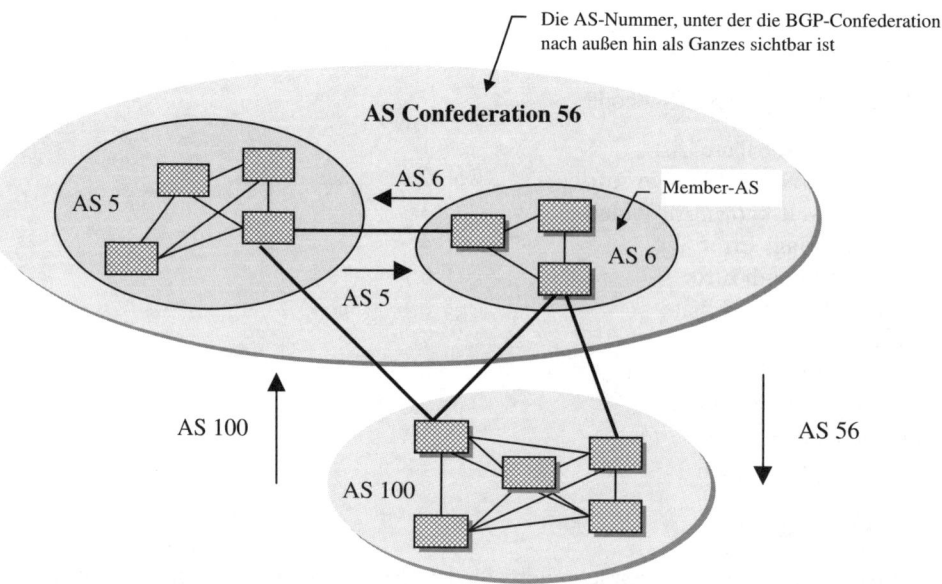

Die Modifikation des AS_PATH-Attributs erfolgt abhängig davon, wer die Route erzeugt hat und ob der Peer zur Confederation gehört oder nicht.

	Route wurde von einem anderen BGP Speaker erzeugt	Route wurde von dem BGP Speaker selbst erzeugt
AS des Peer gehört nicht zur lokalen Confederation	AS_PATH wird wie unten beschrieben verändert	Speaker fügt ein AS_SEQUENCE-Segment mit Confederation Identifier als AS_PATH ein
BGP Peer gehört zur lokalen Confederation	AS_PATH wird wie unten beschrieben verändert	Speaker fügt eine AS_CONFED_SEQUENCE mit der lokalen AS-Nummer als AS_PATH ein
BGP Peer gehört zum gleichen AS	Speaker darf das AS_PATH-Attribut nicht modifizieren	Speaker fügt ein leeres AS_PATH-Feld ein

BGP Peer gehört nicht zur lokalen Confederation

Handelt es sich bei dem ersten Segment des AS_PATH-Attributs, um ein AS_CONFED_SEQUENCE, entfernt der Speaker dieses Segment sowie alle direkt folgenden AS_CONFED_SET-Segmente.

Falls das erste Segment des verbliebenen AS_PATH-Attributs eine AS_SEQUENCE ist, hängt der Speaker den lokalen Confederation Identifier als letztes Segment an diese Sequenz an.

Andernfalls wird das AS_PATH-Attribut um ein neues AS_SEQUENCE-Segment mit dem lokalen Confederation Identifier erweitert.

BGP Peer gehört zur lokalen Confederation

Handelt es sich bei dem ersten Segment um eine AS_CONFED_SEQUENCE, hängt der Speaker die lokale AS-Nummer als letztes Element an die Sequenz an.

Andernfalls wird das AS_PATH-Attribut um ein neues AS_CONFED_SEQUENCE-Segment mit dem lokalen Confederation Identifier erweitert.

4.8.3   BGP Route Reflection

Route Reflection unterteilt ein Autonomes System in mehrere Areas, jede Area bekommt eine eindeutige Cluster_ID zugewiesen.

Alle Clients eines Cluster dürfen nur IBGP-Sessions mit dem Route Reflector (RR) des Clusters aufbauen. Eine IGBP-*fully-meshed*-Konfiguration ist weiterhin zwischen den einzelnen Route Reflectors des autonomen Systems erforderlich.

Um redundante Route Reflectors innerhalb eines Clusters verwenden zu können, müssen alle RRs mit der gleichen Cluster_ID konfiguriert werden.

Abhängig vom Typ des Peers, der ein BGP-Update zum Route Reflector gesendet hat, leitet der Route Reflector die empfangenen Routen unterschiedlich weiter:

- Non-Client Peer   Zu allen Clients

- Client Peer   Zu allen Non-Client- und Client-Peers, außer zu dem Peer, der die Route erzeugte

- EBGP Peer   Zu allen Clients und Non-Client-Peers

BGP Speaker, die keine Route Reflection unterstützen, kann man als Route Reflector ohne Clients oder als einen normalen Client in ein Cluster integrieren.

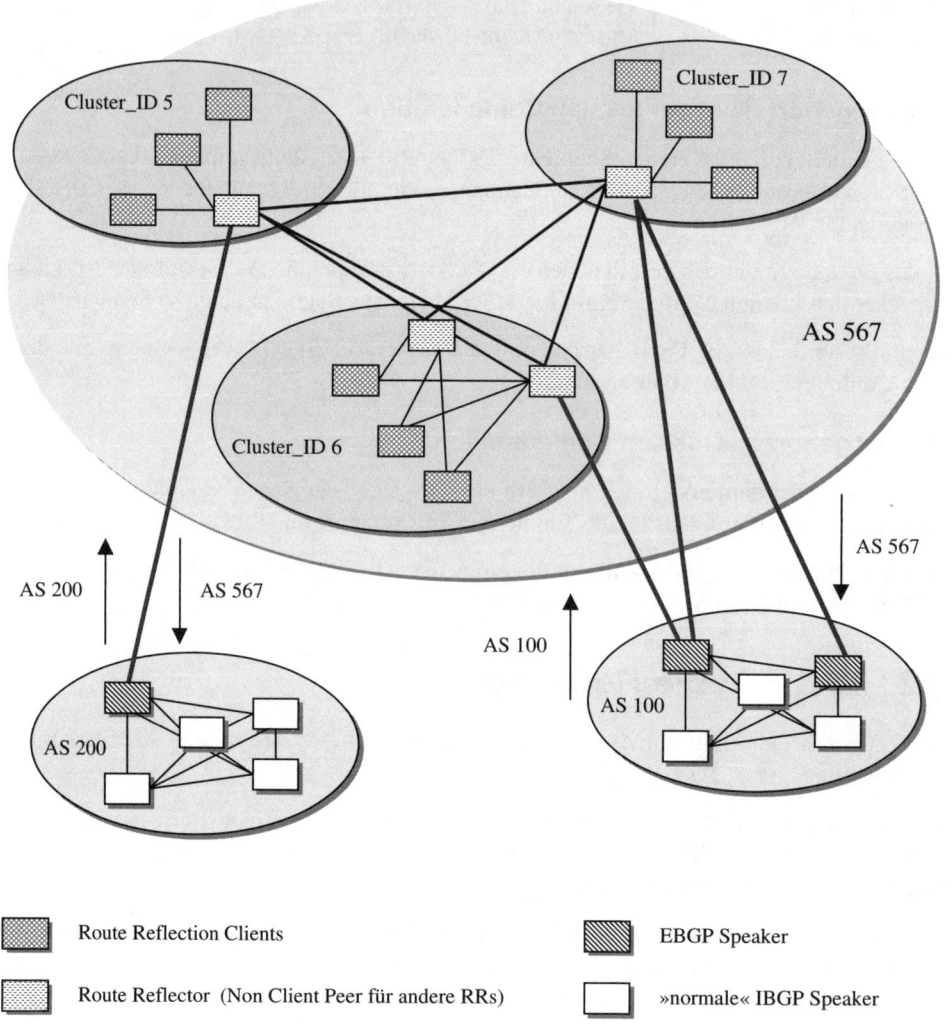

▦ Route Reflection Clients		▨ EBGP Speaker
▦ Route Reflector (Non Client Peer für andere RRs)		☐ »normale« IBGP Speaker

Um Routing-Schleifen in der BGP-Topologie zu vermeiden, setzten die Route Reflectors folgende zusätzlichen Attribute ein:

- ORIGINATOR_ID   Optionales, non-transitives Attribut

  Beinhaltet die Router ID des Systems innerhalb des lokalen autonomen Systems, das die zugehörige Route erzeugt hat. Ein Route Reflector darf eine Route nie zu dem Speaker zurücksenden, der als ORIGINATOR_ID eingetragen ist.

- CLUSTER_LIST   Optionales, non-transitives Attribut

  Beinhaltet eine Sequenz von Cluster_IDs und gibt damit den Reflection Path an, den diese Route durchquert hat.

  Reflektiert der RR eine Route von einem seiner Clients zu einem Non Client Peer, fügt er die lokale Cluster_ID zu der CLUSTER_LIST hinzu.

  Empfängt der Route Reflector ein BGP-Update, dessen CLUSTER_LIST seine lokale Cluster_ID enthält, ignoriert er dieses Paket.

4.8.4   Cisco-Konfiguration: BGP

BGP-Routing einschalten

router bgp *autonomous-system*
  neighbor *ip-address* **remote-as** #

- BGP mit Loopback Interfaces

  interface loopback0
    ip address 192.1.1.1

  router bgp *autonomous-system*
    neighbor *ip-address* remote-as #
    neighbor *ip-address* **update-source** loopback0

  Als Source-Adresse für die TCP-Verbindung verwendet der Router die Loopback-Adresse.

- EBGP-Multihop (falls die EBGP Speaker nicht direkt miteinander verbunden sind)

  router bgp *autonomous-system*
    neighbor *ip-address* remote-as #
    neighbor *ip-address* **ebgp-multihop**

- IGP-Synchronisation in Transit-AS

  router bgp *autonomous-system*
    no synchronization

  Normalerweise erfolgt in BGP eine Synchronisation der BGP-Updates mit den IGP-Routen (siehe Seite 274). In vielen Fällen ist dies nicht erforderlich und man kann es deshalb ausschalten.

● BGP-Verbindung überprüfen

```
# debug ip tcp transactions
# debug ip bgp events
# debug ip bgp update
```

Falls eine Änderungen in der BGP-Konfiguration erfolgt, sollte man einen Reset auf die Neighbor-Verbindungen durchführen.

```
# clear ip bgp  neighbor-address | *
```

Festlegen der Weight einer BGP-Route

● Für alle Routen eines bestimmten Nachbarn

```
router bgp as
    neighbor ip-address weight value
```

● Für lokale Routen des Autonomen Systems

```
router bgp as
    network address weight value
```

● Für einen spezifischen AS-Path

```
router bgp as
    neighbor ip-address route-map name
!
route-map name
    match as-path as-path-filter
    set weight value
!
ip as-path access-list as-path-filter
```

BGP Decision Process auf den Cisco-Routern

Falls BGP-Synchronization eingeschaltet ist, muss der Router die Route auch über ein IGP-Protokoll gelernt haben, ansonsten wird sie nicht in den Decision-Prozess mit einbezogen.

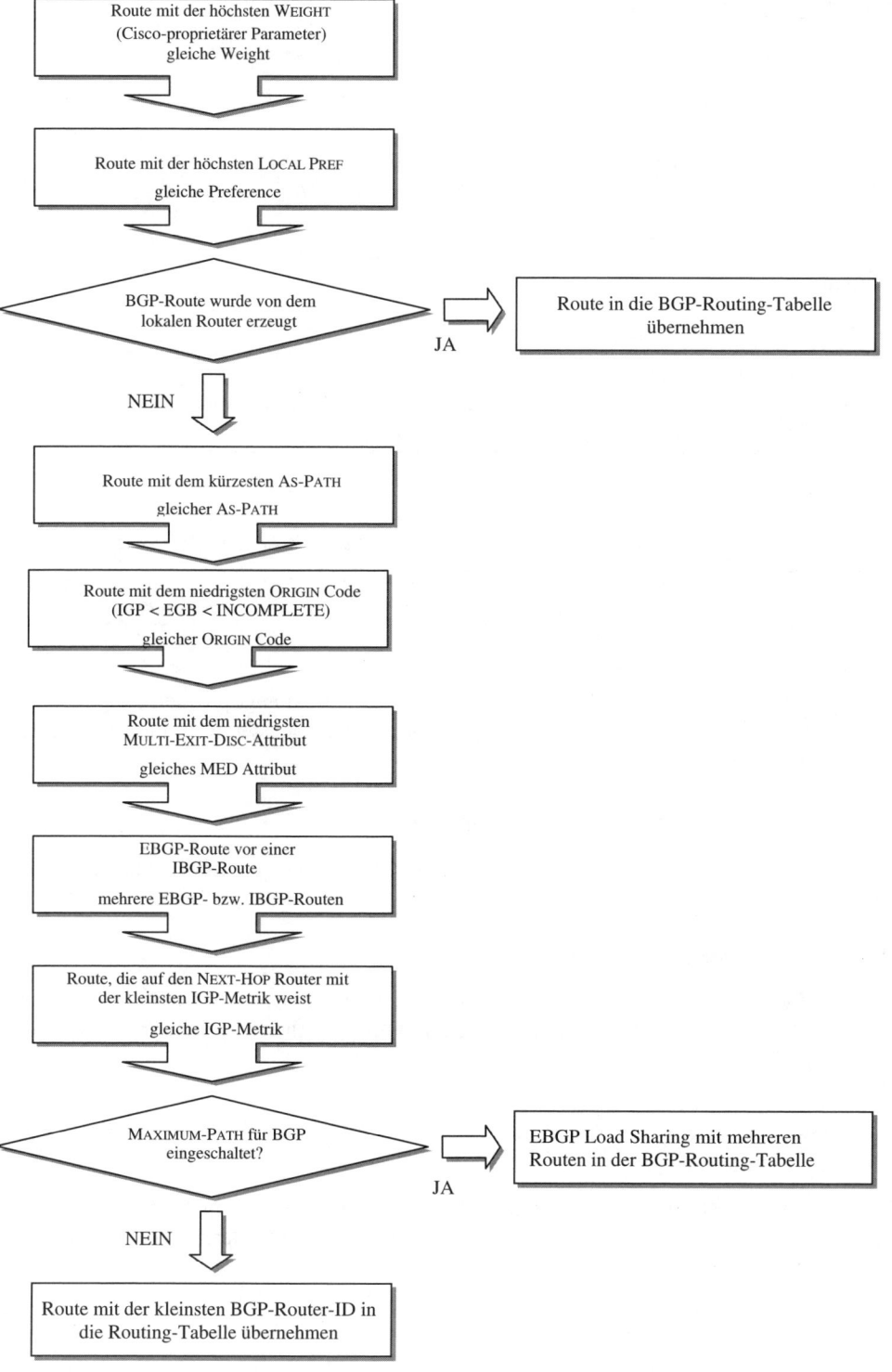

Route mit der höchsten WEIGHT
(Cisco-proprietärer Parameter)
gleiche Weight

Route mit der höchsten LOCAL PREF
gleiche Preference

BGP-Route wurde von dem lokalen Router erzeugt

JA → Route in die BGP-Routing-Tabelle übernehmen

NEIN

Route mit dem kürzesten AS-PATH
gleicher AS-PATH

Route mit dem niedrigsten ORIGIN Code
(IGP < EGB < INCOMPLETE)
gleicher ORIGIN Code

Route mit dem niedrigsten
MULTI-EXIT-DISC-Attribut
gleiches MED Attribut

EBGP-Route vor einer
IBGP-Route
mehrere EBGP- bzw. IBGP-Routen

Route, die auf den NEXT-HOP Router mit der kleinsten IGP-Metrik weist
gleiche IGP-Metrik

MAXIMUM-PATH für BGP eingeschaltet?

JA → EBGP Load Sharing mit mehreren Routen in der BGP-Routing-Tabelle

NEIN

Route mit der kleinsten BGP-Router-ID in die Routing-Tabelle übernehmen

BGP-Routing-Tabelle anzeigen

show ip bgp

```
BGP table version is 4, local router ID is 192.168.254.1
Status codes: s suppressed,d damped,h history,* valid,> best,i - internal
Origin codes: i - IGP, e - EGP, ? - incomplete
   Network          Next Hop          Metric LocPrf Weight Path
*> 10.10.0.0/16     0.0.0.0                0          32768 i
*> 192.168.1.0      184.4.3.129            0              0 104 i
```
    ⌐ Status   ⌐ Origin

● Status

s	Der Eintrag ist unterdrückt
*	Der Eintrag ist gültig
>	Es handelt sich um den besten Eintrag für das angegebene Netzwerk
i	Der Router hat den Eintrag von einem IBGP Peer gelernt

● Origin

i	Eintrag stammt von einem IGP-Protokoll (durch network-Kommando erzeugt)
e	Router hat den Eintrag durch ein EGP-Protokoll gelernt
?	Ursprung des Pfads ist unklar, höchstwahrscheinlich über Redistribution gelernt

● Next Hop

Ein Eintrag von 0.0.0.0 bedeutet, dass die Routen zu dem angegebenen Netzwerk nicht von BGP stammen. Ansonsten ist hier die Adresse des nächsten BGP Peers in Richtung des Zielsystems aufgeführt.

4.8.4.1 Lokale Netzwerke über BGP weiterleiten

BGP stellt zwei verschiedene Möglichkeiten zur Verfügung, um Informationen über die Netzwerke des eigenen autonomen Systems an andere Peers weiterzuleiten.

Über das »network«-Kommando

Um die angegebenen Netzwerke an einen BGP Peer weiterleiten zu können, müssen sie in der lokalen Routing-Tabelle enthalten sein. Als ORIGIN-Attribut weist der Router diesen Netzen »IGP« zu.

router bgp *as*
   network *ip-network* [mask *mask*]
   [no auto-summary]

Der Befehl no auto-summary schaltet die normalerweise durchgeführte automatische Summarization auf die Netzwerkadresse aus. In diesem Fall leitet der Router auch Subnetze an die anderen BGP Peers weiter.

Über Route Redistribution

Netzwerke, die BGP von einem anderen EGP-Protokoll übernimmt, bekommen das ORIGIN-Attribut »EGP« zugewiesen, alle anderen über Redistribution gelernte Netze »Incomplete«. Über den route-map-Parameter kann man dieses Verhalten jedoch abändern.

router bgp *as*
  redistribute static | *igp-protocol* [route-map *name*]

route-map *name* permit #
  set origin igp

Da der CIDR-Standard kein automatisches Weiterleiten der Default Route erlaubt, muss man dies unter BGP explizit konfigurieren (siehe auch Kapitel »IP-Adressierung«).

router bgp *as*
  default-information originate

4.8.4.2   Filtern von BGP-Routen

Basierend auf den Netzwerkadressen über Routing-Filter

access-list 20 permit 172.2.0.0 0.0.255.255
access-list 30 permit 171.1.0.0 0.0.255.255

router bgp 1
  neighbor 196.1.1.2 remote-as 2
  neighbor 196.1.1.2 **distribute-list** 20 **in**
  neighbor 196.1.1.2 **distribute-list** 30 **out**

Es werden nur die Routen für die Netzwerke 172.2.0.0 von dem Peer angenommen.

Es werden nur die Routen für die Netzwerke 171.1.0.0 an den Peer weitergeleitet.

Basierend auf dem AS-PATH-Attribut über AS-Path-Filter

(ohne Filter)# show ip bgp

```
BGP table version is 4, local router ID is 192.168.1.2
Status codes: s suppressed,d damped,h history,* valid,> best,i - internal
Origin codes: i - IGP, e - EGP, ? - incomplete
   Network          Next Hop          Metric LocPrf Weight Path
*> 1.0.0.0          192.168.1.1            0             0 10 ?
*> 2.0.0.0          192.168.1.1            0             0 10 ?
*> 3.0.0.0          192.168.1.1            0             0 10 ?
*> 4.0.0.0          192.168.1.1            0             0 10 ?
*> 5.0.0.0          192.168.1.1            0             0 10 ?
*> 6.0.0.0          192.168.1.1                          0 10 30 ?
*> 7.0.0.0          192.168.1.1                          0 10 30 ?
*> 8.0.0.0          192.168.1.1                          0 10 30 ?
*> 9.0.0.0          192.168.1.1                          0 10 30 ?
```

ip as-path access-list 2 deny ^10 30$
ip as-path access-list 2 permit ^10$ 🢇   EBGP Load Sharing mit mehreren Routen
!   in der BGP-Routing-Tabelle
router bgp 20
 neighbor 192.168.1.1 remote-as 10
 neighbor 192.168.1.1 **filter-list 2 in** | **out**

(mit Filter)# show ip as-path-access-list

```
AS path access list 2
    deny ^10 30$
    permit ^10$
```

(mit Filter)# show ip bgp

```
BGP table version is 6, local router ID is 192.168.1.2
Status codes: s suppressed,d damped,h history,* valid,> best,i - internal
Origin codes: i - IGP, e - EGP, ? - incomplete
     Network          Next Hop          Metric LocPrf Weight Path
*> 1.0.0.0          192.168.1.1            0              0 10 ?
*> 2.0.0.0          192.168.1.1            0              0 10 ?
*> 3.0.0.0          192.168.1.1            0              0 10 ?
*> 4.0.0.0          192.168.1.1            0              0 10 ?
*> 5.0.0.0          192.168.1.1            0              0 10 ?
```

Basierend auf den Netzwerk-Prefix über Prefix-List-Filter

(ohne Filter)# show ip bgp

```
BGP table version is 11, local router ID is 192.1.1.2
Status codes: s suppressed,d damped,h history,* valid,> best,i - internal
Origin codes: i - IGP, e - EGP, ? - incomplete
     Network          Next Hop          Metric LocPrf Weight Path
*> 1.0.0.0          192.1.1.1              0              0 10 ?
*> 2.0.0.0          192.1.1.1              0              0 10 ?
*> 3.0.0.0          192.1.1.1              0              0 10 ?
*> 4.0.0.0          192.1.1.1              0              0 10 ?
*> 5.0.0.0          192.1.1.1              0              0 10 ?
*> 40.0.0.0         192.1.1.1                             0 10 20 ?
```

ip prefix-list AS20 seq 5 deny 40.0.0.0/8
ip prefix-list AS20 seq 10 permit 1.0.0.0/8
ip prefix-list AS20 seq 15 permit 2.0.0.0/8
!
router bgp 30
 neighbor 192.1.1.1 remote-as 10
 neighbor 192.1.1.1 **prefix-list** AS20 in

show ip prefix-list

```
ip prefix-list AS20: 3 entries
    seq 5 deny 40.0.0.0/8
    seq 10 permit 1.0.0.0/8
    seq 15 permit 2.0.0.0/8
```

show ip prefix-list detail

```
Prefix-list with the last deletion/insertion: AS20
ip prefix-list AS20:
    count: 3, range entries: 0, sequences: 5 - 15, refcount: 3
    seq 5 deny 40.0.0.0/8 (hit count: 4, refcount: 2)
    seq 10 permit 1.0.0.0/8 (hit count: 1, refcount: 2)
    seq 15 permit 2.0.0.0/8 (hit count: 1, refcount: 1)
```

show ip bgp

```
BGP table version is 7, local router ID is 192.1.1.2
Status codes: s suppressed,d damped,h history,* valid,> best,i - internal
Origin codes: i - IGP, e - EGP, ? - incomplete
   Network          Next Hop          Metric LocPrf Weight Path
*> 1.0.0.0          192.1.1.1              0             0 10 ?
*> 2.0.0.0          192.1.1.1              0             0 10 ?
```

4.8.4.3   Route-Aggregation

Über das »network«-Kommando

Das durch den network-Befehl definierte Aggregat muss exakt, d.h. mit der Netzwerk-adresse und der Maske, zu einem Eintrag in der Routing-Tabelle passen. Eventuell ist ein statischer Routing-Eintrag für die Aggregat-Adresse zu definieren.

ip route 10.10.0.0 255.255.0.0 Null0
router bgp 109
   neighbor 184.4.3.129 remote-as 104
   network 10.10.0.0 mask 255.255.0.0

show ip bgp

```
BGP table version is 4, local router ID is 192.168.254.1
Status codes: s suppressed,d damped,h history,* valid,> best,i - internal
Origin codes: i - IGP, e - EGP, ? - incomplete
   Network          Next Hop          Metric LocPrf Weight Path
*> 10.10.0.0/16     0.0.0.0                0         32768 i
*> 192.168.1.0      184.4.3.129            0             0 104 i
```

Über das »aggregate-address«-Kommando

Route-Aggregation für ein Netzwerk ist nur dann möglich, wenn sich eine spezifischere Route für dieses Netzwerk in der Routing-Tabelle befindet.

router bgp 109
   neighbor 184.4.3.129 remote-as 104
   network 10.10.1.0 mask 255.255.255.0
   no auto-summary
   aggregate-address 10.10.0.0 255.255.0.0 [summary-only]

Der Router generiert eine Summary Route für das Netzwerk 10.10.0.0/16. Ohne den **summary-only**-Parameter leitet er zusätzlich zu der Summary Route auch alle spezifischen Routen (z.B. 10.10.1.0/24) an seine Peers weiter.

show ip bgp

```
BGP table version is 6, local router ID is 192.168.254.1
Status codes: s suppressed,d damped,h history,* valid,> best,i - internal
Origin codes: i - IGP, e - EGP, ? - incomplete
   Network          Next Hop          Metric LocPrf Weight Path
*> 192.168.1.0      184.4.3.129            0           0 104 i
*> 10.10.0.0/16     0.0.0.0                         32768 i
*> 10.10.1.0/24     0.0.0.0                0        32768 i
```

Ohne die spezifischere Route in seiner BGP-Tabelle könnte der Router die Aggregate-Adresse nicht verwenden.

4.8.5   Beispiel: BGP-Konfiguration

4.8.5.1   BGP Confederation

router bgp 54000 ⟋ AS-Nummer des lokalen Member-AS

    bgp confederation identifier 104 ◀— AS-Nummer der Confederation

    bgp confederation peers 57000 ◥— andere Member-AS der lokalen Confederation
!
! IBGP Peers innerhalb der gleichen Confederation Area
!
    neighbor 184.4.0.2 remote-as 54000
    neighbor 184.4.0.2 update-source Loopback0
!
! EBGP Peers anderer Confederation Areas
!
    neighbor 184.4.0.4 remote-as 57000
    neighbor 184.4.0.4 ebgp-multihop 255
    neighbor 184.4.0.4 update-source Loopback0
!
! EBGP Peers der anderen Autonomen Systemen
!
neighbor 184.4.6.130 remote-as 222
no synchronization

Da das lokale System die Router eines anderen Confederation-AS als EBGP Peers betrachtet, sind die Peers evtl. mit dem **ebgp-multihop**-Parameter zu definieren. Der Parameter ist dann notwendig, wenn die BGP Peers nicht direkt miteinander verbunden sind.

show ip protocols

```
Routing Protocol is "bgp 54000"
  Sending updates every 60 seconds, next due in 0 seconds
  Outgoing update filter list for all interfaces is not set
  Incoming update filter list for all interfaces is not set
  BGP confederation consists of ASs: 57000
  BGP confederation advertized as AS 104
  IGP synchronization is disabled
  Automatic route summarization is enabled
  Neighbor(s):
    Address           FiltIn FiltOut DistIn DistOut Weight RouteMap
    184.4.0.2
    184.4.0.4
    184.4.6.130
  Routing for Networks:
  Routing-Information Sources:
    Gateway          Distance      Last Update
    184.4.6.130          20        01:00:36
    184.4.0.4           200        00:11:21
  Distance: external 20 internal 200 local 200
```

show ip bgp

```
BGP table version is 21, local router ID is 184.4.0.1
Status codes: s suppressed,d damped,h history,* valid,> best,i - internal
Origin codes: i - IGP, e - EGP, ? - incomplete
   Network            Next Hop         Metric LocPrf Weight Path
*> 10.10.0.0/16       184.4.3.130             100      0 (57000) 109 i
*> 10.10.1.0/24       184.4.3.130        0    100      0 (57000) 109 i
*> 10.20.0.0/16       184.4.6.130                      0 222 i
*> 10.20.1.0/24       184.4.6.130        0             0 222 i
```

show ip bgp neighbors

```
BGP neighbor is 184.4.0.2,  remote AS 54000, internal link
 Index 0, Offset 0, Mask 0x0
  Route-Reflector Client
  BGP version 4, remote router ID 184.4.0.2
  BGP state = Established, table version = 21, up for 01:00:07
BGP neighbor is 184.4.0.4,  remote AS 57000, external link
 Index 1, Offset 0, Mask 0x2
  BGP version 4, remote router ID 192.168.1.1
  Neighbor under common administration
  BGP state = Established, table version = 21, up for 00:13:55
BGP neighbor is 184.4.6.130,  remote AS 222, external link
 Index 2, Offset 0, Mask 0x4
  BGP version 4, remote router ID 184.4.0.5
  BGP state = Established, table version = 21, up for 01:03:12
```

4.8.5.2 Route Reflector

RR-Server-Konfiguration

router bgp 104
  bgp cluster-id 77
  !
  ! RR-Client
  !
  neighbor 184.4.0.2 remote-as 104
  neighbor 184.4.0.2 **route-reflector-client**
  neighbor 184.4.0.2 update-source Loopback0
  !
  ! IBGP-Neighbors
  !
  neighbor 184.4.0.4 remote-as 104   "fully-meshed"-Konfiguration zwischen allen RRs des AS
  neighbor 184.4.0.4 update-source Loopback0
  !
  ! EBGP-Neighbors
  !
  neighbor 184.4.6.130 remote-as 222

show ip bgp neighbors

```
BGP neighbor is 184.4.0.2,  remote AS 104, internal link
 Index 0, Offset 0, Mask 0x0
   Route-Reflector Client
   BGP version 4, remote router ID 184.4.0.2
   BGP state = Established, table version = 13, up for 00:06:19
   Last read 00:00:20, hold time is 180, keepalive interval is 60 seconds
   Minimum time between advertisement runs is 5 seconds
   Received 11 messages, 1 notifications, 0 in queue
   Sent 13 messages, 1 notifications, 0 in queue
   Connections established 1; dropped 0
Connection state is ESTAB, I/O status: 1, unread input bytes: 0
Local host: 184.4.0.1, Local port: 179
Foreign host: 184.4.0.2, Foreign port: 11008
```

RR-Client

RR-Client besitzt lediglich eine BGP-Verbindung zu den RR-Servern des Clusters

router bgp 104
  neighbor 184.4.0.1 remote-as 104
  neighbor 184.4.0.1 update-source Loopback0

show ip bgp neighbors

```
BGP neighbor is 184.4.0.1,  remote AS 104, internal link
 Index 0, Offset 0, Mask 0x0
   BGP version 4, remote router ID 184.4.0.1
   BGP state = Established, table version = 3, up for 00:24:52
   Last read 00:00:52, hold time is 180, keepalive interval is 60 seconds
   Minimum time between advertisement runs is 5 seconds
   Received 29 messages, 0 notifications, 0 in queue
   Sent 27 messages, 0 notifications, 0 in queue
   Connections established 1; dropped 0
Connection state is ESTAB, I/O status: 1, unread input bytes: 0
Local host: 184.4.0.2, Local port: 11008
Foreign host: 184.4.0.1, Foreign port: 179
```

4.8.5.3   Route-Aggregation

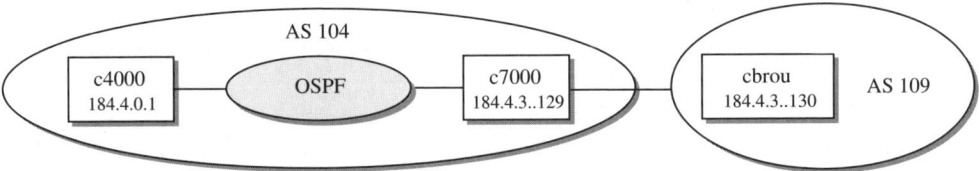

hostname c4000
!
interface Loopback0
 ip address 184.4.0.1 255.255.255.255
!
interface Loopback104
 ip address 104.104.104.104 255.255.255.255
!
interface Ethernet0
 ip address 184.4.7.129 255.255.255.128
!
interface Serial0
 ip address 184.4.1.1 255.255.255.252
!
interface Serial1
 ip address 184.4.1.9 255.255.255.252
!
interface TokenRing0
 ip address 184.4.6.129 255.255.255.128
 ring-speed 16
!
router ospf 1
 network 184.4.0.0 0.0.255.255 area 0
!
router bgp 104
 network 104.104.104.104 mask 255.255.255.255
 aggregate-address 184.4.0.0 255.255.248.0
 redistribute static
 redistribute ospf 1 weight 10 **route-map intoBGP**
 neighbor 184.4.0.4 remote-as 104
 neighbor 184.4.0.4 update-source Loopback0
 neighbor 184.4.3.130 remote-as 109
 neighbor 184.4.3.130 ebgp-multihop 255
 neighbor 184.4.3.130 update-source Loopback0
 no auto-summary
!
no ip classless
ip route 10.100.224.0 255.255.255.0 184.4.7.130
!
route-map intoBGP permit 5
 set origin igp

hostname c7000
!
interface Loopback0
 ip address 184.4.0.4 255.255.255.255
!
interface Ethernet0/0
 ip address 184.4.3.129 255.255.255.128
!
interface Ethernet0/1
 ip address 184.4.4.130 255.255.255.128
!
interface Serial1/1
 ip address 184.4.1.10 255.255.255.252
!
router ospf 1
 network 184.4.0.0 0.0.255.255 area 0
!
router bgp 104
 network 184.0.0.0 mask 255.0.0.0
 redistribute ospf 1
 neighbor 184.4.0.1 remote-as 104
 neighbor 184.4.0.1 update-source Loopback0
 neighbor 184.4.3.130 remote-as 109
 no auto-summary
!
ip classless
ip route 184.0.0.0 255.0.0.0 Null0

hostname cbrou
!
interface Loopback0
 ip address 192.168.254.1 255.255.255.255
!
interface Ethernet0
 ip address 184.4.3.130 255.255.255.128
!
interface Serial0
 ip address 192.168.1.1 255.255.255.0
 loopback
!
interface Serial1
 ip address 192.168.2.1 255.255.255.0
 loopback
!
router bgp 109
 neighbor 184.4.0.1 remote-as 104
 neighbor 184.4.0.1 ebgp-multihop 255
 neighbor 184.4.3.129 remote-as 104

Anmerkungen:

● IBGP Peers C4000 und C7000

Die Verbindung zwischen den IBGP Peers erfolgt über OSPF als Routing-Protokoll.

● EBGP Peers CBROU, C4000 und C7000

Da keine direkte Verbindung zwischen CBROU und C7000 existiert, ist der neighbor ebgp-multihop-Befehl notwendig.

● Route-Aggregation

C4000: Über aggregate-address 184.4.0.0 255.255.248.0 fasst der Router die Subnetze 184.4.0.1 bis 184.4.0.7 zusammen.

C7000: Über network 184.0.0.0 mask 255.0.0.0 gibt der Router das Supernet 184.0.0.0 als Netzwerk an seine Peers weiter. Da dieses Netz nicht in der Routing-Tabelle enthalten ist, muss man mit ip route 184.0.0.0 255.0.0.0 Null0 die Route explizit erzeugen.

● ORIGIN-Attribut

C4000: Über den route-map-Befehl set origin igp setzt das System für alle aus OSPF übernommenen Routen das Origin-Attribut auf »IGP«. Über redistributed static gibt der Router die Route 10.100.224.0/24 automatisch als »Incomplete« bekannt.

C7000: Für alle Redistributed-Routen wird das Origin-Attribut automatisch auf »Incomplete« gesetzt.

cbrou-Informationen

cbrou# show ip bgp

```
BGP table version is 4636, local router ID is 192.168.254.1
Status codes: s suppressed,d damped,h history,* valid,> best,i - internal
Origin codes: i - IGP, e - EGP, ? - incomplete
   Network          Next Hop        Metric LocPrf Weight Path
*  10.100.224.0/24  184.4.0.1            0             0 104 ?
*  104.104.104.104/32 184.4.0.1          0             0 104 i
*> 184.0.0.0/8      184.4.3.129          0             0 104 i
*  184.4.0.0/21     184.4.0.1                          0 104 i
*> 184.4.0.1/32     184.4.3.129         65             0 104 ?
*                   184.4.0.1            0             0 104 i
*> 184.4.0.2/32     184.4.3.129        129             0 104 ?
*                   184.4.0.1           65             0 104 i
*> 184.4.0.3/32     184.4.3.129        193             0 104 ?
*                   184.4.0.1          129             0 104 i
*> 184.4.0.4/32     184.4.3.129          0             0 104 ?
*                   184.4.0.1           65             0 104 i
*  184.4.1.0/30     184.4.0.1            0             0 104 i
*>                  184.4.3.129        128             0 104 ?
*> 184.4.1.4/30     184.4.3.129        192             0 104 ?
*                   184.4.0.1          128             0 104 i
*> 184.4.1.8/30     184.4.3.129          0             0 104 ?
*                   184.4.0.1            0             0 104 i
*> 184.4.1.12/30    184.4.3.129       1690             0 104 ?
*                   184.4.0.1         1626             0 104 i
*> 184.4.3.128/25   184.4.3.129          0             0 104 ?
*                   184.4.0.1           74             0 104 i
*> 184.4.4.128/25   184.4.3.129          0             0 104 ?
*                   184.4.0.1           74             0 104 i
*  184.4.5.128/25   184.4.0.1           70             0 104 i
*>                  184.4.3.129        134             0 104 ?
*  184.4.6.128/25   184.4.0.1            0             0 104 i
*>                  184.4.3.129         70             0 104 ?
*> 184.4.7.128/25   184.4.3.129         74             0 104 ?
*                   184.4.0.1            0             0 104 i
```

Über Route-Aggregation erzeugte Netze

cbrou# show ip bgp summary

```
BGP table version is 4636, main routing table version 4636
17 network entries (31/36 paths) using 3208 bytes of memory
19 BGP path attribute entries using 2168 bytes of memory
0 BGP route-map cache entries using 0 bytes of memory
0 BGP filter-list cache entries using 0 bytes of memory
Neighbor        V    AS MsgRcvd MsgSent   TblVer  InQ OutQ Up/Down  State
184.4.0.1       4   104     453    2036     4636    0    0 02:35:54
184.4.3.129     4   104    1531    2885     4636    0    0 02:37:27
```

cbrou# show ip bgp neighbors
⌐ EBGP Peer

```
BGP neighbor is 184.4.0.1,  remote AS 104, external link
  BGP version 4, remote router ID 184.4.0.1
  BGP state = Established, table version = 4653, up for 02:36:15
  Last read 00:00:15, hold time is 180, keepalive interval is 60 seconds
  Minimum time between advertisement runs is 30 seconds
  Received 454 messages, 0 notifications, 0 in queue
  Sent 2038 messages, 0 notifications, 0 in queue
  Connections established 9; dropped 8
  External BGP neighbor may be up to 255 hops away.
Connection state is ESTAB, I/O status: 1, unread input bytes: 0
Local host: 184.4.3.130, Local port: 179
Foreign host: 184.4.0.1, Foreign port: 11022
```
⌐ EBGP Peer

```
BGP neighbor is 184.4.3.129,  remote AS 104, external link
  BGP version 4, remote router ID 184.4.0.4
  BGP state = Established, table version = 4653, up for 02:37:52
  Last read 00:00:52, hold time is 180, keepalive interval is 60 seconds
  Minimum time between advertisement runs is 30 seconds
  Received 1531 messages, 0 notifications, 0 in queue
  Sent 2895 messages, 0 notifications, 0 in queue
  Connections established 5; dropped 4
Connection state is ESTAB, I/O status: 1, unread input bytes: 0
Local host: 184.4.3.130, Local port: 11008
Foreign host: 184.4.3.129, Foreign port: 179
```

4.8.5.4 Komplexe BGP-Konfiguration

Beispiel für die Konfiguration von BGP Confederation und Route Reflectors. Innerhalb einer BGP Confederation sind die BGP Speaker über Route Reflector miteinander verbunden.

Die Router im AS 104 selbst generieren keine BGP-Netze, sondern agieren nur als Transit-AS für die autonomen Systeme 222 und 109.

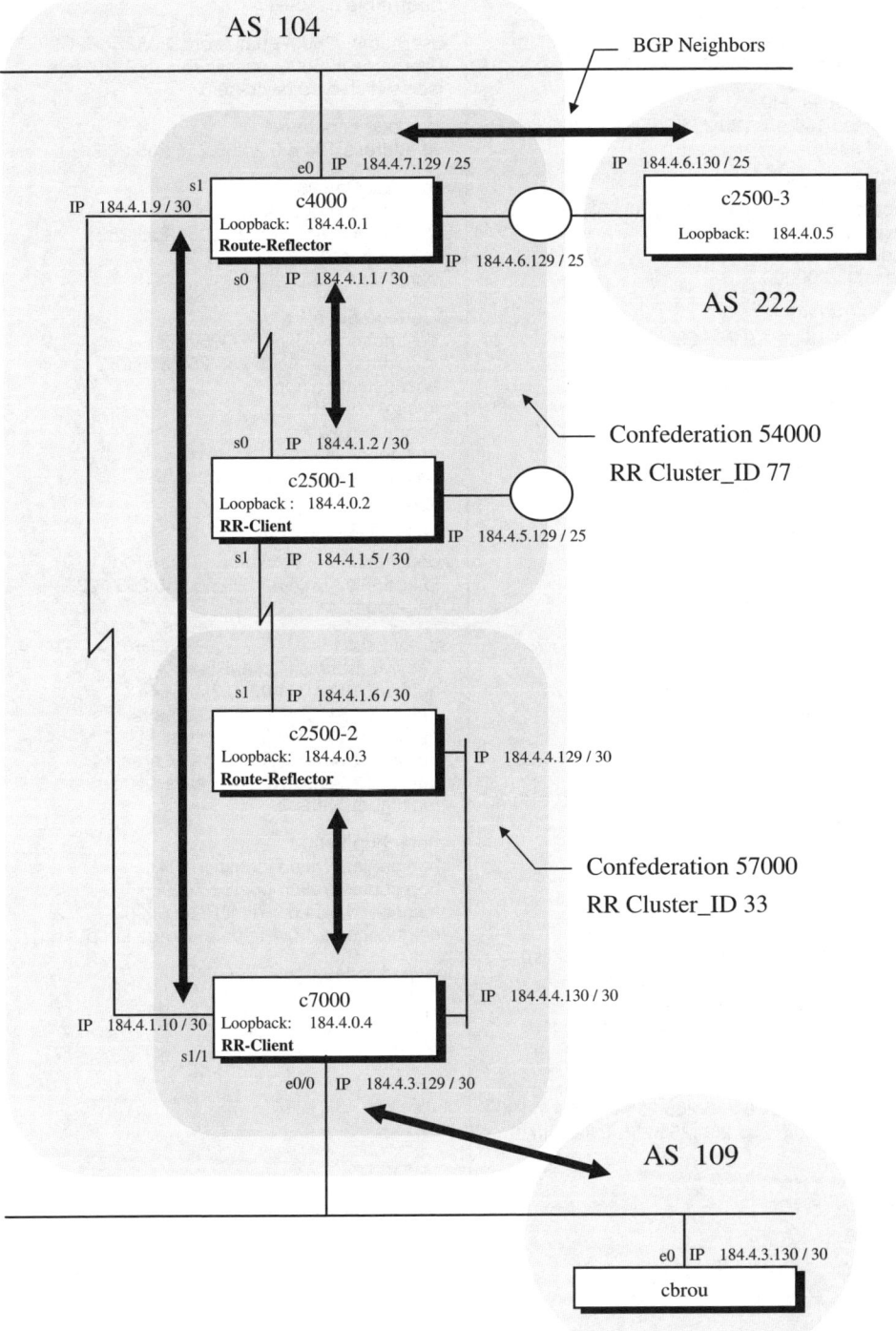

AS 104

BGP Neighbors

e0   IP   184.4.7.129 / 25   IP   184.4.6.130 / 25

s1

IP   184.4.1.9 / 30

c4000
Loopback: 184.4.0.1
Route-Reflector

c2500-3
Loopback: 184.4.0.5

IP   184.4.6.129 / 25

AS 222

s0   IP   184.4.1.1 / 30

Confederation 54000
RR Cluster_ID 77

s0   IP   184.4.1.2 / 30

c2500-1
Loopback :   184.4.0.2
RR-Client

IP   184.4.5.129 / 25

s1   IP   184.4.1.5 / 30

s1   IP   184.4.1.6 / 30

c2500-2
Loopback: 184.4.0.3
Route-Reflector

IP   184.4.4.129 / 30

Confederation 57000
RR Cluster_ID 33

IP   184.4.4.130 / 30

IP   184.4.1.10 / 30

c7000
Loopback: 184.4.0.4
RR-Client

s1/1

e0/0   IP   184.4.3.129 / 30

AS 109

e0   IP   184.4.3.130 / 30

cbrou

hostname c4000
!
interface Loopback0
 ip address 184.4.0.1 255.255.255.255
!
interface Ethernet0
 ip address 184.4.7.129 255.255.255.128
 ip ospf cost 5
!
interface Serial0
 ip address 184.4.1.1 255.255.255.252
 ip ospf cost 10
 bandwidth 2000
 clockrate 2000000
!
interface Serial1
 ip address 184.4.1.9 255.255.255.252
 ip ospf cost 25
 bandwidth 2000
 clockrate 2000000
!
interface TokenRing0
 ip address 184.4.6.129 255.255.255.128
 ring-speed 16
!
router ospf 1
 redistribute static metric 100 subnets
 passive-interface Ethernet0
 network 184.4.7.128 0.0.0.127 area 0
 network 184.4.6.128 0.0.0.127 area 1
 network 184.4.1.0 0.0.0.3 area 44
 network 184.4.1.8 0.0.0.3 area 44
 network 184.4.0.1 0.0.0.0 area 44
 maximum-paths 3
 area 44 virtual-link 184.4.0.3
 area 44 virtual-link 184.4.0.4
!
router bgp 54000
 no synchronization
 bgp cluster-id 77
 bgp confederation identifier 104
 bgp confederation peers 57000
 neighbor 184.4.0.2 remote-as 54000
 neighbor 184.4.0.2 route-reflector-client
 neighbor 184.4.0.2 update-source Loopback0
 neighbor 184.4.0.4 remote-as 57000
 neighbor 184.4.0.4 ebgp-multihop 255
 neighbor 184.4.0.4 update-source Loopback0
 neighbor 184.4.6.130 remote-as 222
!
no ip classless
ip route 10.100.224.0 255.255.255.0 184.4.7.130
ip route 184.4.0.5 255.255.255.255 TokenRing0
!
end

hostname c2500-1
!
username c2500-1 password 7 032C6E2C29
username c2500-2 password 7 052333280E
isdn switch-type basic-net3
!
interface Loopback0
 ip address 184.4.0.2 255.255.255.255
!
interface Serial0
 description ---- Link to C4000 ----
 ip address 184.4.1.2 255.255.255.252
 ip ospf cost 10
 bandwidth 2000
!
interface Serial1
 description ---- Link to C2500-2 ----
 ip address 184.4.1.5 255.255.255.252
 encapsulation ppp
 ip ospf cost 10
 bandwidth 2000
 no keepalive
 no fair-queue
 clockrate 2000000
!
interface TokenRing0
 description ---- Workgroup Token Ring ----
 ip address 184.4.5.129 255.255.255.128
 ring-speed 16
!
router ospf 1
 passive-interface TokenRing0
 network 184.4.1.4 0.0.0.3 area 44
 network 184.4.1.12 0.0.0.3 area 44
 network 184.4.1.0 0.0.0.3 area 44
 network 184.4.5.128 0.0.0.127 area 44
 network 184.4.0.2 0.0.0.0 area 44
 maximum-paths 3
!
router bgp 54000
 bgp confederation identifier 104
 bgp confederation peers 57000
 neighbor 184.4.0.1 remote-as 54000
 neighbor 184.4.0.1 update-source Loopback0
!
no ip classless
!
end

hostname c2500-2

!
interface Loopback0
 ip address 184.4.0.3 255.255.255.255

interface Ethernet0
 description ---- Workgroup Ethernet ----
 ip address 184.4.4.129 255.255.255.128
 ip ospf cost 5

interface Serial1
 description ---- Link to C2500-1 ----
 ip address 184.4.1.6 255.255.255.252
 encapsulation ppp
 ip ospf cost 10
 bandwidth 2000
 no keepalive
 no fair-queue
!
router ospf 1
 network 184.4.1.12 0.0.0.3 area 44
 network 184.4.1.4 0.0.0.3 area 44
 network 184.4.4.128 0.0.0.127 area 45
 network 184.4.0.3 0.0.0.0 area 44
 maximum-paths 3
 area 44 virtual-link 184.4.0.1
 area 45 virtual-link 184.4.0.4

router bgp 57000
 bgp confederation identifier 104
 bgp confederation peers 54000
 neighbor 184.4.0.4 remote-as 57000
 neighbor 184.4.0.4 update-source Loop0
!
dialer-list 1 protocol ip permit
!
end

hostname c2500-3

!
interface Loopback0
 ip address 184.4.0.5 255.255.255.255

interface Loopback102001
 ip address 10.20.1.1 255.255.255.0
!
interface TokenRing0
 ip address 184.4.6.130 255.255.255.128
 ring-speed 16
!
router bgp 222
 aggregate-address 10.20.0.0 255.255.0.0
 network 10.20.1.0 mask 255.255.255.0
 neighbor 184.4.6.129 remote-as 104
!
ip route 184.4.0.0 255.255.0.0 184.4.6.128
!
end

Router gibt die Netze
10.10.1.0 (durch *network* Kommando)
10.10.0.0 (durch aggregate-address)
bekannt.

hostname cbrou
!
interface Loopback101001
 ip address 10.10.1.1 255.255.255.0
!
interface Loopback101002
 ip address 10.10.2.1 255.255.255.0
!
interface Loopback101003
 ip address 10.10.3.1 255.255.255.0
!
interface Loopback101004
 ip address 10.10.4.1 255.255.255.0
!
interface Loopback101005
 ip address 10.10.5.1 255.255.255.0
!
interface Ethernet0
 ip address 184.4.3.130 255.255.255.128
 lat enabled
!
interface Serial0
 ip address 192.168.1.1 255.255.255.0
 loopback
 no fair-queue
!
interface Serial1
 ip address 192.168.2.1 255.255.255.0
 loopback
!
router eigrp 99
 variance 10
 network 184.4.0.0
 maximum-paths 3
!
router bgp 109
 network 10.10.1.0 mask 255.255.255.0
 aggregate-address 10.10.0.0 255.255.0.0
 neighbor 184.4.3.129 remote-as 104
 no auto-summary
!
no ip classless
ip route 10.10.0.0 255.255.0.0 Null0
!
end

    Router gibt die Netze
    10.10.1.0 (durch *network* Kommando)
    10.10.0.0 (durch aggregate-address)
    bekannt.

hostname c7000
!
boot system flash slot0:rsp-jsv-mz.112-8.aa
!
interface Loopback0
 ip address 184.4.0.4 255.255.255.255
!
interface Loopback1921681
 ip address 192.168.1.1 255.255.255.0
!
interface Ethernet0/0
 ip address 184.4.3.129 255.255.255.128
 no ip mroute-cache
 ip ospf cost 5
!
interface Ethernet0/1
 ip address 184.4.4.130 255.255.255.128
 no ip mroute-cache
 ip ospf cost 5
!
interface Serial1/1
 ip address 184.4.1.10 255.255.255.252
 no ip mroute-cache
 no ip route-cache
 ip ospf cost 25
 bandwidth 2000
 clockrate 2000000
!
router eigrp 99
 variance 10
 redistribute ospf 1 metric 2000 10 100 3 1500
 passive-interface Serial1/0
 passive-interface Serial1/1
 passive-interface Loopback0
 network 184.4.0.0
 network 192.168.168.0
 maximum-paths 3
 no auto-summary
!
router ospf 1
 redistribute eigrp 99
 passive-interface Ethernet0/0
 network 184.4.1.8 0.0.0.3 area 44
 network 184.4.3.128 0.0.0.127 area 45
 network 184.4.4.128 0.0.0.127 area 45
 network 184.4.0.4 0.0.0.0 area 45
 maximum-paths 3
 area 44 virtual-link 184.4.0.1
 area 45 virtual-link 184.4.0.3
!
router bgp 57000
 no synchronization
 bgp cluster-id 33
 bgp confederation identifier 104
 bgp confederation peers 54000
 neighbor 184.4.0.1 remote-as 54000
 neighbor 184.4.0.1 ebgp-multihop 255
 neighbor 184.4.0.1 update-source Loopback0
 neighbor 184.4.0.3 remote-as 57000
 neighbor 184.4.0.3 route-reflector-client
 neighbor 184.4.0.3 update-source Loopback0
 neighbor 184.4.3.130 remote-as 109
!
ip classless
ip route 184.0.0.0 255.0.0.0 Null0
ip route 184.4.3.131 255.255.255.255 Serial1/2
!
end

C2500-3-Informationen

c2500-3# show ip protocols

```
Routing Protocol is "bgp 222"
  Sending updates every 60 seconds, next due in 0 seconds
  Outgoing update filter list for all interfaces is not set
  Incoming update filter list for all interfaces is not set
  IGP synchronization is enabled
  Automatic route summarization is enabled
  Aggregate Generation:
    10.20.0.0/16
  Neighbor(s):
    Address         FiltIn FiltOut DistIn DistOut Weight RouteMap
    184.4.6.129
  Routing for Networks:
    10.20.1.0 255.255.255.0
  Routing-Information Sources:
    Gateway         Distance      Last Update
    (this router)       200       1:16:52
    184.4.6.129          20       1:17:29
  Distance: external 20 internal 200 local 200
```

c2500-3# show ip bgp neighbor

```
BGP neighbor is 184.4.6.129,  remote AS 104, external link
  BGP version 4, remote router ID 184.4.0.1
  BGP state = Established, table version = 5, up for 1:17:31
  Last read 0:00:31, hold time is 180, keepalive interval is 60 seconds
  Minimum time between advertisement runs is 30 seconds
  Received 82 messages, 0 notifications, 0 in queue
  Sent 82 messages, 0 notifications, 0 in queue
  Connections established 1; dropped 0
Connection state is ESTAB, I/O status: 1, unread input bytes: 0
Local host: 184.4.6.130, Local port: 11000
Foreign host: 184.4.6.129, Foreign port: 179
```

c2500-3# show ip bgp

```
BGP table version is 5, local router ID is 184.4.0.5

Status codes: s suppressed, * valid, > best, i - internal
Origin codes: i - IGP, e - EGP, ? - incomplete
   Network         Next Hop       Metric LocPrf Weight Path
*> 10.10.0.0/16    184.4.6.129                      0 104 109 i
*> 10.10.1.0/24    184.4.6.129                      0 104 109 i
*> 10.20.0.0/16    0.0.0.0                      32768 i
*> 10.20.1.0/24    0.0.0.0            0         32768 i
```

AS-Path läuft über das Confederation-AS 109

c2500-3# show ip route bgp

```
     10.0.0.0 is variably subnetted, 4 subnets, 2 masks
B       10.10.0.0 255.255.0.0 [20/0] via 184.4.6.129, 01:17:31
B       10.10.1.0 255.255.255.0 [20/0] via 184.4.6.129, 01:17:31
B       10.20.0.0 255.255.0.0 [200/0] via 0.0.0.0, 01:16:54, Null0
```

C4000-Informationen (Route Reflector)

c4000# show ip protocols

```
Routing Protocol is "bgp 54000"
  Sending updates every 60 seconds, next due in 0 seconds
  Outgoing update filter list for all interfaces is not set
  Incoming update filter list for all interfaces is not set
  BGP confederation consists of ASs: 57000
  BGP confederation advertized as AS 104
  Route Reflector with the cluster-id 77
  IGP synchronization is disabled                    ⌐ BGP Synchronization ist
  Automatic route summarization is enabled      ausgeschaltet
  Neighbor(s):
    Address         FiltIn FiltOut DistIn DistOut Weight RouteMap
    184.4.0.2
    184.4.0.4
    184.4.6.130
  Routing for Networks:
  Routing-Information Sources:
    Gateway         Distance      Last Update
    184.4.6.130           20      01:15:43
    184.4.0.4            200      01:32:55
  Distance: external 20 internal 200 local 200
```

c4000# show ip bgp summary

```
BGP table version is 36, main routing table version 36
4 network entries (4/12 paths) using 860 bytes of memory
Neighbor        V   AS MsgRcvd MsgSent   TblVer  InQ OutQ Up/Down  State
184.4.0.2       4 54000    365     381       36    0    0 06:00:30
184.4.0.4       4 57000    189     194       36    0    0 01:32:57
184.4.6.130     4   222    208     215       36    0    0 01:16:45
```

c4000# show ip bgp neighbor

⌐ IBGP Peer

```
BGP neighbor is 184.4.0.2, remote AS 54000, internal link
  Index 0, Offset 0, Mask 0x0
  Route-Reflector Client
  BGP version 4, remote router ID 184.4.0.2
  BGP state=Established,table version=36,up for 06:00:31
```

⌐ EBGP Peer mit gleicher
Confederation-ID

```
BGP neighbor is 184.4.0.4, remote AS 57000, external link
  Index 1, Offset 0, Mask 0x2
  BGP version 4, remote router ID 192.168.1.1
  Neighbor under common administration
  BGP state=Established,table version=36,up for 01:32:57
```

⌐ EBGP Peer

```
BGP neighbor is 184.4.6.130, remote AS 222, external link
  Index 2, Offset 0, Mask 0x4
  BGP version 4, remote router ID 184.4.0.5
  BGP state=Established,table version=36,up for 01:16:46
```

c4000# show ip bgp

```
BGP table version is 36, local router ID is 184.4.0.1
Status codes: s suppressed,d damped,h history,* valid,> best,i - internal

Origin codes: i - IGP, e - EGP, ? - incomplete
   Network          Next Hop         Metric LocPrf Weight Path
*> 10.10.0.0/16     184.4.3.130              100      0 (57000) 109 i
*> 10.10.1.0/24     184.4.3.130        0     100      0 (57000) 109 i
*> 10.20.0.0/16     184.4.6.130                       0 222 i
*> 10.20.1.0/24     184.4.6.130        0               0 222 i
```

Alle Netzwerke (inkl. der über die Confederation 57000 gelernten) werden als externe Netze übernommen.

AS-Path läuft über das Member-AS 57000 der gleichen Confederation.

c4000# show ip route bgp

```
     10.0.0.0/8 is variably subnetted, 4 subnets, 2 masks
B       10.10.0.0/16 [200/0] via 184.4.3.130, 01:32:58
B       10.10.1.0/24 [200/0] via 184.4.3.130, 01:32:58
B       10.20.0.0/16 [20/0]  via 184.4.6.130, 01:15:45
B       10.20.1.0/24 [20/0]  via 184.4.6.130, 01:15:45
```

c4000# show ip route 10.10.1.1

```
Routing entry for 10.10.1.0/24
  Known via "bgp 54000", distance 200, metric 0
  Tag 57000, type internal
  Last update from 184.4.3.130 01:32:58 ago
  Routing Descriptor Blocks:
  * 184.4.3.130, from 184.4.0.4, 01:32:58 ago
      Route metric is 0, traffic share count is 1
      AS Hops 1
```

Type Internal: von einem IBGP Speaker gelernt

c4000# show ip route 10.20.1.1

```
Routing entry for 10.20.1.0/24
  Known via "bgp 54000", distance 20, metric 0
  Tag 222, type external
  Last update from 184.4.6.130 01:15:46 ago
  Routing Descriptor Blocks:
  * 184.4.6.130, from 184.4.6.130, 01:15:46 ago
      Route metric is 0, traffic share count is 1
      AS Hops 1
```

Type External: von einem EBGP Speaker gelernt

C2500-1-Informationen (Route Reflector Client)

c2500-1# show ip protocols

```
Routing Protocol is "bgp 54000"
  Sending updates every 60 seconds, next due in 0 seconds
  Outgoing update filter list for all interfaces is not set
  Incoming update filter list for all interfaces is not set
  BGP confederation consists of ASs: 57000
  BGP confederation advertized as AS 104
  IGP synchronization is enabled
  Automatic route summarization is enabled
  Neighbor(s):
    Address         FiltIn FiltOut DistIn DistOut Weight RouteMap
    184.4.0.1
  Routing for Networks:
  Routing-Information Sources:
    Gateway        Distance      Last Update
    184.4.0.1          200       01:15:51
  Distance: external 20 internal 200 local 200
```

c2500-1# show ip bgp neighbor

Router hat keine Infos, dass sein Nachbar ein Route Reflector ist.

```
BGP neighbor is 184.4.0.1, remote AS 54000, internal link
  Index 0, Offset 0, Mask 0x0
  BGP version 4, remote router ID 184.4.0.1
  BGP state = Established, table version = 21, up for 06:00:43
```

c2500-1# show ip bgp

```
BGP table version is 21, local router ID is 184.4.0.2
Status codes: s suppressed,d damped,h history,* valid,> best,i - internal
Origin codes: i - IGP, e - EGP, ? - incomplete
   Network          Next Hop         Metric LocPrf Weight Path
*>i10.10.0.0/16     184.4.3.130             100    0 (57000) 109 i
*>i10.10.1.0/24     184.4.3.130        0    100    0 (57000) 109 i
*>i10.20.0.0/16     184.4.6.130             100    0 222 i
*>i10.20.1.0/24     184.4.6.130        0    100    0 222 i
```

Netze wurden über IBGP Speaker gelernt (hier vom Route Reflector).

c2500-1# show ip route bgp

```
     10.0.0.0/8 is variably subnetted, 4 subnets, 2 masks
B       10.10.0.0/16 [200/0] via 184.4.3.130, 01:33:10
B       10.10.1.0/24 [200/0] via 184.4.3.130, 01:33:10
B       10.20.0.0/16 [200/0] via 184.4.6.130, 01:15:53
B       10.20.1.0/24 [200/0] via 184.4.6.130, 01:15:58
```

c2500-1# show ip route 10.10.1.1

```
Routing entry for 10.10.1.0/24
  Known via "bgp 54000", distance 200, metric 0
  Tag 57000, type internal
  Last update from 184.4.3.130 01:33:11 ago
  Routing Descriptor Blocks:
  * 184.4.3.130, from 184.4.0.1, 01:33:11 ago
      Route metric is 0, traffic share count is 1
      AS Hops 1
```

show ip route 10.20.1.1

```
Routing entry for 10.20.1.0/24
  Known via "bgp 54000", distance 200, metric 0
  Tag 222, type internal
  Last update from 184.4.6.130 01:15:59 ago
  Routing Descriptor Blocks:
  * 184.4.6.130, from 184.4.0.1, 01:15:59 ago
      Route metric is 0, traffic share count is 1
      AS Hops 1
```

C7000-Informationen

c7000# show ip protocols

```
Routing Protocol is "bgp 57000"
  Sending updates every 60 seconds, next due in 0 seconds
  BGP confederation consists of ASs: 54000
  BGP confederation advertized as AS 104
  Route Reflector with the cluster-id 33
  IGP synchronization is disabled
  Automatic route summarization is enabled
  Neighbor(s):
    Address          FiltIn FiltOut DistIn DistOut Weight RouteMap
    184.4.0.1
    184.4.0.3
    184.4.3.130
  Routing for Networks:
  Routing-Information Sources:
    Gateway         Distance      Last Update
    184.4.3.130          20       05:57:50
    184.4.0.1           200       01:16:01
  Distance: external 20 internal 200 local 200
```

c7000# show ip bgp neighbor

```
BGP neighbor is 184.4.0.1,  remote AS 54000, external link
 Index 1, Offset 0, Mask 0x2
  BGP version 4, remote router ID 184.4.0.1
  Neighbor under common administration
  BGP state = Established, table version = 22, up for 01:33:33

BGP neighbor is 184.4.0.3,  remote AS 57000, internal link
 Index 0, Offset 0, Mask 0x0
  Route-Reflector Client
  BGP version 4, remote router ID 184.4.0.3
  BGP state = Established, table version = 22, up for 01:33:35

BGP neighbor is 184.4.3.130,  remote AS 109, external link
 Index 2, Offset 0, Mask 0x4
  BGP version 4, remote router ID 192.168.254.1
  BGP state = Established, table version = 22, up for 05:57:51
```

c7000# show ip bgp

```
BGP table version is 22, local router ID is 192.168.1.1
Status codes: s suppressed,d damped,h history,* valid,> best,i - internal
Origin codes: i - IGP, e - EGP, ? - incomplete
   Network          Next Hop          Metric LocPrf Weight Path
*> 10.10.0.0/16     184.4.3.130                         0 109 i
*> 10.10.1.0/24     184.4.3.130         0               0 109 i
*> 10.20.0.0/16     184.4.6.130                100       0 (54000) 222 i
*> 10.20.1.0/24     184.4.6.130         0      100       0 (54000) 222 i
```

c7000# show ip route bgp

```
      10.0.0.0/8 is variably subnetted, 4 subnets, 2 masks
B        10.10.0.0/16 [20/0]  via 184.4.3.130, 05:57:51
B        10.10.1.0/24 [20/0]  via 184.4.3.130, 05:57:51
B        10.20.0.0/16 [200/0] via 184.4.6.130, 01:16:02
B        10.20.1.0/24 [200/0] via 184.4.6.130, 01:16:20
```

c7000# show ip route 10.10.1.1

```
Routing entry for 10.10.1.0/24
  Known via "bgp 57000", distance 20, metric 0
  Tag 109, type external
  Last update from 184.4.3.130 05:57:52 ago
  Routing Descriptor Blocks:
  * 184.4.3.130, from 184.4.3.130, 05:57:52 ago
      Route metric is 0, traffic share count is 1
      AS Hops 1
```

c7000# show ip route 10.20.1.1

```
Routing entry for 10.20.1.0/24
  Known via "bgp 57000", distance 200, metric 0
  Tag 54000, type internal
  Last update from 184.4.6.130 01:16:21 ago
  Routing Descriptor Blocks:
  * 184.4.6.130, from 184.4.0.1, 01:16:21 ago
      Route metric is 0, traffic share count is 1
      AS Hops 1
```

Cbrou-Informationen

cbrou# show ip protocols

```
Routing Protocol is "bgp 109"
  Sending updates every 60 seconds, next due in 0 seconds
  Outgoing update filter list for all interfaces is not set
  Incoming update filter list for all interfaces is not set
  IGP synchronization is enabled
  Automatic route summarization is disabled        "no auto-summary" gesetzt
  Aggregate Generation:
    10.10.0.0/16
  Neighbor(s):
    Address          FiltIn FiltOut DistIn DistOut Weight RouteMap
    184.4.3.129
  Routing for Networks:
    10.10.1.0/24
  Routing-Information Sources:
    Gateway          Distance
  Distance: external 20 internal 200 local 200      Last Update
    (this router)            200       21:24:30
    184.4.3.129               20       01:16:19
```

cbrou# show ip bgp

```
BGP table version is 43, local router ID is 192.168.254.1
Status codes: s suppressed,d damped,h history,* valid,> best,i - internal
Origin codes: i - IGP, e - EGP, ? - incomplete
   Network          Next Hop         Metric LocPrf Weight Path
*> 10.10.0.0/16     0.0.0.0                          32768 i
*> 10.10.1.0/24     0.0.0.0               0          32768 i
*> 10.20.0.0/16     184.4.3.129                          0 104 222 i
*> 10.20.1.0/24     184.4.3.129                          0 104 222 i
```

cbrou# show ip bgp neighbor

```
BGP neighbor is 184.4.3.129,  remote AS 104, external link
  BGP version 4, remote router ID 192.168.1.1
  BGP state = Established, table version = 43, up for 05:58:17
```

cbrou# show ip route bgp

```
      10.0.0.0/8 is variably subnetted, 8 subnets, 2 masks
B        10.20.0.0/16 [20/0] via 184.4.3.129, 01:16:21
B        10.20.1.0/24 [20/0] via 184.4.3.129, 01:16:47
```

cbrou# show ip route 10.10.1.1

```
Routing entry for 10.10.1.0/24
  Known via "connected", distance 0, metric 0 (connected)
  Routing Descriptor Blocks:
  * directly connected, via Loopback101001
      Route metric is 0, traffic share count is 1
```

cbrou# show ip route 10.20.1.1

```
Routing entry for 10.20.1.0/24
  Known via "bgp 109", distance 20, metric 0
  Tag 104, type external
  Last update from 184.4.3.129 01:16:48 ago
  Routing Descriptor Blocks:
  * 184.4.3.129, from 184.4.3.129, 01:16:48 ago
      Route metric is 0, traffic share count is 1
      AS Hops 2
```

Hop geht über AS 104 und 222

4.9   Unnumbered Interfaces und IP-Routing-Protokolle

4.9.1   RIP und Unnumbered Interface

Falls zwei Subnetze in unterschiedlichen Netzwerken über Unnumbered Interfaces miteinander verbunden sind, kann es bei Protokollen, deren Routing Updates keine Subnet-Infor-
mationen enthalten (z.B. RIP oder IGRP), zu Problemen kommen.

Da die Gegenseite keine Schnittstellen im Netzwerk des lokalen Routers besitzt, hat der
Router auch keine Information, welche Subnet-Maske er für die empfangenen Subnet-
Routen verwenden soll.

Um trotzdem die Subnetze der Gegenseite ansprechen zu können, musste man in älteren
IOS-Versionen jeweils eine statische Route für das Netzwerk der Gegenseite definieren.

In den aktuellen Versionen geschieht dies automatisch. Die Routing Updates enthalten zusätzlich zu den Subnet-Routen noch eine Route für das normale Netzwerk.

Unterschiedliche (Major-)Netzwerke auf beiden Seiten eines Unnumbered Interface

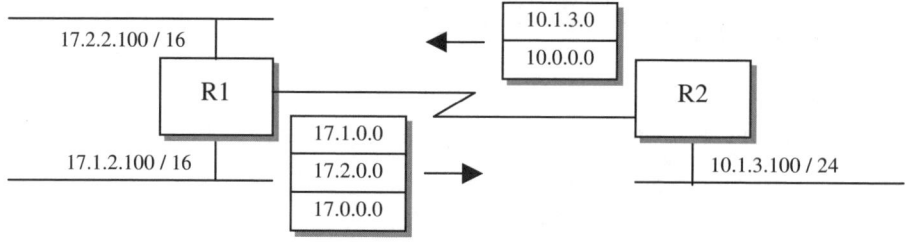

hostname R1

!
interface Loopback0
  ip address 17.2.2.100 255.255.0.0
!
interface Ethernet0/0
  ip address 17.1.2.100 255.255.0.0
!
interface Serial0/1
  ip unnumbered Ethernet0/0
!
router rip
  network 17.0.0.0

hostname R2

!
interface Ethernet0/0
  ip address 10.1.2.100 255.255.255.0
!
interface Serial0/1
  ip unnumbered Ethernet0/0
!
router rip
  network 10.0.0.0

R1# debug ip rip

```
RIP: received v1 update from 10.1.3.100 on Serial0/1
      10.1.3.0 in 1 hops
      10.0.0.0 in 1 hops
RIP: sending v1 update to 255.255.255.255 via Ethernet0/0 (17.1.2.100)
      subnet  17.2.0.0, metric 1
      network 10.0.0.0, metric 2
RIP: sending v1 update to 255.255.255.255 via Serial0/1 (17.1.2.100)
      subnet  17.1.0.0, metric 1
      subnet  17.2.0.0, metric 1          zusätzlicher Eintrag für das Netzwerk
      network 17.0.0.0, metric 1
RIP: sending v1 update to 255.255.255.255 via Loopback0 (17.2.2.100)
      subnet  17.1.0.0, metric 1
      network 10.0.0.0, metric 2
```

R1# show ip route

```
      17.0.0.0/16 is subnetted, 2 subnets
C        17.1.0.0 is directly connected, Ethernet0/0
C        17.2.0.0 is directly connected, Loopback0
      10.0.0.0/8 is variably subnetted, 2 subnets, 2 masks
R        10.1.3.0/32 [120/1] via 10.1.3.100, 00:00:16, Serial0/1
R        10.0.0.0/8 [120/1] via 10.1.3.100, 00:00:16, Serial0/1
```

R1# show ip route 10.0.0.0 255.0.0.0

```
Routing entry for 10.0.0.0/8
  Known via "rip", distance 120, metric 1
  Redistributing via rip
  Last update from 10.1.3.100 on Serial0/1, 00:00:24 ago
  Routing Descriptor Blocks:
  * 10.1.3.100, from 10.1.3.100, 00:00:24 ago, via Serial0/1
      Route metric is 1, traffic share count is 1
```

R1# show ip route 10.1.3.0

```
Routing entry for 10.1.3.0/32
  Known via "rip", distance 120, metric 1
  Redistributing via rip
  Advertised by rip (self originated)
  Last update from 10.1.3.100 on Serial0/1, 00:00:14 ago
  Routing Descriptor Blocks:
  * 10.1.3.100, from 10.1.3.100, 00:00:14 ago, via Serial0/1
      Route metric is 1, traffic share count is 1
```

Das gleiche Verhalten tritt auch auf, wenn RIPv2 als Routing-Protokoll eingesetzt wird. Das heißt, zusätzlich zu den Subnet-Routen generiert der Router noch eine Route für das normale Netzwerk.

R1# debug ip rip

```
RIP: sending v2 update to 224.0.0.9 via Ethernet0/0 (17.1.2.100)
      17.2.0.0/16 -> 0.0.0.0, metric 1, tag 0
      10.0.0.0/8 -> 0.0.0.0, metric 2, tag 0
RIP: sending v2 update to 224.0.0.9 via Serial0/1 (17.1.2.100)
      17.1.0.0/16 -> 0.0.0.0, metric 1, tag 0
      17.2.0.0/16 -> 0.0.0.0, metric 1, tag 0
      17.0.0.0/8 -> 0.0.0.0, metric 1, tag 0
RIP: sending v2 update to 224.0.0.9 via Loopback0 (17.2.2.100)
      17.1.0.0/16 -> 0.0.0.0, metric 1, tag 0
      10.0.0.0/8 -> 0.0.0.0, metric 2, tag 0
RIP: received v2 update from 10.1.3.100 on Serial0/1
      10.1.3.0/24 -> 0.0.0.0 in 1 hops
      10.0.0.0/8 -> 0.0.0.0 in 1 hops
```

R1# show ip route

```
      17.0.0.0/16 is subnetted, 2 subnets
C        17.1.0.0 is directly connected, Ethernet0/0
C        17.2.0.0 is directly connected, Loopback0
      10.0.0.0/8 is variably subnetted, 2 subnets, 2 masks
R        10.1.3.0/24 [120/1] via 10.1.3.100, 00:00:18, Serial0/1
R        10.0.0.0/8 [120/1] via 10.1.3.100, 00:00:18, Serial0/1
```

R1# show ip route 10.0.0.0 255.0.0.0

```
Routing entry for 10.0.0.0/8
  Known via "rip", distance 120, metric 1
  Redistributing via rip
  Last update from 10.1.3.100 on Serial0/1, 00:00:16 ago
  Routing Descriptor Blocks:
  * 10.1.3.100, from 10.1.3.100, 00:00:16 ago, via Serial0/1
      Route metric is 1, traffic share count is 1
```

R1# show ip route 10.1.3.0

```
Routing entry for 10.1.3.0/24
  Known via "rip", distance 120, metric 1
  Redistributing via rip
  Advertised by rip (self originated)
  Last update from 10.1.3.100 on Serial0/1, 00:00:10 ago
  Routing Descriptor Blocks:
  * 10.1.3.100, from 10.1.3.100, 00:00:10 ago, via Serial0/1
      Route metric is 1, traffic share count is 1
```

Gleiches (Major-)Netzwerk auf beiden Seiten eines Unnumbered Interface

Auch wenn auf beiden Seiten der Punkt-zu-Punkt-Verbindung das gleiche Netzwerk definiert ist, erzeugten die Router einen zusätzlich Eintrag für das Major-Netzwerk.

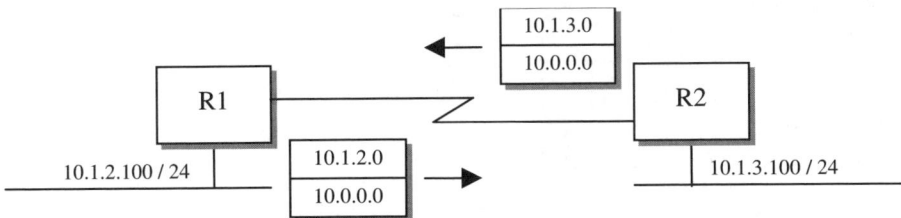

hostname R1

```
!
interface Ethernet0/0
  ip address 10.1.2.100 255.255.255.0
!
interface Serial0/1
   ip unnumbered Ethernet0/0
!
router rip
  network 10.0.0.0
```

hostname R2

```
!
interface Ethernet0/0
  ip address 10.1.3.100 255.255.255.0
!
interface Serial0/1
   ip unnumbered Ethernet0/0
!
router rip
  network 10.0.0.0
```

R1# debug ip rip
```
RIP: sending v1 update to 255.255.255.255 via Ethernet0/0 (10.1.3.100)
     subnet  10.1.2.0, metric 2
RIP: sending v1 update to 255.255.255.255 via Serial0/1 (10.1.3.100)
     subnet  10.1.3.0, metric 1
     network 10.0.0.0, metric 1
RIP: received v1 update from 10.1.2.100 on Serial0/1
     10.1.2.0 in 1 hops
     10.0.0.0 in 1 hops
```

R1# show ip route
```
     10.0.0.0/24 is subnetted, 2 subnets
R       10.1.3.0 [120/1] via 10.1.3.100, 00:00:22, Serial0/1
C       10.1.2.0 is directly connected, Ethernet0/0
```

R1# show ip route 10.1.3.0

```
Routing entry for 10.1.3.0/24
  Known via "rip", distance 120, metric 1
  Redistributing via rip
  Advertised by rip (self originated)
  Last update from 10.1.3.100 on Serial0/1, 00:00:17 ago
  Routing Descriptor Blocks:
  * 10.1.3.100, from 10.1.3.100, 00:00:17 ago, via Serial0/1
      Route metric is 1, traffic share count is 1
```

R2# show ip route

```
10.0.0.0/24 is subnetted, 2 subnets
C       10.1.3.0 is directly connected, Ethernet0/0
R       10.1.2.0 [120/1] via 10.1.2.100, 00:00:14, Serial0/1
```

R2# show ip route 10.1.2.0

```
Routing entry for 10.1.2.0/24
  Known via "rip", distance 120, metric 1
  Redistributing via rip
  Advertised by rip (self originated)
  Last update from 10.1.2.100 on Serial0/1, 00:00:22 ago
  Routing Descriptor Blocks:
  * 10.1.2.100, from 10.1.2.100, 00:00:22 ago, via Serial0/1
      Route metric is 1, traffic share count is 1
```

4.9.2   IGRP und Unnumbered Interfaces

Analog zu RIP erzeugt auch IGRP für Routing Updates, die über eine Unnumbered Interface gesendet werden, zusätzlich zu den Subnet-Routen noch eine Route für das Major-Netzwerk.

R1# debup ip igrp transaction

```
IGRP: sending update to 255.255.255.255 via Ethernet0/0 (17.1.2.100)
      subnet 17.2.0.0, metric=501
      network 10.0.0.0, metric=8576
IGRP: sending update to 255.255.255.255 via Serial0/1 (17.1.2.100)
      subnet 17.1.0.0, metric=1100
      subnet 17.2.0.0, metric=501
      network 17.0.0.0, metric=501
IGRP: sending update to 255.255.255.255 via Loopback0 (17.2.2.100)
      subnet 17.1.0.0, metric=1100
      network 10.0.0.0, metric=8576
IGRP: received update from 10.1.3.100 on Serial0/1
      subnet 10.1.3.0, metric 8576 (neighbor 1100)    ⬅ zusätzlicher Eintrag für das Netzwerk
      network 10.0.0.0, metric 8576 (neighbor 1100)
```

R1# show ip route

```
      17.0.0.0/16 is subnetted, 2 subnets
C        17.1.0.0 is directly connected, Ethernet0/0
C        17.2.0.0 is directly connected, Loopback0
      10.0.0.0/8 is variably subnetted, 2 subnets, 2 masks
I        10.1.3.0/32 [100/8576] via 10.1.3.100, 00:01:01, Serial0/1
I        10.0.0.0/8 [100/8576] via 10.1.3.100, 00:01:01, Serial0/1
```

R1# show ip route 10.0.0.0 255.0.0.0

```
Routing entry for 10.0.0.0/8
  Known via "igrp 1", distance 100, metric 8576
  Redistributing via igrp 1
  Advertised by igrp 1 (self originated)
  Last update from 10.1.3.100 on Serial0/1, 00:00:01 ago
  Routing Descriptor Blocks:
  * 10.1.3.100, from 10.1.3.100, 00:00:01 ago, via Serial0/1
      Route metric is 8576, traffic share count is 1
      Total delay is 21000 microseconds, minimum bandwidth is 1544 Kbit
      Reliability 255/255, minimum MTU 1500 bytes
      Loading 1/255, Hops 0
```

R1# show ip route 10.1.3.0

```
Routing entry for 10.1.3.0/32
  Known via "igrp 1", distance 100, metric 8576
  Redistributing via igrp 1
  Advertised by igrp 1 (self originated)
  Last update from 10.1.3.100 on Serial0/1, 00:00:48 ago
  Routing Descriptor Blocks:
  * 10.1.3.100, from 10.1.3.100, 00:00:48 ago, via Serial0/1
      Route metric is 8576, traffic share count is 1
      Total delay is 21000 microseconds, minimum bandwidth is 1544 Kbit
      Reliability 255/255, minimum MTU 1500 bytes
      Loading 1/255, Hops 0
```

4.9.3 EIGRP und Unnumbered-Interfaces

EIGRP sendet nur die Subnet-Routen (inkl. der zugehörigen Netzwerkmaske) als Routing Updates über das Unnumbered Interface.

hostname R1

```
!
interface Loopback0
  ip address 17.2.2.100 255.255.0.0
!
interface Ethernet0/0
  ip address 17.1.2.100 255.255.0.0
!
interface Serial0/1
    ip unnumbered Ethernet0/0
!
router eigrp 1
  network 17.0.0.0
```

hostname R2

```
!
interface Ethernet0/0
  ip address 10.1.2.100 255.255.255.0
!
interface Serial0/1
  ip unnumbered Ethernet0/0
!
router eigrp 1
  network 10.0.0.0
```

R1# debug ip eigrp

```
IP-EIGRP: 17.1.0.0/16 - do advertise out Serial0/1
IP-EIGRP: Int 17.1.0.0/16 metric 28160 - 25000 2560
IP-EIGRP: 17.2.0.0/16 - do advertise out Serial0/1
IP-EIGRP: Int 17.2.0.0/16 metric 128256 - 256 12800
IP-EIGRP: Processing incoming UPDATE packet
IP-EIGRP: Int 10.1.2.0/24 M 2195456 - 1657856 537600 SM 28160 - 25600 2500
```

R1# show ip eigrp neighbors detail

```
IP-EIGRP neighbors for process 1
H   Address                 Interface   Hold Uptime   SRTT   RTO  Q  Seq
                                        (sec)         (ms)        Cnt Num
0   10.1.3.100              Se0/1         13 00:00:29   16    200  0  2
    Version 11.3/1.0, Retrans: 1, Retries: 0
```

R1# show ip eigrp topology

```
IP-EIGRP Topology Table for process 1
Codes: P - Passive, A - Active, U - Update, Q - Query, R - Reply,
       r - Reply status
P 10.1.3.0/24, 1 successors, FD is 2195456
          via 10.1.3.100 (2195456/281600), Serial0/1
P 17.1.0.0/16, 1 successors, FD is 281600
          via Connected, Ethernet0/0
P 17.2.0.0/16, 1 successors, FD is 128256
          via Connected, Loopback0
```

R1# show ip route

```
     17.0.0.0/16 is subnetted, 2 subnets
C       17.1.0.0 is directly connected, Ethernet0/0
C       17.2.0.0 is directly connected, Loopback0
     10.0.0.0/24 is subnetted, 1 subnets
D       10.1.3.0 [90/2195456] via 10.1.3.100, 00:01:23, Serial0/1
```

R1# show ip route 10.1.3.0

```
Routing entry for 10.1.3.0/24
  Known via "eigrp 1", distance 90, metric 2195456, type internal
  Redistributing via eigrp 1
  Last update from 10.1.3.100 on Serial0/1, 00:01:50 ago
  Routing Descriptor Blocks:
  * 10.1.3.100, from 10.1.3.100, 00:01:50 ago, via Serial0/1
      Route metric is 2195456, traffic share count is 1
      Total delay is 21000 microseconds, minimum bandwidth is 1544 Kbit
      Reliability 255/255, minimum MTU 1500 bytes
      Loading 1/255, Hops 1
```

4.9.4   OSPF und Unnumbered Interfaces

OSPF betrachtet das Unnumbered Interface als ein Point-to-Point-Netzwerk.

hostname R1
```
!
interface Loopback0
  ip address 17.2.2.100 255.255.0.0
!
interface Ethernet0/0
  ip address 17.1.2.100 255.255.0.0
!
interface Serial0/1
    ip unnumbered Ethernet0/0
!
router ospf 1
  network 17.0.0.0 0.255.255.255 area 0
```

hostname R2
```
!
interface Ethernet0/0
  ip address 10.1.3.100 255.255.255.0
!
interface Serial0/1
  ip unnumbered Ethernet0/0
!
router ospf 1
  network 10.0.0.0 0.255.255.255 area 0
```

R1# debug ip ospf spf

```
OSPF: Initializing to run spf
 It is a router LSA 17.2.2.100. Link Count 3
  Processing link 0, id 17.2.2.100, link data 255.255.255.255, type 3
   Add better path to LSA ID 17.2.2.100, gateway 17.2.2.100, dist 1
   Add path: next-hop 17.2.2.100, interface Loopback0
  Processing link 1, id 10.1.2.100, link data 0.0.0.5, type 1
   Add better path to LSA ID 10.1.2.100, gateway 0.0.0.5, dist 64
   Add path: next-hop 10.1.2.100, interface Serial0/1
  Processing link 2, id 17.1.0.0, link data 255.255.0.0, type 3
   Add better path to LSA ID 17.1.255.255, gateway 17.1.0.0, dist 10
   Add path: next-hop 17.1.2.100, interface Ethernet0/0
 It is a router LSA 10.1.2.100. Link Count 2
  Processing link 0, id 17.2.2.100, link data 0.0.0.5, type 1
  Ignore newdist 128 olddist 0
  Processing link 1, id 10.1.2.0, link data 255.255.255.0, type 3
   Add better path to LSA ID 10.1.2.255, gateway 10.1.2.0, dist 74
   Add path: next-hop 10.1.2.100, interface Serial0/1
```

R1# show ip ospf neighbor detail

```
Neighbor 10.1.3.100, interface address 10.1.3.100
   In the area 0 via interface Serial0/1
   Neighbor priority is 1, State is FULL
   DR is 0.0.0.0 BDR is 0.0.0.0
   Options 2
   Dead timer due in 00:00:35
```

R1# show ip ospf interface s0/1

```
Serial0/1 is up, line protocol is up
   Internet Address 0.0.0.0/16, Area 0
   Process ID 1,Router ID 17.2.2.100,Network Type POINT_TO_POINT,Cost: 64
   Transmit Delay is 1 sec, State POINT_TO_POINT,
   Timer intervals configured, Hello 10, Dead 40, Wait 40, Retransmit 5
   Hello due in 00:00:03
   Neighbor Count is 1, Adjacent neighbor count is 1
   Adjacent with neighbor 10.1.3.100
   Suppress hello for 0 neighbor(s)
```

R1# show ip route

```
      17.0.0.0/16 is subnetted, 2 subnets
C        17.1.0.0 is directly connected, Ethernet0/0
C        17.2.0.0 is directly connected, Loopback0
      10.0.0.0/24 is subnetted, 1 subnets
O        10.1.3.0 [110/74] via 10.1.3.100, 00:01:56, Serial0/1
```

R1# show ip route 10.1.3.0

```
Routing entry for 10.1.3.0/24
   Known via "ospf 1", distance 110, metric 74, type intra area
   Redistributing via ospf 1
   Last update from 10.1.3.100 on Serial0/1, 00:02:24 ago
   Routing Descriptor Blocks:
   * 10.1.3.100, from 10.1.3.100, 00:02:24 ago, via Serial0/1
      Route metric is 74, traffic share count is 1
```

R1# show ip ospf data database-summary

```
                OSPF Router with ID (17.2.2.100) (Process ID 1)
Area ID         Router  Network S-Net   S-ASBR  Type-7  Subtotal Delete Maxage
0               2       0       0       0       N/A     2        0      0
AS External                                             0        0      0
Total           2       0       0       0       0       2
```

R1# show ip ospf database router

```
          OSPF Router with ID (17.2.2.100) (Process ID 1)
                Router Link States (Area 0)
  LS age: 542
  Options: (No TOS-capability, DC)
  LS Type: Router Links
  Link State ID: 10.1.3.100
  Advertising Router: 10.1.3.100
  LS Seq Number: 80000002
  Checksum: 0x5A0E
  Length: 48
   Number of Links: 2
     Link connected to: another Router (point-to-point)
      (Link ID) Neighboring Router ID: 17.2.2.100
      (Link Data) Router Interface address: 0.0.0.5
       Number of TOS metrics: 0
        TOS 0 Metrics: 64
     Link connected to: a Stub Network
      (Link ID) Network/subnet number: 10.1.3.0
      (Link Data) Network Mask: 255.255.255.0
       Number of TOS metrics: 0
        TOS 0 Metrics: 10


  LS age: 591
  Options: (No TOS-capability, DC)
  LS Type: Router Links
  Link State ID: 17.2.2.100
  Advertising Router: 17.2.2.100
  LS Seq Number: 80000002
  Checksum: 0xD4FD
  Length: 60
   Number of Links: 3
     Link connected to: a Stub Network
      (Link ID) Network/subnet number: 17.2.2.100
      (Link Data) Network Mask: 255.255.255.255
       Number of TOS metrics: 0
        TOS 0 Metrics: 1
     Link connected to: another Router (point-to-point)
      (Link ID) Neighboring Router ID: 10.1.3.100
      (Link Data) Router Interface address: 0.0.0.5
       Number of TOS metrics: 0
        TOS 0 Metrics: 64
     Link connected to: a Stub Network
      (Link ID) Network/subnet number: 17.1.0.0
      (Link Data) Network Mask: 255.255.0.0
       Number of TOS metrics: 0
        TOS 0 Metrics: 10
```

Router LSA für die Point-to-Point-Verbindung über das Unnumbered Interface

MIB-II if Index des Interface

Router LSA für die Point-to-Point-Verbindung über das Unnumbered Interface

MIB-II if Index des Interface

4.10 Cisco-Konfiguration: Spezielle Routing-Techniken

4.10.1 Routing-Filter

Für Informationen über das Filtern von IP-Daten siehe Kapitel »IP-Access-Filter«. Die Routing-Filter verwenden die gleichen Access-Listen wie die Filter für IP-Daten (1-199, 1300-2699).

Routing Updates beim Empfang filtern

router *routing-process*
  distribute-list # **IN** [interface *name*]

● interface: Auf welche Schnittstellen der Router den Filter anwenden soll
              (standardmäßig auf allen).

access-list 1 permit 5.0.0.0 0.255.255.255
access-list 9 permit 5.4.0.0 0.0.255.255

router rip
  distribute-list 1 in ethernet 0
  distribute-list 9 in

Pro Routing-Prozess ist für jedes Interface eine interface-spezifische Distribution-Liste erlaubt und zusätzlich für alle Schnittstellen zusammen noch eine globale Liste.

Zuerst überprüft der Router die interface-spezifische Liste, daran anschließend noch die globale Distribution-Liste. Erst wenn beide Filter die Übernahme einer Route erlauben, trägt der Router sie in die lokale Routing-Tabelle ein.

Bei Link-State-Protokollen verhindert die Distribution-Liste nur die Übernahme der Route in die lokale Routing-Tabelle, sie befindet sich aber weiterhin in der Link-State-Datenbank.

Routing Updates beim Senden filtern

router *routing-process*
  distribute-list # **OUT** [interface *name* | *routing-process*]
!
access-list 1 permit 5.0.0.0 0.255.255.255
access-list 2 permit 5.4.0.0 0.0.255.255
access-list 3 permit 5.5.0.0 0.0.255.255
!
router rip
  distribute-list 1 out
  distribute-list 2 out ethernet 0
  distribute-list 3 out tokenring 0
!
router ospf 1
  distribute-list 1 out rip

Für jeden Routing-Prozess sind mehrere Distribution-Listen erlaubt. Die Überprüfung der einzelnen Listen erfolgt in der unten aufgeführten Reihenfolge. Erst wenn alle drei die Weitergabe einer Route erlauben, trägt der Router sie in den das zu sendende Routing-Update-Paket ein.

● Eine interface-spezifische Distribution-Liste für jedes Interface

● Eine protokoll-spezifische Distribution-Liste für jeden Routing-Prozess

● Eine globale Distribution-List

Link-State-Protokolle erlauben das **distribute-list out**-Kommando nur bei der Redistribution von externen Routen in das lokale Protokoll. Das Filtern von Routen, die aus anderen Routing-Protokollen übernommen werden sollen, kann aber auch über den **redistribute ...** **route-map**-Befehl erfolgen.

4.10.1.1 Beispiel: Filtern von Routing Updates

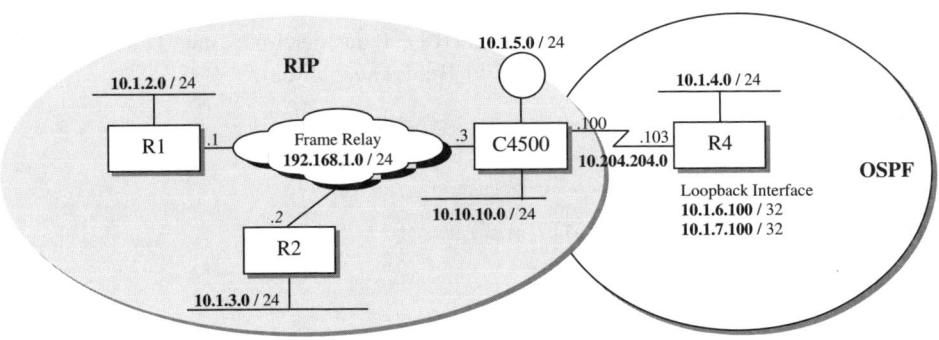

```
hostname C4500
!
interface Ethernet0
   ip address 10.10.10.10 255.255.255.0
!
interface Fddi0
   ip address 10.1.5.3 255.255.255.0
!
interface Serial0
   ip address 192.168.1.3 255.255.255.0
   encapsulation frame-relay
   frame-relay lmi-type ansi
!
interface Serial1
   ip address 10.204.204.100 255.255.255.0
!
router ospf 1
 redistribute rip subnets
 network 10.204.204.100 0.0.0.0 area 0
 distribute-list 1 in
!
router rip
 version 2
 redistribute ospf 1
 passive-interface Serial1
 network 10.0.0.0
 network 192.168.1.0
 distribute-list 3 out Serial0
 distribute-list 2 in Serial0
 no auto-summary
!
access-list 1 deny   10.1.7.0 0.0.0.255
access-list 1 permit any
!
access-list 2 permit 10.1.2.0 0.0.0.255
access-list 3 permit 10.10.10.0 0.0.0.255
access-list 3 permit 10.1.5.0 0.0.0.255
```

C4500# show ip route connected

```
      10.0.0.0/8 is variably subnetted, 6 subnets, 2 masks
C       10.204.204.0/24 is directly connected, Serial1
C       10.10.10.0/24 is directly connected, Ethernet0
C       10.1.5.0/24 is directly connected, Fddi0
C     192.168.1.0/24 is directly connected, Serial0
```

Routen bei der Übernahme aus der OSPF-Link-State-Datenbank in die Routing-Tabelle filtern

Der Router übernimmt die Routen 10.1.4.0 und 10.1.6.0 aus der Link-State Datenbank, die Route 10.1.7.0 wird über den distribute-list 1 in-Befehl ausgefiltert.

C4500# show ip protocols

```
Routing Protocol is "ospf 1"
  Sending updates every 0 seconds
  Invalid after 0 seconds, hold down 0, flushed after 0
  Outgoing update filter list for all interfaces is
  Incoming update filter list for all interfaces is 1
  Redistributing: rip, ospf 1
  Routing for Networks:
    10.204.204.100/32
  Routing-Information Sources:
    Gateway          Distance      Last Update
    10.204.204.103       110       00:04:48
  Distance: (default is 110)
```

C4500#show ip access-lists

```
Standard IP access list 1
    deny    10.1.7.0, wildcard bits 0.0.0.255
    permit any
```

C4500# show ip ospf database router adv-router 10.204.204.103

```
        OSPF Router with ID (192.168.1.3) (Process ID 1)
              Router Link States (Area 0)
  LS age: 1185
  Options: (No TOS-capability, DC)
  LS Type: Router Links
  Link State ID: 10.204.204.103
  Advertising Router: 10.204.204.103
  LS Seq Number: 80000009
  Checksum: 0xD161
  Length: 84
  Number of Links: 5

    Link connected to: a Stub Network
    (Link ID) Network/subnet number: 10.1.7.100
    (Link Data) Network Mask: 255.255.255.255
    Number of TOS metrics: 0
      TOS 0 Metrics: 1

    Link connected to: a Stub Network
    (Link ID) Network/subnet number: 10.1.6.100
    (Link Data) Network Mask: 255.255.255.255
    Number of TOS metrics: 0
      TOS 0 Metrics: 1

    Link connected to: a Stub Network
    (Link ID) Network/subnet number: 10.1.4.0
    (Link Data) Network Mask: 255.255.255.0
    Number of TOS metrics: 0
      TOS 0 Metrics: 10

    Link connected to: another Router (point-to-point)
    (Link ID) Neighboring Router ID: 192.168.1.3
    (Link Data) Router Interface address: 10.204.204.103
    Number of TOS metrics: 0
      TOS 0 Metrics: 64

    Link connected to: a Stub Network
    (Link ID) Network/subnet number: 10.204.204.0
    (Link Data) Network Mask: 255.255.255.0
    Number of TOS metrics: 0
      TOS 0 Metrics: 64
```

Die Route 10.1.7.100 ist trotzdem weiterhin in der Link-State-Datenbank des lokalen Routers enthalten.

RIP-Routing-Updates beim Empfangen und Senden filtern

Beim Empfangen von Routing Updates über das Interface Serial0 lässt das distribute-list 2 in-Kommando nur die Route 10.1.2.0 zu. Beim Versenden erlaubt der Befehl distribute-list 3 out nur die Subnetze 10.10.10.0 und 10.1.5.0 in den Routing Updates.

C4500# show ip protocols

```
Routing Protocol is "rip"
  Sending updates every 30 seconds, next due in 10 seconds
  Invalid after 180 seconds, hold down 180, flushed after 240
  Outgoing update filter list for all interfaces is
    Serial0 filtered by 3 (per-user), default is 3
  Incoming update filter list for all interfaces is
    Serial0 filtered by 2 (per-user), default is 2
  Redistributing: rip, ospf 1 (internal, external 1, external 2)
  Default version control: send version 2, receive version 2
    Interface        Send  Recv   Key-chain
    Ethernet0         2     2
    Fddi0             2     2
    Serial0           2     2
  Routing for Networks:
    10.0.0.0
    192.168.1.0
  Passive Interface(s):
    Serial1
Routing-Information Sources:
    Gateway          Distance      Last Update
    192.168.1.1           120      00:00:22
    10.204.204.103        120      02:18:25
  Distance: (default is 120)
```

C4500# show ip access-lists

```
Standard IP access list 2
    permit 10.1.2.0, wildcard bits 0.0.0.255
Standard IP access list 3
    permit 10.10.10.0, wildcard bits 0.0.0.255
    permit 10.1.5.0, wildcard bits 0.0.0.255
```

C4500# debug ip rip

```
RIP: received v2 update from 192.168.1.1 on Serial0
     10.1.3.0/24 -> 192.168.1.2 in 2 hops
     10.1.2.0/24 -> 0.0.0.0 in 1 hops
     192.168.1.0/24 -> 0.0.0.0 in 1 hops
RIP: sending v2 update to 224.0.0.9 via Serial0 (192.168.1.3)
     10.10.10.0/24 -> 0.0.0.0, metric 1, tag 0
     10.1.5.0/24 -> 0.0.0.0, metric 1, tag 0
RIP: sending v2 update to 224.0.0.9 via Ethernet0 (10.10.10.10)
     10.1.2.0/24 -> 0.0.0.0, metric 2, tag 0
     10.204.204.0/24 -> 0.0.0.0, metric 1, tag 0
     10.1.5.0/24 -> 0.0.0.0, metric 1, tag 0
     10.1.4.0/24 -> 0.0.0.0, metric 16, tag 0
     10.1.6.100/32 -> 0.0.0.0, metric 16, tag 0
     192.168.1.0/24 -> 0.0.0.0, metric 1, tag 0
```

4.10.1.2 Beispiel: Filtern von IP-Routen bei der Redistribution

Es handelt sich um das gleiche Netzwerk wie in dem vorhergehenden Beispiel.

```
hostname C4500
!
router ospf 1
  redistribute rip subnets
  network 10.204.204.100 0.0.0.0 area 0
  distribute-list RIPtoOSPF out rip
!
router rip
  version 2
  redistribute ospf 1 route-map OSPFtoRIP
  passive-interface Serial1
  network 10.0.0.0
  network 192.168.1.0
  no auto-summary
!
ip access-list standard OSPFtoRIP
  permit 10.1.4.0 0.0.0.255
  permit 10.1.6.0 0.0.0.255
  deny   any
!
ip access-list standard RIPtoOSPF
  deny   10.1.2.0 0.0.0.255
  deny   10.1.4.0 0.0.0.255
  deny   10.1.6.0 0.0.0.255
  deny   10.1.7.0 0.0.0.255
  permit any
!
route-map OSPFtoRIP permit 10
  match ip address OSPFtoRIP
  set metric 3
```

Filter bei der Redistribution von OSPF nach RIP

Bei der Redistribution von OSPF nach RIP lässt das route-map-Kommando nur die Subnetze 10.1.4.0 und 10.1.6.0 zu, alle anderen Netzwerke sind ausgefiltert.

C4500# show route-map

```
route-map OSPFtoRIP, permit, sequence 10
  Match clauses:
    ip address (access-lists): OSPFtoRIP
  Set clauses:
    metric 3
  Policy routing matches: 0 packets, 0 bytes
```

C4500# show ip access-lists OSPFtoRIP

```
Standard IP access list OSPFtoRIP
    permit 10.1.4.0, wildcard bits 0.0.0.255
    permit 10.1.6.0, wildcard bits 0.0.0.255
    deny   any
```

C4500# show ip route ospf

```
     10.0.0.0/8 is variably subnetted, 8 subnets, 2 masks
O       10.1.4.0/24 [110/791] via 10.204.204.103, 00:01:39, Serial1
O       10.1.7.100/32 [110/782] via 10.204.204.103, 00:01:39, Serial1
O       10.1.6.100/32 [110/782] via 10.204.204.103, 00:01:39, Serial1
```

C4500# debug ip rip

```
RIP: sending v2 update to 224.0.0.9 via Serial0 (192.168.1.3)
     10.1.3.0/24 -> 192.168.1.2, metric 3, tag 0
     10.1.2.0/24 -> 192.168.1.1, metric 2, tag 0
     10.204.204.0/24 -> 0.0.0.0, metric 1, tag 0
     10.10.10.0/24 -> 0.0.0.0, metric 1, tag 0
     10.1.5.0/24 -> 0.0.0.0, metric 1, tag 0
     10.1.4.0/24 -> 0.0.0.0, metric 3, tag 0
     10.1.6.100/32 -> 0.0.0.0, metric 3, tag 0
     192.168.1.0/24 -> 0.0.0.0, metric 1, tag 0
```

Das Route-Map-Kommando verhindert die Übernahme der OSPF-Route 10.1.7.0 nach RIP.

Filter bei der Redistribution von RIP nach OSPF

Bei der Redistribution von RIP nach OSPF filtert der Router über das distribute-list out-Kommando sowohl die RIP-Route 10.1.2.0 als auch alle evtl. über OSPF gelernten Routen heraus (um eine mehrfache - mutual - Redistribution zu vermeiden).

C4500# show ip protocols

```
Routing Protocol is "ospf 1"
  Sending updates every 0 seconds
  Invalid after 0 seconds, hold down 0, flushed after 0
  Outgoing update filter list for all interfaces is
    Redistributed rip filtered by RIPtoOSPF
  Incoming update filter list for all interfaces is
  Redistributing: rip, ospf 1
  Routing for Networks:
    10.204.204.100/32
  Routing-Information Sources:
    Gateway          Distance      Last Update
    10.204.204.103       110       00:41:59
  Distance: (default is 110)
```

C4500# show ip access-lists RIPtoOSPF

```
Standard IP access list RIPtoOSPF
    deny    10.1.2.0, wildcard bits 0.0.0.255
    deny    10.1.4.0, wildcard bits 0.0.0.255
    deny    10.1.6.0, wildcard bits 0.0.0.255
    deny    10.1.7.0, wildcard bits 0.0.0.255
    permit any
```

C4500# show ip route rip

```
     10.0.0.0/8 is variably subnetted, 8 subnets, 2 masks
R       10.1.3.0/24 [120/2] via 192.168.1.2, 00:00:20, Serial0
R       10.1.2.0/24 [120/1] via 192.168.1.1, 00:00:20, Serial0
```

C4500# show ip ospf database

```
        OSPF Router with ID (192.168.1.3) (Process ID 1)
              Router Link States (Area 0)
Link ID         ADV Router      Age         Seq#          Checksum Link count
10.204.204.103  10.204.204.103  416         0x80000006 0xD75E 5
192.168.1.3     192.168.1.3     735         0x8000000C 0x88DD 2
              Type-5 AS External Link States
Link ID         ADV Router      Age         Seq#          Checksum Tag
10.1.3.0        192.168.1.3     1263        0x80000006 0x917    0
10.1.5.0        192.168.1.3     1263        0x80000006 0xF22B   0
10.10.10.0      192.168.1.3     1264        0x80000006 0x4FC0   0
10.204.204.0    192.168.1.3     1264        0x80000006 0xCFBA   0
192.168.1.0     192.168.1.3     1264        0x80000006 0xFBC7   0
```

➘ Durch den "distribute-list out"-Befehl wird die Übernahme des Subnetzes 10.1.2.0 verhindert. Die anderen externen Routen (außer 10.1.3.0) sind die Subnetze der lokal angeschlossenen Interfaces über die das RIP-Protokoll läuft.

4.10.2 Policy Based Routing

Policy Based Routing erlaubt gegenüber dem normalen Routing-Algorithmus eine flexiblere Kontrolle der Routen, über die das System ein Paket weiterleiten soll. Das heißt, es wird nicht unbedingt die Route mit den geringsten Kosten verwendet, sondern es können andere Kriterien ausschlaggebend sein.

interface *name*   ➘ Die Policy gilt für alle über dieses Interface empfangenen Pakete.
    ip policy route-map *map*

● Match-Kriterium einer Route Map

Über die Match-Kommandos innerhalb einer Route Map wird festgelegt, für welche Pakete die anschließend definierten Set-Befehle gelten.

route-map *map* permit I deny [*sequence-number*]
    match length *min max*
    match ip address *access-list1 access-list2* ...
    set ip next-hop *address1 address2* ...
    set interface *name*
    set ip precedence *value*

Falls ein Match-Kriterium passt, führt der Router die entsprechende Policy aus, ansonsten überprüft er den nächsten Eintrag. Existiert kein weiterer Eintrag, erfolgt das Weiterleiten des Pakets über den normalen Routing-Pfad.

● Policy Based Routing für lokale Pakete

Sollen auch lokal vom Router generierte IP-Pakete über Policy Based Routing bearbeitet werden, muss man lokales Policy Routing einschalten.

ip local policy route-map *map*

4.10.2.1 Beispiel: IP Policy Routing

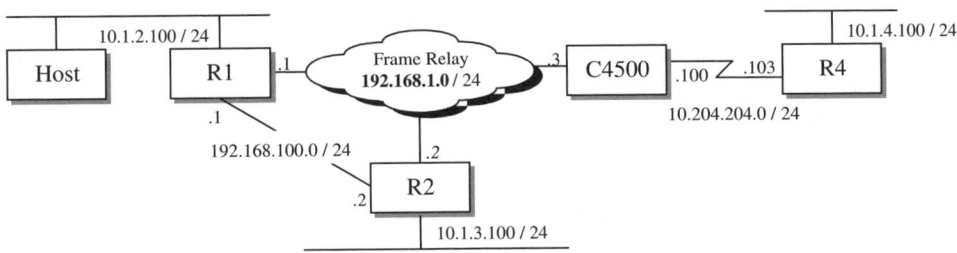

hostname R1

!

interface Ethernet0/0
  ip address 10.1.2.100 255.255.255.0

!

interface Serial0/0
  ip address 192.168.1.1 255.255.255.0
  encapsulation frame-relay

interface Serial0/1
  ip address 192.168.100.1 255.255.255.0

!

router eigrp 1
  network 10.0.0.0
  network 192.168.1.0
  network 192.168.100.0
  no auto-summary

hostname R2

!

interface Ethernet0/0
  ip address 10.1.3.100 255.255.255.0

!

interface Serial0/0
  ip address 192.168.1.2 255.255.255.0
  encapsulation frame-relay

!

interface Serial0/1
  ip address 192.168.100.2 255.255.255.0

!

router eigrp 1
  network 10.0.0.0
  network 192.168.1.0
  network 192.168.100.0
  no auto-summary

R1- und R2-Informationen

● Routing-Tabelle

Der EIGRP-Befehl no auto-summary stellt sicher, dass die Router über alle 10er-Subnetze informiert werden. Andernfalls würde an der Netzwerkgrenze jeweils eine automatische Route Summarization auf die Netzwerkadresse 10.0.0.0 erfolgen.

R1# show ip route

```
       10.0.0.0/24 is subnetted, 6 subnets
D         10.1.3.0 [90/2195456] via 192.168.100.2, 00:37:20, Serial0/1
                   [90/2195456] via 192.168.1.2, 00:37:21, Serial0/0
C         10.1.2.0 is directly connected, Ethernet0/0
D         10.204.204.0 [90/2681856] via 192.168.1.3, 00:37:35, Serial0/0
D         10.1.4.0 [90/2707456] via 192.168.1.3, 00:35:45, Serial0/0
C      192.168.1.0/24 is directly connected, Serial0/0
C      192.168.100.0/24 is directly connected, Serial0/1
```

R2# show ip route

```
       10.0.0.0/24 is subnetted, 6 subnets
C         10.1.3.0 is directly connected, Ethernet0/0
D         10.1.2.0 [90/2195456] via 192.168.100.1, 04:14:42, Serial0/1
                   [90/2195456] via 192.168.1.1, 04:14:42, Serial0/0
D         10.204.204.0 [90/2681856] via 192.168.1.3, 04:14:57, Serial0/0
D         10.1.4.0 [90/2707456] via 192.168.1.3, 02:56:05, Serial0/0
C      192.168.1.0/24 is directly connected, Serial0/0
C      192.168.100.0/24 is directly connected, Serial0/1
```

● Frame-Relay

Die Frame-Relay-DLCIs sind auf den Rechnern des Frame-Relay-Netzwerks definiert und werden über das LMI-Protokoll den Routern bekanntgegeben. Der Austausch der IP-Adressen geschieht anschließend automatisch über den Inverse-ARP-Mechanismus.

R1# show frame map

```
Serial0/0 (up): ip 192.168.1.2 dlci 101(0x65,0x1850), dynamic,      DLCI 101 → R2
               broadcast,, status defined, active
Serial0/0 (up): ip 192.168.1.3 dlci 100(0x64,0x1840), dynamic,      DLCI 100 → C4500
               broadcast,, status defined, active
```

R2# show frame map

```
Serial0/0 (up): ip 192.168.1.1 dlci 102(0x66,0x1860), dynamic,      DLCI 102 → R1
               broadcast,, status defined, active
Serial0/0 (up): ip 192.168.1.3 dlci 100(0x64,0x1840), dynamic,      DLCI 100 → C4500
               broadcast,, status defined, active
```

C4500#show frame map

```
Serial0 (up): ip 192.168.1.1 dlci 102(0x66,0x1860), dynamic,        DLCI 102 → R1
              broadcast,, status defined, active
Serial0 (up): ip 192.168.1.2 dlci 101(0x65,0x1850), dynamic,        DLCI 101 → R2
              broadcast,, status defined, active
```

Policy-Based-Routing-Konfiguration auf C4500

```
hostname C4500
!
interface Serial0
   ip address 192.168.1.3 255.255.255.0
   encapsulation frame-relay
   frame-relay lmi-type ansi
!
interface Serial1
   ip address 10.204.204.100 255.255.255.0
   ip policy route-map toNetwork_10_1_2
!
router eigrp 1
   network 10.0.0.0
   network 192.168.1.0
   no auto-summary
```

● route-map-Kommandos

Alle Telnet-Pakete, die der Router über das Interface S1 empfängt, soll er an den Router R1 mit einer IP-Precedence von Fünf weiterleiten.

```
route-map toNetwork_10_1_2 permit 10
   match ip address TelnetTo_10_1_2
   set ip next-hop 192.168.1.1
   set ip precedence critical
```

ICMP-Pakete mit einer maximalen Länge von 499 Byte gehen an den Router R2 mit einer IP-Precedence von Eins.

```
route-map toNetwork_10_1_2 permit 20
   match ip address ICMPto_10_1_2
   match length 0 499
   set ip next-hop 192.168.1.2
   set ip precedence priority
```

ICMP-Pakete mit einer Länge größer als 499 Byte entfernt der Router aus dem Netzwerk (durch das Weiterleiten an das Null-Interface).

```
route-map toNetwork_10_1_2 permit 30
   match length 500 1500
   set interface Null0
```

Alle anderen über S1 empfangenen Pakete – außer EIGRP-Routing-Nachrichten – gibt der Router an R2 mit der IP-Precedence Null weiter.

```
route-map toNetwork_10_1_2 permit 40
   match ip address ExcludeEIGRP
   set ip next-hop 192.168.1.2
   set ip precedence routine
```

● Von dem route-map-Befehl benutzte Access-Listen

```
ip access-list extended ICMPto_10_1_2
   permit icmp any 10.1.2.0 0.0.0.255
!
ip access-list extended TelnetTo_10_1_2
   permit tcp any 10.1.2.0 0.0.0.255 eq telnet
!
ip access-list extended ExcludeEIGRP
   deny   eigrp any any
   permit ip any any
```

Damit die EIGRP-Nachrichten den normalen Weg nehmen, werden sie gefiltert und nicht über Policy Routing verarbeitet.

Informationen über Policy Based Routing

C4500# show ip interface s1

```
Serial1 is up, line protocol is up
  Internet address is 10.204.204.100/24
  Broadcast address is 255.255.255.255
  ...
  Policy routing is enabled, using route map toNetwork_10_1_2
  Network address translation is disabled
```

C4500# show route-map

```
route-map toNetwork_10_1_2, permit, sequence 10
  Match clauses:
    ip address (access-lists): TelnetTo_10_1_2
  Set clauses:
    ip next-hop 192.168.1.1
    ip precedence critical
  Policy routing matches: 12 packets, 768 bytes
route-map toNetwork_10_1_2, permit, sequence 20
  Match clauses:
    ip address (access-lists): ICMPto_10_1_2
    length 0 499
  Set clauses:
    ip next-hop 192.168.1.2
    ip precedence priority
  Policy routing matches: 12 packets, 968 bytes
route-map toNetwork_10_1_2, permit, sequence 30
  Match clauses:
    length 500 1500
  Set clauses:
    interface Null0
  Policy routing matches: 30 packets, 24567 bytes
route-map toNetwork_10_1_2, permit, sequence 40
  Match clauses:
    ip address (access-lists): ExcludeEIGRP
  Set clauses:
    ip next-hop 192.168.1.2
    ip precedence routine
  Policy routing matches: 159 packets, 10376 bytes
```

C4500# show ip access-lists

```
Extended IP access list ExcludeEIGRP
    deny eigrp any any (29 matches)
    permit ip any any
Extended IP access list ICMPto_10_1_2
    permit icmp any 10.1.2.0 0.0.0.255 (5 matches)
Extended IP access list TelnetTo_10_1_2
    permit tcp any 10.1.2.0 0.0.0.255 eq telnet
```

Debugging von Policy Based Routing

C4500# debug ip policy

- Normales Routing der EIGRP-Nachrichten

```
IP: s=10.204.204.103 (Serial1), d=224.0.0.10, len 60,
    policy rejected - normal forwarding
```

- Policy Based Routing von Telnet-Paketen

```
IP: s=10.204.204.103 (Serial1), d=10.1.2.100, len 40,
    policy match
IP: route map toNetwork_10_1_2, item 10, permit
IP: s=10.204.204.103 (Serial1), d=10.1.2.100 (Serial0), len 40,
    policy routed
IP: Serial1 to Serial0 192.168.1.1
```

- Policy Based Routing von kleinen ICMP-Paketen

```
IP: s=10.204.204.103 (Serial1), d=10.1.2.100, len 100,
    policy match
IP: route map toNetwork_10_1_2, item 20, permit
IP: s=10.204.204.103 (Serial1), d=10.1.2.100 (Serial0), len 100,
    policy routed
IP: Serial1 to Serial0 192.168.1.2
```

- Policy Based Routing von großen ICMP-Paketen

```
IP: s=10.204.204.103 (Serial1), d=10.1.2.100, len 600,
    policy match
IP: route map toNetwork_10_1_2, item 30, permit
IP: s=10.204.204.103 (Serial1), d=10.1.2.100 (Null0), len 600,
    policy routed
IP: Serial1 to Null0 10.1.2.100
```

- Policy Based Routing von anderen Paketen

```
IP: s=10.204.204.103 (Serial1), d=10.1.3.100, len 100,
    policy match
IP: route map toNetwork_10_1_2, item 40, permit
IP: s=10.204.204.103 (Serial1), d=10.1.3.100 (Serial0), len 100,
    policy routed
IP: Serial1 to Serial0 192.168.1.2
```

4.10.3 Network Address Translation (NAT)

NAT ermöglicht die Umwandlung von IP-Adressen, die nur im lokalen Netzwerk gültig sind, in global gültige Adressen. Dabei ist zu beachten, dass zusätzlich zu den Adressen im IP-Header auch die in den Applikationen enthaltenen Adressen umgewandelt werden müssen. Die Cisco-Router unterstützen im Moment folgende Anwendungen:

- Alle Applikationen, die keine IP-Adressen enthalten, z.B. HTTP, TFTP, Telnet, NTP, NFS

- ICMP, FTP, NetBIOS über TCP, H.323, DNS »A« und »PTR« Queries.

- Nicht unterstützt sind IP-Multicast, Routing-Updates, DNS-Zone-Transfers, BOOTP oder SNMP

NAT-Terminologie

Inside Local Address: Normale IP-Adresse des lokalen internen Netzwerks

Inside Global Address: IP-Adresse, wie das lokale Netzwerk nach außen hin sichtbar ist

Outside Local Address: Die normale IP-Adresse des globalen Netzwerks

Outside Global Address: IP-Adresse des globalen Netzwerks, wie es das lokale Netz sieht

- Simple Translation Entry

  Bei einem Simple Translation Entry beinhaltet die NAT-Tabelle nur die IP-Adresse. Da keine Überprüfung der Outside Local Address und der TCP/UDP-Portnummer erfolgt, können alle Hosts des globalen Netzwerks die Inside Global Address ansprechen.

  ### # show ip nat translations

  ```
  Pro Inside global      Inside local    Outside local    Outside global
  --- 20.20.20.100       10.1.3.100      ---              ---
  ```

- Extended Translation Entry

  Bei einem Extended Translation Entry enthält die NAT-Tabelle die IP-Adresse und die zugehörige UDP/TCP-Portnummer. Im Gegensatz zu einem einfachen Eintrag kann ein erweiterter Eintrag nur von dem definierten Outside Local Host benutzt werden, nicht jedoch von anderen Systemen im globalen Netz, was eine bessere Sicherheit gewährleistet.

  ### # show ip nat translations

  ```
  Pro Inside global    Inside local    Outside local      Outside global
  tcp 20.20.20.10:23   10.1.3.100:23   192.168.1.10:11002 192.168.1.10:11002
  ```

NAT-Konfigurationsbeispiel

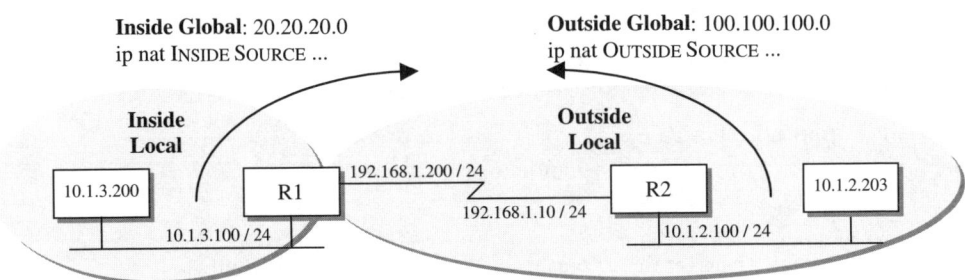

Die Konfiguration des Routers R2 im globalen Netzwerk ist für alle nachfolgenden Beispiele gleich, da die NAT-Funktion nur auf dem lokalen Router R1 stattfindet. Um das lokale Netzwerk ansprechen zu können, muss auf dem Router R2 eine gültige Route für die Inside Global Address existieren.

hostname R2
!
interface Ethernet0/0
 ip address 10.1.2.100 255.255.255.0
!
interface Serial0/1
 ip address 192.168.1.10 255.255.255.0
!
ip route 20.20.20.0 255.255.255.0 192.168.1.200

4.10.3.1 Inside NAT

Die IP-Konfiguration ist in den folgenden Inside-NAT-Beispielen immer identisch. Um das globale Netzwerk ansprechen zu können, muss auf dem lokalen Router R1 eine statische Route für die Outside Global Address definiert sein. In den folgenden Beispielen ist die Outside Global Address mit der Outside Local Address (10.1.2.0) identisch.

hostname R1
!
interface Ethernet0/0
    ip address 10.1.3.100 255.255.255.0   Interfaces, die im lokalen IP-Adressbereich liegen
    ip nat inside
!
interface Serial0/1
    ip address 192.168.1.200 255.255.255.0   Interfaces, die im globalen IP-Adressbereich liegen
    ip nat outside
!
ip route 100.1.2.0 255.255.255.0 192.168.1.10

R1# show ip interface e0/0

```
Ethernet0/0 is up, line protocol is up
  Internet address is 10.1.3.100/24
  ... ... ...
  Policy routing is disabled
  Network address translation is enabled, interface in domain inside
```

R1# show ip interface s0/1

```
Serial0/1 is up, line protocol is up
  Internet address is 192.168.1.200/24
  ... ... ...
  Policy routing is disabled
  Network address translation is enabled, interface in domain outside
```

Statische Umwandlung

Da bei einer statischen Umwandlung eine feste Zuordnung zwischen der Inside Local Address und der Inside Global Address besteht, können Hosts die globale Adresse direkt von außen ansprechen.

ip nat **inside source static**   10.1.3.100   20.20.20.100

● NAT-Informationen   └─Inside-Local   └─Inside-Global

R1# show ip nat statistics

```
Total active translations: 1 (1 static, 0 dynamic; 0 extended)
Outside interfaces:
  Serial0/1
Inside interfaces:
  Ethernet0/0
Hits: 56  Misses: 0
Expired translations: 0
Dynamic mappings:
```

R1# show ip nat translations verbose

```
Pro Inside global   Inside local    Outside local    Outside global
--- 20.20.20.100    10.1.3.100      ---              ---
    create 00:08:26, use 00:00:36, flags: static
```

● Test der NAT-Funktionalität

R2# ping 20.20.20.100

R1# debug ip nat

```
NAT*: s=192.168.1.10, d=20.20.20.100->10.1.3.100 [80]
NAT:  s=192.168.1.10, d=20.20.20.100->10.1.3.100 [80]
NAT:  s=10.1.3.100->20.20.20.100, d=192.168.1.10 [80]
```

Statische Umwandlung mit Extended-Translation-NAT-Einträgen

Der Router legt den erweiterten NAT-Eintrag erst beim Aufbau einer Verbindung an (egal, ob von innen oder von außen initiiert).

ip nat **inside source static** 10.1.3.100 20.20.20.100 **extendable**

R1#show ip nat translations
```
Pro Inside global     Inside local    Outside local      Outside global
--- 20.20.20.100      10.1.3.100      ---                ---
tcp 20.20.20.100:23   10.1.3.100:23   192.168.1.10:11002 192.168.1.10:11002
```

Dynamische Umwandlung einer lokalen Adresse über Access-Listen

Bei der dynamischen Umwandlung eines Inside-Local-Netzwerks in ein Inside-Global-Netz ist allgemein zu beachten, dass die Prefix-Länge bzw. die Subnet-Maske des NAT-Pools mit dem Inside-Netzwerk übereinstimmt.

1. Zuweisung des Inside-Global-Netzwerks zu einem Inside-Local-Netzwerk

   ip nat **inside source**   **list** *InsideNetwork*   **pool** *Outside*

                        ↳ Inside-Local-Netzwerk   ↳ Inside-Global-Netzwerk

2. Adressbereich, den der Router für das Inside-Global-Netzwerk verwenden soll

   ip nat pool *Outside* 20.20.20.0 20.20.20.255 prefix-length 24

3. Festlegung, welche lokalen IP-Pakete zu dem Inside-Local-Netzwerk gehören

   ip access-list standard *InsideNetwork*
   permit 10.1.3.0 0.0.0.255 ↳ Die Netzwerkmaske muss mit der Prefix-Länge des
                                          Inside-Global-Netzwerks übereinstimmen.

R1# show ip nat statistics
```
Total active translations: 1 (0 static, 1 dynamic; 0 extended)
Outside interfaces:
  Serial0/1
Inside interfaces:
  Ethernet0/0
Hits: 208  Misses: 1
Expired translations: 1
Dynamic mappings:
-- Inside Source
access-list InsideNetwork pool Outside refcount 1
 pool OutsideNetwork: netmask 255.255.255.0
      start 20.20.20.0 end 20.20.20.255
      type generic, total addresses 256, allocated 1 (0%), misses 0
```

R1# show ip nat translations ↙ Für jede Inside-Local-Adresse legt der Router einen einfachen Eintrag an.
```
Pro Inside global   Inside local   Outside local   Outside global
--- 20.20.20.1      10.1.3.100     ---             ---
```

Sobald der Router durch eine ausgehende Verbindung den dynamischen NAT-Eintrag aufgebaut hat, kann jedes System aus dem globalen Netzwerk auf diesen Host zugreifen. Der Timeout der dynamischen Einträge liegt standardmäßig bei 24 Stunden.

Dynamische Umwandlung mit Host Number Preservation

Bei der Host Number Preservation wird bei der dynamische Umwandlung der Inside Local Address in eine Inside Global Address die lokale Host-Nummer beibehalten.

ip nat inside source list *InsideNetwork* pool *Outside*
!
ip nat pool *Outside* 20.20.20.0 20.20.20.255 prefix-length 24 **type match-host**
!
ip access-list standard *InsideNetwork*
  permit 10.1.3.0 0.0.0.255

R1# show ip nat statistics

```
Total active translations: 0 (0 static, 0 dynamic; 0 extended)
Outside interfaces:
  Serial0/1
Inside interfaces:
  Ethernet0/0
Hits: 253  Misses: 16
Expired translations: 16
Dynamic mappings:
-- Inside Source
access-list InsideNetwork pool Outside refcount 0
 pool OutsideNetwork: netmask 255.255.255.0
        start 20.20.20.0 end 20.20.20.255
        type match-host, total addresses 256, allocated 1 (0%), misses 0
```

R1# show ip nat translations

```
Pro Inside global    Inside local     Outside local    Outside global
--- 20.20.20.200     10.1.3.200       ---              ---
--- 20.20.20.100     10.1.3.100       ---              ---
```
↖ Host-Anteil der Adresse bleibt bei der Umwandlung bestehen.

Dynamische Umwandlung einer lokalen Adresse über Route-Maps

Der Vorteil von Route-Maps besteht zum einen darin, dass der Router einen Extended Translation Entry erzeugt, und zum anderen, dass außer der IP-Adresse noch weitere Parameter zur Auswahl der Umsetzungstabelle benutzt werden können. Dazu gehören:

● match ip address *access-list* Source-Adresse des Pakets (entspricht dem ip nat inside ... list-Befehl)

● match interface *name* Das Interface, über das der Router das Paket weiterleitet

● match ip next-hop *access-list* Der nächste Router auf dem Weg zum Zielsystem

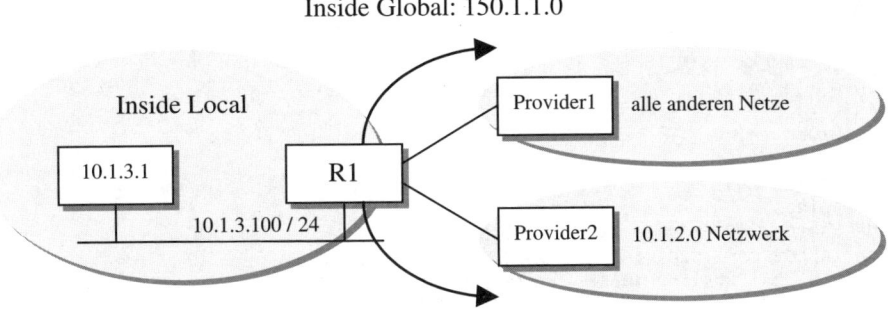

Inside Global: 150.1.1.0

Inside Local

Provider1   alle anderen Netze

10.1.3.1   R1

10.1.3.100 / 24   Provider2   10.1.2.0 Netzwerk

Inside Global: 200.1.1.0

Beispiel: Lediglich Pakete für das Netzwerk 10.1.2.0 soll R1 zum Provider2 senden und zwar mit der Inside Global Address 200.1.1.0. Der restliche Verkehr geht über den Provider1 mit der Inside Global Address 150.1.1.0.

```
hostname R1

ip nat pool InsideGlobalProv1 150.1.1.0 150.1.1.255 prefix-length 24
ip nat pool InsideGlobalProv2 200.1.1.0 200.1.1.255 prefix-length 24
ip nat inside source route-map toProvider1 pool InsideGlobalProv1
ip nat inside source route-map toProvider2 pool InsideGlobalProv2
!
interface Ethernet0/0
  ip address 10.1.3.100 255.255.255.0
  ip nat inside
!
interface Serial0/0
  ip address 192.168.1.1 255.255.255.0
  ip nat outside
!
interface Serial0/1
  ip address 192.168.100.1 255.255.255.0
  ip nat outside
!
ip route 0.0.0.0 0.0.0.0 192.168.1.3
ip route 10.1.2.0 255.255.255.0 192.168.100.2
!
route-map toProvider2 permit 10
  match interface Serial0/1
!
route-map toProvider1 permit 10
  match interface Serial0/0
```

R1# show ip nat statistics

```
Total active translations: 2 (0 static, 2 dynamic; 2 extended)
Outside interfaces:
  Serial0/0, Serial0/1
Inside interfaces:
  Ethernet0/0
Hits: 14  Misses: 7
Expired translations: 0
Dynamic mappings:
-- Inside Source
route-map toProvider1 pool InsideGlobalProv1 refcount 1
 pool InsideGlobalProv1: netmask 255.255.255.0
       start 150.1.1.0 end 150.1.1.255
       type generic, total addresses 256, allocated 1 (0%), misses 0
route-map toProvider2 pool InsideGlobalProv2 refcount 1
 pool InsideGlobalProv2: netmask 255.255.255.0
       start 200.1.1.0 end 200.1.1.255
       type generic, total addresses 256, allocated 1 (0%), misses 0
```

R1# show ip nat trans

Für jede Verbindung legt der Router einen Extended-Translation-Eintrag an.

Pro	Inside global	Inside local	Outside local	Outside global
icmp	200.1.1.1:802	10.1.3.100:802	10.1.2.100:802	10.1.2.100:802
icmp	150.1.1.1:5292	10.1.3.100:5292	10.10.10.10:5292	10.10.10.10:5292

Port Address Translation (PAT)

Unter PAT (auch als NAT-Overloading bezeichnet) wandelt der Router alle Inside Local Addresses in eine einzige Inside Global Asdress um. Die Unterscheidung zwischen den einzelnen Verbindungen erfolgt über eindeutige TCP- bzw. UDP-Portnummern.

● Verwendung eines lokalen Interface für die Inside-Global-Adresse

  ip nat **inside source list** *InsideNetwork* **interface** *Serial0/1* **overload**
  !
  ip access-list standard *InsideNetwork*
    permit 10.1.3.0 0.0.0.255

R1# show ip nat translations

Pro	Inside global	Inside local	Outside local	Outside global
icmp	192.168.1.200:7491	10.1.3.100:7491	10.1.2.100:7491	10.1.2.100:7491
icmp	192.168.1.200:7490	10.1.3.100:7490	10.1.2.100:7490	10.1.2.100:7490
icmp	192.168.1.200:7489	10.1.3.100:7489	10.1.2.100:7489	10.1.2.100:7489
icmp	192.168.1.200:7488	10.1.3.100:7488	10.1.2.100:7488	10.1.2.100:7488
icmp	192.168.1.200:7487	10.1.3.100:7487	10.1.2.100:7487	10.1.2.100:7487

R1# show ip nat statistics

```
Total active translations: 5 (0 static, 5 dynamic; 5 extended)
Outside interfaces:
  Serial0/1
Inside interfaces:
  Ethernet0/0
Hits: 398  Misses: 38
Expired translations: 31
Dynamic mappings:
-- Inside Source
access-list InsideNetwork interface Serial0/1 refcount 5
```

● Über das overload-Kommando

ip nat **inside source list** *InsideNetwork* **pool** *OutsideNetwork* **overload**
!
ip nat pool *OutsideNetwork* 20.20.20.1 20.20.20.2 prefix-length 24
!
ip access-list standard *InsideNetwork*
  permit 10.1.3.0 0.0.0.255

R1# show ip nat statistics
```
Total active translations: 5 (0 static, 5 dynamic; 5 extended)
Outside interfaces:
  Serial0/1
Inside interfaces:
  Ethernet0/0
Hits: 408  Misses: 43
Expired translations: 31
Dynamic mappings:
-- Inside Source
access-list InsideNetwork pool OutsideNetwork refcount 5
 pool OutsideNetwork: netmask 255.255.255.0
      start 20.20.20.1 end 20.20.20.2
      type match-host, total addresses 256, allocated 1 (0%), misses 0
```

R1# show ip nat translations
```
Pro   Inside global   Inside local    Outside local   Outside global
icmp  20.20.20.1:3964 10.1.3.100:3964 10.1.2.203:3964 10.1.2.203:3964
icmp  20.20.20.1:3100 10.1.3.100:3100 10.1.2.100:3100 10.1.2.100:3100
```

Auch bei der Verwendung des overload-Kommandos muss die Prefix-Länge des Inside-Local- und des Inside-Global-Netzwerks übereinstimmen. Falls nicht, baut der Router keine Verbindung auf.

R1# debug ip nat detailed
```
NAT: o: icmp (10.1.3.100, 5139) -> (10.1.2.100, 5139) [100]
NAT: i: icmp (10.1.3.100, 5139) -> (10.1.2.100, 5139) [100]
NAT: address not stolen for 10.1.3.100, proto 1 port 5139
NAT: failed to allocate address for 10.1.3.100, list/map InsideNetwork.
```

4.10.3.2 Outside NAT

Falls die lokale IP-Adresse bereits anderweitig vergeben wurde, kann zusätzlich zur Umwandlung der Inside Local Address der Router auch die lokale Adresse des anderen Netzwerks (Outside Local) in eine für das lokale Netzwerk gültige Adresse umsetzen (die Outside Global).

Da die Outside Global zu Outside Local vor den Routing-Entscheidungen stattfindet, muss im lokalen Netzwerk eine gültige Route für das Outside-Global-Netzwerk existieren.

hostname R1
!
interface Ethernet0/0
 ip address 10.1.3.100 255.255.255.0
 ip nat inside
!
interface Serial0/1
 ip address 192.168.1.200 255.255.255.0
 ip nat outside
!
ip route 100.100.100.0 255.255.255.0 192.168.1.10

Analog zu Inside NAT erfolgt auch bei Outside NAT die Umwandlung der Adresse entweder statisch oder dynamisch über Access-Listen bzw. Route-Maps. Die für die Outside-Local- und Outside-Global-Netzwerke benutzten Prefixe müssen auch hier identisch sein.

● Inside NAT

   ip **nat inside** source **list** *InsideLocal* **pool** *InsideGlobal*
   !
   ip nat pool *InsideGlobal* 20.20.20.0 20.20.20.255 prefix-length 24
   !
   ip access-list standard *InsideLocal*
      permit 10.1.3.0 0.0.0.255 log

● Outside NAT

   ip **nat outside** source **list** *OutsideLocal* **pool** *OutsideGlobal*
   !
   ip nat pool *OutsideGlobal* 100.100.100.0 100.100.100.255 prefix-length 24
   !
   ip access-list standard *OutsideLocal*
      permit 10.1.2.0 0.0.0.255

R1# debug ip nat

```
00:51:42: NAT:  s=10.1.3.100->20.20.20.100, d=100.100.100.100 [55]
00:51:42: NAT:  s=20.20.20.100, d=100.100.100.100->10.1.2.100 [55]
00:51:42: NAT*: s=10.1.2.100->100.100.100.100, d=20.20.20.100 [55]
00:51:42: NAT*: s=100.100.100.100, d=20.20.20.100->10.1.3.100 [55]
00:51:42: NAT:  s=10.1.2.100->100.100.100.100, d=20.20.20.100 [55]
00:51:42: NAT:  s=100.100.100.100, d=20.20.20.100->10.1.3.100 [55]
```

R1# show ip nat statistics

```
Total active translations: 2 (0 static, 2 dynamic; 0 extended)
Outside interfaces:
  Serial0/1
Inside interfaces:
  Ethernet0/0
Hits: 5  Misses: 1
Expired translations: 0
Dynamic mappings:
-- Inside Source
access-list InsideLocal pool InsideGlobal refcount 1
  pool InsideGlobal: netmask 255.255.255.0
        start 20.20.20.0 end 20.20.20.255
        type generic, total addresses 256, allocated 1 (0%), misses 0
-- Outside Source
access-list OutsideLocal pool OutsideGlobal refcount 2
  pool OutsideGlobal: netmask 255.255.255.0
        start 100.100.100.0 end 100.100.100.255
        type generic, total addresses 256, allocated 1 (0%), misses 0
```

R1# show ip nat translations

```
Pro Inside global   Inside local   Outside local      Outside global
--- ---             ---            100.100.100.100    10.1.2.100
--- 20.20.20.100    10.1.3.100     100.100.100.100    10.1.2.100
```

4.10.3.3 NAT Load Distribution

Über NAT Load Distribution kann der Router eingehende TCP-Verbindungen in einem Round-Robin-Verfahren zu mehreren Hosts innerhalb des Inside-Local-Netzwerks verteilen. Der restliche IP-Verkehr ist von dieser NAT-Umsetzung nicht betroffen.

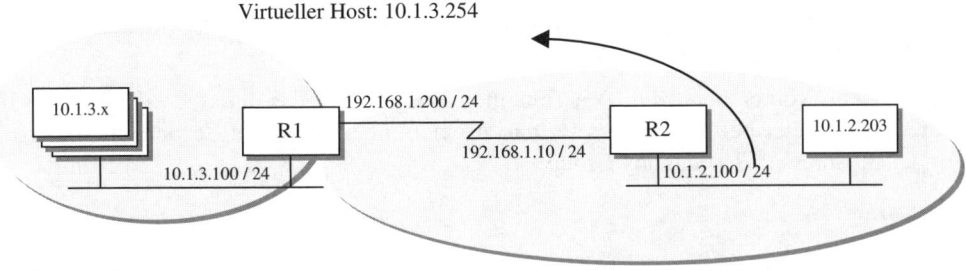

Virtueller Host: 10.1.3.254

hostname R1
!
interface Ethernet0/0
  ip address 10.1.3.100 255.255.255.0
!
interface Serial0/1
  ip address 192.168.1.200 255.255.255.0
!
ip **nat inside destination list** *VirtualHost* **pool** *ClusterMember*
!
ip nat pool *ClusterMember* 10.1.3.28 10.1.3.30 prefix-length 24 **type rotary**
!
ip access-list standard *VirtualHost*
  permit 10.1.3.254 0.0.0.0

R1# show ip nat statistics

```
Total active translations: 1 (0 static, 1 dynamic; 1 extended)
Outside interfaces: Ethernet0/0
Inside interfaces: Ethernet0/1, Serial1/0, Serial1/1, Serial1/2, Loopback0
Hits: 33  Misses: 2
Expired translations: 1
Dynamic mappings:
-- Inside Destination
access-list 85 pool ethernet-cluster refcount 1
  pool ethernet-cluster: netmask 255.255.255.0
        start 10.100.224.28 end 10.100.224.28
        type rotary, total addresses 1, allocated 1 (100%), misses 0
```

R1# show ip nat translations

```
Pro Inside global    Inside local   Outside local      Outside global
tcp 10.1.3.254:23    10.1.3.28:23   10.1.2.203:11007   10.1.2.203:11007
tcp 10.1.3.254:23    10.1.3.29:23   10.1.2.100:11007   10.1.2.100:11007
```

4.10.4 Hot Standby Routing Protocol (HSRP)

Da die wenigsten Hosts IRDP (ICMP Router Discovery Protocol) implementiert haben, stellt HSRP eine andere Technik zur Verfügung, um bei Ausfall eines Routers die Anpassung des Default Gateways auf den Hosts zu vermeiden.

HSRP ist ab Version V10.0 auf Ethernet, Token-Ring und FDDI unterstützt, über ATM-LANE ab der Version V11.0, auf 802.10 VLANs ab V11.1 und über ISL VLANs ab der Version V11.2.

Mit HSRP ist es möglich, dass zwei oder mehr Router die gleichen virtuelle MAC und IP-Adresse einsetzen, wobei jedoch nur der Primary-Router wirklich mit den virtuellen Adressen arbeitet. Als virtuelle MAC-Adresse benutzen die Router 00-00-0C-07-AC-xx (xx entspricht der Nummer der Standby-Gruppe).

Alle Backup-Router benutzen weiterhin ihre eigenen, für das Interface definierten, IP-Adressen und erst bei Ausfall des Primary-Routers übernimmt ein Secondary-Router die virtuellen Adressen der Standby Group.

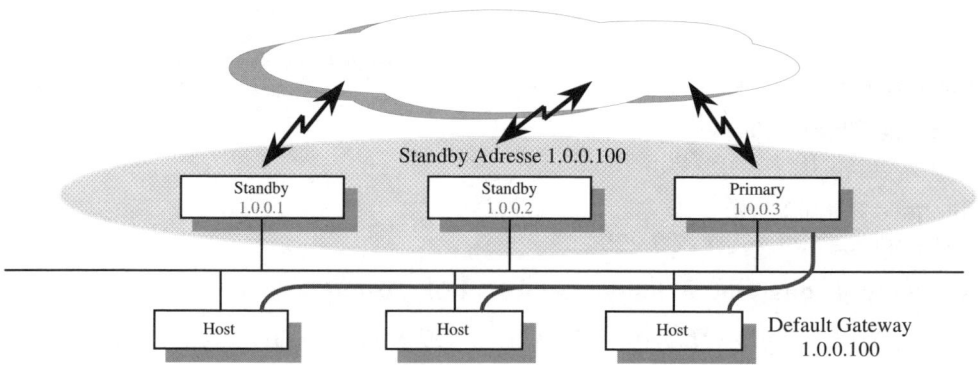

Um festzustellen, ob noch alle Mitglieder der Standby-Gruppe vorhanden sind und welcher Router als Active-(Primary-)Router arbeitet, tauschen die Router untereinander periodisch Hello-Nachrichten aus.

● Standardmäßig alle drei Sekunden über den IP-Multicast 224.0.0.2 zu dem UDP-Port 1985.

● Für die Auswahl des Active-Routers ist die höchste HSRP-Priorität ausschlaggebend.

Einschränkungen

● Router mit einem LANCE Ethernet Controller (z.B. in der 2500-Serie)

Da dieser Controller nur eine MAC-Adresse speichern kann, ändert sich die MAC-Adresse des Interface, wenn der Router zum Active-Router wird. Dadurch sind die ARP-Einträge für diesen Router auf den Hosts nicht mehr gültig.

Bei Hosts, die weiterhin die IP-Adresse des Interface ansprechen und nicht die virtuelle IP-Adresse, kann es daher zu Problemen kommen. Der neue Active-Router sendet deshalb für seine Interface-Adresse einen ARP-Response, um ein Update des ARP-Cache zu ermöglichen.

```
DLL: Destination Address     = FF-FF-FF-FF-FF-FF (Broadcast)
DLL: Source Address          = 00-00-0C-07-AC-00 (00000C07AC00)
ARP: Opcode                  = 2 (Reply)
ARP: Sender's Hardware Addr  = 00-00-0C-07-AC-00
ARP: Sender's Protocol Addr  = 10.100.224.65
ARP: Target Hardware Addr    = FF-FF-FF-FF-FF-FF
ARP: Target Protocol Addr    = 10.100.224.65
```

Falls die Hosts daraufhin ihre Einträge im ARP-Cache modifizieren, wird auch beim Zugriff auf die IP-Adresse des Interface die richtige MAC-Adresse benutzt.

● Keine ICMP Redirects für einen Secondary-Router

Aus dem gleichen Grund sollte der Active-Router keine ICMP Redirects für einen Secondary-Router senden. Der Host hätte in diesem Fall die physikalische MAC-Adresse des Secondary in seinem ARP-Cache. Deshalb setzen die Router beim Konfigurieren einer Standby-Gruppe automatisch den Befehl no ip redirect.

● Die Standby-Adresse ist keine gültige Router-Adresse.

SNMP, Telnet und Ping zum Router selbst sollten in der Regel die Interface-IP-Adresse benutzen. In neueren IOS-Versionen ist es jedoch möglich, ein Ping bzw. Telnet auf die Standby-Adresse auszuführen.

HSRP-Konfiguration

hostname R1
```
!
interface Ethernet0
   ip address 192.1.1.129 255.255.255.224
   no ip redirects
   standby 1 priority 100
   standby 1 preempt
   standby 1 ip 192.1.1.158
   standby 1 timers 5 15
   standby 1 track Serial1.1 25          virtuelle Router
   standby 1 track Serial1.2 25          Adresse
```

hostname R2
```
!
interface Ethernet0/1
   ip address 192.1.1.130 255.255.255.224
   no ip redirects                       Die Hello und
   standby 1 priority 51                 Hold Timer
   standby 1 preempt                     müssen auf allen
   standby 1 timers 5 15                 Routern der
   standby 1 ip 192.1.1.158              Standby-Gruppe
   standby 1 timers 5 15                 gleich sein.
```

Die Nummer der Standby-Gruppe. Falls keine angegeben wird, handelt es sich um die Gruppe Null.

Die HSRP-Priority (standardmäßig 100) steuert die Auswahl des Active-Routers der angegebenen Standby-Gruppe. Bei gleicher Priorität entscheidet die höhere IP-Adresse.

Der Befehl **standby preempt** erlaubt es einem Router, direkt die Kontrolle als Active-Router zu übernehmen, falls seine Standby-Priorität größer ist als die des aktuellen Active-Routers.

Durch das Kommando **standby track** passt der Router seine Standby-Priorität entsprechend der Verfügbarkeit von bestimmten Schnittstellen an. Bei Ausfall des zu überwachenden Interface verringert sich die Priorität um den definierten Wert.

R1# show standby
```
Ethernet0 - Group 1
   Local state is Active, priority 100, may preempt
   Hellotime 3 holdtime 10
   Next hello sent in 00:00:01.732
   Hot standby IP address is 192.1.1.158 configured
   Active router is local
   Standby router is 192.1.1.130 expires in 00:00:08
   Tracking interface states for 2 interfaces, 2 up:
      Up   Serial1.1 Priority decrement: 25
      Up   Serial1.2 Priority decrement: 25
```

R1# show interface e0
```
Ethernet0 is up, line protocol is up
   Hardware is Lance, address is 0000.0c07.ac01 (bia 0060.5cf4.726f)
   Internet address is 192.1.1.129/27
   MTU 1500 bytes, BW 10000 Kbit, DLY 1000 usec, rely 255/255, load 1/255
```

R1# show arp
```
Protocol  Address       Age (min)  Hardware Addr   Type   Interface
Internet  192.1.1.129        -     0000.0c07.ac01  ARPA   Ethernet0
Internet  192.1.1.130       19     00e0.8f6a.2801  ARPA   Ethernet0
Internet  192.1.1.158        -     0000.0c07.ac01  ARPA   Ethernet0
```

R2# show standby

```
Ethernet0/1 - Group 1
  Local state is Standby, priority 51, may preempt
  Hellotime 3 holdtime 10
  Next hello sent in 00:00:02.628
  Hot standby IP address is 192.1.1.158 configured
  Active router is 192.1.1.129 expires in 00:00:09
  Standby router is local
```

R2# show interface e0/1

```
Ethernet0/1 is up, line protocol is up
  Hardware is cxBus Eth., address is 00e0.8f6a.2801 (bia 00e0.8f6a.2801)
  Internet address is 192.1.1.130/27
  MTU 1500 bytes, BW 10000 Kbit, DLY 1000 usec, rely 255/255, load 1/255
```

R2# show arp

Protocol	Address	Age (min)	Hardware Addr	Type	Interface
Internet	192.1.1.129	16	0000.0c07.**ac01**	ARPA	Ethernet0/1
Internet	192.1.1.130	-	00e0.8f6a.2801	ARPA	Ethernet0/1

Multigroup-HSRP-Konfiguration

MHSRP (MHSRP) ist eine Erweiterung des ursprünglichen HSRP-Protokolls. Ein einzelner Router kann dabei Mitglied mehrerer Hot-Standby-Gruppen sein (ab V10.3). Maximal unterstützen die Router 255 Standby-Gruppen für Ethernet und FDDI sowie drei Gruppen für Token-Ring.

Lastverteilung erfolgt über die Definition von zwei oder mehreren Standby-Gruppen. Für jede Gruppe kann dann jeweils ein anderer Router als Active-Router definiert werden.

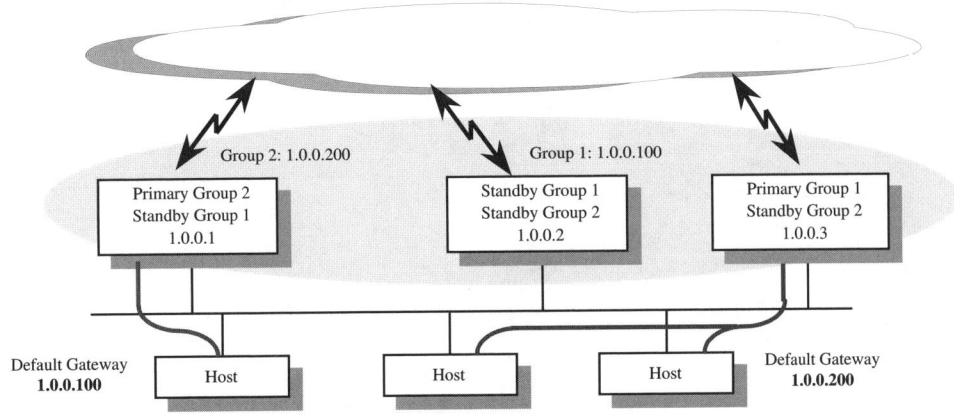

R1: interface e0	R2: interface e0	R3: interface e0
ip address 1.0.0.1 255.0.0.0	ip address 1.0.0.2 255.0.0.0	ip address 1.0.0.3 255.0.0.0
standby 1 ip 1.0.0.100	standby 1 ip 1.0.0.100	standby 1 ip 1.0.0.100
standby 1 priority 101	standby 1 priority 50	standby 1 preempt
standby 2 ip 1.0.0.200	standby 2 ip 1.0.0.200	standby 1 priority 110
standby 2 preempt	standby 2 priority 50	standby 2 ip 1.0.0.200
standby 2 priority 110		standby 2 priority 100
Primary für Gruppe 2	Standby für für Gruppe 1 und 2	Active für Gruppe 1

USE-BIA-Parameter

Statt der virtuellen MAC-Adresse benutzt der Active-Router weiterhin die physikalische Adresse seines Interface und ermöglicht die Konfiguration von DECnet und HSRP auf Routern, die einen LANCE-Ethernetcontroller verwenden.

Der Parameter ist evtl. auch in einer Token-Ring-Umgebung notwendig, da manche Token-Ring-Implementationen ARP-Replies mit einer Functional Address als Source-Adresse ablehnen.

interface *name*
  standby use-bia

Falls ein Router die Rolle eines Active-Routers übernimmt, sendet er für die Standby-Adresse einen ARP-Response. Falls die Hosts daraufhin ihre Einträge im ARP-Cache modifizieren, wird beim Zugriff auf die Standby-IP-Adresse die korrekte MAC-Adresse des neuen Active-Routers benutzt.

```
DLL: Destination Address    = FF-FF-FF-FF-FF-FF (Broadcast)
DLL: Source Address         = AA-00-04-00-38-FD (63.312)
ARP: Opcode                 = 2 (Reply)
ARP: Sender's Hardware Addr = AA-00-04-00-38-FD
ARP: Sender's Protocol Addr = 10.100.224.73
ARP: Target Hardware Addr   = FF-FF-FF-FF-FF-FF
ARP: Target Protocol Addr   = 10.100.224.73
```

5 ISO-CLNS-Protokoll

Die OSI-Standards der Netzwerkschicht unterscheiden zwischen verbindungslosen (CLNS – Connectionless Network Service) und verbindungsorientierten (CONS – Connection Oriented Network Service) Protokollen.

- CLNS

  Das OSI-Connectionless-Protokoll verhält sich im Prinzip wie IP, d.h., es wird nur eine ungesicherte Netzwerkverbindung zur Verfügung gestellt und die Pakete enthalten immer die komplette Adressinformation.

- CONS

  Im Gegensatz dazu bietet CONS eine gesicherte Übertragung auf Netzwerkebene. Vor dem Austausch von Paketen der Netzwerkschicht bauen die Router aus diesem Grund eine Verbindung auf, nur dabei benötigen die Systeme die komplette Adressinformation.

ISO-Standards

- Network Layer

ISO 8648	Internal Organization of the Network Layer
ISO 8348	Network Service Definition
ISO 8348 / Amendment 2	Network Layer Addressing

  CLNS-Protokolle

ISO 8473	Protocol for Providing the Connectionless-Mode Network Service (CLNS)
ISO 9542	Endsystem to Intermediate System Routing Exchange for use with CLNS
ISO 10589	Intermediate System to Intermediate System Intra-Domain Routing Exchange in Conjunction with the CLNS

  CONS-Protokolle

ISO 8878	Use of X.25 to Provide the OSI Connection-Mode Network Service (CMNS)
ISO 8208	X.25 Packet-level Protocol for Data Terminal Equipment
ISO 8881	Use of X.25 over LANs to Provide the OSI Connection-Mode Network Service

- Transport Layer

ISO 8072	Transport Service Defintion
ISO 8073	Connection Oriented Trasnport Protocol Specification (COTS)
ISO 8602	Protocol for Providing the Connectionless-Mode Transport Service (CLTS)

● Session Layer

    ISO 8326   Session Service Definition
    ISO 8327   Session Protocol Definition

● Presentation Layer

    ISO 8822   Presentation Service Definition
    ISO 8823   Presentation Protocol Definition
    ISO 8824   Specification of Abstract Syntax Notation One (ASN.1)
    ISO 8825   Specification of Basic Encoding Rules for ASN.1

5.1   OSI-Adressierung

Eine OSI-Netzwerkadresse wird als NSAP (Network Service Access Point) bezeichnet und kann eine maximale Länge von 20 Octets aufweisen.

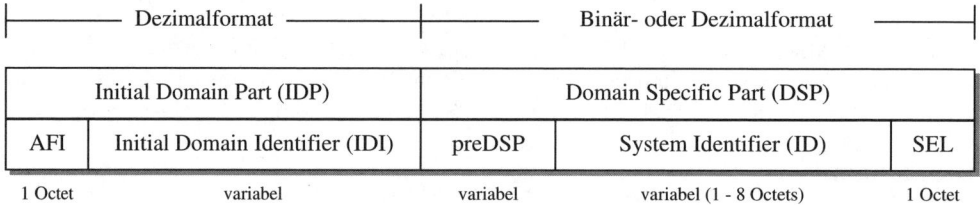

ISO 8348 Ad2 definiert eine binäre Kodierung, bei der im Dezimalformat jeweils eine Dezimalstelle in einen 4-Bit-Wert (im Bereich von 0000 bis 1001) umgewandelt wird. Diese Kodierung ist aber nicht zwingend notwendig, d.h., eine Implementation des ISO-8348-Standards kann durchaus ein anderes Verfahren wählen.

● AFI – Authority and Format Identifier

Der AFI legt die Behörde fest, die für die Zuweisung der IDI-Werte zuständig ist, und garantiert, dass die vergebene NSAP-Adresse weltweit eindeutig ist. Daneben bestimmt der AFI, ob man den DSP-Anteil der Adresse binär oder dezimal angeben muss.

● IDI – Initial Domain Identifier

Der IDI bildet zusammen mit dem AFI den IDP-Teil des NSAP, über den eine globale Adresse festgelegt wird.

● DSP – Domain Specific Part

Der DSP stellt eine eindeutige Adresse innerhalb des IDP-Adressbereichs dar und kann entweder im Dezimal- oder Binärformat beschrieben werden. So benutzt z.B. DECnet PhaseV das Binärformat.

● preDSP oder HO-DSP (High Order DSP)

Abhängig von dem benutzten AFI.

● ID – System Identifier

Das ID-Feld kann eine Länge von einem bis acht Octets annehmen. Sie muss innerhalb der Routing-Domain einheitlich sein. Oftmals benutzt man die sechs Octets der MAC-Adresse eines Interface als System-ID.

● SEL – Selector Byte

Das Selector Byte zeigt das zu verwendende Transport-Protokoll an. Ein so genannter NET identifiziert einen Knoten, bei dem das Transport-Protokoll entweder unbekannt oder nicht relevant ist (z.B. auf Routern, die daher in der Regel mit NET-Adressen arbeiten).

Network Entity Title (NET)	00
DECnet NSP Transport	20
OSI Transport	21

Übersicht über die verschiedenen NSAP-Adressen

Behörde	AFI (DSP dezimal)	AFI (DSP binär)	erstes Zeichen des IDI ist	max. IDI-Länge (in Zeichen)	max. DSP-Länge (in Octets)
Privat	48		-	0	19
		49			
ISO 3166 DCC	38		-	3 (exakt)	17
		39			
ISO 6523 ICD	46		-	4 (exakt)	17
		47			
ITU X.121 (X.25)	36		ungleich Null	14	12
		37			
	52		Null		
		53			
ITU F.69 (Telex)	40		ungleich Null	8	15
		41			
	54		Null		
		55			
ITU E.163 (Telefon)	42		ungleich Null	12	13
		43			
	56		Null		
		57			
ITU E.164 (ISDN)	44		ungleich Null	15	11
		45			
	58		Null		
		59			

Für die Darstellung der NSAP-Adressen existieren verschiedene Formate:

- OSI-Format (Reference-Publication-Format)

  IDP im Dezimalformat, der DSP durch ein »+«-Zeichen davon getrennt und als Hexadezimalwert definiert. Die Angabe von IDI-Füllbits entfällt.

- Cisco-Format

  IDP und DSP werden immer im Binärformat definiert und jeweils zwei Octets des IDI und DSP werden durch einen Punkt getrennt. Eventuell notwendige IDI-Füllbits sind mit anzugeben.

- DECnet-DNA-Format

  aa:ii..ii:pp-p..p-pp-ll-ll:nn-nn-nn-nn-nn-nn:ss (a=AFI, i=IDI, p=preDSP, l=Local Area, n=System-ID, s=Selector). IDI-Füllbits muss man nicht aufführen.

Privates Netzwerk

Der AFI 49 bzw. 48 definiert ein privates Netzwerk, das nicht mit anderen OSI-Netzwerken verbunden ist.

IDP	Domain Specific Part (DSP)			
49	preDSP	Area	System-ID	Sel
1 Octet	0 - 10 Octet	2 Octet	6 Octet	1 Octet

Beispiel für eine private NSAP-Adresse mit einem preDSP von 0xCF7E und einer Area von 0x0001

OSI Format: 49+CF7E000108002B01020300

Cisco Format: 49.cf7e.0001.0800.2b01.0203.00

DECnet-DNA-Format: 49:CF7E-00-01:08-00-2B-01-02-03:00
                                  pre   A   System ID   S
                                  I   r   e
                                  D   e   l
                                  I   a

ISO 3166 DCC (Data Country Code)

Geografische Aufteilung des OSI-Adressbereichs. Die einzelnen Regionen unterscheidet man über einen drei Dezimalstellen langen IDI (z.B. 276 für Deutschland).

In Deutschland ist das Deutsche Institut für Normung (DIN) für die Adressverwaltung zuständig (DIN 66322:1994-04 Kommunikation Offener Systeme - Format der Adresse des Zugangspunkts zum Vermittlungsdienst).

IDP		Domain Specific Part (DSP)								
39	276	CFI	CDI	FI	RI	0000	RD	Area	System-ID	Sel

3 Dezimal-stellen   4 Octets   jeweils 1 Octet   2 Octets

- IDI

  276 für Deutschland. Bei der Umwandlung in das Binärfomat wird das vierte Halb-Octet mit dem Wert 0xF aufgefüllt.

- CFI – Country Format Identifier

  Ein Halb-Octet, das die Länge des CDI-Feldes beschreibt.

- CDI – Country Domain Identifier

  3 Halb-Octets lange Bereichskennung der Behörde, die für die weitere Adressierung verantwortlich ist (z.B. 0x100 für den DFN).

- FI – Format Identifier

  Bei einem Wert von 0x01 entspricht der Rest des NSAP dem US-GOSIP-Format (Government OSI Profile).

- RI – Region Identifier

  Spezifiziert die Region, in der die Organisation liegt. Der Wert 0xEF steht für über-regionale Organisationen zur Verfügung.

- RD – Routing Domain

  Jeder Organisation wird ein Wert zugeordnet, der aber nicht eindeutig sein muss, da die Unterscheidung durch den RI-Teil erfolgen kann.

Die Verwaltung der weiteren Bereiche der NSAP-Adresse erfolgt lokal durch die Organisation, der die Adresse zugewiesen wurde.

Area   2 Octets
System-ID   6 Octets
Sel   1 Octet

Beispiel für einen NSAP einer überregionalen deutschen Organisation, die der DFN verwaltet und die eine Routing-Domain von 0x0101 sowie eine Area von 0x003F benutzt.

OSI Format: 39276+310001EF00000101003F08002B01020300

Cisco Format: 39.276f.3100.01ef.0000.0101.003f.0800.2b01.0203.00

DECnet-DNA-Format: 39:276:3100-01EF-0000-0101-003F:08-00-2B-01-02-03:00

I	C	C	F	R	R		R	A	System ID	S
D	F	D	I	I	e		D	r		e
I	I	I			s			e		l
								a		

Da die Cisco-Darstellung im Binärformat erfolgt, ist das Füllbyte des IDI mit anzugeben.

ISO 6532 ICD (International Code Designator)

Das ICD-Format wird von internationalen Organisationen eingesetzt. Zum Beispiel das amerikanische »National Institute of Standards and Technology« (NIST) mit einem IDI von 0005 oder das ATM-Forum, das einen IDI von 0079 zugewiesen bekommen hat. Nachfolgend die Struktur einer NSAP-Adresse nach der amerikanischen GOSIP-Version 2.

IDP		Domain Specific Part (DSP)						
47	0005	DFI	AA	0000	RD	Area	System-ID	Sel
	4 Dezimal-stellen	1 Octet	3 Octets		2 Octets			

- IDI

  0005 für NIST, 0079 für das ATM-Forum

- DFI - DSP Format Identifier

  0x80 für NSAP-Adressen nach der GOSIP-Version 2.

- AA - Administrative Authority

  Behörde, die für die weitere Aufteilung der Adresse verantwortlich ist.

- RD - Routing Domain

  Wird jeweils einer Organisation zugewiesen.

Die Verwaltung der weiteren Bereiche der NSAP-Adresse ist auch hier eine lokale Angelegenheit.

Area	2 Octets
System-ID	6 Octets
Sel	1 Octet

Beispiel für einen GOSIP v2 NSAP mit einer AA von 0x221122, einer RD von 0x0101 und einer Area von 0x003F

OSI Format: 470005+8022112200000101003F0800B01020300

Cisco Format: 47.0005.8022.1122.0000.0101.003f.0800.2b01.0203.00

DECnet-DNA-Format: 47:5:80-221122-0000-0101-00-3F:08-00-2B-01-02-03:00

I D	A	R	R	A	System ID	S
D F	A	e	D	r		e
I I		s		e		l
				a		

ITU X.121

Dieses Schema benutzt die X.121-Adresse eines X.25 Anschlusses als IDI. Je nachdem, ob die Adresse mit einer Null beginnt oder nicht, muss man den AFI 53 oder 37 benutzen und den IDI bei der Kodierung mit Einsen oder Nullen bis auf 14 Stellen auffüllen.

IDP		Domain Specific Part (DSP)			
37/53	X.121-Adresse	preDSP	Area	System-ID	Sel
1 Octet	14 Dezimalstellen = 7 Octets	0–3 Octets	2 Octets	6 Octets	1 Octet

Beispiele für einen X.121-NSAP mit einem preDSP von 0x112233 und einer Area von 0x003F. Bei dem Cisco-Format ist zu beachten, dass man die Füllzeichen der X.121-Adresse angeben muss.

- X.121-Adresse 123456, muss mit Nullen auf 14 Stellen aufgefüllt werden.

  OSI Format: 37123456+112233003F08002B01020300

  Cisco Format: 37.*0000.0000.*1234.5611.2233.003F.0800.2B01.0203.00

  DECnet-DNA-Format: 37:123456:112233-00-3F:08-00-2B-01-02-03:00

I	pre	A	System ID	S
D	D	r		e
I	S	e		l
	P	a		

- X.121-Adresse 0123456, muss mit Einsen auf 14 Stellen aufgefüllt werden.

  OSI-Format: 53012345+112233003F08002B01020300

  Cisco-Format: 53.*1111.111*0.1234.5611.2233.003F.0800.2B01.0203.00

  DECnet-DNA-Format: 53:012345:11-22-33-00-3F:08-00-2B-01-02-03:00

5.2   ISO 8473 ES-ES-Protokoll

ISO 8473, auch oft als ISO-Internet-Protokoll bezeichnet, setzen die Endsysteme zum Austausch der Datenpakete ein. Es stellt damit in etwa die gleichen Funktionen wie das im RFC 791 beschriebene IP-Protokoll zur Verfügung.

Neben dem normalen Protokoll sind im ISO-8473-Standard noch zwei Subsets definiert, die nur gewisse Teile des Protokolls implementieren:

- Null Internet oder Inactive Network Layer Subset

  Eingeschränkte Anzahl von Protokollfunktionen, falls der Sender und Empfänger im gleichen physikalischen Netzwerk liegen.

- Nonsegmenting Subset

  Vereinfachte Form des Paket-Headers, falls keine Fragmentierung der Pakete erfolgen muss.

Paketformat

NLPI = **0x81**	1 Octet
Length Identicator	1 Octet
Version = 1	1 Octet
PDU Lifetime	1 Octet
SP | MS | ER | Type	1 Octet
PDU Segment Length	2 Octets
Checksum	2 Octets
Destination Address Length	1 Octet
Destination NSAP	max. 20
Source Address Length	1 Octet
Source NSAP	max. 20
Data Unit Identifier	2 Octets
Segment Offset	2 Octets
Total Length	2 Octets
Options	m Octets
Daten	

Falls das SP-Flag im Header gesetzt ist

- Network Layer Protocol Identifier (NLPI)

  0x00   Null Internet
  0x81   ISO 8473 PDU

- Length Indicator

  Die Länge des Headers (in Octets)

- Lifetime

  Beschreibt die verbleibende »Lebensdauer« des Pakets (in ½ Sekunden)

- Flags

  SP   = 1   Segmentation Permitted
  MS   = 1   More Data Follows (PDU ist segmentiert)
  ER   = 1   Error Report Desired

- Type

  Falls in einem Datenpaket das ER-Flag gesetzt ist und ein Knoten das Paket aus dem Netzwerk entfernen muss, sendet dieses System eine Error Report PDU an den Sender zurück.

  Error-Report-Paket   1
  Datenpaket   28

- PDU Segment Length

  Die Länge der gesamten PDU inklusive Header (in Octets).

- Checksum

  Optionale Checksum über den Header.

- Data Unit Identifier

  Der Data Unit Identifier ermöglicht eine eindeutige Identifikation der PDU.

- Segment Offset

  Beschreibt die Lage des Segments innerhalb der ursprünglichen PDU.

- Total Length

  Die gesamte Länge der ursprünglichen PDU vor der Fragmentierung.

- Options

  Alle optionalen Felder eines Datenpakets werden über ein Code-Feld (1 Octet), ein Längen-Feld (1 Octet) und den zugehörigen Wert (variable Länge) spezifiziert.

Code	Value
193	Reason for Discard (nur gültig in einem Error Report)
195	Quality of Service (0xC8 = Congestion Experienced, 0xC0 = No Congestion Experienced)
197	Security
200	Source Routing
203	Route Recording
204	Padding
205	Priority (0 = niedrigste Priorität, 14 = höchste Priorität)

Trace einer ISO 8473 PDU

```
DLL: - - - - - Datalink Header - - - - -
DLL:
DLL: Destination Address          = AA-00-04-00-C9-FE
DLL: Source Address               = AA-00-04-00-EC-FC
DLL:
DLL: 802.2 format, packet length  = 53 bytes
DLL: 802.2 DSAP                   = FE
OSI:
OSI: - - - - - Open Systems Interconnect (OSI) Protocol Suite - - - - -
OSI:
OSI: Network Layer Identification  = 129 (ISO 8473)
OSI:
CLNP: - - - - - ISO 8473 Routing (CLNP) - - - - -
CLNP:
CLNP: Network Layer Protocol Ident = 129 (ISO 8473)
CLNP: Length of header             = 40
CLNP: Version Indicator            = 1
CLNP: PDU Lifetime (500ms)         = 63
CLNP: Type of PDU                  = 9C
CLNP:        1....... = Segmentation Permitted
CLNP:        .0...... = No more segments
CLNP:        ..0..... = No error report requested
CLNP:        ...11100 = DT PDU
CLNP:
CLNP: Segment Length               = 50
CLNP: Checksum                     = 0000
CLNP: Destination NSAP             = 49003FAA000400C9FE21
CLNP: Source NSAP                  = 49003FAA000400ECFC21
CLNP:
CLNP: Seg: Data Unit Identifier    = 50132
CLNP: Seg: Segment Offset          = 0
CLNP: Seg: Total Length            = 50
CLNP:
CLNP: Parameter Number             = 195 (Quality Of Service)
CLNP: Length of parameter data     = 1
CLNP: Parameter data               = C0
```

5.3 ISO 9542 ES-IS-Protokoll

Über das ISO-9542-Protokoll tauschen die Endsysteme und die Router Informationen zur Kontrolle der Routing-Funktionen untereinander aus. Dazu gehören Configuration-Informationen und Route-Redirection-Informationen.

● Configuration-Information

Die Configuration-Informationen erlauben es den Endknoten, sich automatisch in das Netzwerk zu konfigurieren. Dazu geben die Router über ISH-Nachrichten die Area-Adresse des lokalen Netzwerks bekannt (IDP + preDSP + lokale Area). Daneben erkennen die Router über die ESH-Nachrichten, welche Endsysteme im Netzwerk aktiv sind.

● Route-Redirection-Information

Über die Route Redirection können die Router die Endknoten über einen besseren Weg zum Zielsystem informieren.

Common PDU-Format

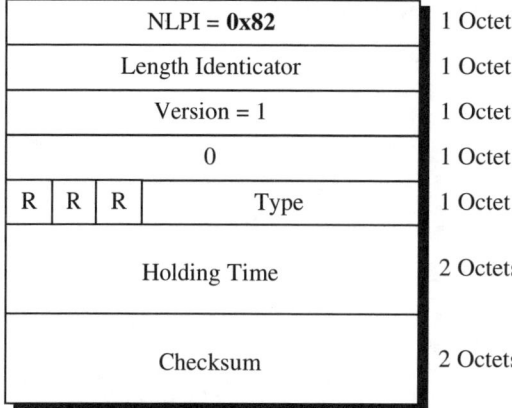

NLPI = **0x82**	1 Octet
Length Identicator	1 Octet
Version = 1	1 Octet
0	1 Octet
R | R | R | Type	1 Octet
Holding Time	2 Octets
Checksum	2 Octets

● Length Indicator

Die Länge des Headers (in Octets).

● Type

2 = ESH (End System Hello)
4 = ISH (Intermediate System Hello)
6 = RD (Redirect Message)

● Holding Time

Definiert die Zeit, wie lange der Empfänger die in der PDU enthaltenen Informationen speichern muss.

● Checksum

Checksum über den PDU-Header.

5.3.1　End System Hello

Die ESH-Pakete beinhalten die lokalen NSAPs des Endsystems und werden standardmäßig alle 600 Sekunden von den Knoten als Multicast (09-00-2B-00-00-05) versendet. Über die empfangenen ESHs bauen die Router die lokale Level-1-Routing-Tabelle auf.

PDU-Format

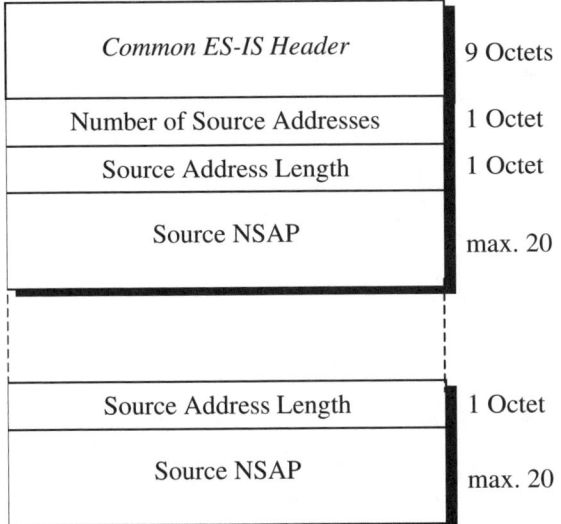

- Number of Source Addresses

  Die Anzahl der NSAP-Adressen, die in der Hello-Nachricht enthalten sind.

- Source Address Length

  Die Länge des nachfolgenden Source NSAP.

- Source NET

  Der Source NSAP des Endsystems, das die Hello-Nachricht versendet hat.

Trace einer ISO 9542 End System Hello PDU

```
DLL: - - - - - Datalink Header - - - - -
DLL:
DLL: Destination Address          = 09-00-2B-00-00-05 (All_OSI_IS)
DLL: Source Address               = AA-00-04-00-DD-C5
DLL:
DLL: 802.2 format, packet length  = 79 bytes
DLL: 802.2 DSAP                   = FE
DLL:           .......0 = Individual DSAP
DLL: 802.2 SSAP                   = FE
DLL:           .......0 = Command Frame
DLL: 802.2 PDU Control            = 03
DLL:           ......11 = Unnumbered Frame
DLL:           000.00.. = UI-Data
DLL:           ...0.... = Final
OSI:
OSI: - - - - - Open Systems Interconnect (OSI) Protocol Suite - - - - -
OSI:
OSI: Network Layer Identification   = 130 (ISO 9542)
OSI:
ESIS: - - - - - ISO 9542 Routing (ES-IS) - - - - -
ESIS:
ESIS: Network Layer Protocol Ident  = 130 (ISO 9542)
ESIS: Length of header             = 76
ESIS: Version Indicator            = 1
ESIS: Reserved, must be 0          = 0
ESIS: Type of PDU                  = 02
ESIS:          ...00010 = ESH PDU
ESIS:
ESIS: Holding Time                 = 30
ESIS: Checksum                     = 0000
ESIS:
ESIS: Number of source addresses   = 4
ESIS: Source NSAP                  = 490031AA000400DDC520
ESIS: Source NSAP                  = 490031AA000400DDC521
ESIS: Source NSAP                  = 490031AA00040097C620
ESIS: Source NSAP                  = 490031AA00040097C621
```

5.3.2 Intermediate System Hello

Um die Endknoten über die lokalen NET-Adressen des Routers zu informieren, senden die Router alle 10 Sekunden ISH-PDUs aus (Multicast-Adresse: 09-00-2B-00-00-04) und geben damit den Endsystemen auch die Area-Adresse des lokalen Netzwerks bekannt.

PDU-Format

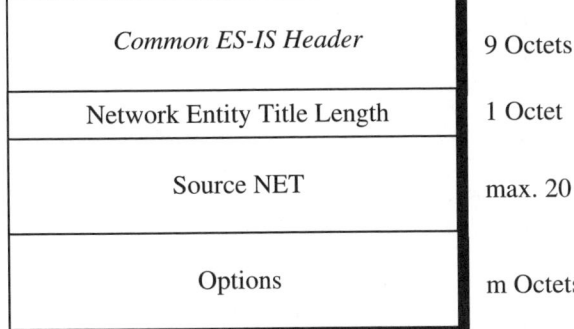

Common ES-IS Header	9 Octets
Network Entity Title Length	1 Octet
Source NET	max. 20
Options	m Octets

- Network Entity Title Length

  Die Länge der nachfolgenden NET-Adresse

- Source NET

  Die NET-Adresse des Routers, der diese Hello-Nachricht generiert hat

- Options

Code	Value
133	Authentication Information (Integrated IS-IS)
198	Suggested ES Configuration Timer

Trace einer ISO 9542 Intermediate System Hello PDU

```
DLL:
DLL: - - - - - Datalink Header - - - - -
DLL:
DLL: Frame 2 arrived at 291764.7 milliseconds, length = 60 bytes
DLL:
DLL: Destination Address          = 09-00-2B-00-00-04 (All_OSI_ES)
DLL: Source Address               = AA-00-04-00-38-FD
DLL:
DLL: 802.2 format, packet length  = 27 bytes
DLL: 802.2 DSAP                   = FE
DLL:         .......0 = Individual DSAP
DLL: 802.2 SSAP                   = FE
DLL:         .......0 = Command Frame
DLL: 802.2 PDU Control            = 03
DLL:         ......11 = Unnumbered Frame
DLL:         000.00.. = UI-Data
DLL:         ...0.... = Final
OSI:
OSI: - - - - - Open Systems Interconnect (OSI) Protocol Suite - - - - -
OSI:
OSI: Network Layer Identification  = 130 (ISO 9542)
OSI:
ESIS: - - - - - ISO 9542 Routing (ES-IS) - - - - -
ESIS:
ESIS: Network Layer Protocol Ident  = 130 (ISO 9542)
ESIS: Length of header              = 24
ESIS: Version Indicator             = 1
ESIS: Reserved, must be 0           = 0
ESIS: Type of PDU                   = 04
ESIS:         ...00100 = ISH PDU
ESIS:
ESIS: Holding Time                  = 30
ESIS: Checksum                      = 0000
ESIS:
ESIS: Network Entity Title          = 49003FAA00040038FD00
ESIS:
ESIS: Parameter Number             = 198 (ES Config Timer)
ESIS: Length of parameter data     = 2
ESIS: Parameter data               = 00-32    .
```

5.3.3 Redirect

Die Redirect-Nachricht beinhaltet die Data-Link-Adresse eines anderen Routers, der einen besseren Weg in Richtung des Zielsystems bietet.

PDU-Format

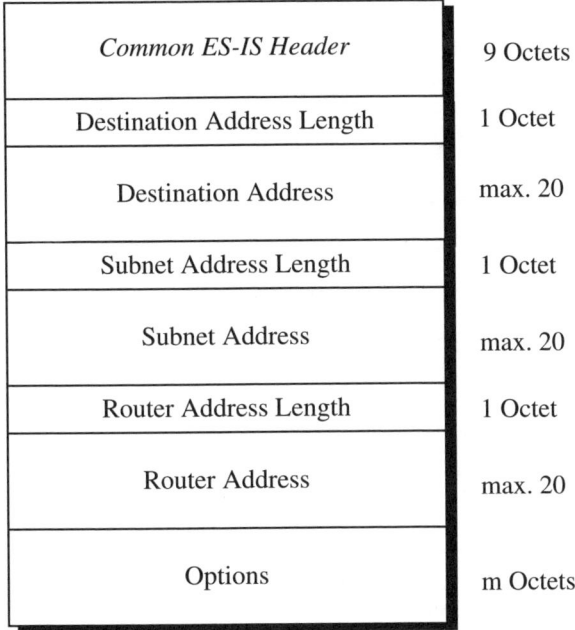

Common ES-IS Header	9 Octets
Destination Address Length	1 Octet
Destination Address	max. 20
Subnet Address Length	1 Octet
Subnet Address	max. 20
Router Address Length	1 Octet
Router Address	max. 20
Options	m Octets

- Destination Address
  Der Destination NSAP aus dem Paket, das den Redirect ausgelöst hat.

- Subnet Address
  Die Data-Link-Adresse, die benutzt werden soll, um die Zieladresse anzusprechen.

- Router Address
  Die NET-Adresse des Routers, zu dem der Sender umgeleitet wird.

- Options
  Der Router kopiert die QoS-Maintenance, Priority- und Security-Optionen des Datenpakets, das die Redirect-Nachricht ausgelöst hat.

Trace einer ISO 9542 Redirect PDU

```
DLL: - - - - - Datalink Header - - - - -
DLL:
DLL: Destination Address         = AA-00-04-00-82-C5
DLL: Source Address              = AA-00-04-00-91-C5
DLL:
DLL: 802.2 format, packet length = 44 bytes
DLL: 802.2 DSAP                  = FE
DLL:          .......0 = Individual DSAP
DLL: 802.2 SSAP                  = FE
DLL:          .......0 = Command Frame
DLL: 802.2 PDU Control           = 03
DLL:          .....11 = Unnumbered Frame
DLL:          000.00.. = UI-Data
DLL:          ...0.... = Final
OSI:
OSI: - - - - - Open Systems Interconnect (OSI) Protocol Suite - - - - -
OSI:
OSI: Network Layer Identification  = 130 (ISO 9542)
OSI:
ESIS: - - - - - ISO 9542 Routing (ES-IS) - - - - -
ESIS:
ESIS: Network Layer Protocol Ident  = 130 (ISO 9542)
ESIS: Length of header            = 41
ESIS: Version Indicator           = 1
ESIS: Reserved, must be 0         = 0
ESIS: Type of PDU                 = 06
ESIS:          ...00110 = RD PDU
ESIS:
ESIS: Holding Time               = 600
ESIS: Checksum                   = 0000
ESIS:
ESIS: Destination Address        = 49003FAA000400C9FE20
ESIS: Subnetwork Address         = AA000400FFFF
ESIS: Network Entity Title       = 49003F08002BB6E36000
ESIS:
ESIS: Parameter Number           = 195 (Quality Of Service)
ESIS: Length of parameter data   = 1
ESIS: Parameter data             = C0
```

5.4   ISO 10589 IS-IS-Protokoll

Das ISO 10589 IS-IS-Protokoll basiert wie OSPF auf einem Link-State-Algorithmus und wird für Intra Domain Routing eingesetzt.

IS-IS-Routing-Metriken (IS-IS unterstützt mehrere unterschiedliche Metriken)

- Default (Cost)   Kapazität des Subnetzes

- Delay   Verzögerung bei der Übertragung über das Subnetz

- Expense   Kosten für die Benutzung des Subnetzes

- Error   Rate von unentdeckten Fehlern auf dem Subnetz

IS-IS-Adressierung

IS-IS-Routing teilt die NSAP-Adresse in drei Felder auf: Area-Adresse (NPAI – bestehend aus dem IDP, dem preDSP und der lokalen Area) sowie dem System-Identifier und dem NSAP Selector (SEL).

Level-2-Routing basiert auf einem Area Address Prefix. Bei einer Routing-Entscheidung wählen die Router jeweils die Route mit dem längsten passenden Address Prefix aus.

Level-1- und Level-2-Routing

Intra-Area-Routen (L1-Routen) beziehen sich im Gegensatz zu OSPF nicht auf Subnetze, sondern auf die aktiven Endknoten einer Area.

Die L1-Router einer Area berechnen mit Hilfe des Attached-Flags in den Link-State-PDUs den günstigsten Pfad zum nächsten L2-Router.

Alle Knoten des L1-Netzwerks benutzen dann diesen L2-Router für Inter-Area-Routen. Das heißt, eine L1-Area verhält sich im Prinzip wie eine OSPF Stub Area.

Die Ermittlung der Inter-Area-Routen zwischen den einzelnen L2-Routern erfolgt über den normalen Link-State-Algorithmus.

Pseudonode und Designated Router

IS-IS betrachtet ein Broadcast-Subnetz als einen eigenständigen Router, den so genannten Pseudonode. Der Pseudonode hat Verbindungen zu allen Routern und Endsystemen des Subnetzes. Die Router selbst bauen nur eine Verbindung zu dem Pseudonode auf.

Jeweils ein Router eines physikalischen Broadcast-Subnetzes wird zum Designated Router gewählt. Die Ermittlung des DR erfolgt für das L1- und L2-Netzwerk separat über eine definierte Priorität. Im Gegensatz zu OSPF übernimmt ein neuer Router mit höherer Priorität automatisch die Funktion des DR.

Die Aufgabe des DR besteht zum einen darin, einen Namen für das LAN zu vergeben (System-ID-Teil der DR-Adresse sowie ein zusätzliches Octet) und diesen Namen an alle Router des Subnetzes weiterzuleiten.

Daneben erzeugt der Designated Router für das Subnetz noch einen zusätzlichen LSP, der alle Router und Endknoten des LAN auflistet. Es erfolgt keine explizite Quittierung der gesendeten LSPs, der Abgleich der Link-State-Datenbank zwischen den Routern geschieht über SNP-Pakete.

Der Designated Router sendet dazu alle 10 Sekunden ein CSNP-Paket. Falls ein Router merkt, dass der DR noch ein älteres LSP verwendet, sendet er sein (neueres) LSP an den DR. Sollte der Router selbst ein veraltetes LSP benutzen, fordert er dieses LSP explizit über ein PSNP von dem DR an.

Die LSPs der normalen Router für das lokale Broadcast-Subnetz enthalten nur noch einen Eintrag für den Pseudonode, nicht aber für die anderen Systeme am LAN.

Level-1 Partition Repair

IS-IS erlaubt die automatische Zusammenführung von partitionierten L1-Areas über ein L2-Netzwerk. Partition Repair ist eine optionale Funktionalität, deren Unterstützung die L2-Router über das P-Flag in ihren LSP bekanntgeben.

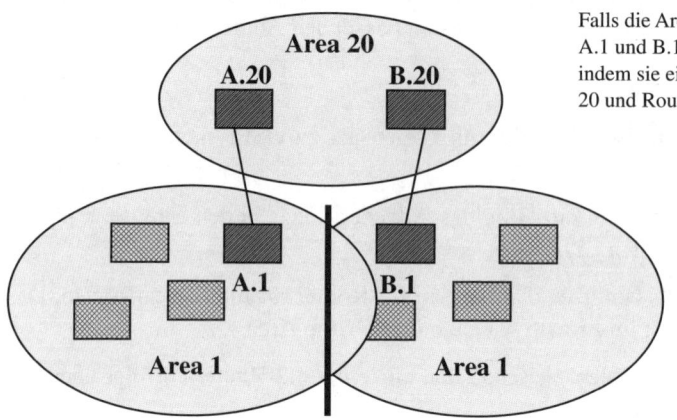

Falls die Area 1 partitioniert ist, können die Router A.1 und B.1 das Level1-Netzwerk reparieren, indem sie einen Level-1-Virtual-Link über die Area 20 und Router A.20 und B.20 aufbauen.

Übersicht über CLNS-Multicast-Adressen

ISO 9542 ES-IS-Protokoll	
ES Hello	09-00-2B-00-00-05
IS Hello	09-00-2B-00-00-04
ISO 10589 IS-IS-Protokoll	
L1 Hello	01-80-C2-00-00-14
L2 Hello	01-80-C2-00-00-15
L1 LSP	01-80-C2-00-00-14
L1 CSNP	01-80-C2-00-00-14
L1 PSNP	01-80-C2-00-00-14
L2 LSP	01-80-C2-00-00-15
L2 CSNP	01-80-C2-00-00-15
L2 PSNP	01-80-C2-00-00-15

5.4.1   Common IS-IS Header

NLPI = **0x83**	1 Octet
Length Identicator	1 Octet
Version / Protocol ID = 1	1 Octet
ID Length	1 Octet
R | R | R | **Type**	1 Octet
Version = 1	1 Octet
reserved	1 Octet
Maximum Area Addresses	1 Octet

Die DECnet PhaseV Implementation bezeichnet das »reserved«-Feld als ECO und die »Maximum Area Addresses« als User-ECO. Beide Felder sowie die ID Length sind immer auf Null gesetzt.

● ID Length

Länge des System-ID-Feldes der NSAP-Adressen innerhalb dieser Routing-Domain (Null bedeutet sechs Octets).

● Type

15	LAN Level 1 IS to IS Hello
16	LAN Level 2 IS to IS Hello
17	Point-to-Point IS to IS Hello
18	Level 1 Link State PDU
20	Level 2 Link State PDU
24	Level 1 Complete Sequence Number PDU
25	Level 2 Complete Sequence Number PDU
26	Level 1 Partial Sequence Numbers PDU
27	Level 2 Partial Sequence Numbers PDU

● Maximum Area Adresses

Die Anzahl der unterstützten Area-Adressen (ein Wert von Null bedeutet drei Areas).

5.4.2   LAN L1 Hello

Über die L1 Hellos erfolgt die Auswahl des L1 Designated Routers in einem Broadcast-Subnetz. Die normalen Router senden diese PDUs alle drei Sekunden und der Designated Router jede Sekunde (Multicast-Adresse: 01-80-C2-00-00-14).

PDU-Format

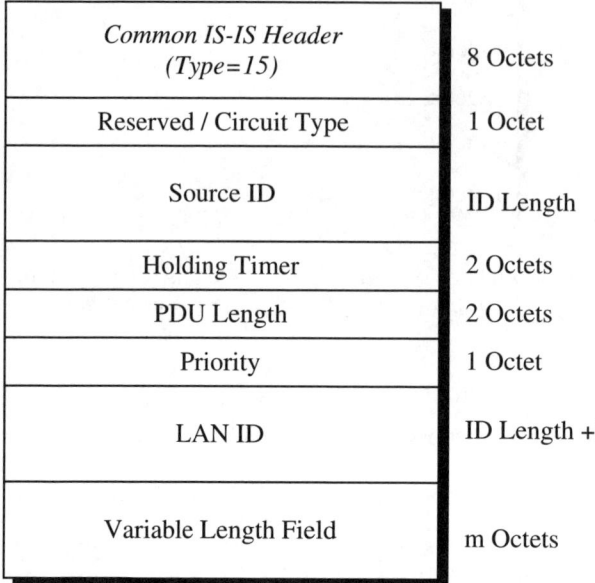

Common IS-IS Header (Type=15)	8 Octets
Reserved / Circuit Type	1 Octet
Source ID	ID Length
Holding Timer	2 Octets
PDU Length	2 Octets
Priority	1 Octet
LAN ID	ID Length +1
Variable Length Field	m Octets

- Circuit Type

  1 = Level-1 only
  2 = Level-2 only
  3 = Level-1-2

- Source ID

  Die System-ID des sendenden Routers

- Holding Time

  Bestimmt die Zeit, wie lange der Empfänger die enthaltenen Informationen speichert

- PDU Length

  Die komplette Länge der PDU (inkl. Header)

- Priority

  Die Priorität für die Auswahl des Level-1 Designated Routers (Wert von Null bis 127)

● LAN-ID

Die Pseudonode-Adresse des LAN (System-ID des Designated Routers plus ein zusätzliches Octet)

● Variable Length Field

Code	Value	Beschreibung
1	Area Addresses	Liste der Area-Adressen des lokalen Routers
6	Router Neighbors	Liste von MAC-Adressen der Level-1-Adjacency-Router
8	Padding	
10	Authentication Information	für OSI
129	Protocols Supported	Liste der unterstützten Protokolle
132	IP Interface Address	für Integrated IS-IS
133	Authentication Information	für Integrated IS-IS

Trace einer IS-IS LAN L1 Hello PDU

```
DLL: - - - - - Datalink Header - - - - -
DLL:
DLL: Destination Address           = 01-80-C2-00-00-14 (All_OSI_L1IS)
DLL: Source Address                = AA-00-04-00-38-FD (63.312)
DLL:
DLL: 802.2 format, packet length   = 1495 bytes
DLL: 802.2 DSAP                    = FE
DLL:          .......0 = Individual DSAP
DLL: 802.2 SSAP                    = FE
DLL:          .......0 = Command Frame
DLL: 802.2 PDU Control             = 03
DLL:          ......11 = Unnumbered Frame
DLL:          000.00.. = UI-Data
DLL:          ...0.... = Final
OSI:
OSI: - - - - - Open Systems Interconnect (OSI) Protocol Suite - - - - -
OSI:
OSI: Network Layer Identification  = 131 (ISO 10589)
OSI:
ISIS:
ISIS: - - - - - ISO 10589 ISIS network protocol - - - - -
ISIS:
ISIS: Network Layer Protocol Ident = 131 (ISO 10589)
ISIS: Header Length (bytes)        = 27
ISIS: Version/Protocol ID Extension = 1
ISIS: ID Length (0 means 6 bytes)  = 0
ISIS: Reverved/PDU type            = OF
ISIS:          ...01111 = 15 (LAN Level 1 Router to Router Hello)
ISIS: Version                      = 1
ISIS: ECO                          = 0
ISIS: User ECO                     = 0
ISIS: Reserved/Circuit type        = 03
ISIS:          ......11 = both Level 1 and Level 2
ISIS: Source nodeID                = 08-00-2B-B4-13-E0 (08002BB413E0)
ISIS: Holding Timer                = 10
ISIS: Segment Length               = 1492
ISIS: Priority                     = 1
```

```
ISIS: LAN ID                        = 08-00-2B-B4-13-E0-01
ISIS:
ISIS: Parameter Code                = 1 (Area Addresses)
ISIS: Parameter length              = 4
ISIS: Area Address                  = 49-00-3F
ISIS:
ISIS: Parameter Code                = 6 (Router Neighbors)
ISIS: Parameter length              = 6
ISIS: Router Neighbor ID            = AA-00-04-00-21-FD (63.289)
ISIS:
ISIS: Parameter Code                = 129 (Protocols Supported)
ISIS: Parameter length              = 2
ISIS: Supported Protocol            = CC = IP NLPID
ISIS: Supported Protocol            = 81 = ISO 8473 NLPID
ISIS:
ISIS: Parameter Code                = 132 (IP Interface Address(es))
ISIS: Parameter length              = 4
ISIS: IP address                    = 10.102.7.91
ISIS:
ISIS: Parameter Code                = 8 (Padding)
ISIS: Parameter length              = 255
ISIS:
ISIS: Parameter Code                = 8 (Padding)
ISIS: Parameter length              = 255
ISIS:
ISIS: Parameter Code                = 8 (Padding)
ISIS: Parameter length              = 255
ISIS:
ISIS: Parameter Code                = 8 (Padding)
ISIS: Parameter length              = 255
ISIS:
ISIS: Parameter Code                = 8 (Padding)
ISIS: Parameter length              = 255
ISIS:
ISIS: Parameter Code                = 8 (Padding)
ISIS: Parameter length              = 149
ISIS:
ISIS: Total length of optional data = 1465
```

L1-Pseudonode LAN-Name
System-ID des DR:
08-00-2B-13-e0-01
zusätzliches Octet:
01

5.4.3   LAN L2 Hello

Die L2-Router senden alle drei Sekunden diese Hello-Nachrichten aus und identifizieren sich dadurch innerhalb der L1-Area (Multicast-Adresse 01-80-C2-00-00-15). Die L2-Hellos unterscheiden sich nur in dem Type-Feld und den »Variable Length Fields« von L1 Hello-Nachrichten. Das Priority-Feld bestimmt die Priorität als Level-2 Designated Router.

● Variable Length Field

Code	Value	Beschreibung
1	Area Addresses	Liste der Area-Adressen des lokalen Routers
6	Router Neighbors	Liste von MAC-Adressen der Level-2-Adjacency-Router
8	Padding	
10	Authentication Information	für OSI
129	Protocols Supported	Liste der unterstützten Protokolle
132	IP Interface Address	Integrated IS-IS
133	Authentication Information	für Integrated IS-IS

Trace einer IS-IS LAN L2 Hello PDU

```
DLL: - - - - - Datalink Header - - - - -
DLL:
DLL: Destination Address        = 01-80-C2-00-00-15 (All_OSI_L2IS)
DLL: Source Address             = AA-00-04-00-38-FD
DLL:
DLL: 802.2 format, packet length = 1495 bytes
DLL: 802.2 DSAP                 = FE
DLL:         .......0 = Individual DSAP
DLL: 802.2 SSAP                 = FE
DLL:         .......0 = Command Frame
DLL: 802.2 PDU Control          = 03
DLL:         ......11 = Unnumbered Frame
DLL:         000.00.. = UI-Data
DLL:         ...0.... = Final
OSI:
OSI: - - - - - Open Systems Interconnect (OSI) Protocol Suite - - - - -
OSI:
OSI: Network Layer Identification  = 131 (ISO 10589)
OSI:
ISIS:
ISIS: - - - - - ISO 10589 ISIS network protocol - - - - -
ISIS:
ISIS: Network Layer Protocol Ident  = 131 (ISO 10589)
ISIS: Header Length (bytes)      = 27
ISIS: Version/Protocol ID Extension = 1
ISIS: ID Length (0 means 6 bytes)   = 0
ISIS: Reverved/PDU type          = 10
ISIS:          ...10000 = 16 (LAN Level 2 Router to Router Hello)
ISIS: Version                    = 1
ISIS: ECO                        = 0
ISIS: User ECO                   = 0
ISIS: Reserved/Circuit type      = 03
```

```
ISIS:          .....11 = both Level 1 and Level 2
ISIS: Source nodeID          = 08-00-2B-B4-13-E0 (08002BB413E0)
ISIS: Holding Timer          = 10
ISIS: Segment Length         = 1492
ISIS: Priority               = 1
ISIS: LAN ID                 = 08-00-2B-B4-13-E0-01
ISIS:
ISIS: Parameter Code         = 1 (Area Addresses)
ISIS: Parameter length       = 4
ISIS: Area Address           = 49-00-3F
ISIS:
ISIS: Parameter Code         = 129 (Protocols Supported)
ISIS: Parameter length       = 2
ISIS: Supported Protocol     = CC = IP NLPID
ISIS: Supported Protocol     = 81 = ISO 8473 NLPID
ISIS:
ISIS: Parameter Code         = 132 (IP Interface Address(es))
ISIS: Parameter length       = 4
ISIS: IP address             = 10.102.7.91
ISIS:
ISIS: Parameter Code         = 8 (Padding)
ISIS: Parameter length       = 255
ISIS:
...
ISIS: Parameter Code         = 8 (Padding)
ISIS: Parameter length       = 157
ISIS:
ISIS: Total length of optional data = 1465
ISIS:
```

L2-Pseudonode LAN-Name
System-ID des DR:
08-00-2B-13-e0-01
zusätzliches Octet:
01

5.4.4 Point-to-Point Hello

Über die Point-to-Point Hellos bestimmen die Router, ob es sich bei dem Nachbarsystem um einen Level-1- oder Level-2-Router handelt.

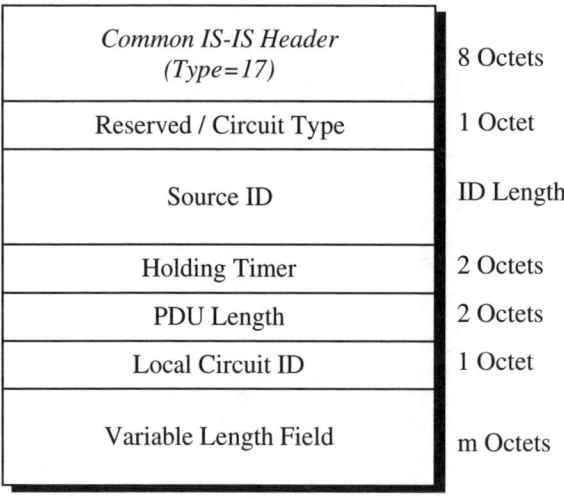

Common IS-IS Header *(Type=17)*	8 Octets
Reserved / Circuit Type	1 Octet
Source ID	ID Length
Holding Timer	2 Octets
PDU Length	2 Octets
Local Circuit ID	1 Octet
Variable Length Field	m Octets

- Local Circuit ID

  Ein Octet, das der Router dem Point-to-Point Circuit zuweist

- Variable Length Field

Code	Value	Beschreibung
1	Area Addresses	Liste der Area-Adressen des lokalen Routers
8	Padding	
10	Authentication Information	für OSI
129	Protocols Supported	Liste der unterstützten Protokolle
132	IP Interface Address	für Integrated IS-IS
133	Authentication Information	für Integrated IS-IS

5.4.5   L1 Link State PDU

PDU-Format

Die L1-LSPs enthalten Informationen über die direkt mit dem lokalen Router verbundenen Endsysteme, Router und Pseudonodes und werden innerhalb der Level-1-Area geflutet (Multicast-Adresse: 01-80-C2-00-00-14).

Common IS-IS Header (Type = 20)	8 Octets
PDU Length	1 Octet
Remaining Lifetime	2 Octets
LSP ID	ID Length + 2
Sequence Number	4 Octets
Checksum	2 Octets
P ATT OL Type	1 Octet
Variable Length Field	m Octets

● Remaining Lifetime

Anzahl von Sekunden, bevor der Router die LSP als abgelaufen ansieht

● LSP-ID

6 Octets   System-ID des Routers, der das LSP-Paket generiert hat

1 Octet   LAN-Number; ungleich Null, falls es sich um das LSP eines Pseudonode handelt

1 Octet   Fragment-Number; falls das LSP zu groß für ein Paket war und deshalb fragmentiert wurde

● Sequence Number

Die Sequenznummer des LSP

● Checksum

Checksum über den Inhalt des LSP ohne den PDU-Header

● LSP Flags

P   Router unterstützt die optionale Partition-Repair-Funktion

ATT   Router ist mit einer anderen Area verbunden

OL   (LSPDBOL oder Hippity-Bit). Zeigt einen LSP Database Overload an

Type Type des Routers, 1 = Level-1, 3 = Level-2

Ist in einer LSP das LSPDBOL-Flag gesetzt, ignorieren die anderen Router dieses LSP.

● Variable Length Field

Code	Value	Beschreibung
1	Area Addresses	Liste der Area-Adressen des lokalen Routers
2	IS Neighbors	Bei IS-Nachbarn die System-ID + 00, für den Pseudonode LAN-ID + Octet
3	ES Neighbors	System ID von benachbarten Endsystemen
10	Authentication Information	für OSI
128	IP Internal Reachability	Integrated IS-IS
129	Protocols Supported	Liste der unterstützten Protokolle
132	IP Interface Address	Integrated IS-IS
133	Authentication Information	für Integrated IS-IS

Aufbau eines IS-Neighbor-Eintrags

	Virtual Flag		1 Octet
0	I/E	Default Metric (Cost)	1 Octet
S	I/E	Delay Metric	1 Octet
S	I/E	Expense Metric	1 Octet
S	I/E	Error Metric	1 Octet
	Neighbor ID		ID Length + 1

- Virtual Flag

  Falls gesetzt, handelt es sich bei dem LSP um einen Link zur Reparatur einer Area Partition

- I/E-Bit

  Gibt den Typ der Metrik an (0 = interne Metrik , 1 = externe Metrik)

- S-Bit

  Falls gesetzt, unterstützt der lokale Router diesen Metrik-Typ nicht

- Neighbor ID

6 Octets	System-ID des Nachbar-Routers
1 Octet	LAN Number; ungleich Null, falls es sich um die Neighbor ID eines Pseudonodes handelt

Aufbau eines ES-Neighbor-Eintrags

0	I/E	Default Metric (Cost)	1 Octet
S	I/E	Delay Metric	1 Octet
S	I/E	Expense Metric	1 Octet
S	I/E	Error Metric	1 Octet
	Neighbor ID		ID Length

- Neighbor ID

  Die System-ID des beschriebenen Endsystems

Trace einer L1 Link State PDU

```
DLL: - - - - - Datalink Header - - - - -
DLL:
DLL: Destination Address          = 01-80-C2-00-00-14 (All_OSI_L1IS)
DLL: Source Address               = AA-00-04-00-38-FD
DLL:
DLL: 802.2 format, packet length  = 60 bytes
DLL: 802.2 DSAP                   = FE
DLL:             .......0 = Individual DSAP
DLL: 802.2 SSAP                   = FE
DLL:             .......0 = Command Frame
DLL: 802.2 PDU Control            = 03
DLL:             ......11 = Unnumbered Frame
DLL:             000.00.. = UI-Data
DLL:             ...0.... = Final
OSI:
OSI: - - - - - Open Systems Interconnect (OSI) Protocol Suite - - - - -
OSI:
OSI: Network Layer Identification  = 131 (ISO 10589)
OSI:
ISIS:
ISIS: - - - - - ISO 10589 ISIS network protocol - - - - -
ISIS:
ISIS: Network Layer Protocol Ident  = 131 (ISO 10589)
ISIS: Header Length (bytes)         = 27
ISIS: Version/Protocol ID Extension = 1
ISIS: ID Length (0 means 6 bytes)   = 0
ISIS: Reverved/PDU type             = 12
ISIS:            ...10010 = 18 (Level 1 Link State Packet)
ISIS: Version                       = 1
ISIS: ECO                           = 0
ISIS: User ECO                      = 0        Fragmentiertes LSP des Pseudonode
ISIS: Segment Length                = 57
ISIS: LSP:08-00-2B-B4-13-E0-01-FE Seq:00000002 Chk:AE3B Lif:1199        LSP Flags
ISIS: res/hippity/rtr type          = 0B
ISIS:            ....1... = Router 'attached' other area(s) default metric
ISIS:            .....0.. = Hippity cost - this LSP used
ISIS:            ......11 = Level 2 Router
ISIS:
ISIS: Parameter Code                = 3 (Endnode Neighbors)
ISIS: Parameter length              = 28
ISIS: Cost                          = 0
ISIS: Optional metrics:
ISIS: metric                        = 80 = Unsupported, 0
ISIS: metric                        = 80 = Unsupported, 0
ISIS: metric                        = 80 = Unsupported, 0
ISIS: Neighbor ID                   = AA-00-04-00-C9-FE (63.713)
ISIS: Neighbor ID                   = AA-00-04-00-F1-FC (63.241)
ISIS: Neighbor ID                   = AA-00-04-00-40-FE (63.576)
ISIS: Neighbor ID                   = AA-00-04-00-DB-FE (63.731)
ISIS:
ISIS: - - - - - ISO 10589 ISIS network protocol - - - - -
ISIS:
ISIS: Network Layer Protocol Ident  = 131 (ISO 10589)
ISIS: Header Length (bytes)         = 27
ISIS: Version/Protocol ID Extension = 1
ISIS: ID Length (0 means 6 bytes)   = 0
ISIS: Reverved/PDU type             = 12
ISIS:            ...10010 = 18 (Level 1 Link State Packet)
ISIS: Version                       = 1
```

```
ISIS: ECO                          = 0
ISIS: User ECO                     = 0           LSP des Routers
ISIS: Segment Length               = 51
ISIS: LSP:08-00-2B-B4-13-E0-00-00 Seq:00000003 Chk:57B3 Lif:1199
ISIS: res/hippity/rtr type         = 0B
ISIS:            ....1... = Router 'attached' other area(s) default metric
ISIS:            .....0.. = Hippity cost - this LSP used
ISIS:            ......11 = Level 2 Router
ISIS:
ISIS: Parameter Code               = 1 (Area Addresses)
ISIS: Parameter length             = 4
ISIS: Area Address                 = 49-00-3F
ISIS:
ISIS: Parameter Code               = 129 (Protocols Supported)
ISIS: Parameter length             = 2
ISIS: Supported Protocol           = CC = IP NLPID
ISIS: Supported Protocol           = 81 = ISO 8473 NLPID
ISIS:
ISIS: Parameter Code               = 2 (Router Neighbors)
ISIS: Parameter length             = 12
ISIS: reserved must be 0           = 00
ISIS: Cost                         = 60
ISIS: Optional metrics:
ISIS: metric                       = 80 = Unsupported, 0
ISIS: metric                       = 80 = Unsupported, 0          Als einzigen Eintrag
ISIS: metric                       = 80 = Unsupported, 0          enthält das LSP die
ISIS: Neighbor ID                  = 08-00-2B-B4-13-E0-01        Adresse des
ISIS:                                                            Pseudonode
ISIS: Total length of optional data = 24
```

5.4.6   L2 Link State PDU

Die L2-LSPs enthalten Informationen über die »Reachable Address Prefixes« des lokalen Routers sowie die mit ihm direkt verbundenen L2-Router und Pseudonodes. L2-LSP werden innerhalb der Level-2-Domain geflutet (Multicast-Adresse: 01-80-C2-00-00-15). Die L2-LSP unterscheiden sich nur in dem Type-Feld und den »Variable Length Fields« von L1-LSPs.

● Variable Length Field

Code	Value	Beschreibung
1	Area Addresses	Liste der Area-Adressen des lokalen Routers
2	IS Neighbors	System-ID von benachbarten Intermediate Systems
4	Partition Designated L2 IS	System-ID des L2-Router
5	Prefix Neighbors	Reachable Address Prefix Neighbors
10	Authentication Information	für OSI
128	IP Internal Reachability	Integrated IS-IS
129	Protocols Supported	Liste der unterstützten Protokolle
130	IP External Reachability	Integrated IS-IS
131	Inter-Domain Routing Info	Integrated IS-IS
132	IP Interface Address	Integrated IS-IS
133	Authentication Information	für Integrated IS-IS

Trace einer L2 Link State PDU

```
DLL: - - - - - Datalink Header - - - - -
DLL:
DLL: Destination Address          = 01-80-C2-00-00-15 (All_OSI_L2IS)
DLL: Source Address               = AA-00-04-00-38-FD (63.312)
DLL:
DLL: 802.2 format, packet length  = 54 bytes
DLL: 802.2 DSAP                    = FE
DLL:        .......0 = Individual DSAP
DLL: 802.2 SSAP                    = FE
DLL:        .......0 = Command Frame
DLL: 802.2 PDU Control            = 03
DLL:        ......11 = Unnumbered Frame
DLL:        000.00.. = UI-Data
DLL:        ...0.... = Final
OSI:
OSI: - - - - - Open Systems Interconnect (OSI) Protocol Suite - - - - -
OSI:
OSI: Network Layer Identification  = 131 (ISO 10589)
OSI:
ISIS:
ISIS: - - - - - ISO 10589 ISIS network protocol - - - - -
ISIS:
ISIS: Network Layer Protocol Ident  = 131 (ISO 10589)
ISIS: Header Length (bytes)         = 27
ISIS: Version/Protocol ID Extension = 1
ISIS: ID Length (0 means 6 bytes)   = 0
ISIS: Reverved/PDU type             = 14
ISIS:        ...10100 = 20 (Level 2 Link State Packet)
ISIS: Version                       = 1
ISIS: ECO                           = 0
ISIS: User ECO                      = 0
ISIS: Segment Length                = 63
ISIS: LSP:08-00-2B-B4-13-E0-00-00 Seq:00000003 Chk:57B3 Lif:1199
ISIS: res/hippity/rtr type          = 0B
ISIS:        ....1... = Router 'attached' other area(s) default metric
ISIS:        .....0.. = Hippity cost - this LSP used
ISIS:        ......11 = Level 2 Router
ISIS:
ISIS: Parameter Code                = 1 (Area Addresses)
ISIS: Parameter length              = 4
ISIS: Area Address                  = 49-00-3F
ISIS:
ISIS: Parameter Code                = 5 (Prefix Neighbors)
ISIS: Parameter length              = 8
ISIS: Cost                          = 20
ISIS: Optional metrics:
ISIS: metric                        = 80 = Unsupported, 0
ISIS: metric                        = 80 = Unsupported, 0
ISIS: metric                        = 80 = Unsupported, 0
ISIS: Address Prefix                = 49-01-00
ISIS:
ISIS: Parameter Code                = 129 (Protocols Supported)
ISIS: Parameter length              = 2
ISIS: Supported Protocol            = CC = IP NLPID
ISIS: Supported Protocol            = 81 = ISO 8473 NLPID
ISIS:
ISIS: Parameter Code                = 2 (Router Neighbors)
ISIS: Parameter length              = 12
ISIS: reserved must be 0            = 00
ISIS: Cost                          = 60
ISIS: Optional metrics:
ISIS: metric                        = 80 = Unsupported, 0
ISIS: metric                        = 80 = Unsupported, 0
ISIS: metric                        = 80 = Unsupported, 0
ISIS: Neighbor ID                   = 08-00-2B-B4-13-E0-01
```

5.4.7 Sequence Number PDU

Sequence Number PDU (SNP)

- Partial SNP (PSNP)   Beinhaltet die letzte Sequence Number von einer oder mehreren LSPs

- Complete SNP (CSNP)   Beinhaltet die letzte Sequence Number aller LSPs der Link-State-Datenbank

- Multicast: 01-80-C2-00-00-14 für L1-SNPs und 01-80-C2-00-00-15 für L2-SNPs

Das IS-IS-Protokoll setzt SNPs zur Synchronisation der Link-State-Datenbank auf den einzelnen Routern der Routing Domain ein. Die SNPs informieren die anderen Router dabei über die Sequenznummer der einzelnen LSPs, die der lokale Router in seiner Datenbank gespeichert hat.

Aufbau eines LSP Entries

Remaining Lifetime	2 Octets
LSP ID	ID Length + 2
LSP Sequence Number	4 Octets
Checksum	2 Octets

- Remaining Lifetime

  Die verbleibende Lebenszeit des LSP

- LSP ID

  Die LSP ID besteht aus der System-ID sowie der LAN und Fragment Number

- LSP Sequence Number

  Die Sequenznummer des LSP

CSNP-Format

Das Format der Complete Sequence Number PDUs ist für Level-1 und Level-2 identisch.

Common IS-IS Header *(Type=24,25)*	8 Octets
PDU Length	1 Octet
Source ID	ID Length + 1
Start LSP ID	ID Length + 2
End LSP ID	ID Length + 2
Variable Length Field	m Octets

● Source ID

   Die System-ID des Routers, der diese CSNP generiert hat (das letzte Octet – die Circuit-ID – ist Null)

● Start LSP ID

   Die LSP ID des ersten LSP, das von dieser CSNP abgedeckt wird

● End LSP ID

   Die LSP ID des letzten LSP, das die CSNP abdeckt

● Variable Length Field

Code	Value	Beschreibung
9	LSP Entries	Liste mit Informationen über die einzelnen LSPs
10	Authentication Information	für OSI
133	Authentication Information	für Integrated IS-IS

Trace einer CSNP PDU

```
DLL: - - - - - Datalink Header - - - - -
DLL:
DLL: Destination Address          = 01-80-C2-00-00-14 (All_OSI_L1IS)
DLL: Source Address               = AA-00-04-00-38-FD
OSI:
OSI: - - - - - Open Systems Interconnect (OSI) Protocol Suite - - - - -
OSI:
OSI: Network Layer Identification  = 131 (ISO 10589)
OSI:
ISIS:
ISIS: - - - - - ISO 10589 ISIS network protocol - - - - -
ISIS:
ISIS: Network Layer Protocol Ident   = 131 (ISO 10589)
ISIS: Header Length (bytes)          = 33
ISIS: Version/Protocol ID Extension  = 1
ISIS: ID Length (0 means 6 bytes)    = 0
ISIS: Reverved/PDU type              = 18
ISIS:         ...11000 = 24 (Level 1 Complete Sequence Number Packet)
ISIS: Version                        = 1
ISIS: ECO                            = 0
ISIS: User ECO                       = 0
ISIS: Segment Length                 = 99
ISIS: Source                         = 08-00-2B-B4-13-E0-00
ISIS: Start LSP ID                   = 00-00-00-00-00-00-00-00
ISIS: End LSP ID                     = FF-FF-FF-FF-FF-FF-FF-FF
ISIS:
ISIS: Parameter Code                 = 9 (LSP entry(ies))
ISIS: Parameter length               = 64
ISIS: LSP:08-00-2B-B4-13-E0-00-00 Seq:00000002 Chk:51C2 Lif:1170
ISIS: LSP:08-00-2B-B4-13-E0-00-FE Seq:00000002 Chk:BE1F Lif:1170
ISIS: LSP:08-00-2B-B4-13-E0-01-00 Seq:00000001 Chk:9F5F Lif:1145
ISIS: LSP:08-00-2B-B4-13-E0-01-FE Seq:00000002 Chk:AE3B Lif:1180
ISIS:
ISIS: Total length of optional data  = 66
```

PSNP-Format

Das Format der Partial Sequence Number PDUs ist für Level-1 und Level-2 identisch.

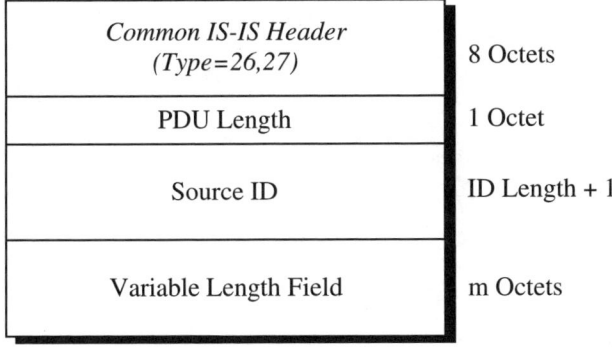

Common IS-IS Header *(Type=26,27)*	8 Octets
PDU Length	1 Octet
Source ID	ID Length + 1
Variable Length Field	m Octets

- Source ID

  Die System-ID des Routers, der diese SNP generiert hat (das letzte Octet – die Circuit-ID – ist Null)

- Variable Length Field

Code	Value	Beschreibung
9	LSP Entries	Liste mit Informationen über die einzelnen LSPs
10	Authentication Information	für OSI
133	Authentication Information	für Integrated IS-IS

Trace einer PSNP PDU

```
DLL: - - - - - Datalink Header - - - - -
DLL:
DLL: Destination Address          = 01-80-C2-00-00-14 (All_OSI_L1IS)
DLL: Source Address               = 00-60-5C-F4-72-6F
DLL:
OSI: - - - - - Open Systems Interconnect (OSI) Protocol Suite - - - - -
OSI:
OSI: Network Layer Identification  = 131 (ISO 10589)
OSI:
ISIS: - - - - - ISO 10589 ISIS network protocol - - - - -
ISIS:
ISIS: Network Layer Protocol Ident  = 131 (ISO 10589)
ISIS: Header Length (bytes)         = 17
ISIS: Version/Protocol ID Extension = 1
ISIS: ID Length (0 means 6 bytes)   = 0
ISIS: Reserved/PDU type             = 1A
ISIS:          ...11010 = 26 (Level 1 Partial Sequence Number Packet)
ISIS: Version                       = 1
ISIS: ECO                           = 0
ISIS: User ECO                      = 0
ISIS: Segment Length                = 35
ISIS: Source                        = 00-60-5C-F4-72-6F-00
ISIS:
ISIS: Parameter Code                = 9 (LSP entry(ies))
ISIS: Parameter length              = 16
ISIS: LSP:08-00-2B-B4-13-E0-01-00 Seq:00000002 Chk:FAB1 Lif:1024
```

5.5   Cisco-Konfiguration: CLNS

CLNS einschalten

clns routing
!
interface *name*
  clns enable
  [clns es-neighbor   *net datalink-address*]   Nur notwendig für Systeme, die kein ISO-
  [clns is-neighbor   *net datalink-address*]   9542-Protokoll unterstützen.

● Routerweite NET-Adresse

  clns routing
  clns net *net-address*

● Interfacespezifische NET-Adresse

  clns routing
  !
  interface *name*
    clns net net-address

CLNS-Informationen anzeigen

show clns

```
Global CLNS Information:
  1 Interfaces Enabled for CLNS
  NET: 49.1000.0800.2bb0.69dd.00
  Configuration Timer: 60, Default Holding Timer: 300, Packet Lifetime 64
  ERPDU's requested on locally generated packets
  Intermediate system operation enabled (forwarding allowed)
```

show clns neighbors

System Id	SNPA	Interface	State	Holdtime	Type	Protocol
AA00.0400.37FD	aa00.0400.37fd	Et0	Up	23	IS	ES-IS

show clns neighbors detail

System Id	SNPA	Interface	State	Holdtime	Type	Protocol
AA00.0400.37FD	aa00.0400.37fd	Et0	Up	28	IS	ES-IS

```
  Area Address(es): 49.003f
  Uptime: 0:01:33
```

5.5.1 CLNS Routing

ISO 10589 IS-IS Routing

clns routing

router isis *tag*   — Bis zu drei NET-Einträge für Multi-Homing möglich. Die System-ID muss für
  net *net-address* ✓ alle NETs gleich und innerhalb der Routing-Domain eindeutig sein.
  is-type   level-1-2 | level-2-only | level-1
  isis priority #   level-1 | level-2

interface *name*   — Bei Multi-Homing Interface eine spezielle
  clns router isis *tag* ✓ NET-Adresse zuweisen.
  [clns net *net-address*]
  isis circuit-type   level-1 | level-1-2 | level-2-only
  isis metric #   level-1 | level-2

Merging-Areas bei Multi-Homing: Falls zwei Router mindestens eine gemeinsame Area besitzen, werden alle Areas der Router zu einer gemeinsamen L1-Area zusammengefasst (möglich für bis zu maximal drei Areas).

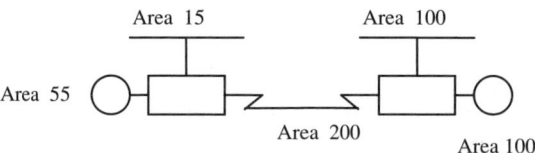

Beide Router haben die gemeinsame Area 200 und führen deshalb Area-Merging durch: Die Router führen L1-Routing für die Areas 100, 200, 55 und 15 durch. Falls dabei mehr als drei Areas zusammengefasst werden, fällt die Area mit der kleinsten Area-Nummer heraus:

```
CLNS-4-AREALOST: Too many IS-IS areas
--can't route to area 49.0015
```

Cisco ISO-IGRP Routing

clns routing

router iso-igrp *tag*   ISO-IGRP erlaubt nur eine NET-Adresse pro
  net *net-address* ◂— Routing-Prozess.

interface *name*
  clns router iso-igrp *tag*

5.5.2   CLNS-Access-Filter

Filtern von Datenpaketen

Das Filtern von CLNS-Datenpaketen ist nur über Named-Access-Listen möglich.

● CLNS Filter Sets   Alle Adressen

clns filter-set *name* deny I permit *NSAP* I default

clns filter-set *fromBackBone* permit 49.0045...
clns filter-set *fromBackBone* deny default

● CLNS Filter Templates

clns template-alias *Template-Name NSAP*
clns filter-set *Set-Name* deny I permit *Template-Name*

clns template-alias CBROU 37.0026.2456.1035.5510.1111.0000.0000.0001.00
clns filter-set *fromBackBone* permit CBROU
clns filter-set *fromBackBone* deny default

● CLNS Filter Expressions   Filter Expression oder Filter Set

clns filter-set *Set-Name* ....
clns filter-expr *Expression-Name* [source I destination] *name* or I xor I and I not *name*

clns filter-set *fromBackBone* permit 49.0045...
clns filter-set *fromBackBone* deny default
clns filter-set *toEthernet* permit 49.0001...
clns filter-set *toEthernet* deny default
clns filter-expr TEST source *fromBackbone* and destination *toEthernet*

interface *name*
  clns access-group *name* IN I OUT

● IN: Der Router überprüft die Source- und Destination-Adressen beim Empfangen
        eines Pakets

● OUT: Der Router überprüft die Source- und Destination-Adressen beim Senden eines
        Pakets

show clns filter-set

```
CLNS filter set fromBackBone
  permit 37.2624.5610.3524.1011...
  deny    default
CLNS filter set toEthernet
  permit 49.0001...
  deny    default
```

show clns filter-expr

```
TEST = EtoB or BtoE
BtoE = src fromBackBone and dest toEthernet
EtoB = src toEthernet and dest fromBackBone
```

debug clns filter

```
CLNS: Filtering 49.0001.0184.0001.0001.00 (src) through toEthernet
CLNS: matched prefix 49.0001... (permit)
CLNS: Filtering 37.2624.5610.3524.1011.1100.0000.0000.0100
      (dest)through fromBackBone
CLNS: matched prefix 37.2624.5610.3524.1011... (permit)

CLNS: Filtering 49.0044.0184.0001.0001.00 (src) through toEthernet
CLNS: matched prefix default (deny)
CLNS: Filtering 49.0044.0184.0001.0001.00 (src) through fromBackBone
CLNS: matched prefix default (deny)
```

Filtern von Routing-Informationen

Das Filtern von Routing-Informationen ist nur für Hello-Nachrichten möglich.

clns filter-set *name ...*
clns filter-expr *name...*
!
interface *name*
    isis adjacency-filter *name* [match-all]
    iso-igrp adjacency-filter *name*
    clns adjacency-filter { es | is } *name*

show clns filter-set

```
CLNS filter set fromBackBone
  permit 49.0045...
  deny    default
```

show clns protocol

```
IS-IS Router: 44and45
  System Id: 0184.0004.0004.00  IS-Type: level-1-2
  Manual area address(es):
      49.0045
  Routing for area address(es):
      49.0045
  Interfaces supported by IS-IS:
      Serial1/1 - OSI
      Ethernet0/1 - OSI
      Ethernet0/0 - OSI  adj filter fromBackBone
  Redistributing:
    static
  Distance: 110
```

debug clns filters

```
CLNS: Filtering 37.2624.5610.3524.1011.1100.0000.0000.0100
      (dest) through fromBackbone
CLNS: matched prefix default (deny)
CLNS: Filtering 49.1111.0000.0000.0001.00 (dest) through fromBackBone
CLNS: matched prefix default (deny)
```

5.5.3 IS-IS Multiarea-Support

Multiarea-Support (ab der Version V12.0(5)T) unterstützt die Konfiguration von mehreren L1-Areas auf einem Router (insgesamt eine L2-Area und bis zu 29 weitere L1-Areas). Dadurch kann die Anzahl der L1-Router in einem Netzwerk reduziert werden.

clns routing
router isis *AreaTag*   Der Router konfiguriert den ersten IS-IS Prozess
  net *net-address*   automatisch als L2, alle weiteren Prozesse sind dann L1.
  [is-type level-1-2 | level-2-only | level-1]
!
interface *name*
  clns router isis *AreaTag*

clns routing
isis display delimiter - 30

interface Loopback0
  clns router isis Area128
!
interface Loopback1
  clns router isis Area256
!
interface Ethernet0
  ip address 10.124.224.62 255.255.255.0
  clns router isis Backbone-63
  isis priority 1
!
router isis Backbone-63
  net 49.003f.0000.0000.0001.00
  set-overload-bit
!
router isis Area128
  net 49.0080.0000.0000.0001.00
  is-type level-1
  set-overload-bit
!
router isis Area256
  net 49.0100.0000.0000.0001.00
  is-type level-1
  set-overload-bit

In den LSPs des lokalen Routers ist für diese Area das LSP-Overload Flag gesetzt und wird damit von den anderen Routern ignoriert. Diesen Parameter kann man zum Testen der IS-IS-Konfiguration benutzen, da die anderen Router die LSPs ignorieren.

5.6   Beispiel: CLNS-Konfiguration

Ein ausführliches Beispiel für eine IS-IS Konfiguration befindet sich in dem nachfolgenden Kapitel über DECnet Routing.

5.6.1   CLNS-Multihoming

IS-IS-Multihoming

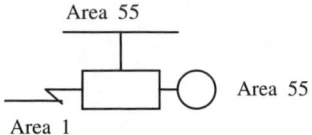

clns routing
!
router isis AA
   net 49.0055.0000.0000.0001.00
   net 49.0001.0000.0000.0001.00
!
interface e0
   clns router isis AA
   clns net 49.0055.0000.0000.0001.00
!
interface s1
   clns router isis AA
   clns net 49.0001.0000.0000.0001.00
!
interface to0
   clns router isis AA
   clns net 49.0055.0000.0000.0001.00

IS-IS und ISO-IGRP

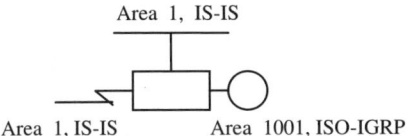

Area 1, IS-IS   Area 1001, ISO-IGRP

clns routing
!
router isis AA
  net 49.0001.0000.0000.0001.00
  redistribute iso-igrp token
!
router iso-igrp BB
  net 49.1001.0000.0000.0001.00
  redistribute isis AA
!
interface e0
  clns router isis AA
  clns net 49.0001.0000.0000.0001.00
!
interface s1
  clns router isis AA
  clns net 49.0001.0000.0000.0001.00
!
interface to0
  clns router iso-igrp token
  clns net 49.1001.0000.0000.0001.00

Nicht unbedingt notwendig, da für IS-IS und
ISO-IGRP jeweils nur ein NET definiert ist

5.6.2 IS-IS Area Merging

clns routing
!
interface Ethernet0
  media-type 10BaseT
  clns net 49.0001.1000.1000.1000.00
  clns router isis LAB
!
interface Serial1
  encapsulation x25 dce
  x25 address 1111
  x25 htc 12
  x25 map clns 2222 broadcast
  clns net 49.0044.1000.1000.1000.00
  clns router isis LAB
!
interface TokenRing0
  ring-speed 16
  clns net 49..0002.1000.1000.1000.00
  clns router iso-igrp Intern
!
router iso-igrp Intern
  net 49.0002.1000.1000.1000.00   ! Token Ring
  redistribute isis LAB
!
router isis LAB
  net 49.0001.1000.1000.1000.00   ! Ethernet
  net 49.0044.1000.1000.1000.00   ! Serial Line
  redistribute iso-igrp Intern

show clns
```
3 Interfaces Enabled for CLNS
  NET: 49.0001.1000.1000.1000.00
  NET: 49.0002.1000.1000.1000.00
  NET: 49.0044.1000.1000.1000.00
  Configuration Timer: 60, Default Holding Timer: 300, Packet Lifetime 64
  ERPDU's requested on locally generated packets
  Intermediate system operation enabled (forwarding allowed)
  ISO-IGRP level-1 Router: intern
    Routing for Domain: 49, Area: 0002
  ISO-IGRP level-2 Router: DOMAIN_intern
    Routing for Domain: 49
  IS-IS level-1-2 Router: lab
    Routing for Area: 49.0001
```

show clns protocol

```
IS-IS Router: LAB
  System Id: 1000.1000.1000.00  IS-Type: level-1-2
  Manual area address(es):
        49.0001
        49.0044
  Routing for area address(es):
        49.0001
        49.0044        Merging-Area mit dem Neighbor (44 als gemeinsame Area)
        49.0045
  Interfaces supported by IS-IS:
        Serial1 - OSI
        Ethernet0 - OSI
  Redistributing:
    static
    iso-igrp (Intern)
  Distance: 110

ISO-IGRP Level 1 Router: Intern
  Routing for domain: 49 area: 0002
  Sending Updates every 45 seconds. Next due in 22 seconds
  Invalid after 135 seconds, Hold down for 145 seconds
  Sending Router Hellos every 17 seconds, Next due in 10 seconds
  Invalid after 51 seconds
  IGRP metric weight K1=1, K2=0, K3=1, K4=0, K5=0
  Interfaces in domain/area:
        TokenRing0
  Distance: 100

ISO-IGRP Level 2 Router: DOMAIN_Intern
  Routing for domain: 49
  Redistribute:
    isis (LAB)
  Sending Updates every 45 seconds. Next due in 21 seconds
  Invalid after 135 seconds, Hold down for 145 seconds
  Sending Router Hellos every 17 seconds, Next due in 9 seconds
  Invalid after 51 seconds
  IGRP metric weight K1=1, K2=0, K3=1, K4=0, K5=0
  Interfaces in domain/area:
        TokenRing0
  Distance: 100
```

show clns neighbors detail

```
System Id       SNPA      Interface   State  Holdtime  Type Protocol
0000.0000.00AA 2222       Se1         Up     28        L1L2 IS-IS
   Area Address(es): 49.0044  49.0045
   Uptime: 0:16:30
```

show clns route

```
ISO-IGRP Routing Table for Domain 49, Area 0002
System Id        Next-Hop       SNPA     Interface   Metric   State
1000.1000.1000  0000.0000.0000  --       --          0        Up

ISO-IGRP Routing Table for Domain 49
Area Id          Next-Hop       SNPA     Interface   Metric   State
0002            0000.0000.0000  --       --          0        Up

CLNS Prefix Routing Table
49.0002.1000.1000.1000.00, Local NET Entry
49.0044.1000.1000.1000.00, Local NET Entry
49.0001.1000.1000.1000.00, Local NET Entry
49.0044 [110/0]
   via 1000.1000.1000, IS-IS, Up
49.0045 [110/0]
   via 1000.1000.1000, IS-IS, Up
49 [100/0]
   via 49.0001.1000.1000.1000.00, ISO-IGRP, Up
49.0001 [110/0]
   via 1000.1000.1000, IS-IS, Up
```

Durch Area-Merging arbeitet der Router jetzt auch als L1-Router für die Area 45.

show clns interface

```
Ethernet0 is up, line protocol is up
  Checksums enabled, MTU 1497, Encapsulation SAP
  ERPDUs enabled, min. interval 10 msec.
  RDPDUs enabled, min. interval 100 msec., Addr Mask enabled
  Congestion Experienced bit set at 4 packets
  CLNS fast switching enabled
  CLNS SSE switching disabled
  DEC compatibility mode OFF for this interface
  NET on this interface: 49.0001.1000.1000.1000.00
  Next ESH/ISH in 44 seconds
  Routing Protocol: IS-IS
    Circuit Type: level-1-2
    Level-1 Metric: 10, Priority: 64, Circuit ID: 1000.1000.1000.04
    Number of active level-1 adjacencies: 0
    Level-2 Metric: 10, Priority: 64, Circuit ID: 1000.1000.1000.04
    Number of active level-2 adjacencies: 0
    Next IS-IS LAN Level-1 Hello in 2 seconds
    Next IS-IS LAN Level-2 Hello in 1 seconds
```

Name des Pseudonode des LAN (Adresse des DR + weiteres Octet)

```
Serial1 is up, line protocol is up
  Checksums enabled, MTU 1500, Encapsulation X25
    ...   ...   ...
  NET on this interface: 49.0044.1000.1000.1000.00
  Next ESH/ISH in 23 seconds
  Routing Protocol: IS-IS
    Circuit Type: level-1-2
    Level-1 Metric: 10, Priority: 64, Circuit ID: 1000.1000.1000.03
    Number of active level-1 adjacencies: 1
    Level-2 Metric: 10, Priority: 64, Circuit ID: 1000.1000.1000.03
    Number of active level-2 adjacencies: 1
    Next IS-IS LAN Level-1 Hello in 2 seconds
    Next IS-IS LAN Level-2 Hello in 0 seconds

TokenRing0 is up, line protocol is up
  Checksums enabled, MTU 4469, Encapsulation SAP
    ...   ...   ...
  NET on this interface: 49.0002.1000.1000.1000.00
  Next ESH/ISH in 40 seconds
  ISO-IGRP split horizon enabled
  Routing Protocol: ISO-IGRP
    Routing Domain/Area: 49/0002
  ISO-IGRP split horizon enabled
```

show isis route

```
IS-IS Level-1 Routing Table - Version 45
System Id        Next-Hop        SNPA      Interface   Metric  State
1000.1000.1000   0000.0000.0000  --        --          0       Up
0000.0000.0001   0000.0000.00AA  2222      Se1         30      Up
0000.0000.0002   0000.0000.00AA  2222      Se1         20      Up
0000.0000.00AA   0000.0000.00AA  2222      Se1         10      Up
```

show isis database

```
IS-IS Level-1 Link State Database
LSPID                 LSP Seq Num  LSP Checksum  LSP Holdtime  ATT/P/OL
0000.0000.0001.00-00  0x00000008   0x0734        952           1/0/0
0000.0000.0002.00-00  0x00000007   0xBAB6        944           1/0/0
0000.0000.00AA.00-00  0x00000009   0xE38E        1147          1/0/0
0000.0000.00AA.05-00  0x00000001   0x6F8B        831           0/0/0
1000.1000.1000.00-00* 0x0000003D   0x3F2D        918           1/0/0
1000.1000.1000.03-00* 0x00000004   0xEF56        831           0/0/0
4400.0000.0000.00-00  0x00000061   0x5E1C        24            1/0/0
4400.0000.0000.06-00  0x00000046   0x808F        29            0/0/0


IS-IS Level-2 Link State Database
LSPID                 LSP Seq Num  LSP Checksum  LSP Holdtime  ATT/P/OL
0000.0000.0001.00-00  0x00000005   0x43CE        952           0/0/0
0000.0000.0002.00-00  0x00000007   0xA227        945           0/0/0
0000.0000.00AA.00-00  0x00000009   0x1DCF        838           0/0/0
0000.0000.00AA.05-00  0x00000001   0xFE84        831           0/0/0
1000.1000.1000.00-00* 0x00000035   0xCD20        837           0/0/0
1000.1000.1000.03-00* 0x00000004   0x7F4F        824           0/0/0
4400.0000.0000.00-00  0x0000005E   0x3F55        22            0/0/0
4400.0000.0000.06-00  0x00000046   0xEDAA        30            0/0/0
```

show isis database detail

```
IS-IS Level-1 Link State Database
LSPID                   LSP Seq Num  LSP Checksum  LSP Holdtime  ATT/P/OL
0000.0000.0001.00-00  0x00000008   0x0734        939           1/0/0
  Area Address: 49.0045
  Metric: 10 IS 0000.0000.0002.00
  Metric: 0  ES 0000.0000.0001
0000.0000.0002.00-00  0x00000007   0xBAB6        930           1/0/0
  Area Address: 49.0044
  Area Address: 49.0045
  Metric: 10 IS 0000.0000.0001.00
  Metric: 10 IS 0000.0000.00AA.05
  Metric: 0  ES 0000.0000.0002
...    ...    ...
1000.1000.1000.00-00* 0x0000003D   0x3F2D        902           1/0/0
  Area Address: 49.0001
  Area Address: 49.0044
  Metric: 10 IS 1000.1000.1000.03
  Metric: 10 IS 1000.1000.1000.04
  Metric: 0  ES 1000.1000.1000

IS-IS Level-2 Link State Database
LSPID                   LSP Seq Num  LSP Checksum  LSP Holdtime  ATT/P/OL
...    ...    ...
1000.1000.1000.00-00* 0x00000035   0xCD20        818           0/0/0
  Area Address: 49.0001
  Area Address: 49.0044
  Area Address: 49.0045
  Metric: 10 IS 1000.1000.1000.03
  Metric: 10 IS 1000.1000.1000.04
  Metric: 0  PR 49
...    ...    ...
4400.0000.0000.00-00  0x0000005E   0x3F55        3             0/0/0
  Area Address: 49.00
  Area Address: 49.0001
  Area Address: 49.0044
  Metric: 10 IS 4400.0000.0000.06
  Metric: 10 IS 4400.0000.0000.05
```

* = LSP wurde von dem lokalen Router generiert

Kapitel

6 DECnet

DECnet unterscheidet zwischen zwei Protokollversionen, dem älteren PhaseIV und dem neuen PhaseV. PhaseIV ist ein proprietäres Netzwerkprotokoll, dessen Routing-Protokoll auf dem Distance-Vector-Algorithmus basiert. Das Protokoll bezeichnet man auch als Routing Vector Routing (RVR).

Bei PhaseV handelt es sich um eine Implementation des OSI-Protokolls. Es wurde aber um einige Funktionen erweitert, die eine Kommunikation mit älteren PhaseIV-Systemen ermöglichen.

So kann bei dem eingesetzten Routing-Protokoll zwischen dem alten PhaseIV und dem IS-IS-Algorithmus ausgewählt werden. Dabei ist zu beachten, dass man sowohl innerhalb einer Level-1-Area bzw. für das gesamte Level-2-Backbone immer das gleiche Protokoll einsetzt.

Die von PhaseIV und PhaseV benutzte Metrik für die Routing-Protokolle basiert auf den Kosten der Verbindung zwischen zwei Nachbarn (unter DECnet als Circuit bezeichnet).

DECnet-Routing-Versionen

	PhaseIV V2.0.0	PhaseIV+ V2.1.0	PhaseV V2.2.0
Congestion Control		✓	✓
Reverse Path Cache		✓	✓
Path Splitting	nur Router	nur Router	Router und Endsysteme
Multicircuit-Endsysteme			✓

● DECnet PhaseIV+ Reverse Path Cache

Der Reverse-Path-Caching-Mechanismus erlaubt es einem Endsystem, die Adresse eines Routers zu speichern, über den es ein Paket von einem entfernten System empfangen hat (sog. *reverse Path*).

Dadurch kann das System anschließend direkt mit diesem Router kommunizieren, ohne dass es die Daten zuerst zum Designated Router senden muss.

- DECnet Path Splitting

Falls mehrere Verbindungen zu einem Zielsystem die gleichen Kosten aufweisen, können die Router unter PhaseIV und PhaseV Packet-by-Packet Path-Splitting durchführen.

Sind auf einem PhaseIV-Endknoten mehrere Circuits definiert, wählt dieser immer den Circuit mit den geringsten Kosten für die Datenübertragung aus, es erfolgt kein Path-Splitting.

PhaseV hingegen bietet über die Multicircuit-Funktionalität auch auf den Endknoten die Möglichkeit, Path-Splitting einzusetzen.

- Multicircuit-Endsysteme

PhaseV-Endsysteme verwenden statt der Kosten eines Circuit lediglich die Informationen, die sie von den Routern im Netz erhalten, um den Weg zu einem Zielsystem zu bestimmen.

Es erfolgt dabei eine Unterscheidung zwischen einem *direct Path*, falls der Knoten die Daten direkt an das Zielsystem senden kann, einem *indirect Path*, bei dem die Daten über einen Router gehen müssen, und einem *reverse Path*.

Multicircuit-Endsysteme speichern diese Informationen in ihrem Endsystem-Cache (entweder als *direct*, *indirect* oder *reverse*). Falls mehrere Pfade des gleichen Typs zu einem Zielsystem bestehen, werden die Daten dann in einem Round-Robin-Verfahren über die entsprechenden Circuits verteilt. Die Rangfolge bei der Auswahl eines Cache-Eintrags ist *direct*, dann *indirect* und zum Schluss *reverse*.

6.1 Adressierung

Im Gegensatz zum TCP/IP-Protokoll existiert unter DECnet nur eine Adresse pro System, egal mit wie vielen Subnetzen der Knoten verbunden ist.

PhaseIV

Bei einer DECnet-PhaseIV-Adresse handelt es sich um einen 16-Bit-Wert, der in einen Area- und einen Node-Teil aufgeteilt ist.

Area: 6 Bit von 1-63   maximal 63 Areas in einer Routing-Domain (Level-2-Routing)

Node: 10 Bit von 1-1023   maximal 1023 Knoten in einer Area (Level-1-Routing)

Die Verbindung zwischen der DECnet-Adresse und einer MAC-Adresse erfolgt nicht explizit über ein spezielles Protokoll wie z.B. ARP, sondern indem beim Starten von DECnet die physikalische Adresse des LAN-Controllers mit der DECnet-Adresse überschrieben wird:

(area x 1024) + Node als Hexadezimal-Wert darstellen und die beiden Bytes in umgekehrter Reihenfolge in die MAC-Adresse *AA-00-04-00-xx-yy* eintragen.

z.B. DECnet-Adresse 40.234 $\Rightarrow$ (40 x 1024) + 234 = 41194 $\Rightarrow$ 0xA0 EA

$$\text{AA-00-04-00-EA-A0}$$

Ein Problem dieses Verfahrens besteht jedoch in der Gefahr von doppelten MAC-Adressen, falls zwei Knoten innerhalb eines gemeinsamen LAN-Segments die gleiche DECnet-Adresse benutzen.

PhaseV

Eine DECnet-PhaseV-Adresse besteht aus einer 20 Byte-NSAP-Adresse

IDP	preDSP	Area	System-ID	Sel
variabel	variabel	2 Octets	6 Octets	1 Octet

Der DSP eines PhaseV NSAP wird immer im Binärformat als Hexadezimalwert angegeben. Die Benutzung eines dezimalen NSAP ist nicht erlaubt.

● Area (16 Bit)

Bei einer PhaseIV-kompatiblen Adresse beschränkt sich die Area-Adresse auf den Bereich von 00-01 bis 00-3F. Da man die PhaseIV-Adressen als Dezimalwerte angibt, ist die Area in den entsprechenden Hexadezimalwert umzuwandeln.

● System-ID (6 Octets)

Bei einer PhaseIV-kompatiblen Adresse handelt es sich bei der System-ID um die umgewandelte MAC-Adresse, ansonsten um die MAC-Adresse eines LAN-Controllers.

● Selector (1 Octets)

DECnet PhaseV setzt folgende Selector-Bytes zur Adressierung der unterschiedlichen Transport-Protokolle ein:

20	NSP-Protokoll
21	OSI-Protokoll
4x	NSP Cluster TSEL zur Kommunikation zwischen Mitgliedern eines Cluster-Alias
8x	OSI Cluster TSEL (x = 1: erster Cluster-Alias, x = 2: zweiter Cluster-Alias usw.)

Beispiele für PhaseV NSAP-Adressen

Normale PhaseV-Adresse: 37:12345:01-01:08-00-2B-01-02-03:00

PhaseIV-kompatible Adresse (z.B. 40.234):   37:12345:00-28:AA-00-04-00-EA-A0:00

Den IDP- und preDSP-Anteil einer PhaseIV-kompatiblen NSAP-Adresse bezeichnet man auch als PhaseIV-Prefix.

6.2   Endsystem- und Router-Pakete

DECnet-Endsystem-Pakete

Phase IV	Phase V
Hello-Nachrichten	
V2.0.0 End System Hello AB-00-00-03-00-00 alle 10 Sekunden	V2.2.0 End System Hello AB-00-00-03-00-00 alle 600 Sekunden (bei Multi-Circuit: 10 Sek.)
	ISO 9542 ES-IS ES Hello 09-00-2B-00-00-05 alle 600 Sekunden (bei Multi-Circuit: 10 Sek.)
Daten-Pakete	
V2.0.0 Data Packet	V2.2.0 Data Packet zu PhaseIV-Knoten ISO 8473 PDU zu PhaseV-Knoten

DECnet-Router-Pakete

Phase IV	Phase V
Hello-Nachrichten	

V2.0.0 All_Router Hello   AB-00-00-03-00-00
V2.1.0 All_L2_Router Hello
                     09-00-2B-02-00-00
 	
   alle 10 Sekunden
	V2.2.0 All_Router Hello AB-00-00-03-00-00
	V2.2.0 All_L2_Router Hello
	                     09-00-2B-00-00-05
	
	   alle 10 Sekunden
	
	Die PhaseV-Router ignorieren V2.2.0 Hellos, da sie
	von einem anderen PhaseV-System stammen.

V2.0.0 All_Endnodes Hello AB-00-00-04-00-00
   vom Designated Router alle 10 Sekunden
	V2.2.0 All_Endnodes Hello AB-00-00-04-00-00
	   vom Designated Router alle 10 Sekunden

	ISO 9542 ES-IS IS Hello 09-00-2B-00-00-04
	   alle 10 Sekunden
	ISO 10589 IS-IS L1 Hello 01-80-C2-00-00-14
	   alle 3 Sekunden; außer bei DR,
	   dort jede Sekunde
	ISO 10589 IS-IS L2 Hello 01-80-C2-00-00-15
	   alle 3 Sekunden
	Die Bestimmung des PhaseIV und PhaseV Designated
	Routers erfolgt nur über die IS-IS und V2.0.0 Hellos.

Routing-Vector-Routing-Protokoll	

V2.0.0 L1/L2 Message   AB-00-00-03-00-00
V2.1.0 L2 Routing Message 09-00-2B-02-00-00
   alle 10 Sekunden
Der nächste L2-Router wird von einem L1-Router mit
der Knotenadresse 0 in die Routing-Tabelle
eingetragen
	V2.2.0 L1/L2 Message AB-00-00-03-00-00
	V2.2.0 L2 Routing Message 09-00-2B-02-00-00
	   alle 10 Sekunden

Link-State-Routing-Protokoll	
	ISO 10589 IS-IS L1 LSP 01-80-C2-00-00-14 ISO 10589 IS-IS L1 CSNP ISO 10589 IS-IS L1 PSNP ISO 10589 IS-IS L2 LSP 01-80-C2-00-00-15 ISO 10589 IS-IS L2 CSNP ISO 10589 IS-IS L2 PSNP Falls ein PhaseV-Router eine PhaseIV-kompatible Adresse besitzt, sendet er auch RVR-Nachrichten. Die L1-LSPs enthalten dabei nur die eigene Adresse und die L2-LSPs die PhaseIV-Area des Routers.

6.2.1 Phase-IV-Pakete

6.2.1.1 Datenpaket

Das »normale« PhaseIV-Datenpaket wird zur Datenkommunikation zwischen zwei Endknoten eingesetzt.

Paketformat

Flags 8 Bit	Destination Node Address 64 Bit	Source Node Address 64 Bit	Reserved 8 Bit	Forward 8 Bit	Reserved 16 Bit

● Flags

PF 1 Bit	V 1 Bit	IE 1 Bit	RTS 1 Bit	RQR 1 Bit	FDP 3 Bit

PF   Pad Field (0 = kein Padding)

V   Version (auf Null gesetzt)

IE   Intra-Ethernet Flag (1 = Zielsystem befindet sich auf dem gleichen LAN)

RTS   Return to Sender (1 = Paket ist auf dem Rückweg)

RQR Return to Sender Request (1 = Paket soll zurückgesendet werden)

FPD   Format Descriptor (2, Short Format, 6 = Long Format)

● Node Address

Area (0) 8 Bit	Sub-Area (0) 8 Bit	Node ID (MAC Address) 48 Bit

● Forward

Die Anzahl von Knoten, die dieses Paket bereits weitergeleitet haben (sog. Visit Count).
Der Wert wird bei jedem Hop um eins erhöht.

Im Short-Format ist das Destination und Source-Feld lediglich 16 Bit groß und beinhaltet
nur die DECnet-Adresse. Außerdem wird in diesem Fall das IE-Flag nicht benutzt und die
beiden reservierten Felder sind im Datenpaket nicht enthalten.

Trace eines PhaseIV-Datenpakets

```
DLL: - - - - - Datalink Header - - - - -
DLL:
DLL: Destination Address            = AA-00-04-00-00-FD (63.256)
DLL: Source Address                 = AA-00-04-00-DD-C5 (49.477)
DLL:
DLL: DIX format, Protocol Type    = 60-03
DRP:
DRP: - - - - - DECnet routing protocol - - - - -
DRP:
DRP: Message Length                 = 32 bytes
DRP: Pad Field                      = 1 bytes
DRP: Message Flags                  = 26
DRP:         .....110 = Long packet format
DRP:         ....0... = Discard if not deliverable
DRP:         ...0.... = Packet is not on return trip
DRP:         ..1..... = Packet originated on the LAN
DRP:
DRP: Destination Area               = 00
DRP: Destination Sub-Area           = 00
DRP: Destination Node ID            = AA-00-04-00-00-FD (63.256)
DRP: Source Area                    = 00
DRP: Source Sub-Area                = 00
DRP: Source Node ID                 = AA-00-04-00-DD-C5 (49.477)
DRP: Next level 2 router            = 00
DRP: Visit Count                    = 01
DRP: Service Class                  = 00
DRP: Protocol Type                  = 00
```

Intra-Ethernet Bit

6.2.1.2   LAN Endnode Hello

Endsysteme senden im LAN alle 10 Sekunden einen Hello Multicast. Die Router benutzen die darin enthaltenen Informationen, um ihre Level-1-Routing-Tabelle aufzubauen.

Falls innerhalb des Listener Timers (standardmäßig dreimal Hello Timer) kein Paket von den Endknoten empfangen wurde, kennzeichnen die Router dieses System als nicht erreichbar.

Multicast-Adresse: AB-00-00-03-00-00

Flags 8 Bit	Routing Layer Version 24 Bit	System ID 48 Bit	Info 64 Bit

Trace einer LAN Endnode Hello Message

```
DLL: - - - - - Datalink Header - - - - -
DLL:
DLL: Destination Address            = AB-00-00-03-00-00 (All_Routers)
DLL: Source Address                 = AA-00-04-00-00-FD (63.256)
DLL:
DLL: DIX format, Protocol Type    = 60-03
DRP:
DRP: - - - - - DECnet routing protocol - - - - -
DRP:
DRP: Message Length                 = 33 bytes
DRP: Message Flags                  = 0D
```

```
DRP:           ....110. = Ethernet/Token-Ring Endnode Hello message
DRP:
DRP: Routing Version          = 2.0.0
DRP: Source Node's ID         = AA-00-04-00-00-FD (63.256)
DRP: Information Field        = 03
DRP:           ......11 = Endnode
DRP:           .....0.. = Verification not required
DRP:
DRP: Datalink Layer block size = 1498
DRP: Area, reserved           = 0
DRP: Verification seed (0)    = 00-00-00-00-00-00-00-00
DRP: Neighbor's system ID     = AA-00-04-00-FF-FF (63.1023)
DRP: Hello timer (seconds)    = 30
DRP: MPD, reserved            = 0
DRP: Test data (0xAA)         = 01-AA
```

6.2.1.3 LAN Router Hello

Der Designated Router eines LANs verteilt alle 10 Sekunden eine Hello-Nachricht über den *All_Endnodes*-Multicast an die angeschlossenen Endsysteme. Diese benutzen die Adresse des Designated Routers, um Datenpakete, für die sie keinen Eintrag in ihrem Endnode-Cache besitzen, weiterleiten zu können.

Daneben sendet jeder Router regelmäßig einen *All_Routers*-Multicast, um die anderen Router von seiner Existenz zu informieren. Das Priority-Feld innerhalb der Hello-Nachricht wird außerdem zur Bestimmung des Designated Routers eingesetzt.

Flags 8 Bit	Routing Layer Version 24 Bit	System ID 48 Bit	Info 64 Bit	List m * 56 Bit

Verwendete Multicast-Adressen:

AB-00-00-04-00-00	Designated Router zu allen Endknoten
AB-00-00-03-00-00	Jeder Router zu allen anderen Routern
09-00-2B-02-00-00	nur von PhaseIV+ L2-Routern

Trace von LAN Router Hello Messages

```
DLL: - - - - - Datalink Header - - - - -
DLL:
DLL: Destination Address      = AB-00-00-04-00-00 (All_Endnodes)
DLL: Source Address           = AA-00-04-00-F0-FC (63.240)
DLL:
DLL: DIX format, Protocol Type = 60-03
DRP:
DRP: - - - - - DECnet routing protocol - - - - -
DRP:
DRP: Message Length           = 27 bytes
DRP: Message Flags            = 0B
DRP:           ....101. = Ethernet/Token-Ring Router Hello message
DRP:
```

```
DRP: Routing Version              = 2.0.0
DRP: Source Node's ID             = AA-00-04-00-F0-FC (63.240) _____.
DRP: Information Field            = 01
DRP:           ......01 = Level 2 Router
DRP:           .....0.. = Verification not required
DRP:
DRP: Datalink Layer block size    = 1498                            Info-Feld
DRP: Router's Priority            = 0
DRP: Area, reserved               = 0
DRP: Hello timer (seconds)        = 15
DRP: MPD, reserved                = 15 ----------------------------└---
DRP: Router/State Pair Data
DRP: Logical Ethernet Name (res)  = 00-00-00-00-00-00-00


DLL: - - - - - Datalink Header - - - - -
DLL:
DLL: Destination Address       = AB-00-00-03-00-00 (All_Routers)
                          oder 09-00-2B-02-00-00 (All_L2_Route)
DLL: Source Address            = AA-00-04-00-F0-FC (63.240)
DLL:
DLL: DIX format, Protocol Type = 60-03
DRP:
DRP: - - - - - DECnet routing protocol - - - - -
DRP:
DRP: Message Length            = 62 bytes
DRP: Message Flags             = 0B
DRP:          ....101. = Ethernet/Token-Ring Router Hello message
DRP:
DRP: Routing Version           = 2.0.0  bzw.  2.1.0  bei einem All_L2_Router
Multicast
DRP: Source Node's ID          = AA-00-04-00-F0-FC (63.240) _____
DRP: Information Field          = 01                                        ▲
DRP:          ......01 = Level 2 Router
DRP:          .....0.. = Verification not required
DRP:
DRP: Datalink Layer block size = 1498                             Info-Feld
DRP: Router's Priority         = 1
DRP: Area, reserved            = 0
DRP: Hello timer (seconds)     = 15
DRP: MPD, reserved             = 15 --------------------------└---
DRP: Router/State Pair Data
DRP: Logical Ethernet Name (res) = 00-00-00-00-00-00-00
DRP: Router's Address          = AA-00-04-00-91-C5 (49.401)
DRP:    Priority & state       = FF, Two-Way, Priority=127
DRP: Router's Address          = AA-00-04-00-E6-FC (63.230)
DRP:    Priority & state       = 81, Two-Way, Priority=1
DRP: Router's Address          = AA-00-04-00-37-FD (63.311)
DRP:    Priority & state       = 81, Two-Way, Priority=1
DRP: Router's Address          = AA-00-04-00-FF-FF (63.1023)
DRP:    Priority & state       = FF, Two-Way, Priority=127
```

6.2.1.4 Routing-Update-Nachrichten

Die Router setzen folgende Multicast-Adressen zum Austausch von Routing-Informationen ein:

AB-00-00-03-00-00   von allen Routern
09-00-2B-02-00-00   nur von PhaseIV+ L2-Routern

Trace einer Level-1 Routing Message

```
DLL: - - - - - Datalink Header - - - - -
DLL:
DLL: Destination Address          = AB-00-00-03-00-00 (All_Routers)
DLL: Source Address               = AA-00-04-00-F0-FC (63.240)
DLL:
DLL: DIX format, Protocol Type    = 60-03
DRP:
DRP: - - - - - DECnet routing protocol - - - - -
DRP:
DRP: Message Length               = 1434 bytes
DRP: Message Flags                = 07
DRP:           ....011. = Level 1 Routing Message
DRP:
DRP: Source Node's ID             = FCF0 (63.240)
DRP: Reserved, should be 0        = 00
DRP: Segment  0: StartID=0, Count=32
DRP:    Node    0 --  0 hops, cost = 0
DRP:    Node    4 --  1 hops, cost = 60
DRP:    Node   26 --  1 hops, cost = 60
DRP:    Node   27 --  1 hops, cost = 60
DRP: Segment  1: StartID=32, Count=32
DRP:    Node   53 --  1 hops, cost = 60
DRP: Segment  2: StartID=64, Count=32
DRP:    Node   83 --  1 hops, cost = 60
DRP: Segment  3: StartID=96, Count=32
DRP:    Node  106 --  1 hops, cost = 60
DRP:    Node  123 --  1 hops, cost = 60
DRP: Segment  4: StartID=128, Count=32
DRP: Segment  5: StartID=160, Count=32
DRP: Segment  6: StartID=192, Count=32
DRP: Segment  7: StartID=224, Count=32
DRP: Segment  8: StartID=256, Count=32
DRP:    Node  256 --  1 hops, cost = 60
DRP: Segment  9: StartID=288, Count=32
DRP:    Node  289 --  1 hops, cost = 60
DRP:    Node  297 --  1 hops, cost = 60
DRP:    Node  307 --  1 hops, cost = 60
DRP:    Node  316 --  1 hops, cost = 60
DRP: Checksum = 166D (should be 166D)
```

Trace einer Level-2 Routing Messages

```
DLL: - - - - - Datalink Header - - - - -
DLL:
DLL: Destination Address              = AB-00-00-03-00-00 (All_Routers)
DLL: Source Address                   = AA-00-04-00-F0-FC (63.240)
DLL:
DLL: DIX format, Protocol Type        = 60-03
DRP:
DRP: - - - - - DECnet routing protocol - - - - -
DRP:
DRP: Message Length                   = 140 bytes
DRP: Message Flags                    = 09
DRP:           ....100. = Level 2 Routing Message
DRP:
DRP: Source Node's ID                 = FCF0 (63.240)
DRP: Reserved, should be 0            = 00
DRP: Segment  0: StartArea=1, Count=32
DRP: Segment  1: StartArea=33, Count=31
DRP:    Area 63 --  0 hops, cost = 0
DRP: Checksum = 0043 (should be 0043)

DLL: - - - - - Datalink Header - - - - -
DLL:
DLL: Destination Address              = 09-00-2B-02-00-00 (All_L2_Route)
DLL: Source Address                   = AA-00-04-00-F0-FC (63.240)
DLL:
DLL: DIX format, Protocol Type        = 60-03
DRP:
DRP: - - - - - DECnet routing protocol - - - - -
DRP:
DRP: Message Length                   = 140 bytes
DRP: Message Flags                    = 09
DRP:           ....100. = Level 2 Routing Message
DRP:
DRP: Source Node's ID                 = FCF0 (63.240)
DRP: Reserved, should be 0            = 00
DRP: Segment  0: StartArea=1, Count=32
DRP: Segment  1: StartArea=33, Count=31
DRP:    Area 63 --  0 hops, cost = 0
DRP: Checksum = 0043 (should be 0043)
```

6.2.1.5   Pakete auf Non Broadcast Circuits

Non-Broadcast Hello und Test Message

Hello- und Test-Nachrichten dienen zur Überprüfung des Adjacency auf einem Non-Broadcast Circuit. Der Hello Timer beträgt 15 Sekunden, nach Ablauf des Listen Timers (zweimal Hello Timer) kennzeichnen die Systeme den Circuit als nicht verfügbar.

Flags 8 Bit	Source Node Address 16 Bit	Test Data 8 - 128 Bit

Non-Broadcast Initialization Message

Initialization Messages senden die Systeme beim Aufbau eines Non-Broadcast Circuit. Sie beinhalten Informationen über den Knotentyp, die max. Blocksize, die Routing-Version und ob der Sender eine Verification Message erwartet.

Flags 8 Bit	Source Node Address 16 Bit	Init Information 56 Bit

Non-Broadcast Verification Message

Verification Messages werden nur dann gesendet, wenn über die Initialization Message eine Verification angefordert wurde.

Flags 8 Bit	Source Node Address 16 Bit	Function Value 8 - 64 Bit

6.2.2   Phase V

Die Unterscheidung zwischen DECnet-PhaseIV- und PhaseV-Nachrichten geschieht bei den einzelnen Data-Link-Protokollen folgendermaßen:

● DDCMP und X.25

  Bei Empfang einer Initialization-Nachricht mit einer gesetzten Routing-Versionsnummer von »2.0.0« oder »2.1.0« handelt es sich bei dem Nachbarn um ein PhaseIV-System.

  Bei einer »2.2.0« Routing-Version oder bei Empfang einer XID Message ist der Nachbar ein PhaseV-System.

- CSMA/CD-LANs

  Die Systeme übertragen alle PhaseV-Nachrichten im IEEE-802.3-Format und alle PhaseIV-Nachrichten im Ethernet-V2-Format (auch wenn sie zu PhaseV-Knoten gehen).

  PhaseIV Hellos und Routing-Pakete (im Ethernet-V2-Format und mit der Routing-Version »2.2.0«) werden nur dann gesendet, wenn eine PhaseIV-kompatible Adresse definiert und der Parameter *EnablePhaseIV* gesetzt ist.

- Umsetzung zwischen PhaseV- und PhaseIV-Datenpaketen

  Ein Digital-PhaseV-Router wandelt ein empfangenes PhaseIV-Paket immer in das PhaseV-Format um, außer das Paket geht direkt zu einem PhaseIV-Knoten oder der Router muss das Paket über den gleichen Pfad zurücksenden.

  Ein PhaseV-Datenpaket setzt der Router erst dann in das PhaseIV-Format um, wenn er das Paket zu einem PhaseIV-Knoten senden muss.

  Segregated Routing Mode: Alle Pakete, die als Zieladresse eine PhaseIV-kompatible Adresse besitzen, wandeln die Systeme in das PhaseIV-Datenformat um.

  Integrated Routing Mode: Lediglich für Pakete, die direkt zu einem PhaseIV-Knoten gesendet werden müssen, verwenden die Systeme das PhaseIV-Format.

6.2.2.1 LAN Endnode und Router Hellos eines PhaseV-Routers

LAN Endnode Hello eines PhaseV-Endknotens

PhaseV-Endknoten setzen die Routing-Version auf 2.2.0

```
DLL: - - - - - Datalink Header - - - - -                           nur zum Designated Router
DLL:
DLL: Destination Address        = AB-00-00-03-00-00 (All_Routers)
DLL: Source Address             = AA-00-04-00-DD-C5 (49.477)
DLL:
DLL: DIX format, Protocol Type  = 60-03
DRP:
DRP: - - - - - DECnet routing protocol - - - - -
DRP:
DRP: Message Length             = 40 bytes
DRP: Message Flags              = 0D
DRP:         ....110. = Ethernet/Token-Ring Endnode Hello message
DRP:
DRP: Routing Version            = 2.2.0
DRP: Source Node's ID           = AA-00-04-00-DD-C5 (49.477)
DRP: Information Field          = 03
DRP:         ......11 = Endnode
DRP:         .....0.. = Verification not required
DRP:
DRP: Datalink Layer block size  = 1492
DRP: Area, reserved             = 0
DRP: Verification seed (0)      = 00-00-00-00-00-00-00-00
DRP: Neighbor's system ID       = 00-00-00-00-00-00
DRP: Hello timer (seconds)      = 600
DRP: MPD, reserved              = 0
DRP: Test data (0xAA)           = 08-AA-AA-AA-AA-AA-AA-AA-AA
```

LAN Router Hellos eines PhaseV-Routers

PhaseV-Router setzen die Routing-Version in den LAN Router Hello Messages auf 2.2.0

● Vom Designated Router zu allen Endknoten am LAN

                                                        ⌐ nur vom Designated Router
```
DLL: - - - - - Datalink Header - - - - -            ↙
DLL:
DLL: Destination Address          = AB-00-00-04-00-00 (All_Endnodes)
DLL: Source Address               = AA-00-04-00-91-C5 (49.401)
DLL:
DLL: DIX format, Protocol Type    = 60-03
DRP:
DRP: - - - - - DECnet routing protocol - - - - -
DRP:
DRP: Message Length               = 34 bytes
DRP: Message Flags                = 0B
DRP:            ....101. = Ethernet/Token-Ring Router Hello message
DRP:
DRP: Routing Version              = 2.2.0
DRP: Source Node's ID             = AA-00-04-00-91-C5 (49.401)
DRP: Information Field            = 01
DRP:            ......01 = Level 2 Router
DRP:            .....0.. = Verification not required
DRP:
DRP: Datalink Layer block size    = 4352
DRP: Router's Priority            = 127
DRP: Area, reserved               = 0
DRP: Hello timer (seconds)        = 10
DRP: MPD, reserved                = 0
DRP: Router/State Pair Data
DRP: Logical Ethernet Name (res)  = 00-00-00-00-00-00-00
DRP: Router's Address             = AA-00-04-00-E6-FC (63.230)
DRP:    Priority & state          = 81, Two-Way, Priority=1
```

● Von jedem Router zu den anderen DECnet-Routern am LAN

                                                        ⌐ von allen Routern
```
DLL: - - - - - Datalink Header - - - - -            ↙
DLL:
DLL: Destination Address          = AB-00-00-03-00-00 (All_Routers)
DLL: Source Address               = AA-00-04-00-91-C5 (49.401)
DLL:
DLL: DIX format, Protocol Type    = 60-03
DRP:
DRP: - - - - - DECnet routing protocol - - - - -
DRP:
DRP: Message Length               = 34 bytes
DRP: Message Flags                = 0B
DRP:            ....101. = Ethernet/Token-Ring Router Hello message
DRP:
```

```
DRP: Routing Version              = 2.2.0
DRP: Source Node's ID             = AA-00-04-00-91-C5 (49.401)
DRP: Information Field            = 01
DRP:          ......01 = Level 2 Router
DRP:          .....0.. = Verification not required
DRP:
DRP: Datalink Layer block size    = 4352
DRP: Router's Priority            = 127
DRP: Area, reserved               = 0
DRP: Hello timer (seconds)        = 10
DRP: MPD, reserved                = 0
DRP: Router/State Pair Data
DRP: Logical Ethernet Name (res)  = 00-00-00-00-00-00-00
DRP: Router's Address             = AA-00-04-00-E6-FC (63.230)
DRP:    Priority & state          = 81, Two-Way, Priority=1
```

- **Von jedem Router zu den anderen L2-Routern am LAN**

```
DLL: - - - - - Datalink Header - - - - -                      ⌐ von allen Routern
DLL:
DLL: Destination Address          = 09-00-2B-02-00-00 (All_L2_Route)
DLL: Source Address               = AA-00-04-00-91-C5 (49.401)
DLL:
DLL: DIX format, Protocol Type    = 60-03
DRP:
DRP: - - - - - DECnet routing protocol - - - - -
DRP:
DRP: Message Length               = 34 bytes
DRP: Message Flags                = 0B
DRP:          ....101. = Ethernet/Token-Ring Router Hello message
DRP:
DRP: Routing Version              = 2.2.0
DRP: Source Node's ID             = AA-00-04-00-91-C5 (49.401)
DRP: Information Field            = 01
DRP:          ......01 = Level 2 Router
DRP:          .....0.. = Verification not required
DRP:
DRP: Datalink Layer block size    = 4352
DRP: Router's Priority            = 127
DRP: Area, reserved               = 0
DRP: Hello timer (seconds)        = 10
DRP: MPD, reserved                = 0
DRP: Router/State Pair Data
DRP: Logical Ethernet Name (res)  = 00-00-00-00-00-00-00
DRP: Router's Address             = AA-00-04-00-E6-FC (63.230)
DRP:    Priority & state          = 81, Two-Way, Priority=1
```

6.2.2.2 IS-IS-Hello-Nachrichten bei einer PhaseIV-kompatiblen Adresse

Ein PhaseV-Router sendet immer IS-IS Hellos, egal ob er als Routing-Protokoll IS-IS Routing oder Routing Vector einsetzt.

Die Bestimmung des Designated Routers für die PhaseIV-Endknoten im Netz erfolgt auf einem PhaseV-Router deshalb nur über die IS-IS und PhaseIV V2.0.0 bzw. 2.1.0 Hellos.

```
DLL: Destination Address              = 01-80-C2-00-00-14 (All_OSI_L1IS)
                               oder = 01-80-C2-00-00-15 (All_OSI_L2IS)
DLL: Source Address                   = AA-00-04-00-E6-FC (63.230)
OSI:
OSI: - - - - - Open Systems Interconnect (OSI) Protocol Suite - - - - -
OSI:
OSI: Network Layer Identification   = 131 (ISO 10589)
OSI:
ISIS: - - - - - ISO 10589 ISIS network protocol - - - - -
ISIS:
ISIS: Network Layer Protocol Ident   = 131 (ISO 10589)
ISIS: Header Length (bytes)          = 27
ISIS: Version/Protocol ID Extension  = 1
ISIS: ID Length (0 means 6 bytes)    = 0
ISIS: Reverved/PDU type              = 0F
ISIS:         ...01111 = 15 (LAN Level 1 Router to Router Hello)
      Reverved/PDU type              = 10
              ...10000 = 16 (LAN Level 2 Router to Router Hello)
ISIS: Version                        = 1
ISIS: ECO                            = 0
ISIS: User ECO                       = 0
ISIS: Reserved/Circuit type          = 03
ISIS:         ......11 = both Level 1 and Level 2
ISIS: Source nodeID                  = 08-00-2B-A6-81-B4 (08002BA681B4)
ISIS: Holding Timer                  = 10
ISIS: Segment Length                 = 1492
ISIS: Priority                       = 1
ISIS: LAN ID                         = 08-00-2B-A6-81-B4-0A
ISIS:
ISIS: Parameter Code                 = 42 (PhaseIV Information)
ISIS: Parameter length               = 3
ISIS: PhaseIV address                = 63.230
ISIS: res/L1/L2 algorithms           = 0A
ISIS:         ......10 = Link State
ISIS:         ....10.. = Link State    Routing Vector falls PhaseIV Routing auf Level
ISIS:                                  1 und/oder Level 2 gefahren wird.
ISIS:
ISIS: Parameter Code                 = 1 (Area Addresses)
ISIS: Parameter length               = 4
ISIS: Area Address                   = 49-00-3F
ISIS:
ISIS: Parameter Code                 = 6 (Router Neighbors)
ISIS: Parameter length               = 12
ISIS: Router Neighbor ID             = AA-00-04-00-FF-FF (63.1023)
ISIS: Router Neighbor ID             = AA-00-04-00-37-FD (63.311)
ISIS:
ISIS: Parameter Code                 = 129 (Protocols Supported)
ISIS: Parameter length               = 1
ISIS: Supported Protocol             = 81 = ISO 8473 NLPID
```

6.2.2.3 PhaseIV Routing Messages bei IS-IS Routing

Für den Fall, dass man auf einem Router eine PhaseIV-kompatible Adresse definiert hat, sendet er zusätzlich PhaseIV-Routing-Nachrichten. Diese enthalten nur Informationen über die eigene Area und die eigene Knotenadresse.

Level-1 Routing Messages

```
DLL: - - - - - Datalink Header - - - - -
DLL:
DLL: Destination Address              = AB-00-00-03-00-00 (All_Routers)
DLL: Source Address                   = AA-00-04-00-E6-FC (63.230)
DLL:
DLL: DIX format, Protocol Type        = 60-03
DRP:
DRP: - - - - - DECnet routing protocol - - - - -
DRP:
DRP: Message Length                   = 1434 bytes
DRP: Message Flags                    = 07
DRP:          ....011. = Level 1 Routing Message
DRP:
DRP: Source Node's ID                 = FCE6 (63.230)
DRP: Reserved, should be 0            = 00
DRP: Segment  0: StartID=0, Count=32
DRP: Segment  1: StartID=32, Count=32
DRP: Segment  2: StartID=64, Count=32
DRP: Segment  3: StartID=96, Count=32
DRP: Segment  4: StartID=128, Count=32
DRP: Segment  5: StartID=160, Count=32
DRP: Segment  6: StartID=192, Count=32
DRP: Segment  7: StartID=224, Count=32
DRP:    Node  230 --  0 hops, cost = 0
DRP: Segment  8: StartID=256, Count=32
DRP: Segment  9: StartID=288, Count=32
DRP: Segment 10: StartID=320, Count=32
DRP: Segment 11: StartID=352, Count=32
DRP: Segment 12: StartID=384, Count=32
DRP: Segment 13: StartID=416, Count=32
DRP: Segment 14: StartID=448, Count=32
DRP: Segment 15: StartID=480, Count=32
DRP: Checksum = 9B91 (should be 9B91)
```

Level-2 Routing Messages

```
DLL: - - - - - Datalink Header - - - - -
DLL:
DLL: Destination Address          = 09-00-2B-02-00-00 (All_L2_Route)
DLL: Source Address               = AA-00-04-00-E6-FC (63.230)
DLL:
DLL: DIX format, Protocol Type     = 60-03
DRP:
DRP: - - - - - DECnet routing protocol - - - - -
DRP:
DRP: Message Length                = 136 bytes
DRP: Message Flags                 = 09
DRP:           ....100. = Level 2 Routing Message
DRP:
DRP: Source Node's ID              = FCE6 (63.230)
DRP: Reserved, should be 0         = 00
DRP: Segment  0: StartArea=1, Count=63
DRP:    Area 63 --  0 hops, cost = 0
DRP: Checksum = 0022 (should be 0022)

DLL: - - - - - Datalink Header - - - - -
DLL:
DLL: Destination Address          = AB-00-00-03-00-00 (All_Routers)
DLL: Source Address               = AA-00-04-00-E6-FC (63.230)
DLL:
DLL: DIX format, Protocol Type     = 60-03
DRP:
DRP: - - - - - DECnet routing protocol - - - - -
DRP:
DRP: Message Length                = 136 bytes
DRP: Message Flags                 = 09
DRP:           ....100. = Level 2 Routing Message
DRP:
DRP: Source Node's ID              = FCE6 (63.230)
DRP: Reserved, should be 0         = 00
DRP: Segment  0: StartArea=1, Count=63
DRP:    Area 63 --  0 hops, cost = 0
DRP: Checksum = 0022 (should be 0022)
```

6.3 Cisco-Konfiguration: DECnet

DECnet-Routing einschalten

decnet routing *decnet-address*
decnet node-type area | routing-iv

interface *name*   — Ohne Angabe der Cost startet der Router kein
   decnet cost # ✓   DECnet auf diesem Interface.
   decnet router-priority #

● Path-Splitting

Path-Splitting erfolgt im Round-Robin-Verfahren, falls die Routen zu einem Zielsystem die gleichen Kosten aufweisen.

decnet max-path #

● Statisches Routing

decnet route *decnet-address next-hop-address*
decnet propagate static

DECnet-Informationen anzeigen

show decnet

```
Global DECnet parameters for network 0:
  Local address is 22.2, node type is area
  Level-2 'Attached' flag is TRUE
  Maximum node is 1023, maximum area is 63,
  maximum visits is 63
  Maximum paths is 2, path split mode is normal
  Local maximum cost is 1022, maximum hops is 30
  Area maximum cost is 1022, maximum hops is 30
  Static routes *NOT* being sent in routing updates
```

show decnet neighbor

Net	Node	Interface	MAC address	Flags
0	2.2	Serial1	0000.0000.0000	A
0	2.2	Serial0	3139.3732.3132	A
0	4.44	Ethernet0	aa00.0400.2c10	A
0	11.1	Ethernet0	aa00.0400.012c	A

— Bei Path Splitting zeigt der Router alle Schnittstellen an, über die der DECnet-Verkehr aufgeteilt werden

show decnet route

Area	Cost	Hops	Next Hop to Node	Expires	Prio	
*1	15	2	Serial0 -> 2.2			
1	15	2	Serial1 -> 2.2			
*2	10	1	Serial1 -> 2.2	41	64	A+
2	10	1	Serial0 -> 2.2	41	64	A+
*3	30	2	Ethernet0 -> 4.44			
*4	10	1	Ethernet0 -> 4.44	647	64	A+
*11	10	1	Ethernet0 -> 11.1	81	64	A+
*22	0	0	(Local) -> 22.2			
*(Area)	0	0	(Local) -> 22.2			
*22.2	0	0	(Local) -> 22.2			

V   PhaseIV L1 Adjacency
A   PhaseIV L2 Adjacency
A+ PhaseIV+ L2 Adjacency

```
# show decnet interface
Ethernet0 is up, line protocol is up, encapsulation is ARPA
  Interface cost is 10, priority is 64, DECnet network: 0
  We are the designated router
  Sending HELLOs every 15 seconds, routing updates 40 seconds
  Smallest router blocksize seen is 1498 bytes
  Routing input list is not set, output list is not set
  Access list is not set
  DECnet fast switching is disabled
  Number of L1 router adjacencies is : 0
  Number of non-PhaseIV+ router adjacencies is : 0
  Number of PhaseIV+ router adjacencies is : 2
Serial0 is up, line protocol is up, encapsulation is X25
  Interface cost is 10, priority is 64, DECnet network: 0
  Sending HELLOs every 15 seconds, routing updates 40 seconds
  Smallest router blocksize seen is 1498 bytes
  Routing input list is not set, output list is not set
  Access list is not set
  DECnet fast switching is disabled
  Number of L1 router adjacencies is : 0
  Number of non-PhaseIV+ router adjacencies is : 0
  Number of PhaseIV+ router adjacencies is : 1
```

Debugging: # debug decnet adja | connects | events | packets | routing

6.3.1 Access-Filter

Filtern von Datenpaketen (300-399)

● Standard: Filtert nur auf die Source Address eines zu sendenden Pakets

  access-list # permit | deny *area.node mask*

● Extended: Filtert auf die Source und Destination Address eines zu sendenden Pakets

  access-list # p | d *source-node mask destination-node mask* qualifier
  decnet-object

interface *name*
  decnet access-group #

Da die Access-Filter nur beim Versenden eines Pakets greifen, muss die Definition immer auf dem ausgehenden Interface erfolgen.

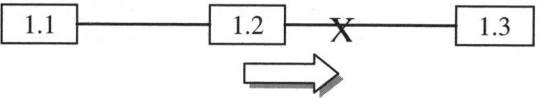

access-list 300 permit 1.1 0.0   ⇒ nur Host 1.1
access-list 301 permit 14.0 0.1023   ⇒ alle Hosts in Area 14
access-list 302 permit 0.0 63.1023   ⇒ alle Hosts in allen Areas
access-list 303 permit 1.1 0.0 14.0 0.1023 eq dest eq 17   ⇒ 1.1 darf nur FAL in die Area 14

show decnet access-lists

```
DECnet access list 301
    deny   45.2 0.0  1.1 0.0
    permit 0.0 63.1023  0.0 63.1023
```

debug decnet connects

```
DNET-CON: list 301 item #1 matched src=45.2 dst=1.1 on Ethernet0/1: denied
```

show decnet traffic

```
Total: 3219 received, 0 format errors, 0 unimplemented
       0 not a gateway, 0 no memory, 60 no routing vector
       0 non-empty queue encountered
Hellos: 2709 received, 0 bad, 10 other area, 3184 sent
Level 1 routing: 79 received, 0 bad, 0 other area, 86 sent
Level 2 routing: 401 received, 0 not primary router, 475 sent
Data: 30 received, 0 not long format, 0 too many visits
      10 forwarded, 15 returned, 0 converted, 5 local destination
      453 access control failed, 0 no route, 41 encapsulation failed
      0 inactive network, 0 incomplete map
```

Filtern von Routing-Informationen   (300-399)

interface *name*
  decnet in-routing-filter #
  decnet out-routing-filter #

● IN: Routing Updates beim Empfangen filtern

● OUT: Routing Updates beim Versenden filtern

show decnet access-lists

```
DECnet access list 300
    permit 45.0 0.1023
```

debug decnet adjacencies

```
DNET-ADJ: hello from 1.2, failed access control
```

show decnet traffic

```
         ... ...
Data: 30 received, 0 not long format, 0 too many visits
      10 forwarded, 15 returned, 0 converted, 5 local destination
      453 access control failed, 0 no route, 41 encapsulation failed
      0 inactive network, 0 incomplete map
```

6.3.2 PhaseV-Unterstützung

Normalerweise erfolgt auf den Cisco-Routern keine Integration von DECnet und CLNS. Die beiden Routing-Protokolle laufen als separate Prozesse und tauschen keine Informationen untereinander aus (d.h. DECnet sendet V2.0.0-Routing-Pakete). Sollen die Cisco-Router auch PhaseV-Systeme unterstützen, muss man die so genannte DECnet Conversion einschalten.

DECnet Conversion

Die Router führen nur dann eine Konvertierung zwischen dem PhaseIV- und dem CLNS-Format durch, wenn keine native Route für das Paket existiert. Das heißt, solange der Router eine gültige Route für das ursprüngliche Protokoll (sei es DECnet oder CLNS) in seiner Routing-Tabelle findet, bleibt das Paket in seinem aktuellen Format.

Außerdem benutzen die Cisco-Router für die Routing-Informationen jetzt die Versionsnummer V2.2.0 und verarbeiten weiterhin empfangene V2.2.0-Pakete.

Dies steht im Gegensatz zur Digital-Implementierung. Dort wandeln die Router die PhaseIV-Pakete sofort in das entsprechende CLNS-Format um und ignorieren alle empfangenen V2.2.0-Routing-Informationen.

PhaseIV Designated Router in einer Cisco-Digital-Router-Umgebung

Da die Cisco-Router DECnet und CLNS als separate Protokolle ansehen, kann es in einer gemischten Umgebung zu massiven Problemen kommen, insbesondere beim Aushandeln des Designated Routers:

1. Die Cisco-Router verwenden lediglich die PhaseIV Hellos (V2.0.0, V2.1.0, V2.2.0) um den PhaseIV Designated Router des LANs zu bestimmen.

2. Die Digital-Router hingegen benutzen die IS-IS und PhaseIV Hellos (V2.0.0, V2.1.0) und ignorieren empfangene V2.2.0 Hellos komplett.

3. Auf den Cisco-Routern definiert man die Priorität für DECnet und für IS-IS einzeln, auf den Digital-Routern gilt die Priorität immer für beide Protokolle.

Je nachdem, wie jetzt auf den Cisco-Routern die DECnet- und IS-IS-Priorität im Vergleich zu der Priorität auf den Digital-Routern gesetzt ist, kann es zu folgenden Konstellationen kommen:

PhaseIV-Priorität	IS-IS-Priorität	Wer sendet All_Endnode-Multicast?
kleiner	kleiner	Digital-Router
kleiner	größer	kein Router
größer	kleiner	beide Router
`0      All_Endnodes<-AA000400E6FC  DRP R-Hello`		`Node=63.230, Pri=1`
`1 +3s All_Endnodes<-AA000400F0FC  DRP R-Hello`		`Node=63.240, Pri=127`
größer	größer	Cisco-Router

Die DECnet- und IS-IS-Priorität sollte aus diesem Grund auf den Cisco-Routern für beide Protokolle immer gleich sein.

DEC-compatible Mode

Nur notwendig, wenn alte DECnet/OSI-Implementationen im Netz laufen. Die ES-IS Hellos werden ohne Selector-Byte gesendet und die empfangenen Hellos ohne Selector interpretiert. Das führt bei den aktuellen DECnet/OSI-Implementationen jedoch zu Problemen und man sollte diesen Befehl deshalb in der Regel nicht benutzen.

interface e0
  clns DEC-compatible

6.4   Beispiel: DECnet-Konfiguration

6.4.1   Cisco-Router in einem PhaseV-Netzwerk

clns routing
!
decnet routing 63.240
decnet node-type area
decnet conversion 49 ⬸ Der IDP und preDSP für den PhaseIV Prefix.
Die Werte müssen mit dem CLNS IDP und preDSP identisch sein.
!
router isis
  net 49.00**3f**.aa00.0400.f0fc.00
!
interface e0 ⬸ Die Local Area der NSAP-Adresse muss mit der
DECnet Area übereinstimmen
(NSAP wird als Hexadezimalwert definiert).
  decnet cost 10
  decnet router- priority 0
  isis priority 0 level-1 ⬸ DECnet- und CLNS-Priorität sind
auf den gleichen Wert gesetzt.
  isis priority 0 level-2
  clns router isis

DECnet-Informationen

show decnet

```
Global DECnet parameters for network 0:
  Local address is 63.240, node type is area
  Level-2 'Attached' flag is TRUE
  Maximum node is 1023, maximum area is 63, maximum visits is 63
  Maximum paths is 1, path split mode is normal
  Local maximum cost is 1022, maximum hops is 30
  Area maximum cost is 1022, maximum hops is 30
  Static routes *NOT* being sent in routing updates
  Phase IV <-> Phase V Conversion Enabled
        Conversion prefix is: 49
  Areas being advertised :
```

show decnet interface e0

```
Ethernet0 is up, line protocol is up, encapsulation is ARPA
  Interface cost is 1, priority is 0, DECnet network: 0
  The designated router is 63.1023
  Sending HELLOs every 15 seconds, routing updates 40 seconds
  Smallest router blocksize seen is 1498 bytes
  Routing input list is not set, output list is not set
  Access list is not set
  DECnet fast switching is enabled
  Number of L1 router adjacencies is : 3
  Number of non-PhaseIV+ router adjacencies is : 4
  Number of PhaseIV+ router adjacencies is : 0
```

CLNS-Informationen

show clns

```
Global CLNS Information:
  1 Interfaces Enabled for CLNS
  NET: 49.003f.aa00.0400.f0fc.00
  Configuration Timer: 60, Default Holding Timer: 300, Packet Lifetime 64
  ERPDU's requested on locally generated packets
  Intermediate system operation enabled (forwarding allowed)
  IS-IS level-1-2 Router:
    Routing for Area: 49.003f
```

show clns protocol

```
IS-IS Router: <Null Tag>
  System Id: AA00.0400.F0FC.00  IS-Type: level-1-2
  Manual area address(es):
        49.003f
  Routing for area address(es):
        49.003f
  Interfaces supported by IS-IS:
        Ethernet0 - OSI - IP
  Redistributing:
    static
  Distance: 110
```

show clns interface e0

```
Ethernet0 is up, line protocol is up
   Checksums enabled, MTU 1497, Encapsulation SAP
   ERPDUs enabled, min. interval 10 msec.
   RDPDUs enabled, min. interval 100 msec., Addr Mask enabled
   Congestion Experienced bit set at 4 packets
   CLNS fast switching enabled
   CLNS SSE switching disabled
   DEC compatibility mode OFF for this interface
   Next ESH/ISH in 40 seconds
   Routing Protocol: IS-IS
     Circuit Type: level-1-2
     Interface number 0x0, local circuit ID 0x1
     Level-1 Metric: 10, Priority: 0, Circuit ID: 0800.2BB4.13E0.01
     Number of active level-1 adjacencies: 2
     Level-2 Metric: 10, Priority: 0, Circuit ID: 0000.0000.0000.01
     Number of active level-2 adjacencies: 0
     Next IS-IS LAN Level-1 Hello in 4 seconds
     Next IS-IS LAN Level-2 Hello in 6 seconds
```

show clns is-neighbors detail

```
System Id        Interface  State  Type Priority  Circuit Id           Format
AA00.0400.FFFF Et0          Up     IS   0         0000.0000.0000.0     Phase V
   Area Address(es): 49.003f
   Uptime: 00:35:36
AA00.0400.91C5 Et0          Up     IS   0         0000.0000.0000.0     Phase V
   Area Address(es): 49.0031
   Uptime: 00:35:34
0800.2BB4.13E0 Et0          Up     L1   1         0800.2BB4.13E0.0     Phase V
   Area Address(es): 49.003f
   Uptime: 00:35:36
AA00.0400.38FD Et0          Up     IS   0         0000.0000.0000.0     Phase V
   Area Address(es): 49.003f
   Uptime: 00:35:36
AA00.0400.37FD Et0          Up     IS   0         0000.0000.0000.0     Phase V
   Area Address(es): 49.003f
   Uptime: 00:35:35
0800.2BA2.0960 Et0          Up     L1   1         0800.2BA2.0960.0     Phase V
   Area Address(es): 49.003f
   Uptime: 00:35:37
```

show clns neighbors

```
System Id        SNPA            Interface  State  Holdtime  Type  Protocol
AA00.0400.C7C4 aa00.0400.73c4  Et0        Up     28        ES    ES-IS
AA00.0400.F0FE aa00.0400.f0fe  Et0        Up     30        ES    Decnet
0800.2BB4.13E0 aa00.0400.38fd  Et0        Up     28        L1    IS-IS
```

6.4.2   Unterstützung des PhaseV Cluster Alias

decnet routing 63.230

decnet conversion 49 ◄── Ohne DECnet Conversion übernimmt der Router den
Cluster Alias nicht in PhaseIV Routing Updates.

clns routing

interface Ethernet0
  decnet cost 1
  decnet router-priority 127
  isis priority 127 level-1 ◄── DECnet- und CLNS-Priorität sind
auf den gleichen Wert gesetzt.
  clns cluster-alias
  clns router isis DEC
  clns rdpdu-interval 0

router isis DEC
  net 49.003f.aa00.0400.e6fc.00
  is-type level-1

decnet host MEMBER1 63.289
decnet host ALIAS 63.255
decnet host MEMBER2 63.713

clns host MEMBER1 49.003f.aa00.0400.21fd.21
clns host MEMBER2 49.003f.aa00.0400.c9fe.21
clns host ALIAS 49.003f.aa00.0400.fffc.21

show decnet

```
Global DECnet parameters for network 0:
   Local address is 63.230, node type is routing-iv
   Nearest Level-2 router is  NONE
   Maximum node is 1023, maximum area is 63, maximum visits is 63
   Maximum paths is 1, path split mode is normal
   Local maximum cost is 1022, maximum hops is 30
   Area maximum cost is 1022, maximum hops is 30
   Static routes *NOT* being sent in routing updates
   Phase IV <-> Phase V Conversion Enabled
        Conversion prefix is: 49
   Areas being advertised :
```

show decnet route

```
   Node      Cost  Hops    Next Hop to Node      Expires  Prio
*63.230        0    0       (Local) -> 63.230
*63.241        1    1      Ethernet0 -> 63.241      68
*ALIAS         1    1       (PhaseV)                24
*MEMBER1       1    1      Ethernet0 -> MEMBER1   1572
*MEMBER2       1    1      Ethernet0 -> MEMBER2   1644
```

show clns interface e0

```
Ethernet0 is up, line protocol is up
   Checksums enabled, MTU 1497, Encapsulation SAP
   ERPDUs enabled, min. interval 10 msec., last sent 00:10:10
   RDPDUs enabled, min. interval 0 msec., Addr Mask enabled
   Congestion Experienced bit set at 4 packets
   CLNS fast switching enabled
   CLNS SSE switching disabled
   DEC compatibility mode OFF for this interface
   CLNS cluster alias enabled on this interface
   Next ESH/ISH in 10 seconds
   Routing Protocol: IS-IS
     Circuit Type: level-1-2
     Interface number 0x0, local circuit ID 0x1
     Level-1 Metric: 10, Priority: 127, Circuit ID: AA00.0400.E6FC.01
     Number of active level-1 adjacencies: 0
     Next IS-IS LAN Level-1 Hello in 2 seconds
```

show clns neighbors

```
System Id    Interface   SNPA             State  Holdtime  Type Protocol
MEMBER1      Et0         aa00.0400.21fd   Up     21        ES   ES-IS
MEMBER2      Et0         aa00.0400.c9fe   Up     26        ES   ES-IS
ALIAS        Et0         aa00.0400.c9fe   Up     25        ES   ES-IS
ALIAS        Et0         aa00.0400.21fd   Up     26        ES   ES-IS
```

↖ Der Router sieht den Cluster Alias als eine NSAP-Adresse mit mehreren MAC-Adressen.

6.4.3 Komplexe DECnet und IS-IS-Konfiguration

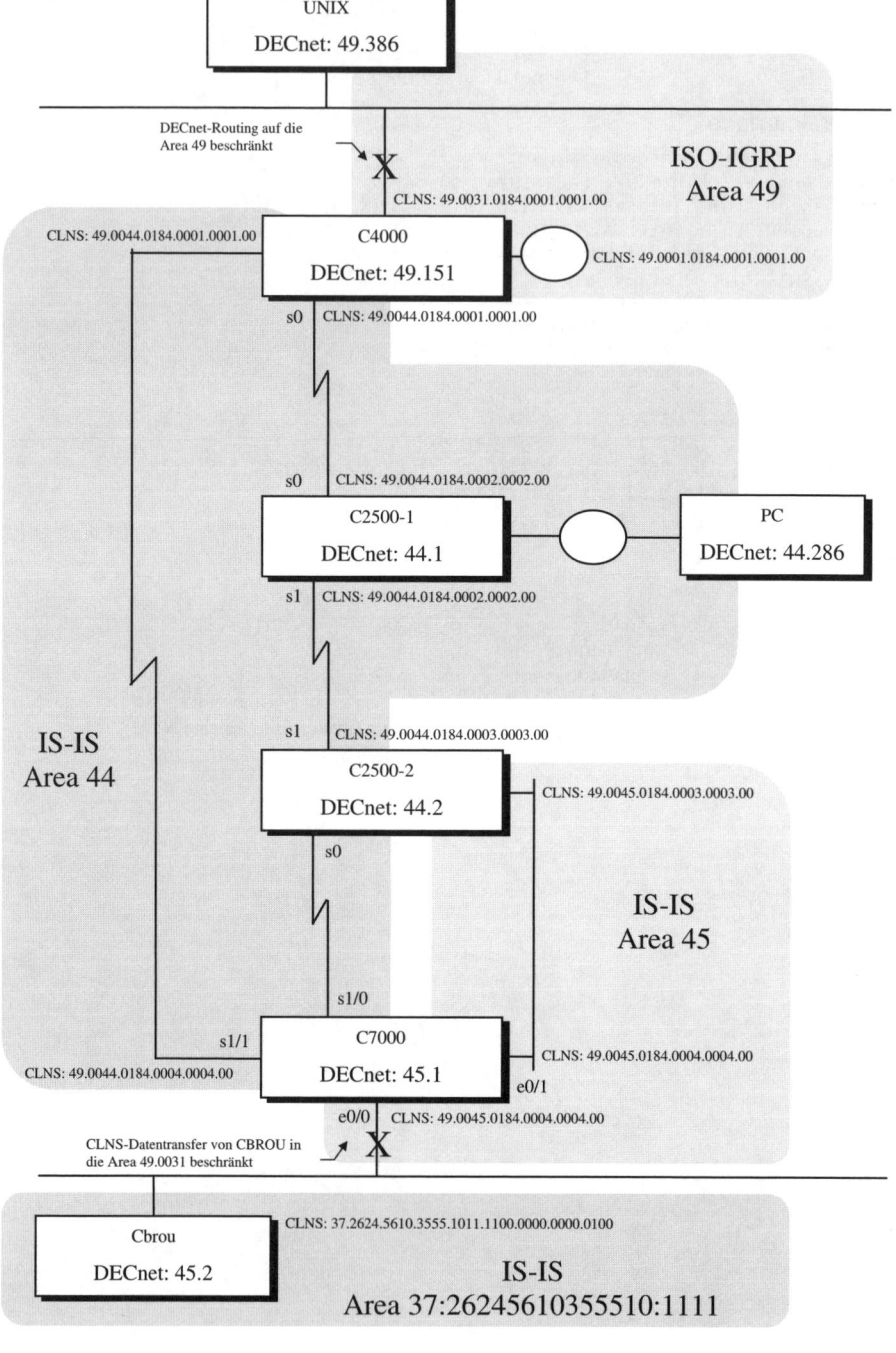

UNIX
DECnet: 49.386

DECnet-Routing auf die
Area 49 beschränkt

X

ISO-IGRP
Area 49

CLNS: 49.0031.0184.0001.0001.00

CLNS: 49.0044.0184.0001.0001.00

C4000
DECnet: 49.151

CLNS: 49.0001.0184.0001.0001.00

s0   CLNS: 49.0044.0184.0001.0001.00

s0   CLNS: 49.0044.0184.0002.0002.00

C2500-1
DECnet: 44.1

PC
DECnet: 44.286

s1   CLNS: 49.0044.0184.0002.0002.00

IS-IS
Area 44

s1   CLNS: 49.0044.0184.0003.0003.00

C2500-2
DECnet: 44.2

CLNS: 49.0045.0184.0003.0003.00

s0

IS-IS
Area 45

s1/0

s1/1   C7000

CLNS: 49.0045.0184.0004.0004.00

CLNS: 49.0044.0184.0004.0004.00   DECnet: 45.1

e0/1

e0/0   CLNS: 49.0045.0184.0004.0004.00

CLNS-Datentransfer von CBROU in
die Area 49.0031 beschränkt

X

Cbrou
DECnet: 45.2

CLNS: 37.2624.5610.3555.1011.1100.0000.0000.0100

IS-IS
Area 37:26245610355510:1111

```
hostname c4000
!
decnet routing 49.151
decnet node-type area
!
clns routing
!
frame-relay switching
!
interface Ethernet0
 decnet cost 5
 decnet in-routing-filter 300
 clns router iso-igrp
!
interface Serial0
 description ---- Link to C2500-1 ----
 encapsulation frame-relay IETF
 clockrate 2000000
 decnet cost 5
 clns router isis 44and45
 frame-relay map clns 77 broadcast
 frame-relay lmi-type ansi
!
interface Serial1
 description ---- Link to C7000 ----
 encapsulation x25
 clockrate 2000000
 bandwidth 2000
 decnet cost 20
 x25 address 4000
 x25 htc 4
 x25 map decnet 45.1 7000 broadcast
 x25 map clns 7000 broadcast
 clns router isis 44and45
!
interface TokenRing0
 ring-speed 16
 decnet cost 5
 decnet in-routing-filter 300
 clns router iso-igrp
!
router iso-igrp
 redistribute isis 44and45
 net 49.0031.aa00.0400.97c4.00
!
router isis 44and45
 redistribute iso-igrp
 net 49.0044.0184.0001.0001.00
!
access-list 300 permit 49.0 0.1023
access-list 300 deny   0.0 63.1023
!
end
```

```
hostname c2500-1
!
decnet routing iv-prime 44.1
decnet node-type area
decnet max-paths 2
!
clns routing
!
frame-relay switching
!
interface Serial0
 description ---- Link to C4000 ----
 encapsulation frame-relay IETF
 bandwidth 2000
 decnet cost 10
 clns router isis 44and45
 frame-relay map clns 77 broadcast
 frame-relay lmi-type ansi
 frame-relay intf-type dce
!
interface Serial1
 description ---- Link to C2500-2 ----
 encapsulation frame-relay IETF
 clockrate 2000000
 decnet cost 10
 clns router isis 44and45
 frame-relay map clns 33 broadcast
 frame-relay intf-type dce
!
interface TokenRing0
 ring-speed 16
 decnet cost 5
 clns router isis 44and45
!
router isis 44and45
 net 49.0044.0184.0002.0002.00
!
end
```

hostname c2500-2
!
decnet routing 44.2
decnet node-type area
decnet max-paths 2
!
clns routing
!
frame-relay switching
!
interface Ethernet0
 decnet cost 5
 clns net 49.0045.0184.0003.0003.00
 clns router isis 44and45
!
interface Serial1
 description ---- Link to C2500-1 ----
 encapsulation frame-relay IETF
 bandwidth 2000
 decnet cost 10
 clns net 49.0044.0184.0003.0003.00
 clns router isis 44and45
 frame-relay map clns 33 broadcast
!
router isis 44and45
 net 49.0044.0184.0003.0003.00
 net 49.0045.0184.0003.0003.00
!
end

hostname c7000
!
decnet routing 45.1
decnet node-type area
!
clns routing
clns filter-set fromBackBone permit CBROU
clns filter-set fromBackBone deny default
clns filter-set toEthernet permit 49.0031...
clns filter-set toEthernet deny default
clns filter-expr TEST EtoB or BtoE
clns filter-expr BtoE src fromBackBone and dest toEthernet
clns filter-expr EtoB src toEthernet and dest fromBackBone
clns template-alias CBROU
37.2624.5610.3555.1011.1100.0000.0000.0100
!
interface Ethernet0/0
 decnet cost 5
 clns net 49.0045.0184.0004.0004.00
 clns router isis 44and45
 clns access-group TEST out
!
interface Ethernet0/1
 decnet cost 5
 clns net 49.0045.0184.0004.0004.00
 clns router isis 44and45
!
interface Serial1/1
 description ---- Link to C4000 ----
 encapsulation x25 dce
 decnet cost 25
 x25 address 7000
 x25 map clns 4000 broadcast
 x25 map decnet 1.1 4000 broadcast
 clockrate 2000000
 clns net 49.0044.0184.0004.0004.00
 clns router isis 44and45
!
router isis 44and45
 net 49.0044.0184.0004.0004.00
 net 49.0045.0184.0004.0004.00
!
end

Bemerkungen

Auf den Frame-Relay-Schnittstellen sind nur die »frame-relay map«-Kommandos für das CLNS-Protokoll definiert.

Die Router lernen die DECnet-Adresse der Gegenseite automatisch über InverseARP, sobald der DLCI aufgebaut ist.

Sofern für das IS-IS- oder ISO-IGRP-Protokoll nur eine NET-Adresse spezifiziert wurde, ist auf den einzelnen Interfaces kein »clns net«-Kommando notwendig.

Da keine Integration von DECnet und IS-IS über den Befehl »decnet conversion« stattfindet, kann sich die DECnet-Area von der IS-IS-Area unterscheiden.

C4000-CLNS-Informationen

c4000# show clns

```
Global CLNS Information:
  4 Interfaces Enabled for CLNS
  NET: 49.0044.0184.0001.0001.00
  NET: 49.0031.aa00.0400.97c4.00
  Configuration Timer: 60, Default Holding Timer: 300, Packet Lifetime 64
  ERPDU's requested on locally generated packets
  Intermediate system operation enabled (forwarding allowed)
  IS-IS level-1-2 Router: 44and45
    Routing for Area: 49.0044
  ISO-IGRP level-1 Router:
    Routing for Domain: 49, Area: 0031
  ISO-IGRP level-2 Router: DOMAIN_
    Routing for Domain: 49
```

c4000# show clns protocol

```
ISO-IGRP Level 1 Router:
  Routing for domain: 49 area: 0031
  Sending Updates every 45 seconds. Next due in 21 seconds
  Invalid after 135 seconds, Hold down for 145 seconds
  Sending Router Hellos every 17 seconds, Next due in 8 seconds
  Invalid after 51 seconds
  IGRP metric weight K1=1, K2=0, K3=1, K4=0, K5=0
  Interfaces in domain/area:
        Ethernet0
        TokenRing0
  Distance: 100
ISO-IGRP Level 2 Router: DOMAIN_
  Routing for domain: 49
  Redistribute:
    isis (44and45)
  Sending Updates every 45 seconds. Next due in 35 seconds
  Invalid after 135 seconds, Hold down for 145 seconds
  Sending Router Hellos every 17 seconds, Next due in 10 seconds
  Invalid after 51 seconds
  IGRP metric weight K1=1, K2=0, K3=1, K4=0, K5=0
  Interfaces in domain/area:
        TokenRing0
        Ethernet0
  Distance: 100
```

```
IS-IS Router: 44and45
  System Id: 0184.0001.0001.00   IS-Type: level-1-2
  Manual area address(es):
      49.0044
  Routing for area address(es):
      49.0044
      49.0045
  Interfaces supported by IS-IS:
      Serial1 - OSI
      Serial0 - OSI
  Redistributing:
    static
    iso-igrp (Null Tag)
  Distance: 110
```

Area 45 wird auf den Router C2500-2 und C7000 über Area-Merging mit der Area 44 »verschmolzen«.

c4000# show clns route

```
ISO-IGRP Routing Table for Domain 49, Area 0031
System Id       Next-Hop        SNPA            Interface   Metric   State
AA00.0400.82C5  AA00.0400.82C5  aa00.0400.82c5  Ethernet0   1100     Up
AA00.0400.97C4  0000.0000.0000  --              --          0        Up

ISO-IGRP Routing Table for Domain 49
Area Id         Next-Hop        SNPA            Interface   Metric   State
0031            0000.0000.0000  --              --          0        Up

CLNS Prefix Routing Table
49.0044.0184.0001.0001.00, Local NET Entry
37.2624.5610.3555.1011.11 [110/20]
    via 0184.0004.0004, IS-IS, Up, Serial1
49 [100/0]
    via 49.0044.0184.0001.0001.00, ISO-IGRP, Up
49.1111 [110/20]
    via 0184.0004.0004, IS-IS, Up, Serial1
49.0031.aa00.0400.97c4.00, Local NET Entry
49.0044 [110/0]
    via 0184.0001.0001, IS-IS, Up
49.0045 [110/0]
    via 0184.0001.0001, IS-IS, Up
```

c4000# show clns neighbors detail

Area-Merging auf C7000

```
System Id       SNPA            Interface  State  Holdtime  Type  Protocol
0184.0004.0004  7000            Se1        Up     8         L1L2  IS-IS
  Area Address(es): 49.0044 49.0045
  Uptime: 02:07:13
0184.0002.0002  DLCI 77         Se0        Up     7         L1L2  IS-IS
  Area Address(es): 49.0044
  Uptime: 02:07:17
AA00.0400.82C5  aa00.0400.82c5  Et0        Up     22        ES    ES-IS
  Area Address(es): 49.0031
  Uptime: 01:44:02
```

c4000# show clns interface

```
Ethernet0 is up, line protocol is up
  Checksums enabled, MTU 1497, Encapsulation SAP
  ERPDUs enabled, min. interval 10 msec.
  RDPDUs enabled, min. interval 100 msec., Addr Mask enabled
  Congestion Experienced bit set at 4 packets
  CLNS fast switching enabled
  CLNS SSE switching disabled
  DEC compatibility mode OFF for this interface
  NET on this interface: 49.0031.aa00.0400.97c4.00
  Next ESH/ISH in 40 seconds
  ISO-IGRP split horizon enabled
  Routing Protocol: ISO-IGRP
    Routing Domain/Area: 49/0001
  ISO-IGRP split horizon enabled

Serial0 is up, line protocol is up
  Checksums enabled, MTU 1500, Encapsulation FRAME-RELAY
  ERPDUs enabled, min. interval 10 msec.
  RDPDUs enabled, min. interval 100 msec., Addr Mask enabled
  Congestion Experienced bit set at 4 packets
  CLNS fast switching disabled
  CLNS SSE switching disabled
  DEC compatibility mode OFF for this interface
  NET on this interface: 49.0044.0184.0001.0001.00
  Next ESH/ISH in 34 seconds
  Routing Protocol: IS-IS
    Circuit Type: level-1-2
    Interface number 0x0, local circuit ID 0x1
    Level-1 Metric: 10, Priority: 64, Circuit ID: 0184.0002.0002.01
    Number of active level-1 adjacencies: 1
    Level-2 Metric: 10, Priority: 64, Circuit ID: 0184.0002.0002.01
    Number of active level-2 adjacencies: 1
    Next IS-IS LAN Level-1 Hello in 9 seconds
    Next IS-IS LAN Level-2 Hello in 0 seconds
```

Die Circuit-ID des Routers mit der höchsten System-ID an diesem Netzwerk.

```
Serial1 is up, line protocol is up
  Checksums enabled, MTU 1500, Encapsulation X25
  ERPDUs enabled, min. interval 10 msec.
  RDPDUs enabled, min. interval 100 msec., Addr Mask enabled
  Congestion Experienced bit set at 4 packets
  CLNS fast switching disabled
  CLNS SSE switching disabled
  DEC compatibility mode OFF for this interface
  NET on this interface: 49.0044.0184.0001.0001.00
  Next ESH/ISH in 51 seconds
  Routing Protocol: IS-IS
    Circuit Type: level-1-2
    Interface number 0x1, local circuit ID 0x2
    Level-1 Metric: 10, Priority: 64, Circuit ID: 0184.0004.0004.03
    Number of active level-1 adjacencies: 1
    Level-2 Metric: 10, Priority: 64, Circuit ID: 0184.0004.0004.03
    Number of active level-2 adjacencies: 1
    Next IS-IS LAN Level-1 Hello in 4 seconds
    Next IS-IS LAN Level-2 Hello in 6 seconds
```

```
TokenRing0 is up, line protocol is up
  Checksums enabled, MTU 4469, Encapsulation SAP
  ERPDUs enabled, min. interval 10 msec.
  RDPDUs enabled, min. interval 100 msec., Addr Mask enabled
  Congestion Experienced bit set at 4 packets
  CLNS fast switching disabled
  CLNS SSE switching disabled
  DEC compatibility mode OFF for this interface
  NET on this interface: 49.0031.aa00.0400.97c4.00
  Next ESH/ISH in 9 seconds
  ISO-IGRP split horizon enabled
  Routing Protocol: ISO-IGRP
    Routing Domain/Area: 49/0001
  ISO-IGRP split horizon enabled
```

c4000# show isis route

```
IS-IS Level-1 Routing Table - Version 75
System Id         Next-Hop         SNPA          Interface   Metric   State
0184.0004.0004   0184.0004.0004   7000          Se1         10       Up      ⌐ Path Splitting
0184.0003.0003   0184.0004.0004   7000          Se1         20       Up ▶
                 0184.0002.0002   DLCI 77       Se0         20       Up
0184.0002.0002   0184.0002.0002   DLCI 77       Se0         10       Up
0184.0001.0001   0000.0000.0000   --            --          0        Up
```

C2500-1-CLNS-Informationen

c2500-1# show clns

```
Global CLNS Information:
  4 Interfaces Enabled for CLNS
  NET: 49.0044.0184.0002.0002.00
  Configuration Timer: 60, Default Holding Timer: 300, Packet Lifetime 64
  ERPDU's requested on locally generated packets
  Intermediate system operation enabled (forwarding allowed)
  IS-IS level-1-2 Router: 44and45
    Routing for Area: 49.0044
```

c2500-1# show clns protocol

```
IS-IS Router: 44and45
  System Id: 0184.0002.0002.00  IS-Type: level-1-2
  Manual area address(es):
        49.0044
  Routing for area address(es):
        49.0044
        49.0045
  Interfaces supported by IS-IS:
        BRI0 - OSI
        TokenRing0 - OSI
        Serial1 - OSI
        Serial0 - OSI
  Redistributing:
    static
  Distance: 110
```

c2500-1# show clns neighbors detail

```
System Id        SNPA            Interface  State  Holdtime  Type Protocol
0184.0001.0001 DLCI 77           Se0        Up     25        L1L2 IS-IS
  Area Address(es): 49.0044
  Uptime: 06:16:11
0184.0003.0003 DLCI 33           Se1        Up     8         L1L2 IS-IS
  Area Address(es): 49.0044 49.0045
  Uptime: 06:22:02           ↖___ Area Merging auf C2500-2
```

c2500-1# show clns route

```
CLNS Prefix Routing Table
49.0044.0184.0002.0002.00, Local NET Entry
37.2624.5610.3555.1011.11 [110/30]
  via 0184.0003.0003, IS-IS, Up, Serial1
  via 0184.0001.0001, IS-IS, Up, Serial0
49.1111 [110/30]
  via 0184.0003.0003, IS-IS, Up, Serial1
  via 0184.0001.0001, IS-IS, Up, Serial0
49.0044 [110/0]
  via 0184.0002.0002, IS-IS, Up
49.0045 [110/0]
  via 0184.0002.0002, IS-IS, Up
49 [110/10]
  via 0184.0001.0001, IS-IS, Up, Serial0
```

C2500-2-CLNS-Informationen

c2500-2# show clns

```
Global CLNS Information:
  3 Interfaces Enabled for CLNS
  NET: 49.0045.0184.0003.0003.00
  NET: 49.0044.0184.0003.0003.00
  Configuration Timer: 60, Default Holding Timer: 300, Packet Lifetime 64
  ERPDU's requested on locally generated packets
  Intermediate system operation enabled (forwarding allowed)
  IS-IS level-1-2 Router: 44and45
    Routing for Area: 49.0044
```

c2500-2# show clns protocol

```
IS-IS Router: 44and45
  System Id: 0184.0003.0003.00  IS-Type: level-1-2
  Manual area address(es):
        49.0044
        49.0045
  Routing for area address(es):
        49.0044
        49.0045
  Interfaces supported by IS-IS:
        BRI0 - OSI
        Serial1 - OSI
        Ethernet0 - OSI
  Redistributing:
    static
  Distance: 110
```

c2500-2# show clns neighbors detail

```
System Id      SNPA           Interface  State  Holdtime  Type  Protocol
0184.0004.0004 aa00.0400.01b4  Et0        Up     25        L1L2  IS-IS
   Area Address(es): 49.0044 49.0045
   Uptime: 02:18:24
0184.0002.0002 DLCI 33          Se1        Up     29        L1L2  IS-IS
   Area Address(es): 49.0044
   Uptime: 06:22:07
```

c2500-2# show clns route

```
CLNS Prefix Routing Table
49.0044.0184.0003.0003.00, Local NET Entry
49.0045.0184.0003.0003.00, Local NET Entry
37.2624.5610.3555.1011.11 [110/20]
   via 0184.0004.0004, IS-IS, Up, Ethernet0
49.1111 [110/20]
   via 0184.0004.0004, IS-IS, Up, Ethernet0
49.0044 [110/0]
   via 0184.0003.0003, IS-IS, Up
49.0045 [110/0]
   via 0184.0003.0003, IS-IS, Up
49 [110/20]
   via 0184.0004.0004, IS-IS, Up, Ethernet0
   via 0184.0002.0002, IS-IS, Up, Serial1
```

C7000-CLNS-Informationen

```
c7000# show clns
Global CLNS Information:
   3 Interfaces Enabled for CLNS
   NET: 49.0045.0184.0004.0004.00
   NET: 49.0044.0184.0004.0004.00
   Configuration Timer: 60, Default Holding Timer: 300, Packet Lifetime 64
   ERPDU's requested on locally generated packets
   Intermediate system operation enabled (forwarding allowed)
   IS-IS level-1-2 Router: 44and45
      Routing for Area: 49.0044
```

c7000# show clns protocol

```
IS-IS Router: 44and45
   System Id: 0184.0004.0004.00  IS-Type: level-1-2
   Manual area address(es):
         49.0044
         49.0045
   Routing for area address(es):
         49.0044
         49.0045
   Interfaces supported by IS-IS:
         Serial1/1 - OSI
         Ethernet0/1 - OSI
         Ethernet0/0 - OSI
   Redistributing:
      static
   Distance: 110
```

c7000# show clns neighbors detail

```
System Id       SNPA              Interface  State  Holdtime  Type Protocol
0184.0001.0001 4000               Sel/1      Up     29        L1L2 IS-IS
   Area Address(es): 49.0044
   Uptime: 02:18:20
0184.0003.0003 aa00.0400.02b0 Et0/1        Up     8         L1L2 IS-IS
   Area Address(es): 49.0044 49.0045
   Uptime: 02:18:31
0000.0000.0001 aa00.0400.02b4 Et0/0        Up     8         L2   IS-IS
   Area Address(es): 37.2624.5610.3555.1011.11 49.1111
   Uptime: 01:56:11
```

c7000# show clns route

```
CLNS Prefix Routing Table
49.0044.0184.0004.0004.00, Local NET Entry
49.0045.0184.0004.0004.00, Local NET Entry
37.2624.5610.3555.1011.11 [110/10]
   via 0000.0000.0001, IS-IS, Up, Ethernet0/0
49.1111 [110/10]
   via 0000.0000.0001, IS-IS, Up, Ethernet0/0
49.0044 [110/0]
   via 0184.0004.0004, IS-IS, Up
49.0045 [110/0]
   via 0184.0004.0004, IS-IS, Up
49 [110/10]
   via 0184.0001.0001, IS-IS, Up, Serial1/1
```

C4000-DECnet-Informationen

c4000# show decnet

```
Global DECnet parameters for network 0:
   Local address is 49.151, node type is area
   Level-2 'Attached' flag is TRUE
   Maximum node is 1023, maximum area is 63, maximum visits is 63
   Maximum paths is 1, path split mode is normal
   Local maximum cost is 1022, maximum hops is 30
   Area maximum cost is 1022, maximum hops is 30
   Static routes *NOT* being sent in routing updates
```

c4000# show decnet interface

```
Ethernet0 is up, line protocol is up, encapsulation is ARPA
   Interface cost is 5, priority is 64, DECnet network: 0
   We are the designated router
   Sending HELLOs every 15 seconds, routing updates 40 seconds
   Smallest router blocksize seen is 1498 bytes
   Routing input list is 300, output list is not set
   Access list is not set
   DECnet fast switching is enabled
   Number of L1 router adjacencies is : 0
   Number of non-PhaseIV+ router adjacencies is : 0
   Number of PhaseIV+ router adjacencies is : 0
Serial0 is up, line protocol is up, encapsulation is FRAME-RELAY
   Interface cost is 5, priority is 64, DECnet network: 0
   Sending HELLOs every 15 seconds, routing updates 40 seconds
   Smallest router blocksize seen is 1498 bytes
   Routing input list is not set, output list is not set
   Access list is not set
```

```
      DECnet fast switching is disabled
      Number of L1 router adjacencies is : 0
      Number of non-PhaseIV+ router adjacencies is : 0
      Number of PhaseIV+ router adjacencies is : 1
      Split horizon is ON
Serial1 is up, line protocol is up, encapsulation is X25
      Interface cost is 20, priority is 64, DECnet network: 0
      Sending HELLOs every 15 seconds, routing updates 40 seconds
      Smallest router blocksize seen is 1498 bytes
      Routing input list is not set, output list is not set
      Access list is not set
      DECnet fast switching is disabled
      Number of L1 router adjacencies is : 0
      Number of non-PhaseIV+ router adjacencies is : 0
      Number of PhaseIV+ router adjacencies is : 1
TokenRing0 is up, line protocol is up, encapsulation is SNAP
      Interface cost is 5, priority is 64, DECnet network: 0
      We are the designated router
      Sending HELLOs every 15 seconds, routing updates 40 seconds
      Smallest router blocksize seen is 1498 bytes
      Routing input list is 300, output list is not set
      Access list is not set
      DECnet fast switching is disabled
      Number of L1 router adjacencies is : 0
      Number of non-PhaseIV+ router adjacencies is : 0
      Number of PhaseIV+ router adjacencies is : 0
```

c4000# show decnet neighbors

```
Net Node    Interface      MAC address      Flags
0   44.1    Serial0        004d.0000.0000 A
0   45.1    Serial1        3730.3030.0000 A
0   49.386  Ethernet0      aa00.0400.82c5
```

c4000# show decnet route

```
   Area      Cost  Hops    Next Hop to Node      Expires  Prio
*44          5     1       Serial0 -> 44.1          33     64  A+
*45          20    1       Serial1 -> 45.1          39     64  A+
*49          0     0       (Local) -> 49.151
   Node      Cost  Hops    Next Hop to Node      Expires  Prio
*(Area)      0     0       (Local) -> 49.151
*49.151      0     0       (Local) -> 49.151
*49.386      5     1       Ethernet0 -> 49.386      26
```

c4000# show decnet traffic

```
Total: 5357 received, 0 format errors, 0 unimplemented
       0 not a gateway, 0 no memory, 2 no routing vector
       0 non-empty queue encountered
Hellos: 4449 received, 0 bad, 0 other area, 5137 sent
Level 1 routing: 0 received, 0 bad, 0 other area, 0 sent
Level 2 routing: 770 received, 0 not primary router, 776 sent
Data: 193 received, 0 not long format, 0 too many visits
      180 forwarded, 0 returned, 0 converted, 13 local destination
      0 access control failed, 0 no route, 0 encapsulation failed
      0 inactive network, 0 incomplete map
```

C2500-1-DECnet-Informationen

c2500-1# show decnet

```
Global DECnet parameters for network 0:
  Local address is 44.1, node type is area (Phase-IV Prime)
  Level-2 'Attached' flag is TRUE
  Maximum node is 1023, maximum area is 63, maximum visits is 63
  Maximum paths is 2, path split mode is normal
  Local maximum cost is 1022, maximum hops is 30
  Area maximum cost is 1022, maximum hops is 30
  Static routes *NOT* being sent in routing updates
```

c2500-1# show decnet interface

```
Serial0 is up, line protocol is up, encapsulation is FRAME-RELAY
  Interface cost is 10, priority is 64, DECnet network: 0
  Sending HELLOs every 15 seconds, routing updates 40 seconds
  Smallest router blocksize seen is 1498 bytes
  Routing input list is not set, output list is not set
  Access list is not set
  DECnet fast switching is disabled
  Number of L1 router adjacencies is : 0
  Number of non-PhaseIV+ router adjacencies is : 0
  Number of PhaseIV+ router adjacencies is : 1
  Split horizon is ON
  Router is bilingual
Serial1 is up, line protocol is up, encapsulation is FRAME-RELAY
  Interface cost is 10, priority is 64, DECnet network: 0
  The designated router is 44.2
  Sending HELLOs every 15 seconds, routing updates 40 seconds
  Smallest router blocksize seen is 1498 bytes
  Routing input list is not set, output list is not set
  Access list is not set
  DECnet fast switching is disabled
  Number of L1 router adjacencies is : 1
  Number of non-PhaseIV+ router adjacencies is : 0
  Number of PhaseIV+ router adjacencies is : 1
  Split horizon is ON
  Router is bilingual
TokenRing0 is up, line protocol is up, encapsulation is SNAP
  Interface cost is 5, priority is 64, DECnet network: 0
  We are the designated router
  Sending HELLOs every 15 seconds, routing updates 40 seconds
  Smallest router blocksize seen is 1498 bytes
  Routing input list is not set, output list is not set
  Access list is not set
  DECnet fast switching is disabled
  Number of L1 router adjacencies is : 0
  Number of non-PhaseIV+ router adjacencies is : 0
  Number of PhaseIV+ router adjacencies is : 0
  Router is bilingual
```

c2500-1# show decnet neighbors

```
Net Node     Interface         MAC address     Flags
0   49.151   Serial0           004d.0000.0000 A
0   44.2     Serial1           0021.0000.0000 V A
0   44.236   TokenRing0        0001.c814.4428 IV-PRIME
```

c2500-1# show decnet route

```
  Area     Cost  Hops    Next Hop to Node      Expires  Prio
 *44        0     0      (Local) -> 44.1
 *45       15     2      Serial1 -> 44.2
 *49       10     1      Serial0 -> 49.151       43      64  A+
  Node     Cost  Hops    Next Hop to Node      Expires  Prio
 *(Area)    0     0      (Local) -> 44.1
 *44.1      0     0      (Local) -> 44.1
 *44.2     10     1      Serial1 -> 44.2         32      64  VA+
 *44.236    5     1      TokenRing0 -> 44.236    83
```

c2500-1# show decnet traffic

```
Total: 5590 received, 0 format errors, 0 unimplemented
       0 not a gateway, 0 no memory, 4 no routing vector
       0 non-empty queue encountered
Hellos: 3878 received, 0 bad, 0 other area, 7859 sent
Level 1 routing: 770 received, 0 bad, 0 other area, 765 sent
Level 2 routing: 723 received, 0 not primary router, 1081 sent
Data: 244 received, 0 not long format, 0 too many visits
      200 forwarded, 5 returned, 0 converted, 29 local destination
      0 access control failed, 5 no route, 17 encapsulation failed
      0 inactive network, 0 incomplete map
```

V   PhaseIV Level-1 Adjacency
A   PhaseIV Level-2 Adjacency
A+ PhaseIV+ Level-2 Adjacency

C2500-2-DECnet-Informationen

c2500-2# show decnet

```
Global DECnet parameters for network 0:
  Local address is 44.2, node type is area
  Level-2 'Attached' flag is TRUE
  Maximum node is 1023, maximum area is 63, maximum visits is 63
  Maximum paths is 2, path split mode is normal
  Local maximum cost is 1022, maximum hops is 30
  Area maximum cost is 1022, maximum hops is 30
  Static routes *NOT* being sent in routing updates
```

c2500-2# show decnet interface

```
Ethernet0 is up, line protocol is up, encapsulation is ARPA
  Interface cost is 5, priority is 64, DECnet network: 0
  We are the designated router
  Sending HELLOs every 15 seconds, routing updates 40 seconds
  Smallest router blocksize seen is 1498 bytes
  Routing input list is not set, output list is not set
  Access list is not set
  DECnet fast switching is enabled
  Number of L1 router adjacencies is : 0
  Number of non-PhaseIV+ router adjacencies is : 0
  Number of PhaseIV+ router adjacencies is : 1
Serial1 is up, line protocol is up, encapsulation is FRAME-RELAY
  Interface cost is 10, priority is 64, DECnet network: 0
  Sending HELLOs every 15 seconds, routing updates 40 seconds
  Smallest router blocksize seen is 1498 bytes
  Routing input list is not set, output list is not set
  Access list is not set
  DECnet fast switching is disabled
  Number of L1 router adjacencies is : 1
  Number of non-PhaseIV+ router adjacencies is : 0
  Number of PhaseIV+ router adjacencies is : 1
  Split horizon is ON
```

c2500-2# show decnet neighbors

```
Net Node    Interface       MAC address     Flags
0    45.1   Ethernet0       aa00.0400.01b4  A
0    44.1   Serial1         0021.0000.0000  V A
```

c2500-2# show decnet route

```
   Area      Cost  Hops     Next Hop to Node       Expires  Prio
*44            0    0       (Local) -> 44.2
*45            5    1       Ethernet0 -> 45.1        33      64  A+
*49           20    2       Serial1 -> 44.1
   Node      Cost  Hops     Next Hop to Node       Expires  Prio
*(Area)        0    0       (Local) -> 44.2
*44.1         10    1       Serial1 -> 44.1          43      64  VA+
*44.2          0    0       (Local) -> 44.2
*44.236       15    2       Serial1 -> 44.1
```

c2500-2# show decnet traffic

```
Total: 73088 received, 0 format errors, 0 unimplemented
       0 not a gateway, 0 no memory, 8 no routing vector
       0 non-empty queue encountered
Hellos: 55134 received, 0 bad, 0 other area, 55162 sent
Level 1 routing: 9597 received, 0 bad, 0 other area, 9609 sent
Level 2 routing: 8347 received, 0 not primary router, 8348 sent
Data: 20 received, 0 not long format, 0 too many visits
      10 forwarded, 0 returned, 0 converted, 10 local destination
      0 access control failed, 0 no route, 61 encapsulation failed
      0 inactive network, 0 incomplete map
```

C7000-DECnet-Informationen

c7000# show decnet

```
Global DECnet parameters for network 0:
   Local address is 45.1, node type is area
   Level-2 'Attached' flag is TRUE
   Maximum node is 1023, maximum area is 63, maximum visits is 63
   Maximum paths is 1, path split mode is normal
   Local maximum cost is 1022, maximum hops is 30
   Area maximum cost is 1022, maximum hops is 30
   Static routes *NOT* being sent in routing updates
```

c7000# show decnet interface

```
Ethernet0/0 is up, line protocol is up, encapsulation is ARPA
   Interface cost is 5, priority is 64, DECnet network: 0
   The designated router is 45.2
   Sending HELLOs every 15 seconds, routing updates 40 seconds
   Smallest router blocksize seen is 1498 bytes
   Routing input list is 300, output list is not set
   Access list is not set
   DECnet fast switching is enabled
   Number of L1 router adjacencies is : 1
   Number of non-PhaseIV+ router adjacencies is : 0
   Number of PhaseIV+ router adjacencies is : 1
Ethernet0/1 is up, line protocol is up, encapsulation is ARPA
   Interface cost is 5, priority is 64, DECnet network: 0
   We are the designated router
   Sending HELLOs every 15 seconds, routing updates 40 seconds
   Smallest router blocksize seen is 1498 bytes
   Routing input list is not set, output list is not set
```

```
Access list is not set
DECnet fast switching is enabled
Number of L1 router adjacencies is : 0
Number of non-PhaseIV+ router adjacencies is : 0
Number of PhaseIV+ router adjacencies is : 1
Serial1/1 is up, line protocol is up, encapsulation is X25
Interface cost is 25, priority is 64, DECnet network: 0
Sending HELLOs every 15 seconds, routing updates 40 seconds
Smallest router blocksize seen is 1498 bytes
Routing input list is not set, output list is not set
Access list is not set
DECnet fast switching is disabled
Number of L1 router adjacencies is : 0
Number of non-PhaseIV+ router adjacencies is : 0
Number of PhaseIV+ router adjacencies is : 1
```

c7000# show decnet neighbors

```
Net Node    Interface        MAC address    Flags
0   44.2    Ethernet0/1      aa00.0400.02b0 A
0   49.151  Serial1/1        3430.3030.0000 A
0   45.2    Ethernet0/0      aa00.0400.02b4 V A
```

c7000# show decnet route

```
   Area      Cost  Hops    Next Hop to Node    Expires  Prio
*44            5    1    Ethernet0/1 -> 44.2       33      64  A+
*45            0    0       (Local) -> 45.1
*49           25    1    Serial1/1 -> 49.151      41      64  A+
   Node      Cost  Hops    Next Hop to Node    Expires  Prio
*(Area)        0    0       (Local) -> 45.1
*45.1          0    0       (Local) -> 45.1
*45.2          5    1    Ethernet0/0 -> 45.2      36      64  VA+
```

c7000# show decnet traffic

```
Total: 123377 received, 0 format errors, 0 unimplemented
       0 not a gateway, 0 no memory, 19 no routing vector
       0 non-empty queue encountered
Hellos: 98344 received, 0 bad, 0 other area, 86350 sent
Level 1 routing: 10766 received, 0 bad, 0 other area, 10761 sent
Level 2 routing: 14267 received, 0 not primary router, 14393 sent
Data: 10 received, 0 not long format, 0 too many visits
      0 forwarded, 10 returned, 0 converted, 10 local destination
      0 access control failed, 0 no route, 10 encapsulation failed
      0 inactive network, 0 incomplete map
```

Appletalk

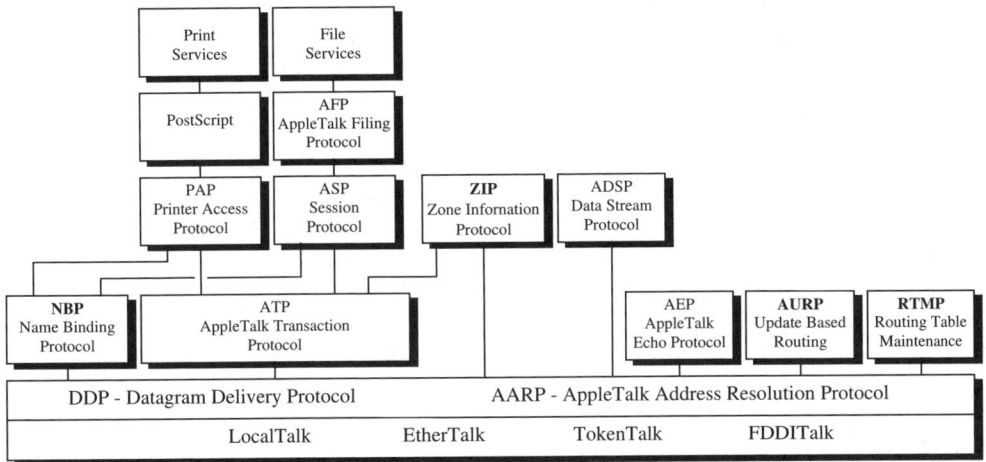

7.1   AppleTalk-Adressierung

Eine AppleTalk-Adresse sieht wie folgt aus:
16 Bit Network Number . 8 Bit Node Number . 8 Bit Socket

Spezielle Node Number

● 0   Ein Router auf dem Netz, der zur Netzwerknummer passt (von NBP benutzt)

● 255 Reserviert für Broadcast-Nachrichten

Phase-I Network und Node Number

Bei Phase-I handelt es sich um ein so genanntes Non-extended-Netzwerk, dessen Network- und Node-Adressen im gesamten Netzwerk eindeutig sein müssen. AppleTalk Phase-I ist damit auf 127 Stationen im Netz limitiert.

● Network Number   1–65535

● Node Number   1–127 für Stationen und 128–254 für Server

Phase-II Network und Node Number

Jedem physikalischen Netzwerk kann eine so genannte Cable Range mit mehreren eindeutigen Network-Nummern zugewiesen werden. Dadurch ist es möglich, mehr als 254 Workstations in einem Netzwerk einzubinden. Phase-II bezeichnet man auch als Extended-Netzwerk, da nur die Cable Range im Netzwerk eindeutig sein muss, die Knotenadressen dürfen mehrfach vergeben sein.

● Network Number   1–65279, wobei 65280 bis 65535 für den Startup reserviert sind

● Node Number   1–253 für Stationen und Server, 254 ist reserviert

Socket Number

Die Sockets von 128 bis 254 werden dynamisch vergeben. Die Sockets von 1 bis 127 sind statisch festgelegt, wobei der Bereich von 1 bis 63 für AppleTalk-Protokolle reserviert ist:

RTMP	1
NBP	2
ATP	3
AEP	4
ZIP	6
AppleTalk EIGRP	58

AppleTalk-Zonen

AppleTalk-Netzwerke werden in Zonen gruppiert und jeder Zone wird ein Bereich von Netzwerknummern zugeordnet. Diese Netze müssen nicht physikalisch miteinander verbunden sein.

Die Benutzung von Zonen ist nicht zwingend vorgeschrieben, reduziert aber die Netzbelastung, da viele AppleTalk-Services auf eine Zone beschränkt sind.

Alle Router eines Segments müssen die gleiche Konfiguration verwenden (d.h. gleiche Cable Range, Primary Zone Name sowie die gleichen Namen für die anderen Zonen des Segments).

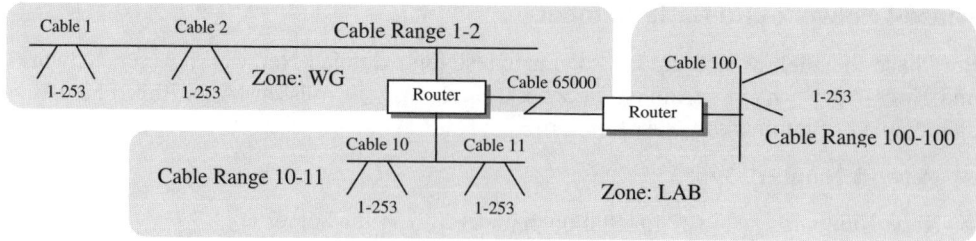

Zuweisung einer Node Number

1. Die Stationen benutzen beim Booten eine zufällige Node Number (*Cold Boot*) bzw. die zuletzt benutzte Nummer (*Warm Boot*).

2. Anschließend senden die Stationen zehn AARP (AppleTalk Address Resolution Protocol) Probe Broadcasts mit der lokalen Node Number als Zieladresse.

```
AARP: - - - - - Appletalk Address Resolution Protocol (AARP) - - - - -
AARP:
AARP: Hardware Type                 = 2 (Token-Ring)
AARP: Protocol Type                 = 80-9B
AARP: Hardware Address Length       = 6
AARP: Protocol Address Length       = 4
AARP: Function Code                 = 3 (Probe)
AARP: Source Address                = 55-00-20-00-A0-0D
AARP: Source Appletalk Address      = 0000CD76
AARP: Destination Address           = 00-00-00-00-00-00
AARP: Destination Appletalk Address = 0000CD76
```

3. Falls keine andere Station auf die AARPs antwortet, arbeitet die Workstation weiter mit dieser Nummer. Ansonsten beginnt die Prozedur mit einer anderen Node Number von Neuem.

Bestimmung der Network Number und des Zone-Namens

● Phase I

Station sendet einen RTMP Request Broadcast zu den lokalen Routern. Falls kein Router antwortet, benutzt das System die Network Number Null.

● Phase II

Die Bestimmung der Zone-Namen erfolgt über ZIP Queries und die des Netzwerks über ZIP GetNetInfo Queries. Ein lokaler Router antwortet auf diese Queries mit einem ZIP Reply bzw. einem ZIP NetInfo Reply.

```
AZIP: -Appletalk Zone Information Protocol-
AZIP:
AZIP: ZIP Function    = 1 (Query)
AZIP: Network Count   = 1
AZIP: Network 1       = 00CA

AZIP: -Appletalk Zone Information Protocol-
AZIP:
AZIP: ZIP Function        = 2 (Reply)
AZIP: Network Count        = 2
AZIP: Network 1 = 00CA
AZIP: Zone Name            = "Tnet2"
AZIP: Network 2 = 00CA
AZIP: Zone Name            = "WG"

AZIP: -Appletalk Zone Information Protocol-
AZIP:
AZIP: ZIP Function    = 5 (GetNetInfo Request)
AZIP: Reserved        = 00-00-00-00-00
AZIP: Zone Name       = "Tnet2"
```

```
AZIP: -Appletalk Zone Information Protocol-
AZIP:
AZIP: ZIP Function      = 6 (GetNetInfo Reply)
AZIP: Flags             = 00
AZIP:          0....... = Zone Valid
AZIP:          .0...... = Don't use Broadcast
AZIP:          ..0..... = More than one zone
AZIP:                                           Cable Range:  202 - 212
AZIP: Network Number Range Start  = 00CA
AZIP: Network Number Range End    = 00D4
AZIP: Zone Name                   = "Tnet2"
AZIP: Multicast Address           = C0-00-00-00-40-0
```

Das von den Routern als Antwort auf einen GetNetInfo-Query gesendete NetInfoReply-Paket beinhaltet folgende Informationen:

● Die Cable-Range- und Zone-Namen des physikalischen Netzwerks.

● Die vom NBP-Protokoll für zonenweite Lookups benutzte Multicast-Adresse.

● Seed Router

Seed Router stellen während der Startup-Phase anderen Routern Informationen über die Cable Range und die Zonen des physikalischen Netzwerks zur Verfügung.

Nach dem Booten arbeiten alle Router als Seed Router – egal, ob sie während des Startups den Non Seed Mode (d.h., sie haben die lokale Konfiguration verwendet) oder den Discovery Mode benutzt haben.

● Discovery Mode

Im Discovery Mode werden die Netzwerkinformationen für ein Interface von einem anderen AppleTalk-Router geholt (d.h., in diesem Fall ist ein aktiver AppleTalk-Router notwendig). Der Discovery Mode funktioniert nicht über serielle Leitungen.

7.2   AppleTalk-Protokolle

Data Link Layer

Phase-II benutzt für die LAN-Kommunikation das IEEE 802.2 SNAP-Format, Phase-I unterstützt nur Ethernet V2 Frames.

	AppleTalk Phase I	AppleTalk Phase II
AppleTalk Broadcast	09-00-07-FF-FF-FF	
AppleTalk Zone Multicast	09-00-07-00-00-00 bis 09-00-07-00-00-FC	
AppleTalk Protocol Types	Ethernet V2: 80-9B	802.2 SNAP: 08-00-07-80-9B
AARP Protocol Types	Ethernet V2: 80-F3	802.2 SNAP: 00-00-00-80-F3

Probleme beim Bridgen zwischen Ethernet und Token-Ring/FDDI:

- EthernetV2 in SNAP-Format: Normalerweise verwenden Bridges bei der Umwandlung der Frames 00-00-00 als OUI mit der Folge, dass aus einem Phase-I AARP ein Phase-II AARP wird.

- SNAP-Format in EthernetV2: Frames mit dem OUI 00-00-00 setzen die Bridges in EthernetV2-Pakete um und wandeln damit einen Phase-II AARP in einen Phase-I AARP um.

- Lösung: Beim Bridgen von Phase-I AARPs den OUI 00-00-F8 einsetzen.

7.2.1 DDP (Datagram Delivery Protocol)

DDP stellt einen verbindungslosen Netzwerk-Service zur Verfügung und definiert lediglich das Paketformat für die Datenübertragung auf Netzwerkebene.

Hop Count	Length	Checksum (optional)	Destination Network #	Destination Node #	Destination Socket #	Source Network #	Source Node #	Source Socket #	Protocol Type	Daten
4 Bit	10 Bit		16 Bit	8 Bit	8 Bit	16 Bit	8 Bit	8 Bit	8 Bit	

max. 586 Byte

- Protocol Type

RTMP	**1**
NBP	2
ATP	3
AEP	4
ZIP	6
ADSP	7
EIGRP	88

Trace eines DDP-Pakets

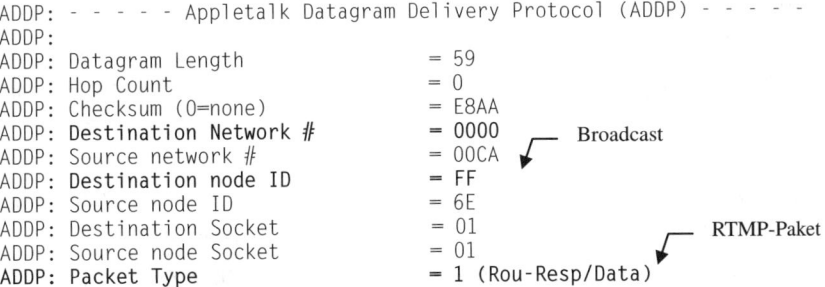

```
ADDP: - - - - - Appletalk Datagram Delivery Protocol (ADDP) - - - - -
ADDP:
ADDP: Datagram Length        = 59
ADDP: Hop Count              = 0
ADDP: Checksum (0=none)      = E8AA
ADDP: Destination Network #  = 0000      ⌐ Broadcast
ADDP: Source network #       = 00CA    ↙
ADDP: Destination node ID    = FF
ADDP: Source node ID         = 6E
ADDP: Destination Socket     = 01                ⌐ RTMP-Paket
ADDP: Source node Socket     = 01             ↙
ADDP: Packet Type            = 1 (Rou-Resp/Data)
```

```
ADDP: - - - - - Appletalk Datagram Delivery Protocol (ADDP) - - - - -
ADDP:
ADDP: Datagram Length            = 28
ADDP: Hop Count                  = 0
ADDP: Checksum (0=none)          = B8E5
ADDP: Destination Network #      = 00CD
ADDP: Source network #           = 00CA
ADDP: Destination node ID        = 76
ADDP: Source node ID             = 6E
ADDP: Destination Socket         = 06          ZIP-Paket
ADDP: Source node Socket         = 06
ADDP: Packet Type                = 6 (Zone-Info)
```

7.2.2   Transport-Layer-Protokolle

RTMP   (Routing Table Maintenance Protocol)

Die AppleTalk-Router verwenden ein Distance-Vector-Protokoll und tauschen standardmäßig alle zehn Sekunden über RTMP ihre Routing-Tabellen aus.

Die Tabelle enthält einen Eintrag für jedes erreichbare Netzwerk (Router-Port, Node ID des
nächsten Routers, Distanz in Hops und Status des Eintrags).

RTMP benutzt eine Hop Count basierende Metrik mit einem maximalen Wert von 15. Das
heißt, ein Router darf Pakete mit einem Hop Count von 15 nicht mehr weiterleiten.

AURP (Appletalk Update-Based Routing Protocol)

AURP erlaubt die Verbindung von AppleTalk-Netzwerken über ein anderes Netzwerkprotokoll (den so genannten Tunnel). Die Router, die den Tunnel aufbauen, bezeichnet man als
Exterior-Router.

Ein Austausch von Routing-Information erfolgt nur dann, wenn sich eine Änderung in der
Routing-Topologie ergeben hat.

AURP sendet daher wesentlich weniger Routing Updates als RTMP und man sollte es deshalb vor allem für WAN-Verbindungen benutzen.

NBP   (Name Binding Protocol)

Übersetzt zwischen den Namen von Netzwerkressourcen (sog. network-visible Entities
NVEs) und deren Netzwerkadressen. Außerdem ist NBP für den Name-Binding-Prozess
verantwortlich (*Name Registration*, *Name Confirmation*, *Name Deletion* und *Name Lookup*).

Die Workstations geben NBP-Lookups an einen lokalen Router, der dann auf allen Netzwerken, die zu der Zone der NVE gehören, einen NBP-Broadcast-Request generiert.

Die Bestimmung, welche Netze zu welchen Zonen gehören, erfolgt über ZIP (Zone Information Protocol).

```
ANBP: - - - - - Appletalk Name Binding Protocol (ANBP) - - - - -
ANBP: NBP Function              = 2 (LkUp)
ANBP: Tuple Count               = 1
ANBP: NBP Multiplex ID          = 00
ANBP: NBP Tuple # 1
ANBP: Network Number            = 00CD
ANBP: Node ID                   = 76
ANBP: Socket                    = 02
ANBP: Enumerator                = 00
ANBP: Object Name               = "c2500-3.TokenRing0"
ANBP: Object Type               = "ciscoRouter"
ANBP: Zone Name                 = "Tnet2"
```

ATP (Appletalk Transaction Protocol)

ATP stellt eine gesicherte Transportverbindung zur Verfügung. Eine ATP-Transaktion besteht aus einem Client Request und dem dazugehörigen Response des Servers. Jedes Request/Response-Paar bekommt eine Transaction-ID zugeordnet.

- ATP-X0-Transaktionen (exactly once)

  - Transaktion darf nur einmal durchgeführt werden.

  - Der Server ist für eine evtl. notwendige Retransmission eines Response-Pakets zuständig.

- ATP-ALO-Transaktionen (at least once)

  - Transaktion darf mehrmals ausgeführt werden.

  - Bei Verlust eines Response-Pakets sendet der Client das Request-Paket nochmals.

AEP (Appletalk Echo Protocol)

AEP wird zum Testen der Verbindung zwischen zwei Knoten eingesetzt.

7.2.3   Session-Layer-Protokolle

ZIP (Zone Information Protocol)

Übersetzt zwischen Netzwerknummern und den Zone-Namen. Diese Information speichern die Router in ihren Zone-Information-Tabellen (ZIT).

ZIP benutzt die RTMP-Routing-Tabelle, um Änderungen in der Netzwerktopolgie zu verfolgen und den Routing-Einträgen, die nicht in der ZIT enthalten sind, einen Eintrag zuzuweisen.

Diese Zuweisung ist Aufgabe der Router. Die Anfrage erfolgt über entsprechende Queries, die von den anderen Routern mit einem Reply beantwortet werden.

● ZIP Queries und Replies

Um die zu einem Netzwerk gehörende Zone-List zu ermitteln, kann jeder Knoten ZIP Queries zu den Routern senden (benutzen die Router selbst zum Aufbau der Zone-Information-Tabelle).

```
AZIP: - - - - - Appletalk Zone Information Protocol (AZIP) - - - - -
AZIP:
AZIP: ZIP Function                  = 1 (Query)
AZIP: Network Count                 = 6
AZIP: Network 1 = 01F6
AZIP: Network 2 = 0192
AZIP: Network 3 = 012E
AZIP: Network 4 = 001E
AZIP: Network 5 = 0014
AZIP: Network 6 = 000A


AZIP: - - - - - Appletalk Zone Information Protocol (AZIP) - - - - -
AZIP:
AZIP: ZIP Function                  = 2 (Reply)
AZIP: Network Count                 = 9
AZIP: Network 1 = 01F6
AZIP: Zone Name                     = "S2"
AZIP: Network 2 = 01F6
AZIP: Zone Name                     = "WG"
AZIP: Network 3 = 0192
AZIP: Zone Name                     = "S1"
AZIP: Network 4 = 0192
AZIP: Zone Name                     = "WG"
AZIP: Network 5 = 012E
AZIP: Zone Name                     = "Enet2"
AZIP: Network 6 = 012E
AZIP: Zone Name                     = "WG"
AZIP: Network 7 = 001E
AZIP: Zone Name                     = "Enet3"
AZIP: Network 8 = 0014
AZIP: Zone Name                     = "Tnet1"
AZIP: Network 9 = 000A
AZIP: Zone Name                     = "Enet1"
```

● GetZoneList

Von der Chooser-Applikation eingesetzt, um eine Liste von Zonen anzufordern, aus denen der Benutzer dann entsprechende Services auswählen kann.

● GetLocalZone-Request

Anfrage, über die das lokale System eine Liste der Zonen bestimmen kann.

ASP (AppleTalk Session Protocol)

Das AppleTalk Session Protocol stellt Session-Layer-Funktionalität zur Verfügung.

ADSP (Appletalk Data Stream Protocol)

ADSP gewährleistet, dass die Daten zwischen zwei AppleTalk-Sockets in der richtigen Reihenfolge und ohne Duplizierung übertragen werden. Kommuniziert direkt mit dem Data Delivery Protocol.

7.3 Cisco-Konfiguration: Appletalk

Non-Extended Network

● Non Discovery Mode (Interface wird auch als Seed-Router bezeichnet)

appletalk routing
interface *name*
  appletalk address *network.node*
  appletalk zone *name*

● Discovery Mode für den Zone-Namen, die AppleTalk-Adresse wird lokal konfiguriert

appletalk routing
interface *name*
  appletalk address *network.node*
  appletalk discovery

● Discovery Mode für den Zone-Namen und die AppleTalk-Adresse

appletalk routing
interface *name*
  appletalk address 0.0
  appletalk discovery

Extended Network

● Non-Discovery Mode

appletalk routing
interface *name*
  appletalk cable-range *range*   [*network.node*]
  appletalk *primary-zone*
  [appletalk *secondary-zone*]

Nach Eingabe der Cable Range entfernt der Router alle anderen AppleTalk-Befehle aus der Interface-Konfiguration.

Es sind bis zu 255 Zonen erlaubt. Die erste ist immer die Primary Zone.

● Discovery Mode für den Zone-Namen, die Cable Range wird lokal konfiguriert

appletalk routing
interface *name*
  appletalk cable-range *range*   [*network.node*]
  appletalk discovery

● Discovery Mode für den Zone-Namen und die Cable Range

appletalk routing
interface *name*
  appletalk cable-range 0-0
  appletalk discovery

AppleTalk-Informationen anzeigen

\# show appletalk globals
\# show appletalk sockets [*socket-number*]
\# show appletalk interface
\# show appletalk route [*network* | *type-number*]
\# show appletalk adjacent-routes
\# show appletalk neighbors [*neighbor-address*]
\# show appletalk static
\# show appletalk traffic
\# show appletalk arp
\# show appletalk aurp events
\# show appletalk aurp topology
\# show appletalk name-cache
\# show appletalk nbp
\# show appletalk zone [*zone-name*]

Interface wird zurückgesetzt und
Appletalk neu gestartet.

\# clear appletalk interface *name*
\# clear appletalk arp [*network.node*]

7.3.1   AppleTalk-Routing

Statisches Routing

Floating Static Routes

appletalk static cable-range *range* to *router-address* [floating] zone *remote-zone*
interface *name*
   no appletalk send-rtmps

RTMP-Routing

Wenn über den Befehl »appletalk routing« das AppleTalk-Protokoll auf dem Router eingeschaltet wird, läuft standardmäßig auch RTMP-Routing.

[appletalk timers *update-interval valid-interval invalid-interval*]
appletalk routing
interface *name*   RTMP-Timer stehen standardmäßig
   [no appletalk protocol rtmp]   auf 10 20 und 60.
   no appletalk send-rtmps

Ausschalten von
RTMP Update

\# show appletalk route

```
Codes: R - RTMP derived, E - EIGRP derived, C - connected,
       A - AURP, S - static  P - proxy
7 routes in internet
```

The first zone listed for each entry is its default (primary) zone.

```
C Net 10-10 directly connected, Serial1, zone X25WAN
R Net 20-20 [1/G] via 10.2, 9 sec, Serial1, zone framewan
R Net 30-30 [2/G] via 10.2, 9 sec, Serial1, zone applewan
C Net 100-200 directly connected, Ethernet0, zone LAN
C Net 1000-1100 directly connected, TokenRing0, zone LAN
R Net 1200-1300 [1/G] via 10.2, 9 sec, Serial1, zone tokenring
R Net 2000-2000 [3/G] via 10.2, 9 sec, Serial1, zone BGP
```

Anzahl der Hops ⟋ ⟍ Link Status: G = Good, S = Suspect, B =Bad

show appletalk adjacent-routes

```
Codes: R - RTMP derived, E - EIGRP derived, C - connected,
       A - AURP, S - static  P - proxy
7 routes in internet
```

The first zone listed for each entry is its default (primary) zone.

```
C Net 10-10 directly connected, Serial1, zone X25WAN
R Net 20-20 [1/G] via 10.2, 1 sec, Serial1, zone framewan
C Net 100-200 directly connected, Ethernet0, zone LAN
C Net 1000-1100 directly connected, TokenRing0, zone LAN
R Net 1200-1300 [1/G] via 10.2, 1 sec, Serial1, zone tokenring
```

show appletalk route 2000

```
Codes: R - RTMP derived, E - EIGRP derived, C - connected,
       A - AURP, S - static  P - proxy
7 routes in internet
```

The first zone listed for each entry is its default (primary) zone.

```
R Net 2000-2000 [3/G] via 10.2, 6 sec, Serial1, zone BGP
   Route installed 0:03:16, updated 6 secs ago
   Next hop: 10.2, 3 hops away
   Zone list provided by 10.2
   Valid zones: "BGP"
   There is 1 path for this route
* RTMP path, to neighbor 10.2, installed 0:00:06 via Serial1
   Composite metric is 769574400, 3 hops
```

EIGRP-AppleTalk-Routing

Unter AppleTalk muss die Router ID im Netzwerk eindeutig sein.

```
appletalk routing eigrp router-id
[ no appletalk route-redistribution ]
interface name
   appletalk protocol eigrp
```

Standardmäßig erfolgt eine automatische Route Redistribution zwischen RTMP und EIGRP.

Da die Workstations RTMP einsetzen, um ihre Gateways zu finden, sollte RTMP auf LAN-Schnittstellen weiterhin aktiv bleiben und nicht ausgeschaltet werden.

show appletalk route

```
Codes: R - RTMP derived, E - EIGRP derived, C - connected,
       A - AURP, S - static  P - proxy
8 routes in internet
```

The first zone listed for each entry is its default (primary) zone.

```
C Net 10-10 directly connected, Serial1, zone X25WAN
E Net 20-20 [1/G] via 10.2, 683 sec, Serial1, zone framewan
E Net 30-30 [2/G] via 10.2, 683 sec, Serial1, zone applewan
```

show appletalk route 30

```
Codes: R - RTMP derived, E - EIGRP derived, C - connected,
       A - AURP, S - static  P - proxy
8 routes in internet
```

The first zone listed for each entry is its default (primary) zone.

```
E Net 30-30 [2/G] via 10.2, 717 sec, Serial1, zone applewan
  Route installed 0:11:57, updated 717 secs ago
  Next hop: 10.2, 2 hops away
  Zone list provided by 10.2
  Valid zones: "applewan"
  There is 1 path for this route
* EIGRP path, to neighbor 10.2, installed 0:11:57 via Serial1
    Composite metric is 257548800, 2 hops
    Delay is 1024000 microseconds, minimum bandwidth is 256524800 Kbit
    Reliability 255/255, minimum MTU 1500 bytes
    Loading 1/255, 2 EIGRP hops
    Path is derived from RTMP from 23
    Path's external metric is 1 hop
```

show appletalk eigrp interfaces

```
AT/EIGRP Neighbors for process 1, router id 1
```

Interface	Peers	Xmit Queue Un/Reliable	Mean SRTT	Pacing Time Un/Reliable	Multicast Flow Timer	Pending Routes
Se1	1	0/0	11	0/10	62	0
To0	0	0/0	0	0/10	0	0

show appletalk eigrp neighbors detail

```
AT/EIGRP Neighbors for process 1, router id 1
```

H	Address	Interface	Hold (sec)	Uptime	SRTT (ms)	RTO	Q Cnt	Seq Num
0	10.2	Se1	177	0:12:56	11	200	0	6

```
   Version 10.3/1.0, Retrans: 1, Retries: 0
   PeerID: 23
```

show appletalk eigrp topology

```
AT/EIGRP Topology Table for process 1, router id 1

Codes: P - Passive, A - Active, U - Update, Q - Query,
       R - Reply, r - Reply status

P 10-10, 1 successors, FD is 2169856
        via Connected, Serial1
P 20-20, 1 successors, FD is 2681856
        via 10.2 (2681856/512001), Serial1
P 30-30, 1 successors, FD is 257548800
        via 10.2 (257548800/257036800), Serial1
```

Path Splitting

Ab der Version V11.2 unterstützen die Router Path Splitting in einem Round-Robin-Verfahren für RTMP und EIGRP.

appletalk maximum-paths #

7.3.2 AURP Tunneling

Bei AURP Tunneling bauen die beiden Router eine UDP-Verbindung (Port 387) untereinander auf, über die dann die AppleTalk-Daten übertragen werden.

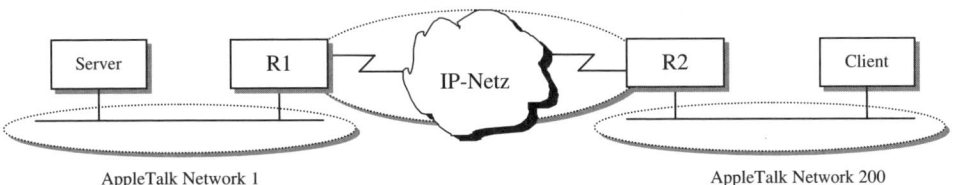

AppleTalk Network 1   AppleTalk Network 200

hostname R1	hostname R2
!	!
appletalk routing	appletalk routing
appletalk route-redistribution	appletalk route-redistribution
!	!
interface e0	interface e0
appletalk address 1.200	appletalk adress 200.200
appletalk discovery	appletalk zone ETHER
!	!
interface s0	interface s0
ip address 192.1.1.1 255.255.255.0	ip address 192.1.1.2 255.255.255.0
!	!
interface tunnel 0	interface tunnel 0
appletalk protocol aurp	**appletalk protocol aurp**
tunnel mode aurp	**tunnel mode aurp**
tunnel source s0	tunnel source 192.1.1.2
tunnel destination 192.1.1.2	tunnel destination 192.1.1.1

Die Angabe der Source-Adresse des Tunnels kann entweder über die Angabe eines Interface oder über eine Adresse erfolgen. Die IP-Zieladresse des Tunnels muss mit der Source-Adresse auf der Gegenseite übereinstimmen.

R1# show appletalk aurp topology
```
200
        via Tunnel0, 1 hop
```

R1# show appletalk neighbors

```
AppleTalk neighbors:
   0.0              Tunnel0, uptime 00:13:41, 85 secs
        Neighbor is reachable as a AURP Tunnel peer
```

R1# show appletalk interface tu0

```
Tunnel0 is up, line protocol is up
   AppleTalk port is an AURP Tunnel
     AURP Data Sender state is Connected
     AURP Data Receiver state is Connected
     AURP Tickle Time interval is 30 seconds
   AppleTalk address gleaning is not supported by hardware
   AppleTalk route cache is not initialized
```

R1# show interfaces tunnel 0

```
Tunnel0 is up, line protocol is up
   Hardware is Tunnel
   MTU 1514 bytes, BW 9 Kbit, DLY 500000 usec,
      reliability 255/255, txload 1/255, rxload 1/255
   Encapsulation TUNNEL, loopback not set, keepalive set (10 sec)
   Tunnel source 192.1.1.1 (Serial0), destination 192.1.1.2
   Tunnel protocol/transport AURP, key disabled, sequencing disabled
   Checksumming of packets enabled
   Last input never, output 00:00:01, output hang never
   ...  ...
```

R1# show appletalk route

```
Codes: R - RTMP derived, E - EIGRP derived, C - connected,
       A - AURP, S - static  P - proxy
2 routes in internet

The first zone listed for each entry is its default (primary) zone.

C Net 1 directly connected, Ethernet0, zone E1
A Net 200 [1/G] via 0.0, 244 sec, Tunnel0, zone ETHER
```

R1# show appletalk route 200

```
Codes: R - RTMP derived, E - EIGRP derived, C - connected,
       A - AURP, S - static  P - proxy
2 routes in internet

The first zone listed for each entry is its default (primary) zone.

A Net 200 [1/G] via 0.0, 285 sec, Tunnel0, zone ETHER
   Route installed 00:04:45, updated 285 secs ago
   Next hop: 0.0, 1 hop away
   Valid zones: "ETHER"
   There is 1 path for this route
 * AURP path, to neighbor 0.0, installed 00:04:45 via Tunnel0
    Composite metric is 256524800, 1 hop
```

7.3.3   Access-Filter

Filtern von Datenpaketen   (600- 699)

● Nur Extended-Netzwerke

　access-list # permit I deny cable-range *range* ⇒ Netzwerk liegt innerhalb der Range

● Extended und Non-Extended-Netzwerke

access-list # permit I deny within *range*	⇒ Netzwerk liegt innerhalb der Range
access-list # permit I deny includes *range*	⇒ Netzwerk überlappt mit der Range
access-list # permit I deny network *network*	⇒ Netzwerk stimmt mit dem Network überein
access-list # permit I deny other-access	⇒ Gilt für alle nicht aufgeführten Netzwerke

Die AppleTalk-Access-Filter überprüfen die Adresse des Source-Netzwerks beim Versenden eines Pakets. Daher muss die Definition immer auf dem ausgehenden Interface erfolgen.

interface *name*
　appletalk access-group #

Filtern von Routing-Informationen   (600- 699) (RTMP und EIGRP)

● Extended-Netzwerke

access-list # permit I deny cable-range *range*	⇒ Cable-Range des Eintrags stimmt exakt überein
access-list # permit I deny zone *zone*	⇒ Gilt nur für outgoing Routing-Filter

● Non-Extended-Netzwerke

access-list # permit I deny network *network*	⇒ Routing-Eintrag stimmt mit dem Network überein

● Extended und Non-Extended-Netzwerke

access-list # permit I deny includes *range*	⇒ Routing-Eintrag überlappt mit der Range
access-list # permit I deny within *range*	⇒ Routing-Eintrag liegt innerhalb der Range
access-list # permit I deny other-access	⇒ Gilt für alle nicht aufgeführten Netzwerke

interface *name*
  appletalk distribute-list # IN I OUT

- IN: Routing-Updates beim Empfangen filtern

- OUT: Routing-Updates beim Versenden filtern

Zone-Filter (600- 699)

access-list # permit I deny zone *zonename*
access-list # permit I deny additional-zones

- GetZoneList-Filter

  Die GZL-Filter kontrollieren die Zonen, die Stationen am lokalen Segment sehen können. GZL-Filter haben keine Auswirkungen auf die anderen Router. Sie sollten jedoch
  auf allen Routern des lokalen Segments identisch sein.

  interface *name*
    appletalk getzonelist-filter #

- ZIP-Reply-Filter

  ZIP-Reply-Filter kontrollieren, welche Zonen der lokale Router an die anderen Router
  weitergibt und welche Netzwerke bzw. Cable Ranges in den Routing Updates enthalten
  sind. Dabei entfernt der Router alle Routen, deren Zonen ausgefiltert wurden.

  interface *name*
    appletalk zip-reply-filter #

NBP-Filter (600- 699)

Über den NBP-Filter können ankommende NBP-Pakete gefiltert werden.

access-list # permit I deny nbp # *string*

interface *name*
  appletalk access-group #

7.4   Beispiel: Komplexes AppleTalk-Netzwerk

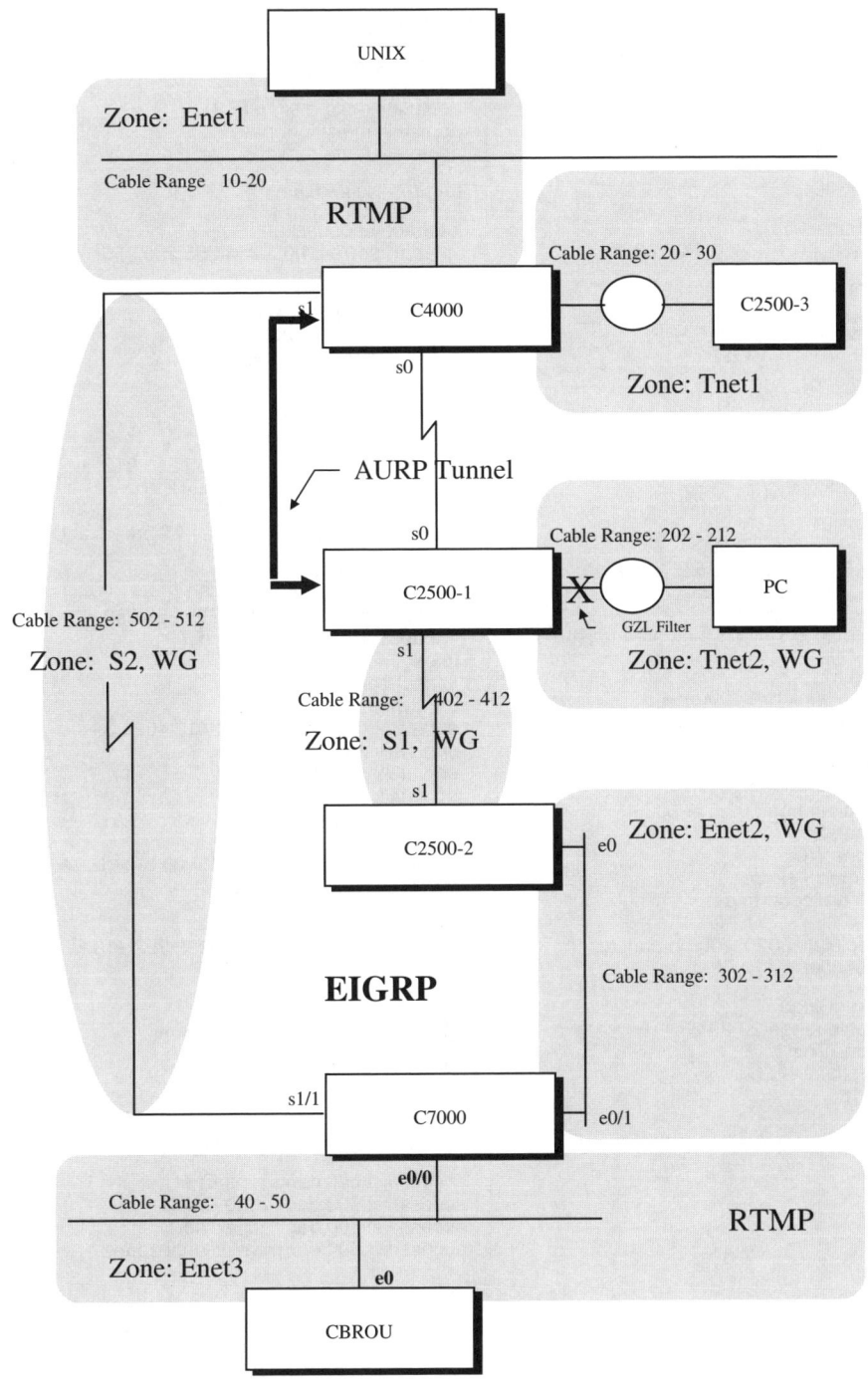

Bemerkungen

Der AURP-Tunnel läuft parallel zu dem AppleTalk-Netzwerk und wird nur dann benutzt, wenn die Verbindung zwischen C4000 und C7000 ausfällt.

hostname c4000
```
!
appletalk routing eigrp 4000
appletalk maximum-paths 2
appletalk route-redistribution
!
frame-relay switching
!
interface Loopback0
 ip address 184.4.0.1 255.255.255.255
!
interface Tunnel11
 appletalk protocol aurp
 tunnel source Loopback0
 tunnel destination 184.4.0.2
 tunnel mode aurp
!
interface Ethernet0
 appletalk cable-range 10-19 15.5
 appletalk zone Enet1
 appletalk protocol eigrp
!
interface Serial0
 description ---- Link to C2500-1 ----
 ip address 184.4.1.1 255.255.255.252
 encapsulation frame-relay IETF
 ip ospf network broadcast
 frame-relay map ip 184.4.1.2 77 broadcast
!
interface Serial1
 description ---- Link to C7000 ----
 ip address 184.4.1.9 255.255.255.252
 encapsulation x25
 ip ospf network broadcast
 bandwidth 2000
 appletalk cable-range 502-512 502.4
 appletalk zone S2
 appletalk zone WG
 appletalk protocol eigrp
 no appletalk protocol rtmp
 x25 map ip ...
 x25 map appletalk 502.7 7000 broadcast
 clockrate 2000000
!
interface TokenRing0
 appletalk cable-range 20-29 25.118
 appletalk zone Tnet1
 appletalk protocol eigrp
 ring-speed 16
 multiring all
!
router ospf 1
!... ...
!
end
```

hostname c2500-1
```
!
appletalk routing eigrp 2501
appletalk maximum-paths 2
appletalk route-redistribution
!
frame-relay switching
!
interface Loopback0
 ip address 184.4.0.2 255.255.255.255
!
interface Tunnel11
 appletalk protocol aurp
 tunnel source Loopback0
 tunnel destination 184.4.0.2
 tunnel mode aurp
!
interface Serial0
 description ---- Link to C4000 ----
 ip address 184.4.1.2 255.255.255.252
 encapsulation frame-relay IETF
 ip ospf network broadcast
 frame-relay map ip 184.4.1.1 77 broadcast
!
interface Serial1
 description ---- Link to C2500-2 ----
 ip address 184.4.1.5 255.255.255.252
 encapsulation frame-relay IETF
 ip ospf network broadcast
 ip ospf cost 10
 bandwidth 1000
 appletalk cable-range 402-412 402.239
 appletalk zone S1
 appletalk zone WG
 appletalk protocol eigrp
 no appletalk protocol rtmp
 clockrate 2000000
 frame-relay map ip 184.4.1.6 33 broadcast
 frame-relay intf-type dce
!
interface TokenRing0
 appletalk cable-range 202-212 202.110
 appletalk zone Tnet2
 appletalk zone WG
 appletalk protocol eigrp
 appletalk getzonelist-filter 600
 ring-speed 16
 multiring all
!
router ospf 1
!... ...
!
access-list 600 deny zone Enet1
access-list 600 deny zone Enet3
access-list 600 deny zone Tnet1
access-list 600 permit additional-zones
!
end
```

Bemerkungen

Auf dem Frame-Relay Interface sind nur die »frame-relay map«-Kommandos für das IP-Protokoll definiert. Die AppleTalk-Adresse der Gegenseite lernen die Router automatisch über InverseARP, sobald der DLCI aufgebaut ist.

hostname c2500-2

```
!
appletalk routing eigrp 2502
appletalk maximum-paths 2
appletalk route-redistribution
!
interface Loopback0
 ip address 184.4.0.3 255.255.255.255
!
interface Ethernet0
 ip address 184.4.4.129 255.255.255.128
 appletalk cable-range 302-312 311.236
 appletalk zone Enet2
 appletalk zone WG
 appletalk protocol eigrp
 no appletalk protocol rtmp
!
interface Serial1
 description ---- Link to C2500-1 ----
 ip address 184.4.1.6 255.255.255.252
 encapsulation frame-relay IETF
 ip ospf network broadcast
 ip ospf cost 10
 bandwidth 1000
 appletalk cable-range 402-412 409.52
 appletalk zone S1
 appletalk zone WG
 appletalk protocol eigrp
 no appletalk protocol rtmp
 frame-relay map ip 184.4.1.5 33 broadcast
!
router ospf 1
 ...  ...
!
end
```

hostname c7000

```
!
appletalk routing eigrp 7000
appletalk maximum-paths 2
appletalk route-redistribution
!
interface Loopback0
 ip address 184.4.0.4 255.255.255.255
!
interface Ethernet0/0
 appletalk cable-range 30-39 31.157
 appletalk zone Enet3
 appletalk protocol eigrp
!
interface Ethernet0/1
 ip address 184.4.4.130 255.255.255.128
 appletalk cable-range 302-312 309.48
 appletalk zone Enet2
 appletalk zone WG
 appletalk protocol eigrp
 no appletalk protocol rtmp
!
interface Serial1/1
 description ---- Link to C4000 ----
 ip address 184.4.1.10 255.255.255.252
 encapsulation x25 dce
 ip ospf network broadcast
 ip ospf cost 25
 bandwidth 2000
 appletalk cable-range 502-512 502.7
 appletalk zone S2
 appletalk zone WG
 appletalk protocol eigrp
 no appletalk protocol rtmp
 x25 map ip ...
 x25 map appletalk 502.4 4000 broadcast
 clockrate 2000000
!
router ospf 1
 ...  ...
!
end
```

C4000-Informationen

c4000# show appletalk global

```
AppleTalk global information:
  Internet is incompatible with older, AT Phase1, routers.
  There are 7 routes in the internet.
  There are 8 zones defined.
  Logging of significant AppleTalk events is disabled.
  ZIP resends queries every 10 seconds.
  RTMP updates are sent every 10 seconds.
  RTMP entries are considered BAD after 20 seconds.
  RTMP entries are discarded after 60 seconds.
  AARP probe retransmit count: 10, interval: 200 msec.
  AARP request retransmit count: 5, interval: 1000 msec.
  DDP datagrams will be checksummed.
  RTMP datagrams will be strictly checked.
  RTMP routes may not be propagated without zones.
  Routes will be distributed between routing protocols.
  Routing between local devices on an interface will not be performed.
  IPTalk uses the udp base port of 768 (Default).
  EIGRP router id is: 4000
  EIGRP maximum active time is 3 minutes
  AURP updates will be sent every 30 seconds
  Alternate node address format will not be displayed.
  Access control of any networks of a zone hides the zone.
  Up to 2 parallel paths allowed.
```

EIGRP-Router-ID muss auf jedem Router unterschiedlich sein.

c4000# show appletalk route

```
Codes: R - RTMP derived, E - EIGRP derived, C - connected, A - AURP
       S - static  P - proxy
7 routes in internet. Up to 2 parallel paths allowed.

The first zone listed for each entry is its default (primary) zone.

C Net 10-19 directly connected, Ethernet0, zone Enet1
C Net 20-29 directly connected, TokenRing0, zone Tnet1
E Net 30-39 [1/G] via 502.7, 5405 sec, Serial1, zone Enet3
E Net 202-212 [3/G] via 502.7, 7556 sec, Serial1, zone Tnet2
                    Additional zones: 'WG'
E Net 302-312 [1/G] via 502.7, 7556 sec, Serial1, zone Enet2
                    Additional zones: 'WG'
E Net 402-412 [2/G] via 502.7, 7556 sec, Serial1, zone S1
                    Additional zones: 'WG'
C Net 502-512 directly connected, Serial1, zone S2
              Additional zones: 'WG'
```

c4000# show appletalk route 30

```
Codes: R - RTMP derived, E - EIGRP derived, C - connected, A - AURP
       S - static  P - proxy
7 routes in internet. Up to 2 parallel paths allowed.

The first zone listed for each entry is its default (primary) zone.

E Net 30-39 [1/G] via 502.7, 5407 sec, Serial1, zone Enet3
  Route installed 01:30:07, updated 5407 secs ago
  Next hop: 502.7, 1 hop away
  Zone list provided by 502.7
  Valid zones: "Enet3"
  There is 1 path for this route
```

```
* EIGRP path, to neighbor 502.7, installed 01:30:07 via Serial1
    Composite metric is 1817600, 1 hop
     Delay is 537600 microseconds, minimum bandwidth is 1280000 Kbit
     Reliability 255/255, minimum MTU 599 bytes
     Loading 1/255, 1 EIGRP hop
```

c4000# show appletalk zone

```
Name                Network(s)
Tnet1               20-29
Tnet2               202-212
Enet1               10-19
Enet2               302-312
Enet3               30-39
S1                  402-412
S2                  502-512
WG                  302-312 402-412 202-212 502-512
Total of 8 zones
```

c4000# show appletalk zone WG

```
AppleTalk Zone Information for WG:
    Valid for nets: 302-312 402-412 202-212 502-512
    Interface (1 use): Serial1
    Not associated with any access list.
```

c4000# show appletalk interface brief

```
Interface    Address     Config        Status/Line Protocol  Atalk Protocol
Ethernet0    15.5        Extended      up                    up
Serial0      unassigned  not config'd  up                    n/a
Serial1      502.4       Extended      up                    up
TokenRing0   25.118      Extended      up                    up
Tunnel11     unassigned  Extended      up                    up
```

c4000# show appletalk interface

```
Ethernet0 is up, line protocol is up
   AppleTalk cable range is 10-19
   AppleTalk address is 15.5, Valid
   AppleTalk zone is "Enet1"
   Routing protocols enabled: RTMP & EIGRP
   AppleTalk address gleaning is disabled
   AppleTalk route cache is enabled
Serial1 is up, line protocol is up
   AppleTalk cable range is 502-512
   AppleTalk address is 502.4, Valid
   AppleTalk primary zone is "S2"
   AppleTalk additional zones: "WG"
   Routing protocols enabled: EIGRP
   AppleTalk port configuration verified by 502.7
   AppleTalk discarded 13 packets due to output errors
   AppleTalk address gleaning is not supported by hardware
   AppleTalk route cache is not supported by link protocol
TokenRing0 is up, line protocol is up
   AppleTalk cable range is 20-29
   AppleTalk address is 25.118, Valid
   AppleTalk zone is "Tnet1"
   Routing protocols enabled: RTMP & EIGRP
   AppleTalk port configuration verified by 22.246
   AppleTalk address gleaning is disabled
   AppleTalk route cache is enabled
```

```
Tunnel11 is up, line protocol is up
  AppleTalk port is an AURP Tunnel
    AURP Data Sender state is Connected
    AURP Data Receiver state is Connected
    AURP Tickle Time interval is 90 seconds
  AppleTalk address gleaning is not supported by hardware
  AppleTalk route cache is not initialized
```

c4000# show appletalk neighbors

```
AppleTalk neighbors:
  502.7          Serial1, uptime 03:24:39, 3 secs
      Neighbor is reachable as a EIGRP peer
  22.246         TokenRing0, uptime 00:57:31, 6 secs
      Neighbor has restarted 1 time in 01:55:45.
      Neighbor is reachable as a RTMP peer
  0.0            Tunnel11, uptime 01:34:28, 81 secs
      Neighbor has restarted 1 time in 01:43:11.
      Neighbor is reachable as a AURP Tunnel peer
```

c4000# show appletalk eigrp neighbors detail

```
AT/EIGRP Neighbors for process 1, router id 4
H   Address                  Interface   Hold Uptime   SRTT   RTO  Q  Seq
                                         (sec)         (ms)       Cnt Num
0   502.7                    Se1          14 02:06:04   39   234  0  50
    Version 11.2/1.0, Retrans: 0, Retries: 0
    PeerID: 7000
```

c4000# show appletalk eigrp interfaces

```
AT/EIGRP Neighbors for process 1, router id 4

                    Xmit Queue   Mean  Pacing Time  Multicast   Pending
Interface   Peers   Un/Reliable  SRTT  Un/Reliable  Flow Timer  Routes
Se1         1       0/0          39    0/10         202         0
Et0         0       0/0          0     0/10         0           0
To0         0       0/0          0     0/10         0           0
```

c4000# show appletalk arp

```
Address    Age (min)  Type      Hardware Addr       Encap   Interface
15.5           -      Hardware  aa00.0400.97c4.0000 SNAP    Ethernet0
22.246        57      Dynamic   0000.301c.0a12.0000 SNAP    TokenRing0
25.118         -      Hardware  5500.2000.e923.0000 SNAP    TokenRing0
```

c4000# show appletalk socket

```
Socket  Name     Owner         Waiting/Processed

    1   RTMP     AT RTMP          0    1214
    2   NIS      AT NBP           0      25
    4   AEP      AT Maint         0       0
    6   ZIP      AT ZIP           0      49
   88   EIGRP    AT EIGRP         0    2594
  253   PingServ AT Maint         0       0
```

c4000# show appletalk nbp

```
Net Adr Skt Name                    Type          Zone
502   4 254 c4000.Serial1           ciscoRouter   S2
 15   5 254 c4000.Ethernet0         ciscoRouter   Enet1
 25 118 254 c4000.TokenRing0        ciscoRouter   Tnet1
```

c4000# show appletalk traffic

```
AppleTalk statistics:
  Rcvd:  3885 total, 0 checksum errors, 0 bad hop count
         3885 local destination, 0 access denied
         0 for MacIP, 0 bad MacIP, 0 no client
         17 port disabled, 0 no listener
         0 ignored, 0 martians
  Bcast: 0 received, 6941 sent
  Sent:  7016 generated, 0 forwarded, 0 fast forwarded, 0 loopback
         0 forwarded from MacIP, 0 MacIP failures
         13 encapsulation failed, 0 no route, 0 no source
  DDP:   3885 long, 0 short, 0 macip, 0 bad size
  NBP:   65 received, 0 invalid, 0 proxies
         0 replies sent, 80 forwards, 65 lookups, 0 failures
  RTMP:  1214 received, 0 requests, 0 invalid, 0 ignored
         1979 sent, 0 replies
  ATP:   0 received
  ZIP:   59 received, 74 sent, 2 netinfo
  Echo:  0 received, 0 discarded, 0 illegal
         0 generated, 0 replies sent
Responder:  0 received, 0 illegal, 0 unknown
         0 replies sent, 0 failures
  AARP:  2 requests, 2 replies, 20 probes
         0 martians, 0 bad encapsulation, 0 unknown
         174 sent, 0 failures, 2 delays, 0 drops
  Lost: 0 no buffers
  Unknown: 0 packets
  Discarded: 0 wrong encapsulation, 0 bad SNAP discriminator
  AURP: 1 Open Requests, 0 Router Downs
         14 Routing Information sent, 17 Routing Information received
         7 Zone Information sent, 10 Zone Information received
         0 Get Zone Nets sent, 0 Get Zone Nets received
         0 Get Domain Zone List sent, 0 Get Domain Zone List received
         0 bad sequence
  EIGRP: 5178 received, 2490 hellos, 14 updates, 6 replies, 5 queries
         4928 sent,    24 hellos, 21 updates, 5 replies, 6 queries
         40 invalid, 14 ignored
```

C2500-1-Informationen

c2500-1# show appletalk interface brief

```
Interface   Address    Config     Status/Line Protocol  Atalk Protocol
Serial1     402.239    Extended   up                    up
TokenRing0  202.110    Extended   up                    up
Tunnel11    unassigned Extended   up                    up
```

c2500-1# show appletalk interface

```
Serial1 is up, line protocol is up
  AppleTalk cable range is 402-412
  AppleTalk address is 402.239, Valid
  AppleTalk primary zone is "S1"
  AppleTalk additional zones: "WG"
  Routing protocols enabled: EIGRP
  AppleTalk address gleaning is not supported by hardware
  AppleTalk route cache is enabled
TokenRing0 is up, line protocol is up
  AppleTalk cable range is 202-212
  AppleTalk address is 202.110, Valid
  AppleTalk primary zone is "Tnet2"
  AppleTalk additional zones: "WG"
  Routing protocols enabled: RTMP & EIGRP
  AppleTalk address gleaning is disabled
  AppleTalk route cache is enabled
  AppleTalk GetZoneList filter is 600
Tunnel11 is up, line protocol is up
  AppleTalk port is an AURP Tunnel
    AURP Data Sender state is Connected
    AURP Data Receiver state is Connected
    AURP Tickle Time interval is 90 seconds
  AppleTalk address gleaning is not supported by hardware
  AppleTalk route cache is not initialized
```

c2500-1# show appletalk route

```
Codes: R - RTMP derived, E - EIGRP derived, C - connected, A - AURP
       S - static  P - proxy
7 routes in internet. Up to 2 parallel paths allowed.

The first zone listed for each entry is its default (primary) zone.

E Net 10-19 [3/G] via 409.52, 5298 sec, Serial1, zone Enet1
E Net 20-29 [3/G] via 409.52, 3475 sec, Serial1, zone Tnet1
E Net 30-39 [2/G] via 409.52, 5425 sec, Serial1, zone Enet3
C Net 202-212 directly connected, TokenRing0, zone Tnet2
            Additional zones: 'WG'
E Net 302-312 [1/G] via 409.52, 7863 sec, Serial1, zone Enet2
            Additional zones: 'WG'
C Net 402-412 directly connected, Serial1, zone S1
            Additional zones: 'WG'
E Net 502-512 [2/G] via 409.52, 7579 sec, Serial1, zone S2
            Additional zones: 'WG'
```

c2500-1# show appletalk neighbors

```
AppleTalk neighbors:
  409.52        Serial1, uptime 03:32:44, 44 secs
       Neighbor is reachable as a EIGRP peer
  0.0           Tunnel11, uptime 01:43:56, 63 secs
       Neighbor is reachable as a AURP Tunnel peer
```

c2500-1# show appletalk arp

```
Address   Age (min)  Type      Hardware Addr       Encap   Interface
202.110          -   Hardware  5500.2000.800d.0000 SNAP    TokenRing0
204.23          16   Dynamic   0001.c814.4428.0000 SNAP    TokenRing0
```

C2500-2-Informationen

c2500-2# show appletalk interface brief

```
Interface  Address  Config    Status/Line Protocol  Atalk Protocol
Ethernet0  311.236  Extended  up                    up
Serial1    409.52   Extended  up                    up
```

c2500-2# show appletalk interface

```
Ethernet0 is up, line protocol is up
  AppleTalk cable range is 302-312
  AppleTalk address is 311.236, Valid
  AppleTalk primary zone is "Enet2"
  AppleTalk additional zones: "WG"
  Routing protocols enabled: EIGRP
  AppleTalk port configuration verified by 309.48
  AppleTalk address gleaning is disabled
  AppleTalk route cache is enabled
Serial1 is up, line protocol is up
  AppleTalk cable range is 402-412
  AppleTalk address is 409.52, Valid
  AppleTalk primary zone is "S1"
  AppleTalk additional zones: "WG"
  Routing protocols enabled: EIGRP
  AppleTalk port configuration verified by 402.239
  AppleTalk discarded 3 packets due to output errors
  AppleTalk address gleaning is not supported by hardware
  AppleTalk route cache is enabled
```

c2500-2# show appletalk route

```
Codes: R - RTMP derived, E - EIGRP derived, C - connected, A - AURP
       S - static  P - proxy
7 routes in internet. Up to 2 parallel paths allowed.

The first zone listed for each entry is its default (primary) zone.

E Net 10-19 [2/G] via 309.48, 5314 sec, Ethernet0, zone Enet1
E Net 20-29 [2/G] via 309.48, 3500 sec, Ethernet0, zone Tnet1
E Net 30-39 [1/G] via 309.48, 5449 sec, Ethernet0, zone Enet3
E Net 202-212 [1/G] via 402.239, 7885 sec, Serial1, zone Tnet2
                Additional zones: 'WG'
C Net 302-312 directly connected, Ethernet0, zone Enet2
                Additional zones: 'WG'
C Net 402-412 directly connected, Serial1, zone S1
                Additional zones: 'WG'
E Net 502-512 [1/G] via 309.48, 7604 sec, Ethernet0, zone S2
                Additional zones: 'WG'
```

c2500-2# show appletalk neighbors

```
AppleTalk neighbors:
   309.48          Ethernet0, uptime 03:16:12, 0 secs
          Neighbor has restarted 1 time in 03:34:44.
          Neighbor is reachable as a EIGRP peer
   402.239         Serial1, uptime 03:32:55, 53 secs
          Neighbor has restarted 1 time in 03:34:03.
          Neighbor is reachable as a EIGRP peer
```

C7000-Informationen

c7000# show appletalk interface brief

```
Interface     Address    Config      Status/Line Protocol  Atalk Protocol
Ethernet0/0   31.157     Extended    up                    up
Ethernet0/1   309.48     Extended    up                    up
Serial1/1     502.7      Extended    up                    up
```

c7000# show appletalk interface

```
Ethernet0/0 is up, line protocol is up
  AppleTalk cable range is 30-39
  AppleTalk address is 31.157, Valid
  AppleTalk zone is "Enet3"
  Routing protocols enabled: RTMP & EIGRP
  AppleTalk address gleaning is disabled
  AppleTalk route cache is enabled
Ethernet0/1 is up, line protocol is up
  AppleTalk cable range is 302-312
  AppleTalk address is 309.48, Valid
  AppleTalk primary zone is "Enet2"
  AppleTalk additional zones: "WG"
  Routing protocols enabled: EIGRP
  AppleTalk address gleaning is disabled
  AppleTalk route cache is enabled
Serial1/1 is up, line protocol is up
  AppleTalk cable range is 502-512
  AppleTalk address is 502.7, Valid
  AppleTalk primary zone is "S2"
  AppleTalk additional zones: "WG"
  Routing protocols enabled: EIGRP
  AppleTalk port configuration verified by 502.4
  AppleTalk discarded 39 packets due to output errors
  AppleTalk address gleaning is not supported by hardware
  AppleTalk route cache is not supported by link protocol
```

c7000# show appletalk route

```
Codes: R - RTMP derived, E - EIGRP derived, C - connected, A - AURP
       S - static  P - proxy
7 routes in internet. Up to 2 parallel paths allowed.

The first zone listed for each entry is its default (primary) zone.

E Net 10-19 [1/G] via 502.4, 5349 sec, Serial1/1, zone Enet1
E Net 20-29 [1/G] via 502.4, 3527 sec, Serial1/1, zone Tnet1
C Net 30-39 directly connected, Ethernet0/0, zone Enet3
E Net 202-212 [2/G] via 311.236, 7628 sec, Ethernet0/1, zone Tnet2
              Additional zones: 'WG'
C Net 302-312 directly connected, Ethernet0/1, zone Enet2
              Additional zones: 'WG'
E Net 402-412 [1/G] via 311.236, 7628 sec, Ethernet0/1, zone S1
              Additional zones: 'WG'
C Net 502-512 directly connected, Serial1/1, zone S2
              Additional zones: 'WG'
```

c7000# show appletalk neighbors

```
AppleTalk neighbors:
   33.246        Ethernet0/0, uptime 01:54:12, 5 secs
        Neighbor is reachable as a RTMP peer
   311.236       Ethernet0/1, uptime 03:16:34, 1 sec
        Neighbor has restarted 1 time in 03:35:14.
        Neighbor is reachable as a EIGRP peer
   502.4         Serial1/1, uptime 03:25:51, 0 secs
        Neighbor has restarted 1 time in 03:26:51.
        Neighbor is reachable as a EIGRP peer
```

Novell-NetWare-Protokoll

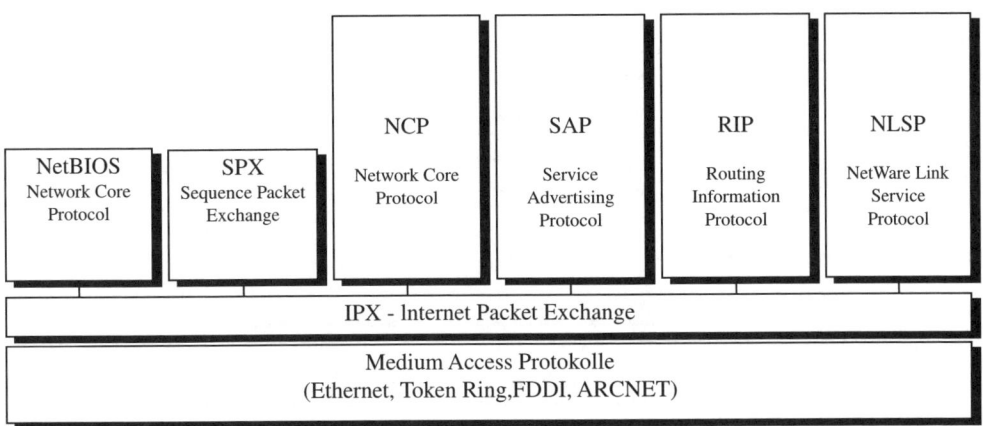

NCP	SAP	RIP	NLSP

| NetBIOS
Network Core
Protocol | SPX
Sequence Packet
Exchange | NCP
Network Core
Protocol | SAP
Service
Advertising
Protocol | RIP
Routing
Information
Protocol | NLSP
NetWare Link
Service
Protocol |

IPX - Internet Packet Exchange

Medium Access Protokolle
(Ethernet, Token Ring,FDDI, ARCNET)

8.1 NetWare-Adressierung

Eine NetWare-Adresse sieht wie folgt aus:
4 Byte Network Number. 6 Byte Node Number. 2 Byte Socket

Network Number

Jedem physikalischen Netzwerk muss unter NetWare eine eindeutige Adresse zugewiesen werden. Unter IPX existiert keine netzwerkweite Broadcast-Adresse, über die man alle Knoten im gesamten Netzwerk ansprechen kann.

- 0 als Destination Network: Der Zielknoten liegt auf dem gleichen Segment wie der Sender

- 0 als Source Network: Das lokale Netzwerk ist unbekannt

Node Number

Die Node Number ist die Adresse des Knoten innerhalb des physikalischen Netzwerks. Über die Broadcast-Adresse 0xFFFFFFFFFFFF können alle Knoten innerhalb des Netzwerksegments angesprochen werden.

Socket

Der Socket bestimmt den Prozess, an den der Knoten das Paket weitergeben soll.

0x0451	NCP	Server
0x0452	SAP	Router
0x0453	RIP	Router
0x0455	NetBIOS	Client
0x0456	Diagnostics	Client
0x9001	NLSP	Router
0x9004	IPX WAN Protocol	Router
0x4000-0x7FFF	dynamische Sockets	Client
0x8000-0xFFFF	well-known Sockets	Client

Data-Link-Layer-Formate

● Ethernet V2
Type 81-37

Preamble	SFD	DA	SA	**81-37**	IPX Daten	FCS

● Novell Ethernet
SAP FF

Preamble	SFD	DA	SA	Length	**FF**	**FF**	IPX Daten	FCS

● IEEE 802.2
SAP E0

MAC Header	**E0**	**E0**	Control	IPX Daten	FCS

● IEEE 802.2 SNAP
SNAP 00-00-1B-81-37

MAC Header	**AA**	**AA**	03	OUI	PType	IPX Daten	FCS

8.2   Netware-Netzwerkprotokolle

8.2.1   IPX

IPX (Internet Packet Exchange) stellt einen verbindungslosen Netzwerk-Service zur Verfügung. Eine garantierte Übertragung der Datenpakete ist nicht gewährleistet. IPX definiert lediglich das Paketformat für die Übertragung von Daten auf Netzwerkebene, das Routing erfolgt mit Hilfe spezieller Routing-Protokolle (z.B. RIP oder NLSP).

Paketformat

Checksum (0xFFFF)	Length	Transport Control	Packet Type	Destinat. Network #	Destinat. Node #	Destinat. Socket #	Source Network #	Source Node #	Source Socket #	IPX Data
2 Octets	2 Octets	1 Octet	1 Octet	4 Octets	6 Octets	2 Octets	4 Octets	6 Octets	2 Octets	

maximal 65535 Octets, minimal 576 Octets

● Packet Types

0x0	unbekanntes Packet (vom SAP-Protokoll verwendet)
0x1	RIP
0x2	Echo Packet
0x4	Service Advertising Packet
0x5	Sequenced Packet Protocol
0x11	NCP
0x14	IPX Type 20 Operation (z.B. NetBIOS)
0x83	NLSP

● Transport Control

Innerhalb des Transport-Control-Feldes wird ein Hop Count hochgezählt. Der Sender setzt dieses Feld auf Null und jeder Router erhöht den Wert beim Weiterleiten des Pakets um Eins. Falls der Hop Count einen Wert von 16 erreicht hat, entfernt der Router das Paket aus dem Netzwerk.

IPX Type 20 Propagation

Normalerweise verteilen Router einen IPX-Broadcast nur innerhalb eines Netzwerksegments. Bei der so genannten Type 20 Propagation kann ein Broadcast-Paket jedoch in bis zu acht Netzwerke weitergeleitet werden. Verschiedene Netzwerkprotokolle wie z.B. NetBIOS setzen diesen Mechanismus für netzwerkweite Broadcasts ein.

1. Falls der Wert des Transport-Control-Feldes größer oder gleich Acht ist, ignoriert der Router ein Type-20-Paket.

2. Der Router setzt die Netzwerkadresse des Segments, über das er das Paket empfangen hat, in das nächste freie Network-Number-Feld.

3. Anschließend inkrementiert er das Transport-Control Feld und sendet das Paket als Broadcast auf alle direkt verbundenen Netzwerke, die nicht in den Network-Number-Feldern enthalten sind.

8.2.2   RIP

RIP (Routing Information Protocol) ist das Standard-Routing-Protokoll in einer Novell Netware-Umgebung. Die Router setzen es ein, um ihre Routing-Tabelle aufzubauen, und die Clients benutzen RIP, um den schnellsten Weg in ein anderes Netzwerk zu bestimmen.

RIP basiert auf einem Distance-Vector-Algorithmus. Anstatt eines Hop Counts zur Bestimmung der besten Route, verwendet RIP eine Network-Delay-Metrik. Die Auswahl der besten Route geschieht nach folgenden Kriterien:

1. Die Route mit der geringsten Anzahl von Ticks. Ein Tick ist 1/18.21 Sekunde und wird für die Übertragungsdauer eines 576-Byte-IPX-Pakets berechnet.

2. Bei mehreren Routen mit der gleichen Anzahl von Ticks wählt RIP die Route mit dem kleinsten Hop Count aus.

3. Falls mehrere Routen die gleiche Anzahl von Ticks und den gleichen Hop Count aufweisen, ist es dem Router freigestellt, welche Route er auswählt.

Paketformat   (IPX Packet Type 1, Socket 0x453)

Falls ein RIP-Paket mehr als 50 Network-Einträge beinhaltet, müssen diese auf mehrere Pakete verteilt werden.

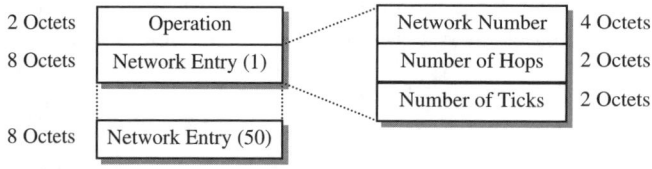

● Operation

    1 = Request
    2 = Response

● Number of Hops

    Wie viele Router auf dem Weg zum Zielnetzwerk zu durchlaufen sind.

● Number of Ticks

    Wie viel Zeit (in Ticks) ein Paket benötigt, um das Netzwerk zu erreichen.

RIP-Request-Typen

● General Request

Router senden einen General Request, um Informationen über alle Netzwerke innerhalb des Netzwerks zu erhalten. Die Node Number hat den Wert 0xFFFFFFFF (Broadcast).

● Specific Request

Werden von den Routern ausgesandt, um Informationen über spezielle Netzwerke zu ermitteln. Die RIP-Network-Einträge enthalten die Nummer der entsprechenden Netzwerke.

● Informational Broadcast

Beim Startup und Shutdown eines Systems sowie bei Veränderungen von Routen. Außerdem senden die Router einen Informational-Broadcast alle 60 Sekunden als periodische Routing Update.

8.2.3   NLSP

NLSP (Netware Link Services Protocol) ist ein Link-State-Protokoll für IPX-Netzwerke. Es benutzt ein Circuit-Konzept für die unterschiedlichen Netzwerke. Mit Hilfe von Hello-Nachrichten bestimmen die Router für jeden Circuit die Erreichbarkeit ihrer Nachbarn. Als Metrik setzt NLSP eine auf dem Durchsatz (Throughput) und der Verzögerung (Delay) basierende Metrik ein.

WAN Circuits

Bei WAN-Schnittstellen ist der Einsatz des IPXWAN-Protokolls zwingend notwendig. Die Router tauschen darüber bestimmte Charakteristiken der Verbindung aus.

● Point-to-Point-Verbindung (z.B. PPP oder HDLC)

Jede Punkt-zu-Punkt-Verbindung stellt einen Circuit dar.

● NBMA-Netzwerke (z.B. Frame Relay oder X.25)

Jede Verbindung (z.B. Frame Relay DLCI) zu einem anderen Router innerhalb des NBMA-Netzes wird als separater Circuit betrachtet. NLSP unterstützt daher keine Multipoint-Konfiguration.

LAN Circuits

Ein LAN Circuit ist ein Netzwerksegment, über das der Router mehrere Systeme erreichen kann (z.B. Ethernet, FDDI oder auch SMDS). Die Hello Messages zur Auswahl des Designated Routers gehen über die Multicast-Adresse 09-00-1B-FF-FF-FF bzw. C0:00:10:00:00:00.

NLSP-Adressierung

● Routing-Area (Level-2-Routing)

Eine NLSP-Area besteht aus einer Netzwerkadresse und einer zugehörigen Maske (jeweils 32 Bit). Die Netzwerknummer eines IPX-Routers muss mit dem Adressteil der zugehörigen Area-Adresse übereinstimmen.

Eine Routing-Area kann bis zu drei verschiedene Area-Adressen verwenden. Um zu einer Routing-Area zu gehören, muss die IPX-Netzwerknummer lediglich mit einer Area-Adresse übereinstimmen.

Beispiel: Category 24 Area 012345 (01234500 / FFFFFF00) $\Rightarrow$ IPX-Netzwerke 01234500 bis 012345FF (der Ausdruck *Category n Area* beschreibt eine Area, deren Maske 'n' führende Einsen aufweist)

● Routing-Domain (Level-3-Routing)

Area-Adressen einer Routing-Domain müssen keinen gemeinsamen Prefix aufweisen. Das heißt, in einer Domain können beliebige Area-Adressen zusammengefasst werden.

NLSP und RIP

● RIP für die Kommunikation mit den Endknoten (Pflicht)

Für die Kommunikation zwischen den Routern und den Endknoten ist weiterhin das RIP-Protokoll notwendig, es muss deshalb auch von den NLSP-Routern unterstützt werden.

● RIP aus Kompatibilitätsgründen (optional, kann man pro Circuit ein- oder ausschalten)

Im Kompatibilitätsmodus erzeugt der Router RIP-Broadcast, um die RIP-Router über NLSP-Routen zu informieren. Daneben übernehmen die NLSP-Router die über RIP-Broadcasts empfangenen Routen als externe Routen, sodass auch innerhalb des NLSP-Netzwerks die RIP-Routen bekannt sind.

8.2.4 IPXWAN

IPXWAN (RFC 1634) beschreibt die Arbeitsweise von IPX und der verschiedenen Routing-Protokolle über unterschiedliche WAN-Medien. Als Routing-Protokolle unterstützt IPXWAN:

● RIP und Unnumbered RIP

Unnumbered RIP unterscheidet sich von RIP nur dadurch, dass die IPXWAN-Verbindung keine Netzwerknummer zugewiesen bekommt.

● Client-Router Connection

Es handelt sich hierbei um eine asymmetrische Konfiguration, da das Client-System keine Routing-Funktionalität besitzt und daher auch kein Routing-Protokoll über die Verbindung läuft.

● On-Demand, Static Routing (unnumbered)

Es wird nur dann eine Verbindung aufgebaut, wenn Daten zu senden sind. Die Systeme übertragen keine Routing-Informationen (RIP, NLSP, SAP) über den Link.

● NLSP (unnumbered)

Analog zu Unnumbered-RIP und On-Demand-Static-Routing existiert auch hier keine Netzwerknummer für die IPXWAN-Verbindung.

IPXWAN unterstützt folgende Data-Link-Protokolle:

● PPP   Synchrones und asynchrones PPP.

● X.25   X.25 nur als Punkt-zu-Punkt Verbindung. Call User Data ist 0x800000008137.

● Frame Relay MPI-Encapsulation nach RFC1490. NLPID ist 0x800000008137.

● IP Relay   Der Router betrachtet die IP-Verbindung als einen PVC. UDP Port ist 213.

IPXWAN Master/Slave Negotiation

Die beiden Router legen durch den Austausch von Timer-Request-Paketen fest, wer Master und wer Slave ist und welches Routing-Protokoll einzusetzen ist.

Falls der Router der IPXWAN-Verbindung eine Netzwerknummer zuweisen darf, setzt er seine Primary Network Number (entspricht der internen Netzwerknummer des Routers) in das WNodeID-Feld des Timer-Request-Pakets, die Extended-Node-ID-Option bleibt frei.

Darf er der Verbindung keine Netzwerknummer zuweisen, wird WNodeID auf Null gesetzt und die Primary Network Number in der Extended-Node-IP-Option eingetragen.

Nach Empfang des Timer-Request-Pakets bestimmt der Router, ob er die Rolle eines Master oder eines Slave übernehmen soll:

● WNodeID in beiden Timer-Request-Paketen ist auf Null gesetzt

1. Beide Timer-Requests enthalten eine Extended-Node-ID-Option:

   Der Router mit dem höheren Wert wird Master.

2. Nur ein Timer-Request enthält eine Extended-Node-ID-Option:

   Derjenige Router mit dem gesetzten Feld wird Master.

3. Falls kein Timer-Request enthält eine Extended-Node-ID-Option:

   Es kann keine Verbindung aufgebaut werden.

● WNodeID eines Timer-Request (bzw. beide) ist ungleich Null:

Der Router mit dem höheren WNodeID wird Master.

● WNodeID für beide Timer-Requests sind gleich:

Konfigurationsfehler, es kommt keine Verbindung zu Stande.

8.3   SAP-Protokoll

Die NetWare-Server setzen das Service-Advertising-Protokoll (SAP) für die netzwerkweite
Bekanntgabe ihrer Services und Adressen ein (standardmäßig alle 60 Sekunden).

Der SAP-Agent jedes Routers speichert diese Informationen in einer Server-Information-
Tabelle. Dadurch können die Clients bestimmen, welche Services im Netz angeboten werden und wie die Adresse des zugehörigen Servers lautet.

Paketformat (IPX Packet Type 4, Socket 0x452)

Falls ein SAP-Paket mehr als sieben SAP-Einträge beinhaltet, muss der Router diese auf
mehrere Pakete aufteilen.

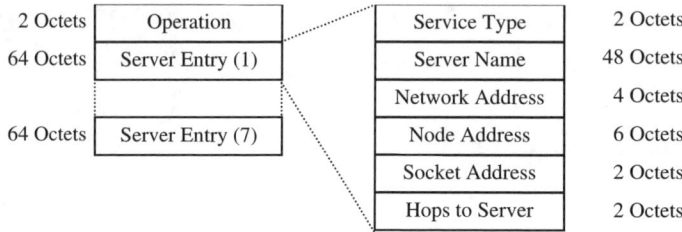

- Operation

    1 = Request
    2 = Response
    3 = Get Nearest Server Request
    4 = Get Nearest Server Response

- Service Type

Print Queue	0x0003
File Server	0x0004
Job Server	0x0005
Print Server	0x0007
Archive Server	0x0009
NetBIOS	0x0020
TCP/IP Gateway Server	0x0027
TCP/IP Services	0x002E
Bindery	0x0102
Remote Console	0x0107
Print Sharing Device	0x030C
Any Service	0xFFFF

- Hops to Server

    Gibt an, wie viele Router auf dem Weg zu dem entsprechenden Server zu durchlaufen
    sind.

SAP-Routing-Mechanismen

- SAP Aging

  Empfängt ein SAP-Agent innerhalb von drei Minuten kein Update für einen Eintrag, löscht er ihn aus seiner Tabelle.

- SAP-Poison

  Erhält der SAP-Agent kein Update mehr für einen Service, sendet er für den betroffenen Service ein SAP-Update mit einem Hop Count von 16 (*unreachable*).

- Split-Horizon-Algorithmus

  Für eine Antwort auf einen SAP Broadcast Request verwenden die Router – analog zu IPX-RIP – einen Split-Horizon-Algorithmus.

SAP-Request-Typen

- General Request

  Werden als Broadcast ausgesendet, um Informationen über alle Server (jeden Typs) zu erhalten. Der Service-Typ ist auf 0xFFFF gesetzt und die Netzwerknummer auf 0xFFFFFFFF.

- Specific Request

  Ermitteln von Informationen über alle Server eines speziellen SAP-Typs. Der Service-Type wird entsprechend gesetzt, die Netzwerknummer hat den Wert 0xFFFFFFFF.

- Informational Broadcast

  Informational Broadcasts werden sowohl beim Startup und Shutdown eines Systems sowie bei Veränderungen von Server-Informationen gesendet als auch alle 60 Sekunden als periodischer SAP-Broadcast.

- SAP Get Nearest Server Request

  Wird von Workstations benutzt, um den nächsten Server für einen speziellen Service-Typ zu finden (d.h. der Server oder Router, der am schnellsten antwortet).

- SAP Get Nearest Server Response

  Die Server oder Router senden den GNS-Response als Antwort auf einen SAP GNS Request.

Auswahl des Nearest Servers für einen GNS-Response

1. Der SAP-Agent gehört zu dem Server

2. Server mit der besten (schnellsten) Route

3. Server mit dem kleinsten Hop Count

8.4   SPX- und NCP-Protokoll

SPX   (Sequence Packet Protocol)

SPX ist ein für die gesicherte Client-Server-Kommunikation eingesetztes, verbindungsorientiertes Protokoll. SPX ermöglicht eine garantierte Datenübertragung.

NCP   (Network Core Protocol)

NCP kontrolliert die Transportverbindung zwischen dem Client und dem Server. Die NCP Window Size beträgt normalerweise Eins, im Packet-Burst-Modus kann der Sender jedoch eine dynamische Window Size von bis zu zehn Paketen benutzen. Folgende NCP-Pakettypen sind definiert:

Create Service Connection	1111
Terminate Service Connection	5555
File Service Request	2222
File Service Response	3333
Packet Burst	7777
Private NCP Request To A Process	8888
Engine Busy	9999

8.5   Cisco-Konfiguration: IPX

IPX-Routing einschalten

ipx routing [*mac-address*]
  [ipx internal network *network-number*]

● IPX Encapsulation auf den LAN Interfaces festlegen

interface *name*   ← Jedes Interface benötigt eine eindeutige
  ipx network *network-number*   Netzwerknummer.
  ipx encapsulation novell-ether   ⇒ Novell 802.3 Raw-Format (Standard für
                                        Ethernet)
                     novell-fddi   ⇒ Novell 802.3 Raw-Format
                     arpa   ⇒ Ethernet V2 Format
                     sap   ⇒ IEEE 802.2 Format (Standard für Token Ring)
                     snap   ⇒ IEEE 802.2 SNAP SAP Format (Standard
                                        für FDDI)

Auf dem gleichen Interface kann man über Sub-Interfaces mehrere Netzwerke mit unterschiedlicher Encapsulation konfigurieren:

interface *e0*
  interface *e0.1*
    ipx network *00000001* encapsulation *name*
  interface *e0.1*
    ipx network *00000002* encapsulation *name*

● IPX-Netzwerk stoppen

interface *name*
  ipx down *network*

IPX Delay

Die durch ein Interface verursachte Verzögerung (Delay) berechnet sich normalerweise aus dem interface delay-Kommando ((delay + 333) / 334) und wird zu den Ticks einer RIP-Route addiert.

interface *name*
  ipx delay *ticks*

Falls kein Delay für das Interface definiert ist, haben LAN-Interfaces ein Delay von Eins und WAN-Schnittstellen ein Delay von Sechs. IPXWAN-Verbindungen passen die Verzögerung dynamisch an.

RIP und SAP Interpacket Delay

Interpacket Delay bezeichnet die Zeit zwischen zwei RIP- oder SAP-Paketen, wenn die Router die RIP/SAP-Tabelle nicht in einem Paket senden können (standardmäßig 55 Millisekunden). Der Wert muss evtl. bei langsamen seriellen Leitungen oder bei langsamen Novell-Servern vergrößert werden.

ipx default-output-sap-delay | default-output-rip-delay *seconds*
ipx default-triggered-sap-delay | default-triggered-rip-delay *seconds*

interface *name*
   ipx output-sap-delay | output-rip-delay *seconds*
   ipx triggered-sap-delay | triggered-rip-delay *seconds*

Watchdog Spoofing

Wenn eine NetWare-Session für ca. 5 Minuten untätig ist, sendet der IPX-Server ein so genanntes Watchdog-Paket (Keepalive) zu dem Client. Bei Watchdog Spoofing antwortet statt des Clients der Router auf diese Pakete. Dadurch kann man z.B. bei Wählleitungen vermeiden, dass die Router alle fünf Minuten eine Verbindung aufbauen.

interface *name*
   ipx watchdog-spoof   Fast Switching muss für Watchdog Spoofing
   no ipx route-cache ↰   ausgeschaltet werden.

Falls für eine gewisse Zeit kein Datentransfer mehr stattgefunden hat, sendet auch das SPX-Protokoll periodische Keepalive-Pakete.

interface *name*
   no ipx route-cache
   ipx spx-spoof

Response auf GNS Requests

Der GNS Response Delay bestimmt die Zeitspanne, die der Router wartet, bis er auf einen GNS Request antwortet. Dies soll verhindern, dass die lokalen Clients einen Remote-Server benutzen, nur weil der lokale Server nicht schnell genug geantwortet hat.

ipx gns-response-delay *delay*

oder

interface *name*
   ipx gns-response-delay *delay*

Die Router betrachten den Server mit dem geringsten Delay als Nearest Server. Falls mehrere Server den gleichen Delay aufweisen, wird der erste Server aus der SAP-Tabelle des Routers genommen.

Falls der Nearest Server an dem gleichen Segment hängt wie der Client, verhindert der Split-Horizon-Algorithmus, dass der Router einen GNS Reply sendet.

- Die Reihenfolge der Server in der SAP-Tabelle kann man mit dem folgenden Befehl überprüfen:

  # show ipx server unsort

- Soll der Router die GNS Requests zwischen den vorhandenen Servern verteilen, muss GNS Round Robin eingeschaltet sein.

  ipx gns-round-robin

8.5.1   Routing-Protokolle

Path Splitting

Standardmäßig setzt IPX beim Verteilen von Datenpaketen über mehrere parallele Verbindungen ein Verfahren namens Packet by Packet Round Robin ein. Das heißt, ein Paket geht über den ersten Pfad, das nächste über den zweiten usw.

ipx maximum-path #

Für ein Per Host Load Sharing (Pakete zu einem Host gehen immer über den gleichen Pfad) ist noch ein zusätzlicher Befehl notwendig:

ipx per-host-load-share

Statisches Routing

ipx route default *interface*   [floating-static]
ipx route *network interface* / *address*   [floating-static]

RIP-Routing

ipx router rip
  network all / *ipx-network*
  [no network *ipx-network*]
  [no redistribute eigrp / connected]

interface *name*
  ipx network *ipx-network*
  [ipx delay *ticks*]

show ipx server

```
Codes: S - Static, P - Periodic, E - EIGRP, N - NLSP,
       H - Holddown, + = detail
2 Total IPX Servers

Table ordering is based on routing and server info

      Type Name              Net     Address    Port     Route Hops Itf
P      4 AURAND         31075A.0000.0000.0001:0451     2/01    1  Et0.2
P    107 AURAND         31075A.0000.0000.0001:8104     2/01    2  Et0.2
```

show ipx server detailed

```
Codes: S - Static, P - Periodic, E - EIGRP, N - NLSP,
       H - Holddown, + = detail
2 Total IPX Servers

Table ordering is based on routing and server info

      Type Name              Net     Address    Port     Route Hops Itf
P      4 SERVER         31075A.0000.0000.0001:0451     2/01    1· Et0.2
         -- via Et0.2:2.0040.3336.e91a,   47s
         -- via Et0.1:1.0040.3336.e91a,   47s
P    107 SERVER         31075A.0000.0000.0001:8104     2/01    2  Et0.2
         -- via Et0.2:2.0040.3336.e91a,   48s
         -- via Et0.1:1.0040.3336.e91a,   48s
```

SAP Server-Typ   Delay und Hop Count des Routing-Protokolls   Hop Count des SAP-Protokolls

show ipx route

```
Codes: C - Connected primary network,    c - Connected secondary network
       S - Static, F - Floating static, L - Local (internal), W - IPXWAN
       R - RIP, E - EIGRP, N - NLSP, X - External, s - seconds, u - uses

17 Total IPX routes. Up to 1 parallel paths and 16 hops allowed.

No default route known.

C          1 (NOVELL-ETHER),  Et0.1
C          2 (SAP),           Et0.2
C         22 (X25),           Se1
'C   BB00BB00 (SNAP),         To0
R         25 [07/01] via      22.0006.3acf.6b15,   26s, Se1
R         58 [19/03] via      22.0006.3acf.6b15,   28s, Se1
R     31075A [02/01] via       1.0040.3336.e91a,   27s, Et0.1
```

Delay (in 1/18 Sek.)   Hop Count des Routing-Protokolls

EIGRP-IPX-Routing

```
ipx router eigrp as
  network  all | ipx-network
    [ no redistribute rip ]
    [ redistribute nlsp ]
```

Unter IPX muss die AS-Nummer auf allen Routern im Netzwerk gleich sein.

Unter EIGRP erfolgt eine automatische Route Redistribution von und nach RIP, jedoch nicht zu NLSP.

show ipx eigrp neighbors details

```
IPX EIGRP Neighbors for process 14
H   Address                  Interface   Hold Uptime    SRTT   RTO  Q  Seq
                                              (sec)            (ms)     Cnt Num
0   22.0006.3acf.6b15        Se1          156 0:20:37     7    200  0  174
        Version 10.3/1.0, Retrans: 12, Retries: 0
```

show ipx eigrp neighbor servers

```
IPX EIGRP Neighbors for process 14
H   Address                  Interface   Hold Uptime    SRTT   RTO  Q  Seq
                                              (sec)            (ms)     Cnt Num
0   22.0006.3acf.6b15        Se1          151 0:20:43     7    200  0  174
Server table for this peer:
        Type Name                      Address              Port  Hops
        107 SERVER                     31075A.0000.0000.0001:8104  3
          4 SERVER                     31075A.0000.0000.0001:0451  3
```

show ipx eigrp interfaces

```
IPX EIGRP Interfaces for process 14

                    Xmit Queue   Mean   Pacing Time   Multicast   Pending
Interface   Peers   Un/Reliable  SRTT   Un/Reliable   Flow Timer  Routes
Se1           1       0/0          7       0/15          50          0
```

show ipx eigrp topology summary

```
IPX EIGRP Topology Table for process 14
Head serial 17, next serial 133
12 routes, 0 pending replies, 0 dummies
IPX-EIGRP enabled on 1 interfaces, neighbors present on 1 interfaces
Quiescent interfaces:  Se1
```

show ipx route

```
Codes: C - Connected primary network,    c - Connected secondary network
       S - Static, F - Floating static, L - Local (internal), W - IPXWAN
       R - RIP, E - EIGRP, N - NLSP, X - External, s - seconds, u - uses

17 Total IPX routes. Up to 1 parallel paths and 16 hops allowed.

No default route known.

C            1 (NOVELL-ETHER),  Et0.1
C            2 (SAP),           Et0.2
C           22 (X25),           Se1
C     BB00BB00 (SNAP),          To0
E           25 [192256/01] via        22.0006.3acf.6b15,   26s, Se1
E           58 [293264128/03] via     22.0006.3acf.6b15,   28s, Se1
E       31075A [297260/01] via         1.0040.3336.e91a,   27s, Et0.
```

NLSP-Metrik ⟋   ⟍— Hop Count

NLSP-Routing

NLSP benötigt eine interne
Netzwerknummer.

ipx internal-network *ipx-network*
ipx router nlsp
  area-address *address mask*

Eine Area-Adresse besteht aus einer 32-Bit-Area und einer zugehörigen Maske. Über die Maske erfolgt die Trennung zwischen den Areas und den individuellen Netzwerken.

ipx router nlsp
  area-address AA000000 FFFFFF00   ⇒ Area AA0000 mit 256 Netzwerken
  area-address 0 0   ⇒ Alle Netzwerke

Pro NLSP-Prozess können bis zu drei Area-Adressen konfiguriert werden. Eine Adjacency-Verbindung besteht jedoch nur zwischen Routern, die mindestens eine gemeinsame Area-Adresse besitzen.

● NLSP auf LAN-Interface

  interface *name*
    ipx network *network* [encapsulation *name*]
    ipx nlsp enable
    [ipx nlsp metric]   Bei NLSP erfolgt eine automatische Route Redistribution von
    [no redistribute rip]   und nach RIP, jedoch nicht zu EIGRP.
    [redistribute eigrp *as*]

● NLSP auf WAN-Interface (über IPXWAN)

  interface *name*
    ipx ipxwan [*local-node* unnumbered *local-server-name*]
    ipx nlsp enable
    [ipx nlsp metric]

Die NLSP-Metrik berechnet sich standardmäßig aus den für die Verzögerung (Delay) und den Durchsatz (Throughput) gemessenen Werten. Diese Parameter kann man auch explizit definieren:

interface *name*
  ipx link-delay *seconds*
  ipx throughput *bits/sec*

NLSP-Beispiel

hostname c2500	hostname c4000
!	!
ipx routing 1000.1000.1000	ipx routing 2000.2000.2000
ipx internal-network FFFC2500	ipx internal-network FFFC4000
!	!
interface Serial0	interface Serial0
no ip address	no ip address
bandwidth 20000	bandwidth 200000
ipx ipxwan 0 unnumbered c2500	ipx ipxwan 0 unnumbered c4000
ipx nlsp enable	ipx nlsp enable
!	!
interface TokenRing0	interface TokenRing0
ip address 192.1.1.1 255.255.255.0	ip address 192.1.1.2 255.255.255.0
ipx network AAEEEEAA	ipx network AAEEEEAA
ipx nlsp enable	ipx nlsp enable
ring-speed 16	ring-speed 16
!	!
ipx router nlsp	ipx router nlsp
area-address 0 0	area-address 0 0

```
c2500# show ipx interface
Serial0 is up, line protocol is up
  IPX address is 0.fffc.2500.0000 [up] line-up, RIPPQ: 0, SAPPQ: 0
  Delay in ticks is 6 throughput 1152000 link delay 596
    Local IPXWAN Node ID:         FFFC2500/c2500
    Network when IPXWAN master:        0 IPXWAN delay (master owns): 6
    IPXWAN Retry Interval:            20 IPXWAN Retry limit:        3
    IPXWAN Routing negotiated: NLSP
    IPXWAN State:         Slave: Connect
    State change reason: Received Router Info Req as Slave
    Last received remote node info: FFFC4000/c4000
    Client mode disabled, Static mode disabled, Error mode is reset
    .... ....
  IPX NLSP is running on primary network 0
    RIP compatibility mode is AUTO (OFF)
    SAP compatibility mode is AUTO (OFF)
    Level 1 Hello interval 20 sec
    Level 1 Designated Router Hello interval 10 sec
    Level 1 CSNP interval 30 sec, LSP retransmit interval 5 sec
    Level 1 adjacency count is 1
    Level 1 circuit ID is c4000.01

TokenRing0 is up, line protocol is up
  IPX address is AAEEEEAA.0006.3acf.31c5, SAP [up] line-up
  Delay in ticks is 1 throughput 0 link delay 0
  IPXWAN processing not enabled on this interface.
  IPX NLSP is running on primary network AAEEEEAA
    RIP compatibility mode is AUTO (OFF)
    SAP compatibility mode is AUTO (OFF)
    Level 1 Hello interval 20 sec
    Level 1 Designated Router Hello interval 10 sec
    Level 1 CSNP interval 30 sec, LSP retransmit interval 5 sec
    Level 1 adjacency count is 1
    Level 1 circuit ID is c2500.07
    Level 1 Designated Router is c2500
```

c2500# show ipx route

```
Codes: C - Connected primary network,   c - Connected secondary network
       S - Static, F - Floating static, L - Local (internal), W - IPXWAN
       R - RIP, E - EIGRP, N - NLSP, X - External, s - seconds, u - uses

12 Total IPX routes. Up to 1 parallel paths and 16 hops allowed.

No default route known.

L    FFFC2500 is the internal network
C    AAEEEEAA (SAP),              To0
N           3 [19][01/01]         via AAEEEEAA.0000.3060.be6d,  572s, To0
NX          B [19][03/02][02/01]  via AAEEEEAA.0000.3060.be6d,  573s, To0
NX       C609 [19][03/02][02/01]  via AAEEEEAA.0000.3060.be6d,  573s, To0
N    FFFC4000 [19][02/01]         via AAEEEEAA.0000.3060.be6d,  573s, To0
```

NLSP-Metrik ⟋   ⟍ Delay / Hop Count

c2500# show ipx nlsp neighbors

```
System Id       Interface  State  Holdtime  Priority  Circuit Id
c4000           Se0        Up     58        0         01
c4000           To0        Up     46        44        c2500.07
```

c2500# show ipx nlsp neighbors detail

```
System Id       Interface  State  Holdtime  Priority  Circuit Id
c4000           Se0        Up     48        0         01
  IPX Address: FFFC4000.0000.0000.0001
  IPX Areas:   00000000/00000000
  Uptime: 0:08:41
c4000           To0        Up     50        44        c2500.07
  IPX Address: AAEEEEAA.0000.3060.be6d
  IPX Areas:   00000000/00000000
  Uptime: 0:14:10
```

8.5.2   IPXWAN

IPXWAN auf einem Interface einschalten

interface *name*
   ipx ipxwan [*local-node   network-number* | unnumbered   *local-server-name*]
   ipx ipxwan static

● Local Node

   Die netzwerkweit eindeutige primäre Netzwerknummer des Routers. Ist der Wert auf
   Null gesetzt, benutzt der Router die interne Network Number.

● Network Number

   Ist der Router der Link Master, gibt dieser Parameter die IPX-Netzwerknummer der
   IPXWAN-Verbindung an. Ein Wert von Null bedeutet, dass es sich um eine Unnumbe-
   red-Verbindung handelt.

● Local Server Name

   Der Name des lokalen Routers. Standardmäßig der Hostname des Systems.

IPXWAN und NBMA-Netzwerke

Da IPXWAN nur auf Point-to-Point-Interfaces funktioniert, muss bei NBMA-Netzwerken die Konfiguration über Subinterfaces erfolgen.

IPX-Netzwerk **EEEEEEEE**

R1
Primär: **c2500**

R2
Primär: **c4000**

hostname R1 !	Hostname R2 !
ipx routing 1000.1000.1000 !	ipx routing 2000.2000.2000 !

interface s1
  encapsulation x25
!
	interface s1
	  encapsulation x25
	!

interface s1.1 point-to-point
  ipx ipxwan **c2500 EEEEEEEE c2500**
  x25 map ipx **eeeeeeee.000c.4000.0000** 2222
                                  broadcast
	interface s1.1 point-to-point
	  ipx ipxwan **c4000 EEEEEEEE c4000**
	  x25 map ipx **eeeeeeee.000c.2500.0000** 1111
	                                  broadcast

R1# show ipx interface s1.1

```
Serial1.1 is up, line protocol is up
  IPX address is EEEEEEEE.000c.2500.0000 [up] line-up, RIPPQ: 0, SAPPQ: 0
  Delay of this IPX network, in ticks is 6 throughput 0 link delay 0
  Local IPXWAN Node ID:      C2500/c2500
  Network when IPXWAN master: EEEEEEEE IPXWAN delay (master owns): 6
  IPXWAN Retry Interval:        20 IPXWAN Retry limit:        3
  IPXWAN Routing negotiated: RIP numbered
  IPXWAN State:        Slave: Connect
  State change reason: Received Router Info Req as Slave
  Last received remote node info: C4000/c4000
  Client mode disabled, Static mode disabled, Error mode is reset
```

R2# show ipx interface s1.1

```
Serial1.1 is up, line protocol is up
  IPX address is EEEEEEEE.000c.4000.0000 [up]
  Delay of this IPX network, in ticks is 6 throughput 0 link delay 0
  Local IPXWAN Node ID:      C4000/c4000
  Network when IPXWAN master: EEEEEEEE IPXWAN delay (master owns): 6
  IPXWAN Retry Interval:        20 IPXWAN Retry limit:        3
  IPXWAN Routing negotiated: RIP numbered
  IPXWAN State:            Master: Connect
  State change reason: Received Router Info Rsp as Master
  Last received remote node info: C2500/c2500
  Client mode disabled, Static mode disabled, Error mode is reset
```

show ipx route

```
Codes: C - Connected primary network,    c - Connected secondary network
       S - Static, F - Floating static, L - Local (internal), W - IPXWAN
       R - RIP, E - EIGRP, N - NLSP, X - External, s - seconds, u - uses

3 Total IPX routes. Up to 1 parallel paths and 16 hops allowed.

No default route known.

W   EEEEEEEE (HDLC),          Se0
R          3 [07/01] via EEEEEEEE.000c.4000.0000,    2s, Se0
R          B [08/02] via EEEEEEEE.000c.4000.0000,    2s, Se0
```

8.5.3 IPX-Tunnel

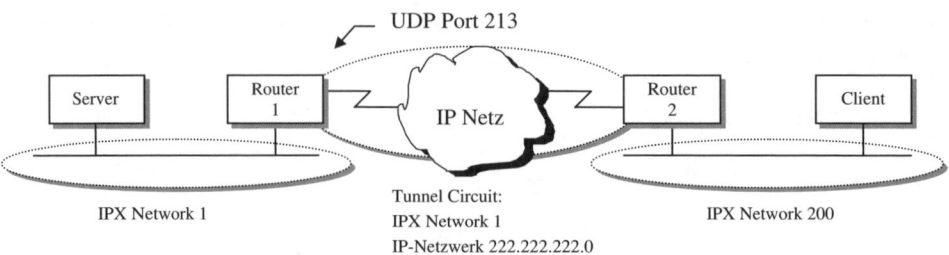

IPX Network 1	Tunnel Circuit: IPX Network 1 IP-Netzwerk 222.222.222.0	IPX Network 200

```
hostname R1                          hostname R2
!                                    !
ipx routing                          ipx routing
!                                    !
interface e0                         interface e0
  ipx network 1                        ipx network 200
!                                    !
interface tunnel 0                   interface tunnel 0
  ipx network AA                       ipx network AA
  ip address 222.222.222.1            ip address 222.222.222.2
  tunnel source e0                     tunnel source 194.1.1.0
  tunnel destination 194.1.1.0        tunnel destination 192.1.1.0
```

Die IP-Destination-Adresse des Tunnels muss mit der Source-Adresse auf der Gegenseite übereinstimmen. Es ist durchaus möglich, mehrere Routing-Protokolle über das gleiche Interface zu tunneln (z.B. IPX und Appletalk).

```
interface tunnel 11                  interface tunnel 11
  ipx network 111                      ipx network 111
  appletalk cable-range 111-111        appletalk cable-range 111-111
  appletalk zone LAB                   appletalk zone LAB
  tunnel-source 181.1.2.2              tunnel-source 181.1.4.4
  tunnel-destination 181.1.4.4         tunnel-destination 181.1.2.2
```

show ipx interface tunnel0

```
Tunnel0 is up, line protocol is up
  IPX address is AA.0006.3acf.6b15 [up] line-up, RIPPQ: 0, SAPPQ: 0
  Delay of this IPX network, in ticks is 150 throughput 0 link delay 0
  IPXWAN processing not enabled on this interface.
  IPX SAP update interval is 1 minute(s)
  IPX type 20 propagation packet forwarding is disabled
  Outgoing access list is not set
  IPX Helper access list is not set
  SAP GNS processing enabled, delay 0 ms, output filter list is not set
  ...    ...    ...    ...
  Netbios Input host access list is not set
  Netbios Input bytes access list is not set
  Netbios Output host access list is not set
  Netbios Output bytes access list is not set
  Updates each 60 seconds, aging multiples RIP: 3 SAP: 3
  SAP interpacket delay is 5 ms, maximum size is 480 bytes
  RIP interpacket delay is 5 ms, maximum size is 432 bytes
  IPX accounting is disabled
  IPX fast switching is configured (disabled)
  IPX SSE switching is disabled
  RIP packets received 3, RIP packets sent 10
  SAP packets received 1, SAP packets sent 7
```

8.5.4 IPX-Access-Filter

Filtern von Datenpaketen

Falls man beim Zuweisen einer Access-Liste keinen Wert für IN oder OUT angibt, handelt es sich um eine OUT-Access-Liste. Dabei ist zu beachten, dass jeweils nur eine Access-Liste für IN und OUT erlaubt ist.

- Standard-Access-Filter mit den Nummern 800–899

  access-list # permit I deny source mask destination mask socket

  interface *name*
  ipx access-group # [in I out]

-1	Any IPX Network	452 SAP
0-FFFFFFFF	Network	453 RIP
N.H.H.H	Net.Host-Adresse	455 Novell NetBIOS

  - IN: Der Router überprüft die Adressen beim Empfang des Pakets
  - OUT: Der Router überprüft die Adressen beim Senden des Pakets

  access-list 800 permit 22.aa00.0400.0101 -1
  access-list 800 permit -1 FFFFFFFF   aa00aa00 00000000 452
  ⇒ alle SAP-Pakete zu aa00aa00

- Extended Access-Filter mit den Nummern 900–999

  access-list # permit I deny protocol source mask src-socket   destination mask dest-socket [log]

  interface *name*
  ipx access-group # [in I out]

-1	Any IPX Protocol Type
0-255	Protocol Type Number (DECIMAL)

- IPX-Broadcast filtern

  Der Filter für IPX-Broadcast-Nachrichten wird nur dann aktiv, wenn das Weiterleiten von Broadcasts über die Helper-Funktion oder über die Type-20-Propagation eingeschaltet ist.

  interface *name*
  ipx helper-address *network.node* I ipx type-20-propagation
  ipx helper-list #

show ipx interface e0

```
... ... ...
Incoming access list is 800
Outgoing access list is not set
IPX helper access list is not set
SAP GNS processing enabled, delay 0 ms, output filter list is not set
SAP Input filter list is not set
SAP Output filter list is not set
SAP Router filter list is not set
Input filter list is 800
Output filter list is not set
Router filter list is not set
Netbios Input host access list is WG
Netbios Input bytes access list is not set
Netbios Output host access list is not set
Netbios Output bytes access list is not set
```

Filtern von Routing-Informationen

● RIP Routing Updates über die Access-Listen von 800–999

access-list # permit I deny   *network mask*

!

interface *name*
  ipx router-filter #   ⇒ Filtert auf den Source Router von RIP Updates
  ipx output-network-filter # ⇒ Filtert ausgehende RIP Updates
  ipx input-network-filter #   ⇒ Filtert eingehende RIP Updates

Server an einem lokalen Segment benutzen als Netzwerkadresse die interne Netzwerknummer und müssen beim Filtern daher mit berücksichtigt werden:

● EIGRP Routing Updates über die Access-Listen von 800–999

access-list # permit I deny   *network mask*

!

ipx router eigrp as
  distribute-list # in I out [interface *name*]   ⇒ Filtert EIGRP-Routen
  distribute-sap-list # in I out [interface *name*] ⇒ Filtert SAP Services

ipx router eigrp 4
  distribute-list 801 out
  network 40000061

show ipx access-lists

```
IPX access list 801
    deny 184401
    deny 184402
    deny 184403
    permit FFFFFFFF
```

- NLSP Route Aggregation über die Access-Listen von 1200–1299

  access-list # permit I deny *source   area mask*

  !
  ipx router nlsp
    redistribute *protocol* access-list #

- SAP Access-Filter über die Access-Listen von 1000–1099

  access-list # permit I deny source mask sap-service-type [sap-server-name]

0	Alle Services
3	Print Service
4	File Service
107	Rconsole (MAIL)

  interface *name*
    ipx input-sap-filter #   ⇒ Filtert über SAP gelernte Services
    ipx output-sap-filter # ⇒ Filtert Services, die der Router über SAP weitergibt
    ipx router-sap-filter # ⇒ Filtert auf den Router und Service-Typ von SAP Updates
    ipx output-gns-filter # ⇒ Filtert auf die in einem GNS Response eingetragenen
                               Services

  access-list 1000 deny   -1 107 AA ⇒ Filtert den Service 107 des Servers AA
  access-list 1000 permit -1   0   ⇒ Erlaubt alle anderen SAP-Services
  interface e0
    ipx input-sap-filter 1000

8.6   Beispiel: Komplexes IPX-Netzwerk

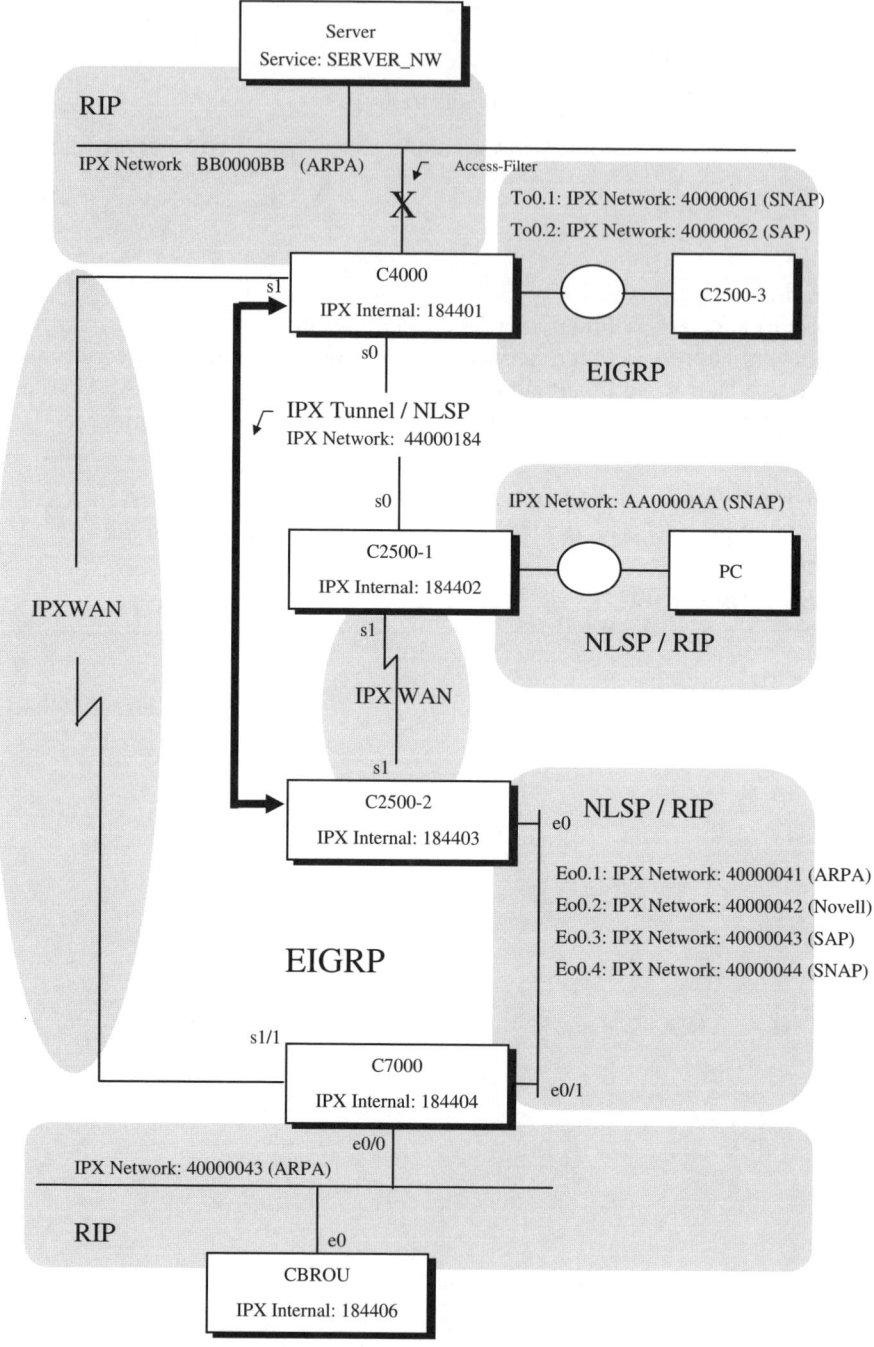

hostname c4000

```
!
ipx routing 0184.0001.0001
ipx maximum-paths 2
ipx internal-network 184401
!
frame-relay switching
!
interface Tunnel10
 no ip address
 ipx network 40000184
 ipx nlsp enable
 ipx nlsp metric 3
 tunnel source Loopback0
 tunnel destination 184.4.0.3
!
interface Ethernet0
 ip address 184.4.7.129 255.255.255.128
 ipx access-group 800 in
 ipx input-network-filter 800
 ipx network BB0000BB encapsulation ARPA
!
interface Serial0
 description ---- Link to C2500-1 ----
 ip address 184.4.1.1 255.255.255.252
 encapsulation frame-relay IETF
 ip ospf network broadcast
 clockrate 2000000
 frame-relay map ip 184.4.1.2 77 broadcast
 frame-relay lmi-type ansi
!
interface Serial1
 description ---- Link to C7000 ----
 ip address 184.4.1.9 255.255.255.252
 encapsulation x25
 ip ospf network broadcast
 x25 map ip ...
 clockrate 2000000
!
interface Serial1.1 point-to-point
 description ---- IPXWAN to C7000 ----
 ipx delay 100
 ipx ipxwan 0 unnumbered C400
 ipx nlsp enable
 ipx nlsp metric 6
 x25 map ipx 0.0018.4404.0000 7000 broadcast
!
interface TokenRing0
 ip address 184.4.6.129 255.255.255.128
 ring-speed 16
 multiring all
!
interface TokenRing0.1
 mtu 1500
 arp timeout 0
 ipx network 40000061 encapsulation SNAP
!
router ospf 1
 ... .... ...
!
access-list 800 permit BB0000BB FFFFFFFF
access-list 800 permit 10B9E01C FFFFFFFF
access-list 800 deny FFFFFFFF FFFFFFFF
access-list 801 deny 184401
access-list 801 deny 184402
access-list 801 deny 184403
access-list 801 deny 184404
access-list 801 deny 184406
access-list 801 permit FFFFFFFF
!
```

```
ipx router eigrp 4
 redistribute nlsp
 distribute-list 801 out
 network 40000061
!
ipx router nlsp
 area-address 0 0
 redistribute eigrp 4
!
ipx router rip
 no network 40000184
 no network 40000061
!
ipx sap 4 C4000 BB0000BB.aa00.0400.82c5 452 2
!
end
```

hostname c2500-1

```
!
ipx routing 0184.0002.0002
ipx internal-network 184402
!
frame-relay switching
!
interface Loopback0
 ip address 184.4.0.2 255.255.255.255
!
interface Serial0
 description ---- Link to C4000 ----
 ip address 184.4.1.2 255.255.255.252
 encapsulation frame-relay IETF
 ip ospf network broadcast
 ip ospf cost 10
 bandwidth 2000
 frame-relay map ip 184.4.1.1 77 broadcast
 frame-relay lmi-type ansi
 frame-relay intf-type dce
!
interface Serial1
 description ---- Link to C2500-2 ----
 ip address 184.4.1.5 255.255.255.252
 no ip mroute-cache
 encapsulation frame-relay IETF
 no ip route-cache
 ip ospf network broadcast
 ip ospf cost 10
 bandwidth 1000
 clockrate 2000000
 frame-relay map ip 184.4.1.6 33 broadcast
 frame-relay intf-type dce
!
interface Serial1.1 point-to-point
 description ---- IPXWAN to C2500-2 ----
 no ip route-cache
 ipx ipxwan 0 unnumbered C2500-1
 ipx nlsp enable
 ipx nlsp metric 6
 frame-relay interface-dlci 414
!
interface TokenRing0
 ip address 184.4.5.129 255.255.255.128
 ipx network AA0000AA encapsulation SNAP
 ring-speed 16
 multiring all
!
router ospf 1
 ... ... ...
!
ipx router nlsp
 area-address 0 0
!
end
```

hostname c2500-2

```
!
ipx routing 0184.0003.0003
ipx maximum-paths 2
ipx internal-network 184403
!
frame-relay switching
!
interface Loopback0
 ip address 184.4.0.3 255.255.255.255
!
interface Tunnel10
 ipx network 40000184
 ipx nlsp enable
 ipx nlsp metric 3
 tunnel source Loopback0
 tunnel destination 184.4.0.1
!
interface Ethernet0
 ip address 184.4.4.129 255.255.255.128
 ip ospf cost 5
!
interface Ethernet0.1
 ipx network 40000041 encapsulation ARPA
 ipx nlsp enable
 ipx nlsp metric 3
!
interface Ethernet0.2
 ipx network 40000042
 ipx nlsp enable
 ipx nlsp metric 3
!
interface Ethernet0.3
 ipx network 40000043 encapsulation SAP
 ipx nlsp enable
 ipx nlsp metric 3
!
interface Ethernet0.4
 ipx network 40000044 encapsulation SNAP
 ipx nlsp enable
 ipx nlsp metric 3
!
interface Serial1
 description ---- Link to C2500-1 ----
 ip address 184.4.1.6 255.255.255.252
 encapsulation frame-relay IETF
 ip ospf network broadcast
 ip ospf cost 10
 bandwidth 1000
 frame-relay map ip 184.4.1.5 33 broadcast
!
interface Serial1.1 point-to-point
 ipx delay 6
 ipx ipxwan 0 unnumbered C2500-2
 ipx nlsp enable
 ipx nlsp metric 6
 frame-relay interface-dlci 414
!
router ospf 1
 ...  ...
!
ipx router nlsp
 area-address 0 0
!
ipx router rip
 no network 40000184
!
end
```

hostname c7000

```
!
ipx maximum-paths 2
ipx internal-network 184404
!
interface Loopback0
 ip address 184.4.0.4 255.255.255.255
!
interface Ethernet0/0
 ip address 184.4.3.129 255.255.255.128
 ip ospf cost 5
 ipx network 40000003 encapsulation ARPA
 ipx gns-reply-disable
!
interface Ethernet0/1
 ip address 184.4.4.130 255.255.255.128
 ip ospf cost 5
!
interface Ethernet0/1.1
 ipx network 40000041 encapsulation ARPA
 ipx nlsp enable
 ipx nlsp metric 3
!
interface Ethernet0/1.2
 ipx network 40000042
 ipx nlsp enable
 ipx nlsp metric 3
!
interface Ethernet0/1.3
 ipx network 40000043 encapsulation SAP
 ipx nlsp enable
 ipx nlsp metric 3
!
interface Ethernet0/1.4
 ipx network 40000044 encapsulation SNAP
 ipx nlsp enable
 ipx nlsp metric 3
!
interface Serial1/1
 ip address 184.4.1.10 255.255.255.252
 encapsulation x25 dce
 ip ospf network broadcast
 ip ospf cost 25
 bandwidth 2000
 x25 map ip ...
 clockrate 2000000
!
interface Serial1/1.1 point-to-point
 ipx delay 6
 ipx ipxwan 0 unnumbered C7000
 ipx nlsp enable
 ipx nlsp metric 6
 x25 map ipx 0.0018.4401.0000 4000 broadcast
!
router ospf 1
 ...  ...
!
ipx router nlsp
 area-address 0 0
!
end
```

C4000-Informationen

c4000# show ipx interface brief

```
Interface          IPX Network Encapsulation Status   IPX State
Ethernet0          BB0000BB    ARPA          up        [up]
Serial1.1          unnumbered  X25           up        [up]
TokenRing0.1       40000061    SNAP          up        [up]
Tunnel10           40000184    TUNNEL        up        [up]
```

c4000# show ipx interface

```
Ethernet0 is up, line protocol is up
  IPX address is BB0000BB.aa00.0400.97c4, ARPA [up]
  Delay of this IPX network, in ticks is 1 throughput 0 link delay 0
  IPXWAN processing not enabled on this interface.
  IPX SAP update interval is 1 minute(s)
  IPX type 20 propagation packet forwarding is disabled
  Incoming access list is 800
  Outgoing access list is not set
  IPX helper access list is not set
  SAP GNS processing enabled, delay 0 ms, output filter list is not set
  ...
  Updates each 60 seconds, aging multiples RIP: 3 SAP: 3
  SAP interpacket delay is 55 ms, maximum size is 480 bytes
  RIP interpacket delay is 55 ms, maximum size is 432 bytes
  IPX accounting is disabled
  IPX fast switching is configured (enabled)
  RIP packets received 0, RIP packets sent 248
  SAP packets received 0, SAP packets sent 3
Serial1.1 is up, line protocol is up
  IPX address is 0.0018.4401.0000 [up]
  Delay of this IPX network, in ticks is 6 throughput 1152000 link delay 796
  Local IPXWAN Node ID:        184401/C400
  Network when IPXWAN master:       0 IPXWAN delay (master owns): 6
  IPXWAN Retry Interval:           20 IPXWAN Retry limit:          3
  IPXWAN Routing negotiated: NLSP
  IPXWAN State:              Slave: Connect
  State change reason: Received Router Info Req as Slave
  Last received remote node info: 184404/C7000
  Client mode disabled, Static mode disabled, Error mode is reset
  IPX SAP update interval is 1 minute(s)
  IPX type 20 propagation packet forwarding is disabled
  Incoming access list is not set
  Outgoing access list is not set
  IPX helper access list is not set
  SAP GNS processing enabled, delay 0 ms, output filter list is not set
  ...
  IPX NLSP is running on primary network 0
    RIP compatibility mode is AUTO (OFF)
    SAP compatibility mode is AUTO (OFF)
    Level 1 Hello interval 20 sec
    Level 1 Designated Router Hello interval 10 sec
    Level 1 CSNP interval 0 sec
    Level 1 LSP retransmit interval 5 sec, LSP (pacing) interval 55 mSec
    Level 1 adjacency count is 1
    Level 1 circuit ID is c7000.08
```

```
TokenRing0.1 is up, line protocol is up
  IPX address is 40000061.5500.2000.e923, SNAP [up]
  Delay of this IPX network, in ticks is 1 throughput 0 link delay 0
  IPXWAN processing not enabled on this interface.
  IPX SAP update interval is 1 minute(s)
  IPX type 20 propagation packet forwarding is disabled
  Incoming access list is not set
  Outgoing access list is not set
  IPX helper access list is not set
  SAP GNS processing enabled, delay 0 ms, output filter list is not set
  ...
Tunnel10 is up, line protocol is up
  IPX address is 40000184.0184.0001.0001 [up]
  Delay of this IPX network, in ticks is 150 throughput 0 link delay 0
  IPXWAN processing not enabled on this interface.
  IPX SAP update interval is 1 minute(s)
  IPX type 20 propagation packet forwarding is disabled
  Incoming access list is not set
  Outgoing access list is not set
  IPX helper access list is not set
  SAP GNS processing enabled, delay 0 ms, output filter list is not set
  ...
IPX NLSP is running on primary network 40000184
    RIP compatibility mode is AUTO (OFF)
    SAP compatibility mode is AUTO (OFF)
    Level 1 Hello interval 20 sec
    Level 1 Designated Router Hello interval 10 sec
    Level 1 CSNP interval 0 sec
    Level 1 LSP retransmit interval 5 sec, LSP (pacing) interval 1000 mSec
    Level 1 adjacency count is 1
    Level 1 circuit ID is c2500-2.01
```

c4000# show ipx route

```
Codes: C - Connected primary network,    c - Connected secondary network
       S - Static, F - Floating static, L - Local (internal), W - IPXWAN
       R - RIP, E - EIGRP, N - NLSP, X - External, A - Aggregate
       s - seconds, u - uses

15 Total IPX routes. Up to 2 parallel paths and 16 hops allowed.

No default route known.

L      184401 is the internal network
C    40000061 (SNAP),       To0.1
C    40000184 (TUNNEL),     Tu10
C    BB0000BB (ARPA),       Et0
N      184402 [9][20/02] via   184403.0000.0000.0001, 1376s, Tu10
N      184403 [3][19/01] via   184403.0000.0000.0001, 1376s, Tu10
N      184404 [6][20/02] via   184404.0000.0000.0001, 1376s, Se1.1
                         via   184403.0000.0000.0001, 1376s, Tu10
NX     184406 [6][21/03][02/01] via   184404.0000.0000.0001, 1315s, Se1.1
                         via   184403.0000.0000.0001, 1315s, Tu10
R    10B9E01C [02/01]     via   BB0000BB.0800.2b94.fa17, 34s, Et0
N    40000003 [6][19/02]  via   184404.0000.0000.0001, 1315s, Se1.1
                         via   184403.0000.0000.0001, 1315s, Tu10
N    40000041 [3][18/01]  via   184403.0000.0000.0001, 1376s, Tu10
N    40000042 [3][18/01]  via   184403.0000.0000.0001, 1376s, Tu10
N    40000043 [3][18/01]  via   184403.0000.0000.0001, 1376s, Tu10
N    40000044 [3][18/01]  via   184403.0000.0000.0001, 1376s, Tu10
E    40000062 [192256/0] via 40000061.0000.301c.0a12, age 00:27:02, 1u, To0.1
N    AA0000AA [9][19/02]  via   184403.0000.0000.0001, 1376s, Tu10
```

c4000# show ipx servers

```
Codes: S - Static, P - Periodic, E - EIGRP, N - NLSP,
       H - Holddown, + = detail
3 Total IPX Servers

Table ordering is based on routing and server info

    Type Name              Net     Address    Port   Route Hops Itf
P      4 SERVER_NW   10B9E01C.0000.0000.0001:0451    2/01   1  Et0
P    236 SERVER_NW   10B9E01C.0000.0000.0001:902A    2/01   1  Et0
P    3E4 SERVER_NW   10B9E01C.0000.0000.0001:0000    2/01   1  Et0
```

c4000# show ipx nlsp neighbors

```
NLSP Level-1 Neighbors: Tag Identifier = notag

System Id       Interface  State  Holdtime  Priority  Circuit Id
c2500-2         Tu10       Up     51        0         01
c7000           Se1.1      Up     47        0         08
```

c4000# show ipx nlsp neighbors detail

```
NLSP Level-1 Neighbors: Tag Identifier = notag

System Id      Interface   State  Holdtime  Priority  Circuit Id
c2500-2        Tu10        Up      50        0         01
  IPX Address: 184403.0000.0000.0001
  IPX Areas:   00000000/00000000
  Uptime: 01:56:45
c7000          Se1.1       Up      47        0         08
  IPX Address: 184404.0000.0000.0001
  IPX Areas:   00000000/00000000
  Uptime: 01:58:23
```

c4000# show ipx eigrp interfaces

```
IPX EIGRP Interfaces for process 4

                 Xmit Queue   Mean  Pacing Time   Multicast    Pending
Interface  Peers Un/Reliable  SRTT  Un/Reliable   Flow Timer   Routes
To0.1      1     0/0          4     0/10          50           0
```

c4000# show ipx eigrp neighbors

```
IPX EIGRP Neighbors for process 4
H   Address                   Interface   Hold Uptime   SRTT   RTO  Q   Seq
                                          (sec)         (ms)        Cnt Num
0   40000061.0000.301c.0a12 To0.1          11 00:43:36   4     450  0   32
```

c4000# show ipx eigrp neighbors detail

```
IPX EIGRP Neighbors for process 4
H   Address                   Interface   Hold Uptime   SRTT   RTO  Q   Seq
                                          (sec)         (ms)        Cnt Num
0   40000061.0000.301c.0a12 To0.1          11 00:43:36   4     450  0   32
    Version 10.2/0.0, Retrans: 5, Retries: 0
```

C2500-1-Informationen

c2500-1# show ipx interface brief

```
Interface        IPX Network Encapsulation Status    IPX State
Serial1.1        unnumbered  FRAME-RELAY   up        [up]
TokenRing0       AA0000AA    SNAP          up        [up]
```

c2500-1# show ipx route

```
Codes: C - Connected primary network,    c - Connected secondary network
       S - Static, F - Floating static, L - Local (internal), W - IPXWAN
       R - RIP, E - EIGRP, N - NLSP, X - External, A - Aggregate
       s - seconds, u - uses

14 Total IPX routes. Up to 1 parallel paths and 16 hops allowed.

No default route known.

L      184402 is the internal network
C    AA0000AA (SNAP),          To0
N      184401 [9][20/02] via   184403.0000.0000.0001, 1403s, Se1.1
N      184403 [6][02/01] via   184403.0000.0000.0001, 1403s, Se1.1
N      184404 [9][03/02] via   184403.0000.0000.0001, 1403s, Se1.1
NX     184406 [9][04/03][02/01] via   184403.0000.0000.0001, 1344s, Se1.1
NX   10B9E01C [9][21/03][02/01] via   184403.0000.0000.0001,  616s, Se1.1
N    40000003 [9][02/02]        via   184403.0000.0000.0001, 1344s, Se1.1
N    40000041 [6][01/01]        via   184403.0000.0000.0001, 1403s, Se1.1
N    40000042 [6][01/01]        via   184403.0000.0000.0001, 1403s, Se1.1
N    40000043 [6][01/01]        via   184403.0000.0000.0001, 1403s, Se1.1
N    40000044 [6][01/01]        via   184403.0000.0000.0001, 1403s, Se1.1
N    40000061 [9][19/02]        via   184403.0000.0000.0001, 1403s, Se1.1
NX   40000062 [9][20/03][01/01] via   184403.0000.0000.0001, 1403s, Se1.1
N    BB0000BB [9][19/02]        via   184403.0000.0000.0001, 1403s, Se1.1
```

c2500-1# show ipx servers

```
Codes: S - Static, P - Periodic, E - EIGRP, N - NLSP,
       H - Holddown, + = detail
3 Total IPX Servers

Table ordering is based on routing and server info

    Type Name              Net      Address       Port   Route Hops Itf
N      4 SERVER_NW    10B9E01C.0000.0000.0001:0451   21/03   3  Se1.1
N    236 SERVER_NW    10B9E01C.0000.0000.0001:902A   21/03   3  Se1.1
N    3E4 SERVER_NW    10B9E01C.0000.0000.0001:0000   21/03   3  Se1.1
```

c2500-1# show ipx nlsp neighbors

```
NLSP Level-1 Neighbors: Tag Identifier = notag

System Id       Interface   State Holdtime  Priority  Circuit Id
c2500-2         Se1.1       Up    57        0         07
```

c2500-1# show ipx nlsp neighbors detail

```
NLSP Level-1 Neighbors: Tag Identifier = notag

System Id       Interface   State Holdtime  Priority  Circuit Id
c2500-2         Se1.1       Up    56        0         07
  IPX Address: 184403.0000.0000.0001
  IPX Areas:   00000000/00000000
  Uptime: 02:00:34
```

C2500-2-Informationen

c2500-2# show ipx interface brief

Interface	IPX Network	Encapsulation	Status	IPX State
Ethernet0.1	40000041	ARPA	up	[up]
Ethernet0.2	40000042	NOVELL-ETHER	up	[up]
Ethernet0.3	40000043	SAP	up	[up]
Ethernet0.4	40000044	SNAP	up	[up]
Serial1.1	unnumbered	FRAME-RELAY	up	[up]
Tunnel10	40000184	TUNNEL	up	[up]

c2500-2# show ipx route

```
Codes: C - Connected primary network,   c - Connected secondary network
       S - Static, F - Floating static, L - Local (internal), W - IPXWAN
       R - RIP, E - EIGRP, N - NLSP, X - External, A - Aggregate
       s - seconds, u - uses

15 Total IPX routes. Up to 2 parallel paths and 16 hops allowed.

No default route known.

L      184403 is the internal network
C    40000041 (ARPA),          Et0.1
C    40000042 (NOVELL-ETHER),  Et0.2
C    40000043 (SAP),           Et0.3
C    40000044 (SNAP),          Et0.4
C    40000184 (TUNNEL),        Tu10
N      184401 [3][19/01] via    184401.0000.0000.0001, 1416s, Tu10
N      184402 [6][02/01] via    184402.0000.0000.0001, 1416s, Se1.1
N      184404 [3][02/01] via 40000041.aa00.0400.01b4, 1416s, Et0.1
                         via 40000042.aa00.0400.01b4, 1416s, Et0.2
NX     184406 [3][03/02][02/01] via 40000041.aa00.0400.01b4, 1357s, Et0.1
                         via 40000042.aa00.0400.01b4, 1357s, Et0.2
NX   10B9E01C [9][21/03][02/01] via    184403.0000.0000.0001,  616s, Se1.1
N    40000003 [3][01/01]        via 40000041.aa00.0400.01b4, 1357s, Et0.1
                         via 40000042.aa00.0400.01b4, 1357s, Et0.2
N    40000061 [3][18/01]        via    184401.0000.0000.0001, 1416s, Tu10
NX   40000062 [3][19/02][01/01] via    184401.0000.0000.0001, 1416s, Tu10
N    AA0000AA [6][01/01]        via    184402.0000.0000.0001, 1416s, Se1.1
N    BB0000BB [3][18/01]        via    184401.0000.0000.0001, 1416s, Tu10
```

c2500-2# show ipx nlsp neighbors

```
NLSP Level-1 Neighbors: Tag Identifier = notag
```

System Id	Interface	State	Holdtime	Priority	Circuit Id
c4000	Tu10	Up	46	0	02
c2500-1	Se1.1	Up	51	0	02
c7000	Et0.4	Up	55	44	c2500-2.06
c7000	Et0.3	Up	46	44	c2500-2.05
c7000	Et0.2	Up	57	44	c2500-2.04
c7000	Et0.1	Up	48	44	c2500-2.02

c2500-2# show ipx traffic

```
Rcvd:    6984 total, 44 format errors, 0 checksum errors, 0 bad hop count,
         0 packets pitched, 6972 local destination, 0 multicast
Bcast:   6966 received, 13556 sent
Sent:    13545 generated, 7 forwarded
         21 encapsulation failed, 0 no route
SAP:     6 SAP requests, 0 SAP replies, 1 servers
         0 SAP Nearest Name requests, 0 replies
         0 SAP General Name requests, 0 replies
         44 SAP advertisements received, 62 sent
         4 SAP flash updates sent, 0 SAP format errors
RIP:     5 RIP requests, 0 RIP replies, 15 routes
         229 RIP advertisements received, 202 sent
         104 RIP flash updates sent, 0 RIP format errors
Watchdog:
         0 packets received, 0 replies spoofed
Queue lengths:
         IPX input: 0, SAP 0, RIP 0, GNS 0
         SAP throttling length: 0/(no limit), 0 nets pending lost route reply
         Delayed process creation: 0
EIGRP:   Total received 0, sent 0
         Updates received 0, sent 0
         Queries received 0, sent 0
         Replies received 0, sent 0
         SAPs received 0, sent 0
NLSP:    Level-1 Hellos received 3313, sent 6644
         PTP Hello received 1790, sent 1806
         Level-1 LSPs received 1021, sent 1357
         LSP Retransmissions: 8
         LSP checksum errors received: 0
         LSP HT=0 checksum errors received: 0
         Level-1 CSNPs received 29, sent 3013
         Level-1 PSNPs received 395, sent 223
         Level-1 DR Elections: 4
         Level-1 SPF Calculations: 102
         Level-1 Partial Route Calculations: 14
```

C7000-Informationen

c7000# show ipx interface brief

```
Interface        IPX Network Encapsulation Status    IPX State
Ethernet0/0      40000003    ARPA         up         [up]
Ethernet0/1.1    40000041    ARPA         up         [up]
Ethernet0/1.2    40000042    NOVELL-ETHER up         [up]
Ethernet0/1.3    40000043    SAP          up         [up]
Ethernet0/1.4    40000044    SNAP         up         [up]
Serial1/1.1      unnumbered  X25          up         [up]
```

c7000# show ipx route

```
14 Total IPX routes. Up to 2 parallel paths and 16 hops allowed.

No default route known.

L      184404 is the internal network
C    40000003 (ARPA),           Et0/0
C    40000041 (ARPA),           Et0/1.1
C    40000042 (NOVELL-ETHER),   Et0/1.2
C    40000043 (SAP),            Et0/1.3
C    40000044 (SNAP),           Et0/1.4
N      184401 [6][20/02] via    184401.0000.0000.0001, 1433s, Se1/1.1
                          via 40000041.aa00.0400.02b0, 1433s, Et0/1.1
N      184402 [9][03/02] via 40000041.aa00.0400.02b0, 1433s, Et0/1.1
                          via 40000042.aa00.0400.02b0, 1433s, Et0/1.2
N      184403 [3][02/01] via 40000041.aa00.0400.02b0, 1433s, Et0/1.1
                          via 40000042.aa00.0400.02b0, 1433s, Et0/1.2
R      184406 [02/01]    via 40000003.aa00.0400.02b4,    6s, Et0/0
NX   10B9E01C [6][21/03][02/01] via    184401.0000.0000.0001,  721s, Se1/1.1
                          via 40000041.aa00.0400.02b0,  721s, Et0/1.1
N    40000061 [6][19/02] via    184401.0000.0000.0001, 1433s, Se1/1.1
                          via 40000041.aa00.0400.02b0, 1433s, Et0/1.1
NX   40000062 [6][20/03][01/01] via    184401.0000.0000.0001, 1433s, Se1/1.1
                          via 40000041.aa00.0400.02b0, 1433s, Et0/1.1
N    AA0000AA [9][02/02]        via 40000041.aa00.0400.02b0, 1433s, Et0/1.1
                          via 40000042.aa00.0400.02b0, 1433s, Et0/1.2
N    BB0000BB [6][19/02]        via    184401.0000.0000.0001, 1433s, Se1/1.1
                          via 40000041.aa00.0400.02b0, 1433s, Et0/1.1
```

c7000# show ipx servers

```
Codes: S - Static, P - Periodic, E - EIGRP, N - NLSP,
       H - Holddown, + = detail
3 Total IPX Servers

Table ordering is based on routing and server info

     Type Name            Net      Address    Port   Route Hops Itf
N       4 SERVER_NW   10B9E01C.0000.0000.0001:0451   21/03    2  Se1/1.1
N     236 SERVER_NW   10B9E01C.0000.0000.0001:902A   21/03    2  Se1/1.1
N     3E4 SERVER_NW   10B9E01C.0000.0000.0001:0000   21/03    2  Se1/1.1
```

c7000# show ipx nlsp neighbors

```
NLSP Level-1 Neighbors: Tag Identifier = notag

System Id       Interface   State  Holdtime  Priority  Circuit Id
c4000           Se1/1.1     Up     55        0         06
c2500-2         Et0/1.4     Up     29        64        c2500-2.06
c2500-2         Et0/1.3     Up     29        64        c2500-2.05
c2500-2         Et0/1.2     Up     21        64        c2500-2.04
c2500-2         Et0/1.1     Up     22        64        c2500-2.02
```

c7000# show ipx nlsp neighbors detail

```
NLSP Level-1 Neighbors: Tag Identifier = notag

System Id      Interface  State  Holdtime  Priority  Circuit Id
c4000          Tu10       Up     45        0         02
  IPX Address: 184401.0000.0000.0001
  IPX Areas:   00000000/00000000
  Uptime: 01:23:35
c2500-1        Se1.1      Up     50        0         02
  IPX Address: 184402.0000.0000.0001
  IPX Areas:   00000000/00000000
  Uptime: 02:00:47
c7000          Et0.4      Up     55        44        c2500-2.06
  IPX Address: 40000044.aa00.0400.01b4
  IPX Areas:   00000000/00000000
  Uptime: 04:01:08
c7000          Et0.3      Up     45        44        c2500-2.05
  IPX Address: 40000043.aa00.0400.01b4
  IPX Areas:   00000000/00000000
  Uptime: 04:01:11
c7000          Et0.2      Up     56        44        c2500-2.04
  IPX Address: 40000042.aa00.0400.01b4
  IPX Areas:   00000000/00000000
  Uptime: 04:01:14
c7000          Et0.1      Up     48        44        c2500-2.02
  IPX Address: 40000041.aa00.0400.01b4
  IPX Areas:   00000000/00000000
```

NetBEUI

NetBEUI (NetBIOS Extended User Interface) ist ein nicht-routebares Protokoll das sowohl einen ungesicherten, verbindungslosen als auch einen zuverlässigen, verbindungsorientierten Transport-Service zur Verfügung stellen kann (ungesichert über IEEE 802.2 LLC-Type1 und gesichert über IEEE 802.2 LLC-Type2).

Applikationen können über die NetBIOS APIs (Application Programming Interface) auf die von NetBEUI angebotenen Transport-Services zugreifen:

- Name Commands

- Session Commands

- Datagram Commands

- General

Paketformat

NetBEUI setzt zur Datenübertragung das IEEE-802.3-Frame-Format ein.

IEEE-802.3-SAP-Adresse: F0 und F1

Multicast-Adresse: 03-00-00-00-00-01 (NetBIOS Broadcast)

Length	Delimiter 0xEFFF	Command	Optional Data 1	Optional Data 2	Transmit Correlator	Receive Correlator	Destination Name	Source Name	Session Layer (z.B: SMB)

20 bzw 68 Octets bei Name Support

- Command

  Name Commands

ADD_GROUP_NAME_QUERY	Group-Name innerhalb des Netzwerks auf Duplizität überprüfen
ADD_NAME_QUERY	Überprüfen, ob der Name doppelt im Netzwerk vorkommt
ADD_NAME_RESPONSE	Negative Antwort, der Name existiert bereits
NAME_IN_CONFLICT	Doppelter Name empfangen
NAME_QUERY	Anfrage, um einen Namen im Netzwerk zu lokalisieren
NAME_RECOGNIZED	Der Name wurde erkannt

Session Commands

SESSION_ALIVE	Überprüfung, ob eine Session noch aktiv ist
SESSION_INIT	Aufbau einer NetBEUI Session
DATA_ACK	Quittierung eines DATA_ONLY_LAST Frame
DATA_FIRST_MIDDLE	Session Data Message, das erste oder ein mittleres Frame
DATA_ONLY_LAST	Session Data Message, einzelnes oder das letzte Frame
NO_RECEIVE	Der Empfang von Daten wird angehalten
RECEIVE_CONTINUE	Zeigt an, dass noch Daten zum Empfang ausstehen
RECEIVE_OUTSTANDING	Erneute Übertragung des letzten Daten-Frame

Datagram Commands

DATAGRAM	Von einer Applikation generiertes Datagram
DATAGRAM_BROADCAST	Von einer Applikation generiertes Broadcast-Datagram

General Commands

STATUS_QUERY	Anforderung über den Status der Gegenseite
STATUS_RESPONSE	Informationen über den lokalen Status
TERMINATE_TRACE_REMOTE	Beenden des Trace auf der Gegenseite
TERMINATE_TRACE_LOCAL	Trace auf dem lokalen Knoten und auf der Gegenseite beenden

● Transmit Correlator

Die Sequenznummer des Pakets, das die sendende Station von der Gegenseite als Nächstes erwartet.

● Receive Correlator

Die Sequenznummer des Pakets, das die Gegenseite als Antwort auf ein Command-Frame gesendet hat.

● Destination Name

Bei Name- und Datagram-Kommandos: Der Name des Zielsystems
Bei Session- und General-Kommandos: Die entfernte und lokale Nummern der Session

● Source Name

Bei Name- und Datagram-Kommandos: Der Name des Senders, der das Frame
generiert hat

Flow Control Parameter

NetBEUI setzt einen Sliding-Window-Mechanismus zur Flusskontrolle ein (siehe auch das Kapitel über TCP Flow Control). Zu Beginn einer Übertragung ist die Window Size immer Eins. Sie wird so lange kontinuierlich erhöht, bis innerhalb der Adaptrate (standardmäßig eine Sekunde) mehr Pakete aus dem Netzwerk entfernt werden, als durch den Parameter Windowerrors erlaubt sind.

Trace eines NetBEUI-Verbindungsaufbaus über LLC2

● NetBEUI Name Query

```
DLL: Destination Address            = 03-00-00-00-00-01 (All_NETBIOS)
DLL: Source Address                 = 00-00-F8-50-D4-BF
DLL:
DLL: 802.2 format, packet length    = 47
DLL: 802.2 DSAP                     = F0
DLL:          .......0 = Individual DSAP
DLL: 802.2 SSAP                     = F0
DLL:          .......0 = Command Frame
DLL: 802.2 PDU Control              = 03
DLL:          ......11 = Unnumbered Frame
DLL:          000.00.. = UI-Data
DLL:          ...0.... = Final
NETBEUI:
NETBEUI: - - - - - NETBEUI protocol (NETBEUI) - - - - -
NETBEUI:
NETBEUI: NETBIOS Header Length       = 44
NETBEUI: Delimiter (0xEFFF)          = EFFF
NETBEUI: Command Code                = 10 (Name_Query)
NETBEUI: Optional Data 1 (reserved)  = 00
NETBEUI: Local Session Number        = 0
NETBEUI: Name Type (0=unique,1=group) = 00
NETBEUI: Transmit Correlator (reserved) = 0000
NETBEUI: Response Correlator         = 0011
NETBEUI: Destination Name            = "SERVER          "
NETBEUI: Source Name                 = "AURANDA         ."
```

● NetBEUI Name Recognized

```
DLL: Destination Address            = 00-00-F8-50-D4-BF (0000F850D4BF)
DLL: Source Address                 = 08-00-2B-94-FA-17
DLL:
DLL: 802.2 format, packet length    = 47
DLL: 802.2 DSAP                     = F0
DLL:          .......0 = Individual DSAP
DLL: 802.2 SSAP                     = F0
DLL:          .......0 = Command Frame
DLL: 802.2 PDU Control              = 03
DLL:          ......11 = Unnumbered Frame
DLL:          000.00.. = UI-Data
DLL:          ...0.... = Final
NETBEUI:
NETBEUI: - - - - - NETBEUI protocol (NETBEUI) - - - - -
NETBEUI:
NETBEUI: NETBIOS Header Length       = 44
NETBEUI: Delimiter (0xEFFF)          = EFFF
NETBEUI: Command Code                = 14 (Name_Recognized)
NETBEUI: Optional Data 1 (reserved)  = 00
NETBEUI: Local Session Number        = 0
NETBEUI: Name Type (0=unique,1=group) = 00
NETBEUI: Transmit Correlator         = 0011
NETBEUI: Response Correlator         = 0000
NETBEUI: Destination Name            = "AURANDA         ."
NETBEUI: Source Name                 = "SERVER          "
```

● **LLC2-Verbindungsaufbau**

```
DLL: Destination Address              = 08-00-2B-94-FA-17
DLL: Source Address                   = 00-00-F8-50-D4-BF
DLL:
DLL: 802.2 format, packet length      = 3
DLL: 802.2 DSAP                       = F0
DLL:             .......0 = Individual DSAP
DLL: 802.2 SSAP                       = F0
DLL:             .......0 = Command Frame
DLL: 802.2 PDU Control                = 7F
DLL:             ......11 = Unnumbered Frame
DLL:             011.11.. = SABME-Cmd
DLL:             ...1.... = Poll

DLL: Destination Address              = 00-00-F8-50-D4-BF
DLL: Source Address                   = 08-00-2B-94-FA-17
DLL:
DLL: 802.2 format, packet length      = 3
DLL: 802.2 DSAP                       = F0
DLL:             .......0 = Individual DSAP
DLL: 802.2 SSAP                       = F1
DLL:             .......1 = Response Frame
DLL: 802.2 PDU Control                = 73
DLL:             ......11 = Unnumbered Frame
DLL:             011.00.. = UA-Resp
DLL:             ...1.... = Poll
```

● **NetBEUI Session Initialize**

```
DLL: Destination Address              = 08-00-2B-94-FA-17
DLL: Source Address                   = 00-00-F8-50-D4-BF
DLL:
DLL: 802.2 format, packet length      = 18
DLL: 802.2 DSAP                       = F0
DLL:             .......0 = Individual DSAP
DLL: 802.2 SSAP                       = F0
...  ...
NETBEUI:
NETBEUI: - - - - - NETBEUI protocol (NETBEUI) - - - - -
NETBEUI:
NETBEUI: NETBIOS Header Length        = 14
NETBEUI: Delimiter (0xEFFF)           = EFFF
NETBEUI: Command Code                 = 25 (Session_Initialize)
NETBEUI: Optional Data 1              = 8F
NETBEUI:             .......1 = NETBIOS 2.0 or higher
NETBEUI:             ....111. = 7 (Largest Frame Size)
NETBEUI:             1....... = Can handle NO.ACK
NETBEUI: Max data receive size        = 1482
NETBEUI: Transmit Correlator          = 0045
NETBEUI: Response Correlator          = 0000
NETBEUI: Remote session number        = 1
NETBEUI: Local session number         = 5
```

● NetBEUI Session Confirm

```
DLL: Destination Address            = 00-00-F8-50-D4-BF
DLL: Source Address                 = 08-00-2B-94-FA-17
DLL:
DLL: 802.2 format, packet length    = 18
DLL: 802.2 DSAP                     = F0
DLL:          .......0 = Individual DSAP
DLL: 802.2 SSAP                     = F0
...   ...
NETBEUI:
NETBEUI: - - - - - NETBEUI protocol (NETBEUI) - - - - -
NETBEUI:
NETBEUI: NETBIOS Header Length      = 14
NETBEUI: Delimiter (0xEFFF)         = EFFF
NETBEUI: Command Code               = 23 (Session_Confirm)
NETBEUI: Optional Data 1            = 81
NETBEUI:          .......1 = NETBIOS 2.0 or higher
NETBEUI:          1....... = Can handle NO.ACK
NETBEUI:
NETBEUI: Max data receive size      = 1482
NETBEUI: Transmit Correlator        = 0000
NETBEUI: Sess init xmit correlator  = 0000
NETBEUI: Remote session number      = 5
NETBEUI: Local session number       = 1
```

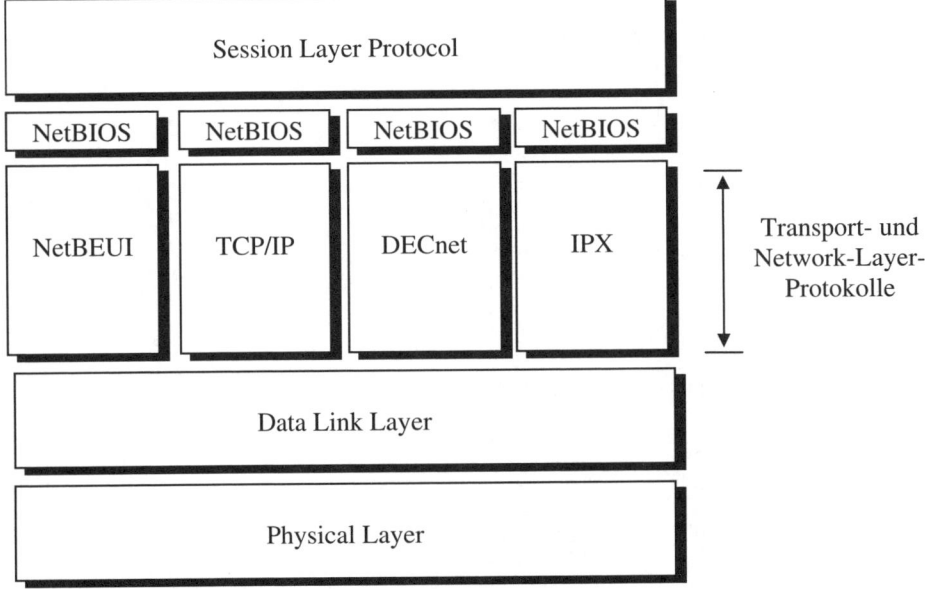

NetBIOS (Network Basic Input/Output System) ist ein Session Layer Interface, das Applikationen benutzen (z.B. das SMB, Server-Message-Block-Protokoll), um mit unterschiedlichen Transport-Protokollen kommunizieren zu können.

Da das unterliegende Transport-Protokoll (und damit das Adressierungsschema) variabel ist, verwendet NetBIOS eine Namens-basierende Adressierung mit maximal 16 Zeichen für den Namen.

Jedem Transport-Protokoll weist NetBIOS eine logische Nummer zu, den so genannten NetBIOS-Adapter (LANA #). Die Systeme speichern die aufgelösten Namen in einer lokalen Namenstabelle. Diese Tabelle kann man sich z.B. unter Windows mit dem Befehl »nbtstat« anzeigen lassen.

C:\ nbtstat -c

```
Node IpAddress: [10.143.7.68] Scope Id: []
            NetBIOS Remote Cache Name Table

    Name              Type        Host Address      Life [sec]
-----------------------------------------------------------------
LAPTOP          <03>  UNIQUE      10.143.224.233       -1
HOST1           <03>  UNIQUE      10.10.204.18         -1
VMS3            <03>  UNIQUE      10.204.7.34          -1
```

C:\>nbtstat -n

```
Node IpAddress: [10.143.7.68] Scope Id: []
            NetBIOS Local Name Table

    Name              Type        Status
-----------------------------------------------------
AURAND3         <00>  UNIQUE      Registered
LABGROUP        <00>  GROUP       Registered
AURAND3         <03>  UNIQUE      Registered
AURAND3         <20>  UNIQUE      Registered
LABGROUP        <1E>  GROUP       Registered
AURAND          <03>  UNIQUE      Registered
```

C:\>nbtstat -a VMS3

```
        NetBIOS Remote Machine Name Table

    Name              Type        Status
-----------------------------------------------------
VMS3CMTSERVER   <20>  UNIQUE      Registered
VMS3            <20>  UNIQUE      Registered
VMS3            <00>  UNIQUE      Registered
LABGROUP        <00>  GROUP       Registered
LABGROUP        <1E>  GROUP       Registered
PWRK$LVMS3R02   <50>  UNIQUE      Registered

MAC Address = AA-00-04-00-DD-C5
```

NetBIOS-Funktionen

● Name Service Commands

ADD_GROUP_NAME	Fügt einen Group-Name in die lokale Namenstabelle hinzu
ADD_NAME	Hinzufügen eines eindeutigen Namens in die lokale Namenstabelle
DELETE_NAME	Entfernen eines Namens aus dem Netzwerk
FIND_NAME	Ermittlung der Lokation eines Namens auf dem Netzwerk

- Session Commands (verbindungsorientierte, zuverlässige Kommunikation auf Session-Layer-Ebene)

CALL	Aufbau einer logischen Verbindung (Session)
CHAIN_SEND	Zusammenfassung von zwei Datenpuffern zur Übertragung
HANG_UP	Abbau einer Session
LISTEN	Hört auf einen Connect von einer anderen Applikation
RECEIVE	Empfang von Daten einer spezifizierten Session
RECEIVE_ANY	Empfang von Daten aus jeder aktiven Session
RECEIVE_CONTINUE	Zeigt an, dass noch Daten zum Empfang ausstehen
SEND	Senden einer Datennachricht (bis zu 64 Kbit)

- Datagram Commands (verbindungslose, unzuverlässige Kommunikation auf Session-Layer-Ebene)

SEND_BROADCAST_DGRAM	Senden einer Nachricht zu allen aktiven NetBIOS- Sessions
RECEIVE_BROADCAST_DGRAM	Empfang einer Send_Broadcast_Datagram- Nachricht
SEND_DATAGRAM	Senden einer Nachricht zu einem Namen oder einer
RECEIVE_DATAGRAM	Empfang einer Send_Datagram-Nachricht
SESSION_STATUS	Empfängt den Status für alle aktiven Sessions eines Namens

- General Commands

ADAPTER_STATUS	Ermittelt den Status eines lokalen oder entfernten NetBIOS-Adapters
RESET	Resets der lokalen Station sowie Löschen der Namens- und Sessiontabelle
CANCEL	Abbruch eines noch nicht beendeten Kommandos

Überprüfung von doppelten NetBIOS-Namen   (NetBIOS Name Contenation)

Bevor eine Applikation einem NetBIOS-Adapter einen Namen zuweisen kann, muss sichergestellt sein, dass es sich um einen eindeutigen Namen handelt, der nicht bereits durch einen anderen NetBIOS-Adapter belegt ist.

Unter NetBEUI sendet die Station einen ADD_NAME_QUERY-Multicast. Benutzt ein anderer Adapter den gleichen Namen, sendet dieser ein ADD_NAME_RESPONSE-Paket zurück und das lokale System kann diesen Namen nicht benutzen.

NetBIOS-Namensauflösung   (NetBIOS Name Resolution)

Die Bestimmung eines NetBIOS-Namens und der dazugehörigen Netzwerkadresse erfolgt über einen Name-Resolution-Prozess.

Bei NetBEUI als Transport-Protokoll sendet die Station einen NAME_QUERY-Multicast, den das System, das diesen Namen besitzt, mit einem NAME_RECOGNIZED-Paket beantwortet.

Abbildung der NetBIOS-Funktion auf den einzelnen Transport-Protokollen

● NetBEUI

Alle NetBIOS-Funktionen sind direkt über entsprechende NetBEUI-Kommandos verfügbar. Die NetBIOS-Broadcast-Pakete benutzen die NetBEUI-Multicast-Adresse 03-00-00-00-00-01.

● IPX

IPX wandelt alle NetBIOS-Broadcasts in IPX-Broadcasts um und setzt dazu den IPX-Packet-Type auf 0x14 (IPX Type-20-Propagation).

● DECnet

Das DECnet-Protokoll unterstützt alle NetBIOS-Funktionen bis auf die Send-Datagram- und Broadcast-Datagram-Kommandos.

Diese beiden Funktionen werden über ein separates, nicht routebares, LAN-Protokoll zur Verfügung gestellt (sog. DECnet-NetBIOS-Emulator, Protokoll-Typ 80-40).

● TCP/IP

Die Implementation von NetBIOS über TCP/IP ist in den RFCs 1001 und 1002 beschrieben. Das Versenden der NetBIOS-Broadcast-Pakete erfolgt über Directed IP Broadcasts. Als well-known Ports sind folgende Werte definiert:

Name Service: UDP/TCP Port 137
Datagram Service: UDP Port 138
Session Service: TCP Port 139

10.1 Trace einer NetBIOS Session über TCP/IP als Transport

Auf einem PC wurde das Kommando C:\ NET VIEW \\XXX-SERVER-1 ausgeführt. Der PC hat die IP-Adresse 10.143.7.68, der Server die Adresse 10.212.232.6.

Name Query Request des PC und Reply des WINS Server

```
IP: - - - - - Internet protocol (IP) - - - - -
IP:
...                                                 Adresse des auf dem PC
IP: Source Address            = 10.143.7.68    ╱  eingetragenen WINS-Server
IP: Destination Address       = 10.84.92.19
IP:
UDP: - - - - - User Datagram Protocol (UDP) - - - - -
UDP:
UDP: Source port              = 137 (NB-Naming)
UDP: Destination port         = 137 (NB-Naming)
UDP: Length                   = 58 bytes
UDP: Checksum                 = 59687
UDP:
RFCNB: - - - - - RFC NB-Naming Protocol - - - - -
RFCNB:
RFCNB: Transaction ID         = 394
RFCNB: Opcode/NMFlags/RCode   = 0100
RFCNB:          ...........0000 =  0 (Response Code)
RFCNB:          .....0010000.... = 16 (NM Flags)
RFCNB:          ...........0.... = Unicast
RFCNB:          ........0....... = Recursion not available
RFCNB:          .......1........ = Recursion desired
RFCNB:          ......0......... = Not truncated
RFCNB:          .....0.......... = Unauthorative
RFCNB:          00000.......... =  0 (Opcode = Name Query Request)
RFCNB: Question section records   = 1
RFCNB: Answer section records     = 0
RFCNB: Authority section records  = 0
RFCNB: Additional record count    = 0
RFCNB:
RFCNB: - - - - - Question Records - - - - -
RFCNB:
RFCNB: Encoded name length    = 32
RFCNB: Encoded NetBIOS name   = 'XXX-SERVER-1      '
RFCNB: Type of request        = 32 (Name service)
RFCNB: Class of request       = 1 (Internet)

IP: - - - - - Internet protocol (IP) - - - - -
IP:
...
IP: Source Address            = 10.84.92.19
IP: Destination Address       = 10.143.7.68
IP:
UDP: - - - - - User Datagram Protocol (UDP) - - - - -
UDP:
UDP: Source port              = 137 (NB-Naming)
UDP: Destination port         = 137 (NB-Naming)
UDP: Length                   = 70 bytes
UDP: Checksum                 = 2998
UDP:
RFCNB: - - - - - RFC NB-Naming Protocol - - - - -
RFCNB:
RFCNB: Transaction ID         = 394
RFCNB: Opcode/NMFlags/RCode   = 8580
RFCNB:          ...........0000 =  0 (Response Code)
RFCNB:          .....1011000.... = 88 (NM Flags)
RFCNB:          ...........0.... = Unicast
RFCNB:          .......1....... = Recursion available
RFCNB:          .......1........ = Recursion desired
RFCNB:          ......0......... = Not truncated
RFCNB:          .....1.......... = Authoritive answer
RFCNB:          10000.......... = 16 (Opcode = Name Query Response)
RFCNB: Question section records   = 0
RFCNB: Answer section records     = 1
```

```
RFCNB: Authority section records     = 0
RFCNB: Additional record count       = 0
RFCNB:
RFCNB: - - - - - Answer Records - - - - -
RFCNB:
RFCNB: Encoded name length           = 32
RFCNB: Encoded NetBIOS name          = 'XXX-SERVER-1     '
RFCNB: Type of request               = 32 (Name service)
RFCNB: Class of request              = 1 (Internet)
RFCNB: Resource data length          = 1
RFCNB: Time to live (sec)            = 0
RFCNB: Resource data                 = 00 06 00 00 0A D4 E8 06
```

IP-Adresse des Servers
(10.212.232.6)

Aufbau der TCP-Verbindung zwischen dem PC und dem Server

```
IP: - - - - - Internet protocol (IP) - - - - -
...
IP: Source Address                = 10.143.7.68
IP: Destination Address           = 10.212.232.6
TCP:
TCP: - - - - - Transmission Control Protocol (TCP) - - - - -
TCP:
TCP: Source port                  = 1510 (Unknown)
TCP: Destination port             = 139 (NB-Session)
TCP: Sequence number              = 91273915
TCP: Acknowledgement number       = 0
TCP: TCP Header Length            = 44 bytes
TCP: TCP Control Bits             = 02
TCP:         .......0 = --
TCP:         ......1. = SYN: Synchronize sequence numbers
TCP:         .....0.. = --
TCP:         ....0... = --
TCP:         ...0.... = --
TCP:         ..0..... = --
TCP: Window                       = 8192
TCP: Header Checksum              = 16002
TCP: Urgent pointer (not used)    = 0
TCP: Option Code                  = 2 (Max. Segment Size)
TCP: Option Length                = 4
TCP: Option Data: Max segment size = 1460
TCP: Option Code                  = 1 (No Operation (pad))


IP: - - - - - Internet protocol (IP) - - - - -
...
IP: Source Address                = 10.212.232.6
IP: Destination Address           = 10.143.7.68
TCP:
TCP: - - - - - Transmission Control Protocol (TCP) - - - - -
TCP:
TCP: Source port                  = 139 (NB-Session)
TCP: Destination port             = 1510 (Unknown)
TCP: Sequence number              = 774277
TCP: Acknowledgement number       = 91273916
TCP: TCP Header Length            = 24 bytes
TCP: TCP Control Bits             = 12
TCP:         .......0 = --
TCP:         ......1. = SYN: Synchronize sequence numbers
TCP:         .....0.. = --
TCP:         ....0... = --
TCP:         ...1.... = ACK: Acknowledgement
TCP:         ..0..... = --
TCP: Window                       = 8760
TCP: Header Checksum              = 52685
TCP: Urgent pointer (not used)    = 0
TCP: Option Code                  = 2 (Max. Segment Size)
TCP: Option Length                = 4
TCP: Option Data: Max segment size = 1460

IP: - - - - - Internet protocol (IP) - - - - -
...
IP: Source Address                = 10.143.7.68
IP: Destination Address           = 10.212.232.6
TCP:
TCP: - - - - - Transmission Control Protocol (TCP) - - - - -
TCP:
TCP: Source port                  = 1510 (Unknown)
TCP: Destination port             = 139 (NB-Session)
```

```
TCP: Sequence number            = 91273916
TCP: Acknowledgement number     = 774278
TCP: TCP Header Length          = 20 bytes
TCP: TCP Control Bits           = 10
TCP:        .......0 = --
TCP:        ......0. = --
TCP:        .....0.. = --
TCP:        ....0... = --
TCP:        ...1.... = ACK: Acknowledgement
TCP:        ..0..... = --
TCP: Window                     = 8760
TCP: Header Checksum            = 58762
TCP: Urgent pointer (not used)  = 0
```

Aufbau der NetBIOS Session zwischen dem PC und dem Server

```
IP: - - - - - Internet protocol (IP) - - - - -
...
IP: Source Address              = 10.143.7.68
IP: Destination Address         = 10.212.232.6
TCP:
TCP: - - - - - Transmission Control Protocol (TCP) - - - - -
TCP:
TCP: Source port                = 1510 (Unknown)
TCP: Destination port           = 139 (NB-Session)
TCP: Sequence number            = 91273916
TCP: Acknowledgement number     = 774278
TCP: TCP Header Length          = 20 bytes
TCP: TCP Control Bits           = 18
TCP:        .......0 = --
TCP:        ......0. = --
TCP:        .....0.. = --
TCP:        ....1... = PSH: Push function
TCP:        ...1.... = ACK: Acknowledgement
TCP:        ..0..... = --
TCP: Window                     = 8760
TCP: Header Checksum            = 33386
TCP: Urgent pointer (not used)  = 0
TCP:
RFCNB: - - - - - RFC NB-Session Protocol - - - - -
RFCNB:
RFCNB: Type of request          = 129 (Request)
RFCNB: Session flags            = 00
RFCNB: Session data length      = 68
RFCNB: Encoded name length      = 32
RFCNB: Source NetBIOS name      = 'XXX-SERVER-1    '
RFCNB: Encoded name length      = 32
RFCNB: Destination NetBIOS name = 'AURAND3        .'

IP: - - - - - Internet protocol (IP) - - - - -
...
IP: Source Address              = 10.212.232.6
IP: Destination Address         = 10.143.7.68
TCP:
TCP: - - - - - Transmission Control Protocol (TCP) - - - - -
TCP:
TCP: Source port                = 139 (NB-Session)
TCP: Destination port           = 1510 (Unknown)
TCP: Sequence number            = 774278
TCP: Acknowledgement number     = 91273988
TCP: TCP Header Length          = 20 bytes
TCP: TCP Control Bits           = 18
TCP: Window                     = 8688
TCP: Header Checksum            = 25470
TCP: Urgent pointer (not used)  = 0
TCP:
RFCNB: - - - - - RFC NB-Session Protocol - - - - -
RFCNB:
RFCNB: Type of request          = 130 (Positive response)
RFCNB: Session flags            = 00
RFCNB: Session data length      = 0
```

Aufbau der SMB-Verbindung (Server Message Block)

```
IP: - - - - - Internet protocol (IP) - - - - -
...
IP: Source Address              = 10.143.7.68
IP: Destination Address         = 10.212.232.6
TCP:
TCP: - - - - - Transmission Control Protocol (TCP) - - - - -
TCP:
TCP: Source port                = 1510 (Unknown)
TCP: Destination port           = 139 (NB-Session)
TCP: Sequence number            = 91273988
TCP: Acknowledgement number     = 774282
TCP: TCP Header Length          = 20 bytes
TCP: TCP Control Bits           = 18
TCP: Window                     = 8756
TCP: Header Checksum            = 3506
TCP: Urgent pointer (not used)  = 0
TCP:
RFCNB: - - - - - RFC NB-Session Protocol - - - - -
RFCNB:
RFCNB: Type of request          = 0 (Message)
RFCNB: Session flags            = 00
RFCNB: Session data length      = 154
SMB:
SMB: - - - - - SMB Protocol Message - - - - -
SMB:
SMB: SMB signature              = FF-53-4D-42
SMB: Command code               = 72, NegProt Request
SMB: Error class                = 0, Success
SMB: Reserved                   = 00
SMB: Error code                 = 0, Success
SMB: Flags                      = 00
SMB:        ....0... = Case sensitive
SMB: Flags 2                    = 0000
SMB: Reserved bytes
SMB: Tree ID                    = 0000
SMB: Process ID                 = 6F52
SMB: User ID                    = 0000
SMB: Multiplex ID               = B881
SMB: Word count                 = 0
SMB: Byte count                 = 119 (119 in this segment)
SMB: Dialect 0                  = "PC NETWORK PROGRAM 1.0"
SMB: Dialect 1                  = "MICROSOFT NETWORKS 3.0"
SMB: Dialect 2                  = "DOS LM1.2X002"
SMB: Dialect 3                  = "DOS LANMAN2.1"
SMB: Dialect 4                  = "Windows for Workgroups 3.1a"
SMB: Dialect 5                  = "NT LM 0.12"


IP: - - - - - Internet protocol (IP) - - - - -
...
IP: Source Address              = 10.212.232.6
IP: Destination Address         = 10.143.7.68
TCP:
TCP: - - - - - Transmission Control Protocol (TCP) - - - - -
TCP:
TCP: Source port                = 139 (NB-Session)
TCP: Destination port           = 1510 (Unknown)
TCP: Sequence number            = 774282
TCP: Acknowledgement number     = 91274146
TCP: TCP Header Length          = 20 bytes
TCP: TCP Control Bits           = 18
TCP: Window                     = 8530
TCP: Header Checksum            = 35775
TCP: Urgent pointer (not used)  = 0
TCP:
RFCNB: - - - - - RFC NB-Session Protocol - - - - -
RFCNB:
RFCNB: Type of request          = 0 (Message)
RFCNB: Session flags            = 00
RFCNB: Session data length      = 109
SMB:
SMB: - - - - - SMB Protocol Message - - - - -
SMB:
SMB: SMB signature              = FF-53-4D-42
```

```
SMB: Command code              = 72, NegProt Response
SMB: Error class               = 0, Success
SMB: Reserved                  = 00
SMB: Error code                = 0, Success
SMB: Flags                     = 80
SMB:          ....0... = Case sensitive
SMB:          1....... = Response message
SMB: Flags 2                   = 0000
SMB: Reserved bytes
SMB: Tree ID                   = 0000
SMB: Process ID                = 6F52
SMB: User ID                   = 0000
SMB: Multiplex ID              = B881
SMB: Word count                = 17
SMB: Dialect selected          = 5
SMB: Security mode             = 3203
SMB:          .............1 = User level
SMB:          .............1. = Encrypt passwords
SMB: Max transmit buffer       = 256
SMB: Max pending mpx requests  = 1024
SMB: Max VCs per session       = 17
SMB: Block read/write support  = 0000
SMB:          .............0 = No ReadRaw
SMB:          .............0. = No WriteRaw
SMB: Session key               = 00000100
SMB: Server current time       = 0-Mar-1980
SMB: Server current date       = 31:40:00
SMB: Server timezone           = 67
SMB: Reserved                  = 8694D000
SMB: Word parameter 13         = 61050
SMB: Word parameter 14         = 49022
SMB: Word parameter 15         = 50177
SMB: Word parameter 16         = 2303
SMB: Byte count                = 40 (40 in this segment)
SMB: Untagged data block


IP: - - - - - Internet protocol (IP) - - - - -
...
IP: Source Address             = 10.143.7.68
IP: Destination Address        = 10.212.232.6
TCP:
TCP: - - - - - Transmission Control Protocol (TCP) - - - - -
TCP:
TCP: Source port               = 1510 (Unknown)
TCP: Destination port          = 139 (NB-Session)
TCP: Sequence number           = 91274146
TCP: Acknowledgement number    = 774395
TCP: TCP Header Length         = 20 bytes
TCP: TCP Control Bits          = 18
TCP: Window                    = 8643
TCP: Header Checksum           = 50163
TCP: Urgent pointer (not used) = 0
TCP:
RFCNB: - - - - - RFC NB-Session Protocol - - - - -
RFCNB:
RFCNB: Type of request         = 0 (Message)
RFCNB: Session flags           = 00
RFCNB: Session data length     = 162
SMB:
SMB: - - - - - SMB Protocol Message - - - - -
SMB:
SMB: SMB signature             = FF-53-4D-42
SMB: Command code              = 73, SessSetup&X Request
SMB: Error class               = 0, Success
SMB: Reserved                  = 00
SMB: Error code                = 0, Success
SMB: Flags                     = 10
SMB:          ....0... = Case sensitive
SMB:          ...1.... = Canonicalized Paths
SMB: Flags 2                   = 0000
SMB: Reserved bytes
SMB: Tree ID                   = 0000
SMB: Process ID                = 6F52
SMB: User ID                   = 0001
SMB: Multiplex ID              = B881
```

```
SMB: Word count                   = 13
SMB: Next command code            = 75, Tcon&X
SMB: Reserved byte (MBZ)          = 00
SMB: Offset to second message     = 126
SMB: Consumers max buffer size    = 2920
SMB: Max pending mpx requests     = 50
SMB: Virtual circuit number       = 0
SMB: Session key                  = 00000000
SMB: Size of account password     = 24
SMB: Size of encryption key       = 0
SMB: Offset to encryption key     = 0
SMB: Word parameter 10            = 0
SMB: Word parameter 11            = 5
SMB: Word parameter 12            = 0
SMB: Byte count                   = 65 (101 in this segment)
SMB: Account password
SMB: Account name                 = "AURAND"
SMB: Untagged data block
SMB:
SMB: - - - - - Tcon&X - - - - -
SMB:
SMB: Word count                   = 4
SMB: Next command code            = 0xFF, None
SMB: Additional flags             = 0002
SMB: Password length              = 1
SMB: Byte count                   = 25 (25 in this segment)
SMB: Password                     = ""
SMB: Alias name                   = "\\XXX-SERVER-1\IPC$"
SMB: Device name                  = "IPC"


IP: - - - - - Internet protocol (IP) - - - - -
...
IP: Source Address                = 10.212.232.6
IP: Destination Address           = 10.143.7.68
TCP:
TCP: - - - - - Transmission Control Protocol (TCP) - - - - -
TCP:
TCP: Source port                  = 139 (NB-Session)
TCP: Destination port             = 1510 (Unknown)
TCP: Sequence number              = 774395
TCP: Acknowledgement number       = 91274312
TCP: TCP Header Length            = 20 bytes
TCP: TCP Control Bits             = 18
TCP: Window                       = 8364
TCP: Header Checksum              = 61878
TCP: Urgent pointer (not used)    = 0
TCP:
TCP: Port RFCNB data (109 bytes)
RFCNB:
RFCNB: - - - - - RFC NB-Session Protocol - - - - -
RFCNB:
RFCNB: Type of request            = 0 (Message)
RFCNB: Session flags              = 00
RFCNB: Session data length        = 105
SMB:
SMB: - - - - - SMB Protocol Message - - - - -
SMB:
SMB: SMB signature                = FF-53-4D-42
SMB: Command code                 = 73, SessSetup&X Response
SMB: Error class                  = 0, Success
SMB: Reserved                     = 00
SMB: Error code                   = 0, Success
SMB: Flags                        = 90
SMB:         ....0... = Case sensitive
SMB:         ...1.... = Canonicalized Paths
SMB:         1....... = Response message
SMB: Flags 2                      = 0000
SMB: Reserved bytes
SMB: Tree ID                      = 2807
SMB: Process ID                   = 6F52
SMB: User ID                      = 4002
SMB: Multiplex ID                 = B881
SMB: Word count                   = 3
SMB: Next command code            = 75, Tcon&X
SMB: Reserved byte (MBZ)          = 00
```

```
SMB: Offset to second message      = 91
SMB: Logged on as GUEST?           = 0
SMB: Byte count                    = 50 (64 in this segment)
SMB: Data length                   = 26967 (62 in this segment)
SMB: File data
SMB:
SMB: - - - - - Tcon&X - - - - -
SMB:
SMB: Word count                    = 3
SMB: Next command code             = 0xFF, None
SMB: Word parameter 2              = 1
SMB: Byte count                    = 5 (5 in this segment)
SMB: Service type                  = "IPC"


IP: - - - - - Internet protocol (IP) - - - - -
...
IP: Source Address                 = 10.143.7.68
IP: Destination Address            = 10.212.232.6
TCP:
TCP: - - - - - Transmission Control Protocol (TCP) - - - - -
TCP:
TCP: Source port                   = 1510 (Unknown)
TCP: Destination port              = 139 (NB-Session)
TCP: Sequence number               = 91274312
TCP: Acknowledgement number        = 774504
TCP: TCP Header Length             = 20 bytes
TCP: TCP Control Bits              = 18
TCP: Window                        = 8534
TCP: Header Checksum               = 55942
TCP: Urgent pointer (not used)     = 0
TCP:
TCP: Port RFCNB data (113 bytes)
RFCNB:
RFCNB: - - - - - RFC NB-Session Protocol - - - - -
RFCNB:
RFCNB: Type of request             = 0 (Message)
RFCNB: Session flags               = 00
RFCNB: Session data length         = 109
SMB:
SMB: - - - - - SMB Protocol Message - - - - -
SMB:
SMB: SMB signature                 = FF-53-4D-42
SMB: Command code                  = 25, Transact Request
SMB: Error class                   = 0, Success
SMB: Reserved                      = 00
SMB: Error code                    = 0, Success
SMB: Flags                         = 00
SMB:          ....0... = Case sensitive
SMB: Flags 2                       = 8000
SMB: Reserved bytes
SMB: Tree ID                       = 2807
SMB: Process ID                    = 6F52
SMB: User ID                       = 4002
SMB: Multiplex ID                  = B981
SMB: Word count                    = 14
SMB: Total parameter bytes         = 19
SMB: Total data bytes              = 0
SMB: Max return param bytes        = 8
SMB: Max return data bytes         = 4096
SMB: Max return setup bytes        = 0
SMB: Transaction flags             = 0000
SMB:          ..............0. = Response required
SMB: Millisecond timeout           = 5000
SMB: Reserved                      = 0000
SMB: Actual parameter bytes sent   = 19
SMB: Offset to parameter bytes     = 90
SMB: Actual data bytes sent        = 0
SMB: Offset to data bytes          = 0
SMB: Setup word count              = 0
SMB: Byte count                    = 46 (46 in this segment)
SMB: Transaction name or pad       = "â\"
SMB: Transaction parameters        = 19 of 19 bytes
SMB: Data parameters               = 0 of 0 bytes
```

10.2 Cisco-Konfiguration: NetBIOS

Die Router erlauben das Weiterleiten von NetBIOS-Paketen über verschiedene physikalische Netzwerke:

- **NetBEUI** Über Transparent-Bridging, SRB, RSRB oder DLSW+

- **IPX** Über »ipx type-20-propagation«

- **IP** Über »ip helper address« und »ip forward-protocol udp«

NetBIOS Name Caching

Das Cachen von NetBIOS-Namen ist nur für Token-Ring Interfaces mit SRB unterstützt. Außerdem muss der Proxy Explorer eingeschaltet sein.

interface to0
  source-bridge proxy-explorer
  netbios enable-name-cache

Statischer NetBIOS-Eintrag: netbios name-cache *2A00.0001.0002 PC77* TokenRing0

show interface to0   MAC-Adresse ⟋   ⟍ NetBIOS-Name

```
TokenRing0 is up, line protocol is up
  Hardware is TMS380, address is 5500.2000.a00d (bia 0000.301c.0a12)
  Internet address is 184.4.5.140/25
  MTU 4464 bytes, BW 16000 Kbit, DLY 630 usec, rely 255/255, load 1/255
  Encapsulation SNAP, loopback not set, keepalive set (10 sec)
  ARP type: SNAP, ARP Timeout 04:00:00
  Ring speed: 16 MbpsT
  Single ring node, Source Route Transparent Bridge capable
  Source bridging enabled, srn 45 bn 2 trn 1845 (ring group)
   proxy explorers enabled,spanning explorer enabled,NetBIOS cache enabled
```

show netbios-cache

```
Code: "-" indicates a static entry

    HW Addr     Name              How    Idle   NetBIOS Packet Savings
1000.d429.5fe8 SERVER_00982^@^@^@ To0    8      5
2a00.0001.0002 PC77              To0    -      0
```

debug netbios-name-cache

```
NETBIOS: U chk name=SERVER_00982,addr=1000.d429.5fe8,idb=TokenRing0,vrn=1
NETBIOS: U add name=SERVER_00982,addr=1000.d429.5fe8,idb=TokenRing0,vrn=0,t1
NETBIOS: L checking name FRSPC5 , vrn=0
NETBIOS: Lookup Failed -- not in cache!
NETBIOS: U chk name=SERVER_00982, addr=1000.d429.5fe8,idb=TokenRing0,vrn=1
NETBIOS: L checking name FRSPC5 , vrn=0
NETBIOS: Tossing ADD_NAME/STATUS/NAME/ADD_GROUP frame!
```

NetBIOS-Access-Filter (nur über Named Access Lists möglich)

netbios access-list bytes   *name* permit I deny *offset pattern*
netbios access-list host   *name* permit I deny *NetBIOS-Name*

- NetBEUI-Protokoll   \— * und ? Wildcard

   interface to0
      netbios input-access-filter   host I bytes *name*
      netbios output-access-filter   host I bytes *name*

- IPX-Protokoll

   interface *name*
      ipx netbios input-access-filter   host I bytes *name*
      ipx netbios output-access-filter   host I bytes *name*

   - input-access-filter: NetBIOS-Pakete werden beim Empfang gefiltert

   - output-access-filter: NetBIOS-Pakete werden beim Versenden gefiltert

Beispiel:

netbios access-list host SERVER deny PWRK*
netbios access-list host SERVER deny SERVER*
netbios access-list host SERVER permit *
!
interface to0
   netbios input-access-filter host SERVER

10.3 Beispiel: UDP Forwarding für NetBIOS Services

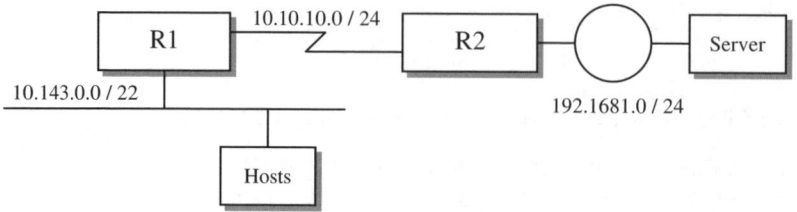

hostname R1

```
!
interface Ethernet0
 ip address 10.143.3.91 255.255.252.0
 ip helper-address 192.168.1.255
 no ip directed-broadcast
!
interface Serial1
 ip address 10.10.10.1 255.255.255.0
 encapsulation x25
 x25 address 1
 x25 htc 2
 x25 map ip 10.10.10.2 2 broadcast

ip forward-protocol udp
ip route 192.168.1.0 255.255.255.0 10.10.10.2
```

hostname R2

```
!
source-bridge ring-group 4095
!
interface Serial0
 ip address 10.10.10.2 255.255.255.0
 no ip directed-broadcast
 encapsulation x25 dce
 x25 address 2
 x25 htc 2
 x25 map ip 10.10.10.1 1 broadcast
 clockrate 19200
!
interface TokenRing0
 ip address 192.168.1.254 255.255.255.0
 ip directed-broadcast 100
 early-token-release
 ring-speed 16
 source-bridge 4 1 4095
!
ip default-network 10.0.0.0
ip route 10.0.0.0 255.0.0.0 10.10.10.0
!
access-list 100 permit udp any any eq netbios-ns log
access-list 100 permit udp any any eq netbios-dgm log
access-list 100 deny   ip any any log
```

»ip directed-broadcast«-Kommando

Über den Befehl »ip directed-broadcast« kann man steuern, ob und welche IP Directed Broadcasts der Router auf das zugehörige Interface weiterleitet. Ab der IOS Version V12.0 sind die Interfaces standardmäßig auf »no ip directed-broadcast« gesetzt, d.h., der Router leitet ohne eine manuelle Konfiguration keine Directed Broadcasts weiter.

In den vorhergehenden Versionen ist das Verhalten umgekehrt, der Router gibt Directed Broadcasts standardmäßig auf alle Schnittstellen weiter.

R2# show access-lists

```
Extended IP access list 100
    permit udp any any eq netbios-ns log (15 matches)
    permit udp any any eq netbios-dgm log (20 matches)
    deny   ip any any log (6 matches)
```

R2# show ip interface to0

```
TokenRing0 is up, line protocol is up
 Internet address is 192.168.1.254/24
 Broadcast address is 255.255.255.255
 Address determined by non-volatile memory
 MTU is 4464 bytes
 Helper address is not set
 Directed broadcast forwarding is enabled-but restricted by access list 100
 Outgoing access list is not set
 Inbound  access list is not set
```

R2# debug ip udp

```
UDP: rcvd src=10.143.3.247(138), dst=192.168.1.255(138), length=206
UDP: forwarded broadcast 138 from 10.143.3.247 to 255.255.255.255 on To0

UDP: rcvd src=10.143.3.13(138), dst=192.168.1.255(138), length=224
UDP: forwarded broadcast 138 from 10.143.3.13 to 255.255.255.255 on To0

UDP: rcvd src=10.143.3.13(137), dst=192.168.1.255(137), length=58
UDP: forwarded broadcast 137 from 10.143.3.13 to 255.255.255.255 on To0


UDP: rcvd src=10.143.3.79(68), dst=192.168.1.255(67), length=344
BOOTP: opcode 1 from host 10.143.3.79 on Serial0, 15502 secs, 0 hops

UDP: rcvd src=10.143.3.91(68), dst=192.168.1.255(67), length=308
BOOTP: opcode 1 from host 10.143.3.91 on Serial0, 61937 secs, 0 hops
```

Cisco-Konfiguration: Snapshot-Routing

Snapshot-Routing ist ein protokollunabhängiges Verfahren, um die Anzahl der gesendeten Routing Updates bei Wählleitungen zu reduzieren. Dadurch ist gewährleistet, dass der Verbindungsaufbau in der Regel nur durch einen reinen Datentransfer ausgelöst wird.

Die Router tauschen deshalb erst nach Ablauf einer gewissen Zeit (der Quiet Time) Routing Updates aus oder dann, wenn wegen einer anstehenden Datenübertragung eine Verbindung aufgebaut wurde.

Snapshot-Routing kann man für alle Routing-Protokolle benutzen, die nur periodische Routing Updates einsetzen (d.h. keine Link-State-Protokolle oder Protokolle mit Hello-Nachrichten):

- Appletalk   RTMP
- IP   RIP und IGRP
- IPX   RIP und SAP
- Vines   RTP

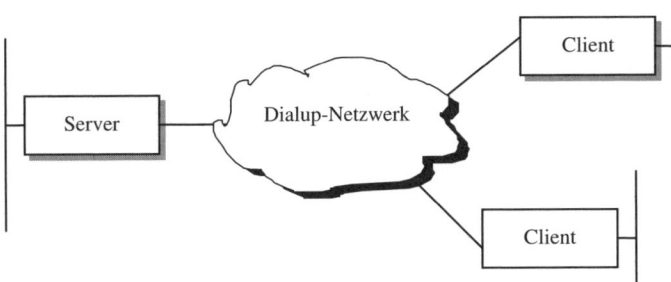

Active Time   In dieser Zeit erfolgt der Austausch der Routing-Informationen. Die Active Time sollte mindestens das Dreifache des Routing-Update-Intervalls betragen.

Quiet Time   In dieser Zeit erfolgt kein Austausch von Routing Updates zwischen den Clients und dem Server und die aktuelle Routing-Tabelle ist im Prinzip eingefroren.

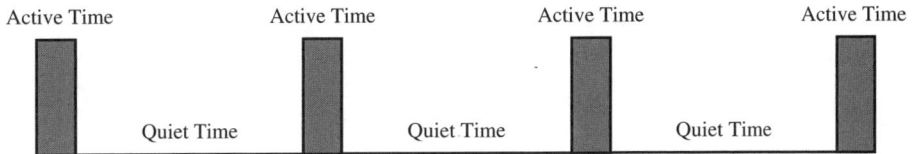

Snapshot Routing für serielle Leitungen

● Server

    interface *name*
      snapshot server *active-time*

● Client

    interface *name*
      snapshot client *active-time*   *quiet-time*   [suppress-statechange-update]

          Auch wenn das Interface auf "UP" geht, weil Daten anstehen,
              tauschen die Router keine Routing Updates aus.

Snapshot-Routing für DDR-Verbindungen

● Server

Der Broadcast-Parameter des Dialer-Map-Kommandos ist notwendig, damit die Router während der Active Time ihre Routing Updates austauschen können.

    interface *name*
      dialer rotary-group 1   Snapshot-Routing ist auf den Dialer
    interface dialer 1   Interfaces zu konfigurieren.
      dialer map protocol client-address broadcast client-rufnummer
      snapshot server *active-time* **dialer**

● Client   Sequenznummer des Servers (falls mehrere Snapshot-
                                  Server angesprochen werden sollen)
    interface BRI0
      dialer map **snapshot** 1 *Rufnummer-des-Servers*
      dialer map *protocol* *server-address* broadcast *server-rufnummer*
      snapshot client *active-time*   *quiet-time* [suppress-statechange] **dialer**

11.1 Beispiel: Snapshot-Routing über Frame-Relay

hostname Server
!
interface Serial1
 ip address 194.1.1.1 255.255.255.0
 encapsulation frame-relay
 bandwidth 2000000
 snapshot server 5
 frame-relay map ip 193.1.1.2 32 broadcast
 frame-relay map ip 194.1.1.2 32 broadcast
!
router ospf 1
 network 192.1.1.0 0.0.0.255 area 0
 network 193.1.1.0 0.0.0.255 area 0
 network 194.1.1.0 0.0.0.255 area 0

hostname Client
!
frame-relay switching
!
interface Serial1
 ip address 194.1.1.2 255.255.255.0
 encapsulation frame-relay IETF
 snapshot client 5 10
 frame-relay map ip 194.1.1.1 32 broadcast
 frame-relay intf-type dce
!
router ospf 1
 network 193.1.1.0 0.0.0.255 area 0
 network 194.1.1.0 0.0.0.255 area 0

Client

● Erreichen der Active Time

debug snapshot

```
SNAPSHOT: Serial1[0]: Move to active queue (Quiet timer expired)
SNAPSHOT: Serial1[0]: moving to active queue
```

show snapshot

```
Serial1 is up, line protocol is up, Snapshot client line state up
   Length of active period:        5 minutes
   Length of quiet period:        10 minutes
   Length of retry period:         8 minutes
     Current state: active, remaining/exchange time: 1/0 minutes
```

● Nach Ablauf der Active Time

debug snapshot

```
SNAPSHOT: Serial1[0]: moving to client post active->quiet queue
```

show snapshot

```
Serial1 is up, line protocol is up, Snapshot client line state up
   Length of active period:        5 minutes
   Length of quiet period:        10 minutes
   Length of retry period:         8 minutes
     Current state: client post active->quiet, remaining time: 2 minutes
```

● Quiet Time

debug snapshot

```
SNAPSHOT: Serial1[0]: retrying; no updates exchanged
SNAPSHOT: Serial1[0]: moving to quiet queue
```

show snapshot

```
Serial1 is up, line protocol is up, Snapshot client line state up
   Length of active period:          5 minutes
   Length of quiet period:          10 minutes
   Length of retry period:           8 minutes
      Current state: quiet, remaining: 7 minutes
```

Server

show snapshot

```
Serial1 is up, line protocol is up, Snapshot server line state up
   Length of active period:          5 minutes
```

Data-Link-Protokolle

Der dritte Teil des Buchs beschreibt die verschiedenen Data-Link-Protokolle, die eine gesicherte Verbindung über die physikalische Schnittstelle gewährleisten (daher auch als Sicherungsschicht bezeichnet). Eine häufig durchgeführte Klassifizierung der einzelnen Data-Link-Protokolle basiert auf der unterstützten Netzwerktopologie.

- Broadcast-Netzwerke

  An ein physikalisches Broadcast-Netzwerk können mehrere Systeme angeschlossen sein. Das Data-Link-Protokoll ist in der Lage, diese Systeme gleichzeitig über einen Broadcast anzusprechen (z.B. alle IEEE-802.x-LAN-Netzwerke).

- NBMA-Netzwerke (Non Broadcast Multiple Access)

  Ein NBMA-Netzwerk unterstützt zwar mehrere Systeme, bietet aber keine Broadcast-Funktionalität. Zu diesen Netzwerken zählen X.25, Frame-Relay oder ATM.

- Point-to-Point-Netzwerke

  Point-to-Point-Netzwerke stellen immer eine direkte Verbindung zwischen zwei Systemen her. Als Data-Link-Protokolle kommen in solchen Topologien hauptsächlich PPP oder HDLC zum Einsatz.

Kapitel

12 LAN-Protokolle

12.1 Darstellungsweisen der MAC-Adressen

Da Token-Ring, FDDI und Ethernet eine unterschiedliche Bit-Reihenfolge bei der Übertragung eines Octets benutzen (MSB oder LSB zuerst), existieren zwei verschiedene Arten der Repräsentation einer MAC-Adresse, die eine eindeutige Darstellung der Adresse gewährleisten.

Der IEEE-802-Standard verlangt, dass die MAC-Adressen auf allen Medien in der gleichen Bitreihenfolge übertragen werden. Beim Übergang von Token-Ring bzw. FDDI nach Ethernet muss daher die Bit-Order der MAC-Adressen umgedreht werden.

Canonical Format (durch Bindestrich getrennt)

Im Canonical Format – auch Little Endian oder Hexadecimal Representation genannt – wird das LSB eines Octets als erstes Bit übertragen. Dieses Format wird z.B. von Ethernet (IEEE 802.3) benutzt.

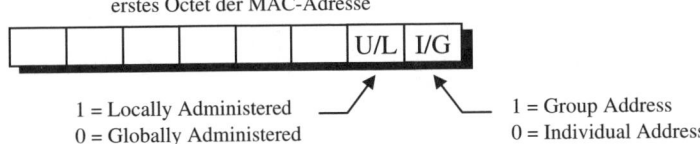

erstes Octet der MAC-Adresse

| | | | | | U/L | I/G |

1 = Locally Administered
0 = Globally Administered

1 = Group Address
0 = Individual Address

Non-Canonical Format (durch Doppelpunkt getrennt)

Im Non-Canonical Format – auch als Big Endian oder Bit-reversed Representation bezeichnet – überträgt ein System als erstes Bit das MSB eines Octets. Dieses Format wird z.B. von Token-Ring (IEEE 802.5) oder FDDI eingesetzt.

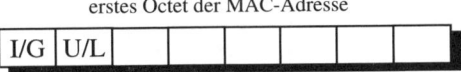

erstes Octet der MAC-Adresse

| I/G | U/L | | | | | | |

Token-Ring benutzt außerdem das Group Bit der Source-MAC-Adresse als Source Routing Information Field Present Indicator (RII) und zeigt damit an, dass zusätzlich noch ein RIF (Routing Information Field) in dem MAC Header enthalten ist.

Beispiele

Format	MAC-Adresse	Bitübertragung
Canonical	AC-DE-48-00-00-80	00110101 01111011 00010010
Non-Canonical	35:7B:12:00:00:01	00110101 01111011 00010010 ...

Canonical Format	Non-Canonical Format	Funktion
AA-00-04-00-xx-xx	55:00:20:00:xx:xx	Locally Administered Individual Address
AB-00-04-00-xx-xx	D5:00:20:00:xx:xx	Locally Administered Group Address
08-00-2B-xx-xx-xx	10:00:DC:xx:xx:xx	Globally Administered Individual Address
09-00-2B-00-00-05	90:00:DC:00:00:A0	Globally Administered Group Address

12.2   IEEE 802.2 Logical Link Control (LLC)

Der Standard IEEE 802.2 Logical Link Control bildet zusammen mit dem entsprechenden Medium Access Control (MAC) den Data Link Layer für LAN-Protokolle wie Token-Ring (IEEE 802.5), FDDI oder Ethernet (IEEE 802.3)

Bei LLC handelt es sich um ein einheitliches Protokoll zur Kontrolle der Datenübertragung auf Data-Link-Ebene, das für alle IEEE 802 LANs identisch ist. Der Zugriff auf ein spezifisches Übertragungsmedium ist die Aufgabe der einzelnen MAC-Protokolle.

IEEE 802.2			Logical Link Control (LLC)	Data Link Layer
IEEE 802.3	IEEE 802.5	FDDI	Medium Access Control (MAC)	
			Physical Protocol Layer (PHY)	Physical Layer
			Physical Media Dependent Layer (PMD)	

LLC Frame Format (Canonical Format)

MAC Header	DSAP	SSAP	Control	Info	Trailer
	1 Octet	1 Octet	1-2 Octet		

- SAP (Service Access Point, auch als LSAP – für Link-SAP – bezeichnet)

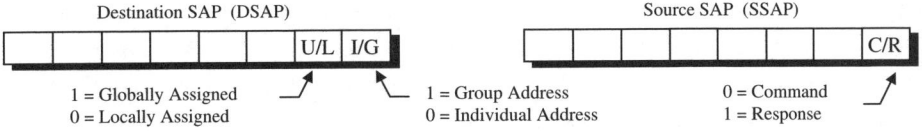

Standard	xxxx xx1x	Kontrolle durch internationale Standardisierungsgremien (z.B. ISO)
Public	xxxx 011x	Kontrolle durch andere Standardisierungsgremien (z.B. IETF)
Private	xxxx xx0x	Kontrolle durch eine private Organisation

- Control Field

Über das Control Field erfolgt die eigentliche Kontrolle der Datenübertragung. Bei den LLC Frames unterscheidet man zwischen drei verschiedenen Frame-Typen:

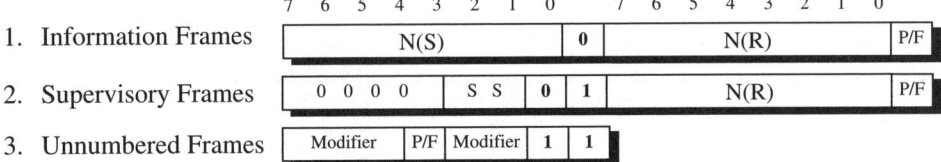

1. Information Frames

2. Supervisory Frames

3. Unnumbered Frames

N(S): Send Sequence Number, enthält die Sequenz-Nummer des gesendeten Frames

N(R): Receive Sequence Number der PDU, die die Gegenseite als Nächstes erwartet

P/F: Poll/Final Bit

LLC Type 1   (LLC1)

LLC1 stellt einen Unacknowledged Connectionless Service zur Verfügung (z.B. von IP oder IPX benutzt). Das heißt, es erfolgt kein expliziter Verbindungsaufbau und auch keine Quittierung der empfangenen Frames. Aus diesem Grund verwendet LLC1 nur Unnumbered Frames:

UI	Unnumbered Information	000P0011 (03)	Unnumbered
XID	Exchange Information	101*1111 (AF / BF)	Unnumbered
Test	Test	111*0011 (E3 / F3)	Unnumbered

LLC Type 2   (LLC2)

Im Gegensatz zu LLC1 stellt LLC2 einen Connection Mode Service zur Verfügung (z.B. für SNA, NetBeui oder X.25 über 802.2). In diesem Modus muss vor einem Datenaustausch eine Verbindung zwischen den beiden Systemen aufgebaut werden und der Sender muss die empfangenen Frames quittieren.

I	Information	--N(S)-0--N(R)-P	Information
RR	Receive Ready	00000001--N(R)-*	Supervisory
RNR	Receive Not Ready	00000101--N(R)-*	Supervisory
REJ	Reject	00001001--N(R)-*	Supervisory
SABME	Set Async Balanced Mode Ext.	011P1111	Unnumbered
DISC	Disconnect	010P0011	Unnumbered
UA	Unnumbered Acknowledgment	011F0011	Unnumbered
DM	Disconnect Mode	000F0011	Unnumbered
FRMR	Frame Reject	100F0111	Unnumbered

802.2 SNAP-Format

Da nur maximal 255 SAP-Adressen für die Zuordnung der einzelnen Netzwerkprotokolle verfügbar sind, wird der SAP AA zur Erweiterung des Adressbereichs eingesetzt.

	DSAP	SSAP	Control				
MAC Header	AA	AA	03	OUI	PType	Info	Trailer
	1 Octet	1 Octet	1 Octet	3 Octets	2 Octets		

- Control Field

  Das 802.2-SNAP-Format benutzt immer Unnumbered Information Frames (UI).

- Organizational Unit Identifier (OUI)

  Der OUI bestimmt die Organisation, die für die Verwaltung des Pakettyps (PType) zuständig ist.

- Paket Type (PType)

  Definiert, um welche Art von Daten es sich bei der Information handelt. In der Regel werden zur Beschreibung die Ethernet-Protokoll-Typen eingesetzt.

12.2.1 Übersicht über SAP- und OUI-Adressen, Protokolltypen und Multicast-Adressen

Service Access Point (SAP)

IBM SNA	04, 08, 0C (05, 09, 0D als Group-SAP)
IETF IP (veraltet, nicht mehr benutzt)	06
IEEE 802.10	0A
IEEE 802.1D Transparent Bridging	42
IEEE 802.2 SNAP SAP	AA
ISO 8208 (X.25 über Ethernet)	7E
ISO Network Layer	FE
NetBeui	F0 (F1 als Group SAP)
Novell	E0 (E1 als Group SAP)

Organisation Unit Identifier (OUI)

Ethernet Protocol Type Mapping (RFC 1042)	00-00-00-ptype
Alternate Ethernet Protocol Type Mapping	00-00-F8-ptype
IEEE 802.1 SNAP Encapsulation	00-80-C2-ptype
ATM Forum	00-A0-3E
Apple	08-00-07
Cisco	00-00-0C
Digital	08-00-2B
Digital	00-00-F8
HP	08-00-09
IANA (Internet Address NOS Authority)	00-00-5E
IANA Multicast (RCF1054)	01-00-5E
IBM	10-00-5A
Novell	00-00-1B

Protokolltypen

Appletalk	80-9B
Appletalk ARP	80-F3
DECnet MOP Dump/Load	60-01
DECnet Routing	60-03
IBM SNA Services over Ethernet	80-D5
IEEE 801.1Q	81-00
IP Protocol (IPv4)	08-00
IP Protocol (IPv6)	86-DD
IP ARP	08-06
LAT	60-04
Novell IPX	81-37
Reverse ARP	80-35
SNMP over Ethernet	81-4C
XNS	06-00

Multicast-Adressen

AppleTalk Broadcast	09-00-07-FF-FF-FF	
AppleTalk Zone Multicast	09-00-07-00-00-00 bis 09-00-07-00-00-FC	
IEEE 802.1D Protokoll	01-80-C2-00-00-00	
IEEE 802.1D All_Bridge_Management	01-80-C2-00-00-10	
Cisco-CDP-, DTP- und VTP-Protokolle	01-00-0C-CC-CC-CC	
Cisco-CGMP-Protokoll	01-00-0C-DD-DD-DD	
DECnet All_Router	AB-00-00-03-00-00	
DECnet All_Endnodes	AB-00-00-04-00-00	
DECnet All_L2_Router	09-00-2B-02-00-00	
IP-Multicast-Adressen	01-00-5E-xx-xx-xx	
All Systems on this Subnet	01-00-5E-00-00-01	(224.0.0.1)
All Routers in this Subnet	01-00-5E-00-00-02	(224.0.0.2)
OSPF All Routers	01-00-5E-00-00-05	(224.0.0.5)
OSPF All Designated Routers	01-00-5E-00-00-06	(224.0.0.6)
RIPv2 Router	01-00-5E-00-00-09	(224.0.0.9)
IGRP Router	01-00-5E-00-00-0A	(224.0.0.10)
All PIM Router	01-00-5E-00-00-0D	(224.0.0.13)
Microsoft WINS Server Autodiscovery	01-00-5E-00-01-18	(224.0.1.24)
Cisco PIM Rendezvous Point Announce	01-00-5E-00-01-27	(224.0.1.39)
Cisco PIM Rendezvous Point Discovery	01-00-5E-00-01-28	(224.0.1.40)
H.225 Gatekeeper Discovery	01-00-5E-00-01-29	(224.0.1.41)
SIP ALL_SIP_Server	01-00-5E-00-01-4B	(224.0.1.75)
SAP Announcements	01-00-5E-02-7F-FE	(224.2.127.254)
ISO 9542 ES-IS All_OSI_ES	09-00-2B-00-00-04	
ISO 9542 ES-IS All_OSI_IS	09-00-2B-00-00-05	
ISO 10589 IS-IS All_Level1_IS	01-80-C2-00-00-14	
ISO 10589 IS-IS All_Level2_IS	01-80-C2-00-00-15	
NetBEUI Multicast	03-00-00-00-00-01	
NetWare NLSP Designated Router	09-00-1B-FF-FF-FF	

12.3 Ethernet

Ethernet-Spezifikation

	10Base5	10Base2	10Base-T	10Base-FL
Anzahl der Stationen	1024	30	100	
Abstand zw. Stationen	2,5 m	0,5 m	n/a	
Max. Segmentlänge	500 m	185 m	100 m	2000 m
Max. Segmentanzahl	5 /2500 m	5/925 m	5/500 m	5/10000 m

● Slot Time (512 Bit Times = 64 Byte)

Die Slot Time stellt sicher, dass jede Station auf dem Ethernet eine Kollision erkennen kann (ausgehend von einem maximalen Durchmesser der *Collision Domain* von 2500 m), und definiert dadurch die minimale Länge eines Ethernet Frames.

● Truncated Binary Exponential Backoff

Durch diesen Algorithmus benutzen die einzelnen Stationen im Falle eines Auftretens von *Multiple Collisions* unterschiedliche Zeiten für das erneute Senden der Frames.

● Interframe Gap (9,6 µsec)

Die minimale Zeit, die eine Station zwischen dem Versenden von zwei Ethernet Frames warten muss.

IEEE 802.3x (Supplement to CSMA/CD Access Method: Specification for 802.3 Full Duplex Operation)

● Full-Duplex Transmission für Full-Duplex-Ethernet, Fast- und Gigabit-Ethernet)

Full-Duplex-Übertragung ist nur bei Punkt-zu-Punkt-Verbindungen möglich, nicht für so genannte Shared Ports, an denen mehrere Stationen angeschlossen sind. Unter FDX-Ethernet können keine Kollisionen auftreten und der CSMA/CD-Access-Control-Mechanismus ist deshalb abgeschaltet.

● Xon/Xoff Flow Control (für Full-Duplex-Ethernet, Fast- und Gigabit-Ethernet)

Der Empfänger signalisiert der sendenden Station mit einem Xoff, dass seine Puffer-kapazität erschöpft ist und die Station deshalb mit der Übertragung von Daten warten soll, bis seine Puffer wieder frei sind. Die Freigabe erfolgt über ein Xon-Signal.

Ethernet-V2-Frame-Format   (Canonical Format)

Preamble	SFD	DA	SA	PType	Daten	FCS
7 Octets	1 Octet	6 Octets	6 Octets	2 Octets	46–1500 Octets	4 Octets

min. **64** Octets – max. **1518** Octets

Das Ethernet-V2-Format besitzt kein Längenfeld für die übertragenen Daten. Die Bestimmung der Datenlänge ist daher Aufgabe der höheren Protokolle.

● Preamble

Die Preamble wird zur Synchronisation benutzt und besteht aus sieben 01010101 Binär-Octets.

● SFD (Start Frame Delimiter)

Der Start Frame Delimiter kennzeichnet den Beginn eines Frames und hat den Binärwert 11010101.

IEEE-802.3-Frame-Format   (Canonical Format)

Preamble	SFD	DA	SA	Length	802.2 Header	Daten	FCS
7 Octets	1 Octet	6 Octets	6 Octets	2 Octets	3–8 Octets	38–1492 Octets	4 Octets

Im IEEE-802.3-Format existiert zwar im Header ein Längenfeld, aber kein Feld für den Protokolltyp. Deshalb enthalten die ersten drei bis acht Daten-Octets zusätzlich den IEEE 802.2 LLC Header.

12.3.1 Fast Ethernet – IEEE 802.3u

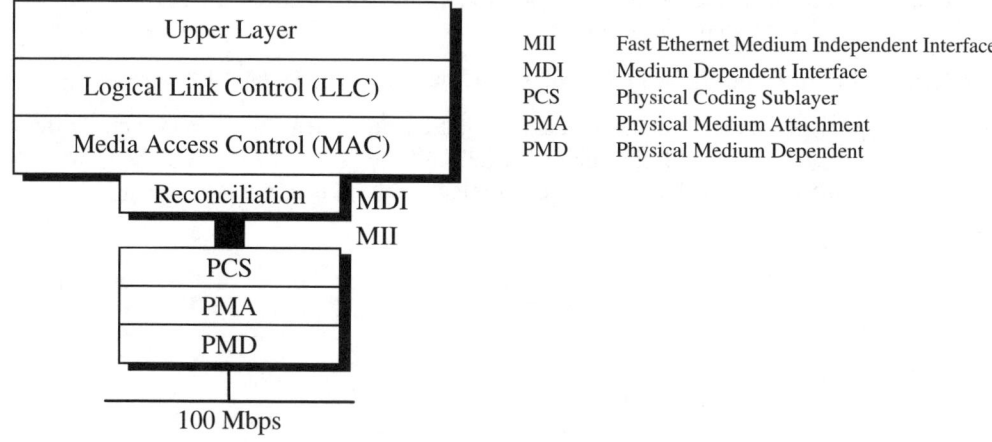

MII	Fast Ethernet Medium Independent Interface
MDI	Medium Dependent Interface
PCS	Physical Coding Sublayer
PMA	Physical Medium Attachment
PMD	Physical Medium Dependent

	Abstand zum Hub		PHY-Spezifikation	Steckertyp
100Base-TX	100 m	(FDX und HDX)	Cat 5 UTP oder STP Cat	UTP: RJ-45 STP: DB-9
100Base-T4	100 m	(FDX und HDX)	Cat 3,4,5 UTP	RJ-45
100Base-FX	412 m	(Half Duplex)	62,5/125 MMF Fiber	ST, SC oder MIC
	2 km	(Full Duplex)		

100BaseT Repeater

Class I: Nur ein Repeater zwischen zwei Stationen erlaubt

Class II: Maximal zwei Repeater zwischen zwei Stationen; maximaler Abstand zwischen den Repeatern 5 Meter

Auto Negotiation

Auto Negotation – auch als NWAY (TM) bezeichnet – ist ein Handshake-Verfahren zwischen den beiden Enden einer Ethernet-Punkt-zu-Punkt-Verbindung, um die Art der eingesetzten Technologie zu bestimmen.

● **Fast Link Pulse (FLP)**

Über FLP Bursts gleichen die beiden Geräte den höchstmöglichen Modus ab, der zwischen ihnen möglich ist. Die Auswahl der Technologie geschieht in der folgenden Reihenfolge:

1. 100Base-TX Full Duplex

2. 100Base-T4

3. 100Base-TX

4. 10Base-T Full Duplex

5. 10Base-T

● **Parallel Detection Function**

Falls ein NWAY-fähiges Gerät erkennt, dass der Partner keine Auto Negotiation unterstützt, setzt es die Parallel Dection Function ein, um die Geschwindigkeit zu ermitteln, mit der die Gegenseite läuft. Parallel Detection erlaubt aber keine Unterscheidung, ob es sich um eine Half- oder Full-Duplex-Verbindung handelt.

Auto Sensing

Auto Sensing wird teilweise von älteren Geräten benutzt, die keine Auto Negotiation unterstützen, und ermöglicht die automatische Bestimmung der Übertragungsrate des Link-Partners (10 Mbps oder 100 Mbps) und des Typs des lokalen Anschlusses (AUI, BNC oder Twisted Pair). Auto Sensing kann jedoch nicht erkennen, ob es sich um einen Half- oder Full-Duplex-Anschluss handelt.

12.3.2 Gigabit Ethernet – IEEE 802.3z

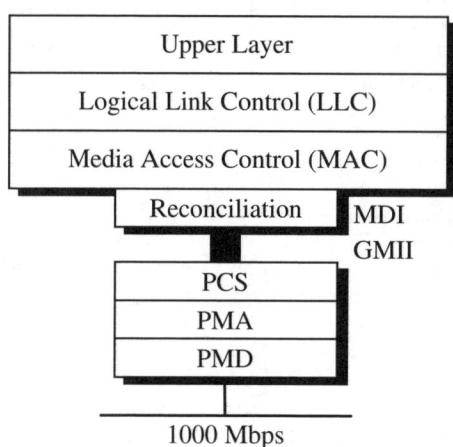

GMII Gigabit Ethernet Medium Independent Interface
MDI   Medium Dependent Interface
PCS   Physical Coding Sublayer
PMA Physical Medium Attachment
PMD Physical Medium Dependent

Gigabit-Ethernet unterstützt Full Duplex (Switched) und Half Duplex (Shared) Ethernet. Maximal ist ein Repeater pro Collision Domain erlaubt.

Maximaler Durchmesser einer Collision Domain

Spezifikation	FDX	HDX	Kabeltyp
1000Base-LX	440 m	320 m	62,5 µm Multimode-Fiber
(1300 nm Laser)	550 m	320 m	50,0 µm Multimode-Fiber
	3000 m	320 m	10,0 µm Singlemode-Fiber
1000Base-SX	260 m	260 m	62,5 µm Multimode-Fiber
(850 nm Laser)	550 m	320 m	50,0 µm Multimode-Fiber
1000Base-CX	25 m	25 m	Shielded Balanced
1000Base-T (IEEE 802.3ab)	200 m	200 m	Unshielded Twisted Pair
1000Base-LH	550 m		62,5 µm Multimode-Fiber
(1300 nm Laser)	550 m		50,0 µm Multimode-Fiber
	10 km		10,0 µm Singlemode-Fiber
1000Base-ZX	70 km		9/0 µm Singlemode-Fiber
(1550 nm Laser)	100 km		8 µm Singlemode-Fiber

Carrier Extensions (für CSMA/CD bei Shared Ethernet)

Da die Slot Time von 64 Byte für die maximale Größe der Collision Domain nicht mehr ausreicht, wird jedes Frame durch eine Erweiterung nach dem EOF-Byte auf mindestens 512 Byte vergrößert. Dadurch erhöht sich bei Shared Ethernet der Durchmesser der Collision Domain auf maximal 320 Meter.

Frame Bursting (für CSMA/CD bei Shared Ethernet)

Frame Bursting ermöglicht es, nach Ablauf der Slot Time (d.h. nach 512 Byte) direkt bis zu maximal 8192 Byte in einem so genannten Burst zu übertragen. Die Systeme füllen dabei den Interframe GAP mit Extension Bits auf.

12.4 IEEE 802.5 – Token-Ring

Token-Ring Frame-Format (Non-Canonical)

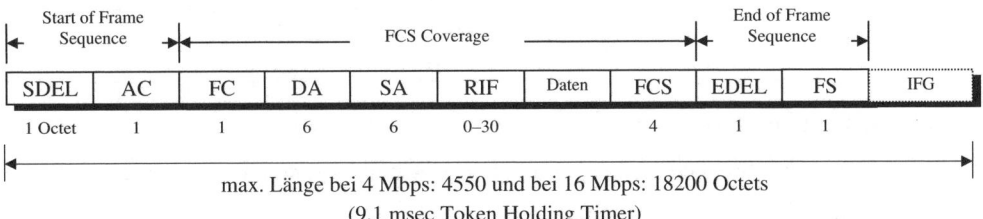

max. Länge bei 4 Mbps: 4550 und bei 16 Mbps: 18200 Octets
(9,1 msec Token Holding Timer)

Der Token-Frame besteht nur aus den SDEL-, AC- und EDEL-Feldern.

● SDEL (Starting Delimiter)

Der Starting Delimiter kennzeichnet den Beginn eines Frames und hat den Binärwert JK0JK000. J, K sind sog. Code Voilation Bauds.

● AC   (Access Control)

Priority			Token Indicator	Monitor Counter	Priority Reservation		
7	6	5	4	3	2	1	0

Priority of Frame	0–3 = LLC Daten, 4 = Bridge Daten
Token Indicator	0 = Token Frame, 1 = Daten Frame
Monitor Count	1 = Active Monitor seen
Priority Reservation	Priority Token Request

- FC (Frame Control)

Frame Type		0	0	Control Type			
7	6	5	4	3	2	1	0

Frame Type

MAC	00
LLC	01
reserviert	1x

Control Type, definiert den Typ von Token-Ring MAC Frames

Claim Token	00 00 0011
Duplicate Address Test	00 00 0000
Active Monitor Present	00 00 0101
Standby Monitor Present	00 00 0110
Beacon	00 00 0010
Purge	00 00 0100

- RIF (Routing Information Field)

  Das RIF wird bei Source Routing benutzt (siehe Kapitel »Source Route Bridging«).

- EDEL (Ending Delimiter)

J	K	1	J	K	1	Intermediate	Error Detected
7	6	5	4	3	2	1	0

Intermediate Frame   0 = letztes Frame, 1 = es folgen noch mehr Frames

Error Detected Indicator   1 = fehlerhaftes Frame

- FS (Frame-Status)

ARI	FCI	0	0	ARI	FCI	0	0
7	6	5	4	3	2	1	0

ARI (Address Recognized Indicator)   1 = Zieladresse wurde als die eigene erkannt

FCI (Frame Copied Indicator)   1 = Frame wurde von der Station kopiert

Die beiden ARI- bzw. FCI-Bits müssen den gleichen Wert haben, ansonsten werden sie ignoriert.

- IFG (Interframe Gap)

  Das Interfame Gap beträgt bei 4 Mbps mindestens ein Octet und bei 16 Mbps fünf Octets.

Token-Ring Functional Address

Eine Token-Ring Functional Address entspricht im Prinzip einer Ethernet Multicast-Adresse und gilt für eine Gruppe von Stationen am Token-Ring: MAC-Adresse mit gesetztem U/L und I/G-Bit, zusätzlich noch die nachfolgenden 15 Bits auf Null (C0:00:xx:xx:xx:xx).

- LAN-unabhängige Funktionen

C0:00:00:00:40:00	03-00-00-00-02-00	ISO 9542 All Endsystem
C0:00:00:00:80:00	03-00-00-00-01-00	ISO 9542 All IS System
C0:00:02:00:00:00	AB-00-00-02-00-00	DEC MOP (60-02)
C0:00:10:00:00:00	AB-00-00-03-00-00	DEC LAN Router Hellos (60-03)
C0:00:08:00:00:00	AB-00-00-04-00-00	DEC Endnode Hellos (60-03)

- Token-Ring-spezifische Funktionen

C0:00:00:00:00:01	03-00-00-00-00-80	Active Monitor
C0:00:00:00:00:02	03-00-00-00-00-40	Ring Parameter Server
C0:00:00:00:00:04	03-00-00-00-00-20	Network Server Heartbeat
C0:00:00:00:00:08	03-00-00-00-00-10	Ring Error Monitor
C0:00:00:00:00:10	03-00-00-00-00-08	Configuration Report Server
C0:00:00:00:00:20	03-00-00-00-00-04	Synchronous Bandwidth Manager
C0:00:00:00:00:40	03-00-00-00-00-02	Locate – Directory Server
C0:00:00:00:00:80	03-00-00-00-00-01	NetBIOS
C0:00:00:00:01:00	03-00-00-00-80-00	IEEE Bridge Spanning Tree
C0:00:00:00:02:00	03-00-00-00-40-00	IMPL Server
C0:00:00:00:04:00	03-00-00-00-20-00	Ring Authorization
C0:00:00:00:08:00	03-00-00-00-10-00	LAN Gateway
C0:00:00:00:10:00	03-00-00-00-08-00	Ring Wiring Concentrator
C0:00:00:00:20:00	03-00-00-00-04-00	IBM LAN Manager
C0:00:00:80:00:00	03-00-00-01-00-00	Novell NetWare
C0:00:FF:FF:FF:FF		Broadcast
FF:FF:FF:FF:FF:FF		Broadcast

Token-Ring-Arbeitsweise

Eine Station, die Daten senden will, muss im Besitz des Tokens sein. Zur Übertragung ändert sie das Token-Indicator-Bit des AC-Feldes auf Eins ab und hängt dann die Felder für ein Datenframe an. Die Station darf so lange Daten senden, wie der Token Holding Timer (THT) noch nicht abgelaufen ist.

Die sendende Station erzeugt bei 16-MB-Token-Ring direkt nach Beendigung der Datenübertragung einen neuen Token. Bei 4-MB-Token-Ring erst dann, wenn der Anfang des gesendeten Frame zum Sender zurückkommt.

● Active Monitor

   Um andere Stationen über die Existenz des Active Monitors am Ring zu informieren, sendet dieser periodisch Active-Monitor-Present-Kontroll-Frames aus,

   Lost Token Condition: Der Active Monitor benutzt einen Valid Frame Timer, um zu überprüfen, ob ein Token verloren gegangen ist und er es dann ggf. neu erzeugen muss.

   Persistent Circulating Condition: Der Active Monitor setzt bei jedem Frame das Monitor-Bit im AC-Feld auf Eins. Falls er ein Frame mit gesetztem Bit sieht, nimmt er es vom Ring, da in diesem Fall der Sender das Frame nicht gelöscht hat.

● Claim Process

   Falls eine Station den Verlust des Active Monitors bemerkt, sendet sie ein Claim Frame aus. Stimmt die Source-Adresse eines empfangenen Claim Frame mit der eigenen Adresse überein, wird diese Station zum Active Monitor im Ring. Ist die Source-Adresse jedoch größer als die eigene Adresse, geht die Station in den Repeater-Modus und leitet das Claim Frame an die Nachbarstation weiter.

● Standby Monitor

   Jede Station sendet periodisch ein Standby-Monitor-Present-Kontrollframe zu seinem Upstream Neighbor.

12.5   FDDI

FDDI-Standards

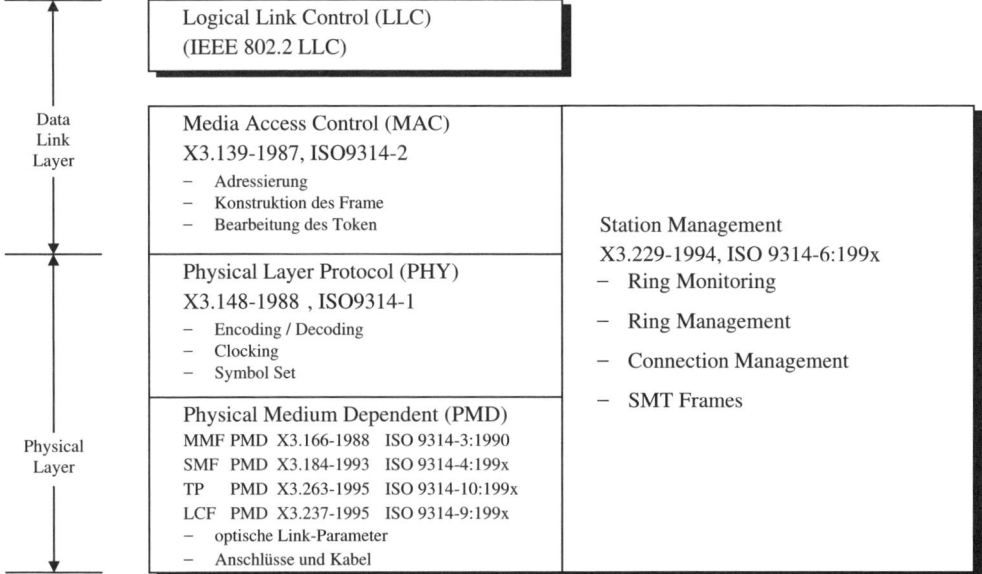

FDDI-Anschlüsse

● DAS Dual Attachment Station

Der Anschluss kann über einen Concentrator oder direkt am Primary- und Secondary-FDDI-Ring erfolgen. DAS-Controller haben deshalb zwei PHY-Einheiten.

● SAS Single Attachment Station

SAS-Controller besitzen nur eine PHY-Einheit. Für die Verbindung von mehr als zwei SAS-Knoten muss man deshalb einen Concentrator einsetzen.

● Concentrator (CON)

SAC: Single Attachment Concentrator

DAC: Dual Attachment Concentrator

FDDI-Topologien

	FDDI-Spezifikation	CDDI-Spezifikation
Übertragungsrate	125 Mbaud (100 Mbit/s auf Data-Link-Ebene)	
Anzahl von Stationen	500 Stationen	
max. Länge des Rings	200 km (bei Dual-Ring 100 km je Ring)	
Länge zwischen einzelnen Stationen	MMF PMD: 2.0 km SMF PMD: 10 km (Cat 1 Laser) SMF PMD: 40 km (Cat 2 Laser) LCF PMD: 500 m	TP PMD: 100 m
Übertragungsmedium	Glasfaser-Kabel (MMF, SMF)	STP und Cat 5 UTP
Netzwerktopologie	Dual Ring of Trees	
Media Access Control	Timed Token Passing	

● Einzelner Concentrator mit angeschlossenen Knoten

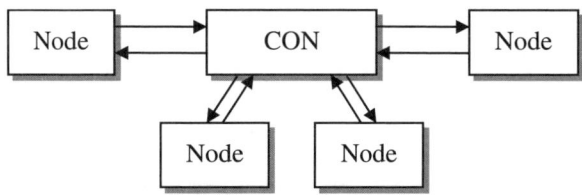

● Kaskadierte Concentrators (*Tree of Concentrators*)

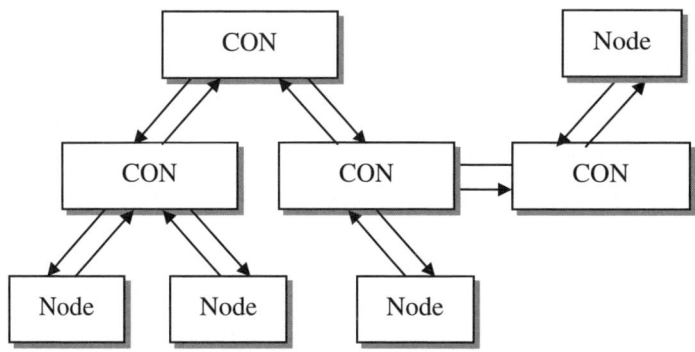

● Dual Counter-Rotating Ring

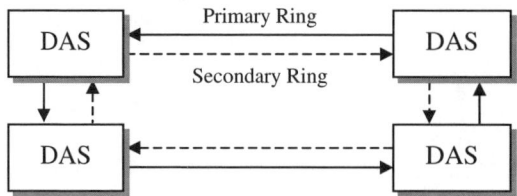

● Dual Ring of Trees

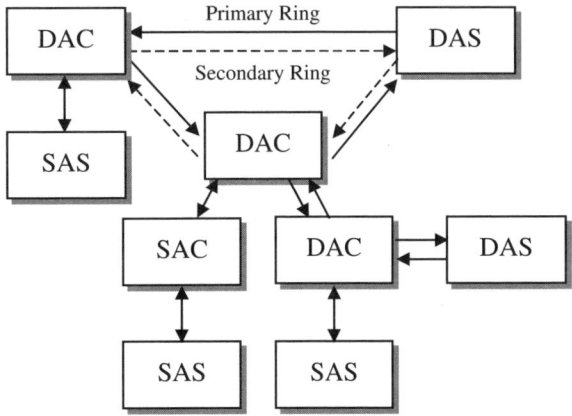

12.5.1 Physical Layer

12.5.1.1 Physical Medium Dependent (PMD)

MMF 62,5/125 µm Graded-Index, Multimode-Glasfaserkabel @1300nm LEDs und PINs
MMF Alternative Glasfasergrößen: 50/125, 85/125 und 100/140 µm Multimode-Fiber
SMF   9/125 µm Single/Monomode Glasfaserkabel @1300 nm Laser und APDs
LCF   Low-cost Glasfaser; benutzt nur einen anderen Transceiver als der MMF-PMD
TP   100 Ohm Category 5 UTP und 150 Ohm Type 1 STP (CDDI)

Der Anschluss der FDDI-Geräte an das Glasfaserkabel erfolgt über den Media Interface Connector (MIC). Bei LCF PMDs werden die Anschlüsse als »Duplex SC« oder »Duplex ST« bezeichnet. Für SMF- und MMF-Anschlüsse existieren vier verschiedene Typen von MICs: MIC A und MIC B für den Anschluss von DAS- und DAC-Geräten an den Dual Ring. MIC S für den Anschluss von SAS- oder SAC-Geräten an einen Concentrator (MIC M).

12.5.1.2 Physical Layer Protocol (PHY)

Symbole

Je 4 Bits werden zu einem so genannten Symbol zusammengefasst. Im FDDI-Standard sind drei Typen von Symbolen definiert (Line State, Data und Control). Aus diesen Symbolen bildet der 4B/5B-Encoder Group-Codes von 5 Bits.

Line States

FDDI reserviert die Symbole Q, I und H für PHY-to-PHY-Kommunikation. SMT Connection und Ring Management Services benutzen Line State Symbols, um die Ring Integrität zu gewährleisten und zu verifizieren.

- Quiet Line State (QLS)

  Zeigt das Fehlen einer physikalischen Verbindung an. Eine Station geht nach dem Empfang von mindestens 16 aufeinander folgenden Quiet-Symbolen (Q) in den QLS-Zustand.

- Master Line State (MLS)

  Teil des Physical-Connection-Prozesses. Eine Station geht in den MLS-Zustand, nachdem sie mindestens acht aufeinander folgende HQ- oder QH-Symbol-Paare empfangen hat.

- Halt Line State (HLS)

  Teil des Physical-Connection-Prozesses. Eine Station geht nach dem Empfang von mindestens 16 aufeinander folgenden Halt-Symbolen (H) in den HLS-Zustand.

- Idle Line State (ILS)

  Gewährleistet die Taktsynchronisation auf der ausgehenden physikalischen Verbindung. Eine Station geht in den ILS-Zustand nach dem Empfang von mindestens vier aufeinander folgenden Idle-Symbolen (I).

- Active Line State (ALS)

  Zeigt an, dass es sich bei den eingehenden Symbolen um eine Sequenz von MAC-Frames handelt und dass die Nachbar-PHY die zugehörige physikalische Verbindung eingeschaltet hat. Eine Station geht nach dem Empfang des Starting-Delimiters-Symbol-Paars (JK) in den ALS-Zustand.

- Noise Line State (NLS)

  Zeigt Störsignale (Noise) auf der eingehenden physikalischen Verbindung an. Eine Station geht in den NLS-Zustand, nachdem sie mindestens 16 Noise-Events (z.B. Q, H, J, K oder V Symbols) empfangen hat, ohne die Kriterien für den Übergang in einen anderen Line State zu erfüllen.

12.5.2 Media Access Control

Frame-Format (Non-Canonical Format)

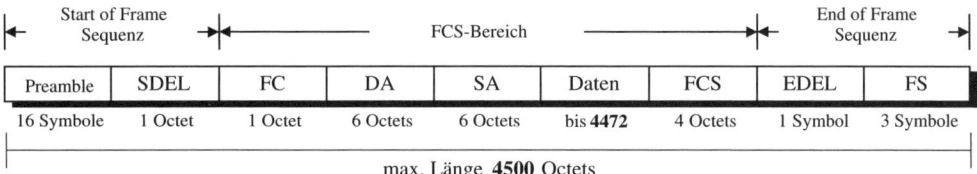

	SDEL	FC	DA	SA	Daten	FCS	EDEL	FS
Preamble	SDEL	FC	DA	SA	Daten	FCS	EDEL	FS
16 Symbole	1 Octet	1 Octet	6 Octets	6 Octets	bis **4472**	4 Octets	1 Symbol	3 Symbole

max. Länge **4500** Octets

- Preamble

  Die Preamble wird zur Taktsynchronisation benutzt und besteht aus mindestens 16 Idle-Symbolen

- SDEL (Starting Delimiter)

  Der Starting Delimiter besteht aus einem JK-Symbol-Paar.

- FC (Frame Control)

Class Bit	Addr. Length	Frame Bits		Control Bits			
7	6	5	4	3	2	1	0

Class Bit   0 = asynchron, 1 = synchron
Address Length Bit   Gibt an, ob es sich um eine 16- oder 48-Bit-MAC-Adresse handelt

Frame Bits

MAC	00
LLC	01
reserviert	1x

Control Bits

Frame-Control-Feld		Frame-Typ	Beschreibung
0L	00 0000	Void	Void Frame
10	00 0000	Token	Nonrestricted Token
11	00 0000	Token	Restricted Token
1L	00 0001 bis 1111	MAC	MAC Frames
1L	00 0010	MAC	MAC Beacon Frame
1L	00 0011	MAC	MAC Claim Frame
0L	00 0001 bis 1111	SMT	SMT Frames
0L	00 1111	SMT	SMT Next Station Addressing Frame
CL	01 r000 bis r111	LLC	LLC Frames
0L	01 rPPP	LLC	Asynchronous Priority Transmission
1L	01 rrrr	LLC	Synchronous Transmission
CL	10 r000 bis r111	Implementer	Implementer Frame
CL	11 rrrr	Reserved	

● EDEL (Ending Delimiter)

Der Ending Delimiter besteht bei normalen FDDI-Frames aus einem T-Symbol 01101 und bei einem Token-Frame aus zwei T-Symbolen.

● FS (Frame-Status)

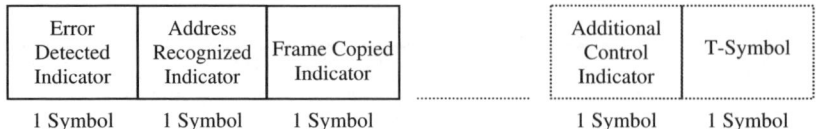

Error Detected Indicator	Address Recognized Indicator	Frame Copied Indicator		Additional Control Indicator	T-Symbol
1 Symbol	1 Symbol	1 Symbol		1 Symbol	1 Symbol

Jeder Indikator wird durch die Symbole R (False - 00111) oder S (True - 11001) dargestellt. Bei einer ungeraden Anzahl von Indikatoren endet das FS-Feld mit einem T-Symbol.

Error Detected	True = Fehler in diesem Frame
Address Recognized	True = Station hat die Zieladresse als ihre eigene erkannt
Frame Copied	True = Frame wurde von der Station kopiert
Additional Control	Definiert durch den Implementierer

Token-Frame-Format

Preamble	SDEL	FC	EDEL
16 Symbole	2 Octet	2 Octet	2 T-Symbole

12.5.2.1 Timed Token Protocol

Das bei FDDI eingesetzte Timed Token Protocol benutzt folgende Parameter:

● Target Token Rotation Timer (TTRT)

Der TTRT gibt an, wie viel Zeit verstreichen darf, bis der Token die Station erneut passieren muss (typischerweise 8 Millisekunden).

● Token Rotation Timer (TRT)

Jede Station unterhält außerdem einen Token Rotation Timer (TRT), der die Zeit misst, seit wann sie den Token das letzte Mal empfangen hat.

● Valid Transmission Timer (TVX)

TVX gibt die Zeit an, in der eine Station ein gültiges Frame/Token empfangen muss (typischerweise 3 Millisekunden). TVX wird zur Erkennung von Fehlern auf dem Ring benutzt.

12.5.2.2 Ring-Operation

Claim-Token-Prozess

Um den FDDI Ring zu initialisieren, gehen alle MAC-Einheiten in den Claim-Prozess. Dabei wird die Target Token Rotation Time (TTRT) festgelegt und bestimmt, wer den Token generieren soll.

Jede Station sendet dazu kontinuierlich Claim Frames, die die eigene TTRT (T_BID) beinhalten. Falls eine Station ein Claim Frame mit niedrigerer T_BID bzw. mit gleicher TTRT und höherer Adresse empfängt, stoppt sie die Übertragung des eigenen Frame und sendet der Nachbarstation das Claim Frame.

Die Station mit der niedrigsten TTRT empfängt dann irgendwann ihr eigenes Claim Frame und setzt daraufhin den TTRT auf den abgestimmten Wert (T_NEG).

Initialization-Prozess

Die Station, die den Claim-Prozess gewonnen hat, ist auch für die Initialisierung des Rings verantwortlich und generiert dazu einen Nonrestricted Token. Nach der zweiten Rotation des Token kann mit der synchronen und nach der dritten mit der asynchronen Übertragung begonnen werden. Zu diesem Zeitpunkt geht der Ring in den Steady State.

Steady-State-Operation

Zur Datenübertragung muss eine Station im Besitz des Token sein. Der Token wird vor der Übertragung aus dem Netzwerk entfernt und erst nach erfolgreichem Datentransfer wieder freigegeben.

Empfängt eine Station einen Frame, dessen Destination-Adresse mit der eigenen übereinstimmt, setzt sie den Address Recognized Indicator im Frame-Status und nach einem erfolgreichen Kopieren zusätzlich noch den Frame Copied Indicator.

Asynchrone Übertragung

Falls TRT kleiner als TTRT ist, kann die Station während der Token Hold Time (THT = TTRT-TRT) Frames versenden. Falls TRT jedoch größer als TTRT ist, der Token zu spät (late) und die Station darf diesmal keine Daten versenden.

- Maximale Verzögerung für N Knoten: N x TTRT

Asynchroner Verkehr kann noch zusätzlich über die Priority-Bits im FC-Feld der LLC-Frames in acht Priority-Ebenen unterteilt werden.

- Übertragungszeit für Priority i : $TTRT > T\_Pr(i) > THT$

Über einen Restricted Token kann ein erweiterter Dialog zwischen zwei Stationen aufgebaut werden. Die erste Station nimmt den Token, sendet das erste Frame zum Zielknoten und gibt dann einen Restricted Token frei.

Anschließend darf nur noch diejenige Station Daten übertragen, die das letzte asynchrone Frame empfangen hat, andere Stationen dürfen in dieser Zeit nur noch synchrone Daten versenden.

Synchrone Übertragung

Die Station wartet einfach, bis sie den Token (restricted oder nonrestricted) empfängt, und sendet dann direkt ihre Daten. Es wird jedoch nicht überprüft, ob der Token zu spät ist oder nicht.

Jede Station, die im synchronen Modus arbeitet, bekommt über das Netzwerk-Management eine »Sync Bandwidth Allocation« zugewiesen, die angibt, wie lange sie synchrone Daten übertragen darf.

● Maximale Verzögerung für N Knoten: 2 x TTRT

12.5.2.3 Fehlerkontrolle

Beaconing

Falls eine Fehlfunktion dazu führt, dass der Claim-Prozess nach 100 Millisekunden nicht beendet wurde, oder falls über SMT angefordert, kann eine Station den Beacon-Prozess starten.

Die Station beginnt dann, kontinuierlich Beacon Frames (FC = 1L00 0010) zu senden und zeigt damit an, dass der Ring unterbrochen ist. Sie versucht dadurch, den Fehler zu lokalisieren sowie evtl. zu beheben (*Wrap*).

Empfängt eine Station den Beacon von ihrem *Upstream-Neighbor*, stoppt sie die Übertragung von eigenen Beacon Frames und wiederholt den Upstream Beacon.

Falls eine Station den eigenen Beacon Frame empfängt, ist der logische Ring repariert und die Station hört mit der Übertragung von Beacon Frames auf und beginnt mit dem Claim-Prozess.

Wrap

Bei einem Ausfall des Rings versuchen die Stationen über *Wrapping*, den FDDI-Ring wieder funktionsfähig zu bekommen. Dazu wird der Bruch im aktiven Primary-Ring durch eine *Loopback Connection* zum inaktiven Secondary-Ring korrigiert.

Ring Purger

Nachdem ein Frame den Ring einmal durchlaufen hat, ist der MAC-Layer der sendenden Station dafür verantwortlich, den Frame wieder vom Ring zu nehmen (stripped). Frames, die trotzdem auf dem Ring verbleiben, werden *No-owner-Frames* (NOF) genannt und können daher für immer auf dem Ring zirkulieren.

Um dieses Problem zu umgehen, wird eine Station über SMT-Frames als Ring Purger ausgewählt. Wenn diese Station den Token besitzt, sendet sie zwei Void Frames und gibt anschließend den Token wieder frei. Nach Übertragung des Tokens werden so lange alle Frames aus dem Ring entfernt, bis der Ring-Purger seine beiden Void Frames bzw. ein Claim, Beacon oder Token Frame empfängt.

Bridge Stripping oder Frame Content Independent Stripping (FCIS)

Die Bridge nimmt die gleiche Anzahl von Frames vom Netz, wie sie nach dem letzten Token versendet hat (sie unterhält dazu einen lokalen Counter). Neben dem Zähler überträgt die Bridge vor der Freigabe des Tokens noch ein Void Frame, um das Ende der Frames zu markieren.

12.5.3 Station Management

SMT stellt die notwendigen Services zur Überwachung und Kontrolle von FDDI-Knoten zur Verfügung. Die einzelnen Services werden in verschiedene Bereiche aufgeteilt.

Connection Management (CMT)

CMT ist der Teil von SMT, der die »Physical Layer Insertion and Removal« durchführt und die Verbindungen zwischen den PHY und MAC eines Knotens zur Verfügung stellt.

- Physical Connection Management (PCM)

  Management der physikalischen Verbindung zwischen zwei benachbarten PHYs. Dazu gehören »Connection Establishment«, »Link Confidence Testing« und »Enforcement of Connection Rules«.

- Configuration Management (CFM)

  Konfiguration der PHY- und MAC-Einheiten innerhalb eines Knotens.

- Entity Coordination Management (ECM)

  Signalisierung an den PCM, sobald das physikalische Medium verfügbar ist, und Kontrolle der Bypass-Relay-Funktionalität.

Ring Management (RMT)

RMT empfängt Statusinformationen von der MAC- und CMT-Logik und gibt diesen Status an SMT und höhere Prozesse weiter.

Zu den RMT-Services gehören »Stuck Beacon Detection«, »MAC Availability for Transmission« und »Duplicate Address Detection and Resolution«.

SMT Frame Services

SMT Frame Services werden über verschiedene Frame Classes implementiert, die dann die Funktionen der SMT-Frames definieren:

- Neighborhood Information Frames (NIF)

  Über NIF geben die Stationen ihre MAC-Adresse und eine Beschreibung über ihre Station im Ring weiter. Außerdem fordern sie über diese Frames die gleichen Informationen von der Nachbarstation an.

- Station Information Frames (SIF)

  SIF werden verwendet, um Konfigurations- bzw. Operationsinformationen anzufordern und anderen Stationen zur Verfügung zu stellen.

- Request Denied Frames (RDF)

  Request Denied Frames sendet eine Station als Antwort auf Frame Requests, die von ihr nicht unterstützt werden.

Connection Rules

	Typ des Ports	lokaler Knoten A	lokaler Knoten B	lokaler Knoten M	lokaler Knoten S
anderer Knoten	A	Nein	✓ (1)	✓	✓
anderer Knoten	B	✓ (2)	Nein	✓	✓
anderer Knoten	M	✓ (3)	✓ (4)	Nein	✓
anderer Knoten	S	✓		✓	✓

(1) lokaler Port B ⇔ Port A nur, wenn lokaler Port A nicht an einem Port M hängt

(2) lokaler Port A ⇔ Port B nur, wenn lokaler Port B nicht an einem Port M hängt

(3) lokaler Port A ⇔ Port M nur, wenn lokaler Port B nicht an einem Port M hängt
lokaler Port A ⇔ Port M: eine evtl. lokale Verbindung Port B ⇔ Port A wird abgebaut.

(4) lokaler Port A ⇔ Port B: die lokale Verbindung Port B ⇔ Port M wird abgebaut.

- Port A

  Verbindet den eingehenden Primary-Ring und den ausgehenden Secondary-Ring des Dual-Rings. Dieser Port ist ein Teil von DAS- oder DAC-Geräten.

- Port B

  Verbindet den ausgehenden Primary-Ring und den eingehenden Secondary-Ring. Dieser Port ist Teil von DAS- und DAC-Geräten. Er wird außerdem zur Verbindung eines DAS mit einem CON eingesetzt.

● Port M

Verbindet einen CON mit einer SAS, DAS oder einem anderen CON. Dieser Port ist nur in einem CON implementiert.

● Port S

Verbindet ein SAS mit einem CON. Kann auch verwendet werden, um eine SAS mit einem DAS oder einer anderen SAS zu verbinden; diese Konfiguration ist aber nicht empfohlen.

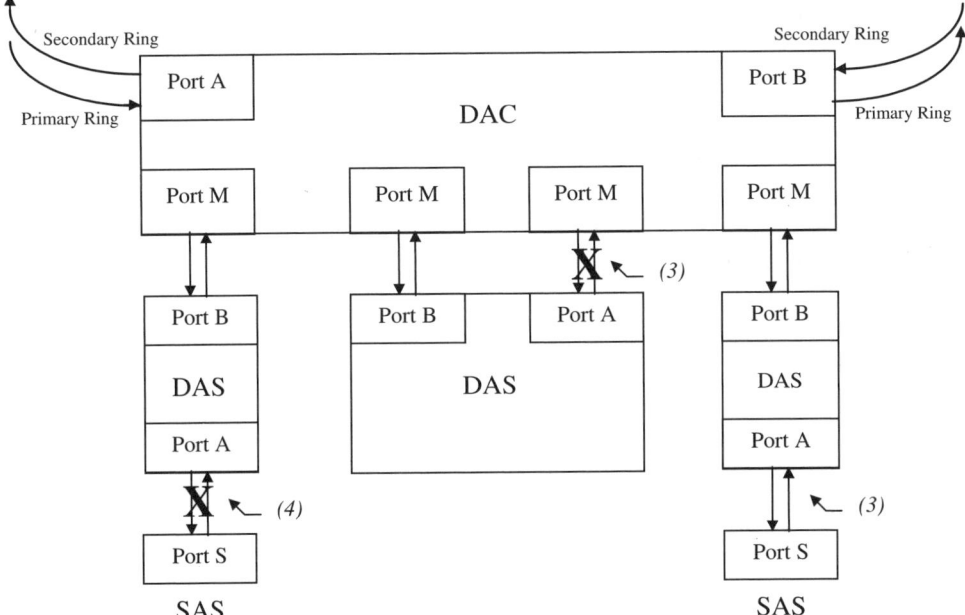

12.6   Cisco-Konfiguration: LAN-Interfaces

12.6.1   Ethernet

Normale Ethernet-Schnittstellen

interface *ethernet*
    media-type   aui I 10BaseT

c3640# show controllers ethernet 0/0

```
Interface Ethernet0/0
Hardware is AMD Presidio2
ADDR: 61FB52CO, FASTSEND: 6002A7CO, MCI_INDEX: 0
DIST ROUTE ENABLED: 0
Route Cache Flag: 1
 LADRF=0x0020 0x0100 0x0000 0x0000
 CSRO  =0x00000072, CSR3  =0x00001044, CSR4  =0x0000491D, CSR15 =0x00000000
 CSR80 =0x0000D900, CSR114=0x00000000, CRDA  =0x03D2B3B0, CXDA  =0x03D2B600
 BCR9 =0x00000000 (half-duplex)
 HW filtering information:
  Promiscuous Mode Disabled, PHY Addr Enabled, Broadcast Addr Enabled
  PHY Addr=0050.0F03.4E41, Multicast Filter=0x0020 0x0100 0x0000 0x0000
 amdp2_instance=0x61FB6DA8, registers=0x3C100000, ib=0x3D2B160
 rx ring entries=32, tx ring entries=64
 rxring=0x3D2B1CO, rxr shadow=0x61FB6FAO, rx_head=31, rx_tail=0
 txring=0x3D2B400, txr shadow=0x61FB704C, tx_head=32, tx_tail=32, tx_count=0
 Software MAC address filter(hash:length/addr/mask/hits):
  0x57:  0  0100.5e00.0009  0000.0000.0000     0
  0xCO:  0  0100.0ccc.cccc  0000.0000.0000     0
 spurious_idon=0, filtered_pak=0, throttled=0, enabled=0, disabled=0
 rx_framing_err=0, rx_overflow_err=0, rx_buffer_err=0
 rx_bpe_err=0, rx_soft_overflow_err=0, rx_no_enp=0, rx_discard=0
 tx_one_col_err=64, tx_more_col_err=51, tx_no_enp=0, tx_deferred_err=391
 tx_underrun_err=0, tx_late_collision_err=0, tx_loss_carrier_err=0
 tx_exc_collision_err=0, tx_buff_err=0, fatal_tx_err=0
 hsrp_conf=0, need_af_check=0
```

c3640# show interface ethernet 0/0

BIA = Burned in Address; die eigentliche
Hardware-Adresse des Controllers.

```
Ethernet0/0 is up, line protocol is up
  Hardware is AmdP2, address is 0050.0f03.4e41 (bia 0050.0f03.4e41)
  Internet address is 10.10.10.52/24
  MTU 1500 bytes, BW 10000 Kbit, DLY 1000 usec,
     reliability 255/255, txload 1/255, rxload 1/255
  Encapsulation ARPA, loopback not set
  Keepalive set (10 sec)
  ARP type: ARPA, ARP Timeout 04:00:00
  Last input 00:00:00, output 00:00:01, output hang never
  Last clearing of "show interface" counters never
  Queueing strategy: fifo
  Output queue 0/40, 0 drops; input queue 0/75, 0 drops
  5 minute input rate 1000 bits/sec, 1 packets/sec
  5 minute output rate 0 bits/sec, 0 packets/sec
     123390 packets input, 26548567 bytes, 0 no buffer
     Received 89407 broadcasts, 0 runts, 0 giants, 0 throttles
     0 input errors, 0 CRC, 0 frame, 0 overrun, 0 ignored
     0 input packets with dribble condition detected
     52931 packets output, 8774316 bytes, 0 underruns
     0 output errors, 115 collisions, 2 interface resets
     0 babbles, 0 late collision, 391 deferred
     0 lost carrier, 0 no carrier
     0 output buffer failures, 0 output buffers swapped out
```

Ethernet V2 Format für IP Frames

debug ethernet-interface

Fast-Ethernet-Schnittstellen

interface *fastethernet*
  media-type 10BaseT I 100BaseT I 100BaseX I mii
  duplex   full I half   I auto
  speed   10   I 100   I auto

Wird als Parameter für den »speed«- oder »duplex«-Befehl auto angegeben, führt der
Router eine Auto Negotiation des entsprechenden Parameters aus.

c7500# show diagbus 4

```
Slot 4:
        Physical slot 4, ~physical slot 0xB, logical slot 4, CBus 0
        Microcode Status 0x4
        Master Enable, LED, WCS Loaded
        Board is analyzed
        Pending I/O Status: None
        EEPROM format version 1
        VIP2 R5K controller, HW rev 2.02, board revision A0
        Serial number: 08224657  Part number: 73-2167-04
        Test history: 0x00         RMA number: 00-00-00
        Flags: cisco 7000 board; 7500 compatible

        EEPROM contents (hex):
          0x20: 01 1E 02 02 00 7D 7F 91 49 08 77 04 00 00 00 00
          0x30: 50 00 00 00 00 00 00 00 00 00 00 00 00 00 00 00

        Slot database information:
        Flags: 0x4      Insertion time: 0x1DBC (21:52:29 ago)

        Controller Memory Size: 64 MBytes DRAM, 8192 KBytes SRAM

        PA Bay 0 Information:
                Multi-channel (E1) PA, 2 ports
                EEPROM format version 1
                HW rev 1.01, Board revision A0
                Serial number: 08497887  Part number: 73-2463-01

        PA Bay 1 Information:
                Fast-Ethernet PA, 2 ports, 100BaseTX-ISL
                EEPROM format version 1
                HW rev 1.01, Board revision A0
                Serial number: 14073406  Part number: 73-2618-02

        --Boot log begin--

Cisco Internetwork Operating System Software
IOS (tm) VIP Software (SVIP-DW-M,Version 12.0(7)T,RELEASE SOFTWARE (fc2)
Copyright (c) 1986-1999 by cisco Systems, Inc.
Compiled Mon 06-Dec-99 15:14 by phanguye
Image text-base: 0x600108F0, data-base: 0x602B6000

        --Boot log end--
```

c7500# show interfaces FastEthernet4/1/0

```
FastEthernet4/1/0 is up, line protocol is up
  Hardware is cyBus FastEthernet Interface, address is 0090.5fcc.6088
                                            (bia 0090.5fcc.6088)
  MTU 1500 bytes, BW 100000 Kbit, DLY 100 usec,
    reliability 255/255, txload 1/255, rxload 1/255
  Encapsulation ARPA, loopback not set
  Keepalive set (10 sec)
  Full-duplex, 100Mb/s, 100BaseTX/FX
  ARP type: ARPA, ARP Timeout 04:00:00
  Last input 00:00:00, output 00:00:08, output hang never
  Last clearing of "show interface" counters never
  Queueing strategy: fifo
  Output queue 0/40, 0 drops; input queue 0/75, 0 drops
  5 minute input rate 0 bits/sec, 0 packets/sec
  5 minute output rate 0 bits/sec, 0 packets/sec
    90669 packets input, 20164548 bytes, 0 no buffer
    Received 90669 broadcasts, 0 runts, 0 giants, 0 throttles
    0 input errors, 0 CRC, 0 frame, 0 overrun, 0 ignored
    0 watchdog, 0 multicast
    0 input packets with dribble condition detected
    9009 packets output, 889136 bytes, 0 underruns
    0 output errors, 0 collisions, 1 interface resets
    0 babbles, 0 late collision, 0 deferred
    0 lost carrier, 0 no carrier
    0 output buffer failures, 0 output buffers swapped out
```

debug fastethernet   events | packets

Gigabit-Ethernet-Schnittstellen

c7500# show diagbus 5

```
Slot 5:
        Physical slot 5, ~physical slot 0xA, logical slot 5, CBus 0
        Microcode Status 0x4
        Master Enable, LED, WCS Loaded
        Board is analyzed
        Pending I/O Status: None
        EEPROM format version 1
        GEIP controller, HW rev 2.02, board revision C0
        Serial number: 12607763  Part number: 73-2167-05
        Test history: 0x00        RMA number: 00-00-00
        Flags: cisco 7000 board; 7500 compatible

        EEPROM contents (hex):
          0x20: 01 21 02 02 00 C0 61 13 49 08 77 05 00 00 00 00
          0x30: 60 00 00 01 00 00 00 00 00 00 00 00 00 00 00 00

        Slot database information:
        Flags: 0x4      Insertion time: 0x1DBC (21:51:37 ago)

        Controller Memory Size: 32 MBytes DRAM, 4096 KBytes SRAM
```

```
PA Bay 0 Information:
              Gigabit-Ethernet PA, 1 ports
              EEPROM format version 1
              HW rev 1.00, Board revision A0
              Serial number: 11623944  Part number: 73-3144-03

       --Boot log begin--

Cisco Internetwork Operating System Software
IOS (tm) VIP Software (SVIP-DW-M),Version 12.0(7)T,RELEASE SOFTWARE (fc2)
Copyright (c) 1986-1999 by cisco Systems, Inc.
Compiled Mon 06-Dec-99 15:14 by phanguye
Image text-base: 0x600108F0, data-base: 0x602B6000

       --Boot log end--
```

show interfaces GigabitEthernet5/0/0

```
GigabitEthernet5/0/0 is administratively down, line protocol is down
   Hardware is cyBus GigabitEthernet Interface, address is 0090.5fcc.60a0
                                               (bia 0090.5fcc.60a0)
   Internet address is 10.10.17.65/24
   MTU 1500 bytes, BW 1000000 Kbit, DLY 10 usec,
      reliability 255/255, txload 1/255, rxload 1/255
   Encapsulation ARPA, loopback not set
   Keepalive set (10 sec)
   Full-duplex mode, link type is autonegotiation, media type is unknown 16
   output flow-control is unsupported, input flow-control is unsupported
   ARP type: ARPA, ARP Timeout 04:00:00
   Last input never, output never, output hang never
   Last clearing of "show interface" counters never
   Queueing strategy: fifo
   Output queue 0/40, 0 drops; input queue 0/75, 0 drops
   30 second input rate 0 bits/sec, 0 packets/sec
   30 second output rate 0 bits/sec, 0 packets/sec
      0 packets input, 0 bytes, 0 no buffer
      Received 0 broadcasts, 0 runts, 0 giants, 0 throttles
      0 input errors, 0 CRC, 0 frame, 0 overrun, 0 ignored
      0 watchdog, 0 multicast, 0 pause input
      0 input packets with dribble condition detected
      0 packets output, 0 bytes, 0 underruns
      0 output errors, 0 collisions, 2 interface resets
      0 babbles, 0 late collision, 0 deferred
      0 lost carrier, 0 no carrier, 0 pause output
      0 output buffer failures, 0 output buffers swapped out
```

12.6.2 Token-Ring

interface *tokenring*
  ring-speed 4 | 16
  early-token-release

Early Token Release ist eine Methode, bei der die sendende Station den Token direkt freigibt, nachdem sie das Daten-Frame übertragen hat. Sie wartet bei diesem Verfahren mit der Freigabe des Token nicht, bis das Frame zu ihr zurückkommt.

c4500# show controllers tokenring 0

```
TMS380 unit 0: NIM slot 1, NIM type code 0xA, NIM version 19 ASIC revision 2
   512 Kb RAM, state 4, idb 0x610786D4, ds 0x6107A0E0
   current address: 0007.7832.bf8c, burned in address: 0007.7832.bf8c

   ssb_ptr 0x1F00,srb_ptr 0x1EC0,arb_ptr 0x1E80,stb_ptr 0x1F40,ipb_ptr 0x1504
   bia_addr 0x1DCC, swlev_addr 0x1DE0, address_addr 0x1DD2, parm_addr 0x1DEA
   mac_buff 0x0, ti_ring_speed_ptr 0x0, adapter_ram_ptr 0x14E0
   adapter_ram 512, ti_ring_speed 224, memory paragraphs 8
   sifsts 0x0000, sifacl 0x042A, sifadr 0x1E2E, sifadrx 0x0001
   rx internal buf size 0, rx total buffers avail 0,
   rx buffers in use 0, rx frames lost 0,

   Last Ring Status: none
     Stats: soft: 0/0, hard: 0/0, sig loss: 0/0
            tx beacon: 0/0, wire fault 0/0, recovery: 0/0
            only station: 0/0, remote removal: 0/0
   Interface failures: 0
   Monitor state: (active)
     flags 0xC0, code 0x0, reason 0x0
     chip f/w: .MSM020900, [bridge capable]
     SMT versions: 1.02 kernel, 130.01 fastmac
     ring mode: 0, internal enables:
     internal functional: 08800000, group: 00000000
     if_state: 1, ints: 0/0, ghosts: 0/0, bad_states: 0/0
     ring: 0, bridge num: 255, target: 0, max hops: 7
     last open options: (00000100)

   error log reads 0, error log failures 0
   too big packets 0, full tx buffer errors 0
   receive delimiter error 0, receive implicit errors 0
   receive explicit error 0, receive dma overrun 0
   receive buffer runout 0
     Packet counts:
       receive total:  141474/1, small: 141474/1, large 0/0
              runts: 0/0, giants: 0/0
              local: 141474/1, bridged: 0/0, promis: 0/0
          bad rif: 0/0, multiframe: 0/0
       ring num mismatch 0/0, spanning violations 0
       transmit total: 56738/5, small: 56738/5, large 0/0
              runts: 0/0, giants: 0/0, errors 0/0
           bad fs: 0/0, bad ac: 0/0
          congested: 0/0, not present: 0/0
   Unexpected interrupts: 0/0,  last unexp. int: 0
```

```
Internal controller counts:
  line errors: 0/0,  internal errors: 0/0
  burst errors: 0/0,  ari/fci errors: 0/0
  abort errors: 0/0, lost frame: 0/0
  copy errors: 0/0, rcvr congestion: 0/0
  token errors: 0/0, frequency errors: 0/0
  dma bus errors: -/-, dma parity errors: -/-
  adapter checks 0, info from last adapter check:
  status 0x0, parm0 0x0, parm1 0x0, parm2 0x0, intval 0x0
Internal controller smt state:
  Adapter MAC:      0007.7832.bf8c, Physical drop:      00000000
  NAUN Address:     0007.0dc6.fb50, NAUN drop:          00000001
  Last source:      0000.3020.7ca1, Last poll:          0000.3020.7ca1
  Last MVID:        0005,           Last attn code:     0005
  Txmit priority:   0006,           Auth Class:         7B7F
  Monitor Error:    0000,           Interface Errors:   0000
  Correlator:       0000,           Soft Error Timer:   00D2
  Local Ring:       0000,           Ring Status:        0000
  Beacon rcv type:  0000,           Beacon txmit type:  0000
  Beacon type:      0000,           Beacon NAUN:        0000.0000.0000
  Beacon drop:      0000,           Reserved:           0000
  Reserved2:        0000
```

NAUN: Nearest Active Upstream Neighbor

c4500# show interface tokenRing 0

```
TokenRing0 is up, line protocol is up
  Hardware is TMS380, address is 0007.7832.bf8c (bia 0007.7832.bf8c)
  Internet address is 10.100.8.103/24
  MTU 4464 bytes, BW 16000 Kbit, DLY 630 usec, rely 255/255, load 1/255
  Encapsulation SNAP, loopback not set, keepalive set (10 sec)
  ARP type: SNAP, ARP Timeout 04:00:00
  Ring speed: 16 Mbps
  Duplex: half
  Mode: Classic token ring station
  Group Address: 0x00000000, Functional Address: 0x08800000
  Ethernet Transit OUI: 0x000000
  Last input 00:00:02, output 00:00:01, output hang never
  Last clearing of "show interface" counters never
  Queueing strategy: fifo
  Output queue 0/40, 0 drops; input queue 0/75, 0 drops
  5 minute input rate 0 bits/sec, 1 packets/sec
  5 minute output rate 0 bits/sec, 0 packets/sec
     141480 packets input, 9455240 bytes, 0 no buffer
     Received 141457 broadcasts, 0 runts, 0 giants, 0 throttles
     0 input errors, 0 CRC, 0 frame, 0 overrun, 0 ignored, 0 abort
     56737 packets output, 5450872 bytes, 0 underruns
     0 output errors, 0 collisions, 2 interface resets
     0 output buffer failures, 0 output buffers swapped out
     6 transitions
```

IEEE-802.2-SNAP-Format für IP-Frames

debug token ring

debug token events

12.6.3 FDDI

interface *fddi*

fddi duplicate-address-check	Führt beim Einschalten einen Test auf doppelte MAC-Adressen durch
fddi frames-per-token #	Anzahl der Frames, die das System senden darf, sofern es den Token hat
fddi smt-frames	Der Router generiert und antwortet auf FDDI-SMT-Frames
fddi token-rotation-time	Die TRT im Bereich von 4.000 bis 165.000 Mikrosekunden
fddi valid-transmission-time	Die TVX im Bereich von 2.500 bis 2.147.483.647 Mikrosekunden

show controllers fddi

```
Fddi0/0 - hardware version 2.19, microcode version 20.4
   Phy-A registers:
      cr0 4, cr1 0, cr2 0, status 3, cr3 0
   Phy-B registers:
      cr0 4, cr1 4, cr2 0, status 3, cr3 0
   FORMAC registers:
      irdtlb  704A, irdtneg F85E, irdthtt F966, irdmir   FFFF0BDC
      irdtrth F860, irdtmax FBC5, irdtvxt 8585, irdstmc 0810
      irdmode 6A21, irdimsk E000, irdstat 8060, irdtpri 0000
FIP registers
ccbptr:          7F90 event_ptr:     0088 cmdreg:        0006 argreg:   0003
memdptr:         0000 memdpage:       0000 memaptr:       0000 afaddr:   060B
frptr:           000F apptr:          0004 tx_channel:    0000 tx_claim: F002
tx_claim_bc:     8011 tx_beacon:      F016 tx_beacon_bc:  8011 tx_clbn:  0000
tx_pend:         0000 local_freeptr:00BC hold_ctl:        0003 unused:   B000
tx_active_cnt: 0000 txq_ptr:          00C0 tx_accptr:     0041 raw_ptr:  0080
tx_state:        0003 rx_channel:     0000 rx_eof_channel:0000 rx_error: 009C
rx_pool:         00B4 rx_buf0:        79D0 rx_buf1:       7BD0 x_next0: 7C88
rx_next1:        7A50 rx_limit_lo:    0004 rx_limit_hi:   0067 rx_offset:0028
enabled:         0001 return:         0000 phya_ls_flag:  0001 unused:   0001
phya_tmin:       0000 phya_tmax:      1388 unused:        0000 txq_fill: 0000
lovenote:        0000 not_rcv_pkt:    0000 phyb_tmin:     0000 phyb_tmax:137C
t0:              0030 t1:             D388 t2:            002D t3:       7BD0
txq_fill_txEof:0000 unused:           0088 cur:           7A50 cnt:      0000
fop:             9178 phyb_ls_flag:   0001 lst_fint:      9178 rx_count: 0004
unused:          0000 bogus_claim:    0000 robin:         0007 park:     0000
Total LEM: phy-a 0, phy-b 0
```

show interface fddi0/0

```
Fddi0/0 is up, line protocol is up
  Hardware is cxBus FDDI, address is 0090.5fcc.6000 (bia 0090.5fcc.6000)
  Internet address is 10.10.7.65/24
  MTU 4352 bytes, BW 100000 Kbit, DLY 100 usec,
     reliability 255/255, txload 1/255, rxload 1/255
  Encapsulation SNAP, loopback not set       IEEE-802.2-SNAP-Format für IP-Frames
  Keepalive not set
  ARP type: SNAP, ARP Timeout 04:00:00
  Phy-A state is active, neighbor is B, cmt signal bits 008/20C, status ILS
  Phy-B state is active, neighbor is A, cmt signal bits 20C/028, status ILS
  ECM is in, CFM is thru, RMT is ring_op
  Requested token rotation 5000 usec, negotiated 5000 usec
  Configured tvx is 2500 usec ring operational 22:45:14
  Upstream neighbor 0060.3ecd.6c5e, downstream neighbor 0000.f89c.a787
  Last input 00:00:02, output 00:00:03, output hang never
  Last clearing of "show interface" counters never
  Queueing strategy: fifo
  Output queue 0/40, 0 drops; input queue 0/75, 0 drops
  5 minute input rate 1000 bits/sec, 0 packets/sec
  5 minute output rate 0 bits/sec, 0 packets/sec
     63201 packets input, 6433399 bytes, 0 no buffer
     Received 11368 broadcasts, 0 runts, 0 giants, 0 throttles
     0 input errors, 0 CRC, 0 frame, 0 overrun, 0 ignored, 0 abort
     25915 packets output, 2762429 bytes, 0 underruns
     0 output errors, 0 collisions, 1 interface resets
     0 output buffer failures, 0 output buffers swapped out
     9 transitions, 0 traces,  11 claims, 0 beacon
```

debug fddi cmt-events
debug fddi smt-packets
debug fddi events

13 Bridging

13.1 IEEE 802.1D Spanning Tree

Das Spanning-Tree-Protokoll ist für den Aufbau einer schleifenfreien Konfiguration in einem LAN mit mehreren redundanten Bridges (Switches) verantwortlich. Es ist transparent für die angeschlossenen Endstationen und führt eine automatische Rekonfiguration bei Ausfall einer Bridge oder einer Verbindung durch. Daher bezeichnet man das IEEE 802.1D auch als Transparent Bridging.

Als Switches bezeichnet man in der Regel Geräte mit einer relativ hohen Anzahl von Anschlüssen (Ports). Ansonsten bieten Switches und Bridges die gleiche Funktionalität.

Spanning Tree Identifier

- Spanning-Tree-Multicast-Adressen

  01-80-C2-00-00-00   IEEE 802.1D Bridge Group Address

  01-80-C2-00-00-10   IEEE 802.1D All LANs Bridge Management Group Address

- Eindeutiger Bridge Identifier (8 Octets)

  Besteht aus der Bridge-Adresse (normalerweise die MAC-Adresse des Bridge Ports mit der niedrigsten Nummer) und einer Priority-Komponente (0–65535). Ein Bridge Identifier mit einem kleineren numerischen Wert bedeutet eine höhere Bridge-Priorität.

- Port Identifier für jeden Port einer Bridge.

  Besteht aus einer Priority-Komponente (0 – 255) und einem fixen Teil, der für jeden Port einer Bridge unterschiedlich ist (z.B. die Port-Nummer).

  Ein Port Identifier mit einem kleineren numerischen Wert bedeutet eine höhere Port-Priorität. Jeder Bridge Port besitzt darüber hinaus eine eindeutige MAC-Adresse im Netzwerk.

- Path Cost für jeden Bridge Port

  Jedem Port einer Bridge wird ein Wert im Bereich von 1 bis 65535 zugewiesen. Standardmäßig: Path Cost = 1000 / Attached_LAN_Speed_in_Mb/s.

Port-Zustände (*state*) einer Spanning Tree Bridge

● Disabled

Die Bridge leitet keine Frames über diesen Port weiter und der Port nimmt auch nicht am Spanning Tree teil (d.h., empfangene Bridge PDUs (BPDU) werden nicht verarbeitet).

● Blocking

Die Bridge sendet keine Frames über diesen Port, das Spanning-Tree-Protokoll verarbeitet aber empfangene Bridge PDUs.

Ein Port geht dann in Blocking, wenn die Bridge Informationen erhalten hat, dass ein anderer Port als Designated Port des angeschlossenen LAN arbeitet.

● Listening

Das Weiterleiten von Frames über diesen Port ist temporär ausgeschaltet, um evtl. Schleifen bei einer Änderungen in der Topologie zu vermeiden. Das Spanning-Tree-Protokoll verarbeitet weiterhin die BPDUs.

● Learning

Die Bridge trägt Informationen über angeschlossene Stationen in ihre Filter-Datenbank ein. Sie leitet aber weiterhin keine Frames weiter.

● Forwarding

Der Port ist in der Lage, Frames weiterzuleiten.

Spanning Tree Parameter und Timer

● Max. Bridge Diameter

Die maximale Anzahl von Brücken, die auf dem Weg zwischen zwei Stationen vorkommen dürfen.

● Hold Time

Der Abstand zwischen dem Versenden von Configuration BPDUs (C-BPDU).

● Bridge Hello Time

Das Intervall, in dem eine Root Bridge Configuration BPDUs versendet.

● Bridge Max Age

Nach wie vielen Sekunden eine C-BPDU empfangen werden muss, bevor die Bridge annimmt, dass die Verbindung zur Designated Bridge gestört ist. Die Root Bridge gibt den Wert für alle anderen Brücken vor.

Bridge Max Age ≥ 2 x (Bridge Hello Time + 1,0 Sekunde)

● Bridge Forward Delay

Die Zeit, die eine Bridge im Listening bzw. Learning State verbleibt. Die Root Bridge gibt diesen Wert für alle anderen Bridges vor.

2 x (Bridge Forward Delay – 1,0 Sekunde) ≥ Bridge Max Age

● Ageing Time

Falls innerhalb dieses Zeitraums kein Update für eine MAC-Adresse erfolgt ist, entfernt die Bridge den dynamischen Eintrag aus der Forwarding-Datenbank.

Normal Ageing Time: 300 Sekunden

Short Ageing Time: Bridge Forward Delay (standardmäßig 15 Sekunden)

● Topology Change Acknowledge Flag (Bit 8 im Flag einer C-BPDU)

Das TCN Flag setzt die Designated Bridge eines LAN, falls sie eine C-BPDU als Antwort auf eine empfangene TCN-BPDU (Topology Change Notification) sendet.

● Topology Change Flag (Bit 1 im Flag einer C-BPDU)

Die Root Bridge setzt dieses Flag, sobald sie eine Veränderung in der Topologie erkannt hat oder durch ein TCN-BPDU über eine Änderung informiert wurde. Damit gehen alle Brücken innerhalb des Spanning Tree in den Short Ageing Mode. Zeitraum, in dem dieses Flag gesetzt bleibt: Bridge Max Age + Bridge Forward Delay

Parameter	Standardwert	Bereich
Max. Bridge Diameter	7 Bridges	fest
Hold Time	1 Sekunde	fest
Bridge Hello Time	2 Sekunden	1,0 bis 10,0 Sekunden
Bridge Max Age	20 Sekunden	6,0 bis 40,0 Sekunden
Bridge Forward Delay	15 Sekunden	4,0 bis 30,0 Sekunden
Ageing Time	300 Sekunden bei Normal Aging	

Berechnung der aktiven Spanning-Tree-Topologie

1. Zu Beginn nimmt jede Bridge an, sie sei die Root Bridge und überträgt deshalb C-BPDUs mit ihrer eigenen Adresse als Root Bridge ID und einer Root Path Cost von Null.

2. Sobald eine Bridge eine C-BPDU mit einer besseren Bridge Priority über einen Port empfängt, stellt sie die Übertragung der eigenen C-BPDUs über diesen Port ein.

3. Durch diesen Mechanismus wird die Bridge mit der höchsten Bridge Priority als Root Bridge für die gesamte Spanning Tree Domain ausgewählt.

4. Jede Bridge berechnet anschließend den kürzesten Weg von sich selbst zur Root Bridge (d.h. der Weg mit der niedrigsten Root Path Cost). Den entsprechenden Port bezeichnet man als Root Port.

5. Für jedes individuelle LAN wird ein Designated Bridge Port ausgewählt, der die Verbindung dieses LAN zu der Root Bridge herstellt. Die zugehörige Bridge wird als Designated Bridge bezeichnet.

Die Ports, die anschließend am Spanning Tree beteiligt sind (d.h. im Forwarding State), sind die Root Ports der einzelnen Brücken und die Designated Bridge Ports der individuellen LANs.

● Root Path Cost

Definiert die Kosten, um die Root Bridge über diesen Port zu erreichen. Die Root Path Cost eines Ports setzt sich aus dem Wert des Root-Path-Cost-Parameters in den C-BPDUs plus der eigenen Port Cost zusammen.

● Root-Port

Derjenige Port einer Bridge, der die niedrigste Root Path Cost aufweist und über den dann die Verbindung zur Root Bridge erfolgt (*Inlink*).

● Designated Port

Der Port aller Bridges eines LAN, der die niedrigste Root Path Cost aufweist. Bei gleicher Cost entscheidet der Designated Bridge Identifier bzw. der Port Identifier. Jeder Port einer Bridge - außer der Root Port – kann Designated Port eines LAN werden.

Spanning Tree Recalculation

Um eine automatische Rekonfiguration des Spanning Tree zu gewährleisten, besitzen die Topologie-Informationen nur eine gewisse Gültigkeitsdauer. Eine erneute Berechnung des Spanning Tree erfolgt dann, wenn

● eine Bridge oder eine Verbindung ausgefallen ist.

Falls innerhalb des MaxAge-Zeitraums über einen Port keine C-BPDUs mehr empfangen wurden, wird der Ausfall der Verbindung bzw. einer Bridge angenommen.

● eine »bessere« C-BPDU über einen Port empfangen wurde.

Die Bridge vergleicht die Daten in der neuen Configuration-BPDU mit den gespeicherten Informationen.

Um temporäre Schleifen innerhalb des Netzwerks zu vermeiden, gehen die Brücken bei einer Veränderung innerhalb der Topologie zuerst in den Listening State.

1. Nachdem eine Bridge eine Änderung in der Topologie erkannt hat, sendet sie TCN-BPDUs über ihren Root Port.

2. Die Designated Bridge des LAN quittiert die TCNs mit gesetztem Topology Change Ack Flag in der C-BPDU. Zusätzlich sendet sie selbst eine TCN über ihren Root Port.

3. Empfängt die erste Bridge eine C-BPDU mit gesetztem Topology Change Ack Flag, sendet sie keine weiteren TCN-BPDUs mehr.

4. Wenn die Root Bridge die TCN-BPDU erhält, setzt sie für den Zeitraum »Max Age + Forward Delay« das Topology Change Flag in ihren C-BPDUs.

5. Jede Bridge, die diese BPDUs empfängt, wechselt daraufhin von der Normal Ageing Time zur Short Ageing Time.

13.1.1 Spanning Tree BPDUs

Configuration-BPDU (Type 0)

Die C-BPDUs werden von der Root Bridge und den Designated Bridges (über die Designated Ports) versendet. Die Root Bridge gibt über die C-BPDU die Werte für die Parameter Max Age, Hello Time und Forward Delay vor.

```
DLL: - - - - - Datalink Header - - - - -
DLL:
DLL: Destination Address          = 01-80-C2-00-00-00 (IEEEBridges)
DLL: Source Address               = 08-00-2B-FE-AA-21
DLL:
DLL: 802.2 format, packet length  = 38 bytes
DLL: 802.2 DSAP                   = 42
DLL:           .......0 = Individual DSAP
DLL: 802.2 SSAP                   = 42
DLL:           .......0 = Command Frame
DLL: 802.2 PDU Control            = 03
DLL:           ......11 = Unnumbered Frame
DLL:           000.00.. = UI-Data
DLL:           ...0.... = Final
IEEBR:
IEEBR: - - - - - IEEE Bridge Management Protocol - - - - -
IEEBR:
IEEBR: Protocol Identifier         = 0000
IEEBR: Protocol Version            = 00
IEEBR:
IEEBR: BPDU Type                   = 00
IEEBR:           0....... = Regular Hello
IEEBR:
IEEBR: Hello Flags                 = 00
IEEBR:           0....... = No Change Acknowledge
IEEBR:           .......0 = No Topology Change Event
IEEBR:
IEEBR: Root Priority               = 122
IEEBR: Root Address                = 08-00-2B-BE-AA-21
IEEBR: Root Path Cost              = 0
IEEBR:
IEEBR: Designated Bridge Priority  = 122
IEEBR: Designated Bridge Address   = 08-00-2B-BE-AA-21
IEEBR: Port Identifier             = 2
IEEBR: Message Age (seconds)       = 0.000
IEEBR: Max Age (seconds)           = 15.000
IEEBR: Hello Time (seconds)        = 1.000
IEEBR: Forward Delay (seconds)     = 15.000
```

Topology Change Notification BPDU (Type 128)

Werden von den Bridges bei einer Topologie-Änderung über den Root Port ausgesandt. Die Übertragung der TCNs erfolgt so lange, bis die Bridges eine C-BPDU mit gesetztem Topology Change Ack empfangen.

```
DLL: - - - - - Datalink Header - - - - -
DLL:
DLL: Destination Address          = 01-80-C2-00-00-00 (IEEEBridges)
DLL: Source Address               = 00-00-F8-46-3E-FB
DLL:
DLL: 802.2 format, packet length  = 7 bytes
DLL: 802.2 DSAP                   = 42
DLL:            .......0 = Individual DSAP
DLL: 802.2 SSAP                   = 42
DLL:            .......0 = Command Frame
DLL: 802.2 PDU Control            = 03
DLL:            ......11 = Unnumbered Frame
DLL:            000.00.. = UI-Data
DLL:            ...0.... = Final
IEEBR:
IEEBR: - - - - - IEEE Bridge Management Protocol - - - - -
IEEBR:
IEEBR: Protocol Identifier        = 0000
IEEBR: Protocol Version           = 00
IEEBR:
IEEBR: BPDU Type                  = 80
IEEBR:            1....... = Topology Change
```

13.1.2 Beispiel für ein Spanning-Tree-Netzwerk

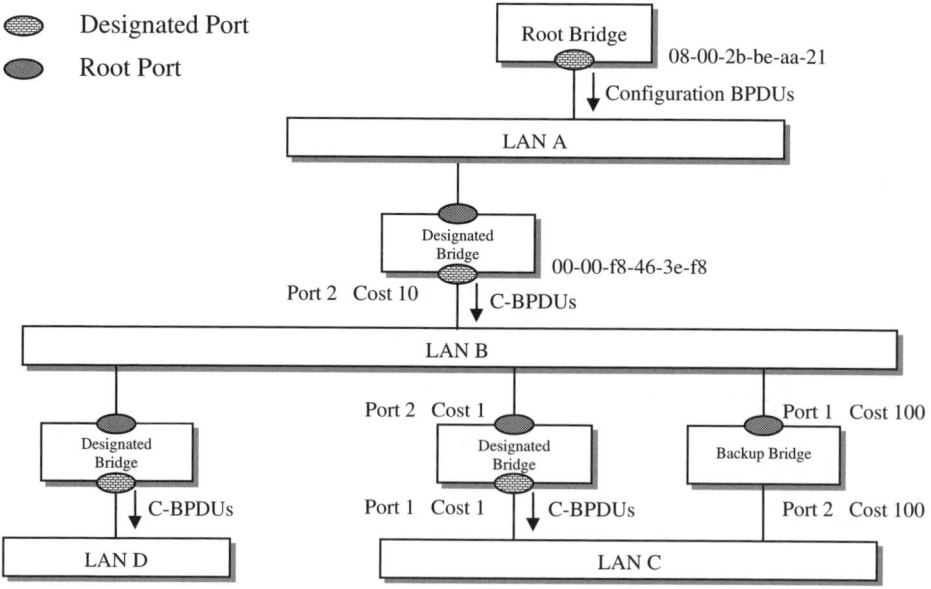

Designated Bridge LAN C

```
Root Bridge =
   Priority = 122 ,
   ID =        08-00-2b-be-aa-21
Root Path Cost = 11
Root Port      = Bridge Port Port-2

Bridge Identifier              =
   Priority = 255 ,
   ID =        08-00-2b-a2-09-60
Root Priority           = 255
```

Port 2 (LAN B)

```
Port State           = Forwarding
Designated Bridge ID  =
   Priority = 128 ,
   ID =        00-00-f8-46-3e-f8
Designated Port ID    =
   Priority = 0 ,
   Number =    2
Designated Root ID    =
   Priority = 122 ,
   ID =        08-00-2b-be-aa-21
Root Path Cost    = 10
Port Address      = 08-00-2b-a2-09-63
Port Cost         = 1
Port Identifier   =
   Priority = 128 ,
   Number =      2
```

Port 1 (LAN C)

```
Port State           = Forwarding
Designated Bridge ID  =
   Priority = 255 ,
   ID =        08-00-2b-a2-09-60
Designated Port ID    =
   Priority = 128 ,
   Number =     1
Designated Root ID    =
   Priority = 122 ,
   ID =        08-00-2b-be-aa-21
Root Path Cost    = 11
Port Address      = 08-00-2b-a2-09-6a
Port Cost         = 1
Port Identifier   =
   Priority = 128 ,
   Number =      1
```

Backup Bridge LAN C

```
Root Bridge =
   Priority = 122 ,
   ID =        08-00-2b-be-aa-21
Root Path Cost         = 110
Root Port              = Bridge Port Port-1

Bridge Identifier     =
   Priority = 255 ,
   ID =        08-00-2b-b4-13-e0
Root Priority           = 255
```

Port 1 (LAN B):

```
Port State           = Forwarding
Designated Bridge ID  =
   Priority = 128 ,
   ID =        00-00-f8-46-3e-f8
Designated Port ID    =
   Priority = 0 ,
   Number =    2
Designated Root ID    =
   Priority = 122 ,
   ID =        08-00-2b-be-aa-21
Root Path Cost    = 10
Port Address      = 08-00-2b-b4-13-e3
Port Cost         = 100
Port Identifier   =
   Priority = 128 ,
   Number =      1
```

Port 2 (LAN C)

```
Port State           = Backup
Designated Bridge ID  =
   Priority = 255 ,
   ID =        08-00-2b-a2-09-60
Designated Port ID    =
   Priority = 128 ,
   Number =     1
Designated Root ID    =
   Priority = 122 ,
   ID =        08-00-2b-be-aa-21
Root Path Cost    = 11
Port Address      = 08-00-2b-b4-13-ea
Port Cost         = 100
Port Identifier   =
   Priority = 128 ,
   Number =      2
```

Trace des Spanning Tree bei Ausfall einer Verbindung

Trace auf der Backup Bridge (B), wenn auf der Designated Bridge (A) des LAN C der Designated Port ausgeschaltet wird.

● Letzte C-BPDU von B, bevor das Interface ausgeschaltet wird

```
Rx              35 of 35    at 07:47:-2.-65              Port-2

     802.1d types: Hello
     Protocol ID      0x0000              | Root priority    122
     Root Address     08-00-2B-BE-AA-21   | Root path cost   11
     Bridge priority  255                 | Bridge Address   08-00-2B-A2-09-60
     Port priority    128                 | Port number      1
     Message age      2 seconds           | Max age          15 seconds
     Hello time       1 seconds           | Forward delay    15 seconds
```

● Nach Ablauf von ca. 15 Sekunden (Max Age) erkennt B, dass die Verbindung zur Designated Bridge des LAN C gestört ist. Sie geht daraufhin in Listening und sendet ihrerseits C-BPDUs über Port 2.

```
listening       0 of 0      at 07:48:-50.-54             Port-2

Tx              35 of 35    at 07:48:-36.-61             Port-2

     802.1d types: Hello
     Protocol ID      0x0000              | Root priority    122
     Root Address     08-00-2B-BE-AA-21   | Root path cost   110
     Bridge priority  255                 | Bridge Address   08-00-2B-B4-13-E0
     Port priority    128                 | Port number      2
     Message age      2 seconds           | Max age          15 seconds
     Hello time       1 seconds           | Forward delay    15 seconds
```

● Nach Ablauf des Bridge Forward Delay von 15 Sekunden geht Bridge B von Listening in den Learning State. Innerhalb dieses Zeitraums sendet sie weiterhin lediglich C-BPDUs über Port 2.

```
learning        0 of 0      at 07:48:-36.-54             Port-2

Tx              35 of 35    at 07:48:-35.-61             Port-2

     802.1d types: Hello
     Protocol ID      0x0000              | Root priority    122
     Root Address     08-00-2B-BE-AA-21   | Root path cost   110
     Bridge priority  255                 | Bridge Address   08-00-2B-B4-13-E0
     Port priority    128                 | Port number      2
     Message age      2 seconds           | Max age          15 seconds
     Hello time       1 seconds           | Forward delay    15 seconds

Tx              35 of 35    at 07:48:-22.-9              Port-2

     802.1d types: Hello
     Protocol ID      0x0000              | Root priority    122
     Root Address     08-00-2B-BE-AA-21   | Root path cost   110
     Bridge priority  255                 | Bridge Address   08-00-2B-B4-13-E0
     Port priority    128                 | Port number      2
     Message age      2 seconds           | Max age          15 seconds
     Hello time       1 seconds           | Forward delay    15 seconds
```

● Nach weiteren 15 Sekunden geht Bridge B in Forwarding und sendet gleichzeitig so lange TCN BPDUs über den Root Port, bis sie von der Designated Bridge des LAN eine C-BPDU mit gesetztem Topology Change Ack Flag empfängt. Über dieses Verfahren wird die Root Bridge über die Veränderung in der Topologie informiert.

```
frwrding      0 of 0     at 07:48:-21.-54          Port-2

Tx            4 of 4     at 07:48:-21.-54          Port-1

       802.1d types: Topology change notfication
       Protocol ID              0x0000                       |
```

● Nach Empfang der TCN-BPDU sendet die Root Bridge C-BPDUs mit gesetztem Topology Change Flag. Alle Bridges des Spanning Tree gehen dadurch in den Short-Ageing-Modus.

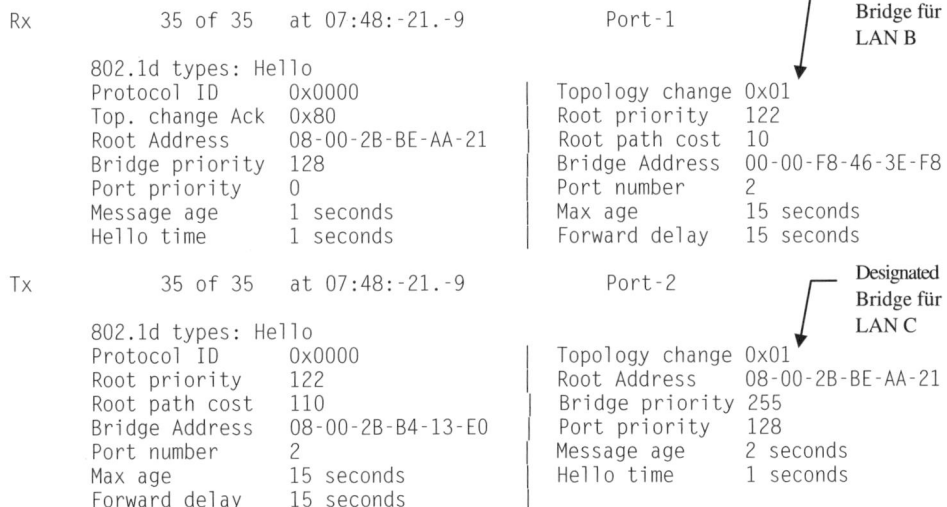

```
Rx           35 of 35   at 07:48:-21.-9           Port-1

       802.1d types: Hello
       Protocol ID       0x0000            | Topology change 0x01
       Top. change Ack   0x80              | Root priority    122
       Root Address      08-00-2B-BE-AA-21 | Root path cost   10
       Bridge priority   128               | Bridge Address   00-00-F8-46-3E-F8
       Port priority     0                 | Port number      2
       Message age       1 seconds         | Max age          15 seconds
       Hello time        1 seconds         | Forward delay    15 seconds

Tx           35 of 35   at 07:48:-21.-9           Port-2

       802.1d types: Hello
       Protocol ID       0x0000            | Topology change 0x01
       Root priority     122               | Root Address     08-00-2B-BE-AA-21
       Root path cost    110               | Bridge priority 255
       Bridge Address    08-00-2B-B4-13-E0 | Port priority    128
       Port number       2                 | Message age      2 seconds
       Max age           15 seconds        | Hello time       1 seconds
       Forward delay     15 seconds        |
```

Designated Bridge für LAN B

Designated Bridge für LAN C

Trace des Spanning Tree bei Hinzufügen einer Verbindung

Trace auf der Backup Bridge (B) wenn auf der Designated Bridge (A) des LAN C der Designated Port wieder eingeschaltet wird.

● Falls die Bridge über den aktiven Port eine »bessere« C-BPDU empfängt, als die aktuell gespeicherte, geht der Port sofort in Listening. Sie sendet anschließend so lange TCN-BPDUs über den Root Port, bis sie eine C-BPDU mit gesetztem Topology Change Ack empfängt.

```
Tx           35 of 35   at 01:43:-48.-41          Port-2

       802.1d types: Hello
       Protocol ID       0x0000            | Root priority    122
       Root Address      08-00-2B-BE-AA-21 | Root path cost   110
       Bridge priority   255               | Bridge Address   08-00-2B-B4-13-E0
       Port priority     128               | Port number      2
       Message age       2 seconds         | Max age          15 seconds
       Hello time        1 seconds         | Forward delay    15 seconds
```

```
Rx              35 of 35    at 01:43:-48.-41              Port-2

       802.1d types: Hello
       Protocol ID      0x0000            | Root priority   122
       Root Address     08-00-2B-BE-AA-21 | Root path cost  11
       Bridge priority  255               | Bridge Address  08-00-2B-A2-09-60
       Port priority    128               | Port number     1
       Message age      2 seconds         | Max age         15 seconds
       Hello time       1 seconds         | Forward delay   15 seconds


Tx               4 of 4     at 01:43:-48.-40              Port-1

       802.1d types: Topology change notfication
       Protocol ID                  0x0000                |


blocking         0 of 0     at 01:43:-48.-40              Port-2


Rx              35 of 35    at 01:43:-48.-33              Port-2

       802.1d types: Hello
       Protocol ID      0x0000            | Root priority   122
       Root Address     08-00-2B-BE-AA-21 | Root path cost  11
       Bridge priority  255               | Bridge Address  08-00-2B-A2-09-60
       Port priority    128               | Port number     1
       Message age      3 seconds         | Max age         15 seconds
       Hello time       1 seconds         | Forward delay   15 seconds


Tx               4 of 4     at 01:43:-47.-54              Port-1

       802.1d types: Topology change notfication
       Protocol ID                  0x0000
```

Root Bridge hat die
TCN empfangen und
das Flag gesetzt.

```
Rx              35 of 35    at 01:43:-47.-41              Port-1

       802.1d types: Hello
       Protocol ID      0x0000            | Topology change 0x01
       Top. change Ack  0x80              | Root priority   122
       Root Address     08-00-2B-BE-AA-21 | Root path cost  10
       Bridge priority  128               | Bridge Address  00-00-F8-46-3E-F8
       Port priority    0                 | Port number     2
       Message age      1 seconds         | Max age         15 seconds
       Hello time       1 seconds         | Forward delay   15 seconds
```

● Nachdem der Designated Bridge Port auf A wieder in Forwarding gegangen ist, sendet die Bridge eine TCN-BPDU über den Root Port.

```
Rx            35 of 35   at 01:44:-48.-29              Port-2

      802.1d types: Hello
      Protocol ID       0x0000          | Topology change 0x01
      Root priority     122             | Root Address     08-00-2B-BE-AA-21
      Root path cost    11              | Bridge priority  255
      Bridge Address    08-00-2B-A2-09-60 | Port priority   128
      Port number       1               | Message age      2 seconds
      Max age           15 seconds      | Hello time       1 seconds
      Forward delay     15 seconds      |


Rx            35 of 35   at 01:44:-47.-29              Port-2

      802.1d types: Hello
      Protocol ID       0x0000          | Root priority     122
      Root Address      08-00-2B-BE-AA-21 | Root path cost  11
      Bridge priority   255             | Bridge Address    08-00-2B-A2-09-60
      Port priority     128             | Port number       1
      Message age       2 seconds       | Max age           15 seconds
      Hello time        1 seconds       | Forward delay     15 seconds
```

13.2   Ethernet Translational Mixed Media Bridging

Beim Translational Bridging werden die zu übertragenden Daten jeweils in das Frame-Format des benutzen Mediums umgewandelt. Dadurch, dass die Bit-Order bei Ethernet und FDDI/Token-Ring unterschiedlich ist, muss beim Translational Bridging die MAC-Adresse entsprechend abgeändert werden. Dabei ist Folgendes zu beachten:

Ethernet MAC Bridging

Der IEEE 802.1H MAC Bridging of Ethernet V2.0 Standard definiert zwei Methoden, wie die Bridges beim Translational Bridging zwischen EthernetV2 und Ethernet IEEE 802.3 Frames unterscheiden können.

● RFC 1042 Encapsulation

Ethernet IEEE 802.3: Umwandlung in das IEEE-802.2-Format
EthernetV2 Frames: Umwandlung in das IEEE-802.2-SNAP-Format mit dem
                      OUI 00-00-00

● Bridge Tunnel Encapsulation

Bestimmten Protokollen, die auf dem Ethernet den SNAP 00-00-00 einsetzen, weisen die Bridges beim Translational Bridging den OUI 00-00-F8 zu. Ansonsten wäre keine Unterscheidung zwischen EthernetV2 und Ethernet IEEE 802.3 Frames möglich.

Bridge Tunnel Encapsulation trifft im Moment nur für AppleTalk zu: AppleTalk Phase-I ARPs verwenden EthernetV2 Frames und AppleTalk Phase-II ARPs den SNAP 00-00-00-80-F3. Dadurch ist bei der normalen RFC 1042 Encapsulation keine Unterscheidung mehr zwischen Phase-I und Phase-II ARPs möglich

Ethernet Frame	Token-Ring/FDDI Frame	Encapsulation
Ethernet V2	IEEE 802.2 SNAP, OUI 00-00-00	RFC 1042
IEEE 802.3 mit IEEE 802.2 Format	IEEE 802.2	RFC 1042
IEEE 802.3 mit IEEE 802.2 SNAP, OUI ungleich 00-00-00	IEEE 802.2 SNAP, gleicher OUI	RFC 1042
IEEE 802.3 mit IEEE 802.2 SNAP, OUI 00-00-00	IEEE 802.2 SNAP, OUI 00-00-F8	Bridge Tunnel

Ethernet/FDDI Translation Bridging

Da laut den FDDI-Spezifikationen alle MAC-Adressen oberhalb des MAC Layer im Canonical Format anzugeben sind, können auch Routing-Protokolle (z.B. IP, DECnet, OSI) gebridgt werden.

Daneben ist im IEEE 802.1i FDDI Supplement Standard definiert, dass bei allen Frames, die zwischen Ethernet und FDDI gebridgt werden, das Priority-Feld im FDDI Header auf Null zu setzen ist.

Ethernet/Token-Ring Translation Bridging

Da beim Übergang zwischen Token-Ring und Ethernet lediglich die Bit-Order der MAC-Adressen im Header abgeändert wird, nicht jedoch die Adressen innerhalb des Datenteils, funktioniert das Bridging von Routing-Protokollen in den meisten Fällen nicht (z.B. liefert IP ARP eine falsche Hardware-Adresse). Die Cisco-Router bieten teilweise die Möglichkeit, bei Translation Bridging auch die Adressen innerhalb des Frames anzupassen (siehe Kapitel »Cisco-Konfiguration: Bridging«).

● Trace des ARP Requests eines Token-Ring-Systems (00:01:FA:68:B2:BA) am Ethernet

```
DLL: - - - - - Datalink Header - - - - -
DLL:                                               Bridge wandelt die
DLL: Destination Address     = FF-FF-FF-FF-FF-FF   MAC-Adresse in das
DLL: Source Address          = 00-80-5F-16-4D-5D   Canonical Format um.
DLL:
DLL: DIX format, Protocol Type = 08-06
ARP:
ARP: - - - - - Address Resolution Protocol - - - - -
ARP:
ARP: Hardware Address Space      = 6
ARP: Protocol Address Space      = 08-00
ARP: Length of hardware address  = 6             Der ARP Request selbst enthält
ARP: Length of protocol address  = 4             aber noch die Adresse im
ARP: Opcode                      = 1 (Request)   Non-Canonical Format.
ARP: Sender's Hardware Addr      = 00-01-FA-68-B2-BA
ARP: Sender's Protocol Addr      = 192.168.1.1
ARP: Target Hardware Addr        = 00-00-00-00-00-00
ARP: Target Protocol Addr        = 192.168.1.200
```

● Trace des ARP Replies des Ethernet Hosts

Der Ethernet Host sendet daher den ARP Reply zur falschen MAC-Adresse.

```
DLL: - - - - - Datalink Header - - - - -
DLL:
DLL: Destination Address        = 00-01-FA-68-B2-BA
DLL: Source Address             = AA-00-04-00-21-FD
DLL:
DLL: DIX format, Protocol Type  = 08-06
ARP:
ARP: - - - - - Address Resolution Protocol - - - - -
ARP:
ARP: Hardware Address Space     = 6
ARP: Protocol Address Space     = 08-00
ARP: Length of hardware address = 6
ARP: Length of protocol address = 4
ARP: Opcode                     = 2 (Reply)
ARP: Sender's Hardware Addr      = AA-00-04-00-21-FD
ARP: Sender's Protocol Addr      = 192.168.1.200
ARP: Target Hardware Addr        = 00-01-FA-68-B2-BA
ARP: Target Protocol Addr        = 192.168.1.1
```

Netzwerkprotokolle und Translational Bridging

● IP-Protokolle (Protocol Type 08-00 und 08-06)

Standard	MTU-Size	Frame-Format
RFC 894 - Ethernet V2	1500	Ethernet V2 Frames
RFC 1042 - 802 Netzwerke	802.3: 1492 / 802.5: 8188	IEEE 802.2 SNAPOUI=00-00-00
RFC 1390 - FDDI	4352	IEEE 802.2 SNAPOUI=00-00-00

Falls in dem IP-Paket das »Don't Fragment«-Bit im Header nicht gesetzt ist, kann eine Bridge ein zu großes Paket beim Übergang von FDDI nach Ethernet fragmentieren. Bei IEEE-802.5-Multi-Ring-Netzwerken sind folgende Besonderheiten zu beachten:

ARP Broadcast: dürfen All Routes oder Spanning Tree Explorer Frames verwenden.
IP Broadcasts: dürfen nur als Spanning Tree Explorer Frames gesendet werden.

● DECnet FDDI Large Packet Support

Um zu erkennen, ob ein DECnet-Packet direkt von einem FDDI-Knoten gesendet wurde oder über eine Bridge empfangen wurde, setzt das DECnet-Protokoll die Prioriy Bits im FDDI-Frame-Control-Feld ein:

Priority = 0 Frame stammt von einem Ethernet Host (über eine Ethernet/FDDI Bridge).
Priority = 4 Frame wurde von einem FDDI Host gesendet.

Ist ein DECnet/OSI-Router am FDDI-Ring angeschlossen, sendet er Redirects zu dem Sender, die Informationen enthalten, ob das Zielsystem Large Packets unterstützt oder nicht.

Encapsulation Bridging

Im Gegensatz zu Translation Bridging leiten Bridges bei diesem Verfahren die Frames als komplettes Datenpaket weiter, ohne dass eine Konvertierung des Frame-Formats erfolgt. Encapsulation Bridging setzt man häufig für Remote Bridging über PPP- oder HDLC-WAN-Strecken ein. Da kein Standard für Encapsulation Briging existiert, funktioniert es meistens nur zwischen Geräten des gleichen Herstellers.

13.3 Token-Ring Bridging

Transparent Bridging (TB)

Bei Transparent Bridging läuft auf dem Token-Ring das IEEE-802.1D-Spanning-Tree-Protokoll. Alle Ringe benutzen in diesem Fall die gleiche Ringnummer und die Bridge entscheidet auf Grund der MAC-Adresse, ob sie ein Frame zu einem anderen Token-Ring weiterleiten muss oder nicht.

Source Route Bridging (SRB)

Bei Source Route Bridging besitzen die einzelnen Ringe unterschiedliche Ringnummern. Die Bridges entscheiden an Hand des RIF, zu welchem Ring sie das Frame weiterleiten müssen.

Die IBM-Spanning-Tree-Funktionalität in einem SRB-Netzwerk stellt einen Single Path für Single Route Explorer Frames zur Verfügung. Das Protokoll ist mit folgenden Ausnahmen identisch mit dem Transparent Bridging Spanning Tree:

	SRB Spanning Tree	**TB Spanning Tree**
BPDU-Multicast-Adresse	C0:00:00:00:01:00	80:01:43:00:00:00
Port ID	Ring Identifier + Bridge Number	Port Priority + Port Number
Topology Change Notification	Nein	Ja
Geltungsbereich	Single Route Explorer Frames	für alle Pakete

Source Route Switching (SRS)

Ein Ring wird in mehrere Segmente (sog. Micro Segments) aufgeteilt, die alle die gleiche Ringnummer besitzen. Der Switch verteilt die Frames für den lokalen Ring basierend auf der MAC-Adresse zwischen den einzelnen Segmenten. Frames für andere Ringe werden ganz normal über SRB zwischen den Switches weitergegeben.

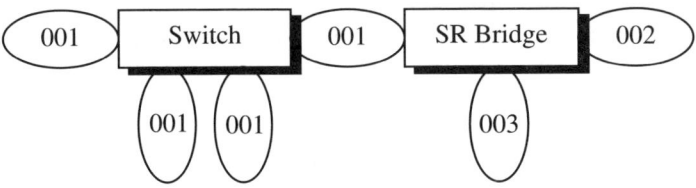

Source Route Transparent (SRT)

SRT ist im IEEE 802.1D Anhang C definiert und führt die Source-Route- und Transparent-Bridging-Funktionen simultan aus, ohne dass eine Integration von SRT und TB erfolgt. SRT ist daher nicht für Mixed-Media-Konfigurationen geeignet. Die Entscheidung, ob eine Bridge ein Token-Ring Frame über Source Route oder über Transparent Bridging verarbeitet, basiert auf dem RII-Bit des Frames:

RII = 0: Transparent Bridging
RII = 1: Source Route Bridging

Single Route Explorer Frames leitet die SRT-Logik über diejenigen Bridge Ports weiter, die sich im Spanning Tree Forwarding State befinden. All Routes Explorer Frames werden über alle Schnittstellen weitergegeben, die für SRB eingeschaltet sind. SRT Bridges unterstützen dabei nur den IEEE 802.1D Spanning Tree, nicht jedoch den IBM Spanning Tree.

- SRT Bridges nehmen passiv am SRB Spanning Tree teil.
  - IBM Spanning Tree BPDUs werden nur weitergeleitet, jedoch nie generiert oder verarbeitet.
  - Das TB-Netzwerk erscheint innerhalb des SRB Spanning Tree als ein einzelnes Segment.
  - Das SRB-Netzwerk ist für den TB Spanning Tree nicht sichtbar.
- SRT Bridges partizipieren aktiv am Transparent Spanning Tree.

13.4 Source Route Bridging (SRB)

SRB ist nur auf Token-Ring-Netzwerken möglich (IEEE 802.5 und FDDI). Bei der IBM-Token-Ring-Implementation sind bis zu maximal acht Ringe (sieben Brücken) und bei IEEE 802.5 14 Ringe (13 Brücken) unterstützt.

Ein gesetzter Routing Information Indicator (RII) in einem Frame zeigt an, dass ein zusätzlicher RIF im MAC Header enthalten ist und das Frame über Source Routing verarbeitet werden muss.

Source-Routing-Frame-Format

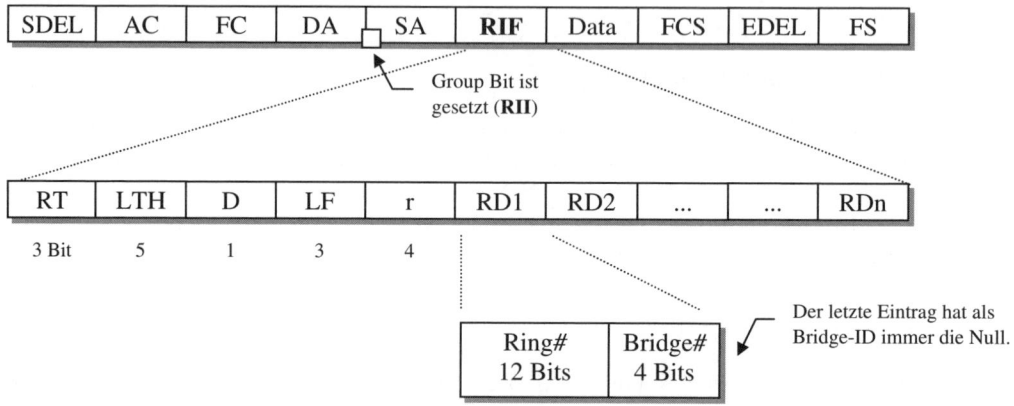

- RT (Routing Type)

00x	Specific Route Frame für die normale Datenübertragung
01x	Transparent Frame (siehe Kapitel IEEE 802.1Q)
10x	All Routes Explorer
11x	Single Route (Spanning Tree) Explorer

- LTH (Length)

  Die Länge des RIF. Sie kann zwischen 2 und 30 Octets betragen.

- D (Direction)

  0 = forward
  1 = reverse

● LF (Largest Frame)

000	516 Octets
001	1500 Octets
010	2052 Octets
011	4472 Octets
100	8144 Octets
101	11407 Octets
110	17800 Octets
111	65535 Octets

● RD (Route Designator)

Ring #	Token-Ring Number (eindeutig)
Bridge #	Bridge Number (eindeutig)

Source-Route-Explorer-Pakete

● All Routes (All Ring) Explorer (ARE)

Die Explorer-Pakete werden über alle verfügbaren Pfade zu jedem Knoten im Netz versendet. Das Zielsystem kann daher mehrere Kopien des Explorer Frames empfangen.

● Spanning Tree (Single Route, Limited Route) Explorer (STE)

Die Explorer-Pakete werden nur über diejenigen Interfaces der Bridge weitergegeben, auf denen das Weiterleiten von Spanning Tree Explorer Frames erlaubt ist.

● Local Explorer

Ein Local-Explorer-Paket hat keinen Routing-Eintrag und geht deshalb nur auf den lokalen Token-Ring. Es wird von einigen Endsystemen (NetBIOS oder SNA) generiert.

Bestimmung der Source Route für die Datenübertragung

1. Die Endstation sendet ein Route Discovery Frame mit der benötigten Zieladresse (erfolgt über einen All Routes oder Single Route Explorer).

2. Jede Bridge, die dieses Explorer Frame weiterleitet, fügt ihren eigenen Identifier (Ring und Bridge Number) in das RIF (Routing Information Field) ein.

3. Die Zielstation antwortet auf jedes empfangene Explorer-Paket mit einem directed, nonbroadcast Specific Route Frame. Dazu muss die Station lediglich das Direction Bit im RIF umdrehen.

4. Der Sender entscheidet dann, welche Route er für die Datenübertragung benutzt. In der Regel handelt es sich um die Route, die durch das erste empfangene Paket definiert wird.

13.4.1 Source Route Translational Bridging (SR/TLB)

SR/TLB bietet eine Integration von Source Route Bridging und Transparent Bridging und unterstützt im Gegensatz zu SRT auch Mixed Media Bridging zwischen Token-Ring und Ethernet.

● SRB nach TB

  Die Bridge entfernt die Source-Route-spezifischen Felder des Frames und speichert das zugehörige RIF in einem Cache.

● TB nach SRB:

  Multicast bzw. Broadcast Frames werden über einen Single Route Explorer versendet und das Largest-Frame-Feld wird dem Netzwerk angepasst. Sofern der Pfad im RIF-Cache vorhanden ist, werden Unicast Frames direkt zu dem Zielsystem gesendet. Ansonsten wird der Frame über einen Single Route Explorer weitergeleitet.

Da die SRB und TB Domains keine Spanning-Tree-Nachrichten austauschen, dürfen keine redundanten Pfade zwischen einer SRB und einer TB Domain bestehen.

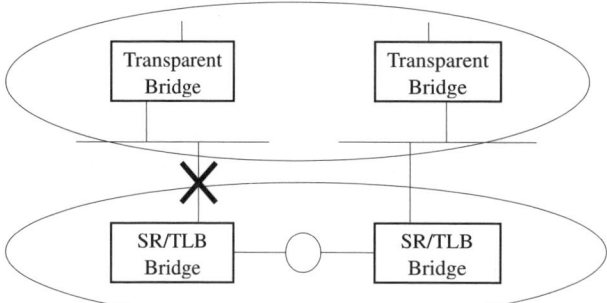

13.4.2 Remote Source Route Bridging   (RSRB)

Die Router leiten die Token-Ring Frames über eine TCP/IP-Verbindung zu einem entfernten System weiter. Es erfolgt normalerweise keine lokale Terminierung der LLC2 Session.

Local Acknowledgement

Lediglich bei einem »Local Acknowledgement« wird die LLC2 Session zwischen den Endknoten und dem lokalen Router aufgebaut.

Dabei quittiert der lokale Router alle Supervisory Frames (RR, RNR, REJ) und überträgt nur die Information Frames über die TCP/IP-Verbindung.

Für den Endknoten sehen die von dem Router lokal quittierten Frames genauso aus, als ob sie von dem Zielsystem stammen würden (d.h., als Source-Adresse ist die Adresse des anderen Endsystems eingetragen).

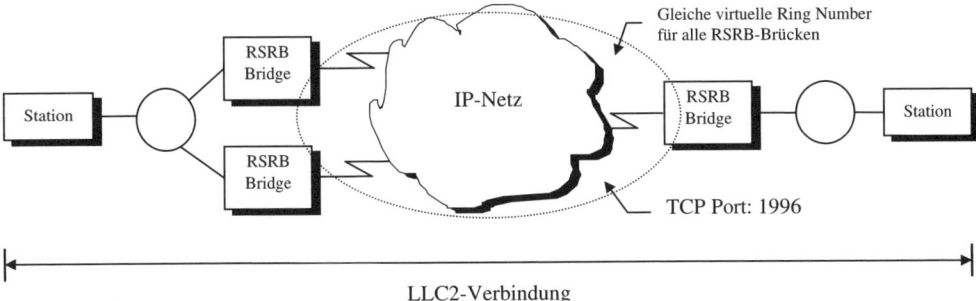

LLC2-Verbindung

13.5   DLSw (Data Link Switching)

DLSw+ ist im RFC 1795 definiert und beschreibt einen Mechanismus, um SNA und Net-BIOS-Verkehr über ein IP-Netzwerk zu transportieren:

Das Endsystem kann über Token-Ring, Ethernet, SDLC oder QLLC mit dem Netzwerk verbunden sein (SNA-PU-2-, PU-2.1- und PU-4-Systeme). Die Übertragung der Daten erfolgt immer im Token-Ring-Format (Non-Canonical).

DLSw führt stets eine Terminierung des RIF und der LLC2-Verbindung durch. Dadurch sind Quittierungen (z.B. LLC2 RR), Keepalives und Polling auf das lokale Netzwerk beschränkt.

DLSw bietet daneben noch Möglichkeiten, innerhalb eines Netzwerks dynamisch nach SNA oder NetBIOS-Ressourcen zu suchen und diese dann lokal auf dem DLSW-Router zwischenzuspeichern.

DLSw Ring Number

Sind Stationen über einen DLSw Switch angebunden, erscheinen sie als lokale Systeme eines benachbarten, virtuellen Rings. Dieser virtuelle Ring muss in jedem DLSw Switch definiert sein.

Falls mehrere DLSw Switches an einem gemeinsamen LAN-Segment angeschlossen sind, müssen alle die gleiche virtuelle Ring-Nummer benutzen.

Die Endsysteme an einem Token-Ring sehen die lokalen DLSw Switches wie normale Source Route Bridges.

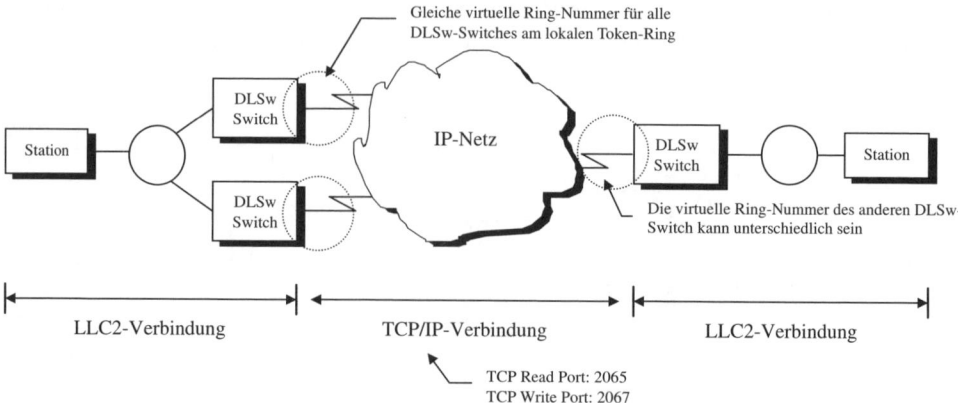

13.5.1 Aufbau einer SNA- oder NetBIOS-Verbindung über DLSw

Peer Connection Established

Bevor die Router SNA- oder NetBIOS-Daten über DLSw weiterleiten können, müssen sie zwei TCP-Verbindungen (Read- und Write-Kanal) aufbauen. Falls einer dieser Circuits nicht benötigt wird, können die Router ihn anschließend wieder abbauen.

Capabilities Exchanged

Nach Aufbau der TCP-Verbindung erfolgt ein Austausch der von den Routern unterstützten DLSw- Leistungsmerkmale (*Capabilities*). Um Broadcasts zu vermeiden, tauschen die Router evtl. noch Listen von MAC-Adressen und NetBIOS-Namen untereinander aus.

Circuit und Connection Established

Diese Phase beinhaltet die Ermittlung der Zielressource und den Aufbau einer DLC-Verbindung (Data Link Control) zwischen dem Endsystem und dem lokalen DLSw-Switch.

● SNA-Circuit-Establishment

   1. Endsysteme am LAN finden andere SNA-Geräte mit Hilfe von Explorer Frames mit der MAC-Adresse des Geräts als Zieladresse (LLC1 TEST oder XID Frames mit dem SAP 0x00).

   2. Der lokale DLSw Switch sendet eine CANUREACH-Explorer-Nachricht zu jedem Peer. Falls einer der Peers die MAC-Adresse erreichen kann, antwortet er mit einer ICANREACH-Nachricht und der lokale DLSw-Switch quittiert mit REACH_ACK.

3. An diesem Punkt gehen die DLSw Switches in den Zustand *Circuit_Established*, es wird der End to End Circuit zwischen den Endsystemen aufgebaut und die Endsysteme dürfen anschließend LLC1 Frames senden.

4. Jeder Circuit wird durch die Source und Destination Circuit IDs identifiziert. Die Circuit IDs selbst sind durch die Destination und Source MAC-Adresse, die LSAPs und die DLC Port ID definiert.

● SNA-Connection-Establishment

1. Empfängt der DLSw Switch ein SABME Frame von einem Endsystem, sendet er eine Contact-Nachricht zu dem DLSw Peer und ein RNR Supervisor Frame zu dem Endsystem.

2. Nach Empfang des »Contact« sendet der Remote Peer ein SABME Frame zu dem Zielsystem und nach Erhalt des UA Frames eine »Contacted«-Nachricht an den lokalen Peer. Dieser gibt dann wiederum ein RR an das lokale Endsystem weiter.

3. Daraufhin sind beide DLSw Switches im Zustand *Connected* und die Endsysteme können LLC2 Frames untereinander austauschen.

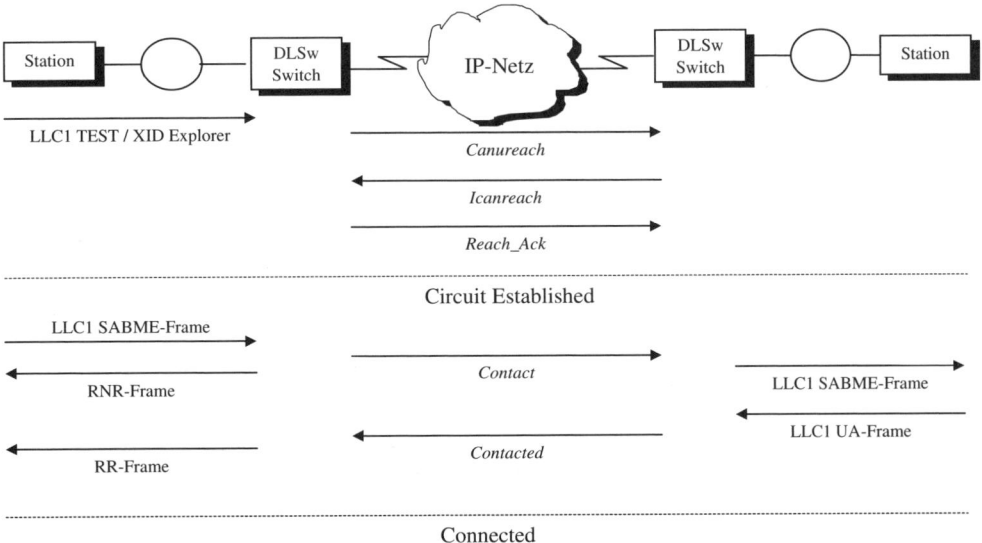

● NetBIOS Circuit und Connection Establishment

Der Aufbau einer NetBIOS Session erfolgt im Prinzip in gleicher Weise. Anstatt des »Canureach« mit der MAC-Adresse sendet der DLSw Switch einen Netbios Name Query an den Peer, der darauf mit einem NetBIOS Name Recognized antwortet.

13.6 LAN-Switching-Technologien

Layer-2 Switching

Layer-2 Switching erlaubt den Aufbau von relativ großen flachen Netzwerken (*Flat Networks*). Dabei kann es aber zu Problemen durch hohen Broadcast- und Multicast-Verkehr kommen. Eine Lösung dieser Problematik ist der Einsatz von Virtual LANs (VLANs).

● Cut Through Switches

   Die Entscheidung, ein Paket weiterzugeben, erfolgt typischerweise bevor das gesamte Paket empfangen wurde. Bei Cut Through Switching mit Collision Window Avoidance warten die Switches immer 64 Byte (d.h. die Ethernet Slot Time) bis zur Weitergabe des Frames ab. Dadurch sollen vor allem Runts (fehlerhafte, kleine Ethernetpakete) vermieden werden.

   ● Es ist nicht möglich, unterschiedliche LANs (z.B. FDDI und Ethernet) miteinander zu verbinden

   ● Geringe Verzögerung beim Weiterleiten der Frames

   ● Fehlerhafte Pakete werden über das gesamte Netzwerk weitergegeben (z.B. Runt Packets)

● Store and Forward Switches (Bridging Switches)

   Vor der Weitergabe eines Frames speichern die Switches das komplette Paket zwischen und unterstützen daher die entsprechenden IEEE-802.1-Standards (802.1D, 802.1H, 802.1i).

   ● Unterschiedliche LANs können miteinander verbunden werden.

   ● Höhere Verzögerung als bei Cut-Through-Switches.

   ● Die Switches erkennen fehlerhafte Pakete und entfernen sie aus dem Netzwerk.

Layer-3 Switching (Protocol Switching)

Bei Protokoll-Switching laufen die ersten Pakete eines so genannten Flow (die Kombination von Protokoll und Source-/Destination-Adresse) über den traditionellen Routing-Prozess. Alle weiteren Pakete des Flow leiten die Switches direkt über den Switching Path weiter. Für die Implementation von Layer-3 Switching existieren verschiedene Ansätze:

Cell Switch Router (CSR) (RFC 2129)	Toshiba
Aggregate Route-Based IP Switching (ARIS)	IBM
IP Switching	Ipsilon
Tag Switching (RFC 2105)	Cisco
Multiprotocol Label Switching (MPLS)	IETF (draft)

● Cisco Tag Switching

Tag Switching basiert auf einem »Label Swapping«-Konzept: Die Switches versehen jedes Paket eines Flow mit einem kurzen Label (sog. Tag), über das sie den anderen Switches mitteilen, wie die Pakete zu verarbeiten sind.

Das Einfügen eines Tag erfolgt auf dem Tag-Edge-Router, die weitere Verarbeitung der Pakete innerhalb des Netzwerks basiert dann nur noch auf diesem Tag. Für die Verteilung der Tag-Informationen ist das Tag Distribution Protocol (TDF) verantwortlich.

● IETF MPLS

Ähnlich wie Tag Switching versehen auch hier die Switches die Pakete eines Flow mit einem Label. Die Vergabe dieses Labels basiert entweder auf der Topologie, dem Datentransfer oder dem RSVP-Protokoll:

Traffic: Label wird durch den Upstream- oder Downstream-Nachbarn eingefügt.
Topology: Label wird für jede Route vergeben und von dem MPLS Egress Node
               eingefügt.
Reservation: Label wird dann zugewiesen, wenn die Switches RSVP-Nachrichten verarbeiten.

13.7   Virtual LAN

VLANs erlauben die Gruppierung von Systemen zu einer so genannten Limited Broadcast Domain, unabhängig von ihrem physikalischen Anschluss. Die Mitglieder eines VLAN können alle Pakete (Broadcast, Multicast, Unicast) von anderen Mitgliedern ihrer Domain empfangen, jedoch keine Pakete von Systemen aus anderen Domains.

VLAN-Definitionen

● Layer 1 - Class 1 VLAN, Port-Switching   Port-basierend

Eine Menge von Ports auf verschiedenen Layer-1 Switches die - über Software - zu einer Limited Broadcast Domain zusammengefasst werden. Ports auf dem gleichen Layer-1 Switch können unterschiedlichen Broadcast Domains zugeordnet sein.

● Layer 2 - Class 2 VLAN   MAC-basierend

Eine Menge von MAC-Adressen auf verschiedenen Ports verschiedener Module, die zu einer einzelnen Broadcast Domain zusammengefasst werden.

● Layer 3 - Class 3 VLAN, Virtual Subnets   Protokoll-basierend

Class-3 VLANs gruppieren die Systeme basierend auf dem Netzwerkprotokoll oder auf der Netzwerkadresse (bei IP spricht man in diesem Fall auch von einem virtuellen Subnetz).

IP-Multicast-Gruppe als VLANs: Alle Stationen, die Mitglied einer spezifischen Multicast-Gruppe sind, werden zu einem VLAN zusammengefasst. Da die Zugehörigkeit zu
einer Multicast-Gruppe nur für eine bestimmte Zeit besteht, werden die VLANs dynamisch erzeugt.

Interswitch-Communiation-Protokolle

Diese Protokolle dienen zum Austausch der VLAN-Informationen zwischen den einzelnen
Switches. Die Anbindung der einzelnen VLANs untereinander (Inter-VLAN Traffic) erfolgt
immer über ein entsprechendes Routing-Protokoll.

Eine Ausnahme bildet das ATM-MPOA-Protokoll. Mit Hilfe von MPOA können Mitglieder
verschiedener ATM VLANs (den sog. Emulated LANs - ELANs) direkt miteinander kommunizieren, ohne dass der Datentransfer über einen Router laufen muss.

● Table Maintenance via Signaling

   Die einzelnen Switches tauschen in regelmäßigen Abständen ihre kompletten VLAN-
   Membership-Tabellen aus. Gilt für Class-1 und Class-2 VLANs.

● Time Division Multiplexing

   Für jedes VLAN reservieren die Switches auf dem Interswitch Backbone einen eigenen
   Kanal. Sie erreichen dadurch eine Trennung des Verkehrs für die einzelnen VLANs.

● VLAN Tagging

   Bei Interswitch-Verbindungen wird in jedes Frame ein spezieller Header eingefügt, der
   definiert, zu welchem speziellen VLAN das Paket gehört.

   Proprietäre Protokolle: Cisco Inter Switch Link (ISL) oder IEEE 802.10 (für FDDI)
   Standard-Protokolle: IEEE 802.1Q und ATM LAN Emulation

13.7.1 IEEE 802.1p

IEEE 802.1p (Supplement to MAC Bridges: Traffic Class Expediting and Dynamic Multicast Filtering) stellt eine Erweiterung des 802.1D-Standards dar und unterstützt die Übertragung zeitkritischer Multimedia-Informationen. Dazu definiert 802.1p Filtering Services
für die dynamische Benutzung von Multicast-Adressen und Traffic Capabilities für den
Einsatz von Prioritäten bei der Datenübertragung.

Die Definition des Filter-Modus (Port Filtering Mode) und die Registrierung von Mitgliedern einer Multicast-Gruppe kann statisch über Managementbefehle oder dynamisch über
das GMRP-Protokoll erfolgen.

Quality of Service über Verkehrsklassen

IEEE 802.1p erlaubt den Einsatz von bis zu acht verschiedenen Verkehrsklassen (Priorities) für fast alle 802.x-Protokolle (Ethernet, DQDB, Token-Ring und FDDI). Die Signalisierung der Benutzerpriorität kann auf zwei Arten erfolgen:

1. Durch das Priority-Feld in einigen MAC-Protokollen (z.B. 802.5, FDDI, 802.12 Demand Priority).

2. Über die User Priority im IEEE 802.1Q Tag Header.

Da auch Endstationen als GMRP-Teilnehmer fungieren dürfen, ist eine Ende-zu-Ende-Signifikanz der Priorität über ein Bridged-LAN möglich, egal, ob die Intermediate Bridges in der Lage sind, die Priorität zu signalisieren oder nicht.

Dynamisches Filtern von Multicast Frames

● Basic Filtering Services - Bridge Filter Mode 1

In diesem Modus werden alle Multicast Frames weitergeleitet, für die keine expliziten Filter-Informationen (statische oder dynamische Filter-Einträge) in der Forwarding-Tabelle des Switch enthalten sind.

● Extended Filtering Services

Vor dem Weiterleiten der Multicast Frames muss der Switch sowohl die statischen bzw. dynamischen Filter-Einträge als auch die Group-Registration-Einträge überprüfen. Für das Weiterleiten der Frames stehen drei Filter Modes zur Verfügung:

● Port Filtering Mode A

In diesem Modus leitet der Switch alle Adressen weiter. Er entspricht damit dem Filter-Mode 1.

● Port Filtering Mode B

Es werden alle nicht registrierten Adressen weitergegeben. Entspricht dem Filter Mode 1 mit der Ausnahme, dass der Switch zusätzlich noch die Group-Registration-Einträge überprüft.

● Port Filtering Mode C

Der Switch filtert in diesem Modus alle nicht registrierten Adressen und leitet Frames für eine Multicast-Gruppe nur dann weiter, wenn das Forwarding für diese Frames explizit erlaubt ist.

IEEE-802.1p-Protokolle

● GARP (Generic Attribute Registration Protocol)

GARP ist ein so genanntes »general purpose registration/distribution«-Protokoll, dessen Attributwerte standardisiert sind. Applikationen, die auf GARP aufsetzen, sind z.B. GMRP oder GVRP (siehe 802.1Q).

● GMRP (GARP Multicast Registration Protocol)

GMRP ermöglicht die dynamische Registrierung und Deregistrierung von Informationen über die Zugehörigkeit zu einer Multicast-Gruppe auf den Switches.

Über den Source-Pruning-Mechanismus kann die Übertragung von Multicast Frames unterdrückt werden, für die keine gültigen Empfänger an einem LAN verfügbar sind.

13.7.2 IEEE 802.1Q

IEEE 802.1Q (Standard for Virtual Bridged Local Area Networks) unterstützt bis zu 4095 Class-1, Class-2 oder Class-3 VLANS, jedoch nur ein VLAN pro Frame. Es ist daher nicht möglich, überlappende VLANs aufzubauen.

Alle Switches innerhalb der LAN-Infrastruktur müssen einen einzigen Spanning Tree benutzen. Das heißt, ein VLAN ist ein Subset der Spanning-Tree-Topologie. Es gibt jedoch herstellerspezifische Lösungen, die einen separaten Spanning Tree für jedes VLAN erlauben.

Explicit VLAN Tagging

Die Zuweisung eines Frames zu einem VLAN erfolgt über ein VLAN-Tag. Der erste Switch des VLAN fügt diesen *Tag* ein und erst der letzte Switch entfernt ihn wieder, alle Intermediate Switches lassen den Tag unverändert.

MAC Address	TPID	User Priority	CFI	VLAN ID	Type / Length / LLC
	2 / 8 Octets	3 Bits	1 Bit	12 Bits	2-30 Octets

Die Verwendung des IEEE 802.1Q VLAN Tags in Ethernet Frames wird durch den Standard IEEE 802.3ac beschrieben. Da sich die maximale Ethernetgröße bei der Benutzung eines VLAN Tags von 1518 auf 1522 erhöht, kann es bei der Übertragung in Netzwerken, die kein 802.1Q unterstützen, zu Problemen kommen.

- TPID (Tag Protocol Identification)

Token Ring / FDDI	8 Byte SNAP Format	AA-00-03-00-00-00-81-00
Ethernet	2 Byte Protocol Type	81-00

- User Priority

  Über das User-Priority-Feld des VLAN-Tag ist es möglich, auch Ethernet-Paketen eine Priorität zu vergeben (so genannte Priority-Based VLAN-Membership).

- CFI (Canonical Format Identifier)

  CFI gibt zum einen die Bit-Order von Adress-Informationen innerhalb von Token-Ring- oder FDDI-Frames an und zum anderen, ob die Switches in ein Ethernet bzw. 802.3 Frame ein RIF einfügen sollen. Das Routing-Type-Feld des RIF ist um einen zusätzlichen Typ (01 = Transparent Frame) erweitert worden.

- VLAN ID (VLAN Identifier)

  Der eigentliche Identifier, über den der Switch die Frames einem bestimmten VLAN zuordnet.

Implicit VLAN Tagging

Die Zuordnung eines Frames zu einem VLAN basiert auf dem Inhalt des Frames (z.B. der Adresse oder des Protokolltyps) oder auf dem Port, über das der Switch das Frame empfangen hat.

GVRP   (GARP VLAN Registration Protocol)

Bei GVRP handelt es sich um eine weitere Applikation, die auf dem GARP-Protokoll basiert. GVRP ermöglicht den Austausch von VLAN-Informationen mit anderen Switches und die dynamische Verwaltung der einzelnen VLANs.

13.7.3 Cisco Inter-Switch Link

ISL ist ein Frame-Tagging-Protokoll, über das die Switches VLAN-Informationen untereinander austauschen. Da die Frame-Größe durch den ISL Header mehr als 1518 Byte betragen kann, ist ISL nur auf Punkt-zu-Punkt-Verbindungen zwischen Cisco-Komponenten
möglich.

● ISL erlaubt die Übertragung von Ethernet und Token-Ring Frames.

● ISL unterstützt bis zu 1000 VLANs.

● Im Gegensatz zu IEEE 802.1Q kann jedes VLAN seinen eigenen Spanning Tree benutzen.

ISL Frame-Format

DA	Type	User	SA	Length	AAAA03	HSA	VLAN	BPDU	Index	RES	Encapsulated Frame	CRC
40 Bit	4 Bit	4 Bit	48 Bit	16 Bit	24 Bit	24 Bit	15 Bit	1 Bit	16 Bit	16 Bit		4 Octet

◄───►
26 Octet

● DA (Destination Address)

01-00-0C-00-00: Signalisiert dem Empfänger, dass es sich um ein ISL-Frame handelt.

● Type

0000	Ethernet (ISL-Größe von 94 bis 1548 Byte, Ethernet + 30 Bytes ISL)
0001	Token-Ring (ISL-Größe maximal 18030 Byte)
0010	FDDI (im Moment nicht implementiert)
0011	ATM (im Moment nicht implementiert)

● User (User defined Bits)

xx00	nomale Priorität
xx01	Priorität Eins
xx10	Priorität Zwei
xx11	höchste Priorität

● SA (Source Address)

Die MAC-Adresse des Switch, der das ISL-Frame versendet hat.

● Length

Die Länge des ISL-Frames (ohne DA, Type, User, SA, Length und CRC)

- HSA (High Bits of Source Address)

  00-00-0C; die Hersteller-ID der Source-Addresse (hier Cisco)

- VLAN

  Die Identifikation des VLAN (auch als *Color* bezeichnet)

- BPDU

  Ist bei allen Bridge-PDUs gesetzt

- Index

  Der Index des Ports, über den der ISL-Frame versendet wurde (nur für Diagnose)

- RES

  Bei Token-Ring-ISL-Frames die AC- und FC-Felder des ursprünglichen Token-Ring Frames

- Encapsulated Frame

  Enthält das komplette Token-Ring oder Ethernet-Frame (inklusive des CRC)

- CRC

  Ein CRC über das gesamte ISL-Frame

Cisco-Konfiguration: Bridging

14.1 Transparent Bridging

Die Cisco-Router unterstützen Transparent Bridging auf Ethernet, FDDI, Token-Ring und auf seriellen Schnittstellen. Alle Schnittstellen, die zu der gleichen Spanning Tree Domain gehören, müssen in der gleichen Bridge Group liegen.

bridge # protocol [ieee | dec]
bridge # priority #

interface *name*
  bridge-group #
  bridge-group # priority #

Bridging über parallele serielle Verbindungen

Falls mehrere parallele Verbindungen existieren, kann über eine Circuit Group eine Lastverteilung zwischen den seriellen Schnittstellen konfiguriert werden, d.h., alle Ports sind im Forwarding.

Standardmäßig erfolgt eine deterministische Lastverteilung. Das heißt, ein Adress-Paar aus der Source und der Destination benutzt immer das gleiche Interface einer Circuit Group.

Über »bridge # circuit-group # source-based« kann man die Circuit-Group so konfigurieren, dass nur die Source-Adresse entscheidet, welches Interface verwendet werden soll.

interface *name1*
  bridge-group 1
  bridge-group 1 circuit-group 10

interface *name2*
  bridge-group 1
  bridge-group 1 circuit-group 10

Mehrere Bridge Groups

Beim Einsatz mehrerer Bridge Groups in einem Router erfolgt eine strikte Trennung der einzelnen Gruppen, da der Router keine Daten zwischen den Bridge Ports unterschiedlicher Gruppen weiterleitet. Dadurch entstehen verschiedene Spanning Tree Domains.

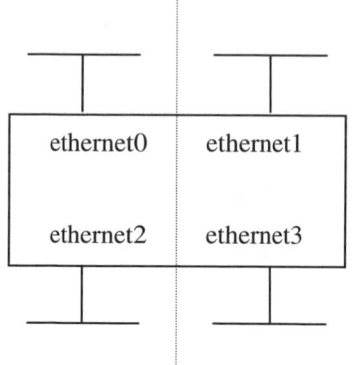

```
bridge 1 protocol ieee
bridge 2 protocol ieee
!
interface e0
    bridge-group 1
interface e2
    bridge-group 1
!
interface e1
    bridge-group 2
interface e3
    bridge-group 2
```

Informationen über Transparent Bridging anzeigen

show bridge

```
Total of 300 station blocks, 287 free
Codes: P - permanent, S - self

Bridge Group 1:

Address          Action     Interface  Age      RX count  TX count
0180.c200.0000.  receive      - S        0             0
ab00.0003.0000.  receive      -          0         0         0
ffff.ffff.ffff   receive      -          0         0         0
aa00.0400.0104   forward    Ethernet0    0         1         0
0000.0c8c.8e86   forward    Ethernet0    0         1         0
aa00.0400.0208   receive      -          S         0         0
aa00.0400.9011   forward    Ethernet0    0         1         0
0000.0c34.1db0   receive      - S        0             0
```

show bridge 1 circuit-group 1

```
Bridge group 1 Circuit group 1:
   Interface Serial1: inserted, learning, forwarding
```

show spanning-tree

```
Bridge Group 1 is executing the IEEE compatible Spanning Tree protocol
    Bridge Identifier has priority 32768, address aa00.0400.0208
    Configured hello time 2, max age 20, forward delay 15
    Current root has priority 100, address aa00.0400.9011
    Root port is 5 (Ethernet0), cost of root path is 100
    Topology change flag not set, detected flag not set
    Times:  hold 1, topology change 30, notification 30
            hello 2, max age 20, forward delay 15, aging 300
    Timers: hello 0, topology change 0, notification 0
```

```
Port 5 (Ethernet0) of bridge group 1 is forwarding
   Port path cost 100, Port priority 128
   Designated root has priority 100, address aa00.0400.9011
   Designated bridge has priority 100, address aa00.0400.9011
   Designated port is 2, path cost 0
   Timers: message age 1, forward delay 0, hold 0

Port 6 (Serial0) of bridge group 1 is forwarding
   Port path cost 647, Port priority 128
   Designated root has priority 100, address aa00.0400.9011
   Designated bridge has priority 32768, address aa00.0400.0208
   Designated port is 6, path cost 100
   Timers: message age 0, forward delay 0, hold 1

Port 7 (Serial1) of bridge group 1 is forwarding
   Port path cost 647, Port priority 128
   Designated root has priority 100, address aa00.0400.9011
   Designated bridge has priority 32768, address aa00.0400.0208
   Designated port is 7, path cost 100
   Timers: message age 0, forward delay 0, hold 0
```

debug spanning { tree | events }

debug tbridge autonomous | cmf

14.1.1 VLANs

Folgende Typen von VLANs unterstützen die Router für IEEE 802.1D Transparent Bridging. Die Konfiguration der VLANs erfolgt immer über Sub-Interfaces.

● IEEE 802.10 für FDDI- und HDLC-Interfaces

interface *sub-interface*
  encapsulation sde *said*   (12 Bit »Security Association Identifier« mit Werten
                                von 1 bis 4095)

● ISL Type Ethernet, nur Fast- und Gigabit-Ethernet-Schnittstellen (ab IOS V11.1)

interface *sub-interface*
  encapsulation isl *vlan-id*   (VLAN-ID: 1-1000)

● ISL Type Token-Ring, nur Fast- und Gigabit-Ethernet-Schnittstellen (ab V11.3(4)T)

interface *sub-interface*
  encapsulation tr-isl trbrf-vlan *vlan-id* bridge-num #   (VLAN-ID: 2-1000,
                                                           Bridge-Number: 1-15)

● IEEE 802.1Q, nur Fast- und Gigabit-Ethernet-Schnittstellen (ab IOS V12.0(1)T)

interface *sub-interface*
  encapsulation dot1q *vlan-id*   (12 Bit »VLAN Identifier«, Cisco lässt aber nur
                                   Werte von 1–1000 zu)

● ATM LAN Emulation (siehe Kapitel »LAN-Emulation«)

Beispiel für ein IEEE 802.10 VLAN

IEEE 802.10 benutzt das IEEE-802.2-Format mit dem SAP 0A für die Übertragung der Daten.

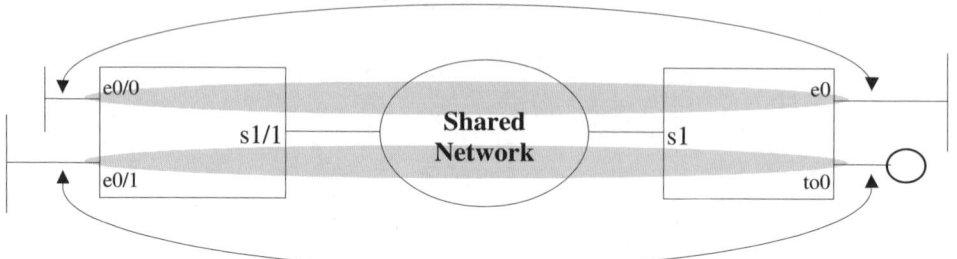

Bridge Group 10, VLAN SDE 1010

Bridge Group 20, VLAN SDE 2020

hostname R1	hostname R2
!	!
bridge 10 protocol ieee	bridge 10 protocol ieee
bridge 20 protocol ieee	bridge 20 protocol ieee
!	!
interface e0/0	interface e0
ip address 184.4.3.129 255.255.255.128	ip address 184.4.3.129 255.255.255.128
bridge-group 10	bridge-group 10
!	!
interface e0/1	interface to0
ip address 184.4.3.129 255.255.255.128	ip address 184.4.6.129 255.255.255.128
bridge-group 20	bridge-group 20
interface s1/1	interface s1
ip address 184.4.1.10 255.255.255.252	ip address 184.4.1.10 255.255.255.252
!	!
interface s1/1.10	**interface s1.10**
encapsulation sde 1010	**encapsulation sde 1010**
bridge group 10	bridge-group 10
interface s1/1.20	**interface s1.20**
encapsulation sde 2020	**encapsulation sde 2020**
bridge group 20	bridge-group 20

show vlans

```
Virtual LAN ID:  2020 (IEEE 802.10 Encapsulation)

   vLAN Trunk Interface:   Serial1/1.20

   Protocols Configured:  Address:        Received:      Transmitted:
      Bridging        Bridge Group 20        4            16101

Virtual LAN ID:  1010 (IEEE 802.10 Encapsulation)

   vLAN Trunk Interface:   Serial1/1.10

   Protocols Configured:  Address:        Received:      Transmitted:
      Bridging        Bridge Group 10      17640            282
```

show bridge vlans
```
Bridge Group:  10

    Virtual LAN Trunking Interface(s):  vLAN Protocol:  vLAN ID:  State:

            Serial1/1.10                 IEEE 802.10      1010    down

    Virtual LAN Native Interface(s):    State:

            Ethernet0/0                  forwarding

Bridge Group:  20

    Virtual LAN Trunking Interface(s):  vLAN Protocol:  vLAN ID:  State:

            Serial1/1.20                 IEEE 802.10      2020    down

    Virtual LAN Native Interface(s):    State:

            Ethernet0/1                  forwarding
```

show bridge
```
Total of 300 station blocks, 292 free
Codes: P - permanent, S - self

Bridge Group 10:

    Address        Action    Interface    Age   RX count   TX count
00e0.8f6a.2801    forward   Ethernet0/0    0        5          0
0800.2bb4.7f20    forward   Ethernet0/0    0        6          0
0800.2b94.fa17    forward   Se1/1.10       0      556          0
aa00.0400.00fd    forward   Se1/1.10       0        8          0

Bridge Group 20:

00e0.8f6a.2800    forward   Ethernet0/1    0        6          0
```

show spanning-tree
```
Bridge Group 10 is executing the IEEE compatible Spanning Tree protocol
   Bridge Identifier has priority 32768, address 00e0.8f6a.2800
   Configured hello time 2, max age 20, forward delay 15
   Current root has priority 32768, address 0000.0c06.7db5
   Root port is 14 (Serial1/1.10), cost of root path is 647
   Topology change flag not set, detected flag not set
   Times:  hold 1, topology change 30, notification 30
           hello 2, max age 20, forward delay 15, aging 300
   Timers: hello 0, topology change 0, notification 0

Port 2 (Ethernet0/0) of bridge group 10 is forwarding
   Port path cost 100, Port priority 128
   Designated root has priority 32768, address 0000.0c06.7db5
   Designated bridge has priority 32768, address 00e0.8f6a.2800
   Designated port is 2, path cost 647
   Timers: message age 0, forward delay 0, hold 1
```

```
Port 2 (Ethernet0/0) of bridge group 10 is forwarding
   Port path cost 100, Port priority 128
   Designated root has priority 32768, address 0000.0c06.7db5
   Designated bridge has priority 32768, address 00e0.8f6a.2800
   Designated port is 2, path cost 647
   Timers: message age 0, forward delay 0, hold 1

Port 14 (Serial1/1.10 HDLC SDE) of bridge group 10 is forwarding
   Port path cost 647, Port priority 128
   Designated root has priority 32768, address 0000.0c06.7db5
   Designated bridge has priority 32768, address 0000.0c06.7db5
   Designated port is 8, path cost 0
   Timers: message age 0, forward delay 0, hold 0

Bridge Group 20 is executing the IEEE compatible Spanning Tree protocol
   Bridge Identifier has priority 32768, address 00e0.8f6a.2801
   Configured hello time 2, max age 20, forward delay 15
   Current root has priority 32768, address 0000.0c06.7db5
   Root port is 3 (Ethernet0/1), cost of root path is 747
   Topology change flag not set, detected flag not set
   Times:  hold 1, topology change 30, notification 30
           hello 2, max age 20, forward delay 15, aging 300
   Timers: hello 0, topology change 0, notification 0

Port 3 (Ethernet0/1) of bridge group 20 is forwarding
   Port path cost 100, Port priority 128
   Designated root has priority 32768, address 0000.0c06.7db5
   Designated bridge has priority 32768, address 00e0.8f6a.2800
   Designated port is 2, path cost 647
   Timers: message age 2, forward delay 0, hold 0

Port 15 (Serial1/1.20 HDLC SDE) of bridge group 20 is forwarding
   Port path cost 647, Port priority 128
   Designated root has priority 32768, address 0000.0c06.7db5
   Designated bridge has priority 32768, address 00e0.8f6a.2801
   Designated port is 15, path cost 747
   Timers: message age 0, forward delay 0, hold 1
```

14.1.2 Integrated Routing and Bridging

Integrated Routing and Bridging (IRB) stellt eine Möglichkeit zur Verfügung, um die Pakete eines Routing-Protokolls zwischen Routed Interfaces und Bridged Groups weiterzuleiten. Normalerweise können Pakete, für die ein Routing-Protokoll aktiv ist, nicht gebridgt werden.

● Routet Pakete zwischen Bridged Groups und Routed Interfaces

● Leitet Pakete zwischen verschiedenen Bridge Groups weiter

Die Schnittstellen innerhalb einer Bridge Group werden zu einem Bridge Group Virtual Interface (BVI) zusammengefasst. Pakete, die von einem Routed Interface kommen und für ein System in der Bridge Group bestimmt sind, leitet der Router zu dem BVI weiter und von dort an das entsprechende Bridged Interface.

● Die Attribute für die Routing-Protokolle werden nur auf dem BVI konfiguriert

● Die BVI-Nummer muss mit der Bridge Group übereinstimmen (Verknüpfung zwischen BVI und Bridge Group)

Standardmäßig führt der Router für alle Protokolle nur Bridging durch.

● Soll ein Protokoll zusätzlich geroutet werden, muss man es explizit einschalten:

  bridge # route *protocol*

● Soll ein Protokoll nur geroutet werden, ist Bridging explizit auszuschalten:

  no bridge # bridge *protocol*

Beispiel einer IRB-Konfiguration

IP wird zwischen R2 und R1 geroutet und zwischen dem Ethernet und dem Frame-Relay-Netzwerk gebridgt. Die Verbindung zwischen der Routing- und Bridging-Domain erfolgt über das BVI-Interface auf R1.

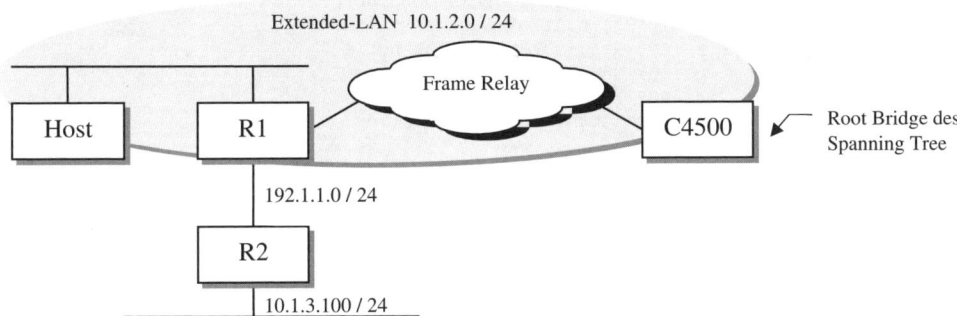

hostname R1
!
interface Ethernet0/0
 no ip address
 bandwidth 10000
 bridge-group 1
!
interface Serial0/0
 no ip address
 encapsulation frame-relay
 frame-relay map bridge 100 broadcast
 no frame-relay inverse-arp
 bridge-group 1
!
interface Serial0/1
 ip address 192.1.1.1 255.255.255.0
!
interface BVI1
 ip address 10.1.2.100 255.255.255.0
!
router eigrp 1
 network 10.0.0.0
 network 192.1.1.0
 no auto-summary
!
bridge irb
bridge 1 protocol ieee
 bridge 1 route ip

— Ermöglicht das Routing des
   IP-Protokolls über das BVI

hostname C4500
!
interface Ethernet0
 ip address 10.10.10.10 255.255.255.0
!
interface Fddi0
 ip address 10.1.5.100 255.255.255.0
!
interface Serial0
 no ip address
 encapsulation frame-relay
 frame-relay map bridge 102 broadcast
 no frame-relay inverse-arp
 frame-relay lmi-type ansi
 bridge-group 1
!
interface Serial1
 ip address 10.204.204.100 255.255.255.0
 bandwidth 128
 clockrate 1000000
!
interface BVI1
 ip address 10.1.2.200 255.255.255.0
!
router eigrp 1
 network 10.0.0.0
 no auto-summary
!
bridge irb
bridge 1 protocol ieee
bridge 1 route ip

● Spanning-Tree-Informationen

R1# show bridge

```
Total of 300 station blocks, 298 free
Codes: P - permanent, S - self

Bridge Group 1:

    Address      Action   Interface     Age   RX count   TX count
00a4.0080.d29c   forward  Ethernet0/0    3        10          4
0000.0c67.e06c   forward  Serial0/0      0       272          8
```

R1# show spanning-tree

```
Bridge group 1 is executing the IEEE compatible Spanning Tree protocol
  Bridge Identifier has priority 32768, address 00d0.5836.f240
  Configured hello time 2, max age 20, forward delay 15
  Current root has priority 32768, address 0000.0cfc.e064
  Root port is 4 (Serial0/0), cost of root path is 7812
  Topology change flag not set, detected flag not set
  Times:  hold 1, topology change 35, notification 2
          hello 2, max age 20, forward delay 15
  Timers: hello 0, topology change 0, notification 0
  bridge aging time 300

Port 2 (Ethernet0/0) of Bridge group 1 is forwarding
  Port path cost 100, Port priority 128
  Designated root has priority 32768, address 0000.0cfc.e064
  Designated bridge has priority 32768, address 00d0.5836.f240
  Designated port is 2, path cost 7812
  Timers: message age 0, forward delay 0, hold 0
  BPDU: sent 813, received 0

Port 4 (Serial0/0 Frame Relay) of Bridge group 1 is forwarding
  Port path cost 7812, Port priority 128
  Designated root has priority 32768, address 0000.0cfc.e064
  Designated bridge has priority 32768, address 0000.0cfc.e064
  Designated port is 2, path cost 0
  Timers: message age 1, forward delay 0, hold 0
  BPDU: sent 1, received 365
```

C4500# show bridge

```
Total of 300 station blocks, 298 free
Codes: P - permanent, S - self

Bridge Group 1:

    Address      Action   Interface     Age   RX count   TX count
00a4.0080.d29c   forward  Serial0         2        7          0
00d0.5836.f240   forward  Serial0         0      375          0
```

C4500# show spanning-tree

```
Bridge group 1 is executing the IEEE compatible Spanning Tree protocol
  Bridge Identifier has priority 32768, address 0000.0cfc.e064
  Configured hello time 2, max age 20, forward delay 15
  We are the root of the spanning tree
  Topology change flag not set, detected flag not set
  Times:  hold 1, topology change 35, notification 2
          hello 2, max age 20, forward delay 15
  Timers: hello 1, topology change 0, notification 0
  bridge aging time 300

Port 2 (Serial0 Frame Relay) of Bridge group 1 is forwarding
  Port path cost 7812, Port priority 128
  Designated root has priority 32768, address 0000.0cfc.e064
  Designated bridge has priority 32768, address 0000.0cfc.e064
  Designated port is 2, path cost 0
  Timers: message age 0, forward delay 0, hold 0
  BPDU: sent 525, received 1
```

● IRB-Informationen

R1# show interface e0/0 irb

```
Ethernet0/0

  Routed protocols on Ethernet0/0:
   ip

  Bridged protocols on Ethernet0/0:
   appletalk  clns       decnet     ip
   vines      apollo     ipx        xns
```

    ┌── Liste von MAC-Adressen, die für den
    ◄   Router selbst bestimmt sind.

```
  Software MAC address filter on Ethernet0/0
  Hash Len    Address        Matches  Act      Type
  0x00:  0 ffff.ffff.ffff         0 RCV Physical broadcast
  0x18:  0 00d0.5836.f240         5 RCV Interface MAC address
  0x18:  1 00d0.5836.f240         0 RCV Bridge-group Virtual Interface
  0x2A:  0 0900.2b01.0001         0 RCV DEC spanning tree
  0x54:  0 0100.5e00.000a         0 RCV IP multicast
  0xC0:  0 0100.0ccc.cccc         0 RCV CDP
  0xC2:  0 0180.c200.0000         0 RCV IEEE spanning tree
  0xC2:  1 0180.c200.0000         0 RCV IBM spanning tree
```

R1# show interface s0/0 irb

```
Serial0/0

  Routed protocols on Serial0/0:
   ip

  Bridged protocols on Serial0/0:
   appletalk  clns       decnet     ip
   vines      apollo     ipx        xns

  Software MAC address filter on Serial0/0
  Hash Len    Address       Matches  Act      Type
  0x00:  0 ffff.ffff.ffff         1 RCV Physical broadcast
  0x18:  0 00d0.5836.f240        15 RCV Interface MAC address
  0x18:  1 00d0.5836.f240         0 RCV Bridge-group Virtual Interface
  0x2A:  0 0900.2b01.0001         0 RCV DEC spanning tree
  0x54:  0 0100.5e00.000a       238 RCV IP multicast
  0xC2:  0 0180.c200.0000         0 RCV IEEE spanning tree
  0xC2:  1 0180.c200.0000         0 RCV IBM spanning tree
```

R1# show interface bvi1 irb

```
BVI1

  Routed protocols on BVI1:
   ip
```

R1# show interface bvi1

```
BVI1 is up, line protocol is up
  Hardware is BVI, address is 00d0.5836.f240 (bia 0000.0000.0000)
  Internet address is 10.1.2.100/24
  MTU 1500 bytes, BW 10000 Kbit, DLY 5000 usec,
     reliability 255/255, txload 1/255, rxload 1/255
  Encapsulation ARPA, loopback not set, keepalive set (10 sec)
  ARP type: ARPA, ARP Timeout 04:00:00
  Last input 00:09:06, output never, output hang never
  Last clearing of "show interface" counters never
  Queueing strategy: fifo
  Output queue 0/0, 0 drops; input queue 0/75, 0 drops
  5 minute input rate 0 bits/sec, 0 packets/sec
  5 minute output rate 0 bits/sec, 0 packets/sec
     171 packets input, 13266 bytes, 0 no buffer
     Received 0 broadcasts, 0 runts, 0 giants, 0 throttles
     0 input errors, 0 CRC, 0 frame, 0 overrun, 0 ignored, 0 abort
     303 packets output, 456 bytes, 0 underruns
     0 output errors, 0 collisions, 0 interface resets
     0 output buffer failures, 0 output buffers swapped out
```

C4500# show interface s0 irb

```
Serial0

  Routed protocols on Serial0:
   ip

  Bridged protocols on Serial0:
   appletalk  clns        decnet      ip
   vines      apollo      ipx         xns

  Software MAC address filter on Serial0
   Hash Len    Address        Matches  Act    Type
   0x00:  0 ffff.ffff.ffff        5 RCV  Physical broadcast
   0x2A:  0 0900.2b01.0001        0 RCV  DEC spanning tree
   0x3E:  0 0050.5460.6a6a        0 RCV  Interface MAC address
   0x54:  0 0100.5e00.000a      222 RCV  IP multicast
   0x60:  0 0000.0c67.e06c       19 RCV  Bridge-group Virtual Interface
   0xC2:  0 0180.c200.0000        0 RCV  IEEE spanning tree
   0xC2:  1 0180.c200.0000        0 RCV  IBM spanning tree
```

C4500# show interface bvi 1 irb

```
BVI1

  Routed protocols on BVI1:
   ip
```

● IP-Informationen

R1# show ip route

```
     10.0.0.0/24 is subnetted, 5 subnets
D       10.1.3.0 [90/2195456] via 192.1.1.2, 00:16:49, Serial0/1
C       10.1.2.0 is directly connected, BVI1
D       10.204.204.0 [90/20640000] via 10.1.2.200, 00:08:46, BVI1
D       10.10.10.0 [90/409600] via 10.1.2.200, 00:08:46, BVI1
D       10.1.5.0 [90/386560] via 10.1.2.200, 00:08:46, BVI1
C     192.1.1.0/24 is directly connected, Serial0/1
```

R1# show arp

```
Protocol  Address          Age (min)  Hardware Addr    Type   Interface
Internet  10.1.2.1                 5  00a4.0080.d29c   ARPA   BVI1
Internet  10.1.2.100              -   00d0.5836.f240   ARPA   BVI1
Internet  10.1.2.200              5   0000.0c67.e06c   ARPA   BVI1
```

C4500# show ip route

```
     10.0.0.0/24 is subnetted, 5 subnets
D       10.1.3.0 [90/2323456] via 10.1.2.100, 00:13:11, BVI1
C       10.1.2.0 is directly connected, BVI1
C       10.204.204.0 is directly connected, Serial1
C       10.10.10.0 is directly connected, Ethernet0
C       10.1.5.0 is directly connected, Fddi0
D     192.1.1.0/24 [90/2297856] via 10.1.2.100, 00:13:12, BVI1
```

C4500# show arp

```
Protocol  Address          Age (min)  Hardware Addr    Type   Interface
Internet  10.10.10.10            -    0050.5460.6a6a   ARPA   Ethernet0
Internet  10.1.2.1               3    00a4.0080.d29c   ARPA   BVI1
Internet  10.1.5.100            -     0050.5460.6a69   SNAP   Fddi0
Internet  10.1.2.100           10     00d0.5836.f240   ARPA   BVI1
Internet  10.1.2.200           -      0000.0c67.e06c   ARPA   BVI1
```

14.1.3 Concurrent Routing and Bridging

Unter »Concurrent Routing and Bridging« (CRB) kann der Router ein Protokoll auf einigen Interfaces bridgen und auf anderen Interfaces routen. Im Gegensatz zu IRB besteht jedoch keine Verbindung zwischen der Routing- und der Bridging-Domain.

Über das Kommando »*bridge # route protocol* « kann man festlegen, welche Protokolle nur geroutet werden dürfen. Die über ein Bridge-Interface empfangenen Pakete für dieses Protokoll werden dann verworfen.

Beispiel für eine CRB-Konfiguration

IP wird zwischen R2 und R1 geroutet und zwischen dem Ethernet und dem Frame-Relay-Netzwerk gebridgt. Ohne CRB wäre keine IP-Kommunikation zwischen dem Host und dem Router C4500 möglich, da R1 IP eigentlich routet. Um die Verbindung testen zu können, ist auf C4500 weiterhin IRB konfiguriert.

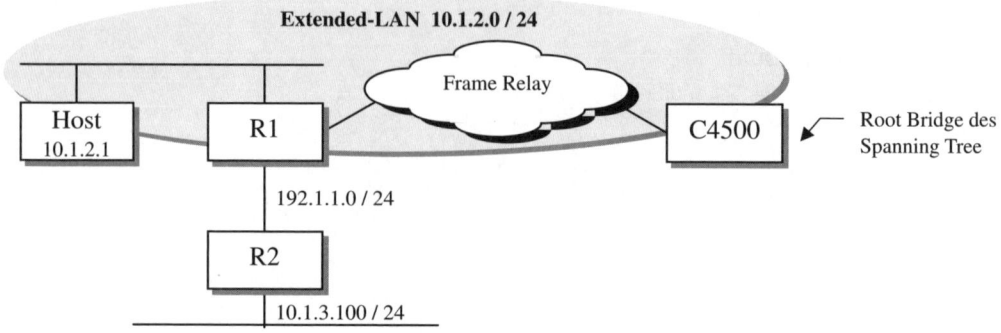

hostname R1

```
!
interface Ethernet0/0
 no ip address
 bridge-group 1
!
interface Serial0/0
 no ip address
 encapsulation frame-relay
 bandwidth 128
 frame-relay map bridge 100 broadcast
 no frame-relay inverse-arp
 bridge-group 1
!
router eigrp 1
 network 10.0.0.0
 network 192.1.1.0
 no auto-summary
!
bridge crb
bridge 1 protocol ieee
```

hostname C4500

```
!
interface Serial0
 no ip address
 encapsulation frame-relay
 frame-relay map bridge 102 broadcast
 no frame-relay inverse-arp
 frame-relay lmi-type ansi
 bridge-group 1
!
interface Serial1
 ip address 10.204.204.100 255.255.255.0
 bandwidth 128
 clockrate 1000000
!
interface BVI1
 ip address 10.1.2.200 255.255.255.0
!
router eigrp 1
 network 10.0.0.0
 no auto-summary
!
bridge irb
bridge 1 protocol ieee
bridge 1 route ip
```

● Test der Verbindung von C4500 aus

C4500# ping 10.1.2.1

```
Type escape sequence to abort.
Sending 5, 100-byte ICMP Echos to 10.1.2.1, timeout is 2 seconds:
!!!!!
Success rate is 100 percent (5/5), round-trip min/avg/max = 20/22/24 ms
```

C4500# show bridge

```
Total of 300 station blocks, 299 free
Codes: P - permanent, S - self

Bridge Group 1:

     Address       Action    Interface      Age   RX count   TX count
  00a4.0080.d29c   forward   Serial0         2          39          0
```

C4500# show arp

```
Protocol  Address        Age (min)  Hardware Addr   Type  Interface
Internet  10.10.10.10        -      0050.5460.6a6a  ARPA  Ethernet0
Internet  10.1.2.1           3      00a4.0080.d29c  ARPA  BVI1
Internet  10.1.5.100         -      0050.5460.6a69  SNAP  Fddi0
Internet  10.1.2.200         -      0000.0cbf.1f9c  ARPA  BVI1
```

● CRB-Informationen

R1# show bridge

```
Total of 300 station blocks, 298 free
Codes: P - permanent, S - self

Bridge Group 1:

   Address        Action   Interface     Age  RX count  TX count
00a4.0080.d29c    forward  Ethernet0/0   0        8         7
0000.0cbf.1f9c    forward  Serial0/0     0       31         8
```

R1# show interface e0/0 crb

```
Ethernet0/0

 Bridged protocols on Ethernet0/0:
   appletalk  clns       decnet     ip
   vines      apollo     ipx        xns

 Software MAC address filter on Ethernet0/0
 Hash Len   Address      Matches  Act     Type
 0x00:  0 ffff.ffff.ffff        0 RCV Physical broadcast
 0x18:  0 00d0.5836.f240       10 RCV Interface MAC address
 0x2A:  0 0900.2b01.0001        0 RCV DEC spanning tree
 0x54:  0 0100.5e00.000a        0 RCV IP multicast
 0xC0:  0 0100.0ccc.cccc        0 RCV CDP
 0xC2:  0 0180.c200.0000        0 RCV IEEE spanning tree
 0xC2:  1 0180.c200.0000        0 RCV IBM spanning tree
```

R1# show interface s0/0 crb

```
Serial0/0

 Bridged protocols on Serial0/0:
   appletalk  clns       decnet     ip
   vines      apollo     ipx        xns

 Software MAC address filter on Serial0/0
 Hash Len   Address      Matches  Act     Type
 0x00:  0 ffff.ffff.ffff       13 RCV Physical broadcast
 0x18:  0 00d0.5836.f240       16 RCV Interface MAC address
 0x2A:  0 0900.2b01.0001        0 RCV DEC spanning tree
 0xC2:  0 0180.c200.0000        0 RCV IEEE spanning tree
 0xC2:  1 0180.c200.0000        0 RCV IBM spanning tree
```

● Gleichzeitiges Routen und Bridgen von IP ausschalten

bridge crb
bridge 1 protocol ieee
 bridge 1 route ip

R1# show interfaces s0/0 crb

```
Serial0/0
                                              Welche Protokolle der Router
  Routed protocols on Serial0/0:            nur noch routet.
   ip

  Bridged protocols on Serial0/0:
   appletalk  clns       decnet      vines
   apollo     ipx        xns

  Software MAC address filter on Serial0/0
   Hash Len    Address      Matches  Act      Type
   0x00:  0 ffff.ffff.ffff        26 RCV Physical broadcast
   0x18:  0 00d0.5836.f240        16 RCV Interface MAC address
   0x2A:  0 0900.2b01.0001         0 RCV DEC spanning tree
   0xC2:  0 0180.c200.0000         0 RCV IEEE spanning tree
   0xC2:  1 0180.c200.0000         0 RCV IBM spanning tree
```

In dieser Konfiguration routet R1 IP nur noch und es ist daher keine Verbindung mehr zwischen dem Router C4500 und dem Host möglich.

C4500# ping 10.1.2.1

```
Type escape sequence to abort.
Sending 5, 100-byte ICMP Echos to 10.1.2.1, timeout is 2 seconds:
.....
Success rate is 0 percent (0/5)
```

14.1.4 Translational Bridging zwischen Ethernet und Token-Ring

In den aktuellen Versionen bietet IOS die Möglichkeit, auch die Adressen innerhalb des Datenbereichs eines Frames beim Übergang zwischen Token-Ring und Ethernet anzupassen. Damit können auch Protokolle wie z.B. IP zwischen den beiden Medien gebridgt werden.

Beispiel für eine »Bitswap«-Konfiguration

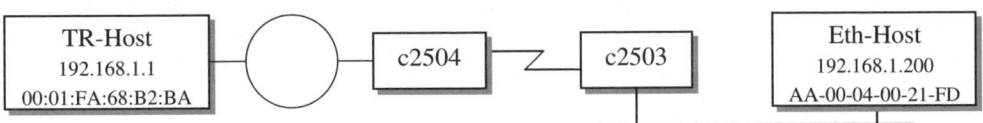

hostname c2504
!
no ip routing
!
interface Serial1
  clockrate 64000
  bridge-group 1
!
interface TokenRing0
  early-token-release
  ring-speed 16
  bridge-group 1
!
bridge 1 protocol ieee
bridge 1 bitswap-layer3-addresses
  bridge 1 priority 65535

hostname c2503
!
no ip routing
!
interface Ethernet0
  bridge-group 1
  bridge-group 1 input-address-list 700
  bridge-group 1 input-lsap-list 200
  bridge-group 1 input-type-list 200
!
interface Serial1
  bridge-group 1
!
access-list 200 permit 0x0800 0x0000
access-list 200 permit 0x0806 0x0000
access-list 700 permit aa00.0400.21fd
0000.0000.0000
!
bridge 1 protocol ieee
bridge 1 priority 65535

c2504# show bridge
```
Total of 300 station blocks, 298 free
Codes: P - permanent, S - self

Bridge Group 1:

   Address       Action    Interface    Age   RX count   TX count
0080.5f16.4d5d   forward   TokenRing0    0        1018        178
aa00.0400.21fd   forward   Serial1       4         872         70
```

 Die Anzeige der MAC-Adresse erfolgt beim Transparent Bridging immer im Canonical Format.

● » bitswap-layer3-addresses«-Parameter ist nicht gesetzt

```
DLL: - - - - - Datalink Header - - - - -
DLL:                                                      Der Router wandelt die
DLL: Destination Address        = FF-FF-FF-FF-FF-FF       MAC-Adresse in das
DLL: Source Address             = 00-80-5F-16-4D-5D       Canonical Format um.
DLL:
DLL: DIX format, Protocol Type  = 08-06
ARP:
ARP: - - - - - Address Resolution Protocol - - - - -
ARP:
ARP: Hardware Address Space     = 6
ARP: Protocol Address Space     = 08-00
ARP: Length of hardware address = 6                       Der ARP Request selbst
ARP: Length of protocol address = 4                       enthält aber noch die
ARP: Opcode                     = 1 (Request)             Adresse im Non-Canonical
ARP: Sender's Hardware Addr     = 00-01-FA-68-B2-BA       Format.
ARP: Sender's Protocol Addr     = 192.168.1.1
ARP: Target Hardware Addr       = 00-00-00-00-00-00
ARP: Target Protocol Addr       = 192.168.1.200

                                                          Der Ethernet Host sendet
DLL: - - - - - Datalink Header - - - - -                  daher den ARP Reply zur
DLL:                                                      falschen MAC-Adresse.
DLL: Destination Address        = 00-01-FA-68-B2-BA
DLL: Source Address             = AA-00-04-00-21-FD
DLL:
DLL: DIX format, Protocol Type  = 08-06
ARP:
ARP: - - - - - Address Resolution Protocol - - - - -
ARP:
ARP: Hardware Address Space     = 6
ARP: Protocol Address Space     = 08-00
ARP: Length of hardware address = 6
ARP: Length of protocol address = 4
ARP: Opcode                     = 2 (Reply)
ARP: Sender's Hardware Addr     = AA-00-04-00-21-FD
ARP: Sender's Protocol Addr     = 192.168.1.200
ARP: Target Hardware Addr       = 00-01-FA-68-B2-BA
ARP: Target Protocol Addr       = 192.168.1.1

Eth-Host#  arp -a
Ethernet            Internet        Host name         ARP status
00-01-FA-68-B2-BA   192.168.1.1                       INUSE CMPL
```

● » bitswap-layer3-addresses«-Parameter ist gesetzt

```
DLL: - - - - - Datalink Header - - - - -
DLL:
DLL: Destination Address        = FF-FF-FF-FF-FF-FF
DLL: Source Address             = 00-80-5F-16-4D-5D
DLL:
DLL: DIX format, Protocol Type   = 08-06
ARP:
ARP: - - - - - Address Resolution Protocol - - - - -
ARP:
ARP: Hardware Address Space      = 1
ARP: Protocol Address Space      = 08-00
ARP: Length of hardware address  = 6
ARP: Length of protocol address  = 4
ARP: Opcode                      = 1 (Request)
ARP: Sender's Hardware Addr       = 00-80-5F-16-4D-5D
ARP: Sender's Protocol Addr      = 192.168.1.1
ARP: Target Hardware Addr        = 00-00-00-00-00-00
ARP: Target Protocol Addr        = 192.168.1.200

DLL: - - - - - Datalink Header - - - - -
DLL:
DLL: Destination Address        = 00-80-5F-16-4D-5D
DLL: Source Address             = AA-00-04-00-21-FD
DLL:
DLL: DIX format, Protocol Type   = 08-06
ARP:
ARP: - - - - - Address Resolution Protocol - - - - -
ARP:
ARP: Hardware Address Space      = 1
ARP: Protocol Address Space      = 08-00
ARP: Length of hardware address  = 6
ARP: Length of protocol address  = 4
ARP: Opcode                      = 2 (Reply)
ARP: Sender's Hardware Addr      = AA-00-04-00-21-FD
ARP: Sender's Protocol Addr      = 192.168.1.200
ARP: Target Hardware Addr        = 00-80-5F-16-4D-5D
ARP: Target Protocol Addr        = 192.168.1.1
Eth-Host# arp -a
Ethernet          Internet        Host name          ARP status
00-80-5F-16-4D-5D 192.168.1.1                        INUSE CMPL
```

Zusätzlich zur Source-Adresse ändert der Router auch noch die Adressen im Datenteil ab.

Der Ethernet Host sendet daher den ARP Reply zur richtigen MAC-Adresse.

Die gleiche Umwandlung der Adressen führt der Router c2504 auch beim Translational Bridging in Richtung Token-Ring durch.

14.2 Source Route Bridging (SRB)

Zwei Token-Ring-Schnittstellen in einer Bridge

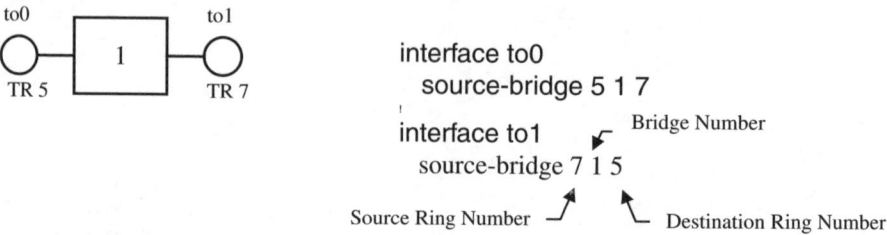

Die Token-Ring-Nummer im Bereich von 1 bis 4095 muss eindeutig in der SRB Domain sein, die Bridge Number kann jedoch mehrfach vergeben werden.

Mehrere Token-Ring-Schnittstellen in einer Bridge

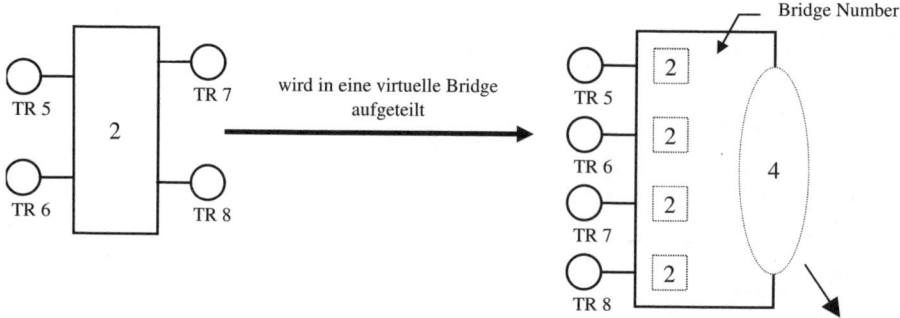

```
source-bridge ring-group 4
!
interface to0
   source-bridge 5 2 4
!
interface to1
   source-bridge 6 2 4
!
interface to2
   source-bridge 7 2 4
!
interface to3
   source-bridge 8 2 4
```

RIF-Cache

Um einen gültigen RIF-Eintrag im Cache zu halten, obwohl für den Eintrag kein *Refresh* stattgefunden hat, sendet der Router ein LLC1-TEST-Frame zu der Zieladresse. Ein Refresh kann ausbleiben, weil der Router den Verkehr über Fast-Switching abhandelt oder weil in der Zeit kein Datentransfer erfolgt ist.

rif validate-enable

Falls der Router einen RIF-Eintrag aus dem RIF-Cache entfernt oder sich die Informationen für einen Eintrag ändern, synchronisiert der Router die Route-Caches der Netzwerkprotokolle mit dem RIF-Cache.

rif validate-enable-route-cache

show rif

```
Codes: * interface, - static, + remote

Dst HW Addr     Src HW Addr     How    Idle (min)   Routing Information Field
1000.d458.ed71  N/A             BG1         8        -
5050.5005.0505  N/A             To0         0        -
5050.5005.0505  N/A             BG1         0        0890.00AF.FFFF.0050
0000.1f24.88be  N/A             BG1         0        0810.00AF.FFFF.0050
```

Token-Ring Debugging

```
# debug token ring
# debug token error
# debug source bridge | event | error
# debug rif
```

14.2.1 Explorer Frames

Proxy Explorer

Ist der Proxy Explorer für ein Interface eingeschaltet, benutzt der Router einen evtl. vorhandenen Eintrag im RIF-Cache und sendet statt eines Explorer Frames einen Specific Route Frame zu dem Zielrechner. Dadurch verringert sich die Anzahl der Explorer-Pakete.

interface *to0*
  source-bridge **proxy-explorer**

Spanning Explorer

Um den Spanning Tree für eine SRB-Domain zu konfigurieren, muss man auf den entsprechenden Schnittstellen das Weiterleiten der Spanning Tree Explorer Frames explizit definieren.

● IBM Spanning Tree (automatischer Aufbau des Spanning Tree)

bridge # protocol ibm
interface *to0*
  source-bridge **spanning #**

● Manueller Spanning Tree

interface to0
  source-bridge **spanning**

Falls keine Bridge Group angegeben ist, generiert der Router zwar keine Bridge-PDUs, er leitet aber trotzdem die Spanning Tree Explorer Frames über das Interface weiter. Aus diesem Grund sollte der Befehl **source-bridge spanning** in der Regel auf allen Token-Ring-Schnittstellen definiert sein.

show spanning-tree 15

```
Bridge Group 15 is executing the IBM compatible Spanning Tree protocol
    Bridge Identifier has priority 32768, address aa00.0400.e6fc
    Configured hello time 10, max age 10, forward delay 4
    We are the root of the spanning tree
    Topology change flag not set, detected flag not set
    Times:  hold 1, topology change 30, notification 30
            hello 10, max age 10, forward delay 4, aging 300
    Timers: hello 7, topology change 0, notification 0

Port 00AF (TokenRing0) of bridge group 15 is forwarding
    Port path cost 16, Port priority 128
    Designated root has priority 32768, address aa00.0400.e6fc
    Designated bridge has priority 32768, address aa00.0400.e6fc
    Designated port is 00AF, path cost 0, peer 0
    Timers: message age 0, forward delay 0, hold 0

Port FFFF (spanRSRB) of bridge group 15 is disabled
    Port path cost 250, Port priority 128
    Designated root has priority 32768, address aa00.0400.e6fc
    Designated bridge has priority 32768, address aa00.0400.e6fc
    Designated port is FFFF, path cost 0, peer 0
    Timers: message age 0, forward delay 0, hold 0
```

show interface to0

```
TokenRing0 is up, line protocol is up
    Hardware is TMS380, address is 5500.2000.673f (bia 0006.3acf.6b15)
    Internet address is 192.168.254.1/24
    MTU 1518 bytes, BW 16000 Kbit, DLY 630 usec, rely 255/255, load 1/255
    Encapsulation SNAP, loopback not set, keepalive set (10 sec)
    ARP type: SNAP, ARP Timeout 04:00:00
    Ring speed: 16 Mbps
    Multiring node, Source Route Transparent Bridge capable
    Source bridging enabled, srn 10 bn 15 trn 4095 (ring group)
      proxy explorers enabled,spanning explorer enabled,NetBIOS cache enabled
    Group Address: 0x00000000,Functional Address: 0x1880011A
    Ethernet Transit OUI: 0x000000
```

14.2.2 Multiring

Der »multiring«-Befehl steuert die Verwaltung des RIF in einer SR/TLB- oder Routing-Umgebung. Frames, die der Router über ein Ethernet-Netzwerk oder über eine Routing-Strecke empfängt, fügt er beim Übergang in das Token-Ring-Netzwerk ein RIF hinzu. Für Frames, die er aus dem Token-Ring in ein anderes Netzwerk weiterleiten muss, legt er einen Eintrag im RIF-Cache an.

interface *to0*
  multiring [all I ip I clns I decnet ...]

SR/TLB Bridging

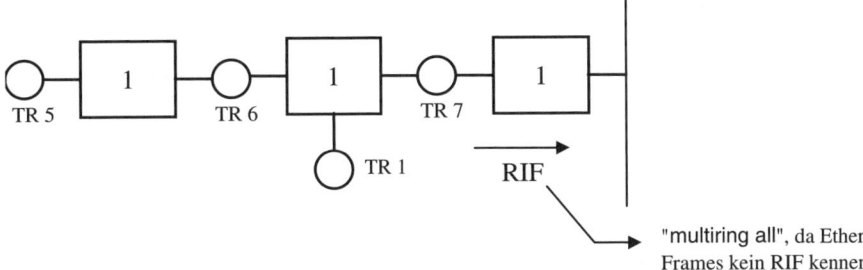

Übergang Token-Ring nach Ethernet: Router legt einen Eintrag im RIF-Cache an

Übergang Ethernet nach Token-Ring: Router fügt ein RIF in das Token-Ring Frame ein

Routing und SRB

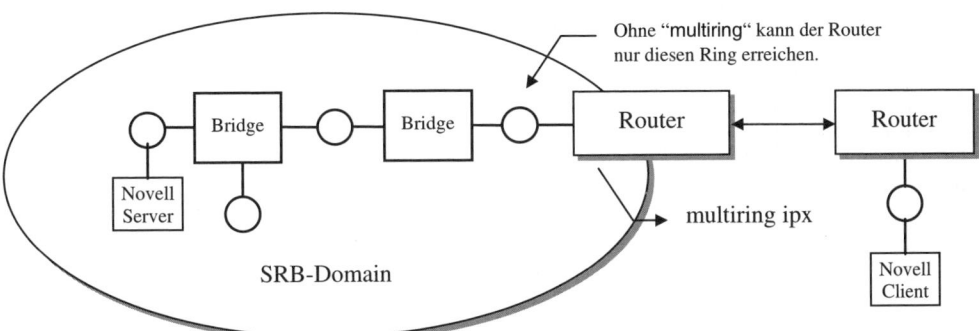

Ohne den »multiring«-Befehl würde der Router Frames, die er über die Routing-Strecke empfängt, ohne RIF in das Token-Ring-Netzwerk geben. Dies hätte zur Folge, dass nur die Knoten an dem direkt angeschlossenen Token-Ring erreicht werden könnten.

Übergang SRB-Domain in das Routing-Netzwerk: Router legt einen Eintrag im RIF-Cache an

Übergang Routing-Netzwerk in die SRB-Domain: Router fügt ein RIF in das Token-Ring Frame ein

14.3   Access-Filter für Bridging

14.3.1 Transparent Bridging

Bei Transparent Bridging muss man die MAC-Adresse immer im Canonical-Format angeben, unabhängig davon, ob es sich um ein Ethernet, FDDI oder Token-Ring-Interface handelt.

Filtern von MAC-Adressen über einen globalen Filter

Der Filter gilt dann für alle Schnittstellen einer Bridge Group.

bridge # address *mac-address*   forward I discard

Filtern von MAC-Adressen über den Standard Access Filter (700-799)

Hierbei handelt es sich um einen spezifischen Filter, der nur für das konfigurierte Interface gilt.

access-list # permit I deny *address   mask*
interface *name*
  bridge-group # input-address-list #
  bridge-group # output-address-list #

● input-address-list: Die Source-Adresse des Frames wird beim Empfangen überprüft.

● output-address-list: Die Destination-Adresse des Frames wird beim Versenden
                      überprüft.

Beispiel: Filtern aller empfangenen Frames, die mit 08-00-2B beginnen

access-list 700 deny   0800.2b00.0000   0000.00FF.FFFF
access-list 700 permit   0000.0000.0000   FFFF.FFFF.FFFF
access-list 700 permit   any

interface e0
  bridge-group 1 input-address-list 700

Filtern von MAC-Adressen über den Extended Access-Filter (1100-1199)

Analog zum Standard-Access-Filter gilt der Extended Filter nur für das konfigurierte Interface.

access-list # permit I deny   *source mask   destination mask offset size operation pattern*
interface *name*
   bridge-group # input-pattern-list #
   bridge-group # output-pattern-list #

Offset, beginnend ab der
Destination-Adresse

and	bitweises und
xor	bitweises oder
lt	kleiner
gt	größer
eq	gleich
neq	ungleich

Beispiel: Filtern aller Novell IPX Frames (Protokoll 80-37) von der Adresse AA-00-04-00-EE-FC

access-list 1100 deny   aa00.0400.eefc 0000.0000.0000   0000.0000.0000 ffff.ffff.ffff 0xC 2 eq 0x8137
access-list 1100 permit   0000.0000.0000 ffff.ffff.ffff   0000.0000.0000 ffff.ffff.ffff
!
interface e0
   bridge-group 1 input-address-list 1100

Filtern von Protokoll-Typen   (200-299)

access-list # permit I deny   *type-code   mask*
interface *name*
   bridge-group # input-type-list I output-type-list #
   bridge-group # input-lsap-list I output-lsap-list #

- type-list: gilt für alle Ethernet V2 und IEEE 802.2 SNAP Frames

  Beispiel: Filtern aller Frames mit dem Protokoll-Typ 60-0x

  access-list 200 deny   0x6000 0x000F
  access-list 200 permit   0x0000 0xFFFF
  !
  interface e0
     bridge-group 1 output-type-list 200

- lsap-list: gilt für alle IEEE 802.2 Frames

  Beispiel: Filtern aller Frames mit dem DSAP und SSAP FE

  access-list 201 deny   0xFEFE 0x0000
  access-list 201 permit   0x0000 0xFFFF
  !
  interface e0
     bridge-group 1 input-lsap-list 201

14.3.2 Administratives Filtering bei Source Route Bridging

Im Gegensatz zu Transparent Bridging erfolgt bei Source Route Bridging die Angabe der MAC-Adressen im Non-Canonical Format.

Filtern von MAC-Addressen (700-799)

access-list # permit I deny *address mask*
interface *to0*
  source-bridge input-address-list #
  source-bridge output-address-list #

Filtern von Protokoll-Typen (200-299)

access-list # permit I deny *type-code mask*
interface *to0*
  source-bridge input-lsap-list I output-lsap-list #
  source-bridge input-type-list I output-type-list #

Access Expression (200-299 und 700-799)

access-list # permit I deny *address mask*
access-list # permit I deny *type-code mask*
interface *to0*
  access-expression input I output *regular-expression*

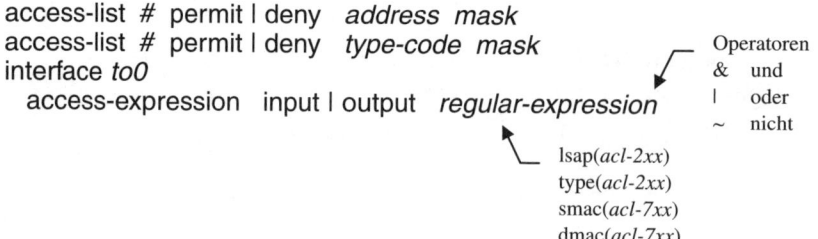

Operatoren
& und
I oder
~ nicht

lsap(*acl-2xx*)
type(*acl-2xx*)
smac(*acl-7xx*)
dmac(*acl-7xx*)

Beispiel

● Multicast-Nachrichten auf einem Token-Ring und einem Ethernet-Interface filtern

Bei Ethernet Multicasts ist das LSB des ersten Oktets der MAC-Adresse gesetzt und bei Token-Ring Multicasts das MSB. Daher muss man die Filter für Token-Ring und Ethernet unterschiedlich definieren.

```
access-list 700 deny 8000.0000.0000 7FFF.FFFF.FFFF  ⇒ Token-Ring Multicast, Non-Canonical
access-list 700 permit any
!
access-list 701 deny 0100.0000.0000 FEFF.FFFF.FFFF  ⇒ Ethernet-Multicast, Canonical
access-list 701 permit any
!
interface to0
  source-bridge  4 3 8
  source-bridge  output-address-list 700
  access-expression output dmac(700)
!
interface e0
  bridge-group 1 output-address-list 701
```

● Auf Source- und Destination-Adresse filtern

```
access-list 710 deny 1000.D400.0000 0000.00FF.FFFF  ⇒ entspricht Canonical 08-00-2B-xx-xx-xx
access-list 710 permit any
!
access-list 711 deny 5500.2000.0000 0000.00FF.FFFF  ⇒ entspricht Canonical AA-00-04-xx-xx-xx
access-list 711 permit any
!
interface to0
  source-bridge  5 2 7
  access-expression  output  smac(710) & dmac(711)
```

14.4   Source Route Transparent Bridging (SRT)

Source Route und Transparent Bridging sind gleichzeitig (aber unabhängig voneinander) auf dem Token-Ring-Interface eingeschaltet.

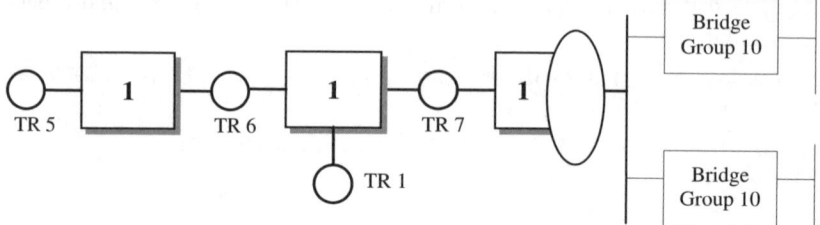

```
bridge 10 protocol ieee
source-bridge ring-group 4
!
interface to0
  bridge-group 10
  source-bridge 7 1 4
!
interface e0
  bridge-group 10
```

Frame Translation zwischen Ethernet/Token-Ring

Das »ethernet-transit-oui«-Kommando legt fest, welcher OUI beim Translational Bridging von Ethernet V2 Frames in einen Token-Ring verwendet wird.

```
interface to0
  ethernet-transit-oui   [ 90-compatible | standard | cisco ]
```

Translation	OUI des Token-Ring Frames
90-compatible (Standardeinstellung)	00-00-F8
cisco	00-00-0C
standard	00-00-00

● **standard:** verwendet einen OUI von 00-00-00 für Ethernet V2 Frames

Diese Einstellung ermöglicht keine Unterscheidung mehr zwischen Ethernet V2 Frames und Ethernet 802.3 SNAP Frames mit einem OUI von 00-00-00.

Da die Cisco-Router nicht den IEEE-802.1H-Standard unterstützen, muss diese Einstellung gewählt werden, wenn zusätzlich zu den Cisco-Komponenten Bridges anderer Hersteller an dem Token-Ring angeschlossen sind.

● **90-compatible** und **cisco**

Mit diesen Einstellungen ist auf dem Token-Ring eine Unterscheidung zwischen Ethernet V2 Frames und Ethernet 802.3 SNAP Frames mit einem OUI von 00-00-00 möglich. Da es sich hierbei um eine Cisco-proprietäre Translation handelt, funktionieren sie nur zwischen Cisco-Routern.

14.5   Source Route Translational Bridging (SR/TLB)

SR und TLB verwenden beide einen Spanning Tree, die jedoch komplett unabhängig voneinander laufen. Das heißt, es existieren zwei verschiedene Spanning Tree Domains.

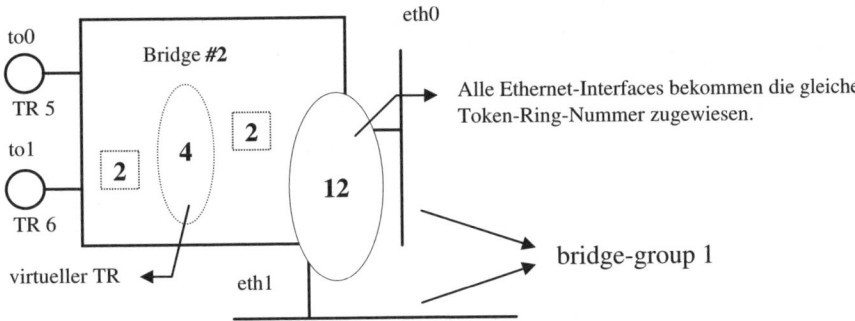

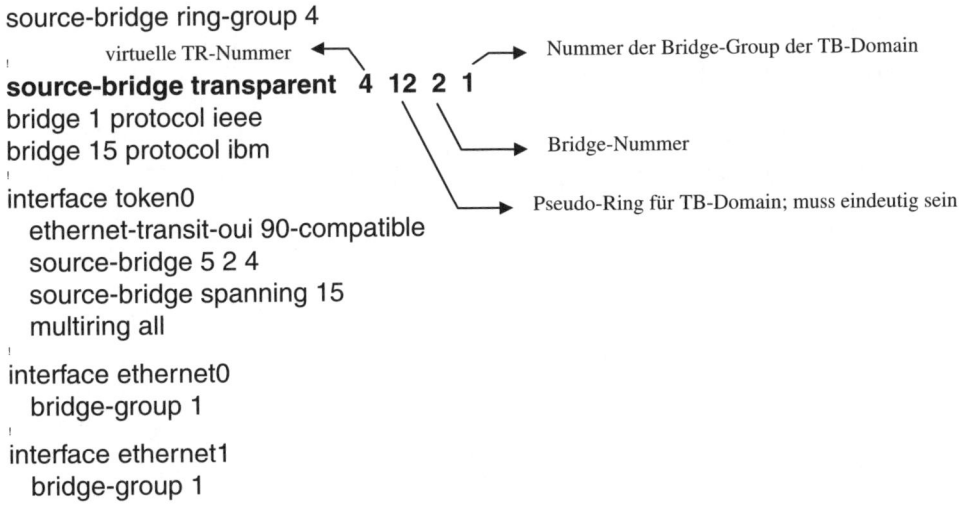

```
source-bridge ring-group 4
!
source-bridge transparent  4 12 2 1
bridge 1 protocol ieee
bridge 15 protocol ibm
!
interface token0
   ethernet-transit-oui 90-compatible
   source-bridge 5 2 4
   source-bridge spanning 15
   multiring all
!
interface ethernet0
   bridge-group 1
!
interface ethernet1
   bridge-group 1
```

Source Route Bridging Informationen

show source-bridge

```
Local Interfaces:                      receive      transmit
         srn bn  trn r p s n  max hops    cnt          cnt         drops
To0        5  2   4 *  f * 7  7  7       15104      1193783       732269

Global RSRB Parameters:
 TCP Queue Length maximum: 100

Ring Group 4:
  No TCP peername set, TCP transport disabled
   Maximum output TCP queue length, per peer: 100
  Rings:
   bn: 2  rn: 12   locvrt ma: 4060.5cf3.d6a8 Bridge-group 1   fwd: 8318
   bn: 2  rn:  5   local  ma: 4006.3acf.6b15 TokenRing0        fwd: 8323

Explorers: ------- input -------         ------- output -------
         spanning all-rings    total    spanning all-rings    total
To0        2993         1      2994      1185467         0   1185467

   Local: fastswitched 8378259    flushed 259884     max Bps 38400

          rings        inputs         bursts        output drops
          To0          2994            0                  0
```

show source-bridge interfaces

```
                              v p s n r                    Packets
Intf.  St  MAC-Address    srn bn  trn r x p b c IP-Address     In   Out

To0    up 5500.2000.673f    7  2   4 * * f *  192.168.254.1  83541 25052
```

show spanning-tree

```
Bridge Group 1 is executing the IEEE compatible Spanning Tree protocol
   Bridge Identifier has priority 65535, address 0006.3acf.6b15
   Configured hello time 2, max age 20, forward delay 15
   Current root has priority 122, address 0800.2bbe.aa21
   Root port is 6 (Serial0), cost of root path is 747
   Topology change flag set, detected flag not set
   Times:  hold 1, topology change 30, notification 30
           hello 1, max age 15, forward delay 15, aging 300
   Timers: hello 0, topology change 23, notification 0

Port 6 (Serial0) of bridge group 1 is forwarding
   Port path cost 647, Port priority 128
   Designated root has priority 122, address 0800.2bbe.aa21
   Designated bridge has priority 65535, address 0800.2bb4.7f20
   Designated port is 3, path cost 100
   Timers: message age 1, forward delay 0, hold 0

Port 18 (RingGroup4) of bridge group 1 is forwarding
   Port path cost 10, Port priority 0
   Designated root has priority 122, address 0800.2bbe.aa21
   Designated bridge has priority 65535, address 0006.3acf.6b15
   Designated port is 18, path cost 747
   Timers: message age 0, forward delay 0, hold 1

Bridge Group 15 is executing the IBM compatible Spanning Tree protocol
   Bridge Identifier has priority 32768, address aa00.0400.e6fc
   Configured hello time 10, max age 10, forward delay 4
   We are the root of the spanning tree
   Topology change flag not set, detected flag not set
   Times:  hold 1, topology change 30, notification 30
           hello 10, max age 10, forward delay 4, aging 300
   Timers: hello 4, topology change 0, notification 0
```

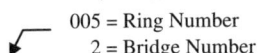 005 = Ring Number
2 = Bridge Number

```
Port 0052 (TokenRing0) of bridge group 15 is learning
   Port path cost 16, Port priority 128
   Designated root has priority 32768, address aa00.0400.e6fc
   Designated bridge has priority 32768, address aa00.0400.e6fc
   Designated port is 00AF, path cost 0, peer 0
   Timers: message age 0, forward delay 0, hold 0

Port FFFF (spanRSRB) of bridge group 15 is disabled
   Port path cost 250, Port priority 128
   Designated root has priority 32768, address aa00.0400.e6fc
   Designated bridge has priority 32768, address aa00.0400.e6fc
   Designated port is FFFF, path cost 0, peer 0
   Timers: message age 0, forward delay 0, hold 0
```

debug token ring

```
out: MAC: acfc:0x8040 Dst:5050.5005.0505 Src:d500.2000.41a3  bf:0x82 0E
out: RIF: 0890.00AF.FFFF.0050
out: LLC: F0F1055D 0401050E 050DAA00 04004FC5 A0000800 00800401 ln: 26

srb/fs: MAC: acfc:0x1040 Dst:5500.2000.41a3 Src:d050.5005.0505  bf:0x08
srb/fs: RIF: 0810.00AF.FFFF.0050
srb/fs: LLC: F0F10155 5D75907A 8011BA45 C0A8FEFE C0A8FEFF 00890089 ln:30

br: MAC: acfc:0x1040 Dst:5500.2000.41a3 Src:d050.5005.0505  bf:0x02 02
br: RIF: 0810.00AF.FFFF.0050
br: LLC: F0F10155 5D75907A 8011BA45 C0A8FEFE C0A8FEFF 00890089 ln: 26
br:      riflen 8, rd_offset 16, llc_offset 22
```

Trace eines Pakets am lokalen Token-Ring

```
DLL: - - - - - Datalink Header - - - - -
DLL:
DLL: Access Control                   = 10
DLL: Frame Control                    = 40
DLL: Destination Address              = 10-00-D4-29-5F-E8
DLL: Source Address                   = 80-01-C8-14-44-28
DLL:
DLL:
DLL: - - - - - Source Routing Bridging protocol (SRB) - - - - -
DLL:
DLL: SRB: Routing Type / Length       = 08
DLL:          000..... = Specific Route
DLL:          ...01000 = 8 (Routing header length)
DLL:
DLL: SRB: Routing Flags               = 30
DLL:          0....... = Forward Direction
DLL:          .011.... = Max PDU size = 4472
DLL:
DLL: SRB: Route to LAN 001 via bridge 01
DLL: SRB: Route to LAN 0C0 via bridge 01          (Ring 192)
DLL: SRB: Route to LAN 021 via bridge 00 (Ring   33)
DLL:
DLL:
DLL: - - - - - 802.2 Datalink Header - - - - -
DLL:
DLL: 802.2 DSAP                       = F0
DLL:          .......0 = Individual DSAP
DLL: 802.2 SSAP                       = F0
DLL:          .......0 = Command Frame
DLL: 802.2 PDU Control                = 48
DLL:          .......0 = Information Transfer
DLL:          0100100. = 36 (Transmit Sequence Number)
DLL: 802.2 PDU Control (2)            = 82
DLL:          .......0 = Final
DLL:          1000001. = 65 (Receive Sequence Number)
```

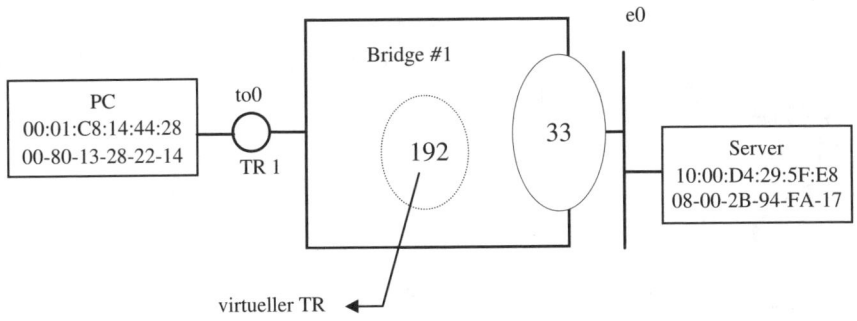

show bridge
```
Bridge Group 33:

      Address      Action   Interface       Age   RX count   TX count
0080.1328.2214   forward   RingGroup192    0         2565       1746
0800.2b94.fa17   forward   Ethernet0       0         1760       2562
```

show rif
```
Codes: * interface, - static, + remote

Dst HW Addr      Src HW Addr   How    Idle (min)   Routing Information Field
0001.c814.4428 N/A             BG33        0        08B0.0011.0C01.0210
```

Reverse + 4472 max. PDU

Ring 1   Bridge 1
Ring 192 Bridge 1
Ring 33   Bridge 0

14.6   Remote Source Route Bridging (RSRB)

Fast-TCP bzw. TCP-Encapsulation

Bei TCP und FTCP Encapsulation überträgt der Router die SRB-Pakete über eine TCP-Verbindung zu dem Remote Peer. TCP Encapsulation unterstützt nur Process Switching, FTCP hingegen auch Fast Switching, jedoch kein Priority Queueing.

RSRB Peers gehen nur dann in den Open State, wenn Explorer Frames oder Daten zwischen den Peers ausgetauscht wurden, ansonsten ist die TCP-Verbindung nicht aktiv.

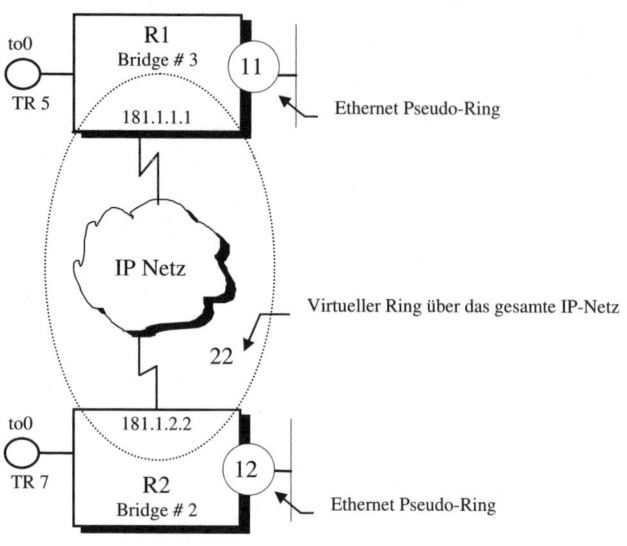

R1: source-bridge ring-group 22
source-bridge transparent 22 11 3 1
!
source-bridge remote peer 22 tcp 181.1.1.1   — IP-Adresse des lokalen Routers
source-bridge remote peer 22 tcp 181.1.2.2 [local-ack]

interface to0
source-bridge 5 3 22
source-bridge spanning   —— IP-Adresse des remote Routers
multiring all

bridge 1 protocol ieee
interface e0   Adressen müssen übereinstimmen.
bridge-group 1   Über die lokale Adresse wird der
!   Prozess-Kontext aufgebaut.
interface loopback0
ip address 181.1.1.1

R2: source-bridge ring-group 22   —— IP-Adresse des lokalen Routers
source-bridge transparent 22 12 2 1
!
source-bridge remote peer 22 tcp 181.1.2.2
source-bridge remote peer 22 tcp 181.1.1.1 [local-ack]
!
interface to0   — IP-Adresse des remote Routers
source-bridge 7 2 22
source-bridge spanning

bridge 1 protocol ieee
interface e0
bridge-group 1
!
interface loopback0
ip address 181.1.1.1

RSRB mit Local Acknowledge

Eine lokale Quittierung der LLC2-Frames durch den Router ist nur für TCP-Encapsulation möglich. Falls die TCP-Queue-Length auf der Verbindung zwischen den beiden Routern 90% ihres Limits erreicht, senden die Router RNR-Nachrichten zu den lokalen Endknoten.

Local ACK funktioniert nur bei Verbindungen zwischen Token-Ring-Systemen. Ist ein Partner über SR/TLB angebunden, schlägt der Aufbau der lokalen LLC2-Session fehl.

debug local-ack packets

```
LOCACK: (remote) created entity for 1000.d429.5fe8 0001.c814.4428 F0 F0
LOCACK: 1000.d429.5fe8 0001.c814.4428 F0 F0 event: CR
LOCACK: l2_action 0 0 1
LAK2: llc2 open unsuccessful, 1000.d429.5fe8 0001.c814.4428 F0 F0
LOCACK: 1000.d429.5fe8 0001.c814.4428 F0 F0 event: DLC_IND_FAIL
LOCACK: l2_action 25 2 0
LOCACK: DISC_REQ to peer 180/184.4.0.2/1996/1000.d429.5fe8 0001.c814.4428
        F0 F0 [0890.02D2.0B41.FFF0]
LOCACK: 1000.d429.5fe8 0001.c814.4428 F0 F0 event: DA
LOCACK: l2_action 0 2 2
LOCACK: 1000.d429.5fe8 0001.c814.4428 F0 F0 event: DLC_IND_FAIL
```

Für eine bessere Performance müssen evtl. die LLC2-Timer angepasst werden. So zum Beispiel die »llc2 ack-max« bei NetBIOS-Anwendungen, da die Applikationen für jedes gesendete NetBIOS-Frame ein Acknowledgement erwarten.

RSRB zu mehreren Remote Peers

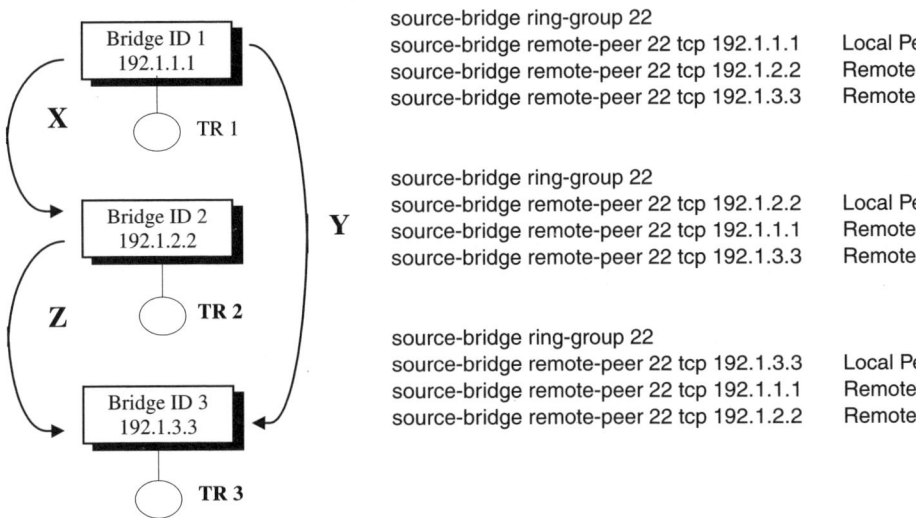

source-bridge ring-group 22		
source-bridge remote-peer 22 tcp 192.1.1.1	Local Peer	
source-bridge remote-peer 22 tcp 192.1.2.2	Remote **X**	
source-bridge remote-peer 22 tcp 192.1.3.3	Remote **Y**	
source-bridge ring-group 22		
source-bridge remote-peer 22 tcp 192.1.2.2	Local Peer	
source-bridge remote-peer 22 tcp 192.1.1.1	Remote **X**	
source-bridge remote-peer 22 tcp 192.1.3.3	Remote **Z**	
source-bridge ring-group 22		
source-bridge remote-peer 22 tcp 192.1.3.3	Local Peer	
source-bridge remote-peer 22 tcp 192.1.1.1	Remote **X**	
source-bridge remote-peer 22 tcp 192.1.2.2	Remote **Z**	

Da eine Ring-Nummer im RIF nicht doppelt vorkommen darf, müssen bei RSRB zwischen allen Routern Remote Peers definiert sein.

Falls z.B. die Verbindung Z nicht vorhanden wäre, könnte man keine Verbindung zwischen dem Router 3 und dem Router 2 aufbauen. Das RIF würde dann folgendermaßen aussehen:

RD1	RD2	RD	RD4
Ring 3, Bridge 3	Ring 22, Bridge 3	Ring 22, F...e 1	Ring 2, Bridge 0

Da ein Frame nie über einen Ring gesendet darf, über den es schon einmal empfangen kann die gleiche Ring-Nummer nicht zweimal RIF erscheinen.

Weitere Möglichkeiten der RSRB Encapsulation

● Direct Frame-Relay Encapsulation (ab IOS V11.x)

source-bridge remote-peer *4095* **frame-relay** interface *Serial1* ***999***
interface *s1*
    frame-relay **map rsrb** ***999*** broadcast

show frame map
```
Serial1 (up): rsrb dlci 999(0x3E7,0xF870), static,
              broadcast,
              CISCO, status defined, active
```

show frame pvc
```
PVC Statistics for interface Serial1 (Frame Relay DCE)

DLCI = 999, DLCI USAGE = LOCAL, PVC STATUS = ACTIVE, INTERFACE = Serial1

    input pkts 10354        output pkts 51         in bytes 1334339
    out bytes 4790          dropped pkts 0         in FECN pkts 0
    in BECN pkts 0          out FECN pkts 0        out BECN pkts 0
    in DE pkts 0            out DE pkts 0
    out bcast pkts 12        out bcast bytes 1837
    pvc create time 00:05:21, last time pvc status changed 00:05:21
```

```
# show source-bridge
Local Interfaces:                      receive      transmit
       srn bn  trn r p s n  max hops     cnt          cnt         drops
ToO    10 15 4095 *   f *  7  7  7     84734       4965734       732273

Global RSRB Parameters:
 TCP Queue Length maximum: 100

Ring Group 4095:
   Maximum output TCP queue length, per peer: 100
   Peers:           state      bg lv  pkts_rx  pkts_tx  expl_gn    drops TCP
   FR  Serial1  999 open        3       0        43         8      1018    a
   Rings:
   bn: 15 rn: 1    remote ma: 5000.d42d.fe04 FR  Serial1       999 fwd: 0

Explorers: ------- input -------          ------- output -------
            spanning all-rings    total      spanning all-rings    total
ToO            3823         1      3824      4956550         0   4956550

   Local: fastswitched 8471239    flushed 261937    max Bps 38400

           rings        inputs          bursts         output drops
            ToO          3825              0                 0
```

- Direct HDLC Encapsulation

  Direct HDLC Encapsulation stellt eine Point-to-Point-Verbindung zwischen zwei Routern her und wird für Ethernet, FDDI, Token-Ring sowie für serielle Leitungen (HDLC und PPP) unterstützt. Die Encapsulation erfolgt im Fast-Switching-Modus.

  source-bridge **remote-peer 22 interface** *name*

- Fast Sequence Transport (FST)

  Bei FST werden die Pakete direkt über IP übertragen. Die Encapsulation kann im Process-Switching- oder Fast-Switching-Modus erfolgen.

  source-bridge **fst-peername** *local-ip-address*
  source-bridge **remote-peer 22 fst** *remote-ip-address*

Weitere RSRB-Kommandos

- RSRB Keepalive Timer (standardmäßig alle 30 Sekunden)

  source-bridge keepalive *seconds*

- RSRB Filter

  rsrb remote peer ... lsap-output-list #   ⇒ LSAP Access Liste (200-299)
  rsrb remote peer ... netbios-output-list *name* ⇒ NetBIOS Named Access Liste

- RSRB Largest Frame Size

  rsrb largest-frame *ring-group size*   ☛ Es wird die Largest Frame Size für die komplette Ring Group festgelegt.

14.6.1 Beispiel: RSRB-Konfiguration

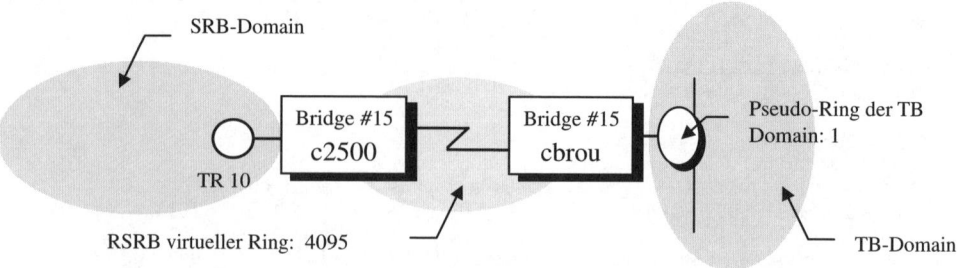

Die Spanning Trees der Source Route und Transparent Bridging Domain laufen unabhängig voneinander. Es erfolgt kein Austausch von Bridge-PDUs zwischen den beiden Spanning Tree Domains.

c2500: nur RSRB

```
hostname c2500
!
source-bridge ring-group 4095
source-bridge remote-peer 4095 tcp 192.168.254.1
source-bridge remote-peer 4095 tcp 10.185.224.66
local-ack
!
interface Serial0
 mtu 1518
 ip unnumbered TokenRing0
 ip mtu 1500
 encapsulation ppp
 clockrate 2000000
!
interface TokenRing0
 mtu 1518
 ip address 192.168.254.1 255.255.255.0
 ip mtu 1492
 ring-speed 16
 multiring all
 source-bridge 10 15 4095
 source-bridge spanning 15
 source-bridge proxy-explorer
 no source-bridge route-cache
 netbios enable-name-cache
!
ip route 0.0.0.0 0.0.0.0 Serial0
ip route 10.185.224.0 255.255.255.0 Serial0
!
bridge 15 protocol ibm
```

cbrou: RSRB und SR/TLB

```
hostname cbrou
!
source-bridge ring-group 4095
source-bridge remote-peer 4095 tcp
10.185.224.66
source-bridge remote-peer 4095 tcp
192.168.254.1
source-bridge transparent 4095 1 15 1
!
interface Ethernet0
 ip address 10.185.224.66 255.255.255.0
 bridge-group 1
!
interface Serial0
 mtu 1518
 ip unnumbered Ethernet0
 ip mtu 1500
 encapsulation ppp
!
bridge 1 protocol ieee
bridge 1 priority 65535
```

c2500-Informationen (nur RSRB)

show source-bridge

```
Local Interfaces:                             receive      transmit
         srn bn  trn r p s n  max hops        cnt          cnt           drops
To0      10 15 4095 *  f *  7  7  7        16493        1412842        732273

Global RSRB Parameters:
 TCP Queue Length maximum: 100

Ring Group 4095:                       ┌─ Local ACK: lv = *
  This TCP peer: 192.168.254.1      ◢
  Maximum output TCP queue length, per peer: 100
  Peers:            state  bg lv  pkts_rx  pkts_tx  expl_gn   drops TCP
   TCP 192.168.254.1  -           3        0        0        0       0  0
   TCP 10.185.224.66  open    *3         86     6160    11593    5771  0
  Rings:
   bn: 15 rn: 10  local  ma: 4006.3acf.6b15 TokenRing0        fwd: 8549
   bn: 15 rn: 1   remote ma: 5000.d42d.fe04 TCP 10.143.224.66 fwd: 433

Explorers: ------- input -------      ------- output -------
          spanning  all-rings    total    spanning  all-rings     total
To0          3043          1     3044     1404293          0   1404293

  Local: fastswitched 8470459    flushed 261937     max Bps 38400

         rings       inputs       bursts        output drops
         To0          3043           0              0
```

show source-bridge interfaces

```
                           v p s n r                    Packets
Intf.  St  MAC-Address   srn bn  trn r x p b c IP-Address    In   Out

To0    up 5500.2000.673f  10 15 4095 * * f *  192.168.254.1 86777 147004
```

show spanning-tree

```
Bridge Group 15 is executing the IBM compatible Spanning Tree protocol
  Bridge Identifier has priority 32768, address aa00.0400.e6fc
  Configured hello time 10, max age 10, forward delay 4
  We are the root of the spanning tree
  Topology change flag not set, detected flag not set
  Times:  hold 1, topology change 30, notification 30
          hello 10, max age 10, forward delay 4, aging 300
  Timers: hello 3, topology change 0, notification 0

Port 00AF (TokenRing0) of bridge group 15 is forwarding      Ring 10, Bridge 15
  Port path cost 16, Port priority 128
  Designated root has priority 32768, address aa00.0400.e6fc
  Designated bridge has priority 32768, address aa00.0400.e6fc
  Designated port is 00AF, path cost 0, peer 0
  Timers: message age 0, forward delay 0, hold 0

Port FFFF (spanRSRB) of bridge group 15 is forwarding       Ring 4095, Bridge
15
  Port path cost 250, Port priority 128
  Designated root has priority 32768, address aa00.0400.e6fc
  Designated bridge has priority 32768, address aa00.0400.e6fc
  Designated port is FFFF, path cost 0, peer 0
  Timers: message age 0, forward delay 0, hold 0
```

show rif

```
Codes: * interface, - static, + remote

Dst HW Addr    Src HW Addr    How    Idle (min)   Routing Inf. Field
5500.2000.673f N/A            To0          *      -
5050.5005.0505 N/A            To0          1      -
5050.5005.0505 0000.1f24.88be -            -      0890.00AF.FFFF.0010
5500.2000.4523 N/A            rg4095       0+     0690.001F.FFF0
5500.2000.0563 N/A            rg4095       0+     0690.001F.FFF0
1000.d464.8d2d N/A            rg4095       5+     0690.001F.FFF0
```

Ring-Group 4095 →

Ring 10,   Bridge 1⁙
Ring 4095, Bridge 1⁙
Ring 1,   Bridge 0

Ring 1,   Bridge 15
Ring 4095, Bridge 0

reverse Direction,
1500 max. PDU

Cbrou-Informationen (RSRB und SR/TLB)

show source-bridge

```
Global RSRB Parameters:
 TCP Queue Length maximum: 100

Ring Group 4095:
  This TCP peer: 10.185.224.66
   Maximum output TCP queue length, per peer: 100
   Peers:               state   bg lv  pkts_rx  pkts_tx  expl_gn   drops TCP
    TCP 10.185.224.66    -        3       0        0        0        0   0
    TCP 192.168.254.1    open     3      81     159644   164818      5   0
   Rings:
    bn: 15 rn: 10   remote ma: 4006.3acf.6b15 TCP 192.168.254.1   fwd: 85
    bn: 15 rn: 1    locvrt ma: 5000.d42d.fe04 Bridge-group 1      fwd: 8
```

show source-bridge interfaces

```
         Status                     v p s n r                 Packets
         Line Pr MAC Address    srn bn trn r x p b c IP Address    In     Out

EtO  up    up 0800.2bb4.7f20                    10.185.224.66  71981106 116
SeO  up    up                                   unnumbered     277519 21090
Se1  up    up                                                  793350 17028
```

show spanning-tree

```
Bridge Group 1 is executing the IEEE compatible Spanning Tree protocol
  Bridge Identifier has priority 65535, address 0000.0c00.14ad
  Configured hello time 2, max age 20, forward delay 15
  Current root has priority 122, address 0800.2bbe.aa21
  Root port is 2 (Ethernet0), cost of root path is 100
  Topology change flag not set, detected flag not set
  Times:  hold 1, topology change 30, notification 30
          hello 1, max age 15, forward delay 15, aging 300
  Timers: hello 0, topology change 0, notification 0

Port 2 (Ethernet0) of bridge group 1 is forwarding
  Port path cost 100, Port priority 128
  Designated root has priority 122, address 0800.2bbe.aa21
  Designated bridge has priority 122, address 0800.2bbe.aa21
  Designated port is 3, path cost 0
  Timers: message age 0, forward delay 0, hold 0

Port 8 (RingGroup4095) of bridge group 1 is forwarding
  Port path cost 10, Port priority 0
  Designated root has priority 122, address 0800.2bbe.aa21
  Designated bridge has priority 65535, address 0000.0c00.14ad
  Designated port is 8, path cost 100
  Timers: message age 0, forward delay 0, hold 1
```

```
# show rif
Codes: * interface, - static, + remote

Dst HW Addr    Src HW Addr    How       Idle (min)    Routing Information Field
5050.5005.0505 N/A            BG1                0    0890.00AF.FFFF.0010
4006.3acf.6b15 N/A                                0    -
```

└── Bridge Group 1

└── Ring 10,   Bridge 15
    Ring 4095, Bridge 15
    Ring 1,   Bridge 0

```
# show bridge
Total of 900 station blocks, 352 free
Codes: P - permanent, S - self

Bridge Group 1:

   Address       Action    Interface       Age    RX count    TX count
0800.2b1a.d0d0   forward   Ethernet0        2           1           0
0a0a.0aa0.a0a0   forward   RingGroup4095    0           9           4
```

14.7 DLSw+

DLSw+ und RSRB können gleichzeitig innerhalb einer Bridge gestartet werden, dazu sind aber verschiedene Ring Groups für DLSw und RSRB notwendig (möglich ab V11.x).

Im Gegensatz zu RSRB terminiert bei DLSw der lokale Router immer das RIF und es erscheint daher die virtuelle Ringnummer immer als letzter Ring im RIF. Aus diesem Grund kann bei DLSw die Ring Group Number auf den Routern unterschiedlich sein.

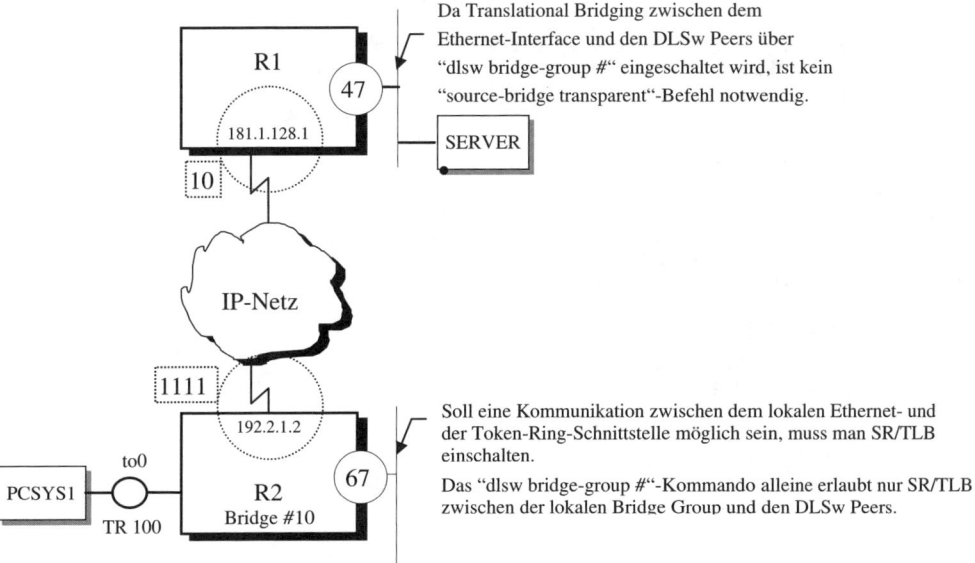

Da Translational Bridging zwischen dem Ethernet-Interface und den DLSw Peers über "dlsw bridge-group #" eingeschaltet wird, ist kein "source-bridge transparent"-Befehl notwendig.

Soll eine Kommunikation zwischen dem lokalen Ethernet- und der Token-Ring-Schnittstelle möglich sein, muss man SR/TLB einschalten.

Das "dlsw bridge-group #"-Kommando alleine erlaubt nur SR/TLB zwischen der lokalen Bridge Group und den DLSw Peers.

hostname R1

!
bridge 47 protocol ieee
!
source-bridge ring-group 10
dlsw local-peer peer-id 181.1.128.1
dlsw bridge-group 47
dlsw remote-peer 0 tcp 192.2.1.2
!
interface loopback 0 ⬅ Ring-Group Liste
  ip address 181.1.128.1
!
int e0
  ip address 192.3.1.1
  bridge-group 47

hostname R2

!
bridge 47 protocol ieee
!
source-bridge ring-group 1111
source-bridge transparent 1111 67 10 47
dlsw local-peer peer-id 192.2.1.2
dlsw bridge-group 47
dlsw remote-peer 0 tcp 181.1.128.1 ⬉
!
interface loopback 0
  ip address 192.2.1.2
!
interface to0
  source-bridge 100 10 1111
  source-bridge spanning
  multiring all
!
interface e0
  bridge-group 47

⎫ Für die Ethernet/
⎬ Token-Ring-
⎭ Kommunikation
   notwendig

DLSW-Informationen anzeigen

R2# show dlsw reachability

```
DLSw Remote MAC address reachability cache list        PC am Token-Ring:
Mac Addr        status    Loc.    port              rif ➤  RD1    100 10
0001.c814.4428  FOUND     LOCAL   TokenRing0    06B0.064A.4570  RD2    1111 0

DLSw Local MAC address reachability cache list
Mac Addr        status    Loc.    peer
1000.d429.5fe8  FOUND     REMOTE  181.1.128.1(2065) max-lf(1500)

DLSw Local NetBIOS Name reachability cache list
NetBIOS Name    status    Loc.    port              rif
ADMINISTRATOR   FOUND     LOCAL   TokenRing0    0610.457A.0640
PCSYS1          FOUND     LOCAL   TokenRing0    06B0.064A.4570

DLSw Remote NetBIOS Name reachability cache list
NetBIOS Name    status    Loc.    peer
SERVER          FOUND     REMOTE  181.1.128.1(2065) max-lf(1500)
SERVER_00978    FOUND     REMOTE  181.1.128.1(2065)
SERVER_00984    FOUND     REMOTE  181.1.128.1(2065)
SERVER_08727    FOUND     REMOTE  181.1.128.1(2065)
```

R2# show dlsw peers

```
Peers:            state    pkts_rx  pkts_tx  type  drops ckts TCP    uptime
  TCP 181.1.128.1 CONNECT     8300     3164  conf      0    1   0 00:09:49
```

R2# show dlsw capabilities local

```
DLSw: Capabilities for local peer
    vendor id (OUI)         : '00C' (cisco)
    version number          : 1
    release number          : 0
    init pacing window      : 20
    unsupported saps        : none
    num of tcp sessions     : 1
    loop prevent support    : no
    icanreach mac-exclusive : no
    icanreach netbios-excl. : no
    reachable mac addresses : none
    reachable netbios names : none
    cisco version number    : 1
    peer group number       : 0
    border peer capable     : no
    peer cost               : 3
    biu-segment configured  : no
    current border peer     : none
    version string          :
```

R2# show dlsw capabilities ip-address 181.1.128.1

```
DLSw: Capabilities for peer 181.1.128.1(2065)
    vendor id (OUI)         : '00C' (cisco)
    version number          : 1
    release number          : 0
    init pacing window      : 20
    unsupported saps        : none
    num of tcp sessions     : 1
    loop prevent support    : no
    icanreach mac-exclusive : no
    icanreach netbios-excl. : no
    reachable mac addresses : none
    reachable netbios names : none
    cisco version number    : 1
    peer group number       : 0
    border peer capable     : no
    peer cost               : 3
    biu-segment configured  : no
    local-ack configured    : yes
    priority configured     : no
    peer type               : conf
    version string          :
```

R2# show tcp brief

```
TCB       Local Address      Foreign Address        (state)
001C90A8  192.2.1.2.11024    181.1.128.1.2065       ESTAB
```

debug dlsw core | peers | reachability

Weitere DLSw+-Kommandos

- DLSw+ ausschalten

  dlsw disable   DLSw temporär ausschalten
  no dlsw local-peer   DLSw-Konfiguration komplett löschen

- DLSw+ Largest Frame Size

  dlsw remote peer ... lf *size*

- DLSw+ Filter

  dlsw remote peer ... dmac-output-list #   ⇒ MAC Address Access Liste
  dlsw remote peer ... lsap-output-list #   ⇒ LSAP Access Liste
  dlsw remote peer ... host-netbios-out *name*   ⇒ NetBIOS Named Access Liste
  dlsw remote peer ... bytes-netbios-out *name*   ⇒ NetBIOS Named Access Liste

- DLSw+ Keepalive Timer

  Standardmäßig sendet der Router alle 30 Sekunden Keepalive-Nachrichten zu dem Remote Peer. Für SNA DDR kann der Keepalive-Timer ausgeschaltet werden und die Verbindung zum Peer wird nach Ablauf eines Idle-Timers abgebaut.

  dlsw remote peer ... keepalive *seconds*
  dlsw remote peer ... timeout *seconds*

- DLSw+ Broadcast Domains

  Die Ring Group Lists ermöglichen die Konfiguration von VLANs bzw. Broadcast Domains, da in diesem Fall die Router Explorer Frames nur innerhalb der gleichen Ring List weitergeben. Die Auswahl kann auf den lokalen Ring-Nummern, den lokalen Schnittstellen oder auf den lokalen Bridge Groups basieren.

Ring Number	dlsw **ring-list** # rings *ring-number1 ring-number2 ...*
Ethernet, Token-Ring, Seriell	dlsw **port-list** # *interface-name*
Transparent Bridge Groups	dlsw **bgroup-list** # bgroups *bridge-group1 bridge-group2 ...*

Sollen die Daten zwischen einer Bridge Group, Ring List und Port Group weitergeleitet werden, muss für alle die gleiche List Number definiert sein.

dlsw ring-list 1 rings 15
dlsw port-list 1 serial0
dlsw bgroup-list 1 bgroups 47
!
dlsw ring-list 2 rings 22 12 15
dlsw port-list 2 serial1
!
dlsw remote-peer 1 tcp 1.1.1.1
dlsw remote-peer 2 tcp 2.1.1.1

- DLSw+ Backup Peers

  dlsw remote peer ... backup-peer *ip-address*

14.7.1 Encapsulation-Techniken

TCP Encapsulation

TCP ist die Standard Encapsulation und bietet die größte Funktionalität:

● Gesicherte Übertragung der Frames mit lokaler Quittierung

● Unterbrechungsfreies Re-Routing bei Ausfall einer Verbindung

● 56 Byte Overhead (16 Byte DLSw, 20 Byte IP and 20 Byte TCP Header)

● Unterstützt jede Netzwerktopologie

● Process Switching

dlsw remote-peer 0 **tcp** *ip-address* [dynamic]

> Router baut erst dann eine TCP-Verbindung auf, wenn Daten zu dem Remote Peer zu senden sind.

FST Encapsulation

FST ist eine High-Performance-Option für Verbindungen mit einer Bandbreite größer 256 Kbps. Der Router überträgt die Daten direkt über IP.

● Keine gesicherte Übertragung und auch keine lokale Quittierung

● Re-Routing bei Ausfall einer Verbindung möglich, es kann aber zu einer Unterbrechung kommen

● 36 Byte Overhead (16 Byte DLSw and 20 Byte IP Header)

● Nur für Endsysteme am Token-Ring geeignet

● Fast Switching

dlsw remote-peer 0 **FST** *ip-address* **pass-thru**

> kein Local-ACK

Direct Encapsulation über HDLC oder Frame-Relay-WAN-Verbindungen

Direct Encapsulation bietet den geringsten Overhead bei der Übertragung über serielle Verbindungen.

- Keine gesicherte Übertragung und auch keine lokale Quittierung

- Kein Re-Routing

- 16 Byte Overhead (16 Byte DLSw)

- Nur für Endsysteme am Token-Ring geeignet

- Fast Switching

dlsw remote-peer 0 **interface** *name* **pass-thru**

dlsw remote-peer 0 frame-relay interface *name dlci* pass-thru
interface *name*
    frame relay **map dlsw** *dlci*   broadcast

DLSw-Lite (LLC2 Encapsulation) über Frame-Relay-WAN-Verbindungen

DLSw Lite benutzt LLC2-Encapsulation nach RFC 1490 (Multiprotocol Encapsulation over Frame Relay)

- Gesicherte Übertragung der Frames mit lokaler Quittierung

- Re-Routing bei Ausfall einer Verbindung möglich, es kann aber zu einer Unterbrechung kommen

- 20 Byte Overhead (16 Byte DLSw and 4 Byte LLC2)

- Für Endsystem am Token-Ring, Ethernet, SDLC und QLLC

- Process Switching

dlsw remote-peer 0 **frame-relay interface** *name dlci*
interface *name*
    frame relay map **llc2** *dlci* broadcast

oder über Sub-Interfaces

dlsw remote-peer 0 **frame-relay interface** *subinterface dlci*
interface *subinterface* point-to-point
    frame-relay interface-dlci *dlci*

14.7.2 Beispiel: Komplexes DLSw+-Netzwerk

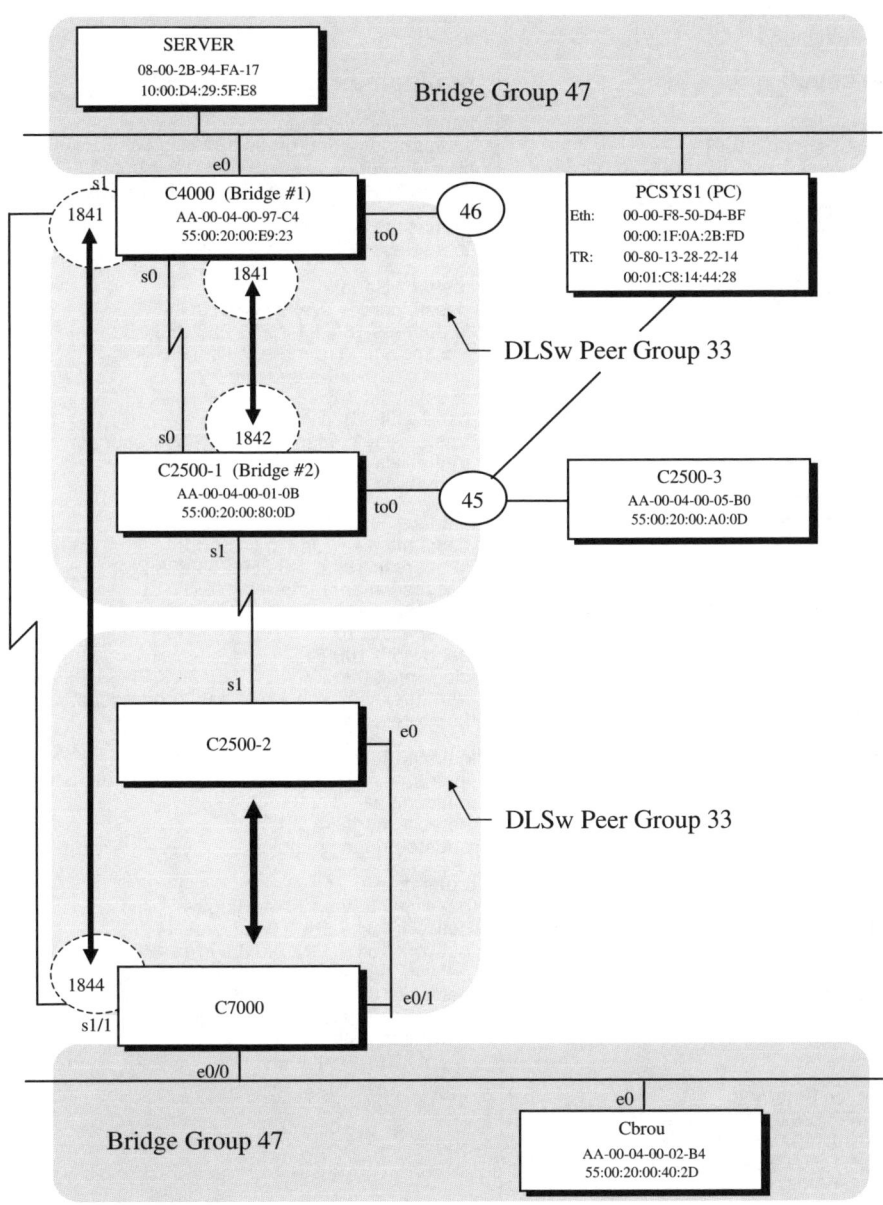

C2500-3# show rif

```
Dst HW Addr          How   RIF
1000.d429.5fe8 N/A   To0   06B0.7322.02D0
0001.c814.4428 N/A   To0   -
0000.1f0a.2bfd N/A   To0   06B0.7322.02D0
5500.2000.a00d N/A   To0   -
```

Ring 1842, Bridge 2
Ring 45,   Bridge 0

C2500-3# show netbios-cache

```
   HW Addr       Name                How
1000.d429.5fe8 SERVER_00982         To0
1000.d429.5fe8 PWRK$LOZ             To0
```

hostname c4000

!
frame-relay switching
source-bridge ring-group 1841
dlsw local-peer peer 184.4.0.1 group 33 border
dlsw remote-peer 0 tcp 184.4.0.2 lf 1500
dlsw remote-peer 0 tcp 184.4.0.4 lf 1500
dlsw bridge-group 47
!
interface Loopback0
 ip address 184.4.0.1 255.255.255.255
!
interface Ethernet0
 ip address 184.4.7.129 255.255.255.128
 ip ospf cost 5
 bridge-group 47
!
interface Serial0
 description ---- Link to C2500-1 ----
 ip address 184.4.1.1 255.255.255.252
 encapsulation frame-relay IETF
 ip ospf network broadcast
 ip ospf cost 10
 bandwidth 2000
 clockrate 2000000
 frame-relay map ip 184.4.1.2 77 broadcast
 frame-relay lmi-type ansi
!
interface Serial1
 description ---- Link to 7000 ----
 ip address 184.4.1.9 255.255.255.252
 no ip mroute-cache
 encapsulation x25
 ip ospf network broadcast
 ip ospf cost 25
 bandwidth 2000
 x25 ...
 clockrate 2000000
!
interface TokenRing0
 ip address 184.4.6.129 255.255.255.128
 ring-speed 16
 multiring all
 access-expression output dmac(701)
 source-bridge 46 1 1841
 source-bridge spanning
!
router ospf 1
 passive-interface Ethernet0
 network 184.4.7.128 0.0.0.127 area 0
 network 184.4.6.128 0.0.0.127 area 1
 network 184.4.1.0 0.0.0.3 area 44
 network 184.4.1.8 0.0.0.3 area 44
 network 184.4.0.1 0.0.0.0 area 44
 area 44 virtual-link 184.4.0.3
 area 44 virtual-link 184.4.0.4
!
access-list 701 deny   8000.0000.0000   7fff.ffff.ffff
access-list 701 permit 0000.0000.0000   ffff.ffff.ffff
!
bridge 47 protocol ieee
!
end

hostname c2500-1

!
frame-relay switching
source-bridge ring-group 1842
dlsw local-peer peer-id 184.4.0.2 group 33
dlsw remote-peer 0 tcp 184.4.0.1 lf 1500
!
interface Loopback0
 ip address 184.4.0.2 255.255.255.255
!
interface Serial0
 description ---- Link to C4000 ----
 ip address 184.4.1.2 255.255.255.252
 encapsulation frame-relay IETF
 ip ospf network broadcast
 ip ospf cost 10
 bandwidth 2000
 frame-relay map ip 184.4.1.1 77 broadcast
 frame-relay lmi-type ansi
 frame-relay intf-type dce
!
interface Serial1
 description ---- Link to C2500-2 ----
 ip address 184.4.1.5 255.255.255.252
 encapsulation frame-relay IETF
 ip ospf network broadcast
 ip ospf cost 10
 bandwidth 1000
 clockrate 2000000
 frame-relay map ip 184.4.1.6 33 broadcast
 frame-relay intf-type dce
!
interface TokenRing0
 ip address 184.4.5.129 255.255.255.128
 multiring all
 source-bridge 45 2 1842
 source-bridge spanning
!
router ospf 1
 passive-interface TokenRing0
 network 184.4.1.4 0.0.0.3 area 44
 network 184.4.1.12 0.0.0.3 area 44
 network 184.4.1.0 0.0.0.3 area 44
 network 184.4.5.128 0.0.0.127 area 44
 network 184.4.0.2 0.0.0.0 area 44
 maximum-paths 3
!
end
```
```

Bemerkungen:

Da auf dem Router C4000 kein SR/TLB zwischen Ethernet und Token-Ring konfiguriert ist, kann kein Bridging zwischen den beiden Medien erfolgen. Der »*dlsw bridge-group*«-Befehl bezieht sich nur auf das Bridging zwischen der lokalen Bridge-Group und den DLSw-Peers.

Die Access-Expression auf dem Token-Ring-Interface des Routers C4000 verhindert das Senden von Multicast Frames in den Token-Ring.

hostname c2500-2

```
!
frame-relay switching
isdn switch-type basic-net3
dlsw local-peer peer-id 184.4.0.3 group 77
dlsw remote-peer 0 tcp 184.4.0.4 lf 1500
!
interface Loopback0
 ip address 184.4.0.3 255.255.255.255
!
interface Ethernet0
 ip address 184.4.4.129 255.255.255.128
 ip ospf cost 5
!
interface Serial1
 description ---- Link to C2500-1 ----
 ip address 184.4.1.6 255.255.255.252
 encapsulation frame-relay IETF
 ip ospf network broadcast
 ip ospf cost 10
 bandwidth 1000
 frame-relay map ip 184.4.1.5 33 broadcast
!
router ospf 1
 network 184.4.1.12 0.0.0.3 area 44
 network 184.4.4.128 0.0.0.127 area 45
 network 184.4.0.3 0.0.0.0 area 44
 network 184.4.1.4 0.0.0.3 area 44
 area 44 virtual-link 184.4.0.1
 area 45 virtual-link 184.4.0.4
!
end
```

hostname c7000

```
!
source-bridge ring-group 1844
dlsw local-peer peer-id 184.4.0.4 group 77 border
dlsw remote-peer 0 tcp 184.4.0.1 lf 1500
dlsw remote-peer 0 tcp 184.4.0.3 lf 1500
dlsw bridge-group 47
!
interface Loopback0
 ip address 184.4.0.4 255.255.255.255
!
interface Ethernet0/0
 ip address 184.4.3.129 255.255.255.128
 ip ospf cost 5
 bridge-group 47
!
interface Ethernet0/1
 ip address 184.4.4.130 255.255.255.128
 ip ospf cost 5
!
interface Serial1/1
 description ---- Link to C4000 ----
 ip address 184.4.1.10 255.255.255.252
 encapsulation x25 dce
 ip ospf network broadcast
 ip ospf cost 25
 bandwidth 2000
 x25 ...
 clockrate 2000000
!
router ospf 1
 passive-interface Ethernet0/0
 network 184.4.1.8 0.0.0.3 area 44
 network 184.4.3.128 0.0.0.127 area 45
 network 184.4.4.128 0.0.0.127 area 45
 network 184.4.0.4 0.0.0.0 area 45
 area 44 virtual-link 184.4.0.1
 area 45 virtual-link 184.4.0.3
!
bridge 47 protocol ieee
!
end
```

C4000-Informationen

c4000# show dlsw peers

```
Peers:           state    pkts_rx   pkts_tx  type drops ckts TCP   uptime
 TCP 184.4.0.2  CONNECT     1023      1092   conf    0    0   0 01:33:08
 TCP 184.4.0.4  CONNECT      343      1379   conf    0    0   0 01:33:02
```

c4000# show dlsw capabilities

```
DLSw: Capabilities for peer 184.4.0.2(2065)
    vendor id (OUI)        : '00C' (cisco)
    version number         : 1
    release number         : 0
    init pacing window     : 20
    unsupported saps       : none
    num of tcp sessions    : 1
    loop prevent support   : no
    icanreach mac-exclusive : no
    icanreach netbios-excl. : no
    reachable mac addresses : none
    reachable netbios names : none
    cisco version number   : 1
    peer group number      : 33
    border peer capable    : no
    peer cost              : 3
    biu-segment configured : no
    local-ack configured   : yes
    priority configured    : no
    border peer for group 77: peer 184.4.0.4(2065) cost 3
    peer type              : conf

DLSw: Capabilities for peer 184.4.0.4(2065)
    vendor id (OUI)        : '00C' (cisco)
    ... ...
    cisco version number   : 1
    peer group number      : 77
    border peer capable    : yes
    peer cost              : 3
    biu-segment configured : no
    local-ack configured   : yes
    priority configured    : no
    border peer for group 77: peer 184.4.0.4(2065) cost 3
    peer type              : conf
```

c4000# show dlsw capabilities local

```
DLSw: Capabilities for local peer
    vendor id (OUI)        : '00C' (cisco)
    ... ...
    cisco version number   : 1
    peer group number      : 33
    border peer capable    : yes
    peer cost              : 3
    biu-segment configured : no
    current border peer    : local-peer
    border peer for group 77 : peer 184.4.0.4(2065) cost 3
```

c4000# show dlsw reachability

```
DLSw Remote MAC address reachability cache list
Mac Addr        status    Loc.    port                      rif
0000.1f0a.2bfd  FOUND     LOCAL   TBridge-02F    --no rif--
1000.d429.5fe8  FOUND     LOCAL   TBridge-02F    --no rif--

DLSw Local MAC address reachability cache list
Mac Addr        status    Loc.    peer
0001.c814.4428  FOUND     REMOTE  184.4.0.2(2065)
5500.2000.402d  FOUND     REMOTE  184.4.0.4(2065)
5500.2000.a00d  FOUND     REMOTE  184.4.0.2(2065)

DLSw Local NetBIOS Name reachability cache list
NetBIOS Name    status    Loc.    port                      rif
AURANDA         FOUND     LOCAL   TBridge-02F    --no rif--
SERVER_00982    FOUND     LOCAL   TBridge-02F    --no rif--
SERVER_00982    FOUND     LOCAL   TBridge-02F    --no rif--

DLSw Remote NetBIOS Name reachability cache list
NetBIOS Name    status    Loc.    peer
```

c4000# show source

```
Local Interfaces:                            receive     transmit
          srn bn  trn r p s n  max hops      cnt         cnt            drops
To0       46  1 1841 * * f   7  7  7          0           0             1032

Global RSRB Parameters:
 TCP Queue Length maximum: 100

Ring Group 1841:
   No TCP peername set, TCP transport disabled
   Maximum output TCP queue length, per peer: 100
   Rings:
    bn: 1  rn: 46   local  ma: 4000.3060.be6d TokenRing0          fwd: 0

Explorers: ------- input -------           ------- output -------
          spanning  all-rings    total     spanning  all-rings      total
To0            0          0         0          0          0            0

   Local: fastswitched 0         flushed 0         max Bps 38400

          rings      inputs        bursts      output drops
          To0          0             0              0
```

c4000# show interface to0

```
TokenRing0 is up, line protocol is up
  Hardware is TMS380, address is 5500.2000.e923 (bia 0000.3060.be6d)
  ...
  Multiring node, Source Route Transparent Bridge capable
  Source bridging enabled, srn 46 bn 1 trn 1841 (ring group)
   proxy explorers disabled,spanning explorer enabled,NetBIOS cache disabled
  Group Address: 0x00000000, Functional Address: 0x1818C11A
  Ethernet Transit OUI: 0x000000
```

c4000# show bridge

```
Bridge Group 47:
```

Address	Action	Interface	Age	RX count	TX count
0080.1328.2214	forward	DLSw Port0	0	20	0
0000.f850.d4bf	forward	Ethernet0	0	20	0
aa00.0400.05b0	forward	DLSw Port0	1	1	1
aa00.0400.02b4	forward	DLSw Port0	0	14163	0
0800.2b94.fa17	forward	Ethernet0	0	36	1

c4000# show spanning-tree

```
Bridge Group 47 is executing the IEEE compatible Spanning Tree protocol
  Bridge Identifier has priority 32768, address aa00.0400.97c4
  Configured hello time 2, max age 20, forward delay 15
  We are the root of the spanning tree
  Topology change flag not set, detected flag not set
  Times:  hold 1, topology change 30, notification 30
          hello 2, max age 20, forward delay 15, aging 300
  Timers: hello 2, topology change 0, notification 0
```

Port 4 (Ethernet0) of bridge group 47 is forwarding
```
  Port path cost 100, Port priority 128
  Designated root has priority 32768, address aa00.0400.97c4
  Designated bridge has priority 32768, address aa00.0400.97c4
  Designated port is 4, path cost 0
  Timers: message age 0, forward delay 0, hold 0
```

Port 10 (DLSw Port0) of bridge group 47 is forwarding
```
  Transmission of BPDUs is disabled
  Port path cost 17857, Port priority 0
  Designated root has priority 32768, address aa00.0400.97c4
  Designated bridge has priority 32768, address aa00.0400.97c4
  Designated port is 10, path cost 0
  Timers: message age 0, forward delay 0, hold
```

C2500-1-Informationen

c2500-1# show dlsw peers

```
Peers:            state   pkts_rx  pkts_tx  type  drops ckts TCP    uptime
 TCP 184.4.0.1  CONNECT     1897     1430  conf      0    0   0 01:33:21
```

c2500-1# show dlsw capabilities

```
DLSw: Capabilities for peer 184.4.0.1(2065)
  vendor id (OUI)          : '00C' (cisco)
  version number           : 1
  release number           : 0
  init pacing window       : 20
  unsupported saps         : none
  num of tcp sessions      : 1
  loop prevent support     : no
  icanreach mac-exclusive  : no
  icanreach netbios-excl.  : no
  reachable mac addresses  : none
  reachable netbios names  : none
  cisco version number     : 1
  peer group number        : 33
  border peer capable      : yes
  peer cost                : 3
  biu-segment configured   : no
  local-ack configured     : yes
  priority configured      : no
  peer type                : conf
```

c2500-1# show dlsw capabilities local

```
DLSw: Capabilities for local peer
  vendor id (OUI)          : '00C' (cisco)
  version number           : 1
  release number           : 0
  init pacing window       : 20
  unsupported saps         : none
  num of tcp sessions      : 1
  loop prevent support     : no
  icanreach mac-exclusive  : no
  icanreach netbios-excl.  : no
  reachable mac addresses  : none
  reachable netbios names  : none
  cisco version number     : 1
  peer group number        : 33
  border peer capable      : no
  peer cost                : 3
  biu-segment configured   : no
  current border peer      : peer 184.4.0.1(2065) cost 3
```

c2500-1# show dlsw reachability

```
DLSw Remote MAC address reachability cache list
Mac Addr         status      Loc.    port                    rif
0001.c814.4428   FOUND       LOCAL   TokenRing0       0690.02D2.7320
1000.d429.5fe8   SEARCHING   LOCAL
5500.2000.a00d   FOUND       LOCAL   TokenRing0       0630.7322.02D0

DLSw Local MAC address reachability cache list
Mac Addr         status      Loc.    peer
0000.1f0a.2bfd   FOUND       REMOTE  184.4.0.1(2065)
1000.d429.5fe8   FOUND       REMOTE  184.4.0.1(2065) max-1f(1500)

DLSw Local NetBIOS Name reachability cache list
NetBIOS Name     status      Loc.    port                    rif

DLSw Remote NetBIOS Name reachability cache list
NetBIOS Name     status      Loc.    peer
AURANDA          FOUND       REMOTE  184.4.0.1(2065)
SERVER_00982     FOUND       REMOTE  184.4.0.1(2065)
SERVER_00982     FOUND       REMOTE  184.4.0.1(2065)
```

c2500-1# show rif

```
Codes: * interface, - static, + remote

Dst HW Addr      Src HW Addr    How    Idle (min)  Routing Information Field
0001.c814.4428 N/A             To0          0      -
5500.2000.a00d N/A             To0          0      -
5500.2000.800d N/A             To0          *      -
```

c2500-1# show interface to0

```
TokenRing0 is up, line protocol is up
  Hardware is TMS380, address is 5500.2000.800d (bia 0006.3acf.6b15)
  ...
  Multiring node, Source Route Transparent Bridge capable
  Source bridging enabled, srn 45 bn 2 trn 1842 (ring group)
   proxy explorers disabled,spanning explorer enabled,NetBIOS cache disabled
  Group Address: 0x00000000, Functional Address: 0x1898C11A
  Ethernet Transit OUI: 0x000000
```

C2500-2-Informationen

c2500-2# show dlsw peers

```
Peers:              state   pkts_rx  pkts_tx  type  drops ckts TCP    uptime
 TCP 184.4.0.4     CONNECT    17981     2852  conf      0    0   0    1d00h
```

c2500-2# show dlsw capabilities

```
DLSw: Capabilities for peer 184.4.0.4(2065)
  vendor id (OUI)          : '00C' (cisco)
  version number           : 1
  release number           : 0
  init pacing window       : 20
  unsupported saps         : none
  num of tcp sessions      : 1
  loop prevent support     : no
  icanreach mac-exclusive  : no
  icanreach netbios-excl.  : no
  reachable mac addresses  : none
  reachable netbios names  : none
  cisco version number     : 1
  peer group number        : 77
  border peer capable      : yes
  peer cost                : 3
  biu-segment configured   : no
  local-ack configured     : yes
  priority configured      : no
  peer type                : conf
```

c2500-2# show dlsw capabilities local

```
DLSw: Capabilities for local peer
  vendor id (OUI)          : '00C' (cisco)
  version number           : 1
  release number           : 0
  init pacing window       : 20
  unsupported saps         : none
  num of tcp sessions      : 1
  loop prevent support     : no
  icanreach mac-exclusive  : no
  icanreach netbios-excl.  : no
  reachable mac addresses  : none
  reachable netbios names  : none
  cisco version number     : 1
  peer group number        : 77
  border peer capable      : no
  peer cost                : 3
  biu-segment configured   : no
  current border peer      : peer 184.4.0.4(2065) cost 3
```

c2500-2# show dlsw reachability

```
DLSw Remote MAC address reachability cache list
Mac Addr         status     Loc.    port                   rif

DLSw Local MAC address reachability cache list
Mac Addr         status     Loc.    peer
5500.2000.402d   FOUND      REMOTE  184.4.0.4(2065)

DLSw Local NetBIOS Name reachability cache list
NetBIOS Name     status     Loc.    port                   rif

DLSw Remote NetBIOS Name reachability cache list
NetBIOS Name     status     Loc.    peer
```

C7000-Informationen

c7000# show dlsw peers

```
Peers:           state    pkts_rx   pkts_tx  type drops ckts TCP   uptime
  TCP 184.4.0.1  CONNECT    11793      5653   conf     0    0   0 01:33:34
  TCP 184.4.0.3  CONNECT     2852     17982   conf     0    0   0    1d00h
```

c7000# show dlsw capabilities

```
DLSw: Capabilities for peer 184.4.0.1(2065)
  vendor id (OUI)        : '00C' (cisco)
  version number         : 1
  release number         : 0
  init pacing window     : 20
  unsupported saps       : none
  num of tcp sessions    : 1
  loop prevent support   : no
  icanreach mac-exclusive : no
  icanreach netbios-excl. : no
  reachable mac addresses : none
  reachable netbios names : none
  cisco version number   : 1
  peer group number      : 33
  border peer capable    : yes
  peer cost              : 3
  biu-segment configured : no
  local-ack configured   : yes
  priority configured    : no
  border peer for group 33 : peer 184.4.0.1(2065) cost 3
  peer type              : conf

DLSw: Capabilities for peer 184.4.0.3(2065)
  vendor id (OUI)        : '00C' (cisco)
  ... ...
  cisco version number   : 1
  peer group number      : 77
  border peer capable    : no
  peer cost              : 3
  biu-segment configured : no
  local-ack configured   : yes
  priority configured    : no
  border peer for group 33 : peer 184.4.0.1(2065) cost 3
  peer type              : conf
```

c7000# show dlsw capabilities local

```
DLSw: Capabilities for local peer
  vendor id (OUI)         : '00C' (cisco)
  version number          : 1
  ...
  cisco version number    : 1
  peer group number       : 77
  border peer capable     : yes
  peer cost               : 3
  biu-segment configured  : no
  current border peer     : local-peer
  border peer for group 33 : peer 184.4.0.1(2065) cost 3
```

c7000# show dlsw reachability

```
DLSw Remote MAC address reachability cache list
Mac Addr          status     Loc.    port              rif
5500.2000.402d  FOUND        LOCAL   TBridge-02F    --no rif--

DLSw Local MAC address reachability cache list
Mac Addr          status     Loc.    peer
0000.1f0a.2bfd  FOUND        REMOTE  184.4.0.1(2065)
1000.d429.5fe8  FOUND        REMOTE  184.4.0.1(2065)

DLSw Local NetBIOS Name reachability cache list
NetBIOS Name      status     Loc.    port              rif

DLSw Remote NetBIOS Name reachability cache list
NetBIOS Name      status     Loc.    peer
AURANDA           FOUND      REMOTE  184.4.0.1(2065)
SERVER_00982      FOUND      REMOTE  184.4.0.1(2065)
SERVER_00982      FOUND      REMOTE  184.4.0.1(2065)
```

c7000# show bridge

```
Total of 300 station blocks, 298 free
Codes: P - permanent, S - self

Bridge Group 47:

    Address       Action   Interface     Age   RX count   TX count
0000.f850.d4bf    forward  DLSw Port0     0          4          0
aa00.0400.02b4    forward  Ethernet0/0    0      14087          0
0800.2b94.fa17    forward  DLSw Port0     4          9          0
```

c7000# show spanning-tree

```
Bridge Group 47 is executing the IEEE compatible Spanning Tree protocol
  Bridge Identifier has priority 32768, address aa00.0400.01b4
  Configured hello time 2, max age 20, forward delay 15
  We are the root of the spanning tree
  Topology change flag not set, detected flag not set
  Times:  hold 1, topology change 30, notification 30
          hello 2, max age 20, forward delay 15, aging 300
  Timers: hello 2, topology change 0, notification 0

Port 2 (Ethernet0/0) of bridge group 47 is forwarding
  Port path cost 100, Port priority 128
  Designated root has priority 32768, address aa00.0400.01b4
  Designated bridge has priority 32768, address aa00.0400.01b4
  Designated port is 2, path cost 0
  Timers: message age 0, forward delay 0, hold 0

Port 17 (DLSw Port0) of bridge group 47 is forwarding
  Transmission of BPDUs is disabled
  Port path cost 10, Port priority 0
  Designated root has priority 32768, address aa00.0400.01b4
  Designated bridge has priority 32768, address aa00.0400.01b4
  Designated port is 17, path cost 0
  Timers: message age 0, forward delay 0, hold 0
```

DLSw+ mit SR/TLB für die lokalen Interfaces

Zusätzlich zu der vorhergehenden Konfiguration ist auf dem Router C4000 noch SR/TLB eingeschaltet. Das Token-Ring-Interface des PC PCSYS1 hängt jetzt am Ring des Routers C4000.

```
source-bridge ring-group 181
source-bridge transparent 181 99 10 47
!
interface TokenRing0
 source-bridge 100 10 181
```

c4000# show rif

```
Codes: * interface, - static, + remote

Dst HW Addr     Src HW Addr     How     Idle (min)  Routing Information Field
0000.3060.be6d  N/A             To0         *       -
0001.c814.4428  N/A                         1       08B0.064A.0B5A.0630
0001.c814.4428  N/A             BG47        0       08B0.064A.0B5A.0630
```

                                                        Ring 100, Bridge 10
                                                         Ring 181, Bridge 10
                                                         Ring 99,   Bridge 0

c4000# show dlsw reachability

```
DLSw Remote MAC address reachability cache list
Mac Addr        status     Loc.    port                   rif
0001.c814.4428  FOUND      LOCAL   TBridge-02F            --no rif--
                                   TokenRing0             06B0.064A.0B50
1000.d429.5fe8  FOUND      LOCAL   TBridge-02F            --no rif--       Ring 100, Bridge 10
                                                                           Ring 181, Bridge 0
DLSw Local MAC address reachability cache list
Mac Addr        status     Loc.    peer

DLSw Local NetBIOS Name reachability cache list
NetBIOS Name    status     Loc.    port                   rif
ADMINISTRATOR   FOUND      LOCAL   TokenRing0             06B0.064A.0B50
PCSYS1          FOUND      LOCAL   TBridge-02F            --no rif--
                                   TokenRing0             06B0.064A.0B50
SERVER_00978    FOUND      LOCAL   TBridge-02F            --no rif--
SERVER_00984    FOUND      LOCAL   TBridge-02F            --no rif--
SERVER_08727    FOUND      LOCAL   TBridge-02F            --no rif--

DLSw Remote NetBIOS Name reachability cache list
NetBIOS Name    status     Loc.    peer
```

c4000# show bridge

```
Bridge Group 47:

    Address        Action    Interface      Age   RX count   TX count
0080.1328.2214     forward   RingGroup181    0         47         39
0800.2b94.fa17     forward   Ethernet0       0        279         45
```

c4000# show spanning-tree

```
Bridge Group 47 is executing the IEEE compatible Spanning Tree protocol
  Bridge Identifier has priority 32768, address 0000.0c06.7db5
  Configured hello time 2, max age 20, forward delay 15
  We are the root of the spanning tree
  Topology change flag not set, detected flag not set
  Times:  hold 1, topology change 30, notification 30
          hello 2, max age 20, forward delay 15, aging 300
  Timers: hello 2, topology change 0, notification 0

Port 4 (Ethernet0) of bridge group 47 is forwarding
    Port path cost 100, Port priority 128
    Designated root has priority 32768, address 0000.0c06.7db5
    Designated bridge has priority 32768, address 0000.0c06.7db5
    Designated port is 4, path cost 0
    Timers: message age 0, forward delay 0, hold 0         SR/TLB Port

Port 17 (RingGroup181) of bridge group 47 is forwarding
    Port path cost 10, Port priority 0
    Designated root has priority 32768, address 0000.0c06.7db5
    Designated bridge has priority 32768, address 0000.0c06.7db5
    Designated port is 17, path cost 0
    Timers: message age 0, forward delay 0, hold 0

Port 10 (DLSw Port0) of bridge group 47 is forwarding
    Transmission of BPDUs is disabled
    Port path cost 17857, Port priority 0
    Designated root has priority 32768, address 0000.0c06.7db5
    Designated bridge has priority 32768, address 0000.0c06.7db5
    Designated port is 10, path cost 0
    Timers: message age 0, forward delay 0, hold 0
```

Catalyst 5000 Switches

Die Catalyst-5000-Serie verwendet eine Frame-basierende Backplane. Der Datenaustausch zwischen den einzelnen Interfaces (inkl. RSM - Route Switch Module) erfolgt über spezielle Ethernet oder Token-Ring Frames, wobei die beiden Typen gemischt über die Backplane übertragen werden.

Allgemeine Systemkonfiguration

● Passwörter definieren

(enable) set password *passwd*
(enable) set enablepass *passwd*

● Console Interface konfigurieren

(enable) **set interface sc0** [***vlan-id***] *ip-address netmask*
(enable) set ip route 0.0.0.0/0.0.0.0   *gateway*
(enable) set ip alias default 0.0.0.0

(enable) show interface

```
sl0: flags=51<UP,POINTOPOINT,RUNNING>
     slip 0.0.0.0 dest 0.0.0.0
sc0: flags=63<UP,BROADCAST,RUNNING>
     vlan 3 inet 10.3.10.14 netmask 255.255.0.0 broadcast 10.3.255.255
```

(enable) show ip route

```
Fragmentation   Redirect   Unreachable
-------------   --------   -----------
enabled         enabled    enabled
```

```
The primary gateway: 10.100.4.40
Destination   Gateway         RouteMask    Flags   Use        Interface
-----------   -------------   ----------   -----   --------   ---------
default       10.100.4.40     0x0          UG      164540     sc0
10.100.4.0    10.100.4.26     0xffffff00   U       4958619    sc0
default       default         0xff000000   UH      0          sl0
```

(enable) show ip alias

```
default       0.0.0.0
```

● Systeminformationen anzeigen

(enable) show version

```
WS-C5500 Software, Version McpSW: 5.1(2a) NmpSW: 5.1(2a)
Copyright (c) 1995-1999 by Cisco Systems
NMP S/W compiled on Jul 29 1999, 12:50:04
MCP S/W compiled on Jul 29 1999, 12:46:56

System Bootstrap Version: 5.1(2)

Hardware Version: 1.3  Model: WS-C5500  Serial #: 069045099

Mod Port Model       Serial #  Versions
--- ---- ----------  --------- -----------------------------
 1   2   WS-X5530    012789335 Hw : 3.3
                               Fw : 5.1(2)
                               Fw1: 4.4(1)
                               Sw : 5.1(2a)
 3   12  WS-X5213A   005387679 Hw : 1.0
                               Fw : 1.4
                               Sw : 5.1(2a)
 4   1   WS-X5302    013455590 Hw : 7.5
                               Fw : 20.18
                               Fw1: 3.1(1)
                               Sw : 12.0(6a)
 5   3   WS-X5403    014423340 Hw : 1.2
                               Fw : 4.1(1)
                               Sw : 5.1(2a)
 7   24  WS-X5225R   013483958 Hw : 3.3
                               Fw : 4.3(1)
                               Sw : 5.1(2a)
 8   12  WS-X5011    005079474 Hw : 1.4
                               Fw : 1.2
                               Sw : 5.1(2a)
13

          DRAM                   FLASH                  NVRAM
Module Total   Used    Free   Total  Used    Free Total Used  Free
------ ------- ------  ------ ------  ------  ---- ----- ----- -----
  1    32640K 15732K 16908K  8192K  7748K   444K  512K  141K  371K
```

(enable) show system

```
PS1-Status PS2-Status Fan-Status Temp-Alarm Sys-Status Uptime      Logout
---------- ---------- ---------- ---------- ---------- ----------- ------
ok         none       ok         off        ok         44,23:40:17 20 min

PS1-Type   PS2-Type   Modem   Baud  Traffic Peak Peak-Time
---------- ---------- ------- ----- ------- ---- ------------------------
WS-C5508   none       disable 9600   0%     31% Wed Dec 22 1999,18:43:16

Voltage Margin         Clock Used
--------------         ----------
  3.3v                  Clock A
System Name            System Location        System Contact
---------------------- ---------------------- ------------------------
cat5500                Networks lab           Lab Staff
```

(enable) show module

```
Mod  Slot  Ports  Module-Type              Model               Status
---  ----  -----  -----------------------  ------------------  -------
1    1     2      10/100BaseTX Supervisor  WS-X5530            ok
3    3     12     10/100BaseTX Ethernet    WS-X5213A           ok
4    4     1      Route Switch             WS-X5302            ok
5    5     3      1000BaseX Ethernet       WS-X5403            ok
7    7     24     10/100BaseTX Ethernet    WS-X5225R           ok
8    8     12     10BaseFL Ethernet        WS-X5011            ok
13   13           ASP/SRP


Mod  Module-Name          Serial-Num
---  -------------------  --------------------
1                         00012789335
3                         00005387679
4                         00013455590
5                         00014423340
7                         00013483958
8                         00005079474


Mod  MAC-Address(es)                               Hw    Fw          Sw
---  -------------------------------------------  ------ ----------  --------
1    00-90-ab-cd-70-00 to 00-90-ab-cd-73-ff 3.3   5.1(2)      5.1(2a)
3    00-60-5c-65-5c-f8 to 00-60-5c-65-5d-03 1.0   1.4         5.1(2a)
4    00-e0-1e-92-85-48 to 00-e0-1e-92-85-49 7.5   20.18       12.0(6a)
5    00-10-7b-d2-05-ec to 00-10-7b-d2-05-ee 1.2   4.1(1)      5.1(2a)
7    00-50-3e-36-45-30 to 00-50-3e-36-45-47 3.3   4.3(1)      5.1(2a)
8    00-60-5c-65-32-c8 to 00-60-5c-65-32-d3 1.4   1.2         5.1(2a)


Mod  Sub-Type  Sub-Model  Sub-Serial  Sub-Hw
---  --------  ---------  ----------  ------
1    NFFC II   WS-F5531   0013425312  2.0
1    uplink    WS-U5531   0012761042  1.2
```

15.1   Port based VLANs

15.1.1 Trunk-Konfiguration

Die Trunk-Verbindung ist für die Übertragung der Pakete aus den verschiedenen VLANs zwischen den Switches notwendig (Interswitch Communication). Aktuell unterstützen die Switches folgende Trunk-Protokolle:

● Inter-Switch-Link (ISL)   (Fast und Gigabit Ethernet-Ports)

● IEEE 802.1Q   (Fast und Gigabit Ethernet-Ports)

● FDDI IEEE 802.10   (FDDI/CDDI Ports)

● ATM LAN Emulation   (ATM Ports, siehe Kapitel »LAN-Emulation«)

Konfiguration

(enable) set trunk *mod_num/port_num* [*mode*] [*vlan_range*] [*trunk-protocol*]

● Trunk-Protokolle

Protokoll	trunk-protocol Parameter
ISL(Standard)	isl
IEEE 802.1Q	dot1q
IEEE 802.10	dot10
ATM LANE	lane

● Trunk Modes

on	Port ist fest als Trunk definiert. Switch sendet weiterhin DTP-Frames (nur ISL).
nonegotiate	Fester Trunk-Port ohne DTP-Protokoll (ISL und IEEE 802.1Q).
off	Port fest als »normaler« Port definiert.
auto	Port wird ein Trunk Port, falls die Gegenseite dies über DTP anfordert (nur ISL).
sesirable	Es wird über DTP abgestimmt, ob ein Trunk-Port generiert werden soll (nur ISL).

DTP (Dynamic Trunking Protocol)

Die Switches benutzen DTP (auch DISL – Dynamic ISL – genannt) auf Fast und Gigabit Ethernet Ports zur automatischen Konfiguration von ISL Trunks. DTP synchronisiert die beiden Switches am Ende einer Verbindung entweder in den ISL Trunk oder in den normalen Ethernet-Modus. DTP sendet dazu standardmäßig alle 30 Sekunden Pakete zu der Multicast-Adresse 01-00-0C-CC-CC-CC wobei der Switch Management-Pakete aus einer anderen VTP Domain ignoriert.

Beispiel: ISL Trunking

(enable) set trunk 1/1 on 1-699,900-999
(enable) clear trunk 1/1 700-899,1000

(enable) set trunk 1/2 on 1-699,900-999
(enable) clear trunk 1/2 700-899,1000

(enable) show trunk

```
Port      Mode       Status
-------   --------   ------------
 1/2      on         trunking
 5/1-2    on         trunking

Port      Vlans allowed n trunk
-------   --------------------------------------------------------
 1/2      1-699,900-999
 5/1-2    1-1000
```

```
Port      Vlans allowed ad active in management domain
--------  ------------------------------------------------------
1/2       1,3-6,101-102,110,201-202,555
5/1-2

Port      Vlans in spaning tree forwarding state and not pruned
--------  ------------------------------------------------------
1/2       3-6,101-102,110,201-202,555
5/1-2
```

15.1.2 VTP (VLAN Trunk Protocol)

VTP ist ein Multicast-Protokoll (01-00-0C-CC-CC-CC), das die Switches zum automatischen Erzeugen und Zuweisen von VLANs einsetzen. Dadurch ist eine konsistente Konfiguration innerhalb einer VTP Domain möglich, ohne dass Änderungen separat auf allen Switches durchgeführt werden müssen.

VTP ist ein Cisco-proprietäres Protokoll und führt im Prinzip die gleichen Aufgaben aus, wie das IEEE-802.1Q-GVRP-Protokoll (GVRP wird erst ab der Version 5.1 unterstützt).

Die VTP-Nachrichten sendet der Switch normalerweise alle fünf Minuten über die Trunk Ports und das Default VLAN. Die Nachrichten beinhalten dabei folgende Informationen:

● Management Domain Name

● VLAN Name

● VLAN ID (ISL und IEEE 802.1Q)

● IEEE 802.10 SAID (FDDI)

● MTU Size für die einzelnen VLANs

● Frame Format (Ethernet, FDDI, TrCRF, TrBRF)

● Config Revision Number

Konfiguration

(enable) set vtp domain *name* mode *mode* [passwd *password*]

● VTP Modes

server	Generiert VTP-Nachrichten und verarbeitet empfangene Updates anderer Server.
client	Leitet VTP-Updates weiter und benutzt die Infos zum Anlegen der einzelnen VLANs.
transparent	Keine Verarbeitung der VTP-Informationen. Leitet lediglich VTP-Updates weiter.

- VTP-Version

  Alle Switches einer VTP-Domain müssen die gleiche VTP-Version einsetzen. Ist auf einem Server die Version 2 definiert, leitet das VTP-Protokoll diese Information an alle Switches in der Domain weiter:

  VTP Version 1: Ab Supervisor Release V2.1 und ATM Software V3.1
  VTP Version 2: Ab Supervisor Release V3.1(1) – unterstützt Token-Ring Switching

  (enable) set vtp v2 enable

VTP Pruning

VTP Pruning ist eine Erweiterung des VTP-Protokolls zur Optimierung des Flooding-Mechanismus. Der Switch leitet Pakete für ein VLAN nur dann weiter, wenn auch wirklich Stationen für dieses VLAN über den Trunk erreicht werden können (gilt nicht für Spanning-Tree-, CDP- und VTP-Pakete).

- VTP-Pruning gilt für die gesamte Management-Domain.

- VTP-Pruning kann nicht für das Default-VLAN 1 definiert werden.

Der Switch sendet dazu über das Default-VLAN eine VTP-Join-Message zu seinen Nachbarn. Diese Nachricht beinhaltet einen Bit-String, in dem für jedes VLAN, für das er Daten empfangen möchte, das zugehörige VLAN-Bit auf Eins gesetzt ist.

- Joined   Trunk kann Frames (Broadcast, Multicast, Unicast) zu diesem VLAN senden.

- Prunded   Trunk leitet keine Frames für dieses VLAN weiter.

(enable) set vtp pruning enable
(enable) set vtp pruneeligible *VlanRange*   (z.B. 2-1000)

(enable) show vtp domain

Domain Name	Domain Index	VTP Version	Local Mode	Password
CLSC	1	1	server	-

Vlan-count	Max-vlan-storage	Config Revision	Notifications
20	1023	16	enabled

Last Updater	Pruning	PrueEligible on Vlans
10.3.10.15	disabled	2-1000

15.1.3 VLAN-Definition

VLAN-Name	Type	ISL VLAN ID	802.10 SAID	MTU
default	ethernet	0001	100001	1500
fddi-default	fddi	1002	101002	4352
token-ring-default	trcrf	1003	101003	4472
fddinet-default	fddinet	1004	101004	4352
trnet-default	trbrf	1005	101005	4472

VLAN anlegen

(enable) set vlan *vlan-id# name* type *type* [mtu *size*] [said *id*] [state *state*]

(enable) show vlan

```
VLAN Name                            Status    Mod/Ports
---- --------------------------      --------- ---------------------------
1    default                         active    2/11-18,2/20-24,4/1-2,5/1-2
3    south                           active    2/1-10
1002 fddi-default                    active
1003 token-ring-default    active
1004 fddinet-default                 active
1005 trnet-default                   active

VLAN Type  SAID   MTU   Parent RingNo BridgeNo Stp  BrdgMode Trans1 Trans2
---- ----- ------ ----- ------ ------ -------- ---- -------- ------ ------
1    enet  100001 1500  -      -      -        -    -        1002   0
3    enet  100003 1500  -      -      -        -    -        0      0
1002 fddi  101002 1500  -      0x0    -        -    -        0      0
1003 trcrf 101003 1500  0      0x0    -        -    -        0      0
1004 fdnet 101004 1500  -      -      0x0      ieee -        0      0
1005 trbrf 101005 1500  -      -      0x0      ibm  -        0      0
VLAN AREHops STEHops Backup CRF
---- ------- ------- ----------
1003 7       7       off
```

(enable) show vlan 1

```
VLAN Name                            Status    Mod/Ports
---- --------------------------      --------- ---------------
1    default                         active    1/1-2
                                               2/11-18,2/20-24
                                               4/1-2
                                               5/1-2

VLAN Type  SAID       MTU   Parent RingNo BridgeNo Stp  Trans1 Trans2
---- ----- ---------- ----- ------ ------ -------- ---- ------ ------
1    enet  100001     1500  -      -      -        -    1002   0
```

Native Ports zu einem VLAN hinzufügen

(enable) set vlan *vlan-id# module/port*

15.1.4 Spanning Tree

Im Gegensatz zum IEEE-802.1Q-Standard unterstützen die Catalyst Switches für jedes VLAN einen separaten Spanning Tree.

(enable) set spantree enable	1	
(enable) set spantree fwddelay	15	*vlan-id*
(enable) set spantree hello	2	*vlan-id*
(enable) set spantree maxage	20	*vlan-id*
(enable) set spantree priority	32768	*vlan-id*

(enable) show spantree *vlan-id*

```
VLAN 1
Spanning tree enabled

Designated Root              00-10-1f-8d-3c-00
Designated Root Priority     32768
Designated Root Cost         20
Designated Root Port         4/1
Root Max Age   20 sec   Hello Time 2  sec   Forward Delay 15 sec

Bridge ID MAC ADDR           00-40-0b-0b-68-00
Bridge ID Priority           32768
Bridge Max Age 20 sec   Hello Time 2  sec   Forward Delay 15 sec

Port     Vlan  Port-State      Cost   Priority  Fast-Start
-------- ----  -------------   -----  --------  ----------
 1/1     1     forwarding        10        32   disabled
 1/2     1     forwarding        10        32   disabled
 2/11    1     not-connected    100        32   disabled
...
 2/24    1     not-connected    100        32   disabled
 4/1-2   1     forwarding        10        32   disabled
 5/1-2   1     blocking           6        10   disabled
```

15.1.5 Port-Konfiguration

Port konfigurieren

(enable) set port enable	*mod/port*	
(enable) set port name	*mod/port*	name
(enable) set port level	*mod/port*	normal
(enable) set port duplex	*mod/port*	full
(enable) set port security	*mod/port*	disable

Port-Informationen anzeigen

(enable) show module

Mod	Module-Name	Ports	Module-Type	Model	Serial-Num	Status
1		2	100BaseTX Supervisor	WS-X5009	002659085	ok
2		24	10BaseT Ethernet	WS-X5013	006594591	ok
4		2	MM MIC FDDI	WS-X5101	003122356	ok
5		2	MM OC-3 Dual-Phy ATM	WS-X5158	005912348	ok

Mod	MAC-Address(es)	Hw	Fw	Sw
1	00-40-0b-0b-68-00 thru 00-40-0b-0b-6b-ff	1.8	1.4	2.4(1)
2	00-e0-1e-46-6f-20 thru 00-e0-1e-46-6f-37	1.0	1.1	2.4(1)
4	00-60-3e-8c-bd57	1.0	1.1	2.1(6)
5	00-60-2f-45-0d-da	2.0	1.3	3.2(6)

Mod	SMT User-Data	T-Notify	CF-St	ECM-St	Bypass
4	WorkGroup Stack	30	c-Wrap-B	in	absent

(enable) set port

Port	Name	Status	Vlan	Level	Duplex	Speed	Type
1/1	Link to Switch1	connected	trunk	normal	full	100	100BaseTX
1/2	Link to Switch2	connected	trunk	normal	full	100	100BaseTX
2/1	Link to SWITCH3	connected	3	normal	half	10	10BaseT
...							
2/7	Link to Switch4	connected	3	normal	half	10	10BaseT
...							
2/24		notconnect	1	normal	half	10	10BaseT
4/1	Link to FDDI	connecting	1	normal	half	100	FDDI
4/2	Link to FDDI	connected	1	normal	half	100	FDDI
5/1		connected	trunk	normal	full	155	OC3 MMF ATM
5/2		notconnect	trunk	normal	full	155	OC3 MMF ATM

Port	Security	Secure-Src-Addr	Last-Src-Addr	Shutdown	Trap
1/1	disabled			No	enabled
1/2	disabled			No	enabled
2/1	disabled			No	enabled
...					
2/24	disabled			No	enabled

Port	Trap
4/1	enabled
4/2	enabled

Port	Broadcast-Limit	Broadcast-Drop
1/1	-	-
1/2	-	-
2/1	-	0
...		
2/24	-	0

Port	Align-Err	FCS-Err	Xmit-Err	Rcv-Err	UnderSize
1/1	0	0	0	0	0
1/2	0	0	0	0	0
2/1	0	0	0	0	0
...					
2/24	0	0	0	0	0

Port	Single-Col	Multi-Coll	Late-Coll	Excess-Col	Carri-Sen	Runts	Giants
1/1	0	0	0	0	0	0	-
1/2	0	0	0	0	0	0	-
2/1	0	0	0	0	0	0	0
...							
2/24	0	0	0	0	0	0	0

Port	CE-State	Conn-State	Type	Neig	Ler Con	Est	Alm	Cut	Lem-Ct	Lem-Rej-Ct	Tl-Min
4/1	isolated	standby	A	M	no	9	8	7	0	0	40
4/2	concat	active	B	M	no	11	8	7	0	0	40

(enable) show mac *mod/port*

MAC	Rcv-Frms	Xmit-Frms	Rcv-Multi	Xmit-Multi	Rcv-Broad	Xmit-Broad
1/1	378	18273	378	18183	0	90

MAC	Dely-Exced	MTU-Exced	In-Discard	Lrn-Discrd	In-Lost	Out-Lost
1/1	0	0	135	0	0	0

Last-Time-Cleared

Tue Oct 13 1998, 14:54:07

Forwarding-Tabelle

(enable) set cam static I permanent I dynamic   *unicast_mac*   *mod/port* [*vlan*]
(enable) set cam static I permanent   *multicast_mac* *mod/ports* [*vlan*]

(enable) show cam dynamic

VLAN	Destination MAC	Destination Ports or VCs
1	00-a0-c9-cc-35-4d	4/1-2
5	00-e0-1e-95-06-06	1/2
3	00-a0-c9-cc-86-f3	2/1
102	00-e0-1e-95-06-06	1/2
3	00-80-24-61-2d-50	2/7
1	00-60-83-d3-8f-fb	1/1
4	00-e0-1e-95-06-06	1/2
1	00-60-2f-45-16-7d	4/1-2
1	00-60-2f-45-17-20	4/1-2

15.2   CGMP – Cisco Group Management Protocol

CGMP ist ein Protokoll zwischen Cisco-Routern und Catalyst Switches, über das die Router IGMP-Multicast-Informationen an die Switches weitergeben.

Empfängt der Router eine IGMP Join Message von einem Client, sendet er eine CGMP Join Message zu den direkt angeschlossenen Switches.

Dadurch können alle Switches innerhalb des Layer2-Netzwerks eine Tabelle mit der Multicast-Adresse und den zugehörigen Switch Port aufbauen, über den diese Multicast-Pakete geflutet werden sollen.

CGMP-Pakete verwenden die Multicast-Adresse 01-00-0C-DD-DD-DD und werden über alle Ports eines Switches geflutet.

CGMP ist ein Cisco-proprietäres Protokoll und führt im Prinzip die gleichen Aufgaben aus, wie das IEEE-802.1p-GMRP-Protokoll (GMRP wird ab der Version 5.1 unterstützt).

CGMP-Kommandos auf einem Catalyst Switch

(enable) set cgmp enable | disable
(enable) set multicast router *mod/port* Port, an dem der CGMP-Router angeschlossen ist

(enable) show cgmp statistics
```
CGMP enabled

CGMP statistics for vlan 1:
valid rx pkts received          0
invalid rx pkts received        0
valid cgmp joins received       0
valid cgmp leaves received      0
valid igmp leaves received      0
valid igmp queries received     0
igmp gs queries transmitted     0
igmp leaves transmitted         0
failures to add GDA to EARL     0
topology notifications received 0
number of CGMP packets dropped  0
```

(enable) show multicast router [cgmp | igmp]
```
CGMP enabled
IGMP disabled

Port      Vlan
--------- ----------------
 2/2   *  192
```

(enable) show multicast groups [cgmp I igmp]

```
CGMP enabled
IGMP disabled

VLAN  Dest MAC/Route Des  Destination Ports or VCs / [Protocol Type]
----  ------------------  ------------------------------------------
192   01-00-5e-00-01-28*  2/2
```

CGMP-Kommandos auf einem Cisco-Router

ip multicast-routing
interface *Name*
   ip address ...

[ip pim]
   [ip cgmp proxy]

show ip igmp groups

```
IGMP Connected Group Membership
Group Address    Interface    Uptime    Expires   Last Reporter
224.0.1.40       Ethernet1    00:10:30  never     192.1.1.1
```

show ip igmp interface

```
Ethernet1 is up, line protocol is up
   Internet address is 192.1.1.1, subnet mask is 255.255.255.0
   IGMP is enabled on interface
   Current IGMP version is 2
   CGMP is enabled on interface
   IGMP query interval is 60 seconds
   IGMP querier timeout is 120 seconds
   IGMP max query response time is 10 seconds
   Inbound IGMP access group is not set
   Multicast routing is enabled on interface
   Multicast TTL threshold is 0
   Multicast designated router (DR) is 192.1.1.1 (this system)
   IGMP querying router is 192.1.1.1 (this system)
   Multicast groups joined: 224.0.1.40
```

Kapitel

16 Digitale Multiplexerhierarchien

Die Übertragung von digitalen Informationen findet auf fast allen öffentlichen Weitverkehrsnetzen über synchrone TDM-Verfahren statt (STDM - Synchrones Time Division Multiplex). Die Multiplexsignale werden dabei in einer abgestuften Hierarchie mit festgelegten Bandbreiten erzeugt. Die zugehörigen Standards für Europa finden sich hauptsächlich in der ITU-T G-Serie (Digital Transmission Systems):

G.701 Vocabulary of digital transmission and multiplexing, and pulse code modulation (PCM) terms

G.702 DIGITAL HIERARCHY BIT RATES

G.703 Physical/electrical characteristics of hierarchical digital interfaces

G.704 Synchronous frame structures used at primary and secondary hierarchical levels

G.705 Characteristics required to terminate digital links on a digital exchange

G.707 Synchronous digital hierarchy bit rates

G.708 Network node interface for the synchronous digital hierarchy

G.709 Synchronous multiplexing structure

16.1 Plesiochronous Digital Hierarchy – PDH

Die Plesiochrone Digitale Hierarchie (G.702) wurde für die Übertragung von digitalisierten Telefonsignalen entwickelt und basiert auf der Bündelung von mehreren 64 Kbps-Kanälen. Die höheren Ebenen werden jeweils durch Multiplexen der niedrigeren Ebenen erzeugt.

Der Anschluss an die PDH-Services erfolgt über DSU/CSU-Komponenten (Data / Channel Service Unit). Dabei handelt es sich um ein Modem-ähnliches Gerät, das für die präzise Synchronisation der Datenübertragung und für die Konvertierung des digitalen Datensignals (z.B. V.35 oder X.21) zuständig ist.

Europa

Der Kommunikationsbereich ist aus fünf Multiplex-Ebenen aufgebaut, die man als En bezeichnet.

Ebene	Bitrate	Anzahl der Kanäle
(E0)	64 Kbps	
E1	2,048 Mbps	32 x E0
E2	8,448 Mbps	4 x E1
E3	34,368 Mbps	4 x E2
E4	139,264 Mbps	4 x E3
E5	565,148 Mbps	4 x E4

Die niedrigste Multiplex-Ebene E1 besteht aus 32 x 64 Kbps Kanälen (den Timeslots), wobei Timeslot Null zur Synchronisation und evtl. Timeslot 16 zur Signalisierung eingesetzt werden. Damit stehen maximal 30 oder 31 Kanäle für die Übertragung von Informationen zur Verfügung.

E1 Multiframe

Bei der Übertragung über eine E1-Verbindung werden jeweils 16 E1 Frames zu einem Multiframe zusammengefasst, der Timeslot Null des Multiframes dient zur Synchronisation und zum Framing.

Die Nummerierung der Timeslots geht von 0 bis 31, während die in den Timeslots übertragenen Kanäle von 1 bis 32 nummeriert werden.

Aufbau von Timeslot 0

Die C-Bits enthalten die CRC-Sequenz	Die S-Bits zeigen das Auftreten von CRC-Fehlern an	
FAS (Frame Alignment Signal)	0011011	markiert den Beginn eines E1 Multiframes
NFAS (Not Frame Alignment Signal)	1ANNNNN	A = Alarm Indication Bit, N = National Bits

Nordamerika und Kanada

Ähnlich wie in Europa besteht der Kommunikationsbereich aus mehreren Multiplexebenen, die man als DS*n* bezeichnet.

Ebene	Bitrate	Anzahl der Kanäle
DS0	64 Kbps	
DS1 (T1)	1,544 Mbps	24 x DS0
DS2 (T2)	6,312 Mbps	4 x DS1
DS3 (T3)	44,736 Mbps	7 x DS2
DS4 (T4)	274,176 Mbps	6 x DS2

16.2   SDH und Sonet

SDH (Synchronous Digital Hierarchy – G.707, G.708 und G.709)

Im Gegensatz zu PDH ermöglicht SDH den direkten Zugriff auf Signale bestimmter Bandbreite, ohne dass die gesamte Multiplex-Hierarchie durchlaufen werden muss. SDH basiert weitgehend auf einer optischen Übertragungstechnologie und spezifiziert die optischen Signale und die Struktur der Frames.

Die Basisrate für die Übertragung zwischen zwei Knoten beträgt 155,520 Mbps und wird als STM-1 (Synchronous Transport Module) bezeichnet.

SONET (Synchronous Optical Network – ANSI T1.105, T1.106 und T1.117)

Die amerikanische SONET-Spezifikation ist weitgehend kompatibel mit dem europäischen SDH-Standard. Die Multiplex-Ebenen bezeichnet man als STS (Synchronous Transport Signal) oder OC (Optical Carrier), die Basisrate liegt bei 51,840 Mbps.

Bitrate	SONET		SDH
51,84 Kbps	STS-1	(OC-1)	(STM-0)
155,52 Mbps	STS-3	(OC-3)	STM-1
466,56 Mbps	STS-9	(OC-9)	
622,08 Mbps	STS-12	(OC-12)	STM-4
933,12 Mbps	STS-18	(OC-18)	
1244.16 Mbps	STS-24	(OC-24)	
1866.24 Mbps	STS-36	(OC-36)	
2488.32 Mbps	STS-48	(OC-48)	STM-16
4976.00 Mbps	STS-96	(OC-96)	
9952.00 Mbps	STS-192	(OC-192)	STM-64

16.3   Cisco-Konfigutation: E1 Interface

Channelized E1 Interface

Die verfügbaren 31 Kanäle einer E1-Schnittstelle können zu verschiedenen Channel-Groups zusammengefasst und dann als eigenständiges Interface angesprochen werden.

controller e1 *name*
   channel-group 1 timeslot *1-5* ⟋ Interface kann gleichzeitig als PRI Interface und als
   channel-group 2 timeslot *6-9* Channel Group verwendet werden.
   channel-group 3 timeslot *10-31*

show controller e1

```
E1 4/0/0 is up.
  Applique type is Channelized E1 - balanced
  No alarms detected.
  Framing is CRC4, Line Code is HDB3, Clock Source is Line.
  Data in current interval (600 seconds elapsed):
    0 Line Code Violations, 0 Path Code Violations
    0 Slip Secs, 0 Fr Loss Secs, 0 Line Err Secs, 0 Degraded Mins
    0 Errored Secs, 0 Bursty Err Secs, 0 Severely Err Secs, 0 Unavail Secs
  Total Data (last 24 hours)
    0 Line Code Violations, 0 Path Code Violations,
    0 Slip Secs, 0 Fr Loss Secs, 0 Line Err Secs, 0 Degraded Mins,
    0 Errored Secs, 0 Bursty Err Secs, 0 Severely Err Secs, 0 Unavail Secs
```

Daraus erzeugt der Router die folgenden logischen seriellen Schnittstellen:

serial *name*:1   für die Channel-Group 1 (z.B. serial 4/0/0:1)
serial *name*:2   für die Channel-Group 2 (z.B. serial 4/0/0:2)
serial *name*:3   für die Channel-Group 3 (z.B. serial 4/0/0:2)

Primary Rate Interface (S$_{2m}$-Schnittstelle)

Soll der Router einen anderen Bereich von B-Kanälen als die Slots 1–31 benutzen (z.B. nur Timeslots 1–4), muss dies mit dem Service Provider abgestimmt sein.

isdn switch-type primary-net5
controller e1 *slot/port*
  pri-group [timeslots 1-31]

Durch das Kommando *pri-group* erzeugt der Router automatisch ein logisches Interface *se-rial-interface*:15 (E1-Anschluss) bzw. *serial-interface*:23 (T1-Anschluss) für den D-Kanal. Die Konfiguration der PRI-Schnittstelle erfolgt dann über dieses logische Interface.

interface **serial0/0**:15
  ip address ...
  encapsulation ppp
  dialer map ...
  dialer-group 1

- E1-Anschluss

D-Kanal:	serial0/0:15	(entspricht dem Kanal 16)
B-Kanäle:	serial0/0:0-14 .. 16-30	(entspricht den Kanälen 2–15 und 17–32)

- T1-Anschluss

D-Kanal:	serial0/0:23	(entspricht dem Kanal 24)
B-Kanäle:	serial0/0:0-22	(entspricht den Kanälen 1–23)

Kapitel

17 ATM

Die ATM-Standards werden zum einen von der ITU für die Kommunikation zwischen den Telekom-Anbietern und von dem ATM-Forum für die LAN-Kommunikation spezifiziert.

ITU-T-ATM-Standards

ATM wird in diesem Umfeld oft auch als Breitband-ISDN (B-ISDN) bezeichnet.

E.164	Numbering Plan for the ISDN Era
I.113	B-ISDN Vocabulary of Terms
I.150	B-ISDN ATM Functional Characteristics
I.211	B-ISDN Service Aspects
I.311	B-ISDN General Network Aspects
I.321	B-ISDN Protocol Reference
I.327	B-ISDN Functional Architecture
I.356	Quality of Service (QoS) Configuration and Principles
I.361	B-ISDN ATM Layer Specification
I.362	B-ISDN AAL Functional Description
I.363	B-ISDN AAL Specification
I.363.1	B-ISDN ATM Adaptation: Type 1 AAL
I.363.2	B-ISDN ATM Adaptation: Type 2 AAL
I.363.3	B-ISDN ATM Adaptation: Type 3/4 AAL
I.363.5	B-ISDN ATM Adaptation: Type 5 AAL
I.371	Traffic Control and Resource Management
I.374	Network Capabilities to Support Multimedia
I.413	B-ISDN UNI
I.432	B-ISDN UNI Physical
I.555	Interworking with Frame Relay
I.556	Interworking with ISDN
Q.2110	Signaling AAL, Service Specific Connection-oriented Protocol (SSCOP)
Q.2130	Signaling AAL, Service Specific Coordination Function (SSCF at UNI)
Q.2931	B-ISDN Call Control
Q.2971	B-ISDN UNI Layer 3 Specification for Point-to-Multipoint Call Control

ATM-Forum-Spezifikationen (Auswahl)

ILMI 4.0	af-ilmi-0065.000
LAN Emulation over ATM v1.0	af-lane-0021.000
LAN Emulation over ATM v2.0 - LUNI Specification	af-lane-0084.000
LAN Emulation over ATM v2.0 - LNNI Specification	af-lane-0112.000
Multi-Protocol Over ATM v1.0	af-mpoa-0087.000
Multi-Protocol Over ATM v1.1	af-mpoa-0114.000
MPOA v1.1 Addendum on VPN Support	af-mpoa-0129.000
IISP (Interim InterSwitch Signaling Protocol)	af-pnni-0026.000
PNNI V1.0	af-pnni-0055.000
PNNI ABR Addendum	af-pnni-0075.000
ATM Forum Addressing: User Guide Version 1.0	af-ra-0105.000
ATM Forum Addressing: Reference Guide	af-ra-0106.000
UNI Signaling 4.0	af-sig-0061.000
Signaling ABR Addendum	af-sig-0076.000
Traffic Management 4.0	af-tm-0056.000
Traffic Management ABR Addendum	af-tm-0077.000
Traffice Management 4.1	af-tm-0121.000

ATM-Topologie

● NNI Public Network-to-Node Interface zwischen ATM Switches in öffentlichen Netzwerken

B-ISSI (Broadband InterSwitching System Interface): Interface zwischen Switches im gleichen Netz
B-ICI (Broadband InterCarrier Interface): Interface zwischen Switches in verschiedenen öffentlichen Netzwerken

● P-NNI Private Network-to-Node Interface zwischen privaten ATM Switches

IISP: Statisches Routing von SVCs.
PNNI Phase 1: Link-State-Protokoll zum Routen von Signalisierungsinformationen

● UNI Public User-to-Network Interface

Schnittstelle zwischen einem ATM-Endgerät und einem ATM-Switch oder zwischen einem privaten und einem öffentlichen ATM Switch.

● UNI Private User-to-Network Interface

Interface zwischen einem ATM-Endgerät und einem privaten ATM-Switch

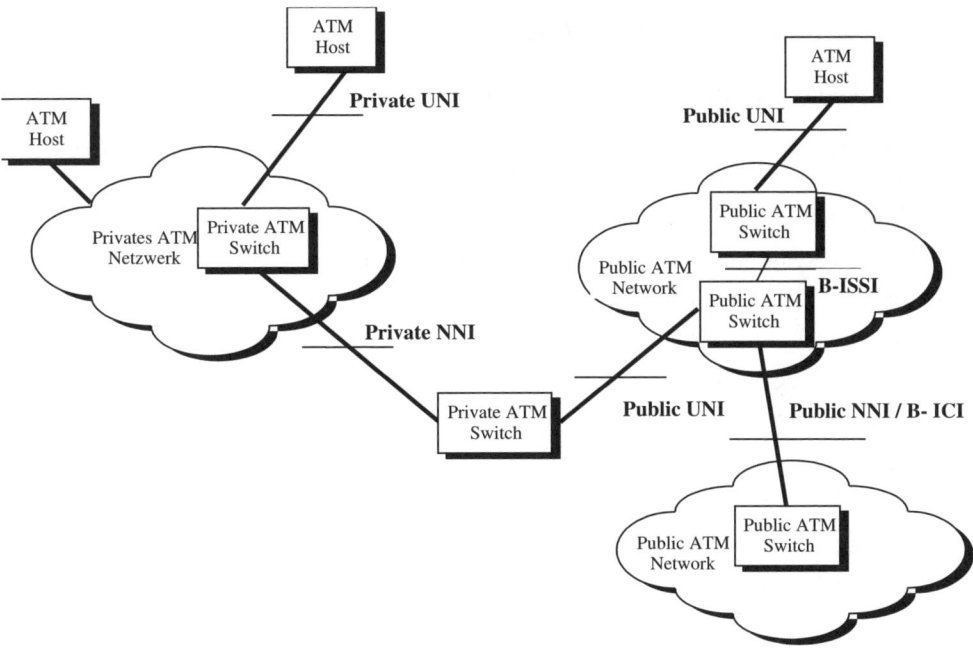

ATM-Protokoll-Architektur

Höhere Schichten		
ATM Adaption Layer	Convergence Sub-Layer	
	SAR Sub-Layer	
ATM Layer		
Physical Layer	Transmission Convergence Sub-Layer	
	Physical Medium Dependent Sub-Layer	

17.1   ATM Physical Layer

Physical Medium Dependent Sublayer (PMD)

Spezifiziert das physikalische Medium. Die Hauptaufgabe des PMD besteht im Encoding bzw. Decoding der Bits in elektrische oder optische Signale sowie im Bit-Timing. Die einzelnen Übertragungsmedien werden in verschiedene Kategorien eingeteilt.

- Cell-based (keine Adaption des Zellenformats an das übertragene Frame)

TAXI	100 Mbps
Fiber Channel	155 Mbps

- Cell-mapping (SDH-Medien)

622 Mbps	SDH/Sonet
155 Mbps	SDH/Sonet
34 Mbps	E3

- PLCP-mapping (PDH-Medien, Adaption der ATM-Zellen über *Physical Layer Convergence Procedures*)

45 Mbps	DS3
34 Mbps	E3
2 Mbps	E1
1,5 Mbps	DS1

Transmission Convergence Sublayer (TC)

Passt den ATM-Zellenstrom an die PMD an (und umgekehrt). Die TC-Ebene trennt die Übertragungsrate der Zellen von dem physikalischen Medium, indem sie Idle-Zellen einfügt bzw. entfernt.

17.2   ATM Layer

Der ATM Layer stellt folgende Funktionalitäten zur Verfügung:

- Bearbeitung des ATM-Zellen-Header

- Von den eingesetzten Übertragungsmedien unabhängiger, transparenter Transfer der ATM-Zellen

- Fehlerbehandlung über OAM-F4- und F5-Zellen

- Abstimmung des für die Verbindung notwendigen Quality of Service (QoS)

- Traffic-Management zur Sicherstellung der ausgehandelten QoS

- Mulltiplexing und Demultiplexing der ATM-Zellen

ATM-Cell-Format

Header einer UNI-Schnittstelle

Header einer NNI-Schnittstelle

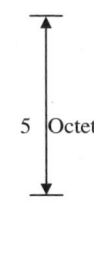

GFC	VPI	
VPI	VCI	
VCI		
VCI	PTI	CLP
HEC		
Nutzdaten		
48 Octet		

5 Octet

VPI		
VPI	VCI	
VCI		
VCI	PTI	CLP
HEC		
Nutzdaten		
48 Octet		

- GFC (Generic Flow Control)

  Teilweise für Rate-Based Flow Control verwendet, ansonsten auf Null gesetzt. Hat nur lokale Signifikanz und wird normalerweise von dem ATM-Switch überschrieben.

- VPI (Virtual Path Identifier)

  Standardwert für den VPI ist Null (gilt auch für Idle, Meta-Signaling und OAM-Zellen)

- VCI (Virtual Circuit Identifier)

  Standardwert für den VCI ist Null (gilt auch für Idle-Zellen)
  ITU   0 bis 15
  ATM-Forum   15 bis 31
  Benutzerdefiniert   ab 32

- PTI (Payload Type)

  Bestimmt den Typ der übertragenen Nutzdaten sowie diverse Kontrollprozeduren

000	User-Zelle, keine Überlast aufgetreten, SDU-Type=0
001	User-Zelle, keine Überlast aufgetreten, SDU-Type=1 (für die letzte AAL5-Zelle)
010	User-Zelle, Überlast aufgetreten, SDU-Type=0
011	User-Zelle, Überlast aufgetreten, SDU-Type=1 (für die letzte AAL5-Zelle)
100	Zelle, die zu einem F5-Segment OAM-Flow gehört
101	Zelle, die zu einem F5-End-to-End OAM-Flow gehört
110	reserviert
110	reserviert

- CLP (Cell Loss Priority)

  Bestimmt die »relative Wichtigkeit« der Zelle

  0 = Die Zelle sollten die Switches auch bei einer Überlast-Situation nicht aus dem Netzwerk entfernen.
  1 = Falls notwendig, können die Switches die Zelle aus dem Netzwerk entfernen.

- HEC (Header Error Check)

17.2.1 Virtual Path (VP) und Virtual Circuit (VC)

Da es sich bei ATM um ein verbindungsorientiertes Netzwerk handelt, müssen die Endknoten vor einem Datenaustausch immer einen Virtual Circuit (VC) aufbauen. Ein Virtual
Path (VP) arbeitet dabei wie ein Tunnel, der bis zu 65.000 VCs transportieren kann. Er
muss immer die »beste Qualität« liefern, die durch einen VCI innerhalb des Virtual Path angefordert wird.

Falls ein ATM-Anbieter einen dedizierten End-to-End VP zwischen zwei Kundennetzwer-
ken anbietet, handelt es sich um eine Virtual Path Connection (VPC), auch als VP-Tunnel
bezeichnet.

Innerhalb des VP-Tunnels kann man PVCs und SVCs aufbauen, ohne dass der Anbieter
selbst SVCs unterstützen muss.

Falls der Anbieter keine VP-Tunnel zur Verfügung stellt, wird typischerweise VPI=0 benutzt, um an den Endpunkten des Netzwerks PVCs zu etablieren.

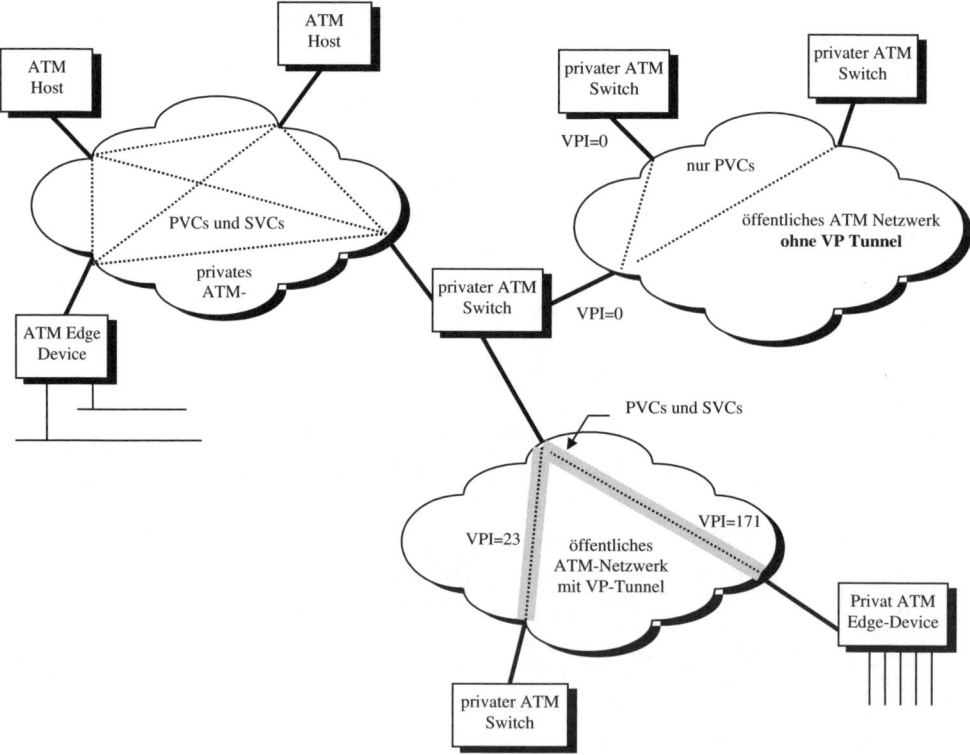

Standard VCIs

1	Meta-Signaling-Protokoll
2	General-Broadcast-Signalisierung
3	F4-Segment OAM-Zellen
4	F4-End-to-End OAM-Zellen
5	UNI-Signalisierung
6	RM-VPC (Resource Management)
15	SMDS-Zellen
16	ILMI-Protokoll
17	LAN-Emulation Configuration-Direct-VCC (Verbindung von LE-Client zum LECS)
18	PNNI
32	Cisco-Tag-Distribution-Protocol (TDP)

Eine aktive ATM-Verbindung bezeichnet man auch als VCC (Virtual Circuit Connection).

17.2.2 OAM (Operation, Administration and Maintenance)

Die OAM-Routinen dienen zur Überwachung des ATM-Netzwerks. Die OAM-F4- und -F5-Flows des ATM Layer stellen folgende Funktionen zur Verfügung:

● Aktivierung und Deaktivierung von Funktionen

Über OAM-Aktivierungs- und -Deaktivierungszellen können bestimmte OAM-Funktionen ein- oder ausgeschaltet werden.

● Performance Monitoring

Ein Ende der ATM-Verbindung fügt in regelmäßigen Abständen *Monitoring*-Zellen in den Strom der Benutzerzellen ein, die dann von der Gegenseite überwacht werden.

● Fault Management

AIS/FERF: Im Fehlerfall sendet das ATM-Gerät ein AIS (Alarm Indication Signal) zum *Downstream*-Knoten und ein FERF (Far End Receive Failure) zum *Upstream*-Knoten. ATM setzt den AIS/FERF-Mechanismus auf allen OAM-Ebenen und über alle physikalischen Medien ein.

Continuity Check: Falls für eine gewisse Zeit keine Zellen mehr über eine Verbindung empfangen wurden, sendet das Gerät *Continuity-Check*-Zellen zu dem *Downstream*-Knoten. Kommen die erwarteten *Continuity-Check*-Zellen nicht an, generiert der Empfänger ein VP-FERF.

OAM Flows und Levels

● Auf der Ebene des Physical Layer

F1 Flow - Regenerator Section Level
F2 Flow - Digital Section Level
F3 Flow - Transmission Path Level

● Auf der Ebene des ATM Layer

F4 Flow - Virtual Path Level	
Segment OAM Flow	über VCI=3 zwischen den einzelnen Segmenten einer Verbindung
End-to-End OAM Flow	über VCI=4 zwischen den beiden Endsystemen
F5 Flow - Virtual Circuit Level	
Segment OAM Flow	PTI = 100
End-to-End OAM Flow	PTI = 101
Benutzerdaten	PTI = 0xx

Bei F5 Flows benutzen die OAM-Zellen den gleichen Virtual Circuit wie die Benutzerdaten. Die Unterscheidung zwischen den beiden Zelltypen geschieht mit Hilfe des PTI-Feldes.

OAM-Cell-Format

ATM Header	OAM Type	Function Type	Function Specific Field	Reserved	CRC-10
5 Octets	4 Bits	4 Bits	45 Octets	6 Bits	10 Bits

OAM Type		**Function Type**	
Fault Management	0001	AIS	0000
		FERF	0001
		Continuity Check	0100
Performance Management	0010	Forward Monitoring	0000
		Backward Monitoring	0001
		Monitoring / Reporting	0010
Activation / Deactivation	1000	Performance Monitoring	0000
		Continuity Check	0001

17.2.3 ATM Traffic Management

Traffic Contract

Der Verkehrskontrakt (Traffic Contract) spezifiziert bestimmte Parameter des ATM Layer, die auf der Ebene der UNI-Schnittstelle mit dem ATM-Netzwerk abgestimmt wurden.

Das Netzwerk überprüft dabei die Verkehrsparameter und entscheidet mit Hilfe der Connection Admission Control (CAC), ob die Verbindung mit den angeforderten Parametern aufgebaut werden kann oder nicht.

Der Kontrakt selbst besteht aus einem Connection Traffic Descriptor und der angeforderten Quality of Service (QoS) für jede Richtung der ATM-Verbindung.

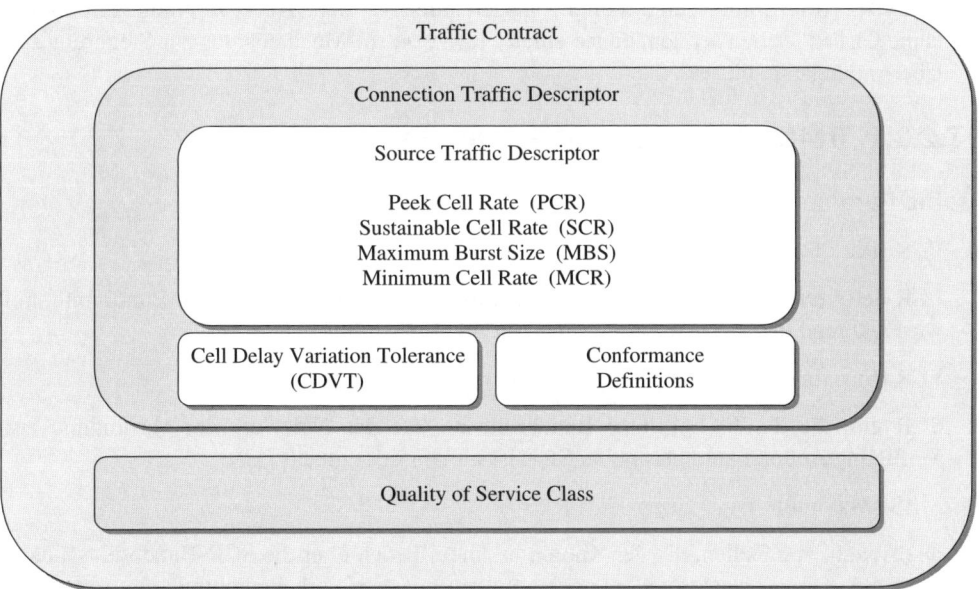

Die Einhaltung des Verkehrskontrakts während einer aktiven Verbindung erfolgt auf der Benutzerseite über optionales Traffic Shaping und auf der Netzwerkseite über den UPC-Mechanismus (Usage Parameter Control).

● Traffic Shaping (Benutzerseite)

Traffic-Shaping wandelt die Eigenschaften des Zellstroms so ab, dass der Sender beim Versenden der ATM-Zellen den Verkehrskontrakt einhält.

● Usage Parameter Control (Netzwerkseite)

Über die Usage-Parameter-Control-Funktion stellt das Netzwerk sicher, dass der Benutzer die im Kontrakt ausgehandelten Parameter nicht überschreitet. Dazu werden Zellen, die außerhalb des Kontrakts liegen, als »discardable« markiert (über das PTI-Feld im ATM-Header). Das heißt, die Switches können diese Zellen bei einer Überlastsituation aus dem Netzwerk entfernen.

Zur Überprüfung eines Parameters (z.B. PCR oder SCR) setzt UPC einen GCRA-Algorithmus (Generic Cell Rate Algorithm) ein. Es existieren zwei GCRA-Alternativen: Virtual Scheduling und Continuous-State Leaky Bucket.

● Priority Control

In Situationen, wo keine Überlast im Netzwerk auftritt, wird bei den Zellen, die den Verkehrskontrakt verletzen, lediglich das CLP-Bit im Zell-Header gesetzt.

Bei einer moderaten Überlast versucht das Netzwerk, nur diejenigen Zellen zu verwerfen, deren CLP-Bit gesetzt ist. Dies soll gewährleisten, dass Zellen mit höherer Priorität weiterhin übertragen werden können.

Für den Verkehrskontrakt können unterschiedliche Traffic-Parameter für CLP=0 und CLP=0+1 (die Summe aller Zellen) ausgehandelt werden. ABR-Verbindungen sollten keine CLP=1-Zellen senden, da sie einen Flow-Control-Mechanismus zur Steuerung der Übertragungsrate einsetzen.

17.2.3.1 Traffic-Management-Parameter

Traffic Parameter

● PCR (Peak Cell Rate)

PCR definiert die für eine Verbindung maximal zur Verfügung stehende Bandbreite und wird während des Aufbaus des Virtual Circuit abgestimmt.

● SCR (Sustainable Cell Rate)

SCR gibt die durchschnittliche Bandbreite an, die das Netzwerk der Verbindung zur Verfügung stellen kann. Das heißt, SCR ist kleiner oder gleich PCR.

● MBS (Maximum Burst Size)

Die Anzahl von Zellen, die der Knoten in einem Block über die SCR-Bandbreite hinaus senden darf, sodass sie trotzdem noch konform mit dem Verkehrskontrakt sind.

● MCR (Minimum Cell Rate)

Für eine ABR-Verbindung bestimmt MCR die minimale Bandbreite, die das Netzwerk zur Verfügung stellt. Bei einer Übertragungsrate unterhalb von MCR verhält sich eine ABR wie eine CBR-Verbindung (MCR < PCR, MCR gleich Null ist erlaubt).

● CDVT (Cell Delay Variation Tolerance)

Durch die Zwischenspeicherung von ATM-Zellen ergibt sich eine mehr oder weniger lange, variierende Zellenverzögerung, die so genannte *Cell-Delay-Variation* (CDV).

Den maximal zugestandenen zeitlichen Abstand zwischen den Zellen einer ATM-Verbindung bezeichnet man als CDV-Toleranz. Er muss der UPC-Funktion des ATM-Switch bekannt sein und von ihr akzeptiert werden.

Abgestimmte QoS-Parameter

- CDV (Cell Delay Variation)

  One-Point CDV: Varianz der Verzögerung bei der Übertragung der ATM-Zellen im Verhältnis zu der abgestimmten PCR.

  Two-Point CDV: Varianz der Verzögerung bei der Übertragung der ATM-Zellen im Verhältnis zu zwei Referenzpunkten.

- CTD (Cell Transfer Delay)

  maxCTD: Die maximale Zeit, die verstreichen kann, bis eine ATM-Zelle von Punkt 1 nach Punkt 2 gelangt ist.

  meanCTD: Der arithmetische Durchschnitt der Zeitdauer, die eine ATM-Zelle benötigt, um von Punkt 1 nach Punkt 2 zu gelangen.

- CLR (Cell Loss Ratio)

  CLR beschreibt das Verhältnis von verlorengegangenen Zellen zur Gesamtzahl der übertragenen Zellen.

Nicht abgestimmte QoS-Parameter

- Cell Error Ratio

  CER = (Errored Cells) / (Succesfully Transfered Cells + Errored Cells)

- Severly-Errored Cell Block Ratio

  SECBR = (Severely Errored Cell Blocks) / (Total Transmitted Cell Blocks)

- Cell Misinsertation Rate

  CMR = (Misinserted Cells) / (Time Interval)

Ein individuelles Aushandeln der QoS-Parameter ist erst unter UNI 4.0 möglich. UNI 3.1 fordert die Parameter indirekt über eine Serviceklasse (*Class of Service*) an und der Betreiber des ATM-Netzwerks muss die Parameterwerte so setzen, dass die Qualität der Übertragung den Anforderungen der Serviceklasse genügt.

ITU-Serviceklasse (I.362)	ATM-Forum-QoS-Klasse	ATM-Forum-Servicekategorie
Class A	QoS Class 1	CBR Video und Circuit Emulation
Class B	QoS Class 2	VBR Audio und Video
Class C	QoS Class 3	CONS-Datentransfer (z.B. Frame Relay)
Class D	QoS Class 4	CLNS-Datentransfer (z.B. IP)
	QoS Class 0	UBR »best-effort« Service

17.2.3.2 ATM-Forum-Servicekategorien

Eine Servicekategorie (Categories of Service – CoS) unterstützt durch festgelegte Verkehrsparameter (Traffic Parameter), Prozeduren und Kontrollfunktionen einen bestimmten Übertragungsdienst des ATM Layer und die damit verbundene Quality of Service (QoS).

CBR (Constant Bit Rate) Service

CBR Services werden hauptsächlich für die Übertragung von Real-Time-Daten (z.B. Sprache und Video) eingesetzt, die eine niedrige Cell-Delay-Variation und eine garantierte Bandbreite benötigen.

Circuit Emulation Services (CES) stellen einen Spezialfall eines CBR-Service dar, der es ermöglicht, eine komplette synchrone Verbindung (z.B. E1 oder E3) über ein ATM-Netzwerk zu übertragen. ATM funktioniert in diesem Fall ähnlich wie ein TDM Multiplexer.

VBR (Variable Bit Rate) Service

VBR stellt eine garantierte Bandbreite zur Verfügung. Es besteht jedoch die Möglichkeit, die Bandbreite bei gelegentlichen Traffic Bursts zu erhöhen. VBR-Services können dann benutzt werden, wenn der Datenverkehr nicht *loss-sensitive* ist und die Bandbreite um einen gewissen Wert schwankt.

Real Time VBR (rt-VBR): Die Datenrate muss vorhersagbar sein und darf nur in einem gewissen Rahmen schwanken (z.B. komprimierte Videokonferenzen oder Video on Demand).

Non Real Time VBR (nrt-VBR): VBR-Applikationen ohne Real-Time-Einschränkungen (z.B. Banktransaktionen mit einer kritischen Antwortzeit).

ABR (Available Bit Rate) Service

ABR-Services benutzen die zusätzlich zu der garantierten Bandbreite (PCR) und der Sustainable Cell Rate (SCR) noch verfügbare freie Kapazität des ATM-Anschlusses.

Während einer aktiven ABR-Verbindung erfolgt in regelmäßigen Abständen über einen Flow-Control-Mechanismus eine Überprüfung der verfügbaren Bandbreite.

Nur ABR überprüft während einer Verbindung die verfügbare Bandbreite, bei allen anderen Kategorien erfolgt dies nur beim Verbindungsaufbau über die Connection-Admission-Control.

UBR (Unspecified Bit Rate) Service

UBR ist ein strikter »*Best Effort*«-Servicetyp und im Prinzip ein ABR-Service ohne Flow Control und ohne Spezifizierung von Verkehrsparametern.

Traffic-Parameter der einzelnen Servicekategorien

	CBR	rt-VBR	nrt-VBR	ABR	UBR
Traffic-Parameter					
PCR	✓	✓	✓	✓	✓
CDTV	implizit spezifiziert				
SCR, MBS	-	✓	✓	-	-
MCR	-	-	-	✓	-
QoS-Parameter					
CDV	✓	✓	-	-	-
meanCTD	-	-	✓	-	-
maxCTD	✓	✓	-	-	-
CLR	✓	✓	✓	✓	-

17.2.3.3 ITU ATM Transfer Capabilities

Die ATM Transfer Capabilities entsprechen in ihrer Funktionalität den ATM-Forum-Servicekategorien.

ITU Transfer Capabilities	ATM-Forum-Servicekategorien
DBR	CBR
SBR	nrt-VBR
	rt-VBR
ABT-DT	
ABT-IT	
ABR	ABR
	UBR

ATM Block Transfer (ABT)

Innerhalb eines vom Netz akzeptierten Blocks wird eine bestimmte QoS garantiert, die mit der QoS einer entsprechenden DBR-Verbindung gleicher PCR vergleichbar ist. Die größtmögliche Übertragungsrate innerhalb eines Blocks bezeichnet man als BCR (Block Cell Rate).

Ein ATM-Block ist dabei eine Gruppe von Zellen einer ATM-Verbindung, die von zwei RM-Zellen (Resource Management) begrenzt werden.

- ABT mit Delayed-Transmission (ABT-DT)

  Die Knoten handeln während der Dauer einer ABT-Verbindung die BCR von aufeinanderfolgenden ATM-Blöcken dynamisch mit dem Netz aus.

● ABT mit Immediate-Transmission (ABT-IT)

Es erfolgt keine Abstimmung vor dem Senden eines ATM-Blocks. Die Knoten überge-ben die Datenzellen immer unmittelbar nach der RM-Zelle, die eine neue BCR anmel-det, an das Netzwerk. Kommt es bei der Übertragung eines Blocks zu einer Überlast, kann das Netzwerk den gesamten Block verwerfen.

17.2.3.4 ATM Flow Control

Die Flow Control des ATM Layer wird hauptsächlich für ABR-Services eingesetzt. EFCI Flow Control ist aber auch für VBR-Services möglich, jedoch nur für den Teil des Daten-transfers, der die SCR überschreitet.

Rate-Based Flow Control

Bei Auftreten einer Überlast-Situation sendet das Netzwerk Nachrichten zum Sender, um die Übertragung zu stoppen oder die Übertragsrate zu verringern.

● EFCI (Explicit Forward Congestion Indicator)

Das Zielsystem sendet in regelmäßigen Abständen RM-Zellen an den Sender zurück. Ähnlich der Frame-Relay FECN Flow Control setzt der ATM-Switch bei Auftreten einer Überlast das CLP-Bit im ATM Header der Datenzellen.

Empfängt das Zielsystem eine Datenzelle mit CLP=1, sendet es eine RM-Zelle mit ge-setztem CI-Bit (Congestion Indication) und der Sender kann daraufhin seine Übertra-gungsrate entsprechend verringern.

● RR (Relative Rate)

Der ATM Switch setzt direkt das CI-Bit in den RM-Zellen und bietet dadurch eine etwas bessere Performance als EFCI. Eventuell modifiziert er auch das NI-Bit (No Source Rate Increase), dann darf der Sender seine Übertragungsrate nicht mehr erhöhen.

● ER (Explicit Rate)

Jeder Switch kann – unabhängig von den anderen Switches – in den RM-Zellen die ER (Explicit Cell Rate) setzen. Er gibt dem Sender damit die Bandbreite vor, die er einem dedizierten Virtual Circuit zur Verfügung stellen kann.

● GFC (Generic Control Flow)

GFC benutzt das GFC-Feld im ATM-Header und ist dadurch auf die direkte Kontrolle von Endstationen und Edge-Devices beschränkt (das GFC-Feld existiert nur für die UNI-Schnittstelle). Das heißt, eine Switch-to-Switch oder End-to-End Flow Control ist bei diesem Verfahren nicht möglich.

Credit-Based Flow Control

Der Sender kann so lange Daten übertragen, bis sein Kredit aufgebraucht ist. Credits stellen dabei eine Datenquantität wie z.B. ATM-Zellen dar. Credit-Based Flow Control findet im-mer zwischen zwei benachbarten ATM-Systemen statt.

● QFC (Quantum Flow Control)
● FLOWmaster

Aufbau einer Resource-Management-Zelle

Octet	Name	Funktion
1 bis 5	Cell Header	RM VPC: VCI=6, PTI=110 RM VCC: PTI=110
6	ID	Protocol ID (1 = ABR, 2 und 3 = ABT)
7, Bit 8	DIR	RM Cell Direction (0 = Forward, 1 = Backward)
7, Bit 7	BN	Backward Explicit Congestion Notification (BECN)
7, Bit 6	CI	1 = Congestion Indicator Bit
7, Bit 5	NI	1 = No Source Rate Increase Bit
7, Bit 4	RA	Request / Acknowledge (nur für ABT)
8 bis 9	ER	Explicit Cell Rate
10 und 11	CCR	Current Cell Rate
12 und 13	MCR	Minimum Cell Rate

17.3 ATM Adaption Layer

Da ATM selbst lediglich einen Transport-Service zur Verfügung stellt, können die Applikationen (z.B. Sprach- oder Datenübertragung) den ATM Layer in der Regel nicht direkt ansprechen.

Die Anpassung der von den Applikationen generierten Datenströme an den ATM Layer erfolgt deshalb über den ATM Adaption Layer (AAL).

Dabei stellen verschiedene AALs verschiedene Services zur Verfügung und es ist Aufgabe der Applikation, beim Verbindungsaufbau den geeigneten Adaption-Layer auszuwählen.

Die Auswahl des AALs hat daher nur eine Bedeutung für den Datentransfer zwischen den beiden Endsystemen und wird vom ATM-Netzwerk lediglich bei *Inter-Working*-Aufgaben eingesetzt (z.B. zwischen N-ISDN oder Frame-Relay und ATM).

	AAL 1	**AAL 2**	**AAL 3/4**	**AAL 5**
Services	CBR (Class A)	VBR (Class B)	VBR (Class D)	ABR, UBR
Verkehrstypen	Sprache und Circuit-Emulation	Sprache mit geringer Übertragungsrate	Daten	Daten und Signalisierung
Datenrate	konstant	variabel	variabel	variabel
Verbindungs-Modus	verbindungs-orientiert	verbindungs-orientiert	verbindungslos	verbindungslos

Der ATM Adaption Layer selbst ist wiederum in zwei Sublayer unterteilt:

CS (Convergence Sublayer)

Der Convergence Sublayer ist für Anpassung des Datenstroms an den eingesetzten AAL verantwortlich und wird teilweise wiederum in zwei Ebenen unterteilt.

● Service Specific CS (SSCS): Teil des CS, der applikationsspezifisch ist

● Common Part CS (CPCS):   Teil des CS, der für alle Applikationen gleich ist

SAR (Segmentation and Reassembly)

Segmentation and Reassembly ist der Teil des ATM Adaption Layer, der die Einbindung der CS-PDUs in die ATM-Zellen durchführt.

17.3.1 AAL 1

AAL1 (ITU-T I.363.1) wird hauptsächlich zur Emulation einer Standleitung über ATM eingesetzt (E1, T1, DS3, E3) und stellt den Applikationen folgende Services zur Verfügung:

● Transfer der Benutzerdaten mit einer konstanten Bitrate

● Transfer von *Timing*-Informationen zwischen dem Quell- und Zielsystem

● Transfer von *Structur*-Informationen zwischen dem Quell- und Zielsystem

● Benachrichtigung über verlorene oder fehlerhafte Informationen (sofern sie AAL1 nicht beheben konnte)

SAR PDU

SN	SNP	SAR-PDU-Nutzdaten
4 Bit	4 Bit	47 Octets

● SN – Sequence Number

Dieser 4-Bit-Zähler hilft beim Erkennen von gelöschten oder falsch eingefügten Zellen.

● SNP – Sequence Number Protection

4-Bit-Checksum über das Sequence-Number-Feld.

Unstructured Data Transport

Unstructured Data Transport erlaubt nur die Übertragung einer kompletten Standleitung über die ATM-Verbindung, d.h. bei der Emulation einer E1-Leitung immer alle 32 Kanäle mit 64 Kbps.

Structured Data Transport (ISDN-Circuit-Transport und G.709-SDH-Circuit-Transport)

Die zusätzliche Einbindung eines Convergence Sublayer ermöglicht die Übertragung von einzelnen 64-Kbps-Kanälen.

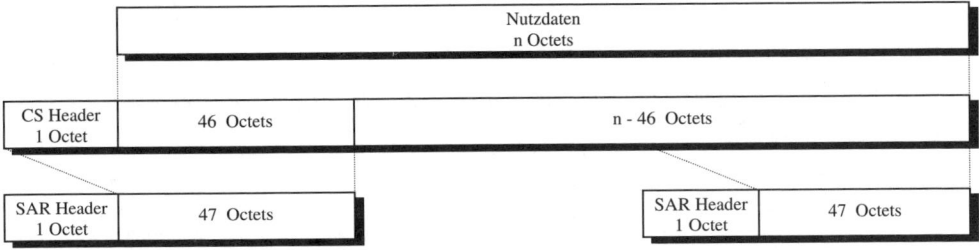

17.3.2 AAL2

Obwohl AAL2 ursprünglich für die Unterstützung von VBR-Verkehr gedacht war (insbesondere für Video Streams), ist die aktuelle ITU-T-Empfehlung I.363.2 auf die »bandwidth-efficient Transmission of low-rate, short length Packets in delay sensitive Applications« beschränkt:

Effiziente Übertragung von Paketen variabler Länge, die mit geringer Übertragungsrate von den Applikationen an den ATM Adaption Layer übergeben werden (z.B. komprimierte Sprache).

Im Gegensatz zu AAL1 und AAL5 ermöglicht AAL2 die Übertragung mehrerer kleiner Pakete mit unterschiedlichen Informationen (z.B. Sprache und Daten) innerhalb einer ATM-Zelle.

AAL2-Protokollstruktur

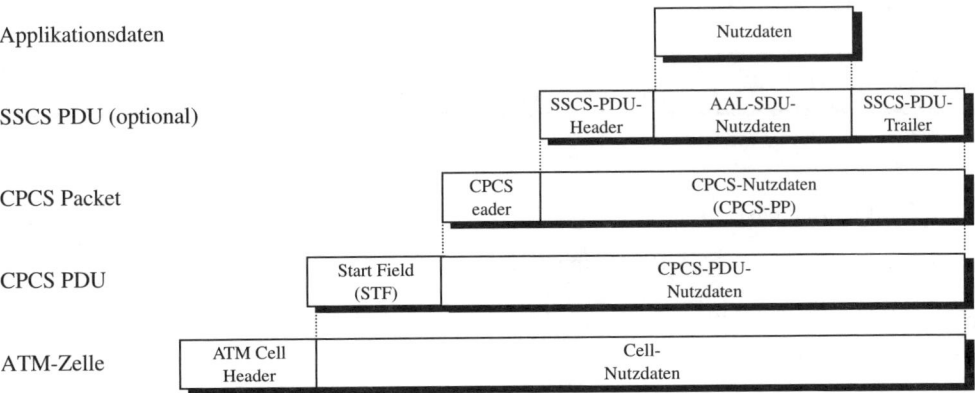

CPCS Packet Header

CID	LI	UUI	HEC	CPCS-Nutzdaten
8 Bit	6 Bit	5 Bit	5 Bit	1 bis 45/64 Octets

● CID (Channel Identifier)

Identifikation des Benutzerkanals innerhalb des AAL2. Es sind maximal 248 individuelle Benutzer möglich.

0	nicht benutzt
1	reserviert für Layer Management Peer-to-Peer-Prozeduren
2 bis 7	reserviert
8 bis 255	Identifikation der AAL2-Benutzer

● LI (Length Indicator)

Länge der CPCS-Nutzdaten.

● UUI (User-to-User Indication)

Stellt die Verbindung zwischen dem SSCS und CPCS Sublayer her.

0 bis 27	Identifikation der SSCS-Einträge
28 und 29	reserviert
30 und 31	reserviert für Layer-Management (OAM)

● HEC (Header Error Check)

Checksum über den CPCS Packet Header

CPCS Start Field (jeweils am Beginn jeder ATM-Zelle)

OSF	SN	P	CPCS-PDU-Nutzdaten bestehend aus einer oder mehreren CPCS Packet(s)	PAD
8 Bit	6 Bit	6 Bit		0 bis 47 Octets

● OSF (Offset Field)

Start des nächsten CPCS-Pakets innerhalb der CPCS-PDU

● SN (Sequence Number)

● P (Parity Bit)

SSCS

Der AAL2 Service Specific Convergence Sublayer stellt die Verbindung zwischen dem Common Part Sublayer und den höheren Schichten der individuellen AAL2-Benutzer her. Folgende Sublayer – zusätzlich zu dem Null-SSCS – sind im Moment definiert:

● I.366.1 (SAR-SSCS Segmentation and Reassembly für AAL2)

Effiziente Übertragung von kurzen Datenpaketen mit variabler Länge und geringer Bandbreite für Applikationen, die eine geringe Verzögerung benötigen.

● I.366.2 (SSCS für die Übertragung von Telefonamtsleitungen)

Transfer von normalen Telefonverbindungen, die aber komprimiert werden können und bei denen Silence Removal durchgeführt werden kann.

Beispiel für eine Applikation, die 10-Byte-Informationen an AAL2 weitergibt (Verwendung des Null-SSCS)

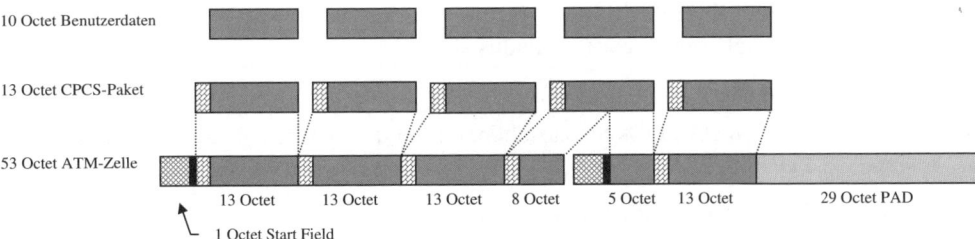

17.3.3 AAL3/4

AAL3/4 (ITU-T I.363.3) ist hauptsächlich für die Übertragung von SMDS-Daten über ein ATM-Netzwerk gedacht. AAL3/4 kann in mehreren verschiedenen Modi arbeiten.

● Message Mode

Die Daten-PDUs werden jeweils separat über einzelne CS-PDUs übertragen.

● Streaming Mode

Das Protokoll kann eine einzelne Daten-PDU in mehrere CS-PDUs aufteilen.

● Non Assured Operation

Der ATM Adaption Layer garantiert keine korrekte Übertragung der CS-PDUs zur Gegenseite.

● Assured Operation

Der ATM Adaption Layer gewährleistet eine korrekte Übertragung der Benutzerdaten.

AAL-3/4-Protokollstruktur

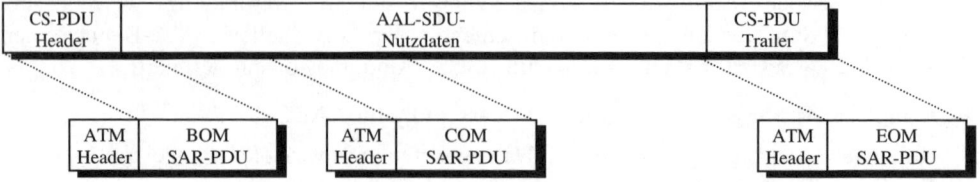

CS PDU

CPI	BTag	BASize	CS-PDU-Nutzdaten	PAD	AL	ETag
1 Octet	1 Octet	2 Octet	maximal 65.535 Octets	0-3 Octet	1 Octet	1 Octet

- CPI (Common Part Indicator)

  Der CPI-Wert hängt vom Operationsmodus ab.

- BTag (Beginning Tag)

  Um den Verlust von CS-PDUs festzustellen, erhöht der Sender dieses Feld für jede übertragene CS-PDU um Eins.

- BASize (Buffer Size Allocation Indication)

  Maximale Größe des für die gesamte CS-PDU benötigten Puffers (notwendig für Reassembling).

- PAD

  Anpassung der Größe der CS-PDU auf ein Vielfaches von Vier.

- AL (Alignment)

  Anpassung des CS-PDU-Trailers auf ein Vielfaches von Vier.

- ETag (End Tag)

  Der ETag besitzt den gleichen Wert wie das BTag-Feld.

SAR PDU

ST	SN	MID	SAR-PDU Payload	LI	CRC
2 Bits	4 Bits	10 Bits	44 Octets	6 Bits	10 Bits

- ST (Segment Type)

Continuation of Message	(COM)	00
Beginn of Message	(BOM)	01
End of Message	(EOM)	10
Single Segment Message	(SSM)	11

- SN (Sequence Number)

  Um den Verlust von SAR-PDUs festzustellen, erhöht der Sender dieses Feld bei jeder gesendeten SAR-PDU einer zugeordneten CS-PDU um Eins.

- MID (Multiplexing Identification)

  Unterscheidung der verschiedenen CS-PDUs, die zur gleichen Zeit über eine ATM-Verbindung übertragen werden.

- LI (Length Indicator)

  Gibt an, wie viele von den 44 Octets der Payload-Information Benutzerdaten enthalten.

17.3.4 AAL5

AAL5 (ITU-T I.363.5 - auch Simple and Efficient Adaption Layer (SEAL) genannt) ist ein Subset des AAL3/4-Protokolls und wird hauptsächlich für die Übertragung von Daten eingesetzt. Im Gegensatz zu AAL3/4 unterstützt AAL5 nur den Message Mode und Non-Assured-Operationen. Folgende Protokolle verwenden AAL5 als Adaption-Layer:

- Protokolle mit einem zusätzlichen SSCS

  ATM-Signalisierung
  Frame-Relay über ATM
  HDLC über ATM

- Protokolle ohne einen zusätzlichen SSCS

  PNNI-Routing
  ATM LAN-Emulation
  Classical-IP
  MPOA

CPCS PDU

CPCS-PDU-Nutzdaten	PAD	CPCS-UU	CPI	Length	CRC
	0-40 Octets	1 Octet	1 Octet	2 Octets	4 Octets

CS PDU Trailer

◄───►

- PAD

  Passt die CPCS-PDU an ein Vielfaches von 48 an, damit alle ATM-Zellen komplett belegt sind.

- CPCS-UU (User-to-User Indication)

  Nicht benutzt.

- CPI (Common Part Indicator)

  Das CPI-Feld passt den CPCS-PDU-Trailer an eine 64-Bit-Grenze an.

- Length

  Die Länge der übertragenen Nutzdaten in Octets.

- CRC

  Checksum über die gesamte CPCS-PDU.

SAR PDU

Da AAL5 die CPCS-PDUs als 48-Octet-Segmente an den ATM Layer übergibt, ist im Prinzip kein SAR Sublayer notwendig. Das Ende einer CPCS-PDU wird im ATM-Zellheader durch das PTI-Feld signalisiert.

SDU-Type = 1: Letzte Zelle der übertragenen CPCS-PDU
SDU-Type = 0: Alle anderen Zellen einer CPCS-PDU

AAL5 Early Discard   (bei Cisco auch Tail Packet Discard genannt)

Falls der ATM-Switch eine Zelle eines AAL5-Pakets aus dem Netzwerk entfernen muss, wirft er so lange alle Pakete dieser Verbindung weg, bis das Ende der CPCS-PDU erreicht ist (durch SDU-Type=1 gekennzeichnet).

Dieses Verfahren macht Sinn, da bei Verlust einer ATM-Zelle die gesamte CPCS-PDU nicht mehr brauchbar ist.

17.4   ATM-UNI-Signalisierung

Das ATM-Signalisierungsprotokoll ist in verschiedenen Standards definiert

ITU-T Q.2931	UNI Layer 3 Basic Call Control and Connection Control
ITU-T Q.2971	UNI Layer 3 Point-to-Multipoint Call Control and Connection Control
ATM UNI 3.0	basiert auf dem ITU-T Draft Q.93B
ATM UNI 3.1	basiert auf der ITU-T Q.2931 Recommendation
ATM UNI 4.0	basiert auf den ITU-T-Empfehlungen Q.2931 und Q.2971

Die ATM-Signalisierung bezeichnet man auch als DSS2 (Digital Subscriber Signaling No. 2). Der gesicherte Transport der Signalisierungspakete ist in den folgenden Standards festgelegt:

ITU-T Q.2110 und Q.2130	Signaling ATM Adaption Layer (SAAL)
ATM UNI 3.0	basiert auf dem ITU-T Draft Q.SAAL (Q.93B)
ATM UNI 3.1 und 4.0	basieren auf den ITU-T Recommendations Q.2110 und Q.2130

ATM-Adressierung

- Öffentliche ATM-Netzwerke

  Öffentliche ATM-Netzwerke benutzen größtenteils eine E.164-Adressierung (ISDN-Nummerierung), können aber auch die private NSAP-Adressierung bzw. beides verwenden.

- Private ATM-Netzwerke

  In privaten ATM-Netzwerken ist nur die OSI-NSAP-Adressierung unterstützt, es stehen dazu drei verschiedene NSAP-Formate zur Verfügung:

  DCC-Format mit AFI 39, ICD-Format mit AFI 47 und E.164-Format mit AFI 45 (eine Beschreibung der einzelnen Formate findet sich im Kapitel »OSI-Adressierung«).

Well-known ATM-Adressen

Eine Übersicht über fest definierte ATM-Adressen findet man im Internet unter *http://www.atmforum.com/atmforum/specs/public_assigned_codes.pdf* .

LAN Emulation LECS (alt)	47-0079:0000:0000:0000:0000:0000-00A0:3E00:0001-00
LAN Emulation LECS (neu)	C5-0079:0000:0000:0000:0000:0000-00A0:3E00:0001-00
ATM Name Server	C5-0079:0000:0000:0000:0000:0000-00A0:3E00:0002-00

17.4.1 Format der Signalisierungsnachrichten

Protocol Discriminator				
0	0	0	0	Length of Call Reference
Flag				
Call Reference Value				
Message Type				
Message Length				
Information Elements				

- Protocol Discriminator

0000 1000	Q.931 User-Network Call Control Messages
0000 1001	Q.2931 User-Network Call Control Messages
andere	ISDN-Nachrichten-Format

- Call Reference

  Identifikation der ATM-Verbindung an der UNI-Schnittstelle. Die Call Reference hat nur lokale Bedeutung und muss daher innerhalb des Netzwerks nicht eindeutig sein.

Message Types

- Call Establishment Messages   000 x xxxx

Call Proceeding	000 0 0010	(0x02)
Connect	000 0 0111	(0x07)
Connect Acknowledgement	000 0 1111	(0x0f)
Setup	000 0 0101	(0x5)

- Call Clearing Messages   010 x xxxx

Release	010 0 1101	(0x4d)
Release Complete	010 1 1010	(0x5a)
Restart	010 0 0110	(0x46)
Restart Acknowledgment	010 0 1110	(0x4e)

- Miscellaneous Message   011 x xxxx

  Status   011 1 1101   (0x7d)
  Status Enquiry   011 1 0101   (0x75)

- Message Types for Point-to-Multipoint   100 x xxxx

  Add Party   100 0 0000   (0x80)
  Add Party Acknowledgment   100 0 0001   (0x81)
  Add Party Reject   100 0 0010   (0x82)
  Drop Party   100 0 0011   (0x83)
  Drop Party Acknowledgment   100 0 0100   (0x84)
  Leaf Setup Failure   100 1 0000   (0x90)   (ATM-Forum UNI 4.0)
  Leaf Setup Request   100 1 0001   (0x91)   (ATM-Forum UNI 4.0)

Information Elements

- UNI 3.1 Signalisierung

  Cause   0000 1000
  Call State   0001 0100
  Endpoint Reference   0101 0100
  Endpoint State   0101 0101
  Atm Adaption Layer Parameters   0101 1000
  Atm Traffic Descriptor   0101 1001
  Connection Identifier   0101 1010
  Quality Of Service Parameter   0101 1100
  Broadband High_Layer Information   0101 1101
  Broadband Bearer Capabilities 0101 1110
  Broadband Low-Layer Information   0101 1111
  Broadband Locking Shift   0110 0000
  Broadband Non-Locking Shift   0110 0001
  Broadband Sending Complete   0110 0010
  Broadband Repeat Indicator   0110 0011
  Calling Party Number   0110 1100
  Calling Party Subaddress   0110 1101
  Called Party Number   0111 0000
  Called Party Subaddress   0111 0001
  Transit Network Selection   0111 1000
  Restart Indicator   0111 1001

● UNI-4.0-Signalisierung

Narrowband Bearer Capability	0000 0100
Progress Indicator	0001 1110
Notification Indicator	0010 0111
End-To-End Transit Delay	0100 0010
Connected Number	0100 1100
Connected Subaddress	0100 1101
Narrowband Low Layer Compatibility	0111 1100
Narrowband High Layer Compatibility	0111 1101
Generic Identifier Transport	0111 1111
Minimum Acceptable Traffic Descriptor	1000 0001
Alternative Atm Traffic Descriptor	1000 0010
Abr Setup Parameters	1000 0100
Leaf Initiated Join Call Identifier	1110 1000
Leaf Initiated Join Parameters	1110 1001
Leaf Sequence Number	1110 1010
Abr Additional Parameters	1110 0100
Extended Qos Parameters	1110 1100

17.4.2   Trace eines ATM-Verbindungsaufbaus

```
<--------- lta0 ::  Tue Sep 17 1999 MET 09:29:35:290
Protocol Discriminator:        09
Call Reference                 (03 00)
Value:                         0006 [6]
Message Length:                005e [94]
Message Type:                  SETUP                          (05 80)

         AAL Parameters              (58 80)
         Length :                    0009 [9]
         AAL Type :                  05
         FSDU:                       23e4 [9188]
         BSDU:                       23e4 [9188]
         SSCS Type:                  00

         User Cell Rate              (59 80)
         Length :                    0009 [9]
         Forward PCR (CLP=0+1):      0563b7 [353207]
         Backward PCR (CLP=0+1):     0563b7 [353207]
         Best Effort Indicator:      Present
         Broadband Bearer Capab.     (5e 80)
         Length :                    0003 [3]
         Bearer Class :              BCOB-X (10 80)
                 Traffic Type :              No Indication
                 Timing Requirements :       No Indication
         Clipping Susceptibility :   Not Susceptibile
         User Plane CC :             Point-To-Point

Broadband Low Layer Info.      (5f 80)
         Length :                    0001 [1]
         Layer Id :                  2
         UIL 2 Protocol:             LAN logical link control (ISO 8802/2) (0)

         Called Party Number         (70 80)
         Length :                    0015 [21]
         Type of Number :            Unknown
         Addressing/Numbering Plan : ISO NSAP
```

```
          Address :
          39 99 99 00 00 00 00 00 00 f8 8d c0 40 88 00 2b 33 33 54 00

          Calling Party Number       (6c 80)
          Length :                   0015 [21]
          Type of Number :           Unknown
          Addressing/Numbering Plan :  ISO NSAP
          Address :
          39 99 99 00 00 00 00 00 00 f8 8d c0 40 88 00 2b 80 52 58 00

          Quality Of Service         (5c e0)
          Length :                   0002 [2]
          Forward QoS:               QoS Class 0 - Unspecified (00)
          Backward QoS:              QoS Class 0 - Unspecified (00)


---------> lta0 ::  Tue Sep 17 1999 MET 09:29:35:323
Protocol Discriminator:       09
Call Reference                (03 80)
Value:                        0006 [6]
Message Length:               0009 [9]
Message Type:                 CALL PROCEEDING            (02 80)

          Connection Id              (5a 80)
          Length :                   0005 [5]
          Octet 5 (VPAS & P/E):      88
          VPI:                       0000 [0]
          VCI:                       0047 [71]


<--------- lta0 ::  Tue Sep 17 1999 MET 09:29:35:335
Protocol Discriminator:       09
Call Reference                (03 80)
Value:                        0006 [6]
Message Length:               001b [27]
Message Type:                 CONNECT                    (07 80)

          AAL Parameters             (58 80)
          Length :                   0009 [9]
          AAL Type :                 05
          FSDU:                      23e4 [9188]
          BSDU:                      23e4 [9188]
          SSCS Type:                 00

          Broadband Low Layer Info.  (5f 80)
          Length :                   0001 [1]
          Layer Id :                 2
          UIL 2 Protocol:            LAN logical link control (ISO 8802/2) (0)

Connection Id                 (5a 80)
          Length :                   0005 [5]
          Octet 5 (VPAS & P/E):      88
          VPI:                       0000 [0]
          VCI:                       0047 [71]


-----> lta0 ::  Tue Sep 17 1999 MET 09:29:35:336
Protocol Discriminator:       09
Call Reference                (03 00)
Value:                        0006 [6]
Message Length:               0000 [0]
Message Type:                 CONNECT ACKNOWLEDGE        (0f 80)
```

17.4.3 SAAL – Signaling ATM Adaption Layer

SAAL stellt einen gesicherten Transport für die Übertragung von Q.2931-Signalisierungs-daten zwischen zwei Q.2931 Peer-Entities (z.B. ATM-Switch und Host) zur Verfügung.

Signaling Protocol Q.2931			
Service Specific Coordination Function (SSCF) ・・・・・・・・・・・・・・・・・・・・・・ Service Specific Connection Oriented Protocol (SSCOP)	Service Specific Part (SSCS)	Convergence Sublayer	ATM Adaption Layer
AAL5 Common Part (CPCS)			
SAR Sublayer			
ATM Layer			

SSCF (Service Specific Coordination Function)

Über SSCF (ITU-T Q.2130) erfolgt die Anpassung der SSCOP-Services an die Anforde-rungen des SSCF-Benutzers. Für die UNI- und NNI-Schnittstellen sind unterschiedliche SSCFs definiert.

SSCOP (Service Specific Connection Oriented Protocol)

SSCOP (ITU-T Q.2110) ist ein verbindungsorientiertes Protokoll und garantiert die gesi-cherte Übertragung der Signalisierungsdaten (entspricht in etwa dem LAPD-Protokoll unter ISDN).

PDU Type	PDU Name	Funktion
Connection Establishment	BGN	Connection Setup
	BGAK	Setup Acknowledgement
Connection Release	BGREJ	Connect Reject
	END	Disconnect Command
	ENDAK	Disconnect Acknowledgement
Synchronization	RS	Resynchronization
	RSAK	Resynchronization Acknowledgement
Recovery	ER	Recovery from Protocol Errors
	ERAK	ER Acknowledgement
Assured Data Transfer	SD	Sequenced User Date
	POLL	Transmitter State Information
	STAT	Solicited Status Information
	USTAT	Unsolicited Status Informationen
Unacknowledged Data Transfer	DU	Unnumbered User Data
	MD	Unnumbered Management Data

17.4.4 ILMI – Interim Local Management Interface

Über ILMI kann ein ATM-System auf die ILMI-MIB-Informationen eines anderen, direkt verbundenen Systems zugreifen.

● ILMI benutzt ein SNMP-Format über AAL5 (ohne UDP und IP Adressierung)

● VCI=16

ATM-Adress-Registrierung über ILMI

Für die Registrierung der ATM-Adressen sind zwei Tree Groups in der ILMI-MIB-Tabelle definiert:

● Netzwerkseite:

   iso.org.dod.internet.private.enterprise.atmForum.atmForumUni.atmfAddressTable

   Diese SNMP-Variablen enthalten Informationen über den Port, die Adresse (Prefix + ESI + SEL) und den Status des ATM-Anschlusses auf dem ATM-Switch.

● Benutzerseite:

   iso.org.dod.internet.private.enterprise.atmForum.atmForumUni.atmfNetPrefixGroup

   Die SNMP-Variablen enthalten Informationen über den verwendeten ATM-Prefix und den Status des Anschlusses auf dem ATM-Host.

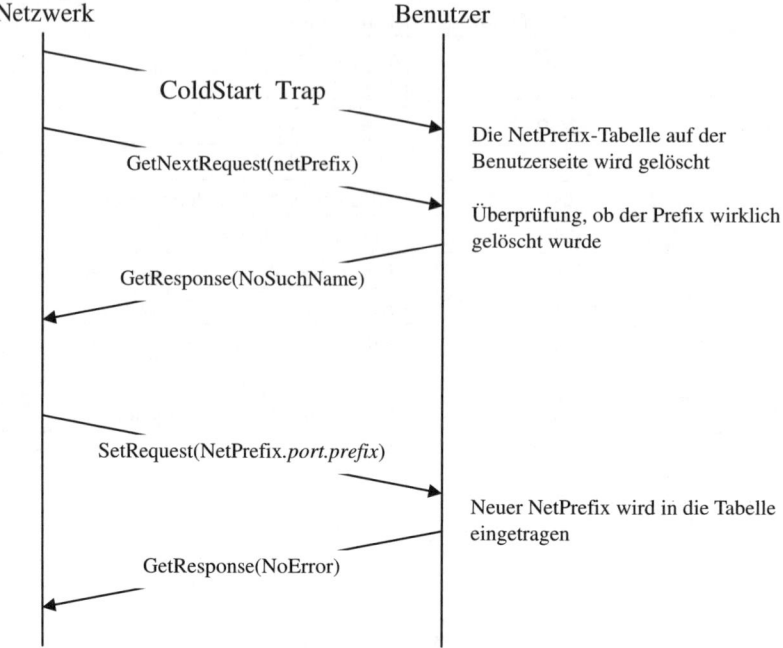

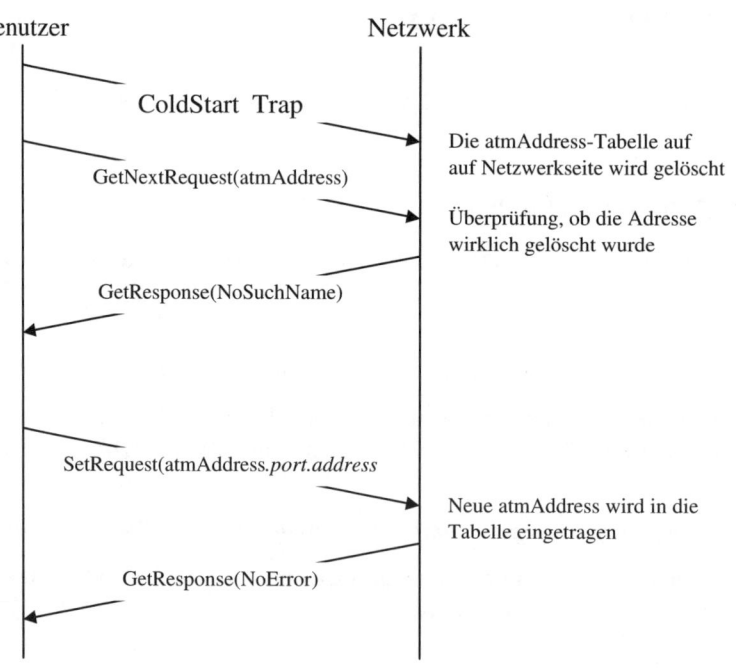

17.5 ATM und traditionelle LANs

Es existieren mehrere Standards, um Daten, die in einem LAN generiert wurden, über ATM-Netzwerke zu übertragen. Die Verbreitesten sind:

- Multiprotocol Encapsulation over AAL5 (RFC 2684, alter RFC 1483)
- Classical IP (RFC 2225, alter RFC 1577)
- LAN Emulation (LANE)
- Multiprotocol over ATM (MPOA)

17.5.1 Multiprotocol Encapsulation

RFC 2684 beschreibt zwei Methoden, um »connection-less network interconnect traffic, routed and bridged PDUs« als AAL5-Pakete über ein ATM-Netzwerk zu übertragen.

LLC Encapsulation

LLC Encapsulation erlaubt die Übertragung von Daten aus mehreren Protokollen über einen einzigen Virtual Circuit. Zur Identifikation des Protokolltyps der Nutzdaten wird ein IEEE 802.2 LLC-Header den Daten als Prefix vorangestellt.

- LLC Encapsulation für gebridgte Protokolle

Bridged Ethernet/802.3 PDUs

LLC Header AA-AA-03	OUI 00-80-C2	PID 00-01 / 00-07	PAD 00-00	MAC Destination Address	Rest des MAC-Frames	LAN FCS falls 00-01

Bridged Token-Ring PDUs

LLC Header AA-AA-03	OUI 00-80-C2	PID 00-03 / 00-09	PAD 00-00-xx	Frame Control Octet	MAC Destination Address	Rest des MAC-Frames	LAN FCS falls 00-03

Bridged FDDI PDUs

LLC Header AA-AA-03	OUI 00-80-C2	PID 00-04 or 00-0A	PAD 00-00-00	Frame Control Octet	MAC Destination Address	Rest des MAC-Frames	LAN FCS falls 00-04

IEEE 802.1 Bridge PDUs (BPDU)

LLC Header AA-AA-03	OUI 00-80-C2	PID 00-0E	Bridge PDU (IEEE 802.1d oder IEEE 802.1g)

Virtual Private Networks (VPN)

LLC Header AA-AA-03	OUI 00-00-5E	PID 00-08	PAD 00	VPN OUI xx-xx-xx	VPN Index yy-yy-yy-yy	Rest der VPN-PDU

● LLC Encapsulation für geroutete Protokolle

LLC Header FE-FE-03	geroutete ISO-PDUs bis zu 65532 Octets		

LLC Header AA-AA-03	OUI 00-00-00	EtherType xx-yy	alle anderen gerouteten Protokolle bis zu 65527 Octets

VC-based Multiplexing

Es wird nur ein einziges Protokoll über eine ATM-Verbindung übertragen und der Protokolltyp der Benutzerdaten wird beim Verbindungsaufbau impliziert festgelegt.

● VC-Multiplexing für geroutete Protokolle

Die Datenpakete werden direkt im Payload-Feld der AAL5-CPCS-PDU übertragen.

● VC-Multiplexing für gebridgte Protokolle

Die Übertragung erfolgt wie bei der LLC Encapsulation, es werden jedoch nur die Daten ab dem PAD-Feld verwendet.

17.5.2 Classical IP over ATM (CLIP)

Classical IP (RFC 2225) setzt für die Übertragung der IP-Pakete die RFC 1483 LLC Encapsulation für geroutete Protokolle ein. Classical IP unterstützt keine Broadcast oder Multicast Services.

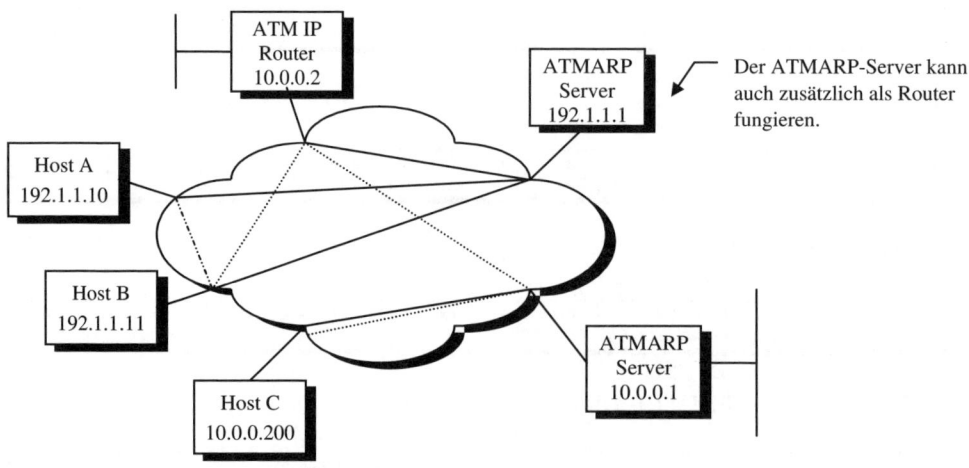

————— PVCs und SVCs zum ATMARP Server
- - - - - - Classical-IP-Verbindungen

Logical IP Subnet (LIS)

Alle ATM-Systeme müssen im gleichen IP-Subnetz liegen und direkt mit dem ATM-Netzwerk verbunden sein. Die Verbindung zu einem anderen IP-Subnetz erfolgt immer über einen Router.

Die Standard MTU-Size für Classical IP beträgt 9180 Octets. Sollen die Systeme eine andere MTU-Size verwenden, müssen alle Mitglieder des LIS entsprechend konfiguriert sein oder Path MTU Discovery unterstützen (siehe Kapitel »Internet-Protokoll«) .

CLIP Encapsulation

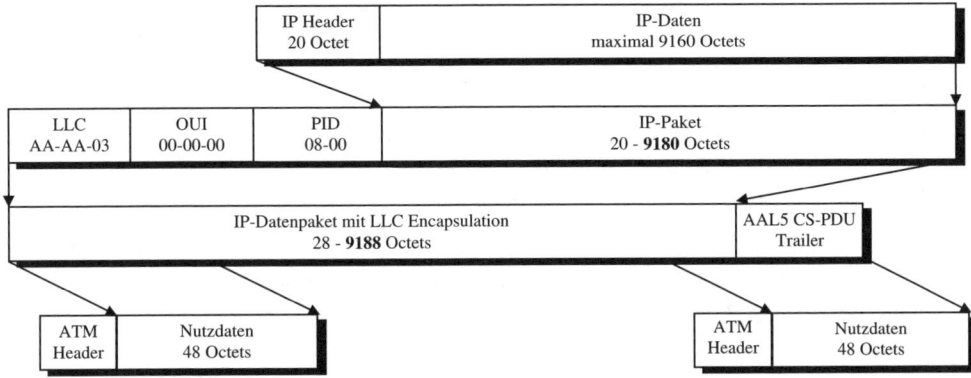

Address Resolution

Für die Auflösung von IP-Adressen zu ATM-NSAP-Adressen innerhalb eines LIS sind die ATMARP- und InverseATMARP-Protokolle zuständig. ATMARP basiert auf dem RFC 826 und InATMARP auf RFC 1293.

LLC 0xAA-AA-03		OUI 0x00	
OUI 0x00-00		Ether-Type 0x08-06	
Hardware Type (0X0013 für ATM)		Protocol Type (0x0800 für IP)	
Typ und Länge der Source-ATM-Adresse	Typ und Länge der Source-ATM-Subadresse	**Operation Code**	
Länge der Source-Protokoll-Adresse	Typ und Länge der Target-ATM-Adresse	Typ und Länge der Target-ATM-Subadresse	Länge der Target-Protokoll-Adresse
Q-Octets der Source-ATM-Adresse		R-Octets der Source-ATM-Subadresse	
S-Octets der Source-Protokoll-Adresse (32 Bit für IP)			
X-Octets der Target-ATM-Adresse		Y-Octets der Target-ATM-Subadresse	
Z-Octets der Target-Protokoll-Adresse (32 Bit für IP)			

- Operation Code

ARP_Request	1
ARP_Reply	2
ARP_Request	8
AEP_Reply	9
ARP_Nap	10

- InATMARP für PVCs

  Jede Seite des PVC ermittelt über einen InATMARP-Request die IP-Adresse der Gegenseite. Nach Empfang des InATMARP-Response und Eintrag der NSAP-Adresse in den ATMARP-Cache kann eine Kommunikation zwischen den beiden Systemen stattfinden.

- ATMARP-Server für SVCs

  Die ATMARP-Server bauen von sich aus keine Verbindungen auf, sondern sind abhängig davon, dass die Clients sich auf dem Server registrieren. Die Zuordnung zwischen ATM- und IP-Adresse des Clients wird dann auf dem ATMARP-Server gespeichert.

  Um die IP-Adresse eines Zielknotens zu bestimmen, sendet ein Client einen ATMARP-Request an den Server. Sofern für die gesuchte IP-Adresse ein Eintrag im ATMARP-Cache des Servers existiert, enthält dessen ATMARP-Response die zugehörige ATM-Adresse.

17.5.3 ATM LAN Emulation (LANE)

LANE kann mehrere separate Broadcast LANs (*Emulated LAN* oder ELAN) über ein ATM-Netzwerk emulieren und ermöglicht daher das Bilden von Virtual LANs (VLANs).

- LAN-Emulation erlaubt nur die Emulation von Ethernet und Token-Ring LANs wobei eine zum RFC 1483 unterschiedliche Kodierung gewählt wurde.

- Vor der Übertragung von FDDI Frames über ein ELAN müssen diese zuerst mittels Translational Bridging in Ethernet Frames umgewandelt werden.

- LAN-Emulation unterstützt nur ELANs, deren Mitglieder alle den gleichen LAN-Typ verwenden, keine Mixed-Media ELANs.

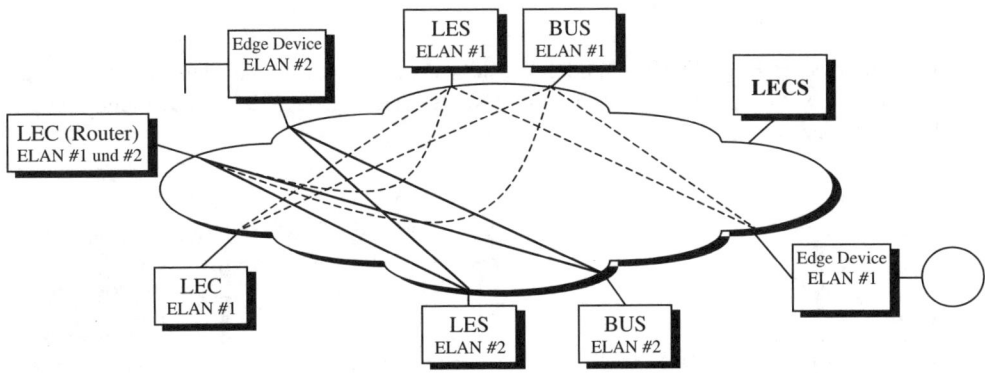

Da keine mixed-Media ELAN unterstützt sind, muss die Verbindung zwischen dem Ethernet-ELAN (——) und dem Token-Ring-ELAN (---) über einen Router erfolgen.

Komponenten eines LANE-Netzwerks

● LAN Emulation Configuration Server (LECS)   pro Client nur ein LECS

Der LECS hält in seiner Konfigurationsdatenbank fest, welche Stationen eines ELAN welchem Emulated-LAN zugewiesen werden sollen. In LAN-Emulation V1.0 ist nur ein LECS pro ELAN erlaubt.

● LAN Emulation Server (LES)   ein LES für jedes ELAN

Auf einem LE-Server sind die Kontrollfunktionen des ELAN implementiert. Jeder Client muss sich auf dem LES seines ELAN mit seinen benutzten MAC-Adressen registrieren. Der LECS ist dann für die Zuordnung von LAN-MAC-Adressen zu ATM-NSAP-Adressen verantwortlich.

● Broadcast and Unknown Server (BUS)   ein BUS für jedes ELAN

Der BUS ist für die Verteilung von Frames verantwortlich, die Clients zu einer Multicast-Adressen oder zur Broadcast-Adresse (FF-FF-FF-FF-FF-FF) senden. Daneben verteilt der BUS Unicast Frames einer neuen Verbindung so lange, bis der Sender die ATM-Adresse der Gegenseite ermittelt hat.

● LAN Emulation Client (LEC)

Der LEC implementiert die LUNI-Schnittstelle (LAN-Emulation-UNI) zur Kommunikation mit anderen Clients und stellt den höheren Protokollen auf MAC-Ebene ein emuliertes Ethernet oder Token-Ring Interface zur Verfügung. Ein LEC kann Mitglied von mehreren ELANs sein, z.B. um eine Routing-Verbindung zwischen verschiedenen ELANs aufzubauen.

● LANE Edge Device

Bei einem ATM-Edge-Device handelt es sich um einen LE-Client, der zusätzlich noch normale LAN-Verbindungen unterhält und als Bridge zwischen dem ELAN und den anderen LANs arbeitet.

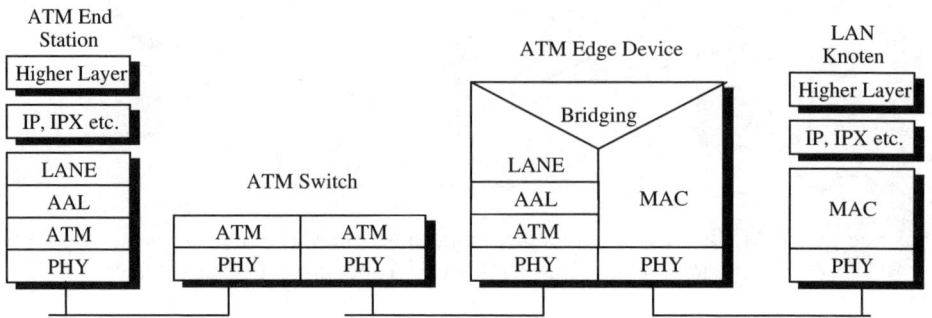

17.5.3.1 LAN-Emulation-Startphasen

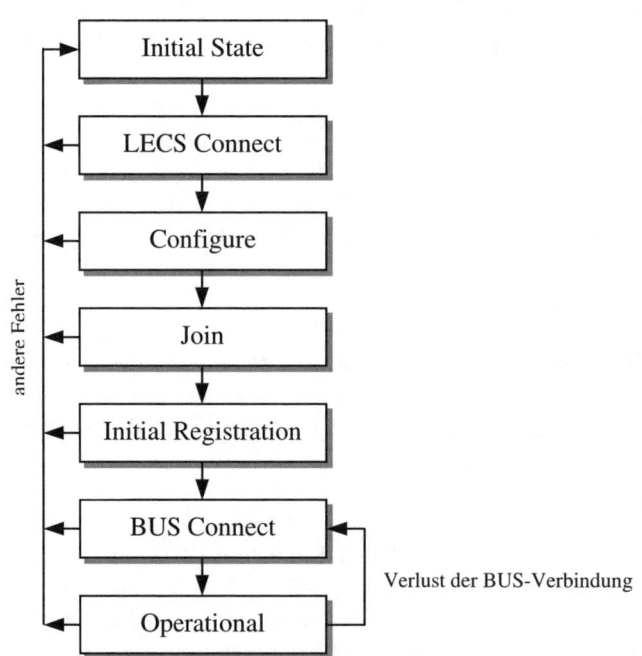

Initial State

Im Initial-State sind dem LEC nur gewisse Parameter über sich selbst bekannt (z.B. seine MAC- und NSAP-Adressen, der Name des ELAN usw.).

LECS Connect Phase

Während der Phase des LECS Connect baut der LEC seinen *ConfigurationDirect*-VCC zum LECS auf. Die Ermittlung der ATM-Adresse des LECS muss in der folgenden Reihenfolge stattfinden:

1. LECS-Adresse über ILMI bestimmen

2. Die Well-known Address des LECS
   (470079000000000000000000000-00A03E000001-00)

3. Der Well-known PVC des LECS (VPI=0, VCI=17)

Benötigt der Client keinen LECS, kann er auch direkt eine Verbindung zum LES herstellen (so genannte Null LECS Connect Phase).

Configuration Phase

Der LE-Client ermittelt die ATM-Adresse des LES sowie zusätzliche evtl. noch benötigte Konfigurationsparameter. Damit besitzt er alle nötigen Informationen über das ELAN.

Join Phase

Es werden die Kontrollverbindungen mit dem LES aufgebaut und die Operation-Parameter des ELAN ermittelt. Ist die Join Phase erfolgreich beendet, hat der LEC einen eindeutigen LE-Client-Identifier (LECID) zugewiesen bekommen, die Control-VCC(s) mit dem LES aufgebaut und kennt die maximale Frame-Größe sowie den Typ (Ethernet oder Token-Ring) des ELANs.

Initial Registration

Zusätzlich zu der MAC-Adresse, die der Client schon während der Join Phase registrierte, kann er jetzt zusätzlich noch eine beliebige Anzahl weiterer MAC-Adressen auf dem LES registrieren.

BUS Connect

Um eine Verbindung zu dem BUS aufzubauen, sendet der Client einen LE_ARP-Request auf die Broadcast-Adresse. Der LES beantwortet diesen LE_ARP mit der ATM-Adresse des BUS und der LEC kann dann den *MulticastSend*-VCC zum BUS herstellen. Anschließend erzeugt der BUS automatisch einen *MulticastForward*-VCC zurück zu dem Client.

17.5.3.2 LAN Emulation Services

Address Registration

Die Address Registration bildet einen Mechanismus, über den die LE-Clients dem LES Adressinformationen liefern. Ein Client muss entweder alle LAN-MAC-Adressen, für die er verantwortlich ist, registrieren oder dem ELAN als Proxy beitreten (z.B. agieren Edge Devices als Proxy für alle an die normalen LAN-Schnittstellen angeschlossenen Knoten).

Address Resolution

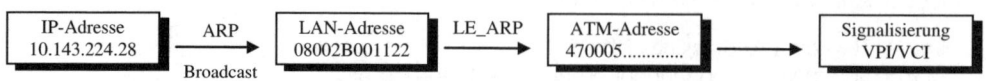

- LE_ARP Request über den *ControlDirect*-VCC zum LES

  Falls die zugehörige ATM-Adresse eines MAC-Frames unbekannt ist, sendet der Client über den *ControlDirect*-VCC einen LE_ARP-Request zum LES. Solange die Adresse noch nicht ermittelt und der *DataDirect*-VCC zwischen den beiden Clients aufgebaut ist, gibt der Sender die Unicast Frames zum BUS, der die Daten dann über seinen *MulticastForward*-VCC an alle Systeme verteilt.

- Weiterleiten des LE_ARP Request über den *ControlDistribute*-VCC oder die *Control-Direct*-VCCs

  Falls die MAC-Adresse des Zielsystems bereits auf dem LES registriert ist, kann der LES den LE_ARP-Request direkt beantworten, ansonsten leitet er ihn entweder über seinen *ControlDistribute*-VCC oder über seine *ControlDirect*-VCCs zu dem/den entsprechenden Client(s) weiter.

- Flush-Request vor der Datenübertragung über den *DataDirectVCC*

  Antwortet ein Client auf diesen Request mit einem LE_ARP-Reply, gibt der LES diese Information an den Sender weiter. Vor der Übertragung der Daten über den neu aufgebauten *DataDirect*-VCC sendet der LEC noch einen Flush Request über den *Multicast*-VCC und wartet, bis er eine Antwort von der Gegenseite zurückerhält. Dieses Verfahren soll gewährleisten, dass die Clients keine *out-of-order* Frames erzeugen.

Datentransfer

ELANs unterstützen zwei Arten von Datenverbindungen: bidirektionale *DataDirect*-VCCs zwischen Clients sowie *MulticastSend*- und *MulticastForward*-VCCs für Verbindungen zum BUS.

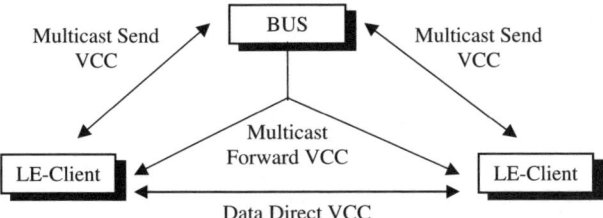

ELAN-Kontrollverbindungen

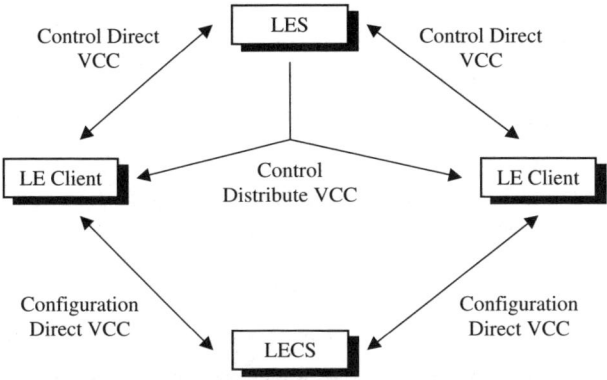

17.5.3.3 Frame-Format

Format von LAN-Emulation Frames

Die Übertragung der LAN-Emulation Frames erfolgt über AAL5-CPCS-PDUs. Der zusätzliche LE-Header beinhaltet entweder die LECID des sendenden CLients oder 0x0000.

● Ethernet Frames

LE Header	MAC Destination Address	MAC Source Address	Type/Length Field	Ethernet / IEEE 802.3 Info
2 Octets	6 Octets	6 Octets	2 Octets	

Bei LE-Frames mit einem Type/Length-Feld größer oder gleich 1536 (0x0600) handelt es sich um Ethernet-V2-Daten, ansonsten um IEEE-802.3-Ethernet-Pakete.

● Token-Ring Frames

LE Header	AC PAD	FC Field	MAC Destination Address	MAC Source Address	RIF Field	IEEE 802.5 Info
2 Octets	1	1	6 Octets	6 Octets	16–46 Octets	

Maximale Größe eines LE-Frames

Protokoll	Länge	Frame-Format
Ethernet	1516	LE Header, DA, SA, Type/Length, Info
4 Mbps Token-Ring	4544	LE Header, AC, FC, DA, SA, RI, Info
16 Mbps Token-Ring	18190	LE Header, AC, FC, DA, SA, RI, Info
RFC 1626	9234	LE Header, AC, FC, DA, SA, RI, LLC Header, 9180-Octet Info

17.5.3.4 LAN Emulation Version 2

LLC Multiplexing für VCC Sharing

Anstatt des LE-Frame-Formats unterstützt LANEv2 jetzt auch LLC Encapsulation für *DataDirect*-VCCs. Diese VCCs können dann auch von anderen Protokollen (z.B. CLIP) benutzt werden.

Die Kompatibilität zwischen LANEv1 und LANEv2 erfolgt auf per-VCC-Basis durch das Hinzufügen oder das Wegnehmen des LLC Multiplexing Headers bei *DataDirect*-VCCs.

● Ethernet Frames

LLC Header AA-AA-03	OUI 00-A0-3E	Frame Type **00-0C**	ELAN-ID 4 Octets	LAN Emulation IEEE 802.3 / Ethernet Data Frame Address

● Token-Ring Frames

LLC Header AA-AA-03	OUI 00-A0-3E	Frame Type **00-0D**	ELAN-ID 4 Octets	LAN Emulation IEEE 802.5 Data Frame Address

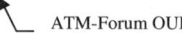 ATM-Forum OUI

Mehrere LECS, LES und BUS pro ELAN (LNNI-Spezifikation)

Es sind mehrere LECS, LES und BUS pro ELAN unterstützt, der LE Client wird jedoch nur mit einem LES und einem BUS verbunden. Die Zuweisung zu dem spezifischen LES erfolgt über den LECS. Der LNNI-Standard beschreibt dabei die notwendige Interaktion zwischen den einzelnen Server-Komponenten.

Erweiterte Multicast-Unterstützung

- *DefaultMulticastSend*-VCC

  Dieser VCC ist dem MAC-Broadcast (FF-FF-FF-FF-FF-FF) zugeordnet und dient zum Übertragen von Broadcast-Daten zum BUS als auch zum Senden der ersten Daten zu anderen Unicast- oder Multicast-Adressen.

- *SelectiveMulticastSend*-VCC

  Der LEC kann einen *SelectiveMulticastSend*-VCC für eine bestimmte Multicast-Adresse aufbauen. Er sendet dann alle Frames für diese Adresse nur noch über diesen VCC. Dadurch erhalten nur die Knoten die Daten, die auch diese Multicast-Adresse benutzen.

- *SelectiveMulticastForward*-VCC

  Falls der LEC eine bestimmte Multicast-Adresse empfangen will, muss er dies auf dem BUS registrieren. Um anschließend Multicast-Frames zu diesem LEC senden zu können, baut der BUS einen *SelectiveMulticastForward*-VCC zu diesem Client auf.

- *Selective Multicast Server (SMS)*

  Der SMS ist Teil des LNNI-Standards und für das effiziente Weiterleiten von Multicast-Frames gedacht, indem diese Aufgaben von dem BUS auf den SMS übertragen werden. Falls ein SMS existiert, beantwortet der LES einen LE_ARP für eine Multicast-Adresse mit der ATM-Adresse des SMS und nicht mit der Adresse des BUS.

Unterstützung von ABR und QoS

Ein LEC kann mehrere *DataDirect*-VCCs zu der gleichen Unicast-Adresse aufbauen und den einzelnen VCCs verschiedene Quality of Service zuordnen.

17.5.3.5 Trace der LAN-Emulation-Startphasen

ELAN-Konfiguration auf einem Host (Compaq Tru64 Unix)

● Anzeige der ELAN-Informationen   (# atmelan show)

```
          Local LEC ATM Address: 399999000000000000f88dc040.08002b80525f.00
              LES ATM Address: 399999000000000000f88dc040.0000f88dc042.00
              BUS ATM Address: 399999000000000000f88dc040.0000f88dc043.00
                    Lan Type: Ethernet/802.3
             Max frame Size: 1516
                 Proxy Flag: FALSE
                  Elan Name: VLAN # 1
                    LEC ID: 2 (0x0002)
      Registered MAC Addresses: 08-00-2b-80-52-5f
              Control Timeout: 10
      Max Unknown Frame Count: 1
       Max Unknown Frame Time: 1
                 VCC Timeout: 1200
              Max Retry Count: 2
                 Aging Time: 300
           Forward Delay Time: 15
        Topology Change Flag: FALSE
         LE-ARP Response Time: 1
               Flush Timeout: 4
          Path Switching Delay: 6
                Control State: S_OPERATIONAL
     Illegal Control Frames Rcvd: 0
      Control Transmit Failures: 0
      Unicast Frames Sent Direct: 12
         Unicast Frames Flooded: 14
       Unicast Frames Discarded: 37
           Non-Unicast Frames Sent: 49
        Frames Received from BUS: 127579
      Frames Received Data Direct: 8
        Receive Frames Discarded: 69135
          Echo Frames Suppressed: 62
            Control Frames Sent: 46
         Control Frames Received: 4486
            LE-ARP Requests Sent: 37
        LE-ARP Requests Received: 4471
```

● Anzeige des LEARP Cache   (# learp -a)

```
le-arp cache contains 2 entries.
   MAC Address     State              ATM Address           Flags VPI/VCI
aa-00-04-00-0c-c5 (FD) 39999...f88dc040.0000f8869f0e.01    R     0/68
```

Verbindung zu einem ATM Edge-Device ↗

● Anzeige des LAN Emulation SVC   (# atmconfig vclist converge=lec)

```
Driver  VPI/VCI        VCID  Call Ref    flags   BindID  PPA_ID  Sel
  lta0    0/65           5          2    active      3       2    0
remote 0x399999000000000000f88dc0400000f88dc04200
  lta0    0/32           6          3    active      3       2    0
remote 0x399999000000000000f88dc0400000f88dc04200
       ↖ LES

  lta0    0/66           7          4    active      3       2    0
remote 0x399999000000000000f88dc0400000f88dc04300
  lta0    0/33           8          5    active      3       2    0
remote 0x399999000000000000f88dc0400000f88dc04300
       ↖ BUS

  lta0    0/68          10          7    active      3       2    0
remote 0x399999000000000000f88dc0400000f8869f0e01
       ↖ Edge Device
```

LECS-Connect-Phase

Der LEC baut die Verbindung zum LECS über den VCI 64 auf.

```
<--------- lta0 ::  Tue Sep 17 1999 MET 07:48:28:495
Protocol Discriminator:      09
Call Reference              (03 00)
Value:                       0001 [1]
Message Length:              0068 [104]
Message Type:                SETUP                          (05 80)

        AAL Parameters          (58 80)
        Length :                000b [11]
        AAL Type :              05
        FSDU:                   05ec [1516]
        BSDU:                   05ec [1516]
        Mode Id:                01
        SSCS Type:              00

        User Cell Rate          (59 80)
        Length :                0009 [9]
        Forward PCR (CLP=0+1):  02b1db [176603]
        Backward PCR (CLP=0+1): 02b1db [176603]
        Best Effort Indicator:  Present

        Broadband Bearer Capab. (5e 80)
        Length :                0003 [3]
        Bearer Class :          BCOB-X (10 80)
              Traffic Type :              No Indication
              Timing Requirements :       No Indication
        Clipping Susceptibility :   Not Susceptibile
        User Plane CC :             Point-To-Point
```

```
        Broadband Low Layer Info.        (5f 80)
        Length :                         0009 [9]
        Layer Id :                       3
        UIL 3 Protocol:                  ISO/IEC TR 9577 (0b)
        IPI:                             80 [128]
        Octet 8:                         80
        OUI:                             00 a0 3e
        PID:                             00 01

        Called Party Number             (70 80)
        Length :                         0015 [21]
        Type of Number :                 Unknown
        Addressing/Numbering Plan :      ISO NSAP         ⌐ Well-known LECS Address
        Address :                                        ↙
        47 00 79 00 00 00 00 00 00 00 00 00 00 00 a0 3e 00 00 01 00

        Calling Party Number            (6c 80)
        Length :                         0015 [21]
        Type of Number :                 Unknown
        Addressing/Numbering Plan :      ISO NSAP         ⌐ ATM-Adresse des LEC
        Address :                                        ↙
        39 99 99 00 00 00 00 00 00 f8 8d c0 40 08 00 2b 80 52 5f 00

        Quality Of Service              (5c e0)
        Length :                         0002 [2]
        Forward QoS:                     QoS Class 0 - Unspecified (00)
        Backward QoS:                    QoS Class 0 - Unspecified (00)


--------->  lta0 ::  Tue Sep 17 1999 MET 07:48:28:597
Protocol Discriminator:          09
Call Reference                   (03 80)
Value:                           0001 [1]
Message Length:                  0009 [9]
Message Type:                    CALL PROCEEDING              (02 80)

        Connection Id                   (5a 80)
        Length :                         0005 [5]
        Octet 5 (VPAS & P/E):            88
        VPI:                             0000 [0]
        VCI:                             0040 [64]

--------->  lta0 ::  Tue Sep 17 1999 MET 07:48:28:597
Protocol Discriminator:          09
Call Reference                   (03 80)
Value:                           0001 [1]
Message Length:                  0025 [37]
Message Type:                    CONNECT                      (07 80)

        AAL Parameters                  (58 80)
        Length :                         000b [11]
        AAL Type :                       05
        FSDU:                            05ec [1516]
        BSDU:                            05ec [1516]
        Mode Id:                         01
        SSCS Type:                       00
```

```
              Broadband Low Layer Info.    (5f 80)
              Length :                     0009 [9]
              Layer Id :                   3
              UIL 3 Protocol:              ISO/IEC TR 9577 (0b)
              IPI:                         80 [128]
              Octet 8:                     80
              OUI:                         00 a0 3e
              PID:                         00 01

              Connection Id                (5a 80)
              Length :                     0005 [5]
              Octet 5 (VPAS & P/E):        88
              VPI:                         0000 [0]
              VCI:                         0040 [64]


<--------- lta0 ::  Tue Sep 17 1999 MET 07:48:28:598
Protocol Discriminator:       09
Call Reference                (03 00)
Value:                        0001 [1]
Message Length:               0000 [0]
Message Type:                 CONNECT ACKNOWLEDGE            (0f 80)


<--------- lta0 ::  Tue Sep 17 1999 MET 07:48:28:606
Protocol Discriminator:       09
Call Reference                (03 00)          ⌐ Abbau der LECS-Verbindung
Value:                        0001 [1]
Message Length:               0006 [6]
Message Type:                 RELEASE                        (4d 80)

              Cause                        (08 80)
              Length :                     0002 [2]
              Location :                   User
              Cause Class:                 Normal Event
              Cause Value:                 Normal, unspecified [31]


---------> lta0 ::  Tue Sep 17 1999 MET 07:48:28:657
Protocol Discriminator:       09
Call Reference                (03 80)
Value:                        0001 [1]
Message Length:               0006 [6]
Message Type:                 RELEASE COMPLETE               (5a 80)

              Cause                        (08 80)
              Length :                     0002 [2]
              Location :                   Private network serving local user
              Cause Class:                 Normal Event
              Cause Value:                 Normal, unspecified [31]
```

Join-Phase

Der LEC baut den Point-to-Point *ControlDirect*-VCC zum LES auf (VCI 65).

```
<---------  lta0 ::  Tue Sep 17 1999 MET 07:48:28:606
Protocol Discriminator:        09
Call Reference                 (03 00)
Value:                         0002 [2]
Message Length:                0068 [104]
Message Type:                  SETUP                        (05 80)

          AAL Parameters               (58 80)
          Length :                     000b [11]
          AAL Type :                   05
          FSDU:                        05ec [1516]
          BSDU:                        05ec [1516]
          Mode Id:                     01
          SSCS Type:                   00

          User Cell Rate               (59 80)
          Length :                     0009 [9]
          Forward PCR (CLP=0+1):       02b1db [176603]
          Backward PCR (CLP=0+1):      02b1db [176603]
          Best Effort Indicator:       Present

          Broadband Bearer Capab.      (5e 80)
          Length :                     0003 [3]
          Bearer Class :               BCOB-X (10 80)
                  Traffic Type :                No Indication
                  Timing Requirements :         No Indication
          Clipping Susceptibility :    Not Susceptibile
          User Plane CC :              Point-To-Point

          Broadband Low Layer Info.    (5f 80)
          Length :                     0009 [9]
          Layer Id :                   3
          UIL 3 Protocol:              ISO/IEC TR 9577 (0b)
          IPI:                         80 [128]
          Octet 8:                     80
          OUI:                         00 a0 3e
          PID:                         00 01

          Called Party Number          (70 80)
          Length :                     0015 [21]
          Type of Number :             Unknown        ┌─ ATM-Adresse des LES
          Addressing/Numbering Plan :  ISO NSAP      ╱
          Address :                                 ▼
          39 99 99 00 00 00 00 00 00 f8 8d c0 40 00 00 f8 8d c0 42 00

          Calling Party Number         (6c 80)
          Length :                     0015 [21]
          Type of Number :             Unknown
          Addressing/Numbering Plan :  ISO NSAP
          Address :
          39 99 99 00 00 00 00 00 00 f8 8d c0 40 08 00 2b 80 52 5f 00
```

```
        Quality Of Service            (5c e0)
        Length :                      0002 [2]
        Forward QoS:                  QoS Class 0 - Unspecified (00)
        Backward QoS:                 QoS Class 0 - Unspecified (00)


---------> lta0 ::  Tue Sep 17 1999 MET 07:48:28:657
Protocol Discriminator:       09
Call Reference                (03 80)
Value:                        0002 [2]
Message Length:               0009 [9]
Message Type:                 CALL PROCEEDING                (02 80)

        Connection Id                 (5a 80)
        Length :                      0005 [5]
        Octet 5 (VPAS & P/E):         88
        VPI:                          0000 [0]
        VCI:                          0041 [65]

---------> lta0 ::  Tue Sep 17 1999 MET 07:48:28:657
Protocol Discriminator:       09
Call Reference                (03 80)
Value:                        0002 [2]
Message Length:               0025 [37]
Message Type:                 CONNECT                        (07 80)

        AAL Parameters                (58 80)
        Length :                      000b [11]
        AAL Type :                    05
        FSDU:                         05ec [1516]
        BSDU:                         05ec [1516]
        Mode Id:                      01
        SSCS Type:                    00

        Broadband Low Layer Info.     (5f 80)
        Length :                      0009 [9]
        Layer Id :                    3
        UIL 3 Protocol:               ISO/IEC TR 9577 (0b)
        IPI:                          80 [128]
        Octet 8:                      80
        OUI:                          00 a0 3e
        PID:                          00 01

        Connection Id                 (5a 80)
        Length :                      0005 [5]
        Octet 5 (VPAS & P/E):         88
        VPI:                          0000 [0]
        VCI:                          0041 [65]


<--------- lta0 ::  Tue Sep 17 1999 MET 07:48:28:657
Protocol Discriminator:       09
Call Reference                (03 00)
Value:                        0002 [2]
Message Length:               0000 [0]
Message Type:                 CONNECT ACKNOWLEDGE            (0f 80)
```

Join-Phase

Der LES baut den Multipoint *ControlDistribute*-VCC zum LEC auf (VCI 32).

```
---------> lta0 ::  Tue Sep 17 1999 MET 07:48:28:929
Protocol Discriminator:       09
Call Reference                (03 00)
Value:                        0019 [25]
Message Length:               0078 [120]
Message Type:                 SETUP                        (05 80)

         AAL Parameters                   (58 80)
         Length :                         000b [11]
         AAL Type :                       05
         FSDU:                            05ec [1516]
         BSDU:                            05ec [1516]
         Mode Id:                         01
         SSCS Type:                       00

         User Cell Rate                   (59 80)
         Length :                         0009 [9]
         Forward PCR (CLP=0+1):           005908 [22792]
         Backward PCR (CLP=0+1):          000000 [0]
         Best Effort Indicator:           Present

         Broadband Bearer Capab.          (5e 80)
         Length :                         0003 [3]
         Bearer Class :                   BCOB-X (10 80)
                 Traffic Type :                   No Indication
                 Timing Requirements :            No Indication
         Clipping Susceptibility :        Not Susceptibile
         User Plane CC :                  Point-To-Multipoint

         Broadband Low Layer Info.        (5f 80)
         Length :                         0009 [9]
         Layer Id :                       3
         UIL 3 Protocol:                  ISO/IEC TR 9577 (0b)
         IPI:                             80 [128]
         Octet 8:                         80
         OUI:                             00 a0 3e
         PID:                             00 01

         Called Party Number              (70 80)
         Length :                         0015 [21]
         Type of Number :                 Unknown
         Addressing/Numbering Plan :      ISO NSAP
         Address :
         39 99 99 00 00 00 00 00 00 f8 8d c0 40 08 00 2b 80 52 5f 00

         Calling Party Number             (6c 80)
         Length :                         0015 [21]
         Type of Number :                 Unknown              ATM-Adresse des LES
         Addressing/Numbering Plan :      ISO NSAP
         Address :
         39 99 99 00 00 00 00 00 00 f8 8d c0 40 00 00 f8 8d c0 42 00
```

```
        Connection Id                (5a 80)
        Length :                     0005 [5]
        Octet 5 (VPAS & P/E):        88
        VPI:                         0000 [0]
        VCI:                         0020 [32]

        Quality Of Service           (5c e0)
        Length :                     0002 [2]
        Forward QoS:                 QoS Class 0 - Unspecified (00)
        Backward QoS:                QoS Class 0 - Unspecified (00)

        Endpoint Reference           (54 80)
        Length :                     0003 [3]
        Endpoint Reference Type:     00
        Endpoint Reference Id:       0000 [0]

<--------- lta0 :: Tue Sep 17 1999 MET 07:48:28:930
Protocol Discriminator:        09
Call Reference                 (03 80)
Value:                         0019 [25]
Message Length:                0023 [35]
Message Type:                  CONNECT                         (07 80)

        AAL Parameters               (58 80)
        Length :                     000b [11]
        AAL Type :                   05
        FSDU:                        05ec [1516]
        BSDU:                        05ec [1516]
        Mode Id:                     01
        SSCS Type:                   00

        Broadband Low Layer Info.    (5f 80)
        Length :                     0009 [9]
        Layer Id :                   3
        UIL 3 Protocol:              ISO/IEC TR 9577 (0b)
        IPI:                         80 [128]
        Octet 8:                     80
        OUI:                         00 a0 3e
        PID:                         00 01

        Endpoint Reference           (54 80)
        Length :                     0003 [3]
        Endpoint Reference Type:     00
        Endpoint Reference Id:       0000 [0]

---------> lta0 :: Tue Sep 17 1999 MET 07:48:28:938
Protocol Discriminator:        09
Call Reference                 (03 00)
Value:                         0019 [25]
Message Length:                0000 [0]
Message Type:                  CONNECT ACKNOWLEDGE             (0f 80)
```

BUS-Connect-Phase

Der LEC baut den Point-to-Point *MulticastSend*-VCC zum BUS auf (VCI 66)

```
<---------- lta0 ::  Tue Sep 17 1999 MET 07:48:28:941
Protocol Discriminator:      09
Call Reference               (03 00)
Value:                       0003 [3]
Message Length:              0068 [104]
Message Type:                SETUP                              (05 80)

            AAL Parameters               (58 80)
            Length :                     000b [11]
            AAL Type :                   05
            FSDU:                        05ec [1516]
            BSDU:                        05ec [1516]
            Mode Id:                     01
            SSCS Type:                   00

            User Cell Rate               (59 80)
            Length :                     0009 [9]
            Forward PCR (CLP=0+1):       02b1db [176603]
            Backward PCR (CLP=0+1):      02b1db [176603]
            Best Effort Indicator:       Present

            Broadband Bearer Capab.      (5e 80)
            Length :                     0003 [3]
            Bearer Class :               BCOB-X (10 80)
                    Traffic Type :               No Indication
                    Timing Requirements :        No Indication
            Clipping Susceptibility :    Not Susceptibile
            User Plane CC :              Point-To-Point

            Broadband Low Layer Info.    (5f 80)
            Length :                     0009 [9]
            Layer Id :                   3
            UIL 3 Protocol:              ISO/IEC TR 9577 (0b)
            IPI:                         80 [128]
            Octet 8:                     80
            OUI:                         00 a0 3e
            PID:                         00 04

            Called Party Number          (70 80)
            Length :                     0015 [21]
            Type of Number :             Unknown            ___ ATM-Adresse des BUS
            Addressing/Numbering Plan :  ISO NSAP         /
            Address :                                    ˅
            39 99 99 00 00 00 00 00 00 f8 8d c0 40 00 00 f8 8d c0 43 00

            Calling Party Number         (6c 80)
            Length :                     0015 [21]
            Type of Number :             Unknown
            Addressing/Numbering Plan :  ISO NSAP
            Address :
            39 99 99 00 00 00 00 00 00 f8 8d c0 40 08 00 2b 80 52 5f 00
```

```
      Quality Of Service           (5c e0)
      Length :                     0002 [2]
      Forward QoS:                 QoS Class 0 - Unspecified (00)
      Backward QoS:                QoS Class 0 - Unspecified (00)


---------> ltaO ::  Tue Sep 17 1999 MET 07:48:29:233
Protocol Discriminator:        09
Call Reference                 (03 80)
Value:                         0003 [3]
Message Length:                0009 [9]
Message Type:                  CALL PROCEEDING           (02 80)

      Connection Id                (5a 80)
      Length :                     0005 [5]
      Octet 5 (VPAS & P/E):        88
      VPI:                         0000 [0]
      VCI:                         0042 [66]

---------> ltaO ::  Tue Sep 17 1999 MET 07:48:29:234
Protocol Discriminator:        09
Call Reference                 (03 80)
Value:                         0003 [3]
Message Length:                0025 [37]
Message Type:                  CONNECT                   (07 80)

      AAL Parameters               (58 80)
      Length :                     000b [11]
      AAL Type :                   05
      FSDU:                        05ec [1516]
      BSDU:                        05ec [1516]
      Mode Id:                     01
      SSCS Type:                   00

      Broadband Low Layer Info.    (5f 80)
      Length :                     0009 [9]
      Layer Id :                   3
      UIL 3 Protocol:              ISO/IEC TR 9577 (0b)
      IPI:                         80 [128]
      Octet 8:                     80
      OUI:                         00 a0 3e
      PID:                         00 04

      Connection Id                (5a 80)
      Length :


<--------- ltaO ::  Tue Sep 17 1999 MET 07:48:28:657
Protocol Discriminator:        09
Call Reference                 (03 00)
Value:                         0003 [3]
Message Length:                0000 [0]
Message Type:                  CONNECT ACKNOWLEDGE       (0f 80)
```

BUS-Connect-Phase

Der BUS baut den Multipoint *MulticastForward*-VCC zum LEC auf (VCI 33).

```
---------> lta0 ::  Tue Sep 17 1999 MET 07:48:28:929
Protocol Discriminator:         09
Call Reference                  (03 00)
Value:                          0019 [25]
Message Length:                 0078 [120]
Message Type:               SETUP                           (05 80)

            AAL Parameters                  (58 80)
            Length :                        000b [11]
            AAL Type :                      05
            FSDU:                           05ec [1516]
            BSDU:                           05ec [1516]
            Mode Id:                        01
            SSCS Type:                      00

            User Cell Rate                  (59 80)
            Length :                        0009 [9]
            Forward PCR (CLP=0+1):          005908 [22792]
            Backward PCR (CLP=0+1):         000000 [0]
            Best Effort Indicator:          Present

            Broadband Bearer Capab.         (5e 80)
            Length :                        0003 [3]
            Bearer Class :                  BCOB-X (10 80)
                    Traffic Type :                  No Indication
                    Timing Requirements :           No Indication
            Clipping Susceptibility :       Not Susceptibile
            User Plane CC :                 Point-To-Multipoint

            Broadband Low Layer Info.       (5f 80)
            Length :                        0009 [9]
            Layer Id :                      3
            UIL 3 Protocol:                 ISO/IEC TR 9577 (0b)
            IPI:                            80 [128]
            Octet 8:                        80
            OUI:                            00 a0 3e
            PID:                            00 01

            Called Party Number             (70 80)
            Length :                        0015 [21]
            Type of Number :                Unknown
            Addressing/Numbering Plan :     ISO NSAP
            Address :
            39 99 99 00 00 00 00 00 00 f8 8d c0 40 08 00 2b 80 52 5f 00

            Calling Party Number            (6c 80)
            Length :                        0015 [21]
            Type of Number :                Unknown
            Addressing/Numbering Plan :     ISO NSAP
            Address :
            39 99 99 00 00 00 00 00 00 f8 8d c0 40 00 00 f8 8d c0 43 00
```

ATM-Adresse des BUS

```
              Connection Id              (5a 80)
              Length :                   0005 [5]
              Octet 5 (VPAS & P/E):      88
              VPI:                       0000 [0]
              VCI:                       0021 [33]

              Quality Of Service         (5c e0)
              Length :                   0002 [2]
              Forward QoS:               QoS Class 0 - Unspecified (00)
              Backward QoS:              QoS Class 0 - Unspecified (00)

              Endpoint Reference         (54 80)
              Length :                   0003 [3]
              Endpoint Reference Type:   00
              Endpoint Reference Id:     0000 [0]

<--------- lta0 :: Tue Sep 17 1999 MET 07:48:28:930
Protocol Discriminator:      09
Call Reference               (03 80)
Value:                       0019 [25]
Message Length:              0023 [35]
Message Type:                CONNECT                        (07 80)

              AAL Parameters             (58 80)
              Length :                   000b [11]
              AAL Type :                 05
              FSDU:                      05ec [1516]
              BSDU:                      05ec [1516]
              Mode Id:                   01
              SSCS Type:                 00

              Broadband Low Layer Info.  (5f 80)
              Length :                   0009 [9]
              Layer Id :                 3
              UIL 3 Protocol:            ISO/IEC TR 9577 (0b)
              IPI:                       80 [128]
              Octet 8:                   80
              OUI:                       00 a0 3e
              PID:                       00 01

              Endpoint Reference         (54 80)
              Length :                   0003 [3]
              Endpoint Reference Type:   00
              Endpoint Reference Id:     0000 [0]


---------> lta0 :: Tue Sep 17 1999 MET 07:48:28:938
Protocol Discriminator:      09
Call Reference               (03 00)
Value:                       0019 [25]
Message Length:              0000 [0]
Message Type:                CONNECT ACKNOWLEDGE            (0f 80)
```

Trace des Aufbaus eines DataDirect-VCC zu einem Edge-Device (VCI 68)

```
<---------  lta0 ::  Wed Sep 18 1999 MET 10:12:19:631
Protocol Discriminator:        09
Call Reference                 (03 00)
Value:                         0005 [5]
Message Length:                0068 [104]
Message Type:                  SETUP                        (05 80)

        AAL Parameters             (58 80)
        Length :                   000b [11]
        AAL Type :                 05
        FSDU:                      05ec [1516]
        BSDU:                      05ec [1516]
        Mode Id:                   01
        SSCS Type:                 00

        User Cell Rate             (59 80)
        Length :                   0009 [9]
        Forward PCR (CLP=0+1):     02b1db [176603]
        Backward PCR (CLP=0+1):    02b1db [176603]
        Best Effort Indicator:     Present

        Broadband Bearer Capab.    (5e 80)
        Length :                   0003 [3]
        Bearer Class :             BCOB-X (10 80)
                Traffic Type :             No Indication
                Timing Requirements :      No Indication
        Clipping Susceptibility :  Not Susceptibile
        User Plane CC :            Point-To-Point

        Broadband Low Layer Info.  (5f 80)
        Length :                   0009 [9]
        Layer Id :                 3
        UIL 3 Protocol:            ISO/IEC TR 9577 (0b)
        IPI:                       80 [128]
        Octet 8:                   80
        OUI:                       00 a0 3e
        PID:                       00 02

        Called Party Number        (70 80)
        Length :                   0015 [21]
        Type of Number :           Unknown
        Addressing/Numbering Plan :  ISO NSAP           ┌─ ATM-Adresse des Edge-Device
        Address :                                       ↙
        39 99 99 00 00 00 00 00 00 f8 8d c0 40 00 00 f8 86 9f 0e 01

        Calling Party Number       (6c 80)
        Length :                   0015 [21]
        Type of Number :           Unknown
        Addressing/Numbering Plan :  ISO NSAP
        Address :
        39 99 99 00 00 00 00 00 00 f8 8d c0 40 08 00 2b 80 52 5f 00

        Quality Of Service         (5c e0)
        Length :                   0002 [2]
        Forward QoS:               QoS Class 0 - Unspecified (00)
        Backward QoS:              QoS Class 0 - Unspecified (00)
```

```
--------->  lta0 ::  Wed Sep 18 1999 MET 10:12:19:703
Protocol Discriminator:       09
Call Reference               (03 80)
Value:                        0005 [5]
Message Length:               0025 [37]
Message Type:                 CONNECT                        (07 80)

            AAL Parameters               (58 80)
            Length :                     000b [11]
            AAL Type :                   05
            FSDU:                        05ec [1516]
            BSDU:                        05ec [1516]
            Mode Id:                     01
            SSCS Type:                   00

            Broadband Low Layer Info.    (5f 80)
            Length :                     0009 [9]
            Layer Id :                   3
            UIL 3 Protocol:              ISO/IEC TR 9577 (0b)
            IPI:                         80 [128]
            Octet 8:                     80
            OUI:                         00 a0 3e
            PID:                         00 02

            Connection Id                (5a 80)
            Length :                     0005 [5]
            Octet 5 (VPAS & P/E):        88
            VPI:                         0000 [0]
            VCI:                         0044 [68]

<---------  lta0 ::  Wed Sep 18 1999 MET 10:12:19:703
Protocol Discriminator:       09
Call Reference               (03 00)
Value:                        0005 [5]
Message Length:               0000 [0]
Message Type:                 CONNECT ACKNOWLEDGE    (0f 80)
```

17.5.3.6 Multiprotocol over ATM (MPOA)

Ziel von MPOA ist ein effizienter Unicast-Datentransfer zwischen verschiedenen ATM-ELANs durch die Verwendung so genannter Shortcuts. Dazu integriert MPOA sowohl das LAN-Emulation- als auch das IETF-NHRP-Protokoll (Next Hop Resolution Protocol).

Damit sind einerseits die Möglichkeiten der ATM-LAN-Emulation weitergegeben und andererseits ist eine Inter-ELAN-Kommunikation auf Netzwerklayer-Ebene über ATM-VCCs möglich, ohne dass Router involviert sein müssen. Folgende Voraussetzungen sind für MPOA notwendig:

1. ATM-Signalisierung (UNI 3.0, UNI 3.1 oder UNI 4.0)

2. LAN Emulation 2.0

3. RFC 2332 Next Hop Resolution Protocol (NHRP)

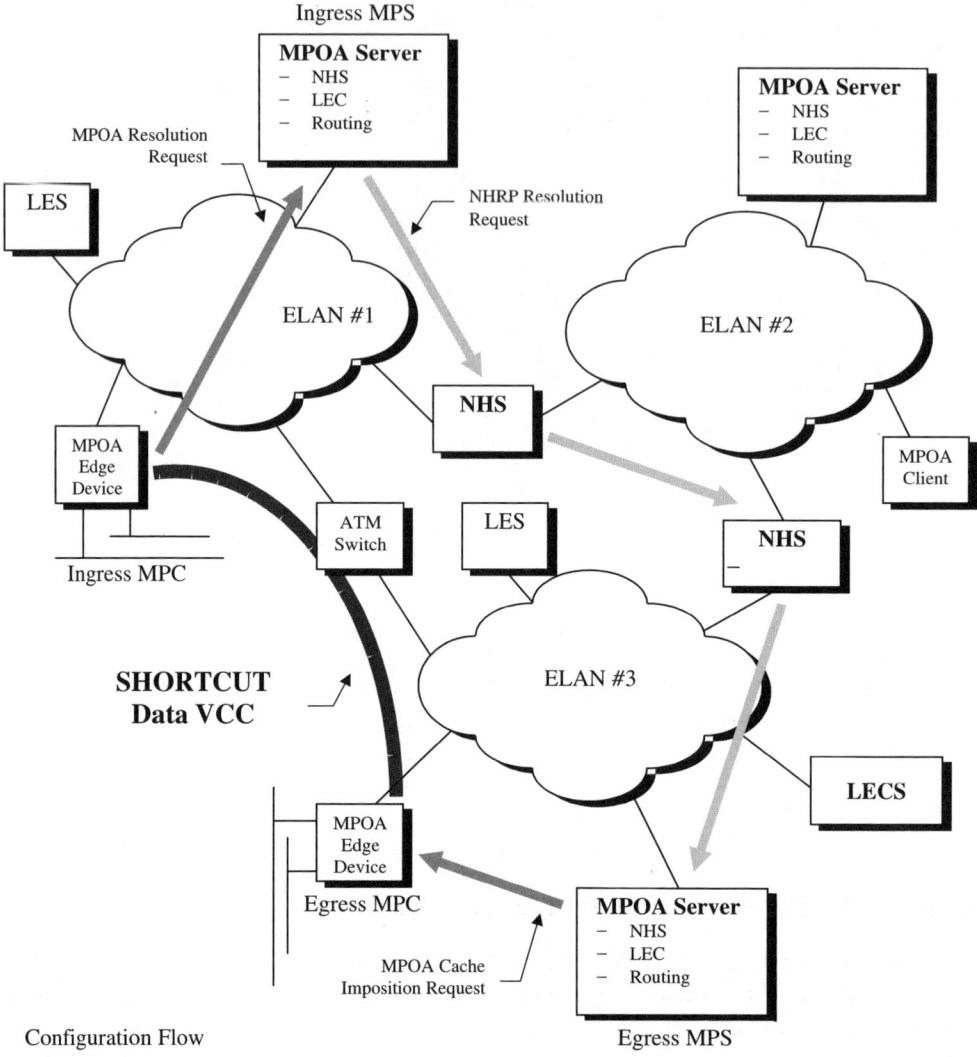

Configuration Flow

Vor dem Aufbau des *ShortcutData*-VCC müssen über den Pfad, der für die Resolution-Requests verwendet wurde, entsprechende Reply-Nachrichten an den Ingress-MPC zurückgesandt werden.

- Egress MPC zu Egress MPS: MPOA Cache Imposition Reply
- Egress MPS zu Ingress MPS: NHRP Respolution Reply
- Ingress MPC zu Ingress MPC: MPOA Resolution Reply

MPOA-Komponenten

● MPOA Client (MPC)

Die MPC-Instanz liegt zwischen dem LEC und den höheren Netzwerkschichten. Jeder LEC, auf dem MPOA eingeschaltet ist, bekommt genau einen MPC zugeordnet. Setzt ein ATM-Gerät mehrere MPCs ein, muss jeder MPC eine abgegrenzte Menge von LECs verwalten und jeder MPC muss eine unterschiedliche MPC-Control-ATM-Adresse benutzen.

● MPOA Server (MPS)

Die MPS-Komponente ist Teil eines Routers und nur sinnvoll, wenn der Router gleichzeitig auch eine NHS-Komponente und Schnittstellen zu einem oder mehreren LECs besitzt. Die Hauptaufgabe des MPS besteht in der Umwandlung von MPOA Requests/Replies in NHRP Requests/Replies.

Den MPOA Resolution Request eines Ingress MPC wandelt der MPS in einen entsprechenden NHRP Resolution Request um, bevor er ihn dann über den Routing-Pfad weiterleitet.

Wenn der NHRP Resolution Request am Egress MPS ankommt, erfolgt die Umsetzung in einen MPOA Cache Imposition Request und die Weitergabe an den Egress MPC.

MPOA-Frame-Format

● Daten-Frame über Standard LLC Encapsulation nach RFC 1483

LLC Header AA-AA-03	OUI 00-00-00	EtherType xx-yy	All other Routed Protocols PDUs bis zu 65527 Octets

● Daten-Frame über optionale MPOA Tagged Encapsulation

LLC Header AA-AA-03	OUI 00-00-00	EtherType **88-4C**	**MPOA Tag** xx-xx-xx-xx	All other Routed Protocols PDUs bis zu 65523 Octets

● Control Frame (Standard LLC Encapsulation nach RFC 1483)

LLC Header AA-AA-03	OUI **00-00-5E**	EtherType **00-03**	MPOA Control PDUs bis zu 65527 Octets

18.1 Lightstream 1010

ATM-Adresse automatisch festlegen

Falls keine ATM-Adresse konfiguriert ist, verwendet der LS1010 automatisch folgende Adresse:

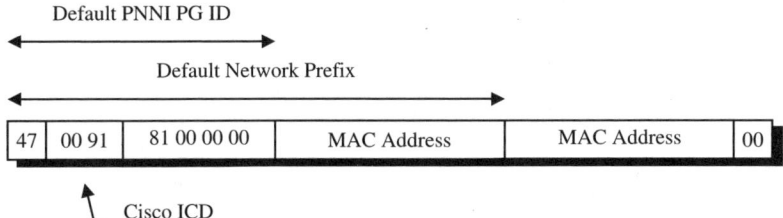

Die Weitergabe des NSAP-Prefix an die angeschlossenen Endsysteme erfolgt über ILMI. Bei dem Netzwerk-Prefix ist zu beachten, dass er die MAC-Adresse des Switch enthält und sich daher beim Austausch eines Switch ändert.

ATM-Adresse manuell festlegen

- Als globales Kommando gilt dann für alle ATM-Schnittstellen:

  atm address *nsap*

- Als Interface-Kommando:

  interface *name*
    atm prefix *nsap-prefix*   Statt des normalen Network-Prefix übergibt der Switch den
    atm nsap-address *nsap*   spezifizierten Prefix über ILMI an die verbundenen ATM-Geräte

ILMI ausschalten

interface *name*
   no atm address-registration   ↙   Adress-Registrierung über ILMI ist für das
   no atm auto-configuration   Interface ausgeschaltet.

Die ILMI-Auto-Konfiguration bestimmt normalerweise folgende Parameter:

● Interface-Protokoll und Version

● Interface Side (UNI oder NNI)

● UNI-Typ (Public oder Private)

● Maximale Anzahl von VPI- und VCI-Bits

18.1.1 Adress- und ILMI-Informationen

\# show atm addresses
```
Switch Address(es):
  47.00918100000000E0F7FCF901.00E0F7FCF901.00 active

Soft VC Address(es):
  47.0091.8100.0000.00e0.f7fc.f901.4000.0c80.0000.00 ATM0/0/0
  47.0091.8100.0000.00e0.f7fc.f901.4000.0c80.0010.00 ATM0/0/1
  47.0091.8100.0000.00e0.f7fc.f901.4000.0c80.0020.00 ATM0/0/2
  47.0091.8100.0000.00e0.f7fc.f901.4000.0c80.0030.00 ATM0/0/3

ILMI Switch Prefix(es):
  47.0091.8100.0000.00e0.f7fc.f901

ILMI Configured Interface Prefix(es):

LECS Address(es):
```

\# show atm ilmi-status
```
Interface : ATM0/0/0 Interface Type : Private UNI (Network-side)
ILMI VCC : (0, 16) ILMI Keepalive : Disabled
Addr Reg State:   UpAndNormal
Peer IP Addr:      192.150.100.3   Peer IF Name:      ATM0
Peer MaxVPIbits:  3                Peer MaxVCIbits:  10
Configured Prefix(s) :
47.0091.8100.0000.00e0.f7fc.f901

Interface : ATM0/0/2 Interface Type : Private NNI
ILMI VCC : (0, 16) ILMI Keepalive : Disabled
Addr Reg State:   UpAndNormal
Peer IP Addr:      0.0.0.0         Peer IF Name:      ATM0/0/2
Peer MaxVPIbits:  8                Peer MaxVCIbits:  14
Configured Prefix(s) :
47.0091.8100.0000.00e0.f7fc.f901

Interface : ATM2/0/0 Interface Type : Local
Configured Prefix(s) :
47.0091.8100.0000.00e0.f7fc.f901
```

18.1.2 Allgemeine LS1010-Informationen

show version

```
Cisco Internetwork Operating System Software
IOS (tm) PNNI Software (LS1010-WP-M),Version 11.2(8)WA3(3),RELEASE SOFTWARE
Copyright (c) 1986-1997 by cisco Systems, Inc.
Compiled Mon 22-Sep-97 15:35 by integ
Image text-base: 0x600108D0, data-base: 0x6042E000

ROM: System Bootstrap, Version 201(1025), SOFTWARE

switch1 uptime is 1 day, 2 hours, 28 minutes
System restarted by power-on
System image file is "bootflash:11_2_8.bin", booted via bootflash

cisco ASP (R4600) processor with 16384K bytes of memory.
R4600 processor, Implementation 32, Revision 2.0
Last reset from power-on
1 Ethernet/IEEE 802.3 interface(s)
4 ATM network interface(s)
125K bytes of non-volatile configuration memory.

8192K bytes of Flash internal SIMM (Sector size 256K).
Configuration register is 0x2101
```

Alle Well-known PVCs des Switch terminieren auf dem internen ATM-Interface der CPU (ATM2/0/0)

show atm vc interface *atm2/0/0*

Interface	VPI	VCI	Type	X-Interface	X-VPI	X-VCI	Encap	Status
ATM2/0/0	0	32	PVC	ATM0/0/0	0	16	ILMI	UP
ATM2/0/0	0	33	PVC	ATM0/0/1	0	16	ILMI	UP
ATM2/0/0	0	34	PVC	ATM0/0/2	0	16	ILMI	UP
ATM2/0/0	0	35	PVC	ATM0/0/3	0	16	ILMI	DOWN
ATM2/0/0	0	36	PVC	ATM0/0/0	0	5	QSAAL	UP
ATM2/0/0	0	37	PVC	ATM0/0/1	0	5	QSAAL	UP
ATM2/0/0	0	38	PVC	ATM0/0/2	0	5	QSAAL	UP
ATM2/0/0	0	39	PVC	ATM0/0/3	0	5	QSAAL	DOWN
ATM2/0/0	0	40	PVC	ATM0/0/2	0	18	PNNI	UP
ATM2/0/0	0	42	SVC	ATM0/0/0	0	35	AAL5SNAP	UP

show atm vc interface *atm2/0/0 0 42*

```
Interface: ATM2/0/0, Type: ATM Swi/Proc
VPI = 0  VCI = 42
Status: UP
Time-since-last-status-change: 00:02:37
Connection-type: SVC
Cast-type: point-to-point
Packet-discard-option: enabled
Usage-Parameter-Control (UPC): pass
Number of OAM-configured connections: 5
OAM-configuration: disabled
OAM-states:  Not-applicable
Cross-connect-interface: ATM0/0/0, Type: oc3suni
Cross-connect-VPI = 0
Cross-connect-VCI = 35
Cross-connect-UPC: pass
Cross-connect OAM-configuration: disabled
Cross-connect OAM-state:  Not-applicable
Encapsulation: AAL5SNAP
Idle SVC connection timeout in seconds: 273
```

```
Rx cells: 60, Tx cells: 65
Rx connection-traffic-table-index: 2147483647
Rx service-category: UBR (Unspecified Bit Rate)
Rx pcr-clp01: 7113539
Rx scr-clp01: none
Rx tolerance: 1024 (from default for interface)
Tx connection-traffic-table-index: 2147483647
Tx service-category: UBR (Unspecified Bit Rate)
Tx pcr-clp01: 7113539
Tx scr-clp01: none
Tx tolerance: none
Crc Errors:0, Sar Timeouts:0, OverSizedSDUs:0
BufSzOvfl:  Small:0, Medium:0, Big:0, VeryBig:0, Large:0
```

18.1.3 Interface-Informationen

show atm status

```
NUMBER OF INSTALLED CONNECTIONS:(P2P=Point to Point,P2MP=Point to MultiPoint)
```

Type	PVCs	SoftPVCs	SVCs	PVPs	SoftPVPs	SVPs	Total
P2P	12	0	1	0	0	0	13
P2MP	0	0	0	0	0	0	0
				TOTAL INSTALLED CONNECTIONS =			13

```
PER-INTERFACE STATUS SUMMARY AT 04:38:01 UTC Thu Jun 4 1999:
```

Interface Name	IF Status	Admin Status	Auto-Cfg Status	ILMI Addr Reg State	SSCOP State	Hello State
ATM0/0/0	UP	up	done	UpAndNormal	Active	n/a
ATM0/0/1	UP	up	done	UpAndNormal	Active	n/a
ATM0/0/2	UP	up	done	UpAndNormal	Active	2way_in
ATM0/0/3	DOWN	down	waiting	n/a	Idle	n/a
ATM2/0/0	UP	up	n/a	UpAndNormal	Idle	n/a

show controller *atm0/0/0*

```
IF Name: ATM0/0/0    Chip Base Address: A8908000
Port type: OC3    Port rate: 155 Mbps    Port medium: SM Fiber
Port status:SECTION LOS Loopback:None    Flags:8300
TX Led:Traffic Pattern,RX Led:Traffic Pattern,TX clock source:free-running
Framing mode:  sts-3c
Cell payload scrambling on
Sts-stream scrambling on
OC3 counters:
  Key: txcell - # cells transmitted,    rxcell - # cells received,
       b1    - # section BIP-8 errors,
       b2    - # line BIP-8 errors,    b3    - # path BIP-8 errors,
       ocd   - # out-of-cell delineation errors - not impl.
       g1    - # path FEBE errors,    z2    - # line FEBE errors
       chcs  - # correctable HEC errors,uhcs - # uncorrectable HEC errors
txcell:3745, rxcell:98171428
b1:0, b2:0, b3:0, ocd:0
g1:0, z2:0, chcs:0, uhcs:0
OC3 errored secs:
b1:0, b2:0, b3:0, ocd:0
g1:0, z2:0, chcs:0, uhcs:0
OC3 error-free secs:
b1:1249, b2:1249, b3:1249, ocd:0
g1:1249, z2:1249, chcs:1249, uhcs:1249
```

show atm interface

```
Interface:       ATM0/0/0       Port-type:     oc3suni
IF Status:       UP             Admin Status: up
Auto-config:     enabled        AutoCfgState: completed
IF-Side:         Network        IF-type:       UNI
Uni-type:        Private        Uni-version:   V3.1
Max-VPI-bits:    3              Max-VCI-bits: 10
Max-VP:          8              Max-VC:        8192
Svc Upc Intent: pass            Signalling:    Enabled
ATM Address for Soft VC: 47.0091.8100.0000.00e0.f7fc.f901.4000.0c80.0000.00
Configured virtual links:
  PVCLs SoftVCLs SVCLs PVPLs SoftVPLs SVPLs Total-Cfgd Installed-Conns
    5      0      2     0      0       0         7            7
Logical ports(VP-tunnels):      0
Input cells:     37573        Output cells: 34600
5 minute input rate:          4000 bits/sec,      9 cells/sec
5 minute output rate:         3000 bits/sec,      7 cells/sec
Input AAL5 pkts: 787, Output AAL5 pkts: 3506, AAL5 crc errors: 0


Interface:       ATM0/0/2       Port-type:     oc3suni
IF Status:       UP             Admin Status: up
Auto-config:     enabled        AutoCfgState: completed
IF-Side:         Network        IF-type:       NNI
Uni-type:        not applicable Uni-version:   not applicable
Max-VPI-bits:    8              Max-VCI-bits: 14
Max-VP:          255            Max-VC:        16383
Svc Upc Intent: pass            Signalling:    Enabled
ATM Address for Soft VC: 47.0091.8100.0000.00e0.f7fc.f901.4000.0c80.0020.00
Configured virtual links:
  PVCLs SoftVCLs SVCLs PVPLs SoftVPLs SVPLs Total-Cfgd Installed-Conns
    7      0      2     0      0       0         9            9
Logical ports(VP-tunnels):      0
Input AAL5 pkts: 26979, Output AAL5 pkts: 26996, AAL5 crc errors: 0


Interface:       ATM2/0/0       Port-type:     cpu
IF Status:       UP             Admin Status: up
Auto-config:     disabled       AutoCfgState: not applicable
IF-Side:         not applicable IF-type:       not applicable
Uni-type:        not applicable Uni-version:   not applicable
Max-VPI-bits:    8              Max-VCI-bits: 14
Max-VP:          0              Max-VC:        16383
Configured virtual links:
  PVCLs SoftVCLs SVCLs PVPLs SoftVPLs SVPLs Total-Cfgd Installed-Conns
    9      0      0     0      0       0         9            7
Logical ports(VP-tunnels):      0
Input cells:     43498        Output cells: 50051
5 minute input rate:          1000 bits/sec,      2 cells/sec
5 minute output rate:         1000 bits/sec,      2 cells/sec
Input AAL5 pkts: 28427, Output AAL5 pkts: 33884, AAL5 crc errors: 0
```

18.1.4 Signalisierungsinformationen

show sscop

```
SSCOP details for interface ATM0/0/1
    Current State = Active,   Uni version = 3.1
    Send Sequence Number: Current = 95,  Maximum = 105
    Send Sequence Number Acked = 95
    Rcv Sequence Number: Lower Edge = 95, Upper Edge = 95, Max = 105
    Poll Sequence Number = 194, Poll Ack Sequence Number = 194
    Vt(Pd) = 0    Vt(Sq) = 1
    Timer_IDLE = 10 - Active
    Timer_CC = 1 - Inactive
    Timer_POLL = 1000 - Inactive
    Timer_KEEPALIVE = 5 - Inactive               ˋ
    Timer_NO-RESPONSE = 30 - Inactive
    Current Retry Count = 0, Maximum Retry Count = 10
    AckQ count = 0, RcvQ count = 0, TxQ count = 0
    Local connections currently pending = 0
    Max local connections allowed pending = 0
    Statistics -
        Pdu's Sent = 390, Pdu's Received = 485, Pdu's Ignored = 0
        Begin = 0/1, Begin Ack = 1/0, Begin Reject = 0/0
        End = 0/0, End Ack = 0/0
        Resync = 0/0, Resync Ack = 0/0
        Sequenced Data = 95/0, Sequenced Poll Data = 0/0
        Poll = 195/194, Stat = 194/195, Unsolicited Stat = 0/0
        Unassured Data = 0/0, Mgmt Data = 0/0, Unknown Pdu's = 0
        Error Recovery/Ack = 0/0, lack of credit 0
```

show atm signalling statistics

```
Global Statistics:
Calls Throttled: 0
Max Crankback: 3
Max Connections Pending: 255
Max Connections Pending Hi Water Mark: 3

ATM 0/0/1:0   UP Time 00:26:45  # of int resets: 1366
-------------------------------------------------------------
Terminating connections: 0        Soft VCs: 0
Active Transit PTP SVC: 4         Active Transit MTP SVC: 0
Port requests:  0                 Source route requests: 0
Conn-Pending: 0                   Conn-Pending High Water Mark: 3
Calls Throttled: 0                Max-Conn-Pending:   40
```

Messages:	Incoming	Outgoing
PTP Setup Messages:	31	40
MTP Setup Messages:	0	0
Release Messages:	32	29
Restart Messages:	0	0

Message:	Received	Transmitted	Tx-Reject	Rx-Reject
Add Party Messages:	0	0	0	0

Failure Cause:	Routing	CAC	Access-list	Addr-Reg	Misc-Failure
Location Local:	15	0	0	0	0
Location Remote:	0	0	0	0	0

18.2   ATM PVC

PVC-Konfiguration auf einem LS1010-Switch

interface *name*
    atm pvc *vpi vci* interface *outgoing-interface vpi vci*

    ⌐ Der Switch generiert auf dem
      Outgoing-Interface automatisch den
    ↓ für den Rückweg benötigten PVC.

show atm vc

PVC-Konfiguration auf den Cisco-Routern

Durch die Verwendung von Subinterfaces kann man das Split-Horizon-Problem von NBMA-Netzen umgehen.

show atm vc
show atm map

- IOS-Versionen bis V11.3

    interface *name*[.x]
      [atm uni-version 3.0 | 3.1]

      ⌐ Die zu verwendende UNI-Version wird explizit festgelegt und
        nicht über die ILMI-Auto-Konfiguration ermittelt.

      protocol address
      map-group *map-name*
      atm pvc *# vpi vci aal-encapsulation*
    !
    map-list *map-name*
      protocol remote-address **atm-vc** # broadcast

      ⌐ Zuweisung der Protokoll-Adresse
        eines Systems zu einem ATM-PVC.

    Unterstützte ATM-Encapsulation

    - aal5nlpid   Für Verbindungen zu ATM-Data-Service-Units mit DXI
    - aal5mux   RFC 1483 VC-based Multiplexing
    - aal5snap   RFC 1483 LLC Encapsulation
    - aal5ciscoppp   Cisco Encapsulation für PPP über ATM
    - ilmi   PVC für das ILMI-Protokoll
    - qsaal   PVC für das Signalisierungsprotokoll

- ab der IOS-Version V12.0

    interface major-interface
      atm pvc # vpi vci   ilmi | qsaal

      ⌐ alte Syntax nur noch für den ILMI- und
        Signalisierungs-PVC

    !
    interface subinterface
      protocol address
      pvc [name] vpi/vci
        encapsulation aal5nlpid | aal5mux | aal5ciscoppp | aal5snap
        protocol *protocol remote-address* broadcast

PVC-Konfiguration auf einem Catalyst 5xxx

interface *name*
   atm pvc *# vpi vci aal-encapsulation*

atm bind pvc vlan *# vlan-id*
            Stellt die Verbindung zwischen dem PVC und einem VLAN her. Das
            heißt, für jedes VLAN ist ein separater PVC zu definieren.

Unterstützte ATM-Encapsulations

● aal5snap   RFC 1483 LLC Encapsulation

● ilmi   PVC für das ILMI-Protokoll

● qsaal   PVC für das Signalisierungsprotokoll

show atm vc
show atm vlan

18.2.1 Beispiel: ATM-PVC-Konfiguration

Das nachfolgende Beispiel bezieht sich auf die IOS-Version V11.3.

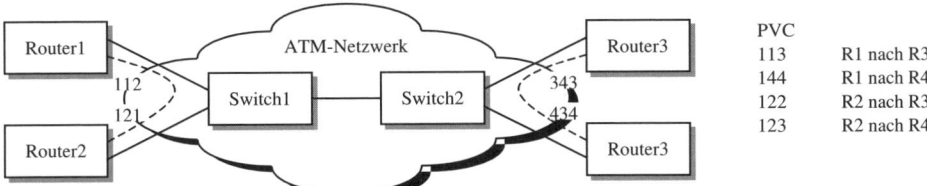

PVC	
113	R1 nach R3
144	R1 nach R4
122	R2 nach R3
123	R2 nach R4

hostname router3

!
ipx routing 0000.0000.0003
!
interface Ethernet0
ip address 192.150.3.3 255.255.255.0
ipx network 30
!
interface ATM0
no ip address
atm uni-version 3.1
atm pvc 1 0 16 ilmi
!
interface ATM0.1 multipoint
ip address 192.150.100.3 255.255.255.0
ipx network 100
atm pvc 113 0 113 aal5snap
atm pvc 122 0 122 aal5snap
atm pvc 343 0 343 aal5snap
map-group PVCtoNetwork100
!
map-list PVCtoNetwork100
ipx 100.0000.0000.0001 atm-vc 113 broadcast
ipx 100.0000.0000.0002 atm-vc 122 broadcast
ipx 100.0000.0000.0004 atm-vc 343 broadcast
ip 192.150.100.1 atm-vc 113 broadcast
ip 192.150.100.2 atm-vc 122 broadcast
ip 192.150.100.4 atm-vc 343 broadcast

hostname switch1

!
atm address
47.0091.8100.0000.00e0.f7a6.c301.00e0.f7a6.c301.00
!
interface ATM0/0/0   Den PVC 112
 description --- Port for Router1 ---   generiert
!   der Switch
interface ATM0/0/1   automatisch
 description --- Port for Router2 ---
 atm pvc 0 121 interface ATM0/0/0 0 112
!
interface ATM0/0/2
 description --- Trunk Port to Switch2 ---
 atm pvc 0 113 interface ATM0/0/0 0 113
 atm pvc 0 144 interface ATM0/0/0 0 144
 atm pvc 0 122 interface ATM0/0/1 0 122
 atm pvc 0 123 interface ATM0/0/1 0 123

hostname switch2

!
atm address
47.0091.8100.0000.00e0.f7fc.f901.00e0.f7fc.f901.00
!
interface ATM0/0/0
 description --- Port for Router3 ---
!
interface ATM0/0/1
 description --- Port for Router4 ---
 atm pvc 0 434 interface ATM0/0/0 0 343
!
interface ATM0/0/2
 description --- Trunk Port to Switch1 ---
 atm pvc 0 113 interface ATM0/0/0 0 113
 atm pvc 0 144 interface ATM0/0/1 0 144
 atm pvc 0 122 interface ATM0/0/0 0 122
 atm pvc 0 123 interface ATM0/0/1 0 123

Router3

show atm map

```
Map list ToNode100 : PERMANENT
ipx 100.0000.0000.0001 maps to VC 113
          , broadcast
ipx 100.0000.0000.0002 maps to VC 122
          , broadcast
ipx 100.0000.0000.0004 maps to VC 343
          , broadcast
ip 192.150.100.1 maps to VC 113
          , broadcast
ip 192.150.100.2 maps to VC 122
          , broadcast
ip 192.150.100.4 maps to VC 343
          , broadcast
```

show atm vc

Itfc	VCD	VPI	VCI	Type	AAL / Encaps.	Peak Kbps	Avg. Kbps	Burst Cells	Status
0	1	0	16	PVC	AAL5-ILMI	155000	155000	94	ACTIVE
0.1	113	0	113	PVC	AAL5-SNAP	155000	155000	94	ACTIVE
0.1	122	0	122	PVC	AAL5-SNAP	155000	155000	94	ACTIVE
0.1	343	0	343	PVC	AAL5-SNAP	155000	155000	94	ACTIVE

Switch1

show atm vc

Interface	VPI	VCI	Type	X-Interface	X-VPI	X-VCI	Encap	Status
ATM0/0/0	0	5	PVC	ATM2/0/0	0	36	QSAAL	UP
ATM0/0/0	0	16	PVC	ATM2/0/0	0	32	ILMI	UP
ATM0/0/0	**0**	**112**	**PVC**	**ATM0/0/1**	**0**	**121**		**UP**
ATM0/0/0	0	113	PVC	ATM0/0/2	0	113		UP
ATM0/0/0	0	144	PVC	ATM0/0/2	0	144		UP
ATM0/0/1	0	5	PVC	ATM2/0/0	0	37	QSAAL	UP
ATM0/0/1	0	16	PVC	ATM2/0/0	0	33	ILMI	UP
ATM0/0/1	**0**	**121**	**PVC**	**ATM0/0/0**	**0**	**112**		**UP**
ATM0/0/1	0	122	PVC	ATM0/0/2	0	122		UP
ATM0/0/1	0	123	PVC	ATM0/0/2	0	123		UP
ATM0/0/2	0	5	PVC	ATM2/0/0	0	38	QSAAL	UP
ATM0/0/2	0	16	PVC	ATM2/0/0	0	34	ILMI	UP
ATM0/0/2	0	18	PVC	ATM2/0/0	0	40	PNNI	UP
ATM0/0/2	**0**	**113**	**PVC**	**ATM0/0/0**	**0**	**113**		**UP**
ATM0/0/2	**0**	**122**	**PVC**	**ATM0/0/1**	**0**	**122**		**UP**
ATM0/0/2	**0**	**123**	**PVC**	**ATM0/0/1**	**0**	**123**		**UP**
ATM0/0/2	**0**	**144**	**PVC**	**ATM0/0/0**	**0**	**144**		**UP**
ATM2/0/0	0	32	PVC	ATM0/0/0	0	16	ILMI	UP
ATM2/0/0	0	33	PVC	ATM0/0/1	0	16	ILMI	UP
ATM2/0/0	0	34	PVC	ATM0/0/2	0	16	ILMI	UP
ATM2/0/0	0	36	PVC	ATM0/0/0	0	5	QSAAL	UP
ATM2/0/0	0	37	PVC	ATM0/0/1	0	5	QSAAL	UP
ATM2/0/0	0	38	PVC	ATM0/0/2	0	5	QSAAL	UP
ATM2/0/0	0	40	PVC	ATM0/0/2	0	18	PNNI	UP

automatisch generiert

ATM0/0/0	Port für Router R1
ATM0/0/1	Port für Router R2
ATM0/0/2	Port für Trunk zum anderen Switch
AZM2/0/0	CPU-Port

18.3   ATM SVC

SVC-Konfiguration auf dem ATM-Switch

statisch: atm route *nsap outgoing-interface*

dynamisch: über PNNI

show atm route

SVC-Konfiguration auf den Routern

interface *name*
  atm pvc *#* 0 5 qsaal
!
interface *name*[.x]
  [atm uni-version 3.0 | 3.1]
  protocol address   Ist keine NSAP-Adresse definiert, benutzt der Router den über ILMI
  map-group *name*   gelernten Network-Prefix, um eine Adresse zu bilden.
  [atm nsap-address *nsap*]
!   Zuweisung der Protokoll-Adresse eines
map-list *name*   Systems zu einer ATM-Adresse
  protocol *remote-address* **atm-nsap** *nsap* broadcast

show atm map

show interface *name*

show atm interface *name*

show atm vc

18.3.1 Beispiel: ATM-SVC-Konfiguration

Das nachfolgende Beispiel bezieht sich auf die IOS-Version V11.3.

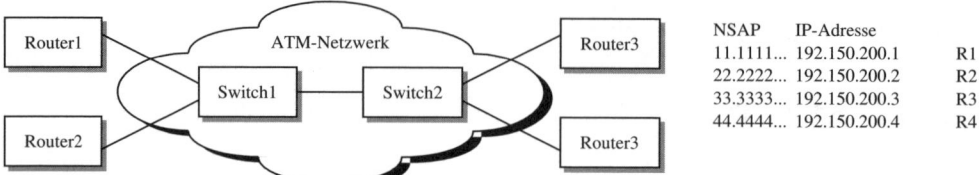

NSAP	IP-Adresse	
11.1111...	192.150.200.1	R1
22.2222...	192.150.200.2	R2
33.3333...	192.150.200.3	R3
44.4444...	192.150.200.4	R4

hostname router3
```
!
interface Ethernet0
 ip address 192.150.3.3 255.255.255.0
!
interface ATM0
 no ip address
 atm uni-version 3.1
 atm rate-queue 1 100
 atm pvc 1 0 16 ilmi
 atm pvc 5 0 5 qsaal
!
interface ATM0.2 multipoint
 ip address 192.150.200.3 255.255.255.0
 atm nsap-address 33.33330000000000000000000.000000000000.00
 map-group SVCtoNetwork200
!
router igrp 100
 network 192.150.0.0
!
map-list SVCtoNetwork200
 ip 192.150.200.1 atm-nsap 11.11110000000000000000000.000000000000.00 broadcast
 ip 192.150.200.2 atm-nsap 22.22220000000000000000000.000000000000.00 broadcast
 ip 192.150.200.4 atm-nsap 44.44440000000000000000000.000000000000.00 broadcast
```

hostname switch2
!
atm address 47.0091.8100.0000.00e0.f7fc.f901.00e0.f7fc.f901.00
atm router pnni
 node 1 level 56 lowest
  redistribute atm-static
!
interface ATM0/0/0
!
interface ATM0/0/1
!
interface ATM0/0/2
!
interface ATM2/0/0
 no ip address
!
interface Ethernet2/0/0
 ip address 192.150.4.10 255.255.255.0
!
ip default-gateway 192.150.4.4
!
atm route 44.4444.0000.0000.0000.00... ATM0/0/1
atm route 11.1111.0000.0000.0000.00... ATM0/0/2
atm route 33.3333.0000.0000.0000.00... ATM0/0/0
atm route 22.2222... ATM0/0/2

➘ ... stellt eine Wildcard für den Rest der NSAP-Adresse dar

Router3

show atm map
```
Map list SVCtoNetwork200 : PERMANENT
ip 192.150.200.1 maps to NSAP 11.11110000000000000000000.000000000000.00
        , broadcast
ip 192.150.200.2 maps to NSAP 22.22220000000000000000000.000000000000.00
        , broadcast, connection up, VC 7, ATM0.2
ip 192.150.200.3 maps to NSAP 33.33330000000000000000000.000000000000.00
ip 192.150.200.4 maps to NSAP 44.44440000000000000000000.000000000000.00
        , broadcast, connection up, VC 4, ATM0.2
```

show interface atm0.2
```
ATM0.2 is up, line protocol is up
  Hardware is ATMizer BX-50
  Internet address is 192.150.200.3/24
  MTU 4470 bytes, BW 156250 Kbit, DLY 100 usec, rely 255/255, load 1/255
  NSAP address: 33.33330000000000000000000.000000000000.00
  Encapsulation ATM
```

show atm vc

Interface	VCD	VPI	VCI	Type	AAL / Encapsulation	Peak Kbps	Avg. Kbps	Burst Cells	Status
0	5	0	5	PVC	AAL5-SAAL	155000	155000	94	ACTIVE
0	1	0	16	PVC	AAL5-ILMI	155000	155000	94	ACTIVE
0.2	4	0	119	SVC	AAL5-SNAP	155000	155000	94	ACTIVE
0.2	7	0	129	SVC	AAL5-SNAP	155000	155000	94	ACTIVE

show atm vc 7

```
ATM0.2: VCD: 7, VPI: 0, VCI: 129, etype:0x0, AAL5 - LLC/SNAP, Flags: 0x50
PeakRate: 155000, Average Rate: 155000, Burst Cells: 94, VCmode: 0x1
OAM DISABLED, InARP DISABLED
InPkts: 51, OutPkts: 44, InBytes: 3138, OutBytes: 4916
InPRoc: 51, OutPRoc: 43, Broadcasts: 1
InFast: 0, OutFast: 0, InAS: 0, OutAS: 0
OAM F5 cells sent: 0, OAM cells received: 0, TTL: 4
interface = ATM0.2, call locally initiated, call reference = 90
vcnum = 7, vpi = 0, vci = 129, state = Active
 aal5snap vc, point-to-point call
Retry count: Current = 0, Max = 10
timer currently inactive, timer value = 00:00:00
Remote Atm Nsap address: 22.222200000000000000000000.000000000000.00
```

Switch2

show atm route

```
Codes: P - installing Protocol (S-Static, P-PNNI, R-Routing control),
       T - Type (I-Internal prefix, E-Exterior prefix,
           SE-Summary Exterior prefix, SI - Summary Internal prefix,
           ZE-Suppress Summary Exterior, ZI-Suppress Summary Internal)
```

P	T	Node/Port	St	Lev	Prefix
P	E	2 0	UP	0	11.1111.00/32
S	E	1 ATM0/0/2	DN	0	11.1111.0000.0000.0000.00/80
S	E	1 ATM0/0/2	DN	0	22.2222/24
P	E	2 0	UP	0	22.2222.00/32
S	E	1 ATM0/0/0	UP	0	33.3333.0000.0000.0000.00/80
S	E	1 ATM0/0/1	UP	0	44.4444.0000.0000.0000.00/80
P	I	2 0	UP	0	47.0091.8100.0000.00e0.f7a6.c301/104
P	SI	1 0	UP	0	47.0091.8100.0000.00e0.f7fc.f901/104
R	I	1 ATM2/0/0	UP	0	47.0091.8100.0000.00e0.f7fc.f901.00e0.f7fc.f901/152
R	I	1 ATM2/0/0	UP	0	47.0091.8100.0000.00e0.f7fc.f901.4000.0c/128

show atm vc conn-type svc

Interface	VPI	VCI	Type	X-Interface	X-VPI	X-VCI	Encap Status
ATM0/0/0	0	119	SVC	ATM0/0/1	0	86	UP
ATM0/0/0	0	121	SVC	ATM0/0/2	0	62	UP
ATM0/0/1	0	85	SVC	ATM0/0/2	0	61	UP
ATM0/0/1	0	86	SVC	ATM0/0/0	0	119	UP
ATM0/0/1	0	88	SVC	ATM0/0/1	0	89	UP
ATM0/0/1	0	89	SVC	ATM0/0/1	0	88	UP
ATM0/0/2	0	61	SVC	ATM0/0/1	0	85	UP
ATM0/0/2	0	62	SVC	ATM0/0/0	0	121	UP

show atm interface atm0/0/2

```
Interface:       ATM0/0/2      Port-type:    oc3suni
IF Status:       UP            Admin Status: up
Auto-config:     enabled       AutoCfgState: completed
IF-Side:         Network       IF-type:      NNI
Uni-type:        not applicable Uni-version: not applicable
Max-VPI-bits:    8             Max-VCI-bits: 14
Max-VP:          255           Max-VC:       16383
Svc Upc Intent: pass           Signalling:   Enabled
ATM Address for Soft VC: 47.0091.8100.0000.00e0.f7fc.f901.4000.0c80.0020.00
Configured virtual links:
  PVCLs SoftVCLs   SVCLs  PVPLs SoftVPLs SVPLs Total-Cfgd Installed-Conns
    7      0         4      0       0      0        11             11
Logical ports(VP-tunnels):   0
Input cells:      153719         Output cells: 127983
5 minute input rate:          99000 bits/sec,     233 cells/sec
5 minute output rate:         67000 bits/sec,     158 cells/sec
Input AAL5 pkts: 27409, Output AAL5 pkts: 27432, AAL5 crc errors: 0
```

show atm interface atm0/0/0

```
Interface:       ATM0/0/0      Port-type:    oc3suni
IF Status:       UP            Admin Status: up
Auto-config:     enabled       AutoCfgState: completed
IF-Side:         Network       IF-type:      UNI
Uni-type:        Private       Uni-version:  V3.1
Max-VPI-bits:    3             Max-VCI-bits: 10
Max-VP:          8             Max-VC:       8192
Svc Upc Intent: pass           Signalling:   Enabled
ATM Address for Soft VC: 47.0091.8100.0000.00e0.f7fc.f901.4000.0c80.0000.00
Configured virtual links:
  PVCLs SoftVCLs SVCLs PVPLs SoftVPLs SVPLs Total-Cfgd Installed-Conns
    5      0       3     0       0      0        8              8
Logical ports(VP-tunnels):   0
Input cells:      43443          Output cells: 40619   .
5 minute input rate:              0 bits/sec,       0 cells/sec
5 minute output rate:          1000 bits/sec,       2 cells/sec
Input AAL5 pkts: 1236, Output AAL5 pkts: 3958, AAL5 crc errors: 0
```

18.4   LAN-Emulation

Ablauf der LAN-Emulation Konfiguration

1. Signalisierung und ILMI auf allen Major-Interfaces definieren.

2. LES/BUS auf einem oder mehreren Systemen (bei SSRP) konfigurieren. Anschließend die für die LECS-Datenbank benötigte ATM-Adresse des LES/BUS mit »show lane server« ermitteln.

3. Identische LECS-Datenbank auf einem oder mehreren LECS (bei SSRP) anlegen. Mit »*show lane config*« die ATM-Adresse des LECS abfragen und auf dem Switch eintragen.

4. LECs anlegen.

18.4.1 Signalisierung und ILMI auf allen Major Interfaces definieren

interface *name*   Die MTU sollte angepasst werden, da die Router als
   mtu 1500   Standardwert 4470 benutzen.
   atm pvc 1 0 5 qsaal
   atm pvc 3 0 16 ilmi

show atm vc

```
                                      AAL /           Peak   Avg.  Burst
Interface  VCD  VPI  VCI Type  Encapsulation  Kbps    Kbps  Cells Status
0            1    0   16  PVC   AAL5-ILMI      155000 155000    94 ACTIVE
0            5    0    5  PVC   AAL5-SAAL      155000 155000    94 ACTIVE
```

Standardadressen für die LAN-Emulation-Komponenten

Die angeschlossenen ATM-Stationen lernen normalerweise über das ILMI-Protokoll den Netzwerk-Prefix des ATM-Netzwerks. Bei einer Auto-Konfiguration bekommen der LECS, LES/BUS und der LEC folgende Adressen zugeordnet:

show lane default-atm-addresses   Nummer des Subinterfaces.

```
interface ATM0:
LANE Client:        47.00918100000000D17CA3C301.00A23ECDFF58.**
LANE Server:        47.00918100000000D17CA3C301.00A23ECDFF59.**
LANE Bus:           47.00918100000000D17CA3C301.00A23ECDFF5A.**
LANE Config Server: 47.00918100000000D17CA3C301.00A23ECDFF5B.00
** is the subinterface number byte in hex
```

Das Selector-Byte der NSAP-Adresse besteht aus der Nummer des verwendeten Subinterface (in Hexadezimal). Die System-ID berechnet sich folgendermaßen:

● LEC   letztes Byte der HW-Adresse + 0

● LES: letztes Byte der HW-Adresse + 1

● BUS   letztes Byte der HW-Adresse + 2

● LECS   letztes Byte der HW-Adresse + 3

Da der Netzwerk-Prefix bei einem LS1010 standardmäßig die MAC-Adresse des Switch beinhaltet, ändern sich bei einem Hardware-Tausch auch die Adressen der an dem Switch angeschlossenen LECS und LES/BUS.

18.4.2 Definition des LES/BUS auf dem Subinterface

Das Simple Server Redundancy Protocol (SSRP) erlaubt es entgegen dem ATM-LANEv1-Standard mehrere LES und BUS in einem ELAN zu betreiben.

Sub-Interface als LES/BUS für ein ELAN festlegen

interface *subinterface*
  lane server-bus ethernet | tokenring *elan-name*   ⇒ auf Cisco-Router und LS1010
  lane server-bus ethernet | tokenring *vlan-id* [*elan-name*] ⇒ auf Catalyst Switches

Normalerweise werden die Adressen für den LES/BUS automatisch generiert, man kann sie aber auch explizit zuweisen.

interface subinterface
  lane server-atm-address nsap
  lane bus-atm-address *nsap*

Zuweisung der LECS-Adresse

Die Bindung des LES/BUS zu einer LECS-Adresse erfolgt entweder global auf dem Major Interface und gilt dann für alle Sub-Interfaces oder für jedes Sub-Interface separat.

interface *interface*
  lane auto-config-atm-address   ⇒ LECS-Adresse automatisch über das ILMI-Protokoll beziehen
  lane config-atm-address *nsap*   ⇒ Adresse des LECS explizit definieren
  lane fixed-config-atm-address   ⇒ Well-Known Adress für die Verbindung zum LECS verwenden

LEC/BUS-Informationen

```
# show lane server
LE Server ATM0.6  ELAN name: red  Admin: up  State: operational
type: ethernet        Max Frame Size: 1516
ATM address: 47.00918100000000D17CA3C301.00A23ECDFF59.06
LECS used: 47.00918100000000D17CA3C301.00A23ECDFF5B.00 connected, vcd 41
control distribute: vcd 47, 5 members, 37 packets

proxy/ (ST: Init, Conn, Waiting, Adding, Joined, Operational, Reject, Term)
lecid ST vcd pkts Hardware Addr  ATM Address
    1  0   44    8 00e0.1ece.ff58 47.00918100000000D17CA3C301.00A23ECDFF58.06
    2  0   53   12 00e0.f7fc.f902 47.00918100000000E0F7FCF901.00E0F7FCF902.06
    3  0   56    8 00e0.1ece.da08 47.00918100000000E0F7FCF901.00E01ECEDA08.06
    4  0   59    7 00e0.1ece.fef8 47.00918100000000E0F7FCF901.00E01ECEFEF8.06
    5  0   62    7 00e0.1ece.db88 47.00918100000000D17CA3C301.00E01ECEDB88.06
```

```
# show lane bus
LE BUS ATM0.6  ELAN name: red  Admin: up  State: operational
type: ethernet          Max Frame Size: 1516
ATM address: 47.00918100000000D17CA3C301.00A23ECDFF5A.06
data forward: vcd 51, 5 members, 92 packets, 21 unicasts

lecid  vcd     pkts   ATM Address
    1   48       15 47.00918100000000D17CA3C301.00A23ECDFF58.06
    2   54       34 47.00918100000000E0F7FCF901.00E0F7FCF902.06
    3   57       17 47.00918100000000E0F7FCF901.00E01ECEDA08.06
    4   60       13 47.00918100000000E0F7FCF901.00E01ECEFEF8.06
    5   63       14 47.00918100000000D17CA3C301.00E01ECEDB88.06
```

18.4.3 Definition der LECS-Datenbank

LECS-Datenbank anlegen

SSRP erlaubt die Definition von mehreren LES/BUS für ein ELAN, der LES/BUS-Eintrag mit dem höchsten Index ist der Primary.

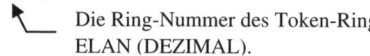 Anzeige der Adresse mit
#show lane server

lane database *DB-Name*

   name *ethernet-elan-1* server-atm-address *atm-nsap-1* [restricted | un-restricted] [index #]

   [name *ethernet-elan-1* server-atm-address *atm-nsap-2*] .. [index #]

   [name *tokenring-elan-1* server-atm-address *atm-nsap-3*] ... [index #]

   [name tokenring-elan-1 local-seg-id ring-number]

● Default ELAN
                                   Die Ring-Nummer des Token-Ring
                                     ELAN (DEZIMAL).

Gibt der Client während der LECS-Connect-Phase kein ELAN an, wird er automatisch dem Default ELAN zugewiesen. Ist kein Default Elan definiert, lehnt der LECS den Zugriff des Clients ab.

lane database *DB-Name*
   default-name *elan-name*

● Eingeschränktes ELAN

Der LECS erlaubt die Definition von eingeschränkten ELANs: Nur Clients, die explizit aufgeführt sind, weist er auch ein ELAN zu. Das entsprechende ELAN muss in der LECS-Datenbank als *restricted* markiert sein (gilt nicht für das Default Elan, das immer *unrestricted* sein muss).

lane database *DB-Name*
   client-atm-address *nsap* name *elan*

Definition der LECS-Adresse

Die Festlegung der ATM-Adresse des LECS erfolgt auf dem Major Interface. Entweder registriert der LECS anschließend die Adresse automatisch über ILMI auf dem Switch oder sie muss dort manuell eingetragen werden.

interface *name*
  lane config database *DB-Name*
  lane config auto-config-atm-address   ⇒ ATM-Adresse des LECS automatisch generieren
  lane config config-atm-address *nsap*   ⇒ LECS eine definierte ATM-Adresse zuweisen
  lane config fixed-config-atm-address   ⇒ Well-known ATM-Adresse für den LECS verwenden

show lane config

```
LE Config Server ATM0 config table: xxx
Admin: up  State: operational
LECS Mastership State: active master
list of global LECS addresses (15 seconds to update):
47.00918100000000D17CA3C301.00A23ECDFF5B.00  <-------- me
ATM Address of this LECS: 47.00918100000000D17CA3C301.00A23ECDFF5B.00 (auto)
```

LECS-Adresse wurde automatisch generiert.

LECS-Adresse auf dem Switch eintragen

SSRP erlaubt die Definition von mehreren LECS. Die Datenbank muss dann aber auf den einzelnen LECS identisch konfiguriert sein.

● Als globales Kommando, gilt dann für alle Interfaces

  atm lecs-address-default *47.0091.8100.0000.00e0.f7a6.c301.00e0.1ece.ff5b.00*
  [atm lecs-address-default *lecs-nsap-address-2* [*sequence*]]

● Als Interface-Kommando

  interface *name*
    atm lecs-address *lecs-nsap-address-1* [*sequence*]
    [atm lecs-address *lecs-nsap-address-2* [*sequence*]]

show atm ilmi-configuration

```
LECS Address (s):
47.0091.8100.0000.00e0.f7a6.c301.00e0.1ece.ff5b.00
```

18.4.4 Definition des LEC auf dem Subinterface

Verbindung zwischen einem ELAN und einem Sub-Interface herstellen

interface *subinterface*
   lane client ethernet | tokenring *elan-name*   ⇒ Cisco-Router und LS1010
   lane client ethernet | token-ring *vlan-id* [*elan-name*]   ⇒ Catalyst Switch
   [lane client-atm-address *nsap*]   ⇒ LEC-Adresse manuell definieren

● Festlegung der zu benutzenden LECS-Adresse

   interface *subinterface*
      lane auto-config-atm-address   ⇒ LECS-Adresse automatisch über das ILMI-Protokoll beziehen
      lane config-atm-address *nsap*   ⇒ Adresse des LECS explizit definieren
      lane fixed-config-atm-address   ⇒ Well-Known Adress für die Verbindung zum LECS verwenden

● Simple Server Redundancy Protocol

Falls der Switch das SSRP-Protokoll nicht unterstützt, kann man über diesen Befehl mehrere LECS auf dem Client definieren. Der erste LECS in der Liste ist der Primary.

   interface *major-interface*
      lane global-lecs-address *lecs-1*
      lane global-lecs-address *lecs-2*

LEC-Informationen anzeigen

show lane client

```
LE Client ATM0.6  ELAN name: elan1  Admin: up  State: operational
Client ID: 1                   LEC up for 5 minutes 18 seconds
Join Attempt: 14
HW Address: 00e0.1ece.ff58   Type: ethernet        Max Frame Size: 1516
ATM Address: 47.00918100000000D17CA3C301.00A23ECDFF58.06

VCD rxFrames txFrames Type       ATM Address
  0        0        0 configure  47.00918100000000D17CA3C301.00A23ECDFF5B.00
 45        1        9 direct     47.00918100000000D17CA3C301.00A23ECDFF59.06
 46       39        0 distribute 47.00918100000000D17CA3C301.00A23ECDFF59.06
 49        0       15 send       47.00918100000000D17CA3C301.00A23ECDFF5A.06
 50       92        0 forward    47.00918100000000D17CA3C301.00A23ECDFF5A.06
 67       17        1 data       47.00918100000000D17CA3C301.00E01ECEDB88.06
 65       96       15 data       47.00918100000000E0F7FCF901.00E0F7FCF902.06
 64       58      145 data       47.00918100000000E0F7FCF901.00E01ECEDA08.06
```

show lane le-arp

```
Max le-arp entries: 4096    Active le-arp entries: 3

Hardware Addr   ATM Address                                      VCD  Interface
00e0.1ece.db88  47.00918100000000D17CA3C301.00E01ECEDB88.06      67   ATM0.6
00e0.1ece.da08  47.00918100000000E0F7FCF901.00E01ECEDA08.06      64   ATM0.6
00e0.f7fc.f902  47.00918100000000E0F7FCF901.00E0F7FCF902.06      65   ATM0.6
```

18.4.5 Catalyst-LAN-Emulation-Konfiguration

Ist auf dem Catalyst-Switch für ATM VTP eingeschaltet, generiert der Switch automatisch für jedes VLAN einen LE-Client. Als Selector-Byte für die ATM-Adresse des LEC nimmt er die nächste freie Sub-Interface-Nummer.

Dem Management VLAN 1 sollte immer der ELAN-Name *default* zugewiesen werden. Ist dem VLAN 1 ein anderes ELAN zugeordnet, muss man den Eintrag in der LECS-Datenbank manuell abändern.

Der LES/BUS für die einzelnen VLANs ist weiterhin manuell zu konfigurieren wie auch die zugehörigen Einträge in der LECS-Datenbank.

Der Switch kann die LEC-Einträge im VTP Transparent oder Nontransparent Mode erzeugen:

- Im Transparent Mode legt der Befehl »(enable) set vlan # [name *elan*]« die Client-Einträge lediglich auf den ATM-Modulen des lokalen Switch an.

- Im Nontransparent Mode erzeugt dieser Befehl auf allen ATM-Modulen in allen Switches der VTP Domain die LECs-Definitionen.

(enable) show module

Mod	Module-Name	Ports	Module-Type	Model	Serial-Num	Status
1		2	100BaseTX Supervisor	WS-X5009	003578902	ok
2		24	10BaseT Ethernet	WS-X5013	007775432	ok
4		2	MM MIC FDDI	WS-X5101	001853245	ok
5		2	MM OC-3 Dual-Phy ATM	WS-X5158	000053422	ok

(enable) show port 5/1

Port	Name	Status	Vlan	Level	Duplex	Speed	Type
5/1		connected	trunk	normal	full	155	OC3 MMF ATM

(enable) show port 5/2

Port	Name	Status	Vlan	Level	Duplex	Speed	Type
5/2		notconnect	trunk	normal	full	155	OC3 MMF ATM

(enable) session 5
Trying ATM-5...
Connected to ATM-5.
Escape character is '^]'.

ATM# show running-config

vtp enable

!

lane database XXX
  name vlanred server-atm-address
47.00918100000000102F124D01.006083D38C41.03
  name default server-atm-address
47.00918100000000102F124D01.00400B0B6841.64
  default-name vlanred

!

interface ATM0
  atm preferred phy A
  atm pvc 1 0 5 qsaal
  atm pvc 2 0 16 ilmi
  lane config auto-config-atm-address
  lane config database XXX
  lane client ethernet 567 VLAN567

!

interface ATM0.1 multipoint
  lane client ethernet 3 vlanred ✓   Diese VLANs gibt VTP im Netzwerk bekannt und
sie werden daher automatisch als LECs eingetragen.

!

interface ATM0.4 multipoint
  lane client ethernet 1 default

interface ATM0.17 multipoint
  lane client ethernet 501 VLAN0501

!

interface ATM0.18 multipoint
  lane client ethernet 543 VLAN0543

!

interface ATM0.100 multipoint
  lane server-bus ethernet default

LANE-Informationen anzeigen

ATM# show lane client name default

```
LE Client ATM0.4  ELAN name: default  Admin: up  State: operational
Client ID: 1                  LEC up for 5 minutes 51 seconds
Join Attempt: 91
HW Address: 0040.0b0b.6840  Type: ethernet      Max Frame Size: 1516   VLANID: 1

ATM Address: 47.00918100000000102F124D01.00400B0B6840.04

VCD rxFrames txFrames Type       ATM Address
  0        0        0 configure  47.00918100000000102F124D01.00400B0B6843.00
 41        1        4 direct     47.00918100000000102F124D01.00400B0B6841.64
 42      247        0 distribute 47.00918100000000102F124D01.00400B0B6841.64
 45        0        7 send       47.00918100000000102F124D01.00400B0B6842.64
 46      445        0 forward    47.00918100000000102F124D01.00400B0B6842.64
```

ATM# show lane config

```
LE Config Server ATM0 config table: XXX
Admin: up  State: operational
LECS Mastership State: active master
list of global LECS addresses (25 seconds to update):
47.00918100000000102F124D01.00400B0B6843.00  <-------- me
ATM Address of this LECS: 47.00918100000000102F124D01.00400B0B6843.00 (auto)
 vcd rx tx callingParty
 174  4  4 47.00918100000000102F124D01.006083D38C41.03 LES vlanred 0 active
  34  4  4 47.00918100000000102F124D01.00400B0B6841.64 LES default 0 active
cumulative total number of unrecognized packets received so far: 0
cumulative total number of config requests received so far: 6391
cumulative total number of config failures so far: 6373
  cause of last failure: no configuration
  culprit for the last failure: 47.00918100000000102F124D01.00102F124940.06
```

ATM# show lane server

```
LE Server ATM0.100  ELAN name: default  Admin: up  State: operational
type: ethernet       Max Frame Size: 1516
ATM address: 47.00918100000000102F124D01.00400B0B6841.64
LECS used: 47.00918100000000102F124D01.00400B0B6843.00 connected, vcd 35
control distribute: vcd 43, 4 members, 250 packets

proxy/ (ST: Init, Conn, Waiting, Adding, Joined, Operational, Reject, Term)
lecid ST vcd pkts Hardware Addr  ATM Address
   1P 0   40    4 0040.0b0b.6840 47.00918100000000102F124D01.00400B0B6840.04
   2P 0   51  209 0010.2f12.4940 47.00918100000000102F124D01.00102F124940.00
   3P 0   78   33 00e0.1ea2.5740 47.00918100000000102F124D01.00E01EA25740.00
   4P 0   87    9 0060.83d3.8c40 47.00918100000000102F124D01.006083D38C40.06
```

ATM# show lane bus

```
LE BUS ATM0.100  ELAN name: default  Admin: up  State: operational
type: ethernet        Max Frame Size: 1516
ATM address: 47.00918100000000102F124D01.00400B0B6842.64
data forward: vcd 47, 4 members, 482 packets, 0 unicasts

lecid  vcd    pkts  ATM Address
    1   44       8 47.00918100000000102F124D01.00400B0B6840.04
    2   52     286 47.00918100000000102F124D01.00102F124940.00
    3   79     173 47.00918100000000102F124D01.00E01EA25740.00
    4   88      15 47.00918100000000102F124D01.006083D38C40.06
```

(enable) show vlan 1

```
VLAN Name                      Status   Mod/Ports
---- -------------------------- -------- ---------------------------
1    default                    active   1/1-2
                                         2/11-18,2/20-24
                                         4/1-2
                                         5/1-2
```

(enable) show spantree 1

```
VLAN 1
Spanning tree enabled

Designated Root              00-10-1f-8d-3c-00
Designated Root Priority     32768
Designated Root Cost         20
Designated Root Port         4/1
Root Max Age   20 sec    Hello Time 2  sec    Forward Delay 15 sec

Bridge ID MAC ADDR           00-40-0b-0b-68-00
Bridge ID Priority           32768
Bridge Max Age 20 sec    Hello Time 2  sec    Forward Delay 15 sec

Port      Vlan  Port-State      Cost   Priority  Fast-Start
--------  ----  -------------   -----  --------  ----------
 1/1      1     forwarding        10        32   disabled
 1/2      1     forwarding        10        32   disabled
 2/11     1     not-connected    100        32   disabled
 4/1-2    1     forwarding        10        32   disabled
 5/1-2    1     blocking           6        10   disabled
```

18.5   Beispiel: LAN-Emulation

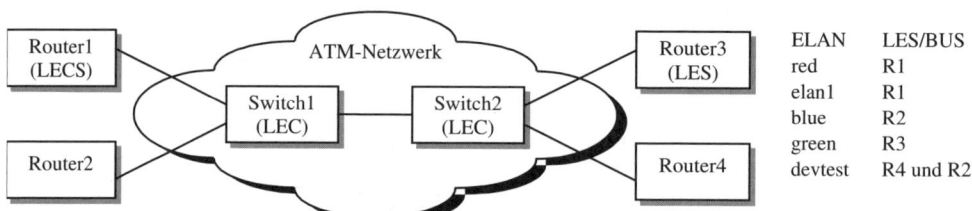

Der LES/BUS und der LECS sind gleichzeitig auch aks LEC konfiguriert.

18.5.1 LES Setup

hostname router3

!
interface ATM0
  mtu 1500
  no ip address
  atm uni-version 3.1
  atm rate-queue 1 100
  atm pvc 1 0 16 ilmi
  atm pvc 5 0 5 qsaal
  lane auto-config-atm-address

!
interface ATM0.11 multipoint
  ip address 192.150.11.3 255.255.255.0
  lane client ethernet red

!
interface ATM0.12 multipoint
  ip address 192.150.12.3 255.255.255.0
  lane client ethernet blue

!
interface ATM0.13 multipoint
  ip address 192.150.13.3 255.255.255.0
  lane server-bus ethernet green
  lane client ethernet green

!
interface ATM0.14 multipoint
  ip address 192.150.14.3 255.255.255.0
  lane client ethernet devtest

LES/BUS-Informationen

show lane server

```
LE Server ATM0.13  ELAN name: green  Admin: up  State: operational
type: ethernet        Max Frame Size: 1516
ATM address: 47.00918100000000E0F7FCF901.00E01ECEDA09.0D
LECS used: 47.00918100000000D17CA3C301.00A23ECDFF5B.00 connected, vcd 179
control distribute: vcd 182, 3 members, 7 packets

proxy/ (ST: Init, Conn, Waiting, Adding, Joined, Operational, Reject, Term)
lecid ST vcd pkts Hardware Addr  ATM Address
    1  0  181     3 00e0.1ece.fef8 47.00918100000000E0F7FCF901.00E01ECEFEF8.0D
    2  0  185     4 00e0.1ece.db88 47.00918100000000D17CA3C301.00E01ECEDB88.0D
    3  0  188     3 00e0.1ece.da08 47.00918100000000E0F7FCF901.00E01ECEDA08.0D
```

ControllDirect-VCCs von den LECs   HEX = Subinterface 13

show lane bus

```
LE BUS ATM0.13  ELAN name: green  Admin: up  State: operational
type: ethernet        Max Frame Size: 1516
ATM address: 47.00918100000000E0F7FCF901.00E01ECEDA0A.0D
data forward: vcd 184, 3 members, 16 packets, 2 unicasts

lecid  vcd   pkts   ATM Address
    1  183     4   47.00918100000000E0F7FCF901.00E01ECEFEF8.0D
    2  186     8   47.00918100000000D17CA3C301.00E01ECEDB88.0D
    3  191     4   47.00918100000000E0F7FCF901.00E01ECEDA08.0D
```

MulticastSend-VCCs von den LECs

Virtual-Circuit-Informationen

show atm vc

Interface	VCD	VPI	VCI	Type	AAL / Encapsulation	Peak Kbps	Avg. Kbps	Burst Cells	Status
0	1	0	16	PVC	AAL5-ILMI	155000	155000	94	ACTIVE
0	5	0	5	PVC	AAL5-SAAL	155000	155000	94	ACTIVE
0.13	179	0	108	SVC	LANE-LES	155000	155000	32	ACTIVE
0.13	181	0	111	SVC	LANE-LES	155000	155000	32	ACTIVE
0.13	182	0	112	MSVC	LANE-LES	155000	155000	32	ACTIVE
0.13	183	0	114	SVC	LANE-BUS	155000	155000	32	ACTIVE
0.13	184	0	115	MSVC	LANE-BUS	155000	155000	32	ACTIVE
0.13	185	0	116	SVC	LANE-LES	155000	155000	32	ACTIVE
0.13	186	0	117	SVC	LANE-BUS	155000	155000	32	ACTIVE
0.13	188	0	120	SVC	LANE-LES	155000	155000	32	ACTIVE
0.13	189	0	119	SVC	LANE-LEC	155000	155000	32	ACTIVE
0.13	190	0	121	MSVC	LANE-LEC	155000	155000	32	ACTIVE
0.13	191	0	124	SVC	LANE-BUS	155000	155000	32	ACTIVE
0.13	192	0	123	SVC	LANE-LEC	155000	155000	32	ACTIVE
0.13	193	0	125	MSVC	LANE-LEC	155000	155000	32	ACTIVE
0.13	196	0	128	SVC	LANE-DATA	155000	155000	32	ACTIVE

● LES *ControlDistribute*-VCC (vom LES aufgebaut)

show atm vc 182

```
ATM0.13: VCD: 182, VPI: 0, VCI: 112, etype:0x6, LANE-LES, Flags: 0x12D7
PeakRate: 155000, Average Rate: 155000, Burst Cells: 32, VCmode: 0x1
OAM DISABLED, InARP DISABLED
InPkts: 0, OutPkts: 29, InBytes: 0, OutBytes: 3248
InPRoc: 0, OutPRoc: 3, Broadcasts: 0
InFast: 0, OutFast: 25, InAS: 0, OutAS: 0
OAM F5 cells sent: 0, OAM cells received: 0, TTL: 0
interface = ATM0.13, call locally initiated, call reference = 439
vcnum = 182, vpi = 0, vci = 112, state = Active
 aal5lane vc, Unknown, multipoint call
Retry count: Current = 0, Max = 10
timer currently inactive, timer value = 00:00:00
Leaf Atm Nsap address: 47.00918100000000E0F7FCF901.00E01ECEDA08.0D
Leaf Atm Nsap address: 47.00918100000000D17CA3C301.00E01ECEDB88.0D
Leaf Atm Nsap address: 47.00918100000000E0F7FCF901.00E01ECEFEF8.0D
```

● LES *ControlDirect*-VCC (vom Client aufgebaut)

show atm vc 185

```
ATM0.13: VCD: 185, VPI: 0, VCI: 116, etype:0x6, LANE-LES, Flags: 0x10D7
PeakRate: 155000, Average Rate: 155000, Burst Cells: 32, VCmode: 0x1
...   ...
interface = ATM0.13, call remotely initiated, call reference = 37
vcnum = 185, vpi = 0, vci = 116, state = Active
 aal5lane vc, Unknown, point-to-point call
Retry count: Current = 0, Max = 10
timer currently inactive, timer value = 00:00:00
Remote Atm Nsap address: 47.00918100000000D17CA3C301.00E01ECEDB88.0D
```

● BUS *MulticastForward*-VCC (vom BUS aufgebaut)

show atm vc 184

```
ATM0.13: VCD: 184, VPI: 0, VCI: 115, etype:0xE, LANE-BUS, Flags: 0x12D7
PeakRate: 155000, Average Rate: 155000, Burst Cells: 32, VCmode: 0x1
...   ...
interface = ATM0.13, call locally initiated, call reference = 440
vcnum = 184, vpi = 0, vci = 115, state = Active
 aal5lane vc, Unknown, multipoint call
Retry count: Current = 0, Max = 10
timer currently inactive, timer value = 00:00:00
Leaf Atm Nsap address: 47.00918100000000E0F7FCF901.00E01ECEDA08.0D
Leaf Atm Nsap address: 47.00918100000000D17CA3C301.00E01ECEDB88.0D
Leaf Atm Nsap address: 47.00918100000000E0F7FCF901.00E01ECEFEF8.0D
```

● BUS *MulticastSend*-VCC (vom Client aufgebaut)

show atm vc 186

```
ATM0.13: VCD: 186, VPI: 0, VCI: 117, etype:0x5, LANE-BUS, Flags: 0x10D7
PeakRate: 155000, Average Rate: 155000, Burst Cells: 32, VCmode: 0x1
...   ...
interface = ATM0.13, call remotely initiated, call reference = 38
vcnum = 186, vpi = 0, vci = 117, state = Active
 aal5lane vc, Unknown, point-to-point call
Retry count: Current = 0, Max = 10
timer currently inactive, timer value = 00:00:00
Remote Atm Nsap address: 47.00918100000000D17CA3C301.00E01ECEDB88.0D
```

18.5.2 LECS Setup

```
hostname router1
!
lane database xxx                                                          SSRP
  name elan1 server-atm-address 47.00918100000000D17CA3C301.00A23ECDFF59.06
  name devtest server-atm-address 47.00918100000000E0F7FCF901.00E01ECEFEF9.0E
  name devtest server-atm-address 47.00918100000000D17CA3C301.00E01ECEDB89.0E
  name blue server-atm-address 47.00918100000000D17CA3C301.00E01ECEDB89.0C
  name green server-atm-address 47.00918100000000E0F7FCF901.00E01ECEDA09.0D
  name red server-atm-address 47.00918100000000D17CA3C301.00A23ECDFF59.0B
!
interface ATM0
  mtu 1500
  no ip address
  atm uni-version 3.1
  atm pvc 1 0 5 qsaal
  atm pvc 3 0 16 ilmi
  lane config auto-config-atm-address
  lane config database xxx
  lane auto-config-atm-address
!
interface ATM0.11 multipoint
  ip address 192.150.11.1 255.255.255.0
  lane server-bus ethernet red
  lane client ethernet red
```

LECS-Informationen

show lane config

```
LE Config Server ATM0 config table: xxx
Admin: up  State: operational
LECS Mastership State: active master
list of global LECS addresses (0 seconds to update):
47.00918100000000D17CA3C301.00A23ECDFF5B.00  <-------- me
ATM Address of this LECS: 47.00918100000000D17CA3C301.00A23ECDFF5B.00 (auto)
 vcd rx tx callingParty
  40  5  5 47.00918100000000D17CA3C301.00A23ECDFF59.06 LES elan1 0 active
 152  3  3 47.00918100000000E0F7FCF901.00E01ECEFEF9.0E LES devtest 0 active
 155  3  3 47.00918100000000D17CA3C301.00E01ECEDB89.0C LES blue 0 active
 190  3  3 47.00918100000000E0F7FCF901.00E01ECEDA09.0D LES green 0 active
 198  0  0 47.00918100000000D17CA3C301.00A23ECDFF59.0B LEC
cumulative total number of unrecognized packets received so far: 0
cumulative total number of config requests received so far: 150
cumulative total number of config failures so far: 83
  cause of last failure: no configuration
  culprit for the last failure: 47.00918100000000E0F7FCF901.00E01ECEFEF8.0D
```

LECS-Datenbank

● Datenbank bei aktivem Primary LES

show lane database

```
LANE Config Server database table 'xxx' bound to interface/s: ATM0
no default elan
elan 'elan1': un-restricted
  server 47.00918100000000D17CA3C301.00A23ECDFF59.06 (prio 0) active
elan 'devtest': un-restricted
  server 47.00918100000000E0F7FCF901.00E01ECEFEF9.0E (prio 0) active
  server 47.00918100000000D17CA3C301.00E01ECEDB89.0E (prio 1) backup
elan 'blue': un-restricted
  server 47.00918100000000D17CA3C301.00E01ECEDB89.0C (prio 0) active
elan 'green': un-restricted
  server 47.00918100000000E0F7FCF901.00E01ECEDA09.0D (prio 0) active
elan 'red': un-restricted
  server 47.00918100000000D17CA3C301.00A23ECDFF59.0B (prio 0) active
```

● LECS-Datenbank bei Ausfall des Primary LES

show lane database

```
LANE Config Server database table 'xxx' bound to interface/s: ATM0
no default elan
elan 'elan1': un-restricted
  server 47.00918100000000D17CA3C301.00A23ECDFF59.06 (prio 0) active
elan 'devtest': un-restricted
  server 47.00918100000000E0F7FCF901.00E01ECEFEF9.0E (prio 0)
  server 47.00918100000000D17CA3C301.00E01ECEDB89.0E (prio 1) active
elan 'blue': un-restricted
  server 47.00918100000000D17CA3C301.00E01ECEDB89.0C (prio 0) active
elan 'green': un-restricted
  server 47.00918100000000E0F7FCF901.00E01ECEDA09.0D (prio 0) active
elan 'red': un-restricted
  server 47.00918100000000D17CA3C301.00A23ECDFF59.0B (prio 0) active
```

18.5.3 LS1010 Setup

hostname switch2

Switch gibt die LECS-Adresse über ILMI an die angeschlossenen Geräte weiter.

!
atm lecs-address-default 47.0091.8100.0000.00e0.f7a6.c301.00e0.1ece.ff5b.00 1
atm address 47.0091.8100.0000.00e0.f7fc.f901.00e0.f7fc.f901.00
atm router pnni
  node 1 level 56 lowest
    redistribute atm-static
!
interface ATM0/0/0
  atm maxvp-number 8
  atm maxvc-number 8192
!
interface ATM0/0/1
  atm maxvp-number 8
  atm maxvc-number 8192
!
interface ATM2/0/0
  mtu 1500
  no ip address
  atm maxvp-number 0
  lane auto-config-atm-address
!
interface ATM2/0/0.6 multipoint
  ip address 192.150.16.10 255.255.255.0
  lane client ethernet elan1
  no cdp enable
!
interface Ethernet2/0/0
  ip address 192.150.4.10 255.255.255.0
!
ip default-gateway 192.150.200.2

show atm addresses

Switch Address(es):
  47.00918100000000E0F7FCF901.00E0F7FCF901.00 active

Soft VC Address(es):
  47.0091.8100.0000.00e0.f7fc.f901.4000.0c80.0000.00 ATM0/0/0
  47.0091.8100.0000.00e0.f7fc.f901.4000.0c80.0010.00 ATM0/0/1
  47.0091.8100.0000.00e0.f7fc.f901.4000.0c80.0020.00 ATM0/0/2
  47.0091.8100.0000.00e0.f7fc.f901.4000.0c80.0030.00 ATM0/0/3

ILMI Switch Prefix(es):
  47.0091.8100.0000.00e0.f7fc.f901

Prefix enthält standardmäßig die MAC-Adresse des Switch.

ILMI Configured Interface Prefix(es):

LECS Address(es):
  47.0091.8100.0000.00e0.f7a6.c301.00e0.1ece.ff5b.00

18.5.4 LEC Setup

hostname router3
!
interface ATM0
  mtu 1500
  no ip address
  atm uni-version 3.1
  atm rate-queue 1 100
  atm pvc 1 0 16 ilmi
  atm pvc 5 0 5 qsaal
  lane auto-config-atm-address
!
interface ATM0.11 multipoint
  ip address 192.150.11.3 255.255.255.0
  lane client ethernet red
!
interface ATM0.12 multipoint
  ip address 192.150.12.3 255.255.255.0
  lane client ethernet blue
!
interface ATM0.13 multipoint
  ip address 192.150.13.3 255.255.255.0
  lane server-bus ethernet green
  lane client ethernet green   ↰   System ist gleichzeitig auch LES/BUS
!
interface ATM0.14 multipoint
  ip address 192.150.14.3 255.255.255.0
  lane client ethernet devtest

LEC-Informationen in Kurzform

show lane client brief

```
LE Client ATM0.13  ELAN name: green  Admin: up  State: operational
Client ID: 3              LEC up for 1 minute 1 second
Join Attempt: 12
HW Address: 00e0.1ece.da08   Type: ethernet          Max Frame Size: 1516
ATM Address: 47.00918100000000E0F7FCF901.00E01ECEDA08.0D

LE Client ATM0.14  ELAN name: devtest  Admin: up  State: operational
Client ID: 1              LEC up for 5 minutes 52 seconds
Join Attempt: 9
HW Address: 00e0.1ece.da08   Type: ethernet          Max Frame Size: 1516
ATM Address: 47.00918100000000E0F7FCF901.00E01ECEDA08.0E

LE Client ATM0.12  ELAN name: blue  Admin: up  State: operational
Client ID: 1              LEC up for 5 minutes 28 seconds
Join Attempt: 9
HW Address: 00e0.1ece.da08   Type: ethernet          Max Frame Size: 1516
ATM Address: 47.00918100000000E0F7FCF901.00E01ECEDA08.0C

LE Client ATM0.11  ELAN name: red  Admin: up  State: initialState
Client ID: unassigned     Next join attempt in 17 seconds
Join Attempt: 11
Last Fail Reason: Control Direct VC being released
HW Address: 00e0.1ece.da08   Type: ethernet          Max Frame Size: 1516
ATM Address: 47.00918100000000E0F7FCF901.00E01ECEDA08.0B
```

Ausführliche LEC-Informationen

show lane client [name *green*]

```
LE Client ATM0.13  ELAN name: green  Admin: up  State: operational
Client ID: 3                 LEC up for 1 minute 10 seconds
Join Attempt: 12
HW Address: 00e0.1ece.da08   Type: ethernet            Max Frame Size: 1516
ATM Address: 47.00918100000000E0F7FCF901.00E01ECEDA08.0D

VCD rxFrames txFrames Type      ATM Address
  0        0        0 configure 47.00918100000000D17CA3C301.00A23ECDFF5B.00
189        1        5 direct    47.00918100000000E0F7FCF901.00E01ECEDA09.0D
190        9        0 distribute 47.00918100000000E0F7FCF901.00E01ECEDA09.0D
192        0        6 send      47.00918100000000E0F7FCF901.00E01ECEDA0A.0D
193       19        0 forward   47.00918100000000E0F7FCF901.00E01ECEDA0A.0D
196        1        0 data      47.00918100000000D17CA3C301.00E01ECEDB88.0D
198        3        1 data      47.00918100000000E0F7FCF901.00E01ECEFEF8.0D
```

Alle LANE-Komponenten eines Subinterface

show lane interface atm0.13

```
LE Server ATM0.13  ELAN name: green  Admin: up  State: operational
...

LE BUS ATM0.13  ELAN name: green  Admin: up  State: operational
...

LE Client ATM0.13  ELAN name: green  Admin: up  State: operational
...
```

18.6   Classical IP

interface *subinterface*
   atm arp-server nsap *arp-server-nsap* ⇒ CLIP-Client
   atm arp-server self   ⇒ ATMARP-Server

ATMARP Server auf Router2

hostname router2

!
interface Ethernet0
 ip address 144.3.2.2 255.255.0.0
 media-type 10BaseT
!
interface ATM0
 no ip address
 atm uni-version 3.1
 atm rate-queue 1 155
 atm pvc 10 0 16 ilmi
 atm pvc 11 0 5 qsaal
!
interface ATM0.2 multipoint
 ip address 192.150.200.2 255.255.0.0
 atm nsap-address 22.222200000000000000000000.000000000000.00
 atm arp-server self
!
router igrp 100
 network 192.150.0.0

CLIP-Client auf Router3

hostname router3

!
interface Ethernet0
 ip address 144.3.3.3 255.255.0.0
 media-type 10BaseT
!
interface ATM0
 no ip address
 atm uni-version 3.1
 atm rate-queue 1 100
 atm pvc 1 0 16 ilmi
 atm pvc 5 0 5 qsaal
!
interface ATM0.2 multipoint
 ip address 192.150.200.3 255.255.0.0
 atm nsap-address 33.333300000000000000000000.000000000000.00
 atm arp-server nsap 22.222200000000000000000000.000000000000.00
!
router igrp 100
 network 192.150.0.0

CLIP-Client auf LS1010

hostname switch2
!
atm address 47.0091.8100.0000.00e0.f7fc.f901.00e0.f7fc.f901.00
atm router pnni
 node 1 level 56 lowest
  redistribute atm-static
!
interface ATM0/0/0
 atm maxvp-number 8
 atm maxvc-number 8192
!
interface ATM0/0/1
 atm maxvp-number 8
 atm maxvc-number 8192
!
interface ATM2/0/0
 no ip address
 atm maxvp-number 0
!
interface ATM2/0/0.1 multipoint
 ip address 192.150.200.10 255.255.0.0
 atm nsap-address 55.55550000000000000000000000.000000000000.00
 atm arp-server nsap 22.22220000000000000000000000.000000000000.00
!
interface Ethernet2/0/0
 ip address 144.3.4.10 255.255.255.0
!
ip default-gateway 192.150.200.2
!
atm route 44.4444... ATM0/0/1
atm route 11.1111... ATM0/0/2
atm route 33.3333... ATM0/0/0
atm route 22.2222... ATM0/0/2

In diesem Beispiel werden die ATM-Adressen nicht über ILMI von dem Switch bezogen, sondern fest für die Subinterfaces definiert.

router2# show atm arp-server

```
          IP Address TTL      ATM Address
ATM0.2:
       * 192.150.200.1     18:56    11111100000000000000000000000000000000000
       * 192.150.200.2     18:51    22222200000000000000000000000000000000000
       * 192.150.200.3     18:58    33333300000000000000000000000000000000000
       * 192.150.200.4     18:51    44444400000000000000000000000000000000000
```

router3# show arp

```
Protocol  Address         Age (min)  Hardware Addr   Type   Interface
Internet  192.150.3.3          .-    00e0.1ece.da0a  ARPA   Ethernet0
Internet  192.150.200.2        11    VCD#0040        ATM    ATM0.2
```

router3# show atm vc

Interface	VCD	VPI	VCI	Type	AAL / Encapsulation	Peak Kbps	Avg. Kbps	Burst Cells	Status
0	1	0	16	PVC	AAL5-ILMI	155000	155000	94	ACTIVE
0	5	0	5	PVC	AAL5-SAAL	155000	155000	94	ACTIVE
0.2	40	0	34	SVC	AAL5-SNAP	155000	155000	94	ACTIVE

router3# show atm vc 40

```
ATM0.2: VCD: 40, VPI: 0, VCI: 34, etype:0x0, AAL5 - LLC/SNAP, Flags: 0x50
PeakRate: 155000, Average Rate: 155000, Burst Cells: 94, VCmode: 0x1
OAM DISABLED, InARP DISABLED
InPkts: 1464, OutPkts: 1393, InBytes: 147075, OutBytes: 145678
InPRoc: 1464, OutPRoc: 220, Broadcasts: 834
InFast: 0, OutFast: 0, InAS: 0, OutAS: 0
OAM F5 cells sent: 0, OAM cells received: 0, TTL: 4
interface =  ATM0.2, call remotely initiated, call reference = 3
vcnum = 40, vpi = 0, vci = 34, state = Active
 aal5snap vc, point-to-point call
Retry count: Current = 0, Max = 10
timer currently inactive, timer value = 00:00:00
Remote Atm Nsap address 22.222200000000000000000000.000000000000.00
```

19 Frame-Relay

Die Frame-Relay Spezifikationen sind in verschiedenen Standards festgelegt:

ANSI T1.618, ITU-T Q.922 Annex A	*Data Transfer - Core Aspects*
ANSI T1.606, ITU-T I.122	*Architecture and SVC Description*
ANSI T1.606, ITU-T I.370	*Congestion Management Principles*
ANSI T1.617, ITU-T Q.933	*Access Signalling for SVCs*

Die meisten Implementationen basieren jedoch auf dem Standard »*Frame Relay with Extensions*« des Frame-Relay-Konsortiums (Digital Equipment, Cisco, StrataCom, Northern Telecom).

Frame-Relay stellt einen verbindungsorientierten, ungesicherten Data-Link-Service mit folgenden Funktionalitäten zur Verfügung:

● Unterstützung für PVCs (Frame-Relay-V1) und SVCs (Frame-Relay V2).

● Keine Veränderung der Reihenfolge der Frames innerhalb des Frame-Relay-Netzwerks.

● Keine Duplizierung von Frames innerhalb des Netzwerks.

● Geringe Wahrscheinlichkeit von Frame-Verlusten.

● Keine Fehlerkontrolle und keine Flusskontrolle.

LAPF-Frame-Format (Q.922)

Das LAPF-Protokoll (Link Access Procedure Frame Relay) bildet das Data-Link-Protokoll und stellt eine ungesicherte Verbindung zur Verfügung.

Flag 01111110	Header	Daten	FCS	Flag 01111110
1 Octet	2–4 Octets	variabel	2 Octets	1 Octet

2 Octet Header

DLCI (High Order)				C/R	EA=0
DLCI		FECN	BECN	DE	EA=1

3 Octet Header

DLCI (High Order)				C/R	EA=0
DLCI		FECN	BECN	DE	EA=0
DLCI (Low Order)				D/C	EA=1

4 Octet Header

DLCI (High Order)				C/R	EA=0
DLCI		FECN	BECN	DE	EA=0
DLCI					EA=0
DLCI (Low Order) oder DL-Core Control				D/C	EA=1

● DLCI (Data Link Connection ID)

Beschreibt den Virtual Circuit, zu dem der LAPF-Frame gehört.

● FECN, BECN, DE

Das Frame-Relay-Netzwerk benutzt diese Bits für »Congestion Control and Avoidance«-Funktionen.

● EA (Extended Address)

Bei EA=1 handelt es sich bei dem Octet um das letzte DLCI-Byte.

● C/R (Command/Response)

Dieses Bit wird im Moment nicht benutzt.

● D/C (DLCI / Control Indicator)

Bestimmt, ob sich im letzten Octet DLCI-Informationen oder DL-CORE-Control-Informationen befinden. Der Benutzung von Control-Informationen ist im Moment noch nicht definiert.

Frame-Relay-Adressierung

DLCIs können eine globale oder lokale Signifikanz innerhalb des Frame-Relay-Netzwerks haben. Bei lokaler Signifikanz kann man den DLCI auf einem anderen Interface erneut benutzen.

Frame-Relay-SVCs benutzen den DLCI Null als Signalisierungskanal, über den sie Q.933-Signalisierungsinformationen zum Aufbau eines Virtual Circuit austauschen (entspricht in etwa dem ISDN-D-Kanal).

19.1 Congestion Control

Preventive Congestion Control

Um eine Überlastung des Netzwerks zu vermeiden, kontrolliert die Frame-Relay-DCE die Datenmenge, die eine DTE zur gleichen Zeit in das Netzwerk senden darf (*Rate Limiting*).

- Commited Information Rate (CIR)

  Definiert den maximalen Datendurchsatz, den der Anbieter des Frame-Relay-Netzwerks für einen PVC garantiert.

- Commited Burst Size

  Die maximale Anzahl von Bits, die mit der Commited Information Rate übertragen werden dürfen (der Zeitraum bezieht sich meistens auf eine Sekunde).

- Excess Burst Size

  Die maximale Datenmenge, die das Netzwerk versucht, über die Commited Burst Size hinaus zu übertragen (im Maximalfall bis zur Übertragungsrate des Interfaces).

- Beispiel

  CIR: 100000 Bit/s und Commited Burst Size: 50000 Bit

  Maximal 0,5 Sekunden darf das System Daten mit einer Geschwindigkeit von 100 Kbps übertragen.

  Excess Burst Size: 200000 Bit

  Innerhalb des Intervalls von 0,5 Sekunden versucht das Netzwerk, bis zu 300000 Bit zu übertragen.

Reactive Congestion Control

Frame-Relay-Netzwerke können mehrere Mechanismen zur Vermeidung von Überlast-Situationen zur Verfügung stellen:

- Forward Explicit Congestion Notification (FECN)

  Über ein gesetztes FC-Bit informiert das Netzwerk den Empfänger des Frames, dass auf dem Übertragungsweg zum Zielsystem eine Überlast aufgetreten ist.

- Backward Explicit Congestion Notification (BECN)

  Das Frame-Relay-Netzwerk setzt das BC-Bit in Frames, die zu dem Sender zurückgesendet werden. Dadurch ist der Knoten informiert, dass er Frames in einen überlasteten Pfad sendet.

- Discard Eligibility (DE) Bit

  Ist dieses Bit gesetzt, kann das zugehörige Frame aus dem Netzwerk entfernt (*discarded*) werden, sobald eine Überlast-Situation auftritt. Das Bit ist auch in Frames gesetzt, die oberhalb der Commited Information Rate gesendet werden.

19.2 Local Management Interface

Die LMI-Spezifikationen (LMI) sind in den Standards *ANSI T.617 Annex D* und *CCITT Q.933 Annex A* definiert.

LMI Control Procedures

- Überprüfung der Link-Integrität

- Erzeugen von Network Status Reports

- Meldung des Netzwerks über Statusänderungen eines individuellen PVC

LMI-Frame-Format (ähnlich Q.922 und Q.931)

Das Frame-Relay-Konsortium verwendet den DLCI 1023 für LMI, ANSI und die ITU-T hingegen den DLCI 0.

Flag 01111110	DLCI	UI Indicator	Protocol Descrim.	Call Reference	Message Type	Information Elements	FCS	Flag 01111110
1 Octet	2 Octets	1 Octet	1 Octet	1 Octet	1 Octet	variabel	2 Octets	1 Octet

LMI Extensions

Zusätzlich zu den normalen LMI-Funktionen hat das Frame-Relay-Konsortium noch weitere Funktionen definiert:

- Virtual Circuit Status Messages (common)

  Kommunikation und Synchronisation zwischen dem Netzwerk und der Frame-Relay-DTE.

- Multicast (optional)

  Die DLCIs 1019 bis 1022 können für die Übertragung von Multicast-Messages eingesetzt werden.

- Global Addressing (optional)

  Die DLCI haben globale Bedeutung, d.h., sie sind in dem gesamten Netzwerk eindeutig.

- Simple Flow Control (optional)

  Statt der Congestion-Notification-Bits setzt das Netzwerk einen XON/XOFF-Mechanismus ein.

19.3   Inverse Address Resolution Protocol

Über InARP (RFC 2390, alter RFC 1293) kann ein Frame-Relay-Knoten die Protokolladresse der anderen Station eines Virtual-Circuit bestimmen. InARP arbeitet im Prinzip wie ARP, außer dass die Hardware-Adresse bekannt ist (der DLCI des Virtual Circuit) und die Protokolladresse gesucht wird.

InARP-Request

Der InARP-Request beinhaltet die lokale Hardware- und Protokolladresse sowie die Hardware-Adresse der Gegenseite. Das Feld der Target-Protokolladresse ist mit Nullen aufgefüllt.

Hardware Type (0X000F für Frame-Relay)		Protocol Type (0x0800 für IP)	
Länge der HW-Adresse	Länge des Protokolls	Operation Code (**8 = Request**)	
Source HW-Adresse (2,3 oder 4 Octets je nach DLCI)		Source Protocol Address (32 Bit für IP)	
Hardware Type		Target HW-Adresse (2,3 oder 4 Octets je nach DLCI)	
Target Protocol Address (immer auf Null)			

InARP-Reply

Der Gegenseite ist es freigestellt, mit einem InARP-Reply auf einen Request zu antworten.

Hardware Type (0X000F für Frame-Relay)		Protocol Type (0x0800 für IP)	
Länge der HW-Adresse	Länge des Protokolls	Operation Code (**9 = Response**)	
Source HW-Adresse (2,3 oder 4 Octets je nach DLCI)		Source Protocol Address (32 Bit für IP)	
Hardware Type		Target HW-Adresse (2,3 oder 4 Octets je nach DLCI)	
Target Protocol Address (32 Bit für IP)			

19.4 Multiprotocol Interconnect

MPI (RFC 2427, alter RFC 1490) beschreibt eine Encapsulation-Methode für die Übertragung von Netzwerkdaten über ein Frame-Relay Backbone.

Da aus dem Frame-Relay Header selbst nicht ersichtlich ist, um welches Protokoll es sich bei den Nutzdaten handelt, sind in der Regel im Datenfeld noch zusätzliche Informationen für die Bestimmung des übertragenen Protokolls enthalten. Neben MPI existieren noch weitere Möglichkeiten wie z.B. Cisco HDLC oder PPP Encapsulation.

General MPI Frame Format

Flag 01111110	DLCI	UI 0x03	Optional PAD	**NLPID**	Protokoll-Daten	FCS	Flag 01111110
1 Octet	2 Octets	1 Octet	1 Octet	1 Octet	variabel	2 Octets	1 Octet

● NLPID (Network Layer Protocol Identifier, ISO TR9577)

0x00	ISO Inactive Network Layer Subset
0x08	ITU-T Q.933
0x80	SNAP
0x81	ISO 8473 (ES-ES)
0x82	ISO 9542 (ES-IS)
0x83	ISO 10589 (IS-IS)
0xCC	IP

Daten von Routing-Protokollen (*Routed Frames*)

● Protokolle mit NLPID

UI 0x03	PAD 0x00	**NLPID**	Protokoll-Daten

● Protokolle ohne NLPID

UI 0x03	PAD 0x00	**0x80**	OUI 00-00-00	**EtherType** xx-yy	Protokoll-Daten

Daten von Bridge-Protokollen (*Bridged Frames*)

Für Bridged Frames verwendet MPI den SNAP NLPID 0x80 mit einem OUI von 0x00-80-C2. Folgende PID-Werte sind für den OUI 00-80-C2 definiert (analog zum RFC 1483 für ATM):

Medium	FCS bleibt bestehen	FCS wird entfernt
IEEE 802.3 / Ethernet V2	0x00-01	0x00-07
IEEE 802.4	0x00-02	0x00-08
IEEE 802.5	0x00-03	0x00-09
FDDI	0x00-04	0x00-0A
IEEE 802.6		0x00-0B
MPI Fragmente		0x00-0D
801.1 Bridge PDUs		0x00-0E

● Bridged 802.3/Ethernet Frames

UI 0x03	PAD 0x00	0x80	00-80-C2	**00-01**	Ethernet MAC-Frame ab der Destination Address	LAN FCS falls 00-01	FCS

● Bridged FDDI Frames

UI 0x03	PAD 0x00	0x80	00-80-C2	**00-04**	PAD 0x00	Frame Control	FDDI MAC-Frame ab der Destination Address	LAN FCS falls 00-04	FCS

● MPI Fragments

UI 0x03	PAD 0x00	0x80	00-80-C2	**00-0D**	Sequence Number	Sequence Field	Fragment Data	FCS

19.5   Cisco-Konfiguration: Frame-Relay

Frame-Relay Encapsulation für serielle Schnittstellen einschalten

● Frame-Relay ohne LMI

    interface *name*
      encapsulation frame-relay   ⇒ Cisco HDLC Encapsulation
      encapsulation frame-relay ietf   ⇒ MPI Encapsulation
      no frame-relay keepalive

Das Kommando »*no frame-relay keepalive*« entspricht dem normalen *no keepalive*-Befehl. Der Router sendet in diesem Fall keine LMI Keepalive Frames mehr über das Interface. Notwendig für Netzwerke ohne LMI, z.B. bei Back-to-Back-Verbindungen.

● Frame-Relay mit LMI

    interface *name*   Bei LMI-Type Cisco handelt es sich um
      encapsulation frame-relay [ietf]   das Frame-Relay-Konsortium.
      frame-relay LMI-Type ANSI I Q933A I CISCO
      frame-relay keepalive *seconds*

● Frame-Relay Interface Type

    frame-relay switching
    interface *name*   Nur bei DCE oder NNI notwendig
      frame-relay intf-type nni I dte I dce

Bei Back-to-Back-Verbindung muss eine Seite auf DCE gesetzt sein.

DLCI Mapping

Über DLCI Mapping erfolgt die Zuordnung eines DLCI zu einem Netzwerkprotokoll.

● Dynamisch über Inverse ARP (nach RFC 1293)

    interface *name*
      [no] frame-relay inverse-arp   *[protocol] [dlci]*

InARP wird dann benutzt, wenn schon ein PVC zur Gegenseite besteht. Bei Verwendung eines LMI-Protokolls gibt in der Regel der Switch die DLCIs bekannt.

Ansonsten reicht ein »*frame map*«-Kommando aus, um den PVC aufzubauen, alle anderen Protokolle (außer CLNS) benutzen dann den gleichen DLCI.

● Statisch über Protocol Mapping

    frame map *protocol protocol-address   dlci* [broadcast]   [ietf I cisco]

                                Encapsulation für diesen DLCI

Subinterfaces

Falls keine Subinterfaces definiert sind, betrachten Routing-Protokolle, die zwischen LAN-und WAN-Ports unterscheiden (z.B. IS-IS oder OSPF), das Frame-Relay Interface als eine LAN-Schnittstelle.

interface *name*
  encapsulation frame-relay

● Point-to-Point Subinterface

  Die Router betrachten die Schnittstelle als einen WAN-Port. In diesem Fall ist nur ein DLCI pro Subinterface möglich.

  interface *name* point-to-point
    frame-relay interface-dlci *dlci*

● Multipoint Subinterfaces

  Die Router sehen das Interface als einen LAN-Port an. Hierbei ist es möglich, mehrere DLCI pro Subinterface zu konfigurieren.

  interface *name* multipoint
    frame-relay map *protocol* ... *dlci* ...

Anzeige von Frame-Relay-Informationen

```
# show interface s0
Serial0 is up, line protocol is up
  Hardware is HD64570
  Internet address is 181.1.6.9 255.255.255.252
  MTU 1500 bytes, BW 1544 Kbit, DLY 20000 usec, rely 255/255, load 1/255
  Encapsulation FRAME-RELAY, loopback not set, keepalive set (5 sec)
  LMI enq sent   0, LMI stat recvd 0, LMI upd recvd 0
  LMI enq recvd 445, LMI stat sent  445, LMI upd sent  0, DCE LMI up
  LMI DLCI 0   LMI type is ANSI Annex D  Frame-Relay DCE
  Broadcast queue 0/64,broadcasts sent/dropped 0/0,interface broadcasts 87
  Last input 0:00:00, output 0:00:00, output hang never
  Last clearing of "show interface" counters never
  Output queue 0/40, 0 drops; input queue 0/75, 0 drops
  5 minute input rate 1000 bits/sec, 4 packets/sec
  5 minute output rate 2000 bits/sec, 3 packets/sec
     4590 packets input, 265122 bytes, 0 no buffer
     Received 0 broadcasts, 0 runts, 0 giants
     0 input errors, 0 CRC, 0 frame, 0 overrun, 0 ignored, 0 abort
     4295 packets output, 275920 bytes, 0 underruns
     0 output errors, 0 collisions, 23 interface resets, 0 restarts
     0 output buffer failures, 0 output buffers swapped out
     44 carrier transitions
     DCD=up  DSR=up  DTR=up  RTS=up  CTS=up
```

show frame lmi

```
LMI Statistics for interface Serial0 (Frame-Relay DCE) LMI TYPE = ANSI
    Invalid Unnumbered info 0          Invalid Prot Disc 0
    Invalid dummy Call Ref 0           Invalid Msg Type 0
    Invalid Status Message 0           Invalid Lock Shift 0
    Invalid Information ID 0           Invalid Report IE Len 0
    Invalid Report Request 0           Invalid Keep IE Len 0
    Num Status Enq. Rcvd 443           Num Status msgs Sent 443
    Num Update Status Sent 0           Num St Enq. Timeouts 41
```

show frame pvc

```
PVC Statistics for interface Serial0 (Frame-Relay DTE)

DLCI = 100, DLCI USAGE = LOCAL, PVC STATUS = ACTIVE, INTERFACE = Serial0

    input pkts 2667         output pkts 2925        in bytes 167646
    out bytes 181689        dropped pkts 0          in FECN pkts 0
    in BECN pkts 0          out FECN pkts 0         out BECN pkts 0
    in DE pkts 0            out DE pkts 0
    pvc create time 1:25:40  last time pvc status changed 0:14:34

DLCI = 150, DLCI USAGE = LOCAL, PVC STATUS = ACTIVE, INTERFACE = Serial0

    input pkts 6            output pkts 6           in bytes 203
    out bytes 239          dropped pkts 0           in FECN pkts 0
    in BECN pkts 0         out FECN pkts 0          out BECN pkts 0
    in DE pkts 0           out DE pkts 0
    pvc create time 0:00:31  last time pvc status changed 0:00:31
```

show frame map

```
Serial0 (up): ip 181.1.6.10 dlci 100(0x64,0x1840), static,
              broadcast,
              CISCO, status defined, active
Serial0 (up): decnet 3.1 dlci 100(0x64,0x1840), static,
              broadcast,
              CISCO, status defined, active
Serial0 (up): appletalk 20.2 dlci 150(0x96,0x2460), dynamic,
              broadcast,, status defined, active
```

Über "frame map"-
Kommando

Über InARP-Mechanismus
gelernt

debug frame-relay [events | packets | lmi]

19.5.1.1 Traffic Shaping

Traffic Shaping für Frame-Relay ist ab der Version V11.2 auf Virtual Circuit Basis für SVCs und PVCs verfügbar. Es ist aber auch weiterhin möglich, Generic Traffic Shaping einzusetzen.

Um die Traffic-Shaping-Parameter für eine Verbindung einzuhalten, werden die Daten zwischengespeichert und entsprechend der eingestellten Übertragungsrate in das Netzwerk gesendet.

Generisches Traffic Shaping

interface *name*
   traffic-shape rate *bit-rate* [*burst-size* [*excess-burst-size*]]
   traffic-shape group access-list *#* *bit-rate* [*burst-size* [*excess-burst-size*]]
   traffic-shape adaptive *bit-rate*

Über den Access-Filter kann man das Traffic Shaping auf bestimmte Daten einschränken. Der Router reduziert bei Empfang eines Frames mit gesetztem BECN-Bit die Übertragungsrate auf den bei »*traffic-shape adaptive*« angegebenen Wert. Das heißt, die »*traffic-shape rate*« bildet die obere, die »*traffic-shape adaptive*« die untere Grenze der Übertragungsrate.

Beispiel für generisches Traffic Shaping mit einer CIR von 100 Kbps, einer Burst Size von 500000 Bit und einer Excess Burst Size von 750000 (traffic-shape rate 100000 500000 750000).

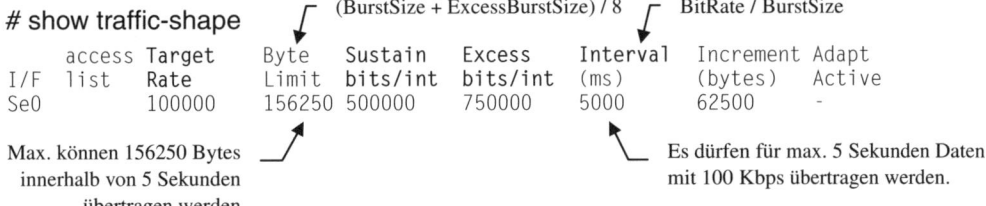

```
# show traffic-shape          ┌ (BurstSize + ExcessBurstSize) / 8   ┌ BitRate / BurstSize
                              ↓                                     ↓
        access Target   Byte    Sustain  Excess   Interval  Increment Adapt
I/F     list   Rate     Limit   bits/int bits/int (ms)      (bytes)   Active
Se0            100000   156250  500000   750000   5000      62500     -
```

Max. können 156250 Bytes
innerhalb von 5 Sekunden
übertragen werden

Es dürfen für max. 5 Sekunden Daten
mit 100 Kbps übertragen werden.

```
# show traffic-shape statistics
        Access Queue    Packets  Bytes    Packets  Bytes    Shaping
I/F     List   Depth                      Delayed  Delayed  Active
Se0            13       4041     1715834  1877     769643   yes
```

```
# show traffic-shape queue
Traffic queued in shaping queue on Serial0

(depth/weight) 1/4096
Conversation 183, linktype: ip, length: 45
source: 192.1.1.225, destination: 192.1.1.130, id: 0x0A45, ttl: 255,
TOS: 0 prot: 6, source port 23, destination port 11909

(depth/weight) 1/128
Conversation 257, linktype: clns, length: 1503

(depth/weight) 5/4096
Conversation 110, linktype: ip, length: 276
source: 192.1.1.225, destination: 192.1.1.198, id: 0x1BCB, ttl: 255,
TOS: 0 prot: 6, source port 23, destination port 11004

(depth/weight) 3/4096
Conversation 234, linktype: clns, length: 547
source: 49.0015.0192.0000.0001.00 destination 49.0004.0192.0000.0004.00
```

show interface s0

```
Serial0 is up, line protocol is up
...   ...   ...
Broadcast queue 0/64,broadcasts sent/dropped 508/0,interface broadcasts 46
Last input 00:00:00, output 00:00:00, output hang never
Last clearing of "show interface" counters never
Input queue: 0/75/0 (size/max/drops); Total output drops: 537
Queueing strategy: weighted fair
Output queue: 0/64/537 (size/threshold/drops)
    Conversations  0/4 (active/max active)
    Reserved Conversations 0/0 (allocated/max allocated)
5 minute input rate 184000 bits/sec, 33 packets/sec
5 minute output rate 182000 bits/sec, 34 packets/sec
    1754146 packets input, 409621197 bytes, 0 no buffer
    Received 0 broadcasts, 0 runts, 0 giants, 0 throttles
    38 input errors, 38 CRC, 0 frame, 0 overrun, 0 ignored, 0 abort
    1719543 packets output, 165629553 bytes, 0 underruns
    0 output errors, 0 collisions, 15 interface resets
    0 output buffer failures, 0 output buffers swapped out
    124 carrier transitions
```

Traffic Shaping auf Virtual-Circuit-Basis

interface *name*   ┌─ gilt für alle PVCs
   frame-relay traffic-shaping   ↙
   frame-relay **class** *map-class-name*

interface *sub-interface*   ┌─ gilt nur für einen PVC
   frame-relay interface-dlci *dlci* ↙
     class *map-class-name*

● Rate Enforcement (Festlegung der Traffic-Shaping-Parameter)

   map-class frame-relay *map-class-name*
     frame-relay **bc in** *bits*   ⇒ Burst Size
     frame-relay **bc out** *bits*
     frame-relay **be in** *bits*   ⇒ Excess Burst Size
     frame-relay **be out** *bits*
     frame-relay **cir in** *bps*   ⇒ Commited Information Rate
     frame-relay **cir out** *bps*
     frame-relay **mincir in** *bps*
     frame-relay **mincir out** *bps*

   frame-relay traffic-rate *average* [*peak*] ⇒ Traffic-Shape-Parameter für SVCs

  ● Average (bps):   Entspricht CIR

  ● Peak (bps):   Entspricht CIR x (1 + BE/BC)

● Dynamic Traffic Throttling (BECN-Unterstützung)

   map-class frame-relay *map-class-name*
     frame-relay becn-response-enable

● Enhanced Queueing Support (Custom und Priority Queueing)

```
map-class frame-relay map-class-name
  frame-relay custom-queue-list #
  frame-relay priority-group #
```

Frame-Relay Discard Eligibility

Festlegung, bei welchen Daten der Router das DE-Bit im Frame-Relay Header setzen soll.

frame-relay de-list # [protocol *protocol* | interface *name*] *characteristics*
interface *name*
  frame-relay de-group # *dlci*

```
                                      Fragments
                                      tcp    port
                                      udp    port
                                      list   access-list
                                      gt     bytes
                                      lt     bytes
```

19.5.2 Frame-Relay Switching

Frame-Relay Switching

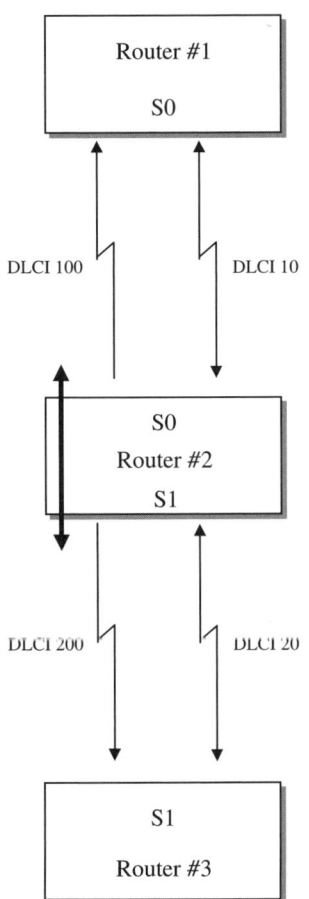

```
interface s0
  ip address 181.1.1.1
  frame-relay intf-type dce
  Frame-Relay LMI-Type ansi
  frame-relay keepalive 10
  frame-relay map ip 191.1.1.3  100 broadcast
  frame-relay map ip 181.1.1.2  10 broadcast

frame-relay switching
interface s0
  ip address 181.1.1.2
  frame-relay intf-type dce
  frame-relay LMI-Type ansi
  frame-relay keepalive 10
  frame-relay map ip 181.1.1.1  10 broadcast
  frame-relay route 100  interface serial1  200
interface s1
  ip address 191.1.1.2
  frame-relay intf-type dce
  frame-relay LMI-Type cisco
  frame-relay keepalive 10
  frame-relay map ip 191.1.1.3  20 broadcast
  frame-relay route 200  interface serial0  100

interface s1
  ip address 191.1.1.3
  frame-relay intf-type dte
  frame-relay LMI-Type cisco
  frame-relay keepalive 10
  frame-relay map ip 191.1.1.2  20 broadcast
  frame-relay map ip 181.1.1.1  200 broadcast
```

Frame-Relay Switch-to-Switch-Kopplung und IP Tunneling

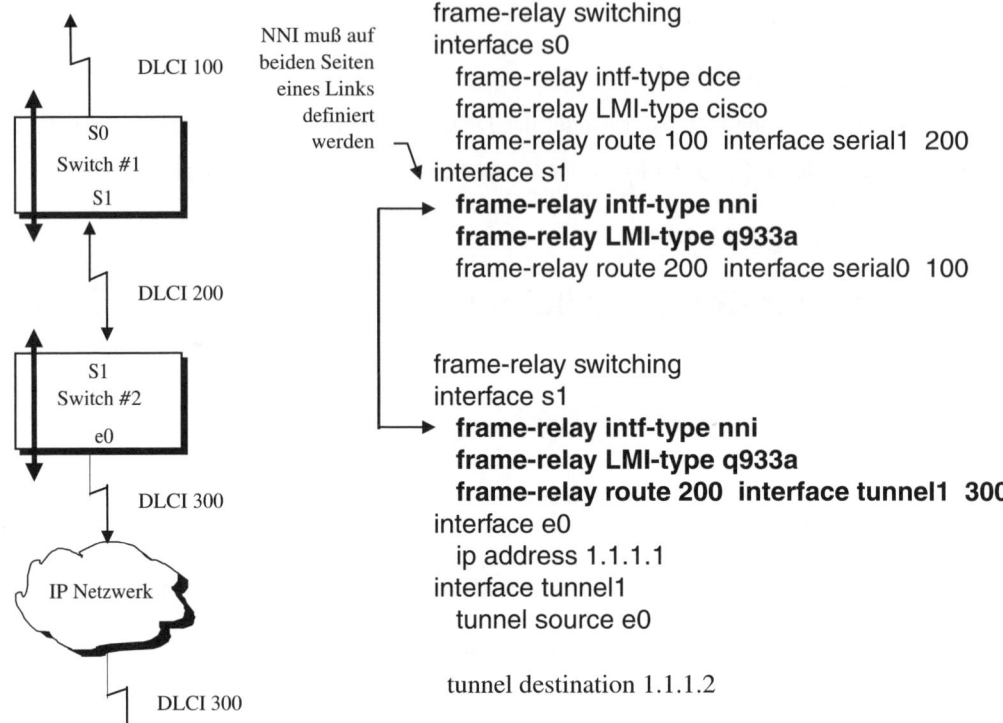

```
NNI muß auf
beiden Seiten
eines Links
definiert
werden
```

```
frame-relay switching
interface s0
    frame-relay intf-type dce
    frame-relay LMI-type cisco
    frame-relay route 100  interface serial1  200
interface s1
    frame-relay intf-type nni
    frame-relay LMI-type q933a
    frame-relay route 200  interface serial0  100


frame-relay switching
interface s1
    frame-relay intf-type nni
    frame-relay LMI-type q933a
    frame-relay route 200  interface tunnel1  300
interface e0
    ip address 1.1.1.1
interface tunnel1
    tunnel source e0

    tunnel destination 1.1.1.2
```

19.6   Beispiel: Frame-Relay Switching

Beispiel für Frame-Relay Switching mit einem IP-Tunnel

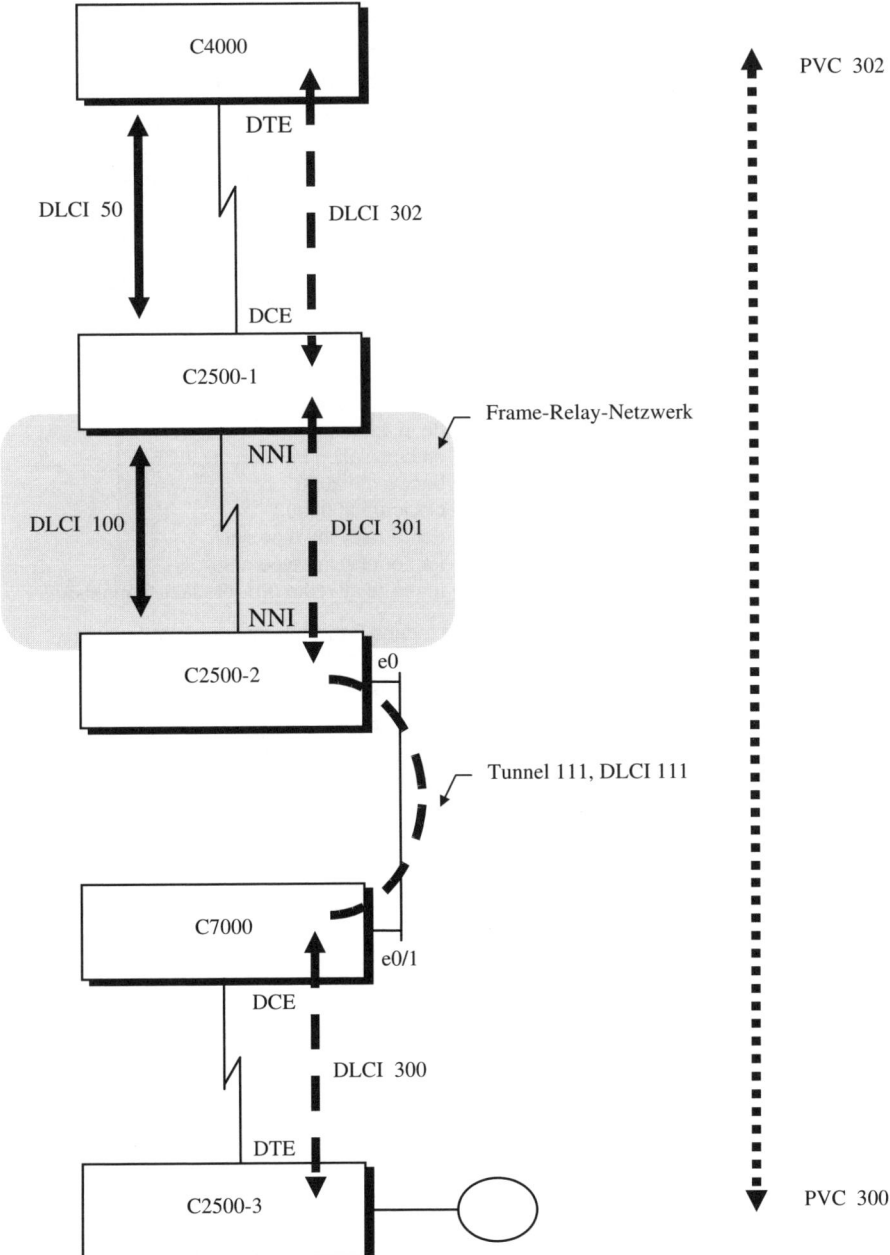

Der Frame-Relay-Interface-Typ NNI darf nur auf dem seriellen Interface zwischen zwei Routern definiert werden.

hostname c4000
!

interface Loopback0
  ip address 192.1.1.225 255.255.255.255
!
interface Ethernet0
  ip address 172.68.141.201 255.255.255.224
  bandwidth 10000
!
interface Serial0
  description --- Link to c2500-1 ---
  ip address 192.1.1.197 255.255.255.252
  encapsulation frame-relay IETF
  ip ospf network broadcast
  bandwidth 2000
  clockrate 2000000
  frame-relay map ip 192.1.1.198 50 broadcast
  frame-relay lmi-type ansi
!
interface Serial0.1 point-to-point
  ip unnumbered Ethernet0
  no arp frame-relay
  frame-relay interface-dlci 302
   class toC2500-3
!
router ospf 1
  network 172.68.141.192 0.0.0.31 area 11
  network 192.1.1.196 0.0.0.3 area 11
  network 192.1.1.225 0.0.0.0 area 11
!
map-class frame-relay toC2500-3
  frame-relay traffic-rate 1000000 500000
!
end

PVC nach C2500-1

PVC nach C2500-3

hostname c2500-1
!

frame-relay switching
!
interface Loopback0
  ip address 192.1.1.226 255.255.255.255
!
interface Serial0
  description --- Link to c4000 ---
  ip address 192.1.1.198 255.255.255.252
  encapsulation frame-relay IETF
  ip ospf network broadcast
  bandwidth 2000
  frame-relay map ip 192.1.1.197 50 broadcast
  frame-relay lmi-type ansi
  frame-relay intf-type dce
  frame-relay route 302 interface Serial1 301
!
interface Serial1
  no ip address
  encapsulation frame-relay IETF
  bandwidth 2000
  clockrate 2000000
  frame-relay lmi-type ansi
  frame-relay intf-type nni
  frame-relay route 301 interface Serial0 302
!
interface Serial1.1 point-to-point
  ip address 192.1.1.205 255.255.255.252
  frame-relay interface-dlci 100
!
router ospf 1
  network 192.1.1.196 0.0.0.3 area 11
  network 192.1.1.226 0.0.0.0 area 11
  network 192.1.1.204 0.0.0.3 area 11
!
end

hostname c2500-2
!
frame-relay switching
!
interface Loopback0
 ip address 192.1.1.227 255.255.255.255
!
interface Tunnel111
 no ip address
 tunnel source Loopback0
 tunnel destination 192.1.1.228
!
interface Ethernet0
 ip address 192.1.1.129 255.255.255.224
 bandwidth 10000
!
interface Serial1
 description --- Link to c2500-1 ---
 no ip address
 encapsulation frame-relay IETF
 bandwidth 2000
 frame-relay lmi-type ansi   — Tunnel nach
 frame-relay intf-type nni   /   C7000
 frame-relay route 301 interface Tunnel111 111
!
interface Serial1.1 point-to-point
 ip address 192.1.1.206 255.255.255.252
 no arp frame-relay
 frame-relay interface-dlci 100
!   ↖ PVC nach
router ospf 1   C2500-1
 network 192.1.1.204 0.0.0.3 area 11
 network 192.1.1.227 0.0.0.0 area 11
 network 192.1.1.128 0.0.0.31 area 11
!
end

hostname c7000
!
frame-relay switching
!
interface Loopback0
 ip address 192.1.1.228 255.255.255.255
 no ip mroute-cache
 no ip route-cache
!
interface Tunnel111
 no ip address
 tunnel source Loopback0
 tunnel destination 192.1.1.227
!
interface Ethernet0/1
 ip address 192.1.1.130 255.255.255.224
 bandwidth 10000
!
interface Serial1/2
 description --- Link to C2500-3 ---
 no ip address
 encapsulation frame-relay IETF
 bandwidth 2000
 no fair-queue
 clockrate 2000000   — Tunnel nach
 frame-relay lmi-type ansi   /   C2500-2
 frame-relay intf-type dce
 frame-relay route 300 interface Tunnel111 111
!
router ospf 1
 network 192.1.1.228 0.0.0.0 area 11
 network 192.1.1.128 0.0.0.31 area 11
 network 192.168.1.0 0.0.0.255 area 11
!
end

hostname c2500-3
!
interface Serial0
 description --- Link to C7000 ---
 no ip address
 encapsulation frame-relay IETF
 bandwidth 2000
 frame-relay lmi-type ansi
!
interface Serial0.1 point-to-point   — PVC nach C4000
 ip unnumbered TokenRing0
 frame-relay interface-dlci 300
!
interface TokenRing0
 ip address 192.1.1.65 255.255.255.224
 ring-speed 16
!
ip route 0.0.0.0 0.0.0.0 Serial0.1 permanent
ip route 192.1.1.0 255.255.255.0 Serial0.1
!
end

C4000-Informationen

c4000# show frame-relay map

```
Serial0 (up): ip 192.1.1.198 dlci 50(0x32,0xC20), static,
            broadcast,
            IETF, status defined, active
Serial0.1 (up): point-to-point dlci, dlci 302(0x12E,0x48E0), broadcast
          status defined, active
```

c4000# show frame-relay pvc

```
PVC Statistics for interface Serial0 (Frame-Relay DTE)

DLCI = 50, DLCI USAGE = LOCAL, PVC STATUS = ACTIVE, INTERFACE = Serial0

  input pkts 4826        output pkts 4562       in bytes 342164
  out bytes 329766       dropped pkts 0         in FECN pkts 0
  in BECN pkts 0         out FECN pkts 0        out BECN pkts 0
  in DE pkts 0           out DE pkts 0
  out bcast pkts 2764      out bcast bytes 205459
  pvc create time 03:16:00, last time pvc status changed 01:59:24

DLCI = 302, DLCI USAGE = LOCAL, PVC STATUS = ACTIVE, INTERFACE = Serial0.1

  input pkts 236         output pkts 254        in bytes 35952
  out bytes 42198        dropped pkts 0         in FECN pkts 0
  in BECN pkts 0         out FECN pkts 0        out BECN pkts 0
  in DE pkts 0           out DE pkts 0
  out bcast pkts 123       out bcast bytes 32898
  pvc create time 01:28:34, last time pvc status changed 01:28:34
```

c4000# show interface s0

```
Serial0 is up, line protocol is up
  Hardware is MK5025
  Description: --- Link to c2500-1 ---
  Internet address is 192.1.1.197/30
  MTU 1500 bytes, BW 2000 Kbit, DLY 20000 usec, rely 255/255, load 1/255
  Encapsulation FRAME-RELAY IETF, loopback not set, keepalive set (10 sec)
  LMI enq sent  1178, LMI stat recvd 1174, LMI upd recvd 0, DTE LMI up
  LMI enq recvd 0, LMI stat sent  0, LMI upd sent  0
  LMI DLCI 0  LMI type is ANSI Annex D  Frame-Relay DTE
  FR SVC disabled, LAPF state down
  Broadcast queue 0/64,broadcasts sent/dropped 706/0,interface broadcasts 68
  Last input 00:00:01, output 00:00:00, output hang never
  Last clearing of "show interface" counters never
  Input queue: 0/75/0 (size/max/drops); Total output drops: 0
  Queueing strategy: weighted fair
  Output queue: 0/64/0 (size/threshold/drops)
     Conversations  0/0 (active/max active)
     Reserved Conversations 0/0 (allocated/max allocated)
  5 minute input rate 11000 bits/sec, 4 packets/sec
  5 minute output rate 7000 bits/sec, 3 packets/sec
     1595309 packets input, 295772778 bytes, 0 no buffer
     Received 0 broadcasts, 0 runts, 0 giants, 0 throttles
     38 input errors, 38 CRC, 0 frame, 0 overrun, 0 ignored, 0 abort
     1612070 packets output, 104811073 bytes, 0 underruns
     0 output errors, 0 collisions, 15 interface resets
     0 output buffer failures, 0 output buffers swapped out
     124 carrier transitions
```

c4000# show interface s0.1

```
Serial0.1 is up, line protocol is up
  Hardware is MK5025
  Interface is unnumbered. Using address of Ethernet0 (172.68.141.201)
  MTU 1500 bytes, BW 2000 Kbit, DLY 20000 usec, rely 255/255, load 1/255
  Encapsulation FRAME-RELAY IETF
```

C2500-1-Informationen

c2500-1# show frame-relay route

Input Intf	Input Dlci	Output Intf	Output Dlci	Status
Serial0	302	Serial1	301	active
Serial1	301	Serial0	302	active

c2500-1# show frame-relay map

```
Serial0 (up): ip 192.1.1.197 dlci 50(0x32,0xC20), static,
              broadcast,
              IETF, status defined, active
Serial1.1 (up): point-to-point dlci, dlci 100(0x64,0x1840), broadcast
           status defined, active
```

c2500-1# show frame-relay pvc

```
PVC Statistics for interface Serial0 (Frame-Relay DCE)

DLCI = 50, DLCI USAGE = LOCAL, PVC STATUS = ACTIVE, INTERFACE = Serial0

  input pkts 3101        output pkts 3172       in bytes 215146
  out bytes 232397       dropped pkts 0         in FECN pkts 0
  in BECN pkts 0         out FECN pkts 0        out BECN pkts 0
  in DE pkts 0           out DE pkts 0
  out bcast pkts 1782      out bcast bytes 128755
  pvc create time 01:59:25, last time pvc status changed 01:59:25

DLCI = 302, DLCI USAGE = SWITCHED, PVC STATUS = ACTIVE, INTERFACE = Serial0

  input pkts 452         output pkts 262        in bytes 57730
  out bytes 41616        dropped pkts 1         in FECN pkts 0
  in BECN pkts 0         out FECN pkts 0        out BECN pkts 0
  in DE pkts 0           out DE pkts 0
  out bcast pkts 0         out bcast bytes 0
  pvc create time 01:59:25, last time pvc status changed 01:43:35
  Num Pkts Switched 451

PVC Statistics for interface Serial1 (Frame-Relay NNI)

DLCI = 100, DLCI USAGE = LOCAL, PVC STATUS = ACTIVE, INTERFACE = Serial1.1

  input pkts 1881        output pkts 1831       in bytes 188925
  out bytes 167833       dropped pkts 0         in FECN pkts 0
  in BECN pkts 0         out FECN pkts 0        out BECN pkts 0
  in DE pkts 0           out DE pkts 0
  out bcast pkts 888       out bcast bytes 95696
  pvc create time 01:59:24, last time pvc status changed 01:59:24
```

```
DLCI = 301, DLCI USAGE = SWITCHED, PVC STATUS = ACTIVE, INTERFACE = Serial1

  input pkts 262          output pkts 451        in bytes 41616
  out bytes 57662         dropped pkts 0         in FECN pkts 0
  in BECN pkts 0          out FECN pkts 0        out BECN pkts 0
  in DE pkts 0            out DE pkts 0
  out bcast pkts 0         out bcast bytes 0
  pvc create time 01:59:24, last time pvc status changed 01:59:14
  Num Pkts Switched 262
```

c2500-1# show frame-relay lmi

```
LMI Statistics for interface Serial0 (Frame-Relay DCE) LMI TYPE = ANSI
  Invalid Unnumbered info 0          Invalid Prot Disc 0
  Invalid dummy Call Ref 0           Invalid Msg Type 0
  Invalid Status Message 0           Invalid Lock Shift 0
  Invalid Information ID 0            Invalid Report IE Len 0
  Invalid Report Request 0           Invalid Keep IE Len 0
  Num Status Enq. Rcvd 716           Num Status msgs Sent 716
  Num Update Status Sent 0           Num St Enq. Timeouts 0

LMI Statistics for interface Serial1 (Frame-Relay NNI) LMI TYPE = ANSI
  Invalid Unnumbered info 0          Invalid Prot Disc 0
  Invalid dummy Call Ref 0           Invalid Msg Type 0
  Invalid Status Message 0           Invalid Lock Shift 0
  Invalid Information ID 0            Invalid Report IE Len 0
  Invalid Report Request 0           Invalid Keep IE Len 0
  Num Status Enq. Rcvd 717           Num Status msgs Sent 717
  Num Update Status Rcvd 0           Num St Enq. Timeouts 0
  Num Status Enq. Sent 716           Num Status msgs Rcvd 716
  Num Update Status Sent 0           Num Status Timeouts 0
```

c2500-1# show interface s0

```
Serial0 is up, line protocol is up
  Hardware is HD64570
  Description: --- Link to c4000 ---
  Internet address is 192.1.1.198/30
  MTU 1500 bytes, BW 2000 Kbit, DLY 20000 usec, rely 255/255, load 1/255
  Encapsulation FRAME-RELAY IETF, loopback not set, keepalive set (10 sec)
  LMI enq sent  0, LMI stat recvd 0, LMI upd recvd 0
  LMI enq recvd 717, LMI stat sent  717, LMI upd sent  0, DCE LMI up
  LMI DLCI 0  LMI type is ANSI Annex D  Frame-Relay DCE
  FR SVC disabled, LAPF state down
  Broadcast queue 0/64,broadcasts sent/dropped 93/0,interface broadcasts 93
  Last input 00:00:00, output 00:00:00, output hang never
  Last clearing of "show interface" counters never
  Input queue: 0/75/0 (size/max/drops); Total output drops: 0
  Queueing strategy: weighted fair
  Output queue: 0/64/0 (size/threshold/drops)
     Conversations  0/2 (active/max active)
     Reserved Conversations 0/0 (allocated/max allocated)
  5 minute input rate 4000 bits/sec, 3 packets/sec
  5 minute output rate 9000 bits/sec, 3 packets/sec
     7185 packets input, 2856451 bytes, 0 no buffer
     Received 0 broadcasts, 0 runts, 0 giants, 0 throttles
     0 input errors, 0 CRC, 0 frame, 0 overrun, 0 ignored, 0 abort
     12272 packets output, 7998421 bytes, 0 underruns
     0 output errors, 0 collisions, 4 interface resets
     0 output buffer failures, 0 output buffers swapped out
     0 carrier transitions
     DCD=up  DSR=up  DTR=up  RTS=up  CTS=up
```

c2500-1# show interface s1

```
Serial1 is up, line protocol is up
  Hardware is HD64570
  Backup interface BRIO, kickin load 60%, kickout load 20%
      failure delay 0 sec, secondary disable delay 20 sec
  MTU 1500 bytes, BW 2000 Kbit, DLY 20000 usec, rely 255/255, load 1/255
  Encapsulation FRAME-RELAY IETF, loopback not set, keepalive set (10 sec)
  LMI enq sent  716, LMI stat recvd 716, LMI upd recvd 0, DTE LMI up
  LMI enq recvd 717, LMI stat sent  717, LMI upd sent  0, DCE LMI up
  LMI DLCI 0  LMI type is ANSI Annex D  Frame-Relay NNI
  FR SVC disabled, LAPF state down
  Broadcast queue 0/64,broadcasts sent/dropped 221/0,interf. broadcasts 198
  Last input 00:00:02, output 00:00:02, output hang never
  Last clearing of "show interface" counters never
  Input queue: 0/75/0 (size/max/drops); Total output drops: 0
  Queueing strategy: weighted fair
  Output queue: 0/64/0 (size/threshold/drops)
     Conversations  0/1 (active/max active)
     Reserved Conversations 0/0 (allocated/max allocated)
  5 minute input rate 1000 bits/sec, 1 packets/sec
  5 minute output rate 2000 bits/sec, 1 packets/sec
     ...   ...   ...
     4 carrier transitions
     DCD=up  DSR=up  DTR=up  RTS=up  CTS=up
```

c2500-1# show interface s1.1

```
Serial1.1 is up, line protocol is up
  Hardware is HD64570
  Internet address is 192.1.1.205/30
  MTU 1500 bytes, BW 2000 Kbit, DLY 20000 usec, rely 255/255, load 1/255
  Encapsulation FRAME-RELAY IETF
```

C2500-2-Informationen

c2500-2# show frame-relay route

```
Input Intf     Input Dlci     Output Intf     Output Dlci     Status
Serial1        301            Tunnel111       111             active
Tunnel111      111            Serial1         301             active
```

c2500-2# show frame-relay map

```
Serial1.1 (up): point-to-point dlci, dlci 100(0x64,0x1840), broadcast
          status defined, active
```

c2500-2# show frame-relay pvc

```
PVC Statistics for interface Serial1 (Frame-Relay NNI)

DLCI = 100,DLCI USAGE = LOCAL,PVC STATUS = ACTIVE,INTERFACE = Serial1.1

  input pkts 1857        output pkts 1911        in bytes 169300
  out bytes 190976       dropped pkts 0          in FECN pkts 0
  in BECN pkts 0         out FECN pkts 0         out BECN pkts 0
  in DE pkts 0           out DE pkts 0
  out bcast pkts 889      out bcast bytes 96276
  pvc create time 01:59:44, last time pvc status changed 01:59:44
```

```
DLCI = 301,DLCI USAGE = SWITCHED,PVC STATUS = ACTIVE,INTERFACE = Serial1

  input pkts 451          output pkts 262          in bytes 57662
  out bytes 41616         dropped pkts 0           in FECN pkts 0
  in BECN pkts 0          out FECN pkts 0          out BECN pkts 0
  in DE pkts 0            out DE pkts 0
  out bcast pkts 0          out bcast bytes 0
  pvc create time 01:59:45, last time pvc status changed 01:44:05
  Num Pkts Switched 451

PVC Statistics for interface Tunnel111

DLCI = 111,DLCI USAGE = SWITCHED,PVC STATUS = ACTIVE,INTERFACE = Tunnel111

  input pkts 262          output pkts 451          in bytes 41616
  out bytes 57662         dropped pkts 0           in FECN pkts 0
  in BECN pkts 0          out FECN pkts 0          out BECN pkts 0
  in DE pkts 0            out DE pkts 0
  out bcast pkts 0          out bcast bytes 0
  pvc create time 01:59:45, last time pvc status changed 01:59:45
  Num Pkts Switched 262
```

c2500-2# show interface s1

```
Serial1 is up, line protocol is up
  Hardware is HD64570
  Backup interface BRI0, kickin load 60%, kickout load 10%
      failure delay 0 sec, secondary disable delay 20 sec
  MTU 1500 bytes, BW 2000 Kbit, DLY 20000 usec, rely 255/255, load 1/255
  Encapsulation FRAME-RELAY IETF, loopback not set, keepalive set (10 sec)
  LMI enq sent  718, LMI stat recvd 718, LMI upd recvd 0, DTE LMI up
  LMI enq recvd 717, LMI stat sent  717, LMI upd sent  0, DCE LMI up
  LMI DLCI 0  LMI type is ANSI Annex D  Frame-Relay NNI
  FR SVC disabled, LAPF state down
  Broadcast queue 0/64,broadcasts sent/dropped 249/0,interf. broadcasts 225
  Last input 00:00:00, output 00:00:00, output hang never
  Last clearing of "show interface" counters never
  Input queue: 0/75/0 (size/max/drops); Total output drops: 0
  Queueing strategy: weighted fair
  Output queue: 0/64/0 (size/threshold/drops)
     Conversations  0/1 (active/max active)
     Reserved Conversations 0/0 (allocated/max allocated)
  5 minute input rate 2000 bits/sec, 1 packets/sec
  5 minute output rate 2000 bits/sec, 1 packets/sec
     ...   ...   ...
     16 carrier transitions
     DCD=up  DSR=up  DTR=up  RTS=up  CTS=up
```

c2500-2# show interface s1.1

```
Serial1.1 is up, line protocol is up
  Hardware is HD64570
  Internet address is 192.1.1.206/30
  MTU 1500 bytes, BW 1544 Kbit, DLY 20000 usec, rely 255/255, load 1/255
  Encapsulation FRAME-RELAY IETF
```

C7000-Informationen

c7000# show frame-relay route

```
Input Intf    Input Dlci    Output Intf    Output Dlci    Status
Serial1/2     300           Tunnel111      111            active
Tunnel111     111           Serial1/2      300            active
```

c7000# show frame-relay pvc

```
PVC Statistics for interface Serial1/2 (Frame-Relay DCE)

DLCI = 300,DLCI USAGE = SWITCHED,PVC STATUS = ACTIVE,INTERFACE = Serial1/2

  input pkts 303        output pkts 451       in bytes 51615
  out bytes 57662       dropped pkts 2        in FECN pkts 0
  in BECN pkts 0        out FECN pkts 0       out BECN pkts 0
  in DE pkts 0          out DE pkts 0
  out bcast pkts 0        out bcast bytes 0
  pvc create time 02:35:03, last time pvc status changed 01:59:14
  Num Pkts Switched 262

PVC Statistics for interface Tunnel111

DLCI = 111,DLCI USAGE = SWITCHED,PVC STATUS = ACTIVE,INTERFACE = Tunnel111

  input pkts 451        output pkts 262       in bytes 57662
  out bytes 41616       dropped pkts 39       in FECN pkts 0
  in BECN pkts 0        out FECN pkts 0       out BECN pkts 0
  in DE pkts 0          out DE pkts 0
  out bcast pkts 0        out bcast bytes 0
  pvc create time 02:35:03, last time pvc status changed 02:35:03
  Num Pkts Switched 451
```

c7000# show frame-relay lmi

```
LMI Statistics for interface Serial1/2 (Frame-Relay DCE) LMI TYPE = ANSI
  Invalid Unnumbered info 0        Invalid Prot Disc 0
  Invalid dummy Call Ref 0         Invalid Msg Type 0
  Invalid Status Message 0         Invalid Lock Shift 0
  Invalid Information ID 0         Invalid Report IE Len 0
  Invalid Report Request 0         Invalid Keep IE Len 0
  Num Status Enq. Rcvd 931         Num Status msgs Sent 931
  Num Update Status Sent 0         Num St Enq. Timeouts 0
```

c7000# show interface s1/2

```
Serial1/2 is up, line protocol is up
  Hardware is cxBus Serial
  Description: --- Link to C2500-3 ---
  MTU 1500 bytes, BW 2000 Kbit, DLY 20000 usec, rely 255/255, load 1/255
  Encapsulation FRAME-RELAY IETF, loopback not set, keepalive set (10 sec)
  LMI enq sent  0, LMI stat recvd 0, LMI upd recvd 0
  LMI enq recvd 931, LMI stat sent  931, LMI upd sent  0, DCE LMI up
  LMI DLCI 0  LMI type is ANSI Annex D  Frame-Relay DCE
  FR SVC disabled, LAPF state down
  Broadcast queue 0/64, broadcasts sent/dropped 0/0, interface broadcasts 0
  Last input 00:00:02, output 00:00:02, output hang never
  Last clearing of "show interface" counters never
  Queueing strategy: fifo
```

```
Output queue 0/40, 0 drops; input queue 0/75, 0 drops
5 minute input rate 0 bits/sec, 0 packets/sec
5 minute output rate 0 bits/sec, 0 packets/sec
    1234 packets input, 64649 bytes, 0 no buffer
    Received 0 broadcasts, 0 runts, 0 giants, 0 throttles
    0 input errors, 0 CRC, 0 frame, 0 overrun, 0 ignored, 0 abort
    1382 packets output, 71496 bytes, 0 underruns
    0 output errors, 0 collisions, 0 interface resets
    0 output buffer failures, 0 output buffers swapped out
    1 carrier transitions
    RTS up, CTS up, DTR up, DCD up, DSR up
```

C2500-3-Informationen

c2500-3# show frame-relay map

```
Serial0.1 (up): point-to-point dlci, dlci 300(0x12C,0x48C0), broadcast
        status defined, active
```

c2500-3# show frame-relay pvc

```
PVC Statistics for interface Serial0 (Frame-Relay DTE)

DLCI = 300, DLCI USAGE = LOCAL, PVC STATUS = ACTIVE, INTERFACE = Serial0.1

    input pkts 476          output pkts 374         in bytes 59013
    out bytes 63176         dropped pkts 0          in FECN pkts 0
    in BECN pkts 0          out FECN pkts 0         out BECN pkts 0
    in DE pkts 0            out DE pkts 0
    out bcast pkts 180      out bcast bytes 48760
    pvc create time 03:33:13, last time pvc status changed 01:59:23
```

c2500-3# show frame-relay lmi

```
LMI Statistics for interface Serial0 (Frame-Relay DTE) LMI TYPE = ANSI
    Invalid Unnumbered info 0       Invalid Prot Disc 0
    Invalid dummy Call Ref 0        Invalid Msg Type 0
    Invalid Status Message 0        Invalid Lock Shift 0
    Invalid Information ID 0        Invalid Report IE Len 0
    Invalid Report Request 0        Invalid Keep IE Len 0
    Num Status Enq. Sent 1320       Num Status msgs Rcvd 1276
    Num Update Status Rcvd 0        Num Status Timeouts 44
```

c2500-3# show interface s0

```
Serial0 is up, line protocol is up
    Hardware is HD64570
    Description: --- Link to C7000 ---
    MTU 1500 bytes, BW 2000 Kbit, DLY 20000 usec, rely 255/255, load 1/255
    Encapsulation FRAME-RELAY IETF, loopback not set, keepalive set (10 sec)
    LMI enq sent  1320, LMI stat recvd 1276, LMI upd recvd 0, DTE LMI up
    LMI enq recvd 4, LMI stat sent  0, LMI upd sent  0
    LMI DLCI 0  LMI type is ANSI Annex D  Frame-Relay DTE
    FR SVC disabled, LAPF state down
    Broadcast queue 0/64,broadcasts sent/dropped 180/0,interf. broadcasts 15
    Last input 00:00:00, output 00:00:00, output hang never
    Last clearing of "show interface" counters never
    Input queue: 0/75/0 (size/max/drops); Total output drops: 0
    Queueing strategy: weighted fair
    Output queue: 0/64/0 (size/threshold/drops)
        Conversations  0/1 (active/max active)
        Reserved Conversations 0/0 (allocated/max allocated)
    5 minute input rate 1000 bits/sec, 1 packets/sec
```

```
5 minute output rate 1000 bits/sec, 1 packets/sec
   1817 packets input, 81522 bytes, 0 no buffer
   Received 0 broadcasts, 0 runts, 0 giants, 0 throttles
   0 input errors, 0 CRC, 0 frame, 0 overrun, 0 ignored, 0 abort
   1726 packets output, 87661 bytes, 0 underruns
   0 output errors, 0 collisions, 16 interface resets
   0 output buffer failures, 0 output buffers swapped out
   7 carrier transitions
   DCD=up  DSR=up  DTR=up  RTS=up  CTS=up
```

c2500-3# show interface s0.1

```
Serial0.1 is up, line protocol is up
  Hardware is HD64570
  Interface is unnumbered.  Using address of TokenRing0 (192.1.1.65)
  MTU 1500 bytes, BW 2000 Kbit, DLY 20000 usec, rely 255/255, load 1/255
  Encapsulation FRAME-RELAY IETF
```

ISDN

ISDN-Protokoll-Architektur

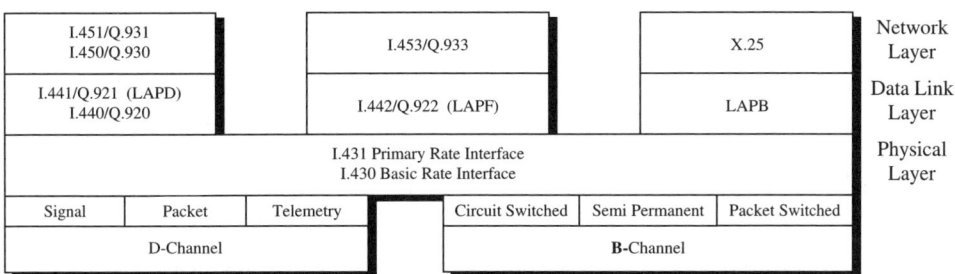

I.451/Q.931 I.450/Q.930		I.453/Q.933		X.25	Network Layer
I.441/Q.921 (LAPD) I.440/Q.920		I.442/Q.922 (LAPF)		LAPB	Data Link Layer
I.431 Primary Rate Interface I.430 Basic Rate Interface					Physical Layer
Signal	Packet	Telemetry	Circuit Switched	Semi Permanent	Packet Switched
D-Channel			B-Channel		

- Physical Layer

  I.430   Basic User-Network Interface – Layer 1 Specification

  I.431   Primary Rate User-Network Interface – Layer 1 Specification

  Eine I.430-Schnittstelle wird in Deutschland häufig auch als S_0-Schnittstelle und ein I.431-Anschluss als S_{2m}-Schnittstelle bezeichnet.

- Data Link Layer

  Q.920/I.440   ISDN User-Network Interface Data Link – General Aspects

  Q.921/I.441   ISDN User-Network Interface Data Link – Specification (LAPD)

  Q.922   ISDN Data Link Layer Specification for Frame Mode Bearer Service (LAPF)

- Network Layer

  Q.930/I.450   ISDN User-Network Interface Layer 3 - General Aspects

  Q.931/I.451   ISDN User-Network Interface Layer 3 - Specification for Basic Call Control (D-Channel)

  Q.932/I.452   Generic Procedures for the Control of ISDN Supplementary Services

  Q.933   Signalling Specification for Frame Mode Basic Call Control (B+D Channel)

Die ISDN-Signalisierung (Q.931) wird in den internationalen Standardisierungsgremien auch als DSS1 (Digital Subscriber Signaling No. 1) bezeichnet und das eigentliche ISDN-Protokoll selbst als N-ISDN (Narrowband oder Schmalband-ISDN)

ISDN-Referenzpunkte und Funktionsgruppen

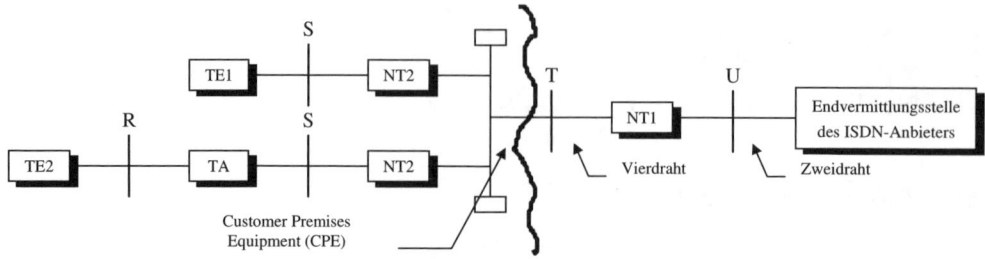

- Referenzpunkte

  U (User)   Full-Duplex-Datensignal auf der Anschlussleitung

  T (Terminate)   Netzwerk-Terminierung; trennt das ISDN-Netzwerk von den
                  ISDN-Geräten

  S (System)   Schnittstelle für den Anschluss von individuellen ISDN-Geräten

  R (Rate)   Schnittstelle zwischen nicht ISDN-fähigen Geräten und einem Terminal-
                  Adapter (TA)

- Funktionsgruppen

  NT1 (Network Termination 1)   Terminierung und Überwachung der Anschlussleitung

  NT2 (Network Termination 2)   Layer-2- und -3-Protokoll

  TE1 (Terminal Equipment 1)   Standard-ISDN-Geräte

  TE2 (Terminal Equipment 2)   Nicht ISDN-fähige Geräte (z.B. analoges Telefon)

  TA   (Terminal Adapter)   Erlaubt den Anschluss eines nicht ISDN-fähigen Geräts

20.1   Primary- und Basic-Rate-Schnittstelle

S/T-Schnittstelle eines Basic Rate Interfaces

- Übertragung

  - 4-Draht Full-Duplex

  - maximale Länge von 914,4 Meter

  - Übertragungsrate von 192 Kbps

- Struktur des Übertragungskanals

  - 2B+D Framing, EOC (Embedded Operation Channel)

- Frame-Parameter

  - 2 x 64 Kbps für die B-Kanäle und 16 Kbps für den D-Kanal ⇒ 128 Kbps User-Information

  - 48 Bit pro Frame (2 x 2B+D; 16 Bit für B-Kanäle, 4 Bit für D-Kanal, 4 Bit für Framing und Control)

  - 250 μsec pro Frame, d.h. 192 Kbps (48 Bit x 4000 Frames/Sekunde)

U-Schnittstelle eines Basic Rate Interfaces

- Übertragung

  - Time-Division-Multiplexing

  - 2-Draht Full-Duplex

  - maximale Länge von 5.486,4 Meter

  - Übertragungsrate von 160 Kbps

- Struktur des Übertragungskanals

  - 2B+D Framing, EOC (Embedded Operation Channel)

- Frame-Parameter

  - 2 x 64 Kbps für die B-Kanäle und 16 Kbps für den D-Kanal ⇒ 128 Kbps User-Information

  - 240 Bit pro Frame (12 x 2B+D; 16 Bit für B-Kanäle und 4 Bit für D-Kanal)

  - 1.500 μsec pro Frame, d.h. 160 kbps (240 Bit x 666 Frames/Sekunde)

Primary Rate Interface in Europa

- Übertragungsrate

  - 2.048 Mbps (E1-Schnittstelle mit 32 Kanälen)

- Frame-Parameter

  - 30 x 64 Kbps für die B-Kanäle und 64 Kbps für den D-Kanal ⇒ 1.920 Mbps User-Information

  - Timeslot 15 für die D-Kanal Signalisierung, Timeslot Null für Synchronisation und Framing

  - 256 Bit pro Frame (30 x 8 Bit für B-Kanäle, acht Bit für D-Kanal und acht für Kontroll-Kanal)

  - 125 μsec pro Frame, d.h. 2.048 Mbps (256 Bit x 8000 Frames/Sekunde)

Primary Rate Interface in Nordamerika und Japan

● Übertragungsrate

   ● 1.544 Mbps (T1-Schnittstelle mit 24 Kanälen)

● Frame-Parameter

   ● 23 x 64 Kbps für die B-Kanäle und 64 Kbps für den D-Kanal $\Rightarrow$ 1.472 Mbps User-Information

   ● Timeslot 24 für die D-Kanal-Signalisierung

   ● 193 Bit pro Frame (23 x 8 Bit für B-Kanäle, 8 Bit für D-Kanal, sowie 1 Bit Signalisierung)

   ● 125 µsec pro Frame, d.h. 1.544 Mbps (193 Bit x 8000 Frames/Sekunde)

20.2 LAPD-Protokoll

LAPD (Link Access Protocol D-Channel) ist das Data-Link-Protokoll für den ISDN-D-Kanal und stellt eine gesicherte Verbindung zwischen dem lokalen ISDN-Anschluss und der ISDN-Endvermittlungsstelle zur Verfügung.

Frame-Format (Canonical Format)

Flag 01111110	Address	Control	Q.931 Informationen	FCS	Flag 01111110
1 Octet	1 Octet	1-2 Octets	maximal 260 Octets	2 Octets	1 Octet

Das Control-Feld bestimmt den Typ des LAPD Frames (Information, Supervisory oder Unnumbered).

● Information Frames

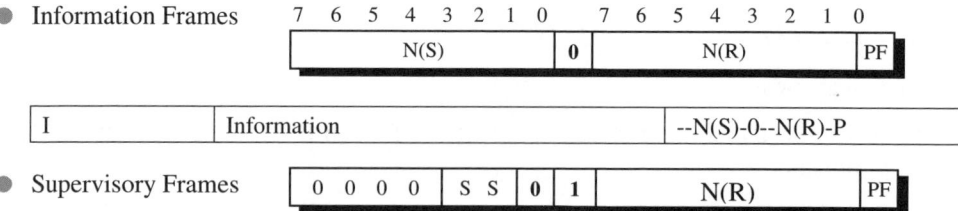

I	Information	--N(S)-0--N(R)-P

● Supervisory Frames

RR	Receive Ready	00000001*nnnnnnn**
RNR	Receive Not Ready	00000101*nnnnnnn**
REJ	Reject	00001001*nnnnnnn**

● Unnumbered Frames

| M M M | PF | M M | 1 | 1 |

SABME	Set Async Balanced Mode Extended	011p	1111
DISC	Disconnect	010p	0011
UI	Unnumbered Information	000p	0011
UA	Unnumbered Acknowledgement	011f	0011
DM	Disconnect Mode	000f	0011
FRMR	Frame Reject	100f	0111
XID	Extended Information	101*	1111

Adress-Feld

| TEI | 1 | SAPI | CR | 0 |

● C/R (Command/Response)

Das C/R-Bit gibt an, ob es sich bei dem Frame um ein Command oder um Response (als Antwort auf ein Command) handelt.

● TEI (Terminal Endpoint Identifier)

0-63	für Geräte, die einen TEI manuell zugewiesen bekommen
64-126	für Geräte, die einen TEI automatisch zugewiesen bekommen
127	Group TEI

● SAPI (Service Access Points Identifier, definiert den Inhalt des Frames)

0	Call-Control-Nachrichten
1	Packet-Mode-Kommunikation (über I.451 Call-Control)
16	Packet-Mode-Kommunikation (über X.25 Layer-3)
32-62	Frame-Relay-Kommunikation
63	Layer-2-Netzwerk-Management

● Data Link Connection Identifier (DLCI)

Die Kombination eines SAPI und eines TEI wird zur eindeutigen Identifizierung einer logischen LAPD-Verbindung benutzt.

20.3 Signalisierung

Q.931 Call Control

Das Q.931-Protokoll ist für den Auf- und Abbau sowie für Verwaltung der ISDN-Verbindungen verantwortlich. Q.931 setzt das LAPD-Protokoll, um eine gesicherte Übertragung der Signalisierungsnachrichten über den D-Kanal zu gewährleisten.

● Verbindungsaufbau

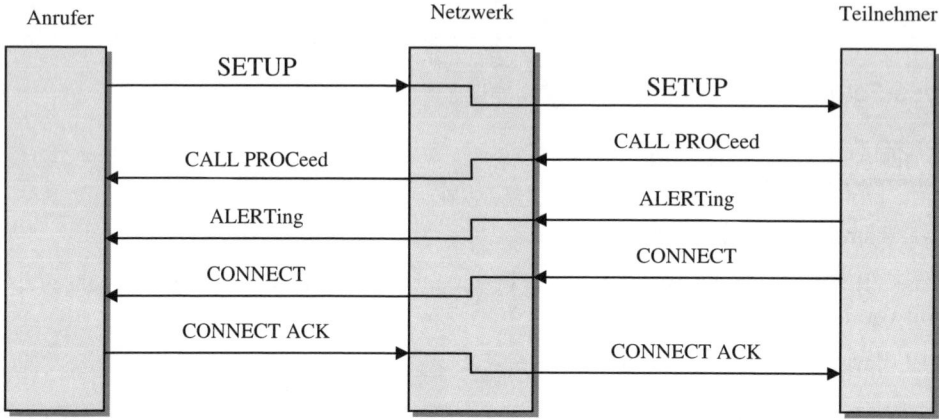

● Verbindungsabbau

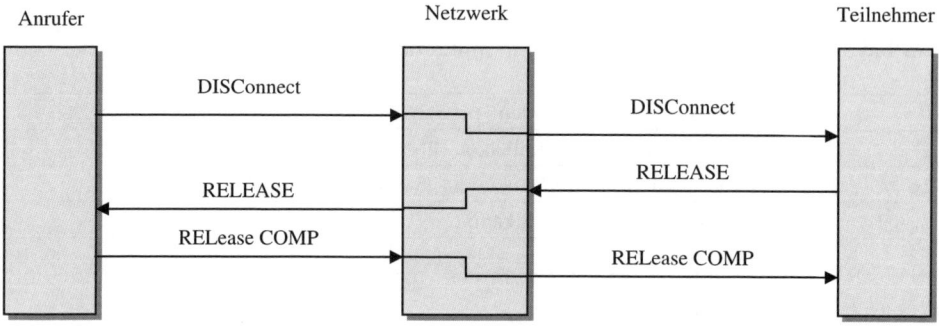

E.164-Adressierung

Die ISDN-Adressierung ist in der ITU-T-Empfehlung E.164 beschrieben. Die maximale Größe der ISDN-Nummer beträgt 15 Ziffern. Da die einzelnen Ziffern der Nummer über einen 4-Bit-Wert kodiert werden, ergibt sich eine Größe von 60 Bit.

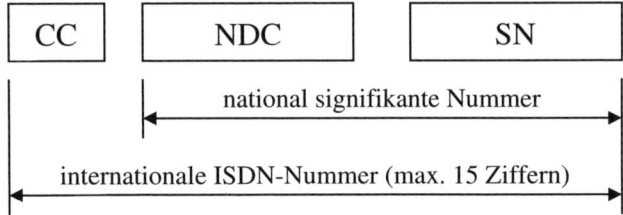

Der CC (Country Code) besteht aus ein bis drei Ziffern, für Europa ist die erste Ziffer 3 oder 4.

- Deutschland   49
- Frankreich   33
- Groß-Britannien   44
- USA, Kanada   1

21 Cisco-Konfiguration: Dial on Demand Routing

Die Konfiguration eines Cisco-Routers zur Datenübertragung (Bridging und Routing) über eine Wählleitung bezeichnet man auch als DDR (Dial on Demand Routing). DDR unterstützt folgende Schnittstellen:

- DTR
- V.25bis
- ISDN BRI und PRI
- Asynchrone Interfaces über Chat-Scripts

Ab der IOS Version V11.2 existieren zwei Implementationen von Dial on Demand Routing:

Dialer Profiles

Dialer Profiles basieren auf einer Trennung von logischer und physikalischer Konfiguration. Sie unterstützen die meisten Routing-Protokolle und Backup-Interfaces, jedoch kein ISO-CLNS und Snapshot-Routing.

Als Data-Link-Protokolle für das physikalische Interface kann man PPP oder X.25 einsetzen (kein Multilink oder Callback).

Legacy DDR

Legacy DDR entspricht der alten DDR-Implementation, die auf einer statischen Bindung zwischen den Rufnummern der Zielsysteme und der physikalischen Interface-Konfiguration beruht.

Als Data-Link-Protokolle für das physikalische Interface sind PPP, HDLC, Frame-Relay, LAPB und X.25 verfügbar. Folgende Einschränkungen sind für Legacy DDR zu beachten:

- Pro ISDN-Schnittstelle ist nur ein Interface möglich, d.h. alle B-Kanäle benutzen die gleiche Konfiguration.
- Benutzt man eine BRI- oder PRI-Schnittstelle als Backup-Interface, sind im Normalfall alle B-Kanäle »down« und das Interface kann nicht für andere Aufgaben verwendet werden.

21.1   Allgemeine Dialer-Kommandos

Kontrolle der physikalischen Dialer-Schnittstellen

Bei den nachfolgenden Befehlen handelt es sich um Interface-Kommandos (z.B. für ISDN oder serielle Schnittstellen):

● Nach wie vielen Sekunden das Carrier-Signal des Modems anliegen muss (Standard ist 30 Sekunden).

dialer **wait-for-carrier** time *seconds*

● Nach einem Verbindungsabbau ist die Leitung für diesen Zeitraum nicht verfügbar (Standard 15 Sekunden).

dialer **enable-timeout** seconds

● Nach wie vielen Sekunden alle Verbindungen über eine untätige Leitung geschlossen werden, falls der Router Daten zu einem anderen Zielsystem senden muss (Standard 20 Sekunden).

dialer **fast-idle** seconds

● Nach wie vielen Sekunden eine untätige Leitung heruntergefahren wird, wenn überhaupt keine Daten zur Übertragung anstehen (Standard 120 Sekunden).

dialer **idle-timeout** seconds

Dialer-List und Dialer-Group

Unter DDR ist immer eine »dialer-list« notwendig, egal ob man Dialer Profiles oder Legacy-DDR einsetzt. Die Access-Liste einer »dialer-list« unterscheidet zwischen interessanten und uninteressanten Paketen. Interessante Pakete sind in der Lage, einen Verbindungsaufbau zu initiieren und setzen den Idle-Timer zurück. Uninteressante Pakete überträgt der Router dagegen nur bei einer aktiven Verbindung. Die Access-Liste einer Dialer-List führt daher kein Filtern von Datenpaketen durch.

dialer-list # ...   .

interface *name*   ⌐   Nummer der Dialer-List
   dialer-group # ↰

● Dialer-List mit Access-Liste

Der Permit-Parameter spezifiziert die interessanten Pakete, die einen Verbindungaufbau initiieren, der Deny-Parameter die uninteressanten Pakete.

access-list # permit I deny *protocol address*
dialer-list # list #   (bis IOS V 10.2)
dialer-list # protocol *protocol* list #   (ab IOS V 10.3)

```
access-list 199 deny    ip any host 255.255.255.255 log-input
access-list 199 deny    ip any host 224.0.0.5 log-input
access-list 199 deny    ip any host 224.0.0.6 log-input
access-list 199 permit ip any any
!
dialer-list 1 protocol ip list 199
!
interface bri0
  dialer-group 1
```

debug dialer packets

```
BRI0: ip (s=192.1.1.201,d=224.0.0.5), 64 bytes, uninteresting (list 199)
BRI0: ip (s=192.1.1.201,d=192.1.1.202), 100 bytes, interesting (list 199)
```

● Dialer-List ohne eine Access-Liste (ab V10.3)

dialer-list # **protocol** *protocol* **permit I deny**

```
dialer-list 1 protocol ip permit
interface bri0
  dialer-group 1
```

Dialer String

Der Befehl *dialer string* stellt die Verbindung zur Gegenseite her. Das Kommando be-schränkt die Konfiguration auf eine einzige Gegenstelle, die der Router gleichzeitig über das zugehörige Interface anwählen kann und gilt für alle Protokolle, die auf der Schnitt-stelle konfiguriert sind.

Bei mehreren »*dialer string*«-Kommandos innerhalb eines Dialer-Interfaces benutzt der Router die anderen Einträge erst dann, wenn der Verbindungsaufbau zu der vorhergehenden Rufnummer fehlgeschlagen ist.

Legacy DDR: dialer string *Rufnummer*
Dialer Profiles: dialer string *Rufnummer* [class *dialer-class*]

Dialer Map

Bei der Legacy-DDR-Konfiguration sind mehrere »*dialer map*«-Kommandos für ein Inter-face erlaubt. Im Gegensatz zur »*dialer string*«-Konfiguration ist es daher möglich, über ein Dialer Interface mehrere unterschiedliche Systeme anzusprechen.

Existieren mehrere »*dialer map*«-Befehle für die gleiche Protokoll-Adresse, gebraucht der Router die anderen Einträge erst dann, wenn der Verbindungsaufbau zu der vorhergehenden Rufnummer misslungen ist (gleiches Verhalten wie bei mehreren »*dialer string*«-Komman-dos.

interface *name*
  dialer map *protocol* *address* [broadcast] [name name] *Rufnummer_der_Gegenseite*

Falls man für das Interface keine PPP-Authentication verwendet, kann als Name auch eine Rufnummer angegeben werden, die der Router bei einem ankommenden Ruf mit der Rufnummer des Senders überprüft (z.B. dialer map ip 1.1.1.1 name 691234 0691234).

Bandwidth on Demand

Bandwidth on Demand ist eine protokollunabhängige Technik zur Lastverteilung, die jedoch nur für Dialer Rotary Groups möglich ist. Unter ISDN startet der Router bei Erreichen des definierten Schwellenwerts den zweiten B-Kanal. Der Wert wird in 1/255-Anteilen angegeben:

- 1   zweiter Kanal wird direkt aufgebaut

- 127   zweiter Kanal wird bei 50% aufgebaut

interface *bri0*
    dialer **load-threshold** #

21.2   Dialer Profiles

Im Gegensatz zu Legacy DDR erlauben Dialer Profiles eine Trennung der Konfiguration der physikalischen Schnittstellen von den Parametern, die der Router für den Verbindungsaufbau benötigt. Ein Dialer Profile besteht aus folgenden Elementen:

- Dialer Interface   Konfiguration der »*dialer strings*« und der Parameter für die Routing-Protokolle

- Map Class   Optionale Parameter für den Verbindungsaufbau, wird den »*dialer strings*« zugeordnet

- Dialer Pool   Pool von physikalischen Schnittstellen, die das Dialer-Interface benutzen kann

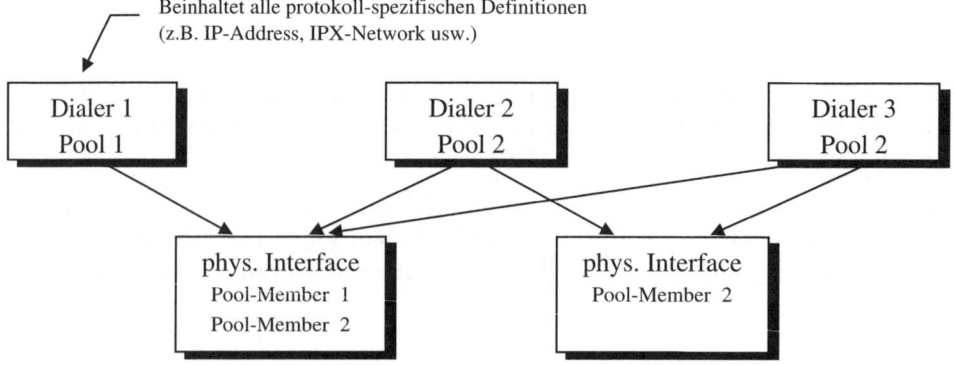

dialer-list # permit *protocol* ...

interface dialer 1

    ip address ...   ⌐ Alle für das Routing-Protokoll relevanten Daten

    ipx network ... ↙

    decnet cost ...

    encapsultion ppp [hdlc | x25]

    dialer remote-name *name*

    dialer string *string*   [**class** *class*]

    dialer pool 1

    dialer-group #

map class dialer *class*

    dialer idle-timeout ... ◄

    dialer fast-idle ...

interface dialer 2

    ... *Routing-Protokoll Daten* ...

    dialer remote-name *name*

    dialer string *string*

    dialer pool 2

    dialer-group #

interface dialer 3

    ... *Routing-Protokoll Daten* ...

    dialer remote-name *name*

    dialer string *string*

    dialer pool 2

    dialer-group #   ⌐ Anzahl der Kanäle, die der Router für diesen

interface *name1*   ↙ Dialing Pool mindestens reserviert

    dialer **pool-member** **1** [priority #]   [min-link #]   [max-link #]

    dialer **pool-member** **2** [priority #]   [min-link #]   [max-link #]

interface *name2*

    dialer **pool-member** **2** [priority #]   [min-link #]   [max-link #]

21.2.1 Beispiel: Dialer Profile

21.2.1.1 Unterschiedliche Data-Link-Protokolle auf einem ISDN-Interface

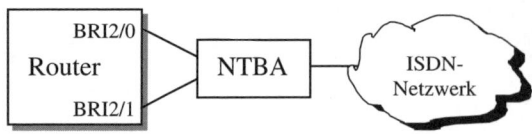

Jeweils ein B-Kanal eines BRI-Anschlusses wird einem physikalischen Interface zugeordnet und die ISDN-Rufnummer für ausgehende Verbindungen auf unterschiedliche MSN-Nummern gesetzt. Durch die Verwendung von Dialer Profiles können auf den einzelnen Dialer Interfaces unterschiedliche Data-Link-Protokolle gefahren werden.

```
isdn switch-type basic-net3
!
```
interface BRI2/0
```
 no ip address
 dialer pool-member 1 max-link 1
 isdn switch-type basic-net3
 isdn calling-number 93441
!
```
interface BRI2/1
```
 no ip address
 dialer pool-member 2 max-link 1
 isdn switch-type basic-net3
 isdn calling-number 93442
!
```
interface Dialer1
```
 ip address 192.1.1.2 255.255.255.0
```
encapsulation ppp
```
 dialer remote-name Client-#1
 dialer string 55590
 dialer caller 6955590
```
dialer pool 1
```
 dialer-group 1
!
```
interface Dialer2
```
 ip address 192.2.1.2 255.255.255.0
```
encapsulation hdlc
```
 dialer remote-name Client-#2
 dialer string 55542
 dialer caller 6955542
```
dialer pool 2
```
 dialer-group 1
```

show dialer

```
BRI2/0 - dialer type = ISDN

Dial String      Successes    Failures.   Last called    Last status
0 incoming call(s) have been screened.
0 incoming call(s) rejected for callback.

BRI2/0:2 - dialer type = ISDN
Idle timer (120 secs), Fast idle timer (20 secs)
Wait for carrier (30 secs), Re-enable (15 secs)
Dialer state is data link layer up
Dial reason: ip (s=192.1.1.2, d=192.1.1.1)
Interface bound to profile Dialer1
Time until disconnect 109 secs
Current call connected 00:00:30
Connected to 55590

BRI2/1 - dialer type = ISDN

Dial String      Successes    Failures    Last called    Last status
0 incoming call(s) have been screened.
0 incoming call(s) rejected for callback.

BRI2/1:1 - dialer type = ISDN
Idle timer (120 secs), Fast idle timer (20 secs)
Wait for carrier (30 secs), Re-enable (15 secs)
Dialer state is data link layer up
Dial reason: ip (s=192.2.1.2, d=192.2.1.1)
Interface bound to profile Dialer2
Time until disconnect 106 secs
Current call connected 00:00:18
Connected to 55542
```

21.2.1.2 Einzelne Kanäle einer PRI-Schnittstelle bestimmten Rufnummern zuordnen

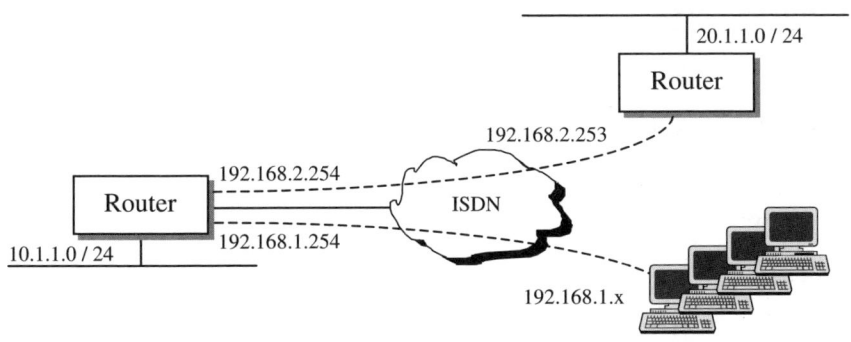

Bemerkungen

● Lediglich über einen Kanal der PRI-Schnittstelle soll eine Verbindung nach außen über das Netzwerk 192.168.2.0 aufgebaut werden können.

● Zwei weitere Kanäle sind exklusiv für bestimmte Rufnummern zu reservieren, damit die entsprechenden Gegenstellen immer Zugriff haben. Alle anderen Systeme müssen sich die verbleibenden 27 Kanäle teilen.

● Da der Router selbst keine Verbindung zu diesen Maschinen aufbauen darf, fehlt bei der Konfiguration der »dialer-string«-Befehl.

● Die Auswahl des Dialer Interface bei einer eingehenden Verbindung erfolgt über das erste »dialer caller«-Kommando, das zu der Rufnummer passt.

```
version 12.0(7)T
!
ip address-pool local
!
isdn switch-type primary-net5
!
controller E1 0/0
 pri-group timeslots 1-31
!
interface Loopback0
 ip address 192.168.1.254 255.255.255.0
!
interface FastEthernet0/0
 ip address 10.1.1.1 255.255.255.0
 speed auto
 half-duplex
!
interface Serial0/0:15
 no ip address
 dialer pool-member 1 min-link 1 max-link 1
 dialer pool-member 2 min-link 1 max-link 1
 dialer pool-member 3 min-link 1 max-link 1
 dialer pool-member 10 min-link 0 max-link 27
 isdn switch-type primary-net5
 no cdp enable
!
interface Dialer1
 ip address 192.168.2.254 255.255.255.0
 encapsulation ppp
 dialer pool 1
 dialer string 555
 dialer caller 555
 dialer-group 1
 no peer default ip address
!
interface Dialer2
 ip unnumbered Loopback0
 encapsulation ppp
 dialer pool 2
 dialer idle-timeout 200
 dialer caller 222111
 dialer-group 1
 peer default ip address pool pool1
!
```

Durch das Loopback Interface kann man allen Dialer Interfaces die gleiche IP-Adresse zuweisen.

```
interface Dialer3
 ip unnumbered Loopback0
 encapsulation ppp
 dialer pool 3
 dialer caller 333111
 dialer-group 1
 peer default ip address pool pool1
!
interface Dialer10
 ip unnumbered Loopback0
 encapsulation ppp
 dialer pool 10
 dialer caller x
 dialer fast-idle 10
 dialer-group 1
 peer default ip address pool pool1
!
ip local pool pool1 192.168.1.1 192.168.1.253
ip route 20.1.1.0 255.255.255.0 192.168.2.253
!
dialer-list 1 protocol ip permit
```

"x" ist das Wildcard-Zeichen und weist alle anderen eingehenden Rufnummern dem Interface Dialer10 zu.

debug isdn q931

```
ISDN Se0/0:15: RX <-  SETUP pd = 8  callref = 0x001F
        Bearer Capability i = 0x8890
        Channel ID i = 0xA18381
        Calling Party Number i = 0x2183, '222111'
        Called Party Number i = 0xC1, '100001'
%DIALER-6-BIND: Interface Serial0/0:0 bound to profile Dialer2
ISDN Se0/0:15: TX ->  CALL_PROC pd = 8  callref = 0x801F
        Channel ID i = 0xA98381
ISDN Se0/0:15: TX ->  CONNECT pd = 8  callref = 0x801F
        Channel ID i = 0xA98381
ISDN Se0/0:15: RX <-  CONNECT_ACK pd = 8  callref = 0x001F
ISDN Se0/0:15: CALL_PROGRESS: CALL_CONNECTED call id 0x1F, bchan -1, dsl 0
%ISDN-6-CONNECT: Interface Serial0/0:0 is now connected to 222111
```

show dialer

```
Serial0/0:0 - dialer type = ISDN
Idle timer (200 secs), Fast idle timer (20 secs)
Wait for carrier (30 secs), Re-enable (15 secs)
Dialer state is data link layer up
Interface bound to profile Dialer2
Time until disconnect 155 secs
Connected to 222111 (222111)

Serial0/0:1 - dialer type = ISDN
Idle timer (120 secs), Fast idle timer (20 secs)
Wait for carrier (30 secs), Re-enable (15 secs)
Dialer state is idle

...

Serial0/0:14 - dialer type = ISDN
Idle timer (120 secs), Fast idle timer (20 secs)
Wait for carrier (30 secs), Re-enable (15 secs)
Dialer state is idle

Serial0/0:15 - dialer type = ISDN
```

```
Dial String      Successes    Failures     Last DNIS   Last status
0 incoming call(s) have been screened.
0 incoming call(s) rejected for callback.

Serial0/0:16 - dialer type = ISDN
Idle timer (120 secs), Fast idle timer (20 secs)
Wait for carrier (30 secs), Re-enable (15 secs)
Dialer state is idle

...

Serial0/0:30 - dialer type = ISDN
Idle timer (120 secs), Fast idle timer (20 secs)
Wait for carrier (30 secs), Re-enable (15 secs)
Dialer state is idle


Dialer1 - dialer type = DIALER PROFILE
Idle timer (120 secs), Fast idle timer (20 secs)
Wait for carrier (30 secs), Re-enable (15 secs)
Dialer state is idle
Number of active calls = 0

Dial String  Successes  Failures    Last DNIS  Last status
555                 2          0   01:40:12      successful   Default

Dialer2 - dialer type = DIALER PROFILE
Idle timer (200 secs), Fast idle timer (20 secs)
Wait for carrier (30 secs), Re-enable (15 secs)
Dialer state is data link layer up
Number of active calls = 1
Number of active circuit switched calls = 0

Dial String      Successes    Failures     Last DNIS   Last status

Dialer3 - dialer type = DIALER PROFILE
Idle timer (120 secs), Fast idle timer (20 secs)
Wait for carrier (30 secs), Re-enable (15 secs)
Dialer state is idle
Number of active calls = 0

Dial String      Successes    Failures     Last DNIS   Last status

Dialer10 - dialer type = DIALER PROFILE
Idle timer (120 secs), Fast idle timer (10 secs)
Wait for carrier (30 secs), Re-enable (15 secs)
Dialer state is idle
Number of active calls = 0

Dial String      Successes    Failures     Last DNIS   Last status
```

show ip route

```
C       192.168.2.0/24 is directly connected, Dialer1
C       192.168.1.10/32 is directly connected, Dialer2
C       192.168.1.254/24 is directly connected, Loopback0
        20.0.0.0/8 is subnetted, 1 subnets
S       20.1.1.0 [1/0] via 192.168.2.253
C       10.1.1.0/24 is directly connected, FastEthernet0/0
```

Wurde von der Gegenseite eine Verbindung aufgebaut, trägt der Router die IP-Adresse als directly connected ein.

```
# show ip interface brief
Interface        IP-Address    OK? Method Status   Protocol
FastEthernet0/0  10.1.1.1      YES manual up       up
Serial0/0:0      unassigned    YES unset  up       up
Serial0/0:1      unassigned    YES unset  down     down
...
Serial0/0:14     unassigned    YES unset  down     down
Serial0/0:15     unassigned    YES NVRAM  up       up
Serial0/0:16     unassigned    YES unset  down     down
...
Serial0/0:30     unassigned    YES unset  down     down
Dialer1          192.168.2.254 YES manual up       up
Dialer2          192.168.1.254 YES unset  up       up
Dialer3          192.168.1.254 YES unset  up       up
Dialer10         192.168.1.254 YES unset  up       up
Loopback0        192.168.1.254 YES manual up       up
```

21.2.1.3 Dialer Profiles als Backup Interface mit X.25 als Data-Link-Protokoll

hostname c2500-1
!
username c2500-2 password HUGO
dialer-list 1 protocol IP permit
!
interface Serial1
 description ---- Link to C2500-2 ----
 encapsulation frame-relay IETF
 backup delay 0 0
 backup interface Dialer1
 backup load 50 25
 ip address 184.4.1.5 255.255.255.252
 ip ospf network broadcast
 ip ospf cost 10
 bandwidth 1000
 frame-relay map ip 184.4.1.6 33 broadcast
!
interface BRI0
 description ---- ISDN interface using X.25
 encapsulation ----
 no ip address
 isdn answer1 55590
 dialer pool-member 1
!
interface Dialer1
 description ---- X.25 Link over BRI0 to C2500-2 ----
 ip address 184.4.1.13 255.255.255.252
 bandwidth 64
 encapsulation x25 dce
 x25 address 2501
 x25 map ip 184.4.1.14 2502
 dialer remote-name c2500-2
 dialer string 55542 class INHOUSE
 dialer pool 1
 dialer-group 1
!
map-class dialer INHOUSE
 dialer enable-timeout 2
!
router ospf 1
 network 184.4.0 0.0.255.255 area 0
 neighbor 184.4.1.14 priority 1 poll 65000

hostname c2500-2
!
username c2500-1 password HUGO
dialer-list 1 protocol IP permit
!
interface Serial1
 description ---- Link to C2500-1 ----
 encapsulation frame-relay IETF
 backup delay 0 0
 backup interface Dialer1
 backup load 50 25
 ip address 184.4.1.6 255.255.255.252
 ip ospf network broadcast
 ip ospf cost 10
 bandwidth 1000
 frame-relay map ip 184.4.1.5 33 broadcast
!
interface BRI0
 description ---- ISDN interface using X.25
 encapsulation ----
 no ip address
 isdn answer1 55542
 dialer pool-member 1
!
interface Dialer1
 description ---- X.25 Link over BRI0 to C2500-1 ----
 ip address 184.4.1.14 255.255.255.252
 bandwidth 64
 encapsulation x25
 x25 address 2502
 x25 map ip 184.4.1.13 2501
 dialer remote-name c2500-1
 dialer enable-timeout 2
 dialer string 55590
 dialer pool 1
 dialer-group 1
!
router ospf 1
 network 184.4.0.0 0.0.255.255 area 0
 neighbor 184.4.1.13 priority 1 poll 65000

c2500-2# show interface dialer 1

```
Dialer1 is up (spoofing), line protocol is up (spoofing)
  Hardware is Unknown
  Description: ---- X.25 Link over BRI0 to C2500-1 ----
  Internet address is 184.4.1.14/30
  MTU 1500 bytes, BW 56 Kbit, DLY 20000 usec, rely 255/255, load 1/255
  Encapsulation X25, loopback not set
  DTR is pulsed for 1 seconds on reset
  LAPB DTE, modulo 8, k 7, N1 12056, N2 20
     T1 3000, interface outage (partial T3) 0, T4 0
  X25 DTE, address 2502, state R1, modulo 8, timer 0
     Defaults: cisco encapsulation, idle 0, nvc 1
       input/output window sizes 2/2, packet sizes 128/128
     Timers: T20 180, T21 200, T22 180, T23 180, TH 0
     Channels: Incoming-only none, Two-way 1-1024, Outgoing-only none
     RESTARTs 0/0 CALLs 0+0/0+0/0+0 DIAGs 0/0
```

c2500-2# show interface bri0

```
BRI0 is up, line protocol is up (spoofing)
  Hardware is BRI
  Description: ---- ISDN interface using X.25 encapsulation ----
  MTU 1500 bytes, BW 64 Kbit, DLY 20000 usec, rely 255/255, load 1/255
  Encapsulation X25, loopback not set
  LAPB DTE, modulo 8, k 7, N1 12056, N2 20
     T1 3000, interface outage (partial T3) 0, T4 0
  X25 DTE, address 2502, state R1, modulo 8, timer 0
     Defaults: cisco encapsulation, idle 0, nvc 1
       input/output window sizes 2/2, packet sizes 128/128
     Timers: T20 180, T21 200, T22 180, T23 180, TH 0
     Channels: Incoming-only none, Two-way 1-1024, Outgoing-only none
     RESTARTs 0/0 CALLs 0+0/0+0/0+0 DIAGs 0/0
```

c2500-2# show x25 vc

```
SVC 1024, State: D1, Interface: BRI0:2
  Started 00:16:14, last input 00:00:09, output 00:00:03
  Connects 2501 <-->
     ip 184.4.1.13
  cisco cud pid, no Tx data PID
  Window size input: 2, output: 2
  Packet size input: 128, output: 128
  PS: 2  PR: 3  ACK: 3  Remote PR: 1  RCNT: 0  RNR: FALSE
  Retransmits: 0  Timer (secs): 0  Reassembly (bytes): 0
  Held Fragments/Packets: 0/0
  Bytes 11716/13808 Packets 154/187 Resets 0/0 RNRs 0/0 REJs 0/0 INTs 0/0
```

c2500-2# show ip interface dialer 1

```
Dialer1 is up, line protocol is up
  Internet address is 184.4.1.14/30
```

c2500-2# show ip ospf interface dialer 1

```
Dialer1 is up, line protocol is up (spoofing)
  Internet Address 184.4.1.14/30, Area 44
  Process ID 1, Router ID 184.4.0.3, Network Type NON_BROADCAST, Cost: 10
  Transmit Delay is 1 sec, State DR, Priority 1
  Designated Router (ID) 184.4.0.3, Interface address 184.4.1.14
  Backup Designated router (ID) 184.4.0.2, Interface address 184.4.1.13
  Timer intervals configured, Hello 10, Dead 40, Wait 40, Retransmit 10
    Hello due in 00:00:04
  Neighbor Count is 1, Adjacent neighbor count is 1
    Adjacent with neighbor 184.4.0.2  (Backup Designated Router)
  Suppress hello for 0 neighbor(s)
```

21.3   Legacy-DDR Dialer Rotary Group

Über Dialer Rotary Groups werden mehrere serielle Schnittstellen zu einer Gruppe zusammengefasst und als ein so genanntes Dialer Interface betrachtet. Dies ist notwendig, wenn z.B. mehrere Interfaces die gleiche Adresse bekommen sollen. (Die B-Kanäle einer ISDN-Schnittstelle bilden standardmäßig ein Dialer Interface.)

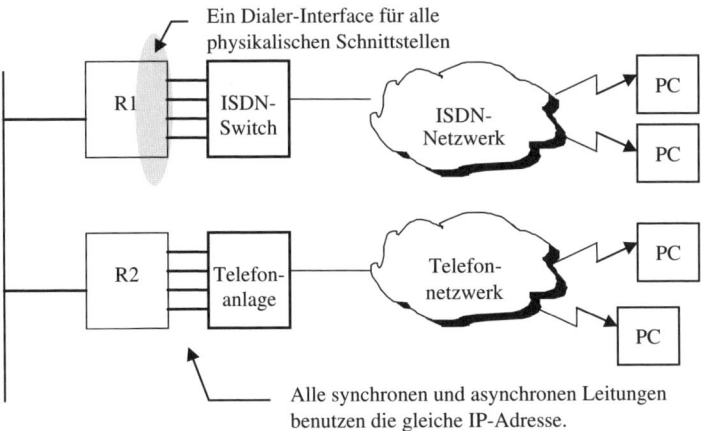

dialer-list 1 protocol IP permit

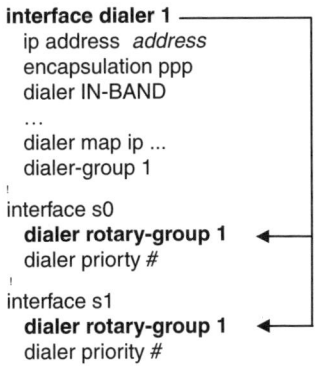

interface dialer 1
   ip address *address*
   encapsulation ppp
   dialer IN-BAND
   ...
   dialer map ip ...
   dialer-group 1
!
interface s0
   dialer rotary-group 1
   dialer priorty #
!
interface s1
   dialer rotary-group 1
   dialer priority #

21.4 DTR-Konfiguration

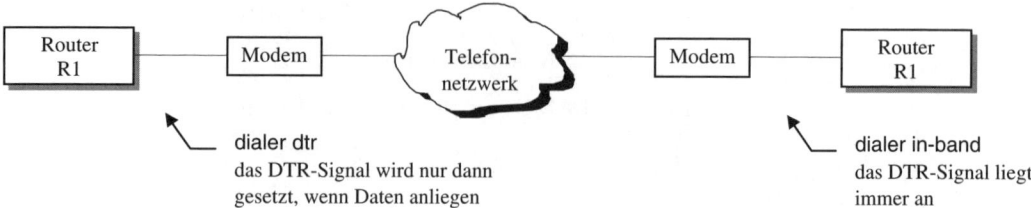

Bei DDR über das DTR-Signal ist ein Verbindungsaufbau nur in eine Richtung möglich. Auf der Gegenseite muss das DTR-Signal immer anliegen, ansonsten würde das Modem bei einem Anruf nicht abnehmen.

Lokale Seite

dialer-list 10 protocol IP permit
interface s0
  dialer DTR
  dialer idle 30
  dialer-group 10
  pulse-time 1

       DTR-Signal wird bei einem Reset für eine Sekunde weggenommen.

Gegenseite

dialer-list 10 protocol IP permit
interface s0
  dialer IN-BAND
  dialer idle 30
  dialer-group 10
  pulse-time 1

Interface vor dem Wählen

show interface s0

```
Serial0 is up (spoofing), line protocol is up (spoofing)
  Hardware is HD64570
  Internet address is 222.222.222.221 255.255.255.0
  MTU 1500 bytes, BW 1544 Kbit, DLY 20000 usec, rely 255/255, load 1/255
  Encapsulation HDLC, loopback not set, keepalive not set
  DTR is pulsed for 1 seconds on reset
  Last input 0:01:06, output 0:01:06, output hang never
  Last clearing of "show interface" counters never
  Output queue 0/40, 0 drops; input queue 0/75, 0 drops
  5 minute input rate 0 bits/sec, 0 packets/sec
  5 minute output rate 0 bits/sec, 0 packets/sec
     14 packets input, 1374 bytes, 0 no buffer
     Received 0 broadcasts, 0 runts, 0 giants
     1 input errors, 1 CRC, 0 frame, 0 overrun, 0 ignored, 1 abort
     175 packets output, 7935 bytes, 0 underruns
     0 output errors, 0 collisions, 156 interface resets, 0 restarts
     0 output buffer failures, 0 output buffers swapped out
     114 carrier transitions
     DCD=up  DSR=up  DTR=down  RTS=down  CTS=up
```

Interface nach dem Wählen

show interface s0

```
Serial0 is up, line protocol is up
  Hardware is HD64570
  Internet address is 222.222.222.221 255.255.255.0
  MTU 1500 bytes, BW 1544 Kbit, DLY 20000 usec, rely 255/255, load 1/255
  Encapsulation HDLC, loopback not set, keepalive not set
  DTR is pulsed for 1 seconds on reset
  Last input 0:00:08, output 0:00:08, output hang never
  ...  ...
     115 carrier transitions
     DCD=up  DSR=up  DTR=up  RTS=up  CTS=up
```

show dialer interface s0

```
Serial0 - dialer type = DTR SYNC
Idle timer (15 secs), Fast idle timer (20 secs)
Wait for carrier (30 secs), Re-enable (15 secs)
Time until disconnect 2 secs
Current call connected 0:00:16
Connected to DTR

Dial String  Successes  Failures   Last called   Last status
    --           10          0        0:00:16      Successful   DTR dialer
```

21.5   ISDN-Konfiguration

21.5.1 Primary Rate Interface

Konfiguration der E1-Schnittstelle als Primary Rate Interface
(S_{2m}-Schnittstelle)

Soll der Router einen anderen Bereich von B-Kanälen als die Slots 1–31 benutzen (z.B. Timeslots 1–4), muss dies mit dem Service Provider abgestimmt sein.

```
isdn switch-type primary-net5
controller e1 slot/port
  pri-group [ timeslots 1-31 ]
```

Konfiguration des D-Kanals

Durch das *pri-group*-Kommando erzeugt der Router automatisch ein logisches Interface *serial-interface*:15 (E1-Anschluss) bzw. *serial-interface*:23 (T1-Anschluss) für den D-Kanal. Die Konfiguration der PRI-Schnittstelle erfolgt dann über dieses logische Interface.

```
interface serial0/0:15
 ip address  ...
 encapsulation ppp
 dialer map  ...
 dialer-group 1
```

- E1-Anschluss

D-Kanal:	serial0/0:15	(entspricht dem Kanal 16)
B-Kanäle:	serial0/0:0-14 .. 16-30	(entspricht den Kanälen 2–15 und 17–32)

- T1-Anschluss

D-Kanal:	serial0/0:23	(entspricht dem Kanal 24)
B-Kanäle:	serial0/0:0-22	(entspricht den Kanälen 1–23)

Informationen über den E1-Anschluss anzeigen

```
# show controller e1

E1 4/0/0 is up.
  Applique type is Channelized E1 - balanced
  No alarms detected.
  Framing is CRC4, Line Code is HDB3, Clock Source is Line.
  Data in current interval (200 seconds elapsed):
     0 Line Code Violations, 0 Path Code Violations
     0 Slip Secs, 0 Fr Loss Secs, 0 Line Err Secs, 0 Degraded Mins
     0 Errored Secs, 0 Bursty Err Secs, 0 Severely Err Secs, 0 Unavail Secs
  Total Data (last 24 hours)
     0 Line Code Violations, 0 Path Code Violations,
     0 Slip Secs, 0 Fr Loss Secs, 0 Line Err Secs, 0 Degraded Mins,
     0 Errored Secs, 0 Bursty Err Secs, 0 Severely Err Secs, 0 Unavail Secs
```

show isdn service

```
ISDN Se4/0/0:15, Channel [1-31]
  Configured Isdn Interface (dsl) 0
  Channel State (0=Idle 1=Propose 2=Busy 3=Reserved 4=Restart 5=Maint_Pend)
  2 0 0 0 0 0 0 0 0 0 0 0 0 0 0 3 0 0 0 0 0 0 0 0 0 0 0 0 0 0 0
  Service State (0=Inservice 1=Maint 2=Outofservice)
  0 0 0 0 0 0 0 0 0 0 0 0 0 0 0 0 0 0 0 0 0 0 0 0 0 0 0 0 0 0 0
```

Der 16te Kanal überträgt die Signalisierungsinformationen.

show isdn status

```
Global ISDN Switchtype = primary-net5
ISDN Serial4/0/0:15 interface
        dsl 0, interface ISDN Switchtype = primary-net5
    Layer 1 Status:
        ACTIVE
    Layer 2 Status:
        TEI = 0, Ces = 1, SAPI = 0, State = MULTIPLE_FRAME_ESTABLISHED
    Layer 3 Status:
        0 Active Layer 3 Call(s)
    Activated dsl 0 CCBs = 0
    The Free Channel Mask:  0xFFFF7FFF
    Total Allocated ISDN CCBs = 0
```

debug isdn q921 | q931 | event

debug dialer

21.5.2 Basic Rate Interface

Konfiguration des BRI-Interfaces (S$_0$-Schnittstelle)

Bei einer Änderung des Switch-Typs ist teilweise ein Restart des Routers notwendig.

isdn switch-type *name*   (Telekom: basic-net3)
dialer-list 10 protocol IP permit
interface *BRI0*
  dialer idle-timeout #
  dialer enable-timeout #
  dialer string *isdn-number* oder dialer map ip *address* broadcast *isdn-number*
  dialer-group 1

Informationen über die ISDN-Schnittstelle anzeigen

show isdn active

```
-------------------------------------------------------------------------
                            ISDN ACTIVE CALLS
-------------------------------------------------------------------------
History table has a maximum of 100 entries.
History table data is retained for a maximum of 15 Minutes.
-------------------------------------------------------------------------
Call  Calling or Called  Remote      Seconds Seconds Seconds  Recorded Charges
Type  Phone number       Node Name Used   Left    Idle     Units/Currency
-------------------------------------------------------------------------
Out            55590                   23     114     5       0
Out            55542                   12     112     7       0
-------------------------------------------------------------------------
```

show isdn status

```
Global ISDN Switchtype = basic-net3
ISDN BRI0 interface
        dsl 0, interface ISDN Switchtype = basic-net3
    Layer 1 Status:
        ACTIVE
    Layer 2 Status:
        TEI = 103, Ces = 1, SAPI = 0, State = MULTIPLE_FRAME_ESTABLISHED
    Layer 3 Status:
        0 Active Layer 3 Call(s)
    Activated dsl 0 CCBs = 0
    Total Allocated ISDN CCBs = 0
```

show isdn timer

```
        ISDN BRI0 Timers (dsl 0) Switchtype = basic-net3
            ISDN Layer 2 values
            K    =    1 outstanding I-frames
            N200 =    3 max number of retransmits
            N202 =    2 max number of TEI ID Request retransmits
            T200 =    1.000 seconds
            T202 =    2.000 seconds
            T203 =   10.000 seconds
            ISDN Layer 3 values
            T303 =    4.000 seconds
            T305 =   30.000 seconds
            T308 =    4.000 seconds
            T310 =   40.000 seconds
            T313 =    4.000 seconds
            T316 =    0.000 seconds
            T318 =    4.000 seconds
            T319 =    4.000 seconds
            T322 =    4.000 seconds
```

debug isdn q921 | q931 | event

debug bri-interface

debug dialer

21.5.3 Zuordnung von ISDN-Rufnummern

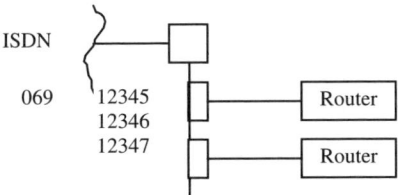

ISDN-Rufnummer für ausgehende Rufe

Bei ausgehenden ISDN-Verbindungen trägt das ISDN-Netzwerk normalerweise die Standardnummer als Absenderadresse ein (in der Regel die niedrigste Adresse). Bei Euro-ISDN-Anschlüssen kann man die MSN-Nummer für den Ruf über den Befehl »*isdn calling-number*« definieren. In der Regel besitzt ein Euro-ISDN-Anschluss drei MSN-Nummern (*Multiple Subscriber Number*).

Router 1: interface *name*
    isdn calling-number 12345   ↙ MSN-Nummer für ausgehende Rufe

Router 2: interface *name*
    isdn calling-number 12346

ISDN-Rufnummer für eingehende Rufe

Bei eingehenden Verbindungen nimmt der Router standardmäßig auf alle MSN-Nummern des Anschlusses ab. Über die Befehle »*isdn answer1*« und »*isdn answer2*« kann man den Router so konfigurieren, dass er nur bei einer oder zwei MSN-Nummern abhebt.

Router 1: interface *name*
    isdn answer1 12345   ↙ Router hebt nur auf diesen beiden Nummern
    isdn answer2 12347

Router 2: interface *name*
    isdn answer1 12346
    isdn answer2 12347

21.5.4 ISDN Security

Security über »dialer map«-Einträge

Die ISDN-Security vergleicht die eingehende ISDN-Rufnummer und die Protokoll-Adresse der Gegenseite mit den vorhandenen »dialer map«-Einträgen des Interface. Die Router benutzen dieses Verfahren jedoch nur, wenn keine PPP-Authentication durchgeführt wird.

1. Für die Protokolladresse und die ISDN-Rufnummer existiert ein »dialer map«-Eintrag

   Die Verbindung wird ganz normal aufgebaut.

2. Es existiert kein Eintrag für die Protokolladresse und die ISDN-Rufnummer.

Der Router erzeugt einen dynamischen Dialer-Map-Eintrag. Es kommt aber höchstwahrscheinlich zu Problemen mit dem Routing, da kein Eintrag für die Gegenseite in der Routing-Tabelle existiert.

show dialer map

```
Static dialer map ip 1.1.1.1   (93666) on BRIO
Dynamic dialer map ip 172.16.20.2 name 55590 () on BRIO
```

show dialer

```
Dial String      Successes   Failures    Last called   Last status
93666                    0          0    never                   -
0 incoming call(s) have been screened.

BRIO:2 - dialer type = ISDN
Idle timer (120 secs), Fast idle timer (20 secs)
Wait for carrier (30 secs), Re-enable (2 secs)
Dialer state is data link layer up
Time until disconnect 90 secs
Connected to 55590
```

3. Nur für die Protokolladresse existiert ein Eintrag.

Der Router versucht, über einen anderen Kanal eine Verbindung zu der ankommenden Rufnummer aufzubauen. Ist dies erfolgreich, bleibt die Verbindung bestehen und einer der beiden offenen Kanäle wird evtl. wieder abgebaut.

Über die Q.931-Debugging-Funktion kann man gleichzeitig bestimmen, wer die Rufnummer eingetragen hat (die Gegenseite oder das Netzwerk) und ob das Netzwerk die Rufnummer überprüft hat.

debug isdn q931

```
ISDN BRO: RX <- SETUP pd = 8  callref = 0x01        0x83  Network-provided Number
        Sending Complete                            0x82  User-provided Number,
        Bearer Capability i = 0x8890                      verified and failed
        Channel ID i = 0x89
        Calling Party Number i = '!', 0x83, '55542'  0x81 User-provided Number,
        Called Party Number i = 0xC1, '54666'             verified and passed
ISDN BRO: TX -> CONNECT pd = 8  callref = 0x81       0x80 User-provided Number,
ISDN BRO: RX <- CONNECT_ACK pd = 8  callref = 0x01        not screend

ISDN BRO: TX -> SETUP pd = 8  callref = 0x01
        Bearer Capability i = 0x8890                  ISDN-Rufnummer des
        Channel ID i = 0x83                           "dialer map"-Eintrags
        Called Party Number i = 0x80, '55590'
ISDN BRO: RX <- SETUP_ACK pd = 8  callref = 0x81
        Channel ID i = 0x8A
ISDN BRO: RX <- CONNECT pd = 8  callref = 0x81
        Date/Time i = 0x610B120E23
ISDN BRO: TX -> CONNECT_ACK pd = 8  callref = 0x01
```

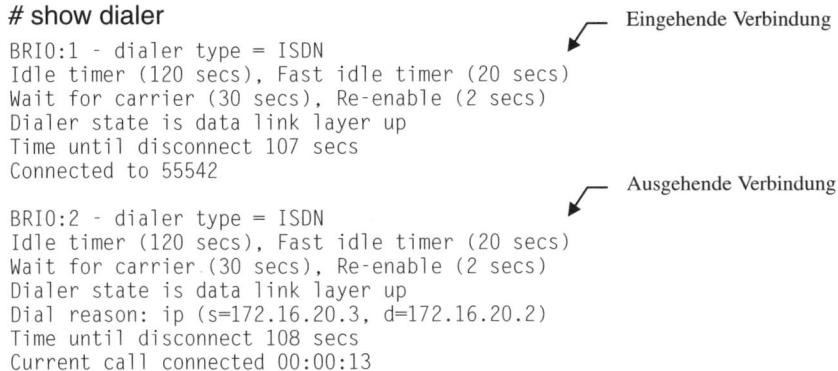

show dialer
```
BRI0:1 - dialer type = ISDN
Idle timer (120 secs), Fast idle timer (20 secs)
Wait for carrier (30 secs), Re-enable (2 secs)
Dialer state is data link layer up
Time until disconnect 107 secs
Connected to 55542

BRI0:2 - dialer type = ISDN
Idle timer (120 secs), Fast idle timer (20 secs)
Wait for carrier (30 secs), Re-enable (2 secs)
Dialer state is data link layer up
Dial reason: ip (s=172.16.20.3, d=172.16.20.2)
Time until disconnect 108 secs
Current call connected 00:00:13
```

4. Nur für die ISDN-Rufnummer gibt es einen Eintrag.

   Die Router bauen die Verbindung ganz normal auf. Auch hier wird es höchstwahrscheinlich zu Routing-Problemen kommen.

Security über Calling Line Identification (CLI)

CLI - auch Caller ID oder Automatic Number Identification (ANI) genannt - ermöglicht die explizite Überprüfung der ankommenden Rufnummern und sollte insbesondere bei PPP-Authentication eingesetzt werden, da dort kein Vergleich mehr mit den Dialer-Map-Einträgen erfolgt.

1. CLI über »*isdn caller*«-Befehl

interface BRI0
    isdn caller 11155541 — "x" dient als Wildcardzeichen.
    isdn caller 111555xx
        ↖ Max. 64 ISDN-Caller Einträge pro Interface

Die Überprüfung der Rufnummer erfolgt immer von rechts nach links und der Router lässt einen Anruf erst dann zu, wenn die Nummer – oder ein Teil davon – exakt mit einem »isdn caller«-Eintrag übereinstimmt.

So erlaubt z.B. der Eintrag »isdn caller 11155541« auch den Zugriff von der Nummer 22211155541, nicht jedoch von 111555541222. Als Wildcard für alle Telefonnummern kann man daher den Eintrag »isdn caller x« verwenden.

Bei den Telekom-Anschlüssen ist zu beachten, dass die ISDN-Nummer des Anrufers in der Regel mit Vorwahl, aber ohne führende Null übertragen wird und dementsprechend auch eingetragen sein muss.

D.h. der Befehl »isdn caller 011155541« würde einen Zugriff nicht erlauben, da die Telekom als Rufnummer immer 11155541 einträgt.

2. CLI über »*dialer map*«-Einträge

CLI kann auch über den »*dialer map*«-Befehl erfolgen. In diesem Fall ist für die Verbindung aber keine PPP Authentication mehr möglich.

dialer map *protocol address*   name *ISDN-NUMBER*   ISDN-Number

```
interface bri1
    dialer map ip 1.1.1.2 name 11155541 broadcast 55590
    dialer-group 1
    isdn answer1 55590
    isdn calling-number 55541
```

show isdn active

```
--------------------------------------------------------------------
                            ISDN ACTIVE CALLS
--------------------------------------------------------------------
History table has a maximum of 100 entries.
History table data is retained for a maximum of 15 Minutes.
--------------------------------------------------------------------
Call  Calling or Called  Remote      Seconds Seconds Seconds  Recorded Charges
Type  Phone number       Node Name   Used    Left    Idle     Units/Currency
--------------------------------------------------------------------
In          11155541                   27      98      21
Out            55590   11155541        27      92      27      0
--------------------------------------------------------------------
```

21.5.5 CallerID Callback

Die Entscheidung, ob der Router einen Rückruf durchführen soll oder nicht, erfolgt aufgrund der ankommenden ISDN-Rufnummer. Im Gegensatz zu PPP Callback ist deshalb vor einem Rückruf kein Verbindungsaufbau notwendig.

Legacy DDR

```
interface bri0
    isdn caller remote-number callback
```

Die *remote-number* kann am Ende auch Wildcards enthalten, dieser Teil der Adresse wird dann nicht überprüft (z.B. 123xxx oder 12345x).

Legacy DDR und Dialer Rotary Group

```
interface bri0
    dialer rotary-group 1
interface Dialer1
    dialer in-band
    dialer caller remote-number callback
    dialer map protocol address broadcast remote-number
```

Unter »*dialer caller*« führt der Router keine Überprüfung der ankommenden Nummer durch und ist deshalb nicht für die ISDN Security anwendbar. Lediglich bei dem Befehl »*isdn caller*« erfolgt noch eine zusätzliche Überprüfung der ankommenden Rufnummer.

```
isdn switch-type basic-net3
!
interface BRI0
```
 dialer rotary-group 1
```
 isdn switch-type basic-net3
 isdn answer1 55590
 isdn calling-number 55541
!
interface Dialer1
 ip address 192.1.1.1 255.255.255.0
 dialer in-band
 dialer enable-timeout 2
```
⎯ Legt fest, nach wie vielen Sekunden der Rückruf erfolgen soll.
 dialer caller 11155590 callback
```
 dialer map ip 192.1.1.2 broadcast 55590
 dialer-group 1
!
dialer-list 1 protocol ip permit
```

```
# show dialer

BRI0 - dialer type = ISDN
Rotary group 1, priority = 0
4 incoming call(s) have been screened.
4 incoming call(s) rejected for callback.

BRI0:1 - dialer type = ISDN
Idle timer (120 secs), Fast idle timer (20 secs)
Wait for carrier (30 secs), Re-enable (15 secs)
Dialer state is data link layer up
Dial reason: Callback return call
Time until disconnect 103 secs
Connected to 55590

BRI0:2 - dialer type = ISDN
Idle timer (120 secs), Fast idle timer (20 secs)
Wait for carrier (30 secs), Re-enable (15 secs)

Dialer state is idle Dialer1 - dialer type = IN-BAND SYNC NO-PARITY
Idle timer (120 secs), Fast idle timer (20 secs)
Wait for carrier (30 secs), Re-enable (15 secs)

Dial String Succ. Fail. Last called  Last status
55590        3    0    00:00:24     successful
```

Dialer Profiles

interface *bri0*
  no ip address
  dialer pool-member 1 max-link 2
  isdn switch-type basic-net3
  isdn answer1 55541
  isdn calling-number 55541
!
interface Dialer1
  ip address 192.1.1.1 255.255.255.0
  dialer remote-name dscrt1
  dialer enable-timeout 2
  dialer string 55590
  dialer caller 11155590 callback
  dialer pool 1
  dialer-group 1

show dialer

```
BRI0 - dialer type = ISDN

Dial String      Successes   Failures    Last called   Last status
4 incoming call(s) have been screened.
8 incoming call(s) rejected for callback.

BRI0:2 - dialer type = ISDN
Idle timer (120 secs), Fast idle timer (20 secs)
Wait for carrier (30 secs), Re-enable (2 secs)
Dialer state is data link layer up
Dial reason: Callback return call
Interface bound to profile Dialer1
Time until disconnect 106 secs
Current call connected 00:00:15
Connected to 55590

Dialer1 - dialer type = DIALER PROFILE
Idle timer (120 secs), Fast idle timer (20 secs)
Wait for carrier (30 secs), Re-enable (2 secs)
Dialer state is data link layer up

Dial String   Successes   Failures    Last called   Last status
55590                0          0    00:00:15           failed    Default
```

debug isdn q931

debug dialer

```
ISDN BR0: RX <-  SETUP pd = 8  callref = 0x01
        Sending Complete
        Bearer Capability i = 0x8890
        Channel ID i = 0x89
        Calling Party Number i = '!', 0x81, '11155590'
        Called Party Number i = 0xC1, '55541'
BR0:1: Caller id 11155590 matched to profile dscrt1
Dialer1:Caller id Callback server starting to dscrt1 11155590
ISDN BR0: TX -> RELEASE_COMP pd = 8  callref = 0x81
        Cause i = 0x8095 - Call rejected
Callback timer expired
Dialer1:beginning callback to dscrt1 11155590
BRI0: rotor dialout [priority]
BRI0: Dialing cause Callback return call
BRI0: Attempting to dial 55590
Freeing callback to dscrt1 11155590
ISDN BR0: TX ->  SETUP pd = 8  callref = 0x13
        Bearer Capability i = 0x8890
        Channel ID i = 0x83
        Calling Party Number i = 0xA1, '55541'
        Called Party Number i = 0x80, '55590'
```

21.6 Beispiel: Analoge Verbindungen über PRI-Interface und interne Modemkarte

version 12.0(7)T
!
ip address-pool local
!
isdn switch-type primary-net5
!
controller E1 0/0
 pri-group timeslots 1-31
!
interface FastEthernet0/0
 ip address 10.1.1.1 255.255.255.0
 speed auto
 half-duplex
!
interface Serial0/0:15
 no ip address
 isdn switch-type primary-net5
 isdn incoming-voice modem ← Alle eingehenden Anrufe, die in der ISDN Setup Message als Voice gekennzeichnet sind, leitet der Router an die internen Modems weiter.
 fair-queue 64 256 0
 no cdp enable
!
interface Group-Async1
 ip address 192.168.1.254 255.255.255.0
 encapsulation ppp
 ip tcp header-compression
 async mode interactive
 peer default ip address pool pool1
 no cdp enable
 group-range 33 44 Der Bereich der asynchronen Schnittstellen, die zu diesem Interface gehören
!
!

```
ip local pool pool1 192.168.1.1 192.168.1.253
!
dialer-list 1 protocol ip permit
!
!
line 33 44
 autoselect during-login
 autoselect ppp
 login
 modem InOut
 modem autoconfigure type mica
 flowcontrol hardware
 line aux 0
```

⌐ Der Router spricht die asynchronen Schnittstellen der
✔ internen Modems als Line an.

Ist auf den Lines »transport input telnet« gesetzt, kann man sich mit »telnet 10.1.1.1 20xx«
auf die internen Modems setzen.

Informationen über die Version der internen Modemkarte

show version

```
Cisco Internetwork Operating System Software
IOS (tm) 3600 Software (C3640-I-M), Version 12.0(7)T,  RELEASE SOFTWARE (fc2)
Copyright (c) 1986-1999 by cisco Systems, Inc.
Compiled Wed 08-Dec-99 01:46 by phanguye
Image text-base: 0x600088F0, data-base: 0x60856000

ROM: System Bootstrap, Version 11.1(20)AA2, EARLY DEPLOYMENT RELEASE SOFTWARE (fc1)

Router uptime is 1 week, 20 hours, 2 minutes
System returned to ROM by power-on
System image file is "flash:c3640-i-mz.120-7.T"

cisco 3640 (R4700) processor (revision 0x00) with 27648K/5120K bytes of memory.
Processor board ID 17883373
R4700 CPU at 100Mhz, Implementation 33, Rev 1.0
Channelized E1, Version 1.0.
MICA-6DM Firmware: CP ver 2310 - 6/3/1998, SP ver 2310 - 6/3/1998.
Bridging software.
X.25 software, Version 3.0.0.
Primary Rate ISDN software, Version 1.1.
1 FastEthernet/IEEE 802.3 interface(s)
31 Serial network interface(s)
12 terminal line(s)
1 Channelized E1/PRI port(s)
DRAM configuration is 64 bits wide with parity disabled.
125K bytes of non-volatile configuration memory.
8192K bytes of processor board System flash (Read/Write)
```

show modem version

```
Slot 1:MICA-6DM Firmware, Source - IOS
CP ver 2310 - 6/3/1998, CheckSum B4585A04.
SP ver 2310 - 6/3/1998.
 MICA 0: HW Version 1.0, Serial Number 13973271.
 MICA 1: HW Version 1.0, Serial Number 14621672.
 MICA 2: Not Installed.
 MICA 3: Not Installed.
 MICA 4: Not Installed.
```

Informationen über die asynchronen Schnittstellen und die Modemkonfiguration

show line

	Tty	Typ	Tx/Rx	A	Modem	Roty	AccO	AccI	Uses	Noise	Overruns	Int
*	0	CTY		-	-	-	-	-	0	0	0/0	-
I	33	TTY		-	inout	-	-	-	0	0	0/0	-
I	34	TTY		-	inout	-	-	-	0	0	0/0	-
...	...	...										
I	44	TTY		-	inout	-	-	-	0	0	0/0	-
	129	AUX	9600/9600	-	-	-	-	-	0	0	0/0	-
	130	VTY		-	-	-	-	-	0	0	0/0	-
	131	VTY		-	-	-	-	-	0	0	0/0	-
	132	VTY		-	-	-	-	-	0	0	0/0	-
	133	VTY		-	-	-	-	-	0	0	0/0	-
	134	VTY		-	-	-	-	-	0	0	0/0	-

```
Line(s) not in async mode -or- with no hardware support:
1-32, 45-128
```

show modem configuration 1/0

```
  S-Reg   Value   Meaning
-------|-------|----------------------------------------------------
  S-- = 0       Country Code is Default A-Law
  S00 = 2       Auto Answer after 2 seconds
  S01 = 0       Reserved
  S02 = 43      escape character is 0x2B or '+'
  S03 = 13      carriage return character is 0xD
  S04 = 10      line feed character is 0xA
  S05 = 8       backspace character is 0x8
  S06 = 2       pause 2 seconds before blind dialing
  S07 = 40      wait up to 40 seconds for carrier after dialing
  S08 = 2       comma adds 2 second dial delay
  S09 = 301     BitMap register value = 0x12D
  S10 = 14      1.4 second delay for hangup after carrier loss
  S11 = 0       In Answer Mode
  S12 = 8       8 Data Bits
  S13 = 0       No Parity
  S14 = 1       1 Stop Bits
  S15 = 1       V.42 ODP generation enabled
  S16 = 50      5.0 second Error Correction autodetect timeout
  S17 = 100     10.0 second Error Correction negotiation timeout
  S18 = 13      Error Correction fallback char is 0xD
  S19 = 12      Error Correction retransmission limit is 12
  S20 = 256     Error Correction frame length is 256 octets
  S21 = 3       V42bis or MNP Data Compression
  S22 = 1       ARA Error Correction is enabled for answer, not originate
  S23 = 1       V.42 Error Correction enabled
  S24 = 1       MNP Error Correction enabled
  S25 = 0       Link Protocol Fallback to Async framing
  S26 = 0       Using TDM slice 0
  S27 = 0       Calling Tone disabled
  S28 = 0       Guard Tone disabled
  S29 = 5       K56Flex 1.1 modem standard
  S30 = 33600   Maximum connect rate of 33600 bps
  S31 = 300     Minimum connect rate of 300 bps
  S32 = 2       Bit Errors >= 1:1000 cause recovery
  S33 = 500     Fallback/Fallforward Squelch Timer is 500ms
  S34 = 1000    Fall Forward Timer is 10.0 seconds
```

```
S35 = 50        Fall Back Timer is 0.50 seconds
S36 = 20        Terminate timeout is 20 seconds
S37 = 40        Wait 40 seconds for data mode timeout
S38 = 14        1.4 second lost carrier to hang-up delay
S39 = 7         Transmit level setting of -13dBm
S40 = 4         4 consecutive retrains cause link disconnect
S41 = 5         V.34 maximum symbol rate of 3429 baud
S42 = 0         V.34 minimum symbol rate of 2400 baud
S43 = 2         V.34 carrier frequency is Auto Selection
S44 = 11        V.34 Preemphasis filter selection is Automatic
S45 = 0         Null transmit and receive Signalling Type
S46 = 0         No call progress tone detection
S47 = 2         +++ escape detection enabled for originate mode only
S48 = 1         AT command processor enabled
S49 = 0         no call setup delay
S50 = 60000     Maximum PCM connect rate of 60000 bps
S51 = 32000     Minimum PCM connect rate of 32000 bps
S52 = 1         Digital Pad Compensation is enabled
```

show modem summary

```
Avg Hold    Incoming calls      Outgoing calls     Busied  Failed  No    Succ
  Time    Succ  Fail  Avail   Succ  Fail  Avail    Out     Dial    Ans   Pct.
00:00:11    0     1    12      0     0     12       0       0       0     0%
```

show modem call-stats

```
   dial-in/dial-out call statistics

        hostDrop wdogTimr compress  retrain inacTout linkFail moduFail mnpProto
Mdm     #    %   #    %   #    %    #    %   #    %   #    %   #    %   #    %
1/0     1  100   0    0   0    0    0    0   0    0   0    0   0    0   0    0
1/1     0    0   0    0   0    0    0    0   0    0   0    0   0    0   0    0
...   ...
1/10    0    0   0    0   0    0    0    0   0    0   0    0   0    0   0    0
1/11    0    0   0    0   0    0    0    0   0    0   0    0   0    0   0    0
Total   1         0        0         0        0        0        0        0

   dial-out call statistics

        noCarr  noDitone     busy     abort  dialStrg autoLgon dialTout rmtHgup
Mdm     #    %   #    %   #    %    #    %   #    %   #    %   #    %   #    %
1/0     0    0   0    0   0    0    0    0   0    0   0    0   0    0   0    0
1/1     0    0   0    0   0    0    0    0   0    0   0    0   0    0   0    0
...   ...
1/10    0    0   0    0   0    0    0    0   0    0   0    0   0    0   0    0
1/11    0    0   0    0   0    0    0    0   0    0   0    0   0    0   0    0
Total   0         0        0         0        0        0        0        0
```

Troubleshooting

debug isdn q931

```
ISDN Se0/0:15: RX <-  SETUP pd = 8  callref = 0x0020
        Bearer Capability i = 0x9090A3
        Channel ID i = 0xA18382
        Progress Ind i = 0x8283 - Origination address is non-ISDN
        Calling Party Number i = 0x2183, '222777'
        Called Party Number i = 0xC1, '100001'
ISDN Se0/0:15: TX ->  CALL_PROC pd = 8  callref = 0x8020
```

```
         Channel ID i = 0xA98382
ISDN Se0/0:15: TX -> ALERTING pd = 8  callref = 0x8020
ISDN Se0/0:15: TX -> CONNECT pd = 8  callref = 0x8020
ISDN Se0/0:15: RX <- CONNECT_ACK pd = 8  callref = 0x0020
ISDN Se0/0:15: CALL_PROGRESS: CALL_CONNECTED call id 0x20, bchan -1, dsl 0
ISDN Se0/0:15: RX <- NOTIFY pd = 8  callref = 0x0020
         Notification Ind i = 0xF9
```

show modem log

```
00:02:27.052 CSM: Incoming call from 222777 to 100001
00:02:27.052 CSM: event-ISDN_CALL New State-IC_MODEM_RESERVED
   CSM: status-1 dchan-0/0 bchan-1
00:02:26.884 MICA-Cfg issued S-Reg configuration change:
   S45 = 0       Null transmit and receive Signalling Type
00:02:26.884 MICA-Cfg issued S-Reg configuration change:
   S46 = 0       No call progress tone detection
00:02:26.884 MICA-Cfg issued S-Reg configuration change:
   S11 = 0       In Answer Mode
00:02:31.256 CSM: event-ISDN_CONNECTED New State-WAIT_FOR_CARRIER
00:02:31.128 MICA-Cmd Ack Enter-Call-Setup.
00:02:31.128 MICA-Ntf in modem state CALL_SETUP.
00:02:31.128 MICA-Cmd Ack Initiate-Link.
00:02:30.032 MICA-Ntf in modem state CONNECT.
00:02:25.632 MICA-Ntf in modem state LINK.
00:02:23.692 MICA-Ntf in modem state TRAINUP.
00:02:20.040 CSM: event-ISDN_DISCONNECTED New State-DISCONNECTED_STATE
00:02:20.028 MICA-Cmd Ack SOFTWARE_RESET.
00:02:20.028 MICA-Ntf in modem state TERMINATING.
00:02:20.556 MICA-Ntf in modem state IDLE.
00:02:20.556 CSM: event-MODEM_DISCONNECTED New State-DISCONNECTED_STATE
00:02:20.552 CSM: event-QUEUED_DISCONNECT New State-IDLE_STATE
00:02:20.544 MICA-Qry Final Link Information:
   Call Time - 00:00:10, Disconnect Reason (0x6001) - SOFTWARE_RESET command
   0 retrains and/or speed shifts, 0 ec retransmissions
   0 chars tx, 0 chars rx, 0 chars rx bad
   0 ppp packets tx, 0 ppp packets rx, 0 ppp packets rx bad
   0 ec packets tx, 0 ec packets rx, 0 ec packets rx bad

Modem 1/1 Mica: Event Log contains 5 Events:
1w0d MICA-Cmd Set Framing Mode to Raw character.
1w0d MICA-Cfg issued S-Reg configuration change:
   S-- = 0       Country Code is Default A-Law
1w0d MICA-Cmd Ack Shutdown-Host-Interface.
1w0d MICA-Cmd Ack Set-Framing-Mode.
1w0d MICA-Qry Modem-Version-Info:
   0C14 0080 0001 3233   3130 0603 07CE B458
   5A04 3233 3130 0603   07CE

...

Modem 1/11 Mica: Event Log contains 5 Events:
1w0d MICA-Cmd Set Framing Mode to Raw character.
1w0d MICA-Cfg issued S-Reg configuration change:
   S-- = 0       Country Code is Default A-Law
1w0d MICA-Cmd Ack Shutdown-Host-Interface.
1w0d MICA-Cmd Ack Set-Framing-Mode.
1w0d MICA-Qry Modem-Version-Info:
   0C14 0080 0005 3233   3130 0603 07CE B458
   5A04 3233 3130 0603   07CE
```

21.7 Beispiel: Testkonfiguration mit ISDN-Verbindung auf den eigenen Router

```
isdn switch-type basic-net3
!
interface BRI0
 ip address 1.1.1.2 255.255.255.0
 encapsulation ppp
 dialer map ip 1.1.1.2 broadcast 55590
 isdn caller 11155541              Rufnummer für die eingehende
 isdn answer1 55590                Verbindung
 isdn calling-number 55541
 dialer-group 1                    Rufnummer für die ausgehende
!                                  Verbindung
dialer-list 1 protocol ip permit
```

```
# show dialer

BRI0 - dialer type = ISDN

Dial String      Successes    Failures    Last called   Last status
55590                    1           0     00:00:08         successful
0 incoming call(s) have been screened.
0 incoming call(s) rejected for callback.

BRI0:1 - dialer type = ISDN              Ausgehende Verbindung
Idle timer (120 secs), Fast idle timer (20 secs)
Wait for carrier (30 secs), Re-enable (15 secs)
Dialer state is data link layer up
Dial reason: ip (s=1.1.1.2, d=1.1.1.2)
Time until disconnect 113 secs
Connected to 55590

BRI0:2 - dialer type = ISDN              Ankommende Verbindung
Idle timer (120 secs), Fast idle timer (20 secs)
Wait for carrier (30 secs), Re-enable (15 secs)
Dialer state is data link layer up
Time until disconnect 111 secs
Connected to 11155541
```

show isdn status

```
The current ISDN Switchtype = basic-net3
ISDN BRIO interface
    Layer 1 Status:
        ACTIVE
    Layer 2 Status:
        TEI = 94, State = MULTIPLE_FRAME_ESTABLISHED
    Layer 3 Status:
        2 Active Layer 3 Call(s)
    Activated dsl 0 CCBs = 2
        CCB:callid=8028, sapi=0, ces=1, B-chan=1
        CCB:callid=E, sapi=0, ces=1, B-chan=2
    Total Allocated ISDN CCBs = 2
```

debug isdn q931

```
ISDN BRO: TX -> SETUP pd = 8  callref = 0x06
        Bearer Capability i = 0x8890                 0x80:   ISDN-Nummer wurde von dem
        Channel ID i = 0x83                                  lokalen System eingetragen
        Calling Party Number i = 0x80, '55541'
        Called Party Number i = 0x80, '55590'
ISDN BRO: RX <- SETUP_ACK pd = 8  callref = 0x86
        Channel ID i = 0x89
ISDN BRO: RX <- SETUP pd = 8  callref = 0x01
        Sending Complete                             0x81:   ISDN-Nummer wurde von dem
        Bearer Capability i = 0x8890                         lokalen  System eingetragen und
        Channel ID i = 0x8A                                  vom Provider überprüft.
        Calling Party Number i = '!', 0x81, '11155541'
        Called Party Number i = 0xC1, '55590'

ISDN BRO: Event: Received a DATA call from 11155541 on B2 at 64 Kb/s
ISDN BRO: Event: Accepting the call id 0x1
%LINK-3-UPDOWN: Interface BRIO:2, changed state to up
ISDN BRO: TX -> CONNECT pd = 8  callref = 0x81
ISDN BRO: RX <- CONNECT_ACK pd = 8  callref = 0x01
ISDN BRO: RX <- CONNECT pd = 8  callref = 0x86
        Date/Time i = 0x0001030D2F
ISDN BRO: TX -> CONNECT_ACK pd = 8  callref = 0x06
%LINK-3-UPDOWN: Interface BRIO:1, changed state to up
%LINEPROTO-5-UPDOWN: Line protocol on Interface BRIO:1, changed statep
%LINEPROTO-5-UPDOWN: Line protocol on Interface BRIO:2, changed statep
```

show isdn active

```
----------------------------------------------------------------------
                          ISDN ACTIVE CALLS
----------------------------------------------------------------------
History table has a maximum of 100 entries.
History table data is retained for a maximum of 15 Minutes.
----------------------------------------------------------------------
Call  Calling or Called  Remote     Seconds Seconds Seconds  Recorded Charges
Type  Phone number       Node Name  Used    Left    Idle     Units/Currency
----------------------------------------------------------------------
In           11155541                   12     107      12
Out             55590                   11     111       8          0
----------------------------------------------------------------------
```

21.8 Beispiel: Komplexe ISDN-Konfiguration mit Floating Static Routes

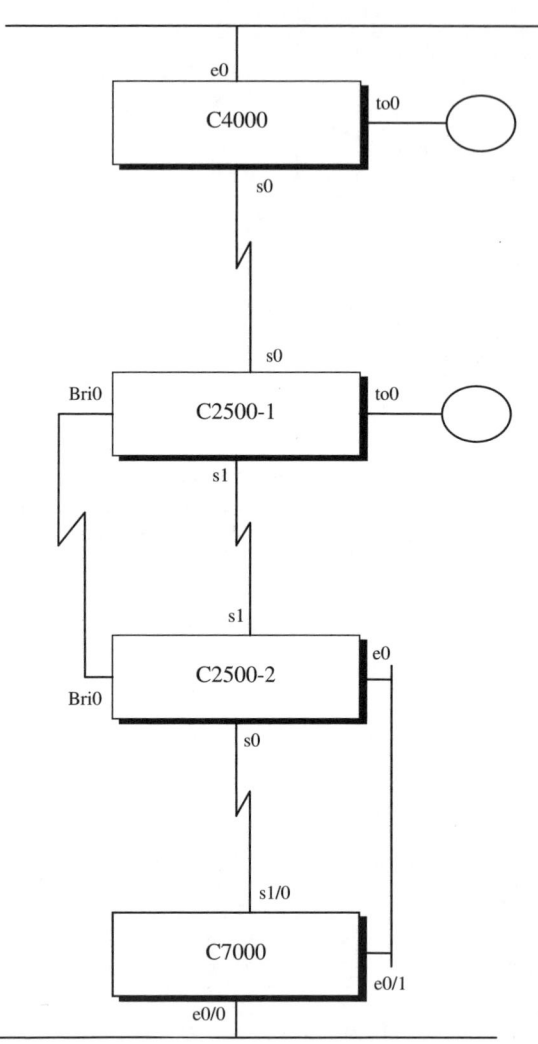

Bemerkungen:

- ISDN als Backup-Leitung für die Frame-Relay-Verbindung zwischen C2500-1 und C2500-2

- AppleTalk und IPX-Routing mit Floating-Static-Routes

- IP-Routing mit OSPF-on-Demand auf der ISDN-Verbindung

C2500-1-Konfiguration

```
hostname c2500-1
!
username c2500-2 password HUGO
!
appletalk routing eigrp 2501
appletalk maximum-paths 2
appletalk route-redistribution
!
ipx routing 0006.3acf.6b15
ipx maximum-paths 2
ipx internal-network 181102
!
frame-relay switching
isdn switch-type basic-net3
!
interface Loopback0
 ip address 181.1.0.2 255.255.255.255
!
interface Serial0
 description --- Link to C4000 ---
 ip address 181.1.0.10 255.255.255.252
 encapsulation x25
 ip ospf network broadcast
 bandwidth 2000
 appletalk cable-range 140-150 144.2
 appletalk zone 1S0
 appletalk zone 1WG
 appletalk protocol eigrp
 no appletalk protocol rtmp
 x25 address 2500
 x25 htc 12
 x25 map ip 181.1.0.9 4000 broadcast
 x25 map appletalk 144.1 4000 broadcast
!
interface Serial1
 description --- Link to C2500-2 ---
 no ip address
 encapsulation frame-relay
 bandwidth 2000
 clockrate 2000000
 frame-relay lmi-type q933a
 frame-relay intf-type dce
!
interface Serial1.1 point-to-point
 no ip mroute-cache
 ipx ipxwan 0 unnumbered c2500-1
 ipx nlsp enable
 ipx nlsp rip off
 ipx nlsp sap off
 frame-relay interface-dlci 100
!
interface Serial1.2 point-to-point
 ip address 181.1.0.13 255.255.255.252
 ip ospf network broadcast
 ip ospf cost 10
 map-group toC2500-2
 appletalk cable-range 120-130 129.163
 appletalk zone 1S1
 appletalk zone 1WG
 appletalk protocol eigrp
 no appletalk protocol rtmp
 frame-relay interface-dlci 181
!
```

```
interface TokenRing0
 ip address 181.1.2.1 255.255.255.128
 bandwidth 16000
 appletalk cable-range 160-170 167.13
 appletalk zone 1Tnet
 appletalk zone 1WG
 appletalk zone 1Test
 appletalk protocol eigrp
 no appletalk protocol rtmp
 ring-speed 16
!
interface TokenRing0.1
 arp timeout 0
 ipx network 10011
 ipx nlsp enable
!
interface TokenRing0.2
 arp timeout 0
 ipx network 10012 encapsulation SNAP
 ipx nlsp enable
!
```

```
interface BRI0
 ip address 181.1.0.17 255.255.255.252
 encapsulation ppp
 ip ospf cost 2000
 ip ospf demand-circuit
 appletalk cable-range 199-199 199.1
 appletalk zone 1ISDN
 appletalk zone 1WG
 no appletalk send-rtmps
 ipx router-filter 800
 ipx ipxwan 0 FA c2500-1
 isdn caller 55571
 isdn answer1 55581
 dialer map ip 181.1.0.18 name c2500-2 broadcast 55582
 dialer map appletalk 199.2 name c2500-2 broadcast 55582
 dialer map ipx FA.0018.1103.0000 name c2500-2 broadcast 55582
 dialer load-threshold 128 outbound
 dialer-group 1
 ppp authentication chap
!
router ospf 1
 network 181.1.2.0 0.0.0.127 area 11
 network 181.1.0.2 0.0.0.0 area 11
 network 181.1.0.12 0.0.0.3 area 11
 network 181.1.0.8 0.0.0.3 area 11
 network 181.1.0.16 0.0.0.3 area 11
 maximum-paths 2
!
access-list 100 deny udp any any eq snmptrap
access-list 100 permit ip any any
access-list 600 deny other-nbps
access-list 600 permit other-access
access-list 800 deny FFFFFFFF
access-list 900 deny sap
access-list 900 deny rip
access-list 900 permit any
appletalk static cable-range 980-989 to 199.2 floating zone BZONE
appletalk static cable-range 100-110 to 199.2 floating zone 1EnetWG
!
ipx route default BRI0 floating-static
!
ipx router nlsp
 area-address 0 0
!

ipx router rip
 no network 181102
!
dialer-list 1 protocol ipx list 900
dialer-list 1 protocol appletalk list 600
dialer-list 1 protocol ip list 100
!
end
```

C2500-2-Konfiguration

```
hostname c2500-2
!
username c2500-1 password HUGO
!
appletalk routing eigrp 2502
appletalk maximum-paths 2
appletalk route-redistribution
!
ipx routing 0060.5cf4.726f
ipx maximum-paths 2
ipx internal-network 181103
!
frame-relay switching
isdn switch-type basic-net3
!
interface Loopback0
 ip address 181.1.0.3 255.255.255.255
!
interface Tunnel0
 no ip address
 ipx network 10001
 ipx nlsp enable
 ipx nlsp rip off
 ipx nlsp sap off
 tunnel source Loopback0
 tunnel destination 181.1.0.1
!
interface Ethernet0
 ip address 181.1.2.129 255.255.255.128
 bandwidth 10000
 appletalk cable-range 100-110 106.203
 appletalk zone 1EnetWG
 appletalk zone 1WG
 appletalk protocol eigrp
 no appletalk protocol rtmp
!
interface Ethernet0.1
 ipx network 10021 encapsulation ARPA
 ipx nlsp enable
!
interface Ethernet0.2
 ipx network 10022
 ipx nlsp enable
!
interface Ethernet0.3
 ipx network 10023 encapsulation SAP
 ipx nlsp enable
!
interface Ethernet0.4
 ipx network 10024 encapsulation SNAP
 ipx nlsp enable
!
interface Serial1
 description --- Link to C2500-1 ---
 no ip address
 encapsulation frame-relay
 bandwidth 2000
 frame-relay lmi-type q933a
```

```
!
interface Serial1.1 point-to-point
 map-group toC2500-1-IPX
 ipx ipxwan 0 unnumbered c2500-2
 ipx nlsp enable
 ipx nlsp rip off
 ipx nlsp sap off
 frame-relay interface-dlci 100
!
interface Serial1.2 point-to-point
 ip address 181.1.0.14 255.255.255.252
 ip ospf network broadcast
 ip ospf cost 10
 appletalk cable-range 120-130 124.189
 appletalk zone 1S1
 appletalk zone 1WG
 appletalk protocol eigrp
 no appletalk protocol rtmp
 frame-relay interface-dlci 181
```

interface BRI0
ip address 181.1.0.18 255.255.255.252
encapsulation ppp
ip ospf cost 2000
ip ospf demand-circuit
bandwidth 64
appletalk cable-range 199-199 199.2
appletalk zone 1ISDN
appletalk zone 1WG
no appletalk send-rtmps
ipx ipxwan 0 FA c2500-2
isdn caller 55571
isdn answer1 55582
dialer map ip 181.1.0.17 name c2500-1 broadcast 55581
dialer map appletalk 199.1 name c2500-1 broadcast 55581
dialer map ipx FA.0018.1102.0000 name c2500-1 broadcast 55581
dialer load-threshold 128 outbound
dialer-group 1
ppp authentication chap
! router ospf 1
redistribute static
network 181.1.0.3 0.0.0.0 area 11
network 181.1.0.12 0.0.0.3 area 11
network 181.1.2.128 0.0.0.127 area 12
network 181.1.0.16 0.0.0.3 area 11
maximum-paths 2
area 11 virtual-link 181.1.0.1
area 12 virtual-link 181.1.0.4
!
access-list 100 deny udp any any eq snmptrap
access-list 100 permit ip any any
access-list 600 deny other-nbps
access-list 600 permit other-access
access-list 900 deny sap
access-list 900 deny rip
access-list 900 permit any
!
appletalk static cable-range 990-995 to 199.1 floating zone EBONE
appletalk static cable-range 996-998 to 199.1 floating zone TBONE
!
ipx route 10011 BRI0 floating-static
ipx route 10012 BRI0 floating-static
ipx route 181102 BRI0 floating-static
!
ipx router nlsp
 area-address 0 0
!
ipx router rip
 no network 10001
!
dialer-list 1 protocol ipx list 900
dialer-list 1 protocol appletalk list 600
dialer-list 1 protocol ip list 100
!
end

C4000- und C7000-Konfiguration

hostname c4000
!
appletalk routing eigrp 4000
appletalk route-redistribution
!
ipx routing 0000.0c06.7db5
ipx internal-network 181101
!
interface Loopback0
 ip address 181.1.0.1 255.255.255.255
!
interface Tunnel0
 no ip address
 ipx network 10001
 ipx nlsp enable
 tunnel source Loopback0
 tunnel destination 181.1.0.3
!
interface Ethernet0
 ip address 192.3.1.1 255.255.255.0
 appletalk cable-range 990-995 990.37
 appletalk zone EBONE
 ipx network BB0000BB encapsulation ARPA
!
interface Serial0
 description --- Link to C2500-1 ---
 ip address 181.1.0.9 255.255.255.252
 encapsulation x25 dce
 ip ospf network broadcast
 bandwidth 2000
 appletalk cable-range 140-150 144.1
 appletalk zone 1S0
 appletalk zone 1WG
 appletalk protocol eigrp
 no appletalk protocol rtmp
 x25 ... ...
 x25 map ip 181.1.0.10 2500 broadcast
 x25 map appletalk 144.2 2500 broadcast
 clockrate 2000000
!
interface TokenRing0
 description --- TR - BB ---
 ip address 192.2.1.1 255.255.255.0
 appletalk cable-range 996-998 996.63
 appletalk zone TBONE
 appletalk protocol eigrp
 ipx network BB1 encapsulation SNAP
 ring-speed 16
!
router ospf 1
 network 181.1.0.8 0.0.0.3 area 11
 network 181.1.0.1 0.0.0.0 area 11
 network 192.3.1.0 0.0.0.255 area 0
 network 192.2.1.0 0.0.0.255 area 1
 area 11 virtual-link 181.1.0.3
!

appletalk static cable 100-110 to 144.2 floating
                                       zone 1EnetWG
appletalk static cable 100-110 to 144.2 floating
                                       zone 1WG
appletalk static cable 980-989 to 144.2 floating
                                       zone BZONE
!
ipx route 10011 10001.0060.5cf4.726f
                                  floating-static
ipx route 10012 10001.0060.5cf4.726f
                                  floating-static
ipx route 181102 10001.0060.5cf4.726f
                                  floating-static
!
ipx router nlsp
 area-address 0 0
!
ipx router rip
 no network 10001

```
hostname c7000
!
appletalk routing eigrp 7000
appletalk route-redistribution
!
ipx routing 00e0.8f6a.2800
ipx internal-network 181104
!
interface Loopback0
 ip address 181.1.0.4 255.255.255.255
!
interface Ethernet0/0
 ip address 192.1.1.1 255.255.255.0
 bandwidth 10000
 appletalk cable-range 980-989 982.228
 appletalk zone BZONE
 appletalk protocol eigrp
 ipx network BB2 encapsulation SNAP
!
interface Ethernet0/1
 ip address 181.1.2.130 255.255.255.128
 bandwidth 10000
 appletalk cable-range 100-110 103.242
 appletalk zone 1EnetWG
 appletalk zone 1WG
 appletalk protocol eigrp
 no appletalk protocol rtmp
!
interface Ethernet0/1.1
 ipx network 10021 encapsulation ARPA
 ipx nlsp enable
!
interface Ethernet0/1.2
 ipx network 10022
 ipx nlsp enable
!
interface Ethernet0/1.3
 ipx network 10023 encapsulation SAP
 ipx nlsp enable
!
interface Ethernet0/1.4
 ipx network 10024 encapsulation SNAP
 ipx nlsp enable
!
router ospf 1
 network 181.1.2.128 0.0.0.127 area 12
 network 181.1.0.4 0.0.0.0 area 12
 network 192.1.1.0 0.0.0.255 area 13
 maximum-paths 2
 area 12 virtual-link 181.1.0.3
!
```

```
appletalk static cable 990-995 to 106.203
                    floating zone EBONE
appletalk static cable 996-998 to 106.203
                    floating zone TBONE
!
ipx route 10011 10021.aa00.0400.02b0
                    floating-static
ipx route 10012 10021.aa00.0400.02b0
                    floating-static
ipx route 181102 10021.aa00.0400.02b0
                    floating-static
!
ipx router nlsp
 area-address 0 0
```

21.8.1 C2500-1-Informationen

Die Access-Liste des »dialer-list«-Befehls legt fest, welche Pakettypen die ISDN-Verbindung aufbauen dürfen:

- AppleTalk: Alle Pakete außer NBP

- IP: Alle Pakete außer SNMP-Traps

- IPX: Alle Pakete außer RIP oder SAP

ISDN-Dialer-Informationen

c2500-1# show dialer map

```
Static dialer map ip 181.1.0.18 name c2500-2 (55582) on BRIO
Static dialer map appletalk 199.2 name c2500-2 (55582) on BRIO
Static dialer map ipx FA.0018.1103.0000 name c2500-2 (55582) on BRIO
```

c2500-1# show dialer

```
BRIO - dialer type = ISDN

Dial String      Successes    Failures    Last called    Last status
55582                    4          17    00:18:31        successful
0 incoming call(s) have been screened.

BRIO:1 - dialer type = ISDN
Idle timer (120 secs), Fast idle timer (20 secs)
Wait for carrier (30 secs), Re-enable (15 secs)
Dialer state is data link layer up
Dial reason: ip (s=181.1.0.17, d=224.0.0.5)
Time until disconnect 107 secs
Connected to 55582 (c2500-2)

BRIO:2 - dialer type = ISDN
Idle timer (120 secs), Fast idle timer (20 secs)
Wait for carrier (30 secs), Re-enable (15 secs)
Dialer state is idle
```

Verbindung wurde durch
OSPF-Routing aufgebaut

AppleTalk-Routing

Die Zonen 1EnetWG und BZONE sind bei Wegfall der Frame-Relay-Verbindung über die Static Floating Routes erreichbar.

c2500-1# show appletalk interface bri0

```
BRIO is up, line protocol is up
  AppleTalk cable range is 199-199
  AppleTalk address is 199.1, Valid
  AppleTalk primary zone is "1ISDN"
  AppleTalk additional zones: "1WG"
  AppleTalk discarded 13 packets due to output errors
  AppleTalk routing messages will not be generated
  AppleTalk address gleaning is not supported by hardware
  AppleTalk route cache is disabled, Dial on Demand specified
```

● Routen vor dem Ausschalten der Frame-Relay-Verbindung

```
E Net 100-110 [1/G] via 124.189, 394 sec, Serial1.2, zone 1EnetWG
                     Additional zones: '1WG'
C Net 120-130 directly connected, Serial1.2, zone 1S1
              Additional zones: '1WG'
C Net 140-150 directly connected, Serial0, zone 1S0
              Additional zones: '1WG'
C Net 199-199 directly connected, BRIO, zone 1ISDN
              Additional zones: '1WG'
E Net 980-989 [2/G] via 124.189, 394 sec, Serial1.2, zone BZONE
E Net 990-995 [1/G] via 144.1, 404 sec, Serial0, zone EBONE
E Net 996-998 [1/G] via 144.1, 404 sec, Serial0, zone TBONE
```

● Routen nach dem Ausschalten der Frame-Relay-Verbindung

```
S Net 100-110 [1/G] via 199.2, 1035 sec, BRIO, zone 1EnetWG
C Net 140-150 directly connected, Serial0, zone 1S0
              Additional zones: '1WG'
C Net 199-199 directly connected, BRIO, zone 1ISDN
              Additional zones: '1WG'
S Net 980-989 [1/G] via 199.2, 1035 sec, BRIO, zone BZONE
E Net 990-995 [1/G] via 144.1, 2035 sec, Serial0, zone EBONE
E Net 996-998 [1/G] via 144.1, 2035 sec, Serial0, zone TBONE
```

IPX-Routing

c2500-1# show ipx interface bri0

```
BRI0 is up, line protocol is up
  IPX address is FA.0018.1102.0000 [up]
  Delay of this IPX network, in ticks is 17 throughput 0 link delay 0
  Local IPXWAN Node ID:         181102/c2500-1
  Network when IPXWAN master:      FA IPXWAN delay (master owns): 17
  IPXWAN Retry Interval:          20 IPXWAN Retry limit:        3
  IPXWAN Routing negotiated: RIP numbered
  IPXWAN State:              Slave: Connect
  State change reason: Received Router Info Req as Slave
  Last received remote node info: 181103/c2500-2
  Client mode disabled, Static mode disabled, Error mode is reset
```

● Routen vor dem Ausschalten der Frame-Relay-Verbindung

```
20 Total IPX routes. Up to 2 parallel paths and 16 hops allowed.

Current default route is:

F    FFFFFFFE via      FA.0018.1103.0000,        BRO

L      181102 is the internal network
W             FA (PPP),     BRO
C             10011 (SAP),  To0.1
C             10012 (SNAP), To0.2
NX            3 [88][21/03][02/01]   via   181103.0000.0000.0001,  859s, Se1.1
N             BB1 [88][19/02] via  181103.0000.0000.0001,  859s, Se1.1
N             BB2 [47][02/02] via  181103.0000.0000.0001,  859s, Se1.1
NX            C609 [88][22/04][03/02] via  181103.0000.0000.0001,  859s, Se1.1
NX            C6FE [88][22/04][03/02] via  181103.0000.0000.0001,  859s, Se1.1
N             10021 [27][01/01]    via   181103.0000.0000.0001,  859s, Se1.1
N             10022 [27][01/01]    via   181103.0000.0000.0001,  859s, Se1.1
N             10023 [27][01/01]    via   181103.0000.0000.0001,  860s, Se1.1
N             10024 [27][01/01]    via   181103.0000.0000.0001, 1354s, Se1.1
N             181101 [88][20/02]   via   181103.0000.0000.0001, 1354s, Se1.1
N             181103 [27][02/01]   via   181103.0000.0000.0001, 1354s, Se1.1
N             181104 [47][03/02]   via   181103.0000.0000.0001, 1354s, Se1.1
NX   10B9E01C [88][21/03][02/01]   via   181103.0000.0000.0001, 1354s, Se1.1
NX   AA99BB00 [88][155/04][136/02] via   181103.0000.0000.0001, 1354s, Se1.1
N    BB0000BB [88][19/02]          via   181103.0000.0000.0001, 1355s, Se1.1
```

● Routen nach dem Ausschalten der Frame-Relay-Verbindung

Da auf dem BRI0 Interface ein Routing-Filter (Access-Liste 800) abgesetzt ist, der keine IPX RIP Updates von C2500-2 zulässt, erfolgt das IPX-Routing über die Default-Static-Floating-Route.

```
5 Total IPX routes. Up to 2 parallel paths and 16 hops allowed.

Current default route is:

F    FFFFFFFE via      FA.0018.1103.0000,        BRO

L      181102 is the internal network
W        FA (PPP),      BRO
C        10011 (SAP),   To0.1
C        10012 (SNAP),  To0.2F
```

IP-Routing

Im normalen Betrieb verhindert die höhere OSPF-Cost der BRI-Schnittstelle ein Path Splitting. Dadurch sendet der Router keine IP-Datenpakete über die ISDN-Verbindung. Fällt die Frame-Relay-Strecke aus, wird automatisch die ISDN-Route benutzt.

Der Befehl »*ip ospf on-demand-circuit*« auf dem ISDN-Interface stellt zusätzlich sicher, dass der Router keine periodischen OSPF LSA und Hello-Nachrichten sendet und nur bei Änderungen in der Routing-Topologie Updates ausgetauscht werden.

c2500-1# show ip ospf interface bri0

```
BRI0 is up, line protocol is up (spoofing)
  Internet Address 181.1.0.17/30, Area 11
  ProcessID 1,RouterID 181.1.0.2,NetworkType POINT_TO_POINT,Cost: 2000
  Configured as demand circuit.
  Run as demand circuit.
  DoNotAge LSA allowed.
  Transmit Delay is 1 sec, State POINT_TO_POINT,
  Timer intervals configured, Hello 10, Dead 40, Wait 40, Retransmit 5
    Hello due in 00:00:03
  Neighbor Count is 1, Adjacent neighbor count is 1
    Adjacent with neighbor 181.1.0.3 (Hello suppressed)
  Suppress hello for 1 neighbor(s)
```

● Routen vor dem Ausschalten der Frame-Relay-Verbindung

```
         181.1.0.0/16 is variably subnetted, 8 subnets, 3 masks
O IA     181.1.2.128/25 [110/20] via 181.1.0.14, 00:06:56, Serial1.2
C        181.1.0.16/30 is directly connected, BRI0
O IA     181.1.0.4/32 [110/21] via 181.1.0.14, 00:06:56, Serial1.2
O        181.1.0.1/32 [110/51] via 181.1.0.9, 00:07:11, Serial0
C        181.1.0.2/32 is directly connected, Loopback0
O        181.1.0.3/32 [110/11] via 181.1.0.14, 00:07:11, Serial1.2
C        181.1.0.12/30 is directly connected, Serial1.2
C        181.1.0.8/30 is directly connected, Serial0
O E2 181.3.0.0/16 [110/4] via 181.1.0.14, 00:06:56, Serial1.2
O E2 181.2.0.0/16 [110/4] via 181.1.0.14, 00:06:56, Serial1.2
O IA 192.1.1.0/24 [110/30] via 181.1.0.14, 00:06:56, Serial1.2
O IA 192.3.1.0/24 [110/60] via 181.1.0.9, 00:06:56, Serial0
O IA 192.2.1.0/24 [110/56] via 181.1.0.9, 00:06:56, Serial0
```

● Routen nach dem Ausschalten der Frame-Relay-Verbindung

```
         181.1.0.0/16 is variably subnetted, 8 subnets, 3 masks
O IA     181.1.2.128/25 [110/2010] via 181.1.0.18, 00:18:10, BRI0
C        181.1.0.16/30 is directly connected, BRI0
C        181.1.0.18/32 is directly connected, BRI0
O IA     181.1.0.4/32 [110/2011] via 181.1.0.18, 00:18:10, BRI0
O        181.1.0.1/32 [110/51] via 181.1.0.9, 00:18:20, Serial0
C        181.1.0.2/32 is directly connected, Loopback0
O        181.1.0.3/32 [110/2001] via 181.1.0.18, 00:18:20, BRI0
C        181.1.0.8/30 is directly connected, Serial0
O E2 181.3.0.0/16 [110/4] via 181.1.0.18, 00:18:10, BRI0
O E2 181.2.0.0/16 [110/4] via 181.1.0.18, 00:18:10, BRI0
O IA 192.1.1.0/24 [110/2020] via 181.1.0.18, 00:18:10, BRI0
O IA 192.3.1.0/24 [110/60] via 181.1.0.9, 00:18:10, Serial0
O IA 192.2.1.0/24 [110/56] via 181.1.0.9, 00:18:10, Serial0
```

21.8.2 C2500-2-Informationen

ISDN-Dialer-Informationen

c2500-2# show dialer map

```
Static dialer map ip 181.1.0.17 name c2500-1 (55581) on BRI0
Static dialer map appletalk 199.1 name c2500-1 (55581) on BRI0
Static dialer map ipx FA.0018.1102.0000 name c2500-1 (55581) on BRI0
```

c2500-2# show dialer

```
BRI0 - dialer type = ISDN

Dial String     Successes   Failures    Last called   Last status
55581                   5         37     00:43:20       successful
0 incoming call(s) have been screened.

BRI0:1 - dialer type = ISDN
Idle timer (120 secs), Fast idle timer (20 secs)
Wait for carrier (30 secs), Re-enable (15 secs)
Dialer state is idle

BRI0:2 - dialer type = ISDN
Idle timer (120 secs), Fast idle timer (20 secs)
Wait for carrier (30 secs), Re-enable (15 secs)
Dialer state is data link layer up
Time until disconnect 119 secs
Connected to 55581 (c2500-1)
```

AppleTalk-Routing

show appletalk interface bri0

```
BRI0 is up, line protocol is up
  AppleTalk cable range is 199-199
  AppleTalk address is 199.2, Valid
  AppleTalk primary zone is "1ISDN"
  AppleTalk additional zones: "1WG"
  AppleTalk discarded 42 packets due to output errors
  AppleTalk routing messages will not be generated
  AppleTalk address gleaning is not supported by hardware
  AppleTalk route cache is disabled, Dial on Demand specified
```

● Routen vor dem Ausschalten der Frame-Relay-Verbindung

```
  C Net 100-110 directly connected, Ethernet0, zone 1EnetWG
              Additional zones: '1WG'
  C Net 120-130 directly connected, Serial1.2, zone 1S1
              Additional zones: '1WG'
  E Net 140-150 [1/G] via 129.163, 761 sec, Serial1.2, zone 1S0
              Additional zones: '1WG'
  C Net 199-199 directly connected, BRI0, zone 1ISDN
              Additional zones: '1WG'
  E Net 980-989 [1/G] via 103.242, 758 sec, Ethernet0, zone BZONE
  E Net 990-995 [2/G] via 129.163, 761 sec, Serial1.2, zone EBONE
  E Net 996-998 [2/G] via 129.163, 761 sec, Serial1.2, zone TBONE
```

● Routen nach dem Ausschalten der Frame-Relay-Verbindung

Da keine Floating-Static-Route für die Zone 1S0 auf C2500-2 existiert, ist die entsprechende Cable-Range nicht mehr in der Routing-Tabelle enthalten.

```
C Net 100-110 directly connected, Ethernet0, zone 1EnetWG
                 Additional zones: '1WG'
C Net 199-199 directly connected, BRIO, zone 1ISDN
                 Additional zones: '1WG'
E Net 980-989 [1/G] via 103.242, 2050 sec, Ethernet0, zone BZONE
S Net 990-995 [1/G] via 199.1, 1040 sec, BRIO, zone EBONE
S Net 996-998 [1/G] via 199.1, 1040 sec, BRIO, zone TBONE
```

IPX-Routing

c2500-2# show ipx interface bri0

```
BRIO is up, line protocol is up
  IPX address is FA.0018.1103.0000 [up]
  Delay of this IPX network, in ticks is 17 throughput 0 link delay 0
  Local IPXWAN Node ID:         181103/c2500-2
  Network when IPXWAN master:       FA IPXWAN delay (master owns): 17
  IPXWAN Retry Interval:        20 IPXWAN Retry limit:         3
  IPXWAN Routing negotiated: RIP numbered
  IPXWAN State:                 Master: Connect
  State change reason: Received Router Info Rsp as Master
  Last received remote node info: 181102/c2500-1
  Client mode disabled, Static mode disabled, Error mode is reset
```

● Routen vor dem Ausschalten der Frame-Relay-Verbindung

```
No default route known.

L    181103 is the internal network
W       FA (PPP),          BRO
C    10001 (TUNNEL),       TuO
C    10021 (ARPA),         Et0.1
C    10022 (NOVELL-ETHER), Et0.2
C    10023 (SAP),          Et0.3
C    10024 (SNAP),         Et0.4
NX       3 [61][20/02][02/01] via 181101.0000.0000.0001, 1411s, TuO
N      BB1 [61][18/01]      via 181101.0000.0000.0001, 1411s, TuO
N      BB2 [20][01/01]      via  10021.aa00.0400.0144, 1411s, Et0.1
                            via  10022.aa00.0400.0144, 1411s, Et0.2
NX    C609 [61][21/03][03/02] via 181101.0000.0000.0001, 1411s, TuO
NX    C6FE [61][21/03][03/02] via 181101.0000.0000.0001, 1411s, TuO
N    10011 [27][01/01]      via 181102.0000.0000.0001, 1412s, Se1.1
N    10012 [27][01/01]      via 181102.0000.0000.0001, 1414s, Se1.1
N   181101 [61][19/01]      via 181101.0000.0000.0001, 1414s, TuO
N   181102 [27][02/01]      via 181102.0000.0000.0001, 1415s, Se1.1
N   181104 [20][02/01]      via  10021.aa00.0400.0144, 1415s, Et0.1
                            via  10022.aa00.0400.0144, 1415s, Et0.2
NX 10B9E01C [61][20/02][02/01] via 181101.0000.0000.0001, 1415s, TuO
NX AA99BB00 [61][154/03][136/02] via 181101.0000.0000.0001, 1415s, TuO
N  BB0000BB [61][18/01]     via 181101.0000.0000.0001, 1416s, TuO
```

● Routen nach dem Ausschalten der Frame-Relay-Verbindung

```
L      181103 is the internal network
W         FA (PPP),            BRO
C      10001 (TUNNEL),          Tu0
C      10021 (ARPA),            Et0.1
C      10022 (NOVELL-ETHER),    Et0.2
C      10023 (SAP),             Et0.3
C      10024 (SNAP),            Et0.4
NX         3 [61][20/02][02/01] via 181101.0000.0000.0001, 1120s, Tu0
N        BB1 [61][18/01]        via 181101.0000.0000.0001, 1120s, Tu0
N        BB2 [20][01/01]        via  10021.aa00.0400.0144, 1120s, Et0.1
                                via  10022.aa00.0400.0144, 1120s, Et0.2
NX      C609 [61][21/03][03/02] via 181101.0000.0000.0001, 1120s, Tu0
NX      C6FE [61][21/03][03/02] via 181101.0000.0000.0001, 1120s, Tu0
F      10011                    via      FA.0018.1102.0000,      BRO
F      10012                    via      FA.0018.1102.0000,      BRO
N      181101 [61][19/01]       via 181101.0000.0000.0001, 1120s, Tu0
F      181102                   via      FA.0018.1102.0000,      BRO
N      181104 [20][02/01]       via  10021.aa00.0400.0144, 1120s, Et0.1
                                via  10022.aa00.0400.0144, 1120s, Et0.2
NX  10B9E01C [61][20/02][02/01] via 181101.0000.0000.0001, 1120s, Tu0
NX  AA99BB00 [61][154/03][136/02] via 181101.0000.0000.0001, 1120s, Tu0
N   BB0000BB [61][18/01]        via 181101.0000.0000.0001, 1120s, Tu0
```

IP-Routing

c2500-2# show ip ospf interface bri0

```
BRI0 is up, line protocol is up (spoofing)
  Internet Address 181.1.0.18/30, Area 11
  ProcessID 1,RouterID 181.1.0.3,NetworkType POINT_TO_POINT,Cost: 2000
  Configured as demand circuit.
  Run as demand circuit.
  DoNotAge LSA allowed.
  Transmit Delay is 1 sec, State POINT_TO_POINT,
  Timer intervals configured, Hello 10, Dead 40, Wait 40, Retransmit 5
    Hello due in 00:00:07
  Neighbor Count is 1, Adjacent neighbor count is 1
    Adjacent with neighbor 181.1.0.2  (Hello suppressed)
  Suppress hello for 1 neighbor(s)
```

● Routen vor dem Ausschalten der Frame-Relay-Verbindung

```
     181.1.0.0/16 is variably subnetted, 8 subnets, 3 masks
C       181.1.2.128/25 is directly connected, Ethernet0
C       181.1.0.16/30 is directly connected, BRIO
O       181.1.0.4/32 [110/11] via 181.1.2.130, 00:43:15, Ethernet0
O       181.1.0.1/32 [110/61] via 181.1.0.13, 00:13:05, Serial1.2
O       181.1.0.2/32 [110/11] via 181.1.0.13, 00:13:05, Serial1.2
C       181.1.0.3/32 is directly connected, Loopback0
C       181.1.0.12/30 is directly connected, Serial1.2
O       181.1.0.8/30 [110/60] via 181.1.0.13, 00:13:05, Serial1.2
O E2 181.3.0.0/16 [110/4] via 181.1.2.130, 00:12:45, Ethernet0
O E2 181.2.0.0/16 [110/4] via 181.1.2.130, 00:12:45, Ethernet0
O IA 192.1.1.0/24 [110/20] via 181.1.2.130, 00:12:45, Ethernet0
O     192.3.1.0/24 [110/70] via 181.1.0.13, 00:12:55, Serial1.2
O IA 192.2.1.0/24 [110/66] via 181.1.0.13, 00:12:45, Serial1.2
```

● Routen nach dem Ausschalten der Frame-Relay-Verbindung

```
     181.1.0.0/16 is variably subnetted, 8 subnets, 3 masks
C        181.1.2.128/25 is directly connected, Ethernet0
C        181.1.0.16/30 is directly connected, BRI0
C        181.1.0.17/32 is directly connected, BRI0
O        181.1.0.4/32 [110/11] via 181.1.2.130, 01:04:46, Ethernet0
O        181.1.0.1/32 [110/2051] via 181.1.0.17, 00:18:43, BRI0
O        181.1.0.2/32 [110/2001] via 181.1.0.17, 00:18:43, BRI0
C        181.1.0.3/32 is directly connected, Loopback0
O        181.1.0.8/30 [110/2050] via 181.1.0.17, 00:18:43, BRI0
O E2 181.3.0.0/16 [110/4] via 181.1.2.130, 00:18:22, Ethernet0
O E2 181.2.0.0/16 [110/4] via 181.1.2.130, 00:18:22, Ethernet0
O IA 192.1.1.0/24 [110/20] via 181.1.2.130, 00:18:22, Ethernet0
O       192.3.1.0/24 [110/2060] via 181.1.0.17, 00:18:32, BRI0
O IA 192.2.1.0/24 [110/2056] via 181.1.0.17, 00:18:22, BRI0
```

21.8.3 C4000- und C7000-Informationen

AppleTalk-Routing

Da bei AppleTalk keine Redistribution von Static-Floating-Routes nach RTMP bzw. EIGRP erfolgt, muss man auf allen Routern im Netzwerk die entsprechenden statischen Routen definieren.

● C4000-Routen vor Ausschalten der Frame-Relay-Verbindung

```
Codes: R - RTMP derived, E - EIGRP derived, C - connected, A - AURP,
S - static  P - proxy
7 routes in internet

The first zone listed for each entry is its default (primary) zone.

E Net 100-110 [2/G] via 144.2, 773 sec, Serial0, zone 1EnetWG
                  Additional zones: '1WG'
E Net 120-130 [1/G] via 144.2, 777 sec, Serial0, zone 1S1
                  Additional zones: '1WG'
C Net 140-150 directly connected, Serial0, zone 1S0
                  Additional zones: '1WG'
E Net 199-199 [1/G] via 144.2, 1315 sec, Serial0, zone 1ISDN
                  Additional zones: '1WG'
E Net 980-989 [3/G] via 144.2, 773 sec, Serial0, zone BZONE
C Net 990-995 directly connected, Ethernet0, zone EBONE
C Net 996-998 directly connected, TokenRing0, zone TBONE
```

● C4000-Routen nach Ausschalten der Frame-Relay-Verbindung

```
Codes: R - RTMP derived, E - EIGRP derived, C - connected, A - AURP,
S - static  P - proxy
6 routes in internet

The first zone listed for each entry is its default (primary) zone.

S Net 100-110 [1/G] via 144.2, 1486 sec, Serial0, zone 1EnetWG
                Additional zones: '1WG'
C Net 140-150 directly connected, Serial0, zone 1S0
                Additional zones: '1WG'
E Net 199-199 [1/G] via 144.2, 3030 sec, Serial0, zone 1ISDN
                Additional zones: '1WG'
S Net 980-989 [1/G] via 144.2, 1486 sec, Serial0, zone BZONE
C Net 990-995 directly connected, Ethernet0, zone EBONE
C Net 996-998 directly connected, TokenRing0, zone TBONE
```

● C7000-Routen vor Ausschalten der Frame-Relay-Verbindung

```
Codes: R - RTMP derived, E - EIGRP derived, C - connected, A - AURP,
S - static  P - proxy
7 routes in internet
The first zone listed for each entry is its default (primary) zone.

C Net 100-110 directly connected, Ethernet0/1, zone 1EnetWG
                Additional zones: '1WG'
E Net 120-130 [1/G] via 106.203, 787 sec, Ethernet0/1, zone 1S1
                Additional zones: '1WG'
E Net 140-150 [2/G] via 106.203, 783 sec, Ethernet0/1, zone 1S0
                Additional zones: '1WG'
E Net 199-199 [1/G] via 106.203, 2248 sec, Ethernet0/1, zone 1ISDN
                Additional zones: '1WG'
C Net 980-989 directly connected, Ethernet0/0, zone BZONE
E Net 990-995 [3/G] via 106.203, 783 sec, Ethernet0/1, zone EBONE
E Net 996-998 [3/G] via 106.203, 783 sec, Ethernet0/1, zone TBONE
```

● C7000-Routen nach Ausschalten der Frame-Relay-Verbindung

```
Codes: R - RTMP derived, E - EIGRP derived, C - connected, A - AURP,
S - static  P - proxy
5 routes in internet
The first zone listed for each entry is its default (primary) zone.

C Net 100-110 directly connected, Ethernet0/1, zone 1EnetWG
                Additional zones: '1WG'
E Net 199-199 [1/G] via 106.203, 4154 sec, Ethernet0/1, zone 1ISDN
                Additional zones: '1WG'
C Net 980-989 directly connected, Ethernet0/0, zone BZONE
S Net 990-995 [1/G] via 106.203, 1684 sec, Ethernet0/1, zone EBONE
S Net 996-998 [1/G] via 106.203, 1684 sec, Ethernet0/1, zone TBONE
```

IPX-Routing

Da auch unter IPX keine Redistribution von Floating-Static-Routes stattfindet, müssen diese Routen auch unter IPX auf den anderen Routern im Netzwerk gesetzt sein.

● C4000-Routen vor dem Ausschalten der Frame-Relay-Verbindung

```
20 Total IPX routes. Up to 1 parallel paths and 16 hops allowed.

No default route known.

L      181101 is the internal network
C         BB1 (SNAP),        To0
C       10001 (TUNNEL),      Tu0
C    BB0000BB (ARPA),        Et0
R           3 [02/01] via BB0000BB.0800.2b94.fa17,   47s, Et0
N          FA [61][18/01] via   181103.0000.0000.0001, 1524s, Tu0
N         BB2 [81][19/02] via   181103.0000.0000.0001, 1524s, Tu0
R        C609 [03/02]     via BB0000BB.0800.2b94.fa17,   47s, Et0
R        C6FE [03/02]     via BB0000BB.0800.2b94.fa17,   47s, Et0
N       10011 [88][19/02] via   181103.0000.0000.0001, 1524s, Tu0
N       10012 [88][19/02] via   181103.0000.0000.0001, 1524s, Tu0
N       10021 [61][18/01] via   181103.0000.0000.0001, 1524s, Tu0
N       10022 [61][18/01] via   181103.0000.0000.0001, 1525s, Tu0
N       10023 [61][18/01] via   181103.0000.0000.0001, 1525s, Tu0
N       10024 [61][18/01] via   181103.0000.0000.0001, 1525s, Tu0
N      181102 [88][20/02] via   181103.0000.0000.0001, 1525s, Tu0
N      181103 [61][19/01] via   181103.0000.0000.0001, 1525s, Tu0
N      181104 [81][20/02] via   181103.0000.0000.0001, 1525s, Tu0
R    10B9E01C [02/01]     via BB0000BB.0800.2b94.fa17,   48s, Et0
R    AA99BB00 [136/02]    via BB0000BB.0800.2b94.fa17,   48s, Et0
```

● C4000-Routen nach dem Ausschalten der Frame-Relay-Verbindung

```
20 Total IPX routes. Up to 1 parallel paths and 16 hops allowed.

No default route known.

L      181101 is the internal network
C         BB1 (SNAP),        To0
C       10001 (TUNNEL),      Tu0
C    BB0000BB (ARPA),        Et0
R           3 [02/01] via BB0000BB.0800.2b94.fa17,  109s, Et0
N          FA [61][18/01] via   181103.0000.0000.0001,  969s, Tu0
N         BB2 [81][19/02] via   181103.0000.0000.0001,  969s, Tu0
R        C609 [03/02]     via BB0000BB.0800.2b94.fa17,  109s, Et0
R       .C6FE [03/02]     via BB0000BB.0800.2b94.fa17,  109s, Et0
F       10011              via   10001.0060.5cf4.726f,          Tu0
F       10012              via   10001.0060.5cf4.726f,          Tu0
N       10021 [61][18/01] via   181103.0000.0000.0001,  969s, Tu0
N       10022 [61][18/01] via   181103.0000.0000.0001,  969s, Tu0
N       10023 [61][18/01] via   181103.0000.0000.0001,  969s, Tu0
N       10024 [61][18/01] via   181103.0000.0000.0001,  969s, Tu0
F      181102              via   10001.0060.5cf4.726f,          Tu0
N      181103 [61][19/01] via   181103.0000.0000.0001,  969s, Tu0
N      181104 [81][20/02] via   181103.0000.0000.0001,  969s, Tu0
R    10B9E01C [02/01]     via BB0000BB.0800.2b94.fa17,  109s, Et0
R    AA99BB00 [136/02]    via BB0000BB.0800.2b94.fa17,  109s, Et0
```

- **C7000-Routen vor dem Ausschalten der Frame-Relay-Verbindung**

```
19 Total IPX routes. Up to 1 parallel paths and 16 hops allowed.

No default route known.

L    181104 is the internal network
C       BB2 (SNAP),         Et0/0
C     10021 (ARPA),         Et0/1.1
C     10022 (NOVELL-ETHER), Et0/1.2
C     10023 (SAP),          Et0/1.3
C     10024 (SNAP),         Et0/1.4
NX         3 [81][21/03][02/01] via 10021.aa00.0400.02b0, 1591s, Et0/1.1
N         FA [20][01/01]        via 10021.aa00.0400.02b0, 1591s, Et0/1.1
N        BB1 [81][19/02]        via 10021.aa00.0400.02b0, 1591s, Et0/1.1
NX      C609 [81][22/04][03/02] via 10021.aa00.0400.02b0, 1591s, Et0/1.1
NX      C6FE [81][22/04][03/02] via 10021.aa00.0400.02b0, 1591s, Et0/1.1
N      10011 [47][02/02]        via 10021.aa00.0400.02b0, 1591s, Et0/1.1
N      10012 [47][02/02]        via 10021.aa00.0400.02b0, 1592s, Et0/1.1
N     181101 [81][20/02]        via 10021.aa00.0400.02b0, 1592s, Et0/1.1
N     181102 [47][03/02]        via 10021.aa00.0400.02b0, 1593s, Et0/1.1
N     181103 [20][02/01]        via 10021.aa00.0400.02b0, 1593s, Et0/1.1
NX  10B9E01C [81][21/03][02/01] via 10021.aa00.0400.02b0, 1594s, Et0/1.1
NX  AA99BB00 [81][155/04][136/02] via 10021.aa00.0400.02b0, 1594s, Et0/1.1
N   BB0000BB [81][19/02]        via 10021.aa00.0400.02b0, 1594s, Et0/1.1
```

- **C7000-Routen nach dem Ausschalten der Frame-Relay-Verbindung**

```
19 Total IPX routes. Up to 1 parallel paths and 16 hops allowed.

No default route known.

L    181104 is the internal network
C       BB2 (SNAP),         Et0/0
C     10021 (ARPA),         Et0/1.1
C     10022 (NOVELL-ETHER), Et0/1.2
C     10023 (SAP),          Et0/1.3
C     10024 (SNAP),         Et0/1.4
NX         3 [81][21/03][02/01] via 10021.aa00.0400.02b0,  17s, Et0/1.1
N         FA [20][01/01]        via 10021.aa00.0400.02b0, 101s, Et0/1.1
N        BB1 [81][19/02]        via 10021.aa00.0400.02b0, 101s, Et0/1.1
NX      C609 [81][22/04][03/02] via 10021.aa00.0400.02b0,  17s, Et0/1.1
NX      C6FE [81][22/04][03/02] via 10021.aa00.0400.02b0,  17s, Et0/1.1
F      10011                    via 10021.aa00.0400.02b0,       Et0/1.1
F      10012                    via 10021.aa00.0400.02b0,       Et0/1.1
N     181101 [81][20/02]        via 10021.aa00.0400.02b0, 101s, Et0/1.1
F     181102                    via 10021.aa00.0400.02b0,       Et0/1.1
N     181103 [20][02/01]        via 10021.aa00.0400.02b0, 105s, Et0/1.1
NX  10B9E01C [81][21/03][02/01] via 10021.aa00.0400.02b0,  21s, Et0/1.1
NX  AA99BB00 [81][155/04][136/02] via 10021.aa00.0400.02b0,  21s, Et0/1.1
N   BB0000BB [81][19/02]        via 10021.aa00.0400.02b0,  21s, Et0/1.1
```

IP-Routing

Für die anderen Router im Netz ergibt sich nach dem Ausschalten der Frame-Relay-Schnittstelle keine Änderung in der IP-Routing-Tabelle.

- C4000

```
        181.1.0.0/16 is variably subnetted, 7 subnets, 3 masks
O IA    181.1.2.128/25 [110/2060] via 181.1.0.10, 00:25:43, Serial0
O       181.1.0.16/30 [110/2050] via 181.1.0.10, 00:25:53, Serial0
O IA    181.1.0.4/32 [110/2061] via 181.1.0.10, 00:25:43, Serial0
C       181.1.0.1/32 is directly connected, Loopback0
O       181.1.0.2/32 [110/51] via 181.1.0.10, 00:25:53, Serial0
O       181.1.0.3/32 [110/2051] via 181.1.0.10, 00:25:53, Serial0
C       181.1.0.8/30 is directly connected, Serial0
O E2 181.3.0.0/16 [110/4] via 181.1.0.10, 00:25:43, Serial0
O E2 181.2.0.0/16 [110/4] via 181.1.0.10, 00:25:43, Serial0
O IA 192.1.1.0/24 [110/2070] via 181.1.0.10, 00:25:43, Serial0
C       192.3.1.0/24 is directly connected, Ethernet0
C       192.2.1.0/24 is directly connected, TokenRing0
```

- C7000

```
        181.1.0.0/16 is variably subnetted, 7 subnets, 3 masks
C       181.1.2.128/25 is directly connected, Ethernet0/1
O IA    181.1.0.16/30 [110/2010] via 181.1.2.129, 00:28:55, Ethernet0/1
C       181.1.0.4/32 is directly connected, Loopback0
O IA    181.1.0.1/32 [110/2061] via 181.1.2.129, 00:28:55, Ethernet0/1
O IA    181.1.0.2/32 [110/2011] via 181.1.2.129, 00:28:55, Ethernet0/1
O IA    181.1.0.3/32 [110/11] via 181.1.2.129, 00:28:55, Ethernet0/1
O IA    181.1.0.8/30 [110/2060] via 181.1.2.129, 00:28:55, Ethernet0/1
B       181.3.0.0/16 [20/0] via 192.1.1.2, 5d23h
B       181.2.0.0/16 [20/0] via 192.1.1.2, 6d03h
C       192.1.1.0/24 is directly connected, Ethernet0/0
O       192.3.1.0/24 [110/2070] via 181.1.2.129, 00:29:05, Ethernet0/1
O IA 192.2.1.0/24 [110/2066] via 181.1.2.129, 00:28:55, Ethernet0/1
```

21.8.4 test appletalk

Falls bei Access-Listen für die Dialer-List NBP angegeben ist, kann man die Access-Listen über das »*test appletalk*«-Kommando überprüfen.

NBP-Entities auf C2500-1

c2500-1# show appletalk nbp

```
Net Adr Skt Name                        Type           Zone
144   2 254 c2500-1.Serial0            ciscoRouter    1S0
144   2   8 c2500-1                    SNMP Agent     1S0
167  13 254 c2500-1.TokenRing0         ciscoRouter    1Tnet
167  13   8 c2500-1                    SNMP Agent     1Tnet
199   1 254 c2500-1.BRI0               ciscoRouter    1ISDN
199   1   8 c2500-1                    SNMP Agent     1ISDN
129 163 254 c2500-1.Serial1.2          ciscoRouter    1S1
129 163   8 c2500-1                    SNMP Agent     1S1
```

»test appletalk« auf C7000

test appletalk   ← Sucht alle AppleTalk-Geräte in allen Zonen
(atalk test)# nbp poll

```
poll: sent 10 lookups
(982n,228a,254s)[1]:   'c7000.Ethernet0/0:ciscoRouter@BZONE'
(103n,242a,254s)[1]:   'c7000.Ethernet0/1:ciscoRouter@1EnetWG'
(199n,2a,254s)[1]:   'c2500-2.BRI0:ciscoRouter@1ISDN'
(124n,189a,254s)[1]:   'c2500-2.Serial1.2:ciscoRouter@1S1'
(996n,63a,254s)[1]:   'c4000.TokenRing0:ciscoRouter@TBONE'
(167n,13a,254s)[1]:   'c2500-1.TokenRing0:ciscoRouter@1Tnet'
(144n,2a,254s)[1]:   'c2500-1.Serial0:ciscoRouter@1S0'
(990n,37a,254s)[1]:   'c4000.Ethernet0:ciscoRouter@EBONE'
NBP polling completed.
Processed 8 replies, 10 events
```

c7000(atalk test)# nbp confirm 990.37 c4000.Ethernet0:ciscoRouter@EBONE

```
confirmed c4000.Ethernet0:ciscoRouter@EBONE at 990n,37a,254s
```

c7000(atalk test)# nbp lookup c4000.Ethernet0:ciscoRouter@EBONE

```
(990n,37a,254s)[1]<-(990.37.2): 'c4000.Ethernet0:ciscoRouter@EBONE'
NBP lookup request completed.
Processed 1 replies, 1 events
```

c4000# debug ip nbp

```
AT: NBP ctrl = LkUp, ntuples = 1, id = 16
AT: 982.228, skt 2, enum 0, name: c4000.Ethernet0:ciscoRouter@EBONE
AT: NBP ctrl = LkUp-Reply, ntuples = 1, id = 16
AT: 990.37, skt 254, enum 1, name: c4000.Ethernet0:ciscoRouter@EBONE
```

c7000(atalk test)# nbp lookup c2500-2.BRI0:ciscoRouter@1ISDN

```
(199n,2a,254s)[1]<-(199.2.2): 'c2500-2.BRI0:ciscoRouter@1ISDN'
NBP lookup request completed.
Processed 1 replies, 1 events
```

c7000(atalk test)# nbp lookup c2500-1.BRI0:ciscoRouter@1ISDN

```
%NBP lookup request timed out
Processed 0 replies, 1 events
```

 Durch die Access-Liste 600 auf C2500-2 wird bei NBP-Paketen keine ISDN-Verbindung zu C2500-1 aufgebaut und damit der NBP-Request von C7000 nicht beantwortet.

Bei PPP handelt es sich um ein ungesichertes, verbindungsorientiertes Data-Link-Protokoll, das keine Quittierung der empfangenen Daten durchführt. PPP ist in mehreren RFCs definiert:

- PPP-Protokoll

RFC 1334	PPP Authentication Protocols
RFC 1661	The Point-to-Point Protocol (PPP)
RFC 1663	PPP Reliable Transmission
RFC 1989	PPP Link Quality Monitoring
RFC 1990	The PPP Multilink Protocol (MP)
RFC 1994	PPP Challenge Handshake Authentication Protocol (CHAP)
RFC 2153	PPP Vendor Extensions
RFC 2433	Microsoft PPP CHAP Extensions

- Link Control Protocol (LCP)

RFC 1570	PPP LCP Extensions
RFC 2484	PPP LCP Internationalization Configuration Option

- Network Control Protocol (NCP)

RFC 1332	The PPP Internet Protocol Control Protocol (IPCP)
RFC 1377	The PPP OSI Network Layer Control Protocol (OSINLCP)
RFC 1378	The PPP AppleTalk Control Protocol (ATCP)
RFC 1552	The PPP Internetworking Packet Exchange Control Protocol (IPXCP)
RFC 1638	The PPP Bridging Control Protocol (BCP)
RFC 1762	The PPP DECnet Phase IV Control Protocol (DNCP)
RFC 1962	The PPP Compression Control Protocol (CCP)

- RFCs für die Übertragung von PPP-Frames über verschiedene Netzwerke

RFC 1598	PPP in X.25
RFC 1618	PPP over ISDN
RFC 1662	PPP in HDLC-like Framing
RFC 1973	PPP in Frame-Relay
RFC 2364	PPP over AAL5
RFC 2615	PPP over SONET/SDH

Frame-Format

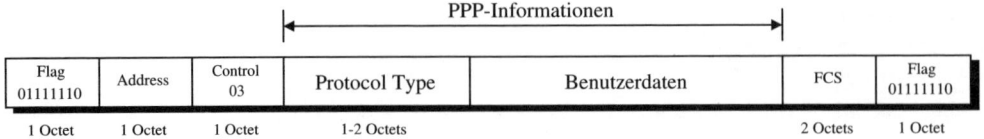

Die Festlegung, um welche Art von Daten es sich handelt, geschieht über den Protocol Type. Die Daten werden dabei in verschiedene Kategorien eingeteilt.

● Network Layer-spezifische Nutzdaten (0xxx - 3xxx)

IP	0x0021
OSI	0x0023
DECnet	0x0027
AppleTalk	0x0029
Novell IPX	0x002B
Bridging PDU	0x0031
Multilink Fragments	0x003D
802.1d Hello PDUs	0x0201
Cisco CDP	0x0207

● Network Control Protocol (NCP)-spezifische Pakete (8xxx - Bxxx)

IP	0x8021
OSI	0x8023
DECnet	0x8027
AppleTalk	0x8029
Novell IPX	0x802B
Bridging PDU	0x8031
Compression	0x80FD
Cisco CDP	0x8207

● Link Layer Control Protocol (LCP)-spezifische Pakete (Cxxx - Fxxx)

LCP	0xC021
PAP	0xC023
LQM	0xC025
Callback	0xC029
CHAP	0xC223

● Protokolle ohne zugehöriges Network Control Protocol (4xxx - 7xxx)

Aufgabe	Pakettyp	Protokollnummer
Konfiguration und Test des Data Link Layers	LCP	C021
Authentication	PAP oder CHAP	C023 oder C223
Konfiguration des Network-Layer-Protokolls	NCP	z.B. 8021 für IP, 8031 für Bridging
Datenübertragung	Network Layer	z.B. 0021 für IP, 0031 für Bridging

22.1   Link Control Protocol

Über das Link Control Protocol erfolgt die Konfiguration des Data Link Layers. Zum Test der Verbindung sendet LCP periodisch Echo-Pakete zur Gegenseite.

Frame-Format

Flag 01111110	Address	Control 03	0xC021	Code	ID	Length	LCP Daten	FCS	Flag 01111110
1 Octet	1 Octet	1 Octet	2 Octets	1 Octet	1 Octet	2 Octets		2 Octets	1 Octet

● Code

Das Code-Feld identifiziert den Typ des LCP Paketes

Code	Typ	LCP Daten
0x01	Configure-Request	*Configuration-Options*
0x02	Configure-Ack	*Configuration-Options*
0x03	Configure-Nak	*Configuration-Options*
0x04	Configure-Reject	*Configuration-Options*
0x05	Terminate-Request	*Data*
0x06	Terminate-Ack	*Data*
0x07	Code-Reject	*Rejected-Paket*
0x08	Protocol-Reject	*Rejected-Protocol Rejected-Information*
0x09	Echo-Request	*Magic-Number Data*
0x0A	Echo-Reply	*Magic-Number Data*
0x0B	Discard-Request	*Magic-Number Data*

● ID (Identification)

Benutzt PPP zur Unterscheidung zwischen einem Request und einem Response.

● Length

Länge des LCP-Pakets inkl. Code-, Identfier-, Length- und Datenfeld.

LCP Configuration Options

Die beiden Endpunkte einer PPP-Verbindung setzen die LCP Configuration Options zum Aushandeln bestimmter Parameter ein (z.B. ob Callback, Multilink oder Authentication verwendet werden soll). Die LCP-Configuration-Pakete benutzen die LCP-Codes 1 bis 4.

PPP Header	0xC021	LCP Code 01 bis 04	ID	Length	Type	Length	Configuration Data	PPP Trailer
3 Octets	2 Octets	1 Octet	1 Octet	2 Octets	1 Octet	1 Octet		3 Octets

Das Type-Feld spezifiziert die Option, die zwischen den beiden PPP-Endpunkten ausgehandelt werden soll.

Typ	Option	Länge	Daten
0x01	Maximum Receive Unit	4	MRU (max. 65535, Standard 1500)
0x02	Async. Control Character Map	6	Async-MAP (Standard FFFFFFFF)
0x03	Authentication Protocol	variabel	Authentication-Protokoll
0x04	Quality Protocol	> 3	Link Quality Report
0x05	Magic-Number	6	Magic-Number (Standard: keine Magic Number)
ox06	Microsoft Callback	variabel	Callback Optionen
0x07	Protocol Field Compression	2	Standard ist keine Kompression
0x08	Address and Control Fields Compression	2	Standard ist keine Kompression
0x0A	Self Describing Padding	3	Maximum
0x0D	Callback	variabel	Options
0x11	Multilink MRRU	4	Maximum Receive Reconstructed Unit (1600)
0x12	Multilink Short Sequence Number	2	
0x13	Multilink Endpoint Discriminator	variabel	Class Address

22.2   IP Control Protocol

IPCP benutzt das gleiche Format wie LCP, mit der Ausnahme, dass nur die Codes Eins bis Sieben erlaubt sind. Das Protokoll wird zum Aufbau einer IP-Verbindung über PPP und zum Aushandeln bestimmter IP-Optionen eingesetzt.

IPCP Configuration Options

Auch für die Configuration Options benutzt IPCP die gleiche Struktur wie LCP.

PPP Header	0x8021	Code 01 bis 04	ID	Length	Type	Length	Configuration Data	PPP Trailer
3 Octets	2 Octets	1 Octet	1 Octet	2 Octets	1 Octet	1 Octet		3 Octets

Das Type-Feld spezifiziert die IP-Option, die zwischen den beiden PPP-Endpunkten ausgehandelt werden soll.

Typ	Option	Länge	Configuration Daten
0x01	IP Adresses	10	Source und Destination IP-Adresse
0x02	IP Compression Protocol	variabel	Compressed Protocol ID + Data
0x03	IP-Adresse	6	IP-Adresse
0x81	Primary DNS Server Address	6	IP-Adresse
0x82	Primary NBNS Server Address	6	IP-Adresse
0x83	Secondary DNS Server Address	6	IP-Adresse
0x84	Secondary NBNS Server Address	>6	IP-Adresse

Der Option-Typ 03 enthält die gewünschte IP-Adresse des Senders des IPCP Configuration Requests. Eine Adresse, bei der alle vier Octets auf Null gesetzt sind, zeigt dem Peer an, dass er die IP-Adresse für das System zur Verfügung stellen soll.

22.3   PPP-Multilink-Protokoll

Das PPP-Multilink-Protokoll (RFC 1990) erlaubt die Zusammenfassung von mehreren physikalischen Links zu einer logischen Verbindung (*Bundle*). Daneben können die Daten-Frames mit Hilfe des Multilink Headers fragmentiert werden. Das heißt, es ist möglich, Frames der Größe N zu empfangen, obwohl N größer ist als die MRU-Size der physikalischen Schnittstellen.

Die Auswahl der PPP-Multilink-Funktion geschieht während der Abstimmung der LCP-Optionen.

1. LCP und Authentication Control Protocol Negotiation erfolgt separat für jeden physikalischen Link.

2. NCP Negotiation und der Datentransfer erfolgen dann für den Bundle.

Multilink-Frame-Format

● Long Sequence Number Fragment Format

Address (FF)		Control (03)	
Protocol Type **003D**			
B	E	0	Sequence #
Sequence #			
Fragment Data			
FCS			

● Short Sequence Number Fragment Format

Address (FF)			Control (03)	
Protocol Type **003D**				
B	E	0	0	Sequence #
Fragment Data				
FCS				

Die in einem Multilink-Fragment übertragenen Daten enthalten zusätzlich noch den Protokolltyp (z.B. 0x8021 für IPCP oder 0x0021 für reine IP-Daten). Dadurch kann der Router die empfangenen Fragmente den verschiedenen Netzwerkprotokollen zuordnen.

● B (Beginning Fragment Bit)

   1 = Erstes Fragment eines PPP-Pakets
   0 = Für alle anderen Fragmente

● E (Ending Fragment Bit)

   1 = Letztes Fragment eines PPP-Pakets
   0 = Für alle anderen Fragmente

● Sequence

   Die *Sequence* wird für jeden neu aufgebauten Bundle auf Null gesetzt und dann für jedes gesendete Fragment um Eins erhöht.

22.4 PPP-Authentication

Bei der PPP-Authentication unterscheidet man allgemein zwischen einem *Authenticator* und einem *Peer*.

● Authenticator

> Die Seite der Verbindung, die eine Authentifizierung benötigt. Der Authenticator spezifiziert das zu benutzende Authentifizierungsprotokoll während des Aufbaus des PPP-Links in einem LCP Configuration Request Frame.

● Peer

> Die andere Seite der PPP-Verbindung, die sich authentifizieren muss.

22.4.1 Password Authentication Protocol (PAP)

Bei PAP (RFC 1334) handelt es sich um ein *2-Way-Handshake*-Verfahren. Der Peer sendet so lange ein *PeerID/Password*-Paar zum Authenticator, bis dieser die Authentifizierung quittiert oder die Verbindung abgebaut wird.

LCP-Configuration-Option für PAP

Protocol C021 (LCP)	Type 3 (Auth-Prot)	Length 4	Auth-Protocol **C023** (PAP)

PAP-Paketformat

Protocol C023 (PAP)	Code 1 (Auth-Request)	Identifier x	Length x	ID Length	Peer ID	Password Length	Password

Das *Authentication-Request*-Paket dient zum Starten des Authentifizierungsprotokolls und muss vom Peer zum Authenticator gesendet werden.

Protocol C023 (PAP)	Code (2 oder 3) Auth-Ack/Auth-Nak	Identifier x	Length x	Message Length	Message

Falls der Authenticator das empfangene *PeerID/Password*-Paar erkennt und akzeptiert, sendet er ein *Auth-Ack* (Code 2) an den Peer zurück, sonst ein *Auth-Nak* (Code 3).

PPP-Trace auf dem Peer

```
Rx          48 of 48   at  14:37:07.88
   LCP packet: configure request
   Invoke ID                      0x01    |  Length                  12
   Maximum Receive Unit           1524    |  authentication protocol  PAP

Tx          50 of 50   at  14:37:07.88
   LCP packet: configure acknowledge
   Invoke ID                      0x01    |  Length                  12
   Maximum Receive Unit           1524    |  authentication protocol  PAP

Tx          64 of 64   at  14:37:07.88
   PAP Authentication Request
         01                              = Authenticate-Request
         07                              = Identification
         00 1A                           = Length
         0A                              = Peer-ID Length
         726F75746561626F7574            = routeabout
         0A                              = Passwd-Length
         726F75746561626F7574            = routeabout

Rx          62 of 62   at  14:37:07.90
   PAP Auth-Ack
         02                              = Authenticate-Ack
         07                              = Identification
         00 1A                           = Length
         15                              = Msg-Length
         49442F50617373776F726420076616C696461746564  = ID/Password validated
```

22.4.2 Challenge Handshake Authentication Protocol (CHAP)

Bei CHAP (RFC 1994) handelt es sich um ein *3-Way-Handshake*-Verfahren:

1. Authenticator sendet eine Challenge-Nachricht zum Peer.

2. Peer sendet daraufhin einen – durch eine *One-Way-Hash*-Funktion – kalkulierten Wert zurück.

3. Authenticator prüft diesen Wert gegen seine eigene Kalkulation des erwarteten Hash-Wertes.

4. Authenticator kann in regelmäßigen Abständen die Schritte 1 bis 3 wiederholen.

LCP-Configuration-Option für CHAP

Protocol	Type 3	Length	Auth-Protocol	Algorithm
C021 (LCP)	(Auth-Prot)	5	**C223** (CHAP)	5 (MD5)

CHAP-Paketformat

Name des Routers, der das
CHAP-Paket versendet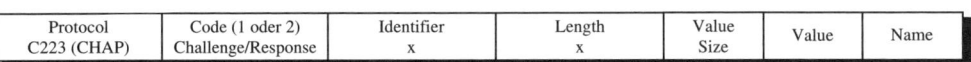

Protocol C223 (CHAP)	Code (1 oder 2) Challenge/Response	Identifier x	Length x	Value Size	Value	Name

Der Authenticator sendet so lange eine *Challenge*-Nachricht (Code 1) zum Peer, bis er ein gültiges *Response*-Paket empfängt oder der Retry Counter abgelaufen ist. Das Value-Feld wird bei jeder neuen *Challenge*-Nachricht geändert.

Der Peer kalkuliert aus dem Identifier, dem Secret und dem Value einen *One Hash Value*, den er in einer *Response*-Nachricht (Code 2) an den Authenticator zurücksendet.

Protocol C223 (CHAP)	Code (3 oder 4) Success / Failure	Identifier x	Length x	Message

Basierend auf seiner eigenen Kalkulation des Hash-Werts akzeptiert der Authenticator die Authentifizierung und sendet eine *Success*-Nachricht (Code 3) zurück oder er lehnt sie mit einer *Failure*-Nachricht (Code 4) ab.

PPP Trace auf dem Authenticator

```
Tx            23 of 23    at         8933
    LCP packet: configure request
    Invoke ID             0x50        | Length               19
    Maximum Receive Unit  2048        | Auth length           5
    unknown option 3 C223050506       | Magic Number   15393136

Rx            23 of 23    at         8935
    LCP packet: configure acknowledge
    Invoke ID             0x50        | Length               19
    Maximum Receive Unit  2048        | Auth length           5
    unknown option 3 C223050506       | Magic Number   15393136
                        ↖— CHAP using MD5
Tx            31 of 31    at         8935
    CHAP Challenge Message
    01                        = Challenge
    51                        = Identification
    00 1B                     = Length
    13                        = Val Size
    76 82 C6 44 ... C0 40 80  = Value

    72 61 31                  = ra1     (Name)
Rx            28 of 28    at         8938
    CHAP Challenge Response
    02                        = Response
    51                        = Identification
    72 61 32                  = ra2     (Name)

Tx            26 of 26    at         8938
    CHAP Success Message
    03                        = Success
    51                        = Identification
    00 16                     = Length
    72 65 73 70 ... 74 65 64  = response validated   (Message Text)
```

22.5   Trace einer PPP-Callback-Verbindung

LCP Configuration

● Aushandeln der LCP Parameter von der Senderseite (PC) aus

```
DLL: Transmitted DIX format, Protocol Type    = C0-21
LCP:
LCP: - - - - - Link Control protocol (LCP) - - - - -
LCP:
LCP: Packet type          = 1 (Configure Request)
LCP: Identifier           = 02
LCP: Length               = 239 bytes
LCP: LCP option           = 2 (Asynch Control Character Map)
LCP:      Option Length   = 6 bytes
LCP:      ACCM            = 000A0000
LCP: LCP option           = 5 (Magic Number)
LCP:      Option Length   = 6 bytes
LCP:      Magic number    = 00785F2D
LCP: LCP option           = 7 (Protocol Field Compression)
LCP:      Option Length   = 2 bytes
LCP: LCP option           = 8 (Address and Control Field Compression)
LCP:      Option Length   = 2 bytes
LCP: LCP option           = 13 (Callback)
LCP:      Option Length   = 3 bytes
LCP:      Operation       = 6 (negotiate Microsoft Callback)

DLL: Received DIX format, Protocol Type       = C0-21
LCP:
LCP: - - - - - Link Control protocol (LCP) - - - - -
LCP:
LCP: Packet type          = 2 (Configure Ack)
LCP: Identifier           = 02
LCP: Length               = 239 bytes
LCP: LCP option           = 2 (Asynch Control Character Map)
LCP:      Option Length   = 6 bytes
LCP:      ACCM            = 000A0000
LCP: LCP option           = 5 (Magic Number)
LCP:      Option Length   = 6 bytes
LCP:      Magic number    = 00785F2D
LCP: LCP option           = 7 (Protocol Field Compression)
LCP:      Option Length   = 2 bytes
LCP: LCP option           = 8 (Address and Control Field Compression)
LCP:      Option Length   = 2 bytes
LCP: LCP option           = 13 (Callback)
LCP:      Option Length   = 3 bytes
LCP:      Operation       = 6 (negotiate Microsoft Callback)
```

● Aushandeln der LCP-Parameter von der Empfängerseite (Router) aus

```
DLL: Received DIX format, Protocol Type    = C0-21
LCP:
LCP: - - - - - Link Control protocol (LCP) - - - - -
LCP:
LCP: Packet type                   = 1 (Configure Request)
LCP: Identifier                    = 01
LCP: Length                        = 239 bytes
LCP: LCP option                    = 2 (Asynchronous Control Character Map)
LCP:      Option Length            = 6 bytes
LCP:      ACCM                     = 00000000
LCP: LCP option                    = 3 (Authentication Protocol)
LCP:      Option Length            = 5 bytes
LCP:      Authentication protocol  = 49699 (CHAP))
LCP:      Encryption algorithm     = 128 (Microsoft's CHAP (MS-CHAP))
LCP: LCP option                    = 5 (Magic Number)
LCP:      Option Length            = 6 bytes
LCP:      Magic number             = 000006EE
LCP: LCP option                    = 7 (Protocol Field Compression)
LCP:      Option Length            = 2 bytes
LCP: LCP option                    = 8 (Address/Control Field Compression)
LCP:      Option Length            = 2 bytes

DLL: Transmitted DIX format, Protocol Type  = C0-21
LCP:
LCP: - - - - - Link Control protocol (LCP) - - - - -
LCP:
LCP: Packet type                   = 2 (Configure Ack)
LCP: Identifier                    = 01
LCP: Length                        = 239 bytes
LCP: LCP option                    = 2 (Asynchronous Control Character Map)
LCP:      Option Length            = 6 bytes
LCP:      ACCM                     = 00000000
LCP: LCP option                    = 3 (Authentication Protocol)
LCP:      Option Length            = 5 bytes
LCP:      Authentication protocol  = 49699 (CHAP)
LCP:      Encryption algorithm     = 128 (Microsoft's CHAP (MS-CHAP))
LCP: LCP option                    = 5 (Magic Number)
LCP:      Option Length            = 6 bytes
LCP:      Magic number             = 000006EE
LCP: LCP option                    = 7 (Protocol Field Compression)
LCP:      Option Length            = 2 bytes
LCP: LCP option                    = 8 (Address/Control Field Compression)
LCP:      Option Length            = 2 bytes
```

CHAP Authentication

```
DLL: Received DIX format, Protocol Type    = C2-23
CHAP:
CHAP: - - - - - Challenge Handshake Authentication protocol (CHAP) - - - - -
CHAP:
CHAP: Packet type                = 1 (Challenge)
CHAP: Identifier                 = 26
CHAP: Length                     = 13
CHAP: Value size                 = 8
CHAP: Value                      = A0-46-...
```

Authenticator (Router) sendet Challenge Message.

```
DLL: Transmitted DIX format, Protocol Type    = C2-23
CHAP:
CHAP: - - - - - Challenge Handshake Authentication protocol (CHAP) - - - - -
CHAP:
CHAP: Packet type                = 2 (Response)
CHAP: Identifier                 = 26
CHAP: Length                     = 70
CHAP: Value size                 = 49
CHAP: Value                      = 37-02-...
CHAP: Name                       = "laptop\aurand"
```

Peer (PC) antwortet mit einer Response Message.

```
DLL: Received DIX format, Protocol Type    = C2-23
CHAP:
CHAP: - - - - - Challenge Handshake Authentication protocol (CHAP) - - - - -
CHAP:
CHAP: Packet type                = 3 (Success)
CHAP: Identifier                 = 26
CHAP: Length                     = 4
```

Die Überprüfung des Secrets auf dem Authenticator war erfolgreich.

Microsoft Callback

```
DLL: Received DIX format, Protocol Type    = C0-29
CBCP:
CBCP: - - - - - Callback Control protocol (CBCP) - - - - -
CBCP:
CBCP: Packet type                = 1 (Callback Request)
CBCP: Identifier                 = 01
CBCP: Length                     = 11
CBCP: CBCP option                = 1 (No callback)
CBCP:        Option length       = 2
CBCP: CBCP option                = 2 (Callback to a user-specifiable number)
CBCP:        Option length       = 5
CBCP:        Callback delay      = 0
CBCP:        Callback address type = 1 (PSTN / ISDN)
CBCP:        Callback address    = ""
```

```
DLL: Transmitted DIX format, Protocol Type   = CO-29
CBCP:
CBCP: - - - - - Callback Control protocol (CBCP) - - - - -
CBCP:
CBCP: Packet type                  = 2 (Callback Response)
CBCP: Identifier                   = 01
CBCP: Length                       = 27
CBCP: CBCP option                  = 2 (Callback to a user-specifiable number)
CBCP:        Option length         = 23
CBCP:        Callback delay        = 15
CBCP:        Callback address type = 1 (PSTN / ISDN)
CBCP:        Callback address      = "*v2=6dt011555"

DLL: Received DIX format, Protocol Type   = CO-29
CBCP:
CBCP: - - - - - Callback Control protocol (CBCP) - - - - -
CBCP:
CBCP: Packet type                  = 3 (Callback Ack)
CBCP: Identifier                   = 01
CBCP: Length                       = 27
CBCP: CBCP option                  = 2 (Callback to a user-specifiable number)
CBCP:        Option length         = 23
CBCP:        Callback delay        = 15
CBCP:        Callback address type = 1 (PSTN / ISDN)
CBCP:        Callback address      = "*v2=6dt011555"
```

Abbau der PPP-Verbindung wegen Callback

```
DLL: Transmitted DIX format, Protocol Type   = CO-21
LCP:
LCP: - - - - - Link Control protocol (LCP) - - - - -
LCP:
LCP: Packet type                  = 5 (Terminate Request)
LCP: Identifier                   = 03
LCP: Length                       = 239 bytes

DLL: Received DIX format, Protocol Type   = CO-21
LCP:
LCP: - - - - - Link Control protocol (LCP) - - - - -
LCP:
LCP: Packet type                  = 6 (Terminate Ack)
LCP: Identifier                   = 03
LCP: Length                       = 239 bytes
```

IPCP Configuration

```
DLL: Transmitted DIX format, Protocol Type   = 80-21
IPCP:                                                    PC fordert bestimmte Parameter für
IPCP: - - - - - IP Control protocol (IPCP) - - - - -    die IP-Verbindung an.
IPCP:
IPCP: Packet type                 = 1 (Configure Request)
IPCP: Identifier                  = 01
IPCP: Length                      = 40
IPCP: IPCP option                 = 2 (Header Compression Protocol)
IPCP:     Option length           = 6
IPCP:     IP Compression Protocol = 45 (Van Jacobson Compressed TCP/IP)
IPCP:     Number of slots         = 15
IPCP:     Compress slot ID        = True
IPCP: IPCP option                 = 3 (IP Address)
IPCP:     Option length           = 6
IPCP:     IP Address              = 0.0.0.0
IPCP: IPCP option                 = 129 (Primary DNS Server Address)
IPCP:     Option length           = 6
IPCP:     IP Address              = 0.0.0.0
IPCP: IPCP option                 = 130 (Primary NBNS Server Address)
IPCP:     Option length           = 6
IPCP:     IP Address              = 0.0.0.0
IPCP: IPCP option                 = 131 (Secondary DNS Server Address)
IPCP:     Option length           = 6
IPCP:     IP Address              = 0.0.0.0
IPCP: IPCP option                 = 132 (Secondary NBNS Server Address)
IPCP:     Option length           = 6
IPCP:     IP Address              = 0.0.0.0
                                                   Router liefert in der NAK-Message
DLL: Received DIX format, Protocol Type    = 80-21   die benötigten Parameter.
IPCP:
IPCP: - - - - - IP Control protocol (IPCP) - - - - -
IPCP:
IPCP: Packet type                 = 3 (Configure Nak)
IPCP: Identifier                  = 01
IPCP: Length                      = 34
IPCP: IPCP option                 = 3 (IP Address)
IPCP:     Option length           = 6
IPCP:     IP Address              = 10.154.11.203
IPCP: IPCP option                 = 129 (Primary DNS Server Address)
IPCP:     Option length           = 6
IPCP:     IP Address              = 10.154.39.225
IPCP: IPCP option                 = 130 (Primary NBNS Server Address)
IPCP:     Option length           = 6
IPCP:     IP Address              = 10.154.39.225
IPCP: IPCP option                 = 131 (Secondary DNS Server Address)
IPCP:     Option length           = 6
IPCP:     IP Address              = 10.97.92.19
IPCP: IPCP option                 = 132 (Secondary NBNS Server Address)
IPCP:     Option length           = 6
IPCP:     IP Address              = 10.97.92.19
```

```
DLL: Transmitted DIX format, Protocol Type    = 80-21
IPCP:
IPCP: - - - - - IP Control protocol (IPCP) - - - - -
IPCP:
IPCP: Packet type                    = 1 (Configure Request)
IPCP: Identifier                     = 02
IPCP: Length                         = 40
IPCP: IPCP option                    = 2 (Header Compression Protocol)
IPCP:       Option length            = 6
IPCP:       IP Compression Protocol  = 45 (Van Jacobson Compressed TCP/IP)
IPCP:       Number of slots          = 15
IPCP:       Compress slot ID         = True
IPCP: IPCP option                    = 3 (IP Address)
IPCP:       Option length            = 6
IPCP:       IP Address               = 10.154.11.203
IPCP: IPCP option                    = 129 (Primary DNS Server Address)
IPCP:       Option length            = 6
IPCP:       IP Address               = 10.154.39.225
IPCP: IPCP option                    = 130 (Primary NBNS Server Address)
IPCP:       Option length            = 6
IPCP:       IP Address               = 10.154.39.225
IPCP: IPCP option                    = 131 (Secondary DNS Server Address)
IPCP:       Option length            = 6
IPCP:       IP Address               = 10.97.92.19
IPCP: IPCP option                    = 132 (Secondary NBNS Server Address)
IPCP:       Option length            = 6
IPCP:       IP Address               = 10.97.92.19
```

PC fordert eine IP-Verbindung mit den erhaltenen Parametern an.

```
DLL: Received DIX format, Protocol Type    = 80-21
IPCP:
IPCP: - - - - - IP Control protocol (IPCP) - - - - -
IPCP:
IPCP: Packet type                    = 2 (Configure Ack)
IPCP: Identifier                     = 02
IPCP: Length                         = 40
IPCP: IPCP option                    = 2 (Header Compression Protocol)
IPCP:       Option length            = 6
IPCP:       IP Compression Protocol  = 45 (Van Jacobson Compressed TCP/IP)
IPCP:       Number of slots          = 15
IPCP:       Compress slot ID         = True
IPCP: IPCP option                    = 3 (IP Address)
IPCP:       Option length            = 6
IPCP:       IP Address               = 10.154.11.203
IPCP: IPCP option                    = 129 (Primary DNS Server Address)
IPCP:       Option length            = 6
IPCP:       IP Address               = 10.154.39.225
IPCP: IPCP option                    = 130 (Primary NBNS Server Address)
IPCP:       Option length            = 6
IPCP:       IP Address               = 10.154.39.225
IPCP: IPCP option                    = 131 (Secondary DNS Server Address)
IPCP:       Option length            = 6
IPCP:       IP Address               = 10.97.92.19
IPCP: IPCP option                    = 132 (Secondary NBNS Server Address)
IPCP:       Option length            = 6
IPCP:       IP Address               = 10.97.92.19
```

Router bestätigt die Parameter

Compression Protocol

```
DLL: Transmitted DIX format, Protocol Type    = 80-FD
CCP:
CCP: - - - - - Compression Control protocol (CCP) - - - - -
CCP:
CCP: Packet type                     = 1 (Configure Request)
CCP: Identifier                      = 01
CCP: Length                          = 15
CCP: CCP option                      = 18 (Microsoft PPC)
CCP:      Option length              = 6
CCP:      Use MPPC                   = True
CCP: CCP option                      = 17 (Stac Electronics LZS)
CCP:      Option length              = 5
CCP:      History Count              = 1
CCP:      Check Mode                 = 4 (Extended Mode)


DLL: Received DIX format, Protocol Type    = 80-FD
CCP:
CCP: - - - - - Compression Control protocol (CCP) - - - - -
CCP:
CCP: Packet type                     = 4 (Configure Reject)
CCP: Identifier                      = 01
CCP: Length                          = 9
CCP: CCP option                      = 17 (Stac Electronics LZS)
CCP:      Option length              = 5
CCP:      History Count              = 1
CCP:      Check Mode                 = 4 (Extended Mode)


DLL: Received DIX format, Protocol Type    = 80-FD
CCP:
CCP: - - - - - Compression Control protocol (CCP) - - - - -
CCP:
CCP: Packet type                     = 1 (Configure Request)
CCP: Identifier                      = 02
CCP: Length                          = 10
CCP: CCP option                      = 18 (Microsoft PPC)
CCP:      Option length              = 6
CCP:      Use MPPC                   = True

DLL: Transmitted DIX format, Protocol Type    = 80-FD
CCP:
CCP: - - - - - Compression Control protocol (CCP) - - - - -
CCP:
CCP: Packet type                     = 2 (Configure Ack)
CCP: Identifier                      = 02
CCP: Length                          = 10
CCP: CCP option                      = 18 (Microsoft PPC)
CCP:      Option length              = 6
CCP:      Use MPPC                   = True
```

Router unterstützt keine Stac
LZS Compression.

22.6 Cisco-Konfiguration: PPP

22.6.1 Authentication

Falls auf einem Interface der Befehl *ppp authentication* gesetzt ist, agiert der Router als Authenticator, sonst als Peer.

PAP Authentication

Unter PAP sendet der Peer sein lokales Hostname/Password-Paar in der *Auth-Request*-Nachricht zum Authenticator. Deshalb muss unter PAP für den lokalen Router ein Password definiert sein.

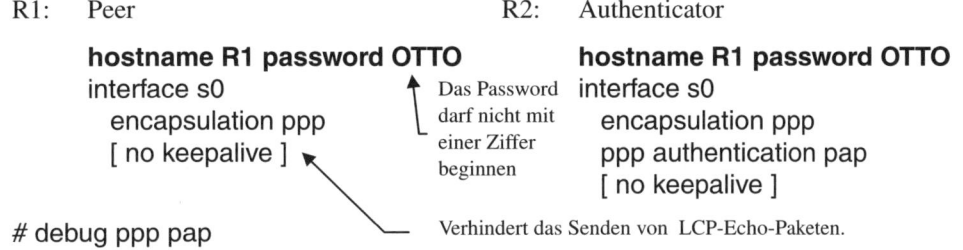

R1:   Peer   R2:   Authenticator

    hostname R1 password OTTO   **hostname R1 password OTTO**
    interface s0   Das Password interface s0
      encapsulation ppp   darf nicht mit   encapsulation ppp
      [no keepalive]   einer Ziffer   ppp authentication pap
                    beginnen   [no keepalive]

\# debug ppp pap   Verhindert das Senden von LCP-Echo-Paketen.

CHAP Authentication

Der Authenticator und der Peer tragen normalerweise im Name-Feld der *Challenge*- und *Response*-Nachricht ihren lokalen Router-Namen ein.

Der Peer benutzt den Namen des Authenticator, um das zugehörige Secret in der lokalen Username- oder in der TACACS-Datenbank zu ermitteln.

Hat der Authenticator die *Response*-Nachricht empfangen, benutzt er den Eintrag im Name-Feld, um das zugehörige Passwort des Peers zu bestimmen und damit den *Hash*-Wert zu verifizieren.

Da die Router das Secret über den Usernamen ermitteln, muss auf dem Authenticator das Passwort für den Peer identisch mit dem Passwort sein, das auf dem Peer für den Authenticator definiert ist.

R1:   Peer   R2:   Authenticator

    hostname R1   hostname R2
    username R2 password KARL   **username R1 password KARL**
    interface s0   **username R3 password HUGO**
      encapsulation ppp   interface s0
                         encapsulation ppp
                         ppp authentication chap

R3:   Peer

    hostname R3
    username R2 password HUGO
    interface s0
      encapsulation ppp

debug ppp chap

● ppp chap hostname *hostname*   (ab V11.2)

Anstelle des lokalen Router-Namens trägt der Router im Name-Feld der CHAP-Nachrichten den angegebenen Hostnamen ein. Ermöglicht auf dem Authenticator eine gemeinsame Konfiguration für mehrere Peers.

R1:   Peer   R2:   Authenticator

    hostname R1   hostname R2
    username R2 password SERVER   **username CLIENT password SERVER**
    interface s0   interface s0
      encapsulation ppp   encapsulation ppp
      ppp chap hostname CLIENT   ppp authentication chap

R3:   Peer

    hostname R3
    username R2 password SERVER
    interface s0
      encapsulation ppp
      ppp chap hostname CLIENT

● ppp chap password *password*   (ab V11.2)

Ist der Name des Peers auf dem Authenticator nicht bekannt, benutzt der Router dieses Password, um den *Hash*-Wert zu generieren. Bietet im Prinzip die gleiche Funktionalität wie das Kommando »*ppp chap hostname*« mit dem Unterschied, das der Befehl »*ppp chap password*« auf dem Authenticator und nicht auf dem Peer definiert werden muss.

R1:   Peer   R2:   Authenticator

    hostname R1   hostname R2
    username R2 password SERVER   interface s0
    interface s0   encapsulation ppp
      encapsulation ppp   ppp authentication chap
                                        ppp chap password SERVER

R3:   Peer

    hostname R3
    username R2 password SERVER
    interface s0
      encapsulation ppp

22.6.2 Callback

Bei PPP-Callback baut der Client eine PPP-Verbindung zum Server auf und fordert über die LCP Configuration Option Callback (0x0D) einen Rückruf vom Server an.

Server Setup

Dadurch, dass die eingehende ISDN-Rufnummer nicht immer mit der Nummer übereinstimmt, die der Router zurückrufen soll, muss man auf dem Server evtl. mehrere *dialer map*-Einträge für den gleichen Client erstellen (z.B. ankommende Nummer 11155590, Rufnummer muss aber 55542 sein).

```
hostname c1
!
username c2 password HUGO
!
isdn switch-type basic-net3
interface BRI0
  ip address 184.4.1.13 255.255.255.252
  encapsulation ppp
  isdn answer1 55541
  dialer callback-secure
  dialer map ip 184.4.1.14 name c2 class C2 11155590
  dialer map ip 184.4.1.14 name c2 class C2 55542
  dialer enable-timeout 2
  dialer-group 1
  ppp callback accept
  ppp authentication chap
!
map-class dialer C2
  dialer callback-server username

dialer-list 1 protocol ip permit
```

Notwendig, da ansonsten kein Callback möglich ist

Nach wie vielen Sekunden der Callback erfolgen soll

Client Setup

```
hostname c2
!
username c1 password HUGO
!
isdn switch-type basic-net3
interface BRI0
 ip address 184.4.1.14 255.255.255.252
 encapsulation ppp
 isdn answer1 55542
 dialer map ip 184.4.1.13 name c1 55541
 dialer-group 1
 ppp callback request
!
dialer-list 1 protocol ip permit
```

Informationen über eine Callback-Verbindung

show dialer

```
BRIO - dialer type = ISDN

Dial String     Successes   Failures    Last called   Last status
55542                   4          0     00:01:56       successful
11155590                0          5     00:01:57           failed
0 incoming call(s) have been screened.

BRIO:1 - dialer type = ISDN
Idle timer (120 secs), Fast idle timer (20 secs)         dialer enable-timeout
Wait for carrier (30 secs), Re-enable (2 secs)
Dialer state is data link layer up
Dial reason: Callback return call
Time until disconnect 114 secs
Current call connected 00:01:57
Connected to 55542 (c2500-2)
```

Debugging des Callback (# debug isdn q931)

1. Client wählt den Server an

```
ISDN BRO: RX <-  SETUP_ACK pd = 8  callref = 0x86
        Channel ID i = 0x89
ISDN BRO: RX <-  SETUP pd = 8  callref = 0x01
        Sending Complete
        Bearer Capability i = 0x8890
        Channel ID i = 0x8A
        Calling Party Number i = '!', 0x83, '11155590'
        Called Party Number i = 0xC1, '55541'
ISDN BRO: TX ->  CONNECT pd = 8  callref = 0x81
ISDN BRO: RX <-  CONNECT_ACK pd = 8  callref = 0x01
ISDN BRO: RX <-  CONNECT pd = 8  callref = 0x86
```

2. Server baut die ISDN-Verbindung ab

```
ISDN BRO: TX ->  DISCONNECT pd = 8  callref = 0x81
        Cause i = 0x8090 - Normal call clearing
ISDN BRO: RX <-  RELEASE pd = 8  callref = 0x01
ISDN BRO: TX ->  RELEASE_COMP pd = 8  callref = 0x81
```

3. Server ruft den Client zurück

```
ISDN BR0: TX -> SETUP pd = 8  callref = 0x06
        Bearer Capability i = 0x8890
        Channel ID i = 0x83
        Called Party Number i = 0x80, '11155590'          ⟍── Erste Nummer schlägt fehl.
ISDN BR0: RX <- SETUP_ACK pd = 8  callref = 0x86
        Channel ID i = 0x89
ISDN BR0: RX <- DISCONNECT pd = 8  callref = 0x86
        Cause i = 0x82BF - Service/option not available, unspecified
ISDN BR0: RX <- RELEASE_COMP pd = 8  callref = 0x86

ISDN BR0: TX -> SETUP pd = 8  callref = 0x07
        Bearer Capability i = 0x8890
        Channel ID i = 0x83                                ⟍── Zweite Nummer funktioniert.
        Called Party Number i = 0x80, '55542'
ISDN BR0: RX <- SETUP_ACK pd = 8  callref = 0x87
        Channel ID i = 0x89
ISDN BR0: RX <- CONNECT_ACK pd = 8  callref = 0x02
ISDN BR0: RX <- CONNECT pd = 8  callref = 0x87
ISDN BR0: TX -> CONNECT_ACK pd = 8  callref = 0x07
```

22.6.3 Microsoft Dial up Network

Ab der IOS Version V11.3(3)T sind folgende zusätzlichen Features im Zusammenhang mit Microsoft Dial up Networking verfügbar (auf der PC-Seite ist Microsofts »Dial-Up Upgrade V1.3« notwendig).

● MS Callback – Microsoft Callback Control Protocols (MSCP)

interface *name*
   ppp callback initiate

● MS Chap – Microsoft-Erweiterung des CHAP-Standards

interface *name*
   ppp authentication ms-chap

● MS Compress – Microsoft-PPP-Compression Protokoll (MPPC)

interface *name*
   compress mppc

Beispiel für die Konfiguration von Microsoft Callback

● Modem-Konfiguration (hier für ein US Robotics Sportster Vi)

```
chat-script offhook "" "ATH1" OK
chat-script reset "" "ATZ2" OK
chat-script callback ABORT ERROR ABORT BUSY "" \dATDT\T TIMEOUT 60 CONNECT \c
modemcap entry usr_sportster_vi:FD=Z2:AA=S0=1:CD=&C1:DTR=&D2:HFL=&H2&R2:NER=&M01
```

● Rückrufnummer (bei "" als Callbackstring fragt der PC den Benutzer nach der Rückrufnummer)

username PCuser nocallback-verify **callback-dialstring** "" password HUGO

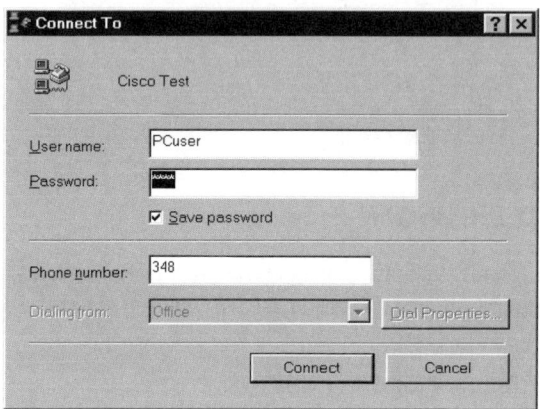

● PPP-Konfiguration für Microsoft Callback über die asynchrone Schnittstelle des Routers

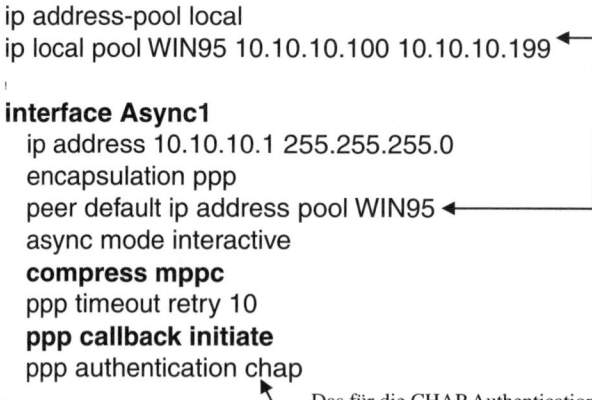

```
ip address-pool local
ip local pool WIN95 10.10.10.100 10.10.10.199
!
interface Async1
   ip address 10.10.10.1 255.255.255.0
   encapsulation ppp
   peer default ip address pool WIN95
   async mode interactive
   compress mppc
   ppp timeout retry 10
   ppp callback initiate
   ppp authentication chap
!
```

Das für die CHAP Authentication benötigte Username/Password-Paar gibt man auf dem PC beim Starten der Dialup-Verbindung an.

```
line aux 0
  exec-timeout 0 0
  autoselect during-login
  autoselect ppp
  script reset reset
  script modem-off-hook offhook
  script callback callback
  modem autoconfigure type usr_sportster_vi
  transport input all
  flowcontrol hardware
```
  login local ↖
              Notwendig, damit der Router beim Verbindungsaufbau
              den Username und das Password abfragt.

Informationen über die Callback-Verbindung anzeigen

● Keine aktive Verbindung über das asynchrone Interface

show line 1

```
 Tty Typ     Tx/Rx      A Modem  Roty AccO AccI  Uses    Noise    Overruns
*  1 AUX    9600/9600    -    -     -    -    -     5      1         0/0

Line 1, Location: "-- AUX Port # 348 --", Type: ""
Length: 24 lines, Width: 80 columns
Baud rate (TX/RX) is 9600/9600, no parity, 2 stopbits, 8 databits
Status: Ready, Active
Capabilities: Hardware Flowcontrol In, Hardware Flowcontrol Out
  Line usable as async interface, Modem Autoconfigure
Modem state: Ready
Modem hardware state: CTS* noDSR  DTR RTS
TCP/IP header compression enabled
...   ...
Modem type is usr_sportster_vi.
...   ...
```

show interface async 1

```
Async1 is down, line protocol is down
  Hardware is Async Serial
  Description: -- AUX Port # 348 --
  Internet address is 10.10.10.1/24
  MTU 1500 bytes, BW 9 Kbit, DLY 100000 usec, rely 255/255, load 1/255
  Encapsulation PPP, loopback not set, keepalive set (30 sec)
  DTR is pulsed for 5 seconds on reset
  LCP Closed
  Closed: IPCP, CCP
  ...   ...
```

● Aktive Verbindung über das asynchrone Interface

show user

```
      Line     User     Host(s)              Idle Location
   1 aux 0    PCuser    Async interface      00:00:00 -- AUX Port # 348 --
*  2 vty 0              idle                 00:00:00 vms1.frs.lab
```

show line 1

```
Tty Typ      Tx/Rx      A Modem  Roty AccO AccI  Uses   Noise   Overruns
A  1 AUX     9600/9600   -    -    -    -    -     5       1        0/0
```

```
Line 1, Location: "-- AUX Port # 348 --", Type: ""
Length: 24 lines, Width: 80 columns
Baud rate (TX/RX) is 9600/9600, no parity, 2 stopbits, 8 databits
Status: Ready, Active, Async Interface Active, Callback
Capabilities: Hardware Flowcontrol In, Hardware Flowcontrol Out
  Line usable as async interface, Modem Autoconfigure
Modem state: Ready
Line is running PPP routing for address 10.10.10.101.
0 output packets queued, 1 input packets.
 Async Escape map is 000000000000000101000000000000
Modem hardware state: CTS* DSR*  DTR RTS
  Interface Async1: (passive, compression on)
    Rcvd:     6 total, 5 compressed, 0 errors
              0 dropped, 0 buffer copies, 0 buffer failures
    Sent:     0 total, 0 compressed,
              0 bytes saved, 0 bytes sent
    Connect: 16 rx slots, 16 tx slots, 0 long searches, 0 misses
...   ...
```

show interface async 1

```
Async1 is up, line protocol is up
  Hardware is Async Serial
  Description: -- AUX Port # 348 --
  Internet address is 10.10.10.1/24
  MTU 1500 bytes, BW 9 Kbit, DLY 100000 usec, rely 255/255, load 1/255
  Encapsulation PPP, loopback not set, keepalive set (30 sec)
  DTR is pulsed for 5 seconds on reset
  LCP Open
  Open: IPCP, CCP
  Last input 00:00:19, output 00:00:26, output hang never
  Last clearing of "show interface" counters never
  Input queue: 1/75/0 (size/max/drops); Total output drops: 0
  Queueing strategy: weighted fair
  Output queue: 0/1000/64/0 (size/max total/threshold/drops)
     Conversations  0/1/256 (active/max active/max total)
     Reserved Conversations 0/0 (allocated/max allocated)
  5 minute input rate 0 bits/sec, 0 packets/sec
  5 minute output rate 0 bits/sec, 0 packets/sec
     156 packets input, 7144 bytes, 0 no buffer
     Received 0 broadcasts, 0 runts, 0 giants, 0 throttles
     11 input errors, 11 CRC, 0 frame, 0 overrun, 0 ignored, 0 abort
     137 packets output, 3972 bytes, 0 underruns
```

Modemkonfiguration für Microsoft Callback

● US-Robotics «Sportster Vi»

```
USRobotics Sportster Vi 33600 Faxmodem Settings...

    B0  E1  F1  M0  Q0  V1  X1  Y1
    BAUD=9600    PARITY=N  WORDLEN=8
    DIAL=TONE    ON HOOK

    &A0  &B1  &C1  &D2  &H1  &I0  &K1
    &M4  &N0  &P0  &R2  &S1  &T5  &U0  &Y3

    S00=001  S01=000  S02=043  S03=013  S04=010  S05=008  S06=003
    S07=095  S08=002  S09=006  S10=007  S11=085  S12=050  S13=000
    S14=000  S15=000  S16=000  S17=000  S18=000  S19=000  S20=000
    S21=010  S22=017  S23=019  S24=000  S25=050  S26=000  S27=000
    S28=008  S29=020  S30=000  S31=000  S32=000  S33=000  S34=000
    S35=000  S36=000  S37=000  S38=000  S39=013  S40=000  S41=000
    S42=000  S43=200  S44=015  S45=000  S46=050  S47=000  S48=084
    S49=000  S50=000  S51=000  S52=000  S53=000  S54=064  S55=000
    S56=000  S57=000
```

Der Befehl »**&S1**« legt auf dem Modem fest, dass es das DSR-Signal nicht permanent auf ON setzt. Diese Definition ist für Callback notwendig, da der Router vor dem Zurückrufen vom Modem verlangt, dass es das DSR-Signal kurzzeitig zurücknimmt.

show modemcap usr_sportster_vi

```
Modemcap values for usr_sportster_vi
Factory Defaults (FD):   Z2
Autoanswer (AA):   S0=1
Carrier detect (CD):   &C1
Drop with DTR (DTR):   &D2
Hardware Flowcontrol (HFL):   &H2&R2
Lock DTE speed (SPD):   [not set]
DTE locking speed (DTE):   [not set]
Best Error Control (BER):   [not set]
Best Compression (BCP):   [not set]
No Error Control (NER):   &M0
No Compression (NCP):   &K0
No Echo (NEC):   E0
No Result Codes (NRS):   Q1
Software Flowcontrol (SFL):   &H2
Caller ID (CID):   [not set]
On-hook (ONH):   [not set]
Off-hook (OFH):   [not set]
Miscellaneous (MSC):   &S1
Template entry (TPL):   [not set]
```

● Zyxel 2864

chat-script offhook "" "ATH1" OK
chat-script reset "" "atz3" OK
chat-script callback ABORT ERROR ABORT BUSY "" "ATZ3" OK "ATD \T"
TIMEOUT 30 CONNECT
modemcap entry
zyxel:FD=Z3:AA=S0=1:CD=&C1:DTR=&D2:NRS=Q2:MSC=&S1S42=128S44=
16

```
ISDN Outgoing Service : X.75                              115200 N81
  E1  L4  M1  N3  Q0  V1  X5  Z3
CB0 CC0 CD0 CP0
&B1 &C1 &D2 &E0 &G0 &H3 &I0 &J0 &K4 &K00 &L0 &M0 &N0 &O1 &R1 &S1 &X0 &Y1
*D0 *E0 *G0 *GC0 *I0 *M0 *Q2
S00 =   1 S01 =   0 S02 = 43 S03 = 13 S04 = 10 S05 =   8 S06 =   3 S07 = 60
S08 =   2 S09 =   6 S10 =   7 S11 = 70 S12 =   0 S13 =   0 S14 =   2 S15 = 98
S16 =   0 S17 = 30 S18 =   0 S19 =   0 S20 =   1 S21 =186 S22 =   0 S23 =105
S24 = 67 S25 =   0 S26 =   0 S27 =156 S28 = 68 S29 =   0 S30 =   0 S31 = 17
S32 = 19 S33 =   0 S34 = 30 S35 = 32 S36 =   0 S37 =   0 S38 =   0 S39 = 32
S40 =   0 S41 = 16 S42 =128 S43 =   8 S44 = 16 S45 =100 S46 = 28 S47 = 64
```

&D2	DTR off causes the modem to hang up
&C1	CD tracks presence of carrier
S42 = 128	DCD forced on but pulse off for 0,5 sec at carrier loss
&S1 = 1	DSR according to CCITT
S44 = 16	DSR follows DTR
S0 = 1	Auto Answer
&H3	Hardware Flow Control

● Modem an einer internen Telefonanlage

Falls beim Modem die Fehlermeldung *No Dial Tone* erscheint: **ATX3**

22.6.4 IP Address Pool und DHCP-Client

Die Systeme auf der Gegenseite bekommen vom Router über die IPCP-Configuration-Option eine IP-Adresse zugewiesen. Als Datenbank für die verfügbaren IP-Adressen kann ein lokaler Adress-Pool oder ein DHCP Server benutzt werden.

Local Address Pool

Über den Local Address Pool stellt der Router einen lokalen Adressbereich für DHCP-Clients zur Verfügung.

```
ip address-pool local
ip local pool   usr1  186.1.151.237  186.1.151.252
ip local pool   usr2  186.1.152.237  186.1.152.252
!
interface name          ⌐ oder default
peer default ip address pool usr1
!
interface name
   peer default ip address pool usr2
!
interface name                 Peer bekommt eine spezifische
   peer default ip address address ↙ Adresse zugewiesen.
```

```
# show ip local pool
```

```
Pool    Begin           End               Free  InUse
usr1    186.1.151.237   186.1.151.252       16   0
usr1    186.1.152.237   186.1.152.252       16   0
```

DHCP Address Pool

Der Router agiert als DHCP Proxy Client und bezieht die IP-Adresse für den Client von einem DHCP-Server. Er gibt diese Adresse an den DHCP-Server zurück, sobald der entsprechende Timer abgelaufen oder das PPP-Interface nicht mehr verfügbar ist.

Ist kein DHCP-Server definiert, versucht der Router automatisch über einen Limited Broadcast einen Server zu finden. Für die Konfiguration eines DHCP-Servers auf einem Router siehe Kapitel »DHCP-Server«.

```
ip address-pool dhcp-proxy-client
ip dhcp-server  184.4.7.130
!
interface name
   peer default ip address dhcp
```

22.6.5 Beispiel: Anbindung eines PC über Nullmodem an den AUX Port

Im nachfolgenden Beispiel wird ein Windows-NT-PC über ein Nullmodemkabel mit dem AUX Port eines Cisco 2503 verbunden. Der PC bekommt die IP-Adressen des WINS- und DHCP-Servers jedoch nicht über DHCP mitgeteilt, sondern über das IPCP-Protokoll.

Die Definitionen der WINS- und DNS-Server sowie des Default Gateway müssen deshalb über den *async-bootp*-Befehl erfolgen. Die eigentliche IP-Adresse des PC kann sich der Router von einem DHCP-Server holen.

Router-Konfiguration

```
username andreas password 0 HUGO
!
ip address-pool dhcp-proxy-client
ip dhcp-server 10.30.224.68
!
async-bootp gateway 10.30.224.1
async-bootp dns-server 10.30.224.100 10.180.224.6
async-bootp nbns-server 10.200.0.5 10.180.19.13
!
chat-script DDC "CLIENT" "CLIENTSERVER"
!
interface Ethernet0
  ip address 10.30.224.62 255.255.255.0
!
interface Async1
  ip unnumbered Ethernet0
  no ip directed-broadcast
  encapsulation ppp
  ip tcp header-compression
  no ip mroute-cache
  async mode interactive
  peer default ip address dhcp
  compress mppc
  no cdp enable
  ppp authentication ms-chap
  ppp timeout retry 5
!
ip route 0.0.0.0 0.0.0.0 10.30.224.1
!
line con 0
  length 0
  transport input none
!
line aux 0
  exec-timeout 0 0
  no activation-character
  autoselect during-login
  autoselect ppp
  script activation DDC
  login local
  modem InOut
  transport input all
  stopbits 1
  flowcontrol hardware
```

Initialisierungssequenz, um die Nullmodem-Verbindung vom PC aus aufzubauen

DHCP-Informationen

show dhcp lease

```
Temp IP addr: 10.30.224.65  for peer on Interface: Async1
   DHCP Lease server: 10.30.224.68, state: 3 Bound
   DHCP transaction id: 2053
   Lease length: 43200 secs,  Renewal pt.: 21600 secs,  Rebind pt.: 37800 secs
   Next timer fires after: 05:58:51
   Retry count: 0   Client-ID: cisco-10.30.224.62-Async1
```

show ip route 10.30.224.65

```
Routing entry for 10.30.224.65/32
   Known via "connected", distance 0, metric 0 (connected)
   Redistributing via rip
   Routing Descriptor Blocks:
   * directly connected, via Async1
        Route metric is 0, traffic share count is 1
```

Informationen über die PPP-Verbindung

show line 1

```
   Tty Typ     Tx/Rx      A Modem  Roty AccO AccI  Uses    Noise   Overruns
A   1 AUX    9600/9600    -   -     -    -    -     7        0        0/0

Line 1, Location: "", Type: ""
Length: 24 lines, Width: 80 columns
Baud rate (TX/RX) is 9600/9600, no parity, 1 stopbits, 8 databits
Status: Ready, Active, Async Interface Active
Capabilities: Hardware Flowcontrol In, Hardware Flowcontrol Out
   Line usable as async interface
Modem state: Ready
Line is running PPP for address 10.30.224.65.
0 output packets queued, 1 input packets.
 Async Escape map is 000000000000000000000000000000000
Group codes:    0
Modem hardware state: CTS* DSR*  DTR RTS
   Interface Async1:
      Rcvd:    0 total, 0 compressed, 0 errors
               0 dropped, 0 buffer copies, 0 buffer failures
      Sent:    0 total, 0 compressed,
               0 bytes saved, 0 bytes sent
   Connect: 16 rx slots, 16 tx slots, 0 long searches, 0 misses

Special Chars: Escape  Hold  Stop  Start  Disconnect  Activation
               ^^x     none   -     -       none        any
Timeouts:      Idle EXEC      Idle Session   Modem Answer  Session    Dispatch
               never          never                        none       not set
                              Idle Session Disconnect Warning
                              never
                              Login-sequence User Response
                              00:00:30
                              Autoselect Initial Wait
                              not set
Modem type is unknown.
Session limit is not set.
Time since activation: 00:01:11
Editing is enabled.
History is enabled, history size is 10.
DNS resolution in show commands is enabled
Full user help is disabled
Allowed transports are lat pad v120 mop telnet rlogin nasi.Preferred is lat.
No output characters are padded
No special data dispatching characters
```

show interface async 1

```
Async1 is up, line protocol is up
  Hardware is Async Serial
  Interface is unnumbered.  Using address of Ethernet0 (10.30.224.62)
  MTU 1500 bytes, BW 9 Kbit, DLY 100000 usec,
      reliability 255/255, txload 1/255, rxload 1/255
  Encapsulation PPP, loopback not set, keepalive not set
  DTR is pulsed for 5 seconds on reset
  LCP Open
  Open: IPCP, CCP
  Last input 00:01:00, output 00:01:00, output hang never
  Last clearing of "show interface" counters never
  Input queue: 1/75/0 (size/max/drops); Total output drops: 0
  Queueing strategy: weighted fair
  Output queue: 0/1000/64/0 (size/max total/threshold/drops)
     Conversations  0/1/256 (active/max active/max total)
     Reserved Conversations 0/0 (allocated/max allocated)
  5 minute input rate 0 bits/sec, 0 packets/sec
  5 minute output rate 0 bits/sec, 0 packets/sec
     157 packets input, 4264 bytes, 0 no buffer
     Received 0 broadcasts, 0 runts, 0 giants, 0 throttles
     7 input errors, 7 CRC, 0 frame, 0 overrun, 0 ignored, 0 abort
     345 packets output, 7524 bytes, 0 underruns
     0 output errors, 0 collisions, 6 interface resets
     0 output buffer failures, 0 output buffers swapped out
     0 carrier transitions
```

22.6.6 PPP Multilink

PPP Multilink kann man auf allen Interfaces einsetzen, die Dialer Rotary Groups und PPP unterstützen (z.B. asynchrone serielle Interfaces, BRI und PRI). Der Aufbau der zusätzlichen PPP- Verbindungen erfolgt bei Erreichen des Dialer Load Threshold.

Sollen Parameter für alle Interfaces des PPP Bundles definiert werden, kann dies über das »*multilink virtual-template #*«-Kommando erfolgen.

PPP Multilink auf einer ISDN-BRI-Schnittstelle

dialer-list 1 protocol ip permit

interface bri 0
    ip address 1.1.1.1 255.0.0.0
    encapsulation ppp
    dialer load-threshold 10 Bei 10% Auslastung startet der Router den zweiten PPP Link über den anderen B-Kanal.
    dialer map ip 1.1.1.2 555
    dialer group 1
    ppp multilink
    no keepalive

PPP Multilink auf mehreren ISDN-BRI-Schnittstellen

dialer-list 1 protocol ip permit
!
interface dialer 1
  ip address 1.1.1.1 255.0.0.0
  encapsulation ppp
  dialer in-band
  dialer load-threshold 10
  dialer map ip 1.1.1.2 555
  dialer group 1
  ppp multilink
!
interface bri 0
  no ip address
  encapsulation ppp
  dialer load-threshold 10
  dialer rotary-group 1
!
interface bri 1
  no ip address
  encapsulation ppp
  dialer load-threshold 10
  dialer rotary-group 1

PPP-Multilink-Informationen

\# show ppp multilink
```
Bundle c2500-2, 1 member, Master link is Virtual-Access1
Dialer Interface is Dialer1
   0 lost fragments, 0 reordered, 0 unassigned, sequence 0x0/0x0 rcvd/sent
   0 discarded, 0 lost received, 1/255 load

Member Link: 1
BRI0:1
```

\# show interfaces virtual-access 1

Nach Aufbau des PPP-Links legt der Router ein *Virtual-Acccess*-Interface an.

```
Virtual-Access1 is up, line protocol is up
   Hardware is Virtual Access interface
   MTU 1500 bytes, BW 64 Kbit, DLY 100000 usec, rely 255/255, load 1/255
   Encapsulation PPP, loopback not set, keepalive set (10 sec)
   DTR is pulsed for 5 seconds on reset
   LCP Open, multilink Open
   Open: IPCP, CDP
   Last input 00:00:31, output never, output hang never
   Last clearing of "show interface" counters 00:27:52
   Queueing strategy: fifo
   Output queue 0/40, 0 drops; input queue -1/75, 0 drops
   5 minute input rate 0 bits/sec, 0 packets/sec
```

```
5 minute output rate 0 bits/sec, 0 packets/sec
    128 packets input, 12100 bytes, 0 no buffer
    Received 0 broadcasts, 0 runts, 0 giants, 0 throttles
    0 input errors, 0 CRC, 0 frame, 0 overrun, 0 ignored, 0 abort
    71 packets output, 5896 bytes, 0 underruns
    0 output errors, 0 collisions, 0 interface resets
    0 output buffer failures, 0 output buffers swapped out
    0 carrier transitions
```

22.6.7 Multichassis Multilink PPP   (MMP)

Unter MMP kann der Router eine eingehende PPP-Dialup-Verbindung über das L2F-Protokoll (Layer Two Forwarding) an einen anderen Stack Group Member weitergeben.

Die Konfiguration der Parameter für das virtuelle PPP-Interface erfolgt deshalb auch über das »*virtual-template*«-Interface.

Bei den Mitgliedern einer Stack-Group kann es sich auch um einen Router ohne direkte PPP-Schnittstelle handeln (so genannter Offload-Server). Dieser Router gewinnt immer das SGBP Bid.

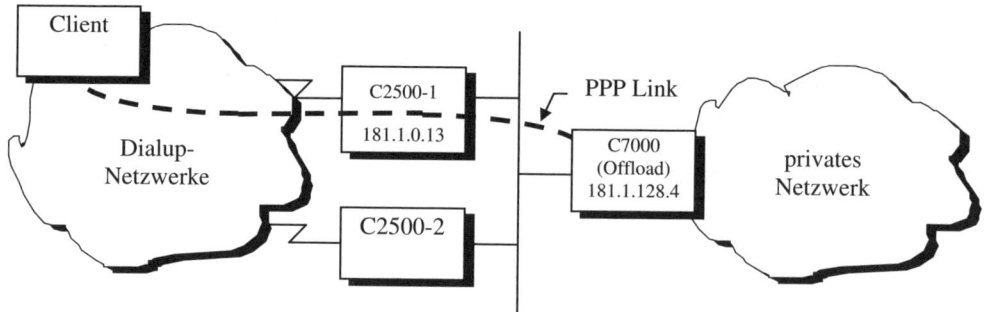

hostname C7000
!
username LAB password HUGO
!
sgbp group LAB
sgbp seed-bid offload
sgbp member c2500-1 181.1.0.13
sgbp member c2500-2 181.1.0.14
sgbp source-ip 181.1.128.4
!
multilink virtual-template 1
!
interface Virtual-Template1
 ip address 128.79.200.1 255.255.248.0
 ppp authentication chap
 ppp multilink

hostname C2500-1
!
username LAB password HUGO
!
sgbp group LAB
sgbp seed-bid 0
sgbp member c2500-2 181.1.0.14
sgbp member c7000 181.1.128.4
sgbp source-ip 181.1.0.13
sgbp ppp-forward

Authentication innerhalb der Stack-Group

 Zusätzlich zu den PPP Multilink Calls leitet der Router auch "normale" PPP-Calls an den Gewinner des SGBP Bid weiter

```
# debug sgbp  errors | events | hellos | messages | queries
c7000# show vpdn
% Active L2F tunnels = 1    Gewinner des SGBP Bid

NAS Name        Gateway Name    NAS CLID    Gateway CLID    State
LAB             LAB                23            4           open
181.1.0.13      181.1.128.4

L2F MIDs = 1
Name                      NAS Name    Interface    MID    State
c2500-3                   LAB            Vi1         1     open
         Remote Client

c7000# show sgbp | queries
Group Name: LAB Ref: 0x8F6A2800
Seed bid: offload, 1050, offload server seed bid setting

   Member Name: c2500-1 State: active Id: 1
   Ref: 0x3ACF6B15
   Address: 181.1.0.13

   Member Name: c2500-2 State: active Id: 2
   Ref: 0x5CF4726F
   Address: 181.1.0.14
   Other Active Address: 181.1.2.129

c7000# show interface virtual-access 1
Virtual-Access1 is up, line protocol is up
   Hardware is Virtual Access interface
   Internet address is 128.79.200.1/21
   MTU 1500 bytes, BW 100 Kbit, DLY 100000 usec, rely 255/255, load 1/255
   Encapsulation PPP, loopback not set, keepalive set (10 sec)
     DTR is pulsed for 5 seconds on reset
   LCP Open, multilink Closed
   Open: IPCP
   Last input 00:00:00, output never, output hang never
   Last clearing of "show interface" counters 01:08:11
   Queueing strategy: fifo
   Output queue 1/40, 0 drops; input queue 0/75, 0 drops
```

22.6.8 VPDN (Virtual Private Dialup Network)

VPDN baut eine direkte PPP-Verbindung zwischen einem Remote Client und einem Home Gateway auf. Der von dem Client angewählte Network Access Server (NAS) leitet die PPP-Pakete automatisch über das L2F-Protokoll an ein Home Gateway weiter.

Das gesamte Routing für den Client erfolgt auf dem Home Gateway, der NAS muss lediglich eine UDP-Verbindung für das L2F-Protokoll zum Home Gateway aufbauen.

Die Konfiguration der Parameter erfolgt deshalb nicht für eine physikalische Schnittstelle, sondern für ein *»virtual-template«*-Interface.

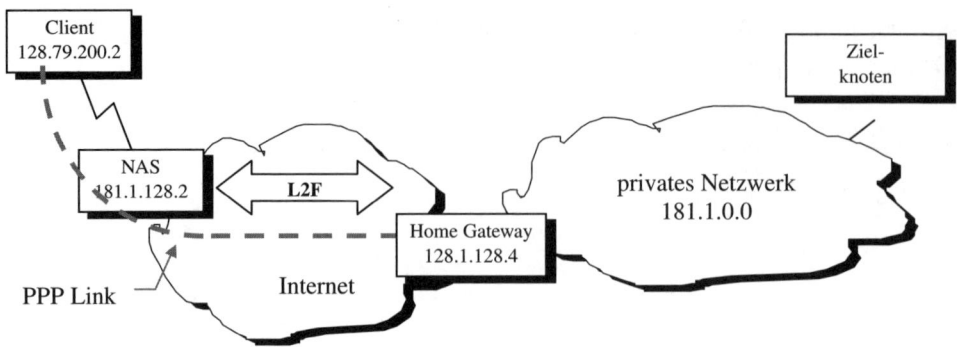

NAS-Konfiguration

hostname lab-nas

!

username lab-nas password VPDN
username lab-gw password VPDN
username **c2500-3@frs.lab** password HUGO

!

vpdn enable
vpdn outgoing **frs.lab** *lab-nas ip 181.1.128.4*
vpdn source-ip 181.1.128.2

!

isdn switch-type basic-net3

!

interface BRI0   *Auf dem NAS ist keine*
  no ip address   *IP-Adresse notwendig.*
  encapsulation ppp
  isdn caller 555
  dialer-group 1
  dialer map ip 128.79.192.1 name c2500-3@frs.lab broadcast 555
  ppp authentication chap

!

dialer-list 1 protocol ip permit

Damit der Network Access Server (NAS) erkennen kann, welches Home Gateway anzusprechen ist, muss der CHAP-Name des Remote-Client eine Domain enthalten.

Home-Gateway-Konfiguration

hostname lab-gw
!
username lab-gw password VPDN
username lab-nas password VPDN
username **c2500-3@frs.lab** password HUGO
!
vpdn enable
vpdn incoming *lab-nas lab-gw* virtual-template 1
!
interface Virtual-Template1
  ip address 128.79.200.1 255.255.248.0
  ppp authentication chap
  peer default ip address 1128.79.200.2

Informationen über den NAS anzeigen

```
lab-nas# show vpdn
% Active L2F tunnels = 1

NAS Name        Gateway Name    NAS CLID   Gateway CLID   State
lab-nas         lab-gw            16           13         open
181.1.128.2     181.1.128.4

L2F MIDs = 1
Name                    NAS Name      Interface   MID    State
c2500-3@frs.lab         lab-nas       BRO:2        1     open

lab-nas# show vpdn lab-nas  lab-gw
NAS name: lab-nas
NAS CLID: 16
NAS IP address 181.1.128.2
Gateway name: lab-gw
Gateway CLID: 13
Gateway IP address 181.1.128.4
State: open
Packets out: 231
Bytes out: 26913
Packets in: 231
Bytes in: 26630
-----------------      MID: 1
        User:  c2500-3@frs.lab
        Interface:  BRIO:2
        State:  open
        Packets out: 229
        Bytes out: 26833
        Packets in: 229
        Bytes in: 26551

lab-nas# show ip sockets
Proto  Remote        Port   Local         Port  In Out Stat TTY
 17    181.1.128.4   1701   181.1.128.2   1701   0   0   11   0
```

debug vpdn error I event I packet

debug vpdn l2f-error I l2f-event I l2f-packet

Informationen über das Home Gateway anzeigen

```
lab-gw# show vpdn
% Active L2F tunnels = 1

NAS Name        Gateway Name     NAS CLID   Gateway CLID   State
lab-nas         lab-gw              16          13         open
181.1.128.2     181.1.2.130

L2F MIDs = 1
Name                      NAS Name       Interface   MID    State
c2500-3@frs.lab           lab-nas        Vi1          1     open

lab-gw# show vpdn lab-nas  lab-gw
NAS name: lab-nas
NAS CLID: 16
NAS IP address 181.1.128.2
Gateway name: lab-gw
Gateway CLID: 13
Gateway IP address 181.1.2.130
State: open
Packets out: 346
Bytes out: 40342
Packets in: 345
Bytes in: 40505
-----------------        MID: 1
        User:  c2500-3@frs.lab
        Interface:  Virtual-Access1
        State:  open
        Packets out: 344
        Bytes out: 40263
        Packets in: 343
        Bytes in: 40425
```

lab-gw# show interface virtual-access 1

```
Virtual-Access1 is up, line protocol is up
  Hardware is Virtual Access interface
  Internet address is 128.79.200.1/21
  MTU 1500 bytes, BW 100 Kbit, DLY 100000 usec, rely 255/255, load 10/255
  Encapsulation PPP, loopback not set, keepalive set (10 sec)
  DTR is pulsed for 5 seconds on reset
  LCP Open
  Open: IPCP
  Last input 00:00:00, output never, output hang never
  Last clearing of "show interface" counters 00:02:48
  Queueing strategy: fifo
  Output queue 1/40, 0 drops; input queue 0/75, 0 drops
```

23 SMDS

SMDS (Switches Multi-Megabit Data Stream) stellt einen verbindungslosen, ungesicherten Data Link Layer Service zur Verfügung. In Deutschland bietet z.B. die Telekom ihren Kunden einen SMDS-Anschluss unter der Bezeichnung DATEX-M an.

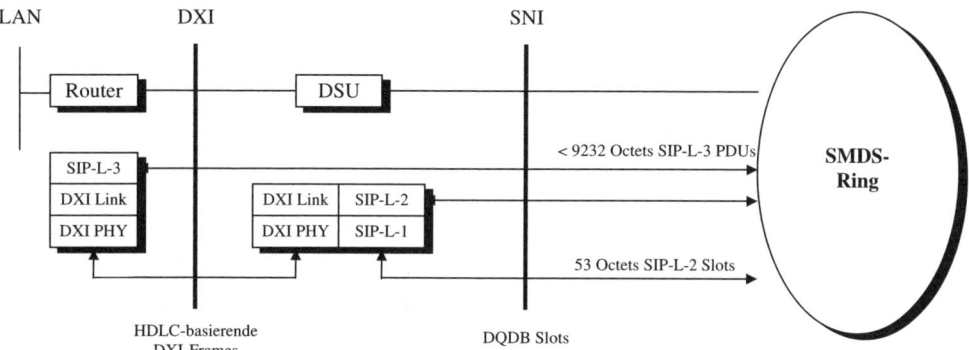

DXI	Data Exchange Interface
SIP	SMDS Interface Protocol
SNI	SMDS Network Interface
DQDB	Distributed Queued Dual Bus (IEEE 802.6)

SMDS-Adressierung   (entsprechend DATEX-M)

Eine SMDS-Adresse besteht aus einem 4-Bit-Adresstyp und einer 60-Bit-Singlecast- oder Multicast-Adresse. Pro Anschluss sind bis zu 64 Singlecast-Adressen und bis zu acht Multicast-Gruppen möglich. Die Multicast-Gruppe selbst kann aus bis zu 20 Mitgliedern bestehen.

- 4-Bit-Adresstypfeld

  - C   Individuelle Adresse (Singlecast)

  - E   Gruppenadresse (Multicast)

- 60-Bit-E.164-Singlecast-Adresse

  - Aufbau: C + 49 + HVST (2 Octet) + Teilnehmer (3 Octet) + FFFF

  - Beispiel: C4-90-11-16-28-09 = C 49 0111 62-809 FFFF

- 60-Bit-E.164-Multicast-Adresse (HVST = Hauptvermittlungsstelle)

  - Aufbau: E + 49 + HVST (2 Octet) + Teilnehmer (3 Octet) + FFFF

  - Beispiel: E4-90-11-16-28-05 = E 49 0111 62-805 FFFF

23.1   Übersicht über SMDS PDUs

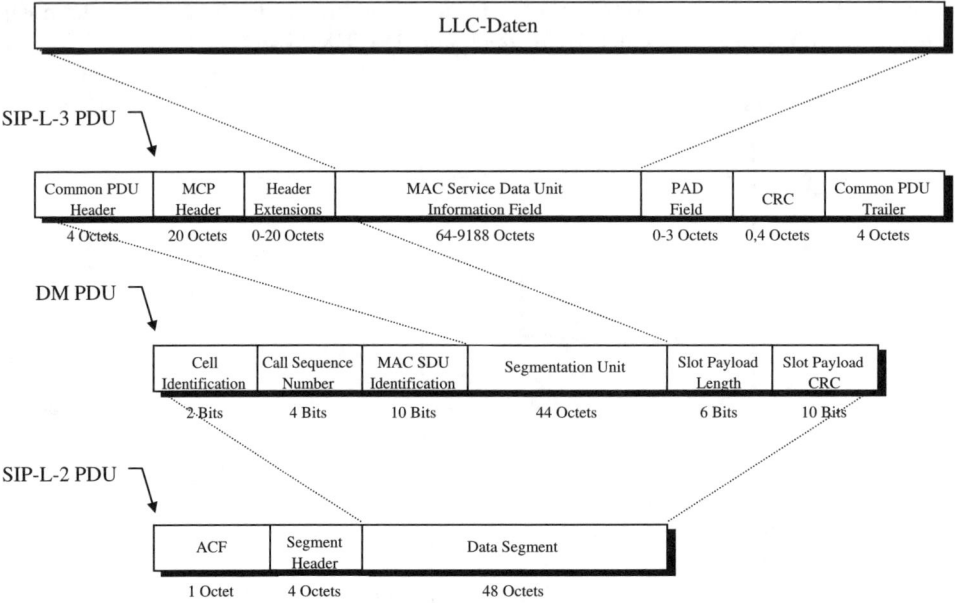

23.1.1   Initial MAC PDU (IM-PDU) - SIP Level-3 PDU

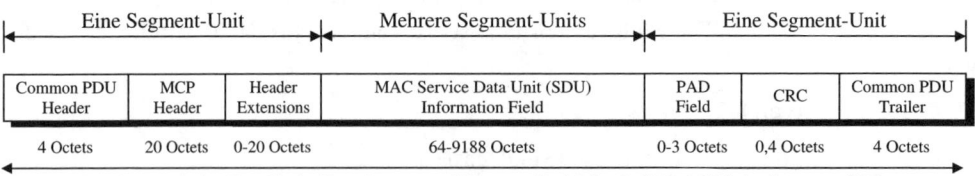

Bei einer standardmäßigen Header Extension von zwölf Octets ergibt sich für die SIP-L-3 PDU eine Länge von **9232**

Common PDU Header

Reserved	BEtag	BAsize
1 Octet	1 Octet	2 Octets

- BEtag   (Beginning End Tag)

  Dieses Feld wird von der MAC Convergence Function gesetzt.

- BAsize   (Buffer Allocation Size)

  Länge des MCP Headers, der Header Extension sowie der Info-, PAD- und CRC-Felder

Common PDU Trailer

Der Common PDU Trailer ist mit dem Common PDU Header identisch. Er soll das Erkennen von fehlenden DM-PDUs in einer IM-PDU-Sequenz erleichtern.

MCP Header

Destination Address	Source Address	PI	PL	QOS	CIB	HEL	Bridging
8 Octets	8 Octets	1 Octet	4 Bits	1 Bit	3 Bits		2 Octets

- Destination und Source Address

  Diese beiden Felder enthalten die 64-Bit-SMDS-Adressen des Senders und des Empfängers

- PI (Protocol Identification)

  Über die Protocol Identification identifiziert SMDS den MAC Service User (LLC, Locally Administred oder reserviert).

- PL (PAD Length)

  Die Länge des PAD-Feldes (kann null bis drei Octets betragen)

- QOS (Quality of Service)

  QOS_Delay (3 Bit)   Definiert die erlaubte Verzögerung (111 = kürzeste, 000 = längste)

  QOS_Loss (1 Bit)   Im Moment immer Null

- CIB (CRC32 Indicator)

  1 = CRC ist definiert

  0 = Kein CRC

● HEL (Header Extension Length)

0	Keine Header-Extensions
1 bis 5	Die Anzahl der Octets in den Header Extensions (in HEL x 4, standardmäßig drei)
6 und 7	Ungültige Werte

● Bridging

Reserviert, im Moment immer auf Null gesetzt

Header Extensions und SIP L3 Trailer

● Header Extensions

In den aktuellen Implementationen im Moment zwölf Octets groß

● PAD

Das PAD- und Information-Feld zusammen müssen ein Vielfaches von Vier ergeben

● CRC

Optionaler 32-Bit Cyclic Redundancy Check

23.1.2 Derived MAC PDU (DM-PDU)

Das SMDS-Protokoll teilt eine IM-PDU in eine Sequenz von DM-PDUs auf, die dann als Nutzdaten einer SIP-L-2 PDU (DQDB-Slot) übertragen werden.

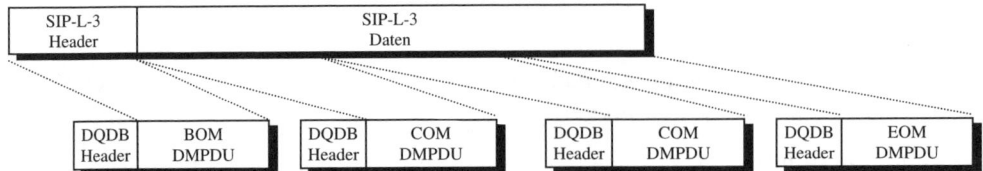

Frame-Format

Segment Type	Sequence Number	Message Identifier	Segmentation Unit	Slot Payload Length	Slot Payload CRC
2 Bits	4 Bits	10 Bits	max. 44 Octets	6 Bits	10 Bits

● Segment Type

10	BOM	Beginn of MAC PDU
00	COM	Continuation of MAC PDU
01	EOM	End of MAC PDU
11	SSM	Single Segment MAC PDU

- Sequence Number

  Die Sequence Number wird für jede gesendete DM-PDU, die von der gleichen SIP-L-3 PDU stammt, um Eins erhöht.

- Message Identifier (MID)

  Der Sender verwendet für DM-PDUs, die zu einer SIP-L-3 PDU gehören, den gleichen Message Identifier. Über dieses Verfahren erfolgt die Zuordnung der DM-PDU zu einer bestimmten SIP-L-3 PDU. Bei SSM DM-PDUs sind alle 10 Bits auf Null gesetzt.

- Slot Payload Length

  Die Anzahl der Octets in der Segmentation Unit. Diese Anzahl hat einen Wert, der alle Vielfache von 4 zwischen 4 und einschließlich 44 annehmen kann. Alle übrigen Werte sind unzulässig.

- Slot Payload CRC

  CRC über die gesamte IM-PDU

23.1.3 DQDB Slot – SIP Level-2 PDU

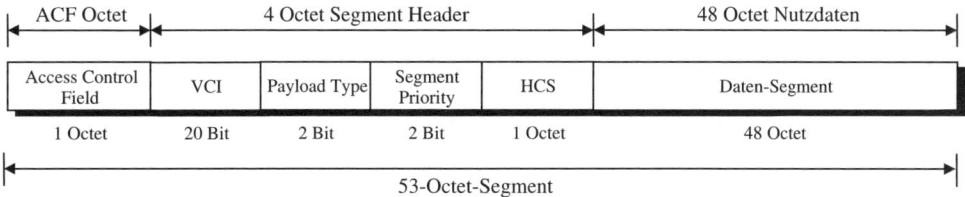

Access Control Field

Busy Bit	Slot Type Bit	PSR Bit	Reserved	Request Bits
1 Bit	1 Bit	1 Bit	2 Bit	3 Bit

- Busy Bit

  1 = Slot enthält Informationen
  0 = Slot enthält keine Informationen

- Slot Type Bit

  1 = Pre-Arbitrated (PA), synchrone Slots für isochrone Services
      (z.B. Video und Sprache)
  0 = Queued-Arbitrated (QA), asynchrone Slots für nicht-isochrone Services
      (z.B. Daten)

- PSR Bit (Previous Segment Read Bit)

  1 = Das Segment in dem vorhergehenden Slot kann gelöscht werden

  0 = Das Segment in dem vorhergehenden Slot darf nicht gelöscht werden

- Request Bits

  Die Priority-Ebenen beim Zugriff auf QA-Slots

Segment Header

- VCI (Virtual Channel Identifier)

  Nur bei QA Slots benutzt.

- Payload Type

  Definiert den Typ der zu übertragenen Daten (immer auf 00 gesetzt).

- Segment Priority

  Reserviert für Multiprotokoll-Bridging (immer auf 00 gesetzt).

- HCS (Header Check Sequence)

  8-Bit CRC über den Segment Header.

23.2   Data Exchange Interface (DXI)

Die DXI-Schnittstelle teilt das SIP-Protokoll zwischen einem Router und einer DSU auf. Die DSU erzeugt aus den empfangenen SIP-L-3 PDUs die 53 Byte DQDB Slots.

- SIP Level 1 und 2   DSU (DQDB Slots)

- SIP Level 3   Router (SIP-L-3 PDUs)

Frame-Format

Das DXI-Protokoll benutzt ein HDLC Framing für die Übertragung der SIP-L-3-Daten.

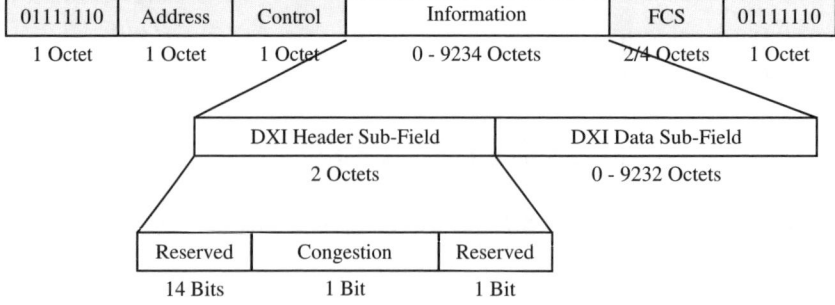

● Address

Adresse	Logical Link	Station Address	Command / Response	Address Extension
Command to DSU	LLLLL	1	0	1
Response to DSU	LLLLL	1	1	1
Command from DSU	LLLLL	0	1	1
Response from DSU	LLLLL	0	0	1

Data Logical Link #0 (SIP-L-3 PDU)	Link 0
Management Logical Link #1 (LMI-PDU)	Link 1
reserviert	Link 2 bis 15
reserviert für Benutzer-Definitionen	Link 16 bis 32

● Control Field

Test Frame: 111P/F0011 (P/F = Poll/Final Bit)
UI Frame: 00000011

● FCS

Eine 16 oder 32 Bit Frame Check Sequence

● Information Field

Data Logical Unit #0: Das Header Sub Field enthält zusätzliche Informationen über die SIP-L-3 PDU und das Data Sub Field die eigentliche SIP-L-3 PDU.

Link Management Logical Unit #1: Das Information-Feld enthält LMI-PDUs oder Test-Frame-Daten (z.B. für den Heartbeat zwischen der DTE und der DSU).

23.3   Cisco-Konfiguration: SMDS

Auf den Routern ist lediglich die SMDS DXI-Schnittstelle implementiert. Für Back-to-Back-Verbindungen zwischen zwei Routern muss man den Heartbeat über das Kommando »*no keepalive*« ausschalten.

SMDS-Encapsulation

```
interface name
  encapsulation smds
  smds address address
  [ no keepalive ]
```

Protokoll-Mapping

Protokoll	statisches Mapping	Multicast Mapping
Bridging		bridge
Novell IPX	ipx	ipx
XNS	xns	xns
AppleTalk	appletalk	appletalk, aarp
IP	ip	ip, arp
ISO CLNS	clns	clns, clns_es, clns_is
DECnet	decnet	decnet, decnet_node,decnet_router-L1,decnet_router-L2

- statisches Address Mapping

  smds static-map *protocol protocol-address smds-address* [broadcast]

- Multicast Address Mapping

  smds enable-arp
  smds multicast *protocol smds-multicast-address*

SMDS-Beispiel einer Back-to-Back-Verbindung

interface Serial1/2
  ip address 184.4.1.17 255.255.255.252
  encapsulation smds
  no keepalive
  smds address c490.1116.2810
  smds enable-arp
  smds multicast IP e490.1110.3333 184.4.1.16 255.255.255.252
  smds multicast DECNET e490.1110.3333
  smds multicast DECNET_ROUTER-L1 e490.1110.3333
  smds multicast DECNET_ROUTER-L2 e490.1110.3333
  smds multicast DECNET_NODE e490.1110.3333
  smds multicast NOVELL e490.1110.3333
  smds multicast AARP e490.1110.3333
  smds multicast APPLETALK e490.1110.3333
  appletalk cable-range 602-612 602.165
  appletalk zone WG
  decnet cost 20
  ipx network E490
  no cdp enable

show interface s1/2

```
Serial1/2 is up, line protocol is up
  Hardware is cxBus Serial
  Internet address is 184.4.1.17/30
  MTU 1500 bytes, BW 2000 Kbit, DLY 20000 usec, rely 255/255, load 1/255
  SMDS hardware address is c490.1116.2810
  Encapsulation SMDS, loopback not set, keepalive not set
  ARP type: SMDS, ARP Timeout 04:00:00
  Mode(s):  D15 compatibility, DXI 3.2
  Last input 00:00:00, output 00:00:01, output hang never
  Last clearing of "show interface" counters never
  Queueing strategy: fifo
  Output queue 0/40, 0 drops; input queue 0/75, 3 drops
  5 minute input rate 0 bits/sec, 0 packets/sec
  5 minute output rate 0 bits/sec, 0 packets/sec
      137514 packets input, 4376097 bytes, 0 no buffer
      Received 0 broadcasts, 0 runts, 1 giants, 3 throttles
      1 input errors, 0 CRC, 0 frame, 0 overrun, 0 ignored, 0 abort
      255788 packets output, 15778609 bytes, 0 underruns
      0 output errors, 0 collisions, 2487 interface resets
      0 output buffer failures, 0 output buffers swapped out
      62 carrier transitions
      RTS up, CTS up, DTR up, DCD up, DSR up
```

— DXI-Heartbeat ist ausgeschaltet

show smds addresses

```
SMDS address - Serial1/2   c490.1116.2810
```

show smds map

```
Serial1/2:  IP 184.4.1.16 255.255.255.252 maps to e490.1110.3333 multicast
Serial1/2:  DECNET maps to e490.1110.3333 multicast
Serial1/2:  DECNET_ROUTER-L1 maps to e490.1110.3333 multicast
Serial1/2:  DECNET_ROUTER-L2 maps to e490.1110.3333 multicast
Serial1/2:  DECNET_NODE maps to e490.1110.3333 multicast
Serial1/2:  NOVELL maps to e490.1110.3333 multicast
Serial1/2:  AARP maps to e490.1110.3333 multicast
Serial1/2:  APPLETALK maps to e490.1110.3333 multicast
```

show smds traffic

```
3675 Input packets
3350 Output packets
8 DXI heartbeat sent
0 DXI heartbeat received
0 DXI DSU polls received
0 DXI DSU polls sent
7 Invalid DXI frames
0 Bad BA size errors
0 Bad Header extension errors
12 Invalid address errors
0 Bad tag errors
```

show arp

```
Protocol  Address         Age (min)  Hardware Addr   Type  Interface
Internet  184.4.1.17             -   c490.1116.2810  SMDS  Serial1/2
Internet  184.4.1.18           110   c490.1116.2811  SMDS  Serial1/2
```

24.1 LABP

LAPB (Link Access Protocol Balanced) ist das X.25-Data-Link-Protokoll und stellt eine gesicherte Verbindung zwischen einer X.25 DTE und einer X.25 DCE zur Verfügung.

Die Darstellung des LAPB-Frames erfolgt im Canonical-Format (d.h., das LSB eines Octets wird als erstes Bit übertragen).

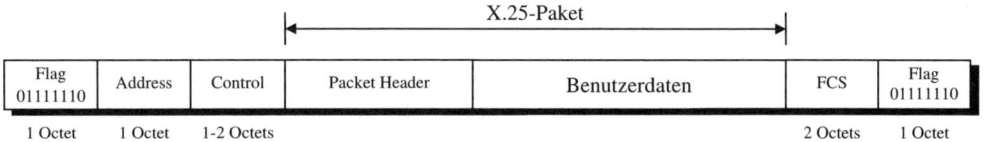

Soll LAPB eine erweiterte Sequenznummer von 7-Bit benutzen, erfolgt die Initialisierung der Verbindung über ein SABME Frame, ansonsten über das SABM Frame (3-Bit-Sequenznummer).

Address

	Single Link	**Multi Link**
Commands DCE ⇒ DTE	03	0F
Commands DTE ⇒ DCE	01	07
Response DTE ⇒ DCE	03	0F
Response DCE ⇒ DTE	01	07

Control

Das Control-Feld bestimmt den Typ des LAPB Frames (Information, Supervisory oder Unnumbered).

● Information Frames

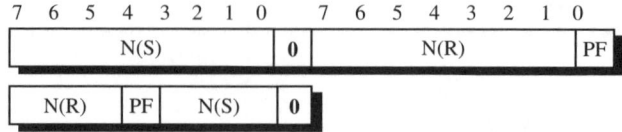

I	Information	--N(S)-0--N(R)-P

● Supervisory Frames

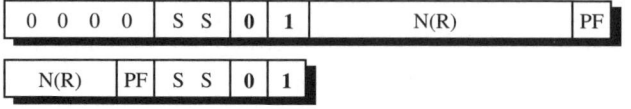

RR	Receive Ready	nnn*0001 oder 00000001nnnnnnn*
RNR	Receive Not Ready	nnn*0101 oder 00000101nnnnnnn*
REJ	Reject	nnn*1001 oder 00001001nnnnnnn*

● Unnumbered Frames

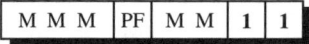

SARM	Set Async Response Mode	000p	1111
SABM	Set Async Balanced Mode	001p	1111
SABME	Set Async Balanced Mode Extended	011p	1111
DISC	Disconnect	010p	0011
UI	Unnumbered Information	000p	0011
UA	Unnumbered Acknowledgment	011f	0011
DM	Disconnect Mode	000f	0011
FRMR	Frame Reject	100f	0111

LAPB Flow Control

N(S)	Die Sequence Number des gesendeten Frames.
N(R)	Die Sequence Number des Frames, die als nächstes von der Gegenseite erwartet wird.
RR	Quittiert über das N(R)-Feld das letzte empfangene Frame.
RNR	Quittiert ein Frame, verlangt aber gleichzeitig die Aussetzung der Übertragung.
REJ	Das System lehnt alle Frames ab der Sequence Number N(R) ab.

Bei einem REJ muss der Sender alle Frames ab N(R) neu übertragen. Gleichzeitig sind aber alle Frames bis zur Sequence Number N(R)-1 quittiert.

Ist das Poll-Bit in einer PDU gesetzt, muss der Empfänger das Frame sofort mit einem RR quittieren, ansonsten kann mit der Quittierung eine gewisse Zeit gewartet werden.

Die Bestätigung der empfangenen Daten erfolgt dann entweder über Piggybacking, d.h. über das N(R)-Feld eines I-Frames oder, falls keine I-Frames zu senden sind, über ein explizites RR-Frame.

24.2   X.25-Paketformat

General-Packet-Format

Q	D	Modulo	Logical Channel Number
Logical Channel Number			
Packet Type			
Additional Data			

- Q- und D-Bit

  Q-Bit = 1:   Paket ist für den PAD bestimmt.
  D-Bit = 1:   Der andere X.25-Teilnehmer muss das Paket explizit quittieren.

- Modulo

  Der Modulo bestimmt die Größe der Sequenznummer:
  10 = Modulo 128 mit einer 7-Bit Sequence Number; Werte von 0 bis 127
  01 = Modulo 8 mit einer 3-Bit Sequence Number; Werte von 0 bis 7

- Logical Channel Number (LCN)

  Die LCN (Werte von 0 bis 4095) beinhaltet die Kanalnummer der aktuellen Verbindung. Da es sich bei X.25 um ein verbindungsorientiertes Protokoll handelt, wird nur beim Verbindungsaufbau die komplette X.25-Adresse benötigt, anschließend erfolgt die Kommunikation nur noch über die LCN.

● Packet Type

Call Request (Incoming Call)	00001011	(0x0B)
Call Accept (Call Connect)	00001111	(0x0F)
Clear Request (Clear Indication)	00010011	(0x13)
Clear Confirmation	00010111	(0x17)
Interrupt	00100011	(0x23)
Interrupt Confirmation	00100111	(0x27)
Reset Request (Reset Indication)	00011011	(0x1B)
Reset Confirmation	00011111	(0x1F)
Restart Request (Restart Indication)	11111011	(0xFB)
Restart Confirmation	11111111	(0xFF)
Diagnostic	11110001	(0xF1)
RR	$P(R)$00001	
RR (extended Sequencing)	00000001—$P(R)$-0 (0x01xx)	
RNR	$P(R)$00101	
RNR (extended Sequencing)	00000101--$P(R)$-0 (0x05xx)	
REJ	$P(R)$01001	
REJ (extended Sequencing)	00001001--$P(R)$-0 (0x09xx)	
Data	$P(R)$**M**$P(S)$0	
Data (extended Sequencing)	--$P(R)$-0--$P(S)$-**M**	

Das M-Bit innerhalb eines Datenpakets zeigt an, dass noch mehr Daten folgen, die zu einem Paket gehören. Analog zu LAPB geben P(R) und P(S) die Sequenznummer der gesendeten und empfangenen Daten an.

Call Request Packet

Q	D	0 1	LCN

LCN

0 0 0 0 1 0 1 1

Called Address Length	Calling Address Length

Called Address N Octets

Calling Address N Octets

0 0	Facility Field Length
Fac Class	Facility Code

Facility Parameter N Octets

Fac Class	Facility Code

Facility Parameter N Octets

bis zu 16 Octets optionaler Call User Data

● Address

Die X.25-Adressierung erfolgt nach der ITU-T X.121-Empfehlung.

● Facility Codes

Über die Facility Codes können die X.25-Teilnehmer zusätzliche Parameter beim Verbindungsaufbau untereinander abstimmen.

Non-CCITT Facility Marker	00
Call Options	01
Throughput Class	02
Closed User Group	03 *erste Ziffer zweite Ziffer*
Max Packet Size	42 *Called und Calling Packet Size*
Local Window Size	43 *Called* und *Calling Window Size* (1 bis 127)
RPOA	44
Facility Extensions	FF *Facilities*

● Call User Data (CUD)

Die 16 Octets der Userdaten werden in einen vier Octet großen Protocol Identifier und zwölf Octets von normalen Daten aufgeteilt. Über den Protocol Identifier erfolgt in X.25 die Protocol Encapsulation, d.h. die Zuordnung des Pakets zu einem höherliegenden Protokoll (z.B. %x01 für X.29, %xCC für IP oder %x81 für CLNS).

X.121-Adressierung

Die maximale Größe einer X.121-Nummer beträgt 14 Ziffern. Manche X.25-Netzwerke benutzen aber noch eine zusätzliche Ziffer, um Adressen außerhalb des lokalen Netzwerks zu markieren. So verwendet z.b. DATEX-P dazu eine führenden Null.

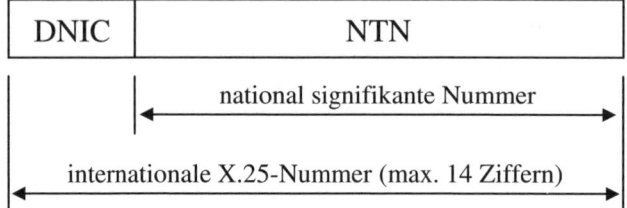

● Data Network Identification Code (DNIC)

Der DNIC besteht aus vier Ziffern, die ersten drei bestimmen das Land und die vierte Ziffer das X.25-Netzwerk innerhalb des Landes.

In einigen Netzwerken wird der Ländercode bei X.25-Adressen, die sich innerhalb des gleichen Netzwerks befinden, nicht mit angegeben (so z.B. bei DATEXP-P).

262	Deutschland	4	DATEX-P
232	Österreich	2	DATEX-P Austria
228	Schweiz	4	Telepac
208	Frankreich	0	Transpac

● National Terminal Number (NTN)

Die NTN spezifiziert den Teilnehmer. Sie besteht aus einer Teilnehmernummer (National Number) und einer optionalen Subadresse.

RFC 1356 Encapsulation

Bei der RFC 1356 Encapsulation enthält das erste Octet der Call User Data einen so genannten Network Layer Protocol Identifier (NLPID), der das Protokoll bestimmt, das über den Virtual Circuit übertragen werden soll.

NLPID	Protokoll
0x00	Null Encapsulation
0xCC	IP
0x80	SNAP Encapsulation
0x81	ISO ES-ES, ES-IS und IS-IS Protokoll

Der NLPID 0xCC für IP entspricht der alten IP Encapsulation, wie sie im RFC 877 beschrieben ist, und ist auch im RFC 1356 der Standard für die Übertragung von IP-Daten. Da das CUD-Feld nur beim Verbindungsaufbau zur Verfügung steht, kann in der Regel immer nur ein Protokoll über einen X.25 Virtual Circuit übertragen werden. Eine Ausnahme bildet lediglich die Null Encapsulation.

● Null Encapsulation

Null Encapsulation bietet eine Möglichkeit, mehrere Protokolle über einen Virtual Circuit zu übertragen, da jedes normale X.25-Paket mit einem NLPID beginnt, über den das Protokoll bestimmt werden kann.

X.25 Packet Header	NLPIO **0xCC**	IP-Daten

X.25 Packet Header	NLPIO **0x81**	CLNP-Daten

X.25 Packet Header	NLPIO **0x80** + 5-Octet SNAP Header	Protokolldaten

● SNAP Encapsulation

Bei der SNAP Encapsulation folgt im CUD-Feld zusätzlich zum NLPID 0x80 noch ein 5-Octet IEEE 802.2 SNAP Header, über den dann das übertragene Protokoll identifiziert wird. Es kann daher auch hier immer nur ein Protokoll über den Virtual Circuit übertragen werden.

24.3 Cisco-Konfiguration: X.25

Normalerweise verwenden die Router eine Cisco-proprietäre Protocol Encapsulation (d.h., die beim Verbindungsaufbau verwendeten Protocol Identifier – außer für IP – sind nicht standardisiert). Durch den Parameter »ietf« ist es aber möglich, die standardisierte Protocol Encapsulation nach RFC 1356 einzusetzen.

interface *name*
  encapsulation x25 dte | x25 dce [ietf]

X.25 Protocol Mapping

x25 map *protocol network-address dte-number* broadcast [*Facilities*]

z.B. Window- oder Packetsize

x25 map ... ... method cisco | ietf | snap | multi

Broadcast-Pakete werden weitergegeben Erlaubt z.B. dynamisches Routing.

- cisco: Cisco-proprietäre Encapsulation

- ietf: RFC 1356 mit dem Standard NLPID 0xCC für IP

- snap: RFC 1356 mit SNAP Encapsulation für IP

- multi: RFC 1356 Null Encapsulation

Protokoll	Cisco Protocol Identifier	RFC 1356 Protocol Identifier
Apollo Domain	0xD4	0x80 + 5-Octet SNAP Header
AppleTalk	0xD2	0x80 + 5-Octet SNAP Header
Banyan VINES	0xC0 00 80 C42	0x80 + 5-Octet SNAP Header
Bridging	0xD5	–
ISO CLNS	0x81	0x81 oder 0x80 + 5-Octet SNAP Header
Compressed TCP	0xD8	0x00 + 5-Octet SNAP Header
DECnet	0xD0	0x80 + 5-Octet SNAP Header
IP	0xCC	0xCC oder 0x80 + 5-Octet SNAP Header
Novell IPX	0xD3	0x80 + 5-Octet SNAP Header
PAD	0x01	0x01
QLLC	0xC3	–
XNS	0xD1	0x80 + 5-Octet SNAP Header
Multiprotocol	–	0x00 + 5-Octet SNAP Header für das Protokoll

Beim Protocol Mapping ist zu beachten, dass bei eingehenden Verbindungen ein entsprechender x25 map-Befehl für die X.121-Adresse existiert. Ist dies nicht der Fall, lässt der Router keinen Verbindungsaufbau zu.

● Eingehende Verbindung ohne entsprechendes x25 map-Kommando

show x25 map

```
Serial0: X.121 1 <--> ip 10.10.10.1
  PERMANENT, BROADCAST
```

debug x25 events

```
Serial0: X25 I P1 CALL REQUEST (9) 8 lci 2
From(5): 63231 To(1): 2
   Facilities: (0)
   Call User Data (1): 0xCC (ip)
Serial0: X25 O P7 CLEAR REQUEST (5) 8 lci 2 cause 13 diag 68
Address map failed
```

● Eingehende Verbindung mit einem x25 map-Eintrag

show x25 map

```
Serial0: X.121 1 <--> ip 10.10.10.1
  PERMANENT, BROADCAST
```

debug x25 events

```
Serial0: X25 I P1 CALL REQUEST (7) 8 lci 2
From(1): 1 To(1): 2
   Facilities: (0)
   Call User Data (1): 0xCC (ip)
Serial0: X25 O P4 CALL CONNECTED (5) 8 lci 2
```

Beispiel: Null Encapsulation Protocol Mapping mit mehreren Protokollen über den gleichen SVC

interface Serial0.1 point-to-point
  ip address 10.10.10.2 255.255.255.0   *Alle Protokolle müssen in einem MAP-Kommando definiert werden.*
  ipx network AA00AA00
  x25 map ipx AA00AA00.0800.2b01.0203 ip 10.10.10.1 1 broadcast method multi

show x25 map

```
Serial0.1: X.121 1 <--> ipx AA00AA00.0800.2b01.0203,
        ip 10.10.10.1
  PERMANENT, BROADCAST, METHOD multi, 1 VC: 1*
```

show x25 vc

```
SVC 1,  State: D1,  Interface: Serial0.1
 Started 00:01:22, last input 00:01:00, output 00:01:00
 Connects 1 <-->
    ipx AA00AA00.0800.2b01.0203
    ip 10.10.10.1
 multiprotocol cud pid, standard Tx data PID
 Window size input: 2, output: 2
 Packet size input: 128, output: 128
```

Das X.25-Datenfeld für IP enthält 0xCC als Prefix und bei IPX 0x800000008137. Dadurch ist bei jedem X.25-Paket eine Unterscheidung zwischen IP und IPX möglich.

LAPB-Parameter für DATEX-P

lapb modulo 8   LAPB Modulo (entweder 8 für 3-Bit oder 128 für 7-Bit Sequenznummer)
lapb N1 1096   Anzahl von Bits pro I-Frame
lapb N2 10   Maximale Anzahl von Retransmissions eines Frames
lapb T1 3000   Retransmission Timer
lapb T4   Keepalive Timer
lapb K7   Window Size

X.25-Parameter für DATEX-P

x25 address *address*		
x25 modulo 8 | 128		Größe der X.25-Sequenznummer (drei oder sieben Bit)
x25 ips *128*	x25 ops *128*	Input und Output Packet Size
x25 win *2*	x25 wout *2*	Input und Output Window Size
x25 ltc *1*	x25 htc *2*	Lowest und Highest Two-Way Channel
x25 lic *3*	x25 hic *6*	Incoming-only Channels
x25 loc *7*	x25 hoc *8*	Outgoing-only Channels

Der angegebene Bereich der logischen Kanäle (Channel Range) ist bei der DTE- und DCE-Konfiguration gleich. Das Umwandeln der Kanäle führt der Router automatisch durch.

DTE: htc   ⇒ outgoing   DCE: htc   ⇒ incoming

      ltc   ⇒ incoming   ltc   ⇒ outgoing

X.25-Call-Parameter

x25 idle *minutes* [x25 no idle]	Nach wie vielen Minuten der Router eine inaktive Verbindung abbaut
x25 facility *fac*	X.25 Facilities
x25 default ip	Protokoll für X.25 Calls mit unbekanntem CVD
x25 nvc *count*	Maximale Anzahl von SVCs zu einem System (max. 8)
x25 suppress-calling-address	Adresse des Anrufers im Connect Request Packet unterdrücken
x25 suppress-called-address	Adresse des Anzurufenden im Connect Request Packet unterdrücken

X.25 über Sub-Interfaces

● Point-to-Point Subinterface

Für jedes Protokoll ist nur ein »*x25 map*«-Kommando erlaubt. Das heißt, es ist nur eine X.25-Zieladresse pro Protokoll möglich.

● Multipoint Subinterface

Bei Multipoint Subinterfaces kann der Router mehrere Verbindungen zu verschiedenen Systemen aufbauen. Wird ein Paket zu einem Multipoint-Subinterface weitergeleitet, muss für die Zieladresse ein zugehöriger »*x25 map*«-Befehl vorliegen.

PAD-Funktionalität

● PAD-Konfiguration

Standardmäßig ist der Zugriff von außen über den X.25-Anschluss und das X.29-Protokoll auf den Router erlaubt.

[no] service pad
line vty 0 4
    [no] transport output pad
    [no] transport input pad

● Access-Filter für den PAD-Zugriff über die ACL 1-199

x29 access-list # deny I permit   *x.121-address*
line vty 0 4
    access-group # in I out

Informationen über X.25 anzeigen

debug MODEM
debug LAPB
debug X25
debug X25 EVENTS
debug X25 VC lcn

clear x25-vc *interface* [*lcn*]
show interface *interface*
show x25 vc *lcn*
show x25 pad
show x25 map

show interface serial 0

```
Serial0 is up, line protocol is up
  Hardware is MK5025
  MTU 1500 bytes, BW 1544 Kbit, DLY 20000 usec, rely 255/255, load 1/255
  Encapsulation X25, loopback not set
  LAPB DTE, modulo 8, k 7, N1 1096, N2 10
      T1 3000, interface outage (partial T3) 0, T4 0
      State CONNECT, VS 0, VR 0, Remote VR 0, Retransmissions 0
      Queues: U/S frames 0, I frames 0, unack. 0, reTx 0
      IFRAMEs 33/33 RNRs 0/0 REJs 0/0 SABM/Es 2/0 FRMRs 0/0 DISCs 0/0
  X25 DTE, address 1911, state R1, modulo 8, timer 0
      Defaults: cisco encapsulation, idle 0, nvc 1
          input/output window sizes 2/2, packet sizes 128/128
      Timers: T20 180, T21 200, T22 180, T23 180, TH 0
      Channels: Incoming-only none, Two-way 1-2, Outgoing-only none
      RESTARTs 2/0 CALLs 1+0/0+0/0+0 DIAGs 0/0
  Last input 0:00:55, output 0:00:55, output hang never
  Last clearing of "show interface" counters never
  Output queue 0/40, 0 drops; input queue 0/75, 0 drops
```

show x25 vc

```
SVC 2, State: D1, Interface: Serial0
  Started 0:00:18, last input 0:00:01, output 0:00:16
  Connects 1911 <-->
    ipx 231773.0000.0c8c.8e84
  cisco cud pid, no Tx data PID
  Window size input: 7, output: 7
  Packet size input: 128, output: 128
  PS: 3  PR: 3  ACK: 2  Remote PR: 3  RCNT: 1  RNR: FALSE
  Retransmits: 0  Timer (secs): 58  Reassembly (bytes): 0
  Held Fragments/Packets: 0/0
  Bytes 144/120 Packets 3/3 Resets 0/0 RNRs 0/0 REJs 0/0 INTs 0/0
```

show x25 map

```
Serial0: X.121 1911 <-> ip 197.2.1.1           PERMANENT
Serial0: X.121 1912 <-> ipx 2.0000.0c34.1db0   PERMANENT,BROADCAST
Serial0: X.121 1912 <-> decnet 2.2             PERMANENT,BROADCAST,1 VC: 1*
Serial0: X.121 1912 <-> ip 197.2.1.2           PERMANENT
```

24.3.1 X.29-Protokoll-Translation

Falls die »*Called Adress*« in dem X.25 Call Request Paket nicht mit der X.121-Adresse eines »*translate*«-Kommandos übereinstimmt, wird der eingehende X.25 Call an den lokalen PAD des Routers weitergegeben.

LAT / X.29 Protocol Translation

● LAT nach X.29 (der Router bietet den LAT-Service an)

lat access-list # permit *incoming-lat-node*
translate lat *lat-service* x25 *remote-address* [access-class #]

● X.29 nach LAT

x29 access-list # permit *x.121-address*
translate x25 *x.121-address* [cud #] lat *lat-service* [access-class #]

Telnet / X.29 Protocol Translation

● Telnet nach X.29

access-list # permit *incoming-ip-address*
translate tcp *ip-address* [port #] x25 *x.121-address* [access-class #]

● X.29 nach Telnet

x29 access-list # permit *incoming-dte*
translate x25 *x.121-address* [cud #] tcp *ip-address* [port #] [access-class #]

Der Parameter CUD (Call User Data) bezieht sich immer auf die Daten nach den vier Octets des Protocol Identifier.

Protocol-Translation-Informationen anzeigen

debug TRANSLATE
debug PAD
debug X25 [EVENTS]

show translation

```
Translate From: LAT XXYYZZ
        To:   X25 45333355006
        Access-class 1
        0/0 users active, 0 peak, 0 total, 0 failures

Translate From: X25 45333355006
        To:   LAT VMSSYS1
         Access-class 2
        0/0 users active, 1 peak, 5 total, 1 failures

Translate From: TCP 10.185.224.68 Port 23
        To:   X25 45333355006
           Access-class 3
           0/0 users active, 0 peak, 0 total, 0 failures

Translate From: X25 45333355006 Cud A
        To:   LAT VMSSYS2
        0/0 users active, 0 peak, 0 total, 0 failures
```

24.3.2 X.25 CMNS

CMNS (Connection-mode Network Service) erlaubt die Verbindung von OSI-Knoten über LLC2 und X.25. Das X.25-Netzwerk muss die Facilities *Called* und *Calling Address Extensions* unterstützen, ansonsten kann keine Umwandlung einer X.25-Adresse in die NSAP-Adresse erfolgen.

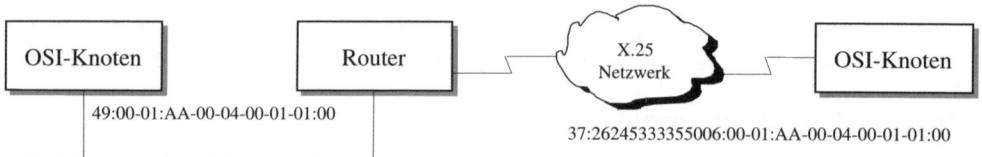

LLC2-Verbindung

interface Ethernet0
   llc2 local window 127
   x25 ltc 1
   x25 htc 2
   cmns enable
   x25 map cmns *49.0001.aa00.0004.0101   aa00.0004.0101*

                              NSAP des LLC2-Hosts   MAC-Adresse des LLC2-Hosts

Synchrone Verbindung

interface Serial0
   encapsulation x25
   ip ospf cost 100
   x25 address 123234
   x25 htc 2
   x25 map cmns 37.2624.5333.3550.06   45333355006

                                NSAP des X.25-Hosts   X.25-Adresse des X.25-Hosts

CMNS-Informationen anzeigen

```
# show cmns e0
Ethernet0 is up, line protocol is up
   Hardware address is aa00.0400.0104 (bia 0000.0c06.7db5), state R1
      Modulo 8, idle 0, timer 0, nvc 1
      Window size: input 2, output 2, Packet size: input 128, output 128
      Channels: Incoming-only none, Two-way 1-4095, Outgoing-only none
```

```
# show x25 map
Ethernet0: cmns 49.0001.aa00.0004.0101 <--> mac aa00.0004.0101   PERMANENT
Serial1: cmns 37.2624.5333.3550.06 <--> X.121 45333355006        PERMANENT
```

show llc2

```
LLC2 Connections: total of 1 connections
Ethernet0 DTE: aa00.0400.0101 0000.0000.0000 7E 7E state NORMAL
   V(S)=100, V(R)=104, Last N(R)=100, Local window=127, Remote Window=127
   akmax=3, n2=8, Next timer in 8056
CMNS Connections to:
   Address AA00.0400.C9FE via Ethernet0
   Protocol is up
   Interface Type CMNS-DXE RESTARTS 0/1
   Timers: T10 60 T11 180 T12 60 T13 60
```

debug llc2 state | packets | errors | dynwind

24.3.3 X.25 Switching

X.25 Switching erlaubt die Weiterleitung von X.25-Verbindungen, die über ein lokales
Interface ankommen, an ein anderes serielles Interface.

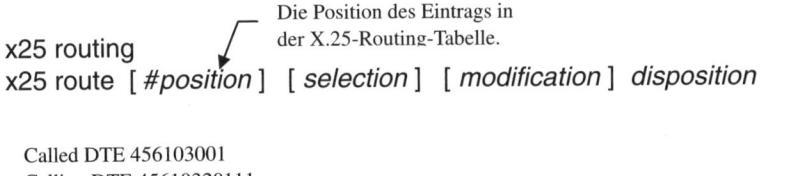

x25 routing   Die Position des Eintrags in
                der X.25-Routing-Tabelle.
x25 route [*#position*] [*selection*] [*modification*] *disposition*

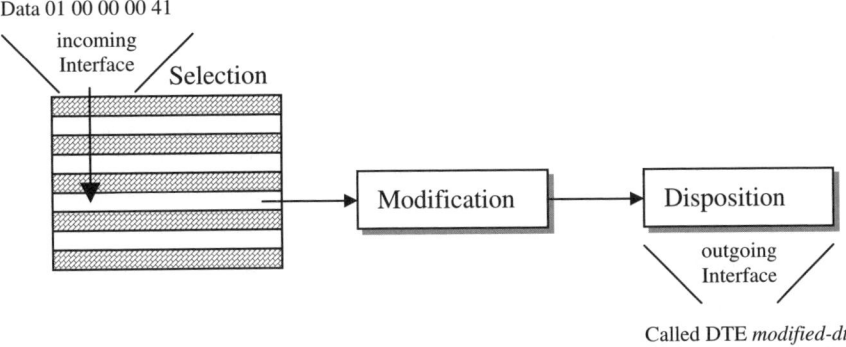

Selection Parameter

Der Selection Parameter arbeitet als ein Filter, über den der Routing-Eintrag ausgewählt wird. Der Filter selbst wird als Regular Expression spezifiziert

Falls ein eingehender X.25 Call zu einer *Selection* passt, leitet der Router den Call zu dem in der *Disposition* angegebenen Interface weiter. Stimmt kein X.25-Routing-Eintrag mit dem Call überein, wird die eingehende Verbindung abgelehnt (d.h., der Router sendet ein Clear-Paket).

Falls das Interface nicht »operational« ist (Status »*down*«) überprüft der Router, ob andere Routing-Einträge zu dem Call passen.

Stehen für das ausgewählte Interface keine weiteren Kanäle (Virtual Circuits) mehr zur Verfügung, wird der Verbindungsaufbau abgelehnt. Es erfolgt in diesem Fall keine Überprüfung auf andere passende Einträge.

- Filter auf die Destination-X.25-Adresse

  x25 route *^456103001$*   interface s1

- Filter auf die Source-X.25-Adresse

  x25 route **source** *^456103001$* ...

- Filter auf die Destination-NSAP-Adresse

  x25 route **dest-ext** *^37\.2624.* * ...

- Filter auf die Call User Data

  x25 route **cud** *"^V3\.0 MAIL-11$"*   interface S0

- Filter auf das X.25 Input Interface (ab IOS V12.0(4)T und nur für serielle Schnittstellen)

  x25 route **input-interface** *s0* interface s1

Disposition-Parameter

Die Disposition gibt das Interface an, zu dem der Router die eingehende X.25-Verbindung weiterleiten soll.

WAN Port	x25 route ^45610301234$	**interface** Serial0
LAN Port	x25 route ^45610301234$	**interface** e0 mac aa00.0400.0101
Hunt Group	x25 route ^45610301234$	**hunt-group** DATEXP
XoT	x25 route ^45610301234$	**xot** 1.1.1.1
Verbindung abbrechen	x25 route .*	**clear**

Modification-Parameter

Über den Modification-Parameter können bei ausgehenden Verbindungen die X.25-Source und die Destination-Adresse im X.25-Call-Paket modifiziert werden.

x25 route selection **substitute-source**   *rewrite-pattern* ...
x25 route *selection* **substitute-dest**   *rewrite-pattern* ...

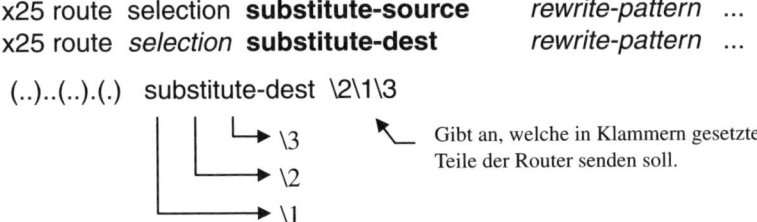

x25 route ^262(.*) substitute-dest \1 interface serial 0

Regular Expressions

Punkt	.	irgendein Zeichen
Sternchen	*	keine oder mehrere Sequenzen des vorhergehenden Musters
Pluszeichen	+	eine oder mehrere Sequenzen des vorhergehenden Musters
Fragezeichen	?	eine oder keine Sequenz des vorhergehenden Musters
Einschaltzeichen	^	Beginn der Zeichenkette
Dollarzeichen	$	Ende der Zeichenkette

Beispiele für Regular Expressions

^45333320$ X.121-Nummer muss genau auf 45333320 passen
^45333320   X.121-Nummer passt auf 45333320, 45333320x, 45333320xx,
              45333320xxx
^45333320...$ X.121-Nummer passt auf 45333320xxx
45333320   X.121-Nummer passt auf die Nummern *45333320*
              (z.B. 26245333320xyz)
.*   X.121-Nummer passt auf alle Adressen

24.3.3.1 LLC2 Relay

Ab der Version V11.3(3) können die Cisco-Router auch als LLC2-Relay konfiguriert werden. Zusätzlich zum Weiterleiten von X.25-Verbindungen zwischen seriellen Schnittstellen können X.25-Calls jetzt auch über LLC2 an Systeme am LAN geroutet werden (unabhängig davon, ob die Systeme OSI CMNS als Netzwerkprotokoll benutzen oder nicht).

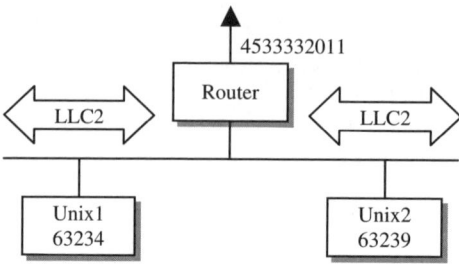

x25 routing

```
interface Serial0
 encapsulation x25
 x25 address 4533332011
 x25 ips 128
 x25 ops 128
 x25 modulo 8
 x25 htc 2

interface Ethernet0
 cmns enable
 x25 ips 128
 x25 ops 128
 x25 modulo 8
 x25 htc 2
 llc2 ack-delay-time 1000
 llc2 local-window 7
 llc2 t1-time 20
```

X.25-Parameter der seriellen Schnittstelle und des LAN-Interface sollten übereinstimmen.

```
x25 route #1 source 63289 substitute-source 45333320111 interface Serial0
x25 route #2 source 63234 substitute-source 45333320112 interface Serial0
x25 route #3 ^45333320111$ interface Ethernet0 mac aa00.0400.c9fe
x25 route #4 ^45333320112$ interface Ethernet0 mac aa00.0400.fffc

x25 host unix1 63234
x25 host unix2 63289
```

X.25-Informationen anzeigen

show x25

```
X.25 software, Version 3.0.0.
  2 configurations supporting 3 active contexts
  VCs allocated, freed and in use: 9 - 6 = 3
  VCs active and idle: 0, 3
XOT software, Version 2.0.0.
  configured, not in use
```

show x25 route

```
#  Match              Substitute               Route to
1  source 63289       Sub-source 45610320111   Serial0
2  source 63234       Sub-source 45610320112   Serial0
3  dest 45610320111                            Ethernet0 aa00.0400.c9fe
4  dest 45610320112                            Ethernet0 aa00.0400.fffc
```

show x25 vc oder   # show x25 interface e0 mac aa00.0400.c9fe

```
SVC 2,  State: D1,  Interface: Ethernet0
  Started 00:00:06, last input 00:00:06, output 00:00:06
  Connects 45333320111 <--> 2232 from unknown
  Window size input: 2, output: 2
  Packet size input: 128, output: 128
  PS: 2  PR: 3  ACK: 3  Remote PR: 2  RCNT: 0  RNR: no
  P/D state timeouts: 0  timer (secs): 0
  data bytes 22/693 packets 2/19 Resets 0/0 RNRs 0/0 REJs 0/0 INTs 0/0
SVC 2,  State: D1,  Interface: Ethernet0
  Started 00:00:07, last input 00:00:06, output 00:00:06
  Connects 63234 <--> 2232 to unknown
  Window size input: 2, output: 2
  Packet size input: 128, output: 128
  PS: 3  PR: 2  ACK: 2  Remote PR: 3  RCNT: 0  RNR: no
  P/D state timeouts: 0  timer (secs): 0
  data bytes 693/22 packets 19/2 Resets 0/0 RNRs 0/0 REJs 0/0 INTs 0/0
```

LLC2-Informationen anzeigen

show llc2 brief

```
LLC2 Connections: total of 2 connections
Et0 NORMAL aa00.0400.c9fe 0060.5cf4.726f 7E 7E
Et0 NORMAL aa00.0400.fffc 0060.5cf4.726f 7E 7E
```

show llc2

```
LLC2 Connections: total of 2 connections
Ethernet0 DTE: aa00.0400.c9fe 0060.5cf4.726f 7E 7E state NORMAL
  V(S)=94, V(R)=94, Last N(R)=94, Local window=7, Remote Window=127
  akmax=3, n2=10,
    xid-retry timer     0/0         ack timer       0/1000
    p timer             0/1000      idle timer      6080/10000
    rej timer           0/3200      busy timer      0/9600
    akdelay timer       0/100       txQ count       0/200
Ethernet0 DTE: aa00.0400.fffc 0060.5cf4.726f 7E 7E state NORMAL
  V(S)=94, V(R)=94, Last N(R)=94, Local window=7, Remote Window=127
  akmax=3, n2=10,
    xid-retry timer     0/0         ack timer       0/1000
    p timer             0/1000      idle timer      6680/10000
    rej timer           0/3200      busy timer      0/9600
    akdelay timer       0/100       txQ count       0/200
```

show x25 context (ab V12.0(3)T

```
Ethernet0 remote address aa00.0400.c9fe
  CMNS dxe/DTE, address <none>, state R1, modulo 8, timer 0
      Defaults: idle VC timeout 0
        input/output window sizes 2/2, packet sizes 128/128
      Timers: T20 1, T21 1, T22 1, T23 1
      Channels: Incoming-only none, Two-way 1-2, Outgoing-only none
      RESTARTs 1/0 CALLs 0+0/0+0/0+0 DIAGs 0/0
Ethernet0 remote address aa00.0400.fffc
  CMNS dxe/DTE, address <none>, state R1, modulo 8, timer 0
      Defaults: idle VC timeout 0
        input/output window sizes 2/2, packet sizes 128/128
      Timers: T20 1, T21 1, T22 1, T23 1
      Channels: Incoming-only none, Two-way 1-2, Outgoing-only none
      RESTARTs 1/0 CALLs 0+0/0+0/0+0 DIAGs 0/0
Serial0
  X.25 DTE, address 4533332011, state R1, modulo 8, timer 0
      Defaults: idle VC timeout 0
        cisco encapsulation
        input/output window sizes 2/2, packet sizes 128/128
      Timers: T20 180, T21 200, T22 180, T23 180
      Channels: Incoming-only none, Two-way 1-2, Outgoing-only none
      RESTARTs 1/0 CALLs 0+0/0+0/0+0 DIAGs 0/0
  LAPB DTE, state CONNECT, modulo 8, k 7, N1 12056, N2 20
      T1 3000, T2 0, interface outage (partial T3) 0, T4 0
      VS 1, VR 1, tx NR 1, Remote VR 1, Retransmissions 0
      Queues: U/S frames 0, I frames 0, unack. 0, reTx 0
      IFRAMEs 1/1 RNRs 0/0 REJs 0/0 SABM/Es 1/0 FRMRs 0/0 DISCs 0/0
```

24.3.3.2 X.25 over TCP/IP

X.25 over TCP/IP (XOT) ist im RFC 1613 beschrieben und erlaubt das Weiterleiten eines X.25 Virtual Circuit über ein TCP/IP-Netzwerk. Der andere Router der XOT-Verbindung baut dann den Virtual Circuit zu dem eigentlichen Zielsystem auf.

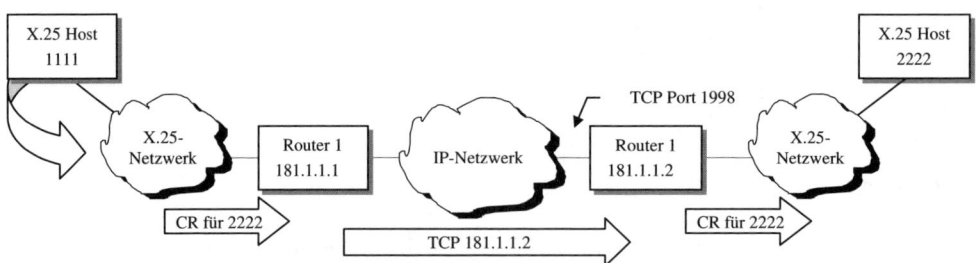

Über XOT empfangene Pakete gibt der Router über seinen X.25-Switching-Prozess an die lokale X.25-Schnittstelle weiter.

R1: x25 routing
     x25 route 2222 ip 181.1.1.2 **xot** s0
     x25 route 1111 interface s0

R2: x25 routing
     x25 route 2222 interface s0
     x25 route 1111 ip 181.1.1.1 **xot** s0

Cisco-Konfiguration: Backup Interface

Backup-Schnittstellen dienen zum einen als Reserve bei Ausfall einer Primärleitung und zum anderen als zusätzliche Verbindungen bei starker Last. Als Primärleitungen sind nur LAN-Verbindungen oder Standleitungen über HDLC, PPP bzw. Frame Relay erlaubt.

Der Router kennzeichnet eine Leitung als »*down*«, wenn keine Modemsignale anliegen oder wenn keine Keepalive-Pakete empfangen werden (in dem Zeitraum dreimal Keepalive). Das heißt, der Keepalive-Timer darf auf dem Primär-Interface nicht ausgeschaltet sein.

Falls man auf beiden Schnittstellen die gleiche IP-Adresse vergeben möchte, muss zuerst das »*backup interface*«-Kommando auf dem Primär-Interface gesetzt werden, anschließend kann man dann auf dem Backup-Interface die gleiche IP-Adresse ein zweites Mal definieren.

Um eine korrekte Lastverteilung zu erreichen, ist die Angabe des Bandwidth-Parameters unter »*backup load*« zwingend notwendig.

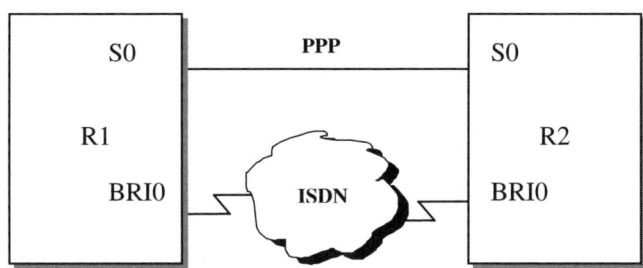

```
R1:   interface s0
        ip address 197.2.1.1
        encapsulation ppp
        backup interface bri0
        backup delay  5      10
        keepalive 5

      interface bri0
        ip address 197.2.1.11
        ... ... ...
```

Nach wie vielen Sekunden auf die Primär-Leitung zurückgeschaltet wird, falls diese wieder auf „UP" geht

Nach wie vielen Sekunden der Router auf die Backup-Leitung umschaltet, falls die Primär-Leitung auf „DOWN" geht

```
R2:   interface s0
        encapsulation ppp
        ip address 197.2.1.2
        backup interface bri0
        backup delay 6 12
        keepalive 5
        bandwidth 64
        backup load    70    30

      interface bri0
        ip address 197.2.1.12
      ... ... ...
```

Falls die Last auf der Primär-Leitung auf 30% zurückgeht, schaltet der Router die Backup-Leitung wieder aus.

Falls die Primär-Leitung eine Auslastung von 70% erreicht hat, wird die Backup-Leitung hinzugeschaltet.

25.1   Beispiel: Backup Interface mit Lastverteilung

```
hostname R1
!
frame-relay switching
!
interface Serial1
 bandwidth 2000000
 ip address 194.1.1.2 255.255.255.0
 ip ospf cost 5
 encapsulation frame-relay IETF
 frame-relay map ip 194.1.1.1 32 broad IETF
 frame-relay intf-type dce
!
interface TokenRing0
 backup delay 10 30
 backup interface Serial1
 backup load 5 1
 ip address 193.1.1.2 255.255.255.0
 ip ospf cost 5
 bandwidth 4000
 ring-speed 16
!
router ospf 1
 maximum-path 2
 network 193.1.1.0 0.0.0.255 area 0
 network 194.1.1.0 0.0.0.255 area 0
```

```
hostname R2
!
interface Serial1
 bandwidth 2000000
 ip address 194.1.1.1 255.255.255.0
 ip ospf cost 5
 encapsulation frame-relay
 frame-relay map ip 194.1.1.2 32 broad IETF
!
interface TokenRing0
 bandwidth 4000
 backup delay 10 30
 backup interface Serial1
 backup load 5 1
 ip address 193.1.1.1 255.255.255.0
 ip ospf cost 5
 ring-speed 16
!
router ospf 1
 maximum-path 2
 network 193.1.1.0 0.0.0.255 area 0
 network 194.1.1.0 0.0.0.255 area 0
```

Damit Lastverteilung über die Primary und Backup Leitung möglich ist.

Lastgrenze von 5% ist erreicht, die Backup-Leitung wird eingeschaltet

```
%LINEPROTO-5-UPDOWN:Line protocol on Intf. Serial1,changed state to up
%LINK-3-UPDOWN: Interface Serial1, changed state to up
```

show interface to0

```
TokenRing0 is up, line protocol is up
  Hardware is TMS380, address is 0006.3acf.31c5 (bia 0006.3acf.31c5)
  Internet address is 193.1.1.2 255.255.255.0
  Backup interface Serial1, kickin load 5%, kickout load 1%
     failure delay 10 sec, secondary disable delay 30 sec
  MTU 4464 bytes, BW 4000 Kbit, DLY 630 usec, rely 255/255, load 6/255
  Encapsulation SNAP, loopback not set, keepalive set (10 sec)
  ARP type: SNAP, ARP Timeout 4:00:00
  Ring speed: 16 Mbps
```

show interface s1

```
Serial1 is up, line protocol is up
  Hardware is HD64570
  Internet address is 194.1.1.2 255.255.255.0
  MTU 1500 bytes, BW 1544 Kbit, DLY 20000 usec, rely 255/255, load 1/255
  Encap. FRAME-RELAY IETF, loopback not set, keepalive set (10 sec)
  LMI enq sent  0, LMI stat recvd 0, LMI upd recvd 0
  LMI enq recvd 33, LMI stat sent  33, LMI upd sent  0, DCE LMI up
  LMI DLCI 1023  LMI type is CISCO  frame relay DCE
```

Last ist zurückgegangen und die Backup-Leitung fährt runter

```
%LINEPROTO-5-UPDOWN:Line protocol on Intf. Serial1,changed state to down
%LINK-5-CHANGED: Interface Serial1, changed state to standby mode
```

show interface s1

```
Serial1 is standby mode, line protocol is down
  Hardware is MK5025
  Internet address is 194.1.1.1 255.255.255.0
  MTU 1500 bytes, BW 2000000 Kbit, DLY 20000 usec, rely 255/255, load 1/255
  Encapsulation FRAME-RELAY, loopback not set, keepalive set (10 sec)
  LMI enq sent  65, LMI stat recvd 65, LMI upd recvd 0, DTE LMI down
  LMI enq recvd 0, LMI stat sent  0, LMI upd sent  0
  LMI DLCI 1023  LMI type is CISCO  frame relay DTE
```

Token-Ring-Kabel von der Primär-Leitung gezogen

```
%LINEPROTO-5-UPDOWN:Line protocol on Intf. TokenRing0,changed state to down
%LINK-3-UPDOWN: Interface TokenRing0, changed state to down
%LINK-3-UPDOWN: Interface Serial1, changed state to up
```

Token-Ring-Kabel wieder aufgesteckt

```
%LINK-3-UPDOWN:Interface TokenRing0,changed state to up
%LINEPROTO-5-UPDOWN: Line protocol on Intf. TokenRing0,changed state to up
%LINK-5-CHANGED: Interface Serial1, changed state to standby mode
```

Teil

4

Voice over X

Der letzte Teil des Buches beschreibt Techniken zur Sprachübertragung über packetvermittelnde Datennetzwerke. Die verschiedenen Mechanismen, dazu zählen Voice over IP (VoIP), Voice over ATM (VoATM) oder Voice over Frame Relay (VoFR), fasst man häufig unter dem Begriff VoX – Voice over X – zusammen.

Sprachübertragung in traditionellen Telefonnetzen

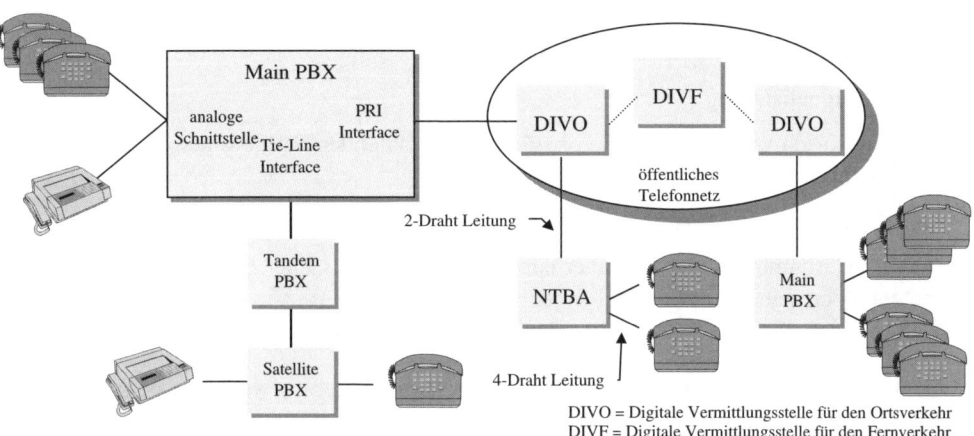

Nebenstellenanlagen (PBX, Private Branch Exchange)

● Main PBX

Bietet eine Schnittstelle zum öffentlichen Telefonnetz und kann sowohl Satellite PBX unterstützen als auch als Tandem PBX arbeiten.

● Satellite PBX

Erhält die Telefonanrufe aus dem öffentlichen Netzwerk von einer Main PBX. Die Satellite PBX selbst kann wiederum mit anderen Nebenstellenanlagen verbunden sein.

● Tandem PBX

Leitet den Sprachverkehr zwischen einzelnen Nebenstellenanlagen weiter.

Signalisierung in Telefonnetzen

- Supervisory-Signalisierung

  Der Austausch von Informationen, die den Status des Anrufs betreffen (z.B. Verbindungsauf- und -abbau). Dazu zählen:

  - On Hook   Telefonhörer ist aufgelegt
  - Off Hook   Telefonhörer ist abgehoben und es wird ein Wählton generiert
  - Ringing   Telefon klingelt
  - Informational Status des Anrufs (z.B. Besetzt-Zeichen, Wählton,
                   fehlerhafte Rufnummer)

- Adress-Signalisierung

  Der Austausch von Informationen bzgl. der zu wählenden Rufnummer. Folgende Arten der Signalisierung sind möglich:

  - DTMF (Dual Tone Multifrequency)

    Die Rufnummern werden innerhalb des Sprachkanals über entsprechende Frequenzen übertragen (d.h. In-Band-Signalisierung).

  - Pulse

    Das Telefon generiert für die einzelnen Rufnummern jeweils einen zugehörigen Impuls (veraltet).

26.1 Sprachqualität in Telefonnetzen

Die Qualität einer Sprachverbindung wird hauptsächlich durch die folgenden Parameter bestimmt:

Delay (Verzögerung)

Die ITU-T-G.114-Empfehlung spezifiziert folgende Werte für die Verzögerung in einer Richtung, die bei einer Sprachverbindungen maximal auftreten sollte (*One Way Transmission Time*).

Verzögerung < 150 ms	nicht erkennbar
150 ms < Verzögerung < 400 ms	akzeptable Qualität
Verzögerung > 400 ms	nicht akzeptable Qualität

Die Verzögerung setzt sich aus den drei Komponenten zusammen:

1. *Algorithm Delay* durch die Abtastrate.
2. *Processing Delay* durch die Dekodierung. Beide zusammen heißen *One Way Codec Delay*.
3. *Communication Delay* durch das Netzwerk. Alle drei zusammen heißen *One Way System Delay*.

Delay Variation (oder Delay Jitter)

Beschreibt die Variation der Zeit, wann ein Paket empfangen werden sollte und wann es wirklich ankommt. Sprachübertragung erfordert eine gleichmäßige Übertragungsverzögerung.

Um den Jitter (d.h. die Variation in den Verzögerungen der Sprachpakete) möglichst gering zu halten, wird auf der Empfangsseite in der Regel ein Playout Buffer eingesetzt.

Die empfangenen Sprachpakete werden dort zwischengespeichert und dann gleichmäßig an den DSP (Digital-Signaling-Prozessor) zur Verarbeitung weitergegeben.

Echo

Bei einer Verzögerung von mehr als 25 bis 50 Millisekunden können unter Umständen Echoeffekte auftreten (d.h. die Reflektion des ursprünglichen Signals zurück an den Sender).

- Echo Cancellation

  Um Echos auszuschalten, speichert der Echo-Canceller (z.B. ITU-T G.165 oder G.168) für einen gewissen Zeitraum eine inverse Kopie des Sprachsignals und subtrahiert diese Kopie von den Sprachdaten, die an den Sender zurückgesendet werden.

- Echo Trail

  Der Zeitraum, für den der Echo-Canceller die gesendeten Sprachsignale aufzeichnet (typischer Wert 32 Millisekunden).

26.2 Analoge Supervisory-Signalisierung

FXS- und FXO-Signalisierung

- FXO-Schnittstelle (Foreign Exchange Office)

  Analoge Zweidraht-Schnittstelle, über die ein Telefon in Richtung der Vermittlungsstelle emuliert wird (und von daher keinen Wählton liefert). Benutzt man in der Regel zur analogen Anbindung von Nebenstellenanlagen an das öffentliche Telefonnetz.

- FXS-Schnittstelle (Foreign Exchange Service)

  Analoge Zweidraht-Schnittstelle über die eine Vermittlungsstelle in Richtung des Teilnehmers emuliert werden kann (und daher auch einen Wählton liefert). FXS-Schnittstellen sind z.B. für den analogen Anschluss von Telefonen und Faxgeräten gedacht.

- Loop-Start-Signalisierung

  Die gebräuchlichste Signalisierung zwischen analogen Endgeräten (Telefon, Fax, Modem) und einer Vermittlungsstelle. Problem bei Loop-Start ist aber, dass beide Seiten die Leitung gleichzeitig belegen können (dieses Verhalten bezeichnet man auch als Glare).

● Ground-Start-Signalisierung

Meistens zwischen Vermittlungsstellen oder zwischen Nebenstellen eingesetzt. Ground-Start bietet gegenüber Loop-Start den Vorteil, dass es Glare verhindert.

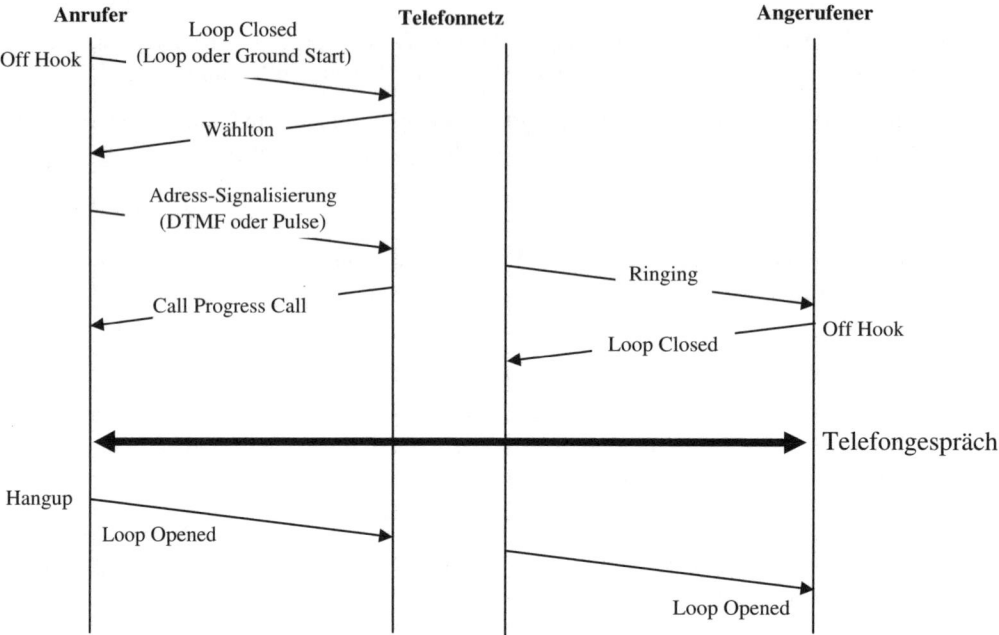

E&M (Ear & Mouth oder rEceive and transMit)

Analoge Schnittstelle mit zwei oder vier Signalisierungsleitungen, die man meistens für die Verbindung zwischen Nebenstellenanlagen einsetzt. Es existieren fünf verschiedene Typen von E&M-Schnittstellen (Type V hauptsächlich in Europa). E&M unterstützt folgende Signalisierungsprotokolle:

● Wink Start

● Immediate Start

● Delayed Dial

● Duplex Signaling (DX)

26.3   Digitale Supervisory-Signalisierung

26.3.1 Channel Associated Signaling

Bei CAS gehen die Signale zum Auf- und Abbau des Telefongesprächs über den gleichen Kanal wie die eigentliche Sprachinformation. Das heißt, es handelt sich hierbei um eine In-Band-Signalisierung.

E1 (G.704)

Die Übertragung der Signalisierungsinformationen erfolgt über den Timeslot 15 (entspricht dem 16ten Kanal). Es besteht eine feste Zuordnung zwischen den einzelnen Telefonkanälen und den Signalisierungsinformationen in diesem Slot.

E1 Multiframe Timeslot 15

Frame 0	0000	xyxx	x = Spare Bits
Frame 1	ABCD Bits Telefonkanal 1	ABCD Bits Telefonkanal 16	y = Alarm indication to the remote end
Frame 2	ABCD Bits Telefonkanal 2	ABCD Bits Telefonkanal 17	
Frame 15	ABCD Bits Telefonkanal 15	ABCD Bits Telefonkanal 30	

T1

Zur Signalisierung werden bestimmte Bits innerhalb der Frames »gestohlen« (Robbed Bit Signaling). Dadurch reduziert sich bei einer Telefonleitung (voice-grade line) die Übertragungsrate gegenüber einem normalen Kanal (clear Channel) von 64 Kbit/s auf 56 Kbit/s. Das »gestohlene« Bit des sechsten Frames bezeichnet man als A-Bit und das des zwölften Frames als B-Bit. Verwendet die T1-Strecke Extended Superframes (ESF), werden zusätzlich noch das 18te (C-Bit) und das 24te (D-Bit) Bit für Robbed Bit Signaling benutzt.

26.3.2 Common Channel Signaling (CCS)

Bei CCS handelt es sich um eine Out-of-Band-Signalisierung, da die Informationen für die Signalisierung als eigenständige Nachrichten übertragen werden. Sie können daher auch über ein separates Signalisierungsnetzwerk laufen (so z.B. bei ISDN oder SS7).

E1 und T1

Es besteht keine feste Beziehung mehr zwischen den Nutzkanälen und den Bits im Timeslot 15 (bei E1) bzw. 23 (bei T1). Die Informationen werden als separate Nachrichten über den Signalisierungskanal (Timeslot 15 bzw. 23) versendet.

Protokolle zwischen Nebenstellenanlagen

Zu diesen Protokollen zählen Q.SIG, DPNSS (Digital Private Network Signaling System) oder andere proprietäre Protokolle.

26.3.2.1 QSIG-Signalisierung

QSIG ist ein Inter-PINX (Private Integrated Services Network Exchange)-Signalisierungsprotokoll, um in einem privaten Netzwerk entsprechende Geräte (z.B. PBX, Multiplexer usw.) verschiedener Hersteller miteinander zu verbinden. In den internationalen Standardisierungsgremien bezeichnet man das QSIG-Protokoll auch als PSS1 (Private Network Q Reference Point Signaling System Number 1).

QSIG basiert auf den ITU-T-Q.93x- und Q.95x-Empfehlungen. Über so genannte Generic-Functional-Prozeduren (QSIG GF) ist es jedem Hersteller freigestellt, zusätzliche Merkmale zu implementieren. Diese werden dann transparent über das Signalisierungsnetzwerk übertragen.

QSIG-Referenzmodell

Das ITU-T-ISDN-Referenzmodell wurde um die Referenzpunkte »Q« und »C« erweitert. »Q« bezeichnet den *Logical-Signalling-Point* zwischen zwei PINX, »C« die physikalische Verbindung. ISDN DSS1 und QSIG verwenden die gleichen Layer-1- und Layer-2-Protokolle, sie unterscheiden sich jedoch auf Layer-3-Ebene.

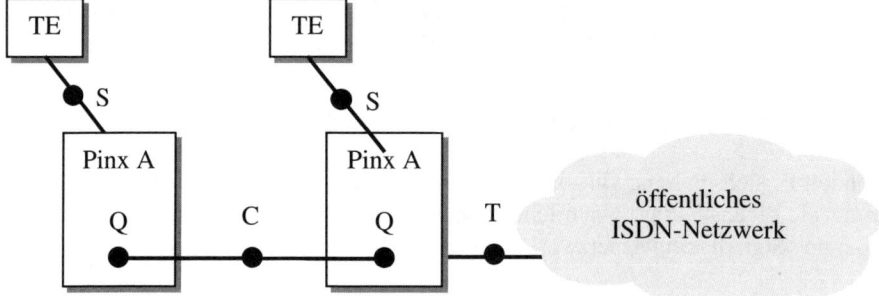

QSIG-Layer-3-Protokolle

● Basic Call (BC)   ECMA-106, ECMA-142, ECMA-143

Erweiterung des ISDN-Protokolls für den Einsatz in privaten Telefonnetzen. QSIG-BC ist ein symmetrisches Peer-to-Peer-Protokoll.

● Generic Functional (GF)   ECMA-156, ECMA-161, ECMA-165

Das Generic-Functional-Protokoll (GF) stellt einen standardisierten Mechanismus zur Verfügung, über den die Nebenstellenanlagen Signalisierungsinformationen für *Supplementary Services* und *Additional Network Features* (ANFs) austauschen können.

● Supplementary Services

Der Supplementary Services Sublayer spezifiziert auf Ebene des Referenzpunkts »Q spezielle QSIG-Prozeduren für individuelle Supplementary Services«:

Identification	ECMA-148, ECMA-157
Name identification	ECMA-163, ECMA-164
Call diversion	ECMA-173, ECMA-174
Path replacement	ECMA-175, ECMA-176
Call transfer	ECMA-177, ECMA-178
Call completion	ECMA-185, ECMA-186
Call offer	ECMA-191, ECMA-192
Call intrusion	ECMA-202, ECMA-203
Advice of charge	ECMA-211, ECMA-212
Recall	ECMA-213, ECMA-214
Call interception	ECMA-220, ECMA-221
Transit counter	ECMA-224, ECMA-225
Message waiting indication	ECMA-241, ECMA-242
Common information	ECMA-250, ECMA-251
Call priority interruption and protection	ECMA-263, ECMA-264

26.3.3 SS7-Signalisierung

SS7 (Common Channel Signalling System No. 7; ZGS Nr.7 – Zentrales Zeichengabesystem Nr.7) wird in der Regel in öffentlichen Telefonnetzen eingesetzt und bildet ein eigenständiges Netzwerk, über das die Vermittlungsrechner Signalisierungsinformationen untereinander austauschen. Das heißt, die Signalisierung erfolgt Out-of-Band auf dedizierten Kanälen und nicht In-Band innerhalb der Sprachkanäle.

SS7-ITU-Standards

Q.700 Introduction to CCITT Signalling System No. 7
Q.701 Functional description of the message transfer part (MTP) of SS7
Q.702 Signalling Data Link
Q.703 Signalling Link
Q.704 Signalling network functions and messages
Q.705 Signalling network structure
Q.706 Message transfer part signalling performance
Q.708 Numbering of international signalling point codes
Q.710 Simplified MPT version for small systems

Q.711 Functional description of the Signalling Connection Control Part (SCCP)
Q.712 Definition and function of signalling connection control part messages
Q.713 Signalling Connection Control Part formats and codes
Q.714 Signalling connection control part procedures
Q.715 Signalling connection control part user guide

Q.721 Functional description of the Telephone User Part (TUP)
Q.722 General function of telephone messages and signals

Q.730 ISDN User Part supplementary services
Q.731.x - Q.737.x - Supplementary services using SS7

Q.761 ISUP functional description
Q.762 ISUP general functions of messages and signals
Q.763 ISUP user part formats and codes
Q.764 ISUP user part signalling procedures

Q.771 Functional description of transaction capabilities
Q.772 Transaction capabilities information element definitions
Q.773 Transaction capabilities formats and encoding
Q.774 Transaction capabilities procedures
Q.775 Guidelines for using transaction capabilities

SS7-Netzwerkelemente

● Signaling Points

Jeder Signalisierungspunkt in einem SS7-Netzwerk unterhält eine Routing-Tabelle, über die Vermittlungsrechner den Signalisierungspfad für eine SS7-Nachricht ermitteln.

Die Signalisierungspunkte selbst werden über einen eindeutigen numerischen Code im Netzwerk identifiziert.

SSP (Service Switching Point):
SSPs senden Signalisierungsnachrichten zu anderen SSPs, um Sprachkanäle für ein Telefongespräch auf- und abzubauen.

SCP (Service Control Point):
Die SCPs unterhalten eine zentralisierte Datenbank mit Routing-Informationen, die SSPs benutzen, um den Signalisierungspfad für ein Gespräch zu bestimmen.

STP (Signal Transfer Point):
Ein STP leitet die SS7-Nachrichten basierend auf den Routing-Informationen, die in diesen Nachrichten enthalten sind, weiter. Dadurch muss nicht zwischen jedem Signaling Point eine direkte Verbindung vorhanden sein.

● Signaling Links

Die Übertragung der SS7-Nachrichten zwischen den Vermittlungsrechnern erfolgt über bidirektionale Verbindungen mit einer Übertragungsrate von 56 oder 64 Kbps.

SS7-Protokoll

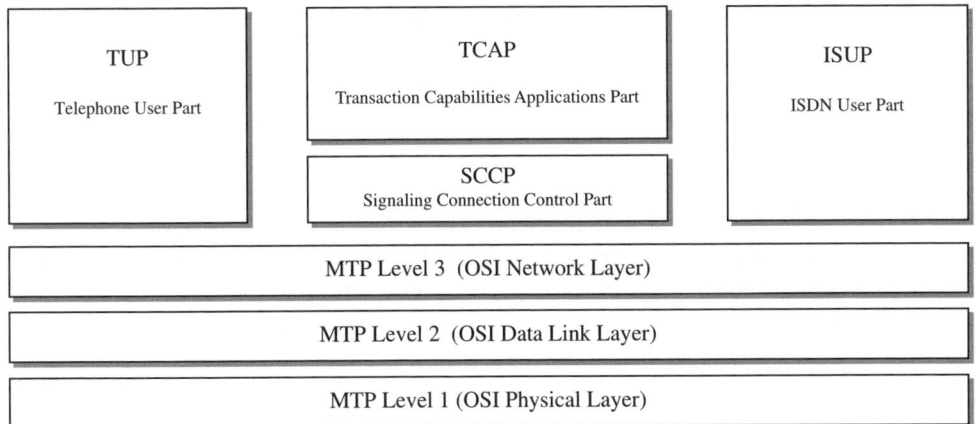

● Message Transfer Part

MTP Level 1 unterstützt folgende Schnittstellen: E1 (2048 Kbps - 32 x 64 Kbps Kanäle), DS1 (1544 Kbps - 24 64 Kbps Kanäle), V.35 (64 Kbps), DS0 (64 Kbps) und DS0A (56 Kbps).

MTP Level 2 führt die Flusskontrolle, Fehlerüberprüfung und Retransmission durch und gewährleistet so eine gesicherte Übertragung der SS7-Nachrichten über die Signalisierungsverbindung.

MTP Level 3 ist für das Routing der SS7-Nachrichten zwischen den Signalisierungspunkten des SS7-Netzwerks verantwortlich.

● Signaling Connection Control Part (SCCP)

SSCP ermöglicht die Adressierung von speziellen Applikationen innerhalb eines Signalisierungspunkts (des Subsystems) und wird z.B. als Transport-Service für TCAP-Services eingesetzt.

- Transaction Capabilities Applications Part (TCAP)

  Durch den Austausch von zusätzlichen Informationen zwischen den Signalisierungs-punkten erlaubt TCAP den Einsatz von weitergehenden Services in einem Telefonnetz (z.B. Free Phone, Calling Cards usw.)

- ISDN User Part (ISUP)

  Protokoll, um Trunkverbindungen zwischen Vermittlungsstellen zu verwalten und auf- oder abzubauen. ISUP wird für ISDN und Nicht-ISDN-Gespräche eingesetzt.

- Telephone User Part (TUP)

  TUP unterstützt lediglich den Verbindungsauf- und -abbau über analoge Telefonleitungen.

26.4 Digitale Sprachübertragung

Mittlerweile erfolgt die Sprachübertragung innerhalb eines Telefonnetzes meistens in digitaler Form. Die Umwandlung des analogen Sprachsignals in einen digitalen Bitstrom erfolgt nach dem Nyquist-Theorem:

Nyquist-Theorem

Um aus einem digitalen Signal wieder das zugehörige analoge Signal zu generieren, muss die Abtastfrequenz doppelt so groß sein wie die höchste im analogen Signal vorkommende Frequenz. Gängige Abtastraten für verschiedene Anwendungen sind:

8000	Telefonstandard
16.000	G.722-Komprimierung
18.900	CD-ROM/XA-Standard
37.800	CD-ROM/XA-Standard für höhere Qualität
44.100	Abtastrate eines CD-Spielers
48.000	Abtastrate eines DAT-Recorders (Digital Audio Tape)

Pulse Code Modulation (PCM)

Im Telekommunikationsbereich ist die Bandbreite des zu übertragenden Sprachsignals auf 4000 Hz begrenzt. Damit ergibt sich eine Abtastrate von 8000 Hz.

Für die Umwandlung des analogen Sprachsignals in einen digitalen Bitstrom wird in der Regel G.711 PCM eingesetzt (A-Law PCM in Europa und μ-Law PCM in Nordamerika bzw. Japan).

A-Law PCM stellt die Amplitude des abgetasteten Signals durch einen 8-Bit-Code dar. Das heißt, für die digitale Übertragung einer Sprachverbindung benötigt man eine Bandbreite von 64 Kbps (8000 Abtastungen pro Sekunden x 8 Bit).

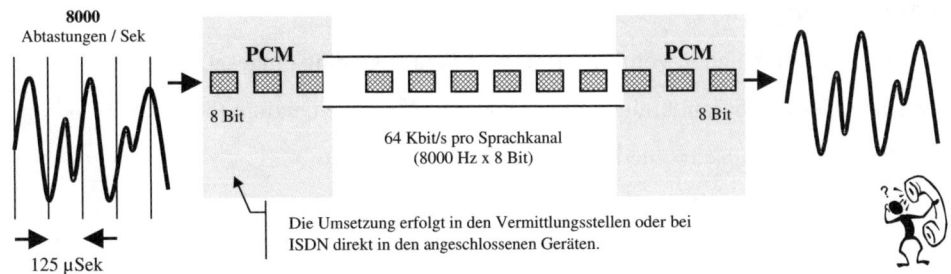

8000
Abtastungen / Sek

PCM

8 Bit

64 Kbit/s pro Sprachkanal
(8000 Hz x 8 Bit)

PCM

8 Bit

125 µSek

Die Umsetzung erfolgt in den Vermittlungsstellen oder bei
ISDN direkt in den angeschlossenen Geräten.

26.5   Audio Codecs

Außer PCM existieren noch weitere Algorithmen für die Konvertierung von analogen
Sprach- und Videosignalen in einen digitalen Bitstrom. Diese Umwandlung erfolgt mit
Hilfe eines so genannten DSP (Digital Signaling Processor).

Waveform Coding

Die Wellenform des analogen Signals wird direkt in einen entsprechenden Bitstrom abge-
bildet. Dazu wird die Amplitude des abgetasteten Signals durch eine bestimmte Anzahl von
Bits dargestellt. Diesen Prozess bezeichnet man auch als *Compending* oder *Quantization*.

Vorteil: Gute Qualität

Nachteil: Hohe Bandbreite (über 16 kbps)

● PCM (Pulse Code Modulation)

● ADPCM (Adaptive Differential PCM)

● E-ADPCM (Embedded ADPCM)

● SB-ADPCM (Sub-Band ADPCM)

Source Coding (Vocoding)

Vocoders (Voice Coder/Decoder) übertragen nur noch bestimmte Parameter des aktuellen
Signals und nicht mehr eine Abbildung der analogen Wellenform. Der Empfänger versucht
aus diesen Informationen wieder ein entsprechendes analoges Signal zu generieren.

Vorteil: Geringere Bandbreite (kleiner 2,4 kbps)

Nachteil: Schlechte Qualität (synthetischer Klang)

● LPC (Linear Predictive Coding)

Hybrid Coding

Es wird eine Kombination von Waveform und Source Coding eingesetzt.

Vorteile: Geringere Bandbreite (unter 8 kbps) und bessere Qualität (als Source Coding)

- RPE (Regular-Pulse Excited)
- RPE/LPT (Regular-Pulse Excited/Long Term Prediction)
- MPE (Multi-Pulse Excited)
- CELP (Code Excited Linear Prediction)
- LD-CELP (Low-Delay CELP)
- MP-MLQ (Multipulse, Multilevel Quantization)

Silence Suppression

Bei *Silence Suppression* ignoriert der DSP Pausen, die innerhalb eines Gesprächs auftreten. Dadurch wird eine variable Bitrate generiert und die Sprachübertragung belegt nicht permanent die gesamte benötigte Bandbreite (bis zu 50% weniger).

- VAD (Voice Activity Detection)

  Über VAD versucht der DSP zu bestimmen, ob es sich bei dem analogen Signal um Sprache oder um Hintergrundgeräusche handelt. Bei Sprache kodiert er das Signal mit der vollen Bandbreite, bei Hintergrundgeräuschen nur mit einer niedrigeren Bandbreite oder überhaupt nicht.

- CNG (Comfort Noise Generation)

  Im zweiten Fall, in dem überhaupt keine Kodierung erfolgt, generiert CNG auf der Empfangsseite ein statisches Hintergrundgeräusch.

Mean Opinion Score (MOS)

Die Bewertung der Qualität der einzelnen Algorithmen erfolgt mit Hilfe einer Mean Opinion Score. Dabei wird der Grad der Verzerrung für eine Sprachsequenz auf einer Skala zwischen eins und fünf eingeordnet.

Bewertung	Sprachqualität	Grad der Verzerrung
5	ausgezeichnet	nicht wahrnehmbar
4	gut	bemerkbar, aber nicht störend
3	mittelmäßig	bemerkbar und störend
2	schlecht	störend, aber nicht unangenehm
1	unbefriedigend	sehr störend und unangenehm

Vergleich verschiedener Kompressionsverfahren

Kompressionsverfahren		Bitrate (Kbps)	Packetization Time (ms)	Mean Opinion Score	Type
G.711	PCM	64 (56, 48)	0,125	4,1	Waveform
G.721	ADPCM	32	0,125		Waveform
G.723	ADPCM	40 und 24	0,125		Waveform
G.726	ADPCM	16	0,125	3,85	Waveform
G.722	SB-ADPCM	64 (56, 48)	0,125		Waveform
G.727	EADPCM	32 (40, 24, 16)			Waveform
G.728	LD-CELP	16	0,625		Hybrid
GSM 06.10	RPE/LPT	13.2	20		Hybrid
G.729	CS-ACELP	8	10	3,92	Hybrid
G.723.1	MP-MLQ	6.3	30	3,8	Hybrid
G.723.1	ACELP	5.3	30	3,8	Hybrid

Die Packetization Time definiert die Zeit, die der DSP benötigt, um aus dem analogen Sprachsignal ein digitales DSP-Frame zu erzeugen, das dann in ein Datenpaket eingebunden werden kann.

G.722 verwendet als einziges Verfahren eine Abtastrate von 16 kHz und bietet dadurch eine deutlich höhere Bandbreite von 7 kHz.

● G.729 (CS-ACELP)

Zehn PCM-Samples (Abtastungen à 8 Bit) werden über ein 10-Bit-Codewort dargestellt. Die Übertragungsrate reduziert sich dadurch von 64 Kbit/s um ein Achtel auf 8 Kbit/s.

Jeweils acht Codewörter fasst der DSP zu einem Frame zusammen. Das heißt, der Algorithmus generiert alle zehn Millisekunden ein CS-ACELP-Paket von 10 Byte (80 Samples x 125 µsec).

● G.723.1 (A-CELP)

15 PCM-Samples werden über ein 10-Bit-Codewort dargestellt. Die Übertragungsrate reduziert sich dadurch von 64 Kbit/s um ein Zwölftel auf 5,3 Kbit/s.

Jeweils 16 Kodewörter fasst der DSP zu einem Frame zusammen. Das heißt, alle 30 ms wird ein CS-ACELP-Paket von 20 Byte generiert (240 Samples x 125 µsec).

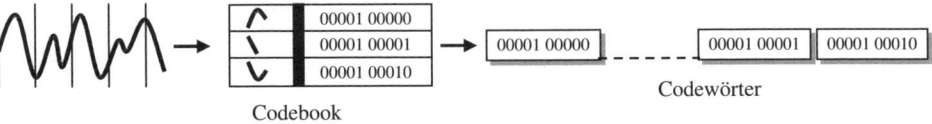

Codebook   Codewörter

Kapitel

27 Sprachübertragung über Datennetzwerke

Um die benötigte Bandbreite für die Übertragung der Sprachdaten zu reduzieren, wird in der Regel der von dem PCM-Algorithmus erzeugte 8-Bit-Wert über einen weiteren Algorithmus komprimiert.

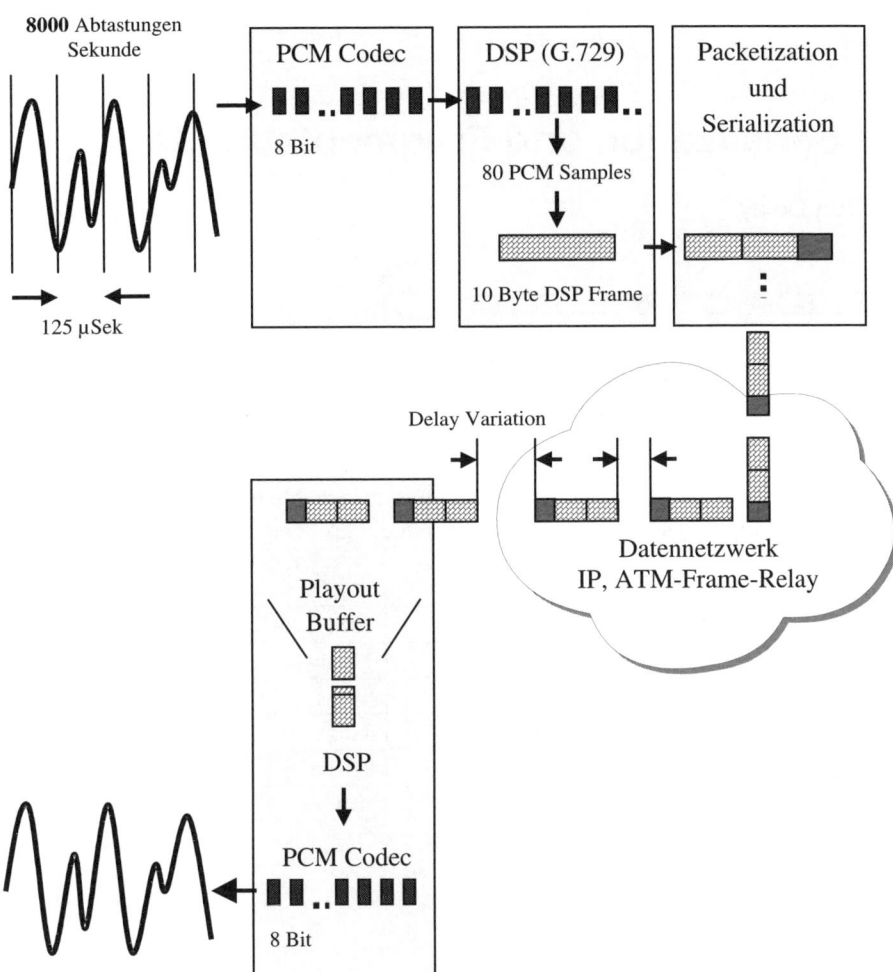

DSP (Digital Signaling Processor): Komprimierung der PCM-Daten

Packetization: Einbinden der DSP-Frames in Datenpakete

Playout (Dejitter) Buffer: Ausgleich der Delay-Variation

Verzögerungen, die bei der Übertragung der Sprachinformation auftreten:

Processing Delay	fest	Verzögerung durch Codec und Packetization, algorithmusabhängig
Serialization Delay	fest	abhängig von der Übertragungsrate des Interface
Propagation Delay	fest	6 µSek pro km
Queueing Delay	variabel	systemspezifisch
Playout Buffer	variabel	2 x Processing Delay

27.1 Serialization und Fragmentation Delay

Serialization Delay

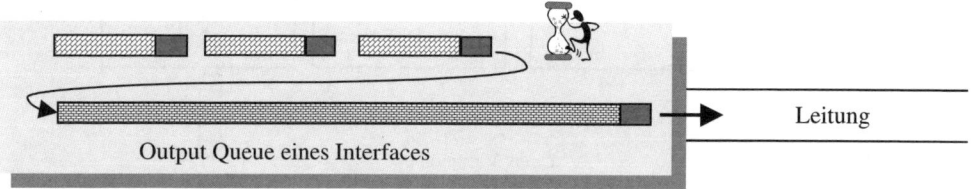

Je nach der Übertragungsrate der Schnittstelle kann es zu erheblichen Verzögerungen kommen, wenn in der Output Queue vor den Sprachdaten ein größeres Datenpaket zur Übertragung ansteht:

	64 Byte	512 Byte	1024 Byte	1500 Byte
64 Kbit/s	8 ms	64 ms	128 ms	188 ms
128 Kbit/s	4 ms	32 ms	64 ms	94 ms
2 Mbit/s	25 µSek	2 ms	4 ms	6 ms
10 Mbit/s	5 µSek	410 µSek	820 µSek	1,2 ms

Fragmentation Delay

Um auch bei langsameren Verbindungen noch eine akzeptable Verzögerung zu gewährleisten, muss eine Fragmentierung größerer Datenpakete erfolgen. Die jeweilige Implementierung ist abhängig von dem unterliegenden Netzwerk (z.B. für Frame-Relay nach FRF.12).

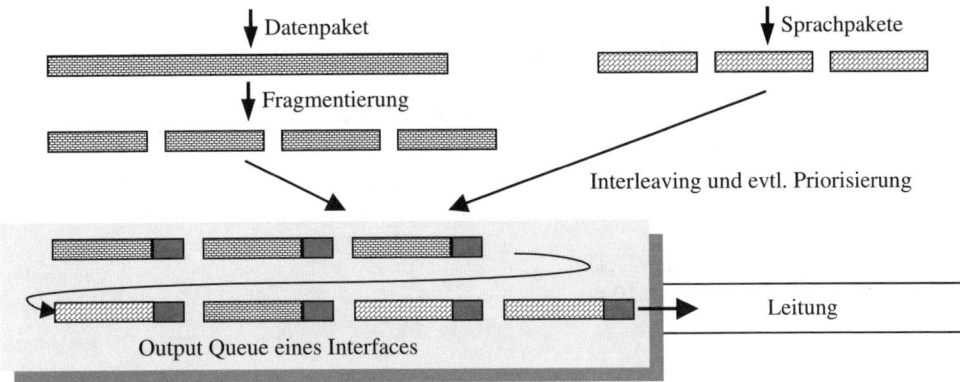

Berechnung der maximalen Fragmentgröße für eine gegebene Verzögerung:

$$\text{Fragmentgröße} = \frac{\text{Leitungsgeschwindigkeit}}{8} \times \text{Verzögerung}$$

Beispiel für die Fragmentgröße bei einer angestrebten maximalen Verzögerung durch die Serialization von 10 Millisekunden:

Geschwindigkeit	Größe eines Fragments
64 Kbit/s	80 Byte
128 Kbit/s	160 Byte
256 Kbit/s	320 Byte
512 Kbit/s	640 Byte
768 Kbit/s	960 Byte
1024 Kbit/s	1280 Byte

27.2 Berechnung eines Delay Budget

In diesem Beispiel wird das Delay Budget für VoIP mit Compressed RTP berechnet.

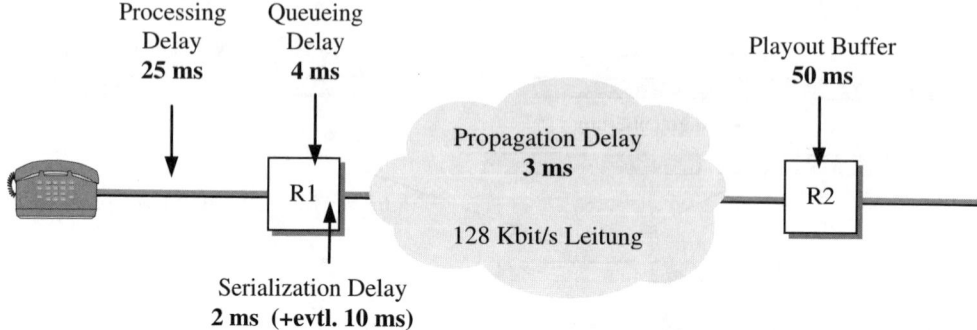

Art der Verzögerung	fest	variabel
Processing Delay (G.729 mit 2 DSP-Frames in einem Datenpaket)	25 ms	
Queueing Delay (128 Kbit/s Verbindung)		4 ms
Serialization Delay (22 Byte = 2 x G.729 Pakete + CRTP)	2 ms	
Evtl. Verzögerung durch anderes Paket (160 Byte Fragment)		10 ms
Propagation Delay (500 km Strecke)	3 ms	
Playout Buffer (2 x Processing Delay)		50 ms
Gesamt		94 ms

27.3   VoATM – Voice over ATM

Das ATM-Forum hat für den Bereich *Voice and Telephony over ATM* (VTOA) mehrere Standards definiert (*http://wwww.atmforum.com/atmforum/specs/approved*):

● AAL1 und CBR Servicekategorie

> af-vtoa-0078   Circuit Emulation Services (CES)
> af-vtoa-0083   Voice and Telephony Over ATM to the Desktop Specification
> af-vtoa-0085   Dynamic Bandwith Utilization in 64 Kbps Time Slot Trunking Over ATM using CES
> af-vtoa-0089   ATM Trunking using AAL1 for narrowband services

● AAL2 und VBR Servicekategorie

> af-vtoa-0113   ATM Trunking using AAL2 for Narrowband Services

● AAL5 und UBR / ABR Servicekategorie

> af-vtoa-0083   Voice and Telephony Over ATM to the Desktop Specification

Circuit Emulation Services (CES)

Bei CES werden unkomprimierte Sprachkanäle mit einer konstanten Bitrate über ein ATM-Netzwerk übertragen. Zur Sicherstellung der Qualität der Sprachübertragung stehen die ATM-Parameter PCR, CDV und maxCTD zur Verfügung (siehe auch Kapitel »ATM Traffic Management«).

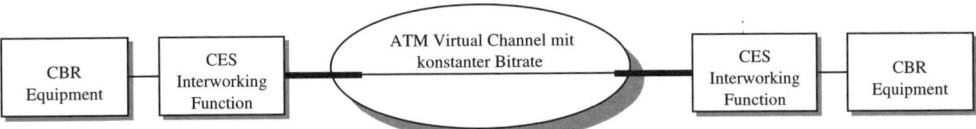

Als CBR-Interfaces für eine CES Interworking Function (IWF) sind in der Spezifikation folgende Schnittstellen definiert:

● Structured DS1-, E1- oder J2-Nx64Kbps-Kanäle

Es wird eine Fractional-DS1, E1 oder J2 Verbindung emuliert und nur die jeweils aktiven 64 Kbps Kanäle übertragen. Eine weitere Verbesserung der Auslastung der Bandbreite kann über die *Dynamic Bandwidth Utilization*-Spezifikation erfolgen. Dabei werden inaktive Timeslots innerhalb einer DS1- oder E1-Verbindung anderen Benutzern zur Verfügung gestellt.

● Unstructured DS1, E1, J2 bzw. DS3 und E3

Unstructured Services ermöglichen die transparente Übertragung eines kompletten Datenstroms und bilden im Prinzip eine Standleitung über ATM nach. Die IWFs reservieren also immer die volle Bandbreite der CBR-Schnittstelle für die ATM-Übertragung.

Voice and Telephony Over ATM to the Desktop Specification

Diese Spezifikation beschreibt die für eine Sprachverbindung zwischen einem ATM-Terminal und einem Endgerät notwendigen Funktionen. Als mögliche ATM Adaption Layer sind AAL1 oder AAL5 (mit einer max. Nutzdatenlänge von 40 Octets) definiert. Folgende Signalisierungsprotokolle werden auf der N-ISDN-Seite unterstützt:

- Öffentliche N-ISDN-Netzwerke: Q.931   (DSS1)

- Private N-ISDN-Netzwerke: QSIG   (PSS1)

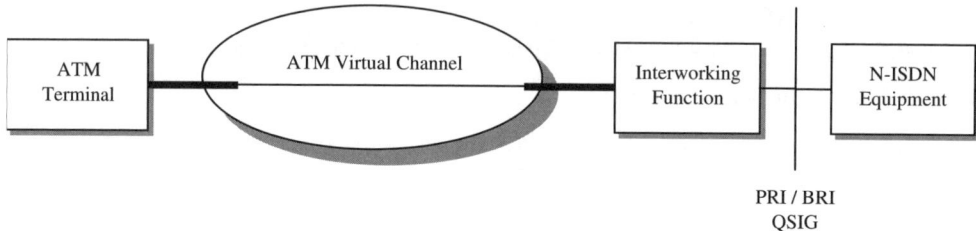

- ATM Terminal

  Spezifiziert ist nur die Übertragung eines einzelnen, unkomprimierten 64-Kbps-Sprachkanals (G.711 A-law oder μ-law) über einen zugehörigen VCC, andere Codecs sind nicht definiert.

- Interworking Function (IWF)

  Die IWF ist für die Umsetzung des Sprachverkehrs zwischen dem ATM und dem N-ISDN-Netzwerk verantwortlich. Sie ordnet bei jedem Anruf dynamisch einem ISDN-Kanal einen ATM-VCC zu und setzt die ATM-Signalisierungsinformation in die entsprechende N-ISDN-Signalisierung um:

  - Öffentliche N-ISDN-Netzwerke: DSS2 (Q.2931, UNI 4.0) ⇔ DSS1 (Q.931)

  - Private N-ISDN-Netzwerke: DSS2 (Q.2931, UNI 4.0) bzw. PNNI ⇔ PSS1 (QSIG)

ATM Trunking using AAL1 for Narrowband Services

Diese Spezifikation erlaubt die Verbindung von zwei N-ISDN-Endgeräten über einen ATM-Trunk. Als Trunk werden ATM Virtual Channels bezeichnet, die eine Anzahl von 64-Kbps-Kanälen und die dazugehörige Signalisierung zwischen zwei IWFs übertragen. Als N-ISDN-Signalisierung sind DSS1 (Q.931) und PSS1 (QSIG) unterstützt

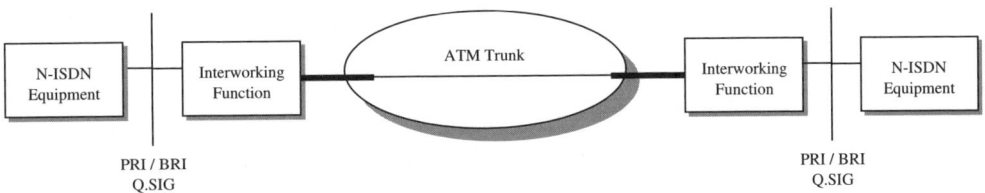

- Interworking Function (IWF)

  Die IWF terminiert die Signalisierung des N-ISDN-Netzwerks, leitet den 64-Kbps-Kanal über einen Virtual Channel zur Ziel-IWF und gewährleistet eine transparente Übertragung von Service-Informationen (z.B. die zu wählende Rufnummer).

- IWF – IWF-Signalisierung

  Als Signalisierungsprotokolle zwischen den IWFs sollte das gleiche Protokoll wie zwischen der IWF und dem N-ISDN-Netzwerk verwendet werden:

  - DSS1   (Q.931)

  - PSS1   (QSIG)

  - CAS   (Channel Associated Signaling)

  Die IWFs übertragen DSS1- oder PSS1-Signalisierungsnachrichten als »SSCF / SSCOP / AAL5«-Zellstrom über eine separate ATM-Verbindung (d.h. Out-of-Band-Signalisierung).

  Bei CAS werden die Signalisierungsinformationen über den gleichen ATM-VC übertragen wie der eigentliche Sprachkanal. Die Umsetzung der Informationen erfolgt nach der CES-Spezifikation über DTMF- und ABCD-Bit-Mapping (d.h. In-Band-Signalisierung).

ATM Trunking Using AAL2 for Narrowband Services

Diese Spezifikation unterstützt als einzige die Übertragung sowohl von komprimierter Sprache als auch von Silence-Suppression-Techniken. Sie ermöglicht dadurch eine wesentlich bessere Auslastung des ATM-Netzwerks.

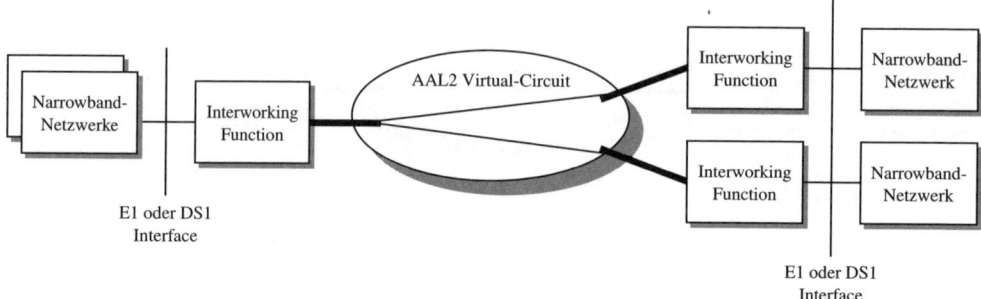

- Interworking Function (IWF)

  Die IWF ist für die Umsetzung der Informationen (Sprache, Fax oder Daten) zwischen den angeschlossenen Narrowband-Netzwerken und dem ATM-Netzwerk zuständig.

- IWF – IWF-Signalisierung

  Die Weitergabe der Narrowband-Signalisierungsinformation kann über AAL2 oder AAL5 erfolgen. Es werden dabei folgende Protokolle unterstützt:

  1. Channel Associated Signaling (CAS)

     - AB- oder ABCD-Signalisierung nach G.704

     - DTMF

     - Je nach Anwendung auch andere CAS-Verfahren

  2. Common Channel Signaling (CSS)

     - N-ISDN DSS1 (Q.931) und PSS1 (QSIG)

     - DPNSS7

     - Je nach Anwendung auch andere CCS-Verfahren

27.3.1 Cisco-Konfiguration: VoATM

Die VoATM-Implementation auf dem MC3810-Router basiert auf einem proprietären Ansatz und verwendet AAL5-Pakete für die Übertragung komprimierter Sprache.

● nur auf dem MC3810-Router implementiert

● ab der Version V12.0(5)XK werden auch ATM SVCs unterstützt, sonst nur ATM PVCs

ATM Header	Cisco	FRF.11 Header	Sprachdaten	Padding
5 Octets	1 Octet	3 Octets	30 Octets	14 Octets

Beispiel für die VoATM-Konfiguration auf einem Cisco MC3810

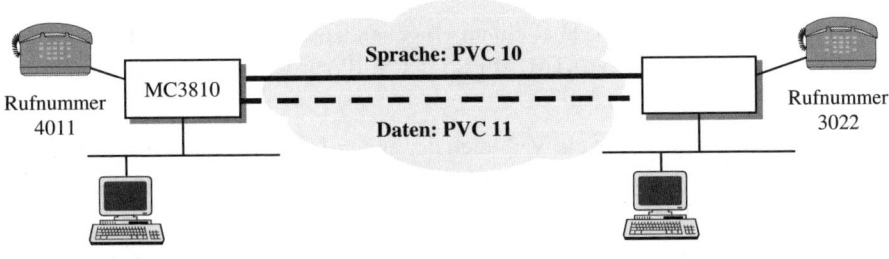

● ATM-Konfiguration (IOS V11.3)

```
controller E1 0
!
interface Serial2
   ip address 10.0.2.2 255.255.255.0
   encapsulation atm
   map-group ip
   atm enable-payload-scrambling
   atm pvc 10 10 100 aal5voice 384 192 48
   atm pvc 11 10 101 aal5snap inarp
!
map-list ip
   ip 10.0.2.1 atm-vc 11
```

ATM-PVC für Sprachübertragung mit VBR Parameter für PCR, SCR und MBS

ATM-PVC für Datenübertragung

● Voice Ports und Dial Peers

```
voice-port 1/1
   cptone germany
!
dial-peer voice 1 pots
   destination-pattern 4011
   port 1/1
!
dial-peer voice 30 voatm
   destination-pattern 30..
   session target Serial2 10
```

Analoger Anschluss am Router

PVC-Descriptor 10 für Sprachübertragung

- Änderung der Kommandos ab IOS V12.0

  controller E1 0 ⟋ erzeugt automatisch ein Interface ATM0, das statt des

  mode atm   Serial2-Interfaces für ATM konfiguriert wird

  !
  interface atm0
    pvc 10 10/100
      encapsulation aal5mux voice
      vbr-rt 384 192 48
  !
  dial-peer voice 30 voatm
   destination-pattern 30..
   session target atm0 10

Auswahl des Dial Peer und Weiterleiten des Anrufs

Die Regeln, nach denen der Router bei einem eingehenden Anruf den Dial Peer auswählt, sind unabhängig davon, ob man VoATM, VoFR oder VoIP zur Übertragung der Sprachdaten einsetzt.

- Bei einem Anruf erfolgt zuerst ein Vergleich der angerufenen Nummer (*Called Number*) mit den Destination-Pattern der Dial Peers. Der erste Dial Peer mit einem passenden Eintrag wird dann benutzt, um den Anruf weiterzuleiten.

- Handelt es sich dabei um einen POTS Dial Peer, leitet der Router den Anruf an den spezifizierten Voice Port weiter. Bei VoATM, VoFR oder VoIP Dial Peers läuft der Anruf über die durch den Session-Target definierte Datenverbindung.

- Bei POTS Dial Peers entfernt das Gateway vor dem Anruf alle im Destination-Pattern angegebenen Ziffern aus der Rufnummer und hängt gleichzeitig einen evtl. definierten *Prefix* davor. Dadurch erzeugt das Gateway eine neue Rufnummer, die es anschließend anwählt.

- Falls alle Ziffern aus der Rufnummer entfernt wurden, erhält der Anrufer einen Wählton, um eine zweite Nummer anzugeben. Diese Nummer benutzt das Gateway anschließend für den neuen Anruf.

Folgende Sonderzeichen sind bei der Definition des Destination-Patterns erlaubt:

t Es handelt sich um eine Rufnummer mit variabler Länge. In diesem Fall wartet das Gateway, bis der Interdigit-Timeout abgelaufen ist. Erst dann erfolgt die Überprüfung der Rufnummern mit dem Destination-Pattern.

. Der Punkt ist ein Platzhalter für eine einzelne Ziffer. Der Eintrag 955.. z.B. passt auf alle fünfstelligen Rufnummern wie 95551, 95571.

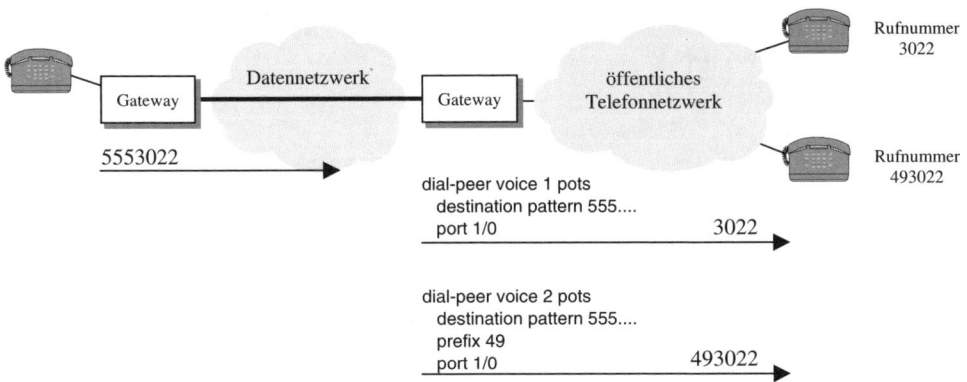

VoATM-Informationen anzeigen

● Dial-Peer-Informationen

show dial-peer voice summary

```
TAG TYPE   ADMIN OPER PREFIX  DEST-PATTERN  PREF SESS-TARGET  PORT
  1 pots   up    up           4011          0                 1/1
 30 voatm  up    up           30..          0    Serial2:10
```

show dial-peer voice 30

```
VoiceOverATMPeer30
    tag = 30, destination-pattern = `30..',
    Admin state is up, Operation state is up
    type = voatm, session-target = `Serial2 10',
```

● ATM-Informationen

show interface s2

```
Serial2 is up, line protocol is up
  Hardware is QUICC Atom1
  Internet address is 10.0.2.2/24
  MTU 1500 bytes, sub MTU 1500, BW 1920 Kbit, DLY 20000 usec,
                          rely 255/255, load 1/255
  Encapsulation ATM, loopback not set, keepalive not supported
  DTR is pulsed for 12425 seconds on reset, Restart-Delay is 12425 secs
  Encapsulation(s):, PVC mode
  1024 maximum active VCs, 1024 VCs per VP, 2 current VCCs
  VC idle disconnect time: 300 seconds
  Last input 00:02:03, output 00:07:37, output hang never
  Last clearing of "show interface" counters never
  Queueing strategy: fifo
  Output queue 0/40, 0 drops; input queue 0/75, 0 drops
  5 minute input rate 0 bits/sec, 0 packets/sec
  5 minute output rate 0 bits/sec, 0 packets/sec
     219 packets input, 7438 bytes, 0 no buffer
     Received 3 broadcasts, 0 runts, 0 giants, 0 throttles
     5 input errors, 0 CRC, 5 frame, 0 overrun, 0 ignored, 0 abort
     151 packets output, 5063 bytes, 0 underruns
     0 output errors, 0 collisions, 3 interface resets
```

show atm map

```
Map list ip : PERMANENT
ip 10.0.2.1 maps to VC 11
```

show atm vc

```
                              AAL /           Peak  Avg.  Burst
Interface  VCD  VPI  VCI Type Encapsulation   Kbps  Kbps  Cells Status
2          10   10   100 PVC  AAL5-VOICE       384   192     48 ACT
2          11   10   101 PVC  AAL5-SNAP          0     0      0 ACT
```

show atm vc 10

```
Serial2: VCD: 10,VPI: 10,VCI: 100,etype:0xC,AAL5-VOICE, Flags: 0x39
PeakRate: 384, Average Rate: 192, Burst Cells: 48, VCmode: 0x0
OAM DISABLED, InARP DISABLED
InPkts: 578, OutPkts: 612, InBytes: 18641, OutBytes: 19719
InPRoc: 0, OutPRoc: 0, Broadcasts: 0
InFast: 0, OutFast: 0, InAS: 0, OutAS: 0
OAM F5 cells sent: 0, OAM cells received: 0
Status: ACTIVE
```

show atm vc 11

```
Serial2: VCD: 11,VPI: 10,VCI: 101,etype:0x0,AAL5-LLC/SNAP, Flags: 0xC30
PeakRate: 0, Average Rate: 0, Burst Cells: 0, VCmode: 0x0
OAM DISABLED, InARP frequency: 15 minute(s)
InPkts: 5, OutPkts: 5, InBytes: 540, OutBytes: 540
InPRoc: 5, OutPRoc: 5, Broadcasts: 0
InFast: 0, OutFast: 0, InA
```

27.4 VoFR – Voice over Frame Relay

Die Implementation Agreements des Frame-Relay-Forums (*http://www.frforum.com/*) beschreiben eine standardisierte Möglichkeit zur Übertragung von digitalisierter Sprache über ein Frame-Relay-Netzwerk.

● FRF.11 Voice over Frame-Relay Implementation Agreement

● FRF.12 Frame-Relay Fragmentation Implementation Agreement

FRF.11 unterstützt folgende Merkmale:

● Übertragung von komprimierter Sprache als Frame-Relay-Nutzdaten

● Diverse Komprimierungsalgorithmen

● Multiplexing von bis zu 255 Subkanälen über einen einzelnen Frame-Relay-DLCI

● Mehrere Sprachinformationen aus unterschiedlichen Subkanälen in einem Paket

● Daten-Subkanäle über einen gemultiplexten Frame Relay DLCI

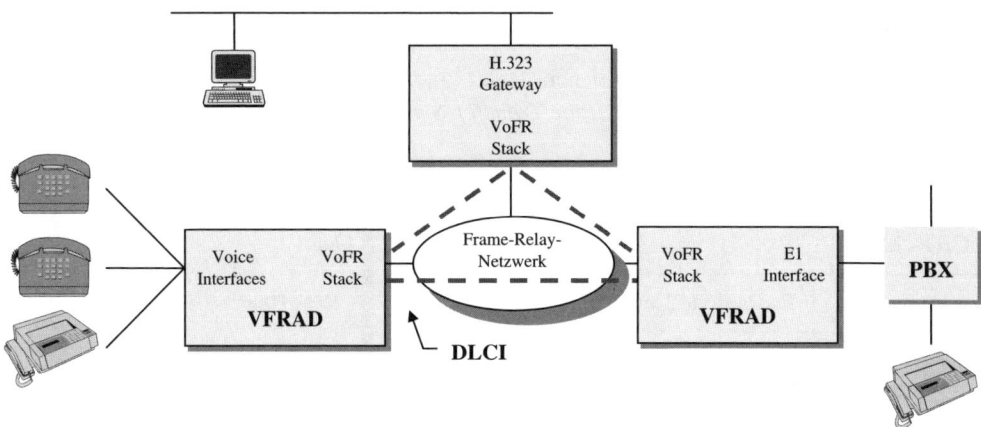

VFRAD (Voice Frame-Relay Access Device)

VFRADs bilden die Schnittstelle zwischen dem Frame-Relay und dem Sprachnetzwerk. Ein VFRAD kann zwischen einer Nebenstellenanlage und dem Frame-Relay-Netzwerk geschaltet sein oder direkt in Systemen integriert werden, die Sprachapplikationen unterstützen.

Da die Sprach- und Datenpakete in der Regel die gleiche physikalische Schnittstelle verwenden, kann es wie bereits beschrieben bei der Übertragung eines größeren Datenpakets zu relativ hohen Verzögerungen kommen.

FRF.12 bietet deshalb eine Möglichkeit, große Datenpakete in mehrere kleinere Pakete zu fragmentieren und damit die Verzögerung bei der Übertragung von Sprachpaketen zu verringern.

VoFR Multiplexing

FRF.11 ermöglicht die Zusammenfassung von mehreren Sprach-, Fax- oder Datenpaketen in ein einzelnes Frame-Relay-Paket. Die zur Trennung der Nutzinformationen benutzten Sub-Frames enthalten einen zusätzlichen Header.

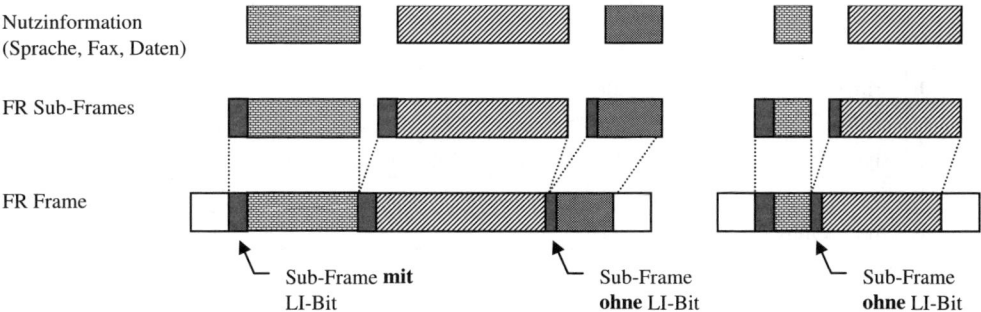

FRF.11-Frame-Format

Für die Übertragung der verschiedenen Nutz- und Kontrollinformationen definiert der FRF.11-Standard jeweils eine spezifische *Transfer-Syntax*.

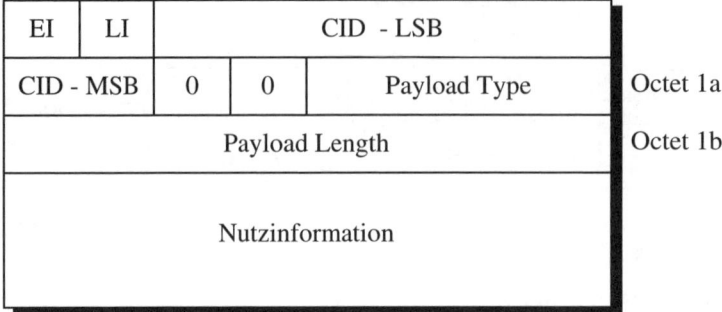

- EI (Extension Indication)

  Dieses Bit wird gesetzt, wenn der Wert des CID größer als 63 ist oder der Payload Type definiert werden muss (dadurch ist das Octet 1a im Sub-Frame enthalten).

  Ist das Extension Indication Bit nicht gesetzt, verwendet jede Transfer-Syntax implizit den Payload Type Null.

- LI (Length Indication)

  Das LI-Bit des letzten Sub-Frames eines Frame-Relay-Pakets wird immer gelöscht. Daher ist in diesem Sub-Frame kein Payload-Length-Feld enthalten.

  In allen vorhergehenden Sub-Frames ist das Length Indication Bit aber gesetzt und über das Octet 1b wird die Länge des Sub-Frames spezifiziert.

- CID (Sub-Channel Indication)

  Identifikation des Subkanals, zu dem dieses Sub-Frame gehört. Ist das EI-Bit nicht gesetzt, haben die beiden MSB-Bits implizit einen Wert von Null.

- Payload Type

0	Primary Paylod Transfer Syntax
1	Dialed Digit Transfer Syntax (Informationen über die gewählte Rufnummer, z.B. DTMF)
2	Signalling Bit Transfer Syntax (z.B. für CAS-Signalisierungsbits oder CCS-Nachrichten)
3	Fax Relay Transfer Syntax
4	Silence Information Descriptor

Die Primary Payload Transfer Syntax wird für die Übertragung von komprimierter Sprache (CS-ACELP G.729 oder G.729A sind unterstützt), von analogen Fax- oder Modem-Informationen und von normalen Daten eingesetzt.

● Payload Length

Länge der Nutzinformation, die dem Sub-Frame Header folgt.

27.4.1 Cisco-Konfiguration: VoFR

Ab der Version V11.3(1)MA ist eine Cisco-proprietäre Version der FRF.11-Spezifikation auf dem MC3810 implementiert. Seit der Version V12.0(4)T unterstützen sowohl der MC3810 als auch die 2600-, 3600- und 7200-Router die normalen FRF.11- und FRF.12-Standards

Bis zur Version V12.0(4)T bindet der MC3810 zusätzlich zu dem FRF.11 Header noch ein weiteres Octet an Informationen in das Frame-Relay-Paket ein.

In den älteren Versionen verwendet der MC3810 außerdem noch einen properitären Mechanismus für die Segmentierung der über die Frame-Relay-Verbindung zu sendenden Datenpakete.

Frame-Relay-Fragmentation

● End-to-End FRF.12 Fragmentation

Sollte man dann einsetzen, wenn über die anderen PVCs, die über den gleichen Anschluss laufen, Sprachdaten übertragen werden. Der Router fügt hierbei einen FRF.12 Header nur in die Pakete ein, die größer als die konfigurierte Fragment Size sind.

```
map-class frame-relay frf12
    frame-relay fragment size
!
interface name1                    Class gilt für alle DLCIs des Interface
    frame-relay class frf12
    frame-relay interface-dlci #
!
interface name2
    frame-relay interface-dlci #
        class frf12
                              Class gilt nur für einen DLCI
```

● Frame-Relay Fragmentation nach FRF.11 Anhang C

Diese Art der Fragmentierung wird nur von den 2600- und 3600-Routern unterstützt (bzw. auf dem MC3810 für VoFR-Trunk-Verbindungen). Bei FRF.11-Anhang-C-Segmentierung enthalten alle Datenpakete – unabhängig von ihrer Größe – einen FRF.11 Header. Aus diesem Grund sollte sie nicht für VoIP-Verbindungen eingesetzt werden.

interface *name*
   frame-relay interface-dlci #   CID = Sub-Channel Indication
     vofr [data *cid*] [call-control *cid*]

● Cisco-proprietäre Voice Encapsulation und Segmentierung

Eingesetzt auf PVCs zu einem MC3810, die für die gleichzeitige Übertragung von Daten- und Sprachpaketen benutzt werden. Die Daten-Frames verwenden automatisch die CID 4 und die Call-Control-Informationen die CID 5.

  ● Weighted Fair Queueing (2600, 3600, 7200 ab V12.0(4)T und MC3810 ab V12.0(3)XG)

   interface *name*
     frame-relay interface-dlci #
       class *name*
       vofr cisco

   map-class frame-relay *name*
     frame-relay fragment *size*

  ● Fifo Queueing (MC3810 ab V11.3(1)MA)

   interface *name*
     frame-relay interface-dlci # **voice-encap** *size*

Empfohlene Fragmentgröße für unterschiedliche Geschwindigkeiten

(basiert auf einer maximalen Verzögerung durch die Serialization von 10 Millisekunden)

Geschwindigkeit	Fragmentgröße
64 kbps	80 Byte
128 kbps	160 Byte
256 kbps	320 Byte
512 kbps	640 Byte
> 1536 kbps	1600 Byte

27.4.1.1 Beispiel: VoFR auf einem Cisco MC3810

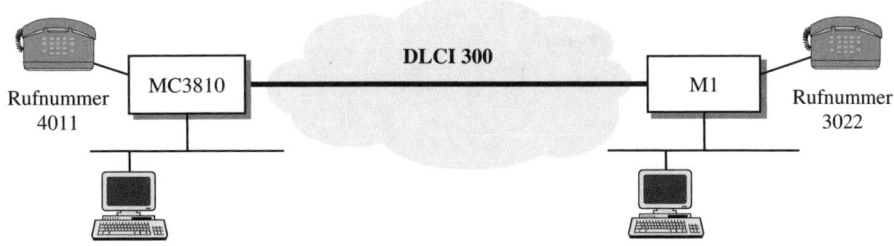

Frame-Relay-Konfiguration (IOS V11.3(1)MA)

interface Serial0
  encapsulation frame-relay
  frame-relay traffic-shaping
!
interface Serial0.1 point-to-point
  ip address 10.0.2.2 255.255.255.0
  frame-relay interface-dlci 300 **voice-encap** 80
     class FR1 ⎯⎯⎯⎤
⎯⎯⎯⎯⎯⎯⎯⎯⎯⎯⎯⎯⎯⎯⎯⎯⎯⎯↓
!
map-class frame-relay FR1
  no frame-relay adaptive-shaping
  frame-relay cir 64000

Voice Ports und Dial Peers

voice-port 1/1
  cptone germany
!
dial-peer voice 1 pots   Analoger Anschluss am Router
  destination-pattern 4011 ◄
  port 1/1
!
dial-peer voice 30 vofr
  destination-pattern 30..   Frame-Relay-DLCI für Sprachübertragung
  session target Serial0 300 ◄

VoFR-Informationen anzeigen

● Dial-Peer-Informationen

show dial-peer voice summary

```
TAG TYPE   ADMIN OPER PREFIX   DEST-PATTERN   PREF SESS-TARGET  PORT
  1 pots   up    up            4011           0                 1/1
 30 vofr   up    up            30..           0    Serial0:300
```

● Voice-Port-Informationen

show voice port

```
Voice-port1/1 Slot is 1, Port is 1
 Type of VoicePort is FXS
 Operation State is UP
 Administrative State is UP
 The Last Interface Down Failure Cause is
 Alias is NULL
 Noise Regeneration is enabled
 Non Linear Processing is enabled
 In Gain is Set to 0 dB
 Out Attenuation is Set to 0 dB
 Echo Cancellation is enabled
 Echo Cancel Coverage is set to 8 ms
 Connection Mode is normal
 Connection Number is
 Initial Time Out is set to 10 s
 Interdigit Time Out is set to 10 s
 Coder Type is g729ar8
 Companding Type is u-law
 Voice Activity Detection is disabled
 Ringing Time Out is 180 s
 Nominal Playout Delay is 80 milliseconds
 Maximum Playout Delay is 160 milliseconds
 Analog Info Follows:
 Region Tone is set for germany
 Currently processing Voice
 Maintenance Mode Set to None (not in mtc mode)
 Number of signaling protocol errors are 0
 Impedance is set to 600r Ohm

 Voice card specific Info Follows:
 Signal Type is loopStart
 Ring Frequency is 20 Hz
 Hook Status is On Hook
 Ring Active Status is inactive
 Ring Ground Status is inactive
 Tip Ground Status is active
 Digit Duration Timing is set to 100 ms
 InterDigit Duration Timing is set to 100 ms
 Ring Cadence are [10 30] [50 3] [3 40] * 100 msec
```

show voice call

```
1/1 (  ): eecm = IDLE
LFXS= idle,  CPD= idle
lss_voice = BLOCK, cps_voice = BLOCK, digit = BLOCK
```

```
TDSM: 1/2, ref_id= 8
state=  CALL_ACTIVE, dest_digit= 3011
protocol type 1, call type 0
DSO#2(orig):
src_ds0=1/2, dst_ds0=-1/-1, state=ST_ACTIVE
codec=TSG_CODING_G729A, dst_id=3011, is_voice_ready=1
connect_type=on-net, DSP-PCM-Port={(0,0), 30, (2,1)}
talk_duration=4217, seize-talk-at(531663, 533599).
```

27.4.1.2 Beispiel: VoFR-Tandem-Konfiguration

Eine VoFR-Tandem-Konfiguration ist im Moment nur auf dem MC3810 möglich.

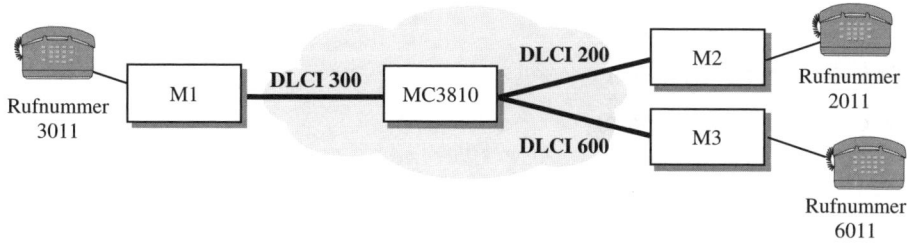

Frame-Relay-Konfiguration

controller E1 0
!
interface Serial0
  encapsulation frame-relay
  bandwidth 256
  frame-relay traffic-shaping
!
interface Serial0.1 point-to-point
  ip address 10.0.2.2 255.255.255.0
  frame-relay class fr1
  frame-relay interface-dlci 300   voice-encap 80
!
interface Serial0.2 point-to-point
  frame-relay class fr2
  frame-relay interface-dlci 600   voice-encap 80
!
interface Serial0.3 point-to-point
  frame-relay class fr2
  frame-relay interface-dlci 200   voice-encap 80
!
map-class frame-relay fr1
  no frame-relay adaptive-shaping
  frame-relay cir 64000
!
map-class frame-relay fr2
  no frame-relay adaptive-shaping
  frame-relay cir 128000

Dial-Peer-Konfiguration

```
dial-peer voice 30 vofr
  destination-pattern 30..
  session target Serial0 300
!
dial-peer voice 60 vofr
  destination-pattern 60..
  session target Serial0 600
!
dial-peer voice 20 vofr
  destination-pattern 20..
  session target Serial0 200
```

Dial-Peer-Informationen

```
# show dial-peer voice summary
  TAG TYPE   ADMIN OPER PREFIX   DEST-PATTERN   PREF SESS-TARGET   PORT
  30  vofr   up    up            30..           0    Serial0:300
  60  vofr   up    up            60..           0    Serial0:600
  20  vofr   up    up            20..           0    Serial0:200
```

27.4.1.3 Beispiel: Frame-Relay/ATM-Interworking

Der MC3810 unterstützt Frame-Relay/ATM-Interworking für Sprach- und Datennachrichten nach der FRF.5-Spezifikation.

Die Frame-Relay-Pakete werden komplett in ATM-Zellen über das ATM-Netzwerk übertragen. Das heißt, es erfolgt keine Umsetzung in das für die Sprachübertragung verwendete AAL5-Format.

Dadurch ist es notwendig, dass auf beiden Seiten der ATM-Verbindung eine Umwandlung der empfangenen Daten in ein Frame-Relay-Paket stattfindet.

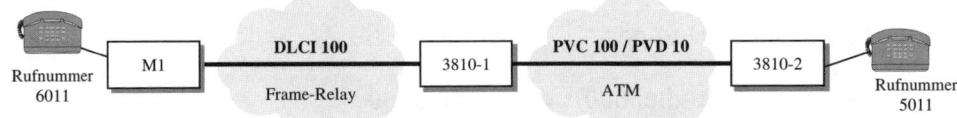

ATM-Konfiguration (IOS V11.3)

```
hostname 3810-1
!
controller E1 0
!
interface Serial2
  ip address 10.0.2.2 255.255.255.0
  encapsulation atm
  atm enable-payload-scrambling
  atm pvc 10 10 100 aal5fratm 384 192 48
  atm pvc 10 10 100 aal5fratm 384 192 48
```

```
hostname 3810-2
!
controller E1 0
!
interface Serial2
  ip address 10.0.2.1 255.255.255.0
  encapsulation atm
  atm enable-payload-scrambling
  atm pvc 10 10 100 aal5fratm 384 192 48
```

Frame-Relay – ATM-Interworking-Interface

Der für das FR-ATM-Interface eingesetzte virtuelle DLCI muss auf beiden Seiten gleich sein. Pro FR-ATM-Interface kann man aber mehrere virtuelle DLCI definieren.

Für ein FR-ATM-Interface ist jedoch nur ein ATM-PVC möglich. Es können aber bis zu 21 FR-ATM-Interfaces angelegt werden (Standardnummer ist die 20).

```
interface FR-ATM20
  encapsulation frame-relay
  frame-relay class fratm
  frame-relay inter-dlci 300 voice-encap 80
  fr-atm connect dlci 300 Serial2 10
```

```
interface FR-ATM20
  encapsulation frame-relay
  frame-relay class fratm
  frame-relay inter-dlci 300 voice-encap 80
  fr-atm connect dlci 300 Serial2 10
```

Frame-Relay-Konfiguration

```
interface Serial0
  encapsulation frame-relay
  frame-relay class fratm
!
interface Serial0.1 point-to-point
  frame-relay inter-dlci 100 voice-encap 80
!
map-class frame-relay fratm
  no frame-relay adaptive-shaping
  frame-relay cir 64000
```

Voice Ports und Dial-Peer-Konfiguration

```
dial-peer voice 60 vofr
  destination-pattern 60..
  session target Serial0 100
!
dial-peer voice 50 vofr
  destination-pattern 50..
  session target FR-ATM20 300
```

```
voice-port 1/1
  cptone germany
!
dial-peer voice 1 pots
  destination-pattern 5011
  port 1/1
!
dial-peer voice 60 vofr
  destination-pattern 60..
  session target FR-ATM20 300
```

Eine Sprachverbindung zur Rufnummer 5011 läuft erst über den DLCI 100 von M1 nach 3810-1. Dort werden die Daten über den Dial Peer »*voice 50 VoFR*« zum Interface FR.ATM20 weitergeleitet. In diesem Interface erfolgt die Umsetzung auf den ATM PVC 100 (über das *fr-atm* Kommando mit der Angabe des PVD) und die Weitergabe an 3810-2.

Interworking-Informationen

● Dial-Peer-Informationen

show dial-peer voice summary

```
TAG TYPE  ADMIN OPER PREFIX  DEST-PATTERN  PREF SESS-TARGET  PORT
 50 vofr  up    up           50..            0  FR-ATM20:300
 30 vofr  up    up           30..            0  FR-ATM20:300
```

- Frame-Relay-Informationen

show interface fr-atm20

```
FR-ATM20 is up, line protocol is up
  Hardware is FR-ATM Interworking
  MTU 1500 bytes, BW 1544 Kbit, DLY 20000 usec, rely 255/255, load 1/255
  Encapsulation FRAME-RELAY, loopback not set, keepalive not set
  Broadcast queue 0/64,broadcasts sent/dropped 0/0,interface broadcasts 0
  Last input never, output never, output hang never
  Last clearing of "show interface" counters never
  Queueing strategy: fifo
  Output queue 0/1024, 0 drops; input queue 0/75, 0 drops
  5 minute input rate 0 bits/sec, 0 packets/sec
  5 minute output rate 0 bits/sec, 0 packets/sec
     43 packets input, 258 bytes, 0 no buffer
     Received 43 broadcasts, 0 runts, 0 giants, 0 throttles
     0 input errors, 0 CRC, 0 frame, 0 overrun, 0 ignored, 0 abort
     71 packets output, 931 bytes, 0 underruns
     0 output errors, 0 collisions, 0 interface resets
     0 output buffer failures, 0 output buffers swapped out
     0 carrier transitions
```

show frame pvc

```
PVC Statistics for interface FR-ATM20 (Frame-Relay DTE)

DLCI=300, DLCI USAGE=LOCAL, PVC STATUS=STATIC, INTERFACE=FR-ATM20

   input pkts 0           output pkts 0          in bytes 0
   out bytes 0            dropped pkts 0         in FECN pkts 0
   in BECN pkts 0         out FECN pkts 0        out BECN pkts 0
   in DE pkts 0           out DE pkts 0
   out bcast pkts 0          out bcast bytes 0
   pvc create time 00:07:56, last time pvc status changed 00:07:37

PVC Statistics for interface Serial0 (Frame-Relay DTE)

DLCI=100, DLCI USAGE=LOCAL, PVC STATUS=STATIC, INTERFACE=Serial0.1

   input pkts 10          output pkts 8          in bytes 3060
   out bytes 2528         dropped pkts 8         in FECN pkts 0
   in BECN pkts 0         out FECN pkts 0        out BECN pkts 0
   in DE pkts 0           out DE pkts 0
   out bcast pkts 8          out bcast bytes 2528
   pvc create time 00:13:49, last time pvc status changed 00:02:13
```

- ATM-Informationen

show atm vc

```
                                   AAL /         Peak  Avg.  Burst
   Interface  VCD  VPI  VCI Type Encapsulation   Kbps  Kbps  Cells Status
   2           10   10  100 PVC  AAL5-VOICE       384   192    48 ACT
```

```
# show atm vc 10
Serial2: VCD: 10,VPI: 10,VCI: 100,etype:0x3,AAL5 - FRATM,Flags: 0x32
PeakRate: 384, Average Rate: 192, Burst Cells: 48, VCmode: 0x0
OAM DISABLED, InARP DISABLED
InPkts: 1918, OutPkts: 1990, InBytes: 58169, OutBytes: 58883
InPRoc: 0, OutPRoc: 0, Broadcasts: 0
InFast: 0, OutFast: 0, InAS: 0, OutAS: 0
OAM F5 cells sent: 0, OAM cells received: 0
Status: ACTIVE
```

27.5   VoIP – H.323-Implementation

Die VoIP-Implementation der ITU ist in mehreren Empfehlungen definiert:

General

H.200	Framework for Recommendations for Audiovisual Services

Systems and terminal equipment for audiovisual services

H.310	Broadband audiovisual communication systems and terminals
H.320	Narrow-band visual telephone systems and terminal equipment
H.321	Adaptation of H.320 visual telephone terminals to B-ISDN environments
H.322	Visual telephone systems and terminal equipment for LANs which provide a guaranteed QoS
H.323	Packet-based multimedia communications systems
H.323 Annex D	Real-time facsimile over H.323 systems
H.324	Terminal for low bit-rate multimedia communication
H.324 Annex F	Multilink Operation
H.331	Broadcasting type audiovisual multipoint systems and terminal equipment
H.332	H.323 extended for loosely-coupled conferences

Transmission Multiplexing and Synchronization

H.221	Frame structure for a 64 to 1920 kbit/s channel in audiovisual teleservices
H.222	Generic coding of moving pictures and associated audio information
H.222.1	Multimedia multiplex and synchronization for audiovisual communication in ATM environments
H.223	Multiplexing protocol for low bit rate multimedia communication
H.223 Annex A	Multiplexing protocol for low bit-rate multimedia mobile communication over low error-prone channels
H.223 Annex B	Multiplexing protocol for low bit rate multimedia mobile communication over moderate error-prone channels
H.223 Annex C	Multiplexing protocol for low bit rate multimedia mobile communication over highly error-prone channels
H.224	A real time control protocol for simplex application using the H.221 LSD/HSD/MLP channels
H.225	Media stream packetization and synchronization on non-guaranteed QoS LANs
H.225 Annex I	H.263+ video packetization
H.226	Channel aggregation protocol for multilink operation on circuit-switched networks

Communication Procedures

H.242	System for establishing communication between audiovisual terminals using digital channels up to 2 Mbit/s
H.243	Procedures for establishing communication between three or more audiovisual terminals using digital channels up to 1920 Kbit/s
H.244	Synchronized aggregation of multiple 64 or 56 kbit/s channels
H.245	Control protocol for multimedia communication
H.246	Interworking of H-Series multimedia terminals with H-Series multimedia terminals and voice terminals on GSTN and ISDN
H.247	Multipoint extension for broadband audiovisual communication systems and terminals

Systems Aspects

H.230	Frame-synchronous control and indication signals for audiovisual systems
H.231	Multipoint control units (MCU) for audiovisual systems using digital channels up to 1920 kbit/s
H.233	Confidentiality system for audiovisual services
H.234	Encryption key management and authentication system for audiovisual services
H.235	Security and encryption for H-Series (H.323 and other H.245 based) multimedia terminals

Supplementary Services for Multimedia

H.450.1	Generic functional protocol for the support of supplementary services in H.323
H.450.2	Call transfer supplementary service for H.323
H.450.3	Call diversion supplementary service for H.323

Data Transport

T.120	Data protocols for multimedia conferencing
T.121	Generic application template
T.122	Multipoint communication service - Service definition
T.123	Network specific data protocol stacks for multimedia conferencing
T.125	Multipoint communication service protocol specification
T.126	Multipoint still image and annotation protocol
T.127	Multipoint binary file transfer protocol
T.434	Binary file transfer format for the telematic services

Übersicht über ITU-T-Standards zur Sprachübertragung

	H.320	H.321	H.310	H.322	H.323	H.324
Netzwerk	N-ISDN	H.320 über B-ISDN ATM LAN	B-ISDN ATM LAN	Packet Switched Network mit garantierter QoS	Packet Switched Network ohne garantierte QoS	POTS
Transport	ISDN I.400	AAL I.363 PHY I.400	AAL I.363 ATM I.361 PHY I.432	TCP/IP ISDN I.400	TCP/IP	V.34 Modem
Video Codecs	H.261 H.263	H.261 H.263	MPEG-2 H.261 H.263	H.261 H.263	H.261 H.263	H.261 H.263
Audio Codecs	G.711 G.722 G.728	G.711 G.722 G.728	MPEG-2 G.711 G.722 G.728	G.711 G.722 G.723 G.728	G.711 G.722 G.728 G.723 G.729	G.723
Data Transport	T.120	T.120	T.120	T.120	T.120	T.120 T.434 T.84
Multiplexing	H.221	H.221	H.221 H.222.1	H.221	H.225	H.223
Call Control	H.230 H.242	H.242	H.245	H.230 H.242	H.245	H.245
Multipoint	H.231 H.243 H.331	H.231 H.243		H.231 H.243	H.323	
Security	H.233 H.234	H.233 H.234	H.235	H.233 H.234	H.235	H.233 H.234 H.235
Qualität	64k Schlecht 128k Basis 384k Business 512k Hoch 768k Premium	128k Basis 384k Business 512k Hoch 768k Premium	Broadcast MPEG-2 mit 8-16 Mbps	Business	Best Effort	schlecht

Transport

I.361	B-ISDN ATM Layer Specification
I.363	B-ISDN ATM Adaptation Layer (AAL) specification
I.363.1	B-ISDN ATM Adaptation: Type 1 AAL
I.363.2	B-ISDN ATM Adaptation Layer Specification: Type 2 AAL
I.363.3	B-ISDN ATM Adaptation Layer Specification: Type 3/4 AAL
I.363.5	B-ISDN ATM Adaptation Layer Specification: Type 5 AAL
I.430	Basic user-network interface - Layer 1 Specification
I.431	Primary rate user-network interface - Layer 1 specification
I.432	B-ISDN user-network interface - Physical Layer Specification

27.5.1 H.323-Komponenten

Die H.323-Empfehlung beschreibt die notwendigen Komponenten, um Multimedia-Konferenzen (mit Audio-, Video- und Dateninformation) über ein paketbasierendes Netzwerk aufzubauen.

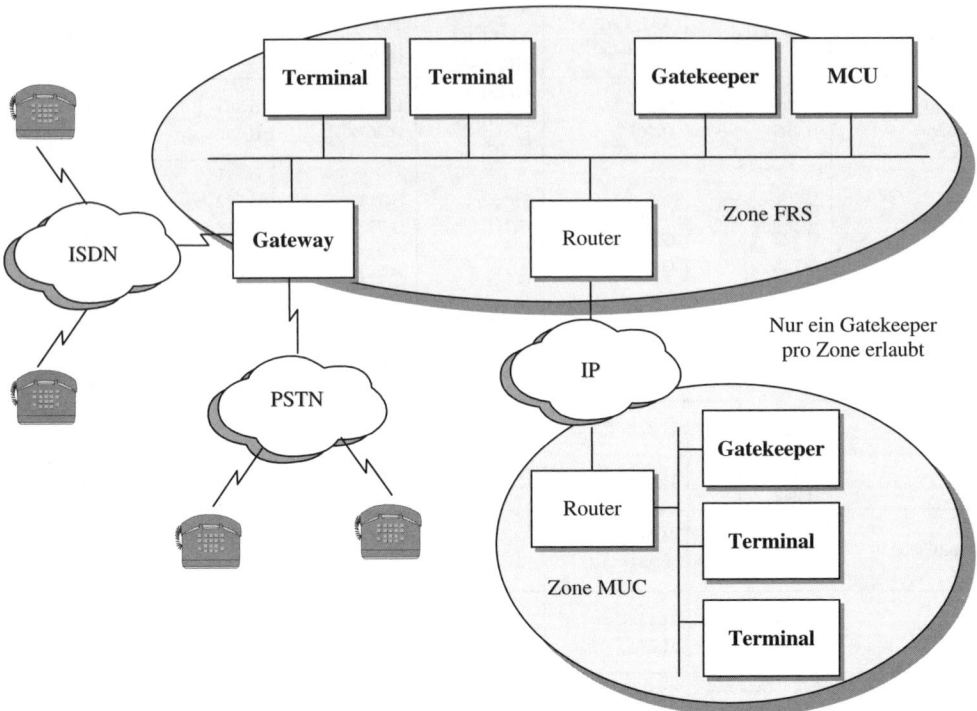

Terminal

H.323-Terminals stellen die Endpunkte der Multimedia-Konferenzen dar und bauen eine bidirektionale Verbindung mit einem anderen Terminal, Gateways oder Multipoint Control Units auf. Die Kommunikation zwischen diesen Komponenten besteht aus Kontrollinformationen sowie Audio-, Video- und Dateninformationen.

● H.323 Terminals müssen folgende Spezifikationen unterstützen:

H.245 zur Abstimmung der Audio-, Video- und Datenkanäle
H.225 zum Verbindungsaufbau und zur Signalisierung
H.225 RAS-Protokoll zur Kommunikation mit einem Gatekeeper
RTP / RTCP zur Übertragung der Audio- und Videodaten

● Folgende Komponenten sind optional:

Video Codecs
T.120 Data Conferencing
MCU-Implementation

Gateway (optional)

H.323-Gateways sind für die Umsetzung einer Konferenz zwischen den verschiedenen Arten von Netzen (z.B. normales Telefonnetz) und dem H.323-Netzwerk verantwortlich:

● Konvertierung des Übertragungsformats (z.B. zwischen H.225 und H.221)

● Konvertierung zwischen den Kommunikationsprozeduren (z.B. zwischen H.245 und H.242)

● Konvertierung zwischen den Signalisierungsprotokollen (z.B. zwischen H.225 und Q.931)

● Konvertierung zwischen den eingesetzten Audio-, Video- und Datenformaten

Gatekeeper (optional)

Ein H.323-Gatekeeper stellt den Terminals folgende Services zur Kontrolle der Multimedia-Konferenzen zur Verfügung:

● Address Translation

Umsetzung der Alias-Adresse eines Terminals oder Gateways in die zugehörige Transport-Adresse (z.B. von einer E.164-Adresse eines Terminals in dessen IP-Adresse).

● Admissions Control

Autorisierung des Netzwerkzugriffs der Terminals und Gatekeeper über H.225.0 »ARQ / ACF / ARJ«-Nachrichten.

● Bandwidth Control

Management der für die Multimedia-Konferenzen zur Verfügung stehenden Bandbreite über »BRQ / BRJ / BCF«-Nachrichten.

● Zone Management

Eine Zone besteht aus allen Terminals, Gateways und MCUs, die von einem einzelnen Gatekeeper verwaltet werden. Eine Zone besteht also immer nur aus einem Gatekeeper.

Multipoint Controller Unit   (optional)

Eine MCU ist für den Aufbau von Multipoint-Konferenzen zwischen drei oder mehr H.323-Endpunkten (Terminals oder Gateways) verantwortlich. Sie besteht aus zwei Teilen, einem Multipoint Controller und einem optionalen Multipoint-Prozessor.

● Multipoint-Konferenzen

   ● Zentralisierte Multipoint-Konferenz

     Alle Endpunkte der Multipoint-Konferenz senden ihre Audio-, Video-, Daten- und Kontrollinformationen zur MCU.

   ● Dezentralisierte Multipoint-Konferenz

     Die H.323-Endpunkte verteilen die Audio-, Video- und Dateninformation direkt zu den anderen Teilnehmern, ohne dass die MCU involviert ist. Lediglich die Kontrolle der Konferenz und der H.245 Control Channels erfolgt weiterhin zentral von der MCU.

   ● Hybrid-Multipoint-Konferenz

     Multipoint-Konferenz, in der ein Teil der Endpunkte in zentralisierter Form arbeiten und der andere Teil dezentral. Die MCU stellt in diesem Fall die Verbindung zwischen den beiden Konferenztypen dar.

● Multipoint Controller (MC) und Multipoint Processor (MP)

Über den MC erfolgt der H.245 Capability Exchange zwischen den einzelnen H.323-Endpunkten der Multipoint-Konferenz. Das heißt, die H.245 Control Channel der Endpunkte sind immer mit dem Multipoint-Controller der MCU verbunden.

Die Aufgabe des Multipoint-Prozessors besteht in der Verarbeitung der Audio-, Video- und Datenbits (z.B. die Anpassung des Bitstroms an die unterstützten Codecs der Endpunkte oder das Mixen der Audio- und Videoinformation).

27.5.2 H.323 Standards

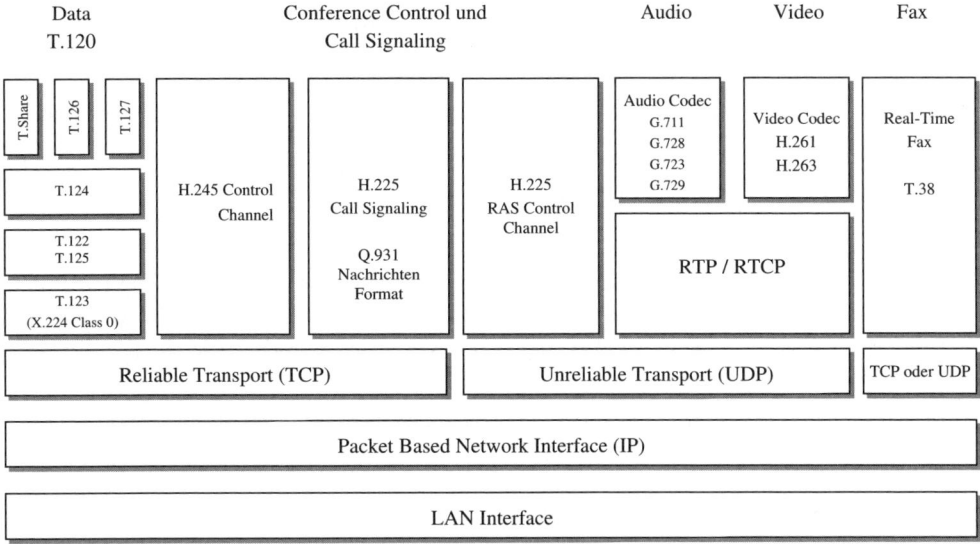

Packet Based Network Interface (PBN)

Die Implementation des PBN-Interface liegt außerhalb der H.323-Spezifikationen. Das Netzwerk selbst muss aber die in der H.225.0-Empfehlung spezifizierten Services unterstützen:

● Reliable Transport Services für den H.245 Control Channel, den H.225 Call Signaling Channel und die Übertragung des T.120-Datenkanals.

● Unreliable Transport Service für die Audio- und Videokanäle sowie für den H.225 RAS Control Channel.

27.5.2.1 H.225 Recommendation

Die H.225-Empfehlung beschreibt die für den Transport der Audio-, Video-, Daten- und Kontrollinformationen notwendigen Protokolle und Nachrichtenformate.

H.225-RAS-Protokoll

Das RAS-Protokoll (Registration/Admissions/Status) wird zur Registrierung, Zugangskontrolle, Bandbreitenverwaltung und zum Austausch von Statusinformationen zwischen den H.323-Endpunkten und dem Gatekeeper eingesetzt.

● H.225 RAS Control Channel

Sofern in einem H.323-Netzwerk ein Gatekeeper existiert, muss von den Endpunkten immer zuerst der RAS Control Channel aufgebaut werden.

- UDP-Port des Gatekeeper für den RAS Control Channel   1719
- UDP-Port des Endpunkts für den RAS Control Channel   dynamisch

Die Endpunkte tauschen über den RAS Control Channel folgende verschiedene Nachrichtentypen mit dem Gatekeeper aus.

● Gatekeeper Discovery

Die Endpunkte ermitteln den Gatekeeper ihrer H.323-Zone über eine *GRQ*-Nachricht (*Gatekeeper Request*). Der Gatekeeper antwortet entweder mit einem *GCF* (*Gatekeeper Confirm*) und erlaubt dem Endpunkt damit die Registrierung oder er lehnt sie mit einem *GRJ* (*Gatekeeper Reject*) ab.

- Multicast-Adresse für die Gatekeeper Discovery   224.0.1.41
- UDP-Port des Gatekeeper für die Discovery   1718

● Gatekeeper Registration und Unregistration

Die Registrierung der H.323-Endpunkte auf dem Gatekeeper erfolgt durch *RRQ*-Nachrichten (*Registration Request*), die Deregistrierung über *URQ*-Pakete (*Unregistration Request*).

● Gatekeeper Admission Requests

Um auf das H.323-Netzwerk zugreifen zu können, fragen die Endpunkte mit *ARQ*-Nachrichten (*Admission Request*) beim Gatekeeper nach, ob dieser den Zugriff erlaubt oder nicht. Im ersten Fall sendet er ein *ACF* (*Admission Confirm*) zurück, im zweiten Fall eine *ARJ* (*Admission Reject*).

● Location Requests

Die Umwandlung einer H.323-Adresse (z.B. die E.164-Nummer des Endpunkts) zu einer Transport-Adresse erfolgt über eine *LRQ*-Anfrage (*Location Request*). Der Gatekeeper antwortet entweder mit einer *LCF*-Nachricht (*Location Confirm*), die die Transportadresse enthält oder er lehnt die Anfrage mit einem *LRJ* (*Location Reject*) ab.

● Bandwidth Requests

Die Endpunkte können über den *BRQ* (*Bandwidth Request*) eine andere Bandbreite für den Netzwerkzugang anfordern. Dies kann der Gatekeeper entweder mit einer *BCF*-Nachricht (*Bandwidth Confirm*) annehmen oder mit einem *BRJ* (*Bandwidth Reject*) ablehnen.

● Status Requests

Über einen *IRQ* (*Info Request*) fordert der Gatekeeper Statusinformationen von einem Endpunkt an, die dieser als *IRR* (*Information Response*) zurücksendet. Falls in der ACF-Nachricht definiert, kann der Endpunkt auch periodisch IRRs an den Gatekeeper senden.

H.225 Call Signaling Channel

Der Call Signaling Channel dient zum Austausch von Signalisierungsinformationen, um den Aufbau einer Multimedia-Sitzung zu initiieren. Das H.225-Protokoll setzt dazu eine verkleinerte Version der ISDN Q.931-Signalisierung ein.

● Netzwerke ohne Gatekeeper

Die Signalisierungsnachrichten werden direkt zwischen den beiden Endpunkten (Terminals, MCUs oder Gateways) der Verbindung ausgetauscht. In solchen Netzen muss der anrufende Endpunkt die Transportadresse des Call Signaling Channels das Zielsystem kennen.

  ● Well-known TCP Port für den Call Signaling Channel auf den Endpunkten: 1720

● Netzwerke mit Gatekeeper

Während des Austauschs der RAS-Admission-Nachrichten gibt der Gatekeeper vor, ob die Signalisierung direkt zu dem anderen Endpunkt oder über den Gatekeeper erfolgen soll (das sog. Call Model).

Die Admission-Confirm-Nachricht des Gatekeeper enthält außer der Information über das Call Model auch noch die Transportadresse des Call Signaling Channel der Gegenseite.

27.5.2.2 H.245 Recommendation

Das H.245-Protokoll dient hauptsächlich zum Auf- bzw. Abbau der für die Übertragung der einzelnen Media-Streams notwendigen RTP/RTCP-Verbindungen. Daneben benutzen die Endpunkte einer Konferenz das H.245-Protokoll, um sich gegenseitig zu informieren, welche Funktionen sie unterstützen (sog. *Capabilities* wie z.B. die verwendeten Audio-Codecs und ob Video- oder Datenkommunikation möglich ist).

Funktionen, die über das H.245-Protokoll gesteuert werden:

● Capability-Exchange

● Master-Slave Determination

● Auf- und Abbau von logischen Kanälen

● Mode Preference Requests

● Flow-Control-Nachrichten

● Bestimmung des Round Trip Delay

● Maintenance Loops

● General Commands und Indications

H.245 Control Channel

Die Endpunkte bauen für jede aktive Konferenz, an der sie beteiligt sind, genau einen H.245 Control Channel auf. Der Control Channel wird über den logischen Kanal Null übertragen und ist so lange offen, wie der Endpunkt an der Konferenz teilnimmt.

H.245 Logical Channels

Für die eigentliche Übertragung des Media-Stream aus den Audio-, Video- und Dateninformationen erzeugt das H.245-Protokoll entsprechende logische Kanäle, die in der Regel unidirektional sind. Über die *»Bidirectiona Open Logical Channel«*-Prozedur kann ein Kanal, aber auch für eine bidirektionale Kommunikation benutzt werden.

27.5.2.3 Übersicht über die Signalisierungs-, Kontroll- und Informationskanäle

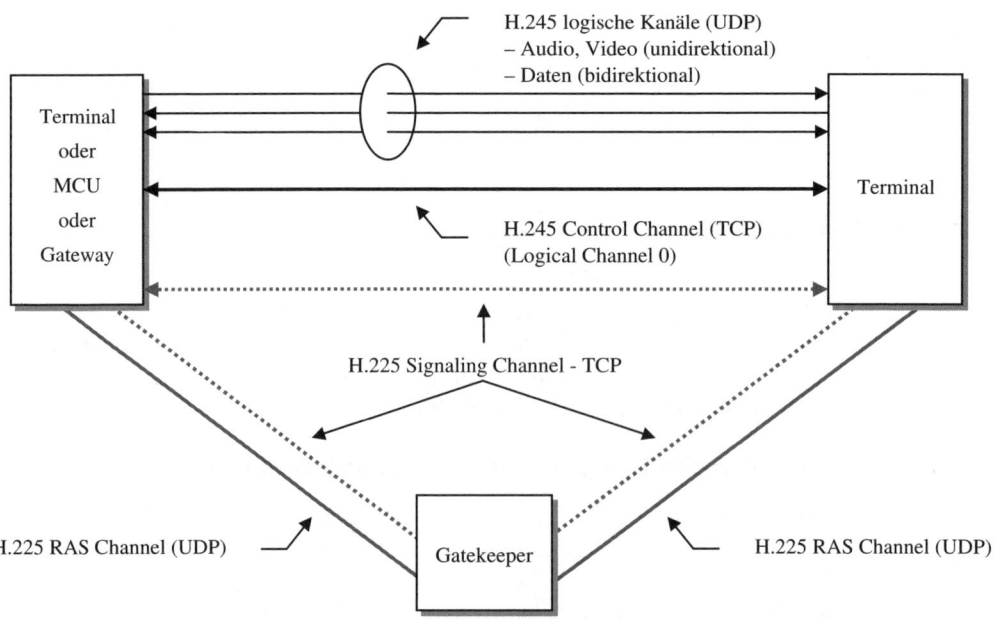

Gatekeeper

UDP-Discovery Multicast-Adresse		224.0.1.41
Gatekeeper Discovery Port	UDP	1718
H.225 RAS Control Channel	UDP	1719
H.225 Call Signaling Channel	TCP	dynamisch

Endpunkte

H.225 RAS Control Channel	UDP	dynamisch
H.225 Call Signaling Channel	TCP	1720 oder dynamisch
RTP Audio und Video-Channels	UDP	dynamisch (gerade Portnummer)
Zugehörige RTCP-Channels	UDP	dynamisch (nächst höhere ungerade Portnummer)
H.245 Control Channel	TCP	dynamisch
T.120 Data	TCP	1503 oder dynamisch

27.5.3 Protokoll einer H.323-Audioverbindung

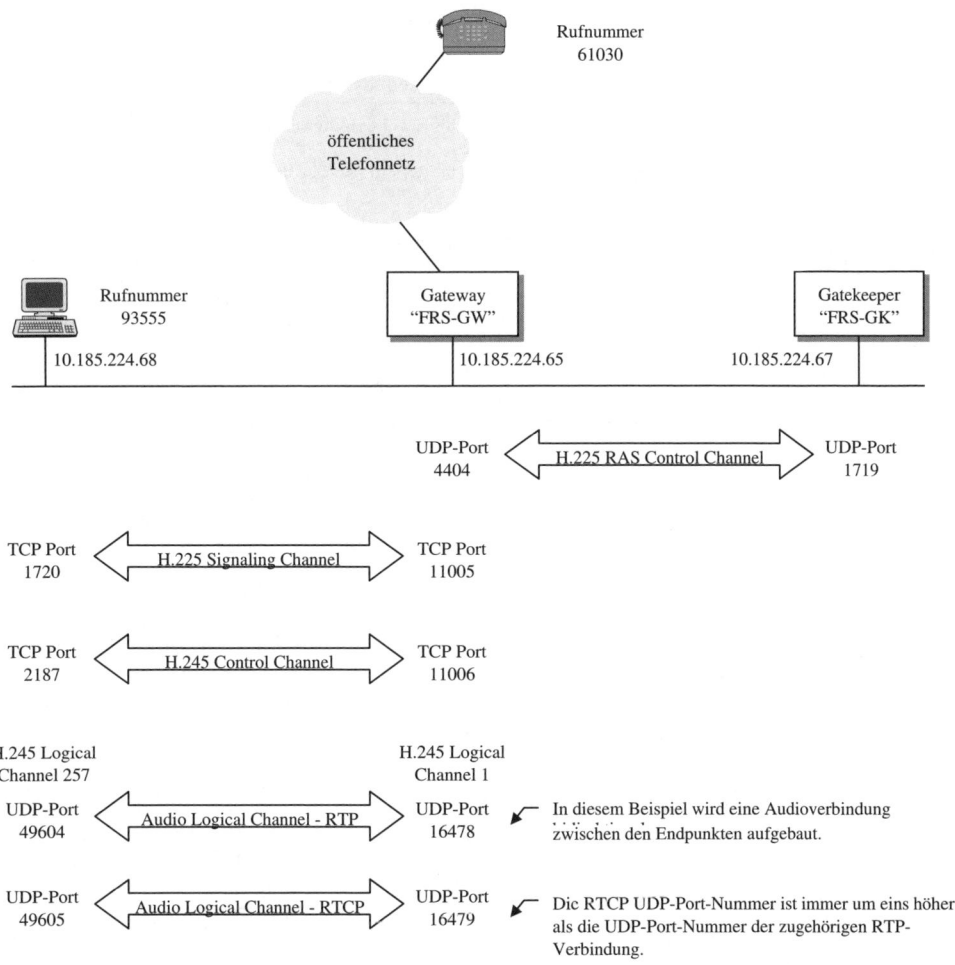

Gatekeeper Discovery und Registration über den H.225 RAS Control Channel

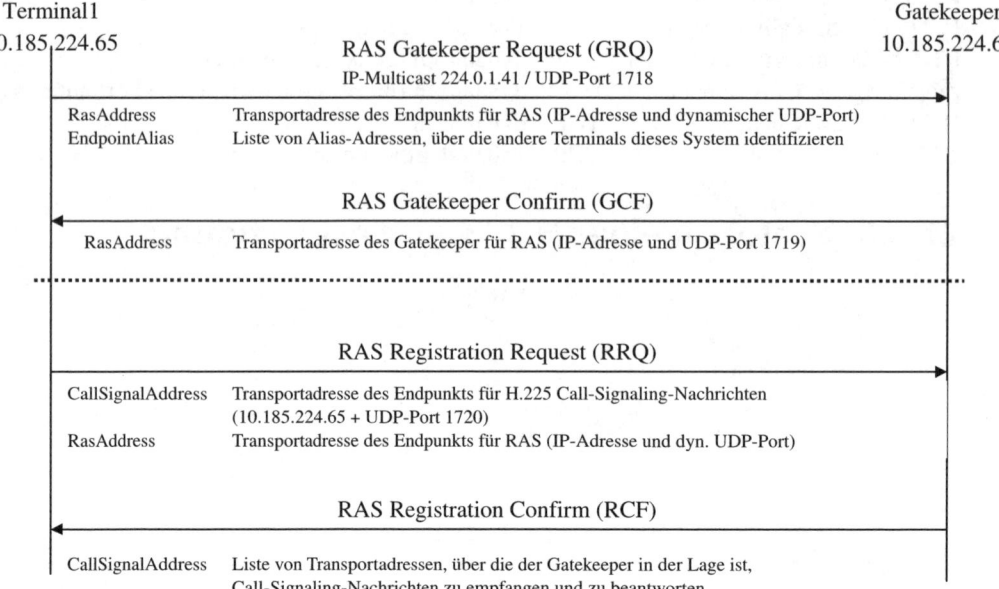

Terminal1

```
value RasMessage ::= gatekeeperRequest :
  {
    requestSeqNum 1,
    protocolIdentifier { 0 0 8 2250 0 1 },
    rasAddress ipAddress :
      {
        ip '0AB9E041'H, = 10.185.224.65
        port 4404
      },          UDP-Port für den RAS
    endpointType  Control Channel
      {
        gateway       Bei dem Endpunkt handelt
        mc FALSE,     es sich um Gateway
        undefinedNode FALSE
      },
    endpointAlias
      {
        h323-ID : "FRS-GW"
      }
  }
```

Gatekeeper

```
value RasMessage ::= gatekeeperConfirm :
  {
    requestSeqNum 1,
    protocolIdentifier { 0 0 8 2250 0 1 },
    gatekeeperIdentifier "FRS-GK",
    rasAddress ipAddress :
      {
        ip '0AB9E043'H, = 10.185.224.67
        port 1719
      }             UDP-Port für den RAS
  }                 Control Channel
```

```
value RasMessage ::= registrationRequest :
  {
    requestSeqNum 44,
    protocolIdentifier { 0 0 8 2250 0 1 },
    discoveryComplete TRUE,
    callSignalAddress
    {
      ipAddress :
        {
          ip '10B9E041'H,  = 10.185.224.65
          port 1720
        }
    },
    rasAddress
    {
      ipAddress :
        {
          ip '10B9E041'H,  = 10.185.224.65
          port 4404
        }
    },
    terminalType
    {
      gateway
      mc FALSE,
      undefinedNode FALSE
    },
    terminalAlias
    {
      h323-ID : "FRS-GW"
    },
    gatekeeperIdentifier "FRS-GK",
  }
```

↖ Transportadresse
für den H.225-
Signaling-Channel

↖ TCP-Adresse für
den H.225 RAS
Control Channel

```
value RasMessage ::= registrationConfirm :
  {
    requestSeqNum 44,
    protocolIdentifier { 0 0 8 2250 0 1 },
    callSignalAddress
    { },
    terminalAlias
    {
      h323-ID : "FRS-GW"
    },
    gatekeeperIdentifier "FRS-GK",
    endpointIdentifier "001AC9E000000003"
  }
```

H.323-Verbindungsaufbau zwischen Terminal1 (Gateway) und Terminal2 (Netmeeting PC)

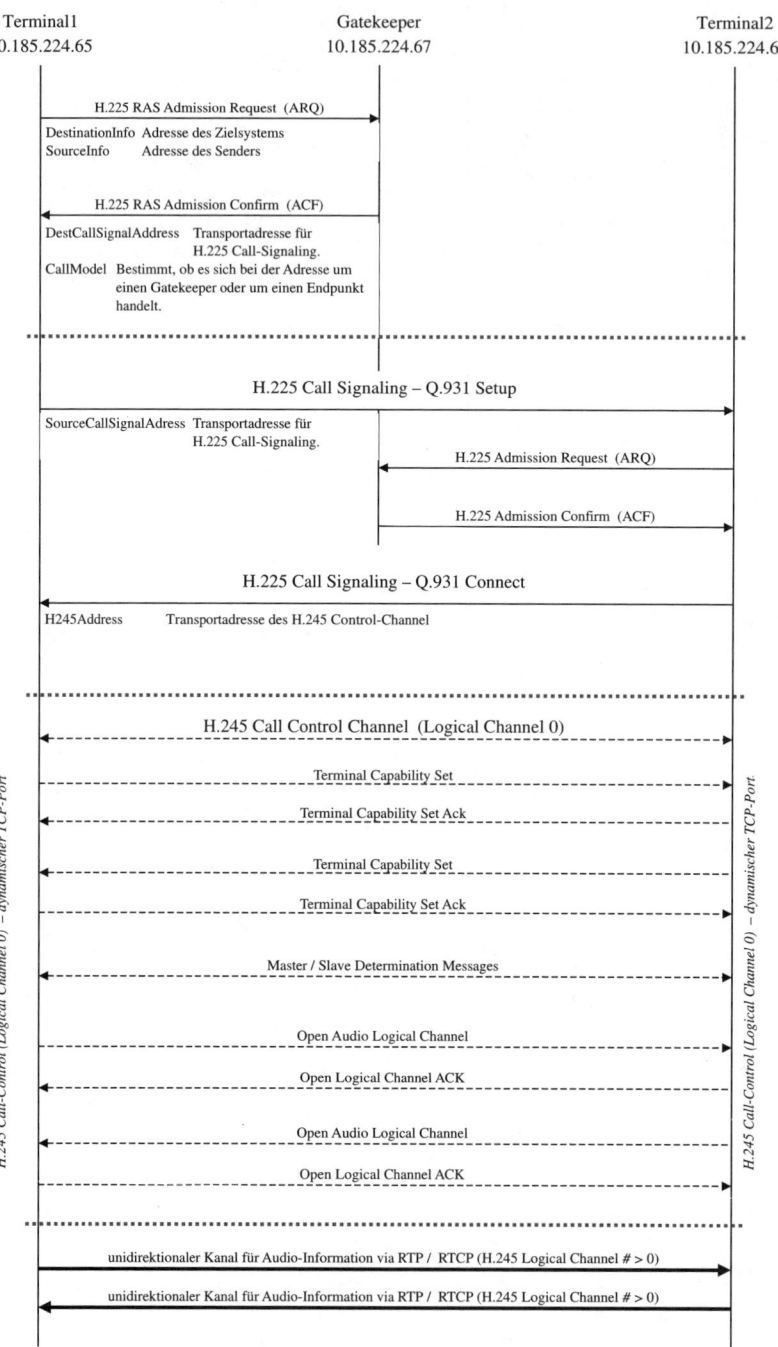

Gatekeeper Admission Request und Confirm-Nachrichten

Terminal 1

```
value RasMessage ::= admissionRequest :
  {
    requestSeqNum 0196,
    callType pointToPoint : NULL,
    callModel direct : NULL,
    endpointIdentifier "0013D05400000003",
    destinationInfo
    {
      e164 : "93555"
    },
    srcInfo
    {
      e164 : "61030"
    },
    bandWidth 0640,
    callReferenceValue 0134,
    conferenceID '0A7FEC1C0AF'H,
    activeMC FALSE,
    answerCall FALSE
  }
```

Gatekeeper

```
value RasMessage ::= admissionConfirm :
  {
    requestSeqNum 0196,
    bandWidth 0640,
    callModel direct : NULL,
    destCallSignalAddress ipAddress :
      {
        ip '0AB9E044'H, = 10.185.224.68
        port 01720
      },
    irrFrequency 0120
  }
```
TCP-Adresse des
H.225 Call Signaling
Channels

H.225-Call-Signaling-Nachrichten

Terminal 1

```
value H323-UserInformation ::=
{
 h323-uu-pdu
 {
  h323-message-body setup :
   {
    protocolIdentifier { 0 0 8 2250 0 1 },
    sourceInfo
    {
      terminal
      {},
      mc FALSE,
      undefinedNode FALSE
    },
    activeMC FALSE,
    conferenceID '0A7FEC1C0AF'H,
    conferenceGoal create : NULL,
    callType pointToPoint : NULL,
    sourceCallSignalAddress ipAddress :
     {
       ip '0AB9E041'H,      TCP-Adresse des H.225
       port 011005          Call Signaling Channel
     }
   }
 }
}
```

Terminal 2

```
value H323-UserInformation ::=
{
 h323-uu-pdu
 {
  h323-message-body alerting :
   {
    protocolIdentifier { 0 0 8 2250 0 1 },
    destinationInfo
    {
      terminal
      {},
      mc FALSE,
      undefinedNode FALSE
    }
   }
 }
}
```

```
value H323-UserInformation ::=
{
 h323-uu-pdu
 {
  h323-message-body connect :
   {
    protocolIdentifier { 0 0 8 2250 0 1 },
    h245Address ipAddress :
     {
       ip '10B9E044'H,
       port 02187                     TCP-Adresse des H.245
     },                               Control Channel
    destinationInfo
     {
       vendor
        {
         vendor
         {
           t35CountryCode 0181,
           t35Extension 00,
           manufacturerCode 021324
         },
         productId
'4D6963726F736F6674AE204E60'H,
         versionId
'56657273696F6E20322E310000'H
       },
       terminal
       {
       },
       mc FALSE,
       undefinedNode FALSE
     },
    conferenceID '0A7FEC1C0AF'H
   }
 }
}
```

H.245-Terminal-Capability-Set-Nachrichten

● Terminal Capability Set von Terminal1

```
value MultimediaSystemControlMessage ::= request : terminalCapabilitySet:
  {
    sequenceNumber 01,
    protocolIdentifier { 0 0 8 245 0 2 },
    multiplexCapability h2250Capability :
      {
        maximumAudioDelayJitter 020,
        receiveMultipointCapability
        {
          multicastCapability FALSE,
          multiUniCastConference FALSE,
          mediaDistributionCapability
          {
            {
              centralizedControl FALSE,
              distributedControl FALSE,
              centralizedAudio FALSE,
              distributedAudio FALSE,
              centralizedVideo FALSE,
              distributedVideo FALSE
            }
          }
        },
        transmitMultipointCapability
        {
          multicastCapability FALSE,
          multiUniCastConference FALSE,
          mediaDistributionCapability
          {
            {
              centralizedControl FALSE,
              distributedControl FALSE,
              centralizedAudio FALSE,
              distributedAudio FALSE,
              centralizedVideo FALSE,
              distributedVideo FALSE
            }
          }
        },
```

```
        receiveAndTransmitMultipointCapability
        {
          multicastCapability FALSE,
          multiUniCastConference FALSE,
          mediaDistributionCapability
          {
            {
              centralizedControl FALSE,
              distributedControl FALSE,
              centralizedAudio FALSE,
              distributedAudio FALSE,
              centralizedVideo FALSE,
              distributedVideo FALSE
            }
          }
        },
        mcCapability
        {
          centralizedConferenceMC FALSE,
          decentralizedConferenceMC FALSE
        },
        rtcpVideoControlCapability FALSE,
        mediaPacketizationCapability
        {
          h261aVideoPacketization FALSE
        }
      },
    capabilityTable
    {
      {                                                 PCM µ-Law Codec
        capabilityTableEntryNumber 04,
        capabilityreceiveAudioCapability : g711Ulaw64k : 020
      }
    },
    capabilityDescriptors
    {
      {
        capabilityDescriptorNumber 01,
        simultaneousCapabilities
        {
          {
            04
} } } } }
```

Um Terminal1 von seinen lokalen Möglichkeiten der Audio-, Video- und Datenübertragung zu informieren, sendet Terminal2 im Prinzip eine ähnliche Nachricht an Terminal1.

● Terminal Capability Set Ack von Terminal2

```
value MultimediaSystemControl ::= response: terminalCapabilitySetAck :
    {
      sequenceNumber 01
    }
```

H.245 Open Audio Logical Channel Messages

● von Terminal1 zu Terminal2

```
value MultimediaSystemControlMessage ::= request : openLogicalChannel:
    {
      forwardLogicalChannelNumber 01,
      forwardLogicalChannelParameters
      {
        dataType audioData : g711Ulaw64k : 020,
        multiplexParameters h2250LogicalChannelParameters :
          {
            sessionID 01,
            mediaControlChannel unicastAddress : iPAddress :
              {
                network '0AB9E041'H, = 10.185.224.65 (Terminal1)
                tsapIdentifier 016479
              }
          }
      }
    }
```
                                                        ⌐ UDP-Adresse des
                                                        ⌐ RTCP-Kanals

```
value MultimediaSystemControl ::= response : openLogicalChannelAck :
    {
      forwardLogicalChannelNumber 01,
      forwardMultiplexAckParameters h2250LogicalChannelAckParameters :

        {
          sessionID 01,
          mediaChannel unicastAddress : iPAddress :            UDP-Adresse des
            {                                                  RTP-Kanals
              network '0AB9E044'H, = 10.185.224.68 (Terminal2)
              tsapIdentifier 049604
            },
          mediaControlChannel unicastAddress : iPAddress :
            {
              network '0AB9E044'H, = 10.185.224.68 (Terminal2)
              tsapIdentifier 049605
            }                                        ⌐ UDP-Adresse des
        }                                            ⌐ RTCP-Kanals
    }
```

● von Terminal2 zu Terminal1

```
value MultimediaSystemControlMessage ::= request : openLogicalChannel :
    {
        forwardLogicalChannelNumber 0257,
        forwardLogicalChannelParameters
        {
            dataType audioData : g711Ulaw64k : 020,
            multiplexParameters h2250LogicalChannelParameters :
            {
                sessionID 01,
                mediaGuaranteedDelivery FALSE,
                mediaControlChannel unicastAddress : iPAddress :
                    {
                        network '0AB9E044'H, = 10.185.224.68 (Terminal2)
                        tsapIdentifier 049605
                    },                                        ⟍ UDP-Adresse des
                mediaControlGuaranteedDelivery FALSE,           RTCP-Kanals
                silenceSuppression TRUE
            }
        }
    }
```

```
value MultimediaSystemControl ::= response : openLogicalChannelAck :
    {
        forwardLogicalChannelNumber 0257,
        forwardMultiplexAckParameters h2250LogicalChannelAckParameters :
        {
            sessionID 04,
            mediaChannel unicastAddress : iPAddress :       ⟋ UDP-Adresse des
                {                                               RTP-Kanals
                    network '0AB9E041'H, = 10.185.224.65 (Terminal1)
                    tsapIdentifier 016478
                },
            mediaControlChannel unicastAddress : iPAddress :
                {
                    network '0AB9E041'H, = 10.185.224.65 (Terminal1)
                    tsapIdentifier 016479
                }                                        ⟍ UDP-Adresse des
        }                                                   RTCP-Kanals
    }
```

27.5.4 Real Time Protocol (RTP)

Der RTP-Standard besteht aus zwei eng miteinander verbundenen Teilen: dem RTP-Protokoll zur eigentlichen Übertragung von Real-Time-Daten und dem RTP Control Protocol (RTCP) zur Überwachung der Qualität der RTP-Verbindung.

Das RTP-Protokoll befasst sich nicht mit den Aspekten der Bandbreitenreservierung, um eine bestimmte Übertragungsqualität zu garantieren (die Quality of Service). Dies erfolgt über separate Protokolle wie zum Beispiel RSVP (Bandwidth Reservation Protocol).

RTP stellt keine garantierte Übertragung der Real-Time-Daten zur Verfügung und verlangt auch keine gesicherte Verbindung durch das unterliegende Netzwerk.

Falls Audio und Video in einer Konferenz benutzt werden sollen, werden die Informationen über separate RTP-Verbindungen übertragen und auch die RTCP-Pakete für die einzelnen Medien benutzen unterschiedliche UDP-Ports.

RTP verwendet zur Übertragung in der Regel das UDP-Protokoll, um dessen Multiplexing- und Checksum-Funktionalität zu benutzen. RTP kann aber auch über andere Netzwerkprotokolle eingesetzt werden (z.B. RTP direkt über AAL5 Virtual Circuits).

RTP RFCs

RFC 1889	RTP - Real Time Protocol
RFC 1890	RTP Profile for Audio and Video Conferences with Minimal Control
RFC 2032	RTP Payload Format for H.261 Video Streams
RFC 2190	RTP Payload Format for H.263 Video Streams
RFC 2250	RTP Payload Format for MPEG1 / MPEG2 Video
RFC 2435	RTP Payload Format for JPEG-compressed Video
RFC 2508	Compressing IP/UDP/RTP Headers for Low-Speed Serial Links

Compressed RTP (RFC 2508) (CRTP)

CRTP beschreibt eine Methode, um den standardmäßig 40-Byte großen IP/UDP/RTP-Header auf zwei bis vier Byte zu komprimieren und damit den Overhead bei der Übertragung über langsame Leitungen zu reduzieren.

2 Byte: bei einem UDP Header ohne Checksum
4 Byte: bei einem UDP Header mit Checksum

RTP Header

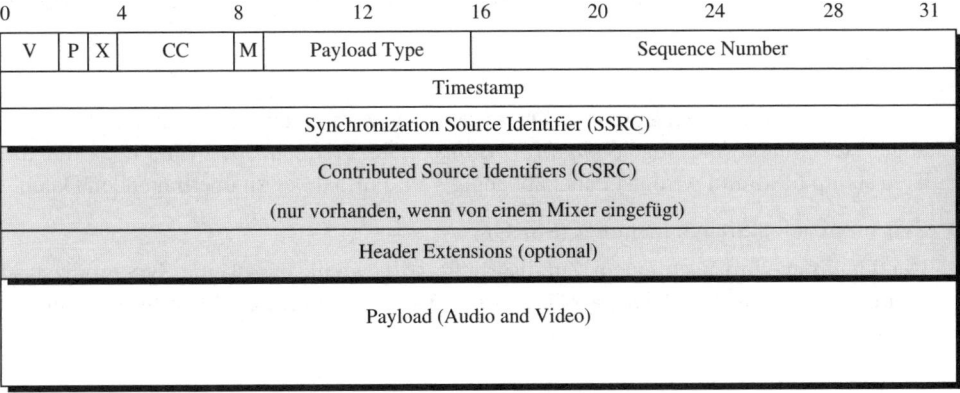

- Version (V)

  Die RTP-Versionsnummer (aktuell die Version 2).

- Padding (P)

  Falls gesetzt, enthält das Paket am Ende zusätzliche Padding Octets.

- Extension (X)

  Falls gesetzt, folgt exakt eine Header Extension auf den festen Header.

- CSRC Count (CC)

  Anzahl der CSRCs (Contributed Source Identifier) nach dem festen Header.

- Marker (M)

  Die Interpretation des Markers wird durch die einzelnen Profiles vorgegeben.

- Payload Type (PT)

  Der Payload Type spezifiziert das verwendete Format der RTP-Nutzdaten.

0	G.711 μ-law PCM audio	18	G.729 audio
2	G.721	26	JPEG video
3	GSM 6.10 audio	31	H.261 video
4	G.723.1 audio	34	H.263 video
8	G.711 A-law PCM audio	96-127	dynamisch
9	G.722 audio (16 kHz)		
12	G.723		
15	G.728 audio		

- Sequence Number

  Die Sequence Number erhöht sich für jedes gesendete RTP-Paket um eins und wird vom Empfänger zum Erkennen von Paketverlusten und zum Wiederherstellen von Paketsequenzen eingesetzt.

- Timestamp

  Die Timestamp gibt den Zeitpunkt an, zu dem das zum ersten Octet gehörende Signal abgetastet wurde (die sog. *Sampling Instant*). Die Frequenz der Uhr, über die der Timestamp bestimmt wird, ist dabei abhängig vom Format der zu übertragenden Daten.

- Synchronization Source Identifier (SSRC)

  Der Identifier wird nach einem Zufallsprinzip so gewählt, dass keine Synchronization Sources innerhalb der gleichen RTP-Sitzung den gleichen SSRC Identifier verwenden können.

- Contributed Source Identifier (CSRC)

  Wird von einem so genannten Mixer eingefügt, der zwei unterschiedliche Transport-
  netzwerke miteinander verbindet und dabei mehrere Audio- oder Videoströme zusam-
  menfasst. Die Liste der CSRC besteht aus den SSRCs der einzelnen Quellsystemen, die
  zu dem gemischten Paket beigetragen haben.

27.5.4.1 Real Time Control Protocol (RTCP)

Neben der normalen RTP-Verbindung für die Übertragung der Audio-, Video- und Dateninformationen stellt RTCP eine zweite, separate UDP-Verbindung für den Austausch von
Kontrollpaketen zur Verfügung. Die Aufgabe dieser Kontrollverbindung umfasst hauptsächlich die folgenden Funktionen:

- Übertragung eines Transport Level Identifier (den Canonical Name – Cname), über den
  die Empfänger die einzelnen Teilnehmer an der Konferenz unterscheiden können.

- Rückmeldung über die Qualität der RTP-Verbindung mit Hilfe von Sender und Receiver
  Reports. Diese Funktion hat im Prinzip die gleichen Aufgaben wie die Flow und Congestion Control unter TCP.

- Kalkulation der Übertragungsrate der RTP-Pakete in Abhängigkeit von der Anzahl der
  Teilnehmer an der Sitzung. (Jeder Endpunkt sendet RTCP-Pakete an alle anderen Konferenzteilnehmer.)

- Eine optionale Funktion ist das Übermitteln von minimalen Kontrollinformationen über
  die aktuelle Sitzung (z.B. die Identifikation eines Teilnehmers).

RTCP Header

V	P	SC / RC / Subtype	Packet Type	Length
2 Bits		5 Bits	8 Bits	16 Bits

- Packet Type (PT)

200	SR	Sender Report, Statistiken von Teilnehmern, die aktive Sender sind
201	RR	Receiver Report, Statistiken von Teilnehmern, die keine aktiven Sender sind
202	SDES	Source Description, Beschreibungen über den Sender, z.B. Cname
203	BYE	Sender beendet die Teilnahme an der Konferenz
204	APP	Applikationsspezifische Funktionen

- Version (V)

  Entspricht der RTP-Versionsnummer.

- Padding (P)

  Falls gesetzt, enthält das Paket am Ende zusätzliche Padding-Octets.

- Reception Report Count (RC)

  Die Anzahl von Reception-Report-Blöcken in dem RTCP-Paket.

- Source Count (SC)

  Die Anzahl von SSRC/CSRC-Teilen, die in einem SDES- oder BYE-Paket enthalten sind.

- Subtype

  Eine Menge von APP-Paketen, die unter einem einheitlichen Namen zusammengefasst werden.

- Length

  Die Länge des RTCP-Pakets in 32-Bit-Wörtern minus eins (inkl. des Headers und Padding).

RTCP Sender und Receiver Report im Zusammenhang mit QoS

Über den Sender Report kann der Empfänger mehrere in Zusammenhang mit Quality of Service stehende Funktionen ausführen:

- Synchronisation von mehreren RTP-Streams (z.B. Audio und Video)

- Bestimmung der erwarteten Daten- und Paketrate durch den Empfänger

- Messung der Distanz zum Sender (als Funktion der Zeit)

Das H.225-Protokoll benutzt folgende Felder des Receiver Reports zur Messung der Qualität der RTP-Verbindung.

- Fraction Lost

  Die Anteile der Pakete, die seit dem letzten Sender oder Receiver Report verlorengegangen sind.

- Cumulative Number of Packets Lost

  Die Anzahl der Pakete, die seit Beginn der RTP-Verbindung verloren gegangen sind.

- Extended Highest Sequence Number Received

  Die höchste bis jetzt empfangene Sequenznummer.

- Interarrival Jitter

  Die Varianz der Verzögerung beim Empfangen der RTP-Pakete.

27.5.5 Cisco-Konfiguration: VoIP

27.5.5.1 Beispiel: H.323 Gateways mit Multilink PPP als Fragmentation-Protokoll

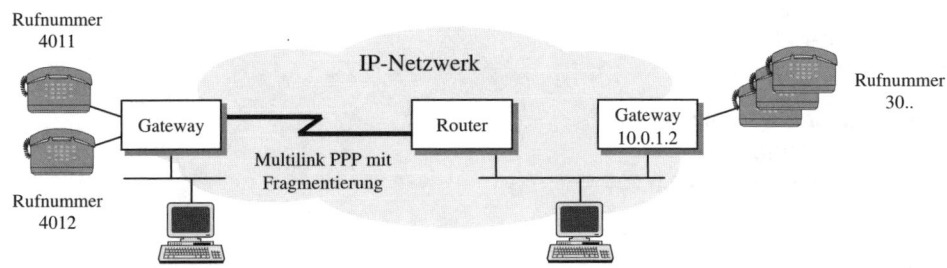

Rufnummer 4011

IP-Netzwerk

Rufnummer 30..

Gateway

Router

Gateway 10.0.1.2

Multilink PPP mit Fragmentierung

Rufnummer 4012

In diesem Beispiel wird PPP Multilink zur Fragmentierung größerer Datenpakete einge-setzt. Da man dieses Verfahren nur auf Dialer Interfaces benutzen kann, muss bei Standlei-tungen ein virtual-template Interface verwendet werden.

Multilink PPP (ML-PPP)-Konfiguration

multilink virtual-template 1
!
interface Virtual-Template1
   ip unnumbered Loopback0   Für die zum spezifizierten UDP-Bereich gehörenden RTP-Pakete wird eine
   ip rtp reserve 16384 20 64   spezielle Queue reserviert (16384 = untere UDP-Nummer, 20 = UDP-
!   Bereich. 64 = max. Bandbreite in Kbit/s).
   ppp multilink
!   Die maximale erlaubte Verzögerung durch Serialization Delay (in
   ppp multilink fragment-delay 15   Millisekunden). Das heißt, nach max. 15 ms erzeugt der Router ein
!   PPP-Fragment.
   ppp multilink interleave   Interleaving von RTP-Paketen mit den
!   Fragmenten von größeren Paketen
interface Loopback0
 ip address 10.0.2.2 255.255.255.0
!
interface Serial0/1
   ip unnumbered Loopback0
   encapsulation ppp
   bandwidth 64
   ppp multilink

Voice Port und Dial-Peer-Konfiguration

dial-peer voice 1 pots
  destination-pattern 4011
  port 1/0/0

dial-peer voice 2 pots
  destination-pattern 4012
  port 1/0/1

dial-peer voice 30 voip
  destination-pattern 30..
  session target ipv4:10.0.2.1

voice-port 1/0/0
  cptone DE

voice-port 1/0/1
  cptone DE

Session Target

Bei der Konfiguration von VoIP gibt es mehrere Möglichkeiten für die Definition der Adresse des Session Target:

- IP-Adresse des Zielsystems: session target ipv4:*ip-address*
- Verwendung von DNS: session target dns:*hostname*
- Verwendung eines Gatekeeper: session target ras

VoIP-Informationen

● Dial-Peer-Informationen

show dial-peer voice

```
VoiceEncapPeer1
      tag = 1, destination-pattern = `4011',
      answer-address = `',
      group = 1, Admin state is up, Operation state is up
      type = pots, prefix = `',
      session-target = `', voice-port = 1/0/0
      Connect Time = 157, Charged Units = 0
      Successful Calls = 5, Failed Calls = 1
      Accepted Calls = 6, Refused Calls = 0
      Last Disconnect Cause is "10   "
      Last Disconnect Text is "normal call clearing."
      Last Setup Time = 47283
VoiceEncapPeer2
      tag = 2, destination-pattern = `4012',
      answer-address = `',
      group = 2, Admin state is up, Operation state is up
      type = pots, prefix = `',
      session-target = `', voice-port = 1/0/1
      Connect Time = 0, Charged Units = 0
      Successful Calls = 1, Failed Calls = 1
      Accepted Calls = 2, Refused Calls = 0
      Last Disconnect Cause is "10   "
      Last Disconnect Text is "normal call clearing."
      Last Setup Time = 48084
VoiceOverIpPeer30
      tag = 30, destination-pattern = `30..',
      answer-address = `',
      group = 30, Admin state is up, Operation state is up
      type = voip, session-target = `ipv4:10.0.2.1',
      ip precedence: 0 UDP checksum = disabled
      session-protocol = cisco, req-qos = best-effort,
      acc-qos = best-effort,
      fax-rate = voice, codec = g729r8,
      Expect factor = 10, Icpif = 30,
      VAD = enabled, Poor QOV Trap = disabled
      Connect Time = 150, Charged Units = 0
      Successful Calls = 5, Failed Calls = 0
      Accepted Calls = 5, Refused Calls = 0
      Last Disconnect Cause is "10   "
      Last Disconnect Text is "normal call clearing."
      Last Setup Time = 47868
```

● Informationen über den letzten Anruf

show call history voice last 1

```
GENERIC:
SetupTime=106814 ms
Index=14
PeerAddress=3012
PeerSubAddress=
PeerId=30
PeerIfIndex=11
LogicalIfIndex=0
DisconnectCause=10
DisconnectText=normal call clearing.
ConnectTime=0
DisconectTime=106909
CallOrigin=2
ChargedUnits=0
InfoType=2
TransmitPackets=38
TransmitBytes=760
ReceivePackets=37
ReceiveBytes=740
VOIP:
ConnectionId[0x5AD1CA12 0x104554]
RemoteIPAddress=10.0.2.1
RemoteUDPPort=16396
RoundTripDelay=0 ms
SelectedQoS=best-effort
SessionProtocol=cisco
SessionTarget=
OnTimeRvPlayout=0
GapFillWithSilence=0 ms
GapFillWithPrediction=0 ms
GapFillWithInterpolation=0 ms
GapFillWithRedundancy=0 ms
HiWaterPlayoutDelay=0 ms
LoWaterPlayoutDelay=0 ms
ReceiveDelay=0 ms
VAD = enabled
CoderTypeRate=g729r8
cvVoIPCallHistoryIcpif=0
```

● ML-PPP-Informationen

show ip interface brief

```
Interface          IP-Address    OK? Method Status    Protocol
Serial0/1          10.0.2.2      YES unset  up        up
Virtual-Access1    10.0.2.2      YES unset  up        up
Virtual-Template1  10.0.2.2      YES unset  down      down
Loopback0          10.0.2.2      YES manual up        up
```

show ppp multilink

```
Bundle R-three, 1 member, Master link is Virtual-Access1
  0 lost fragments,0 reordered,0 unassigned, equence 0x265/0x22F rcvd/sent
  0 discarded, 0 lost received, 1/255 load

Member Link: 1 (max not set, min not set)
Serial0/1  120 weight, 2 max fragments
```

show interface virtual-access 1 configuration

```
Virtual-Access1 is a MLP bundle interface

interface Virtual-Access1 configuration...
ip unnumbered Loopback0
ip rtp reserve 16384 20 64
no ip mroute-cache
no fair-queue
ppp multilink
ppp multilink fragment-delay 15
ppp multilink interleave
```

show interface virtual-access 1

```
Virtual-Access1 is up, line protocol is up
  Hardware is Virtual Access interface
  Interface is unnumbered.  Using address of Loopback0 (10.0.2.2)
  MTU 1500 bytes, BW 64 Kbit, DLY 100000 usec, rely 255/255, load 1/255
  Encapsulation PPP, loopback not set, keepalive set (10 sec)
  DTR is pulsed for 5 seconds on reset
  LCP Open, multilink Open
  Open: IPCP
  Last input 00:00:01, output never, output hang never
  Last clearing of "show interface" counters 00:04:03
  Queueing strategy: fifo
  Output queue 0/40, 0 drops; input queue 0/75, 0 drops
  5 minute input rate 0 bits/sec, 0 packets/sec
  5 minute output rate 0 bits/sec, 0 packets/sec
     200 packets input, 11942 bytes, 0 no buffer
     Received 197 broadcasts, 0 runts, 0 giants, 0 throttles
     0 input errors, 0 CRC, 0 frame, 0 overrun, 0 ignored, 0 abort
     561 packets output, 33952 bytes, 0 underruns
     0 output errors, 0 collisions, 0 interface resets
     0 output buffer failures, 0 output buffers swapped out
     0 carrier transitions
```

```
# show interface virtual-template 1
    Virtual-Template1 is down, line protocol is down
      Hardware is Virtual Template interface
      Interface is unnumbered.  Using address of Loopback0 (10.0.2.2)
      MTU 1500 bytes,BW 100000 Kbit,DLY 100000 usec,rely 255/255,load 1/255
      Encapsulation PPP, loopback not set, keepalive set (10 sec)
      DTR is pulsed for 5 seconds on reset
      LCP Closed, multilink Closed
      Last input never, output never, output hang never
      Last clearing of "show interface" counters 00:06:48
      Queueing strategy: fifo
      Output queue 0/40, 0 drops; input queue 0/75, 0 drops
      5 minute input rate 0 bits/sec, 0 packets/sec
      5 minute output rate 0 bits/sec, 0 packets/sec
        0 packets input, 0 bytes, 0 no buffer
        Received 0 broadcasts, 0 runts, 0 giants, 0 throttles
        0 input errors, 0 CRC, 0 frame, 0 overrun, 0 ignored, 0 abort
        0 packets output, 0 bytes, 0 underruns
        0 output errors, 0 collisions, 0 interface resets
        0 output buffer failures, 0 output buffers swapped out
        0 carrier transitions
```

27.5.5.2 Beispiel: BRI Voice Port auf einem H.323-Gateway

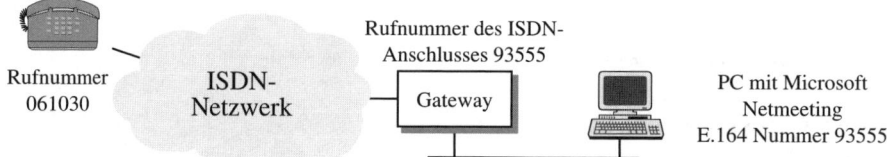

Wird die ISDN-Nummer 93555 von außen angewählt, leitet das Gateway das Gespräch zum H.323-Terminal mit der IP-Adresse 10.0.2.1 weiter.

gateway
!
interface BRI3/0
  isdn switch-type basic-net3
  isdn incoming-voice modem
!
interface e0
  ip address 10.185.224.65 255.255.255.0
  h323-gateway voip interface
  h323-gateway voip h323-id FRS-GW ✔   H.323-ID, über die sich das Gateway auf
                                       dem Gatekeeper registriert
!
dial-peer voice 1 pots
  destination-pattern 061030
  prefix 061030
  port 3/0/0
!
dial-peer voice 2 voip
  destination-pattern 93555
  session target ipv4:10.0.2.1
!
voice-port 3/1/0
  cptone DE

Region Code

Bei EuroISDN-Anschlüssen muss man den Region Code des BRI Voice Ports auf »Deutschland« setzen, da der Router sonst µ-Law PCM für die ISDN-Sprachverbindung verwendet und der Anruf dann vom ISDN-Netzwerk abgelehnt wird.

● BRI Voice Port ohne Region Code (µ-Law PCM)

debug isdn q931

```
01:57:34: ISDN BR3/0: TX -> SETUP pd = 8  callref = 0x0F
01:57:34:          Bearer Capability i = 0x8090A2
01:57:34:          Channel ID i = 0x83
01:57:34:          Called Party Number i = 0x80, '061030'
```

● BRI-Voice Port mit Region Code für Deutschland (benutzt dann A-Law PCM)

voice-port 3/0/0
cptone DE

debug isdn q931

```
02:00:09: ISDN BR3/0: TX -> SETUP pd = 8  callref = 0x10
02:00:09:          Bearer Capability i = 0x8090A3
02:00:09:          Channel ID i = 0x83
02:00:09:          Called Party Number i = 0x80, '061030'
```

VoIP-Informationen

● Voice Port und Dial Peer Informationen

show voice port

```
3/0/0 Slot is 3, Sub-unit is 0, Port is 0
 Type of VoicePort is ISDN-BRI
 Operation State is UP
 Administrative State is UP
 No Interface Down Failure
 Description is not set
 Noise Regeneration is enabled
 Non Linear Processing is enabled
 Music On Hold Threshold is Set to -38 dBm
 In Gain is Set to 0 dB
 Out Attenuation is Set to 0 dB
 Echo Cancellation is enabled
 Echo Cancel Coverage is set to 8 ms
 Connection Mode is normal
 Connection Number is not set
 Initial Time Out is set to 10 s
 Interdigit Time Out is set to 10 s
 Region Tone is set for DE
```

```
# show call active voice
```

```
GENERIC:
SetupTime=720902 ms
Index=1
PeerAddress=
PeerSubAddress=
PeerId=0
PeerIfIndex=0
LogicalIfIndex=0
ConnectTime=721231
CallState=4
CallOrigin=2
ChargedUnits=0
InfoType=2
TransmitPackets=1251
TransmitBytes=200160
ReceivePackets=1877
ReceiveBytes=300320


VOIP:
ConnectionId[0xC420BADE 0x400F1FC]
RemoteIPAddress=10.185.224.68
RemoteUDPPort=49598
RoundTripDelay=2 ms
SelectedQoS=best-effort
SessionProtocol=cisco
SessionTarget=
OnTimeRvPlayout=35940
GapFillWithSilence=390 ms
GapFillWithPrediction=810 ms
GapFillWithInterpolation=0 ms
GapFillWithRedundancy=0 ms
HiWaterPlayoutDelay=89 ms
LoWaterPlayoutDelay=58 ms
ReceiveDelay=58 ms
LostPackets=0 ms
EarlyPackets=4 ms
LatePackets=8 ms
VAD = enabled
CoderTypeRate=g711ulaw
```

```
GENERIC:
SetupTime=720931 ms
Index=1
PeerAddress=61030
PeerSubAddress=
PeerId=1
PeerIfIndex=47
LogicalIfIndex=14
ConnectTime=721230
CallState=4
CallOrigin=1
ChargedUnits=0
InfoType=2
TransmitPackets=1938
TransmitBytes=310080
ReceivePackets=1265
ReceiveBytes=202400


TELE:
ConnectionId=[0xC420BADE 0x400F1FC]
TxDuration=87470 ms
VoiceTxDuration=25300 ms
FaxTxDuration=0 ms
CoderTypeRate=g711ulaw
NoiseLevel=-66
ACOMLevel=0
OutSignalLevel=-34
InSignalLevel=-56
InfoActivity=2
ERLLevel=27

SessionTarget=
```

27.5.5.3 Beispiel: H.323 Gateway mit IVR (Interactive Voice Response)

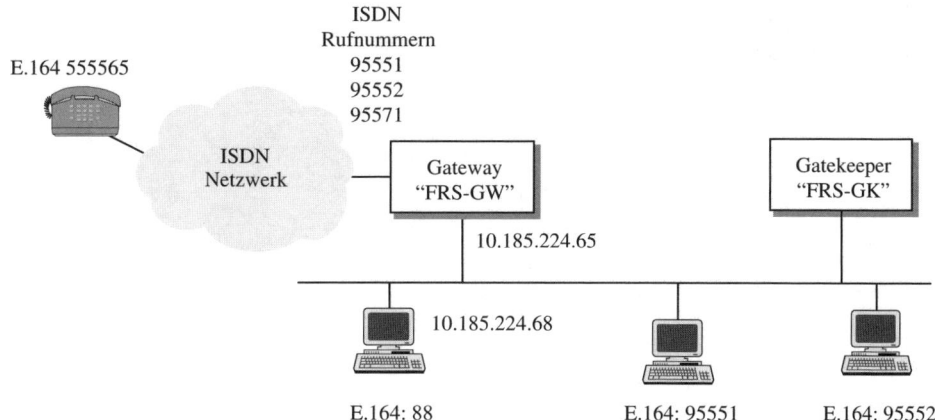

IVR-Konfiguration

aaa new-model

aaa authentication login h323 local ┐ Notwendig für die IVR-Authentifizierung

username 555565

username 555566 password 0 95571

Das Gateway benutzt das »*username*«-Kommando für Automatic Number Identification (ANI), d.h. für die Überprüfung des Anrufers (*Calling Number*). Das Kommando »*password*« dagegen für die Überprüfung der gewählten Nummer (*Called Number*) dem sogenannten Dialed-Number-Identification-Service (DNIS).

show call application voice *clid_authen_npw* ◄── Der Name des verwendeten IVR Scripts

```
Application clid_authen_npw has 8 states with 0 calls active
   State start has 1 actions and 5 events
      Do Action IVR_ACT_AUTHENTICATE. accountName=ani, pinName=NULL
      If Event IVR_EV_DEFAULT goto state end
      If Event IVR_EV_CALL_DIGIT do nothing
      If Event IVR_EV_CALL_SETUP_IND do action IVR_ACT_CALL_SETUP_ACK
          and goto state start
      If Event IVR_EV_AAA_SUCCESS goto state collect_dest
      If Event IVR_EV_AAA_FAIL goto state authenticate_fail
   State end has 1 actions and 3 events
      Do Action IVR_ACT_END.
      If Event IVR_EV_DEFAULT goto state end
      If Event IVR_EV_CALL_DIGIT do nothing
      If Event IVR_EV_CALL_DISCONNECT_DONE do action IVR_ACT_CALL_DESTROY
          and do nothing
   State collect_dest has 4 actions and 7 events
      Do Action IVR_ACT_PLAY.
             URL: flash:enter_destination.au
             allowInt=1, pContent=0x0
      Do Action IVR_ACT_ABORT_KEY. abortKey=*
      Do Action IVR_ACT_TERMINATION_KEY. terminationKey=#
      Do Action IVR_ACT_COLLECT_DIALPLAN.
```

```
        If Event IVR_EV_DEFAULT goto state end
        If Event IVR_EV_CALL_DIGIT do nothing
        If Event IVR_EV_PLAY_COMPLETE do nothing
        If Event IVR_EV_ABORT goto state collect_dest
        If Event IVR_EV_DIAL_COL_SUCCESS goto state place_call
        If Event IVR_EV_DIAL_COL_FAIL goto state collect_fail
        If Event IVR_EV_TIMEOUT goto state collect_fail count=0
    State place_call has 1 actions and 4 events
        Do Action IVR_ACT_PLACE_CALL.
                destination=  called=
                calling=      account=
        If Event IVR_EV_DEFAULT goto state end
        If Event IVR_EV_CALL_DIGIT do nothing
        If Event IVR_EV_CALL_UP goto state active       ,
        If Event IVR_EV_CALL_FAIL goto state place_fail
    State active has 0 actions and 2 events
        If Event IVR_EV_DEFAULT goto state end
        If Event IVR_EV_CALL_DIGIT do nothing
    State authenticate_fail has 1 actions and 2 events
        Do Action IVR_ACT_PLAY.
                URL: flash:auth_failed.au
                allowInt=0, pContent=0x0
        If Event IVR_EV_DEFAULT goto state end
        If Event IVR_EV_CALL_DIGIT do nothing
    State collect_fail has 1 actions and 2 events
        Do Action IVR_ACT_PLAY.
                URL: flash:collect_failed.au
                allowInt=0, pContent=0x0
        If Event IVR_EV_DEFAULT goto state end
        If Event IVR_EV_CALL_DIGIT do nothing
    State place_fail has 1 actions and 2 events
        Do Action IVR_ACT_PLAY_FAILURE_TONE.
        If Event IVR_EV_DEFAULT goto state end
        If Event IVR_EV_CALL_DIGIT do nothing
```

Gateway-Konfiguration

gateway
!
interface Ethernet0/0
  ip address 10.185.224.65 255.255.255.0
  no ip directed-broadcast
  h323-gateway voip interface
  h323-gateway voip h323-id FRS-GW

isdn switch-type basic-net3
!
interface BRI3/1
  isdn incoming-voice modem

Voice-Port-Konfiguration

voice-port 3/1/0
  timeouts interdigit 3 ⤹ Die Zeit in Sekunden, die das System darauf wartet,
  cptone DE   dass der Anrufer eine weitere Ziffer wählt.

Dial-Peer-Konfiguration

Da ein ISDN-Anschluss standardmäßig drei Rufnummern besitzt, kann man drei POTS-Dial-Peers für den BRI-Port definieren.

```
dial-peer voice 1 pots
   incoming called-number 95551
   destination-pattern 555....
   direct-inward-dial
   port 3/1/0
   prefix 555
!
```
Bei Wahl der ISDN-Nummer 95551 wird durch Direct-Inward-Dial (DID) direkt die ISDN *Called-Number* zur Identifikation des Destination Dial Peers verwendet, in diesem Fall also der Dial Peer 95551.

```
dial-peer voice 2 pots
   incoming called-number 95552
   direct-inward-dial
   port 3/1/0
!
```
Bei Wahl der ISDN-Nummer 95552 wird durch DID direkt der Dial Peer 95552 ausgewählt.

```
dial-peer voice 3 pots
   application clid_authen_npw
   incoming called-number 95571
   port 3/1/0
!
```
Bei Wahl der ISDN-Nummer 95571 startet das IVR Script.

```
dial-peer voice 95551 voip
   destination-pattern 95551
   codec g711ulaw
   session target ras
!
dial-peer voice 95552 voip
   destination-pattern 95552
   codec g711ulaw
   session target ras
!
dial-peer voice 95571 voip
   destination-pattern 88
   codec g711ulaw
   session target ipv4:10.185.224.68
```

gewählte Rufnummer	POTS Dial Peer	Aktion	VoIP Dial Peer
95551	1	DID	95551
95552	2	DID	95552
95571	3	IVR	abhängig von der eingegebenen Rufnummer

IVR-Informationen

● Informationen über aktive Gespräche

show call active voice brief

```
<ID>: <start>hs.<index> +<connect> pid:<peer_id> <dir> <addr> <state> \
tx:<packets>/<bytes> rx:<packets>/<bytes> <state>
IP <ip>:<udp> rtt:<time>ms pl:<play>/<gap>ms lost:<lost>/<early>/<late>
 delay:<last>/<min>/<max>ms <codec>
Tele <int>: tx:<tot>/<v>/<fax>ms<codec>noise:<l>acom:<l>i/o:<l>/<l> dBm


3E    : 8875191hs.1 +389 pid:1 Answer 555565 active
tx:0/0 rx:2161/345760
Tele 3/1/0:56:tx:10778/43220/0ms g711ulaw noise:-57 acom:20 i/0:-32/-69


3E    : 8875191hs.2 +389 pid:95551 Originate 95551 active
tx:2161/345760 rx:0/0
IP 10.185.224.68:49608 rtt:3ms lost:1/0/0 delay:65/65/65ms g711ulaw
```

● Debugging eines IVR-Gesprächs

debug aaa authentication

```
AAA: parse name=<no string> idb type=-1 tty=-1
AAA/AUTHEN: create_user (0x618C07C8) user='555565'
    ruser='' port='' rem_addr='' authen_type=ASCII service=LOGIN priv=0
AAA/AUTHEN/START: port='' list='h323' action=LOGIN service=LOGIN
AAA/AUTHEN/START: found list h323
AAA/AUTHEN/START: Method=LOCAL
AAA/AUTHEN: status = GETPASS
AAA/AUTHEN/CONT: continue_login (user='555565')
AAA/AUTHEN: status = GETPASS
AAA/AUTHEN/CONT: Method=LOCAL
AAA/AUTHEN: status = PASS
AAA/AUTHEN: free_user (0x618C07C8) user='555565'
    ruser='' port=''rem_addr='' authen_type=ASCII service=LOGIN priv=0
```

debug voip ivr all

```
App clid_authen_npw handling CallID 41
```
◢ Bei Wahl der ISDN-Nummer 95571 wird die IVR-Applikation gestartet

```
    callingNumber=555565, calledNumber=95571, redirectNumber=
    accountNumber=, finalDestFlag=0,guid=b0e6....3440
    peer_tag=1


    App clid_authen_npw, CallID 41 got event IVR_EV_CALL_SETUP_IND
    ivr action: IVR_ACT_CALL_SETUP_ACK
    ivr action: IVR_ACT_CALL_PROCEEDING
    ivr action: IVR_ACT_CALL_CONNECT


    CallID 41 state change from start to start
    ivr action: IVR_ACT_AUTHENTICATE


    ivr act_authenticate
        actName=ani digits=555565 digitCnt=10
        no Pin collected
    start_authetication service: ivr authentication
```
◢ ANI: Überprüfung der Rufnummer des Anrufers

```
App clid_authen_npw, CallID 41 got event IVR_EV_AAA_SUCCESS

CallID 41 state change from start to collect_dest
ivr action: IVR_ACT_PLAY
pcapp CallID 41 got event CC_EV_CALL_HANDOFF
CallID 41 First Buf Play at 1d00h of flash:enter_destination.au
CallID 41 Play Stopped at 1d00h
pcapp CallID 41 got event CC_EV_CALL_DIGIT digit=8
pcapp CallID 41 got event CC_EV_CALL_DIGIT digit=8
pcapp CallID 41 returning PCAPP_MATCHED. string=88

App clid_authen_npw, CallID 41 got event IVR_EV_DIAL_COL_SUCCESS

CallID 41 state change from collect_dest to place_call
ivr action: IVR_ACT_PLACE_CALL
placecall CallID 41 got event CC_EV_CALL_HANDOFF
placecall pc_setupPeer cid(41), destPat(88), matched(2), prefix(), peer(618BF6A0)
placecall cid(41) state change PC_CS_INIT to PC_CS_CALL_SETTING
placecall CallID 42 got event CC_EV_CALL_ALERT
placecall CallID 42 got event CC_EV_CALL_CONNECTED
placecall cid(42) state change PC_CS_CALL_SETTING to PC_CS_CONFERENCING
placecall CallID 42 got event CC_EV_CONF_CREATE_DONE
placecall CallID 41 returning PLACECALL_ACTIVE.

App clid_authen_npw, CallID 41 got event IVR_EV_CALL_UP

CallID 41 state change from place_call to active
```

Abspielen des Soundfiles aus der Flash-Memory

Anrufer drückt weitere Rufnummer 88.

Destination-Pattern für den Dial Peer 95571 passt auf die Rufnummer 88.

27.5.5.4 Beispiel: H.323 Gatekeepers und Proxies mit Radius-Authentifizierung

Die Gatekeeper- und Proxy-Funktionalitäten sind ab der Version V11.3(3)NA für den Cisco 2500, ab V11.3(6)NA2 für den Cisco 3600 und seit V12.0(3)T zusätzlich auch für die Cisco 2600 und MC3810 Router unter dem Begriff Multimedia-Conference-Manager verfügbar.

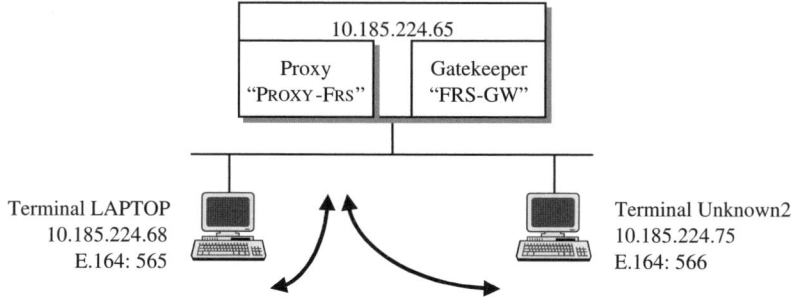

Proxy-Konfiguration

Proxies stellen einen speziellen Typ von Gateways dar, über die zwei Endpunkte eine Sitzung aufbauen können, ohne eine direkte H.323-Verbindung herzustellen. Für beide Seiten agiert der Proxy dabei als Endpunkt der Sitzung, er leitet die H.323-Daten zwischen den beiden Sitzungen weiter. Proxies setzt man hauptsächlich aus Sicherheitsgründen ein, um Quality of Service zu implementieren oder um applikationsspezifische Routing-Funktionen durchzuführen.

```
interface Ethernet0
    ip address 10.185.224.65 255.255.255.0
    h323 interface
    h323 h323-id PROXY-FRS
    h323 gatekeeper id GK-FRS ipaddr 10.185.224.65
```

Gatekeeper-Konfiguration

Der Entscheidung, ob eine Sitzung zwischen zwei H.323-Terminals direkt oder über das Proxy-System aufgebaut wird, erfolgt durch die Konfiguration auf dem Gatekeeper:

● zone access *local-zone* **default direct**

   Der Gatekeeper liefert beim Admission Confirm die H.225 Call Signaling Channel-Transportadresse des anderen Endpunkts zurück.

● zone access *local-zone* **default proxied**

   Der Gatekeeper liefert beim Admission Confirm die H.225 Call Signaling Channel-Transportadresse des Proxy-Systems zurück.

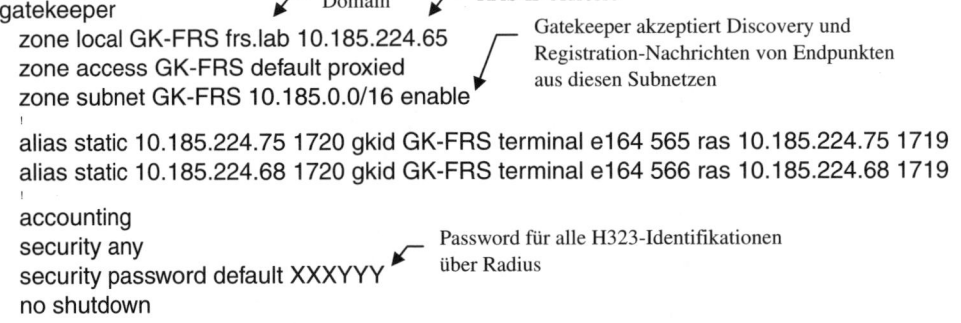

```
gatekeeper                    Domain        RAS-IP-Adresse
    zone local GK-FRS frs.lab 10.185.224.65
    zone access GK-FRS default proxied              Gatekeeper akzeptiert Discovery und
    zone subnet GK-FRS 10.185.0.0/16 enable         Registration-Nachrichten von Endpunkten
                                                    aus diesen Subnetzen
!
    alias static 10.185.224.75 1720 gkid GK-FRS terminal e164 565 ras 10.185.224.75 1719
    alias static 10.185.224.68 1720 gkid GK-FRS terminal e164 566 ras 10.185.224.68 1719
!
    accounting
    security any                    Password für alle H323-Identifikationen
    security password default XXXYYY    über Radius
    no shutdown
```

Username für die Radius-Authentifizierung:

● Registrierung des Proxy-Servers auf dem Gatekeeper: PROXY-FRS

● Gespräch zwischen den Terminals E.164-Nummern (565 und 566)

Zugriffskontrolle über einen Radius-Server

aaa new-model
aaa authentication login h323 radius
aaa authentication login VTY radius
!
radius-server host 10.185.224.28 auth-port 1645 acct-port 1646
radius-server key XXX
!
line vty 0 4
  login authentication VTY

Gatekeeper-Informationen

show gatekeeper status

```
Gatekeeper State: UP
    Zone Name:      GK-FRS
    Accounting:     ENABLED
    Security:       ENABLED
```

show gatekeeper zone status

```
                    GATEKEEPER ZONES

GK name      Domain Name   RAS Address      PORT  FLAGS MAX-BW   CUR-BW
                                                        (kbps)   (kbps)
-------      -----------   -----------      ----  ----- ------   ------
GK-FRS       frs.lab       10.185.224.65    1719  LS             64
  SUBNET ATTRIBUTES :
    subnet 10.185.0.0/255.255.0.0 : (Enabled)
    All Other Subnets : (Enabled)
  Inbound accessibility: use proxies.
```

show gatekeeper endpoints

```
                    GATEKEEPER ENDPOINT REGISTRATION
                    ===============================
CallSignalAddr  Port  RASSignalAddr   Port  Zone Name     Type    F
--------------- ----- --------------- ----- ---------     ----    -
10.185.224.65   1720  10.185.224.65   24999 GK-FRS        H323-GW
    H323-ID: PROXY-FRS
10.185.224.68   1720  10.185.224.68   1719  GK-FRS        TERM    S
    E164-ID: 566 (static)
10.185.224.75   1720  10.185.224.75   1719  GK-FRS        TERM    S
    E164-ID: 565 (static)
```

show gatekeeper calls

```
Total number of active calls = 1.
          GATEKEEPER CALL INFO
          ====================
ConferenceID                       Age(secs)  BW
------------                       ---------  ----
0x89AF063A37B1D211B28BAA000400F1FC 19            64(Kbps)
   Endpoint(s):  CallSignalAddr Port  RASSignalAddr  Port
        src EP:  REMOTE
        dst EP:  10.185.224.75  1720  10.185.224.75  1719
        dst PX:  10.185.224.65  1720  10.185.224.65  24999
```

H.225 Call Signaling Channel ↑   ↖── H.225 RAS Control Channel

Proxy-Informationen

show proxy h323 status

```
        H.323 Proxy Status
        ==================

    H.323 Proxy Feature: Enabled
    Proxy interface = Ethernet0: UP
    Proxy IP address = 10.185.224.65
    Application Specific Routing: Disabled
    RAS Initialization: Complete
    Proxy aliases configured:
        H323_ID: PROXY-FRS
    Proxy aliases assigned by Gatekeeper:
        H323_ID: PROXY-FRS
    Gatekeeper multicast discovery: Disabled
    Gatekeeper:
        Gatekeeper ID: GK-FRS
        IP address: 10.185.224.65
    Gatekeeper registration succeeded
    T.120 Mode: BYPASS
    RTP Statistics: OFF
    Number of calls in progress: 0
```

← wird mit *h323 gatekeeper multicast* auf dem Interface eingeschaltet

show proxy h323 calls

```
Call unique key = 1
    ConferenceID = [89AF063A37B1D211B28BAA00400F1FC]
    Calling endpoint call signalling address = 10.185.224.68
    Calling endpoint aliases:
        H323_ID: Andreas@LAPTOP Aurand
    Call state = H245 open logical channels
    Time call was initiated = 731026080 ms
```

show proxy h323 detail-call 1

```
ConferenceID = [89AF063A37B1D211B28BAA00400F1FC]
Calling endpoint call signalling address = 10.185.224.68
    Calling endpoint aliases:
        H323_ID: Andreas@LAPTOP Aurand
Called endpoint aliases:
        E164_ID: 565
Time call was initiated = 731026080 ms
Inbound CRV = 8422
Outbound CRV = 6900
Call state = H245 open logical channels
H245 logical channels call leg Andreas@LAPTOP Aurand <-> PROXY-FRS:
    Channel number = 257
        RTP stream from PROXY-FRS to Andreas@LAPTOP Aurand
        Type = AUDIO
        State = OPEN
        Bandwidth = 18 kbps
        Time created = 731026088 ms
    Channel number = 257
        RTP stream from Andreas@LAPTOP Aurand to PROXY-FRS
        Type = AUDIO
        State = OPEN
        Bandwidth = 0 kbps
        Time created = 731026088 ms
```

```
H245 logical channels for call leg PROXY-FRS <-> Unknown2:
   Channel number = 257
      RTP stream from PROXY-FRS to Unknown2
         Type = AUDIO
         State = OPEN
         Bandwidth = 0 kbps
         Time created = 731026088 ms
   Channel number = 257
      RTP stream from Unknown2 to PROXY-FRS
         Type = AUDIO
         State = OPEN
         Bandwidth = 18 kbps
         Time created = 731026088 ms
```

Da auf dem Gatekeeper »*zone access GK-FRS default proxied*« konfiguriert wurde, läuft die Audio-Verbindung zwischen den beiden Terminals komplett über das Proxy-System (inklusive aller H.245 Logical Channels zur Übertragung der RTP-Pakete mit den Audio-Informationen).

Definition des H323-Proxy-Servers auf dem Radius-Server

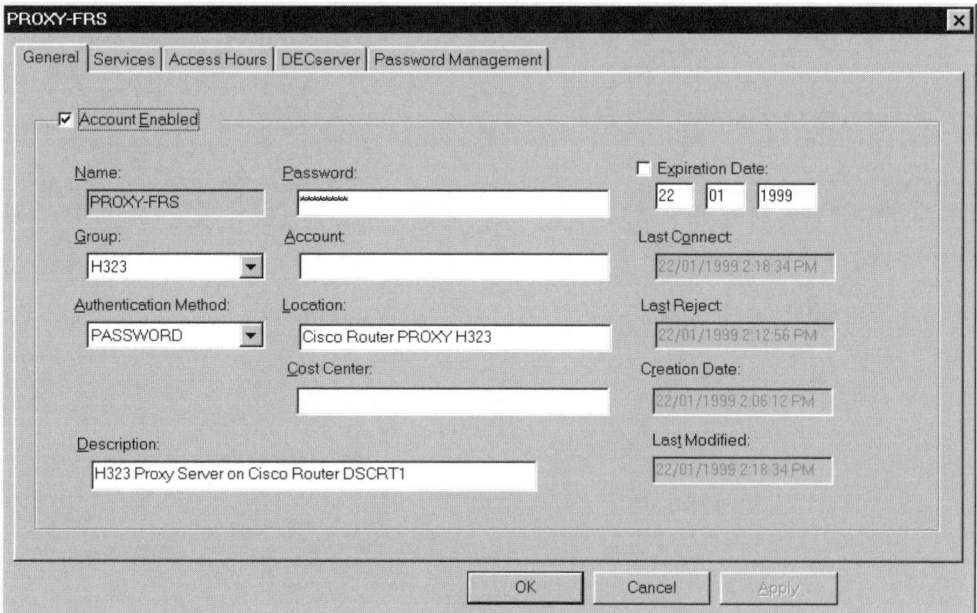

● Accounting-Eintrag auf dem Radius-Server

```
99/01/22:14:18:34 - 02:  Access request id: 10.185.224.65/0000
99/01/22:14:18:34 - 03:  Username: PROXY-FRS
99/01/22:14:18:34 - 03:  Password: (Received 16 bytes)
99/01/22:14:18:34 - 02:  ACK ===> access granted!
99/01/22:14:18:34 - 03:  Updating user PROXY-FRS entry...
```

Debugging von VoIP-Verbindungen

debug h225 asn1

```
H225Lib::h225AlertRequest: Q.931 ALERTING sent.
        Call state changed to [Call Received].
H225Lib::h225RecvData: Q.931 CONNECT received
H225Lib::h225RecvData: Q.931 Call State changed to [Active].
H225Lib::h225SetupResponse: Q.931 CONNECT sent
H225Lib::h225SetupResponse: Q.931 Call State changed to [Active].
Accept comm socket: 51: H245 cnnxn rcv. Desc:5
dotted:10.185.224.68, IP:0AB9E044,Port:1781

H225Lib::h225RecvData: Q.931 RELEASE COMPLETE received
H225Lib::h225RecvData: Q.931 Call State changed to [Null].
H225Lib::h225RecvData: no connection on socket [2]
H225Lib::h225TerminateRequest: Q.931 RELEASE COMPLETE sent.
        Call state changed to [Null].
H225Lib::h225TClose: TCP connection closed
H225Lib::h225TerminateRequest: Q.931 RELEASE COMPLETE sent].
        Call state changed to [Null].
H225Lib::h225TClose: TCP connection closed
```

debug h245 asn1

```
value RasMessage ::= registrationConfirm :
  {
    requestSeqNum 95,
    protocolIdentifier { 0 0 8 2250 0 1 },
    callSignalAddress
    {
    },
    terminalAlias
    {
      h323-ID : "FRS-GW"
    },
    gatekeeperIdentifier "FRS-GK",
    endpointIdentifier "001756300000000A"
  }
```

27.6   VoIP – IETF-Standards

Die IETF (Internet Engineering Task Force) unterhält mehrere Arbeitsgruppen, die sich mit den verschiedenen Aspekten der Implementierung von Multimedia-Konferenzen beschäftigen (siehe *http://www.ietf.org/html.charters/wg-dir.html*).

Audio/Video Transport (avt)

Protokolle zur Echtzeitübertragung von Audio- bzw. Videodaten über UDP und IP-Multicast.

RFC 1889	RTP: A Transport Protocol for Real-Time Applications
RFC 1890	RTP Profile for Audio and Video Conferences with Minimal Control
RFC 2508	CRTP: Compressing IP/UDP/RTP Headers for Low-Speed Serial Links

Signaling Transport (sigtran)

Protokolle zur Übertragung von PSTN-Signalisierung (z.B. ISDN Q.931) über IP-Netze.

RFC 2719	Architectural Framework for Signaling Transport
draft	Signaling Backhaul Protocol
draft	Framework for SIGTRAN Common Transport Protocol
draft	Simple Control Transmission Protocol
draft	SS7 MTP2-User Adaptation
draft	ISDN Q.921-User Adaptation Layer
draft	SS7 MTP3-User Adaptation Layer (M3UA)

Multiparty Multimedia Session Control (mmusic)

Protokolle zur Unterstützung von Multimedia-Konferenzen in einem IP-Netzwerk.

RFC 2326	RTSP: Real Time Streaming Protocol
RFC 2327	SDP: Session Description Protocol
RFC 2542	SIP: Session Initiation Protocol
Draft	SAP: Session Announcement Protocol

Media Gateway Control (megaco)

Media Gateways sind für die Konvertierung der Sprachinformation zwischen normalen Telefonleitungen und IP-Netzwerken zuständig. Die Kontrolle der Gespräche erfolgt außerhalb des Gateways über einen Media Gateway Controller.

draft	Media Gateway Control Protocol Architecture and Requirements
draft	MEGACO Protocol
draft	Multiservice Switching Forum requirements input to MEGACO
draft	Megaco IP Phone Media Gateway
draft	Megaco/H.248 Generic Packages

Resource Reservation Setup Protocol (rsvp)

Protokolle zur Reservierung von Resourcen in einem IP-Netzwerk (z.B. Übertragungsbandbreite).

RFC 2205	RSVP - Version 1 Functional Specification
RFC 2208	RSVP - Version 1 Applicability Statement
RFC 2209	RSVP - Version 1 Message Processing Rules

IP Telephony (iptel)

Protokolle zum Austausch von Media-Gateway-Attributen, um sowohl die Auswahl eines bestimmten Gateway zu erleichtern als auch die Definition einer Call-Processing-Syntax.

draft	A Gateway Location Protocol
draft	Attributes for a Gateway Location Protocol
draft	The IP Telephony Border Gateway Protocol Architecture
draft	Call Processing Language Framework and Requirements
draft	CPL: A Language for User Control of Internet Telephony Services
draft	Transporting User Control Information in SIP REGISTER Payloads
draft	Telephony Routing Information Protocol (TRIP)

Übersicht über IETF Standards zur Sprachübertragung

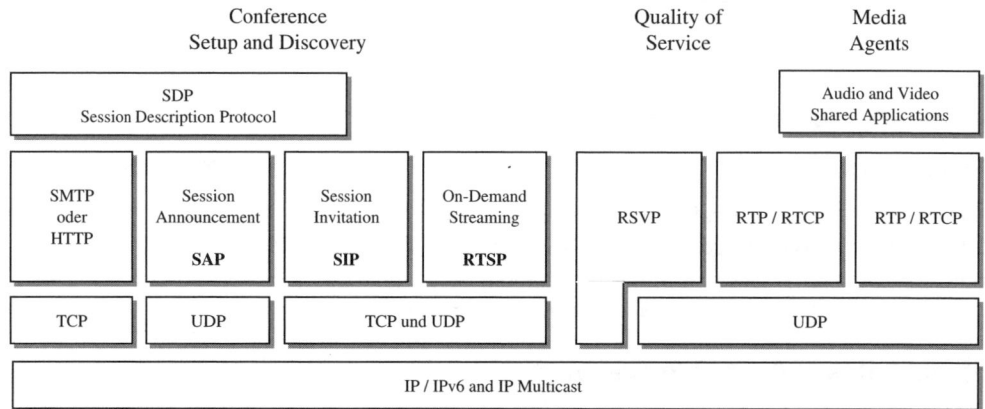

Conference Discovery

Die IETF-Standards unterscheiden zwischen zwei verschiedenen Techniken, wie potentielle Teilnehmer erkennen können, ob eine Multimedia-Konferenz aktiv ist:

- **Session Advertisment** über das Session Announcement Protocol (SAP)

  Informationen über eine aktive Multimedia-Konferenz werden über IP-Multicasts als so genannte *Session Descriptions* (SD) im Netzwerk verteilt. Dazu gehören z.B. die Multicast-Adresse, die UDP- bzw. TCP-Ports oder das Media-Format der Konferenz.

  - SDP (Session Description Protocol)

    Beschreibt den Inhalt und das Format der Session-Descriptions.

  - SAP (Session Announcement Protocol)

    Das zur Verteilung der Session Descriptions eingesetzte Protokoll.

  - Multicast-Adressen und Ports

    - SAPv1 TTL-scoped Announcements   224.2.127.254
    - SAPv1 Administrative Scoped Announcements   239.0.0.0 - 239.255.255.255
    - SAP Standard UDP-Port   9875

- **Session Invitation** über das Session Initiation Protocol (SIP)

  Im Gegensatz zur Session-Advertisment-Technik müssen hier die Konferenzteilnehmer explizit eingeladen werden. Die Teilnehmer kommunizieren anschließend über Multicast, Unicast oder über eine Kombination von beiden miteinander.

  - SDP (Session Description Protocol)

    Beschreibt den Inhalt und das Format der zur Einladung (*Invitation*) der Teilnehmer eingesetzten Session Descriptions.

  - SIP (Session Initiation Protocol)

    Ist für den Aufbau der Multimedia-Konferenz zwischen den einzelnen Teilnehmern verantwortlich.

  - Multicast-Adressen und Ports

    - ALLSIPSERVERS (Registrierung eines Clients)   224.0.1.75
    - SIP Standard UDP-Port   5060

27.6.1 SDP - Session Description Protocol

Das SDP-Protokoll (RFC 2327) definiert lediglich das Format der Session Descriptions. Für die Weitergabe der Session-Descriptions an die potentiellen Teilnehmer einer Multimedia-Konferenz stehen unterschiedliche Transport-Protokolle zur Verfügung:

- SAP   Session Announcement Protocol
- SIP   Session Initiation Protocol
- RTSP   Real-Time Streaming Protocol
- SMTP   Elektronische Mail mit entsprechenden MIME-Erweiterungen
- HTTP   Hypertext Transport Protocol.

SDP-Nachrichten-Format

Die einzelnen Felder einer Session-Description bestehen aus reinem Text (unter Verwendung des ISO-10646-Zeichensatzes).

- Allgemeine Beschreibung der Sitzung (Session Description)

v	Protokollversion
o	Eigentümer und Identifikation der Sitzung
s	Name der Sitzung
I	Information
u	URI der Session-Description
e	E-Mail-Adresse
p	Telefonnummer
c	Informationen über die Verbindung
b	Bandbreiten-Information
z	Anpassung an die Zeitzone
k	Encryption-Key
a	Sitzungsattribute

- Informationen, wann die Sitzung aktiv ist (Time Description)

t	Zeitraum, in der die Sitzung aktiv ist
r	Zeit, in der die Sitzung wiederholt wird

- Informationen über das eingesetzte Medium (Media Description)

m	Name des Mediums und die Transport-Adresse
i	Media-Titel
c	Information über die Verbindung
b	Bandbreiten-Information
k	Encryption-Key
a	Sitzungsattribute

27.6.2 SIP – Session Initiation Protocol

SIP (RFC 2542) ist ein Client-Server-Protokoll und für den Auf- und Abbau von Multimedia-Konferenzen verantwortlich. Die eigentliche Kontrolle der Verbindungen erfolgt über andere Protokolle (z.B. über RTCP).

Um ein anderes System zu einer Konferenz einzuladen, spricht der Client entweder die Gegenseite direkt an oder gibt die Anfrage an einen lokal konfigurierten Proxy- bzw. Redirect-Server weiter.

Die Registrierung der Adressen eines Clients auf den Proxy- oder Redirect-Servern erfolgt in der Regel über SIP-Register-Request-Pakete (ALLSIPSERVER IP-Multicast 224.0.1.75).

Daneben kann SIP auch in Verbindung mit anderen Signalisierungsprotokollen (z.B. H.323) verwendet werden. In diesem Modus setzt der Client SIP-Nachrichten ein, um aus einer protokollunabhängigen Adresse die zugehörige Systemadresse und das zu verwendende Protokoll zu bestimmen.

Das Session-Initiation-Protokoll definiert folgende Servertypen

● Location-Server

  Der Location-Server ist für die Ermittlung des nächsten zu benutzenden Servers und die Weitergabe dieser Information an den Redirect- oder Proxy-Server verantwortlich.

  Der Location-Server ist nicht Bestandteil des SIP-Standards und kann daher auf verschiedene Arten implementiert werden (z.B. als LDAP-Server oder als lokales File).

● User Agent Server (UAS)

  Da ein Teilnehmer in der Regel SIP-Anfragen sowohl erzeugen als auch empfangen kann, enthält ein SIP-fähiges System immer einen Protokoll-Client und auch einen Server.

● Proxy-Server

  Der Proxy-Server nimmt eine Anfrage eines Clients an und leitet sie an einen anderen Server weiter. Dieser wiederum kann ein weiterer Proxy-Server oder der endgültige User-Agent-Server sein.

● Redirect-Server

  Ein Redirect-Server informiert einen Client lediglich über die Adresse eines anderen Servers, gibt die Anfrage aber nicht direkt weiter. Das heißt, der Client muss anschließend eine neue Anfrage zum anderen Server senden.

SIP Proxy Server Operation

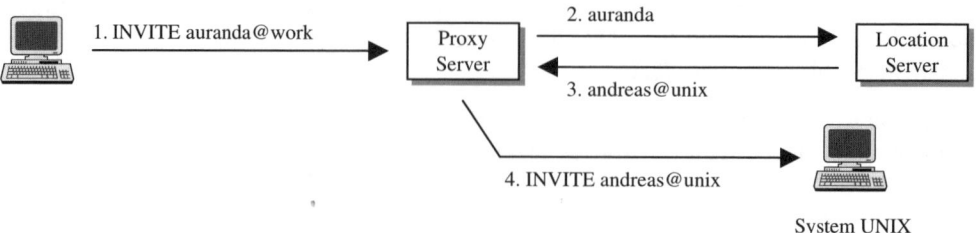

SIP Redirect Server Operation

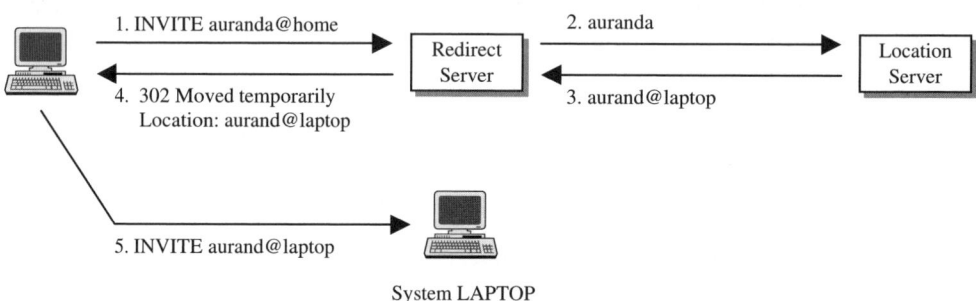

SIP-Nachrichten-Format

SIP ist ein auf dem ISO-10646-Zeichensatz aufbauendes, textbasierendes Protokoll, wobei die Syntax der Nachrichten fast identisch mit dem HTTP/1.1-Standard ist.

● SIP-Request (Anfrage eines Clients an einen Server)

Method-Name Request-URI SIP-Version CR/LF
(general-header I request-header I entity-header) CR/LF
[message-body]

Methods	
INVITE	Teilnehmer zu einer Sitzung einladen
ACK	Bestätigung der Einladung
BYE	Verbindungsabbau
CANCEL	Abbruch einer Suche oder eines Verbindungsaufbaues
OPTIONS	Unterstützte Merkmale
REGISTER	Adressen registrieren

● SIP Response (Antwort eines Servers auf die Anfrage eines Clients)

SIP-version *Status-Code* Reason-Phrase CR/LF
(general-header I response-header I entity-header) CR/LF
[message-body]

Status Codes		
1xx	Informational	Anfrage wurde empfangen, ist aber noch in der Verarbeitung
2xx	Success	Die Aktion wurde empfangen, verstanden und akzeptiert
3xx	Redirection	Weitere Aktionen sind zur Beendigung der Anfrage notwendig
4xx	Client Error	Die Anfrage ist nicht gültig
5xx	Server Error	Der Server kann eine gültige Anfrage nicht beantworten
6xx	Global Failure	Die Anfrage ist auf jedem Server ungültig

● SIP-Header

General Header	Entity Header	Request Header	Response Header
Call-ID	Content-Encoding	Accept	Allow
Contact	Content-Length	Accept-Encoding	Proxy-Authenticate
CSeq	Content-Type	Accept-Language	Retry-After
Date		Authorization	Server
Encryption		Contact	Unsupported
Expires		Hide	Warning
From		Max-Forwards	WWW-Authenticate
Record-Route		Organization	
Timestamp		Priority	
To		Proxy-Authorization	
Via		Proxy-Require	
		Route	
		Require	
		Response-Key	
		Subject	
		User-Agent	

Beispiel für die Einladung zu einer Konferenz über SIP

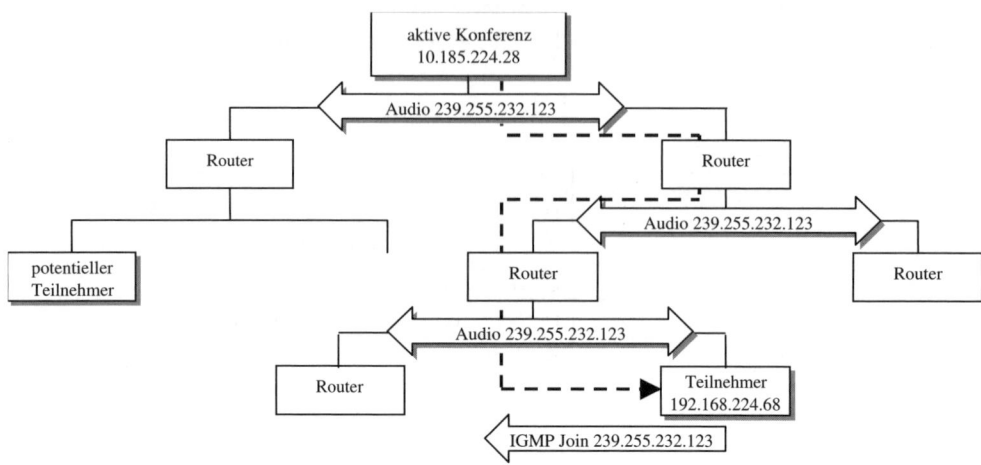

Die Einladung zur Konferenz erfolgt über ein Unicast-SIP-Invite-Request-Paket. Da die beschriebene Konferenz Multicast-Pakete zum Versenden der Audio-Daten einsetzt, informiert der neue Teilnehmer seinen lokalen Router mit Hilfe einer IGMP-Join-Nachricht über die neue Multicast-Adresse.

Der Router wiederum gibt diese Information über ein Multicast-Routing-Protokoll an die anderen Router weiter und baut dadurch den Distribution Tree für diese Multicast-Adresse auf.

SIP-Invite-Request-Paket

```
IP: Source Address          = 10.185.224.28
IP: Destination Address     = 192.168.224.68
UDP:
UDP: Source port            = 2334        Die verwendete Anwendung benutzt den
UDP: Destination port       = 9860        Port 9860 für SIP.

INVITE auranda@laptop SIP/2.0
Via: SIP/2.0/UDP 10.185.224.28
Call-ID: 12555-915546774@10.185.224.28
From: andreas@unix
To: auranda@laptop
Content-type: application/sdp
Content-length: 276
```

```
v=0
o=andreas 915546590 915546590 IN IP4 10.185.224.28
s=test on unix
i=Group Chat
e=andreas@unix
c=IN IP4 239.255.232.123/15
t=1038556894 1038557194
a=tool:sdr v2.4a6
a=type:meeting
m=audio 23376 RTP/AVP 0
c=IN IP4 239.255.232.123/15
a= ptime:40
```

← SDP-Session-Description der Konferenz

= UDP-Port-Nummer für den RTP Audio-Stream
= IP-Multicast-Adresse des Audio-Streams

SIP-Response des eingeladenen Teilnehmers

```
IP: Source Address      = 192.168.224.68
IP: Destination Address = 10.185.224.28
UDP: Source port        = 1203
UDP: Destination port   = 9860
```

```
SIP/2.0 150 Ringing
Via: SIP/2.0/UDP 10.185.224.28
Call-ID: 12555-915546774@10.185.224.28
From: andreas@unix
To: auranda@laptop
Contact-host:192.168.224.68
```

SIP-Response des eingeladenen Teilnehmers

```
IP: Source Address      = 192.168.224.68
IP: Destination Address = 10.185.224.28
UDP: Source port        = 1203
UDP: Destination port   = 9860
```

```
SIP/2.0 200 OK
Via: SIP/2.0/UDP 10.185.224.28
Call-ID:12555-915546774@10.185.224.28
From:andreas@unix
To:auranda@laptop
Contact-host:192.168.224.68
```

27.6.3 SAP – Session Announcement Protocol

Das SAP-Protokoll wird zur Bekanntgabe (*announcement*) von Multicast-Konferenzen eingesetzt. Der Client sendet dazu periodisch SAP-Announcement-Pakete zu einer bestimmten Multicast/Port-Adresse.

- Bei TTL-Scoped Multicasts

    Multicast-Adresse **224.2.127.254** und UDP-Port **9875**

- Bei Administrative Scoped Zones

    Die höchste Multicast-Adresse einer Zone (z.B. 239.255.33.255 für die Zone 239.255.33.0 / 24)

SAP-Header

V	A	MT	E	C	Authentication Length	Message ID Hash
Originating Source (IPv4 oder IPv6 Adresse)						
Optional Authentication Header ...						
Text Payload (**SDP** Session Description oder **SDP** Deletion Packet)						

- Version (V)   3 Bit

    SAP-Versionsnummer (aktuell ist 1)

- Address Type (A)   1 Bit

    0 = IPv4
    1 = IPv6

- Message Type (MT)   2 Bit

    0 = Session Description Announcement; Nutzdaten enthalten eine SDP Session Description.

    1 = Session Description Deletion; Nutzdaten enthalten Informationen über die zu löschende Session.

- Encryption Bit (E)   1 Bit

    Falls gesetzt, ist der Text-Payload verschlüsselt und es sind zusätzliche Felder hinzugefügt (Key-ID, Timeout, Padding und Random).

- Compressed Bit (C)   1 Bit

  Falls gesetzt, ist der Text-Payload mit Hilfe des GZIP-Algorithmus komprimiert.

- Authentication Length 8 Bit

  Anzahl der 32 Bit-Wörter mit Authentication Daten. Falls die Länge gleich Null ist, enthält die SAP-Nachricht keinen Authentication Header.

- Message Identifier Hash   16 Bit

  In Kombination mit der Originating Source identifiziert die Message-ID eindeutig die Version des aktuellen Announcements.

- Originating Source   32 oder 128 Bit

  IP-Adresse des ursprünglichen Senders dieser SAP-Nachricht.

- Authentication Header

  Informationen des eingesetzten Authentifizierungsprotokolls wie z.B. die digitale Signatur des Payload, der Public-Key oder der Verschlüsselungsalgorithmus.

Beispiel für die Bekanntgabe einer Konferenz über SAP

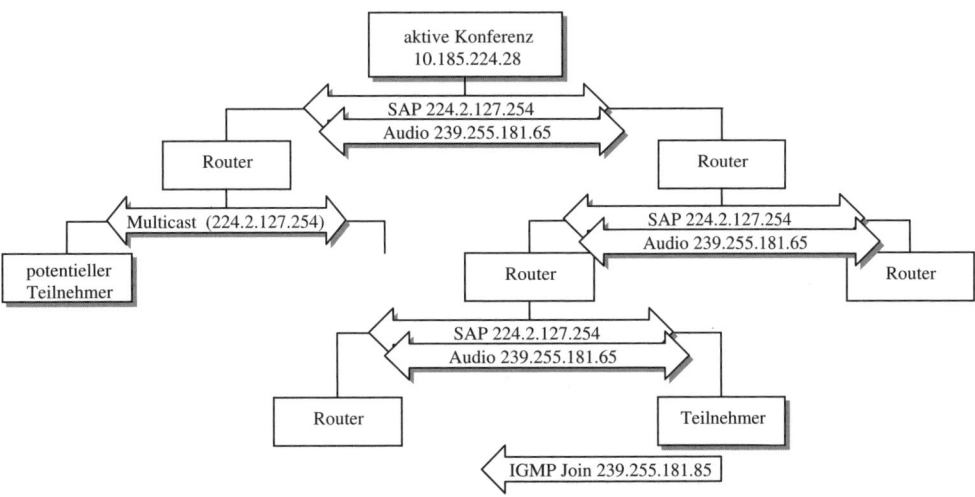

Um alle potentiellen Teilnehmer über eine Konferenz zu informieren, leiten die Router den SAP-Multicast 224.2.127.254 in die Subnetze weiter, an denen Systeme angeschlossen sind, die diese Multicast-Adresse eingeschaltet haben.

Möchte ein System an der bekannt gegebenen Konferenz teilnehmen, sendet es einen IGMP Join Request für die zugehörige IP-Multicast-Adresse zu dem lokalen Router. Der wiederum gibt diese Information über ein Multicast-Routing-Protokoll an die anderen Router weiter.

SAP-Paket

```
DLL: - - - - - Datalink Header - - - - -
DLL:
DLL: Destination Address            = 01-00-5E-02-7F-FE
DLL: Source Address                 = AA-00-04-00-82-C5
IP:
IP: - - - - - Internet protocol (IP) - - - - -
IP:
IP: Protocol Type                   = 17 (UDP)
IP: Header Checksum                 = 47100 (correct)
IP: Source Address                  = 10.185.224.28
IP: Destination Address             = 224.2.127.254  (TTL-scoped SAP Multicast)
UDP:
UDP: - - - - - User Datagram Protocol (UDP) - - - - -
UDP:
UDP: Source port                    = 2312
UDP: Destination port               = 9875
UDP: Length                         = 339 bytes
UDP: Checksum                       = 58051
```

SIP-Header

```
20 00 00 00                         = SAP Version 1
0A B9 E0 1C                         = Originating Source 10.185.224.28
```

SDP-Session-Description mit Informationen über die Konferenz

```
v=0
o=andreas 3124527689 31245 27708 IN IP4 10.185.224.28
s=Test on UNIX
i=Test
p=Andreas Aurand 06103/0
e=Andreas Aurand andreas@unix
t=3124526400 31245 33600
a=tool:sdr v2.4a6
a=type:test
m=audio 17260 RTP/AVP 0
c=IN IP4 239.255.181.85/15         = IP Multicast Adresse des Audio Streams
```

27.6.4 RTSP - Real Time Streaming Protocol

RTSP (RFC 2326) ist ein Kontrollprotokoll für das Abspielen und Aufnehmen von Audio, Video und anderen RTP-basierenden Daten und wird hauptsächlich für *Media-on-Demand* Services eingesetzt. RTSP stellt dabei ähnliche Mechanismen wie ein Videorecorder zur Verfügung (Pause, Vor- und Rücklauf usw.).

Der Datentransport während einer Session verläuft zwischen dem Server und den Clients nur unidirektional (der Server spielt Daten entweder ab oder er nimmt sie auf).

Die zu kontrollierenden Multimedia-Daten werden durch eine *Presentation Description* beschrieben, deren Format aber nicht Bestandteil des RTSP-Standards ist (z.B. über SDP).

Während einer RTSP-Sitzung kann ein Client mehrere Verbindungen zu dem Server unterhalten.

● Standard-RTSP-Port   554

● Alternativer RTSP-Port   8554

RTSP-Nachrichten-Format

Ähnlich wie SIP ist auch RTSP ein auf dem ISO-10646-Zeichensatz aufbauendes, textbasierendes Protokoll, mit einer HTTP/1.1-ähnlichen Syntax.

● RTSP-Request

  Method-Name Request-URI RTSP-Version CR/LF
  (general-header | request-header | entity-header) CR/LF
  [message-body]

● RTSP-Response (gleiche Status Codes wie unter SIP)

  RTSP-version Status-Code Reason-Phrase CR/LF
  (general-header | response-header | entity-header) CR/LF
  [message-body]

● RTSP-Header

General Header	Entity Header	Request Header	Response Header
Cache-Control	Content-Base	Accept	Location
Connection	Content-Encoding	Accept-Encoding	Proxy-Authenticate
Date	Content-Language	Accept-Language	Public
Via	Content-Length	Authorization	Retry-After
	Content-Location	From	Server
	Content-Type	If-Modified-Since	Vary
	Expires	Range	WWW-Authenticate
	Last-Modified	Referer	
	extensions-header	User-Agent	

Abspielen einer Videodatei über RTSP (als Client wird ein RealMedia Player eingesetzt)

● Client: Options Request

```
OPTIONS rtsp://unix:554 RTSP/1.0
CSeq: 1
User-Agent: RealMedia Player Version 6.0.3.177 (win32)
ClientChallenge: f784c598df7b63a9364194929d79013b
PlayerStarttime: [07/01/1999:11:22:43 00:00]
RegionData: 0
```

● Server: Public Response mit Angabe der vom Server unterstützten Methoden

```
RTSP/1.0 200 OK
CSeq: 1
Date: Thu, 07 Jan 1999 10:22:22 GMT
Server: RealMedia Server Version 6.0.2.193 (win32)
Public: OPTIONS, DESCRIBE, ANNOUNCE, SETUP, GET_PARAMETER,
        SET_PARAMETER, TEARDOWN
StatsMask: 3....
```

● Client: Describe Request mit Angabe des abzuspielenden Videos und der Presentation Description

```
DESCRIBE rtsp://unix:554/g2video.rm RTSP/1.0
CSeq: 2
Accept: application/sdp
Bandwidth: 10485800
GUID: 60d680c0-bb29-11d3-84a9-444553540000
RegionData: 0
ClientID: Win95_4.0_6.0.3.143_play32_PN01_en-US_486
Language: ..Require: com.real.retain-entity-for-setup
```

● Server: OK Response mit SDP-Beschreibung der Audio- und Videodaten

```
RTSP/1.0 200 OK
CSeq: 2
Date: Thu, 07 Jan 1999 10:22:25 GMT
Content-base: rtsp://unix:554/g2video.rm/
ETag: 3688-2
Content-type: application/sdp
Content-length: 4268


v=0
o=- 907681418 907681418 IN IP4 10.185.224.68
s=RealSystem G2 Video
i=RealNetworks
a=Flags:integer;2
a=StreamCount:integer;2
a=ASMRuleBook:string; ...
```

SDP-Beschreibung der Audiodaten

```
m=audio 0 RTP/AVP 101
a=control:streamid=0
a=rtpmap:101 x-pn-realaudio
a=length:npt=58.620000
a=mimetype:string;"audio/x-pn-realaudio"
a= .. Parameter ..
a=StreamName:string;"audio/x-pn-multirate-realaudio logical stream"
a=ASMRuleBook:string;  ...
```

SDP-Beschreibung der Videodaten

```
m=video 0 RTP/AVP 101
a=control:streamid=1
a=rtpmap: 101 x-pn-realvideo
a=length:npt=57
a=mimetype:string;"video/x-pn-realvideo"
a= .. Parameter ..
a=StreamName:string;"video/x-pn-multirate-realvideo logical stream"
a=ASMRuleBook:string; ...
```

● Client: Setup Request mit Informationen über verfügbare Transportmechanismen

```
SETUP rtsp://unix:554/g2video.rm/streamid=0 RTSP/1.0
CSeq: 3
Transport: x-real-rdt/mcast;client_port=6970;mode=play,
           x-real-rdt/udp;client_port=6970;mode=play,
           x-pn-tng/udp; client_port=6970;mode=play,
           rtp/avp;unicast;client_port=6970-6971;mode=play
If-Match: 3688-2....
```

Angabe des Transports und der zugehörigen lokalen UDP-Ports

● Server: OK Response mit Angabe des zu verwendenden Transportmechanismus

```
RTSP/1.0 200 OK
CSeq: 3
Date: Thu, 07 Jan 1999 10:22:26 GMT
Session: 3688-2
Transport: x-real-rdt/udp;client_port=6970;server_port=23770
```

● Client: Setup Request mit dem ausgehandelten Transport

```
SETUP rtsp://unix:554/g2video.rm/streamid=1 RTSP/1.0
CSeq: 4
Transport: x-real-rdt/udp;client_port=6970;mode=play
Session: 3688-2
```

● Server: OK Response als Bestätigung des ausgewählten Transports

```
RTSP/1.0 200 OK
CSeq: 4
Date: Thu, 07 Jan 1999 10:22:26 GMT
Session: 3688-2
Transport: x-real-rdt/udp;client_port=6970;server_port=23770
```

● Client: Set_Parameter Request

```
SET_PARAMETER rtsp://unix:554/g2video.rm RTSP/1.0
CSeq: 5
Subscribe: stream=0;rule=4,stream=0;rule=5,stream=1;rule=12,
           stream=1;rule=13
Session: 3688-2
```

● Server: OK Response

```
RTSP/1.0 200 OK
CSeq: 5
Date: Thu, 07 Jan 1999 10:22:33 GMT
Session: 3688-2
```

● Client: Play Request zur Anforderung der Übertragung der Audio- und Videodaten

```
PLAY rtsp://unix:554/g2video.rm RTSP/1.0
CSeq: 6
Session: 3688-2
Range: npt=0-58.619000
```

● Server: OK Response als Bestätigung, dass die Übertragung der Daten beginnt

```
RTSP/1.0 200 OK
CSeq: 6
Date: Thu, 07 Jan 1999 10:22:33 GMT
RTP-Info: url=rtsp://unix:554/g2video.rm/streamid=0;seq=0;rtptime=0,
          url=rtsp://unix:554/g2video.rm/streamid=1;seq=0;rtptime=0
```

Die anschließende Übertragung der Audio- und Videodaten vom Server zum Client erfolgt über eine separate RTP-Verbindung mit den vorher definierten UDP-Ports 23770 (Server) und 6970 (Client).

27.6.5 Cisco-Konfiguration: SIP

Da bei den IETF-Multimedia-Protokollen die Implementierung hauptsächlich auf den Hostsystemen und nicht auf den Netzwerkkomponenten erfolgt, ist auf den Routern eigentlich nur Multicast-Routing zu konfigurieren.

```
ip multicast-routing
!
interface Ethernet0/0
 ip sdr listen          Router speichert die über den SAP-Multicast
 ip pim dense-mode      224.2.127.254 verteilten Informationen.
 ip address 10.185.224.65 255.255.255.0
```

```
# show ip sdr detail
SDR Cache - 1 entries

Session Name: Test on UNIX
  Description: Test
  Group: 0.0.0.0, ttl: 0, Contiguous allocation: 0
  Lifetime: from 14:30:00 UTC Jan 20 1999 until 16:30:00 UTC Jan 20 1999
  Uptime: 00:03:58, Last Heard: 00:03:42
  Announcement source: 10.185.224.28, destination: 239.255.255.255
  Created by: andreas 3125832548 3125832565 IN IP4 unix
  Phone number: Andreas Aurand 06103/0
  Email: Andreas Aurand <andreas@unix>
  URL:
  Media: audio 18812 RTP/AVP 0
    Media group: 239.255.73.73, ttl: 15
    Attribute: ptime:40
  Media: video 50066 RTP/AVP 31
    Media group: 239.255.183.70, ttl: 15
  Media: whiteboard 36029 udp wb
    Media group: 239.255.17.76, ttl: 15
```

```
# show ip sockets
Proto   Remote   Port       Local  Port  In Out Stat TTY OutputIF
 17     0.0.0.0     0   224.0.1.40    496   0   0    1   0  CISCO PIM
 17     0.0.0.0     0  224.2.127.254 9875   0   0    1   0  SAPv1 Ann
103     0.0.0.0     0  10.185.224.65 1590   0   0    0   0
```
PIM Protokoll

show ip mroute summary

```
IP Multicast Routing Table
Flags: D - Dense, S - Sparse, C - Connected, L - Local, P - Pruned
       R - RP-bit set, F - Register flag, T - SPT-bit set, J - Join SPT
Timers: Uptime/Expires
Interface state: Interface, Next-Hop or VCD, State/Mode

(*, 239.255.255.255), 00:11:07/00:00:00, RP 0.0.0.0, flags: DJCL        ⌐ SAP Administrative
   (10.185.224.68, 239.255.255.255), 00:00:34/00:02:25, flags: PCLT        Scoped Announcement

(*, 224.2.127.254), 00:11:07/00:00:00, RP 0.0.0.0, flags: DJCL  ⌐ SAP TTL-scoped
                                                                  Announcement

(*, 239.255.17.76), 00:00:10/00:02:50, RP 0.0.0.0, flags: DJC
   (10.185.224.68, 239.255.17.76), 00:00:14/00:02:48, flags: PCT

(*, 239.255.73.73), 00:00:12/00:02:59, RP 0.0.0.0, flags: DJC
   (10.185.224.68, 239.255.73.73), 00:00:23/00:02:39, flags: PCT

(*, 239.255.183.70), 00:00:32/00:01:32, RP 0.0.0.0, flags: DJC
   (10.185.224.68, 239.255.183.70), 00:00:11/00:02:40, flags: PCT
                                                                  ⌐ AllSipServer
(*, 224.0.1.75), 00:06:15/00:02:59, RP 0.0.0.0, flags: DJC
                                                                  ⌐ Cisco PIM-RP-Discovery
(*, 224.0.1.40), 00:10:31/00:00:00, RP 0.0.0.0, flags: DJCL
```

27.7   Fax

Analoge Fax-Standards

● T.30 Protokoll für die Übertragung von Kontroll- und Signalisierungsdaten

● T.4   Protokoll für die Übertragung von Fax-Daten

Fax über ein IP-Netzwerk

Die Übertragung von Fax-Dokumenten über ein IP-Netzwerk kann auf mehrere unterschiedliche Arten erfolgen: Real-Time, Session oder Store-and-Forward.

Die ITU-T F.185 Empfehlung (*Internet facsimile: Guidelines for the support of the communication of facsimile documents*) beschreibt die Richtlinien für die Übertragung von Fax-Dokumenten über das Internet.

● Store and Forward Fax

   Das Fax-Dokument wird in einem Gateway in das TIFF-F Format umgewandelt und dann als E-Mail über SMTP an den Empfänger weitergeleitet.

   ● ITU-T T.37   Procedures for the transfer of facsimile data via store-and-forward on the Internet

   ● RFC 2305   A Simple Mode of Facsimile Using Internet Mail

   ● RFC 2306   Tag Image File Format (TIFF) - F Profile for Facsimile

   ● RFC 2532   Extended Facsimile Using Internet Mail

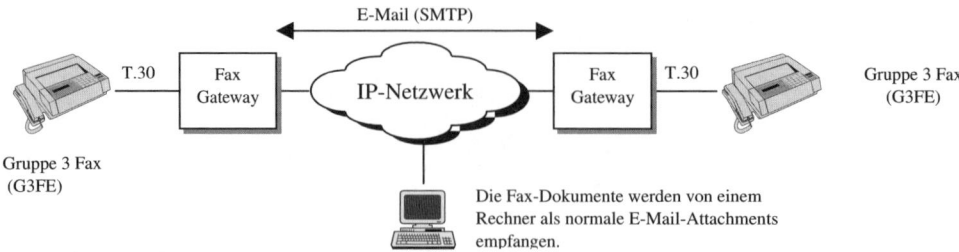

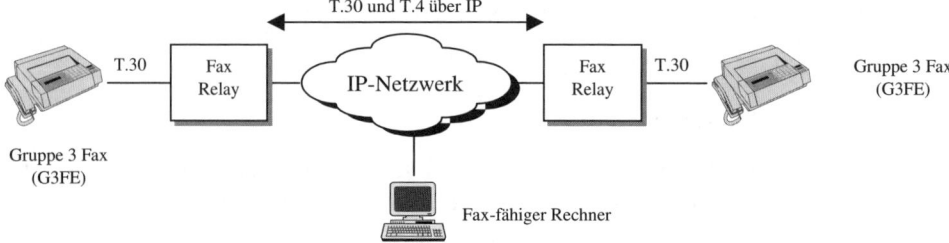

- Session Internet Fax

  Im Gegensatz zu Store and Forward Fax erfolgt bei Session Internet Fax eine Bestätigung über den Empfang des Fax-Dokuments. Das heißt, dass eine direkte Kommunikation, die Abstimmung von Parametern und die Retransmission von Paketen zwischen den beiden Endpunkten möglich sein muss.

- Real-Time Fax (Fax over IP - FoIP)

  Die Umsetzung der Fax-Daten und des Signalisierungs- bzw. Kontrollprotokolls in IP-Pakete erfolgt innerhalb eines Fax-Relays. Dabei muss sichergestellt sein, dass die Daten komplett und in der richtigen Reihenfolge übertragen werden.

  Als Standard unterstützt ITU-T T.38 Real-Time Internet Fax (Fax over IP – FoIP). T.38 ist der Standard Fax Codec für H.323. Der Aufbau der Netzwerkverbindung ist nicht Bestandteil von T.38, er kann über ein anderes Protokoll (z.B. H.323) erfolgen.

Übersicht über
Request for Comments

Liste der in diesem Buch angesprochenen RFCs des IETF (Internet Engineering Task Force).

RFC 768	User Datagram Protocol (UDP)
RFC 791	Internet Protocol (IP)
RFC 792	Internet Control MessageProtocol (ICMP)
RFC 793	Transmission Control Protocol
RFC 826	ARP
RFC 877	Standard for the transmission of IP datagrams over public data networks (Obsoleted by RFC 1356)
RFC 894	Standard for the transmission of IP-Datagrams over Ethernet networks
RFC 903	Reverse ARP
RFC 919	Broadcasting Internet Datagrams
RFC 922	Broadcasting Internet datagrams in the presence of subnets
RFC 950	Internet Standard Subnetting Procedure
RFC 951	Bootstrap Protocol (BOOTP)
RFC 1377	The PPP OSI Network Layer Control Protocol (OSINLCP)
RFC 1378	The PPP AppleTalk Control Protocol (ATCP)
RFC 1390	Transmission of IP and ARP over FDDI Networks
RFC 1469	IP Multicast over Token-Ring Local Area Networks
RFC 1483	Multiprotocol Encapsulation over AAL5 (Obsoleted by RFC 2684)
RFC 1490	Multiprotocol Interconnect over Frame Relay (Obsoleted by RFC 2427)
RFC 1497	BOOTP Vendor Information Extensions
RFC 1517	Applicability Statement for the Implementation of Classless Inter-Domain Routing (CIDR)
RFC 1519	Classless Inter-Domain Routing (CIDR)
RFC 1534	Interoperation Between DHCP and BOOTP
RFC 1542	Clarifications and Extensions for the Bootstrap Protocol
RFC 1552	The PPP Internetworking Packet Exchange Control Protocol (IPXCP)
RFC 1570	PPP LCP Extensions
RFC 1577	Classical IP and ARP over ATM (Obsoleted by RFC 2225)
RFC 1582	Extensions to RIP to Support Demand Circuits
RFC 1586	Guidelines for Running OSPF Over Frame Relay Networks
RFC 1587	The OSPF NSSA Option
RFC 1598	PPP in X.25
RFC 1613	cisco Systems X.25 over TCP (XOT)
RFC 1618	PPP over ISDN

RFC 1626   Default IP MTU for use over AAL5
RFC 1634   Novell IPX Over Various WAN Media (IPXWAN)
RFC 1638   The PPP Bridging Control Protocol (BCP)
RFC 1661   The Point-to-Point Protocol (PPP)
RFC 1662   PPP in HDLC-like Framing
RFC 1663   PPP Reliable Transmission
RFC 1721   RIP Version 2 Protocol Analysis
RFC 1722   RIP Version 2 Protocol Applicability Statement
RFC 1723   RIP Version 2 Carrying Additional Information   (Obsoletes RFC 1388)
RFC 1745   BGP4/IDRP for IP - OSPF Interaction
RFC 1762   The PPP DECnet Phase IV Control Protocol (DNCP)
RFC 1771   BGP-4
RFC 1771   A Border Gateway Protocol 4 (BGP-4)
RFC 1584   Multicast Extensions to OSPF
RFC 1773   Experience with the BGP-4 protocol
RFC 1774   BGP-4 Protocol Analysis
RFC 1793   Extending OSPF to Support Demand Circuits
RFC 1795   Data Link Switching
RFC 1850   OSPF Version 2 Management Information Base
RFC 1863   A BGP / IDRP Route Server alternative to a full mesh routing
RFC 1889   RTP: A Transport Protocol for Real-Time Applications
RFC 1890   RTP Profile for Audio and Video Conferences with Minimal Control
RFC 1918   Private Internets
RFC 1962   The PPP Compression Control Protocol (CCP)
RFC 1965   Autonomous System Confederations for BGP
RFC 1966   BGP Route Reflection: An alternative to full mesh IBGP
RFC 1973   PPP in Frame-Relay
RFC 1989   PPP Link Quality Monitoring
RFC 1990   The PPP Multilink Protocol (MP)
RFC 1994   PPP Challenge Handshake Authentication Protocol (CHAP)
RFC 1997   BGP Communities Attribute
RFC 1998   An Application of the BGP Community Attribute in Multi-home Routing
RFC 2012   SNMPv2 Management Information Base for TCP using SMIv2 (updates RFC 1213)
RFC 2018   TCP Selective Acknowledgment Options
RFC 2042   Registering New BGP Attribute Types
RFC 2050   Internet Registry IP Allocation Guidelines
RFC 2082   RIP-2 MD5 Authentication
RFC 2092   Protocol Analysis for Triggered RIP
RFC 2105   Cisco Systems' Tag Switching Architecture Overview
RFC 2131   Dynamic Host Configuration Protocol (DHCP)
RFC 2132   DHCP Options and BOOTP Vendor Extensions
RFC 2153   PPP Vendor Extensions

RFC 2154	OSPF with Digital Signatures
RFC 2205	RSVP - Version 1 Functional Specification
RFC 2208	RSVP - Version 1 Applicability Statement
RFC 2209	RSVP - Version 1 Message Processing Rules
RFC 2225	Classical IP and ARP over ATM
RFC 2236	Internet Group Management Protocol, Version 2 (Updates RFC 1112)
RFC 2283	Multiprotocol Extensions for BGP-4
RFC 2326	RTSP: Real Time Streaming Protocol
RFC 2327	SDP: Session Description Protocol
RFC 2328	OSPF Version 2
RFC 2329	OSPF Standardization Report.
RFC 2332	NBMA Next Hop Resolution Protocol (NHRP)
RFC 2362	Protocol Independent Multicast-Sparse Mode (PIM-SM)
RFC 2364	PPP over AAL5
RFC 2365	Administratively Scoped IP Multicast
RFC 2370	The OSPF Opaque LSA Option
RFC 2390	Inverse ARP (ObsoletesRFC 1293)
RFC 2427	Multiprotocol Interconnect over Frame Relay (Obsoletes RFC 1490)
RFC 2433	Microsoft PPP CHAP Extensions
RFC 2439	BGP Route Flap Damping
RFC 2484	PPP LCP Internationalization Configuration Option
RFC 2508	CRTP: Compressing IP/UDP/RTP Headers for Low-Speed Serial Links
RFC 2542	SIP: Session Initiation Protocol
RFC 2542	Terminology and Goals for Internet Fax
RFC 2545	Use of BGP-4 Multiprotocol Extensions for IPv6 Inter-Domain Routing
RFC 2547	BGP / MPLS VPNs
RFC 2581	TCP Congestion Control (ObsoletesRFC 2001)
RFC 2582	The NewReno Modification to TCP's Fast Recovery Algorithm
RFC 2615	PPP over SONET/SDH
RFC 2676	QoS Routing Mechanisms and OSPF Extensions
RFC 2684	Multiprotocol Encapsulation over ATM Adaptation Layer 5 (Obsoletes RFC 1483)
RFC 2719	Architectural Framework for Signaling Transport

Abkürzungsverzeichnis

AAL	ATM Adaption Layer
AARP	AppleTalk Address Resolution Protocol
ABR	Area Border Router
ABT	ATM Block Transfer
AC	Access Control
ACF	Admission Confirm
ADPCM	Adaptive Differential PCM
ADSP	Appletalk Data Stream Protocol
AEP	AppleTalk Echo Protocol
AFI	Authority and Format Identifier
AIS	Alarm Indication Signal
ALS	Active Line State
ANF	Additional Network Features
ANI	Automatic Number Identification
ARE	All-Routes Explorer
ARI	Address Recognized Indicator
ARJ	Admission Reject
ARP	Address Resolution Protocol
ARQ	Admission Request
AS	Autonomous System
ASBR	Autonomous System Boundary Router
ASN.1	Abstract Syntax Notation 1
ASP	AppleTalk Session Protocol
ATCP	AppleTalk Control Protocol
ATM	Asynchronous Transfer Mode
AURP	Appletalk Update-Based Routing Protocol
AWND	Allowed Window
BCF	Bandwidth Confirm
BCP	Bridge Control Protocol
BCR	Block Cell Rate
BDR	Backup Designated Router
BECN	Backward Explicit Congestion Notification
BPDU	Bridge PDU
BRJ	Bandwidth Reject
BRQ	Bandwidth Request
BUS	Broadcast and Unknown Servers

BVI	Bridge Group Virtual Interface
CAC	Connection-Admission-Control
CAS	Channel Associated Signaling
CBPDU	Configuration BPDU
CBR	Constant Bit Rate
CCP	Compression Control Protocol
CCS	Common Channel Signaling
CDP	Cisco Discovery Protokoll
CDV	Cell Delay Variation
CDVT	Cell Delay Variation Tolerance
CEF	Cisco Express Forwarding
CELP	Code Excited Linear Prediction
CER	Cell Error Ratio
CES	Circuit Emulation Services
CFM	Configuration Management
CGMP	Cisco Group Management Protocol
CHAP	Challenge Handshake Authentication Protocol
CID	Channel Identifier
CIDR	Classless Inter Domain Routing
CIR	Commited Information Rate
CLI	Calling Line Identification
CLIP	Classical IP
CLP	Cell Loss Priority
CLR	Cell Loss Ratio
CMNS	Connection-mode Network Service
CMR	Cell Misinsertation Rate
CMT	Connection Management
CNG	Comfort Noise Generation
CON	Concentrator
CoS	ATM Category of Service
CPCS	Common Part CS
CRB	Concurrent Routing and Bridging
CRC	Cyclic Redundancy Check
CRTP	Compressed RTP
CS	Convergence Sublayer
CSNP	Complete Sequence Number PDU
CSRC	Contributed Source Identifier
CTD	Cell Transfer Delay
CUD	Call User Data
CWND	Congestion Window
DAC	Dual Attachment Concentrator
DAS	Dual Attachment Station

DDP	Datagram Delivery Protocol
DDR	Dial-on-Demand Routing
DE	Discard Eligibility
DFL	Deterministic Fragment Loss
DHCP	Dynamic Host Configuration Protocol
DISL	Dynamic ISL
DLCI	Data Link Connection ID
DLSw	Data Link Switching
DNCP	DECnet Phase IV Control Protocol
DNIC	Data Network Identification Code
DNIS	Dialed Number Identification Service
DNS	Domain Name Service
DPNSS	Digital Private Network Signaling System
DQDB	Distributed Queued Dual Bus
DR	Designated Router
DSP	Digital Signaling Prozessor
DSP	Domain Specific Part
DSS2	Digital Subscriber Signaling No. 2
DTMF	Dual Tone Multifrequency
DTP	Dynamic Trunking Protocol
DUAL	Diffusing Update Algorithm
DVMRP	Distance Vector Multicast Routing Protocol
DWFQ	Distributed Weighted Fair Queueing
DX	Duplex Signaling
DXI	Data Exchange Interface
E&M	Ear & Mouth
E&M	rEceive and transMít
E-ADPCM	Embedded ADPCM
EBGP	External BGP
ECM	Entity Coordination Management
EDEL	Ending Delemiter
EFCI	Explicit Forward Congestion Indicator
ELAN	Emulated LAN
EOC	Embedded Operation Channel
ER	Explicit Rate
FAS	Frame Alignment Signal
FC	Frame Control
FCI	Frame Copied Indicator
FCIS	Frame Content Independent Stripping
FCS	Frame Check Sequence
FDX	Full Duplex
FECN	Forward Explicit Congestion Notification

FERF	Far End Receive Failure
FIB	Forwarding-Information-Base
FLP	Fast Link Pulse
FoIP	Fax over IP
FRF	Frame Relay Implementation Agreement
FRR	Fast Retransmit and Recovery
FS	Frame Status
FST	Fast Sequence Transport
FXO	Foreign Exchange Office
FXS	Foreign Exchange Service
GARP	Generic Attribute Registration Protocol
GCF	Gatekeeper Confirm
GCRA	Generic Cell Rate Algorithm
GFC	Generic Flow Control
GMII	Gigabit Ethernet Medium Independent Interface
GMRP	GARP Multicast Registration Protocol
GNS	SAP Get Nearest Server
GNS	GetNearestServer
GOSIP	Government OSI Profiles
GRJ	Gatekeeper Reject
GRQ	Gatekeeper Request
GVRP	GARP VLAN Registration Protocol
HDX	Half Duplex
HLS	Halt Line State
HSRP	Hot Standby Routing Protocol
IBGP	Internal BGP
ICMP	Internet Control Message Protocol
IDI	Initial Domain Identifier
IDP	Initial Domain Part
IEEE	Institute of Electrical and Electronics Engineers. Amerikanisches Gremium, das sich u.a. mit der Normung von Netzwerken befasst.
IETF	Internet Engineering Task Force
IFG	Interframe Gap
IGMP	Internet Group Management Protocol
ILMI	Interim Local Management Interface
ILS	Idle Line State
InARP	Inverse ARP
Inverse ARP	Inverse Address Resolution Protocol
IP	Internet Protocol
IPCP	IP Control Protocol
IPX	Internet Packet Exchange
IPXCP	Internetworking Packet Exchange Control Protocol

IRB	Integrated Routing and Bridging
IRDP	ICMP Router Discovery Protocol
IRQ	Info Request
IRR	Information Response
ISL	Inter-Switch Link
ISUP	ISDN User Part
ITU	International Telecommunication Union. Weltweit tätige Organisation für die Koordination des Aufbaus und Betriebs von Telekommunikationsnetzen und -diensten.
ITU-T	ITU Telecommunication Standards. Internationale Empfehlungen der ITU im Bereich der Telekommunikation (Nachfolger der CCITT).
IVR	Interactive Voice Response
IWF	Interworking Function
JK	Starting Delimiter
L2F	Layer-2 Forwarding Protokoll
LANE	ATM LAN-Emulation
LAPB	Link Access Protocol Balanced
LAPD	Link Access Protocol D-Channel
LAPF	Link Access Procedure Frame Relay
LCF	Location Confirm
LCF	Low Cost Fiber
LCN	Logical Channel Number
LCP	Link-Layer Control Protocol
LD-CELP	Low-Delay CELP
LEC	LAN Emulation Client
LECS	LAN Emulation Configuration Server
LES	LAN Emulation Servers
LIS	Logical IP Subnet
LLC	Logical Link Control
LMI	Local Management Interface
LPC	Linear Predictive Coding
LQM	Link Quality Monitoring
LRJ	Location Reject
LRQ	Location Request
LSA	Link State Advertisement
LSP	Link State PDU
LSPDBOL	LSP Database Overload
MAC	Medium Access Control
MBS	Maximum Burst Size
MCR	Minimum Cell Rate
MCU	Multipoint Controller Unit
MDI	Medium Dependent Interface
MED	Multi Exit Descriptor

Megaco	Media Gateway Control
MHSRP	Multigroup HSRP
MIB	Management Information Base
MIC	Media Interface Connector
MID	Message Identifier
MII	Fast Ethernet Medium Independent Interface
MLS	Master Line State
MMF	Multi Mode Fiber
MMP	Multichassis Multilink PPP
MOS	Mean Opinion Score
MPC	MPOA Client
MPE	Multi-Pulse Excited
MPI	Multiprotocol Interconnect
MPLS	Multiprotocol Label Switching
MP-MLQ	Multipulse, Multilevel Quantization
MPOA	Multiprotocol over ATM
MPPC	Microsoft PPP Compression Protokoll
MPS	MPOA Server
MSCP	Microsoft Callback Control Protocol
MSL	Maximum Segment Lifetime
MSN	Multiple Subscriber Number
MSS	Maximum Segment Size
MTP	Message Transfer Part
MTU	Maximum Transfer Unit
NAS	Network Access Server
NAUN	Nearest Active Upstream Neighbor
NAT	Network Address Translation
NBNS	NetBIOS Name Server
NBP	Name Binding Protocol
NCP	Network Control Protocol
NCP	Network Core Protocol
NetBEUI	NetBIOS Extended User Interface
NetBIOS	Network Basic Input/Output System
NFAS	Not Frame Alignment Signal
NHRP	Next Hop Resolution Protocol
NIF	Neighborhood Information Frame
NLPI	Network Layer Protocol Identifier
NLPID	Network Layer Protocol Identifier
NLS	Noise Line State
NLSP	Netware Link Services Protocol
NNI	Public Network-to-Node Interface
nrt-VBR	Non-Real-Time VBR

NSAP	Network Service Access Point
NSSA	OSPF:Not So Stub Area
NTN	National Terminal Number
NVE	network-visible Entities
OAM	Operation, Administration and Maintenance
OSI	Open System Interconnection
OSINLCP	OSI Network Layer Control Protocol
OUI	Organizational Unit Identifiers
P/F	Poll/Final Bit
PAP	Password Authentication Protocol
PAT	Port Address Translation
PAWS	Protect Against Wrapped Sequences
PBN	Packet Based Network Interface
PBX	Private Branch Exchange
PCM	Physical Connection Management
PCM	Pulse Code Modulation
PCR	Peak Cell Rate
PHY	Physical Layer
PIB	Policy Information Base
PIM	Protocol Independent Multicast
PINX	Private Integrated Services Network Exchange
PLAR	Private Line, Automatic Ringdown - Automatische Verbindung zu einem anderen Telefon sobald der Hörer abgenommen wird
PLCP	Physical Layer Convergence Procedures
PMA	Physical Medium Attachment
PMD	Physical Medium Dependent Layer
PMTU	Path MTU Discovery
PNNI	Private Network-to-Node Interface
POTS	Plain old Telephone Service. Bezeichnet die normalen Telefonservices und den Zugriff auf das öffentliche Telefonnetz (PSTN).
PPP	Point to Point Protocol
PSN	Public Switching Network
PSNP	Partial Sequence Number PDU
PSTN	Public Switched Telephone Network. Bezeichnung für das normale öffentliche Telefonnetz.
PTI	Payload Type
PVC	Permanent Virtual Circuit
QFC	Quantum Flow Control
QLS	Quiet Line State
QoS	Quality of Service
RARP	Reverse ARP
RDF	Request Denied Frame
RI	Routing Information

RID	OSPF Router-ID
RIF	Routing Information Field
RII	Routing Information Indicator
RMSS	Receiver Maximum Segment Size
RMT	Ring Management
RP	Rendezvous Point
RPE	Regular Pulse Excited
RPE/LPT	Regular-Pulse Excited / Long Term Prediction
RPF	Reverse Path Forwarding
RR	Relative Rate
RRQ	Registration Request
RSRB	Remote Source Route Bridging
RSVP	Bandwidth Reservation Protocol
RTCP	Real Time Control Protocol
RTMP	Routing Table Maintenance Protocol
RTO	TCP Retransmission Timeout
RTP	Real Time Protocol
RTSP	Real Time Streaming Protocol
RTT	TCP Round Trip Time
rt-VBR	Real-Time VBR
RVR	Routing Vector Routing
RWND	Receiver Window
SAAL	Signaling ATM Adaption Layer
SAC	Single Attachment Concentrator
SACK	Selective Acknowledgement
SAP	Service Access Point
SAP	Service Advertising Protocol
SAP	Session Announcement Protocol
SAPI	Service Access Points Identifier
SAR	Segmentation and Reassembly
SAS	Single Attachment Station
SB-ADPCM	Sub-Band ADPCM
SCCP	Signaling Connection Control Part
SCP	Service Control Point
SCR	Sustainable Cell Rate
SD	Session Description
SDEL	Starting Delimiter
SDP	Session Description Protocol
SEAL	Simple and Efficient Adaption Layer
SEL	Selector Byte
SFD	Start Frame Delimiter
SIA	Stuck-In-Active

SIF	Station Information Frame
SIP	Session Initiation Protocol
SIP	SMDS Interface Protocol
SMB	Server Message Block
SMDS	Switched Multi-Megabit Data Service
SMF	Single Mode Fiber
SMS	Selective Multicast Servers
SMSS	Sender Maximum Segment Size
SMT	FDDI Station Management
SNI	SMDS Network Interface
SNMP	Simple Network Management Protocol
SNP	Sequence Number PDU
SPF	Shortest-Path First
SPX	Sequence Packet Protocol
SR/TLB	Source Route Translational Bridging
SRB	Source Route Bridging
SRS	Source Route Switching
SRT	Source Route Transparent
SS7	Common Channel Signalling System No. 7
SSCF	Service Specific Coordination Function
SSCOP	Service Specific Connection Oriented Protocol
SSCS	Service Specific CS
SSP	Service Switching Point
SSRC	Synchronization Source Identifier
SSRP	Simple Server Redundancy Protocol
SSTHRESH	Slow Start Threshold
STDM	Synchrones Time Division Multiplexing
STE	Spanning Tree Explorer
STP	Signal Transfer Point
STP	Shielded Twisted Pair
SVC	Switches Virtual Circuit
SWS	Silly Window Syndrom
TA	Terminal Adapter
TB	Transparent Bridging
TCAP	Transaction Capabilities Applications Part
TCN	Topology Change Notification BPDU
TCP	Transmission Control Protocol
TEI	Terminal Endpoint Identifier
THT	Token Hold Time
TOS	Type of Service
TP	Twisted Pair
TRT	Token Rotation Timer

TSopt	TCP Timestamp
TTL	Time To Live
TTRT	Target Token Rotation Timer
TUP	Telephone User
TVX	Valid Transmission Timer
UAS	User Agent Server
UBR	Unspecified Bit Rate
UDP	User Datagram Protocol
UNI	User-to-Network Interface
UPC	Usage Parameter Control
URQ	Unregistration Request
UTP	Unshielded Twisted Pair
VAD	Voice Activity Detection
VBR	Variable Bit Rate
VC	Virtual Circuit
VCI	Virtual Circuit Identifier
VFRAD	Voice Frame-Relay Access Device
VLAN	Virtual LAN
VLSM	Variable Length Subnet Masks
VoATM	Voice over ATM
VoFR	Voice over Frame-Relay
VoIP	Voice over IP
VP	Virtual Path
VPC	Virtual Path Connection
VPDN	Virtual Private Dialup Network
VPI	Virtual Path Identifier
VTOA	Voice and Telephony over ATM
VTP	VLAN Trunk Protocol
WFQ	Weighted Fair Queueing
WRED	Weighted Random Early Detection
WSopt	Window Scale Option
XOT	X.25 over TCP/IP
ZIP	Zone Information Protocol

Anhang

C Beispielübersicht

Stichwortverzeichnis

Contents of Calculus of Variations I
The Lagrangian Formalism

Part II. The Second Variation and Sufficient Conditions

## Part III

Canonical Formalism and Parametric Variational Problems

Chapter 7. Legendre Transformation, Hamiltonian Systems, Convexity, Field Theories

This chapter links the first half of our treatise to the second by preparing the transition from the Euler–Largrange formalism of the calculus of variations to the canonical formalism of Hamilton–Jacobi, which in some sense is the dual picture of the first. The *duality transformation* transforming one formalism into the other is the so-called *Legendre transformation* derived from the Lagrangian F of the variational problem that we are to consider. This transformation yields a global diffeomorphism and is therefore particularly powerful if $F(x, z, p)$ is elliptic (i.e. uniformly convex) with respect to p. Thus the central themes of this chapter are *duality* and *convexity*.

In Section 1 we define the Legendre transformation, derive its principal properties, and apply it to the Euler–Lagrange formalism of the calculus of variations, thereby obtaining the dual *canonical formulation of the variational calculus*. As the Legendre transformation is an *involution* we can regain the old picture by applying the transformation to the canonical formalism. We note that these operations can be carried out both for single and multiple integrals.

In Section 2 we present the canonical formulation of the Weierstrass field theory developed in Chapter 6. We shall see that the *partial differential equation of Hamilton–Jacobi* is the canonical equivalent of the *Carathéodory equations*. That is, the eikonal of any Mayer field satisfies the Hamilton–Jacobi equation and, conversely, any solution of this equation can be used to define a Mayer field.

Next we define the *eigentime function* Ξ for any r-parameter flow h in the cophase space. Then the eigentime is used to derive a normal form for the pull-back $h^*\kappa_H$ of the *Cartan form*

$$\kappa_H = y_i \, dz^i - H \, dx.$$

In terms of this normal form, called *Cauchy representation*, we characterize *Hamiltonian flows* and *regular Mayer flows*. The latter are just those N-parameter flows in the cophase space whose ray bundles (= projections into the configuration space) are field-like Mayer-bundles.

Thereafter we study the Hamiltonian K of the accessory Lagrangian Q corresponding to some Lagrangian F and some F-extremal u. It will be seen that K is just the quadratic part of the Hamiltonian H corresponding to F, expanded at the Hamilton flow line corresponding to u.

In *2.4* we shall solve the Cauchy problem for the Hamilton–Jacobi equation by using the eigentime function $\varXi$ and the Cauchy representation of *2.2*.

In Section 3 we shall give an exposition of the notions of a convex body and its polar body as well as of a convex function and its conjugate. This way we are led to a *generalized Legendre transformation* which will be used in Chapter 8 to develop a canonical formalism for one-dimensional parametric variational problems. The last subsection explores some ramifications of the theory of convex functions which are of use in optimization theory and for the direct methods of the calculus of variations based on the notion of lower semicontinuity of functionals.

Finally in Section 4 we treat various extensions of Weierstrass field theory to multiple variational integrals. The notion of a *calibrator* introduced in Chapter 4 is quite helpful for giving a clear presentation. The general idea due to Lepage is described in *4.3* while in *4.1* and *4.2* we treat two particular cases, the *field theories of De Donder–Weyl* and *of Carathéodory*. The De Donder–Weyl theory is particularly simple as it operates with calibrators of divergence type which are linearly depending on the eikonal map $S = (S^1, \ldots, S^n)$. However, it is taylored to variational problems with fixed boundary values, while Carathéodory's theory also allows to handle free boundary problems. One has to pay for this by the fact that the Carathéodory calibrator depends nonlinearly on S. We also develop a large part of the properties of *Carathéodory's involutory transformation*, a generalization of *Haar's transformation*, which is discussed in Chapter 10.

We close this chapter by a brief discussion of *Pontryagin's maximum principle* for constrained variational problems, based on the existence of calibrators.

1. Legendre Transformations

In this section we define a class of involutory mappings called *Legendre transformations*. Such mappings are used in several fields of mathematics and physics.

In *1.1* we establish the main properties of Legendre transformations, and we supply a useful geometric interpretation of these mappings in terms of *envelopes* and *support functions*. We also show how Legendre transformations can be used to solve, for instance, Clairaut's differential equations or to transform certain nonlinear differential equations such as the minimal surface equation and the equation describing steady two-dimensional compressible flows into linear equations; see [1] and [2]. In *1.1* [3] we shall see why duality in analytic geometry can be interpreted as a special case of Legendre transformations.

Another interesting application of Legendre transformations concerns *convex bodies*. This topic will be briefly touched in *1.1* [4]; a more detailed discussion is given in *3.1*. In particular we shall see that the transition from a *convex body* to its *polar body* or, equivalently, from the *distance function of a convex·body* to its *support function* is provided by a Legendre transformation. In Chapter 8 this relation will be used to illuminate the connection between the *indicatrix* and the *figuratrix* of a parametric variational problem.

Often one applies Legendre transformations not to all variables but just to some of them. Usually such restricted transformations are also called Legendre transformations; occasionally we shall denote them as *partial Legendre transformations*.

Typically, a partial Legendre transformation Ψ acts between two differentiable bundles B and B' having the same base manifold M such that any fiber of B is mapped into a fiber of B' with the same base point p in M. For example, let TM and T^*M be the tangent and cotangent bundle of a differentiable manifold M; the corresponding fibres above some point $p \in M$ are the tangent space T_pM and the cotangent space T_p^*M respectively (to the manifold M at the point p). Then a partial Legendre transformation $\Psi : TM \to T^*M$ satisfies

$$\Psi(p, v) = (p, \psi(p, v)) \quad \text{for } p \in M, \, v \in T_pM$$

and $\psi(p, v) \in T_p^*M$ where $\psi(p, v)$ is the "v-gradient" of some scalar function $F(p, v)$.

In *1.2* partial Legendre transformations will be used to transform Euler equations into equivalent systems of differential equations of first order called *Hamiltonian systems*. This leads to a dual description of a variational problem and their extremals, which is of great importance in physics. Similarly we derive the Hamiltonian form of Noether's equations, of the corresponding free boundary conditions (transversality conditions), and of conservation laws derived from symmetry assumptions by means of Noether's theorem.

The Hamiltonian description can be given both for single and multiple variational integrals, but it is particularly useful for one-dimensional variational problems. In Section 2 we present the Hamiltonian formulation of all basic ideas of Weierstrass field theory developed in Chapter 6 such as Carathéodory equations, eikonals, Mayer fields, Lagrange brackets, excess function, invariant integral etc.

We finally mention that there are close connections of Legendre transformations with the theory of *contact transformations*. These geometric interpretations of Legendre transformations will be given in Chapters 9 and 10.

1.1. Gradient Mappings and Legendre Transformations

We begin by defining the classical Legendre transformation. This transformation consists of two ingredients: of the gradient mapping of a given function f, and of a transformation of f into some dual function f^*. We begin by considering gradient mappings.

Let $f(x)$, $x \in \Omega$, be a real valued function on some domain Ω of $\mathbb{R}^n$ which is of class C^s with $s \geq 2$. Then we define a mapping $\varphi : \Omega \to \mathbb{R}^n$ by setting

(1)
$$\xi = \varphi(x) := f_x(x), \quad x \in \Omega,$$

where f_x denotes the gradient of f, $f_x = (f_{x^1}, f_{x^2}, \dots, f_{x^n})$. We call φ the *gradient mapping* associated with the function f; clearly, $\varphi \in C^{s-1}(\Omega, \mathbb{R}^n)$.

Lemma 1. *The gradient mapping φ is locally invertible if*

(2)
$$\det(f_{x^\alpha x^\beta}) \neq 0 \quad on \ \Omega.$$

If Ω is convex and if the Hessian matrix $f_{xx} = D^2 f = (f_{x^\alpha x^\beta})$ is positive definite on Ω (symbol: $f_{xx} > 0$), then the gradient mapping (1) is a C^{s-1}-diffeomorphism of Ω onto $\Omega^* := \varphi(\Omega)$.

Proof. If (2) holds, then φ locally provides a C^{s-1}-diffeomorphism, on account of the inverse mapping theorem. Thus we only have to show that φ is one-to-one if Ω is convex and $f_{xx} > 0$. Suppose that $\varphi(x_1) = \varphi(x_2)$ for some $x_1, x_2 \in \Omega$ and set $x = x_2 - x_1$. Since Ω is convex, the points $x_1 + tx$, $0 \leq t \leq 1$, are contained in Ω. Then $A(t) := f_{xx}(x_1 + tx)$ defines a continuous matrix-valued function of $[0, 1]$ with $A(t) > 0$. From

$$0 = \langle x, \varphi(x_2) - \varphi(x_1) \rangle = \left\langle x, \int_0^1 \frac{d}{dt} \varphi(x_1 + tx)\, dt \right\rangle$$

$$= \int_0^1 \langle x, A(t)x \rangle \, dt,$$

we now infer that $x = 0$, i.e. $x_1 = x_2$, which proves that φ is one-to-one. $\qquad\square$

The *example* $f(x) = e^{|x|^2}$, $\Omega = \{x \in \mathbb{R}^n : |x^\alpha| < 1\}$, shows that the convexity of Ω and the definiteness of the Hessian matrix f_{xx} do in general not imply the convexity of Ω^*.

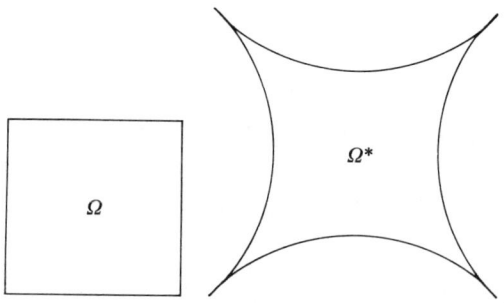

Fig. 1. The set $\Omega^* = f(\Omega)$ need not be convex, e.g. for $f(x) = \exp|x|^2$.

General assumption (GA). *In the following we shall always require that the gradient mapping* $\varphi : \Omega \to \Omega^* := \varphi(\Omega)$ *is globally invertible, and we will denote its inverse* $\varphi^{-1} : \Omega^* \to \Omega$ *by* ψ.

Then the mapping

$$(3) \qquad\qquad x = \psi(\xi), \quad \xi \in \Omega^*,$$

defines a C^{s-1}-diffeomorphism of Ω^* onto Ω. (Note that Ω^* is open on account of the inverse mapping theorem.)

We agree upon the following notations:

$$x = (x^1, \dots, x^n), \quad \xi = (\xi_1, \dots, \xi_n),$$

$$\varphi = (\varphi_1, \dots, \varphi_n), \quad \psi = (\psi^1, \dots, \psi^n).$$

Then we can define the *Legendre transformation generated by f.* This is a process consisting of the following two operations:

(i) *New variables* $\xi \in \Omega^*$ *are introduced by the gradient mapping* $\xi = \varphi(x) := f_x(x)$ *with the inverse* $x = \psi(\xi)$.

(ii) *A dual function* $f^*(\xi)$, $\xi \in \Omega^*$, *is defined by*

$$(4) \qquad\qquad f^*(\xi) := \xi \cdot x - f(x), \quad where \ x := \psi(\xi).$$

which is called the Legendre transform of f.

In coordinate notation, (4) reads as

$$(4') \qquad\qquad f^*(\xi) = \xi_\alpha x^\alpha - f(x), \quad x^\beta = \psi^\beta(\xi)$$

(summation with respect to α from 1 to n). Another way to write (4) is

$$(4'') \qquad\qquad f^*(\xi) = \{x \cdot f_x(x) - f(x)\}_{x = \psi(\xi)}.$$

In mechanics the new variables ξ_α are called *canonical momenta* or *conjugate variables.*

Lemma 2. *If* $f \in C^s(\Omega)$, $s \geq 2$, *then its Legendre transform* f^* *is of class* $C^s(\Omega^*)$.

Proof. From the definition it appears as if f^* were only of class C^{s-1} since φ and therefore also ψ is only of class C^{s-1}. The following formulas will, however, imply that the Legendre transform f^* is of the same differentiability class as the original function f. In fact, from

$$(5) \qquad\qquad f^*(\xi) = \xi_\alpha \psi^\alpha(\xi) - f(\psi(\xi)),$$

it follows that

$$df^*(\xi) = d\xi_\alpha \, \psi^\alpha(\xi) + \xi_\alpha \, d\psi^\alpha(\xi) - f_{x^\alpha}(\psi(\xi)) \, d\psi^\alpha(\xi).$$

The second and third sum on the right-hand side cancel since

$$\xi_\alpha = f_{x^\alpha}(\psi(\xi)),$$

and therefore

$$f_{\xi_\alpha}^*(\xi)\, d\xi^\alpha = \psi^\alpha(\xi)\, d\xi_\alpha$$

whence

(6) $$\psi^\alpha(\xi) = f_{\xi_\alpha}^*(\xi).$$

In other words, the inverse ψ of the gradient mapping $\varphi = f_x$ corresponding to the function f is the gradient map $\psi = f_\xi^*$ of the dual function f^* to f.

Since $\psi \in C^{s-1}(\Omega^*, \mathbb{R}^n)$, we therefore have $f_\xi^* \in C^{s-1}(\Omega^*, \mathbb{R}^n)$ and, consequently, $f^* \in C^s(\Omega^*, \mathbb{R}^n)$ as claimed above. $\square$

Formulas (4) and (6) imply that

(7) $$x = f_\xi^*(\xi), \quad f(x) = x \cdot \xi - f^*(\xi), \qquad \text{where } \xi = \varphi(x).$$

This shows that x and f can be obtained from ξ and f^* in the same way as ξ, f^* were derived from x, f. In other words, the transformation $(x, f) \mapsto (\xi, f^*)$ is an *involution*.

The involutory character of the Legendre transformation is better expressed by the symmetric formulas

(8) $$f(x) + f^*(\xi) = \xi \cdot x, \quad \xi = f_x(x), \ x = f_\xi^*(\xi),$$

or in coordinates by

(8') $$f(x) + f^*(\xi) = \xi_\alpha x^\alpha, \quad \xi_\alpha = f_{x^\alpha}(x), \ x^\alpha = f_{\xi_\alpha}^*(\xi).$$

Moreover, the identity $x = \psi(\varphi(x))$ yields

$$E = D\psi(\xi) \cdot D\varphi(x), \quad \xi = \varphi(x),$$

where E denotes the unit matrix (δ_α^β), whence

$$D\psi(\xi) = [D\varphi(x)]^{-1}$$

or

(9) $$f_{\xi\xi}^*(\xi) = [f_{xx}(x)]^{-1}, \quad \xi = \varphi(x).$$

Hence $f_{xx} > 0$ implies $f_{\xi\xi}^* > 0$, and vice versa.

In other words, the Legendre transform f^* of a uniformly convex (concave) function $f : \Omega \to \mathbb{R}$ is again a uniformly convex (concave) function provided that $\Omega^* := f(\Omega)$ is convex. The function $f^* : \Omega^* \to \mathbb{R}$ is sometimes called the *conjugate convex (concave) function to f.*

Here a function $f : \Omega \to \mathbb{R}$ is called *uniformly convex (concave)* if Ω is a convex open set and if it is a C^2-function satisfying $f_{xx} > 0$ ($f_{xx} < 0$). Note that uniform convexity implies the strict convexity condition

$$f(\lambda x + (1 - \lambda)z) < \lambda f(x) + (1 - \lambda)f(z) \quad \text{for } 0 < \lambda < 1$$

if $x, z \in \Omega$ and $x \neq z$.

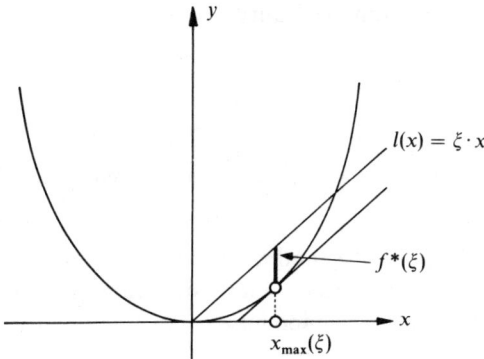

Fig. 2. Legendre transform.

Next we want to show that the Legendre transform $f*$ of a given convex (concave) function f can be characterized by some maximum (minimum) principle. Using such a variational principle we could define the Legendre transform for nonsmooth functions. This idea is quite useful in the theory of optimization. We shall define Legendre transforms of nonsmooth functions in Section 3.

Proposition. *If* $f \in C^2(\Omega)$ *satisfies* $f_{xx}(x) > 0$ *on a convex domain* Ω, *then its Legendre transform* $f*$ *is given by*

(10)
$$f*(\xi) = \max_{x \in \Omega} [\xi \cdot x - f(x)]$$

for all $\xi \in \Omega*$.

Proof. Fix some $\xi \in \Omega*$ and consider the strictly concave function $g \in C^2(\Omega)$ which is defined by $g(x) = \xi \cdot x - f(x)$. Since $g_x(x) = \xi - f_x(x)$, we infer that $g_x(x) = 0$ if and only if x and ξ are related by $\xi = f_x(x)$, and if this is the case we have

$$g(x) = x \cdot f_x(x) - f(x) = f*(\xi),$$

and for $x + h \in \Omega$ and $h \neq 0$ we obtain

$$g(x + h) = g(x) - \tfrac{1}{2}h \cdot f_{xx}(x + \theta h)h, \quad 0 < \theta < 1,$$

whence $g(z) < g(x)$ for $z = x + h \in \Omega$ and therefore

$$f*(\xi) = g(x) > g(z) \quad \text{if } z \neq x. \qquad \square$$

As a corollary of this proposition we obtain *Young's inequality for conjugate convex functions f and $f*$:*

(11)
$$\xi \cdot x \leq f(x) + f*(\xi) \quad \text{for all } x \in \Omega \text{ and all } \xi \in \Omega*.$$

For instance, if $n = 1$, the inequality

(12) $$\xi \cdot x \leq \frac{x^p}{p} + \frac{\xi^q}{q}$$

holds for $\xi, x \geq 0$ and $p, q > 1$ with $\frac{1}{p} + \frac{1}{q} = 1$. (Note that it suffices to prove this inequality for $\xi, x > 0$. If we choose $\Omega = \mathbb{R}^+$ and $f(x) = x^p/p$, then it turns out that $\Omega^* = \mathbb{R}^+$ and $f^*(\xi) = \xi^q/q$, and the desired inequality follows from (10).)

Let $\varphi(t)$ be a smooth, strictly increasing function on $[0, \infty)$ satisfying $\varphi(0) = 0$ and $\varphi(t) \to \infty$ as $t \to \infty$, and let $\psi := \varphi^{-1}$ be the inverse to φ. Then it is readily seen that the Legendre transform of the function

$$f(x) := \int_0^x \varphi(t)\, dt$$

is given by the function

$$f^*(\xi) := \int_0^\xi \psi(t)\, dt,$$

and Young's inequality has the simple geometric meaning illustrated in Fig. 3.

Another conclusion from (10) is the relation

(13) $$\min_{\xi \in \Omega^*} f^*(\xi) = \min_{\xi \in \Omega^*} \max_{x \in \Omega} [\xi \cdot x - f(x)],$$

and if Ω^* is convex, we also obtain

(14) $$\min_{x \in \Omega} f(x) = \min_{x \in \Omega} \max_{\xi \in \Omega^*} [\xi \cdot x - f^*(\xi)],$$

because the Legendre transformation is involutory.

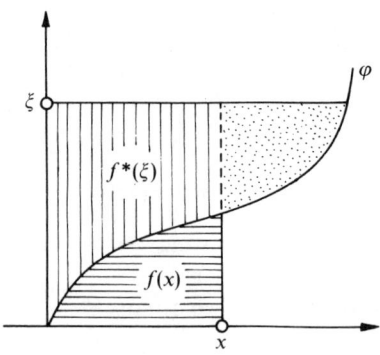

Fig. 3. Young's inequality.

The Legendre transformation has a beautiful *geometric interpretation.* Consider a hypersurface

$$\mathcal{S} = \{(x, z): z = f(x), x \in \Omega\}$$

in $\mathbb{R}^{n+1} = \mathbb{R}^n \times \mathbb{R}$ which is the graph of a function $f \in C^s(\Omega)$, $s \geq 2$, satisfying the general assumption (GA). The tangent plane E_Q to $\mathcal{S}$ at some point $Q = (x, z)$ is given by

$$E_Q = \{(\bar{x}, \bar{z}) \in \mathbb{R}^{n+1}: \bar{z} - f(x) = f_x(x) \cdot (\bar{x} - x)\},$$

or else, the points $\bar{Q} = (\bar{x}, \bar{z})$ of E_Q satisfy the equation

(15) $$\bar{z} - f_x(x) \cdot \bar{x} = f(x) - f_x(x) \cdot x.$$

If we introduce as before

$$\xi = \varphi(x) = f_x(x), \quad x = \psi(\xi), \quad f^*(\xi) = \xi \cdot x - f(x),$$

we can write (15) as

(16) $$\bar{z} - \xi \cdot \bar{x} = -f^*(\xi).$$

With $\bar{x} := (\bar{x}, \bar{z})$ and

$$n := (\xi / \sqrt{1 + |\xi|^2}, \, -1/\sqrt{1 + |\xi|^2}), \quad d(n) := f^*(\xi)/\sqrt{1 + |\xi|^2},$$

we obtain the *Hessian normal form*

(17) $$n \cdot \bar{x} = d(n)$$

of the defining equation of the tangent plane E_Q, and $d(n)$ is the (oriented) distance of the origin from E_Q. If we define $d(\pi)$ for any $\pi \in \mathbb{R}^{n+1}$ by

(18) $$d(0) = 0, \quad d(\pi) := |\pi| d(\pi/|\pi|) \quad \text{if } \pi \neq 0,$$

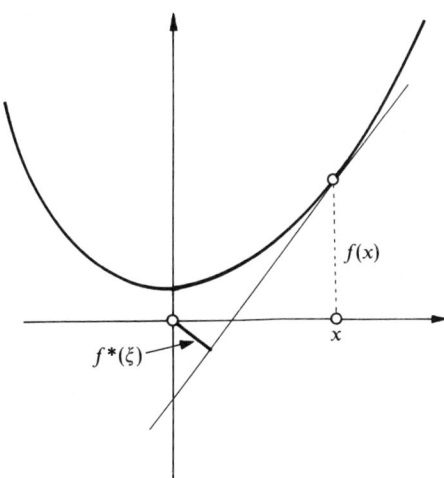

Fig. 4. Legendre transform.

then $d(\pi)$ is positively homogeneous of first degree, and we can write

$$(19) \qquad\qquad f^*(\xi) = d(\xi, -1).$$

If f is a convex or concave function, then, up to its sign, d is nothing but Minkowski's *support function* for a convex body that is locally bounded by the hypersurface $\{(x, z): z = f(x)\}$. Hence, by a slight abuse of notation, *we may interpret the Legendre transform f^* of the function f as support function of the hypersurface $\mathscr{S}$ in $\mathbb{R}^{n+1}$ given by the equation $z = f(x)$.*

Once $f^*(\xi)$ is known, the computational rules (8) for the Legendre transformation generated by f yield the parametric representation

$$(20) \qquad x = f_\xi^*(\xi), \qquad z = -f^*(\xi) + \xi \cdot f_\xi(\xi), \qquad \xi \in \Omega^*,$$

for the hypersurface $\mathscr{S}$ defined as graph of the function f. Equations (20) express the fact that $\mathscr{S}$ can be seen as envelope of its tangent planes E_Q, $Q \in \mathscr{S}$, described by (16).

This interpretation of the Legendre transformation yields a very satisfactory geometrical picture which will be used in Chapter 10 to derive an analytical formulation of the *infinitesimal Huygens principle*.

Let us consider some preliminary examples which will show that the Legendre transformation is a rather useful tool. Thereafter we shall consider a slight generalization, called *partial Legendre transformation*, which is used in the Hamilton–Jacobi theory and in other important applications.

$\boxed{1}$ Assume that $y(x)$ is a real valued function of the real variable x, $a < x < b$, which is of class C^2, and suppose that $y'' > 0$ (or $y'' < 0$) on $I = (a, b)$. Then the mapping $\xi = \varphi(x) := y'(x)$ is invertible; let ψ be its inverse. We obtain $\psi = \eta'$ where $\eta(\xi) = \xi \cdot \psi(\xi) - y(\psi(\xi))$ is the Legendre transform of $y(x)$, and $\eta \in C^2(I^*)$ for $I^* = \varphi(I)$. Let us write these formulas in a symmetric way:

$$(21) \qquad\qquad y(x) + \eta(\xi) = x \cdot \xi, \quad \xi = y'(x), \ x = \eta'(\xi).$$

Consider now *Clairaut's differential equation*
$$(22) \qquad\qquad G(y', y - xy') = 0$$

or, in explicit form,

$$(22') \qquad\qquad y = xy' + g(y')$$

which arises from the following geometric problem: Select by an equation

$$(23) \qquad\qquad G(a, b) = 0 \quad \text{or} \quad g(a) = b$$

from the two-parameter family of straight lines $y = ax + b$ in the x, y-plane a one-parameter family. Since $a = y'$, $b = y - xy'$, each line $y = ax + b$ subject to (23) is an affine solution of (22) or (22'), respectively. One may ask if there exist nonlinear solutions as well.

Heuristically, the envelope to the one-parameter family of straight lines should provide such a solution. In fact, by applying the Legendre transformation to (22) or (22'), we get

$$G(\xi, -\eta(\xi)) = 0 \quad \text{or} \quad -\eta(\xi) = g(\xi).$$

In the second case we obtain the solution $y = y(x)$ in the form of a parametric representation

$$x = -g'(\xi), \qquad y = -g'(\xi) \cdot \xi + g(\xi)$$

by means of the parameter $\xi \in I^*$, provided that $g'' \neq 0$. By eliminating ξ, the solution can be brought to the form $y = y(x)$.

Consider, for example, the straight lines for which the segment between the positive x- and y-axes has the fixed length $c > 0$. They are described by the equation

$$b = -\frac{ca}{\sqrt{1 + a^2}} =: g(a)$$

and will, therefore, satisfy the differential equation

$$y = xy' - \frac{cy'}{\sqrt{1 + y'^2}}.$$

Hence we obtain

$$x = c(1 + \xi^2)^{-3/2}, \qquad y = -c\xi^3(1 + \xi^2)^{-3/2}$$

as parametric representation for the nonlinear solution, and this curve is part of the asteroid

$$x^{2/3} + y^{2/3} = c^{2/3}.$$

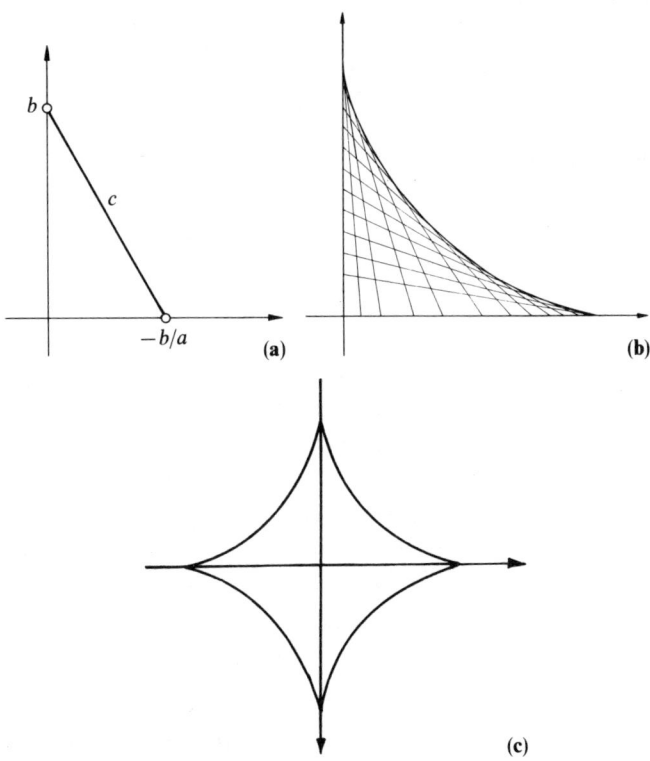

Fig. 5. (a) Construction of the astroid. (b) Arc of the astroid as envelope of straight lines. (c) The astroid.

$\boxed{2}$ Consider now the Legendre transformation connected with a C^2-function of two variables, $f(x, y)$, which is assumed to be convex (or concave) in the sense that $\rho := f_{xx}f_{yy} - f_{xy}^2 > 0$. Introducing new variables ξ, η by

$$\xi = f_x(x, y), \qquad \eta = f_y(x, y)$$

and the Legendre transform

$$f^*(\xi, \eta) = x\xi + y\eta - f(x, y)$$

where x, y are to be expressed by ξ, η, then

$$x = f_\xi^*(\xi, \eta), \qquad y = f_\eta^*(\xi, \eta)$$

and

$$\frac{1}{\rho(x, y)} = f_{\xi\xi}^* f_{\eta\eta}^* - f_{\xi\eta}^{*2}.$$

From

$$\begin{pmatrix} f_{xx}, f_{xy} \\ f_{yx}, f_{yy} \end{pmatrix} = \begin{pmatrix} f_{\xi\xi}^*, f_{\xi\eta}^* \\ f_{\eta\xi}^*, f_{\eta\eta}^* \end{pmatrix}^{-1} = \rho \begin{pmatrix} f_{\eta\eta}^*, -f_{\eta\xi}^* \\ -f_{\xi\eta}^*, f_{\xi\xi}^* \end{pmatrix},$$

we infer the relations

$$f_{xx} = \rho f_{\eta\eta}^*, \qquad f_{xy} = -\rho f_{\xi\eta}^*, \qquad f_{yy} = \rho f_{\xi\xi}^*,$$

where $\rho, f_{xx}, f_{xy}, f_{yy}$ are to be taken with the arguments x, y, and $f_{\xi\xi}^*, f_{\xi\eta}^*, f_{\eta\eta}^*$ with ξ, η. If we apply the Legendre transformation to some solution f of the equation

$$(1 + f_y^2)f_{xx} - 2f_xf_yf_{xy} + (1 + f_x^2)f_{yy} = 2H\{1 + f_x^2 + f_y^2\}^{3/2},$$

then its Legendre transform f^* satisfies

$$(1 + \xi^2)f_{\xi\xi}^* + 2\xi\eta f_{\xi\eta}^* + (1 + \eta^2)f_{\eta\eta}^* = 2H \cdot (1 + \xi^2 + \eta^2)^{3/2} \cdot (f_{\xi\xi}^* f_{\eta\eta}^* - f_{\xi\eta}^{*2}).$$

If $H = 0$, we in particular obtain that any solution f of the minimal surface equation is transformed into a solution of the linear elliptic equation

$$(1 + \xi^2)f_{\xi\xi}^* + 2\xi\eta f_{\xi\eta}^* + (1 + \eta^2)f_{\eta\eta}^* = 0.$$

Another interesting example is provided by a steady two-dimensional compressible flow with the velocity components $u(x, y)$, $v(x, y)$ on a simply connected domain Ω of $\mathbb{R}^2$. Such a flow is described by the equations

$$v_x - u_y = 0,$$

$$(c^2 - u^2)u_x - uv(u_y + v_x) + (c^2 - v^2)v_y = 0,$$

where c is the speed of sound which is a given function of $u^2 + v^2$. The first equation implies the existence of a velocity potential $f(x, y)$ with

$$u = f_x, \qquad v = f_y,$$

which then will be a solution of the nonlinear equation

$$(c^2 - f_x^2)f_{xx} - 2f_xf_yf_{xy} + (c^2 - f_y^2)f_{yy} = 0.$$

Then the Legendre transform $f^*(\xi, \eta)$ solves the linear second order differential equation

$$(c^2 - \xi^2)f_{\eta\eta}^* + 2\xi\eta f_{\xi\eta}^* + (c^2 - \eta^2)f_{\xi\xi}^* = 0.$$

Even more drastic is the simplification of Clairaut's differential equation

$$xf_x + yf_y - f = A(f_x, f_y),$$

which is transformed into

$$f^* = A(\xi, \eta).$$

[3] Let $A = (a_{\alpha\beta})$ be a symmetric invertible matrix with the inverse $A^{-1} = (a^{\alpha\beta})$, and consider the nondegenerate quadratic form

$$f(x) = \tfrac{1}{2} a_{\alpha\beta} x^\alpha x^\beta.$$

Note that $f(x)$ is not necessarily convex as A is merely invertible and can be nondefinite. Its gradient mapping is given by

$$\xi = f_x(x) = Ax \quad \text{or} \quad \xi_\alpha = a_{\alpha\beta} x^\beta,$$

whence

$$x = f_\xi^*(\xi) = A^{-1}\xi \quad \text{or} \quad x^\alpha = a^{\alpha\beta} \xi_\beta,$$

and the Legendre transform f^* of f is

$$f^*(\xi) = \tfrac{1}{2} a^{\alpha\beta} \xi_\alpha \xi_\beta.$$

There are various geometrical interpretations of these formulas. In our context the following one is particularly relevant. For given $c \in \mathbb{R}$, x_0, $x \in \mathbb{R}^n$, $f(x) \neq 0$, the equation

$$f(x_0 + tx) = c$$

has one, two or no solutions t, that is, the straight line $\mathscr{L} = \{x_0 + tx : t \in \mathbb{R}\}$ intersects the quadric $Q = \{z : f(z) = c\}$ in one, two, or no points. If there exist two intersection points z_1 and z_2, they determine a chord $\mathscr{C}$, the center of which coincides with x_0 if and only if the coefficient $x \cdot f_x(x_0)$ of the linear term in

$$f(x_0 + tx) = t^2 f(x) + tx \cdot f_x(x_0) + f(x_0)$$

is vanishing, that is, if and only if

$$a_{\alpha\beta} x_0^\alpha x^\beta = 0 \quad \text{or} \quad x_0 \cdot \xi = 0,$$

where $\xi = Ax = f_x(x)$. Thus, the hyperplane

$$\mathscr{H} = \{x_0 \in \mathbb{R}^n : \xi \cdot x_0 = 0\}$$

contains the centers x_0 of all chords of Q which have the direction x. Such a plane $\mathscr{H}$ is called a *diameter plane* of the quadric Q. The direction vector $\xi = Ax$ which is perpendicular to $\mathscr{H}$ is called *conjugate* to x, and the direction of ξ is the *conjugate direction* to that of x. Thus we have found that, for a nondegenerate quadratic form $f(x) = \tfrac{1}{2} a_{\alpha\beta} x^\alpha x^\beta$, the gradient map $\xi = Ax = f_x(x)$ transforms direction vectors x in conjugate directions vectors ξ which are the position vectors of the diameter planes corresponding to chords of any quadric $Q = \{z : f(z) = c\}$ which have the direction of x.

We finally note that $f(x) = f^*(\xi)$ if $\xi = f_x(x) = Ax$. Hence, if the point x lies on the quadric

$$Q = \{z : f(z) = c\},$$

then its image point $\xi = f_x(x)$ is contained in the quadric

$$Q^* = \{\zeta : f^*(\zeta) = c\}.$$

Since $\xi = Ax$ is a normal vector to Q at x, the vector ξ is a position vector of the tangent space $T_x Q$, and we infer that the tangent planes of a surface of second order form a surface of second class (see e.g. F. Klein [4]).

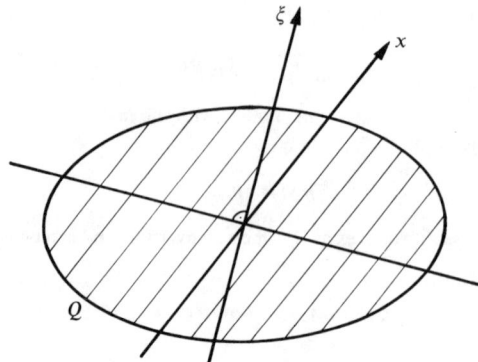

Fig. 6. Conjugate directions.

4 Another interesting application of the Legendre transformation concerns *convex bodies*. Let us sketch the main ideas; the details will be worked out in *3.1*.

Consider a function $F = C^0(\mathbb{R}^n)$ with the following three properties:

(i) $F(0) = 0$, and $F(x) > 0$ if $x \neq 0$;

(ii) $F(\lambda x) = \lambda F(x)$ if $\lambda > 0$;

(iii) F is convex.

Then the set $\mathscr{K}$ defined by

$$(24) \qquad\qquad \mathscr{K} = \{x \in \mathbb{R}^n : F(x) \leq 1\}$$

is a convex body (i.e., a compact convex set) with 0 as interior point. Let us express F in terms of $\mathscr{K}$. For any $x \neq 0$, there is exactly one point ξ contained in $\partial\mathscr{K} \cap \{\lambda x : \lambda > 0\}$, and this point is characterized by $F(\xi) = 1$. Writing $x = \xi|\xi|^{-1}|x|$ we infer from (ii) that

$$(24') \qquad\qquad F(x) = |\xi|^{-1}|x|.$$

Conversely, if $\mathscr{K}$ is a convex body with 0 as interior point, then the function F defined by (24') satisfies (i)–(iii), and $\mathscr{K}$ can be described by (24). One calls F the *distance function* of $\mathscr{K}$.

Suppose now that $\mathscr{K}$ is a convex body with $0 \in \mathrm{int}\ \mathscr{K}$, the distance function F of which is of class C^2 on $\mathbb{R}^n - \{0\}$. Then Euler's theorem implies

$$F_{x^\alpha x^\beta}(x)x^\beta = 0 \quad \text{for all } x \in \mathbb{R}^n - \{0\}$$

since F_{x^α} is positively homogeneous of degree zero. Thus the Hessian matrix F_{xx} is singular and the Legendre transformation cannot be applied to F, at least not in the ordinary sense. Nevertheless the Legendre transformation will be applicable to $Q(x) := \frac{1}{2}F^2(x)$ if $Q_{xx}(x)$ is positive definite, and this assumption means that $\mathscr{K}$ is uniformly convex. Let $Q^*(\xi)$ be the Legendre transform of Q and set

$$F^*(\xi) := \sqrt{2Q^*(\xi)}.$$

We call F^* the Legendre transform of F; it turns out to be the so-called *support function of $\mathscr{K}$*, and one can prove that F^* has the properties (i)–(iii). Thus we can interpret F^* as distance function of a new convex body $\mathscr{K}^*$ which is called the *polar body of $\mathscr{K}$*:

$$(25) \qquad\qquad \mathscr{K}^* = \{\xi \in \mathbb{R}^n : F^*(\xi) \leq 1\}.$$

We refer the reader to *3.1* for a detailed treatment of 4.

We shall now consider *a generalization of the Legendre transformation* which will be useful at many occasions. The idea is to subject only part of the independent variables to a gradient mapping while leaving the other variables unchanged.

Let $f(x, y)$ be a function of $n + \ell$ variables

$$z = (x, y), \quad x = (x^1, \dots, x^n), \quad y = (y^1, \dots, y^\ell)$$

on a domain $G = \{(x, y): x \in \Omega, y \in B(x)\}$ where Ω is a domain in $\mathbb{R}^n$ and the sets $B(x)$ are domains in $\mathbb{R}^\ell$ depending on $x \in \Omega$. We assume that $f \in C^2(G)$.

Then we define[1] the *partial Legendre transformation generated by f* as the following procedure:

(i) Introduce new variables $\zeta = (x, \eta)$ instead of $z = (x, y)$ by the mapping $T: G \to \mathbb{R}^{n+\ell} = \mathbb{R}^n \times \mathbb{R}^\ell$ with $\zeta = T(z) = T(x, y)$ which is defined by

(26) $$x = x, \quad \eta = \varphi(x, y) := f_y(x, y).$$

It is assumed that T yields a C^1-diffeomorphism of G onto some domain $G^* := T(G)$ that is of the kind

$$G^* = \{(x, \eta): x \in \Omega, \eta \in B^*(x)\},$$

where the $B^*(x)$ are domains in $\mathbb{R}^\ell$. Then the inverse T^{-1} of T is of class C^1 and can be written as

(27) $$x = x, \quad y = \psi(x, \eta).$$

(ii) Thereafter the Legendre transform (or dual function) $f^*(x, \eta)$ of $f(x, y)$ will be defined by

(28) $$f^*(x, \eta) = \eta \cdot y - f(x, y), \quad y = \psi(x, \eta).$$

If we take the differential of both sides of

$$f^*(x, \eta) = \eta_i \psi^i(x, \eta) - f(x, \psi(x, \eta)),$$

we obtain

$$f^*_{x^\alpha} \, dx^\alpha + f^*_{\eta_i} \, d\eta_i = d\eta_i \psi^i + \eta_i \, d\psi^i - f_{x^\alpha} \, dx^\alpha - f_{y^i} \, d\psi^i,$$

where f_{x^α} and f_{y^i} have the arguments $(x, \psi(x, \eta))$. Since $\eta_i = f_{y^i}(x, \psi(x, \eta))$, the second and the fourth term of the right-hand side cancel whence

$$f^*_{x^\alpha} \, dx^\alpha + f^*_{\eta_i} \, d\eta^i = d\eta_i \psi^i - f_{x^\alpha}(x, \psi(x, \eta)) \, dx^\alpha.$$

Therefore

(29) $$f^*_{x^\alpha}(x, \eta) + f_{x^\alpha}(x, \psi(x, \eta)) = 0, \quad \psi^i(x, \eta) = f^*_{\eta_i}(x, \eta),$$

---

[1] Usually, this transformation is just called *Legendre transformation*. For the time being we want to add the attribute "partial" to stress the difference to the ordinary Legendre transformation.

and analogously to (8) we obtain the symmetric formulas

(30)
$$f(x, y) + f^*(x, \eta) = \eta_i y^i,$$
$$\eta_i = f_{y^i}(x, y), \quad y^i = f_{\eta_i}^*(x, \eta), \quad f_{x^\alpha}(x, y) + f_{x^\alpha}^*(x, \eta) = 0,$$

where (x, η) is the image of (x, y) or vice versa depending on whether one views (30) as mapping $(x, y) \mapsto (x, \eta)$ or as $(x, \eta) \mapsto (x, y)$, $\alpha = 1, \ldots, n$, $i = 1, \ldots, \ell$, and $\eta \cdot y = \eta_i y^i$ (summation convention). From (30) the involutory character of the Legendre transformation becomes apparent, and from (29) we infer that f^* is of class C^2 (and of class C^s if f is of class C^s).

The global invertibility of T is insured if the sets $B(x)$ are convex and if $f_{yy}(x, y) > 0$ is assumed.

Applications of partial Legendre transformations to variational problems will be considered in the sequel.

1.2. Legendre Duality Between Phase and Cophase Space. Euler Equations and Hamilton Equations. Hamilton Tensor

In this subsection we want to apply a partial Legendre transformation generated by some Lagrangian $F(x, z, p)$ to the associated variational integral

(1)
$$\mathcal{F}(u) = \int_\Omega F(x, u(x), Du(x)) \, dx$$

and its Euler equations

$$L_F(u) = 0,$$

which have the form

(2)
$$D_\alpha F_{p_\alpha^i}(x, u(x), Du(x)) - F_{z^i}(x, u(x), Du(x)) = 0.$$

It will be helpful to connect some geometrical pictures with the different spaces where the variables x, z, p are varying. Let us denote the (x, z)-space as the *configuration space*, $\mathscr{C}$, whereas the *phase space* $\mathscr{P}$ is the (x, z, p)-space.

Let x be in $\mathbb{R}^n$ and z in $\mathbb{R}^N$, and denote by $\mathbb{R}_n$ and $\mathbb{R}_N$ the dual spaces of $\mathbb{R}^n$ and $\mathbb{R}^N$ respectively:

$$(\mathbb{R}^n)^* = \mathbb{R}_n, \qquad (\mathbb{R}^N)^* = \mathbb{R}_N.$$

The $p = (p_\alpha^i)$ will be viewed as element of $\mathbb{R}_n \otimes \mathbb{R}^N$, and the dual space of this tensor product will be given by

$$(\mathbb{R}_n \otimes \mathbb{R}^N)^* = \mathbb{R}^n \otimes \mathbb{R}_N.$$

The *configuration space* can be written as

(3) $$\mathscr{C} = \mathbb{R}^n \times \mathbb{R}^N,$$

and the *phase space* is

(4) $$\mathscr{P} = \mathbb{R}^n \times \mathbb{R}^N \times (\mathbb{R}_n \otimes \mathbb{R}^N).$$

In addition, we introduce the *cophase space*

(5) $$\mathscr{P}^* := \mathbb{R}^n \times \mathbb{R}^N \times (\mathbb{R}^n \otimes \mathbb{R}_N).$$

Unfortunately, there is no unanimously accepted terminology in the literature. Therefore we shall not stick to our nomenclature very rigorously but we shall use different names in different situations. Presently we want to view

$$\text{graph } u = \{(x, z): z = u(x), x \in \Omega\}$$

as a nonparametric surface in $\mathbb{R}^n \times \mathbb{R}^N$ given by a mapping $u : \Omega \to \mathbb{R}^N$, $\Omega \subset \mathbb{R}^n$. Hence $x = (x^1, \ldots, x^n)$ are not merely parameters but geometric coordinates enjoying the same rights as $z = (z^1, \ldots, z^N)$. The geometric object is an n-dimensional surface $\mathscr{S} = $ graph u of codimension N sitting in $\mathbb{R}^n \times \mathbb{R}^N$; therefore the configuration space $\mathscr{C}$ is in this situation thought to be the x, z-space. At other occasions the map $u : \Omega \to \mathbb{R}^N$ is interpreted as parameter representation of an n-dimensional surface $\mathscr{S} = u(\Omega)$ in the z-space $\mathbb{R}^N$; in this case, the z-space $\mathbb{R}^N$ is viewed as the true configuration space, and the x, z-space is denoted as *extended configuration space*. Similarly the space $\mathscr{P}$ and $\mathscr{P}^*$ in (4) and (5) are then the *extended phase space* and the *extended cophase space* respectively, while $\mathbb{R}^N \times (\mathbb{R}_n \otimes \mathbb{R}^N)$ and $\mathbb{R}^N \times (\mathbb{R}^n \otimes \mathbb{R}_N)$ denote the true *phase space* and *cophase space*.

For example, let us consider the case $n = 1$. We think of a mechanical system; then the variable x is interpreted as a time variable t, the space (configuration) variable z is renamed to x, and instead of p we write v (for velocity). Now the x-space is the configuration space, and the x, v-space is the phase space. If y denote the conjugate variables (momenta) with respect to (t, x, v), then the x, y-space is the cophase space. (Note, however, that physicists usually denote the x, y-space as the phase space!) Correspondingly the t, x, v-space and the t, x, y-space are the extended phase space and the extended cophase space of mechanics. But if we think of an optical system, we use the old variables x, z, v and x, z, y; the configuration space $\mathbb{R} \times \mathbb{R}^n = \mathbb{R}^{n+1}$ has the x-axis as a distinguished geometric axis, say, as optical axis of a telescope ($n = 2$).

In geometric applications it may be useful to choose a fibre bundle B as the phase space and the corresponding base manifold M as the configuration space. However, for not to obscure the basic ideas by developing an elaborate scheme suited for a general setting, we stay with our somewhat primitive Euclidean picture.

Let Ω be a bounded domain in $\mathbb{R}^n$ and assume that $\mathscr{U}$ is an open set in the configuration space $\mathscr{C}$ such that for every $x \in \bar{\Omega}$ there is a point $z \in \mathbb{R}^N$ satisfying $(x, z) \in \mathscr{U}$. Moreover, denote by G some nonempty open set in $\mathscr{P}$ which is of the form

$$G = \{(x, z, p): (x, z) \in \mathscr{U}, p \in B(x, z)\},$$

where $B(x, z) \subset \mathbb{R}_n \times \mathbb{R}^N$. Finally let $F(x, z, p)$ be a Lagrangian of class C^2.

General assumption (GA). *Suppose that the partial gradient mapping* $\mathscr{L} : G \to \mathscr{P}^*$, *defined by*

(6) $$x = x, \qquad z = z, \qquad \pi = F_p(x, z, p) =: \varphi(x, z, \mathrm{p}),$$

is a C^1-diffeomorphism of G onto some set

$$G^* = \{(x, z, \pi): (x, z) \in \mathscr{U}, \pi \in B^*(x, z)\}.$$

Locally this assumption is satisfied if we suppose that

$$\det F_{pp}(x, z, p) \neq 0.$$

Denote the C^1-inverse $\mathscr{L}^{-1} : G^* \to G$ of $\mathscr{L}$ by the formulas

(7)
$$x = x, \quad z = z, \quad p = \psi(x, z, \pi).$$

Then we define the (partial) Legendre transform $\phi(x, z, \pi)$ *of* $F(x, z, p)$ *by*

(8)
$$\phi(x, z, \pi) := \{\pi \cdot p - F(x, z, p)\}|_{p = \psi(x, z, \pi)}.$$

The function ϕ is called the *Hamilton function* or *Hamiltonian* corresponding to F. The new variables $\pi = (\pi_\alpha^i)$ are denoted as *canonical momenta* or *conjugate variables*.

By the reasoning carried out at the end of the previous section we see that the partial Legendre transformation defined by these two steps is involutory, and $\phi \in C^2(G^*)$. According to formula (30) of *1.1*, the whole mechanism is comprised in the involutory formulas

(9)
$$F(x, z, p) + \phi(x, z, \pi) = \pi_i^\alpha p_\alpha^i, \quad \pi_i^\alpha = F_{p_\alpha^i}(x, z, p), \quad p_\alpha^i = \phi_{\pi_i^\alpha}(x, z, \pi),$$

$$F_{x^\alpha}(x\ z, p) + \phi_{x^\alpha}(x, z, \pi) = 0, \quad F_{z^i}(x, z, p) + \phi_{z^i}(x, z, \pi) = 0,$$

where (x, z, p) and (x, z, π) are coupled by (6) or (7). Here we have used the coordinate notation $x = (x^\alpha)$, $z = (z^i)$, $p = (p_\alpha^i)$, $\pi = (\pi_i^\alpha)$, $1 \leq \alpha \leq n$, $1 \leq i \leq N$, and $\pi \cdot p = \pi_i^\alpha p_\alpha^i$ (summation over i and α from 1 to N or n, respectively).

Let us recall the *Hamilton tensor* (or *energy–momentum tensor*) $T = (T_\alpha^\beta)$ introduced in *3,1* which was defined by

(10)
$$T_\alpha^\beta := p_\alpha^i F_{p_\beta^i} - \delta_\alpha^\beta F.$$

As F and F_p are functions of (x, z, p), the same holds true for T_α^β, i.e. $T_\alpha^\beta = T_\alpha^\beta(x, z, p)$. Thus T is a 1, 1-tensor field defined on the domain G in the phase space $\mathscr{P}$. If (GA) holds, the tensor T can be pushed forward onto the domain $G^* = \mathscr{L}(G)$ by setting $H := T \circ \mathscr{L}^{-1}$. Thus we obtain a 1–1-tensor field $H = (H_\alpha^\beta)$ on the domain G^* of the cophase space $\mathscr{P}^*$; the components $H_\alpha^\beta(x, z, \pi)$ of H are given by

(11)
$$H_\alpha^\beta(x, z, \pi) = T_\alpha^\beta(x, z, p) \quad \text{with } p = \phi_\pi(x, z, \pi),$$

or simply by

(11')
$$H_\alpha^\beta(x, z, \pi) = T_\alpha^\beta(x, z, \phi_\pi(x, z, \pi)).$$

Taking (9) into account, we obtain

(12)
$$H_\alpha^\beta = [\phi - \pi_i^\sigma \phi_{\pi_i^\sigma}]\delta_\alpha^\beta + \pi_i^\beta \phi_{\pi_i^\alpha}.$$

If $n = 1$, the tensor (H_α^β) has the only component $H_1^1 = \phi$, and therefore H can be identified with the Hamilton function ϕ. For the sake of simplicity *we again denote* $H = (H_\alpha^\beta(x, z, \pi))$ *as Hamilton tensor.*

In the calculus of variations, the tensors T and H were apparently for the first time used by Carathéodory while they appeared much earlier in physics, for instance in Maxwell's theory of electromagnetism and in relativity theory. There we have $n = 4$, and x^4 is interpreted as time t whereas x^1, x^2, x^3 indicate the position of some point in $\mathbb{R}^3$. The component

$$T_4^4 = p_4 F_{p_4} - F = \dot{u}^i F_{\dot{u}_i} - F$$

is interpreted as *energy density* of the "field" $u(x)$.

If there is a Riemannian or Lorentzian metric $ds^2 = g_{\alpha\beta}(x)\, dx^\alpha\, dx^\beta$ on Ω which is intimately connected with F, say,

$$F(x, u, p) = \tfrac{1}{2} g^{\alpha\beta}(x) p_\alpha p_\beta + f(u), \quad (g^{\alpha\beta}) = (g_{\alpha\beta})^{-1},$$

then it makes sense to consider also

$$T_{\alpha\beta} = g_{\alpha\sigma} T_\beta^\sigma, \qquad T^{\alpha\beta} = g^{\alpha\sigma} T_\sigma^\beta.$$

Now we want to use the formulas (9)–(11) to transform the Euler equations and the Noether equations as well as the corresponding free boundary conditions (transversality conditions) and the conservation laws following from Noether's theorem to the canonical variables x, z, π.

To this end we consider a function $z = u(x)$, $x \in \bar{\Omega}$, of class $C^1(\bar{\Omega}, \mathbb{R}^N) \cap C^2(\Omega, \mathbb{R}^N)$ whose 1-*graph*

$$\Gamma := \{(x, u(x), Du(x)): x \in \bar{\Omega}\}$$

is contained in $G \subset \mathscr{P}$. Introducing the direction parameters

$$(13) \qquad\qquad p(x) := Du(x)$$

and the corresponding *canonical conjugates* (*momenta*)

$$(14) \qquad\qquad \pi(x) := F_p(x, u(x), p(x)),$$

we can write Γ and the corresponding *dual 1-graph* $\Gamma^* := \mathscr{L}(\Gamma)$ as

$$\Gamma = \{(x, u(x), p(x)): x \in \bar{\Omega}\}, \qquad \Gamma^* = \{(x, u(x), \pi(x)): x \in \bar{\Omega}\}.$$

By means of (9) it is easy to see that the *Euler equations*

$$(15) \qquad D_\alpha u^i(x) = p_\alpha^i(x), \qquad D_\alpha F_{p_\alpha^i}(x, u(x), p(x)) - F_{z^i}(x, u(x), p(x)) = 0$$

are transformed into the *Hamiltonian system of canonical equations*

$$(16) \qquad\qquad D_\alpha u^i = \phi_{\pi_i^\alpha}(x, u, \pi), \qquad D_\alpha \pi_i^\alpha = -\phi_{z^i}(x, u, \pi).$$

While the Euler equations (15) are a first order system for $u(x)$, $p(x)$, the Hamilton equations are a first order system for $u(x)$, $\pi(x)$.

Conversely, if $u(x)$, $\pi(x)$ is a solution of (16) with

$$\Gamma^* := \{(x, u(x), \pi(x)): x \in \bar{\Omega}\} \subset G^*,$$

then we can introduce $p(x) = (p_\alpha^i(x))$ by

$$(17) \qquad\qquad p_\alpha^i(x) := \phi_{\pi_i^\alpha}(x, u(x), \pi(x))$$

and we obtain the inclusion $\Gamma := \{(x, u(x), p(x)): x \in \bar{\Omega}\} \subset G$ as well as the Euler equations (15). In other words we have:

Proposition 1. *The Euler system* (15) *is equivalent to the Hamiltonian system* (16).

The Euler equations characterize the extremals $u : \overline{\Omega} \to \mathbb{R}^N$ *of* $\mathscr{F}$,

$$\mathscr{F}(u) := \int_{\Omega} F(x, u(x), Du(x))\, dx,$$

in the phase space $\mathscr{P}$ *whereas the Hamilton equations yield the characterization of extremals in the cophase space* $\mathscr{P}^*$.

Both pictures are equivalent as long as we are allowed to move freely from $\mathscr{P}$ to $\mathscr{P}^*$ and backwards from $\mathscr{P}^*$ to $\mathscr{P}$ which is the case for extremals whose 1-graphs Γ, Γ^* lie in sets G, G^* satisfying the general assumption (GA). If the transformation can be performed only locally, the situation is usually much more involved and one must decide which picture has priority. In the calculus of variations the priority will certainly be given to the Euler–Lagrange picture included in (15) whereas in mechanics and in symplectic geometry the preference will belong to the Hamiltonian view comprised in (16).

Recall that by definition $u : \overline{\Omega} \to \mathbb{R}^N$ is an *inner extremal of* $\mathscr{F}$ if it is of class $C^1(\overline{\Omega}, \mathbb{R}^N)$ and satisfies

(18) $\partial \mathscr{F}(u, \lambda) = 0$ for all $\lambda \in C_c^{\infty}(\Omega, \mathbb{R})$,

where

(19) $\partial \mathscr{F}(u, \lambda) = \displaystyle\int_{\Omega} [T_{\alpha}^{\beta}(x, u, Du) D_{\beta} \lambda^{\alpha} - F_{x^{\alpha}}(x, u, Du)\lambda^{\alpha}]\, dx$

is the inner variation of $\mathscr{F}$. By (9)–(15) we can also write

(20) $\partial \mathscr{F}(u, \lambda) = \displaystyle\int_{\Omega} [T_{\alpha}^{\beta}(x, u, \pi) D_{\beta}\lambda^{\alpha} - \phi_{x^{\alpha}}(x, u, \pi)\lambda^{\alpha}]\, dx$.

If u is an inner extremal of class $C^2(\Omega, \mathbb{R}^N)$, it satisfies the *Noether equations*

(21) $D_{\beta} T_{\alpha}^{\beta}(x, u, Du) + F_{x^{\alpha}}(x, u, Du) = 0$

or, equivalently,

(21′)
$$D_{\alpha} u^i(x) = p_{\alpha}^i(x),$$
$$D_{\beta} T_{\alpha}^{\beta}(x, u(x), p(x)) + F_{x^{\alpha}}(x, u(x), p(x)) = 0.$$

Applying the Legendre transformation $\mathscr{L}$, we obtain as *dual (or canonical) form* of (21′) the equations

(22) $D_{\alpha} u^i = \phi_{\pi_i^{\alpha}}(x, u, \pi),$ $D_{\beta} H_{\alpha}^{\beta}(x, u, \pi) = \phi_{x^{\alpha}}(x, u, \pi)$.

Let us call (22) *the dual Noether equations*.

Since every F-extremal is also an inner extremal, the Euler equations

$$D_{\alpha} F_{p_{\alpha}^i}(x, u, Du) - F_{z^i}(x, u, Du) = 0$$

imply the Noether equations (21) and (21′) which in turn are equivalent to the dual Noether equations (22). Let us verify this fact by a brief computation without the detour via the equation $\delta\mathscr{F}(u, \lambda) = 0$ of Chapter 3,1. For the sake of brevity we write F, F_{z^i}, $F_{p^i_\alpha}$, F_{x^α} for $F(x, u(x), Du(x))$ etc. Then we obtain

$$D_\alpha F = F_{z^i} D_\alpha u^i + F_{p^i_\beta} D_\alpha D_\beta u^i + F_{x^\alpha}$$

$$= (D_\beta F_{p^i_\beta})D_\alpha u^i + F_{p^i_\beta}D_\beta D_\alpha u^i + F_{x^\alpha} = D_\beta[F_{p^i_\beta}D_\alpha u^i] + F_{x^\alpha},$$

whence

$$D_\beta[D_\alpha u^i F_{p^i_\beta} - \delta^\beta_\alpha F] + F_{x^\alpha} = 0,$$

and this is exactly equation (21).

Since the Hamilton equations (16) are equivalent to Euler's equations, the above reasoning yields

Proposition 2. *The Hamilton equations* (16) *imply the dual Noether equations* (22). *In particular, if the Hamilton function ϕ is independent of x (i.e. $\phi_{x^\alpha} = 0$, $1 \leq \alpha \leq n$), we obtain the conservation law*

$$(23) \qquad D_\beta H^\beta_\alpha(x, u(x), \pi(x)) = 0, \quad 1 \leq \alpha \leq n.$$

We recall that the Noether equations can be written in the equivalent form

$$(24) \qquad L_F(u) \cdot D_\beta u = 0, \quad 1 \leq \beta \leq n,$$

i.e.

$$(24') \qquad (D_\alpha F_{p^i_\alpha} - F_{z^i})u^i_{x^\beta} = 0, \quad 1 \leq \beta \leq n.$$

Hence (22) is equivalent to

$$(25) \qquad D_\alpha u^i = \phi_{\pi^\alpha_i}(x, u, \pi), \qquad [D_\alpha \pi^\alpha_i + \phi_{z^i}(x, u, \pi)]D_\beta u^i = 0.$$

Now we turn to the *natural* (or *free*) *boundary conditions* which are to be satisfied by solutions $u \in C^2(\Omega, \mathbb{R}^N) \cap C^1(\overline{\Omega}, \mathbb{R}^N)$ of the equations

$$(26) \qquad \delta\mathscr{F}(u, \varphi) = 0 \quad \text{for all } \varphi \in C^1(\overline{\Omega}, \mathbb{R}^N)$$

and

$$(27) \qquad \partial\mathscr{F}(u, \lambda) = 0 \quad \text{for all } \lambda \in C^1(\overline{\Omega}, \mathbb{R}^N)$$

if $\partial\Omega$ is of class C^1. Let $v = (v_1, \ldots, v_n)$ be the exterior normal to $\partial\Omega$. We know that (26) is equivalent to the relations

$$(28) \qquad L_F(u) = 0 \quad \text{in } \Omega, \qquad v_\alpha F_{p^i_\alpha}(\cdot, u, Du) = 0 \quad \text{on } \partial\Omega,$$

and (27) is equivalent to

$$(29) \qquad D_\beta T^\beta_\alpha + F_{x^\alpha} = 0 \quad \text{in } \Omega, \qquad v_\beta T^\beta_\alpha(\cdot, u, Du) = 0 \quad \text{on } \partial\Omega.$$

The boundary condition

$$(30) \qquad v_\alpha(x)F_{p^i_\alpha}(x, u(x), Du(x)) = 0 \quad \text{on } \partial\Omega, \quad 1 \leq i \leq N,$$

in (28) is the *free boundary condition* associated with the Euler equation $L_F(u) = 0$

corresponding to the Lagrangian F. If the equation $\delta\mathscr{F}(u, \varphi) = 0$ holds only for $\varphi \in C^1(\bar{\Omega}, \mathbb{R}^N)$ such that, for all $x \in \partial\Omega$, the vector $\varphi(x)$ is tangent at $u(x)$ to a manifold $M(x)$ given by a holonomic constraint $G(x, z) = 0$, i.e. by

$$M(x) = \{z \in \mathbb{R}^N : G(x, z) = 0\},$$

then (30) is to be replaced by: The vector $Z(x) = (Z_1(x), \dots, Z_N(x))$ given by

(31) $$Z_i(x) := v_\alpha(x) F_{p_\alpha^i}(x, u(x), Du(x))$$

is perpendicular to $M(x)$ at $u(x)$ for all $x \in \partial\Omega$, i.e.

(32) $$Z(x) \perp T_{u(x)} M(x).$$

Because of (14) we obtain

(33) $$Z_i(x) = v_\alpha(x)\pi_i^\alpha(x),$$

and therefore (32) is equivalent to

(34) $$(v_\alpha(x)\pi_1^\alpha(x), \dots, v_\alpha(x)\pi_N^\alpha(x)) \perp T_{u(x)} M(x)$$

and *the free boundary condition* (30) *is equivalent to*

(35) $$v_\alpha(x)\pi_i^\alpha(x) = 0 \quad \text{for all } x \in \partial\Omega, 1 \le i \le N.$$

Furthermore, the free boundary condition in (29) can be reformulated as

(36) $$v_\beta(x)H_\alpha^\beta(x, u(x), \pi(x)) = 0 \quad \text{for all } x \in \partial\Omega, 1 \le \alpha \le n.$$

Since (27) characterizes the strong inner extremals, we obtain

Proposition 3. *If $\partial\Omega \in C^1$, then the strong inner extremals $u \in C^2(\Omega, \mathbb{R}^N)$ of $\mathscr{F}$ are characterized by the Noether equations* (22) *and the corresponding natural boundary condition* (36).

Let us now recall Emmy Noether's theorem which states the following (see 3,4):

Proposition 4. *Suppose that the functional $\mathscr{F}(u, \Omega) = \int_\Omega F(x, u, Du)\, dx$ is invariant or at least infinitesimally invariant with respect to a family of transformations*

(37)
$$\eta(x, \varepsilon) = x + \varepsilon\mu(x) + o(\varepsilon),$$
$$w(x, \varepsilon) = u(x) + \varepsilon\omega(x) + o(\varepsilon),$$

$|\varepsilon| < \varepsilon_0$, *of the independent variable x and of the dependent variable y applied to a function $u(x)$, which has the infinitesimal generators $\mu(x) = (\mu^1(x), \dots, \mu^n(x))$ and $\omega(x) = (\omega^1(x), \dots, \omega^N(x))$. Then every extremal $u \in C^2(\Omega, \mathbb{R}^N)$ of $\mathscr{F}(u, \Omega)$ satisfies the conservation law*

(38) $$D_\alpha\{F_{p_\alpha^i}\omega^i - T_\beta^\alpha\mu^\beta\} = 0.$$

By means of (9) and (10) we can write this identity in the form

$$(39) \qquad D_\alpha \{ \pi_i^\alpha \omega^i - H_\beta^\alpha \mu^\beta \} = 0.$$

Hence we obtain

Proposition 5. *We have*

(i) *If* $\mathscr{F}(u, \Omega)$ *is invariant with respect to a family of variations* $y = x + \varepsilon \mu(x) + o(\varepsilon)$, $|\varepsilon| < \varepsilon_0$, *of the independent variables* x, *then we obtain the conservation law*

$$(40) \qquad D_\alpha \{ H_\beta^\alpha \mu^\beta \} = 0$$

on the 1-graph of every C^2-*extremal* u *of* $\mathscr{F}(u, \Omega)$.

(ii) *If* $\mathscr{F}(u, \Omega)$ *is invariant with respect to a family of variations* $w(x, \varepsilon) = u(x) + \varepsilon \omega(x) + o(\varepsilon)$, $|\varepsilon| < \varepsilon_0$, *of an arbitrary* C^1-*function* u, *then we obtain the conservation law*

$$(41) \qquad D_\alpha \{ \pi_i^\alpha \omega^i \} = 0$$

on the 1-graph of every C^2-*extremal* u *of* $\mathscr{F}(u, \Omega)$.

We remark that the Weierstrass excess function

$$(42) \qquad \mathscr{E}(x, z, q, p) = F(x, z, q) - F(x, z, p) - (q_\alpha^i - p_\alpha^i) F_{p_\alpha^i}(x, z, p)$$

is transformed into

$$(43) \qquad E(x, z, q, \pi) = \pi_i^\alpha q_\alpha^i - \phi(x, z, \pi),$$

if we replace (x, z, p) by (x, z, π) according to (9) while q is not transformed. If also q is transformed into γ by $\gamma_i^\alpha = F_{p_\alpha^i}(x, z, q)$, we have $q_\alpha^i = \phi_{\pi_i^\alpha}(x, z, \gamma)$ and therefore

$$(44) \qquad E^*(x, z, \gamma, \pi) = \pi_i^\alpha \phi_{\pi_i^\alpha}(x, z, \gamma) - \pi(x, z, \pi)$$

as the other transformed E-function.

For one-dimensional variational problems (i.e. $n = 1$) with one independent variable x, the Hamilton equations (16) take the form

$$(45) \qquad \frac{du^i}{dx} = \phi_{\pi_i}(x, u, \pi), \qquad \frac{d\pi_i}{dx} = -\phi_{z^i}(x, u, \pi).$$

These are the *canonical equations of mechanics* for the space variables u^i and the momentum variables π_i where x is interpreted as time t. We shall investigate system (45) more closely in Section 2. For several reasons the "canonical formalism" in the cophase space works best for $n = 1$, and there are good reasons to consider this case separately. In the next section we describe the Hamiltonian picture for one-dimensional nonparametric variational problems while the corresponding parametric problems are discussed in Chapter 8. The full canonical formalism for $n = 1$ and its interpretations in mechanics, optics, and geometry will be developed in Part IV of this volume. In Section 4.2 we shall also treat some generalizations to the case $n > 1$ which are based on a kind of generalized Legendre transformations discovered by Carathéodory.

Let us close this section with a remark on the concept of *free transversality* that was introduced in 2,4 in connection with one-dimensional variational problems. There the vector

(46) $\mathcal{N}(x, z, p) := (F(x, z, p) - p \cdot F_p(x, z, p), F_p(x, z, p))$

played an important role. Transforming $\mathcal{N}$ from (x, z, p) to the conjugate variables (x, z, π) by setting

(47) $\mathcal{N}^*(x, z, \pi) = \mathcal{N}(x, z, p)$ if $\pi = F_p(x, z, p)$,

we obtain

(48) $\mathcal{N}^*(x, z, \pi) = (-\phi(x, z, \pi), \pi)$.

Recall that a line element (x, z, p) intersects a hypersurface $\mathcal{M}$ in the configuration space (*freely*) *transversally* at the point (x, z) if $\mathcal{N}(x, z, p)$ is perpendicular to the tangent space $T_{(x, z)}\mathcal{M}$. This equivalently means that $\mathcal{N}^*(x, z, \pi)$ is perpendicular to any tangent vector $\mathbf{t} = (t^0, t^1, \dots, t^N) \in T_{(x, z)}\mathcal{M}$, i.e.,

(49) $-\phi(x, z, \pi)t^0 + \pi_i t^i = 0$.

2. Hamiltonian Formulation of the One-Dimensional Variational Calculus

The central theme of this section is the derivation of the *canonical form of Weierstrass field theory* which in Chapter 6 was developed entirely from the Euler–Lagrange point of view. Of course we shall not repeat all computations but instead we present a dictionary that will enable the reader to develop field theory ab ovo in the canonical form.

In the second subsection we introduce the *Cauchy representation* of the pull-back $h^*\kappa_H$ of the *Cartan form* κ_H by an r-parameter flow h in the cophase space using an eigentime function Ξ corresponding to h. This formula is first utilized to characterize Hamilton flows and regular Mayer flows, and in the last subsection we apply these tools to solve Cauchy's problem for the Hamilton–Jacobi equation.

Before that we investigate the Hamiltonian $K = Q^*$ corresponding to a Lagrangian F and some F-extremal u, and we derive the canonical equations that belong to K.

2.1. Canonical Equations and the Partial Differential Equation of Hamilton–Jacobi

We consider now the Hamiltonian description of the one-dimensional variational calculus for functionals of the kind

$$\mathscr{F}(u) = \int_a^b F(x, u(x), u'(x))\, dx, \quad u \in C^1([a, b], \mathbb{R}^N).$$

This description is derived from the Euler–Lagrange formalism by means of partial Legendre transformations, thereby carrying over the basic concepts and geometric ideas of the calculus of variations from the phase space $\mathbb{R} \times \mathbb{R}^N \times \mathbb{R}^N$ into the cophase space $\mathbb{R} \times \mathbb{R}^N \times \mathbb{R}_N$. In this way we obtain a dual counterpart of the variational calculus where formulas will often have a simpler and more symmetric form then in the original Euler–Lagrange framework. In particular the Hamiltonian picture yields an elegant description of the Weierstrass field theory which is comprised in a single partial differential equation for the eikonals, the *Hamilton–Jacobi equation*.

A detailed exposition of the Hamilton–Jacobi theory and its relations to mechanics and optics will be given in Part IV of this volume; here we confine ourselves to formulate the basic concepts of field theory in the Hamiltonian framework without drawing any actual profit from this new presentation. Let us also mention that, historically, Hamilton's approach to the calculus of variations preceded the Weierstrass field theory by more than half a century. However, Hamilton's contributions remained a long time unnoticed except for his results on dynamical systems which were taken up and developed further in the work of Jacobi.

Let us now consider a Lagrangian $F(x, z, p)$ defined on a domain Ω in the phase space $\mathbb{R} \times \mathbb{R}^N \times \mathbb{R}^N$ which is of the form

$$\Omega = \{(x, z, p)\colon (x, z) \in G,\ p \in B(x, z)\}.$$

Here G denotes a simply connected domain in the configuration space $\mathbb{R} \times \mathbb{R}^N$, and $B(x, z)$ are open sets in $\mathbb{R}^N$. We assume that F is of class $C^2(\Omega)$.

General assumption (GA). *Suppose that the mapping $\mathscr{L} : \Omega \to \mathbb{R} \times \mathbb{R}^N \times \mathbb{R}_N$ of Ω into the cophase space, defined by*

(1) $$x = x, \qquad z = z, \qquad y = F_p(x, z, p),$$

is a C^1-diffeomorphism of Ω onto some domain

$$\Omega^* = \{(x, z, y)\colon (x, z) \in G,\ y \in B^*(x, z)\}.$$

In particular we have

(2) $$\det F_{pp}(x, z, p) \neq 0 \quad \textit{for all } (x, z, p) \in \Omega.$$

If we want to indicate that $\mathscr{L}$ is generated by F we shall write $\mathscr{L}_F$.

On account of (GA) we can define the (partial) Legendre transform $H(x, z, y)$ of $F(x, z, p)$ by

(3) $$H = \{p \cdot F_p - F\} \circ \mathscr{L}^{-1}.$$

This function is the *Hamiltonian* corresponding to the Lagrangian F. We have seen in *1.1* that H is of class $C^2(\Omega^*)$, and by formula (30) of *1.1* we have

(4) $F(x, z, p) + H(x, z, y) = y_i p^i$, $y_i = F_{p_i}(x, z, p)$, $p^i = H_{y_i}(x, z, y)$,

$F_x(x, z, p) + H_x(x, z, y) = 0$, $F_{z^i}(x, z, p) + H_{z^i}(x, z, y) = 0$

if $(x, z, p) = \mathscr{L}^{-1}(x, z, y)$ or $(x, z, y) = \mathscr{L}(x, z, p)$. Consequently, $\mathscr{L}_H = \mathscr{L}_F^{-1}$, i.e. the Legendre transformation (1), (3) is involutory.

Consider now an F-extremal $u \in C^2([a, b], \mathbb{R}^N)$ whose 1-graph is contained in Ω, and set $\pi(x) := u'(x)$. The the "prolongation" $e(x) := (x, u(x), \pi(x))$ of $u(x)$ satisfies the Euler equations

(5) $$\frac{du}{dx} = \pi, \qquad \frac{d}{dx} F_p(e) = F_z(e).$$

Let us view the mapping $x \to e(x)$ as a curve in the domain Ω of the phase space $\mathbb{R} \times \mathbb{R}^N \times \mathbb{R}^N$. By means of the Legendre transformation $\mathscr{L}$ we map the *phase curve* $x \to e(x)$ into a *cophase curve* $x \to h(x)$ contained in $\Omega^* \subset \mathbb{R} \times \mathbb{R}^N \times \mathbb{R}_N$, setting $h := \mathscr{L} \circ e$, or equivalently

(6) $$h(x) = (x, u(x), \eta(x)), \quad \eta(x) = F_p(x, u(x), \pi(x)).$$

Conversely we have $e = \mathscr{L}^{-1} \circ h$ and therefore

(7) $$e(x) = (x, u(x), \pi(x)), \quad \pi(x) = H_y(x, u(x), \eta(x)).$$

We saw in *1.2* that the phase curve e satisfies the Euler equations (5) if and only if the cophase curve h satisfies the *Hamiltonian system of canonical equations*

(8) $$\frac{du}{dx} = H_y(h), \qquad \frac{d\eta}{dx} = -H_z(h).$$

According to Chapter 6 the basic idea of field theory is to investigate N-parameter families of extremal curves instead of just a single extremal curve. So we consider now a mapping $f : \Gamma \to G$ of the form

(9) $$f(x, c) = (x, \varphi(x, c))$$

such that φ and $\varphi' = \varphi_x$ are of class $C^1(\Gamma, \mathbb{R}^N)$ where Γ is a subset of $\mathbb{R} \times \mathbb{R}^N$ which can be written as

(10) $$\Gamma = \{(x, c) \in \mathbb{R} \times \mathbb{R}^N : c \in I_0, x \in I(c)\}.$$

Here I_0 is an open parameter set in $\mathbb{R}^N$ and $I(c)$ is an open interval in $\mathbb{R}$; we assume that Γ is simply connected. Furthermore we suppose that for fixed $c \in I_0$ the mapping $\varphi(\cdot, c)$ is an F-extremal. Such a mapping f was called a *bundle of extremal curves*, or simply an *extremal bundle*. Every such N-parameter family of extremal curves can be prolongated to a mapping $e : \Gamma \to \mathbb{R} \times \mathbb{R}^N \times \mathbb{R}^N$ given by

$$e(x, c) := (x, \varphi(x, c), \pi(x, c)), \qquad \pi(x, c) := \varphi'(x, c),$$

which we denote as (N-parameter) *Euler flow* corresponding to f, and the dual flow $h : \Gamma \to \mathbb{R} \times \mathbb{R}^N \times \mathbb{R}_N$ in the cophase space given by $h := \mathscr{L} \circ e$ will be referred to as the corresponding (N-parameter) *Hamilton flow*. We have

(11) $$\varphi' = H_y(h), \qquad \eta' = -H_z(h),$$

where

(12) $$h(x, c) = (x, \varphi(x, c), \eta(x, c)), \qquad \eta(x, c) = F_p(x, \varphi(x, c), \pi(x, c)).$$

Conversely if h is an N-parameter family of solutions of (11), then $e := \mathcal{L}^{-1} \circ h$ is an N-parameter Euler flow satisfying

(13) $$\varphi' = \pi, \qquad \frac{d}{dx} F_p(e) = F_z(e).$$

In other words, Euler flows $e : \Gamma \to \mathbb{R} \times \mathbb{R}^N \times \mathbb{R}^N$ and Hamilton flows $h : \Gamma \to \mathbb{R} \times \mathbb{R}^N \times \mathbb{R}_N$ are equivalent pictures of the same geometric object that we might call "extremal flow"; e yields the description of this flow in the phase space and h in the cophase space. The "projection" of e and h into the configuration space $\mathbb{R} \times \mathbb{R}^N$ furnishes the *ray map* $f : \Gamma \to \mathbb{R}^{N+1}$ of e and h respectively, and each *ray* $f(\cdot, c)$ is an extremal curve in $\mathbb{R} \times \mathbb{R}^N$ for the Lagrangian F.

The basic problem in field theory was to embed a given extremal $z = u(x)$ into a *Mayer field* $f : \Gamma \to \mathbb{R} \times \mathbb{R}^N$. We now describe such fields in the dual picture.

First we recall that a *field* on a simply connected domain $G \subset \mathbb{R} \times \mathbb{R}^N$ is a C^1-diffeomorphism $f : \Gamma \to G$ of some domain Γ (as defined by (10)) onto G such that $f(x, c) = (x, \varphi(x, c))$ and $\varphi' \in C^1(\Gamma)$. Every field has a uniquely determined *slope function* $\mathcal{P}(x, z)$ of class $C^1(G, \mathbb{R}^N)$ such that

(14) $$\varphi' = \mathcal{P}(f),$$

and a field can be recovered from its slope by integrating (14) with respect to suitably chosen initial values. In fact, given any $\mathcal{P}$, we can use (14) to define a field.

An extremal $z = u(x)$ is said to be embedded into a field f with the slope $\mathcal{P}$ if

(15) $$u'(x) = \mathcal{P}(x, u(x)).$$

Secondly we recall that a field $f : \Gamma \to G$ is called a *Mayer field* if and only if its slope satisfies the integrability conditions

(16) $$\frac{\partial}{\partial x} \overline{F}_{p^i} = \frac{\partial}{\partial z^i}(\overline{F} - \mathcal{P} \cdot \overline{F}_p), \qquad \frac{\partial}{\partial z^k} \overline{F}_{p^i} = \frac{\partial}{\partial z^k} \overline{F}_{p^i},$$

where $\overline{F}(x, z) := F(x, z, \mathcal{P}(x, z))$, etc. Since G is simply connected we have that f is a Mayer field if and only if there is a function $S \in C^2(G)$, the *eikonal of* f, such that

(17) $$S_x = \overline{F} - \mathcal{P} \cdot \overline{F}_p, \qquad S_z = \overline{F}_p.$$

If $(S, \mathcal{P})$ is a solution of (17), we call $\mathcal{P}$ a *Mayer slope with the eikonal* S. Integrating (14) we obtain a Mayer field f corresponding to $\mathcal{P}$. In terms of the *Beltrami form* corresponding to F,

(18) $$\gamma_F = (F - p \cdot F_p)\, dx + F_{p^i}\, dz^i,$$

which is defined on Ω, (16) means that the pull-back $\not\!\!p^*\gamma_F$ of γ_F under the slope field $\not\!\!p : G \to \mathbb{R} \times \mathbb{R}^N \times \mathbb{R}^N$,

$$(19) \qquad \not\!\!p(x, z) = (x, z, \mathscr{P}(x, z)) \quad \text{for } (x, z) \in G,$$

is closed, i.e.

$$(20) \qquad d(\not\!\!p^*\gamma_F) = 0,$$

and (17) means that

$$(21) \qquad \not\!\!p^*\gamma_F = dS.$$

Let us now rephrase these relations in the Hamiltonian context by pulling them from the phase space to the cophase space by applying the Legendre transformation $\mathscr{L} = \mathscr{L}_F$ and its inverse respectively. To this end we define the *Cartan form* κ_H on Ω^* by

$$(22) \qquad \kappa_H := -H\,dx + y_i\,dz^i.$$

Then we have

$$(23) \qquad \gamma_F = \mathscr{L}^*\kappa_H \quad \text{and} \quad \kappa_H = (\mathscr{L}^{-1})^*\gamma_F.$$

Let now $f : \Gamma \to G$ be a curve field in the configuration space $\mathbb{R} \times \mathbb{R}^N$ with the slope $\mathscr{P}$ and the slope field $\not\!\!p(x, z) = (x, z, \mathscr{P}(x, z))$. Then we define the *dual slope field* $\psi(x, z) = (x, z, \Psi(x, z))$ and the *dual slope function* $\Psi(x, z)$ on G by

$$(24) \qquad \psi = \mathscr{L} \circ \not\!\!p,$$

that is, by

$$(25) \qquad \Psi(x, z) = F_p(x, z, \mathscr{P}(x, z)) \quad \text{for } (x, z) \in G.$$

Then we have also

$$(26) \qquad \not\!\!p = \mathscr{L}^{-1}(\psi)$$

and

$$(27) \qquad \mathscr{P}(x, z) = H_y(x, z, \Psi(x, z)).$$

Obviously equations (20) and (21) are equivalent to

$$(28) \qquad d(\psi^*\kappa_H) = 0$$

and

$$(29) \qquad \psi^*\kappa_H = dS.$$

The integrability conditions (16) take the simple form

$$(30) \qquad \frac{\partial \Psi_i}{\partial x} = -\frac{\partial \overline{H}}{\partial z^i}, \qquad \frac{\partial \Psi_i}{\partial z^k} = \frac{\partial \Psi_k}{\partial z^i},$$

where $\overline{H}(x, z) := H(x, z, \Psi(x, z))$, and the *Carathéodory equations* (17) are just

$$(31) \qquad S_x = -H(x, z, \Psi), \qquad S_z = \Psi.$$

These equations imply the *Hamilton–Jacobi equation*

(32)
$$S_x + H(x, z, S_z) = 0.$$

Thus we have found that *the eikonal $S(x, z)$ of an arbitrary Mayer field f on G satisfies* (32).

Let conversely $S \in C^2(G)$ be a solution of (32). Then we can define $\Psi \in C^1(G, \mathbb{R}_N)$ by

(33)
$$\Psi(x, z) := S_z(x, z)$$

and $\mathscr{P} \in C^1(G, \mathbb{R}^N)$ by (27), i.e. by

(34)
$$\mathscr{P}(x, z) := H_y(x, z, S_z(x, z)).$$

Clearly (S, Ψ) is a solution of (31), and the previous computations show that $(S, \mathscr{P})$ is a solution of the Carathéodory equations (17). In other words, *by means of equation (34) every solution $S \in C^2(G)$ of the Hamilton–Jacobi equation (32) defines a Mayer slope $\mathscr{P}$ on G with the eikonal S.*

Integrating the system

$$\varphi' = \mathscr{P}(x, \varphi)$$

by an N-parameter family of solutions $z = \varphi(x, c), (x, c) \in \Gamma$, we obtain a Mayer field $f : \Gamma \to G$ on G given by $f(x, z) = (x, \varphi(x, c))$, provided that Γ is of form (10) and $G = f(\Gamma)$.

Summarizing these results we obtain the fundamental

Theorem 1. (i) *The Carathéodory equations*

(∗)
$$S_x(x, z) = F(x, z, \mathscr{P}(x, z)) - \mathscr{P}(x, z) \cdot F_p(x, z, \mathscr{P}(x, z)),$$
$$S_z(x, z) = F_p(x, z, \mathscr{P}(x, z))$$

and the Hamilton–Jacobi equation

(∗∗)
$$S_x(x, z) + H(x, z, S_z(x, z)) = 0$$

are equivalent in the following sense: If $(S, \mathscr{P})$ is a solution of (∗), then S satisfies (∗∗). Conversely, if S is a solution of (∗∗) and $\mathscr{P}$ is defined by $\mathscr{P}(x, z) := H_y(x, z, S_z(x, z))$, then $(S, \mathscr{P})$ yields a solution of (∗).

(ii) *The eikonal S of an arbitrary Mayer field $f : \Gamma \to G$ on G is a C^2-solution of (∗∗) in G.*

(iii) *If $S \in C^2(G)$ is a solution of (∗∗) in G, then every N-parameter family of solutions $z = \varphi(x, c), (x, c) \in \Gamma$, of*

$$\varphi' = H_y(x, \varphi, S_z(x, \varphi))$$

defines a Mayer field $f(x, c) = (x, \varphi(x, c))$ on G provided that Γ is of form (10) and $G = f(\Gamma)$.

This theorem shows that the Hamilton–Jacobi equation can justly be considered as the governing equation of the calculus of variations if we choose the dual point of view and treat variational problems in the cophase-space setting.

Note that (32) is the equation for the eikonal S of a Mayer field that we were looking at in 6,1.2, formula (14). Among all such equations, (32) is distinguished by its special form

$$S_x = \Phi(x, z, S_z)$$

which is resolved with respect to the partial derivative S_x.

A detailed investigation of the Hamilton–Jacobi equation (32) will be carried out in Part IV. We shall see that the canonical equations

$$(35) \qquad \frac{dz}{dx} = H_y(x, z, y), \qquad \frac{dy}{dx} = -H_z(x, z, y)$$

for $(z(x), y(x))$ are essentially the so-called *characteristic equations* of (32), and that solving the Cauchy problem for (32) is equivalent to finding an N-parameter family of solutions for (35) having suitable initial data. Precisely speaking the Cauchy problem for (32) is solved by constructing a Hamilton flow $h(x, c) = (x, \varphi(x, c), \eta(x, c))$ whose projection $f(x, c) = (x, \varphi(x, c))$ in the configuration space is an N-parameter family of extremal curves which transversally intersect the prescribed initial data of S. In other words, the process of solving the Cauchy problem for (32) consists in the construction of a Mayer field whose eikonal S fits the prescribed initial data.

Recall that for the "embedding problem" in field theory it was useful to study N-parameter Euler flows $e : \Gamma \to \mathbb{R} \times \mathbb{R}^N \times \mathbb{R}^N$,

$$e(x, c) = (x, \varphi(x, c), \pi(x, c))$$

whose ray bundles $f(x, c) = (x, \varphi(x, c))$ are *Mayer bundles*, i.e. whose Lagrange brackets $[c^\alpha, c^\beta]$ vanish identically. Introducing the Hamiltonian flow $h := \mathcal{L} \circ e$ corresponding to e,

$$h(x, c) = (x, \varphi(x, c), \eta(x, c)), \quad \eta = F_p(e),$$

the Lagrange brackets $[c^\alpha, c^\beta]$ of e can be written as

$$(36) \qquad [c^\alpha, c^\beta] = \frac{\partial \eta}{\partial c^\alpha} \cdot \frac{\partial \varphi}{\partial c^\beta} - \frac{\partial \eta}{\partial c^\beta} \cdot \frac{\partial \varphi}{\partial c^\alpha}.$$

On account of the preceding equations we have

Theorem 2. *Let $f : \Gamma \to \mathbb{R} \times \mathbb{R}^N$ be the ray bundle of an N-parameter Euler flow $e : \Gamma \to \mathbb{R} \times \mathbb{R}^N \times \mathbb{R}^N$ or of the corresponding Hamilton flow $h = \mathcal{L} \circ e$. Then the following properties of f are equivalent:*

(i) *f is a Mayer bundle.*
(ii) *$[c^\alpha, c^\beta] = 0$ for $1 \le \alpha, \beta \le N$.*
(iii) *$d(e^* \gamma_F) = 0$.*
(iv) *$d(h^* \kappa_H) = 0$.*
(v) *There is a function $\Sigma(x, c)$ of class $C^2(\Gamma)$ on the simply connected domain Γ such that*

$$d\Sigma = e^* \gamma_F = h^* \kappa_H.$$

The following result can be verified by a simple computation.

Proposition 1. *The excess functions $\mathscr{E}_F$ and $\mathscr{E}_H$ of F and H respectively are related by*

$$(37) \qquad\qquad \mathscr{E}_F(x, z, \tilde{p}, p) = \mathscr{E}_H(x, z, y, \tilde{y}),$$

where $y = F_p(x, z, p)$, $\tilde{y} = F_p(x, z, \tilde{p})$. In particular we have

$$(37') \qquad\qquad \mathscr{E}_F(x, z, \mathscr{P}(x, z), p) = \mathscr{E}_H(x, z, y, \mathscr{\Psi}(x, z)),$$

where $y = F_p(x, z, p)$, and $\mathscr{\Psi}$ is the dual slope of a slope $\mathscr{P}$.

Thus the Weierstrass representation formula

$$\mathscr{F}(u) = S(b, u(b)) - S(a, u(a)) + \int_a^b \mathscr{E}_F(x, u(x), \mathscr{P}(x, u(x)), u'(x))\, dx$$

in 6,*1.3*, Theorem 1 can be written as

$$(38) \quad \mathscr{F}(u) = S(b, u(b)) - S(a, u(a)) + \int_a^b \mathscr{E}_H(x, u(x), w(x), \mathscr{\Psi}(x, u(x)))\, dx,$$

where w is the momentum of u, i.e.

$$w(x) = F_p(x, u(x), u'(x)) \quad \text{or} \quad u'(x) = H_y(x, u(x), w(x)),$$

and $\mathscr{\Psi}$ is the dual slope of the Mayer field f with the slope $\mathscr{P}$.

2.2. Hamiltonian Flows and Their Eigentime Functions. Regular Mayer Flows and Lagrange Manifolds

In this subsection we shall characterize r-parameter Hamilton flows h by properties of the pull-back $h^*\kappa_H$ of the Cartan form κ_H. Secondly, by introducing an *eigentime function* Ξ, we shall derive a normal form for $h^*\kappa_H$ which will be of use for treating the Cauchy problem for Hamilton–Jacobi equation

$$S_x + H(x, z, S_z) = 0.$$

We begin by considering a mapping $h : \Gamma \to \mathbb{R} \times \mathbb{R}^N \times \mathbb{R}_N$ defined on

$$\Gamma = \{(x, c): c \in I_0, x \in I(c)\},$$

where $c = (c^1, c^2, \ldots, c^r)$ denotes r parameters varying in a parameter domain I_0 in $\mathbb{R}^r$, and $I(c)$ are intervals on the x-axis. We assume that h is of the form $h(x, c) = (x, \varphi(x, c), \eta(x, c))$ and that $h(\Gamma)$ is contained in the domain of definition of the Hamiltonian H. It will be assumed[2] that both h and H are of class C^2. Such a mapping h will be called an *r-parameter flow in the cophase space*.

---

[2] In fact, a suitable refinement of the following reasoning shows that it suffices to assume $h, h' \in C^1$: see the computations preceding Proposition 4 in 6,*1.2*.

The curves $h(\cdot, c)$ are *flow lines*, and the reader may interpret x as a time variable (as in mechanics) or as a variable along a distinguished optical axis.

We call $h : \Gamma \to \mathbb{R} \times \mathbb{R}^N \times \mathbb{R}_N$ an *r-parameter Hamiltonian flow* if it satisfies the canonical equations

$$(1) \qquad \varphi' = H_y(h), \quad \eta' = -H_z(h), \qquad ' = \frac{d}{dx}.$$

We now want to characterize Hamiltonian flows h by using the Cartan form

$$\kappa_H = y_i \, dz^i - H \, dx.$$

A very useful trick is to introduce along every flow line $h(\cdot, c)$ of a given r-parameter flow h the *eigentime function* $\Xi(\cdot, c)$ by means of

$$\Xi(x, c) := \int_0^x \{\eta(t, c) \cdot \varphi'(t, c) - H(h(t, c))\} \, dt$$

provided that $0 \in I(c)$. It is often profitable to work with a slightly modified definition where certain *initial values* $\xi(c)$ and $s(c)$ are built in:

$$(2) \qquad \Xi(x, c) := s(c) + \int_{\xi(c)}^x \{\eta(t, c) \cdot \varphi'(t, c) - H(h(t, c))\} \, dt.$$

We assume that $\xi(c) \in I(c)$ and $\xi, s \in C^1(I_0)$. It follows that

$$(3) \qquad \Xi(\xi(c), c) = s(c).$$

In point mechanics the function $\Xi(x, c)$ is the *action* along the flow line $h(\cdot, c)$ whereas in optics $\Xi(x, c)$ has the meaning of a true *time* variable; therefore we denote Ξ as a *proper time* or *eigentime*[3] of the r-parameter flow h.

Note that $\Xi \in C^2(\Gamma)$, and that

$$(4) \qquad \Xi' = \eta \cdot \varphi' - h^*H, \quad \text{where } h^*H = H \circ h = H(\cdot, \varphi, \eta).$$

On the other hand we have

$$(5) \qquad h^*\kappa_H = \eta_i \, d\varphi^i - H(h) \, dx = (\eta_i \varphi^{i\prime} - h^*H) \, dx + \eta_i \varphi_{c^\alpha}^i \, dc^\alpha.$$

Then we infer from (2)–(5)

Lemma 1. *For any r-parameter flow $h : \Gamma \to \mathbb{R} \times \mathbb{R}^N \times \mathbb{R}_N$ and any eigentime $\Xi : \Gamma \to \mathbb{R}$ defined by (2) we have*

$$(6) \qquad h^*\kappa_H = d\Xi + \mu_\alpha \, dc^\alpha,$$

where the coefficients $\mu_\alpha(x, c)$ are given by

$$(7) \qquad \mu_\alpha = \eta_i \varphi_{c^\alpha}^i - \Xi_{c^\alpha}.$$

We call (6) *a Cauchy representation of $h^*\kappa_H$ in terms of the eigentime Ξ*. By taking the exterior differential of $h^*\kappa_H$ we obtain

---

[3] In German: "Eigenzeit".

Lemma 2. *If $h^*\kappa_H = d\Xi + \mu_\alpha \, dc^\alpha$ is a Cauchy representation of $h^*\kappa_H$ by means of an eigentime Ξ, it follows that*

(8)
$$\frac{\partial}{\partial x}\mu_\alpha = [\eta_i' + H_{z^i}(h)]\varphi_{c^\alpha}^i + [-\varphi^{i\prime} + H_{y_i}(h)]\eta_{i,c^\alpha},$$

$$\frac{\partial}{\partial c^\alpha}\mu_\beta - \frac{\partial}{\partial c^\alpha}\mu_\alpha = [c^\alpha, c^\beta],$$

where $[c^\alpha, c^\beta]$ denotes the Lagrange bracket

(9)
$$[c^\alpha, c^\beta] := \eta_{c^\alpha} \cdot \varphi_{c^\beta} - \eta_{c^\beta} \cdot \varphi_{c^\alpha}.$$

Proof. By introducing the so-called *symplectic 2-form* $\omega := dy_i \wedge dz^i$ on the cophase space we can write

$$d\kappa_H = \omega - dH \wedge dx.$$

Then, on account of $d(h^*\kappa_H) = h^*(d\kappa_H)$, we arrive at

$$d(h^*\kappa_H) = h^*\omega - d(h^*H) \wedge dx,$$

whence

(10)
$$d(h^*\kappa_H) = \{[\eta_i' + H_{z^i}(h)]\varphi_{c^\alpha}^i + [-\varphi^{i\prime} + H_{y_i}(h)]\eta_{i,c^\alpha}\} \, dx \wedge dc^\alpha$$
$$+ \tfrac{1}{2}[c^\alpha, c^\beta] \, dc^\alpha \wedge dc^\beta.$$

On the other hand we infer from (6) that

(11)
$$d(h^*\kappa_H) = \mu_\alpha' \, dx \wedge dc^\alpha + \frac{1}{2}\left(\frac{\partial}{\partial c^\alpha}\mu_\beta - \frac{\partial}{\partial c^\beta}\mu_\alpha\right).$$

By comparing coefficients we obtain (8).   □

Note that the right-hand sides of (8) are independent of Ξ and therefore also independent of the choice of $\xi(c)$ and $s(c)$ in definition (2).

A first consequence of Lemma 2 is the following result.

Proposition 1. *If h is an r-parameter Hamilton flow, then the coefficients μ_α of any Cauchy representation (6) of $h^*\kappa_H$ are independent of x, that is*

(12)
$$h^*\kappa_H = d\Xi + \mu_\alpha(c) \, dc^\alpha$$

and

(13)
$$d(h^*\kappa_H) = \tfrac{1}{2}[c^\alpha, c^\beta] \, dc^\alpha \wedge dc^\beta = \frac{1}{2}\left(\frac{\partial}{\partial c^\alpha}\mu_\beta - \frac{\partial}{\partial c^\beta}\mu_\alpha\right) dc^\alpha \wedge dc^\beta.$$

In particular, the Lagrange brackets of any Hamiltonian flow are independent of x.

Proof. The relations (1) and (8_1) imply $\mu_\alpha' = 0$ whence $\mu_\alpha = \mu_\alpha(c)$ is independent of x, and (11) in conjunction with (8_2) yields (13).   □

Now we turn to a partial converse of Proposition 1, which is an immediate consequence of Lemma 2.

Proposition 2. *Let* $h : \Gamma \to \mathbb{R} \times \mathbb{R}^N \times \mathbb{R}_N$ *be an r-parameter flow, and suppose that the coefficients* μ_α *of some Cauchy representation* (6) *of* $h^* \kappa_H$ *are independent of x. Then h is a Hamilton flow if we in addition assume that either*

(i) $r = 2N$ *and* $\det(\varphi_c, \eta_c) \neq 0$,

holds, or that

(ii) $r = N$, $\det \varphi_c \neq 0$, *and* $\varphi' = H_y(h)$.

In the calculus of variations as well as in geometrical optics case (ii) is of particular importance. In fact, consider an arbitrary field $f(x, c) = (x, \varphi(x, c))$ in the x, z-space, i.e. a diffeomorphism $f : \Gamma \to G$ of a domain Γ in the x, c-space onto a domain G in the x, z-space. Let us extend f to a flow $h : \Gamma \to \mathbb{R} \times \mathbb{R}^N \times \mathbb{R}_N$ by setting $\eta := F_p(\cdot, \varphi, \varphi')$. Then we obtain $\varphi' = H_y(h)$ provided that the Legendre transformation $F \leftrightarrow H$ can be performed (see assumption (GA) in *2.1*), and we see that assumption (ii) of Proposition 2 is fulfilled for the canonical extension h of any field f. In other words, assumption (ii) has nothing to do with the property of extremality expressed by the Euler equation

(14)
$$\frac{d}{dx} F_p(\cdot, \varphi, \varphi') - F_z(\cdot, \varphi, \varphi') = 0$$

nor with the integrability conditions

(15)
$$\frac{\partial}{\partial z^i} F_{p^k}(x, z, \mathscr{P}(x, z)) - \frac{\partial}{\partial z^k} F_{p^i}(x, z, \mathscr{P}(x, z)) = 0,$$

where $\mathscr{P}(x, z)$ is the slope function of the field $\mathscr{P}$.

Locally assumption (ii) in Proposition 2 is therefore equivalent to the fact that the ray map $f(x, c) = (x, \varphi(x, c))$ of $h(x, c) = (x, \varphi(x, c), \eta(x, c))$ is a field in the x, z-space $\mathbb{R} \times \mathbb{R}^N$. Combining Proposition 1 and 2 we thus obtain

Proposition 3. (α) *If* $f(x, c) = (x, \varphi(x, c))$ *is an extremal field,*[4] *i.e. a field satisfying* (14), *then its canonical extension* $h(x, c) = (x, \varphi(x, c), \eta(x, c))$ *defined by* $\eta := F_p(\cdot, \varphi, \varphi')$ *is an N-parameter Hamilton flow satisfying* $\det \varphi_c \neq 0$ *and* $h^* \kappa_H = d\Xi + \mu_\alpha(c) \, dc^\alpha$ *for any eigentime* Ξ *of h.*

(β) *Conversely if* $h = (x, \varphi, \eta)$ *is a flow satisfying assumption* (ii) *of Proposition 2 as well as* $\mu'_\alpha = 0$ *for the coefficients* μ_α *of some Cauchy representation* (6) *of* $h^* \kappa$, *then* $f = (x, \varphi)$ *is locally an extremal field with the canonical extension h.*

Finally we obtain the following result which is closely related to Theorem 2 in *2.1*.

---

[4] Recall that extremal fields are defined by (14) whereas Mayer fields are required to satisfy both (14) and (15). This terminology deviates from the practice of many authors who denote Mayer fields as extremal fields.

2.2. Hamiltonian Flows and Their Eigentime Functions

Proposition 4. (α) *If $h: \Gamma \to \mathbb{R} \times \mathbb{R}^N \times \mathbb{R}_N$ is a Mayer bundle defined on a simply connected domain Γ of $\mathbb{R} \times \mathbb{R}^N$, then $h^* \kappa_H$ is a total differential, i.e. we have a Cauchy representation (6) with $\mu_\alpha \, dc^\alpha = 0$, that is, $h^* \kappa_H = d\Xi$.*

(β) *Conversely, if $h = (x, \varphi, \eta)$ is an N-parameter flow satisfying $\varphi' = H_y(h)$, $\det \varphi_c \neq 0$, and $h^* \kappa_H = d\Xi$ for some function $\Xi(x, c)$, then $f = (x, \varphi)$ is a Mayer bundle and therefore locally a Mayer field with the canonical extension h.*

Proof. (α) Since Lagrange brackets of a Mayer bundle vanish identically, the first assertion follows from formula (13) of Proposition 1.

(β) Conversely the assumptions together with Proposition 2 imply that h is a Hamiltonian flow. Moreover we infer from $h^* \kappa_H = d\Xi$ and Proposition 1 that $[c^\alpha, c^\beta] = 0$, i.e. $f(x, c) = (x, \varphi(x, c))$ is a Mayer bundle. $\qquad \square$

In the sequel the following terminology will be useful.

Definition 1. *A* Mayer flow *is an N-parameter Hamiltonian flow $h: \Gamma \to \mathbb{R} \times \mathbb{R}^N \times \mathbb{R}_N$ such that*

$$(16) \qquad \qquad d(h^* \kappa_H) = 0.$$

A Mayer flow $h(x, c) = (x, \varphi(x, c), \eta(x, c))$ is said to be regular *if*

$$(17) \qquad \qquad \operatorname{rank} \begin{bmatrix} \varphi_c \\ \eta_c \end{bmatrix} = N \quad on \; \Gamma.$$

As in 6,2.4 we associate with any Mayer flow h the vectors $u_\alpha(x, c)$, $1 \leq \alpha \leq N$, defined by

$$(18) \qquad \qquad u_\alpha = \begin{bmatrix} v_\alpha \\ w_\alpha \end{bmatrix}, \quad \text{where } v_\alpha := \varphi_{c^\alpha}, \; w_\alpha := \eta_{c^\alpha}.$$

Note that $w_\alpha = \dfrac{\partial}{\partial c^\alpha} F_p(\cdot, \varphi, \eta)$ whence

$$(19) \qquad \qquad \begin{bmatrix} v_\alpha \\ w_\alpha \end{bmatrix} = \begin{bmatrix} E & 0 \\ B^T & A \end{bmatrix} \begin{bmatrix} v_\alpha \\ v'_\alpha \end{bmatrix},$$

where $A := F_{pp}(\cdot, \varphi, \varphi')$, $B := F_{pz}(\cdot, \varphi, \varphi')$, $E := id_N$. By assumption (GA) about the Legendre transformation generated by F we have $\det A \neq 0$, and therefore the matrix

$$M := \begin{bmatrix} E & 0 \\ B^T & A \end{bmatrix}$$

is invertible. Hence we have

$$\operatorname{rank}(u_1, u_2, \ldots, u_N) = N$$

if and only if the matrix

$$\mathscr{T}(x, c) := \begin{bmatrix} v_1(x, c), \ldots, v_N(x, c) \\ v_1'(x, c), \ldots, v_N'(x, c) \end{bmatrix}$$

has rank N. Moreover, by Lemma 1 of 6,2.4 we know that rank $\mathscr{T}(\cdot, c) = \text{const}$ for fixed $c \in I_0$, and Lemma 2 of 6,2.4 implies that for fixed $c \in I_0$, rank $\mathscr{T}(\cdot, c)$ is the dimension of the linear space of Jacobi fields along the extremal $\varphi(\cdot, c)$ spanned by $v_1(\cdot, c), \ldots, v_N(\cdot, c)$. Thus we infer

Proposition 5. *An N-parameter Hamiltonian flow $h : \Gamma \to \mathbb{R} \times \mathbb{R}^N \times \mathbb{R}_N$ with $h(x, c) = (x, \varphi(x, c), \eta(x, c))$, $\Gamma = I \times I_0$, $I \subset \mathbb{R}$, $I_0 \subset \mathbb{R}^N$ is a regular Mayer flow if $u(x, c) := (\varphi(x, c), \eta(x, c))$ satisfies the following condition: There is same value $x_0 \in I$ such that*

(i) rank $u_c(x_0, c) = N$ for all $c \in I_0$;

(ii) $u(x_0, \cdot)$ annihilates the symplectic form $\omega = dy_i \wedge dz^i$ of $\mathbb{R}^N \times \mathbb{R}_N$, i.e., $d\eta_i(x_0, \cdot) \wedge d\varphi^i(x_0, \cdot) = 0$.

Note that (ii) means that the Lagrange brackets $[c^\alpha, c^\beta]$ of h vanish for $x = x_0$. Since the Lagrange brackets are independent of x, condition (ii) means that all Lagrange brackets of h vanish everywhere on $\Gamma = I \times I_0$.

Moreover we see that *an N-parameter flow h is a Mayer flow if and only if its ray bundle is a Mayer bundle*, and h is a *regular Mayer flow exactly if its ray bundle is a field-like Mayer bundle* (see Definition 1 of 6,2.4).

In symplectic geometry the notion of a *Lagrange manifold* has been coined. This is an immersed N-dimensional submanifold of the $2N$-dimensional space $\mathbb{R}^N \times \mathbb{R}_N$ annihilating the symplectic 2-form $\omega = dy_i \wedge dz^i$. In other words, a Lagrange manifold is an immersion $u : I_0 \to \mathbb{R}^N \times \mathbb{R}_N$ of an N-dimensional parameter domain I_0 such that $u^*\omega = 0$.

Thus we obtain the following interpretation of Proposition 5. Suppose that $u : I_0 \to \mathbb{R}^N \times \mathbb{R}_N$ are the initial values of a Hamiltonian flow $h : I \times I_0 \to \mathbb{R} \times \mathbb{R}^N \times \mathbb{R}_N$ on a hyperplane $\{x = x_0\}$, $x_0 \in I$, that is,

$$h(x_0, c) = (x_0, u(c)) \quad \text{for all } c \in I.$$

Then h is a regular Mayer flow if and only if u is a Lagrange manifold. In other words, *exactly Lagrange manifolds in $\mathbb{R}^N \times \mathbb{R}_N$ viewed as initial values of Hamiltonian flows generate regular Mayer flows in the cophase space.*

Note also that for a regular Mayer flow $h : \Gamma \to \mathbb{R} \times \mathbb{R}^N \times \mathbb{R}_N$ with a flow box $\Gamma = I \times I_0$ and with $h(x, c) = (x, u(x, c))$ all surfaces

$$\Sigma_x = \{z : z = u(x, c), c \in I_0\}, \quad x \in I,$$

are Lagrange manifolds in $\mathbb{R}^N \times \mathbb{R}_N$.

Consider now a regular Mayer flow $h : \Gamma \to \mathbb{R} \times \mathbb{R}^N \times \mathbb{R}_N$ defined on $\Gamma = I \times I_0$ and the associated vectors $u_1, u_2, \ldots, u_N$ defined by (18),

$$u_\alpha = \begin{bmatrix} v_\alpha \\ w_\alpha \end{bmatrix}, \quad w_\alpha = F_p(\cdot, v_\alpha, v_\alpha').$$

By our preceding discussion[5] *the Jacobi fields v_1, v_2, ..., v_N form a conjugate base of Jacobi fields along each extremal $\varphi(\cdot, c)$ where $f(x, c) = (x, \varphi(x, c))$* denotes the ray bundle of h. In the Hamiltonian setting it is useful to have a name for the set of vectors u_1, u_2, ..., u_N; we call them the *conjugate base of canonical Jacobi fields associated with the regular Mayer flow h*. Some remarks concerning the canonical theory of second variation can be found in the next subsection.

We want to close our present discussion with some remarks on the focal points of the ray bundle $f(x, c) = (x, \varphi(x, c))$ of a Mayer flow $h(x, c) = (x, \varphi(x, c), \eta(x, c))$. As we have noted before, f is a Mayer bundle. Its focal points $P_0 = (x_0, c_0)$ are defined to be the zeros of the Mayer determinant $\Delta(x, c) := \det \varphi_c(x, c)$.

According to Proposition 2 of 6,2.4 the zeros of $\Delta(\cdot, c)$ are isolated for every fixed $c \in I_0$, that is, the focal points of f corresponding to a fixed ray $f(\cdot, c)$ are isolated.

The set $\mathscr{C}$ of all focal points of a Mayer bundle f is called the *caustic of the ray bundle f*.

If $P_0 \in \mathscr{C}$ and $\frac{\partial \Delta}{\partial x}(P_0) \neq 0$, then the intersection $\mathscr{C} \cap \mathscr{U}$ of the caustic $\mathscr{C}$ with a sufficiently small neighbourhood $\mathscr{U}$ of P_0 in the configuration space is a regular hypersurface, and every point $P \in \mathscr{C} \cap \mathscr{U}$ is the intersection point of exactly one ray with $\mathscr{C} \cap \mathscr{U}$. However, caustics may degenerate to lower dimensional structures and possibly even to sets containing isolated points (called *nodal points* or *proper focal points*); an example for the latter case is provided by stigmatic fields. The classification of caustics is a rather subtle problem; we refer the reader to the monograph of Arnold/Gusein-Zade/Varchenko [1] for an introduction to this field and for further references.

A caustic may consist of several strata which can be of different dimension. Moreover, a whole subarc of some ray $f(\cdot, c_0)$ can belong to the caustic $\mathscr{C}$. This is no contradiction to the isolatedness of the focal points since different focal points of this subarc belong to different rays $f(\cdot, c)$; it just happens that $f(\cdot, c)$ and $f(\cdot, c_0)$ intersect at focal points P corresponding to $f(\cdot, c)$. This phenomenon occurs in the following example due to Carathéodory.

1 Consider an optical medium in $\mathbb{R}^3 = \mathbb{R} \times \mathbb{R}^2$ with the constant refraction index $n > 0$. The light rays in this medium are straight lines and, simultaneously, extremals of the variational integral $\int_a^b F(z')\, dx$ with the Lagrangian

$$F(p) = n\sqrt{1 + |p|^2}, \quad p = (p^1, p^2).$$

The canonical momenta $y = (y_1, y_2)$ are

$$y_i = F_{p^i}(p) = \frac{np^i}{\sqrt{1 + |p|^2}}.$$

---

[5] See 6,2.4, Definition 2 for the definition of a conjugate base of Jacobi fields along an extremal.

Consider the ray bundle $f(x, c) = (x, \varphi(x, c)), c = (c^1, c^2)$, defined by

$$\varphi^i(x, c^1, c^2) := \{\alpha + \beta(1 - |c|^2)^{-1/2}x\}c^i, \quad i = 1, 2, \ |c| < 1,$$

where $\alpha > 0, \beta > 0$. Its canonical prolongation $h = (x, \varphi, \eta)$ is given by

$$\eta_i(x, c^1, c^2) = n\beta c^i\{1 - (1 - \beta^2)|c|^2\}^{-1/2}.$$

A brief computation shows that h is a regular Mayer flow since $[c^1, c^2] = 0$ and

$$\Delta(x, c) = \{\alpha + \beta x(1 - |c|^2)^{-1/2}\}[\alpha + \beta x(1 - |c|)^{-3/2}].$$

Moreover, this form of $\Delta(x, c)$ implies that the caustic $\mathscr{C} = \{P = (x, \varphi(x, c)): \Delta(x, c) = 0\}$ consist of two parts $\mathscr{C}_1$ and $\mathscr{C}_2$ described by the equations

$$\alpha + \beta x(1 - |c|^2)^{-1/2} = 0 \quad \text{and} \quad \alpha + \beta x(1 - |c|^2)^{-3/2} = 0$$

respectively. The part $\mathscr{C}_1$ is therefore given by

$$x = -\frac{\alpha}{\beta}\sqrt{1 - |c|^2}, \qquad \varphi^i(x, c) = 0, \quad i = 1, 2,$$

and therefore $\mathscr{C}_1$ is the interval $[-\alpha/\beta, 0)$ on the x-axis. Part $\mathscr{C}_2$ is represented by

$$x = -(\alpha/\beta)(1 - |c|^2)^{3/2}, \qquad \varphi^i(x, c) = \alpha|c|^2c^i, \quad i = 1, 2.$$

Therefore $\mathscr{C}_2$ is a surface of revolution with the meridian

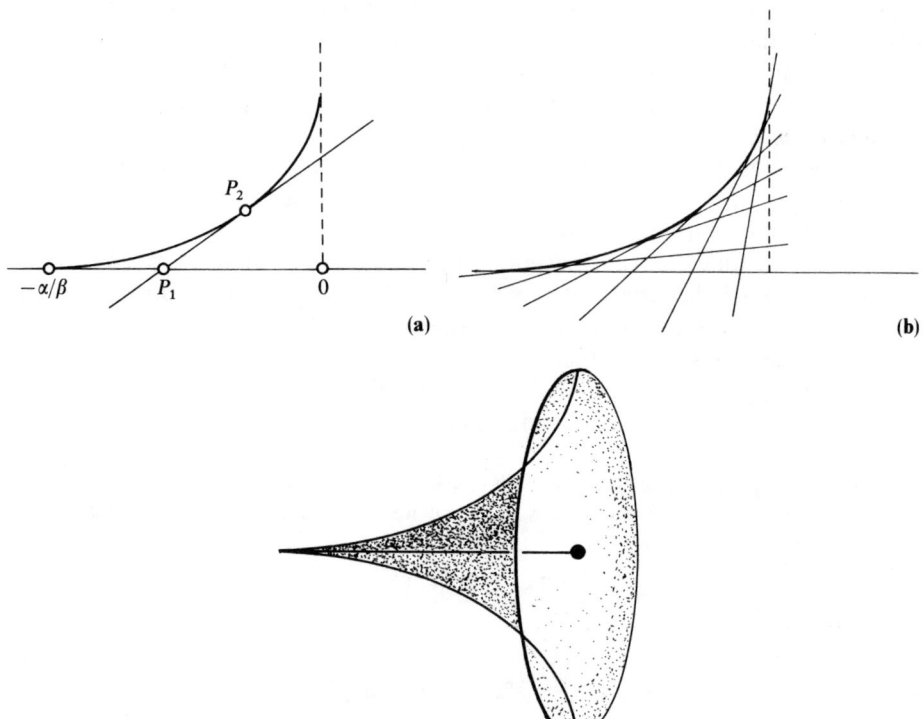

(a)   (b)

(c)

Fig. 7. Carathéodory's caustic.

$$x = -(\alpha/\beta)(1 - |c|^2)^{3/2}, \qquad \varphi^1(x, c) = \alpha|c|^3, \qquad \varphi^2(x, c) = 0, \quad 0 \le |c| < 1,$$

which can be written as

$$z^1 = \alpha \left[1 - \left(-\frac{\beta}{\alpha} \right)^{3/2} \right]^{3/2} \quad \text{for } -\alpha/\beta \le x < 0.$$

The point $P_0 = (-\alpha/\beta, 0, 0) \in \mathscr{C}_1 \cap \mathscr{C}_2$ is the only focal point corresponding to the ray $f(x, 0)$, whereas we find exactly to focal points

$$P_1(c) = (-(\alpha/\beta)\sqrt{1 - |c|^2}, 0) \quad \text{and} \quad P_2(c) = (-(\alpha/\beta)(1 - |c|^2)^{3/2}, \alpha|c|^2 c)$$

corresponding to $f(\cdot, c)$, $0 < |c| < 1$, and $P_1(c) \in \mathscr{C}_1$, $P_2(c) \in \mathscr{C}_2$. This completes the discussion of our example.

For $N = 1$ there is a relation between focal points and conjugate points. To see this we assume that Legendre's transformation can be performed on a neighbourhood of the image set $h(\Gamma)$ of some regular Mayer flow h. Let $P' = (x', z')$ and $P'' = (x'', z'')$ be two consecutive focal points corresponding to some ray $f(\cdot, c)$, and let $x' < x''$. Then we have $\varphi_c(x', c) = 0$ and $\varphi_c(x'', c) = 0$, and $\text{rank}(\varphi_c, \eta_c) = 1$ implies $\text{rank}(\varphi_c, \varphi_c') = 1$ whence $\varphi_c'(x', c) \ne 0$. Thus $v(x) := \varphi_c(x, c)$ is a nontrivial Jacobi field along the extremal $\varphi(\cdot, c)$, and x', x'' are consecutive conjugate values for $\varphi(\cdot, c)$. Thus the existence of another conjugate value x of $\varphi(\cdot, c)$ between x' and x'' would imply that $P = f(x, c)$ were a focal point between P' and P''. Conversely two consecutive conjugate points on $f(\cdot, c)$ are easily seen to be consecutive focal points of h belonging to the ray $f(\cdot, c)$. Thus we obtain

Proposition 6. *For a planar variational problem* $(N = 1)$ *the abscissae x' and x'' of two consecutive focal points corresponding to some ray of a field-like Mayer bundle are consecutive conjugate values of this ray, and vice versa.*

This reasoning fails if $N > 1$ since the space of Jacobi fields $v(x)$ satisfying $v(x') = 0$ is no longer one-dimensional. In fact, if $P' = (x', z')$ is a focal point of the ray $f(\cdot, c)$ and if x^* is the next conjugate point of x' to the right, then there can exist a focal point $P'' = (t'', x'')$ of $f(\cdot, c)$ such that $x' < x'' < x^*$.

2.3. Accessory Hamiltonians and the Canonical Form of the Jacobi Equation

Consider an F-extremal $u(x)$ of the Lagrangian $F(x, z, p)$ which is supposed to satisfy the assumptions formulated at the beginning of 2.1.

Then the accessory Lagrangian $Q(x, z, p)$ corresponding to F and u is defined by

(1)
$$Q(x, z, p) = \frac{1}{2} \frac{d^2}{d\varepsilon^2} F(x, u(x) + \varepsilon z, u'(x) + \varepsilon p) \Big|_{\varepsilon=0}.$$

We obtain

(2) $$Q(x, z, p) = \tfrac{1}{2}\{p \cdot A(x)p + 2z \cdot B(x)p + z \cdot C(x)z\},$$

where

(3)
$$A(x) := F_{pp}(x, u(x), u'(x)), \qquad B(x) := F_{pz}(x, u(x), u'(x)),$$
$$C(x) := F_{zz}(x, u(x), u'(x)).$$

Let $K(x, z, y)$ be the Legendre transform of $Q(x, z, p)$. To compute $K = Q^*$ we first introduce the canonical momenta y associated with Q by

(4) $$y = Q_p(x, z, p).$$

Because of (3) and (4) we get

(5) $$y = A(x)p + B^T(x)z,$$

where B^T is the transpose of B. A brief computation shows that

$$p = A^{-1}(y - B^T z) \quad \text{and} \quad y \cdot p = p \cdot Ap + z \cdot Bp.$$

Since K is defined by $K = y \cdot p - Q$, we arrive at

$$K = \tfrac{1}{2}\{p \cdot Ap - z \cdot Cz\},$$

whence

(6) $$K(x, z, y) = \tfrac{1}{2}\{[y - B^T(x)z] \cdot A^{-1}(x)[y - B^T(x)z] - z \cdot C(x)z\}$$

and therefore also

(6') $$K(x, z, y) = \tfrac{1}{2}\{y \cdot \alpha(x)y + 2z \cdot \beta(x)y + z \cdot \gamma(x)z\},$$

where

(7) $$\alpha = A^{-1}, \qquad \beta = -BA^{-1}, \qquad \gamma = -C.$$

We note that the *Hamilton equations corresponding to* K are given by

(8) $$v' = K_y(x, v, w), \qquad w' = -K_z(x, v, w),$$

and these equations are just the linear system

(9) $$v' = \beta^T(x)v + \alpha(x)w, \qquad w' = -\gamma(x)v - \beta(x)w.$$

Recall that $v(x)$ is a Jacobi field along the extremal $u(x)$ if and only if v satisfies the *Jacobi equation*

(10) $$\frac{d}{dx} Q_p(x, v(x), v'(x)) - Q_z(x, v(x), v'(x)) = 0,$$

which is the Euler equation of the accessory Lagrangian Q. Introducing the canonical momenta $w(x)$ of $v(x)$ by

(11) $$w(x) := Q_p(x, v(x), v'(x)),$$

we have also

$$v' = K_y(\cdot, v, w) \quad \text{and} \quad Q_z(\cdot, v, v') = -K_z(\cdot, v, w).$$

Hence the Jacobi equation (10) implies

$$v' = K_y(\cdot, v, w), \qquad w' = -K_z(\cdot, v, w),$$

and conversely (10) follows from (8). In other words we have

Proposition 1. *The Jacobi equation* (10) *is equivalent to the Hamiltonian system* (8) *corresponding to* $K = Q^*$.

Let us call (8) the *canonical Jacobi equations* and denote its solutions (v, w) as *canonical Jacobi fields*.

In 2.2 we have used the canonical Jacobi fields to transform the results of 6,2.4 on field-like Mayer bundles into the canonical setting. In fact it may be profitable to develop the whole theory of second variation in the canonical framework. This point of view was taken by Carathéodory [10] where in Chapter 15 (Sections 313–328) the whole canonical theory of accessory problems is worked out. Another interesting presentation of these concepts can be found in L.C. Young [1], Chapter III, Sections 30–39.

By Euler's formula we obtain

$$2K(x, z, y) = z \cdot K_z(x, z, y) + y \cdot K_y(x, z, y)$$

since $K(x, z, y)$ is homogeneous of second order with respect to z, y. Hence we obtain for any canonical Jacobi field v, w that

$$K(\cdot, v, w) = \tfrac{1}{2}\{w \cdot v' - v \cdot w'\}.$$

On account of

$$2Q(\cdot, v, v') = -2K(\cdot, v, w) + 2w \cdot v',$$

we then infer that

(12)
$$2Q(\cdot, v, v') = \frac{d}{dx}(w \cdot v).$$

This implies the following result:

Proposition 2. *For every Jacobi field $v(x)$ along an F-extremal u the formula*

(13)
$$\int_{x_1}^{x_2} Q(x, v(x), v'(x)) \, dx = \tfrac{1}{2}[w(x_2) \cdot v(x_2) - w(x_1) \cdot v(x_1)]$$

holds true where $w = Q_p(\cdot, v, v')$ is the canonical momentum of v.

That is, the value of the accessory integral

(14)
$$\mathscr{Q}(v) := \int_{x_1}^{x_2} Q(x, v(x), v'(x)) \, dx$$

along some Jacobi field v depends only on the values of $(v(x), w(x))$ at the endpoints $x = x_1$ and $x = x_2$. Moreover, since

$$Q(\cdot, v, v') = w \cdot v' - K(\cdot, v, w),$$

we infer from (13) also the formula

(15) $$\int_{x_1}^{x_2} \{w(x) \cdot v'(x) - K(x, v(x), w(x))\} \, dx = \tfrac{1}{2}[w(x) \cdot v(w)]_{x_1}^{x_2}$$

for every canonical Jacobi field v, w along the extremal u.

Suppose now that $H(x, z, y)$ is the Hamiltonian corresponding to $F(x, z, p)$, i.e. $H = F^*$, and let $\pi(x) := F_p(x, u(x), u'(x))$ be the canonical momenta of u. Then we also have $v' = H_y(\cdot, v, \pi)$. We shall see that the "*accessory Hamiltonian*" $K(x, z, y)$ can also be obtained as "quadratic part of H at $(x, u(x), \pi(x))$".

Proposition 3. *We have*

(16) $$K(x, z, y) = \frac{1}{2} \frac{d^2}{d\varepsilon^2} H(x, u(x) + \varepsilon z, \pi(x) + \varepsilon y) \Big|_{\varepsilon = 0}.$$

Symbolically we can write this relation as

(16') $$(F^*)_2 = (F_2)^*,$$

where the index 2 means: "take the quadratic part", and * means: "pass to the Legendre transform".

Proof. In order to prove (16) we think of $(x, u(x), \pi(x))$ as being locally embedded into some $2N$-parameter Hamilton flow $h(x, c) = (x, \varphi(x, c), \eta(x, c))$ such that $h(x, 0) = (x, u(x), \pi(x))$. By differentiation the canonical equations

$$\varphi' = H_y(h), \qquad \eta' = -H_x(h)$$

with respect to c^α, we obtain for $v_\alpha := \mathring{\varphi}_{c^\alpha}$, $w_\alpha := \mathring{\eta}_{c^\alpha}$ the equations

(17)
$$v'_\alpha = H_{yz}(\mathring{h})v_\alpha + H_{yy}(\mathring{h})w_\alpha,$$
$$w'_\alpha = -H_{zz}(\mathring{h})v_\alpha - H_{zy}(\mathring{h})w_\alpha,$$

where the superscript ∘ indicates that we choose $c = 0$. On the other hand, the vector fields $v_1, v_2, \ldots, v_{2N}$ are Jacobi fields along the extremal $u = \varphi(\cdot, 0)$, and so we have by (8) that

(18)
$$v'_\alpha = K_y(\cdot, v_\alpha, w_\alpha) = K_{yz}v_\alpha + K_{yy}w_\alpha,$$
$$w'_\alpha = -K_z(\cdot, v_\alpha, w_\alpha) = -K_{zz}v_\alpha - K_{zy}w_\alpha,$$

since $K(\cdot, z, y)$ is quadratically homogeneous in z, y. Comparing (17) and (18) we arrive at

(19) $$\begin{bmatrix} H_{yz}(\mathring{h}), H_{yy}(\mathring{h}) \\ -H_{zz}(\mathring{h}), -H_{zy}(\mathring{h}) \end{bmatrix} \begin{bmatrix} v_1, \ldots, v_{2N} \\ w_1, \ldots, w_{2N} \end{bmatrix} = \begin{bmatrix} K_{yz}, K_{yy} \\ -K_{zz}, -K_{zy} \end{bmatrix} \begin{bmatrix} v_1, \ldots, v_{2N} \\ w_1, \ldots, w_{2N} \end{bmatrix}.$$

If

$$\det \begin{bmatrix} \mathring{\varphi}_c \\ \mathring{\eta}_c \end{bmatrix} \neq 0,$$

we infer that

(20)
$$\begin{bmatrix} H_{yz}(\mathring{h}), H_{yy}(\mathring{h}) \\ -H_{zz}(\mathring{h}), -H_{zy}(\mathring{h}) \end{bmatrix} = \begin{bmatrix} K_{yz}, K_{yy} \\ -K_{zz}, -K_{zy} \end{bmatrix}$$

and this relation is equivalent to (16) since $K(\cdot, y, z)$ is quadratically homogeneous with respect to z, y.

In order to embed $(x, u(x), \pi(x))$ into a $2N$-parameter Hamilton flow $h(x, c) = (x, \varphi(x, c), \eta(x, c))$ satisfying $h(x, 0) = (x, u(x), \pi(x))$ and (19) at an arbitrarily chosen point $x = x_0$, we choose h as a solution of

$$\varphi' = H_y(h), \qquad \eta' = -H_z(h)$$

satisfying

$$\varphi^\alpha(x_0, c) = c^\alpha + u(x_0), \quad \eta_\alpha(x_0, c) = \pi(x_0) \qquad \text{for } 1 \leq \alpha \leq N,$$

$$\varphi^\beta(x_0, c) = u(x_0), \quad \eta_\beta(x_0, c) = c^\beta + \pi(x_0) \qquad \text{for } n + 1 \leq \beta \leq 2N.$$

Then

$$\begin{bmatrix} \varphi_c(x_0, 0) \\ \eta_c(x_0, 0) \end{bmatrix} = \begin{bmatrix} id_N, 0 \\ 0, id_N \end{bmatrix},$$

whence (19) holds for $x = x_0$, and we may conclude that (20) is true at $x = x_0$. Since x_0 was chosen arbitrarily we have verified (20) and therefore also (16). □

The following result will be useful for computing the second variation.

Proposition 4. *Let $u(x)$ be an F-extremal with the canonical extension $h(x) = (x, u(x), \pi(x))$, and let $v(x)$ be a Jacobi field along u with the associated canonical Jacobi field v, w. Moreover, let Q be the accessory Lagrangian of F at u, and let K be the corresponding Hamiltonian. Then we have*

(21)
$$2Q(\cdot, v, v') = w \cdot K_{yy} w - v \cdot K_{zz} v.$$

Proof. We have

$$2Q(\cdot, v, v') = -2K(\cdot, v, w) + 2w \cdot v'.$$

Then relations (6') and (8) imply

(22)
$$2Q(\cdot, v, v') = v \cdot \gamma v - w \cdot \alpha w,$$

and this is equivalent to (21) on account of (6'). □

Next we state a variational formula for a smooth one-parameter family of curves $f(x, c) = (x, \varphi(x, c))$ with the canonical extension

(23) $h(x, c) = (x, \varphi(x, c), \eta(x, c)), \quad \eta(x, c) := F_p(x, \varphi(x, c), \varphi'(x, c)).$

Set

(24) $$\Phi(x, c) := F(x, \varphi(x, c), \varphi'(x, c)).$$

Then we obtain

Proposition 5. *We have*

(25) $$\Phi_c = -\{H_z(h) + \eta'\} \cdot \varphi_c + (\eta \cdot \varphi_c)',$$

(26) $$\Phi_{cc} = -\{H_z(h) + \eta'\} \cdot \varphi_{cc} + (\eta \cdot \varphi_{cc})' - \varphi_c \cdot H_{zz}(h)\varphi_c + \eta_c \cdot H_{yy}(h)\eta_c.$$

Proof. Since

$$\Phi = F(\cdot, \varphi, \varphi') = -H(h) + \eta \cdot \varphi',$$

we find that

(27) $$\Phi_c = -H_z(h)\varphi_c - H_y(h)\eta_c + \eta \cdot \varphi'.$$

Because of $\eta \cdot \varphi_c' = (\eta \cdot \varphi_c)' - \eta' \cdot \varphi_c$ and $\varphi' = H_y(h)$ we arrive at (25).

Differentiating (25) with respect to c it follows that

(28) $$\Phi_{cc} = -H_z(h)\varphi_{cc} + (\eta \cdot \varphi_c')_c - \varphi_c \cdot H_{zz}(h)\varphi_c - \eta_c \cdot H_{zy}(h)\varphi_c.$$

Moreover we infer from $\varphi' = H_y(h)$ that

$$-\eta_c \cdot H_{yz}\varphi_c = \eta_c \cdot H_{yy}(h)\eta_c - \eta_c \cdot \varphi_c',$$

and

$$(\eta \cdot \varphi_c')_c - \eta_c \cdot \varphi_c' = (\eta \cdot \varphi_{cc})' - \eta' \cdot \varphi_{cc}.$$

Inserting these two relations in (28), we arrive at (26). $\qquad\qquad\square$

Proposition 6. *Suppose that* $u(x) := \varphi(x, 0)$ *is an F-extremal and let* $\pi(x) = \eta(x, 0) = F_p(x, u(x), u'(x))$ *be its canonical momentum. Moreover set*

(29) $$v := \varphi_c(\cdot, 0), \qquad w := \eta_c(\cdot, 0), \qquad r := \eta_{cc}(\cdot, 0).$$

Then we have

(30) $$\overset{\circ}{\Phi}_c := \Phi_c(\cdot, 0) = (\pi \cdot v)',$$

(31) $$\overset{\circ}{\Phi}_{cc} := \Phi_{cc}(\cdot, 0) = (\pi \cdot r)' + 2Q(\cdot, v, v').$$

Proof. In (25) and (26) we set $c = 0$, which is indicated by the superscript $\circ$. Since u is an F-extremal, we have

$$\pi' = \overset{\circ}{\eta}' = -H_z(\overset{\circ}{h})$$

and therefore

$$\overset{\circ}{\Phi}_c = (\pi \cdot v)',$$
$$\overset{\circ}{\Phi}_{cc} = (\pi, r)' - v \cdot H_{zz}(\overset{\circ}{h})v + w \cdot H_{yy}(\overset{\circ}{h})w.$$

By virtue of Propositions 3 and 4 it follows that

$$Q(\cdot, v, v') = w \cdot H_{yy}(\mathring{h})w - v \cdot H_{zz}(\mathring{h})v,$$

and the assertion is proved. $\square$

Let us now introduce the integral

$$(32) \qquad J(c) := \int_{a(c)}^{b(c)} \Phi(x, c)\, dx = \int_{a(c)}^{b(c)} F(x, \varphi(x, c), \varphi'(x, c))\, dx$$

with variable smooth limits $a(c)$ and $b(c)$. Then we have

$$(33) \qquad J_c(c) = \Phi(b(c), c)b_c(c) - \Phi(a(c), c)a_c(c) + \int_{a(c)}^{b(c)} \Phi_c(x, c)\, dx,$$

which in turn yields

$$J_{cc}(c) = \Phi'(b(c), c)b_c^2(c) + 2\Phi_c(b(c), c)b_c(c) + \Phi(b(c), c)b_{cc}(c)$$
$$- \Phi'(a(c), c)a_c^2(c) - 2\Phi_c(a(c), c)a_c(c) - \Phi(a(c), c)a_{cc}(c)$$

$$(34) \qquad + \int_{a(c)}^{b(c)} \Phi_{cc}(x, c)\, dx.$$

Setting $c = 0$ and applying formulas (30) and (31) we obtain the following expressions[6] for the first and second variations $J_c(0)$ and $J_{cc}(0)$.

Proposition 7. *Suppose that $\varphi(x, c)$ is a variation of an F-extremal $u(x)$ with the canonical momentum $\pi(x) = F_p(x, u(x), u'(x))$, that is, $u(x) = \varphi(x, 0)$ and $\pi(x) = \eta(x, 0)$ where $\eta(x, c) := F_p(x, \varphi(x, c), \varphi'(x, c))$. Set*

$$x_1 := a(0), \quad x_2 := b(0), \quad v := \varphi_c(\cdot, 0), \quad w := \eta_c(\cdot, 0), \quad r := \eta_{cc}(\cdot, 0)$$

and

$$J(c) := \int_{a(c)}^{b(c)} \Phi(x, c)\, dx, \quad \text{where } \Phi(x, c) := F(x, \varphi(x), \varphi'(x)).$$

Then we have

$$(35) \qquad J_c(0) = \Phi(x_2, 0)b_c(0) - \Phi(x_1, 0)a_c(0) + [\pi(x) \cdot v(x)]_{x_1}^{x_2}$$

and

$$J_{cc}(0) = \Phi'(x_2, 0)b_c^2(0) + 2\Phi_c(x_2, 0)b_c(0) + \Phi(x_2, 0)b_{cc}(0)$$
$$- \Phi'(x_1, 0)a_c^2(0) - 2\Phi_c(x_1, 0)a_c(0) - \Phi(x_1, 0)a_{cc}(0)$$

$$(36) \qquad + [\pi(x) \cdot r(x)]_{x_1}^{x_2} + 2\int_{x_1}^{x_2} Q(x, v(x), v'(x))\, dx,$$

---

[6] These formulas are due to Jacobi, Clebsch, Weierstrass and v. Escherich. The above derivation was essentially given by Bliss; cf. Carathéodory [10], Sections 315–316.

where

(37)
$$\mathring{\Phi}' = F_x(\cdot, u, u') + F_z(\cdot, u, u')\cdot u' + F_p(\cdot, u, u')\cdot u'',$$
$$\mathring{\Phi}_c = \pi'\cdot v - \pi\cdot v', \quad \mathring{\Phi} = F(\cdot, u, u').$$

2.4. The Cauchy Problem for the Hamilton–Jacobi Equation

Now we want to describe how Mayer flows are connected with the Cauchy problem for the Hamilton–Jacobi equation

(1)
$$S_x + H(x, z, S_z) = 0.$$

A more detailed investigation of this problem will be given in Chapter 10.

The Cauchy problem for (1) is the task to determine a solution $S(x, z)$ of (1) which assumes prescribed initial values s on a given initial value surface $\mathscr{S}$ in the x, z-space. In order to specify the *initial condition for S* we assume that the hypersurface $\mathscr{S}$ is given as $\mathscr{S} = i(I_0)$ by a parametric representation $i: I_0 \to \mathbb{R} \times \mathbb{R}^N$ which is defined on a parameter domain I_0 of $\mathbb{R}^N$. We write $i(c)$ in the form

$$i(c) = (\xi(c), A(c))$$

where

$$\xi(c) \in \mathbb{R} \quad \text{and} \quad A(c) = (A^1(c), \dots, A^N(c)) \in \mathbb{R}^N, \quad c = (c^1, \dots, c^N) \in I_0.$$

Then we view

$$\mathscr{S} = \{(x, z) \in \mathbb{R} \times \mathbb{R}^N: x = \xi(c), z = A(c), c \in I_0\}$$

as *initial value surface* on which initial values are prescribed in form of a function $s: I_0 \to \mathbb{R}$. In other words we are looking for solutions S of (1) such that $S \circ i = s$ holds true. Thus we can formulate the *Cauchy problem for the Hamilton–Jacobi equation* as follows: Determine a C^2-solution $S(x, z)$ of

(2)
$$S_x + H(x, z, S_z) = 0,$$
$$S(\xi(c), A(c)) = s(c) \quad \text{for } c \in I_0.$$

As we shall see in the sequel, this problem always has a local solution provided that an appropriate and perfectly natural solvability condition is satisfied.

Suppose that S is a C^2-solution of (2) defined in some neighbourhood of $\mathscr{S}$. Then we introduce the canonical momenta $B(c) = (B_1(c), \dots, B_n(c))$ along $\mathscr{S}$ by

(3)
$$B_i(c) := S_{z^i}(\xi(c), A(c)).$$

Pulling back the 1-form

$$dS = S_x\, dx + S_{z^i}\, dz^i = -H(x, z, S_z)\, dx + S_{z^i}\, dz^i$$

under the mapping i we obtain

$$d(S \circ i) = d(i^*S) = i^*(dS) = B_i \, dA^i - H(\xi, A, B) \, d\xi,$$

and the initial condition of (2) reads as $s = i^*S = S \circ i$ whence

(4) $$ds = B_i \, dA^i - H(\xi, A, B) \, d\xi.$$

This is a necessary condition to be satisfied by any solution $S(t, x)$ of the Cauchy problem (2). We can write (4) in the form

(4′) $$B_i A^i_{c^\alpha} - H(\xi, A, B)\xi_{c^\alpha} = s_{c^\alpha}, \quad \alpha = 1, \ldots, N.$$

Remarkably we can use these equations to attain a local solution of (2); let us describe the basic ideas of this approach. We begin by viewing (4′) as a system of N nonlinear equations for N unknown functions $B_1, \ldots, B_N$. That is, given any initial surface $\mathscr{S} = i(I_0)$ such that $i(c) = (\xi(c), A(c))$, $c \in I_0$, and initial values $s(c)$ on $\mathscr{S}$, we extend $i : \mathscr{P} \to \mathbb{R} \times \mathbb{R}^N$ to a map $e : I_0 \to \mathbb{R} \times \mathbb{R}^N \times \mathbb{R}_N$ such that $e(c) = (\xi(c), A(c), B(c))$ where $B(c)$ is obtained by solving (4′). By the implicit function theorem such a solution can be obtained if we assume:

(A1) There is a value $c_0 \in I_0$ and a momentum $y_0 \in \mathbb{R}_N$ such that for $(x_0, z_0) := i(c_0) = (\xi(c_0), A(c_0))$ the equations

$$y_0 \cdot A_{c^\alpha}(c_0) - H(x_0, z_0, y_0)\xi_{c^\alpha}(c_0) = S_{c^\alpha}(c_0), \quad 1 \le \alpha \le N,$$

are satisfied.

(A2) $\det[A^i_{c^\alpha}(c_0) - H_{y_i}(x_0, z_0, y_0)\xi_{c^\alpha}(c_0)] \ne 0$.

The solution $B(c)$ of (4′) can be assumed to satisfy $B(c_0) = y_0$.

Now we construct an N-parameter Hamiltonian flow $h(x, c) = (x, \varphi(x, c), \eta(x, c))$ as solution of the initial value problem

(5) $$\varphi' = H_y(h), \quad \eta' = -H_x(h), \quad h(\xi(c), c) = e(c).$$

We claim that h is a Mayer flow. To prove this assertion we consider the Cauchy representation

(6) $$h^* \kappa_H = d\Xi + \mu_\alpha(c) \, dc^\alpha$$

of the pull-back $h^* \kappa_H$ in terms of the eigentime function

(7) $$\Xi(x, c) := s(c) + \int_{\xi(c)}^x (\eta \cdot \varphi' - h^* H) \, dx.$$

On account of Proposition 1 of 2.2 the functions μ_α depend only on c and not on x, just as we indicated in (6).

Consider now the map $a : I_0 \to \mathbb{R} \times I_0$ defined by $a(c) := (\xi(c), c)$, and note that $a^*h = e$ and $a^*\Xi = s$. Then (6) implies

$$e^* \kappa_H = a^*(h^* \kappa_H) = a^*\{d\Xi + \mu_\alpha(c) \, dc^\alpha\} = ds + \mu_\alpha(c) \, dc^\alpha.$$

On the other hand we have chosen B in such a way that (4') and therefore also (4) holds, and this relation is just

$$e^* \kappa_H = ds.$$

Thus we obtain $\mu_\alpha(c)\, dc^\alpha = 0$, and we derive from (6) that

(8) $$h^* \kappa_H = d\Xi,$$

which means that h is a Mayer flow.

If we restrict (x, c) to a sufficiently small neighbourhood of (x_0, c_0) we shall obtain that $\det \varphi_c \neq 0$; hence, in particular, the Mayer flow $h(x, c)$ is regular for $|c - c_0| \ll 1$. To see this property we differentiate $A(c) = \varphi(\xi(c), c)$ with respect to c^α thus obtaining

$$A_{c^\alpha} = \varphi_{c^\alpha}(a) + \varphi'(a)\xi_{c^\alpha} = \varphi_{c^\alpha}(a) + H_y(e)\xi_{c^\alpha},$$

whence

(9) $$\det \varphi_c \circ a = \det[A_c - (H_y \circ e)\xi_c].$$

If we now restrict $f(x, c) = (x, \varphi(x, c))$ to a sufficiently small flow box $I \times I_0'$ where I_0' is some neighbourhood of c_0 in I_0, then $f : I \times I_0' \to \mathbb{R} \times \mathbb{R}^N$ is a *Mayer field* (and therefore $h|_{I \times I_0'}$ a regular Mayer flow). For the sake of brevity we write f instead of $f|_{I \times I_0'}$. Then we set

(10) $$S := \Xi \circ f^{-1}, \quad \eta := \eta \circ f^{-1}, \quad \psi := h \circ f^{-1}.$$

It follows that

(11) $$\psi^* \kappa_H = dS,$$

which is equivalent to

$$\eta_i\, dz^i - H(x, z, \eta)\, dx = S_{z^i}\, dz^i + S_x\, dx.$$

Therefore

$$\eta_i = S_{z^i}, \qquad -H(x, z, \eta) = S_x,$$

and consequently

$$S_x + H(x, z, S_z) = 0.$$

Moreover, the relations $\Xi = S \circ f$ and $A = \varphi \circ a$, $s = \Xi \circ a$ imply that

$$\Xi(x, c) = S(x, \varphi(x, c)) \quad \text{and} \quad S(\xi(c), A(c)) = \Xi(\xi(c), c) = s(c).$$

Thus we have obtained a solution of the Cauchy problem (2) in a sufficiently small neighbourhood of $(x_0, z_0) = i(c_0)$ provided that (A1) and (A2) are satisfied. Summarizing our results we can state

Theorem 1. *Let $\mathscr{S}$ be a C^2-surface in $\mathbb{R} \times \mathbb{R}^N$ given by some representation $i(c) = (\xi(c), A(c))$, $c \in I_0 \subset \mathbb{R}^N$, and let $s \in C^1(I_0)$ be prescribed initial values on $\mathscr{S}$ such that (A1) and (A2) hold for some $c_0 \in I_0$ and some $y_0 \in \mathbb{R}_N$. Then in a suffi-*

ciently small neighbourhood of $(x_0, z_0) = i(c_0)$ *there exists a solution* $S(x, z)$ *of the Hamilton–Jacobi equation* (1) *satisfying* $S(\xi(c), A(c)) = s(c)$ *for all* c *in a sufficiently small neighbourhood* I'_0 *of* c_0. *This solution* $S(x, z)$ *can be obtained as eikonal of a Mayer field* $f(x, c) = (x, \varphi(x, c)$ *whose canonical extension* $h(x, c) = (x, \varphi(x, c), \eta(x, c))$ *to the cophase space is a (regular) Mayer flow solving the initial value problem*

$$\varphi' = H_y(h), \quad \eta' = -H_x(h), \quad h(\xi(c), c) = (\xi(c), A(c), B(c)),$$

where B *is obtained as solution of* (4) *satisfying* $B(c_0) = y_0$.

A more complete discussion of this result will be given in Chapter 10 in the framework of the general theory of partial differential equations of first order. It will be seen that the Hamiltonian equations

$$\dot{z} = H_y(x, z, y), \qquad \dot{y} = -H_z(x, z, y)$$

essentially describe the so-called *characteristics* of the Hamilton–Jacobi equation. Moreover we shall discuss the uniqueness question for the Cauchy problem.

Now we want to give a geometric interpretation of condition (4) or, equivalently, of (4′) in case that $s(c) = $ const. Then (4′) reduces to

(12) $$B_i A^i_{c^\alpha} - H(\xi, A, B)\xi_{c^\alpha} = 0, \quad \alpha = 1, \ldots, N.$$

If $S(x, z)$ is a solution of the Cauchy problem (2) for $s(c) = $ const, and if $B_i(x, c)$ is introduced by (3), then (12) means that

(13) $$S_x(\xi, A)\xi_{c^\alpha} + S_{z^i}(\xi, A)A^i_{c^\alpha} = 0, \quad \alpha = 1, \ldots, N.$$

Let us introduce the vectors $v_\alpha := (\xi_{c^\alpha}, A_{c^\alpha}) \in \mathbb{R}^{N+1}$, $1 \leq \alpha \leq N$, which are tangent to the surface $\mathscr{S} = i(I_0)$ at $p := i(c)$ and span the tangent space $T_p \mathscr{S}$ of $\mathscr{S}$ at p. Then (13) states that

$$\text{grad } S(p) \perp v_1, v_2, \ldots, v_N.$$

This corresponds to the fact that $\mathscr{S}$ is now a level surface of S and that grad S is perpendicular to the level surfaces. We can write (12) in the form

(14) $$(-H(h), \eta) \circ a \perp v_1, v_2, \ldots, v_N$$

or equivalently as

(15) $$(F(\cdot, \varphi, \varphi') - \varphi' \cdot F_p(\cdot, \varphi, \varphi'), F_p(\cdot, \varphi, \varphi')) \circ a \perp v_1, v_2, \ldots, v_N.$$

These are the *transversality relations* stating that *the bundle* $f(x, c) = (x, \varphi(x, c))$ *intersects the surface* $\mathscr{S}$ *transversally.*

This interpretation of (12) leads us to the following result which is just the canonical form of Theorem 5 in 6,1.3. The reader might like to see also a "canonical" proof.

Theorem 2. *Let* $h(x, c) = (x, \varphi(x, c), \eta(x, c))$ *be an N-parameter Hamiltonian flow whose ray bundle* $f(x, c) = (x, \varphi(x, c))$ *intersects some hypersurface* $\mathscr{S}$ *of the configuration space transversally. Then* h *is a Mayer flow. Moreover, if* f *happens to be a field, then it is a Mayer field having* $\mathscr{S}$ *as one of its transversal surfaces.*

Proof. Let $\mathscr{S}$ be given as $\mathscr{S} = i(I_0)$ by means of some parameter representation $i(c) = (\xi(c), A(c))$, $c \in I_0$, and suppose that the rays $f(\cdot, c)$ intersect $\mathscr{S}$ at $x = \xi(c)$ in the points $i(c)$, i.e. $A(c) = \varphi(\xi(c), c)$. Moreover we set $B(c) := \eta(\xi(c), c)$. As f intersects $\mathscr{S}$ transversally we have (12) and therefore

(16) $$B_i \, dA^i - H(\xi, A, B) \, d\xi = 0.$$

If we define an eigentime $\Xi(x, c)$ of the flow h by

$$\Xi(x, c) := \int_{\xi(c)}^{x} \{\eta \cdot \varphi' - H(h)\} \, dx,$$

we obtain the Cauchy representation

(17) $$\eta_i \, dz^i - H(h) \, dx = h^* \kappa_H = d\Xi + \mu_\alpha(c) \, dc^\alpha.$$

By pulling this relation back under the mapping

$$x = \xi(c), \quad c = c,$$

we infer that

(18) $$B_i \, dA^i - H(\xi, A, B) \, d\xi = \mu_\alpha(c) \, dc^\alpha$$

since $\Xi(\xi(c), c) = 0$. Comparing (16) and (18) we arrive at $\mu_\alpha(c) \, dc^\alpha = 0$. Then (17) implies that

$$h^* \kappa_H = d\Xi,$$

and consequently h is a Mayer flow. The remaining statements are obvious. □

We can use Theorem 2 as a convenient tool to ensure that the rays of a given N-parameter Hamiltonian flow form a Mayer bundle. For instance if all rays emanate from a single point $P_0 = (x_0, z_0)$, then they form a Mayer bundle. In fact, if we use for $\mathscr{S}$ the degenerate surface $\mathscr{S} = \{P_0\}$ with the representation $\xi(c) := x_0$, $A(c) := z_0$, relation (16) is trivially satisfied. Another application is provided by the light rays in a homogeneous isotropic medium. Then light rays are straight lines, and "transversality" means "orthogonality". Thus a bundle of straight lines in $\mathbb{R}^{N+1}$ generates a Mayer flow in $\mathbb{R}^{2N+1}$ if and only if the lines intersect some hypersurface $\mathscr{S}$ in $\mathbb{R}^{N+1}$ perpendicularly. In this case the Mayer flows are just canonical extensions of line bundles which are normal to some hypersurface $\mathscr{S}$ of $\mathbb{R}^{N+1}$. In the classical literature such line bundles are called *normal congruences*. The caustics of normal congruences can be observed everywhere in daily life.

Theorem 2 can be extended to *refracted and reflected light bundles*. Let us consider the first case.

We assume that $\mathbb{R} \times \mathbb{R}^N$ is an optical configuration space consisting of two part $\mathscr{M}$ and $\overline{\mathscr{M}}$ to which Hamiltonians $H(x, z, y)$ and $\overline{H}(x, z, \overline{y})$ are assigned; y and $\overline{y}$ are the respective conjugate variables. Suppose that $\mathscr{M}$ and $\overline{\mathscr{M}}$ are separated from each other by a regular surface

$$\mathscr{S} = \{(x, z) \in \mathbb{R} \times \mathbb{R}^N: x = \xi(c), z = A(c), c \in I_0\},$$

where $I_0 \subset \mathbb{R}^N$. We view $\{\mathcal{M}, H\}$ and $\{\overline{\mathcal{M}}, \overline{H}\}$ as two different optical media separated by the discontinuity surface $\mathcal{S}$.

Let now $\mathcal{B}$ be a light-ray bundle extending from $\mathcal{M}$ into $\overline{\mathcal{M}}$ and passing $\mathcal{S}$ nontangentially. We require that, close to $\mathcal{S}$, this bundle forms a Mayer field f in $\mathcal{M}$ and also a Mayer field $\overline{f}$ in $\overline{\mathcal{M}}$. Then f and $\overline{f}$ are described by eikonals $S(x, z)$ and $\overline{S}(x, z)$ satisfying

$$S_x + H(x, z, S_z) = 0 \quad \text{and} \quad \overline{S}_x + \overline{H}(x, z, \overline{S}_z) = 0,$$

respectively. The functions

$$s(c) := S(\xi(c), A(c)) \quad \text{and} \quad \overline{s}(c) := \overline{S}(\xi(c), A(c))$$

are the "eigentimes" at which the wave fronts belonging to S and $\overline{S}$ will meet $\mathcal{S}$. If f and $\overline{f}$ are coupled in such a way that $\overline{f}$ is the refracted bundle after f has reached the discontinuity surface $\mathcal{S}$, it is reasonable to require

$$s(c) \equiv \overline{s}(c).$$

This identity means that a light particle moving along a ray of f will leave $\mathcal{S}$ along a ray of $\overline{f}$ as soon as it hits $\mathcal{S}$ (without any stop), and we had anyhow assumed that no ray is grazing $\mathcal{S}$.

On the other hand, introducing $B_i(c)$ and $\overline{B}_i(c)$ by

$$B_i(c) = S_{z^i}(\xi(c), A(c)) \quad \text{and} \quad \overline{B}_i(c) = \overline{S}_{z^i}(\xi(c), A(c)),$$

we infer from (4') that

$$s_{c^\alpha} = B_i A^i_{c^\alpha} - H(\xi, A, B)\xi_{c^\alpha}, \qquad \overline{s}_{c^\alpha} = \overline{B}_i A^i_{c^\alpha} - \overline{H}(\xi, A, \overline{B})\xi_{c^\alpha}.$$

As $s = \overline{s}$ implies $s_{c^\alpha} = \overline{s}_{c^\alpha}$, we obtain

$$(19) \qquad -[H(\xi, A, B) - \overline{H}(\xi, A, B)]\xi_{c^\alpha} + (B_i - \overline{B}_i)A^i_{c^\alpha} = 0$$

for $1 \leq \alpha \leq N$. Since the vectors $v_\alpha = (\xi_{c^\alpha}, A^1_{c^\alpha}, \ldots, A^N_{c^\alpha})$ span the tangent spaces of $\mathcal{S}$ at $P(c) := (\xi(c), A(c))$, we obtain from $s = \overline{s}$ that the difference of the two vectors $(-H(\xi, A, B), B)$ and $(-\overline{H}(\xi, A, \overline{B}), \overline{B})$ is perpendicular to $\mathcal{S}$, i.e.,

$$(19') \qquad (-H(\xi, A, B), B) - (-\overline{H}(\xi(A, \overline{B}), \overline{B}) \perp T_p \mathcal{S}.$$

This formula can be interpreted as a *refraction law*. It tells us how a Mayer field (= light bundle) f is to be refracted at the discontinuity surface $\mathcal{S}$ if the new bundle leaving $\mathcal{S}$ is also to be a Mayer field. In this sense, *the refraction law is a necessary condition if we wish that Mayer fields of light passing from one medium to another medium via a discontinuity surface remain Mayer fields.*

Previously we had only considered optical media with a continuous (and even smooth) optical density described by a continuous Hamiltonian H. If we now want to admit discontinuous media, the usual Hamiltonian formalism does no longer suffice. We have to add another axiom describing how light bundles are to pass discontinuity surfaces and, according to the previous discussion, it is quite natural to choose the refraction law for this purpose. Similarly we have to add a *law of reflection* in order to describe the phenomenon of reflection. In this extended optics it is not a priori clear whether Mayer fields remain Mayer fields after a refraction or a reflection. In other words, it is to be checked whether law of refraction (or reflection) is a *sufficient condition* guaranteeing that Mayer fields are mapped into Mayer fields. This is indeed the case as we can see by the following reasoning. Let r be a Mayer field in $\mathcal{M}$ having the eikonal $S(x, c)$. Then $s(c) := S(\xi(c), A(c))$ yields the times at which the wave fronts $\{S = \text{const}\}$ hit the discontinuity surface $\mathcal{S}$, and by (4') we have

$$(20) \qquad s_{c^\alpha} = B_i A^i_{c^\alpha} - H(\xi, A, B)\xi_{c^\alpha}, \quad 1 \leq \alpha \leq N,$$

where $B(c) := S_z(\xi(c), A(c))$ is the canonical momentum of the ray of the field f which meets $\mathcal{S}$ at the point $P(c) = (\xi(c), A(c))$. Refracting f at $\mathcal{S}$ now means that we construct a Hamiltonian flow $\overline{h}(x, c)$ in $\overline{\mathcal{M}}$ with the initial values $\overline{h}(\xi(c), c) = (\xi(c), A(c), \overline{B}(c))$ where the "refracted momenta" $\overline{B}_i$ are related to the old momenta B_i by the refraction law

$$-\overline{H}(\xi, A, \overline{B})\xi_{c^\alpha} + \overline{B}_i A^i_{c^\alpha} = -H(\xi, A, B) + B_i A^i_{c^\alpha}.$$

In conjunction with (20) we obtain

$$(21) \qquad -\overline{H}(\xi, A, \overline{B})\xi_{c^\alpha} + \overline{B}_i A^i_{c^\alpha} = s_{c^\alpha}, \quad \alpha = 1, \dots, N.$$

These equations can be used to determine the new momenta $\overline{B}_i$ whereas the old momenta are computed from (20). Then we solve $\overline{S}_x + \overline{H}(x, z, \overline{S}_z) = 0$ by some function $\overline{S}(x, z)$ satisfying $\overline{S}(\xi, A) = s$; this is achieved by applying to $\overline{h}$ the procedure described in Theorem 1. Accordingly, the projection of $\overline{h}$ into $\overline{\mathcal{M}}$ yields a ray bundle $\overline{f}$ which close to $\mathcal{S}$ is a Mayer field with the eikonal $\overline{S}$. Thus we have found that *refracted Mayer fields remain Mayer fields*. The corresponding result can be proved for reflected Mayer fields.

This extension of Theorem 2 can be viewed as a general version of the *theorem of Malus* and its generalizations by Dupin, Quetelet, and Gergonne (see the introduction to Carathéodory [11]). Formerly, this theorem played an important role in geometrical optics and was used for the construction of optical instruments. For us it is just a corollary of the general Hamilton–Jacobi theory extended to piecewise continuous media by adding the laws of refraction and reflection.

3. Convexity and Legendre Transformations

The study of convexity in infinite-dimensional vector spaces has provided powerful new tools in many different branches of mathematics, particularly in the calculus of variations and in optimization theory. We have already noticed the relevance of the notion of convexity in several instances, and we shall see more of it later on. While the study of convexity in infinite-dimensional spaces is postponed to a later occasion, we shall now give an account of the theory of convex sets and convex functions in finite dimensional spaces.

In *3.1* we shall state the main definitions and some of the principal facts concerning *convex functions* and *convex bodies*. Then, in *3.2*, we shall describe convex bodies in terms of convex functions. As we shall see, there are two particularly relevant descriptions of a convex body $\mathcal{K}$ in terms of its *distance function* and its *support function*. These two functions are positively homogeneous of first order, and they are in some sense dual to each other. In fact, by viewing the support function of $\mathcal{K}$ as distance function of another convex body $\mathcal{K}^*$, the *polar body* of $\mathcal{K}$, it will turn out that the support function of $\mathcal{K}^*$ is just the distance function of the original body $\mathcal{K}$. Moreover, if $\partial\mathcal{K}$ is of class C^2 and if $\mathcal{K}$ is uniformly convex, then the support function of $\mathcal{K}$ can in a generalized sense be interpreted as Legendre transform of the distance function and vice versa.

Finally, in *3.3* we shall discuss various properties of smooth and nonsmooth convex functions; in particular we shall introduce the notions of a *subgradient* and of the *Legendre–Fenchel* transform. The subgradient is related to the classical notion of differential and generalizes it to nonsmooth convex functions, while the Legendre–Fenchel transform carries the concept of Legendre transform over to the nonsmooth case. The reader may skip the last subsection at the first reading.

3.1. Convex Bodies and Convex Functions in $\mathbb{R}^n$

We begin with the basic definitions and some of the principal results concerning convex bodies and convex functions.

Definition 1. *A set $\mathcal{K}$ in $\mathbb{R}^n$ is said to be* convex *if the line segment joining any two points of $\mathcal{K}$ is contained in $\mathcal{K}$, that is, we have*

(1) $\lambda x_1 + (1 - \lambda)x_2 \in \mathcal{K}$ *for all $\lambda \in [0, 1]$ and all $x_1, x_2 \in \mathcal{K}$.*

A compact convex set in $\mathbb{R}^n$ with interior points is called a convex body *in $\mathbb{R}^n$.*

(Sometimes convex bodies are defined as compact convex sets, or as closed convex sets.)

The following facts are easy to prove:

(i) The intersection of arbitrarily many convex sets is a convex set. In particular, the intersection of any collection of halfspaces is convex.

(ii) A set $\mathcal{K}$ is convex if and only if every *convex combination*

(2) $\lambda_1 x_1 + \lambda_2 x_2 + \cdots + \lambda_k x_k, \quad \lambda_i \geq 0, \ \sum_{i=1}^{k} \lambda_i = 1,$

of points $x_1, \ldots, x_k \in \mathcal{K}$ is again a point of $\mathcal{K}$.

(iii) If $\mathcal{K}$ is a convex set, then its interior $\overset{\circ}{\mathcal{K}}$ and its closure $\overline{\mathcal{K}}$ are also convex.

Definition 2. *A* convex hypersurface *in $\mathbb{R}^n$ is defined as a part of the boundary of a closed convex set with interior points. The boundary of a convex body is called a* closed convex hypersurface.

Clearly, any closed convex hypersurface $\mathcal{S}$ is homeomorphic to a hypersphere. In fact, let $\mathcal{S}$ be the boundary of a convex body $\mathcal{K}$, and let x_0 be an interior point of $\mathcal{K}$. Then every ray R emanating from x_0 will intersect

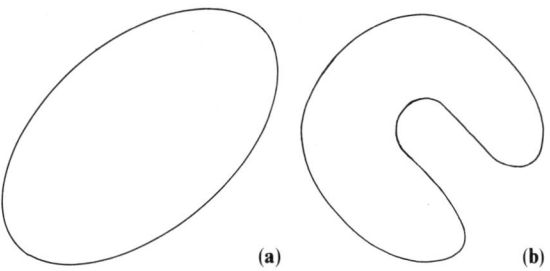

Fig. 8. **(a)** A convex set. **(b)** A nonconvex set.

$\mathcal{S}$ at exactly one point. Thus the projection of $\mathcal{S}$ onto the sphere $S_1(x_0) = \{x: |x - x_0| = 1\}$ is easily seen to be a homeomorphism.

As we have noted, the intersection of a collection of closed halfspaces is a closed convex set. An important fact about closed convex sets is that except for $\mathbb{R}^n$ the converse is also true. In order to prove this result, we first introduce the notions of *separating* and *supporting hyperplanes*.

Recall that an *affine hyperplane* $\mathcal{P}$ is a set of the form

$$\mathcal{P} = \{x \in \mathbb{R}^n : l(x) = \alpha\},$$

where $l: \mathbb{R}^n \to \mathbb{R}$ is a linear form on $\mathbb{R}^n$ which is not identically zero. The sets

$$\mathcal{H}^- = \{x \in \mathbb{R}^n : l(x) \leq \alpha\} \quad \text{and} \quad \mathcal{H}^+ = \{x \in \mathbb{R}^n : l(x) \geq \alpha\}$$

are called the *halfspaces determined by* $\mathcal{P}$.

Definition 3. *We say that the hyperplane $\mathcal{P}$ defined by the equation $l(x) = \alpha$ separates two nonempty subsets A and B of $\mathbb{R}^n$ if A and B lie in opposite half-spaces determined by $\mathcal{P}$, and we say that $\mathcal{P}$ separates A and B strongly if $\mathcal{P}$ lies strictly between two parallel planes that separate A and B.*

Trivially A and B are separated if there is a linear form l and a real number α such that

$$l(x) \leq \alpha \quad \text{for all } x \in A,$$

$$l(x) \geq \alpha \quad \text{for all } x \in B,$$

and they are strongly separated if

$$l(x) \leq \alpha - \varepsilon \quad \text{for all } x \in A,$$

$$l(x) \geq \alpha + \varepsilon \quad \text{for all } x \in B$$

holds for some $\varepsilon > 0$.

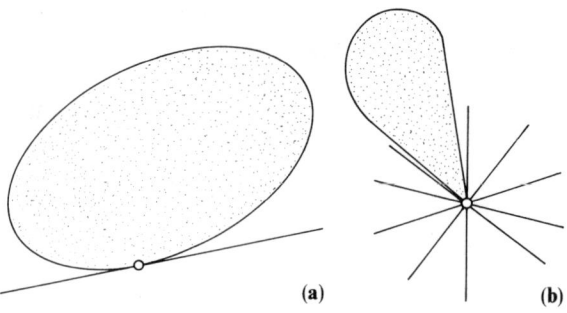

(a)   (b)

Fig. 9. Supporting hyperplanes.

Definition 4. *A supporting hyperplane $\mathscr{P}$ of a closed set $\mathscr{K}$ in $\mathbb{R}^n$, $n \geq 2$, with $\mathscr{K} \neq \varnothing$, $\mathbb{R}^n$ is defined to be a hyperplane with the following two properties:*

(a) $\mathscr{P} \cap \mathscr{K}$ is nonemtpy;

(b) $\mathscr{K}$ is contained in one of the two closed halfspaces bounded by $\mathscr{P}$; we call such a halfspace a supporting halfspace of $\mathscr{K}$.

Concerning strong separation we have

Theorem 1. *Let $\mathscr{K}_1$ and $\mathscr{K}_2$ be two disjoint convex subsets of $\mathbb{R}^n$ such that $\mathscr{K}_1$ is compact and $\mathscr{K}_2$ is closed. Then there is a hyperplane $\mathscr{P}$ which strongly separates $\mathscr{K}_1$ and $\mathscr{K}_2$.*

Proof. We can assume that both $\mathscr{K}_1$ and $\mathscr{K}_2$ are nonvoid. Let $\operatorname{dist}(\mathscr{K}_1, \mathscr{K}_2) := \inf\{|x - y|: x \in \mathscr{K}_1, y \in \mathscr{K}_2\}$ be the smallest distance of the two sets $\mathscr{K}_1, \mathscr{K}_2$. By a standard compactness argument there exist points $x_0 \in \mathscr{K}_1, y_0 \in \mathscr{K}_2$ such that $|x_0 - y_0| = \operatorname{dist}(\mathscr{K}_1, \mathscr{K}_2) := \varepsilon > 0$.

We first claim that the hyperplane

$$\mathscr{P}' := \{x \in \mathbb{R}^n: (x - x_0) \cdot (y_0 - x_0) = 0\}$$

through x_0 perpendicular to $y_0 - x_0$ is a supporting hyperplane of $\mathscr{K}_1$. To this end we consider the function

$$\phi(\lambda) := |y_0 - [x_0 + \lambda(x - x_0)]|^2 \quad \text{for } \lambda \in [0, 1],$$

where x is a fixed element of $\mathscr{K}_1$. Then we have

$$\phi(\lambda) \geq \phi(0) \quad \text{for all } \lambda \in [0, 1],$$

whence $\phi'(0) \geq 0$, and therefore

$$(3) \qquad (y_0 - x_0) \cdot (x - x_0) \leq 0 \quad \text{for all } x \in \mathscr{K}_1.$$

Similarly we can prove that

$$(4) \qquad (x_0 - y_0) \cdot (y - y_0) \leq 0 \quad \text{for all } y \in \mathscr{K}_2,$$

i.e., the hyperplane

$$\mathscr{P}'' := \{y \in \mathbb{R}^n: (y - y_0) \cdot (x_0 - y_0) = 0\}$$

through y_0 perpendicular to $x_0 - y_0$ is a supporting hyperplane of $\mathscr{K}_2$. We infer from (4) and $|y_0 - x_0|^2 = \varepsilon^2$ that

$$(5) \quad \varepsilon^2 \leq (y_0 - x_0) \cdot (y - y_0) + (y_0 - x_0) \cdot (y_0 - x_0) = (y_0 - x_0) \cdot (y - x_0)$$

for all $y \in \mathscr{K}_2$, and similarly (3) implies

$$(6) \quad -\varepsilon^2 \geq (y_0 - x_0) \cdot (x - x_0) - (y_0 - x_0) \cdot (y_0 - x_0) = (y_0 - x_0) \cdot (x - y_0)$$

for all $x \in \mathscr{K}_1$.

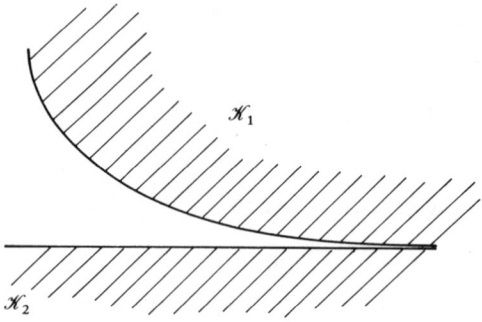

Fig. 10. Two closed convex sets which cannot be strongly separated.

We conclude that both $\mathscr{P}'$ and $\mathscr{P}''$ separate $\mathscr{K}_1$ and $\mathscr{K}_2$. Then the plane

$$\mathscr{P} := \{z \in \mathbb{R}^n : (y_0 - x_0) \cdot (z - z_0) = 0\}$$

through the center $z_0 := \frac{1}{2}(x_0 + y_0)$ of the segment $[x_0, y_0]$ lies between $\mathscr{P}'$ and $\mathscr{P}''$, and therefore $\mathscr{P}$ separates $\mathscr{K}_1$ and $\mathscr{K}_2$ strongly. □

Let $\mathscr{K}$ be a nonempty closed convex set in $\mathbb{R}^n$ and let x_0 belong to $\partial\mathscr{K}$. Then there is a sequence of points $y_k \in \mathbb{R}^n - \mathscr{K}$ which tends to x_0 as $k \to \infty$. Let x_k be a point of $\mathscr{K}$ nearest to y_k and

$$e_k := \frac{y_k - x_k}{|y_k - x_k|}.$$

Then $|e_k| = 1$ and $x_k \to x_0$ as $k \to \infty$. Moreover, we may assume that $e_k \to e$ as $k \to \infty$. The reasoning used in the proof of Theorem 1 yields that

$$\mathscr{P}_k := \{x \in \mathbb{R}^n : e_k \cdot (x - x_k) = 0\}$$

is a supporting hyperplane of $\mathscr{K}$ passing through the point $x_k \in \partial\mathscr{K}$. Letting k tend to infinity, we obtain that

$$\mathscr{P} := \{x \in \mathbb{R}^n : e \cdot (x - x_0) = 0\}$$

is a supporting hyperplane of $\mathscr{K}$ through the point x_0. Thus we have proved the following result:

Proposition 1. *Every boundary point of a closed convex set $\mathscr{K}$ in $\mathbb{R}^n$, $n \geq 2$, is contained in a supporting plane of $\mathscr{K}$.*

In fact, we obtain the following remarkable fact:

Proposition 2. *Any closed convex set in $\mathbb{R}^n$, $n \geq 2$, which is neither empty nor the whole $\mathbb{R}^n$ coincides with the intersection of its supporting halfspaces.*

Proof. Let $\mathscr{K}'$ be the intersection of the supporting halfspaces of $\mathscr{K}$. Clearly $\mathscr{K}'$ is a closed convex set containing $\mathscr{K}$. Suppose that $\mathscr{K}'$ does not coincide with $\mathscr{K}$. Then there is an element $x' \in \mathscr{K}' - \mathscr{K}$. Since $\mathscr{K}$ is closed, we can find an element $x_0 \in \mathscr{K}$ minimizing the distance $|x - x'|$ among all $x \in \mathscr{K}$, i.e.

$$|x - x'| \geq |x_0 - x'| > 0 \quad \text{for all } x \in \mathscr{K}.$$

By the reasoning of Theorem 1 we infer that

$$\mathscr{H} := \{x \in \mathbb{R}^n : (x_0 - x') \cdot (x - x_0) \geq 0\}$$

is a supporting halfspace of $\mathscr{K}$ whence $\mathscr{K}' \subset \mathscr{H}$, and therefore also $x' \in \mathscr{H}$, i.e.,

$$0 > -|x_0 - x'|^2 = (x_0 - x') \cdot (x' - x_0) \geq 0,$$

which is a contradiction.   □

Now we characterize convex bodies by the existence of supporting hyperplanes at each boundary point.

Proposition 3. *A compact set $\mathscr{K}$ of $\mathbb{R}^n$ with interior points is a convex body if and only if every boundary point of $\mathscr{K}$ is contained in a supporting plane of $\mathscr{K}$.*

Proof. Because of Proposition 1 we have only to show that this condition implies the convexity of $\mathscr{K}$. Suppose that there are two points $x_1, x_2 \in \mathscr{K}$ such that the segment Σ connecting x_1 and x_2 is not completely contained in $\mathscr{K}$. Hence there is a point $x \in \Sigma$ with $x \notin \mathscr{K}$. We connect x with some point $x' \in \text{int } \mathscr{K}$ by a straight segment Σ'. Then there exists some point $x_0 \in \partial\mathscr{K} \cap \Sigma'$ which lies strictly between x and x'. By assumption, there is a supporting hyperplane Π of $\mathscr{K}$ containing x_0. Let $\mathscr{H}$ be the supporting halfspace which is bounded by Π. Since x' is an interior point of $\mathscr{K}$, it cannot lie on Π, and therefore the segment Σ' is not contained in Π. We infer that $x' \in \text{int } \mathscr{H}$ and $x \notin \mathscr{H}$. Consequently, x_1 and x_2 cannot both lie in $\mathscr{H}$ because, otherwise, also x would lie in $\mathscr{H}$. Thus the hyperplane Π separates two of the three points x_1, x_2, x', which is impossible.   □

Remark 1. By means of the preceding results, the reader can easily verify the following separation result: *Let $\mathscr{K}_1$ and $\mathscr{K}_2$ be convex sets of $\mathbb{R}^n$ such that $\mathring{\mathscr{K}}_1 \neq \phi$ and $\mathring{\mathscr{K}}_1 \cap \mathscr{K}_2 = \phi$. Then there exists a hyperplane that separates $\mathscr{K}_1$ and $\mathscr{K}_2$.*

Definition 5. *The* convex hull *of a set $\mathscr{M}$ of $\mathbb{R}^n$ is the intersection of all convex sets in $\mathbb{R}^n$ which contain $\mathscr{M}$.*

It is not difficult to show that *the convex hull of a set $\mathscr{M}$ consists precisely of all convex combinations* (2) *of elements of $\mathscr{M}$.* This result can be strengthened in the following way.

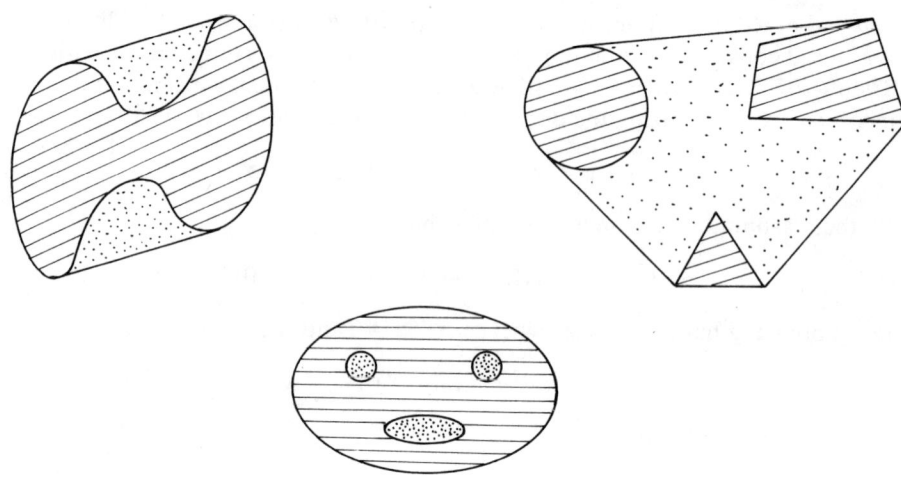

Fig. 11. Convex hulls of sets. (The original sets are hatched. To form the convex hulls, one has to add the dotted parts.)

Theorem 2 (Carathéodory[7]). *Every point x in the convex hull of a nonempty subset $\mathscr{M}$ of $\mathbb{R}^n$ can be represented as a convex combination of at most $n + 1$ points of $\mathscr{M}$.*

The convex hull of a set $\mathscr{M}$ in $\mathbb{R}^n$ has the following properties:
  (i) *The convex hull of an open set is open.*
 (ii) *The convex hull of a compact set is compact.*
(iii) *The convex hull of a closed set need not be closed.*
The reader can easily provide a proof of (i) and (ii). An example for the statement (iii) is given by the closed set

$$\mathscr{M} := \{(x, y) \in \mathbb{R}^2 : |xy| = 1, y > 0\}$$

whose convex hull is the upper halfplane $\{y > 0\}$ which is obviously not closed.
    Let us now consider convex functions.

Definition 6. *A function $f : \mathscr{K} \to \mathbb{R}$ defined on a convex set $\mathscr{K}$ of $\mathbb{R}^n$ is said to be* convex *(on $\mathscr{K}$) if*

(7) $$f(\lambda x + (1 - \lambda)y) \le \lambda f(x) + (1 - \lambda)f(y)$$

holds for all $x, y \in \mathscr{K}$ and for every $\lambda \in [0, 1]$. The function f is said to be strictly convex *if the inequality sign holds true whenever $x \ne y$ and $0 < \lambda < 1$.*

---

[7] Cf. Carathéodory [3].

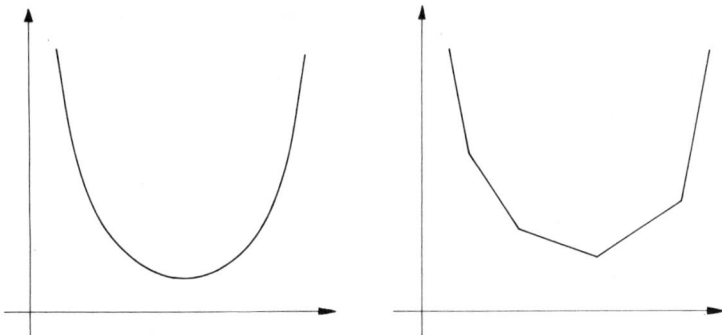

Fig. 12. Two convex functions.

Note that the convexity of $\mathcal{K}$ is needed to ensure that the whole segment $[x, y] := \{z: z = \lambda x + (1 - \lambda)y, 0 \le \lambda \le 1\}$ belongs to the domain $\mathcal{K}$ of f if its endpoints x and y are elements of $\mathcal{K}$. The geometric meaning of the definition is that for a convex function f the line segment $[P, Q]$ in $\mathbb{R}^{n+1}$ joining the points $P = (x, f(x))$ and $Q = (y, f(y))$ does not fall below the graph of f restricted to the segment $[x, y]$ joining the two points x and y.

If $\mathcal{K}$ is a convex set in $\mathbb{R}$, i.e. if $\mathcal{K}$ is an interval I in $\mathbb{R}$, then it is easily seen that f is convex if and only if for arbitrary points $P = (x, f(x)), Q = (y, f(y))$ and $R = (z, f(z))$ on the graph of f with $x < y < z$ one has

$$\text{slope } PQ < \text{slope } PR < \text{slope } QR,$$

or analytically

(8) $$\frac{f(y) - f(x)}{y - x} \le \frac{f(z) - f(x)}{z - x} \le \frac{f(z) - f(y)}{z - y}.$$

The following result is also easily proved.

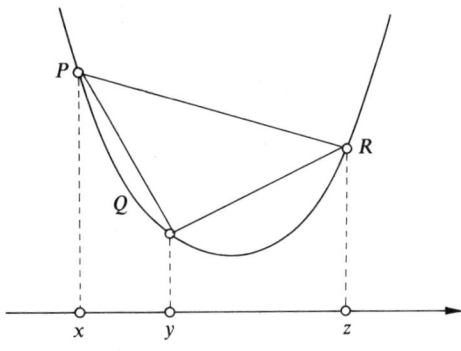

Fig. 13.

Proposition 4. *Let $\mathscr{K}$ be a convex set in $\mathbb{R}^n$ and let $f : \mathscr{K} \to \mathbb{R}$ be a function on $\mathscr{K}$. Then the following four properties are equivalent:*

(i) *f is convex.*

(ii) *The epigraph of f,*

(9) $$\mathrm{Epi}(f) := \{(x, z): x \in \mathscr{K}, z \ge f(x)\},$$

is a convex set of $\mathbb{R}^n \times \mathbb{R}$.

(iii) *For all $x_1, x_2 \in \mathscr{K}$ the function $\varphi(\lambda) := f(\lambda x_1 + (1 - \lambda)x_2)$ of the real variable $\lambda \in [0, 1]$ is convex.*

(iv) *Jensen's inequality: For every convex combination*

$$\alpha_1 x_1 + \alpha_2 x_2 + \cdots + \alpha_N x_N, \quad \alpha_i \ge 0, \ \alpha_1 + \alpha_2 + \cdots + \alpha_N = 1,$$

of points x_i in $\mathscr{K}$ we have

(10) $$f\left(\sum_{i=1}^N \alpha_i x_i\right) \le \sum_{i=1}^N \alpha_i f(x_i).$$

Proof. The equivalence between (i) and (ii) is geometrically evident. Now we show that (i) and (iii) are equivalent. For this purpose suppose that (i) holds and that $\lambda, t, s \in [0, 1]$. Then we have

$$\varphi(\lambda t + (1 - \lambda)s) = f([\lambda t + (1 - \lambda)s]x_1 + [1 - \lambda t - (1 - \lambda)s]x_2)$$

$$= f(\lambda[tx_1 + (1 - t)x_2] + (1 - \lambda)[sx_1 + (1 - s)x_2])$$

$$\le \lambda\varphi(t) + (1 - \lambda)\varphi(s),$$

that is, φ is convex. Conversely, if φ is convex, then

$$f(\lambda x_1 + (1 - \lambda)x_2) = \varphi(\lambda) = \varphi(\lambda \cdot 1 + (1 - \lambda) \cdot 0)$$

$$\le \lambda\varphi(1) + (1 - \lambda)\varphi(0) = \lambda f(x_1) + (1 - \lambda)f(x_2)$$

for any two $x_1, x_2 \in \mathscr{K}$, i.e. f is convex. Thus (i) and (iii) are equivalent.

Finally, by setting $\alpha := \alpha_1 + \alpha_2 + \cdots + \alpha_{N-1}$ we obtain that $\alpha_N = 1 - \alpha$. If $\alpha = 0$ we have

$$\sum_{i=1}^N \alpha_i x_i = x_N \in \mathscr{K},$$

and if $\alpha \ne 0$, i.e. $0 < \alpha \le 1$, we can define x_0 by

$$x_0 := \sum_{i=1}^{N-1} \frac{\alpha_i}{\alpha} x_i, \quad \text{where } 0 \le \frac{\alpha_i}{\alpha} \le 1 \text{ and } \sum_{i=1}^{N-1} \frac{\alpha_i}{\alpha} = 1,$$

and we obtain

$$\sum_{i=1}^N \alpha_i x_i = \alpha x_0 + (1 - \alpha)x_N.$$

In this way we can prove by induction that (i) implies (iv), and the converse follows trivially from (iv) by choosing $N = 2$.   □

Concave functions are defined by reversing the inequality sign in (7); thus f is concave if $-f$ is convex, and f is strictly concave if $-f$ is strictly convex.

The following observation is evident but very useful:

Proposition 5. *If* $f : \mathcal{K} \to \mathbb{R}$ *is convex, then the sets*

(11) $$\{x \in \mathcal{K} : f(x) \le c\} \quad and \quad \{x \in \mathcal{K} : f(x) < c\}$$

are convex.

Note that the converse is false as can be seen from the function $f : \mathbb{R} \to \mathbb{R}$ defined by $f(x) := x^3$.

Functions for which the level sets (11) are convex are often called *quasiconvex*; however this notion should not be confused with the notion of *quasiconvexity in the sense of Morrey* which plays an important role in the calculus of variations for multiple integrals.

Theorem 3. *Let* $f : \Omega \to \mathbb{R}$ *be a convex function on an open convex set* Ω *of* $\mathbb{R}^n$. *Then* f *is Lipschitz continuous on* Ω, *i.e.,* f *satisfies a uniform Lipschitz condition on every compactum* K *in* Ω. *More precisely,* f *has the following properties:*

(i) *The function* f *is bounded from above on every compact subset* K *of* Ω.

(ii) *Let* $B_r(x_0) \subset\subset \Omega$, *and suppose that* $f(x) \le M$ *for all* $x \in \partial B_r(x_0)$. *Then we have*

(12) $$-2|f(x_0)| - M \le f(x) \le M \quad for\ all\ x \in \overline{B_r(x_0)}.$$

In particular f *is bounded on every compact subset* K *of* Ω.

(iii) *The inequality*

(13) $$m \le f(x) \le M \quad for\ all\ x \in \overline{B_r(x_0)} \subset \Omega$$

implies that

(14) $$|f(x_1) - f(x_2)| \le \frac{M - m}{r - \rho}|x_1 - x_2|$$

holds true for any $\rho \in (0, r)$ *and all* $x_1, x_2 \in B_\rho(x_0)$.

Proof. (i) Let W be a closed cube contained in $\Omega \subset \mathbb{R}^n$, and let $a_1, a_2, \ldots, a_N$ be the $N = 2^n$ cornerpoints of W. Clearly W is the convex hull of the set $\{a_1, a_2, \ldots, a_N\}$. Then we infer from Jensen's inequality (10) that

$$f(x) \le M_W := \max_{1 \le i \le N} f(a_i)$$

for all $x \in W$. It follows that $f(x)$ is bounded from above on every ball $B_r(x_0)$

which is contained in some cube W lying in Ω. By a covering argument we obtain that $f(x)$ is bounded from above on every compactum K in Ω.

(ii) Suppose that $B_r(x_0) \subset\subset \Omega$. Since $\overline{B}_r(x_0)$ is the convex hull of $\partial B_r(x_0)$, the convexity of f yields at once

$$f(x) \le \sup_{\partial B_r(x_0)} f \quad \text{for all } x \in B_r(x_0).$$

Let x be a point in $\overline{B}_r(x_0)$ different from x_0, and denote by x^* the intersection point of $\partial B_r(x_0)$ with the ray emanating from x and passing through x_0. Then we have

$$x_0 = \frac{|x_0 - x^*|}{|x - x^*|} x + \frac{|x - x_0|}{|x - x^*|} x^*$$

and $r < |x - x^*| \le 2r, |x^* - x_0| = r, 0 < |x - x_0| \le r$. The convexity of f yields

$$f(x_0) \le \frac{|x_0 - x^*|}{|x - x^*|} f(x) + \frac{|x - x_0|}{|x - x^*|} f(x^*)$$

$$\le \frac{r}{|x - x^*|} f(x) + \frac{|x - x_0|}{|x - x^*|} f(x^*),$$

hence

$$rf(x) \ge |x - x^*| f(x_0) - |x - x_0| M$$
$$\ge -|x - x^*| |f(x_0)| - rM \ge -2r|f(x_0)| - rM.$$

This completes the proof of (12). In conjunction with (i) we see that f is bounded on every compactum $K \subset \Omega$.

(iii) Let $x_1, x_2 \in B_\rho(x_0)$ and assume that $|x_1 - x_2| \le r - \rho$ whence $B_{r-\rho}(x_1) \subset B_r(x_0)$. Secondly we consider the function $g : B_{r-\rho}(0) \to \mathbb{R}$ defined by

$$g(y) := f(x_1 + y) - f(x_1) \quad \text{for } |y| \le r - \rho.$$

By (13) we have

$$g(y) \le M - f(x_1) \quad \text{for } |y| \le r - \rho,$$

and furthermore $g(0) = 0$.

Since g is convex, we obtain for $y \ne 0$ that

(15)
$$g(y) = g\left(\frac{|y|}{r-\rho}(r-\rho)\frac{y}{|y|} + \left(1 - \frac{|y|}{r-\rho}\right)\cdot 0\right)$$
$$\le \frac{|y|}{r-\rho} g\left((r-\rho)\frac{y}{|y|}\right) + 0 \le \frac{|y|}{r-\rho}[M - f(x_1)]$$

and

$$0 = g(0) = g\left(\frac{r-\rho}{r-\rho+|y|} y + \frac{|y|}{r-\rho+|y|}\left[-(r-\rho)\frac{y}{|y|}\right]\right)$$
$$\le \frac{r-\rho}{r-\rho+|y|} g(y) + \frac{|y|}{r-\rho+|y|} g\left(-(r-\rho)\frac{y}{|y|}\right),$$

whence

(16) $$g(y) \geq -\frac{|y|}{r-\rho} g\left(-(r-\rho)\frac{y}{|y|}\right) \geq -\frac{|y|}{r-\rho}[M - f(x_1)].$$

Choosing $y = x_2 - x_1$, we deduce from (15) and (16) that

$$|f(x_2) - f(x_1)| = |g(y)| \leq \frac{M - f(x_1)}{r - \rho}|y| = \frac{M - f(x_1)}{r - \rho}|x_1 - x_2|$$

holds true for all $x_1, x_2 \in B_\rho(x_0)$ satisfying $0 < |x_1 - x_2| \leq r - \rho$, and this estimate is trivially satisfied if $x_1 = x_2$. Thus we have proved (14) for all $x_1, x_2 \in B_\rho(x_0)$ such that $|x_1 - x_2| \leq r - \rho$.

From (13) we get for $x_1, x_2 \in B_\rho(x_0)$ that

$$|f(x_1 - f(x_2)| \leq M - m,$$

whence it follows at once that

$$|f(x_1) - f(x_2)| \leq \frac{M - m}{R - \rho}|x_1 - x_2|. \qquad \square$$

An immediate consequence of this theorem is the following

Proposition 6. *Let $F = \{f\}$ be a family of convex functions $f : \Omega \to \mathbb{R}$ defined on an open convex set Ω of $\mathbb{R}^n$, which are uniformly bounded in every point of Ω. Then the elements of F satisfy a uniform Lipschitz condition on every compactum $K \subset \Omega$.*

On account of Rademacher's theorem,[8] we infer from Theorem 3 that a convex function $f : \Omega \to \mathbb{R}$ defined on a convex open set Ω of $\mathbb{R}^n$ possesses a total differential in almost all points of Ω.

We note that Theorem 3 is in some sense optimal. For instance, the convex function $f(x) := |x|$, $|x| < 1$, is not differentiable at $x = 0$, and the convex functions

$$f(x) := \begin{cases} |x|^p & \text{if } |x| < 1, \\ 2 & \text{if } |x| = 1 \end{cases}$$

on the closed interval $[-1, 1]$ are neither continuous on $[-1, 1]$ for $p \geq 1$, nor differentiable in $(-1, 1)$ if $p = 1$.

Remark 2. The definitions of convex sets and convex functions can be transferred from $\mathbb{R}^n$ to general linear spaces, and many results can be carried over word by word to this general context. However, we have to expect difficulties when dealing with continuity and closure properties. For instance, linear forms

---

[8] Cf. Rademacher [1].

on a Banach space are obviously convex but not necessarily continuous. Thus convex functions are not always continuous.

We conclude this subsection by formulating a continuous version of Jensen's inequality in Proposition 4.

Proposition 7. *Let μ be a positive finite measure on a set Ω and let f be a real function of class $L^1(\Omega, \mu)$. Moreover, suppose that φ is a convex function on $\mathbb{R}$ (or at least on an interval I containing $f(\Omega)$). Then we have*

(17)
$$\varphi\left(\fint_\Omega f \, d\mu \right) \leq \fint_\Omega \varphi \circ f \, d\mu,$$

where as usual we have set

$$\fint_\Omega f \, d\mu := \frac{1}{\mu(\Omega)} \int_\Omega f \, d\mu.$$

Proof. Set $t := \fint_\Omega f \, d\mu$. From (8) we deduce that

$$\beta := \sup_{s<t} \frac{\varphi(t) - \varphi(s)}{t - s} \leq \frac{\varphi(u) - \varphi(t)}{u - t} \quad \text{for all } u > t,$$

whence

$$\varphi(s) \geq \varphi(t) + \beta(s - t) \quad \text{for all } s \in \mathbb{R} \text{ (or } I, \text{ resp.).}$$

Therefore

(18)
$$\varphi(f(x)) - \varphi(t) - \beta\{f(x) - t\} \geq 0$$

for every $x \in \Omega$. Moreover, the function $\varphi \circ f$ is measurable since φ is continuous. If we integrate both sides of (18) with respect to μ, inequality (17) follows from our choice of t. □

3.2. Support Function, Distance Function, Polar Body

In this subsection we shall describe convex bodies by a particularly useful kind of functions called *gauge functions*.

Definition 1. *A* gauge function *(on $\mathbb{R}^n$) is a function $F : \mathbb{R}^n \to \mathbb{R}$ with the following three properties:*

(1)
   (i) $F(0) = 0$, and $F(x) > 0$ if $x \neq 0$;
   (ii) $F(\lambda x) = \lambda F(x)$ if $\lambda \geq 0$;
   (iii) F is convex.

For any gauge function F, *the set*

(2)
$$\mathcal{K} = \{x \in \mathbb{R}^n : F(x) \leq 1\}$$

is a convex body with $0 \in \text{int } \mathscr{K}$ *since* $F(x) \le 1$ *and* $F(y) \le 1$ *imply*

$$F(\lambda x + (1 - \lambda)y) \le \lambda F(x) + (1 - \lambda)F(y) \le 1 \quad \text{for all } \lambda \in [0, 1].$$

The property (ii) of a gauge function F means by definition that F is *positively homogeneous of degree one*. Note that every *norm* on $\mathbb{R}^n$ is a gauge function, but not every gauge function F is necessarily a norm since the property $F(-x) = F(x)$ need not be satisfied.

One easily verifies that a function $F : \mathbb{R}^n \to \mathbb{R}$ with the properties (i) and (ii) is convex (and therefore a gauge function) if and only if

(3) $$F(x + y) \le F(x) + F(y) \quad \text{for all } x, y \in \mathbb{R}^n.$$

If F is a gauge function and $x \ne 0$, then the ray $\{\lambda x : \lambda > 0\}$ intersects the boundary $\partial \mathscr{K}$ of the set $\mathscr{K}$ defined by (2) at exactly one point ξ. From

$$x = \frac{|x|}{|\xi|} \xi \quad \text{and} \quad F(\xi) = 1,$$

we infer that

(4) $$F(x) = \frac{|x|}{|\xi|}.$$

Since F is continuous, we obtain that 0 is an interior point of $\mathscr{K}$.

Conversely, if $\mathscr{K}$ is a convex body in $\mathbb{R}^n$ with $0 \in \text{int } \mathscr{K}$, we define a function $F : \mathbb{R}^n \to \mathbb{R}$ by (4) if $x \ne 0$, and by $F(0) = 0$ if $x = 0$. Clearly we have the description (2) of $\mathscr{K}$, and we claim that F is a gauge function. In fact, the properties (i) and (ii) are obvious, and (iii) can be seen as follows.

If $F(x_1) \le 1$ and $F(x_2) \le 1$, then $x_1, x_2 \in \mathscr{K}$, whence $tx_1 + (1 - t)x_2 \in \mathscr{K}$ for any $t \in [0, 1]$, and therefore

(5) $$F(tx_1 + (1 - t)x_2) \le 1 \quad \text{for } t \in [0, 1].$$

Let $x, y \in \mathbb{R}^n$ and $x \ne 0, y \ne 0$. By (ii), we have

$$F(x_1) = 1 \quad \text{and} \quad F(x_2) = 1 \quad \text{for } x_1 := \frac{x}{F(x)}, \; x_2 := \frac{y}{F(y)}.$$

Choose any $\lambda \in [0, 1]$ and set

$$t := \frac{\lambda F(x)}{\lambda F(x) + (1 - \lambda)F(y)}.$$

Since $0 \le t \le 1$, we obtain (5) and therefore

$$F(\lambda x + (1 - \lambda)y) \le \lambda F(x) + (1 - \lambda)F(y).$$

Thus we have proved:

Proposition 1. *For every convex body* $\mathscr{K}$ *with* $0 \in \text{int } \mathscr{K}$ *there is a uniquely determined function* $F \in C^0(\mathbb{R}^n)$ *satisfying* (1) *and* (2). *Conversely,* $\mathscr{K}$ *is a convex body* with $0 \in$ int $\mathscr{K}$ if F satisfies (1) and $\mathscr{K}$ is defined by (2). *Moreover, relation* (2) *provides a one-to-one map of the set of gauge functions onto the set of convex bodies with* $0 \in$ int $\mathscr{K}$.

Definition 2. *The* distance function *of a convex body* $\mathscr{K}$ *in* $\mathbb{R}^n$ *with* $0 \in$ int $\mathscr{K}$ *is a gauge function* $F : \mathbb{R}^n \to \mathbb{R}$ *such that* $\mathscr{K}$ *is described by* (2).

Now we come to the definition of the *support function* of a convex body $\mathscr{K}$ with $0 \in$ int $\mathscr{K}$. To this end, we choose any $u \in \mathbb{R}^n$ with $u \neq 0$ and interpret it as normal direction of an oriented hyperplane in $\mathbb{R}^n$. All such hyperplanes are given by an equation

$$u \cdot x = c,$$

and among them there is exactly one supporting hyperplane $\mathscr{P}(u)$ of $\mathscr{K}$ with $c > 0$, touching $\mathscr{K}$ at some point x_0 (there might be more than one touching point). Clearly we have $\mathscr{P}(\lambda u) = \mathscr{P}(u)$ for every $\lambda > 0$. If the supporting hyperplane $\mathscr{P}(u)$ is described by the equation

(6) $u \cdot x = S(u)$

for some constant $S(u) > 0$, then $S(u)$ is the distance of the origin 0 to $\mathscr{P}(u)$ provided that the direction vector u is normalized by the condition $|u| = 1$, and we obviously have $S(\lambda u) = \lambda S(u)$ for every $\lambda > 0$. Set $S(0) := 0$.

Definition 3. *The function* $S : \mathbb{R}^n \to \mathbb{R}$ *obtained in this way is called the* support function *of the convex body* $\mathscr{K}$ *with* $0 \in$ int $\mathscr{K}$.

We shall prove that S is also a gauge function. In fact, the properties (i) and (ii) of Definition 1 are clearly satisfied by S on account of its definition. In order to prove (iii), we proceed as follows.

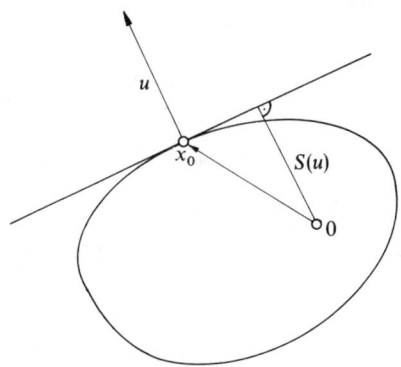

Fig. 14. The support function $S(u)$.

First we claim that the function $S(u)$ is described by the maximum property

(7)
$$S(u) = \max\{u \cdot x : \quad x \in \mathcal{K}\}.$$

In fact, (7) is trivially satisfied if $u = 0$ since $S(0) := 0$, and for $u \neq 0$ this relation follows from the fact that $\mathcal{K}$ is contained in the supporting halfspace

$$\mathcal{H}(u) := \{x \in \mathbb{R}^n : \quad u \cdot x \leq S(u)\}$$

and that $u \cdot x_0 = S(u)$ holds true for some $x_0 \in \partial \mathcal{K}$.

Then, for any two $u, v \in \mathbb{R}^n$ we have

$$u \cdot x \leq S(u) \quad \text{and} \quad v \cdot x \leq S(v) \quad \text{for all } x \in \mathcal{K},$$

whence

$$[\lambda u + (1 - \lambda) \cdot v] \cdot x \leq \lambda S(u) + (1 - \lambda) S(v)$$

for any $\lambda \in [0, 1]$ and all $x \in \mathcal{K}$. Because of the maximum property (7) we now obtain

$$S(\lambda u + (1 - \lambda)v) \leq \lambda S(u) + (1 - \lambda) S(v)$$

for all $\lambda \in [0, 1]$ and $u, v \in \mathbb{R}^n$, i.e. S is convex.

Let us summarize the properties of the support function S.

Proposition 2. *Let $\mathcal{K}$ be a convex body in $\mathbb{R}^n$ with $0 \in \text{int } \mathcal{K}$, and let S be its support function. Then S is a gauge function, and we have*

$$S(u) = \max\{u \cdot x : \quad x \in \mathcal{K}\} \quad \text{for all } u \in \mathbb{R}^n.$$

Moreover, if $u \in \mathbb{R}^n - \{0\}$, then the hyperplane

$$\mathscr{P}(u) := \{x \in \mathbb{R}^n : \quad u \cdot x = S(u)\}$$

is a supporting hyperplane for $\mathcal{K}$ which touches $\mathcal{K}$ at some point $x_0(u) \in \partial \mathcal{K}$ satisfying $S(u) = u \cdot x_0(u)$.

Consider an arbitrary convex body with $0 \in \text{int } \mathcal{K}$, and let S be its support function. Since S is a gauge function, we can view it as the distance function of another convex body $\mathcal{K}^*$ with $0 \in \mathcal{K}^*$ that is called the *polar body* of $\mathcal{K}$ for reasons to be seen later. In terms of S the polar body $\mathcal{K}^*$ is characterized by

(8)
$$\mathcal{K}^* = \{u \in \mathbb{R}^n : \quad S(u) \leq 1\}.$$

Now we want to investigate how $\mathcal{K}$ and $\mathcal{K}^*$ are related. For any $u \in \mathbb{R}^n - \{0\}$ there is exactly one supporting hyperplane $\Pi(u)$ of $\mathcal{K}$ with the normal direction u pointing into that halfspace $\mathcal{H}'(u)$ of $\mathbb{R}^n$ which is bounded by $\Pi(u)$ and does not contain the origin $x = 0$; its complement $\mathcal{H}(u)$ is described by

(9)
$$\mathcal{H}(u) = \{x \in \mathbb{R}^n : \quad u \cdot x \leq S(u)\}.$$

On account of Proposition 2 in *3.1* we have

$$(10) \qquad \mathcal{K} = \bigcap_{u \in \mathbb{R}^n - \{0\}} \mathcal{H}(u).$$

From (7) and (8) we deduce the *maximum principle*

$$(11) \qquad u \cdot x \leq 1 \quad \text{for all } x \in \mathcal{K} \text{ and all } u \in \mathcal{K}^*$$

or, equivalently,

$$(11') \qquad u \cdot x \leq 1 \quad \text{if } F(x) \leq 1 \text{ and } S(u) \leq 1.$$

for $u \in \mathbb{R}^n - \{0\}$ we denote by $P(u)$ the hyperplane

$$(12) \qquad P(u) := \{x \in \mathbb{R}^n : \ u \cdot x = 1\}$$

which is parallel to $\Pi(u)$. We observe that

$$(13) \quad \begin{aligned} &P(u) \cap \mathcal{K} \text{ is empty if } S(u) < 1; \\ &P(u) \cap \text{int } \mathcal{K} \text{ is nonempty if } S(u) > 1; \\ &P(u) \cap \text{int } \mathcal{K} \text{ is empty if } S(u) = 1 \text{ whereas} \\ &P(u) \cap \partial\mathcal{K} \text{ is nonvoid.} \end{aligned}$$

We infer from (10) that

$$\mathcal{K} = \bigcap_{u \in \partial \mathcal{K}^*} \{x \in \mathbb{R}^n : \ u \cdot x \leq 1\}$$

since $\partial \mathcal{K}^* = \{u \in \mathbb{R}^n : S(u) = 1\}$, and, by (11), we arrive at

$$(14) \qquad \mathcal{K} = \bigcap_{u \in \mathcal{K}^*} \{x \in \mathbb{R}^n : \ u \cdot x \leq 1\}.$$

That is,

(15)   *$\mathcal{K}$ consists exactly of those $x \in \mathbb{R}^n$ for which $u \cdot x \leq 1$ holds true for every $u \in \mathcal{K}^*$.*

We claim that the polar body $\mathcal{K}^*$ can be characterized in a similar way:

(16)   *$\mathcal{K}^*$ consists of exactly those $u \in \mathbb{R}^n$ for which $u \cdot x \leq 1$ is satisfied for all $x \in \mathcal{K}$.*

In fact, if $u \in \mathcal{K}^*$, then $u \cdot x \leq 1$ for all $x \in \mathcal{K}$ by virtue of (11). Conversely, if $u \cdot x > 1$ for some $u \in \mathcal{K}$, then (7) implies $S(u) > 1$ whence $u \notin \mathcal{K}^*$ by definition of $\mathcal{K}^*$.

In other words, we have

$$(17) \qquad \mathcal{K}^* = \bigcap_{x \in \mathcal{K}} \{u \in \mathbb{R}^n : \ u \cdot x \leq 1\}.$$

From (15) and (16) (or from (14) and (17)) we derive

Proposition 3. *Let $\mathcal{K}$ be a convex body and $\mathcal{K}^*$ its polar body. Then the polar body $(\mathcal{K}^*)^*$ of $\mathcal{K}^*$ is $\mathcal{K}$ itself: $\mathcal{K} = \mathcal{K}^{**}$.*

That is, the operation * yields an involutory mapping of the set of convex bodies of $\mathbb{R}^n$ onto itself.

Moreover, every convex body determines a (uniquely defined) distance function F and a unique support function S. Thus we may write $F^* := S$, and we denote F^* as the *conjugate function of F*. On account of Proposition 3 it follows that the conjugate of F^* is F itself,

$$F^{**} = F.$$

From this result we derive

Proposition 4. *Every gauge function can be viewed as support function of a convex body which contains the origin as interior point.*

Proof. On account of Proposition 3 a given gauge function S can be viewed as the distance function of a convex body $\widetilde{\mathscr{K}}$. Then the conjugate S^* is the distance function of the polar body $\widetilde{\mathscr{K}}^*$ and S^{**} is the support function of $\widetilde{\mathscr{K}}^*$. Setting $\mathscr{K} := \widetilde{\mathscr{K}}^*$ and noting that $S^{**} = S$ we see that S is the support function of $\mathscr{K}$. $\square$

The relation between $\mathscr{K}$ and $\mathscr{K}^*$ can nicely be interpreted by means of the so-called *polarity map* with respect to the unit sphere S^{n-1} or $\mathbb{R}^n$,

$$S^{n-1} = \{x \in \mathbb{R}^n: \quad |x| = 1\}.$$

This is a mapping $u \mapsto P(u)$ which associates with every "*pole*" $u \in \mathbb{R}^n$, $u \neq 0$, the hyperplane $P(u)$ defined by (12). Conversely, for every hyperplane E with $0 \notin E$, there is exactly one pole $u \neq 0$ such that $E = P(u)$. One calls $P(u)$ the "*polar*" of u.

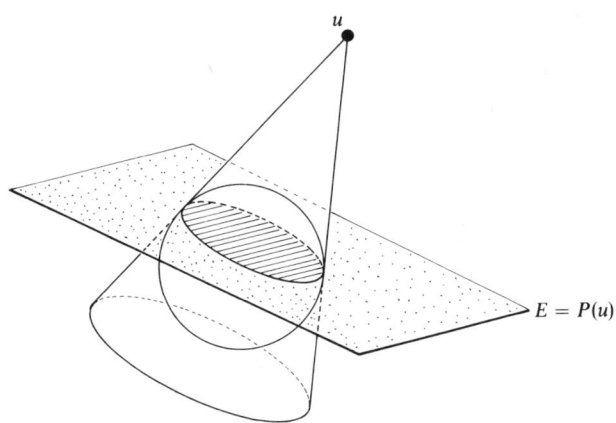

Fig. 15. Pole u and polar $E = P(u)$.

The polarity map $u \mapsto P(u)$ has the following property:

If $v \in P(u)$, then $u \in P(v)$.

From (13), we infer

Proposition 5. *The boundary $\partial\mathcal{K}^*$ of the polar body of a convex body $\mathcal{K}$ with $0 \in \text{int } \mathcal{K}$ is the locus of all poles u whose polars $P(u)$ are the supporting hyperplanes of $\mathcal{K}$, and $\partial\mathcal{K}$ is the "envelope" of the polars $P(u)$ to the points $u \in \partial\mathcal{K}^*$.*

This correspondence between $\mathcal{K}$ and $\mathcal{K}^*$ explains the notation "polar body" for the set $\mathcal{K}^*$.

Now we turn to the interpretation of $\mathcal{K}$, $\mathcal{K}^*$ and of their distance functions F, F^* by means of the Legendre transformation. We want to show that *the conjugate F^* of the distance function F of a given covex body is just the Legendre transform of F, or else, the Legendre transform of F is the support function of $\mathcal{K}$ provided that $\partial\mathcal{K}$ is smooth and strictly convex.*

However, we have first to realize that the Legendre transform F^* of F in the sense of *1.1* does not exist since the Hessian F_{xx} is nowhere invertible on $\mathbb{R}^n$, and thus the gradient mapping $x \mapsto u = F_x(x)$ is nowhere locally invertible. This is an immediate consequence of the fact that F is positively homogeneous of first degree which in turn implies that

$$F_{x^i x^k}(x)x^k = 0 \quad \text{for } i = 1, \dots, n.$$

To remedy this situation, we consider the function

(18) $$Q(x) := \tfrac{1}{2}F^2(x)$$

which satisfies

(19)
$$Q(x) > 0 \quad \text{if } x \neq 0 \text{ and } Q(0) = 0,$$
$$Q(\lambda x) = \lambda^2 Q(x) \quad \text{for } \lambda \geq 0.$$

Let us assume that $F(x)$ is of class C^2 on $\mathbb{R}^n\text{-}\{0\}$, and that $Q_{xx}(x)$ is positive definite for all $x \in \mathbb{R}^n\text{-}\{0\}$, that is,

(20) $$Q_{x^i x^k}(x)\xi^i \xi^k > 0 \quad \text{for all } \xi \in \mathbb{R}^n \text{ with } \xi \neq 0.$$

This assumption is equivalent to the condition

(21) $$F_{x^i x^k}(x)\xi^i \xi^k > 0 \quad \text{for all } \xi \neq 0 \text{ with } \xi \cdot x = 0$$

as we shall see in 8,2.3, and this implies that $F_{xx}(x)$ has the maximal rank $n - 1$ for all $x \neq 0$. Condition (20) implies that the closed convex surface $\{x \in \mathbb{R}^N : F(x) = 1\}$ is strictly convex in the sense that through each of its points there passes one and only one supporting hyperplane of the convex body $\mathcal{K} = \{x : F(x) \leq 1\}$.

By virtue of assumption (20), we can carry out the Legendre transformation

(22) $$u = Q_x(x), \quad \Phi(u) = \{u \cdot x - Q(x)\}_{x = \psi(u)},$$

where ψ is the inverse of the gradient mapping $x \mapsto u = Q_x(x)$. By the results of *1.1* we obtain

(23) $$Q(x) + \Phi(u) = u \cdot x, \quad u = Q_x(x), \quad x = \Phi_u(u),$$

if x and u are corresponding points with respect to the gradient mapping. The function Φ is the Legendre transform of Q. From (18) we read off that Q is positively homogeneous of second degree, whence we infer from (23) that Φ has the same property. General properties of the Legendre transformation (cf. *1.1* and also Theorem 3 in *3.1*) imply that Φ is of class C^2 on $\mathbb{R}^n$-$\{0\}$, and of class C^1 on $\mathbb{R}^n$. On account of Euler's relation

$$Q_x(x) \cdot x = 2Q(x),$$

we infer from (23) that

(24) $$Q(x) = \Phi(u) \quad \text{if } u = Q_x(x) \text{ or if } x = \Phi_u(u).$$

Then we define a new function $H(u)$ by setting

(25) $$H(u) := F(x) \quad \text{if } x = \Phi_u(u),$$

that is,

(25') $$H(u) = F(\Phi_u(u)).$$

We call H the (generalized) Legendre transform of the gauge function F. Clearly $H(u)$ is positively homogeneous of first degree, and (18), (24), (25) imply

(26) $$\Phi(u) = \tfrac{1}{2} H^2(u).$$

From

$$F(x) = H(Q_x(x)) = H(F(x)F_x(x)) = F(x)H(F_x(x)),$$

we infer

$$H(F_x(x)) = 1, \text{ and similarly } F(H_u(u)) = 1.$$

Thus we have proved the following

Lemma. *The (generalized) Legendre transform $H(u)$ of a gauge function $F(x)$ satisfying $F \in C^2(\mathbb{R}^n - \{0\})$ and the regularity condition (20) (or (21)) is again a gauge function of class $C^2(\mathbb{R}^n - \{0\})$, and we have*

(27) $$H(F_x(x)) = 1 \quad \text{and} \quad F(H_u(u)) = 1.$$

Now we are ready to identify the conjugate F^* with the Legendre transform H of F.

Proposition 6. *Suppose that $F(x)$ is a gauge function of class $C^2(\mathbb{R}^n - \{0\})$ sat-*

isfying the regularity condition (20) *(or* (21)*). Then its generalized Legendre transform* $H(u)$ *coincides with the conjugate function* $F^*(x)$*, i.e.,* $H = F^*$*. Moreover, if* $\mathscr{K} = \{x: F(x) \leq 1\}$ *is the convex body having* F *as its distance function and* F^* *as its support function, and if* $\mathscr{K}^*$ *is the polar body of* $\mathscr{K}$ *with* F^* *as distance function and* F *as support function, then the gradient mapping* $x \mapsto u = F_x(x)$*,* $x \neq 0$*, maps* $\partial\mathscr{K}$ *diffeomorphically onto* $\partial\mathscr{K}^*$*, and the gradient mapping* $u \mapsto x = F_u^*(u)$*,* $u \neq 0$*, maps* $\partial\mathscr{K}^*$ *diffeomorphically onto* $\partial\mathscr{K}$*.*

Proof. Note that $S(u) = \max\{u \cdot x: F(x) = 1\}$ if $u \neq 0$. Any maximizer of the linear function $f(x) := u \cdot x$, $x \in \mathbb{R}^n$, under the subsidiary condition $F(x) = 1$ has to be a critical point of the function

$$G(x) := u \cdot x + \lambda F(x)$$

with a Lagrange parameter λ to be determined from the equation $F(x) = 1$. The equation $G_x(x) = 0$ is equivalent to

$$u + \lambda F_x(x) = 0,$$

whence we obtain

$$0 = u \cdot x + \lambda F_x(x) \cdot x = u \cdot x + \lambda F(x) = u \cdot x + \lambda$$

for any maximizer x of f on the manifold $\{x: F(x) = 1\}$. Moreover, we have $S(u) = u \cdot x$ for any maximizer x, whence $-\lambda = S(u)$, and therefore

(28) $$u = S(u)F_x(x).$$

This implies

$$S(u) = S(S(u)F_x(x)) = S(u)S(F_x(x)),$$

and $S(u) > 0$ for $u \neq 0$ yields

$$S(F_x(x)) = 1$$

for any maximizer x of $f(x) = u \cdot x$ on the convex surface $\partial\mathscr{K} = \{x: F(x) = 1\}$. By Proposition 1 in *3.1*, every point x on $\partial\mathscr{K}$ is such a maximizer for some appropriate choice of u. Hence we infer

$$S(F_x(x)) = 1 \quad \text{for all } x \in \partial\mathscr{K},$$

and, by homogeneity,

$$F(x) = F(x)S(F_x(x)) = S(F(x)F_x(x)) = S(Q_x(x))$$

for all $x \in \partial\mathscr{K}$. Since both $F(x)$ and $S(Q_x(x))$ are positively homogeneous of first degree with respect to x, we arrive at the identity

(29) $$F(x) = S(Q_x(x)) \quad \text{for all } x \in \mathbb{R}^n\text{-}\{0\}.$$

Moreover, the inverse of the diffeomorphism of $\mathbb{R}^n$-$\{0\}$ onto itself described by $x \mapsto u = Q_x(x)$ is given by $u \mapsto x = \Phi_u(u)$, and thus we obtain the equation

$$F(\Phi_u(u)) = S(u) \quad \text{for all } u \in \mathbb{R}^n\text{-}\{0\},$$

taking (29) into account. By virtue of (25'), it follows that $H(u) = S(u)$ for all $u \neq 0$, and for $u = 0$ this identity is trivially satisfied because of $H(0) = 0$ and of $S(0) = 0$.

Let us return to equation (28) which is to hold for any maximizer x of $f(x) = u \cdot x$ on $\partial \mathcal{K}$. If we choose u as an arbitrary element of $\partial \mathcal{K}^*$, then u and the corresponding maximizer $x \in \partial \mathcal{K}$ are related by the equation

$$u = F_x(x) = Q_x(x).$$

This shows that, for every $u \in \partial \mathcal{K}^*$, there is at most one maximizer $x \in \partial \mathcal{K}$, and since there is always a maximizer, we have found that for every $u \in \partial \mathcal{K}^*$ there is exactly one maximizer $x \in \partial \mathcal{K}$. Moreover, we have noticed before that each $x \in \partial \mathcal{K}$ appears as maximizer for some appropriate choice of $u \neq 0$, and we can clearly arrange that $u \in \partial \mathcal{K}^*$. Thus the mapping $x \mapsto u = F_x(x)$ yields a 1–1-mapping of $\partial \mathcal{K}$ onto $\partial \mathcal{K}^*$ associating with every $x \in \partial \mathcal{K}$ the direction $u = F_x(x)$ which yields the supporting tangent plane $\{y: F_x(x) \cdot y = 1\} = P(u)$ to $\mathcal{K}$ at $x \in \partial \mathcal{K}$.

Conversely, the mapping $u \mapsto x = \Phi_u(u)$ provides a 1–1-mapping of $\partial \mathcal{K}^*$ onto $\partial \mathcal{K}$ associating with every $u \in \partial \mathcal{K}$ the direction $x = \Phi_u(u)$ that gives the supporting tangent plane $\{v: \Phi_u(u) \cdot v = 1\}$ to $\mathcal{K}^*$ at $u \in \partial \mathcal{K}^*$.   □

Following the custom in the calculus of variations we call the closed hypersurface

$$(30) \qquad \mathcal{I} := \partial \mathcal{K} = \{x \in \mathbb{R}^n: F(x) = 1\}$$

the *indicatrix of the given gauge function F*, and

$$(31) \qquad \mathcal{F} := \partial \mathcal{K}^* = \{x \in \mathbb{R}^n: F^*(u) = 1\}$$

is said to be its *figuratrix*.

Indicatrix and figuratrix are dual or conjugate surfaces which, in case of a smooth regular gauge function can be obtained from each other by generalized Legendre transformations as described in Proposition 5. If F is not smooth or nonregular, the gradient map $x \mapsto F_x(x)$ is not defined or not invertible, and thus we cannot define the Legendre transform H of F by using the formulas (22)–(25). Still we can define the conjugate F^*, and since $H = F^*$ holds for smooth regular F we may view F^* as the generalized Legendre transform of an arbitrary gauge function F.

3.3. Smooth and Nonsmooth Convex Functions. Fenchel Duality

We begin by collecting some facts on smooth convex functions.

Theorem 1. *Let Ω be an open convex domain in $\mathbb{R}^n$ and let $f: \Omega \to \mathbb{R}$ be a differentiable function.*

(i) Then f is convex if and only if

(1) $$f(x) \geq f(x_0) + df(x_0)(x - x_0) \quad \text{for all } x_0, x \in \Omega,$$

i.e., if and only if the graph of f lies above its tangent hyperplane at each point $(x_0, f(x_0))$ of graph f.

(ii) Secondly, f is convex if and only if its differential is a monotone operator, i.e.

(2) $$(df(y) - df(x))(y - x) \geq 0 \quad \text{for all } x, y \in \Omega.$$

Proof. (i) Suppose that f is convex in Ω and let $x_0, x \in \Omega$; set $h := x - x_0$ and choose $t \in (0, 1)$. By definition we have

$$f(x_0 + th) \leq tf(x_0 + h) + (1 - t)f(x_0),$$

whence

$$f(x_0 + th) - f(x_0) \leq t[f(x_0 + h) - f(x_0)]$$

and therefore

$$\frac{f(x_0 + th) - f(x_0)}{t} - df(x_0)h \leq f(x_0 + h) - f(x_0) - df(x_0)h.$$

Since the left-hand side tends to zero as $t \to +0$, we obtain that

$$0 \leq f(x_0 + h) - f(x_0) - df(x_0)h$$

and so we see that the convexity of f implies (1).

Conversely, suppose that (1) holds, and let $x_1, x_2 \in \Omega$, $x_1 \neq x_2$, and $\lambda \in (0, 1)$. Set $x_0 := \lambda x_1 + (1 - \lambda)x_2$ and $h := x_1 - x_0$. Then we have

$$x_2 = x_0 - \frac{\lambda}{1 - \lambda} h,$$

and (1) yields

$$f(x_1) \geq f(x_0) + df(x_0)h,$$

$$f(x_2) \geq f(x_0) + df(x_0)\left(-\frac{\lambda}{1 - \lambda}h\right).$$

Multiplying the first inequality by $\dfrac{\lambda}{1 - \lambda}$ and adding the result to the second inequality, we obtain

$$\frac{\lambda}{1 - \lambda} f(x_1) + f(x_2) \geq \left(\frac{\lambda}{1 - \lambda} + 1\right) f(x_0),$$

whence

$$f(x_0) \leq \lambda f(x_1) + (1 - \lambda)f(x_2).$$

Since the last inequality is trivially satisfied for $\lambda = 0$, 1, it follows that f is convex.

(ii) By Theorem 3 of *3.1* we conclude that grad f is of class $L^{\infty}_{loc}(\Omega, \mathbb{R}^n)$ if f is convex and differentiable. Moreover, we infer from (i) that

$$f(y) - f(x) \geq df(x)(y - x)$$

and also

$$f(x) - f(y) \geq df(y)(x - y),$$

whence

$$df(y)(x - y) \leq f(x) - f(y) \leq df(x)(x - y)$$

and therefore

$$(df(y) - df(x))(y - x) \geq 0.$$

Suppose now that (2) holds. Then, for any $x_0, x \in \Omega$ we have

$$f(x) - f(x_0) = \int_0^1 \frac{d}{dt} f(tx + (1-t)x_0) \, dt = \left\{ \int_0^1 df(tx + (1-t)x_0) \, dt \right\}(x - x_0)$$

and

$$[df(tx + (1-t)x_0) - df(x_0)](x - x_0) \geq 0,$$

and therefore

$$f(x) - f(x_0) \geq \left\{ \int_0^1 df(x_0) \, dt \right\}(x - x_0),$$

which says that f is convex. □

Remark 1. It is not difficult to see that under the assumptions of Theorem 1 the function $f : \Omega \to \mathbb{R}$ is *strictly convex if and only if*

(1') $\qquad f(x) > f(x_0) + df(x_0)(x - x_0) \quad$ *for all* $x, x_0 \in \Omega$ *with* $x \neq x_0$,

or equivalently, if and only if

(2') $\qquad (df(y) - df(x))(y - x) > 0 \quad$ *for all* $x, y \in \Omega$ *with* $x \neq y$.

In fact, if f is strictly convex, we infer from (1) that

$$df(x_0)th \leq f(x_0 + th) - f(x_0) < t[f(x_0 + h) - f(x_0)],$$

where $h := x - x_0$, and this implies (1'). The rest of the proof is the same as before.

Remark 2. If $n = 1$, then the monotonicity (2) of the differential $df(x)$ simply amounts to the monotonicity of f', i.e., a differentiable function $f : I \to \mathbb{R}$ on an open interval $I \subset \mathbb{R}$ is convex if and only if its derivative f' is nondecreasing.

By Proposition 4 in *3.1* we know that a function $f : \Omega \to \mathbb{R}$ is convex if and only if the function

$$\varphi(\lambda) := f(\lambda x_1 + (1 - \lambda)x_2), \quad 0 \le \lambda \le 1,$$

is convex. Consequently, *a differentiable function $f : \Omega \to \mathbb{R}$ is convex if and only if $\varphi'(\lambda)$ is nondecreasing, i.e., if and only if*

$$(x_1^i - x_2^i)D_i f(\lambda x_1 + (1 - \lambda)x_2)$$

is nondecreasing in $\lambda \in [0, 1]$.

Assume now that f is of class $C^2(\Omega)$. Then we deduce that f is convex if and only if $\varphi''(\lambda)$ is nonnegative, i.e. if and only if

$$\frac{\partial^2 f}{\partial x^i \, \partial x^j}(\lambda x_1 + (1 - \lambda)x_2)(x_1^i - x_2^i)(x_1^j - x_2^j) \ge 0.$$

As $\lambda x_1 + (1 - \lambda)x_2$ is point of Ω, we can actually state

Theorem 2. *Let Ω be a convex domain in $\mathbb{R}^n$ and suppose that $f \in C^2(\Omega)$. Then f is convex if and only if its Hessian form*

$$\frac{\partial^2 f(x)}{\partial x^i \, \partial x^k} \xi^i \xi^k =: D^2 f(x)(\xi, \xi)$$

is nonnegative for all $x \in \Omega$ and all $\xi \in \mathbb{R}^n$. Moreover, f is strictly convex if $D^2 f(x)(\xi, \xi) > 0$ for all $x \in \Omega$ and all $\xi \in \mathbb{R}^n\text{-}\{0\}$.

We note that many useful inequalities in analysis just express the convexity of suitably chosen functions.

$\boxed{1}$ For instance, the convexity of $f(x) = e^x$ yields

$$\exp\left(\sum_{i=1}^{N} \alpha_i x_i \right) \le \sum_{i=1}^{N} \alpha_i e^{x_i}$$

for all $x_1, x_2, \ldots, x_N \in \mathbb{R}$ and all $\alpha_i \ge 0$ satisfying $\alpha_1 + \alpha_2 + \cdots + \alpha_N = 1$. If we set $y_i := e^{x_i}$, we obtain

$$\prod_{i=1}^{N} y_i^{\alpha_i} \le \sum_{i=1}^{N} \alpha_i y_i \quad \text{for all } y_1, \ldots, y_N \ge 0.$$

In particular, if we choose $\alpha_1 = \cdots = \alpha_N = \dfrac{1}{N}$, we arrive at the familiar inequality between the arithmetic and geometric means of N positive numbers y_i

(3) $$(y_1 y_2 \cdots y_N)^{1/N} \le \frac{1}{N}(y_1 + y_2 + \cdots + y_N).$$

In particular, if $p, q > 1$ satisfy

$$\frac{1}{p} + \frac{1}{q} = 1,$$

we have

$$A^{1/p}B^{1/q} \le \frac{1}{p}A + \frac{1}{q}B$$

for $A, B > 0$ (the inequality is obviously correct if $A = 0$ or $B = 0$). Setting $A := \varepsilon^p a^p$; $B := \varepsilon^{-q}b^q$ we arrive at

(4)
$$ab \le \frac{\varepsilon^p}{p}a^p + \frac{1}{q\varepsilon^p}b^q$$

for all $a, b \ge 0, \varepsilon > 0, p, q > 1$ with $\frac{1}{p} + \frac{1}{q} = 1$. This is *Young's inequality* that we encountered in *1.1*.

2 The function $f(x) := |x|^p$ with $p > 1$ is trivially convex in $\mathbb{R}$. Therefore

$$f\left(\frac{x_1 + x_2}{2}\right) \le \tfrac{1}{2}f(x_1) + \tfrac{1}{2}f(x_2).$$

Multiplying by 2^p, we arrive at

(5)
$$|x_1 + x_2|^p \le 2^{p-1}|x_1|^p + 2^{p-1}|x_2|^p$$

for all $x_1, x_2 \in \mathbb{R}$ with equality if and only if $x_1 = x_2$.

There are other definitions of convexity which are more or less equivalent to the one we have given. For instance, Jensen defined convex functions by requiring that the center of any chord of graph f lies above the graph, analytically

(6)
$$f\left(\frac{x + y}{2}\right) \le \tfrac{1}{2}f(x) + \tfrac{1}{2}f(y).$$

It is not difficult to show that (6) implies

(6′)
$$f(\lambda x + (1 - \lambda)y) \le \lambda f(x) + (1 - \lambda)f(y) \quad \text{for all } \lambda \in [0, 1],$$

provided that f is continuous. The existence of discontinuous "convex functions" in the sense of (6) can be proved by means of Zermelo's axiom. This axiom yields the existence of a Hamel base $\{\alpha, \beta, \gamma, \dots\}$ for $\mathbb{R}$, i.e. of real numbers $\alpha, \beta, \gamma, \dots$ such that every real x can be expressed uniquely as a finite sum

$$x = a\alpha + b\beta + \dots + l\lambda$$

with rational coefficients $a, b, \dots, l$. Choosing arbitrary values for $f(\alpha), f(\beta), f(\gamma), \dots$ and defining

$$f(x) := af(\alpha) + bf(\beta) + \dots + lf(\lambda),$$

we see at once that f is a solution of the functional equation

$$f(x + y) = f(x) + f(y) \quad \text{for all } x \in \mathbb{R},$$

and therefore it is convex in the sense of (6) while, in general, f turns out to be discontinuous.

However, very weak additional properties guarantee that convexity in the sense of (6) implies "true" convexity in the sense of (6′). For instance Blumberg and Sierpinski proved that any measurable function which is convex in the sense of (6) is necessarily truly convex.

Now we note that smoothing of convex functions by means of mollifiers is a useful technical device. Let S_ε be a standard smoothing operator as defined in 1,2.4. Such an operator is given by

$$(S_\varepsilon f)(x) = \int k_\varepsilon(x - y)f(y)\,dy = \int k_\varepsilon(z)f(x - z)\,dz$$

if $f \in L^1(\mathbb{R}^n)$ where $k_\varepsilon(x) := \varepsilon^{-n}k(x/\varepsilon)$, and k is a function of class $C^\infty(\mathbb{R}^n)$ satisfying $k(x) = k(-x)$, $\int k(x)\,dx = 1$, $k(x) \geq 0$, and $k(x) = 0$ for $|x| \geq 1$.

Theorem 3. *Let $f : \mathbb{R}^n \to \mathbb{R}$ be a convex function and let S_ε be a standard mollifier, $\varepsilon > 0$. Then the mollified function $f_\varepsilon := S_\varepsilon f$ is convex, and for every ball $B_r(x)$ in $\mathbb{R}^n$ we have the estimate*

$$(7) \qquad \sup_{B_r(x)}(|f_\varepsilon| + r|Df_\varepsilon|) \leq c \fint_{B_{2r}(x)} |f_\varepsilon|,$$

where c denotes a constant depending only on the dimension n.

Proof. The convexity of f_ε follows from

$$f_\varepsilon(\lambda x + (1 - \lambda)y) = \int f(z - [\lambda x + (1 - \lambda)y])k_\varepsilon(z)\,dz$$

$$= \int f(\lambda(z - x) + (1 - \lambda)(z - y))k_\varepsilon(z)\,dz$$

$$\leq \lambda \int f(z - x)k_\varepsilon(z)\,dz + (1 - \lambda)\int f(z - y)k_\varepsilon(y)\,dz$$

$$= \lambda f_\varepsilon(x) + (1 - \lambda)f_\varepsilon(y).$$

Since f_ε is smooth, we have by Theorem 1 that

$$f_\varepsilon(y) \geq f_\varepsilon(z) + Df_\varepsilon(z)\cdot(y - z) \quad \text{for all } y, z \in \mathbb{R}^n$$

since $df_\varepsilon(z)(y - z) = Df_\varepsilon(z)\cdot(y - z)$. Integrating this inequality with respect to y we obtain

$$f_\varepsilon(z) \leq \fint_{B_r(z)} f_\varepsilon(y)\,dy.$$

Hence, for $z \in B_r(x)$ and $c' := 2^n$, we get

$$(8) \qquad f_\varepsilon(z) \leq c' \fint_{B_{2r}(x)} |f_\varepsilon(y)|\,dy.$$

Next we choose $\zeta \in C_c^\infty(\mathbb{R}^n)$ such that $0 \leq \zeta \leq 1$, $\zeta(x) = 1$ on $B_r(x)$, $\zeta(x) = 0$ on $\mathbb{R}^n - B_{2r}(x)$, and $|D\zeta| \leq 2/r$. Then, multiplying the inequality

$$f_\varepsilon(z) \geq f_\varepsilon(y) + Df_\varepsilon(y)\cdot(z - y)$$

by $\zeta(y)$ and integrating with respect to y, we find that

$$f_\varepsilon(z)\int_{B_{2r}(x)} \zeta(y)\,dy \geq \int_{B_{2r}(x)} f_\varepsilon(y)\zeta(y)\,dy + \int_{B_{2r}(x)} \zeta(y)Df_\varepsilon(y)\cdot(z - y)\,dy$$

$$= \int_{B_{2r}(x)} f_\varepsilon(y)[\zeta(y) - \operatorname{div}\{\zeta(y)(z - y)\}]\,dy.$$

Since

$$-\operatorname{div}\{\zeta \cdot (z - y)\} = n\zeta + D\zeta \cdot (z - y),$$

we have for $z \in B_r(x)$ and $y \in B_{2r}(x)$ that

$$|-\operatorname{div}\{\zeta(y)(z - y)\}| \le n + \frac{2}{r} \cdot 3r \le n + 6$$

and therefore

$$f_\varepsilon(z) \int_{B_{2r}(x)} \zeta(y) \, dy \ge -(n + 7) \int_{B_{2r}(x)} |f_\varepsilon(y)| \, dy,$$

whence

$$f_\varepsilon(z) \ge -c'' \fint_{B_{2r}(x)} |f_\varepsilon(y)| \, dy$$

for $z \in B_r(x)$ and some suitable constant $c'' = c''(n)$ depending only on n. Set $c^* := \max\{c', c''\}$. Then, together with (8), we arrive at

$$(9) \qquad |f_\varepsilon(z)| \le c^* \fint_{B_{2r}(x)} |f_\varepsilon(y)| \, dy \quad \text{for all } z \in B_r(x).$$

Finally we note that there is a constant $c_0(n) > 0$ such that the measure of the set

$$P_r(z) := \{y: r/2 \le |y - z| \le r,\, Df_\varepsilon(z) \cdot (y - z) \ge \tfrac{1}{2}|Df_\varepsilon(z)||y - z|\}$$

satisfies

$$\operatorname{meas} P_r(z) \ge c_0 r^n.$$

By the convexity of f we have

$$f_\varepsilon(y) \ge f_\varepsilon(z) + \frac{r}{4}|Df_\varepsilon(z)| \quad \text{for all } y \in P_r(z).$$

Integration with respect to y yields

$$\frac{r}{4}|Df_\varepsilon(z)| \le \fint_{P_r(z)} f_\varepsilon(y) \, dy - f_\varepsilon(z),$$

and by virtue of (9) we arrive at

$$\frac{r}{4}|Df_\varepsilon(z)| \le \frac{\operatorname{meas} B_{2r}(x)}{\operatorname{meas} P_r(z)} \fint_{B_{2r}(x)} |f_\varepsilon(y)| \, dy + c^* \fint_{B_{2r}(x)} |f_\varepsilon(y)| \, dy$$

provided that $z \in B_r(x)$ whence

$$|Df_\varepsilon(z)| \le \frac{c^{**}}{r} \fint_{B_{2r}(x)} |f_\varepsilon(y)| \, dy \quad \text{for all } z \in B_r(x)$$

and some constant c^{**} depending only on n. Then (7) follows from this inequality and from (9).

Remark 3. Theorem 3 shows that every convex function $f : \mathbb{R}^n \to \mathbb{R}$ can be approximated by C^∞-smooth convex functions f_ε such that the convergence of f_ε to f is uniform on every compactum $K \subset \mathbb{R}^n$ as $\varepsilon \to 0$, and that the C^1-norms $|f_\varepsilon|_{C^1(K)}$ are uniformly bounded. If f is differentiable we have

$$(7') \qquad \sup_{B_r(x)} (|f| + r|Df|) \le c \int_{B_{2r}(x)} |f(y)| \, dy.$$

Using Rademacher's theorem, we see that (7') holds for every convex function $f : \mathbb{R}^n \to \mathbb{R}$ if we interpret the left-hand side of (7') as the essential supremum of $|f(z)| + r|Df(z)|$ on $B_r(z)$.

We shall now turn to a more refined discussion of the properties of non-smooth convex functions. First we derive a differentiability result for convex functions stating that the *directional derivative* exists at every point and for any direction.

Proposition 1. *Let Ω be an open convex domain in $\mathbb{R}^n$. Then a function $f : \Omega \to \mathbb{R}$ is convex if and only if the quotient*

$$(10) \qquad \frac{1}{\lambda}[f(x + \lambda y) - f(x)]$$

is a continuous nondecreasing function of $\lambda \in (0, \varepsilon)$, $0 < \varepsilon \ll 1$. In particular, if $f : \Omega \to \mathbb{R}$ is convex, then the one-sided directional derivative ($=$ first variation)

$$\delta f(x, y) := \lim_{\lambda \to +0} \frac{1}{\lambda}[f(x + \lambda y) - f(x)]$$

exists for all $x \in \Omega$ and for every direction $y \in \mathbb{R}^n$.

Proof. Let f be convex on Ω, $x \in \Omega$, $y \in \mathbb{R}^n$, $\lambda > 0$, and $x + \lambda y \in \Omega$. Then any $\mu \in (0, \lambda]$ can be written as $\mu = \alpha\lambda$ with $0 < \alpha \le 1$. We have

$$f(x + \mu y) = f((1 - \alpha)x + \alpha(x + \lambda y)) \le (1 - \alpha)f(x) + \alpha f(x + \lambda y),$$

that is

$$\frac{f(x + \mu y) - f(x)}{\alpha} \le f(x + \lambda y) - f(x).$$

Therefore

$$\frac{f(x + \mu y) - f(x)}{\mu} \le \frac{f(x + \lambda y) - f(x)}{\lambda}.$$

Conversely, suppose that the quotient (10) is nondecreasing in λ. Then for $x_1, x_2 \in \Omega$, $\lambda \in (0, 1)$ we obtain

$$\frac{f(\lambda x_1 + (1 - \lambda)x_2) - (1 - \lambda)f(x_2)}{\lambda} = \frac{f(x_2 + \lambda(x_1 - x_2)) - f(x_2)}{\lambda} + f(x_2)$$

$$\leq f(x_2 + (x_1 - x_2)) - f(x_2) + f(x_2) = f(x_1);$$

hence f is convex. This completes the proof as the second part of the claim is trivial. □

For convex functions of one real variable we can extend inequality (8) of *3.1* to four "ordered" points P, Q, R, S in $\mathbb{R}^2$, thereby obtaining:

(11)   slope $PQ \leq$ slope $PR \leq$ slope $QR \leq$ slope RS.

This way one easily proves

Proposition 2. *Let f be a convex function on an open interval I of $\mathbb{R}$. Then we have*

(i) *The left and right derivatives of f at any $x \in I$,*

$$f'_-(x) := \lim_{y \to x-0} \frac{f(y) - f(x)}{y - x} \quad and \quad f'_+(x) := \lim_{y \to x+0} \frac{f(y) - f(x)}{y - x},$$

exist and are increasing in I. Also, for $x, y \in I$ and $x < y$ we have

$$\lim_{z \to x-0} f'_-(z) = f'_-(x) \leq f'_+(x) \leq f'_-(y) \leq f'_+(y) = \lim_{z \to x+0} f'_+(z).$$

(ii) *The set Σ where f' fails to exist is countable, and f' is continuous in $I - \Sigma$.*

If x_0 is a point in I and m belongs to the interval $[f'_-(x_0), f'_+(x_0)]$, then we have

$$\frac{f(x) - f(x_0)}{x - x_0} \geq m \quad \text{for } x > x_0$$

and

$$\frac{f(x) - f(x_0)}{x - x_0} \leq m \quad \text{for } x < x_0.$$

Therefore we obtain

$$f(x) \geq f(x_0) + m(x - x_0).$$

We express this fact by saying that the *affine function* $f(x_0) + m(x - x_0)$ is a *support line* for f. Conversely, if f has a support line at each point of I, x, $y \in I$, $\lambda \in [0, 1]$, and if $l(x) := f(x_0) + m(x - x_0)$ is the support line at $x_0 = \lambda x + (1 - \lambda)y$ we have

$$f(x_0) = l(x_0) \leq \lambda l(x) + (1 - \lambda)l(y) \leq \lambda f(x) + (1 - \lambda)f(y),$$

i.e. f is convex. Thus we can state

Proposition 3. *Let I be an open interval in $\mathbb{R}$. Then $f : I \to \mathbb{R}$ is convex if and only if there is at least one support line for f at each $x_0 \in I$.*

Moreover one easily verifies that *a convex function f is differentiable at $x_0 \in I$ if and only if the support line at x_0 is unique.*

Taking the separation theorems of *3.1* into account, in particular Theorem 1 and Remark 1 of *3.1*, we can even state

Proposition 3'. *Let Ω be an open convex domain of $\mathbb{R}^n$. Then a function $f : \Omega \to \mathbb{R}$ is convex if and only if for every $x_0 \in \Omega$ there exists at least one affine function $l(x)$ of the type $l(x) = f(x_0) + m \cdot (x - x_0)$ such that*

$$f(x) \geq l(x) \quad \text{for all } x \in \Omega.$$

Let f be a convex function, and let $\mathscr{P}$ be a supporting hyperplane of the epigraph of f at a point $(x_0, f(x_0))$; moreover, let $l(x) = a \cdot x + b$ be an affine function such that $\mathscr{P}$ is described by the equation $z = l(x)$. Then $\mathscr{P}$ is called a *supporting hyperplane of f at x_0*, and l is said to be an *affine support of f at x_0*, or *supporting affine function.*

Proposition 4. *Let $f : \Omega \to \mathbb{R}$ be a convex function on the convex domain Ω of $\mathbb{R}^n$. Then f has a unique supporting hyperplane at x_0 if and only if f is differentiable at x_0.*

Proof. Without loss of generality we can assume that $x_0 = 0$ and $f(x_0) = 0$. For a fixed but arbitrary vector $v \in \mathbb{R}^n$ the function

$$\varphi(t) := f(tv)$$

is convex in an interval containing 0, and the derivatives

$$f'_+(0, v) := \varphi'_+(0), \qquad f'_-(0, v) := \varphi'_-(0)$$

exist. Choose m so that $\varphi'_-(0) \leq m \leq \varphi'_+(0)$. We know already that mt is a support line to φ at 0, and the linear function

$$l_0(tv) := mt$$

defined on the linear subspace V_0 spanned by v satisfies

$$l_0(tv) = mt \leq \varphi(t) = f(tv).$$

We now claim that l_0 can be extended to an affine support l of f at $x = 0$. To prove this we choose $w \in \mathbb{R}^n$, $w \notin V_0$, and observe that for $x, y \in V_0, r, s > 0$ we have

$$\frac{r}{r+s} l_0(x) + \frac{s}{r+s} l_0(y) = l_0\left(\frac{r}{r+s} x + \frac{s}{r+s} y\right)$$

$$\leq f\left(\frac{r}{r+s} x + \frac{s}{r+s} y\right)$$

$$= f\left(\frac{r}{r+s}(x - sw) + \frac{s}{r+s}(y + rw)\right)$$

$$\leq \frac{r}{r+s}f(x - sw) + \frac{s}{r+s}f(y + rw).$$

Thus, multiplying by $r + s$, we arrive at

$$rl_0(x) + sl_0(y) \leq rf(x - sw) + sf(y + rw),$$

that is,

$$g(x, s) := \frac{l_0(x) - f(x - sw)}{s} \leq \frac{f(y + rw) - l_0(y)}{r} =: h(y, r).$$

It follows that $\sup g \leq \inf h$ on $V_0 \times \mathbb{R}_+$. Moreover, if $\bar{x} \in V_0 \cap \Omega$ and $\bar{s}$ is so small that both $\bar{x} - \bar{s}w$ and $\bar{x} + \bar{s}w$ lie in Ω, then $g(\bar{x}, \bar{s})$ and $h(\bar{x}, \bar{s})$ are finite; hence $\sup g$ and $\inf h$ are also finite. We can therefore find a number $\alpha \in \mathbb{R}$ between $\sup g$ and $\inf h$. Then it follows that

$$\frac{l_0(x) - f(x - sw)}{s} \leq \alpha \leq \frac{f(x + rw) - l_0(x)}{r}$$

for all $x \in V_0$, $r, s > 0$. Substituting $t = -s$ when $t < 0$ and $t = r$ for $t > 0$ we obtain

$$l_0(x) + \alpha t \leq f(x + tw)$$

for all $x \in V_0$ and $t \in \mathbb{R}$ satisfying $x + tw \in \Omega$. Therefore we have extended the affine support l_0 of $f|_{V_0}$ to affine support of $f|_{V_1}$ where V_1 denotes the subspace $\{x + tw : x \in V_0, t \in \mathbb{R}\}$. Proceeding in this way, the proof of the claim can be completed by induction.

Let us return to the proof of the proposition. If the supporting hyperplane to f at 0 is unique, then our reasoning implies that there is only one m satisfying $\varphi'_-(0) \leq m \leq \varphi'_+(0)$. Hence we obtain $f'_+(0, v) = f'_-(0, v)$. Since v was arbitrary, it follows that all directional derivatives of f exist and that f is Gâteaux differentiable at x_0.

Now suppose that f has a Gâteaux differential at 0 and let l be a (linear) support function to f at 0. Then for $v \in \mathbb{R}^n$, $t > 0$ we have

$$l(v) = \frac{l}{t}l(tv) \leq \frac{f(tv)}{t},$$

and Proposition 1 yields

$$l(v) \leq \delta f(0, v).$$

Replacing v by $-v$, we find $l(-v) \leq \delta f(0, -v)$ and therefore

$$-\delta f(0, -v) \leq l(v) \leq \delta f(0, v).$$

But since f is Gâteaux differentiable, we have

$$-\delta f(0, -v) = \delta(0, v),$$

and therefore $l(v)$ is completely determined by

$$l(v) = \delta f(0, v).$$

As this holds true for all $v \in \mathbb{R}$, only one supporting affine function l can exist. Therefore we have proved that *f has a unique support hyperplane at x_0 if and only if f is Gâteaux differentiable at x_0*.

We shall now prove that *f* is Gâteaux differentiable at x_0, if and only if *f* is (Fréchet) differentiable at x_0, thereby concluding the proof of the proposition.

Clearly we have only to prove that Gâteaux-differentiability of a convex function $f : \Omega \to \mathbb{R}$ at $x_0 \in \Omega$ implies differentiability at x_0.

Let l be the linear form determined by the partial derivatives of f at x_0, i.e. $l(h) = \operatorname{grad} f(x_0) \cdot h$. It suffices to prove that

$$\varepsilon(h) := \frac{1}{|h|} [f(x_0 + h) - f(x_0) - l(h)]$$

tends to zero as $|h| \to 0$. The function

$$\phi(h) := |h|\varepsilon(h) = f(x_0 + h) - f(x_0) - l(h)$$

is convex. Thus for $h = \sum_{i=1}^{n} h_i e_i$, e_i being the standard base of $\mathbb{R}^n$, we find

$$\phi(h) = \phi\left(\sum_{i=1}^{n} \frac{n}{n} h_i e_i\right) \leq \frac{1}{n} \sum_{i=1}^{n} \phi(h_i n e_i).$$

From the definition of partial derivatives we infer

$$\lim_{h_i \to 0} \frac{\phi(h_i n e_i)}{h_i n} = 0.$$

By Schwarz's inequality we have

$$\phi(h) \leq \sum_{i=1}^{n} h_i \frac{\phi(h_i n e_i)}{h_i n} \leq |h| \left\{ \sum_{i=1}^{n} \left| \frac{\phi(h_i n e_i)}{h_i n} \right|^2 \right\}^{1/2}$$

and

$$\phi(-h) \leq |h| \left\{ \sum_{i=1}^{n} \left| \frac{\phi(-h_i n e_i)}{h_i n} \right|^2 \right\}^{1/2},$$

and the convexity of ϕ yields

$$0 = \phi\left(\frac{h + (-h)}{2}\right) \leq \tfrac{1}{2}\phi(h) + \tfrac{1}{2}\phi(-h),$$

i.e. $\phi(h) \geq -\phi(-h)$. Thus

$$-|h| \left\{ \sum_{i=1}^{n} \left| \frac{\phi(-h_i n e_i)}{h_i n} \right|^2 \right\}^{1/2} \leq -\phi(-h) \leq \phi(h) \leq |h| \left\{ \sum_{i=1}^{n} \left| \frac{\phi(h_i n e_i)}{h_i n} \right|^2 \right\}^{1/2},$$

which implies

$$\lim_{h \to 0} \varepsilon(h) = \lim_{h \to 0} \frac{\phi(h)}{|h|} = 0. \qquad \square$$

To continue our discussion about convex functions it is at this point convenient to extend the definition of convex functions by allowing them to have the value $+\infty$ and to introduce a certain renormalization of convex functions.

Definition 1. *From now on a convex function will be a function $f : \mathbb{R}^n \to \mathbb{R} \cup \{\infty\}$ satisfying the condition*

$$f(\lambda x + (1 - \lambda)y) \le \lambda f(x) + (1 - \lambda)f(y) \quad \text{for all } x, y \in \mathbb{R}^n \text{ and } \lambda \in (0, 1),$$

where we use the standard convention that

$$t + \infty = \infty \text{ for } t \in \mathbb{R}, \text{ and } t \cdot \infty = \infty \text{ for all } t > 0.$$

The *effective domain* of a convex function, denoted by dom f, is defined as

$$\text{dom } f := \{x \in \mathbb{R}^n : f(x) < \infty\}.$$

Obviously dom f is convex, and f is convex if and only if $f|_{\text{dom } f}$ is convex on dom f in the former sense.

We note that every function $f : \Omega \to \mathbb{R}$ (on a convex set Ω) which is convex in the former sense can be extended to a convex function $f : \mathbb{R}^n \to \mathbb{R}$ in the new sense by setting $f(x) := \infty$ for $x \in \mathbb{R}^n - \Omega$. This extension and the use of the new definition has the following advantages:

(a) The convexity of a function is defined without using the notion of a convex set, and considerations about the domain dom f can often be avoided.

(b) The theory of convex bodies can be played to the theory of convex functions since a set $\mathcal{K}$ is convex if its *indicator function*

$$I_{\mathcal{K}}(x) := \begin{cases} 0 & \text{if } x \in \mathcal{K}, \\ \infty & \text{if } x \notin \mathcal{K} \end{cases}$$

is convex.

(c) Minimum problems with constraints can be transformed into free problems. For instance the problem to minimize a convex function $f : \mathbb{R}^n \to \mathbb{R}$ on a convex set $\mathcal{K}$ can be transformed into the problem to minimize the convex function $\tilde{f} := f + I_{\mathcal{K}}$ where $I_{\mathcal{K}}$ is the indicator function of $\mathcal{K}$.

The previous results can easily be reformulated for convex functions in the new sense. For example, Theorem 2 in *3.1* becomes

Theorem 4. *If a convex function $f : \mathbb{R}^n \to \mathbb{R} \cup \{\infty\}$ is real valued in a neighbourhood $\mathcal{U}$ of a point x_0, then f is Lipschitz continuous in $\mathcal{U}$.*

Note that convex functions $f : \mathbb{R}^n \to \mathbb{R} \cup \{\infty\}$ are in general neither continuous nor semi-

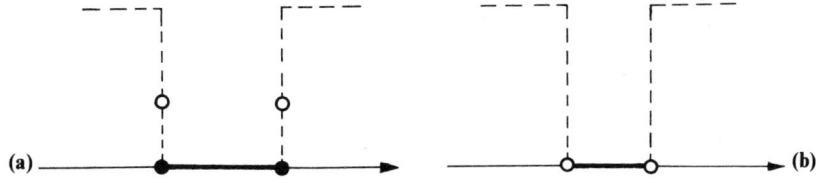

Fig. 16. The lower semicontinuous regularization **(b)** of a discontinuous convex function **(a)**.

continuous. Let us consider a *normalization* (or: *regularization*) which makes convex functions more regular by changing their values at points where "unnatural" discontinuities occur. This process is called *closure* or *lower semicontinuous* (= l.s.c.) *regularization*.

Definition 2. *(i) The closure (or: l.s.c. regularization) of a convex function $f : \mathbb{R}^n \to \mathbb{R} \cup \{\infty\}$ is defined to be the greatest lower semicontinuous function majorized by f. This function will be denoted by $\bar{f}$.*

(ii) A convex function $f : \mathbb{R}^n \to \mathbb{R} \cup \{\infty\}$ is said to be closed if $f = \bar{f}$.

We leave it to the reader to verify the following properties of the closure $\bar{f}$ of a convex function:

(i) $\bar{f}$ is convex and, by definition, $\bar{f} \leq f$.
(ii) The epigraph of the closure $\bar{f}$ is the closure of the epigraph of f in $\mathbb{R}^{n+1}$, i.e.

$$\text{epi } \bar{f} = \overline{\text{epi } f}.$$

(iii) $\bar{f}(x) = \lim_{y \to x} \inf f(y)$.
(iv) $\inf f = \inf \bar{f}$.
(v) If $\mathcal{K} := \text{dom } f$ is closed and $f|_{\mathcal{K}}$ continuous, then $f = \bar{f}$.
(vi) $\{x : \bar{f}(x) \leq \alpha\} = \bigcap_{\mu > \alpha} \overline{\{x : f(x) \leq \mu\}}$.
(vii) If f_1, f_2 are convex and $f_1 \leq f_2$, then $\bar{f}_1 \leq \bar{f}_2$.

As we have seen in *3.1*, the separation theorem allows us to regard every closed convex set $\mathcal{K}$ in $\mathbb{R}^n$ different from $\mathbb{R}^n$ and ϕ as the intersection of its supporting halfspaces and as intersection of all closed halfspaces containing $\mathcal{K}$. Essentially by translating this geometric result into the language of functions we obtain the following statement which, roughly speaking, describes a convex function as the envelope of its tangents.

Theorem 5. *A closed convex function $f : \mathbb{R}^n \to \mathbb{R} \cup \{\infty\}$ is the pointwise supremum of all affine functions $l : \mathbb{R}^n \to \mathbb{R}$ such that $l \leq f$.*

Let f be a closed convex function on $\mathbb{R}^n$ which is not identically ∞. Every affine minorant of f has the form

$$l(x) = \xi \cdot x - \eta = \xi_\alpha x^\alpha - \eta, \quad x \in \mathbb{R}^n.$$

Obviously we have $l(x) \leq f(x)$ for all $x \in \mathbb{R}^n$ if and only if

$$\sup\{\xi \cdot x - f(x) : x \in \mathbb{R}^n\} \leq \eta.$$

Thus the set

$$\mathscr{F}^* := \{(\xi, \eta) \in \mathbb{R}^n \times \mathbb{R} : \xi \cdot x - \eta \leq f(x)\}$$

is the epigraph of the function $f^* : \mathbb{R}^n \to \mathbb{R}$ defined by

(12) $$f^*(\xi) := \sup_{x \in \mathbb{R}^n} (\xi \cdot x - f(x)) = -\inf_{x \in \mathbb{R}^n} (f(x) - \xi \cdot x).$$

Definition 3. *The function $f^*(\xi)$ defined by (12) is called the* conjugate *of f, or the* polar function *of f, or the* Legendre–Fenchel transform *of f.*

Obviously we have

$$f^*(\xi) = \sup\{\xi \cdot x - f(x) : x \in \text{dom } f\}.$$

In other words, f^* is the supremum of the family of affine functions $\xi \mapsto l(\xi) = \xi \cdot x - f(x)$ for $x \in \text{dom } f$; in particular f^* is convex and lower semicontinuous.

Similarly, since f is the pointwise supremum of the affine functions $x \mapsto l(x) = \xi \cdot x - \eta$ such that $(\xi, \eta) \in \mathscr{F}^*$, we see that

$$f(x) = \sup_{\xi \in \mathbb{R}^n} (\xi \cdot x - f^*(\xi)) = -\inf_{\xi \in \mathbb{R}^n} (f^*(\xi) - \xi \cdot x),$$

i.e. the conjugate f^{**} of f^* is f.

Finally, we have for trivial reasons

(13) $$\xi \cdot x \le f(x) + f^*(\xi),$$

which is often called *Fenchel's inequality*. Thus we have arrived at

Theorem 6. *Let* $f : \mathbb{R}^n \to \mathbb{R} \cup \{\infty\}$ *be a closed convex function which is not identically* ∞, *and let* $f^* : \mathbb{R}^n \to \mathbb{R} \cup \{\infty\}$ *be its Legendre–Fenchel transform defined by* (12). *Then we have*

$$f^*(\xi) = \sup_{x \in \mathscr{K}} (\xi \cdot x - f(x)), \quad f(x) = \sup_{\xi \in \mathscr{K}^*} (\xi \cdot x - f^*(\xi)),$$

where $\mathscr{K} = \operatorname{dom} f$, $\mathscr{K}^* = \operatorname{dom} f^*$ *and*

$$\xi \cdot x \le f(x) + f^*(\xi) \quad \text{for all } x, \xi \in \mathbb{R}^n.$$

The conjugacy map $f \mapsto f^*$ *induces a symmetric one-to-one correspondence in the class of all closed convex functions; in particular*

$$f^{**} = f.$$

We immediately obtain also the following results.

Proposition 5. *If* $f : \mathbb{R}^n \to \mathbb{R} \cup \{\infty\}$ *is a convex function, we have:*

(i) $f^*(0) = - \inf\limits_{x \in \mathbb{R}^n} f(x).$

(ii) *If* $f \le g$, *then* $f^* \ge g^*$.

(iii) *For every* $\lambda > 0$ *and all* $a \in \mathbb{R}$ *we have*

$$(\lambda f)^*(\xi) = \lambda f^*(\xi/\lambda), \quad (f + \alpha)^* = f^* - \alpha.$$

(iv) *If for* $x_0 \in \mathbb{R}^n$ *we denote* $f(x - x_0)$ *by* f_{x_0}, *then*

$$(f_{x_0})^*(\xi) = f^*(\xi) + \xi \cdot x_0.$$

(v) *For every family* $\{f_i\}_{i \in I}$ *of closed convex functions* $f_i : \mathbb{R}^n \to \mathbb{R} \cup \{\infty\}$ *we have*

$$\left(\inf_{i \in I} f_i \right)^* = \sup_{i \in I} f_i^*, \quad \left(\sup_{i \in I} f_i \right)^* \le \inf_{i \in I} f_i^*.$$

Remark 4. Given any function $f : \mathbb{R}^n \to \mathbb{R} \cup \{\infty\}$, $f \not\equiv \infty$, which is not necessarily convex, we can nevertheless consider its Legendre–Fenchel transform f^* which still is defined by (12); the resulting function f^* is convex and lower semicontinuous. If we now consider f^{**}, called the bipolar of f, it is easy to see that f^{**} *is the greatest lower semicontinuous and convex function majorized by* f, in particular $f^{**} \le f$. Note that $f^* = f^{***}$ for all f.

The previous considerations show that the operation of conjugacy is just the Legendre transformation for smooth convex functions. Further analogies will be discussed at the end of this section, but first let us consider a few examples.

[3] Consider the convex function $f(x) := e^x$, $x \in \mathbb{R}$. Elementary computations show that

$$f^*(\xi) = \begin{cases} \xi \log \xi - \xi & \text{if } \xi > 0, \\ 0 & \text{if } \xi = 0, \\ \infty & \text{if } \xi < 0. \end{cases}$$

Secondly the conjugate of the convex function $f(x) := \dfrac{1}{p}|x|^p$, $1 < p < \infty$, is given by

$$f^*(\xi) = \frac{1}{q}|\xi|^q, \quad \frac{1}{q} + \frac{1}{p} = 1.$$

Thirdly, the conjugate of the function $f(x) := |x|$ is just

$$f^*(\xi) = \begin{cases} 0, & |\xi| \le 1, \\ \infty, & |\xi| > 1, \end{cases}$$

while the conjugate of $f(x) := \sqrt{1 + |x|^2}$ is

$$f^*(\xi) = \begin{cases} -\sqrt{1 - |\xi|^2}, & |\xi| \le 1, \\ \infty, & |\xi| > 1. \end{cases}$$

Note that for $f = \frac{1}{2}x \cdot x$ we have $f = f^*$. In fact, this is the unique convex function satisfying this identity. Namely, suppose that $g = g^*$. Then we obtain from Fenchel inequality that

$$x \cdot x \le g(x) + g^*(x) = 2g(x),$$

whence $g(x) \ge \frac{1}{2}x \cdot x$, and therefore $g(x) = g^*(x) \le (\frac{1}{2}x \cdot x)^* = \frac{1}{2}x \cdot x$.

$\boxed{4}$ In terms of the Legendre–Fenchel transform we can now reinterpret duality between convex bodies and their polar bodies and between distance functions and support functions, even for nonsmooth bodies (compare 3.2).

Let $\mathcal{K}$ be a convex body containing the origin and let $I_{\mathcal{K}}$ be its indicator function,

$$I_{\mathcal{K}}(x) := \begin{cases} 0 & \text{if } x \in \mathcal{K}, \\ \infty & \text{if } x \notin \mathcal{K}. \end{cases}$$

It can immediately be seen that the Legendre–Fenchel transform of $I_{\mathcal{K}}$ is given by

$$(I_{\mathcal{K}})^*(\xi) = \sup_{x \in \mathcal{K}} \xi \cdot x,$$

and that $(I_{\mathcal{K}})^*$ is lower semicontinuous, positively homogeneous and convex, i.e. $(I_{\mathcal{K}})^*$ is the support function of $\mathcal{K}$. The polar set of $\mathcal{K}$ is given by

$$\mathcal{K}^* = \{\xi : (I_{\mathcal{K}})^*(\xi) \le 1\},$$

and one obviously has

$$\mathcal{K} = \{x : (I_{\mathcal{K}} \cdot)^*(x) \le 1\}.$$

$\boxed{5}$ Let V be a subspace of $\mathbb{R}^n$. Then

$$(I_V)^*(\xi) = \sup(x \cdot \xi - I_V(x)) = \sup\{x \cdot \xi : \ x \in V\}.$$

The second supremum is zero if $x \cdot \xi = 0$ for every $x \in V$ and ∞ otherwise. Thus $(I_V)^*$ is the indicator function of the orthogonal complement of V.

A unified view of $\boxed{4}$ and $\boxed{5}$ can be obtained in terms of the notion of a *recession function* and a *recession cone*. We refer the interested reader to e.g. Rockafellar [1].

Let us once again examine the relationship between the Legendre–Fenchel transformation and the classical Legendre transformation. For a better understanding we introduce the notion of subdifferentiability.

Definition 4. *A function $f : \mathbb{R}^n \to \mathbb{R} \cup \{+\infty\}$ is said to be subdifferentiable at a point x_0 if it has an affine minorant which agrees with f at x_0, i.e., if there is some $\xi \in \mathbb{R}^n$ such that*

$$f(x) \ge f(x_0) + \xi \cdot (x - x_0) \quad \text{for all } x \in \mathbb{R}^n.$$

The slope ξ of such a minorant is called a subgradient *of f at x_0, and the set of all subgradients at x_0 is called the* subdifferential *at x_0; it is denoted by $\partial f(x_0)$.*

The function f is not subdifferentiable at x_0 if no subgradient exists, i.e. if $\partial f(x_0) = \phi$. This is the case if $f(x_0) = \infty$ and $f(x) \not\equiv \infty$.

The concept of a subgradient generalizes the classical concept of a derivative. Obviously $\partial f(x)$

is a closed convex set and, by definition, we have

$$f(x_0) = \min_{\mathbb{R}^n} f \quad \text{if and only if } 0 \in \partial f(x_0).$$

Proposition 6. *Let* $f : \mathbb{R}^n \to \mathbb{R} \cup \{+\infty\}$, $f(x) \not\equiv \infty$, *and let* f^* *be its polar. Then* $\xi \in \partial f(x)$ *if and only if*

$$(14) \qquad\qquad f(x) + f^*(\xi) = x \cdot \xi.$$

Moreover $\xi \in \partial f(x)$ *implies* $x \in \partial f^*(\xi)$. *Finally if* f *is a closed convex function, then*

$$(15) \qquad\qquad \xi \in \partial f(x) \quad \text{if and only if } x \in \partial f^*(\xi),$$

i.e., if $\partial f^* = (\partial f)^{-1}$.

Proof. The subgradient inequality defining $\xi \in \partial f(x)$ is

$$x \cdot \xi - f(x) \ge z \cdot \xi - f(z) \quad \text{for all } z,$$

and the supremum on the righ-hand side is $f^*(\xi)$. Together with (13) this observation yields (14), and the converse is trivial.

Since $f^{**} \le f$, we have for $\xi \in \partial f(x)$ the inequality

$$(16) \qquad\qquad f^{**}(x) + f^*(\xi) \le x \cdot \xi.$$

Because of (13), this is in fact an equality whence $x \in \partial f^*(\xi)$. Finally, if f is convex and closed, we have $f = f^{**}$; then (15) follows at once from (16). $\qquad\qquad\qquad\qquad\qquad\qquad\qquad\qquad \square$

Even convex functions are not subdifferentiable everywhere. For instance the function

$$f(x) = \begin{cases} -\sqrt{1 - |x|^2} & \text{if } |x| \le 1, \\ +\infty & \text{if } |x| > 1 \end{cases}$$

is differentiable and therefore subdifferentiable at x when $|x| < 1$ whereas $\partial f(x) = \phi$ when $|x| \ge 1$, even though $x \in \text{dom } f$ for $|x| = 1$.

The separation theorem for closed sets and the regularity theorem for convex functions immediately yield the following criterion for subdifferentiability.

Proposition 7. *If* $f : \mathbb{R}^n \to \mathbb{R} \cup \{+\infty\}$ *is convex, then* $\partial f(x) \ne \phi$ *for all interior points of* dom f. *Moreover,* $\partial f(x) \ne \phi$ *at every continuity point x of f.*

We shall not develop a calculus for subgradients; instead, for the convenience of the reader, we state a few results without proof.

The following relations are trivial:

(i) *For* $\lambda > 0$ *we have* $\partial(\lambda f) = \lambda \partial f$.

(ii) $\partial(f + g) \supset \partial f + \partial g$.

Equality fails to be true in (ii), but one can show the following:

(iii) *If f and g are closed convex functions and if there exists a point in* dom $f \cap$ dom g *where f is continuous, then*

$$\partial(f + g)(x) = \partial f(x) + \partial g(x) \quad \text{for all } x.$$

Finally we have

(iv) *Let f be a closed convex function such that* $f \not\equiv +\infty$. *Then ∂f is a monotone graph, i.e.* $(\xi - \eta) \cdot (x - y) \ge 0$ *for all* (x, ξ) *and* (y, η) *with* $\xi \in \partial f(x)$ *and* $\eta \in \partial f(y)$. *Moreover, ∂f is a maximal monotone graph. This means that if* $(\xi - \eta)(x - y) \ge 0$ *holds for all y and* $\eta \in \partial f(y)$, *then* $\xi \in \partial f(x)$; *in other words, the graph of ∂f cannot be properly embedded into any other monotone graph.*

Inspecting Proposition 4 and its proof we see that differentiability is equivalent to the uniqueness of the subgradient.

Proposition 8. *If a convex function* $f : \mathbb{R}^n \to \mathbb{R} \cup \{\infty\}$ *is Gâteaux differentiable at some point x_0, then* it is subdifferentiable at x_0 and $\partial f(x_0) = \{Df(x_0)\}$. Conversely, if a convex function f is finite and continuous at some $x_0 \in \mathbb{R}^n$ and has only one subgradient, then f is Gateaux differentiable at x_0 and $\partial f(x_0) = \{Df(x_0)\}$.

We emphasize again that for convex functions Gâteaux differentiability is equivalent to Fréchet differentiability.

Now we shall prove that the Legendre transform of a convex function f is well defined and coincides with the Legendre–Fenchel transform provided that the subdifferential of f is single-valued and furnishes a one-to-one mapping.

A multivalued map ρ like the subdifferential which assigns to each $x \in \mathbb{R}^n$ a set $\rho(x) \subset \mathbb{R}^n$ is said to be *single-valued* if $\rho(x)$ contains at most one element ξ for each x. Defining the inverse ρ^{-1} of a multivalued mapping in the obvious way, we call ρ a *one-to-one mapping* if both ρ and ρ^{-1} are single-valued. A mapping $f : \mathbb{R}^n \to \mathbb{R} \cup \{\infty\}$ is said to be *smooth* if f is everywhere finite and differentiable.

In order to discuss the regularity of polar functions, it is convenient to introduce the following terminology.

Definition 5. *A convex function* $f : \mathbb{R}^n \to \mathbb{R} \cup \{\infty\}$ *is said to be* essentially smooth *if it satisfies the following conditions on the interior Ω of* dom f:

    (a) Ω *is nonempty.*
    (b) f *is differentiable in Ω.*
    (c) *We have* $\lim\limits_{k \to \infty} |Df(x_k)| = \infty$ *for every sequence $\{x_k\}$ of points $x_k \in \Omega$ converging to a boundary point x_0 of Ω.*

Definition 6. *A convex function* $f : \mathbb{R}^n \to \mathbb{R} \cup \{\infty\}$ *is said to be* essentially strictly convex *if f is strictly convex on every convex subset[9] of $\{x: \partial g(x) \neq \phi\}$.*

We have

Proposition 9. *Let f be a closed convex function. Then ∂f is a single-valued map if and only if f is essentially smooth. If ∂f is single-valued, it reduces to the gradient mapping Df, i.e. $\partial f(x) = \{Df(x)\}$ for $x \in \Omega := \text{int dom } f$, while $\partial f(x) = \phi$ when $x \notin \Omega$.*

Proof. Taking Proposition 8 into account and assuming conditions (a) and (b) in Definition 5, it suffices to show that (c) fails for some $x_0 \in \partial\Omega$ if and only if $\partial f(x_0) \neq \phi$.

If (c) does not hold for some $x_0 \in \partial\Omega$, then there is a sequence of points $x_k \in \Omega$ with $x_k \to x_0$ as $k \to \infty$ such that $\{Df(x_k)\}$ is bounded. Passing to a subsequence we are allowed to assume that the sequence $\{Df(x_k)\}$ converges to some vector $\xi \in \mathbb{R}^n$. By Proposition 6 we have

$$Df(x_k) \cdot x_k = f(x_k) + f^*(Df(x_k)),$$

whence by semicontinuity of f, f^* and by Fenchel's inequality we get

$$\xi \cdot x_0 = f(x_0) + f^*(\xi),$$

i.e. $\xi \in \partial f(x_0)$.

Conversely, if $\partial f(x_0) \neq \phi$, it is intuitively clear that $\partial f(x_0) \neq \phi$ for some $x_0 \in \partial\Omega$ implies that $\partial f(x_0)$ contains the limit of some sequence $\{Df(x_k)\}, x_k \in \Omega$; therefore (c) fails to be true.[10] □

Proposition 10. *A closed convex function is essentially strictly convex if and only if its conjugate is essentially smooth.*

---

[9] In general the set $\{x: \partial f(x) \neq \phi\}$ is not always convex; compare Rockafellar [1], Sections 23 and 26.
[10] For the precise proof we refer to Rockafellar [1], Theorem 25.6.

Proof. According to Proposition 6 we have $\partial f^* = (\partial f)^{-1}$, and Proposition 9 states that ∂f^* is single-valued if and only if f^* is essentially smooth. Thus it suffices to show that f is essentially strictly convex if and only if $\partial f(x_1) \cap \partial f(x_2) = \phi$ whenever $x_1 \neq x_2$.

Suppose that f is not essentially strictly convex. Then there exist two points x_1 and x_2 with $x_1 \neq x_2$ such that for some point $x = \lambda x_1 + (1 - \lambda)x_2, 0 < \lambda < 1$, one has

$$f(x) = \lambda f(x_1) + (1 - \lambda)f(x_2).$$

Take any $\xi \in \partial f(x)$, and let Π be the graph of the affine function $l(z) := f(x) + \xi \cdot (z - x)$. This graph is a supporting hyperplane to f at $(x, f(x))$. The point $(x, f(x))$ is an interior point of the line segment in epi(f) joining $(x_1, f(x_1))$ and $(x_2, f(x_2))$; thus the points $(x_1, f(x_1))$ and $(x_2, f(x_2))$ must belong to Π whence $\xi \in \partial f(x_1) \cap \partial f(x_2)$.

Suppose conversely that $\xi \in \partial f(x_1) \cap \partial f(x_2)$, $x_1 \neq x_2$. The graph Π of $l(z) := \xi \cdot z - f^*(\xi)$ is then a supporting hyperplane for f containing $(x_1, f(x_1))$ and $(x_2, f(x_2))$. The line segment joining these points belong to Π; therefore f cannot be strictly convex along the line segment joining x_1 and x_2. In fact, for every x in this line segment we have $\xi \in \partial f(x)$. Hence f is not an essentially strictly convex function.   □

An immediate corollary of the previous two propositions is

Proposition 11. *Let $f : \mathbb{R}^n \to \mathbb{R} \cup \{+\infty\}$ be a closed convex function. Then ∂f is a one-to-one mapping if and only if f is strictly convex and essentially smooth.*

We are now prepared to discuss the relationship between the Legendre transform and the Legendre–Fenchel transform.

Let f be a differentiable real-valued function on an open subset Ω of $\mathbb{R}^n$. Recall that the *Legendre transform* of (Ω, f) is defined to be the pair (Λ, g) where Λ is the image of Ω under the gradient mapping Df and g is given by[11]

$$(17) \qquad g(\xi) := (Df)^{-1}(\xi) \cdot \xi - f((Df)^{-1}(\xi)).$$

In the case where f and Ω are convex, we can extend f to be a closed convex function on all of $\mathbb{R}^n$ with Ω as the interior of dom f. We remark that it is not necessary to assume that Df be one-to-one on Ω in order that g be well-defined; it suffices to assume that

$$x_1 \cdot \xi - f(x_1) = x_2 \cdot \xi - f(x_2)$$

whenever $Df(x_1) = Df(x_2) = \xi$. In this case the value of $g(\xi)$ can be obtained unambiguously from (16) by replacing $(Df)^{-1}(\xi)$ by any of its representing vectors.

Taking the last remark into account, we obtain

Proposition 12. *Let f be a closed convex function such that the set $\Omega := $ int dom f is nonempty and f is differentiable on Ω. Then the Legendre conjugate (Λ, g) of (Ω, f) is well defined. Moreover, $\Lambda \subset$ dom f^*, and g is the restriction of f^* to Λ.*

Proof. On Ω we have $\partial f = \{Df\}$, and, for ξ in the range of Df, the vectors x with $Df(x) = \xi$ are those points in Ω where the function $l(z) = z \cdot \xi - f(z)$ obtains its supremum $f^*(\xi)$; hence $g(\xi)$ is well defined.   □

Moreover, if we assume that f is essentially smooth, we easily see that $\Lambda = \{\xi : \partial f^*(\xi) \neq \phi\}$, that g is the restriction of f^* to Λ, and that g is strictly convex on every convex subset of Λ.

However, the Legendre transform of a differentiable convex function need not be differentiable

---

[11] We use here the notation (Λ, g) instead of (Ω^*, f^*) (see *1.1*) since in this section the star * denotes the Legendre–Fenchel transform.

and, therefore, we can in general not speak of the Legendre conjugate of a Legendre conjugate. Yet one can easily see that the Legendre transform with the meaning given previously yields a symmetric one-to-one correspondence in the class of all pairs (Ω, f) such that Ω is an open convex set and f is a strictly convex function on Ω satisfying conditions (a), (b), and (c) in Definition 5.

Finally it is not difficult to prove that for any convex function $f : \mathbb{R}^n \to \mathbb{R}$ we have dom $f = \mathbb{R}^n$ if and only if epi f contains no nonvertical halfline. From this fact one can easily deduce the following theorem which describes the case when Legendre transformation and conjugation are the same operations.

Theorem 7. *Let $f : \mathbb{R}^n \to \mathbb{R}$ be a differentiable convex function on $\mathbb{R}^n$. In order that Df be a one-to-one mapping from $\mathbb{R}^n$ into itself, it is necessary and sufficient that f is strictly convex and* epi(f) *contains no nonvertical halflines. When these conditions hold, f^* is also a differentiable convex function on $\mathbb{R}^n$ which is strictly convex, whose epigraph* epi(f^*) *contains no nonvertical halflines, and f^* is just the Legendre transform of f, i.e.*

$$f^*(\xi) = (Df)^{-1}(\xi) \cdot \xi - f((Df)^{-1}(\xi)) \quad \text{for all } \xi.$$

Moreover, f is the Legendre transform of f^*.

4. Field Theories for Multiple Integrals

In Section 2 we have seen how Weierstrass field theory for one-dimensional variational problems can be described by Hamiltonian formalism. In particular, Carathéodory's fundamental equations turned out to be equivalent to a single partial differential equation of first order, the Hamilton–Jacobi equation, and the problem of embedding a given extremal in some Mayer field was seen to be closely related to solving a suitable Cauchy problem for that equation.

One may ask whether there is a field-theoretic approach to higher dimensional variational problems. As we have shown in 6,3, this is certainly true for codimension-one extremals (i.e. $N = 1$); but here the embedding of a given extremal in a field of extremals (which then is a Mayer field) is already quite involved and needs certain Schauder estimates from the theory of linear elliptic equations. In the case $N > 1$ of surfaces of codimension greater than one the embedding of a given extremal in a Mayer field can in general no longer be achieved as there are simply too many integrability conditions. Carathéodory noticed that one can nevertheless build up a satisfactory field theory which only requires a given extremal to fit a suitable direction field defined by the basic Lagrangian F, called a *geodesic slope field*. Any surface fitting such a geodesic slope field is necessarily an extremal, but in general such fields cannot be integrated. Fortunately the integration problem can entirely be avoided. Remarkably Carathéodory took the basic idea of this field theory from old work by Johann Bernoulli obtained in 1697, but published only in 1718. A very lucid presentation of the field-theoretic approach to multiple variational integrals can be achieved by using the notion of a *calibrator* introduced in Chapter 4.

In *4.1* we describe *De Donder–Weyl's field theory* which is considerably simpler than that of Carathéodory but less effective as it only applies to problems with fixed boundary data. On the other hand the formalism of Legendre transformations developed in *1.2* is perfectly taylored to De Donder–Weyl's approach, and *Weyl fields*, the geodesic slope fields of this theory, are characterized by a single partial differential equation of first order determining the eikonal maps S of Weyl fields,

$$(1) \qquad\qquad \mathrm{div}_x\, S + \Phi(x, z, S_z) = 0,$$

where Φ is the corresponding Hamiltonian, i.e. the Legendre transform of the basic Lagrangian F. Equation (1) is *De Donder's partial differential equation* for S, and the fitting problem for a given F-extremal corresponds to finding an appropriate solution of (1). This is a highly underdetermined problem which locally can be reduced to solving a certain Cauchy problem for some Hamilton–Jacobi equation derived from (1). This task was dealt with in *2.4*; for a more detailed presentation see Chapter 10.

Apparently De Donder–Weyl's theory is very well suited for applications in physics since it is easy to handle and uses the classical formalism of Legendre transformations. In contrast to the computational simplicity of this theory Carathéodory's approach is rather cumbersome as it uses a calibrator which is highly nonlinear in terms of the eikonal S, and thus the corresponding canonical transformation theory is quite involved. This theory of *Carathéodory transformations* does not generalize the apparatus of Legendre transformations, though Carathéodory spoke of "generalized Legendre transformations"; instead it is to be viewed as a generalization of *Haar's involutory transformation* which we discuss in Chapter 10. For its computational complexity Carathéodory's method offers several rewards. There is an intrinsic notion of transversality for n- and N-dimensional surface elements in $\mathbb{R}^{n+N}$ which leads to a transversality structure of extremals and wave fronts that, by a discovery of E. Hölder, for $n = 1$ reduces to the classical picture described by Huygens's principle, Kneser's transversality theorem, and one-parameter groups of contact transformations. This marvellous picture is presented in Chapter 10. Secondly Carathéodory's theory is the only multidimensional field theory suited to treat free boundary problems; this follows from an analogue of Kneser's transversality theorem (see Boerner [2]).

According to Lepage [1–3] the theories of De Donder–Weyl and of Carathéodory can be subsumed to a general framework of field theories; in *4.3* we outline some of Lepage's ideas. We also note that Lepage [1–3] and Boerner [4] were the first to develop the calculus of variations by means of Elie Cartan's calculus of differential forms.

In the last subsection, *4,4*, we sketch how Carathéodory's ideas can be used to derive the *existence of Lagrange multipliers* as well as *Pontryagin's maximum principle* for constrained problems ("Lagrange problems") and, more generally, for problems in optimal control theory by assuming the existence of appropriate calibrators.

4.1. De Donder–Weyl's Field Theory

We now choose a domain G in $\mathbb{R}^n \times \mathbb{R}^N$ as configuration space, the points of which are denoted by (x, z), $x = (x^1, \ldots, x^n)$, $z = (z^1, \ldots, z^N)$. The corresponding phase space is $\hat{G} := G \times \mathbb{R}^{nN}$ whose points are (x, z, p), $p = (p_\alpha^i)$, $1 \le i \le N$, $1 \le \alpha \le n$. Furthermore let $F(x, z, p)$ be a Lagrangian of class C^2 on $\hat{G}$. We want to construct calibrators for F-extremals by a method, due to De Donder and Weyl, which is the most obvious generalization of one-dimensional field theory as treated in Chapter 6.

For the following we fix a mapping $u : \overline{\Omega} \to \mathbb{R}^N$ of class C^2, $\Omega \subset \mathbb{R}^n$ and $\partial\Omega \in C^1$, such that graph $u \subset G$. Fix some $\varepsilon > 0$ and consider the class

(1) $$\mathscr{C}_\varepsilon(u) := \{v \in C^1(\overline{\Omega}, \mathbb{R}^N) : \|v - u\|_{0,\overline{\Omega}} < \varepsilon, \, v|_{\partial\Omega} = u|_{\partial\Omega}\}.$$

We can assume that graph $v \subset G$ for all $v \in \mathscr{C}_\varepsilon(u)$ by choosing ε sufficiently small.

Suppose now that $M(x, z, p)$ is a calibrator for the triple $\{F, u, \mathscr{C}_\varepsilon(u)\}$, which means that the following three conditions are satisfied:

(i) $M(x, u(x), Du(x)) = F(x, u(x), Du(x))$;
(ii) $M(x, v(x), Dv(x)) \le F(x, v(x), Dv(x))$ *for all* $v \in \mathscr{C}_\varepsilon(u)$;
(iii) *The functional* $\mathscr{M}(v)$ *defined by*

(2) $$\mathscr{M}(v) = \int_\Omega M(x, v(x), Dv(x)) \, dx$$

is an invariant integral on $\mathscr{C}_\varepsilon(u)$.

Clearly such a function M is a null Lagrangian. A very simple example of a null Lagrangian is given by the function

(3) $$M(x, z, p) := S_{x^\alpha}^\alpha(x, z) + p_\alpha^i S_{z^i}^\alpha(x, z),$$

where $S(x, z) = (S^1(x, z), \ldots, S^n(x, z))$ is a function of class $C^2(G, \mathbb{R}^n)$, since we have for all $v \in \mathscr{C}_\varepsilon(u)$ that

(4) $$\mathscr{M}(v) = \int_\Omega D_\alpha S^\alpha(x, v(x)) \, dx = \int_{\partial\Omega} v_\alpha \cdot S^\alpha(x, u(x)) \, dx,$$

$v = (v_1, \ldots, v_n) = $ exterior normal to $\partial\Omega$. In De Donder–Weyl's theory one only considers such *null Langrangians of divergence type*. Recall that for $\min\{n, N\} = 1$ this is essentially no restriction while there are many more kinds of null Lagrangians if $\min\{n, N\} > 1$.

Now we want to develop a method of finding a calibrator of the divergence type (3) for $\{F, u, \mathscr{C}_\varepsilon(u)\}$. The following terminology will be helpful.

Definition 1. *A mapping* $\wp : G \to \hat{G}$ *is called a slope field on G if it is C^1 and of the form*

(5) $$\wp(x, z) = (x, z, \mathscr{P}(x, z)), \quad (x, z) \in G;$$

we denote $\mathscr{P}(x, z) = (\mathscr{P}_\alpha^i(x, z))$ *as the* slope function *of the field* $\wp$. *We say that a* map $v \in C^1(\bar{\Omega}, \mathbb{R}^N)$ fits the slope field $\not{p}$ if graph $v \subset G$ and

(6) $$v^i_{x^\alpha}(x) = \mathscr{P}^i_\alpha(x, v(x)), \quad 1 \leq i \leq N, \ 1 \leq \alpha \leq n.$$

Note that (6) implies the identity

(7) $$v^i_{x^\alpha x^\beta}(x) = \mathscr{P}^i_{\alpha, x^\beta}(x, v(x)) + \mathscr{P}^i_{\alpha, z^k}(x, v(x)) \mathscr{P}^k_\beta(x, v(x)).$$

We also remark that for $N > 1$ there might be no foliation $v : \Gamma \to G$ of G satisfying (6), i.e. one cannot always find an N-parameter family $v(x, c)$ of solution of

$$Dv(x, c) = \mathscr{P}(x, v(x, c)), \quad (x, c) \in \Gamma \subset \mathbb{R}^n \times \mathbb{R}^N.$$

Slope fields with this special property are said to be *integrable*.

Next we try to find a pair $\{S, \mathscr{P}\}$ as described above such that u fits $\not{p}$, i.e.

(8) $$Du(x) = \mathscr{P}(x, u(x)) \quad \text{for all } x \in \bar{\Omega}$$

and that the null Langrangian M defined by (3) satisfies

(I) $$M(x, z, \mathscr{P}(x, z)) = F(x, z, \mathscr{P}(x, z)) \quad \text{for all } (x, z) \in G$$

and

(II) $$M(x, z, p) \leq F(x, z, p) \quad \text{for all } (x, z, p) \in \hat{G}.$$

Then M is a calibrator for $\{F, u, \mathscr{C}_\varepsilon(u)\}$ since (8) and (I) imply condition (i), while (ii) is a consequence of (II).

We infer from (I) and (II) that for fixed $(x, z) \in G$ the function $F^*(x, z, p) = F(x, z, p) - M(x, z, p)$ has a minimum at $p = \mathscr{P}(x, z)$ whence

$$F^*_{p_\alpha}(x, z, \mathscr{P}(x, z)) = 0.$$

By virtue of (3) we arrive at

(9) $$F_{p^i_\alpha}(x, z, \mathscr{P}(x, z)) = S^\alpha_{z^i}(x, z),$$

which in conjunction with (I) and (3) leads to

(10) $$F(x, z, \mathscr{P}(x, z)) = S^\alpha_{x^\alpha}(x, z) + \mathscr{P}^i_\alpha(x, z) S^\alpha_{x^i}(x, z).$$

Thus we have proved

Proposition 1. *Suppose that the null Lagrangian M of divergence type* (3) *satisfies* (I) *and* (II). *Then* $\{S, \mathscr{P}\}$ *is a solution of the following system of partial differential equations:*

(11)
$$S^\alpha_{x^\alpha}(x, z) = F(x, z, \mathscr{P}(x, z)) - \mathscr{P}^i_\alpha(x, z) F_{p^i_\alpha}(x, z, \mathscr{P}(x, z)),$$
$$S^\alpha_{z^i}(x, z) = F_{p^i_\alpha}(x, z, \mathscr{P}(x, z)).$$

We denote (11) as the system of *Weyl equations*. For $n = 1$ or $N = 1$ the Weyl equations reduce to the well-known system of Carathéodory equations introduced in Chapter 6.

Definition 2. *A slope field* $\not{p}(x, z) = (x, z, \mathscr{P}(x, z))$ *on G is said to be* geodesic slope field (in the sense of De Donder–Weyl), *or briefly: a Weyl field, if there is a map $S \in C^2(G, \mathbb{R}^n)$ such that $\{S, \mathscr{P}\}$ solves the Weyl equations* (11). *We call S an eikonal map associated with the geodesic field $\mathscr{p}$.*

In our present theory Weyl fields play a role analogous to that of Mayer slope fields, only that they need not be integrable.

Proposition 2. *Suppose that $\{S, \mathscr{P}\}$ is a solution of the Weyl equations* (11). *Then* $M(x, z, p) := S^\alpha_{x^\alpha}(x, z) + p^i_\alpha S^\alpha_{z^i}(x, z)$ *can be written as*

(12) $M(x, z, p) = F(x, z, \mathscr{P}(x, z)) + [p^i_\alpha - \mathscr{P}^i_\alpha(x, z)]F_{p^i_\alpha}(x, z, \mathscr{P}(x, z))$,

and M and F agree in first order at each element $\mathscr{p}(x, z) = (x, z, \mathscr{P}(x, z))$ of the geodesic slope field $\mathscr{p}$ with the slope $\mathscr{P}$. This precisely means

(13) $\overline{M} = \overline{F}, \quad \overline{M}_{x^\alpha} = \overline{F}_{x^\alpha}, \quad \overline{M}_{z^i} = \overline{F}_{z^i}, \quad \overline{M}_{p^i_\alpha} = \overline{F}_{p^i_\alpha}$,

where we have set

(14) $\overline{M} := M \circ \mathscr{p}, \quad \overline{F} := F \circ \mathscr{p}, \quad \overline{M}_{x^\alpha} := M_{x^\alpha} \circ \mathscr{p}, \ldots, \overline{F}_{p^i_\alpha} := F_{p^i_\alpha} \circ \mathscr{p}$.

Proof. Equation (12) follows immediately from (11), and similarly the relations

(15) $\overline{M} = \overline{F} \quad \text{and} \quad \overline{M}_{p^i_\alpha} = \overline{F}_{p^i_\alpha} = S^\alpha_{z^i}$

are a direct consequence of (11). Furthermore we have

$$\overline{M}_{z^i} = \frac{\partial}{\partial z^i}\overline{M} - \overline{M}_{p^k_\alpha}\mathscr{P}^k_{\alpha, z^i}, \qquad \overline{F}_{z^i} = \frac{\partial}{\partial z^i}\overline{F} - \overline{F}_{p^k_\alpha}\mathscr{P}^k_{\alpha, z^i},$$

and (15_1) implies that

$$\frac{\partial}{\partial z^i}\overline{M} = \frac{\partial}{\partial z^i}\overline{F}.$$

In conjunction with (15_2) we then infer that $\overline{M}_{z^i} = \overline{F}_{z^i}$. Finally we have

$$\overline{M}_{x^\alpha} = \frac{\partial}{\partial x^\alpha}\overline{M} - \overline{M}_{p^k_\beta}\mathscr{P}^k_{\beta, x^\alpha}, \qquad \overline{F}_{x^\alpha} = \frac{\partial}{\partial x^\alpha}\overline{F} - \overline{F}_{p^k_\beta}\mathscr{P}^k_{\beta, x^\alpha},$$

and (15_1) implies

$$\frac{\partial}{\partial x^\alpha}\overline{M} = \frac{\partial}{\partial x^\alpha}\overline{F}.$$

Together with (15_2) we arrive at $\overline{M}_{x^\alpha} = \overline{F}_{x^\alpha}$.   □

Proposition 3. *A mapping $v \in C^2(\overline{\Omega}, \mathbb{R}^N)$ fitting a geodesic slope field $\mathscr{p}$ is an F-extremal.*

Proof. Let S be the eikonal map of the geodesic field $\mathscr{p}(x, z) = (x, z, \mathscr{P}(x, z))$, and set

$$M(x, z, p) = S_{x^\alpha}^\alpha(x, z) + p_\alpha^i S_{z^i}^\alpha(x, z).$$

Since M is a null Lagrangian we have

(16) $$D_\alpha M_{p_\alpha^i}(x, v(x), Dv(x)) - M_{z^i}(x, v(x), Dv(x)) = 0,$$

and Proposition 2, (13) implies

$$M_{z^i} \circ \not{p} = F_{z^i} \circ \not{p}, \qquad M_{p_\alpha^i} \circ \not{p} = F_{p_\alpha^i} \circ \not{p}.$$

Since v fits $\not{p}$, we have $Dv(x) = \mathcal{P}(x, v(x))$ and therefore $\not{p}(x, v(x)) = (x, v(x), Dv(x))$. Thus (16) implies

$$D_\alpha F_{p_\alpha^i}(x, v(x), Dv(x)) - F_{z^i}(x, v(x), Dv(x)) = 0. \qquad \square$$

Let us now introduce the *excess function* $\mathscr{E}_F$ of F by

(17) $$\mathscr{E}_F(x, z, q, p) := F(x, z, p) - F(x, z, q) - (p - q) \cdot F_p(x, z, q),$$

which is the quadratic remainder term of the Taylor expansion of $F(x, z, \cdot)$ at the direction q. Then the following result is an immediate consequence of formula (12) in Proposition 2.

Proposition 4. *Suppose that $\{S, \mathcal{P}\}$ is a solution of the Weyl equations (11), and let $M(x, z, p) = S_{x^\alpha}^\alpha(x, z) + p_\alpha^i S_{z^i}^\alpha(x, z)$. Then we have*

(18) $$F(x, z, p) - M(x, z, p) = \mathscr{E}_F(x, z, \mathcal{P}(x, z), p)$$

for all $(x, z, p) \in \hat{G}$. Hence, if F satisfies the condition of superellipticity on $\hat{G}$,

(19) $$F_{p_\alpha^i p_\beta^k}(x, z, p)\zeta_\alpha^i \zeta_\beta^k \geq \mu |\zeta|^2 \quad \text{for all } (x, z, p) \in \hat{G}, \ \zeta \in \mathbb{R}^{nN},$$

and some $\mu > 0$, we have (II) and even

(II') $$F(x, z, p) - M(x, z, p) > 0 \quad \text{for } (x, z) \in G \text{ and } p \neq \mathcal{P}(x, z).$$

Let us now return to our original problem to find a calibrator for $\{F, u, \mathscr{C}_\varepsilon(u)\}$ where u is a given function of class $C^2(\bar{\Omega}, \mathbb{R}^N)$ with graph $u \subset G$, and $0 < \varepsilon \ll 1$. From Propositions 2–4 we obtain the following intermediate result:

Theorem 1. *Suppose that u fits a Weyl field $\not{p} : G \to \hat{G}$ with the eikonal map $S : G \to \mathbb{R}^n$, and assume that the excess function $\mathscr{E}_F$ of F is nonnegative. Then the null Lagrangian*

$$M(x, z, p) = S_{x^\alpha}^\alpha(x, z) + p_\alpha^i S_{z^i}^\alpha(x, z)$$

is a calibrator for $\{F, u, \mathscr{C}_\varepsilon(u)\}$ and therefore u is a minimizer for $\mathscr{F}(v) := \int_\Omega F(x, v(x), Dv(x)) \, dx$ among all $v \in \mathscr{C}_\varepsilon(u)$; in particular, u is an F-extremal. Moreover, if there is a constant $\mu > 0$ such that

$$F_{pp}(x, z, p)\zeta\zeta \geq \mu |\zeta|^2 \quad \text{for all } (x, z, p) \in \hat{G} \text{ and } \zeta \in \mathbb{R}^{nN},$$

*then M is a strict calibrator for $\{F, u, \mathscr{C}_\varepsilon(u)\}$, and thus u is a strict minimizer of $\mathscr{F}$
in $\mathscr{C}_\varepsilon(u)$.*

In other words, if F satisfies the ellipticity condition (19), then the problem
of finding a calibrator M for $\{F, u, \mathscr{C}_\varepsilon(u)\}$ is reduced to the problem of finding a
Weyl field $\not{p}$ such that u fits $\not{p}$. Furthermore we can only hope to find such
a Weyl field if u is an F-extremal. However, we can certainly not find a fitting
Weyl field for every extremal since there might exist extremals which are not
even weak minimizers. On the other hand we have seen earlier that every "sufficiently small piece" of an F-extremal is a weak $\mathscr{F}$-minimizer (cf. 5,1.3, Theorem
3 and Supplement to Theorem 1) provided that (19) holds true. Therefore we can
at least hope that sufficiently small pieces of any extremal fit a suitable Weyl
field and are, therefore, strongly minimizing. In fact, the following result holds
true.

Theorem 2. *If F satisfies condition* (19), *then every F-extremal fits at least locally
a Weyl field and is therefore locally minimizing.*

We note that the global fitting problem is discussed in Klötzler [4], Chapter V.

Before we turn to the proof of Theorem 2 we shall express some of the preceding formulas in terms of differential forms. Secondly we shall transform Weyl's
equation in a canonical form applying a suitable Legendre transformation.
We begin by defining the *Beltrami form* γ_F associated with F:

$$(20) \qquad \gamma_F := (F - p_\alpha^i F_{p_\alpha^i})\, dx + F_{p_\alpha^i}\, dz^i \wedge (dx)_\alpha,$$

where

$$dx := dx^1 \wedge dx^2 \wedge \cdots \wedge dx^n,$$

$$(dx)_\alpha := (-1)^{\alpha-1}\, dx^1 \wedge \cdots \wedge dx^{\alpha-1} \wedge dx^{\alpha+1} \wedge \cdots \wedge dx^n.$$

Besides the n-form γ_F on $\hat{G}$ we introduce the 1-forms

$$(21) \qquad \omega^i := dz^i - p_\alpha^i\, dx^\alpha, \quad 1 \le i \le N,$$

and the n-forms

$$(22) \qquad \eta_i := F_{z^i}\, dx - (dF_{p_\alpha^i}) \wedge (dx)_\alpha.$$

Let $v : \Omega \to \mathbb{R}^N$ be a smooth map satisfying graph $v \subset G$. Then the 1-graph of v
is the image of Ω under the mapping $e : \Omega \to \hat{G}$ defined by

$$(23) \qquad e(x) := (x, v(x), Dv(x)), \quad x \in \Omega,$$

and we have

$$(24) \qquad e^*\omega^i = 0, \quad 1 \le i \le N,$$

i.e. $\omega^1, \ldots, \omega^n$ vanish on the 1-graph of any smooth nonparametric surface
$z = v(x)$. Furthermore we have

(25) $e^*\eta_i = 0$ for $1 \le i \le N$ if and only if v is an F-extremal.

One easily sees that γ_F can be written as

(26) $\gamma_F = F \, dx + F_{p^i_\alpha} \omega^i \wedge (dx)_\alpha$.

Then we obtain

$$d\gamma_F = d(F \, dx) + (dF_{p^i_\alpha}) \wedge \omega^i \wedge (dx)_\alpha + F_{p^i_\alpha}(d\omega^i) \wedge (dx)_\alpha.$$

Since

$$d(F \, dx) = F_{z^i}\omega^i \wedge dx + F_{p^i_\alpha} \, dp^i_\alpha \wedge dx$$

and

$$d\omega^i \wedge (dx)_\alpha = -dp^i_\alpha \wedge dx^\alpha \wedge (dx)_\alpha = -dp^i_\alpha \wedge dx,$$

it follows that

$$d\gamma_F = F_{z^i}\omega^i \wedge dx + (dF_{p^i_\alpha}) \wedge \omega^i \wedge (dx)_\alpha,$$

whence

(27) $d\gamma_F = \omega^i \wedge \eta_i$.

By means of the Beltrami form γ_F the Weyl equations (11) can be written as

(28) $\rho^*\gamma_F = d\sigma$,

where $\rho(x, z) = (x, z, \mathcal{P}(x, z))$, and σ denotes an $(n-1)$-form

(29) $\sigma = S^\alpha(x, z)(dx)_\alpha$

on G. Equation (28) implies that the form $\rho^*\gamma_F$ is closed, that is,

(30) $d(\rho^*\gamma_F) = 0$.

Conversely equation (30) implies that there is an $(n-1)$-form σ such that $\rho^*\gamma_F = d\sigma$ provided that G is diffeomorphic to an $(n+N)$-dimensional ball or, more generally, that the n-dimensional cohomology group of G satisfies $H^n(G) = 0$. Thus we have found:

Proposition 5. *A map $G \to \hat{G}$ is a geodesic slope field on G if the pull-back $\rho^*\gamma_F$ is closed and $H^n(G) = 0$.*

Now we want to apply the Legendre transformation $\mathscr{L}_F$ generated by F which was introduced by formula (6) in *1.2*:

(31) $x = x, \quad z = z, \quad \pi = F_p(x, z, p) =: \varphi(x, z, p)$.

Suppose that condition (19) is satisfied. Then $\mathscr{L}_F$ defines a C^1-diffeomorphism of $\hat{G}$ onto $\hat{G}^* := \mathscr{L}_F(\hat{G})$; let

(32) $x = x, \quad z = z, \quad p = \psi(x, z, \pi)$

be the inverse of $\mathscr{L}_F$. Then the *Hamiltonian* $\Phi(x, z, \pi)$ associated with $F(x, z, p)$ is the Legendre transform Φ of F defined by

(33) $$\Phi(x, z, \pi) := \{\pi \cdot p - F(x, z, p)\}_{p = \psi(x, z, \pi)}.$$

Furthermore we have the involutory formulas

$$F(x, z, p) + \Phi(x, z, \pi) = \pi_i^\alpha p_\alpha^i,$$

(34) $$\pi_i^\alpha = F_{p_\alpha^i}(x, z, p), \qquad p_\alpha^i = \Phi_{\pi_i^\alpha}(x, z, \pi),$$

$$F_{x^\alpha}(x, z, p) + \Phi_{x^\alpha}(x, z, \pi) = 0, \quad F_{z^i}(x, z, p) + \Phi_{z^i}(x, z, \pi) = 0,$$

in particular,

(35) $$\mathscr{L}_\Phi = \mathscr{L}_H^{-1}.$$

Recall that also $F \in C^s$ implies $\Phi \in C^s$, $s \geq 2$.

The *Cartan form* κ_Φ is derived from Beltrami's form γ_F by

(36) $$\kappa_\Phi = \mathscr{L}_\Phi^* \gamma_F,$$

that is,

(37) $$\kappa_\Phi = -\Phi\, dx + \pi_i^\alpha\, dz^i \wedge (dx)_\alpha.$$

From (27) we infer

(38) $$d\kappa_\Phi = -(dz^i - \Phi_{\pi_i^\alpha}\, dx^\alpha) \wedge (\Phi_{z^i}\, dx + \pi_i^\alpha (dx)_\alpha).$$

Let

(39) $$h := \wp^* \mathscr{L}_F = \mathscr{L}_F \circ \wp$$

be a Legendre-transformed Weyl field $\wp$. Then by (28) there is an $(n-1)$-form $\sigma = S^\alpha(x, z)(dx)_\alpha$ such that

(40) $$h^* \kappa_\Phi = d\sigma.$$

Let

(41) $$\wp(x, z) = (x, z, \mathscr{P}(x, z)), \qquad h(x, z) = (x, z, \Pi(x, z)),$$

that is

(42) $$\mathscr{P}_\alpha^i(x, z) = \Phi_{\pi_i^\alpha}(x, z, \Pi(x, z)), \qquad \Pi_i^\alpha(x, z) = F_{p_\alpha^i}(x, z, \mathscr{P}(x, z)),$$

and set

(43) $$\bar{\Phi}(x, z) := \Phi(x, z, \Pi(x, z)) = (h^* \Phi)(x, z).$$

Then (40) reads

$$-\bar{\Phi}\, dx + \Pi_i^\alpha\, dz^i \wedge (dx)_\alpha = S_{x^\alpha}^\alpha\, dx + S_{z^i}^\alpha\, dz^i \wedge (dx)_\alpha,$$

and this equation is equivalent to the system of equations

(44) $$S_{x^\alpha}^\alpha = -\bar{\Phi}, \qquad S_{z^i}^\alpha = \Pi_i^\alpha.$$

Of course, we can derive these equations as well by applying $\mathscr{L}_F$ to the Weyl equations (11). Furthermore, (44) is equivalent to the single partial differential equation of first order

$$(45) \qquad S_{x^\alpha}^\alpha(x, z) + \Phi(x, z, S_z(x, z)) = 0$$

for the eikonal map $S = (S^1, \ldots, S^n)$, i.e. for n unknown functions $S^1(x, z)$, ..., $S^n(x, z)$. Equation (45) will be denoted as *De Donder's equation*; for $n = 1$ it reduces to the Hamilton–Jacobi equation (cf. *2.1* and *2.4*).

After these preliminary considerations we turn to the question of finding a Weyl field p such that the given extremal u locally fits p. This means we have to find a solution of the Weyl equations (11) such that

$$Du(x) = \mathscr{P}(x, u(x))$$

holds true locally. By virtue of (42) and (45) we then have

Lemma 1. *The problem to find a Weyl field p such that the given extremal u locally fits p is equivalent to finding a solution $S = (S^1, \ldots, S^n)$ of De Donder's equation (45) such that locally the equations*

$$(46) \qquad S_{z^i}^\alpha(x, u(x)) = F_{p_\alpha^i}(x, u(x), Du(x)) := \lambda_i^\alpha(x)$$

hold true.

For $n = 1$ this problem was solved in *2.4* (see also Chapters 6 and 10, in particular *6,2.1* and *10,1.4*). Let us now try to solve the *local fitting problem* described in Lemma 1 for $n > 1$ by reducing it to a one-dimensional fitting problem which can be solved by Cauchy's method of characteristics.

We begin by choosing functions $S^2(x, z), \ldots, S^n(x, z)$ such that (46) holds true for $2 \leq \alpha \leq n$, $1 \leq i \leq N$. This can, for instance, be achieved by setting

$$(47) \qquad S^\alpha(x, z) := [z^i - u^i(x)]\lambda_i^\alpha(x) \quad \text{for } \alpha = 2, \ldots, n.$$

For the following discussion we require that $F \in C^3$ (whence $\Phi \in C^3$), $u \in C^3$, and therefore $\lambda_i^\alpha \in C^2$ and $S^2, \ldots, S^n \in C^2$. Then we write $x^1 = t$, $x^2 = \xi^2, \ldots$, $x^n = \zeta^n$, $\xi = (\xi^2, \ldots, \xi^n)$, i.e. $x = (t, \xi)$, and we treat the ξ^A, $2 \leq A \leq n$, as parameters. Let us introduce the *reduced Hamiltonian H* by

$$(48) \qquad H(t, z, y, \xi) := S_{x^A}^A(x, z) + \Phi(x, z, \pi^1, S_z^2(x, z), \ldots, S_z^n(x, z)),$$

where $y = \pi^1$ (i.e. $y_i = \pi_i^1$) and $S_{x^A}^A = S_{x^2}^2 + \cdots + S_{x^n}^n$, i.e. summation with respect to repeated capital indices is to be taken from 2 to n. *Then the function*

$$\mathscr{S}(t, \xi, z) := S^1(x, z)$$

satisfies the Hamilton–Jacobi equation

$$(49) \qquad \mathscr{S}_t(t, \xi, z) + H(t, z, \mathscr{S}_z(t, \xi, z), \xi) = 0$$

if and only if $S = (S^1, \ldots, S^n) = (\mathscr{S}, S^2, \ldots, S^n)$ satisfies De Donder's equation (45). Note that

(50) $$H_{y_i} = \tilde{\varPhi}_{\pi_i^1}, \qquad H_{z^k} = S^A_{x^A, z^k} + \tilde{\varPhi}_{z^k} + \tilde{\varPhi}_{\pi_i^A} S^A_{z^i, z^k},$$

where the superscript $\sim$ means that the argument is the same as that of $\varPhi$ in (48). Moreover, the Hamiltonian system

(51) $$\frac{dz^i}{dt} = H_{y_i}(z, y, \xi), \qquad \frac{dy_i}{dt} = -H_{z^i}(z, y, \xi)$$

is essentially the system of characteristic equations for (49) (cf. 10,1.4, and also 2.4 of the present chapter). Now we determine a solution

(52) $$z = Z(t, \xi, c), \qquad y = Y(t, \xi, c)$$

of the Hamiltonian system (51) satisfying the initial conditions

(53) $$Z(t_0, \xi, c) = c, \qquad Y(t_0, \xi, c) = \lambda^1(t_0, \xi),$$

where $\lambda^1(x) = (\lambda_1^1(x), \dots, \lambda_N^1(x))$ is defined by (46). Here $x_0 = (t_0, \xi_0)$ is an arbitrary point of Ω, $c_0 = u(x_0)$, and $(t, \xi, c) \in \hat{G}$ are thought to be close to (t_0, ξ_0, c_0). Furthermore we define an "initial value function" $s(\xi, c)$ by

(54) $$s(\xi, c) := [c - u(t_0, \xi)] \cdot \lambda^1(t_0, \xi),$$

which satisfies

(55) $$s(\xi, u(t_0, \xi)) = 0, \qquad s_{c^i}(\xi, c) = \lambda_i^1(t_0, \xi).$$

Then we introduce the eigentime function

(56) $$\Sigma(t, \xi, c) := s(\xi, c) + \int_{t_0}^t [-\hat{H} + Y \cdot \hat{H}_y]\, dt,$$

where the superscript $\wedge$ indicates the arguments $(t, Z(t, \xi, c), Y(t, \xi, c), \xi)$. Let $\mathscr{R}$ be the ray map defined by $(t, \xi, c) \mapsto (t, \xi, z)$, $z = Z(t, \xi, c)$. This map is locally invertible in the neighbourhood of (t_0, ξ_0, c_0) since $\det D\mathscr{R}(t_0, \xi, c) = 1$. Then the local inverse $\mathscr{R}^{-1}$ of the local diffeomorphism $\mathscr{R}$ is of the form

(57) $$\mathscr{R}^{-1} : (t, \xi, z) \mapsto (t, \xi, c), \qquad c = w(t, \xi, z).$$

Finally we introduce the function $\mathscr{S}$ in a neighbourhood of (t_0, ξ_0, z_0) by

(58) $$\mathscr{S} := \Sigma \circ \mathscr{R}^{-1},$$

i.e.

(58′) $$\mathscr{S}(t, \xi, z) := \Sigma(t, \xi, w(t, \xi, z)).$$

Then the theory of characteristics shows (see 2.4 or 10,1.4): *The function $\mathscr{S}$ defined by (58′) is a solution of the Hamilton–Jacobi equation (49) in a neighbourhood of (t_0, ξ_0, c_0), and we have*

$$\mathscr{S}_z(t, \xi, z) = Y(t, \xi, c)|_{c=w(t, \xi, z)},$$

which is equivalent to

(59) $$\mathscr{S}_z(t, \xi, Z(t, \xi, c)) = Y(t, \xi, c).$$

Now we formulate an observation due to van Hove.

Lemma 2. *The Hamiltonian system* (51) *has the family of curves* $z = u(t, \xi)$, $y = \lambda^1(t, \xi)$ *as solutions.*

Proof. In (46) we have introduced $\lambda(x) = (\lambda_i^\alpha(x))$ by

$$\lambda = F_p(x, u(x), Du(x)).$$

Therefore,

$$\mathcal{L}_F(x, u(x), Du(x)) = (x, u(x), \lambda(x)),$$

whence

$$Du(x) = \Phi_\pi(x, u(x), \lambda(x)).$$

Since u is an F-extremal, it satisfies

$$D_\alpha F_{p_\alpha^i}(x, u(x), Du(x)) - F_{z^i}(x, u(x), Du(x)) = 0,$$

which is equivalent to

$$D_\alpha \lambda_i^\alpha(x) = -\Phi_{z^i}(x, u(x), \lambda(x)).$$

In other words, $\{u(x), \lambda(x)\}$ satisfies the generalized Hamiltonian system

(60) $$D_\alpha u^i = \Phi_{\pi_i^\alpha}(x, u, \lambda), \qquad D_\alpha \lambda_i^\alpha = -\Phi_{z^i}(x, u, \lambda),$$

and by (46) we have

(61) $$\lambda_i^A(x) = S_{z^i}^A(x, u(x)), \quad A = 2, \ldots, n,$$

whence

$$D_A \lambda_i^A(x) = S_{z^i, x^A}^A(x, u(x)) + S_{z^i, z^k}^A(x, u(x)) D_A u^k(x).$$

On account of (60_1) it follows that

(62) $$D_A \lambda_i^A = S_{z^i, x^A}^A(x, u) + S_{z^i, z^k}^A(x, u) \Phi_{\pi_k^A}(x, u, \lambda).$$

Therefore we infer from (48) and (50) that

(63) $$z = u(t, \xi), \qquad y = \lambda^1(t, \xi)$$

is a solution of the Hamiltonian system (51). $\qquad \square$

By means of a well-known uniqueness theorem we infer from Lemma 2 that the solution (63) of (51) has to coincide with the solution (52) where $c = u(t_0, \xi)$. Thus we obtain

(64) $$u(t, \xi) = Z(t, \xi, u(t_0, \xi)),$$

(65) $$\lambda^1(t, \xi) = Y(t, \xi, u(t_0, \xi)).$$

From (59) we derive by means of (64) for $c = u(t_0, \xi)$ that

$$\mathcal{S}_z(t, \xi, u(t, \xi)) = Y(t, \xi, u(t, \xi)),$$

which implies

(66) $$\mathscr{S}_z(t, \xi, u(t, \xi)) = \lambda^1(t, \xi)$$

on account of (65). *Thus we have found a solution $S(x, z)$ of De Donder's equation (45) in $\{(x, z): |x - x_0| + |z - z_0| \ll 1\}$ satisfying (46) for $|x - x_0| \ll 1$.* In view of Lemma 1 this proves Theorem 2.

4.2. Carathéodory's Field Theory

Now we want to construct calibrators $M(x, z, p)$ of the form

(1) $$M(x, z, p) = \det(S^\alpha_{x^\beta}(x, z) + S^\alpha_{z^i}(x, z)p^i_\beta),$$

where $S(x, z) = (S^1(x, z), \ldots, S^n(x, z))$ is a function $\mathbb{R}^n \times \mathbb{R}^N \to \mathbb{R}$ of the variables $x = (x^\alpha)$, $z = (z^i)$, $1 \leq \alpha \leq n$, $1 \leq i \leq N$, and $p = (p^i_\alpha) \in \mathbb{R}^{nN}$. We have seen in 1,4.1 and 4.2 that integrands of type (1) are null Lagrangians leading to invariant integrals

(2) $$\mathscr{M}(u) = \int_\Omega M(x, u(x), Du(x)) \, dx, \quad \Omega \subset \mathbb{R}^n.$$

Let u be an F-extremal of class $C^2(\overline{\Omega}, \mathbb{R}^N)$, and set

(3) $$\mathscr{C}_\varepsilon(u) := \{v \in C^1(\overline{\Omega}, \mathbb{R}^N): \|v - u\|_{0, \overline{\Omega}} < \varepsilon, \, v|_{\partial\Omega} = u|_{\partial\Omega}\}.$$

In order that M becomes a calibrator for $\{F, u, \mathscr{C}_\varepsilon\}$, $0 < \varepsilon \ll 1$, we have to construct a *geodesic slope field* $\mathscr{p}(x, z) = (x, z, \mathscr{P}(x, z))$ in a neighbourhood G of graph u in $\mathbb{R}^n \times \mathbb{R}^N$ such that u fits $\mathscr{p}$. Because of the highly nonlinear character of M with respect to p the corresponding field theory, due to Carathéodory, is much more involved than the De Donder–Weyl field theory corresponding to the divergence-type calibrators used in *4.1*. For instance Legendre's transformation is a very appropriate tool for the De Donder–Weyl theory while it seems to be much less useful for Carathéodory's field theory. Here Carathéodory replaced it by another involutory transformation which he called a *generalized Legendre transformation*. This terminology is somewhat misleading since for $n = 1$ *Carathéodory's transformation* does not reduce to the ordinary Legendre transformation but to *Haar's transformation* (cf. 10,3.2), a composition of a Legendre transformation and a *Hölder transformation*. While under suitable (and reasonable) conditions on F Haar's transformation generated by F is a global diffeomorphism, similar results seem still to be lacking for Carathéodory's transformation in case that $n > 1$; here we only can formulate natural conditions guaranteeing that it is a local diffeomorphism.

We begin our discussion by developing some parts of Carathéodory's transformation formalism needed for the purpose of the calculus of variations. We do not use Carathéodory's ingenious notation which is very suggestive but requires a certain interpretation skill since the difference between dependent and independent variables is not always clear. Our admittedly much less elegant notation might be more instructive in this regard.

As in *4.1* we fix a domain G in $\mathbb{R}^n \times \mathbb{R}^N$ as configuration space and a C^2-Lagrangian $F(x, z, p)$ on $\hat{G} := G \times \mathbb{R}^{nN}$. Then we define the following expressions as functions of $(x, z, p) \in \hat{G}$, i.e. as fields on $\hat{G}$:

(4) $$\pi_i^\alpha := F_{p_\alpha^i}, \quad \pi = (\pi_i^\alpha);$$

(5) $$a_\alpha^\beta := p_\alpha^i \pi_i^\beta - F \delta_\alpha^\beta, \quad a = (a_\alpha^\beta);$$

(6) $$A := \det a;$$

(7) $$b_\beta^\alpha := \text{cofactor of } a_\alpha^\beta \text{ in } \det a, \quad b = (b_\beta^\alpha);$$

(8) $$c_k^i := p_\alpha^i \pi_k^\alpha - \delta_k^i F, \quad c = (c_k^i);$$

(9) $$C := \det c;$$

(10) $$\eta_i^\alpha := \frac{1}{A} b_\beta^\alpha \pi_i^\beta, \quad \eta = (\eta_i^\alpha);$$

(11) $$R_{ik}^{\alpha\beta} := F_{p_\alpha^i p_\beta^k} - \frac{1}{F}[\pi_i^\alpha \pi_k^\beta - \pi_i^\beta \pi_k^\alpha], \quad R = (R_{ik}^{\alpha\beta}).$$

(Rows are indicated by lower indices, columns by upper indices.)

Our *basic assumptions* on F are the following:

(i) *The functions F and A satisfy*

(12) $$F \neq 0 \quad \text{and} \quad A \neq 0.$$

(ii) *The matrix function $(R_{ik}^{\alpha\beta})$ is positive definite, $R > 0$, that is,*

(13) $$R_{ik}^{\alpha\beta} \xi_\alpha^i \xi_\beta^k > 0 \quad \text{if } \xi = (\xi_\alpha^i) \neq 0.$$

(iii) *The mapping $\mathscr{R}_F : \hat{G} \to \mathbb{R}^n \times \mathbb{R}^N \times \mathbb{R}^{nN}$ defined by*

(14) $$\mathscr{R}_F(x, z, p) := (x, z, q), \quad q := \eta(x, z, p),$$

is a (local) diffeomorphism of $\hat{G}$ onto $\hat{G}^* := \mathscr{R}(\hat{G})$.

As we shall see later, assumptions (i) and (ii) imply that $\mathscr{R}_F$ is a local diffeomorphism. For $n = 1$ these two assumptions even imply that $\mathscr{R}_F$ is a global diffeomorphism, but we do not know whether this conclusion holds also true for $n > 1$.

The transformation $\mathscr{R}_F$ is denoted as *Carathéodory transformation*, and the function $K(x, z, q)$ defined by

(15) $$K = \frac{(-F)^{n-1}}{A} \circ \mathscr{R}_F^{-1}$$

is said to be the *Carathéodory transform of F*. As Carathéodory transformation in the general sense we denote the two-step procedure passing first from the variables (x, z, p) to the variables (x, z, q) via (14), i.e. by

(16) $$q_i^\alpha = \frac{1}{A} b_\beta^\alpha \pi_i^\beta$$

and then from the Lagrangian $F(x, z, p)$ to the Carathéodory function $K(x, z, q)$. (This resembles the Legendre transformation $\mathscr{L}_F$ where one first passes from (x, z, p) to (x, z, π) via $\pi_i^\alpha = F_{p_\alpha^i}(x, z, p)$ and then from $F(x, z, p)$ to the Hamiltonian $\Phi(x, z, \pi)$ defined by $\Phi = (p_\alpha^i F_{p_\alpha^i} - F) \circ \mathscr{L}_F^{-1}$.)

Now we want to derive several formulas describing Carathéodory's transformation $\mathscr{R}_F$ and its inverse $\mathscr{R}_F^{-1}$. First we note that

$$(17) \qquad\qquad Aa^{-1} = b,$$

whence

$$(18) \qquad\qquad a_\alpha^\beta b_\beta^\gamma = \delta_\alpha^\gamma A, \quad a_\beta^\gamma b_\alpha^\beta = \delta_\alpha^\gamma A.$$

Let e be the $n \times n$-unit matrix. Then we have

$$Ae = ab,$$

whence

$$A^n = \det(Ae) = \det ab = (\det a)(\det b) = A \det b$$

and therefore

$$(19) \qquad\qquad \det b = A^{n-1}.$$

We infer from (10) and (17) that

$$(20) \qquad\qquad \eta = \pi a^{-1},$$

whence

$$(21) \qquad\qquad \pi = \eta a,$$

that is

$$(21') \qquad\qquad \pi_i^\beta = a_\alpha^\beta \eta_i^\alpha.$$

Note that

$$(-1)^n A = \begin{vmatrix} 1 & 0 \\ p & -a \end{vmatrix} = \begin{vmatrix} \delta_i^k & 0 \\ p_\alpha^k & -a_\alpha^\beta \end{vmatrix}.$$

Since $\delta_i^k \pi_k^\beta = \pi_i^\beta$, $-a_\alpha^\beta + p_\alpha^k \pi_k^\beta = \delta_\alpha^\beta F$, an obvious transformation of this determinant yields

$$(22) \qquad\qquad (-1)^n A = \begin{vmatrix} \delta_i^k & \pi_i^\beta \\ p_\alpha^k & \delta_\alpha^\beta F \end{vmatrix},$$

and similarly we prove

$$(23) \qquad\qquad (-1)^N C = \begin{vmatrix} \delta_i^k F & \pi_i^\beta \\ p_\alpha^k & \delta_\alpha^\beta \end{vmatrix}.$$

From these two equations we derive

$$(-1)^n F^N A = \begin{vmatrix} F\delta_i^k & F\pi_i^\beta \\ p_\alpha^k & F\delta_\alpha^\beta \end{vmatrix} = (-1)^N F^n C,$$

whence

(24)
$$(-F)^N A = (-F)^n C.$$

On account of (12) it follows that

(25)
$$C \neq 0.$$

Moreover equations (5) and (10) yield

$$\eta_i^\alpha p_\beta^i = \frac{1}{A} b_\rho^\alpha \pi_i^\rho p_\beta^i = \frac{1}{A} b_\rho^\alpha \{\delta_\beta^\rho F + a_\beta^\rho\},$$

and now (18) implies

(26)
$$\eta_i^\alpha p_\beta^i = \delta_\beta^\alpha + \frac{F}{A} b_\beta^\alpha,$$

and therefore

(27)
$$b_\beta^\alpha = \frac{A}{F}(\eta_i^\alpha p_\beta^i - \delta_\beta^\alpha).$$

By introducing

(28)
$$g_\beta^\alpha := \delta_\beta^\alpha - \eta_i^\alpha p_\beta^i, \quad g = (g_\beta^\alpha),$$

(29)
$$\mathscr{G} := \det g,$$

(30)
$$\Psi := \frac{(-F)^{n-1}}{A}, \quad \text{i.e.} \quad K = \Psi \circ \mathscr{R}_F^{-1},$$

we obtain

(31)
$$g_\beta^\alpha = -\frac{F}{A} b_\beta^\alpha.$$

By virtue of (19) it follows that

$$\mathscr{G} = (-F/A)^n \det b = (-F)^n A,$$

that is,

(32)
$$\mathscr{G} = -F\Psi \neq 0,$$

and, because of

(33)
$$\frac{A}{F} = -\frac{(-F)^{n-2}}{\Psi},$$

equation (31) is equivalent to

(34)
$$b_\beta^\alpha = \frac{(-F)^{n-2}}{\Psi} g_\beta^\alpha.$$

Then we write (34) as

$$(35) \qquad g^\alpha_\beta = \mathscr{G}(-F)^{n-1} b^\alpha_\beta .$$

Set

$$(36) \qquad h^\alpha_\beta := \text{cofactor of } g^\beta_\alpha \quad \text{in} \quad \det g, \quad h := (h^\alpha_\beta).$$

Since

$$h = g^{-1} \mathscr{G} \quad \text{and} \quad gh = hg = \mathscr{G}e,$$

we have

$$(37) \qquad g^\rho_\alpha h^\beta_\rho = h^\rho_\alpha g^\beta_\rho = \delta^\beta_\alpha \mathscr{G} .$$

Then (35), (37) and (18) imply

$$\mathscr{G}a^\beta_\alpha = \mathscr{G}\delta^\beta_\sigma a^\sigma_\alpha = g^\rho_\sigma h^\beta_\rho a^\sigma_\alpha = \mathscr{G}(-F)^{-n+1} b^\rho_\sigma a^\sigma_\alpha h^\beta_\rho$$
$$= \mathscr{G}(-F)^{-n-1} A \delta^\rho_\alpha h^\beta_\rho = (-F)^{-n+1} \mathscr{G} A h^\beta_\alpha = \mathscr{G}\Psi^{-1} h^\beta_\alpha ,$$

and therefore

$$(38) \qquad h^\beta_\alpha = \Psi a^\beta_\alpha .$$

In conjunction with (21') it follows that

$$(39) \qquad \Psi\pi^\alpha_i = h^\alpha_\sigma \eta^\sigma_i ,$$

and by virtue of (37) we infer that

$$(40) \qquad \mathscr{G}\eta^\beta_i = \Psi g^\beta_\alpha \pi^\alpha_i .$$

On account of (32) we then obtain

$$(41) \qquad -F\eta^\alpha_i = g^\alpha_\rho \pi^\rho_i .$$

By (28) we have

$$\eta^\alpha_k p^k_\rho = \delta^\alpha_\rho - g^\alpha_\rho ,$$

and from (8) we derive

$$c^k_i \eta^\alpha_k = p^k_\rho \pi^\rho_i \eta^\alpha_k - F\eta^\alpha_i .$$

On account of (40) we then obtain

$$c^k_i \eta^\alpha_k = \pi^\alpha_i - g^\alpha_\rho \pi^\rho_i - F\eta^\alpha_i = \pi^\alpha_i ,$$

that is.

$$(42) \qquad \pi^\alpha_i = c^k_i \eta^\alpha_k .$$

The above formulas suffice to construct the Carathéodory calibrator M. However the reader might like to see why Carathéodory's transformation is an involution. To this end we introduce the field $\zeta(x, z, p) = (\zeta^i_\alpha(x, z, p))$ on $\hat{G}$ by

$$(43) \qquad \zeta^i_\alpha := (-1)^{n-1} \frac{F^{n-2}}{A} a^\sigma_\alpha p^i_\sigma = \frac{\Psi}{F} a^\sigma_\alpha p^i_\sigma .$$

By virtue of (38) we can write ζ_α^i as

(44) $$F\zeta_\beta^i = h_\beta^\alpha p_\alpha^i.$$

From (10) and (43) we infer that

$$\eta_i^\alpha \zeta_\beta^i = (-1)^{n-1} F^{n-2} A^{-2} \pi_i^\rho p_\sigma^i b_\rho^\alpha a_\beta^\sigma,$$

and (5) yields

$$\pi_i^\rho p_\sigma^i = a_\sigma^\rho + F\delta_\sigma^\rho.$$

It follows that

$$\eta_i^\alpha \zeta_\beta^i = (-1)^{n-1} F^{n-2} A^{-2}(a_\sigma^\rho + F\delta_\sigma^\rho) b_\rho^\alpha a_\beta^\sigma.$$

Since

$$a_\sigma^\rho b_\rho^\alpha a_\beta^\sigma = A\delta_\sigma^\alpha a_\beta^\sigma = A a_\beta^\alpha,$$
$$\delta_\sigma^\rho b_\rho^\alpha a_\beta^\sigma = b_\sigma^\alpha a_\beta^\sigma = A\delta_\beta^\alpha,$$

we obtain

$$\eta_i^\alpha \zeta_\beta^i = \frac{(-F)^{n-1}}{A}\left(\delta_\beta^\alpha + \frac{1}{F}a_\beta^\alpha\right) = \frac{\Psi}{F}(F\delta_\beta^\alpha + a_\beta^\alpha).$$

On account of (5) we arrive at

(45) $$F\eta_i^\alpha \zeta_\beta^i = \Psi \pi_i^\alpha p_\beta^i.$$

Let us introduce the fields $\lambda(x, z, p)$ and $\mu(x, z, p)$ on $\hat{G}$ by

(46) $$\lambda_\beta^\alpha := \eta_i^\alpha \zeta_\beta^i - \Psi\delta_\beta^\alpha, \quad \lambda = (\lambda_\beta^\alpha),$$

(47) $$\mu_\beta^\alpha := \text{cofactor of } \lambda_\alpha^\beta \text{ in } \det\lambda, \quad \mu = (\mu_\beta^\alpha),$$

and set

(48) $$\Lambda := \det\lambda.$$

We have on account of (45)

$$\lambda_\beta^\alpha = \frac{\Psi}{F}\left(\frac{F}{\Psi}\eta_i^\alpha \zeta_\beta^i - F\delta_\beta^\alpha\right) = \frac{\Psi}{F}(\pi_i^\alpha p_\beta^i - F\delta_\beta^\alpha),$$

and in conjunction with (5) we arrive at

(49) $$\frac{\lambda_\beta^\alpha}{\Psi} = \frac{a_\beta^\alpha}{F},$$

whence $\Lambda \neq 0$ and

(50) $$\Lambda\Psi^{-n} = AF^{-n}$$

and

(51) $$\Psi^{-n+1}\mu_\beta^\alpha = F^{-n+1}b_\beta^\alpha.$$

Moreover, (44) implies

$$F g_\alpha^\beta \zeta_\beta^i = g_\alpha^\beta h_\beta^\rho p_\rho^i = \mathscr{G} \delta_\alpha^\rho p_\rho^i = \mathscr{G} p_\alpha^i,$$

and thus we infer from (31) that

$$p_\alpha^i = (F/\mathscr{G})(-F/A) b_\alpha^\beta \zeta_\beta^i.$$

By (32) we obtain

(52) $$p_\alpha^i = \frac{F}{A \Psi} b_\alpha^\beta \zeta_\beta^i = (-1)^{n-1} F^{2-n} b_\beta^\alpha \zeta_\beta^i.$$

Finally we infer from (50) and (30) that

$$\Psi^n = \Lambda A^{-1} F^n = (-1)^{n-1} \Lambda F (-1)^{n-1} A^{-1} F^{n-1}$$
$$= (-1)^{n-1} \Lambda F \Psi,$$

whence

(53) $$F = \frac{(-\Psi)^{n-1}}{\Lambda}.$$

Thus we infer from (52) by means of (51) and (53) that

(54) $$p_\alpha^i = \frac{1}{\Lambda} \mu_\alpha^\beta \zeta_\beta^i$$

and (21'), (49), (53) yield

(55) $$\pi_i^\alpha = (-1)^{n-1} \frac{\Psi^{n-2}}{\Lambda} \lambda_\sigma^\alpha \eta_i^\sigma = \frac{F}{\Psi} \lambda_\sigma^\alpha \eta_i^\sigma.$$

Now we take the total differential of the determinant $\mathscr{G}$ of (g_β^α). It follows that

$$d\mathscr{G} = h_\alpha^\beta \, dg_\beta^\alpha,$$

and (32) implies

$$-d\mathscr{G} = F \, d\Psi + \Psi \, dF.$$

By (28) we have

$$-dg_\beta^\alpha = \eta_i^\alpha \, dp_\beta^i + p_\beta^i \, d\eta_i^\alpha,$$

and thus we see that

$$F \, d\Psi + \Psi \, dF = h_\alpha^\beta \eta_i^\alpha \, dp_\beta^i + h_\alpha^\beta p_\beta^i \, d\eta_i^\alpha.$$

On account of (39) and (44) we arrive at

(56) $$F(d\Psi - \zeta_\alpha^i \, d\eta_i^\alpha) + \Psi(dF - \pi_i^\beta \, dp_\beta^i) = 0.$$

This is the key identity from which we shall derive the involutory character of Carathéodory's transformation. Because of (4) we can write equation (56) as

(57) $$F(d\Psi - \zeta_\alpha^i \, d\eta_i^\alpha) + \Psi F_{x^\alpha} \, dx^\alpha + \Psi F_{z^i} \, dz^i = 0.$$

Recall that

(58)
$$\mathscr{R}_F(x, z, p) = (x, z, q), \quad q = \eta(x, z, p),$$
$$K(x, z, q) = \Psi(\mathscr{R}_F^{-1}(x, z, p)),$$

and set

(59)
$$v_\alpha^i := \zeta_\alpha^i \circ \mathscr{R}_F^{-1}, \quad v(x, z, q) = (v_\alpha^i(x, z, q)).$$

Taking the pull-back of (57) under $\mathscr{R}_F^{-1}$, we then obtain

(60) $(F \circ \mathscr{R}_F^{-1})[dK - v_\alpha^i \, dq_i^\alpha] + K(F_{x^\alpha} \circ \mathscr{R}_F^{-1}) \, dx^\alpha + K(F_{z^i} \circ \mathscr{R}_F^{-1}) \, dz^i = 0,$

whence

(61)
$$v_\alpha^i = K_{q_i^\alpha}$$

and

(62)
$$(F \circ \mathscr{R}_F^{-1})K_{x^\alpha} = -K(F_{x^\alpha} \circ \mathscr{R}_F^{-1}),$$
$$(F \circ \mathscr{R}_F^{-1})K_{z^i} = -K(F_{z^i} \circ \mathscr{R}_F^{-1}).$$

From (4)–(7) and (10) and the corresponding equations (61), (46)–(48) and (54) we read off that $\mathscr{R}_F^{-1}$ is obtained in the same way from K as $\mathscr{R}_F$ is generated by F, that is,

(63)
$$\mathscr{R}_F^{-1} = \mathscr{R}_K,$$

where K is the Carathéodory transform of F. If we write

(64)
$$a_\beta^\alpha = p_\beta^i F_{p_\alpha^i} - F. \quad A = \det(a_\beta^\alpha),$$
$$b_\beta^\alpha = \text{cofactor of } a_\alpha^\beta \text{ in } A,$$

and

(65)
$$e_\alpha^\beta = q_i^\beta K_{q_i^\alpha} - K, \quad E = \det(e_\alpha^\beta),$$
$$f_\alpha^\beta = \text{cofactor of } e_\beta^\alpha \text{ in } E,$$

then the full symmetry of Carathéodory's formalism is expressed by the following relations:

$$KA = (-F)^{n-1}, \quad FE = (-K)^{n-1}, \quad EF^n = AK^n,$$

(66)
$$q_i^\alpha = \frac{1}{A} b_\beta^\alpha F_{p_\beta^i}, \quad p_\alpha^i = \frac{1}{E} f_\alpha^\beta K_{q_i^\beta},$$

$$FK_{x^\alpha} + KF_{x^\alpha} = 0, \quad FK_{z^i} + KF_{z^i} = 0,$$

$$Fq_i^\alpha K_{q_i^\beta} = Kp_\beta^i F_{p_\alpha^i}.$$

Here we use the following sloppy but rather instructive **notation**: *The quantities in* (64) *mean the values*

$$F = F(x, z, p), \quad F_{x^\alpha} = F_{x^\alpha}(x, z, p), \quad \dots, \quad b_\beta^\alpha = b_\beta^\alpha(x, z, p),$$

and similarly we use in (65) *the abbreviations*

$$K = K(x, z, q), \quad K_{x^\alpha}(x, z, q), \quad \ldots, \quad f_\alpha^\beta = f_\alpha^\beta(x, z, q),$$

and the variables (x, z, p) *and* (x, z, q) *are linked by*

$$(x, z, q) = \mathcal{R}_F(x, z, p) \quad or \quad (x, z, p) = \mathcal{R}_K(x, z, q).$$

(Note that $E = \Lambda \circ \mathcal{R}_F^{-1}$.)

Now we want to study the invertibility of Carathéodory's mapping $\mathcal{R}_F : (x, z, p) \mapsto (x, z, q), q = \eta(x, z, p)$, where

$$\eta_i^\alpha = \frac{1}{A} \, b_\beta^\alpha \pi_i^\beta$$

(see (4)–(14)). In our *basic assumptions on F* we had required that (i) $FA \neq 0$, (ii) $(R_{ik}^{\alpha\beta}) > 0$, and (iii) $\mathcal{R}_F$ is a diffeomorphism or at least a local diffeomorphism. Now we want to show that (iii) is superfluous since it follows from (i) and (ii), more precisely, we shall prove that (i) and (ii) imply that $\mathcal{R}_F$ is a local diffeomorphism. Since $\mathcal{R}_F$ is given by the system of equations

$$x = x, \qquad z = z, \qquad q = \eta(x, x, p),$$

it suffices to show that the Jacobian det η_p does not vanish. Let us introduce the functions $W_i^\beta(x, z, p, q)$ defined by

(67)
$$W_i^\beta := \pi_i^\beta - (p_\alpha^k \pi_k^\beta - F\delta_\alpha^\beta) q_i^\alpha.$$

Since the system of equations

$$\eta_i^\alpha(x, z, p) = q_i^\alpha$$

is equivalent to the system

$$W_i^\alpha(x, z, p, q) = 0, \quad 1 \leq \alpha \leq n, \ 1 \leq i \leq N,$$

the implicit function theorem implies that the condition det $\eta_p \neq 0$ is equivalent to

(68)
$$\det\left(\frac{\partial}{\partial p_\beta^k} W_i^\alpha\right) \neq 0 \quad \text{on } \{q = \eta(x, z, p)\}.$$

We have

$$\frac{\partial}{\partial p_\beta^k} W_i^\alpha = \frac{\partial \pi_i^\alpha}{\partial p_\beta^k} + \pi_k^\beta q_i^\alpha - q_i^\sigma \frac{\partial}{\partial p_\beta^k}[p_\sigma^l \pi_l^\alpha]$$

and

$$q_i^\sigma \frac{\partial}{\partial p_\beta^k}[p_\sigma^l \pi_l^\alpha] = q_i^\beta \pi_k^\alpha + q_i^\sigma p_\sigma^l \frac{\partial}{\partial p_\beta^k} \pi_l^\alpha;$$

thus

(69)
$$\frac{\partial}{\partial p_\beta^k} W_i^\alpha = \frac{\partial}{\partial p_\beta^k} \pi_i^\alpha + q_i^\alpha \pi_k^\beta - q_i^\beta \pi_k^\alpha - q_i^\sigma p_\sigma^l \frac{\partial}{\partial p_\beta^k} \pi_l^\alpha.$$

Now we introduce the matrix $L_{ik}^{\alpha\beta}(x, z, p, q)$ by

(70)
$$L_{ik}^{\alpha\beta} := c_i^r \delta_\sigma^\alpha \frac{\partial}{\partial p_\beta^k} W_r^\sigma = c_r^i \frac{\partial}{\partial p_\beta^k} W_r^\alpha .$$

Since the $nN \times nN$-matrix $c_i^r \delta_\sigma^\alpha$ has the determinant C^N where $C := \det(c_i^r) \neq 0$, we conclude that (68) holds true if and only if

(71)
$$\det(L_{ik}^{\alpha\beta}) \neq 0 \quad \text{on } \{q = \eta(x, z, p)\}.$$

We are now going to verify that assumptions (i) and (ii) imply inequality (71). From (69) and (70) it follows that

(72)
$$L_{ik}^{\alpha\beta} = c_i^r \frac{\partial \pi_r^\alpha}{\partial p_\beta^k} + c_i^r q_r^\sigma \pi_\beta^k - c_i^r q_r^\beta \pi_\alpha^k - c_i^r q_r^\sigma p_\sigma^l \frac{\partial \pi_i^\alpha}{\partial p_\beta^k} .$$

Suppose now that p and q are related by $q_i^\alpha = \eta_i^\alpha(x, z, p)$. Then we have proved earlier (cf. (42)) that

$$\pi_i^\alpha = c_i^k q_k^\alpha ,$$

and thus it follows from (72) that

$$L_{ik}^{\alpha\beta} = -(-c_i^l + \pi_i^\sigma p_\sigma^l) \frac{\partial \pi_i^\alpha}{\partial p_\beta^k} + (\pi_i^\alpha \pi_k^\beta - \pi_i^\beta \pi_k^\alpha).$$

By virtue of (8) we have

$$-c_i^l + p_\sigma^l \pi_i^\sigma = \delta_i^l F,$$

and so we obtain

(73)
$$L_{ik}^{\alpha\beta} = -F \left[\frac{\partial \pi_i^\alpha}{\partial p_\beta^k} - \frac{1}{F} (\pi_i^\alpha \pi_k^\beta - \pi_i^\beta \pi_k^\alpha) \right].$$

On account of (11) we thus have proved that

(74)
$$L_{ik}^{\alpha\beta} = -F R_{ik}^{\alpha\beta} \quad \text{on } \{(x, z, p, q) : q = \eta(x, z, p)\}.$$

Then the basic assumptions (i) and (ii) imply that

(75)
$$\begin{aligned} (L_{ik}^{\alpha\beta}) > 0 \quad &\text{if } F < 0, \\ (L_{ik}^{\alpha\beta}) < 0 \quad &\text{if } F > 0, \end{aligned} \qquad \text{provided that } q = \eta(x, z, p),$$

and in particular we have

(75')
$$\det(L_{ik}^{\alpha\beta}) \neq 0 \quad \text{provided that } q = \eta(x, z, p).$$

Thus we have verified that $\mathcal{R}_F : \hat{G} \to \hat{G}^*$ is a local diffeomorphism, i.e. for any $(x_0, z_0, p_0) \in \hat{G}$ there is an open neighbourhood $\hat{G}_0$ of (x_0, z_0, p_0) in $\hat{G}$ such that $\mathcal{R}_F|_{\hat{G}_0}$ furnishes a diffeomorphism of $\hat{G}_0$ onto some open neighborhood $\hat{G}_0^*$ of (x_0, z_0, q_0), $q_0 = \eta(x_0, z_0, p_0)$.

Now we want to define a *transversality relation* between N-dimensional surfaces $\mathcal{S}$ and n-dimensional surfaces $\mathcal{N}$ in the configuration space $\mathbb{R}^{n+N} =$

$\mathbb{R}^n \times \mathbb{R}^N$. Suppose that $\mathcal{N}$ is the graph of a smooth mapping $u : \Omega \to \mathbb{R}^N$, $\Omega \subset \mathbb{R}^n$, i.e.

$$\mathcal{N} = \{(x, z) : z = u(x), x \in \Omega\},$$

and that $\mathcal{S}$ is the graph of a smooth map $\zeta : \Omega' \to \mathbb{R}^n$, $\Omega' \subset \mathbb{R}^N$, i.e.

$$\mathcal{S} = \{(x, z) : x = \xi(z), z \in \Omega'\}.$$

Let $P = (x, z)$ be a point in $\mathcal{S} \cap \mathcal{N}$. The tangent space $T_P\mathcal{N}$ of $\mathcal{N}$ at P is spanned by the rows of the $n \times (n + N)$-matrix $(\delta_\alpha^\beta, u_{x^\alpha}^i(x))$ while the tangent space $T_P\mathcal{S}$ of $\mathcal{S}$ at P is spanned by the rows of the $N \times (n + N)$ matrix $(\zeta_{z^i}^\alpha(z), \delta_i^k)$. Hence we can characterize $T_P\mathcal{N}$ and $T_P\mathcal{S}$ by the "elements" $e = (x, z, p)$, $p_\alpha^i = u_{x^\alpha}^i(x)$, and $\varepsilon = (x, z, q)$, $q_i^\alpha = \xi_{z^i}^\alpha(z)$.

Assume now that $e = (x, z, p)$ is an arbitrary element in $\hat{G}$, and let $\varepsilon = (x, z, q)$ be an arbitrary element in $\hat{G}^*$.

Definition 1. *Two elements e and ε are said to be* transversal (*in the sense of Carathéodory*) *if $\varepsilon = \mathcal{R}_F(e)$.*

Note that transversality is a one-to-one relation between the elements of $\hat{G}$ and $\hat{G}^*$ if and only if $\mathcal{R}_F$ is a global diffeomorphism. If $\mathcal{R}_F$ is only a local diffeomorphism, then only the elements e of sufficiently small neighborhoods $\hat{G}_0$ are in $1-1$ relation to the elements ε of $\mathcal{R}_F(\hat{G}_0) = \hat{G}_0^*$.

Definition 2. *Let $\mathcal{N}$ and $\mathcal{S}$ be n- and N-dimensional surfaces as described above. We say that $\mathcal{N}$ and $\mathcal{S}$ intersect* transversally (*in the sense of Carathéodory*) *if for all $P = (x, z) \in \mathcal{N} \cap \mathcal{S}$ the tangential elements e and ε of $T_P\mathcal{N}$ and $T_P\mathcal{S}$ respectively are transversal. (Here we have tacitly assumed that the tangential elements of $\mathcal{N}$ and $\mathcal{S}$ lie in $\hat{G}$ and $\hat{G}^*$ respectively.)*

The reader may check that, for $n = 1$, Carathéodory's transversality reduces to Kneser's transversality, i.e. to the notion of free transversality between curves and hypersurfaces introduced in 2,4 (see 10,3.4).

It is interesting to check whether two surfaces $\mathcal{N}$ and $\mathcal{S}$ intersect transversally in the sense of algebraic geometry (i.e. $T_P\mathcal{N} + T_P\mathcal{S} = \mathbb{R}^{n+N}$ for $P \in \mathcal{N} \cap \mathcal{S}$, or equivalently $T_P\mathcal{N} \cap T_P\mathcal{S} = \{0\}$ since $n = \dim T_P\mathcal{N}$, $N = \dim T_P\mathcal{S}$) if they intersect transversally in the sense of Carathéodory. This is in fact true as we can see by the following reasoning. Let $P = (x, z) \in \mathcal{N} \cap \mathcal{S}$, and assume that the elements $e = (x, z, p)$ and $\varepsilon = (x, z, q)$ describing $T_P\mathcal{N}$ and T_P are transversal in the sense of Carathéodory, i.e. $q = \eta(x, z, p)$. Consider the determinant

$$(76) \qquad\qquad \Delta := \begin{vmatrix} \delta_\alpha^\beta & , & p_\alpha^i \\ q_j^\beta & , & \delta_j^i \end{vmatrix} ;$$

we have to show that $\Delta \neq 0$. This follows from

$$(77) \qquad \Delta = \begin{vmatrix} \delta_\alpha^\beta - p_\alpha^i q_i^\beta & , & p_\alpha^i \\ q_j^\beta - \delta_j^i q_i^\beta & , & \delta_j^i \end{vmatrix} = \begin{vmatrix} g_\alpha^\beta & , & p_\alpha^i \\ 0 & , & \delta_j^i \end{vmatrix} = \mathscr{G}$$

since the two *basic assumptions* (i) and (ii) imply $\mathscr{G} \neq 0$, cf. (32).

Now we turn to the construction of a *Carathéodory calibrator* $M(x, z, p)$ of the form (1),

$$M(x, z, p) := \det(S_{x^\beta}^\alpha(x, z) + S_{z^i}^\alpha(x, z)p_\beta^i),$$

for a suitably chosen mapping $S(x, z) = (S^1(x, z), \dots, S^n(x, z))$. We try again the approach of *4.1*; to this end we assume without loss of generality that $\hat{G}_0$ is of the form

$$\hat{G}_0 = G_0 \times B_r(p_0),$$

where G_0 is a ball in $\mathbb{R}^n \times \mathbb{R}^N$ centered at $P_0 = (x_0, z_0)$, $z_0 = u(x_0)$, and $B_r(p_0) = \{p \in \mathbb{R}^{nN}: |p - p_0| < r\}$, $r > 0$, $p_0 = Du(x_0)$, $x_0 \in \Omega$. Note that $e_0 = (x_0, z_0, p_0)$ is a tangential element of the *n*-dimensional surface $\mathscr{E} := \text{graph } u$.

Consider now mappings $S: G_0 \to \mathbb{R}^n$ and *slope fields* $\not\!p: G_0 \to \hat{G}_0$,

$$\not\!p(x, z) = (x, z, \mathscr{P}(x, z)), \qquad \mathscr{P}(x, z) = (\mathscr{P}_\alpha^i(x, z)).$$

We try to find a pair $\{S, \mathscr{P}\}$ such that u fits $\not\!p$, that is,

$$(78) \qquad \{(x, u(x), Du(x)): x \in \overline{\Omega_0}\} \subset \hat{G}_0,$$

Ω_0 a sufficiently small neighbourhood of x_0 in $\mathbb{R}^n$, and

$$(79) \qquad Du(x) = \mathscr{P}(x, u(x)) \quad \text{for all } x \in \overline{\Omega_0}$$

and that the null Lagrangian M defined on $G_0 \times \mathbb{R}^{nN}$ satisfies

$$(I) \qquad M(x, z, \mathscr{P}(x, z)) = F(x, z, \mathscr{P}(x, z)) \quad \text{for all } (x, z) \in G_0$$

and

$$(II) \qquad M(x, z, p) \leq F(x, z, p) \quad \text{for all } (x, z, p) \in G_0 \times \mathbb{R}^{nN}.$$

Then M is a calibrator for $\{F, u_0, \mathscr{C}_\varepsilon(u_0)\}$, $u_0 := u|_{\overline{\Omega_0}}$, $0 < \varepsilon \ll 1$, since (78), (79) and (I) imply

$$M(x, u(x), Du(x)) = F(x, u(x), Du(x)) \quad \text{for all } x \in \overline{\Omega_0},$$

while (II) yields

$$M(x, v(x), Dv(x)) \leq F(x, v(x), Dv(x)) \quad \text{for all } v \in \mathscr{C}_\varepsilon(u_0) \text{ and all } x_0 \in \overline{\Omega_0}.$$

Note that we require (II) for all $(x, z, p) \in G_0 \times \mathbb{R}^{nN}$ since we want to prove that u_0 is a *strong minimizer*; this matches with the "Legendre condition" $\mathscr{R}(x, z, p) > 0$ of the basic assumption (ii) which is supposed to hold for all $(x, z, p) \in G \times \mathbb{R}^{nN} = \hat{G}$. However, Carathéodory's transformation $\mathscr{R}_F$ operates only on $\hat{G}_0 = G_0 \times B_r(p_0)$ and not necessarily on $G_0 \times \mathbb{R}^{nN}$. This transformation is used for constructing the field $\not\!p(x, z) = (x, z, \mathscr{P}(x, z))$, $(x, z) \in G_0$, whose range will lie in $\hat{G}_0$.

As in *4.1* we begin our construction of M by deriving some necessary consequences of (I) and (II). Set

(80) $F^*(x, z, p) := F(x, z, p) - M(x, z, p)$ for $(x, z, p) \in G_0 \times \mathbb{R}^{nN}$.

Then (I) and (II) are equivalent to

(I*) $F^*(x, z, \mathscr{P}(x, z)) = 0$ for all $(x, z) \in G_0$

and

(II*) $F^*(x, z, p) > 0$ for all $(x, z, p) \in G_0 \times \mathbb{R}^{nN}$.

To simplify the notation we introduce

(81) $\Sigma_\alpha^\beta(x, z, p) := S_{x^\alpha}^\beta(x, z) + S_{z^i}^\beta(x, z)p_\alpha^i, \quad \Sigma = (\Sigma_\alpha^\beta)$.

Then the null Lagrangian (1) can be written as

(82) $M(x, z, p) = \det(\Sigma_\alpha^\beta(x, z, p))$.

Let T_α^β be the cofactor of Σ_β^α in $\det(\Sigma_\alpha^\beta)$. Then we have

(83) $\Sigma_\alpha^\gamma T_\gamma^\beta = \delta_\alpha^\beta M$ and $\Sigma_\gamma^\beta T_\alpha^\gamma = \delta_\alpha^\beta M$.

Furthermore the differentiation rule of determinants yields

$$M_{p_\beta^i} = \left(\frac{\partial}{\partial p_\beta^i} \Sigma_\gamma^\alpha \right) T_\alpha^\gamma = S_{z^i}^\alpha \delta_\gamma^\beta T_\alpha^\gamma = S_{z^i}^\alpha T_\alpha^\beta,$$

and thus we have

(84) $M_{p_\beta^i} = S_{z^i}^\alpha T_\alpha^\beta$.

We also introduce $\Pi(x, z) = (\Pi_i^\alpha(x, z))$ for $(x, z) \in G_0$ by

(85) $\Pi_i^\alpha(x, z) := F_{p_\alpha^i}(x, z, \mathscr{P}(x, z))$,

that is,

(85') $\Pi_i^\alpha := F_{p_\alpha^i} \circ \not p = \not p^* F_{p_\alpha^i}$,

and $\mathscr{q}(x, z) = (x, z, \mathscr{Q}(x, z)), (x, z) \in G_0$, by

(86) $\mathscr{q} := \mathscr{R}_F \circ \not p = \not p^* \mathscr{R}_F$,

i.e.

(86') $\mathscr{Q}_i^\alpha = \eta_i^\alpha \circ \not p = \not p^* \eta_i^\alpha$.

The composition of quantities depending on $(x, z, p) \in \hat{G}_0$ with the mapping $\not p$ will be denoted by the superscript $\overline{}$, e.g.

(87) $\overline{F} := F \circ \not p, \quad \overline{F_{x^2}} := F_{x^2} \circ \not p, \quad \overline{\Pi_i^\alpha} = \overline{F_{p_\alpha^i}} := F_{p_\alpha^i} \circ \not p$,   etc.,

while for quantities depending on $(x, z, q) \in \hat{G}_0^*$ the superscript $\overline{}$ means "composition with $\mathscr{q}$", e.g.

(88) $\overline{K} := K \circ \mathscr{q}, \quad \overline{K_{x^2}} := K_{x^2} \circ \mathscr{q}$,   etc.

Now we are going to exploit (I*) and (II*). If these two relations are satisfied we necessarily have

(89) $$F^* = 0 \quad \text{and} \quad F^*_{p^i_\alpha} = 0,$$

which means that

(90) $$\overline{F} = \overline{M}$$

and

(91) $$\overline{F}_{p^i_\alpha} = \overline{M}_{p^i_\alpha}.$$

Equations (90) and (91) are called *Carathéodory's equations* for $\{S, \mathscr{P}\}$.

Definition 3. *A slope field* $\not{p}(x, z) = (x, z, \mathscr{P}(x, z))$ *on* G_0 *is said to be a* geodesic slope field *(in the sense of Carathéodory), or briefly: a* Carathéodory field, *if there is a map* $S \in C^2(G, \mathbb{R}^n)$ *such that* $\{S, \mathscr{P}\}$ *solves the Carathéodory equations* (90), (91). *We call* S *an* eikonal map *associated with the geodesic field* $\not{p}$.

Let us now derive some further relations to be satisfied by geodesic fields.

Lemma 1. *Suppose that* $\not{p} : G_0 \to \hat{G}_0$ *is a geodesic slope field with an eikonal map* S *and* $q = \mathscr{R}_F \circ \not{p}$. *Then the null Lagrangian* M *defined by* (81), (82) *satisfies*

(92) $$\overline{M} = M \circ \not{p} \neq 0,$$

whence

(93) $$\det(\overline{T}^\alpha_\beta) = \overline{M}^{n-1} \neq 0.$$

Let $\not{p}(x, z) = (x, z, \mathscr{P}(x, z))$, $q(x, z) = (x, z, \mathscr{Q}(x, z))$ *and*

(94) $$\Pi^\alpha_i = \overline{F}_{p^i_\alpha} = \overline{a}^\alpha_\beta \mathscr{Q}^\beta_i.$$

Then Carathéodory's equations are equivalent to

(95) $$\overline{F} = \overline{M}, \qquad \Pi^\alpha_i = \overline{M}_{p^i_\alpha},$$

and we obtain

(96) $$\overline{a}^\beta_\alpha = -S^\gamma_{x^\alpha} \overline{T}^\beta_\gamma,$$

(97) $$S^\alpha_{x^\beta} \mathscr{Q}^\beta_i + S^\alpha_{z^i} = 0,$$

(98) $$\overline{A} = (-1)^n \det(S^\gamma_{x^\alpha}) \overline{F}^{n-1},$$

(99) $$\det(S^\alpha_{x^\beta}) \neq 0.$$

Proof. Relations (92) and (93) follow from $F \neq 0$ and $\overline{M} = \overline{F}$ (cf. the proof of (19)), and from $\overline{M} = \det(\overline{\Sigma}^\beta_\alpha)$ we infer that $(\overline{\Sigma}^\beta_\alpha)$ is invertible. Furthermore (94) is an immediate consequence of (10), while (95) is obviously equivalent to (90) and (91) on account of (94). By (5) and (11) we have

$$\overline{a}^\beta_\alpha = \mathscr{P}^i_\alpha \overline{F}_{p^i_\beta} - \overline{F}\delta^\beta_\alpha = \mathscr{P}^i_\alpha \overline{M}_{p^i_\beta} - \overline{F}\delta^\beta_\alpha.$$

Taking (83) and (84) into account we infer that

$$\bar{a}^{\beta}_{\alpha} = (S^{\gamma}_{z^i}\mathscr{P}^i_{\alpha} - \bar{\Sigma}^{\gamma}_{\alpha})\bar{T}^{\beta}_{\gamma},$$

and (81) yields

$$- S^{\gamma}_{x^{\alpha}} = S^{\gamma}_{z^i}\mathscr{P}^i_{\alpha} - \bar{\Sigma}^{\gamma}_{\alpha}.$$

Combining the last two equations we obtain (96); then (98) is a consequence of (93) and (96), and inequality (99) follows from (12), (92) and (98).

Finally, (94) and (96) imply that

$$- \Pi^{\gamma}_i = \bar{T}^{\gamma}_{\alpha} S^{\alpha}_{x^{\beta}} \mathscr{Q}^{\beta}_i,$$

and Carathéodory's equation (95_2) in conjunction with (84) yields

$$\Pi^{\gamma}_i = \bar{T}^{\gamma}_{\alpha} S^{\alpha}_{z^i}.$$

Adding these two equations we arrive at

$$0 = \bar{T}^{\gamma}_{\alpha} \cdot [S^{\alpha}_{z^i} + S^{\alpha}_{x^{\beta}} \mathscr{Q}^{\beta}_i],$$

and (83) leads to

$$0 = \bar{\Sigma}^{\beta}_{\gamma} \bar{T}^{\gamma}_{\alpha} [S^{\alpha}_{z^i} + S^{\alpha}_{x^{\sigma}} \mathscr{Q}^{\sigma}_i]$$
$$= \bar{M} \delta^{\beta}_{\alpha} [S^{\alpha}_{z^i} + S^{\alpha}_{x^{\sigma}} \mathscr{Q}^{\sigma}_i] = \bar{M} [S^{\beta}_{z^i} + S^{\beta}_{x^{\sigma}} \mathscr{Q}^{\sigma}_i].$$

By $\bar{M} \neq 0$ we obtain (97).   □

Consider now the system of equations

(100) $S^{\alpha}(x, z) = \theta^{\alpha}, \quad \alpha = 1, \ldots, n,$

and set $\theta^{\alpha}_0 := S^{\alpha}(x_0, z_0)$ and $\theta_0 = (\theta^1_0, \ldots, \theta^n_0)$. Then, for any $\theta = (\theta^1, \ldots, \theta^n)$ with $|\theta - \theta_0| \ll 1$ and any z with $|z - z_0| \ll 1$, there is a uniquely determined solution $x = \xi(\theta, z)$ of (100) satisfying $\xi \in C^2$ and $\xi(\theta_0, z_0) = x_0$, by virtue of (99) and the implicit function theorem, and we can assume that there is an open neighbourhood Γ_0 of (θ_0, z_0) in $\mathbb{R}^n \times \mathbb{R}^N$ such that $G_0 = \{(x, z): x = \xi(\theta, z), (\theta, z) \in \Gamma_0\}$, if we replace G_0 by an appropriate neighbourhood of (θ_0, z_0) which is again denoted by G_0. If we do not insist in G_0 being a ball we can even assume that $\Gamma_0 = C_0 \times I_0$ where I_0 is an open neighbourhood of z_0 in $\mathbb{R}^n$, and $C_0 \subset \mathbb{R}^n$ denotes an open cube in $\mathbb{R}^n$ centered at θ_0 which is of the form

(101) $C_0 = \{\theta \in \mathbb{R}^n: |\theta^{\alpha} - \theta^{\alpha}_0| < \rho, 1 \leq \alpha \leq n\}, \quad \rho > 0.$

We can also assume that the mapping $\tau: (\theta, z) \mapsto (x, z), x = \xi(\theta, z)$, is a C^2-diffeomorphism of Γ_0 onto G_0; then $\xi(\cdot, z)$ is a C^2-diffeomorphism of C_0 onto a domain $\mathscr{D}(z)$ in $\mathbb{R}^n$, hence

(102) $G_0 = \{(x, z): z \in I, x \in \mathscr{D}(z)\}.$

Therefore each of the surface

(103) $\mathscr{S}_{\theta} := \{(x, z) \in G_0: S(x, z) = \theta\}, \quad \theta \in C_0,$

is an n-dinemsional manifold representable by $x = \xi(\theta, z)$, $z \in I_0$, and the family $\{\mathscr{S}_\theta\}_{\theta \in C_0}$ yields a foliation of G_0.

From $S^\alpha(\xi(\theta, z)) = \theta^\alpha$ we obtain by differentiating with respect to z^i that

$$S^\alpha_{x^\beta}(x, z)\xi^\beta_{z^i}(\theta, z) + S^\alpha_{z^i}(x, z) = 0, \quad x = \xi(\theta, z).$$

On account of (97) and (98) it follows that

(104) $$\xi^\beta_{z^i}(\theta, z) = \mathscr{Q}^\beta_i(\xi(\theta, z), z) \quad \text{for all } (\theta, z) \in \Gamma_0.$$

This means, *the surfaces $\mathscr{S}_0$ represented by $x = \xi(\theta, z)$, $z \in I_0$, fit the slope field $\mathscr{q} : G_0 \to G_0 \times \mathbb{R}^{nN}$ which is transversal to the geodesic slope field $\mathscr{p} : G_0 \to \hat{G}_0$ in the sense that $\mathscr{p}(x, z)$ and $\mathscr{q}(x, z)$ are transversal for every $(x, z) \in G_0$*, see Definition 1. We denote each manifold $\mathscr{S}_\theta = \{(x, z) \in G_0 : S(x, z) = \theta\}$ as a *transversal surface with regard to the geodesic slope field $\mathscr{p}$*, and the family $\{\mathscr{S}_\theta\}_{\theta \in C_0}$ is said to be a *transversal foliation with respect to $\mathscr{p}$*.

Thus we have found quite a satisfactory geometric interpretation of the eikonal map S and of relation (97); this relation expresses the fact that the surfaces $\mathscr{S}_\theta = \{S = \theta\}$ are transversal to the geodesic slope field associated with S.

Proposition 1. *Any C^2-mapping $v : \mathscr{V} \to \mathbb{R}^N$, $\mathscr{V} \subset \mathbb{R}^n$, fitting a geodesic slope field $\mathscr{p}$ is an F-extremal.*

Proof. Since M is a null Lagrangian, we have

(105) $$D_\alpha M_{p^i_\alpha}(x, v(x), Dv(x)) - M_{z^i}(x, v(x), Dv(x)) = 0.$$

Furthermore $\{S, \mathscr{P}\}$ is a solution of the Carathéodory equations

$$\overline{M} = \overline{F}, \qquad \overline{M}_{p^i_\alpha} = \overline{F}_{p^i_\alpha},$$

where $\overline{}$ indicates the composition with $\mathscr{p}$. Differentiating $\overline{F}$ and $\overline{M}$ with respect to z^i we obtain

$$\overline{M_{z^i}} + \overline{M_{p^k_\alpha}}\frac{\partial}{\partial z^i}\mathscr{P}^k_\alpha = \frac{\partial}{\partial z^i}\overline{M} = \frac{\partial}{\partial z^i}\overline{F} = \overline{F_{z^i}} + \overline{F_{p^k_\alpha}}\frac{\partial}{\partial z^i}\mathscr{P}^k_\alpha$$

and therefore also

$$\overline{M_{z^i}} = \overline{F_{z^i}}.$$

Since $\mathscr{p}(x, v(x)) = (x, v(x), Dv(x))$, equation (105) implies

$$D_\alpha F_{p^i_\alpha}(x, v(x), Dv(x)) - F_{z^i}(x, v(x), Dv(x)) = 0. \qquad \square$$

Proposition 2. *Suppose that $\mathscr{p} : G_0 \to \hat{G}_0$ is a slope field, $\mathscr{q} = \mathscr{R}_F \circ \mathscr{p}$, and $\mathscr{p}(x, z) = (x, z, \mathscr{P}(x, z))$, $\mathscr{q}(x, z) = (x, z, \mathscr{Q}(x, z))$. Then $\mathscr{p}$ is a geodesic slope field if and only if there is a mapping $S \in C^2(G_0, \mathbb{R}^n)$, $S = (S^1, \ldots, S^n)$, such that the following holds true:*

(106) $$S^\alpha_{x^\beta}\mathscr{Q}^\beta_i + S^\alpha_{z^i} = 0,$$

(107) $$\bar{K} \det(S_{x^\alpha}^\gamma) + 1 = 0.$$

Here we have as usually set:

(108) $$\bar{K}(x, z) := K(x, z, \mathcal{Q}(x, z)) = \Psi(x, z, \mathcal{P}(x, z)) =: \bar{\Psi}(x, z).$$

Furthermore, if $\{S, \mathcal{Q}\}$ is a solution of (106), (107), then S is an eikonal map associated with $\wp$, and $\det(S_{x^\beta}^\alpha) \neq 0$.

Proof. (i) Suppose that $\wp$ is a geodesic slope field with an eikonal map S. Then, by virtue of Lemma 1, $\{S, \mathcal{P}\}$ satisfy (97) and (98). However, these equations are equivalent to (106) and (107), since we have

$$\bar{K} = \bar{\Psi} = (-\bar{F})^{n-1}/\bar{A}$$

on account of (30).

(ii) Conversely, suppose that $\{S, \mathcal{Q}\}$ are solutions of (106), (107). Then we infer from (81) and (106) that

$$\bar{\Sigma}_\beta^\alpha = S_{x^\beta}^\alpha - S_{x^\rho}^\alpha \mathcal{Q}_i^\rho \mathcal{P}_\beta^i = S_{x^\rho}^\alpha [\delta_\beta^\rho - \mathcal{Q}_i^\rho \mathcal{P}_\beta^i],$$

and by (28) and (32) we have

(109) $$\bar{g}_\beta^\rho = \delta_\beta^\rho - \mathcal{Q}_i^\rho \mathcal{P}_\beta^i, \qquad \bar{\mathcal{G}} = -\bar{F}\bar{K}.$$

Thus we obtain

(110) $$\bar{\Sigma}_\beta^\alpha = S_{x^\rho}^\alpha \bar{g}_\beta^\rho$$

and

$$\bar{M} = \det(\bar{\Sigma}_\beta^\alpha) = \det(S_{x^\rho}^\alpha) \cdot \bar{\mathcal{G}} = (-1/\bar{K})(-\bar{F}\bar{K}),$$

i.e.

$$\bar{M} = \bar{F}.$$

Furthermore (110) implies

$$\bar{\Sigma}_\sigma^\lambda \bar{T}_\lambda^\beta \bar{h}_\alpha^\sigma = S_{x^\rho}^\lambda \bar{g}_\sigma^\rho \bar{h}_\alpha^\sigma \bar{T}_\lambda^\beta,$$

whence

$$\bar{M}\bar{h}_\alpha^\beta = S_{x^\rho}^\lambda \bar{\mathcal{G}}\delta_\alpha^\rho \bar{T}_\lambda^\beta = S_{x^\alpha}^\lambda \bar{T}_\lambda^\beta \bar{\mathcal{G}},$$

and (109$_2$) now leads to

$$\bar{M}\bar{h}_\alpha^\beta = -\bar{F}\bar{K}S_{x^\alpha}^\lambda \bar{T}_\lambda^\beta.$$

Since we have already verified that $\bar{M} = \bar{F}$, it follows that

$$\bar{h}_\alpha^\beta = -\bar{K}S_{x^\alpha}^\lambda \bar{T}_\lambda^\beta.$$

By (39) we have

$$\bar{K}\Pi_i^\alpha = \mathcal{Q}_i^\sigma \bar{h}_\sigma^\alpha,$$

whence

$$\Pi_i^\alpha = -\mathcal{Q}_i^\sigma S_{x^\sigma}^\lambda \overline{T}_\lambda^\alpha,$$

and (106) now implies

$$\Pi_i^\alpha = S_{z^i}^\lambda \overline{T}_\lambda^\alpha.$$

We have $\overline{F}_{p_\alpha^i} = \Pi_i^\alpha$, and (84) yields

$$S_{z^i}^\lambda \overline{T}_\lambda^\alpha = \overline{M}_{p_\alpha^i}.$$

Thus we arrive at the second desired formula

$$\overline{F}_{p_\alpha^i} = \overline{M}_{p_\alpha^i}. \qquad \qquad \square$$

An immediate consequence of Proposition 2 is the following result.

Proposition 3. *Suppose that $\wp : G_0 \to \hat{G}_0$ is a geodesic slope field with an eikonal map $S \in C^2(G_0, \mathbb{R}^n)$. Then S satisfies the partial differential equation*

(111) $$K(x, z, -S_z S_x^{-1}) \cdot \det S_x + 1 = 0.$$

Conversely, let $S \in C^2(G_0, \mathbb{R}^n)$ be a solution of (111), and define $q : G_0 \to \hat{G}_0^*$ by $q(x, z) = (x, z, \mathcal{Q}(x, z))$ and

(112) $$\mathcal{Q} := -S_z S_x^{-1}, \quad i.e. \quad \mathcal{Q}_i^\beta S_{x^\beta}^\alpha = -S_{z^i}^\alpha.$$

Then $\wp := \mathcal{R}_F^{-1} \circ q : G_0 \to \hat{G}_0$ is a geodesic field in the sense of Carathéodory, and S is an associated eikonal map of $\wp$.

We denote the first-order partial differential equations (111) for the eikonal map S as *Vessiot–Carathéodory equation*. For $n = 1$ it does not reduce to the Hamilton–Jacobi equation but to *Vessiot's equation*, which under appropriate assumptions on F is "equivalent" to Hamilton–Jacobi's equation (see 10,2.5 and 10,3).

Let us now summarize what we so far have achieved for the solution of our main problem. We try to find a Carathéodory calibrator M, given by

$$M(x, z, p) = \det[S_{x^\beta}^\alpha(x, z) + S_{z^i}^\alpha(x, z)p_\beta^i],$$

for $\{F, u_0, \mathscr{C}_\varepsilon(u_0)\}$ where $u_0 = u|_{\Omega_0}$, and Ω_0 is a neighbourhood of $x_0 \in \Omega$, $\Omega_0 \subset \Omega$, such that graph $u_0 \subset G_0$. Since we want to carry out such a construction for each $x_0 \in \Omega$, we have to assume that u is an F-extremal, according to Proposition 1. Let x_0 be an arbitrary point in Ω. Then for sufficiently small neighbourhoods Ω_0 of x_0 and G_0 of (x_0, z_0), $z_0 = u(x_0)$, with graph $u_0 \subset G_0$, $u_0 := u|_{\Omega_0}$, we try to find a solution $S \in C^2(G_0, \mathbb{R}^n)$ of Vessiot–Carathéodory's equation (111) such that u fits the geodesic field $\wp : G_0 \to \hat{G}_0$ generated by S as we have described in Proposition 3. Note that this *fitting problem for u_0* is a highly underdetermined problem since (111) is a simple scalar equation for n unknown function $S^1, \ldots, S^n$. The fitting problem can be interpreted in the following way: Given a sufficiently small part u_0 of an F-extremal u, we have to find a foliation of G_0 by level surfaces $\mathscr{S}_\theta = \{(x, z) \in G_0 : S(x, z) = \theta\}$ of a solution S of (111) such that each leaf $\mathscr{S}_\theta$ intersects the given extremal surface $\mathscr{E}_0 := \text{graph } u_0$ transversally.

Let us presently assume that the fitting problem for u_0 as described above is solved by means of a suitable solution S of Vessiot–Carathéodory's equation (111). We then want to show that the null Lagrangian M constructed in (1) in terms of S is a calibrator. This will be achieved by establishing (I) and (II) for the geodesic slope field $\not\!\!/(x, z) = (x, z, \mathscr{P}(x, z))$ generated by S, see Proposition 3. Note that $\{S, \mathscr{P}\}$ satisfies the Carathéodory equations (90) and (91); hence (I) holds true as it means $\overline{M} = \overline{F}$. Thus we only have to make sure that (II) is satisfied, or equivalently that

$$(113) \qquad F^*(x, z, p) \geq 0 \quad \text{for all } (x, z, p) \in G_0 \times \mathbb{R}^{nN},$$

where F^* denotes the modified Lagrangian $F^* = F - M$ which we had already introduced in (80). The function F^* plays in Carathéodory's field theory the same role as Weierstrass's excess function $\mathscr{E}_F(x, z, p_0, p)$, $p_0 = \mathscr{P}(x, z)$, in De Donder–Weyl's theory. *In general we have to add condition* (113) *to our basic assumptions* (i) *and* (ii) *on* F (cf. (12) and (13)) to make certain that M is a calibrator for $\{F, u_0, \mathscr{C}_\varepsilon(u_0)\}$. This corresponds to the assumption $\mathscr{E}_F \geq 0$ in the field theory for one-dimensional variational problems (cf. Chapters 6 and 8). Assumption (113) looks rather unpleasant because it not only involves F but also S which is still to be constructed; however, for the *local fitting problem* the situation is not as bad as it may first appear. In addition we shall see that assumption (13) "almost" follows form (113); in fact we shall prove that the assumption $F^* \geq 0$ implies $R_{ik}^{\alpha\beta} \xi_\alpha^i \xi_\beta^k \geq 0$. In other words, the two conditions $R \geq 0$ and $R > 0$ play a similar role in Carathéodory's theory as the "necessary" Legendre condition $F_{pp} \geq 0$ and the "sufficient" Legendre condition $F_{pp} > 0$ for one-dimensional variational integrals $\int_a^b F(x, u(x), u'(x)) \, dx$.

In the sequel we shall always use our standard notation

$$\overline{F} = F \circ \not\!\!/, \quad \overline{a}_\alpha^\beta = a_\alpha^\beta \circ \not\!\!/, \quad \Pi_i^\alpha = \overline{F_{p_\alpha^i}} = F_{p_\alpha^i} \circ \not\!\!/, \text{ etc.}$$

We begin by deriving a second expression for $M = \det(\Sigma_\alpha^\beta)$ assuming that S is an eikonal map for a geodesic slope field $\not\!\!/$. Interestingly enough only terms in F and $\not\!\!/$ enter in this expression while S has completely disappeared.

Proposition 4. *Let* $\not\!\!/ : G_0 \to \hat{G}_0$ *be a geodesic slope field,* $\not\!\!/(x, z) = (x, z, \mathscr{P}(x, z))$, *and let* $M(x, z, p)$ *be a null Lagrangian of form* (1) *where* S *is an eikonal map for* S. *Then* M *can be written as*

$$(114) \quad M(x, z, p) = \overline{F}^{1-n}(x, z) \det\{\overline{F}(x, z)\delta_\alpha^\beta + [p_\alpha^i - \mathscr{P}_\alpha^i(x, z)]\Pi_i^\beta(x, z)\}.$$

Proof. We have

$$(115) \qquad \overline{T}_\rho^\beta \Sigma_\alpha^\rho = \overline{T}_\rho^\beta S_{x^\alpha}^\rho + \overline{T}_\rho^\beta S_{z^i}^\rho p_\alpha^i.$$

From (95_2) and (84) we obtain

(116) $$\overline{T}_\rho^\beta S_{z^i}^\rho = \Pi_i^\beta,$$

and therefore

$$\overline{a}_\alpha^\beta = \mathscr{P}_\alpha^i \Pi_i^\beta - \overline{F}\delta_\alpha^\beta = \mathscr{P}_\alpha^i \overline{T}_\rho^\beta S_{z^i}^\rho - \overline{M}\delta_\alpha^\beta$$
$$= \mathscr{P}_\alpha^i \overline{T}_\rho^\beta S_{z^i}^\rho - \overline{\Sigma}_\alpha^\rho \overline{T}_\rho^\beta = \overline{T}_\rho^\beta (\mathscr{P}_\alpha^i S_{z^i}^\rho - \overline{\Sigma}_\alpha^\rho),$$

whence

(117) $$\overline{a}_\alpha^\beta = - \overline{T}_\rho^\beta S_{x^\alpha}^\rho.$$

Combining (115)–(117) we find that

$$\overline{T}_\rho^\beta \Sigma_\alpha^\rho = - \overline{a}_\alpha^\beta + \Pi_i^\beta p_\alpha^i = -(\mathscr{P}_\alpha^i \Pi_i^\beta - \overline{F}\delta_\alpha^\beta) + \Pi_i^\beta p_\alpha^i,$$

whence

(118) $$\overline{T}_\rho^\beta \Sigma_\alpha^\rho = \overline{F}_\alpha^\beta + (p_\alpha^i - \mathscr{P}_\alpha^i)\Pi_i^\beta.$$

It follows that

(119) $$(\det T)(\det \Sigma) = \det[\overline{F}\delta_\alpha^\beta + (p_\alpha^i - \mathscr{P}_\alpha^i)\Pi_i^\beta].$$

Furthermore we have

$$M = \det \Sigma, \quad \overline{M} = \overline{F}, \quad \overline{M}^{n-1} = \det \overline{T},$$

and thus (119) yields

(120) $$M\overline{F}^{n-1} = \det[\overline{F}\delta_\alpha^\beta + (p_\alpha^i - \mathscr{P}_\alpha^i)\Pi_i^\beta]. \qquad \square$$

An immediate consequence of Proposition 4 is

Proposition 5. *Condition* (113) *is equivalent to*

(121) $$F - \overline{F}^{1-n} \det[\overline{F}\delta_\alpha^\beta + (p_\alpha^i - \mathscr{P}_\alpha^i)\Pi_i^\beta] \geq 0 \quad \text{on } G_0 \times \mathbb{R}^{nN}$$

if the assumptions of Proposition 4 are satisfied.

Lemma 2. *We have*

(122) $$dT_\alpha^\beta = M^{-1}(T_\alpha^\beta T_\lambda^\mu - T_\lambda^\beta T_\alpha^\mu)\, d\Sigma_\mu^\lambda.$$

Proof. From $M = \det \Sigma$ we infer that

$$dM = T_\beta^\alpha\, d\Sigma_\alpha^\beta.$$

Furthermore we have

$$\delta_\alpha^\lambda M = \Sigma_\mu^\lambda T_\alpha^\mu.$$

Therefore

$$\delta_\alpha^\lambda T_\sigma^\rho\, d\Sigma_\rho^\sigma = \delta_\alpha^\lambda\, dM = d(\delta_\alpha^\lambda M) = d(\Sigma_\mu^\lambda T_\alpha^\mu)$$
$$= (d\Sigma_\mu^\lambda)T_\alpha^\mu + \Sigma_\mu^\lambda\, dT_\alpha^\mu.$$

Multiplying both sides by T_λ^β and summing over μ we find

$$T_\alpha^\beta T_\sigma^\rho \, d\Sigma_\rho^\sigma = T_\lambda^\beta T_\alpha^\mu \, d\Sigma_\mu^\lambda + M \, dT_\alpha^\beta ,$$

and therefore

$$M \, dT_\alpha^\beta = T_\alpha^\beta T_\lambda^\mu \, d\Sigma_\mu^\lambda - T_\lambda^\beta T_\alpha^\mu \, d\Sigma_\mu^\lambda ,$$

whence we obtain (122).   □

Lemma 3. *We have*

(123)
$$M_{p_\alpha^i p_\beta^k} = \frac{1}{M}(M_{p_\alpha^i} M_{p_\beta^k} - M_{p_\beta^i} M_{p_\alpha^k}).$$

Proof. By (84) we have

(124)
$$M_{p_\alpha^i} = S_{z^i}^\gamma T_\gamma^\alpha ,$$

whence

(125)
$$M_{p_\alpha^i p_\beta^k} = S_{z^i}^\gamma \frac{\partial}{\partial p_\beta^k} T_\gamma^\alpha .$$

From (122) we infer that

(126)
$$\frac{\partial}{\partial p_\beta^k} T_\gamma^\alpha = \frac{1}{M}(T_\gamma^\alpha T_\lambda^\mu - T_\lambda^\alpha T_\gamma^\mu) \frac{\partial}{\partial p_\beta^k} \Sigma_\mu^\lambda$$

and $\Sigma_\mu^\lambda = S_{x^\mu}^\lambda + S_{z^i}^\lambda p_\mu^i$ implies that

(127)
$$\frac{\partial}{\partial p_\beta^k} \Sigma_\mu^\lambda = S_{z^i}^\lambda \delta_k^i \delta_\mu^\beta = S_{z^k}^\lambda \delta_\mu^\beta .$$

Combining (125)–(127) we obtain

(128)
$$M_{p_\alpha^i p_\beta^k} = \frac{1}{M} S_{z^i}^\gamma S_{z^k}^\lambda (T_\gamma^\alpha T_\lambda^\beta - T_\lambda^\alpha T_\gamma^\beta),$$

and in conjunction with (124) we arrive at (123).   □

From (11), (90), (91), and Lemma 3 we obtain for $F^* = F - M$ the following relations.

Proposition 6. *If the assumptions of Proposition 4 hold true we have* $\bar{F}^* = 0$, $\bar{F}_{p_\alpha^i}^* = 0$, *and*

(129)
$$\bar{F}_{p_\alpha^i p_\beta^k}^* = \bar{R}_{ik}^{\alpha\beta} .$$

Forming the Taylor expansion of $\bar{F}(x, z, p)$ at $p = \mathscr{P}(x, z)$ for fixed x and z we therefore obtain

$$F^*(x, z, p) = \tfrac{1}{2} F^*_{p^i_\alpha p^k_\beta}(x, z, \vartheta p + (1 - \vartheta)\mathscr{P})(\mathscr{P}^i_\alpha - p^i_\alpha)(\mathscr{P}^k_\beta - p^k_\beta)$$

for some $\vartheta \in (0, 1)$, $\mathscr{P} = \mathscr{P}(x, z)$. Hence (113) implies that

(130) $$\overline{F}^*_{p^i_\alpha p^k_\beta}(x, z) \geq 0 \quad \text{for all } (x, z) \in G_0,$$

which by (129) is equivalent to

(131) $$\overline{R}^{\alpha\beta}_{ik}(x, z) \geq 0 \quad \text{for all } (x, z) \in G_0.$$

Thus we have proved:

Proposition 7. *The condition $F^* \geq 0$ on G_0 implies that $(\overline{R}^{\alpha\beta}_{ik}) \geq 0$ on G_0.*

Now we can formulate the following result summarizing the preceding propositions:

Theorem 1. *Suppose that $F \neq 0$, $A \neq 0$, and $(R^{\alpha\beta}_{ik}) > 0$. Moreover let $u : \Omega \to \mathbb{R}^N$, $\Omega \subset \mathbb{R}^n$, be an F-extremal, $x_0 \in \Omega$, $z_0 = u(x_0)$, $p_0 = Du(x_0)$. Then there exist open neighbourhoods $G_0 = \{(x, z): z \in I_0, x \in \mathscr{D}(z)\}$ of (x_0, z_0) in $\mathbb{R}^n \times \mathbb{R}^N$ and $\hat{G}_0 = G_0 \times B_r(p_0)$ in $\mathbb{R}^n \times \mathbb{R}^N \times \mathbb{R}^{nN}$ such that Carathéodory's transformation $\mathscr{R}_F$ yields a diffeomorphism of $\hat{G}_0$ onto some domain $\hat{G}^*_0$. Choose a sufficiently small open neighborhood Ω_0 of x_0 in Ω such that graph $u_0 \subset G_0$ where $u_0 = u|_{\overline{\Omega}_0}$, and suppose also that u_0 fits a geodesic slope field $\not p : G_0 \to \hat{G}_0$ with an associated eikonal map $S : G_0 \to \mathbb{R}^n$. Finally assume that*

(132) $$F - \overline{F}^{1-n} \det[\overline{F}\delta^\beta_\alpha + (p^i_\alpha - \mathscr{P}^i_\alpha)\overline{F}_{p^i_\alpha}] \geq 0 \quad \text{for } (x, z, p) \in G_0 \times \mathbb{R}^{nN},$$

where $\not p(x, z) = (x, z, \mathscr{P}(x, z))$, $\overline{F} = F \circ \not p$, $\overline{F}_{p^i} = F_{p^i} \circ \not p$. Then the null Lagrangian

$$M(x, z, p) = \det[S^\alpha_{x^\beta}(x, z) + p^i_\beta S^\alpha_{z^i}(x, z)]$$

is a calibrator for $\{F, u_0, \mathscr{C}_\varepsilon(u_0)\}$, $0 < \varepsilon \ll 1$, and therefore u_0 is a strong minimizer of $\int_{\Omega_0} F(x, v(x), Dv(x)) \, dx$ among all $v \in \mathscr{C}_\varepsilon(u)$.

In fact we can prove more. For convenience we assume that $F > 0$ (instead of $F \neq 0$). Consider the mapping $x \mapsto \theta = \vartheta(x)$ where $\vartheta(x) := S(x, u_0(x))$, $x \in \overline{\Omega}_0$. We have

$$\vartheta^\alpha_{x^\beta}(x) = \Sigma^\alpha_\beta(x, u_0(x), Du_0(x)),$$

whence

(133) $$\det D\vartheta(x) = M(x, u_0(x), Du_0(x)) = \overline{M}(x, u_0(x)) > 0.$$

Since we have chosen Ω_0 as a sufficiently small neighborhood of z_0 we can assume that ϑ is a diffeomorphism of Ω_0 onto $\overline{\Omega}^*_0$ where $\Omega^*_0 := \vartheta(\Omega_0)$. Consider the tube $\mathscr{T}$ defined by

$$\mathscr{T} := \bigcup_{x \in \partial\Omega_0} \mathscr{S}_{\vartheta(x)} = \tau(\partial\Omega^*_0 \times I_0),$$

cf. (101)–(103). Suppose also that $\partial\Omega_0$ is a smooth manifold, and let $\varphi(x) = (x, u_0(x))$. Then the tube $\mathscr{T}$ is a smooth manifold of dimension $n + N - 1$ containing the boundary $\partial\mathscr{E}_0$ of the extremal surface $\mathscr{E}_0 = \varphi(\overline{\Omega}_0) = \text{graph } u_0$.

We infer from (133) that

$$\mathcal{M}(u_0) = \int_{\Omega_0} M(x, u_0(x), Du_0(x)) \, dx = \int_{\Omega_0} \det D\vartheta(x) \, dx$$

$$= \text{meas } \Omega_0^* = \int_{\Omega_0^*} d\theta^1 \wedge d\theta^2 \wedge \cdots \wedge d\theta^n$$

$$= \int_{\Omega_0^*} d[\theta^1 \, d\theta^2 \wedge \cdots \wedge d\theta^n] = \int_{\partial\Omega_0^*} \theta^1 \, d\theta^2 \wedge \cdots \wedge d\theta^n,$$

whence

(134) $$\mathcal{M}(u_0) = \text{meas } \Omega_0^* = \int_{\Omega_0^*} d\theta^1 \wedge d\theta^2 \wedge \cdots \wedge d\theta^n.$$

Furthermore consider an arbitrary map $v \in C^2(\overline{U}, \mathbb{R}^N)$, $\overline{U} \subset \Omega$, $\psi(x) := (x, v(x))$, and suppose that

$$\mathcal{T} := \text{graph } v = \psi(\overline{U}) \subset G_0.$$

From

$$dS^\alpha(x, v(x)) = \Sigma_\beta^\alpha(x, v(x), Dv(x)) \, dx^\beta,$$

we infer that

$$M(\cdot, v, Dv) \, dx = \psi^*[dS^1 \wedge dS^2 \wedge \cdots \wedge dS^n],$$

whence

$$\mathcal{M}(v) = \int_U M(x, v(x), Dv(x)) \, dx = \int_U \psi^*[dS^1 \wedge \cdots \wedge dS^n]$$

$$= \int_{\psi(U)} dS^1 \wedge \cdots \wedge dS^n = \int_{\mathcal{T}} d[S^1 \, dS^2 \wedge \cdots \wedge dS^n]$$

$$= \int_{\partial\mathcal{T}} S^1 \, dS^2 \wedge \cdots \wedge dS^n.$$

Thus by introducing the $(n-1)$-form $\sigma = S^1 \, dS^2 \wedge \cdots \wedge dS^n$ we find

(135) $$\mathcal{M}(v) = \int_{\partial\mathcal{T}} \sigma.$$

Suppose now that the boundary $\partial\mathcal{T}$ of $\mathcal{T}$ lies on the tube $\mathcal{Z}$ and that the mapping $t : \partial\mathcal{T} \to \partial\Omega_0^*$ defined by $(x, v(x)) \mapsto \theta = S(x, v(x))$ is one-to-one. Then we infer from (135) that

$$\mathcal{M}(v) = \int_{\partial\Omega_0^*} \theta^1 \, d\theta^2 \wedge \cdots \wedge d\theta^n.$$

Then it follows in conjunction with (134) that

(136) $$\mathcal{M}(u_0) = \mathcal{M}(v) \text{ if } \partial\mathcal{T} \subset \mathcal{Z} \text{ and } t : \partial\mathcal{T} \to \partial\Omega_0^* \text{ is } 1\text{--}1.$$

More generally we have $\mathcal{M}(u_0) = \mathcal{M}(v)$ if $\partial\mathcal{T} \subset \mathcal{Z}$ and if $\partial\mathcal{T}$ and $\partial\mathcal{E}_0$ are homologous in $\mathcal{Z}$, since in this case there is an n-chain $\mathcal{C}$ in $\mathcal{Z}$ such that $\partial\mathcal{C} = \partial\mathcal{T} - \partial\mathcal{E}_0$, and thus we obtain by Stokes's theorem

$$\mathcal{M}(v) - \mathcal{M}(u_0) = \int_{\partial\mathcal{T}} \sigma - \int_{\partial\mathcal{E}_0} \sigma = \int_{\partial\mathcal{C}} \sigma = \int_{\mathcal{C}} d\sigma,$$

and $\mathcal{C} \subset \mathcal{Z}$ implies that

$$\int_{\mathcal{C}} d\sigma = \int_{\mathcal{C}} dS^1 \wedge \cdots \wedge dS^n = 0.$$

Thus, we have

(136) $$\mathcal{M}(u_0) = \mathcal{M}(v) \text{ if } \partial\mathcal{T} \subset \mathcal{L} \text{ and } \partial\mathcal{T} \sim \mathcal{E}_0 \text{ in } \mathcal{L},$$

which leads to the following

Supplement of Theorem 1. *Let v be a comparison map of class $C^1(\overline{U}, \mathbb{R}^N)$, $\overline{U} \subset \Omega$, whose graph, $\mathcal{T}$, satisfies $\mathcal{T} \subset G_0$, $\partial\mathcal{T} \subset \mathcal{L}$, and $\partial\mathcal{T} \sim \partial\mathcal{E}_0$ in $\mathcal{L}$ where $\mathcal{E}_0 = \text{graph } u_0$. Then we have*

(137)
$$\mathcal{F}(u_0) := \int_{\Omega_0} F(x, u_0(x), Du_0(x)) \, dx$$
$$\leq \int_U F(x, v(x), Dv(x)) \, dx := \mathcal{F}(v).$$

Furthermore, if v fits the geodesic field $\not{p}$, then $\mathcal{F}(u_0) = \mathcal{F}(v)$.

We can view this result as a *generalization of A. Kneser's transversality theorem* (see Chapter 6). There is no comparable result in De Donder–Weyl's field theory which is taylored to variational problems with fixed boundaries, and H. Boerner [3] has proved that Carathéodory's theory plays a distinguished role among all possible field theories (cf. 4.3) introduced by Lepage as it is the only one allowing a treatment of free boundary problems analogously to the case $n = 1$.

Let us finally sketch how the *local fitting problem* can be solved for Carathéodory's theory. The first solution of this problem was given by H. Boerner [5]; his approach is similar to the one we have presented in 4.1 for solving the fitting problem in the framework of De Donder–Weyl's theory, only that the underlying formalism is now much more involved. Here we want to indicate another method based on ideas of E. Hölder [2] which lead to a considerable formal simplification and a better geometric understanding of the problem.

We begin by looking at a *special situation*. For solving the fitting problem we have to find a solution $S(x, z) = (S^1(x, z), \dots, S^n(x, z))$ of the Vessiot–Carathéodory equation (111) in G_0 such that $u_0 = u|_{\Omega_0}$ fits $\not{p} = \mathcal{R}_F^{-1} g$ where $g(x, z) = (x, z, \mathcal{Q}(x, z))$, $\mathcal{Q} = -S_z \cdot S_x^{-1}$, i.e. u_0 has to satisfy $u_{0x^\alpha}^i = \mathcal{P}(x, u_0)$ where $\not{p}(x, z) = (x, z, \mathcal{P}(x, z))$, or equivalently u_0 must fulfil the equations

(138) $$\mathcal{Q}_i^\beta(x, u_0(x)) S_{x^\beta}^\alpha(x, u_0(x)) = -S_{z^i}^\alpha(x, u_0(x)),$$

cf. (112). We try the Ansatz

(139) $$S^A(x, z) = x^A, \quad 2 \leq A \leq n.$$

(Here and in the following capital Greek indices $A, B, \dots$ run from 2 to n.) Then we have

(140) $$S_{z^i}^A = 0, \quad S_{x^\beta}^A = \delta_\beta^A, \quad \Sigma_\beta^A = \delta_\beta^A.$$

Set $t = x^1$, $\xi^2 = x^2, \dots, \xi^n = x^n$, $\xi = (\xi^2, \dots, \xi^n)$, i.e. $x = (t, \xi)$, and

(141) $$\mathcal{S}(t, \xi, z) := S^1(x, z).$$

We shall treat ξ^A, $2 \leq A \leq n$, as parameters. From $M = \det \Sigma = \Sigma_1^1$ we then obtain that

(142) $$M = \mathcal{S}_t + p_1^i \mathcal{S}_{z^i} = \Sigma_1^1,$$

and $T = (T_\beta^\alpha)$, $T_\beta^\alpha = \text{cofactor of } \Sigma_\alpha^\beta \text{ in det } \Sigma$, has the form

(143)
$$T = \begin{bmatrix} 1 & & & 0 \\ & \Sigma_1^1 & & \\ & & \ddots & \\ 0 & & & \Sigma_1^1 \end{bmatrix}.$$

From (140) we infer that

(144) $$\mathcal{Q}_i^A = 0;$$

therefore *the* Ansatz (139) *is possible if and only if*

$$(145) \qquad \eta_i^A(x, u_0(x), Du_0(x)) = 0.$$

From (144) and the relations $S_{z^i}^1 = -S_{x^\beta}^1 \mathcal{Q}_i^\beta$ we obtain

$$(146) \qquad \mathcal{S}_{z^i} = -\mathcal{S}_t \mathcal{Q}_i^1, \quad \text{i.e.} \quad \mathcal{Q}_i^1 = -\mathcal{S}_{z^i}/\mathcal{S}_t.$$

Let us introduce the function $K_0(t, \xi, z, q^1)$ by

$$(147) \qquad K_0(t, \xi, z, q^1) := K(x, z, q^1, 0, \ldots, 0) = K(x, z, q)|_{q=(q^1, 0, \ldots 0)}.$$

Then Vessiot–Carathéodory's equation (111) reduces to the ordinary Vessiot equation

$$(148) \qquad K_0(t, \xi, z, -\mathcal{S}_{z^i}/\mathcal{S}_t)\mathcal{S}_t + 1 = 0$$

for $\mathcal{S}(t, \xi, z)$ where $\xi = (\xi^2, \ldots, \zeta^n)$ are viewed as parameters, i.e. as silent variables. We have to find a solution $\mathcal{S}$ of (148) such that (146) holds true. Since $K_0 \neq 0$ we can transform (148) into a Hamilton–Jacobi equation for $\mathcal{S}$ whose Hamiltonian is the Hölder transform of K_0 with respect to the Hölder transform $\mathcal{H}_{K_0}$ generated by K_0, and the initial value problem for (148) is transformed into an initial problem of the kind solved in *4.1* (cf. (49) and (54)–(56) in *4.1*). Thus the fitting problem is solved in our *special situation* based on the assumption (145), which allows the Ansatz (139). (We refer the reader to Chapter 10 with respect to Hölder's transformation and a detailed treatment of various Cauchy problems.) We finally remark that, in the special situation, equation (84) reduces to

$$M_{p_\alpha^i} = S_{z^i}^\gamma T_\gamma^\alpha = S_{z^i}^1 T_1^\alpha = S_{z^i}^1 \delta_1^\alpha$$

and thus we infer from (123) that

$$(149) \qquad M_{p_\alpha^i p_\beta^k} = 0$$

and therfore

$$(150) \qquad R_{ik}^{\alpha\beta} = F_{p_\alpha^i p_\beta^k}.$$

In other words, the basic assumption (ii), (13) reduces in our special situation to the condition of superstrong ellipticity,

$$F_{p_\alpha^i p_\beta^k}(x, z, p)\xi_\alpha^i \xi_\beta^k > 0 \quad \text{for } \xi = (\xi_\alpha^i) \neq 0$$

and for all $(x, z, p) \in G_0 \times \mathbb{R}^{nN}$ which in turn implies the "Weierstrass condition"

$$F^*(x, z, p) > 0 \quad \text{for } (x, z, p) \in G_0 \times \mathbb{R}^{nN}, p \neq \mathcal{P}(x, z).$$

Let us now turn to the solution of the fitting problem in general. E. Hölder [2] noted that the notions of a geodesic field and of transversality are *invariant* with respect to a transformation of the dependent and the independent variables. Therefore he suggested to reduce the general case to the special situation considered above by introducing a suitable system of local coordinates. This program is carried out as follows. First one chooses functions $S^A(x, z), 2 \leq A \leq n$, such that (138) holds true. This can easily be achieved by means of the implicit function theorem (cf. Boerner [2], p. 209, footnote 23). Then one introduces new variables $\bar{x}^2, \ldots, \bar{x}^n$ by setting

$$\bar{x}^A = S^A(x, z), \quad 2 \leq A \leq n.$$

This transformation is to be extended in the natural way to a "contact transformation" of the x, z, p-space. It can be seen that thereby the general case is reduced to the special situation, and the initial problem for $S^1(x, z)$ is transformed to an initial problem in the special situation which we have solved above. Reversing the transformation we are led to a solution of the general fitting problem. The basic ideas of this approach were outlined in E. Hölder [2]; a careful and precise presentation was given by van Hove [2], and for details we refer the reader to this paper.

4.3. Lepage's General Field Theory

The field theories of De Donder–Weyl and Carathéodory can be viewed as special cases of a more general method due to Lepage, which we now want to outline in an axiomatic way.

Let $F(x, z, p)$ be the basic C^2-Lagrangian, defined on $\mathbb{R}^n \times \mathbb{R}^N \times \mathbb{R}^{nN}$. As in *4.1* we introduce the 1-forms ω^i by

$$(1) \qquad \omega^i = dz^i - p_\alpha^i \, dx^\alpha,$$

and then the *generalized Beltrami form* γ_F as an n-form defined by

$$(2) \quad \begin{aligned} \gamma_F = {}& F \, dx + A_i^\alpha \omega^i \wedge (dx)_\alpha + A_{ij}^{\alpha\beta} \omega^i \wedge \omega^j \wedge (dx)_{\alpha\beta} \\ & + \cdots + A_{i_1 i_2 \ldots i_k}^{\alpha_1 \alpha_2 \cdots \alpha_k} \omega^{i_1} \wedge \cdots \wedge \omega^{i_k} \wedge (dx)_{\alpha_1 \ldots \alpha_k} \\ & + \cdots + A_{i_1 i_2 \ldots i_n} \omega^{i_1} \wedge \omega^{i_2} \wedge \cdots \wedge \omega^{i_n}, \end{aligned}$$

where

$$dx = dx^1 \wedge dx^2 \wedge \cdots \wedge dx^n,$$

$$(dx)_\alpha = e_\alpha \lrcorner \, dx, \quad (dx)_{\alpha\beta} = e_\beta \lrcorner (e_\alpha \lrcorner \, dx), \quad \ldots,$$

and the coefficients $A_{i_1 i_2 \ldots i_k}^{\alpha_1 \alpha_2 \cdots \alpha_k}(x, z, p)$ are skew-symmetric both in $(i_1 i_2 \ldots i_k)$ and in $(\alpha_1 \alpha_2 \ldots \alpha_k)$. Thus, by redefining the coefficients $A_{ij}^{\alpha\beta}, \ldots$, we can write γ_F as

$$(2') \qquad \gamma_F = F \, dx + \sum_{k=1}^n \sum_{\substack{(\alpha_1 < \cdots < \alpha_k) \\ (i_1 < \cdots < i_k)}} A_{i_1 \cdots k}^{\alpha_1 \cdots \alpha_k} \omega^{i_1} \wedge \cdots \wedge \omega^{i_k} \wedge (dx)_{\alpha_1 \ldots \alpha_k},$$

where the second sum is to be taken over all ordered k-tuples $\alpha_1 < \cdots < \alpha_k$ and $i_1 < \cdots < i_k$, $1 \le \alpha_\nu \le n$, $1 \le i_\nu \le N$.

Note that the Beltrami form used in *7,4.1* is the special form

$$\begin{aligned} \gamma_F &= (F - p \cdot F_p) \, dx + F_{p_\alpha^i} \, dz^i \wedge (dx)_\alpha \\ &= F \, dx + F_{p_\alpha^i} \omega^i \wedge (dx)_\alpha, \end{aligned}$$

where all terms of the right-hand side in (2) vanish except for the first two, and $A_i^\alpha = F_{p_\alpha^i}$.

Next we consider a slope field $\wp : G \to \hat{G}$ of class C^1 given by

$$(3) \qquad \wp(x, z) = (x, z, \mathscr{P}(x, z)).$$

For the sake of simplicity we assume that $G = \mathbb{R}^n \times \mathbb{R}^N$ and $\hat{G} = G \times \mathbb{R}^{nN}$.

With every map $u \in C^1(\overline{\Omega}, \mathbb{R}^N)$, Ω a domain in $\mathbb{R}^n$, we associate the *graph map* $\overline{u} : \overline{\Omega} \to G$ by

$$(4) \qquad \overline{u}(x) := (x, u(x)),$$

and the *1-prolongation* $e : \overline{\Omega} \to \hat{G}$ by

$$(5) \qquad e(x) := (x, u(x), Du(x)).$$

Furthermore let $u_0 \in C^2(\overline{\Omega}, \mathbb{R}^N)$ a special map fitting the slope field $\wp$, i.e.

$$(6) \qquad\qquad Du_0(x) = \mathscr{P}(x, u_0(x)).$$

If $\bar{u}_0$ and e_0 denote the graph map and the 1-prolongation respectively of u_0, we can write (6) as

$$(6') \qquad\qquad e_0 = \not{p} \circ \bar{u}_0 = \bar{u}_0{}^* \not{p}.$$

Note that (2) implies the congruence relation

$$(I) \qquad\qquad \gamma_F \equiv F \, dx \bmod(\omega^1, \dots, \omega^N).$$

Conversely, every n-form γ_F satisfying (I) can be written as an expression of the kind (2).

In addition to (I) we assume the following properties of F, γ_F, $\not{p}$, u_0:

(II) $d\gamma_F \equiv 0 \bmod(\omega^1, \dots, \omega^N)$.

(III) $d(\not{p}^*\gamma_F) = 0$.

(IV) The map u_0 fits the slope field $\not{p}$, i.e. we have (6').

(V) $E(x, z, p) \geq 0$ for all $(x, z, p) \in \hat{G}$.

Here $E(x, z, p)$ denotes *Lepage's excess function* to be defined later.
According to *4.1*, (27), the special Beltrami form

$$\gamma_F = F \, dx + F_{p_\alpha^i}\omega^i \wedge (dx)_\alpha$$

satisfies

$$d\gamma_F = \omega^i \wedge \eta_i,$$

which implies (II), and (III) means that $\not{p}$ is a geodesic field in the sense of De Donder–Weyl.

Let us now return to the general Beltrami form (2). By taking the exterior derivation of γ_F we get

$$d\gamma_F = dF \wedge dx + A_i^\alpha \, d\omega^i \wedge (dx)_\alpha + \{\dots\},$$

where $\{\dots\} \equiv 0 \bmod(\omega^1, \dots, \omega^N)$, and in conjunction with (II) we arrive at

$$d\gamma_F = [F_{p_\alpha^i} - A_i^\alpha] \, dp_\alpha^i \wedge dx + \{\dots\},$$

where $\{\dots\} \equiv 0 \bmod(\omega^1, \dots, \omega^N)$. This implies

$$(7) \qquad\qquad A_i^\alpha = F_{p_\alpha^i}$$

as for the special Beltrami form used in *4.1*. We therefore infer from (I) and (II) that

$$(8) \qquad \gamma_F = F \, dx + F_{p_\alpha^i}\omega^i \wedge (dx)_\alpha + \sum_{\substack{(i<j)\\(\alpha<\beta)}} A_{ij}^{\alpha\beta}\omega^i \wedge \omega^j \wedge (dx)_{\alpha\beta} + \cdots.$$

Hence, for $n = 1$, conditions (I) and (II) completely determine γ_F, while for $n > 1$ and $N > 1$ there can be completely arbitrary coefficients $A_{ij}^{\alpha\beta}$, $A_{ijk}^{\alpha\beta\delta}$, etc.

Because of (III) there is an $(n-1)$-form σ on G such that

$$(9) \qquad\qquad \not{p}^*\gamma_F = d\sigma.$$

On the other hand there is a Lagrangian $M(x, z, p)$ on $\hat{G}$ such that the pull-back $\bar{u}^*(\not\!p^*\gamma_F)$ of the n-form $\not\!p^*\gamma_F$ with respect to the graph map $\bar{u}$ of an *arbitrary map* $u \in C^1(\bar{\Omega}, \mathbb{R}^N)$ can be written as

$$(10) \qquad \bar{u}^*(\not\!p^*\gamma_F) = M(e)\, dx,$$

where $e : \bar{\Omega} \to \hat{G}$ is the 1-prolongation of u. In conjunction with (9) we obtain

$$(11) \qquad d(\bar{u}^*\sigma) = M(e)\, dx.$$

Set

$$(12) \qquad \mathscr{M}(u) := \int_\Omega M(x, u(x), du(x))\, dx$$

and $\mathscr{C} := C^1(\bar{\Omega}, \mathbb{R}^N) \cap \{u|_{\partial\Omega} = u_0|_{\partial\Omega}\}$. Then Stokes's theorem yields

$$(13) \qquad \begin{aligned} \mathscr{M}(u) &= \int_\Omega M(e)\, dx = \int_\Omega d(\bar{u}^*\sigma) \\ &= \int_{\partial\Omega} \bar{u}^*\sigma = \int_{\partial\Omega} \bar{u}_0^*\sigma = \text{const.} \end{aligned}$$

We infer that $\mathscr{M}(u)$ is an invariant integral on $\mathscr{C}$ and $M(x, z, p)$ is a null Lagrangian.

Now we define *Lepage's excess function* $E(x, z, p)$ appearing in condition (V) by

$$(14) \qquad E(x, z, p) := F(x, z, p) - M(x, z, p).$$

For an arbitrary $u \in C^1(\bar{\Omega}, \mathbb{R}^N)$ we have $u^*\omega^i = 0$ whence

$$(15) \qquad e^*\gamma_F = F(e)\, dx$$

and in particular

$$(16) \qquad e_0^*\gamma_F = F(e_0)\, dx.$$

Moreover, by virtue of (6') and (10) we have

$$(17) \qquad e_0^*\gamma_F = \bar{u}_0^*(\not\!p^*\gamma_F) = M(e_0)\, dx,$$

and thus

$$(18) \qquad F(e_0) = M(e_0).$$

We now infer from (13), (14) and (18) that

$$\mathscr{F}(u) - \mathscr{F}(u_0) = \mathscr{F}(u) - \mathscr{M}(u_0) = \mathscr{F}(u) - \mathscr{M}(u) = \int_\Omega E(e)\, dx,$$

whence

$$(19) \qquad \mathscr{F}(u) - \mathscr{F}(u_0) \geq \int_\Omega E(x, u(x), Du(x))\, dx,$$

and condition (V) then implies that

(20) $\mathscr{F}(u) \geq \mathscr{F}(u_0)$ for all $u \in \mathscr{C}$,

i.e. u_0 minimizes $\mathscr{F}$ in $\mathscr{C}$. Furthermore, (V) implies

(21) $F(x, u(x), Du(x)) \geq M(x, u(x), Du(x))$ for all $u \in \mathscr{C}$,

while (18) means

$$F(x, u_0(x), Du_0(x)) = M(x, u_0(x), Du_0(x)).$$

Thus we have proved that M is a calibrator for $\{F, u_0, \mathscr{C}\}$. A similar result can be proved if $\mathscr{C}$ is replaced by $\mathscr{C}_\varepsilon(u_0)$ where

$$\mathscr{C}_\varepsilon(u_0) := \mathscr{C} \cap \{u\colon \|u - u_0\|_{0, \bar{\Omega}} < \varepsilon\}, \quad 0 < \varepsilon \ll 1,$$

provided G in (V) denotes a suitable neighbourhood of graph u_0 and $\hat{G} = G \times \mathbb{R}^{nN}$. We call $M(x, z, p)$ a *Lepage calibrator for* $\{F, u_0, \mathscr{C}\}$ (or $\{F, u_0, \mathscr{C}_\varepsilon(u_0)\}$ respectively).

Let us once again inspect the preceding. Supppose that γ_F is an n-form satisfying (I) and (II). Then γ_F can be written as

$$\gamma_F = F\, dx + F_{p_\alpha^i}\omega^i \wedge (dx)_\alpha$$

(22)

$$+ \sum_{k=2}^{n} \sum_{\substack{(\alpha_1 < \cdots < \alpha_k) \\ (i_1 < \cdots < i_k)}} A_{i_1 \ldots i_k}^{\alpha_1 \cdots \alpha_k} \omega^{i_1} \wedge \cdots \wedge \omega^{i_k} \wedge (dx)_{\alpha_1 \ldots \alpha_k},$$

where $A_{i_1 \ldots i_k}^{\alpha_1 \cdots \alpha_k}(x, z, p)$ are skew-symmetric in $(i_1, \ldots, i_k)$ and in $(\alpha_1, \ldots, \alpha_k)$. Then the null Lagrangian M is derived by means of condition (III) which is a condition on the direction field $\rlap{/}p$.

We call $\rlap{/}p$ a *geodesic field* (in the sense of Lepage) or a *Lepage field* if $d(\rlap{/}p^* \gamma_F) = 0$.

In order to show that u_0 is an $\mathscr{F}$-minimizer one has to carry out the following program:

Given u_0 and F, one has to find a generalized Beltrami form γ_F and a geodesic field with respect to γ_F such that u_0 fits $\rlap{/}p$ and the excess function E is nonnegative.

Claim. *If we have found γ_F and $\rlap{/}p$ in this way, then u is necessarily an F-extremal. In fact, (IV) and (V) mean*

$$E(x, z, p) \geq E(x, u_0(x), Du_0(x)) = 0 \quad \text{for all } (x, z, p) \in \hat{G},$$

whence necessarily

$$E_z(x, u_0(x), Du_0(x)) = 0, \qquad E_p(x, u_0(x), Du_0(x)) = 0.$$

Thus we obtain

(23) $M_z(x, u_0(x), Du_0(x)) = F_z(x, u_0(x), Du_0(x)),$

(24) $M_p(x, u_0(x), Du_0(x)) = F_p(x, u_0(x), Du_0(x)).$

Since M is a null Lagrangian we have on the other hand

$$D_\alpha M_{p_\alpha^i}(x, u_0(x), Du_0(x)) = M_{z^i}(x, u_0(x), Du_0(x)),$$

whence by (23) and (24)

(25) $$D_\alpha M_{p_\alpha^i}(x, u_0(x), Du_0(x)) = F_{z^i}(x, u_0(x), Du_0(x)).$$

Thus, as it was to be expected, a Lepage calibrator M can only be found for F-extremals; but for a given F-extremal u_0 there might exist several Lepage calibrators, and the existence of at least one such calibrator for $\{F, u_0, \mathscr{C}_\varepsilon(u_0)\}$ implies that u_0 is a local minimizer of $\mathscr{F}$.

Recall that (III) and (IV) led to $F(e_0) = M(e_0)$, see (18). If we assume that even condition

(IV) $$F(\not\!e) = M(\not\!e)$$

is satisfied, we obtain that

$$E(x, z, p) \geq E(x, z, \mathscr{P}(x, z)) = 0 \quad \text{for all } (x, z, p) \in \hat{G},$$

whence

$$E_p(x, z, \mathscr{P}(x, z)) = 0.$$

Thus we arrive at the *Carathéodory equations*

(26)
$$F(x, z, \mathscr{P}(x, z)) = M(x, z, \mathscr{P}(x, z)),$$
$$F_p(x, z, \mathscr{P}(x, z)) = M_p(x, z, \mathscr{P}(x, z))$$

for the geodesic field $\not\!e(x, z) = (x, z, \mathscr{P}(x, z))$ and the $(n-1)$-form σ (cf. (9) and (10)).

Let us make a final remark with regard to Carathéodory's theory investigated in 4.2. Here one operates with the Beltrami form

(27) $$\gamma_F = F^{1-n}(F\, dx^1 + F_{p_1^i}\omega^i) \wedge (F\, dx^2 + F_{p_2^i}\omega^i) \wedge \cdots \wedge (F\, dx^n + F_{p_n^i}\omega^i),$$

which we write as

(27') $$\gamma_F = F^{1-n} \prod_{\alpha=1}^{n} (F\, dx^\alpha + F_{p_\alpha^i}\omega^i).$$

Clearly γ_F is of type (22), and therefore it satisfies (I) and (II). Using the notation

$$\pi_i^\alpha = F_{p_\alpha^i}, \quad a_\beta^\alpha = p_\beta^i \pi_i^\alpha - F\delta_\beta^\alpha, \quad A = \det(a_\alpha^\beta),$$

$$\eta_i^\alpha = \frac{1}{A} b_\beta^\alpha \pi_i^\beta, \quad b_\beta^\alpha = \text{cofactor of } a_\alpha^\beta \text{ in det } a,$$

and the identity $\pi_i^\alpha = a_\beta^\alpha \eta_i^\beta$, we obtain

$$F\, dx^\alpha + F_{p_\alpha^i}\omega^i = \pi_i^\alpha\, dz^i - a_\beta^\alpha\, dx^\beta$$
$$= a_\beta^\alpha(\eta_i^\beta\, dz^i - dx^\beta)$$

and therefore

$$\prod_{\alpha=1}^{n} (F\, dx^\alpha + F_{p_\alpha^i}\omega^i) = (-1)^n A \prod_{\beta=1}^{n} (dx^\beta - \eta_i^\beta\, dz^i).$$

In 7,4.2, (30) we had defined the basic function Ψ by

$$\Psi = (-F)^{n-1}/A,$$

which defines the Carathéodory transform K of F via

$$K = \Psi \circ \mathscr{R}_F^{-1}.$$

Then we obtain

(28)
$$\gamma_F = \left(\frac{-1}{\Psi}\right) \prod_{\beta=1}^{n} (dx^\beta - \eta_i^\beta \, dz^i).$$

In Carathéodory's theory one chooses geodesic fields $\not p$ and their eikonal maps $S = (S^1, \ldots, S^n)$ such that

(29)
$$\not p^* \gamma_F = dS^1 \wedge dS^2 \wedge \cdots \wedge dS^n,$$

which implies (III),

(30)
$$d(\not p^* \gamma_F) = 0,$$

and we have

(31)
$$\not p^* \gamma_F = d(S^1 \wedge dS^2 \wedge \cdots \wedge dS^n).$$

Let $\kappa_K = (\mathscr{R}_F^{-1})^* \gamma_F$ be the *Cartan form* corresponding to the Beltrami form γ_F where

$$\mathscr{R}_F(x, z, p) = (x, z, q), \quad q_i^\alpha = \eta_i^\alpha(x, z, p),$$

and let

$$q = \mathscr{R}_F \circ \not p, \quad \mathscr{Q}_i^\alpha = \eta_i^\alpha \circ \not p.$$

Then we have

(32)
$$\not p^* \gamma_F = q^* \kappa_K,$$

and (28) yields

(33)
$$-K q^* \kappa_K = \prod_{\beta=1}^{n} (dx^\beta - \mathscr{Q}_i^\beta \, dz^i)$$

while (29) becomes

(34)
$$q^* \kappa_K = dS^1 \wedge dS^2 \wedge \cdots \wedge dS^n.$$

Equations (33) and (34) imply the Carathéodory–Vessiot equation

(35)
$$K(x, z, -S_z S_x^{-1}) \cdot \det S_x + 1 = 0.$$

This reasoning now easily allows one to carry out E. Hölder's rectifying transformation $(x, z) \mapsto (\bar{x}, z)$, given by

$$\bar{x}^1 = x^1, \quad \bar{x}^A = S^A(x, z), \quad A = 2, \ldots, n,$$

cf. the last part of 4.2, which maps $dS^1 \wedge dS^2 \wedge \cdots \wedge dS^n$ to $d\bar{S}^1 \wedge d\bar{x}^2 \wedge \cdots \wedge d\bar{x}^n$ where $\bar{S}^1$ is the transform of S^1.

4.4. Pontryagin's Maximum Principle

Now we want to apply calibrators to *variational problems with subsidary conditions*. This will lead us in a natural way to *Lagrange multipliers* and to *Pontryagin's maximum principle*, i.e. to necessary optimality conditions for constrained problems. Since these conditions will be derived under the assumption that there exists a calibrator, which is by no means easy to check, these conditions have to be viewed as *"pseudonecessary"* optimality conditions. They become truly necessary conditions as soon as the existence of a calibrator is proved. In other words, calibrators lead to necessary and also to sufficient conditions for optimality. We begin with

I. *One-dimensional variational problems with nonholonomic constraints.* We want to characterize local minimizers of a functional

$$(1) \qquad \mathscr{F}(u) := \int_a^b F(x, u(x), u'(x)) \, dx$$

among functions $u \in C^1(\bar{I}, \mathbb{R}^N)$, $I = (a, b)$, satisfying boundary conditions

$$(2) \qquad u(a) = \alpha, \qquad u(b) = \beta$$

and subsidiary conditions

$$(3) \qquad G^A(x, u(x), u'(x)) = 0, \quad A = 1, 2, \dots, k.$$

We assume that the Lagrangian $F(x, z, p)$ and the functions $G^A(x, z, p)$ are of class C^2 on $\mathbb{R} \times \mathbb{R}^N \times \mathbb{R}^N$, and that $0 \le k \le N - 1$ and

$$(4) \qquad \mathrm{rank}(G_{p^i}^A) = k.$$

Here the case $k = 0$ means that we have no subsidiary condition (3). Suppose that $u_0 \in C^2(\bar{I}, \mathbb{R}^N)$ satisfies (2) and (3), i.e. that

$$(2^0) \qquad u_0(a) = \alpha, \qquad u_0(b) = \beta,$$

$$(3^0) \qquad G^A(x, u_0(x), u_0'(x)) = 0 \quad \text{for } A = 1, \dots, k.$$

By $\mathscr{D}_\varepsilon(u_0)$ we denote the class of functions $u \in C^1(\bar{I}, \mathbb{R}^N)$ subject to conditions (2) and (3) such that

$$(5) \qquad \|u - u_0\|_{0,\bar{I}} < \varepsilon,$$

where $\varepsilon > 0$. Furthermore let Ω be a domain in $\mathbb{R} \times \mathbb{R}^N$ containing graph u_0. Then, for $0 < \varepsilon \ll 1$, we have graph $u \subset \Omega$ for all u satisfying (5). Suppose that $S \in C^2(\Omega)$, and let $M(x, z, p)$ be the null Lagrangian

$$(6) \qquad M(x, z, p) := S_x(x, z) + p^i S_{z^i}(x, z).$$

We assume that M is a calibrator for the triple $\{F, u_0, \mathscr{D}_\varepsilon(u_0)\}$, that is,

$$(7) \qquad M(x, u_0(x), u_0'(x)) = F(x, u_0(x), u_0'(x)),$$

$$(8) \qquad M(x, u(x), u'(x)) \le F(x, u(x), u'(x)) \quad \text{for all } u \in \mathscr{D}_\varepsilon(u_0).$$

One easily verifies that condition (8) is equivalent to

$$(9) \qquad M(x, z, p) \le F(x, z, p) \quad \text{for all } (x, z, p) \in I \times \mathbb{R}^N \times \mathbb{R}^N \text{ satisfying}$$

$$|z - u_0(x)| < \varepsilon \text{ and } G^A(x, z, p) = 0.$$

Let us introduce the modified Lagrangian

(10) $$F^* := F - M,$$

that is,

(10') $$F^*(x, z, p) = F(x, z, p) - S_x(x, z) - p \cdot S_z(x, z).$$

Then (7) and (9) are equivalent to

(11) $$F^*(x, u_0(x), u_0'(x)) = 0,$$

(12) $$F^*(x, z, p) \geq 0 \quad \text{for all } (x, z, p) \in I \times \mathbb{R}^N \times \mathbb{R}^N \text{ satisfying}$$

$$|z - u_0(x)| < \varepsilon \text{ and } G^A(x, z, p) = 0.$$

This means: *For every* $x \in I$ *the function* $F^*(x, \cdot, \cdot)$ *has a local minimum at* $(z_0, p_0) := (u_0(x), u_0'(x))$ *among all* $(z, p) \in \mathbb{R}^N \times \mathbb{R}^N$ *satisfying* $G^A(x, z, p) = 0$, $A = 1, \ldots, k$, *where* (4) *holds true.* By the standard multiplier theory for functions of finitely many real variables there have to be numbers $\mu_1(x), \ldots, \mu_k(x)$ such that for every $x \in I$ the function $F^*(x, z, p) + \mu^A(x)G^A(x, z, p)$ of the variables (z, p) is stationary at (z_0, p_0), i.e.

(13) $$F_z^*(x, z_0, p_0) + \mu_A(x)G_z^A(x, z_0, p_0) = 0,$$

(14) $$F_p^*(x, z_0, p_0) + \mu_A(x)G_p^A(x, z_0, p_0) = 0,$$

where $z_0 = u_0(x)$, $p_0 = u_0'(x)$. (Here repeated capital Greek indices A, B, $\ldots$ are to be summed from 1 to k.) Let us indicate the arguments $(x, z_0, p_0) = (x, u_0(x), u_0'(x))$ by the superscript $\circ$, i.e.

$$\overset{\circ}{F}_z = F_z(x, u_0(x), u_0'(x)), \quad \overset{\circ}{S}_z = S_z(x, u_0(x)), \quad \text{etc.}$$

Then we can write (13) and (14) as

(15) $$\overset{\circ}{F}_z + \mu_A \overset{\circ}{G}_z^A = \frac{d}{dx} \overset{\circ}{S}_z,$$

(16) $$\overset{\circ}{F}_p + \mu_A \overset{\circ}{G}_p^A = \overset{\circ}{S}_z,$$

and thus we arrive at the *Euler equations*

(17) $$\frac{d}{dx}[\overset{\circ}{F}_p + \mu_A \overset{\circ}{G}_p^A] = \overset{\circ}{F}_z + \mu_A \overset{\circ}{G}_z^A.$$

Moreover we infer from (4) and (16) that the multiplier functions $\mu_A(x)$ are of class C^1 on $I = (a, b)$ and even on $\bar{I}$.

The standard multiplier theory also yields that the Hessian matrix $(\overset{\circ}{F}_{p^i p^j} + \mu_A \overset{\circ}{G}_{p^i p^j}^A)$ is positive semidefinite on the orthogonal complement of span$\{\overset{\circ}{G}_p^1, \ldots, \overset{\circ}{G}_p^k\}$, that is,

(18) $$[F_{p^i p^j}(x, u_0(x), u_0'(x)) + \mu_A(x)G_{p^i p^j}^A(x, u_0(x), u_0'(x))]\xi^i \xi^j \geq 0 \text{ for all}$$
$$x \in \bar{I} \text{ and all } \xi \in \mathbb{R}^N \text{ satisfying } \xi^i G_{p^i}^A(x, u_0(x), u_0'(x)) = 0, A = 1, \ldots, k,$$

see e.g. Carathéodory [10], Section 212. This is the *necessary Legendre condition* for our constrained problem. Since we have assumed that $M = S_x + p \cdot S_z$ is a calibrator for $\{F, u_0, \mathscr{D}_\varepsilon(u_0)\}$, it follows that

$$\mathscr{F}(u_0) \le \mathscr{F}(u) \quad \text{for all } u \in \mathscr{D}_\varepsilon(u_0),$$

i.e. u_0 is a local minimizer of $\mathscr{F}$ among all $u \in C^1(\bar{I}, \mathbb{R}^N)$ satisfying (2) and (3).

Note that the proof of this fact only needs $S \in C^1$; in fact, it suffices to assume that S is continuous and piecewise smooth. This observation leads to Carathéodory's field theorem for broken extremals, a precursor of modern control theory (see Carathéodory [1], [2], Klötzler [1]). We can even admit Lipschitz continuous functions S and weak extremals u_0 of some Sobolev class, but we do not want to pursue this idea since we then would have to leave the classical framework used in our treatise.

Now we want to derive Pontryagin's maximum principle. To put it into context with our earlier discussion, we first consider a special case.

(Ia) *The unconstrained problem*: $k = 0$. Here we have no subsidiary condition (3) at all. We impose the ellipticity condition

$$(19) \qquad F_{pp}(x, z, p) > 0 \quad \text{for all } (x, z, p) \in \Omega \times \mathbb{R}^N.$$

Then we introduce *Pontryagin's function* $H(x, z, p, \pi)$ and *Hamilton's function* $\Phi(x, z, \pi)$ as follows. For $(x, z) \in \Omega$ and $p \in \mathbb{R}^N$, $\pi \in \mathbb{R}^N$ we set

$$(20) \qquad H(x, z, p, \pi) := -F(x, z, p) + \pi \cdot p,$$

$$(21) \qquad \Phi(x, z, \pi) := \max_{p \in \mathbb{R}^N} H(x, z, p, \pi).$$

Because of (19) the maximum (21) of $H(x, z, \cdot, \pi)$ is assumed at exactly one point $p = \mathscr{P}(x, z, \pi)$ which is characterized by the equation $H_p(x, z, p, \pi) = 0$, i.e. by the relation

$$(22) \qquad \pi = F_p(x, z, p)$$

which has the uniquely determined solution $p = \mathscr{P}(x, z, \pi)$, and thus we have

$$(23) \qquad \Phi(x, z, \pi) = H(x, z, \mathscr{P}(x, z, \pi), \pi),$$

Thus we see that Φ is the classical Hamilton function.

In terms of the Pontryagin function H we can write Weierstrass's excess function

$$\mathscr{E}_F(x, z, p_0, p) = F(x, z, p) - F(x, z, p_0) - (p - p_0) \cdot F_p(x, z, p_0)$$

as

$$(24) \qquad \mathscr{E}_F(x, z, p_0, p) = H(x, z, p_0, \pi_0) - H(x, z, p, \pi_0),$$

where

$$(25) \qquad \pi_0 = F_p(x, z, p_0).$$

For $x \in I$ we set

(26) $z_0 := u_0(x), \quad p_0 := u_0'(x), \quad w_0 := F_p(x, z_0, p_0) = F_p(x, u_0(x), u_0'(x)).$

Equation (16) now reduces to

$$F_p(x, z_0, p_0) = S_z(x, z_0),$$

whence

$$\mathscr{E}_F(x, z_0, p_0, p) = F(x, z_0, p) - F(x, z_0, p_0) - (p - p_0) \cdot S_z(x, z_0).$$

Adding the relation

$$0 = S_x(x, z_0) - S_x(x, z_0),$$

we arrive at the identity

(27) $\mathscr{E}_F(x, z_0, p_0, p) = F^*(x, z_0, p) - F^*(x, z_0, p_0),$

and (24) yields

(28) $\mathscr{E}_F(x, z_0, p_0, p) = H(x, z_0, p_0, w_0) - H(x, z_0, p, w_0),$

where z_0, p_0, w_0 are defined by (26). Since $M = S_x + p \cdot S_z$ was assumed to be a calibrator we have equations (11) and (12) whence

(29) $\mathscr{E}_F(x, z_0, p_0, p) \geq 0 \quad \text{for all } p \in \mathbb{R}^N$

on account of (27). Then we infer from (28) that

(30) $H(x, z_0, p, w_0) \leq H(x, z_0, p_0, w_0) \quad \text{for all } p \in \mathbb{R}^N.$

Thus we have found the simplest form of Pontryagin's maximum principle: *The local minimizer u_0 is characterized by*

(31) $H(x, u_0(x), u_0'(x), w_0(x)) = \max_{p \in \mathbb{R}^N} H(x, u(x), p, w_0(x)),$

that is,

$$H(x, u_0(x), u_0'(x), w_0(x)) = \Phi(x, u_0(x), w_0(x)),$$

(31')

$$w_0(x) := F_p(x, u_0(x), u_0'(x)).$$

From (20) we infer that

$$F_z(x, z, p) = -H_z(x, z, p, \pi),$$

(32)

$$p = H_\pi(x, z, p, \pi)$$

for arbitrary $(x, z) \in \Omega$ and $p, \pi \in \mathbb{R}^N$. Euler's equation (17) now reduces to

$$\frac{d}{dx} \overset{\circ}{F}_p = \overset{\circ}{F}_z,$$

and from $w_0 = \overset{\circ}{F}_p$ and (32_1) we thus infer

$$w_0' = -H_z(x, u_0, u_0', w_0)$$

while (32_2) leads to

$$u_0' = H_\pi(x, u_0, u_0', w_0).$$

So we have found the *canonical equations* in terms of the Pontryagin function H:

(33) $$u_0' = H_\pi(x, u_0, u_0', w_0), \qquad w_0' = -H_z(x, u_0, u_0', w_0),$$

where $w_0 = F_p(x, u_0, u_0')$. Relations (31), (33) are the *full Pontryagin maximum principle* to be satisfied by the minimizer u_0. From (31) and (33) we can easily derive the classical Hamilton equations

(34) $$u_0' = \Phi_\pi(x, u_0, w_0), \qquad w_0' = -\Phi_z(x, u_0, w_0).$$

In fact, (21) and (23) yield

$$H(x, z, \mathscr{P}(x, z, \pi), \pi) = \max_p H(x, z, p, \pi) = \Phi(x, z, \pi),$$

whence

$$H_p(x, z, \mathscr{P}(x, z, \pi), \pi) = 0$$

and therefore

$$\Phi_\pi(x, z, \pi) = H_\pi(x, z, \mathscr{P}(x, z, \pi), \pi),$$

$$\Phi_z(x, z, \pi) = H_z(x, z, \mathscr{P}(x, z, \pi), \pi).$$

Let z_0, p_0, w_0 be given by (26). Then (31) implies that $p_0 = \mathscr{P}(x, z_0, w_0)$, and thus we obtain

(35)
$$\Phi_\pi(x, z_0, w_0) = H_\pi(x, z_0, p_0, w_0),$$
$$\Phi_z(x, z_0, w_0) = H_z(x, z_0, p_0, w_0).$$

On account of these relations, equations (35) immediately follow from (34). Conversely, equations (35) imply that $p_0 = \mathscr{P}(x, u_0, w_0)$ if we apply the Legendre transformation generated by $F(x, z, \cdot)$, and then one easily sees that (31) and (33) follow from (35). Hence we see that *the full maximum principle* (31), (33) *of Pontryagin is equivalent to the classical Hamilton system* (35). At the first look this new necessary optimality condition may not seem to be very interesting. However, the importance of this new condition rests on the fact that it can be carried over to constrained problems of very general type, and that one can operate with weak regularity assumptions on u_0. Let us, for example, see how one can treat the general Lagrange problem for one-dimensional variational integrals.

(Ib) *The constrained problem*: $1 \le k \le N - 1$. Now we have k nonholonomic constraints on u_0,

(36) $$G^A(x, u_0(x), u_0'(x)) = 0, \quad A = 1, \dots, k.$$

Here the Euler equations take the form (17). Therefore we replace F and $F^* = F - S_x - p \cdot S_z$ by K and K^* where

(37)
$$K := F + \mu_A G^A,$$
$$K^* := K - S_x - p \cdot S_z = F + \mu_A G^A - S_x - p \cdot S_z.$$

Now (15), (16) can be written as

$$(38) \qquad \overset{\circ}{K}_z = \frac{d}{dx}\,\overset{\circ}{S}_z, \qquad \overset{\circ}{K}_p = \overset{\circ}{S}_z,$$

and (17) as

$$(39) \qquad \frac{d}{dx}\,\overset{\circ}{K}_p = \overset{\circ}{K}_z.$$

In the sequel we assume that $(x, z) \in \Omega$, $x \in I$, and that p, p_0 satisfy

$$(40) \qquad G^A(x, z, p) = 0, \quad G^A(x, z, p_0) = 0, \qquad A = 1, \ldots, k.$$

We introduce *Pontryagin's function* $H(x, z, p, \pi)$ and *Hamilton's function* $\Phi(x, z, \pi)$ by

$$(41) \qquad H(x, z, p, \pi) := -K(x, z, p) + \pi \cdot p \quad \text{for } p \in \mathcal{N}(x, z),$$

where

$$(42) \qquad \mathcal{N}(x, z) := \{p \in \mathbb{R}^N : G^A(x, z, p) = 0, A = 1, \ldots, k\},$$

and

$$(43) \qquad \Phi(x, z, p) := \max_{p \in \mathcal{N}(x,z)} H(x, z, p, \pi).$$

Moreover, for $p_0, p \in \mathcal{N}(x, z)$ we define Weierstrass's excess function by

$$\mathscr{E}_K(x, z, p_0, p) = K(x, z, p) - K(x, z, p_0) - (p - p_0) \cdot K_p(x, z, p_0).$$

Let $x \in I$ and set

$$z_0 := u_0(x), \quad p_0 := u_0'(x), \quad w_0 := K_p(x, z_0, p_0) = K_p(x, u_0(x), u_0'(x)).$$

Then we obtain by virtue of (38_2) that

$$\mathscr{E}_K(x, z_0, p_0, p) = K(x, z_0, p) - K(x, z_0, p_0) - (p - p_0) \cdot S_z(x, z_0).$$

Adding the relation $0 = S_x(x, z_0) - S_x(x, z_0)$ we arrive at

$$\mathscr{E}_K(x, z_0, p_0, p) = K^*(x, z_0, p) - K^*(x, z_0, p_0).$$

Since $p, p_0 \in \mathcal{N}(x, z)$ it follows that

$$\mathscr{E}_K(x, z_0, p_0, p) = F^*(x, z_0, p) - F(x, z_0, p_0),$$

and on account of (11) and (12) we see that

$$(44) \qquad \mathscr{E}_K(x, z_0, p_0, p) \geq 0 \quad \text{if } z_0 = u_0(x), p_0 = u_0'(x), p \in \mathcal{N}(x, z_0).$$

On the other hand we have

$$\mathscr{E}_K(x, z_0, p_0, p) = [-K(x, z_0, p_0) + p_0 \cdot w_0] - [-K(x, z_0, p) + p \cdot w_0],$$

whence

$$(45) \qquad \mathscr{E}_K(x, z_0, p_0, p) = H(x, z_0, p_0, w_0) - H(x, z_0, p, w_0).$$

From (44) and (45) we infer the following analogue of (31):

(46)
$$H(x, u_0(x), p, w_0(x)) \leq H(x, u_0(x), u_0'(x), w_0(x))$$
$$\text{for all } p \in \mathcal{N}(x, u_0(x)) \text{ and } w_0(x) = K_p(x, u_0(x), u_0'(x)).$$

Thus we have found the following characterization of the local minimizer u_0 of $\mathcal{F}$ subject to the nonholonomic constraints (3): *The local minimizer u_0 of $\mathcal{F}$ subject to* (2) *and* (3) *has to satisfy*

(47)
$$H(x, u_0(x), u_0'(x), w_0(x)) = \max_{p \in \mathcal{N}(x, u_0(x))} H(x, u_0(x), p, w_0(x)),$$

that is,

(47')
$$H(x, u_0(x), u_0'(x), w_0(x)) = \Phi(x, u_0(x), w_0(x)),$$

where $w_0(x) = K_p(x, u_0(x), u_0'(x))$, $x \in I$. From (41) we infer

$$H_z(x, z, p, \pi) = -K_z(x, z, p), \qquad H_\pi(x, z, p, \pi) = p,$$

whence

$$-\mathring{H}_z = \mathring{K}_z, \qquad \mathring{H}_\pi = p_0 = u_0',$$

and by virtue of (39) and $w_0 = \mathring{K}_p$ we then obtain

(48)
$$u_0' = H_\pi(x, u_0, u_0', w_0), \qquad w_0' = -H_z(x, u_0, u_0', w_0),$$

the *generalized canonical equations*. Equations (48) together with the maximum principle (47) yield the *full Pontryagin maximum principle* characterizing the local minimizers u_0 of the Lagrange problem

$$\mathcal{F} \to \min \quad \text{in } \mathcal{D}_\varepsilon(u_0).$$

According to (12) the function $S(x, z)$ appearing in the calibrator $M = S_x + p \cdot S_z$ satisfies

(49)
$$S_x(x, z) + [-F(x, z, p) + p \cdot S_z(x, z)] \leq 0$$

for $(x, z, p) \in I \times \mathbb{R}^N \times \mathbb{R}^N$ with $|z - u_0(x)| < \varepsilon$ and $p \in \mathcal{N}(x, z)$, and the equality sign in (49) is assumed for $(z, p) = (u_0(x), u_0'(x))$. Since $G^A(x, z, p) = 0$ for $p \in \mathcal{N}(x, z)$, we can write inequality (49) as

$$S_x(x, z) + [-K(x, z, p) + p \cdot S_z(x, z)] \leq 0,$$

which means that

(50)
$$S_x(x, z) + H(x, z, p, S_z(x, z)) \leq 0$$

for all $p \in \mathcal{N}(x, z)$, or equivalently that

(51)
$$S_x(x, z) + \Phi(x, z, S_z(x, z)) \leq 0,$$

and we also have

(52)
$$S_x(x, z) + \Phi(x, z, S_z(x, z)) = 0 \quad \text{on graph } u_0.$$

Relation (51) is often denoted as *Hamilton–Jacobi–Bellmann inequality*. In many cases it can be replaced by the *Hamilton–Jacobi–Bellmann equation*

$$(53) \qquad S_x(x, z) + \Phi(x, z, S_z(x, z)) = 0$$

in a neighbourhood of graph u_0.

Recall that all necessary optionality conditions for u_0 derived above are only pseudonecessary since they are based on the assumption that there exists a calibrator M of the form $M = S_x + p \cdot S_z$ for $\{\mathscr{F}, u_0, \mathscr{D}_\varepsilon(u_0)\}$. Thus it remains to show that we can find a solution S of the HJB-inequality (51) in some neighbourhood graph u_0 which satisfies (53) on graph u_0 and $w_0 = S_z(x, u_0(x))$. For $k = 0$ (no constraints) we have seen in Chapter 6 when and how such a solution can be found; our construction was based on the assumption $F \in C^3$. Another approach works already if $F \in C^2$. Here one tries the Ansatz

$$(54) \quad S(x, z) = a(x) + w_0(x) \cdot [z - u_0(x)] + \tfrac{1}{2}[z - u_0(x)] \cdot \sigma(x)[z - u_0(x)],$$

where $w_0(x) = F_p(x, u_0(x), u_0'(x))$ which leads to a discussion of matrix Riccati inequalities, see e.g. the lucid presentation in F.H. Clarke and V. Zeidan [1]. The construction of S in case of the Lagrange problem satisfying the maximal rank condition (4) can be found in Chapter 18 of Carathéodory's treatise [10]. Concerning the approach via Riccati inequalities we refer e.g. to Zeidan [1–3] and more generally to Cesari [1]. The preceding discussion shows that the main ideas of the Pontryagin maximum principle can already be found in Carathéodory's work. The important achievement of Boltyansky, Gamkrelidze and Pontryagin lies in the fact that they formulated and proved the maximum principle for very general control problems, say, for closed control domains and bounded measurable control functions, thereby leaving the realm of smooth functions. This generalization is highly important for many practical applications of control theory. The original proof of the maximum principle used the tool of *needle variations* invented by Weierstrass. This tool can, unfortunately, not be applied to multiple integrals while Carathéodory's royal road can easily be extended to multidimensional control problems. Following Klötzler [5] we sketch such an extension for a special case (see also Klötzler's supplements to the second edition of Carathéodory [10]).

II. *A multidimensional control problem.* Consider a Lagrangian $F(x, \zeta, v)$ depending on variables $x \in \bar{\Omega} \subset \mathbb{R}^n$, $\zeta \in \mathbb{R}^N$ and $v \in \mathbb{R}^k$. The variables $\zeta = (\zeta^1, \ldots, \zeta^N)$ are said to be *state variables* while $v = (v^1, \ldots, v^k)$ are denoted as control variables. We assume that Ω is a bounded domain in $\mathbb{R}^n$ with a smooth boundary. Moreover we assume that $V : \bar{\Omega} \to 2^{\mathbb{R}^k}$ is a continuous, set-valued mapping, i.e. $\{V(x)\}_{x \in \bar{\Omega}}$ is family of subsets of $\mathbb{R}^k$ depending continuously on the parameters $x \in \bar{\Omega}$. Consider now pairs $\{z, u\}$ of functions $z \in D^1(\bar{\Omega}, \mathbb{R}^N)$, $u \in D^0(\bar{\Omega}, \mathbb{R}^k)$ satisfying *control equations*

$$(55) \qquad Dz(x) = G(x, z(x), u(x)),$$

Dirichlet boundary conditions,

(56)
$$z|_{\partial\Omega} = \varphi,$$

and control restrictions

(57)
$$u(x) \in V(x) \quad \text{for } x \in \overline{\Omega}.$$

We define

(58)
$$\mathscr{F}(z, u) := \int_{\Omega} F(x, z(x), u(x)) \, dx$$

and view $\mathscr{F}$ as a functional on the set of admissible pairs $\{z, u\}$ subject to (55)–(57). We call $\{z_0, u_0\}$ an *optimal process* if

(59)
$$\mathscr{F}(z_0, u_0) \leq \mathscr{F}(z, u)$$

for all admissible $\{z, u\}$ satisfying graph $z \subset U_\varepsilon(z_0)$ where $U_\varepsilon(z_0) := \{(x, \zeta) \in \overline{\Omega} \times \mathbb{R}^N : |\zeta - z_0(x)| < \varepsilon \text{ for } x \in \overline{\Omega}\}$, $\varepsilon > 0$. Now we choose $S = (S^1, \ldots, S^n) \in C^1(U_\varepsilon(z_0), \mathbb{R}^n)$ and set

(60)
$$M(x, \zeta, v) = S^\alpha_{x^\alpha}(x, \zeta) + S^\alpha_{\zeta^i}(x, \zeta) G^i_\alpha(x, \zeta, v)$$

and

(61)
$$F^*(x, \zeta, v) := F(x, \zeta, v) - M(x, \zeta, v).$$

For admissible $\{z, u\}$ we have

(62)
$$M(x, z(x), u(x)) = D_\alpha S^\alpha(x, z(x))$$

and therefore

(63)
$$\mathscr{F}^*(z, u) = \mathscr{F}(z, u) - \int_{\partial\Omega} v_\alpha S^\alpha(x, \varphi(x)) \, d\mathscr{H}^{n-1},$$

where

$$\mathscr{F}^*(z, u) := \int_{\Omega} F^*(x, z(x), u(x)) \, dx.$$

That means: $\mathscr{F}^* = \mathscr{F} + \text{const}$ on the set of admissible pairs $\{z, u\}$. We try to find a mapping S such that

(64)
$$F^*(x, z_0(x), u_0(x)) = 0,$$

(65)
$$F^*(x, \zeta, v) \geq 0 \quad \text{on } \mathring{U}_\varepsilon(z_0).$$

Then M plays the role of a calibrator for our optimal control problem, and we see immediately that $\{z_0, u_0\}$ is a (locally) optimal process. (This holds even true if S is only of class D^1, see e.g. Klötzler [10].) If S has been found we can derive the pseudonecessary optimality conditions similarly as in (I). To this end we introduce the *Pontryagin function* $H(x, \zeta, v, \pi)$ as

(66)
$$H(x, \zeta, v, \pi) := -F(x, \zeta, v) + \pi^\alpha_i G^i_\alpha(x, \zeta, v).$$

Then (64), (65) leads to the *maximum principle*

(67)
$$H(x, z_0(x), u_0(x), S_\zeta(x, z_0(x))) = \max_{v \in V(x)} H(x, z_0(x), v, S_\zeta(x, z_0(x))).$$

Set $w_0(x) := S_\zeta(x, z_0(x))$, and suppose that $S \in C^2$. Then we infer from (64), (65) that

$$0 = F_\zeta^*(t, z_0, u_0),$$

whence we obtain the *canonical equations*

(68) $$D_\alpha z_0^i = H_{\pi_i^\alpha}(x, z_0, u_0, w_0), \qquad D_\alpha w_{0_i^\alpha} = -H_{\zeta^i}(x, z_0, u_0, w_0).$$

Conditions (67) and (68) can now be viewed as complete Pontryagin maximum principle for our solution $\{z_0, u_0\}$ of the optimal control problem.

5. Scholia

Section 1

1. Stäckel[12] has pointed out that the so-called *Legendre transformation* is not due to Legendre but to Euler[13] or possibly even to Leibniz. A geometric interpretation of Legendre's transformation as a contact transformation was given by Lie;[14] cf. also Chapter 10.

2. Originally Legendre's transformation was used to transform a differential equation into a new form which is possibly easier to solve than the original equation, see *1.1* [1] and [2]; further examples can be found in Kamke [3], Vol. 2, pp. 100–102, 121–123, 132–134, and in Goursat [1]. Later this transformation became an important tool in geometry and physics, particularly by its role as duality mapping.

   It seems that Hamilton was the first to apply Legendre's transformation systematically to problems in geometrical optics, mechanics, and the calculus of variations. The reader might consult the *Mathematical Papers* of Hamilton, in particular Vols. 1 and 2, and also Prange [1], [2]. In fact, Hamilton even used the *generalized Legendre transformation* discussed in *3.2*, as it naturally appears in the theory of parametric variational problems, a theory of special relevance for geometrical optics (see Chapter 8).

3. *Hamiltonian systems of canonical equations* first appeared in the work of Lagrange[15] and Poisson[16] on perturbation problems in celestial mechanics. In full generality these equations were first derived by Cauchy[17] and Hamilton.[18] The terms *canonical equations*, *canonical system*, and

---

[12] P. Stäckel, *Über die sogenannte Legendresche Transformation*, Bibl. math. (3), **1**, 517 (1900).

[13] L. Euler, *Institutionum calculi integralis*, Petropoli 1770 (E385) Vol. 3, pars I, cap. V, in particular pp. 125, 132. Legendre introduced the transformation which carries his name in the paper *Mémoire sur l'integration de quelques equations aux differences partielles*, Mém. de math. et de phys. 1787 (Paris 1789), p. 347.

[14] See for example Lie and Scheffers [1], pp. 645–646.

[15] Lagrange, *Mécanique analytique*, 2nd edition, Paris 1811, p. 336 (seconde partie, Section V, nr. 14).

[16] Poisson, *Sur les inégalités séculaires des moyens mouvemens des planetes*, Journ. Ecole Polytechn. **8**, 1–56 (1809).

[17] Cauchy, Bull. de la soc. philomath. (1819), 10–21; cf. Cauchy [2].

[18] Hamilton, *On a general method in dynamics*, and: *A second essay on a general method in dynamics*. Phil. Trans. Royal Soc. (Part II of 1834), pp. 247–308; (Part I of 1835), pp. 95–144. Cf. *Papers*, vol. 2, pp. 103–161, 162–211.

canonical variables were introduced by Jacobi,[19] and Thomson-Tait remarked, *Why it has been so called it would be hard to say.*[20] (See also the Scholia to Chapter 9, Section 3.)

The energy–momentum tensor was apparently introduced by Minkowski in his fundamental paper *Die Grundgleichungen für die elektromagnetischen Vorgänge in bewegten Körpern* (Göttinger Nachr. (1908), pp. 53–111, und Ges. Abh. [2], Vol. 2, pp. 352–404); cf. also Pauli [1], Section 30 (in particular, pp. 638–639).

In the calculus of variations, the energy–momentum tensor appeared rather late as a systematic tool. We traced its first appearance back to Carathéodory's work on *generalized Legendre transformation* where it is part of a general transformation theory used for the calculus of variations of multiple integrals (see Carathéodory, Gesammelte math. Schriften [16], Vol. 1, papers XVIII, XIX, and XX, as well as Subsection 4.2 of the present chapter).

Section 2

1. Hamilton's theory has its roots in geometrical optics which because of Fermat's principle can be viewed as a special topic in the calculus of variations. Only in a much later stage of his work Hamilton realized that his methods were perfectly suited to treat problems in point mechanics. This part of Hamilton's contributions was taken up and extended by Jacobi who shaped the basic features of the so-called Hamilton–Jacobi theory which today is the very essence of analytical mechanics. In fact, many physicists believe that the canonical form of the equations of motion in mechanics and also in other parts of physics is the natural setting for the discussion of physical ideas. In Chapters 9 and 10 we describe the main ideas of the Hamilton–Jacobi theory which for the first time were presented by Jacobi to his students at the university of Königsberg during the winter semester 1842–43. The notes of these lectures, taken by C.W. Borchardt, were edited by Clebsch in 1866; a second edition appeared in 1884 as a supplement to Jacobi's collected works (cf. Jacobi [4]). During the 19th century the deeper relations between the calculus of variations and the theory of Hamilton and Jacobi were largely neglected or even forgotten although the celebrated principle of Maupertuis and its formulations by Euler, Lagrange, Hamilton and Jacobi always played a certain role; Helmholtz even viewed it as the universal law of physics. An idea of the state of the art at this time can be obtained from Goldstine's "History of the calculus of variations" [1].

In the preface of his treatise [10] from 1935, Carathéodory described the situation in the last century as follows:

> *About one hundred years ago Jacobi discovered that the differential equations appearing in the calculus of variations and the partial differential equations of first order are connected with each other, and that a variational problem can be attached to each such partial differential equation. For the more special problems of geometrical optics this reciprocal relationship had been noted ten years earlier by W.R. Hamilton whose work, by the way, influenced Jacobi. And Hamilton did really nothing else but answering the very ancient problem raised by the twofold foundation of geometrical optics by Fermat's and Huygens's principles.*

> *Although the problem and the ensuing results are so old, their consequences were realized by only very few. Among those, one in the first place has to mention Beltrami who explored the relations of the surface theory of Gauss to the results of Jacobi in several marvellous papers. However, in cultivating the true calculus of variations neither Jacobi nor his pupils nor the many other outstanding men who so splendidly represented and promoted this discipline during the XIXth century have in any way thought of the relationship connecting the calculus of variations with the theory of partial differential equations.*

---

[19] Jacobi, *Note sur l'intégration des equations différéntielles de la dynamique*, Comptes rendus Acad. sci. Paris **5**, 61–67 (1837), and *Werke* [3], Vol. 4, 124–136.
[20] Thomson and Tait [1], p. 307.

This is all the more striking since most of these great mathematicians were also especially concerned with partial differential equations of first order. Apparently, the original remark of Jacobi was, even by himself, not considered as the basic fact which it really is, but rather as a formal coincidence.

Only after the turn given by Hilbert about 1900 to Weierstrass's theory of the calculus of variations by introducing his "independent integral", the connection was somewhat unveiled.

For the sake of completeness we include the quotation of Carathéodory's original text, together with the references to the literature given in footnotes:

Vor nahezu hundert Jahren hat Jacobi[21] *die Entdeckung gemacht, daß die Differentialglei-chungen, die in der Variationsrechnung vorkommen, und die partiellen Differentialgleichungen erster Ordnung miteinander verknüpft sind und daß insbesondere jeder derartigen partiellen Differential-gleichung Variationsprobleme zugeordnet werden können. Für die spezielleren Probleme der geo-metrischen Optik war diese Wechselwirkung zwischen Variationsrechnung und partiellen Differential-gleichungen schon ein Jahrzehnt früher von W.R. Hamilton, dessen Arbeiten übrigens Jacobi beeinflußt haben, beobachtet worden. Und Hamilton hat eigentlich nichts anderes getan, als das uralte Problem zu beantworten, das durch die doppelte Begründung der geometrischen Optik durch das Fermatsche und das Huygenssche Prinzip aufgeworfen war.*

Trotzdem nun die Problemstellung selbst und die aus ihr fließenden Ergebnisse so alt sind, sind die Konsequenzen, die aus ihnen folgen, bis heute nur wenigen zum Bewußtsein gekommen. Unter diesen muß man an erster Stelle Beltrami nennen, der in mehreren wundervollen Arbeiten die Bezie-hungen der Flächentheorie von Gauß zu den Resultaten von Jacobi ergründet hat.[22] *Dagegen haben bei der Pflege der eigentlichen Variationsrechnung weder Jacobi, noch seine Schüler, noch die vielen anderen hervorragenden Männer, die diese Disziplin im Laufe des XIX. Jahrhunderts so glänzend vertreten und gefördert haben, irgendwie an die Verwandtschaft gedacht, die die Variationsrechnung mit der Theorie der partiellen Differentialgleichungen verbindet. Dies ist um so auffälliger, als sich die meisten dieser großen Mathematiker auch speziell mit partiellen Differentialgleichungen erster Ordnung beschäftigt haben. Es scheint wohl, daß die ursprüngliche Bemerkung Jacobis – sogar von ihm selbst – nicht als die grundlegende Tatsache, die sie wirklich ist, sondern eher als eine formale Zufällig-keit betrachtet wurde.*

Erst nach der Wendung, die Hilbert um 1900 der Weierstraßschen Theorie der Variationsre-chnung durch die Einführung seines "unabhängigen Integrals" gegeben hat, wurde der Schleier ein wenig gelüftet.

2. In the twentieth century the close connection between the calculus of variations and the theory of partial differential equations of first order became common knowledge of mathematicians and physicists. For this development the fundamental contributions of Hilbert [1, Problem 23], [5] and Mayer [9], [10] played an important role, and already the treatises of Bolza [3] and Hadamard [4] gave a first presentation of the ideas of Hilbert and Mayer. Finally Carathéodory [10], [11] completed this development by consequently formulating the calculus of variations and also geo-metrical optics in terms of canonical coordinates. In particular Carathéodory emphasized the ele-gance and simplicity of the theory of second variation in the Hamilton–Jacobi setting. After 1945 this approach has become very important in the development of optimization theory, cf. for instance L.C. Young [1], Hestenes [5], and Cesari [1]. However there are also authors who completely avoid any canonical formalism since it requires that the corresponding Legendre transformation can be performed. A prominent example of such a purely Euler–Lagrange presentation is the famous monograph of Marston Morse [3]. We have chosen a similar approach in Chapter 6 which by Section 2 of the present chapter is transformed into the dual Hamiltonian picture in the cophase space. Together with Chapters 9 and 10 the reader thereby obtains a complete picture of both

---

[21] C.G.J. Jacobi, Zur Theorie der Variations-Rechnung und der Differential-Gleichungen (Schreiben an Herrn Encke, Secretar der math.-phys. Kl. der Akad. d. Wiss. zu Berlin, vom 29 Nov. 1836), Ges. Werke Bd.V, pp. 41–55.

[22] E. Beltrami, Opere Matematiche (Milano, Hoepli 1902), T.I, pass., particularly p. 115 u. p. 366.

the Euler–Lagrange and the Hamilton–Jacobi formulations of the calculus of variations and its ramifications in mechanics and geometrical optics.

We also mention the textbooks of Rund [4] and Hermann [1] which give a unified presentation of the calculus of variations and the theory of Hamilton–Jacobi. Rund's book is in spirit close to Carathéodory's treatise while Hermann emphasizes the relations to differential geometry and to a global coordinate-free calculus.

Section 3

1. The notions of a convex function and a convex geometric figure appeared rather early in the history of mathematics. Already Archimedes investigated convex curves. For instance he observed that the perimeter of a bounded convex figure F is always larger than the perimeter of any convex figure contained in F. Later the notion of convexity sporadically appeared in the work of Euler, Cauchy, Steiner and C. Neumann. Brunn and Minkowski founded the geometry of convex bodies. In his *geometry of numbers* Minkowski gave beautiful applications of the notion of a convex body in number theory while Carathéodory used it for the first time in function theory to characterize the coefficients of the Taylor expansion of a holomorphic function with a positive real part.

The foundations of a general theory of convex sets and convex functions were laid by Minkowski (cf. [2]) and Jensen [1], [2] between 1897 and 1909, and the best introduction is still given by Minkowski's original paper *Theorie der konvexen Körper* ... which appeared in Vol. 2 of Minkowski's *Gesammelte Abhandlungen* [2], pp. 131–299. The first systematic survey of the field was given in Bonnesen and Fenchel's *Theorie der konvexen Körper* [1].

2. Today there exists an extensive mathematical literature on convexity in $\mathbb{R}^n$ and in infinite-dimensional vector spaces. Of the numerous expository treatments we only mention the books by Fenchel [2], Eggleston [1], Berge [1], Valentine [1], Rockafellar [1], Roberts–Varberg [1], Moreau [1] and Ekeland–Temam [1]. We add the very recent treatise by J.-B. Hiriart–Urruty and C. Lemaréchal, *Convex Analysis and Minimization Algorithms* I, II, Springer, and the article *History of Convexity* by P.M. Gruber, in: *Handbook of Convex Geometry*, Elsevier, North-Holland.

The role of convexity in obtaining inequalities is discussed in Hardy–Littlewood–Polya [1] and Beckenbach–Bellman [1]; in the first book one can also find references concerning the functional equation $f(x + y) = f(x) + f(y)$. Hölder's inequality is probably one of the first inequalities proved by convexity arguments (cf. O. Hölder [2]).

Topics like linear programming, theory of games, and optimization theory led after 1945 to revived interest in the theory of convexity. For information we refer to the treatise of Aubin [1] and to the books mentioned before.

The notion of a *conjugate convex function* probably originated in the work of W.H. Young [1]. The interest in this and related ideas was greatly intensified by the work of Fenchel [1, 2] who applied them to linear programming and paved the way for the modern treatment of this topic as it appears in Rockafellar [1] and Moreau [1] for the finite-dimensional and the infinite-dimensional case respectively.

Duality has been used in the literature on the calculus of variations for a long time. Already Euler noted the duality of various isoperimetric problems. One of the first applications of the duality principle in elasticity theory was given by Friedrichs [1]; cf. also Courant–Hilbert [3]. Modern expositions of this topic can be found in Ekeland–Temam [1], Ioffe–Tikhomirov [1], F. Clarke [1], Duvaut–Lions [1], and Aubin [1]. The latter emphasises applications to mathematical economics while Duvaut–Lions stress applications to mechanics. Furthermore we mention the very effective duality theory developed by Klötzler and his students for variational and control problems. A survey as well as references to the pertinent literature can be found in Klötzler's supplements to the second edition of Carathéodory's treatise [10].

We have only briefly touched topics such as non-smooth analysis, multivalued mappings and in particular the notion of a subdifferential. Of the vast literature about this area we just mention the treatises of Rockafellar [1], F. Clarke [1], Ioffe–Tikhomirov [1], Castaing–Valadier [1], Aubin–Cellina [1], and Aubin–Ekeland [1] where one can also find further references.

Section 4

1. In their papers [1], [2], Harvey and Lawson gave the following definition. *An exterior p-form ω on a Riemannian manifold X is said to be a* calibration *if it has the following two properties: (i) ω is closed, i.e. $d\omega = 0$. (ii) For each oriented tangent p-plane ξ on X we have $\omega|_\xi \leq \mathrm{vol}_\xi$. The manifold X together with this form ω will be called a* calibrated manifold.

Then Harvey and Lawson notice the following crucial result:

Let $\{X, \omega\}$ be a calibrated manifold, and M be a compact oriented p-dimensional submanifold of X "fitting the calibration", i.e. $\omega|_M = \mathrm{vol}|_M$. Then M is homologically volume minimizing in X, that is,

$$\mathrm{vol}(M) \leq \mathrm{vol}(M') \quad \text{for any } M' \text{ such that } \partial M = \partial M' \text{ and } [M - M'] = 0 \text{ in } H_p(X, \mathbb{R}).$$

In fact, we have $M - M' = \partial C$ for some $(p + 1)$-chain C whence

$$\int_M \omega - \int_{M'} \omega = \int_{M-M'} \omega = \int_{\partial C} \omega = \int_C d\omega.$$

Thus we obtain

$$\mathrm{vol}(M) = \int_M \omega = \int_{M'} \omega \leq \mathrm{vol}(M').$$

In other words, the integral of a closed p-form ω is used as a Hilbert invariant integral, and the form ω plays, roughly speaking, the role of a null Lagrangian. Secondly we have

$$\omega|_\xi = \mathrm{vol}|_\xi \quad \text{if } \xi \text{ is a simple } p\text{-vector in } \Lambda_p TM,$$

$$\omega|_\xi \leq \mathrm{vol}|_\xi \quad \text{if } \xi \text{ is an arbitrary simple } p\text{-vector},$$

that is, ω has Carathéodory's basic minimum property with respect to the Lagrangian of the p-dimensional area functional and the manifold M. Weierstrass's whole approach to the calculus of variations is comprised in these few formulas. It seemed useful to have a notion which contains these ideas in a similar way for general Lagrangians. For this purpose we have in Chapter 4 introduced the notion of a *calibrator* M for a triple $\{F, u, \mathscr{C}\}$ which, in our opinion, is quite useful as it often leads to a condensed and lucid presentation of arguments that time and again come up in the calculus of variations. Note that, though often appearing under another name, calibrators have become an important and often used tool.

Furthermore, calibrated geometries nowadays are an interesting topic in geometry with applications in various fields, for instance, in symplectic geometry or in the theory of foliations. We particularly mention so-called *tight foliations*.

2. The theory of *Carathéodory transformations* was developed by Carathéodory in four papers (see *Schriften* [16], Vol. 1, nrs. XVII–XX). The first three papers appeared in 1922. Seven years later Carathéodory in [5] returned to this topic since, after reading Haar's article [3], he had noticed that by a slight change of notation the whole apparatus of formulas could be given a much more symmetric form. Carathéodory called his transformations "generalized Legendre transformations", which is somewhat misleading as for $n = 1$ or $N = 1$ they reduce to Haar's transformation and not to Legendre's transformation. In Chapter 10 it is shown that Haar's transformation is the composition of a Legendre transformation with a suitable Hölder transformation.

In the same paper [5] Carathéodory developed his field theory for nonparametric multiple integrals. The first solution of the local fitting problem (or embedding problem) for a given extremal was given by H. Boerner [2]. Another and much more transparent proof was sketched by E. Hölder [2], see also Carathéodory [13]; we have outlined its basic ideas in *4.2*. A detailed presentation was given by van Hove [2] to whom we refer for a complete discussion.

Velte [2], [3] extended Carathéodory's approach to multiple integrals in parametric form, including a solution of the local fitting problem; the global problem was treated by Klötzler [3] reducing it to one-dimensional Lagrange problems. The natural place for us to present Velte's results would be at the end of Chapter 8, but we had to omit this important topic for obvious reasons, as well as many other extensions due to Liesen [1] and Dedecker [1–5]. A survey of multiply-dimensional extensions of field theory, canonical formalism (Hamilton–Jacobi theory) and its relations to certain developments in quantum field theory can be found in the report by Kastrup [1]; there one also finds a remarkable collection of bibliographic references.

3. The Weyl–De Donder field theory appeared considerably later than that of Carathéodory (see Weyl [4], De Donder [3]), except for some early remarks by De Donder [1], [2] which did not lead very far. Weyl wrote in the introduction to his paper [4]: *Carathéodory recently drew my attention to an "independent integral" in the calculus of variations exhibited by him in an important paper in 1929, and he asked me about its relation to a different independent integral I made use of in a brief exposition of the same subject in the Physical Review, 1934 (see [3]). The present note was drafted to meet Carathéodory's question ...* In Section 11 of his paper Weyl points out the following (we have adjusted the notation to the one used in *4.1* and *4.2*): *The relation between the two competing theories ... is now fairly obvious. They do not differ in the case of only one variable x. In the general case, the extremals for the Lagrangian F are the same as for* $F^* = 1 + \varepsilon F$, ε *being a constant. Notwithstanding, Carathéodory's theory is not linear with respect to F. But applying it to* $1 + \varepsilon F$ *instead of F and then letting* ε *tend to zero, we fall back on the linear theory ... One has to choose Carathéodory's functions* $S^\alpha(x, z) = x^\alpha + \varepsilon s^\alpha(x, z)$. *Neglecting quantities that tend to zero with* ε *more strongly than* ε *itself, one then gets*

$$det(S^\alpha_{x^\beta} + \varepsilon S^\alpha_{z^i}\mathscr{P}^i_\beta) = 1 + \varepsilon[s^\alpha_{x^\alpha} + \varepsilon s^\alpha_{z^i}\mathscr{P}^i_{x^\alpha}], \dots .$$

One may therefore describe Carathéodory's theory as a finite determinant theory and the simpler one [of Weyl's paper] *as the corresponding infinitesimal trace theory. The Carathéodory theory is invariant when the* S^α *are considered as scalars not affected by the transformations of z. It appears unsatisfactory that the transition here sketched, by introducing the density 1 relatively to the coordinates* x^α, *breaks the invariant character. This however is related to the existence of a distinguished system of coordinates* x^α *in the determinant theory, consisting of the functions* $S^\alpha(x, u(x))$. *This remark reveals at the same time that, in contrast to the trace theory, it is not capable of being carried through without singularities on a manifold ... that cannot be covered by a single coordinate system z.*

4. A fairly extensive treatment of field theories for single and multiple integrals, nonparametric and parametric ones, and of the corresponding Hamilton–Jacobi theories is given in Rund's treatise [4]. We also refer to Rund's papers [5, 6, 8] for further pertinent results.

5. The connection between Carathéodory's work on the calculus of variations and the developments in optimal control theory are discussed in the historical report by Bulirsch and Pesch [1], and also in Klötzler's supplements to the second edition of Carathéodory's treatise [10]. Bulirsch and Pesch pointed out that the so-called *Bellman equation* was first published by Carathéodory [10] in 1935, while corresponding results by Bellman (see [2], [3], and the 1954 Rand Corporation reports of Bellman cited in [3]) go back to 1954. Furthermore: *Such equations play an important role in the method of dynamic programming as developed by Bellman and, in more general form, in the theory of differential games as developed by Isaacs at the beginning of the 50's ... Both authors obtained their results directly from the principle of optimality ...* (cf. Isaacs [1], [2], and the 1954 Rand Corporation reports of Isaacs cited in [2]). Here "principle of optimality" means the fact that any piece of a minimizer is again a minimizer. Bulirsch and Pesch attributed this principle to Jacob

Bernoulli.[23] Moreover they pointed out that Pontryagin's maximum principle was apparently first obtained by Hestenes [3] in 1950, and they wrote: *Decidedly, the achievement of Boltyanskii, Gamkrelidze, and Pontryagin, who coined the term maximum principle in their 1956 paper [1] ..., lies in the fact that they later gave a rigorous proof for the general case of an arbitrary, for example, closed control domain, and for bounded measurable control functions; see the pioneering book of Pontryagin, Boltyanskii, Gamkrelidze, and Mishchenko from 1961, [1]. Indeed, the new ideas in this book led to the cutting of the umbilical cord between the calculus of variations and optimal control theory. The first papers on the maximum principle at an early stage are the papers of Gamkrelidze from 1957 and 1958 for linear control systems. The first proof was given by Boltyanskii in 1958 and later improved by several other authors. All these references are cited in ... Ioffe and Tchomirov [1] where the more recent proofs of the maximum principle, which are based on new ideas, can be found too.*

Furthermore Bulirsch and Pesch showed how and why Carathéodory's treatment of the Lagrange problem (cf. *Schriften* [16], Vol. 1, pp. 212–248) from 1926 can be viewed as a precursor of the Pontryagin maximum principle.

For the presentation in Section 4.1 we are indebted to R. Klötzler's lectures at Bonn University, 1990–1991, and to his appendix to Carathéodory's book [10], Teubner, 1992.

---

[23] *Solutio problematum fraternorum, peculiari programmate Cal. Jan. 1697 Groningae, nec non Actorum Lips. mense Jun. et Dec. 1696, et Febr. 1697 propositorum: una cum propositione reciproca aliorum.* Acta Eruditorum anno 1697, pp. 211–216; see in particular p. 212 and Fig. IV on Tab. IV, p. 205.

Chapter 8. Parametric Variational Integrals

In this chapter we shall treat the theory of one-dimensional variational problems in parametric form. Problems of this kind are concerned with integrals of the form

$$(1) \qquad \mathscr{F}(x) = \int_a^b F(x(t), \dot{x}(t)) \, dt,$$

whose integrand $F(x, v)$ is positively homogeneous of first degree with respect to v. Such integrals are invariant with respect to transformations of the parameter t, and therefore they play an important role in geometry. A very important example of integrals of the type (1) is furnished by the *weighted arc length*

$$(2) \qquad \mathscr{L}(x) := \int_a^b \omega(x(t)) |\dot{x}(t)| \, dt,$$

which has the Lagrangian $F(x, v) = \omega(x)|v|$. Many celebrated questions in differential geometry and mechanics lead to variational problems for parametric integrals of the form (2), and because of *Fermat's principle* also the theory of light rays in isotropic media is governed by the integral (2), whereas the geometrical optics of general anisotropic media is just the theory of extremals of the integral (1).

In Section 1 we shall state necessary conditions for smooth regular minimizers of (1), i.e. we shall formulate the *Euler equations, free boundary conditions* and *transversality* as well as the *Weierstrass–Erdmann corner conditions* for so-called *discontinuous* (or *broken*) *extremals*. This will also lead us to a general version of *Fermat's principle* and of the *laws of refraction and reflection*. Moreover we shall see how problems in nonparametric form can be transformed into parametric variational problems and vice versa, and how far parametric and nonparametric problem can be viewed as equivalent questions. A typical example for $N = 2$ is provided by the weighted arc length

$$\int_a^b \omega(x, y)\sqrt{\dot{x}^2 + \dot{y}^2} \, dt$$

and its nonparametric companion

$$\int_{x_1}^{x_2} \omega(x, y) \sqrt{1 + \left(\frac{dy}{dx}\right)^2} \, dx.$$

In Section 2 we discuss a canonical formalism for parametric variational problems. Since the Hessian matrix F_{vv} of a parametric Lagrangian F is necessarily degenerate we cannot use the Hamilton–Jacobi theory in its standard form. We develop an efficient substitute which will be derived from the canonical formalism for the *quadratic Lagrangian $Q(x, v)$ associated with $F(x, v)$*, which is defined by

$$Q(x, v) := \tfrac{1}{2} F^2(x, v).$$

Our discussion will be based on the theory of convex bodies and their polar bodies, due to Minkowski, which we have outlined in 7,3. This will lead us to the notions of *indicatrix* and *figuratrix*, and we shall see how in the case of parametric problems one can formulate the *ellipticity of line elements* (x, v) in analytic and geometric terms. Furthermore we shall discuss *Jacobi's least action principle* in its most general form, which is a geometric version of Hamilton's principle of least action in mechanics. The transition between the two principles is furnished by a subtle transformation of certain nonparametric variational problems into a parametric form.

In Subsection 3 we shall complete our presentation of the *Hamilton–Jacobi theory for parametric integrals*, and we shall outline the elements of the corresponding field theory. In particular we shall treat the parametric theory of *Mayer fields* and the related *Carathéodory equations* as well as the parametric *Hamilton–Jacobi equation for eikonals*, the so-called *eikonal equation*. The discussion will be completed by the derivation of various *sufficient conditions* for minimizers and by a detailed investigation of the so-called *exponential mapping* associated with a parametric Lagrangian. Basically this mapping is generated by the field lines of a stigmatic Mayer field. One uses the exponential map to introduce *geodesic polar coordinates* (or *normal coordinates*) which are very useful for simplifying geometric computations.

At last, in Section 4 we shall prove several results concerning the *existence of (absolute) minimizers*. This will be achieved by so-called *direct methods*. The first such method will be based on properties of the exponential map while the second uses lower semi-continuity properties of variational integrals. We complete the section by a detailed discussion of two important examples, *surfaces of revolution with least area*, and *geodesics on compact Riemannian manifolds*.

1. Necessary Conditions

Parametric variational integrals $\int_{t_1}^{t_2} F(x(t), \dot{x}(t))\, dt$ are invariant with respect to reparametrizations of admissible curves. Their integrands $F(x, v)$ do not depend on the independent variable t and are positively homogeneous of first order with respect to v. The special nature of such Lagrangians requires that we confine our considerations to *regular curves* $x(t)$, $t_1 \leq t \leq t_2$, that is, we demand $\dot{x}(t) \neq 0$. By choosing the arc length as parameter we could even restrict ourselves to curves $x(s)$ with $|\dot{x}(s)| \equiv 1$.

In *1.1* we begin our considerations by recapitulating the notions of *extremal, line element,* and *transversality* for parametric variational integrals. Then we show that the Euler field $e := L_F(x)$ of any regular C^2-curve $x(t)$ is perpendicular to its velocity field $v = \dot{x}$. This property is particularly studied for the Lagrangian $F(x, v) = \omega(x)|v|$; moreover we obtain in this case two equivalent formulations of the Euler equation, namely the formula

$$k = \omega(x)^{-1}\omega_x^{\perp}(x)$$

for the curvature vector k of the extremal $x(t)$, and the *Gauss formulas*

$$\omega_x^{\perp}(x) \wedge n = 0, \qquad \kappa = \frac{\partial}{\partial n}\log \omega(x).$$

Here n denotes the principal normal of $x(t)$, and κ stands for its curvature. Finally we derive from these formulas *Jacobi's least action principle* for the orbit of a point mass in $\mathbb{R}^3$.

In *1.2* we briefly discuss the relation between parametric and nonparametric variational problems, and we shall see how one kind of questions can be transformed into the other one. We shall also see that these problems are not completely equivalent to each other.

Finally in *1.3* we consider *discontinuous* (that is: *broken*) *extremals*, i.e. *weak extremals of class D^1*. A necessary condition for such weak extremals is *Du Bois–Reymond's equation*, an integrated version of the Euler equation, which implies the so-called *Weierstrass–Erdmann corner condition*

$$F_v(x, v^-) = F_v(x, v^+),$$

relating the two directions v^- and v^+ of a discontinuous (or: broken) extremal at some corner of x. The corner condition can be used to form discontinuous extremals from several pieces of C^2-extremals. Moreover the corner condition also shows that every weak D^1-extremal has to be at least of class C^1 if the excess function of F is positive.

We close *1.3* by characterizing light rays via Fermat's principle, which is shown to imply the law of refraction for an optical medium with a discontinuous density.

1.1. Formulation of the Parametric Problem. Extremals and Weak Extremals

The theory of parametric variational problems, developed by Weierstrass, deals with variational integrals of the kind

$$(1) \qquad \mathscr{F}(c) = \int_{t_1}^{t_2} F(c(t), \dot{c}(t))\, dt,$$

which are invariant with respect to regular transformations of the parameter t. Here $c : [t_1, t_2] \to M$ denotes a *parametrized curve* (or *motion*) in an N-dimensional manifold, and $\dot{c}$ stands for the velocity field of c.

For curves in parameter representation the choice of the parametric interval is not particularly important (except if the parameter t has a special physical or geometric meaning such as "time" or "arc length"). Therefore we consider the parameter interval not as part of the definition of $\mathscr{F}$. More precisely, if $z : [\tau_1, \tau_2] \to M$ is another motion in M, we write equally

$$\mathscr{F}(z) = \int_{\tau_1}^{\tau_2} F(z(\tau), \dot{z}(\tau)) \, d\tau.$$

Note that the velocity vector $\dot{c}(t)$ is an element of the tangent space $T_{c(t)}M$. The Lagrangian F is defined on the tangent bundle $TM = \bigcup_{p \in M} T_p M$, and therefore we should write the Lagrangian F of the functional $\mathscr{F}$ in the form $F(\dot{c})$ instead of $F(c, \dot{c})$. However, the analyst is accustomed to interpret this in the Euclidean way, reading $F(\dot{c})$ as: F depends only on the derivative of c and not on c itself, which is, of course, not meant; in fact, this interpretation does not make sense in the context of manifolds. Rather, the velocity field $\dot{c}$ incorporates the information c because of $c = \pi(\dot{c})$, $\pi : TM \to M$ being the canonical projection of TM onto M. Since we want to avoid this misunderstanding, we use the slightly misleading notation $F(c, \dot{c})$ instead of $F(\dot{c})$.

Since in this chapter our investigations are mostly of local nature, we shall assume that $M = \mathbb{R}^N$. Then all tangent spaces can be identified with $\mathbb{R}^N$, and the tangent bundle is just $TM = \mathbb{R}^N \times \mathbb{R}^N \cong \mathbb{R}^{2N}$. Consequently we consider Lagrangians $F(x, v)$, $x \in \mathbb{R}^N$, $v \in \mathbb{R}^N$ which are positively homogeneous functions of first degree with respect to v. Such integrals were already investigated in 3,1 $\boxed{2}$.

Let us now consider the functional $\mathscr{F}(c)$ defined by (1) on the class of C^1-curves $x(t) = (x^1(t), \ldots, x^N(t))$, $t_1 \le t \le t_2$, in $\mathbb{R}^N$. The homogeneity condition

(2) $$F(x, \lambda v) = \lambda F(x, v) \quad \text{for } \lambda > 0$$

implies that $\mathscr{F}(x)$ is invariant under reparametrizations. That is, if $\sigma : [\tau_1, \tau_2] \to [t_1, t_2]$ is an arbitrary C^1-diffeomorphism of $[\tau_1, \tau_2]$ onto $[t_1, t_2]$ with $\dfrac{d\sigma}{d\tau}(\tau) > 0$, and if we set $z := x \circ \sigma$, i.e. $z(\tau) := x(\sigma(\tau))$, $\tau_1 \le \tau \le \tau_2$, then it follows from (2) that

$$\int_{t_1}^{t_2} F(x(t), \dot{x}(t)) \, dt = \int_{\tau_1}^{\tau_2} F(x(\sigma(\tau)), \dot{x}(\sigma(\tau))) \frac{d\sigma}{d\tau}(\tau) \, d\tau$$

$$= \int_{\tau_1}^{\tau_2} F\left(x \circ \sigma, (\dot{x} \circ \sigma) \frac{d\sigma}{d\tau}\right) d\tau = \int_{\tau_1}^{\tau_2} F(z(\tau), \dot{z}(\tau)) \, d\tau,$$

that is,

(3) $$\mathscr{F}(x) = \mathscr{F}(x \circ \sigma).$$

Conversely, if (3) holds true for arbitrary curves $x(t)$, $t_1 \le t \le t_2$, and for arbitrary parameter changes σ, then condition (2) must be satisfied. This can be seen as follows: For any $x_0, v_0 \in \mathbb{R}^N$ there is a C^1-curve $x(t)$, $-\varepsilon_0 \le t \le \varepsilon_0$, with $x(0) = x_0$ and $\dot{x}(0) = v_0$, $\varepsilon_0 > 0$. Choose an arbitrary $\lambda > 0$ and consider the mapping $t = \sigma(\tau) := \lambda \tau$. Then we infer from (3) that $z(\tau) := x(\sigma(\tau))$ satisfies

$$\int_{-\varepsilon/\lambda}^{\varepsilon/\lambda} F(z(\tau), \dot{z}(\tau))\, d\tau = \int_{-\varepsilon}^{\varepsilon} F(x(t), \dot{x}(t))\, dt$$

$$= \int_{-\varepsilon/\lambda}^{\varepsilon/\lambda} F(z(\tau), \dot{x}(\sigma(\tau)))\lambda\, d\tau$$

for every $\varepsilon \in (0, \varepsilon_0)$, whence

$$\fint_{-\varepsilon/\lambda}^{\varepsilon/\lambda} F(z, \lambda\dot{x} \circ \sigma)\, d\tau = \fint_{-\varepsilon/\lambda}^{\varepsilon/\lambda} F(z, \dot{x} \circ \sigma)\lambda\, d\tau.$$

Letting $\varepsilon \to +0$, we arrive at

$$F(x_0, \lambda v_0) = \lambda F(x_0, v_0),$$

what was to be proved.

This leads to the following definition. Let G be a nonempty domain in $\mathbb{R}^N$ and let $F(x, v)$ be defined on $G \times \mathbb{R}^N$. We call $F(x, v)$ a *parametric Lagrangian* if it satisfies

Assumption (A1). *F is of class $C^0(G \times \mathbb{R}^N) \cap C^2(G \times (\mathbb{R}^N - \{0\}))$ and satisfies the homogeneity condition* (2).

Then we can formulate the above-stated result as follows:

An integral (1) *is parameter invariant if and only if its integrand F is a parametric Lagrangian.*

Note that (A1) implies that $F(x, 0) = 0$. Mostly we shall assume that $G = \mathbb{R}^N$. However, in certain interesting examples (A1) has to be replaced by a weaker assumption (A2) to be stated later on. Such F will also be called parametric Lagrangians.

A parametric Lagrangian $F(x, v)$ is said to be *positive definite* if $F(x, v) > 0$ holds true for all $(x, v) \in G \times \mathbb{R}^N$ with $v \neq 0$, and it is said to be *indefinite* if F assumes both positive and negative values on $G \times \mathbb{R}^N$.

In the following, we shall mostly be concerned with positive definite Lagrangians. This restriction excludes various interesting problems; yet in certain cases one can reduce the indefinite to a definite problem (cf. W. Damköhler [1], [2]; W. Damköhler and E. Hopf [1]; H. Rund [4], pp. 163–166, [3]). According to Carathéodory, such a reduction is possible in the neighborhood of some point x_0 which carries a "strong" line element $\ell_0 = (x_0, v_0)$ of F; cf. Proposition 10 of *3.1.*

Let us now consider some *examples of parametric Lagrangians F(x, v)* leading to parameter invariant integrals.

$\boxed{1}$ If $F(x, v) = |v|$, then

$$\mathscr{F}(x) = \int_{t_1}^{t_2} |\dot{x}(t)|\, dt$$

is the length of a path $x(t)$, $t_1 \leq t \leq t_2$, in $\mathbb{R}^n$.

$\boxed{2}$ If $F(x, v) = \omega(x)|v|$, $\omega > 0$, then

$$\mathscr{F}(x) = \int_{t_1}^{t_2} \omega(x)|\dot{x}|\, dt$$

is the length of a path (or light ray) $x(t)$, $t_1 \leq t \leq t_2$, in an inhomogeneous but isotropic medium of "density" ω.

$\boxed{3}$ If $F(x, v) = \sqrt{Q(x, v)}$, where $Q(x, v) = g_{ik}(x)v^i v^k$, is a positive definite quadratic form in v, then

$$\mathscr{F}(x) = \int_{t_1}^{t_2} \sqrt{g_{ik}(x)\dot{x}^i \dot{x}^k}\, dt$$

is the length of a curve $x(t)$, $t_1 \leq t \leq t_2$, with respect to the Riemannian line element

$$ds^2 = g_{ik}(x)\, dx^i\, dx^k.$$

$\boxed{4}$ A Lagrangian $F(x, v)$ is called a *Finsler metric on G* if it satisfies (A1), $F(x, v) > 0$ for $(x, v) \in G \times (\mathbb{R}^n - \{0\})$ and if the matrix $(g_{ik}(x, v))$ defined by $g_{ik} := F_{v^i}F_{v^k} + FF_{v^i v^k}$ is positive definite for all $(x, v) \in G \times (\mathbb{R}^n - \{0\})$. Clearly $\boxed{3}$ provides a Finsler metric. A "non-Riemannian" Finsler metric is given by

$$F(x, v) := \omega(x)\left\{\sum_{i=1}^{N} |v^i|^p\right\}^{1/p}, \quad \omega(x) > 0, \ p > 2.$$

In his Habilitationskolloquium (1854), Riemann already suggested to investigate the case $p = 4$ (cf. Riemann [3], p. 262).

$\boxed{5}$ Let us consider a few examples for $N = 2$. In this case, we write x, y for x^1, x^2 and u, v for v^1, v^2, i.e., $F = F(x, y, u, v)$.

(i) The oldest problem in the calculus of variations (as far as the minimization of *integrals* is concerned) is *Newton's problem* to find a rotationally symmetric body of least resistance (1686) which leads to the Lagrangian

$$F = \frac{yv^3}{u^2 + v^2}.$$

(ii) The brachystochrone problem in parametric form has the form

$$F = \frac{1}{\sqrt{y}}\sqrt{u^2 + v^2},$$

for suitably chosen cartesian coordinates x and y in $\mathbb{R}^2$.

(iii) The minimal surfaces of revolution lead to

$$F = 2\pi y\sqrt{u^2 + v^2}.$$

(iv) Applying the multiplier rule, the isoperimetric problem ("largest area for prescribed perimeter") is connected with

$$F = \tfrac{1}{2}(xv - yu) - \lambda\sqrt{u^2 + v^2},$$

λ being the constant multiplier.

There are very interesting examples of "parametric" Lagrangians $F(x, v)$ which are not defined for all $v \neq 0$. In such cases we have to weaken (A1) in a suitable way. Accordingly we formulate

ASSUMPTION (A2)   *There is an open cone $\mathscr{K}$ in $\mathbb{R}^N$ with vertex at $v = 0$ and a domain $G \subset \mathbb{R}^N$ such that*

$$F \in C^2(G \times \mathscr{K})$$

$$F(x, \lambda v) = \lambda F(x, v) \quad \text{for all } \lambda > 0 \text{ and all } (x, v) \in G \times \mathscr{K}.$$

This condition is particularly suited for purposes of the special theory of relativity:

6 We consider the motion of a particle in the 4-dimensional Minkowski world with the line element

$$ds^2 = c^2 dt^2 - (dx^1)^2 - (dx^2)^2 - (dx^3)^2,$$

c being the speed of light. We set $x^4 = t$, $x = (x^1, x^2, x^3, x^4)$, and we assume that the motion of the particle is parametrized by some parameter τ: $x = x(\tau) = (x^1(\tau), \ldots, x^4(\tau))$.

We set $\dot{x} = \dfrac{dx}{d\tau}$. Then the motion of the particle is an extremal of the functional $\mathscr{F}(x) = \int_{\tau_1}^{\tau_2} F(x, \dot{x}) \, d\tau$ with the Lagrangian $F(x, v) := F_0(x, v) + G(x, v)$ where $F_0(x, v)$ is the free-particle Lagrangian

$$F_0(x, v) = mc\sqrt{c^2 |v^4|^2 - |v^1|^2 - |v^2|^2 - |v^3|^2},$$

with m being the mass of the particle in rest, and $G(x, v)$ involves the action of some field, say

$$G(x, v) = -\frac{e}{c}\psi_j(x)v^j$$

if we have a charged particle with charge e moving in an electromagnetic field with the four-potential $\psi(x) = (\psi_1(x), \ldots, \psi_4(x))$.

In this example $\mathscr{K}$ is the *time-like cone*

$$\mathscr{K} = \{v: c^2|v^4|^2 - |v^1|^2 - |v^2|^2 - |v^3|^2 > 0\}.$$

In the general theory of relativity one has to replace in (A2) the set $G \times \mathscr{K}$ by some set $\Omega = \{(x, v): x \in G, v \in \mathscr{K}_x\}$, where $\mathscr{K}_x$ is an open cone with vertex at $v = 0$, and $\mathscr{K}_x$ depends smoothly on x.

Let us now recapitulate some of the basic results proved in Chapters 1–3 and restate them for parametric variational problems.

Suppose that $F(x, v)$ satisfies (A1). Then the functional $\mathscr{F}(x)$ defined by (1) is well-defined for all curves $x(t)$, $t \in I := [t_1, t_2]$, of class $C^1(I; \mathbb{R}^N)$ satisfying

(4) $x(t) \in G$ for all $t \in I$.

Condition (4) from now on goes without saying and will not be mentioned anymore.

Moreover we shall usually assume that admissible curves are *regular* (or *immersed*), that is, we require

(5) $\dot{x}(t) \neq 0$ for all $t \in I$,

if nothing else is said.

Then the first variation of the functional $\mathscr{F}$, defined by (1), is given by

(6) $$\delta\mathscr{F}(x, \varphi) = \int_{t_1}^{t_2} \left[F_x(x, \dot{x}) \cdot \varphi + F_v(x, \dot{x}) \cdot \frac{d\varphi}{dt} \right] dt$$

for every $\varphi \in C^1(I, \mathbb{R}^N)$, and for $x \in C^2(I, \mathbb{R}^N)$ we obtain

(7) $$\delta\mathscr{F}(x, \varphi) = \int_{t_1}^{t_2} \left[F_x(x, \dot{x}) - \frac{d}{dt} F_v(x, \dot{x}) \right] \cdot \varphi \, dt + [\varphi \cdot F_v(x, \dot{x})]_{t_1}^{t_2}.$$

Definition 1. *If x is of class $C^1(I, \mathbb{R}^N) \cap C^2(\mathring{I}, \mathbb{R}^N)$, where $\mathring{I} = (t_1, t_2)$, and satis-*

fies both the regularity condition (5) *and*

(8) $$\delta\mathscr{F}(x, \varphi) = 0 \quad \text{for all } \varphi \in C_c^\infty(\mathring{I}, \mathbb{R}^N),$$

then x is called an extremal of $\mathscr{F}$.

Every extremal x satisfies the Euler equations

(9) $$F_x(x, \dot{x}) - \frac{d}{dt} F_v(x, \dot{x}) = 0.$$

Solutions $x \in C^1(I, \mathbb{R}^N)$ satisfying both (5) and (8) are called *weak extremals of $\mathscr{F}$*. Later on we shall also consider weak extremals which are of class D^1 (i.e. piecewise smooth), or Lipschitz continuous, or even of class AC (i.e. absolutely continuous on I).

The regularity condition (5) for admissible curves $x(t)$ is quite essential. First of all it guarantees that $\delta\mathscr{F}(x, \varphi)$ is well defined (note that $F_v(x, v)$ is in general not continuous at $v = 0$ since $F(x, \cdot)$ is positively homogeneous of first degree), and secondly it allows us to transform $x(t)$ to the parameter of arc length s, so that $z(s) := x(t(s))$ satisfies

(10) $$\left| \frac{dz}{ds}(s) \right| = 1.$$

The functions $x(t)$ and $z(s)$ are representations of the same curve γ in $\mathbb{R}^N$; a representation $z(s)$ with the special property (10) is called a *normal representation of γ*.

Consider some k-dimensional manifold $\mathscr{M}$ in $\mathbb{R}^N$, $1 \le k < N$, and suppose that $x(t)$, $t_1 \le t \le t_2$, is of class $C^1(I, \mathbb{R}^N) \cap C^2(\mathring{I}, \mathbb{R}^N)$ and satisfies

(11)
$$\delta\mathscr{F}(x, \varphi) = 0 \quad \text{for all } \varphi \in C^1(I, \mathbb{R}^N) \text{ such that } \varphi(t_1) \in T_{x_1}\mathscr{M},$$
where $T_{x_1}\mathscr{M}$ is the tangent space of $\mathscr{M}$ at $x_1 := \varphi(t_1)$.

This relation implies the Euler equations (9) as well as the free boundary condition (*transversality relation*)

(12) $$F_v(x_1, v_1) \in T_{x_1}\mathscr{M},$$

where $x_1 := x(t_1)$, $v_1 := \dot{x}(t_1)$. This result motivates the following definitions.

Definition 2. *A pair $\ell = (x, v)$ consisting of a point $x \in \mathbb{R}^N$ and a direction vector $v \in \mathbb{R}^N$, $v \ne 0$, will be called a* line element *in $\mathbb{R}^N$. Two line elements $\ell = (x, v)$ and $\ell' = (x', v')$ are said to be equivalent, $\ell \sim \ell'$, if the following two conditions are fulfilled:*
  (i) $x = x'$;
  (ii) $v = \lambda v'$ *for some $\lambda > 0$.*

Any line element $\ell = (x, v)$ can be viewed as an oriented straight line $\mathscr{L}$ passing through the point x which contains the vector v and is oriented in direction of v.

Equivalent line elements characterize the same oriented line and have the same supporting point x.

Definition 3. *We say that a line element $\ell = (x, v)$ is* transversal *to some other line element $\ell' = (x, w)$ with the same supporting point x if*

$$(13) \qquad\qquad F_v(x, v) \cdot w = 0$$

holds true. (Note that transversality will, in general, not be a symmetric relation.)

More generally, *a line element $\ell = (x, v)$ is said to be* transversal to some k-manifold $\mathcal{M}$ *in $\mathbb{R}^N$ at the point x, if $x \in \mathcal{M}$ and if $F_v(x, v)$ satisfies (13) for each tangent vector $w \in T_x \mathcal{M}$ to the manifold $\mathcal{M}$ at the point x.*

Note that $F_v(x, \cdot)$ is positively homogeneous of degree zero, i.e., $F_v(x, \lambda v) = F_v(x, v)$ for $\lambda > 0$ and $v \neq 0$. Thus the transversality condition (13) is geometrically meaningful because it means the same for equivalent line elements.

Now we can formulate the *natural boundary condition* as follows:

An extremal with a free boundary on a k-manifold $\mathcal{M}$ meets $\mathcal{M}$ transversally at its boundary points.

For $F(x, v) = \omega(x)|v|$ with $\omega > 0$, the condition "transversal" obviously means "orthogonal" since

$$F_v(x, v) = \frac{\omega(x)}{|v|} v.$$

Since the functions F_{v^i} and F_{x^i} are positively homogeneous of degree zero and one with respect to v, we infer by means of Euler's relation that

$$(14) \qquad\qquad F_{v^i v^k}(x, v)v^k = 0$$

and

$$(15) \qquad\qquad F_{x^i v^k}(x, v)v^k = F_{x^i}(x, v)$$

for $1 \leq i \leq N$ and $v \neq 0$.

Let us now introduce the *Eulerian covector field* $e(t) = (e_1(t), e_2(t), \ldots, e_N(t))$ of an arbitrary C^2-motion $x(t)$, $t \in I$, by setting

$$(16) \qquad\qquad e := L_F(x).$$

If we write $z(t) := (x(t), v(t))$ and $v(t) := \dot{x}(t)$, then e is given by

$$(16') \qquad\qquad e = F_x(z) - \frac{d}{dt} F_v(z)$$

whence we obtain

$$e_i = F_{x^i}(z) - F_{v^i x^k}(z)v^k - F_{v^i v^k}(z)\dot{v}^k$$

and this implies

$$e_i v^i = F_{x^i}(z)v^i - F_{v^i x^k}(z)v^i v^k - F_{v^i v^k}(z)v^i \dot{v}^k$$
$$= F_{x^i}(z)v^i - F_{x^k}(z)v^k - 0 = 0$$

on account of (14) and (15). Thus we obtain *Noether's equation*

(17) $$e(t) \cdot v(t) = 0 \quad \text{for all } t \in I,$$

which is equivalent to

(17') $$L_F(x) \cdot \dot{x} = 0.$$

Thus we have found:

Proposition 1. *For every C^2-motion $x(t)$, $x \in I$, the Eulerian covector field of a parameter invariant Lagrangian $F(x, v)$ is perpendicular to the velocity field of the motion $x(t)$.*

Moreover, equation (14) shows that the Hessian matrix $F_{vv} = (F_{v^i v^k})$ is nowhere invertible. Hence the gradient mapping $\pi = F_v(x, v)$ is not invertible, and therefore we cannot carry out the Legendre transformation for parametric Lagrangians $F(x, v)$. Hence we must take a certain detour if we want to establish a canonical formalism for parametric integrals. This detour will be described in Section 2 using results of 7,3.2.

Furthermore, (14) implies

(18) $$F_{v^i v^k}(x, v)v^i v^k = 0 \quad \text{for all } v \neq 0.$$

Consequently no extremal of a parametric integral can satisfy the usual Legendre condition, and we cannot apply "sufficient conditions" based on the Legendre condition to parametric integrals. Thus we must look for a substitute of the Legendre condition which takes its place in the case of parametric problems; this substitute will be formulated in Section 2.

Let us finally note that on account of the homogeneity relation

(19) $$F(x, v) = v^i F_{v^i}(x, v), \quad v \neq 0,$$

we can write the *excess function*

$$\mathscr{E}(x, v, w) = F(x, w) - F(x, v) - (w - v) \cdot F_v(x, v), \quad v \neq 0,$$

in the form

(20) $$\mathscr{E}(x, v, w) = F(x, w) - w \cdot F_v(x, v) = w \cdot [F_v(x, w) - F_v(x, v)].$$

Note that $\mathscr{E}(x, v, w)$ is positively homogeneous of first degree with respect to w, and of degree zero with respect to v.

In 3,1 [2] we have illustrated Noether's equation $e(t) \cdot v(t) = 0$ by the movement of some particle in $\mathbb{R}^2$ under the influence of a conservative field. Let us generalize this example to $\mathbb{R}^3$.

$\boxed{7}$ *Gauss's equations.* Consider the parametric Lagrangian

$$F(x, v) = \omega(x)|v| \quad \text{with } \omega(x) \neq 0,$$

and let $x(t)$ be the motion of some point in $\mathbb{R}^3$. We assume that $x(t)$ is of class C^2 and satisfies $\dot{x}(t) \neq 0$ and $\kappa(t) \neq 0$ where $\kappa(t)$ denotes the curvature of $x(t)$ at the time t and $\rho(t) = 1/\kappa(t)$ is its curvature radius. Then the moving frame t, n, b of the curve $x(t)$ is well defined by

$$t = \frac{v}{|v|}, \quad v = \dot{x} = \text{velocity vector},$$

$$\frac{dt}{dt} = \kappa|v|n, \quad b = t \wedge n.$$

Differentiating $v = |v|t$ with respect to t, it follows that

$$\dot{v} = \frac{d|v|}{dt}t + \frac{|v|^2}{\rho}n.$$

Introducing the curvature vector $k(t)$ by

$$k(t) = \kappa(t)n(t),$$

we obtain the two formulas

(21)
$$\frac{d}{dt}t = |v|k(t)$$

(22)
$$\dot{v} = \frac{d|v|}{dt}t + |v|^2k.$$

On the other hand, the Euler vector field

$$e = L_F(x) = F_x(x, v) - \frac{d}{dt}F_v(x, v)$$

can be computed as follows:

$$e = \omega_x(x)|v| - \frac{d}{dt}\left[\omega(x)\frac{v}{|v|}\right]$$

$$= \left[\omega_x(x)|v| - (\omega_x(x) \cdot v)\frac{v}{|v|}\right] - \omega(x)\frac{d}{dt}\frac{v}{|v|}$$

$$= \omega(x)|v|\left\{\omega^{-1}(x)[\omega_x(x) - (\omega_x(x) \cdot t)t] - \frac{1}{|v|}\frac{d}{dt}t\right\}.$$

For any vector field $a(t)$ along the curve $x(t)$ we introduce the *normal component* $a^\perp(t)$ by

$$a^\perp(t) := a(t) - (a(t) \cdot t(t))\,t(t).$$

Then (22) yields

(23)
$$k = |v|^{-2}\dot{v}^\perp,$$

and we obtain from (21) the formula

(24)
$$\frac{d}{dt}t = \frac{\dot{v}^\perp}{|v|},$$

whence

(25)
$$e = -F(x, v)\left\{\frac{\dot{v}}{|v|^2} - \frac{\omega_x(x)}{\omega(x)}\right\}^\perp.$$

This equation once again shows that $e \perp v$. We can rewrite (25) in the form

(26) $$L_F(x) = -F(x, v)\left\{ k - \frac{\omega_x^\perp(x)}{\omega(x)} \right\},$$

and this implies the following

Proposition 2. *If* $F(x, v) := \omega(x)|v|$, $\omega \in C^1$ *and* $\omega \neq 0$, *then, for any* C^2-*curve* $x(t)$ *with* $v(t) = \dot{x}(t) \neq 0$, *the following two conditions are equivalent:*

(i) $F_x(x, v) - \dfrac{d}{dt} F_v(x, v) = 0$, *i.e.* $L_F(x) = 0$,

(ii) $k = \dfrac{\omega_x^\perp(x)}{\omega(x)}$.

If $\omega > 0$, *then both* (i) *and* (ii) *are equivalent to the Gauss equations*

(iii) $\omega_x^\perp(x) \wedge n = 0$ *and* $\kappa = \dfrac{\partial}{\partial n} \log \omega(x)$.

Remark. For $N = 3$ the two equations in (iii) replace the single Gauss equation

$$\kappa = \frac{\partial}{\partial n} \log \omega(x),$$

which appears in dimension $N = 2$, cf. 3,1 [2].

[8] *Jacobi's variational principle for the motion of a point mass in* $\mathbb{R}^3$. Consider the Lagrangian

(27) $$L(x, v) = \tfrac{1}{2} m|v|^2 - V(x) \quad \text{for } (x, v) \in \mathbb{R}^3 \times \mathbb{R}^3,$$

where $m > 0$ and $V \in C^1(\mathbb{R}^3)$. The Euler equations of the variational integral

(28) $$\int_{t_1}^{t_2} L(x, \dot{x}) \, dt$$

are equivalent to the Newtonian equations

(29) $$m\ddot{x} = -\operatorname{grad} V(x).$$

By the law of conservation of energy, we know that

$$L^*(x, v) := v \cdot L_v(x, v) - L(x, v) = \tfrac{1}{2} m|v|^2 + V(x)$$

is a first integral of equations (29). In other words, for every solution $x(t)$, $v(t)$ of

(29′) $$\dot{x} = v, \quad m\dot{v} = -V_x(x)$$

in (t_1, t_2) there is a constant h such that

(30) $$\tfrac{1}{2} m|v|^2 + V(x) = h.$$

On the other hand, if we introduce the moving frame $t(t)$, $n(t)$, $b(t)$ along the curve $x(t)$ consisting of the unit tangent, the normal and the binormal, then we obtain

(31) $$\ddot{x} = \dot{v} = \frac{d|v|}{dt} t + |v|^2 \kappa n,$$

where $\kappa = 1/\rho$ is the curvature function of $x(t)$, cf. [7]. Therefore the Newtonian equations (29) are equivalent to the system of three equations

(32) $$m \frac{d}{dt}|v| = -\frac{\partial}{\partial t} V, \quad m\kappa|v|^2 = -\frac{\partial}{\partial n} V, \quad 0 = -\frac{\partial}{\partial b} V,$$

where $\dfrac{\partial}{\partial t} V = V_x \cdot t$, etc.

Equation (30) is equivalent to

(33)
$$m|v|^2 = \omega^2(x) \quad \text{with } \omega(x) := \sqrt{2\{h - V(x)\}},$$

and we infer from (32) and (33) that

(34)
$$\kappa = \frac{\partial}{\partial n} \log \omega(x) \quad \text{and} \quad \omega_x^\perp(x) \wedge n = 0$$

provided that $\omega(x) > 0$.

As we have stated in the Proposition of $\boxed{7}$, the equations (34) are equivalent to the Euler equations of the parametric integral $\int_{t_1}^{t_2} F(x, \dot{x})\, dt$ with the Lagrangian $F(x, v) = \omega(x)|v|$ provided that $\omega(x) > 0$.

Let us transform the motion $x(t)$ by introducing the parameter of the arc length s via

$$s = \sigma(t) \quad \text{with } \dot{\sigma} = |v| = |\dot{x}| = \omega(x)/\sqrt{m}$$

and setting

$$z(s) = x(\tau(s)), \text{ where } \tau = \sigma^{-1}.$$

Then $z(s)$ is an extremal of $\int_{s_1}^{s_2} F(z, z')\, ds$ with $|z'(s)| = 1$ where $z' = \dfrac{dz}{ds}$. The curve $z(s)$ yields the *orbit* of the point mass moving under the influence of a conservative field of forces with the potential energy $V(x)$.

The motion in time along the orbit $z(s)$ can be recovered by first introducing

$$t = \tau(s) \quad \text{with} \quad \frac{d\tau}{ds} = \frac{\sqrt{m}}{\omega(z)}$$

and then forming

$$x(t) = z(\sigma(t)) \quad \text{with } \sigma = \tau^{-1}.$$

Thus we obtain

$$|\dot{x}|^2 = \dot{\sigma}^2 = \omega^2(x)/m,$$

that is,

$$\tfrac{1}{2}m|v|^2 + V(x) = h,$$

which is equivalent to the first equation of (32), and the other two equations of (32) are satisfied by any extremal of the parametric variational integral defined by $F(x, v)$.

Thus we have established the following method for solving the Cauchy problem connected with the Newtonian equations (29):

First, one determines the energy constant h of the motion $x(t)$, $t_0 \leq t \leq t_1$, from its initial conditions $x_0 = x(0)$, $v_0 = \dot{x}(0) \neq 0$ via

$$h = \tfrac{1}{2}m|v_0|^2 + V(x_0).$$

Then one constructs the orbit $z(s)$, $0 \leq s \leq s_1$, $|z'(s)| = 1$, of the motion $x(t)$ by determining an extremal of

$$\int_0^{s_1} F(z(s), z'(s))\, ds, \qquad F(x, v) = \omega(x)|v|, \qquad \omega(x) = \sqrt{2(h - V(x))},$$

which fulfills the initial conditions

$$z(0) = x_0, \qquad z'(0) = v_0/|v_0|.$$

Finally one obtains the motion in time along the orbit $z(s)$ from

$$t = \tau(s) := \int_0^s \frac{\sqrt{m}}{\omega(z(s))}\, ds.$$

This construction functions as long as $\omega(x(t)) \neq 0$ holds along the true motion $x(t)$. Because of $m|\dot{x}|^2 = \omega^2(x)$ the condition $\omega(x(t)) > 0$ is equivalent to $|\dot{x}| \neq 0$ or to $V(x(t)) < h$.

Thus we have found

Jacobi's principle of least action: *The motion of the point mass between two rest points t_1 and t_2 proceeds on an orbit which is a C^2-solution of Jacobi's variational problem*

$$\int_{s_1}^{s_2} \omega(z)|z'| \, ds \to \text{stationary}.$$

We note that the mass point will be in rest (i.e. $\dot{x}(t) = 0$) if it has reached a point on the manifold $\{x : V(x) = h\}$. When can a motion $x(t)$, $v(t)$ satisfying (29′) have a rest point t_0? We distinguish two cases:

$$\text{(I)} \quad \ddot{x}(t_0) = 0, \qquad \text{(II)} \quad \ddot{x}(t_0) \neq 0.$$

Case (I) occurs if and only if

$$V_x(x_0) = 0,$$

where $x_0 := x(t_0)$. Then it follows from (29′) that $x(t) \equiv x_0$, i.e., the point mass is trapped for all times in the *equilibrium point* x_0. Obviously all critical points of the potential energy V are equilibrium points of possible motions: If a point mass reaches a critical point x_0 of V with the velocity $v_0 = 0$, then it must sit there for ever.

Case (II) implies that $V_x(x_0) \neq 0$. Hence there is some $\delta > 0$ such that $\dot{x}(t) \neq 0$ for $0 < |t - t_0| < \delta$ which means that t_0 is an isolated rest point. Moreover, we infer from (31) that

$$\lim_{t \to t_0} |v(t)|^2 \kappa(t) \boldsymbol{n}(t) = \ddot{x}(t_0),$$

i.e. $\lim_{t \to t_0} \kappa(t) = \infty$ and therefore $\lim_{t \to t_0} \rho(t) = 0$.

Thus we have found:

Rest points t_0 of a motion $x(t)$, $v(t)$ satisfying (29′) *either correspond to points x_0 of eternal rest* ("equilibrium points") *or to singular points x_0 characterized by a vanishing curvature radius ρ.*

The second case occurs, for instance, in the motion of a pendulum, or in the brachystochrone problem where the orbit is a cycloid.

1.2. Transition from Nonparametric to Parametric Problems and Vice Versa

In *1.1* $\boxed{8}$ we have derived Jacobi's geometric variational principle describing the motion of a point mass in a conservative field of forces. Jacobi's principle is a parametric variational problem that is obtained from a nonparametric problem, Hamilton's principle of least action, without raising the number of dependent variables. A more general version of this idea will be described in 2.2

In the following we shall present a rather trivial but useful extension of nonparametric to parametric problems which works in all cases but requires that we raise the number of dependent variables by one.

Let us begin with the opposite problem and consider a Lagrangian $F(x, v)$ of the $2N + 2$ variables $(x, v) = (x^0, x^1, \ldots, x^N, v^0, v^1, \ldots, v^N) \in \mathbb{R}^{N+1} \times \mathbb{R}^{N+1}$

which is positively homogeneous of first degree with respect to v, i.e.

(1) $$F(x, \lambda v) = \lambda F(x, v) \quad \text{for } \lambda > 0.$$

Suppose also that F is of class C^0 on $\mathbb{R}^{N+1} \times \mathbb{R}^{N+1}$. Then we introduce the nonparametric Lagrangian

(2) $$f(t, z, p) := F(t, z, 1, p)$$

by setting $x^0 = t, (x^1, \ldots, x^N) = z, v^0 = 1, (v^1, \ldots, v^N) = p$. The variational integrals f and $\mathscr{F}$ corresponding to f and F coincide on nonparametric curves. This means that

(3) $$f(z) = \mathscr{F}(x)$$

holds true for all nonparametric curves $x(t) = (t, z(t)), t_1 \le t \le t_2$, where

(4) $$f(z) := \int_{t_1}^{t_2} f(t, z(t), \dot{z}(t)) \, dt,$$

(5) $$\mathscr{F}(x) := \int_{t_1}^{t_2} F(x(t), \dot{x}(t)) \, dt.$$

A Lagrangian $f(t, z, p)$ is said to be the *nonparametric restriction of a parametric Lagrangian* $F(x, v)$ if it is defined by (2).

Conversely if $f(t, z, p)$ is an arbitrary function of the $2N + 1$ variables $(t, z, p) \in \mathbb{R} \times \mathbb{R}^N \times \mathbb{R}^N$, then every Lagrangian $F(x, v)$ depending on the variables $(x, v) \in \mathbb{R}^{N+1} \times \mathscr{K}$ is called a *parametric extension* of f if F satisfies both (1) and (2) on $\mathbb{R}^{N+1} \times \mathscr{K}$ where $\mathscr{K}$ is an open cone in $\mathbb{R}^{N+1}$ with its vertex $v = 0$ such that $\mathscr{K}^+ := \{(v^0, w): v^0 > 0, w \in \mathbb{R}^N\}$ is contained in $\mathscr{K}$.

A given nonparametric Lagrangian f can have many parametric extensions. Two important examples are provided by the extensions

(6) $$F_f^+(x, v) := f\left(t, z, \frac{w}{v^0}\right) |v^0|$$

and

(7) $$F_f^-(x, v) := f\left(t, z, \frac{w}{v^0}\right) v^0,$$

where

$$x = (t, z) \in \mathbb{R} \times \mathbb{R}^N \quad \text{and} \quad v = (v^0, w) \in \mathscr{K}_0 := \{(v^0, w): v^0 \ne 0\},$$

and we set $F_f^+(x, 0) := 0$, $F_f^-(x, 0) := 0$. The first extension is *symmetric*, the second *antisymmetric*, i.e.

$$F_f^+(x, -v) = F_f^+(x, v), \qquad F_f^-(x, -v) = -F_f^-(x, v).$$

Obviously all parametric extensions of f coincide on $\mathbb{R}^{N+1} \times \mathscr{K}^+$; therefore all parametric f-extension of class $C^0(\mathbb{R}^{N+1} \times (\mathbb{R}^{N+1} - \{0\}))$ are the same, while extensions $F(x, v)$ may differ if they are not continuous on $\{(x, v): v \ne 0\}$. Moreover, there is exactly one symmetric and one antisymmetric extension of f to $\mathcal{K}_0$.

If F is of class C^2 on $\mathbb{R}^{N+1} \times (\mathbb{R}^{N+1} - \{0\})$ then its nonparametric restriction to $\mathbb{R}^{N+1} \times \mathbb{R}^N$ is of class C^2. Conversely the assumption $f \in C^2(\mathbb{R}^{N+1} \times \mathbb{R}^N)$ implies that F_f^+ and F_f^- are of class $C^2(\mathbb{R}^{N+1} \times \mathcal{K}_0)$. However, it is in general not clear whether f possesses a parametric extension F of class $C^2(\mathbb{R}^{N+1} \times (\mathbb{R}^{N+1} - \{0\}))$. This is one more reason why parametric and nonparametric variational problems should be considered as questions of different nature requiring somewhat different methods. The following remarks will shed more light on this issue.

Remark 1. Let $F(x, v)$ be a parametric Lagrangian with the "*nonparametric restriction*" $f(t, z, p)$ defined by (2). The reader will not be surprised by the following result:

Proposition. *If $z(t), t_1 \leq t \leq t_2$, is an extremal for the Lagrangian f, then $x(t) := (t, z(t)), t_1 \leq t \leq t_2$, defines an extremal for F.*

Proof. In fact, if $z(t)$ is a C^2-solution of

$$\frac{d}{dt} f_{p^i}(t, z(t), \dot{z}(t)) - f_{z^i}(t, z(t), \dot{z}(t)) = 0, \quad 1 \leq i \leq N,$$

then we obtain

$$(8) \qquad \frac{d}{dt} F_{v^i}(x(t), \dot{x}(t)) - F_{x^i}(x(t), \dot{x}(t)) = 0$$

for $i = 1, \ldots, N$.

Moreover, every extremal for f is as well an inner extremal,

$$(9) \qquad \frac{d}{dt}[f - \dot{z}^k f_{p^k}] - f_t = 0,$$

where the arguments of f, f_{p^k}, f_t are to be taken as $(t, z(t), \dot{z}(t))$. Using Euler's relation

$$F(x, v) = \sum_{i=0}^N v^i F_{v^i}(x, v),$$

we infer from (9) that relation (8) is satisfied for $i = 0$ too. Hence $x(t) = (t, z(t))$ is an extremal for the parametric Lagrangian F. $\square$

On the other hand, it is easy to find parametric Lagrangians F with extremals $x(t) = (x^0(t), \ldots, x^N(t))$ which do not globally satisfy $\dot{x}^0(t) > 0$ and which, therefore, cannot be reparametrized to nonparametric extremals for f.

More seriously, the parametric problem for F may have relative or even absolute minimizers of class D^1 which can in no way be interpreted as minimizers or as (local) extremals of the corresponding nonparametric problem for f. A very instructive example for this phenomenon is furnished by the minimal surfaces of revolution where we have the two Lagrangians

$$f(y, p) = 2\pi y \sqrt{1 + p^2} \quad \text{and} \quad F(y, u, v) = 2\pi y \sqrt{u^2 + v^2}.$$

As we already know, the only f-extremals $y(t)$ are given by

$$y(t) = a \cosh\left(\frac{t - t_0}{a}\right).$$

They furnish the nonparametric F-extremals

$$(x(t), y(t)) = \left(t, a \cosh\left(\frac{t - t_0}{a}\right)\right).$$

As one easily sees, the only other F-extremals are of the form

$$(x(t), y(t)) = (x_0, t)$$

(or reparametrizations thereof).

On the other hand the parametric problem always has the so-called *Goldschmidt-solution* as minimizer as we shall see in *4.3*. Given any two points $P_1 = (x_1, y_1)$ and $P_2 = (x_2, y_2)$ with $x_1 < x_2$, $y_1 > 0$, $y_2 > 0$, the Goldschmidt-solution with the endpoints P_1 and P_2 is the U-shaped polygon having the two inner vertices $P_1' = (x_1, 0)$ and $P_2' = (x_2, 0)$. It always furnishes a relative minimum, and it even is an absolute minimizer if P_1 and P_2 are sufficiently far apart.

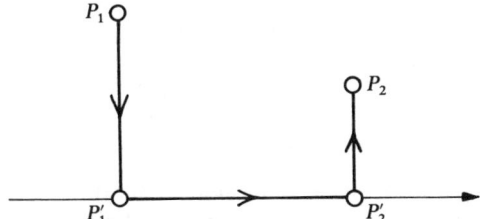

Fig. 1. Goldschmidt curve.

Remark 2. By the Proposition of the previous remark one might be tempted to expect that every minimizer $z(t)$, $t_1 \le t \le t_2$, of a nonparametric integral

$$f(z) = \int_{t_1}^{t_2} f(t, z(t), \dot{z}(t)) \, dt$$

yields a minimizer $x(t) = (t, z(t))$, $t_1 \le t \le t_2$, of the parametric integral

$$\mathscr{F}(x) = \int_{t_1}^{t_2} F(x(t), \dot{x}(t)) \, dt,$$

where F is a parametric extension of f. This, however, is not true. Consider for instance the minimum problem

$$f(z) := \int_0^1 |\dot{z}(t)|^2 \, dt \to \min,$$

with the boundary conditions $z(0) = 0$, $z(1) = 1$. The only minimizer in $C^1([0, 1])$ (or in $D^1([0, 1])$, and even in the Sobolev space $H^{1,2}((0, 1)))$ is given by $z(t) = t$ since we have

$$f(z + \varphi) - f(z) = 2 \int_0^1 \dot{z}(t)\dot{\varphi}(t) \, dt + f(\varphi) = f(\varphi)$$

for all $\varphi \in C_0^1([0, 1])$ and even for all $\varphi \in H_0^{1,2}([0, 1])$. As $f(\varphi) > 0$ for $\varphi \neq 0$, we obtain $f(\zeta) > f(z)$ for all $\zeta \in C^1([0, 1])$ (or: for all $\zeta \in H^{1,2}((0, 1)))$ with $\zeta(0) = 0$, $\zeta(1) = 1$ and $\zeta \neq z$.

Consider now the antisymmetric extension

$$F(u, v) := \frac{v^2}{u}$$

of the nonparametric integrand $f(p) := p^2$ with the corresponding parametric integral

$$\mathscr{F}(x) = \int_{t_1}^{t_2} F(\dot{x}^1(t), \dot{x}^2(t)) \, dt$$

for $x(t) = (x^1(t), x^2(t))$, $t_1 \leq t \leq t_2$. We can find D^1-curves $x(t)$ connecting $P_1 = (0, 0)$ and $P_2 = (1, 1)$ such that $\mathscr{F}(x) < 0$. For instance we can take zig-zag lines consisting of straight segments the slope of which alternatingly is 0 and -1. Since $f(z) = 1$ for $z(t) = t$, $0 \leq t \leq 1$, we therefore have $f(z) > \mathscr{F}(x)$ for every such zig-zag line connecting P_1 and P_2.

The previous remarks show that indeed parametric and nonparametric problems have to be seen as different problems. This, however, does not mean

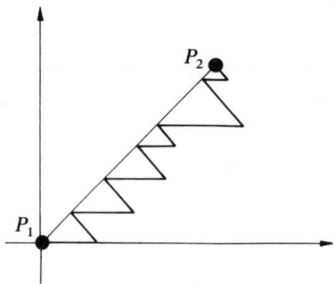

Fig. 2.

that we should not use results from the nonparametric theory to tackle parametric problems, and vice versa.[1]

1.3. Weak Extremals, Discontinuous Solutions, Weierstrass–Erdmann Corner Conditions. Fermat's Principle and the Law of Refraction

In the classical literature one finds numerous investigations on *discontinuous solutions* of variational problems. For the modern reader this notation is a misnomer because discontinuous solutions were by no means thought to be discontinuous in the present-day sense of the word. Rather their tangents were assumed to have jump discontinuities.

Discontinuous solutions of variational problems are to be expected if one is not allowed to vary the solutions freely in all directions. For instance, if one wants to find a shortest connection of two points within a nonconvex domain, "discontinuous" minimizers may very well occur (cf. Fig. 3). The discontinuous Goldschmidt solution for the minimal area problem appears for a similar reason: the meridian which is to be rotated cannot dip below the axis of rotation. Even more obvious is the existence of broken extremals if the Lagrangian is not smooth. For instance, Fermat's law states that light moves in the quickest possible way from one point to another. If it has to pass a medium of discontinuous density (say: from air to glass), we will find broken light rays, the exact shape of which is described by Snellius's law of refraction.

Yet there can be "discontinuous solutions" for perfectly harmless looking, regular minimum problems without any artificial restrictions. For example, the piecewise smooth curve $\bar{c}(t) = (\bar{x}(t), \bar{y}(t))$, $|t| \leq 1$, defined by

$$\bar{x}(t) = t \quad \text{for } |t| \leq 1,$$

$$\bar{y}(t) = 0 \quad \text{for } -1 \leq t \leq 0, \qquad \bar{y}(t) = t \quad \text{for } 0 \leq t \leq 1,$$

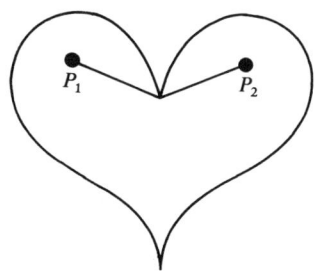

Fig. 3. A broken minimizer of the length functional.

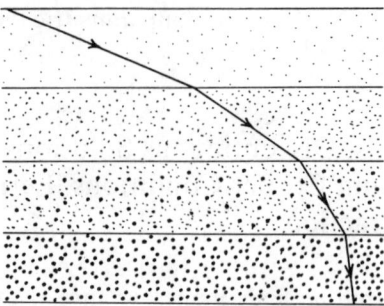

Fig. 4. Refraction of a light ray in a discontinuous medium.

is an absolute minimizer of the functional

$$\mathscr{F}(c) = \int_{-1}^{1} y^2 \left(1 - \frac{\dot{y}}{\dot{x}}\right)^2 |\dot{x}| \, dt$$

among all piecewise smooth curves $c(t)$, $|t| \leq 1$, connecting the two points $P_1 = (-1, 0)$ and $P_2 = (1, 1)$.

We begin our discussion by giving a precise definition of weak extremals of class D^1 (see also Chapter 1, Section 3). First we recall the definition of D^1.

Let I be the interval $[t_1, t_2]$ in $\mathbb{R}$. Then *a curve* $x : I \to \mathbb{R}^N$ *is said to be of class* D^1, or $x \in D^1(I, \mathbb{R}^N)$, *if it is continuous on I and if there exists some decomposition*

(1) $$t_1 = \tau_0 < \tau_1 < \tau_2 < \cdots < \tau_{n+1} = t_2$$

of the interval I into subintervals $I_j = [\tau_{j-1}, \tau_j]$, $j = 1, \ldots, n + 1$, *such that the restrictions* $\xi_j := x|_{I_j}$ *are of class* $C^1(I_j, \mathbb{R}^N)$.

Such a curve is said to be *regular* (or *immersed*) if the restrictions ξ_j are regular, i.e. if

(2) $$\dot{\xi}_j(t) \neq 0 \quad \text{for all } t \in I_j.$$

Note that a regular curve of class D^1 can have at most finitely many (jump) discontinuities of its tangent $\dot{x}(t)$. The only candidates for such discontinuities are the interior points $\tau_1, \ldots, \tau_n$ of the decomposition (1) for $x(t)$. We know that the one-sided limits

$$\dot{x}(\tau_j + 0) := \lim_{t \to \tau_j + 0} \dot{x}(t), \qquad \dot{x}(\tau_j - 0) := \lim_{t \to \tau_j - 0} \dot{x}(t)$$

do exist for $j = 1, \ldots, n$. Hence $t = \tau_j$, $1 \leq j \leq n$, is a point of discontinuity for $\dot{x}(t)$ if and only if

(3) $$\dot{x}(\tau_j - 0) \neq \dot{x}(\tau_j + 0).$$

We can assume that (3) holds for all j with $1 \leq j \leq n$ because otherwise we could remove all those τ_j from the decomposition (1) for which $\dot{x}(\tau_j - 0) = \dot{x}(\tau_j + 0)$.

Suppose now that $F(x, v)$ is a parametric Lagrangian on $G \times (\mathbb{R}^N - \{0\})$ which satisfies the assumption (A1) of 1.1. For the sake of brevity we assume $G = \mathbb{R}^N$; however, all results hold as well for arbitrary domains G in $\mathbb{R}^N$ if the curves under consideration have a trace contained in G.

Consider the associated variational integral

(4) $$\mathscr{F}(x) := \int_{t_1}^{t_2} F(x(t), \dot{x}(t))\, dt,$$

whose limits of integration t_1 and t_2 are not a priori fixed but are chosen as endpoints of the parameter interval $[t_1, t_2]$ on which $x(t)$ is defined.

Definition 1. *A curve $x(t)$, $t \in [t_1, t_2] := I$, is called a weak D^1-extremal (or a weak C^1-extremal) of $\mathscr{F}$ if it is a regular curve of class D^1 (or of class C^1) satisfying*

(5) $$\delta \mathscr{F}(x, \varphi) = 0 \quad \text{for all } \varphi \in C_c^\infty(\mathring{I}, \mathbb{R}^N).$$

Notice that certain singularities of a weak D^1-extremal are merely "false singularities" which will disappear if one changes from $x(t)$ to an equivalent parameter representation $\xi(s) = x(\tau(s))$ by a suitable homeomorphism $\tau : [s_1, s_2] \to [t_1, t_2]$ of class D^1. Thus we could restrict ourselves to curves $x(t)$ with $|\dot{x}(t)| \equiv 1$, in which case the discontinuity relation (3) would have a truly geometric meaning: it would indicate a jump discontinuity of the oriented tangent. The same would be achieved by choosing the normalization $F(x(t), \dot{x}(t)) \equiv 1$, assuming that $F(x, v) > 0$.

Now we are going to characterize weak D^1-extremals by an equation which is the analogue of Euler's equation for C^2-extremals. This characterization follows from Proposition 2 of 1,3.1.

Theorem 1. *A regular D^1-curve $x(t)$, $t_1 \leq t \leq t_2$, is a weak D^1-extremal of the integral $\mathscr{F}(x) = \int_{t_1}^{t_2} F(x(t), \dot{x}(t))\, dt$ if and only if there is a constant vector $\lambda = (\lambda_1, \ldots, \lambda_N) \in \mathbb{R}^N$ such that the equation*

(6) $$F_v(x(t), \dot{x}(t)) = \lambda + \int_{t_1}^t F_x(x(\tau), \dot{x}(\tau))\, d\tau$$

holds true for all $t \in [t_1, t_2]$.

Relation (6) is denoted as *Du Bois–Reymond's equation*. For an ordinary extremal $x(t)$ it is just the integrated Euler equation. For weak C^1-extremals we obtain the following stronger assertion:

Corollary 1. *If $x(t)$, $t_1 \le t \le t_2$, is a weak C^1-extremal, then it satisfies the Euler equation*

(7)
$$\frac{d}{dt} F_v(x(t), \dot{x}(t)) = F_x(x(t), \dot{x}(t)), \quad t_1 \le t \le t_2.$$

Proof. If $x(t)$ is of class C^1, then the right-hand side of (6) is of class C^1, whence also $F_v(x(t), \dot{x}(t))$ is a continuously differentiable function of t. Thus we are allowed to differentiate (6) which leads to (7). (Note, however, that we are not allowed to write

$$\frac{d}{dt} F_v(x, \dot{x}) = F_{vx}(x, \dot{x}) \cdot \dot{x} + F_{vv}(x, \dot{x}) \cdot \ddot{x},$$

since we do not know whether $x(t)$ is of class C^2.)   □

As in 1,3.3 (see Proposition 1) we derive from (6) the corner conditions.

Corollary 2. *(Weierstrass–Erdmann corner conditions.) Let $x(t)$, $t_1 \le t \le t_2$, be a weak D^1-extremal of $\mathscr{F}$. Then $F_v(x(t), \dot{x}(t))$ is a continuous function of $t \in [t_1, t_2]$. In particular, if τ is a point of discontinuity of $\dot{x}(t)$, we have*

(8)
$$[F_v(x, \dot{x})]_{\tau-0}^{\tau+0} = 0,$$

that is,

(8′)
$$F_v(x(\tau), \dot{x}(\tau - 0)) = F_v(x(\tau), \dot{x}(\tau + 0)).$$

(Here $\dot{x}(\tau - 0)$ and $\dot{x}(\tau + 0)$ denote the one-sided limits $\lim_{t \to \tau-0} \dot{x}(t)$ and $\lim_{t \to \tau+0} \dot{x}(t)$ respectively.)

The next result shows how to construct discontinuous extremals by splicing finitely many extremal pieces, using the corner condition.

Theorem 2. *Consider a decomposition*

$$t_1 = \tau_0 < \tau_1 < \tau_2 < \cdots < \tau_{n+1} = t_2$$

of the interval $[t_1, t_2]$, and let $\xi_j(t)$, $t \in I_j$, be F-extremals parameterized on $I_j = [\tau_{j-1}, \tau_j]$, $1 \le j \le n + 1$ (that is, $\xi_j \in C^1(I_j, \mathbb{R}^N) \cap C^2(\mathring{I}_j, \mathbb{R}^N)$, $\dot{\xi}_j(t) \ne 0$, and

$$\frac{d}{dt} F_v(\xi_j, \dot{\xi}_j) - F_x(\xi_j, \dot{\xi}_j) = 0 \quad on \ \mathring{I}_j.$$

Suppose also that

$$\xi_j(\tau_j - 0) = \xi_{j+1}(\tau_j + 0)$$

and

(9)
$$F_v(\xi_j(t), \dot{\xi}_j(t))|_{t=\tau_j-0} = F_v(\xi_{j+1}(t), \dot{\xi}_{j+1}(t))|_{t=\tau_j+0}$$

for $j = 1, \ldots, n$. *Then the curve* $x(t)$, $t_1 \leq t \leq t_2$, *defined by* $x(t) := \xi_j(t)$ *for* $t \in I_j$, $j = 1, \ldots, n + 1$, *yields a weak* D^1-*extremal of* $\mathcal{F}(z) = \int_{t_1}^{t_2} F(z, \dot{z})\, dt$.

In other words, finitely many extremals which can be fitted together to a continuous curve will form a weak D^1-extremal, provided that all pairs of extremals meeting at a vertex fulfil the corner condition. Weak extremals of this type are often called *broken extremals* or *discontinuous extremals* if their tangents have at least one jump discontinuity, i.e., if their trace in $\mathbb{R}^N$ has a true corner (which may be a cusp).

Proof of Theorem 2. Consider an arbitrary function $\varphi(t)$ of class $C_c^\infty(\mathring{I}, \mathbb{R}^N)$, $I = [t_1, t_2]$. Multiplying

$$F_x(\xi_j(t), \dot{\xi}_j(t)) - \frac{d}{dt} F_v(\xi_j(t), \dot{\xi}_j(t)) = 0$$

by $\varphi(t)$, and integrating over $[\tau, \tau']$, we obtain after a partial integration that

$$\int_\tau^{\tau'} \left[F_x(\xi_j, \dot{\xi}_j) \cdot \varphi + F_v(\xi_j, \dot{\xi}_j) \cdot \frac{d\varphi}{dt} \right] dt = [\varphi \cdot F_v(\xi_j, \dot{\xi}_j)]_\tau^{\tau'}.$$

Note that $\xi_j(t) = x(t)$ on I_j, and let $\tau' \to \tau_j - 0$, $\tau \to \tau_{j-1} + 0$. Then we arrive at

$$\int_{\tau_{j-1}}^{\tau_j} \left[F_x(x, \dot{x}) \cdot \varphi + F_v(x, \dot{x}) \cdot \frac{d\varphi}{dt} \right] dt = [\varphi \cdot F_v(\xi_j, \dot{\xi}_j)]_{\tau_{j-1}+0}^{\tau_j-0}.$$

Summing over j from 1 to $n + 1$, and noting both (9) and $\varphi(t_1) = 0$, $\varphi(t_2) = 0$, we obtain

$$\int_{t_1}^{t_2} \left[F_x(x, \dot{x}) \cdot \varphi + F_v(x, \dot{x}) \cdot \frac{d\varphi}{dt} \right] dt = 0. \qquad \square$$

In order to generalize Theorem 1 to Lipschitz-continuous weak extremals we give the following

Definition 2. *A curve* $x(t)$, $t_1 \leq t \leq t_2$, *with values in* $\mathbb{R}^N$ *is called a weak Lip-extremal, if it satisfies a Lipschitz condition on* $[t_1, t_2]$, $|\dot{x}(t)| \neq 0$ *a.e. on* $[t_1, t_2]$, *and condition (5) is satisfied.*

Note that the first variation

$$\delta\mathcal{F}(x, \varphi) = \int_{t_1}^{t_2} \left[F_x(x, \dot{x}) \cdot \varphi + F_v(x, \dot{x}) \cdot \frac{d\varphi}{dt} \right] dt$$

is well defined for Lip-curves $x(t)$, $t \in I$, with $\dot{x}(t) \neq 0$ a.e. on I, because of assumption (A1); even $F \in C^1$ would be satisfactory. Thus condition (5) makes sense.

We then easily obtain the following generalization of Theorem 1.

Theorem 1'. *A Lipschitz-function $x(t)$, $t_1 \leq t \leq t_2$, with $\dot{x}(t) \neq 0$ a.e. on $[t_1, t_2]$ is a weak Lip-extremal for $\mathcal{F}$ if and only if there is a constant $\lambda \in \mathbb{R}^N$ such that*

$$F_v(x(t), \dot{x}(t)) = \lambda + \int_{t_1}^{t} F_x(x(t), \dot{x}(t)) \, d\tau$$

holds for almost all $t \in [t_1, t_2]$.

We can use the Weierstrass–Erdmann corner condition to formulate a first *regularity theorem* for weak D^1-extremals:

Theorem 3. (i) *Let $x(t)$, $t_1 \leq t \leq t_2$, be a weak D^1-extremal of $\mathcal{F}$ which satisfies $|\dot{x}(t)| \equiv 1$ and*

(10) $\mathcal{E}(x(t), \dot{x}(t), w) > 0$ *for all $t \in [t_1, t_2]$ and all $w \neq \lambda \dot{x}(t)$, $\lambda > 0$.*

Then $x(t)$ is of class C^1.
    (ii) *The assertion of* (i) *remains true if we replace the normalization $|\dot{x}(t)| \equiv 1$ by the conditions*

(α) $F(x, v) > 0$ *for all line elements (x, v)*

and

(β) $F(x(t), \dot{x}(t)) \equiv 1$.

Proof. It suffices to prove (i). Let therefore $x(t)$, $t_1 \leq t \leq t_2$, be a weak D^1-extremal of $\mathcal{F}$ and let τ be any point in (t_1, t_2). We set

$$x := x(\tau), \qquad v := \dot{x}(\tau - 0), \qquad w = \dot{x}(\tau + 0).$$

The corner condition yields

$$F_v(x, v) = F_v(x, w).$$

On the other hand, formula (20) of *1.1* states that

(11) $\mathcal{E}(x, v, w) = w \cdot [F_v(x, w) - F_v(x, v)]$,

whence $\mathcal{E}(x, v, w) = 0$. On account of (11) we infer that $(x, v) \sim (x, w)$. As $|v| = |w| = 1$, we obtain $v = w$, i.e. $\dot{x}(\tau - 0) = \dot{x}(\tau + 0)$. $\qquad \square$

We can reformulate Theorem 3 in the following way: *Let $x(t)$ be a weak D^1-extremal of $\mathcal{F}$ which satisfies condition* (10). *Then by transforming $x(t)$ to the parameter of arc length s we obtain a regular (i.e. immersed) curve $z(s) = x(t(s))$ of class C^1. The same holds true if we introduce s by*

$$ds = F(x(t), \dot{x}(t)) \, dt$$

assuming that $F > 0$.

However, it is by no means clear whether $z(s)$ is of class C^2, that is, whether $z(s)$ is a classical extremal. This property is guaranteed by the *parametric Legendre condition* as we shall see in *4.1*.

Let us consider an *example of a Lagrangian the excess function of which is positive as required in Theorem 1.*

$\boxed{1}$ Consider the Lagrangian $F(x, v) = \omega(x)|v|$ with a continuous weight function $\omega(x)$ satisfying $\omega(x) > 0$.
Since

$$F_v(x, v) = \omega(x)\frac{v}{|v|},$$

we infer from formula (11) that

(11')
$$\mathscr{E}(x, v, w) = \omega(x)w\cdot\left[\frac{w}{|w|} - \frac{v}{|v|}\right].$$

If we normalize the directions v and w by $|v| = 1$, $|w| = 1$, it follows that

(11'')
$$\mathscr{E}(x, v, w) = \omega(x)[1 - \cos\varphi]$$

where $\cos\varphi := v\cdot w$. Consequently we obtain $\mathscr{E}(x, v, w) \geq 0$, and the equality holds true if and only if $v = w$ (or, for non-normalized line elements $\ell = (x, v)$ and $\ell' = (x, v')$, if and only if $\ell \sim \ell'$).
    Suppose now that $\omega(x)$ is of class $C^1(\mathbb{R}^N)$. Then the notion of a weak D^1-extremal for $\int_{t_1}^{t_2}\omega(x)|\dot{x}|\,dt$ is well defined. Let $x(t)$, $t_1 \leq t \leq t_2$, be such an extremal which, in addition, is normalized by the condition $|\dot{x}(t)| \equiv 1$. On account of Theorem 3, we see that $x(t)$ is of class C^1 on $[t_1, t_2]$.
    Moreover, Du Bois–Reymond's equation takes the form

(12)
$$\omega(x(t))\dot{x}(t) = \lambda + \int_{t_1}^{t}\omega_x(x(\tau))\,d\tau,$$

for some constant $\lambda \in \mathbb{R}^N$, which proves again that $x(t)$ is of class C^1. With this information we infer from (12) that $\dot{x} \in C^1$; then $x(t)$ is of class C^2 on $[t_1, t_2]$ and must, therefore, be an extremal.
    Thus we have proved that the Lagrangian $F(x, v) = \omega(x)|v|$ does not possess "really discontinuous" extremals: *every weak D^1-extremal has to be a classical extremal.*

$\boxed{2}$ *Fermat's principle and the law of refraction.* Let $F(x, v)$ be a Lagrangian which satisfies (A1) of *1.1* and

$$F(x, v) > 0 \quad \text{for } x \in G \text{ and } |v| = 1.$$

In geometrical optics a pair (F, G) is interpreted as an optical medium with the density function $F(x, v)$.
    Fermat's principle requires that "light particles" move along orbits $x(s)$ with $|\dot{x}(s)| = 1$ which are extremals or possibly discontinuous extremals of

$$\mathscr{F}(x) = \int_{s_1}^{s_2} F(x(s), \dot{x}(s))\,ds.$$

If we interprete

$$t(s) = \int_0^s F(x(s), \dot{x}(s))\,ds$$

as the time needed by a particle to move from $x(0)$ to $x(s)$, we obtain

$$\frac{dt}{ds} = F(x, \dot{x}).$$

Consequently the reciprocal $1/F(x, v)$ of the density function F yields the speed of light at the point x in direction of v, $|v| = 1$. For an anisotropic medium, $F(x, v)$ will depend on v, whereas isotropic

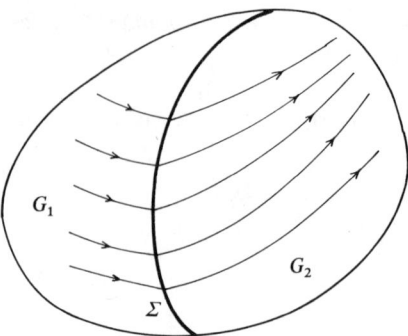

Fig. 5. A refracting surface Σ.

media are defined as media with a density independent of v:

$$F(x, v) = \omega(x) \text{ for all } v \text{ with } |v| = 1.$$

This case was considered in [1].

In physical applications one often finds a situation where $F(x, v)$ is a discontinuous function of the locus x in G, and this leads to broken light rays. Let us derive the *law of refraction* stating "how much" a ray is broken.

To fix a concrete geometric situation we assume that G is decomposed by a regular hypersurface Σ into two nonempty subdomains G_1 and G_2, $G = G_1 \cup G_2 \cup \Sigma$. Let $F_j(x, v)$ be two parametric Lagrangians defined on G_j, $j = 1, 2$, which can be extended to $(G_j \cup \Sigma) \times (\mathbb{R}^N - \{0\})$ as functions of class C^2. However, we do not assume that $F_1(\cdot, v)$ and $F_2(\cdot, v)$ match continuously at Σ. Thus

$$F(x, v) := \begin{cases} F_1(x, v) & \text{for } x \in G_1 \cup \Sigma, \\ F_2(x, v) & \text{for } x \in G_2 \end{cases}$$

will in general be discontinuous at Σ.

Consider now some D^1-curve $x(s)$, $s_1 \leq s \leq s_2$, with $|\dot{x}(s)| \equiv 1$ which crosses Σ for $s = s_0$, $s_1 < s_0 < s_2$, and has the property that

$$x(s) \in G_1 \text{ if } s_1 \leq s < s_0, \quad x(s) \in G_2 \text{ if } s_0 < s \leq s_2.$$

Assume also that the restrictions of $x(s)$ to $[s_1, s_0]$ and to $[s_0, s_2]$ both are of class C^2 and satisfy

$$\frac{d}{dt} F_v(x, \dot{x}) - F_x(x, \dot{x}) = 0.$$

Then we want to generalize Fermat's principle to the medium (G, F) with the discontinuous density F by the following

Definition 3. *The curve $x(s)$, $s_1 \leq s \leq s_2$, is said to be a light ray in the medium (G, F) if*

$$\delta\mathscr{F}(x, \varphi) := \int_{s_1}^{s_2} \left[F_x(x, \dot{x}) \cdot \varphi + F_v(x, \dot{x}) \cdot \frac{d\varphi}{dt} \right] dt$$

vanishes for all $\varphi \in C_c^\infty((s_1, s_2), \mathbb{R}^N)$ such that $\varphi(s_0) \in T_{x_0}\Sigma$ for $x_0 := x(s_0)$, that is, for all variations φ with compact support such that $\varphi(s_0)$ is tangent to the hypersurface Σ at x_0.

The reason for this definition is the following: Consider an arbitrary variation $\xi(s, \varepsilon)$,

$s_1 \leq s \leq s_2, |\varepsilon| < \varepsilon_0$, of the curve $x(s), s_1 \leq s \leq s_2$. In general, the function

$$f(\varepsilon) := \mathscr{F}(\xi(\cdot, \varepsilon))$$

will not be differentiable because of the discontinuities of F and ξ. Thus we have to impose further conditions on ξ in order to make the variational technique working. We keep the endpoints $\xi(s_1, \varepsilon)$ and $\xi(s_2, \varepsilon)$ fixed and let $\xi(s_0, \varepsilon)$ move on the hypersurface Σ. Moreover we assume that the restrictions of ξ to $[s_1, s_0] \times (-\varepsilon, \varepsilon)$ and to $[s_0, s_2] \times (-\varepsilon, \varepsilon)$ are of class C^2 and that $\xi(\cdot, \varepsilon)$ satisfies the Euler equations for F both on (s_1, s_0) and on (s_0, s_2); finally ξ and φ are assumed to be continuous where

$$\varphi(s) := \frac{\partial}{\partial \varepsilon} \xi(s, \varepsilon) \Big|_{\varepsilon=0}.$$

Then we have $\varphi(s_1) = \varphi(s_2) = 0$ and $\varphi(s_0) \in T_{x_0}\Sigma$, and we can write

$$\xi(s, \varepsilon) = x(s) + \varepsilon\varphi(s) + o(\varepsilon) \quad \text{as } \varepsilon \to 0.$$

Now we obtain for any light ray $x(s), s_1 \leq s \leq s_2$, that

$$
\begin{aligned}
0 &= \int_{s_1}^{s_0} \left[F_x(x, \dot{x}) \cdot \varphi + F_v(x, \dot{x}) \cdot \frac{d\varphi}{ds} \right] ds + \int_{s_0}^{s_2} \left[F_x(x, \dot{x}) \cdot \varphi + F_v(x, \dot{x}) \cdot \frac{d\varphi}{ds} \right] ds \\
&= \int_{s_1}^{s_0} \left[F_x(x, \dot{x}) - \frac{d}{ds} F_v(x, \dot{x}) \right] \cdot \varphi \, ds + [F_v(x, \dot{x}) \cdot \varphi]_{s_1}^{s_0 - 0} \\
&\quad + \int_{s_0}^{s_2} \left[F_x(x, \dot{x}) - \frac{d}{ds} F_v(x, \dot{x}) \right] \cdot \varphi \, ds + [F_v(x, \dot{x}) \cdot \varphi]_{s_0 + 0}^{s_2},
\end{aligned}
$$

whence we arrive at the following result:

If a light ray $x(s), s_1 \leq s \leq s_2$, crosses the discontinuity surface Σ at $x_0 := x(s_0)$, then it satisfies at x_0 the equation

$$[F_v(x(s), \dot{x}(s)) \cdot t]_{s_0 - 0}^{s_0 + 0} = 0 \qquad \text{for all vectors } t \in T_{x_0}\Sigma,$$

that is,

(13) $\qquad F_v(x_0, \dot{x}(s_0 + 0)) - F_v(x_0, \dot{x}(s_0 - 0))$ *is perpendicular to* $T_{x_0}\Sigma$.

This equation can be interpreted as a *law of refraction*, since in the special case of an isotropic medium in $\mathbb{R}^3$ with a discontinuity surface Σ of the density this rule turns out to be equivalent to the classical law of refraction. In fact, suppose that G is decomposed by the surface Σ into two parts G_1 and G_2 such that

$$F_1(x, v) = \omega_1(x)|v| \text{ for } x \in G_1, \ F_2(x, v) = \omega_2(x)|v| \text{ for } x \in G_2.$$

Let v be a vector normal to Σ at x_0, and set

$$n_1 := \omega_1(x_0), \qquad n_2 := \omega_2(x_0), \qquad v_1 := \dot{x}(s_0 - 0), \qquad v_2 := \dot{x}(s + 0).$$

Then (13) can be written as

$$n_2 v_2 - n_1 v_1 \perp T_{x_0}\Sigma.$$

Consequently v_1 and v_2 lie in the same plane normal to Σ at x_0, and we obtain the *law of refraction by Snellius*:

$$n_1 \sin \alpha_1 = n_2 \sin \alpha_2,$$

where α_1 and α_2 denote the angles formed by v with the two directions v_1 and v_2 of the broken ray at $x_0 \in \Sigma$.

2. Canonical Formalism
and the Parametric Legendre Condition

Parametric Lagrangians $F(x, v)$ have a singular Hessian matrix F_{vv} since they satisfy the identity

$$F_{v^i v^k}(x, v)v^k = 0.$$

Thus the gradient mapping

$$y = F_v(x, v)$$

is never locally invertible, and the usual canonical formalism cannot be used for parametric Lagrangians. In *2.1* we shall develop a substitute for this short-coming which leads to a kind of canonical formalism with a uniquely defined Hamilton function. Another formalism of similar type was introduced by Carathéodory; it will be considered in *2.3*. In Carathéodory's approach, the Hamilton function corresponding to F is not anymore uniquely defined.

The main idea in *2.1* consists in considering simultaneously with F the "quadratic" Lagrangian

$$Q(x, v) := \tfrac{1}{2}F^2(x, v)$$

to which the standard canonical formalism can be applied if F is assumed to be *elliptic*. A line element (x, v) is said to be elliptic if $Q_{vv}(x, v)$ is positive definite. Assuming $F(x, v) > 0$, the ellipticity condition turns out to be equivalent to the so-called *parametric Legendre condition*. This fact together with other criteria for ellipticity will be proved in *2.3*.

In *2.4* we shall give geometric interpretations of ellipticity by means of the *indicatrix*, the *figuratrix*, and the *excess function $\mathcal{E}$*. These geometrical objects are investigated in some detail, in particular if there exist nonelliptic line elements, and we shall see that the phenomenon of discontinuous minimizers is reflected in double tangent planes to the indicatrix and in double points of the figuratrix.

2.1. The Associated Quadratic Problem. Hamilton's Function and the Canonical Formalism

As mentioned before we are not allowed to apply the usual canonical formalism to parametric Lagrangians $F(x, v)$ since the Hessian matrix F_{vv} will never be invertible. In fact, the homogeneity relation for F implies the identities

$$F_{v^i v^k}(x, v)v^k = 0,$$

which hold for all $v \neq 0$. Consequently the equation

$$y = F_v(x, v)$$

cannot be solved with respect to v, and therefore it is not clear how a Hamilton function $H(x, y)$ should be associated with $F(x, v)$. We will choose an approach that leads to a uniquely defined Hamilton function, in contrast to Carathéodory's method[2] which defines infinitely many Hamilton functions. Roughly speaking, our approach is the following: For any parametric Lagrangian $F(x, v)$, we introduce the quadratic Lagrangian $Q(x, v) := \frac{1}{2}F^2(x, v)$. A very natural assumption on F ensures that the standard canonical formalism can be applied to $Q(x, v)$, and we obtain a Hamilton function $\Phi(x, y)$ connected with Q. This function is used to define the Hamilton function $H(x, y)$ for F by $H = \pm\sqrt{2\Phi}$.

In order to carry out the details let us fix some assumptions and notations.

We shall throughout suppose that $F(x, v)$ is a parametric Lagrangian defined for all line elements $\ell = (x, v) \in G \times (\mathbb{R}^n - \{0\})$, $G \subset \mathbb{R}^n$, which satisfies assumption (A1) of 1.1.

With $F(x, v)$ we associate the quadratic Lagrangian

(1) $$Q(x, v) := \tfrac{1}{2}F^2(x, v),$$

which is defined for all $\ell = (x, v) \in G \times (\mathbb{R}^n - \{0\})$ and has the following properties:

   (i) Q is of class C^2;
   (ii) $Q(x, v) \geq 0$, and $Q(x, v) = 0$ if and only if $F(x, v) = 0$;
   (iii) $Q(x, \lambda v) = \lambda^2 Q(x, v)$ for $\lambda > 0$ and $(x, v) \in G \times (\mathbb{R}^n - \{0\})$.

By Euler's relation, we have

(2) $$2Q(x, v) = v^i Q_{v^i}(x, v)$$

and

(3) $$Q_{v^i}(x, v) = v^k Q_{v^i v^k}(x, v).$$

Set

(4) $$g_{ik}(x, v) := Q_{v^i v^k}(x, v).$$

The functions $g_{ik}(x, v)$ are positively homogeneous of degree zero with respect to v and satisfy $g_{ik} = g_{ki}$. Then we infer from (2) and (3) the identity

(5) $$Q(x, v) = \tfrac{1}{2}g_{ik}(x, v)v^i v^k \quad \text{for all } (x, v) \in G \times (\mathbb{R}^n\text{-}\{0\}).$$

Differentiating (1), it follows that

(6) $$g_{ik}(x, v) = F_{v^i}(x, v)F_{v^k}(x, v) + F(x, v)F_{v^i v^k}(x, v)$$

holds, and by the Euler relations

---

[2] Cf. Carathéodory [10], pp. 216–218.

$$F(x, v) = v^i F_{v^i}(x, v), \qquad v^k F_{v^i v^k}(x, v) = 0,$$

we arrive at

(7) $$g_{ik}(x, v)v^k = F(x, v)F_{v^i}(x, v) = Q_{v^i}(x, v).$$

Definition 1. *A line element* $\ell = (x, v)$, $x \in G$, *is said to be* nonsingular *with respect to F if*

(8) $$\det\{g_{ik}(x, v)\} \neq 0,$$

otherwise ℓ *is said to be* singular. *Moreover* ℓ *is called* elliptic *if*

(9) $$g_{ik}(x, v)\xi^i \xi^k > 0 \quad \textit{for all } \xi \in \mathbb{R}^N \textit{ with } \xi \neq 0.$$

Here we have essentially adapted the terminology of L.C. Young [1] instead of the old one which is, for instance, used in Carathéodory [2]. In particular the term "elliptic" replaces the multivalent word "regular" which is a well-worn coin.

Clearly, elliptic line elements are nonsingular. For any nonsingular line element $\ell = (x, v)$ we obtain

$$g_{ik}(x, v)v^k \neq 0,$$

whence by (7) and (1) we infer

Lemma 1. *If* (x, v) *is a nonsingular line element with* $x \in G$, *then it follows that* $F(x, v) \neq 0$, $Q(x, v) > 0$, $F_v(x, v) \neq 0$, *and* $Q_v(x, v) \neq 0$.

Let $\mathscr{P} := \mathbb{R}^N \times (\mathbb{R}^N - \{0\})$ be the *phase space* consisting of the line elements $\ell = (x, v)$, and let $\mathscr{P}^* := \mathbb{R}^N \times (\mathbb{R}_N - \{0\})$, $\mathbb{R}_N = (\mathbb{R}^N)^*$, be the *cophase space* consisting of all (hyper-) surface elements $\ell^* = (x, y)$, $y \in \mathbb{R}_N$, $y \neq 0$.

Suppose that (x_0, v_0), $x_0 \in G$, is a nonsingular line element for F. Then the whole ray

$$\Sigma_0 := \{(x_0, \lambda v_0): \lambda > 0\}$$

consists of nonsingular line elements. Moreover we have

$$y_0 := Q_v(x_0, v_0) \neq 0$$

and therefore

$$Q_v(x_0, \lambda v_0) = \lambda y_0 \neq 0 \quad \text{if } \lambda > 0.$$

In other words, the mapping

(10) $$x = x, \qquad y = Q_v(x, v)$$

yields a linear, one-to-one relation of the nonsingular ray Σ_0 onto the ray

$$\Sigma_0^* := \{(x_0, \lambda y_0): \lambda > 0\}.$$

Combining this observation with the implicit function theorem we obtain the following result:

Lemma 2. (i) *Suppose that (x_0, v_0) with $x_0 \in G$ is a nonsingular line element with respect to F. Then the mapping* (10) *yields a C^1-diffeomorphism $\varphi : \mathscr{U} \to \mathscr{U}^*$ of some neighbourhood $\mathscr{U}$ of $\ell_0 = (x_0, v_0)$ in $\mathscr{P}$ onto a neighbourhood $\mathscr{U}^*$ of $\ell_0^* = (x_0, y_0)$, $y_0 := Q_v(x_0, v_0)$ in $\mathscr{P}^*$. We can assume that $(x, v) \in \mathscr{U}$ and $(x, y) \in \mathscr{U}^*$ imply that also $(x, \lambda v) \in \mathscr{U}$ and $(x, \lambda y) \in \mathscr{U}^*$ for all $\lambda > 0$. Moreover, if $\varphi(x, v) = (x, y)$, then it follows that*

$$\varphi(x, \lambda v) = (x, \lambda y) \quad \text{for all } \lambda > 0.$$

(ii) *If all line elements $\ell = (x, v) \in G \times (\mathbb{R}^N - \{0\})$ are elliptic, then the mapping φ defined by*

(10') $$\varphi(x, v) := \begin{cases} (x, 0) & \text{if } v = 0, \\ (x, Q_v(x, v)) & \text{if } v \neq 0, \end{cases} \quad x \in G,$$

yields a homeomorphism of $G \times \mathbb{R}^N$ onto $G \times \mathbb{R}_N$ which maps $G \times (\mathbb{R}^N - \{0\})$ C^1-diffeomorphically onto $G \times (\mathbb{R}_N - \{0\})$.

In our examples we shall mostly have to deal with the case (ii).

Presently let us consider the situation of case (i) of Lemma 2, and denote by ψ the inverse of φ. Then we define the Hamilton function $\Phi(x, y)$, $\ell^* = (x, y) \in \mathscr{U}^*$, corresponding to $Q|_\mathscr{U}$ in the usual way by

(11) $$\Phi(x, y) = \{y_k v^k - Q(x, v)\}|_{(x, v) = \psi(x, y)}.$$

The standard theory of Legendre transformations yields $\Phi \in C^2(\mathscr{U}^*)$ and

$$Q(x, v) + \Phi(x, y) = y_k v^k,$$

(12) $$y_k = Q_{v^k}(x, v), \qquad v^k = \Phi_{y_k}(x, y),$$

$$Q_{x^i}(x, v) + \Phi_{x^i}(x, y) = 0,$$

if $\ell = (x, v) \in \mathscr{U}$ and $\ell^* = (x, y) \in \mathscr{U}^*$ are coupled by $\ell^* = \varphi(\ell)$ or by $\ell = \psi(\ell^*)$.

Let us derive another formula for $\Phi(x, y)$ which is the dual counterpart of (5). For this purpose we introduce the inverse matrix

$$(\gamma^{ik}(x, v)) := (g_{ik}(x, v))^{-1}$$

and set

(13) $$g^{ik}(x, y) := \gamma^{ik}(x, v) \text{ with } (x, y) = \varphi(x, v).$$

Clearly, *the functions $g^{ik}(x, y)$ are symmetric, $g^{ik} = g^{ki}$, and positively homogeneous of degree zero with respect to y.* Moreover we have

(13') $$g_{ik}(x, v)g^{kl}(x, y) = \delta_i^l, \quad \text{where } (x, y) = \varphi(x, v).$$

Relations (7) and (10) imply

(14) $$y_i = g_{ik}(x, v)v^k,$$

whence

(15) $$v^k = g^{kl}(x, y)y_l.$$

Here and in the following formulas $\ell = (x, v)$ and $\ell^* = (x, y)$ are always assumed to be linked by

$$\ell^* = \varphi(\ell), \quad \text{i.e. by} \quad y = Q_v(x, v).$$

Then we infer from (5), (13'), and (15) that

$$Q(x, v) = \tfrac{1}{2} g_{ik}(x, v) v^i v^k = \tfrac{1}{2} g^{ik}(x, y) y_i y_k,$$

whence

$$\Phi(x, y) = y_k v^k - Q(x, v) = g^{kl}(x, y) y_k y_l - \tfrac{1}{2} g^{ik}(x, y) y_i y_k,$$

and therefore

(16) $$\Phi(x, y) = \tfrac{1}{2} g^{ik}(x, y) y_i y_k.$$

Since $g^{ik}(x, y)$ is positively homogeneous of degree zero with respect to y we obtain the following

Lemma 3. *The Legendre transform $\Phi(x, y)$ of $Q(x, v)$ is positively homogeneous of degree two with respect to y, and we have*

(17) $$\Phi(x, y) = Q(x, v)$$

for all $(x, v) \in \mathcal{U}$ and $(x, y) \in \mathcal{U}^*$ linked by $\quad y = Q_v(x, v) \quad$ or by $\quad v = \Phi_y(x, y)$.

Definition 2. *For any $(x, y) \in \mathcal{U}^*$ we define the* Hamilton function $H(x, y)$ *corresponding to $F(x, v)$ by the formula*

(18) $$H(x, y) := F(x, v), \quad \text{where } v = \Phi_y(x, y).$$

Note that $H(x, y)$ is positively homogeneous of degree one with respect to y. It follows from (1) and (17) that

(19) $$\Phi(x, y) = \tfrac{1}{2} H^2(x, y),$$

whence

$$H(x, y) = \text{sign } F(x, v) \sqrt{2\Phi(x, y)}$$

and in particular

$$H(x, y) = \sqrt{2\Phi(x, y)} \quad \text{if} \quad F(x, y) > 0 \text{ on } \mathcal{U}.$$

Similarly to (7) we also obtain

(20) $$g^{ik}(x, y) y_k = H(x, y) H_{y_i}(x, y) = \Phi_{y_i}(x, y).$$

Suppose now that $F(x, v) > 0$. Then we infer from $H(x, y) = F(x, v)$ and $y = F(x, v) F_v(x, v)$ that

$$F(x, v) = H(x, F(x, v) F_v(x, v)) = F(x, v) H(x, F_v(x, v)),$$

whence

(21) $$H(x, F_v(x, v)) = 1 \quad \text{if } F(x, v) > 0.$$

Similarly we obtain from (7) the relation

(21') $F(x, H_y(x, y)) = 1$ if $F(x, v) > 0$.

Let us now collect all results for the most important case where all line elements $(x, v) \in G \times (\mathbb{R}^N - \{0\})$ are assumed to be elliptic.

Proposition 1. *Suppose that all line elements of $G \times (\mathbb{R}^N - \{0\})$ are elliptic, so that the mapping φ defined by (10') yields a 1–1-map of $G \times \mathbb{R}^N$ onto $G \times \mathbb{R}_N$. If $(x, y) = \varphi(x, v)$, we have*

$$Q(x, v) = \tfrac{1}{2}F^2(x, v) = \tfrac{1}{2}g_{ik}(x, v)v^iv^k,$$

$$\Phi(x, y) = \tfrac{1}{2}H^2(x, y) = \tfrac{1}{2}g^{ik}(x, y)y_iy_k,$$

(22) $F(x, v) = H(x, y),$ $Q(x, v) = \Phi(x, y),$

$$y_i = g_{ik}(x, v)v^k = F(x, v)F_{v^i}(x, v) = Q_{v^i}(x, v),$$

$$v^i = g^{ik}(x, y)y_k = H(x, y)H_{y_i}(x, y) = \Phi_{y_i}(x, y).$$

If $F(x, v) > 0$, then we also have

$$H(x, F_v(x, v)) = 1, \qquad F(x, H_y(x, y)) = 1.$$

We call the covector $y = Q_v(x, v)$ the *canonical momentum* of the line element (x, v), and (x, y) is denoted as *coline element corresponding to (x, v)*. The partial Legendre transformation

$$(x, v) \mapsto (x, y)$$

yields an invertible mapping of the domain $G \times (\mathbb{R}^N - \{0\})$ in the phase space $\mathscr{P}$ onto the domain $G \times (\mathbb{R}_N - \{0\})$ in the cophase space $\mathscr{P}^*$.

Before we formulate the Hamiltonian equations for a parametric extremal we shall derive another characterization of extremals using the quadratic Lagrangian $Q(x, v)$ corresponding to $F(x, v)$.

Proposition 2. *Suppose that $F(x, v) > 0$ holds for all line elements $(x, v) \in G \times (\mathbb{R}^N - \{0\})$, and set $Q(x, v) := \tfrac{1}{2}F^2(x, v)$,*

(23) $$\mathscr{F}(x) = \int_{t_1}^{t_2} F(x, \dot{x}) \, dt, \qquad \mathscr{Q}(x) = \int_{t_1}^{t_2} Q(x, \dot{x}) \, dt.$$

Then every Q-extremal $x(t)$, $t_1 \le t \le t_2$, with $\dot{x}(t_0) \ne 0$ for some $t_0 \in [t_1, t_2]$ satisfies

(24) $$Q(x(t), \dot{x}(t)) \equiv \tfrac{1}{2}h^2$$

for some constant $h > 0$, and it is an extremal of the parametric integral $\mathscr{F}$.

Conversely, if $x(t)$, $t_1 \le t \le t_2$, is an extremal for the parametric integral $\mathscr{F}$ parametrized in such a way that (24) holds for some $h > 0$, then it is also an extremal of $\mathscr{Q}$.

Proof. Suppose that $x(t)$, $t_1 \leq t \leq t_2$, satisfies (24) for some $h > 0$. Then we obtain

$$F(x(t), \dot{x}(t)) \equiv h,$$

and vice versa. Since $Q_v = FF_v$ and $Q_x = FF_x$, we obtain

$$\frac{d}{dt} Q_v(x, \dot{x}) - Q_x(x, \dot{x}) = h \left[\frac{d}{dt} F_v(x, \dot{x}) - F_x(x, \dot{x}) \right],$$

i.e.

(25) $$L_Q(x) = h L_F(x).$$

From this identity the assertion follows as soon as we have proved that $Q(x, v)$ is a first integral of the Euler equations of $\mathcal{D}$. In fact, the energy theorem yields that

$$Q^*(x, v) := v \cdot Q_v(x, v) - Q(x, v)$$

is a first integral for $L_Q(x) = 0$, and from (5) and (7) we infer that

(26) $$Q^*(x, v) = Q(x, v)$$

holds for all line elements $(x, v) \in G \times (\mathbb{R}^N - \{0\})$.   □

Following the custom in differential geometry we denote $\mathcal{D}$-extremals $x(t)$ with $\dot{x}(t) \neq 0$ as *geodesics* (corresponding to F). Then Proposition 2 states that the class of geodesics coincides with the class of F-extremals normalized by $F(x, \dot{x}) = h > 0$.

Remark 1. The result of Proposition 2 will be extremely useful. First of all, it allows us to introduce a "natural" Hamiltonian and to obtain a canonical formalism in a straight-forward way. Secondly we can replace variational problems for a parametric integral

$$\mathcal{F}(x) = \int_{t_1}^{t_2} F(x(t), \dot{x}(t)) \, dt$$

by variational problems for the corresponding nonparametric integral

$$\mathcal{D}(x) = \int_{t_1}^{t_2} Q(x(t), \dot{x}(t)) \, dt.$$

By this idea we combine the advantage of the parametric form with that of the nonparametric description: we still use a formulation which is very well suited for the treatment of geometrical variational problems since all variables x^1, $x^2, \ldots, x^N$ enjoy equal rights (the variable t merely plays the role of a parameter), and on the other hand we have removed the peculiar ambiguity caused by the parameter invariance of the functional $\mathcal{F}$. The extremals of $\mathcal{D}$ will automatically be furnished in a good parameter representation. This device is rather useful for proving existence and regularity of minimizers as well as in several other instances. For example, the theory of the second variation and of conjugate points for parametric integrals can to a large part be subsumed to the corresponding theory for nonparametric integrals provided that we restrict our considerations to positive definite parametric problems. Specifically in Riemannian geometry one operates as much as possible with the Dirichlet integral

$$\frac{1}{2} \int_{t_1}^{t_2} g_{ik}(x)\dot{x}^i\dot{x}^k \, dt$$

instead of the length functional

$$\int_{t_1}^{t_2} \sqrt{g_{ik}(x)\dot{x}^i\dot{x}^k} \, dt.$$

Remark 2. Concerning the constant $h > 0$ in (24), we note the following: Suppose that $x(t)$, $t_1 \leq t \leq t_2$, is a parametrization of a fixed curve $\mathscr{C}$ in $\mathbb{R}^N$ which satisfies a condition (24). If we preassign both endpoints t_1 and t_2 of the parameter interval, the value of h is determined. However, if we are willing to let at least one of the two values t_1 and t_2 vary, then we can obtain any value of $h > 0$. For geometrical problems the value of h is generally irrelevant whereas it is important in physical problems. Here h usually plays the role of an energy constant; cf. 3,3 $\boxed{3}$; 4,1 $\boxed{2}$; 1.1 $\boxed{8}$ of this chapter, and particularly the following subsection.

Suppose that F is elliptic, i.e. that all line elements $(x, v) \in G \times (\mathbb{R}^N - \{0\})$ are elliptic with respect to F. Then we know that $F(x, v) \neq 0$, and we may assume that $F(x, v) > 0$ if $x \in G$ and $v \neq 0$.

Consider an extremal $x(t)$, $t_1 \leq t \leq t_2$, of the parametric integral $\mathscr{F}$ which satisfies

(27) $$F(x(t), \dot{x}(t)) \equiv h$$

for some $h > 0$. Then

(28) $$\dot{x} = v, \quad \frac{d}{dt} Q_v(x, v) - Q_x(x, v) = 0.$$

Now we change from the *phase flow* $x(t)$, $v(t)$ to the *cophase flow* $x(t)$, $y(t)$ by introducing

$$y(t) := Q_v(x(t), v(t)) \neq 0,$$

that is,

$$(x(t), y(t)) = \varphi(x(t), v(t)).$$

By the standard canonical formalism equations (28) for the phase flow are equivalent to the Hamiltonian equations

(29) $$\dot{x} = \Phi_y(x, y), \qquad \dot{y} = -\Phi_x(x, y).$$

Because of $\Phi = \frac{1}{2}H^2$, these equations can be written as

(30) $\dot{x} = H(x, y)H_y(x, y), \qquad \dot{y} = -H(x, y)H_y(x, y).$

The computations imply the following result.

Theorem 3. *Assume that F is elliptic and positive definite on $G \times (\mathbb{R}^N - \{0\})$, and let $x(t)$ be a regular F-extremal contained in G satisfying $F(x(t), \dot{x}(t)) \equiv const.$ Then the cophase flow $x(t), y(t) := Q_v(x(t), \dot{x}(t))$ satisfies $y(t) \neq 0$ and*

$$\dot{x} = H(x, y)H_y(x, y), \qquad \dot{y} = -H(x, y)H_x(x, y).$$

Conversely any C^1-solution $x(t), y(t)$ of these equations with $y(t) \neq 0$ defines a regular C^2-solution $x(t)$ of

$$\frac{d}{dt} F_v(x, \dot{x}) - F_x(x, \dot{x}) = 0$$

satisfying $F(x(t), \dot{x}(t)) \equiv const.$

2.2. Jacobi's Geometric Principle of Least Action

A special case ($N = 3$) of Jacobi's variational principle was discussed in 1.1, $\boxed{8}$ (cf. also 3,1, $\boxed{2}$ for the case $N = 2$). Now we want to derive a general version of this principle.

Consider a Lagrangian

(1) $$L(x, v) = T(x, v) - U(x),$$

where $T(x, v)$ is of the form

(2) $$T(x, v) = \tfrac{1}{2}a_{ik}(x)v^i v^k.$$

Here $(a_{ik}(x))$ is assumed to be a symmetric, positive definite matrix. For the sake of simplicity we suppose that the functions $U(x)$ and $a_{ik}(x)$ are of class C^1 on all of $\mathbb{R}^N$. In mechanics, $T(x, v)$ is interpreted as *kinetic energy* of a system of point masses, and $U(x)$ describes its potential energy.[3]

We already know (or can check it by a simple computation) that

(3) $$L^*(x, v) := v \cdot L_v(x, v) - L(x, v) = T(x, v) + U(x)$$

is a first integral of the Euler equations

(4) $$\frac{d}{dt} L_v(x(t), \dot{x}(t)) - L_x(x(t), \dot{x}(t)) = 0$$

---

[3] In important examples the function $U(x)$ may have singularities in the configuration space $\mathbb{R}^N$. For instance the potential energy U of the n-body problem becomes singular if two or more bodies collide. Our discussion remains valid only as long as motions avoid the singularities of U while the behaviour at singularities usually is a difficult problem.

of the Lagrangian L, that is, for any C^2-solution $x(t)$ of (4) there is a constant h such that

(5) $$T(x(t), v(t)) + U(x(t)) \equiv h, \quad v(t) := \dot{x}(t).$$

For any constant h with $U(x) < h$ on $\mathbb{R}^N$, we define

(6) $$\omega(x) := \sqrt{2\{h - U(x)\}}$$

and

(7) $$F(x, v) = \omega(x)\sqrt{2T(x, v)}.$$

Then it follows that

(8)
$$F_v(x, v) = \omega(x)\frac{T_v(x, v)}{\sqrt{2T(x, v)}}$$

$$F_x(x, v) = \frac{-U_x(x)\sqrt{2T(x, v)}}{\omega(x)} + \frac{\omega(x)T_x(x, v)}{\sqrt{2T(x, v)}}.$$

Let now $x(t)$ be a C^2-curve satisfying (5), or equivalently

(9) $$\omega(x(t)) = \sqrt{2T(x(t), v(t))}, \quad \omega(x(t)) > 0 \text{ if } \dot{x}(t) \neq 0.$$

Then (8) and (9) imply the identities

(10) $$F_v(x, v) = T_v(x, v), \qquad F_x(x, v) = -U_x(x) + T_x(x, v),$$

i.e.

(11) $$F_v(x, v) = L_v(x, v), \qquad F_x(x, v) = L_x(x, v)$$

for $x = x(t), v = v(t)$. Thus we obtain the following

Proposition 1. *Suppose that $x(t)$ is a C^2-curve with $\dot{x}(t) \neq 0$ which satisfies*
$$T(x(t), v(t)) + U(x(t)) \equiv h, \quad v(t) := \dot{x}(t),$$

with some constant h. Set

(12) $$F(x, v) := \sqrt{2\{h - U(x)\}}\sqrt{2T(x, v)}.$$

Then $x(t)$ is a solution of

$$\frac{d}{dt}L_v - L_x = 0$$

if and only if it is a solution of

$$\frac{d}{dt}F_v - F_x = 0.$$

This result can be interpreted in the following way: *The orbit $\xi(s)$, $s_1 \leq s \leq s_2$, of a motion $x(t)$, $t_1 \leq t \leq t_2$, which satisfies both $\dot{x}(t) \neq 0$ and*

$$\frac{d}{dt} L_v - L_x = 0 \quad \text{or} \quad \delta \int_{t_1}^{t_2} L(x, \dot{x})\, dt = 0,$$

is an extremal of the parametric integral

(13) $$\mathscr{F}(\xi) = \int_{s_1}^{s_2} F(\xi(s), \xi'(s))\, ds,$$

where F is defined by (12). Here the variable s parametrizing the orbit $\xi(s)$ of the "motion" $x(t)$ can be chosen in a suitable geometric way. For instance we can introduce s as the parameter of arc length:

$$s = s(t) = \int_{t_1}^{t} |\dot{x}(t)|\, dt, \qquad x(t) = \xi(s(t)).$$

Another choice of s will be discussed below.

The description of motions $x(t)$ satisfying (4) by a variational principle

(14) $$\delta \int_{s_1}^{s_2} F(\xi(s), \xi'(s))\, ds = 0$$

will be called *Jacobi's variation principle*. If the equations (4) follow from a least action principle, we speak of *Jacobi's geometric principle of least action*.

An even simpler proof of Jacobi's principle due to Birkhoff follows from the algebraic identity

(15) $$(T - U) - (\sqrt{T} - \sqrt{h - U})^2 + h = 2\sqrt{h - U}\,\sqrt{T}$$

which, on account of

$$L = T - U, \qquad F = 2\sqrt{h - U}\,\sqrt{T},$$

can be written as

(16) $$L - F + h = (\sqrt{T} - \sqrt{h - U})^2.$$

Thus we obtain

(17) $$\delta \int_{t_1}^{t_2} L(x, \dot{x})\, dt - \delta \int_{t_1}^{t_2} F(x, \dot{x})\, dt$$
$$= \delta \int_{t_1}^{t_2} (\sqrt{T} - \sqrt{h - U})^2\, dt = 2 \int_{t_1}^{t_2} (\sqrt{T} - \sqrt{h - U})\delta(\sqrt{T} - \sqrt{h - U})\, dt$$

which at once yields a proof of Proposition 1 since (5) is equivalent to $\sqrt{T} - \sqrt{h - U} = 0$ along $x(t)$.

Now we want to discuss another natural parametrization $\xi(s)$ of the orbit of a motion $x(t)$ satisfying (4). To this end we consider instead of the parametric integral $\mathscr{F}(\xi)$ defined by (13) the quadratic integral

(18) $$\mathscr{Q}(\xi) = \int_{s_1}^{s_2} Q(\xi(s), \xi'(s))\, ds,$$

with the Lagrangian

(19) $$Q(x, v) := \tfrac{1}{2} F^2(x, v) = 2\{h - U(x)\} a_{ik}(x) v^i v^k.$$

The extremals $\xi(s)$ of $\mathscr{Q}$ satisfy

(20) $$Q(\xi(s), \xi'(s)) \equiv (2c)^2 \text{ for some constant } c > 0.$$

By virtue of *2.1*, Proposition 2 the extremals $\xi(s)$ of $\mathscr{F}$ satisfying (20) coincide with the extremals of $\mathscr{Q}$. Thus (20) suggests a "natural" parameter representation of the extremals of the Lagrangian F, that is, for the orbits of motions $x(t)$ satisfying (4).

How can one recover from a representation $\xi(s)$ of the orbit the actual motion $x(t)$ along the orbit? Suppose that the parameters t and s are related by $t = \tau(s)$, or $s = \sigma(t)$. Then we have $\xi = x \circ \tau$. The conservation law (5) yields

$$a_{ik}(x)\dot{x}^i \dot{x}^k = 2\{h - U(x)\},$$

whence we infer

$$a_{ik}(\xi)\frac{d\xi^i}{ds}\frac{d\xi^k}{ds}\left(\frac{ds}{dt}\right)^2 = 2\{h - U(\xi)\}.$$

Furthermore, the normalization condition (20) implies

$$a_{ik}(\xi)\frac{d\xi^i}{ds}\frac{d\xi^k}{ds} = \frac{2c^2}{h - U(\xi)}$$

and therefore

$$\left(\frac{ds}{dt}\right)^2 = \left(\frac{h - U(\xi)}{c}\right)^2.$$

Thus we arrive at

$$\frac{ds}{dt} = \tau' = \frac{c}{h - U(\xi)},$$

and we have found:

Proposition 2. *A solution $x(t)$ of the Euler equation (4) with $\dot{x}(t) \neq 0$ can be recovered from any parameter representation $\xi(s)$ of its orbit in $\mathbb{R}^N$ satisfying the normalization condition (20) by the formulas*

(21) $$x(t) = \xi(\sigma(t)), \qquad \sigma = \tau^{-1}, \qquad \tau(s) = t_1 + \int_{s_1}^{s} \frac{c\,ds}{h - U(\xi(s))}.$$

Remark. In the previous computations we can replace the quadratic form $T(x, v) = \frac{1}{2}a_{ik}(x)v^i v^k$ by an arbitrary C^2-function $T(x, v)$ which is positively homogeneous of degree two with respect to v, elliptic, and satisfies $T(x, v) > 0$ if $v \neq 0$. As we know from *2.1*, such a function can be written as

$$T(x, v) = \frac{1}{2}a_{ik}(x, v)v^i v^k,$$

with coefficients $a_{ik}(x, v)$ which are positively homogeneous of degree zero with respect to v, and satisfy $a_{ik} = a_{ki}$ and $a_{ik}(x, v)\xi^i \xi^k > 0$ for $\xi \neq 0$.

Birkhoff's proof can be generalized to cover even the case

(22) $$f(x, v) = f_0(x, v) + f_1(x, v) + f_2(x, v),$$

where the functions $f_j(x, v)$ are positively homogeneous of degree j with respect to v. (The Lagrangian L is now denoted by f.) In fact, the solutions $x(t)$ of the Euler equation

$$\frac{d}{dt} f_v - f_x = 0$$

satisfy

(23) $$f^*(x(t), \dot{x}(t)) \equiv h$$

for some constant h where

(24) $$f^* = v \cdot f_v - f = f_2 - f_0.$$

Let us introduce

$$g := f + h = g_0 + g_1 + g_2, \quad g_0 := f_0 + h, \quad g_1 = f_1, \quad g_2 = f_2.$$

Clearly an f-extremal also is a g-extremal, and (23) is equivalent to

(25) $$g_2 - g_0 = 0 \text{ on the flow } (x(t), \dot{x}(t)).$$

Suppose now that $f_2(x, v) = g_2(x, v) > 0$ for $v \neq 0$. Then we infer from (25) that

$$g_0(x(t), \dot{x}(t)) > 0$$

provided that $\dot{x}(t) \neq 0$. Thus we can write

$$g - (\sqrt{g_2} - \sqrt{g_0})^2 = 2\sqrt{g_0 g_2} + g_1$$

in a neighbourhood of $(x(t), \dot{x}(t))$ in the phase space, and we obtain the formula

$$\delta \int_{t_1}^{t_2} (2\sqrt{g_0 g_2} + g_1) \, dt = \delta \int_{t_1}^{t_2} g \, dt - 2 \int_{t_1}^{t_2} (\sqrt{g_2} - \sqrt{g_0})\delta(\sqrt{g_2} - \sqrt{g_0}) \, dt.$$

Thus, under the subsidiary condition $f_2 - f_0 = h$, extremals of $\int_{t_1}^{t_2} f(t, x, \dot{x}) \, dt$ also are extremals of $\int_{t_1}^{t_2} (2\sqrt{(f_0 + h)f_2} + f_1) \, dt$, and vice versa.

2.3. The Parametric Legendre Condition and Carathéodory's Hamiltonians

Let $F(x, v)$ be a parametric Lagrangian satisfying (A1) of 1.1 as well as the condition of positive definiteness (i.e. $F(x, v) > 0$). Because of the identity

(1) $$F_{v^i v^k}(x, v) v^i v^k = 0,$$

we cannot expect that F satisfies the standard Legendre condition. Hence the best we can hope for is that the matrix $F_{vv}(x, v)$ is positive semidefinite and has rank $N - 1$, i.e. the eigenvalues $\lambda_1, \ldots, \lambda_N$ of F_{vv} satisfy

(2) $$0 = \lambda_0 < \lambda_1 \leq \lambda_2 \leq \cdots \leq \lambda_N.$$

This leads to the following

Definition. *A line element $\ell = (x, v) \in G \times (\mathbb{R}^N - \{0\})$ is said to satisfy the parametric Legendre condition, or to be C-regular if we have*

(3) $$F_{v^i v^k}(x, v)\xi^i \xi^k > 0 \quad \text{for all } \xi \in \mathbb{R}^N \text{ with } \xi \neq 0 \text{ and } \xi \cdot v = 0.$$

The notation *C-regular* stands for "regular in the sense of Carathéodory". (Carathéodory called such line elements "positive regular".) Recall now the condition of ellipticity given in *2.1*: A line element (x, v) was said to be *elliptic* if $Q = \frac{1}{2}F^2$ satisfies

(4) $$Q_{v^i v^k}(x, v)\xi^i \xi^k > 0 \quad \text{for all } \xi \in \mathbb{R}^N \text{ with } \xi \neq 0.$$

In the following we want to show that ellipticity and *C*-regularity are identical notions, and we also want to give further conditions for the parametric Legendre condition.

We begin with a useful determinant identity:

Lemma 1. *Let A be an N × N-matrix with det A = 0, and let b be a vector in $\mathbb{R}^N$ which is interpreted as column (and b^T as row). Then we have*

(5) $$\det(\lambda A + b \cdot b^T) = -\lambda^{N-1} \begin{vmatrix} A & , & b \\ b^T & , & 0 \end{vmatrix}.$$

Proof. We can assume $\lambda \neq 0$ as (5) clearly holds for $\lambda = 0$. Then we can write

$$\det(\lambda A + b \cdot b^T) = \begin{vmatrix} \lambda A + b \cdot b^T & , & b \\ 0 & , & 1 \end{vmatrix} = \begin{vmatrix} \lambda A & , & b \\ -b^T & , & 1 \end{vmatrix}$$

$$= \begin{vmatrix} \lambda A & , & b \\ -b^T & , & 0 \end{vmatrix} = \lambda^{-1} \begin{vmatrix} \lambda A & , & b \\ -\lambda b^T & , & 0 \end{vmatrix} = -\lambda^{N-1} \begin{vmatrix} A & , & b \\ b^T & , & 0 \end{vmatrix}.$$

$\square$

On account of (1), we have $\det F_{vv}(x, v) = 0$. Thus we can apply (5) to $A = F_{vv}(x, v)$, $\lambda = F(x, v)$, $b = F_v(x, v)$ or to $b = v$. Introducing the determinants

(6) $$D := -\begin{vmatrix} F_{vv} & , & v \\ v^T & , & 0 \end{vmatrix}, \qquad D^* := -\begin{vmatrix} F_{vv} & , & F_v \\ F_v^T & , & 0 \end{vmatrix},$$

we arrive at the formulas

(7) $$\det(g_{ik}) = F^{N-1} D^*,$$

(8) $$\det(F F_{vv} + v \cdot v^T) = F^{N-1} D,$$

if we recall that

(9) $$Q := \frac{1}{2}F^2$$

(10) $$g_{ik} := Q_{v^i v^k} = F F_{v^i v^k} + F_{v^i} F_{v^k}.$$

We claim that, for $N = 2$, the determinant $D(x, v)$ is closely related to the Weierstrass function $F_1(x, v)$ that has been introduced in *3,1*, formula (18):

(11) $$\begin{pmatrix} F_{v^1 v^1} & , & F_{v^1 v^2} \\ F_{v^2 v^1} & , & F_{v^2 v^2} \end{pmatrix} = F_1 \cdot \begin{pmatrix} v^2 v^2 & , & -v^1 v^2 \\ -v^1 v^2 & , & v^1 v^1 \end{pmatrix}.$$

Setting $A := F_{vv}$, $\lambda := F_1^{-1}$, $b := v$, it follows that

$$\lambda A + b \cdot b^T = |v|^2 \; \begin{pmatrix} 1 & 0 \\ 0 & 1 \end{pmatrix}$$

and therefore

$$\det(\lambda A + b \cdot b^T) = |v|^4.$$

On the other hand the formulas (5) and (6) yield

$$\det(\lambda A + b \cdot b^T) = F_1^{-1}D$$

and therefore

(12) $$F_1(x, v) = |v|^{-4}D(x, v) \quad \text{for } N = 2.$$

For $F(x, v) = \omega(x)|v|$ a direct computation yields that

$$F_1(x, v) = |v|^{-3}\omega(x),$$

and therefore

$$D(x, v) = |v|^{-1}\omega(x).$$

Let us denote by $\{v\}^\perp$ the orthogonal complement of the one-dimensional space $\{v\} := \{w \in \mathbb{R}^N : w = \lambda v, \lambda \in \mathbb{R}\}$ in $\mathbb{R}^N$. Then we show:

Lemma 2. *The matrix* $F_{vv}(x, v)$ *is positive definite on* $\{v\}^\perp$ *if and only if* $F(x, v)F_{vv}(x, v) + v \otimes v$ *is positive definite on* $\mathbb{R}^N$.

Proof. Note that $v \otimes v = v \cdot v^T = (v^i v^k)$. For the sake of brevity we write F and F_{vv} for $F(x, v)$ and $F_{vv}(x, v)$. Set

$$A := FF_{vv} + v \cdot v^T \quad \text{and} \quad \mathcal{B}(\xi, \eta) := \xi \cdot A\eta$$

for $\xi, \eta \in \mathbb{R}^N$; then $\mathcal{B}(\xi, \eta) = \mathcal{B}(\eta, \xi)$.
    Choose an arbitrary vector $\xi \in \mathbb{R}^N$. We can write

$$\xi = \lambda v + \eta \text{ with } \lambda \in \mathbb{R}, \eta \in \mathbb{R}^N, \text{ and } \eta \cdot v = 0.$$

Then we obtain

$$\mathcal{B}(\xi, \xi) = \lambda^2 \mathcal{B}(v, v) + 2\lambda \mathcal{B}(v, \eta) + \mathcal{B}(\eta, \eta).$$

As $F_{vv}v = 0$ and $v \cdot \eta = 0$, it follows that

$$\mathcal{B}(v, v) = |v|^4, \qquad \mathcal{B}(v, \eta) = 0, \qquad \mathcal{B}(\eta, \eta) = \eta \cdot FF_{vv}\eta,$$

whence

$$\mathcal{B}(\xi, \xi) = \lambda^2 |v|^4 + \eta \cdot FF_{vv}\eta, \qquad \xi = \lambda v + \eta, \quad v \cdot \eta = 0.$$

From this relation, the assertion follows at once.   □

Lemma 3. *The matrix* $F_{vv}(x, v)$ *is positive definite on* $\{v\}^\perp$ *if and only if* $Q_{vv}(x, v)$ *is positive definite on* $\mathbb{R}^N$.

Proof. For the sake of brevity, we drop again the arguments x, v, that is, we write $F = F(x, v)$, etc. Then we infer from (10) that

$$F^2 g_{ik} = (FF_{v^i})(FF_{v^k}) + F^3 F_{v^i v^k},$$

and by *2.1*, (7) we have

$$FF_{v^i} = g_{ik}v^k.$$

Setting

(13) $$f_{ik} := F_{v^iv^k},$$

we obtain

(14) $$F^2 g_{ik}\xi^i\xi^k = F^3 f_{ik}\xi^i\xi^k + (g_{ik}\xi^i v^k)^2$$

for any $\xi \in \mathbb{R}^N$, $\xi \neq 0$. Splitting ξ in the form

$$\xi = \lambda v + \eta, \qquad \lambda \in \mathbb{R}, \qquad \eta \in \mathbb{R}^N, \qquad v \cdot \eta = 0$$

and noticing that

$$f_{ik}v^k = 0,$$

it follows that

(15) $$F^2 g_{ik}\xi^i\xi^k = F^3 f_{ik}\eta^i\eta^k + (g_{ik}\xi^i v^k)^2.$$

Suppose now that $F_{vv} = (f_{ik})$ is positive definite on $\{v\}^\perp$. Then the right-hand side of (15) is positive if $\eta \neq 0$ since $F > 0$, $f_{ik}\eta^i\eta^k > 0$, and $(\ldots)^2 \geq 0$. If $\eta = 0$, the first term vanishes, but $(g_{ik}\xi^i v^k)^2 = \lambda^2 (g_{ik}v^i v^k)^2 = F^4 > 0$. Thus $Q_{vv} = (g_{ik})$ turns out to be positive definite on $\mathbb{R}^N$.

Conversely, if $Q_{vv} = (g_{ik})$ is positive definite, then Schwarz's inequality yields

$$(g_{ik}\xi^i v^k)^2 \leq (g_{ik}\xi^i\xi^k)(g_{ik}v^i v^k),$$

and the equality sign holds if and only if $\xi \in \{v\}$. Since

$$F^2 = g_{ik}v^i v^k,$$

it follows that

$$(g_{ik}\xi^i v^k)^2 < F^2 g_{ik}\xi^i\xi^k \quad \text{if } \xi \neq 0 \text{ and } \xi \cdot v = 0,$$

and (14) implies

$$f_{ik}\xi^i\xi^k > 0 \quad \text{if } \xi \neq 0.$$

This completes the proof of the lemma. $\qquad\qquad\qquad\qquad\qquad\square$

On account of formulas (6)–(8) and of Lemmata 2 and 3 we obtain the following

Theorem 1. *Suppose that F is a parametric Lagrangian satisfying assumption* (A1) *of 1.1 and $F > 0$. Then for an arbitrary line element $\ell = (x, v) \in G \times (\mathbb{R}^N - \{0\})$ the following three conditions are equivalent:*

(i) $Q_{vv}(x, v) = (g_{ik}(x, v))$ is positive definite on $\mathbb{R}^N$, i.e. ℓ is elliptic;

(ii) $F_{vv}(x, v)$ is positive definite on $\{v\}^\perp$, i.e. ℓ satisfies the parametric Legendre condition for F;

(iii) $F_{vv}(x, v) + v \otimes v$ is positive definite on $\mathbb{R}^N$.

Moreover, if $G \times (\mathbb{R}^N - \{0\})$ contains at least one elliptic line element $\ell_0 = (x_0, v_0)$ and if one of the determinants D and D^* is strictly positive in $\Omega \subset G \times (\mathbb{R}^N - \{0\})$, then F is elliptic for all line elements of Ω.

Theorem 2. *Let F be a parametric Lagrangian satisfying assumption (A1) of 1.1 and $F > 0$. Then a line element $(x, v) \in G \times (\mathbb{R}^N - \{0\})$ is nonsingular (that is, $\det Q_{vv}(x, v) \neq 0$) if and only if rank $F_{vv}(x, v) = N - 1$.*

Proof. Set $C := A + B$, $A := F_{vv}(x, v)$, $B := b \otimes b$ (or in matrix notation with a column b: $B = b \cdot b^T$), $b := F_v(x, v)$. For homogeneity reasons we can assume that $F(x, v) = 1$, and this implies $v \cdot b = 1$ on account of $F(x, v) = v^i F_{v^i}(x, v)$. Moreover, we have

$$Av = 0.$$

Finally we can express any $\xi \in \mathbb{R}^N$ in the form

$$\xi = \lambda v + \eta \quad \text{with } \eta \cdot b = 0$$

by setting $\lambda := \xi \cdot b$ and $\eta := \xi - \lambda v$. Then it follows that $B\eta = 0$, $Bv = b$, and therefore

$$A\xi = C\eta \quad \text{and } C\xi = A\eta + \lambda b.$$

Suppose now that $\det C \neq 0$, i.e. C is nonsingular. If $A\xi = 0$, the equation $A\xi = C\eta$ implies $C\eta = 0$, and therefore $\eta = 0$, i.e. $\xi \in \{v\}$. Thus $\{v\}$ is the null space of A, whence we infer that rank $A = N - 1$.

Conversely let rank $A = N - 1$. Then if $C\xi = 0$, we infer from $C\xi = A\eta + \lambda b$ that $A\eta + \lambda b = 0$ whence $0 = v \cdot A\eta + \lambda v \cdot b = Av \cdot \eta + \lambda = \lambda$. Therefore $A\eta = 0$, and consequently $\eta \in \{v\}$, say, $\eta = \mu v$, whence $\eta \cdot b = \mu v \cdot b$ or $\mu = 0$ i.e., $\eta = 0$. Thus $C\xi = 0$ implies $\xi = 0$, which yields $\det C \neq 0$. $\square$

Remark 1. *The parametric Legendre condition can be obtained from the nonparametric one and vice versa.* In fact, if $F(x, v)$ is a parametric Lagrangian which is related to some nonparametric integrand $f(x, p)$, $p = (p^\alpha; 1 \leq \alpha \leq N - 1)$, by the formula

$$F(x, v) = f(x, v^2/v^1, v^3/v^1, \ldots, v^N/v^1)v^1$$

for $v^1 > 0$, then we obtain by a straight-forward computation the identity

$$F_{v^i v^k}(x, v)\xi^i \xi^k = f_{p^\alpha p^\beta}(x, p)(\pi^\alpha - p^\alpha)(\pi^\beta - p^\beta)$$

for

$$v = (1, p), \qquad \xi = (1, \pi),$$

(summation with respect to α, β from 1 to $N - 1$ and with respect to i, k from 1 to N!). Hence, if (x, p) satisfies

$$f_{p^\alpha p^\beta}(x, p)\zeta^\alpha \zeta^\beta \geq 0 \quad (\text{or} > 0) \quad \text{for all } \zeta \in \mathbb{R}^N \text{ with } \zeta \neq 0,$$

then we obtain

$$F_{v^i v^k}(x, v)\xi^i \xi^k \geq 0 \text{ (or } > 0)\quad \text{if } \xi \neq v,$$

and similarly we can argue in the opposite direction.

Remark 2. Using the previous remark it follows from the necessary conditions for nonparametric problems that any local minimizer $x(t)$, $t_1 \leq t \leq t_2$, of the parametric integral $\int_{t_1}^{t_2} F(x(t), \dot{x}(t))\, dt$ satisfies the weak parametric Legendre condition

$$F_{v^i v^k}(x(t), \dot{x}(t))\xi^i \xi^k \geq 0 \quad \text{for all } \xi \in \mathbb{R}^N.$$

Let us now briefly discuss the *canonical formalism introduced by Carathéodory*[4] which differs considerably from the method of *2.1*.

First we define the canonical coordinates (x, y) corresponding to (x, v) by the gradient mapping

(16) $$y_i = F_{v^i}(x, v), \quad 1 \leq i \leq N, \quad \text{or}\quad y = F_v(x, v).$$

Clearly every ray $\{v\}_+ := \{\lambda v: \lambda > 0\}$ is mapped onto the same momentum. Thus the mapping $(x, v) \mapsto (x, y)$ defined by (16) is not invertible in the usual sense.

Definition. *Any function $\mathcal{H}(x, y)$ is called a Hamiltonian in the sense of Carathéodory if it is of class C^2 for $y \neq 0$ and satisfies both $\mathcal{H}_y(x, y) \neq 0$ for $y \neq 0$ and*

(17) $$\mathcal{H}(x, F_v(x, v)) \equiv 0 \quad \text{for } v \neq 0$$

(in some open set in the phase space P).

First one has to prove the existence of some C-Hamiltonian. Carathéodory achieves this by reduction to the nonparametric case, whereas we can simplify the matter by using the Hamiltonian $H(x, y)$ defined in *2.1. It turns out that*

(18) $$\mathcal{H}^*(x, y) := H(x, y) - 1$$

is a *C-Hamiltonian*. In fact, $\mathcal{H}^* \in C^2$ for $y \neq 0$ follows from *2.1* as well as $\mathcal{H}_y^* = H_y \neq 0$, and $\mathcal{H}(x, F_v(x, v)) = 0$ follows from the relation (21) in *2.1* (here we have used the assumption $F(x, v) > 0$).

If we differentiate (17) with respect to v^k, it follows that

(19) $$F_{v^i v^k}(x, v)\mathcal{H}_{y^i}(x, F_v(x, v)) = 0, \quad 1 \leq k \leq N.$$

If we work in a domain of the phase space where all line elements are elliptic, then F_{vv} has everywhere rank $N - 1$, and any solution z of the homogeneous equation

(20) $$F_{vv}(x, v)z = 0$$

must be contained in $\{v\}$. Thus we infer from (19) that there is a function $\lambda(x, v) \neq 0$ such that

(21) $$v = \lambda(x, v)\mathcal{H}_y(x, F_v(x, v))$$

holds true. Since $\mathcal{H}_y \neq 0$ and $\mathcal{H}_y \in C^1$, we conclude that $\lambda(x, v)$ is of class C^1. This equation can be viewed as an "inversion of (16)".

Le us see what the Hamilton equations look like in Carathéodory's formalism. To make the formulas more transparent, we drop the argument x, v in F, F_x, ..., i.e. we write F instead of $F(x, v)$,

---

[4] See Carathéodory [10], pp. 216–222 and 251–253. Still different approaches were used by L.C. Young [1], pp. 53–55, and Bliss [5], pp. 132–134.

etc. Differentiating (17), we arrive at

$$(22) \qquad \mathcal{H}_{x^i}(x, F_v) + \mathcal{H}_{y_k}(x, F_v)F_{x^i v^k} = 0.$$

Moreover, Euler's relation yields

$$F_{x^i} = F_{x^i v^k} v^k.$$

Then it follows

$$F_{x^i} = F_{x^i v^k} v^k = \lambda \mathcal{H}_{y_k}(x, F_v) F_{x^i v^k} = -\lambda(x, v) \mathcal{H}_{x^i}(x, F_v)$$

or

$$(23) \qquad F_x(x, v) = -\lambda(x, v) \mathcal{H}_x(x, F_v(x, v)).$$

Let $x(t)$ be an extremal,

$$(24) \qquad \frac{d}{dt} F_v(x, \dot{x}) - F_x(x, \dot{x}) = 0.$$

Then we introduce the phase flow $x(t)$, $v(t)$ and the cophase flow $x(t)$, $y(t)$ by

$$(25) \qquad v(t) := \dot{x}(t), \qquad y(t) = F_v(x(t), v(t)),$$

and the Lagrange parameter $\mu(t) \neq 0$, $\mu \in C^1$, by

$$\mu(t) := \lambda(x(t), v(t)).$$

From (21), (23) and (24), we obtain the relations

$$(26) \qquad \dot{x} = \mu \mathcal{H}_y(x, y), \qquad \dot{y} = -\mu \mathcal{H}_x(x, y).$$

These equations are now Hamilton's equations corresponding to (24) in Carathéodory's theory. By (17) and (25) we have also

$$(27) \qquad \mathcal{H}(x(t), y(t)) \equiv 0.$$

Conversely suppose that $x(t)$, $y(t)$ is a C^1-solution of a Hamilton system (26) with $\mu(t) \neq 0$, $y(t) \neq 0$ where $\mathcal{H}(x, y)$ is an arbitrary function of class C^2 for $y \neq 0$ such that $\mathcal{H}_y(x, y) \neq 0$ for $y \neq 0$. Set $\lambda_0 := \mu(t_0)$ and $v_0 := \dot{x}(t_0)$. Then we infer from (26) that

$$\frac{d}{dt} \mathcal{H}(x(t), y(t)) \equiv 0$$

and therefore $\mathcal{H}(x(t), y(t)) \equiv$ const. If $x(t)$, $y(t)$ satisfy initial value conditions such that

$$(28) \qquad \mathcal{H}(x_0, y_0) = 0, \qquad x(t_0) = x_0, \qquad y(t_0) = y_0,$$

we see that (27) holds true, and we can always achieve (28) if we replace $\mathcal{H}$ by $\mathcal{H} - \mathcal{H}(x_0, y_0)$.

Now we want to construct a parametric Lagrangian $F(x, v)$ satisfying the parametric Legendre condition such that $\mathcal{H}(x, y)$ is a Hamilton function (in the sense of Carathéodory) corresponding to $F(x, v)$. A straight-forward computation show that then the quadratic form

$$(29) \qquad Q(\eta) := \mathcal{H}_{y_i y_k}(x, y) \eta_i \eta_k$$

has to be definite on the subspace $\{H_y(x, y)\}^\perp$ of $\mathbb{R}^N$. Thus, in order to carry out the desired construction of F we have to assume that $Q(\eta)$ *be definite on* $\{H_y(x, y)\}^\perp$ which in turn implies that the bordered determinant

$$\begin{vmatrix} \mathcal{H}_{yy} & , & \mathcal{H}_y \\ \mathcal{H}_y^T & , & 0 \end{vmatrix}$$

does not vanish (a proof of this fact is left as an exercise to the reader). Then we are able to solve the system of equations

$$(30) \qquad \begin{aligned} \lambda \mathcal{H}_y(x, y) &= v, \\ \mathcal{H}(x, y) &= 0 \end{aligned}$$

in the neighbourhood of the initial data x_0, y_0 with respect to y, λ, and we obtain (locally unique) solutions

(31) $\qquad y = \varphi(x, v), \lambda = \psi(x, v)$ satisfying $y_0 = \varphi(x_0, v_0), \lambda_0 = \psi(x_0, y_0)$.

The special structure of the system (30) shows that

(32) $\qquad\qquad \varphi(x, \rho v) = \varphi(x, v), \qquad \psi(x, \rho v) = \rho \psi(x, v)$

holds true for $\rho > 0$ whence also

(33) $\qquad\qquad \varphi_{v^i}(x, v) v^i = 0.$

We use the components $\varphi_1, \varphi_2, \ldots, \varphi_N$ of φ to define a parametric Lagrangian $F(x, v)$ by

(34) $\qquad\qquad F(x, v) := v^i \varphi_i(x, v) = \varphi(x, v) \cdot v.$

Since (31) is the solution of (30), we have

(35) $\qquad\qquad \begin{aligned} \psi(x, v) \mathcal{H}_y(x, \varphi(x, v)) &= v \\ \mathcal{H}(x, \varphi(x, v)) &= 0. \end{aligned}$

Differentiating the second equation with respect to v^k we obtain

$$\mathcal{H}_{y_i}(x, \varphi(x, v)) \varphi_{i, v^k}(x, v) = 0,$$

and on account of (35_1) we arrive at

(36) $\qquad\qquad v^i \dfrac{\partial \varphi_i}{\partial v^k} = 0.$

From (34) and (36) we now deduce the relation

(37) $\qquad\qquad \varphi(x, v) = F_v(x, v),$

and (34) yields also

(38) $\qquad\qquad F_{x^k}(x, v) = v^i \dfrac{\partial}{\partial x^k} \varphi_i(x, v).$

From (35_2) we derive

(39) $\qquad \mathcal{H}_{x^k}(x, \varphi(x, v)) + \mathcal{H}_{y_i}(x, \varphi(x, v)) \dfrac{\partial}{\partial x^k} \varphi_i(x, v) = 0,$

whence

$$\psi(x, y) \mathcal{H}_{y_i}(x, \varphi(x, v)) \dfrac{\partial}{\partial x^k} \varphi_i(x, v) = -\psi(x, \mathcal{H}_{x^k}(x, \varphi(x, v))$$

and thus

(40) $\qquad\qquad F_x(x, v) = -\psi(x, v) \mathcal{H}_x(x, \varphi(x, v)),$

taking also (35) and (38) into account. We conclude by means of (37) and (40) that F_x and F_v are of class C^1 since $\varphi \in C^1$, and therefore $F \in C^2$. Moreover we infer from (26_1) that

(41) $\qquad\qquad y = F_v(x, \dot{x}), \qquad \mu = \psi(x, \dot{x})$

on account of (35) and (37). Combining (26_2), (40), and (41_2) we arrive at the Euler equation (24).

Thus we have proved that Carathéodory's approach leads also to an equivalence between the Euler equations and the Hamilton equations.

Changing from t to a new parameter u by $du = \mu(t) \, dt$, we can simplify (26) to

(42) $\qquad\qquad \begin{aligned} \dot{x} &= \mathcal{H}_y(x, y), \\ \dot{y} &= -\mathcal{H}_x(x, y). \end{aligned}$

Note that the Hamiltonian $\mathscr{H}$ in Carathéodory's theory is not uniquely determined, in fact, there are infinitely many of them. For instance if $\mathscr{H}$ is a Hamiltonian, then also the function $\Psi(\mathscr{H})$ is a Hamiltonian in the sense of Carathéodory, provided that $\Psi(t)$, $t \in \mathbb{R}$, is a C^2-function of t with $\Psi(0) = 0$ and $\Psi'(t) \neq 0$. Yet what may seem as a drawback can in some cases turn out to be advantageous since it may allow to choose a particularly simple Hamiltonian.

For instance if $H(x, y)$ is the Hamiltonian of a nonparametric variational problem

$$(43) \qquad \int_{t_1}^{t_2} f(x(t), \dot{x}(t))\, dt \to \text{stationary}$$

in $\mathbb{R}^{N+1}$ the Lagrangian $f(x, p)$ of which does not depend on t, the cophase flow $x(t)$, $y(t) = f_p(x(t), \dot{x}(t))$ satisfies

$$(44) \qquad \dot{x} = H_y(x, y), \qquad \dot{y} = -H_x(x, y)$$

and

$$(45) \qquad H(x(t), y(t)) \equiv h$$

for some constant h. Consider all solutions $x(t)$, $y(t)$ of (44) which belong to the same energy constant h. We project the curves $(t, x(t))$ from $\mathbb{R}^{N+1}$ into $\mathbb{R}^N$ by $(t, x(t)) \mapsto x(t)$. The curves $x(t)$ must be solutions of a parametric problem

$$(46) \qquad \int_{t_1}^{t_2} F(x(t), \dot{x}(t))\, dt \to \text{stationary}$$

with the Hamilton equations

$$(47) \qquad \dot{x} = \mathscr{H}_y(x, y), \qquad \dot{y} = -\mathscr{H}_x(x, y),$$

where

$$(48) \qquad \mathscr{H}(x, y) := H(x, y) - h$$

of a parametric Lagrangian $F(x, y)$ which is to be determined from $\mathscr{H}$ by (30), (31), and (34).

Suppose now that $f(x, v)$ is a nonparametric Lagrangian of the form

$$(49) \qquad f(x, v) := T(x, v) - U(x), \qquad T(x, v) := \tfrac{1}{2} a_{ik}(x) v^i v^k,$$

where $(a_{ik}(x))$ is an invertible matrix with the inverse $(a^{ik}(x))$. The ordinary Hamiltonian $H(x, y)$ of $f(x, v)$ is given by

$$(50) \qquad H(x, y) = \tfrac{1}{2} a^{ik}(x) y_i y_k + U(x).$$

Then our construction leads to the parametric Lagrangian

$$(51) \qquad F(x, v) := \sqrt{2(h - U(x))}\, \sqrt{a_{ik}(x) v^i v^k}$$

corresponding to the Hamiltonian $\mathscr{H}(x, y) := H(x, y) - h$. Thus we have obtained once again the geometric variational principle of Jacobi from 2.2.

More generally if $H(x, y)$ is of the form

$$(52) \qquad H(x, y) = \tfrac{1}{2} a^{ik}(x)(y_i - b_i(x))(y_k - b_k(x)) + c(x)$$

and $\mathscr{H}(x, y) := H(x, y) - h$, then solutions $x(t)$, $y(t)$ of (44), (45) are extremals of the integral (46) with the parametric Lagrangian

$$(53) \qquad F(x, v) := b_i(x) v^i \pm \sqrt{2(h - c(x))}\, \sqrt{a_{ik}(x) v^i v^k}$$

where $(a_{ik}) = (a^{ik})^{-1}$.

2.4. Indicatrix, Figuratrix, and Excess Function

For a given parametric Lagrangian $F(x, v)$ and a fixed point x, we introduce two hypersurfaces $\mathscr{I}_x$ and $\mathscr{f}_x$ in $\mathbb{R}^N$ and $\mathbb{R}_N = \mathbb{R}^{N*}$, the *indicatrix* and the *figuratrix*, respectively. These surfaces will help us to visualize certain properties of the Lagrangian F, of its excess function $\mathscr{E}$, and of the corresponding Hamiltonian.

The indicatrix was introduced by Carathéodory [1], [10] but it can already be found in the work of Hamilton on light rays and in the thesis of Hamel [1], [2]. The figuratrix, its dual with respect to polar reciprocation, was used by Minkowski [1] and somewhat later by Hadamard [4]. (Minkowski used the name indicatrix; Hadamard called indicatrix and figuratrix *la figurative* and *la figuratrice*.)

Definition 1. *For given $x \in \mathbb{R}^N$ the indicatrix $\mathscr{I}_x$ of the parametric Lagrangian F at x is defined as set of all tangent vectors $v \in T_x \mathbb{R}^N = \mathbb{R}^N$ satisfying $F(x, v) = 1$, i.e.,*

$$(1) \qquad \mathscr{I}_x := \{v \in \mathbb{R}^N : F(x, v) = 1\}.$$

The indicatrix is modelled after Dupin's indicatrix in differential geometry and can be obtained in a similar way: On every ray $\Sigma = \{\xi(t) = x + tv : t \geq 0\}$ emanating from x satisfying $F(\xi, \dot{\xi}) > 0$ one moves to some point $\xi(t_1)$ such that

$$\int_0^{t_1} F(\xi(t), \dot{\xi}(t))\, dt = h > 0$$

holds true. The differences $\xi(t_1) - x$ with respect to the center x yield a hypersurface $\mathscr{S}_h$ in $\mathbb{R}^N$ which will be magnified by a factor of $\dfrac{1}{h}$. Letting h tend to zero we obtain the indicatrix at x:

$$\mathscr{I}_x = \lim_{h \to 0} \frac{1}{h} \mathscr{S}_h.$$

Some typical examples of indicatrices are depicted in Figure 6. Clearly the indicatrix $\mathscr{I}_x$ is intersected by any ray $\{tv : t > 0\}$, $v \neq 0$, in at most one point. If the Lagrangian F is positive definite (i.e., $F(x, v) > 0$ for all $v \neq 0$) then $\mathscr{I}_x$ is a closed star-shaped surface with respect to the origin 0, which is contained in the "interior" of $\mathscr{I}_x$.

Suppose now that $F(x, \cdot)$ is a gauge function, i.e.

   (i) $F(x, v) > 0$ for $v \neq 0$ and $F(x, 0) = 0$;
  (ii) $F(x, \lambda v) = \lambda F(x, v)$ for $\lambda > 0$;
 (iii) $F(x, v)$ is a convex function of v.

Then, in Minkowski's terminology, $F(x, \cdot)$ is the *distance function* of a convex body containing the origin which is defined by

$$\mathscr{k}_x := \{v \in \mathbb{R}^N : F(x, v) \leq 1\}.$$

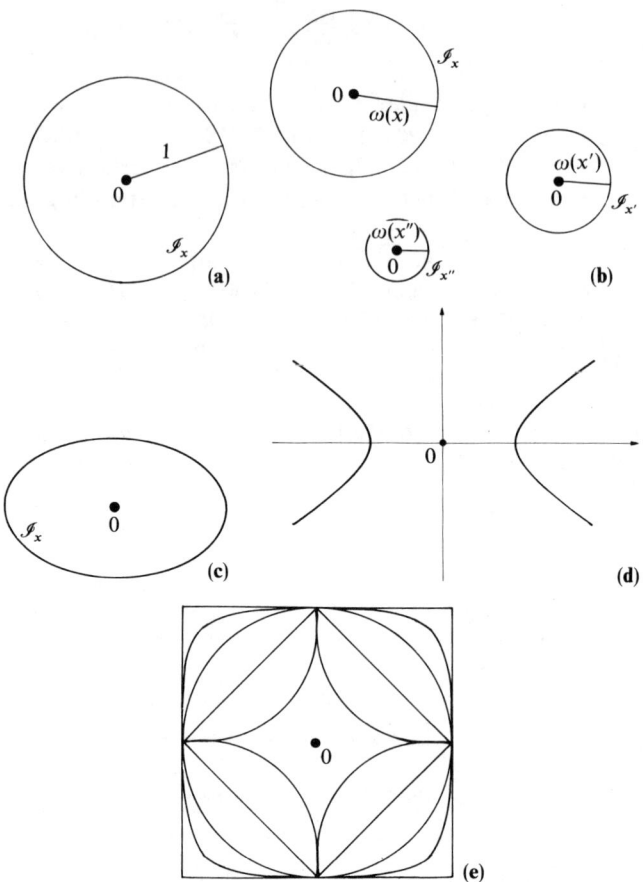

Fig. 6. Various indicatrices. **(a)** $F(x, v) = |v|$; **(b)** $F(x, v) = \omega(x)|v|$, $\omega > 0$; **(c)** $F(x, v) = \langle v, G(x)v \rangle^{1/2}$, $G = (g_{ij}) > 0$; **(d)** $N = 2$, $v^1 = u$, $v^2 = v$: $F(u, v) = u^2 - v^2$; **(e)** $F(u, v) = (|u|^p + |v|^p)^{1/p}$, $p < 1$, $p = 1$, $p = 2$, $2 < p$, $p = \infty$.

For any convex body ℓ of $\mathbb{R}^N$ with $0 \in \text{int } \ell$, one defines the polar body ℓ^* by $\ell^* := \{y: H(y) \leq 1\}$, where $H(y)$ denotes Minkowski's *support function* of the convex body ℓ (see 7,3.2).

If the indicatrix is the boundary of a convex body ℓ_x, we define the *figuratrix* f_x of the Lagrangian $F(x, v)$ simply as boundary of the polar body ℓ_x^* which is also a convex body with $0 \in \text{int } \ell_x^*$, and therefore f_x is a closed convex surface as well.

If, however, the set $\{v \in \mathbb{R}^N: F(v) \leq 1\}$ is not a convex body (or, equivalently, if $F(x, \cdot)$ is not a gauge function), we cannot use this approach to define the figuratrix. Therefore we give a different definition of f_x which, in case of a gauge function $F(x, \cdot)$, reduces to the previous definition (see also 7,3.2).

Definition 2. *Suppose that $F(x, v)$ is a parametric Lagrangian of class C^1, and let x be a fixed point of $\mathbb{R}^n$. Then the figuratrix $\mathcal{f}_x$ of F at x is defined as locus of all cotangent vectors $y \in T_x^* \mathbb{R}^N = \mathbb{R}_N$ which are of the form $y = F_v(x, v)$, where $F(x, v) = 1$. That is,*

(2) $$\mathcal{f}_x := \{y \in \mathbb{R}_N: y = F_v(x, v), v \in \mathcal{I}_x\}.$$

At the first sight, this definition looks rather unwieldy, and it might seem difficult to obtain a clear idea of the geometrical shape of the figuratrix. This is, however, not the case. As we shall see, the figuratrix can be derived from the indicatrix by a simple geometric construction using the polarity at the unit sphere. The following discussion is simplified by using the canonical formalism introduced in *2.1*. To this end we require until further notice the following Assumption (A3) to be satisfied.

Assumption (A3):
   (i) *$F(x, v)$ is a parametric Lagrangian defined on $G \times \mathbb{R}^N$ which satisfies assumption (A1) of 1.1;*
   (ii) *$F(x, v) > 0$ if $v \neq 0$, i.e. F is positive definite.*

Let us introduce the *singular part Σ_x of $\mathcal{I}_x$* by

$$\Sigma_x := \{v \in \mathcal{I}_x: \det Q_{vv}(x, v) = 0\}.$$

It will be empty if F is elliptic on $\{x\} \times (\mathbb{R}^N - \{0\})$.

Note that the Gauss curvature $K(x, v)$ of the indicatrix $\mathcal{I}_x$ at the point $v \in \mathcal{I}_x$ is given by the Kronecker formula[5]

$$K(x, v) = |F_v(x, v)|^{-(N+1)} D^*(x, v),$$

where D^* denotes the determinant

$$D^* = -\begin{vmatrix} F_{vv} & F_v \\ F_v^T & 0 \end{vmatrix},$$

and by *2.3*, (7), we have

$$\det Q_{vv} = F^{N-1} D^*.$$

Because of $F(x, v) = 1$ for $v \in \mathcal{I}_x$ we thus obtain the relation

(3) $$K(x, v) = |F_v(x, v)|^{-(N+1)} \det Q_{vv}(x, v) \quad \text{for } v \in \mathcal{I}_x.$$

This shows that the zeros of the curvature function $K(x, \cdot)$ correspond to singular directions $v \in \mathcal{I}_x$, that is, to singular line elements $\ell = (x, v)$. Hence, if the indicatrix $\mathcal{I}_x$ is nonconvex, the singular set Σ_x will be nonempty. Points $v \in \Sigma_x$ will be mapped onto singular points of $\mathcal{f}_x$ by the mapping $v \mapsto Q_v(x, v)$.

---

[5] Cf. Kronecker, Werke [1], Vol. 1, pp. 223–224.

We know from *2.1* that under assumption (A3) the mapping $\varphi : (x, v) \mapsto (x, y)$ defined by

$$x = x, \qquad y = Q_v(x, v),$$

can locally be inverted on a neighbourhood $\mathscr{U}$ of any line element $\ell_0 = (x_0, v_0)$ with $x_0 \in G$ and $v_0 \notin \Sigma_{x_0}$ (cf. *2.1*, Lemma 2); set $\mathscr{U}^* := \varphi(\mathscr{U})$.

Then we can define the local Hamiltonians $\Phi(x, y)$ and $H(x, y)$, $(x, y) \in \mathscr{U}^*$, corresponding to $Q(x, v)$ and $F(x, y)$, and we have for $(x, v) \in \mathscr{U}$, $(x, y) \in \mathscr{U}^*$ with $(x, y) = \varphi(x, v)$ the following relations:

$$Q(x, v) = \tfrac{1}{2}F^2(x, v) = \tfrac{1}{2}g_{ik}(x, v)v^i v^k,$$

$$\Phi(x, y) = \tfrac{1}{2}H^2(x, y) = \tfrac{1}{2}g^{ik}(x, y)y_i y_k,$$

(4)
$$F(x, v) = H(x, y), \qquad Q(x, v) = \Phi(x, y),$$

$$y_i = Q_{v^i}(x, v) = F(x, v)F_{v^i}(x, v) = g_{ik}(x, v)v^k,$$

$$v^i = \Phi_{y_i}(x, y) = H(x, y)H_{y_i}(x, y) = g^{ik}(x, y)y_k.$$

Fix now some $x \in G$ and some $v_0 \in \mathscr{I}_x - \Sigma_x$, and choose $x_0 = x$ in the formulas above. Moreover, set $\varphi_0 := \varphi(x, \cdot)$, $\psi_0 := \varphi_0^{-1}$, $\mathscr{U}_0 := \{v \in \mathbb{R}^N : (x, v) \in \mathscr{U}\}$, $\mathscr{U}_0^* := \{y \in \mathbb{R}_N : (x, y) \in \mathscr{U}^*\}$. Clearly we have

(5) $\varphi_0(v) = F_v(x, v)$ for $v \in \mathscr{I}_x$, $\psi_0(y) = H_y(x, y)$ for $y \in \mathscr{f}_x$.

Then, φ_0 maps $\mathscr{I}_x \cap \mathscr{U}_0$ one-to-one onto $\mathscr{f}_x \cap \mathscr{U}_0^*$ and, conversely, ψ_0 maps $\mathscr{f}_x \cap \mathscr{U}_0^*$ one-to-one onto $\mathscr{I}_x \cap \mathscr{U}_0$. If, in particular, F is elliptic on $G \times (\mathbb{R}^N - \{0\})$, then φ_0 maps the indicatrix $\mathscr{I}_x$ bijectively onto the figuratrix $\mathscr{f}_x$ and ψ_0 yields a bijection of $\mathscr{f}_x$ onto $\mathscr{I}_x$.

Using the results of *7,1.3*, we obtain the following:

If F is elliptic, then $F(x, \cdot)$ and $H(x, \cdot)$ are strictly convex functions on $\mathbb{R}^N$ and $\mathbb{R}_N$ respectively. Introducing the convex bodies

(6)
$$\mathscr{k}_x := \{v \in \mathbb{R}^N : F(x, v) \le 1\},$$

$$\mathscr{k}_x^* := \{y \in \mathbb{R}_N : H(x, y) \le 1\},$$

we infer that $\mathscr{k}_x^*$ is a polar body of $\mathscr{k}_x$ and vice versa. Moreover we have $\mathscr{I}_x = \partial \mathscr{k}_x$, $\mathscr{f}_x = \partial \mathscr{k}_x^*$, and $F(x, \cdot)$ is the distance function of $\mathscr{k}_x$ and the support function of $\mathscr{k}_x^*$, whereas $H(x, \cdot)$ is the distance function of $\mathscr{k}_x^*$ and the support function of $\mathscr{k}_x$. The mapping $\varphi_0 : \mathscr{I}_x \to \mathscr{f}_x$ is described by $y = F_v(x, v)$, and the mapping $\psi_0 : \mathscr{f}_x \to \mathscr{I}_x$ is given by $v = H_y(x, y)$.

Thus in the elliptic case we have the full reciprocity of the relations between indicatrix and figuratrix together with a beautiful geometric interpretation of a parametric Lagrangian $F(x, v)$ and its (global) Hamiltonian $H(x, y)$. We could use this interpretation to define the Hamiltonian $H(x, y)$ for a nonsmooth Lagrangian $F(x, v)$ which is convex with respect to v.

Let us return to the general situation where we only assume (A3) and therefore only have a local diffeomorphism

$$\varphi_0 : \mathscr{I}_x \cap \mathscr{U}_0 \to \mathscr{f}_x \cap \mathscr{U}_0^* \quad \text{if } v_0 \in \mathscr{I}_x - \Sigma_x .$$

Let $v \in \mathscr{I}_x \cap \mathscr{U}_0$ and $y = F_v(x, v) = \varphi_0(v) \in \mathscr{f}_x \cap \mathscr{U}_x^*$. Then the tangent plane Π_v to the indicatrix $\mathscr{I}_x$ at the point v is given by

$$\Pi_v = \{v' \in \mathbb{R}^N : y \cdot (v' - v) = 0\},$$

and the tangent plane Π_y^* to the figuratrix $\mathscr{f}_y$ at y is described by

$$\Pi_y^* = \{y' \in \mathbb{R}_N : v \cdot (y' - y) = 0\}.$$

Because of

$$1 = F(x, v) = v \cdot F_v(x, v) = v \cdot y, \qquad 1 = H(x, y) = y \cdot H_y(x, y) = y \cdot v,$$

we can write

(7)
$$\Pi_v = \{v' \in \mathbb{R}^N : y \cdot v' = 1\},$$
$$\Pi_y^* = \{y' \in \mathbb{R}_N : v \cdot y' = 1\},$$

and we have

(8)
$$y \cdot v = 1.$$

Let us now identify $\mathbb{R}^N$ and $\mathbb{R}_N$ in the standard way. Then we view v and its image $y = F_v(x, v)$ as points in $\mathbb{R}^N$, and Π_v, Π_y^* as hyperplanes in $\mathbb{R}^N$. We can interpret (7) and (8) by means of a duality map, the so-called *polarity with respect to the unit sphere* S^{N-1} of $\mathbb{R}^N$,

$$S^{N-1} = \{w \in \mathbb{R}^N : |w| = 1\}.$$

This polarity is a mapping $p \to E_p$ which associates with every point $p \in \mathbb{R}^N$, $p \neq 0$, a hyperplane E_p in $\mathbb{R}^N$ defined by

(9)
$$E_p := \{w \in \mathbb{R}^N : p \cdot w = 1\}.$$

Clearly the origin 0 is not contained in E_p. Conversely, for every hyperplane E with $0 \notin E$, there is exactly one point $p \in \mathbb{R}^N$ with $p \neq 0$ such that $E = E_p$ holds. With regard to this 1–1-mapping $p \mapsto E_p$, we call p a *pole* and E_p its *polar*.

The polarity $p \mapsto E_p$ has the following properties:

(i) Consider two poles $p, q \neq 0$ with the polars E_p and E_q. Then we have: $q \in E_p$ implies $p \in E_q$.

(ii) If $|p| = 1$, then E_p is the tangent plane to S^{N-1} at the point p.

(iii) If $|p| > 1$, then E_p intersects S^{N-1} in the set of coincidence of the tangent cone C_p to S^{N-1} with vertex at p.

Because of (i) we see the following: If the points $q_1, q_2, q_3, \ldots$ lie on the polar E_p to some point $p \neq 0$, then all their polars $E_{q_1}, E_{q_2}, E_{q_3}, \ldots$ pass through p. Relations (7) and (9) imply

(10)
$$\Pi_v = E_y, \qquad \Pi_y^* = E_v.$$

From (10) we want to derive a geometrical construction which derives $\mathscr{I}_x$ from $\mathscr{f}_x$ and vice versa. For this purpose *we assume that $\mathscr{I}_x$ is contained in the interior of* S^{N-1} (otherwise, we replace F by λF with some $0 < \lambda \ll 1$, and then we carry out the construction for λF instead of F). We derive from (iii) and (10) the following two *constructions* of Blaschke[6], provided that the mapping $\varphi_0 : \mathscr{I}_x \to \mathscr{f}_x$ is one-to-one:

---

[6] See Blaschke [1], pp. 34–35.

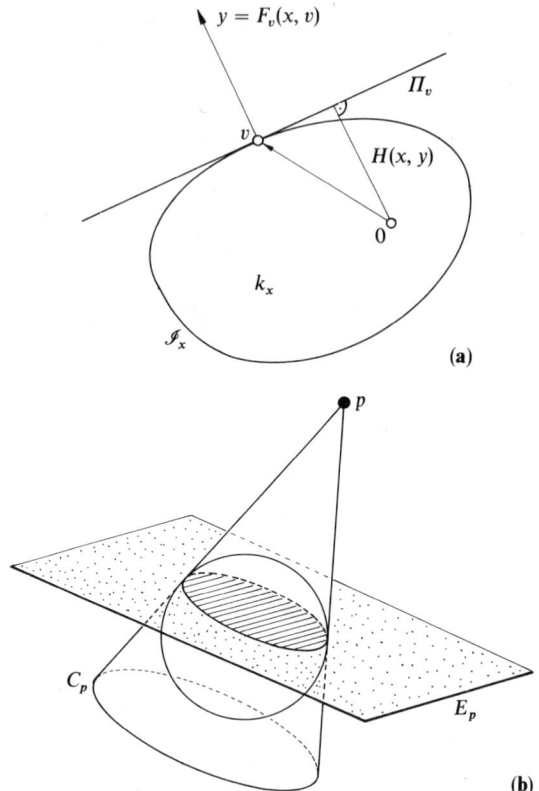

Fig. 7. (a) A convex indicatrix. (b) Pole p and polar E_p.

(I) $\mathscr{I}_x$ is the envelope of the polars E_y to the points $y \in \mathscr{f}_x$.

(II) $\mathscr{f}_x$ is the locus of all poles y whose polars E_y are the tangent planes to $\mathscr{I}_x$.

If $\Sigma_x \neq 0$, the situation is somewhat more complicated because then we only know that the mapping

$$v \mapsto y = F_v(x, v), \qquad v \in \mathscr{I}_x - \Sigma_x,$$

yields an immersion of $\mathscr{I} - \Sigma_x$. Therefore the constructions I and II will, in general, merely give the "nonsingular parts" of $\mathscr{I}_x$ and $\mathscr{f}_x$. But in many cases one will be able to recover $\mathscr{I}_x$ and $\mathscr{f}_x$ from their nonsingular parts by forming the closures; cf. Figures 8 and 9.

Let us now turn to a discussion of the excess function

(11) $$\mathscr{E}(x, v, v') := F(x, v') - F(x, v) - (v' - v) \cdot F_v(x, v),$$

which is defined for line elements $\ell = (x, v)$ and $\ell' = (x, v')$ with the same supporting point $x \in G$. By 1.1, (20) we have

(12) $$\mathscr{E}(x, v, v') = F(x, v') - v' \cdot F_v(x, v) = v' \cdot [F_v(x, v') - F_v(x, v)].$$

Clearly the homogeneity relation

(13) $$\mathscr{E}(x, \lambda v, \mu v') = \mu \mathscr{E}(x, v, v')$$

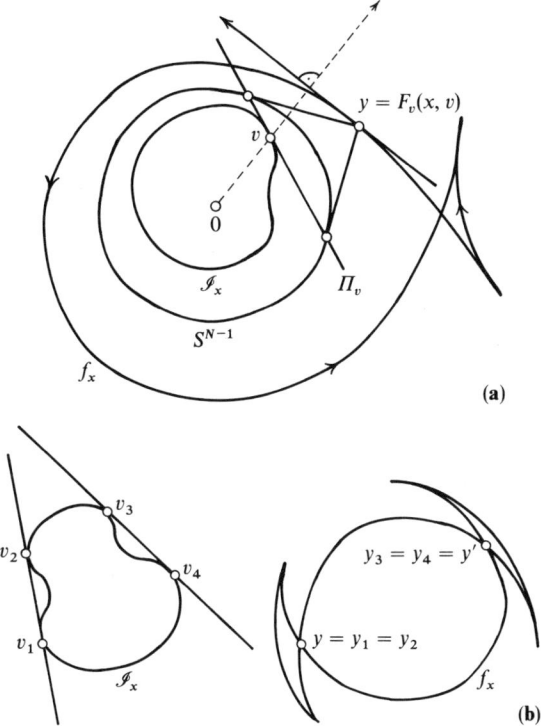

$y = F_v(x, v)$

$\mathcal{I}_x$ Π_v

S^{N-1}

f_x

(a)

v_3

v_2 v_4

$y_3 = y_4 = y'$

v_1 $y = y_1 = y_2$

$\mathcal{I}_x$ f_x

(b)

Fig. 8. (a) Construction of f_x from $\mathcal{I}_x$ by a polarity with respect to S^{N-1}. **(b)** Indicatrix and figuratrix in the nonconvex case. The double trangents Π and Π' of $\mathcal{I}_x$ correspond to double point y, y' of f_x. The mapping $\varphi_0 : \mathcal{I}_x \to f_x$ is not invertible.

holds for all $\lambda > 0$, $\mu > 0$. Hence for the discussion of the sign of $\mathcal{E}$ we can restrict ourselves to directions $v, v' \in \mathcal{I}_x$. Let

(14) $y = F_v(x, v), \qquad y' = F_v(x, v')$

be their image points on the figuratrix f_x under the gradient mapping $w \mapsto F_v(x, w)$. Then we can write (12) in the form

(15) $\mathcal{E}(x, v, v') = 1 - y \cdot v' = (y' - y) \cdot v'.$

Recall that

(16) $\Pi_v = \{v' \in \mathbb{R}^N : y \cdot v' = 1\}$

describes the tangent plane to $\mathcal{I}_x$ at the point $v \in \mathcal{I}_x$.

We then infer from (15) and (16) the following results:

Proposition 1. (i) *The condition*

(17) $\mathcal{E}(x, v, v') \geq 0 \quad for \ all \ v' \in \mathcal{I}_x$

means that the origin $v' = 0$ and the indicatrix $\mathcal{I}_x = \{v' : F(x, v') = 1\}$ lie in the same supporting halfspace $\Gamma_v := \{v' : y \cdot v' \leq 1\}$ bounded by Π_v. Moreover if

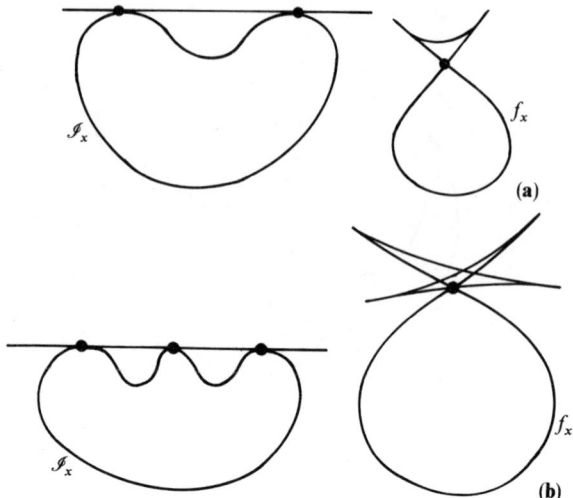

Fig. 9. (a) A double tangent to $\mathscr{I}_x$ corresponds to a double point of f_x. **(b)** A triple tangent to $\mathscr{I}_x$ corresponds to a triple point of f_x.

(18) $$\mathscr{E}(x, v, v') > 0 \quad \text{for all } v' \in \mathscr{I}_x \text{ with } v' \neq v,$$

then Π_v meets $\mathscr{I}_x$ only at v.

(ii) *The indicatrix $\mathscr{I}_x$ is convex if and only if*

$$\mathscr{E}(x, v, v') \geq 0 \quad \text{for all } v, v' \in \mathscr{I}_x.$$

(iii) *The indicatrix $\mathscr{I}_x$ is strictly convex if and only if*

$$\mathscr{E}(x, v, v') > 0 \quad \text{for all } v, v' \in \mathscr{I}_x \text{ with } v \neq v'.$$

Definition 3. *A line element* (x, v) *is said to be strong (for F) if it satisfies condition* (18). *It is said to be* semistrong *if it satisfies* (17) *but not* (18).[7]

Suppose that (x, v) is a semistrong line element for F, and $v \in \mathscr{I}_x$. Then there is some point $v' \in \mathscr{I}_x$ with $v' \neq v$ such that $\mathscr{E}(x, v, v') = 0$ and $\mathscr{E}(x, v, w) \geq 0$ for all $w \in \mathscr{I}_x$. The first relation yields

$$y \cdot v' = 1, \quad \text{or} \quad v' \in \Pi_v,$$

and the second implies that $\mathscr{I}_x$ lies in the halfspace $\{w: y \cdot w \leq 1\}$. Hence Π_v is tangent to $\mathscr{I}_x$ both in v and in v', i.e., $\Pi_v = \Pi_{v'}$, and therefore $y = y'$. In other words, if (x, v) is a semistrong line element for F and if $v \in \mathscr{I}_x$, then Π_v must at least be a double tangent plane for $\mathscr{I}_x$, and its image point $y = F_v(x, y)$ must be at least a double point of the figuratrix f_x, see Fig. 10.

In this situation also the point $v' \in \mathscr{I}_x$ is semistrong, and we have

(19) $$\mathscr{E}(x, v, w) = \mathscr{E}(x, v', w) \quad \text{for all } w \in \mathscr{I}_x.$$

We shall call (x, v) and (x, v') *coupled semistrong line elements.*

---

[7] The notion of a *strong line element* is classical and can, for instance, be found in Minkowski [1], pp. 218–219, and Carathéodory [10], p. 224. *Semistrong line elements* were discovered by Carathéodory [1], [2]; the notion was coined by Boerner [2], p. 216.

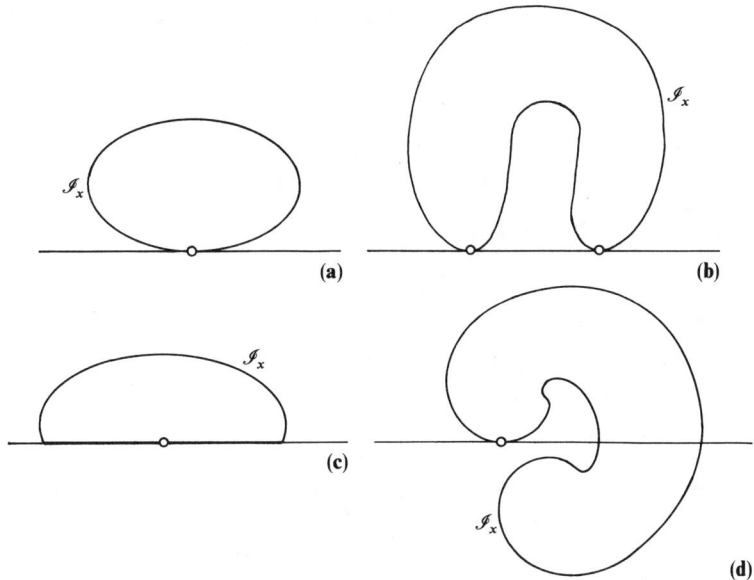

Fig. 10. The line element (x, v) is **(a)** strong; **(b)** semistrong but elliptic; **(c)** semistrong but singular; **(d)** neither strong nor semistrong but elliptic. (These are just four cases among many others.)

Let us now use $\mathscr{I}_x, \mathscr{f}_x$, and $\mathscr{E}$ to interpret some results of *1.1*, *1.3*, and *2.1* in a geometric way:

(i) Let $\ell = (x, v)$ be an arbitrary line element. Then $y = F_v(x, v)$ is perpendicular to the hyperplane P_x passing through x which is transversally intersected by ℓ. Thus the transversal hyperplane to $\ell = (x, v)$ is given by

$$P_x = \{z \in \mathbb{R}^N : y \cdot z = y \cdot x\}.$$

The plane P_x is parallel to the tangent plane Π_{v*} of the indicatrix $\mathscr{I}_x$ at the point $v^* = v/F(x, v)$ which is the intersection point of $\mathscr{I}_x$ with the ray emanating from 0 in direction of v. The point $y = F_v(x, v) = F_v(x, v^*)$ lies on $\mathscr{f}_x$ and can be obtained from v^* by Blaschke's construction (II).

(ii) Let $x(t)$, $t_1 \leq t \leq t_2$, be a weak D^1-extremal of $\mathscr{F}$ which is normalized by the condition

$$F(x(t), \dot{x}(t)) \equiv 1.$$

For any $\tau \in (t_1, t_2)$, we set

$$x := x(\tau), \qquad v^- := \dot{x}(\tau - 0), \qquad v^+ := \dot{x}(\tau + 0),$$

$$y^- := F_v(x, v^-), \qquad y^+ := F_v(x, v^+).$$

Then we have $v^-, v^+ \in \mathscr{I}_x$ and $y^-, y^+ \in \mathscr{f}_x$, and the corner condition implies

$$y^- = y^+.$$

Hence we obtain $v^- = v^+$ if the mapping

$$F_v(x, \cdot) : \mathscr{I}_x \to \mathscr{f}_x$$

is one-to-one, and this is the case if and only if $\mathscr{I}_x$ is strictly convex, that is, if and only if

$$(20) \qquad\qquad \mathscr{E}(x, v, v') > 0 \quad \text{for all } v, v' \in \mathscr{I}_x \text{ with } v \neq v'$$

holds true. In other words:

> If all line elements are strong with regard to F, or else if all indicatrices of F are strictly convex, then every weak D^1 – extremal of $\mathscr{F}$ must necessarily be of class C^1.

As we already know, the Lagrangian

$$(21) \qquad\qquad F(x, v) = \omega(x)|v| \quad \text{with } \omega(x) > 0$$

furnishes an example of a variational integrand with the property (20). In fact, if

$$ds^2 = g_{ik}(x)\, dx^i\, dx^k$$

denotes an arbitrary Riemannian line element and

$$(22) \qquad\qquad F(x, v) = \sqrt{g_{ik}(x)v^i v^k}$$

is the associated Lagrangian, then F satisfies (20). This is quickly proved by the following argument:
Let $\mathscr{E} = \mathscr{E}_F$ and $\mathscr{E}_Q$ be the excess functions of F and $Q = \frac{1}{2}F^2$ respectively. Since

$$\mathscr{E}_Q(x, v, w) = Q(x, w) - Q(x, v) - (w - v) \cdot Q_v(x, v),$$

we obtain for $v, w \in \mathscr{I}_x$ that

$$\mathscr{E}_Q(x, v, w) = (v - w) \cdot F_v(x, v) = 1 - w \cdot F_v(x, v) = w \cdot [F_v(x, w) - F_v(x, v)],$$

and by (12) we arrive at the general formula

$$(23) \qquad\qquad \mathscr{E}_Q(x, v, w) = \mathscr{E}_F(x, v, w) \quad \text{for all } v, w \in \mathscr{I}_x.$$

For the special Lagrangian (22) it follows that

$$\mathscr{E}_Q(x, v, w) = Q(x, w - v)$$

and therefore

$$(24) \qquad\qquad \mathscr{E}_F(x, v, w) = \frac{1}{2}g_{ik}(x)(w^i - v^i)(w^k - v^k) \quad \text{for all } v, w \in \mathscr{I}_x,$$

whence we infer that for $v, w \in \mathscr{I}_x$ the excess function $\mathscr{E}_F(x, v, w)$ vanishes if and only if $v = w$, and therefore $\mathscr{E}_F(x, v, w) > 0$ if $v \neq w$, $v, w \in \mathscr{I}_x$. Consequently *in Riemannian geometry there are no broken extremals.*

Let us return to the general case. We now drop the convexity assumption (20), and we only assume that all line elements $(x(t), \dot{x}(t))$ of the weak D^1-extremal $x(t)$ are strong, in particular for $t = \tau - 0$:

$$\mathscr{E}(x, v^-, w) > 0 \quad \text{for all } w \in \mathscr{I}_x \text{ with } w \neq v^-.$$

On the other hand, it follows from (15) that

$$(25) \qquad\qquad \mathscr{E}(x, v^-, v^+) = (y^+ - y^-) \cdot v^+,$$

whence

$$\mathscr{E}(x, v^-, v^+) = 0$$

as $y^- = y^+$, and therefore $v^- = v^+$, i.e., $\dot{x}(t)$ exists. Thus we obtain the following sharpening of our previous result:

> If all line elements of a weak D^1-extremal $x(t)$ are strong with regard to F, that is, if all indicatrices $\mathscr{I}_{x(t)}$, $t_1 \leq t \leq t_2$, lie in the same supporting halfspace $\Gamma_{\dot{x}(t)}$ as the origin $v = 0$, then $x(t)$ must be of class C^1 provided that $F(x, \dot{x}) = 1$ is assumed.

(iii) let $x(t)$ be a weak D^1-extremal with $F(x, \dot{x}) = 1$ whose line elements $(x, \dot{x})$ only satisfy

(26)
$$\mathscr{E}(x, \dot{x}, w) \geq 0 \quad \text{for all } w \in \mathscr{I}_x$$

instead of

(27)
$$\mathscr{E}(x, \dot{x}, w) > 0 \quad \text{for all } w \in \mathscr{I}_x \text{ with } w \neq \dot{x}.$$

Then $x(t)$ can be a discontinuous (i.e., broken) extremal. Let $x = x(\tau)$ be a corner point with the two one-sided tangent vectors $v^- := \dot{x}(\tau - 0)$ and $v^+ := \dot{x}(\tau + 0)$ satisfying $v^- \neq v^+$, and set $y^- := F_v(x, v^-)$, $y^+ := F_v(x, v^+)$. The corner condition yields $y^- = y^+$ and therefore

$$\mathscr{E}(x, v^-, v^+) = 0$$

because of (25). *Thus the indicatrix $\mathscr{I}_x$ has a double tangent plane Π touching $\mathscr{I}_x$ at v^- and v^+.* (Of course, Π could touch $\mathscr{I}_x$ in still other points.) Thus we can say:

The strict Weierstrass condition (27) *excludes broken extremals, whereas the weak Weierstrass condition* (26) *does allow them. In fact, two extremals $x_1(t)$, $t_1 \leq t \leq \tau$, and $x_2(t)$, $\tau \leq t \leq t_2$, satisfying* (26) *and $F(x_k, \dot{x}_k) = 1$, $k = 1, 2$, can be spliced to a broken extremal satisfying* (26) *provided that $x_1(\tau) = x_2(\tau) =: x$ and that $v^- := \dot{x}_1(\tau - 0)$, $v^+ := \dot{x}_2(\tau + 0)$ yield coupled semistrong line elements (x, v^-) and (x, v^+).*

(iv) Consider two points P_1 and P_2 in a domain G of $\mathbb{R}^N$ and let $x(t)$, $t_1 \leq t \leq t_2$, be a regular D^1-curve in G, satisfying $F(t(x), \dot{x}(t)) \equiv 1$ and $x(t_1) = P_1$, $x(t_2) = P_2$ such that x minimizes $\mathscr{F}$ among all D^1-curves in G having the same endpoints P_1 and P_2 as $x(t)$. Then we can derive the usual "necessary conditions" for $x(t)$ on every continuity interval of $\dot{x}(t)$, and we obtain that $x(t)$ *is a weak D^1-extremal of $\mathscr{F}$ and satisfies the weak Weierstrass condition* (26). Consequently we are in the situation described in (iii). That is, if $\dot{x}(t)$ does not exist, the elements $(x(t), \dot{x}(t + 0))$ and $(x(t), \dot{x}(t - 0))$ are different and form a pair of coupled semistrong line elements.

(v) If for fixed x all elements (x, v) are elliptic for F, then $\mathscr{I}_x$ is strictly convex whence $\mathscr{E}(x, v, w) > 0$ for all $v, w \in \mathscr{I}_x$ with $v \neq w$. Consequently we obtain: *if for fixed x all line elements (x, v) are elliptic, then they are also strong.*

Let us give a further proof of this fact. From (23) and from the definition of $\mathscr{E}_Q$, we obtain for $\mathscr{E} = \mathscr{E}_F$ the formula

$$\mathscr{E}(x, v, w) = Q(x, w) - Q(x, v) - (w - v) \cdot Q_v(x, v)$$

for arbitrary $v, w \in \mathscr{I}_x$, and Taylor's formula yields

$$\mathscr{E}(x, v, w) = \tfrac{1}{2} g_{ik}(x, v + \delta(w - v))(w^i - v^i)(w^k - v^k), \quad v, w \in \mathscr{I}_x,$$

for some $\delta \in (0, 1)$ provided that $(1 - \lambda)v + \lambda w \neq 0$ for all $\lambda \in [0, 1]$. Since $(g_{ik}(x, v))$ is positive definite for all $v \neq 0$, we infer that

$$\mathscr{E}(x, v, w) \geq 0 \quad \text{for all } v, w \in \mathscr{I}_x$$

and

$$\mathscr{E}(x, v, w) > 0 \quad \text{for all } v, w \in \mathscr{I}_x \text{ with } 0 < |v - w| \ll 1.$$

The first inequality shows that $\mathscr{I}_x$ is convex, and then the second one implies that $\mathscr{I}_x$ is strictly convex, or else that

$$\mathscr{E}(x, v, w) > 0 \quad \text{for all } v, w \in \mathscr{I}_x \text{ with } v \neq w,$$

on account of Proposition 1.

The situation is more complicated if F is indefinite, that is, if $F(x, v)$ changes its sign with varying v. Then it does not make sense to define the indicatrix $\mathscr{I}_x$ by the condition $F(x, v) = 1$. Instead we first define the figuratrix $\mathscr{f}_x$ as envelope of the hyperplanes

$$P_v := \{\eta \in \mathbb{R}_N : \eta \cdot v = F(x, v)\}.$$

On account of (7) this definition of f_x agrees with the previous one if $F(x, \cdot)$ is positive definite. Since

$$P_v = P_w \quad \text{if } w = \lambda v, \lambda > 0$$

we obtain f_x as envelope of all planes P_v with $|v| = 1$ and we have

$$P_v \neq P_w \quad \text{if } v \neq w, |v| = |w| = 1.$$

Set $f(\eta, v) := \eta \cdot v - F(x, v)$. Then the envelope of the planes P_v, $v \in S^{N-1}$, is defined as solution $\eta = \eta(v)$ of the equations

$$f(\eta, v) = 0, \qquad f_v(\eta, v) = 0, \qquad v \in S^{N-1},$$

or equivalently

$$\eta \cdot v = F(x, v), \quad \eta = F_v(x, v), \qquad v \in S^{N-1}$$

since $F(x, v) = v \cdot F_v(x, v)$. Thus we obtain as equivalent definition of the figuratrix:

$$(28) \qquad f_x = \{y \in \mathbb{R}_N : y = F_v(x, v), v \in S^{N-1}\}.$$

The tangent plane of f_x at $y = F_v(x, v)$, $|v| = 1$, is the plane P_v whose pole w at the unit sphere S^{N-1} is given by

$$w = v/F(x, v).$$

Then the set

$$(29) \qquad \mathscr{I}_x := \{w \colon w = v/F(x, v), v \in \mathbb{R}^N\}$$

will be called indicatrix. For $F(x, v) > 0$ this definition of $\mathscr{I}_x$ coincides with our original one.

We shall end our discussion by some remarks on the excess function in the case that F is positive definite. Choose $v, w \in \mathscr{I}_x$ and set $y := F_v(x, v)$. Then

$$1 = F(x, v) = v \cdot F_v(x, v) = y \cdot v,$$

and (15) yields

$$(30) \qquad \mathscr{E}(x, v, w) = 1 - y \cdot w = y \cdot (v - w), \quad v, w \in \mathscr{I}_x.$$

If w and 0 lie on the same side of Π_v (which is satisfied if $\mathscr{E} \geq 0$) we obtain

$$(31) \qquad \mathscr{E}(x, v, w) = \frac{y \cdot (v - w)}{y \cdot (v - 0)} = \frac{\text{dist}(w, \Pi_v)}{\text{dist}(0, \Pi_v)}, \quad v, w \in \mathscr{I}_x,$$

that is, $\mathscr{E}(x, v, w)$ is the quotient of the distances of the two points 0 and w from the tangent plane Π_v to $\mathscr{I}_x$ at v (see Fig. 11). This is Carathéodory's geometric interpretation of the excess function.

If $F(x, v)$ is elliptic for all directions v, we can introduce an angle $\alpha(v, w)$ between two directions v, w at x by

$$(32) \qquad \cos \alpha := \frac{g_{ik}(x, v) v^i w^k}{\sqrt{g_{ik}(x, v) v^i v^k} \sqrt{g_{ik}(x, w) w^i w^k}} = \frac{g_{ik}(x, v) v^i w^k}{F(x, v) F(x, w)}.$$

As $y := Q_v(x, v) = F(x, v) F_v(x, v) = g_{ik}(x, v) v^i$, we obtain

$$(33) \qquad \cos \alpha = \frac{y \cdot w}{F(x, w)} \quad \text{if } v \in \mathscr{I}_x,$$

and the identity

$$\mathscr{E}(x, v, w) = F(x, w) - w \cdot F_v(x, v)$$

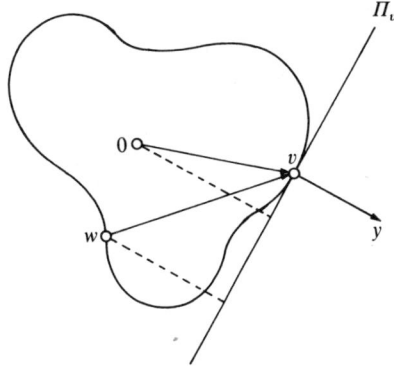

Fig. 11.

implies

(34) $\mathscr{E}(x, v, w) = F(x, w) \cdot [1 - \cos \alpha(v, w)]$ if $v \in \mathscr{I}_x$.

This formula generalizes relation (11″) of *1.3*. Note that in general $\alpha(v, w) \neq \alpha(w, v)$, that is, the definition of the angle $\alpha(v, w)$ between v and w will not be symmetric, except for special cases such as

$$F(x, v) = \omega(x)|v|$$

or for a general Riemannian metric

$$F(x, v) = \sqrt{g_{ik}(x)v^i v^k}.$$

3. Field Theory for Parametric Integrals

The theory of parametric variational problems and in particular the corresponding field theory was developed by Weierstrass in order to tackle minimum problems in geometry. Only in the parametric form geometric questions can be treated in sufficient generality. The problem of geodesics in Riemannian geometry is a special chapter in the general theory of parametric variational problems. It is one of the most beautiful geometric topics, for which special techniques were developed which cannot be presented in our treatise[8]; only a few basic facts will be described in Section 4.

In the present section we shall outline the main ideas of field theory for parametric variational integrals, parallel to our discussion for nonparametric

---

[8] For an adequate presentation of this topic we refer the reader for instance to Gromoll–Klingenberg–Mayer [1], Kobayashi–Nomizu [1], or Cheeger–Ebin [1].

integrals in Chapter 6. First we follow Carathéodory's approach to field theory which will directly lead us to the notions of a *Mayer field* and of its *eikonal*. We shall see that the direction field $\psi(x)$ of a Mayer field is connected with the eikonal $S(x)$ by means of the *Carathéodory equations*

$$\operatorname{grad} S = F_v(\cdot, \Psi).$$

Moreover an extremal field with the direction Ψ on a (simply connected) domain is a Mayer field if and only if the integrability conditions

$$D_i F_{v^k}(\cdot, \Psi) = D_k F_{v^i}(\cdot, \Psi)$$

are satisfied, which is equivalent to the fact that the Lagrange brackets are zero. Then we derive *Weierstrass's representation formula* and obtain a sufficient condition for an extremal to be a minimizer. This result suggests the notions of a *Weierstrass field* and an *optimal field*. Finally we discuss in *3.1* Kneser's *transversality theorem* and the notion of normal coordinates (geodesic polar coordinates). This leads to a duality relation between the field lines of a Mayer field and the level surfaces of the corresponding eikonal, reflecting old ideas of Newton and Huygens comprised in Huygens's envelope construction which is discussed in *3.4*.

Applying the canonical formalism for parametric integrals developed in *2.1* we shall state in *3.2* the principal facts on Mayer fields in the canonical setting. In particular we shall derive the *eikonal equation*

$$H(x, S_x(x)) = 1$$

for the eikonals S of parametric Mayer fields. The eikonal equation turns out to be equivalent to the Carathéodory equations.

In *3.3*, the most important part of Section 3, we derive *sufficient conditions* for parametric extremals to be minimizers. Furthermore we study a very useful geometric tool, the so-called *exponential mapping* associated with a parametric Lagrangian. This map is generated by the stigmatic F-bundles.

3.1. Mayer Fields and their Eikonals

The guiding idea of Weierstrass's treatment of variational problems as well as of Hamilton's approach to geometrical optics is to consider *bundles of extremals* which cover a domain in the configuration space simply, and not to work with just an isolated extremal. In the calculus of variations such bundles are denoted as *fields* (although the term *fibre bundle* would better correspond to present-day terminology).

To give a precise definition let us consider a simply connected domain G in the *configuration space* $\mathbb{R}^N$ ($= x$-space) and a family of curves in G given by

$$(1) \qquad\qquad x = X(t, \alpha), \quad t \in I(\alpha), \qquad \alpha \in A.$$

We assume that the parameters $\alpha = (\alpha^1, \ldots, \alpha^{N-1})$ vary in an open parameter set $A \subset \mathbb{R}^{N-1}$ and that $I(\alpha)$ are intervals on the real axis. Moreover we suppose that

(2) $$\Gamma := \{(t, \alpha): \alpha \in A, t \in I(\alpha)\}$$

is a simply connected domain in $\mathbb{R} \times \mathbb{R}^{N-1} \cong \mathbb{R}^N$.

As in Chapter 6 it will be advantageous in certain situations to modify the definition of Γ by adding parts of the domain (2) to Γ. In other words, the domain (2) is our model case which in other cases is to be adjusted to the corresponding geometric situation.

Now we interpret the $(N-1)$-parameter family of curves (1) as a mapping $X : \Gamma \to G$ from Γ into the configuration space.

Definition 1. *If such a mapping $X : \Gamma \to G$ provides a C^2-diffeomorphism of Γ onto G, it is called a* field *on G.*

Note that the t-derivative $\dot{X}(t, \alpha)$ does not vanish for any $(t, \alpha) \in \Gamma$ if X is a field on G. Hence all field curves are regular curves, and through every point $x \in G$ passes exactly one field curve $X(\cdot, \alpha)$. Let us write the inverse $X^{-1} : G \to \Gamma$ of X as $X^{-1}(x) = (\tau(x), a(x))$, i.e. the inverse of the formula $x = X(t, \alpha)$ be expressed by

(3) $$t = \tau(x), \qquad \alpha = a(x), \qquad x \in G.$$

Then

(4) $$\Psi(x) := \dot{X}(\tau(x), a(x)), \quad x \in G,$$

is the direction of the field curve $X(\cdot, \alpha)$ passing through x. We call $\Psi(x)$, $x \in G$, the *direction field* of the field $X : \Gamma \to G$, and the mapping $\psi : G \to \mathbb{R}^N \times \mathbb{R}^N$ from G into the *phase space* $\mathbb{R}^N \times \mathbb{R}^N$ defined by

(4') $$\psi(x) := (x, \Psi(x)), \quad x \in G,$$

is called the *full direction field of X*. Note that

$$\Psi(x) \neq 0 \quad \text{for all } x \in G,$$

i.e. the directions Ψ of a field $X : \Gamma \to G$ form a nonsingular vector field on G. All field curves $X(t, \alpha)$, $t \in I(\alpha)$, are solutions of a differential equation

(5) $$\dot{X} = \Psi(X).$$

From (5) we can recover the whole curve $X(t, \alpha)$, $t \in I(\alpha)$, by solving a suitable initial value problem.

We also note that Ψ and ψ are at least of class C^1.

Later on we shall also consider fields with singularities such as bundles of curves emanating form a fixed point ("stigmatic fields"), but presently a field is always a diffeomorphic deformation of an $(N-1)$-parameter family of parallel lines.

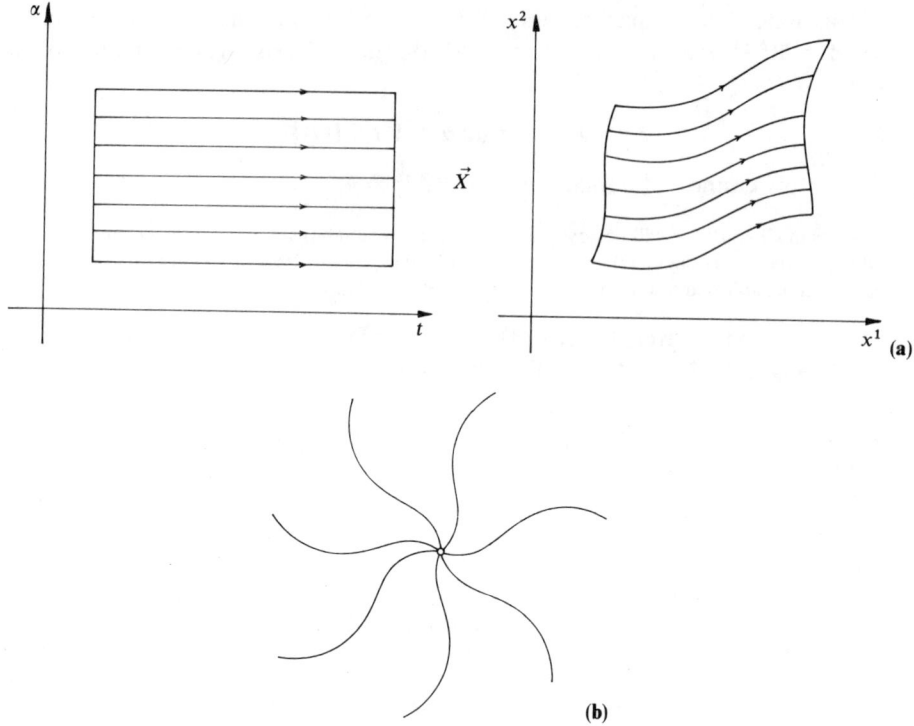

Fig. 12. (a) A field in $\mathbb{R}^2$. **(b)** A singular (stigmatic) field in $\mathbb{R}^2$.

Definition 2. *Two fields* $X : \Gamma \to G$ *and* $X^* : \Gamma^* \to G$ *on* G *are called* equivalent, $X \sim X^*$, *if there is a function* $\rho(x) > 0$ *on* G *with* $\rho \in C^1(G)$ *such that* $\Psi^*(x) = \rho(x)\,\Psi(x)$ *for all* $x \in G$ *holds true.*

Geometrically speaking equivalent fields are just different parametrizations of the same line bundle covering G defining the same orientation on each line. In other words the fields X and X^* are equivalent if and only if there is a C^2-diffeomorphism of Γ^* onto Γ which is of the form $t = f(t^*, \alpha^*)$, $\alpha = g(\alpha^*)$, $\alpha^* \in A^*, t^* \in I^*(\alpha^*)$ such that $\dfrac{\partial f}{\partial t^*} > 0$ and $X^*(t^*, \alpha^*) = X(f^*(t^*, \alpha^*), g(\alpha^*))$. The simple proof of this fact is left to the reader.

It is reasonable to choose representations of the field curves which are normalized in a suitable way. This amounts to a normalization of the length of the field directions $\Psi(x)$. For instance, by arranging for $|\Psi(x)| = 1$ we obtain representations of the field lines in terms of the parameter of the arc length. If $F(x, v)$ is a positive definite parametric Lagrangian on $G \times \mathbb{R}^N$, then the normalization

$$(6) \qquad\qquad F(x, \Psi(x)) = 1 \quad \text{for } x \in G$$

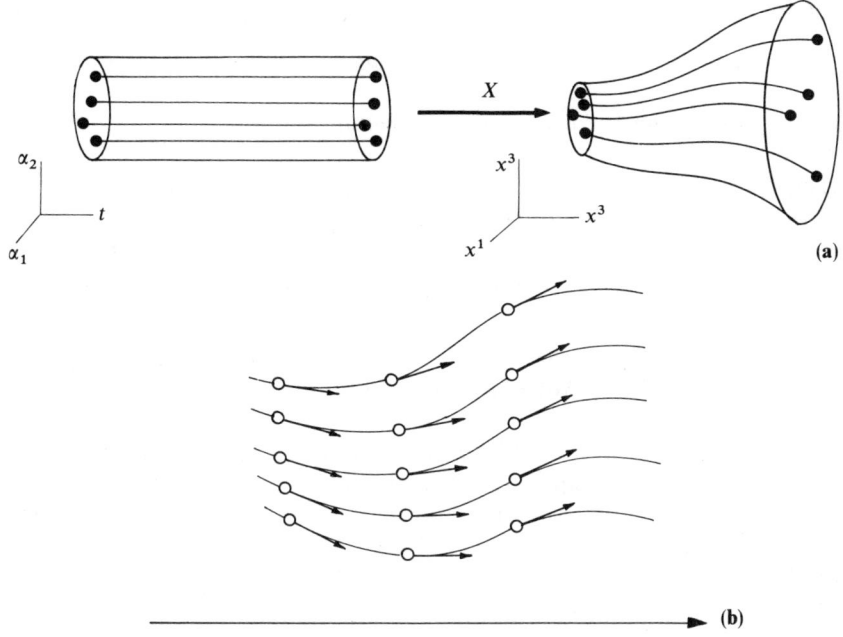

Fig. 13. (a) A field in $\mathbb{R}^3$. (b) Direction field of a field of curves.

is more preferable. In this case X is called a *normal field* on G. If $F \in C^1$, then normal fields with the field direction Ψ can equivalently be characterized by the condition

(6')
$$F_v(x, \Psi(x)) \cdot \Psi(x) = 1 \quad \text{for all } x \in G.$$

In order to be able to work with normal fields we want to restrict the following discussion to positive definite Lagrangians. Thus *we assume in the sequel that $F(x, v)$ satisfies assumption* (A3) *stated in 2.4.* For such parametric Lagrangians we now want to carry out *Carathéodory's construction* (cf. 6,1.2 for the nonparametric case).

Let $X : \Gamma \to G$ be some field on G with direction Ψ. We want to find a scalar function $S(x)$ of class $C^2(G)$ such that the modified Lagrangian

(7)
$$F^*(x, v) := F(x, v) - v \cdot S_x(x)$$

satisfies for all $x \in G$:

(8)
$$F^*(x, v) = 0 \quad \text{if } (x, v) \sim (x, \Psi(x)),$$
$$F^*(x, v) > 0, \text{ otherwise}.$$

A necessary condition for (8) is the equation

$$F_v^*(x, \Psi(x)) = 0$$

or, equivalently,

$$(9) \qquad\qquad S_x(x) = F_v(x, \Psi(x)).$$

We call (9) the *parametric Carathéodory equation*.[9]

Definition 3. *A C^2-field X on G with direction Ψ is called a* Mayer field *on G (with respect to the Lagrangian F) if there is a function $S \in C^2(G)$ such that the pair S, Ψ is a solution of the parametric Carathéodory equation (9). The function S is called* eikonal, *or* distance function *of the Mayer field X.*

The following properties of Mayer fields are evident or easily proved:

(i) The eikonal S of a Mayer field is uniquely determined up to an additive constant.

(ii) If $X \sim X^*$, then X is a Mayer field if and only if X^* is a Mayer field.

(iii) If X and X^* are equivalent Mayer fields on G with the eikonals S and S^*, then there is a C^2-function $f(\theta)$ of a real variable θ, such that $f'(\theta) > 0$ and $S^* = f \circ S$. Conversely, if S is an eikonal and $f' > 0$, then also $S^* := f \circ S$ is an eikonal.

For the proof of (ii) and (iii) we note that $F_v(x, \lambda v) = F_v(x, v)$ for all $\lambda > 0$.

Thus the notions of a Mayer field and of its eikonal S just depend on the equivalence classes and not on the single fields.

Proposition 1. *If X is a Mayer field on G with the direction Ψ and the eikonal S, then we have*

$$(10) \qquad\qquad F(x, \Psi(x)) = \Psi(x) \cdot S_x(x) \quad \text{for all } x \in G,$$

and the excess function $\mathscr{E}$ of F satisfies

$$(11) \qquad\qquad \mathscr{E}(x, \Psi(x), v) = F(x, v) - v \cdot S_x(x) \quad \text{for } x \in G, v \neq 0.$$

Proof. Relation (10) follows from (9) and $F(x, v) = v \cdot F_v(x, v)$, and (11) is a consequence of

$$\mathscr{E}(x, \Psi(x), v) = F(x, v) - F(x, \Psi(x)) - [v - \Psi(x)] \cdot F_v(x, \Psi(x))$$

$$= F(x, v) - v \cdot F_v(x, \Psi(x)) = F(x, v) - v \cdot S_x(x). \qquad \square$$

Consider a Mayer field on G with the direction Ψ and the eikonal S and introduce the functional

---

[9] Bolza has denoted these equations as *Hamilton's formulae*; see Bolza [3], p. 256, formulas (148), and also pp. 308–310.

$$\mathcal{M}(x) := \int_{t_1}^{t_2} M(x(t), \dot{x}(t)) \, dt$$

for curves $x(t)$, $t \in I = [t_1, t_2]$, with $x(I) \subset G$ where we have set

(12) $$M(x, v) := v \cdot S_x(x).$$

Then (10) and (11) can be written as

(13) $$F(x, \Psi(x)) = M(x, \Psi(x)) \quad \text{for } x \in G,$$

(14) $$\mathcal{E}(x, \Psi(x), v) = F(x, v) - M(x, v) \quad \text{for } x \in G, \ v \neq 0,$$

and we have

$$M(x, \dot{x}) = \dot{x} \cdot S_x(x) = \frac{d}{dt} S(x).$$

This implies

(15) $$\mathcal{M}(x) = S(P_2) - S(P_1),$$

where $P_1 = x(t_1)$ and $P_2 = x(t_2)$ are the endpoints of a regular curve $x(t)$, $t \in I$. Thus $\mathcal{M}(x)$ only depends on P_1 and P_2; the functional $\mathcal{M}$ is called *Hilbert's independent integral*.

Let

$$\mathcal{F}(z) := \int_{t_1}^{t_2} F(z(t), \dot{z}(t)) \, dt$$

be the functional which is associated with the Lagrangian F. Then we obtain:

Proposition 2 (*Weierstrass's representation formula*). *Let* X *be a Mayer field on* G *with the direction field* Ψ *and let* $x(t)$, $t \in I$, *and* $z(t)$, $t \in I$, *be two regular curves of class* $C^1(I, \mathbb{R}^N)$, $I = [t_1, t_2]$, *with the properties* $x(I) \subset G$, $z(I) \subset G$, $\dot{x} = \Psi(x)$ *(i.e.,* $x(t)$ *fits in the field* X*),* $S(x(t_1)) = S(z(t_1))$, $S(x(t_2)) = S(z(t_2))$. *Then we have*

(16) $$\mathcal{F}(z) - \mathcal{F}(x) = \int_{t_1}^{t_2} \mathcal{E}(z, \Psi(z), \dot{z}) \, dt.$$

Proof. Since $\dot{x}(t) = \Psi(x(t))$, we infer from (13) and (15) that

$$\mathcal{F}(x) = \mathcal{M}(x) = \mathcal{M}(z),$$

whence

$$\mathcal{F}(z) - \mathcal{F}(x) = \mathcal{F}(z) - \mathcal{M}(z) = \int_{2_1}^{t_2} \mathcal{E}(z, \Psi(z), \dot{z}) \, dt,$$

on account of (14). □

Similarly to the nonparametric case we infer from Weierstrass's representation formula the following result: *Let $x : I \to G$ be a regular F-extremal and let $\mathscr{U}$ be an open neighbourhood of $x(I)$ in G. Then $x : I \to G$ minimizes $\mathscr{F}$ among all regular C^1-curves which lie in $\mathscr{U}$ and have the same endpoints as $x(t)$ provided that $x(t)$ can be embedded in a Mayer field on $\mathscr{U}$ and that the excess function of F is nonnegative.* Another formulation of this result is given in Theorem 1 below.

We can rephrase Proposition 2 as follows, taking the parameter invariance of $\mathscr{F}$ into account and admitting also Lipschitz continuous curves:

Proposition 3. *If $z(t), t_1 \leq t \leq t_2$, is a curve of class $\text{Lip}(I, \mathbb{R}^N)$ such that $\dot{z}(t) \neq 0$ and $z(t) \in G$ a.e. on I where G is a domain in $\mathbb{R}^N$ that is covered by some Mayer field having the eikonal S and the direction field Ψ, then we have*

$$(17) \qquad \mathscr{F}(z) = (\theta_2 - \theta_1) + \int_{t_1}^{t_2} \mathscr{E}(z, \Psi(z), \dot{z}) \, dt$$

if the endpoints $P_1 = z(t_1)$ and $P_2 = z(t_2)$ lie on the hypersurfaces $\Sigma_1 := \{x \in G : S(x) = \theta_1\}$ and $\Sigma_2 := \{x \in G : S(x) = \theta_2\}$ respectively.

If in particular $(z, \dot{z}) \sim (z, \Psi(z))$, then the integral on the right-hand side of (17) vanishes and we have

$$(18) \qquad \int_{t_1}^{t_2} F(z, \dot{z}) \, dt = \theta_2 - \theta_1 .$$

This formula is usually called *Kneser's transversality theorem.* According to Carathéodory's equation (9) $F_v(x, \Psi(x))$ is just the surface normal $(\text{grad } S)(x)$ to the hypersurface

$$\Sigma_\theta := \{x \in G : S(x) = \theta\}$$

at the point $x \in \Sigma_\theta$. Hence by the terminology of *1.1* the line element $(x, \Psi(x))$ with $x \in \Sigma_\theta$ is transversal to Σ_θ. That is, *the curves $x(\cdot, \alpha)$ of some Mayer field X on G meet the level surfaces Σ_θ of its eikonal S transversally.* Therefore one calls the surfaces Σ_θ the *transversal surfaces* (or *wave fronts*) of the Mayer field X. The field curves ("rays") $X(\cdot, \alpha)$ of X together with the transversal surfaces Σ_θ are said to be the *complete figure* generated by X. Kneser's transversality theorem then states that any two transversal surfaces Σ_1 and Σ_2 of some Mayer field excise from the field curves of X pieces $x(t)$, $t_1 \leq t \leq t_2$, of "equal length" $\int_{t_1}^{t_2} F(x(t), \dot{x}(t)) \, dt$.

Because of Schwarz's relation $S_{x^i x^k} = S_{x^k x^i}$ we can characterize Mayer fields as follows:

Proposition 4. *Let X be a field on G with the direction field $\Psi(x)$. Then the integrability conditions*

$$(19) \qquad \frac{\partial}{\partial x^i} F_{v^k}(x, \Psi(x)) = \frac{\partial}{\partial x^k} F_{v^i}(x, \Psi(x)), \quad i, k = 1, \dots, N,$$

are necessary and (since G is simply connected) sufficient for X to be a Mayer field.

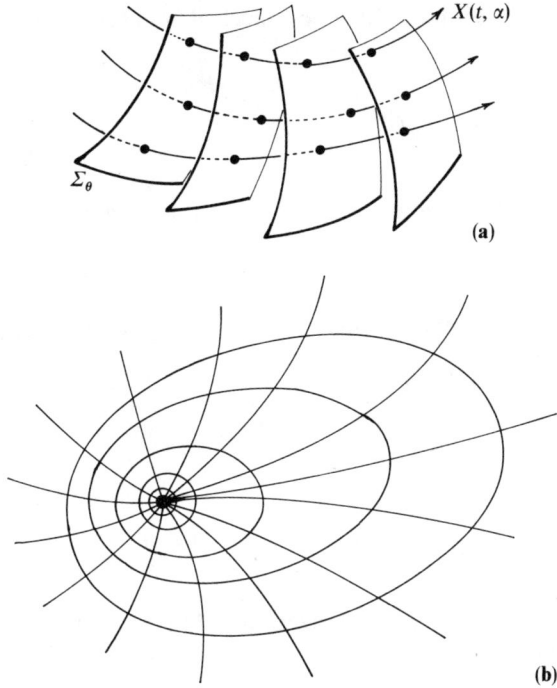

Fig. 14. (a) The complete figure of a Mayer field in $\mathbb{R}^3$. **(b)** The complete figure of a stigmatic Mayer field in $\mathbb{R}^2$.

We now claim that every Mayer field must be a field of extremals. In fact we have:

Proposition 5. *Let* $x(t)$, $t_1 \leq t \leq t_2$, *be a regular curve of class* $C^1(I, \mathbb{R}^N)$ *with* $x(I) \subset G$ *which fits in a Mayer field on* G *having the direction field* Ψ. *Then* $x(t)$ *is an extremal of the functional* $\mathscr{F}$.

Proof. In order to simplify the following formulas we want to agree upon that the superscript $^-$ will indicate compositions with Ψ such as

$$\bar{F}(x) := F(x, \Psi(x)), \qquad \bar{F}_{x^k}(x) := F_{x^k}(x, \Psi(x)),$$

$$\bar{F}_{v^k}(x) := F_{v^k}(x, \Psi(x)), \text{ etc.}$$

By Euler's relation we have

$$\bar{F} = \Psi^k \cdot \bar{F}_{v^k}.$$

Differentiating with respect to x^i, it follows that

$$\bar{F}_{x^i} + \bar{F}_{v^k} \Psi^k_{x^i} = \Psi^k_{x^i} \bar{F}_{v^k} + \Psi^k \frac{\partial}{\partial x^i} \bar{F}_{v^k}.$$

222 Chapter 8. Parametric Variational Integrals

The second and the third term can be cancelled, and (19) yields

$$\frac{\partial}{\partial x^i}\bar{F}_{v^k} = \frac{\partial}{\partial x^k}\bar{F}_{v^i}$$

whence we obtain

(20) $$\bar{F}_{x^i} = \Psi^k \frac{\partial}{\partial x^k}\bar{F}_{v^i} = \bar{F}_{v^i x^k}\Psi^k + \bar{F}_{v^i v^l}\Psi^l_{x^k}\Psi^k.$$

Since $x(t)$ fits into the field we have

$$\dot{x}^k(t) = \Psi^k(x(t)) \quad \text{and} \quad \ddot{x}^k(t) = \Psi^k_{x^m}(x(t))\Psi^m(x(t)).$$

Thus it follows from (20) that

$$F_{x^i}(x, \dot{x}) = F_{v^i x^k}(x, \dot{x})\dot{x}^k + F_{v^i v^l}(x, \dot{x})\ddot{x}^l$$

which means that

$$\frac{d}{dt}F_{v^i}(x, \dot{x}) - F_{x^i}(x, \dot{x}) = 0. \qquad \square$$

Next we shall derive a characterization of Mayer fields in terms of differential forms. Suppose that $\Psi(x)$ is the direction field of a field $X : \Gamma \to G$ on G, $\Psi \in C^1(G)$.

We introduce the *parametric Beltrami form*

(21) $$\gamma = F_{v^i}(x, v)\, dx^i \quad \text{on } G \times (\mathbb{R}^N\text{-}\{0\})$$

and its pull-back

(22) $$\psi^*\gamma = F_{v^i}(x, \Psi(x))\, dx^i,$$

with respect to the full direction field $\psi(x) = (x, \Psi(x))$. By virtue of Proposition 4 *the field X is a Mayer field if and only if*

(23) $$d(\psi^*\gamma) = 0.$$

Since X yields a diffeomorphism of Γ onto G and $\dot{X} = \Psi(X)$, this relation is equivalent to

(24) $$d(X^*(\psi^*\gamma)) = 0$$

where

(25) $$X^*(\psi^*\gamma) = F_{v^i}(X, \dot{X})\, dX^i.$$

Defining the *momentum* $Y(t)$ of the flow $X(t)$ by

(26) $$Y := F_v(X, \dot{X})$$

we have

(27) $$X^*(\psi^*\gamma) = Y_i\, dX^i.$$

Therefore X is a *Mayer field if and only if*

(28) $$dY_i \wedge dX^i = 0$$

and this is equivalent to

(29) $$[t, \alpha^i] = 0, \quad [\alpha^i, \alpha^k] = 0, \quad i, k = 1, \dots, N - 1$$

where $[t, \alpha^i]$ and $[\alpha^i, \alpha^k]$ denotes the *Lagrange brackets*

(30) $$[t, \alpha^i] := \dot{Y} \cdot X_{\alpha^i} - \dot{X} \cdot Y_{\alpha^i}, \quad [\alpha^i, \alpha^k] := Y_{\alpha^i} \cdot X_{\alpha^k} - X_{\alpha^i} \cdot Y_{\alpha^k}.$$

Suppose now that $X : \Gamma \to G$ is a normal field on G, i.e.

$$1 = F(X, \dot{X}) = Y_i \dot{X}^i.$$

Thus we obtain

$$0 = F_{x^i}(X, \dot{X}) X^i_{\alpha^k} + Y_i \dot{X}^i_{\alpha^k} = Y_{i, \alpha^k} \dot{X}^i + Y_i \dot{X}^i_{\alpha^k}$$

and therefore

(31) $$F_{x^i}(X, \dot{X}) X^i_{\alpha^k} - \dot{X}^i Y_{i, \alpha^k} = 0, \quad k = 1, \dots, N - 1.$$

Moreover if X is a normal field of extremals, we also have

(32) $$\dot{Y}_i = F_{x^i}(X, \dot{X})$$

which in conjunction with (31) implies that $[t, \alpha^k] = 0$. Thus *a normal field of extremals satisfies*

(33) $$[t, \alpha^k] = 0, \quad k = 1, \dots, N - 1,$$

and we arrive at

Proposition 6. *A normal field of extremals on G is a Mayer field if and only if its Lagrange brackets $[\alpha^i, \alpha^k]$, $1 \le i, k \le N - 1$, vanish identically.*

Corollary. *If $N = 2$, then every normal field of extremals is a Mayer field.*

Now we state another result on Lagrange brackets which is well known from the nonparametric theory.

Proposition 7. *Let $X(t, \alpha)$, $(t, \alpha) \in \Gamma$, be a normal field of extremals covering G, and be $Y(t, \alpha) = F_v(X(t, \alpha), \dot{X}(t, \alpha))$ its momentum flow. Then the Lagrange brackets $[\alpha^k, \alpha^l]$ of (X, Y) are independent of t.*

Proof. Since $[t, \alpha^k] = 0$ we have

$$dY_i \wedge dX^i = \sum_{(k, l)} [\alpha^k, \alpha^l] \, d\alpha^k \wedge d\alpha^l,$$

where the sum is to be taken over all pairs with $1 \le k < l \le N - 1$. From

$d(dY_i \wedge dX^i) = 0$ we now infer that

$$\frac{\partial}{\partial t}[\alpha^k, \alpha^l] = 0. \qquad \square$$

Note that this proof requires $F \in C^3$. If we only know $F \in C^2$, the proof is obtained by a more careful computation similarly to that in Chapter 6.

Combining Propositions 6 and 7 we arrive at the following *sufficient conditions for Mayer fields*:

Proposition 8. (i) *Let* $X : \Gamma \to G$ *be a normal field of extremals and let* $\mathscr{S}$ *be a regular* C^1*-surface in* G *which is transversally intersected by each of the field lines* $X(\cdot, \alpha)$. *Then* X *is a Mayer field.*

(ii) *Let* $X : \Gamma \to G$ *be a stigmatic bundle of extremals with the nodal point* P_0 *which is a field on* $G - \{P_0\}$ *and satisfies* $X \in C^2(\Gamma, \mathbb{R}^N)$ *and* $P_0 = X(\Gamma_0)$, $\Gamma_0 := \{0\} \times A$. *That is, we assume that* X *yields a diffeomorphism of* $\Gamma - \Gamma_0$ *onto* $G_0 := G - \{P_0\}$. *Then the restriction of* X *to* $\Gamma - \Gamma_0$ *is a Mayer field.*[10]

Later we shall prove that a stigmatic bundle of extremals emanating from P_0 automatically is a field on $\mathscr{U} - P_0$ where $\mathscr{U}$ is a sufficiently small neighbourhood of P_0 (see 3.3, Theorem 2). Note that such stigmatic fields are particularly important as they lead to so-called *normal coordinates* (also called *geodesic polar coordinates*). One says that $P \in G$ has normal coordinates ρ, v with respect to the center P_0 if the F-extremal $x(t)$ with $x(0) = P_0$ and $\dot{x}(0) = v$ satisfies $F(x(t), \dot{x}(t)) \equiv \rho$ and $x(1) = P$, i.e. ρ is the F-distance of P from P_0.

Let us now exploit Carathéodory's "Ansatz" (7) and (8) more thoroughly; so far we have only used the necessary condition

(34) $$F_v^*(x, \Psi(x)) = 0.$$

Consider the excess function

$$\mathscr{E}^*(x, u, v) = F^*(x, v) - F^*(x, u) - (v - u) \cdot F_v^*(x, u)$$

of F^*. Then (7), (8), and (34) imply that

$$\mathscr{E}^*(x, \Psi(x), v) > 0 \quad \text{if} \quad \frac{v}{|v|} \neq \frac{\Psi(x)}{|\Psi(x)|}.$$

Because of $\mathscr{E} = \mathscr{E}^*$ we obtain the strict Weierstrass condition

(35) $\mathscr{E}(x, \Psi(x), v) > 0$ if (x, v) and $(x, \Psi(x))$ are not equivalent line elements.

This motivates the following

Definition 4. *A Mayer field* X *on* G *with the direction field* Ψ *is called a*

---

[10] In this case we should drop the assumption that G_0 be simply connected.

Weierstrass field *on G provided that all of its line elements* $(x, \Psi(x))$ *are strong, i.e. if condition* (35) *is fulfilled.*

On account of Proposition 2 we obtain

Theorem 1. *If X is a Weierstrass field on G with the eikonal S and if* $x(t)$, $a \leq t \leq b$, *fits into the direction field of X, then, for any curve* $z \in \mathrm{Lip}([\alpha, \beta], \mathbb{R}^N)$ *satisfying* $z(t) \in G$ *for all* $t \in [\alpha, \beta]$ *and* $\dot{z}(t) \neq 0$ *a.e. on* $[\alpha, \beta]$ *and*

$$z(\alpha) = x(a), \qquad z(\beta) = x(b),$$

or more generally

$$S(z(\alpha)) = S(x(a)), \qquad S(z(\beta)) = S(x(b)),$$

we have $\mathscr{F}(z) > \mathscr{F}(x)$, *i.e.*

$$\int_\alpha^\beta F(z(t), \dot{z}(t)) \, dt > \int_a^b F(x(t), \dot{x}(t)) \, dt$$

provided that $z(t)$ *does not fit in the field X (i.e.* $\dot{z}(t) \neq \lambda \Psi(z(t))$ *for all* $\lambda > 0$ *on a set of t-values of positive measure.*

Definition 5. *A Mayer field on G with the eikonal S is called an* optimal field *if it has the following property: For every curve* $z \in \mathrm{Lip}([\alpha, \beta], \mathbb{R}^N)$ *with* $z(t) \in G$ *and* $\dot{z}(t) \neq 0$ *a.e. we have*

$$(36) \qquad \int_\alpha^\beta F(z, \dot{z}) \, dt \geq S(z(\beta)) - S(z(\alpha)),$$

and the equality sign holds if and only if $z(t)$ *fits in the field in the sense that a suitable reparametrization of z coincides with some piece of a field line.*

Then we can rephrase Theorem 1 as follows: *Every Weierstrass field is an optimal field.*

The converse is not necessarily true, but we have at least:

Proposition 9. *Let* $\Psi(x)$ *be the direction field of an optimal field on G. Then we obtain*

$$(37) \qquad \mathscr{E}(x, \Psi(x), v) \geq 0 \quad \text{for all } x \in G \text{ and } v \neq 0.$$

Proof. Let $x \in G$, $v \neq 0$, and choose a C^1-curve $z(t)$, $-\varepsilon \leq t \leq \varepsilon$, in G such that $z(0) = x$ and $\dot{z}(0) = v$. Then we infer from (36) that

$$\int_{-\varepsilon}^\varepsilon [F(z, \dot{z}) - \dot{z} \cdot \nabla S(z)] \, dt \geq 0 \quad \text{for } |t| \leq \varepsilon,$$

whence

$$\int_{-\varepsilon}^{\varepsilon} [F(z, \dot{z}) - \dot{z} \cdot F_v(z, \Psi(z))]\, dt \geq 0.$$

Since the integrand $[\ldots]$ is just $\mathscr{E}(z, \Psi(z), \dot{z})$ we arrive at

$$\oint_{-\varepsilon}^{\varepsilon} \mathscr{E}(z, \Psi(z), \dot{z})\, dt \geq 0$$

and $\varepsilon \to +0$ yields (37).   □

Remark. An essential assumption in our preceding discussion was that $F(x, v) > 0$ if $v \neq 0$. Sometimes we can achieve this property by adding a suitable null Lagrangian $M(x, v) = S_x(x) \cdot v$ to the given Lagrangian F if it is not positive definite. In fact, locally every Lagrangian can thus be transformed into a definite Lagrangian.

Precisely speaking we have the following result:

Proposition 10. *If the parametric Lagrangian $F(x, v)$ possesses a strong line element $\ell_0 = (x_0, v_0)$, then there exists a neighbourhood U of x_0 in $\mathbb{R}^N$ and a function $S \in C^\infty(U)$ such that the "equivalent" Lagrangian*

$$F^*(x, v) := F(x, v) + v \cdot S_x(x)$$

is positive definite on $U \times \mathbb{R}^N$.

Proof. We assume that the strong line element (x_0, v_0) is normalized by $|v_0| = 1$. Then we have

$$\mathscr{E}(x_0, v_0, v) = F(x_0, v) - v \cdot F_v(x_0, v_0) > 0$$

for all $v \neq v_0$ with $|v| = 1$. Consequently the function $\mathscr{E}(x_0, v_0, v)$ assume a positive minimum m on the set

$$\{v \in \mathbb{R}^N \colon |v| = 1,\ v \cdot v_0 \leq 1/2\}.$$

We set

$$a := \frac{m}{2} v_0 - F_v(x_0, v_0)$$

and

$$F^*(x, v) := F(x, v) + a \cdot v.$$

Then it follows that

$$F^*(x_0, v) = \mathscr{E}(x_0, v_0, v) + \frac{m}{2} v \cdot v_0.$$

Let $|v| = 1$. For $v \cdot v_0 \geq 1/2$ we have $F^*(x, v) \geq m/4$, and for $v \cdot v_0 \leq 1/2$ we obtain

$$F^*(x_0, v) \geq m - m/2 = m/2$$

and consequently

$$F^*(x_0, v) \geq \frac{m}{4} \quad \text{for all } v \text{ with } |v| = 1.$$

By continuity, there is an $\varepsilon > 0$ such that

$$F^*(x, v) \geq \frac{m}{8}|v| \quad \text{for all } x \text{ with } |x - x_0| < \varepsilon \text{ and for all } v.$$

Hence, choosing $S(x) := a \cdot x$, the assertion is proved. $\qquad\qquad\square$

Motivated by Propositions 6–8 we shall finally define *Mayer bundles* of extremals in the parametric theory as follows.

Definition 6. *An $(N - 1)$-parameter bundle $X : \Gamma \to \mathbb{R}^N$ of normal extremals $X(\cdot, \alpha)$ is said to be a Mayer bundle if its Lagrange brackets $[\alpha^i, \alpha^k]$ vanish identically, i.e. if $\quad d\{F_{v^i}(X, \dot{X}) \, dx^i\} = 0$.*

We shall use this notion in *3.4*.

3.2. Canonical Description of Mayer Fields

We now want to characterize Mayer fields by the canonical formalism developed in *2.1*. We shall restrict our considerations to the case where F is positive definite and elliptic. *More precisely we require*

Assumption (A4).
   (i) *F is of class $C^0(G \times \mathbb{R}^N) \cap C^2(G \times (\mathbb{R}^N - \{0\}))$ and satisfies*

$$F(x, \lambda v) = \lambda F(x, v) \text{ for } \lambda > 0 \text{ and } (x, v) \in G \times \mathbb{R}^N.$$

   (ii) *$F(x, v) > 0$ for $(x, v) \in G \times \mathbb{R}^N$, $v \neq 0$.*
   (iii) *For all line elements (x, v) with $x \in G$ we have*

$$g_{ik}(x, v)\xi^i\xi^k > 0 \quad \text{for all } \xi \in \mathbb{R}^N - \{0\}.$$

In (iii), $g_{ik}(x, v)$ is defined as previously by

$$g_{ik}(x, v) := Q_{v^i v^k}(x, v),$$

where

$$Q(x, v) := \tfrac{1}{2}F^2(x, v)$$

is the *quadratic Lagrangian* associated with F.
   Thus we are in the pleasant situation described in Proposition 2 of *2.1*: The mapping

$$(x, v) \mapsto \varphi(x, v) = (x, y) = (x, Q_v(x, v))$$

of $G \times (\mathbb{R}^N - \{0\})$ onto $G \times (\mathbb{R}_N - \{0\})$ is bijective, and we have

(1) $$H(x, F_v(x, v)) = 1,$$

where $H(x, y)$ is the Hamiltonian corresponding to $F(x, v)$, which satisfies

(2) $H(x, y) = F(x, v)$ for $y = Q_v(x, v) = F(x, v)F_v(x, v).$

Consider now a field X on G with the direction field $\Psi(x)$ and the full direction field $\psi(x) = (x, \Psi(x))$. Then we introduce the *codirection field* $\Lambda(x)$ and the *full codirection field* $\lambda(x) = (x, \Lambda(x))$ by

(3) $\Lambda := F_v \circ \psi,$

that is

(3′) $\Lambda(x) := F_v(x, \Psi(x)).$

Then the Carathéodory equations *3.1*, (9) read as

(4) $S_x(x) = \Lambda(x)$

or equivalently as

(4′) $dS = \Lambda_i \, dx^i,$

and this can be written as

(4″) $dS = \lambda^* \kappa,$

where κ denotes the *parametric Cartan form* defined by

(5) $\kappa := y_i \, dx^i.$

Hilbert's independent integral $\mathcal{M}(z)$ along any curve $z : [t_1, t_2] \to G$ with endpoints $P_1 := z(t_1)$ and $P_2 := z(t_2)$ is given by

$$\mathcal{M}(z) = \int_z \lambda^* \kappa = \int_{P_1}^{P_2} \Lambda(z) \cdot dz,$$

i.e.

$$\mathcal{M}(z) = \int_{t_1}^{t_2} \Lambda_l(z)\dot{z}^l \, dt.$$

From (1) and (4) we deduce the *parametric Hamilton–Jacobi equation*

(6) $H(x, S_x(x)) = 1.$

In geometrical optics this equation is often called *eikonal equation*.

$\boxed{1}$ If $F(x, v) = |v|$, then $H(x, y) = |y|$, and the eikonal equation reduces to

$$|\nabla S| = 1.$$

$\boxed{2}$ If $ds = (g_{ik}(x) \, dx^i \, dx^k)^{1/2}$ denotes a Riemannian line element, then the corresponding Lagrangian is $F(x, v) = (g_{ik}(x)v^i v^k)^{1/2}$, and the associated Hamiltonian is given by $H(x, y) = (g^{ik}(x)y_i y_k)^{1/2}$. Thus the eikonal equation is equivalent to

$$g^{ik}(x)S_{x^i}S_{x^k} = 1.$$

Because of $H^2(x, y) = g^{ik}(x, y)y_i y_k$ we can write the general eikonal equation (6) in the form

(6′) $g^{ik}(x, \nabla S(x)) \, S_{x^i}(x)S_{x^k}(x) = 1.$

If $S \in C^2(G)$ is a solution of (6) in G, then the vector field $\Psi(x)$ defined

(7) $$\Psi(x) := H_y(x, S_x(x))$$

satisfies

(8) $$F(x, \Psi(x)) = 1$$

and therefore also (4) (see *2.1*, Proposition 1). Therefore, by integrating

(9) $$\dot{X} = \Psi(X),$$

with respect to suitable initial value conditions we obtain a normal Mayer field.
   Summarizing the preceding results we can formulate

Proposition 1. (i) *The eikonal $S(x)$ of a Mayer field satisfies the eikonal equation* (6).

   (ii) *If $S(x)$ is a C^2-solution of the eikonal equation* (6) *in G, and if $X(t, \alpha)$ is an $(N-1)$-parameter family of solution of the system of ordinary differential equations*

$$\dot{X} = H_y(X, S_x(X))$$

defining a field $X : \Gamma \to G$ on G, then X is a normal Mayer field on G and $S(x)$ is its eikonal.

   The results of *3.2* can now be stated as follows.

Proposition 2. *Any one-parameter family of F-equidistant surfaces in the domain $G \subset \mathbb{R}^N$ can be obtained as family of level surfaces of a solution $S \in C^2(G)$ of the eikonal equation* (6) *in G. In particular one-parameter families of equidistant surfaces are just the level surfaces of solutions S of the "ordinary" eikonal equation*

$$|S_x(x)| = 1 \quad \text{in } G.$$

3.3. Sufficient Conditions

We now want to derive sufficient conditions for parametric variational problems, i.e. conditions which guarantee that an extremal of a parametric Lagrangian $F(x, v)$ is in fact a minimizer of the corresponding parametric integral $\mathscr{F}$. Analogously to Chapter 6 such conditions can be obtained by embedding a given extremal in a parametric Mayer field and then applying the results of *3.1* and *3.2*. However, there is a somewhat simpler approach to sufficient conditions for parametric extremals which uses the *quadratic Lagrangian $Q(x, v)$ associated with $F(x, v)$* and the corresponding variational integral $\mathscr{Q}$. Namely, exploiting the fact that a normal F-extremal is also a Q-extremal we can try to embed such an extremal in a nonparametric Mayer field corresponding to Q and to apply the nonparametric field theory of Chapter 6. This method will be described first.

ASSUMPTION (A4′) *For the following we require that the parametric Lagrangian F satisfy Assumption* (A4) *of 3.2 and be of class* C^3 *on* $G \times (\mathbb{R}^N - \{0\})$.

Then the quadratic Lagrangian

(1) $$Q(x, v) = \tfrac{1}{2}F^2(x, v)$$

is elliptic on all line elements $(x, v) \in G \times (\mathbb{R}^N - \{0\})$, i.e.

(2) $$Q_{v^i v^k}(x, v)\xi^i \xi^k > 0 \quad \text{for all } \xi \in \mathbb{R}^N - \{0\};$$

see also Theorem 1 of *2.3*. By Proposition 2 of *2.1* we know that every regular Q-extremal $x(t)$ is an F-extremal satisfying

(3) $$F(x(t), \dot{x}(t)) \equiv \text{const} > 0,$$

and conversely every F-extremal $x(t)$ with (3) is also a Q-extremal.

In the sequel we have to distinguish between *Q-Mayer fields* and *F-Mayer fields*, i.e. between Mayer fields for the nonparametric Lagrangian Q in the sense of *6,1.1* and Mayer fields for the parametric Lagrangian F in the sense of *3.1*. Similarly we shall use Q- and F-Mayer bundles in the nonparametric and the parametric sense respectively.

If nothing else is stated, minimizers $x(t)$, $a \le t \le b$, are meant to be minimizers with respect to curves within G which have the same initial point $P_1 := x(a)$ and the same endpoint $P_2 := x(b)$ as $x(t)$. Note that the parameter interval $I = [a, b]$ is not fixed if we deal with the parametric integral

$$\mathscr{F}(x) := \int_a^b F(x(t), \dot{x}(t))\, dt.$$

However, when dealing with the quadratic functional

$$\mathscr{Q}(x) := \int_a^b Q(x(t), \dot{x}(t))\, dt,$$

the choice of I often has a specific meaning. As we want to compare the values of $\mathscr{F}$ and $\mathscr{Q}$ on specific curves we shall assume without loss of generality that all curves $x : I \to \mathbb{R}^N$ are parametrized on the unit interval $I = [0, 1]$. A regular D^1-curve $x(t)$ will be called *quasinormal* if it satisfies (3). For any regular curve $x(t)$, $a \le t \le b$, there is a parameter transformation $\tau : [0, 1] \to [a, b]$ such that $x \circ \tau : [0, 1] \to \mathbb{R}^N$ is quasinormal. (Note that we can work with normal representation $x(t)$ only if we do not specify the length of the parameter interval I whereas it is natural to operate with quasinormal representations if I is fixed to be $[0, 1]$.)

The following arguments will be based on a simple result which is an immediate consequence of Schwarz's inequality.

Lemma 1. *For all curves* $x \in \text{Lip}(I, \mathbb{R}^N)$ *with* $I = [0, 1]$ *and* $x(I) \subset G$ *the functionals*

(4) $$\mathscr{F}(x) := \int_0^1 F(x(t), \dot{x}(t))\, dt, \qquad \mathscr{Q}(x) := \int_0^1 Q(x(t), \dot{x}(t))\, dt$$

are well defined and satisfy

(5) $$\mathscr{F}^2(x) \le 2\mathscr{Q}(x).$$

The equality sign in (5) *holds if and only if*

(6) $$F(x(t), \dot{x}(t)) \equiv \text{const} \quad a.e. \text{ on } I.$$

A curve $x \in \text{Lip}(I, \mathbb{R}^N)$ is said to be *quasinormal* if it satisfies (6) for some positive constant.

We now choose two points P_1 and P_2 in $\mathbb{R}^N$, $P_1 \ne P_2$, and consider the class $\mathscr{C}$ of regular D^1-curves $x : [0, 1] \to G$ such that $x(0) = P_1$ and $x(1) = P_2$. Clearly $\mathscr{C}$ is nonvoid, and we obtain the following result.

Lemma 2. *We have*

(7) $$\inf_{\mathscr{C}} \mathscr{F}^2 = \inf_{\mathscr{C}} 2\mathscr{Q}.$$

Proof. Because of (5) we have $\inf_{\mathscr{C}} \mathscr{F}^2 \le \inf_{\mathscr{C}} 2\mathscr{Q}$. To verify the converse we note that for every $\varepsilon > 0$ there is some $z \in \mathscr{C}$ such that $\mathscr{F}^2(z) \le \inf_{\mathscr{C}} \mathscr{F}^2 + \varepsilon$. Since z is regular we can find some reparametrization $x = z \circ \tau$ of z which is quasinormal and satisfies $x \in \mathscr{C}$. Then we obtain on account of Lemma 1 that

$$\inf_{\mathscr{C}} 2\mathscr{Q} \le 2\mathscr{Q}(x) = \mathscr{F}^2(x) = \mathscr{F}^2(z) \le \inf_{\mathscr{C}} \mathscr{F}^2 + \varepsilon,$$

and therefore also $\inf_{\mathscr{C}} \mathscr{F}^2 \ge \inf_{\mathscr{C}} 2\mathscr{Q}$ whence we arrive at (7).   □

Moreover if $z \in \mathscr{C}$ and if $x = z \circ \tau \in \mathscr{C}$ is a quasinormal reparametrization of z, then Lemma 1 implies

$$2\mathscr{Q}(x) = 2\mathscr{Q}(z \circ \tau) = \mathscr{F}^2(z \circ \tau) = \mathscr{F}^2(z) \le 2\mathscr{Q}(z),$$

i.e. $\mathscr{Q}(x) \le \mathscr{Q}(z)$, and the equality sign holds if and only if z is quasinormal. Hence if $z \in \mathscr{C}$ satisfies $\mathscr{Q}(z) = \inf_{\mathscr{C}} \mathscr{Q}$, then z has to be quasinormal because otherwise we could find a reparametrization $x \in \mathscr{C}$ of z such that $\mathscr{Q}(x) < \mathscr{Q}(z)$, a contradiction. Thus we have found:

Proposition 1. *Every regular $\mathscr{Q}$-minimizer of class D^1 is necessarily quasinormal.*

This result is closely related to the fact that every Q-extremal is quasinormal. Later we shall see that Lemma 2 can be carried over to Lipschitz curves, and that every regular $\mathscr{Q}$-minimizer of Lipschitz class is necessarily quasinormal.

Now we can prove a result which will be crucial in deriving sufficient conditions.

Proposition 2. *Let $x : [0, 1] \to G$ be a regular curve of class D^1. Then we have:*

(i) *If x is a minimizer of $\mathcal{Q}$ among all regular D^1-curves $z : [0, 1] \to G$, then x is also a quasinormal minimizer of $\mathcal{F}$ among such curves.*

(ii) *Conversely if x is a quasinormal minimizer of $\mathcal{F}$ among all regular D^1-curves $z : [0, 1] \to G$, then it is also a minimizer of $\mathcal{Q}$ among such curves.*

Proof. (i) If $x \in \mathcal{C}$ and $\mathcal{Q}(x) = \inf_{\mathcal{C}} \mathcal{Q}$, then by Proposition 1 and Lemmata 1, 2 we have

$$\mathcal{F}^2(x) = 2\mathcal{Q}(x) = \inf_{\mathcal{C}} 2\mathcal{Q} = \inf_{\mathcal{C}} \mathcal{F}^2,$$

i.e. $\mathcal{F}(x) = \inf_{\mathcal{C}} \mathcal{F}$.

(ii) Conversely if $x \in \mathcal{C}$ is quasinormal and satisfies $\mathcal{F}(x) = \inf_{\mathcal{C}} \mathcal{F}$, then

$$2\mathcal{Q}(x) = \mathcal{F}^2(x) = \inf_{\mathcal{C}} \mathcal{F}^2 = \inf_{\mathcal{C}} 2\mathcal{Q}$$

whence $\mathcal{Q}(x) = \inf_{\mathcal{C}} \mathcal{Q}$.   □

Roughly speaking, *a quasinormal D^1-curve in G is an $\mathcal{F}$-minimizer if and only if it is a $\mathcal{Q}$-minimizer.* Inspecting the preceding reasoning once again we obtain also the following result: *A quasinormal D^1-curve in G is a strict $\mathcal{F}$-minimizer if and only if it is a strict $\mathcal{Q}$-minimizer.* Here $x \in \mathcal{C}$ is said to be a strict $\mathcal{F}$-minimizer if $\mathcal{F}(x) < \mathcal{F}(z)$ holds true for all $z \in \mathcal{C}$ which are not equivalent to x, i.e. which are not reparametrizations of x.

Now we are in the position to apply the nonparametric field theory of Chapter 6 to F-extremals. The following discussion will be based on part (i) of Proposition 2 which we want to state in an equivalent form, thereby freeing us from the restriction that all curves be parametrized on the unit interval $[0, 1]$.

Proposition 1'. *Let $x : [a, b] \to G$ be a regular D^1-curve which minimizes $\mathcal{Q}$ in G, i.e.*

$$\int_a^b Q(x, \dot{x}) \, dt \le \int_a^b Q(z, \dot{z}) \, dt$$

for all regular D^1-curves $z : [a, b] \to G$ such that $x(a) = z(a)$ and $x(b) = z(b)$. Then x is a minimizer of $\mathcal{F}$ in G, that is

$$\int_a^b F(x, \dot{x}) \, dt \le \int_\alpha^\beta F(z, \dot{z}) \, dt$$

among all regular D^1-curves $z : [\alpha, \beta] \to G$ such that $x(a) = z(\alpha)$ and $x(b) = z(\beta)$. Similarly strict $\mathcal{Q}$-minimizers are strict $\mathcal{F}$-minimizers.

Note that by suitable reparametrizations of x and z we can reduce Proposition 1' to part (i) of Proposition 1; the simple proof of this fact is left to the reader.

In order to apply the results of Chapter 6 we have to take one precaution: Since $F_v(x, v)$, $F_{xv}(x, v)$, $F_{vv}(x, v)$ etc. might not be defined for $v = 0$ we have to ensure that the field lines $f(\cdot, c)$ of the Q-Mayer field f containing the extremal curve $(t, x(t))$ are regular. For reasons of continuity this will be satisfied globally in time and locally in space if we work with quasinormal F-extremals which then are Q-extremals as well.

We also note that the ellipticity condition (2) implies that the excess function $\mathscr{E}_Q$ of Q is positive, i.e.

(8) $\qquad \mathscr{E}_Q(x, v, w) > 0 \quad$ for $x \in G,\ v, w \in \mathbb{R}^N - \{0\},\ v \neq w$.

($\mathscr{E}_Q$ does not depend on the "independent" variable t.)

Let us now consider a quasinormal F-extremal $x : [a, b] \to G$. Sufficiently small pieces $(t, x(t)),\ t_1 \leq t \leq t_2$, can, by virtue of 6,1.1, Propositions 3–6, be embedded in a Q-Mayer field. Taking (2) into account we thus infer from 6,1.3, Corollary 1 that sufficiently small pieces of $x(t)$ are strict Q-minimizers. Applying Proposition 1' we obtain that *every sufficiently small piece $x : [t_1, t_2] \to \mathbb{R}^N$ of an F-extremal $x : [a, b] \to G$ is a strict local $\mathscr{F}$-minimizer, i.e. a strict minimizer of $\mathscr{F}$ in some open neighbourhood $\mathscr{U}$ of $x([t_1, t_2])$.*

We can obtain better results by invoking the theory of conjugate points. To this end we consider an arbitrary F-extremal $x : [a, b] \to G$ which is quasinormal whence x is also a Q-extremal. Suppose also that $a \leq t < t^* \leq b$ and set $\xi := x(t),\ \xi^* := x(t^*),\ P := (t, \xi),\ P^* := (t^*, \xi^*)$.

Definition 1. *We call ξ^* a conjugate point to ξ for the F-extremal $x : [a, b] \to G$ if t^* is a conjugate value to t, i.e. if P^* is a conjugate point to P for the Q-extremal $x : [a, b] \to G$ in the sense of 5,1.3. Moreover, Jacobi equation and Jacobi fields of the F-extremal $x(t)$ are defined as Jacobi equation and Jacobi fields respectively for $x(t)$, viewed as Q-extremal, in the sense of 5,1.2.*

Remark 1. If z is a reparametrization of x, say, $z = x \circ \tau$, and if both x and z are quasinormal, then τ is a linear transformation of the form $\tau(s) = \alpha s + \beta,\ \alpha > 0$. Conversely if x is quasinormal and $\tau(s)$ of this form, then also $z := x \circ \tau$ defines a quasinormal curve. Using this observation one easily proves: *If ξ is a conjugate point to ξ with respect to some quasinormal F-extremal $x(t)$, then ξ^* is also conjugate to ξ with respect to any quasinormal reparametrization $z(t)$ of $x(t)$.* Consequently the notion of conjugate points has a geometric meaning which is independent of the particular quasinormal representation of an F-extremal. This observation motivates

Definition 2. *Let $x : [a, b] \to G$ be an F-extremal, $a \leq t < t^* \leq b$, and $\xi = x(t)$, $\xi^* = x(t^*)$. We call ξ^* a conjugate point to ξ with respect to x if ξ^* is conjugate to ξ for some quasinormal representation of x. Moreover ξ^* is said to be the* first *conjugate point to ξ with respect to x if the subarc $x|_{[t, t^*)}$ contains no conjugate point to ξ. If there are no pairs of conjugate points with respect to x we call $x : [a, b] \to G$ free of conjugate points.*

Let us now apply Theorems 1 and 2 of 6,2.1 to the quadratic Lagrangian Q associated with F. On account of (2), (8), and Proposition 1' we then attain

Theorem 1. *Let* $x : I \to G$ *be an F-extremal free of conjugate points. Then there exists an open neighbourhood $\mathscr{U}$ of $x(I)$ in G such that $\mathscr{F}(x) < \mathscr{F}(z)$ holds true for all regular D^1-curves $z : [\alpha, \beta] \to \mathscr{U}$ which have the same initial point and endpoint as x.*

Proof. In order to apply the results of Chapter 6, we note the following. Let $\mathscr{U}$ be the union of the balls $B_\varepsilon(x(t))$, $t \in I$, centered at $x(t)$, and of radius $\varepsilon > 0$. Clearly, $\mathscr{U} \subset G$ if $\varepsilon \ll 1$. Then, if $z : [\alpha, \beta] \to \mathscr{U}$ is a regular D^1-curve, there exists a regular D^1-reparametrization $\tilde{z} = z \circ \tau : I \to \mathscr{U}$ of z such that $|x(t) - \tilde{z}(t)| < \varepsilon$ for all $t \in I$ whence $Q(x) < Q(\tilde{z})$ if $z(\alpha) = x(a)$, $z(\beta) = x(b)$. $\qquad\square$

Similar to Definition 2 we can carry over the notions of *focal points* and *caustics* from Q-extremals to F-extremals so that the results of 6,2.4 can be applied. The following discussion will show how this has to be done. First, however, we want to consider the *stigmatic bundle* of quasinormal F-extremals emanating from a fixed point $x_0 \in G$. We shall see that this bundle can be used to define a field on a sufficiently small punctured neighbourhood $\mathscr{U} := B_\delta(x_0) - \{x_0\}$.

Note that the Euler equation

$$\frac{d}{dt} Q_v(x, \dot{x}) - Q_x(x, \dot{x}) = 0$$

reads as

$$Q_{vv}(x, \dot{x})\ddot{x} + Q_{vx}(x, \dot{x})\dot{x} - Q_x(x, \dot{x}) = 0,$$

which is equivalent to

$$\ddot{x} = f(x, \dot{x})$$

where

$$f(x, v) := Q_{vv}^{-1}(x, v)[Q_x(x, v) - Q_v(x, v)v].$$

Hence, for any ball $B_r(x_0) \subset\subset G$, there is a constant $c = c(x_0, r) > 0$ such that

$$|f(x, v)| + |f_x(x, v)| \leq c|v|^2, \quad |f_v(x, v)| \leq c|v|$$

holds true for all $v \neq 0$. This we can extend f, f_x, f_v continuously to $G \times \mathbb{R}^N$, and therefore $f(x, v)$ is of class C^1 on $G \times \mathbb{R}^N$. It follows that the Cauchy problem $x(0) = x_0$, $\dot{x}(0) = c$ for $\ddot{x} = f(x, \dot{x})$ has a uniquely determined solution $x(t)$.

So for $c \in \mathbb{R}^N$ we can consider the Q-extremal $\varphi(t, c)$, $0 \leq t < \omega(c)$, satisfying the initial value conditions

(9) $\varphi(0, c) = x_0, \qquad \dot{\varphi}(0, c) = c.$

We assume that for $t \geq 0$ the interval $[0, \omega(c))$ is the maximal interval of existence of $\varphi(t, c)$; then $0 < \omega(c) \leq \infty$. Since $\varphi(t, c)$ is uniquely determined by (9) we have

(10) $\varphi(t, \lambda c) = \varphi(\lambda t, c)$ for $\lambda > 0,$

whence

(11) $$\omega(\lambda c) = \omega(c)/\lambda.$$

Well-known results imply that $\varphi(t, c)$ is smooth on $\Gamma_0 := \{(t, c): c \in \mathbb{R}^N,$ $0 \le t < \omega(c)\}$; in particular we infer from (A4′) that $\ddot{\varphi} \in C^1$ on Γ_0 as well as $\varphi \in C^2(\Gamma_0, \mathbb{R}^N)$.

If K is a nonempty compact subset of G and if m_1 and m_2 denote the minimum and maximum respectively of $F(x, v)$ on $K \times S^{N-1}$, we then obtain $m_1|v| \le F(x, v) \le m_2|v|$ for all $(x, v) \in K \times \mathbb{R}^N$, and $0 < m_1 \le m_2$. To simplify our discussion we assume a slightly stronger property.

Assumption (A5). *There are numbers m_1 and m_2, $0 < m_1 \le m_2$, such that*

(12) $$m_1|v| \le F(x, v) \le m_2|v| \quad \text{for all } (x, v) \in G \times \mathbb{R}^N.$$

Since each $\varphi(\cdot, c)$ is quasinormal we have

$$F(\varphi(t, c), \dot{\varphi}(t, c)) \equiv F(x_0, c).$$

Then by virtue of (A5)

$$m_1|\dot{\varphi}(t, c)| \le m_2|c|.$$

Since

$$|\varphi(\tau, c) - x_0| \le \int_0^\tau |\dot{\varphi}(t, c)|\, dt \quad \text{for } 0 \le \tau < \omega(c),$$

we arrive at

(13) $$|\varphi(\tau, c) - x_0| \le (m_2/m_1)\tau|c| \quad \text{for } 0 \le \tau < \omega(c).$$

Let $R_0 := \text{dist}(x_0, \partial G)$ and choose $R \in (0, R_0)$ with $R < 1$. By (13) it follows that

(14) $$\varphi(t, c) \in \bar{B}_R(x_0) \subset\subset G \text{ if } 0 \le t < \min\{\omega(c), m_1 R/(m_2|c|)\}.$$

If $\omega(c) < \infty$, then there is a sequence $\{t_\nu\}$, $0 < t_\nu < \omega(c)$, such that $t_\nu \to \omega(c)$ and $\text{dist}(\varphi(t_\nu, c), \partial G) \to 0$ because otherwise $\varphi(t, c)$ could be extended as a Q-extremal across $t = \omega(c)$. Combining this observation with (14) one easily verifies that $\omega(c)$ is larger than $m_1 R/(m_2|c|)$. Therefore

(15) $$\varphi(t, c) \in \bar{B}_R(x_0) \quad \text{if } 0 \le t|c| \le Rm_1/m_2.$$

Now we infer from (10) that for $\lambda > 0$ and $\lambda t|c| \le Rm_1/m_2$ the following identities hold true:

(16) $$\dot{\varphi}(t, \lambda c) = \lambda\dot{\varphi}(\lambda t, c), \qquad \ddot{\varphi}(t, \lambda c) = \lambda^2\ddot{\varphi}(\lambda t, c),$$
$$\ddot{\varphi}_c(t, \lambda c) = \lambda\ddot{\varphi}_c(\lambda t, c).$$

For $t = s \in [0, 1]$, $\lambda = |c|$ and c replaced by $c/|c|$, the last relation yields

$$\ddot{\varphi}_c(s, c) = |c|\, \ddot{\varphi}_c\left(|c|, s, \frac{c}{|c|}\right) \quad \text{if } 0 < |c| \le Rm_1/m_2.$$

Set $\mu(R) := Rm_1/m_2$ and $M(R) := \sup\{|\ddot{\varphi}_c(t, \gamma)|\colon 0 \le t \le \mu(R), |\gamma| = 1\}$. Then $M(R) < \infty$ and

(17) $|\ddot{\varphi}_c(s, c)| \le |c|\, M(R) \quad \text{if} \quad 0 \le s \le 1 \quad \text{and } 0 < |c| \le \mu(R).$

Now we use Taylor's formula in the form

(18) $$\varphi(t, c) = x_0 + tc + t^2 \int_0^1 (1 - s)\ddot{\varphi}(st, c)\, ds.$$

For $t = 1$ we arrive at

(18′) $$\varphi(1, c) = x_0 + c + \int_0^1 (1 - s)\ddot{\varphi}(s, c)\, ds.$$

Set $\delta(R) := \min\left\{\dfrac{1}{M(R)}, \mu(R)\right\} > 0$, and suppose that $c, c' \in \mathbb{R}^N$ satisfy $|c| \le \delta(R)$ and $|c'| \le \delta(R)$. Since

$$\ddot{\varphi}(s, c) - \ddot{\varphi}(s, c') = (c - c') \cdot \int_0^1 \ddot{\varphi}_c(s, c' + t(c - c'))\, dt$$

we then obtain from (17) that

(19) $|\ddot{\varphi}(s, c) - \ddot{\varphi}(s, c')| \le \delta(R)M(R)|c - c'| \le |c - c'|.$

On the other hand we infer from (18′) that

$$\varphi(1, c) - \varphi(1, c') = c - c' + \int_0^1 (1 - s)[\ddot{\varphi}(s, c) - \ddot{\varphi}(s, c')]\, ds.$$

By virtue of (19) the absolute value of the integral $\int_0^1 (1 - s)[\dots]\, ds$ is estimated from above by $\frac{1}{2}|c - c'|$ whence

(20) $\frac{1}{2}|c - c'| \le |\varphi(1, c) - \varphi(1, c')| \le \frac{3}{2}|c - c'| \quad \text{if } |c|, |c'| \le \delta(R).$

Hence the mapping $\varphi(1, \cdot)$ furnishes a homeomorphism of the ball $B^* := \{c \in \mathbb{R}^N\colon |c| < \delta(R)\}$ onto $G^* := \varphi(1, B^*)$, and both $\varphi(1, \cdot)|_{B^*}$ and its inverse are uniformly Lipschitz continuous on B^* and G^* respectively. Moreover $\varphi(1, \cdot)$ is a C^2-diffeomorphism of B^* onto G^*.

Definition 3. *The mapping* $\exp_{x_0}(c) := \varphi(1, c)$ *is denoted as* exponential mapping *with respect to the center x_0 and the Lagrangian F.*

Geometrically speaking, $\exp_{x_0}$ furnishes a mapping of a neighbourhood of the origin in the tangent space $T_{x_0}\mathbb{R}^N$ into a neighbourhood of x_0 in $\mathbb{R}^N$. Often one views $\exp(x_0, c) := \exp_{x_0}(c)$ as a mapping from the tangent bundle $T\mathbb{R}^N$ into the manifold $\mathbb{R}^N$ or, if $\mathbb{R}^N$ is replaced by a general manifold M, then exp is viewed as map from TM into M.

Inspecting the preceding discussion we note that $\delta(R)$ can be viewed as a function of the center point x_0, and that this function depends on x_0 in a continuous way. Summarizing our results we obtain

Theorem 2. *If F satisfies (A4') and (A5), then there exists a positive function $\delta \in C^0(G)$ such that $\exp_{x_0}$ furnishes for every $x_0 \in G$ a C^2-diffeomorphism of the ball $K(x_0) := \{c \in \mathbb{R}^N : |c| < 2\delta(x_0)\}$ onto the neighbourhood $G^*(x_0) := \exp_{x_0} K(x_0)$ which contains the ball $B(x_0, \delta(x_0))$ of center $x_0 \in G$ and radius $\delta(x_0) > 0$.*

Recall that $\varphi(t, c) = \varphi(1, tc)$. So we can write

(21) $$\varphi(t, c) = \exp_{x_0}(tc).$$

Restricting c to S^{N-1} or to some other hypersurface $\mathscr{S}$ in $\mathbb{R}^N$ we find that $\varphi(t, c)$ defines a stigmatic F-Mayer field on $G^*(x_0)$. If we choose $\mathscr{S}$ as $\{c \in \mathbb{R}^N : F(x_0, c) = 1\}$, then all field lines $\varphi(\cdot, c)$, $c \in \mathscr{S}$, are normal F-extremals emanating from the nodal point x_0. Actually this is a slight abuse of notation since in *3.1* we did not allow for topologically nontrivial parameter domains A such as a closed hypersurface $\mathscr{S}$. Thus we either have to extend our notion of a field, or we must restrict our considerations to sufficiently small pieces of $\mathscr{S}$ which can be represented in the form $\gamma(A)$ by a smooth embedding $\gamma : A \to \mathbb{R}^N$ of a parameter domain $A \subset \mathbb{R}^{N-1}$. Then $X(t, \alpha) := \varphi(t, \gamma(\alpha))$ is easily seen to be a stigmatic F-field with the nodal point x_0. Combining Theorem 2 with the reasoning that led to Theorem 1, or applying Proposition 8, (ii) of *3.1* we arrive at

Theorem 3. *If F satisfies (A4') and (A5), then there exists a continuous function $\delta(x_0) > 0$, $x_0 \in G$, with the following property: If x_0, $x_1 \in G$ and $|x_0 - x_1| < \delta(x_0)$, then x_0 and x_1 can be connected in $G^*(x_0)$ by a quasinormal F-extremal $x(t) = \exp_{x_0}(tc)$, $0 \le t \le t_1$, such that $\mathscr{F}(x) < \mathscr{F}(z)$ holds for any regular D^1-curve $z : [a, b] \to G^*(x_0)$ such that $z(a) = x_0$ and $z(b) = x_1$ provided that z is not equivalent to x.*

Briefly speaking, any pair x_0, x_1 with $|x_0 - x_1| < \delta(x_0)$ can be connected within $G^*(x_0)$ ($\supset B(x_0, \delta(x_0))$) by a unique normal minimizer.

Actually, under appropriate assumptions the exponential mapping $\exp_{x_0}$ may turn out to be a diffeomorphism on very large neighbourhoods of $c = 0$. Correspondingly $\exp_{x_0}^{-1}$ might exist on large neighbourhoods of x_0 and possibly even on all of G. For a complete understanding of the situation the theory of conjugate points is no longer sufficient but global considerations are required.

In Riemannian geometry the discussion of this topic leads to the notion of *cut locus*.[11]

Remark 2. Note that in Theorem 3 we have only stated that the quasinormal F-extremal $x(t)$ minimizes $\mathscr{F}$ among all regular D^1-connections of x_0 and x_1 which lie in $G^*(x_0)$. Therefore it is conceivable that there is another regular D^1-minimizer of $\mathscr{F}$ linking x_0 and x_1 in G which is not contained in $G^*(x_0)$. Actually we can derive a slightly stronger result from Theorem 3 which excludes this ambiguity.

Theorem 3*. *If F satisfies (A4′) and (A5), then there exists a continuous function $\delta(x_0) > 0$, $x_0 \in G$, such that any two points x_0, $x_1 \in G$ with $|x_0 - x_1| < \delta(x_0)$ can be connected in G by a quasinormal F-extremal $x(t) = \exp_{x_0}(tc)$, $0 \leq t \leq t_1$, which is (up to reparametrization) the unique minimizer of $\mathscr{F}$ among all regular D^1-curves $z : [a, b] \to G$ satisfying $z(a) = x_0$ and $z(b) = x_1$.*

Proof. Choose $k \in \mathbb{N}$ such that $m_1(2k - 1) > 1$, and set $\delta' := \delta(x_0)/k$, $\delta^* := \min\{\delta', \delta'/m_2\}$ where $\delta(x_0)$ is the function of Theorem 3. Then let $z : [0, 1] \to G$ be a regular D^1-curve such that $z(0) = x_0$, $z(1) = x_1$, and $|x_0 - x_1| < \delta^*$, and suppose $z(t)$, $0 \leq t \leq 1$, is not completely contained in $B_\delta(x_0)$. Then the length $\mathscr{L}(z) = \int_0^1 |\dot{z}|\, dt$ of z can be estimated from below by

$$\mathscr{L}(z) > \delta + (\delta - \delta') = (2k - 1)\delta' > \delta'/m_1,$$

and by virtue of (12) we infer

$$\mathscr{F}(z) \geq m_1 \mathscr{L}(z) > \delta' \geq m_2 \delta^*.$$

Furthermore if $\ell : [0, 1] \to B_\delta^*(x_0)$ is the linear connection of x_0 with x_1, then we infer from (12) and the minimum property of $x(t)$ that

$$\delta^* > |x_0 - x_1| = \mathscr{L}(\ell) \geq m_2^{-1} \mathscr{F}(\ell) \geq m_2^{-1} \mathscr{F}(x),$$

and therefore $\mathscr{F}(z) > \mathscr{F}(x)$. Obviously δ^* is also a continuous function on G. Hence by renaming δ^* into δ the theorem is proved. ☐

Let us now discuss the *eikonal* $S(x)$ of the stigmatic field $\varphi(t, c) := \exp_{x_0}(tc)$. Suppose that Ω is an open set in $\mathbb{R}^N$ containing $c = 0$ which is star-shaped with respect to the origin and let $\varphi(1, \cdot)$ be 1–1 on Ω. Then $\varphi(1, \cdot)|_\Omega$ is a C^2-diffeomorphism of Ω onto $G^* := \varphi(1, \Omega)$; we denote its inverse by $\psi : G^* \to \Omega$. Set

$$(22) \qquad \Sigma(t, c) := \int_0^t F(\varphi(s, c), \dot{\varphi}(s, c))\, ds$$

for $(t, c) \in \mathbb{R} \times \mathbb{R}^N$ such that $tc \in \Omega$. We infer from (10) and (16) that Σ satisfies

---

[11] See for instance Gromoll–Klingenberg–Meyer [1].

(23) $\Sigma(t, c) = \Sigma(1, tc).$

Now we claim that

(24) $S(x) := \Sigma(1, \psi(x))$

is the parametric eikonal of the stigmatic field of F-extremals $\varphi(t, c)$, $0 \le t <$ $t_0(c)$, where $F(x_0, c) = 1$ and $t_0(c)$ is the largest number such that $tc \in \Omega$ for all $t \in [0, t_0(c))$. This assertion is more or less obvious because of our construction, but the reader can easily supply a direct proof by means of the reasoning used in 6,1.3 for the proof of a similar assertion. Actually (22) and (24) are essentially Hamilton's approach to the eikonal which he used in his *Theory of systems of rays* (1828–1837).[12] Obviously $S(x)$ is of class C^2 on $G^* - \{x_0\}$, and $S(x)$ is just the F-distance of x from the center x_0. Thus $x \in G^* - \{x_0\}$ has the geodesic polar coordinates ρ, c if $\rho = S(x)$, $F(x_0, c) = 1$, and $x = \exp_{x_0}(\rho c)$. This completes our discussion of normal coordinates which were introduced in 3.1. In the next subsection we shall see that Huygens's principle in geometrical optics can be proved by means of normal coordinates viewing the geodesic spheres $\{\text{dist}(x_0, x) := S(x) = \text{const}\}$ as "wave fronts" emanating from x_0.

The preceding discussion of sufficient conditions was largely based on the idea to operate as much as possible with the quadratic Lagrangian $Q = \frac{1}{2}F^2$ instead of F. The principal motivation for this approach was Proposition 1'. On the other hand we can equally well use the parametric field theory for F which was developed in 3.1 and 3.2. Combining this approach with the above results on the exponential mapping we found a second and very powerful tool for obtaining sufficient conditions. A third variant is to derive F-Mayer fields from Q-Mayer fields and then to apply the parametric field theory of 3.1, 3.2. We shall not discuss this method in all details but we want at least to investigate some *relations between (parametric) F-Mayer fields and (nonparametric) Q-Mayer fields.*

For this purpose we use the Hamiltonians $\Phi(x, y)$ and $H(x, y)$ of $Q(x, v)$ and $F(x, v)$ respectively which were introduced in Section 2. According to 2.1 we have

(25) $\Phi(x, y) = \frac{1}{2}H^2(x, y)$

and

(26) $F(x, v) = H(x, y),$ $Q(x, v) = \Phi(x, y)$ if $y = Q_v(x, v)$ or   if $v = \Phi_y(x, y).$

We shall now see that every normal F-Mayer field defines a Q-Mayer field in a canonical way.

Proposition 3. *Let X be a normal F-Mayer field on a domain G of $\mathbb{R}^N$, and let S(x) be the eikonal and $\Psi(x)$ the direction field of X, i.e.,*

(27) $\Psi(x) = H_y(x, S_x(x))$

---

[12] See Hamilton [1], Vol. 1.

Finally set $\Sigma(t, x) := S(x) - t/2$. *Then the pair* (Σ, Ψ) *satisfies the nonparametric Carathéodory equations associated with* Q *on some domain* $G_0 \subset \mathbb{R} \times \mathbb{R}^N$, *and therefore* (Σ, Ψ) *defines a* Q-*Mayer field on* G_0.

Proof. Since X is a normal field we have $F(x, \Psi(x)) = 1$, and therefore also $Q(x, \Psi(x)) = 1/2$. As $Q(x, v)$ is quadratically homogeneous with respect to v, we obtain $2Q(x, v) = v \cdot Q_v(x, v)$. Hence it follows that

$$\Sigma_t = -1/2 = -Q(\cdot, \Psi) = Q(\cdot, \Psi) - \Psi \cdot Q_v(\cdot, \Psi).$$

Secondly we obtain

$$\Sigma_x = S_x = F_v(\cdot, \Psi) = F(\cdot, \Psi) F_v(\cdot, \Psi) = Q_v(\cdot, \Psi).$$

By introducing the full direction field $\psi(x) := (x, \Psi(x))$ and the expressions $\overline{Q} := Q \circ \psi, \overline{Q}_v := Q_v \circ \psi$ we can write the equations above as

$$(28) \qquad \Sigma_t = \overline{Q} - \Psi \cdot \overline{Q}_v, \qquad \Sigma_x = \overline{Q}_v,$$

and these are the desired Carathéodory equations for the pair (Σ, Ψ). $\qquad \square$

How can we find the Q-Mayer field f corresponding to the slope $\Psi(x)$? Note that $f(t, c)$ has to depend on N independent parameters $c = (c^1, \ldots, c^N)$ while $X(t, \alpha)$ only depends on $N - 1$ free parameters $\alpha = (\alpha^1, \ldots, \alpha^{N-1})$. Usually one constructs the desired field $f(t, c) = (t, \varphi(t, c))$ from its slope $\mathcal{P}(t, x)$ by solving a suitable initial value problem for $\dot{\phi} = \mathcal{P}(t, \varphi)$. However, in our case the situation is easier since the slope $\mathcal{P}(t, x) = \Psi(x)$ is time-independent. For simplicity let us assume that $X : \Gamma \to G$ is defined on a domain Γ of the form $\Gamma = I \times A$ where $I \subset \mathbb{R}$ and $A \subset \mathbb{R}^{N-1}$. We conclude that

$$(29) \qquad \varphi(t, c) := X(t + \tau, \alpha)$$

is a solution of $\dot{\phi} = \Psi(\varphi)$ in $I(\tau) := I - \tau$ depending on the N parameters $c := (\alpha, \tau) \in A_0$ where $A_0 := A \times I$. We use τ as N-th parameter c^N while $c^i = \alpha^i$ for $1 \le i \le N - 1$ and define $f : \Gamma_0 \to G_0$ by $f(t, c) := (t, \varphi(t, c)), (t, c) \in \Gamma_0$, where φ is given by (29), $G_0 := f(\Gamma_0)$, and

$$\Gamma_0 := \{(t, c) \in \mathbb{R} \times \mathbb{R}^N : c = (\alpha, \tau) \in A_0, t \in I(\tau)\}.$$

It follows immediately that f is a field on G_0. In fact, the field property of X implies that $\det(\dot{X}, X_{\alpha^1}, \ldots, X_{\alpha^{N-1}}) \ne 0$, and (29) yields $\varphi_{c^i}(t, c) = X_{\alpha^i}(t + \tau, \alpha)$ for $1 \le i \le N - 1$ and $\varphi_{c^N}(t, c) = \dot{X}(t + \tau, \alpha)$ whence $\det Df = \det \varphi_c \ne 0$. Secondly, if $f(t, c) = f(t', c')$, then $t = t'$ and $\varphi(t, c) = \varphi(t', c')$ whence $X(t + \tau, \alpha) = X(t + \tau', \alpha')$, which implies $\tau = \tau'$ and $\alpha = \alpha'$ on account of the field property of X, i.e. $c = c'$. Thus f is a field on G_0.

The surfaces $\mathcal{W}_\theta := \{(t, x): \Sigma(t, x) = \theta\}$ are a kind of *wave fronts in space time*. If X is a stigmatic field in the x-space emanating from a center x_0, then for fixed τ the set of points $f(t, \alpha, \tau)$ forms a hypersurface which might be called a *ray cone*. Such a ray cone consists of all rays $f(\cdot, c)$ emanating from (τ, x_0), that is, of all rays in spacetime which emanate from $x = x_0$ at the time $t = \tau$ (see Fig. 16).

Now we turn to the converse question: Can we derive F-Mayer fields from Q-Mayer fields? Let us consider an N-parameter family of regular Q-extremals $\varphi(\cdot, c) : I(c) \to \mathbb{R}^N$ where the parameters $c = (c^1, \ldots, c^N)$ vary in some domain I_0 of $\mathbb{R}^N$. Then we define the domain Γ_0 by

$$\Gamma_0 := \{(t, c) \in \mathbb{R} \times \mathbb{R}^N : t \in I(c), c \in I_0\},$$

and the mapping $f : \Gamma_0 \to \mathbb{R} \times \mathbb{R}^N$ by $f(t, c) := (t, \varphi(t, c))$. Moreover let $\gamma : A \to I_0$ be a mapping of a set $A \subset \mathbb{R}^{N-1}$. Then $X(t, \alpha) := \varphi(t, \gamma(\alpha)), t \in I(\gamma(\alpha))$, defines an $(N - 1)$-parameter family of regular F-extremals, and the following holds true:

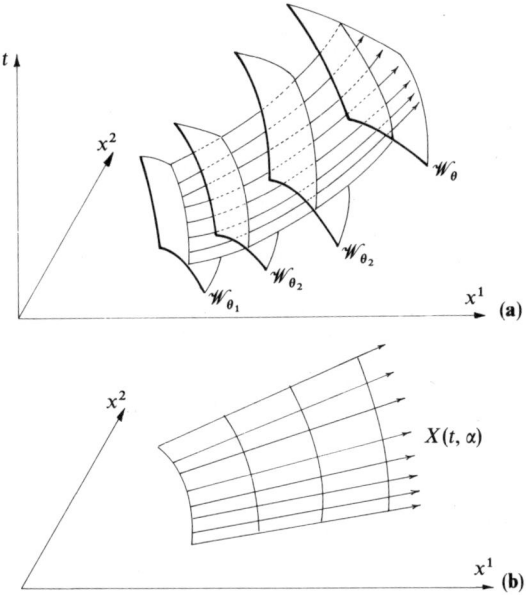

Fig. 15. (a) Rays and wave fronts in the t,x-space, and **(b)** their projections into the x-space.

Proposition 4. *If f is a Q-Mayer bundle and if there is a constant $h > 0$ such that $F(X, \dot{X}) = h$, then X is an F-Mayer bundle.*

Proof. Set $\chi(t, \alpha) := (X(t, \alpha), \dot{X}(t, \alpha))$ and consider the F-Lagrange brackets $[\alpha^k, \alpha^l]$ of X which are defined by

$$[\alpha^k, \alpha^l] := X_{\alpha^k} \cdot (F_v \circ \chi)_{\alpha^l} - X_{\alpha^l} \cdot (F_v \circ \chi)_{\alpha^k}.$$

By virtue of

$$(Q \circ \chi)_{\alpha^k} = (F \circ \chi)(F_v \circ \chi)_{\alpha^k} = h(F_v \circ \chi)_{\alpha^k}$$

we infer that

$$h[\alpha^k, \alpha^l] = X_{\alpha^k} \cdot (Q_v \circ \chi)_{\alpha^l} - X_{\alpha^l} \cdot (Q_v \circ \chi)_{\alpha^k}$$

$$= \left(\frac{\partial \varphi}{\partial c^i} \cdot \frac{\partial}{\partial c^j} Q_v(\varphi, \dot{\varphi}) \gamma_{\alpha^k}^i \gamma_{\alpha^l}^j - \frac{\partial \varphi}{\partial c^i} \cdot \frac{\partial}{\partial c^j} Q_v(\varphi, \dot{\varphi}) \gamma_{\alpha^l}^i \gamma_{\alpha^k}^j \right) \Bigg|_{c = \gamma(\alpha)}$$

$$= \left[\frac{\partial \varphi}{\partial c^i} \cdot \frac{\partial}{\partial c^j} Q_v(\varphi, \dot{\varphi}) - \frac{\partial \varphi}{\partial c^i} \cdot \frac{\partial}{\partial c^j} Q_v(\varphi, \dot{\varphi}) \right] \Bigg|_{c = \gamma(\alpha)} \gamma_{\alpha^k}^i \gamma_{\alpha^l}^j.$$

The Q-Lagrange brackets in the last line vanish since f is a Q-Mayer bundle, and by $h > 0$ it follows that $[\alpha^k, \alpha^l] = 0$ for $1 \leq k, l \leq N - 1$. This means that $X(t, \alpha)$ is a Q-Mayer bundle. $\qquad \square$

However, despite of Proposition 4 the bundle X need not be an F-Mayer field even if f is assumed to be a Q-Mayer field. This can be seen from the following *example*.

Let e_1, e_2, e_3 be an orthonormal base of $\mathbb{R}^3 = \mathbb{R} \times \mathbb{R}^2 = t, x$-space such that e_3 lies in

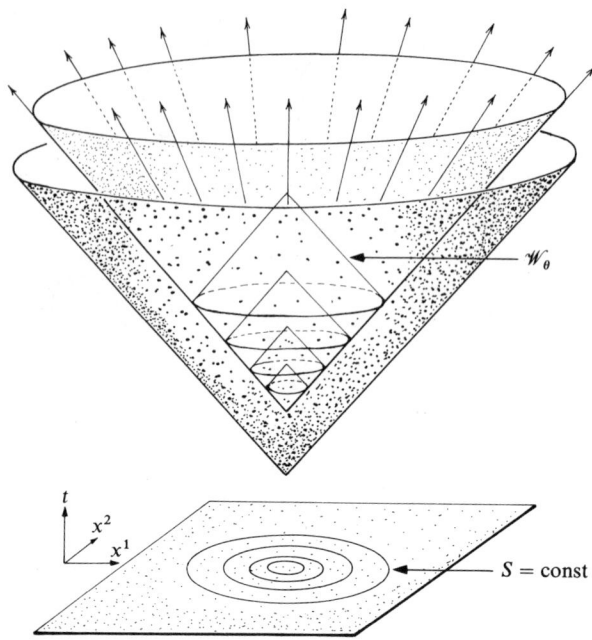

Fig. 16. A singular Mayer field in the x-space, its complete figure, and the lift into the t,x-space.

the t-axis and e_1, e_2 span the x-plane. Set $v_0 := e_1 + e_3$, $\varphi(t, c) := (c^1 + t)e_1 + c^2e_2$, and $f(t, c) :=$ $(t, \varphi(t, c))$. Then we have

$$f(t, c) = c^1e_1 + c^2e_2 + tv_0,$$

i.e. $f : \mathbb{R} \times \mathbb{R}^2 \to \mathbb{R}^3$ is a 2-parameter family of parallel lines meeting the x-plane at an angle of $45°$. Set $F(x, v) := |v|$ and $Q(x, v) := \frac{1}{2}|v|^2$. It is easy to see that f is a Q-Mayer field on $\mathbb{R}^3$, and all planes perpendicular to v_0 are Q-transversal to the field lines $f(\cdot, c)$. Set $X(t, \alpha) := \varphi(t, \gamma(\alpha)), (t, \alpha) \in \mathbb{R} \times \mathbb{R}$. If $\gamma(\alpha) = \alpha e_2$, then $X(t, \alpha) = te_1 + \alpha e_2$ is a normal F-Mayer field on $\mathbb{R}^2$ consisting of parallel straight lines. However, if $\gamma(\alpha) = \alpha e_1$, then $X(t, \alpha) = (t + \alpha)e_1$ is obviously not a field since all mappings $X(\cdot, \alpha)$ are just reparametrizations of the same straight line.

Therefore we have to add suitable conditions to ensure that $X(t, \alpha) = \varphi(t, \gamma(\alpha))$ is an F-Mayer field and not only an F-Mayer bundle. The following result can easily be verified by the reader.

Proposition 5. *Suppose that f is a Q-Mayer field and that $\gamma : A \to I_0$ is a smooth embedding such that $0 \in I(\gamma(\alpha))$ and $F(X(0, \alpha), \dot{X}(0, \alpha)) \equiv 1$ (or $= $ const), and assume also that $\det(\dot{X}(0, \alpha), X_\alpha(0, \alpha)) \neq 0$. Then there is a number $\tau > 0$ such that the restriction of X to $\Gamma^* := [0, \tau] \times A$ defines an F-Mayer field on $G^* := X(F^*)$.*

Finally one can also derive sufficient conditions that a parametric F-extremal minimizes $\mathscr{F}$ among all curves whose initial points (or end points, or both) are allowed to move on a preassigned hypersurface $\mathscr{S}$ of the configuration space $\mathbb{R}^N$. The extremal $x : [a, b] \to G$ to be investigated has to meet $\mathscr{S}$ transversally at its initial point $x(a)$. Analogous to 6,2.4 we would try to embed x in an

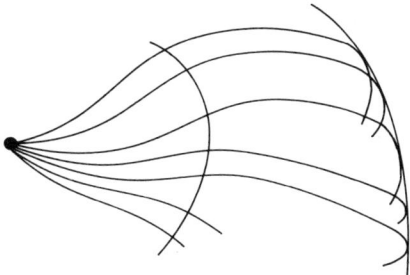

Fig. 17. A field-like Mayer bundle in $\mathbb{R}^2$.

F-Mayer field whose field lines meet the support surface $\mathscr{S}$ transversally. For this purpose we would have to carry over the notions of *field-like Mayer bundles*, *focal points* and *caustics* from the nonparametric case treated in 6,2.4 to the parametric problem. Actually in the parametric case these notions and the corresponding results on field-like F-Mayer bundles are particularly interesting, and many geometric questions require their study (cf. Fig. 17). However we shall not work out this theory despite its relevance to differential geometry as this would more or less be a repetition of our previous discussion.

3.4. Huygens's Principle

This subsection is devoted to a geometric interpretation of *complete figures*, i.e. of Mayer fields and their transversal surfaces, which is due to Huygens. *Huygens's principle* explains the duality between light rays and wave fronts of light, that is, between a Mayer field of extremals and the one-parameter family of level surfaces of the corresponding eikonal. Basically this duality is already described in Proposition 8 of *3.1*, and a suitable reinterpretation of this result will lead us to the ideas of Huygens.

Throughout we shall assume that $F(x, v)$ satisfies assumption (A4') and (A5) stated in 3.3.

Let us consider a Mayer field $X : \Gamma \to G$ on G having the eikonal $S(x)$ and the direction field $\Psi(x)$. By Proposition 3 of *3.1* we have

$$\int_{t'}^{t''} F(z, \dot{z}) \, dt = (\theta'' - \theta') + \int_{t'}^{t''} \mathscr{E}(z, \Psi(z), \dot{z}) \, dt$$

for every Lipschitz curve $z : [t', t''] \to G$ with $\dot{z}(t) \neq 0$ a.e. on $[t', t'']$ whose endpoints $P_1 := z(t')$, $P_2 := z(t'')$ lie on $\Sigma_{\theta'}$ and $\Sigma_{\theta''}$ respectively where we have set

$$\Sigma_\theta := \{x \in G : S(x) = \theta\}.$$

In particular if $z(t)$ fits in the field, then it follows that

$$\int_{t'}^{t''} F(z, \dot{z})\, dt = \theta'' - \theta'.$$

Moreover we have

$$\int_{t'}^{t''} F(z, \dot{z})\, dt > \theta'' - \theta'$$

if all line elements $(x, \Psi(x))$, $x \in G$, are strong and if $z(t)$ does not fit in the field. We have expressed this fact by saying that *every Weierstrass field is an optimal field*. Another way to express this fact is the following:

Let $X : \Gamma \to G$ *be an optimal field on* G *with the transversal surfaces* $\Sigma_\theta :=$ $\{x \in G: S(x) = \theta\}$. *Then every piece* $X(t, \alpha)$, $t' \le t \le t''$, *of a field curve with endpoints* P_1 *and* P_2 *on* $\Sigma_{\theta'}$ *and* $\Sigma_{\theta''}$ *respectively minimizes the integral* $\int_{t'}^{t''} F(z, \dot{z})\, dt$ *among all regular Lipschitz curves* $z : [t', t''] \to G$ *whose endpoints are allowed to slide on* $\Sigma_{\theta'}$ *and* $\Sigma_{\theta''}$.

Thus we may interpret the transversal surfaces Σ_θ of an optimal field X as *equidistant surfaces* with respect to the F-*distance* $d(P, Q)$ between two points P and $Q \in G$ which is defined as infimum of all numbers $\int_{t'}^{t''} F(z, \dot{z})\, dt$ where z varies over all regular D^1-curves $z : [t', t''] \to G$ which satisfy $z(t') = P$ and $z(t'') = Q$. By the discussion in Section 3.3, every point P' in a small enough neighbourhood B of a fixed point P has unique polar coordinates ρ, v, and $\rho = \mathrm{dist}(P, P') := F$-distance of P, P', i.e. there is an F-extremal x connecting P and P' in B such that $\mathscr{F}(x) < \mathscr{F}(z)$ for every regular connecting curve z of P, P' in B which is not equivalent to x. Let us assume that $G = B$.

Fix now some point P on a transversal surface Σ_{θ_0} and consider the *geodesic ball* $K_\theta := \{P' \in G: d(P, P') \le \theta\}$ consisting of all points in G whose F-distance from P is less than or equal to some fixed number $\theta > 0$. If θ is small enough then the field curve $X(\cdot, \alpha)$ through P meets the transversal surface $\Sigma_{\theta_0 + \theta}$ at some uniquely determined point Q, and since X is assumed to be an optimal field we have both $d(P, Q) = \theta$ and

$$d(P, Q') > \theta \quad \text{for all } Q' \in \Sigma_{\theta_0 + \theta} \text{ with } Q' \neq Q.$$

Consequently the geodesic sphere $\partial K_\theta(P) = \{P' \in G: d(P, P') = \theta\}$ is tangent to the transversal surface $\Sigma_{\theta_0 + \theta}$ and, more precisely, $\partial K_\theta(P)$ touches $\Sigma_{\theta_0 + \theta}$ at exactly one point Q, at the intersection point with the "ray" $X(\cdot, \alpha)$ passing through P. Thus $\Sigma_{\theta_0 + \theta}$ may be viewed as envelope of the geodesic spheres $\partial K_\theta(P)$ *with center* P *on* Σ_{θ_0}.

Let us interpret the field curves $X(\cdot, \alpha)$ of an optimal field as light rays in an optical medium of density $F(x, v)$ and the transversal surfaces Σ_θ as *wave fronts* (corresponding to the propagation of light along the rays) at the times θ. Then we obtain

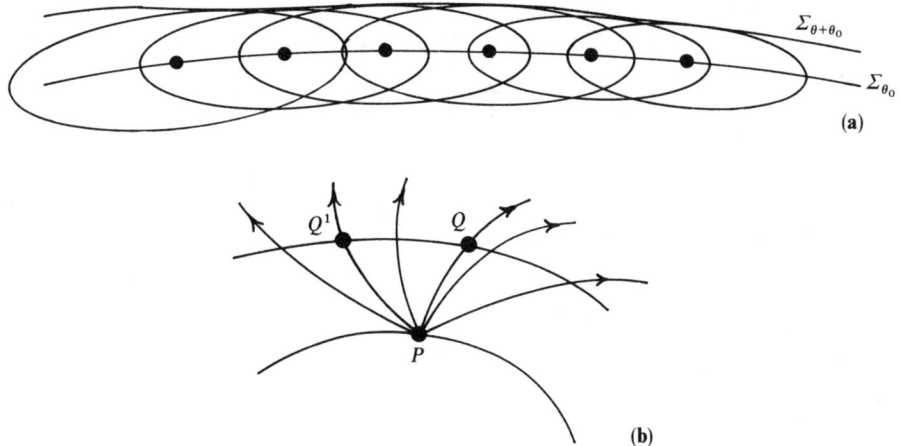

Fig. 18. Huygens's principle.

Huygens's principle. *Consider every point P of the wave front* Σ_{θ_0} *at the time* θ_0 *as source of new wave fronts (or "elementary waves")* $\partial K_\theta(P)$ *propagating with the time* θ. *Then the wave front* $\Sigma_{\theta_0+\theta}$, $\theta > 0$, *is the envelope of these elementary waves* $\partial K_\theta(P)$ *with center P on* Σ_{θ_0}.

The time θ which light needs to move from Σ_{θ_0} to $\Sigma_{\theta_0+\theta}$ is called the *optical distance of the two wave fronts* or the *optical length of a light path* from a point P on Σ_{θ_0} to some other point Q on $\Sigma_{\theta_0+\theta}$.

If the field is *normal*, that is if $F(X, \dot{X}) = 1$, then we can identify t with θ, i.e. $\theta = t$.

Moreover the direction $\Psi(x)$ of the ray through the point x is a point on the indicatrix $\mathscr{I}_x$, and the direction $\Lambda(x) = S_x(X)$ of the wave front Σ_θ at the point $x \in \Sigma_\theta$ is a point on the figuratrix f_x. Using this interpretation we get the following "infinitesimal version of Huygens's principle": Consider any point x of the wave front Σ_{θ_0} at the time θ_0 as source of elementary wave fronts $E_\theta(x)$ which for small θ are given by

$$E_\theta(x) = x + \theta\mathscr{I}_x + \dots,$$

where $+ \dots$ denotes terms of order $o(\theta)$. Then $\Sigma_{\theta_0+\theta}$ is up to higher order terms in θ given as envelope of the elementary waves $E_\theta(x)$ whose "blow-ups" at $\theta = 0$ are just the indicatrices $\mathscr{I}_x$ of the "optical medium":

$$\mathscr{I}_x = \lim_{\theta \to 0} \frac{1}{\theta}\{E_\theta(x) - x\}.$$

This yields another interpretation of the indicatrices $\mathscr{I}_x$: *The indicatrix* $\mathscr{I}_x$

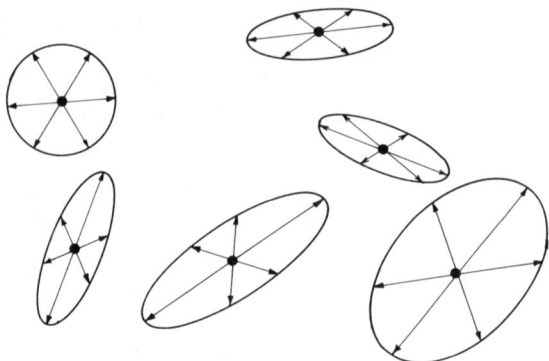

Fig. 19. Indicatrices in an inhomogeneous anisotropic medium.

at x is the $1/\theta$-blow up of the elementary wave fronts $E_\theta(x)$ moved from x to the origin 0 of $\mathbb{R}^n$.

As we shall see in Chapter 10, the correct formulas for the propagation of light can be reconstructed already from this infinitesimal version of Huygens's principle, that is, the infinitesimal Huygens principle will turn out to be equivalent to the infinitesimal description of light propagation furnished by "bundles of solutions" to Euler's equations which form optimal fields.

Let us recall the result stated at the beginning of this subsection: *An optimal field leads to a family of F-equidistant surfaces Σ_θ on the field defined as level surfaces $\{x \in G: S(x) = \theta\}$ of the associated eikonal S.* Now we want to prove the following converse: *If there is a family of F-equidistant surfaces on a field X, then this field must be an optimal field.* More precisely:

Theorem. *Let $X : \Gamma \to G$ be a normal field on G and suppose that G is "foliated" by a one-parameter family of surfaces $\mathcal{S}_\rho = \{x \in G: \Omega(x) = \rho\}$ which are level surfaces of a function $\Omega \in C^2(G)$ with $\Omega_x(x) \neq 0$ on G. Suppose also that the surfaces $\mathcal{S}_\rho$ are F-equidistant with respect to the field X; by this we mean the following: There is a function $\delta(\rho_1, \rho_2) > 0$ for $\rho_1 < \rho_2$ such that*

$$(1) \qquad \int_{t_1}^{t_2} F(z, \dot{z})\, dt \geq \delta(\rho_1, \rho_2)$$

holds for every Lipschitz curve $z(t)$, $t_1 \leq t \leq t_2$, in G with $\dot{z}(t) \neq 0$ a.e. and $z(t_1) \in \mathcal{S}_{\rho_1}$, $z(t_2) \in \mathcal{S}_{\rho_2}$, where the equality sign in (1) is true if and only if $z(t)$ fits into the field X. Then X is an optimal field with an eikonal $S(x)$, and the transversal surfaces $\Sigma_\theta := \{x \in G: S(x) = \theta\}$ of the field yield the F-equidistant surfaces $\mathcal{S}_\rho$ (in a different parametrization).

Proof. Suppose that the inverse $X^{-1}: x \mapsto (t, \alpha)$ of the mapping $X : (t, \alpha) \mapsto x$ is given by $t = \tau(x)$, $\alpha = a(x)$, $x \in G$. Then, for any piece $X(t, \alpha)$, $\theta' \leq t \leq \theta''$, of a field curve $X(\cdot, \alpha)$ with endpoints

$P_1 = X(\theta', \alpha)$ and $P_2 = X(\theta'', \alpha)$ it follows from $F(X, \dot{X}) = 1$ that

$$\int_{\theta'}^{\theta''} F(X, \dot{X})\, dt = \theta'' - \theta' = \tau(X(\theta'', \alpha)) - \tau(X(\theta', \alpha))$$

(2)

$$= \tau(P_2) - \tau(P_1).$$

Setting $S(x) := \tau(x)$ we infer from our assumption and from (2) that

(3) $$S(P_2) - S(P_1) = \delta(\rho_1, \rho_2) > 0$$

holds for $\rho_1 < \rho_2$ if $P_1 \in \mathscr{S}_{\rho_1}$ and $P_2 \in \mathscr{S}_{\rho_2}$. We conclude that the surfaces $\Sigma_\theta := \{x \in G: S(x) = \theta\}$ yield all of the F-equidistant surfaces $\mathscr{S}_\rho$. Suppose that $\mathscr{S}_{\rho_0} = \Sigma_{\theta_0}$ for some fixed value ρ_0 of the parameter ρ. Then (2) implies

(4) $$\Sigma_\theta = \mathscr{S}_\rho \quad \text{for } \theta = \theta_0 + \delta(\rho_0, \rho) := \omega(\rho).$$

Let $z \in \mathrm{Lip}([t_1, t_2], \mathbb{R}^N)$, $\dot{z}(t) \neq 0$, $P_k = z(t_k)$, $k = 1, 2$, and $z(t) \in G$ for all $t \in [t_1, t_2]$. We infer from (1) and (3) that

$$\int_{t_1}^{t_2} F(z, \dot{z})\, dt \geq S(P_2) - S(P_1) = \int_{t_1}^{t_2} S_x(z(t)) \cdot \dot{z}(t)\, dt,$$

the equality sign holding if and only if $z(t)$ fits in the field X. Setting

(5) $$F^*(x, v) := F(x, v) - v \cdot S_x(x),$$

we arrive at

(6) $$\int_{t_1}^{t_2} F^*(x, \dot{z})\, dt \geq 0$$

and

(7) $$\int_{t_1}^{t_2} F^*(z, \dot{z})\, dt = 0 \quad \text{if and only if } (z(t), \dot{z}(t)) \sim (z(t), \Psi(z(t))) \quad \text{for } t_1 \leq t \leq t_2,$$

where $\Psi(x)$ denotes the direction field belonging to X. Dividing (6) and (7) by $t_2 - t_1 > 0$ and letting $t_2 \to t_1$ it follows that

(8) $$F^*(z(t_1), \dot{z}(t_1)) \geq 0 \quad \text{and} \quad F^*(z(t_1), \Psi(z(t_1))) = 0.$$

Moreover for every line element (x, v) with $x \in G$ there is a C^1-curve $z : [t_1, t_2] \to G$ satisfying $z(t_1) = x_1$ and $\dot{z}(t_1) = v$. Consequently (8) implies

$$F^*(x, y) \geq 0 \quad \text{for all } (x, v) \in G \times \mathbb{R}^N, \ v \neq 0,$$

and

$$F^*(x, \Psi(x)) \equiv 0,$$

whence

$$F_v^*(x, \Psi(x)) = 0 \quad \text{for all } x \in G.$$

This relation is equivalent to the Carathéodory equations

(9) $$S_x(x) = F_v(x, \Psi(x)).$$

Hence X is a Mayer field with the eikonal S and the directions Ψ, and the assumptions on X yield that X is even an optimal field. $\qquad \square$

4. Existence of Minimizers

In this section we shall study the question whether one can find a curve $x : [0, 1] \to \mathbb{R}^N$ that minimizes a given parametric integral $\mathscr{F}$ among all Lipschitz curves $z : [0, 1] \to \mathbb{R}^N$ satisfying $z([0, 1]) \subset K$ and $z(0) = P_1$, $z(1) = P_2$. Here K is a given closed set K of $\mathbb{R}^N$ and P_1, P_2 are two different preassigned points in K.

We treat this problem by two methods. The first one, presented in *4.1*, is based on local properties of the exponential map generated by F; this method works very well if $K = \mathbb{R}^N$. The second method employs a semicontinuity argument and is particularly suited to handle obstacle problems as well as isoperimetric problems. We shall develop these ideas in *4.2*.

We shall complete the section by a detailed discussion of two important examples: surfaces of revolution having least area, and geodesics on compact surfaces.

4.1. A Direct Method Based on Local Existence

We now want to prove that, under suitable assumptions on F, any pair of points $P, P' \in \mathbb{R}^N$ can be connected by an absolute minimizer of $\mathscr{F}$ which is seen to be smooth but not necessarily unique. Our method of proving existence will be based on Theorems 2 and 3* of *3.3*. Therefore *we assume in this subsection that assumptions* (A4') *and* (A5) *are satisfied*, i.e. $F(x, v)$ is a parametric Lagrangian on $G \times \mathbb{R}^N$ satisfying the following condition:

(i) *F is of class $C^0(G, \mathbb{R}^N) \cap C^3(G \times (\mathbb{R}^N - \{0\})$ and satisfies*

$$(1) \qquad F(x, \lambda v) = \lambda F(x, v) \quad \text{for } \lambda > 0 \text{ and } (x, v) \in G \times \mathbb{R}^N.$$

(ii) *There are numbers $m_1, m_2, 0 < m_1 \leq m_2$, such that*

$$(2) \qquad m_1 |v| \leq F(x, v) \leq m_2 |v| \quad \text{for all } (x, v) \in G \times \mathbb{R}^N.$$

(iii) *F is elliptic on $G \times (\mathbb{R}^N - \{0\})$*, i.e. *the Hessian matrix $Q_{vv}(x, v)$ of $Q := \frac{1}{2} F^2$ is positive definite for all line elements (x, v).*

Here G denotes a (nonempty) domain in $\mathbb{R}^N$, i.e. an open connected set of $\mathbb{R}^N$. For any pair of points $P, P' \in \mathbb{R}^N$ with $P \neq P'$ we introduce the class $\mathscr{C}(P, P')$ consisting of all regular D^1-curves $z : [a, b] \to G$ such that $z(a) = P$ and $z(b) = P'$. Let $d(P, P')$ be the F-distance of P' from P, i.e.

$$(3) \qquad d(P, P') := \inf\{\mathscr{F}(z) : z \in \mathscr{C}(P, P')\}.$$

This function has the following properties:

(4) $$d(P, P') \geq 0, \quad \text{and} \quad d(P, P') > 0 \text{ if } P \neq P',$$

(5) $$d(P, P') + d(P', P'') \leq d(P, P''),$$

while the reflexivity relation

(6) $$d(P, P') = d(P', P)$$

will in general not be true if the Lagrangian F is nonsymmetric, i.e. if not $F(x, v) = F(x, -v)$. Thus $d(P, P')$ is only a *pseudodistance* on G.

By Theorem 3* of 3.3 *there is a continuous positive function* $\delta : G \to \mathbb{R}$ *with the following property: If* $P, P' \in G$ *satisfy* $0 < |P - P'| < \delta(P)$, *then there is an (up to reparametrization) unique quasinormal F-extremal* $x : [0, 1] \to G$ *such that* $x(0) = P$, $x(1) = P'$, *and* $\mathscr{F}(x) = d(P, P')$.

We now want to prove global versions of this theorem. Our considerations will be based on the following auxiliary results.

Lemma 1. *Let* $\{P_\nu\}, \{P'_\nu\}$ *be two sequences of points in G which converge to points P, P' respectively as* $\nu \to \infty$, $P, P' \in G$. *Then we have*

(7) $$d(P, P') \leq \liminf_{\nu \to \infty} d(P_\nu, P'_\nu).$$

Furthermore if $|P - P'| < \delta(P)$, *then*

(8) $$d(P, P') = \lim_{\nu \to \infty} d(P_\nu, P'_\nu).$$

Proof. Let $\varepsilon > 0$ be an arbitrarily small number. Then there are curves $x_\nu \in \mathscr{C}(P_\nu, P'_\nu)$ such that

$$\mathscr{F}(x_\nu) < d(P_\nu, P'_\nu) + \varepsilon \quad \text{for all } \nu = 1, 2, \dots.$$

Since $P_\nu \to P$, $P'_\nu \to P'$, we can find curves $z_\nu \in \mathscr{C}(P, P')$ such that

$$\mathscr{F}(z_\nu) < \mathscr{F}(x_\nu) + \varepsilon \quad \text{for } \nu \gg 1.$$

Therefore

$$d(P, P') \leq \mathscr{F}(z_\nu) \leq d(P_\nu, P'_\nu) + 2\varepsilon \quad \text{if } \nu \gg 1,$$

whence we obtain (7).

Secondly if $|P - P'| < \delta(P)$, there is a curve $x \in \mathscr{C}(P, P')$ such that $\mathscr{F}(x) = d(P, P')$. Choosing an arbitrary $\varepsilon > 0$ we can find $z_\nu \in \mathscr{C}(P_\nu, P'_\nu)$ such that

$$\mathscr{F}(z_\nu) < \mathscr{F}(x) + \varepsilon \quad \text{for } \nu \gg 1$$

if we enlarge x by the straight segments $P_\nu P$ and $P' P'_\nu$. Thus we find

$$d(P_\nu P'_\nu) \leq \mathscr{F}(z_\nu) < \mathscr{F}(x) + \varepsilon = d(P, P') + \varepsilon \quad \text{for } \nu \gg 1,$$

whence

$$\limsup_{v \to \infty} d(P_v, P_v') \le d(P, P').$$

In conjunction with (7) we arrive at (8). $\square$

Let us denote the Euclidean length of a curve $z : [a, b] \to \mathbb{R}^N$ by $\mathscr{L}(z)$, i.e.

$$\mathscr{L}(z) := \int_a^b |\dot{z}(t)| \, dt.$$

Employing the estimate (2) one easily derives the following result.

Lemma 2. *For every D^1-curve $z : [a, b] \to G$ we have*

(9) $$m_1 \mathscr{L}(z) \le \mathscr{F}(z) \le m_2 \mathscr{L}(z), \quad 0 < m_1 \le m_2.$$

This implies the estimates

(10) $$m_1 |P - P'| \le d(P, P') \le m_2 |P - P'|$$

for any two points $P, P' \in G$.

By considering the special case $G = \mathbb{R}^N$ we can state the prototype of a global existence theorem.

Theorem 1. *Let assumptions* (i)–(iii) *be satisfied for $G = \mathbb{R}^N$. Then for any two points $P, P' \in \mathbb{R}^N$, $P \ne P'$, there is a quasinormal F-extremal $x : [0, 1] \to G$ with $x(0) = P$ and $x(1) = P'$ such that $\mathscr{F}(x) = d(P, P')$.*

Proof. Choose a sequence of curves $x_v : [0, 1] \to \mathbb{R}^N$ such that $x_v \in \mathscr{C}(P, P')$ and

(11) $$\lim_{v \to \infty} \mathscr{F}(x_v) = d(P, P').$$

By virtue of (1) and (2) we can also assume that each x_v is quasinormal, i.e.

(12) $$F(x_v(t), \dot{x}_v(t)) \equiv h_v > 0$$

whence $\mathscr{F}(x_v) = h_v \to d(P, P')$ as $v \to \infty$. Let $\varepsilon > 0$ be an arbitrarily chosen number. Then we infer from (9) and (11) that

(13) $$\mathscr{L}(x_v) \le m_1^{-1} \mathscr{F}(x_v) \le m_1^{-1} d(P, P') + \varepsilon$$

holds true for all $v \gg 1$. Let us introduce the solid ellipsoid

(14) $$E_\rho(P, P') := \{R \in \mathbb{R}^N : |P - R| + |P' - R| \le \rho\}$$

and choose $\rho := m_1^{-1} d(P, P') + \varepsilon$ for some $\varepsilon > 0$. Then it follows from (13) that

(15) $$x_v(t) \in E_\rho(P, P') \quad \text{for all } t \in [0, 1]$$

and all $v \gg 1$. Without loss of generality we can even assume that (15) holds true for all $v \in \mathbb{N}$. Now we set

(16) $$\delta^* := \sup\{\delta(P_0) : P_0 \in E_\rho(P, P')\}$$

and fix some number $\varDelta \in (0, \delta^*/m_1)$. Then we can write

(17) $d(P, P') = k\varDelta + \lambda$ for some integer $k \geq 0$ and $0 \leq \lambda < \varDelta$.

Since $d(P, P') \leq \mathscr{F}(x_\nu) = h_\nu \to d(P, P')$ we obtain that $h_\nu = k\varDelta + \lambda_\nu$ where $\lambda_\nu \to \lambda$ and $\lambda_\nu \geq \lambda$, and without loss of generality we may even assume that $\lambda_\nu < \varDelta$ for all $\nu \in \mathbb{N}$.

For any $\nu \in \mathbb{N}$ we can determine a decomposition $0 = t_0 < t_1 < t_2 < \cdots < t_\ell < t_{\ell+1} = 1$ of the interval $[0, 1]$ such that the points $p_\nu^i := x_\nu(t_i), 0 \leq i \leq \ell + 1$, satisfy $d(P_\nu^{i-1}, P_\nu^i) = \varDelta$ for $0 \leq i \leq \ell$ and $0 \leq d(P_\nu^\ell, P_\nu^{\ell+1}) < \varDelta$ where $\ell = \ell(\nu)$ is a nonnegative integer. By virtue of (10) we then obtain

$$|P_\nu^{i-1} - P_\nu^i| \leq m_1^{-1}\varDelta < m_1^{-1}m_1\delta^* = \delta^* \quad \text{for } i = 1, 2, \ldots, \ell(\nu),$$

and thus the choice (16) of δ^* implies that every point P_ν^{i-1} can be connected with the "next point" P_ν^i by a quasinormal F-extremal on which $\mathscr{F}$ has the value $d(P_\nu^{i-1}, P_\nu^i)$. Thus we can construct a quasinormal broken F-extremal $z_\nu : [0, 1] \to \mathbb{R}^N$ with vertices $P_\nu^i, i = 0, 1, \ldots, \ell(\nu)$, such that $z_\nu \in \mathscr{C}(P, P')$ and $\mathscr{F}(z_\nu) \leq \mathscr{F}(x_\nu)$ as well as $\mathscr{F}(z_\nu) = \ell(\nu)\varDelta + \lambda_\nu^*$ where $0 \leq \lambda_\nu^* < \varDelta$. From

$$d(P, P') \leq \mathscr{F}(z_\nu) \leq F(x_\nu) = h_\nu \quad \text{for } \nu = 1, 2, \ldots,$$

we now infer that

$$k\varDelta + \lambda \leq \ell(\nu)\varDelta + \lambda_\nu^* \leq k\varDelta + \lambda_\nu,$$

where

$$0 \leq \lambda \leq \lambda_\nu < \varDelta, \qquad 0 \leq \lambda_\nu^* < \varDelta.$$

This implies $\ell(\nu) = k$ and then $\lambda \leq \lambda_\nu^* \leq \lambda_\nu$. Since $\lambda_\nu \to \lambda$ we attain $\lambda_\nu^* \to \lambda$, and therefore

(18) $$\mathscr{F}(z_\nu) = \sum_{i=1}^{k+1} d(P_\nu^{i-1}, P_\nu^i) = k\varDelta + \lambda_\nu^* \to k\varDelta + \lambda \quad \text{as } \nu \to \infty.$$

Since $d(P_\nu^{i-1}, P_\nu^i) = \varDelta$ for $i = 1, 2, \ldots, k$, it follows that

$$d(P_\nu^k, P_\nu^{k+1}) = \lambda_\nu^* \to \lambda \quad \text{as } \nu \to \infty.$$

Furthermore all point P_ν^i are contained in the compact set $E_\rho(P, P')$. Hence by passing to subsequences and renumerating them we may assume that there exist points $P^0, P^1, \ldots, P^{k+1} \in E_\rho(P, P')$ such that $\lim_{\nu \to \infty} P_\nu^i = P^i, 0 \leq i \leq k + 1$, and $P^0 = P, P^{k+1} = P'$. On account of Lemma 1 we have

$$\lim_{\nu \to \infty} d(P_\nu^{i-1}, P_\nu^i) = d(P^{i-1}, P^i),$$

whence

$$d(P^{i-1}, P^i) = \varDelta \quad \text{for } 1 \leq i \leq k, \ d(P^k, P^{k+1}) = \lambda.$$

By virtue of (18) and $d(P, P') = k\varDelta + \lambda$ we therefore arrive at

(19) $$\sum_{i=1}^{k+1} d(P^{i-1}, P^i) = d(P, P').$$

Moreover note that $d(P^{i-1}, P^i) \leq \Delta$ and therefore $|P^{i-1} - P^i| < \delta^*$. Thus we can connect P^{i-1} with P^i by a quasinormal F-extremal on which $\mathscr{F}$ has the value $d(P^{i-1}, P^i)$. By splicing and renormalizing we obtain a quasinormal broken F-extremal $x : [0, 1] \to \mathbb{R}^N$ with vertices P^i, $0 \leq i \leq k + 1$, such that $x \in \mathscr{C}(P, P')$ and $\mathscr{F}(x) = d(P, P')$. Hence x is a minimizer of F in the class $\mathscr{C}(P, P')$ of admissible curves.

From Proposition 1 of 1,3.3 we infer that x satisfies the Weierstrass–Erdmann corner conditions and that x is a weak D^1-extremal of $\mathscr{F}$ in the sense of 1.3, Definition 1. Since F is elliptic on $\mathbb{R}^N \times (\mathbb{R}^N - \{0\})$, the excess function of F is positive. Thus we can apply Theorem 3 of 1.3 and obtain that $x \in C^1([0, 1], \mathbb{R}^N)$. Furthermore by Theorem 1 of 1.3 there is a constant vector $c \in \mathbb{R}^N$ such that

$$(20) \qquad F_v(x(t), \dot{x}(t)) = c + \int_0^t F_x(x(s), \dot{x}(s))\, ds$$

holds true for all $t \in [0, 1]$. Thus the function $F_v(x(t), \dot{x}(t))$ is of class C^1 for $0 \leq t \leq 1$. Moreover x is quasinormal, and so we can assume that $F(x(t), \dot{x}(t)) \equiv 1$ (otherwise we apply the following reasoning to a reparametrization $x \circ \tau$ of x by a suitable linear parameter transformation $\tau : [0, b] \to [0, 1]$). Let $Q = \frac{1}{2}F^2$ be the quadratic Lagrangian of F and let Φ be its Hamiltonian. The canonical momentum $y(t) := Q_v(x(t), \dot{x}(t)) = F_v(x(t), \dot{x}(t))$ satisfies

$$(21) \qquad y(t) = c + \int_0^t Q_x(x(s), \dot{x}(s))\, ds$$

on account of (20). Since x is of class C^1 we infer from (21) that also y is of class C^1, and that

$$(22) \qquad \dot{y} = Q_x(x, \dot{x}).$$

By the rules of the Legendre transformation we infer from $y = Q_v(x, \dot{x})$ and from (22) the Hamilton equations

$$\dot{x} = \Phi_y(x, y), \qquad \dot{y} = -\Phi_x(x, y),$$

which imply $x, y \in C^2$ (and, in fact, $x, y \in C^3$). Thus $x : [0, 1] \to \mathbb{R}^N$ is a quasinormal F-extremal of class C^3 minimizing $\mathscr{F}$ in the class $\mathscr{C}(P, P')$.   □

Remark 1. If P and P' are sufficiently far apart, the $\mathscr{F}$-minimizer in the class $\mathscr{C}(P, P')$ might not be unique. For instance if one wants to go from a point P south of a city to another point P' in the north, the quickest connection will very likely avoid the center and pass by the city either in the west or in the east, and in some situations both detours might be equally quick. We can leave it to the reader to think of a precise mathematical example. Some remarks concerning uniqueness and the Tonelli–Carathéodory uniqueness theorem can be found in L.C. Young [1], Section 53, pp. 133–143.

Remark 2. Our proof of Theorem 1 can be modified in many ways. The principal idea is to show that the lengths of the terms x_v of a "minimizing sequence" (i.e. of a sequence of curves $x_v \in \mathscr{C}(P, P')$ satisfying $\mathscr{F}(x_v) \to d(P, P')$) are uniformly bounded, and then to replace $\{x_v\}$ by another minimizing sequence $\{z_v\}$ whose terms z_v are broken extremals with a uniformly bounded number of vertices.

Then we can assume that each z_ν has $k + 2$ vertices $P_\nu^0, P_\nu^1, \ldots, P_\nu^{k+1}$ converging to limits $P^0, P^1, \ldots,$ P^k, P^{k+1} as $\nu \to \infty$. Then one has somehow to show that there is a broken extremal x with vertices $P^0, P^1, \ldots, P^{k+1}$ minimizing $\mathscr{F}$ in $\mathscr{C}(P, P')$. Finally one has to show that there are no minimizers which have true corners. This can also be achieved by picking two points on the curve close to the corner, one to the left and one to the right which are connected by an extremal arc, and then the arc is embedded into a Mayer field. As all field lines are smooth, no truely broken arc within the field can be minimizing. This local reasoning shows that x cannot be broken.

Hilbert (1900) was the first to put this reasoning on firm grounds, and many authors have developed variations and extensions of Hilbert's scheme of proof; we particularly mention Carathéodory, Lebesgue, and Tonelli.[13] Of particular importance is a variant based on the so-called *lower-semicontinuity method* developed by Tonelli. In the next subsection we shall see how this method works. A historical survey of direct methods in the calculus of variations and systematic presentation of lower-semicontinuity methods with applications to multiple integrals will be given in a separate treatise.

Let us now state an extension of Theorem 1 to domains G different from $\mathbb{R}^N$.

Theorem 2. *Suppose that assumptions* (i)–(iii) *are satisfied, and let P, P' be two different points in G such that the ellipsoid $E_\rho(P, P')$ is contained in G for some $\rho > m_1^{-1}d(P, P')$. Then there is a quasinormal F-extremal $x \in \mathscr{C}(P, P')$ such that $\mathscr{F}(x) = d(P, P')$.*

Proof. Choose a minimizing sequence of curves $\{x_\nu\}$, i.e. a sequence of curves $x_\nu \in \mathscr{C}(P, P')$ such that $\mathscr{F}(x_\nu) \to d(P, P')$. Again we infer that $\mathscr{L}(x_\nu) < \rho$ for all $\nu \gg 1$ provided that $\rho > m_1^{-1}d(P, P')$, see (13). This implies

$$x_\nu(t) \in E_\rho(P, P') \quad \text{for all } t \in [0, 1]$$

as well as

$$z_\nu(t) \in E_\rho(P, P') \quad \text{for all } t \in [0, 1]$$

provided that $\nu \gg 1$ and $\mathscr{F}(z_\nu) \le \mathscr{F}(x_\nu)$. Moreover we can choose $\rho > m_1^{-1}d(P, P')$ in such a way that $E_\rho(P, P') \subset G$. From here on the proof proceeds in the same way as before. $\qquad \square$

Remark 3. We shall refrain from formulating further, more or less obvious extensions of Theorem 1. Note, however, that without assumptions on P, P' or else on the shape of G one cannot expect to connect P with P' by an F-extremal which minimizes $\mathscr{F}$ in the class $\mathscr{C}(P, P')$. For instance if G is a nonconvex domain in $\mathbb{R}^N$, then there are points P, P' in G such that any curve of shortest length connecting P and P' must necessarily touch the boundary of G and will, therefore, usually not be of class C^2, and sometimes it even is not of class C^1 (see Fig. 20). Here we have entered the realm of *obstacle problems*. In the next subsection we shall see that one can find F-minimizers for very general kinds of obstacle problems but the examples of Fig. 20 show that these minimizers will in general not be smooth. Thus we are forced to deal with nonsmooth analytical problems, and this difficulty occurs in many parts in the calculus of variations.

---

[13] See e.g. Carathéodory [16], Vol. 1; [2], pp. 314–335; Tonelli [1]; Bolza [3], pp. 419–456; L.C. Young [1], pp. 122–154.

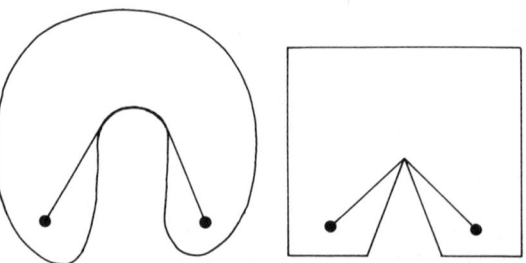

Fig. 20. Obstacle problems.

Our examples above show that for the arc-length functional $\mathscr{L}$ the convexity of G is mandatory in order to avoid obstacle problems. Similarly one can try to formulate F-convexity conditions for G in order to guarantee that any two points P, $P' \in G$ can be connected in G by a minimizing F-extremal. However, in general it will be difficult to check such conditions, and therefore it is often not clear whether one can apply the corresponding results in concrete situations. In Riemannian geometry the situation is better since one often can ensure certain convexity properties of G by assumptions on the curvature of its boundary. Concerning F-*convexity* (or "geodesic convexity") of G and the existence of minimizing F-extremals we refer to Carathéodory [10], pp. 319–322.

4.2. Another Direct Method Using Lower Semicontinuity

We now want to present a second direct method to establish the existence of minimizers of parametric variational integrals. While the method described in the previous subsection was based on results obtained by field theory, our second technique does not use any results of this kind. Instead we use the fact that variational integrals $\mathscr{F}(x)$ are sequentially lower semicontinuous with respect to suitable convergence of x. This rather primitive idea due to Lebesgue was developed by Tonelli to a very powerful tool which can be applied to multiple integrals as well as to isoperimetric problems or obstacle problems. An extensive presentation of the lower semicontinuity method applied to multiple integrals as well as a historical account will be given in another treatise. In this subsection we shall treat the obstacle problem for parametric integrals; our results will be somewhat more general than those of *4.1* since we can incorporate cases where the minimizers touch the boundary of the obstacle.

In this section we make the following basic

Assumption (A6). *Let K be a closed connected set in $\mathbb{R}^N$ and let $F(x, v)$ be a Lagrangian of class $C^0(K \times \mathbb{R}^N)$ which satisfies*

$$(1) \qquad m_1|v| \leq F(x, v) \leq m_2|v| \quad \text{for all } (x, v) \in K \times \mathbb{R}^N$$

and some fixed numbers m_1, m_2 with $0 < m_1 \leq m_2$.

In the sequel we want to choose $I := [0, 1]$ as parameter interval for the admissible curves $x(t)$, $t \in I$, which are to be of class $\text{Lip}(I, \mathbb{R}^N)$ and to satisfy $x(I) \subset K$. Here $\text{Lip}(I, \mathbb{R}^N)$ denotes the class of mappings $x : I \to \mathbb{R}^N$ satisfying a Lipschitz condition

$$|x(t) - x(t')| \le L|t - t'| \quad \text{for all } t, t' \in I,$$

where the constant $L > 0$ may depend on x. For such curves we define the functionals

$$\mathscr{F}(x) := \int_0^1 F(x, \dot{x}) \, dt, \qquad \mathscr{L}(x) := \int_0^1 |\dot{x}| \, dt, \qquad \mathscr{Q}(x) := \int_0^1 Q(x, \dot{x}) \, dt$$

where $Q(x, v) = \frac{1}{2} F^2(x, v)$ is the quadratic Lagrangian associated with F, and

$$\mathscr{G}(x) := \sqrt{2 \mathscr{Q}(x)}.$$

By Schwarz's inequality we obtain

Lemma 1. *For all $x \in \text{Lip}(I, \mathbb{R}^N)$ with $x(I) \subset K$ we have*

(2) $$\mathscr{F}(x) \le \mathscr{G}(x),$$

and the equality sign holds if and only if

$$F(x(t), \dot{x}(t)) = \text{const a.e. on } I.$$

We now fix two points $P_1, P_2 \in K$ with $P_1 \ne P_2$ which can be connected in K by some Lipschitz arc. Then the set $\mathscr{C} = \mathscr{C}(P_1, P_2, K)$ of all curves $x \in \text{Lip}(I, \mathbb{R}^N)$ satisfying $x(I) \subset K$ and $x(0) = P_1, x(1) = P_2$ is nonvoid. We want to solve the *variational problem*

(3) $$\mathscr{F}(x) \to \min \quad \text{among all } x \in \mathscr{C},$$

i.e. we want to find some $x \in \mathscr{C}$ such that $\mathscr{F}(x) = \inf_{\mathscr{C}} \mathscr{F}$.

Note that $\mathscr{C}$ contains irregular curves, i.e. curves whose derivatives vanish on one or several subintervals of I. Therefore minimizers of $\mathscr{F}$ might also be irregular in this sense. However, the following result shows that we can nevertheless expect to find regular minimizers.

Lemma 2. *To any $x \in \mathscr{C}$ we can find a quasinormal $\xi \in \mathscr{C}$ such that $\mathscr{F}(\xi) = \mathscr{F}(x)$.*

Proof. Consider the function $\sigma(t) := \int_0^t |\dot{x}| \, dt$ which is continuous and increasing on I. It is easy to see that $\sigma(t)$ has at most denumerably many intervals of constancy; they are exactly the constancy intervals of x. Removing the interiors of these intervals step by step from x and "pulling the holes together", we can construct a curve $y \in \text{Lip}(I^*, \mathbb{R}^N)$ such that $I^* = [a, b]$, $0 \le a < b < 1$, $y(a) = P_1$, $y(b) = P_2$, $y(I^*) \subset K$, $\mathscr{F}(x) = \mathscr{F}(y)$, and that $y(t)$ has no intervals of constancy in I^* (note that $a < b$ follows from the assumption $P_1 \ne P_2$). By a suitable linear parameter transformation we can pass from y to another curve $z : I \to \mathbb{R}$ which is of class $\mathscr{C}$, satisfies $\mathscr{F}(x) = \mathscr{F}(z)$, and has no intervals of constancy. Thus we may assume that the original curve $x \in \mathscr{C}$ has no constancy intervals, and that $\sigma(t)$ is strictly increasing. Then σ defines a 1–1-mapping of I onto $[0, \ell]$ where $\ell := \sigma(1) > 0$ is the arc length $\mathscr{L}(x)$ of x. Since σ is continuous, a well-known reasoning yields that also the inverse τ of σ yields a continuous, strictly increasing map of $[0, \ell]$ onto I.

Now we consider the reparametrization $\xi := x \circ \tau$ of x. Let $0 \le t_1 \le t_2 \le 1$ and $s_1 := \sigma(t_1)$, $s_2 := \sigma(t_2)$. Since the total variation of an arc is invariant with respect to reparametrization, we have

$$\int_{t_1}^{t_2} |dx(t)| = \int_{s_1}^{s_2} |d\xi(s)|.$$

Moreover we have

$$\sigma(t_2) - \sigma(t_1) = \int_{t_1}^{t_2} |\dot{x}(t)| \, dt = \int_{t_1}^{t_2} |dx(t)|$$

since $x \in \mathrm{Lip}(I, \mathbb{R}^N)$. Thus we arrive at

$$s_2 - s_1 = \int_{s_1}^{s_2} |d\xi(s)|,$$

which in particular implies that

$$|\xi(s_2) - \xi(s_1)| \le |s_2 - s_1| = s_2 - s_1.$$

Thus $\xi(s)$ is Lipschitz continuous, and we obtain

$$\int_{s_1}^{s_2} |d\xi(s)| = \int_{s_1}^{s_2} |\dot{\xi}(s)| \, ds,$$

whence finally

$$\int_{s_1}^{s_2} |\dot{\xi}(s)| \, ds = s_2 - s_1.$$

This implies $|\dot{\xi}(s)| = 1$ for almost all $s \in [0, \ell]$. Furthermore we have $\mathscr{F}(\xi) = \mathscr{F}(x \circ \tau) = \mathscr{F}(x)$.

Thus we can assume that the original curve $x \in \mathscr{C}$ satisfies $|\dot{x}(t)| = \ell$ for almost all $t \in [0, 1]$ where $\ell := \mathscr{L}(x) > 0$. Now we set

$$c := \int_0^1 F(x(t), \dot{x}(t)) \, dt, \quad m_1 \ell \le c \le m_2 \ell,$$

and

$$\sigma(t) := \frac{1}{c} \int_0^t F(x(t), \dot{x}(t)) \, dt.$$

Then σ yields a strictly increasing mapping of I onto itself which is Lipschitz continuous and satisfies

$$\dot{\sigma}(t) = \frac{1}{c} F(x(t), \dot{x}(t)) \quad \text{a.e. on } I,$$

whence

$$m_1/m_2 \le \dot{\sigma}(t) \le m_2/m_1 \quad \text{a.e. on } I.$$

Therefore also the inverse τ of σ is Lipschitz continuous on I, and we infer that the reparametrized curve $\xi(s) := x(\tau(s))$, $s \in I$, is of class $\mathscr{C}$ and satisfies

$$\dot{\xi}(s) = \frac{c}{F(x(t), \dot{x}(t))} \dot{x}(t), \quad t := \tau(s),$$

for almost all $s \in I$. This implies

$$F(\xi(s), \dot{\xi}(s)) = c > 0 \quad \text{a.e. on } I,$$

i.e. $\xi(s)$ is a quasinormal reparametrization of $x(t)$, and the parameter invariance of $\mathscr{F}$ yields $\mathscr{F}(x) = \mathscr{F}(\xi)$. $\qquad\square$

The next result is an immediate consequence of the Lemmata 1 and 2.

Lemma 3. *We have*

$$\inf_{\mathscr{C}} \mathscr{F} = \inf_{\mathscr{C}} \mathscr{G}.$$

We set

(4) $$e := \inf_{\mathscr{C}} \mathscr{F} = \inf_{\mathscr{C}} \mathscr{G}.$$

A sequence $\{x_p\}$ of functions $x_p \in \mathscr{C}$ is called a *minimizing sequence*[14] for the variational problem (3) if $\mathscr{F}(x_p) \to e$ as $p \to \infty$. Analogously it is said to be a minimizing sequence for the problem

(5) $$\mathscr{G}(x) \to \min \text{ among all } x \in \mathscr{C}$$

if we have $\mathscr{G}(x_p) \to e$ as $p \to \infty$.

For the two variational problems (3) and (5) we have the following crucial result.

Lemma 4. *There exists a sequence $\{x_p\}$ of elements $x_p \in \mathscr{C}$ with the following properties*:
  (i) *$\{x_p\}$ is a minimizing sequence both for (3) and (5).*
  (ii) *All curves x_p are quasinormal.*
  (iii) *For all $p \in \mathbb{N}$ and all $t, t' \in I$ we have*

---

[14] The notation *infimizing sequence* would be more appropriate but we do not want to change the time-honoured terminology.

$$|x_p(t) - x_p(t')| \le L|t - t'|,$$

$$|x_p(t)| \le L_0,$$

where L and L_0 are uniform constants independent of p, t, and t'.

(iv) *There is a function $x \in \mathscr{C}$ such that*

$$\lim_{\substack{p \to \infty}} \sup_I |x - x_p| = 0.$$

Proof. Let us choose a sequence of curves $x_p \in \mathscr{C}$ such that $\mathscr{F}(x_p) \to e$ as $p \to \infty$. By Lemma 2 we can assume that every x_p is quasinormal whence $\mathscr{F}(x_p) = \mathscr{G}(x_p)$ for all $p \in \mathbb{N}$ and thus $\mathscr{G}(x_p) \to e$. Hence $\{x_p\}$ is a minimizing sequence for (3) and (5).

Because of $\mathscr{F}(x_p) \to e$ there is a constant $M > 0$ such that $\mathscr{F}(x_p) \le M$ for all $p = 1, 2, \ldots$. Then the quasinormality of the x_p implies $F(x_p(t), \dot{x}_p(t)) \le M$ for all $p \in \mathbb{N}$ and almost all $t \in I$, and inequality (1) implies

$$|\dot{x}_p(t)| \le L \quad \text{for all } p \in \mathbb{N} \text{ and almost all } t \in I$$

if we set $L := M/m_1$. From the relation

$$x_p(t) - x_p(t') = \int_{t'}^{t} \dot{x}_p(\tau) \, d\tau,$$

we finally infer

$$|x_p(t) - x_p(t')| \le L|t - t'| \quad \text{for all } t, t' \in I$$

and the first estimate of (iii) is proved.

Since $x_p(0) = P_1$ for all $p \in \mathbb{N}$, the second estimate follows from

$$|x_p(t)| \le |x_p(t) - x_p(0)| + |P_1| \le L + |P_1| := L_0.$$

Thus we have verified the statements (i)–(iii).

On account of (iii) we can apply Arzelà–Ascoli's theorem to $\{x_p\}$, thereby obtaining a subsequence of $\{x_p\}$ which converges uniformly to some $x \in C^0(I, \mathbb{R}^N)$. Denoting this subsequence again by $\{x_p\}$ we have

$$\lim_{\substack{p \to \infty}} \sup_I |x - x_p| = 0,$$

and from the first inequality of (iii) we deduce that

$$|x(t) - x(t')| \le L|t - t'| \quad \text{for all } t, t' \in I.$$

Thus the limit $x(t)$ is of class $\mathrm{Lip}(I, \mathbb{R}^N)$, and the relations $x(0) = P_1$, $x(1) = P_2$ follow from $x_p(0) = P_1$ and $x_p(1) = P_2$; thus we have $x \in \mathscr{C}$. $\qquad\square$

As the key idea of our reasoning we shall now formulate the lower semicontinuity property of $\mathscr{F}$ (and of $\mathscr{Q}$ and $\mathscr{G}$).

Lemma 5. *Besides* (A6) *we assume that, for any* $x \in K$, *the Lagrangian* $F(x, v)$ *is convex with respect to the variable* $v \in \mathbb{R}^N$, *and that* $F(x, \cdot) \in C^1(\mathbb{R}^N - \{0\})$. *Furthermore let* $\{x_p\}$ *be a sequence of curves* $x_p \in \mathscr{C}$ *which have the properties* (ii)–(iv) *of Lemma* 4. *Then we obtain*

(6) $$\mathscr{F}(x) \leq \liminf_{p \to \infty} \mathscr{F}(x_p)$$

and

(7) $$\mathscr{Q}(x) \leq \liminf_{p \to \infty} \mathscr{Q}(x_p), \qquad \mathscr{G}(x) \leq \liminf_{p \to \infty} \mathscr{G}(x_p).$$

Remark 1. We recall the following facts: If $F(x, \cdot)$ is of class $C^1(\mathbb{R}^N - \{0\})$, then the convexity of $F(x, \cdot)$ is equivalent to the fact that the excess function

(8) $$\mathscr{E}_F(x, v, w) = F(x, w) - F(x, v) - (w - v) \cdot F_v(x, v)$$

satisfies

(9) $$\mathscr{E}_F(x, v, w) \geq 0 \quad \text{for all } v, w \in \mathbb{R}^N - \{0\}.$$

Furthermore if $F(x, \cdot) \in C^2(\mathbb{R}^N - \{0\})$, then (9) follows from the assumption that $F(x, v)$ is elliptic on all line elements (x, v) with the fixed supporting point $x \in K$.

Proof of Lemma 5. By assumption (properties (iii) and (iv) of Lemma 4) we have that both $(x(t), \dot{x}(t))$ and $(x_p(t), \dot{x}_p(t))$ are contained in the compact subset $S := \{K \cap \bar{B}_{L_0}(0)\} \times \bar{B}_L(0)$ of $K \times \mathbb{R}^N$ for all $p \in \mathbb{N}$ and almost all $t \in \mathring{I}$. Since F is continuous on $K \times \mathbb{R}^N$, it is even uniformly continuous in S. Hence we obtain

$$\limsup_{p \to \infty}{}_I |F(x_p, \dot{x}_p) - F(x, \dot{x}_p)| = 0,$$

whence

(10) $$\lim_{p \to \infty} \left| \mathscr{F}(x_p) - \int_0^1 F(x, \dot{x}_p) \, dt \right| = 0.$$

Let us introduce the (nonparametric) Lagrangian

$$H(t, v) := F(x(t), v) \quad \text{for } (t, v) \in I \times \mathbb{R}^N,$$

and the associated functional

$$\mathscr{H}(z) := \int_0^1 H(t, \dot{z}(t)) \, dt,$$

which is defined for any Lipschitz function $z(t)$, $t \in I$. Then relation (10) can be written as

$$\lim_{p \to \infty} |\mathscr{F}(x_p) - \mathscr{H}(x_p)| = 0.$$

Since $\mathscr{F}(x) = \mathscr{H}(x)$, inequality (6) turns out to be equivalent to

(11) $$\mathscr{H}(x) \leq \liminf_{p \to \infty} \mathscr{H}(x_p).$$

We are now going to verify (11). Set $I_0 := \{t \in I: \dot{x}(t) = 0\}$ and $I' := I - I_0$. Since $H \geq 0$ and $H(t, 0) = 0$ we trivially obtain

$$(12) \qquad \int_{I_0} H(t, \dot{x}(t))\, dt \leq \int_{I_0} H(t, \dot{x}_p(t))\, dt \quad \text{for all } p \in \mathbb{N}.$$

Furthermore we have the relations $\dot{x}(t) \neq 0$ and $\dot{x}_p(t) \neq 0$ a.e. on I'. Since $f(x(t), \cdot)$ is convex, it follows by Remark 1 for almost all $t \in I'$ that

$$(13) \qquad F(x(t), \dot{x}_p(t)) \geq F(x(t), \dot{x}(t)) + \{\dot{x}_p(t) - \dot{x}(t)\} \cdot F_v(x(t), \dot{x}(t)).$$

Introducing the measurable bounded function $\psi(t)$, $t \in \mathbb{R}$, by

$$\psi(t) := F_v(x(t), \dot{x}(t)) \quad \text{for } t \in I', \qquad \psi(t) := 0 \quad \text{for } t \in \mathbb{R} - I',$$

we can write (13) as

$$H(t, \dot{x}_p(t)) \geq H(t, \dot{x}(t)) + \frac{d}{dt}\{x_p(t) - x(t)\} \cdot \psi(t)$$

for almost all $t \in I'$. In conjunction with (12) we arrive at

$$(14) \qquad \mathcal{H}(x) \leq \mathcal{H}(x_p) - \int_0^1 \psi(t) \cdot \frac{d}{dt}\{x_p(t) - x(t)\}\, dt.$$

Given any $\varepsilon > 0$ we can find a function $\varphi \in C_0^\infty(I, \mathbb{R}^N)$ such that $\int_0^1 |\psi(t) - \varphi(t)|\, dt < \varepsilon$, whence

$$\left| \int_0^1 |\psi(t) - \varphi(t)| \frac{d}{dt}\{x_p(t) - x(t)\}\, dt \right|$$

$$\leq (\sup_I |\dot{x}_p| + \sup_I |\dot{x}|) \int_0^1 |\psi(t) - \varphi(t)|\, dt \leq 2L\varepsilon.$$

Furthermore we have

$$\int_0^1 \varphi(t) \cdot \frac{d}{dt}\{x_p(t) - x(t)\}\, dt = \int_0^1 \dot{\varphi}(t) \cdot \{x_p(t) - x(t)\}\, dt.$$

Then we infer from (14) that

$$\mathcal{H}(x) \leq \mathcal{H}(x_p) + 2L\varepsilon + \int_0^1 \dot{\varphi}(t) \cdot \{x_p(t) - x(t)\}\, dt,$$

whence

$$\mathcal{H}(x) \leq \liminf_{p \to \infty} \mathcal{H}(x_p) + 2L\varepsilon$$

for any $\varepsilon > 0$, and consequently

$$\mathcal{H}(x) \leq \liminf_{p \to \infty} \mathcal{H}(x_p).$$

Thus we have verified (6), and similarly (7) is proved.   □

Now we can prove our principal *existence theorem*.

Theorem 1. *Let K be a closed connected set in $\mathbb{R}^N$ and let $F(x, v)$ be a parametric Lagrangian defined for $(x, v) \in K \times \mathbb{R}^N$ which satisfies (A6). Assume also that, for any $x \in K$, $F(x, v)$ is convex with respect to the variable $v \in \mathbb{R}^N$, and that $F(x, v)$ is of class $C^1(\mathbb{R}^N - \{0\})$. Finally let P_1 and P_2 be two points in K, $P_1 \neq P_2$, such that the class $\mathscr{C}(P_1, P_2, K)$ of admissible curves $x \in \mathrm{Lip}(I, \mathbb{R}^N)$ connecting P_1 and P_2 within K is nonempty. Then there exists a quasinormal curve $x \in \mathscr{C}(P_1, P_2, K)$ which is a minimizer both of $\mathscr{F}$ and $\mathscr{Q}$ in the class $\mathscr{C}$, that is,*

$$\mathscr{F}(x) = \inf_{\mathscr{C}} \mathscr{F} \quad and \quad \mathscr{Q}(x) = \inf_{\mathscr{C}} \mathscr{Q}.$$

Proof. Since $\mathscr{C}$ is nonempty, there exists a minimizing sequence of curves $x_p \in \mathscr{C}$, $p = 1, 2, \ldots$, such that properties (i)–(iv) of Lemma 4 are satisfied. By means of Lemma 5 we then infer that the limit x of $\{x_p\}$ satisfies

$$\mathscr{F}(x) \leq \liminf_{p \to \infty} \mathscr{F}(x_p) = e$$

and

$$\mathscr{G}(x) \leq \liminf_{p \to \infty} \mathscr{G}(x_p) = e.$$

Since $x \in \mathscr{C}$ we obtain on the other hand that

$$\mathscr{F}(x) \geq e \quad and \quad \mathscr{G}(x) \geq e,$$

whence

$$\mathscr{F}(x) = \mathscr{G}(x) = e.$$

On account of Lemma 1 we finally conclude that x is quasinormal since $e > 0$. $\qquad\square$

Remark 2. We note that instead of (1) it suffices to assume

(1') $\qquad\qquad\qquad m_1 |v| \leq F(x, v) \quad$ for all $(x, v) \in K \times \mathbb{R}^N$

and some $m_1 > 0$. In fact, if $\{x_p\}$ is a minimizing sequence of (3), then there is a constant $M > 0$ such that $\mathscr{F}(x_p) \leq M$ for all $p \in \mathbb{N}$. By (1') we obtain $\mathscr{L}(x_p) :\leq M/m_1$ for $p = 1, 2, \ldots$. Setting $R := M/m_1$ we see that $|x_p(t) - P_1| \leq R$ for all $t \in I$ and $p \in \mathbb{N}$. Thus all curves $x_p(I)$ are contained in the compact set $K^* := K \cap \overline{B}_R(P_1)$. Since $K^* \times S^{N-1}$ is compact, there is some constant $m_2 > 0$ such that $F(x, v) \leq m_2$ for all $(x, v) \in K^* \times S^{N-1}$ whence

(1'') $\qquad\qquad\qquad F(x, v) \leq m_2 |v| \quad$ for all $(x, v) \in K^* \times \mathbb{R}^N$.

Now we may essentially proceed as before having replaced K by K^*.

Moreover we can show by an approximation argument that the assumption $F(x, \cdot) \in C^1(\mathbb{R}^N - \{0\})$ is superfluous. We leave the proof of this observation to the reader.

In general we cannot expect that a minimizer of $\mathscr{F}$ in $\mathscr{C}$ is an extremal (see Fig. 20). In fact there might even be only one Lipschitz curve in K connecting P_1 with P_2 since we have not imposed any regularity assumptions on K. However we have

Proposition 1. *Suppose that $F(x, v)$ is of class C^1 on $K \times (\mathbb{R}^N - \{0\})$ and let $x \in \mathscr{C}(P_1, P_2, K)$ be a quasinormal minimizer of $\mathscr{F}$ among all curves in $\mathscr{C}(P_1, P_2, K)$, $P_1 \neq P_2$. Assume also that $x(I) \subset \text{int } K$. Then x is a weak Lipschitz extremal of $\mathscr{F}$.*

Proof. Let $\varphi \in C_c^\infty(I, \mathbb{R}^N)$ and consider the one-parameter family of curves

$$z(t, \varepsilon) := x(t) + \varepsilon\varphi(t), \quad t \in I, \; |\varepsilon| < \varepsilon_0.$$

For sufficiently small $\varepsilon_0 > 0$ and $\delta > 0$ we obtain that $z(t, \varepsilon) \in K$ and $|\dot{z}(t, \varepsilon)| > \delta$ a.e. on I for all $\varepsilon \in [-\varepsilon_0, \varepsilon_0]$. Hence $f(\varepsilon) := \mathscr{F}(z(\cdot, \varepsilon))$ is differentiable and $f(\varepsilon) \geq f(0)$ for $|\varepsilon| < \varepsilon_0 \ll 1$. Then the reasoning of Chapter 1 yields $f'(0) = 0$, that is

$$(15) \qquad \delta\mathscr{F}(x, \varphi) := \int_0^1 [F_x(x, \dot{x}) \cdot \varphi + F_v(x, \dot{x}) \cdot \dot{\varphi}] \, dt = 0. \qquad \square$$

Next we shall prove a *regularity theorem* for weak Lipschitz extremals which can be applied to minimizers x of $\mathscr{F}$ in $\mathscr{C}$ satisfying $x(I) \subset \text{int } K$.

Proposition 2. *Suppose that $F(x, v)$ satisfies (A6) and is of class C^2 on $K \times (\mathbb{R}^N - \{0\})$. Assume also that all line elements $(x, v) \in K \times (\mathbb{R}^N - \{0\})$ are elliptic, and let x be a quasinormal curve in K which is a weak Lipschitz extremal of $\mathscr{F}$. Then x is an extremal of $\mathscr{F}$, i.e. $x \in C^2(I, \mathbb{R}^N)$, $\dot{x}(t) \neq 0$, and*

$$(16) \qquad \frac{d}{dt} F_v(x(t), \dot{x}(t)) - F_x(x(t), \dot{x}(t)) = 0.$$

Proof. There is a constant $c > 0$ such that $F(x, \dot{x}) = c$ whence

$$(17) \qquad 0 < c/m_2 \leq |\dot{x}(t)| \leq c/m_1 \text{ for almost all } t \in I.$$

Moreover by Theorem 1' of *1.3* there is a constant vector $\lambda \in \mathbb{R}^N$ such that

$$(18) \qquad F_v(x(t), \dot{x}(t)) = \lambda + \int_0^t F_x(x(s), \dot{x}(s)) \, ds.$$

If we multiply (18) by c and set $Q := \frac{1}{2}F^2$, it follows that

$$Q_v(x(t), \dot{x}(t)) = \lambda c + \int_0^t Q_x(x(s), \dot{x}(s)) \, ds \quad \text{a.e. on } I.$$

Introducing the Hamilton function $\Phi(x, y)$ corresponding to $Q(x, v)$ which is also of class C^2 for $y \neq 0$, we obtain for the momentum $y(t) := Q_v(x(t), \dot{x}(t))$ the equation

$$(19) \qquad y(t) = \lambda c - \int_0^t \Phi_x(x(s), y(s)) \, ds \quad \text{a.e. on } I.$$

Our assumptions imply that the integrand $\Phi_x(x(t), y(t))$ is of class $L^\infty(I, \mathbb{R}^N)$

whence (19) yields that $y(t)$ is Lipschitz continuous on I. Thus $\Phi_x(x(t), y(t))$ is continuous on I, and (19) now implies that $y(t)$ is of class C^1 on I. From

$$\dot{x}(t) = \Phi_y(x(t), y(t))$$

and $\Phi \in C^2$ we then infer that $\dot{x} \in C^1(I, \mathbb{R}^N)$, i.e. $x \in C^2(I, \mathbb{R}^N)$. Differentiating (18), we obtain the Euler equation (16). $\qquad\square$

Remark 3. It follows from (18) that it suffices to assume $F \in C^1$ and $F_v \in C^1$ for $v \neq 0$ instead of $F \in C^2$ for $v \neq 0$ to ensure that the assertion of Theorem 3 remains valid.

Taking Propositions 1, 2 and Remark 2 into account, we obtain the following result as a corollary of Theorem 1.

Theorem 2. *Let $F(x, v)$ be a parametric Lagrangian which is continuous on $\mathbb{R}^N \times \mathbb{R}^N$, elliptic and of class C^2 on $\mathbb{R}^N \times (\mathbb{R}^N - \{0\})$, and satisfies*

$$F(x, v) \geq m_1 |v| \quad \text{for all } (x, v) \in \mathbb{R}^N \times \mathbb{R}^N,$$

where m_1 is a positive constant. Then we can connect any two points $P_1, P_2 \in \mathbb{R}^N$, $P_1 \neq P_2$, by a quasinormal F-extremal $x : I \to \mathbb{R}^N$ which minimizes both $\mathscr{F}$ and $\mathscr{D}$ among all arcs $z \in \text{Lip}(I, \mathbb{R}^N)$ with $z(0) = P_1$ and $z(1) = P_2$.

Remark 4. A slight modification of our previous reasoning shows that we can replace (1) or (1′) by the following somewhat weaker assumption on F:
    (i) $F(x, v) > 0$ for all line elements;
    (ii) If $|P| \to \infty$ then also $e(P) \to \infty$ where $e(P)$ denotes the infimum of $\mathscr{F}(x)$ for all $x \in \mathscr{C}(0, P, \mathbb{R}^N)$.

Remark 5. The crucial step in the regularity proof is the verification of the relation $x(I) \subset \text{int } K$, i.e. we have to ensure that the minimizer $x(t)$, $t \in I$, stays away from the boundary of the set K. This will trivially be satisfied if ∂K is void, i.e., if $K = \mathbb{R}^N$, or more generally, if we consider minimum problems

$$\int_0^1 F(c(t), \dot{c}(t)) \, dt \to \min$$

for curves $c : I \to M$ in compact N-dimensional manifolds M without boundary. We shall briefly discuss this situation in *4.4.*
    Occasionally the following *inclusion principle* can be used to verify (15):
    If int K is nonempty and $P_1, P_2 \in \text{int } K$, one tries to find a compact subset K^* of int K containing P_1 and P_2 such that any minimizer x of $\mathscr{F}$ in the class $\mathscr{C} = \mathscr{C}(P_1, P_2, K)$ must necessarily satisfy $x(t) \in K^*$ for all $t \in I$.
    An application of this device will be given in *4.3.*

4.3. Surfaces of Revolution with Least Area

We now want to proceed with the discussion of minimal sufaces of revolution which was started in *5,2.4.* Our aim is to determine all surfaces of revolution furnishing an absolute or relative minimum of area among all rotationally symmetric surfaces bounded by two circles C_1 and C_2 in parallel planes Π_1 and Π_2 and with centers M_1 and M_2 on an axis A meeting Π_1 and Π_2 perpendicularly at M_1 and M_2 respectively.

As we already know, this minimum problem for surfaces can be reduced to a minimum problem for curves by expressing the area of a given surface of revolution in terms of a meridian using Guldin's formula. Let us recall how this reduction is carried out. We introduce Cartesian coordinates x, z in a plane through A such that A becomes the x-axis. Consider two points $P_1 = (x_1, z_1)$ and $P_2 = (x_2, z_2)$ with $z_1 > 0$, $z_2 > 0$, and $x_1 < x_2$, and suppose that the circles C_1 and C_2 are obtained by revolving P_1 and P_2 about the x-axis. Then $M_1 = (x_1, 0)$ and $M_2 = (x_2, 0)$ are the centers of C_1 and C_2.

Let $I = \{t : 0 \le t \le 1\}$, and denote by $\mathscr{C}$ the class of curves $\eta(t) = (x(t), z(t))$, $t \in I$, with $\eta \in \mathrm{Lip}(I, \mathbb{R}^2)$ which satisfy $z(t) \ge 0$ for all $t \in I$ as well as $\eta(0) = P_1$, $\eta(1) = P_2$ and $\dot{\eta}(t) \ne 0$. Then the area $\mathscr{A}$ of a surface of revolution with some meridian $\eta \in \mathscr{C}$ is given by

$$\mathscr{A} = 2\pi \int_0^1 z\sqrt{\dot{x}^2 + \dot{z}^2}\, dt.$$

Hence the least-area problem for surfaces of revolution is equivalent to finding the minimizers $\eta \in \mathscr{C}$ of the functional

(1)
$$\mathscr{F}(\eta) = \int_0^1 F(\eta, \dot{\eta})\, dt = \int_0^1 z|\dot{\eta}|\, dt,$$

within the class $\mathscr{C}$ where we have set

(2)
$$F(y, v) := z|v| = z\sqrt{p^2 + q^2}$$

for $y = (x, z) \in \mathbb{R}^2$ and $v = (p, q) \in \mathbb{R}^2$.

Note that this variational problem is an *obstacle problem* with $\{(x, z) : z < 0\}$ as obstacle since we have postulated that admissible curves $\eta(t)$, $t \in I$, are not allowed to penetrate in the lower half-plane. Thus we have to reckon with minimizers which touch the x-axis, the boundary of the obstacle. This, in fact, happens since the so-called *Goldschmidt curve* $\gamma : I \to \mathbb{R}^2$ in $\mathscr{C}$ turns out to be a "local minimizer". This curve is defined as D^1-parametrization of the polygon $\Gamma = P_1 M_1 M_2 P_2$ with vertices P_1, M_1, M_2, P_2 which satisfies $\gamma(0) = P_1$, $\gamma(1) = P_2$, $|\dot{\gamma}(t)| = \mathrm{const}$, and maps I bijectively onto Γ. Clearly γ is an element of $\mathscr{C}$. Let us introduce the numbers $r > 0$ and $\rho > 0$ by

(3)
$$r := \overline{P_1 P_2} = \sqrt{(x_1 - x_2)^2 + (z_1 - z_2)^2}$$

and

(4)
$$\rho := z_1 + z_2 = \overline{P_1 M_1} + \overline{P_2 M_2}.$$

The crucial estimate for the following considerations is contained in

Lemma 1. *Let η be a curve of $\mathscr{C}$ whose length $\ell := \int_0^1 |\dot{\eta}|\, dt$ satisfies $\ell \ge \rho$. Then we have*

$$\mathscr{F}(\gamma) < \mathscr{F}(\eta)$$

provided that γ and η have different traces.

Here the traces $\underline{\gamma}$ and $\underline{\eta}$ of γ and η are the point sets $\underline{\gamma} := \gamma(I)$ and $\underline{\eta} := \eta(I)$ respectively.

Proof. Fix any $\eta \in \mathscr{C}$, $\eta(t) = (x(t), z(t))$, $t \in I$. Since $\ell \ge \rho$ there are numbers t_1 and t_2, $0 < t_1 \le t_2 < 1$, such that

$$z_1 = \int_0^{t_1} |\dot{\eta}|\, dt \quad \text{and} \quad z_2 = \int_{t_2}^1 |\dot{\eta}|\, dt.$$

We now claim that

(5)
$$\tfrac{1}{2}z_1^2 \le \int_0^{t_1} z(t)\sqrt{\dot{x}(t)^2 + \dot{z}(t)^2}\, dt.$$

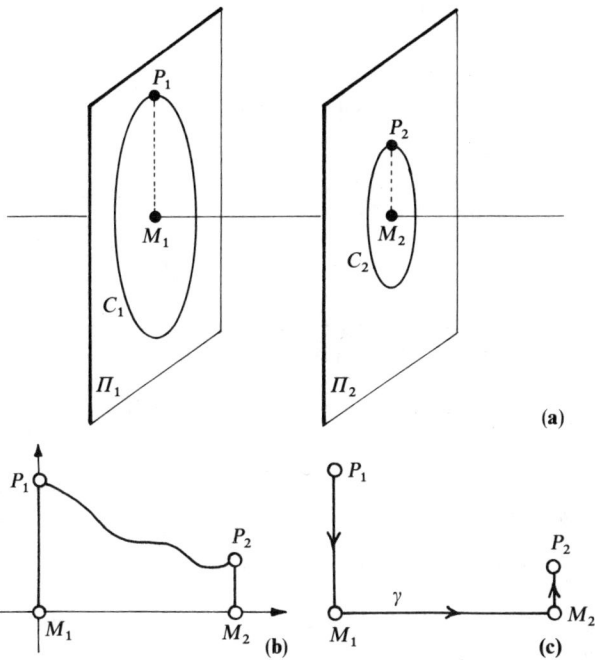

Fig. 21. (a) The boundary configuration of a catenoid. **(b)** The meridian of a surface of revolution. **(c)** The Goldschmidt curve.

In fact, because of $|\dot{\eta}| = \sqrt{\dot{x}^2 + \dot{z}^2} \geq |\dot{z}| \geq -\dot{z}$, the function $\sigma(t) := \int_0^t |\dot{\eta}| \, dt$ satisfies $\dot{z}(t) \geq -\dot{\sigma}(t)$, and in conjunction with $z(0) = z_1$, $\sigma(0) = 0$ it follows that

$$z_1 - \sigma(t) \leq z(t) \quad \text{for } 0 \leq t \leq t_1.$$

Applying the substitution $s = \sigma(t)$ and noting that $\sigma(t_1) = z_1$ we obtain

$$\tfrac{1}{2} z_1^2 = \int_0^{z_1} (z_1 - s) \, ds = \int_0^{t_1} (z_1 - \sigma(t))\dot{\sigma}(t) \, dt \leq \int_0^{t_1} z(t)|\dot{\eta}(t)| \, dt,$$

which proves (5). The equality sign in (5) can only be true if $\dot{x}(t) = 0$ a.e. on $[0, t_1]$, i.e. if $x(t) = x_1$ for all $t \in [0, t_1]$.

Similarly we obtain

$$\tag{6} \tfrac{1}{2} z_2^2 = \int_0^{z_2} \zeta \, d\zeta \leq \int_{t_2}^1 z(t)\sqrt{\dot{x}^2(t) + \dot{z}^2(t)} \, dt,$$

where the equality sign can only hold if $x(t) = x_2$ for $t_2 \leq t \leq 1$. As

$$\tag{7} \mathscr{F}(\gamma) = \tfrac{1}{2}(z_1^2 + z_2^2),$$

we arrive at

$$\tag{8} \mathscr{F}(\gamma) \leq \int_0^{t_1} z|\dot{\eta}| \, dt + \int_0^{t_2} z|\dot{\eta}| \, dt = \mathscr{F}(\eta) - \int_{t_1}^{t_2} z|\dot{\eta}| \, dt,$$

and the equality sign can only hold if $x(t) = x_1$ on $[0, t_1]$ and $x(t) = x_2$ on $[t_2, 1]$. From (8) we infer

$$\mathscr{F}(\gamma) \leq \mathscr{F}(\eta),$$

the equality sign requiring that $x(t) = x_1$ on $[0, t_1]$, $x(t) = x_2$ on $[t_2, 1]$, and $\int_{t_1}^{t_2} z|\dot{\eta}|\, dt = 0$, which is $\underline{\eta} = \underline{\gamma}$. □

In $\mathbb{R}^2$ we consider the Goldschmidt polygon $\Gamma := \underline{\gamma}$ with the vertices P_1, M_1, M_2, P_2 and a neighbourhood $\mathscr{U}_\varepsilon$ of Γ defined by

(9) $$\mathscr{U}_\varepsilon := \{P = (\xi, \zeta): \zeta \geq 0, \operatorname{dist}(P, \Gamma) \leq \varepsilon\}, 0 < \varepsilon \ll 1,$$

and consider the two "inner vertices" $P' := (x_1 + \varepsilon, \varepsilon)$, $P'' := (x_2 - \varepsilon, \varepsilon)$ on $\partial\mathscr{U}_\varepsilon$. For sufficiently small $\varepsilon > 0$ the polygon $\Gamma^* := P_1 P' P'' P_2$ is longer than $\rho = z_1 + z_2$, and obviously Γ^* is the shortest connection of P_1 and P_2 within $\mathscr{U}_\varepsilon$. By Lemma 1 we thus obtain

Proposition 1. *For every curve $\eta \in \mathscr{C}$ with $\underline{\eta} \neq \underline{\gamma}$ and $\underline{\eta} \subset \mathscr{U}_\varepsilon$ we have $\mathscr{F}(\eta) > \mathscr{F}(\gamma)$ provided that $0 < \varepsilon \ll 1$.*

This result shows in particular that *the Goldschmidt curve γ is a local (i.e. relative) minimizer of the functional $\mathscr{F}$ in the class $\mathscr{C}$.*

Moreover if $r \geq \rho$ then the length $\mathscr{L}(\eta)$ of any $\eta \in \mathscr{C}$ satisfies $\mathscr{L}(\eta) \geq \rho$. On account of Lemma 1 it follows that $\mathscr{F}(\gamma) < \mathscr{F}(\eta)$ if $\underline{\eta} \neq \underline{\gamma}$. Thus we have proved

Proposition 2. *If $r \geq \rho, \eta \in \mathscr{C}$ and $\underline{\eta} \neq \underline{\gamma}$ we have $\mathscr{F}(\gamma) < \mathscr{F}(\eta)$. In other words, the Goldschmidt curve γ is the (up to reparametrization) unique absolute minimizer of $\mathscr{F}$ within $\mathscr{C}$.*

Hence we have solved the minimum problem

(10) $$\mathscr{F}(\eta) \to \min \quad \text{in the class } \mathscr{C} = \mathscr{C}(P_1, P_2, \{z \geq 0\})$$

in the case $r \geq \rho$. It remains to consider the case $r < \rho$. Then we consider the solid ellipse $E = E_\rho(P_1, P_2)$ defined by

(11) $$E_\rho(P_1, P_2) := \{P \in \mathbb{R}^2 : |P - P_1| + |P - P_2| \leq \rho\},$$

which is contained in the open upper halfplane $\mathscr{H}^+ = \{(x, z): z > 0\}$ because of $r < \rho$.

By Theorem 1 of 4.2 there is a quasinormal curve $\kappa \in \mathscr{C}$ with $\underline{\kappa} \subset E$ which minimizes $\mathscr{F}$ among all $\eta \in \mathscr{C}$ with $\underline{\eta} \subset E$.

We distinguish two disjoint cases:

(A) *κ meets ∂E in at least one point*,   (B) *$\kappa \cap \partial E$ is void.*

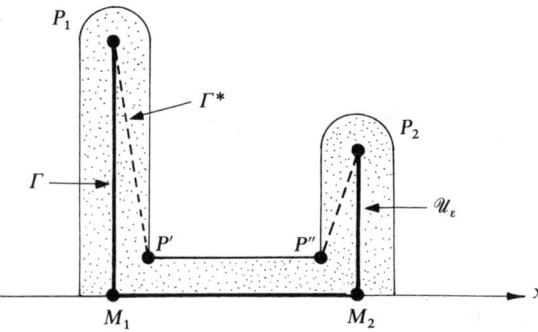

Fig. 22. The neighbourhood U_ε of Goldschmidt's polygon Γ.

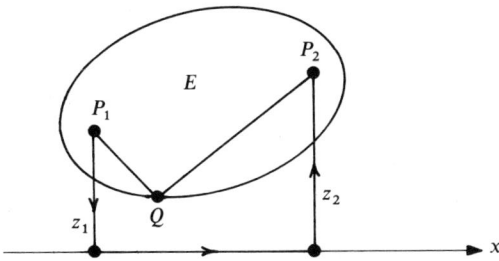

Fig. 23. Todhunter's ellipse E.

Suppose first that (A) holds true. Then the length $\mathscr{L}(\kappa)$ of κ is at least ρ, and therefore $\mathscr{F}(\kappa) > \mathscr{F}(\gamma)$ by virtue of lemma. On account of the minimum property of κ we then obtain

$$\mathscr{F}(\gamma) < \mathscr{F}(\eta) \quad \text{for all } \eta \in \mathscr{C} \text{ with } \underline{\eta} \subset E.$$

Moreover if η is a curve in $\mathscr{C}$ such that $\underline{\eta}$ is not completely contained in E, then its length $\mathscr{L}(\eta)$ is at least ρ, and Lemma 1 yields

$$\mathscr{F}(\gamma) < \mathscr{F}(\eta) \quad \text{for all } \eta \in \mathscr{C} \text{ with } \underline{\eta} \notin E \text{ and } \eta \neq \gamma.$$

Thus we have proved:

Proposition 3. *If $r < \rho$ and if we are in case* (A), *then $\mathscr{F}(\gamma) < \mathscr{F}(\eta)$ for all $\eta \in \mathscr{C}$ such that $\eta \neq \gamma$, i.e. the Goldschmidt curve γ is the (up to reparametrization) unique absolute minimizer of $\mathscr{F}$ in $\mathscr{C}$.*

In case (B) we can apply Propositions 1 and 2 of 4.2 since $\underline{\kappa} \subset \text{int } E$, and we see that the minimizer κ of $\mathscr{F}$ in the class $\mathscr{C} \cap \{\eta : \underline{\eta} \subset E\}$ has to be an F-extremal, i.e. the curve $\kappa(t) = (\xi(t), \zeta(t))$, $t \in I$, is of class C^2 and satisfies $\dot{\kappa}(t) \neq 0$ as well as the *Euler equations*

(12) $$\frac{d}{dt}\frac{\zeta\,\dot{\xi}}{|\dot{\kappa}|} = 0, \qquad \frac{d}{dt}\frac{\zeta\,\dot{\zeta}}{|\dot{\kappa}|} = |\dot{\kappa}|.$$

The discussion in 5,2.4 yields

Lemma 2. *Let $\kappa(t) = (\xi(t), \zeta(t))$, $t \in I$, be a C^2-solution of* (12) *with $\dot{\kappa}(t) \neq 0$. Then either $\kappa(t)$ is a parametrization of an interval on a straight line parallel to the z-axis, i.e., $\xi(t) \equiv$ const, or else $\kappa(t)$ is a reparametrization of a catenary $(x, u(x))$ with $u(x) = a \cosh \dfrac{x - b}{a}$, $a, b \in \mathbb{R}$, $a > 0$.*

For the sake of simplicity a reparametrization of a catenary arc will again be called a catenary arc or, even shorter, a catenary.

Hence in situation (B) the minimizer κ is a catenary joining P_1 and P_2 which is contained in the interior of E. It follows from the results of 5,4.2 that P_2 cannot be to the right of $\mathscr{E}^+$ ($=$ right branch of the envelope of all catenaries emanating from P_1; see Fig. 24).

Furthermore according to the remark following Jacobi's envelope theorem (see 6,2.2, Theorem 2) it is also impossible that P_2 lies on the curve $\mathscr{E}^+$. Hence in case (B) the endpoint P_2 has to lie in the subdomain G of the quarterplane $\{(x, z): x > x_1, z > 0\}$ between the ray $\{x = x_1, z > 0\}$ and the branch $\mathscr{E}^+$ of the envelope of rays emanating from P_1. Thus we have found: In case (B) the two points P_1 and P_2 are joint by exactly two catenaries (up to reparametrization). We know that only one of these two arcs is a weak minimizer while the other one is definitely non-minimizing. Thus we have proved:

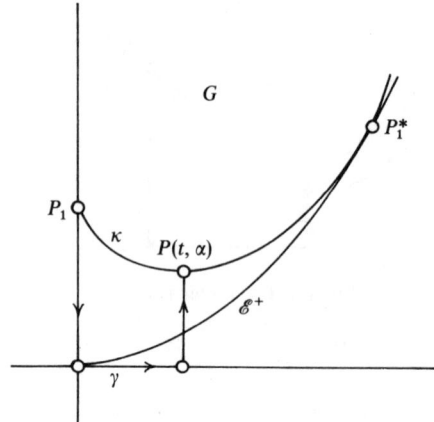

Fig. 24.

Proposition 4. *If $r < \rho$ and if we are in case* (B), *then there exist (up to reparametrizations) exactly two relative minimizers of $\mathscr{F}$ within $\mathscr{C}$, the Goldschmidt curve γ and a catenary arc κ joining P_1 and P_2; γ minimizes $\mathscr{F}$ in $\mathscr{C} \cap \{\eta : \underline{\eta} \subset \mathscr{U}_\varepsilon\}$ if $0 < \varepsilon \ll 1$, and κ minimizes $\mathscr{F}$ in $\mathscr{C} \cap \{\eta : \underline{\eta} \subset E\}$.*

Note, however, that we have not yet decided whether κ or γ is the absolute minimizer of $\mathscr{F}$ in $\mathscr{C}$. We have to distinguish three cases:

$$\text{(B1)} \quad \mathscr{F}(\gamma) < \mathscr{F}(\kappa); \qquad \text{(B2)} \quad \mathscr{F}(\gamma) = \mathscr{F}(\kappa); \qquad \text{(B3)} \quad \mathscr{F}(\gamma) > \mathscr{F}(\kappa).$$

In case (B1), γ is the absolute minimizer of $\mathscr{F}$ in $\mathscr{C}$ and κ is a relative minimizer. In case (B3), the curves γ and κ change their roles: now κ is the absolute minimizer of $\mathscr{F}$ in $\mathscr{C}$ and γ becomes a relative minimizer. The case (B2) is special: here we have two absolute minimizers in $\mathscr{C}$, κ and γ.

Thus we can state the first main result.

Theorem 1. *The variational problem*

$$\mathscr{F}(\eta) = \int_0^1 z\sqrt{\dot{x}^2 + \dot{z}^2}\, dt \to \min \quad \text{among all } \eta = (x, z) \text{ in } \mathscr{C} = \mathscr{C}(P_1, P_2, \{z \geq 0\})$$

has always a solution which is either furnished by a Goldschmidt curve or by a catenary, or by both of them. The absolute minimizer of $\mathscr{F}$ in $\mathscr{C}$ is (up to reparametrization) unique, except for the last case where we have exactly two minimizers.

Inspecting the previous reasoning and taking the results of 4.2 and 5,2.4 into account, it is not difficult to see that there are no other relative minimizers of $\mathscr{F}$ in $\mathscr{C}$ than the Goldschmidt curve γ or the minimizing catenary κ joining P_1 and P_2 (if it exists, i.e. if $P_2 \in G$).

Moreover, it is fairly obvious to see that the catenary arc κ joining P_1 and P_2 yields the absolute minimizer of $\mathscr{F}$ within $\mathscr{C}$, whereas for P_2 "far away" from P_1 the Goldschmidt curve γ is the absolute minimizer. Somewhere in between, κ and γ change roles. More precisely the following happens:

Theorem 2. *If we fix some catenary κ emanating from P_1 and traverse it to the right (that is, into the halfplane $\{x > x_1\}$), then the subarc κ_P of κ joining P_1 with some P on $\underline{\kappa}$ close to P_1 will yield the absolute minimizer of $\mathscr{F}$ among all curves connecting P_1 and P. When P moves on it reaches a position on $\underline{\kappa}$ where both κ_P and the Goldschmidt curve linking P_1 with P are absolute minimizers. Behind this* *position κ_P becomes a relative minimizer until P hits a conjugate point P_1^* of P_1 on the envelope $\mathscr{E}^+$: from there on κ_P looses its minimum property. If there is no conjugate point P_1^* to the right of P_1, then κ_P remains a relative minimizer independently of how far P moves to the right. Moreover no point in $\{x > x_1, z > 0\} - \bar{G}$ can be linked with P_1 by a catenary arc. For points P in $\{x > x_1, z > 0\} - G$ the Goldschmidt curve with endpoints P_1 and P is the absolute minimizer, and no relative minimizer does exist.*

There is a subdomain G^* of G whose points P have the property that the minimizing catenary arc κ_P connecting P_1 with P furnishes the unique minimizer of $\mathscr{F}$ among all Lipschitz curves in the upper halfplane $\{z \geq 0\}$ which link P_1 and P. The domain G^* is bounded to the left by the ray $\{x = x_1, z \geq 0\}$, and to the right by a parabola-like curve $\mathscr{M}$ similar to $\mathscr{E}^+$ but with a steeper ascent than $\mathscr{E}^+$.[15]

Let us sketch how we can obtain the curve $\mathscr{M}$ described in Theorem 2.

By the discussion in 5,2.4 the catenaries κ through P_1 have the nonparametric form[16]

$$z = \varphi(x, \alpha) := \frac{z_1}{c(\alpha)} c\left(\alpha + \frac{x - x_1}{z_1} c(\alpha)\right), \quad x_1 \leq x < \infty.$$

Introducing the parameter t by

$$t = \alpha + (x - x_1)\frac{c(\alpha)}{z_1}, \quad \alpha \leq t < \infty,$$

we can write κ in the form $\kappa(t) = (\xi(t, \alpha), \zeta(t, \alpha))$ with

$$\xi(t, \alpha) = x_1 + \frac{z_1}{c(\alpha)}(t - \alpha), \quad \zeta(t, \alpha) = z_1 \frac{c(t)}{c(\alpha)}, \quad \alpha \leq t < \infty.$$

For the value

$$(13) \qquad f(t, \alpha) := \int_\alpha^t \zeta(t, \alpha)\sqrt{\dot{\xi}(t, \alpha)^2 + \dot{\zeta}(t, \alpha)^2}\, dt$$

of $\mathscr{F}$ along κ between the points $P_0 = \kappa(\alpha)$ and $P(t, \alpha) = \kappa(t)$ we obtain

$$(14) \qquad f(t, \alpha) = \tfrac{1}{2}\left(\frac{z_1}{c(\alpha)}\right)^2 [t + s(t)c(t)]_\alpha^t.$$

Moreover let $g(t, \alpha)$ be the value of $\mathscr{F}$ for the Goldschmidt curve linking $P_1 = (x_1, z_1)$ and $P(t, \alpha) = (\xi(t, \alpha), \zeta(t, \alpha))$. By (7) we have

$$(15) \qquad g(t, \alpha) = \tfrac{1}{2}[z_1^2 + \zeta^2(t, \alpha)] = \tfrac{1}{2}\left(\frac{z_1}{c(\alpha)}\right)^2 [c^2(\alpha) + c^2(t)].$$

Set

$$(16) \qquad d(t, \alpha) := f(t, \alpha) - g(t, \alpha), \quad t \geq \alpha.$$

Introducing the parameter of arc length s along κ we have $t = \tau(s)$, $s \geq 0$, with $\tau(0) = \alpha$, and we can define the reparametrization

$$x(s, \alpha) := \xi(\tau(s), \alpha), \qquad z(s, \alpha) := \zeta(\tau(s), \alpha)$$

of κ. Then we can also write

$$(17) \qquad d(\tau(s), \alpha) := \int_0^s z(\underline{s}, \alpha)\, d\underline{s} - \tfrac{1}{2}[z_1^2 + z^2(s, \alpha)],$$

---

[15] A detailed numerical discussion of $\mathscr{M}$ has been given by MacNeish [2] in 1905.
[16] $c(u) = \cosh u$, $s(u) = \sinh u$.

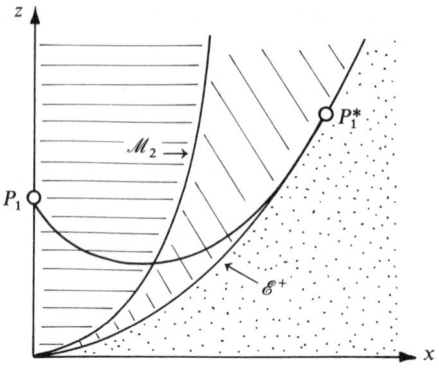

Fig. 25.

whence $\left(' = \dfrac{d}{dt}\right)$

(18) $$d'(\tau(s), \alpha) \cdot \frac{d\tau}{ds}(s) = z(s, \alpha)\left[1 - \frac{dz}{ds}(s, \alpha)\right].$$

Because of $\left|\dfrac{dz}{ds}\right| < 1$ and $\dfrac{d\tau}{ds} > 0$ we infer from (18) that

(19) $$\frac{d}{dt}d(t, \alpha) > 0 \quad \text{for } t \geq \alpha$$

holds true. Moreover, $d(t, \alpha) = 0$ is equivalent to $f(t, \alpha) = g(t, \alpha)$ or

$$t + s(t)c(t) - \alpha - s(\alpha)c(\alpha) = c^2(\alpha) + c^2(t),$$

and we infer:

$d(t, \alpha) = 0$ *holds if and only if*

(20) $$t + s(t)c(t) - c^2(t) = \alpha + s(\alpha)c(\alpha) + c^2(\alpha).$$

We deduce from (19) and (20) that for every $\alpha \in \mathbb{R}$ the function $d(\cdot, \alpha)$ has exactly one root $T(\alpha)$.
    Then the curve $\mathcal{M}$ of Theorem 2 has the parametric representation

(21) $$x = \xi(T(\alpha), \alpha), \quad z = \zeta(T(\alpha), \alpha), \quad \alpha \in \mathbb{R};$$

We have depicted $\mathcal{M}$ in Fig. 25.

Remark. The whole discussion of the minimizers of $\mathscr{F}$ in $\mathscr{C}$ can be carried out solely by field theory, avoiding the use of 2.5; the function $d(t, \alpha)$ will in this approach be the key to all results. However, it is then somewhat more tedious to work out all details.

4.4. Geodesics on Compact Surfaces

In this section we want to prove the classical *theorem of Hilbert* that on a compact closed regular surface in $\mathbb{R}^3$ any two points can be connected by a geodesic arc which minimizes arc length. In fact we shall establish an analogous result for any compact submanifold on $\mathbb{R}^N$ without boundary. Secondly, by using the fact that every geodesic is locally a minimizer of arc length, we shall see that in certain situations one can determine geodesics without any computation, just applying symmetry arguments.

As before we denote by $\mathscr{L}(x)$ the length of a Lipschitz curve $x : I \to \mathbb{R}^N$, i.e.

$$\mathscr{L}(x) = \int_0^1 |\dot{x}| \, dt \quad \text{if } I = [0, 1].$$

Note that its Lagrangian $F(x, v) = |v|$ satisfies Assumption (A6) for any closed connected set K of $\mathbb{R}^N$. Clearly F is a convex function of v, which is of class $C^1(\mathbb{R}^N - \{0\})$. Consider two points $P_1, P_2 \in K$ such that $P_1 \neq P_2$, and denote by $\mathscr{C}(P_1, P_2, K)$ the class of curves $x \in \text{Lip}(I, \mathbb{R}^N)$ connecting P_1 and P_2 within K, i.e. $x(0) = P_1$, $x(1) = P_2$, and $x(I) \subset K$. Then we can apply Theorem 1 of 4.2. Introducing the Dirichlet integral

$$\mathscr{D}(x) := \tfrac{1}{2} \int_0^1 |\dot{x}|^2 \, dt,$$

which is the quadratic functional corresponding to $\mathscr{L}(x)$, we obtain

Theorem 1. *Suppose that K is a closed connected set in $\mathbb{R}^N$ such that $\mathscr{C}(P_1, P_2, K)$, the class of admissible curves, is nonempty. Then there exists a quasinormal curve $x \in \mathscr{C} := \mathscr{C}(P_1, P_2, K)$ which is a minimizer both of the arc length $\mathscr{L}$ and the Dirichlet integral $\mathscr{D}$ in the class $\mathscr{C}$, that is,*

(1) $$\mathscr{L}(x) = \inf_{\mathscr{C}} \mathscr{L} \quad \text{and} \quad \mathscr{D}(x) = \inf_{\mathscr{C}} \mathscr{D}.$$

(Note that a quasinormal curve $x \in \text{Lip}(I, \mathbb{R}^N)$ is characterized by the relation $|\dot{x}(t)| = \text{const} \neq 0$ a.e. on I.)

We can improve this result if we specify K to be a compact connected submanifold of $\mathbb{R}^N$ without boundary. Namely, by applying a suitable flattening diffeomorphism to K, we can achieve that a sufficiently small piece of a shortest in K is mapped onto a weak extremal of a modified functional to which we can apply Proposition 2 of 4.2. This way we prove that any shortest in K is a smooth geodesic in K. In fact we have

Theorem 2. *Suppose that K is a compact connected k-dimensional submanifold of $\mathbb{R}^N$ without boundary such that $2 \leq k \leq N - 1$, and let K be of class C^s, $s \geq 2$. Then, for any two different points $P_1, P_2 \in K$, there exists a quasinormal curve $x \in \mathscr{C} := \mathscr{C}(P_1, P_2, K)$ which minimizes the arc length $\mathscr{L}$ among all curves in $\mathscr{C}$ and is a geodesic of class C^s for the manifold K.*

Proof. It is fairly easy to see that the class $\mathscr{C}$ of admissible curves is nonempty. Hence by Theorem 1 there is a quasinormal curve $x \in \mathscr{C}$ such that $\mathscr{L}(x) = \inf_{\mathscr{C}} \mathscr{L}$. Let t_0 be an arbitrary point of I and set $x_0 := x(t_0)$. We may assume that $x_0 = 0$, that close to 0 the manifold K be written as graph of a smooth map.

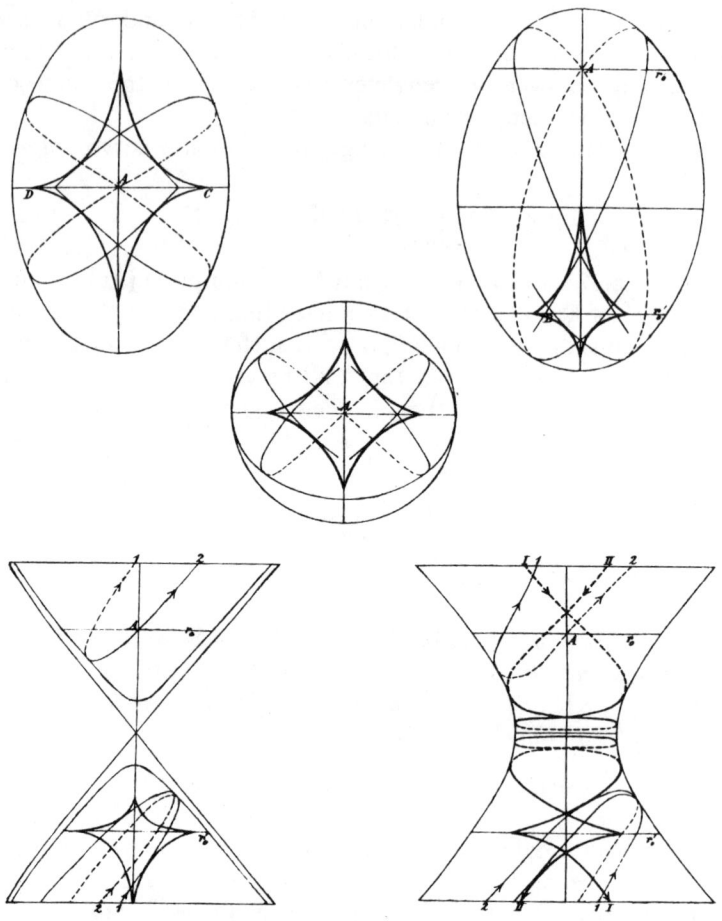

Fig. 26. Geodesics on ellipsoids and hyperboloids.

More precisely, we can assume that there is a mapping $f \in C^s(B, \mathbb{R}^p)$ of the k-dimensional unit ball $B = \{\xi \in \mathbb{R}^k : |\xi| < 1\}$ into $\mathbb{R}^p$, $p = N - k$, such that $f(0) = 0$, and that the part $K^* := K \cap (B \times \mathbb{R}^p)$ contained in the solid cylinder $B \times \mathbb{R}^p$ over B can be written as

$$K^* = \{(\xi, f(\xi)) : |\xi| < 1\}.$$

Since $x(t)$ is continuous, there is a neighbourhood I^* of t_0 in I such that the trace of the curve $\xi : I^* \to \mathbb{R}^k$ defined by $\xi^\alpha(t) := x^\alpha(t)$, $1 \le \alpha \le k$, is contained in B. Then we obtain

(2) $$x(t) = (\xi(t), f(\xi(t))) \quad \text{for all } t \in I^*,$$

whence

(3) $$|\dot{x}(t)| = F(\xi(t), \dot{\xi}(t)) \quad \text{for any } t \in I^*,$$

where

(4) $$F(\xi, \eta) := \{g_{\alpha\beta}(\xi)\eta^{\alpha}\eta^{\beta}\}^{1/2},$$

and $(g_{\alpha\beta}(\xi))$ denotes the positive definite matrix function

(5) $$g_{\alpha\beta}(\xi) = \delta_{\alpha\beta} + f_{\xi^{\alpha}}(\xi) \cdot f_{\xi^{\beta}}(\xi).$$

Thus for $t_0 \in [t', t''] \subset I^*$ we can write

$$\int_{t'}^{t''} |\dot{x}(t)| \, dt = \int_{t'}^{t''} F(\xi, \dot{\xi}) \, dt.$$

Since $x(t)$, $t \in I$, is a minimizer of $\mathscr{L}(x)$, we conclude that $\xi(t)$, $t' \le t \le t''$, is a minimizer of $\mathscr{F}(\zeta) := \int_{t'}^{t''} F(\zeta, \dot{\zeta}) \, dt$ among all Lipschitz curves $\zeta : [t', t''] \to \mathbb{R}^k$ with $\zeta(t') = \xi(t')$, $\zeta(t'') = \xi(t'')$ and $\dot{\zeta}(t) \ne 0$ a.e. on $[t', t'']$ such that $\xi([t', t'']) \subset B$.

Similarly as in the proof of Proposition 1 in 4.2 we now infer that $\xi : [t', t''] \to \mathbb{R}^k$ is weak Lipschitz extremal of F. Hence by Du Bois–Reymond's lemma, there is a constant vector $\lambda \in \mathbb{R}^k$ such that

$$F_{\eta}(\xi(t), \dot{\xi}(t)) = \lambda + \int_{t'}^{t} F_{\xi}(\xi(s), \dot{\xi}(s)) \, ds$$

for all $t \in [t', t'']$. Moreover we have

$$F(\xi(t), \dot{\xi}(t)) = |\dot{x}(t)| = c > 0 \quad \text{a.e. on } [t', t'']$$

since $x : I \to \mathbb{R}^N$ is quasinormal. Therefore we obtain

(6) $$g_{\alpha\beta}(\xi(t))\dot{\xi}^{\beta}(t) = \lambda_{\alpha} c + \int_{t'}^{t} \tfrac{1}{2} g_{\beta\gamma,\alpha}(\xi(s))\dot{\xi}^{\beta}(s)\dot{\xi}^{\gamma}(s) \, ds$$

for $t' \le s \le t''$, $g_{\beta\gamma,\alpha} := \dfrac{\partial}{\partial \xi^{\alpha}} g_{\beta\gamma}$. Thus we infer that

$$\omega = (\omega_1, \ldots, \omega_k), \qquad \omega_{\alpha} := g_{\alpha\beta}(\xi)\dot{\xi}^{\beta},$$

is continuous on $[t', t'']$ whence also $\dot{\xi}$ is continuous. Therefore ω is of class C^1, and then $\dot{\xi}$ is of class C^1. Repeating this argument we obtain that $\xi \in C^s$, and therefore $x(t) = (\xi(t), f(\xi(t)))$ is of class C^s on $[t', t'']$. Furthermore we obtain from (6) by differentiation with respect to t that

$$\frac{d}{dt} [g_{\alpha\beta}(\xi)\dot{\xi}^{\beta}(t)] = \tfrac{1}{2} g_{\beta\gamma,\alpha}(\xi)\dot{\xi}^{\beta}\dot{\xi}^{\gamma}$$

from which we infer that $x(t)$ is a geodesic of K in the neighbourhood of any point $t_0 \in I$, and therefore on I. $\qquad\qquad\square$

Clearly the result of Theorem 2 can, with suitable modifications, be extended to connected closed submanifolds of $\mathbb{R}^N$ with or without boundary. We leave details to the reader.

Let us add a few remarks how one can in certain cases determine the geodesics of a given manifold K without solving the equations

$$(7) \qquad \ddot{\xi}\gamma + \Gamma^{\gamma}_{\alpha\beta}(\xi)\dot{\xi}^{\alpha}\dot{\xi}^{\beta} = 0$$

describing the geodesics. This can often be achieved by a pure symmetry argument using the following

Theorem 3. *For any compact k-dimensional submanifold K of $\mathbb{R}^N$, $2 \leq k \leq N - 1$, there exists a number $\delta(K) > 0$ such that any two points P_1, P_2 of K with $0 < |P_1 - P_2| < \delta(K)$ can be connected within K by a uniquely determined normal shortest line, which is a geodesic of K.*

The *proof* of this result follows easily from the results of *3.3*.

Let us see how one can use Theorem 3 to determine geodesics.

$\boxed{1}$ *Let K be a k-dimensional compact submanifold of $\mathbb{R}^{k+1}$ that is symmetric with respect to some hyperplane Π of $\mathbb{R}^{k+1}$ and intersects Π exactly in a line C that can be described as a trace of a normal Lipschitz curve $x : I \to \mathbb{R}$. Then x is a geodesic.*
In order to see this it suffices to prove that any sufficiently small piece of x is a geodesic arc. Thus consider any two points P_1 and P_2 on the trace $x(I)$ of x such that $0 < |P_1 - P_2| < \delta(K)$ where $\delta(K)$ is the number of Theorem 3. Then P_1 and P_2 can be joined in K be a uniquely determined normal geodesic arc ξ minimizing the arc length among all Lipschitz curves in K connecting P_1 and P_2. If the trace of ξ were not contained in Π, then the reflection ξ^* of ξ at Π has the same properties as ξ, and therefore the uniqueness property of ξ is violated. Thus ξ must coincide with the intersection line x.

$\boxed{2}$ An immediate application of the reasoning of $\boxed{1}$ yields:
Every great cricle of S^n is a geodesic of S^n and, conversely, every geodesic arc in S^n is a piece of a great circle.

$\boxed{3}$ *Let K and K^* be two submanifolds of $\mathbb{R}^N$ such that $K \subset K^*$, and let $x : I \to \mathbb{R}^N$ be a geodesic of K^* with $x(I) \subset K$. Then x is also a geodesic in K.*
This follows directly from the Euler equations in integrated form.

$\boxed{4}$ *If $x_j : I \to K_j, j = 1, 2, \ldots, m$, are geodesics in K_j where $K_1, K_2, \ldots, K_m$ are submanifolds of $\mathbb{R}^N$, then $x := (x_1, x_2, \ldots, x_m)$ defines a geodesic in the Cartesian product $K_1 \times K_2 \times \cdots \times K_m$.*
This follows again directly from the Euler equations in integrated form.

5. Scholia

Section 1

1. The systematic investigation of parametric variational problems (or, as one also says, of *homoge-neous variational problems*) was started by Weierstrass, although several such problems were already treated by the old masters, and definitely a large part of Hamilton's work uses the homogeneous form.[17] Weierstrass developed his theory of parametric variational problems in his lectures given at Berlin University. Already in 1864 H.A. Schwarz participated in Weierstrass's lectures on the calculus of variations. An authentic presentation of Weierstrass's theory based on notes taken by students was published by R. Rothe in 1927.[18] The editor did not provide us with a philological edition of the notes taken of the various lectures of Weierstrass but he chose to present the material as a compilation of all the important lecture notes. Therefore, as Carathéodory remarked,[19] the edited notes merely yield an incomplete and inaccurate account of the historical development of Weier-strass's theory, but on the other hand the reader is rewarded with one of the best elementary textbooks on the subject whose content is summarized by Carathéodory as follows: *The first few chapters of the book contain the theory of ordinary maxima and minima and the transformation of quadratic forms. The intermediate chapters contain a complete treatment of the ordinary and iso-perimetrical problem in the plane, and deal with the older theory of the second variation as well as the theory concerning the $\mathscr{E}$-function. The last chapter is concerned with problems which are less generally treated and involve one-sided variations. Here is found Weierstrass' solution of some geometrical problems solved in answer to the challenge of Steiner who was of the opinion that his methods of pure geometry could not be replaced by the analytic methods of Weierstrass.*

The editor based his compilation essentially on notes of Weierstrass lectures held in 1875, 1879, and 1882. The notes of 1882, taken by Burckhardt, were copied and annotated by H.A. Schwarz; the notes of 1875 are due to Hettner. Of particular importance are the notes from 1879 since in this year Weierstrass discovered the $\mathscr{E}$-function and established conditions sufficient for the existence of a strong minimizer. The 1879-notes were taken by H. Maser, E. Husserl, H. Müller, F. Rudio and C. Runge; an independent set was produced by J. Haenlein. Except for three pages nothing from the hand of Weierstrass has been found in his bequest that relates to the lectures on the calculus of variations.

2. Carathéodory[20] saw the progress made by Weierstrass in two directions, namely *by amend-ing the work of his predecessors in the field, and by introducing and utilizing new concepts and new methods. In his earlier work, prior to the year 1879, he succeeded in removing all the difficulties that were contained in the old investigations of Euler, Lagrange, Legendre, and Jacobi, simply by stating precisely and analysing carefully the problems involved. In improving upon the work of these men he did several things of paramount importance ... :*

(1) *he showed the advantages of parametric representation;*

(2) *he pointed out the necessity of first defining in any treatment of a problem in the Calculus of Variations the class of curves in which the minimizing curve is to be sought, and of subsequently choosing the curves of variation so that they always belong to this class;*

(3) *he insisted upon the necessity of proving carefully a fact that had hitherto been assumed obvious, i.e., that the first variation does not always vanish unless the differential equation, which is now*

---

[17] See e.g. Euler, *Methodus inveniendi* [2] or *Opera omnia* [1] Ser. I, Vol. 24, in particular Car-athéodory's *Einführung in Eulers Arbeiten über Variationsrechnung*, pp. VIII–LXIII.

[18] Cf. Weierstrass [2], and the two reviews of Carathéodory [16], Vol. 5, pp. 343–349.

[19] loc. cit. p. 346.

[20] loc. cit. p. 345–346.

called the "Euler Equation", is satisfied at all points of the minimizing arc at which the direction of the tangent varies continuously;

(4) *he made a very careful study of the second variation and proved for the first time that the condition $\delta^2 I \geq 0$ is sufficient for the existence of a weak minimum.*

The second principal contribution of Weierstrass to the calculus of variations (according to Carathéodory) *is directly related to his concept of a strong minimum ... Weierstrass found very early that it is essential to consider the strong minimum as well as the weak, but he become convinced during his research that the classical methods were inadequate for handling it. In 1879 he discovered his $\mathscr{E}$-function and with it was able to establish conditions sufficient for the existence of a strong minimum.*

3. Weierstrass was one of the first to investigate *obstacle problems*. In Chapter 31 of his *Vorlesungen* he treated an isoperimetric problem of which Steiner had already considered a special case, namely to find a closed curve Γ of prescribed length which is contained in a given region R and bounds a domain of maximal area. By means of "synthetic geometry" Steiner had proved the following two results:

(i) *If the maximizing curve Γ attaches to the boundary of R along an arc C, then the adjacent free parts Γ' and Γ'' of the maximizing arc Γ are circular arcs of equal radius which touch ∂R at the endpoints of C.*

(ii) *If Γ meets ∂R at an isolated point P, then to the left and the right of P the arc Γ is a circular arc Γ' and Γ'' respectively. Moreover Γ' and Γ'' enclose equal angles with ∂R at P.*

Weierstrass stated and proved analogues of these results for general isoperimetric problems subject to obstacle constraints.

Later on Bolza [3] and Hadamard [4] derived inequalities as necessary conditions for solutions of obstacle problems. A systematic development of the theory of variational inequalities took place after 1965. Nowadays this topic has ramifications in many directions of applied mathematics, and we shall not even try to present a survey of the literature in this area.

4. The theory of extremals in *Minkowski* or *Lorentz geometry* (i.e. with respect of line elements $ds^3 = g_{ij}(x)\, dx^i\, dx^j$, $0 \leq i, j \leq 3$, which at a fixed point of the 4-dimensional spacetime world can be transformed into the special form considered in *1.1* $\boxed{4}$) is now a special area of geometry which is discussed in special monographs. We refer the reader to Beem and Ehrlich [1], Hawking and Ellis [1], and to O'Neill [1]. Lorentzian geometry is basic for Einstein's *general theory of relativity*. Of the many excellent treatises on this topic we only mention H. Weyl's classic *Raum, Zeit und Materie* [2] and the extensive presentation given in Misner–Thorne–Wheeler [1].

Riemannian geometry is the theory of manifolds equipped with a positive definite metric $ds^2 = g_{ij}(x)\, dx^i\, dx^j$. The modern classic on this field is the treatise by Kobayashi–Nomizu [1]. We also refer to Gromoll–Klingenberg–Meyer [1].

The topic of *Finsler geometry* was first introduced by P. Finsler in his thesis [1] from 1918 suggested by Carathéodory. Of later presentations we mention the books by Rund [3], H. Busemann [1] and R. Palais [1].

5. Concerning the "equivalence" of parametric and nonparametric problems we refer to Bolza [1], pp. 198–201, and L.C. Young [1], p. 64. Bolza points out that both theories are not at all completely equivalent, and that some care is needed in passing from one to the other. Our example $F(u, v) = v^2/u$ is taken from Bolza. On the other hand Young emphasizes that one should freely mix parametric and nonparametric methods if this is of help, irrespectively whether this mixture of fields is ungentlemanly or not. We have taken this point of view whenever it seemed useful.

6. It is not surprising that *discontinuous solutions (broken extremals)* occur if the Lagrangian is not continuous such as in the problems of reflection and refraction. Similarly we are not amazed to see that solutions of obstacle problems are in general not of class C^2, and that in certain cases they might even fail to be of class C^1. It is more surprising that broken extremals appear in seemingly harmless and regular variational problems. Carathéodory constructed a very simple geometric

example where discontinuous solution must necessarily appear.[21] Consider a ceiling lamp which has the shape of a hemisphere with a light source (bulb) in its center P. Then any curve Γ drawn on the glass of the lamp throws a shadow C onto the floor; C is obtained from Γ by central projection with regard to the center point P. Given any two points P_1 and P_2 on the hemisphere we try to draw a connecting curve Γ of prescribed length on the lamp such that its shadow is as short or as long as possible. We note that the geodesics in the plane are the shadows of the geodesics on the hemisphere. This suggests that in general one cannot find smooth regular solutions of the proposed maximum or minimum problem; instead one has to admit broken curves if one wants to find maximizers or minimizers.

Carathéodory solved this and related problems in his thesis [1] and in his Habilitationsschrift [2], thereby founding the field theory for discontinuous extremals. Further papers on broken extremals are due to Graves [1], Reid [2], and Klötzler [1]. A careful discussion of broken extremals in two dimensions can be found in Chapter 8 of Bolza's treatise [3], pp. 365–418.

Actually the first variational problem treated in modern times, Newton's problem (1687) to find a rotationally symmetric vessel of least resistance, leads to discontinuous solutions. Weierstrass's discussion of this topic can be found in Chapter 21 of his *Vorlesungen*. A survey of the history of this problem and remarks on the physical relevance of Newton's variational formulation can be found in Funk [1], pp. 616–621, and in Buttazzo–Ferone–Kawohl [1], Buttazzo–Kawohl [1].

Another example of a discontinuous solution is *Goldschmidt's curve* that we have met in our discussion of minimal surfaces of revolution (cf. *4.3*). This curve first appeared in a Göttingen prize-essay written by Goldschmidt [1] in 1831. The problem of this prize-competition had been posed by Gauss in order to stimulate the investigation of a phenomenon discovered by Euler[22] in 1779. Euler had found that sometimes the extremals of the functional $\int \sqrt{x}\sqrt{dx^2 + dy^2}$ furnish just a relative minimum while the absolute minimum is attained by a polygonal curve, and he had been puzzled so much by this discovery that he called it a *paradox in the analysis of maxima and minima*. The reason for this "paradox" is of course that the minimum problem for the integral $\int \sqrt{x}\sqrt{dx^2 + dy^2}$ is a disguised obstacle problem since we have to impose the subsidiary condition $x \geq 0$.

The first survey of variational problems with discontinuous solutions was given by Todhunter [2] in 1871. Nowadays this subject is incorporated in optimization and control theory; see e.g. Cesari [1].

7. According to H.A. Schwarz, the corner conditions were stated by Weierstrass in his lectures already in 1865 [23], and they were rediscovered by Erdmann [1] in 1877.

8. Brief but rather interesting surveys of the history of geometrical optics can be found in Carathéodory [11] and [12]. We quote a paragraph from [11], and then we summarize Carathéodory's remarks. *After Galilei Galilei (1564–1642) had invented the telescope, the description of the refraction of light in form of a natural law became a necessity that occupied the best brains of the time. Backed on numerous measurements, Willebrord Snell (1581–1626) was the first to correctly describe the law of refraction by a geometric construction, but the manuscript of Snell, still seen by Huygens, is lost, and only one century after Snell's death it became generally known that Snell had discovered the law of refraction. This discovery by Snell had no influence on the development of optics.*

In 1636 René Descartes (1596–1650) completed his "*Discours sur la méthode de bien conduire sa raison*" that among other things contained his geometry and his dioptrics. Therein Descartes had also rediscovered Snellius's law of refraction which he described by a simple formula. Pierre Fermat (1601–1665), by profession a higher judge at the court of Toulouse, got hold of the book of Descartes still in 1637, the year of its publication. Fermat immediately wrote to Mersenne who had

---

[21] See Carathéodory [16], Vol. 5, p. 405, and also Vol. 1, pp. 3–169, in particular pp. 57 and 79. The original publications are the papers [1] and [2].

[22] The corresponding paper [7] of Euler appeared only in 1811.

[23] Cf. Carathéodory [16], Vol. 1, p. 5.

him acquainted with the work of Descartes, and he vehemently attacked the physical foundations of the theory of Descartes, quite correctly as we know today, since this theory assumed the speed of light to be greater in a denser medium than in a thinner one. A dispute arose, lasting for years, in which Fermat could not be convinced of the correctness of Descartes's theory, although experiments very precisely confirmed the law of refraction predicted by Descartes.

In August of 1657 the physician of the King of France and of Mazarin, Cureau de la Chambre, in those days a well-known physicist, sent a paper about optics to Fermat that he himself had written. In his answer Fermat for the first time expressed the idea that for the foundation of a law of refraction one could perhaps apply a minimum principle similar to the one used by Heron for establishing the law of reflection. However, Fermat was not sure whether the consequences of this principle were compatible with the experiments; in fact, this seemed dubious since Fermat's approach was completely diametral to that of Descartes. Namely Fermat assumed that light would propagate slower in a denser medium than in a thinner one! Only in 1661 Fermat could be persuaded to submit his principle to a mathematical test, and on January 1, 1662, he wrote to Cureau de la Chambre that he had carried out the task and, to his surprise had found that his principle would supply a new proof of Descartes's law of refraction. Fermat's reasoning was rejected by the followers of Descartes, then omnipotent in the learned society of Paris; however, Christiaan Huygens (1629–1695), who at the time lived in Paris and had close contacts to the scientific circles of the city, immediately grasped Fermat's idea, and fifteen years later he wrote his celebrated "*Traité de la Lumière*", though published only in 1690 and scientifically destroyed by Newton briefly afterwards, as he could prove that Huygens's theory was incompatible with the propagation of light by longitudinal waves (the existence of transversal waves was not forseen at that time). Consequently the ideas of Huygens were only of minor importance for the development of optics in the next 125 years and remained without influence on the later development of the calculus of variations.

9. The letter of Fermat to de la Chambre from January 1, 1662, mentioned by Carathéodory is reprinted in the *Collected Works of Fermat*, Vol. 2, no. CXII, pp. 457–463. There one finds the statement that *nature always acts in the shortest way* (*la nature agit toujours par les voies les plus courtes*), which in Fermat's opinion is the true reason for the refraction (*la véritable raison de la refraction*).

In this letter Fermat formulated all the ideas which are nowadays denoted as *Fermat's principle*.

Section 2

1. The presentation of the Hamilton–Jacobi theory given in 2.1 and in the first part of 2.3 essentially follows Rund [2], Kapitel 1, and [4], Chapter 3. Carathéodory's approach to a parametric Hamilton–Jacobi theory, sketched at the end of 2.3, can be found in his treatise [10], Chapter 13, pp. 216–227. We also refer the reader to work of Finsler, Dirac [1], E. Cartan [3], Bliss [5], Asanov [1] and Matsumoto [1].

As far as we know, the canonical formalism presented in 2.1 appears for the first time in Rund's paper [1]. According to Velte [1] (cf. footnote on p. 343) some of the basic transformations were already used by W. Süß in his lectures. Velte [1] showed that all Hamiltonians introduced by Carathéodory can be obtained in a similar way as Rund's Hamiltonian. Furthermore Velte (see [2] and [3], p. 376, formulas (6.5)–(6.8)) applied a generalization of this formalism to multiple integrals in parametric form.

2. Jacobi's version of the principle of least action can be found in the sixth lecture of his *Vorlesungen über Dynamik* [4]. As motivation for his presentation of the least-action principle Jacobi wrote: *Dies Princip wird fast in allen Lehrbüchern, auch den besten, in denen von* Poisson, Lagrange *und* Laplace, *so dargestellt, dass es nach meiner Ansicht nicht zu verstehen ist.* (*In almost all textbooks, even the best, ..., this principle is presented so that, in my opinion, it cannot be understood.*)

V.I. Arnold [2], p. 246, quoted this statement of Jacobi and remarked: *I have not chosen to break with tradition*. We hope that the reader will find our proofs satisfactory. Birkhoff's reasoning is taken from his treatise [1], pp. 36–39. We also refer to Carathéodory [10], pp. 253–257.

Historical references concerning the least-action principle (or: *Maupertuis' principle*) are given in the Scholia of Chapter 2, see 2.5, no. 9. We also refer to Funk [1], pp. 621–631, Brunet [1,2], A. Kneser [5], and Pulte [1].

3. A comprehensive presentation of ideas and results sketched in *2.4* can be found in Bolza's treatise [3], Chapters 5–8, pp. 189–418, for the case $n = 2$. We also refer to Bliss [5], Chapter V, pp. 102–146, and to Weierstrass [2].

Section 3

1. The discussion of Mayer fields and their eikonals given in *3.1* and *3.2* differs somewhat from that of other authors; in some respects it is close to the presentation of Bolza [3] Sections 31–32, that is solely concerned with the case $n = 2$.

2. Our parametric *eikonal* $S(x)$ is denoted by Bolza [3], pp. 252–254, as *field integral* ("Feldintegral", symbol: $W(x)$), and our *parametric Carathéodory equations* $S_x(x) = F_v(x, \Psi(x))$ are called *Hamilton's formulas*. This terminology is historically justified as Hamilton derived these and more complicated formulas (see Bolza [3], pp. 256–257, 308–310). We justify our terminology by the remark that there are already several other equations carrying Hamilton's name, and secondly by the fact that Carathéodory's *fundamental equations* provide a new approach to parametric variational problems which is dual to the Euler equations and can be carried over to broken extremals and, more generally, to problems of control theory.

3. For geodesics the method of *geodesic polar coordinates* is due to Gauss and Darboux. In the general context of parametric variational integrals this method was worked out by A. Kneser [3], Section 3. We also refer to Bolza's historical survey [1], in particular pp. 52–70. According to Bolza already Minding (1864) was familiar with the technique of Gauss to obtain sufficient conditions by means of geodesic polar coordinates which was later used by Darboux and Kneser.

4. Our approach to sufficient conditions in *3.3* uses the classical ideas presented in Bolza [3], Sections 32–33, and Carathéodory [10], pp. 314–335; see also L.C. Young [1], Chapters III–V. However, we have developed our presentation in a way that is somewhat closer to the approach which is nowadays used in differential geometry. In particular we have introduced the exponential mapping generated by a parametric, positive definite and elliptic Lagrangian $F(x, v)$. This tool is the straight-forward extension of the exponential map used in Riemannian geometry which is generated by the stigmatic bundles of geodesics.

Another proof of Theorem 2 in *3.3*, the main result on the exponential map, can be found in Carathéodory [10], Sections 378–384.

5. The classical envelope construction of wave fronts in geometrical optics, known as Huygens's principle, was described by Christiaan Huygens in his *Traité de la lumière* which appeared in 1690. He not only treated the propagation of light and the emanation of light waves in a translucent medium, but he also dealt with reflexion and refraction and, moreover, with refraction by air, i.e. Huygens could also describe the emanation of wave fronts in an inhomogeneous medium. He was even able to give an explanation for the double refraction of light by certain crystals.

Section 4

1. Rigorous applications of direct methods were first given by Hilbert about 1900. A historical survey of the development of direct methods, in particular of *Dirichlet's principle*, and a comprehen-

sive treatment of the *lower-semicontinuity method* in connection with the concept of *generalized derivatives* will be presented elsewhere.

In his first paper on Dirichlet's principle, [2], Hilbert proved the existence of a shortest line between two points of a regular surface. In 1904 Bolza [2] extended Hilbert's method to a more general situation by using ideas similar to those applied in *4.1*. The technique of Hilbert and Bolza was later considerably simplified by Lebesgue [1] and Carathéodory [2]; their methods are included in Bolza's presentation given in [3], Sections 55–58. A somewhat more general result was proved by Tonelli (cf. [2], Vol. 2, pp. 101–134) in 1913.

Tonelli very successfully introduced lower-semicontinuity arguments into existence proofs by direct methods. He collected and presented his ideas, methods, and results in his treatise [1] the two volumes of which appeared in 1921 and 1923 respectively. We also refer to Tonelli's *Opere* [2] and to Carathéodory [10], Sections 385–393.

A brief modern presentation of the lower-semicontinuity method in the spirit of Tonelli is given in the monograph of Ewing [1].

Whereas the authors mentioned above chose rectifiable curves as admissible comparison curves, we have worked with Lipschitz curves. This choice leads to the same kind of results but technically it offers a number of advantages.

2. Working with Riemann integrals, the older authors had to prove that the compositions $F(x(t), \dot{x}(t))$ of the Lagrangian F with admissible functions $x(t)$ are Riemann integrable. This led to certain difficulties, and it became necessary to replace the Riemann integral by some other that did not suffer from such defects. An integral of this type was introduced by Weierstrass in his lectures given in 1879. In the beginning the Weierstrass integral did not find much interest, but the situation changed with the work of Osgood (1901) and Tonelli. Later on the Weierstrass integral was repeatedly used in the calculus of variations by Bouligand, Menger, Pauc, Aronszajn, Schwarz, Alt, Wald, Cesari, M. Morse, Ewing, S. and W. Gähler. For references to the literature we refer to the survey of Pauc [1] and to the work of S. and W. Gähler [1]; see also E. Hölder [10].

In this context we also mention an interesting paper by Siegel [3] on *integral-free calculus of variations.*[24] Here Siegel proves regularity of minimizers and verifies the Euler equations under minimal assumptions on the Lagrangian F, replacing integrals by finite sums.

3. We have treated minimal surfaces of revolution by using ideas of Todhunter [2]; see also Bolza [3], pp. 399–400, 436–438.

4. Nowadays differential geometers establish the existence of shortest connections of two points of a *complete Riemannian manifold* by means of the *theorem of Hopf–Rinow* [1]; cf. for instance Gromoll–Klingenberg–Meyer [1]. According to this result the following three facts are equivalent:

(i) *A Riemannian manifold M equipped with its distance function* $d(P_1, P_2)$ *is a complete metric space.*

(ii) *Every quasinormal geodesic in M can be extended for all times.*

(iii) *Any two points in M can be connected by a shortest.*

With the assumptions of *4.1* a similar result can be proved for Finsler manifolds.

5. Finally we mention that the modern approach to n-dimensional parametric problems uses the notions of *rectifiable currents* and *varifolds* introduced by Federer, Fleming and by Almgren respectively.

---

[24] See also C.L. Siegel, Gesammelte Abhandlungen [1], Vol. 3, pp. 264–269.

## Part IV

Hamilton–Jacobi Theory and Partial Differential Equations of First Order

Chapter 9. Hamilton–Jacobi Theory and Canonical Transformations

In this chapter we want to present the basic features of the Hamilton–Jacobi theory, the centerpiece of analytical mechanics, which has played a major role in the development of the mathematical foundations of quantum mechanics as well as in the genesis of an analysis on manifolds. This theory is not only based on the fundamental work of Hamilton and Jacobi, but it also incorporates ideas of predecessors such as Fermat, Newton, Huygens and Johann Bernoulli among the old masters and Euler, Lagrange, Legendre, Monge, Pfaff, Poisson and Cauchy of the next generations. In addition the contributions of Lie, Poincaré and E. Cartan had a great influence on its final shaping.

Hamilton's contributions to analytical mechanics grew out of his work on geometrical optics which appeared under the title "On the system of rays" (together with three supplements) between 1828 and 1837. In these papers Hamilton investigated the question of how bundles of light rays pass an optical instrument, say, a telescope, in order to establish a theory of such instruments and of their mapping properties. Hamilton's basic idea was to look at Fermat's action

$$W(P_0, P_1) = \int_{P_0}^{P_1} n \, ds,$$

i.e., the time needed by a Newtonian light particle to move from an initial point P_0 to an end point P_1. Assuming that light rays are determined by *Fermat's principle*, Hamilton discovered the fundamental fact that the directions of light rays at their endpoints P_0 and P_1 can be obtained by forming the gradients W_{P_0} and W_{P_1} of the *principal function* $W(P_0, P_1)$, and that W satisfies two partial differential equations of first order which are now called *Hamilton–Jacobi equations* (see 2.2, in particular formulas (2)). Thus, in essence, Hamilton had reduced the investigation of bundles of light rays to the study of *complete figures* of one-dimensional variational problems. This is a topic which we have already investigated in Chapters 6–8. By considering bundles of rays instead of of an isolated ray Hamilton obtained the full picture of rays and wave fronts described by Euler's equations and Hamilton–Jacobi's equation.

Moreover Hamilton had the idea to introduce the canonical momenta y instead of the velocities v via the gradient map $y = L_v$ defined by the Lagrangian $L(t, x, v)$ of a variational integral $\int L(t, x, \dot{x}) \, dt$ and to define a "*Hamiltonian*" $H(t, x, y)$ as *Legendre* transform of L, thereby transforming the Euler equations

(1)
$$\frac{d}{dt} L_v(t, x, \dot{x}) - L_x(t, x, \dot{x}) = 0$$

into a system of *canonical equations*

(2)
$$\dot{x} = H_y(t, x, y), \qquad \dot{y} = -H_x(t, x, y).$$

Also the idea of *canonical transformations* appears in his work in form of mappings which relate the line elements of a bundle of rays hitting two screens, say, one in front of and one behind an optical instrument.

Furthermore Hamilton realized that the equations of motion in analytical mechanics which Lagrange had formulated in his celebrated treatise *Mécanique analytique*[1] had the same formal structure as the Euler equations following from Fermat's principle. By this formal correspondence Hamilton was led to the idea to apply his optical results to the field of mechanics. This part of Hamilton's theory became known on the Continent by the papers of Jacobi. However, since Jacobi had paid no reference to the optical side of Hamilton's work, this was by and large forgotten until F. Klein[2] drew again the attention of the Continental mathematicians to Hamilton's optical papers.[3] As mentioned before, Hamilton had based his investigations in optics on a variational principle, the principle of Fermat. Its analogue in mechanics is the classical *principle of least action* which is nowadays called *Hamilton's principle* although this name is not justified.[4] Lagrange originally had founded all his results in mechanics on this variational principle, but in his later work he replaced it by *D'Alembert's principle*, the dynamical version of the *principle of virtual velocities*.

Hamilton's work was the starting point of a number of papers written by Jacobi, which began to appear since 1837. Jacobi developed the mechanical aspects of Hamilton's theory and its applications to the theory of partial differential equations, incorporating important ideas of Lagrange and Poisson. The formulation of the classical Hamilton–Jacobi theory as it is known to us was essentially given by Jacobi; in particular, his *Vorlesungen über Dynamik* from 1842/43 served as model for all later authors.[5]

Two contributions of Jacobi were of special importance. The first concerns complete solutions S of the *Hamilton–Jacobi* equation

(3)
$$S_t + H(t, x, S_x) = 0.$$

This is one of the two equations satisfied by Hamilton's principal function W.

---

[1] The first edition appeared under the title "*Méchanique analitique*" at Paris in 1788. The second edition, revised and enlarged by Lagrange himself, appeared in two volumes (Vol. 1 in 1811, Vol. 2 in 1815).

[2] Cf. F. Klein [3], Vol. 1, p. 198; [1], Vol. 2, pp. 601–606.

[3] In England Hamilton's work had remained alive, see Thomson and Tait [1].

[4] See 2,5 no. 9.

[5] Edited by Clebsch, these lecture notes appeared for the first time in print in 1866; a second and revised version appeared in 1884 as a supplement to Jacobi's *Gesammelten Werken* [3]. Jacobi's contributions to analytical mechanics are contained in Vols. 4 and 5 of [3]; the supplement is vol. 7.

Using "sufficiently general" solutions of this equation, so-called *complete solutions*, Jacobi was able to generate all trajectories of the canonical equations (2) simply by differentiations and eliminations. This is Jacobi's celebrated integration method, by which he solved two difficult problems. He determined the geodesics on an ellipsoid, and he found the trajectories of the planar motion of a point mass in the gravitational field of two fixed centers. Moreover Jacobi used his method to give an explicit proof of Abel's theorem (cf. *3.5*). This way he founded the theory of *completely integrable systems and their relations to algebraic geometry*, which in recent years has found renewed interest.[6]

Jacobi's second contribution to mechanics is closely related to his first one. It concerns the transformation behaviour of equations (2) which Jacobi called *canonical equations*. Jacobi was the first to pose the question of *what diffeomorphisms of the cophase space described by the canonical variables x, y preserve the canonical structure of equations* (2). This transformation problem is solved by the so-called *canonical transformations*[7] (though they are not the most general mappings having this property). Suppose now that by means of a suitable canonical mapping we can transform a given system (2) into a particularly simple system of this kind whose solutions are, say, straight lines. Then the integration of the transformed problem is obvious, and the flow of the original system is obtained by transforming everything back to the original canonical coordinates. It turns out that Jacobi's method to integrate (2) by means of complete integrals of (3) can be viewed as a canonical transformation which rectifies the flow of (2). This beautiful geometric interpretation of Jacobi's method suggests that there should be a close connection between canonical transformations and complete solutions of the Hamilton–Jacobi equation. It will, in fact, be seen that one can generate (local) canonical transformations by differentiating complete solutions of (3), which therefore can be viewed as *generating functions* of canonical diffeomorphisms. In the case of autonomous Hamiltonian systems

$$(4) \qquad \dot{x} = H_y(x, y), \qquad \dot{y} = -H_x(x, y),$$

one looks at complete solutions of the *reduced Hamilton–Jacobi equation*

$$(5) \qquad H(x, S_x(x)) = E,$$

which are sometimes called *eikonals*, and (5) also carries the name *eikonal equation*.[8]

Canonical transformations can also be characterized by *Lagrange brackets* or by *Poisson brackets*; these characterizations are dual to each other. Moreover, canonical diffeomorphisms of a domain in cophase space onto itself form a group. Thus it is not astonishing that group theory plays an important role in

---

[6] Cf., for instance, Moser [5], [6], [7] where one also can find numerous references to the literature.

[7] Nowadays one often uses the term *symplectic transformations*.

[8] This notation is due to the astronomer Bruns [2]. Cf. also the remarks of F. Klein [1], Vol. 2, pp. 601–603, and our discussion in 8,*3.2*.

analytical mechanics. The usefulness of group theoretic considerations in this context was emphasized by Mathieu and in particular by Lie.

Lie interpreted the phase flow of an autonomous Hamiltonian system as a one-parameter group of transformations. Thus one can view the motion of a dynamical system as the "unfolding of a canonical transformation".[9] This is the modern concept of a mechanical system. Present authors like to stress the idea that Hamiltonian mechanics is just geometry in cophase space or, more generally, in a *symplectic manifold* where the group of symplectic diffeomorphism (canonical transformations) is acting.[10] The cophase space is replaced by a symplectic manifold, that is, by an even-dimensional manifold furnished with a symplectic form ω which in local symplectic coordinates $(x, y) = (x^1, \ldots, x^n, y_1, \ldots, y_n)$ can be written as

$$(6) \qquad\qquad \omega = dy_i \wedge dx^i.$$

The reason for introducing this new geometric concept is that canonical transformations keep ω preserved but mix the space variables x^j and the momenta variables y_k, i.e. the symplectic structure given by the two-form ω is preserved with respect to canonical transformation, but the original geometric interpretation of the cophase space as cotangent bundle of a configuration space will in general be destroyed. In fact, there are symplectic manifolds which globally do not necessarily admit an interpretation as cotangent bundle of some base manifold. From this point of view it seems perfectly natural to give up the Lagrangian mechanics together with its variational principles and to replace it by Hamiltonian mechanics, that is, by geometry in symplectic manifolds. This concept will briefly be described in 3.7.

In this chapter we want to present the classical Hamilton–Jacobi theory as it originated from mechanics and geometrical optics. Its relations to the theory of first-order partial differential equations and to the theory of contact transformations will be explored in Chapter 10.

The material is divided into three sections. The first contains some basic facts on vector fields as far as it is needed for the following. We assume the standard existence and uniqueness results concerning the Cauchy problem for ordinary differential equations and the differentiable dependence of solutions from parameters to be known to the reader. We also think that the reader will be acquainted with the extension lemma and the concept of the maximal flow of a vector field. Then we shall explain the notions *of a local phase flow, of complete vector fields, one-parameter groups of transformations and their infinitesimal generators* (= *infinitesimal transformations*), *and of the Lie symbol* $A = a^i D_i$ of a vector field $a = (a^1, \ldots, a^n)$. Deriving the transformation rule of vector fields with respect to diffeomorphisms u, we define the *pull–back* u^*a of a vector field a and its *Lie derivative* $L_b a$ with respect to another vector field b, which turns out to be the *Lie bracket* $[b, a]$. We shall see that the local phase flows generated

---

[9] See Whittaker, [1], p. 323.
[10] See Arnold [2], p. 161.

by a and b commute if and only if $[a, b] = 0$, and that regular vector fields turn out to be locally equivalent to constant (or "parallel") vector fields. Then we explore in some depth the notions of a *first integral* of a first-order system of ordinary differential equations and of *functional independence* of a set of several first integrals. Finally we introduce the linear *variational equation* $\dot{X} = A(t)X$ of a system $\dot{x} = a(t, x)$ and prove *Liouville's lemma* and *Liouville's theorem*, and we present an application to *volume-preserving flows*. We briefly discuss how these results can be extended to flows on manifolds. This more or less describes the content of Section 1.

In Sections 2 and 3 we present the classical Hamilton–Jacobi theory, the main features of which we have outlined in the historical first part of this introduction.

We shall enter the Hamilton–Jacobi theory from the calculus of variations via Carathéodory's concept of a *complete figure* that we have discussed in Chapters 6 and 7. The two fundamental notions of this concept are *Mayer fields of extremals* and their *transversal wave fronts*. The extremals of Mayer fields are solutions of the *Euler equations* which satisfy certain *integrability conditions*, and the transversal surfaces are level surfaces of a wave function S which together with the slope function ψ of the Mayer field satisfies the *Carathéodory equations*. Applying the Legendre transformation generated by the basic Lagrangian L, we immediately obtain the basic equations of the Hamilton–Jacobi theory that are formulated in terms of the Legendre transform of L, the Hamiltonian H: The Legendre dual of Euler's equations are the *canonical equations* of Hamilton, the so-called *Hamiltonian systems*, and the Legendre dual of the Carathéodory equations is *the partial differential equation of Hamilton and Jacobi*. Thus the first pages of Section 2 just provide a synopsis of ideas and results which were developed in Chapters 6 and 7 in great detail.

In *2.1* and *2.2* it will be seen that the variational approach to Hamilton–Jacobi theory is essentially identical with the original ideas of Hamilton which in nuce contain the elements of the entire Hamilton–Jacobi theory. We shall in particular see that the concepts of a *canonical transformation* and of its generating functions as well as *Jacobi's method to integrate Hamiltonian systems* grow directly out of Hamilton's geometric–optical reasoning. In *2.3* we outline how dynamical systems of point mechanics are formulated in the canonical setting.

Having set the stage in *2.1–2.3* we shall from now on carry out all investigations in a cophase space ($= x, y$-space) which henceforth is called *phase space* in agreement with the traditional usage of mechanics. In *2.4* we show that Hamiltonian systems can be interpreted as Euler equations of some variational problem which will be denoted as *canonical variational problem*. The corresponding variational functional is called *Poincaré's integral*. This functional is nowadays the starting point for proving existence of periodic solutions of Hamiltonian systems.[11]

---

[11] See F.H. Clarke [1]; P. Rabinowitz [1], [2], [3]; Ekeland [1], [2]; Ekeland–Lasry [1]; Aubin–Ekeland [1], Chapter 8; Mawhin–Willem [1]; Hofer–Zehnder [2].

In *3.1* we use Poincaré's integral to supply a second proof of the fact that canonical mappings preserve the structure of Hamiltonian systems.

The basic contributions of Jacobi are outlined in Section 3. We begin in *3.1* by describing various concepts of a canonical mapping in terms of *symplectic matrices*, of the *symplectic form ω*, of *Lagrange brackets*, and of the *Cartan form κ_H*. Secondly we derive the basic property of canonical maps of preserving the structure of Hamiltonian systems. In *3.2* we shall turn to the group-theoretical point of view introduced by Lie. It will be seen that a one-parameter group of diffeomorphisms of $M \cong \mathbb{R}^{2n}$ onto itself is a group of canonical transformations if and only if its infinitesimal generator is a (complete) Hamiltonian vector field.

Thereafter in *3.3* we deal with Jacobi's second important contribution to Hamilton–Jacobi theory, his integration theory of Hamiltonian system by means of complete solutions of the Hamilton–Jacobi equation, and we shall see that this method can be interpreted as a *rectification* of the extended Hamiltonian phase flow by a suitable canonical transformation. In *3.4* a slight shift of the point of view leads to local representations of arbitrary canonical transformations by means of a single generating function and to the theory of *eikonals*, which is used in geometrical optics. We shall also see that the *canonical perturbation theory* is just a modification of Jacobi's theorem.

Special problems are discussed in *3.5*. In particular we treat the motion of a point mass under the influence of two fixed attracting centers. Finally in *3.6* we deal with *Poisson brackets* which can be used to characterize canonical mappings. Moreover Poisson brackets have an interesting algebraic aspect as one can generate new first integrals by forming Poisson brackets of any two first integrals of a Hamiltonian system.

The connection between canonical transformations and Lie's theory of contact transformations will be discussed in Chapter 10. In particular we shall prove the equivalence of Fermat's principle and the (infinitesimal) Huygens principle (see also 8,*3.4*).

1. Vector Fields and 1-Parameter Flows

This section deals with vector fields $a(x)$ and their (local) phase flows φ^t, which are defined as solutions $x = \varphi^t(x_0) = \varphi(t, x_0)$ of the initial value problem

$$\dot{x} = a(x), \qquad x(0) = x_0.$$

We shall assume that the reader is acquainted with the basic existence, uniqueness, and regularity results about solutions of initial value problems for systems of ordinary differential equations and with the concept of a maximal flow; the treatise of Hartman [1] for example may serve as a general reference for these topics. All other results of this section will be proved. A general survey of this field with an up-today guide to the literature can be found in the encyclopaedia-article by Arnold and Il'yashenko [1]. Basically our approach is of a local nature. However, in *1.9* we also treat vector fields defined on submanifolds of $\mathbb{R}^n$ and their local phase flows.

In *1.1* we begin by summarizing some basic facts on local phase flows, and in *1.2* we show the equivalence of phase flows and one-parameter groups of transformations. Later we deal with important examples such as one-parameter groups of canonical transformations (see *3.2*) and of contact transformations (Chapter 10).

Next, in *1.3*, we associate with any vector field a first order differential operator called the *Lie symbol* of the field, and then we study the transformation behavior of vector fields and their symbols with respect to diffeomorphisms. In *1.4* we show that the phase flows of two vector fields *a* and *b* commute if and only if the *commutator* $[A, B] = AB - BA$ of their symbols *A* and *B* vanishes. Moreover, if we want to investigate the infinitesimal change of a quantity with respect to a phase flow generated by a vector field we are lead to the concept of the *Lie derivative*. We shall see that the Lie derivative of a vector field *b* with respect to a vector field *a* is again a vector field whose symbol is the commutator $[A, B]$ of the symbols *A*, *B* of *a* and *b* respectively.

As we know the transformation behavior of vector fields, we can now define the concept of *equivalence of vector fields*. Then we can look for (local) *normal forms* of vector fields. The main result of *1.5* is that any two nonsingular vector fields are locally equivalent, and therefore any nonsingular vector field turns out to be locally equivalent to a constant vector field ("rectifiability theorem"). Consequently the phase flow of any nonsingular vector field locally looks like a parallel flow.

In *1.6* we discuss the important notion of a *first integral* of a system $\dot{x} = a(x)$ and its connection with the symbol *A* of the vector field *a*, and we mention some results on functional dependence and independence of first integrals. Essentially the integration of any *n*-dimensional system $\dot{x} = a(x)$ is equivalent to finding *n* independent first integrals of the system. Earlier we have several times investigated first integrals of the system of Euler equations

$$\dot{x} = v, \qquad \frac{d}{dt} F_v(x, v) - F_x(x, v) = 0$$

of a time-independent Lagrangian $F(x, v)$, for instance the "total energy" $v \cdot F_v(x, y) - F(x, v)$. Other first integrals of the Euler system can be derived by means of Emmy Noether's theorem provided that the integral $\int_I F(x, \dot{x}) \, dt$ is invariant with respect to some 1-parameter groups of transformations. Yet, in general, symmetries are often difficult to discover, and it will not be easy to find first integrals; there is no systematic approach to obtain such integrals in an "explicit form" (whatever this may be). In *1.7* we consider some interesting examples where one can derive first integrals in an algebraic way. Let us also note that in general one cannot find an *n*-tuple of independent algebraic first integrals.

For instance consider the motion of n particles $P_k = (x_k, y_k, z_k)$, $k = 1, 2, \ldots, n$, in three-dimensional Euclidean space, where $n > 1$. Let $m_k > 0$ be their masses, and assume that these masses attract each other according to Newton's law of attraction. Then we obtain for the Cartesian coordinates $q_k = (x_k, y_k, z_k)$ the equations of motion as

$$m_k \ddot{q}_k = \sum_{k \neq l} \frac{m_k m_l}{r_{kl}^3} (q_l - q_k),$$

where $r_{kl} := |q_k - q_l| = \{|x_k - x_l|^2 + |y_k - y_l|^2 + |z_k - z_l|^2\}^{1/2}$.

The ten classical integrals of the n-body problem are the six center of mass integrals

$$\sum_{k=1}^{n} m_k \dot{x}_k = a, \qquad \sum_{k=1}^{n} m_k \dot{y}_k = b, \qquad \sum_{k=1}^{n} m_k \dot{z}_k = c,$$

$$\sum_{k=1}^{n} m_k (x_k - t\dot{x}_k) = a^*, \qquad \sum_{k=1}^{n} m_k (y_k - t\dot{y}_k) = b^*, \qquad \sum_{k=1}^{n} m_k (z_k - t\dot{z}_k) = c^*,$$

the three angular momentum integrals

$$\sum_{k=1}^{n} m_k (y_k \dot{z}_k - z_k \dot{y}_k) = \alpha, \quad \sum_{k=1}^{n} m_k (z_k \dot{x}_k - x_k \dot{z}_k) = \beta, \quad \sum_{k=1}^{n} m_k (x_k \dot{y}_k - \dot{y}_k x_k) = \gamma,$$

and the energy integral

$$\sum_{k=1}^{n} \frac{1}{2} m_k (\dot{x}_k^2 + \dot{y}_k^2 + \dot{z}_k^2) - \sum_{k < \ell} \frac{m_k m_l}{r_{kl}} = h.$$

Bruns [1] has proved that there are no additional algebraic integrals of the n-body problem independent of these ten,[12] and consequently, since $6n > 10$, there cannot be $6n$ independent algebraic integrals.[13]

We proceed in *1.8* by studying linear equations of first order for matrix-valued functions as, for instance, the so-called *variational equation* of the phase flow of a first order system. Using Liouville's formula for the Wronskian we give an alternate proof of Liouville's result for the rate of change of a volume transported by a phase flow. In particular we obtain that autonomous Hamiltonian systems generate volume-preserving phase flows.

The last subsection, *1.9*, treats vector fields and their local phase flows on manifolds which are defined as zero sets of functions $g^1(x) = 0, \ldots, g^{n-k}(x) = 0$. This in principle covers already the general situation since every manifold can locally be represented in this way.

1.1. The Local Phase Flow of a Vector Field

Consider a system

(1) $$\dot{x} = a(t, x)$$

---

[12] See also Whittaker [1], Chapter 14.
[13] i.e., there are no more than ten "functionally independent" first integrals of the n-body problem which are algebraic functions of $t, q_1, \ldots, q_n, \dot{q}_1, \ldots, \dot{q}_n$, whereas there exist $6n$ (time-dependent) first integrals; see *1.6*.

of ordinary differential equations of first order whose right-hand side is a vector valued mapping $a: \mathbb{R} \times \mathcal{U} \to \mathbb{R}^n$ of class C^r, $r \geq 1$, and where $\mathcal{U}$ is a domain in $\mathbb{R}^n$. Here $\mathbb{R}$ is the t-axis and t is viewed as a time parameter, whereas $x = (x^1, \ldots, x^n)$ denotes space variables. The domain $\mathcal{U}$ is called the *phase space* of the equation, and $\mathbb{R} \times \mathcal{U}$ is said to be the *extended phase space*. We consider $a(t, x)$ as a time-dependent vector field on $\mathcal{U}$. If $a^i(t, x)$, $1 \leq i \leq n$, are the components of $a(t, x)$, equation (1) can be written as

$$(1') \qquad \qquad \dot{x}^i = a^i(t, x), \quad i = 1, \ldots, n.$$

A solution of equation (1) is a C^1-mapping $\xi: I \to \mathbb{R}^n$ of an interval $I = \{t \in \mathbb{R}: \alpha < t < \beta\}$ of the t-axis (where we allow both $\alpha = -\infty$ and $\beta = \infty$) such that

$$\dot{\xi}(t) = a(t, \xi(t))$$

holds for all $t \in I$.

We recall the well-known fact that for any $x_0 \in \mathcal{U}$ there exists a maximally defined solution of the initial value problem

$$(2) \qquad \qquad \dot{x} = a(t, x), \qquad x(0) = x_0,$$

and this maximal solution is uniquely determined. We denote this solution by

$$(3) \qquad \qquad x = \varphi(t, x_0), \quad t \in I(x_0), \; x_0 \in \mathcal{U},$$

this way indicating its dependence on the initial point $x_0 \in \mathcal{U}$; here $I(x_0)$ is the *maximal interval of definition* of the solution $\varphi(\cdot, x_0)$ of (2). This interval is open since one can prove the following.

Extension lemma. *Let $\{t_k\}$ be a sequence of points $t_k \in I(x_0)$ such that $t_k \to t^*$ and $\varphi(t_k, x_0) \to x^*$ as $k \to \infty$ where x^* is some point in $\mathcal{U}$. Then there is some $\varepsilon > 0$ such that $(t^* - \varepsilon, t^* + \varepsilon) \subset I(x_0)$.*

Let $\mathcal{D}_a := \{(t, x_0): x_0 \in \mathcal{U}, t \in I(x_0)\}$ be the maximal domain of definition of the mapping

$$\varphi: \mathcal{D}_a \to \mathcal{U}$$

defined by (2) and (3). We call φ the *maximal flow of the vector field a*. The following result is well known:

Proposition. *The domain of definition $\mathcal{D}_a$ of the maximal flow φ of some vector field $a \in C^r(\mathbb{R} \times \mathcal{U}, \mathbb{R}^n)$, $r \geq 1$, is an open neighbourhood of $\{0\} \times \mathbb{R}^n$ in $\mathbb{R} \times \mathbb{R}^n$, and both φ and $\dot{\varphi}$ are of class $C^r(\mathcal{D}_a, \mathbb{R}^n)$.*

We can interpret the curves $x = \varphi(t, x_0)$, $t \in I(x_0)$, as *flow lines* or *trajectories* of an (in general) instationary flow in $\mathcal{U}$ with the velocity field $a(t, x)$. If we restrict the initial points x_0 to some compact subset K of $\mathcal{U}$, then there is an $\varepsilon > 0$ such that $\varphi(t, x_0)$ is defined on $(-\varepsilon, \varepsilon) \times K$; however, there might be no

$\varepsilon > 0$ such that $(-\varepsilon, \varepsilon) \times \mathcal{U} \subset \mathcal{D}_a$. Hence it makes generally no sense to interpret φ as a family of mappings $\varphi^t : \mathcal{U} \to \mathcal{U}$, $|t| < \varepsilon$, for $0 < \varepsilon \ll 1$ where φ^t is defined by $\varphi^t(x) := \varphi(t, x)$ but we have to consider $\varphi^t|_{\mathcal{U}'}$ for $\mathcal{U}' \subset\subset \mathcal{U}$. However, in order to keep all formulas transparent we shall always tacitly assume that $\varphi^t : \mathcal{U} \to \mathcal{U}$, $|t| < \varepsilon$, exists for some $\varepsilon > 0$. To obtain the correct statements the reader is asked to make the necessary adjustments.

The graph $\gamma(t) = (t, \varphi(t, x_0))$, $t \in I(x_0)$, of any solution $\varphi(\cdot, x_0)$ of (2) is called an *integral curve*[14] of (2). Thus an integral curve is a curve in the extended phase space $\mathbb{R} \times \mathcal{U}$; its *slope* $\dot{\varphi}(t, x_0)$ with respect to the t-axis is given by $a(t, \varphi(t, x_0))$. Therefore $a(t, x)$ is also called *slope function*. The projection of an integral curve into the phase space is a trajectory of (2).

From now on we shall mostly restrict our attention to flows generated by time-independent vector fields $a(x)$, that is, to solutions of so-called *autonomous systems*

$$(4) \qquad\qquad \dot{x} = a(x).$$

Formally nonautonomous systems can be subsumed to autonomous ones by adding the scalar equation $\dot{y} = 1$ to the system (1). Obviously the new system

$$\dot{x} = a(y, x), \qquad \dot{y} = 1$$

is an antonomous system for $x(t)$, $y(t)$ which is equivalent to the original system (1).

The maximal flow of a stationary vector field $a : \mathcal{U} \to \mathbb{R}^n$, $\mathcal{U} \subset \mathbb{R}^n$, starting at time $t = 0$ is called *local phase flow of a*.

1.2. Complete Vector Fields and One-Parameter Groups of Transformations

A vector field $a \in C^1(\mathcal{U}, \mathbb{R}^n)$ is said to be *complete* if each of its integral curves is defined for all $t \in \mathbb{R}$, that is, if $\mathcal{D}_a = \mathbb{R} \times \mathcal{U}$. In this case, the mapping $\varphi : \mathbb{R} \times \mathcal{U} \to \mathcal{U}$ is called the *phase flow* of a.

We shall see that the phase flow of a complete vector field $a : \mathcal{U} \to \mathbb{R}^n$ defines a one-parameter group of transformation $\mathcal{T}^t : \mathcal{U} \to \mathcal{U}$, and vice versa any such group can be viewed as the phase flow of a complete vector field.

To this end we define: A *one-parameter group* $\mathfrak{G} = \{\mathcal{T}^t\}_{t \in \mathbb{R}}$ of *transformations* $\mathcal{T}^t : \mathcal{U} \to \mathcal{U}$ of a domain $\mathcal{U}$ onto itself is a mapping $\varphi : \mathbb{R} \times \mathcal{U} \to \mathcal{U}$ such that the following holds true:

    (i) φ and $\dot{\varphi}$ are of class C^1;

    (ii) the mappings $\mathcal{T}^t : \mathcal{U} \to \mathcal{U}$, $t \in \mathbb{R}$, defined by

---

[14] This terminology is not generally accepted; many authors use "integral curve" synonymously for "trajectory" or "flow line".

(1) $\mathscr{T}^t x = \varphi(t, x)$ for $t \in \mathbb{R}$, $x \in \mathscr{U}$,

satisfy

(2) $\mathscr{T}^0 = \mathrm{id}_{\mathscr{U}}$ and $\mathscr{T}^{t+s} = \mathscr{T}^t \mathscr{T}^s$ for all $t, s \in \mathbb{R}$.

Here $\mathscr{T}^t \mathscr{T}^s$ means the composed map $\mathscr{T}^t \circ \mathscr{T}^s$. Note that the properties (i) and (ii) imply

(iii) For every $t \in \mathbb{R}$, the mapping $\mathscr{T}^t : \mathscr{U} \to \mathscr{U}$ is a diffeomorphism of $\mathscr{U}$ onto itself.

(iv) The inverse of $\mathscr{T}^t$ is the C^1-diffeomorphism $\mathscr{T}^{-t}$.

Proposition. *The phase flow $\varphi : \mathbb{R} \times \mathscr{U} \to \mathscr{U}$ of a complete vector field $a : \mathscr{U} \to \mathbb{R}^n$ defines a 1-parameter group $\mathfrak{G}$ of transformations $\mathscr{T}^t = \varphi(t, \cdot) : \mathscr{U} \to \mathscr{U}$. Conversely any 1-parameter group $\mathfrak{G} = \{\mathscr{T}^t\}_{t \in \mathbb{R}}$ of transformations can be generated as a phase flow of some complete vector field $a : \mathscr{U} \to \mathscr{U}$.*

Proof. (a) Let $\varphi : \mathbb{R} \times \mathscr{U} \to \mathscr{U}$ be the phase flow of a complete vector field $a \in C^1(\mathscr{U}, \mathbb{R}^n)$. Then we know that φ, $\dot{\varphi} \in C^1(\mathbb{R} \times \mathscr{U}, \mathbb{R}^n)$ and $\varphi(0, x) = x$ for any $x \in \mathscr{U}$, that is, $\mathscr{T}^0 = \mathrm{id}_{\mathscr{U}}$. It remains to show that $\mathscr{T}^{t+s} = \mathscr{T}^t \mathscr{T}^s$, or equivalently that $\mathscr{T}^{t+s} x = \mathscr{T}^t \mathscr{T}^s x$ for any $x \in \mathscr{U}$ and for all $t, s \in \mathbb{R}$. This is a consequence of the unique solvability of the initial value problem for systems of ordinary differential equations. In fact, the last identity can be expressed in the form

(3) $\varphi(t + s, x) = \varphi(t, \varphi(s, x))$.

Fix any $x \in \mathscr{U}$ and $s \in \mathbb{R}$, and set $\psi(t, x) := \varphi(t + s, x)$, $y := \varphi(s, x)$. It follows that

$$\dot{\psi}(t, x) = a(\psi(t, x)), \qquad \psi(0, x) = \varphi(s, x) = y,$$

$$\dot{\varphi}(t, y) = a(\varphi(t, y)), \qquad \varphi(0, y) = y,$$

whence we infer that

$$\psi(t, x) = \varphi(t, y) \quad \text{for all } t \in I(y).$$

This is exactly relation (3).

(b) Conversely, let $\mathfrak{G}$ be a 1-parameter group of transformations $\mathscr{T}^t : \mathscr{U} \to \mathscr{U}$ defined by $\mathscr{T}^t x = \varphi(t, x)$. If we set

(4) $a(x) := \dot{\varphi}(0, x) = \lim_{t \to 0} \frac{1}{t} [\varphi(t, x) - \varphi(0, x)],$

we can infer from

$$\varphi(t + s, x) = \varphi(s, \varphi(t, x))$$

that

$$\dot{\varphi}(t, x) = \lim_{s \to 0} \frac{1}{s} [\varphi(t + s, x) - \varphi(t, x)]$$

$$= \lim_{s \to 0} \frac{1}{s} [\varphi(s, \varphi(t, x)) - \varphi(0, \varphi(t, x))]$$

$$= \dot{\varphi}(0, \varphi(t, x)) = a(\varphi(t, x)).$$

Thus $\varphi(t, x)$ is a solution of the initial value problem

(5) $$\dot{\varphi}(t, x) = a(\varphi(t, x)), \qquad \varphi(0, x) = x$$

for all $t \in \mathbb{R}$ and any $x \in \mathscr{U}$.   □

Remark 1. If $a \in C^1$, then the solution φ of (5) is of class C^1 whence also $\dot{\varphi} = a \circ \varphi$ is of class C^1. On the other hand, if φ were a 1-parameter group and if we had only required that $\varphi \in C^1$ instead of φ, $\dot{\varphi} \in C^1$, then the corresponding vector field a defined by (4) would merely be of class C^0, and we were not sure whether we could retrieve φ from a in a unique way since the initial value problem (5) may have more than one solution for vector fields $a \in C^0$. This motivates our assumption (i). Similarly we require φ, $\dot{\varphi} \in C^r$ for 1-parameter groups of class C^r, $r \geq 1$.

Remark 2. Because of $\mathscr{T}^t \mathscr{T}^s = \mathscr{T}^{t+s} = \mathscr{T}^{s+t} = \mathscr{T}^s \mathscr{T}^t$ any 1-parameter group of transformations $\mathscr{T}^t : \mathscr{U} \to \mathscr{U}$ is necessarily an Abelian group.

Let $\varphi : \mathbb{R} \times \mathscr{U} \to \mathscr{U}$ be a 1-parameter group of transformations $\mathscr{T}^t$. Then the complete vector field $a(x) := \dot{\varphi}(0, x)$, $x \in \mathscr{U}$, is said to be the *infinitesimal generator* (or the *infinitesimal transformation*) of the group $\mathfrak{G} = \{\mathscr{T}^t\}$.

If $a \in C^1(\mathscr{U}, \mathbb{R}^n)$ is not complete, it still generates a local phase flow $\varphi : \mathscr{D}_a \to \mathscr{U}$ which is sometimes called a *local transformation group*, and $a(x)$ is said to be the infinitesimal generator or the infinitesimal transformation of this local group.

We consider some simple examples.

[1] If $n = 1$, $\mathscr{U} = \mathbb{R}$, and $a(x) = x$, then the phase flow $\varphi(t, x) = xe^t$ of $a(x)$ is defined on $\mathbb{R} \times \mathscr{U}$. Correspondingly, a is complete.

[2] If $n = 1$, $\mathscr{U} = \mathbb{R}$, $a(x) = 1 + x^2$, then the phase flow $\varphi(t, x) = \tan(t + \arctan x)$, $|\arctan x| < \pi/2$, is defined on $\mathscr{D}_a = \{(t, x): x \in \mathbb{R}, |t + \arctan x| < \pi/2\}$. Here the vector field $a(x)$ is not complete.

[3] Let $\mathscr{U} = \mathbb{R}^n$, $n \geq 1$, and $a(x) = Mx$ where M is an $n \times n$-matrix. This vector field is complete since its flow $\varphi(t, x) = e^{tM}x$ is defined on $\mathbb{R} \times \mathscr{U}$. The one-parameter group generated by the infinitesimal transformation $a(x)$ consists of the transformations $\mathscr{T}^t = e^{tM} = 1 + \frac{1}{1!} tM + \frac{1}{2!} t^2 M^2 + \cdots +$

$\frac{1}{n!} t^n M^n + \cdots$.

1.3. Lie's Symbol and the Pull-Back of a Vector Field

With any vector field $a(x)$ on $\mathscr{U} \subset \mathbb{R}^n$ we associate a first order differential operator

$$(1) \qquad\qquad A = a^i(x)\frac{\partial}{\partial x^i} = a^i(x)D_i,$$

which will also be denoted by L_a. Lie denoted $A = L_a = a^iD_i$ as the *symbol of the vector field* $a = (a^1, \ldots, a^n)$. Nowadays it is customary to identify a vector field a with its symbol A, for the following reason.

Let $\varphi(t, x)$ be the local phase flow of a vector field $a(x)$ on $\mathcal{U}$, i.e.,

$$\dot\varphi(t, x) = a(\varphi(t, x)), \qquad \varphi(0, x) = x.$$

Then, for any function $f \in C^1(\mathcal{U})$, we have

$$\frac{d}{dt}f(\varphi(t, x)) = f_{x^i}(\varphi(t, x))\dot\varphi^i(t, x) = f_{x^i}(\varphi(t, x))a^i(\varphi(t, x)),$$

that is,

$$(2) \qquad\qquad \frac{d}{dt}f \circ \varphi = (Af) \circ \varphi$$

and in particular

$$(3) \qquad\qquad \frac{d}{dt}f(\varphi(t, x))\Big|_{t=0} = (Af)(x).$$

In other words, the symbol A of a vector field $a(x)$ applied to some differentiable scalar function f is just the rate of change of f along the flow line φ at the time $t = 0$. If $|a(x)| = 1$, then $(Af)(x)$ is the directional derivative of f at x in the direction of $a(x)$.

Suppose that f and a are real analytic. Then also the phase flow φ of a is real analytic, and consequently $v(t) := f(\varphi(t, x))$ can be represented in a neighbourhood of $t = 0$ by the Taylor series

$$v(0) + \frac{t}{1!}\dot v(0) + \frac{t^2}{2!}\ddot v(0) + \cdots.$$

From (2) we infer that

$$v(0) = f(x), \qquad \dot v(0) = (Af)(x), \qquad \ddot v(0) = (A^2f)(x), \ldots,$$

whence

$$f(\varphi(t, x)) = f(x) + \frac{t}{1!}(Af)(x) + \frac{t^2}{2!}(A^2f)(x) + \cdots,$$

which we can symbolically write as

$$(4) \qquad\qquad f(\varphi(t, x)) = (e^{tA}f)(x),$$

and in particular

$$(4') \qquad\qquad f(\varphi(1, x)) = (e^Af)(x)$$

if $\varphi(1, x)$ is defined. This way we have interpreted the local phase flow of a real analytic vector field $a(x)$ as an *exponential mapping* generated by its symbol $A = L_a$. Applying (4) to $f(x) = x^i$ we obtain in particular

$$\varphi^i(t, x) = x^i + \frac{t}{1!}a^i(x) + \frac{t^2}{2!}(Aa^i)(x) + \frac{t^3}{3!}(A^2a^i)(x) + \cdots.$$

For a further discussion of the intimate relations between a vector field $a = (a^1, \ldots, a^n)$ and its Lie symbol $A = L_a$ we subject the system $\dot{x} = a(x)$ to a coordinate transformation

$$x = u(y)$$

by means of a diffeomorphism $u : \mathscr{U}^* \to \mathscr{U}$. Then

$$\dot{x} = a(x)$$

is transformed into a new system

$$\dot{y} = b(y),$$

where b is a vector field on $\mathscr{U}^*$ given by

(5)
$$b = (Du)^{-1} a \circ u$$

or, equivalently

(5′)
$$b(y) = [u_y(y)]^{-1} a(u(y)),$$

where $Du = u_y = \left(\dfrac{\partial u^i}{\partial y^k}\right)$ is the Jacobian matrix of the mapping u. This is *the transformation law for vector fields*. In terms of index notation we can write (5) as

(5″)
$$u^i_{y^k}(y) b^k(y) = a^i(u(y)), \quad 1 \le i \le n.$$

Let $\varphi^t = \varphi(t, \cdot)$ and $\psi^t = \psi(t, \cdot)$ be the local phase flows of vector fields a and b connected by (5). We claim that

(6)
$$u \circ \psi^t = \varphi^t \circ u.$$

This follows from the unique solvability of the initial value problem together with the relations

$$u(\psi(0, y)) = u(y) = \varphi(0, u(y)),$$

$$\frac{d}{dt} u \circ \psi^t = (u_y \circ \psi^t)\frac{d\psi^t}{dt} = (u_y \circ \psi^t)(b \circ \psi^t) = a \circ u \circ \psi^t,$$

$$\frac{d}{dt} \varphi^t \circ u = a \circ \varphi^t \circ u.$$

Equation (6) is equivalent to

(6′)
$$\psi^t = u^{-1} \circ \varphi^t \circ u.$$

Now we want to show that a differential operator $A = a^i(x)\dfrac{\partial}{\partial x^i}$ on $\mathscr{U}$ transforms in the same way with respect to a diffeomorphism $u : \mathscr{U}^* \to \mathscr{U}$ as the associated vector field $a(x) = (a^1(x), \ldots, a^n(x))$. To this end we choose an arbitrary function $f(x)$ of class $C^1(\mathscr{U})$. Obviously $(Af) \circ u$ can be expressed in the form

(7) $(Af) \circ u = Bg,$

where $g := f \circ u \in C^1(\mathcal{U}^*)$ and $B = b^k(y)\dfrac{\partial}{\partial y^k}$ is a linear first order differential operator on $\mathcal{U}^*$. We claim that the coefficients a^i and b^k of A and B respectively are related to each other by the transformation rule (5), i.e., *the transform B of the symbol A of a vector field a is the symbol of the transform b of a.*

In fact, relation (6) implies

$$g \circ \psi^t = f \circ \varphi^t \circ u,$$

whence

$$(Dg \circ \psi^t) \cdot \frac{d\psi^t}{dt} = \left[(Df \circ \varphi^t) \cdot \frac{d\varphi^t}{dt} \right] \circ u.$$

Because of $\psi^0 = \mathrm{id}_{\mathcal{U}^*}$, $\varphi^0 = \mathrm{id}_{\mathcal{U}}$, and of

$$\frac{d\psi^t}{dt} = b(\psi^t), \qquad \frac{d\varphi^t}{dt} = a(\varphi^t),$$

where a and b are connected by (5), we obtain for $t = 0$ that

$$Dg \cdot b = (Df \cdot a) \circ u,$$

which is equivalent to

$$Bg = (Af) \circ u,$$

where

$$A = a^i(x)\frac{\partial}{\partial x^i}, \qquad B = b^k(y)\frac{\partial}{\partial y^k}, \qquad b = (Du)^{-1}a \circ u.$$

We call b the *pull-back* of a under u and denote it by u^*a. Analogously, $u^*A := B$ is called the *pull-back of A* under u. Summarizing these results we obtain the following

Proposition. *If A is the Lie symbol of a vector field $a(x)$, then its pull-back u^*A under a diffeomorphism $u : \mathcal{U}^* \to \mathcal{U}$ is the symbol of the pull-back u^*a, and we have*

(8) $u^*a = (Du)^{-1}a \circ u$

as well as

(9) $(u^*A)(f \circ u) = (Af) \circ u$

for any $f \in C^1(\mathcal{U})$. Moreover if φ^t is the local phase flow of a, then $\psi^t = u^{-1} \circ \varphi^t \circ u$ is the local phase flow of u^*a.

This result sufficiently motivates why one often identifies vector fields $a(x) = (a^1(x), \ldots, a^n(x))$ with their Lie symbols $A = a^i(x)\dfrac{\partial}{\partial x^i}$; vector fields transform in the same way as their symbols, and in classical tensor analysis one identifies objects having the same transformation behaviour. In differential geometry one wants to define vector fields on manifolds independently of special coordinate systems, but in such a way that the classical definition is subsumed. This can for instance be achieved by defining linear first-order differential operators on a manifold in a coordinate-free way as *derivations* and considering such operators as vector fields. Another way is to define *tangent vectors* to a manifold at some point as suitable equivalence classes of curves. Via relation (3) both definitions can be seen to be equivalent. For a brief introduction to these ideas and for further references we refer the reader to Abraham–Marsden [1]. Here we shall take the old-fashioned point of view that, with respect to different coordinates x and y linked by a diffeomorphism $x = u(y)$, two n-tuples $a(x) = (a^1(x), \ldots, a^n(x))$ and $b(y) = (b^1(y), \ldots, b^n(y))$ represent the same vector field if they are connected by the transformation rule $b = (Du)^{-1} a \circ u$. Viewing $a(x)$ as velocity vector of the corresponding flow $\varphi^t(x)$ in $\mathbb{R}^n$, we also speak of a field of *tangent vectors*. Traditionally the components of tangent vectors carry raised indices, whereas cotangent vectors are indicated by lowered indices.[15]

For us the expression $A = a^i(x)\dfrac{\partial}{\partial x^i}$ may serve as another notation for the vector field $a(x) = (a^1(x), \ldots, a^n(x))$ which reflects the transformation law (5) under coordinate transformations.

Let $u : \mathscr{U}^* \to \mathscr{U}$ be a diffeomorphism of $\mathscr{U}^*$ onto $\mathscr{U}$, and let $v = u^{-1} : \mathscr{U} \to \mathscr{U}^*$ be its inverse. Then the *push-forward* $v_* a$ of a vector field $a(x)$ on $\mathscr{U}$ is a vector field $b(y)$ on $\mathscr{U}^*$ which is defined by the action of its symbol $B = b^k(y)\dfrac{\partial}{\partial y^k}$ on smooth functions $g : \mathscr{U}^* \to \mathbb{R}$, which is to be

$$(Bg) \circ v := A(g \circ v),$$

where $A = a^i(x)\dfrac{\partial}{\partial x^i}$ denotes the symbol of $a(x)$. It is easy to see that the push-forward $(u^{-1})_* a$ is just the pull-back $u^* a$, i.e.

$$u^* a = (u^{-1})_* a.$$

Thus instead of $u^* a$ we could as well work with $v_* a = b$ which is defined by

$$b^k(v(x)) = a^i(x) v^k_{x^i}(x).$$

1.4. Lie Brackets and Lie Derivatives of Vector Fields

In the sequel we consider vector fields which are at least of class C^2. Suppose that $\varphi^t : \mathscr{U} \to \mathscr{U}$ and $\psi^t : \mathscr{U} \to \mathscr{U}$ are two local phase flows on $\mathscr{U} \subset \mathbb{R}^n$ generated by vector fields a and b respectively. *When do these flows commute, i.e., when do we have*

$$\psi^s \circ \varphi^t = \varphi^t \circ \psi^s$$

for all t and s close to zero? A necessary and sufficient conditon can be formulated in terms of the commutator

(1) $$[A, B] := AB - BA$$

---

[15] In the older literature one finds the terminology *contravariant vector fields* and *covariant vector fields* instead of (tangent) vector fields and cotangent vector fields; cf. for instance Carathéodory [10], pp. 68–71; Eisenhart [2], Chapter 1; or the Supplement to Vol. 1.

of the two symbols A and B of a and b respectively which is again a linear first-order operator, namely

(2)
$$[A, B] = (a^i b^k_{x^i} - b^i a^k_{x^i}) \frac{\partial}{\partial x^k}.$$

Correspondingly we define the commutator $[a, b]$ of two vector fields a, b by

(3)
$$[a, b] = (a^i b^1_{x^i} - b^i a^1_{x^i}, \ldots, a^i b^n_{x^i} - b^i a^n_{x^i}).$$

The expression $[a, b]$ is called the *Lie bracket* of the vector fields a and b.

Now we want to derive a formula which will show that two flows φ^t and ψ^s generated by A and B respectively are commuting if and only if $[A, B] = 0$. From formula (2) in *1.3* we infer that

$$\frac{d}{dt}(f \circ \varphi^t) = (Af) \circ \varphi^t, \qquad \frac{d}{ds}(f \circ \psi^s) = (Bf) \circ \psi^s.$$

Hence for any $f \in C^2(\mathcal{U})$ we obtain that

$$\frac{\partial}{\partial t} \frac{\partial}{\partial s}(f \circ \psi^s \circ \varphi^t) = (A(Bf \circ \psi^s)) \circ \varphi^t,$$

$$\frac{\partial}{\partial s} \frac{\partial}{\partial t}(f \circ \varphi^t \circ \psi^s) = (B(Af \circ \varphi^t)) \circ \psi^s,$$

whence

(4)
$$\left\{ \frac{\partial}{\partial t} \frac{\partial}{\partial s} f(\psi^s \circ \varphi^t) - \frac{\partial}{\partial s} \frac{\partial}{\partial t} f(\varphi^t \circ \psi^s) \right\} \bigg|_{t=0, s=0} = [A, B]f.$$

From (4) we easily infer

Proposition 1. *Let φ^t and ψ^s be 1-parameter flows generated by C^2-vector fields a and b respectively. Then we have*

$$\psi^s \circ \varphi^t = \varphi^t \circ \psi^s$$

if and only if $[A, B] = 0$, or equivalently if and only if $[a, b] = 0$.

Proof. (i) If $\psi^s \circ \varphi^t = \varphi^t \circ \psi^s$, we infer from (4) that $[A, B]f = 0$ for any $f \in C^2(\mathcal{U})$. Choosing successively $f(x) = x^1, x^2, \ldots, x^n$, we obtain $[a, b]^i = 0$ for $i = 1, \ldots, n$ whence $[a, b] = 0$, or $[A, B] = 0$.

(ii) Fix some $x \in \mathcal{U}$ and set

$$\xi(t) := \varphi^t(x), \quad \eta(s, t) := \psi^s(\varphi^t(x)) = \psi^s(\xi(t)), \quad \zeta(s, t) := \varphi^t(\psi^s(x)).$$

Then we have

(5)
$$\frac{d}{dt} \xi(t) = a(\xi(t)),$$

(6)
$$\frac{\partial}{\partial s}\eta(s,t) = b(\eta(s,t)).$$

Set

$$\lambda(s,t) := \frac{\partial}{\partial t}\eta(s,t) - a(\eta(s,t)).$$

It follows that

$$\frac{\partial}{\partial t}\frac{\partial}{\partial s}\eta = b_{x^k}(\eta)\frac{\partial}{\partial t}\eta^k = b_{x^k}(\eta)\lambda^k + b_{x^k}(\eta)a^k(\eta).$$

Hence

$$\frac{\partial}{\partial s}\lambda = \frac{\partial}{\partial t}\frac{\partial}{\partial s}\eta - \frac{\partial}{\partial s}a(\eta) = \frac{\partial}{\partial t}\frac{\partial}{\partial s}\eta - a_{x^k}(\eta)\frac{\partial\eta^k}{\partial s}$$

$$= b_{x^k}(\eta)\lambda^k + b_{x^k}(\eta)a^k(\eta) - a_{x^k}(\eta)b^k(\eta).$$

That is,

(7)
$$\frac{\partial\lambda}{\partial s} = b_{x^k}(\eta)\lambda^k + [a,b]\circ\eta.$$

If we assume that $[a,b] = 0$, we obtain

(8)
$$\frac{\partial\lambda^i}{\partial s} = b^i_{x^k}(\eta)\lambda^k, \quad 1 \le i \le n.$$

Moreover,

(9)
$$\lambda(0,t) = \frac{d}{dt}\xi(t) - a(\xi(t)) = 0.$$

From (8) and (9) we infer by means of the uniqueness theorem that $\lambda(s,t) \equiv 0$ whence

$$\frac{\partial}{\partial t}\eta(s,t) = a(\eta(s,t)).$$

On the other hand we have also

$$\frac{\partial}{\partial t}\zeta(s,t) = a(\zeta(s,t))$$

and

$$\eta(s,0) = \psi^s(x) = \zeta(s,0).$$

Then, by applying the uniqueness theorem once again, we infer that $\eta(s,t) = \zeta(s,t)$, i.e.,

$$\psi^s(\varphi^t(x)) = \varphi^t(\psi^s(x)) \quad \text{for any } x \in \mathscr{U}. \qquad \square$$

The next result is an immediate consequence of formula (9) in *1.3* defining the pull-back u^*A of an operator A; it is also an easy consequence of (4).

Proposition 2. *Let A, B be operators on $\mathscr{U}$ which are symbols of vector fields a, $b : \mathscr{U} \to \mathbb{R}^n$. Then the pull-back of their Lie bracket $[A, B]$ is just the Lie bracket of their pull-backs. In other words, if $u : \mathscr{U}^* \to \mathscr{U}$ is a diffeomorphism, then*

$$(10) \qquad\qquad u^*[A, B] = [u^*A, u^*B].$$

Formula (10) shows that the Lie bracket $[A, B]$ transforms like vector fields with respect to any change of variables. Hence the bracket can be defined in a coordinate-free way.

Now we want to give another interpretation of the Lie bracket.

Proposition 3. *Let $a(x)$ and $b(x)$ be vector fields on $\mathscr{U} \subset \mathbb{R}^n$ having the symbols $A = a^i D_i$ and $B = b^k D_k$, and let φ^t be the local phase flow of a in $\mathscr{U}$. Then we have*

$$(11) \qquad\qquad \frac{d}{dt}(\varphi^{t*}B)\Big|_{t=0} = [A, B]$$

and

$$(12) \qquad\qquad \frac{d}{dt}(\varphi^{t*}b)\Big|_{t=0} = [a, b].$$

Proof. Since (11) and (12) are equivalent, it suffices to verify (12). Because of (8) in *1.3* we have

$$[(D\varphi^{-t})b] \circ \varphi^t = (D\varphi^t)^{-1}(b \circ \varphi^t) = \varphi^{t*}b.$$

Therefore formula (12) can be written as

$$(13) \qquad\qquad \frac{d}{dt}\{[(D\varphi^{-t})b](\varphi^t)\}\Big|_{t=0} = [a, b].$$

In order to prove (13), we note that

$$(14) \qquad\qquad \frac{d}{dt}\{[(D\varphi^{-t})b](\varphi^t)\}\Big|_{t=0} = \left\{\frac{d}{dt}(D\varphi^{-t})\right\}\Big|_{t=0} b + b_{x^i}a^i$$

since $\varphi^0 = \mathrm{id}_{\mathscr{U}}$, $(D\varphi^{-t}) \circ \varphi_t|_{t=0} = D\varphi^0 = 1$, $(DD\varphi^{-t}) \circ \varphi^t|_{t=0} = 0$ and

$$\frac{d\varphi^t}{dt} = a(\varphi^t).$$

Moreover, the last relation yields

$$\frac{d}{dt}D\varphi^{-t} = D\frac{d}{dt}\varphi^{-t} = -Da(\varphi^{-t}) = -a_x(\varphi^{-t})D\varphi^{-t},$$

whence

$$\left(\frac{d}{dt}D\varphi^{-t}\right)\Big|_{t=0} = -a_x.$$

Thus we infer from (14) that

$$\frac{d}{dt}\{[(D\varphi^{-t})b](\varphi^t)\}\Big|_{t=0} = -a_{x^i}b^i + b_{x^i}a^i = [a, b]. \qquad \square$$

Now we want to give formulas (3) in *1.3* and (11), (12) of this subsection a geometric interpretation. To this end we consider a vector field $a(x)$ on $\mathcal{U} \subset \mathbb{R}^n$ with the local phase flow φ^t. Let $Q(x)$ be any geometric quantity on $\mathcal{U}$, and imagine an observer watching the flow φ^t and the quantity Q which is carried by the flow past the observer. If the observer wants to find out how Q changes when it is flowing along φ^t, he has to differentiate the pull-back $\varphi^{t*}Q$ of the quantity Q under the flow φ^t. The resulting expression

$$(15) \qquad L_a Q := \frac{d}{dt}(\varphi^{t*}Q)\Big|_{t=0}$$

is called *Lie derivative of Q*.

For instance, the pull-back u^*f of some scalar function $f \in C^1(\mathcal{U})$ with respect to any diffeomorphism $u : \mathcal{U}^* \to \mathcal{U}$ is defined as

$$u^*f := f \circ u.$$

If we set $u = \varphi^t$ where φ^t is generated by the vector field a with the symbol A, then formula (3) of *1.3* yields

$$(16) \qquad L_a f = Af \quad \text{for any } f \in C^1(\mathcal{U}).$$

If we replace the scalar quantity f by a vector field b or by its symbol B, we obtain by Proposition 3 that

$$(17) \qquad L_a b = [a, b] \quad \text{and} \quad L_a B = [A, B].$$

Identifying the vector field a and its symbol A, we set $L_A = L_a$ and obtain

$$L_A f = Af \quad \text{for } f \in C^1(U),$$

$$(18)$$

$$L_A B = [A, B] \quad \text{for } B = b^i \frac{\partial}{\partial x^i}.$$

Recall that a real vector space $\mathcal{A}$ forms a *Lie algebra* if for any two A, $B \in \mathcal{A}$ there is a product $[A, B] \in \mathcal{A}$ defined which has the following three properties:

(i) $[\lambda A + \mu B, C] = \lambda[A, C] + \mu[B, C]$ for $\lambda, \mu \in \mathbb{R}$.

(19)   (ii) $[A, B] = -[B, A]$;   in particular $[A, A] = 0$.

(iii) $[A, [B, C]] + [B, [C, A]] + [C, [A, B]] = 0$.

One can easily check that the class of C^∞-vector fields $A, B, \ldots$ on $\mathcal{U}$ equipped with the Lie bracket $[A, B] = AB - BA$ forms a Lie algebra.

Relation (iii) is called *Jacobi identity*; it can be written in the form

$$(20) \qquad L_A[B, C] = [L_AB, C] + [B, L_AC].$$

1.5. Equivalent Vector Fields

A point $x_0 \in \mathcal{U}$ is called a *singular point* (or: *equilibrium point, stagnation point*) of a vector field $a : \mathcal{U} \to \mathbb{R}^n$ if $a(x_0) = 0$.

If x_0 is a singular point of the infinitesimal generator $a(x)$ of a local phase flow $\varphi^t(x)$, $x \in \mathcal{U}$, $|t| < \varepsilon$, then we have

$$\varphi^t(x_0) = x_0 \quad \text{for all } t \in (-\varepsilon, \varepsilon),$$

$$\varphi^t(x_0) \neq x_0 \quad \text{for all } x \in \mathcal{U} - \{x_0\}, \ |t| < \varepsilon.$$

For example if $M = (m_k^i)$ is an $n \times n$-matrix, $a(x) = Mx$ and $\varphi^t(x) = e^{tM}x$ the corresponding phase flow, then $x_0 = 0$ is a singular point of $a(x)$. The *phase portrait* of the flow $\varphi^t(x)$ in the vicinity of $x_0 = 0$ can vary considerably; its qualitative nature depends on the eigenvalues of M (see, for instance, Arnold [2]).

Consider now the Taylor expansion

$$a(x) = a(x_0) + M(x - x_0) + o(x - x_0)$$

of $a(x)$ near any point $x_0 \in \mathcal{U}$, $M = a_x(x_0)$. If x_0 is a singular point of $a(x)$, then

$$a(x) = M(x - x_0) + o(x - x_0)$$

and we expect that close to $x = x_0$ the phase flow $\varphi(t, x)$ of $a(x)$ looks like the phase flow of the linearized vector field $\alpha(z) := Mz$ near $z = 0$. However, if x_0 is a nonsingular point of $a(x)$, then close to x_0 the vector field $a(x)$, differs from the constant parallel vector field $a(x_0) \neq 0$ only by terms of higher order, and thus we expect that the flow $\varphi(t, x)$ generated by $a(x)$ essentially looks like the parallel flow $x + ta(x_0)$. To make this idea precise we introduce the notion of equivalence of two vector fields:

Two vector fields $a \in C^1(\mathcal{U}, \mathbb{R}^n)$ and $b \in C^1(\mathcal{U}^*, \mathbb{R}^n)$ are said to be *equivalent* if there is a diffeomorphism $u : \mathcal{U}^* \to \mathcal{U}$ such that

$$b = (Du)^{-1}a \circ u.$$

They are said to be *locally equivalent* if this equivalence is locally satisfied.

Proposition. *If $a(x)$ and $b(y)$ are two vector fields with $a(x_0) \neq 0$ and $b(y_0) \neq 0$, then there exist two neighbourhoods $\mathcal{U}$ of x_0 and $\mathcal{U}^*$ of y_0 respectively and a diffeomorphism $w : \mathcal{U}^* \to \mathcal{U}$ such that $b = (Dw)^{-1}a \circ w$.*

Proof. By a suitable transformation of the Cartesian coordinates x and y we can achieve that $x_0 = 0$, $y_0 = 0$ and $a^1(0) = a(0) \cdot e_1$, where $e_1 = (1, 0, \ldots, 0)$. Let now $\varphi^t(x)$ be the local phase flow generated by a. Then on a sufficiently small neighbourhood of $z = 0$ the mapping $x = u(z)$ defined by

$$u(z) := \varphi^{z^1}(0, z^2, \ldots, z^n)$$

is a local diffeomorphism, because $\det u_z(0) = a^1(0) \neq 0$. Introducing the parallel flow

$$\chi^t(z) := z + te_1,$$

we obtain

$$(u \circ \chi^t)(z) = u(\chi^t(z)) = \varphi^{z^1+t}(0, z^2, \ldots, z^n) = (\varphi^t \circ u)(z),$$

that is,

$$\chi^t = u^{-1} \circ \varphi^t \circ u.$$

Similarly there is a diffeomorphism $y = v(z)$ of a sufficiently small neighbourhood of $z = 0$ such that the flow ψ^t generated by b is connected with the parallel flow χ^t by

$$\chi^t = v^{-1} \circ \psi^t \circ v.$$

Set $w := u \circ v^{-1}$. Then the mapping $x = w(y)$ defines a diffeomorphism of a neighbourhood of $y_0 = 0$ onto some neighbourhood of $x_0 = 0$ such that

$$\psi^t = w^{-1} \circ \varphi^t \circ w,$$

whence we infer that

$$b = (Dw)^{-1}a \circ w;$$

see the Proposition in *1.3*.   □

The Proposition states that *nonsingular vector fields are locally equivalent, and therefore any nonsingular vector field is locally equivalent to a constant vector field*; moreover *the flow generated by a nonsingular vector field is diffeomorphic to the parallel flow generated by a constant velocity field*. This result is sometimes called "rectifiability theorem for vector fields".

1.6. First Integrals

We have seen earlier that *first integrals of differential equations* play an important role as they can be used to simplify "integration". Let us define the notion of a first integral for a general first-order system.

Definition 1. *A (time-independent)* first integral *of the differential equation*

$\dot{x} = a(x)$ with $a \in C^1(\mathcal{U}, \mathbb{R}^n)$, $\mathcal{U} \subset \mathbb{R}^n$, is a function $f \in C^1(\mathcal{U})$ which is constant on any solution $\xi : I \to \mathcal{U}$ of $\dot{\xi}(t) = a(\xi(t))$.

A time-independent first integral of $\dot{x} = a(x)$ is constant on any phase curve $\varphi(\cdot, x) : I \to \mathcal{U}$ of the vector field $a(x)$, whence

$$\frac{d}{dt} f(\varphi^t(x)) = 0 \quad \text{for all } t \in I(x),$$

and therefore $Af = 0$ where A is the symbol of a.

Conversely,

$$0 = (Af)(x) = a^i(x) \frac{\partial f}{\partial x^i}(x) \quad \text{on } \mathcal{U}$$

implies

$$0 = f_{x^i}(\xi(t)) \, \dot{\xi}^i(t) = \frac{d}{dt} f(\xi(t))$$

for any solution $x = \xi(t)$ of $\dot{x} = a(x)$. Thus we have proved:

Proposition 1. *Let $a(x)$ be a C^1-vector field on $\mathcal{U}$ and let $A = a^i(x)D_i$ be its symbol. Then $f \in C^1(\mathcal{U})$ is a first integral of the autonomous equation $\dot{x} = a(x)$ if and only if*

(1) $$Af = 0.$$

Also time-dependent first integrals defined on the extended phase space are quite useful. For instance the center-of-mass integrals for the n-body problem are of this kind.

Definition 2. *A time-dependent first integral of the system $\dot{x} = a(x)$ or, more generally, of the nonautonomous system $\dot{x} = a(t, x)$ is a smooth function $f(t, x)$ defined on a domain G of the extended phase space $\mathbb{R} \times \mathbb{R}^n$ such that $f(t, \xi(t)) \equiv$ const holds true for every solution $x = \xi(t)$, $t \in I$, of $\dot{\xi}(t) = a(t, \xi(t))$ the graph of which is contained in G.*

A straightforward generalization of the preceding computation yields the following characterization of general first integrals.

Proposition 1'. *A function $f(t, x)$ is a (time-dependent) first integral of the system $\dot{x} = a(t, x)$ if and only if*

(2) $$f_t + a^i(t, x)f_{x^i} = 0.$$

In particular the first integrals $f(t, x)$ of the autonomous system $\dot{x} = a(x)$ are characterized by

(3) $$f_t + Af = 0.$$

Thus we see that systems of ordinary differential equations

$$\dot{x} = a(t, x)$$

are closely linked with first-order linear partial equations (2). More generally there is a close connection between general partial differential equations of first order, systems of ordinary differential equations, and the variational calculus of single integrals. Some of these connections we have already described in Chapters 6–8, in particular in 6,2.4. More of such intricate relations will be disclosed in the following Sections 2 and 3, and in Chapter 10.

Let us add some further remarks on the *geometric meaning of first integrals*. For simplicity the following discussion is carried out on $\mathbb{R}^n$, but obviously it is of a local nature.

Let $f(x)$ be a time-independent first integral of the autonomous system $\dot{x} = a(x)$, and suppose that $f_x(x) \neq 0$ on $\mathbb{R}^n$. Then the equation $f(x) = c$ yields a foliation of $\mathbb{R}^n$ with the $(n-1)$-dimensional submanifolds

$$\mathcal{M}(c) := \{x \in \mathbb{R}^n : f(x) = c\}$$

as leaves. The trajectory $x = \xi(t)$, $t \in I$, of any solution of $\dot{x} = a(x)$ is contained in exactly one of these leaves.

Suppose that we have k first integrals $f^1(x), \ldots, f^k(x)$ satisfying $f_x^1(x) \neq 0, \ldots, f_x^k(x) \neq 0$. Then, for any solution $x = \xi(t)$, $t \in I$, of $\dot{x} = a(x)$, there exist numbers $c^1, \ldots, c^k$ such that

$$f^1(\xi(t)) = c^1, \ldots, f^k(\xi(t)) = c^k \quad \text{for all } t \in I.$$

Hence the trajectory $\xi : I \to \mathbb{R}^n$ lies in the intersection $\mathcal{M}(c^1, \ldots, c^k) := \mathcal{M}^1(c^1) \cap \cdots \cap \mathcal{M}^k(c^k)$ of the k leaves

$$\mathcal{M}^i := \{x \in \mathbb{R}^n : f^i(x) = c^i\}, \quad 1 \leq i \leq k.$$

If $\operatorname{rank}(f_x^1, f_x^2, \ldots, f_x^k) = k$, then $\mathcal{M}(c^1, \ldots, c^k)$ is an $(n-k)$-dimensional submanifold of $\mathbb{R}^n$; in particular if $k = n - 1$, then $\mathcal{M}(c^1, \ldots, c^{n-1})$ is a 1-dimensional submanifold containing the solution $x = \xi(t)$ of $\dot{x} = a(x)$. Hence it is intuitively clear that $k = n - 1$ is the largest number of first integrals $f^1(x), \ldots, f^k(x)$ of the system $\dot{x} = a(x)$ such that the Jacobian matrix $(f_x^1, f_x^2, \ldots, f_x^n)$ has maximal rank k. Let us make this geometric reasoning precise.

Proposition 2. *Let $\mathcal{U}$ be a domain in $\mathbb{R}^n$, and let $a(x)$ be a continuous vector field on $\mathcal{U}$ whose set of zeros $\mathcal{U}_0 := \{x \in \mathcal{U} : a(x) = 0\}$ has no inner points. Then for any n-tuple of first integrals $f^1(x), \ldots, f^n(x)$ of the system $\dot{x} = a(x)$ the Jacobian $\Delta(x) := \det(f_x^1(x), \ldots, f_x^n(x))$ vanishes identically on $\mathcal{U}$.*

Proof. Since $Af^1 = 0, \ldots, Af^n = 0$ we obtain

$$a^i(x) f_{x^i}^l(x) = 0, \quad 1 \leq l \leq n,$$

whence $\Delta(x) = 0$ for any $x \in \mathcal{U} - \mathcal{U}_0$, and therefore also $\Delta(x) \equiv 0$ on $\mathcal{U}$.   □

Definition 3. *Let $\mathcal{U}$ be a domain in $\mathbb{R}^n$ and let $f^1(x), \ldots, f^k(x)$ be functions of class $C^1(\mathcal{U})$. We call $f^1, \ldots, f^k$ independent or functionally independent if $\operatorname{rank}(f_x^1(x), \ldots, f_x^k(x)) = k$ for all $x \in \mathcal{U}$.*

Then we can reformulate Proposition 2 as follows.

Proposition 3. *If $f^1(x), \ldots, f^k(x)$ are time-independent first integrals of an n-dimensional autonomous system $\dot{x} = a(x)$ which are functionally independent, then necessarily $k \le n - 1$ provided that $a(x)$ does not identically vanish on some nonempty open subset of its domain of definition.*

This result implies

Proposition 4. *If $f^1(t, x), \ldots, f^k(t, x)$ are time-dependent first integrals of an n-dimensional system $\dot{x} = a(t, x)$ which are functionally independent, then $k \le n$ provided that $a(t, x) \not\equiv 0$ on any nonempty open subset of its domain of definition. (Here functional independency of the integrals f^j means that the vectors $\nabla f^1(t, x), \ldots, \nabla f^k(t, x)$ are linearly independent, $\nabla f^j := (f_t^j, f_{x^1}^j, \ldots, f_{x^n}^j).)$*

Proof. We transform $\dot{x} = a(t, x)$ into an equivalent $(n + 1)$-dimensional autonomous system

$$(4) \qquad\qquad \dot{x}_0 = 1, \qquad \dot{x} = a(x_0, x)$$

and note that $f^1(x_0, x), \ldots, f^k(x_0, x)$ are functionally independent first integrals of (4). Then the assertion follows from Proposition 3. $\qquad\square$

Now we want to show that any n-dimensional system $\dot{x} = a(t, x)$ has locally n functionally independent first integrals $f^1(t, x), \ldots, f^n(t, x)$. This can be seen as follows. Let $a(t, x) : \mathbb{R} \times \mathbb{R}^n \to \mathbb{R}^n$ be a time-dependent smooth vector field on $\mathbb{R}^n$, and let $\varphi : \mathcal{D}_a \to \mathbb{R}^n$ be the maximal flow generated by $a(t, x)$ in the sense of *1.1*. The flow $\varphi(t, \xi)$ is the maximal solution of the initial value problem

$$(5) \qquad\qquad \dot{\varphi}(t, \xi) = a(t, \varphi(t, \xi)), \qquad \varphi(0, \xi) = \xi,$$

which is defined on $\mathcal{D}_a = \{(t, \xi) : \xi \in \mathbb{R}^n, t \in I(\xi)\}$. Since $\det \varphi_\xi(0, \xi) = 1$ it follows that for any $x_0 \in \mathbb{R}^n$ there is a neighbourhood $\mathcal{U}$ of x_0 and some $\varepsilon > 0$ such that $\varphi(t, \cdot)$ defines a diffeomorphism of $\mathcal{U}$ onto some neighbourhood $\mathcal{U}^*(t)$ of x_0 provided that $|t| < \varepsilon$. Let $\psi(t, \cdot)$ be the inverse of $\varphi(t, \cdot)$, i.e. $x = \varphi(t, \xi)$ implies $\xi = \psi(t, x)$ and vice versa. Then we have

$$(6) \qquad\qquad \xi = \psi(t, \varphi(t, \xi)) \quad \text{for any } \xi \in \mathcal{U}.$$

Differentiating this identity with respect to t we obtain

$$\psi_t(t, \varphi) + \psi_{x^i}(t, \varphi)\varphi_t^i = 0, \qquad \varphi = \varphi(t, x_0),$$

and equation (5) then yields

$$\psi_t(t, \varphi) + \psi_{x^i}(t, \varphi)a^i(t, \varphi) = 0,$$

whence

(7) $$\psi_t(t, x) + a^i(t, x)\psi_{x^i}(t, x) = 0 \quad \text{on } (-\varepsilon, \varepsilon) \times B_\delta(x_0)$$

for some sufficiently small $B_\delta(x_0)$ centered at x_0. Thus we have proved:

Proposition 5. *The components $\psi^1(t, x), \ldots, \psi^n(t, x)$ of the local diffeomorphisms $\psi(t, \cdot)$ defined by (5) and (6) form a system of functionally independent first integrals of the n-dimensional system $\dot{x} = a(t, x)$ on the domain $G = (-\varepsilon, \varepsilon) \times B_\delta(x_0)$ where x_0 is an arbitrary point of $\mathbb{R}^n$ and $0 < \delta \ll 1, 0 < \varepsilon \ll 1$.*

Let $\sigma(x)$ be an arbitrary C^1-function defined on a neighbourhood of x_0; we can assume that $f(t, x) := \sigma(\psi(t, x))$ is well-defined on $B_\delta(x_0)$. Clearly we have $f(0, x) = \sigma(x)$ for $x \in B_\delta(x_0)$, and it is easy to see that also $f(t, x)$ is a first integral of $\dot{x} = a(t, x)$; in fact, we have $f(t, \varphi(t, \xi)) = \xi$. Thus $f(t, x)$ is a solution of the Cauchy problem

(8) $$f_t + a(t, x) \cdot f_x = 0, \qquad f(0, x) = \sigma(x)$$

in some neighbourhood of $(0, x_0)$.

We claim that there is no other solution of (8) except for $f := \sigma \circ \psi$. In fact, let us suppose that f is an arbitrary solution of (8) in a neighbourhood of $(0, x_0)$ which is of class C^1. We define a new function $g(t, \xi)$ by

$$g(t, \xi) := f(t, \varphi(t, \xi)).$$

Differentiation with respect to t yields

$$g_t = f_t(t, \varphi) + f_x(t, \varphi) \cdot \varphi_t,$$

and $\varphi_t = a(t, \varphi)$ implies

$$g_t = f_t(t, \varphi) + a(t, \varphi) \cdot f_x(t, \varphi) = 0,$$

that is $g_t(t, \xi) = 0$. Thus for $|t| \ll 1$ and $|\xi - x_0| \ll 1$ we obtain

$$g(t, \xi) = g(0, \xi) = f(0, \xi) = \sigma(\xi),$$

whence

$$f(t, \varphi(t, \xi)) = \sigma(\xi)$$

and therefore

$$f(t, x) = \sigma(\psi(t, x))$$

close to $(0, x_0)$, i.e. $f = \sigma \circ \psi$. Thus we have proved:

Proposition 6. *Let $x = \varphi(t, \xi)$ be the solution of the initial value problem*

$$\dot{x} = a(t, x), \qquad x(0) = \xi.$$

Then for $x_0 \in \mathbb{R}^n$ there is some $\varepsilon > 0$ such that $\varphi(t, \cdot)$ defines a diffeomorphism of some neighbourhood $\mathscr{U}$ of x_0 onto a neighbourhood $\mathscr{U}^*(t)$ of this point, provided *that $|t| < \varepsilon$. Let $\psi(t, \cdot)$ be the local inverse of $\varphi(t, \cdot)$; we can assume that $\psi(t, x)$ is defined on $G = (-\varepsilon, \varepsilon) \times B_\delta(x_0)$ for some $\delta > 0$. Then for any $\sigma \in C^1(\mathcal{U})$ the function $f := \sigma \circ \psi$ is the uniquely determined solution $f(t, x)$ of the Cauchy problem*

$$f_t + a(t, x) \cdot f_x = 0, \qquad f(0, x) = \sigma$$

for $t \in (-\varepsilon, \varepsilon)$ and $x \in B_\delta(x_0)$.

Let us now once again consider an autonomous system $\dot{x} = a(x)$. Consider some point x_0 where $a(x_0) \neq 0$, say, $a^1(x_0) \neq 0$. Then close to x_0 the system

$$(9) \qquad \dot{x}^l = a^l(x), \quad 1 \leq l \leq n,$$

is equivalent to

$$(10) \qquad \dot{x}^l/\dot{x}^1 = a^l(x)/a^1(x), \quad 2 \leq l \leq n.$$

Set $z := x^1$, $y := (x^2, \ldots, x^n)$, $b := (a^2/a^1, \ldots, a^n/a^1)$. Then instead of (10) we consider the $(n-1)$-dimensional system

$$(11) \qquad y' = g(z, y)$$

for $y = y(z)$ where $y' = \dfrac{dy}{dz}$. By Proposition 5 we infer that there exist $n-1$ functionally independent first integrals $\psi^1(z, y), \ldots, \psi^{n-1}(z, y)$ of (11) in some neighbourhood of $x_0 = (z_0, y_0)$. Multiplying

$$\frac{\partial \psi^j}{\partial z} + b(z, y) \cdot \frac{\partial \psi^j}{\partial y} = 0$$

by $a^1(z, y)$ we conclude that $\psi^j(x)$ satisfies

$$a(x) \cdot \frac{\partial \psi^j}{\partial x} = 0.$$

Hence $\psi^1(x), \ldots, \psi^{n-1}(x)$ are $n-1$ time-independent first integrals of $\dot{x} = a(x)$ which are functionally independent. Thus we obtain the following "converse" of Proposition 4.

Proposition 7. *If $a(x_0) \neq 0$ then, locally, the n-dimensional system $\dot{x} = a(x)$ has $n-1$ functionally independent first integrals $f^1(x), \ldots, f^{n-1}(x)$.*

In other words, the maximal number of functionally independent first integrals $f^1(x), f^2(x), \ldots$ of an n-dimensional system $\dot{x} = a(x)$ is $n-1$.

Let $\Phi(s^1, \ldots, s^k)$ be a real function of k real variables $s^1, \ldots, s^k$, $\Phi \in C^1$, and suppose that

$$(12) \qquad g(x) := \Phi(f^1(x), \ldots, f^k(x))$$

is defined where $Af^1 = 0, \ldots, Af^k = 0$ and $A = a(x) \cdot \dfrac{\partial}{\partial x}$, $a = (a^1, \ldots, a^n)$. Then one easily sees that $Ag = 0$. That is, the composition of an arbitrary function $\Phi(s^1, \ldots, s^k)$ with k first integrals $f^1(x), \ldots, f^k(x)$ is again a first integral $g(x)$, and one easily verifies that $g, f^1, \ldots, f^k$ are never functionally independent.

Jacobi has stated that, given any functionally independent first integrals $f^1(x), \ldots, f^k(x)$, then every first integral $g(x)$ can be expressed in the form (12) provided that $g, f^1, \ldots, f^k$ are not functionally independent.

In order to verify this assertion is is convenient to modify Definition 3 in the following way.

Definition 3'. *Let G be a domain in $\mathbb{R}^n$. Then the components $f^1, f^2, \ldots, f^k$ of a vector function $f \in C^1(G, \mathbb{R}^k)$ are said to be* functionally dependent *if for any domain $G' \subset\subset G$ there is a function $F \in C^1(\mathbb{R}^k)$ such that the following two conditions are satisfied:*
(i) *For any ball $B \subset \mathbb{R}^k$ we have $F(s) \not\equiv 0$ on B.*
(ii) *$F \circ f|_{G'} = 0$.*
Moreover if $f^1, \ldots, f^k$ are not functionally dependent, they are called functionally independent.

With this definition of functional dependence the following result can be proved.[16]

Proposition 8. *Let $f = (f^1, \ldots, f^k) \in C^1(G, \mathbb{R}^k)$ where G is a domain in $\mathbb{R}^n$. Then we have:*
(i) *If $k = n$, then $f^1, \ldots, f^n$ are functionally dependent if and only if $\det f_x(x) \equiv 0$ on G.*
(ii) *If $k > n$, then $f^1, \ldots, f^k$ are always functionally dependent.*
(iii) *If $k < n$, then $f^1, \ldots, f^k$ are functionally independent if rank $f_x(x) = k$ for all $x \in G$.*
(iv) *If $k = n - 1 \geq 1$ and $f \in C^2$, then $f^1, \ldots, f^{n-1}$ are functionally dependent if rank $f_x \leq n - 2$ on G.*

We conclude this subsection by the remark that the knowledge of some functionally independent first integrals of $\dot{x} = a(t, x)$, i.e. of solutions $f(t, x)$ of the partial differential equation

$$f_t + a(t, x) \cdot f_x = 0,$$

will simplify the solution procedure for the system $\dot{x} = a(t, x)$. In fact, if $f(t, x)$ is a nontrivial first integral, then any integral curve $(t, x(t))$ of $\dot{x} = a(t, x)$ lies in some submanifold $\mathcal{M} = \{f(t, x) = \text{const}\}$ of the extended phase space; if we have a nontrivial time-independent first integral $f(x)$, then any phase curve $x(t)$ is completely contained in some level surface $\mathcal{M} = \{f(x) = \text{const}\}$ of f in the phase space. Thus by finding several independent first integrals we are able to reduce the "degrees of freedom", i.e. the number of unknown functions which are to be determined, because the known first integrals together with the given initial values confine the unknown phase curve to some lower dimensional submanifold. For this and other reasons we are led to study the *flow generated by vector fields on manifolds.* This can be carried out by the same ideas as before; a (very) brief discussion will be given at the end of this section.

---

[16] A first precise definition of functional dependence for which Jacobi's criterium formulated in Proposition 8, (i) is both necessary and sufficient has been given by Knopp and R. Schmidt [1] in 1926; cf. also Kamke [3], pp. 13–16; Kamke [2], pp. 302–309; Kamke [1]; Doetsch [1]; Haupt–Aumann [1], part II, p. 163; A.B. Brown [1], pp. 379–394; Ostrowski [1].

⒈ *The motion in a central field.* Consider a point mass $m > 0$ which at the time t has the position vector $q(t) = (x(t), y(t), z(t))$ with respect to Cartesian coordinates x, y, z. We assume that the point mass moves under the influence of a *central force field*

$$(13) \qquad\qquad F(q) = \varphi(r)\frac{q}{r}, \qquad r := |q|,$$

centered at the origin $q = 0$, where $\varphi : (0, \infty) \to \mathbb{R}$ denotes a continuous function. Then we can write

$$(14) \qquad\qquad F(q) = -V_q(q),$$

where

$$(15) \qquad\qquad V(q) = -\Phi(|q|), \qquad \Phi(r) := \int_{r_0}^{r} \varphi(\rho)\, d\rho,$$

and Newton's equation of motion $m\ddot{q} = F(q)$ becomes

$$(16) \qquad\qquad m\ddot{q} = -V_q(q).$$

Multiplying (16) by $\dot{q}$ we obtain

$$\frac{d}{dt}\left[\frac{m}{2}|\dot{q}|^2 + V(q)\right] = 0,$$

and this implies *conservation of energy*, i.e.

$$(17) \qquad\qquad \frac{m}{2}|\dot{q}|^2 + V(q) = E$$

with some constant E.

Let us now introduce the momentum $p(t)$ and the *angular momentum* (or *moment of momentum*) $\ell(t)$ of the motion $q(t)$ by

$$(18) \qquad\qquad p(t) := m\dot{q}(t), \qquad \ell(t) = q(t) \wedge p(t).$$

Then we infer from

$$\dot{\ell} = \dot{q} \wedge p + q \wedge \dot{p},$$

(13) and (18$_1$) that $\dot{\ell}(t) \equiv 0$, that is

$$(19) \qquad\qquad \ell(t) \equiv \lambda,$$

with some constant vector $\lambda \in \mathbb{R}^3$. Equation (19) expresses the *conservation of angular momentum*. The four time-independent first integrals (17) and (19) suffice to integrate the equations of motion (16). In fact, by choosing the inertial system of Cartesian coordinates x, y, z in such a way that λ points in direction of the positive z-axis, we can achieve that

$$(20) \qquad\qquad \lambda = (0, 0, \Lambda), \qquad \Lambda \geq 0.$$

By $mq(t) \times \dot{q}(t) \equiv \lambda$ we obtain $\lambda \cdot q(t) \equiv 0$. If $\Lambda > 0$, it follows that $z(t) \equiv 0$, and therefore the motion takes place in the x, y-plane, i.e.

$$(21) \qquad\qquad q(t) = (x(t), y(t), 0).$$

Then we can write (19) in the equivalent form

$$(22) \qquad\qquad x\dot{y} - y\dot{x} = \frac{\Lambda}{m}.$$

This is Kepler's *law of areas* which we now have established for any motion in a central field: *The areas swept over by the radius vector $q(t)$ drawn from the center of the force F to the point mass m in equal times are equal.* In particular, the motion is either linear ($\Lambda = 0$), or $q(t)$ and $\dot{q}(t)$ are never collinear ($\Lambda \neq 0$).

Secondly the law of conservation of energy now takes the form

(23)
$$\frac{m}{2}(\dot{x}^2 + \dot{y}^2) = E + \Phi(r), \qquad r := \sqrt{x^2 + x^2}.$$

If we introduce polar coordinates r, θ about the origin, we have

$$x = r \cos \tau, \qquad y = r \sin \tau.$$

Then for $r(t), \theta(t)$ we can write (22) and (23) as

(24)
$$r^2 \dot{\theta} = \Lambda/m,$$

(25)
$$\frac{m}{2}\{\dot{r}^2 + r^2\dot{\theta}^2\} = E + \Phi(r).$$

This implies

(26)
$$\dot{r} = \pm \sqrt{\frac{2}{m}[E + \Phi_0(r)]},$$

where we have set

(27)
$$\Phi_0(r) := \Phi(r) - \frac{\Lambda^2}{2mr^2}.$$

We infer from (26) that the radial part $r(t)$ of the planar motion $q(t)$ between the rest points of $r(t)$ can be determined by separation of variables. In fact, equation (26) implies

(28)
$$t - t_0 = \int_{r_0}^{r} \frac{d\rho}{\sqrt{\frac{2}{m}[E + \Phi_0(\rho)]}},$$

i.e. we have $t = t(r)$, and by inverting this function we obtain $r = r(t)$ between two consecutive zeros of $\dot{r}(t)$. Suppose now that $\Lambda \neq 0$. Then we infer from (24) that $r(t) > 0$ and $\dot{\theta}(t) > 0$. Thus the point mass m never reaches the center, i.e.

(29)
$$r(t) \geq r_{min} > 0,$$

and the angular velocity $\dot{\theta}(t)$ never vanishes. Thus we can invert $\theta = \theta(t)$ and obtain $t = t(\theta)$ and then the orbit $r = r(\theta)$ between any two consecutive zeros of $\dot{r}(t)$ which by (24) and (25) correspond to consecutive zeros of the equation

(30)
$$E + \Phi_0(r) = 0.$$

From (24) and (25) we derive the equation

(31)
$$\frac{d\theta}{dr} = \pm \frac{\Lambda}{r^2 \sqrt{2m\left[E + \Phi(r) - \frac{\Lambda^2}{2mr^2}\right]}},$$

whence

(32)
$$\theta(r) - \theta(r_0) = \pm \int_{r_0}^{r} \frac{\Lambda \, d\rho}{\rho^2 \sqrt{2m[E + \Phi_0(\rho)]}}.$$

We distinguish two cases:
   (I) $r(t)$ is not bounded.
   (II) $r(t)$ is bounded.

Then it is not difficult to prove that in case I the motion $q(t)$ exists for all times, and $r(\varphi)$ consists of two branches which extend from the point r_{min} (where $\dot{r}(t) = 0$) to infinity. In case II the motion $q(t)$ also exists for all times t but now we obtain that $r_{min} \leq r(t) \leq r_{max}$. It turns out that $r(t)$ oscillates between the two numbers r_{min} and r_{max} but the orbit is closed if and only if

$$(33) \qquad \Delta \varphi := 2 \int_{r_{\min}}^{r_{\max}} \frac{\lambda \, dr}{r^2 \sqrt{2m[E + \Phi_0(r)]}}$$

is a rational multiple of 2π. Only if $\Phi(r)$ is proportional to $\frac{1}{r}$ or to r^2 all bounded orbits are closed.

The case $\Phi(r) \sim \frac{1}{r}$ will be studied in the next example. For a detailed discussion of the two cases I and II we refer the reader to the treatise of Landau–Lifschitz [1], Vol. 1, Section 14.

2 *Kepler's problem.* We now consider more closely the case where

$$(34) \qquad F(q) = \frac{-\gamma mM}{r^2} \frac{q}{r}, \qquad r = |q|.$$

This is the gravitational force of a point mass M fixed at the center $q = 0$ which attracts a point mass m at the position $q = (x, y, z)$ according to Newton's law of attraction; γ is an absolute constant, the gravitational constant. Now we have $F(q) = -V_q(q)$ with $V(q) = \Phi(|q|)$ where

$$(35) \qquad \Phi(r) = \frac{\gamma mM}{r}.$$

Let us introduce the constants E and Λ as in 1 and assume that the motion is planar and not linear, i.e. $\Lambda > 0$. Set

$$(36) \qquad W := E/m, \qquad C := \Lambda/m.$$

Then we can write (24) and (25) as

$$(37) \qquad \dot{\theta} = \frac{C}{r^2},$$

$$(38) \qquad \tfrac{1}{2}(\dot{r}^2 + r^2\dot{\theta}^2) = \frac{\gamma M}{r} + W.$$

From these two equations we deduce

$$(39) \qquad \frac{1}{2}C^2 \left[r^{-4} \left(\frac{dr}{d\theta} \right)^2 + r^{-2} \right] = \frac{\gamma M}{r} + W,$$

and thus the function $s(\theta) = 1/r(\theta)$ satisfies

$$(40) \qquad \tfrac{1}{2}C^2 \left[\left(\frac{ds}{d\theta} \right)^2 + s^2 \right] - \gamma Ms = W.$$

Differentiating this equation with respect to θ we obtain

$$\frac{ds}{d\theta} \left\{ C^2 \left[\frac{d^2s}{d\theta^2} + s \right] - \gamma M \right\} = 0.$$

Since $\frac{ds}{d\theta} \neq 0$ except for isolated points, we arrive at

$$(41) \qquad \frac{d^2s}{d\theta^2} + s = \frac{\gamma M}{C^2},$$

whence

$$(42) \qquad s(\theta) = \frac{\gamma M}{C^2} + \frac{\alpha}{C} \cos(\theta + \theta_0),$$

where α and θ_0 are arbitrary constants, $\alpha > 0$.

Setting

(43)
$$k := \frac{C^2}{\gamma M}, \qquad \varepsilon := \frac{\alpha C}{\gamma M}$$

and taking $r(\theta) = 1/s(\theta)$ into account, we obtain

(44)
$$r(\theta) = \frac{k}{1 + \varepsilon \cos(\theta + \theta_0)}.$$

This is the *polar equation of a conic section* with numerical eccentricity ε. Equation (44) describes an ellipse, parabola, or hyperbola if $0 < \varepsilon < 1$, $\varepsilon = 1$, or $\varepsilon > 1$ respectively. Inserting

$$s(\theta) = \frac{1}{k}[1 + \varepsilon \cos(\theta + \theta_0)], \qquad s'(\theta) = -\frac{\varepsilon}{k} \sin(\theta + \theta_0)$$

in (40), we obtain after a brief computation that

$$\varepsilon^2 = 1 + \frac{2}{m}\left(\frac{C}{\gamma M}\right)^2 E.$$

Hence $E < 0$ corresponds to $0 < \varepsilon < 1$, i.e. to an ellipse; $E = 0$ yields $\varepsilon = 1$, i.e. a parabola; finally $E > 1$ leads to $\varepsilon > 1$, that is, to a hyperbola.

The *general two-body problem* is easily reduced to the previous problem. To this end we consider two point masses $M > 0$ and $m > 0$ at the positions $q_1 = (x_1, y_1, z_1)$ and $q_2 = (x_2, y_2, z_2)$. Then Newton's equations of motion are

$$M\ddot{q}_1 = -\frac{\gamma m M}{|q_1 - q_2|^3}(q_1 - q_2), \qquad m\ddot{q}_2 = -\frac{\gamma m M}{|q_1 - q_2|^3}(q_2 - q_1).$$

Introducing the barycenter q_s by

$$(m + M)q_s := Mq_1 + mq_2,$$

we obtain $\ddot{q}_s(t) \equiv 0$ whence

$$q_s(t) = at + b,$$

where $a, b \in \mathbb{R}^3$ are constant. Hence we can choose the barycenter as the origin of a coordinate system where Newton's equations remain unchanged ("inertial system"). Then we have

$$q_s(t) \equiv 0.$$

Introducing relative coordinates $q := q_2 - q_1$ we infer that

$$m\ddot{q} = -\frac{\kappa m M^*}{r^2}\frac{q}{r}, \qquad r := |q|, \qquad M^* := m + M$$

and this is the original Kepler problem with a fixed Sun of mass M^* at the barycenter $q_s = 0$.

1.7. Examples of First Integrals

How can one find first integrals? There is no systematic approach that leads to the disclosure of such integrals by simple means. As a rule of thumb, symmetries may provide first integrals such as in the case of E. Noether's theorem. Actually the idea that symmetries produce first integrals originally stimulated Lie to develop the theory of transformation groups and to investigate its connection with the theory of partial differential equations. Yet often symmetries are fairly hidden, and one may only discover in retrospect why certain first integrals are generated by symmetries.

However, there is one case where one can find first integrals in an efficient way. Let us consider the matrix differential equation of the kind

(1) $$\dot{X} = [A, X],$$

where $[A, X] := AX - XA$. Here $X(t)$ and $A(t)$ are square matrices $A = (a_{ik})$ and $X = (x_{ik})$, $1 \leq i$, $k \leq n$, with complex valued entries $a_{ik}(t)$ and $x_{ik}(t)$. Two matrices A, X coupled in such a way are called a *Lax pair*. We think A to be given while X is to be determined.

Proposition 1. *If A, X is a Lax pair, then the eigenvalues of X are independent of t.*

Proof. For fixed t we have

$$e^{sA(t)}X(t)e^{-sA(t)} = X(t) + s\{A(t)X(t) - X(t)A(t)\} + o(s)$$

as $s \to 0$, and Taylor's formula yields

$$X(t + s) = X(t) + s\dot{X}(t) + o(s).$$

By (1) we have

$$X(t + s) = e^{sA(t)}X(t)e^{-sA(t)} + o(s) \quad \text{as } s \to 0,$$

whence for $E = (\delta_j^k)$ we obtain

$$X(t + s) - \lambda E = e^{sA(t)}\{X(t) - \lambda E\}e^{-sA(t)} + o(s)$$

and therefore

$$\det\{X(t + s) - \lambda E\} = \det\{X(t) - \lambda E\} + o(s)$$

for any $\lambda \in \mathbb{C}$. It follows that

$$\frac{d}{dt}\det\{X(t) - \lambda E\} \equiv 0,$$

that is,

(2) $$\det\{X(t) - \lambda E\} \equiv \text{const}$$

for any $\lambda \in \mathbb{C}$. The assertion of Proposition 1 now is an immediate consequence of relation (2). $\quad\square$

This result is applied in the following way. Suppose we are given a system

$$\dot{x} = a(x)$$

of ordinary differential equations for $x = (x^1, \ldots, x^n)$. We try to find matrix functions $\mathscr{L}(x)$ and $\mathscr{A}(x)$ such that the system $\dot{x} = a(x)$ can be transformed into the system

(3) $$\frac{d}{dt}\mathscr{L}(x) = \mathscr{A}(x)\mathscr{L}(x) - \mathscr{L}(x)\mathscr{A}(x).$$

Such an equation is called a *Lax representation* ($\mathscr{L}$-$\mathscr{A}$ representation) of the system $\dot{x} = a(x)$; it has been found for many problems of classical mechanics. Let $\lambda_j(x)$ be the eigenvalues of $\mathscr{L}(x)$. Applying Proposition 1 to $X(t) := \mathscr{L}(x(t))$, $A(t) := \mathscr{A}(x(t))$ we obtain that $\lambda_j(x(t)) \equiv \text{const}$ for any solution $x(t)$ of $\dot{x} = a(x)$, that is, the eigenvalues $\lambda_j(x)$ of $\mathscr{L}(x)$ are first integrals of the system $\dot{x} = a(x)$ having the Lax representation (3).

Instead of the eigenvalues λ_j one can use any function of $\lambda_1, \ldots, \lambda_n$, say, the elementary symmetric functions, or tr $\mathscr{L}^p = \sum_1^n \lambda_j^p$.

Let us consider two specific examples.

☐1 *The periodic Toda lattice.* This is a simple physical model of n particles on a line, say the x-axis. We assume that these particles have the coordinates $x^1, x^2, \ldots, x^n$ respectively and that their motion is governed by the system

(4) $$\ddot{x}^k = -V_{x^k}(x) \quad \text{or} \quad \ddot{x} = -V_x(x),$$

where the potential energy $V(x)$ is given by

(5) $$V(x) = \sum_{k=1}^{n} e^{x^k - x^{k+1}}$$

and $x = (x^1, \ldots, x^n)$, $x^{n+1} = x^1$. Introducing

$$y^k := \dot{x}^k,$$

we can write (4) as a first-order system

(6) $$\dot{x}^k = y^k, \qquad \dot{y}^k = -V_{x^k}(x).$$

This system has the $\mathscr{L}$-$\mathscr{A}$ representation (3) (with x replaced by x, y) if we introduce[17]

$$a_k(x) := \tfrac{1}{2} \exp \tfrac{1}{2}(x^k - x^{k+1}), \qquad b_k(y) := -\tfrac{1}{2}y^k,$$

and

$$\mathscr{L} := \begin{bmatrix} b_1 & a_1 & 0 & \ldots & 0 & a_n \\ a_1 & b_2 & a_2 & \ldots & 0 & 0 \\ 0 & a_2 & b_3 & \ldots & 0 & 0 \\ \multicolumn{6}{c}{\dotfill} \\ 0 & 0 & 0 & \ldots & b_{n-1} & a_{n-1} \\ a_n & 0 & 0 & \ldots & a_{n-1} & b_n \end{bmatrix}, \quad \mathscr{A} := \begin{bmatrix} 0 & a_1 & 0 & \ldots & 0 & -a_n \\ -a_1 & 0 & a_2 & \ldots & 0 & 0 \\ 0 & -a_2 & 0 & \ldots & 0 & 0 \\ \multicolumn{6}{c}{\dotfill} \\ 0 & 0 & 0 & \ldots & 0 & a_{n-1} \\ a_n & 0 & 0 & \ldots & -a_{n-1} & 0 \end{bmatrix}.$$

Hence the eigenvalues $\lambda_1(x, y), \ldots, \lambda_n(x, y)$ of $\mathscr{L}(x, y)$ are first integrals of (6).

☐2 *The finite Toda lattice.* In example ☐1 we are now dropping the condition of periodicity, $x^1 = x^{n+1}$. Then in the equations of motion,

$$\ddot{x}^k = e^{x^{k-1} - x^k} - e^{x^k - x^{k+1}}, \quad k = 1, \ldots, n,$$

we have the undefined terms e^{x^0} and $e^{-x^{n+1}}$, which we eliminate by setting

$$x^0 := -\infty, \qquad x^{n+1} := \infty,$$

i.e.

$$e^{x^0} = 0, \qquad e^{x^{n+1}} = 0.$$

The Lax representation $\dot{\mathscr{L}} = [\mathscr{A}, \mathscr{L}]$ of the equations of motion is now achieved by introducing $\mathscr{L}$ as in ☐1, whereas $\mathscr{A}$ is to be taken as[18]

$$\mathscr{A} := \begin{bmatrix} 0 & a_1 & & & 0 \\ -a_1 & 0 & & & \\ & & \ddots & & \\ & & & 0 & a_{n-1} \\ 0 & & & -a_{n-1} & 0 \end{bmatrix}.$$

---

[17] See Flaschka [1]; Moser [5], [6], [7]; Arnold–Kozlov–Neishtadt [1], p. 130.
[18] Cf. footnote 17.

1.8. First-Order Differential Equations for Matrix-Valued Functions. Variational Equations. Volume Preserving Flows

Looking at Lax equations we have seen that it may be profitable to consider first-order equations

$$(1) \qquad\qquad \dot{X} = A(t)X$$

for matrix-valued functions $X(t)$; here $A = (a_{ik})$ and $X = (x_{ij})$ denote square matrices, $A \in C^0$ and $X \in C^1$. We want to derive a differential equation for the determinant $W := \det X$, which is called *Wronskian determinant* or simply *Wronskian*.

Proposition 1 (Liouville's formula). *Let $X(t)$ be an $n \times n$-matrix valued solution of equation* (1). *Then its Wronskian $W = \det X$ satisfies the equation*

$$(2) \qquad\qquad \dot{W} = \operatorname{tr} A(t)\, W,$$

where $\operatorname{tr} A = a_{11} + a_{22} + \cdots + a_{nn}$ *is the trace of the matrix A. This formula implies*

$$(3) \qquad\qquad W(t) = W(t_0) \exp \int_{t_0}^{t} \operatorname{tr} A(t)\, dt.$$

Proof. If $X(t)$ is a solution of (1), then for any constant vector $c \in \mathbb{R}^n$ the vector valued function $\xi(t) := X(t)c$ is a solution of

$$\dot{\xi} = A(t)\xi.$$

The unique solvability of the initial value problem for this equation implies that either $\xi(t) \equiv 0$ or $\xi(t) \neq 0$. Consequently we have $W(t) \equiv 0$ or $W(t) \neq 0$. In the first case (2) certainly holds true. Thus we can assume that $W(t) \neq 0$, i.e. that $X(t)$ is invertible for all t in its interval of definition, I. Fix some $t_0 \in I$ and set

$$B(t) := X(t_0)^{-1} X(t).$$

Then we have

$$B(t) = E + (t - t_0)\dot{B}(t_0) + \cdots.$$

Thus (compare *3,1*) we obtain

$$(4) \qquad\qquad \left(\frac{d}{dt} \det B(t) \right)\Big|_{t=t_0} = \operatorname{tr} \dot{B}(t_0).$$

Because of

$$\dot{B}(t) = X(t_0)^{-1}\dot{X}(t) = X(t_0)^{-1}A(t)X(t),$$

we obtain

$$\operatorname{tr} \dot{B}(t_0) = \operatorname{tr} X(t_0)^{-1}A(t_0)X(t_0) = \operatorname{tr} A(t_0),$$

$$\left(\frac{d}{dt}\det B(t)\right)\bigg|_{t=t_0} = W(t_0)^{-1}\dot{W}(t_0).$$

Hence (2) follows from relation (4). $\qquad\qquad\qquad\qquad\qquad\qquad\qquad\square$

An important matrix valued equation is the so-called *variational equation of a system*

$$(5) \qquad\qquad\qquad \dot{x} = a(t, x).$$

This variational equation has nothing to do with a variational problem. Rather this terminology, due to Poincaré, is derived from the fact that the variational equation is a condition to be satisfied by the "variation" (i.e. by the parameter derivative) of the local phase flow of (5). In fact, by differentiating the equation

$$\dot{\varphi}(t, x) = a(t, \varphi(t, x))$$

with respect to x^k, we obtain

$$(6) \qquad\qquad\qquad \frac{\partial}{\partial t}\varphi_{x^k} = a_{x^l}(t, \varphi)\varphi^l_{x^k}.$$

Now we fix some point x_0 and set

$$(7) \qquad\qquad X(t) := \varphi_x(t, x_0), \qquad A(t) := a_x(t, \varphi(t, x_0)).$$

Then we infer from (6) that $X(t)$ is a solution of the equation

$$(8) \qquad\qquad\qquad \dot{X} = A(t)X,$$

which is called *variational equation of the system* $\dot{x} = a(t, x)$.

As $X(0) = \varphi_x(0, x_0) = E$, we infer from Proposition 1 that the Wronskian $W(t) = \det X(t)$ is nowhere zero. Hence for any $t \in I(x_0)$ ($=$ interval of definition of $\varphi(\cdot, x_0)$) the columns $\varphi_{x^1}(t, x_0), \ldots, \varphi_{x^n}(t, x_0)$ of $X(t)$ form a base of $\mathbb{R}^n$. Moreover, for any $c \in \mathbb{R}^n$ the function $\xi(t) = X(t)c$ is a solution of the equation

$$(9) \qquad\qquad \dot{\xi} = A(t)\xi, \qquad A(t) := a_x(t, \varphi(t, x_0)),$$

which is also called *variational equation of* $\dot{x} = a(t, x)$, and the uniqueness theorem together with $W(t) \neq 0$ implies that any solution of (9) can be written as $\xi(t) = X(t)c$. Thus the solutions of (9) form an n-dimensional space spanned by the vectors $\varphi_{x^l}(t, x_0)$, $1 \leq l \leq n$, i.e. by the columns of any solution $X(t)$ of (8) satisfying $\det X(t) \neq 0$.

Note that variational equation (9) is the *linearization of system* (5). Hence (9) is related to (5) in the same way as Jacobi's equation is connected with Euler's equation (see 5,1.2, and also 7,2.3 for the canonical version).

From the preceding discussion we derive the following result.

Proposition 2 (Liouville's theorem). *Let $\varphi^t(x) = \varphi(t, x)$ be the local phase flow of some vector field $a(x)$ on $\mathscr{U} \subset \mathbb{R}^n$. Then for any measurable subset $M \subset\subset \mathscr{U}$, the rate of change of the volume $V(t) := \text{meas } \varphi^t(M)$ of the image set $\varphi^t(M)$ of M*

under the flow φ^t is given by

(10)
$$\dot{V}(t) = \int_{\varphi^t(M)} \operatorname{div} a \; dx.$$

Proof. Because of $\varphi^0(\xi) = \xi$ we have $\varphi_\xi^0(\xi) = E$, and therefore $W(t, \xi) := \det \varphi_\xi^t(\xi) > 0$. Then by a change of variables we obtain

$$V(t) = \int_{\varphi^t(M)} dx = \int_M W(t, \xi) \; d\xi,$$

whence

$$\dot{V}(t) = \int_M \dot{W}(t, \xi) \; d\xi.$$

By Proposition 1 and formulas (7), (8) we have

$$\dot{W}(t, \xi) = (\operatorname{div} a)(\varphi(t, \xi)) \; W(t, \xi),$$

and therefore

$$\dot{V}(t) = \int_M (\operatorname{div} a) \circ \varphi \; W \; d\xi = \int_{\varphi^t(M)} \operatorname{div} a \; dx$$

if we once again apply the transformation theorem.   □

We infer from (10) that the phase flow of any vector field $a(x)$ is volume preserving if $\operatorname{div} a = 0$. Thus in particular any Hamiltonian vector field $a(x, y) = (H_y(x, y), -H_x(x, y))$ generates a volume preserving flow. Hence *any Hamiltonian flow generated by an autonomous Hamiltonian system*

$$\dot{x} = H_y(x, y), \qquad \dot{y} = -H_x(x, y)$$

is volume preserving.

We note that in 3,3 a much more general variational formula than (10) is proved (see in particular 3,3 [1]).

It will be of particular interest to apply the results of this Section to Euler systems

$$\dot{x} = v, \qquad \frac{d}{dt} L_v(t, x, v) - L_x(t, x, v) = 0,$$

to Hamiltonian systems

$$\dot{x} = H_y(t, x, y), \qquad \dot{y} = -H_x(t, x, y),$$

and to Lie systems (see Chapter 10)

$$\dot{x} = F_p, \qquad \dot{z} = p \cdot F_p - F, \qquad \dot{p} = -F_x - pF_z.$$

1.9. Flows on Manifolds

In this last subsection we look at flows on manifolds which from a global point of view are much more interesting than flows in Euclidean space. Moreover we are automatically led to flows on manifolds if we want to reduce the degrees of freedom of a dynamical system $\dot{x} = a(x)$. We also hit on such flows if we want to treat variational problems with constraints (see Chapter 2). Here we assume manifolds to be submanifolds of some Euclidean space defined by functionally independent equations.[19]

So let us consider a domain Ω in $\mathbb{R}^n$ and a mapping $g \in C^1(\Omega, \mathbb{R}^{n-k})$, $n > k \geq 1$, which is of maximal rank, i.e. rank $Dg(x) \equiv n - k$ on Ω. Then the set

$$M := \{x \in \Omega : g(x) = 0\}$$

is called a *k-dimensional submanifold of* $\mathbb{R}^n$ or simply a *k-dimensional manifold*. Let $g^1, g^2, \ldots, g^{n-k}$ be the $n - k$ components of g. Then M is defined by the $n - k$ equations

$$g^1(x) = 0, g^2(x) = 0, \ldots, g^{n-k}(x) = 0$$

on Ω.

In the following discussion all manifolds are usually viewed as subsets of some fixed $\mathbb{R}^n$ although this assumption is merely a matter of convenience. The manifold M is said to be of class C^r, C^∞, or C^ω respectively if its defining mapping g is of class C^r, C^∞, or C^ω. For the sake of convenience we shall only consider C^∞-manifolds, and we shall only consider functions, vector fields, mappings which are of class C^∞.

A function $f : M \to \mathbb{R}$ or a map $u : M \to \mathbb{R}^m$ is said to be of class C^∞ if there is some open set $\mathcal{U}$ of $\mathbb{R}^n$ containing M and some C^∞-extension of f or u to $\mathcal{U}$ which is again denoted by f or u, respectively; $\mathcal{U}$ may depend on f or u. A C^∞-map $a : M \to \mathbb{R}^n$ is called *vector field on* M. For every $x \in M$ we split $\mathbb{R}^n$ into the $(n - k)$-dimensional *normal space* $N_x M$ to M at x defined by

$$N_x M := \operatorname{span}\{g_x^1(x), g_x^2(x), \ldots, g_x^{n-k}(x)\}$$

and its orthogonal complement

$$T_x M := (N_x M)^\perp,$$

which is called *tangent space to* M at x as it consists of all tangent vectors $v = \dot{\xi}(0)$ of curves $\xi : I \to M$ which at the time $t = 0$ pass through x, i.e., $\xi(0) = x$. This is proved in the following

Lemma. *Let* $x_0 \in M$ *and* $v \in \mathbb{R}^n$. *Then we have* $v \in T_{x_0} M$ *if and only if there is a curve* $\xi : I \to M$ *such that* $\xi(0) = x_0$ *and* $\dot{\xi}(0) = v$.

---

[19] For the general approach to manifolds see Section 3.7.

Proof. (i) If $\xi : I \to M$ is a curve satisfying $\xi(0) = x_0$ and $\dot{\xi}(0) = v$, it follows that $g^\nu(\xi(t)) \equiv 0$ for $1 \leq \nu \leq n - k$ whence $g_x^\nu(\xi(t)) \cdot \dot{\xi}(t) \equiv 0$ and therefore

$$(1) \qquad\qquad g_x^\nu(x_0) \cdot v = 0 \quad \text{for } 1 \leq \nu \leq n - k.$$

Thus we obtain $v \in T_{x_0} M$.

(ii) Conversely, let $x_0 \in M$ and $v \in T_{x_0} M$, i.e., we suppose that (1) holds true. We assume that

$$(2) \qquad\qquad \det g_{x''}(x_0) \neq 0,$$

where $x = (x', x'')$, $x' = (x^1, \dots, x^k)$, $x'' = (x^{k+1}, \dots, x^n)$, since rank $g_x = n - k$. Then there exists a neighbourhood B of x_0 in Ω such that $M \cap B$ can be represented in the nonparametric form

$$(3) \qquad\qquad x'' = \psi(x'), \quad x' \in B' \subset \mathbb{R}^k,$$

i.e.,

$$(4) \qquad\qquad g(x', \psi(x')) = 0 \quad \text{for } x' \in B',$$

whence

$$(5) \qquad\qquad g_{x'}(x', \psi(x')) + g_{x''}(x', \psi(x'))\psi_{x'}(x') = 0$$

and therefore

$$(6) \qquad\qquad \psi_{x'} = -g_{x''}^{-1}(\cdot, \psi) g_{x'}(\cdot, \psi).$$

Let $v = (v^1, \dots, v^k, v^{k+1}, \dots, v^n) = (v', v'')$. Then the orthogonality relations (1) are equivalent to

$$(7) \qquad\qquad v'' = \psi_{x'}(x_0') v'.$$

Consider now the curve $\xi(t) = (\xi'(t), \xi''(t))$ which, for $|t| < \varepsilon \ll 1$, is defined by

$$\xi'(t) := x_0' + tv', \qquad \xi''(t) := \psi(\xi'(t)).$$

By construction we have $\xi(0) = x_0$, $g(\xi(t)) \equiv 0$, $\dot{\xi}'(0) = v'$, and (7) implies $\dot{\xi}''(0) = v''$, that is, $\dot{\xi}(0) = v$. Thus v is represented in the desired way as tangent vector to some curve $\xi(t)$ passing through x_0. $\qquad\square$

A vector field $a : M \to \mathbb{R}^n$ is said to be a *tangent vector field on M* if

$$(8) \qquad\qquad a(x) \in T_x M \quad \text{for } x \in M,$$

or, equivalently, if

$$(9) \qquad\qquad a(x) \cdot g_x^\nu(x) = 0 \quad \text{for } x \in M, \ 1 \leq \nu \leq n - k.$$

Introducing the symbol $A = a^i(x) \dfrac{\partial}{\partial x^i}$ of $a = (a^1, \dots, a^n)$, equations (9) can be written as

(9') $$Ag^v|_M = 0 \quad \text{for } v = 1, \ldots, n - k.$$

Recall that a vector field $a : M \to \mathbb{R}$ has an extension $a \in C^\infty(\mathcal{U}, \mathbb{R}^n)$ to some open set $\mathcal{U}$ containing M. Thus the local phase flow $\varphi(t, x)$, $t \in I(x)$, is defined for any $x \in \mathcal{U}$. We claim that for any $x \in M$ the curve $\varphi(\cdot, x)$ is contained in M if $a(x)$ is a tangential vector field on M. In other words, for tangential vector fields $a(x)$ on M the initial value problem

$$\dot{x} = a(x), \qquad x(0) = x_0 \in M$$

defines a *local phase flow* $\varphi(t, x_0)$ on M. Let us sketch a proof of this fact for $|t| \ll 1$:

Using the notation in the proof of the above lemma there is a neighbourhood B of x_0 such that $M \cap B$ can be expressed in the form (3). Let us introduce the curve $\xi(t) = (\xi'(t), \xi''(t))$ for $|t| \ll 1$ by first determining $\xi'(t) = (\xi^1(t), \ldots, \xi^k(t))$ as solution of

(10) $$\frac{d}{dt} \xi' = a'(\xi', \psi(\xi')), \qquad \xi'(0) = x_0',$$

and then setting

(11) $$\xi''(t) := \psi(\xi'(t)).$$

Then $\xi(t)$, $|t| \ll 1$, is a curve in M satisfying $\xi(0) = (x_0', \psi(x_0')) = x_0$. We want to show that

(12) $$\frac{d}{dt} \xi = a(\xi).$$

Writing $a(x) = (a'(x), a''(x))$ we infer from $a(x) \in T_x M$ that

$$g_{x'}^v(x) \cdot a'(x) + g_{x''}^v(x) \cdot a''(x) = 0.$$

Applying (6), we obtain

$$a''(\xi) = \psi_{x'}(\xi') a'(\xi),$$

whence by (10) and (11)

$$\frac{d}{dt} \xi'' = \psi_{x'}(\xi') \frac{d}{dt} \xi' = \psi_{x'}(\xi') a'(\xi) = a''(\xi)$$

and (10) means

$$\frac{d}{dt} \xi' = a'(\xi).$$

Thus $\xi(t)$ is a solution of (12) satisfying $\xi(0) = x_0$, and the unique solvability of the initial value problem for $\dot{x} = a(x)$ implies that $\xi(t) \equiv \varphi(t, x_0)$ for $|t| \ll 1$. Therefore we have proved that $\varphi(t, x_0) \in M$ if $x_0 \in M$ and $|t| \ll 1$. Now it is easy to see that $\varphi(t, x_0) \in M$ for all $t \in I(x_0)$.

Another way to prove that the local phase flow $\varphi(t, x_0)$ of some tangential vector field $a(x)$ on M stays on M if the initial values x_0 are restricted to M can be based on the fact that there exists an extension of $a(x)$ to some open neighbourhood $\mathscr{U}$ of M such that

$$(Ag^\nu)(x) = 0 \quad \text{for all } x \in \mathscr{U} \text{ and } 1 \leq \nu \leq n - k.$$

Then we obtain

$$\frac{d}{dt} g^\nu(\varphi(t, x_0)) = (Ag^\nu)(\varphi(t, x_0)) = 0,$$

whence

$$g^\nu(\varphi(t, x_0)) = \text{const} \quad \text{for all } t \in I(x_0).$$

If $x_0 \in M$ we have $g^\nu(x_0) = 0$; thus by $x_0 = \varphi(0, x_0)$ it follows that $g^\nu(\varphi(t, x_0)) = 0$ for all $t \in I(x_0)$, i.e. $\varphi(t, x_0) \in M$.

The existence of such an extension of $a(x)$ is obvious if M is an affine subspace of $\mathbb{R}^n$. Locally the case of a curved manifold M can be reduced to this special case by means of a flattening diffeomorphism if we notice that the pull-back of a tangential vector field is again tangential (to the pull-back manifold). The general case can now be reduced to the "local version" by a suitable partition of unity.

A tangential vector field $a(x)$ on a manifold M is said to be *complete* if its phase flow $\varphi(t, x)$ is defined on $\mathbb{R} \times M$. Because of the Extension lemma (in *1.1*) it follows that all tangent vector fields on a compact manifold are complete. Thus we have the following remarkable result:

Proposition. *If $a(x)$ is a tangent vector field on a compact manifold M, then the corresponding phase flow $\varphi^t: M \to M$ is defined for all $t \in \mathbb{R}$, i.e, the solution $\varphi(t, x)$ of the initial value problem*

$$\dot{\varphi} = a \circ \varphi, \qquad \varphi(0, x) = x$$

is defined for all $(t, x) \in \mathbb{R} \times M$.

A diffeomorphism $u: M_2 \to M_1$ of a manifold M_2 onto another manifold M_1 is defined as a diffeomorphic mapping of some open neighbourhood $\mathscr{U}_2$ of M_2 onto an open neighbourhood $\mathscr{U}_1$ of M_1 such that $u(M_2) = M_1$. Thus the pull-back u^*a of any vector field $a: M_1 \to \mathbb{R}^n$ is well defined. As an exercise the reader could prove that u^*a is a tangential vector field on $u^*M_1 := M_2$ if a is a tangential vector field on M_1.

Moreover, for any two vector fields $a, b: M \to \mathbb{R}^n$ the Lie bracket $[a, b]$ is well defined and forms a vector field on M. We claim that $[a, b]$ *is a tangent vector field on M if both a and b are tangent vector fields on M.* In fact, by differentiating

$$g^\nu_{x^k} a^k = 0 \quad \text{and} \quad g^\nu_{x^k} b^k = 0$$

with respect to x^j and multiplying the resulting equations by b^j and a^j respectively it follows that

$$g^\nu_{x^k x^j} a^k b^j + g^\nu_{x^k} a^k_{x^j} b^j = 0, \qquad g^\nu_{x^k x^j} b^k a^j + g^\nu_{x^k} b^k_{x^j} a^j = 0.$$

Subtracting the first from the second equation, we arrive at

$$(a^j b^k_{x^j} - b^j a^k_{x^j}) \cdot g^\nu_{x^k} = 0,$$

that is,

$$[a, b] \cdot g^\nu_x = 0, \quad 1 \le \nu \le n - k,$$

which means that $[a, b]$ is tangent to M.

Now it is not difficult to carry over most of the previous results to tangent vector field on manifolds and their flows. By the Proposition we have in particular that for any tangent vector field $a(x)$ on a compact manifold M the diffeomorphisms $\mathcal{T}^t := \varphi^t = \varphi(t, \cdot)$ generated by $a(x)$ form a one-parameter group $\mathfrak{G} = \{\mathcal{T}^t\}_{t \in \mathbb{R}}$ of transformations $\mathcal{T}^t : M \to M$ of M onto itself.

As an example of a flow on a manifold we consider

$\boxed{1}$ *Geodesics on S^2.* The 2-dimensional unit sphere S^2 in $\mathbb{R}^3$ is defined by

$$S^2 = \{x \in \mathbb{R}^3 : |x|^2 = 1\}.$$

As we have seen in 2,2, $\boxed{2}$–$\boxed{4}$, the geodesics on S^2 are great circles which are described by the equations

(13) $$\ddot{x} + |\dot{x}|^2 x = 0, \qquad |x| = 1.$$

The second equation implies $\langle x, \dot{x} \rangle = 0$ where $\langle , \rangle$ denotes the scalar product in $\mathbb{R}^3$. Since

$$\frac{d}{dt} |\dot{x}|^2 = 2\langle \dot{x}, \ddot{x} \rangle = -2|\dot{x}|^2 \langle \dot{x}, x \rangle = 0,$$

we can restrict our considerations to the case $|\dot{x}|^2 = 1$ where t is the parameter of the arc length of the curve $x(t)$. Introducing the velocity vector $v := \dot{x}$ we can replace (13) by the system

(14) $$\dot{x} = v, \qquad \dot{v} = -x$$

subject to the constraints

(15) $$|x|^2 = 1, \qquad \langle x, v \rangle = 0, \qquad |v|^2 = 1.$$

Introducing $H(x, v) := \frac{1}{2}|x|^2 + \frac{1}{2}|v|^2$ we can write (14) in the Hamiltonian form

$$\dot{x} = H_v(x, v), \qquad \dot{v} = -H_x(x, v).$$

One can easily check that

$$M := \{(x, v) \in \mathbb{R}^3 \times \mathbb{R}^3 : |x|^2 = 1, \langle x, v \rangle = 0, |v|^2 = 1\}$$

is a three-dimensional manifold in $\mathbb{R}^6$, and that $a(x, v) = (v, -x)$ is a tangential vector field on $M = T_1(S^2)$, the unit tangent bundle of the sphere S^2. Thus (14) generates a flow on $T_1(S^2)$. This flow can be described in a better way by mapping $T_1(S^2)$ diffeomorphically onto $SO(3)$, the group of orthogonal 3×3-matrices U satisfying $\det U = 1$. To carry out this construction, we view $SO(3)$ as a manifold in $\mathbb{R}^9 = \mathbb{R}^3 \times \mathbb{R}^3 \times \mathbb{R}^3$ consisting of triples (u_1, u_2, u_3) of vectors $u_j \in \mathbb{R}^3$ which are considered as columns of a matrix U subject to the constraints

$$\langle u_j, u_k \rangle = \delta_{jk}, \quad j \le k.$$

Thus $SO(3)$ is a 3-dimensional manifold in $\mathbb{R}^9$. Moreover we view $T_1(S^2)$ as 3-dimensional manifold in $\mathbb{R}^9$ consisting of triples (x, v, w) of vectors $x, v, w \in \mathbb{R}^3$ which are considered as columns of a matrix X subject to the subsidiary conditions

$$|x|^2 = 1, \qquad \langle x, v \rangle = 0, \qquad |v|^2 = 1, \qquad w = 0.$$

Then (14) can be written as

$$\text{(16)} \qquad \dot{X} = XA, \quad \text{where } A = \begin{bmatrix} 0 & -1 & 0 \\ 1 & 0 & 0 \\ 0 & 0 & 0 \end{bmatrix}.$$

Now we define a diffeomorphism $h : T_1(S^2) \to SO(3)$ as the mapping

$$X = (x, v) \mapsto U = h(X) := (x, v, x \wedge v).$$

If u^*F denotes the pull-back of the vector field $F(X) := XA$ under the map $u := h^{-1}$, the equation is transformed into

$$\text{(17)} \qquad \dot{U} = (u^*F)(U).$$

However it is somewhat cumbersome to compute u^*F by formula (8) of *1.3*. Instead we use that on $T_1(S^2)$ the equation

$$\frac{d}{dt}(x \wedge v) = \dot{x} \wedge v + x \wedge \dot{v} = 0$$

is satisfied because of (14); thus the transform $U(t) := h(X(t))$ of any trajectory of (16) in $T_1(S^2)$ satisfies

$$\text{(18)} \qquad \dot{U} = UA.$$

Hence the two vector fields $(u^*F)(U)$ and UA coincide on $SO(3)$. The phase flow $\phi(t, U_0)$ of (18) is given by

$$\text{(19)} \qquad \phi(t, U_0) = U_0 e^{tA} = U_0 \begin{bmatrix} \cos t & -\sin t & 0 \\ \sin t & \cos t & 0 \\ 0 & 0 & 1 \end{bmatrix}.$$

The flow $\mathcal{T}^t U_0 := \phi(t, U_0)$ in $SO(3)$ is equivalent to the "geodesic flow" $X(t)$ in $T_1(S^2)$; the one-parameter group $\{\mathcal{T}^t\}_{t \in \mathbb{R}}$ consists of rotations about a fixed axis ($= x^3$-axis).

This flow is a simple but important model of a mechanical flow. It is essentially equivalent to the flow of a planar Kepler problem

$$\text{(20)} \qquad \ddot{x} = -\frac{x}{r^3}, \qquad \ddot{y} = -\frac{y}{r^3}, \qquad r = \sqrt{x^2 + y^2},$$

which can be written as

$$\text{(21)} \qquad \dot{x} = u, \qquad \dot{y} = v, \qquad \dot{u} = -x/r^3, \qquad \dot{v} = -y/r^3$$

in the phase space $\mathbb{R}^4 - \{x = 0, y = 0\}$. This system has the "total energy"

$$F(x, y, u, v) := \tfrac{1}{2}(u^2 + v^2) - \frac{1}{r}$$

as a first integral, that is, any solution of (21) satisfies

$$F(x(t), y(t), u(t), v(t)) \equiv E \, (= \text{const}).$$

The projection $(x(t), y(t))$ of any trajectory of (21) is a conic section (a hyperbola if $E > 0$, a parabola if $E = 0$, and an ellipse if $E < 0$; see *1.6* $\boxed{2}$). Hence the "Kepler flow" on a negative energy surface

$$M_E := \left\{ (x, y, u, v) : \frac{1}{2}(u^2 + v^2) - \frac{1}{r} = E \right\}, \quad E < 0,$$

consists of periodic trajectories having the fixed period $T = 2\pi/(-2E)^{3/2}$. It can be shown[20] that,

---

[20] This has been pointed out in Moser/Zehnder [1].

after a change of the independent variable and a suitable compactification of M_E, this flow is equivalent to the geodesic flow on S^2 (more precisely, to the geodesic flow on $T_1(S^2)$).

2. Hamiltonian Systems

In this section we want to outline the Hamiltonian picture of mechanics. Following the historical development we choose the calculus of variations as initial point. Hamilton's theory has its roots both in mechanics and geometrical optics. While in Chapters 7 and 8 we have mainly stressed its sources in optics, we now want to emphasize the mechanical origins of Hamilton's theory. It is useful to have both pictures, the mechanical and the optical one, in mind, as they correspond to the dualism of particle and wave in physics. We begin by looking at mechanical systems in point mechanics as, for instance, systems of finitely many point masses which interact and might also be subject to certain exterior forces. A general mechanical system $\{M, L\}$ consists of a manifold M and a Lagrangian $L : \mathbb{R} \times TM \to \mathbb{R}$ defined on the extended phase space. The points in M, the configuration space, describe all possible *positions* which can be assumed by the system, while the points in $\mathbb{R} \times TM$ describe all possible *states* of the system. Curves in M represent all *virtual motions* of the system in space, and the *true motions* are distinguished by the *principle of least action*. This means, the true motion curves are extremals of the *action integral* $\mathscr{L} = \int L \, dt$. Using this variational characterization of motion curves we apply in *2.1* the basic notions and results of Weierstrass field theory to mechanical systems, thereby obtaining a description of mechanical systems that is quite close to Hamilton's original ideas. Passing from the mechanical to the optical point of view we show in *2.2* how these ideas lead to the notion of a *canonical mapping* and to Jacobi's celebrated integration method for Hamiltonian systems which describe the evolution of states of a mechanical system.

In *2.3* we briefly discuss *conservative systems*. For such systems the Lagrangian and the Hamiltonian pictures are perfectly equivalent. Moreover we discuss the concept of *ignorable* (or *cyclic*) *variables* and its use in simplifying the equations of motion; a partial Legendre transformation due to Routh can be useful for this purpose.

Finally in *2.4* we show that Hamilton's canonical equations can be viewed as Euler equations of the *Poincaré–Cartan integral*

$$\mathscr{I}_H(x, y) = \int_I \left[y \cdot \frac{dx}{dt} - H(t, x, y) \right] dt,$$

which is closely related to the action integral $\mathscr{L}(x)$.

2.1. Canonical Equations and Hamilton–Jacobi Equations Revisited

In this subsection we want to recall some basic ideas and notions of Hamilton–Jacobi theory that were already studied in Chapter 7. We use a terminology and notations suited for purposes of mechanics, that is, of point mechanics.

Newtonian mechanics deals with the motion of a system of N point masses in three-dimensional Euclidean space. For a proper geometrization of the problem one takes N copies of $\mathbb{R}^3$ and introduces their Cartesian product $\mathbb{R}^n = \mathbb{R}^3 \times \mathbb{R}^3 \times \cdots \times \mathbb{R}^3$ as an abstract *configuration space* of dimension $n := 3N$. Then a point in the configuration space $\mathbb{R}^n$ is just the N-tuple of position vectors of the N point masses, and a curve in $\mathbb{R}^n$ describes the motion of these masses in time. This *motion curve* in $\mathbb{R}^3$ has to satisfy Newton's equations and is, in general, completely determined by these equations and a complete set of initial conditions. As we have seen earlier, Newton's equations can often be interpreted as Euler equations of a variational integral

$$(1) \qquad \mathscr{L}(x) = \int_{t_0}^{t_1} L(t, x(t), \dot{x}(t)) \, dt,$$

the so-called *action integral. Thus among all virtual motion curves in the configuration space describing the "conceivable" motions of the N point masses in $\mathbb{R}^3$ the true motion curves x(t) are characterized as solutions of the variational principle*

$$(2) \qquad \text{``} \mathscr{L}(x) \to \text{stationary''}.$$

This fact is denoted as Hamilton's principle or as principle of least action, although it would be more appropriate to speak of (2) as the *principle of stationary action.*

Compared with Newton's original formulation this variational characterization of the motion curves has several advantages; for instance one can easily set up the equations of motion with respect to constraints. Therefore we want to use Hamilton's principle to define *general mechanical systems*, whether or not they are realized in point mechanics.

Definition 1. *A mechanical system $\{M, L\}$ consists of a manifold M, its configuration space, and a Lagrangian $L : \mathbb{R} \times TM \to \mathbb{R}$ defined on the extended phase space $\mathbb{R} \times TM$, the Cartesian product of the time-axis $\mathbb{R}$ and the tangent bundle TM of the manifold M.*

The motion curves $c : I \to M$ of a mechanical system $\{M, L\}$ are defined as extremals c of the action integral

$$(3) \qquad \mathscr{L}(c) = \int_I L(t, \dot{c}(t)) \, dt,$$

i.e. they are characterized as solutions of Hamilton's principle

$$\text{``} \mathscr{L}(c) \to \text{stationary''}.$$

Introducing local coordinates $x = (x^1, \ldots, x^n)$ and $(x, v) = (x^1, \ldots, x^n, v^1, \ldots, v^n)$ on TM, $n = \dim M$, the points of $\mathbb{R} \times TM$ can locally be written as (t, x, v), and the Lagrangian L is locally a function $L(t, x, v)$ of the $2n + 1$ variables t, x, v.

Thus a curve $c : I \to M$ in the configuration space can locally be written as $x : I \to \mathbb{R}^n$ or as $x(t)$, $t \in I$, and the action integral $\mathscr{L}$ has locally the form

$$\mathscr{L}(x) = \int_I L(t, x(t), \dot{x}(t))\, dt.$$

In other words, motion curves $c : I \to M$ of a mechanical system $\{M, L\}$ are C^2-curves in M which in local coordinates x on M are expressed as C^2-curves $x(t)$ in $\mathbb{R}^n$ satisfying Euler's equations

$$\frac{d}{dt} L_v(t, x(t), \dot{x}(t)) - L_x(t, x(t), \dot{x}(t)) = 0.$$

Let T^*M be the cotangent bundle of M. We denote TM and T^*M as *phase space* and *cophase space* respectively, and similarly $\mathbb{R} \times TM$ and $\mathbb{R} \times T^*M$ are denoted as *extended phase* and *cophase spaces*.

Now we apply a (partial) Legendre transformation $\varPhi : \mathbb{R} \times TM \to \mathbb{R} \times T^*M$ mapping the extended phase space into the extended cophase space. With respect to local coordinates (t, x, v) on $\mathbb{R} \times TM$ and (t, x, y) on $\mathbb{R} \times T^*M$ the mapping $\varPhi$ is defined by

$$t = t, \qquad x = x, \qquad y = \varphi(t, x, v) := L_v(t, x, v),$$

that is,

(4) $$\varPhi(t, x, v) = (t, x, L_v(t, x, v)).$$

For the following we require:

General assumption (GA). *The Legendre transformation (4) defines a C^1-diffeomorphism of $\mathbb{R} \times TM$ onto $\mathbb{R} \times T^*M$.*

(If $\varPhi$ yields a C^1-diffeomorphism of some subset of $\mathbb{R} \times TM$ onto some subset $\varOmega^*$ of $\mathbb{R} \times T^*M$, the following discussion is to be slightly modified.)

Let $\varPsi : \mathbb{R} \times T^*M \to \mathbb{R} \times TM$ be the inverse of the Legendre transformation $\varPhi$; then $\varPsi$ is of the form

(5) $$\varPsi(t, x, y) = (t, x, \psi(t, x, y))$$

with respect to local coordinates t, x, y on $\mathbb{R} \times T^*M$. Set

(6) $$H(t, x, y) := \{y \cdot v - L(t, x, v)\}|_{v = \psi(t, x, y)}.$$

It is fairly obvious to see that this formula uniquely defines a function $H : \mathbb{R} \times T^*M \to \mathbb{R}$, the *Hamiltonian* corresponding to the Lagrangian L. Moreover the discussion in 7,1.1 and 1.2 implies that H is of class C^2 and that $\varPhi$ is an involutory transformation; in fact, the whole transformation is comprised in the formulas

(7)
$$L(t, x, v) + H(t, x, y) = y \cdot v,$$
$$y = L_v(t, x, v), \qquad v = H_y(t, x, y),$$
$$L_t(t, x, v) + H_t(t, x, y) = 0, \qquad L_x(t, x, v) + H_x(t, x, y) = 0,$$

where (t, x, v) and (t, x, y) are linked by $y = L_v(t, x, v)$, or equivalently by $v = H_y(t, x, y)$.

By means of the Legendre transformation Φ we can associate with any phase curve $e : I \to \mathbb{R} \times TM$ a cophase curve $h : I \to \mathbb{R} \times T^*M$ by setting $h := \Phi \circ e$, and vice versa $e = \Psi \circ h$. In local coordinates t, x, v and t, x, y connected by (7) we can write e and h respectively as

(8)
$$e(t) = (t, x(t), v(t)) \quad \text{and} \quad h(t) = (t, x(t), y(t)).$$

Then the relation $h = \Phi \circ e$ is locally equivalent to

(9)
$$y(t) = L_v(t, x(t), v(t))$$

and $e = \Psi \circ h$ is locally equivalent to

(10)
$$v(t) = H_y(t, x(t), y(t)).$$

The following result is obvious.

Lemma 1. *Let* $h : I \to \mathbb{R} \times T^*M$ *be a cophase curve corresponding to a phase curve* $e : I \to \mathbb{R} \times T^*M$ *by* $h = \Phi \circ e$ *and let* e *and* h *be locally described by* (8). *Then the relation*

(11)
$$v(t) = \dot{x}(t)$$

is equivalent to

(12)
$$\dot{x}(t) = H_y(t, x(t), y(t)).$$

Definition 2. *Let* $c : I \to M$, $e : I \to \mathbb{R} \times TM$ *and* $h : I \to \mathbb{R} \times T^*M$ *be curves in the configuration space, phase space, and cophase space respectively, and let* c, e, h *be described by* $c(t) = x(t)$ *and* (8) *with respect to local coordinates* t, x, v, y *linked by* (7). *Then the phase curve* e *is said to be the* prolongation *of* c *from the configuration space* M *to* $\mathbb{R} \times TM$ *if locally* (11) *is satisfied, and the cophase curve* h *is called* prolongation *of* c *from* M *to the cophase space* $\mathbb{R} \times T^*M$ *if* (12) *holds true.*

Clearly if e and h are prolongations of c to $\mathbb{R} \times TM$ and $\mathbb{R} \times T^*M$ respectively, then $h = \Phi \circ e$. Moreover we infer from (9) that

(13)
$$\dot{y}(t) = \frac{d}{dt} L_v(t, x(t), v(t)),$$

and (7_3) yields

(14) $-H_x(t, x(t), y(t)) = L_x(t, x(t), v(t))$.

From (13), (14) and Lemma 1 we obtain

Lemma 2. *The Euler system*

(15) $\dot{x} = v, \qquad \dfrac{d}{dt} L_v(t, x, v) - L_x(t, x, v) = 0$

is equivalent to the Hamiltonian system

(16) $\dot{x} = H_y(t, x, y), \qquad \dot{y} = -H_x(t, x, y)$.

In other words, a curve $c : I \to M$ in the configuration space is a motion curve for the mechanical system $\{M, L\}$, i.e. a solution of the principle of stationary action

$$\mathscr{L}(c) \to \text{stationary},$$

if its prolongation $e : I \to \mathbb{R} \times TM$ locally satisfies Euler's equations (15), or equivalently if its prolongation $h : I \to \mathbb{R} \times T^*M$ locally satisfies *Hamilton's canonical equations* (16).

We note that the Hamiltonian system (16) can conveniently be written in the form of a single equation. For this purpose we identify $\mathbb{R}^n$ and $\mathbb{R}_n = (\mathbb{R}^n)^*$ and consider x and y as columns in $\mathbb{R}^n$. Then we introduce the $2n$-columns z and the $2n \times 2n$-matrix J by

$$z := \begin{bmatrix} x \\ y \end{bmatrix}, \qquad J := \begin{bmatrix} 0 & I_n \\ -I_n & 0 \end{bmatrix}$$

where 0 is the $n \times n$-null matrix and I_n the $n \times n$-unit matrix. Then the Hamilton function H is a function of t and z, i.e. $H = H(t, z)$, and the canonical equations (16) can equivalently be expressed as

(17) $\dot{z} = J H_z(t, z)$.

The "*special symplectic matrix*" J will play an important role. It has the properties

$$J^2 = -E, \qquad J^T = J^{-1} = -J, \qquad \det J = 1,$$

where $E = I_{2n}$ is the $2n \times 2n$-unit matrix.

Equation (17) is not just a convenient shorthand for (16), but also reflects an important property of Hamiltonian system with respect to Poisson brackets and canonical mappings.

Now we recall the derivation of *Hamilton–Jacobi's partial differential equation*, the second fundamental relation of Hamilton–Jacobi theory. We start by looking at *complete figures* in field theory, which are described by the *Carathéodory equations*

$$S_t(t, x) = L(t, x, \mathscr{P}(t, x)) - L_v(t, x, \mathscr{P}(t, x)) \cdot \mathscr{P}(t, x),$$

(18)

$$S_x(t, x) = L_v(t, x, \mathscr{P}(t, x)).$$

Here t, x are local coordinates on $\mathbb{R} \times M$. Equations (18) are to be viewed as a system of $n + 1$ scalar differential equations for pairs $\{S, \mathscr{P}\}$ of functions $S(t, x)$ and $\mathscr{P}(t, x) = (\mathscr{P}^1(t, x), \ldots, \mathscr{P}^n(t, x))$ of class C^2 and C^1 respectively. Introducing

(19) $$\not{p}(t, x) := (t, x, \mathscr{P}(t, x)),$$

we can view $\mathscr{P}(t, c)$ as coordinates of a vector field $\not{p} : G \to \mathbb{R} \times TM$ where G is a domain in $\mathbb{R} \times M$ that is assumed to be simply connected.

A pair $\{S, \not{p}\}$ of functions $S \in C^2(G)$ and $\not{p} \in C^1(G, \mathbb{R} \times TM)$ locally characterized by (18) is called a *Carathéodory pair*.

Given such a pair $\{S, \not{p}\}$ on G we consider a diffeomorphism $r : \Gamma \to G$ of some domain $\Gamma \subset \mathbb{R}^{n+1}$,

(20) $$\Gamma = \{(t, \alpha) \in \mathbb{R} \times \mathbb{R}^n : \alpha \in I_0 \subset \mathbb{R}^n, t \in I(\alpha)\},$$

onto G which is locally of the form

(21) $$r(t, \alpha) = (t, X(t, \alpha)), \quad \alpha_0 \in I_0,$$

and satisfies

(22) $$\dot{X} = \mathscr{P}(t, X).$$

Such a diffeomorphism $r : \Gamma \to G$ is called a *Mayer field on G fitting into $\not{p}$*. For sufficiently small domains G_0 in $\mathbb{R} \times M$ we can always find diffeomorphisms r of this kind such that $G_0 \subset G$ by solving a suitable initial value problem for (22). Furthermore it is fairly obvious that up to reparametrization the Mayer field r corresponding in this sense to $\not{p}$ is uniquely determined. In the terminology of Chapter 6 the vector field $\not{p}$ is the *slope* field of the curves $r(\cdot, \alpha) : I(\alpha) \to M$ which cover G simply.

In Chapter 6 we have proved that the projections $X(\cdot, \alpha)$ of the field curves $r(t, \alpha) = (t, X(t, \alpha)), t \in I(\alpha))$, of a Mayer field r form an n-parameter family of L-extremals whose Lagrange brackets $[\alpha^i, \alpha^k]$ identically vanish. This means the following. Let

(23) $$e(t, \alpha) = (t, X(t, \alpha), \dot{X}(t, \alpha))$$

and

(24) $$h(t, \alpha) = (t, X(t, \alpha), Y(t, \alpha)), \quad Y := L_v \circ e$$

be the prolongations of the ray field $r : \Gamma \to \mathbb{R} \times M$ into $\mathbb{R} \times TM$ and $\mathbb{R} \times T^*M$ respectively. Then e satisfies

(25) $$\frac{d}{dt} L_v(e) - L_x(e) = 0,$$

and h fulfills

(26) $$\dot{X} = H_y(h), \quad \dot{Y} = -H_x(h)$$

and the *Lagrange brackets*

$$[\alpha^i, \alpha^k] := Y_{\alpha^i} \cdot X_{\alpha^k} - Y_{\alpha^k} \cdot X_{\alpha^i} \tag{27}$$

vanish everywhere.

The function S of a Carathéodory pair $\{S, \not{p}\}$ is the *eikonal* of any Mayer field r fitting into $\not{p}$, and we have

$$\int_{t_1}^{t_2} L(e(t, \alpha))\, dt = S(P_2) - S(P_1) \tag{28}$$

if $e(t, \alpha)$ is the prolongation (23) of $r(t, \alpha)$ into $\mathbb{R} \times TM$, and $P_i := r(t_i, \alpha) = (t_i, X(t_i, \alpha))$, $i = 1, 2$. If the excess function $\mathscr{E}_L$ of L satisfies the strict Weierstrass condition

$$\mathscr{E}_L(t, x, \mathscr{P}(t, x), v) > 0 \tag{29}$$

for all line elements (t, x, v) with $(t, x) \in G$ and $v \neq \mathscr{P}(t, x)$, we even have

$$\int_{t_1}^{t_2} L(t, x(t), \dot{x}(t))\, dt > S(P_2) - S(P_1) \tag{30}$$

for every D^1-curve $(t, x(t))$, $t_1 \leq t \leq t_2$, in G with endpoints P_1 and P_2 which is different from the field curve $r(t, \alpha)$, $t_1 \leq t \leq t_2$. In this case the ray $r(\cdot, \alpha)$ actually minimizes the action integral. In mechanics any eikonal S of a Carathéodory pair $\{S, \not{p}\}$ is called an *action function* of the mechanical system $\{M, L\}$. Every action function S locally satisfies the Hamilton–Jacobi equation

$$S_t + H(t, x, S_x) = 0, \tag{31}$$

where H is the Hamiltonian corresponding to L, and conversely every solution S of (31) is an action function, i.e. an eikonal of a Carathéodory pair $\{S, \not{p}\}$. This can quickly be seen as follows. Let $\pi := \Phi \circ \not{p}$ be the *canonical momentum field* corresponding to the slope field $\not{p}$ of a Carathéodory pair $\{S, \not{p}\}$. In local coordinates we then have

$$\pi(t, x) = (t, x, \Pi(t, x)), \tag{32}$$

with

$$\Pi(t, x) = L_v(t, x, \mathscr{P}(t, x)). \tag{33}$$

By virtue of (7) equations (18) then become

$$S_t = -H(t, x, \Pi), \qquad S_x = \Pi, \tag{34}$$

whence we arrive at (31). Conversely if S is a solution of (31), then we define $\pi : G \to \mathbb{R} \times T^*M$ by (32) and $\Pi := S_x$, and then we introduce $\not{p} : G \to \mathbb{R} \times TM$ by $\not{p} := \Psi \circ \pi$. From (31) we now obtain (34) and then (18), taking (7) into account. This proves our above assertion.

Therefore the Hamilton–Jacobi equation (31) is the canonical counterpart of the Carathéodory equations (18). This explains why the Hamilton–Jacobi equation plays a similarly fundamental role in the Hamilton–Jacobi theory as the Carathéodory equations in the calculus of variations.

Let S be an arbitrary action function on $G \subset \mathbb{R} \times M$, and let $r : \Gamma \to G$ be a Mayer field on G fitting into the slope field $\not\!p$ defined by $\not\!p := \Psi \circ \pi$ where π is locally given by $\pi(t, x) = (t, x, S_x(t, x))$. The surfaces $\mathscr{S}_\theta$ of constant action,

$$\mathscr{S}_\theta := \{(t, x) \in G : S(t, x) = \theta\},$$

form a foliation of G whose leaves $\mathscr{S}_\theta$ are transversally intersected by the rays $r(t, \alpha) = (t, X(t, \alpha))$, $t \in I(\alpha)$, and the projection $X(\cdot, \alpha)$ of $r(t, \alpha)$ on M is an n-parameter family of motion curves of the mechanical system $\{M, L\}$ with vanishing Lagrange brackets.

This is in essence the picture which Hamilton had in mind, but which was partially forgotten in the subsequent historical development, as we have pointed out in the introduction to this chapter. Only with the development of the calculus of variations by Weierstrass, Mayer, Hilbert, Carathéodory and others the full picture was restored from the partial aspects emphasized by Jacobi. This amazing history of the reception of Hamilton's theory and of the contributions of Jacobi is in detail and with great care discussed in Prange [1], [2].

2.2. Hamilton's Approach to Canonical Transformations

Now we will see how Hamilton was guided by the variational picture presented in the last subsection to consider canonical transformations of domains in the cophase space. The same geometric ideas also lead to Jacobi's method for integrating the canonical equations. Our discussion will not be of merely historical interest, but it will also provide a good motivation for the notions to be introduced in the sequel.

Let us now consider a mechanical system $\{M, L\}$ and suppose that $\underline{G}$ and G are domains in $\mathbb{R} \times M$ having the following *property* ($\mathscr{U}$):

For any two points $\underline{P} = (\underline{t}, \underline{x}) \in \underline{G}$ and $P = (t, x) \in G$ we have $\underline{t} < t$, and there is a unique motion curve $\xi : [\underline{t}, t] \to M$ such that $\xi(\underline{t}) = \underline{x}$. We assume that this curve satisfies $\mathscr{L}(\xi) = \mathrm{dist}_L(\underline{P}, P)$ where $\mathrm{dist}_L(\underline{P}, P)$ is the infimum of all values $\mathscr{L}(\zeta)$ for C^1-curves $\zeta : [\underline{t}, t] \to M$ such that $\underline{P} = (\underline{t}, \zeta(\underline{t}))$ and $P = (t, \zeta(t))$.

For the sake of simplicity we also assume that $M = \mathbb{R}^n$. The distance function $\mathrm{dist}_L(\underline{P}, P)$ on $\underline{G} \times G$ is Hamilton's *principal function*; it will be denoted by $W(\underline{P}, P)$ or $W(\underline{t}, \underline{x}, t, x)$. We claim that $W \in C^2(\underline{G} \times G)$, and that W satisfies

(1)
$$y = W_x(\underline{P}, P), \qquad H(t, x, y) = -W_t(\underline{P}, P),$$
$$\underline{y} = -W_{\underline{x}}(\underline{P}, P), \qquad H(\underline{t}, \underline{x}, \underline{y}) = W_{\underline{t}}(\underline{P}, P).$$

Here $\underline{y} = L_v(\underline{t}, \underline{x}, \dot{\xi}(\underline{t}))$ and $y = L_v(t, x, \dot{\xi}(t))$ are the canonical momenta of the line elements

$$\underline{\ell} = (\underline{t}, \underline{x}, \dot{\xi}(\underline{t})), \qquad \ell = (t, x, \dot{\xi}(t))$$

of the extremal ray $r(\tau) = (\tau, \xi(\tau)), \underline{t} \le \tau \le t$, connecting $\underline{P}$ and P.

From (1) we infer that *the principal function W is a solution of the two partial differential equations*

$$(2) \qquad W_t + H(t, x, W_x) = 0, \qquad W_{\underline{t}} - H(\underline{t}, \underline{x}, -W_{\underline{x}}) = 0.$$

Equations (1) can be shown as follows. Fix a point $\underline{P} \in \underline{G}$ and consider all rays $r(\tau) = (\tau, \xi(\tau)), \underline{t} \le \tau < \omega(\underline{P})$, emanating from $\underline{P}$ such that ξ is an L-extremal, i.e. a motion curve of the mechanical system $\{M, L\}$. These rays form a stigmatic bundle, and we know that such a bundle is a field-like Mayer bundle. In fact, from our above assumption we may conclude that, for any $P_0 \in G$, there is a subbundle of this stigmatic bundle which is a Mayer field covering some neighbourhood U of P_0. Let S be the eikonal of this Mayer field. Then we have

$$(3) \qquad \int_{\underline{t}}^{t} L(\tau, \xi(\tau), \dot{\xi}(\tau)) \, d\tau = S(P) - S(\underline{P})$$

for every $P \in U$ and some suitable constant denoted by $S(\underline{P})$, and by assumption the integral on the left-hand side is equal to $W(\underline{P}, P)$ whence

$$(4) \qquad W(\underline{P}, P) = S(P) - S(\underline{P})$$

for $P \in U$. Since

$$y = S_x(P) \quad \text{and} \quad S_t + H(t, x, S_x) = 0,$$

we obtain the first two equations of (1). Similarly by keeping P fixed and moving $\underline{P}$ in $\underline{G}$ we find the second pair of equations in (1), and thus we have established the characteristic equations (1) for Hamilton's principal function W.

We can interpret (1) in various ways. For instance, as we have assumed that any point P of G can be connected with any point $\underline{P}$ of $\underline{G}$ by some unique extremal ray $r(\tau) = (\tau, \xi(\tau)), \underline{t} \le t \le t$, minimizing $\mathscr{L}(\zeta) = \int_{\underline{t}}^{t} L(\tau, \zeta(\tau), \dot{\zeta}(\tau)) \, d\tau$, and vice versa any $\underline{P}$ of $\underline{G}$ can be connected with any $P \in G$ in the same way, we can use this coupling between the points of $\underline{G}$ and those of G to set up a correlation between the (co-)line elements $(\underline{t}, \underline{x}, \underline{y})$ on $\underline{G}$ and the (co-)line elements (t, x, y) on G by applying the formulas

$$(5) \qquad y = W_x(\underline{P}, P), \qquad \underline{y} = -W_{\underline{x}}(\underline{P}, P)$$

from (1). Usually one fixes both $\underline{t}$ and t and defines a mapping $u : (\underline{x}, \underline{y}) \mapsto (x, y)$ from a domain $\underline{U}$ in $T^*M \cong \mathbb{R}^{2n}$ onto another domain U in $T^*M \cong \mathbb{R}^{2n}$ by using the second equation of (5),

$$\underline{y} = -W_{\underline{x}}(\underline{t}, \underline{x}, t, x),$$

to express x as function of $\underline{x}, \underline{y}$ (which is possible under suitable assumptions on $W_{\underline{x}}$, say, $\det W_{\underline{x}x} \ne 0$) and then the first equation of (5),

$$y = W_x(\underline{t}, \underline{x}, t, x),$$

to write y as function of $\underline{x}$, $\underline{y}$. Of course we can also reverse the roles of $\underline{x}$, $\underline{y}$ and x, y.

This mapping can nicely be visualized if we use a picture provided by geometrical optics. Here the t-axis is not the time-axis but the distinguished axis of an optical instrument, say, of a telescope. We set up two planar screens $\underline{\mathscr{S}}$ and $\mathscr{S}$, one in front of and the other behind the instrument, such that $\underline{\mathscr{S}}$ and $\mathscr{S}$ intersect the t-axis perpendicularly at $\underline{t}$ and t respectively. We identify $\underline{\mathscr{S}}$ and $\mathscr{S}$ with the $\underline{x}$-plane and the x-plane respectively. Then the optical instrument (i.e. the mechanical system $\{M, L\}$) defines a principal function W, and the effect of the instrument is completely incorporated in W. In fact, fixing a point $\underline{x}$ on the screen $\underline{\mathscr{S}}$ and a codirection $\underline{y}$ at $\underline{x}$, the element $(\underline{x}, \underline{y})$ defines a ray passing through $\underline{\mathscr{S}}$ at $(\underline{t}, \underline{x})$ with the codirection ($=$ momentum) $\underline{y}$. This ray, after passing the instrument, eventually hits the screen $\mathscr{S}$ at some point (t, x) where it has the codirection ($=$ momentum) y; the corresponding directions $\underline{v}$ and v of this ray at $(\underline{t}, \underline{x})$ and (t, x) respectively are

$$v = H_y(t, x, y) \quad \text{and} \quad \underline{v} = H_y(\underline{t}, \underline{x}, \underline{y}),$$

and the correlation $(\underline{x}, \underline{y}) \leftrightarrow (x, y)$ is obtained from (5) as just described. Fixing $\underline{t}$ but varying t means that we move the screen $\mathscr{S}$ behind the instrument orthogonally to the t-axis. To every value of t there corresponds a position of the screen $\mathscr{S}$ and a mapping $(\underline{x}, \underline{y}) \mapsto (x, y)$ of the *ray elements* on $\underline{\mathscr{S}}$ to those on $\mathscr{S}$, and vice versa; i.e. varying t means generating a whole 1-parameter family of canonical mappings. The performance of the optical instrument is now entirely expressed by this family of canonical mappings, and we see that indeed W incorporates all information about the mapping properties of the instrument.

Now we want to rewrite the above formulas, and then we give a second interpretation of equations (1). For this purpose we fix $\underline{t}$ and set $a = \underline{x}$, $b = \underline{y}$, and

(6) $$E(t, x, a) := W(\underline{t}, \underline{x}, t, x).$$

Then E is a solution of the Hamilton–Jacobi equation

(7) $$E_t + H(t, x, E_x) = 0$$

depending on n parameters $a = (a^1, \dots, a^n)$. Relations (5) now become

(8) $$y = E_x(t, x, a), \qquad b = -E_a(t, x, a).$$

In our preceding consideration we have interpreted these formulas as a mapping $(a, b) \mapsto (x, y)$ between (co-)line elements (a, b) and (x, y) on the screens $\underline{\mathscr{S}}$ and $\mathscr{S}$ respectively. Hamilton and Jacobi viewed such mappings as *canonical transformations* and $E(t, x, a)$ as a *generating function* of the canonical transformation between $\underline{\mathscr{S}}$ and $\mathscr{S}$ defined by (8). As the screen $\mathscr{S}$ varies its position with t, the function $E(t, x, a)$ actually defines a 1-parameter family of canonical mappings. We note that any generating function $E(t, x, a)$ is an n-parameter solution of the Hamilton–Jacobi equation (7).

Nowadays canonical mappings are defined somewhat differently since (8) only leads to a "local" definition of such maps. Instead one defines canonical maps as transformations of the x, y-space, the cophase space, which leave the symplectic form $\omega = dy_i \wedge dx^i$ invariant. In *3.1* we shall see that each canonical map preserves the structure of Hamiltonian systems, and all transformations with this property will be obtained by composing canonical transformations with linear substitutions of the type $\underline{x} = x$, $\underline{y} = \lambda y$ $(\lambda \neq 0)$. Nevertheless formulas (8) are useful for obtaining local representations of canonical mappings.

Now we interpret formulas (8) in a second way. While the screen $\mathscr{S}$ is fixed, we vary t and therefore also the screen $\mathscr{S} = \mathscr{S}(t)$. We know that (8) links the (co-)line elements $(\underline{t}, a, b)$ on $\underline{\mathscr{S}}$ with the (co-)line elements (t, x, y) on $\mathscr{S}(t)$. Fixing a, b we obtain this way a cophase curve $h(t) = (t, x(t, a, b), y(t, a, b))$ satisfying the canonical equations

$$\dot{x} = H_y(t, x, y), \qquad \dot{y} = -H_x(t, x, y).$$

Analytically we obtain this cophase curve in the following way. First we use the equation

$$E_a(t, x, a) = -b$$

to express x as a function $x(t, a, b)$ of the variable t and of the $2n$ parameters a, b. Inserting this function for x in

$$y = E_x(t, x, a),$$

we obtain a function $y(t, a, b)$. Now

$$h(t, a, b) = (t, x(t, a, b), y(t, a, b))$$

is a $2n$-parameter Hamiltonian flow, and we obtain a Mayer flow by restricting the parameters $(a, b) \in \mathbb{R}^{2n}$ to some n-dimensional plane $\{a = \text{const}\}$.

We finally remark that for a time-independent Hamiltonian $H(x, y)$ any solution $S(x)$ of the *reduced Hamilton–Jacobi equation* (or *eikonal equation*)

$$(9) \qquad\qquad H(x, S_x) = h,$$

$h = \text{const}$, generates a solution $E(t, x) = S(x) - th$ of (7). Thus for autonomous Hamiltonian systems

$$(10) \qquad\qquad \dot{x} = H_y(x, y), \qquad \dot{y} = -H_x(x, y),$$

the Hamilton–Jacobi equation (7) will be replaced by the eikonal equation (9) and equation (8) by

$$(11) \qquad\qquad y = S_x(x, a), \qquad b = -S_y(x, y).$$

2.3. Conservative Dynamical Systems. Ignorable Variables

Recall that the general picture developed in *2.1* is founded on the assumption (GA) guaranteeing the invertibility of the Legendre transformation Φ generated by the Lagrangian L. This fact will often be difficult to check, and in many cases one has only local invertibility of Φ. However, for *conservative dynamical systems* the Lagrangian L is of the form

(1) $$L(x, v) = T(x, v) - V(x),$$

where $V(x)$ is the *potential energy* of the system, and the *kinetic energy*

(2) $$T(x, v) = \tfrac{1}{2}g_{ik}(x)v^i v^k$$

is a symmetric, positive definite quadratic form with respect to the velocity $v = (v^1, \dots, v^n)$. Thus for a fixed x the mapping $v \mapsto y$ defined by $y_i = T_{v^i}(x, y)$, i.e.

(3) $$y_i = g_{ik}(x)v^k,$$

is an invertible linear transformation of $\mathbb{R}^n$ onto $(\mathbb{R}^n)^* \cong \mathbb{R}^n$, and (GA) is globally fulfilled. The corresponding Hamiltonian is seen to be

(4) $$H(x, y) = \tfrac{1}{2}g^{ik}(x)y_i y_k + V(x)$$

(i.e. $H = T + V$), where $(g^{ik}) = (g_{ik})^{-1}$; see 7,1.1 $\boxed{3}$. The Hamiltonian system

(5) $$\dot{x} = H_y(x, y), \qquad \dot{y} = -H_x(x, y)$$

has now the form

(6) $$\dot{x}^j = g^{jk}(x)y_k, \qquad \dot{y}_j = -\tfrac{1}{2}g^{ik}_{x^j}(x)y_i y_k - V_{x^j}(x).$$

We note that *in this case (as for any autonomous Hamiltonian system (5)) the Hamilton function $H(x, y)$ is a first integral* since the symbol

(7) $$\mathcal{X} := H_{y_i}(x, y)\frac{\partial}{\partial x^i} - H_{x^i}(x, y)\frac{\partial}{\partial y^i}$$

of the Hamilton vector field $(H_y, -H_x)$ satisfies

(8) $$\mathcal{X}H = 0.$$

Summarizing our discussion we can state that *for conservative dynamical systems* $\{\mathbb{R}^n, L\}$ *the Legendre transformation* Φ *yields a diffeomorphism of* $\mathbb{R} \times TM$ *onto* $\mathbb{R} \times T^*M$, $M = \mathbb{R}^n$, *and it is easily seen that the same holds true for conservative dynamical systems* $\{M, L\}$ *on a general n-dimensional manifold* M. Hence for such systems the two pictures in $\mathbb{R} \times TM$ and $\mathbb{R} \times T^*M$ are globally equivalent. Thus we can state:

For conservative dynamical systems the Lagrangian picture $\{M, L\}$ *and the dual Hamilton–Jacobi picture* $\{M, H\}$ *are globally equivalent.*

However, for reasons indicated in the introduction one often prefers the Hamiltonian system (5) to the variational principle "$\delta \mathscr{L} = 0$" in Lagrangian mechanics and considers the canonical setting as the primary object.

We conclude this subsection by a remark on *ignorable variables*, also called *cyclic variables*. The appearence of such variables in a mechanical problem

$\{M, L\}$ is usually the reason why such problems can be simplified or even solved by carrying out *quadratures*. Let us explain this procedure.

We consider a Hamiltonian system

$$(9) \qquad \dot{x} = H_y(t, x, y), \qquad \dot{y} = -H_x(t, x, y).$$

Then *a variable x^i is said to be ignorable or cyclic with respect to (9) if*

$$(10) \qquad H_{x^i}(t, x, y) \equiv 0,$$

that is, if H does not depend on x^i. In this case any solution $x(t), y(t)$ satisfies $\dot{y}^i(t) \equiv 0$, i.e.

$$(11) \qquad y_i(t) \equiv \text{const}.$$

Thus (9) is reduced from $2n$ to $2n - 1$ equations if we have a cyclic variable. We shall now see that (9) can even be reduced to a system of $2n - 2$ equations if it has a cyclic variable. More generally the existence of k ignorable variables reduces (9) to a system of $2n - 2k$ equations for equally many unknown functions. In brief, *the existence of k ignorable variables can be used to reduce the $2n$ degrees of freedom of the Hamiltonian system by $2k$*. It is, however, customary in mechanics to count the degrees of freedom in configuration space and not in phase space. Thus one usually says that *k ignorable variables reduce the n degrees of freedom of the Hamiltonian system (9) by k to $n - k$ degrees of freedom*.

This can be seen as follows. We can assume that the ignorable variables are $x^{n-k+1}, \ldots, x^n$; then we write $x = (\xi, a)$ and $y = (\eta, b)$ where a denotes the ignorable variables $x^{n-k+1}, \ldots, x^n$ and b the corresponding conjugate variables $y^{n-k+1}, \ldots, y^n$. Since $H(t, x, y)$ does not depend on a, we have

$$H = H(t, \xi, \eta, b).$$

Thus (9) becomes

(a) $\dot{b} = 0$,
(b) $\dot{\xi} = H_\eta(t, \xi, \eta, b), \quad \dot{\eta} = -H_\xi(t, \xi, \eta, b)$,
(c) $\dot{a} = H_b(t, \xi, \eta, b)$,

and these three systems can be solved successively. First we infer from (a) that $b(t) \equiv \text{const}$, say, $b(t) \equiv \beta$. Then we can compute $\xi(t), \eta(t)$ from (b), and finally $a(t)$ is obtained from (c) by a mere quadrature,

$$a(t) = a(0) + \int_0^t H_b(t, \xi(t), \eta(t), \beta) \, dt.$$

Thus we have reduced the Hamiltonian system (9) with n degrees of freedom to the new Hamiltonian system (b), i.e. to the system

$$(12) \qquad \dot{\xi} = H_\eta(t, \xi, \eta, \beta), \qquad \dot{\eta} = -H_\xi(t, \xi, \eta, \beta),$$

with $n - k$ degrees of freedom.

Ignorable variables appear in systems having certain symmetry properties, for instance in systems with a rotationally symmetric potential $V(x)$. The *two-body problem* formulated in planar polar coordinates r, φ with the barycenter as pole can be solved by a simple quadrature since φ is an ignorable variable (see $\boxed{1}$ of *1.6*).

In principle ignorable variables are just special instances of Emmy Noether's theorem according to which invariance properties of the variational integral $\int L(t, x, \dot{x})\,dt$ associated with (9) by means of the Legendre transformation $\varPsi$ generated by H yield first integrals for the Euler equations

$$(13) \qquad \frac{d}{dt} L_{v^i} - L_{x^i} = 0, \quad 1 \le i \le n.$$

Now the variable x^k is ignorable for (9) if and only if $H_{x^k} = 0$. By *2.1* (7), this condition is equivalent to $L_{x^k} = 0$, i.e. x^k is ignorable for (9) if and only if the Lagrangian L is independent of x^k in which case we want to call c^k an *ignorable variable for the system* (13).

If x^k is an ignorable variable for (13), then we have

$$(14) \qquad L_{v^k}(t, x(t), \dot{x}(t)) \equiv \text{const}$$

for any solution $x(t)$ of (13). Thus *the function L_{v^k} is a first integral of (13) if x^k is an ignorable variable of this system*, and it is easy to see that also the converse holds true.

If the Euler equations (13) have one or several ignorable variables, one sometimes considers a modification of the Legendre transformation $\varPhi$ generated by L which is due to Routh. Let $x = (\xi, a)$, $v = (\omega, c)$, and assume that the variables $a = (x^{n-k+1}, \dots, x^n)$ are ignorable for L, and $k \le n$. Then L is independent of a, i.e.

$$L = L(t, \xi, \omega, c).$$

We now perform the partial Legendre transformation

$$(15) \qquad t, \xi, \omega, c, L(t, \xi, \omega, c) \mapsto t, \xi, \omega, b, R(t, \xi, \omega, b)$$

defined by

$$(16) \qquad b = L_c, \qquad L + R = b \cdot c.$$

Then (13) is transformed into

$$\frac{d}{dt} R_\omega(t, \xi, \dot{\xi}, b) = R_\xi(t, \xi, \dot{\xi}, b),$$

$$(17) \qquad \frac{d}{dt} a = R_b(t, \xi, \dot{\xi}, b),$$

$$\frac{d}{dt} b = 0.$$

The third equation implies $b(t) \equiv \beta$ for some constant β, and then $\xi(t)$ can be computed from the first equation; finally $a(t)$ is computed by a mere quadrature from the second equation. Hence (13) is essentially reduced to the system

$$(18) \qquad \frac{d}{dt} R_\omega(t, \xi, \dot{\xi}, \beta) - R_\xi(t, \xi, \dot{\xi}, \beta) = 0,$$

that involves only $n - k$ unknown functions $\xi(t)$.

Of course we can apply transformation (15), (16) even if the variables $x^{n-k+1}, \ldots, x^n$ are not ignorable. Then (13) is transformed into the system

$$(19) \qquad \frac{d}{dt} R_\omega - R_\xi = 0, \qquad \dot{a} = R_b, \qquad \dot{b} = -R_a,$$

where $R = R(t, \xi, \omega, a, b)$. The function R is called *Routhian*. Clearly a *Routhian system* (19) is a cross between Euler equations and Hamiltonian systems; for $k = n$ it reduces to (9) with $R = H$, and for $k = 0$ we obtain (13) with $R = L$.

A last word to autonomous Hamiltonian systems

$$\dot{x} = H_y(x, y), \qquad \dot{y} = -H_x(x, y).$$

If all variables $x^1, \ldots, x^n$ are ignorable, i.e. if $H = H(y)$, then there are constants I_i such that

$$(20) \qquad y_i(t) = I_i, \quad i = 1, \ldots, n,$$

and we infer from $\dot{x} = H_y(y)$ that

$$(21) \qquad x^i(t) = \omega_i t + \beta_i, \qquad \omega_i := H_{y_i}(I),$$

for suitable constants β_i and $I = (I_1, \ldots, I_n)$. If each of the x^i has the meaning of an "angle" φ^i, then one can identify φ^i with $\varphi^i + 2\pi$, and (21) describes a periodic motion of the variable φ^i with the constant angular velocity $\omega_i = H_{y_i}(I_1, \ldots, I_n)$. The variables $I = (I_1, \ldots, I_n)$ are called *action variables*, and I together with φ form the so-called *action-angle variables*. The construction of such variables plays an important role in treating perturbations of periodic motions and conditionally periodic motions such as Lissajous figures. These coordinates were also essential in the formulation of early quantum mechanics by Bohr and Sommerfeld. We refer the reader to Sommerfeld [1], Vol. 1; Arnold [2], Chapter 10; Goldstein [1], 9-5, 9-6, 9-7; Lanczos [1], Chapter VIII, Section 4; Landau–Lifshitz [1], Vol. 1, Sections 49–50.

2.4. The Poincaré–Cartan Integral. A Variational Principle for Hamiltonian Systems

Previously we have derived the Hamiltonian system

$$(1) \qquad \dot{x} = H_y(t, x, y), \qquad \dot{y} = -H_x(t, x, y)$$

from the principle of least action,

$$(2) \qquad \int_{t_0}^{t_1} L(t, x, \dot{x}) \, dt \to \text{stationary},$$

i.e. we passed from $\{M, L\}$ to $\{M, H\}$. From now on we want to consider (1) as basic equations, and correspondingly all discussions will exclusively take place in $\mathbb{R} \times T^*M$, i.e. in the t, x, y-space while the t, x, v-space $\mathbb{R} \times TM$ will play no role. Therefore we shall from now on follow the general custom in Hamiltonian mechanics to use the following *terminology*:

The x, y-space is called *phase space*, and the t, x, y-space is denoted as *extended phase space*. As before, x-space and t, x-space are denoted as *configuration space* and *extended configuration space* respectively.

In the following discussion we assume for the sake of simplicity that $M = \mathbb{R}^n$ whence $T^*M = \mathbb{R}^n \times \mathbb{R}_n \cong \mathbb{R}^{2n}$. Nowadays one replaces $\mathbb{R}^n \times \mathbb{R}_n$ or T^*M by a general *symplectic manifold*, that is, by an even-dimensional manifold equipped with a *symplectic structure*. We shall briefly outline this generalization in 3.7.

The aim of the following considerations is to state a variational integral

$$\mathscr{F}(x, y) = \int_\alpha^\beta F(t, x(t), y(t), \dot{x}(t), \dot{y}(t))\, dt$$

the Euler equations of which are the canonical equations (1). As Euler equations usually are of second order whereas equations (1) are of first order, it is quite clear that the Lagrangian F we are looking for has to be degenerate. It turns out that the problem will be solved by the Lagrangian

(3) $$F(t, x, y, p, q) := y \cdot p - H(t, x, y),$$

which is linear in p and independent of q, and therefore highly degenerate. The associated variational integral

(4) $$\mathscr{I}_H(x, y) := \int_\alpha^\beta \left[y(t) \cdot \frac{dx}{dt}(t) - H(t, x(t), y(t)) \right] dt$$

is called *Poincaré–Cartan integral*. This functional was studied by Poincaré and E. Cartan in their work on *integral invariants*. The integrand of (4) is closely connected with the *Cartan-form*

(5) $$\kappa_H = y_i\, dx^i - H(t, x, y)\, dt$$

defined on the extended cophase space $\mathbb{R} \times \mathbb{R}^n \times \mathbb{R}_n$. Namely if $h : I \to \mathbb{R} \times \mathbb{R}^n \times \mathbb{R}_n$ is a phase curve, $I = [\alpha, \beta]$, and $h(t) = (t, x(t), y(t))$, then

(6) $$h^*\kappa_H = \left[y \cdot \frac{dx}{dt} - H(h) \right] dt.$$

If we write $\mathscr{I}_H(h)$ instead of $\mathscr{I}_H(x, y)$, we obtain

(7) $$\mathscr{I}_H(h) = \int_I h^*\kappa_H = \int_h \kappa_H .$$

Remark 1. If Φ and Ψ are the Legendre transforms defined by L and H respectively, then the Cartan form κ_H is connected with the Beltrami form γ_L,

(8) $$\gamma_L = (L - v \cdot L_v)\, dt + L_{v^i}\, dx^i,$$

by

(9) $$\gamma_L = \Phi^*\kappa_H \quad \text{and} \quad \kappa_H = \Psi^*\gamma_L .$$

If we introduce $e(t) = (t, x(t), v(t))$, $t \in I$, by $e = \Psi \circ h$, then $h = \Phi \circ e = e^*\Phi$ whence

(10) $$h^*\kappa_H = e^*(\Phi^*\kappa_H) = e^*\gamma_L,$$

and therefore

(11)
$$\int_I e^* \gamma_L = \int_I h^* \kappa_H,$$

that is

(12)
$$\int_e \gamma_L = \int_h \kappa_H.$$

In general $\int_e \gamma_L$ differs from $\mathscr{L}(x) = \int_I L(t, x(t), \dot{x}(t))\, dt$. However, if $v = \dot{x}$ then $e^* \omega^i = 0, i = 1, 2, \ldots$, n, that is, if e annihilates the 1-forms $\omega^1 = dx^1 - v^1\, dt, \ldots, \omega^n = dx^n - v^n\, dt$ then $e^* \gamma_L = L(e)\, dt$, and therefore $\mathscr{L}(x) = \int_e \gamma_L$.

Thus we obtain

(13)
$$\mathscr{I}_H(h) = \mathscr{L}(x) \quad \text{if} \quad e^* \omega^1 = 0, \ldots, e^* \omega^n = 0.$$

Using this expression one can develop the calculus of variations purely by means of the calculus of differential forms. This has first been outlined by Lepage [1–3] and H. Boerner [3], [4] both for single and for multiple integrals. A systematic exploitation of this idea can be found in the treatises of Hermann [1] and Griffiths [1].

Now we want to verify the afore-mentioned result.

Proposition (Canonical variational principle). *The canonical equations* (1) *are the Euler equations of the Poincaré–Cartan integral*

$$\mathscr{I}_H(x, y) = \int_\alpha^\beta \left[y \cdot \frac{dx}{dt} - H(t, x, y) \right] dt.$$

In fact, any solution $x(t), y(t)$ *of* (1) *provides a stationary value of* $\mathscr{I}_H$ *with respect to all variations of* $x(t), y(t)$ *keeping the endpoints* $x(\alpha)$ *and* $x(\beta)$ *of* $x(t)$ *fixed whereas the endpoints* $y(\alpha)$ *and* $y(\beta)$ *of* $y(t)$ *are allowed to be free.*

Proof. We infer from (3) that

$$F_x = -H_x, \qquad F_y = p - H_y, \qquad F_p = y, \qquad F_q = 0.$$

Thus the Euler equations of $\mathscr{I}_H = \int_\alpha^\beta F\, dt$,

$$\frac{d}{dt} F_p - F_x = 0, \qquad \frac{d}{dt} F_q - F_y = 0,$$

are exactly

$$\dot{y} + H_x = 0, \qquad \dot{x} - H_y = 0.$$

Moreover the equation $F = 0$ implies that any solution $x(t), y(t)$ of (1) furnishes a stationary value of $\mathscr{I}_H$ with respect to all variations of $x(t), y(t)$ fixing the endpoints of $x(t)$ whereas the endpoints of $y(t)$ are left free. $\qquad \square$

Remark 2. A brief computation shows that *Noether's equation* for $\mathscr{I}_H$ is just

(14)
$$\frac{d}{dt} H(t, x(t), y(t)) - H_t(t, x(t), y(t)) = 0$$

and *Noether's free boundary condition* amounts to

(15) $$H(t, x(t), y(t)) = 0 \quad \text{for } t = \alpha, \beta.$$

Remark 3. What are Carathéodory's equations for the Lagrangian (3)? For a general F these equations read

(16)
$$S_t(t, x, y) = F(t, x, y, A, B) - A \cdot F_p(t, x, y, A, B) - B \cdot F_q(t, x, y, A, B)$$
$$S_x(t, x, y) = F_p(t, x, y, A, B), \qquad S_y(t, x, y) = F_q(t, x, y, A, B).$$

These are equations for $\{S, \mathscr{P}\}$ where $S = S(t, x, y)$ is a scalar function and $\mathscr{P}(t, x, y)$ a slope field with the two components $A = (A^1, \dots, A^n)$, $B = (B_1, \dots, B_n)$. For the Lagrangian (3) equations (16) reduce to

$$S_t(t, x, y) = -H(t, x, y), \qquad S_x(t, x, y) = y, \qquad S_y(t, x, y) = 0.$$

The third equation states that S does not depend on y, and the other two equations yield that $S(t, x)$ satisfies the Hamilton–Jacobi equation

(17) $$S_t + H(t, x, S_x) = 0.$$

Moreover we see that a Mayer field for Poincaré's integral cannot be determined on a domain of the t, x, y-space but at most on a set $\mathscr{S} = \{(t, x, y): (t, x) \in G, y = S_x(t, x)\}$ where G is a domain in the t, x-space. If a ray $(t, x(t), y(t))$ fits into the slope field $\mathscr{P} = (A, B)$, i.e.

$$\dot{x} = A(t, x, y), \qquad \dot{y} = B(t, x, y),$$

it has to satisfy the Euler equations (1) whence $A = H_y$, $B = -H_x$ on $\mathscr{S}$. Such degenerate Mayer fields are considered in solving the Cauchy problem for the Hamilton–Jacobi equation (17).

3. Canonical Transformations

The theory of Hamiltonian systems is in some sense equivalent to the theory of *canonical transformations*. In particular a one-parameter group of canonical transformations is the same as a flow of a complete Hamiltonian vector field. Therefore this section is entirely devoted to the study of canonical transformations. Since our presentation is essentially independent of the results of Chapters 1–8 and of Section 2 but only uses the concepts of vector fields and their flows developed in Section 1, the present section provides a self-contained introduction to Hamilton–Jacobi theory. In the last subsection we sketch the concept of a *symplectic manifold*, which is the framework of a geometric theory of mechanical systems developed from ideas which are presented in *3.1–3.6*.

3.1. Canonical Transformations and Their Symplectic Characterization

We begin by looking at autonomous Hamiltonian systems

(1) $$\dot{x} = H_y(x, y), \qquad \dot{y} = -H_x(x, y).$$

According to *2.1* we can write (1) in the form

(2) $\dot{z} = JH_z(z),$

where z denotes the column $\left[\begin{smallmatrix} x \\ y \end{smallmatrix}\right]$ in $\mathbb{R}^{2n}$ and J is the special symplectic matrix

$$ J = \begin{bmatrix} 0 & I \\ -I & 0 \end{bmatrix}, \qquad I = I_n. $$

A solution $z = z(t)$ of (2) is a curve in phase space $\mathbb{R}^n \times \mathbb{R}_n$ which we identify with $\mathbb{R}^{2n}$.

We want to state a sufficient condition guaranteeing that a diffeomorphism $z = u(\zeta)$ maps any Hamiltonian system (2) into another Hamiltonian system.

For any solution $z(t)$ of (2) we introduce the transform $\zeta(t)$ by $z(t) = u(\zeta(t))$ whence

$$ \dot{z} = u_\zeta(\zeta)\dot{\zeta}. $$

Secondly we define $K := H \circ u$, that is, $K(\zeta) = H(u(\zeta))$, and it follows that

$$ K_\zeta(\zeta) = u_\zeta^T H_z(u). $$

Applying the relation $J^2 = -E$ we rewrite (2) in the form

$$ -J\dot{z} = H_z(z), $$

whence

$$ -u_\zeta^T(\zeta)Ju_\zeta(\zeta)\dot{\zeta} = K_\zeta(\zeta). $$

Therefore we obtain that

(2') $\dot{\zeta} = JK_\zeta(\zeta)$

if we assume that the diffeomorphism $z = u(\zeta)$ satisfies the condition

$$ u_\zeta^T(\zeta)Ju_\zeta(\zeta) = J $$

for all ζ in its domain of definition.

This result motivates the following

Definition 1. *We call a $2n \times 2n$-matrix A symplectic if it satisfies the relation*

(3) $A^T J A = J.$

Secondly, a C^1-mapping $\zeta \mapsto z$ in $\mathbb{R}^{2n}$ given by $z = u(\zeta)$ is said to be a canonical *map if its Jacobi matrix $u_\zeta(\zeta)$ is everywhere symplectic, that is, if*

(4) $u_\zeta^T J u_\zeta = J.$

We infer from (3) that $(\det A)^2 = 1$ holds true for every symplectic matrix A since $\det J = 1$. Hence any symplectic matrix A satisfies

(5) $\det A = \pm 1.$

Actually it is not difficult to show that we even have

(6) $$\det A = 1;$$

we defer the proof thereof to the end of the present subsection.

Note that both J and $E = I_{2n}$ are symplectic. Moreover, by (5) a symplectic matrix is invertible, and a straight-forward computation shows that the inverse of a symplectic matrix as well as the product of two such matrices are symplectic. Thus *the class of real symplectic $2n \times 2n$-matrices forms a subgroup of* $GL(2n, \mathbb{R})$, *called symplectic group, which is denoted by* $Sp(n, \mathbb{R})$. Clearly a linear map $z = A\zeta$ is canonical if and only if $A \in Sp(n, \mathbb{R})$.

We note that *the transpose A^T of a symplectic matrix A is again symplectic* since

$$A^T J A = J$$

implies

$$A^{-1} J^{-1} (A^T)^{-1} = J^{-1}$$

and $J^{-1} = -J$ yields

$$J = A^{-1} J (A^T)^{-1}.$$

Multiplying this equation from the left by A and from the right by A^T, it follows that

$$A J A^T = J,$$

i.e.

$$(A^T)^T J A^T = J.$$

Furthermore the implicit function theorem yields that every canonical map $z = u(\zeta)$ is a local diffeomorphism since $\det u_\zeta = \pm 1$. However, it is not true that each canonical mapping is a global diffeomorphism as we can see by the example

(7)
$$x^1 = \tfrac{1}{2}(\xi^1 \xi^1 - \xi^2 \xi^2), \qquad x^2 = \xi^1 \xi^2,$$
$$y_1 = |\xi|^{-2}(\xi^1 \eta_1 - \xi^2 \eta_2), \qquad y_2 = |\xi|^{-2}(\xi^1 \eta_2 + \xi^2 \eta_1),$$

which is just the extension of the complex point mapping $\xi_1 + i\xi_2 \mapsto (\xi_1 + i\xi_2)^2$ to a canonical mapping in $\mathbb{R}^4$ (see 3.2 $\boxed{7}$).

In the sequel we shall tacitly assume that, whenever necessary, a canonical transformation is a diffeomorphism. Note also that the canonical diffeomorphisms of some domain of $\mathbb{R}^{2n}$ onto itself form a group.

Let us now summarize the results so far obtained.

Proposition 1. *Canonical transformations in $M \cong \mathbb{R}^{2n}$ preserve the structure of autonomous Hamiltonian systems. More precisely, let $z = u(\zeta)$ be a canonical mapping and $K = H \circ u$. Then, for any solution $z(t)$ of*

$$\dot{z} = J H_z(z),$$

the transform $\zeta(t)$ of $z(t)$ defined by $z(t) = u(\zeta(t))$ satisfies

$$\dot{\zeta} = JK_\zeta(\zeta).$$

Clearly, if the transformed equation $\dot{\zeta} = JK_\zeta(\zeta)$ has a very simple form, we may be able to find all of its solutions $\zeta(t)$, and then $z(t) = u(\zeta(t))$ will furnish all solutions of the original equation. This way the problem of integrating $\dot{z} = JH_z(z)$ is played back to the task of finding a canonical map transforming H into another Hamiltonian K of a simple form such that $\dot{\zeta} = JK_\zeta(\zeta)$ can be integrated. This is the geometric quintessence of Jacobi's integration method described in 3.3. Let us illustrate the idea by a very simple example.

$\boxed{1}$ *The harmonic oscillator.* For $n = 1$ the harmonic oscillator is described by the equation

$$\ddot{x} + \omega^2 x = 0, \quad \omega \neq 0,$$

the general solution of which is obviously given by

$$x(t) = A\cos(\omega t + b), \quad A, b = \text{const}.$$

If we write the differential equation in the equivalent form

$$\omega^{-1}\ddot{x} + \omega x = 0,$$

it can be interpreted as the Euler equation of the Lagrangian

$$L(x, v) = \frac{v^2}{2\omega} - \frac{\omega x^2}{2}.$$

The corresponding Hamiltonian $H(x, y)$, defined by the Legendre transformation $y = L_v(x, v)$, $H(x, y) = yv - L(x, v)$, has the form

$$H(x, y) = \frac{\omega}{2}(x^2 + y^2).$$

and the associated Hamilton system is

$$\dot{x} = \omega y, \qquad \dot{y} = -\omega x.$$

Let us apply the Poincaré transformation

$$x = \sqrt{2\tau}\cos\varphi, \qquad y = \sqrt{2\tau}\sin\varphi,$$

which can easily be shown to be canonical (see 3.2 $\boxed{5}$). Then H is transformed into the pull-back $K(\tau) = \omega\tau$ which does not depend on φ, i.e. the "angle variable" φ is "*ignorable*". The Hamiltonian system is transformed into the new system

$$\dot{\tau} = 0, \qquad \dot{\varphi} = -\omega,$$

which has the general solution

$$\tau = a, \qquad \varphi(t) = -(\omega t + b),$$

$a, b = \text{const}$, and its transform under Poincaré's transformation is the expected solution

$$x(t) = A\cos(\omega t + b), \qquad y(t) = -A\sin(\omega t + b), \qquad A := \sqrt{2a}.$$

Remark 1. Canonical transformations in $\mathbb{R}^{2n}$ are not the most general class of diffeomorphisms taking *any* Hamiltonian system of differential equations into another such system. For instance, consider some diffeomorphism $z = u(\zeta)$

whose Jacobi matrix $A := u_\zeta(\zeta)$ satisfies

$$(8) \qquad\qquad A^T(\zeta)JA(\zeta) = \lambda J$$

for all ζ where λ denotes a constant scalar different from zero. Such a mapping will be called a *generalized canonical transformation*. Our computation at the beginning of this subsection shows that every generalized canonical transformation transforms (2) into (2') where $K = (1/\lambda)H \circ u$. Thus generalized canonical mappings preserve the Hamiltonian structure of all autonomous systems (2). In fact, these are all diffeomorphisms having this property because of

Proposition 1'. *A diffeomorphism $z = u(\zeta)$ preserves the Hamiltonian structure of any autonomous system* (2) *if and only if it is a generalized canonical transformation.*

Proof. We have already shown that any generalized canonical transformation preserves the structure of all Hamiltonian systems. To prove the converse we now assume that $z = u(\zeta)$ is a C^1-diffeomorphism taking any system (2) into another system of this kind. Consider a Hamiltonian $K(\zeta)$ and choose another Hamiltonian $H(z)$ such that $K = H \circ u$. Then we have $K_\zeta = A^T H_z$, i.e. $H_z = (A^T)^{-1}K_\zeta$, and $\dot{z} = A\dot{\zeta}$ where $A := u_\zeta$ denotes the Jacobian of u. From

$$\dot{z} - JH_z = A\dot{\zeta} - J(A^T)^{-1}K_\zeta,$$

we infer that

$$A^{-1}\{\dot{z} - JH_z\} = \dot{\zeta} - JPK_\zeta,$$

where the matrix $P = (P_\alpha^\beta)$ is defined by

$$P := -JA^{-1}J(A^T)^{-1}.$$

If we want that any system $\dot{z} - JH_z = 0$ is transformed into another autonomous Hamiltonian system, then for any choice of $K(\zeta)$ there has to exist a function $F(\zeta)$ such that

$$F_\zeta = PK_\zeta,$$

or equivalently

$$F_{\zeta^\alpha} = P_\alpha^\gamma K_{\zeta^\gamma}$$

(summation with respect to Greek indices from 1 to $2n$).
    The integrability conditions $F_{\zeta^\alpha\zeta^\beta} = F_{\zeta^\beta\zeta^\alpha}$ imply that

$$P_{\alpha,\zeta^\beta}^\gamma K_{\zeta^\gamma} + P_\alpha^\gamma K_{\zeta^\gamma\zeta^\beta} = P_{\beta,\zeta^\alpha}^\gamma K_{\zeta^\gamma} + P_\beta^\gamma K_{\zeta^\gamma\zeta^\alpha}.$$

As these conditions are to be satisfied for any choice of K we can infer

$$P_{\alpha,\zeta^\beta}^\gamma K_{\zeta^\gamma} = P_{\beta,\zeta^\alpha}^\gamma K_{\zeta^\gamma} \quad \text{and} \quad P_\alpha^\gamma K_{\zeta^\gamma\zeta^\beta} = P_\beta^\gamma K_{\zeta^\gamma\zeta^\alpha}$$

and therefore

$$P_{\alpha,\zeta^\beta}^\gamma = P_{\beta,\zeta^\alpha}^\gamma \quad \text{and} \quad P_\alpha^\beta = \lambda\delta_\alpha^\beta \quad \text{for some } \lambda(\zeta).$$

The first equations imply that λ is independent of ζ. Thus we have found $P = \lambda E$, i.e.

$$J^{-1}A^{-1}J(A^T)^{-1} = \lambda E \quad \text{(where } E = I_{2n}\text{)},$$

which implies $\lambda \neq 0$ and

$$A^T J^{-1} A J = (1/\lambda)E.$$

By $J^2 = -E$ and $J^{-1} = -J$ we infer that

$$A^T J A = (1/\lambda) J.$$

Hence u is a generalized canonical mapping.   □

Note that any generalized canonical transformation can be written as a product of a canonical transformation and a linear substitution

(9) $$x = \xi, \qquad y = \lambda \eta,$$

and every such map clearly is a generalized canonical mapping. Thus the class of generalized canonical mappings is not much larger than the class of canonical transformations, and we know all such maps as soon as we can describe all canonical maps.

The computation leading to Proposition 1 seems very much ad hoc and is not particularly illuminating. In any case it does not become clear that considering canonical mappings we have hit at an important geometric concept. We shall gain a better insight if we use the canonical variational principle for Hamiltonian systems (see 2.4).

Let us introduce two basic differential forms on the phase space $M := \mathbb{R}^n \times \mathbb{R}_n \cong \mathbb{R}^{2n}$ ($= x, y$-space), the *Poincaré form*

(10) $$\theta := y_i \, dx^i = y \cdot dx$$

and the *symplectic form*

(11) $$\omega := dy_i \wedge dx^i.$$

We can assume them to be defined also on the extended phase space $\mathbb{R} \times M$.

Given any Hamiltonian $H(t, x, y)$ on $\mathbb{R} \times M$ (or on some subdomain thereof) we define (cf. 2.4) the corresponding *Cartan form* κ_H on $\mathbb{R} \times M$ by

(12) $$\kappa_H := y_i \, dx^i - H \, dt,$$

that is

(12') $$\kappa_H = \theta - H \, dt.$$

Clearly we have

(13) $$\omega = d\theta$$

and

(14) $$d\kappa_H = \omega - dH \wedge dt.$$

By means of the symplectic 2-form ω we shall now give another and more geometric definition of canonical mappings which will turn out to be equivalent to the previous definition. It has the advantage of a great computational flexibility.

Definition 2. *A mapping $u \in C^1(\Omega, M)$, $\Omega \subset M$, is called* canonical *if*

(15) $$u^* \omega = \omega.$$

If the mapping $\bar{z} = u(z)$ is given by

(16) $\bar{x} = X(x, y), \qquad \bar{y} = Y(x, y),$

then we can write (15) *as*

(17) $dY_i \wedge dX^i = dy_i \wedge dx^i.$

Observe that (15) implies that canonical transformations preserve the surface integral $\int_S \omega$ for any 2-dimensional surface S in M.

The following formulas become somewhat more concise if we use the notation

(18) $\langle y, x \rangle := y_i x^i = y \cdot x$

for the "scalar product" of $y = (y_1, \ldots, y_n)$ and $x = (x^1, \ldots, x^n)$.

Proposition 2. *The two definitions of canonical maps given in Definition 1 and Definition 2 are equivalent.*

Proof. Let us introduce the so-called *Lagrange-brackets* of a mapping $u \in C^1(\Omega, M)$, $\Omega \subset M$, of form (16) as

$$[x^i, x^k] := \langle Y_{x^i}, X_{x^k} \rangle - \langle Y_{x^k}, X_{x^i} \rangle,$$

(19) $$[y_i, y_k] := \langle Y_{y_i}, X_{y_k} \rangle - \langle Y_{y_k}, X_{y_i} \rangle,$$

$$[y_i, x^k] = -[x^k, y_i] := \langle Y_{y_i}, X_{x^k} \rangle - \langle Y_{x^k}, X_{y_i} \rangle.$$

Then (17) just means

(20) $[x^i, x^k] = 0, \qquad [y_i, y_k] = 0, \qquad [y_i, x^k] = \delta_i^k.$

If we introduce the Jacobi matrix

(21) $$A := u_z = \begin{bmatrix} X_x & X_y \\ Y_x & Y_y \end{bmatrix} = \begin{bmatrix} C & D \\ E & F \end{bmatrix},$$

with the $n \times n$-matrices

(22) $C := X_x, \quad D := X_y, \quad E := Y_x, \quad F := Y_y, \quad I := I_n,$

we have the identity

(23) $$A^T J A = \begin{bmatrix} -E^T C + C^T E & , & -E^T D + C^T F \\ -F^T C + D^T E & , & -F^T D + D^T F \end{bmatrix}.$$

Moreover we can rewrite (20) as

(24) $E^T C = C^T E, \qquad F^T D = D^T F, \qquad F^T C = D^T E + I.$

By virtue of (23) these equations are equivalent to

$$A^T J A = J.$$

This shows that the two definitions of canonical mappings are equivalent.   □

As a by-product of the last proof we obtain

Corollary 1. *A mapping* $\bar{x} = X(x, y)$, $\bar{y} = Y(x, y)$ *is canonical if and only if its Lagrange brackets* (19) *satisfy*

$$[x^i, x^k] = 0, \qquad [y_i, y_k] = 0, \qquad [y_i, x^k] = \delta_i^k.$$

Another by-product is

Corollary 2. *If* $u \in C^2(\Omega, M)$ *is a canonical mapping of a simply connected domain* Ω *of the phase space* M, *then there is a function* $\psi \in C^2(\Omega)$ *such that*

(25) $$u^*\theta = \theta + d\psi.$$

If the mapping u *is written as*

$$\bar{x} = X(x, y), \qquad \bar{y} = Y(x, y),$$

relation (25) *can be expressed in the form*

(26) $$Y_i \, dX^i = y_i \, dx^i + d\psi(x, y).$$

Proof. Because of $\omega = d\theta$ we have $u^*\omega = u^* \, d\theta = d(u^*\theta)$. Thus $u^*\omega = \omega$ is equivalent to $d[u^*\theta - \theta] = 0$, i.e. the 1-form $u^*\theta - \theta$ is closed. Since Ω is simply connected there is a function ψ on Ω such that $u^*\theta - \theta = d\psi$. □

Formerly relation (25) has often been taken as the defining relation of a canonical mapping u. Locally this definition agrees with the previous two except that it requires u to be at least of class C^2 while the other definitions only need $u \in C^1$. In general, however, (25) does not follow from (15), see Remark 3 below. This observation leads to

Definition 3. *A map* $u \in C^2(\Omega, M)$, $\Omega \subset M$, *is said to be an* exact canonical transformation *if there is a function* $\psi \in C^2(\Omega)$ *such that* (25) *or, equivalently,* (26) *is satisfied.*

Note that exact canonical maps also preserve the line integral $\int_\gamma \theta$ for any closed curve γ in M.

Relation (25) for the "generating function" $\psi(x, y)$ of an exact canonical transformation is equivalent to

(26′) $$Y_i X^i_{x^k} = y_k + \psi_{x^k}, \quad Y_i X^i_{y_k} = \psi_{y_k}, \qquad 1 \le k \le n,$$

i.e. to

(26″) $$X^T_x Y = y + \psi_x, \qquad X^T_y Y = \psi_y.$$

Now we want to give another proof of the fact that canonical diffeomorphisms preserve all Hamiltonian structures, using the Cartan form and the Poincaré–Cartan integral. Assuming the diffeomorphisms to be of class C^2

we can work with exact canonical transformations since locally any canonical transformation is exact. Our reasoning will show that canonical transformations also transform nonautonomous Hamiltonian systems in equations of the same kind. Moreover we can show that even differentiable families of canonical mappings have this property. It will be essential in this context that we are operating with exact canonical transformations. The calculus of differential forms will make the computations fairly transparent.

We consider the following situation: Given any canonical map $u \in C^2(\Omega, M)$ of a domain Ω in phase space M, we introduce a transformation $\mathscr{K} : \mathbb{R} \times \Omega \to \mathbb{R} \times M$ by

$$(27) \qquad \mathscr{K}(t, z) := (t, u(z)) \quad \text{for } (t, z) \in \mathbb{R} \times \Omega.$$

We can view $\mathscr{K}$ as *prolongation of the canonical map* $u : \Omega \to M$ to a map of a domain $\mathbb{R} \times \Omega$ in extended phase space $\mathbb{R} \times M$.

Given any Hamiltonian $\bar{H}(t, \bar{z})$ on $\mathscr{K}(\mathbb{R} \times \Omega)$, we can define its pull-back $H(t, z)$ to $\mathbb{R} \times \Omega$ under $\mathscr{K}$ by

$$(28) \qquad H := \mathscr{K}^* \bar{H} = \bar{H} \circ \mathscr{K},$$

that is

$$(29) \qquad H(t, z) := \bar{H}(t, u(z)).$$

Finally we assume that u is exact canonical and has the generating function ψ, i.e.,

$$u^* \theta = \theta + d\psi.$$

In this situation we obtain:

Lemma 1. *The pull-back $\mathscr{K}^* \kappa_{\bar{H}}$ of the Cartan form $\kappa_{\bar{H}}$ differs from the Cartan form κ_H only by the total differential $d\psi$, i.e.,*

$$(30) \qquad \mathscr{K}^* \kappa_{\bar{H}} = \kappa_H + d\psi$$

or equivalently

$$(30') \qquad \mathscr{K}^* \{\theta - \bar{H}\, dt\} = \theta - H\, dt + d\psi.$$

Proof. By definition of $\mathscr{K}$ and θ we have

$$\mathscr{K}^* \{\theta - \bar{H}\, dt\} = u^* \theta - (\mathscr{K}^* \bar{H})\, dt.$$

Since

$$H = \mathscr{K}^* \bar{H} \quad \text{and} \quad u^* \theta = \theta + d\psi$$

we obtain (30′) which by definition of κ_H and $\kappa_{\bar{H}}$ is just (30). $\qquad \square$

Now we are prepared to give a *second proof of Proposition 1* which will show in a more intrinsic way *why* canonical diffeomorphisms preserve the structure of Hamiltonian systems.

Assume that we have the situation of Lemma 1. We consider a curve $z(t)$, $\alpha \le t \le \beta$, in Ω and its image curve $\bar{z}(t) := u(z(t))$, and let $h(t)$ and $\bar{h}(t)$ be their prolongations to the extended phase space:

$$h(t) := (t, z(t)), \qquad \bar{h}(t) := (t, \bar{z}(t)) = \mathscr{K}(h(t)).$$

Finally let $z_1 := z(\alpha)$, $z_2 := z(\beta)$ be the endpoints of $z(t)$. Then we infer from (30) that

(31) $$\bar{h}^* \kappa_{\bar{H}} = h^*(\mathscr{K}^* \kappa_{\bar{H}}) = h^* \kappa_H + d(\psi \circ z),$$

and for $I = [\alpha, \beta]$ we obtain

$$\int_I \bar{h}^* \kappa_{\bar{H}} = \int_I h^* \kappa_H + [\psi(z_2) - \psi(z_1)]$$

which is equivalent to

(32) $$\mathscr{I}_{\bar{H}}(\bar{z}) = \mathscr{I}_H(z) + [\psi(z_2) - \psi(z_1)].$$

This identity implies that $\bar{z}$ is an extremal of the Poincaré integral $\mathscr{I}_{\bar{H}}$ if and only if z is an extremal of $\mathscr{I}_H$. Hence by the canonical variational principle we obtain that $\dot{z} = JH_z(t, z)$ holds if and only if $\dot{\bar{z}} = J\bar{H}_{\bar{z}}(t, \bar{z})$ is satisfied. Then the equivalence of these two equations follows for all canonical maps of class C^2 and not only for exact ones since the equivalence is only to be proved locally, and locally each canonical map of class C^2 is exact. This completes the proof of Proposition 1.

In fact, we have proved a slightly stronger result as we have shown the invariance of nonautonomous systems $\dot{z} = JH_z(t, z)$ with respect to canonical mappings. By the way, also the first proof of Proposition 1 yields this slight generalization of the invariance result.

Now we want to show the invariance of Hamiltonian systems

$$\dot{z} = JH_z(t, z)$$

with respect to *t-dependent canonical mappings*. However, in this case the Hamilton function of the transformed system is linked to the original Hamiltonian in a more complicated way than by a mere composition.

Consider a family $\{u^t\}_{|t| < \varepsilon}$ of exact canonical mappings $u^t : \Omega \to M$ of a fixed domain Ω in M, and let ψ^t be their generating functions. Then we have

(33) $$(u^t)^* \theta = \theta + d\psi^t.$$

(Here d is meant to be d_x, i.e. t is meant to be a fixed parameter value.) We introduce the mapping $\mathscr{K} : (-\varepsilon, \varepsilon) \times \Omega \to \mathbb{R} \times M$ and the scalar function Ψ on $(-\varepsilon, \varepsilon) \times \Omega$ by

(34) $$\mathscr{K}(t, z) := (t, u^t(z)), \qquad \Psi(t, z) := \psi^t(z),$$

and we assume that both $\mathscr{K}$ and Ψ are of class C^2.

Moreover we write

$$u^t(z) = (X^t(z), Y^t(z)), \quad X(t, x, y) := X^t(z), \quad Y(t, x, y) := Y^t(z).$$

Then we have

$$\mathcal{K}(t, x, y) = (t, X(t, x, y), Y(t, x, y)).$$

Definition 4. *A mapping $\mathcal{K}$ in the extended phase space $\mathbb{R} \times M$ with these properties is called a* canonical transformation *in $\mathbb{R} \times M$, and Ψ is said to be its* generating function.

Then we obtain the following generalization of Lemma 1.

Lemma 2. *Let $\mathcal{K} : (-\varepsilon, \varepsilon) \times \Omega \to \mathbb{R} \times M$, $\Omega \subset M$, be a canonical mapping in the extended phase space $\mathbb{R} \times M$, and let Ψ be its generating function. Then we have*

(35) $$\mathcal{K}^* \kappa_{\bar{H}} = \kappa_H + d\Psi$$

for any pair of Hamiltonians $H(t, x, y)$ and $\bar{H}(\bar{t}, \bar{x}, \bar{y})$ linked by the formula

(36) $$H = \mathcal{K}^* \bar{H} + \Psi_t - Y \cdot X_t.$$

Proof. Since $u^t(z) = (X^t(z), Y^t(z))$, equation (33) means that

(37) $$Y^t \, dX^t = y \, dx + d\psi^t$$

where t is thought to be "frozen". Because of $X(t, x, y) := X^t(z)$, $Y(t, x, y) := Y^t(z)$ and $\mathcal{K}(t, x, y) := (t, X(t, x, y), Y(t, x, y))$ where t is now allowed to vary, equation (37) becomes

$$Y \, dX - Y \cdot X_t \, dt = y \, dx + d\Psi - \Psi_t \, dt.$$

Viewing θ as a 1-form on $\mathbb{R} \times M$, we can instead write

$$\mathcal{K}^* \theta = \theta + d\Psi + [Y \cdot X_t - \Psi_t] \, dt.$$

This implies (35) for any pair $H, \bar{H}$ satisfying (36). $\qquad\qquad\square$

If we apply this result to an arbitrary curve $h(t) = (t, z(t))$, $\alpha \le t \le \beta$, contained in $(-\varepsilon, \varepsilon) \times \Omega$ and to its transform $\bar{h} := \mathcal{K} \circ h = h^* \mathcal{K}$, i.e. $\bar{h}(t) = (t, u^t(z(t))) = (t, \bar{z}(t))$, we infer from (35) that

(38) $$\bar{h}^* \kappa_{\bar{H}} = h^* \kappa_H + d(\Psi \circ h).$$

Integrating this equation over $I = [\alpha, \beta]$ we obtain the following analogue of (32):

(39) $$\mathcal{I}_{\bar{H}}(\bar{z}) = \mathcal{I}_H(z) + [\Psi(P_2) - \Psi(P_1)].$$

Here $P_1 = (\alpha, z(\alpha))$ and $P_2 = (\beta, z(\beta))$ denote the endpoints $h(\alpha)$ and $h(\beta)$ of the curve $h(t)$. Using the same reasoning as before it follows that the equations

$$\frac{dz}{dt} = JH_z(t, z) \quad \text{and} \quad \frac{d\bar{z}}{dt} = J\bar{H}_{\bar{z}}(t, \bar{z})$$

are equivalent. This yields:

Proposition 3. *Let $\mathcal{K}(t, x, y) = (t, X(t, x, y), Y(t, x, y))$ be a canonical mapping $(-\varepsilon, \varepsilon) \times \Omega \to \mathbb{R} \times M$ in the extended phase space, $\Omega \subset M$, which has the generating function $\Psi(t, x, y)$. Then any Hamiltonian system*

$$\frac{d\bar{x}}{dt} = \overline{H}_{\bar{y}}(t, \bar{x}, \bar{y}), \qquad \frac{d\bar{y}}{dt} = -\overline{H}_{\bar{x}}(t, \bar{x}, \bar{y})$$

is pulled back into the new Hamiltonian system

$$\frac{dx}{dt} = H_y(t, x, y), \qquad \frac{dy}{dt} = -H_x(t, x, y),$$

where H and $\overline{H}$ are linked by the relation

$$H = \mathcal{K}^* \overline{H} + \Psi_t - Y \cdot X_t.$$

Remark 2. Nowadays most authors use the epithet "canonical" only for mappings defined on spaces of an even dimension, say, $2n$, which are interpreted as phase spaces of $\mathbb{R}^n$. In the older literature also canonical maps in the sense of Definition 4 were considered and even canonical mappings $\mathcal{K} : \mathbb{R}^{2n+1} \to \mathbb{R}^{2n+1}$ changing the time variable t were studied (cf. Siegel [2], pp. 5–11; Carathéodory [16], Vol. 1, pp. 349–354; Prange [2], pp. 748–772).

Whittaker [1] used the notation "contact transformation" instead of "canonical transformation". This terminology is often used in the physical literature but should be avoided since contact transformations in the sense of Lie mean something else. If $\mathbb{R}^{2n}$ is replaced by a general symplectic manifold, it has become customary to speak of "symplectic transformations" instead of "canonical transformations", and of "exact symplectic transformations" instead of "exact canonical transformations".

Remark 3. Formerly it was customary to use Definition 3 as definition of canonical maps, that is, to consider exact canonical maps as objects of central interest, and it was not distinguished between canonical mappings and exact canonical mappings $u : \Omega \to M$, $\Omega \subset M \cong \mathbb{R}^{2n}$. For "local considerations" this distinction is irrelevant since both concepts agree on simply connected sets. However, the two concepts may very well differ if Ω is not simply connected. Let us illustrate this fact for $n = 1$ by considering the mapping $\mathbb{R}^2 - \{0\} \to \mathbb{R}^2$ given by

$$\bar{x} = x\sqrt{1 + (\varepsilon/r)^2}, \qquad \bar{y} = y\sqrt{1 + (\varepsilon/r)^2},$$

where $r := \sqrt{x^2 + y^2}$. The transformation u is canonical but not exact canonical if $\varepsilon \neq 0$.

On $\mathbb{R}^2$ canonical maps preserve the area element $\omega = dy \wedge dx$ whereas exact canonical maps also preserve the line integral $\int_\gamma \theta$ over any closed curve $\gamma : I \to \mathbb{R}^{2n}$ in M.

Analogously canonical diffeomorphisms in $M = \mathbb{R}^{2n}$ preserve the surface integral $\int_S \omega$ for any compact 2-dimensional surface S in M whereas exact canonical diffeomorphisms also preserve the line integral $\int_\gamma \theta$ for every closed curve γ in M. We have used this argument in our second proof of Proposition 1 and for Proposition 3.

There are other descriptions of canonical mappings which are equally important. We shall see that (exact) canonical mappings can locally be described by complete solutions of the Hamilton–Jacobi equation. This way we shall obtain a local parametric representation of all canonical transformations by means of *generating functions* (*eikonals*). We have already mentioned in 2.2 how such representations can be obtained. A detailed discussion will be found in 3.4.

Secondly there is an equivalent description of canonical mappings by *Poisson brackets* which is particularly useful from the global point of view.

However, we defer these two topics for some time since first we want to discuss some examples of canonical transformations, and then we wish to present Jacobi's method of solving Hamiltonian systems by means of complete integrals of the Hamilton–Jacobi equation.

Now we give a characterization of canonical mappings in extended phase space that will be of use in *3.3*. We want to show that the necessary condition for canonical mappings $\mathscr{K}$ expressed by formulas (35) and (36) in Lemma 2 is also sufficient.

Proposition 4. *A differentiable mapping $\mathscr{K} : (t, a, b) \to (t, x, y)$ in extended phase space given by $\mathscr{K}(t, a, b) = (t, X(t, a, b), Y(t, a, b))$ is canonical if and only if there is a scalar function $\Psi(t, a, b)$ such that*

$$\text{(40)} \qquad\qquad \mathscr{K}^* \kappa_K = \kappa_H + d\Psi$$

or, equivalently

$$\text{(40')} \qquad Y_i\, dX^i - H(t, X, Y)\, dt = b_i\, da^i - K(t, a, b)\, dt + d\Psi$$

holds true for any pair of functions $H(t, x, y)$, $K(t, a, b)$ which are coupled by the relations

$$\text{(41)} \qquad\qquad K = \mathscr{K}^* H + \Psi_t - Y \cdot X_t.$$

Proof. Note that in (40) and (40') the parameter t is not frozen but thought to be variable; thus the differential dt enters in $d\Psi$ and dX^i. On the other hand t is thought to be frozen in Definition 4. Hence, for computational convenience, we introduce a new exterior differential δ which treats t as a fixed parameter. That is, for an arbitrary differentiable function $f(t, a, b)$ we set

$$\text{(42)} \qquad df = f_t\, dt + f_{a^i}\, da^i + f_{b_k}\, db_k, \quad \delta f = f_{a^i}\, da^i + f_{b_k}\, db_k,$$

in short

$$\text{(43)} \qquad\qquad df = \delta f + f_t\, dt.$$

Then we can write (40') in the equivalent form

$$Y_i\, \delta X^i + Y_i X_t^i\, dt - \mathscr{K}^* H\, dt = b_i\, da^i - K\, dt + \delta\Psi + \Psi_t\, dt,$$

which on account of (41) is just

$$\text{(44)} \qquad\qquad Y_i\, \delta X^i = b_i\, da^i + \delta\Psi.$$

Since this is the defining relation for $\mathscr{K}$ to be canonical, the assertion follows at once. $\qquad\square$

Finally we want to supply a result that was mentioned earlier. We shall prove that the Jacobian $\det u_z$ of any symplectic transformation $\bar{z} = u(z)$ has the value one.

Proposition 5. *Any symplectic matrix A satisfies*

(45) $\det A = 1.$

Consequently the Jacobian of any canonical transformation u satisfies

(46) $\det Du = 1,$

i.e. $\mathrm{Sp}(n, \mathbb{R})$ *is a subgroup of* $\mathrm{SL}(2n, \mathbb{R})$.

Proof. It suffices to verify (45). Thus we consider a symplectic matrix A. Then we have the defining relation $A^T J A = J$ which, as we already know, implies that $(\det A)^2 = 1$ whence $\det A = \pm 1$. In order to rule out the minus sign, we invoke a suitable perturbation argument. Set $E := I_{2n}$ and

(47) $B := (\lambda A + \mu E)^T \cdot J \cdot (\lambda A + \mu E),$

where λ and μ are two real parameters. By $\det J = 1$ it follows that

(48) $\det B = [\det(\lambda A + \mu E)]^2.$

Furthermore we have $B^T = -B$ because of $J^T = -J$. By a classical theorem of linear algebra,[1] the determinant of any skew-symmetric matrix B of order $2n$ can be written as a square $p^2(B)$ of a certain polynomial $p(B)$ of the entries of B. (In fact, $p(B)$ can be expressed as sum of products of n elements of B if B is a $2n \times 2n$-matrix.) We then infer from (48) that

(49) $p(B) = \varepsilon \det(\lambda A + \mu E),$

where $\varepsilon = \pm 1$. On the other hand, $\det(\lambda A + \mu E)$ and therefore also $q(\lambda, \mu) := p(B)$ is a homogeneous polynomial of degree $2n$ in λ and μ. Hence we can write

$$q(\lambda, \mu) = q(1, 0)\lambda^{2n} + \cdots + q(0, 1)\mu^{2n}.$$

Since $B(0, 1) = J$ and $B(1, 0) = A^T J A = J$, we obtain

(50) $q(\lambda, \mu) = p(J)\lambda^{2n} + \cdots + p(J)\mu^{2n}$

and we have also

(51) $\det(\lambda A + \mu E) = (\det A)\lambda^{2n} + \cdots + \mu^{2n}.$

On account of (49)–(51) and $p(B) = q(\lambda, \mu)$ we arrive at

$$p(J)\lambda^{2n} + \cdots + p(J)\mu^{2n} = \varepsilon(\det A)p(J)\lambda^{2n} + \cdots + \varepsilon\mu^{2n}.$$

This implies that ε is independent of λ and μ, and that

$$p(J) = \varepsilon \det A \quad \text{and} \quad p(J) = \varepsilon,$$

whence $\det A = 1$.   □

3.2. Examples of Canonical Transformations. Hamilton Flows and One-Parameter Groups of Canonical Transformations

We begin by looking at some specific examples of canonical mappings $(x, y) \mapsto (\bar{x}, \bar{y})$ given in the form

---

[1] Cf. for example G. Kowalewski [1], Sections 59–61, and in particular Satz 40.

(1) $$\bar{x} = X(x, y), \qquad \bar{y} = Y(x, y).$$

In the sequel we will use the notation

(2) $$\langle y, x \rangle = y \cdot x = y_i x^i$$

for the scalar product of $x = (x^1, \ldots, x^n)$ and $y = (y_1, \ldots, y_n)$.

$\boxed{1}$ The linear map

$$X(x, y) = y, \quad Y(x, y) = -x$$

is exact canonical since

$$Y_i \, dX^i = y_i \, dx^i + d\psi(x, y),$$

where $\psi(x, y) := -\langle y, x \rangle$.
(Note, however that, for $n = 1$, the substitution

$$\bar{x} = y, \qquad \bar{y} = x$$

is not canonical as its Jacobian is -1).

$\boxed{2}$ More generally the linear substitution

$$X^i(x, y) = y_i, \quad Y_i(x, y) = -x^i \qquad \text{for } 1 \le i \le l,$$
$$X^k(x, y) = x^k, \quad Y_k(x, y) = y_k \qquad \text{for } l + 1 \le k \le n,$$

where l is a fixed index between 1 and n, yields an exact canonical map since

$$Y_i \, dX^i = y_i \, dx^i + d\psi,$$

where $\psi(x, y) = -(y_1 x^1 + \cdots + y_l x^l)$.

$\boxed{3}$ Let $\sigma_1, \sigma_2, \ldots, \sigma_n$ be an arbitrary permutation of the numbers 1, 2, ..., n. Then the transformation

$$X^i(x, y) = x^{\sigma_i}, \qquad Y_i(x, y) = y_{\sigma_i}$$

is obviously exact canonical since $Y_i \, dX^i = y_i \, dx^i$.

$\boxed{4}$ *Elementary canonical transformations.* Products of transformations of the kind $\boxed{2}$ and $\boxed{3}$ are again canonical transformations; they are called "elementary canonical transformations". Such transformations form a subgroup of the group of all linear transformations $\bar{z} = Az$ which are canonical (i.e. for which A is symplectic).

$\boxed{5}$ *Poincaré's transformation* ($n = 1$) is an exact canonical transformation defined by

$$X(x, y) = \sqrt{x} \cos 2y, \quad Y(x, y) = \sqrt{x} \sin 2y, \qquad x > 0,$$

since we have

$$Y \, dX - y \, dx = d\psi,$$

with

$$\psi(x, y) := \frac{x}{4}(\sin 4y - 4y).$$

This transformation is used in celestial mechanics.

One easily checks that also the transformations

$$X(x, y) = \sqrt{2x} \cos y, \qquad Y(x, y) = \sqrt{2x} \sin y$$

and

$$X(x, y) = \sqrt{2y}\, \sin x, \qquad Y(x, y) = \sqrt{2y}\, \cos x,$$

are canonical, most quickly by proving that

$$\frac{\partial(X, Y)}{\partial(x, y)} = 1.$$

For $n = 1$ this is equivalent to $(x, y) \mapsto (X, Y)$ being canonical. This and other modifications will also be called "Poincaré transformations". One can use them to integrate the harmonic-oscillator problem, see 3.1 $\boxed{1}$.

$\boxed{6}$ *Levi-Civita's transformation* has been used for the regularization of the *three-body problem*[2] due to Sundman (with simplifications by Levi-Civita). This transformation is defined by

$$(3) \qquad \bar{x} = X(x, y) := |y|^2 x - 2\langle y, x \rangle, \qquad \bar{y} = Y(x, y) := \frac{y}{|y|^2}.$$

Note that the transformation

$$y \mapsto \frac{y}{|y|^2}$$

defines an inversion in the unit sphere $S^{n-1} = \{y : |y| = 1\}$ and is a conformal mapping of $\mathbb{R}^n - \{0\}$. The following three formulas can easily be checked:

$$(4) \qquad |y||\bar{y}| = 1, \qquad |x||y| = |\bar{x}||\bar{y}|, \qquad \langle \bar{x}, \bar{y} \rangle = -\langle x, y \rangle.$$

Then a straight-forward computation shows that the mapping $(x, y) \mapsto (\bar{x}, \bar{y})$ is invertible for $y \neq 0$ and that the inverse is given by

$$(5) \qquad x = |\bar{y}|^2 \bar{x} - 2\langle \bar{y}, \bar{x} \rangle \bar{y}, \qquad y = \frac{\bar{y}}{|\bar{y}|^2}.$$

Comparing (3) and (5) we see that Levi-Civita's transformation is an involution. It follows from

$$x^k \frac{\partial y_k}{\partial \bar{y}_i} = x^k [|y|^2 \delta_{ik} - 2y_i y_k] = |y|^2 x^i - 2\langle y, x \rangle y_i = \bar{x}^i$$

that

$$x^k\, dy_k - \bar{x}^i\, d\bar{y}_i = 0,$$

whence

$$\bar{y}_i\, d\bar{x}^i - y_k\, dx^k = d[\bar{y}_i \bar{x}^i - y_k x^k]$$

for $\bar{y}_i = Y_i(x, y)$, $\bar{x}^i = X^i(x, y)$.
Consequently,

$$Y_i\, dX^i = y_i\, dx^i + d\psi,$$

where

$$\psi(x, y) := \langle Y(x, y), X(x, y) \rangle - \langle y, x \rangle = -2\langle y, x \rangle$$

if we take (4) into account. Thus we see that Levi-Civita's transformation is exact canonical.

---

[2] Sundman [1], [2]; Levi-Civita [1]; Siegel–Moser [1], Chapter 1. Cf. also Levi-Civita [2]. We have sketched the main ideas of Sundman's regularization in 3.5 $\boxed{2}$.

$\boxed{7}$ *Homogeneous canonical transformations.* An exact transformation $u : \Omega \to \mathbb{R}^{2n}$, $\Omega \subset \mathbb{R}^{2n}$, given by (1) is said to be a homogeneous canonical transformation if $u^*\theta = \theta$, that is, if

$$Y_i \, dX^i = y_i \, dx^i.$$

For example, the elementary canonical transformations $\boxed{3}$ are of this kind.

Homogeneous canonical transformations can be obtained by extending "point transformations". In fact, let $\bar{x} = X(x)$ be an arbitrary diffeomorphism of a domain G of the configuration space $\mathbb{R}^n$ onto its image $X(G)$. Set $P^T(x) := X_x^{-1}(x)$ and $Y(x, y) = P(x)y$, that is,

$$Y_i(x, y) = P_i^k(x) y_k.$$

Then it follows that

$$Y_i \, dX^i = y_k \, dx^k.$$

Moreover, we have

$$X_{y_k}^i y_k = 0, \qquad Y_{i, y_k} y_k = Y_i.$$

Later on it will be shown that these homogeneity relations hold for any homogeneous canonical transformation.

$\boxed{8}$ Let $A(t)$ and $B(t)$ be two families of $2n \times 2n$-matrices and suppose that $A(t)$ is a solution of the differential equation

$$(6) \qquad\qquad \dot{A} = JBA$$

and that $A_0 := A(0)$ is symplectic. We claim that $A(t)$ is symplectic for all t if and only if $B(t)$ is symmetric for all t. In fact, the relation $A_0^T J A_0 = J$ implies that $A(t)^T J A(t) = J$ for all t if and only if the matrix $A(t)^T J A(t)$ is independent of t, i.e. if

$$\frac{d}{dt}(A^T J A) = \dot{A}^T J A + A^T J \dot{A} = 0.$$

Because of (6) and of $J^2 = -E$, this equation is equivalent to

$$A^T B^T A = A^T B A,$$

which just means $B^T = B$.

If B is constant, all solution $A(t)$ of (6) are given by $A(t) = \exp(tJB) \cdot A(0)$. Thus we have found:

Let A_0 be a symplectic matrix and B a constant matrix. Then $A(t) = e^{tJB} A_0$ is symplectic for all $t \in \mathbb{R}$ if and only if $B = B^T$.

For $B = E$ we obtain that the matrices

$$e^{tJ} = (\cos t) E + (\sin t) J$$

are symplectic.

$\boxed{9}$ Let $A = PO$ be the *polar decomposition* of a given nonsingular $2n \times 2n$-matrix into a positive definite, symmetric factor P and an orthogonal matrix O; such a decomposition exists and is uniquely determined. We claim that A is symplectic if and only if both P and O are symplectic. In fact, this condition is certainly sufficient as $Sp(n, \mathbb{R})$ is a group. In order to show its necessity it suffices to prove that $O \in Sp(n, \mathbb{R})$; then we have $O^T \in Sp(n, \mathbb{R})$ and therefore also $P = AO^T \in Sp(n, \mathbb{R})$.

Let us introduce the orthogonal matrices $O_1 := J$, $O_2 := OJO^{-1}$, and the positive definite, symmetric matrices $P_1 := P$ and $P_2 := O_2 P^{-1} O_2^{-1}$. We infer from $A^T J A = J$ and $A = PO$ that

$$O^T P J P O = J,$$

whence

$$P J = O J O^T P^{-1},$$

that is

$$P_1 O_1 = O_2 P^{-1} = O_2 P^{-1} O_2^{-1} O_2 = P_2 O_2 .$$

It follows that

$$P_1 = P_2, \qquad O_1 = O_2,$$

and the second relation is equivalent to

$$J = OJO^{-1} = OJO^T,$$

whence

$$O^T J O = J .$$

Having considered these specific examples of canonical mappings we now want to discuss a general method for producing canonical mappings. We shall see that one can generate canonical transformations simply by solving Hamiltonian systems with respect to suitable initial value conditions.

For this purpose we choose an arbitrary Hamiltonian $H(t, x, y)$ of class C^2 and consider the corresponding Hamiltonian system

(7) $$\dot{x} = H_y(t, x, y), \qquad \dot{y} = -H_x(t, x, y).$$

Let

$$x = X(t, c), \qquad y = Y(t, c)$$

be a family of solutions of (7) which depends on r parameters $c = (c^1, \ldots, c^r)$ varying in a domain $\mathcal{P}$ of $\mathbb{R}^r$. For a fixed value $c \in \mathcal{P}$ we denote by $I(c)$ the (maximal) t-interval on which the solution $X(\cdot, c)$, $Y(\cdot, c)$ of (7) is defined. We can view

(8) $$\phi(t, c) := (X(t, c), Y(t, c))$$

as a mapping $\phi : \Omega^* \to M \cong \mathbb{R}^{2n}$ which is defined on

$$\Omega^* := \{(t, c): t \in I(c), c \in \mathcal{P}\} .$$

We will assume that $\phi \in C^1(\Omega^*, M)$; on account of (7), we then obtain also $\dot{\phi} \in C^1(\Omega^*, M)$.

Definition. *Such a family of solutions* (8) *is called an r-parameter Hamilton flow in M, and its extension* $h(t, c) = (t, \phi(t, c))$ *is the corresponding* Hamilton flow in $\mathbb{R} \times M$.

Such flows can be obtained by prescribing arbitrary initial data $\tau(c)$, $\xi(c)$, $\eta(c)$ of class C^1, $c \in \mathcal{P}$, and then solving (7) by solutions $x = X(t, c)$, $y = Y(t, c)$ subject to the initial conditions

(9) $$X(\tau(c), c) = \xi(c), \qquad Y(\tau(c), c) = \eta(c).$$

For instance if $H(t, x, y)$ is defined on $\mathbb{R} \times \Omega$, $\Omega \subset M$ we can choose $r = 2n$, $\mathcal{P} = \Omega$, and $c = (x, y)$. Let

$$\varphi^t(x, y) := \phi(t, x, y) = (X(t, x, y), Y(t, x, y))$$

be the $2n$-parameter family of solutions of the initial value problem

(10)
$$\dot{X} = H_y(t, X, Y), \qquad \dot{Y} = -H_x(t, X, Y),$$
$$X(0, x, y) = x, \qquad Y(0, x, y) = y.$$

This is the *local phase flow* of the Hamiltonian vector field JH_z or $(H_y, -H_x)$ on $\Omega \subset M$.

The following observation is, in a special case, due to Lagrange; other proofs were given earlier.

Proposition 1. *For any r-parameter Hamilton flow* $\phi(t, c) = (X(t, c), Y(t, c))$ *the corresponding Lagrange brackets*

(11)
$$[c^\alpha, c^\beta] := \langle Y_{c^\alpha}, X_{c^\beta} \rangle - \langle Y_{c^\beta}, X_{c^\alpha} \rangle$$

are time-independent, i.e. constant along any trajectory $\phi(\cdot, c)$.

Proof. We note that $\dot{\phi} = (\dot{X}, \dot{Y})$ is of class C^1 and that

$$\dot{X}^i_{c^\alpha} = H_{y_i x^k}(t, X, Y)X^k_{c^\alpha} + H_{y_i y_k}(t, X, Y)Y_{k, c^\alpha},$$
$$\dot{Y}_{i, c^\alpha} = -H_{x^i x^k}(t, X, Y)X^k_{c^\alpha} - H_{x^i y_k}(t, X, Y)Y_{k, c^\alpha}$$

for $\alpha = 1, \dots, r$. Inserting these expressions on the right-hand side of

$$\frac{d}{dt}[c^\alpha, c^\beta] = \langle \dot{Y}_{c^\alpha}, X_{c^\beta} \rangle + \langle Y_{c^\alpha}, \dot{X}_{c^\beta} \rangle - \langle \dot{Y}_{c^\beta}, X_{c^\alpha} \rangle - \langle Y_{c^\beta}, \dot{X}_{c^\alpha} \rangle,$$

a straight-forward computation yields

$$\frac{d}{dt}[c^\alpha, c^\beta] = 0. \qquad \square$$

Let us apply this result to the local phase flow $\varphi^t(x, y) = (X(t, x, y), Y(t, x, y))$ of the Hamiltonian vector field $(H_y, -H_x)$ on $\Omega \subset M$. Since $\varphi^0 = \mathrm{id}_\Omega$ we have

$$[x^i, x^k] = 0, \qquad [y_i, y_k] = 0, \qquad [y_i, x^k] = \delta_{ik}$$

for $t = 0$, and therefore also for all $t \in I(x, y)$. By Corollary 1 of *3.1* the mapping $(x, y) \to \varphi^t(x, y)$ is canonical (on a subdomain Ω^t of Ω where φ^t is defined). Thus we have found

Corollary 1. *For every compactum K in* Ω *there is a number* $\varepsilon > 0$ *such that the local phase flow* $\{\varphi^t|_K\}_{|t| < \varepsilon}$ *yields a family of well defined canonical mappings* $\varphi^t : K \to \Omega, |t| < \varepsilon$.

Note that by the uniqueness theorem for the Cauchy problem, every mapping $\varphi^t : K \to \Omega, |t| < \varepsilon$, is in fact a diffeomorphism of K onto $\varphi^t(K)$.

Moreover, applying the results of Section 1 on 1-parameter groups of transformations we infer that $\varphi^t : \Omega \to \Omega$ is a local group of canonical transformations if the Hamiltonian is time-independent. In particular we find:

Corollary 2. *Let $H(x, y)$ be a time-independent Hamiltonian on $\Omega \subset M$, and suppose that the vector field $(H_y, -H_x)$ on Ω is complete. Then the corresponding space flow $\{\varphi^t\}$ defined by (10) furnishes a one-parameter group of canonical transformations $\varphi^t : \Omega \to \Omega$ of Ω onto itself.*

Note that *the Hamiltonian H is a first integral of the autonomous Hamiltonian system*

$$\text{(12)} \qquad \dot{x} = H_y(x, y), \qquad \dot{y} = -H_x(x, y),$$

since any solution $x(t)$, $y(t)$ satisfies

$$\frac{d}{dt} H(x, y) = H_x(x, y)\dot{x} + H_y(x, y)\dot{y} = 0;$$

equivalently we have

$$\text{(13)} \qquad \mathscr{H}H = 0 \quad \text{for } \mathscr{H} := H_{y_i} \frac{\partial}{\partial x^i} - H_{x^i} \frac{\partial}{\partial y_i},$$

where $\mathscr{H}$ is the "symbol" of the Hamiltonian vector field $(H_y, -H_x)$ associated with H. Hence every solution of (12) is contained in a level surface

$$\text{(14)} \qquad M_c := \{(x, y) \in \Omega : H(x, y) = c\}$$

of the Hamiltonian H. Moreover, the restriction $(H_y, -H_x)|_{M_c}$ of the Hamiltonian vector field to M_c is complete if the level surface M_c is a compact manifold. Therefore we obtain

Corollary 3. *If the level surface $M_c = \{(x, y) \in \Omega : H(x, y) = c\}$ is a compact manifold, then the restriction of the phase flow φ^t of the Hamiltonian vector field $(H_y, -H_x)$ to M_c defines a one-parameter group of canonical transformations $\varphi^t : M_c \to M_c$.*

Now we want to show that, essentially, the converse of Corollary 2 holds true.

Proposition 2. *Every one-parameter group $\{\mathscr{T}^t\}_{t \in \mathbb{R}}$ of canonical transformations $\mathscr{T}^t \in C^2(M, M)$ of the phase space $M \cong \mathbb{R}^{2n}$ is generated as phase flow of a suitable time-independent Hamiltonian $H(x, y)$.*

We want to give three different proofs of this result to illuminate various aspects and techniques. In order to fix notation we write $\mathscr{T}^t$ in the form

$$\text{(15)} \qquad \bar{x} = \xi^t(x, y), \qquad \bar{y} = \eta^t(x, y).$$

Because $\mathcal{T}^t$ is even exact canonical, there is a function $\psi^t(x, y)$ such that

(16) $$\eta_i^t \, d\xi^{ti} = y_i \, dx^i + d\psi^t.$$

Moreover we write

(17) $\quad X(t, x, y) := \xi^t(x, y), \quad Y(t, x, y) := \eta^t(x, y), \quad \Psi(t, x, y) := \psi^t(x, y)$

if t is thought to be variable.

First proof. Let $(\mu(x, y), v(x, y))$ be the infinitesimal generator of the group $\{\mathcal{T}^t\}$, which is defined by

(18) $$\mu(x, y) := \frac{\partial}{\partial t} \xi^t(x, y) \Big|_{t=0}, \qquad v(x, y) := \frac{\partial}{\partial t} \eta^t(x, y) \Big|_{t=0},$$

and note that $\mathcal{T}^0 = \mathrm{id}_M$, i.e.,

$$\xi^0(x, y) = x, \qquad \eta^0(x, y) = y.$$

Differentiating (16) with respect to t and setting $t = 0$, it follows that

(19) $$v_i \, dx^i + y_i \, d\mu^i = d\chi,$$

where χ is defined by

(20) $$\chi(x, y) := \frac{\partial}{\partial t} \psi^t(x, y) \Big|_{t=0}.$$

Let us introduce the function $H(x, y)$ by

(21) $$H(x, y) := y_i \mu^i(x, y) - \chi(x, y).$$

We obtain

$$dH = \mu^i \, dy_i + y_i \, d\mu^i - d\chi,$$

and (19) can be written as

$$dH - \mu^i \, dy_i + v_i \, dx^i = 0$$

or

$$[H_{x^i} + v_i] \, dx^i + [H_{y_i} - \mu^i] \, dy_i = 0.$$

Thus we have proved that

$$\mu^i = H_{y_i}, \qquad v_i = -H_{x^i},$$

i.e. $\{\mathcal{T}^t\}$ is generated by vector field $(H_y, -H_x)$. $\qquad\qquad\square$

Second proof. Consider the canonical diffeomorphism $\mathcal{K}$ of the extended phase space $\mathbb{R} \times M$ onto itself defined by $\mathcal{K} = (t, X, Y) = (t, \mathcal{T}^t)$ which maps any system

(22) $$\dot{x} = H_y(t, x, y), \qquad \dot{y} = -H_x(t, x, y)$$

into a new Hamiltonian system

(23) $$\frac{d\bar{x}}{dt} = \bar{H}_{\bar{y}}(t, \bar{x}, \bar{y}), \qquad \frac{d\bar{y}}{dt} = -\bar{H}_{\bar{x}}(t, \bar{x}, \bar{y})$$

and according to Proposition 3 of *3.1* the Hamiltonians H and $\bar{H}$ are linked by the formula

$$H = \mathcal{K}^*\bar{H} + \Psi_t - Y \cdot X_t.$$

Let φ^t and $\bar{\varphi}^t$ be the phase flow of (22) and (23) respectively, and let $h = (t, \varphi^t)$ and $\bar{h} = (t, \bar{\varphi}^t)$ be the corresponding extended phase flows. Then we have $\mathcal{K} \circ h = \bar{h}$, that is

$$\mathcal{T}^t \circ \varphi^t = \bar{\varphi}^t \circ \mathcal{T}^0:$$

Note that $\mathcal{T}^0 = \mathrm{id}_M$. Moreover, if we choose $H = 0$, it follows that also $\varphi^t = \mathrm{id}_M$ for all $t \in \mathbb{R}$. Therefore we have $\mathcal{T}^t = \bar{\varphi}^t$ where $\bar{\varphi}^t$ is the phase flow of (23) with the Hamilton function

$$\bar{H} = (\mathcal{K}^{-1})^*\{Y \cdot X_t - \Psi_t\},$$

i.e.

$$\bar{H}(\bar{x}, \bar{y}) = \bar{y}_i \mu^i(\bar{x}, \bar{y}) - \chi(\bar{x}, \bar{y}).$$

If we replace $\bar{H}, \bar{x}, \bar{y}$, by H, x, y, this is just the Hamiltonian (21) of the first proof.

$\square$

Third proof. Set $z = \binom{x}{y}$, and let $a = \binom{\mu}{\nu}$ be the infinitesimal generator of the group $\{\mathcal{T}^t\}$. Then $\varphi^t(z) := \mathcal{T}^t z$ satisfies

$$\frac{d}{dt}\varphi^t = a(\varphi^t)$$

and $Z(t, z) := \dfrac{\partial}{\partial z}\varphi^t(z)$ is a solution of $\dot{Z} = AZ$ where $A(t) := a_z(\varphi^t(z))$. Since $\mathcal{T}^t$ is a canonical map, the matrix Z is symplectic for all t and z, that is, $Z^T J Z = J$.
  It follows that

$$0 = \frac{d}{dt}(Z^T J Z) = \dot{Z}^T J Z + Z^T J \dot{Z}$$

$$= Z^T A^T J Z + Z^T J A Z = Z^T[-(JA)^T + JA]Z.$$

Since Z is invertible, we conclude that JA is symmetric, and $A = a_z \circ \varphi^t$ implies that $Ja_z = (Ja)_z$ is symmetric since φ^t is a diffeomorphism of M onto itself. The symmetry of the matrix $(Ja)_z$ corresponds to the integrability conditions of the vector field Ja. Hence there is a function $H(z)$ on M which satisfies $H_z = -Ja$, whence $a = JH_z$. Thus the infinitesimal generator a of an arbitrary one-parameter group of canonical transformations is a Hamiltonian vector field JH_z, and we conclude that the group is the phase flow of some Hamiltonian system.

$\square$

We leave it to the reader to formulate variants of Proposition 2 for simply connected domains Ω in M and for local one-parameter groups of canonical transformations.

$\boxed{10}$ Let us consider the particular case of a 1-parameter group of linear canonical transformations $\mathcal{T}^t : M \to M$ which is generated by a quadratic Hamiltonian

(24) $$H(x, y) = \tfrac{1}{2}(a_{ij}x^ix^j + 2b_i^j x^i y_j + c^{ij}y_i y_j),$$

where the matrices $A = (a_{ij})$ and $C = (c^{ij})$ are symmetric. Because of

$$H_x(x, y) = Ax + By, \qquad H_y(x, y) = B^T x + Cy,$$

we can write the Hamiltonian system

(25) $$\dot{x} = H_y(x, y), \qquad \dot{y} = -H_x(x, y)$$

in the form

$$\begin{bmatrix} \dot{x} \\ \dot{y} \end{bmatrix} = \begin{bmatrix} B^T & C \\ -A & -B \end{bmatrix}\begin{bmatrix} x \\ y \end{bmatrix} = \begin{bmatrix} 0 & I \\ -I & 0 \end{bmatrix}\begin{bmatrix} A & B \\ B^T & C \end{bmatrix}\begin{bmatrix} x \\ y \end{bmatrix}.$$

Introducing

(26) $$z := \begin{bmatrix} x \\ y \end{bmatrix}, \qquad S := \begin{bmatrix} A & B \\ B^T & C \end{bmatrix},$$

we have $S = S^T$, and (25) takes the form

(27) $$\dot{z} = JSz.$$

Hence the group $\{\mathcal{T}^t\}$ is given as solution of the initial value problem

(28) $$\frac{d}{dt}\mathcal{T}^t = JS\mathcal{T}^t, \qquad \mathcal{T}^0 = E,$$

if we interpret the mappings $\mathcal{T}^t$ as matrices.

The uniquely determined solution $\mathcal{T}^t$ of (28) is given by

(29) $$\mathcal{T}^t = e^{tJS}$$

and the phase flow $\varphi^t(z) = \mathcal{T}^t z$ of (27) (or (25)) is given by

(30) $$\varphi^t(z) = e^{tJS}z.$$

We ask the reader to compare this discussion of the Hamiltonian (24) with the previous example $\boxed{8}$.

Suppose that $z = 0$ is an equilibrium point (or rest point) of an autonomous Hamiltonian system

(31) $$\dot{z} = JH_z(z),$$

i.e. $H_z(0) = 0$. Then we can assume that $H(0) = 0$ and

$$H(z) = \tfrac{1}{2}\langle z, H_{zz}(0)z \rangle + o(|z|^2)$$

for $|z| \ll 1$. Let $\varphi^t(z_0)$ be the phase flow of (31), and let $S(t) := H_{zz}(\varphi^t(z_0))$. Then it turns out that

(32) $$\dot{Z} = JS(t)Z$$

is the *variational equation* of the system (31). According to $\boxed{8}$ its solutions $Z(t)$ are symplectic matrices. Because of $(\lambda E - JS)^T = \lambda E - S^T J^T = \lambda E + SJ = S(\lambda E + JS)S^{-1}$ for $\det S \neq 0$ we infer that

$$\det(\lambda E - JS) = \det(\lambda E + JS).$$

Hence for any invertible symmetric matrix S a number $\lambda \in \mathbb{C}$ is eigenvalue of JS if and only if $-\lambda$ is an eigenvalue, and by an obvious perturbation argument this fact holds true for any symmetric matrix S. Therefore we have found: *Let S be an arbitrary symmetric $2n \times 2n$-matrix. Then either all eigenvalues of JS are purely imaginary, or there is an eigenvalue of JS with positive real part.* That is, for Hamiltonian systems (31) the Lyapunov–Perron criterion for *asymptotic stability* of the equilibrium solution $z(t) \equiv 0$ with respect to $t \to \infty$ can never be applied; Hamiltonian systems are either unstable or critical (i.e., $\operatorname{Re} \lambda = 0$ for all eigenvalues λ of JS where Sz is the linear part of $H_z(z)$). Consequently the stability question for Hamiltonian systems is a rather subtle problem which is attacked by deriving normal forms of such systems near the equilibrium $z = 0$. For linear Hamiltonian systems this problem is completely resolved (see Arnold [1], Appendix 6, for a survey of results, and for references to the literature). The normal-form problem for nonlinear Hamiltonian systems was carefully studied by Birkhoff [1]. As this topic is out of the range of our book, we refer the reader to Siegel–Moser [1], Chapter 3; Arnold [2], Appendix 7; Abraham–Marsden [1], Chapter 8; Arnold–Koszlov–Neishtadt [1]. Concerning general results on stability questions the reader may consult Hartman [1]; Arnold–Ilyashenko [1]; Siegel–Moser [1]; Abraham–Marsden [1].

3.3. Jacobi's Integration Method for Hamiltonian Systems

In this subsection we want to describe Jacobi's method of solving Hamiltonian systems by means of *complete solutions* of the Hamilton–Jacobi equation. For the special case outlined in *2.2* the method was already conceived by Hamilton.

The basic idea of Jacobi's integration method is to use solutions $S(t, x, a)$ of the Hamilton–Jacobi equation

$$(1) \qquad\qquad S_t + H(t, x, S_x) = 0$$

depending on sufficiently many parameters $a = (a^1, a^2, \ldots)$ for constructing a "general solution" of the Hamiltonian system

$$(2) \qquad\qquad \dot{x} = H_y(t, x, y), \qquad \dot{y} = -H_x(t, x, y).$$

This reverses the usual philosophy where a partial differential equation is thought to be more complicated than a system of ordinary differential equations. In fact we will show in the next chapter that the integration problem of a first-order partial differential equation and of a system of ordinary differential equations are equally difficult; in the "non-singular case" they are locally equivalent problems.

The practical use of Jacobi's method consists in the fact that it is sometimes comparatively easy to compute complete solutions $S(t, x, a)$ of (1) if this equation has a special structure. For instance one succeeds if the method of *separation of variables* can be applied. Sometimes symmetries of (1) are more hidden, and one has to use refined methods.

A general remark concerning the *integration problem for a system* (2) might be appropriate as in principle the initial value problem for (2) is solved by general existence and uniqueness theorems due to Cauchy, Picard, Lipschitz, Peano, Lindelöf and others. Moreover, nearly all general methods available for solving (2) are either constructive or have at least constructive variants that can even be used for numerical computations. From the very beginning astronomers were forced to develop numerical procedures which were later transformed into rigorous mathematical schemes. Hence, what is the problem?

We have to bear Poincaré's remark in mind that *a system* (2) *is neither integrable nor nonintegrable, but more or less integrable.* This is to say, the general existence results concerning the solvability of (2) do not suffice to answer all questions about the local and global behaviour of solutions of (2) one might be asking. Hence it is desirable to find other techniques which, at least for important special cases, allow a better control of solutions than it is furnished by the general existence theory for ordinary differential equations. For certain cases Jacobi's method yields an explicit representation of solutions from which we can draw very detailed qualitative and quantitative information. Furthermore Jacobi's method provides a sound basis to set up effective perturbation schemes; this has been of particular value in astronomy.

As it is tradition, we shall present Jacobi's integration method in a purely local form. The Hamiltonian $H(t, x, y)$ in consideration is assumed to be of class C^2 on the extended phase space $\mathbb{R} \times \mathbb{R}^n \times \mathbb{R}_n$ although we shall consider H only in some neighbourhood of a fixed point (t_0, x_0, y_0). To obtain global results for a given particular problem one has to carry out a further discussion in every single case. In order to complete this subsection and to demonstrate the use of Jacobi's method, we shall discuss several problems in some detail.

Let us begin by defining a *complete solution* of the Hamilton–Jacobi equation (1).

Consider a function $S(t, x, a)$ depending on $n + 1$ variables $t, x = (x^1, \ldots, x^n)$ and on n parameters $a = (a^1, \ldots, a^n)$. We assume that $S(t, x, a)$ is defined for $(t, x) \in G$ and $a \in \mathscr{P}$, where G is a domain in the extended configuration space $\mathbb{R} \times \mathbb{R}^n$ and $\mathscr{P}$ is a subdomain of $\mathbb{R}^n$.

Definition. *A function* $S(t, x, a)$ *is called a* complete solution *of the Hamilton–Jacobi equation* (1) *if we have*
  (i) $S \in C^2(G \times \mathscr{P})$ *and*

$$(3) \qquad \det(S_{x^i a^k}) \neq 0 \quad on \ G \times \mathscr{P}.$$

  (ii) *For any* $a \in \mathscr{P}$ *the function* $S(\cdot, \cdot, a)$ *is a solution of* (1), *i.e.*

$$(4) \qquad S_t(t, x, a) + H(t, x, S_x(t, x, a)) = 0 \quad for \ (t, x) \in G \ and \ a \in \mathscr{P}.$$

Similarly if (4) is replaced by

$$(4') \qquad S_t(t, x, a) + H(t, x, S_x(t, x, a)) = \varphi(a) \quad for \ (t, x) \in G,$$

where φ is an arbitrary function of class $C^2(\mathscr{P})$, we speak of a complete solution $S(t, x, a)$ of the equation $S_t + H(t, x, S_x) = \varphi(a)$.

Jacobi's method of obtaining a "general solution" $x(t, a, b)$, $y(t, a, b)$ of (2) depending on $2n$ parameters $a = (a^1, \ldots, a^n)$, $b = (b_1, \ldots, b_n)$ by means of a complete solution $S(t, x, a)$ of (1) consists in the following two steps:

Firstly we solve the n implicit equations

$$(5) \qquad S_{a^i}(t, x, a) = -b_i, \quad 1 \leq i \leq n$$

with respect to x, thus obtaining a solution $x = X(t, a, b)$.

Secondly we supplement this function $X(t, a, b)$ by another function $y = Y(t, a, b)$ defined by

(6) $$Y(t, a, b) := S_x(t, X(t, a, b), a).$$

In other words, from a single complete solution of (1) we obtain the general solution of (2) simply by differentiation and elimination. This process of solving (5) can be interpreted as a kind of envelope construction.

Note that $S_a(t, x, a) = -b$ might have no solution for a given value b. To perform the elimination process we need a quadruple of values t_0, x_0, a_0, b_0 satisfying $S_a(t_0, x_0, a_0) = -b_0$. Then assumption (3) allows us to apply the implicit function theorem. We obtain that for all (t, a, b) satisfying $|t - t_0| + |a - a_0| + |b - b_0| < \varepsilon$, $0 < \varepsilon \ll 1$, there is a C^1-solution $x = X(t, a, b)$ of (5) satisfying $x_0 = X(t_0, a_0, b_0)$.

Let us now give a formal statement of Jacobi's result together with a proof.

Theorem of Jacobi. *Let $S(t, x, a)$ be a complete solution of the Hamilton–Jacobi equation (1), and suppose that $x = X(t, a, b)$, $y = Y(t, a, b)$ are functions of class C^1 satisfying equations*

(7) $$S_a(t, X(t, a, b), a) = -b, \qquad Y(t, a, b) := S_x(t, X(t, a, b), a).$$

Then $X(\cdot, a, b)$, $Y(\cdot, a, b)$ is a solution of the Hamiltonian system (2) depending on $2n$ parameters a and b.

Proof. First we differentiate equation (4) with respect to a^i thus obtaining

$$S_{ta^i} + H_{y_k}(t, x, S_x)S_{x^k a^i} = 0.$$

Inserting $x = X(t, a, b)$ we arrive at

(8) $$S_{ta^i}(t, X, a) + H_{y_k}(t, X, Y)S_{x^k a^i}(t, X, a) = 0.$$

Next by differentiating the first equation of (7) with respect to t it follows that

(9) $$S_{a^i t}(t, X, a) + S_{a^i x^k}(t, X, a)\dot{X}^k = 0.$$

Subtracting (8) from (9) we find

$$[\dot{X}^k - H_{y_k}(t, X, Y)]S_{x^k a^i}(t, X, a) = 0$$

and (3) implies that

(10) $$\dot{X}^k = H_{y_k}(t, X, Y).$$

To derive the second set of equations in (2) we first differentiate (4) with respect to x^i whence

$$S_{tx^i}(t, x, a) + H_{x^i}(t, x, S_x(t, x, a)) + H_{y_k}(t, x, S_x(t, x, a))S_{x^k x^i}(t, x, a) = 0.$$

Inserting $x = X(t, a, b)$ we infer by means of (7) and (10) that

(11) $$-H_{x^i}(t, X, Y) = S_{tx^i}(t, X, a) + S_{x^i x^k}(t, X, a)\dot{X}^k.$$

On the other hand by differentiating (7_2) with respect to t we obtain

(12) $$\dot{Y}_i = S_{x^i t}(t, X, a) + S_{x^i x^k}(t, X, a)\dot{X}^k$$

and (11) implies that

(13) $$\dot{Y}_i = -H_{x^i}(t, X, Y). \qquad\qquad \square$$

Remark 1. If $S(t, x, a)$ is a complete solution of the more general equation

$$S_t + H(t, x, S_x) = \varphi(a),$$

Jacobi's method works as well if we determine $x = X(t, a, b)$ as solution of

(14) $$S_{a^i}(t, x, a) - \varphi_{a^i}(a)t + b_i = 0$$

instead of (5), whereas $y = Y(t, a, b)$ is again defined by

$$Y := S_x(t, X, a).$$

Remark 2. A variant of Jacobi's theorem follows immediately from the viewpoint of the calculus of variations that we have described in *2.1*. Suppose that the Legendre transformation

$$t, x, y, H \leftrightarrow t, x, v, L$$

can be performed and let $S(t, x, a)$ be a complete solution of (1). Then for fixed $a \in \mathscr{P}$ the function

(15) $$\psi(t, x, a) := H_y(t, x, S_x(t, x, a))$$

is the slope function of a Mayer field $(t, X(t, a, \xi))$ which is defined as a solution $x = X(t, a, \xi)$ of a suitable initial value problem for $\dot{x} = \psi(t, x, a)$, say, of the problem

(16) $$\dot{x} = \psi(t, x, a), \qquad x(0) = \xi.$$

Consequently

(17) $$\eta(t, x, a) := S_x(t, x, a)$$

is the dual slope function ($=$ canonical momentum field) of $\psi(t, x, a)$, and $X(\cdot, a, \xi)$ is a solution of the Euler equations

$$\frac{d}{dt} L_v(t, X, \dot{X}) - L_x(t, X, \dot{X}) = 0.$$

Defining $Y(t, a, \xi)$ by $Y := L_v(t, X, \dot{X})$ it follows that X, Y is a solution of

(18) $$\dot{X} = H_y(t, X, Y), \qquad \dot{Y} = -H_x(t, X, Y)$$

and that Y is related to X by $Y = \eta(t, X, a)$, i.e.

(19) $$Y = S_x(t, X, a).$$

By differentiating (4) with respect to a^i and then setting $x = X(t, a, \xi)$ we obtain

$$S_{ta^i}(t, X, a) + H_{y_k}(t, X, Y)S_{x^k a^i}(t, X, a) = 0$$

and (18) yields

$$S_{ta^i}(t, X, a) + \dot{X}^k S_{x^k a^i}(t, X, a) = 0,$$

that is,

$$\frac{d}{dt} S_{a^i}(t, X, a) = 0.$$

This implies

(20) $S_{a^i}(t, X(t, a, \xi), a) = -b_i$.

Thus $x = X(t, a, \xi)$ is a solution of the implicit equation

$$S_{a^i}(t, x, a) = -b_i.$$

Equations (19) and (20) formally coincide with (7) except that X and Y are now functions of a and ξ and not of a, b. This can be changed by inserting the identity $X(0, a, \xi) = \xi$ in (20) whence

(21) $S_a(0, \xi, a) = -b$.

Because of det $S_{ax} \neq 0$ we can invert this mapping $\xi \to b$ and obtain $\xi = \Xi(a, b)$. Then $X(t, a, \Xi(a, b))$, $Y(t, a, \Xi(a, b))$ yields a solution of (2) depending on $2n$ arbitrary parameters a, b. Thus we see that Jacobi's theorem is essentially an application of field theory applied to a complete solution $S(t, x, a)$ of (1).

We note that a solution $X(t, a, b)$, $Y(t, a, b)$ of (2) derived from a complete solution $S(t, x, a)$ of (1) is really a "general solution of (2)" in the sense that *we can solve the initial value problem*

(22) $\dot{x} = H_y(t, x, y)$, $\dot{y} = -H_x(t, x, y)$, $x(0) = x_0$, $y(0) = y_0$

for arbitrary data x_0, y_0. In fact, equations (7) imply

(23) $S_a(0, x_0, a) = -b$, $y_0 = S_x(0, x_0, a)$.

Given x_0, y_0, we first compute $a = A(x_0, y_0)$ from the second equation (which is locally possible because of det $S_{xa} \neq 0$), and then $b = B(x_0, y_0) := -S_a(0, x_0, A(x_0, y_0))$ is obtained from the first equation of (23).

We remark that a "complete solution" of (1) should not be mistaken for a "general solution" of (1) as it depends only on n free parameters $a^1, \ldots, a^n$ whereas a general solution of (1) is only determined up to an arbitrary function $s(x)$ of n variables $x^1, \ldots, x^n$. This follows from the fact that the Cauchy problem for (1) can essentially be solved for arbitrary initial data $s(x)$; see Chapter 10 and also 7,2.4.

Let us now give a *geometric interpretation of Jacobi's theorem.* We consider a mapping $(t, a, b) \mapsto (t, x, y)$ in the extended phase space $\mathbb{R}^{2n+1}$ which is given by the formulas

(24) $t = t$, $-b = S_a(t, x, a)$, $y = S_x(t, x, a)$.

Here $S(t, x, a)$ is assumed to be a complete solution of (1).

In (24) the old variables a, b and the new variables x, y are strangely scrambled. Yet we can use the assumption det $S_{ax} \neq 0$ to express x in the form $x = X(t, a, b)$ by solving $S_a(t, x, a) = -b$ whence y is obtained as $y = Y(t, a, b) := S_x(t, X(t, a, b), a)$. We claim that this mapping $(t, a, b) \mapsto (t, x, y)$ is canonical. For this we have to prove that, for t frozen, the "reduced map" $x = X(t, a, b)$, $y = Y(t, a, b)$ is an exact canonical map in the phase space $\mathbb{R}^{2n}$. In fact we infer from (24) that (in a slightly sloppy notation)

(25) $y_i \, dx^i - b_i \, da^i = dS(t, x, a)$, $t = $ frozen,

whence we obtain

(26) $Y_i \, dX^i = b_i \, da^i + d\Psi(t, a, b), \quad t = \text{frozen},$

where

(27) $\Psi(t, a, b) := S(t, X(t, a, b), a).$

Therefore the family of mappings $(a, b, y) \mapsto (X(t, a, b), Y(t, a, b))$ in $\mathbb{R}^{2n}$ is exact canonical. Moreover it follows from (27) and from $S_t + H(t, x, S_x) = 0$ that

(27′) $\Psi_t = S_t(t, X, a) + S_{x^i}(t, X, a)\dot{X}^i = -H(t, X, Y) + Y_i \dot{X}^i,$

and Proposition 3 of *3.1* implies that $H(t, x, y)$ is transformed into the new Hamiltonian $K(t, a, b) \equiv 0$. The Hamiltonian system (2) is pulled back into the system

(28) $\dot{a} = K_b, \qquad \dot{b} = -K_a,$

that is, into

(28′) $\dot{a} = 0, \qquad \dot{b} = 0,$

which has the solutions $a = \text{const}$, $b = \text{const}$. Thus the straight lines (t, a, b) describe the phase flow with respect to the coordinates t, a, b, and the image curves of these straight line under the canonical mapping $\mathscr{K}$ of the extended phase space $\mathbb{R}^{2n+1}$ given by $\mathscr{K}(t, a, b) := (t, X(t, a, b), Y(t, a, b))$, yield in essence the phase flow of (2) with respect to the original coordinates t, x, y. Precisely speaking the (extended) phase flow of (2) is given by

$$[t, X(t, A(x, y), B(x, y)), Y(t, A(x, y), B(x, y))]$$

where $a = A(x, y)$, $b = B(x, y)$ are determined by solving the equations

$$X(0, a, b) = x, \qquad Y(0, a, b) = y$$

with respect to a and b.

Thus we have found a *third proof of Jacobi's theorem* which, in addition, gives the following geometric interpretation: *Jacobi's method essentially consists*

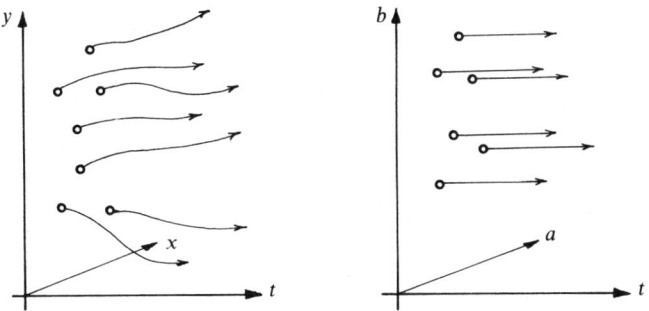

Fig. 1. Rectification of the extended phase flow.

in constructing a canonical mapping $\mathscr{K}$ in $\mathbb{R}^{2n+1}$ which rectifies the phase flow. Thus Jacobi's theorem is the Hamiltonian analogue of the rectifying procedure for general dynamical systems described in *1.5*; we also refer to Remark 3 following Theorem 3 below.

Let us now demonstrate Jacobi's method by several examples. A more sophisticated problem will be treated in *3.5*.

$\boxed{1}$ The *harmonic oscillator* (see also 9,3.1 $\boxed{1}$) has the Hamiltonian

$$(29) \qquad\qquad H(x, y) = \frac{\omega}{2}(x^2 + y^2),$$

$n = 1$, $\omega > 0$. The corresponding Hamilton–Jacobi equation for the action function $S(t, x)$ is

$$(30) \qquad\qquad S_t + \frac{\omega}{2}(x^2 + S_x^2) = 0.$$

We try to find a complete solution $S(t, x, a)$ by means of the method of separation of variables. To this end we test the Ansatz

$$S(t, x) = f(t) + g(x).$$

Then (30) can be written as

$$\dot{f}(t) + \frac{\omega}{2}(x^2 + g'(x)^2) = 0,$$

which implies

$$\dot{f}(t) = -\frac{\omega}{2}(x^2 + g'(x)^2) = \text{const} = -a$$

and therefore

$$\dot{f}(t) = -a, \qquad g'(x) = \pm\sqrt{\frac{2a}{\omega} - x^2}.$$

We conclude that

$$(31) \qquad\qquad S(t, x, a) := \int_0^x \sqrt{\frac{2a}{\omega} - x^2}\, dx - at$$

is a solution of (30) depending on an arbitrary parameter a. It is not necessary to compute this integral as we have to solve the equation

$$S_a(t, x, a) = -b,$$

which is equivalent to

$$\frac{1}{\omega}\int_0^x \frac{dx}{\sqrt{\dfrac{2a}{\omega} - x^2}} - t = -b.$$

Introducing $\beta := -\omega b - \text{arc cos } 0$, $A := \sqrt{\dfrac{2a}{\omega}}$, it follows that

$$-\text{arc cos}(x/A) = \omega t + \beta,$$

whence we obtain the well-known solution

$$x(t) = A\cos(\omega t + \beta)$$

for the motion of the harmonic oscillator. It follows from

$$y = S_x(t, x, a) = \sqrt{A^2 - x^2}$$

that

$$y(t) = \pm A \sin(\omega t + \beta)$$

and since $x(t)$, $y(t)$ satisfy the Hamiltonian system

$$\dot{x} = H_y = \omega y, \qquad \dot{y} = -H_x = -\omega x,$$

we obtain

$$y(t) = -A \sin(\omega t + \beta).$$

Moreover we have

$$a = -S_t = H(x, S_x)$$

and for $x = x(t)$ it follows that

$$a = H(x(t), y(t)).$$

Hence a is the energy constant of the trajectory

$$x(t) = A \cos(\omega t + \beta), \qquad y(t) = -A \sin(\omega t + \beta)$$

in phase space. Finally (31) yields

$$S(t, x, a) = \frac{A^2}{2} \arcsin \frac{x}{A} + \frac{1}{2} x \sqrt{A^2 - x^2} - at, \qquad A := \sqrt{\frac{2a}{\omega}}.$$

$\boxed{2}$ The *brachystochrone* (see also 6,2.3 $\boxed{4}$) is the extremal of the functional

$$\int_{t_1}^{t_2} \omega(x)\sqrt{1 + \dot{x}^2}\, dt, \quad \text{where } \omega(x) = \frac{1}{\sqrt{g(h - x)}}, \quad n = 1,$$

and g, h are positive constants. The corresponding Lagrangian is

$$L(x, v) = \omega(x)\sqrt{1 + v^2},$$

the Hamiltonian of the problem is

$$H(x, y) = -\sqrt{\omega(x)^2 - y^2},$$

and the corresponding Hamilton–Jacobi equation for the action function $S(t, x)$ is given by

$$S_t = \sqrt{\omega^2(x) - S_x^2} \quad \text{where } \omega^2(x) = \frac{1}{2g(h - x)}.$$

Trying the separation ansatz

$$S(t, x) = f(t) + g(x),$$

we are led to

$$\dot{f}(t) = \sqrt{\omega^2(x) - g'(x)^2} = \text{const} = \frac{1}{2\sqrt{ag}}, \qquad a > 0,$$

whence we can choose

$$f(t) = \frac{t}{2\sqrt{ag}}, \qquad g'(x) = \sqrt{\omega^2(x) - \frac{1}{4ag}} = \frac{1}{2\sqrt{g}}\sqrt{\frac{2}{h - x} - \frac{1}{a}},$$

and we obtain the solution

(32) $$S(t, x, a) = \frac{t}{2\sqrt{ag}} + \frac{1}{2\sqrt{g}} \int \sqrt{\frac{2}{h - x} - \frac{1}{a}}\, dx.$$

of the Hamilton–Jacobi equation depending on the parameter $a > 0$. By Jacobi's method we have to solve the equation

$$S_a(t, x, a) = \text{const}.$$

For computational reasons the constant will not be called $-b$ but $-b/(4a\sqrt{ag})$, i.e., we shall solve

(33)
$$S_a(t, x, a) = \frac{-b}{4a\sqrt{ag}}.$$

Because of (32) this means

(34)
$$t - \frac{1}{\sqrt{a}} \int \left(\frac{2}{h-x} - \frac{1}{a} \right)^{-1/2} dx = b.$$

The substitution

(35)
$$x = h - a(1 - \cos \varphi)$$

yields

$$h - x = 2a \sin^2 \varphi/2, \qquad dx = -2a \sin \varphi/2 \cos\varphi/2 \, d\varphi,$$

whence

$$\frac{2}{h-x} - \frac{1}{a} = \frac{\cos^2 \varphi/2}{a \sin^2 \varphi/2}$$

and we obtain

(36)
$$\int \sqrt{\frac{2}{h-x} - \frac{1}{a}} \, dx = \sqrt{a}(\varphi + \sin \varphi), \qquad \int \left(\frac{2}{h-x} - \frac{1}{a} \right)^{-1/2} dx = a\sqrt{a}(\varphi - \sin \varphi)$$

as possible choices of the primitive functions in (32) and (34) parametrized by the new variable φ. The brachystochrones $x(t)$ (i.e., the extremals of the functional $\int \omega(x)\sqrt{1 + \dot{x}^2} \, dt$, $\omega(x) = [(2g(h-x)]^{-1/2})$ are then given by the parametric representation

(37)
$$t = b + a\varphi - a \sin \varphi, \qquad x = h - a + a \cos \varphi.$$

This is a two-parameter family of cycloids (with the two parameters $a > 0$, $b \in \mathbb{R}$) covering the lower halfspace $\{t \in \mathbb{R}, x \leq h\}$ of the t, x-plane. Extracting suitable 1-parameter families of brachystochrones from (37) that provide a simple covering of some domain G of the t, x-space we obtain a Mayer field on G. For instance keeping b fixed and letting a vary in $(0, \infty)$ we obtain a stigmatic field with the nodal point $(t, x) = (b, h)$ which simply covers the quadrant $\{t > b, x < h\}$ if we restrict φ by $0 < \varphi < 2\pi$ (and replace g' in the computation by $-g'$).

Another 1-parameter family is obtained by fixing $a > 0$ whereas b is allowed to vary freely in $\mathbb{R}$. This family forms a Mayer field on $G = \{-\infty < t < \infty, h - 2a < x < h\}$ if φ is restricted by $0 < \varphi < \pi$. The transversals of this Mayer field are its orthogonal trajectories. As a is constant, the eikonal of the field is given by $S(t, x, a)$, and the transversals $x(t)$ are solutions of

$$S(t, x, a) = \text{const}.$$

If we write the constant in the form $\dfrac{c}{2\sqrt{ag}}$, then the transversals are given by

(38)
$$S(t, x, a) = \frac{c}{2\sqrt{ag}}.$$

The solutions $x(t)$ of this equation have the parametric representation

(39)
$$t = c - a\varphi - a \sin \varphi, \qquad x = h - a + a \cos \varphi.$$

Hence the brachystochrones (37) are *cycloids* obtained as paths of points on a circle of radius a rolling with uniform speed along the lower side of the parallel $x = h$ to the t-axis; the rolling is

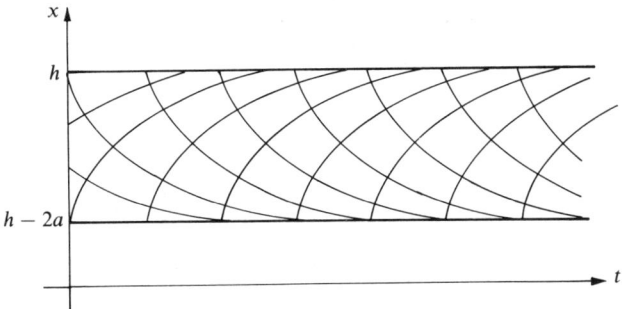

Fig. 2. A Mayer field of congruent brachystochrones and its orthogonal trajectories, which are congruent brachystochrones as well.

performed in direction of the positive t-axis. On the other hand the transversals (39) are generated by letting the same circle role on the upper side of the straight line $x = h - 2a$ in direction of the negative t-axis. If we only use the arcs corresponding to a rolling angle φ between 0 and π, keeping the value of a fixed while b may assume every value in $\mathbb{R}$, we obtain a Mayer field of brachysto-chrones covering the strip $\{-\infty < t < \infty, h - 2a \leq x \leq h\}$. This field is singular on the upper part $\{x = h\}$ of the boundary as all extremals of the field meet this line at a right angle.

Finally consider a point mass that slides frictionless along a brachystochrone (37) solely under the influence of gravitation which is thought to be acting in direction of the negative x-axis. What is the time T_{12} needed by the point mass to slide from $P_1 = (t_1, x_1)$ to $P_2 = (t_2, x_2)$ where $t_i := t(\varphi_i)$, $x_i := x(\varphi_i)$, $i = 1, 2$, and $0 \leq \varphi_1 < \varphi_2 \leq \pi$? By definition of the problem we have

$$T_{12} = \int_{t_1}^{t_2} \frac{\sqrt{1 + \dot{x}(t)^2}}{\sqrt{2g(h - x(t))}}\, dt,$$

where $x(t)$ is to be determined from (37). On account of Kneser's transversality theorem we obtain

$$T_{12} = s(\varphi_2) - s(\varphi_1),$$

where $s(\varphi)$ is defined by

$$s(\varphi) := S(t(\varphi), x(\varphi), a) = \frac{b + 2a\varphi}{2\sqrt{ag}}.$$

It follows that

$$T_{12} = \sqrt{a/g}(\varphi_2 - \varphi_1),$$

where $\varphi_2 - \varphi_1$ is the angle the circle has turned around while moving from P_1 to P_2. In particular the moving time $T(\varphi)$ from the highest point (b, h) of the cycloidal arc (37), $0 \leq \varphi \leq \pi$, to the point $P(\varphi) = (t(\varphi), x(\varphi))$ is given by

$$T(\varphi) = \sqrt{a/g}\, \varphi,$$

and $T(\pi) = \pi\sqrt{a/g}$ is the time from the highest to the lowest point on the cycloidal arc (37).

Let us now more thoroughly exploit the ideas used in the third proof of Jacobi's theorem (see (24)–(28)). We begin by choosing a C^2-function $S(t, x, a)$ such that $\det S_{ax} \neq 0$. Then we can locally define a mapping $(t, a, b) \rightarrow \mathcal{K}(t, a, b)$ by

$$(40) \qquad \mathcal{K}(t, a, b) := (t, X(t, a, b), Y(t, a, b)),$$

where $x = X(t, a, b)$ is determined by

(41) $$S_a(t, X(t, a, b), a) = -b$$

and then we set

(42) $$Y(t, a, b) := S_x(t, X(t, a, b), a).$$

Let us introduce Ψ by

(43) $$\Psi(t, a, b) := S(t, X(t, a, b), a).$$

Then we obtain as before (see (26)) that

(44) $$Y_i \, dX^i - b_i \, da^i = d\Psi, \quad t = \text{frozen}$$

and Proposition 3 of 3.1 yields that any Hamiltonian $H(t, x, y)$ is pulled back by $\mathcal{K}$ into the new Hamiltonian $K(t, a, b)$ defined by

(45) $$K = H(t, X, Y) + \Psi_t - YX_t$$

and any solution $a(t), b(t)$ of

(46) $$\dot{a} = K_b(t, a, b), \qquad \dot{b} = -K_a(t, a, b)$$

is mapped into a solution $x(t), y(t)$ of

(47) $$\dot{x} = H_y(t, x, y), \qquad \dot{y} = -H_x(t, x, y)$$

and vice versa. On the other hand, we infer from

$$\Psi = S(t, X, a) \quad \text{and} \quad Y = S_x(t, X, a)$$

that

(48) $$\Psi_t = S_t(t, X, a) + Y_i X_t^i,$$

whence

(49) $$K = H(t, X, Y) + S_t(t, X, a).$$

This can be written as

(50) $$K(t, a, b) = [S_t(t, x, a) + H(t, x, S_x(t, x, a))]|_{x = X(t, a, b)}$$

or equivalently

(50') $$K(t, a, -S_a(t, x, a)) = S_t(t, x, a) + H(t, x, S_x(t, x, a)).$$

Suppose now that for some Hamiltonian $H_0(t, x, y)$ the function $S(t, x, a)$ satisfies

(51) $$S_t + H_0(t, x, S_x) = \varphi(a),$$

where $\varphi(a)$ is a C^2-function of $a = (a^1, \ldots, a^n)$. Then it follows that

(52) $$K(t, a, b) = \varphi(a) + \{H(t, x, y) - H_0(t, x, y)\}\Big|_{\substack{x = X(t,a,b) \\ y = Y(t,a,b)}}$$

or

(52') $$K = \varphi + \mathcal{K}^*\{H - H_0\}.$$

Summarizing we obtain the following extension of Jacobi's theorem:

Theorem 2. *Suppose that $S(t, x, a)$ is a complete solution of (51). Then for any Hamiltonian $H(t, x, y)$ the canonical mapping $\mathcal{K}$ defined by (40)–(42) maps the system (46) into (47), and vice versa; the Hamiltonian K is computed from H, H_0 and φ by (52) or (52').*

This result looks overly complicated but it saves us from repeating the same kind of computations time and again as it comprises several interesting results. The first is a time-independent version of Jacobi's theorem.

Theorem 3. *Suppose that* $W(x, a)$ *is a complete solution of the "reduced" Hamilton–Jacobi equation*

$$(53) \qquad\qquad H(x, W_x(x, a)) = \varphi(a)$$

for some time-independent Hamiltonian $H(x, y)$*, i.e.,* $S(t, x, a) := W(x, a)$ *is a complete solution of* $S_t + H(x, S_x) = \varphi(a)$*. Moreover set* $u(a, b) := (X(a, b), Y(a, b))$ *where* $x = X(a, b)$*,* $y = Y(a, b)$ *are defined by*

$$(54) \qquad\qquad W_a(x, a) = -b, \qquad W_x(x, a) = y.$$

Then u is a canonical mapping in the phase space transforming the system

$$(55) \qquad\qquad \dot{a} = 0, \qquad \dot{b} = -\varphi_a(a)$$

into the system

$$(56) \qquad\qquad \dot{x} = H_y(x, y), \qquad \dot{y} = -H_x(x, y)$$

and vice versa. Since (55) has the solution

$$(57) \qquad a(t) \equiv \text{const} = a, \quad b(t) = \omega t + \beta \qquad \text{where } \omega := -\varphi_a(a),$$

we obtain the 2n-parameter solution

$$(58) \qquad\qquad x = X(a, \omega(a)t + \beta), \qquad y = Y(a, \omega(a)t + \beta)$$

of (56) with the parameters $a = (a^1, \ldots, a^n)$*,* $\beta = (\beta_1, \ldots, \beta_n)$*.*

Proof. Just apply Theorem 2 to $S(t, x, a) := W(x, a)$ and note that $\mathscr{K}(t, a, b) = (t, u(a, b))$ and $K(a, b) = \varphi(a)$. $\qquad\square$

Remark 3. Note that the construction in Theorem 3 is only locally valid. Also it is worthwhile to compare formulas (57), (58) with relations (50), (51) of *3.1*.

If we in particular choose $\varphi(a) = -a^1$, equation (53) becomes

$$H(x, W_x(x, a)) + a^1 = 0$$

and (55) reduces to

$$\dot{a} = 0, \qquad \dot{b} = e_1,$$

that is, the canonical transformation rectifies the Hamiltonian vector field $(H_y, -H_x)$ to the constant Hamiltonian vector field $(0, e_1)$. By the theory of characteristics (see Chapter 10) there exists a complete solution $W(x, a)$ of $H(x, W_x) = -a^1$ if $H_y \neq 0$. Combining this observation with the application of a suitable elementary canonical map, we obtain: If $(H_x, H_y) \neq 0$ at some point (x_0, y_0), then there exists a canonical mapping $u : (\alpha, \beta) \to (x, y)$ near a point (α_0, β_0) which maps (α_0, β_0) to (a_0, b_0) and satisfies $H(u(\alpha, \beta)) = \beta_1$. This is the analogue of the rectification theorem in *1.5* for Hamiltonian vector fields.

As a second consequence of Theorem 2 we want to state a perturbation theorem which in essence furnishes the method used by astronomers since more than 150 years to compute perturbations of the planetary motions.[3]

To explain the main idea of this perturbation method we consider a dynamical problem, say, the motion of Mars in the gravitational field of the Sun and the other planets. This motion is described by a Hamiltonian system whose Hamiltonian H splits in the form $H = H_0 + \mu H_1$ where H_0 governs the motion of Mars unperturbed by the other planets while μH_1 comprises the perturbing influences. The unperturbed motion is a two-body problem and therefore well understood. It is described by a canonical mapping $\mathscr{K}$ which maps H_0 and $H_1 + H_0$ into $K_0 = 0$ and K_1, and therefore $H = H_0 + \mu H_1$ into $K = \mu K_1$. The Hamiltonian system

$$\dot{x} = H_y, \qquad \dot{y} = -H_x$$

is therefore transformed into

$$\dot{a} = \mu K_{1,b}, \qquad \dot{b} = -\mu K_{1,a},$$

which for $\mu = 0$ has the equilibrium solution $a = \text{const}$, $b = \text{const}$, whereas for $\mu \neq 0$ the solutions are of the form

$$a = A(t, \mu), \qquad b = B(t, \mu).$$

Expanding A and B with respect to the (small) parameter μ, we obtain perturbation formulas for the desired motion of Mars. The detailed elaboration of this method in terms of appropriate astronomical coordinates may be quite complicated as the reader will find out by looking at the literature, but this is the basic idea, and it works rather well as in our planetary system the order of magnitude of the parameter μ is about 10^{-3}.

The method just described is the "canonical version" of the old method of *variation of the constants* introduced by Lagrange; it has the advantage that the new equations for the varied constants a and b are again canonical.

Let us now formulate the precise result.

Theorem 4. *Let H be a Hamiltonian of the form*

$$H(t, x, y) = H_0(t, x, y) + H_1(t, x, y)$$

and let $S(t, x, a)$ be a complete solution of the Hamilton–Jacobi equation

$$S_t + H_0(t, x, S_x) = \varphi(a)$$

for H_0. Solving

$$S_a(t, x, a) = -b, \qquad y = S_x(t, x, a)$$

---

[3] Cf. the beautiful survey of E.T. Whittaker, *Prinzipien der Störungstheorie und allgemeine Theorie der Bahnkurven in dynamischen Problemen* (1912), which can be found in Vol. VI, Part 2, of the Encyklopädie der mathemat. Wiss. (VI 2, 12, pp. 512–556).

by functions $x = X(t, a, b)$, $y = Y(t, a, b)$ *and applying Jacobi's theorem we ob-*
tain a canonical mapping $\mathcal{K} = (t, X, Y)$ *mapping* H_0 *into* $K_0 = \varphi(a)$ *and* H_1 *into*
$K_1(t, a, b)$ *such that the Hamiltonian system*

$$\dot{x} = H_y(t, x, y), \qquad \dot{y} = -H_x(t, x, y)$$

is transformed into

$$\dot{a} = K_{1,b}(t, a, b), \qquad \dot{b} = -K_{1,a}(t, a, b).$$

The new Hamiltonian K_1 *is given by*

$$K_1 = \varphi + \mathcal{K}^* H_1,$$

that is,

$$K_1(t, a, b) = \varphi(a) + H_1(t, X(t, a, b), Y(t, a, b)).$$

Proof. Apply Theorem 2 to $H = H_0 + H_1$. ☐

Of course, the method of Theorem 4 can repeatedly be applied to sums

$$H = H_0 + H_1 + H_2 + \cdots;$$

at each step one introduces $2n$ new constants which are to be varied if one wants
to add another term H_{k+1}. In case of an infinite sum, say, of a power series

$$H = H_0 + \mu H_1 + \mu^2 H_2 + \cdots + \mu^k H_k + \cdots,$$

one has to show that the procedure is converging.

In the applications of Theorem 2 considered above, we have constructed a
canonical map $\mathcal{K}$ or u with regard to a preassigned Hamiltonian H. Now we
want to shift our point of view. We do not consider complete solutions $S(t, x, a)$
of a specific Hamilton–Jacobi equation, but rather we start from an *arbitrary*
function $S(t, x, a)$ which is merely required to satisfy det $S_{ax} \neq 0$. Then we shall
show that there is a Hamiltonian $H_0(t, x, y)$ such that $S_t + H_0(t, x, S_x) = 0$, and
Theorem 2 implies that S can be used to define a canonical transformation $\mathcal{K}$
via the formulas (40)–(42). *This way we can use arbitrary functions* $S(t, x, a)$ *to*
generate canonical mappings.

Clearly this is only a local construction as we shall exploit the assumption
det $S_{xa} \neq 0$ by means of the implicit function theorem; thus it will lead to local
canonical diffeomorphisms. Then the question appears how general this construction is. In other words: Can every canonical diffeomorphism locally be
obtained by this construction? This is, in fact, essentially the case as we shall see
in the following subsection. Therefore our procedure will provide us with a local
representation for any canonical transformation in terms of a single function S.

3.4. Generation of Canonical Mappings by Eikonals

We are now going to carry out the details of the program sketched at the end of
the last section, that is, we want to show how arbitrary functions $S(t, x, a)$ can

be used to generate canonical maps. Let us choose an arbitrary C^3-function $S(t, x, a)$ of variables t, $x = (x^1, \ldots, x^n)$, $a = (a^1, \ldots, a^n)$ defined on some domain $\mathcal{U}$ in $\mathbb{R}^{2n+1}$, and we assume that

$$(1) \qquad\qquad \det S_{x^i a^k} \neq 0$$

is satisfied. Then we can apply the implicit function theorem both to

$$(2) \qquad\qquad S_a(t, x, a) = -b$$

and to

$$(3) \qquad\qquad S_x(t, x, a) = y.$$

Given t, a, b, we can use (2) to compute x, and for given t, x, y, we can determine a from (3). (The solutions always exist and are locally unique if we take the usual precautions required by the implicit function theorem.) Let us first solve (3); for fixed t, x, y denote the solution by $a = A(t, x, y)$. Then we have the two identities

$$(4) \qquad S_x(t, x, A(t, x, y)) = y \quad \text{and} \quad A(t, x, S_x(t, x, a)) = a.$$

Define some Hamiltonian H_0 by

$$(5) \qquad\qquad H_0(t, x, y) := -S_t(t, x, A(t, x, y)).$$

It follows from (4) and (5) that

$$S_t(t, x, A(t, x, y)) + H_0(t, x, S_x(t, x, A(t, x, y))) = 0$$

and, by $a = A(t, x, y)$, it follows that

$$(6) \qquad\qquad S_t(t, x, a) + H_0(t, x, S_x(t, x, a)) = 0.$$

Thus $S(t, x, a)$ is a complete solution of the equation $S_t + H_0(t, x, S_x) = 0$. Since we have chosen S in C^3, the Hamiltonian H_0 is of class C^2, and we can apply Theorem 2 of 3.3. Thus solving (2) by $x = X(t, a, b)$ and defining $y = Y(t, a, b)$ by $Y(t, a, b) := S_x(t, X(t, a, b), a)$ we obtain a canonical mapping

$$\mathscr{K}(t, a, b) := (t, X(t, a, b), Y(t, a, b)).$$

By 3.3, (52) an arbitrary Hamiltonian $H(t, x, y)$ is transformed into $K(t, a, b)$ defined by

$$(7) \qquad\qquad K(t, a, b) = S_t(t, X, a) + H(t, X, Y),$$

where

$$X = X(t, a, b), \qquad Y = Y(t, a, b),$$

and any system (46) in 3.3 is transformed into 3.3, (47), and vice versa. Thus we have proved:

Theorem 1. *If $S(t, x, a)$ is an arbitrary C^3-function satisfying $\det S_{xa} \neq 0$, then $\mathscr{K}(t, a, b) = (t, X(t, a, b), Y(t, a, b))$ with X, Y defined by $S_a(t, X, a) = -b$, $Y = S_x(t, X, a)$ is a canonical mapping which maps any Hamiltonian $H(t, x, y)$ into* *another Hamiltonian K(t, a, b) defined by (7), and the system (46) in 3.3 is transformed into 3.3, (47), and vice versa.*

Now we want to convince ourselves that also the converse of Theorem 1 holds true. Consider an arbitrary map $\mathscr{K}(t, a, b) = (t, X(t, a, b), Y(t, a, b))$ in the extended phase space. By *3.1, Proposition 4* this map is canonical if and only if there is a function $\Psi(t, a, b)$ such that the following holds true:
For any two functions H(t, x, y) and K(t, a, b) satisfying

$$(8) \qquad\qquad K = \mathscr{K}^* H + \Psi_t - Y \cdot X_t,$$

we have

$$(9) \qquad\qquad Y_i \, dX^i - b_k \, da^k + (K - \mathscr{K}^* H) \, dt = d\Psi.$$

Suppose now that $\mathscr{K}$ is a canonical map with the generating function Ψ, and suppose in addition that

$$(10) \qquad\qquad \det X_b \neq 0.$$

Then we can obtain a local solution $b = B(t, a, x)$ of the equation

$$X(t, a, b) = x,$$

and we have the identities

$$(11) \qquad\qquad X(t, a, B(t, a, x)) = x, \qquad B(t, a, X(t, a, b)) = b.$$

Next we define a function $S(t, x, a)$ by

$$(12) \qquad\qquad S(t, x, a) := \Psi(t, a, B(t, a, x)).$$

If we pull (9) back under the mapping $(t, a, x) \mapsto (t, a, b)$ with $b = B(t, a, x)$ it follows that

$$(13) \qquad\begin{aligned} &Y_i(t, a, B) \, dx^i - B_k \, da^k + [K(t, a, B) - H(t, x, Y(t, a, B))] \, dt \\ &= dS = S_t \, dt + S_{x^i} \, dx^i + S_{a^k} \, da^k. \end{aligned}$$

This is equivalent to

$$(14) \qquad\begin{aligned} S_t(t, x, a) &= K(t, a, B) - H(t, x, Y(t, a, B)), \\ S_{x^i}(t, x, a) &= Y_i(t, a, B), \\ S_{a^k}(t, x, a) &= -B_k(t, x, a), \end{aligned}$$

where B stands for $B(t, x, a)$. By virtue of (11) it follows that

$$S_a(t, X, a) = -b, \quad S_x(t, X, a) = Y, \quad K = S_t(t, X, a) + H(t, X, Y),$$

and (10) implies $\det S_{ax} = (-1)^n \det B_x \neq 0$. Therefore we have proved:

Theorem 2. *If $\mathscr{K}(t, a, b) = (t, X(t, a, b), Y(t, a, b))$ is a canonical map such that $\det X_b \neq 0$, then there is a function $S(t, x, a)$ satisfying $\det S_{xa} \neq 0$ which allows* *one to obtain $\mathscr{K}$ locally by the formulas $S_a(t, X, a) = -b$, $S_x(t, X, a) = Y$. Any Hamiltonian $H(t, x, y)$ is mapped into another Hamiltonian $K(t, a, b)$ which is related to H by the relation*

$$K(t, a, b) = S_t(t, X, a) + H(t, X, Y).$$

This theorem is essentially the converse of Theorem 1 except that we had to add the assumption $\det X_b \neq 0$. In fact, it may very well happen that $\det X_b$ vanishes. Nevertheless the following result shows that the reasoning leading to Theorem 2 can always be applied if we are willing to mix the coordinates x, y by a suitable elementary canonical transformation.

Lemma 1. *Let $x = X(a, b)$, $y = Y(a, b)$ be a canonical transformation in the phase space $\mathbb{R}^{2n}$. Then, locally, there exists an elementary canonical transformation $a = A(\alpha, \beta)$, $b = B(\alpha, \beta)$ such that the composed canonical transformation $x = F(\alpha, \beta)$, $y = G(\alpha, \beta)$ defined by $F := X(A, B)$, $G := Y(A, B)$ satisfies $\det F_\beta \neq 0$.*

Sketch of the proof. Since the Jacobian of a canonical map is everywhere one, we certainly have $\mathrm{rank}(X_a, X_b) = n$. Hence there is an $n \times n$-submatrix

$$(X_{a^{i_1}}, \ldots, X_{a^{i_q}}, X_{b_{j_1}}, \ldots, X_{b_{j_r}}),$$

$$q + r = n, \ 1 \leq i_1 < \cdots < i_q \leq n, \ 1 \leq j_1 < \cdots < j_r \leq n, \quad q \geq 0, \ r \geq 0 \ (i_l \neq j_s),$$

whose determinant does not vanish in a sufficiently small neighbourhood of some fixed point (a_0, b_0). Now we choose a suitable elementary canonical transformation which transforms $a^{i_1}, \ldots, a^{i_q}, b_{j_1}, \ldots, b_{j_r}$ into $\beta_1, \ldots, \beta_n$ whereas the other a^i, b_k are mapped into $\pm\alpha_1, \ldots, \pm\alpha_n$. Composing (X, Y) with this map (A, B), we obtain the new canonical map (F, G) satisfying $\det F_\beta \neq 0$. $\quad\square$

Clearly this result can be extended to time-dependent canonical maps $\mathscr{K}(t, a, b) = (t, X(t, a, b), Y(t, a, b))$ if we restrict ourselves to short time-intervals. This shows that, locally, the assumption $\det X_b \neq 0$ in Theorem 2 is essentially no restriction.

Summarizing the results of Theorems 1 and 2 we can say: *Any sufficiently smooth function $S(t, x, a)$ satisfying $\det S_{ax} \neq 0$ can be used to generate canonical maps in $\mathbb{R}^{2n+1}$ and, conversely, any such map can locally be generated in this way (up to composition with an elementary canonical map).* Actually our result states that we generate arbitrary families of canonical maps $u^t = (X(t, \cdot, \cdot), Y(t, \cdot, \cdot))$ in the phase space $\mathbb{R}^{2n}$, as any canonical map $\mathscr{K}$ in $\mathbb{R}^{2n+1}$ is just $\mathscr{K} = (t, u^t)$. If we apply Theorems 1 and 2 to time-independent families u^t, we generate arbitrary canonical maps u in $\mathbb{R}^{2n}$.

The generating functions $S(t, x, a)$ are sometimes called *eikonals* as they satisfy a Hamilton–Jacobi equation. Historically, the notation eikonal was first used for time-independent functions $S(x, a)$ which satisfy a reduced Hamilton–Jacobi equation $H_0(x, S_x) = 0$.

The eikonal $S(t, x, a)$ in Theorems 1 and 2 is often called *point eikonal*, and instead of $S(t, x, a)$ one uses in geometrical optics the notation $E(t, x, a)$ for the point eikonal. The canonical mapping $(t, a, b) \mapsto (t, x, y)$ described by the point eikonal E is given in the form $(t, x, a) \mapsto (t, y, b)$ where $b = B(t, x, a)$ and $y = Y(t, x, a)$ are computed from the formulas

$$B = -E_a, \qquad Y(t, a, B) = E_x.$$

There are several other forms of the "eikonal method" of generating canonical maps $\mathscr{K}$, which use different types of eikonals, for instance the *angle eikonal* $W(t, y, b)$ and the two *mixed eikonals* $S(t, x, b)$ and $\bar{S}(t, y, a)$. Typically these other eikonals S, $\bar{S}$ and W are derived from the point eikonal by one or several Legendre transformations. Precisely speaking $S(t, x, b)$ is derived from $E(t, x, a)$ by the Legendre transformation

$$b = -E_a, \qquad S = E + b \cdot a.$$

The angle eikonal $W(t, y, b)$ is obtained from $S(t, x, b)$ by the Legendre transformation

$$y = S_x, \qquad W = S - y \cdot x$$

and the other mixed eikonal $\bar{S}(t, y, a)$ follows from $W(t, y, b)$ by the Legendre transformation

$$a = W_b, \qquad \bar{S} = W - b \cdot a.$$

The canonical map $(t, a, b) \mapsto (t, x, y)$ is represented by E as $(t, x, a) \mapsto (t, y, b)$, by S as $(t, x, b) \mapsto (t, y, a)$, by $\bar{S}$ as $(t, y, a) \mapsto (t, x, b)$, and by W as $(t, y, b) \mapsto (t, x, a)$. Let us collect the results in a table from which we can read off the various representation formulas for $\mathscr{K}$ using E, S, $\bar{S}$ or W.

$$(15)$$

(E):	$y = E_x$,	$b = -E_a$;	$K = E_t + H$;
(S):	$a = S_b$,	$y = S_x$;	$K = S_t + H$;
(\bar{S}):	$x = -\bar{S}_y$,	$b = -\bar{S}_a$;	$K = \bar{S}_t + H$;
(W):	$x = -W_y$,	$a = W_b$;	$K = W_t + H$.

The third formula in a row indicates the connection between two Hamiltonians $K(t, a, b)$ and $H(t, x, y)$ related to each other by $\mathscr{K}$. Either one of them can be freely chosen; then the other is determined by $\mathscr{K}$. The reader has to fill in the information which variables in each case are the dependent and the independent ones; formulas (15) are only efficient shorthand.

Let us consider some interesting examples.

[1] For $n = 1$ the point eikonal $E(x, a) = \frac{1}{2}x^2 \operatorname{ctg} a$ leads to $b = -E_a(x, a) = \dfrac{x^2}{2 \sin^2 a}$, $y = E_x(x, a) = x \operatorname{ctg} a$, whence we obtain

$$x = \sqrt{2b} \sin a, \qquad y = \sqrt{2b} \cos a.$$

Hence $E(x, a)$ generates one of the Poincaré transformations; see 3.2 [5].

[2] For $n \geq 1$ the point eikonal $E(x, a) = x \cdot a$ generates the elementary canonical transformation $(a, b) \mapsto (x, y)$ given by

$$y = a, \qquad x = -b,$$

since $b = -E_a(x, a) = -x$, $y = E_x(x, a) = a$. (See 3.2 [1].)

More generally the time-dependent point eikonal $E(t, x, a) = tx \cdot a$ yields

$$b = -E_a(t, x, a) = -tx,$$

$$y = E_x(t, x, a) = ta,$$

$$K^*(t, a, b) = H(t, x, y) + x \cdot a.$$

Thus we obtain the transformation formulas

$$x = -b/t, \quad y = ta, \quad K(t, a, b) = H(t, x, y) + (y \cdot x)/t$$
$$a = y/t, \quad b = -tx, \quad H(t, x, y) = K(t, a, b) + (b \cdot a)/t.$$

3.5. Special Dynamical Problems

In this subsection we want to treat several special problems which are irrelevant for the continuation of our general discussion of the Hamilton–Jacobi theory. The reader can skip the following examples without harm for the further understanding. Nevertheless he might find the reading worthwhile as these examples deal with two celebrated classical problems, the *attraction problem by two fixed centers* and the *regularization of the three-body problem*. These examples will beautifully illustrate the general methods developed in 3.1–3.4.

We first want to state a modification of Jacobi's theorem of 3.3 for the case of a Hamilton–Jacobi equation

$$(1) \qquad\qquad S_t + H(x, S_x) = 0,$$

where the Hamiltonian $H(x, y)$ does not depend on t. In order to solve the corresponding Hamiltonian system

$$(2) \qquad\qquad \dot{x} = H_y(x, y), \qquad \dot{y} = -H_x(x, y)$$

by Jacobi's method we have to find a complete solution $S(t, x, a)$ of (1) depending on n parameters $a = (a^1, \ldots, a^n)$. For the functioning of the method it is in principle irrelevant what parameters $a^1, \ldots, a^n$ are chosen. However, the autonomous system (2) has a physically very important first integral, the Hamiltonian $H(x, y)$. Hence for any solution $x(t), y(t)$ of (2) there is a constant h such that

$$(3) \qquad\qquad H(x(t), y(t)) \equiv h.$$

Thus it seems desirable to choose the energy constant h as one of the parameters $a^1, \ldots, a^n$, say, $a^n = h$. However, if we want to determine a general solution $X(t, a, b), Y(t, a, b)$ of (2) by means of a complete solution $S(t, x, a)$ of (1) via Jacobi's theorem, it is not at all clear what we mean by "choosing the energy constant h as one of the parameters $a^1, \ldots, a^n$". Thus it is necessary to make this concept precise in form of a "recipe".

(i) *We try to find a complete solution $S(t, x, a)$ of (1) by the Ansatz*

$$(4) \qquad\qquad S(t, x, a) = W(x, \alpha, h) - ht.$$

Here $\alpha = (\alpha^1, \ldots, \alpha^{n-1})$ and h are *arbitrary parameters* and $a = (\alpha, h)$, i.e., $a^n = h$ and $a^i = \alpha^i$ for $1 \leq i \leq n - 1$. Obviously, the Ansatz (4) yields a solution of (1) if and only if $W(x, \alpha, h)$ is chosen as a solution of

$$(5) \qquad\qquad H(x, W_x) = h.$$

(ii) *Suppose that we have found a solution* (4) *of* (1) *which is complete, i.e.,* $\det S_{xa} \neq 0$. *Then we apply Jacobi's method which consists in setting up the equations*

(6) $$S_a(t, x, a) = -b, \qquad y = S_x(t, x, a).$$

If we write $\beta = (\beta_1, \ldots, \beta_{n-1})$, $\beta_i = b_i$ for $1 \leq i \leq n-1$, and $b_n = t_0$, i.e., $b = (\beta, t_0)$, these equations become

(7) $$W_a(x, \alpha, h) = -\beta, \qquad W_h(x, \alpha, h) = t - t_0, \qquad W_x(x, \alpha, h) = y.$$

Note that these three equations are uncoupled. The first equations

(7₁) $$W_{\alpha^i}(x, \alpha, h) = -\beta_i, \qquad 1 \leq i \leq n-1,$$

can be used to determine $x^1, \ldots, x^n$ in terms of α, h, and β; since we have $n-1$ equations for n variables, (7₁) determines a generically 1-dimensional object, the *orbit* of the trajectory $x = X(t, \alpha, h, \beta, t_0)$, $y = Y(t, \alpha, h, \beta, t_0)$ given by (6) or (7). The second equation

(7₂) $$W_h(x, \alpha, h) = t - t_0$$

can then be used to determine the relation between the position x on the path $(= \text{orbit})$ and the corresponding time t, i.e., (7₁) and (7₂) together yield the full motion $x = X(t, \alpha, h, \beta, t_0)$ along the orbit. Thus equations (7₁) and (7₂) conveniently separate the problem of finding the geometric shape of the trajectory from the final problem of finding the actual motion. Finally, equations

(7₃) $$y = W_x(x, \alpha, h)$$

can be used to determine the canonical momenta $y = Y(t, \alpha, h, \beta, t_0)$ as $Y = W_x(X, \alpha, h)$ if this is of interest. Then it follows from (5) that

(8) $$H[X(t, \alpha, h, \beta, t_0), Y(t, \alpha, h, \beta, t_0)] \equiv h$$

holds true identically in t. This shows that the Ansatz (4) leads indeed to a solution $x(t)$, $y(t)$ of (2) having the energy constant h which justifies the name of our recipe.

The splitting of the dynamical problem (6) into a geometric part and a temporal problem by means of separating equations (7₁) from (7₂) and (7₃) via the Ansatz (4) corresponds to the passage from *Hamilton's principle*

(9) $$\delta \int_{t_1}^{t_2} (T - V)\, dt = 0$$

to *Jacobi's geometrical version of the least action principle* which we have discussed in 3,1 ⃞2 for the motion of a point mass m under the influence of a point mass with the potential energy V; see also 8,1.1 and 8,2.2 for the general case. Choosing an energy constant h, Jacobi's variational principle determines the orbit $x = x(s)$ of a possible motion as stationary point of the integral

(10) $$\int_{s_1}^{s_2} \omega(x) \left| \frac{dx}{ds} \right| ds,$$

with the density

(11) $$\omega(x) := \sqrt{2(h - V(x))}.$$

Since (10) is a parameter invariant integral, the parameter s can be the arc-length, the time, or any other "admissible" parameter. Correspondingly (10) only yields the orbit and not the full motion curve, i.e. we obtain by (10) only the geometric shape of the trajectory. The actual motion $x(t)$ is then to be determined by the *law of conservation of energy*;

(12) $$\tfrac{1}{2}m|\dot{x}|^2 + V(x) = h.$$

In fact, suppose that the orbit of the point mass m is given by $\mathfrak{r}(s)$, s being the parameter of arc length. Then (12) implies

(13) $$\left(\frac{ds}{dt}\right)^2 = \frac{2}{m}\{h - V(\mathfrak{r}(s))\},$$

whence

(13') $$\frac{ds}{dt} = \frac{1}{\sqrt{m}}\omega(\mathfrak{r}(s)) \quad \text{or} \quad t(s) = t_0 + \int_{s_0}^{s} \frac{\sqrt{m}}{\omega(\mathfrak{r}(s))}\, ds$$

and then the actual motion $x(t)$ is obtained from the representation $\mathfrak{r}(s)$ of the orbit by $x(t) = \mathfrak{r}(s(t))$, where $s = s(t)$ is the inverse of $t = t(s)$.

The general passage from Hamilton's principle in point mechanics to Jacobi's geometric least action principle is carried out in 8,2.2, using the same basic idea.

For conservative forces and holonomic constraints Hamiltonians are time independent. Correspondingly problems in point mechanics usually lead to Hamiltonian systems in the autonomous form. For such system our *recipe* (i), (ii) is preferable to the general Jacobi method described in *3.3*.

For the motion of a single point mass m the general procedure reduces to the following *modified recipe*:

Let $L(x, \dot{x}) = \tfrac{1}{2}m|\dot{x}|^2 - V(x)$ and $H(x, y) = \dfrac{1}{2m}|y|^2 + V(x)$ be the Lagrangian and the Hamiltonian respectively of a point mass m in a field of forces $K = -V_x$ with the potential energy $V(x)$. Then one determines an n-parameter solution $W(x, \alpha^1, \ldots, \alpha^{n-1}, h)$ of the reduced Hamilton–Jacobi equation

$$H(x, W_x) = h,$$

that is, of the equation

(14) $$\frac{1}{2m}|W_x|^2 + V(x) = h.$$

For fixed values of $\alpha = (\alpha^1, \ldots, \alpha^{n-1})$, $\beta = (\beta_1, \ldots, \beta_{n-1})$, h and for $t_0 = 0$ the $n - 1$ equations

(15) $$W_{\alpha^i}(x, \alpha, h) = -\beta_i, \quad 1 \le i \le n - 1,$$

for the n variables $x^1, \ldots, x^n$ describe the geometric locus C of the projection $x(t)$ of a solution $x(t)$, $y(t)$ of (2) on the configuration space. Suppose that $\mathfrak{r}(s)$ is a parametrization of C with respect to its arc-length parameter s. Then the law of conservation of energy becomes

$$(16) \qquad \frac{m}{2} \dot{s}^2 + V(\mathfrak{r}(s)) = h,$$

whence we can determine $s = s(t)$ and then $x(t) = \mathfrak{r}(s(t))$.

To apply Jacobi's method we have to find a complete solution of equation (5); this is most conveniently achieved by a separation of variables. Of course we cannot expect that this method functions in general; rather, we can apply it only in very special situations. These special circumstances are satisfied for so-called *Liouville systems*.

Definition. *An autonomous system* (2) *is said to be a* Liouville system *if its Hamiltonian $H(x, y)$ can be written in the form*

$$(16') \qquad H(x, y) = \frac{1}{2A(x)} \sum_{i=1}^{n} B_i(x^i)|y_i|^2 + \frac{C(x)}{A(x)},$$

where

$(16'') \quad A(x) = A_1(x^1) + \cdots + A_n(x^n), \qquad C(x) = C_1(x^1) + \cdots + C_n(x^n),$

and each of the functions A_i, B_i, C_i depends merely on the variable x^i.

Clearly the slightest perturbation $H + \varepsilon H_1$ of the Hamiltonian H will in general destroy its "Liouville character", that is, Liouville systems are highly esoteric objects. The reduced Hamilton–Jacobi equation (5) can be written as

$$(17) \qquad \sum_{i=1}^{n} \{\tfrac{1}{2} B_i |W_{x^i}|^2 + C_i - h A_i\} = 0.$$

Let us try to find a solution $W(x, \alpha, h)$, $\alpha = (\alpha^1, \ldots, \alpha^{n-1})$ which is of the form

$$(18) \qquad W(x, \alpha, h) = F_1(x^1, \alpha^1, h) + F_2(x^2, \alpha^2, h) + \cdots + F_n(x^n, \alpha^n, h),$$

where α^n is defined by

$$(19) \qquad \alpha^n := \alpha^1 + \alpha^2 + \cdots + \alpha^{n-1}.$$

Such a function W is a solution of (17) if

$$\sum_{i=1}^{n} \{\tfrac{1}{2} B_i(F_i')^2 + C_i - h A_i\} = 0$$

holds, $F_1' = \dfrac{d}{dx^1} F_1$, $F_2' = \dfrac{d}{dx^2} F_2$, etc., and this can be achieved by choosing the functions F_i as solutions of

(20)
$$\tfrac{1}{2}B_i(F_i')^2 + C_i - hA_i = -\alpha^i \quad \text{for } 1 \leq i \leq n-1,$$
$$\tfrac{1}{2}B_n(F_n')^2 + C_n - hA_n = \alpha^n.$$

Thus the function $W(x, \alpha, h)$ defined by

(21)
$$W(x, \alpha, h) := \sum_{i=1}^{n-1} \int_{c^i}^{x^i} \left\{ \frac{2[hA_i(t) - C_i(t) - \alpha^i]}{B_i(t)} \right\}^{1/2} dt$$
$$+ \int_{c^n}^{x^n} \left\{ \frac{2[hA_n(t) - C_n(t) + \alpha^n]}{B_n(t)} \right\}^{1/2} dt$$

yields a solution of (17). If we set

(22)
$$f_k(t) := 2B_k(t)[hA_k(t) - C_k(t) - \alpha^k], \quad 1 \leq k \leq n-1,$$
$$f_n(t) := 2B_n(t)[hA_n(t) - C_n(t) + \alpha^n],$$

then equations (7_1) take the form

(23)
$$\int_{c^n}^{x^n} \frac{d\tau}{\sqrt{f_n(\tau)}} - \int_{c^k}^{x^k} \frac{d\tau}{\sqrt{f_k(\tau)}} = -\beta_k \quad \text{for } 1 \leq k \leq n-1,$$

and (7_2) becomes

(24)
$$\sum_{k=1}^{n} \int_{c^k}^{x^k} \frac{A_k(\tau)\, d\tau}{\sqrt{f_k(\tau)}} = t - t_0.$$

The $n - 1$ equations (23) describe the orbits of the Liouville system (16'), and (24) can then be used to determine the actual motion $x(t)$ in the configuration space. The momenta are obtained by (7_3), i.e., by the equations

(24')
$$y_k = W_{x^k} = \frac{\sqrt{f_k}}{B_k}, \quad 1 \leq k \leq n.$$

Remark. The lower limits c^i of integral (21) are taken either as "absolute" constants or as simple zeros of the radicands. In the latter case we also obtain (23) and (24), i.e. no extra terms enter if we differentiate W with respect to α^i or h although the lower limits c^i are now functions of h and α, the reason being that the integrands vanish for $t = c^i$ (or course, we have to assume $B_i(t) \neq 0$ for $t = c^i$). Moreover, one often has also to admit $-\sqrt{f_k(\tau)}$ instead of $\sqrt{f_k(\tau)}$ in the formulas (23) and (24). This is for instance the case if one wants to treat an oscillatory motion ("libration"), say, a pendulum motion. In each single case a detailed analysis of the integrals and of the corresponding motion is needed.

Now we want to discuss a particular Liouville problem that was carefully studied already by Euler. The following treatment using Hamilton–Jacobi theory is due to Jacobi.

$\boxed{1}$ *The motion of a point mass in the field of two fixed attracting centers.* We shall only treat the planar problem.

Suppose that a point mass $M = 1$ moves in a plane Π under the influence of two attracting centers P_1 and P_2 contained in Π. Assume also that P_1 and P_2 are fixed and that m and n are the two attracting point masses centered at P_1 and P_2 respectively. The gravitational potential $V(P)$ of the sum of the two attracting forces is given by

$$V(P) = -U(P) \quad \text{where } U(P) := \frac{m}{|P - P_1|} + \frac{n}{|P - P_2|}.$$

In Π we introduce Cartesian coordinates x, y (instead of x^1, x^2; thus y is not a momentum) in such a way that the origin 0 is centered at the middle of the interval between P_1 and P_2. We assume that $P_1 \neq P_2$ and that

$$P_1 = (-e, 0), \quad P_2 = (e, 0), \quad e > 0.$$

Let us introduce the distances

(25) $\qquad r = |P - P_1| = \sqrt{(x + e)^2 + y^2}, \qquad s = |P - P_2| = \sqrt{(x - e)^2 + y^2}$

of P_1 and P_2 from a general point $P = (x, y)$ in Π. Then the Hamilton function H of the problem is given by

(26) $\qquad\qquad H(x, y, p, q) = \dfrac{p^2}{2} + \dfrac{q^2}{2} - U(x, y),$

where

(27) $\qquad\qquad U(x, y) = \dfrac{m}{r} + \dfrac{n}{s},$

and the reduced Hamilton–Jacobi equation (5) for a complete solution $W(x, y, \alpha, h)$ becomes

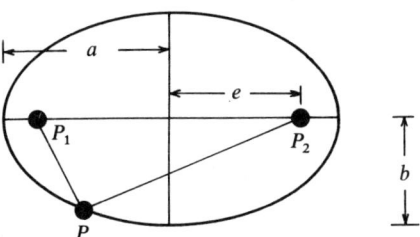

Fig. 3.

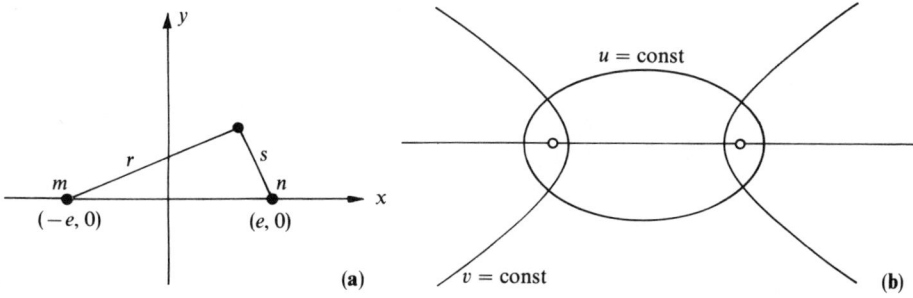

(a)

(b)

Fig. 4. (a) Attraction by two fixed centers of gravity. (b) System of confocal conic sections and elliptic coordinates u, v.

(28) $$W_x^2 + W_y^2 = 2(U + h),$$

cf. (14).

In order to transform (26) into a Liouville system so that we can separate variables, we introduce *elliptic coordinates u, v* in Π by

(29)
$$2u = r + s, \quad \text{i.e.} \quad r = u + v$$
$$2v = r - s, \quad \text{i.e.} \quad s = u - v.$$

The curves $u = $ const and $v = $ const form a system of confocal ellipses and hyperbolas respectively, with the common focal points P_1 and P_2. From

$$(r + a)^2 = 4u^2, \qquad (r - s)^2 = 4v^2$$

we infer

(30) $$u^2 + v^2 = \tfrac{1}{2}(r^2 + s^2), \qquad u^2 - v^2 = rs.$$

Moreover, the triangle inequaltiy

$$2e = |P_1 - P_2| \le |P - P_1| + |P - P_2| = r + s$$

yields $e \le u$, and

$$|r - s| = ||P - P_1| - |P - P_2|| \le |P_1 - P_2| = 2e$$

implies $|v| \le e$. That is, u and v are defined for

(31) $$-e \le v \le e \le u.$$

Furthermore we infer from (25), (29) and (30) that

(32)
$$r^2 - s^2 = 4ex = 4uv,$$
$$\tfrac{1}{2}(r^2 + s^2) = e^2 + x^2 + y^2 = u^2 + v^2,$$

whence

(33) $$x = \frac{uv}{e}, \qquad y = \pm \frac{1}{e}\sqrt{(u^2 - e^2)(e^2 - v^2)}.$$

It follows that

$$dx = \frac{v}{e}\,du + \frac{u}{e}\,dv,$$

$$dy = \pm \frac{u}{e}\sqrt{\frac{e^2 - v^2}{u^2 - e^2}}\,du \mp \frac{v}{e}\sqrt{\frac{u^2 - e^2}{e^2 - v^2}}\,dv$$

and therefore

(34) $$dx^2 + dy^2 = (u^2 - v^2)\left(\frac{du^2}{u^2 - e^2} + \frac{dv^2}{e^2 - v^2}\right) = g_{ik}(u^1, u^2)\,du^i\,du^k,$$

where we have set $u^1 = u, u^2 = v$. Hence the metric tensor (g_{ik}) is given by

(35)
$$\begin{bmatrix} g_{11} & g_{12} \\ g_{21} & g_{22} \end{bmatrix} = \begin{bmatrix} E & F \\ F & G \end{bmatrix} = \begin{bmatrix} \dfrac{u^2 - v^2}{u^2 - e^2}, & 0 \\[2ex] 0 & , \dfrac{u^2 - v^2}{e^2 - v^2} \end{bmatrix}$$

and its inverse $(g^{ik}) = (g_{ik})^{-1}$ is

(36)
$$\begin{bmatrix} g^{11} & g^{12} \\ g^{21} & g^{22} \end{bmatrix} = \begin{bmatrix} \dfrac{u^2 - e^2}{u^2 - v^2}, & 0 \\[2ex] 0 & , \dfrac{e^2 - v^2}{u^2 - v^2} \end{bmatrix}.$$

Let us transform a function $W(x, y)$ to elliptic coordinates u, v:

(37) $$\phi(u^1, u^2) = \phi(u, v) := W(x, y),$$

where x, y and u, v are related to each other by (33). Then we have

$$W_x^2 + W_y^2 = g^{ik} \phi_{u^i} \phi_{u^k}$$

and

$$\frac{m}{r} + \frac{n}{s} = \frac{m}{u + v} + \frac{n}{u - v} = \frac{(m + n)u - (m - n)v}{u^2 - v^2}.$$

Introducing

(38) $$\mu := m + n, \qquad \nu := m - n,$$

the reduced Hamilton–Jacobi equation (28) has in elliptic coordinates u, v the form

(39) $$\frac{u^2 - e^2}{u^2 - v^2} \phi_u^2 - \frac{v^2 - e^2}{u^2 - v^2} \phi_v^2 = \frac{2\mu u - 2\nu v}{u^2 - v^2} + 2h,$$

which is of the type

(40) $$K(u, v, \phi_u, \phi_v) = h,$$

with the Hamiltonian

(41) $$K(u, v, \pi, \sigma) := \frac{1}{2} \left(\frac{u^2 - e^2}{u^2 - v^2} \pi^2 + \frac{e^2 - v^2}{u^2 - v^2} \sigma^2 \right) - \frac{\mu u - \nu v}{u^2 - v^2}.$$

This is a Hamiltonian of Liouville type, and correspondingly K is the Hamiltonian of a Liouville system

(42) $$\dot{u} = K_\pi, \quad \dot{v} = K_\sigma, \quad \dot{\pi} = -K_u, \quad \dot{\sigma} = -K_v.$$

If we apply Jacobi's method to (40), (41) by determining a complete solution $\Phi(u, v, \alpha, h)$ of equation (40), we obtain a general solution $u(t), v(t), \pi(t), \sigma(t)$ of (42) which depends on four parameters α, h, β, t_0. Transforming $u(t), v(t)$ into $x(t), y(t)$ by means of (33) we obtain a four-parameter family of curves $(t, x(t), y(t))$ in the extended configuration space which describe the possible motions of the point mass $M = 1$ under the attraction of the two fixed centers P_1 and P_2.

Another possibility is to transform a complete solution $\Phi(u, v, \alpha, h)$ of (40) into a complete solution $W(x, y, \alpha, h)$ of (28) by pulling Φ back via the transformation formulas (25) and (29).

Instead of applying the general formulas (16')–(24) we repeat the computations which lead to a complete solution of (39) by means of separation of variables. We make the Ansatz

(43) $$\phi(u, v) = f(u) + g(v)$$

for a solution of (39) which leads to

$$(u^2 - e^2)f'(u)^2 - (v^2 - e^2)g'(v)^2 = 2\mu u + 2hu^2 - 2\nu v - 2hv^2$$

or

$$(u^2 - e^2)f'(u)^2 - 2\mu u - 2hu^2 = (v^2 - e^2)g'(v)^2 - 2\nu v - 2hv^2.$$

We solve this equation by choosing both sides as a constant, say, $-\alpha$. Set

(44) $$\varphi(u) := (u^2 - e^2)(2hu^2 + 2\mu u - \alpha), \quad \psi(v) := (v^2 - e^2)(2hv^2 + 2\nu v - \alpha).$$

Then we obtain

(45) $$\varphi(u) = (u^2 - e^2)^2 f'(u)^2, \qquad \psi(v) = (v^2 - e^2)^2 g'(v)^2,$$

whence $\varphi(u) \geq 0$ and $\psi(v) \geq 0$. Thus we can form $\sqrt{\varphi(u)}$ and $\sqrt{\psi(v)}$, and we recall that $e^2 - v^2 \geq 0$, $u^2 - e^2 \geq 0$. Equations (45) are satisfied if we choose f and g as solutions of

$$f'(u) = \frac{\sqrt{\varphi(u)}}{u^2 - e^2}, \qquad g'(v) = \frac{\sqrt{\psi(v)}}{v^2 - e^2}$$

or by

$$f(u) := \int_{u_0}^{u} \frac{\sqrt{\varphi(u)}}{u^2 - e^2}\, du, \qquad g(v) = \int_{v_0}^{v} \frac{\sqrt{\psi(v)}}{v^2 - e^2}\, dv$$

and we obtain a two-parameter solution $\phi(u, v, \alpha, h)$ of (39) by setting

(46) $$\phi(u, v, \alpha, h) := \int_{u_0}^{u} \frac{\sqrt{\varphi(u)}}{u^2 - e^2}\, du + \int_{v_0}^{v} \frac{\sqrt{\psi(v)}}{v^2 - e^2}\, dv,$$

where $\varphi(u, \alpha, h)$ and $\psi(v, \alpha, h)$ are defined by (44).

Instead of $\phi_\alpha = -\beta$ we solve the equation

$$\phi_\alpha(u, v, \alpha, h) = -\tfrac{1}{2}\beta,$$

which is equivalent to

(47) $$\int_{u_0}^{u} \frac{du}{\sqrt{\varphi(u)}} + \int_{v_0}^{v} \frac{dv}{\sqrt{\psi(v)}} = \beta.$$

Secondly, the equation

$$\phi_h(u, v, \alpha, h) = t - t_0$$

leads to

(48) $$\int_{u_0}^{u} \frac{u^2\, du}{\sqrt{\varphi(u)}} + \int_{v_0}^{v} \frac{v^2\, dv}{\sqrt{\psi(v)}} = t - t_0.$$

Equation (47) describes the possible orbits of $M = 1$ in the configuration plane Π with respect to elliptic coordinates u, v, and (48) can be used to determine the actual motions $u(t), v(t)$ along these orbits. Thus the problem of two attracting centers is "solved", which means: it is reduced to elliptic integrals.

Let us finally apply formula (47) to a seemingly trivial special case. We assume that the attracting masses in P_1 and P_2 are zero, i.e.

(49) $$m = 0, \qquad n = 0.$$

In this case the point mass $M = 1$ moves uniformly along a straight line, and to obtain this result we certainly do not need the whole machinery developed before. Nevertheless formula (47) yields an interesting result even if we assume (49), Euler's celebrated *addition theorem for elliptic integrals of the first kind*.

Let us assume (49) and set $h = \tfrac{1}{2}$, $\alpha = \varepsilon^2$. Then we have also $\mu = 0$ and $\nu = 0$, and the two polynomials $\varphi(z)$ and $\psi(z)$ coincide; in fact, we have

(50) $$\varphi(z) = \psi(z) = (z^2 - e^2)(z^2 - \varepsilon^2).$$

The implicit equation (47) of the orbits in Π can be written as

(51) $$G(u, v) = \beta,$$

where G is defined by

(52) $$G(u, v) := \int_{u_0}^{u} \frac{dz}{\sqrt{\varphi(u)}} + \int_{v_0}^{v} \frac{dz}{\sqrt{\varphi(v)}}.$$

We consider the orbit $\mathscr{L}$ passing through the point $P_0 = (x_0, y_0)$ with the elliptic coordinates (u_0, v_0). Since $G(u_0, v_0) = 0$, the orbit $\mathscr{L}$ consists of all points $P = (x, y)$ whose elliptic coordinates (u, v) satisfy $G(u, v) = 0$. Now we fix some $w \in \mathbb{R}$ such that $|w| < e$, and then we suppose that ε satisfies $\varepsilon > e$, i.e. $\alpha > e^2$, recalling that $\alpha = \varepsilon^2$. In order to derive (47) from (46) the lower limits u_0

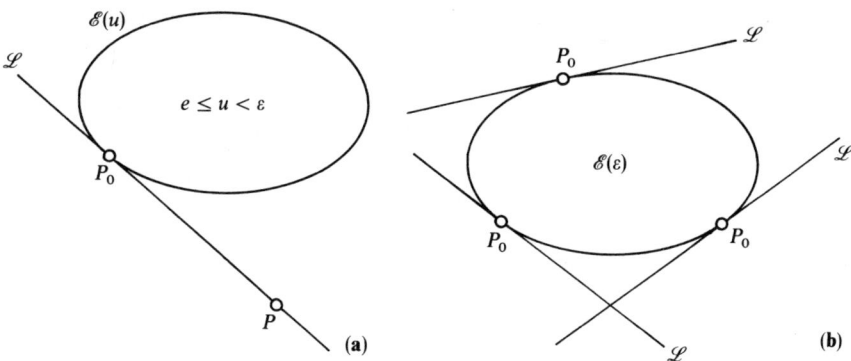

Fig. 5. (a) The ellipse $\mathscr{E}(\varepsilon)$ and the orbit $\mathscr{L}$ tangent to $E(\varepsilon)$ at P_0. The interior of $\mathscr{E}(\varepsilon)$ satisfies $u > \varepsilon$, while the exterior is described by $u > \varepsilon$. **(b)** The points $P_0 \cong (\varepsilon, w)$ lie on $\mathscr{E}(\varepsilon)$.

and v_0 have to be independent of α, otherwise we would obtain

$$\phi_\alpha(u, v, \alpha, \tfrac{1}{2}) = \int_{u_0}^{u} \frac{du}{\sqrt{\varphi(u)}} + \int_{v_0}^{v} \frac{dv}{\sqrt{\varphi(v)}} - \left\{ \frac{\sqrt{\varphi(u_0)}}{u_0^2 - e^2} \frac{\partial u_0}{\partial \alpha} + \frac{\sqrt{\varphi(v_0)}}{v_0^2 - e^2} \frac{\partial v_0}{\partial \alpha} \right\},$$

where $\varphi(z) = (z^2 - e^2)(z^2 - \alpha) = (z^2 - e^2)(z^2 - \varepsilon^2)$. However if we only fix v_0 setting $v_0 = w$ whereas u_0 is chosen as $u_0 = u_0(\alpha) = \varepsilon$, we have $\dfrac{\partial v_0}{\partial \alpha} = 0$ and

$$\frac{\sqrt{\varphi(u_0)}}{u_0^2 - e^2} = 0$$

and therefore the equation $\phi_\alpha = -\tfrac{1}{2}\beta$ is still equivalent to (47), that is, to $G(u, v) = 0$ in our case. Thus the orbit $\mathscr{L}$ through the initial point P_0 with the elliptic coordinates $u_0 = \varepsilon$, $v_0 = w$ is given by the equation

$$(53) \qquad \int_{\varepsilon}^{u} \frac{dz}{\sqrt{\varphi(u)}} + \int_{w}^{v} \frac{dz}{\sqrt{\varphi(v)}} = 0$$

for the elliptic coordinates (u, v) of all points P on $\mathscr{L}$. This equation can be written in the form

$$(54) \qquad \int_{\varepsilon}^{u} \frac{dz}{\sqrt{\varphi(u)}} + \int_{\varepsilon}^{v} \frac{dz}{\sqrt{\varphi(v)}} = \int_{\varepsilon}^{w} \frac{dz}{\sqrt{\varphi(u)}}.$$

For the following we note that the set $\mathscr{E}(u)$ consisting of all points $Q \in \Pi$ whose first elliptic coordinate is just u is the ellipse

$$\mathscr{E}(u) = \{Q \in \Pi \colon |Q - P_1| + |Q - P_2| = 2u\}.$$

This ellipse has the major axis $a = u$ and the minor axis $b = \sqrt{a^2 - e^2} = \sqrt{u^2 - e^2}$ since $a^2 = e^2 + b^2$. Hence the initial point P_0 of the orbit $\mathscr{L}$ lies on the ellipse $\mathscr{E}(\varepsilon)$ as (ε, w) are the elliptic coordinates of P_0. The ellipse $\mathscr{E}(\varepsilon)$ consists of all points $Q = (\xi, \eta)$ whose Cartesian coordinates ξ, η satisfy the quadratic equation

$$(55) \qquad \frac{\xi^2}{\varepsilon^2} + \frac{\eta^2}{\varepsilon^2 - e^2} = 1.$$

Recall now that the orbit $\mathscr{L}$ is a straight line through P_0; the elliptic coordinates (u, v) of an arbitrary point P of $\mathscr{L}$ have to satisfy (54), and we therefore conclude that $u \geq \varepsilon$ along $\mathscr{L}$. Otherwise the integrals in (54) would not be defined as we have $\varphi(z) < 0$ for $e < z < \varepsilon$. (Remark: One can also determine the signs of $\pi = \phi_u$, $\sigma = \phi_v$ by using the corresponding Hamilton system.) We infer that $\mathcal{L}$ can nowhere enter the interior of $\mathscr{E}(\varepsilon)$, and consequently $\mathcal{L}$ is tangent to $\mathscr{E}(\varepsilon)$ at P_0. We derive from (55) that this tangent consists of all points $P = (x, y)$ satisfying

(56)
$$\frac{xx_0}{\varepsilon^2} + \frac{yy_0}{\varepsilon^2 - e^2} = 1,$$

where

$$x_0 = \frac{\varepsilon w}{e}, \qquad y_0 = \pm\frac{1}{e}\sqrt{(\varepsilon^2 - e^2)(e^2 - w^2)}$$

are the Cartesian coordinates of P_0, cf. (33), and

$$x = \frac{uv}{e}, \qquad y = \pm\frac{1}{e}\sqrt{(u^2 - e^2)(e^2 - v^2)}$$

are the Cartesian coordinates of an arbitrary point P of $\mathcal{L}$ having the elliptic coordinates u, v. Therefore (56) implies

(57)
$$\frac{uvw}{\varepsilon} + \frac{\sqrt{(u^2 - e^2)(e^2 - v^2)(e^2 - w^2)}}{\sqrt{\varepsilon^2 - e^2}} = e^2.$$

Thus we obtain the following celebrated *addition theorem* of Euler:

The elliptic integral of first kind $\int_\varepsilon^u \dfrac{dz}{\sqrt{\varphi(z)}}$, $\varphi(z) := (z^2 - e^2)(z^2 - \varepsilon^2)$, *satisfies*

$$\int_\varepsilon^u \frac{dz}{\sqrt{\varphi(z)}} + \int_\varepsilon^v \frac{dz}{\sqrt{\varphi(z)}} = \int_\varepsilon^w \frac{dz}{\sqrt{\varphi(z)}},$$

where the upper limits u, v, w have to satisfy the algebraic equation

$$\frac{uvw}{\varepsilon} + \sqrt{\frac{(u^2 - e^2)(e^2 - v^2)(e^2 - w^2)}{\varepsilon^2 - e^2}} = e^2.$$

That is, the sum of two elliptic integrals of the first kind is again an integral of this type whose upper limit is an algebraic function of the upper limits of the two summands.

We remark that this result really comes out of nothing; it follows from the attraction of two massless centers upon a point mass $M = 1$! Euler's discovery was stimulated by the beautiful discovery of Count Fagnano (1718) who had *doubled the arc of the lemniscate*; this amounts to the formula

$$2\int_0^u \frac{dz}{\sqrt{1 - z^4}} = \int_0^r \frac{dz}{\sqrt{1 - z^2}}, \qquad \text{where } r^2 = \frac{4u^2(1 - u^4)}{(1 + u^4)^2}.$$

$\boxed{2}$ *The regularization of the three-body problem.* Consider three points A_0, A_1, A_2 in three-dimensional space, and let m_0, m_1, m_2 be three positive point masses centered at A_0, A_1, A_2. We want to consider their motion assuming that the masses attract each other according to Newton's law of gravitation. To this end we introduce a system $\mathcal{S}$ of Cartesian coordinates in space centered at O and assume that X_v are the Cartesian coordinates of the position vector $\overrightarrow{OA_v}$ with respect to $\mathcal{S}$. If $\mathcal{S}$ is an inertial system, the equations of motion for $X(T) = (X_0(t), X_1(t), X_2(t))$ are

(58)
$$m_v\ddot{X}_v = \mathrm{grad}_{X_v}\, U(X),$$

where

$$(59) \qquad U(X) = \frac{m_0 m_1}{|X_0 - X_1|} + \frac{m_1 m_2}{|X_1 - X_2|} + \frac{m_2 m_0}{|X_2 - X_0|}$$

is the gravitational potential of the system m_0, m_1, m_2.

Notational conventions:

(i) During the discussion of $\boxed{2}$ the summation convention is suspended.

(ii) All indexed quantities Q_v are assumed to be defined for all integers v and we agree that $Q_v = Q_\mu$ if $v \equiv \mu \pmod{3}$, e.g. $m_0 = m_3$, $m_1 = m_4$, $m_2 = m_5$, etc.

If at an initial time $t = t_0$ the three points A_0, A_1, A_2 are at different positions, we can solve the initial value problem. Then there exists a maximal time t_1 with $t_0 < t_1 \le \infty$ such that the solution $X(t)$ of the initial value problem for (58) exists for all $t \in [t_0, t_1)$ and is real analytic; of course t_1 will depend on the initial data $X(t_0)$, $\dot{X}(t_0)$ of $X(t)$ at the time $t = t_0$. If $t_1 < \infty$ we say $X(t)$ has a *singularity* at $t = t_1$. Presently it is still impossible to predict from the initial data $X(t_0)$, $\dot{X}(t_0)$ whether or not a motion $X(t)$ will develop a singularity. However it is fairly obvious to verify that no singularity can appear as long as $U(X(t))$ remains bounded, or more precisely, if t_1 is a singularity of $X(t)$ then $U(X(t))$ cannot be bounded in a neighbourhood of t_1. We shall see that among all conceivable singularities of $X(t)$ only two kinds are possible, the *binary collision* and the *triple collision*. What happens with the motion $X(t)$ for $t > t_1$, i.e. after the collision? Can we extend $X(t)$ in some natural sense beyond the singularity, or will $X(t)$ be terminating at $t = t_1$? This question seems to be unanswered in case of the triple collision since $X(t)$ then develops an essential singularity while it turns out that for a binary collision the singularity of $X(t)$ is of an algebroid type, and therefore $X(t)$ can be extended "analytically" beyond the singularity.

Kummer wrote in his obituary for Dirichlet[4] that, according to a communication of Kronecker, Dirichlet had found a new and general method to solve the problems of mechanics. Dirichlet died briefly after his discovery without leaving behind any manuscripts, and it remained a mystery what Dirichlet had found. Weierstrass tried to retrace Dirichlet's method, and he attempted to find a solution of the n-body problem in the direction he thought Dirichlet had taken. Following a suggestion of Mittag–Leffler, King Oscar II of Sweden established a prize for finding a series expansion for the solution of the n-body problem convergent for all time. The prize went to Poincaré although he had not solved the problem as posed. Nevertheless the decision was perfectly justified as Poincaré's ideas led to an amazing development in the field of mechanics and analysis, culminating in the KAM-theory due to Kolmogorov–Arnold–Moser.[5] The original problem was solved in 1913 by Sundman [2] for the case of three bodies while no corresponding result is known for the general n-body problem, $n > 3$. We now want to sketch the basic steps of Sundman's solution, incorporating certain ideas of Levi-Civita [1], [2]. A detailed discussion can be found in Siegel–Moser [1].

Let us consider a solution $X(t) = (X_0(t), X_1(t), X_2(t))$ existing for $t_0 \le t \le t_2$. We introduce the momentum $Y = (Y_0, Y_1, Y_2)$ as well as other important quantities by

$$Y_v := m_v \dot{X}_v, \qquad R_v := |X_v|, \qquad V_v := |\dot{X}_v|, \qquad P_v := |Y_v|,$$

$$x_v := X_{v+2} - X_{v+1} = \overrightarrow{A_{v+1} A_{v+2}}, \qquad r_v := |x_v|, \qquad v_v := |\dot{x}_v|,$$

$$m := m_0 + m_1 + m_2, \qquad m_v^* := \frac{m_{v+1} m_{v+2}}{m},$$

$$(60) \qquad U := \sum_{v=0}^{2} \frac{m_{v+1} m_{v+2}}{r_v} = \sum_{v=0}^{2} \frac{m_v^*}{r_v} \quad (= \text{Newton potential}),$$

$$T := \frac{1}{2} \sum_{v=0}^{2} m_v V_v^2 = \frac{1}{2} \sum_{v=0}^{2} \frac{1}{m_v} P_v^2 \quad (= \text{kinetic energy}),$$

$$E := T - U \quad (= \text{total energy}).$$

---

[4] see *Dirichlet's Werke* [1], Vol. 2, p. 344

[5] For a survey see the article by Arnold–Kozlov–Neishtadt [1] in Vol. 3 of the Encyclopaedia of Mathematical Sciences.

By interpreting E as a function $E(X, Y)$ of X and Y we can write (58) in the canonical form

(61) $$\dot{X}_v = \text{grad}_{Y_v} E, \qquad \dot{Y}_v = -\text{grad}_{X_v} E.$$

We can assume that the center of mass is at rest whence

(62) $$\sum_0^2 m_v X_v = 0, \qquad \sum_0^2 Y_v = 0.$$

Moreover we have the conservation laws

(63) $$E = \text{const}, \qquad M = \text{const},$$

where

(64) $$M := \sum_0^2 X_v \times Y_v, \qquad N := |M|$$

is the total moment of momentum and its absolute value respectively.

For a point A in $\mathbb{R}^3$ we introduce the moment of inertia J_A of the three point masses A_0, A_1, A_2 with respect to A by

$$J_A := \sum_0^2 m_v \overline{AA_v^2}$$

and we set in particular

$$J := J_0$$

for A chosen as the barycenter 0. Then we have

$$J = \sum_0^2 m_v R_v^2.$$

Set $S := \overrightarrow{AO}$ and $d := |S| = \overline{AO}$; then we have $\overrightarrow{AA_v} = \overrightarrow{AO} + \overrightarrow{OA_v} = D + X_v$. Taking the first formula of (62) into account we arrive at *Steiner's theorem*,

$$J_A = J + md^2.$$

For $A = A_v$ we obtain $d = R_v$ and

$$m_{v+1} r_{v+2}^2 + m_{v+2} r_{v+1}^2 = J + mR_v^2.$$

Multiplying this formula by m_v/m and summing with respect to v from 0 to 2, it follows that

$$2 \sum_0^2 m_v^* r_v^2 = J + \sum_0^2 m_v R_v^2 = 2J.$$

Thus we have found *Lagrange's formula*:

(65) $$J := \sum_0^2 m_v R_v^2 = \sum_0^2 m_v^* r_v^2.$$

Similarly the conservation law $Y_0 + Y_1 + Y_2 = 0$ implies the *formula of R. Ball*:

(65') $$2T := \sum_0^2 m_v V_v^2 = \sum_0^2 m_v^* v_v^2.$$

By differentiating J twice with respect to t we infer

$$\tfrac{1}{2}\ddot{J} = \sum_0^2 m_v V_v^2 + \sum_0^2 m_v X_v \cdot \ddot{X}_v,$$

and (58) yields

$$m_v X_v \cdot \ddot{X}_v = X_v \cdot \text{grad}_{X_v} U.$$

Since U is positively homogeneous of order -1 with respect to X, we have

$$\sum_0^2 X_\nu \cdot \operatorname{grad}_{X_\nu} U = -U,$$

whence

(66)
$$\tfrac{1}{2}\ddot{J} = T - U.$$

The conservation law $E(t) \equiv h$ yields $T - U = h$, and therefore $2T - U = T + h = U + 2h$. In conjunction with (66) we arrive at *Lagrange's differential equation*

(67)
$$\tfrac{1}{2}\ddot{J} = U + 2h.$$

Moreover the identity

$$m_\nu X_\nu + m_{\nu+1} X_{\nu+1} + m_{\nu+2} X_{\nu+2} = 0$$

is equivalent to

$$mX_\nu = m_{\nu+2} X_{\nu+1} - m_{\nu+1} X_{\nu+2}.$$

Therefore

$$M = \sum_0^2 X_\nu \times m_\nu \dot{X}_\nu$$

$$= \sum_0^2 \left[\frac{m_{\nu+2} m_\nu}{m} X_{\nu+1} \times \dot{X}_\nu - \frac{m_{\nu+1} m_\nu}{m} X_{\nu+2} \times \dot{X}_\nu \right]$$

$$= \sum_0^2 m_{\nu+1}^* x_{\nu+1} \times \dot{X}_\nu - \sum_0^2 m_{\nu+2}^* x_{\nu+2} \times \dot{X}_\nu.$$

If we replace ν in the first sum by $\nu + 2$ and in the second by $\nu + 1$, it follows that

$$M = \sum_0^2 m_\nu^* x_\nu \times \dot{X}_{\nu+2} - \sum_0^2 m_\nu^* x_\nu \times \dot{X}_{\nu+1},$$

whence

(68)
$$M = \sum_0^2 m_\nu^* x_\nu \times \dot{x}_\nu.$$

This implies

$$|M|^2 \leq \left(\sum_0^2 m_\nu^* r_\nu v_\nu \right)^2 \leq \left(\sum_0^2 m_\nu^* r_\nu^2 \right) \left(\sum_0^2 m_\nu^* v_\nu^2 \right),$$

and we obtain *Levi-Civita's inequality*

(69)
$$N^2 \leq 2JT.$$

After these preparations we want to classify the singularities of (58) or (61) respectively. We use the following *Existence theorem due to Cauchy*:

Let $\phi(z) = (\phi^1(z), \ldots, \phi^n(z))$ be a holomorphic function of $z = (z^1, \ldots, z^n)$ in $Q :=$ $\{z \in \mathbb{C}^n : |z^k - \xi^k| < r\}$, $\xi = (\xi^1, \ldots, \xi^n)$, and suppose that $\sup_Q |\phi^k| \leq K$ for $k = 1, \ldots, n$. Then for any $\tau \in \mathbb{R}$ and $\varepsilon := r/K(n + 1)$ there is exactly one solution $z(t)$, $|t - \tau| \leq \varepsilon$, of the initial value problem

$$\dot{z} = \phi(z), \qquad z(\tau) = \xi,$$

which is holomorphic in t and satisfies $z(t) \in Q$ for $|t - \tau| \leq \varepsilon$.

We want to apply this result to the system

(70)
$$\dot{X}_\nu = \frac{1}{m_\nu} Y_\nu, \qquad \dot{Y}_\nu = U_{X_\nu},$$

which is equivalent to (58). Fix some $\tau \in \mathbb{R}$ and set $h := T(\tau) - U(\tau)$ and $\rho := \min\{r_0(\tau), r_i(\tau), r_2(\tau)\}$
we assume that $\rho > 0$. Let $n = 18$ and $z = (z^1, \ldots, z^n) = (X, Y)$, $\xi = (\xi^1, \ldots, \xi^n) = (X(\tau), Y(\tau))$. Then
for $z \in Q = Q_r(\xi)$ and $r \le \rho/8$ we have $r_\nu \ge r_\nu(\tau) - 2\sqrt{3}r > \rho/2$ whence $|U_{X_\nu}| \le K_1(\rho)$, $\nu = 0, 1, 2$,
and $T = T(\tau) + [T - T(\tau)] = h + U(\tau) + [T - T(\tau)]$ implies $|T| \le K_2(\rho, h)$ on $Q_r(\xi)$. Thus,
writing (70) as

$$(70') \qquad\qquad \dot{z}^k = \phi^k(z), \quad k = 1, \ldots, 18,$$

we conclude that the right-hand sides of (70') satisfy $\sup_Q |\phi^k| \le \dfrac{K}{19}$ for some constant $K(\rho, h) > 0$

where $Q = Q_r(\xi)$ and $0 < r \le \rho/8$. If we choose $r = \rho/8$ and set $\varepsilon = \varepsilon(\rho, h) = r/K(\rho, h) > 0$, we infer
from Cauchy's existence theorem the following result.

Lemma 1. *Let $\tau \in \mathbb{R}$, $h := T(\tau) - U(\tau)$, and suppose that $\rho := \min_\nu r_\nu(\tau) > 0$. Then there is a number*
$\varepsilon = \varepsilon(\rho, h) > 0$ *depending only on ρ and h such that the solution $z(t) = (z^1(t), \ldots, z^{18}(t)) = (X(t), Y(t))$*

of (70) exists in $\{t \in \mathbb{C} : |t - \tau| \le \varepsilon\}$ and satisfies $|z^k(t) - z^k(\tau)| \le \dfrac{\rho}{8}$ and $r_\nu(t) > \rho/2$ for $|t - \tau| \le \varepsilon$.

As an immediate consequence of Lemma 1 we obtain

Lemma 2. *If $X(t)$ exists on $[t_0, t_1)$ and if the solution $X(t)$ of (58) becomes singular at $t = t_1$, then we*
have

$$(71) \qquad\qquad \lim_{t \to t_1 - 0} U(t) = \infty.$$

Lemma 3. *If $X(t)$ exists for $t_0 \le t < t_1$ and becomes singular at $t = t_1$ where $t_0 < t_1 < \infty$, then the*
limits $J(t_1 - 0) := \lim_{t \to t_1 - 0} J(t)$ and $\dot{J}(t_1 - 0) := \lim_{t \to t_1 - 0} \dot{J}(t)$ exist in the sense that $J(t_1 - 0) = \infty$
and also $\dot{J}(t_1 - 0) = \infty$ is not excluded. Furthermore we have $\dot{J}(t) < 0$ in $(t_1 - \delta, t_1)$ if $\dot{J}(t_1 - 0) \le 0$
and $\dot{J}(t) > 0$ in $(t_1 - \delta, t_1)$ if $\dot{J}(t_1 - 0) > 0$, provided that $0 < \delta \ll 1$.

Proof. On account of Lemma 2 we infer from Lagrange's equation (67) that $\ddot{J}(t) > 0$ for $t \in$
$(t_1 - \delta, t_1)$, $0 < \delta \ll 1$. Thus $\dot{J}(t)$ is strictly increasing in $(t_1 - \delta, t_1)$, and therefore $\lim_{t \to t_1 - 0} \dot{J}(t) \le \infty$
exists. We obtain that either $\dot{J}(t) < 0$ or $\dot{J}(t) > 0$ in $(t_1 - \delta, t_1)$, $0 < \delta \ll 1$, if either $\dot{J}(t_1 - 0) \le 0$
or > 0 respectively. Hence $J(t)$ is strictly increasing or decreasing in $(t_1 - \delta, t_1)$, and therefore
$\lim_{t \to t_1 - 0} J(t) \le \infty$ exists. $\square$

Since $J(t) > 0$ we have $J(t_1 - 0) \ge 0$. We now distinguish between the two cases $J(t_1 - 0) = 0$
and $J(t_1 - 0) > 0$. We shall see that the first case corresponds to a triple collision, whereas the
second characterizes binary collisions. First we prove

Lemma 4. *A singular point of $X(t)$ is a point of triple collision if and only if $J(t_1 - 0) = 0$. Further-*
more, at a point t_1 of triple collision we have $\dot{J}(t) < 0$ for $t_1 - \delta < t < t_1$ provided that $0 < \delta \ll 1$.

Proof. A triple collision at $t = t_1$ is characterized by

$$(72) \qquad\qquad \lim_{t \to t_1 - 0} X_\nu(t) = 0, \quad \nu = 0, 1, 2.$$

By Lagrange's formula (65) we see that (72) is equivalent to $J(t_1 - 0) = 0$.
Finally Lemma 3 implies that $\dot{J}(t) < 0$ for t close to t_1. $\square$

Theorem of Sundman–Weierstrass. *If $X(t)$, $t_0 \le t < t_1$, has a triple collision at $t = t_1$, then the*
moment of momentum M vanishes, i.e. $N = 0$.

Proof. There is some $\delta > 0$ such that $J(t)$ is strictly decreasing in $[t_1 - \delta, t_1)$ and $\dot{J}(t) < 0$. Because
of $J(t_1 - 0) = 0$ we can assume that $J(t)$ is continuous and strictly decreasing on $[t_1 - \delta, t_1]$. Let us

introduce a new variable i by $i = J(t), t_1 - \delta \le t \le t_1$. We can invert $J(t)$ on $[t_1 - \delta, t_1]$; the inverse function $t = \tau(i), 0 \le i \le i_0$, is continuous and of class C^1 on $(0, i_0]$, and we have

$$\frac{d\tau}{di}(i) = \frac{1}{\dot{J}(t)}\bigg|_{t=\tau(i)} \quad \text{for } 0 < i \le i_0.$$

Introducing $\Gamma := \dot{J} \circ \tau$ we obtain from

$$\dot{J}(t) - \dot{J}(t_1 - \delta) = \int_{t_1-\delta}^{t} \ddot{J}(\underline{t})\, d\underline{t}$$

that $\Gamma(i) = \dot{J}(\tau(i))$ can be written as

$$\Gamma(i) = \dot{J}(t_1 - \delta) + \int_{t_1-\delta}^{\tau(i)} \ddot{J}(\underline{t})\, d\underline{t},$$

whence

$$\Gamma'(i) = \ddot{J}(\tau(i))\tau'(i) = \ddot{J}(\tau(i))\frac{1}{\Gamma(i)}, \qquad ' = \frac{d}{di}.$$

Therefore

(73) $$\ddot{J} \circ \tau = (\tfrac{1}{2}\Gamma^2)'.$$

Since $\tfrac{1}{2}\ddot{J} = T + h$ and $2JT \ge N^2$ it follows that

$$\ddot{J} \ge 2h + J^{-1}N,$$

whence

$$\ddot{J} \circ \tau \ge 2h + i^{-1}N.$$

By (73) we see that

$$\frac{d}{di}\Gamma^2 \ge 4h + \frac{2N^2}{i}$$

and therefore

$$\Gamma^2(i_0) - \Gamma^2(i) + 4h(i - i_0) \ge 2N^2 \log(i_0/i).$$

If $i \to +0$, the left-hand side tends to $\Gamma^2(i_0) - \Gamma^2(0) - 4hi_0$ while $\log(i_0/i) \to \infty$ as $i \to +0$. To avoid a contradiction we need to have $N = 0$. $\qquad\square$

Lemma 5. *If $t = t_1$ is a singular point of the motion $X(t), t_0 \le t < t_1$, then $J(t_1 - 0) > 0$ implies that we have a binary collision at $t = t_1$. More precisely, if $J(t_1 - 0) > 0$ then one of the three functions $r_0(t), r_1(t), r_2(t)$ tends to zero as $t \to t_1 - 0$ whereas the other two remain above positive bounds.*

Proof. Let $\ell(t) := \max_\nu r_\nu(t), \rho(t) := \min_\nu r_\nu(t)$ and $m^* := \max_\nu m_\nu^*$. From $J = \sum_0^2 m_\nu^* r_\nu^2$ we infer

(74) $$J(t) \le 3m^*\ell^2(t).$$

Since we have assumed $J(t_1 - 0) > 0$, there is some $\delta > 0$ such that $\tfrac{1}{2}J(t_1 - 0) < J(t)$ for $t_1 - \delta \le t < t_1$. Hence by setting $\eta := [J(t_1 - 0)/(6m^*)]^{1/2}$ we infer from (74) that

(75) $$0 < \eta \le \ell(t) \quad \text{for } t_1 - \delta \le t < t_1, \ 0 < \delta \ll 1.$$

Furthermore the definition of U in (60) yields

$$U(t) \le 3m^2\rho^{-1}(t),$$

and since $U(t) \to \infty$ as $t \to t_1 - 0$, we obtain $\lim_{t\to t_1-0}\rho(t) = 0$. Therefore it follows that

(76) $$0 < 2\rho(t) < \eta \quad \text{for } t_1 - \delta \le t < t_1, \ 0 < \delta \ll 1.$$

Let us choose some $\delta > 0$ such that both (75) and (76) hold true, and set $t^* := t_1 - \delta$. Then there is a permutation $(i\,j\,k)$ of $(0\ 1\ 2)$ such that

$$(77) \qquad\qquad \rho(t^*) = r_i(t^*) \le r_j(t^*) \le r_k(t^*) = \ell(t^*).$$

We claim that $r_i(t^*) < r_j(t^*)$. In fact, if $r_i(t^*) = r_k(t^*)$ then the triangle inequality $r_k \le r_i + r_j$ would imply

$$\ell(t^*) = r_k(t^*) \le 2r_i(t^*) = 2\rho(t^*),$$

which is impossible because of (75) and (76). Thus we have

$$(77^*) \qquad\qquad \rho(t^*) = r_i(t^*) < r_j(t^*) \le r_k(t^*) = \ell(t^*).$$

Set

$$\Delta_{ij}(t) := r_i(t) - r_j(t), \qquad \Delta_{ik}(t) := r_i(t) - r_k(t).$$

For $t = t^*$ we have $\Delta_{ij}(t^*) < 0$ and $\Delta_{ik}(t^*) < 0$. We claim that $\Delta_{ik}(t) < 0$ and $\Delta_{ik}(t) < 0$ for all $t \in [t^*, t_1)$. Otherwise there is some $t' \in (t^*, t_1)$ such that either $\Delta_{ij}(t') = 0$, $\Delta_{ik}(t') < 0$ or $\Delta_{ij}(t') < 0$, $\Delta_{ik}(t') = 0$, but this is impossible as we can see by the reasoning which led from (77) to (77*). Thus (77) implies

$$r_i(t) < r_j(t) \quad \text{and} \quad r_i(t) < r_k(t) \qquad \text{for all } t \in [t^*, t_1),$$

that is, $\rho(t) = r_i(t)$ for all $t \in [t^*, t_1)$ whence we obtain

$$(78) \qquad\qquad \lim_{t \to t_1 - 0} r_i(t) = 0.$$

Moreover the triangle inequality yields

$$(79) \qquad\qquad |r_j - r_k| \le r_i = \rho < \eta/2.$$

Let $t \in [t^*, t_1)$ and suppose that $r_k(t) = \ell(t)$. Then we infer by means of (75) and (79) that

$$r_j(t) = r_k(t) + r_j(t) - r_k(t) \ge r_k(t) - |r_j(t) - r_k(t)| \ge \eta - \eta/2 = \eta/2$$

and therefore

$$(80) \qquad\qquad r_j(t), r_k(t) \ge \eta/2 > 0 \quad \text{for all } t \in [t^*, t_1).$$

Inspecting (78) and (80) we obtain the desired result.   □

Lemma 6. *Let $t = t_1$ be a singular point of $X(t)$, and suppose that $J(t_1 - 0) > 0$ and $\lim_{t \to t_1 - 0} r_2(t) = 0$. Then the vectors $X_2(t)$, $\dot{X}_2(t)$ and $X_0(t)$, $X_1(t)$ tend to some limit as $t \to t_1 - 0$ and $\lim_{t \to t_1 - 0} X_0(t) = \lim_{t \to t_1 - 0} X_1(t)$.*

Proof. We infer from (58) and (60) that

$$|\ddot{X}_2| \le m_0 r_0^{-2} + m_1 r_1^{-2}.$$

On account of (80) in the proof of Lemma 5 we have

$$r_1(t), r_2(t) \ge \eta/2 > 0 \quad \text{for all } t \in [t^*, t_1),$$

where $t^* = t_1 - \delta$ and $0 < \delta \ll 1$. Setting $K := 4m\eta^{-2}$ and $K^* := |\dot{X}_2(t^*)| + K|t_1 - t^*|$ we obtain

$$|\ddot{X}_2(t)| \le K, \quad |\ddot{X}_2(t)| \le K^* \qquad \text{for } t^* \le t < t_1,$$

whence

$$\begin{aligned} |\dot{X}_2(t) - \dot{X}_2(t')| &\le K|t - t'| \\ |X_2(t) - X_2(t')| &\le K^*|t - t'| \end{aligned} \qquad \text{for all } t, t' \in [t^*, t_1).$$

This implies the existence of the limits $\lim_{t \to t_1 - 0} X_2(t)$ and $\lim_{t \to t_1 - 0} \dot{X}_2(t)$. Then we infer from

$$0 = m_2 X_2 + m_1 X_1 + m_0 X_0 = m_2 X_2 + m_1(X_1 - X_0) + (m_1 + m_0) X_0$$

and $r_2(t) = |X_1(t) - X_0(t)| \to 0$ as $t \to t_1 - 0$ that $\lim_{t \to t_1 - 0} X_0(t)$ exists and that

$$\lim_{t \to t_1 - 0} X_0(t) = -\frac{m_2}{m_0 + m_1} \lim_{t \to t_1 - 0} X_2(t).$$

Similarly we prove

$$\lim_{t \to t_1 - 0} X_1(t) = -\frac{m_2}{m_0 + m_1} \lim_{t \to t_1 - 0} X_2(t). \qquad \square$$

We see that under the assumptions of Lemma 6 the two masses m_0 and m_1 collide at some point A if $t \to t_1 - 0$ while m_2 does not participate in the collision process but stays away from A. We shall now see that the speeds $V_0(t)$ and $V_1(t)$ of m_0 and m_1 tend to infinity as $t \to t_1 - 0$. In fact we obtain the following asymptotic relations.

Lemma 7. *If the assumptions of* Lemma 6 *are satisfied, then we have*

(81) $$\lim_{t \to t_1 - 0} r_2(t) V_1^2(t) = \frac{2m_0^2}{m_0 + m_1}, \qquad \lim_{t \to t_1 - 0} r_2(t) V_0^2(t) = \frac{2m_1^2}{m_0 + m_1}.$$

Proof. We infer from $\sum_0^2 Y_i = 0$ that

$$-m_0 \dot{X}_0 = m_1 \dot{X}_1 + m_2 \dot{X}_2,$$

whence

$$m_0^2 V_0^2 = m_1^2 V_1^2 + m_2^2 V_2^2 + 2m_1 m_2 \langle \dot{X}_1, \dot{X}_2 \rangle$$

and therefore

(82) $$|m_0^2 V_0^2 r_2 - m_1^2 V_1^2 r_2| \le m_2 \sqrt{r_2} [m_2 \sqrt{r_2} V_2 + 2m_1 m_2 \sqrt{r_2} V_1] V_2.$$

Moreover $T(t) - U(t) = h$ and $r_2(t) \to 0$ as $t \to t_1 - 0$ imply that $r_2(t) T(t) = r_2(t) U(t) + r_2(t) h \to m_0 m_1$ as $t \to t_1 - 0$, that is,

$$\lim_{t \to t_1 - 0} \sum_0^2 m_\nu r_2(t) V_\nu^2(t) = 2m_0 m_1$$

and consequently

(83) $$\lim_{t \to t_1 - 0} [m_0 r_2(t) V_0^2(t) + m_1 r_2(t) V_1^2(t)] = 2m_0 m_1.$$

Hence there is some constant K such that

$$\sqrt{r_2(t)} V_0(t) + \sqrt{r_2(t)} V_1(t) \le K$$

for $t_1 - \delta \le t < t_1$ and $\delta > 0$, and in conjunction with (82) it follows that

(84) $$r_2(t) m_0^2 V_0^2(t) - r_2(t) m_1^2 V_1^2(t) \to 0 \quad \text{as } t \to t_1 - 0.$$

Multiplying (83) by m_0 and taking (84) into account we arrive at the first equation (81), and then the second follows from (84). $\qquad \square$

Lemma 8. *If the assumptions of* Lemma 6 *are satisfied, then we have* $\dot{J}(t_1 - 0) < \infty$ *and* $J(t_1 - 0) < \infty$.

Proof. The relation $J(t_1 - 0) < \infty$ follows immediately from Lemma 6. In order to prove $\dot{J}(t_1 - 0) < \infty$ we first note that

$$\dot{J} = 2 \sum_0^2 m_\nu X_\nu \cdot \dot{X}_\nu.$$

Moreover $\sum_0^2 Y_\nu = 0$ implies that

$$\sum_{0}^{2} m_v X_0 \cdot \dot{X}_v = 0,$$

whence

$$\dot{J} = 2\sum_{0}^{2} m_v (X_v - X_0) \cdot \dot{X}_v = 2m_1 x_2 \cdot \dot{X}_1 - 2m_2 x_1 \cdot \dot{X}_2$$

and therefore

$$|\dot{J}| \le 2m_1 r_2 V_1 + 2m_2 r_1 V_2.$$

Taking Lemmas 6 and 7 into account we obtain $|\dot{J}(t)| \le$ const in $[t_0, t_1)$, and therefore $\dot{J}(t_1 - 0) < \infty$.   □

Having discussed in detail what happens in case of a binary collision at $t = t_1$, we shall outline how the motion $X(t)$ can be extended beyond $t = t_1$. This part of our discussion will be somewhat sketchy.

The local regularization at $t = t_1$ uses four tools, (A) Sundman's transformation of the independent variable; (B) a transformation of the Hamiltonian system (61) to relative coordinates; (C) an artifice of Poincaré; (D) Levi-Civita's regularizing transformation.

Our **basic assumption** for the following is that $X(t)$ is defined for $t_0 \le t < t_1$ and that $t = t_1$ is a singular point with $J(t_1 - 0) > 0$. Thus we have a binary collision at $t = t_1$, and we suppose that $\lim_{t \to t_1 - 0} r_2(t) = 0$, i.e. the two masses m_0 and m_1 collide.

(A) *Sundman's transformation.* Since $U(t) \to \infty$ as $t \to t_1 - 0$, there is some $t_1' \in (t_0, t_1)$ such that

(85) $U(t) > 0 \quad \text{for } t_1' \le t < t_1.$

Set

(86) $\sigma(t) := \int_{t_1'}^{t} [U(\underline{t}) + 1]\, d\underline{t}$

for $t_1' \le t < t_1$; later we shall also admit complex-valued t. Then we have

(87) $\dfrac{d\sigma(t)}{dt} = U(t) + 1 \ge 1.$

Furthermore we infer from Lagrange's equation (67) that

(88) $\sigma(t) = \tfrac{1}{2}\dot{J}(t) - \tfrac{1}{2}\dot{J}(t_1') + (1 - 2h)(t - t_1')$

and Lemma 8 implies that $\dot{J}(t_1 - 0) := \lim_{t \to t_1 - 0} \dot{J}(t)$ exists and has a finite value. Hence we obtain that $\lim_{t \to t_1 - 0} \sigma(t) = s_1$ exists and that

(89) $s_1 = \tfrac{1}{2}[\dot{J}(t_1 - 0) - \dot{J}(t_1')] + (1 - 2h)(t_1 - t_1') \in \mathbb{R}.$

Moreover we infer from

$$U = \frac{m_1 m_2}{r_0} + \frac{m_2 m_0}{r_1} + \frac{m_0 m_1}{r_2} = \frac{m_0 m_1}{r_2}\left[1 + \frac{m_2 r_2}{m_0 r_0} + \frac{m_2 r_2}{m_1 r_1}\right]$$

that

(90) $U(t) + 1 \sim \dfrac{m_0 m_1}{r_2(t)} \quad \text{as } t \to t_1 - 0.$

Setting $s_1' := \sigma(t)$ we see that the parameter transformation $s = \sigma(t)$ maps $[t_1', t_1]$ in a 1–1-way onto $[s_1', s_1]$, and $\sigma(t)$ is continuous on $[t_1', t_1]$ and real analytic on $[t_1', t_1)$.

(B) *Relative coordinates.* Since $r_2(t) = |X_0(t) - X_1(t)|$ tends to zero as $t \to t_1 - 0$, it will be useful to introduce relative coordinates with respect to the point A_0 where the mass m_0 is centered. So we pass from coordinates (X, Y) to new coordinates $(\mathcal{X}, \mathcal{Y})$, $X = (X_0, X_1, X_2)$, $Y = (Y_0, Y_1, Y_2)$, $\mathcal{X} = (\mathcal{X}_0, \mathcal{X}_1, \mathcal{X}_2)$, $\mathcal{Y} = (\mathcal{Y}_0, \mathcal{Y}_1, \mathcal{Y}_2)$ by setting

$$\mathcal{X}_0 = X_0, \qquad \mathcal{X}_1 = X_1 - X_0, \qquad \mathcal{X}_2 = X_2 - X_0,$$

(91)

$$\mathcal{Y}_0 = \sum_0^2 Y_\nu, \qquad \mathcal{Y}_1 = Y_1, \qquad \mathcal{Y}_2 = Y_2.$$

This transformation is canonical since we have

$$\sum_0^2 \mathcal{Y}_\nu \cdot d\mathcal{X}_\nu = \left(\sum_0^2 Y_\nu\right) \cdot dX_0 + Y_1 \cdot (dX_1 - dX_0) + Y_2 \cdot (dX_2 - dX_0)$$

$$= \sum_{\nu=0}^2 Y_\nu \cdot dX_\nu.$$

Thus by introducing a new Hamiltonian $\mathcal{E}$ by

$$\mathcal{E}(\mathcal{X}, \mathcal{Y}) := E(X, Y),$$

where $\mathcal{X}, \mathcal{Y}$ and X, Y are related by (91), the system (61) is transformed into the new Hamiltonian system

(92) $$\dot{\mathcal{X}}_\nu = \mathcal{E}_{\mathcal{Y}_\nu}(\mathcal{X}, \mathcal{Y}), \quad \dot{\mathcal{Y}}_\nu = -\mathcal{E}_{\mathcal{X}_\nu}(\mathcal{X}, \mathcal{Y}), \qquad \nu = 0, 1, 2.$$

A straight-forward computation yields

(93) $$\mathcal{E}(\mathcal{X}, \mathcal{Y}) = \frac{1}{2m_0}|\mathcal{Y}_0 - \mathcal{Y}_1 - \mathcal{Y}_2|^2 + \frac{1}{2m_1}|\mathcal{Y}_1|^2 + \frac{1}{2m_2}|\mathcal{Y}_2|^2 + \frac{m_0 m_1}{|\mathcal{X}_1|} + \frac{m_0 m_2}{|\mathcal{X}_2|} + \frac{m_1 m_2}{|\mathcal{X}_1 - \mathcal{X}_2|}.$$

Hence $\mathcal{E}_{\mathcal{X}_0} = 0$, i.e. $\mathcal{X}_0$ are ignorable variables of (92). In fact the conservation laws (62) imply

(94) $$\mathcal{X}_0(t) = -\frac{m_1}{m}\mathcal{X}_1(t) - \frac{m_2}{m}\mathcal{X}_2(t), \qquad \mathcal{Y}_0(t) = 0.$$

Let us introduce the Hamiltonian $\mathcal{E}^0$ by

$$\mathcal{E}^0(\mathcal{X}_1, \mathcal{X}_2, \mathcal{Y}_1, \mathcal{Y}_2) := \mathcal{E}(\mathcal{X}, \mathcal{Y})|_{\mathcal{Y}_0 = 0}.$$

Then we have

(95) $$\mathcal{E}^0(\mathcal{X}_1, \mathcal{X}_2, \mathcal{Y}_1, \mathcal{Y}_2) := \mathcal{T}(\mathcal{Y}_1, \mathcal{Y}_2) - V(\mathcal{X}_1, \mathcal{X}_2),$$

where

$$V(\mathcal{X}_1, \mathcal{X}_2) := \frac{m_0 m_1}{|\mathcal{X}_1|} + \frac{m_0 m_2}{|\mathcal{X}_2|} + \frac{m_1 m_2}{|\mathcal{X}_1 - \mathcal{X}_2|} = U(X),$$

$$\mathcal{T}(\mathcal{Y}_1, \mathcal{Y}_2) := \frac{1}{2m_0}|\mathcal{Y}_1 + \mathcal{Y}_2|^2 + \frac{1}{2m_1}|\mathcal{Y}_1|^2 + \frac{1}{2m_2}|\mathcal{Y}_2|^2.$$

One easily sees that the equations

$$\dot{\mathcal{X}}_\nu = \mathcal{E}_{\mathcal{Y}_\nu}, \quad \dot{\mathcal{Y}}_\nu = -\mathcal{E}_{\mathcal{X}_\nu}, \qquad \nu = 1, 2,$$

are equivalent to

(97) $$\dot{\mathcal{X}}_\nu = \mathcal{E}^0_{\mathcal{Y}_\nu}, \quad \dot{\mathcal{Y}}_\nu = -\mathcal{E}^0_{\mathcal{X}_\nu}, \qquad \nu = 1, 2,,$$

under the subsidiary conditions (94) which are satisfied in our case. Hence it suffices to study the reduced system (97).

(C) *Poincaré's trick.* We write $U(t)$, $V(t)$ for $U(X(t))$, $V(\mathcal{X}_1(t), \mathcal{X}_2(t))$ respectively, i.e. $U(t) = V(t)$. According to Sundmann we introduce a new variable s by $ds = (U + 1) \, dt = (V + 1) \, dt$. For the sake of simplicity we write $\mathscr{X}(s)$, $\mathscr{Y}(s)$, $V(s)$ for $\mathscr{X}(\tau(s))$, $\mathscr{Y}(\tau(s))$, $V(\tau(s))$ etc., and we set $\dfrac{d}{ds} = \,'$. Then we have

$$(98) \qquad \mathscr{X}_\nu' = \dot{\mathscr{X}}_\nu \frac{dt}{ds} = \mathscr{E}^0_{\mathscr{Y}_\nu}/(V+1), \quad \mathscr{Y}_\nu' = \dot{\mathscr{Y}}_\nu \frac{dt}{ds} = -\mathscr{E}^0_{\mathscr{X}_\nu}/(V+1), \qquad \nu = 1, 2.$$

Let h be the energy constant of the motion $X(t)$, $Y(t)$ and introduce the new Hamiltonian $\mathscr{F}$ by

$$\mathscr{F}(\mathscr{X}_1, \mathscr{X}_2, \mathscr{Y}_1, \mathscr{Y}_2) := \frac{\mathscr{E}^0(\mathscr{X}_1, \mathscr{X}_2, \mathscr{Y}_1, \mathscr{Y}_2) - h}{V(\mathscr{X}_1, \mathscr{X}_2) + 1}.$$

Consider the Hamiltonian system

$$(99) \qquad \mathscr{X}_\nu' = \mathscr{F}_{\mathscr{Y}_\nu}, \quad \mathscr{Y}_\nu' = -\mathscr{F}_{\mathscr{X}_\nu}, \qquad \nu = 1, 2.$$

In general the two systems (98) and (99) are different, but they agree for motions satisfying $\mathscr{E}^0(s) \equiv h$. Thus in our case we are allowed to replace (61) by (99).

(D) *Levi-Civita's regularizing transformation.* Now we introduce new coordinates $(\xi, \eta) = (\xi_1, \xi_2, \eta_1, \eta_2)$ instead of $\mathscr{X}_1, \mathscr{X}_2, \mathscr{Y}_1, \mathscr{Y}_2$ by the canonical transformation

$$(100) \qquad \begin{aligned} \mathscr{X}_1 &= |\eta_1|^2 \xi_1 - 2\langle \eta_1, \xi_1 \rangle \eta_1, \quad \mathscr{Y}_1 = |\eta_1|^{-2} \eta_1, \\ \mathscr{X}_2 &= \xi_2, \quad \mathscr{Y}_2 = \eta_2. \end{aligned}$$

We know that this transformation is an involution and satisfies

$$(101) \quad |\mathscr{Y}_1|^2 = |\eta_1|^{-2}, \quad \langle \mathscr{X}_1, \mathscr{Y}_1 \rangle = -\langle \xi_1, \eta_1 \rangle, \quad |\mathscr{X}_1| = |\xi_1| |\eta_1|^2, \quad |\xi_1| = |\mathscr{X}_1| |\mathscr{Y}_1|^2,$$

see 3.2 $\boxed{6}$.

Before we apply Levi-Civita's transformation to (99) we want to interpret it by a mechanical problem. Choose a system $\mathscr{S}_0$ of Cartesian coordinates with the origin A_0 whose axes are parallel to those of the inertial system $\mathscr{S}$ (whose origin 0 is the center of mass for m_0, m_1, m_2). Consider a moving point A_1 that has the position vector $\mathscr{X}_1$ with respect to $\mathscr{S}_0$ and the momentum $\mathscr{Y}_1$. Imagine A_0 to be the center of a central force with the potential

$$\Phi(\mathscr{X}_1) = \frac{k}{|\mathscr{X}_1|},$$

where k is chosen in such a way that

$$\frac{1}{2m_1} |\mathscr{Y}_1|^2 - \Phi(\mathscr{X}_1) = 0.$$

We know that under these circumstances the motion of A_1 is a parabola (see 1.6 $\boxed{2}$) whose focus is A_0. Let A be the point on the axis of this parabola such that $\overline{AA_0} = \overline{A_0 A_1}$ and that the vertex of the parabola lies between A and A_0. Then the tangent to the parabola at A_1 intersects the parabola axis at A.

Now we choose two vectors ξ_1 and η_1 as follows: Suppose that ξ_1 points in the direction of $\overline{A_0 A}$ and satisfies $|\xi_1| = 2m_1 k = |\mathscr{X}_1| |\mathscr{Y}_1|^2$, and let η_1 point in the direction of the tangent vector $\mathscr{Y}_1$ such that

$$|\eta_1| = \frac{|\mathscr{X}_1| |\mathscr{Y}_1|}{|\xi_1|} = \frac{1}{|\mathscr{Y}_1|}$$

(see Fig. 6). Then we obtain

$$\mathscr{Y}_1 = |\eta_1|^{-2} \eta_1$$

and

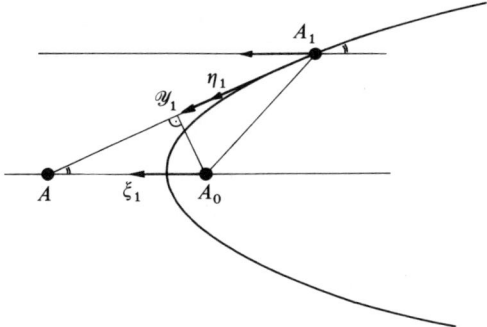

Fig. 6. Mechanical interpretation of Levi-Civita's transformation.

$$\overrightarrow{A_0 A} = |\xi_1|^{-1}\xi_1 |\mathcal{X}_1| = |\mathcal{Y}_1|^{-2}\xi_1 = |\eta_1|^2\xi_1 \,,$$

$$\overrightarrow{AA_1} = -2\frac{\eta_1}{|\eta_1|}|\mathcal{X}_1|\frac{\langle \xi_1, \eta_1 \rangle}{|\xi_1||\eta_1|} = -2\langle \xi_1, \eta_1 \rangle \eta_1 \,,$$

whence

$$\mathcal{X}_1 = \overrightarrow{A_0 A} + \overrightarrow{AA_1} = |\eta_1|^2\xi_1 - 2\langle \xi_1, \eta_1 \rangle \eta_1 \,.$$

Thus we can roughly speaking say that the new coordinates ξ_1, η_1 are generated from the motion of A_1 by means of a suitable parabolic motion of A_1 tangent to the true motion.

Now we introduce a new Hamiltonian $H(\xi, \eta)$ by

$$H(\xi, \eta) := \mathcal{F}(\mathcal{X}_1, \mathcal{X}_2, \mathcal{Y}_1, \mathcal{Y}_2),$$

where $\xi_1, \xi_2, \eta_1, \eta_2$ and $\mathcal{X}_1, \mathcal{X}_2, \mathcal{Y}_1, \mathcal{Y}_2$ are connected by the canonical transformation (100). Then (99) is transformed into

(102) $$\xi'_v = H_{\eta_v}(\xi, \eta), \quad \eta'_v = -H_{\xi_v}(\xi, \eta), \quad v = 1, 2.$$

Because of $\mathcal{F} = (\mathcal{E}^0 - h)/(V + 1)$ and $\mathcal{E}^0 = \mathcal{T} - V$ we obtain

(103) $$\mathcal{F} = \frac{V^{-1}\mathcal{T} - V^{-1}(h - 1)}{1 + V^{-1}} - 1,$$

and (96) implies

$$V^{-1} = W^{-1}|\mathcal{X}_1||\mathcal{X}_2||\mathcal{X}_1 - \mathcal{X}_2|,$$

where

$$W := mm_0^*|\mathcal{X}_1||\mathcal{X}_2| + m|\mathcal{X}_1 - \mathcal{X}_2|(m_1^*|\mathcal{X}_1| + m_2^*|\mathcal{X}_2|),$$

(104) $$\mathcal{T} := \mu_1|\mathcal{Y}_1|^2 + \mu_2|\mathcal{Y}_2|^2 + \mu_0\langle \mathcal{Y}_1, \mathcal{Y}_2 \rangle,$$

where

$$\mu_1 := \tfrac{1}{2}(m_0^{-1} + m_1^{-1}), \quad \mu_2 := \tfrac{1}{2}(m_0^{-1} + m_2^{-1}),$$

$$\mu_0 := m_0^{-1}, \quad r_0 = |\mathcal{X}_1 - \mathcal{X}_2| = |X_1 - X_2|.$$

By (100), (101) we have

$$|\mathscr{X}_1| = |\xi_1||\eta_1|^2, \qquad |\mathscr{X}_2| = |\xi_2|,$$

(105)
$$|\mathscr{Y}_1| = |\eta_1|^{-1}, \qquad |\mathscr{Y}_2| = |\eta_2|,$$

$$\langle \mathscr{Y}_1, \mathscr{Y}_2 \rangle = |\eta_1|^{-2} \langle \eta_1, \eta_2 \rangle$$

and

(106)
$$r_0 = ||\eta_1|^2 \xi_1 - 2\langle \eta_1, \eta_1 \rangle \eta_1 - \xi_2|.$$

Hence we can express V^{-1} and $V^{-1}\mathscr{T}$ in the following way by $\xi_1, \xi_2, \eta_1, \eta_2$:

$$V^{-1} = \frac{|\xi_1||\xi_2||\eta_1|^2 r_0}{mm_0^* |\xi_1||\xi_2||\eta_1|^2 + mr_0(m_1^*|\xi_1||\eta_1|^2 + m_2^*|\xi_2|)},$$

(107)
$$V^{-1}\mathscr{T} = \frac{r_0[\mu_1|\xi_1||\xi_2| + \mu_2|\xi_1||\xi_2||\eta_1|^2|\eta_2|^2 + \mu_0|\xi_1||\xi_2|\langle \eta_1, \eta_2 \rangle]}{mm_0^*|\xi_1||\xi_2||\eta_1|^2 + mr_0(m_1^*|\xi_1||\eta_1|^2 + m_2^*|\xi_2|)},$$

where r_0 is to be replaced by the right-hand side of (106). Since $H(\xi, \eta) = \mathscr{F}(\mathscr{X}_1, \mathscr{X}_2, \mathscr{Y}_1, \mathscr{Y}_2)$ we infer from (103) that

(108)
$$H(\xi, \eta) = \frac{V^{-1}\mathscr{T} - V^{-1}(h - 1)}{1 + V^{-1}} - 1$$

where the right-hand side is to be expressed by (106) and (107).

Note that after carrying out Sundman's transformation, the limit process $t \to t_1 - 0$ corresponds to $s \to s_1 - 0$. On account of Lemmas 6–8 we obtain the following limit relations as $s \to s_1 - 0$:

$$|\xi_1(s)| = |\mathscr{X}_1(s)||\mathscr{Y}_1(s)|^2 - m_1^2 r_2(s) V_1^2(s) \to c_1 := 2m_0^2 m_1^2/(m_0 + m_1) > 0,$$

$$|\xi_2(s)| = |\mathscr{X}_2(s)| = r_1(s) \to c_2 > 0,$$

$$r_0(s) \to c_0 > 0,$$

$$|\eta_1(s)| \to 0 \quad \text{since } |\eta_1| = |\mathscr{Y}_1|^{-1} = m_1^{-1} V_1^{-1} \text{ and } V_1(s) \to \infty, \text{ therefore } \eta_1(s) \to 0.$$

Since $X_0(t), X_1(t), X_2(t)$ and $\dot{X}_2(t)$ have a limit as $t \to t_1 - 0$, we infer that $\xi_2(s)$ and $\eta_2(s)$ tend to limits as $s \to s_1 - 0$ whence

$$|\eta_2(s)| \to c_3, \qquad \langle \eta_1(s), \eta_2(s) \rangle \to 0.$$

These relations in conjunction with (106)–(108) imply the existence of a compact set K and an open set Ω in the ξ, η-space $\mathbb{R}^{12}$, $K \subset \Omega$, such that

$$(\xi(s), \eta(s)) \in K \quad \text{for } s \in (s_1 - \delta, s_1), \; 0 < \delta \ll 1$$

and that $H(\xi, \eta)$ is bounded and real analytic on Ω. On account of Cauchy's estimates we can assume that both H_ξ and H_η are bounded on Ω (by replacing Ω by some suitable Ω' satisfying $K \subset \Omega' \subset\subset \Omega$). Then, applying Cauchy's existence theorem to the system (102), we obtain

Proposition 1. *The basic assumption (*) implies that $\xi(s), \eta(s)$ can be extended as real analytic functions to some interval $(s_1 - \delta, s_1 + \delta), 0 < \delta \ll 1$.*

By reversing Sundman's transformation as well as the other transformations we return to $X(t), Y(t)$ and obtain an extension of these functions to $[t_0, t_1 + \delta), 0 < \delta \ll 1$, which is real analytic except for $t = t_1$. It is an easy exercise to show that $s = \sigma(t)$ behaves like $s - s_1 = [\gamma(t - t_1)]^{1/3} + \cdots$; we leave the proof of this fact to the reader.

Now we can proceed until we hit upon another singularity where we repeat the regularization procedure: One shows that the s-singularities cannot accumulate at some finite value. Eventually one obtains the motion of A_0, A_1, A_2 represented by holomorphic functions $X_0(s), X_1(s), X_2(s)$ on some open neighbourhood Ω of the s-axis, and $X_\nu(s) \in \mathbb{R}$ for $s \in \mathbb{R}$. By Riemann's mapping theorem one can achieve that the $X_\nu(\omega)$ are given as holomorphic functions on $\{\omega \in \mathbb{C} : |\omega| < 1\}$ such that the real ω-values correspond to the real s-values, and that $X_\nu(\omega)$, $-1 < \omega < 1$, completely describes the motion of A_ν, $\nu = 0, 1, 2$. Details concerning the last remarks can be looked up in Siegel [1], pp. 46–50, or in Siegel–Moser [1], pp. 46–49.

3.6. Poisson Brackets

Now we want to investigate the so-called Poisson brackets which can be used to characterize canonical mappings of the phase space $M = \mathbb{R}^n \times \mathbb{R}_n \cong \mathbb{R}^{2n}$ ($= x, y$-space). Since one-parameter groups of canonical transformations of M onto itself are the same as phase flows of complete Hamiltonian vector fields $\mathcal{H} = H_{y_i} \dfrac{\partial}{\partial x^i} - H_{x^k} \dfrac{\partial}{\partial y_k}$ on M, Poisson brackets will also play an important role for the integration of autonomous Hamiltonian systems

$$(1) \qquad \dot{x} = H_y(x, y), \qquad \dot{y} = -H_x(x, y),$$

which we also write in the form

$$(2) \qquad \dot{z} = J H_z(z),$$

where

$$J = \begin{bmatrix} 0 & I \\ -I & 0 \end{bmatrix}, \qquad I = I_n, \qquad z = \begin{bmatrix} x \\ y \end{bmatrix} \in M \cong \mathbb{R}^{2n}.$$

Also, since Hamiltonian systems (1) are closely linked to the partial differential equations $H(x, S_x) = \text{const}$, it is not suprising that Poisson brackets will enter in the theory of first order partial differential equations.

Consider two arbitrary differentiable functions $F(x, y)$ and $G(x, y)$ defined on the phase space $M \cong \mathbb{R}^{2n}$ or on some subdomain thereof. Then the *Poisson bracket* (F, G) of F and G is defined by

$$(3) \qquad (F, G) := \langle F_y, G_x \rangle - \langle F_x, G_y \rangle$$

or equivalently by

$$(3') \qquad (F, G) = F_{y_i} G_{x^i} - F_{x^i} G_{y_i}.$$

We use the classical notation (F, G) although it is somewhat misleading since the symbol (F, G) is used for many things, e.g. for pairs of two functions F, G. Nowadays Poisson brackets are often denoted by $\{F, G\}$, and frequently one uses the sign convention

$$\{F, G\} = \langle F_x, G_y \rangle - \langle F_y, G_x \rangle,$$

which is different from ours.

Let

$$(4) \qquad \mathcal{H} = H_{y_i} \frac{\partial}{\partial x^i} - H_{x^i} \frac{\partial}{\partial y_i}$$

be the symbol of the Hamiltonian vector field of some Hamilton function $H(x, y)$; then we have

(5) $$\mathscr{H}F = (H, F)$$

for any differentiable function F on M. If φ^t is the local phase flow of $\mathscr{H}$, defined by

(6) $$\frac{d}{dt}\varphi^t = JH_z(\varphi^t), \qquad \varphi^0(z) = z,$$

we have

$$\frac{d}{dt}F(\varphi^t)\bigg|_{t=0} = \mathscr{H}F,$$

whence

(7) $$(H, F) = \frac{d}{dt}F(\varphi^t)\bigg|_{t=0}.$$

This formula can be used to give an intrinsic (i.e., coordinate-free) definition of Poisson brackets. In particular we obtain the following result: *A function $F(x, y)$ is a first integral of the Hamiltonian system* (1) *if and only if the Poisson bracket (H, F) vanishes.*

Following Lie, two functions F and G are said to be *in involution* if $(F, G) = 0$.

Because of $(H, H) = 0$ *the Hamiltonian H of a system* (1) *is a first integral of* (1) as was observed earlier.

Note that we can write (F, G) in the form

(8) $$(F, G) = \langle JF_z, G_z \rangle,$$

where

$$F_z = \begin{bmatrix} F_x \\ F_y \end{bmatrix} = \operatorname{grad} F, \qquad G_z = \begin{bmatrix} G_x \\ G_y \end{bmatrix} = \operatorname{grad} G.$$

Let us introduce the *symplectic scalar product* $[z, \zeta]$ of two vectors $z = \binom{x}{y}$, $\zeta = \binom{\xi}{\eta}$ of $\mathbb{R}^{2n}$ by

(9) $$[z, \zeta] := \langle Jz, \zeta \rangle = \langle y, \xi \rangle - \langle x, \eta \rangle.$$

The symplectic group $Sp(n, \mathbb{R})$ plays a similar role for the space $\mathbb{R}^{2n}$ equipped with the bilinear form $[z, \zeta]$ as the orthogonal group $O(n)$ for the space $\mathbb{R}^n$ furnished with the Euclidean scalar product $\langle x, \xi \rangle$. In fact for any symplectic matrix $A \in Sp(n, \mathbb{R})$ we have

(10) $$[Az, A\zeta] = [z, \zeta] \quad \text{for all } z, \zeta \in \mathbb{R}^{2n},$$

as we see from

$$[Az, A\zeta] = \langle JAz, A\zeta \rangle = \langle A^T JAz, \zeta \rangle = \langle Jz, \zeta \rangle = [z, \zeta].$$

Conversely (10) implies by the same computation that

$$\langle A^T J A z, \zeta \rangle = \langle J z, \zeta \rangle$$

holds for all $z, \zeta \in \mathbb{R}^{2n}$ whence $A^T J A = J$, i.e. $A \in Sp(n, \mathbb{R})$. Consequently identity (10) characterizes symplectic matrices among all $2n \times 2n$-matrices A. Since $A \in Sp(n, \mathbb{R})$ implies $A^T \in Sp(n, \mathbb{R})$, also the identity

(11) $$[A^T z, A^T \zeta] = [z, \zeta] \quad \text{for all } z, \zeta \in \mathbb{R}^{2n}$$

is characteristic for matrices $A \in Sp(n, \mathbb{R})$.

By means of the symplectic scalar product $[z, \zeta]$ on $\mathbb{R}^{2n}$ we can rewrite (8) as

(12) $$(F, G) = [F_z, G_z] = [\text{grad } F, \text{grad } G].$$

Now we can easily show that a mapping $u : M \to M$ (or $u : \mathcal{U} \to M, \mathcal{U} \subset M$) is canonical if and only if it preserves all Poisson brackets

Proposition 1. *A mapping* $u : \mathcal{U} \to M, \mathcal{U} \subset M$ *is canonical if and only if*

(13) $$(F, G) \circ u = (F \circ u, G \circ u)$$

for any two functions $F, G \in C^1(u(\mathcal{U}))$.

Proof. Set $f := F \circ u, g := G \circ u$, and $A := u_\zeta$ if we write $z = u(\zeta)$. Then we have

$$f_\zeta = A^T F_z \circ u, \qquad g_\zeta = A^T G_z \circ u$$

and

$$(F, G) \circ u = [F_z \circ u, G_z \circ u], \qquad (f, g) = [f_\zeta, g_\zeta],$$

whence

$$(f, g) = [A^T F_z(u), A^T G_z(u)], \qquad (F, G) \circ u = [F_z(u), G_z(u)].$$

If u is canonical, then $A(\zeta) \in Sp(n, \mathbb{R})$ for all $\zeta \in \mathcal{U}$, and (11) implies that

(14) $$[F_z(z_0), G_z(z_0)] = [A^T(\zeta_0) F_z(z_0), A^T(\zeta_0) G_z(z_0)]$$

for any $\zeta_0 \in \mathcal{U}$ and $z_0 = u(\zeta_0)$. Therefore we obtain

$$(f, g) = (F, G) \circ u.$$

Conversely this equation implies (14). For any $\zeta_0 \in \mathcal{U}$ and any $\zeta_1, \zeta_2 \in \mathbb{R}^{2n}$ we can find functions $F, G \in C^1$ such that $F_z(z_0) = \zeta_1, G_z(z_0) = \zeta_2, z_0 := u(\zeta_0)$ whence we obtain

$$[A^T(\zeta_0)\zeta_1, A^T(\zeta_0)\zeta_2] = [\zeta_1, \zeta_2] \quad \text{for all } \zeta_1, \zeta_2 \in \mathbb{R}^{2n}$$

and for any $\zeta_0 \in \mathcal{U}$. As relation (11) characterizes symplectic maps, we obtain $A(\zeta_0) \in Sp(n, \mathbb{R})$ for any $\zeta_0 \in \mathcal{U}$, that is, the mapping u is canonical. $\square$

Let us note several *computational rules for Poisson brackets* ($F, G, H \in C^2$):

(15) $(F, G) = -(G, F);$

(16) $(\lambda F + \mu G, H) = \lambda(F, H) + \mu(G, H)$ for any $\lambda, \mu \in \mathbb{R};$

(17) $(F, (G, H)) + (G, (H, F)) + (H, (F, G)) = 0;$

(18) $(\Phi(F_1, F_2, \ldots, F_m), G) = \Phi_{s_\alpha}(F_1, F_2, \ldots, F_m) \cdot (F_\alpha, G)$

for any function $\Phi(s_1, s_2, \ldots, s_m)$ composed with m functions $F_\alpha(x, y)$, $1 \leq \alpha \leq m$;

(19) $(F_1 F_2, G) = F_1 \cdot (F_2, G) + F_2 \cdot (F_1, G).$

Equations (15), (16) and (18) are fairly obvious, and (19) is a special case of (18); we only have to choose $\Phi(s_1, s_2) = s_1 s_2$. The direct proof of the "*Jacobi identity*" (17) is somewhat tedious. Instead we argue as follows: For given functions $F(x, y)$, $G(x, y)$, $H(x, y)$, we introduce the corresponding Hamiltonian vector fields

$$\mathscr{F} = F_{y_i} \frac{\partial}{\partial x^i} - F_{x^k} \frac{\partial}{\partial y_k},$$

(20) $$\mathscr{G} = G_{y_i} \frac{\partial}{\partial x^i} - G_{x^k} \frac{\partial}{\partial y_k},$$

$$\mathscr{H} = H_{y_i} \frac{\partial}{\partial x^i} - H_{x^k} \frac{\partial}{\partial y_k}.$$

A short computation yields

(21) $[\mathscr{G}, \mathscr{H}]F = (G, (H, F)) - (H, (G, F)) = (G, (H, F)) + (H, (F, G)),$

where the Lie bracket $[\mathscr{G}, \mathscr{H}] = \mathscr{G}\mathscr{H} - \mathscr{H}\mathscr{G}$ is a first order differential operator. Hence $(G, (H, F)) + (H, (F, G))$ contains no second derivatives of F, and the same holds true for the expression $(F, (G, H)) + (G, (H, F)) + (H, (F, G))$. As this triple sum, Σ, is invariant with respect to cyclic permutations of F, G, H, it cannot contain any second derivatives of $F, G,$ or H. On the other hand, if we expand Σ in the form $\Sigma = f_1 + f_2 + f_3 + \cdots$ by using the definition (3′) we see that every summand f_α contains second derivatives of $F, G,$ or H as factors; hence the f_α have to cancel each other, and Σ must vanish.

As a consequence of the Jacobi identity we obtain

Poisson's Theorem. *The Poisson bracket (F_1, F_2) of two first integrals F_1 and F_2 (of class C^2) of a Hamiltonian system (1) is again a first integral of the system.*

Proof. F is a first integral of (1) if and only if $(H, F) = 0$. Set $F := (F_1, F_2)$. Then (17) yields

$$(H, F) = (F_1, (H, F_2)) - (F_2, (H, F_1)) = 0$$

and we infer that F is a first integral. $\square$

Poisson found this result by rather cumbersome computations thereby proving that

$$\frac{d}{dt}(F_1, F_2)\bigg|_{x=X(t),\,y=Y(t)} = 0$$

if one inserts a solution $X(t)$, $Y(t)$ of (1). The elegant proof given above was discovered by Jacobi.

Originally Jacobi overrated the importance of Poisson's theorem; he apparently believed that starting with two known integrals F_1 and F_2 of (1) one could derive sufficiently many first integrals to perform the integration of (1) except if $(F_1, F_2) = 0$ or const, or more generally, $(F_1, F_2) = f(F_1, F_2)$ for some function $f(s_1, s_2)$. However, in many cases the Poisson bracket of two integrals gives an integral which is functionally dependent on the previous integrals. Thus one needs additional methods to create "really new" integrals (if they exist). A more profound insight was only obtained by Lie; we in particular mention his theory of *function groups*, an introduction to which can be found in Carathéodory [10], Chapter 9.

$\boxed{1}$ A simple example for the applicability of Poisson's theorem is furnished by the moment of momentum $M := x \wedge y$ of some particle $x = (x^1, x^2, x^3)$ in $\mathbb{R}^3$ with the momentum $y = (y_1, y_2, y_3)$. Let $F_1 := x^2 y_3 - x^3 y_2$, $F_2 := x^3 y_1 - x^1 y_3$ be first integrals. Then it follows that also $F_3 := x^1 y_2 - x^2 y_1$ is a first integral since $F_3 = -(F_1, F_2)$. In other words, if the first two components F_1 and F_2 of M are first integrals of the motion of x, then also the third component F_3 of M is a first integral.

Now we want to investigate the relations between Hamiltonians $H(x, y)$ on a domain $\mathcal{U}$ of the phase space $M \cong \mathbb{R}^{2n}$ and the corresponding symbols of Hamiltonian vector fields $\mathcal{H} = H_{y_i}\dfrac{\partial}{\partial x^i} - H_{x^k}\dfrac{\partial}{\partial y_k}$ on $\mathcal{U}$. We view this correspondence as a mapping $j: C^r(\mathcal{U}) \to C^{r-1}(\mathcal{U}, \mathbb{R}^{2n})$, $r \geq 2$, which is defined by $j(H) := \mathcal{H}$. This is clearly a linear mapping, i.e.

$$j(\lambda_1 H_1 + \lambda_2 H_2) = \lambda_1 j(H_1) + \lambda_2 j(H_2)$$

for $\lambda_1, \lambda_2 \in \mathbb{R}$ and $H_1, H_2 \in C^r(\mathcal{U})$.

Lemma 1. *The kernel of j consists exactly of the constant Hamiltonians.*

Proof. The relation $j(H) = 0$ is equivalent to $JH_z = 0$ and therefore also to $H_z = 0$. Since $\mathcal{U}$ is connected we obtain $j(H) = 0$ if and only if $H(x, y) \equiv$ const. $\square$

Lemma 2. *For any two Hamiltonians G, H we have*

(22) $$[j(G), j(H)] = j((G, H)).$$

That is, the Lie bracket $[\mathcal{G}, \mathcal{H}]$ of any two symbols of Hamiltonian vector fields $\mathcal{G}, \mathcal{H}$ with the Hamiltonians G, H is again a Hamiltonian vector field $\mathcal{K}$, and its Hamiltonian K is the Poisson bracket (G, H) of G and H.

Proof. Fix two Hamiltonians G, H and set $\mathcal{G} := j(G)$, $\mathcal{H} := j(H)$, $\mathcal{K} := (G, H)$, $\mathcal{K} := j(K)$. Then (22) is equivalent to

(23) $$[\mathcal{G}, \mathcal{H}]F = \mathcal{K}F \quad \text{for all } F \in C^r(\mathcal{U}),$$

and this identity can be verified as follows by taking (5) and (17) into account:

$$[\mathscr{G}, \mathscr{H}]F = (\mathscr{G}\mathscr{H} - \mathscr{H}\mathscr{G})F = \mathscr{G}(\mathscr{H}F) - \mathscr{H}(\mathscr{G}F) = \mathscr{G}(H, F) - \mathscr{H}(G, F)$$

$$= (G, (H, F)) - (H, (G, F)) = (G, (H, F)) + (H, (F, G))$$

$$= -(F, (G, H)) = ((G, H), F) = (K, F) = \mathscr{K}F. \qquad \square$$

This result is useful in several respects. First we can characterize commuting Hamiltonian phase flows.

Proposition 2. *The local Hamilton phase flows φ^t and ψ^t of two Hamiltonians G and H commute if and only if their Poisson bracket (G, H) is constant.*

Proof. By 1.4, Proposition 1 the two flows φ^t and ψ^t commute if and only if the Lie bracket $[\mathscr{G}, \mathscr{H}]$ of the symbols of their generating Hamiltonian vector fields, $\mathscr{G} = j(G)$ and $\mathscr{H} = j(H)$, vanishes. By virtue of Lemma 2, we have $[\mathscr{G}, \mathscr{H}] = 0$ if and only if $j((G, H)) = 0$, and Lemma 1 implies that this relation is equivalent to $(G, H) = $ const. $\qquad \square$

Our next proposition describes the algebraic structure of Hamiltonian vector fields of class C^∞ on some domain $\mathscr{U}$ of $M \cong \mathbb{R}^{2n}$.

Proposition 3. (i) *The C^∞-Hamiltonians $F, G, H, \ldots$ form a Lie algebra $\mathscr{A}$ with the Poisson bracket (F, G) as product of any two Hamiltonians F, G.*

(ii) *The symbols of Hamiltonian vector fields $\mathscr{F}, \mathscr{G}, \mathscr{H}, \ldots$ form a Lie subalgebra $\mathscr{V}_{\mathrm{Ham}}$ of the algebra $\mathscr{V}$ of vector fields (on $\mathscr{U}$) with the Lie bracket as product.*

(iii) *The mapping $j: \mathscr{A} \to \mathscr{V}_{\mathrm{Ham}}$ is an algebra homomorphism whose kernel consists of the constants.*

(iv) *The first integrals F of a Hamiltonian system (1) form a subalgebra of $\mathscr{A}$ defined by the equation $(H, F) = 0$.*

Proof. (i) is essentially a consequence of Jacobi's identity (17), (ii) follows from Lemma 2, and (iii) is derived from Lemmata 1 and 2. Finally (iv) is a reformulation of Poisson's Theorem. $\qquad \square$

In Proposition 1 we have seen that canonical maps can be characterized by the property of leaving all Poisson brackets invariant. In the rest of this subsection we want to add further results concerning the connection between Poisson brackets and canonical mappings; in particular, we provide a second proof of Proposition 1.

In the sequel we consider mappings $u \in C^1(\mathscr{U}, \mathbb{R}^{2n})$, defined on a domain $\mathscr{U}$ of $M \cong \mathbb{R}^{2n}$, which are given by

$$(24) \qquad\qquad \bar{x} = X(x, y), \qquad \bar{y} = Y(x, y)$$

or equivalently by

$$(24') \qquad \bar{z} = u(z), \qquad \text{where } z = \begin{bmatrix} x \\ y \end{bmatrix}, \quad \bar{z} = \begin{bmatrix} \bar{x} \\ \bar{y} \end{bmatrix}, \quad u = \begin{bmatrix} X \\ Y \end{bmatrix}.$$

For an arbitrary function $F \in C^1(\mathcal{U})$ we obtain the identity

(25)
$$(Y_i, F) \, dX^i - (X^i, F) \, dY_i$$
$$= \{[y_j, x^k] F_{x^j} + [x^k, x^j] F_{y_j}\} \, dx^k + \{[y_j, y_k] F_{x^j} + [y_k, x^j] F_{y_j}\} \, dy_k$$

by means of a straight-forward computation. This will lead us to

Proposition 4. *A mapping* (24) *is canonical if and only if*

(26)
$$(Y_i, F) \, dX^i - (X^i, F) \, dY_i = dF$$

holds true for any function $F \in C^1(\mathcal{U})$.

Proof. By 3.1, Corollary 1 the mapping u is canonical if and only if its Lagrange brackets satisfy the relations

(27)
$$[y_j, x^k] = \delta_j^k, \qquad [x^k, x^j] = 0, \qquad [y_k, y_j] = 0.$$

Hence if u is canonical, the right-hand side of (25) becomes $F_{x^k} \, dx^k + F_{y_k} \, dy_k = dF$, and we obtain (26). Conversely equation (26) is equivalent to the system of equations

$$\{[y_j, x^k] - \delta_k^j\} F_{x^j} + [x^k, x^j] F_{y_j} = 0,$$
$$[y_j, y_k] F_{x^j} + \{[y_k, x^j] - \delta_j^k\} F_{y_j} = 0.$$

If this is to be satisfied by all F, we can apply it to the $2n$ functions $F = x^1, \ldots, x^n, y_1, \ldots, y_n$ and regain (27) whence it follows that u is canonical. $\square$

Proposition 5. (i) *A mapping* (24) *is canonical if and only if the relations*

(28)
$$(X^i, X^k) = 0, \qquad (Y_i, X^k) = \delta_i^k, \qquad (Y_i, Y_k) = 0$$

are satisfied.

(ii) *A mapping* (24) *is canonical if and only if the Poisson bracket* (Φ, Ψ) *of any two* C^1-*functions* $\Phi(\bar{x}, \bar{y})$, $\Psi(\bar{x}, \bar{y})$ *on* $\mathcal{U}^* := u(\mathcal{U})$ *satisfies the transformation rule*

(29)
$$(\Phi, \Psi) \circ u = (\Phi \circ u, \Psi \circ u).$$

Proof. (α) Suppose that u is canonical. Since all assertions are of local nature we can assume that u is a C^1-diffeomorphism of $\mathcal{U}$ onto $\mathcal{U}^*$. Choose two C^1-functions $\Phi(\bar{x}, \bar{y})$, $\Psi(\bar{x}, \bar{y})$ on $\mathcal{U}^*$ and define $F(x, y)$, $G(x, y)$ by $F := \Phi \circ u$, $G := \Psi \circ u$. Then (26) is satisfied and, taking the pull-back of this relation under the inverse u^{-1} of u, we obtain

$$d\Phi = (Y_i, F) \circ u^{-1} \, d\bar{x}^i - (X^i, F) \circ u^{-1} \, d\bar{y}_i,$$

whence

(30)
$$\Phi_{\bar{x}^i} \circ u = (Y_i, F), \qquad \Phi_{\bar{y}_i} \circ u = -(X^i, F).$$

The chain rule yields

$$(F, G) = F_y \cdot G_x - F_x \cdot G_y = F_y \cdot (\Psi \circ u)_x - F_x \cdot (\Psi \circ u)_y$$

(31)
$$= F_{y_i} \{ (\Psi_{\bar{x}^l} \circ u) X^l_{,x^i} + (\Psi_{\bar{y}_l} \circ u) Y_{l,x^i} \}$$
$$- F_{x^i} \{ (\Psi_{\bar{x}^l} \circ u) X^l_{,y_i} + (\Psi_{\bar{y}_l} \circ u) Y_{l,y_i} \}$$
$$= -(X^i, F) \Psi_{\bar{x}^i} \circ u - (Y_i, F) \Psi_{\bar{y}_i} \circ u.$$

By virtue of (30), we arrive at

$$(F, G) = (\Phi, \Psi) \circ u,$$

which is the transformation rule (29). Applying this rule to $F = X^i$ or Y_m and $G = X^k$ or Y_l, it follows that

$$(X^i, X^k) = (\bar{x}^i, \bar{x}^k) \circ u = 0,$$

$$(Y_m, Y_l) = (\bar{y}_m, \bar{y}_l) \circ u = 0,$$

$$(Y_m, X^k) = (\bar{y}_m, \bar{x}^k) \circ u = \delta^k_m,$$

which are just equations (28).

(β) Conversely, suppose that u satisfies (28). Analogously to (31) the chain rule yields

$$(G, F) = -(X^i, G) \Phi_{\bar{x}^i} \circ u - (Y_i, G) \Phi_{\bar{y}_i} \circ u$$

if $F := \Phi \circ u$. Choosing $G = X^k$ or Y_k respectively we infer from (28) that

$$(X^k, F) = -\Phi_{\bar{y}_k} \circ u, \qquad (Y_k, F) = \Phi_{\bar{x}^k} \circ u,$$

whence

$$(Y_k, F) \, dX^k - (X^k, F) \, dY^k = d(\Phi \circ u) = dF.$$

Thus we have established (26) for all F which are of the form $F = \Phi \circ u$ where Φ is an arbitrary function. However, we have to know (26) for all $F \in C^1$ if we want to apply Proposition 4. As Φ can arbitrarily be chosen, $\Phi \circ u$ will represent a general F if u is a (local) diffeomorphism. Thus we have to show that $\Delta = \det u_z \neq 0$. To this end we set $A = X_x, B = X_y, C = Y_x, D = Y_y$. Then we obtain by elementary operations that

$$\Delta = \begin{vmatrix} A & B \\ C & D \end{vmatrix} = \begin{vmatrix} A^T & C^T \\ B^T & D^T \end{vmatrix} = \begin{vmatrix} D & -C \\ -B & A \end{vmatrix},$$

and therefore

$$\Delta^2 = \begin{vmatrix} D & -C \\ -B & A \end{vmatrix} \begin{vmatrix} A^T & C^T \\ B^T & D^T \end{vmatrix} = \begin{vmatrix} DA^T - CB^T, & DC^T - CD^T \\ -BA^T + AB^T, & -BC^T + AD^T \end{vmatrix}.$$

By virtue of (28), it follows that

$$\Delta^2 = \begin{vmatrix} I_n & 0 \\ 0 & I_n \end{vmatrix} = 1.$$

that is, $\varDelta = \pm 1$. Therefore (28) implies that u is canonical. Moreover we have shown in (α) that (29) yields (28). This completes the proof of the converse. $\square$

There is still another characterization of canonical mappings, which at times comes handy.

Proposition 6. *Let u be a mapping of the type* (24).
  (i) *If u is canonical, then we have the transformation rule*

(32) $$(F, G) = (F, Y_i)(G, X^i) - (F, X^i)(G, Y_i)$$

for arbitrary functions F and G.
  (ii) *Conversely if* (32) *holds for arbitrary F and G, then u is canonical.*

Proof. (i) Consider two arbitrary functions $F(x, y)$ and $G(x, y)$ and let u be canonical. We can assume that u is a diffeomorphism. Define $\varPhi(\bar{x}, \bar{y})$, $\varPsi(\bar{x}, \bar{y})$ by $\varPhi := F \circ u^{-1}$, $\varPsi := G \circ u^{-1}$. We have

$$(\varPhi, \bar{x}^k) = \varPhi_{\bar{y}_k}, \qquad (\varPhi, \bar{y}_k) = -\varPhi_{\bar{x}^k}$$

and as well two analogous formulas for $\varPsi$ whence

$$(\varPhi, \varPsi) = (\varPhi, \bar{y}_i)(\varPsi, \bar{x}^i) - (\varPhi, \bar{x}^i)(\varPsi, \bar{y}_i).$$

The pull-back of this formula yields (32) on account of the transformation rule (29).
  (ii) Conversely if we apply (32) to $F(x, y) = x^k$, $G(x, y) = x^l$, then

$$0 = (x^k, x^l) = (x^k, Y_i)(x^l, X^i) - (x^k, X^i)(x^l, Y_i).$$

By virtue of

$$(Y_i, x^k) = Y_{i, y_k}, \qquad (X^i, x^l) = X^i_{y_l},$$

it follows that

$$0 = Y_{y_k} \cdot X_{y_l} - Y_{y_l} \cdot X_{y_k} = [y_k, y_l],$$

and similarly we obtain the formulas

$$[x^k, x^l] = 0, \qquad [y_k, x^l] = \delta^l_k.$$

Therefore u is seen to be canonical if we take *3.1*, Corollary 1 into account. $\square$

Finally we want to derive $2n$ equations which relate the coordinate functions X^k, Y_k of an exact canonical mapping $u \in C^2$ to their Poisson brackets with the generating function $\Omega(x, y)$ of u.

Proposition 7. *Let $\bar{x} = X(x, y)$, $\bar{y} = Y(x, y)$ be an exact canonical mapping u satisfying*

$$Y_i \, dX^i = y_i \, dx^i + d\Omega$$

for some C^1-function $\Omega(x, y)$. Then we obtain the $2n$ equations

(33) $(\Omega, X^k) = y_i X^k_{y_i}, \qquad (\Omega, Y_k) = y_i Y_{k, y_i} - Y_k.$

Proof. Let us introduce the two 1-forms

$$\alpha := Y_i \, dX^i = Y_i X^i_{x^k} \, dx^k + Y_i X^i_{y_k} \, dy_k,$$

$$\beta := y_i \, dx^i + d\Omega = (y_i + \Omega_{x^i}) \, dx^i + \Omega_{y_i} \, dy_i.$$

Since $\alpha = \beta$, we obtain $\alpha(V) = \beta(V)$ or $i_V \alpha = i_V \beta$ for any vector field[6] $V = a^l \dfrac{\partial}{\partial x^l} + b_l \dfrac{\partial}{\partial y_l}$ on $\mathbb{R}^{2n}$. If we choose for V a Hamiltonian vector field $\mathscr{H} = H_{y_i} \dfrac{\partial}{\partial x^i} - H_{x^i} \dfrac{\partial}{\partial y_i}$, we obtain from $\alpha(\mathscr{H}) = \beta(\mathscr{H})$ that

$$Y_i (X^i_{x^i} H_{y_i} - X^i_{y_i} H_{x^i}) = y_i H_{y_i} + (\Omega_{x^i} H_{y_i} - \Omega_{y_i} H_{x^i}),$$

whence

$$y_i H_{y_i} - (\Omega, H) = Y_l \cdot (H, X^l).$$

In particular for $H = X^k$ and $H = Y_k$ respectively it follows that

$$y_i X^k_{y_i} - (\Omega, X^k) = Y_l \cdot (X^k, X^l),$$

$$y_i Y_{k, y_i} - (\Omega, Y_k) = Y_l \cdot (Y_k, Y^l).$$

Since the mapping $(x, y) \mapsto (X(x, y), Y(x, y))$ is canonical, we have

$$(X^k, X^l) = 0, \qquad (Y_k, X^l) = \delta^l_k,$$

and therefore

$$y_i X^k_{y_i} - (\Omega, X^k) = 0, \qquad y_i Y_{k, y_i} - (\Omega, X^l) = Y_k. \qquad \square$$

Corollary 1. *In Proposition 7 we have $d\Omega = 0$ if and only if the functions $X^k(x, y)$ and $Y_k(x, y)$ are positively homogeneous of degree zero and one respectively with respect to y.*

Proof. If $d\Omega = 0$, then it follows from (33) that

$$y_i X^k_{y_i} = 0, \quad y_i Y_{k, y_i} = Y_k, \qquad 1 \le k \le n.$$

Hence by Euler's relation the condition is certainly necessary. It is also sufficient as (33) yields

$$(\Omega, X^k) = 0, \qquad (\Omega, Y_k) = 0$$

---

[6] Here we have identified a vector field $v = (a, b)$ with its symbol $V = a^l \dfrac{\partial}{\partial x^l} + b_l \dfrac{\partial}{\partial y_l}$. For any 1-form $\alpha = \xi_i \, dx^i + \eta^i \, dy_i$ one defines the contraction $i_V \alpha$ by $i_V \alpha := \alpha(V) = \xi_i a^i + \eta^i b_i$.

whence by the transformation rule (29) we obtain for $\Sigma := \Omega \circ u^{-1}$ the equations

$$(\Sigma, \bar{x}^k) = 0, \qquad (\Sigma, \bar{y}_k) = 0,$$

that is, $\Sigma_{\bar{y}_k} = 0$ and $\Sigma_{\bar{x}_k} = 0$, or else $d\Sigma = 0$, and consequently $d\Omega = d(u^*\Sigma) = u^*d\Sigma = 0$. $\qquad\square$

This is the generalization of a result for point transformations to homogeneous canonical transformations; cf. 3.2, [7].

3.7. Symplectic Manifolds

In this last subsection we want to sketch how Hamilton–Jacobi theory can be transformed into some kind of geometry called *symplectic geometry*. Since we want to take a general point of view, we now prefer the coordinate-free approach. Therefore we first recall some basic notions on differentiable manifolds, vector fields and flows. A systematic presentation of the calculus on manifolds can be found in many text books (see for instance Abraham–Marsden [1], Spivak [1], Vol. 1, Hermann [1], or Warner [1]); so we just describe the main ideas without any proof. Note that the abstract setting used here is equivalent to the approach pursued in Section 1; the advantage lies in the more conceptual way to treat geometric problems.

To begin we recall the definition of an n-dimensional manifold M. It is defined as a topological Hausdorff space which locally looks like a Euclidean space, that is, for every point $p \in M$ there is an open neighbourhood $\mathscr{U}$ of p and a homeomorphism $\varphi : \mathscr{U} \to \mathscr{V}$ of $\mathscr{U}$ onto some open set $\mathscr{V}$ in $\mathbb{R}^n$. Such a pair $(\mathscr{U}, \varphi)$ is called a *chart* on M or a *local coordinate system*. In fact, the 1–1 correspondence $x = \varphi(p)$ between points $p \in \mathscr{U}$ and $x = (x^1, \ldots, x^n) \in \mathscr{V}$ assigns to each $p \in \mathscr{U}$ *local coordinates* $(x^1, \ldots, x^n)$. Thus describing geometric objects locally by means of local coordinates we can proceed as in Section 1. However, passing from one point p in M to another point p' we need to know that local coordinates x and x' about p and p' respectively are correlated by a diffeomorphism and not only by a homeomorphism if we want to develop a differential calculus in the large. We proceed as follows. Consider two charts $(\mathscr{U}, \varphi)$ and $(\mathscr{U}', \psi)$ on M, and let $\mathscr{V} = \varphi(\mathscr{U})$, $\mathscr{V}' = \psi(\mathscr{U}')$. Suppose now that $\mathscr{U}$ and $\mathscr{U}'$ overlap, i.e. that $\mathscr{U} \cap \mathscr{U}' \neq \emptyset$, and set $\Omega := \varphi(\mathscr{U})$, $\Omega' := \psi(\Omega)$. Then we obtain a homeomorphism $u : \Omega \to \Omega'$ of Ω onto Ω' defined by $u := \psi \circ \varphi^{-1}$ which assigns to every $x \in \Omega \subset \mathbb{R}^n$ some point $y \in \Omega' \in \mathbb{R}^n$ by the equation $y = u(x)$. (Precisely speaking we should write $u := (\psi \circ \varphi^{-1})|_\Omega$, but this notation is a bit cumbersome. Thus we ask the reader to make always the necessary adjustments.)

Now it would be desirable to know that the transformation u from old coordinates x to new coordinates y is a diffeomorphism and not just a homeomorphism. Therefore we introduce the notion of a *differentiable structure* on M.

A C^k-*atlas* $\mathscr{A}$ on a manifold M is a set $\{(\mathscr{U}, \varphi)\}$ of charts on M such that the domains $\mathscr{U}$ cover M, i.e. $\bigcup \mathscr{U} = M$, and that for any two charts $(\mathscr{U}, \varphi)$, $(\mathscr{U}', \psi)$ the coordinate transformation $u = \psi \circ \varphi^{-1}$ is a C^k-diffeomorphism. Two C^k-atlantes are called *equivalent* if their "union" is again a C^k-atlas.

Then an equivalence class of equivalent C^k-atlantes is said to be a *differentiable structure* on M of class C^k. A manifold M equipped with a differentiable structure $\mathscr{C}$ of class C^k is called a *differentiable manifold of class C^k (C^k-manifold)*. An *admissible coordinate system* $(\mathscr{U}, \varphi)$ of such a manifold is a chart on M which belongs to some atlas $\mathscr{A} \in \mathscr{C}$.

A function $f : M \to \mathbb{R}$ defined on a differentiable manifold is said to be *differentiable* if for any admissible chart $(\mathscr{U}, \varphi)$ on M the composition $\bar{f} := f \circ \varphi^{-1}$ defines a differentiable function $\bar{f} : \mathscr{V} \to \mathbb{R}$ on $\mathscr{V} = \varphi(\mathscr{U})$. More generally, a map $f : M \to N$ between two differentiable manifolds M and N is said to be *differentiable* if for every point $p \in M$ there is an admissible chart $(\mathscr{U}, \varphi)$ on M and an admissible chart $(\mathscr{U}', \psi)$ on N such that $p \in \mathscr{U}$, $f(\mathscr{U}) \subset \mathscr{U}'$, and that $\psi \circ f \circ \varphi^{-1} : \mathscr{V} \to \mathbb{R}^n$ is a differentiable mapping from $\mathscr{V} = \varphi(\mathscr{U}) \subset \mathbb{R}^m$ into $\mathbb{R}^n$, $m = \dim M$, $n = \dim N$.

A differentiable curve c in M is a differentiable map $c : I \to M$ from an interval $I \subset \mathbb{R}$ into M.

Consider now two differentiable curves $c_1 : [0, 1] \to M$ and $c_2 : [0, 1] \to M$ emanating from a point $p \in M$, i.e. $c_1(0) = c_2(0) = p$. Choose some admissible chart $(\mathscr{U}, \varphi)$ on M such that $p \in M$ and set $\gamma_1(t) := \varphi^{-1}(c_1(t))$, $\gamma_2(t) := \varphi^{-1}(c_2(t))$. The curves $\gamma_i : [0, \varepsilon] \to \varphi(\mathscr{U})$ are well defined for sufficiently small $\varepsilon > 0$ and satisfy $\gamma_1(0) = \gamma_2(0)$. We call c_1 and c_2 tangent at p, $c_1 \sim c_2$, if and only if $\dot{\gamma}_1(0) = \dot{\gamma}_2(0)$. The relation $\sim$ is obviously an equivalence relation, which is independent of the choice of $(\mathscr{U}, \varphi)$ with $p \in \mathscr{U}$. Now we define a *tangent vector* a of M at p as an equivalence class $[c]_p$ of differentiable curves c emanating from p with respect to $\sim$, and the set of all such tangent vectors is denoted as $T_p M$ and is called *tangent space of M at p*.

Looking at the local representations $\gamma := \varphi^{-1} \circ c$ of curves $c : [0, 1] \to M$ emanating from p we see that $T_p M$ is in 1–1 correspondence with the vector space $\mathbb{R}^n$, $n = \dim M$, and therefore we can equip $T_p M$ with a vector space structure by transplanting this structure from the vectors of $\mathbb{R}^n$ to their images in $T_p M$, and it is easy to see that this definition is independent of the choice of the local chart $(\mathscr{U}, \varphi)$ centered at p.

Finally we define the *tangent bundle* TM of M by $TM := \bigcup_{p \in M} T_p M$. We can view TM as a *fibre bundle* (TM, M, π) over the base M with the projection $\pi : TM \to M$ that associates with every tangent vector $a \in T_p M$ its foot p, and $T_p M = \pi^{-1}(p)$ is the *fibre* at p.

Now we introduce local coordinates on TM in the following way. Choose an admissible chart $(\mathscr{U}, \varphi)$ on M, and let $p \in \mathscr{U}$ and $a \in T_p M$, i.e. $a = [c]_p$ where $c : [0, 1] \to M$ is a differentiable curve with $c(0) = p$. Let $\gamma := \varphi^{-1} \circ c|_I$, $I = [0, \varepsilon]$, $0 < \varepsilon \ll 1$, and set

$$x := \gamma(0) = \varphi(p), \qquad v := \dot{\gamma}(0).$$

Then we define a mapping $\Phi : T\mathscr{U} \to \mathbb{R}^n \times \mathbb{R}^n$ from $T\mathscr{U} := \bigcup_{p \in \mathscr{U}} T_p M$ onto

$\mathscr{V} \times \mathbb{R}^n$, where $\mathscr{V} = \varphi(\mathscr{U})$ and $n = \dim M$, by setting

$$\Phi(a) := (x, v) \quad \text{for any } a \in T\mathscr{U}.$$

If $(\mathscr{U}', \psi)$ is another chart on M, and if $\Psi : T\mathscr{U}' \to \mathbb{R}^n \times \mathbb{R}^n$ denotes the corresponding extension to $T\mathscr{U}'$ defined by

$$\Psi(a) := (y, w) \quad \text{for } a \in T\mathscr{U}',$$

then $\Phi(a)$ and $\Psi(a)$ are connected in the following way if $p = \varphi^{-1}(x) = \psi^{-1}(y)$ and $u : \psi \circ \varphi^{-1}$.

$$y = u(x), \qquad w = Du(x)v,$$

i.e.

$$y^i = u^i(x^1, \ldots, x^n), \quad w^i = \frac{\partial u^i(x)}{\partial x^l} v^l, \qquad 1 \le i \le n.$$

In other words, the coordinates v are transformed like a contravariant vector. Moreover we see that if $\{(\mathscr{U}, \varphi)\}$ is a C^k-atlas on M, then $\{(T\mathscr{U}, \Phi)\}$ defines a C^{k-1}-atlas on TM, i.e. the differentiable structure of a differentiable manifold M is in a natural way extended to a differentiable structure on TM, and locally TM looks like a trivial bundle $\mathscr{V} \times \mathbb{R}^n$, $\mathscr{V} \subset \mathbb{R}^n$.

If $f : M \to N$ is a differentiable map between two differentiable manifolds M and N (of dimensions m and n respectively), we define a linear mapping

$$df(p) : T_p M \to T_{f(p)} N$$

by setting

$$df(p)[c]_p := [f \circ c]_{f(p)}.$$

Also the notation f_{*p} instead of $df(p)$ is customary. Then the above definition reads as

$$f_{*p} : T_p M \to T_{f(p)} N, \qquad f_{*p}([c]_p) := [f \circ c]_{f(p)}.$$

If we have two mappings $f : M \to N$, $g : N \to S$ such that the composition $g \circ f : M \to S$ is defined, we have the chain rule

$$(g \circ f)_* = g_* \cdot f_* : TM \to TS,$$

that is

$$(g \circ f)_{*p} = g_{*f(p)} \cdot f_{*p} : T_p M \to T_{g(f(p))} S.$$

All these results are more or less straightforward consequences of the definition of a tangent vector using local coordinates.

A linear form $\omega : T_p M \to \mathbb{R}$ defined on the tangent space $T_p M$ is called a *cotangent vector* of M at p, and the set of all cotangent vectors at p forms the *cotangent space* of M at p denoted by $T_p^* M$. Clearly $T_p^* M$ is the dual space of the tangent space $T_p M$. Finally we define the *cotangent bundle* $T^* M$ by $T^* M := \bigcup_{p \in M} T_p^* M$. Viewing $T^* M$ as a fiber bundle $(T^* M, M, \tilde{\pi})$ with the natural projection map $\tilde{\pi} : T^*M \to M$ defined by $\tilde{\pi}(\omega) = p$ if $\omega \in T_p^*M$, we will now show that T^*M is a C^{k-1}-manifold if M is a C^k-manifold.

We introduce local coordinates on T^*M in the following way. Let $(\mathcal{U}, \varphi)$ be a chart on M, and let $(T\mathcal{U}, \Phi)$ be its extension to a chart on TM. We fix a point $p \in M$ and a cotangent vector $\omega \in T_p^*M$. The mapping $\phi : T_pM \to \mathbb{R}^n$ defined by $\phi(a) := v$ for $a \in T_pM$ and $\Phi(a) = (x, v)$ is a linear isomorphism of the fibre T_pM onto the vector space $\mathbb{R}^n$. Therefore $\ell := \omega \circ \phi^{-1}$ defines a linear form $\ell : \mathbb{R}^n \to \mathbb{R}$ on $\mathbb{R}^n$, and every such linear form $\ell(v)$ can be written as $\ell(v) = \eta_i v^i$ in terms of a uniquely determined n-tupel $\eta = (\eta_1, \ldots, \eta_n)$. Then we define $\tilde{\Phi}(\omega) := (x, \eta)$ thus obtaining a chart $(T^*\mathcal{U}, \tilde{\Phi})$ on $T^*\mathcal{U}$ which extends the chart $(\mathcal{U}, \varphi)$ on M. If $(\mathcal{U}', \psi)$ is another chart on M and $(T^*\mathcal{U}', \tilde{\Psi})$ is its extension to a chart on $T'M$ defined by $\tilde{\Psi}(\omega) = (y, \zeta)$, then $\tilde{\Phi}(\omega) = (x, \eta)$ and $\tilde{\Psi}(\omega) = (y, \zeta)$ are connected by

$$y = u(x), \qquad \zeta = [Du(x)]^{-1\,T}\eta$$

i.e.

$$y^i = u^i(x^1, \ldots, x^n), \qquad \eta = \zeta_i \frac{\partial u^i}{\partial x}(x), \qquad 1 \leq i \leq n.$$

That is, the coordinates η in the fiber T_p^*M are transformed like a covariant vector. Moreover we see that T^*M is a C^{k-1}-manifold if M is a C^k-manifold.

A smooth *cross-section* $X : M \to TM$ of the tangent bundle TM is called a *vector field on M*, and a smooth cross-section $\omega : M \to T^*M$ of T^*M is said to be a *covector field* or a *differential 1-form on M*. We do not specify any classes of differentiability but assume that all (co-)vector fields are sufficiently smooth.

Consider the exterior r-product $\Lambda_r T_p^*M$ of the cotangent space T_p^*M and introduce the exterior r-bundle over M defined by

$$\Lambda_r^*M := \bigcup_{p \in M} \Lambda_r T_p^*M.$$

Again the fiber bundle $(\Lambda_r^*M, M, \tilde{\pi}_r)$ with the natural projection $\tilde{\pi}_r : \Lambda_r^*M \to M$ mapping $\omega \in \Lambda_r^*M$ onto its base point $p \in M$ is a differentiable manifold. A *differential r-form* is a smooth cross-section of Λ_r^*M.

Fix some chart $(\mathcal{U}, \varphi)$ on M and introduce local coordinates $x = (x^1, \ldots, x^n)$ on M by $x = \varphi(p)$, $p \in \mathcal{U}$, and let $(T\mathcal{U}, \Phi)$ be the extended chart on TM. Moreover let $X : M \to TM$ be a vector field on M. Then we associate with X its local representation

$$\Xi := \Phi \circ X \circ \varphi^{-1},$$

which is a mapping $\Xi : \mathcal{V} \to \mathcal{V} \times \mathbb{R}^n$ on $\mathcal{V} := \varphi(\mathcal{U})$ of the form $\Xi(x) = (x, \xi(x))$ where $\xi : \mathcal{V} \to \mathbb{R}^n$ is an ordinary vector field $\xi(x) = \xi^i(x)e_i$. Here $e_1, \ldots, e_n$ denotes the canonical base on $\mathbb{R}^n$: $e_1 = (1, 0, \ldots, 0)$ etc. Conversely, if $\Xi(x) = (x, \xi(x))$ is a vector field on $\mathcal{V}$ then $X := \Phi^{-1} \circ \Xi \circ \varphi : \mathcal{U} \to T\mathcal{U}$ defines a local vector field on $\mathcal{U}$. Corresponding to $\Xi_i(x) := (x, e_i)$ we define vector fields $E_i : \mathcal{U} \to TM$ by $E_i := \Phi^{-1} \circ \Xi \circ \varphi$, $1 \leq i \leq n$. Then we can represent every field

$X : \mathcal{U} \to T\mathcal{U}$ in the form

(1) $$X(p) = X^i(p)E_i(p),$$

where $X^i = \xi^i \circ \varphi$ are differentiable functions $X^i : \mathcal{U} \to \mathbb{R}$. We see that the vector fields $E_1, \ldots, E_n$ are a "base" for the space of vector fields $X : \mathcal{U} \to T\mathcal{U}$.

For $a \in T_pM$ and $\omega \in T_p^*M$ we set $\langle \omega, a \rangle := \omega(a)$. Then we define the covector fields $E^j : \mathcal{U} \to T^*\mathcal{U}$, $1 \leq j \leq n$, associated with the chart $(\mathcal{U}, \varphi)$ by means of the relations

$$\langle E^j(p), E_i(p) \rangle = \delta_i^j \quad \text{for all } p \in \mathcal{U}.$$

For any $\omega : \mathcal{U} \to T^*M$ we define the differentiable functions $\omega_i : \mathcal{U} \to \mathbb{R}$ by $\omega_i := \langle \omega, E_i \rangle = \omega(E_i)$. By applying ω to $X = X^iE_i$ we arrive at $\omega(X) = \omega_iX^i$. It follows that we can write ω in the form

$$\omega(p) = \omega_i(p)E^i(p)$$

since

$$\langle \omega_jE^j, X^iE_i \rangle = \omega_jX^i\langle E^j, E_i \rangle = \omega_jX^i\delta_i^j = \omega_iX^i = \langle \omega, X \rangle$$

i.e. $\langle \omega_jE^j - \omega, X \rangle = 0$ for all vector fields X whence $\omega = \omega_jE^j$.

Usually the canonical covector fields $E^i : \mathcal{U} \to T^*\mathcal{U}$ with respect to the base $(\mathcal{U}, \varphi)$ are denoted by dx^i while the canonical vector fields $E_i : \mathcal{U} \to T\mathcal{U}$ are often denoted by ∂_i or by $\dfrac{\partial}{\partial x^i}$. Thus a 1-form (or covector field) ω on $\mathcal{U}$ can be written as

(2) $$\omega = \omega_i\, dx^i,$$

and a vector field X on $\mathcal{U}$ can be represented as

$$X = X^i\partial_i \quad \text{or as} \quad X = X^i\frac{\partial}{\partial x^i}.$$

Differential r-forms $\omega : M \to \Lambda_r^*M$ associate with every $p \in M$ a skew symmetric r-multilinear form ω_p on T_pM, and setting $\omega_{i_1 \ldots i_r} := \omega(E_{i_1}, \ldots, E_{i_r})$ we can write ω as

(3) $$\omega = \sum_{i_1 < \cdots < i_r} \omega_{i_1 \ldots i_r}\, dx^{i_1} \wedge \cdots \wedge dx^{i_r},$$

where the form $dx^{i_1} \wedge \cdots \wedge dx^{i_r}$ is defined by

(4) $$dx^{i_1} \wedge \cdots \wedge dx^{i_r}(X_1, \ldots, X_r) = \det \begin{bmatrix} X_1^{i_1}, \ldots, X_1^{i_r} \\ \ldots\ldots\ldots\ldots \\ X_r^{i_1}, \ldots, X_r^{i_r} \end{bmatrix}$$

if X_α are represented by $X_\alpha = X_\alpha^iE_i$ with respect to local coordinates $x^1, \ldots, x^n$.

Let us now write ω_p instead of $\omega(p)$ for the evaluation of an r-form ω at $p \in M$.

We consider a differentiable map $f : N \to M$ from a manifold N into a manifold M (where possibly dim $N \neq$ dim M). Then we define the *pull-back* operator f^* which pulls any r-form ω on M back to an r-form $f^*\omega$ on N, which is defined by

$$(5) \qquad (f^*p)_p(X_1, \ldots, X_r) := \omega_{f(p)}(df(X_1), \ldots, df(X_r))$$

for every $p \in N$ and $X_1, \ldots, X_r \in T_pN$.

With every vector field X we associate a linear operator L_X acting on the space of differentiable functions $f : M \to \mathbb{R}$. Let $p \in M$ and set $a := X(p) \in T_pM$. Then there is a curve $c : [0, 1] \to M$ such that $c(0) = p$ and $[c]_p = a$. We set

$$(6) \qquad (L_X f)(p) := \frac{d}{dt} f(x(t)) \bigg|_{t=0}.$$

Let $(\mathcal{U}, \varphi)$ be a chart on M with the canonical vector fields $E_i = \partial_i$. We write $L_i := L_{E_i} = L_{\partial_i}$. Then for $X = X^i E_i$ we obtain $(L_X f)(p) = X^i(p)(L_i f)(p)$, i.e.

$$(7) \qquad L_X f = X^i(L_X f)(p) L_i f \quad \text{on } \mathcal{U}.$$

In this way we have associated with every vector field X a "symbol" L_X in the sense of Lie. We can interpret any such *derivation* L_X as a directional derivative on M or as a linear partial differential operator of first order on M. We have the computational rules

$$L_X(fg) = f L_X g + g L_X f, \qquad L_{\{fX+gY\}} = f L_X h + g L_Y h$$

for functions $f, g, h : M \to \mathbb{R}$ and vector fields X, Y. We realize that the space of vector fields X is "isomorphic" to the space of derivations L_X, and therefore one often identifies vector fields X and derivations L_X, i.e. $X \cong L_X$.

The matter becomes particularly clear if we consider the space $\mathfrak{A}(M)$ of C^∞-vector fields on M and the space $\mathcal{f}(M)$ of C^∞-functions $M \to \mathbb{R}$. Defining

$$(fX)(p) := f(p)X(p), \qquad (X + Y)(p) := X(p) + Y(p)$$

for $f \in \mathcal{f}(M)$ and $X, Y \in \mathfrak{A}(M)$, we realize that $\mathfrak{A}(M)$ is an $\mathcal{f}(M)$-module, and similarly the space $\{L_X : X \in \mathfrak{A}(M)\}$ turns out to be an $\mathcal{f}(M)$-module if we set

$$(fL_X)g := f \cdot L_X g, \qquad (L_X + L_Y)f := L_X f + L_Y g$$

and the mapping $X \mapsto L_X$ is seen to be an isomorphism between the two $\mathcal{f}(M)$-moduli $\mathfrak{A}(M)$ and $\{L_X : X \in \mathfrak{A}(M)\}$.

The exterior derivative d acting on an r-form ω yields an $(r + 1)$-form $d\omega$ which, locally, is defined by

$$(8) \qquad d\omega = \sum_{i_1 < \cdots < i_r} (\partial_i \omega_{i_1 \ldots i_r} \, dx^i) \wedge dx^{i_1} \wedge \cdots \wedge dx^{i_r}$$

if ω is given by

$$\omega = \sum_{i_1 < \cdots < i_r} \omega_{i_1 \ldots i_r} \, dx^{i_1} \wedge \cdots \wedge dx^{i_r}.$$

The exterior derivative d and the pull-back f^* of a mapping $f : N \to M$ commute, i.e. for any r-form ω on M we have

$$(9) \qquad d(f^*\omega) = f^*(d\omega).$$

Let $X(t, \cdot)$ be a time-dependent vector field on a manifold which assigns to any $p \in M$ a tangent vector $X(t, p) \in T_pM$. For the sake of brevity we write X_t instead of $X(t, \cdot)$ (i.e. X_t does not denote a time derivative, contrary to our usual convention). As in Section 1 we obtain that X_t defines a (local) flow ϕ^t by

$$(10) \qquad \frac{d}{dt}\phi^t = X_t \circ \phi^t, \qquad \phi^0 = \mathrm{id}.$$

Conversely every 1-parameter family of diffeomorphisms ϕ^t with $\phi^0 = \mathrm{id}$ defines a time-dependent vector field

$$(11) \qquad X_t := \frac{d\phi^t}{dt} \circ (\phi^t)^{-1},$$

which has ϕ^t as its flow.

For a vector field X_t with the flow ϕ^t we define the *Lie derivative* L_{X_0}, acting on r-forms ω on M, by setting

$$(12) \qquad L_{X_0}\omega := \frac{d}{dt}(\phi^t)^*\omega \Big|_{t=0} = \lim_{t\to 0}\frac{1}{t}[(\phi^t)^*\omega - \omega].$$

Note that L_{X_0} is again an r-form on M. If ω is a 0-form, i.e. a function on M, we see that $L_{X_0}f$ defined by (12) is the same as (6), i.e. $L_{X_0}f = X_0 f$ by our convention. As in *1.4* we define the Lie derivative $L_{X_0}Y$ of a vector field Y by

$$(13) \qquad L_{X_0}Y := \frac{d}{dt}(\phi^t)^*Y \Big|_{t=0}$$

and obtain

$$(14) \qquad L_{X_0}Y = [X_0, Y],$$

where $[X_0, Y]$ is the commutator of X_0, Y which is again a derivative on M (or, equivalently, a vector field).

Also, a vector field X is used to associate with any $(r + 1)$-form ω an r-form $X \lrcorner \omega = i_X\omega$ defined by

$$(15) \qquad i_X\omega(X_1, \ldots, X_r) = \omega(X, X_1, \ldots, X_r).$$

The operations L_X, i_X, and d are connected by

$$(16) \qquad L_X\omega = i_X(d\omega) + d(i_X\omega)$$

for any r-form ω, i.e. we have E. *Cartan's relation*

$$(16') \qquad L_X = i_X d + d i_X.$$

Moreover we have

$$(17) \qquad i_{[X,Y]} = [L_X, i_Y],$$

and

(18) $(d\omega)(X_0, X_1, \ldots, X_r)$

$$= \sum_{i=0}^{r} (-1)^i (L_{X_i}\omega)(X_0, \ldots, \hat{X}_i, \ldots, X_r)$$

$$+ \sum_{0 \le i < j \le r} (-1)^{i-j} \omega(L_{X_i}X_j, X_0, \ldots, \hat{X}_i, \ldots, \hat{X}_j, \ldots, X_k)$$

for any r-form ω, where $\hat{X}_i$ indicates that X_i is to be deleted. In particular we have for a 1-form ω that

(18′)
$$d\omega(X, Y) = L_X\omega(Y) - L_Y\omega(X) + \omega(L_X Y)$$
$$= X\omega(Y) - Y\omega(X) + \omega([X, Y]).$$

Now we turn to the introduction of *symplectic structures* on even-dimensional manifolds M, dim $M = 2n$. The prototype of a symplectic space M is the cotangent bundle T^*N of an n-dimensional manifold equipped with a symplectic form ω which for $N = \mathbb{R}^n$ (or $N \subset \mathbb{R}^n$) looks like

(19) $$\omega = dy_i \wedge dx^i.$$

Definition 1. *Let M be an even-dimensional manifold. A* symplectic structure *on M is a 2-form ω with the properties that ω is nondegenerate and closed (i.e. $d\omega = 0$). Then the pair (M, ω) is called a* symplectic manifold. *Furthermore (M, ω) is said to be an* exact symplectic manifold *if there is a 1-form θ on M such that $\omega = d\theta$.*

Here *non-degeneracy* of ω means: for every $p \in M$ and any $a \in T_pM$, $a \ne 0$, there is another vector $b \in T_pM$ such that $\omega_p(a, b) \ne 0$.

Let us return to our example $M = T^*N$. Introducing local coordinates x on N and (x, y) on T^*N we can locally introduce the 1-form θ on T^*N by

(20) $$\theta = y_i \, dx^i.$$

Then we have locally $\omega = d\theta = dy_i \wedge dx^i$. This is so far only a local consideration. However we can give it a global meaning in the following way. Let $M := T^*N$. The points $\lambda \in M$ can be written as $\lambda = (p, \lambda_p)$ where $p \in N$ and λ_p is a linear form on T_pN. Denote by $\tilde{\pi} : M \to N$ the projection map defined by $\tilde{\pi}(\lambda) := p$. Then the tangent map

$$d\lambda : T_\lambda M \to T_pN$$

is a linear mapping of $T_\lambda M$ into T_pN. We use $d\lambda$ to define 1-form θ on M. To this end we define the evaluation θ_λ of θ at $\lambda = (p, \lambda_p) \in M$ by

(21) $$\theta_\tau(b) := \lambda_p(d\tilde{\pi}(b)) \quad \text{for any } b \in T_\lambda M.$$

Given $b \in T_\lambda M$, we can find a vector field X on M such that $X(\lambda) = b$. Choosing local coordinates $(x^1, \ldots, x^n, y_1, \ldots, y_n)$ on $M = T^*N$ as described before we have

$$X = a^j \frac{\partial}{\partial x^j} + b_j \frac{\partial}{\partial y_j},$$

whence

$$d\tilde{\pi}(X) = a^j \frac{\partial}{\partial x^j}.$$

Since $\lambda = (p, \lambda_p)$, $\lambda_p = y_j(p)\, dx^j|_p$, we obtain

$$\lambda(d\tilde{\pi}(b)) = a^j(p)y_j(b),$$

i.e. $\theta_\lambda(b) = a^j(p)y_j(p)$. However, choosing θ as in (20) and forming $\theta_\lambda(b)$, we obtain the same value. Hence using (21) for defining a 1-form θ on $M = T^*N$ by

$$(22) \qquad \theta_\lambda(X) = \lambda_p(d\tilde{\pi}(X)), \qquad p = \tilde{\pi}(\lambda), \qquad X = X(p)$$

we see that this global form θ locally agrees with (20). Defining $\omega := d\theta$ we obtain a closed 2-form ω on $M = T^*N$ which in local coordinates coincides with $dy_i \wedge dx^i$, and this form is easily seen to be nondegenerate whence ω is nondegenerate. *Therefore every cotangent bundle T^*N is a symplectic manifold.*

Choosing a diffeomorphism $f : TN \to T^*N$ from the tangent bundle onto the cotangent bundle we obtain a symplectic structure σ on TN by forming $\sigma := f^*\omega = f^*(d\theta) = d(f^*\theta)$.

In fact, *tangent and cotangent bundles are even examples of exact symplectic manifolds.*

Remark 1. We note that not every even-dimensional manifold N can carry a symplectic structure. For instance this is impossible for a $2n$-sphere S^{2n}, $n \geq 2$. In fact, if ω were a symplectic form on S^{2n}, then the n-fold product $\alpha = \omega \wedge \omega \wedge \cdots \wedge \omega$ is a volume form, since ω is non-degenerate. As the second cohomology group $H^2(S^{2n})$ of S^{2n} vanishes for $n \geq 2$, there is a 1-form θ such that $\omega = d\theta$. Then we obtain $\alpha = d\beta$ where $\beta := \omega \wedge \cdots \wedge \omega \wedge \theta$, and Stokes's theorem implies

$$\int_{S^{2n}} \alpha = \int_{S^{2n}} d\beta = \int_{\partial S^{2n}} \beta = 0,$$

which is impossible since α is a volume form on S^{2n}. The same reasoning can be used for any compact manifold M such that $\partial M = \emptyset$ and $H^2(M) = 0$.

Now we prove

Darboux's Theorem. *If (M, ω) is a symplectic manifold of dimension $2n$, then for every $p_0 \in M$ there is a chart $(\mathcal{U}, \varphi)$ with $p_0 \in \mathcal{U}$ and local coordinates $\varphi(p) = (x, y)$ such that $\varphi(p_0) = 0$ and $\omega = \varphi^*(dy^i \wedge dx^i)$.*

Proof. Without loss of generality we can assume that $M = \mathbb{R}^{2n}$ and $p_0 = 0$. By a suitable linear transformation of coordinates we can achieve that

$$\omega = (dy^i \wedge dx^i) \quad \text{at } x = 0, y = 0,$$

according to a well-known result of linear algebra. Set $\omega_0 := dy^i \wedge dx^i$. The idea is to find a perturbation ψ of the identity map such that $\psi(0) = 0$ and $\psi^*\omega = \omega_0$ whence $\omega = \varphi^*\omega_0$ if we set $\varphi := \psi^{-1}$. The desired map ψ is to be a local diffeomorphism in a neighbourhood of the origin. Let us introduce the 2-forms ω_t by

$$(23) \qquad \omega_t := \omega_0 + t(\omega - \omega_0), \quad 0 \leq t \leq 1.$$

We try to find a flow of diffeomorphism ψ^t satisfying

$$(24) \qquad (\psi^t)^*\omega_t = \omega_0 \quad \text{for } 0 \leq t \leq 1, \ \psi^0 = \text{id}.$$

The flow of diffeomorphisms ψ^t is thought to be generated by a time-dependent vector field X_t. Generalizing formula (13) we obtain

$$\frac{d}{dt}(\psi^t)^*\eta = (\psi^t)^*L_{X_t}\eta$$

for any r-form η. Differentiating (24) we attain

$$0 = \frac{d}{dt}[(\psi^t)^*\omega_t] = (\psi^t)^*\left[L_{X_t}\omega_t + \frac{d}{dt}\omega_t\right].$$

Cartan's relation (16) yields

$$L_{X_t}\omega_t = i_X(d\omega_t) + d(i_{X_t}\omega).$$

Since $d\omega_t = 0$ and $\dfrac{d}{dt}\omega_t = \omega - \omega_0$, we arrive at

$$0 = (\psi^t)^*[d(i_{X_t}\omega_t) + \omega - \omega_0],$$

i.e. the generating vector field has to be a solution of the linear equation

(25) $$d(i_{X_t}\omega_t) = \omega_0 - \omega.$$

Since $\omega - \omega_0$ is closed, we can find a 1-form θ such that $\omega_0 - \omega = d\theta$ on some neighbourhood of the origin, and therefore (25) becomes

(26) $$d(i_{X_t}\omega_t) = d\theta,$$

and this equation is certainly satisfied if we choose X_t in such a way that

(27) $$i_{X_t}\omega_t = \theta, \quad \text{i.e.} \quad \omega_t(X_t, \cdot) = \theta.$$

Since ω_t and ω_0 coincide at $(x, y) = (0, 0)$, the 2-forms ω_t are nondegenerate in an open neighbourhood $\mathcal{U}$ of the origin for all $t \in [0, 1]$, and therefore (27) has a (uniquely determined) solution X_t on $\mathcal{U}$ for any right-hand side θ. Let us solve

$$\frac{d}{dt}\psi^t = X_t \circ \psi^t, \qquad \psi^0 = \text{id}$$

by a vector field X_t which satisfies $\psi^t(0) = 0$ because of $X_t(0) = 0$. Then a standard reasoning yields that $\psi^t(x, y)$ exists for all $t \in [0, 1]$ if we restrict (x, y) to a sufficiently small neighbourhood of the origin.

Let us now reverse our reasoning. By construction the diffeomorphism ψ^t, $0 \le t \le 1$, satisfy

$$\frac{d}{dt}[(\psi^t)^*\omega_t] = 0,$$

whence

$$(\psi^t)^*\omega_t = (\psi^0)^*\omega_0 = \omega_0 \quad \text{for all } t \in [0, 1],$$

and this is the desired relation (24).   □

Remark 2. Darboux's theorem shows that locally every symplectic structure looks like $(T^*\mathbb{R}^n, \omega)$ with $\omega = dy^i \wedge dx^i$. Hence symplectic manifolds of equal dimension can locally not be distinguished, that is, the dimension $2n$ is the only local invariant of a symplectic manifold (M, ω). However, globally symplectic manifolds can have different invariants. One can for instance prove that two 2-dimensional symplectic manifolds (M_1, ω_1) and (M_2, ω_2) are "symplectically the same" if and only their Euler characteristics coincide

$$\chi(M_1) = \chi(M_2),$$

and their "total volumes" are the same, i.e.

$$\int_{M_1} \omega_1 = \int_{M_2} \omega_2,$$

provided M_1, M_2 are compact, connected, and without boundary.

Now we have to explain what we mean by "symplectically the same". For this purpose we give the following

Definition 2. *Let (M_1, ω_1) and (M_2, ω_2) be two symplectic manifolds. A differentiable mapping $f : M_1 \to M_2$ is called* symplectic *or* canonical *if $\omega_1 = f^*\omega_2$.*

This is exactly the definition of a canonical map given earlier (*3.1*, definition) except that we now admit global manifolds of possibly different dimensions.

Note that $f^*\omega_2 = \omega_1$ means that

$$\omega_1(X, Y) = \omega_2(df(X), df(Y))$$

for any two vector fields X, Y on M_1. Since ω_1 is nondegenerate it follows that $df(X) \neq 0$ for any $X \neq 0$. Thus the tangent map df of a symplectic map must be everywhere injective whence $\dim M_1 \leq \dim M_2$. If $\dim M_1 = \dim M_2$, then every symplectic map $f : M_1 \to M_2$ is a local diffeomorphism.

Particularly if $f : M \to M$ is a symplectic map of a symplectic manifold (M, ω) into itself, the characterizing condition becomes

$$f^*\omega = \omega$$

and this is precisely the condition in local coordinates if we take Darboux's theorem into account.

Definition 3. *Two symplectic spaces (M_1, ω_1) and (M_2, ω_2) are said to be* symplectically isomorphic, $(M_1, \omega_1) \sim (M_2, \omega_2)$, *if there is a symplectomorphism of M_1 onto M_2, i.e. a diffeomorphism $f : M_1 \to M_2$ of M_1 onto M_2 such that*

$$(28) \qquad\qquad f^*\omega_2 = \omega_1 \, .$$

Let $\mathscr{S}_0$ be the set of all symplectic manifolds and suppose that $\mathscr{S}$ is a subset of $\mathscr{S}_0$ with the property that if $(M, \omega) \in \mathscr{S}$. Then all manifolds isomorphic to (M, ω) are contained in $\mathscr{S}$. As the relation $\sim$ is an equivalence relation, this means: if $(M, \omega) \in \mathscr{S}$, then the equivalence class $[(M, \omega)]$ is contained in $\mathscr{S}$. Such a set $\mathscr{S}$ will be called a *closed class of symplectic manifolds*. A function $\alpha : \mathscr{S} \to \mathbb{R}$ defined on such a class is said to be a *symplectic invariant* of $\mathscr{S}$ if $\alpha(M, \omega)$ is constant on every equivalence class $[(M, \omega)]$ contained in $\mathscr{S}$.

For examples if $\mathscr{S}$ is the class of compact symplectic manifolds (with or without boundary), then the quantities

$$(29) \qquad \alpha_1(M, \omega) := \int_M \omega, \qquad \alpha_2(M, \omega) := \int_M \omega \wedge \omega, \quad \dots,$$

$$\alpha_n(M, \omega) := \int_M \omega \wedge \omega \wedge \cdots \wedge \omega, \qquad 2n = \dim M,$$

are obviously symplectic on $\mathscr{S}$.

Then we are led to the following fundamental geometric questions:

(i) *Which differentiable manifolds M can carry a symplectic structure?*

(ii) *Given a closed class $\mathscr{S}$ of symplectic manifolds, can one find a finite or infinite set $J = \{\alpha\}$ of "characterizing" symplectic invariants α of $\mathscr{S}$, , i.e. a set J such that for any two manifolds (M_1, ω_1), $(M_2, \omega_2) \in \mathscr{S}$ we have $(M_1, \omega_1) \sim (M_2, \omega_2)$ if and only if $\alpha(M_1, \omega_1) = \alpha(M_2, \omega_2)$ for all $\alpha \in J$?*

(iii) *When are two symplectic manifolds isomorphic?*

Of course a positive answer to (ii) would yield a criterium to decide question (iii).

We have seen earlier that not every differentiable manifold M can carry a symplectic structure. Secondly we have noted that the class $\mathscr{S}$ of compact connected 2-dimensional symplectic manifolds has

$$J = \{\chi(M), \alpha_1(M, \omega)\}$$

as characterizing system of symplectic invariants where $\chi(M)$ denotes the Euler characteristic of M and $\alpha_1(M) = \int_M \omega$.

Fundamental results on symplectic invariants are due to Gromov, Hofer, and Zehnder.[7]

Earlier in this chapter we derived symplectic structures via Hamiltonians and Hamiltonian systems as guide lines. Now we reverse our reasoning and define Hamiltonians and Hamiltonian vector fields as distinguished geometric objects on a symplectic manifold (M, ω). First we note that for any differential 1-form λ on M (i.e. for any covector field $\lambda : M \to T^*M$) there is a uniquely determined vector field $X_\lambda : M \to TM$ such that

$$(30) \qquad \lambda = \omega(X_\lambda, \cdot) = i_{X_\lambda}\omega$$

since ω is nondegenerate. Conversely, for every vector field X on M the contraction $\lambda := i_X\omega$ defines a 1-form on M. Thus the 1-forms λ and the vector fields X on M are in 1–1 correspondence by means of formula (30).

Definition 4. *A vector field X on a symplectic manifold (M, ω) is called a Hamiltonian vector field if the differential 1-form $\lambda := i_X\omega$ is closed, and X is said to be an exact Hamiltonian vector field if $\lambda = i_X\omega$ is exact, i.e. if there is a function $H : M \to \mathbb{R}$ such that $-dH = i_X\omega$.*

Every exact Hamiltonian field is evidently also a Hamiltonian field but the converse in general holds true only locally and not globally. For instance on (M, ω) with $M = T^n \times \mathbb{R}^n$, $T^n = \mathbb{R}^n/\mathbb{Z}^n$, and $\omega = dy^i \wedge dx^i$ (where $x^1, \ldots, x^n$ are to be taken mod 1) the one-form $\lambda = \alpha_1\, dx^1 + \cdots + \alpha_n\, dx^n$ with constant coefficients $\alpha_1, \ldots, \alpha_n$ is closed but not exact if $\alpha_1^2 + \cdots + a_n^2 \neq 0$. The vector field $X_\lambda = \alpha_i \dfrac{\partial}{\partial y^i}$ corresponding to λ is Hamiltonian but not exact Hamiltonian.

---

[7] Cf. Gromov [1], Hofer [1–3], Viterbo [1], Hofer–Zehnder [1, 2], Ekeland–Hofer [1], Eliashberg–Hofer [1], and Floer–Hofer [1].

Consider now an exact Hamiltonian vector field X which in symplectic coordinates (x, y) is given by

$$X = \xi_j \frac{\partial}{\partial x^j} + \eta_j \frac{\partial}{\partial y^j}.$$

We assume that x, y are Darboux coordinates, i.e. $\omega = dy^j \wedge dx^j$. Then we have

(30') $i_X \omega = i_X(dy^j \wedge dx^j) = (i_X\, dy^j)dx^j - (i_X\, dx^j)dy^j = \eta_j\, dx^j - \xi_j\, dy^j$

and

$$i_X \omega = dH = -H_{x^j}\, dx^j - H_{y^j}\, dy^j,$$

whence $\xi_j = H_{y^j}$, $\eta_j = -H_{x^j}$, i.e.

(31) $$X = H_{y^j} \frac{\partial}{\partial x^j} - H_{x^j} \frac{\partial}{\partial y^j}.$$

This is the representation of an exact Hamiltonian field and the local representation of any Hamiltonian vector field X in Darboux coordinates x, y. If we compare this representation with the canonical equations

$$\dot{x} = H_y(x, y), \qquad \dot{y} = -H_x(x, y),$$

we see that (31) agrees with our former definition $(H_y, -H_x)$ of a Hamiltonian vector field X, or rather with the "symbol" L_X of X in Lie's sense.

We note that the set of Hamiltonian vector fields forms a Lie subalgebra of the Lie algebra of all vector fields on M. To prove this assertion we have to show that $Z := [X, Y]$ is Hamiltonian if X and Y are Hamiltonian. In fact, by (17) we have

$$i_Z \omega = L_X(i_Y \omega) - i_Y(L_X \omega)$$

and (16) yields

$$L_X \omega = i_X(d\omega) + d(i_X \omega),$$

whence $L_X \omega = 0$ since $d\omega = 0$ and $d(i_X \omega) = 0$. Moreover (16') yields

$$L_X(i_Y \omega) = d(i_X i_Y \omega) + i_X(d(i_Y \omega)) = d(i_X i_Y \omega)$$

since $d(i_Y \omega) = 0$. Thus we arrive at

$$i_Z \omega = d(i_X i_Y \omega) = -dH$$

for $Z = [X, Y]$ and $H = -\omega(Y, X) = \omega(X, Y)$, i.e. the commutator Z of two Hamiltonian vector fields X, Y is Hamiltonian.

Now we prove the following generalization of Corollaries 1, 2 in 3.2.

Proposition 1. *Let X be a vector field on a symplectic manifold (M, ω) and let ϕ^t be its flow defined by (10). Then X is Hamiltonian if and only if ϕ^t is symplectic for every t where ϕ^t is defined.*

Proof. Let X be a Hamiltonian vector field. Then we have $\dfrac{d}{dt}(\phi^t)^*\omega = (\phi^t)^*(L_X\omega)$ and $L_X\omega = i_X(d\omega) + d(i_X\omega) = 0$ since ω and $i_X\omega$ are closed. Thus we obtain $(\phi^t)^*\omega = (\phi^0)^*\omega = \omega$, i.e. ϕ^t is symplectic. Since we can reverse this reasoning, the result is proved. $\qquad\square$

Let X_H be an exact Hamiltonian vector field defined by

(32) $$\omega(X_H, \cdot) = -dH$$

for some function $H : M \to \mathbb{R}$; locally X_H is given by (31). We claim H is a first integral of the flow ϕ^t of X_H. In fact,

$$\frac{d}{dt}H(\phi^t(\cdot)) = (\phi^t)^* \, dH(X_H) = -(\phi^t)^*\omega(X_H, X_H) = 0.$$

Now we generalize Proposition 1 in *3.1*.

Proposition 2. *Consider two symplectic manifolds* (M_1, ω_1) *and* (M_2, ω_2) *and let* $f : M_1 \to M_2$ *be a diffeomorphism of* M_1 *onto* M_2. *Then* f *is symplectic if and only if* $f^*X_H = X_K$ *holds true for all functions* $H : M_2 \to \mathbb{R}$ *and* $K : M_1 \to \mathbb{R}$ *satisfying* $K = H \circ f = f^*H$.

Proof. If f is symplectic we have $\omega_1 = f^*\omega_2$. Then $dK = d(f^*H) = f^*(dH) = -f^*i_X\omega_2$, $X := X_H$, whence $dK = i_{f*X}(f^*\omega_2) = -i_{f*X}\omega_1$. Furthermore we have $dK = -i_Y\omega_1$, $Y := X_K$. Therefore

$$\omega_1(Y, \cdot) = \omega_1(f^*X, \cdot)$$

which means $Y = f^*X$, i.e. $X_K = f^*X_H$. We leave it to the reader to prove the converse in a similar way. $\qquad\square$

Let (M, ω), $\omega = d\theta$ be an exact symplectic manifold. A mapping $f : M \to M$ is called exact symplectic if $f^*\theta - \theta$ is exact, i.e. $f^*\theta - \theta = d\Psi$ for some function $\Psi : M \to \mathbb{R}$. Every exact symplectic map is symplectic while the converse is only locally true. However the two concepts are the same on simply connected exact symplectic manifolds.

It is easy to prove that the flow ϕ^t of an exact Hamiltonian vector field X_H on an exact symplectic manifold defines a one-parameter family of exact symplectic maps. In fact one shows that

$$(\phi^t)^*\theta - \theta = \Psi^t, \qquad \Psi^t := \int_0^t [-H + \theta(X)] \circ \phi^s \, ds.$$

In *3.6* we have seen that symplectic maps can be characterized by Poisson brackets $\{F, G\} = -(F, G)$ of functions F, G. We now want to connect the concept of a Poisson bracket with that of a symplectic manifold. To this end we consider a manifold M of dimension $2n$ and a nondegenerate 2-form ω on M which need not be closed. Then for any function $F : M \to \mathbb{R}$ there is a uniquely determined vector field X_F on M such that

(33) $$\omega(X_F, \cdot) = -dF.$$

Definition 5. *The* Poisson bracket $\{F, G\}$ *of two functions* $F, G : M \to \mathbb{R}$ *is the function*

(34) $$\{F, G\} := -\omega(X_F, X_G).$$

Clearly, we have $\{F, G\} = -\{G, F\}$, and the nondegenercy of ω yields that $\{F, G\} = 0$ for all G is only possible if $dF = 0$. Moreover we have

(35) $$\{F, G\} = -X_F(G) = X_G(F).$$

Furthermore it follows that

(36) $$[X_F, X_G]H = X_{\{G, F\}}H + J(F, G, H),$$

(37) $$d\omega(X_F, X_G, X_H) = -J(F, G, H),$$

where $J(F, G, H)$ denotes the *Jacobi expression*

(38) $$J(F, G, H) := \{F, \{G, H\}\} + \{G\{H, F\}\} + \{H, \{F, G\}\}$$

of the three functions F, G, H. Formula (36) is an immediate consequence of (35), while (37) is proved by means of (18).

From (36) and (37) we obtain

Proposition 3. *Let* M *be even-dimensional, and let* ω *be a nondegenerate 2-form on* M. *Then the relation* $d\omega = 0$ *is equivalent to the condition* $J(F, G, H) = 0$ *for all* $F, G, H : M \to \mathbb{R}$ *and also to the identity*

(39) $$[X_F, X_G] = X_{\{G, F\}}.$$

Since the 2-form ω of a symplectic manifold (M, ω) is nondegenerate and closed, i.e. $d\omega = 0$, we infer from (39) that *the map* $F \to X_F$ *from the space of functions* $F : M \to \mathbb{R}$ *into the algebra of exact Hamiltonian vector fields is a Lie-algebra homomorphism with* $(F, G) := -\{F, G\}$ *as product of the Lie algebra of functions.*

Let us now express $\{F, G\}$ in local coordinates $z = (z_1, \ldots, z_{2n})$. Then we can write ω as

$$\omega = \sum_{\alpha < \beta} \omega_{\alpha\beta}(z)\, dz^\alpha \wedge dz^\beta, \quad 1 \le \alpha, \beta \le 2n,$$

where the matrix $A := (\omega_{\alpha\beta})$ is invertible and skew symmetric. Consider two functions F, G and their exact Hamiltonian vector fields X_F, X_G given by

$$dF = -\omega(X_F, \cdot), \qquad dG = -\omega(X_G, \cdot).$$

Let $X_F = f_\alpha\, dz^\alpha$, $X_G = g_\alpha\, dz^\alpha$ and set $f := (f_1, \ldots, f_{2n})$ and $g := (g_1, \ldots, g_{2n})$. Then we obtain

$$\omega(X_F, \cdot) = \langle Af, dz \rangle = -\langle \nabla F, dz \rangle$$

whence $f = -A^{-1}\nabla F$, and analogously $g = -A^{-1}\nabla G$. Since $dz^\alpha(X_G) = g_\alpha$, we obtain $\langle Af, dz(X_G) \rangle = \langle Af, g \rangle$, and by (34) we arrive at

$$\{F, G\} = -\omega(X_F, X_G) = -\langle Af, g \rangle = -\langle \nabla F, A^{-1} \nabla G \rangle.$$

If $z = (x, y)$ are Darboux coordinates we infer from (30′) that

(40) $$\omega(X_F, \cdot) = \langle Jf, dz \rangle,$$

where J is the special symplectic matrix defined in *3.1*. Thus we obtain $A = J$, and by $J^{-1} = -J$ and $J^T = -J$ it follows that

(41) $$\{F, G\} = \langle \nabla F, J \nabla G \rangle, \qquad (F, G) = \langle J \nabla F, \nabla G \rangle.$$

This is the definition of the Poisson brackets given in *3.6*.

We recall from the discussion in *2.1* and in Chapters 6, 7 that Mayer bundles play a particularly important role in the calculus of variations and in geometrical optics. Such bundles are *n*-parameter families of curves

$$(t, X(t, \alpha), Y(t, \alpha)), \quad \alpha = (\alpha^1, \ldots, \alpha^n),$$

satisfying

$$\dot{X} = H_y(t, X, Y), \qquad \dot{Y} = -H_x(t, X, Y)$$

and

$$[\alpha^i, \alpha^j] = 0.$$

The vanishing of the Lagrange brackets

$$[\alpha^i, \alpha^j] = Y_{\alpha^i} \cdot X_{\alpha^j} - Y_{\alpha^j} \cdot X_{\alpha^i}$$

means that for any t the mapping $f : \alpha \to (X(t, \alpha), Y(t, \alpha))$ describes an *n*-parameter surface in the 2*n*-dimensional phase space $(x, y\text{-space})$ where the symplectic form $\omega = dy^i \wedge dx^i$ vanishes, i.e. $f^*\omega = 0$. Such a surface is called a *Lagrangian surface*.

In order to define *Lagrangian submanifolds* N of an arbitrary symplectic manifold (M, ω) of the dimension 2*n* we introduce the following notions. Let $p \in M$, and suppose that V is a linear subspace of $T_p M$. Then

$$V^{\perp} := \{a \in T_p M : \omega_p(a, b) = 0 \text{ for all } b \in V\}$$

is called the *symplectic orthogonal complement of* V. Consider now a submanifold N of M and the inclusion map $j : N \to M$. Since $d\omega = 0$ we obtain that also $d(j^*\omega) = 0$. Moreover, $\omega_N := j^*\omega$ is nondegenerate on N if and only if

(42) $$T_p N \cap T_p N^{\perp} = \{0\} \quad \text{for all } p \in N.$$

Hence $(N, j^*\omega)$ is a symplectic manifold if and only if (42) holds true. Thus we call N a *symplectic submanifold of* M if (42) is satisfied.

Next we consider the relation

(43) $$T_p N \subset T_p N^{\perp} \quad \text{for all } p \in N$$

which means that $\omega_p(a, b) = 0$ for $a, b \in T_p N$, $p \in N$. Hence (43) is equivalent to $j^*\omega = 0$. This is the characterizing property of a "general" (i.e. not necessarily immersed) Lagrangian surface. We call N an *isotropic submanifold of* M if (43) is satisfied.

Regular Lagrangian surfaces have the dimension n. Thus we call maximally isotropic submanifolds *Lagrangian submanifolds*; they have precisely the dimension $n = \frac{1}{2} \dim M$. Equivalently we can define: N *is Lagrangian if*

$$(44) \qquad\qquad T_p N = T_p N^\perp.$$

We finally mention that N is said to be *coisotropic* if

$$(45) \qquad\qquad T_p N \supset T_p N^\perp.$$

The terminology "Lagrangian submanifold" was introduced by Maslov [1].

At this point we want to close our discussion of symplectic geometry. Hamiltonian mechanics is now embedded in the geometry of symplectic manifolds. A mechanical system is interpreted as a manifold M, a symplectic structure ω on M and a Hamiltonian vector field X satisfying $d(i_X \omega) = 0$. Any Hamiltonian field on M generates a (local) one-parameter group of symplectic diffeomorphisms of M, and vice versa. The transformation of Lagrange manifolds under 1-parameter groups of symplectomorphisms of M onto itself corresponds to the global picture generated by field-like Mayer bundles. The main advantage of symplectic geometry is that we have freed ourselves from the confinement to tangent bundles. Since we want to admit general symplectic maps operating on M, there is no point anymore in distinguishing between configuration variables x and momenta y since both kinds of variables are freely mixed. Pursuing Klein's point of view as expressed in the Erlanger program that any kind of geometry is the study of invariance properties of a space M with respect to some group of transformations of M, the symplectic interpretation of mechanics is a very natural point of view if one wants so see mechanics as a topic in geometry.

4. Scholia

Section 1

1. Looking at functions of and equations in n variables $x_1, \ldots, x_n$ it is advantageous to take these variables collectively and to think of n-tuples $(x_1, \ldots, x_n)$ as points x of an n-dimensional space. The expediency of this idea is quite evident, and therefore it is not surprising that one finds a geometric interpretation of a system of n values rather early in the mathematical history. We refer to Lie–Scheffers [1], p. 274, Stäckel [2], p. 56, and to C. Segre's article in the *Encyklopädie der mathematischen Wissenschaften* Vol. III, Part 2, second half (IIIC7), pp. 769–972 and in particular pp. 772–787.

Systematically the ideas of an n-dimensional space and of a higher-dimensional manifold were developed during the last century. We particularly mention the pioneering work of Plücker, H. Grassmann, Cayley, Sylvester, Schläfli, Riemann, Halphen, C. Jordan, Klein, Lie, and Veronese.

The phase space T^*M connected with a manifold M was introduced by Gibbs, and the extended phase space $\mathbb{R} \times T^*M$ was used by E. Cartan ("espace des états", "state space"). The idea of a differentiable manifold as an n-fold extended space, which globally may be complicated but locally can be described by n variables was conceived by Riemann. Betti described manifolds as subsets of $\mathbb{R}^n$ defined by sytems of equations, while Dyck introduced manifolds as differentiable CW-complexes. This definition was used by Poincaré in his celebrated paper *Analysis situs* from 1895 where the Euler characteristic was expressed by Betti numbers. The modern concept of a Riemann surface was introduced by F. Klein in his paper *Über Riemanns Theorie der algebraischen Funktionen und ihrer Integrale* (1882), and the presently used axiomatic definition of a Riemann surface and of a two-dimensional topological manifold was given by H. Weyl [1] in 1913. The notion of an n-dimensional manifold of class C^r was coined by Veblen and Whitehead in 1932. For a brief historical account of how the concept of a differentiable manifold evolved we refer to Dombrowski [1], pp. 323–360.

2. The basic ideas and results of *1.1–1.5* and *1.9* are due to S. Lie. His interpretation of vector fields as generators (infinitesimal transformations) of (local) one-parameter groups of transformations and his use of first-order differential operators in understanding such flows have become fundamental for differential geometry and topology. An excellent introduction to Lie's original ideas is given in G. Kowalewski [1], and also Lie's books [1] and [2] are fascinating to study. Particularly we refer to Engel's introduction to vol. 6 of Lie's *Gesammelte Abhandlungen* [3]. A modern introduction to the analysis on manifolds can be found in Abraham–Marsden [1].

Section 2

1. An excellent presentation of the classical Hamilton–Jacobi theory and its historical development, together with many references to the original sources, is given in the *encyclopaedia article* by Prange [2]. Together with the *Lectures* of Klein [1] one obtains a comprehensive picture of the role that mechanics has played for the development of mathematics during the nineteenth century. Very interesting are also the *historical notes and references* in the treatise of Wintner [1]. A review of the older literature can be found in the two reports of Cayley [1] (Vol. 3, pp. 156–204; Vol. 4, pp. 513–593).

It is worth-while to look at the original sources; in particular we refer the reader to the collected works of Lagrange [12], Hamilton [1], Jacobi [3, 4], and Lie [3]. Moreover it is most interesting to study the celebrated treatises of Poincaré [2], E. Cartan [1] and G. Birkhoff [1], which had a great influence on the development of analytical mechanics.

Of the classical textbooks on analytic mechanics we mention only a few: Appell [1], Boltzmann [1], Thomson/Tait [1], Whittaker [1], Levi-Civita/Amaldi [1], Goldstein [1], Sommerfeld [2], and Landau/Lifshitz [1]. Also the surveys of Nordheim [1], Nordheim/Fues [1], and Synge [2] might be of interest.

A discussion of the Hamilton–Jacobi theory emphasizing the variational point of view can be found in Courant–Hilbert [1–4], Carathéodory [10], Lanczos [1], Rund [4], and Hermann [1]. Hamilton's theory of geometrical optics is best described in Carathéodory's monograph [3], which also contains a brief but very informative introduction to the history of this field with references to essential sources. The subsequent modern development is presented in Guillemin/Sternberg [1], and Hörmander's work [2], Vols. 3 and 4, leads far into the theory of pseudo-differential operators and Fourier integral operators with applications to wave optics.

A modern presentation of the mathematical methods of classical mechanics with a particular emphasis of the manifold-point-of-view is given in the treatise of Arnold [2] and Abraham/Marsden [1].

The development of the new ideas originating from the work of Poincaré and Birkhoff are presented in the lecture notes of Moser [1], [4], [7] and in Siegel–Moser [1]. While the older work was centered about the problem to calculate orbits over a long time, the interest in this century shifted to more theoretical questions such as to establish the existence of periodic solutions, to investigate stability and instability of orbits and to discuss the random behaviour of solutions of dynamical systems. The erratic character of solutions in the large discovered by Poincaré is now often called chaotic behavior. An up-to-date survey of the theory of dynamical systems can be found in the new *Encyclopaedia of Mathematical Sciences*. We particularly refer to Vols. 3 and 4 with articles by Arnold/Kozlov/Neishtadt [1] and Arnold/Givental [1]. We also mention the monograph by Arnold/Avez [1] and Arnold's paper [1].

An introduction to the mathematical treatment of problems of celestial mechanics from the point of view of an astronomer is given by the treatises of Charlier [1] and Stumpf [1]. Moreover we mention the comprehensive presentation in Hagihara [1]. Mathematical questions of celestial mechanics are treated in Siegel [2] and Siegel/Moser [1] respectively, Wintner [1] and Sternberg [2]. Particularly we refer to Kolmogorov's celebrated lecture [1] and to S. Smale's survey paper [1].

2. Although the label *principle of stationary action* (or briefly *action principle*) is somewhat ambiguous and means different things to different authors, and despite the fact that the notion of the action principle changes its meaning even in our book, we use the terms *Hamilton principle* and *action principle* in this chapter as synonyms for the fact that motion curves $c : I \to M$ of a mechanical system are characterized as extremals of the action integral $\mathscr{L}(c) = \int_I L(t, \dot{c}(t))\, dt$. Despite of F. Klein's critical remarks quoted earlier it might be justified to denote this principle as Hamilton principle. It is true that Lagrange in 1761 formulated the first general action principle for systems of point masses, but one has to admit that Lagrange operated in a very formal way and did not rigorously justify his manipulations. In any case he had more or less eliminated the variational characterization of motions in the first edition of his *Méchanique analitique*; instead the equations of motion were derived from "d'Alembert's principle". However, in the second edition of his treatise [1] (see Vol. 1, Second Part, Section IV, no. 3, p. 325), one suddenly finds Euler equations when a perturbation method based on the *variation of constants* is treated, and after a few more pages even Hamilton's canonical equations appear (p. 336). Nevertheless it was apparently not clear to everyone that the equations of motion could be derived from the variational principle $\delta\mathscr{L} = 0$. Jacobi at least found the customary presentation of the least action principle unintelligible, and he stated in his *Vorlesungen über Dynamik* [4], p. 58: *Instead of the principle of least action one can substitute another one which also requires that the first variation of an integral vanishes, and which yields the differential equations of motion in an even simpler way than the principle of action ... Hamilton is the first who proceeded from this principle. We shall use it to derive the equations of motion in the form given by Lagrange in the Mécanique analytique.*

3. The integrand $L(x, v) = T(x, v) - V(x)$ of Hamilton's action integral $\mathscr{L}(x) = \int_I L(x, \dot{x})\, dt$ was called *Lagrangian* by Routh, while Helmholtz proposed *kinetic potential*, and Sommerfeld suggested *free energy* for $L = T - V$ in contrast to *total energy* for $E = T + V$.

4. Hamiltonian system $\dot{x} = H_y$, $\dot{y} = -H_x$ appear in Hamilton's work first in his paper *Second essay on a general method in dynamics*, Philosophical Transactions of the Royal Society (1835), pp. 95–144 (cf. *Mathematical papers* [1], Vol. 2). The expression *canonical systems* was coined by Jacobi (cf. Werke [3], Vol. 4, p. 135). Canonical systems for the first time appeared in Poisson's mémoire *Sur les inégalités séculaires de moyens mouvemens des planètes*, June 20, 1808 (published 1809), but without proof and without recognition of their importance. Briefly thereafter Lagrange derived canonical equations in his *Second Mémoire sur la variation des constantes arbitraires dans les problèmes de Mécanique, dans lequel on simplifie l'application des formules générales à ces problèmes*, Paris, Mémoires de l'Institut 1809, pp. 343–352 (read February 19, 1810). He wrote about the canonical equations: ... *qui sont, comme l'on voit, sous la forme la plus simple qu'il soit possible* (See Lagrange [11], and *Œuvres*, vol. 6, p. 814.) These results are republished in the *Mécanique analytique* (Second edition 1811, Vol: 1, Second Part., Section V, no. 14, p. 336), as we have mentioned before.

In Cauchy's celebrated paper *Note sur l'integration des equations aux différences partielles du premier ordre à un nombre quelconque de variables*, Bulletin des sciences par la société philomathique, Paris (1819), pp. 10–21, Hamiltonian systems occur implicitly as characteristic equations of a partial differential equation $F(x, u(x), u_x(x)) = 0$. If the equation is of the kind $F(x, u_x) = 0$, the characteristic equations reduce to the canonical equations. Cauchy's method will be treated in Chapter 10.

However, Hamilton was the first to realize the importance of canonical systems and to derive them in full generality from Lagrange's equations of motion by means of a Legendre transformation. The *principal function* and various Legendre transforms of it are a genuine creation of Hamilton which he considered as one of his prime discoveries (see Hamilton's *Mathematical* papers [1], Vols. 1 and 2).

5. In 2.2 our discussion of Hamilton's principal function W is based on assumption ($\mathscr{U}$), and this assumption is essential for our reasoning to be rigorous. In general it will be hard to verify such a requirement globally, and therefore our introduction of canonical transformations in 2.2 following Hamiltons' original ideas remains heuristic as long as ($\mathscr{U}$) cannot be verified, and the same holds true for our "proof" of Jacobi's method to integrate Hamiltonian systems. Thus the reader should exercise great care if he wants to follow Hamilton's reasoning which is intuitively so appealing because of its simplicty and geometric beauty. Often authors neglect to formulate correct assumptions ensuring the validity of the reasoning, or they may not even see the necessity of being careful (see e.g. Lanczos [1], pp. 222–228). Let us, however, mention that the discussion of the principal function in Prange [2], no. 16, is quite precise.

In any case these difficulties explain why we do not follow Hamilton's approach to canonical mappings but start afresh in Section 3 using a completely different starting point.

6. The notion of a *cyclic variable* was proposed by von Helmholtz (*Studien zur Statik mono-zyklischer Systeme*, Sitzungsberichte Berlin (1884), p. 159; Journal für die reine und angewandte Mathematik 97 (1884), pp. 111–140, 317–336). W. Thomson (Lord Kelvin) suggested the expression *ignored variable* (cf. Thomson–Tait, *Natural philosophy* [1], Vol. 1, no. 319), which Whittaker [1] later changed to *ignorable variable*. The importance of these variables was apparently first recognized by Routh [1] in 1877, who denoted them as *absent coordinates*, while J.J. Thomson called them *kinosthenic coordinates*.

The name cyclic variable comes from the fact that they often are connected with *cyclic motions* (the reader may think of the motion of a pendulum or of the periodic motion of a planet, or of the screw motion of a particle on a helix; in all these cases, the periodic part of the motion is described by an angle-variable which then plays the role of a cyclic variable).

7. Poincaré's integral

$$\mathscr{I}_H = \int_{t_0}^{t_1} [y \cdot \dot{x} - H(t, x, y)] \, dt$$

plays a central role in Hamilton's work on dynamics, and he was well aware of the importance of the form $\kappa_H = y_i \, dx^i - H \, dt$. Nevertheless our terminology is justified by the great contributions of Poincaré and E. Cartan to the theory of dynamical systems.

Already Poincaré realized that the equation $\dot{x} = H_y$, $\dot{y} = -H_x$ are the Euler equations of $\mathscr{I}_H$; see Poincaré [2], Vol. 3, Chapter 29. Birkhoff [1], p. 55, formulated a "Pfaffian variational principle" stating that the integral

$$\int_{t_0}^{t_1} [P_j(t, p)\dot{p}^j + Q(t, p)] \, dt$$

has the Euler equations

$$(P_{j, p^k} - P_{k, p^j})\dot{p}^k - Q_{p^j} = 0, \quad 1 \leq j \leq n.$$

Section 3

1. As mentioned in Nr. 4 of the Scholia to Section 2, *canonical equations* for the first time appeared in Lagrange's paper [11] from 1809. However, Lagrange's basic ideas and computations that led to the canonical equations appear already in his *Mémoire sur la théorie des variations des éléments des*

planètes [10] from 1808, and more generally in his *Mémoire sur la théorie générale de la variations des constantes arbitraires dans tous les problèmes de la mécanique*, Paris, Mémoires de l'Institut (1809), p. 257 (cf. *Oeuvres*, vol. 6, pp. 711–768), and then in his *Mécanique analytique* [1], Vol. 2 (Section VII, Chapter 2, no. 58–79, pp. 76–108). There one also finds Lagrange brackets which were used by Lagrange to formulate equations describing a perturbed motion. He proceeded as follows. Suppose that an unperturbed problem is characterized by the equations

(1) $$\frac{d}{dt}L_{v^i} - L_{x^i} = 0, \quad 1 \le i \le n,$$

while the perturbed motion is described by

(2) $$\frac{d}{dt}L_{v^i} - L_{x^i} = \Omega_{x^i},$$

where $\Omega(t, x)$ denotes a perturbation function. Then, assuming that (1) has a complete solution $x = x(t, c^1, \ldots, c^{2n})$, Lagrange used the method of variation of constants to tackle (2). For this purpose he set $\omega(t, c) := \Omega(t, x(t, c))$, $y(t, c) := L_v(t, x(t, c), \dot{x}(t, c))$, $[c^\alpha, c^\beta] := x_{c^\alpha} \cdot y_{c^\beta} - x_{c^\beta} \cdot y_{c^\alpha}$, and then he replaced the constants c^α by functions $c^\alpha(t)$ to be determined in such a way that $x(t, c(t))$ satisfies (2). This leads to the $2n$ equations

(3) $$[c^\alpha, c^\beta]\frac{dc^\alpha}{dt} = \omega_{c^\beta}, \quad 1 \le \beta \le 2n.$$

Suppose now that $c = c(t, a)$ where $c(0, a) = a$. If the perturbation forces Ω_x are small, one very likely can prove that $c(t, a)$ is only a "slowly" varying function of t. Moreover Lagrange noticed that for every t the mapping $a \mapsto (x(t, a), y(t, a))$ is canonical if $x(t, a)$ is a $2n$-parameter solution of (1) satisfying $(x(0, a), y(0, a)) = a$. Then equations (3) can be reduced to a canonical system

$$\dot{c}^\alpha = \omega_{c^{n+\alpha}}, \quad 1 \le \alpha \le n,$$

$$\dot{c}^{n+\alpha} = -\omega_{c^\alpha},$$

and Lagrange [1], p. 336 remarked about these equations: *... les equations ... sont, comme l'on voit, sous un forme très simple, et qui fournissent ainsi la solution la plus simple du problème de la variation des constantes arbitraires.*

Poisson instead obtained the "dual" perturbation formulas

(4) $$\dot{c}^\alpha = (c^\alpha, c^\beta)\omega_{c^\beta}, \quad 1 \le \alpha \le 2n,$$

where (c^α, c^β) denotes the Poisson brackets (see Poisson, Mémoires de l'Academie des Sciences **1** (1816), p. 27). A comparison of formulas (3) and (4) shows the duality between Lagrange and Poisson brackets discussed in *3.7* and leads to the characterization of canonical transformations stated in Proposition 5 of *3.6*.

Whereas the appearance of canonical transformations in Lagrange's work is more or less incidental, they are systematically used in Hamilton's paper from 1835 that we have quoted earlier. Hamilton used the principal function of the unperturbed problem to define a canonical transformation by means of which he derived the new Hamiltonian system

$$\dot{a} = K_{1,b}(t, a, b), \qquad \dot{b} = -K_{1,a}(t, a, b),$$

which occurs in *3.3*, Theorem 4. In *2.2* we have described the motivation that led Hamilton to the definition of a canonical transformation by means of a principal function.

Jacobi replaced the principal function by an arbitrary complete solution $S(t, x, a)$ of $S_t + H(t, x, S_x) = 0$. Moreover he noticed that canonical transformations can be considered independently of any perturbation problems. He conceived the idea that an arbitrary function $E(x, a)$ can be used to introduce new variables a, b by means of the formulas

$$y = E_x, \qquad -b = E_a$$

such that the one-form

$$y_i \, dx^i - H(t, x, y) \, dt$$

is transformed into

$$b_i \, da^i - H \, dt + dE.$$

That is, canonical transformations are (locally) generated by an arbitrary function $E(x, a)$. Jacobi's work can be studied in Vols. 4 and 5 of his *Werke* [3] and in his *Vorlesungen* [4].

The terminology *canonical transformation* (*substitution*) was introduced by Schering in his paper *Hamilton–Jacobische Theorie* für Kräfte, deren Maß von der Bewegung der Körper abhängt (Göttinger Abhandlungen **18**, 54pp. (1873)). He was also the first to operate with the exterior differential $d(Y_i(x) \, dx^i)$ of a *Pfaffian form* $\pi = Y_i(x) \, dx^i$. Of course he used a different symbolism, since the exterior calculus of differential forms had not yet been invented. The previously used symbol for $d\pi$ was

$$\delta \pi - d\pi = \sum_{i,k} \left(\frac{\partial Y_i}{\partial x^k} - \frac{\partial Y_k}{\partial x^i} \right) (\delta x^k \, dx^i - \delta x^i \, dx^k);$$

this expression was denoted as *bilinear convariant*; see also F. Klein [2], pp. 209, 210, 222. One still finds it in Prange [2] and in the work of Carathéodory. The calculus of differential forms was systematically used by E. Cartan in geometry and analysis, and because of his work differential forms were generally accepted as an important tool. Lepage [1–3] and Boerner [5], [6] successfully used differential forms in the calculus of variations; their work had great influence on subsequent writers.

2. It would be of historical interest to investigate the development of Hamilton–Jacobi theory and, in particular, of the theory of canonical transformations. It seems to be unclear how the *canonical picture* was formed. Nowadays most results are attributed to Hamilton and Jacobi whereas the contributions of Schering are entirely neglected. Moreover, also the contributions of Lie are rarely mentioned, but doubtless Lie has great merits in shaping the classical picture by stressing the group-theoretic point of view and by explaining the role of canonical transformations via his theory of *contact* transformations (see Chapter 10). For example, in 1874 Lie proved that every (local) 1-parameter group of canonical transformations is obtained as a local flow of some autonomous Hamiltonian system and vice versa, i.e. Hamiltonian vector fields are just the infinitesimal generators of one-parameter groups of canonical transformations (see Lie [3], Vol. 4, pp. 1–96). In 1877 he proved the following fact that at the time was unclear to Mayer: *A mapping $\bar{x} = X(x, y)$, $\bar{y} = Y(x, y)$ satisfies $(X^i, X^k) = (Y_i, Y_k) = 0$, $(X^i, Y_k) = \delta_k^i$ if and only if there is a function $V(x, y)$ such that*

$$Y_i \, dX^i = y_i \, dx^i + dV.$$

It seems worthwhile to check which results were proved by Lie; moreover there are probably many other results of Lie worth to be noticed.

3. Canonical transformations in $\mathbb{R}^{2n+1}$ can also be characterized by the fact that they leave the form $(-H_x - \dot{y}, \dot{x} - H_y)$ of the Lagrange operator of the Lagrangian $y \cdot \dot{x} - H(t, x, y)$ invariant (see Siegel [2], pp. 7, 8).

4. We can generalize Proposition 1' of 3.1 in the following way: *A mapping $\mathcal{K} : \mathbb{R}^{2n+1} \to \mathbb{R}^{2n+1}$ given in the form $\mathcal{K}(t, \zeta) = (t, u(t, \zeta))$, preserves the Hamiltonian structure of any system $\dot{z} = JH_z(t, z)$ if and only if there is a constant scalar $\lambda \neq 0$ such that $A(t, \zeta) := u_\zeta(t, \zeta)$ satisfies*

$$A^T J A = \lambda J.$$

This condition means that all maps $u^t : \mathbb{R}^{2n} \to \mathbb{R}^{2n}$ defined by $u^t := u(t, \cdot)$ are *generalized canonical maps* belonging to the same multiplier λ. For a proof of this generalized version of Proposition 1' we refer to Siegel [2], pp. 10–11.

5. H.-C. Lee [1] proved the following theorem from which the theory of canonical transformations can be derived:

Consider a 1-form $\eta = A_i(t, x, y) \, dx^i + B^i(t, x, y) \, dy_i$ on the phase space M ($= x, y$-space) and the Poincaré form $\theta = y_i \, dx^i$. Then the integral $\int_\gamma \eta$ is a relative integral invariant (in the sense of Poincaré) *if and only if there is a constant c such that*

(5)
$$\int_\gamma \eta = c \int_\gamma \theta.$$

Here $\int_\gamma \eta$ denotes the integral of η with respect to a closed curve γ in M bounding an orientable 2-surface (2-chain) $\mathscr{S}$ in M. Furthermore let

$$h(t, a, b) = (t, X(t, a, b), Y(t, a, b))$$

be a Hamiltonian flow with respect to an arbitrary Hamiltonian $H(t, x, y)$, i.e.

$$\dot{X} = H(h), \qquad \dot{Y} = -H_x(h), \qquad h(0, a, b) = (0, a, b).$$

Then γ is transported by h into a new curve γ_t and $\mathscr{S}$ into a new surface, and we obtain the flow tube $\mathscr{T} := h(\mathbb{R} \times \mathscr{S})$ with the boundary $\partial\mathscr{T} = h(\mathbb{R} \times \gamma)$, and every curve γ_t is a closed curve on $\partial\mathscr{T}$ encircling the flow tube $\mathscr{T}$.

Now $\int_\gamma \eta$ is called a *relative integral invariant* in the sense of Poincaré if $\int_\gamma \eta = \int_{\gamma_t} \eta$ holds true for every γ and any choice of h, i.e. for arbitrary H.

It is fairly obvious that $\int_\gamma \theta$ is a relative integral invariant. In fact, if $\mathscr{S}_t := h(t, \mathscr{S})$, then the invariance of the Lagrange brackets yields

$$\int_{\mathscr{S}_t} \omega = \int_{\mathscr{S}} \omega,$$

where $\omega = dy_i \wedge dx^i$ denotes the symplectic 2-form on M. Since $\omega = d\theta$, $\gamma = \partial\mathscr{S}$ and $\gamma_t = \partial\mathscr{S}_t$, Stokes' theorem yields

$$\int_{\gamma_t} \theta = \int_{\partial\mathscr{S}_t} \theta = \int_{\mathscr{S}_t} \omega = \int_{\mathscr{S}} \omega = \int_{\partial\mathscr{S}} \theta = \int_\gamma \theta$$

and we infer the invariance of $\int_\gamma \theta$. Lee's theorem then states that except for constant multiples of Poincaré's invariant $\int_\gamma \theta$ there are no other invariants with respect to all Hamiltonian flows.

6. Hamilton–Jacobi theory had a great influence on the foundation of quantum mechanics. For an introduction to the thinking of the early quantum physicists we refer to Schrödinger [1], Born and Jordan [1], Dirac [2], and in particular to Sommerfeld [1]. It is no accident that Hamilton's theory was so influential for the creation of modern physics as, in 1920, physicists had to cope with a similar problem as Hamilton about a century before, with the dualism of particle and wave or, in geometrical optics, with the dualism of ray and wave. The Hamilton–Jacobi theory provided a model how to unify these apparently opposite ideas. For the modern development of *geometric quantization* and other topics concerning connections between geometrical and wave optics, classical mechanics and quantum mechanics we refer to Guillemin–Sternberg [1], Abraham–Marsden [1], Sternberg [1], and Hörmander [2].

7. There is an extensive literature on the solution of the Hamilton–Jacobi equation by *separation of variables*, on *Liouville systems* and the so-called *theorem of Staeckel* which deals with the question of *characterizing separable dynamical systems*. We refer the reader to Prange [2], no. 19, and Pars [1], Section 18. For differential geometric applications it is profitable to consult Darboux [1], Vol. 2. For the treatment of the problem of two attracting centers and of ramifications concerning *addition theorems* for elliptic and Abelian integrals we refer to Jacobi's *Vorlesungen* [4], Lectures 29 and 30, and to Charlier [1].

8. Let $\dot{y} = H_y$, $\dot{x} = -H_x$ be a Hamiltonian system defined in an open domain Ω of $\mathbb{R}^{2n}$, with a Hamiltonian $H(x, y)$. It has become customary to say that such a system is *integrable* if there exist n integrals $F_1, F_2, \ldots, F_n$ which are independent and *in involution*, i.e. in Ω we have:

(i) $\{H, F_j\} = 0$,   (ii) $\{F_j, F_k\} = 0$,   (iii) $dF_1, \ldots, dF_n$ are linearly independent.

For example, $H = (1/2)[\alpha_1(x_1^2 + y_1^2) + \cdots + \alpha_n(x_n^2 + y_n^2)]$ defines an integrable system in $\mathbb{R}^{2n}$ with $F_k(x, y) = x_k^2 + y_k^2$, and $H(y)$ defines an integrable system with $F_k(x, y) = y_k$. Moreover, each system is integrable in the neighbourhood of any point where dH does not vanish. Clearly this definition carries over to integrable systems on symplectic manifolds of dimension $2n$.

In general it cannot be expected that a Hamiltonian system is (globally) integrable in an invariant open domain. Let $c = (c_1, \ldots, c_n)$, and consider the manifolds M_c defined by $\{(x, y) \in \Omega : F_1(x, y) = c_1, \ldots, F_n(x, y) = c_n\}$ for a system with n independent integrals $F_1, \ldots, F_n$ in involution. Any such manifold is invariant under X_H as well as under X_{F_k}, because of (i) and (ii) respectively. Therefore, at any point of M_c, the vector fields $X_{F_1}, \ldots, X_{F_n}$ span the tangent space of M_c. Since these vector fields commute, each component of M_c is topologically a cylinder, and any compact component is a torus. According to Arnold and Jost one can in the neighbourhood of any such invariant torus introduce canonical coordinates ξ, η such that the new Hamiltonian H does not depend on ξ, i.e. $H = H(\eta)$, and that points (ξ, η) and (ξ^*, η) with $\xi^* = \xi + 2\pi j, j \in \mathbb{Z}$, describe the same points of Ω. Hence the canonical system takes the special form $\dot{\xi} = H_\eta(\eta), \dot{\eta} = 0$, and ξ, η are *action-angle variables* as described in Section 2.3. This result is sometimes called *Liouville's theorem for integrable systems* (cf. Arnold [2], Section 49).

A survey of integrable systems can be found in the article by B.A. Dubrovin, I.M. Krichever, and S.P. Novikov in vol. 4 of the Encyclopaedia of Mathematical Sciences (*Dynamical systems IV*, pp. 173–283, 1980).

More recently also a more general integration theory for Hamiltonian systems by noncommutative methods was developed. Here one assumes the existence of integrals which are not necessarily commutative (i.e. in involution) but merely form a Lie algebra. For a detailed exposition we refer to A.T. Fomenko, *Integrability and nonintegrability in geometry and mechanics*, Kluwer Acad. Publ. 1988.

Recently the topological invariants for the special class of nondegenerate integrable Hamiltonian systems were discovered. These invariants are explicitly calculated for many examples of dynamical systems, and they can be used to classify all integrable Hamiltonian systems with two degrees of freedom (i.e. on 4-dimensional symplectic manifolds), up to topological and orbital equivalence. This theory was developed by A.T. Fomenko, H. Zieschang, A.V. Bolsinov, S.V. Matveev. We refer to the book of Fomenko quoted above, and to A.T. Fomenko, V.V. Trofimov, *Integrable systems on Lie algebras and symmetric spaces*, Gordon and Breach, 1988; and to A.V. Bolsinov, A.T. Fomenko, S.V. Matveev, *Topological classification of integrable Hamiltonian systems with two degrees of freedom. The list of systems with low complexity.* Russian Math. Surveys **45**, No. 2, 59–94 (1990).

Chapter 10. Partial Differential Equations of First Order and Contact Transformations

This chapter can to a large extent be read independently of the others and serves as an introduction to the theory of partial differential equations of first order and to Lie's theory of contact transformations. Nevertheless the results presented here are closely related to the rest of the book, in particular to field theory (Chapter 6) and to Hamilton–Jacobi theory (Chapter 9).

Of particular importance is the discussion of *characteristics* of partial differential equations of first order $F(x, u, u_x) = 0$ and their use in solving the corresponding Cauchy problems. Characteristics are one-dimensional strips, and it will be seen that solutions of the Cauchy problem can be composed out of such strips which, in turn, are obtained as solutions of Cauchy's *characteristic differential equations*

$$(1) \qquad \dot{x} = F_p, \qquad \dot{z} = p \cdot F_p, \qquad \dot{p} = -F_x - pF_z$$

or, equivalently, of the *Lie equations*

$$(2) \qquad \dot{x} = F_p, \qquad \dot{z} = p \cdot F_p - F, \qquad \dot{p} = -F_x - pF_z.$$

Since the embedding of a given extremal into a Mayer field of extremals is performed by solving the characteristic equations of the Hamilton–Jacobi equation

$$(3) \qquad S_t + H(t, x, S_x) = 0$$

for appropriate initial values, and since the essential part of these characteristic equations consists of the canonical equations

$$(4) \qquad \dot{x} = H_p, \qquad \dot{p} = -H_x,$$

Section 1 is of immediate interest for the calculus of variations, specifically for field theory, and forms the background of a substantial part of the Hamilton–Jacobi theory.

In *1.1* we first discuss the basic geometric ideas underlying the notion of a *characteristic*, and then we solve the Cauchy problem for a general first-order equation

$$(5) \qquad F(x, u(x), u_x(x)) = 0$$

in the case of "noncharacteristic initial data".

A modification of the characteristic equations (1) will be studied in Section 2.2; it includes the Lie equations (2) as a special case. The use of such modifications will be demonstrated by two particular problems, the Cauchy problems for a linear equation

$$(6) \qquad\qquad a(x)\cdot u_x = b(x)$$

and for a quasilinear equation

$$(7) \qquad\qquad a(x, u)\cdot u_x = b(x, u).$$

Moreover, we introduce the *characteristic vector field* $\mathscr{X}_F$ corresponding to equation (5) and the *Mayer bracket* $[F, \Phi]$ of two functions $F(x, z, p)$ and $\Phi(x, z, p)$, and we state several computation rules.

In *1.3* and *1.4* we illustrate the general theory by looking at specific examples; in particular the Hamilton–Jacobi equation is of great interest.

More remote from the calculus of variations seems to be the topic of Section 2, at least at the first glimpse. Here we discuss some basic ideas of Lie's contact geometry and in particular of the *theory of contact transformations*. The fundamental concepts of this theory have their origin in several quite different mathematical fields such as algebraic geometry and differential equations. Let us briefly survey some main features of contact geometry.

The basic elements of "ordinary geometry" are *points in space*. Thus one is naturally interested in *point transformations* mapping a given space onto itself or into another space. According to Felix Klein's *Erlanger Programm*[1] the aim of any geometry is to investigate those properties of a manifold which remain invariant with respect to some prescribed transformation group. In other words, the object of any geometry are the invariants of a given transformation group acting on some manifold.

It was discovered very early that it may be profitable to change the so-called *space elements*; for instance one can substitute straight lines or planes for points as basic elements of geometry. In doing this a present-day mathematician has no qualms; in fact, he will probably view this concept as a mere matter of terminology, since he is trained by set theory and topology where nearly everything may be called "point". Yet the concept of change of the space element, in full generality formulated by Plücker, Grassmann, Cayley, Klein and Lie, is one of the most fertile and profound mathematical ideas. It had its first great success in projective geometry in the form of the so-called *duality principle* introduced by Poncelet and Gergonne. Having read Chapter 7, the reader will not be surprised to learn that this idea also plays an important role in the investigation of partial differential equations. Already Euler and Clairaut used transformations changing the space element for solving differential equations; extensions of this idea are contained in the work of Monge, Legendre, Ampère, Poisson and Jacobi. It was Lie who treated differential equations by systematically using both point

---

[1] F. Klein, *Vergleichende Betrachtungen über neuere geometrische Forschungen*. Programm zum Eintritt in die philosophische Facultät und den Senat der k. Friedrich–Alexanders–Universität, Erlangen 1872.

coordinates and their dual counterparts, thereby viewing surfaces as point sets as well as envelopes of their tangent planes. Correspondingly he systematically applied transformations to contact elements $e = (x, z, p) \in \mathbb{R}^{2n+1}$ that change both the point coordinates x, z and the contact (or plane) coordinates p. The *invariance property* of his geometric investigations is the property of two surfaces to be in contact, and the so-called *contact transformations* are those mappings of contact elements which preserve this property. A flexible mathematical formulation is achieved by replacing the notion of a surface (or submanifold) of $\mathbb{R}^{n+1}$ by that of an r-dimensional *strip* (or *element complex*) which we already find useful for solving the Cauchy problem of an equation $F(x, u, u_x) = 0$. Generalized solutions of such an equation in the sense of Lie are furnished by strips of elements $e = (x, z, p)$ satisfying the equation

$$(8) \qquad\qquad F(x, z, p) = 0.$$

Since contact transformations map strips onto strips, it is natural to look for transformations which map this equation into another relation

$$(9) \qquad\qquad G(\bar{x}, \bar{z}, \bar{p}) = 0,$$

to be satisfied by the elements $\bar{e} = (\bar{x}, \bar{z}, \bar{p})$ of the image strip, which is possibly easier to solve. As solving such an equation is tantamount to finding all of its zero characteristics, the effect of contact transformations upon an equation (8) will be a change of its characteristics, and a "good" transformation might change the characteristics of (8) into a particularly simple form, say, into straight lines.

These considerations show why and in which way contact transformations play a crucial role in Lie's theory of partial differential equations, which we can touch only briefly. Moreover, invariance properties of an equation (8) with respect to one-parameter groups of contact transformations lead to additional information about strip-solutions of (8) which is similar to the information drawn from Emmy Noether's theorem. In fact, Lie's corresponding results preceded this theorem and are in some respect more general; on the other hand the use of Noether's theorem is usually much simpler and more transparent.

Presently symplectic geometry and its ruling transformation group, the group of canonical or symplectic transformations, are stressed more than Lie's contact geometry and the group of contact transformations. However, the concepts of a contact transformation and a canonical transformation are in some sense equivalent: both can be transformed into each other. In Section 2 we shall clarify some of the relations between the two notions. On the other hand contact transformations are useful in their own right. They are not only time-honoured objects comprising important geometric transformations, but they can also be used to give a mathematically adequate formulation of *Huygens's principle* in the non-parametric setting. This principle describes the propagation of wave fronts in geometrical optics. It will turn out that the Lie equations (2) express the mathematical content of Huygens's principle. Moreover, they also generate (local) one-parameter groups of contact transformations. The function $F(x, z, p)$

is both the characteristic function of the Lie vector field

$$\mathscr{X}_F = F_{p_i}\frac{\partial}{\partial x_i} + (p_k F_{p_k} - F)\frac{\partial}{\partial z} - (F_{x^i} + p_i F_z)\frac{\partial}{\partial p_i},$$

as well as the Legendre transform of the function $W(x, z, \xi)$ representing the optical indicatrix at the point $Q = (x, z)$ in geometrical optics.

In Section 3 we show that rays and waves can be described by four equivalent pictures which are related to each other by Legendre's and Hölder's transformations. *Hölder's involutory transformation* and its properties are described in *3.2*, and we prove that Legendre's and Hölder's transformations lead to a commuting diagram of mappings between the *Euler–Lagrange picture, the Hamiltonian description*, the *Lie picture*, and the representation in the *Herglotz model*. Under suitable conditions discussed in *3.2* these four pictures are locally or even globally equivalent.

The four different descriptions of ray systems are provided by the Euler–Lagrange equations with respect to a Lagrangian L, by a Hamiltonian system with respect to a Hamiltonian H, by Lie's characteristic equations with respect to a Lie function F, and by Herglotz's equations with respect to an indicatrix function W.

If we want to characterize *complete figures* consisting of ray systems ("fields") and their transversal surfaces which are the level surfaces of the corresponding eikonals, we also have four equivalent descriptions by means of *Carathéodory's equations, Hamilton–Jacobi's equation, Vessiot's equation*, and by the *characteristic equations* of the Herglotz model.

We summarize the main features of these four pictures in *3.4*, thereby providing a detailed interpretation of the natural equivalence between the *variational principle of Fermat* and Huygens's envelope construction of wave fronts which is known as *Huygens's principle*. In this way we illuminate all aspects of the duality between the concepts of rays and waves.

1. Partial Differential Equations of First Order

In this section we treat the *initial value problem* (or: *Cauchy problem*) for partial differential equations of first order

$$F(x, u, u_x) = 0$$

by means of Cauchy's method of characteristics. Then we describe a variant of this method due to Lie which relates the Cauchy problem for $F(x, u, u_x) = 0$ to the theory of contact transformations.

To explain the geometric content of both methods we discuss the concept of a *contact graph* (or *1-graph*) of a hypersurface and the notion of an *r-dimensional strip*. Further relations between partial differential equations of first order, contact geometry, symplectic geometry, and the one-dimensional calculus of variations will be disclosed in Sections 2 and 3.

In *1.3* and *1.4* we illustrate Cauchy's and Lie's method by numerous examples the most important of which is Hamilton–Jacobi's equation.

1.1. The Cauchy Problem and its Solution by the Method of Characteristics

In this subsection we want to find solutions $u(x)$ of the partial differential equation

(1) $$F(x, u(x), u_x(x)) = 0$$

of first order having prescribed initial values. Here $F(x, z, p)$ is a real valued function of the variables $x = (x^1, \ldots, x^n)$, z, $p = (p_1, \ldots, p_n)$ which is defined on some domain G in $\mathbb{R}^{2n+1} = \mathbb{R}^n \times \mathbb{R} \times \mathbb{R}^n$; we assume that $F \in C^2(G)$. We consider solutions $u : \Omega \to \mathbb{R}$ of (1) which are of class $C^1(\Omega)$ on some domain Ω of $\mathbb{R}^n$, and whose 1-graph $\mathscr{C} := \{(x, u(x), u_x(x)) : x \in \Omega\}$ satisfies

(2) $$\mathscr{C} \subset G.$$

The *Cauchy problem* or *initial value problem* for (1) is the task to determine a solution u of (1) whose graph passes through a prescribed $(n-1)$-dimensional submanifold Γ of the *configuration space* $\mathbb{R}^n \times \mathbb{R}$, i.e. we are to satisfy the two relations

(3) $$F(x, u(x), u_x(x)) = 0 \quad \text{and} \quad \Gamma \subset \text{graph } u.$$

Before we solve this problem we want to provide a geometric interpretation of equation (1). Usually a function $u \in C^1(\Omega)$ is visualized by its graph

$$\mathscr{S} := \{(x, z) \in \mathbb{R}^n \times \mathbb{R} : z = u(x), x \in \Omega\}$$

in the so-called configuration space $\mathbb{R}^n \times \mathbb{R} = \mathbb{R}^{n+1}$. This, however, is not the appropriate geometric object to interpret (1) since this equation also involves

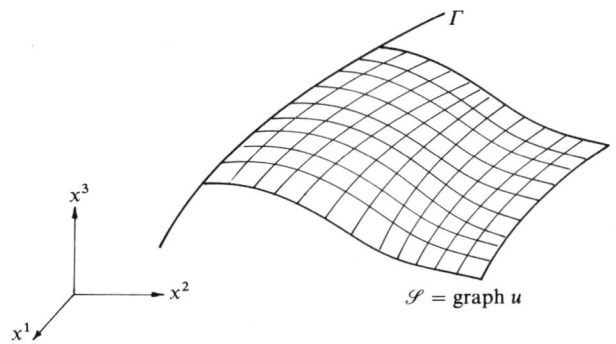

Fig. 1. The Cauchy problem for an initial curve Γ.

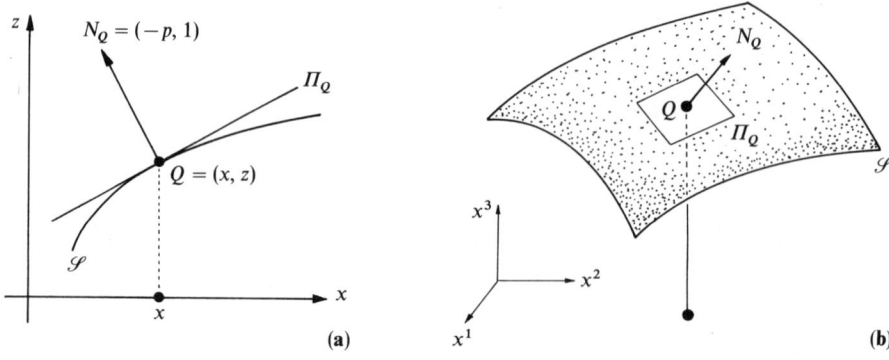

Fig. 2a,b.

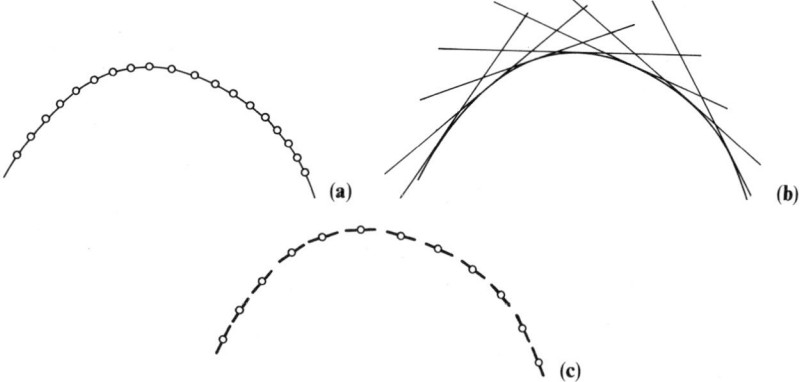

Fig. 3. Different interpretations of a curve: **(a)** as locus of its points, **(b)** as envelope of its tangents, **(c)** as supporting set of its contact elements (i.e. as contact graph).

the first derivatives of u. Therefore one views the hypersurface $\mathscr{S}$ not only as the locus of its points $Q = (x, z)$ in the configuration space, but also as envelope of its affine tangent planes

(4) $$\Pi_Q = \{(\xi, \zeta) \in \mathbb{R}^n \times \mathbb{R} : \zeta - u(x) - u_x(x) \cdot (\xi - x) = 0\}$$

touching $\mathscr{S}$ at $Q = (x, u(x))$, $x \in \Omega$. To unify both points of view we imagine $\mathscr{S}$ to be formed by infinitesimal surface elements just as the armor of a dragon is composed of horny scales. Any "infinitesimal scale" of a surface $\mathscr{S}$ is characterized by its *support point* $Q = (x, u(x))$ and by the *direction* or *slope coefficient* $p = u_x(x)$ of the tangent plane Π_Q through Q which has the oriented normal $N_Q = (-u_x(x), 1)$. Any infinitesimal scale $\mathscr{S}$ is therefore described by a $(2n + 1)$-tupel $(x, u(x), u_x(x))$ called a *contact element of* $\mathscr{S}$ with the support point Q.

Viewing an arbitrary surface $\mathscr{S} = $ graph u as the supporting set of its contact elements $e = (x, z, p)$, solutions of (1) are nonparametric surfaces whose contact elements $e = (x, z, p)$ satisfy $F(e) = 0$.

To formalize our geometric considerations we introduce three spaces, the *base space* $\mathbb{R}^n$ with points x, the *configuration space* $\mathbb{R}^n \times \mathbb{R}$, and the *contact space* $\mathbb{R}^n \times \mathbb{R} \times \mathbb{R}^n$ whose points $e = (x, z, p)$ are called *contact elements* or simply *elements*. Every element $e = (x, z, p)$ consists of a *support point* $Q = (x, z)$ and a *direction* $p = (p_1, \ldots, p_n)$. (Actually p is interpreted as a cotangent vector on the base space $\mathbb{R}^n$.) We equip the contact space with the differential 1-form

$$(5) \qquad \omega := dz - p_k \, dx^k,$$

the so-called *contact form*.

With any function $u \in C^1(\Omega)$, $\Omega \subset \mathbb{R}^n$, we associate its *one-jet* $\mathscr{J} : \Omega \to \mathbb{R}^n \times \mathbb{R} \times \mathbb{R}^n$ defined by

$$\mathscr{J}(x) := (x, u(x), u_x(x)), \quad x \in \Omega.$$

Then $\mathscr{C} = \mathscr{J}(\Omega)$ is the 1-*graph* or *contact graph* of u. If $u \in C^2(\Omega)$, then $\mathscr{C}$ is a n-dimensional submanifold of the $(2n + 1)$-dimensional contact space. For any $u \in C^1(\Omega)$ we have

$$du - u_{x^k} \, dx^k = 0,$$

which means

$$(6) \qquad \mathscr{J}^*\omega = 0,$$

i.e. the contact form ω vanishes on the contact graph $\mathscr{C}$ of any function $u \in C^1(\Omega)$, $\Omega \subset \mathbb{R}^n$. Relation (6) expresses the fact that the elements of $\mathscr{C} = \mathscr{J}(\Omega)$ are tangent to $\mathscr{S} = \text{graph } u$. Lie suggested to consider somewhat more general objects called (*n-dimensional*) *element complexes*, in order to include certain degenerated objects which can occur during an evolution process of surfaces. Such an *element complex* in the sense of Lie is a C^1-immersion $\mathscr{E} : \mathscr{P} \to \mathbb{R}^n \times \mathbb{R} \times \mathbb{R}^n$ of a parameter domain $\mathscr{P} \subset \mathbb{R}^n$ into the contact space which annihilates the contact form ω in the sense that its pull-back by means of $\mathscr{E}$ vanishes, i.e.

$$(7) \qquad \mathscr{E}^*\omega = 0.$$

Expressing $\mathscr{E}$ in the form

$$(8) \qquad \mathscr{E}(c) = (\xi(c), \zeta(c), \pi(c)), \quad c = (c^1, \ldots, c^r) \in \mathscr{P},$$

equation (7) can be written as

$$(7') \qquad d\zeta - \pi_i \, d\xi^i = 0,$$

that is

$$[\zeta_{c^\alpha} - \pi_i \xi^i_{c^\alpha}] \, dc^\alpha = 0,$$

which means that

$$(7'') \qquad \zeta_{c^\alpha} - \pi_i \xi^i_{c^\alpha} = 0,$$

for $\alpha = 1, 2, \ldots, n$. For instance the n-dimensional "bundle of planes" $\mathscr{E}(c) = (x_0, z_0, c), c \in \mathbb{R}^n$, through the point $Q_0 = (x_0, z_0) \in \mathbb{R}^n \times \mathbb{R}$ is a highly degenerate surface but a perfectly regular element complex in the configuration space.

It is often useful to look at "lower-dimensional" element complexes, for instance at 1-*dimensional strips*. Classically a 1-strip is a curve Γ equipped with a field of "scales" tangent to Γ or more precisely a C^1-immersion $\mathscr{E} : \mathscr{P} \to \mathbb{R}^n \times \mathbb{R} \times \mathbb{R}^n$ of a 1-dimensional parameter domain $\mathscr{P}$ satisfying $\mathscr{E}^*\omega = 0$.

More generally we introduce r-dimensional strips by the following

Definition 1. *An r-dimensional strip $\mathscr{E}$ in the configuration space, $1 \le r \le n$, is a C^1-immersion $\mathscr{E} : \mathscr{P} \to \mathbb{R}^n \times \mathbb{R} \times \mathbb{R}^n$ of some parameter domain $\mathscr{P} \subset \mathbb{R}^r$ satisfying $\mathscr{E}^*\omega = 0$.*

In this sense Lie's element complexes are just n-dimensional strips. We repeat the remark that the *supporting set* $\Gamma = \{(x, z) : x = \xi(c), z = \zeta(c), c \in \mathscr{P}\}$ of an r-dimensional strip $\mathscr{E} : \mathscr{P} \to \mathbb{R}^n \times \mathbb{R} \times \mathbb{R}^n$, $\mathscr{E}(c) = (\xi(c), \zeta(c), \pi(c))$ need not be an immersed r-dimensional submanifold; Γ can be degenerated to a lower-dimensional object and might even be just a one-point set (see Figs. 4, 5). In particular Γ is not necessarily a graph in $\mathbb{R}^n \times \mathbb{R}$ above the base space $\mathbb{R}^n$. A further discussion of this useful notion can be found in *2.1*.

In the following we are particularly interested in one-dimensional strips $\sigma : I \to \mathbb{R}^n \times \mathbb{R} \times \mathbb{R}$,

$$\sigma(t) = (x(t), z(t), p(t)), \quad t \in I \subset \mathbb{R},$$

with a *support curve*

$$\gamma(t) = (x(t), z(t)), \quad t \in I,$$

in the configuration space $\mathbb{R}^n \times \mathbb{R}$; we call them briefly *strips*. The strip condition $\sigma^*\omega = 0$ in this case is equivalent to $dz - p_k \, dx^k = 0$, that is, to

$$(-p, 1) \cdot (\dot{x}, \dot{z}) = 0.$$

This expresses the fact that the tangent vector $\dot{\gamma} = (\dot{x}, \dot{z})$ is perpendicular to the normal vectors $N_\gamma = (-p, 1)$ of the planes Π of the strip σ.

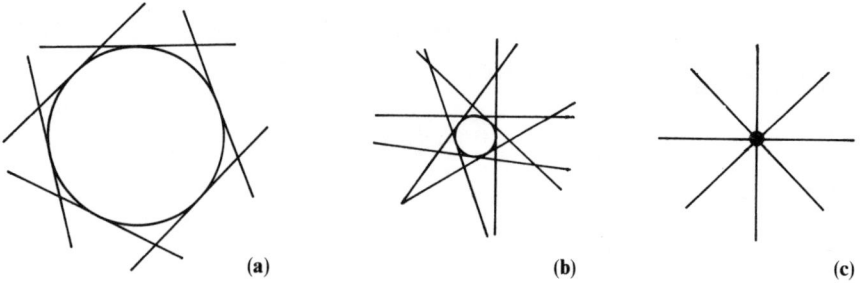

Fig. 4a–c. Element complexes in $\mathbb{R}^2$. The complex in (c) is degenerated in the sense that it is supported by a single point.

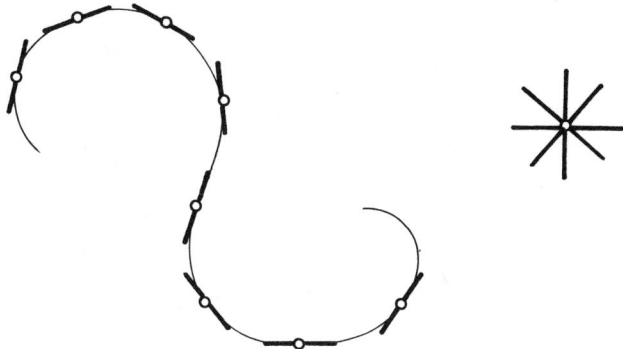

Fig. 5. One-strips in $\mathbb{R}^2$.

Certain strips $\sigma : I \to \mathbb{R}^n \times \mathbb{R} \times \mathbb{R}^n$ will be very helpful in treating the Cauchy problem (3). The basic idea is to build the contact graph of the desired solution out of so-called "characteristic strips" which are obtained as flow lines of a certain vector field on the contact space. A special feature of this vector field is that it leaves the $2n$-dimensional *integral manifold*

(9) $$\mathscr{I} = \{(x, z, p) : F(x, z, p) = 0\}$$

invariant. This "characteristic flow" in $\mathbb{R}^{2n+1}$ is obtained by a straight-forward geometric consideration. We begin by considering a solution $u \in C^2(\Omega)$ of

$$F(x, u(x), u_x(x)) = 0 \quad \text{in } \Omega.$$

Suppose that $\sigma(t) = (\xi(t), \zeta(t), \pi(t))$, $t \in I$, is a C^1-curve in $\mathbb{R}^{2n+1}$ which lies on the contact graph $\mathscr{C}$ of u, i.e. $\sigma(I) \subset \mathscr{C}$. This condition is equivalent to

(10) $$\zeta(t) = u(\xi(t)), \qquad \pi(t) = u_x(\xi(t)).$$

Differentiating these equations with respect to t we obtain

(11) $$\dot\zeta = \pi_l \dot\xi^l, \qquad \dot\pi_k = u_{x^k x^l}(\xi)\dot\xi^l.$$

Moreover, by differentiating (1) with respect to x^k and then inserting $x = \xi(t)$, it follows that

$$F_{x^k}(\sigma) + F_z(\sigma)\pi_k + F_{p_l}(\sigma)u_{x^k x^l}(\xi) = 0.$$

Adding the equations

$$\dot\pi_k - u_{x^k x^l}(\xi)\dot\xi^l = 0,$$

we arrive at

(12) $$\dot\pi_k + F_{x^k}(\sigma) + F_z(\sigma)\pi_k + u_{x^k x^l}(\xi)\{F_{p_l}(\sigma) - \dot\xi^l\} = 0.$$

This equation would considerably simplify if the expression $\{\ldots\}$ were zero. Thus we restrict our considerations to curves $\sigma : I \to \mathscr{C}$ whose projection $x =$

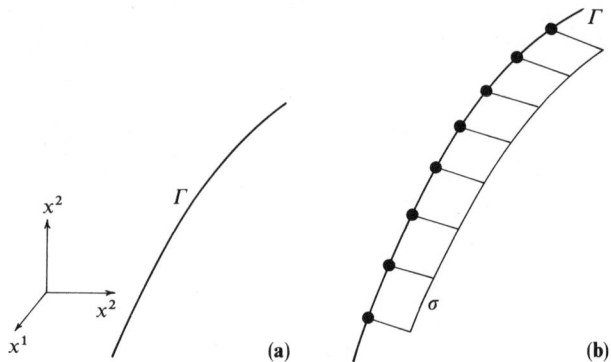

Fig. 6. (a) A curve Γ in $\mathbb{R}^3$; **(b)** A strip σ supported by Γ.

$\xi(t)$ into the base space satisfies

(13) $$\dot\xi = F_p(\sigma).$$

Then we have

(14) $$\dot\pi = -F_x(\sigma) - \pi F_z(\sigma)$$

on account of (12), and the first equation of (11) in conjunction with (13) yields

(15) $$\dot\zeta = \pi F_p(\sigma).$$

Thus we have proved

Proposition 1. *Let $u \in C^2(\Omega)$ be a solution of $F(x, u, u_x) = 0$, and let $\sigma(t) = (\xi(t), \zeta(t), \pi(t))$, $t \in I$, be a C^1-curve which lies on the 1-graph of u, i.e. $\zeta = u \circ \xi$ and $\pi = u_x \circ \xi$, and suppose that $\dot\xi = F_p \circ \sigma$. Then σ is a solution of the so-called "characteristic equations"*

$$\dot x^k = F_{p_k}(x, z, p),$$

(16) $$\dot z = p_i F_{p_i}(x, z, p),$$

$$\dot p_k = -F_{x^k}(x, z, p) - p_k F_z(x, z, p).$$

We note that the first and the third set of equations reduce to a Hamiltonian system

$$\dot x = F_p(x, p), \qquad \dot p = -F_x(x, p)$$

if F does not depend on z, and so the characteristic equations are closely related to the Euler equations of some variational problem. If $F_z \neq 0$, the situation is more complicated. We shall see later that *Lie's equations*, a close relative of the *characteristic equations* (16), are equivalent to some one-dimensional variational problem.

From Proposition 1, we infer

Proposition 2. *Let $u \in C^2(\Omega)$ be a solution of $F(x, u, u_x) = 0$ in Ω, and let $\sigma : I \to \mathbb{R}^{2n+1}$ be a solution of the characteristic equations (16) whose base curve $\xi : I \to \mathbb{R}^n$ is contained in Ω. Then $\sigma(I)$ is entirely contained in the contact graph $\mathscr{C}$ of u if there is some $t_0 \in I$ such that $\sigma(t_0) \in \mathscr{C}$.*

Proof. Suppose that $\sigma(t_0) \in \mathscr{C}$, and set $\sigma_0 = (x_0, z_0, p_0)$. We define a curve $\sigma^*(t) = (\xi^*(t), \zeta^*(t), \pi^*(t))$ by first solving

$$\dot{\xi}^* = F_p(\xi^*, u(\xi^*), u_x(\xi^*)), \quad \xi^*(t_0) = x_0,$$

and then setting

$$\zeta^* := u(\xi^*), \qquad \pi^* := u_x(\xi^*).$$

By Proposition 1 we see that σ^* is a solution of (16). Since also $\sigma(t_0) = \sigma^*(t_0)$, the uniqueness theorem for ordinary differential equations yields $\sigma(t) \equiv \sigma^*(t)$ on the common domain of definition of σ and σ^* whence $\sigma(I) \subset \mathscr{C}$. □

Corollary 1. *If $F_p \neq 0$, then the graphs of two solutions of (1) touch each other along a regular curve in $\mathbb{R}^n \times \mathbb{R}$ as soon as they are tangent at a single point. In other words, it is impossible that the graphs of two solutions touch each other only at some isolated point.*

Proof. Let $Q_0 = (x_0, z_0)$ be the point of contact, and p_0 denote the direction of the common tangent plane of the two solutions at Q_0. Consider the solution $\sigma(t) = (x(t), z(t), p(t))$ of (16) which satisfies the initial conditions $\sigma(t_0) = (x_0, z_0, p_0)$. By Proposition 2 it is completely contained in the contact graphs of both solutions. Hence its support curve $\gamma(t) = (x(t), z(t))$ belongs to each of the two graphs. Because of $\dot{\gamma} = (\dot{x}, \dot{z}) = (F_p(\sigma), p \cdot F_p(\sigma)) \neq 0$ the curve γ is regular. □

In the following it will be useful to have a name for the flow lines of the characteristic system (16).

Definition 2. *Any solution $\sigma(t) = (x(t), z(t), p(t))$, $t \in I$, of the characteristic system*

$$(16') \qquad \dot{x} = F_p(\sigma), \qquad \dot{z} = p \cdot F_p(\sigma), \qquad \dot{p} = -F_x(\sigma) - pF_z(\sigma)$$

is called a characteristic or a characteristic strip. If a characteristic satisfies also

$$F(\sigma(t)) \equiv 0 \quad \text{on } I,$$

it is said to be a null characteristic or integral characteristic, and its support curve $\gamma(t) = (x(t), z(t))$ in the configuration space is called a characteristic curve; the projection $x(t)$ on the base space is denoted as characteristic base curve.

Note that the first $N + 1$ equations of (16′) imply $\dot{z} - p_k \dot{x}^k = 0$, i.e., $\sigma^* \omega = 0$. Hence every characteristic σ is in fact a strip provided that $\dot{\sigma} \neq 0$. This is for example guaranteed if we assume $F_p \neq 0$.

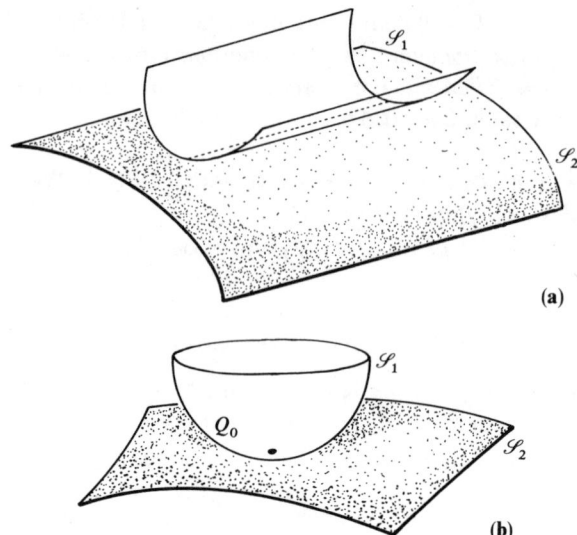

Fig. 7. The graphs $\mathscr{S}_1$ and $\mathscr{S}_2$ of two different solutions of $F(x, u, u_x) = 0$ may touch along a regular curve as in (a), but they cannot have an isolated point of contact as in (b).

Now we want to solve the Cauchy problem (3). We consider a situation which is described by the following

Assumption (A). *Let Γ be an $(n-1)$-dimensional submanifold of class C^2 in the configuration space which lies as a graph above an $(n-1)$-dimensional base manifold $\underline{\Gamma}$ in the base space. We suppose that there is an element $\sigma_0 = (x_0, z_0, p_0)$ with $Q_0 = (x_0, z_0) \in \Gamma$ which is tangent to Γ and satisfies $F(\sigma_0) = 0$.*
   Finally we assume that Γ is "noncharacteristic at σ_0". By this we mean that the so-called characteristic vector

$$(17) \qquad\qquad v_0 := (F_p(\sigma_0), p_0 \cdot F_p(\sigma_0))$$

associated with σ_0 is non-tangent to Γ at Q_0 (and in particular $F_p(\sigma_0) \neq 0$).

It will later be seen that the last assumption is equivalent to the fact that $\underline{v}_0 := F_p(\sigma_0)$ is nontangent to $\underline{\Gamma}$ at x_0.
   We are going to prove the following fundamental result.

Theorem 1. *Suppose that Assumption (A) is satisfied. Then there is an open neighbourhood Ω of x_0 in $\mathbb{R}^n$, such that equation (1) has exactly one C^2-solution u in Ω satisfying $u(x_0) = z_0$, $u_x(x_0) = p_0$, and $\Gamma' \subset \text{graph } u$ where Γ' denotes the intersection $\Gamma \cap Z$ with the solid cylinder $Z := \Omega \times \mathbb{R}$ above Ω.*

Let us first give an *outline of the proof*. The first step is to prolong the initial manifold Γ in a neighbourhood of the point $Q_0 = (x_0, z_0)$ to some $(n-1)$-

dimensional integral strip Σ containing the element σ_0. This is to say, we construct an $(n - 1)$-strip Σ tangent to Γ such that $\sigma_0 \in \Sigma$, and $F(x, z, p) = 0$ for all elements (x, z, p) of Σ. In a second step we take any element of Σ as initial element of a characteristic. As the function F will be seen to be a first integral of the characteristic equations, we then obtain $F = 0$ along the whole characteristic. That is, through every element of Σ passes a null characteristic. The basic fact is that all these characteristics fit together to an n-dimensional strip. Projecting this strip into the configuration space $\mathbb{R}^n \times \mathbb{R}$ we obtain an n-dimensional surface which, in a neighbourhood Ω of x_0, turns out to be a graph of a solution of (1) solving the Cauchy problem (cf. Fig. 9).

We postpone the prolongation process to a later point as it is a mere application of the implicit function theorem, and we begin directly by showing that the *characteristic flow method* applied to an $(n - 1)$-dimensional integral strip Σ as initial values leads to an n-dimensional integral strip σ of $F = 0$ containing Σ which is to be viewed as a generalized solution of the Cauchy problem. To describe the essence of this method we consider an $(n - 1)$-parameter family of characteristics $\sigma(t, c)$, $t \in I(c)$, defined on open intervals $I(c)$. We assume that the parameters $c = (c^1, \dots, c^{n-1})$ vary in some parameter domain $\mathscr{P}$ of $\mathbb{R}^{n-1}$. We assume that

$$(18) \qquad \Omega^* := \{(t, c): t \in I(c), c \in \mathscr{P}\}$$

is a domain in $\mathbb{R}^n$ and that σ, $\dot{\sigma} \in C^1(\Omega^*, \mathbb{R}^{2n+1})$. We also consider a function $\tau \in C^1(\mathscr{P})$ with $\tau(c) \in I(c)$. Such a function defines a hypersurface $\mathscr{H} := \tau(\mathscr{P})$ in Ω^*. Let

$$(19) \qquad e(c) := \sigma(\tau(c), c), \quad c \in \mathscr{P},$$

be the initial values of σ on $\mathscr{H}$. Introducing the C^1-mapping $a : \mathscr{P} \to \Omega^*$ by $a(c) := (\tau(c), c)$, relation (19) can be written as

$$(19') \qquad e = \sigma \circ a = \sigma(a) = a^* \sigma.$$

Finally, introducing the characteristic vector field

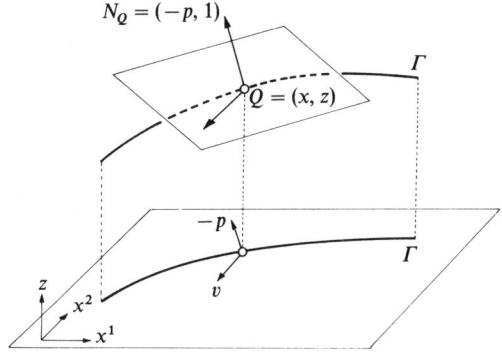

Fig. 8.

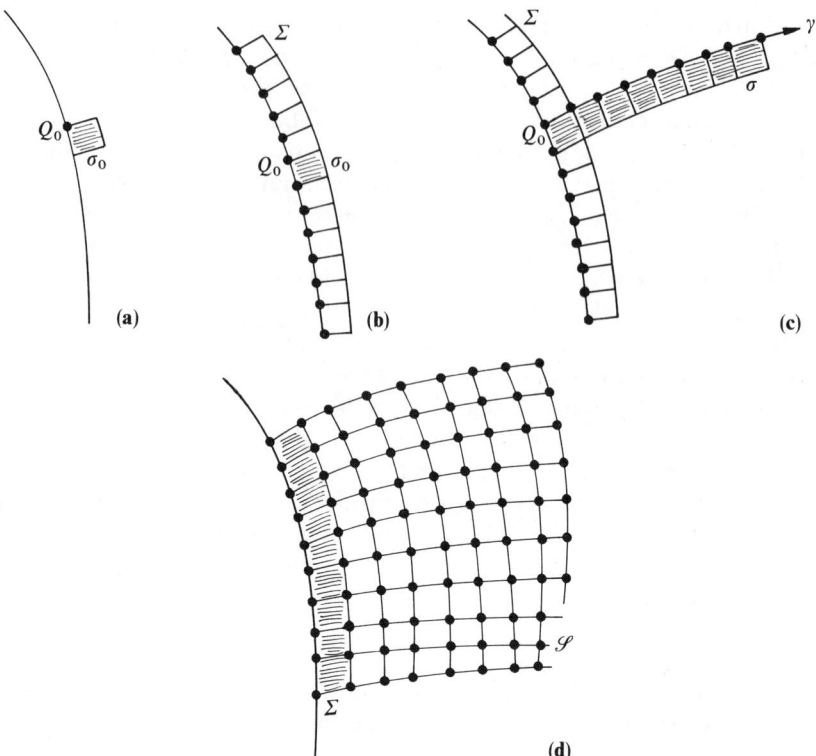

Fig. 9. Four stages of the method of characteristics: **(a)** An initial manifold with an integral element σ_0 tangent to Γ. **(b)** A prolongation of Γ to an integral strip Σ incorporating σ_0. **(c)** A null characteristic σ through σ_0. **(d)** The whole integral surface S.

$$(20) \qquad V(x, z, p) := (F_p(x, z, p),\ p \cdot F_p(x, z, p),\ -F_x(x, z, p) - pF_z(x, z, p))$$

on the domain G of the contact space, the characteristic equations (16) can be expressed in the form

$$(21) \qquad\qquad\qquad \dot{\sigma} = V(\sigma).$$

Then the following holds true:

Theorem 2. *If the initial values $e = a^*\sigma$ of an $(n-1)$-parameter family of characteristics σ form an $(n-1)$-dimensional integral strip and if the vector field $V(e)$ is non-tangent to e, then σ furnishes an n-dimensional integral strip.*

This is essentially a consequence of the following result if we choose $r = n - 1$.

Proposition 3. *If the initial values $e = a^*\sigma$ of an r-parameter family of characteristics satisfy*

$$F(e) = 0 \quad and \quad e^*\omega = 0,$$

then all characteristics of the family are null characteristics, and the mapping $\sigma : \Omega^* \to \mathbb{R}^{2n+1}$ *satisfies*

$$\sigma^*\omega = 0.$$

The proof of this proposition rests on two auxiliary results that we shall derive first.

Lemma 1. *The function* $F(x, z, p)$ *is a first integral of the characteristic equations* (16).

Proof. Let $\sigma(t) = (x(t), z(t), p(t))$, $t \in I$, be a solution of (16). It is claimed that $F(\sigma(t)) \equiv \text{const}$, or equivalently that

$$\frac{d}{dt} F(\sigma(t)) \equiv 0.$$

In fact, we have

$$\frac{d}{dt} F(\sigma) = F_x(\sigma) \cdot \dot{x} + F_z(\sigma)\dot{z} + F_p(\sigma) \cdot \dot{p}$$

$$= F_x(\sigma) \cdot F_p(\sigma) + F_z(\sigma)p \cdot F_p(\sigma) - F_p(\sigma) \cdot \{F_x(\sigma) + pF_z(\sigma)\} = 0. \quad \square$$

Lemma 2 (*Cauchy's formulas*). *Let* $\sigma : \Omega^* \to \mathbb{R}^{2n+1}$ *be an r-parameter family of characteristics such that* σ *and* $\dot{\sigma}$ *are of class* C^1. *Then the function* $\varphi := F(\sigma)$ *is time-independent, and the pull-back* $\sigma^*\omega$ *of the contact form* ω *under the flow* σ *is of the form*

(22) $$\sigma^*\omega = \lambda_\alpha \, dc^\alpha$$

where the so-called Cauchy functions $\lambda_\alpha(t, c)$ *satisfy the linear differential equations*

(23) $$\dot{\lambda}_\alpha + F_z(\sigma)\lambda_\alpha = \varphi_{c^\alpha}, \quad 1 \le \alpha \le r.$$

Proof. We first suppose that σ is of class C^2. By Lemma 1 the function F is a first integral of (16) whence $\dot\varphi = 0$ or $\varphi = \varphi(c)$, as we have claimed.

For our further computations we write

$$\sigma(t, c) = (X(t, c), Z(t, c), P(t, c)).$$

We have

$$\dot{X} = F_p(\sigma), \qquad \dot{Z} = P \cdot F_p(\sigma), \qquad \dot{P} = -F_x(\sigma) - PF_z(\sigma).$$

A brief computation yields

$$\sigma^*\omega = dZ - P_k \, dX^k$$

$$= (\dot{Z} - P_k \dot{X}^k) \, dt + (Z_{c^\alpha} - P_k X_{c^\alpha}^k) \, dc^\alpha.$$

Thus by virtue of $\dot{Z} = P_k \dot{X}^k$ we obtain

(24) $$\sigma^*\omega = \lambda_\alpha \, dc^\alpha \quad \text{where } \lambda_\alpha := Z_{c^\alpha} - P_k X^k_{c^\alpha}.$$

Applying the exterior differential to (24) we arrive at

(25) $$dX^k \wedge dP_k = d\lambda_\alpha \wedge dc^\alpha,$$

and this in particular implies

(26) $$\dot\lambda_\alpha = \dot X^k P_{k,c^\alpha} - \dot P_k X^k_{c^\alpha}.$$

Differentiating the equation $\varphi(c) \equiv F(\sigma(t, c))$ with respect to c^α it follows that

$$\varphi_{c^\alpha} = F_{x^k}(\sigma) X^k_{c^\alpha} + F_z(\sigma) Z_{c_\alpha} + F_{p_k}(\sigma) P_{k,c^\alpha}.$$

In view of

$$F_{x^k}(\sigma) = -\dot P_k - P_k F_z(\sigma),$$

we obtain

$$\varphi_{c^\alpha} = \dot X^k P_{k,c^\alpha} - \dot P_k X^k_{c^\alpha} + F_z(\sigma)(Z_{c^\alpha} - P_k X^k_{c^\alpha}),$$

which in turn yields (23) if we take (24) and (26) into account.

The assumption $\sigma \in C^2$ was only used for deriving (25) which then led to (26). Skipping formula (25) we can derive (26) also by the following reasoning which only uses $\sigma, \dot\sigma \in C^1$: Differentiating the equation $\dot Z = P_k \dot X^k$, we obtain

$$\dot Z_{c^\alpha} = P_{k,c^\alpha} \dot X^k + P_k \dot X^k_{c^\alpha}$$

$$= P_{k,c^\alpha} \dot X^k + \frac{\partial}{\partial t}(P_k X^k_{c^\alpha}) - \dot P_k X^k_{c^\alpha},$$

and therefore

$$\frac{\partial}{\partial t}(Z_{c^\alpha} - P_k X^k_{c^\alpha}) + \dot P_k X^k_{c^\alpha} - \dot X^k P_{k,c^\alpha} = 0.$$

The last equation yields (23). □

Remark 1. It is important to know that the assertion of Lemma 2 holds under the assumption $\sigma, \dot\sigma \in C^1$ (instead of $\sigma \in C^2$) as this is the regularity that will be obtained[2] for solutions of (16) if we assume $F \in C^2$ as well as the natural regularity assumptions on the initial values of σ.

Now we come to the

Proof of Proposition 3. Let us apply the Cauchy formulas of Lemma 2. From $\varphi(c) \equiv F(\sigma(t, c))$ we infer

$$\varphi(c) \equiv F(\sigma(\tau(c), c)) = F(e(c)),$$

and by assumption we have $F(e) = 0$ whence $\varphi = 0$ and $\varphi_{c^\alpha} = 0$. Thus we obtain

---

[2] Cf. Hartman [1].

from (23) the homogeneous differential equation

$$(27) \qquad \dot\lambda_\alpha + F_z(\sigma)\lambda_\alpha = 0$$

for the Cauchy function λ_α. From $\sigma^*\omega = \lambda_\alpha\, dc^\alpha$ we infer by virtue of $e = a^*\sigma$ that

$$e^*\omega = a^*(\sigma^*\omega) = a^*(\lambda_\alpha\, dc^\alpha) = (a^*\lambda_\alpha)\, dc^\alpha$$

and the assumption $e^*\omega = 0$ yields $a^*\lambda_\alpha = 0$, that is,

$$(28) \qquad \lambda_\alpha(\tau(c), c) \equiv 0 \quad \text{on } \mathscr{P}.$$

From (27) and (28) it follows by the standard uniqueness argument for ordinary differential equations that

$$\lambda_\alpha(t, c) \equiv 0 \quad \text{on } \Omega^*,$$

whence we arrive at $\sigma^*\omega = 0$. The equation $\varphi = F(\sigma) = 0$ shows that all curves $\sigma(\cdot, c)$ are null characteristics. $\qquad\square$

Proof of Theorem 2. Because of Proposition 3 it only remains to prove that σ is an immersion. Thus we have to show that the matrix $w(t, c)$ defined by

$$w := D\sigma = (\dot\sigma, \sigma_{c^1}, \ldots, \sigma_{c^{n-1}}),$$

has rank n for all $t \in I(c)$ and any $c \in \mathscr{P}$. Because of $\dot\sigma = V(\sigma)$, we obtain that

$$\dot w = M(t)w \quad \text{for } M := (DV)\circ\sigma.$$

A well known property of homogeneous linear differential equations implies that $w(t)$ is of rank n for all $t \in I(c)$ if and only if rank $w(\tau(c)) = n$. However, we have $e(c) = \sigma(a(c)) = \sigma(\tau(c), c)$, and therefore

$$\dot\sigma(a) = V(e), \qquad \sigma_{c^\alpha}(a) = e_{c^\alpha} - \dot\sigma(a)\tau_{c^\alpha} = e_{c^\alpha} - V(e)\tau_{c^\alpha},$$

whence

$$w(\tau(c)) = (V(e), e_{c^1} - \tau_{c^1}V(e), \ldots, e_{c^{n-1}} - \tau_{c^{n-1}}V(e)).$$

This implies

$$\text{rank } w(\tau(c)) = \text{rank}(V(e), e_{c^1}, \ldots, e_{c^{n-1}}) = n,$$

as we have assumed $V(e)$ to be nontangent to e. $\qquad\square$

Let us now formulate Theorem 2 in a slightly different form. To this end we write the representation $e : \mathscr{P} \to \mathbb{R}^n \times \mathbb{R} \times \mathbb{R}^n$ of an $(n-1)$-dimensional initial strip Σ in the form

$$e(c) = (A(c), s(c), B(c)), \quad c \in \mathscr{P}.$$

Then

$$j(c) := (A(c), s(c)), \quad c \in \mathscr{P},$$

is a representation of the "initial surface" Γ supporting Σ, and $A : \mathscr{P} \to \mathbb{R}^n$ is a representation of its base surface $\underline{\Gamma}$. Assuming rank $A_c = n - 1$ we obtain rank$(V(e), e_c) = n$ if we suppose that rank$(F_p(e), A_c) = n$.

Thus we find the following version of Theorem 2:

Theorem 2'. *Suppose that the initial values $e = a^* \sigma$ of an $(n - 1)$-parameter family σ of characteristics form an $(n - 1)$-dimensional integral strip. Assume also that the "base mapping" $A : \mathcal{P} \to \mathbb{R}^n$ is a representation of an immersed surface and that the vector field $F_p(e)$ along e is non-tangent to A.[3] Then σ furnishes an n-dimensional integral strip.*

With this result the solution of the Cauchy problem (3) is nearly completed. It only remains to perform step 1. Therefore let us finally turn to the

Proof of Theorem 1. We still have to prolong the initial manifold Γ to an integral strip Σ. For this purpose we describe Γ and its base manifold $\underline{\Gamma}$ by suitable representations. As $\underline{\Gamma}$ is assumed to be an $(n - 1)$-dimensional C^2-submanifold of the base space, we describe it by a C^2-embedding $A : \mathcal{P} \to \mathbb{R}^n$ of some parameter domain $\mathcal{P}$ into $\mathbb{R}^n$:

$$\underline{\Gamma} = A(\mathcal{P}).$$

The initial submanifold Γ is supposed to lie as a graph above $\underline{\Gamma}$; thus we represent Γ by some function $s \in C^2(\mathcal{P})$ as

$$\Gamma = j(\mathcal{P}),$$

where $j(c)$ is defined by $j(c) := (A(c), s(c))$. Note that $j : \mathcal{P} \to \mathbb{R}^n \times \mathbb{R}$ is a C^2-embedding. We assume that the point $Q_0 = (x_0, z_0)$ is given by $Q_0 = j(c_0)$ for some $c_0 \in \mathcal{P}$, that is, $x_0 = A(c_0)$, $z_0 = s(c_0)$.

Now we want to find a cotangent vector field $B = (B_1, \ldots, B_n)$ of $\mathbb{R}^n$ along the mapping A (i.e., along $\underline{\Gamma}$) such that the mapping $e : \mathcal{P} \to \mathbb{R}^n \times \mathbb{R} \times \mathbb{R}^n$ defined by

$$e(c) := (A(c), s(c), B(c)), \quad c \in \mathcal{P},$$

furnishes an $(n - 1)$-dimensional integral strip that is supported by Γ. Hence we have to determine B in such a way that the equations

$$e^* \omega = 0 \quad \text{and} \quad F(e) = 0$$

are satisfied. According to (7'') the equation $e^* \omega = 0$ is equivalent to the homogeneous linear system of $n - 1$ equations

$$(29) \qquad\qquad A_{c^\alpha}^i B_i = s_{c^\alpha}, \quad 1 \leq \alpha \leq n - 1,$$

for the n unknowns $B_1, \ldots, B_n$. Hence there is a 1-parameter family of solutions B representing a pencil of hyperplanes in $\mathbb{R}^n \times \mathbb{R}$ which intersect in the $(n - 1)$-dimensional tangent plane to Γ at the point (A, s).

---

[3] Precisely speaking, the projection of $V(e)$ on the base space is non-tangent to A.

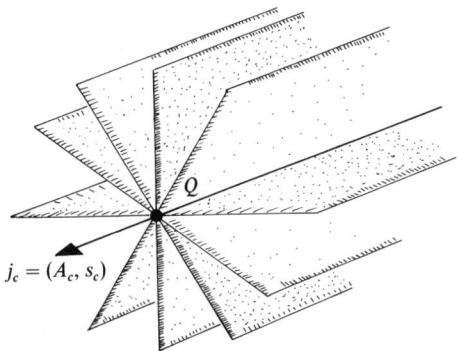

Fig. 10. A pencil of tangent planes for Γ at the point $Q := j(c) = (A(c), s(c))$.

Because of the equation $F(e) = 0$ we have to subject the solutions B of (29) to the additional conditions

$$(30) \qquad\qquad F(A, s, B) = 0.$$

Together with (29) we have a system of n equations

$$(31) \qquad BA_{c^\alpha} - s_{c^\alpha} = 0, \quad F(A, s, B) = 0, \qquad \alpha = 1, \ldots, n-1$$

for n functions $B_1(c), \ldots, B_n(c)$ whose Jacobian Δ is given by

$$(32) \qquad\qquad \Delta = \det(A_{c^1}, \ldots, A_{c^{n-1}}, F_p(A, s, B)).$$

By Assumption (A) and $Q_0 = j(c_0)$ we know that p_0 is a solution of

$$(33) \qquad p_0 \mathring{A}_{c^\alpha} - \mathring{s}_{c^\alpha} = 0, \quad F(\mathring{A}, \mathring{s}, p_0) = 0, \qquad 1 \le \alpha \le n-1,$$

where the superscript $^\circ$ means that we have to take $c = c_0$, i.e., $\mathring{A} = A(c_0)$, $\mathring{s} = s(c_0)$, etc. Moreover we have assumed in (A) that Γ is noncharacteristic at σ_0 meaning that the vector $v_0 = (\underline{v}_0, w_0)$ with $\underline{v}_0 := F_p(\sigma_0)$, $w_0 = p_0 \cdot F_p(\sigma_0)$ is not tangent to Γ at Q_0. This is equivalent to

$$(34) \qquad\qquad \mathrm{rank} \begin{bmatrix} \mathring{A}_{c^1}, \ldots, \mathring{A}_{c^{n-1}}, \underline{v}_0 \\ \mathring{S}_{c^1}, \ldots, \mathring{S}_{c^{n-1}}, w_0 \end{bmatrix} = n.$$

By virtue of

$$p_0 \cdot \mathring{A}_{c^\alpha} = \mathring{s}_{c^\alpha} \quad \text{and} \quad p_0 \cdot \underline{v}_0 = w_0,$$

we obtain

$$\mathrm{rank}(j_{c^1}^0, \ldots, j_{c^{n-1}}^0, v_0) = \mathrm{rank}(\mathring{A}_{c^1}, \ldots, \mathring{A}_{c^{n-1}}, \underline{v}_0).$$

Hence (34) is equivalent to

$$(35) \qquad\qquad \mathrm{rank}(\mathring{A}_{c^1}, \ldots, \mathring{A}_{c^{n-1}}, \underline{v}_0) = n,$$

which can be written as

$$(36) \qquad \Delta_0 := \det(\mathring{A}_{c^1}, \ldots, \mathring{A}_{c^{n-1}}, F_p(\mathring{A}, \mathring{s}, p_0)) \ne 0.$$

On account of (33) and (36) we can apply the implicit function theorem to system (31). Thus in a sufficiently small neighbourhood of c_0 which is again denoted by $\mathscr{P}$ there is a mapping $B \in C^1(\mathscr{P}, \mathbb{R}^n)$ which satisfies (31) as well as $B(c_0) = p_0$.

Consequently $e = (A, s, B) : \mathscr{P} \to \mathbb{R}^n \times \mathbb{R} \times \mathbb{R}^n$ furnishes an $(n-1)$-dimensional integral strip supported by Γ. Fix now some function $\tau \in C^2(\mathscr{P})$ (for instance, $\tau(c) \equiv 0$), and solve the initial value problem

$$(37) \qquad \dot{\sigma} = V(\sigma), \quad \sigma(\tau(c), c) = e(c) \quad \text{for } c \in \mathscr{P}$$

by some $(n-1)$-parameter family of characteristic $\sigma(t, c)$, $t \in I(c)$, where the interval $I(c)$ contains the point $t = \tau(c)$.

In view of (35) we can also assume that

$$(38) \qquad \operatorname{rank}(A_{c^1}, \ldots, A_{c^{n-1}}, F_p(e)) = n$$

is satisfied on $\mathscr{P}$, that is, the vector field $F_p(e)$ along e is non-tangent to the base curve A of the strip e; precisely speaking, the projection of the vector field $V(e)$ along e on the base space is non-tangent to A. Then by Theorem 2' the mapping $\sigma : \Omega^* \to \mathbb{R}^n \times \mathbb{R} \times \mathbb{R}^n$ of the domain $\Omega^* := \{(t, c) : t \in I(c), c \in \mathscr{P}\}$ furnishes an n-dimensional integral strip; in particular we have

$$(39) \qquad F(\sigma) = 0 \quad \text{and} \quad \sigma^*\omega = 0.$$

In order to show that the strip σ is the contact graph of some C^2-function solving the given Cauchy problem, we write $\sigma(t, c) = (X(t, c), Z(t, c), P(t, c))$, or

$$(40) \qquad x = X(t, c), \qquad z = Z(t, c), \qquad p = P(t, c).$$

Let us consider the mapping $(t, c) \to x$ given by

$$x = X(t, c) \quad \text{for } (t, c) \in \Omega^*.$$

We want to show that X provides a local C^1-diffeomorphism of some neighbourhood of (t_0, c_0) onto its image in the x-space; here we have set $t_0 := \tau(c_0)$. In fact, it follows from $\sigma(\tau(c), c) = e(c)$ that

$$\dot{X}(\tau(c), c) = F_p(e(c)) \quad \text{for every } c \in \mathscr{P},$$

and therefore

$$\dot{X}(a) = F_p(e).$$

Differentiation of $A(c) = (X(\tau(c), c))$ with respect to c^α yields

$$A_{c^\alpha}(c) = \dot{X}(\tau(c), c)\tau_{c^\alpha} + X_{c^\alpha}(\tau(c), c),$$

whence

$$X_{c^\alpha}(a) = A_{c^\alpha} - \tau_{c^\alpha} F_p(e).$$

Consequently we have

$$\det(\dot{X}(a), X_{c^1}(a), \ldots, X_{c^{n-1}}(a))$$
$$= \det(F_p(e), A_{c^1} - \tau_{c^1} F_p(e), \ldots, A_{c^{n-1}} - \tau_{c^{n-1}} F_p(e))$$
$$= \det(F_p(e), A_{c^1}, \ldots, A_{c^{n-1}}) = (-1)^{n-1}\Delta.$$

By (38) we have $\Delta(c) \neq 0$ for all $c \in \mathscr{P}$. Hence by choosing Ω^* as a sufficiently small neighbourhood of (t_0, c_0) we obtain that

(41) $$\det(\dot{X}, X_{c^1}, \ldots, X_{c^{n-1}}) \neq 0 \quad \text{on } \Omega^*,$$

and we may assume that $X : \Omega^* \to \Omega := X(\Omega^*)$ is a C^1-diffeomorphism.

Let $f : \Omega \to \Omega^*$ be its C^1-inverse, and set

(42) $$u := Z \circ f, \qquad \pi := P \circ f.$$

Then $u(x)$ and $\pi(x) = (\pi_1(x), \ldots, \pi_n(x))$ are of class C^1 on Ω. Invoking the equation $F(\sigma) = 0$, we obtain

$$F \circ \sigma \circ f = 0,$$

which is just

(43) $$F(x, u(x), \pi(x)) = 0 \quad \text{for all } x \in \Omega.$$

Writing $u = f^*Z$ and $\pi = f^*P$ instead of (42) we obtain

$$du = d(f^*Z) = f^*(dZ) = f^*(P_k \, dX^k) = (f^*P_k)d(f^*X^k)$$
$$= \pi_k \, dx^k$$

on account of $f^*X^k = x^k$ and of the relation $\sigma^*\omega = 0$, which is equivalent to $dZ - P_k \, dX^k = 0$. Thus we have found

(44) $$du = \pi_k \, dx^k,$$

whence $u_{x^k} = \pi_k$, that is

(45) $$\pi = u_x.$$

By virtue of $\pi \in C^1(\Omega, \mathbb{R}^n)$ we then infer that $u \in C^2(\Omega)$, and therefore equations (43) and (45) are equivalent to

$$F(x, u(x), u_x(x)) = 0 \quad \text{for all } x \in \Omega.$$

Finally it follows from $X \circ f = \mathrm{id}_\Omega$, (45), and (42) that

$$(\sigma \circ f)(x) = (x, u(x), u_x(x)) \quad \text{on } \Omega,$$

whence

$$\sigma = \sigma \circ f \circ X = (X, u \circ X, u_x \circ X),$$

and therefore

$$e = \sigma \circ a = (X \circ a, u \circ X \circ a, u_x \circ X \circ a).$$

By $A = X \circ a$ we arrive at

$$e = (A, u \circ A, u_x \circ A),$$

that is,

(46) $$s(c) = u(A(c)), \quad B(c) = u_x(A(c)) \qquad \text{for all } c \in \mathscr{P}.$$

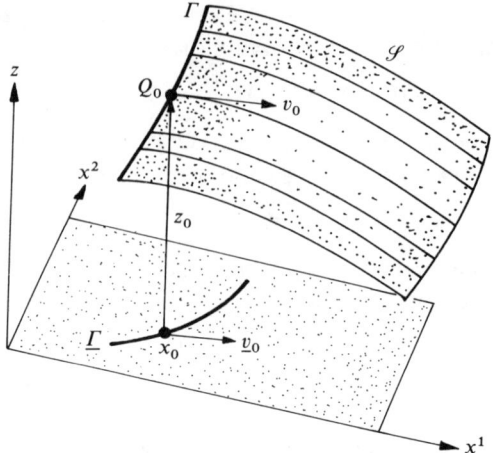

Fig. 11. $\mathscr{S}$ = graph u is an integral surface above the base space; v_0 and $\underline{v}_0$ are the characteristic vectors $(F_p(Q_0, p_0), p_0 F_p(Q_0, p_0))$ and $F_p(Q_0, p_0)$ respectively.

Because of $x_0 = A(c_0)$, $z_0 = s(c_0)$, $p_0 = B(c_0)$ we then obtain

(47) $$u(x_0) = z_0, \qquad u_x(x_0) = p_0.$$

Thus u is a local solution of the Cauchy problem (3) satisfying the normalization condition (47).

We claim that there is no other solution $v \in C^2(\Omega)$ of (1) satisfying $\Gamma \subset$ graph v, $v(x_0) = z_0$, and $v_x(x_0) = p_0$. In fact, if v is any such solution, we set $\tilde{B} := v_x(A)$ whence $p_0 = \tilde{B}(c_0)$. The initial condition is equivalent to

$$v(A(c)) = s(c) \quad \text{on } \mathscr{P}.$$

Differentiating this equation, we arrive at

$$\tilde{B} \cdot A_{c^\alpha} = s_{c^\alpha},$$

and $F(x, v, v_x) = 0$ yields

$$F(A, s, \tilde{B}) = 0.$$

Hence $\tilde{B}$ is another solution of (31). Because of $B(c_0) = p_0 = \tilde{B}(c_0)$ the implicit function theorem then implies that $B(c) = \tilde{B}(c)$. Hence the integral strip $\Sigma \in e(\mathscr{P})$ is contained in the contact graph of both u and v. Applying Proposition 2 it follows that u and v have the same contact graphs whence $u(x) \equiv v(x)$. This concludes the proof of Theorem 1.   □

Remark 2. Let us once again consider the uniqueness question for the Cauchy problem. It is conceivable that for a fixed support point $Q_0 = j(c_0) = (A(c_0), s(c_0))$, equations (33) have more than one solution p_0 or no solution at all. In the second case the Cauchy problem (3) is not solvable, whereas in the first case there are several solutions to the same Cauchy problem. However, all solutions u with

$$\det(A_{c^1}, \ldots, A_{c^{n-1}}, F_p(A, s, u_x(A))) \neq 0$$

are locally unique in the sense that there is some $\delta > 0$, depending on u, such that there is no other solution v of class C^2 satisfying $|u_x(x_0) - v_x(x_0)| < \delta$. This follows from the implicit function theorem which guarantees that the solutions p_0 of (33) are isolated.

Remark 3. It is not difficult to verify that the solution of the Cauchy problem (3) subject to the normalization conditions $u(x_0) = z_0$ and $u_x(x_0) = p_0$ is independent of the chosen parametric representation $j : \mathscr{P} \to \mathbb{R}^n \times \mathbb{R}$ of the initial manifold Γ. We leave the proof of this fact to the reader.

Remark 4. In the proof of Theorem 1 we have constructed the solution of the Cauchy problem in the form

$$u = Z \circ f,$$

where f is the inverse mapping of X. This construction may fail in the large as the null-characteristic flow σ may not have a 1–1 projection on the base space. The method will certainly fail in domains Ω containing points $x = X(t, c)$ with the property that $\det(\dot{X}(t, c), X_c(t, c)) = 0$. This equation describes the so-called *caustics* (or *focal manifolds*). They may be viewed as branch manifolds of the null characteristics.

1.2. Lie's Characteristic Equations. Quasilinear Partial Differential Equations

For solving the Cauchy problem

$$F(x, u, u_x) = 0, \qquad \Gamma \subset \text{graph } u,$$

we have only used the null characteristics of F. In other words, we have only applied the characteristic flow in the $2n$-dimensional integral submanifold

(1) $$\mathscr{P} = \{(x, z, p) : F(x, z, p) = 0\}$$

of the contact space. The main feature of the characteristic flow is that it leaves $\mathscr{P}$ invariant, that is, every flow line is either completely contained in $\mathscr{P}$, or it meets $\mathscr{P}$ in no point at all.

It can be profitable to characterize the flow of the null characteristics by another set of differential equations which might be easier to solve. Such an information is provided by

Proposition 1. *Let $R(x, z, p, v)$ be a C^2-function on $\mathbb{R}^{2n+2}$ which depends on x, z, p and on a real parameter v such that $R(x, z, p, 0) = 0$. Secondly, suppose that $\sigma(t) = (x(t), z(t), p(t)), t \in I$, is a mapping of class $C^1(I, \mathbb{R}^{2n+1})$ satisfying $\sigma(t_0) \in \mathscr{P}$ for some $t_0 \in I$. Then σ is a null characteristic if and only if it is a solution of the system*

(2) $$\dot{x} = F_p(\sigma), \qquad \dot{z} = p \cdot F_p(\sigma) - R(\sigma, F(\sigma)), \qquad \dot{p} = -F_x(\sigma) - pF_z(\sigma).$$

That is, the flow in $\mathbb{R}^{2n+1}$ generated by (2) has the integral manifold $\mathscr{P}$ as an invariant subset, and it generates the same flow lines in $\mathscr{P}$ as the characteristic flow.

Proof. Suppose that $\sigma \in C^1(I, \mathbb{R}^{2n+1})$ and that $F(\sigma(t_0)) = 0$.

(i) If $\sigma(t)$ is a characteristic, then $F(\sigma) = 0$ and therefore $R(\sigma, F(\sigma)) = R(\sigma, 0) = 0$. Hence σ is a solution of (2).

(ii) Conversely, if σ is a solution of (2), then by a similar computation as in the proof of *1.1*, Lemma 1, we obtain

$$\frac{d}{dt} F(\cdot) = -F_z(\sigma) \; R(\sigma, F(\sigma)).$$

Introducing the functions

$$\lambda(t) := F(\sigma(t)), \qquad g(t, v) = F_z(\sigma(t)) \; R(\sigma(t), v),$$

it follows that $\lambda(t)$ solves the initial value problem

$$\dot{\lambda} + g(t, \lambda) = 0 \quad \text{in } I, \qquad \lambda(t_0) = 0,$$

which also has the trivial solution. Therefore we obtain $\lambda(t) \equiv 0$, and consequently $R(\sigma, F(\sigma)) = 0$. Hence σ is a null characteristic, as the second equation in (2) reduces to $\dot{z} = p \cdot F_p(\sigma)$. $\qquad\square$

Corollary. *Imposing the initial condition $F(\sigma(t_0)) = 0$ for some $t_0 \in I$, the characteristic equations (16) of 1.1 and the equations*

$$(3) \qquad \dot{x} = F_p(\sigma), \qquad \dot{z} = p \cdot F_p(\sigma) - F(\sigma), \qquad \dot{p} = -F_x(\sigma) - pF_z(\sigma)$$

have the same solutions.

We call (3) *Lie's characteristic equations*, or simply *Lie equations*. As we shall see in Section 2, they describe 1-parameter groups of contact transformations as well as the infinitesimal form of Huygens's principle.

Let us illustrate the use of this corollary by two important examples.

☐1   Consider the general quasilinear equation of first order.

$$(4) \qquad\qquad\qquad a^i(x, u) \cdot u_{x^i} = b(x, u).$$

Introducing $a := (a^1, \ldots, a^n)$ and $F(x, z, p) := a(x, z) \cdot p - b(x, z)$, we can write (4) as

$$(4') \qquad\qquad\qquad a(x, u) \cdot u_x = b(x, u) \quad \text{or} \quad F(x, u, u_x) = 0.$$

The corresponding characteristic equations are

$$\dot{x}^k = a^k(x, z),$$
$$(5) \qquad\qquad \dot{z} = a^k(x, z) p_k,$$
$$\dot{p}_k = -a^i_{x^k}(x, z) p_i + b_{x^k}(x, z) - a^i_z(x, z) p_i p_k + b_z(x, z) p_k.$$

In contrast, the corresponding Lie equations are

$$\dot{x}^k = a^k(x, z),$$
$$(6) \qquad\qquad \dot{z} = b(x, z),$$
$$\dot{p}_k = h(x, z, p),$$

where $h(x, z, p)$ denotes the same right-hand side as in the third equation of (5). This system is considerably simpler than (5) since the first two sets of equations

$$(7) \qquad\qquad\qquad \dot{x} = a(x, z), \qquad \dot{z} = b(x, z)$$

are not coupled with the third set, and therefore it can be solved independently of the third set. This also proves that the solutions of (7) yield the *characteristic curves* $(x(t), z(t)) = \gamma(t)$ of (5), and this is all we need to construct the solution $u(x)$ of any Cauchy problem for (4).

$\boxed{2}$ The matter is even simpler for a linear equation of the type

(8) $$a(x) \cdot u_x = b(x),$$

where equations (7) for the characteristic curves assume the particularly simple form

(9) $$\dot{x} = a(x), \qquad \dot{z} = b(x).$$

The two equations of (9) are uncoupled. Hence one first determines the characteristic base curves $x = x(t)$ from $\dot{x} = a(x)$, and then $z = z(t)$ by a simple integration from $\dot{z} = b(x)$. This will suffice to write down the solution of the Cauchy problem.

Let us now briefly describe how the solution of the Cauchy problem can be simplified for quasilinear equations of the kind (4).

We first recall formula (42) of *1.1* which represents the solution $u(x)$ of a Cauchy problem for the equation $F(x, u, u_x) = 0$ in the form

(10) $$u = Z \circ X^{-1},$$

where $\sigma(t, c) = (X(t, c), Z(t, c), P(t, c))$ is a solution of the initial value problem

(11)
$$\dot{X} = F_p(\sigma), \qquad \dot{Z} = P \cdot F_p(\sigma), \qquad \dot{P} = -F_x(\sigma) - P F_z(\sigma),$$
$$X(0, c) = A(c), \qquad Z(0, c) = s(c), \qquad P(0, c) = B(c).$$

Here $e = (A, s, B)$ is a prolongation of a representation $j = (A, s)$ of the initial manifold Γ to an integral strip Σ. The formula $u = Z \circ X^{-1}$ shows that we only need to know the characteristic curves $\gamma(t, c) = (X(t, c), Z(t, c))$ if we want to find u. Of course we are in general unable to determine γ without finding the whole flow of null characteristics $\sigma(t, c)$ since equations determining the characteristic flow are coupled with each other. However we saw in $\boxed{1}$ that the characteristic equations of a *quasilinear equation*

(12) $$a(x, u) \cdot u_x = b(x, u)$$

can be replaced by the Lie equations

(13) $$\dot{x} = a(x, z), \qquad \dot{z} = b(x, z), \qquad \dot{p} = h(x, z, p),$$

since we are looking for null characteristics, and in this system the first $n + 1$ equations

(14) $$\dot{x} = a(x, z), \qquad \dot{z} = b(x, z)$$

are not coupled with the remaining n equations and can therefore be solved independently. Thus we merely solve the initial value problem

(15)
$$\dot{X} = a(X, Z), \qquad \dot{Z} = b(X, Z),$$
$$X(0, c) = A(c), \qquad Z(0, c) = s(c),$$

and then (10) furnishes the solution u of the Cauchy problem for $F = 0$.

We may guess that in this particular case it will be possible to verify by a direct computation using only (15) that $u = Z \circ X^{-1}$ is a solution of (12), without the detour invoking the whole null-characteristic flow. This is easily executed. To make the following formulas clearer, we write $Z(X^{-1})$ instead of $Z \circ X^{-1}$, etc., and D will always denote total derivatives. Differentiating the equations

$$u = Z(f) \quad \text{and} \quad f(X) = \text{id},$$

where $f = X^{-1}$, we obtain

$$Du = DZ(f)\, Df \quad \text{and} \quad Df(X)\, DX = 1,$$

whence

$$Du(X) = DZ\, Df(X),$$

and therefore

$$Du(X)\, DX = DZ\, Df(X)\, DX = DZ.$$

This implies in particular

$$\dot{Z} = u_x(X)\dot{X},$$

and (15) yields

$$b(X, Z) = u_x(X)\, a(X, Z),$$

whence

$$b(X(f), Z(f)) = u_x(X(f))\, a(X(f), Z(f)),$$

which is just

$$b(x, u) = u_x(x)a(x, u),$$

and this completes our direct verification.

Note that we have only used that $X, Z \in C^1$ and that X^{-1} exists. The first is guaranteed if a, b, A, s are of class C^1, and the invertibility of $X(t, c)$ in a neighbourhood of $(t, c) = (0, c_0)$ is secured if

(16) $$\det(a(A, s), A_{c^1}, \ldots, A_{c^{n-1}})|_{c=c_0} \neq 0.$$

Setting $x_0 = A(c_0)$, $z_0 = s(c_0)$ and $Q_0 = (x_0, z_0)$, this can be written as

(16') $$\det(a(Q_0), \mathring{A}_{c^1}, \ldots, \mathring{A}_{c^{n-1}}) \neq 0.$$

This expresses the fact that the "characteristic vector" $a(Q_0)$ for $Q_0 \in \Gamma$ is not contained in the tangent space of the base curve $\underline{\Gamma} = A(\mathscr{P})$ at Q_0.

If assumption (16') is satisfied, we call the initial manifold Γ noncharacteristic at the point $Q_0 = (x_0, z_0)$, or we equivalently say that $\underline{\Gamma}$ is noncharacteristic at Q_0.

Let us summarize the results.

Theorem 1. *If Γ noncharacteristic at Q_0, then the Cauchy problem*

(17) $$a(x, u) \cdot u_x = b(x, u) \quad \text{in } \Omega, \quad \Gamma \subset \text{graph } u,$$

has a unique solution u on some neighbourhood Ω of x_0. It can be written in the form $u = Z \circ X^{-1}$ where $\gamma(t, c) = (X(t, c), Z(t, c))$ is an $(n - 1)$-parameter family of characteristic curves which are determined as solutions of the initial value problem (15).

Proof. We still have to verify the uniqueness of the solution of (17). Thus let us suppose that u and v be two C^1-solutions of (17). Denote by $x = X(t, c)$ and $x = \mathscr{X}(t, c)$ the solutions of the initial value problems

$$\dot{x} = a(x, u(x)), \qquad \dot{x} = a(x, v(x)),$$

and

$$x(0) = A(c), \qquad x(0) = A(c),$$

respectively. Then both $z = Z(t, c) := u(X(t, c))$ and $z = \mathscr{Z}(t, c) = v(\mathscr{X}(t, c))$ satisfy

$$\dot{z} = b(x, z) \quad \text{and} \quad z(0) = s(c).$$

Consequently both $(X(t, c), Z(t, c))$ and $(\mathscr{X}(t, c), \mathscr{Z}(t, c))$ are solutions of the same initial value problem (15), and the standard uniqueness result for ordinary differential equations implies

$$X(t, c) \equiv \mathscr{X}(t, c), \qquad Z(t, c) \equiv \mathscr{Z}(t, c).$$

Then it follows that

$$u(X(t, c)) \equiv v(X(t, c)),$$

whence we arrive at $u(x) \equiv v(x)$.   □

Let us close this subsection with some remarks about *first integrals of Cauchy's characteristic equations.*

We begin by introducing the differential operator

(18)
$$\mathscr{X}_F := F_{p_k} \frac{\partial}{\partial x^k} + p_k F_{p_k} \frac{\partial}{\partial z} - (F_{x^k} + p_k F_z) \frac{\partial}{\partial p_k}$$

corresponding to the characteristic vector field

(19)
$$V := (F_p, p \cdot F_p, -F_x - p F_z)$$

that was considered in *1.1.* One calls $\mathscr{X}_F$ the *characteristic operator* (or: *the characteristic vector field*) of the partial differential equation $F(x, u, u_x) = 0$. Then we can rephrase *1.1*, Lemma 1 as

(20)
$$\mathscr{X}_F F = 0.$$

By a similar computation as in the proof of *1.1*, Lemma 1, it follows that any function $\Phi(x, z, p)$ of class $C^1(G)$ is a first integral of the characteristic equations if and only if

(21)
$$\mathscr{X}_F \Phi = 0$$

holds true. Defining the *Mayer bracket* $[F, \Phi]$ by

(22) $$[F, \Phi] := F_{p_k}(\Phi_{x^k} + p_k\Phi_z) - \Phi_{p_k}(F_{x^k} + p_k F_z),$$

we immediately see that

(23) $$\mathscr{X}_F\Phi = [F, \Phi].$$

Hence $\Phi(x, z, p)$ is a first integral of the characteristic equations if and only if $[F, \Phi] = 0$.

  If Φ, Ψ, X are of class C^2, a brief computation yields the *triple-relation*

(24)
$$[\Phi, [\Psi, X]] + [\Psi, [X, \Phi]] + [X, [\Phi, \Psi]] = \Phi_z[\Psi, X] + \Psi_z[X, \Phi] + X_z[\Phi, \Psi].$$

We also mention the identity

(25) $$\omega \wedge d\omega^{n-1} \wedge dF \wedge d\Phi = -[F, \Phi]\omega \wedge d\omega^n,$$

which holds for the 1-form

$$\omega := dz - p\, dx \quad \text{(with } p\, dx = p_k\, dx^k).$$

1.3. Examples

Let us illustrate the general theory by considering some specific examples.

[1] We begin with the *homogeneous linear equation*

(1) $$a^i(x)u_{x^i} = 0.$$

Introducing the vector field $a(x) = (a^1(x), \ldots, a^n(x))$ we can write this equation as

(1') $$a(x) \cdot u_x = 0.$$

The characteristic curves are given by

$$\dot{x} = a(x), \qquad \dot{z} = 0,$$

and the characteristic base curves satisfy

$$\dot{x} = a(x).$$

Hence, for any solution u of (1) and for any characteristic base curve of (1) we have

$$\frac{d}{dt}u(x(t)) = u_{x^i}(x(t))\, \dot{x}^i(t) = u_{x^i}(x(t))\, a^i(x(t)) \equiv 0.$$

Therefore *a solution u of* (1) *is constant on any characteristic base curve $x(t)$.*

  According to 1.2, Theorem 1, we have to find the characteristic curves $\gamma(t, c) = (X(t, c), Z(t, c))$ as solution of

(2) $$\dot{x} = a(x),\ x(0) = A(c) \quad \text{and} \quad \dot{z} = 0,\ z(0) = s(c),$$

in order to solve the Cauchy problem for (1). These equations split into the initial value problem

(3) $$\dot{x} = a(x), \quad x(0) = A(c)$$

for the characteristic base curve $x = X(t, c)$ and the trivial problem

(4) $$\dot{z} = 0, \quad z(0) = s(c)$$

for $z(t)$, whence $z = Z(t, c) \equiv s(c)$. The solution u of the Cauchy problem

(5)
$$a(x) \cdot u_x = 0, \quad u(A(c)) = s(c)$$

is uniquely determined if $a(x) \neq 0$ and if Γ is noncharacteristic (i.e., $a(x) \notin T_x \underline{\Gamma}$ for all $x \in \underline{\Gamma}$, where $\underline{\Gamma}$ is the projection of Γ on the base space: $\underline{\Gamma} := \{x = A(c), c \in \mathscr{P}\}$), and u is obtained in the form $u = Z \circ X^{-1}$. If we write the inverse X^{-1} in the form

(6)
$$t = T(x), \qquad c = C(x),$$

we obtain

(7)
$$u(x) = s(C(x)).$$

The method fails if $a(x_0) = 0$ at some point $x_0 \in \underline{\Gamma}$ since the equations $\dot{x} = a(x)$, $\dot{z} = 0$ together with the initial conditions $x(t_0) = x_0$, $z(t_0) = z_0$ then imply $x(t) \equiv x_0$, $z(t) \equiv z_0$, that is, the whole characteristic curve then is reduced to a single point.

On the other hand, if $a(x) \neq 0$ and if the initial manifold Γ is characteristic (i.e., if the "characteristic vector field" $a(x)$ is tangent to $\underline{\Gamma}$ at every point $x \in \underline{\Gamma}$), then the Cauchy problem (5) can have infinitely many solutions. This can be seen as follows: Let Γ be a fixed $(n - 1)$-dimensional characteristic manifold in $\mathbb{R}^n \times \mathbb{R}$ of the form $\Gamma = \{(x, z): x \in \underline{\Gamma} \subset \mathbb{R}^n, z = z_0 = \text{const}\}$. Then every characteristic curve $\gamma(t) = (x(t), z_0)$ is completely contained in Γ if it has at least one point in common with Γ. Choose some noncharacteristic $(n - 1)$-dimensional manifold Γ' in $\mathbb{R}^n \times \mathbb{R}$ which intersects Γ at some $(n - 2)$-dimensional manifold Γ_0; we can assume that every characteristic curve γ meets Γ' (and therefore also Γ_0) in at most one point. Consider now the null-characteristic curves $\gamma(t, Q_0)$ emanating from Γ' such that $\gamma(0, Q_0) = Q_0 \in \Gamma'$. If $Q_0 \in \Gamma_0$, then $\gamma(t, Q_0) \in \Gamma$ at all times t for which $\gamma(\cdot, Q_0)$ is defined. Assuming that Γ' intersects every characteristic curve contained in Γ, it follows that the flow $\gamma(t, Q_0)$ passes through Γ in the sense that for every $Q \in \Gamma$ there is a pair $(t, Q_0) \in \mathbb{R} \times \Gamma_0$ such that $Q = \gamma(t, Q_0)$. By the usual elimination process we obtain a solution $u(x)$ of $a(x) \cdot Du = 0$ whose graph in $\mathbb{R}^n \times \mathbb{R}$ is the union of all flow lines of γ. Thus, by construction, the graph of u contains both Γ' and Γ. Hence, for every choice of Γ' we obtain a solution of the Cauchy problem (7), and it is easy to see that this construction yields infinitely many solutions of (7) if one varies Γ' in a suitable way.

$\boxed{2}$ Consider the simple equation

(8)
$$u_x = 0$$

for functions $u(x, y)$, $(x, y) \in \mathbb{R}^2$. Here the characteristic vector field a is the constant field $a = (1, 0)$.

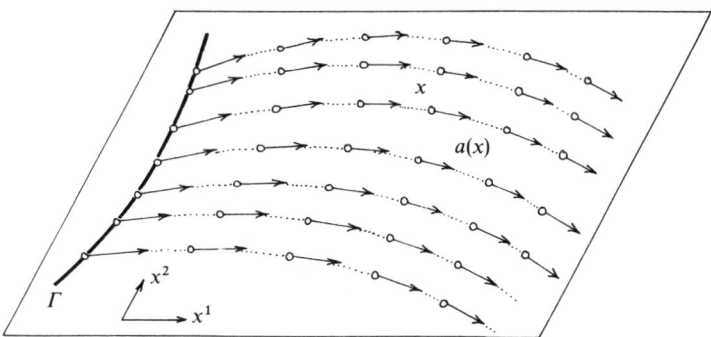

Fig. 12. The characteristic vector field $a(x)$ of a homogeneous linear equation $a(x) \cdot u_x = 0$ in the base space (x-space). The characteristic base curves $x(t)$, $t \in I$, emanating from an initial manifold $\underline{\Gamma}$.

The characteristic curves are given by

$$\dot{x} = 1, \qquad \dot{y} = 0, \qquad \dot{z} = 0.$$

Choose $\underline{\Gamma}$ as y-axis, and let the initial curve Γ be given by

$$x = 0, \quad y = c, \quad z = s(c), \qquad c \in \mathbb{R};$$

clearly Γ is non-characteristic. The characteristic curves defined by the initial conditions

$$x(0) = 0, \qquad y(0) = c, \qquad z(0) = s(c)$$

are then described by $\sigma(t, c) = (t, c, s(c))$. Hence the uniquely determined solution $u(x, y)$ of the Cauchy problem

$$u_x = 0, \quad u(0, y) = s(y)$$

is given by $u(x, y) = s(y)$.

On the other hand the x-axis furnishes an initial manifold $\Gamma = \{(x, 0, 0): x \in \mathbb{R}\}$ which is everywhere characteristic, and every C^1-function $s(y)$, $y \in \mathbb{R}$, with $s(0) = 0$ yields a solution $u(x, y) = s(y)$ of the Cauchy problem

$$u_x = 0, \quad u(x, y) = s(y).$$

For instance, all planes through the x-axis given by

$$u(x, y) = by$$

are solutions of the same Cauchy problem.

$\boxed{3}$ A slight generalization of the previous example is provided by the equation

(9) $u_t + a \cdot u_x = 0,$

where a is a constant vector in $\mathbb{R}^n$, $a \neq 0$, and $u(t, x)$ is a function of $n + 1$ independent variables $t, x^1, \ldots, x^n = t, x$. Integrating the corresponding equations (4) we obtain by a brief computation that the solution $u(t, x)$ of (9) with the initial values $u(0, x) = s(x)$ is given by

(10) $u(t, x) = s(x - at).$

This can quickly be verified by a direct computation. Let us interpret t as a time parameter. If for each fixed t the function u is represented by its graph in the x, z-space, we obtain the graph at some fixed time t by translating the graph at the time $t = 0$ in direction of a by the amount $t|a|$ since

$$u(x + at, t) = u(x, 0) = s(x).$$

Hence

$$\mathscr{S}_t := \{(x, z): x \in \mathbb{R}^n, z = u(t, x)\} = \text{graph } u(t, \cdot)$$

represents a *plane wave* in the x, z-space propagating with the velocity a (i.e., with the speed $|a|$ in direction of $e := a/|a|$).

$\boxed{4}$ The inhomogeneous linear equation

(11) $a(x) \cdot u_x + b(x)u = h(x),$

with $a = (a^1, \ldots, a^n)$ has the system

$$\dot{x} = a(x), \qquad \dot{z} = h(x) - b(x)z$$

as determining system for the characteristics. To solve the Cauchy problem for (11), it suffices as in $\boxed{1}$ to integrate

$$\dot{x} = a(x), \quad x(0) = A(c).$$

Having obtained the family of solutions $x = X(t, c)$ we determine $z = Z(t, c)$ from

$$\dot{z} = h(X(\cdot, c)) - b(X(\cdot, c))z, \quad z(0) = s(c).$$

$\boxed{5}$ Consider *Euler's equation for homogeneous functions* $u(x)$ of degree $q \neq 0$:

(12) $$x^i u_{x^i} = qu.$$

This is a special case of $\boxed{4}$ where $a(x) = x$, $b(x) = -q$ and $h(x) = 0$. Here $x = 0$ is a singular point of the vector field $a(x) = x$; thus we have to restrict our considerations to $\Omega = \mathbb{R}^n - \{0\}$ if the method of characteristics is to work. We treat (12) together with the initial condition

$$u(x^1, \ldots, x^{n-1}, 1) = s(x^1, \ldots, x^{n-1}),$$

where s is an arbitrarily prescribed function.

We first have to solve the system

$$\dot{x}^i = x^i, \quad x^i(0) = c^i \qquad \text{for } 1 \leq i \leq n-1,$$

$$\dot{x}^n = x^n, \qquad x^n(0) = 1,$$

obtaining

(13) $$X^i(t, c) = c^i e^t \quad \text{for } 1 \leq i \leq n-1, \qquad X^n(t, c) = e^t.$$

The function $z = Z(t, c)$ is to be determined from

$$\dot{z} = qz, \quad z(0) = s(c),$$

whence

(13') $$Z(t, c) = e^{qt}s(c),$$

Inverting the equation $x = X(t, c)$, it follows that

$$t = \log x^n \quad \text{for } x^n > 0, \text{ or } x^n = e^t,$$

and

$$c^i = x^i/x^n \quad \text{for } 1 \leq i < n.$$

Thus we derive from $u(x) = Z(X^{-1}(x))$ and (13) the solution

$$u(x^1, \ldots, x^n) = (x^n)^q \, s\left(\frac{x^1}{x^n}, \ldots, \frac{x^{n-1}}{x^n}\right)$$

of the Cauchy problem in question. This solution satisfies the functional equation

(14) $$u(\lambda x) = \lambda^q u(x) \quad \text{for any } \lambda > 0.$$

Consequently, $u(x)$ is a homogenous function of degree q. The assumption $x^n > 0$ is unimportant as we can replace u by $v(x^1, \ldots, x^n) := u(x^1, \ldots, x^{n-1}, -x^n)$, and this function satisfies $x^i v_i = qv$ as well.

We claim that *for $q < 0$ the solutions $u(x)$ of (12) have a singularity at $x = 0$, and that $u(x) \equiv 0$ is the only solution of class $C^1(\mathbb{R}^n)$*. In fact, for any fixed $x \neq 0$ the function $t^{-q}u(tx)$ is constant on $\{t > 0\}$ since

$$\frac{d}{dt}\{t^{-q}u(tx)\} = -qt^{-q-1}u(tx) + t^{-q}x^i u_{x^i}(tx)$$

$$= -t^{-q-1}[qu(tx) - (tx^i)u_{x^i}(tx)] = 0.$$

Thus we have either $u(tx) = 0$ for all $t > 0$, or else

$$\lim_{t \to +0} |u(tx)| = \infty.$$

$\boxed{6}$ The linear differential equation

(15) $$[(1 - r^2)x - y]u_x + [(1 - r^2)y + x]u_y - 2zu_z = 0, \quad r := \sqrt{x^2 + y^2},$$

for a function $u(x, y, z)$ of three real variables x, y, z offers a similar message as $\boxed{5}$. Consider the characteristic vector field

$$a(x, y, z) = ((1 - r^2)x - y, (1 - r^2)y + x, -2z)$$

in $\mathbb{R}^3$ that vanishes only for $x = y = z = 0$, i.e., the origin is the only singular point of a. Let Ω be the simply connected domain which is obtained by removing the negative z-axis including the origin from $\mathbb{R}^3$. *We claim that $u(x, y, z) \equiv$ const are the only solutions of* (15) *which are defined on all of Ω.* In fact, consider the equations

$$\dot{x} = (1 - r^2)x - y, \qquad \dot{y} = (1 - r^2)y + x, \qquad \dot{z} = -2z$$

for the characteristic base curves $(x(t), y(t), z(t))$. Introducing polar coordinates r, θ in the x, y-plane by $x = r \cos \theta$, $y = r \sin \theta$, we instead obtain the uncoupled equations

$$\dot{r} = (1 - r^2)r, \qquad \dot{\theta} = 1, \qquad \dot{z} = -2z.$$

We have either $r(t) \equiv 0$ or $r(t) \neq 0$. The first kind of solutions are the equilibrium solution

$$x = y = z = 0$$

and the motions

$$x = y = 0, \qquad z = \gamma e^{-2t}, \quad t \in \mathbb{R},$$

on the positive ($\gamma > 0$) or negative ($\gamma < 0$) z-axis respectively.

The solutions with $r(t) \neq 0$ are described by $r = (1 - \alpha e^{-2t})^{-1/2}$, $\theta = t + \beta$, $z = \gamma e^{-2t}$. For $\alpha = \gamma = 0$ this is a motion on the circle $C := \{r = 1, z = 0\}$. If $\alpha \neq 0$, the solution describes a screw ($\gamma \neq 0$) or a spiral motion ($\gamma = 0$) tending asymptotically to C as $t \to \infty$. For $t \to -\infty$ and $\alpha < 0$, $\gamma > 0$, the curves approach the positive z-axis.

By $\boxed{1}$ any solution of (15) is constant on an arbitrary characteristic base curve.

Let us consider an arbitrary solution $u(x)$ of (15), and let κ be its constant value on C. As the screws and the spirals tend asymptotically to C as $t \to \infty$, the solution has the value κ on each of these curves. On the other hand for $\alpha < 0$ and $\gamma > 0$ the spirals approximate the positive z-axis as $t \to -\infty$, and one easily sees that in fact every ε-neighbourhood of any point on the positive z-axis is intersected by spirals with $\alpha < 0$ and $0 < \gamma \ll 1$. This proves $u(x) \equiv \kappa$ on the simply connected domain $\Omega \subset \mathbb{R}^3$ as we have claimed.

$\boxed{7}$ The *reduced Hamilton–Jacobi equation in mechanics* is an equation of the type

$$(16) \qquad\qquad\qquad H(x, u_x) = E,$$

cf. e.g. 9,3.5. Here $H(x, p)$ is a C^2-function of which one usually assumes that $H_p \neq 0$, and E is a constant. The characteristic equations split into the system of Hamilton equations

$$(17) \qquad\qquad\qquad \dot{x} = H_p(x, p), \quad \dot{p} = -H_x(x, p)$$

for $x(t)$, $p(t)$ and the single equation

$$(18) \qquad\qquad\qquad \dot{z} = pH_p(x, p).$$

As we are only interested in null characteristics, we can replace (18) by

$$(19) \qquad\qquad\qquad \dot{z} = pH_p(x, p) - \mu H(x, p) + \mu E$$

for any $\mu \in \mathbb{R}$ (see *1.2*, Proposition 1).

After solving (17) the function $z(t)$ is obtained from (18) or (19) by a simple integration. Note that null characteristics are characterized by the relation

$$(20) \qquad\qquad\qquad H(x(t), p(t)) \equiv E$$

among all characteristics. As the Hamiltonian H plays the role of a total energy, relation (20) states that null characteristics describe those motions in the phase space ($= x$, p-space) for which the total energy is E. If L is the Legendre transform of H, i.e. the Lagrange function $L(x, v)$ associated with

H, and $v(t) = H_p(x(t), p(t)) = \dot{x}(t)$, we obtain from (19) for $\mu = 1$ that

$$(21) \qquad \dot{z} = pH_p(x, p) - H(x, p) + E = L(x, v) + E$$

holds true. Consequently, if $z(t_0) = z_0$, we see that

$$(22) \qquad z(t) = z_0 + \int_{t_0}^{t} L(x(t), v(t)) \, dt + E(t - t_0).$$

This clarifies the role of the function $z(t)$ as an action along the curve $x(t)$, and any solution of (16) is a Hamiltonian action.

We add a remark on the Cauchy functions λ_α. Suppose that

$$\sigma(t, c) = (X(t, c), Z(t, c), P(t, c))$$

is an r-parameter flow solving (17), (18), and that

$$H(X(t, c), P(t, c)) \equiv E.$$

Then the Cauchy functions $\lambda_\alpha = Z_{c^\alpha} - P_k X^k_{c^\alpha}$ satisfy $\dot{\lambda}_\alpha(t, c) = 0$, i.e., they are time independent.

Equation (16) with $E = 1$ occurs also in *geometric optics* (see 8,2 and 3). In this case $H(x, p)$ is positively homogeneous of first degree, and the curves $x(t)$ given by $\dot{x} = H_p(x, p)$ are interpreted as light rays. The level surface $\{x: u(x) = \theta\}$ of a solution $u(x)$ of

$$(23) \qquad H(x, u_x) = 1$$

obtained from the null characteristics are interpreted as wave fronts which intersect the light rays transversally. Instead of (23) it is often profitable to treat the equation

$$(24) \qquad H^2(x, u_x) = 1,$$

which is equivalent to (23) provided that $H > 0$. One often calls (23) or (24) *eikonal equation* and its solutions $u(x)$ are denoted as *eikonals*. Let $L(x, v)$ be the parametric Lagrangian corresponding to the Hamiltonian $H(x, p)$ via the generalized canonical formalism developed in 8,2. Then we have

$$L(x, v) = H(x, p) = p \cdot H_p(x, p).$$

For any null characteristic $\sigma(t) = (x(t), z(t), p(t))$ of (23) it follows that

$$H(x, p) = 1, \qquad \dot{x} = H_p(x, p) = v,$$

and thus we infer from (18) the equations

$$\dot{z} = 1 = L(x, \dot{x}),$$

and therefore

$$(25) \qquad z(t) - z(t_0) = t - t_0 = \int_{t_0}^{t} L(x(t), \dot{x}(t)) \, dt.$$

Let us apply this formula to a null characteristic $\sigma(t)$ which is defined by some solution u of equation (23). That is, the x-component of σ is defined as a solution of the initial value problem

$$\dot{x} = H_p(x, u_x(x)), \quad x(t_0) = x_0,$$

and the other two components of σ are given by

$$z(t) := u(x(t)), \qquad p(t) := u_x(x(t)).$$

Then we have

$$(26) \qquad u(x(t)) - u(x(t_0)) = t - t_0 = \int_{t_0}^{t} L(x(t), \dot{x}(t)) \, dt.$$

Consequently, the level surfaces

$$\mathscr{S}_t := \{x \in \mathbb{R}^n : u(x) = t\}$$

are *generalized parallel surfaces* in the following sense: If $x_0 \in \mathcal{S}_{t_0}$, $x_1 \in \mathcal{S}_{t_1}$, and if x_0 and x_1 are connected by a characteristic base curve $x = x(t)$, $t_0 \le t \le t_1$, then the generalized distance $\int_{t_0}^{t_1} L(x, \dot{x}) \, dt$ of x_0 and x_1 is given by the value $u(x_1) - u(x_0)$. In fact, the characteristic base curves $x = x(t)$ form a Mayer field with respect to L.

$\boxed{8}$ Consider the special eikonal equation

(27)
$$|\operatorname{grad} u| = 1,$$

where we have $H(p) = |p|$. Null characteristics $(x(t), z(t), p(t))$ satisfy the equation

(28)
$$|p| = 1,$$

and thus they can be determined from the simplified equations

(29)
$$\dot{x} = p, \qquad \dot{z} = 1, \qquad \dot{p} = 0.$$

Let $(A(c), s(c), B(c))$, $c \in \mathcal{P}$, be an initial strip Σ satisfying

(30)
$$A_{c^\alpha}^i B_i = s_{c^\alpha} \quad \text{for } 1 \le \alpha \le n - 1, \ |B| = 1.$$

Solving (29) together with the initial conditions

(31)
$$x(0) = A(c), \qquad z(0) = s(c), \qquad p(0) = B(c),$$

we obtain the $(n - 1)$-parameter family of solutions

(32)
$$x = A(c) + tB(c), \qquad z = s(c) + t, \quad p = B(c),$$

which are straight lines. The initial manifold

$$\Gamma = \{(x, z): x = A(c), z = s(c), c \in \mathcal{P}\}$$

is noncharacteristic at the elements of Σ if

$$\det(A_{c^1}, \ldots, A_{c^{n-1}}, B) \ne 0,$$

that is, if B is nowhere tangent to $\Gamma = A(\mathcal{P})$. The characteristic base curves ($=$ light rays)

(33)
$$x = X(t, c) := A(c) + tB(c)$$

form $(n - 1)$-parameter line bundles. (Two-dimensional bundles of straight lines in $\mathbb{R}^3$ are called *congruences* or *ray systems*.)

We claim that the level surface of $u := Z \circ X^{-1}$ intersect the rays $x = X(t, c)$, $t \in \mathbb{R}$, perpendicularly. In fact, the relations $\dot{x} = p$ and $p = u_x(x)$ imply that $x = X(t, c)$ is a solution of

(34)
$$\dot{x} = \operatorname{grad} u(x).$$

(In differential geometry, any 2-dimensional ray bundle of straight lines in $\mathbb{R}^3$ is called a *normal congruence* if the rays intersect some surface perpendicularly.)

Let us finally consider the special case $s(c) \equiv 0$. Then the formulas (30) and (32) reduce to

$$A_{c^\alpha}^i B_i = 0 \quad \text{for } 1 \le \alpha \le n - 1, \ |B| = 1,$$

(35)
$$x = X(t, c) = A(c) + tB(c), \qquad z = Z(t, c) = t,$$

$$p = P(t, c) = B(c).$$

Here $B = (B_1, \ldots, B_n)$ describes a field of unit normal vectors on $\Gamma = A(\mathcal{P})$, and the rays $x = X(t, c)$, $t \in \mathbb{R}$, are straight lines perpendicular to Γ. We can view (t, c) as a kind of "normal coordinates" with respect to Γ which can alternatively be used to describe the position of any point x close to Γ. We need only to secure that the mapping $(t, c) \to X(t, c)$ is a diffeomorphism. This holds true for $(t, c) \in [-\delta, \delta] \times \mathcal{P}$ and some $\delta > 0$; any positive number less than the minimum of all principal radii of curvature on Γ should work. Then we restrict x to a "tubular neighbourhood of Γ" which excludes all focal points. (A *focal point* of Γ on the ray $x_0 + tB(c_0)$ with the foot $x_0 = A(c_0)$ is a point $x = x_0 + t^* B(c_0)$ with the property that the Jacobian of X vanishes at $t = t^*$, $c = c_0$.)

[9] *Monge cones, Monge lines, and focal curves.* Now we want to present a somewhat different geometric interpretation of partial differential equations and of their integration by the method of characteristics. As we only wish to outline the principal ideas, our considerations will not always be perfectly rigorous.

Let us consider the general first-order equation

(36) $$F(x, u(x), u_x(x)) = 0.$$

Fixing some point $Q_0 = (x_0, z_0) \in \mathbb{R}^n \times \mathbb{R}$, we consider the equation

(37) $$F(x_0, z_0, p) = 0$$

for $p = (p_1, \ldots, p_n)$. Its solutions p can be interpreted as an $(n-1)$-parameter family

$$p = \pi(c), \quad c = (c^1, \ldots, c^{n-1}).$$

Every direction $\pi(c)$ determines a hyperplane $\Pi(c)$ through Q_0 with the normal $(-\pi(c), 1)$:

$$\Pi(c) = \{(x, z) \in \mathbb{R}^n \times \mathbb{R}: z = z_0 + \pi(c) \cdot (x - x_0)\}.$$

The envelope E of these planes is an n-dimensional cone in the configuration space with the vertex Q_0; it is called the *Monge cone*. This cone can be degenerate; for instance, it reduces to a straight line if (36) is a quasilinear equation.

To every point Q_0 in $\mathbb{R}^n \times \mathbb{R}$ (or in a subdomain thereof) we have in this way attached a Monge cone $E(Q_0)$; we can consider $\{E(Q_0)\}_{Q_0 \in \mathbb{R}^{n+1}}$ as a *field of cones* on the configuration space.

Let us derive a parametric representation of the Monge cone. To determine the envelope E of the planes $\Pi(c)$ we differentiate the equation

(38) $$z = z_0 + \pi(c) \cdot (x - x_0),$$

with respect to the parameter c^α, $1 \leq \alpha \leq n - 1$, whence we obtain $n - 1$ equations

(39) $$\pi_{c^\alpha}(c) \cdot (x - x_0) = 0, \quad \alpha = 1, \ldots, n - 1.$$

If π_c is of maximal rank $n - 1$, the system

(40) $$\pi_{c^\alpha}(c) \cdot \xi = 0, \quad 1 \leq \alpha \leq n - 1,$$

has a one-dimensional space of solutions ξ; any such solution $\xi \in \mathbb{R}^n$ is called a *characteristic direction in the base space*, and $(\xi, \pi(c) \cdot \xi)$ is said to be a *characteristic direction in the configuration space* $\mathbb{R}^n \times \mathbb{R}$. The Monge cone E touches the plane $\Pi(c)$ at a straight line $\ell(c)$ through Q_0 which has the direction of the characteristic direction vector $(\xi, \pi(c) \cdot \xi)$. This line of contact for E and $\Pi(c)$ is called a *Monge line*. The cone E is the union of all Monge lines through Q_0. In order to determine ξ and thereby ℓ we differentiate the identity

$$F(x_0, z_0, \pi(c)) \equiv 0,$$

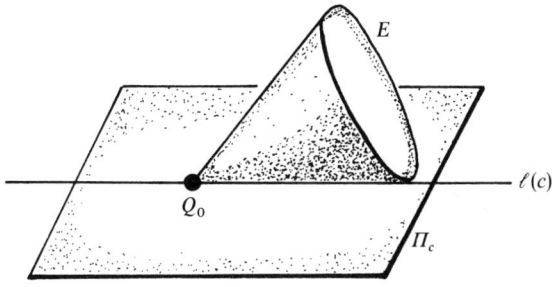

Fig. 13. The Monge cone E touches the hyperplane $\Pi(c)$ at the Monge line $\ell(c)$.

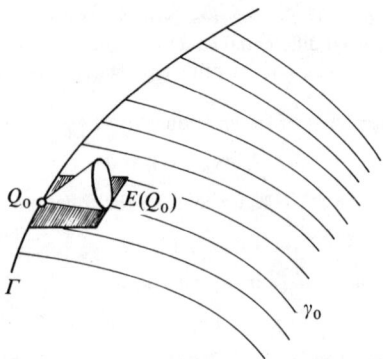

Fig. 14. An initial curve Γ is prolongated at a point Q_0 by a plane tangent to Γ and to the Monge cone. Moving the corresponding element along the characteristic curve γ_0 emanating from Q_0 we obtain a null-characteristic strip.

with respect to c^α, obtaining

$$(41) \qquad F_p(x_0, z_0, \pi(c)) \cdot \pi_{c^\alpha}(c) = 0, \quad 1 \le \alpha \le n - 1.$$

Comparing (39) and (41) we infer that the vectors $x - x_0$ (= characteristic directions in $\mathbb{R}^n$) and $F_p(x_0, z_0, \pi(c))$ are collinear. This yields the parameter representation

$$(42) \qquad \begin{aligned} x &= x_0 + tF_p(x_0, z_0, \pi(c)), \\ z &= z_0 + t\pi(c) \cdot F_p(x_0, z_0, \pi(c)), \quad t \in \mathbb{R}, \end{aligned}$$

for the Monge line $\ell(c) = E \cap \Pi(c)$. If both t and c are allowed to vary, we can view (42) as a *parametric representation of the Monge cone* $E(Q_0)$.

Consider now any solution u of (36), and let $\mathscr{S}$ be its graph. The tangent plane of $\mathscr{S}$ at $Q_0 = (x_0, u(x_0))$ is by definition (of E) tangent to the Monge cone $E(Q_0)$; hence there is a Monge line ℓ in $E(Q_0)$ which is tangent to $\mathscr{S}$ at Q_0.

A smooth curve $\gamma(t) = (x(t), z(t))$ in the configuration space is called a *focal curve* or *Monge curve* if each of its tangent lines is a Monge line.

Since every Monge line ℓ at $\gamma(t)$ has the parametric representation

$$\xi = x(t) + \lambda F_p(\gamma(t), p),$$

$$\zeta = z(t) + \lambda p \cdot F_p(\gamma(t), p), \quad \lambda \in \mathbb{R},$$

where p is a solution of $F(\gamma(t), p) = 0$, we see that $\gamma(t)$ is a focal curve if and only if there is a function $p(t)$ satisfying

$$(43) \qquad F(\gamma(t), p(t)) = 0,$$

such that $\dot{\gamma}(t)$ and $(F_p(\gamma(t), p(t)), p(t) \cdot F_p(\gamma(t), p(t)))$ are proportional. Choosing the parametrization of γ in a suitable way we can actually achieve that both vectors are equal. This leads us to the following final definition:

A smooth curve $\gamma : I \to \mathbb{R}^n \times \mathbb{R}$ is called a *focal curve* if there is a mapping $p : I \to \mathbb{R}^n$ satisfying both (43) and the differential equations

$$(44) \qquad \dot{x} = F_p(\gamma, p), \qquad \dot{z} = p \cdot F_p(\gamma, p).$$

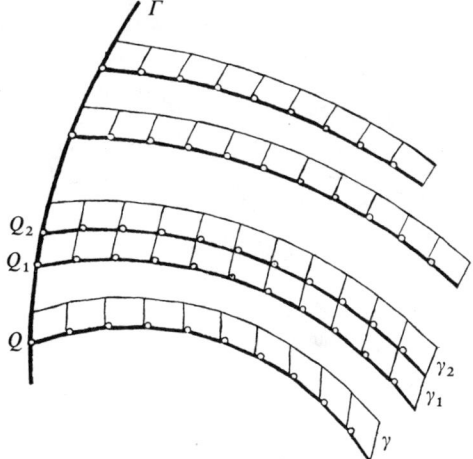

Fig. 15. Null-characteristic strips emanating from Γ, with the supporting characteristic curves γ, γ_1, γ_2, $\cdots$.

We have

$$\dot{z} - p \cdot \dot{x} = 0,$$

that is, $\sigma(t) := (x(t), z(t), p(t))$ forms a strip. *One calls $\sigma(t)$ a focal strip belonging to the focal curve $\gamma(t)$*; there will be infinitely many focal strips belonging to a given focal curve.

According to *1.1*, Definition 2, any null characteristic is a focal strip, and any characteristic curve is a focal curve. However, the converse is not always true. Roughly speaking, among all focal strips σ we can single out the null characteristics as those which lie on the contact graph $\mathscr{C}$ of a solution u of equation (36). In fact, suppose that $\sigma(t) \in \mathscr{C}$ for all t in the interval of definition of γ, i.e.

$$(45) \qquad z(t) = u(x(t)), \qquad p(t) = u_x(x(t)).$$

Differentiating the second equation we obtain

$$(46) \qquad \dot{p} = u_{xx}(x)\dot{x}.$$

Combining this relation with $\dot{x} = F_p(\sigma)$ (see (44)) we find

$$(47) \qquad \dot{p} = u_{xx}(x)F_p(\sigma).$$

On the other hand (36) yields

$$F_x(\ldots) + u_x(x)F_z(\ldots) + u_{xx}(x)F_p(\ldots) = 0,$$

where $(\ldots)$ stands for $(x, u(x), u_x(x))$. Inserting $x = x(t)$ and applying (45) we arrive at

$$(48) \qquad F_x(\sigma) + pF_z(\sigma) + u_{xx}(x)F_p(\sigma) = 0.$$

From (47) and (48), we infer

$$(49) \qquad \dot{p} = -F_x(\sigma) - pF_z(\sigma).$$

This proves that σ is a null characteristic, as we have claimed.

If a focal strip σ is not characteristic, then one can show that there is no C^2-solution $u(x)$ of (36)

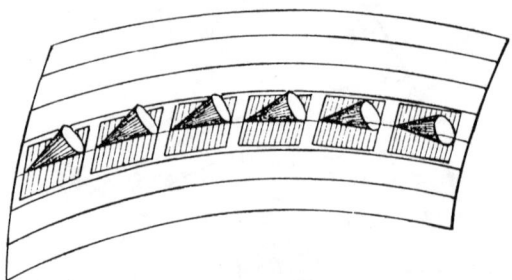

Fig. 16. An integral surface S = graph u of the equation $F(x, u, u_x) = 0$ fits the field of Monge cones $E(Q)$. The characteristic curves on S are tangent directions for the Monge cones.

whose contact graph contains σ. However there may exist a solution for which the focal curve γ carrying σ is a singular curve.[4]

The essence of our previous discussion can be summarized as follows: A partial differential equation $F(x, u, u_x) = 0$ can be visualized as a field of cones $\{E(Q_0)\}_{Q_0 \in \mathbb{R}^{n+1}}$ on the configuration space $\mathbb{R}^{n+1} = \mathbb{R}^n \times \mathbb{R}$ (or some subdomain thereof), just as an ordinary differential equation of first order is represented by a direction field. Solving the equation $F(x, u, u_x) = 0$ means to find a function u whose graph $\mathscr{S}$ fits the cone field, that is, the surface $\mathscr{S}$ at each of its points Q touches the corresponding Monge cone $E(Q)$. Let $\ell(Q)$ be the Monge line in $E(Q)$ which is tangent to $\mathscr{S}$ at Q, i.e., $\ell(Q) = E(Q) \cap T_Q\mathscr{S}$ (here we identify $T_Q\mathscr{S}$ with the affine tangent plane Π_Q to $\mathscr{S}$ at Q). These Monge lines define a field $v(Q)$ of directions on $\mathscr{S}$ which are tangent to $\mathscr{S}$; this is the characteristic vector field on $\mathscr{S}$. Integrating this field we obtain an $(n-1)$-parameter family of characteristic curves on $\mathscr{S}$ fitting the characteristic vector field. These curves yield a fibration of $\mathscr{S}$, and their natural prolongations to null characteristics fit together and form the contact graph of u.

Moreover, the idea of a solution u of (36) as a surface $\mathscr{S}$ fitting a given cone field makes it evident that the envelope of a one-parameter family of solution surfaces $\mathscr{S}_a = \{(x, z): z = u(x, a)\}$ is again a solution surface (or: integral surface). It is tempting to reverse this idea: can one represent any integral surface as envelope of suitable families of solution surfaces? This concept actually works and leads to the notion of a *complete integral* (9,1.6 and 3.3; see also Carathéodory [10], pp. 52–53 and 148–155).

Let us consider the Monge cone for a few examples:
(i) For a quasilinear equation

$$a(x, u) \cdot u_x = b(x, u),$$

the Monge cone $E(Q_0)$ reduces to a straight line $\ell(Q_0)$ through $Q_0 = (x_0, z_0)$, given by

$$x = x_0 + ta(Q_0), \qquad z = z_0 + tb(Q_0).$$

All focal curves are characteristics.
(ii) For the eikonal equation

$$\sqrt{u_x^2 + u_y^2} = 1,$$

the Monge cone $E(Q_0)$ has the representation

---

[4] See, for example, Courant–Hilbert [2], pp. 82–88, and in particular p. 83.

$$x = x_0 + tp, \quad y = y_0 + tq, \quad z = z_0 + t \qquad \text{where } p^2 + q^2 = 1.$$

This is a circular cone which can be described by the quadratic equation

$$(x - x_0)^2 + (y - y_0)^2 - (z - z_0)^2 = 0.$$

(iii) More generally for the equation

$$|\operatorname{grad} u| = \omega(x, u), \quad x \in \mathbb{R}^n,$$

the Monge cone $E(Q_0)$ has the parametric representation

$$x = x_0 + t \frac{p}{|p|}, \quad z = z_0 + t\omega(Q_0), \quad \text{where } |p| = \omega(Q_0)$$

or

$$|x - x_0| = t, \qquad z = z_0 + t\omega(Q_0).$$

This is a cone given by the quadratic equation

$$(z - z_0)^2 - \omega(x_0, z_0)|x - x_0|^2 = 0$$

for (x, z). The focal curves $(x(t), z(t))$ are characterized by

$$|\dot{x}| = 1, \qquad \dot{z} = \omega(x, z).$$

(iv) The differential equation

$$\sin |u_x|^{-2} = 0$$

separates into denumerably many equations

$$v\pi |p|^2 = 1, \quad v \in \mathbb{N},$$

and therefore $E(Q_0)$ splits into infinitely many cones $E_v(Q_0)$.

1.4. The Cauchy Problem for the Hamilton–Jacobi Equation

In this subsection we consider the general Hamilton–Jacobi equation

$$(1) \qquad\qquad S_t + H(t, x, S_x) = 0$$

for a real valued function $S(t, x)$ of $n + 1$ real variables $t, x = t, x^1, \ldots, x^n$. Here $H(t, x, p)$ is a given C^2-function on $\mathbb{R} \times \mathbb{R}^n \times \mathbb{R}^n$ (or on some subdomain thereof). If we introduce the function

$$(2) \qquad\qquad F(t, x, z, q, p) := q + H(t, x, p),$$

equation (1) can be subsumed to the general differential equation of first order

$$(3) \qquad\qquad F(t, x, S, S_t, S_x) = 0$$

treated in *1.1* and *1.2*; only the number n of independent variables has to be replaced by $n + 1$. Thus the Cauchy problem for (1) is, in principle, solved. However we shall briefly repeat the reasoning of *1.1* for the Hamilton–Jacobi equation as several of the general formulas can be simplified. Note that we have already treated the Cauchy problem (3) in *7,2.4*. Therefore our present discussion is somewhat repetitious; yet we shall look at the problem from a different angle.

We begin by writing down the characteristic equations for the characteristics

$$\sigma(s) = (t(s), x(s), z(s), q(s), p(s)), \quad s \in I,$$

where the independent variable s now plays the same role as the variable t in 1.1–1.3 and $\dot{}$ will presently denote the derivative $\dfrac{d}{ds}$:

$$\dot{t} = F_q(\sigma), \qquad \dot{x} = F_p(\sigma),$$
$$\dot{z} = qF_q(\sigma) + p \cdot F_p(\sigma),$$
$$\dot{q} = -F_t(\sigma) - qF_z(\sigma), \qquad \dot{p} = -F_x(\sigma) - pF_z(\sigma).$$

On account of

$$F_t = H_t, \qquad F_x = H_x, \qquad F_z = 0, \qquad F_q = 1, \qquad F_p = H_p,$$

the characteristic equations are given by

$$\dot{t} = 1, \qquad \dot{x} = H_p(\sigma),$$

(4)
$$\dot{z} = q + pH_p(\sigma),$$
$$\dot{q} = -H_t(\sigma), \qquad \dot{p} = -H_x(\sigma).$$

Because of $\dot{t} = 1$, we obtain $t(s) = s + \text{const}$. Thus the variables s and t can be identified, and $\dot{}$ can be interpreted as $\dfrac{d}{dt}$. Then the characteristic system (4) takes the new form

(5)
$$\dot{x} = H_p(t, x, p), \qquad \dot{p} = -H_x(t, x, p),$$
$$\dot{q} = -H_t(t, x, p), \qquad \dot{z} = q + p \cdot H_p(t, x, p).$$

The system (5) splits into the Hamilton equations of the first line and the other two equations. The Hamilton system

(5')
$$\dot{x} = H_p(t, x, p), \quad \dot{p} = -H_x(t, x, p)$$

can be used to compute $x(t)$ and $p(t)$. Then we obtain $q(t)$ from the equation

(5'')
$$\dot{q} = -H_t(t, x, p),$$

and finally $z(t)$ is computed from

(5''')
$$\dot{z} = q + p \cdot H_p(t, x, p).$$

However the system (5) can be simplified even further as (5') implies

$$\dot{x} \cdot H_x(t, x, p) + \dot{p} \cdot H_p(t, x, p) = 0,$$

whence

$$\frac{d}{dt} H(t, x, p) = H_t(t, x, p).$$

This implies

(6)
$$H(t, x, p) + q = \text{const} := E$$

and (5''') yields

(7)
$$\dot{z} = E - H(t, x, p) + p \cdot H_p(t, x, p).$$

Conversely, it is easily seen that a solution of (5'), (6), (7) also satisfies the original system (5). Thus we shall replace (5) by the equivalent system

$$\dot{x} = H_p(t, x, p), \qquad \dot{p} = -H_x(t, x, p),$$

(8)
$$H(t, x, p) + q = E \,(= \text{const}),$$

$$\dot{z} = E - H(t, x, p) + p \cdot H_p(t, x, p).$$

By a suitable choice of the initial values of the unimportant variable q we shall arrange for $E = 0$ which will simplify (8) even further.

In principle we could now apply the general recipe of *1.1* to the system (8) in order to solve the Cauchy problem for (1). However, we rather prefer to start anew so that the reader may skip *1.1–1.3* if he is only interested in the Cauchy problem for the Hamilton–Jacobi equation. Thus the foregoing discussion as well as the first part of the following will only serve as a motivation for our approach to the Cauchy problem. Without this motivation some of the formulas would seem to be rather mysterious.

Let us begin by stating the *Cauchy problem for the Hamilton–Jacobi equation* (1).

We choose an n-dimensional submanifold $\underline{\Gamma}$ in $\mathbb{R}^{n+1}\,(= t, x$-space or base space) given by

$$\underline{\Gamma} = i(\mathscr{P}),$$

where $i : \mathscr{P} \to \mathbb{R}^{n+1}$ is supposed to be a C^2-embedding of some parameter domain $\mathscr{P} \subset \mathbb{R}^n$ into $\mathbb{R}^{n+1}$. Let us write

$$i(c) = (\tau(c), A(c)), \quad c = (c^1, \dots, c^n) \in \mathscr{P}.$$

Next we consider a C^2-manifold Γ in the *configuration space* $\mathbb{R}^{n+1} \times \mathbb{R}\,(= t, x, z$-space) which is given as a graph above $\underline{\Gamma}$. To this end we choose an arbitrary function $s \in C^2(\mathscr{P})$ and set

$$j(c) := (\tau(c), A(c), s(c)), \quad c \in \mathscr{P}.$$

The manifold Γ above $\underline{\Gamma}$ will then be defined by

$$\Gamma = j(\mathscr{P}).$$

We shall be able to find a local solution S of the Cauchy problem

(9)
$$S_t + H(t, x, S_x) = 0, \quad \Gamma \subset \text{graph } S,$$

if there is some $(2n + 1)$-tupel (t_0, x_0, p_0) with $(t_0, x_0) \in \underline{\Gamma}$ such that Γ is *"non-characteristic"* with respect to (t_0, x_0, p_0). Let us see how this condition is to be formulated. This will become clear if we try to extend Γ to an integral strip Σ with the representation

$$\mathscr{E}(c) = (\tau(c), A(c), s(c), B_0(c), B(c)), \quad c \in \mathscr{P}.$$

In order that Σ be an *integral* strip for (1) the equation

(10)
$$B_0 + H(\tau, A, B) = 0$$

has to be satisfied. The strip condition for $\mathscr{E}$ requires that the pull-back $\mathscr{E}^*\omega$ of the contact form

$$\omega = dz - q\,dt - p_k\,dx^k$$

vanishes, i.e.

$$\mathscr{E}^*\omega = 0,$$

which is equivalent to the n equations

(11)
$$B_0 \tau_{c^\alpha} + B \cdot A_{c^\alpha} = s_{c^\alpha}, \quad 1 \leq \alpha \leq n.$$

Suppose that we had found a prolongation mapping $\mathscr{E}$ representing an integral strip Σ supported by Γ. Let us consider the n-parameter family of null characteristics $\sigma(t, c)$ defined by the initial condition $\sigma(\tau(c), c) = \mathscr{E}(c), c \in \mathscr{P}$. Then it follows from (6) and (10) that E vanishes along all curves $\sigma(\cdot, c)$, or more precisely we have

(12)
$$H(t, X(t, c), P(t, c)) + Q(t, c) = 0.$$

Then we infer from (7) that $Z(t, c)$ is to be determined from

(13) $\dot{Z} = -H(t, X, P) + P \cdot H_p(t, X, P).$

Equation (12) will play no further role once we have found that $E = 0$ holds true on all trajectories, whereas (13) together with the initial condition $Z(\tau(c), c) = s(c)$ leads to the important formula

(14) $$Z(t, c) = s(c) + \int_{\tau(c)}^{t} \{-H(t, X, P) + P \cdot H_p(t, X, P)\} \, dt.$$

Let us return to the question how Γ is to be prolongated. We had formulated a system of $n + 1$ equations (10) and (11) for $n + 1$ unknown functions $B_0, B_1, \dots, B_n$. We can use (10) to eliminate in (11) the variable B_0, and we arrive at n equations

(15) $-H(\tau, A, B)\tau_{c^\alpha} + BA_{c^\alpha} = s_{c^\alpha}, \quad 1 \le \alpha \le n,$

for n unknowns $B_1, \dots, B_n$. This is actually the system that we are going to solve. The function B_0 will never be considered since we can already determine $X(t, c)$ and $P(t, c)$ from the initial value problem

(16) $\dot{X} = H_p(t, X, P), \qquad \dot{P} = -H_x(t, X, P),$

              $X(\tau(c), c) = A(c), \qquad P(\tau(c), c) = B(c).$

Then $Z(t, c)$ is obtained by (14), and the functions X and Z suffice to determine a solution of the Cauchy problem (9).

Equations (15) will be solved by the implicit function theorem. We can apply this theorem if the following two assumptions are satisfied:

(A1) *There exist points* $c_0 \in \mathscr{P}$ *and* $p_0 \in \mathbb{R}^n$ *such that for* $i(c_0) = (t_0, x_0)$ *the equations*

(17) $-H(t_0, x_0, p_0)\mathring{\tau}_{c^\alpha} + p_0 \mathring{A}_{c^\alpha} = \mathring{s}_{c^\alpha}, \quad 1 \le \alpha \le n,$

are satisfied. (Here the superscript $^\circ$ means $c = c_0$.)

(A2) *We have*

(18) $\Delta_0 := \det[-H_{p_i}(t_0, x_0, p_0)\mathring{\tau}_{c^\alpha} + \mathring{A}^i_{c^\alpha}] \ne 0.$

Assuming (A1) and (A2), there is a solution $B(c)$ of the system (15) which is defined on some neighbourhood of c_0 in $\mathbb{R}^n$, again denoted by $\mathscr{P}$, and such that $B(c_0) = p_0$ and $B \in C^1(\mathscr{P}, \mathbb{R}^n)$.

This motivates the following

Definition. *Let* (t_0, x_0) *be some point on* Γ *given by* $i(c_0)$, *and suppose that* p_0 *satisfies equation* (17). *Then* Γ *is said to be non-characteristic at* (x_0, z_0, p_0) *if the vector* $(1, H_p(t_0, x_0, p_0))$ *is non-tangent to* Γ *at* (t_0, x_0).

In fact the condition that $(1, H_p(t_0, x_0, p_0))$ be non-tangent to Γ is equivalent to (A2). This follows from the observation that the determinant Δ_0 in (18) can be written as

(19) $$\Delta_0 = \det \begin{bmatrix} 1 & , & \tau_{c^1}, \dots, \tau_{c^n} \\ H_p(t_0, x_0, p_0), & & A_{c^1}, \dots, A_{c^n} \end{bmatrix}.$$

Now we can state our main result:

Theorem 1. *Let* Γ *be an n-dimensional submanifold of class* C^2 *in* $\mathbb{R}^{n+2}$ *which sits as a graph above a* C^2-*submanifold* $\underline{\Gamma}$ *of* $\mathbb{R}^{n+1}$. *Let* $(t_0, x_0, z_0) \in \Gamma$, $p_0 \in \mathbb{R}^n$, *and assume that*
   (i) $(H(t_0, x_0, p_0), -p_0, 1)$ *is perpendicular to* Γ *at* (t_0, x_0, z_0);
   (ii) $(1, H_p(t_0, x_0, p_0))$ *is non-tangent to* $\underline{\Gamma}$ *at* (t_0, x_0).
Then there is a neighbourhood Ω *of* (t_0, x_0) *in* $\mathbb{R}^{n+1}$ *and a function* $S \in C^2(\Omega)$ *solving the Cauchy problem* (9). *This solution is obtained in the form* $S = Z \circ f$, *where* X, P, Z *are determined by* (16) *and* (14), *and* f *is the inverse of the ray map* $\mathscr{R}(t, c) := (t, X(t, c))$.

Proof. Assumptions (i) and (ii) of the theorem are equivalent to (A1) and (A2). Thus by our previous discussion there is a solution $B = B(c)$ of the system (15) on some sufficiently small neighbourhood of c_0, again denoted by $\mathscr{P}$, such that $B(c_0) = p_0$ and $B \in C^1(\mathscr{P}, \mathbb{R}^n)$. Let us introduce mappings a and e by

$$a(c) := (\tau(c), c), \quad e(c) := (\tau(c), A(c), B(c)) \qquad \text{for } c \in \mathscr{P}.$$

We determine an n-parameter family of curves

(20) $$h(t, c) = (t, X(t, c), P(t, c)), \quad t \in I(c),$$

where $X(t, c)$, $P(t, c)$ are solutions of the initial value problem (16). We can view h as a mapping $h: \Omega^* \to \mathbb{R} \times \mathbb{R}^n \times \mathbb{R}^n$ defined on a domain $\Omega^* = \{(t, c): t \in I(c), c \in \mathscr{P}\}$ with $a(\mathscr{P}) \subset \Omega^*$. Then the initial condition of (16) can be expressed by

(21) $$e = h \circ a = a^* h.$$

Next we define a scalar function $Z(t, c)$ on Ω^* by (14). Invoking the first equation of (16) we can equivalently define Z by the formula

(22) $$Z(t, c) := s(c) + \int_{\tau(c)}^{t} \{P(t, c) \cdot \dot{X}(t, c) - H(t, X(t, c), P(t, c))\}\, dt.$$

Clearly we have

(23) $$Z(\tau(c), c) = s(c),$$

or, equivalently

(23′) $$s = Z \circ a = a^* Z.$$

Now we are prepared to construct a local solution $S(t, x)$ of the Cauchy problem (9). We consider the *ray mapping* $\mathscr{R}: \Omega^* \to \mathbb{R} \times \mathbb{R}^n$ of Ω^* into the base space which is defined by

(24) $$\mathscr{R}(t, c) := (t, X(t, c)).$$

We want to show that in a sufficiently small neighbourhood Ω^*_0 of (t_0, c_0) the mapping $\mathscr{R}$ furnishes a C^1-diffeomorphism. For this purpose it suffices to show that the Jacobian of $\mathscr{R}$ does not vanish at the point (t_0, c_0). Because of

(25) $$\det(\mathscr{R}_t, \mathscr{R}_c) = \det X_c$$

it suffices to show that

(26) $$\det X_c(t_0, c_0) \neq 0$$

holds true. In fact, we infer from

$$X(\tau(c), c) = A(c)$$

that

$$\dot{X}(\tau(c), c)\, \tau_{c^k}(c) + X_{c^k}(\tau(c), c) = A_{c^k}(c).$$

Introducing the determinant

(27) $$\Delta := \det(-H_p(t, X, P)\tau_{c^1} + A_{c^1}, \ldots, -H_p(t, X, P)\tau_{c^n} + A_{c^n})$$

it follows that

(28) $$\Delta = \det X_c$$

if we take $\dot{X} = H_p(t, X, P)$ into account. Consequently we have

$$\Delta(\tau(c), c) = \det X_c(\tau(c), c)$$

and for $c = c_0$ we arrive at

$$\Delta(t_0, c_0) = \det X_c(t_0, c_0).$$

In view of assumption (A2) we have

$$\Delta(t_0, c_0) = \Delta_0 \neq 0,$$

and therefore (26) is verified.

To reduce notation we use the symbol Ω^* instead of Ω_0^* to denote the neighbourhood of (t_0, c_0) in $\mathbb{R}^{n+1}$ where $\mathscr{R}$ is a C^1-diffeomorphism. Let $\Omega := \mathscr{R}(\Omega^*)$, and let $f := \mathscr{R}^{-1}$ be the C^1-inverse of $\mathscr{R}$. We write the mapping $f : \Omega \to \Omega^*$ in the form

$$(29) \qquad\qquad t = t, \qquad c = C(t, x), \quad \text{that is,} \quad f(t, x) = (t, C(t, x)).$$

We want to show that $S := Z \circ \mathscr{R}^{-1} = Z \circ f$ yields a local solution of (9).

In order to motivate what follows we recall the crucial argument of 1.1. There we had formed the pull-back $\sigma^*\omega$ of the 1-form $\omega = dz - p_k\,dx^k$ and, exploiting the Cauchy formulas and the initial conditions, we obtained $\sigma^*\omega = 0$ from where everything else was derived. As we presently operate in $n + 1$ instead of n dimensions, we will have to form the pull-back of $dz - (q\,dt + p_k\,dx^k)$. Because of (6) and $E = 0$ we can equivalently consider the pull-back of $dz - \{-H(t, x, p)\,dt + p_k\,dx^k\}$ by the flow h. Introducing the *Cartan form* κ on $\mathbb{R} \times \mathbb{R}^n \times \mathbb{R}^n$,

$$(30) \qquad\qquad \kappa := -H(t, x, p)\,dt + p_k\,dx^k,$$

we want to establish the analogue of the Cauchy formulas of 1.1, Lemma 2. First we infer from (22) the relation

$$\dot{Z}\,dt = (P \cdot \dot{X} - H(t, X, P))\,dt.$$

This implies that the 1-form

$$(31) \qquad\qquad \lambda := dZ - h^*\kappa$$

has no dt-term, that is, λ can be written as

$$\lambda = \lambda_\alpha(t, c)\,dc^\alpha.$$

Let us note that $X, \dot{X}, P, \dot{P}, Z, \dot{Z}$ are of class C^1 on Ω^*. Thus $\dot{\lambda}$ exists and is continuous on Ω^*. By (31) we have

$$(32) \qquad\qquad \lambda_\alpha = Z_{c^\alpha} - P_i X_{c^\alpha}^i,$$

whence

$$\dot{\lambda}_\alpha = \dot{Z}_{c^\alpha} - \dot{P}_i X_{c^\alpha}^i - P_i \dot{X}_{c^\alpha}^i.$$

On account of (16) and

$$\dot{Z} = P_i \dot{X} - H(h) = P_i H_{p_i}(h) - H(h),$$

we obtain

$$\dot{\lambda}_\alpha = \frac{\partial}{\partial c^\alpha}[P_i H_{p_i}(h) - H(h)] + H_{x^i}(h) X_{c^\alpha}^i - P_i \frac{\partial}{\partial c^\alpha} H_{p_i}(h)$$

$$= P_{i,c^\alpha} H_{p_i}(h) + P_i \frac{\partial}{\partial c^\alpha} H_{p_i}(h) - \frac{\partial}{\partial c^\alpha} H(h) + H_{x^i}(h) X_{c^\alpha}^i - P_i \frac{\partial}{\partial c^\alpha} H_{p_i}(h).$$

Therefore we have

$$(33) \qquad\qquad \dot{\lambda}_\alpha = 0,$$

that is, the coefficients λ_α are time-independent, or else, λ_α is a function of c but not of t. Hence we can write

$$(34) \qquad\qquad h^*\kappa = dZ - \lambda_\alpha(c)\,dc^\alpha$$

if we take (31) into account. By virtue of (23'), it follows that

$$(35) \qquad\qquad a^*(h^*\kappa) = ds - \lambda_\alpha(c)\,dc^\alpha,$$

and (15) implies that

(36) $e^*\kappa = -H(\tau, A, B)\, d\tau + B_i\, dA^i = ds.$

Finally (21) yields

(37) $e^*\kappa = a^*(h^*\kappa).$

Formulas (35)–(37) show that

$$\lambda_\alpha(c)\, dc^\alpha = 0$$

and thus we obtain from (34) the final relation

(38) $h^*\kappa = dZ$

from which everything else will be derived.

Introduce the function $S(t, X)$ and the cotangent vector field $\eta(t, x) = (\eta_1(t, x), \ldots, \eta_n(t, x))$ by

(39) $S := Z \circ f = f^*Z, \qquad \eta := P \circ f = f^*P,$

or equivalently by

(39′) $S(t, x) := Z(t, C(t, x)), \qquad \eta(t, x) := P(t, C(t, x)).$

It follows from (38) and (39) that

$$
\begin{aligned}
dS = d(f^*Z) = f^*\, dZ &= f^*(h^*\kappa) \\
&= f^*(-H(t, X, P)\, dt + P_i\, dX^i) \\
&= -H(t, x, \eta)\, dt + \eta_i\, dx^i,
\end{aligned}
$$

and consequently

(40) $S_t = -H(t, x, \eta), \quad \eta = S_x.$

Hence we infer that

$$S_t + H(t, x, S_x) = 0.$$

Since both S and η are of class C^1, we conclude from (40) that $S \in C^2(\Omega)$.

Finally (39) yields $Z = S \circ \mathscr{R}$, and the initial conditions imply $i = \mathscr{R} \circ a$ and $s = Z \circ a$, whence $s = S \circ i$, or equivalently $S(\tau(c), A(c)) = s(c)$. This shows that $S \in C^2(\Omega)$ is a solution of the Cauchy problem (9).   □

Remark 1. The determinant Δ defined by (27) can be written as

$$\Delta = \det(A_{c^1} - \dot{X}\tau_{c^1}, \ldots, A_{c^n} - \dot{X}\tau_{c^n}),$$

whence we obtain

$$\Delta = \det \begin{bmatrix} 1, \ \tau_{c^1}, \ \ldots, \ \tau_{c^n} \\ \dot{X}, \ A_{c^1}, \ \ldots, \ A_{c^n} \end{bmatrix}.$$

The first column can be identified with $\dot{\mathscr{R}}$ (= tangent vector to the ray $\mathscr{R}$), and the other columns are the vectors $i_{c^1}, \ldots, i_{c^n}$ spanning the tangent space $T_i\underline{\Gamma}$ of $\underline{\Gamma}$. By (28) it follows that

(41) $\Delta = \det X_c = \det(\dot{\mathscr{R}}, i_{c^1}, \ldots, i_{c^n}).$

2. Contact Transformations

In this section we want to present some ideas of contact geometry. We begin by a discussion of geometric properties of r-dimensional strips. Then we introduce contact transformations as mappings which transform strips into strips. This property can be expressed analytically by a transformation property of the contact form $\omega = dz - p_i\, dx^i$. In *2.2* we consider a special class of contact transformations which is essentially equivalent with the class of canonical transformations in $\mathbb{R}^{2n}$. Then in *2.3* we relate contact transformations in $\mathbb{R}^{2n+1}$ to a special class of canonical transformations in $\mathbb{R}^{2n+2}$, the class of homogeneous canonical transformations. This way we can use earlier results about canonical mappings to establish criteria characterizing contact transformations.

In *2.4* we shall see how contact transformations can be generated by *directrix equations*. This method is used to derive important examples of contact transformations.

Then we characterize infinitesimal generators of 1-parameter groups of contact transformations. It is proved in *2.5* that a local 1-parameter group of transformations of $\mathbb{R}^{2n+1}$ consists of contact transformations if and only if there is a scalar function $F(x, z, p)$ such that the symbol of the infinitesimal generator of the group can be written as

$$\mathscr{X}_F = F_{p_k}\frac{\partial}{\partial x^k} + (p \cdot F_p - F)\frac{\partial}{\partial z} - (F_{x^k} + p_k F_z)\frac{\partial}{\partial p_k}.$$

Then we introduce the concepts of *Huygens flows* and *Huygens fields* which are analogous to the notions of Mayer flows and Mayer fields. A Huygens field is an n-parameter family of rays $r(\theta, c) = (X(\theta, c), Z(\theta, c))$ which simply cover a domain Ω of the configuration space $M = \mathbb{R}^n \times \mathbb{R}$ and are extendable to a flow $\sigma(\theta, c) = (r(\theta, c), P(\theta, c))$ in the contact space such that $\sigma^*\omega = -F(\sigma)\, d\theta$. A Huygens field carries an eikonal $S(x, z)$, and the level surfaces $\mathscr{S}_\theta = \{(x, z) \in \Omega : S(x, z) = \theta)\}$ are the sharp wave fronts of the light, which is propagated along the rays $r(\cdot, c)$. We prove that every eikonal S of a Huygens flow satisfies *Vessiot's equation*

$$F(x, z, -S_x/S_z)S_z + 1 = 0,$$

and conversely each solution S of this equation defines a Huygens field.

One uses Huygens flows as models for systems of light rays in geometrical optics. In *2.6* we show that Lie's equations and Huygens flows are essentially the content of the classical *Huygens principle* describing the propagation of wave fronts and the shape of light rays by an envelope construction.

2.1. Strips and Contact Transformations

In this subsection we want to define contact transformations and to explain their geometric meaning. Let us recall some terminology from *1.1*. For some integer $n \geq 1$ we consider the $(n + 1)$-dimensional *configuration space* $M = \mathbb{R}^n \times \mathbb{R}$ consisting of points $Q = (x, z)$, $x = (x^1, \ldots, x^n) \in \mathbb{R}^n$, $z \in \mathbb{R}$; the space $\mathbb{R}^n$ of the points x is called the *base space* of M. Above M we consider the *contact space* $\hat{M} = M \times \mathbb{R}^n$ whose points

$$e = (x, z, p) \quad \text{with } Q = (x, z) \in M, \ p \in \mathbb{R}^n$$

are called *contact elements*, or simply *elements*. This notation is derived from a geometric interpretation that identifies any element $e \in \hat{M}$ with an affine hyperplane Π_Q in M which is described by

$$\Pi_Q = \{(\xi, \zeta) \in M : \zeta - z - p \cdot (\xi - x) = 0\}.$$

This plane passes through the support point $Q = (x, z)$ and has the normal $N_Q = (-p, 1)$. The "direction vector" $p = (p_1, p_2, \ldots, p_n)$ is a covector indicating the direction of the normal to Π_Q. The contact space $\hat{M}$ is equipped with the *contact form*

(1)
$$\omega = dz - p_i \, dx^i \quad (= dz - p \cdot dx).$$

An *r-dimensional strip* $\mathscr{C}$ in M is by definition an immersed C^1-manifold in $\hat{M}$ annihilating the contact form ω. Precisely speaking, $\mathscr{C}$ is given as a C^1-immersion $\mathscr{E} : \mathscr{P} \to \hat{M}$ of some r-dimensional parameter manifold $\mathscr{P}$ of class C^1 into the contact space $\hat{M}$ such that the *contact equation* (or *strip equation*)

(2)
$$\mathscr{E}^*\omega = 0$$

is fulfilled. We shall content ourselves by choosing $\mathscr{P}$ as some domain in $\mathbb{R}^r$ since most of our discussion will be of local nature. We denote r-dimensional strips briefly by the symbol $\mathscr{C}_r$.

If $\mathscr{E} : \mathscr{P} \to \hat{M}$ is given by

$$\mathscr{E}(c) = (A(c), S(c), B(c)), \quad c \in \mathscr{P},$$

with $A(c) = (A^1(c), \ldots, A^n(c)) \in \mathbb{R}^n$, $S(c) \in \mathbb{R}$, and $B(c) = (B_1(c), \ldots, B_n(c)) \in \mathbb{R}^n$, then

$$j(c) := (A(c), S(c)), \quad c \in \mathscr{P},$$

furnishes a parametric representation of the *supporting set* $\mathscr{S} := j(\mathscr{P})$ of the strip $\mathscr{E}$. If $\mathscr{S}$ is a k-dimensional immersed submanifold of the configuration space, $0 \leq k \leq r$, we denote the strip $\mathscr{C}$ by the symbol $\mathscr{C}_r^k$.

One usually is inclined to consider only C^∞-strips. However, in our computations often the assumption $\mathscr{C} \in C^1$ will suffice. *Thus we assume from now on that strips are at least of class C^1 if nothing else is stated.*

Proposition 1. *There are no strips in $M = \mathbb{R}^n \times \mathbb{R}$ of a dimension greater than n.*

Proof. Let $\mathscr{E} : \mathscr{P} \to \hat{M}$, $\mathscr{P} \subset \mathbb{R}^r$, be an r-dimensional strip in M given by $\mathscr{E}(c) = (A(c), S(c), B(c))$ with $c = (c^1, \ldots, c^r) \in \mathscr{P}$. Since $\mathscr{E}$ is an immersion we have

$$r = \mathrm{rank}(A_c, S_c, B_c).$$

Moreover, the strip equation $\mathscr{E}^*\omega = 0$ is equivalent to

(3)
$$dS - B_i \, dA^i = 0,$$

or else

$$S_c = B_1 A_c^1 + \cdots + B_n A_c^n.$$

Consequently we obtain

$$r = \operatorname{rank}(A_c, B_c) = \operatorname{rank}\begin{bmatrix} A_{c^1}, \dots, A_{c^r} \\ B_{c^1}, \dots, B_{c^r} \end{bmatrix}.$$

Introducing the column vectors $v_\alpha \in \mathbb{R}^{2n}$ by

$$v_\alpha := \begin{bmatrix} A_{c^\alpha} \\ B_{c^\alpha} \end{bmatrix}, \quad 1 \leq \alpha \leq r,$$

we arrive at

$$r = \operatorname{rank}(v_1, v_2, \dots, v_r).$$

From (3) we infer that

(4) $$dB_i \wedge dA^i = 0,$$

which is equivalent to

(5) $$B_{i, c^\alpha} A^i_{c^\beta} - B_{i, c^\beta} A^i_{c^\alpha} = 0, \quad 1 \leq \alpha, \beta \leq r.$$

Introducing the *special symplectic matrix*

(6) $$J = \begin{pmatrix} 0 & I \\ -I & 0 \end{pmatrix},$$

where $I = I_n$ is the n-dimensional unit matrix and 0 the corresponding null matrix, we can write (5) in the form

(7) $$v_\alpha \cdot J v_\beta = 0, \quad 1 \leq \alpha, \beta \leq r.$$

Note that

(8) $$\det J = 1, \quad J^2 = -I_{2n}, \quad J^T = J^{-1} = -J,$$

where I_{2n} is the $2n$-dimensional unit matrix. Setting $w_\alpha := J v_\alpha$, we obtain from (7) that

(9) $$v_\alpha \cdot w_\beta = 0 \quad \text{for } \alpha, \beta = 1, \dots, r.$$

Because of these relations, the subspaces $V := \operatorname{span}\{v_1, \dots, v_r\}$ and $W := \operatorname{span}\{w_1, \dots, w_r\}$ are perpendicular to each other, and (8) implies that $\dim V = \dim W$ whence

$$2 \dim V = \dim V + \dim W \leq 2n,$$

and consequently

$$r = \operatorname{rank}(v_1, v_2, \dots, v_r) = \dim V \leq n.$$

Note that in deriving (4) from (3) we need that $\mathscr{E} = (A, S, B)$ is of class C^2. If we only know that $\mathscr{E} \in C^1$ the result can also be established by using a simple approximation argument. To this end we choose a sequence of C^∞-mappings $\mathscr{E}_k = (A_{(k)}, S_{(k)}, B_{(k)})$ converging in C^1 to $\mathscr{E}$. Then

$$\sigma_k := \mathscr{E}_k^* \omega = dS_{(k)} - B_{(k)} \cdot dA_{(k)}$$

tends to $dZ - P \cdot dX = \mathcal{E}^*\omega$ in C^0, and by virtue of $\mathcal{E}^*\omega = 0$ it follows that

$$\sigma_k \to 0 \quad \text{in } C^0 \quad \text{as } k \to \infty.$$

Moreover, we have

$$d\sigma_k = dA^i_{(k)} \wedge dB_{(k)i} =: \pi_k \to \pi := dA^i \wedge dB_i \quad \text{in } C^0$$

as $k \to \infty$. Furthermore denote the L^2-scalar product of forms by $\langle \cdot, \cdot \rangle$. Then for any smooth 2-form φ with compact support we obtain

$$\langle \pi, \varphi \rangle = \lim_{k \to \infty} \langle \pi_k, \varphi \rangle.$$

Since

$$\langle \pi_k, \varphi \rangle = \langle d\sigma_k, \varphi \rangle = \langle \sigma_k, d^*\varphi \rangle$$

it follows that

$$\lim_{k \to \infty} \langle \pi_k, \varphi \rangle = \lim_{k \to \infty} \langle \sigma_k, d^*\varphi \rangle = 0,$$

whence

$$\langle \pi, \varphi \rangle = 0.$$

Then the fundamental lemma implies that $\pi = 0$, which proves equation (4). Now we can proceed as before, and thus the assertion is also established for C^1-strips. ∎

Thus n is the maximal dimension of any strip in $M = \mathbb{R}^n \times \mathbb{R}$. Strips of maximal dimension are nowadays[5] called *Legendre manifolds* in $\hat{M}$.

Let us consider some examples.

$\boxed{1}$ A general n-dimensional strip $\mathscr{C}_n^k$, $0 \le k \le n$, can be obtained as follows: Choose $n - k + 1$ functions

$$Z(x^1, \dots, x^k), \qquad A^\beta(x^1, \dots, x^k), \quad k+1 \le \beta \le n,$$

depending on the variables $x^1, \dots, x^k$. Set

$$P_\alpha(x^1, \dots, x^k, p_{k+1}, \dots, p_n) := Z_{x^\alpha}(x^1, \dots, x^k) - \sum_{\beta=k+1}^{n} p_\beta A^\beta_{x^\alpha}(x^1, \dots, x^k)$$

for $\alpha = 1, \dots, k$.
Considering $x^1, \dots, x^k, p_{k+1}, \dots, p_n$ as independent variables, the formulas

$$x^\alpha = x^\alpha \;\; \text{for } 1 \le \alpha \le k, \qquad x^\beta = A^\beta(x^1, \dots, x^k) \;\; \text{for } k+1 \le \beta \le n,$$

(10) $$z = Z(x^1, \dots, x^k),$$

$$p_\alpha = P_\alpha(x^1, \dots, x^k, p_{k+1}, \dots, p_n) \;\; \text{for } 1 \le \alpha \le k, \qquad p_\beta = p_\beta \;\; \text{for } k+1 \le \beta \le n,$$

define a strip $\mathscr{C}_n^k$.

---

[5] For no apparent reason whatsoever.

Replacing in the base space $\mathbb{R}^n$ ($=x$-space) the Cartesian coordinates x by suitable new Cartesian coordinates it is not difficult to see that locally formulas (10) describe a general strip $\mathscr{C}_n^k$.

$\boxed{2}$ Let us consider simple examples of strips in $\mathbb{R}^3$. We shall denote the coordinates by $x^1 = x$, $x^2 = y$, $z = z$, $p_1 = p$, $p_2 = q$, that is, contact elements e are described by quintuples (x, y, z, p, q). Secondly we shall write the parameters c^α as $c^1 = u$, $c^2 = v$ if $r = 2$, and as $c^1 = u$ if $r = 1$.

A. *Two-dimensional strips* $(r = 2)$.
   (i) $x = u$, $y = v$, $z = 0$, $p = 0$, $q = 0$ (x, y-plane, a $\mathscr{C}_2^2$).
   (ii) $x = u$, $y = 0$, $z = 0$, $p = 0$, $q = v$ (a $\mathscr{C}_2^1$, supported by the x-axis).
   (iii) $x = 0$, $y = 0$, $z = 0$, $p = u$, $q = v$ (a $\mathscr{C}_2^0$, supported by the origin of $\mathbb{R}^3$).

B. *One-dimensional strips* $(r = 1)$.
   (i) $x = u$, $y = 0$, $z = 0$, $p = 0$, $q = 0$ (a $\mathscr{C}_1^1$, supported by the x-axis).
   (ii) $x = 0$, $y = 0$, $z = 0$, $p = \cos u$, $q = \sin u$ (a $\mathscr{C}_1^0$, supported by the origin of $\mathbb{R}^3$. The envelope of this $\mathscr{C}_1^0$ is the cone described by the equation $x^2 + y^2 - z^2 = 0$).
   (iii) $x = 0$, $y = 0$, $z = 0$, $p = 0$, $q = u$ (a $\mathscr{C}_1^0$, supported by the origin). This strip is a pencil of planes. Note that this example differs from (ii).

Now we want to consider local diffeomorphisms on the contact space $\hat{M} = \mathbb{R}^n \times \mathbb{R} \times \mathbb{R}^n$ which map strips onto strips. Such mappings are called *contact transformations*, for the following reason. Consider two strips $\mathscr{E}_1$ and $\mathscr{E}_2$ with a common element $e = (Q, p)$. They can be interpreted as "generalized" surfaces which touch each other at Q and have therefore a common tangent plane Π_Q at Q with the normal $N_Q = (-p, 1)$. A local transformation $\mathscr{T}$ of $\hat{M}$ is said to be a contact transformation if it maps $\mathscr{E}_1$ and $\mathscr{E}_2$ onto strips $\bar{\mathscr{E}}_1$ and $\bar{\mathscr{E}}_2$ which are again tangent at the image point $\bar{Q}$ of Q; their common contact element is $\bar{e} = \mathscr{T}(e)$. In other words, contact transformations map tangent "surfaces" (i.e.

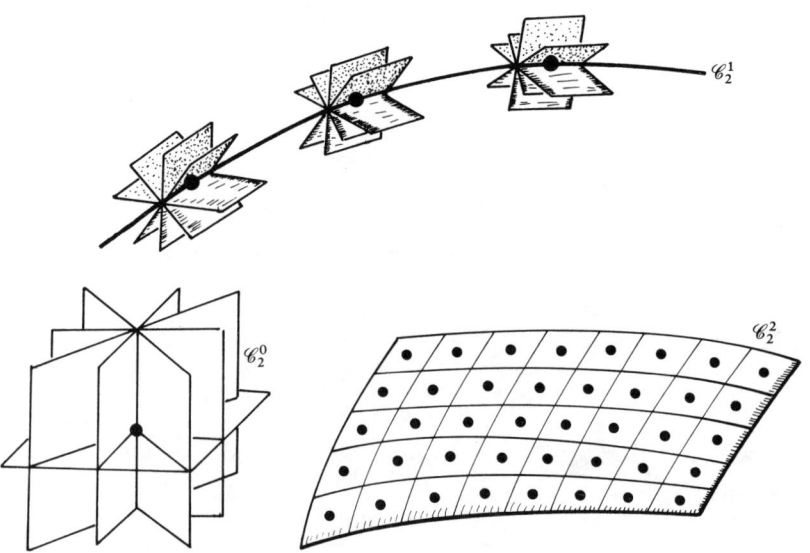

Fig. 17. Two-dimensional strips in $\mathbb{R}^3$.

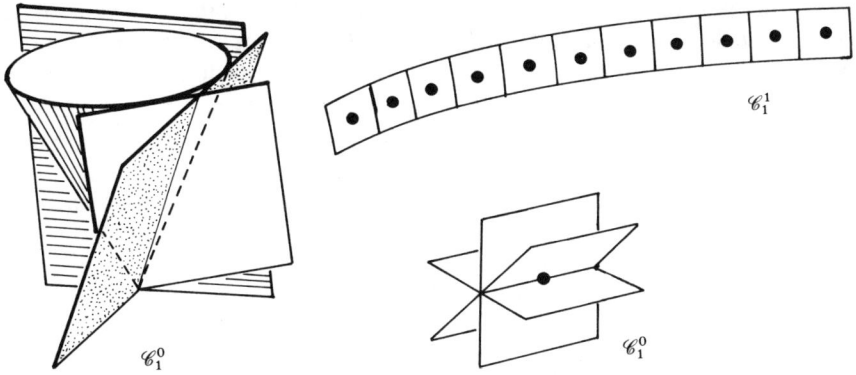

Fig. 18. One-dimensional strips in $\mathbb{R}^3$.

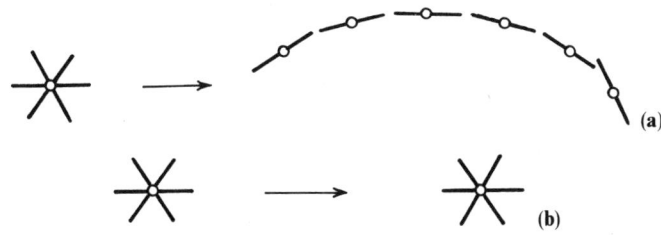

Fig. 19. (a) A general contact transformation of $\mathbb{R}^1$ maps a $\mathscr{C}_1^0$ onto some $\mathscr{C}_1^1$. **(b)** A generalized point transformation of $\mathbb{R}^1$ maps a $\mathscr{C}_1^0$ onto a $\mathscr{C}_1^0$.

strips) onto tangent "surfaces" (strips). It is important that we have replaced the "surfaces" by the more general notion of a strip in order to include all possible degenerations and to obtain "conservation of contact" by contact transformation in full generality.

Now we give a precise definition of contact transformations. For technical reasons this definition will look somewhat differently than the one that was formulated above; both are, however, the same as we shall see in Proposition 2.

Consider two domains G and G^* in the contact space $\hat{M}$. Its elements will be denoted by $e = (x, z, p)$ and $\bar{e} = (\bar{x}, \bar{z}, \bar{p})$, respectively, and

$$\omega = dz - p \cdot dx \quad \text{and} \quad \bar{\omega} = d\bar{z} - \bar{p} \cdot d\bar{x}$$

will be the contact forms on G and G^*.

Definition 1. *A diffeomorphism $\mathscr{T} \in C^1(G, G^*)$ of G onto G^* is called a* contact transformation *if there is a function $\rho \in C^0(G)$ satisfying $\rho(e) \neq 0$ for all $e \in G$ and*

$$(11) \qquad \qquad \mathscr{T}^*\bar{\omega} = \rho\omega.$$

For obvious reasons such a mapping $\mathcal{T}$ will also be called a *contact trans-formation of* $\mathbb{R}^{n+1}$, although it really acts on $\mathbb{R}^{2n+1}$, but we shall equally well speak of a contact transformation on $\mathbb{R}^{2n+1}$ referring to its domain of definition.

The following properties of contact transformations are obvious:

(i) The inverse $\mathcal{T}^{-1}: G^* \to G$ of a contact transformation $\mathcal{T}: G \to G^*$ is again a contact transformation.

(ii) If $\mathcal{T}_1: G \to G_1$ and $\mathcal{T}_2: G_1 \to G_2$ are contact transformations, then also the composed map $\mathcal{T}_2 \circ \mathcal{T}_1$ is a contact transformation.

(iii) The identity map is a contact transformation.

(iv) The set $\mathscr{B}(G)$ of contact transformations of some domain $G \subset \hat{M}$ onto itself form a group.

Now we want to show that contact transformations are characterized by the property of conservation of strips.

Proposition 2. *Let* $\mathcal{T}: G \to G^*$ *be a* C^1-*diffeomorphism of* G *onto* G^*, *where* G, G^* *are domains in* $\hat{M}$. *Then* $\mathcal{T}$ *is a contact transformation if and only if any strip in* G *is mapped onto a strip in* G^*.

Proof. (i) Suppose that $\mathcal{T}: G \to G^*$ is a contact transformation. Then there is some $\rho \in C^0(G)$ such that $\mathcal{T}^*\overline{\omega} = \rho\omega$. Let $\mathscr{E}: \mathscr{P} \to G$ be an arbitrary strip in G. We have $\mathscr{E}^*\omega = 0$ and therefore

$$(\mathcal{T} \circ \mathscr{E})^*\overline{\omega} = (\mathscr{E}^*\mathcal{T})^*\overline{\omega} = \mathscr{E}^*(\mathcal{T}^*\overline{\omega}) = \mathscr{E}^*(\rho\omega) = (\mathscr{E}^*\rho)(\mathscr{E}^*\omega) = 0.$$

Consequently the image $\mathcal{T} \circ \mathscr{E} = \mathscr{E}^*\mathcal{T}$ of the strip $\mathscr{E}$ is a strip in G^*.

(ii) Conversely, suppose that $\mathcal{T}$ maps strips onto strips. In order to exploit this property, we write $\mathcal{T}^*\overline{\omega}$ in the form

(12) $$\mathcal{T}^*\overline{\omega} = \xi_i \, dx^i + \zeta \, dz + \pi^k \, dp_k.$$

First we choose an arbitrary element $e_0 = (x_0, z_0, p_0) \in G$. Then for some suffi-ciently small $\varepsilon > 0$ the strip $\mathscr{E}(c) := (x_0, z_0, c)$, $c \in B_\varepsilon(p_0)$, is contained in G, whence

$$0 = \mathscr{E}^*(\mathcal{T}^*\overline{\omega}) = \mathscr{E}^*\{\xi_i \, dx^i + \zeta \, dz + \pi^k \, dp_k\} = \pi^k(\mathscr{E}) \, dc^k$$

and therefore $\pi^k(x_0, z_0, c) = 0$. Thus we infer that $\pi^k(e) = 0$ for all $e \in G$, and we obtain the formula

(13) $$\mathcal{T}^*\overline{\omega} = \xi_i \, dx^i + \zeta \, dz.$$

Now we fix again some $e_0 = (x_0, z_0, p_0) \in G$ and choose

$$\mathscr{E}(c) := (x_0 + c, z_0 + p_0 \cdot c, p_0) \quad \text{for } c \in B_\varepsilon(0), \ 0 < \varepsilon \ll 1.$$

Then it follows that

$$0 = \mathscr{E}^*(\mathscr{T}^*\overline{\omega}) = \mathscr{E}^*\{\xi_i\, dx^i + \zeta\, dz\} = \xi_i(\mathscr{E})\, dc^i + \zeta(\mathscr{E})p_0 \cdot dc$$

$$= \{\xi_i(\mathscr{E}) + \zeta(\mathscr{E})(p_0)_i\}\, dc^i,$$

whence

$$\xi_i(x_0, z_0, p_0) + \zeta(x_0, z_0, p_0)(p_0)_i = 0.$$

This implies

(14) $$\xi_i + \zeta p_i = 0 \quad \text{on } G,$$

whence, on account of (13), we arrive at $\mathscr{T}^*\overline{\omega} = \rho\omega$ if we set $\rho := \zeta$.

It remains to verify that $\rho \neq 0$. In fact suppose that $\rho(e) = 0$ for some $e \in G$. Then we have $\xi_i(e) = 0$ on account of (14), and (13) implies that the form $\mathscr{T}^*\overline{\omega}(e)$ vanishes at the point e. We will show that this yields the vanishing of the Jacobian $\det D\mathscr{T}$ of $\mathscr{T}$ at e, a contradiction. To this end let us introduce the components X, Z, P of $\mathscr{T}$, i.e. we write

(15) $$\mathscr{T}(x, z, p) = (X(x, z, p), Z(x, z, p), P(x, z, p)).$$

Then we obtain

(16)
$$\mathscr{T}^*\overline{\omega} = dZ - P_k\, dX^k$$
$$= (Z_{x^i} - P_k X_{x^i}^k)\, dx^i + (Z_z - P_k X_z^k)\, dz + (Z_{p_i} - P_k X_{p_i}^k)\, dp_i.$$

Comparing (13) and (16), it follows that

(17) $$\xi^i = Z_{x^i} - P_k X_{x^i}^k, \qquad \zeta = Z_z - P_k X_z^k, \qquad 0 = Z_{p_i} - P_k X_{p_i}^k.$$

Hence if $\mathscr{T}^*\overline{\omega}$ vanishes at some point $e \in G$ we have

$$\begin{bmatrix} Z_x \\ Z_z \\ Z_p \end{bmatrix} = P_1 \begin{bmatrix} X_x^1 \\ X_z^1 \\ X_p^1 \end{bmatrix} + \cdots + P_n \begin{bmatrix} X_x^n \\ X_z^n \\ X_p^n \end{bmatrix}$$

at e, and therefore $\det D\mathscr{T}(e) = 0$, a contradiction.   □

Furthermore on account of the formulas (11), (15)–(17) we obtain the following *characterization of contact transformations*:

Proposition 3. *A C^1-diffeomorphism $\mathscr{T}: G \to G^*$, given by the formulas*

$$\overline{x} = X(x, z, p), \quad \overline{z} = Z(x, z, p), \quad \overline{p} = P(x, z, p),$$

is a contact transformation if and only if there is a function $\rho \in C^0(G)$, $\rho \neq 0$, such that the $2n + 1$ equations

$$Z_{x^k} - P_i X^i_{x^k} = -\rho p_k,$$

(18) $$Z_z - P_i X^i_z = \rho,$$

$$Z_{p_k} - P_i X^i_{p_k} = 0$$

are fulfilled.

Remark. We shall see later that for any mapping $\mathscr{T} \in C^1(G, G^*)$ satisfying (11) the Jacobian is given by

(19) $$\det D\mathscr{T} = \rho^{n+1}$$

(cf. *2.3*, Proposition 1). Consequently $\mathscr{T}$ is automatically a local diffeomorphism if we assume $\rho \neq 0$. That is, equation (11) (or (18)) alone together with the assumption $\rho \neq 0$ defines *local* contact transformations.

Let us now look at a few examples of contact transformations. Later we shall introduce an effective method to derive interesting contact transformations using the so-called *directrix equations of Jacobi*.

[3] *Legendre's contact transformation.* (Actually, contact transformations of this type were already used by Euler.) Let us define $\mathscr{T}$ by the formulas

(20) $$\bar{x} = p, \qquad \bar{z} = x \cdot p - z, \qquad \bar{p} = x,$$

that is, the components X, Z, P of $\mathscr{T}$ are given by

$$X(x, z, p) = p, \qquad Z(x, z, p) = x \cdot p - z, \qquad P(x, z, p) = x.$$

Clearly $\mathscr{T}$ is a diffeomorphism of $\mathbb{R}^{2n+1}$ onto itself satisfying $\mathscr{T} \circ \mathscr{T} = \text{id}$, i.e. $\mathscr{T}$ is an involution. The relation

$$dZ - P \cdot dX = (p \cdot dx + x \cdot dp - dz) - x \cdot dp$$

$$= p \cdot dx - dz$$

shows that

(21) $$dZ - P \cdot dX = \rho(dz - p \cdot dx) \quad \text{with } \rho = -1.$$

Consequently $\mathscr{T}$ is a contact transformation, in fact, $\mathscr{T} \in \mathscr{B}(\mathbb{R}^{2n+1})$. Let $\mathscr{E}(x) = (x, u(x), u_x(x))$, $x \in \Omega$, be the prolongation of some C^2-function $u : \Omega \to \mathbb{R}$, $\Omega \subset \mathbb{R}^n$. Then the pull-back $\mathscr{E}^*\mathscr{T}$ of $\mathscr{T}$ contains the essential data of the Legendre-transformation defined in *7,1.1*. We leave it to the reader to write down the details.

The contact transformation $\mathscr{T}$ transforms a strip $\mathscr{C}^0_n$ given by

$$x = x_0, \qquad z = z_0, \qquad p = c$$

into a strip $\mathscr{C}^n_n$ given by

$$\bar{x} = c, \qquad \bar{z} = c \cdot x_0 - z_0, \qquad \bar{p} = x_0,$$

that is, into the plane given by the equation

$$\bar{z} = \bar{x} \cdot x_0 - z_0.$$

Conversely, planes $(= \mathscr{C}^n_n)$ are mapped onto strips supported by a single point $(= \mathscr{C}^0_n)$.

[4] For any k with $1 \leq k \leq n$, we can define a contact transformation $\mathscr{T}$ of $\mathbb{R}^{2n+1}$ onto itself which

is closely related to $\boxed{3}$. It is given by the set of formulas

(22)
$$\bar{x}^\alpha = p_\alpha, \quad \bar{p}_\alpha = x^\alpha \text{ for } 1 \le \alpha \le k, \qquad \bar{x}^\beta = x^\beta, \quad \bar{p}_\beta = -p_\beta \text{ for } k+1 \le \beta \le n,$$
$$\bar{z} = x^\alpha p_\alpha - z \text{ (summation with respect to } \alpha \text{ from 1 to } k).$$

This transformation is sometimes called *Euler's contact transformation*. It is closely related to the "partial Legendre transformations" of 7,1.1.

A slightly different version given by

(23)
$$\bar{x}^\alpha = -p_\alpha, \quad \bar{p}_\alpha = -x^\alpha \text{ for } 1 \le \alpha \le k,$$
$$\bar{x}^\beta = x^\beta, \quad \bar{p}_\beta = -p_\beta \text{ for } k+1 \le \beta \le n,$$
$$\bar{z} = x^\alpha p_\alpha - z$$

is known under the name *Ampère's transformation* (however, these sign conventions are not fixed in the literature).

$\boxed{5}$ The *dilations* $\mathscr{T}^\theta$, $\theta \in \mathbb{R}$, defined by

(24)
$$\bar{x} = x + \frac{\theta p}{\sqrt{1 + |p|^2}}, \qquad \bar{z} = z - \frac{\theta}{\sqrt{1 + |p|^2}}, \qquad \bar{p} = p,$$

form a 1-parameter group of contact transformations of $\mathbb{R}^{2n+1}$ onto itself. Every such dilation maps a strip $\mathscr{C}_n^0$ given by

$$x = x_0, \qquad z = z_0, \quad p = c, \ c \in \mathbb{R}^n,$$

into a $\mathscr{C}_n^n$ which is supported by a sphere with the defining equation

$$|\bar{x} - x_0|^2 + (\bar{z} - z_0)^2 = \theta^2.$$

$\boxed{6}$ *Prolongated point transformations.* Any diffeomorphism on $M = \mathbb{R}^n \times \mathbb{R}$ given by formulas

$$\bar{x} = X(x, z), \quad \bar{z} = Z(x, z)$$

can be prolonged to a contact transformation on $\hat{M}$ by setting

(25)
$$\bar{x} = X(x, z), \qquad \bar{z} = Z(x, z), \qquad \bar{p} = P(x, z, p),$$

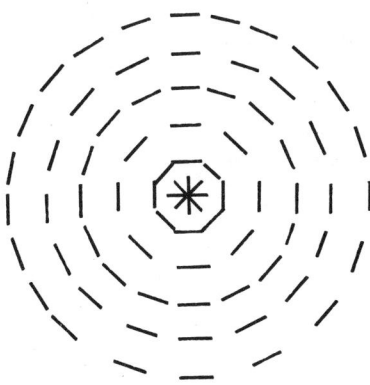

Fig. 20. The images of a $\mathscr{C}_1^0$ under a one-parameter group of dilations $\mathscr{T}^\theta$.

where

(25') $P(x, z, p) := \{X_x(x, z) + X_z(x, z)p\}^{-1}[Z_x(x, z) + Z_z(x, z)p]$.

In fact, for $\mathscr{E}(c) = (A(c), S(c), B(c))$, $c \in \mathscr{P}$, it follows that

$$\mathscr{E}^*(\mathscr{T}^*\overline{\omega}) = \mathscr{E}^*(dZ - P_i\, dX^i)$$

$$= \{Z_{x^i}(\mathscr{E})A_{c^\alpha}^i + Z_z(\mathscr{E})S_{c^\alpha} - P_k(\mathscr{E})[X_{x^i}^k(\mathscr{E})A_{c^\alpha}^i + X_z^k(\mathscr{E})S_{c^\alpha}]\}\, dc^\alpha.$$

If $\mathscr{E}$ is a strip, we have

$$S_{c^\alpha} = B_i A_{c^\alpha}^i,$$

and therefore

$$\mathscr{E}^*(\mathscr{T}^*\overline{\omega}) = \{Z_{x^i}(\mathscr{E}) + Z_z(\mathscr{E})B_i - P_k(\mathscr{E})[X_{x^i}^k(\mathscr{E}) + X_z^k(\mathscr{E})B_i]\}A_{c^\alpha}^i\, dc^\alpha = 0$$

if we take (25') into account.

Prolongated point transformations are in a way degenerated contact transformations as they take a $\mathscr{C}_n^0$ into another $\mathscr{C}_n^0$.

2.2. Special Contact Transformations and Canonical Mappings

Let us consider a contact transformation $\mathscr{T} : \hat{M} \to \hat{M}$ defined on $\hat{M} = \mathbb{R}^{2n+1}$ which is described by the formulas

(1) $\bar{x} = X(x, z, p)$, $\bar{z} = Z(x, z, p)$, $\bar{p} = P(x, z, p)$.

We suppose that $\mathscr{T}$ commutes with the one-parameter group of translations S^θ, $\theta \in \mathbb{R}$, in direction of the z-axis given by the formulas

(2) $\bar{x} = x$, $\bar{z} = z + \theta$, $\bar{p} = p$;

that is, we assume

(3) $\mathscr{T} \circ S^\theta = S^\theta \circ \mathscr{T}$ for all $\theta \in \mathbb{R}$.

Proposition 1. *Any C^1-diffeomorphism $\mathscr{T} : \hat{M} \to \hat{M}$ given by (1) is a contact transformation commuting with all translations in direction of the z-axis if and only if $\mathscr{T}$ can be written in the form*

(4) $\bar{x} = X(x, p)$, $\bar{z} = z + \Omega(x, p)$, $\bar{p} = P(x, p)$,

where $\Omega(x, p)$ is a C^1-function satisfying

(5) $P_i\, dX^i - p_i\, dx^i = d\Omega$.

Proof. Relation (3) is equivalent to the three equations

$$X(x, z + \theta, p) = X(x, z, p),$$

(3') $Z(x, z + \theta, p) = Z(x, z, p) + \theta$ (for all $\theta \in \mathbb{R}$).

$$P(x, z + \theta, p) = P(x, z, p)$$

The first and third equation imply that neither X nor P depend on z. Fixing x and p and setting $\ell(z) := Z(x, z, p)$, the second equation yields

$$\ell(z + \theta) = \ell(z) + \theta,$$

whence we obtain

$$\ell(z) = z + \text{const}.$$

Consequently there is a C^1-function $\Omega(x, p)$ depending solely on x and p such that

$$Z(x, z, p) = z + \Omega(x, p).$$

Hence (3) implies that $\mathscr{T}$ is of the form (4). Conversely, if $\mathscr{T}$ is of the form (4) it satisfies the commuting property (3) (or (3'), respectively).

If $\mathscr{T}$ is a contact transformation, there is a C^0-function ρ with $\rho(x, z, p) \neq 0$ such that $\mathscr{T}^*\overline{\omega} = \rho\omega$ or, equivalently,

(6) $$dz - P_i \, dX^i + d\Omega = \rho\{dz - p_i \, dx^i\}.$$

Since neither dX^i nor $d\Omega$ contains a dz-term, it follows that $\rho(x, z, p) \equiv 1$, and we obtain (5). Conversely if $\rho = 1$ equation (5) implies (6) and therefore also $\mathscr{T}^*\overline{\omega} = \rho\omega$.   □

If (3) is only known for $|\theta| \ll 1$, we obtain a local variant of Proposition 1.

Sophus Lie has denoted contact transformations of the form (4) as *contact transformations in (x, p)*. We see from Proposition 1 that *C^2-contact transformations in (x, p) can essentially be identified with exact canonical transformations* by omitting the transformation formula for the z-component (see 9,3.1). Conversely every exact canonical transformation

(7) $$\bar{x} = X(x, p), \qquad \bar{p} = P(x, p)$$

satisfies

(8) $$P_i \, dX^i - p_i \, dx^i = d\Omega$$

for some suitable C^2-function $\Omega(x, p)$. Hence supplementing (7) by the equation

$$\bar{z} = Z(x, z, p),$$

with

$$Z(x, z, p) := z + \Omega(x, p),$$

we obtain a contact transformation in (x, p) of class C^2.

Furthermore we shall see in the next subsection that by a simple prolongation device any local contact transformation of $\mathbb{R}^{n+1}$ can be extended to a *special contact transformation* of $\mathbb{R}^{n+2}$ which is of the kind described in Proposition 1. Hence we have rather close connections between canonical mappings and contact transformations. We shall use these connections to derive some characterizations and properties of contact transformations from analogous results for canonical mappings. For the convenience of the reader we will recollect some of these facts proved in 9,3.1–3.6; we shall apply them in the next subsection.

Recall that a C^1-mapping ℓ *given by* $\bar{x} = X(x, p)$, $\bar{p} = P(x, p)$ and defined on some subdomain of $\mathbb{R}^{2n}$ is said to be *canonical* if

$$(9) \qquad\qquad dP_i \wedge dX^i = dp_i \wedge dx^i,$$

and that $\ell \in C^2$ is said to be an *an exact canonical map* if there is a C^1-function $\Omega(x, p)$ such that (8) holds true, i.e.

$$P_i \, dX^i - p_i \, dx^i = d\Omega.$$

On simply connected domains both notions coincide (for C^2-maps) while in general there are canonical C^2-maps which are not exact.

Consider now a C^1-mapping $\ell : \mathcal{U} \to \mathbb{R}^{2n}$, defined on some domain $\mathcal{U}$ of $\mathbb{R}^{2n}$. Let us write ℓ in the form

$$\bar{x} = X(x, p), \qquad \bar{p} = P(x, p) \qquad \text{for } (x, p) \in \mathcal{U}.$$

Introducing the Lagrange-brackets $[x^k, x^l]$, $[p_k, p_l]$, $[p_k, x^l]$, and $[x^l, p_k]$ by

$$[x^k, x^l] := P_{x^k} \cdot X_{x^l} - P_{x^l} \cdot X_{x^k},$$

$$(10) \qquad\qquad [p_k, p_l] := P_{p_k} \cdot X_{p_l} - P_{p_l} \cdot X_{p_k},$$

$$[p_k, x^l] := P_{p_k} \cdot X_{x^l} - P_{x^l} \cdot X_{p_k} := -[x^l, p_k],$$

we see that *condition* (9) *is equivalent to the system of partial differential equations*

$$(11) \qquad\qquad [x^k, x^l] = 0, \qquad [p_k, p_l] = 0, \qquad [p_k, x^l] = \delta^l_k.$$

Consider the Jacobi matrix A of ℓ and the special symplectic matrix J which are defined by

$$(12) \qquad A = \begin{bmatrix} C & D \\ E & F \end{bmatrix} = \begin{bmatrix} X_x & X_p \\ P_x & P_p \end{bmatrix} \quad \text{and} \quad J = \begin{bmatrix} 0 & I \\ -I & 0 \end{bmatrix}.$$

As we can write (11) in the form

$$(13) \qquad E^T C = C^T E, \qquad F^T D = D^T F, \qquad F^T C = D^T E + I,$$

it follows that

$$A^T J A = \begin{bmatrix} -E^T C + C^T E, & -E^T D + C^T F \\ -F^T C + D^T E, & -F^T D + D^T F \end{bmatrix} = \begin{bmatrix} 0 & I \\ -I & 0 \end{bmatrix} = J.$$

Thus we have

Proposition 2. *A mapping* $\ell \in C^1(\mathcal{U}, \mathbb{R}^{2n})$ *of some simply connected domain* $\mathcal{U} \subset \mathbb{R}^{2n}$, *given by the formulas*

$$\bar{x} = X(x, p), \qquad \bar{p} = P(x, p), \qquad (x, p) \in \mathcal{U},$$

is canonical if and only if

$$dP_i \wedge dX^i = dp_i \wedge dx^i$$

or, equivalently, if and only if its Lagrange brackets satisfy

$$[x^k, x^l] = 0, \qquad [p_k, p_l] = 0, \qquad [p_k, x^l] = \delta_k^l,$$

or if and only if its Jacobi matrix $A := D\ell$ is a "symplectic matrix", that is, if and only if

(14) $$A^T J A = J.$$

A consequence of the characterization (14) of canonical mappings is the following result:

Proposition 3. *Any symplectic matrix A satisfies*

(15) $$\det A = 1.$$

Consequently the Jacobian of any canonical mapping ℓ fulfills the equation

(16) $$\det D\ell = 1.$$

In particular any canonical mapping is a local diffeomorphism.

Next we recall another characterization of canonical mappings by means of the *Poisson brackets (F, H)* defined by

(17) $$(F, H) := F_p \cdot H_x - F_x \cdot H_p.$$

Proposition 4. *A mapping $\ell \in C^1(\mathcal{U}, \mathbb{R}^{2n})$ on a domain $\mathcal{U} \subset \mathbb{R}^{2n}$, given by the formulas $\bar{x} = X(x, p)$, $\bar{p} = P(x, p)$, is canonical if and only if the relation*

(18) $$(P_i, F) \, dX^i - (X^i, F) \, dP_i = dF$$

holds true for any function $F \in C^1(\mathcal{U})$.

The result of Proposition 4 can be brought into the following form:

Proposition 5. *A mapping $\ell \in C^1(\mathcal{U}, \mathbb{R}^{2n})$ on a domain $\mathcal{U}$, given by $\bar{x} = X(x, p)$, $\bar{p} = P(x, p)$, is canonical if and only if the relations*

(19) $$(X^i, X^j) = 0, \qquad (P_i, X^j) = \delta_i^j, \qquad (P_i, P_j) = 0$$

are satisfied.
     Moreover, if ℓ is canonical and $\Phi(\bar{x}, \bar{p})$, $\Psi(\bar{x}, \bar{p})$ are arbitrary C^1-functions of the $2n$ variables $\bar{x}, \bar{p}$, then we have

(20) $$(\Phi, \Psi) \circ \ell = (\Phi \circ \ell, \Psi \circ \ell).$$

Conversely if the Poisson brackets (Φ, Ψ) of arbitrary C^1-functions Φ, Ψ transform by formula (20), then ℓ is necessarily a canonical transformation.

There is still another characterization of canonical mappings which at times comes handy.

Proposition 6. *Let $\ell \in C^1(\mathscr{U}, \mathbb{R}^{2n})$ be a mapping on a domain $\mathscr{U} \subset \mathbb{R}^{2n}$ given by*

$$\bar{x} = X(x, p), \qquad \bar{p} = P(x, p).$$

If ℓ is canonical and $\Phi(\bar{x}, \bar{p})$, $\Psi(\bar{x}, \bar{p})$ are arbitrary C^1-functions of the $2n$ variables $\bar{x}, \bar{p}$, then for $F := \Phi \circ \ell$ and $H := \Psi \circ \ell$ we have the transformation rule

$$(21) \qquad (F, H) = (F, P_i)(H, X^i) - (F, X^i)(H, P_i).$$

Conversely, if (21) holds for arbitrary C^1-functions F and H, then ℓ is canonical.

Finally we recall

Proposition 7. *Let $\bar{x} = X(x, p)$, $\bar{p} = P(x, p)$ be a canonical mapping satisfying*

$$P_i \, dX^i = p_i \, dx^i + d\Omega$$

for some C^1-function $\Omega(x, p)$. Then the equations

$$(22) \qquad (\Omega, X^k) = p_i X^k_{p_i}, \quad (\Omega, P_k) = p_i P_{k, p_i} - P_k, \qquad 1 \le k \le n,$$

are satisfied.

Corollary. *In Proposition 7 we have $d\Omega = 0$ (i.e. the mapping $\ell(x, p) = (X(x, p), P(x, p))$ is a homogeneous canonical transformation) if and only if the functions $X^k(x, p)$ and $P_k(x, p)$ are positively homogeneous of degree zero and one respectively, with respect to p.*

2.3. Characterization of Contact Transformations

In the previous subsection we saw that the *special contact transformations* commuting with translations in direction of the z-axis have a particularly simple structure and can essentially be identified with canonical transformations of $\mathbb{R}^{2n}$. For such transformations we know rather effective tools by which they can be characterized: differential forms, Lagrange brackets, and Poisson brackets. Now we want to utilize these tools for general contact transformations by showing that any such transformation $\mathscr{T}$ on $\hat{M} = \mathbb{R}^{2n+1}$, given by

$$(1) \qquad \bar{x} = X(x, z, p), \qquad \bar{z} = Z(x, z, p), \qquad \bar{p} = P(x, z, p),$$

can be prolonged to a special contact transformation acting on a new contact space $\hat{N} = \mathbb{R}^{n+1} \times \mathbb{R} \times \mathbb{R}^{n+1} = \mathbb{R}^{2n+3}$ whose dimension is increased by 2. To simplify notation we shall assume that $\mathscr{T}$ is defined on all of $\hat{M}$, but the construction will as well apply to contact transformations which are defined only on a subdomain of $\hat{M}$.

The prolongation process to be described consists of four steps.

(i) We add two new real variables π_{n+1} and ζ to the $2n + 1$ variables x, z, p. This way $\hat{M} = \mathbb{R}^{2n+1}$ is embedded into $\hat{N} = \mathbb{R}^{2n+3}$. Any function $f(x, z, p)$ can be viewed as function of $x, z, p, \pi_{n+1}, \zeta$; the two new variables π_{n+1} and ζ then play the role of dummy variables. Correspondingly the image variables $\bar{x}, \bar{z}, \bar{p}$ are supplemented by the two dummies $\bar{\pi}_{n+1}$ and $\bar{\zeta}$.

(ii) Now we want to change the variables $x, z, \zeta, p, \pi_{n+1}$ in $\mathbb{R}^{2n+3}$ to new variables ξ, ζ, π with $\xi = (\xi^1, \dots, \xi^n, \xi^{n+1}) = (\xi', \xi^{n+1})$, $\pi = (\pi_1, \dots, \pi_n, \pi_{n+1}) = (\pi', \pi_{n+1})$ by setting

(2) $\qquad \xi^i = x^i, \quad \pi_i = \pi_{n+1} p_i \quad \text{for } 1 \le i \le n, \ \xi^{n+1} = -z,$

that is

(3) $\qquad \xi' = x, \quad \xi^{n+1} = -z, \quad \pi' = \pi_{n+1} p, \quad \pi_{n+1} = \pi_{n+1}, \quad \zeta = \zeta.$

The inverse of this mapping,

(4) $\qquad x = \xi', \quad z = -\xi^{n+1}, \quad p = \dfrac{\pi'}{\pi_{n+1}}, \quad \pi_{n+1} = \pi_{n+1}, \quad \zeta = \zeta$

is defined for $\pi_{n+1} \ne 0$. (Note that $p = \dfrac{\pi'}{\pi_{n+1}}$ means that we replace p by "projective coordinates" π).

Dropping the last equation $\zeta = \zeta$, the first four equations in (4) define a mapping $\eta : \mathbb{R}_0^{2n+2} \to \mathbb{R}^{2n+2}$, where we have set $\mathbb{R}_0^{2n+2} := \{(\xi, \pi): \pi_{n+1} \ne 0\}$. Then (3) and (4) respectively can be written as

(3') $\qquad\qquad (\xi, \pi) = \eta^{-1}(x, z, p, \pi_{n+1}), \quad \zeta = \zeta,$

(4') $\qquad\qquad (x, z, p, \pi_{n+1}) = \eta(\xi, \pi), \quad \zeta = \zeta.$

Correspondingly we switch from $\bar{x}, \bar{z}, \bar{\zeta}, \bar{p}, \bar{\pi}_{n+1}$ to $\bar{\xi}, \bar{\zeta}, \bar{\pi}$ by

(3'') $\qquad\qquad (\bar{\xi}, \bar{\pi}) = \eta^{-1}(\bar{x}, \bar{z}, \bar{p}, \bar{\pi}_{n+1}), \quad \bar{\zeta} = \bar{\zeta}.$

(iii) Using these new variables we want to transform functions $f(x, z, p)$ to functions $F(\xi, \pi)$ on $\mathbb{R}_0^{2n+2}$ defined by

(5) $\qquad\qquad F(\xi, \pi) := f(\xi', -\xi^{n+1}, \pi'/\pi_{n+1}), \quad \text{i.e.} \quad F := f \circ \eta.$

Here we consider $f(x, z, p)$ as function $f(x, z, p, \pi_{n+1})$ where the dummy variable π_{n+1} does not really enter; hence the composition $f \circ \eta$ makes sense.

Analogously any function $\varphi(\bar{x}, \bar{z}, \bar{p})$ is transformed into

(6) $\qquad\qquad \Phi(\bar{\xi}, \bar{\pi}) := \varphi(\bar{\xi}', -\bar{\xi}^{n+1}, \bar{\pi}'/\bar{\pi}_{n+1}), \quad \text{i.e.} \quad \Phi := \varphi \circ \eta.$

Similarly we can consider any function $F(\xi, \pi)$ or $\Phi(\bar{\xi}, \bar{\pi})$ as a function on $\hat{N}' := \hat{N} - \{\pi_{n+1} = 0\}$ by writing $F(\xi, \zeta, \pi)$ or $\Phi(\bar{\xi}, \bar{\zeta}, \bar{\pi})$ where the dummy variables ζ and $\bar{\zeta}$ do not really enter.

(iv) Consider now an arbitrary C^2-mapping $\mathcal{T} : \hat{M} \to \hat{M}, \ \hat{M} = \mathbb{R}^{2n+1}$, and some $\rho \in C^1(\hat{M})$ with $\rho(x, z, p) \ne 0$. We first extend $\mathcal{T}$ to a mapping $\mathcal{K} : \mathbb{R}_0^{2n+2} \mapsto$

$\mathbb{R}_0^{2n+2}$ which maps (x, z, p, π_{n+1}) to $(\mathscr{T}(x, z, p), \pi_{n+1}/\rho(x, z, p))$, i.e.,

$$(x, z, p, \pi_{n+1}) \to (\bar{x}, \bar{z}, \bar{p}, \bar{\pi}_{n+1}),$$

where $\bar{x}, \bar{z}, \bar{p}, \bar{\pi}_{n+1}$ are related to x, z, p, π_{n+1} by the equations

(7) $\bar{x} = X(x, z, p), \quad \bar{z} = Z(x, z, p), \quad \bar{p} = P(x, z, p), \quad \bar{\pi}_{n+1} = \dfrac{\pi_{n+1}}{\rho(x, z, p)}.$

Next we define a mapping $\ell : \mathbb{R}_0^{2n+2} \to \mathbb{R}_0^{2n+2}$ by setting

(8) $$\ell := \eta^{-1} \circ \mathscr{K} \circ \eta.$$

This mapping can be expressed as $\ell : (\xi, \pi) \to (\bar{\xi}, \bar{\pi})$, or

(9) $$\bar{\xi} = \Xi(\xi, \pi), \qquad \bar{\pi} = \Pi(\xi, \pi),$$

where

(9')
$$\Xi^i = X^i \circ \eta, \qquad \Pi_i = (P_i \circ \eta)\Pi_{n+1} \quad \text{for } 1 \le i \le n,$$
$$\Xi^{n+1} = -Z \circ \eta, \qquad \Pi_{n+1} = \frac{\pi_{n+1}}{\rho \circ \eta}.$$

Finally we define $\tilde{\mathscr{T}} : \hat{N}' \to \hat{N}'$ by

(10) $$\bar{\xi} = \Xi(\xi, \pi), \qquad \bar{\zeta} = \zeta, \qquad \bar{\pi} = \Pi(\xi, \pi).$$

Roughly speaking we have

$$\tilde{\mathscr{T}} = (\ell, \bar{\zeta}) = (\eta^{-1} \circ \mathscr{K} \circ \eta, \zeta)$$

(only that we here have written $\bar{\xi}, \bar{\pi}, \bar{\zeta}$ instead of $\bar{\xi}, \bar{\zeta}, \bar{\pi}$).

Let us now describe some of the conclusions which can be drawn from the construction (i)–(iv).

(I) Suppose that $\mathscr{T}$ is a contact transformation and that

(11) $$dZ - P_i\, dX^i = \rho(dz - p_i\, dx^i).$$

Multiplying this relation by $-\pi_{n+1}$, we obtain

(12) $$-\pi_{n+1}\, dZ + \pi_{n+1} P_i\, dX^i = \rho\pi_{n+1}(-dz + p_i\, dx^i)$$

and, conversely, (12) implies (11). On the other hand equation (12) is equivalent to

$$\eta^*[-\pi_{n+1}\, dZ + \pi_{n+1} P_i\, dX^i] = \eta^*[\rho\pi_{n+1}(-dz + p_i\, dx^i)],$$

which implies

(13) $$\Pi_\alpha d\Xi^\alpha = \pi_\alpha\, d\xi^\alpha;$$

here the summation with respect to the Greek index α is to be extended from 1 to $n + 1$, whereas summation with respect to a Latin index i goes from 1 to n. Consequently we have:

If $\mathcal{T}$ is a contact transformation satisfying (11), then the associated mapping
$$k = \eta^{-1} \circ \mathcal{K} \circ \eta, \quad \mathcal{K} = \left(\mathcal{T}, \frac{\pi_{n+1}}{\rho} \right) \text{ is a homogeneous canonical transformation}$$
(see 9,3.2, and 9.3.6, Corollary 1).

(II) *Conversely, if $k : \mathbb{R}_0^{2n+2} \to \mathbb{R}_0^{2n+2}$ is a homogeneous canonical transformation, then we first define $\mathcal{K} := \eta \circ k \circ \eta^{-1}$, and then $\mathcal{T}, \rho$ from $\mathcal{K} = \left(\mathcal{T}, \frac{\pi_{n+1}}{\rho} \right)$.*
It follows that $\mathcal{T}$ is a contact transformation on $\mathbb{R}^{2n+1}$ satisfying (11).

(III) From (I) and (II) we infer the following result:
Locally, the general contact transformation of $\mathbb{R}^{n+1}$ (which is defined on $\mathbb{R}^{2n+1}$) and the general homogeneous canonical transformation of $\mathbb{R}_0^{2n+2}$ are the same objects (modulo a suitable transformation).

(IV) *If $\mathcal{T}$ is a contact transformation of $\mathbb{R}^{n+1}$, then the mapping $\tilde{\mathcal{T}}$ defined by (10) is a special contact transformation commuting with all translations in direction of the ζ-axis. Contact transformations of this particular kind were the starting point of our investigations in 2.2. We have found the result that was announced earlier:*
Every contact transformation of $\mathbb{R}^{n+1}$ can be "prolonged" to a special contact transformation of $\mathbb{R}^{n+2}$ commuting with the translations in direction of the ζ-axis.

As we saw, this prolongation is by no means trivial as it uses some involved transformations.

Having linked contact transformations with canonical transformations, we want to use the results collected in 2.2 to obtain some information on contact transformations.

Proposition 1. *Let $\mathcal{T} \in C^2(\mathcal{U}, \hat{M})$ be a mapping defined on some domain $\mathcal{U}$ of $\hat{M}$ satisfying*
$$\mathcal{T}^* \omega = \rho \omega$$
for some C^1-function $\rho(x, z, p) \neq 0$ where ω is the contact form on $\hat{M}$. Then the Jacobian $\Delta := \det D\mathcal{T}$ of $\mathcal{T}$ is given by

(14)
$$\Delta = \rho^{n+1}.$$

Proof. Let $k = \eta^{-1} \circ \mathcal{K} \circ \eta$ be the homogeneous canonical transformation associated with $\mathcal{T}$; cf. (7)–(9). By 2.2, Proposition 3 we have $\det Dk = 1$. Consequently,

$$1 = \frac{\partial(\Xi, \Pi)}{\partial(\xi, \pi)} = \frac{\partial(\Xi \circ \eta^{-1}, \Pi \circ \eta^{-1})}{\partial(\xi \circ \eta^{-1}, \pi \circ \eta^{-1})}$$

$$= \frac{\partial\left(X, -Z, P \frac{\pi_{n+1}}{\rho}, \frac{\pi_{n+1}}{\rho} \right)}{\partial(x, -z, p\pi_{n+1}, \pi_{n+1})} = \frac{\partial\left(X, Z, P \left(\frac{\pi_{n+1}}{\rho} \right), \frac{\pi_{n+1}}{\rho} \right)}{\partial(x, z, p\pi_{n+1}, \pi_{n+1})}.$$

A simple computation with determinants invoking also the chain rule implies that

$$1 = \frac{\left(\frac{\pi_{n+1}}{\rho}\right)^n \partial\left(X, Z, P, \frac{\pi_{n+1}}{\rho}\right)}{(\pi_{n+1})^n \; \partial(x, z, p, \pi_{n+1})},$$

and the determinant on the right-hand side turns out to be

$$\frac{1}{\rho} \frac{\partial(X, Z, P)}{\partial(x, z, p)} = \frac{1}{\rho} \Delta$$

as its last column is just $(0, \ldots, 0, 1/\rho)^T$. Consequently we obtain $\Delta = \rho^{n+1}$. □

Corollary. *Any transformation $\mathscr{T}$ as in Proposition 1 is a local diffeomorphism, i.e., a local contact transformation.*

That is, locally the invertibility of a contact transformation need not be required; it is a consequence of the relations $\mathscr{T}^*\omega = \rho\omega$ and $\rho \neq 0$.

Next we want to see how Poisson and Mayer brackets are related to each other.

Lemma 1. *Let $f(x, z, p)$ and $h(x, z, p)$ be C^1-functions on $\hat{M}$ (or on some subdomain thereof), and define $F(\xi, \pi)$, $H(\xi, \pi)$ by $F := f \circ \eta$, $H := h \circ \eta$ where $\eta : \mathbb{R}_0^{2n+2} \to \mathbb{R}_0^{2n+2}$ is defined in (ii). Then the Poisson bracket (F, H) of F, H and the Mayer bracket $[f, h]$ of f, h are related to each other by*

$$(15) \qquad\qquad \pi_{n+1}(F, H) = [f, h] \circ \eta.$$

Proof. The relation $F = f \circ \eta$ is equivalent to

$$F(\xi, \pi) = f(\xi', -\xi^{n+1}, \pi'/\pi_{n+1}).$$

Hence we obtain

$$F_{\xi^i} = f_{x^i} \circ \eta, \qquad F_{\xi^{n+1}} = -f_z \circ \eta,$$

$$F_{\pi_i} = \frac{1}{\pi_{n+1}} f_{p_i} \circ \eta, \qquad F_{\pi_{n+1}} = -\frac{p_k}{\pi_{n+1}} f_{p_k} \circ \eta.$$

Consequently,

$$F_{\pi_\alpha} H_{\xi^\alpha} - F_{\xi^\alpha} H_{\pi_\alpha} = \frac{1}{\pi_{n+1}} [f_{p_i}(h_{x^i} + p_i h_z) - h_{p_i}(f_{x^i} + p_i f_z)] \circ \eta.$$

(Note: $\sum_{\alpha=1}^{n+1}$ and $\sum_{i=1}^{n}$).

By the definition of Mayer brackets (see *1.2*, (22)) and of Poisson brackets (cf. *2.2*, (17)) this means

$$(F, H) = \frac{1}{\pi_{n+1}} [f, h] \circ \eta. \qquad\qquad □$$

Proposition 2. *Let $\mathcal{T} \in C^2(\mathcal{U}, \hat{M})$ be a contact transformation on some domain $\mathcal{U}$ of $\hat{M}$ satisfying $\mathcal{T}^*\omega = \rho\omega$ for a nonvanishing function $\rho \in C^1(\mathcal{U})$. Then for any two C^2-functions φ, ψ on $\mathcal{T}(\mathcal{U})$ the Mayer bracket $[\varphi, \psi]$ obeys the transformation rule*

$$(16) \qquad [\varphi, \psi] \circ \mathcal{T} = \frac{1}{\rho}[\varphi \circ \mathcal{T}, \psi \circ \mathcal{T}].$$

Proof. Consider two C^2-functions $\varphi(\bar{x}, \bar{z}, \bar{p})$ and $\psi(\bar{x}, \bar{z}, \bar{p})$ defined on $\mathcal{T}(\mathcal{U})$, and define $f(x, z, p)$ and $h(x, z, p)$ by

$$f := \varphi \circ \mathcal{T}, \qquad h := \psi \circ \mathcal{T}.$$

Because of the agreement to consider φ and ψ also as a function of the dummy variable π_{n+1}, we can instead write

$$f = \varphi \circ \mathcal{K}, \qquad h = \psi \circ \mathcal{K}.$$

Let us introduce the functions $F(\xi, \pi)$, $H(\xi, \pi)$, $\Phi(\bar{\xi}, \bar{\pi})$, and $\Psi(\bar{\xi}, \bar{\pi})$ by

$$F := f \circ \eta, \quad H := h \circ \eta, \quad \Phi := \varphi \circ \eta, \quad \Psi := \psi \circ \eta.$$

On account of $\mathcal{k} = \eta^{-1} \circ \mathcal{K} \circ \eta$ it follows that

$$F = f \circ \eta = \varphi \circ \mathcal{K} \circ \eta = \Phi \circ \eta^{-1} \circ \mathcal{K} \circ \eta = \Phi \circ \mathcal{k},$$

and an analogous formula holds for H. Thus we obtain

$$F = \Phi \circ \mathcal{k}, \qquad H = \Psi \circ \mathcal{k}.$$

We derive from (15) the equations

$$(F, H) = \frac{1}{\pi_{n+1}}[f, h] \circ \eta, \qquad (\Phi, \Psi) = \frac{1}{\pi_{n+1}}[\varphi, \psi] \circ \eta.$$

By virtue of 2.2, (20) the second relation yields

$$(F, H) = (\Phi, \Psi) \circ \mathcal{k} = \left\{\frac{1}{\pi_{n+1}}[\varphi, \psi] \circ \eta\right\} \circ \eta^{-1} \circ \mathcal{K} \circ \eta$$

$$= \frac{\rho \circ \eta}{\pi_{n+1}}[\varphi, \psi] \circ \mathcal{K} \circ \eta.$$

Comparing this result with the first relation we arrive at

$$[f, h] \circ \eta = (\rho \circ \eta)[\varphi, \psi] \circ \mathcal{K} \circ \eta,$$

whence

$$[f, h] = \rho[\varphi, \psi] \circ \mathcal{K} = \rho[\varphi, \psi] \circ \mathcal{T}$$

and therefore

$$\frac{1}{\rho}[\varphi \circ \mathcal{T}, \psi \circ \mathcal{T}] = [\varphi, \psi] \circ \mathcal{T}. \qquad \square$$

We now want to show that the transformation rule (16) is not only necessary but also sufficient for $\mathcal{T}$ to be a contact transformation. It seems that this cannot be seen by just reversing the reasoning of the proof of Proposition 2, for the following reasons: Firstly the transformation rule (16) implies the formula

$$(\Phi, \Psi) \circ \ell = (\Phi \circ \ell, \Psi \circ \ell)$$

only for functions $\Phi(\xi, \pi)$ and $\Psi(\xi, \pi)$ which are positively homogeneous of degree zero with respect to π. It is not obvious why this yields that ℓ is a canonical mapping. Secondly, even if we had shown that ℓ is canonical, it is by no means evident why ℓ should be *homogeneous canonical*; this, however, is necessary and sufficient for $\mathcal{T}$ to be a contact transformation. Thus we shall apply a different reasoning based on a somewhat tedious computation. The first step consists in calculating some special Mayer brackets using formula (16).

Proposition 3. *Let* $\mathcal{T} \in C^2(\mathcal{U}, \hat{M})$, $\mathcal{U} \subset \hat{M}$, *be a* C^2-*mapping and* ρ *be a nonvanishing* C^1-*function on* $\mathcal{U}$ *such that* (15) *holds for any pair of* C^2-*functions* φ, ψ *on* $\mathcal{T}(\mathcal{U})$. *Suppose also that* $\mathcal{T}$ *is given by the formulas* (1). *Then we obtain for the mutual Mayer brackets of* X^j, Z, P_k *the following expressions:*

$$
(17) \qquad
\begin{aligned}
[X^j, X^k] &= 0, & [P_j, P_k] &= 0, & [Z, X^k] &= 0, \\
[P_k, Z] &= \rho P_k, & [P_k, X^l] &= \rho \delta_k^l.
\end{aligned}
$$

Proof. These relations are an immediate consequence of (16) if we apply this formula in turn to

$$\varphi = \bar{x}^j, \quad \psi = \bar{x}^k; \qquad \varphi = \bar{p}_j, \quad \psi = \bar{p}_k; \qquad \varphi = \bar{z}, \quad \psi = \bar{x}^k;$$

$$\varphi = \bar{p}_k, \quad \psi = \bar{z}; \qquad \varphi = \bar{p}_k, \quad \psi = \bar{x}^l. \qquad \square$$

Now we come to the second step where we want to show that formulas (17) imply that $\mathcal{T}$ is a contact transformation.

Proposition 4. *Let* $\mathcal{T} \in C^2(\mathcal{U}, \hat{M})$, $\rho \in C^1(\mathcal{U})$, $\mathcal{U} \subset \hat{M}$ *and* $\rho(x, z, p) \neq 0$, *and suppose that the coordinate functions* $X^j(x, z, p)$, $Z(x, z, p)$, *and* $P_k(x, z, p)$ *of* $\mathcal{T}$ *satisfy formulas* (17). *Then* $\mathcal{T}$ *is a local contact transformation and the relation*

$$\mathcal{T}^* \omega = \rho \omega$$

holds true.

Proof. Set

$$(18) \qquad \alpha_i := Z_{x^i} - P_k X_{x^i}^k, \qquad \beta := Z_z - P_k X_z^k, \qquad \gamma^i := Z_{p_i} - P_k X_{p_i}^k.$$

Then we have

$$(19) \qquad dZ - P_k dX^k = \alpha_i dx^i + \beta dz + \gamma^i dp_i$$

and

$$
Z_{x^i} + p_i\, Z_z = (\alpha_i + p_i\beta) + P_l(X^l_{x^i} + p_i X^l_z)
$$

(20)

$$
Z_{p_i} = \gamma^i + P_l X^l_{p_i}.
$$

Let us now write the relations $[Z, X^k] = 0$ and $[P_k, Z] = \rho P_k$ in an explicit form:

$$
Z_{p_i}(X^k_{x^i} + p_i X^k_z) - X^k_{p_i}(Z_{x^i} + p_i Z_z) = 0,
$$

$$
P_{k, p_i}(Z_{x^i} + p_i Z_z) - Z_{p_i}(P_{k, x^i} + p_i P_{k, z}) = \rho P_k.
$$

Inserting formulas (20) we obtain the following system of $2n$ equations for the $2n$ quantities γ^i and $\alpha_i + p_i\beta$:

(21)

$$
\gamma^i(X^k_{x^i} + p_i X^k_z) - X^k_{p_i}(\alpha_i + p_i\beta) = 0,
$$

$$
-\gamma^i(P_{k, x^i} + p_i P_{k, z}) + P_{k, p_i}(\alpha_i + p_i\beta) = 0.
$$

We claim that its determinant

(22)

$$
\Delta := \begin{vmatrix} (X^k_{x^i} + p_i X^k_z) & , & -X^k_{p_i} \\ -(P_{k, x^i} + p_i P_{k, z}), & P_{k, p_i} \end{vmatrix}
$$

does not vanish. For $n = 1$ this follows immediately from

$$
\Delta = [P_1, X^1] = \rho \neq 0.
$$

For $n \geq 1$ the proof is slightly more elaborate. First we note that by elementary operations it can be shown that

$$
\Delta = \begin{vmatrix} X^T_x + pX^T_z, & P^T_x + pP^T_z \\ X^T_p & , & P^T_p \end{vmatrix} = \det A,
$$

where we have set

$$
A = \begin{pmatrix} C & D \\ E & F \end{pmatrix},
$$

with

$$
C := X^T_x + pX^T_z, \quad D := P^T_x + pX^T_z, \quad E := X^T_p, \quad F := P^T_p.
$$

The formula

$$
A^T J A = \begin{bmatrix} -E^T C + C^T E, & -E^T D + C^T F \\ -F^T C + D^T E, & -F^T D + D^T F \end{bmatrix}
$$

together with the relations

$$
[X^k, X^l] = 0, \quad [P_k, P_l] = 0, \quad [P_k, X^l] = \rho \delta^l_k
$$

implies that

$$
A^T J A = \begin{pmatrix} 0 & \rho I \\ -\rho I & 0 \end{pmatrix}
$$

whence

(23) $$\Delta^2 = (\det A)^2 = \rho^{2n} > 0.$$

Thus we infer from (21) that

(24) $$\alpha_i + p_i \beta = 0, \quad \gamma^i = 0 \text{ for } 1 \leq i \leq n.$$

In view of (19) it follows that

(25) $$dZ - P_k \, dX^k = \beta \cdot (dz - p_k \, dx^k).$$

It remains to show that $\beta = \rho$. In fact, we obtain from (19) that

$$-dP_l \wedge dX^l = d\alpha_i \wedge dx^i + d\beta \wedge dz + d\gamma^i \wedge dp_i.$$

Comparing coefficients it follows that

$$P_{l,p_k} X_z^l - P_{l,z} X_{p_k}^l = \gamma_z^k - \beta_{p_k} = -\beta_{p_k},$$
$$P_{l,p_k} X_{x^i}^l - P_{l,x^i} X_{p_k}^l = \gamma_{x^i}^k - \alpha_{i,p_k} = p_i \beta_{p_k} + \beta \delta_i^k.$$

taking (24) into account. Multiplying the first equation by p_i and adding it to the second, we arrive at

$$P_{l,p_k}(X_{x^i}^l + p_i X_z^l) - X_{p_k}^l(P_{x^i}^l + p_i P_z^l) = \beta \delta_i^k.$$

Choosing successively $i = k = 1, 2, \ldots, n$ and adding the resulting n equations, it follows that

(26) $$[P_l, X^l] = n\beta.$$

On the other hand we infer from $[P_k, X^l] = \rho \delta_k^l$ that

(27) $$[P_l, X^l] = n\rho.$$

From equations (26) and (27) we finally derive that

$$\beta = \rho. \qquad \qquad \square$$

By virtue of Propositions 2, 3, and 4 we obtain the following final result:

Theorem. *Consider a mapping $\mathcal{T} \in C^2(\mathcal{U}, \hat{M})$, $\mathcal{U} \subset \hat{M}$, given by*

$$\bar{x} = X(x, z, p), \qquad \bar{z} = Z(x, z, p), \qquad \bar{P} = P(x, z, p),$$

and a function $\rho \in C^1(\mathcal{U})$ satisfying $\rho(x, z, p) \neq 0$. Then the mapping $\mathcal{T}$ is a local contact transformation satisfying

(28) $$\mathcal{T}^*\omega = \rho\omega, \quad \text{i.e.,} \quad dZ - P_i \, dX^i = \rho(dz - p_i \, dx^i)$$

if and only if the Mayer bracket $[\varphi, \psi]$ of any pair of functions $\varphi, \psi \in C^2(\mathcal{T}(\mathcal{U}))$ satisfies the transformation rule

(16) $$[\varphi, \psi] \circ \mathcal{T} = \frac{1}{\rho}[\varphi \circ \mathcal{T}, \psi \circ \mathcal{T}].$$

Equivalently, $\mathcal{T}$ is a contact transformation satisfying (28) *if and only if its coordinate functions have the following Mayer brackets:*

(29)
$$[X^j, X^k] = 0, \qquad [P_j, P_k] = 0, \qquad [Z, X^k] = 0,$$
$$[P_k, Z] = \rho P_k, \qquad [P_k, X^l] = \rho \delta_k^l.$$

Remark 1. It can be shown that equations (29) imply the further relations

(30) $\qquad [Z, \rho] = \rho Z_z - \rho^2, \qquad [X^j, \rho] = \rho X_z^j, \qquad [P_j, \rho] = \rho P_{j,z}.$

In fact, according to the triple relation (24) of *1.2* we have

$$[f, [g, h]] + [g, [h, f]] + [h, [f, g]] = f_z[g, h] + g_z[h, f] + h_z[f, g]$$

for three arbitrary functions f, g, h of the variables x, z, p. If we choose $g = P_j$, $h = X^k$ and apply the formula $[P_j, X^k] = \rho \delta_j^k$, it follows that

(31) $\quad [f, \rho \delta_j^k] + [P_j, [X^k, f]] + [X^k, [f, P_j]] = f_z \rho \delta_j^k + P_{j,z}[X^k, f] + X_z^k[f, P_j].$

Let us first assume that $n \geq 2$. We assume that $j = k$ and that i is an index satisfying $1 \leq i \leq n$ and $i \neq j$. Then by taking (29) into account it follows from (31) for $f = P_i$ that

(32) $$[P_i, \rho] = \rho P_{i,z},$$

and for $f = X^i$ we infer that

(33) $$[X^i, \rho] = \rho X_z^i.$$

Finally we choose in (31) the function f as $f = Z$ and apply the formulas $[X^k, Z] = 0$, $[Z, P_j] = -\rho P_j$ of (17), thus obtaining

(34) $$[Z, \rho] - [X^k, \rho P_j] = \rho Z_z - \rho P_j X_z^k.$$

One easily checks the computation rule

(35) $$[a, b, c] = b[a, c] + c[a, b]$$

for arbitrary C^1-functions a, b, c which then yields

$$[X^k, \rho P_j] = \rho[X^k, P_j] + P_j[X^k, \rho]$$
$$= -\rho^2 \delta_j^k + \rho P_j X_z^k,$$

on account of $[X^k, P_j] = -\rho \delta_j^k$ and of (33). Together with (34) it follows that

(36) $$[Z, \rho] = \rho Z_z - \rho^2.$$

If $n = 1$ the previous reasoning cannot be applied directly. However, we can reduce this case to the previous one by extending the mapping

(37) $\qquad \bar{x}^1 = X^1(x^1, z, p_1), \qquad \bar{z} = Z(x^1, z, p_1), \qquad \bar{p}_1 = P_1(x^1, z, p_1)$

via the formulas

$$(38) \qquad \begin{aligned} \bar{x}^2 &= X^2(x^1, x^2, z, p_1, p_2) := x^2, \\ \bar{p}_2 &= P_2(x^1, x^2, z, p_1, p_2) := \rho(x^1, z, p_1)p_2 \end{aligned}$$

from $\mathbb{R}^3$ to $\mathbb{R}^5$. Assuming (29) for $n = 1$, the theorem yields that (X^1, Z, P_1) is a contact transformation satisfying

$$dZ - P_1\, dX^1 = \rho(dz - p_1\, dx^1).$$

By (38) we have also

$$P_2\, dX^2 = \rho p_2\, dx^2,$$

and therefore

$$dZ - P_1\, dX^1 - P_2\, dX^2 = \rho(dz - p_1\, dx^1 - p_2\, dx^2).$$

Hence (X^1, X^2, Z, P_1, P_2) is a contact transformation with the same function $\rho(x^1, z, p_1)$ as (37), and as we now have $n = 2$, we obtain from the result above that $[Z, \rho] = \rho Z_z - \rho^2$, $[X^1, \rho] = \rho X_z^1$, $[P_1, \rho] = \rho P_{1,z}$. The Mayer brackets in these formulas are to be taken for the case $n = 2$, but since X^1, P_1, Z, ρ only depend on x^1, z, p_1, they reduce to the Mayer brackets for the case $n = 1$, that is, to the original Mayer brackets on $\mathbb{R}^3$. This establishes the formulas of (30) also in the case $n = 1$, and the proof is complete.

Remark 2. As we have noted earlier, it is not at all trivial to see that one can "reverse" the proof of Proposition 2 in order to prove the converse of this Proposition. We by-passed this difficulty via Proposition 4. Actually, also the original idea can be worked out. To this end we note that the transformation rule (16) implies (29) and (30); cf. Proposition 3 and Remark 1. From these relations we can infer that

$$(39) \qquad (\Xi^\alpha, \Xi^\beta) = 0, \qquad (\Pi_\alpha, \Pi_\beta) = 0, \qquad (\Pi_\alpha, \Xi^\beta) = \delta_\alpha^\beta,$$

whence the mapping ℓ given by (8) (or (9)) is canonical. Moreover relations (9′) yield that $\Xi(\xi, \pi)$ and $\Pi(\xi, \pi)$ are positively homogeneous of the degree zero and one respectively in π, and we infer from Euler's homogeneity criterion that

$$\pi_\alpha \Xi_{\pi_\alpha}^\beta = 0, \qquad \pi_\alpha \Pi_{\beta, \pi_\alpha} - \Pi_\beta = 0.$$

These equations imply

$$\Pi_\alpha\, d\Xi^\alpha = \pi_\alpha\, d\xi^\alpha,$$

according to Proposition 7 of 2.2 and its Corollary; that is, the mapping ℓ is a homogeneous canonical transformation. By virtue of (II) it follows that $\mathcal{T}$ is a contact transformation.

Formulas (39) are obtained by the following reasoning. For arbitrary C^1-functions $f(x, z, p)$ and $h(x, z, p)$, we introduce in analogy to (5) the functions

$$F(\xi, \pi) := (\pi_{n+1})^\lambda f\left(\xi', -\xi^{n+1}, \frac{\pi'}{\pi_{n+1}}\right),$$

$$H(\xi, \pi) := (\pi_{n+1})^\nu h\left(\xi', -\xi^{n+1}, \frac{\pi'}{\pi_{n+1}}\right),$$

which are positively homogeneous of degree λ and ν respectively in the variables $\pi = (\pi_1, \dots, \pi_{n+1})$. Similarly as in the proof of Lemma 1 we obtain

$$(40) \qquad (F, H) = (\pi_{n+1})^{\lambda + \nu - 1}\{[f, h] + \nu h f_z - \lambda f h_z\} \circ \eta.$$

This identity enables us to express the Poisson brackets for the functions Ξ^α, Π_β in terms of Mayer brackets for the functions X^i, Z, P_k, $\dfrac{1}{\rho}$, and it will turn out that formulas (29) and (30) imply (39). We leave the details of this computation to the reader.[6]

2.4. Contact Transformations and Directrix Equations

In this subsection we want to show that every contact transformation of the contact space $\hat{M}$ (or some subdomain thereof) can be described by one or several equations in the underlying configuration space M and that, conversely, any set of equations in M can be used to locally generate a contact transformation. Following Jacobi and Lie we denote such generating equations of a contact transformation as *directrix equations* (or aequationes directrices).

The existence of generating equations can be motivated in several ways. The by now most direct approach is to use the fact that by the method of the preceding subsection, each contact transformation in $2n + 1$ dimensions can be identified with a canonical transformation in $2n + 2$ dimensions, and that each canonical mapping can locally be generated by some suitable eikonal (see 9,2.2, 3.3 and in particular 3.4). This idea has for instance been used in the treatises of Engel–Faber [1] and Carathéodory [10]. We shall, instead, follow the ideas of Lie which are quite intuitive and geometrically very appealing.

In the sequel we assume that all equations and mappings considered are sufficiently smooth, so that the implicit function theorem can be applied; it goes without saying that in general our considerations are of a merely local nature.

Consider now a contact transformation $\mathcal{T}$ in $\hat{M}$, $\hat{M} = \mathbb{R}^n \times \mathbb{R} \times \mathbb{R}^n$, mapping elements $e = (x, z, p)$ to elements $\bar{e} = (\bar{x}, \bar{z}, \bar{p})$. We assume that $\mathcal{T}$ is given by a set of equations

$$(1) \qquad \bar{x} = X(x, z, p), \qquad \bar{z} = Z(x, z, p), \qquad \bar{p} = P(x, z, p).$$

Then we consider a $\mathscr{C}_n^0$, that is, a "point strip" consisting of elements $e = (x, z, p)$, all having the same support point $Q = (x, z)$; we denote this strip by $\mathscr{E}_Q$, i.e.

$$(2) \qquad \mathscr{E}_Q(c) = (x, z, c), \qquad c \in \mathbb{R}^n.$$

Let us apply the contact transformation $\mathcal{T}$ to $\mathscr{E}_Q$; then the composition $\mathcal{T} \circ \mathscr{E}_Q$ is again a strip, and generically we have $n + 1$ possibilities, namely, that $\mathcal{T} \circ \mathscr{E}_Q$ is a $\mathscr{C}_n^n$, a $\mathscr{C}_n^{n-1}$, a $\mathscr{C}_n^{n-2}$, ..., or finally again a $\mathscr{C}_n^0$. We assume that for all points Q of some domain G in M the same case occurs.

If all $\mathscr{C}_n^0$ with support point $Q \in G$ are mapped on $\mathscr{C}_n^0$-strips, then it is not difficult to show that $\mathcal{T}$ on $G \times \mathbb{R}^n$ is a "prolonged point transformation", i.e.

---

[6] The complete calculation can be found in Carathéodory [10], Sections 123–125; note, however, the slightly different notation in Section 120.

$\mathcal{T}$ is of the form

$$(3) \qquad \bar{x} = X(x, z), \qquad \bar{z} = Z(x, z), \qquad \bar{p} = P(x, z, p),$$

where $P(x, z, p)$ is obtained by solving the system of linear equations

$$(4) \qquad P_i \cdot \{X^i_{x^k} + p_k X^i_z\} = Z_{x^k} + p_k Z_z.$$

Besides this trivial possibility, the case easiest to handle is the first one when all $\mathscr{C}^0_n$-strips are mapped onto $\mathscr{C}^n_n$-strips, that is, if the composition

$$(5) \qquad f := \pi \circ \mathcal{T} \circ \mathscr{E}_Q$$

of the "image strip" $\mathcal{T} \circ \mathscr{E}_Q$ with the canonical projection $\pi : \hat{M} \to M$, given by $\pi(x, z, p) = (x, z)$, defines a hypersurface $f : \mathbb{R}^n \to M$ in the configuration space which can be written as

$$(6) \qquad f(Q, c) = (X(Q, c), Z(Q, c)), \quad c \in \mathbb{R}^n \text{ (or some subdomain thereof)}.$$

Such a transformation $\mathcal{T}$ will be called a *contact transformation of first type*.

We now assume that f describes a regular hypersurface, i.e. the n tangent vectors $f_{c^1}, f_{c^2}, \ldots, f_{c^n}$ are assumed to be linearly independent,

$$(7) \qquad \operatorname{rank}(f_{c^1}, f_{c^2}, \ldots, f_{c^n}) = n.$$

Let us (locally) describe this hypersurface $\mathscr{S}_Q$,

$$(8) \qquad \mathscr{S}_Q := f(Q, \mathbb{R}^n),$$

as level set of some scalar function $\Omega(Q, \bar{Q})$, say,

$$(9) \qquad \mathscr{S}_Q = \{\bar{Q} \in \mathbb{R}^n : \Omega(Q, \bar{Q}) = 0\}.$$

By letting the support point Q of the point strip $\mathscr{E}_Q$ vary in G, we in fact obtain an $(n + 1)$-parameter family $\{\mathscr{S}_Q\}_{Q \in G}$ of hypersurfaces $\mathscr{S}_Q$ in M. The equation

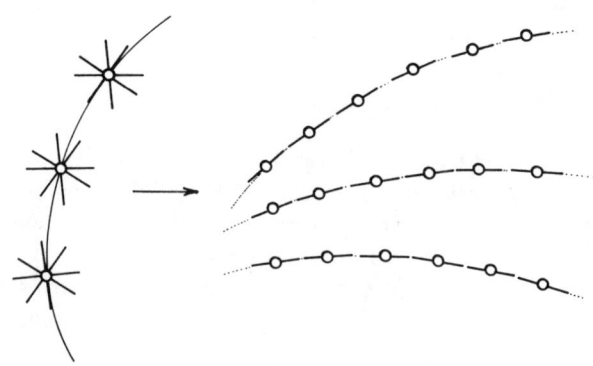

Fig. 21. A contact transformation ($n = 1$) which maps the point strips of a curve onto a 1-parameter family of 1-strips described by the directrix equation $\Omega(Q, \bar{Q}) = 0$.

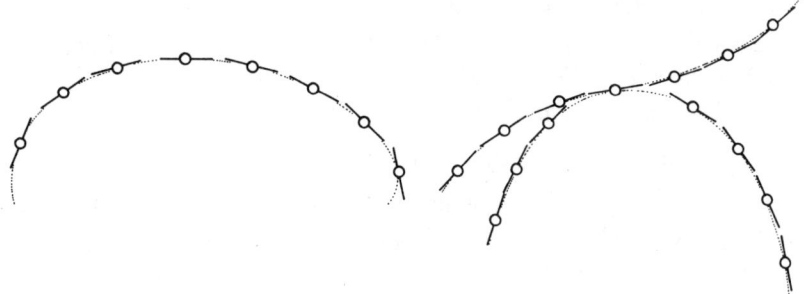

Fig. 22. A contact transformation $\mathscr{T}$ maps $\mathscr{E}$ and the point strip $\mathscr{E}_Q$ tangent to $\mathscr{E}$ to the two tangent strips $\mathscr{T} \circ \mathscr{E}$ and $\mathscr{T} \circ \mathscr{E}_Q$.

$$\text{(10)} \qquad\qquad \Omega(Q, \overline{Q}) = 0$$

or

$$\text{(10')} \qquad\qquad \Omega(x, z, \overline{x}, \overline{z}) = 0$$

is called *directrix equation* of the contact transformation $\mathscr{T}$ generating these hypersurfaces. Let us now derive relations between Ω and the functions X, Z, P defining $\mathscr{T}$, so that we conversely can reconstruct $\mathscr{T}$ from Ω.

Let ω and $\overline{\omega}$ be the contact form in the variables x, z, p and $\overline{x}, \overline{z}, \overline{p}$ respectively. Since $\mathscr{T}$ is a contact transformation, there is a function $\rho(x, z, p) \neq 0$ such that

$$\text{(11)} \qquad\qquad \mathscr{T}^* \overline{\omega} = \rho \omega.$$

Hence we obtain

$$\mathscr{E}_Q^*(\mathscr{T}^* \overline{\omega}) = (\mathscr{E}_Q^* \rho)(\mathscr{E}_Q^* \omega).$$

Since $\mathscr{E}_Q^* \omega = 0$, it follows that

$$d(\mathscr{E}_Q^* Z) - (\mathscr{E}_Q^* P)\, d(\mathscr{E}_Q^* X) = 0.$$

Denoting by d_p the exterior differential with respect to p (while $Q = (x, z)$ is kept fixed), this equation amounts to

$$\text{(12)} \qquad\qquad d_p Z - P_i\, d_p X^i = 0.$$

On the other hand $f(Q, p)$, $p \in \mathbb{R}^n$, is a solution of

$$\text{(13)} \qquad\qquad \Omega(Q, f(Q, p)) = 0,$$

whence

$$\text{(14)} \qquad\qquad d_p \Omega(Q, f(Q, p)) = 0,$$

and therefore

514   Chapter 10. Partial Differential Equations of First Order and Contact Transformations

$$\Omega_{\bar{Q}}(Q, f(Q, p)) \cdot f_{p_i}(Q, p) = 0, \quad i = 1, \ldots, n, \tag{15}$$

where we now have written p instead of c for the independent variables. Thus $\Omega_{\bar{Q}}(Q, f(Q, p))$ is perpendicular to the n linearly independent tangent vectors $f_{p_i}(Q, p)$ of $\mathscr{S}_Q$ at $\bar{Q} = f(Q, p)$. Furthermore (12) yields

$$Z_{p_k}(Q, p) - P_i(Q, p) X_{p_k}^i(Q, p) = 0, \quad 1 \le k \le n, \tag{16}$$

that is, also $(P(Q, p), -1)$ is perpendicular to $f_{p_k}(Q, p) = (X_{p_k}(Q, p), Z_{p_k}(Q, p))$. Thus the two vectors $(P(Q, p), -1)$ and $\Omega_{\bar{Q}}(Q, f(Q, p))$ have to be linearly dependent. Moreover we can assume that

$$\Omega_{\bar{Q}}(Q, \bar{Q}) \ne 0$$

since $\{\bar{Q} : \Omega(Q, \bar{Q}) = 0\}$ is describing a regular surface $\mathscr{S}_Q$. Hence there is a factor $\lambda = \lambda(Q, p) \ne 0$ such that

$$\lambda \cdot \begin{pmatrix} \Omega_{\bar{x}} \\ \Omega_{\bar{z}} \end{pmatrix} = \begin{pmatrix} -P \\ 1 \end{pmatrix}, \tag{17}$$

where on the left-hand side $\bar{Q}$ is to be taken as $f(Q, p)$. Then we have

$$\lambda \Omega_{\bar{x}^i} = -P_i, \qquad \lambda \Omega_{\bar{z}} = 1. \tag{18}$$

Taking the differential of (13) and multiplying the resulting equation by λ, we arrive at

$$\lambda \Omega_{x^i} dx^i + \lambda \Omega_z \, dz + \lambda \Omega_{\bar{x}^i} \, dX^i + \lambda \Omega_{\bar{z}} \, dZ = 0, \tag{19}$$

while (11) means that

$$\rho p_i \, dx^i - \rho \, dz - P_i \, dX^i + dZ = 0. \tag{20}$$

Subtracting (20) from (19) and using (18), we infer that

$$(\lambda \Omega_{x^i} - \rho p_i) \, dx^i + (\lambda \Omega_z + \rho) \, dz = 0, \tag{21}$$

whence we arrive at the two additional equations

$$\lambda \Omega_{x^i} = \rho p_i, \qquad \lambda \Omega_z = -\rho. \tag{22}$$

Together with (18) we obtain the following system of equations relating the contact transformation $\mathscr{T}$ to the "directrix function" Ω:

$$\begin{array}{ll} \lambda \Omega_x = \rho p, & \lambda \Omega_z = -\rho, \\ \lambda \Omega_{\bar{x}} = -P, & \lambda \Omega_{\bar{z}} = 1, \end{array} \tag{23}$$

where in $\Omega_x, \Omega_z, \Omega_{\bar{x}}, \Omega_{\bar{z}}$ the argument $\bar{Q} = (\bar{x}, \bar{z})$ is to be taken as $\bar{Q} = f(Q, p) = (X(Q, p), Z(Q, p))$. Here the two factors λ and ρ are different from zero. Eliminating them in (23) and adding equation (10), we arrive at the system

$$\Omega = 0, \quad \Omega_x + p\Omega_z = 0, \quad \Omega_{\bar{x}} + P\Omega_{\bar{z}} = 0, \tag{24}$$

where $\bar{Q} = (\bar{x}, \bar{z})$ in $\Omega, \Omega_x, \ldots$ is to be taken as $f(Q, p)$. Note that (24) is a system of $2n + 1$ equations for X, Z, P. One can use the $n + 1$ equations

$$\Omega = 0, \quad \Omega_x + p\Omega_z = 0$$

to regain X and Z, and then P is obtained from

$$\Omega_{\bar{x}} + P\Omega_{\bar{z}} = 0$$

as

$$P = -\Omega_{\bar{x}}/\Omega_{\bar{z}}.$$

(Note that $\Omega_{\bar{z}} \neq 0$ because of the fourth equation in (23).) Setting

$$\bar{x} = X(x, z, p), \qquad \bar{z} = Z(x, z, p), \qquad \bar{p} = P(x, z, p),$$

we can write (24) as

(25) $$\Omega = 0, \quad \Omega_x + p\Omega_z = 0, \quad \Omega_{\bar{x}} + \bar{p}\Omega_{\bar{z}} = 0.$$

Then we can also use these equations to express x, z, p in terms of $\bar{x}$, $\bar{z}$, $\bar{p}$, i.e. to form the inverse $\mathcal{T}^{-1}$ of the contact transformation $\mathcal{T}$ which does exist and is again a contact transformation (see 2.3). To this end we take the $n + 1$ equations

$$\Omega = 0, \quad \Omega_{\bar{x}} + \bar{p}\Omega_{\bar{z}} = 0$$

to express x, z in terms of $\bar{x}$, $\bar{z}$, $\bar{p}$, and then we use the remaining n equations

$$\Omega_x + p\Omega_z = 0$$

to write

$$p = -\Omega_z/\Omega_x.$$

(Note that also $\Omega_z \neq 0$ because of the equation $\lambda\Omega_z = -\rho$ in (23).)

We also notice that equations (25) are perfectly symmetric in x, z, p and x, z, $\bar{p}$. This implies the following result.

Proposition 1. *If $\mathcal{T}$ is a contact transformation of first type with a symmetric directrix function $\Omega(Q, \bar{Q})$, i.e. if*

(26) $$\Omega(Q, \bar{Q}) = \Omega(\bar{Q}, Q),$$

then $\mathcal{T}$ is an involution, i.e. $\mathcal{T} = \mathcal{T}^{-1}$.

In particular, $\mathcal{T}$ will be an involution if $\Omega(Q, \bar{Q})$ is a symmetric bilinear form, say, the polar form of a quadratic form $F(Q)$.

Now we want to show that the process leading to formulas (25) can be interpreted as a kind of *envelope construction*. To this end we choose a hypersurface Σ in M. Then its *tangent* surface elements $e(Q) = (Q, \not{p}(Q))$ form a strip E with support set Σ. The contact transformation $\mathcal{T}$ transforms E into another strip $\bar{E} = \mathcal{T} \circ E$, whose support set is a hypersurface $\bar{\Sigma} = \{\pi \circ \mathcal{T} e(Q): Q \in \Sigma\}$; this surface could be degenerate. If Q runs through the points of Σ, then $\bar{Q} = (\pi \circ \mathcal{T})(Q)$ runs through all points of the "image surface" $\bar{\Sigma}$ of Σ. Let us fix some point Q on the hypersurface Σ and consider the point strip $\mathscr{E}_Q$ supported

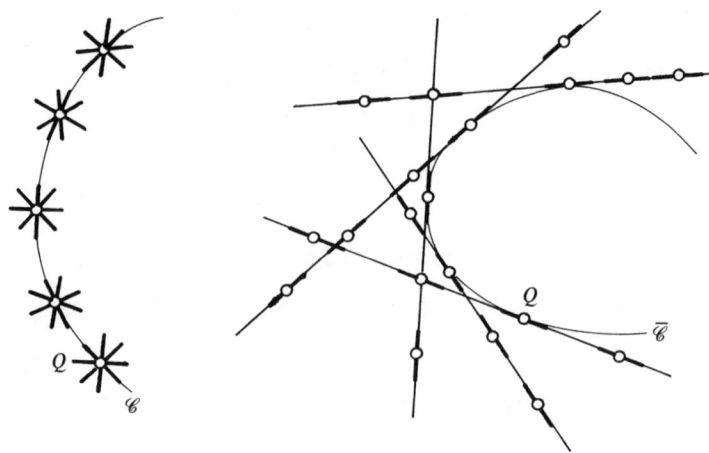

Fig. 23. A curve $\mathscr{C}$ in $\mathbb{R}^2$ can be viewed as envelope of its tangent elements. A contact transformation $\mathscr{T}$ maps the strips E supported by $\mathscr{C}$ onto a strip $\bar{E}$ supported by a curve $\bar{\mathscr{C}}$ which can be viewed as "image" of $\mathscr{C}$ under T. The curves $\mathscr{C}$ and $\bar{\mathscr{C}}$ are related to each other by the directrix equation $\Omega(Q, \bar{Q}) = 0$ of T.

by Q, which is contacting E since E and $\mathscr{E}_Q$ have the element $e(Q) = (Q, \not\!{p}(Q))$ in common. As any contact transformation preserves the property of being in contact, the two image strips $\mathscr{T} \circ E$ and $\mathscr{T} \circ \mathscr{E}_Q$ are in contact at the image point $\bar{Q} = \pi \circ \mathscr{T} e(Q)$ of Q. This, however, means that the two hypersurfaces $\bar{\Sigma}$ and $\mathscr{S}_Q$ are tangent at $\bar{Q}$. Therefore we conclude that *the image surface $\bar{\Sigma}$ of Σ is the envelope of the n-parameter family $\{\mathscr{S}_Q\}_{Q \in \Sigma}$ of hypersurfaces $\mathscr{S}_Q$ obtained by applying $\mathscr{T}$ to the point strips $\mathscr{E}_Q$ with $Q \in \Sigma$.*

Thus the above analytical formalism of deriving $\mathscr{T}$ from its directrix equation becomes completely transparent and geometrically evident.

Next we want to show that for fairly arbitrary functions $\Omega(x, z, \bar{x}, \bar{z})$ equations (25) can be used to define a contact transformation of first type. So we assume in the sequel that $\Omega(Q, \bar{Q})$ is an arbitrary smooth real-valued function on $M \times M$.

Proposition 2. *Suppose that there are two elements* $e_0 = (Q_0, p_0)$ *and* $\bar{e}_0 = (Q_0, \bar{Q}_0)$ *in M satisfying (25), $Q_0 = (x_0, z_0)$, $\bar{Q}_0 = (\bar{x}_0, \bar{z}_0)$, i.e.*

$$(27) \qquad \Omega(Q_0, \bar{Q}_0) = 0,$$

$$\Omega_x(Q_0, \bar{Q}_0) + p_0 \Omega_z(Q_0, \bar{Q}_0) = 0, \qquad \Omega_{\bar{x}}(Q_0, \bar{Q}_0) + \bar{p}_0 \Omega_{\bar{z}}(Q_0, \bar{Q}_0) = 0.$$

Secondly we assume that the $(n + 2) \times (n + 2)$-determinant $\Delta(Q, \bar{Q})$ defined by

$$(28) \qquad \Delta := \begin{vmatrix} 0 & , & \Omega_x & , & \Omega_z \\ \Omega_{\bar{x}} & , & \Omega_{x\bar{x}} & , & \Omega_{z\bar{x}} \\ \Omega_{\bar{z}} & , & \Omega_{x\bar{z}} & , & \Omega_{z\bar{z}} \end{vmatrix}$$

does not vanish at $(Q_0, \overline{Q}_0) = (x_0, z_0, \overline{x}_0, \overline{z}_0)$. Then there exist open neighbourhoods $\mathcal{U}$ and $\overline{\mathcal{U}}$ of e_0 and $\overline{e}_0$ respectively, such that for every $e = (x, z, p) \in \mathcal{U}$ there is exactly one element $\overline{e} = (\overline{x}, \overline{z}, \overline{p}) \in \overline{\mathcal{U}}$ such that $(e, \overline{e})$ is a solution of (25). Vice versa, for each $\overline{e} \in \overline{\mathcal{U}}$ there is exactly one $e \in \mathcal{U}$ such that $(e, \overline{e})$ solves (25). If we use the correspondence $e \leftrightarrow \overline{e}$ to define a bijection $\mathcal{T} : \mathcal{U} \to \overline{\mathcal{U}}$ setting $\mathcal{T} e := \overline{e}$ or

$$\overline{x} = X(x, z, p), \qquad \overline{z} = Z(x, z, p), \qquad \overline{p} = P(x, z, p),$$

then $\mathcal{T}$ defines a contact transformation of $\mathcal{U}$ onto $\overline{\mathcal{U}}$.

Proof. We try to prove the assertion by first using the $n + 1$ scalar equations

$$(29) \qquad \Omega = 0, \qquad \Omega_{x^i} + p_i \Omega_z = 0 \quad (1 \le i \le n),$$

to write $\overline{x}, \overline{z}$ as function of x, z, p. Then the n equations

$$(30) \qquad \Omega_{\overline{x}^i} + \overline{p}_i \Omega_{\overline{z}} = 0$$

are applied to determine $\overline{p}$ as function of x, z, p. Instead of (29) we consider the $n + 2$ equations

$$(31) \qquad \Omega = 0, \qquad -p_i + \lambda \Omega_{x^i} = 0, \qquad 1 + \lambda \Omega_z = 0$$

for the $n + 2$ unknowns $\overline{x}, \overline{z}, \lambda$ which are to be determined as functions of x, z, p.

First we note that the assumption $\Delta(Q_0, \overline{Q}_0) \ne 0$ implies both

$$\Omega_z(Q_0, \overline{Q}_0) \ne 0 \quad \text{and} \quad \Omega_{\overline{z}}(Q_0, \overline{Q}_0) \ne 0.$$

For instance, $\mathring{\Omega}_z = 0$ would yield $\mathring{\Omega}_x = 0$ on account of $\mathring{\Omega}_x + p_0 \mathring{\Omega}_z = 0$ (the superscript $^\circ$ meaning that $Q = Q_0$, $\overline{Q} = \overline{Q}_0$), and therefore $\mathring{\Delta} = 0$.

Hence, in a sufficiently small neighbourhood of $(Q_0, \overline{Q}_0)$ in $M \times M$ we have $\Delta \ne 0$, $\Omega_z \ne 0$, and $\Omega_{\overline{z}} \ne 0$, and therefore equations (31) are locally equivalent to (29); moreover, for $Q = Q_0$, $p = p_0$ we have the solution $\overline{Q} = \overline{Q}_0$, $\lambda = -1/\mathring{\Omega}_z$. Let us now write (31) as

$$(31') \qquad \Omega = 0, \qquad \varphi_i = 0, \qquad \psi = 0,$$

and set $\varphi = (\varphi_1, \ldots, \varphi_n)$. In order to apply the implicit function theorem to (31') we need to know that the functional determinant

$$(32) \qquad \Delta^* := \frac{\partial(\Omega, \varphi, \psi)}{\partial(\lambda, \overline{x}, \overline{z})}$$

does not vanish at $(Q_0, \overline{Q}_0, \lambda_0)$, $\lambda_0 := -1/\mathring{\Omega}_z$. It turns out that

$$(33) \qquad \Delta^* := \begin{vmatrix} 0 & , & \Omega_x & , & \Omega_z \\ \Omega_{\overline{x}} & , & \lambda \Omega_{x\overline{x}} & , & \lambda \Omega_{z\overline{x}} \\ \Omega_{\overline{z}} & , & \lambda \Omega_{x\overline{z}} & , & \lambda \Omega_{z\overline{z}} \end{vmatrix} = \lambda^n \Delta,$$

whence

$$\Delta^*(\lambda_0, Q_0, \overline{Q}_0) = \lambda_0^n \Delta(Q_0, \overline{Q}_0) \ne 0.$$

Thus we can locally write the solutions $(\lambda, \bar{x}, \bar{z})$ of (31) as functions of x, z, p such that, locally, $\Omega_z(x, z, \bar{x}, \bar{z}) \neq 0$ and $\Omega_{\bar{z}}(x, z, \bar{x}, \bar{z}) \neq 0$ holds true. Since under the condition $\Omega_z \neq 0$ equations (29) and (31) are equivalent, we infer that, close to $(Q_0, \bar{Q}_0)$, equations (29) can be solved with respect to $\bar{x}, \bar{z}$, and that we can locally express the solutions as functions of x, z, p,

$$\bar{x} = X(x, z, p), \qquad \bar{z} = Z(x, z, p).$$

Then we use (30) to obtain

$$\bar{p} = P(x, z, p)$$

as

(34)
$$P(x, z, p) := -\frac{\Omega_{\bar{x}}(X(x, z, p), Z(x, z, p))}{\Omega_{\bar{z}}(X(x, z, p), Z(x, z, p))}.$$

Now we want to show that the mapping $\mathscr{T}$ defined by

$$\bar{x} = X(x, z, p), \qquad \bar{z} = Z(x, z, p), \qquad \bar{p} = P(x, z, p)$$

is a contact transformation. For this purpose we note that

$$\Omega(x, z, X(x, z, p), Z(x, z, p)) = 0,$$

whence

$$\tilde{\Omega}_{x^i}\, dx^i + \tilde{\Omega}_z\, dz + \tilde{\Omega}_{x^i}\, dX^i + \tilde{\Omega}_{\bar{z}}\, dZ = 0,$$

where

$$\tilde{\Omega}_{x^i}(x, z, p) := \Omega_{x^i}(x, z, X(x, z, p), Z(x, z, p)), \quad \text{etc.}$$

On account of the equations

$$\tilde{\Omega}_{x^i} = -p_i \tilde{\Omega}_z, \qquad \tilde{\Omega}_{\bar{x}^i} = -P_i \tilde{\Omega}_z,$$

we infer that

$$\tilde{\Omega}_z \cdot \{dz - p_i\, dx^i\} + \tilde{\Omega}_{\bar{z}} \cdot \{dZ - P_i\, dX^i\} = 0.$$

Defining a function $\rho(x, z, p) \neq 0$ by

$$\rho := -\tilde{\Omega}_z / \tilde{\Omega}_{\bar{z}},$$

it follows that

$$dZ - P_i\, dX^i = \rho \cdot \{dz - p_i\, dx^i\},$$

i.e.,

$$\mathscr{T}^* \bar{\omega} = \rho\omega.$$

Thus we have proved that $\mathscr{T}$ is a contact transformation. The remaining assertions are now easily verified. $\qquad \square$

We should emphasize the fact that the above construction of $\mathscr{T}$ from the directrix equation $\Omega = 0$ is a purely local one. However, in specific cases this reasoning can be used to construct transformations also globally, as we shall see in examples given below.

Now we shall investigate the other cases where $\mathcal{T}$ is neither a prolonged point transformation nor a contact transformation of first type, that is, we consider a contact transformation such that $\mathcal{T} \circ \mathcal{E}_Q$ is a $\mathscr{C}_n^{n-r+1}$-strip, $2 \leq r \leq n$, for all Q in some domain G of M. Then we need r directrix equations instead of a single one, and the envelope construction relating $\mathcal{T}$ to its directrix equations will be more involved. Nevertheless the basic ideas are the same, and so we shall give only a brief description of the method for the present case where we call $\mathcal{T}$ a *contact transformation of type r*.

Hence, let us consider some contact transformation $\mathcal{T}$ of type r. Then for any point strip $\mathcal{E}_Q$ supported by $Q \in G$ the image strip $\mathcal{T} \circ \mathcal{E}_Q$ is supported by an $(n - r + 1)$-dimensional surface $\mathscr{S}_Q$ in the configuration space M. The surface $\mathscr{S}_Q$ has again the representation (5) or (6), respectively, but $f_{c^1}, f_{c^2}, \ldots, f_{c^n}$ are now linearly dependent, although they still span the tangent space of $\mathscr{S}_Q$ at each of its points. As we assume $\mathscr{S}_Q = f(Q, \mathbb{R}^n)$ to be a regular surface of dimension $n - r + 1$, we can (locally) describe it in the form

$$(35) \qquad \mathscr{S}_Q = \{\bar{Q} \in \mathbb{R}^n : \Omega^\alpha(Q, \bar{Q}) = 0, \quad 1 \leq \alpha \leq r\},$$

where $\Omega^1, \Omega^2, \ldots, \Omega^r$ are differentiable functions such that

$$(36) \qquad \operatorname{rank}(\Omega_{\bar{Q}}^1, \Omega_{\bar{Q}}^2, \ldots, \Omega_{\bar{Q}}^r) = r.$$

When Q varies in G, we obtain an n-parameter family of $(n - r + 1)$-dimensional surfaces in M.

We denote the equations

$$(37) \qquad \Omega^1(Q, \bar{Q}) = 0, \ldots, \Omega^r(Q, \bar{Q}) = 0$$

as *directrix equations of the transformation $\mathcal{T}$*.

Let again $\mathcal{T}$ be given in the form (1). As in the simple case $r = 1$ we obtain relation (16), while (15) is to be replaced by the nr relations

$$\Omega_{\bar{Q}}^\alpha(Q, f(Q, p)) \cdot f_{p_i}(Q, p) = 0, \quad 1 \leq \alpha \leq r, \ 1 \leq i \leq n.$$

This means that the $r + 1$ vectors $\Omega_{\bar{Q}}^1(Q, f(Q, p)), \ldots, \Omega_{\bar{Q}}^r(Q, f(Q, p)), (-P, 1)$ are perpendicular to $\mathscr{S}_Q$ at $\bar{Q} = f(q, p)$. Since the vectors $\Omega_{\bar{Q}}^\alpha(Q, f(Q, p))$ are linearly independent, they span the normal space of $\mathscr{S}_Q$ at $f(Q, p)$. Hence there are factors $\lambda_\alpha = \lambda_\alpha(Q, p)$, $1 \leq \alpha \leq r$, not all vanishing such that

$$\lambda_\alpha \begin{pmatrix} \Omega_{\bar{x}}^\alpha \\ \Omega_{\bar{z}}^\alpha \end{pmatrix} = \begin{pmatrix} -P \\ 1 \end{pmatrix}$$

(summation with respect to α from 1 to r), which means that

$$(38) \qquad \lambda_\alpha \Omega_{\bar{x}^i}^\alpha = -P_i, \qquad \lambda_\alpha \Omega_{\bar{z}}^\alpha = 1,$$

where the arguments of $\Omega_{\bar{x}^i}^\alpha$ and $\Omega_{\bar{z}}^\alpha$ are to be taken as $(Q, f(Q, p))$.

Now we consider the equations

$$\Omega^\alpha(Q, f(Q, p)) = 0, \quad 1 \le \alpha \le r.$$

By taking the total differentials and forming the linear combinations $\lambda_\alpha \, d\Omega^\alpha(Q, f(Q, p)) = 0$, we arrive at

$$\lambda_\alpha \Omega^\alpha_{x^i} \, dx^i + \lambda_\alpha \Omega^\alpha_z \, dz + \lambda_\alpha \Omega^\alpha_{\bar{x}^i} \, dX^i + \lambda_\alpha \Omega^\alpha_{\bar{z}} \, dZ = 0$$

(the arguments of $\Omega^\alpha_{x^i}, \ldots, \Omega^\alpha_{\bar{z}}$ being $Q, f(Q, p)$). On account of (38) we then obtain

$$\lambda_\alpha \Omega^\alpha_{x^i} \, dx^i + \lambda_\alpha \Omega^\alpha_z \, dz + [dZ - P_i \, dX^i] = 0.$$

By virtue of (20) we conclude that

$$[\lambda_\alpha \Omega^\alpha_{x^i} - \rho p_i] \, dx^i + [\lambda_\alpha \Omega^\alpha_z + \rho] \, dz = 0,$$

whence

(39) $$\lambda_\alpha \Omega^\alpha_{x^i} = \rho p_i, \qquad \lambda_\alpha \Omega^\alpha_z = -\rho.$$

Thus we have found that on $M^* := \{(Q, \bar{Q}) \colon \bar{Q} = f(Q, p), Q \in M, p \in \mathbb{R}\}$ the equations

(40)
$$\Omega^\alpha = 0, \qquad \lambda_\alpha \Omega^\alpha_{\bar{x}^i} = -P_i, \quad \lambda_\alpha \Omega^\alpha_{x^i} = \rho p_i,$$
$$\lambda_\alpha \Omega^\alpha_{\bar{z}} = 1, \quad \lambda_\alpha \Omega^\alpha_z = -\rho,$$

hold true for suitable multipliers $\lambda_\alpha = \lambda_\alpha(Q, p)$ with $(\lambda_1, \ldots, \lambda_r) \ne (0, \ldots, 0)$, and therefore we also have

(41) $$\Omega^\alpha = 0, \qquad p = -\frac{\lambda_\alpha \Omega^\alpha_x}{\lambda_\alpha \Omega^\alpha_z}, \quad P = -\frac{\lambda_\alpha \Omega^\alpha_{\bar{x}}}{\lambda_\alpha \Omega^\alpha_{\bar{z}}}$$

on M^*. By eliminating the λ_α we then arrive at a set of formulas which can be viewed as analogue of (24). These formulas can be used to regain X, Z and P from the directrix functions Ω^α. This can also be achieved by looking immediately at equations (40) which we can interpret as a system of $2n + r + 2$ scalar equations for $2n + r + 2$ unknowns $X, Z, P, \lambda_1, \ldots, \lambda_r, \rho$.

Similarly as in case $r = 1$ we now choose r independent arbitrary functions $\Omega^1(Q, \bar{Q}), \ldots, \Omega^r(Q, \bar{Q})$, and we shall indicate how they can be used to define a contact transformation of type r by (essentially) using equation (40) or (41). For notational convenience we use equations obtained from (40) by introducing $\mu_\alpha := \lambda_\alpha/\rho$ as defining relations, i.e. we start with the following set of equations:

(42)
$$\Omega^\alpha = 0, \quad 1 \le \alpha \le r,$$
$$-p_i + \mu_\alpha \Omega^\alpha_{x^i} = 0, \quad 1 \le i \le n, \ 1 + \mu_\alpha \Omega^\alpha_z = 0,$$

and

(43) $$\mu_\alpha[\Omega^\alpha_{\bar{x}^i} + \bar{p}_i \Omega^\alpha_{\bar{z}}] = 0, \quad 1 \le i \le n.$$

Similarly as in the proof of Proposition 2 we extricate from (42) the unknowns

$\bar{x}, \bar{z}, \mu_1, \ldots, \mu_r$ expressing them as functions of x, z, p. Then, by applying (43), we obtain $\bar{p}$ as

(44)
$$\bar{p}_i = \mu_\alpha \Omega_{\bar{x}^i}^\alpha / \mu_\alpha \Omega_{\bar{z}}^\alpha,$$

i.e. as function of x, z, p. In this way we define a transformation $\mathscr{T}$ in the form (1), and basically the same reasoning as in the proof of Proposition 2 shows that $\mathscr{T}$ is in fact a contact transformation.

Introducing $\Omega := (\Omega^1, \Omega^2, \ldots, \Omega^r)$ we have now to consider the $(r + n + 1) \times (r + n + 1)$-determinant

(45)
$$\Delta^*(\mu_1, \ldots, \mu_r) := \begin{vmatrix} 0 & , & \Omega_x^T & , & \Omega_z^T \\ \Omega_{\bar{x}} & , & \mu_\alpha \Omega_{x\bar{x}}^\alpha & , & \mu_\alpha \Omega_{z\bar{x}}^\alpha \\ \Omega_{\bar{z}} & , & \mu_\alpha \Omega_{x\bar{z}}^\alpha & , & \mu_\alpha \Omega_{z\bar{z}}^\alpha \end{vmatrix},$$

which is a homogeneous polynomial in $(\mu_1, \ldots, \mu_r)$ of degree $n + 1 - r$.

We have to find two elements $e_0 = (Q_0, p_0)$, $\bar{e}_0 = (\bar{Q}_0, \bar{p}_0)$ and numbers $\mathring{\mu}_1, \ldots, \mathring{\mu}_r$ for which (42), (43), and

(46)
$$\mathring{\Delta}^* \neq 0$$

holds true. Because of (42) we obtain

$$\mathring{\mu}_\alpha \mathring{\Omega}_z^\alpha \neq 0,$$

which is useful to note with regard to formula (44). In particular we then have

$$(\mathring{\mu}_1, \ldots, \mathring{\mu}_r) \neq 0$$

and

$$(\mathring{\Omega}_z^1, \ldots, \mathring{\Omega}_z^r) \neq 0.$$

Applying the implicit function theorem we find a local solution $(\bar{x}, \bar{z}, \mu_1, \ldots, \mu_r)$ of (42) depending on (x, z, p), and then $\bar{p} = P(x, z, p)$ is defined by (44), thereby satisfying (43). Thus assumption (46) leads to an analogue of Proposition 2, which somewhat sketchily can be formulated as follows.

Proposition 3. *Given arbitrary functions $\Omega^\alpha(Q, \bar{Q})$, $2 \leq r \leq n$, which locally satisfy*

(47)
$$\Delta^*(Q, \bar{Q}, \mu_1, \ldots, \mu_r) \neq 0.$$

Then the corresponding equations (42) and (43) locally define a contact transformation.

We shall discuss neither assumption (47) nor assumption $\Delta \neq 0$ of Proposition 2. Instead it seems more illuminating to investigate some specific examples. Let us, however, first consider the formulas above in the special case $n = 3$, $r = 2$, which is of particular importance in the work of Lie.

Here we have two directrix equations

(48)
$$\Omega(x, y, z, \bar{x}, \bar{y}, \bar{z}) = 0, \qquad \Pi(x, y, z, \bar{x}, \bar{y}, \bar{z}) = 0.$$

(We now use the notations x and y instead of x^1 and x^2 respectively; furthermore we write λ and μ for μ_1 and μ_2 in (42) etc., and p, q for p^1, p^2; an analogous notation is used for $\bar{x}$, $\bar{y}$, ...).

Equations (42) lead to

$$(49) \qquad \lambda a + \mu b = 0, \qquad \lambda c + \mu d = 0,$$

where we have set

$$(50) \qquad \begin{aligned} a &:= \Omega_x + p\Omega_z, & b &:= \Pi_x + p\Pi_z, \\ c &:= \Omega_y + q\Omega_z, & d &:= \Pi_y + q\Pi_z. \end{aligned}$$

In order to obtain a nontrivial solution $(\lambda, \mu) \neq 0$ of (49), the determinant of this system must vanish:

$$(51) \qquad ad - bc = 0.$$

This equation is now to be added to the two equations (48). Next we determine a nontrivial solution (λ, μ) of (49) which is inserted in (44). These two equations together with (48) and (51) lead us to the following system of five equations determining the *contact transformations of type 2 in* $\mathbb{R}^3$ in terms of their two directrix equations:

$$(52) \qquad \begin{aligned} \Omega = 0, \qquad \Pi = 0, \qquad ab - cd = 0, \\ \bar{p} = -\frac{b\Omega_{\bar{x}} - a\Pi_{\bar{x}}}{b\Omega_{\bar{z}} - a\Pi_{\bar{z}}}, \qquad \bar{q} = -\frac{d\Omega_{\bar{y}} - c\Pi_{\bar{y}}}{d\Omega_{\bar{z}} - c\Pi_{\bar{z}}}. \end{aligned}$$

These formulas allow the following geometric interpretation: Via formulas (52) the directrix functions Ω, Π associate with every point $Q = (x, y, z)$ a curve $\mathscr{C}_Q$ passing through $\bar{Q} = (\bar{x}, \bar{y}, \bar{z})$ if $\Omega(Q, \bar{Q}) = 0$ and $\Pi(Q, \bar{Q}) = 0$. On the other hand if Q varies on a surface Σ in M supporting a strip E which is of type $\mathscr{C}_2^2$, then (in general) $\bar{E} = \mathscr{T} \circ E$ is a strip of the same kind supported by some surface $\bar{\Sigma}$ in M. Since the elements $e = (Q, p)$ of E are in correspondence with the elements $\bar{e} = (\bar{Q}, \bar{p})$ of $\bar{E}$, the same holds true for the supporting points Q and $\bar{Q}$. Fix some point Q on Σ and the point strip $\mathscr{E}_Q$ supported by Q; then $\mathscr{E}_Q$ is transformed by $\mathscr{T}$ into a $\mathscr{C}_2^1$-strip supported by the curve $\mathscr{C}_Q$. As $\mathscr{T}$ preserves the property of being in contact, it follows that the curve $\mathscr{C}_Q$ touches the surface $\mathscr{S}_Q$ at the point $\bar{Q}$ corresponding to Q. So we see that in the present case the points Q of a surface Σ in $\mathbb{R}^3$ define a two-parameter family $\{\mathscr{C}_Q\}_{Q \in \Sigma}$ of curves whose envelope (or caustic) is just the surface $\bar{\Sigma}$. It is evident that such mappings are of considerable geometric interest.

Let us now turn to specific examples of contact transformations derived from directrix equations. We begin with planar case $n = 1$, i.e. with contact transformations defined on the 3-dimensional contact space

$$\hat{M} = \{(x, z, p): x, z, p \in \mathbb{R}\}$$

of an x, z-plane. Then the only interesting kind of transformations are those that can be derived from a single function $\Omega(x, z, \bar{x}, \bar{z})$ by means of the formulas

$$(53) \qquad \Omega = 0, \quad \Omega_x + p\Omega_z = 0, \quad \Omega_{\bar{x}} + \bar{p}\Omega_{\bar{z}} = 0,$$

and the solvability condition of Proposition 2 is $\Delta \neq 0$ on $\{\Omega = 0\}$ where Δ denotes the 3×3-determinant

$$(54) \qquad \Delta = \begin{vmatrix} 0 & , & \Omega_x & , & \Omega_z \\ \Omega_{\bar{x}} & , & \Omega_{x\bar{x}} & , & \Omega_{z\bar{x}} \\ \Omega_{\bar{z}} & , & \Omega_{x\bar{z}} & , & \Omega_{z\bar{z}} \end{vmatrix}.$$

We are now going to derive the formulas

$$(55) \qquad \bar{x} = X(x, z, p), \qquad \bar{z} = Z(x, z, p), \qquad \bar{p} = P(x, z, p),$$

giving the contact transformation $\mathscr{T}$ defined by (53) in explicit terms.

$\boxed{1}$ Consider a parabola given by

$$x^2 - 2z = 0.$$

The corresponding polar equation is the bilinear equation

$$(56) \qquad x\bar{x} - z - \bar{z} = 0.$$

If we choose this equation as directrix equation, i.e.

$$(57) \qquad \Omega(x, z, \bar{x}, \bar{z}) := x\bar{x} - z - \bar{z},$$

then system (53) immediately yields for (55):

$$(58) \qquad \bar{x} = p, \qquad \bar{z} = px - z, \qquad \bar{p} = x.$$

This is *Legendre's transformation*. We obtain $\Delta = 1$ for the determinant (54).

$\boxed{2}$ Next we consider the unit circle described by

$$x^2 + z^2 - 1 = 0.$$

We choose the corresponding polar equation

$$(59) \qquad x\bar{x} + z\bar{z} - 1 = 0$$

as directrix equation, i.e.

$$(60) \qquad \Omega(x, z, \bar{x}, \bar{z}) := x\bar{x} + z\bar{z} - 1.$$

Here (53) leads to the equations

$$(61) \qquad x\bar{x} + z\bar{z} - 1 = 0, \qquad \bar{x} + p\bar{z} = 0, \qquad x + pz = 0,$$

and we have $\Delta = -1$ on (59). The solution of (61) is

$$(62) \qquad \bar{x} = \frac{p}{px - z}, \qquad \bar{z} = -\frac{1}{px - z}, \qquad \bar{p} = -\frac{x}{z}.$$

We now want to give a geometric interpretation of these formulas using the *transformation by reciprocal polars*. To this end we associate with any *pole* $P = (x, z) \in \mathbb{R}^2$ a straight line $\mathscr{G}_P$ given by

$$\mathscr{G}_P := \{Q = (\xi, \zeta) \in \mathbb{R}^2 : \Omega(P, Q) = 0\},$$

the *polar* corresponding to P, i.e. $\mathscr{G}_P$ is given by the equation

$$(63) \qquad x\xi + z\zeta - 1 = 0$$

in running coordinates ξ, ζ. If P lies in the exterior of the unit circle $C = \{(\xi, \zeta) : \xi^2 + \zeta^2 = 1\}$, then

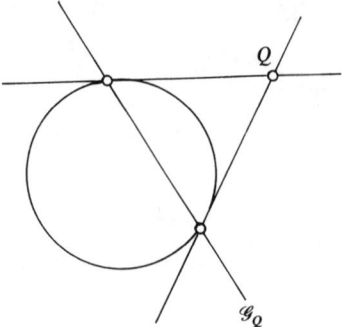

Fig. 24. Pole and polar.

its polar is the straight line through the two points on C where the tangents drawn from P to C are touching C.

Consider now two points $Q = (x, z)$ and $\bar{Q} = (\bar{x}, \bar{z})$ such that

(64) $$x\bar{x} + z\bar{z} - 1 = 0,$$

i.e. $\Omega(Q, \bar{Q}) = 0$. Then we have $\bar{Q} \in \mathscr{G}_Q$ and $Q \in \mathscr{G}_{\bar{Q}}$. The slope $\bar{p}$ of $\mathscr{G}_Q$ is given by $\bar{p} = -x/z$, and the slope p of $\mathscr{G}_{\bar{Q}}$ by $p = -\bar{x}/\bar{z}$, whence

(65) $$\bar{x} + p\bar{z} = 0 \quad \text{and} \quad x + \bar{p}z = 0.$$

Note that (64), (65) are just relations (62), which therefore allow the following interpretation: The contact transformation $\mathscr{T}$ given by (62) maps the point strip $\mathscr{E}_Q = \{(x, z, p): p \in \mathbb{R}\}$ supported by Q onto the strip supported by the polar $\mathscr{G}_Q$ of Q. Fix some direction p at (x, z). To obtain the image element $(\bar{x}, \bar{z}, \bar{p})$ of (x, z, p) one first has to take $\bar{p}$ as slope of the polar $\mathscr{G}_Q$. Then we draw a straight line $\mathscr{L}$ through $Q = (x, z)$ having p as slope; there is exactly one point $\bar{Q} = (\bar{x}, \bar{z})$ having $\mathscr{L}$ as its polar, i.e. $\mathscr{L} = \mathscr{G}_{\bar{Q}}$, and $\bar{Q}$ lies on $\mathscr{G}_Q$. Hence this construction can be reversed, that is, we obtain in the same way (x, z, p) from $(\bar{x}, \bar{z}, \bar{p})$.

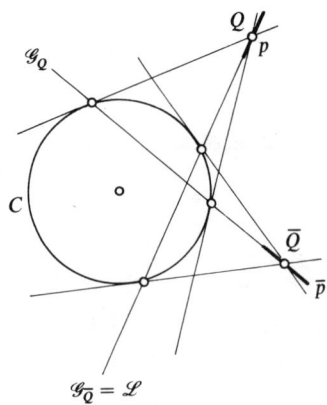

Fig. 25. Transformation of line elements by reciprocal polars.

An analogous interpretation holds for contact transformations derived from the polar equation of an arbitrary conic section; we leave the discussion to the reader.

$\boxed{3}$ If the directrix equation $\Omega(x, z, \bar{x}, \bar{z}) = 0$ is given by

$$\Omega(x, z, \bar{x}, \bar{z}) := (a_1 x + b_1 z + c_1)\bar{x} + (a_2 x + b_2 z + c_2)\bar{z} + (a_3 x + b_3 y + c_3),$$

then (53) yields

$$(a_1 x + b_1 z + c_1)\bar{x} + (a_2 x + b_2 z + c_2)\bar{z} + (a_3 x + b_3 z + c_3) = 0,$$

(66) $$(a_1 \bar{x} + a_2 \bar{z} + a_3) + p(b_1 \bar{x} + b_2 \bar{z} + b_3) = 0,$$

$$(a_1 x + b_1 z + c_1) + \bar{p}(a_2 x + b_2 z + c_2) = 0.$$

Introducing

$$A_k(x, z) := (a_k x + b_k z + c_k), \qquad \alpha_k(p) := a_k + pb_k,$$

equations (55) for $\mathcal{T}$ take the form

(67) $$\bar{x} = \frac{A_2\alpha_3 - A_3\alpha_2}{A_1\alpha_2 - A_2\alpha_1}, \qquad \bar{z} = \frac{A_1\alpha_3 - A_3\alpha_1}{A_2\alpha_1 - A_1\alpha_2}, \qquad \bar{p} = -\frac{A_1}{A_2}.$$

By means of the determinant

$$\mathring{\Delta} := \begin{vmatrix} a_1 & b_1 & c_1 \\ a_2 & b_2 & c_2 \\ a_3 & b_3 & c_3 \end{vmatrix},$$

we can write determinant (54) as

$$\Delta = \mathring{\Delta} - (a_1 b_2 - a_2 b_1)\Omega,$$

and therefore the condition

$$\Delta \neq 0 \quad \text{on } \{\Omega = 0\}$$

reduces to $\mathring{\Delta} \neq 0$.

This example generalizes $\boxed{2}$; the contact transformation (67), defined under the condition $\mathring{\Delta} \neq 0$, is the most general duality transformation introduced by Gergonne (1825–1826), thereby generalizing Poncelet's theory of reciprocal polars (1822).

$\boxed{4}$ The *pedal transformation* is another time-honoured contact transformation, which can already be found in the work of MacLaurin (1718). Here one uses

(68) $$\bar{x}^2 + \bar{z}^2 - x\bar{x} - z\bar{z} = 0$$

as indicatrix equation $\Omega = 0$. Equivalently we could use

(68') $$\Omega(x, z, \bar{x}, \bar{z}) = (2\bar{x} - x)^2 + (2\bar{z} - z)^2 - x^2 - z^2.$$

Here equations (53) become

(69) $$\bar{x} = \frac{(xp - z)p}{1 + p^2}, \qquad \bar{z} = -\frac{xp - z}{1 + p^2}, \qquad \bar{p} = \frac{xp^2 - x - 2zp}{zp^2 - z + 2xp}.$$

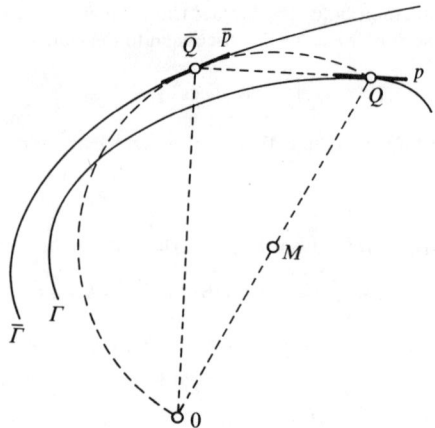

Fig. 26. The pedal transformation.

It is not difficult to verify that this transformation is equivalent to the following elementary geometric construction. Let $O = (0, 0)$ be the origin in the x, z-plane and fix some element $e = (x, z, p)$ at $Q = (x, z)$ with the direction p. Draw the straight line $\mathscr{L}$ through Q which has the slope p, and intersect $\mathscr{L}$ with the Thales circle over the chord OQ. Let $\bar{Q} = (\bar{x}, \bar{z})$ be the intersection point, and let $\bar{p}$ be the slope of the tangent to the Thales circle at $\bar{Q}$. Then $\bar{e} = (\bar{x}, \bar{z}, \bar{p})$ is the image of e under the transformation $\mathscr{T}$ defined by (69). We can directly verify that $\mathscr{T}$ is a contact transformation; in fact, we compute that

$$\mathscr{T}^*(d\bar{z} - \bar{p}\, d\bar{x}) = \rho(dz - p\, dx), \quad \rho = \frac{xp - z}{zp^2 - z + 2xp}.$$

Quetelet has noticed that the pedal transformation $\mathscr{T}$ can be written as $\mathscr{T} = \mathscr{R} \circ \mathscr{P}$ where $\mathscr{P}$ is the transformation by reciprocal polars discussed in $\boxed{2}$, and $\mathscr{R}$ is the inversion in the unit circle $\{\bar{x}^2 + \bar{z}^2 = 1\}$ extended to a contact transformation (see (3), (4), or 2.1 $\boxed{6}$). In fact $\mathscr{T}$ given by (69) maps the point strip $\mathscr{E}_Q$ supported by $Q = (x, z)$ into a circle C_Q with the chord OQ (or rather: in a strip supported by this circle). This circle is described by the equation

$$\left(\bar{x} - \frac{x}{2}\right)^2 + \left(\bar{z} - \frac{z}{2}\right)^2 - \frac{x^2 + z^2}{4} = 0$$

in running coordinates $\bar{x}, \bar{z}$, which is just (68). Applying the inversion $\mathscr{R} : (\bar{x}, \bar{z}, \bar{p}) \mapsto (\xi, \zeta, \pi)$ defined by

$$\xi = \frac{\bar{x}}{\bar{x}^2 + \bar{z}^2}, \quad \zeta = \frac{\bar{z}}{\bar{x}^2 + \bar{z}^2}, \quad \pi = \frac{2\bar{x}\bar{z} - (\bar{x}^2 - \bar{z}^2)\bar{p}}{(\bar{x}^2 - \bar{z}^2) + 2\bar{x}\bar{z}\bar{p}},$$

the circle C_Q is mapped into the line

$$\mathscr{L} = \{(\xi, \zeta): x\xi + z\zeta - 1 = 0\},$$

which is the polar of $Q = (x, z)$.

On the other hand, an arbitrary straight line $\mathscr{G} = \{(x, z): ax + bz - 1 = 0\}$ is mapped by $\mathscr{T}$ into the point $\bar{Q} = (\bar{x}, \bar{z})$ given by

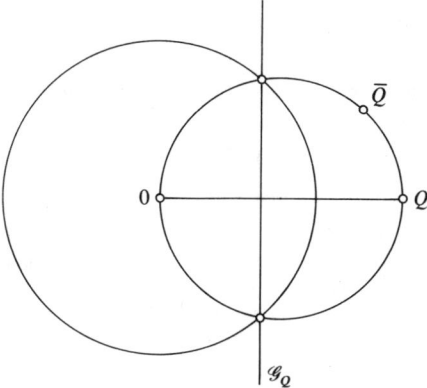

Fig. 27. Quetelet's remark.

$$\bar{x} = \frac{a}{a^2 + b^2}, \qquad \bar{z} = \frac{b}{a^2 + b^2}$$

(that is, the strip supported by $\mathscr{G}$, is transformed into the point strip $\mathscr{E}_{\bar{Q}}$ supported by $\bar{Q}$). Thus we infer that $\mathscr{R} \circ \mathscr{T} = \mathscr{P}$, and since $\mathscr{R}^2 = \mathscr{R} \circ \mathscr{R} = \mathrm{id}$, it follows that

(70)
$$\mathscr{T} = \mathscr{R} \circ \mathscr{P}$$

as we have claimed.

$\boxed{5}$ *Dilations* in x, z-space are obtained from the directrix equation

(71)
$$(\bar{x} - x)^2 + (\bar{z} - z)^2 - \theta^2 = 0.$$

The two additional equations from (53) are equivalent to

(72)
$$(\bar{x} - x) + (\bar{z} - z)p = 0, \qquad \bar{p} = p,$$

and we arrive at the well-known formulas

(73)
$$\bar{x} = x \mp \frac{\theta p}{\sqrt{1 + p^2}}, \qquad \bar{z} = z \pm \frac{\theta}{\sqrt{1 + p^2}}, \qquad \bar{p} = p.$$

Let now $\mathscr{E}$ be a strip supported by a curve $\mathscr{C}$ in x, z-space. Applying the dilations $\mathscr{T}_\theta$ defined by (73) to $\mathscr{E}$, we obtain "moving" strips $\mathscr{E}_\theta$ supported by moving curves $\mathscr{C}_\theta$. Since $\mathscr{T}_\theta$ maps point strips $\mathscr{E}_Q$ into strips supported by circles of radius $|\theta|$ about Q, it follows that the support $\mathscr{C}_\theta$ of $\mathscr{E}_\theta = \mathscr{T}_\theta \circ \mathscr{E}$ is obtained from $\mathscr{C}$ by an envelope construction, forming the envelope of all circles of radius $|\theta|$ centered at $\mathscr{C}$, i.e. $\mathscr{C}_\theta$ is constructed from $\mathscr{C}$ by means of Huygens's principle. In other words, if the motion $\mathscr{C}_\theta$ of the curve $\mathscr{C}$ in time θ is generated by a one-parameter group of dilations $\mathscr{T}_\theta$, it is described by Huygens's principle in its simplest form. This motion of curves $\mathscr{C}_\theta$ corresponds to the expansion of wave fronts in a two-dimensional isotropic homogeneous medium. The generalization of this observation was emphasized by Lie.[7]

---

[7] see Lie [3] Vol. 6, pp. 607 and 615–617, and also Lie–Scheffers [1], pp. 14–16, 96–97, 100–102.

6 Suppose that the directrix equation has the form

(74) $F(x - \bar{x}, z - \bar{z}) = 0,$

where $F(\xi, \zeta)$ is a smooth function of the variables ξ, ζ with nonvanishing gradient. Then (53) yields the two additional equations

(75)
$$F_\xi(x - \bar{x}, z - \bar{z}) + p F_\zeta(x - \bar{x}, z - \bar{z}) = 0,$$
$$F_\xi(x - \bar{x}, z - \bar{z}) + \bar{p} F_\zeta(x - \bar{x}, z - \bar{z}) = 0,$$

implying $\bar{p} = p$, i.e. $(x, z, p) \mapsto (\bar{x}, \bar{z}, p)$. That means, the image element $\bar{e}$ of e is "parallel to e" (see also 5). Solving (74) and the first equation of (75) by the implicit function theorem, we can write the transformation $\mathscr{T}$ determined by (74), (75) as

(76) $\bar{x} = x - \varphi(p), \qquad \bar{z} = z - \psi(p), \qquad \bar{p} = p.$

This is a contact transformation if

(77) $\mathscr{T}^*(d\bar{z} - \bar{p}\, d\bar{x}) = \rho \cdot (dz - p\, dx)$

holds true with $\rho(x, z, p) \neq 0$. Equations (76), (77) imply

(78) $(dz - p\, dx) - [\psi'(p) - p\varphi'(p)]\, dp = \rho \cdot (dz - p\, dx),$

whence $\rho(x, z, p) \equiv 1$ and

(79) $\psi'(p) - p\varphi'(p) \equiv 0,$

i.e. choosing $\varphi(p)$, the function $\psi(p)$ is (essentially) determined. Consider an arbitrary function $f(p)$. Then we can write the general solution of (79) as

$$\varphi(p) = -f'(p), \qquad \psi(p) = f(p) - pf'(p),$$

and therefore (76) takes the form

(80) $\bar{x} = x + f'(p), \qquad \bar{z} = z - z(p) + pf'(p), \qquad \bar{p} = p.$

This transformation commutes with all translations of the configuration space (extended to contact transformations by setting $\bar{p} = \bar{p}$). On the other hand, each such contact transformation must have an indicatrix equation of the special type (74). Thus we have:

The most general contact transformation $\mathscr{T}$ on $\mathbb{R}^2$ commuting with all translations is of the kind (80) *where $f(p)$ denotes an arbitrary function of p.*

This result was found by Lie.

Using polar coordinates in the x, z-plane it is not difficult to see that $\mathscr{T}$ commutes with all Euclidean motions of the plane provided that (74) is of the form

$$(x - \bar{x})^2 + (z - \bar{z})^2 - \theta^2 = 0,$$

i.e. if and only if $\mathscr{T}$ is a dilation.

Similarly, by using polar coordinates r, φ and $\bar{r}, \bar{\varphi}$ for Q and $\bar{Q}$, one sees that $\mathscr{T}$ commutes with all rotations about the origin and with all homotheties about the origin if it has a directrix equation of the type

(81) $F(r/\bar{r}, \varphi - \bar{\varphi}) = 0.$

Introducing $\rho = \log r$ and $\bar{\rho} = \log \bar{r}$ as new coordinates, (81) can be written as

(82) $G(\rho - \bar{\rho}, \varphi - \bar{\varphi}) = 0.$

We now consider curves $\varphi = \phi(r)$ as supporting sets of line elements $(r, \phi(r), \phi'(r))$. Instead of $\pi = \phi'(r)$ we use the coordinate τ defined by

(83) $\tan \tau = r\pi,$

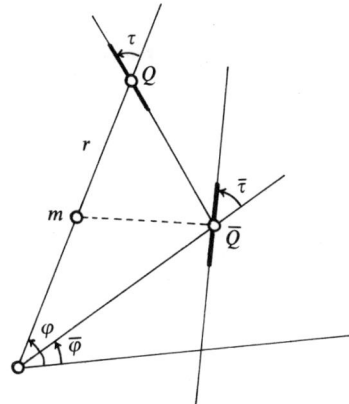

Fig. 28. Relations between r, φ, τ and $\bar{r}$, $\bar{\varphi}$, $\bar{\tau}$.

and analogously

(83')
$$\tan \bar{\tau} = \bar{r}\bar{\pi}.$$

Then the transformation $\mathcal{T} : (r, \varphi, \tau) \mapsto (\bar{r}, \bar{\varphi}, \bar{\tau})$ *commuting with all rotations and homotheties about the origin is of the form*

(84)
$$\bar{r} = re^{f'(\tan \tau)}, \qquad \bar{\varphi} = \varphi - f(\tan \tau) + (\tan \tau) \cdot f'(\tan \tau), \qquad \bar{\tau} = \tau,$$

where $f(s)$ is an arbitrary function of s. The meaning of τ in Euclidean space is: τ denotes the angle of the element $e = (Q, p)$ with the radius vector $\overrightarrow{OQ}$, if e in polar coordinates is given by (r, φ, π) and $\tan \tau = r\pi$.

If f is chosen in such a way that

(85)
$$\omega(\tan \tau) = (\tan \tau) \log(\sin \tau) - \tau + \pi/2,$$

then we obtain

(86)
$$\bar{r} = r \sin \tau, \qquad \bar{\varphi} = \varphi + \tau - \pi/2, \qquad \bar{\tau} = \tau,$$

which is the pedal transformation of $\boxed{4}$ (with the origin 0 as pole).

All transformations discussed in $\boxed{1}$–$\boxed{6}$ have analogues in higher dimensions where $x \in \mathbb{R}^n$, $z \in \mathbb{R}$, and $p \in \mathbb{R}^n$. For later applications we mention just two generalizations.

$\boxed{7}$ Corresponding to the paraboloid

$$|x|^2 - 2z = 0$$

in $\mathbb{R}^n \times \mathbb{R}$ we form the directrix equation

(87)
$$x^i \bar{x}^i - z - \bar{z} = 0,$$

which by Proposition 2 leads to *Legendre's transformation*

(88)
$$\bar{x} = p, \qquad \bar{z} = p \cdot x - z, \qquad \bar{p} = x,$$

which obviously is an involution (cf. also Proposition 1).

$\boxed{8}$ Corresponding to the sphere

$$|x|^2 + z^2 - 1 = 0$$

in $\mathbb{R}^n \times \mathbb{R}$ we consider the directrix equation

(89)
$$x^i \bar{x}^i + z\bar{z} - 1 = 0,$$

which by Proposition 2 leads to the contact transformation $\mathscr{P}$ defined by

(90)
$$\bar{x} = \frac{p}{p \cdot x - z}, \qquad \bar{z} = -\frac{1}{p \cdot x - z}, \qquad \bar{p} = -\frac{x}{z},$$

i.e. to the *transformation by reciprocal polars*.

For any fixed element $e = (x, z, p)$ with the supporting point $Q = (x, z)$ the equation

(91)
$$p \cdot (\xi - x) - (\zeta - x) = 0$$

in running coordinates (ξ, ζ) describes an affine hyperplane in $\mathbb{R}^n \times \mathbb{R}$, passing through Q, which has the normal vector $(p, -1)$. By means of (90) we can write (91) as

(92)
$$\bar{x}^i \xi^i + \bar{z}\zeta = 1,$$

i.e. $\bar{x}, \bar{z}$ are the plane coordinates of the hyperplane (91), and we have

(93)
$$\bar{x}^i x^i + \bar{z} z = 1,$$

since the plane passes through the point $Q = (x, z)$.

Since transformation (90) is an involution, we also have

(94)
$$x = \frac{\bar{p}}{\bar{p} \cdot \bar{x} - \bar{z}}, \qquad z = -\frac{1}{\bar{p} \cdot \bar{x} - \bar{z}}, \qquad p = -\frac{\bar{x}}{\bar{z}}.$$

As the reflection $\mathscr{S} : (\bar{x}, \bar{z}, \bar{p}) \mapsto (\xi, \zeta, \pi)$ defined by

$$\xi = \bar{x}, \qquad \zeta = -\bar{z}, \qquad \pi = -\bar{p}$$

is also a contact transformation, the composition $\mathscr{T} := \mathscr{S} \circ \mathscr{P}$ is a contact transformation as well. Viewing $\mathscr{T}$ as a mapping $(x, z, p) \mapsto (\bar{x}, \bar{z}, \bar{p})$, we can write $\mathscr{T}$ as

(95)
$$\bar{x} = \frac{p}{p \cdot x - z}, \qquad \bar{z} = \frac{1}{p \cdot x - z}, \qquad \bar{p} = \frac{x}{z}.$$

Since $\mathscr{T}$ is an involution, its inverse is obtained by replacing x, z, p by $\bar{x}, \bar{z}, \bar{p}$, and vice versa.

Consider a hypersurface Σ in $\mathbb{R}^n \times \mathbb{R}$ which is the graph of a scalar function L,

$$\Sigma = \{(x, z) : x = v, \zeta = L(v)\},$$

and let $\mathscr{E}$ be the strip supported by Σ, i.e.

(96)
$$v \mapsto \mathscr{E}(v) = (v, L(v), L_v(v)).$$

Then the image strip $\mathscr{T} \circ \mathscr{E}$ is given by

(97)
$$v \mapsto (\mathscr{T} \circ \mathscr{E})(v) = \left(\frac{L_v(v)}{v \cdot L_v(v) - \mathrm{L}(v)}, \frac{1}{v \cdot L_v(v) - L(v)}, \frac{v}{L(v)} \right).$$

As we shall see in 3.2, this strip is related to *Haar's transformation* in a similar way as the strip

(98)
$$v \mapsto (L_v(v), v \cdot L_v(v) - v, v),$$

obtained from $\mathscr{E}(v)$ by means of Legendre's transformation $\boxed{7}$, is related to Legendre's transformation introduced in Chapter 7.

Now we turn to examples of contact transformations which are generated by several directrix equations. We restrict ourselves to the case $n = 2$, that is, to contact transformations on the x, y, z-space $(= \mathbb{R}^3)$ defined by two directrix equations

(99) $$\Omega(x, y, z, \bar{x}, \bar{y}, \bar{z}) = 0 \quad \text{and} \quad \Pi(x, y, z, \bar{x}, \bar{y}, \bar{z}) = 0.$$

The resulting contact transformations $\mathscr{T}$ of type 2 are obtained by solving equations (52), taking (50) into account.

9 The directrix equations

(100) $$x + \bar{x} = 0, \qquad y\bar{y} + \bar{z} - z = 0$$

lead to the contact transformation

(101) $$\bar{x} = -x, \quad \bar{y} = q, \quad \bar{z} = qy - z, \quad \bar{p} = p, \quad \bar{q} = y,$$

which we can interpret as a "*partial*" *Legendre transformation*.

The curves $\mathscr{C}_Q$ associated with $Q = (x, z)$ are straight lines, all of which are perpendicular to the x-axis.

10 A particularly interesting contact transformation $\mathscr{A}$, called *apsidal transformation*, is generated by the two directrix equations

(102) $$\bar{x}^2 + \bar{y}^2 + \bar{z}^2 - x^2 - y^2 - z^2 = 0,$$
$$x\bar{x} + y\bar{y} + z\bar{z} = 0.$$

The symmetry of these equations implies that $\mathscr{A}$ is an involution. The curve $\mathscr{C}_Q$ corresponding to $Q = (x, y, z)$ lies in the plane E_Q through the origin which is perpendicular to the radius vector $\overrightarrow{OQ}$, and it is obtained by intersecting E_Q with the sphere of radius $r = \overline{OQ} = \sqrt{x^2 + y^2 + z^2}$ centered at the origin. If Q varies on a surface Σ of $\mathbb{R}^3$, then $\{\mathscr{C}_Q\}_{Q \in \Sigma}$ describes a two-parameter family of circles whose envelope $\bar{\Sigma}$ is the image of Σ under $\mathscr{A}$.

Let us introduce

(103) $$\Omega(x, y, z, \bar{x}, \bar{y}, \bar{z}) := \tfrac{1}{2}\{\bar{x}^2 + \bar{y}^2 + \bar{z}^2 - x^2 - y^2 - z^2\},$$
$$\Pi(x, y, z, \bar{x}, \bar{y}, \bar{z}) := x\bar{x} + y\bar{y} + z\bar{z}.$$

In order to obtain $\mathscr{A}$ from (102), i.e. from $\Omega = 0$, $\Pi = 0$, we have to add some further equations; instead of (52) we choose equations (40), which are essentially equivalent to (42), (43). Setting $\lambda := -\lambda_1, \mu = -\lambda_2$, we obtain for $\mathscr{A}$ the set of equation

$$\Omega = 0, \qquad \Pi = 0,$$

(104) $$-\rho p = \lambda\Omega_x + \mu\Pi_x, \qquad -\rho p = \lambda\Omega_y + \mu\Pi_y, \qquad \rho = \lambda\Omega_z + \mu\Pi_z,$$
$$\bar{p} = \lambda\Omega_{\bar{x}} + \mu\Pi_{\bar{x}}, \qquad \bar{q} = \lambda\Omega_{\bar{y}} + \mu\Pi_{\bar{y}}, \qquad -1 = \lambda\Omega_{\bar{z}} + \mu\Pi_{\bar{z}}.$$

Thus we have to supplement (102) by the equations

(105) $$\rho p = \lambda x - \mu\bar{x}, \qquad \rho q = \lambda y - \mu\bar{y}, \qquad -\rho = \lambda z - \mu\bar{z},$$
$$\bar{p} = \lambda\bar{x} + \mu x, \qquad \bar{q} = \lambda\bar{y} + \mu y, \qquad -1 = \lambda\bar{z} + \mu z.$$

Let us consider the points $Q = (x, y, z)$, $\bar{Q} = (\bar{x}, \bar{y}, \bar{z})$ and the vectors $n = (p, q, -1)$, $\bar{n} = (\bar{p}, \bar{q}, -1)$. Then n is a normal vector of the affine plane E determined by the element $e = (x, y, z, p, q)$, and $\bar{n}$ is normal to the affine plane $\bar{E}$ determined by $\bar{e} = (\bar{x}, \bar{y}, \bar{z}, \bar{p}, \bar{q})$. In order to extract the correspondence $e \mapsto \bar{e}$ from equations (102), (105), we choose new coordinates to represent line elements in a more homogeneous way. To this end we introduce the vectors $N = (a, b, c)$ and $\bar{N} = (\bar{a}, \bar{b}, \bar{c})$ given by

(106) $$a = \frac{p}{px + qy - z}, \qquad b = \frac{q}{px + qy - z}, \qquad c = \frac{-1}{px + qy - z}$$

and

(106') $$\bar{a} = \frac{p}{\bar{p}\bar{x} + \bar{q}\bar{y} - \bar{z}}, \qquad \bar{b} = \frac{\bar{q}}{\bar{p}\bar{x} + \bar{q}\bar{y} - \bar{z}}, \qquad \bar{c} = \frac{-1}{\bar{p}\bar{x} + \bar{q}\bar{y} - \bar{z}},$$

respectively (see also $\boxed{8}$); this is always possible if e and $\bar{e}$ do not describe affine planes passing through the origin. In running coordinates (ξ, η, ζ) and $(\bar{\xi}, \bar{\eta}, \bar{\zeta})$ the equations

$$a\xi + b\eta + c\zeta = 1,$$

and

$$\bar{a}\bar{\xi} + \bar{b}\bar{\eta} + \bar{c}\bar{\zeta} = 1,$$

describe the affine planes E and $\bar{E}$ determined by e and $\bar{e}$ respectively. Then we can represent e and $\bar{e}$ by the six-tuples ε and $\bar{\varepsilon}$ given by

(107) $$\varepsilon = (x, y, z, a, b, c) = (Q, N)$$

and

(107') $$\bar{\varepsilon} = (\bar{x}, \bar{y}, \bar{z}, \bar{a}, \bar{b}, \bar{c}) = (\bar{Q}, \bar{N}).$$

Note that ε and $\bar{\varepsilon}$ are not free but satisfy the equations

$$ax + by + cz = 1 \quad \text{and} \quad \bar{a}\bar{x} + \bar{b}\bar{y} + \bar{c}\bar{z} = 1,$$

i.e.

(108) $$N \cdot Q = 1 \quad \text{and} \quad \bar{N} \cdot \bar{Q} = 1,$$

expressing the fact that Q lies in E and $\bar{Q}$ in $\bar{E}$ respectively. Thus ε and $\bar{\varepsilon}$ can be considered as points on the same quadric in $\mathbb{R}^6$.

From ε and $\bar{\varepsilon}$ we obtain e and $\bar{e}$ by the formulas

(109) $$p = -a/c, \quad q = -b/c,$$

and

(109') $$\bar{p} = -\bar{a}/\bar{c}, \quad \bar{q} = -\bar{b}/\bar{c};$$

that is, (a, b, c) and $(\bar{a}, \bar{b}, \bar{c})$ are *homogeneous coordinates* for the directions n and $\bar{n}$ of the normals of E and $\bar{E}$.

Now we can write (102) and (105) as

(110) $$r := |Q| = |\bar{Q}|, \quad Q \cdot \bar{Q} = 0,$$

(111) $$pn = \lambda Q - \mu\bar{Q}, \quad \bar{n} = \lambda\bar{Q} + \mu Q.$$

This implies

(112) $$pn \cdot Q = \lambda r^2, \quad \bar{n} \cdot \bar{Q} = \lambda r^2,$$

whence

$$\frac{n}{n \cdot Q} = \frac{\lambda Q - \mu\bar{Q}}{\lambda r^2}, \quad \frac{\bar{n}}{\bar{n} \cdot \bar{Q}} = \frac{\lambda\bar{Q} + \mu Q}{\lambda r^2}.$$

By (106) and (106') we have

(113) $$N = \frac{n}{n \cdot Q}, \quad \bar{N} = \frac{\bar{n}}{\bar{n} \cdot \bar{Q}},$$

and therefore

(114) $$r^2 N = Q - \sigma\bar{Q}, \quad r^2\bar{N} = \bar{Q} + \sigma Q,$$

where we have set

(115) $$\sigma := \mu/\lambda.$$

From (110) and (114) we infer

$$r^4|N|^2 = r^2(1 + \sigma^2), \quad r^4|\bar{N}|^2 = r^2(1 + \sigma^2),$$

whence

(116) $$1 + \sigma^2 = |N|^2 r^2 = |\bar{N}|^2 r^2.$$

Furthermore (114) implies

$$\sigma r^2 N = \sigma Q - \sigma^2 \bar{Q} = -\bar{Q} + r^2 \bar{N} - \sigma^2 \bar{Q}$$
$$= -(1 + \sigma^2)\bar{Q} + r^2 \bar{N},$$
$$\sigma r^2 \bar{N} = \sigma \bar{Q} + \sigma^2 Q = Q - r^2 N + \sigma^2 Q$$
$$= (1 + \sigma^2)Q - r^2 N,$$

and on account of (116) it follows that

(117) $$\sigma N = -|\bar{N}|^2 \bar{Q} + \bar{N}, \qquad \sigma \bar{N} = |N|^2 Q - N.$$

From (114), (116), and (117) we obtain that the apsidal transformation $\mathscr{A}$, expressed as mapping $\varepsilon \mapsto \bar{\varepsilon}$, can be written as

(118) $$\sigma \bar{Q} = Q - |Q|^2 N, \quad \sigma \bar{N} = |N|^2 Q - N, \qquad \sigma = \pm\sqrt{|Q|^2 |N|^2 - 1},$$

and its inverse $\mathscr{A}^{-1}$ by

(119) $$\sigma Q = -\bar{Q} + |\bar{Q}|^2 \bar{N}, \quad \sigma N = -|\bar{N}|^2 \bar{Q} + \bar{N}, \qquad \sigma = \pm\sqrt{|\bar{Q}|^2 |\bar{N}|^2 - 1}.$$

Since we can choose the sign of the square root determining σ, we see that $\mathscr{A}$ is a 1–2 correspondence, i.e. every element ε corresponds to two elements $\pm\bar{\varepsilon}$. If we choose one branch of this correspondence by fixing the sign of σ, we have to choose in (119) the opposite sign, i.e. σ is to be replaced by $-\sigma$, since we a priori know that $\mathscr{A}$ is an involution.

Now we want to prove a remarkable property of $\mathscr{A}$. For this purpose we consider the transformation by reciprocal polars, $\mathscr{P}$, considered in $\boxed{8}$. By expressing $\mathscr{P}$ as a mapping $\varepsilon \mapsto \bar{\varepsilon}$ (instead of $e \mapsto \bar{e}$), we can write this correspondence as

(120) $$\bar{Q} = N, \qquad \bar{N} = Q,$$

i.e.

(120′) $$\mathscr{P}(Q, N) = (N, Q).$$

These formulas are much nicer than (90) and show at once that $\mathscr{P}$ is an involution, i.e. $\mathscr{P}^2 = \text{id}$. By (118) and (120′) we obtain

$$(\mathscr{A} \circ \mathscr{P})(\varepsilon) = \mathscr{A}(\mathscr{P}(Q, N)) = \mathscr{A}(N, Q)$$
$$= \left(\frac{N - |N|^2 Q}{\sigma(\varepsilon)}, \frac{-Q + |Q|^2 N}{\sigma(\varepsilon)} \right),$$

since $\sigma^2(\varepsilon) = |Q|^2 |N|^2 - 1$ is invariant under the mapping $\mathscr{P}$. On the other hand we have

$$\mathscr{A}(Q, N) = \left(\frac{Q - |Q|^2 N}{\sigma(\varepsilon)}, \frac{-N + |N|^2 Q}{\sigma(\varepsilon)} \right),$$

whence

$$(\mathscr{P} \circ \mathscr{A})(\varepsilon) = \mathscr{P}(\mathscr{A}(\varepsilon)) = \left(\frac{-N + |N|^2 Q}{\sigma(\varepsilon)}, \frac{Q - |Q|^2 N}{\sigma(\varepsilon)} \right),$$

i.e.

(121) $$(\mathscr{P} \circ \mathscr{A})(\varepsilon) = -(\mathscr{A} \circ \mathscr{P})(\varepsilon).$$

Hence if we interpret $\mathscr{A}$ as a 1–2 correspondence (i.e. as a 2-valued map), then we can write (121) just as

(122) $$\mathscr{P} \circ \mathscr{A} = \mathscr{A} \circ \mathscr{P}.$$

If we choose only one branch to define $\mathscr{A}$ as a singh-valued correspondence, we can express (121) as

(123) $$\mathscr{A} \circ \mathscr{P} = \mathscr{S} \circ \mathscr{A} \circ \mathscr{P} = \mathscr{A} \circ \mathscr{P} \circ \mathscr{S},$$

where $\mathscr{S}$ denotes the contact transformation

(124) $$\mathscr{S}(\varepsilon) = -\varepsilon,$$

which describes a *point reflection* in the origin 0. This is to say, *the apsidal transformation $\mathscr{A}$ and the polarity $\mathscr{P}$ (essentially) commute.*

We shall use this property to prove the remarkable fact that *the polarity $\mathscr{P}$ transforms any Fresnel surface into another such surface*, which is of importance in optics.

Let us consider an ellipsoid

(125) $$\Sigma = \{(x, y, z)\colon \alpha x^2 + \beta y^2 + \gamma z^2 = 1\}.$$

The tangent element ε of Σ at $Q = (x, y, z)$ is given by $\varepsilon = \mathscr{E}(Q) := (Q, N(Q))$ where

(126) $$N(Q) = (\alpha x, \beta y, \gamma z),$$

since

$$\alpha x \xi + \beta y \eta + \gamma z \zeta = 0$$

describes the tangent plane to Σ at Q in running coordinates ξ, η, ζ. Thus the strip $\mathscr{E}$ supported by Σ is given by $Q \mapsto \mathscr{E}(Q)$ (to be precise: we have to consider $c \mapsto (Q(c), N(Q(c)))$ where $c \mapsto Q(c)$ is a parametrization of the ellipsoid Σ). The image strip $\bar{\mathscr{E}} := \mathscr{A} \circ \mathscr{E}$ is then given by

$$Q \mapsto \bar{\mathscr{E}}(Q) = \left(\frac{1}{\sigma(Q)} [Q - |Q|^2 N(Q)], \frac{1}{\sigma(Q)} [|N(Q)|^2 Q - N(Q)] \right),$$

where

$$\sigma^2(Q) = |Q|^2 |N(Q)|^2 - 1,$$

and $\bar{\mathscr{E}}$ is supported by the surface $\bar{\Sigma}$ given by

(127) $$\bar{x} = \frac{1}{\sigma}(x - \alpha r^2 x), \qquad \bar{y} = \frac{1}{\sigma}(y - \beta r^2 y), \qquad \bar{z} = \frac{1}{\sigma}(z - \gamma r^2 z),$$

where

(128) $$r^2 = x^2 + y^2 + z^2 = \bar{x}^2 + \bar{y}^2 + \bar{z}^2 = \bar{r}^2,$$
$$\sigma^2 = r^2 [\alpha^2 x^2 + \beta^2 y^2 + \gamma^2 z^2] - 1.$$

Multiplying (127) by x, y, and z respectively we obtain

(129) $$x^2(1 - \alpha r^2) + y^2(1 - \beta r^2) + z^2(1 - \gamma r^2) = 0,$$

since $Q \cdot \bar{Q} = 0$ according to (102). Then we infer from (127) and (129) that

(130) $$\frac{\bar{x}^2}{1 - \alpha \bar{r}^2} + \frac{\bar{y}^2}{1 - \beta \bar{r}^2} + \frac{\bar{z}^2}{1 - \gamma \bar{r}^2} = 0,$$
$$\bar{r}^2 := \bar{x}^2 + \bar{y}^2 + \bar{z}^2.$$

This quartic is just *Fresnel's surface*, and so we have found that the image of an ellipsoid under the apsidal transformation is a Fresnel surface, and every Fresnel surface is in this way obtained from an ellipsoid.

Now we want to prove that the polarity $\mathscr{P}$ maps Fresnel surfaces into Fresnel surfaces. The direct computational proof of this fact is rather tedious; instead we use the fact that any Fresnel surface $\bar{\Sigma}$ is obtained in the form $\bar{\Sigma} = \mathscr{A}(\Sigma)$ from an ellipsoid Σ. (Here and in the sequel, we "identify" hypersurfaces Σ, $\bar{\Sigma}$, Σ_*, $\bar{\Sigma}_*$ of $\mathbb{R}^3$ with the strips of type $\mathscr{C}_2^2$ that they support. This sloppy notation simplifies formulas.) Then we see that

(131) $$\mathscr{P}(\bar{\Sigma}) = (\mathscr{P} \circ \mathscr{A})(\Sigma) = (\mathscr{A} \circ \mathscr{P} \circ \mathscr{S})(\Sigma) = (\mathscr{A} \circ \mathscr{P})(\Sigma)$$

on account of (123). Now we note $\Sigma_* := \mathscr{P}(\Sigma)$ is an ellipsoid given by the equation

(132)
$$\frac{x^2}{\alpha} + \frac{y^2}{\beta} + \frac{z^2}{\gamma} = 1,$$

which is obtained from (125) by replacing the principal axes $1/\sqrt{\alpha}, 1/\sqrt{\beta}, 1/\sqrt{\gamma}$ by their reciprocal values $\sqrt{\alpha}, \sqrt{\beta}, \sqrt{\gamma}$. Then $\mathscr{A}(\Sigma_*)$ is the Fresnel surface given by the equation

(133)
$$\frac{\bar{x}^2}{1 - (\bar{r}^2/\alpha^2)} + \frac{\bar{y}^2}{1 - (\bar{r}^2/\beta^2)} + \frac{\bar{z}^2}{1 - (\bar{r}^2/\gamma^2)} = 0.$$

Thus, by (131), we have $\mathscr{P}(\bar{\Sigma}) = \mathscr{A}(\Sigma_*)$, i.e.

(134)
$$\bar{\Sigma}_* = \mathscr{P}(\bar{\Sigma})$$

where $\bar{\Sigma}$ is given by (130) and $\bar{\Sigma}_*$ by (133), and the assertion is proved.

We close our discussion of the apsidal transformation by a remark on Fresnel's surface related to the phenomenon of *conical refraction*. Suppose that Σ is an ellipsoid given by (125) where $\alpha > \beta > \gamma$. Then one can show that Σ has four circular sections (which then lie in planes containing either the y-axis or the z-axis). The two planes containing the y-axis which intersect Σ in a circle are given by

$$\frac{x}{\sqrt{\beta - \gamma}} = \frac{z}{\sqrt{\alpha - \beta}}.$$

A circle C on Σ together with the plane containing C can be viewed as a 1-strip. The contact transformation $\mathscr{A}$ maps this 1-strip in another one supported by a single point $\bar{Q}$ (because of the special form of the directrix equations), and the envelope of the planes of this strip is a cone with $\bar{Q}$ as vertex. Together with property (134) this yields the following result:

(i) *On every Fresnel surface $\bar{\Sigma}$ there are four singular points $Q_j, j = 1, \ldots, 4$, where $\bar{\Sigma}$ has no unique tangential plane. In every such point the family of all possible tangent planes is envelopping a cone whose vertex lies in this point ("singularity of first kind").*

(ii) *There are four tangent planes E_j of $\bar{\Sigma}$ which are touching Σ in circles and not in well-defined points ("singularities of second kind").*

Both kinds of singularities are in dual relation to each other with respect to transformation $\mathscr{P}$.

The existence of the special tangent planes $E_1, \ldots, E_4$ of type (ii) for a Fresnel surface can also be derived from the fact that the ellipsoid is contained in four different circular cylinders which touch the ellipsoid in circles. Viewing these circles and cylinders as 1-strips, they are mapped by $\mathscr{A}$ into singularities of second kind on the Fresnel surface, and $\mathscr{P}$ maps them into singularities of first kind.

Singularities of the first kind have the following optical meaning: In a crystal there exist singular ray directions for which the wave normal is not uniquely determined; instead these normals generate a certain cone. This fact is related to the phenomenon of conical refraction predicted by Hamilton and experimentally verified by Lloyd in 1833.

Before we turn to the final examples we want to mention a useful application of contact transformations, a particular case of which we have already encountered in 7, *1.1* $\boxed{2}$. The following general remarks might be useful: Strips are geometric objects expressing contact of first order, and contact transformations are mappings preserving first order contact. Naturally these notions are of particular importance for differential equations of first order. Correspondingly, for differential equations of higher order, geometric objects incorporating contact of higher order will be important, and therefore one should study mappings preserving higher order contact. In particular, for treating equations of second order,

$$(135) \qquad\qquad F(x, u, u_x, u_{xx}) = 0,$$

one should apply "second-order" contact transformations to transform (135) into another equation,

$$(135') \qquad\qquad G(\bar{x}, v, v_{\bar{x}}, v_{\bar{x}\bar{x}}) = 0,$$

which is possibly easier to handle. In general, transformations of this kind are quite complicated; therefore one usually works with point transformations or "first order" contact transformations. However, in order to apply such maps to equations of type (135), we have to prolong them to second-order contact transformations, just as a point transformation must be prolonged to a (first-order) contact transformation in order to be applicable to first-order equations $F(x, u, u_x) = 0$. So let us see how an ordinary (that is, a first-order) contact transformation can be extended to a second-order contact transformation.

We shall restrict our considerations to $n = 2$, i.e. to a 3-dimensional configuration space $M = \mathbb{R}^2 \times \mathbb{R}$ whose points Q are given by coordinates (x, y, z). Then surface elements of second order, simply called *elements*, are octuples

$$(136) \qquad\qquad e = (x, y, z, p, q, r, s, t)$$

forming the 8-dimensional contact space $\hat{M} = \mathbb{R}^2 \times \mathbb{R} \times \mathbb{R}^2 \times \mathbb{R}^3$. On $\hat{M}$ we define three contact forms ω, π, κ by

$$(137) \qquad \begin{aligned} \omega &= dz - p\, dy - q\, dy, \\ \pi &= dp - r\, dx - s\, dy, \qquad \kappa = dq - s\, dx - t\, dy. \end{aligned}$$

Let $z = u(x, y), (x, y) \in \Omega \subset \mathbb{R}^2$, be a smooth function. Its graph

$$\Sigma = \{(x, y, u(x, y)): (x, y) \in \Omega\}$$

forms a surface in M. The points $(x, y, u(x, y))$ of this surface are thought to be support points of contact quantities

$$(138) \qquad \begin{aligned} p(x, y) &= u_x(x, y), \qquad q(x, y) = u_y(x, y), \\ r(x, y) &= u_{xx}(x, y), \qquad s(x, y) = u_{xy}(x, y), \qquad t(x, y) = u_{yy}(x, y) \end{aligned}$$

and we have

$$(139) \qquad\qquad \mathscr{E}^*\omega = 0, \qquad \mathscr{E}^*\pi = 0, \qquad \mathscr{E}^*\kappa = 0,$$

where $\mathscr{E}(x, y)$ denotes the prolongation of the surface representation $f(x, y) = (x, y, u(x, y))$ into the contact space $\hat{M}$ given by

$$(140) \qquad \mathscr{E}(x, y) = (x, y, u(x, y), p(x, y), q(x, y), r(x, y), s(x, y), t(x, y)).$$

More generally we define a strip[8] of second order as a smooth mapping

---

[8] Precisely speaking, a two-strip of second order.

$\mathscr{E} : \Omega \to \hat{M}$ of a 2-dimensional parameter set Ω into a contact space $\hat{M}$ which is an immersion and annulles the three contact forms ω, π, and κ, i.e. $\mathscr{E}$ satisfies (139).

We can view every strip of second order in $M = \mathbb{R}^3$ as a surface Σ with a quadric attached to each of its points, just as a strip of first order is a surface with a hyperplane attached to each of its points, and such that Σ is the envelope of this 2-parameter family of quadrics and hyperplanes respectively.

Next we define contact transformations of second order as transformations $\mathscr{S} : \hat{M} \to \hat{M}$ (or of domains of $\hat{M}$ into $\hat{M}$) mapping strips of second order into strips of second order.

Then we want to show that a first-order contact transformation $\mathscr{T}$ on M can be prolonged to a second-order contact transformation $\mathscr{S}$ on M in a canonical way, just as a point transformation on M can be prolonged to a first-order contact transformation.

In fact, let the first-order contact transformation $\mathscr{T}$ be given by

(141)
$$\bar{x} = X(x, y, z, p, q), \qquad \bar{y} = Y(x, y, z, p, q), \qquad \bar{z} = Z(x, y, z, p, q),$$
$$\bar{p} = P(x, y, z, p, q), \qquad \bar{q} = Q(x, y, z, p, q).$$

Then we supplement these relations by

$$\bar{r} = R(x, y, z, p, q, r, s, t), \quad \bar{s} = S(x, y, z, p, q, r, s, t), \quad \bar{t} = T(x, y, z, p, q, r, s, t),$$

where

(142)
$$R := \frac{1}{\Delta}(P_x^* Y_y^* - P_y^* Y_x^*), \qquad T := \frac{1}{\Delta}(Q_y^* X_x^* - Q_x^* X_y^*),$$

$$S := \frac{1}{\Delta}(P_y^* X_x^* - P_x^* X_y^*) := \frac{1}{\Delta}(Q_x^* Y_y^* - Q_y^* Y_x^*),$$

$$\Delta := X_x^* Y_y^* - X_y^* Y_x^*,$$

$$X_x^* := X_x + X_z p + X_p r + X_q s,$$

$$X_y^* := X_y + X_z q + X_p s + X_q t,$$

and analogous definitions for Y_x^*, Y_y^*, ..., Q_x^*, Q_y^*.

Now we claim that *the map $\mathscr{S}$ given by equations* (141) *and* (142),

$$\bar{x} = X(x, y, z, p, q), \ldots, \bar{t} = T(x, y, z, p, q, r, s, t),$$

is a contact transformation of second order. To this end we consider an arbitrary smooth function $u(x, y)$ and its associated strip $\mathscr{E}(x, y)$ of second order given by (140). Moreover, let $\mathscr{F} := \mathscr{S} \circ \mathscr{E}$ be the image strip under $\mathscr{S}$. Let $\bar{\omega}, \bar{\pi}, \bar{\kappa}$ be the 1-forms defined analogously to (137):

$$\bar{\omega} = d\bar{z} - \bar{p}\, d\bar{x} - \bar{q}\, d\bar{y},$$

$$\bar{\pi} = d\bar{p} - \bar{r}\, d\bar{x} - \bar{s}\, d\bar{y}, \qquad \bar{\kappa} = d\bar{q} - \bar{s}\, d\bar{x} - \bar{t}\, d\bar{y}.$$

Since $\mathscr{E}$ is a second-order strip, we have (139), in particular $\mathscr{E}^*\omega = 0$ whence

$\mathscr{F}^*\overline{\omega} = 0$ since $\mathscr{S}$ is the prolongation of a first-order contact transformation. It remains to be seen that

(143)
$$\mathscr{F}^*\overline{\pi} = 0 \quad \text{and} \quad \mathscr{F}^*\overline{\kappa} = 0.$$

In fact, we have

$$\mathscr{F}^*\overline{x} = \mathscr{E}^*X, \quad \mathscr{F}^*\overline{y} = \mathscr{E}^*Y, \quad \ldots, \quad \mathscr{F}^*\overline{q} = \mathscr{E}^*Q,$$

and therefore

$$\mathscr{F}^* \, d\overline{x} = d(\mathscr{F}^*\overline{x}) = d(\mathscr{E}^*X) = (\mathscr{E}^*X_x^*) \, dx + (\mathscr{E}^*X_y^*) \, dy,$$
$$\vdots$$
$$\mathscr{F}^* \, d\overline{q} = d(\mathscr{F}^*\overline{q}) = d(\mathscr{E}^*Q) = (\mathscr{E}^*Q_x^*) \, dx + (\mathscr{E}^*Q_y^*) \, dy.$$

Let us write for simplicity

(144)
$$\tilde{X}_x^* := \mathscr{E}^*X_x^*, \ldots, \tilde{Q}_y^* := \mathscr{E}^*Q_y^*,$$
$$\tilde{\Delta} := \mathscr{E}^*\Delta, \quad \tilde{R} := \mathscr{E}^*R, \quad \tilde{S} := \mathscr{E}^*S, \quad \tilde{T} := \mathscr{E}^*T.$$

Then we obtain

(145) $\mathscr{F}^* \, d\overline{x} = \tilde{X}_x^* \, dx + \tilde{X}_y^* \, dy, \quad \ldots, \quad \mathscr{F}^* \, d\overline{q} = \tilde{Q}_x^* \, dx + \tilde{Q}_y^* \, dy.$

The first two equations of (145) yield the identities

(146)
$$dx = \tilde{\Delta}^{-1}[\tilde{Y}_y^*(\mathscr{F}^* \, d\overline{x}) - \tilde{X}_y^*(\mathscr{F}^* \, d\overline{y})],$$
$$dy = \tilde{\Delta}^{-1}[\tilde{X}_x^*(\mathscr{F}^* \, d\overline{y}) - \tilde{Y}_x^+(\mathscr{F}^* \, d\overline{x})].$$

Inserting these two expressions in the last two equations of (145) (i.e. in the equations $\mathscr{F}^*\overline{p}$ in terms of dx and dy), we obtain the equations

(147)
$$\mathscr{F}^* \, d\overline{p} = \tilde{R}(\mathscr{F}^* \, d\overline{x}) + \tilde{S}(\mathscr{F}_y^* \, d\overline{y}) = \mathscr{F}^*(\overline{r} \, d\overline{x} + \overline{s} \, d\overline{y}),$$
$$\mathscr{F}^* \, d\overline{q} = \tilde{S}(\mathscr{F}^* \, d\overline{x}) + \tilde{T}(\mathscr{F}_y^* \, d\overline{y}) = \mathscr{F}^*(\overline{s} \, d\overline{x} + \overline{t} \, d\overline{y}),$$

which are just relations (143). Reversing these computations we are led from (143) to (142). It is now easy to see that (139) holds for any second-order strip $\mathscr{E}$; we leave it to the reader to verify this claim. *Therefore $\mathscr{S}$ is really the canonical prolongation of $\mathscr{T}$ to a second-order contact transformation.*

Suppose now that for a given smooth function $u(x, y)$ and a first-order contact transformation $\mathscr{T}$ given by (141) the mapping $\phi : (x, y) \mapsto (\overline{x}, \overline{y})$ is given by

(148)
$$\overline{x} = Y(x, y, u(x, y), u_x(x, y), u_y(x, y)) =: \xi(x, y),$$
$$\overline{y} = Y(x, y, u(x, y), u_x(x, y), u_y(x, y)) =: \eta(x, y).$$

Let $\mathscr{E}$ be the second-order strip generated by u according to (138) and (140), and let $\mathscr{F} = \mathscr{S} \circ \mathscr{E}$ be its image under the above extension $\mathscr{S}$ of $\mathscr{T}$. Then the reparametrization

$$\mathscr{G} := \mathscr{S} \circ \mathscr{E} \circ \phi^{-1} = \mathscr{F} \circ \phi^{-1}$$

yields another second-order strip, which then must be of the form

(149) $\mathcal{G}(\bar{x}, \bar{y}) = (\bar{x}, \bar{y}, v(\bar{x}, \bar{y}), v_{\bar{x}}(\bar{x}, \bar{y}), v_{\bar{y}}(\bar{x}, \bar{y}), v_{\bar{x}\bar{x}}(\bar{x}, \bar{y}), v_{\bar{x}\bar{y}}(\bar{x}, \bar{y}), v_{\bar{y}\bar{y}}(\bar{x}, \bar{y}))$,

where

(150) $$v = u \circ \phi^{-1},$$

if we take the relations

$$\mathcal{G}^*\bar{\omega} = 0, \qquad \mathcal{G}^*\bar{\pi} = 0, \qquad \mathcal{G}^*\bar{\kappa} = 0$$

into account.

If u is a solution of a second order equation

(151) $$F(x, y, u, u_x, u_y, u_{xx}, u_{xy}, u_{yy}) = 0,$$

then $v = u \circ \phi^{-1}$ will be solution of another equation of the same kind,

(152) $$G(\bar{x}, \bar{y}, v, v_{\bar{x}}, v_{\bar{y}}, v_{\bar{x}\bar{x}}, v_{\bar{x}\bar{y}}, v_{\bar{y}\bar{y}}) = 0$$

and it may very well be that (152) is of a simpler type than (151).

To illustrate this mechanism by a simple example, we consider *Legendre's transformation* $\boxed{7}$ for $n = 2$ which then becomes

(153) $\bar{x} = p, \quad \bar{y} = q, \quad \bar{z} = px + qy - z, \quad \bar{p} = x, \quad \bar{q} = y.$

It turns out that

$$X_x^* = r, \quad X_y^* = s, \quad Y_x^* = s, \quad Y_y^* = t,$$

(154) $$P_x^* = 1, \quad P_y^* = 0, \quad Q_x^* = 0, \quad Q_y^* = 1, \quad \Delta = rt - s^2,$$

$$R = \frac{t}{rt - s^2}, \quad S = \frac{-s}{rt - s^2}, \quad T = \frac{r}{rt - s^2}.$$

Thus any equation of the type

(155) $$A(p, q)r + 2B(p, q)s + C(p, q)t = 0$$

is transformed into a linear equation

(156) $$A(\bar{x}, \bar{y})\bar{t} - 2B(\bar{x}, \bar{y})\bar{s} + C(\bar{x}, \bar{y})\bar{r} = 0,$$

where

(157) $$p = u_x, \quad q = u_y, \quad r = u_{xx}, \quad s = u_{xy}, \quad t = u_{yy},$$
$$\bar{p} = v_{\bar{x}}, \quad \bar{q} = v_{\bar{y}}, \quad \bar{r} = v_{\bar{x}\bar{x}}, \quad \bar{s} = v_{\bar{x}\bar{y}}, \quad \bar{t} = v_{\bar{y}\bar{y}}$$

and $v = u \circ \phi^{-1}$. The reader may convince himself that these are just the formulas of *7,1.1* $\boxed{2}$. Legendre's transformation takes the quasilinear equation (155) into the linear equation (156).

Another interesting example is furnished by the equation

$$t = f(p)r$$

governing planar sound waves, which is transformed into the linear hyperbolic equation

(158) $$\bar{r} = f(\bar{x})\bar{t}.$$

It turns out that Monge-Ampère equations are transformed in equations of the same type. Let us also note that H. Lewy and E. Heinz in their celebrated work on Monge-Ampère equations have used the above idea to derive a certain normal form of Monge-Ampère equations by means of a transformation due to Darboux. This normal form easily leads to a priori estimates.

Lie has emphasized that for geometric applications it can be very useful to extend the mechanism of contact transformations into the domain of complex spaces. Then one need not distinguish between elliptic and hyperbolic surfaces according to the sign of the Gauss curvature K (i.e. $K > 0$ or $K < 0$), as there are always two asymptotic directions if $K \neq 0$.

Using his celebrated Geraden–Kugel-Transformation Lie has shown that the two problems of determining the curvature lines and the asymptotic lines on surfaces are perfectly equivalent. In fact, if $\bar{\Sigma}$ is the image of a surface Σ under the G–K-transformation $\mathscr{T}$, then the asymptotic lines on Σ correspond to the curvature lines on $\bar{\Sigma}$. Both kinds of curves are described by the same formulas, which are in one case interpreted by means of line geometry and in the other by sphere geometry. Klein viewed this result as *one of the most splendid discoveries of differential geometry in recent times.*[9]

[11] Let us consider the directrix equations

(159)
$$\bar{x} + i\bar{y} + x\bar{z} - y = 0,$$
$$x(\bar{x} - i\bar{y}) - \bar{z} - z = 0,$$

where all quantities are to be interpreted as complex variables (and $\bar{x}, \bar{y}, \ldots$ are, of course, not the complex conjugates of $x, y, \ldots$). These equations lead via (52) to the complex contact transformation

(160)
$$\bar{x} + i\bar{y} = y - x\bar{z}, \qquad \bar{x} - i\bar{y} = p + q\bar{z}, \qquad \bar{z} = \frac{px - z}{1 - qx},$$
$$\bar{p} + i\bar{q} = \frac{2x}{1 + qx}, \qquad \bar{p} - i\bar{q} = \frac{-2q}{1 + qx},$$

which is *Lie's* G–K-*transformation.*

[12] Let us note that Lie's G–K-transformation can be obtained by composing a partial Legendre transformation

(161) $$\xi = -x, \quad \eta = q, \quad \zeta = qy - z, \quad \pi = p, \quad \kappa = y,$$

with a so-called *Bonnet transformation*

(162)
$$\bar{x} - i\bar{y} = \pi + \eta\bar{z}, \qquad \bar{x} + i\bar{y} = \kappa + \xi\bar{z}, \qquad \bar{z} = \frac{\zeta - \pi\xi - \kappa\eta}{1 + \xi\eta},$$
$$\bar{p} + i\bar{q} = \frac{-2\xi}{1 - \xi\eta}, \qquad \bar{p} - i\bar{q} = \frac{2\eta}{1 - \xi\eta},$$

which is also a contact transformation that can be derived from the directrix equation

(163) $$(\xi + \eta)\bar{x} + i(\eta - \xi)\bar{y} + (1 - \xi\eta)\bar{z} - \zeta = 0.$$

Bonnet's transformation is applied in treating infinitesimal transformations of surfaces as well in

---

[9] F. Klein [2], p. 110: *Dieser Satz ist als eine der glänzendsten Entdeckungen der Differentialgeometrie in neuerer Zeit anzusehen.* Concerning the treatment of sphere geometry we refer to Lie–Engel [1], Vol. 2, Blaschke [2], Vol. 3, F. Klein [2], Sections 62–73, and in particular to Lie's collected works [3].

solving the following differential geometric problem: Given two families of curves on S^2 which are perpendicular to each other, find those surfaces whose curvature lines are mapped into these curves by means of the corresponding Gauss maps (cf. Darboux [1], Vol. 4).

2.5. One-Parameter Groups of Contact Transformations. Huygens Flows and Huygens Fields; Vessiot's Equation

Let M be the configuration space consisting of points $Q = (x, z) \in \mathbb{R}^n \times \mathbb{R}$, and let $\hat{M} = M \times \mathbb{R}^n$ be the contact space above M whose points are the elements $e = (x, z, p)$. We equip $\hat{M}$ with the contact form $\omega = dz - p_i \, dx^i = dz - p \cdot dx$.

Then we consider a one-parameter group $\mathscr{G}$ of contact transformations $\mathscr{T}^\theta : \hat{M} \to \hat{M}$, $\theta \in \mathbb{R}$, which maps $\hat{M}$ diffeomorphically onto itself. We write every transformation $\mathscr{T}^\theta : e \mapsto \bar{e}$ in the form

(1) $$\bar{e} = \mathscr{T}^\theta(e) =: \sigma(\theta, e), \qquad (\theta, e) \in \mathbb{R} \times \hat{M},$$

or in the coordinate representation

(2) $$\bar{x} = X(\theta, x, z, p), \qquad \bar{z} = Z(\theta, x, z, p), \qquad \bar{p} = P(\theta, x, z, p).$$

Let

(3) $$f(e) = (\Pi(e), \phi(e), A(e))$$

be the infinitesimal generator of the group $\mathscr{G} = \{\mathscr{T}^\theta\}_{\theta \in \mathbb{R}}$ having the components

$$\Pi = (\Pi^1, \dots, \Pi^n), \quad \phi, \quad A = (A_1, \dots, A_n),$$

cf. 9,1.1–1.2. Then $\sigma : \mathbb{R} \times \hat{M} \to \hat{M}$ is the solution of the *initial value problem*

(4) $$\dot{\sigma} = f(\sigma), \qquad \sigma(0, e) = e \quad \text{for all } e \in \hat{M}.$$

Here we denote by $\dot{}$ the derivative $\dfrac{d}{d\theta}$ with respect to the parameter θ, i.e.,

$\dot{\sigma} = \dfrac{d\sigma}{d\theta}$. (We write $\dfrac{d\sigma}{d\theta}$ and not $\dfrac{\partial\sigma}{\partial\theta}$ to emphasize that the equation $\dot{\sigma} = f(\sigma)$ is viewed as an ordinary differential equation.) Using the coordinate representation (2) we can express the initial value problem (4) in the form

(5)
$$\dot{X} = \Pi(X, Z, P), \qquad \dot{Z} = \phi(X, Z, P), \qquad \dot{P} = A(X, Z, P),$$
$$X(0, x, z, p) = x, \qquad Z(0, x, z, p) = z, \qquad P(0, x, z, p) = p.$$

We shall assume that the infinitesimal transformation f is of class C^1 whence σ and $\dot{\sigma}$ are of class C^1, and we have the Taylor expansions

(6)
$$X(\theta, x, z, p) = x + \theta\Pi(x, z, p) + \cdots,$$
$$Z(\theta, x, z, p) = z + \theta\phi(x, z, p) + \cdots,$$
$$P(\theta, x, z, p) = p + \theta A(x, z, p) + \cdots,$$

where $+ \ldots$ denotes terms of order $o(\theta)$ as $\theta \to 0$. Since every transformation $\mathscr{T}^\theta$ is a contact transformation, there is a function $\rho(\theta, x, z, p) \neq 0$ such that

$$(7) \qquad\qquad (\mathscr{T}^\theta)^* \omega = \rho \omega.$$

Here θ must be kept fixed. As we consider $X^i(\theta, x, z, p)$ etc. as functions of θ and of x, z, p, we have to distinguish between the total differentials

$$(8) \qquad\qquad dX^i = \dot{X}^i\, d\theta + X^i_{x^k}\, dx^k + X^i_z\, dz + X^i_{p_l}\, dp^l$$

and

$$(9) \qquad\qquad \delta X^i := X^i_{x^k}\, dx^k + X^i_z\, dz + X^i_{p_l}\, dp_l = dX^i - \dot{X}\, d\theta.$$

In (8) we have formed the total differential of X^i whereas in (9) we have frozen the parameter θ; δX^i is the total differential of $X^i(\theta, \cdot, \cdot, \cdot)$.

Then (7) is to be interpreted as

$$(10) \qquad\qquad \delta Z - P_i \delta X^i = \rho(dz - p_i\, dx^i),$$

and we infer that ρ and ρ_θ are of class C^0. Moreover, the initial conditions in (5) imply that $\rho(0, x, z, p) = 1$. Therefore we obtain the expansion

$$(11) \qquad\qquad \rho(\theta, x, z, p) = 1 + \theta r(x, z, p) + \cdots,$$

with $r \in C^0(\hat{M})$.

It stands to reason that the infinitesimal transformation f of any 1-parameter group of contact transformations $\mathscr{T}^\theta$, $\theta \in \mathbb{R}$, should have specific properties. In fact we can derive f from a single scalar function $F(x, z, p)$ on account of the following result.

Proposition 1. *The generator $f = (\Pi, \phi, A)$ of a one-parameter group of contact transformations can be obtained from a uniquely determined function $F \in C^1(\hat{M})$ by means of the formulas*

$$(12) \qquad \Pi^i = F_{p_i}, \qquad \phi = p_i F_{p_i} - F, \qquad A_i = -F_{x^i} - p_i F_z.$$

Proof. Suppose that there is a solution $F(x, z, p)$ of equations (12); then it follows that

$$F = p_i \Pi^i - \phi.$$

Consequently F is uniquely determined by ϕ and Π.

Let now $f = (\Pi, \phi, A)$ be the generator of a 1-parameter group of contact transformations given by (2). By virtue of (6), (9), and (11) we obtain

$$\delta Z - P \cdot \delta X = (dz - p \cdot dx) + \theta(d\phi - A \cdot dx - p \cdot d\Pi) + \cdots$$

and

$$\rho(dz - p \cdot dx) = (dz - p \cdot dx) + \theta(r\, dz - rp \cdot dx) + \cdots.$$

Comparing in (10) the terms that are linear in θ, we arrive at

$$(13) \qquad\qquad d\phi - A \cdot dx - p \cdot d\Pi = r\, dz - rp \cdot dx.$$

Introducing F by

(14) $$F(x, z, p) := p \cdot \Pi(x, z, p) - \phi(x, z, p),$$

we can express (13) in the equivalent form

(15) $$dF = (rp_i - A_i)\, dx^i - r\, dz + \Pi^i\, dp_i,$$

whence

(16) $$F_{x^i} = rp_i - A_i, \qquad F_z = -r, \qquad F_{p_i} = \Pi^i.$$

From these equations we first infer

$$\Pi = F_p, \qquad A = -F_x - pF_z,$$

and, in conjunction with (14), we also obtain

$$\phi = p \cdot F_p - F. \qquad \qquad \square$$

The function F satisfying (12) is called *Lie's characteristic function of the 1-parameter group $\mathcal{G}$ of contact transformations $\mathcal{T}^\theta$, $\theta \in \mathbb{R}$, or simply the Lie function of $\mathcal{G}$.*

Note that we have used relation (10) as well as the expansions (6) and (11) only for $|\theta| \ll 1$. Hence also every local one-parameter flow $\sigma(\theta, e)$ of contact transformation is described by a system of the kind

$$\dot{x} = F_p(x, z, p),$$

(17) $$\dot{z} = p_k F_{p_k}(x, z, p) - F(x, z, p),$$

$$\dot{p} = -F_x(x, z, p) - pF_z(x, z, p),$$

together with the initial condition

(18) $$\sigma(0, \cdot) = \mathrm{id}_{\hat{M}}.$$

Equations (17) are just the *Lie equations* (3) from *1.2* which differ only slightly from the *characteristic equations*

(19) $$\dot{x} = F_p(\sigma), \qquad \dot{z} = p_k F_{p_k}(\sigma), \qquad \dot{p} = -F_x(\sigma) - pF_z(\sigma)$$

of the partial differential equation

$$F(x, u, u_x) = 0$$

that were introduced in *1.1*.

Hence we can formulate the following result, which slightly generalizes Proposition 1:

Proposition 1'. *Every local one-parameter flow $\sigma(\theta, e)$ of contact transformations defined for $\theta \in I(e)$ and $e \in \mathcal{U} \subset \hat{M}$ is a solution of a suitable system of Lie equations (17) with the property that $\sigma(0, \cdot) = \mathrm{id}_{\mathcal{U}}$.*

We now want to show that also the converse of Proposition 1' holds true provided that $F \in C^2$, i.e. every solution $\sigma(\theta, e)$ of a Lie system (17) that for $\theta = 0$ reduces to the identity map defines a local 1-parameter flow of contact transformations. In particular $\mathcal{T}^\theta = \sigma(\theta, \cdot)$ yields a one-parameter group of contact transformations $\mathcal{T} : \hat{M} \to \hat{M}$ if the generator

$$f = (F_p, p \cdot F_p - F, -F_x - pF_z) \tag{20}$$

is a complete vector field on $\hat{M}$. The invariant representation of f is given by the operator

$$\mathcal{L}_F := F_{p_i} \frac{\partial}{\partial x^i} + (p_k F_{p_k} - F) \frac{\partial}{\partial z} - (F_{x^i} + p_i F_z) \frac{\partial}{\partial p_i}. \tag{21}$$

This operator is closely related to the operator $\mathcal{X}_F$ defined by *1.2*, (18); in fact we have

$$\mathcal{L}_F = \mathcal{X}_F - F \frac{\partial}{\partial z}, \tag{22}$$

and formula *1.2*, (23) yields[10]

$$\mathcal{L}_F H = [F, H] - F H_z. \tag{23}$$

In order to prove the announced converse of Proposition 1' (or 1 respectively), we need an analogue of the Cauchy formulas stated as Lemma 2 of *1.1*, which is to hold for r-parameter families of solutions $\sigma(\theta, c^1, c^2, \ldots, c^r)$ of the Lie system (17). For the sake of brevity let us call any such family an *r-parameter Lie flow corresponding to the Lie function F*. We view such an r-parameter flow $\sigma(\theta, c)$ as a mapping $\sigma : \Omega^* \to \hat{M}$ of a domain $\Omega^* = \{(\theta, c) : \theta \in I(c), c \in \mathscr{P}\}$ into the contact space $\hat{M}$; here $\mathscr{P}$ is a parameter domain in $\mathbb{R}^r$, and $I(c)$ denotes an r-parameter family of open intervals containing the point $\theta = 0$. Using coordinates we write σ as

$$x = X(\theta, c), \quad z = Z(\theta, c), \quad p = P(\theta, c), \quad (\theta, c) \in \Omega^*. \tag{24}$$

Our *standard assumption* on Lie flows σ will be that both σ and $\dot{\sigma}$ are of class C^1 on Ω^*. Then we can formulate the following analogue of the Cauchy formulas:

Lemma 1. *Let $\sigma : \Omega^* \to \hat{M}$ be an r-parameter Lie flow corresponding to F. Then the pull-back $\sigma^* \omega$ of the contact form ω can be written as*

$$\sigma^* \omega = -\varphi \, d\theta + \lambda_\alpha \, dc^\alpha, \tag{25}$$

where $\varphi = F(\sigma)$. Moreover, the functions $\varphi(\theta, c)$ and $\lambda_\alpha(\theta, c)$, $1 \leq \alpha \leq r$, satisfy

$$\dot{\varphi} + F_z(\sigma)\varphi = 0, \qquad \dot{\lambda}_\alpha + F_z(\sigma)\lambda_\alpha = 0, \tag{26}$$

---

[10] Sophus Lie [1], Vol. 2, p. 253 describes this result as follows: *Every function $F(x, z, p)$ is the characteristic function of a specific infinitesimal contact transformation with the symbol $[F, H] - FH_z$.*

i.e. they are solutions of the same homogeneous linear differential equation

(26′) $$\dot{w} + bw = 0 \quad \text{where } b := F_z(\sigma).$$

Proof. Because of

$$\sigma^*\omega = dZ - P_i\, dX^i = (\dot{Z} - P_i\dot{X}^i)\, d\theta + (Z_{c^\alpha} - P_i X_{c^\alpha}^i)\, dc^\alpha,$$

we obtain

$$\sigma^*\omega = -\varphi\, d\theta + \lambda_\alpha\, dc^\alpha,$$

where

(27) $$\varphi := -\dot{Z} + P_i\dot{X}^i$$

and

(28) $$\lambda_\alpha := Z_{c^\alpha} - P_i X_{c^\alpha}^i.$$

As σ is a Lie flow, we have the equations

(29) $\quad \dot{X}^i = F_{p_i}(\sigma), \qquad \dot{Z} = P_i F_{p_i}(\sigma) - F(\sigma), \qquad \dot{P}_i = -F_{x^i}(\sigma) - P_i F_z(\sigma).$

Therefore we obtain as claimed that

$$F(\sigma) = -\dot{Z} + P_i F_{p_i}(\sigma) = -\dot{Z} + P_i\dot{X}^i = \varphi,$$

whence

$$\dot{\varphi} = \frac{\partial}{\partial\theta} F(\sigma) = F_{x^i}(\sigma)\dot{X}^i + F_z(\sigma)\dot{Z} + F_{p_i}(\sigma)\dot{P}_i.$$

Inserting for $\dot{X}^i$, $\dot{Z}$, $\dot{P}_i$ the right-hand sides of equations (29), it follows that

$$\dot{\varphi} = -F_z(\sigma)F(\sigma) = -F_z(\sigma)\varphi,$$

which is the first equation of (26). Moreover, we have

$$\dot{\lambda}_\alpha = \frac{\partial}{\partial c^\alpha}\dot{Z} - \dot{P}_i X_{c^\alpha}^i - P_i\frac{\partial}{\partial c^\alpha}\dot{X}^i$$

$$= \frac{\partial}{\partial c^\alpha}(P_i F_{p_i}(\sigma) - F(\sigma)) + (F_{x^i}(\sigma) + P_i F_z(\sigma))X_{c^\alpha}^i - P_i\frac{\partial}{\partial c^\alpha}\dot{X}^i$$

$$= P_{i,c^\alpha}F_{p_i}(\sigma) - \frac{\partial}{\partial c^\alpha}F(\sigma) + F_{x^i}(\sigma)X_{c^\alpha}^i + F_z(\sigma)P_i X_{c^\alpha}^i.$$

By

$$\frac{\partial}{\partial c^\alpha}F(\sigma) = F_{x^i}(\sigma)X_{c^\alpha}^i + F_z(\sigma)Z_{c^\alpha} + F_{p_i}(\sigma)P_{i,c^\alpha},$$

we arrive at

$$\dot{\lambda}_\alpha = F_z(\sigma)(P_i X_{c^\alpha}^i - Z_{c^\alpha}) = -F_z(\sigma)\lambda_\alpha,$$

and the other r equations of (26) are established.   □

Remark 1. We can infer from (28) that the functions λ_α appearing in (25) are built in the same way as the Cauchy functions λ_α defined in *1.1*, (24).

Lemma 2. *Let $\sigma(\theta, c)$ be an r-parameter Lie flow corresponding to F which is defined for $|\theta| < \varepsilon$ and $c \in \mathscr{P} \subset \mathbb{R}^r$, $\varepsilon > 0$, and set*

$$(30) \qquad \rho(\theta, c) := \exp\left(- \int_0^\theta F_z(\sigma(t, c))\, dt \right).$$

Moreover fix two values θ_1 and θ_2 satisfying $|\theta_1|, |\theta_2| < \varepsilon$ and set

$$\rho_j(c) := \rho(\theta_j, c), \quad \sigma_j(c) := \sigma(\theta_j, c), \qquad j = 1, 2.$$

Then we obtain

$$(31) \qquad \rho_1 \sigma_2^* \omega = \rho_2 \sigma_1^* \omega.$$

Proof. By Lemma 1 we have

$$\sigma_1^* \omega = \lambda_\alpha(\theta_1, c)\, dc^\alpha, \qquad \sigma_2^* \omega = \lambda_\alpha(\theta_2, c)\, dc^\alpha$$

and

$$\dot{\lambda}_\alpha + F_z(\sigma)\lambda_\alpha = 0.$$

This implies

$$\lambda_\alpha(\theta, c) = \rho(\theta, c)\, \lambda_\alpha(0, c), \quad 1 \le \alpha \le r,$$

whence we obtain

$$\rho(\theta_2, c)\, \lambda_\alpha(\theta_1, c)\, dc^\alpha = \rho(\theta_1, c)\, \lambda_\alpha(\theta_2, c)\, dc^\alpha,$$

which is equation (31).   □

Proposition 2. *Let $\sigma(\theta, x, z, p)$ be a $(2n + 1)$-parameter Lie flow corresponding to F such that $\sigma(0, e) = e$. Then σ is a local 1-parameter flow of (local) contact transformations. If, in particular, $\sigma(\theta, e)$ is a $(2n + 1)$-parameter Lie flow defined on $\mathbb{R} \times \hat{M}$ such that $\sigma(0, \cdot) = \mathrm{id}_{\hat{M}}$, then $\mathscr{T}^\theta := \sigma(\theta, \cdot)$, $\theta \in \mathbb{R}$, defines a one-parameter group of contact transformations on $\hat{M}$.*

Proof. We can assume that the Lie flow $\sigma(\theta, c)$ is defined for $(\theta, c) \in [-\varepsilon, \varepsilon] \times \mathscr{P}$, $\varepsilon > 0$; otherwise we just restrict the following reasoning to $(\theta, c) \in [-\varepsilon, \varepsilon] \times \mathscr{P}'$, for any $\mathscr{P}' \subset\subset \mathscr{P}$.

Now we fix any θ such that $|\theta| < \varepsilon$. Then we apply Lemma 2 to $\theta_1 = 0$ and $\theta_2 = \theta$. Since

$$\sigma(0, \cdot) = \mathscr{T}^0 = \mathrm{id}_{\hat{M}}, \qquad \rho(0, \cdot) = 1,$$

it follows from (31) that

$$(\mathscr{T}^\theta)^* \omega = \rho(\theta, \cdot)\omega.$$

Hence $\mathscr{T}^\theta$ is a contact transformation.   □

Corollary 1. *Let $\mathcal{T}^\theta : \hat{M} \to \hat{M}$ be a 1-parameter group $\mathcal{G}$ of contact transformations, that is,*

$$(\mathcal{T}^\theta)^* \omega = \rho \omega$$

for some function $\rho(\theta, x, z, p) \neq 0$. Then ρ is given by

$$(32) \qquad \rho(\theta, e) = \exp\left(-\int_0^\theta F_z(\mathcal{T}^t(e))\, dt \right),$$

where F is the characteristic Lie function of the group $\mathcal{G}$.

Let us briefly review the *Cauchy problem*

$$(33) \qquad F(x, u(x), u_x(x)) = 0, \quad \Gamma \subset \text{graph } u$$

for some prescribed $(n-1)$-dimensional manifold Γ in the configuration space $M = \mathbb{R}^n \times \mathbb{R}$ that lies as graph above some $(n-1)$-dimensional submanifold $\underline{\Gamma}$ of the base space $\mathbb{R}^n$. We have treated this problem in *1.1* by extending Γ to an integral strip Σ represented by a mapping $\mathscr{E} : \mathscr{P} \to \hat{M}$, $\mathscr{P} \subset \mathbb{R}^{n-1}$, and then solving the characteristic equations (19) by some characteristic flow $\sigma(\theta, c)$ satisfying the initial conditions $\sigma(0, c) = \mathscr{E}(c)$ for $c \in \mathscr{P}$. Restricting $\sigma(\theta, c)$ to some part which has a 1–1-projection on the base space $\mathbb{R}^n$ we obtained a (local) solution u of (33) by $u = Z \circ X^{-1}$. We saw in *1.2* that the characteristic flow σ can also be obtained as solution of the Lie system (17) satisfying the initial conditions $\sigma(0, c) = \mathscr{E}(c)$. Let us describe *Lie's approach to solve* (33) yielding an interesting alternative to *1.1*.

Again we extend the initial manifold Γ to some integral strip ($=$ null strip) Σ given by a representation $\mathscr{E} : \mathscr{P} \to \hat{M}$. This prolongation can (locally) be found under the assumptions formulated in *1.1*. Then we determine a solution $\sigma(\theta, c)$ of the Lie system (17) satisfying $\sigma(0, c) = \mathscr{E}(c)$. By construction of $\mathscr{E}$ we have

$$(34) \qquad F(\mathscr{E}) = 0$$

and

$$(35) \qquad \mathscr{E}^* \omega = 0.$$

Moreover, it follows from Lemma 1 that

$$(36) \qquad \sigma^* \omega = -\varphi\, d\theta + \lambda_\alpha\, dc^\alpha$$

and

$$(37) \qquad \dot{\varphi} + F_z(\sigma)\varphi = 0, \qquad \dot{\lambda}_\alpha + F_z(\sigma)\lambda_\alpha = 0,$$

where $\varphi = F(\sigma)$. Because of (34) and $\sigma(0, c) = \mathscr{E}(c)$ we obtain $\varphi(0, \cdot) = F(\mathscr{E}) = 0$ whence the first equation of (37) yields $\varphi = 0$, and (36) implies

$$(38) \qquad \sigma^* \omega = \lambda_\alpha(\theta, c)\, dc^\alpha.$$

On account of (35) we see that

$$0 = \mathscr{E}^* \omega = \lambda_\alpha(0, c)\, dc^\alpha,$$

and therefore $\lambda_\alpha(0, c) \equiv 0$ for $1 \leq \alpha \leq n-1$. Then the second set of equations in (37) implies $\lambda_\alpha(\theta, c) \equiv 0$; hence, by (38), we obtain that

$$\sigma^* \omega = 0 \quad \text{and} \quad F(\sigma) = 0,$$

taking $\varphi = 0$ into account. Thus $\sigma(\theta, c) = (X(\theta, c), Z(\theta, c), P(\theta, c))$ defines an n-dimensional integral strip of the equation $F = 0$, and $u = Z \circ X^{-1}$ defines a local solution of (33) near Γ, provided that Assumption (A) of *1.1* is satisfied.

Let us now return to our general discussion of Lie flows. We showed in Lemma 1 that every Lie flow $\sigma(\theta, c)$ induces a 1-form

$$\sigma^*\omega = -\varphi \, d\theta + \lambda_\alpha \, dc^\alpha,$$

such that $\varphi = F(\sigma)$, and that all functions $w = \varphi, \lambda_1, \ldots, \lambda_r$ are solutions of the homogeneous differential equation

$$\dot{w} + F_z(\sigma)w = 0.$$

We now want to show that under certain conditions this statement can be reversed. Corresponding results will be formulated as Propositions 3 and 4; they are based on the following.

Lemma 3. *Let $\sigma(\theta, c)$ be an r-parameter flow of class $C^2(\Omega^*, \hat{M})$ which is defined on an open subset Ω^* of the θ, c-space $\mathbb{R}^{r+1}$, and suppose that the coefficients $\varphi(\theta, c)$ and $\lambda_\alpha(\theta, c)$ of the pull-back*

(39) $$\sigma^*\omega = -\varphi \, d\theta + \lambda_\alpha \, dc^\alpha$$

satisfy

(40) $$\varphi = F(\sigma)$$

and

(41) $$\dot{\lambda}_\alpha + F_z(\sigma)\lambda_\alpha = 0, \quad 1 \le \alpha \le r.$$

Then we obtain

(42) $$\dot{Z} = p_i \dot{X}^i - F(\sigma)$$

(43) $$[\dot{P}_i + F_{x^i}(\sigma) + P_i F_z(\sigma)]X_{c^\alpha}^i + \{F_{p_i}(\sigma) - \dot{X}^i\}P_{i,c^\alpha} = 0,$$

(44) $$P_{c^\alpha} \cdot X_{c^\beta} - P_{c^\beta} \cdot X_{c^\alpha} = \lambda_{\alpha,c^\beta} - \lambda_{\beta,c^\alpha}.$$

Proof. It follows from (39) that

$$\dot{Z} - P_i \dot{X}^i = -\varphi,$$

whence we obtain (42), taking equation (40) into account.
    Let us now write (39) as

$$\sigma^*\omega = -\varphi \, d\theta + \gamma \quad \text{where } \gamma := \lambda_\alpha \, dc^\alpha.$$

Applying the exterior differential to both sides of this equation, we obtain from

$$\sigma^*\omega = dZ - P_i \, dX^i$$

that

$$dP_i \wedge dX^i = d\varphi \wedge d\theta - d\gamma,$$

whence by (40) it follows that

(45) $$dP_i \wedge dX^i = F_{x^i}(\sigma)dX^i \wedge d\theta + F_z(\sigma)dZ \wedge d\theta + F_{p_i}(\sigma) \, dP_i \wedge d\theta - d\gamma.$$

Denote again the total differential by δ if θ is thought to be frozen (formally we obtain this operator from d by setting $d\theta = 0$). Then we have

$$(46) \qquad dP_i \wedge dX^i = (\dot{P} \cdot X_{c^\alpha} - \dot{X} \cdot P_{c^\alpha}) \, d\theta \wedge dc^\alpha + \delta P_i \wedge \delta X^i.$$

Furthermore, we infer from

$$\gamma = \lambda_\alpha \, dc^\alpha = dZ - P_i \, dX^i + \varphi \, d\theta$$

that

$$d\gamma = \dot{\lambda}_\alpha \, d\theta \wedge dc^\alpha + \delta\gamma,$$

and (41) implies that

$$d\gamma = -F_z(\sigma)\lambda_\alpha \, d\theta \wedge dc^\alpha + \delta\gamma = F_z(\sigma)(\lambda_\alpha \, dc^\alpha) \wedge d\theta + \delta\gamma,$$

that is,

$$d\gamma = F_z(\sigma)\gamma \wedge d\theta + \delta\gamma.$$

By virtue of

$$\gamma \wedge d\theta = dZ \wedge d\theta - P_i \, dX^i \wedge d\theta,$$

it follows that

$$(47) \qquad d\gamma = F_z(\sigma) \, dZ \wedge d\theta - F_z(\sigma)P_i \, dX^i \wedge d\theta + \delta\gamma.$$

We infer from (45) and (47) that

$$(48) \qquad \begin{aligned} dP_i \wedge dX^i &= (F_{x^i}(\sigma) + P_i F_z(\sigma)) \, dX^i \wedge d\theta + F_{p_i}(\sigma) \, dP_i \wedge d\theta - \delta\gamma \\ &= \{[F_{x^i}(\sigma) + P_i F_z(\sigma)]X^i_{c^\alpha} + F_{p_i}(\sigma)P_{i,c^\alpha}\} \, dc^\alpha \wedge d\theta - \delta\gamma. \end{aligned}$$

Comparing equations (46) and (48), we arrive at

$$[\dot{P}_i + F_{x^i}(\sigma) + P_i F_z(\sigma)]X^i_{c^\alpha} + \{F_{p_i}(\sigma) - \dot{X}^i\}P_{i,c^\alpha} = 0$$

and

$$\delta P_i \wedge \delta X^i = -\delta\gamma.$$

The first equation is just (43), and the second one is equivalent to (44).   □

Lemma 3′. *Let $\sigma(\theta, c)$ be an r-parameter flow defined on an open subset Ω^* of the θ, c-space $\mathbb{R}^{r+1}$ such that σ and $\dot{\sigma}$ are of class C^1. Suppose also that relations (39)–(41) are satisfied. Then equations (42) and (43) hold true.*

Proof. Since we only know that σ, $\dot{\sigma} \in C^1$, we can form the derivatives $\ddot{\sigma}_{c^\alpha}$ but not $\sigma_{c^\alpha c^\beta}$. There we can only repeat those calculations of the preceding proof which avoid taking derivatives $X_{c^\alpha c^\beta}$, $P_{c^\alpha c^\beta}$. Consequently we cannot operate with the calculus of differential forms but must take partial derivatives of admissible kind, i.e. $\dfrac{\partial^2}{\partial\theta^2}$ and $\dfrac{\partial^2}{\partial\theta\partial c^\alpha}$. Comparing corresponding expressions and applying

Schwarz's theorem, $\sigma_{\theta c^\alpha} = \sigma_{c^\alpha \theta}$, a suitable modification of the proof of Lemma 3 yields the asserted result.   □

Proposition 3. *Let $\sigma(\theta, c)$ be a 2n-parameter flow defined on some open subset Ω^* of $\mathbb{R} \times \mathbb{R}^{2n}$ satisfying $\sigma, \dot\sigma \in C^1$ and*

(49) $\det(X_c, P_c) \neq 0.$

Moreover, suppose that the coefficients of the pull-back $\sigma^*\omega = -\varphi \, d\theta + \lambda_\alpha \, dc^\alpha$ satisfy

$$\varphi = F(\sigma) \quad and \quad \dot\lambda_\alpha + F_z(\sigma)\lambda_\alpha = 0$$

for some function $F(x, z, p)$. Then $\sigma : \Omega^* \to \hat{M}$ is a local Lie flow corresponding to the Lie function F.

Proof. We conclude from (49) that the system of $2n$ homogeneous equations

$$\xi_i X_{c^\alpha}^i + \eta^i P_{i, c^\alpha} = 0, \quad 1 \leq \alpha \leq 2n,$$

for the variables ξ_i, η^i has only the trivial solution. Thus we infer from Lemma 3, (43) that

(50)
$$\dot P_i + F_{x^i}(\sigma) + P_i F_z(\sigma) = 0,$$
$$F_{p_i}(\sigma) - \dot X^i = 0,$$

and (42) yields

$$\dot Z = P_i \dot X^i - F(\sigma),$$

whence

(51) $\dot Z = P_i F_{p_i}(\sigma) - F(\sigma),$

taking the second set of equations of (50) into account. Equations (50) and (51) imply that σ is a $2n$-parameter Lie flow.   □

Proposition 4. *Let $\sigma(\theta, c)$ be an n-parameter flow defined on some open subset Ω^* of $\mathbb{R} \times \mathbb{R}^n$ satisfying $\sigma \in C^1$ and $\dot\sigma \in C^1$ as well as*

(52) $\det X_c \neq 0$

and

(53) $\dot X = F_p(\sigma)$

for some function $F(x, z, p)$. Moreover suppose that the coefficients of the pull-back $\sigma^*\omega = -\varphi \, d\theta + \lambda_\alpha \, dc^\alpha$ fulfil the relations

$$\varphi = F(\sigma) \quad and \quad \dot\lambda_\alpha + F_z(\sigma)\lambda_\alpha = 0.$$

Then σ is a local n-parameter Lie flow corresponding to the Lie function F.

Proof. By Lemma 3 we have equations (42) and (43). From the latter equations we obtain

$$[\dot{P}_i + F_{x^i}(\sigma) + P_i F_z(\sigma)] X_{c^\alpha}^i = 0, \quad 1 \leq \alpha \leq n,$$

taking (53) into account. By virtue of (52) we then infer that $[\dots] = 0$, i.e.,

$$\dot{P} = -F_x(\sigma) - P F_z(\sigma).$$

Finally (42) and (53) imply

$$\dot{Z} = P_i F_{p_i}(\sigma) - F(\sigma).$$

This completes the proof. $\square$

Now we consider a special class of n-parameter Lie flows which for reasons to be seen in the next subsection will be called *Huygens flows*. They are of special interest in geometric optics since they describe the propagation of wave fronts with progressing time θ.

Let σ be an n-parameter flow $\Omega^* \to \hat{M}$; we assume that $\sigma(\theta, c)$ is defined on $\Omega^* := (-\varepsilon, \varepsilon) \times \mathscr{P}$, where $\varepsilon > 0$ and $\mathscr{P}$ is a parameter domain in $\mathbb{R}^n$. More generally we can assume that $\Omega^* = \{(\theta, c): c \in \mathscr{P}, \theta \in I(c)\}$ where $I(c)$ are open intervals. As before we use the coordinate representation

$$x = X(\theta, c), \qquad z = Z(\theta, c), \qquad p = P(\theta, c)$$

for the mapping $\sigma : \Omega^* \to \hat{M}$. We suppose that σ and $\dot{\sigma}$ are of class C^1.

Definition 1. *An n-parameter Lie flow $\sigma : \Omega^* \to \hat{M}$ is called a* Huygens flow (*with respect to the characteristic function F on $\hat{M}$*) *if*

(54)
$$\sigma^* \omega = -F(\sigma)\, d\theta.$$

A Lie flow (Huygens flow) is said to be regular *if* rank $\sigma_c = n$ *on* Ω^*.

Proposition 5. *A Huygens flow is an n-parameter Lie flow whose initial values $\mathscr{E}(c) := \sigma(0, c)$ satisfy*

(55)
$$\mathscr{E}^* \omega = 0.$$

Conversely any Lie flow of this kind is a Huygens flow.

Proof. (i) Let σ be a Huygens flow. By definition we then have $\sigma^* \omega = -F(\sigma)\, d\theta$, and formula (39) of Lemma 3 yields $\lambda_\alpha(\theta, c) = 0$ whence in particular $\lambda_\alpha(0, c) = 0$. Because of

(56)
$$\mathscr{E}^* \omega = \lambda_\alpha(0, c)\, dc^\alpha$$

it follows that $\mathscr{E}^* \omega = 0$.

(ii) Conversely if σ is an n-parameter Lie flow whose initial values $\mathscr{E} = \sigma(0, \cdot)$ satisfy $\mathscr{E}^* \omega = 0$, we infer from the identity (56) that $\lambda_\alpha(0, c) = 0$. As the functions $\lambda_\alpha(\theta, c)$ satisfy

$$\dot{\lambda}_\alpha + F_z(\sigma)\lambda_\alpha = 0,$$

it follows that $\lambda_\alpha(\theta, c) \equiv 0$; thus (39) implies (54).   □

Proposition 5'. *An n-parameter Lie flow* $\sigma : \Omega^* \to \hat{M}$ *is a regular Huygens flow if and only if its initial values* $\mathscr{E} = \sigma(\theta, \cdot)$ *are an n-strip.*

Proof. (i) Let σ be a regular Huygens flow. By Proposition 5 we have $\mathscr{E}^*\omega = 0$, and the condition of regularity implies that rank $\mathscr{E}_c = n$. Thus $\mathscr{E}$ is an n-dimensional strip.

(ii) Conversely, suppose that σ is an n-parameter Lie flow whose initial values $\mathscr{E} = \sigma(0, \cdot)$ are an n-strip. By Proposition 5 we know already that σ is a Huygens flow. Moreover, $\mathscr{E}$ being a strip implies that rank $\mathscr{E}_c = n$, i.e. rank $\sigma_c(0, c) = n$. Since σ_c is a solution of a homogeneous linear system of ordinary differential equations, we infer that rank $\sigma_c(\tau, c) \equiv n$. Hence σ is a regular Huygens flow.   □

A further characterization of Huygens flows can immediately be derived from Proposition 4.

Proposition 6. *Let* $\sigma(\theta, c) = (X(\theta, c), Z(\theta, c), P(\theta, c))$ *be an n-parameter flow* $\Omega^* = [-\varepsilon, \varepsilon] \times \mathscr{P} \to \hat{M}$ *satisfying*

$$\det X_c \neq 0, \qquad \dot{X} = F_p(\sigma) \quad and \quad \sigma^*\omega = -F(\sigma)\,d\theta.$$

Then σ *is a Huygens flow with the characteristic Lie function F.*

Next we want to derive a *dual description of Huygens flows* which is similar to the duality between rays and wavefronts of a Mayer field in the Hamilton–Jacobi theory. To this end we consider a Huygens flow

(57) $\sigma(\theta, c) = (X(\theta, c), Z(\theta, c), P(\theta, c)), \quad (\theta, c) \in \Omega^*,$

which are defined on some simply connected domain

$$\Omega^* = \{(\theta, c) : c \in \mathscr{P}, \theta \in I(c)\},$$

where $\mathscr{P}$ is a parameter domain in $\mathbb{R}^n$ and $I(c)$ an interval in $\mathbb{R}$. We assume that σ and $\dot{\sigma}$ are of class C^1. With $\sigma(\theta, c)$ we associate the *ray map* $r \in C^1(\Omega^*, M)$ given by

(58) $r(\theta, c) = (X(\theta, c), Z(\theta, c)).$

Definition 2. *A* C^1-*diffeomorphism* $r : \Omega^* \to \Omega$ *of some simply connected domain* Ω^* *of* $\mathbb{R}^{n+1}$ *onto some domain* Ω *of the configuration space M is said to be a Huygens field on* Ω *if it is the ray map of a Huygens flow* $\sigma : \Omega^* \to \hat{M}$.

Let $s := r^{-1}$ be the inverse of some Huygens field $r : \Omega^* \to \Omega$. Then we can write s as $s(x, z) = (S(x, z), T(x, c)), (x, z) \in \Omega$, and we obtain that the mapping

$s : (x, z) \mapsto (\theta, c)$ given by

(59) $$\theta = S(x, z), \qquad c = T(x, z)$$

yields a C^1-diffeomorphism of Ω onto Ω^*. We call $S(x, z)$ the *eikonal of the Huygens field r* with the associated Huygens flow σ. Let us introduce

(60) $$v := \sigma \circ s = (r \circ s, P \circ s) = (\mathrm{id}_\Omega, P \circ s).$$

Then we have

(61) $$v(x, z) = (x, z, \mathcal{N}(x, z)), \quad (x, z) \in \Omega,$$

where

(61') $$\mathcal{N} = P \circ s, \quad \text{i.e.} \quad \mathcal{N}(x, z) = P(S(x, z), T(x, z)).$$

To see the connection between the eikonal $S(x, z)$ and the codirection field $v(x, z)$ on Ω we recall that a Huygens flow σ satisfies

$$\sigma^* \omega = -F(\sigma) \, d\theta,$$

whence

$$v^* \omega = s^*(\sigma^* \omega) = -F(\sigma \circ s) \, dS = -F(v) \, dS$$

and therefore

(62) $$dz - \mathcal{N}_i \, dx^i = -F(v) \, dS.$$

This relation is equivalent to

(62') $$(\mathcal{N}, -1) = (f \circ v) \, \mathrm{grad}\, S,$$

and so we infer that the codirection field $v(x, z)$ on Ω is perpendicular to the level surfaces

(63) $$\mathscr{S}_\theta := \{(x, z) \in \Omega : S(x, z) = \theta\}$$

of the eikonal S. Furthermore (62) is equivalent to

(64) $$\mathcal{N}_i = F(v) S_{x^i}, \quad 1 = -F(v) S_z,$$

which implies $\mathcal{N} = -S_x/S_z$ and therefore

(65) $$F(x, z, -S_x/S_z) S_z + 1 = 0.$$

This is *Vessiot's partial differential equation*[11] for the eikonal S.

Conversely, suppose that $S \in C^2(\Omega)$ is a solution of Vessiot's equation, in particular, $S_z \neq 0$. Let us define $\mathcal{N}$ and v by

(66) $$\mathcal{N} := -S_x/S_z, \qquad v(x, z) := (x, z, \mathcal{N}(x, z)).$$

Then we consider the system of differential equation

---

[11] Equation (65) first appeared in Vessiot [1] and later in the work of Carathéodory, cf. 7,4.2.

$$\dot{x} = F_p(x, z, \mathcal{N}(x, z)),$$

(67)

$$\dot{z} = \mathcal{N}(x, z) \cdot F_p(x, z, \mathcal{N}(x, z)) - F(x, z, \mathcal{N}(x, z)).$$

together with the initial conditions

(67') $(x, z) = j(c)$ for $\theta = \theta_0$.

Here $j : \mathscr{P} \to M$ denotes a regular C^2-embedding of an n-dimensional parameter domain $\mathscr{P}$ into M which furnishes a parametric representation of the level surface $\mathscr{S}_{\theta_0} := \{(x, z) \in \Omega : S(x, z) = \theta_0\}$ of S. We assume θ_0 to be chosen in such a way that $\mathscr{S}_{\theta_0}$ is nonempty. (Note that $\mathscr{S}_{\theta_0}$ is an n-dimensional submanifold of M since $S_z \neq 0$.)

Now we consider the n-parameter family of solutions

$$x = X(\theta, c), \quad z = Z(\theta, c), \qquad c \in \mathscr{P}$$

of the initial value problem (67), (67'). Introducing r, P and σ by

(68)
$$r(\theta, c) := (X(\theta, c), Z(\theta, c)), \qquad P(\theta, c) := \mathcal{N}(r(\theta, c)),$$

$$\sigma(\theta, c) := (X(\theta, c), Z(\theta, c), P(\theta, c)) = v(r(\theta, c)),$$

if follows that $\sigma = v \circ r$. On account of (65) and (66) we have

$$dz - \mathcal{N} \cdot dx = -F(v) \, dS.$$

Therefore $\Sigma := S \circ r$ satisfies

(69) $dZ - P \cdot dX = -F(\sigma) \, d\Sigma.$

We claim that

(70) $\Sigma(\theta, c) \equiv \theta.$

In fact, by definition of $\mathcal{N}$ and v we have (64) whence

$$S_x \circ r = \frac{P}{F \circ \sigma}, \qquad S_z \circ r = -\frac{1}{F \circ \sigma},$$

and (67) implies

$$\frac{dX}{d\theta} = F_p \circ \sigma, \qquad \frac{dZ}{d\theta} = P \cdot (F_p \circ \sigma) - F \circ \sigma.$$

Then we infer from

$$\frac{d}{d\theta}(S \circ r) = \left\langle S_x \circ r, \frac{dX}{d\theta} \right\rangle + (S_z \circ r)\frac{dZ}{d\theta}$$

that

$$\frac{d}{d\theta}(S \circ r) = 1,$$

and therefore

$$[S \circ r]_{\theta_0}^{\theta} = \theta - \theta_0 .$$

Since $r(\theta_0, c) = j(c)$ and $S(j(c)) = \theta_0$ we arrive at (70), and by virtue of (69) and (70) it follows that

(71) $$\sigma^* \omega = -F(\sigma) \, d\theta .$$

We now claim that σ is a Huygens flow. Because of (67) and (71) we only have to show that

(72) $$\dot{P} = -F_x(\sigma) - PF_z(\sigma)$$

holds true. In fact, Lemma 3′, (43) implies

(73) $$[\dot{P}_i + F_{x^i}(\sigma) + P_i F_z(\sigma)] X_{c^\alpha}^i = 0$$

if we take the first equation of (67) as well as (68) into account.

Now we show that

(74) $$\det X_c \neq 0 .$$

Then (72) is an immediate consequence of (73).

In order to verify (74) we first note that the relation $r_c(\theta_0, c) = j_c(c)$ implies that

$$\text{rank } r_c(\theta_0, c) = n .$$

Moreover, we infer from (67) that $r_c(\cdot, c)$ is a solution of a homogeneous linear system of differential equations whence

$$\text{rank } r_c(\theta, c) \equiv n, \quad \text{i.e.} \quad \text{rank}(X_c, Z_c) = n .$$

Suppose that $\det X_c(\vartheta_0, c_0) = 0$ for some pair (ϑ_0, c_0). Then there is a vector $\mu = (\mu^1, \dots, \mu^n) \neq 0$ such that

$$\mu^1 \overset{\circ}{X}_{c^1} + \cdots + \mu^n \overset{\circ}{X}_{c^n} = 0$$

where the superscript $^\circ$ means that $\theta = \vartheta_0, c = c_0$. On the other hand we have

$$\mu^1 \overset{\circ}{r}_{c^1} + \cdots + \mu^n \overset{\circ}{r}_{c^n} \neq 0 .$$

on account of rank $\overset{\circ}{r}_c = n$, and therefore

$$\mu^1 \overset{\circ}{Z}_{c^1} + \cdots + \mu^n \overset{\circ}{Z}_{c^n} \neq 0 .$$

Because of (70) it follows that $S(r(\theta, c)) \equiv \theta$ whence

$$S_x(r) \cdot X_{c^\alpha} + S_z(r) Z_{c^\alpha} = 0 .$$

Consequently,

$$S_z(\overset{\circ}{r})[\mu^\alpha \overset{\circ}{Z}_{c^\alpha}] = 0 ,$$

and therefore $S_z(\overset{\circ}{r}) = 0$, but this is impossible since S_z is nowhere zero. Thus we conclude that the determinant of X_c is nowhere zero, as we have claimed, and therefore σ is a Huygens flow.

Note that the level surfaces $\mathscr{S}_\theta = \{(x, z) \in \Omega: S(x, z) = \theta\}$ of the eikonal S of the Huygens field r corresponding to the flow σ are given by

$$\mathscr{S}_\theta = \{r(\theta, c): c \in \mathscr{P}\}.$$

So we see that in a fixed time interval the ray map r of the Huygens flow σ maps any level surface $\mathscr{S}_\theta$ of the eikonal S to another surface of this kind. We interpret the surfaces $\mathscr{S}_\theta$ as wave fronts transversal to the rays $r(\cdot, c)$ of the Huygens flow σ. The surfaces $\mathscr{S}_\theta$ are regular n-dimensional manifolds in $\Omega \subset M$ providing a foliation of Ω. Later we shall prove that, under suitable assumptions on F, Vessiot's differential equation is equivalent to a Hamilton–Jacobi equation, and a solution S of the first equation is also a solution of the second, and vice versa. Thus the Vessiot eikonals for F are the same as the Hamilton–Jacobi eikonals for some suitable Hamiltonian H and we shall see that H is the *Hölder transform* of F. Correspondingly we shall prove that the Huygens fields σ of F are equivalent to the Mayer fields of H.

Let us return to our preceding discussion. We consider the flow $\sigma(\theta, c)$ defined by (67)–(68) on its maximal domain of existence $\Omega^* = \{(\theta, c): c \in \mathscr{P}, \theta \in I(c)\}$ where $\mathscr{P}$ is the parameter domain of the representation $j: \mathscr{P} \to M$ of $\mathscr{S}_{\theta_0}$. By an appropriate choice of θ_0 we can try to make $\sigma(\Omega^*)$ as large as possible. It might happen that the domain of definition, Ω, of the solution S of Vessiot's equation is always larger than $\sigma(\Omega^*)$. To make our "reverse" construction nonambiguous, we first fix some level surface $\mathscr{S}_{\theta_0}$ of S, then construct the flow σ, and finally choose $\Omega := \sigma(\Omega^*)$ and replace S by its restriction to Ω.

The map $\sigma: \Omega^* \to \Omega$ of Ω^* onto Ω is one-to-one. In fact, for $c, c' \in \mathscr{P}$ with $c \neq c'$ we have $j(c) \neq j(c')$ whence $r(\theta, c) \neq r(\theta, c')$ for $\theta \in I(c) \cap I(c')$, because of uniqueness of solutions to the initial value problem (67), (67'). Furthermore we have $S(r(\theta, c) = \theta$ if $\theta \in I(c)$, and $\mathscr{S}_\theta \cap \mathscr{S}_{\theta'}$ is empty if $\theta \neq \theta'$. Thus σ is a bijection.

Furthermore, $S(r(\theta, c)) \equiv \theta$ yields

$$\text{grad } S(r) \cdot \dot{r} = 1, \qquad \text{grad } S(r) \cdot r_{c^\alpha} = 0 \quad \text{for } 1 \leq \alpha \leq n.$$

Thus $\dot{r}$ does not lie in the span of $r_{c^1}, \ldots, r_{c^n}$. However, the vectors r_{c^α} are linearly independent. Therefore we obtain

$$\det(\dot{r}, r_{c^1}, \ldots, r_{c^n}) \neq 0.$$

So we have proved that r is a diffeomorphism of Ω^* onto Ω, and consequently r is a *Huygens field*.

Let us summarize the principal results just obtained.

Theorem. *Let* $r: \Omega^* \to M$ *be a Huygens field on* $\Omega := r(\Omega^*)$ *with the inverse* $s: \Omega \to \Omega^*$ *given by* $s(x, z) = (S(x, z), T(x, z))$, $(x, z) \in \Omega$. *Then the scalar function* $S(x, z)$, *called the eikonal of* r, *is a* C^2-*solution of Vessiot's equation*

$$F(x, z, -S_x/S_z)S_z + 1 = 0$$

on Ω. *If* $\sigma = (r, P)$ *denotes the Huygens flow* $\sigma: \Omega^* \to \hat{M}$ *associated with* r, *then the codirection field* $v(x, z) = (x, z, \mathscr{N}(x, z))$ *of the flow* σ *defined by*

$v := \sigma \circ r^{-1} = (\mathrm{id}_\Omega, \mathcal{N})$, $\mathcal{N} := P \circ r^{-1}$ *is perpendicular to the wave fronts* $\mathscr{S}_\theta :=$ $\{(x, z) \in \Omega : S(x, z) = \theta\}$; *more precisely,* $(\mathcal{N}, -1) = F(v)(S_x, S_z)$. *Furthermore the level surfaces* $\mathscr{S}_\theta$ *can also be described by* $\mathscr{S}_\theta = r(\theta, \mathscr{P})$ *where* $\mathscr{P}$ *is the parameter domain of the flow* σ.

Conversely, if $S(x, z)$ *is a* C^2-*solution of Vessiot's equation and if we define* $\mathcal{N}$ *and* v *by*

$$\mathcal{N} := -S_x/S_z, \qquad v(x, z) = (x, z, \mathcal{N}(x, z)),$$

then the equations

$$\dot{x} = F_p(x, z, \mathcal{N}(x, z)),$$

$$\dot{z} = \mathcal{N}(x, z) \cdot F_p(x, z, \mathcal{N}(x, z)) - F(x, z, \mathcal{N}(x, z))$$

together with suitable initial conditions define a Huygens field r given by $r(\theta, c) = (X(\theta, c), Z(\theta, c))$, *the eikonal of which is just S, and the corresponding Huygens flow is obtained by* $P(\theta, c) = \mathcal{N}(r(\theta, c))$.

In the next subsection we show that the facts stated in this theorem are essentially contained in the celebrated envelope construction due to Huygens. This observation will justify our terminology "Huygens flows" and "Huygens field".

In geometrical optics the ray map of a Huygens flow describes the rays of a light bundle and, even more, how light is in time transported along rays. This transport mechanism is interwoven with the simultaneous process of wave transport described by the evolution of the codirections P of the wave fronts $\mathscr{S}_\theta$, and Lie's equations seem to indicate that one cannot compute the evolution of rays without computing the evolution of associated wave fronts at the same time. This, however, is not the case; we shall prove in Section 3 that one can obtain a system of differential equations describing the evolution of rays alone. This will be achieved by eliminating P by means of a (partial) Legendre transformation. This system describing the rays seems to have first appeared in lectures by Herglotz. The same Legendre transformation transforms Vessiot's equation for the eikonal S into a system of $n + 1$ partial differential equations for the eikonal S into a system of $n + 1$ partial differential equations of first order for the eikonal S and the direction field $\mathscr{D}$ of the corresponding Huygens field.

2.6. Huygens's Envelope Construction

The principal task of geometrical optics is the description of light rays and of the propagation of wave fronts in an optical medium. We saw in the last subsection that Huygens flows can be used as a suitable model for such phenomena. An optical medium is characterized by its Lie function F, and the Lie equations

$$\frac{dx}{d\theta} = F_p, \qquad \frac{dz}{d\theta} = p \cdot F_p - F, \qquad \frac{dp}{d\theta} = -F_x - pF_z$$

describe both the light rays $(x(\theta), z(\theta))$ and the (co)directions $(-p(\theta), 1)$ of transversal wave fronts travelling with the rays. Dually, Vessiot's equation

$$F(x, z, -S_x/S_z)S_z + 1 = 0$$

for the eikonal $S(x, z)$ of a Huygens ray field can be used to describe the wave fronts as level surfaces of S. It turns out that this characterization of rays and waves is the essential content of a geometric construction due to Huygens which consists in drawing envelopes to n-parameter families of elementary waves, and the celebrated *Huygens principle* states that this envelope construction can be used for an alternative foundation of geometrical optics. In Section 3 (and particularly in *3.5*) we shall see that Huygens's principle is indeed equivalent to Fermat's principle which characterizes light by a variational problem.

Huygens's principle is a geometric method describing the spreading of disturbances in space and time or, as one says, the *propagation of waves*. Essentially it provides a model of how a rumour is propagated throughout a continuous medium. Suppose that someone starts a rumour on a crowded market place by dropping a few remarks to his neighbours who will immediately repeat the rumour by telling it to their neighbours. We justifiedly expect that the rumour will be spread in all directions, possibly with varying speeed depending on the narrative gifts of the different rumourmongers and on the varying crowdedness of the market square at different locations. The basic feature of this model is that a "signal" sent out from a source will be propagated in all directions and with finite speed throughout space. As soon as the signal reaches some point in the medium, it will stimulate that point to act as a transmitter on its own and to send out the signal into all direction. Suppose that at a time θ the signal has reached all points lying on a surface $\mathscr{S}$. Every point Q on $\mathscr{S}$ will immediately begin to transmit the signal into all directions. Assume that after some time θ' the signal sent out from Q has reached all points on a surface $E_{\theta'}(Q)$. Forming the envelope of all surfaces $E_{\theta'}(Q)$ with $Q \in \mathscr{S}$ we obtain a new surface $\mathscr{S}'$ containing all points which are reached by the signal at the time $\theta + \theta'$. Knowing the transmitting ability of every point Q of the medium, this model will enable use to describe how the "*wave front*" $\mathscr{S}$ moves in time.

Let us now turn to a somewhat more formalized description of Huygens's principle. The two basic features are the following:

(i) The configuration space $M = \mathbb{R}^n \times \mathbb{R}$ is filled by a medium every point $Q = (x, z)$ of which is able to send signals into all directions. These signals will travel with finite speed on sharp wave fronts $E_\theta(Q)$, $\theta \geq 0$, called *elementary waves*, which expand with increasing θ, starting at Q for $\theta = 0$. To every point Q of M one attaches an *indicatrix surface* $\mathscr{I}_Q$ defined as the $\dfrac{1}{\theta}$-blow-up of the elementary waves $E_\theta(Q)$ for $\theta \to 0$, i.e. we assume the existence of

(1) $$\mathscr{I}_Q := \lim_{\theta \to 0} \frac{1}{\theta}\{E_\theta(Q) - Q\}.$$

Thus we have

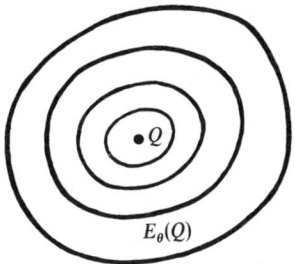

Fig. 29. Elementary waves $E_\theta(Q)$ centered at Q.

(2) $$E_\theta(Q) = Q + \theta \mathcal{J}_Q + \cdots,$$

where $+ \ldots$ denotes terms of order $o(\theta)$, that is, elementary waves $E_\theta(Q)$ are in first order described by $Q + \theta \mathcal{J}_Q$. Usually all indicatrices $\mathcal{J}_Q$ are supposed to be strictly convex surfaces. If the medium is isotropic, no direction is distinguished; hence the elementary waves $E_\theta(Q)$ as well as all indicatrices are spheres. If the medium is both homogeneous and isotropic, all indicatrices are spheres of equal radius.

(ii) Consider a sharp wave front whose position at a time θ is described by a surface $\mathcal{S}_\theta$. The family of surfaces $\mathcal{S}_\theta$ describes the motion of the wave front with an increasing time θ. To construct the position $\mathcal{S}_{\theta+d\theta}$ of the wave front at a time $\theta + d\theta$ from its position $\mathcal{S}_\theta$ at the time θ, one draws about every point Q of $\mathcal{S}_\theta$ the elementary wave $E_{d\theta}(Q)$. As we only consider an infinitesimally small period of time $d\theta$ for the elementary wave to develop, we can write

(3) $$F_{d\theta}(Q) = Q + d\theta \cdot \mathcal{J}_Q.$$

Then $\mathcal{S}_{\theta+d\theta}$ is obtained as the envelope of all elementary waves $E_{d\theta}(Q)$ emanating from points $Q \in \mathcal{S}_\theta$ (or, rather, that part of the envelope which lies on that side of $\mathcal{S}_\theta$ where the wave front is moving).

Once all indicatrices $\mathcal{J}_Q$ are known, this principle will enable us to derive a system of ordinary differential equations describing the motion of the sharp wave front. Note that we have formulated Huygens's principle only by means of

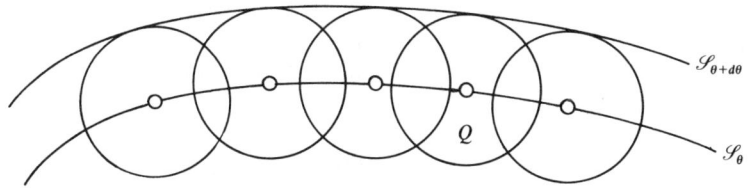

Fig. 30. Huygens's envelope construction: The envelope to the elementary waves $E_{d\theta}(Q)$ centered at points Q of the wave front S_θ is the new wave front $S_{\theta+d\theta}$.

infinitesimal waves $E_{d\theta}(Q)$ instead of finite elementary waves. This provides a *weak form of Huygens's principle* which requires seemingly less than the standard version operating with envelopes to finite waves; however both versions are equivalent if the medium satisfies certain natural conditions.

The wave model underlying Huygens's construction is rather simplistic; yet it describes a number of wave phenomena fairly well. Basically, this model is a "scalar model" assuming that waves have zero wave length. The field of optics based on Huygens's principle is called *geometrical optics*; it can be viewed as a zero-order approximation of a more realistic wave optics based on Maxwell's equations, and it is obtained by letting the wave lengths of all electromagnetic radiation tend to zero.

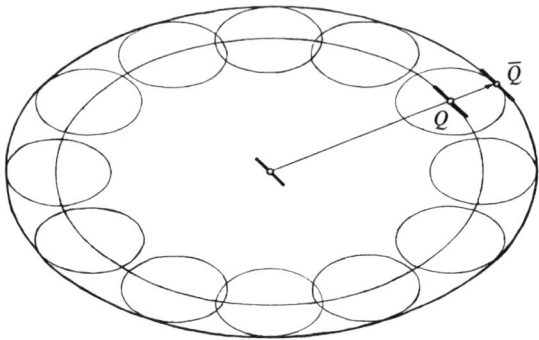

Fig. 31. Huygens's principle in a homogeneous medium.

Now we shall derive a system of differential equations describing the motion of wave fronts according to the (weak) Huygens principle.

Let us begin by writing any indicatrix $\mathscr{I}_Q$ as a graph of a real-valued function $W(Q, \xi)$, $\xi \in \Omega \subset \mathbb{R}^n$. More precisely we assume that a suitable part $\mathscr{I}_Q'$ of $\mathscr{I}_Q$ is represented in the form

$$(4) \qquad \mathscr{I}_Q' = \{(\xi, \zeta) \in M : \zeta = W(Q, \xi), \xi \in \Omega\},$$

where $Q = (x, z) \in M$. We assume that $W(x, z, \xi)$ is a sufficiently often continuously differentiable function of its variables, and that we can perform a partial Legendre transformation corresponding to W which keeps $Q = (x, z)$ fixed. (This is, for instance, the case if $W(x, z, \cdot)$ is uniformly convex or uniformly concave.)

Let $F(Q, p)$ be the Legendre transform of $W(Q, \xi)$ obtained in this way (see *7,1.1*, (28)); it is defined by

$$(5) \qquad F(Q, p) := \{p \cdot \xi - W(Q, \xi)\}|_{\xi = \psi(Q, p)},$$

where the mapping $(Q, p) \mapsto (Q, \psi(Q, p))$ is the inverse of $(Q, \xi) \mapsto (Q, W_\xi(Q, \xi))$. Then $\mathscr{I}_Q'$ is the envelope of its tangent planes

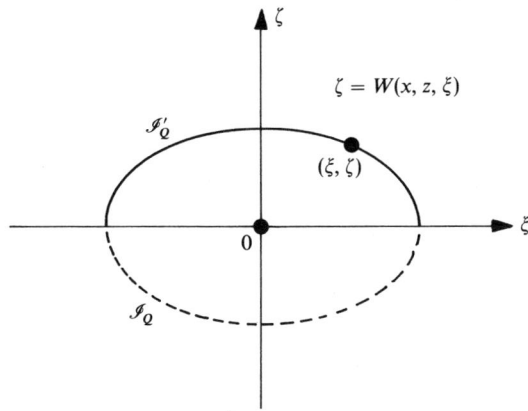

Fig. 32. A part $\mathscr{I}'_Q$ of the indicatrix $\mathscr{I}_Q$ which is represented by a nonparametric surface $\zeta = W(x, z, \xi)$, $\xi \in \Omega$.

$$T_R = \{(\xi', \zeta') \in \mathbb{R}^{n+1} : \zeta' - p \cdot \xi' = -F(Q, p)\}$$

touching $\mathscr{I}_Q$ at $R = (\xi, \zeta)$ where

(6) $$\xi = F_p(x, z, p) =: \Pi(x, z, p),$$

(7) $$\zeta = p \cdot F_p(x, z, p) - F(x, z, p) =: \phi(x, z, p),$$

cf. 7,*1.1*, (20). According to 7,*1.1*, (29) it follows that

(8) $$\psi(x, z, p) = \Pi(x, z, p),$$

and therefore

(9) $$\phi(x, z, p) = W(x, z, \Pi(x, z, p)).$$

We can interpret the formulas (6) and (7) as a parametric representation of the indicatrix surface $\mathscr{I}'_Q$ in terms of the parameter $p \in \mathbb{R}^n$ which has the geometric meaning that $N_R = (-p, 1)$ is the normal to $\mathscr{I}'_Q$ at the point R given by

(10) $$R = (\xi, \zeta), \quad \xi = \Pi(x, z, p), \quad \zeta = \phi(x, z, p),$$

where $Q = (x, z)$.

Using these results it will not be difficult to express Huygens's principle by means of mathematical formulas. As we want to base our considerations on the infinitesimal Huygens principle, we shall consider wave fronts $\mathscr{S}_\theta$ and $\mathscr{S}_{\theta+d\theta}$ which are separated by an "infinitesimal" amount of time $d\theta$. Precisely speaking, we shall form the Taylor expansion of $\mathscr{S}_{\theta+h}$ at θ with respect to powers of h, and then we shall only consider the terms linear in h.

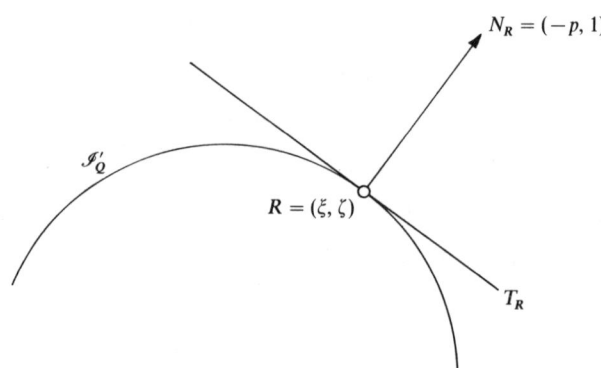

Fig. 33. The tangent plane T_R to the indicatrix surface $\mathscr{I}_Q'$ at the point $Q = (\xi, \zeta)$.

Suppose that a sharp wave front has the positions $\mathscr{S}_\theta$ and $\mathscr{S}_{\theta+d\theta}$ at the times θ and $\theta + d\theta$, respectively. Consider some point $Q = (x, z) \in \mathscr{S}_\theta$, and some other point $Q' = (x', z')$ that lies on $\mathscr{S}_{\theta+d\theta}$ as well as on the elementary wave $E_{d\theta}(Q) = Q + d\theta \cdot \mathscr{I}_Q$ centered at Q. As $\mathscr{S}_{\theta+d\theta}$ is the envelope of all elementary waves $E_{d\theta}$ centered at $\mathscr{S}_\theta$ we see that the surfaces $\mathscr{S}_{\theta+d\theta}$ and $E_{d\theta}(Q)$ are tangent to each other at Q'; hence both surfaces have a common normal $N_{Q'} = (-p', 1)$ at Q'. On account of (3) and (10), we obtain

(11)
$$x' = x + \Pi(x, z, p') \, d\theta,$$
$$z' = z + \phi(x, z, p') \, d\theta.$$

Let $N_Q = (p, -1)$ be the normal of $\mathscr{S}_\theta$ at Q, and set

$$dx = x' - x = \dot{x} \, d\theta, \qquad dz = z' - z = \dot{z} \, d\theta, \qquad dp = p' - p = \dot{p} \, d\theta.$$

Then (11) yields

$$dx = \Pi(x, z, p') \, d\theta, \qquad dz = \phi(x, z, p') \, d\theta.$$

As we only keep terms which are linear in $d\theta$, we can in these formulas replace $p' = p + \dot{p} \, d\theta$ by p thus obtaining

(12)
$$dx = \Pi(x, z, p) \, d\theta, \qquad dz = \phi(x, z, p) \, d\theta.$$

Now we want also to establish the relation

(13)
$$dp = A(x, z, p) \, d\theta,$$

where

(14)
$$A(x, z, p) := -F_x(x, z, p) - pF_z(x, z, p).$$

To this end we consider a tangential vector to the wave front $\mathscr{S}_\theta$ at some point $Q = (x, z)$ of $\mathscr{S}_\theta$. In a somewhat old-fashioned but highly suggestive way, we denote this tangential vector by $\delta Q = (\delta x, \delta z)$ and view it as an "infinitesimal displacement" of Q into another point $Q + \delta Q = (x + \delta x, z + \delta z)$ of $\mathscr{S}_\theta$. Then

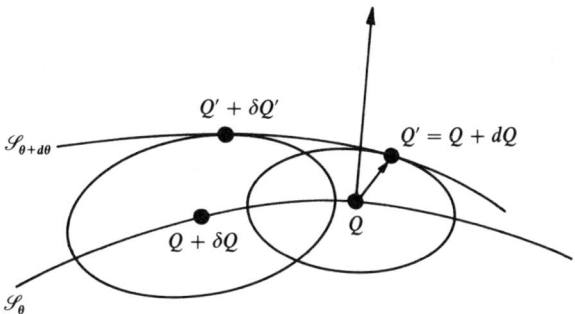

Fig. 34.

the vector δQ is perpendicular to the normal $N_Q = (-p, 1)$, i.e.,

$$-p \cdot dx + \delta z = 0$$

or

(15)
$$\delta z = p \cdot \delta x.$$

Let $Q' + \delta Q = (x' + \delta x', z' + \delta z')$ be the common tangent point of the wave front $\mathscr{S}_{\theta+d\theta}$ and of the elementary wave $E_{d\theta}(Q + \delta Q)$ centered at $Q + \delta Q$. Then $\delta Q' = (\delta x', \delta z')$ is tangent to $\mathscr{S}_{\theta+d\theta}$ at Q' and therefore perpendicular to $N_{Q'}$ whence

(16)
$$\delta z' = p' \cdot \delta x'.$$

We infer from (15) and (16) that

$$\delta(z' - z) = \delta z' - \delta z = p' \cdot \delta x' - p \cdot \delta x$$
$$= (p' - p) \cdot \delta x' + p \cdot (\delta x' - \delta x) = (p' - p) \cdot \delta x' + p \cdot \delta(x' - x).$$

Thus,

$$\delta \, dz = dp \cdot \delta x' + p \cdot \delta \, dx$$

or, setting $\dot{p} = \dfrac{dp}{d\theta}$, we find

$$\delta(\phi \, d\theta) = (\dot{p} \, d\theta) \cdot \delta x' + p \cdot \delta(\Pi \, d\theta).$$

As we only keep terms that are linear in $d\theta$, it follows from

$$\delta x' = \delta x + \delta(x' - x) = \delta x + \delta(\Pi \, d\theta) = \delta x + \delta \Pi \, d\theta$$

that we can replace $\delta x'$ by δx, and we arrive at

(17)
$$\delta\phi \, d\theta = \dot{p} \cdot \delta x \, d\theta + p \cdot \delta \Pi \, d\theta.$$

Moreover we infer from

$$\phi = p \cdot \Pi - F,$$

that

$$\delta\phi - p\cdot\delta\Pi = \delta p\cdot\Pi + p\cdot\delta\Pi - \delta F - p\cdot\delta\Pi = \Pi\cdot\delta p - \delta F,$$

and

$$\delta F = F_x\cdot\delta x + F_z\delta z + F_p\cdot\delta p = F_x\cdot\delta x + F_z\delta z + \Pi\cdot\delta p$$

implies

$$\delta\phi - p\cdot\delta\Pi = -F_x\cdot\delta x - F_z\delta z.$$

Taking (14) and (15) into account we find that

(18) $$\delta\phi - p\cdot\delta\Pi = -(F_x + pF_z)\cdot\delta x = A\cdot\delta x$$

and we derive from (17) the relation

(19) $$(\dot{p} - A)\cdot\delta x = 0.$$

Since the variations δx are completely free (whereas δz is coupled with δx by (15)), we infer from (19) that

$$\dot{p} - A = 0,$$

which just is relation (13).

Thus we have derived the system of ordinary differential equations

(20)
$$\begin{aligned}
\dot{x} &= F_p(x, z, p) & &= \Pi(x, z, p),\\
\dot{z} &= p\cdot F_p(x, z, p) - F(x, z, p) & &= \phi(x, z, p),\\
\dot{p} &= -F_x(x, z, p) - pF_z(x, z, p) & &= A(x, z, p),
\end{aligned}$$

as mathematical quintessence of Huygens's principle. It is fairly obvious to reformulate our "infintesimal approach" to equations (20) in the vector field notation that is nowadays used.

Equations (20) allow us to pursue the motion of wave fronts. In fact, suppose that $e = \mathscr{E}(c), c = (c^1, \ldots, c^n) \in \mathscr{P} \subset \mathbb{R}^n$ describes the position $\mathscr{S}_0$ of a sharp wave front at the time $\theta = 0$, and set $f = (\Pi, \phi, A)$. Then the solution $\sigma(\theta, c)$ of the initial value problem

(21) $$\dot{\sigma} = f(\sigma), \qquad \sigma(0, c) = \mathscr{E}(c),$$

written in the form

$$x = X(\theta, c), \qquad z = Z(\theta, c), \qquad p = P(\theta, c),$$

not only tells us how the wave-front points (x, z) move from their initial position on $\mathscr{S}_0$ in time, but it also informs us about the change of the normals to the wave front in progressing time. Note that the surface

$$\mathscr{S}_\theta = \{Q: Q = (x, z), x = X(\theta, c), z = Z(\theta, c), c \in \mathscr{P}\}$$

describes the position of the wave front at the time θ, and

$$N_Q = (-p, 1), \quad p := P(\theta, c),$$

yields the normal to $\mathscr{S}_\theta$ at the point $Q = (X(\theta, c), Z(\theta, c))$.

We notice the remarkable fact that equations (20) expressing Huygens's principle are identical with *Lie's equations* studied in the previous subsection. The Lie function $F(x, z, p)$ is the partial Legendre transform of the indicatrix function $W(x, z, \xi)$ describing the indicatrix $\mathscr{I}_Q$, $Q = (x, z)$, or rather a part $\mathscr{I}_Q'$ of it that can be represented in the nonparametric form $\zeta = W(x, z, \xi)$, $\xi \in \Omega$.

Since we assume the initial position $\mathscr{S}_0$ of some front at the time $\theta = 0$ to be an n-dimensional surface in $M = \mathbb{R}^n \times \mathbb{R}$ or, more generally, an n-dimensional strip $(= $ Legendre manifold in $\hat{M})$, we infer from Proposition 5 of 2.5 that the n-parameter solution of (21) is a *Huygens flow*, and that any Huygens flow is obtained in this way.

The reasoning above shows that the envelope construction of Huygens leads to the description of light rays and wave fronts by Lie's equations and, therefore, by Huygens flows. It is not difficult to see that this reasoning can be reversed, i.e. we find: If the motion of sharp wave fronts in a medium is always performed by Huygens flows with respect to a fixed Lie function F characterizing the optimal medium, then the motion is ruled by Huygens's principle.

Let us summarize our results in the following

Theorem. *Wave propagation is ruled by Huygens's principle if and only if wave-front motions are Huygens flows, or more precisely, if there is a function $F(x, z, p)$ such that points on and normals to wave fronts move along flows that are n-parameter families $\sigma(\theta, c)$ of solutions of the Lie system* (20) *corresponding to the Lie function F which satisfy $\sigma^*\omega = -F(\sigma)\,d\theta$.*

Note that the direction $(\dot{x}, \dot{z}) = (\Pi, \phi)$ of a ray $x = X(\theta, c)$, $z = Z(\theta, c)$ and the direction $(-p, 1) = (-P(\theta, c), 1)$ to the wave front $\mathscr{S}_\theta$ at (x, z) will not necessarily be the same, i.e. in general rays intersect wave fronts not orthogonally but merely transversally.

The wave front description given above uses a distinguished direction, the z-direction, and Lie's equations are the mathematical formulation of this *inhomogeneous version of Huygens's principle*. The homogeneous form of the principle of Huygens can easily be derived from these equations. The corresponding Lie equations then degenerate to a Hamiltonian system of canonical equations; we leave it to the reader to work out the details (see also 8,3.4).

3. The Fourfold Picture of Rays and Waves

This section presents the highlight of our *formal discussion of fields in the calculus of variations*. We shall give four equivalent descriptions of the concepts of ray systems and wave fronts and of the duality of these two concepts. Besides

Legendre's transformation the principal technical tool of our investigation is E. *Hölder's transformation* which is also derived from an involutory contact transformation. The main features of Hölder's transformation and its composition with a suitable Legendre transformation are discussed in 3.2. This way we bridge the gap between the principles of Fermat and Huygens, and we give a detailed interpretation of the equivalence of these two principles. The last subsection, 3.4, yields a summary of various aspects of the four pictures of rays and waves which are obtained in this text, *the pictures of Euler–Lagrange, Hamilton, Huygens–Lie, and Herglotz.*

3.1. Lie Equations and Herglotz Equations

We know that Euler's equations

(1) $$\frac{d}{dz} L_v - L_x, \qquad \frac{dx}{dz} = v$$

correspond to Hamilton's equations

(2) $$\frac{dx}{dz} = H_y, \qquad \frac{dy}{dz} = -H_x,$$

and Carathéodory's equations

(3) $$S_x = \bar{L}_v, \qquad S_z = \bar{L} - \mathscr{P} \cdot \bar{L}_v$$

with $\bar{L}(x, z) = L(x, z, \mathscr{P}(x, z))$, $\bar{L}_v(x, z) = L_v(x, z, \mathscr{P}(x, z))$ correspond to

(4) $$S_x = \bar{y}, \qquad S_z = -\bar{H},$$

where $\bar{y}(x, z) = \mathscr{Y}(x, z)$, $\bar{H}(x, z) = H(x, z, \mathscr{Y}(x, z))$. Here $x, z, v, L(x, z, v)$ are obtained from $x, z, y, H(x, z, y)$ by the Legendre transformation $\mathscr{L}_H$ generated by H, i.e.

(5) $v = H_y, \quad y = L_v, \quad L_x + H_x = 0, \quad L_z + H_z = 0, \quad H + L = y \cdot v.$

Equations (4) are equivalent to the Hamilton–Jacobi equation for the eikonal $S(x, z)$,

(6) $$S_z + H(x, z, S_x) = 0.$$

We know that equations (1) describe the variational principle

(7) $$\int L(x, z, x') \, dz \to \text{stationary}$$

for $x(z) = (x^1(z), \ldots, x^n(z))$, $x'(z) = \dfrac{dx}{dz}(z)$, whereas (2) are the Euler equations of

(8) $$\int [y \cdot x' - H(x, z, y)] \, dz \to \text{stationary}.$$

Furthermore (3), (4), and (6) are equivalent descriptions of Mayer fields of the variational integral $\int L(x, z, x')\, dz$.

In this subsection we want to derive similar facts for Lie's equations

$$(9) \qquad \frac{dx}{d\theta} = F_p, \qquad \frac{dz}{d\theta} = p \cdot F_p - F, \qquad \frac{dp}{d\theta} = -F_x - pF_z$$

and for Vessiot's equation

$$(10) \qquad F(x, z, -S_x/S_z)S_z + 1 = 0,$$

whose solutions $S(x, z)$ describe Huygens fields. We have seen in 2.6 that (9) and (10) can be interpreted as dual descriptions of Huygens's principle. Solutions $\sigma(\theta) = (x(\theta), z(\theta), p(\theta))$ of (9) are functions of a time parameter θ, and we write

$$\dot\sigma = \frac{d\sigma}{d\theta}, \quad \dot x = \frac{dx}{d\theta}, \text{ etc.}$$

Analogously to (5) we define a Legendre transformation $\mathscr{L}_F : (x, z, p) \mapsto (x, z, \xi)$ generated by F using the formulas

$$(11) \quad \xi = F_p, \quad p = W_\xi, \quad F_x + W_x = 0, \quad F_z + W_z = 0, \quad F + W = p \cdot \xi.$$

Here $W(x, z, \xi)$ is the Legendre transform of $F(x, z, p)$, just as $L(x, z, v)$ is the Legendre transform of $H(x, z, y)$. Precisely speaking we define the mapping $\mathscr{L}_F$ by

$$(x, z, p) \mapsto (x, z, \xi) \quad \text{with} \quad \xi = F_p(x, z, p).$$

Denote the inverse mapping $\mathscr{L}_F^{-1}$ by

$$(x, z, \xi) \mapsto (x, z, p), \quad p = \chi(x, z, \xi)$$

which is assumed to exist. This is locally guaranteed by the assumption

$$\det F_{pp} \neq 0.$$

Then we define the Legendre transform $W(x, z, \xi)$ of F by

$$(12) \qquad W(x, z, \xi) = [-F(x, z, p) + p \cdot \xi]|_{p = \chi(x, z, \xi)}.$$

According to 7,1.1 we have the involutory formulas (11). Note that $W(x, z, \xi)$ is the characteristic function appearing in 2.6, that is, the equation $\zeta = W(Q, \xi)$ yields a nonparametric representation of the indicatrix $\mathscr{I}_Q$ of some optical medium at $Q = (x, z)$.

Consider a solution $\sigma(\theta) = (x(\theta), z(\theta), p(\theta))$ of the Lie equations (9) and its Legendre transform $\mathfrak{s} := \mathscr{L}_F \circ \sigma$ which we write as

$$\mathfrak{s}(\theta) = (x(\theta), z(\theta), \xi(\theta)) \quad \text{where} \quad \xi(\theta) := F_p(x(\theta), z(\theta), p(\theta)).$$

Then we infer from (9) and (11) that

$$(13) \qquad \frac{dx}{d\theta} = \xi, \qquad \frac{dz}{d\theta} = W(\mathfrak{s}), \qquad \frac{d}{d\theta} W_\xi(\mathfrak{s}) = W_x(\mathfrak{s}) + W_z(\mathfrak{s})W_\xi(\mathfrak{s}).$$

Because of $\dot{x} = \xi$ we can write $\jmath$ as $\jmath(\theta) = (x(\theta), z(\theta), \dot{x}(\theta))$, and therefore (13) is equivalent to the *Herglotz equations*

(14)
$$\frac{d}{d\theta} W_{\xi}(x, z, \dot{x}) = W_x(x, z, \dot{x}) + W_z(x, z, \dot{x}) W_{\xi}(x, z, \dot{x}),$$

$$\dot{z} = W(x, z, \dot{x}).$$

This system of n second-order equations and one first-order equation for the ray map $r(\theta) = (x(\theta), z(\theta))$ was derived by Herglotz in [2], pp. 140–142.

We now claim that (14) *are the Euler equations of the Mayer problem*

(15)
$$\int_I W(x, z, \dot{x}) \, d\theta \to \text{stationary} \quad \text{with } \dot{z} = W(x, z, \dot{x}) \text{ as subsidiary condition.}$$

(Here I denotes a compact θ-interval where the ray $r(\theta) = (x(\theta), z(\theta))$ is defined.) In fact, by a formal application of the multiplier rule we obtain for $r(\theta)$ the Euler equations

(16)
$$\frac{d}{d\theta} G_{\dot{x}} - G_x = 0, \qquad \frac{d}{d\theta} G_{\dot{z}} - G_z = 0,$$

where the auxiliary Lagrangian G is defined by

(17)
$$G(\theta, x, z, \dot{x}, \dot{z}) := W(x, z, \dot{x}) + \lambda(\theta)[W(x, z, \dot{x}) - \dot{z}].$$

Note that in general the multiplier $\lambda(\theta)$ is not a constant but a function of θ. Equations (16) are equivalent to

$$\frac{d}{d\theta}(W_{\xi} + \lambda W_{\xi}) = W_x + \lambda W_x, \qquad -\frac{d\lambda}{d\theta} = W_z + \lambda W_z,$$

that is, to

$$(1 + \lambda)\frac{d}{d\theta} W_{\xi} + \dot{\lambda} W_{\xi} = (1 + \lambda)W_x, \qquad -\dot{\lambda} = (1 + \lambda)W_z,$$

where

(18)
$$(1 + \lambda)\left(\frac{d}{d\theta} W_{\xi} - W_z W_{\xi}\right) = (1 + \lambda)W_x.$$

For $(1 + \lambda) \neq 0$ we thus obtain the first equation of (14), and the second one is the subsidiary condition of the Mayer problem (15). If $\lambda(\theta) \equiv -1$, then the variational principle

(19)
$$\delta \int_I G(\theta, x, z, \dot{x}, \dot{z}) \, d\theta = 0$$

would mean that

$$\delta \int_I \dot{z}(\theta)\, d\theta = 0$$

and this relation holds true for any function $z(\theta)$. In this case (19) is meaningless.

A similar computation shows that *the Lie equations* (9) *are the Euler equations of the Mayer probem*

(20)
$$\int_I [p \cdot \dot{x} - F(x, z, p)] \to \text{stationary}$$

with $\dot{z} = p \cdot \dot{x} - F(x, z, p)$ *as subsidiary condition*.

In fact, a formal application of the multiplier rule implies that a solution $\sigma(\theta) = (x(\theta), z(\theta), p(\theta))$ of (20) has to be an extremal of the auxiliary variational integral

$$\int_I \{[p \cdot \dot{x} - F(x, z, p)] + \lambda(\theta)[p \cdot \dot{x} - F(x, z, p) - \dot{z}]\}\, d\theta,$$

which means that

$$\dot{\lambda} p + (1 + \lambda)\dot{p} = -(1 + \lambda)F_x, \quad \dot{\lambda} = (1 + \lambda)F_z, \quad 0 = (1 + \lambda)(\dot{x} - F_p).$$

If $(1 + \lambda) \neq 0$, we infer that

$$\dot{x} = F_p, \qquad \dot{p} = -F_x - pF_z$$

and in conjunction with the subsidiary condition

$$\dot{z} = p \cdot \dot{x} - F(x, z, p),$$

we arrive at

$$\dot{z} = p \cdot F_p - F,$$

which proves that the Mayer problem (20) implies (9).

Finally we turn to Vessiot's equation (10) for the eikonal function $S(x, z)$. As in 2.5 we introduce the codirection field $v(x, z)$ by

(21)
$$v(x, z) := (x, z, \mathcal{N}(x, z)), \quad \mathcal{N} := -S_x/S_z.$$

Then (10) can be written as

(22)
$$v^*\omega = -F(v)\, dS,$$

where $v^*\omega$ is the pull-back of the contact form $\omega = dz - p_i\, dx^i$ with respect to v.

Let $\mu := \mathscr{L}_F \circ v$ be the direction field associated with v, i.e.

(23)
$$\mu(x, z) = (x, z, \mathscr{D}(x, z)), \quad \mathscr{D}(x, z) = F_p(x, z, \mathcal{N}(x, z)).$$

In coordinates this means

(23')
$$\mathscr{D} = (\mathscr{D}^1, \mathscr{D}^2, \ldots, \mathscr{D}^n), \quad \mathscr{D}^i(x, z) = F_{p_i}(x, z, \mathcal{N}(x, z)).$$

Then we have

(24)
$$\mathcal{N} = W_\xi(\mu), \quad W(\mu) + F(v) = \mathcal{N} \cdot \mathscr{D}.$$

On the other hand, Vessiot's equation (10) can be written as

$$(25) \qquad \mathcal{N} = F(v)S_x, \qquad 1 = -F(v)S_z,$$

and therefore (10) is equivalent to the system

$$(26) \qquad \begin{aligned} W_\xi(\mu) &= [\mathcal{D} \cdot W_\xi(\mu) - W(\mu)]S_x \\ 1 &= [W(\mu) - \mathcal{D} \cdot W_\xi(\mu)]S_z . \end{aligned}$$

Now we associate with W the *adjoint function* M defined by

$$(27) \qquad M(x, z, \xi) := \xi \cdot W_\xi(x, z, \xi) - W(x, z, \xi).$$

Then (26) can be written as

$$(28) \qquad S_x = W_\xi(\mu)/M(\mu), \qquad S_z = -1/M(\mu).$$

We call (28) the system of *characteristic equations for the pair* $\{S, \mathcal{D}\}$. Thus we have found:

Proposition. *The wave fronts of a Huygens field are level surfaces of a function* $S(x, z)$, *its eikonal, which is a solution of Vessiot's equation* (10). *Equivalently we have: There is a direction field $\mathcal{D}$ such that the pair $\{S, \mathcal{D}\}$ is a solution of the characteristic equations* (28) *where $\mu(x, z) = (x, z, \mathcal{D}(x, z))$, and it turns out that $\mathcal{D}$ is connected with S by the equation*

$$(29) \qquad \mathcal{D} = F_p(\cdot, \cdot, -S_x/S_z).$$

The rays of a Huygens field are described by Lie's equations (9) *or, equivalently, by Herglotz's equations* (13).

Using equations (67) of 2.5 we see that the rays $r(\theta) = (x(\theta), z(\theta))$ of a Huygens field with the eikonal $S(x, z)$ can be obtained by means of the equations

$$(30) \qquad \dot{x} = \mathcal{D}(x, z), \qquad \dot{z} = W(x, z, \mathcal{D}(x, z)).$$

We note that the characteristic equations (28) relate to Vessiot's equation in a similar way as Carathéodory's equations to Hamilton–Jacobi's equation

$$(31) \qquad S_z + H(\cdot, \cdot, S_x) = 0.$$

In fact the eikonal $S(x, z)$ of a Mayer field satisfies (31) as well as the Carathéodory equations

$$(32) \qquad S_x = L_v(\cdot, \cdot, \mathcal{P}), \qquad S_z = -\Lambda(\cdot, \cdot, \mathcal{P}),$$

where Λ is the adjoint of L,

$$(33) \qquad \Lambda(x, z, v) = v \cdot L_v(x, z, v) - L(x, z, v),$$

and $\mathcal{P}$ is related to S by

$$(34) \qquad \mathcal{P} = H_y(\cdot, \cdot, S_x).$$

Let $\alpha_W := \mathcal{L}_W^* \omega$ be the pull-back of the contact form $\omega = dz - p_i \, dx^i$ with respect to the Legendre transformation $\mathcal{L}_W$ generated by W, i.e. $\mathcal{L}_W = \mathcal{L}_F^{-1}$.

Then we have

(35) $$\alpha_W = dz - W_\xi(x, z, \xi) \cdot dx,$$

and (28) can be written as

(36) $$\mu^* \alpha_W = M(\mu)\, dS,$$

which corresponds to

(37) $$v^* \omega = -F(v)\, dS.$$

3.2. Hölder's Transformation

Let $F(x, z, p)$ be a C^2-function of $2n + 1$ variables x, z, p varying in some domain G of $\mathbb{R}^n \times \mathbb{R} \times \mathbb{R}^n$, and let $\Phi(x, z, p)$ be its *adjoint function* defined by

(1) $$\Phi(x, z, p) := p \cdot F_p(x, z, p) - F(x, z, p).$$

Let us recall the process of Legendre transformation generated by F, a two-step procedure. First one defines the actual Legendre transformation $\mathscr{L}_F : (x, z, p) \mapsto (x, z, \xi)$ by

(2) $$\xi = F_p(x, z, p),$$

and then the Legendre transform $W(x, z, \xi)$ of $F(x, z, p)$ by

(3) $$W := \Phi \circ \mathscr{L}_F^{-1}.$$

To ensure local invertibility one assumes that

(4) $$\det F_{pp} \neq 0,$$

while global invertibility is essentially guaranteed if F_{pp} is positive (or negative) definite, i.e.

(5) $$F_{pp} > 0 \quad (\text{or } F_{pp} < 0).$$

Then it turns out that also W is of class C^2, and that

(6) $$F = M \circ \mathscr{L}_W^{-1},$$

where $M(x, z, \xi)$ denotes the adjoint of W, i.e.

(7) $$M(x, z, \xi) = \xi \cdot W_\xi(x, z, \xi) - W(x, z, \xi);$$

moreover we have

$$\mathscr{L}_W = \mathscr{L}_F^{-1},$$

i.e. Legendre's transformation is involutory. The complete set of formulas relating $F, \mathscr{L}_F$ and $W, \mathscr{L}_W$ is given by

$$\xi = F_p, \quad p = W_\xi,$$

(8)

$$F_x + W_x = 0, \qquad F_z + W_z = 0, \qquad F + W = p \cdot \xi.$$

These formulas have to be read as

(8') $\xi = F_p(x, z, p), \quad p = W_\xi(x, z, \xi), \dots, F(x, z, p) + W(x, z, \xi) = p \cdot \xi,$

where $(x, z, p) \mapsto (x, z, \xi)$, i.e. the variables x, z, p, ξ are linked by $\mathscr{L}_F(x, z, p) = (x, z, \xi)$, which is equivalent to $\mathscr{L}_W(x, z, \xi) = (x, z, p)$.

Now we want to define the *process of Hölder transformation generated by F*, which is another two-step procedure. First we define the Hölder transformation $\mathscr{H}_F : (x, z, p) \mapsto (x, z, y)$ by

(9)
$$y = \frac{p}{F(x, z, p)}.$$

Then the *Hölder transform* $H(x, z, y)$ of $F(x, z, p)$ is defined by

(10)
$$H := \frac{1}{F \circ \mathscr{H}_F^{-1}}.$$

Of course we have to require $F \neq 0$ as well as local invertibility of $\mathscr{H}_F$ in order to define $\mathscr{H}_F$ and H. In a slightly simplistic way we write the two formulas (9) and (10) as

(11)
$$y = \frac{p}{F(x, z, p)}, \qquad H(x, z, y) = \frac{1}{F(x, z, p)}.$$

Here we assume $(x, z, p) \leftrightarrow (x, z, y)$, i.e. the variables x, z, p, y are related by $\mathscr{H}_F(x, z, p) = (x, z, y)$. These formulae immediately imply

(12)
$$p = \frac{y}{H(x, z, y)}, \qquad F(x, z, p) = \frac{1}{H(x, z, y)}$$

and these relations show the involutory character of Hölder's transformation,

(13)
$$\mathscr{H}_H = \mathscr{H}_F^{-1}.$$

Similar to (8) we write (11) and (12) even more sloppily as

(14) $y = p/F, \quad H = 1/F; \qquad p = y/H, \qquad F = 1/H.$

Let us consider some examples:

[1]   If $F(p) = \frac{1}{2}|p|^2$, then also $\Phi(p) = \frac{1}{2}|p|^2$, and $\mathscr{H}_F$ is given by

$$y = \frac{2p}{|p|^2}.$$

Thus the mapping $p \mapsto y$ is an inversion in the sphere $S_{\sqrt{2}}(0)$. The Hölder transform H of F is found to be

$$H(y) = \frac{1}{2}|y|^2,$$

that is,

$$F(p) = \Phi(p) = H(p)$$

(of course, the last relation is "contradictory" to the sloppy notation (8) and (14) respectively, but the reader should have no difficulties to find out in every stage what notation is used).

In comparison, the Legendre transformation $\mathscr{L}_F : (x, z, p) \mapsto (x, z, \xi)$ is given by $\xi = p$, and the Legendre transform W of F is $W(\xi) = \frac{1}{2}|\xi|^2$.

$\boxed{2}$ For $F(x, z, p) = \frac{1}{2}a^{ik}(x, z)p_i p_k$ with $(a^{ik}) > 0$ and $a^{ik} = a^{ki}$ we obtain $F(x, z, p) = \Phi(x, z, p)$, and $\mathscr{H}_F$ is given by

$$y_l = \frac{2p_l}{a^{ik}(x, z)p_i p_k}.$$

Moreover we have

$$H(x, z, y) = \frac{1}{2}a^{ik}(x, z)y_i y_k,$$

i.e.

$$F(x, z, p) = \Phi(x, z, p) = H(x, z, p).$$

$\boxed{3}$ If $F(x, z, p)$ is positively homogeneous of second degree with respect to p, then $F(x, z, p) = \Phi(x, z, p)$. Let $\Psi(x, z, y) := y \cdot H_y(x, z, y) - H(x, z, y)$ be the adjoint of H. Then computations below (see Proposition 2) show that $\Psi = 1/\Phi \circ \mathscr{H}_F^{-1}$. In conjunction with (10) and $F = \Phi$ it follows that

$$H = \frac{1}{F} = \frac{1}{\Phi} = \Psi = y \cdot H_y - H,$$

whence $2H = y \cdot H_y$. Thus $H(x, z, y)$ is positively homogeneous of second degree with respect to y. The Hölder transform $\mathscr{H}_F$ is given by

$$x = x, \qquad z = z, \qquad y = \frac{p}{F(x, z, p)},$$

and thus we infer

$$\frac{1}{F(x, z, p)} = H(x, z, y) = H\left(x, z, \frac{p}{F(x, z, p)}\right) = \frac{H(x, z, p)}{F^2(x, z, p)}.$$

It follows that

$$F(x, z, p) = \Phi(x, z, p) = H(x, z, p) = \Psi(x, z, p),$$

just as in the previous two examples.

Now we have to check under which conditions the mapping $\mathscr{H}_F$ provides a diffeomorphism or at least a local diffeomorphism. To this end we introduce the "tensor"

$$T(x, z, p) = (T_k^i(x, z, p)) := p \otimes F_p(x, z, p) - F(x, z, z)I,$$

i.e.

(15) $$T_k^i(x, z, p) := p_k F_{p_i}(x, z, p) - \delta_k^i F(x, z, p).$$

Note that T is built like the "energy-momentum tensor" corresponding to F, except that we have not expressed p in terms of the momentum $\xi = F_p(x, z, p)$.

Lemma 1. *The determinant of $T = (T_k^i)$ can be expressed in terms of F and* $\Phi = p \cdot F_p - F$ *by*

$$(16) \qquad \det T = (-1)^{n-1} F^{n-1} \Phi.$$

Proof. Introduce the column vectors

$$e_1 = \begin{bmatrix} 1 \\ 0 \\ 0 \\ \vdots \\ 0 \end{bmatrix}, \quad e_2 = \begin{bmatrix} 0 \\ 1 \\ 0 \\ \vdots \\ 0 \end{bmatrix}, \quad \dots, \quad e_n = \begin{bmatrix} 0 \\ 0 \\ \vdots \\ 0 \\ 1 \end{bmatrix}$$

and write also F_p as a column. Then we obtain

$$\det T = (-1)^n D, \quad D := [Fe_1 - p_1 F_p, Fe_2 - p_2 F_p, \dots, Fe_n - p_n F_p].$$

If $p = 0$, then $\Phi = -F$ and $\det T = (-1)^n F^n$, and therefore (16) is correct. Thus we consider the case $p \neq 0$. Without loss of generality we may assume that $p_1 \neq 0$. Then we can write

$$D = \left[Fe_1 - p_1 F_p, F\left(e_2 - \frac{p_2}{p_1} e_1\right), \dots, F\left(e_n - \frac{p_n}{p_1} e_1\right) \right] = D_1 + D_2,$$

where

$$D_1 := \left[Fe_1, Fe_2 - F\frac{p_2}{p_1} e_1, \dots, Fe_n - F\frac{p_n}{p_1} e_1 \right] = F^n$$

and

$$D_2 := \left[-p_1 F_p, F\left(e_2 - \frac{p_2}{p_1} e_1\right), \dots, F\left(e_n - \frac{p_n}{p_1} e_1\right) \right]$$

$$= -F^{n-1} \left[p_1 F_p, e_2 - \frac{p_2}{p_1} e_1, \dots, e_n - \frac{p_n}{p_1} e_1 \right]$$

$$= -F^{n-1} \begin{vmatrix} p_1 F_{p_1}, & -p_2/p_1, & -p_3/p_1, & \dots, & -p_n/p_1 \\ p_1 F_{p_2}, & 1 & , & 0 & , \dots, & 0 \\ p_1 F_{p_3}, & 0 & , & 1 & , \dots, & 0 \\ \vdots & \vdots & & \vdots & & \vdots \\ p_1 F_{p_n}, & 0 & , & 0 & , \dots, & 1 \end{vmatrix}$$

$$= -F^{n-1} \left(p_1 F_{p_1} + \frac{p_2}{p_1} p_1 F_{p_2} + \cdots + \frac{p_n}{p_1} p_1 F_{p_n} \right) = -F^{n-1} p \cdot F_p.$$

Therefore

$$D = D_1 + D_2 = F^n - F^{n-1} p \cdot F_p = F^{n-1}(F - p \cdot F_p) = -F^{n-1} \Phi$$

and

$$\det T = (-1)^n D = (-1)^{n-1} F^{n-1} \Phi. \qquad \square$$

Let us write

(17) $$\mathscr{H}_F(x, z, p) = (x, z, \mathscr{y}(x, z, p)),$$

where

(18) $$\mathscr{y}(x, z, p) := \frac{p}{F(x, z, p)}.$$

Then the components of $\mathscr{y}$ are given by

(18') $$\mathscr{y}_k(x, z, p) = \frac{p_k}{F(x, z, p)}, \quad 1 \le k \le n.$$

Lemma 2. *The Jacobi matrix* $\left(\dfrac{\partial \mathscr{y}_k}{\partial p_i}\right)$ *of the mapping* $p \mapsto \mathscr{y}(x, z, p)$ *is given by*

(19) $$\frac{\partial \mathscr{y}_k}{\partial p_i} = -F^{-2} T_k^i$$

and its Jacobian is

(20) $$\det \mathscr{y}_p = -\Phi F^{-n-1}.$$

Hence the Jacobian of $\mathscr{H}_F$ is given by

(21) $$\det D\mathscr{H}_F = -\Phi/F^{n+1}.$$

Proof. By differentiating (18') with respect to p_i we obtain

$$\frac{\partial \mathscr{y}_k}{\partial p_i} = \delta_k^i F^{-1} - p_k F_{p_i} F^{-2} = -F^{-2}(p_k F_{p_i} - F\delta_k^i) = -F^{-2} T_k^i,$$

and therefore

$$\det \frac{\partial \mathscr{y}}{\partial p} = (-1)^n F^{-2n} \det T.$$

By virtue of Lemma 1 we arrive at

$$\det \frac{\partial \mathscr{y}}{\partial p} = (-1)^n F^{-2n} (-1)^{n-1} F^{n-1} \Phi = -F^{-n-1} \Phi. \qquad \square$$

From Lemmata 1 and 2 we infer at once the following result:

Proposition 1. *Let G be a domain in the x, z, p-space $\mathbb{R}^n \times \mathbb{R} \times \mathbb{R}^n$ such that F and its adjoint Φ satisfy*

$$F(x, z, p) \neq 0 \quad and \quad \Phi(x, z, p) \neq 0 \quad for\ all\ (x, z, p) \in G.$$

Then the mapping $\mathscr{H}_F : G \to \mathbb{R}^{2n+1}$ is a local C^2-diffeomorphism.

Thus we can always apply Hölder's transformation at least locally if F and Φ are nowhere vanishing. In order to have a clear-cut situation, we state the following assumption that will be required throughout the rest of the subsection if nothing else is said.

Assumption A. *Hölder's transformation $\mathscr{H}_F : G \to G_*$ of G onto $G_* := \mathscr{H}_F(G)$ defined by (17) and (18) is a diffeomorphism. In particular we have*

$$(22) \qquad\qquad F(x, z, p) \neq 0 \quad and \quad \Phi(x, z, p) \neq 0 \quad on \ G.$$

Now we want to supplement transformation formulas (11) and (12) by a further set of transformation rules. These formulas become particularly elegant if we introduce the adjoint Ψ of the Hölder transform H of F by

$$(23) \qquad\qquad \Psi(x, z, y) := y \cdot H_y(x, z, y) - H(x, z, y),$$

just as

$$\Phi(x, z, p) := p \cdot F_p(x, z, p) - F(x, z, p)$$

is the adjoint of F.

Proposition 2. *We have*

$$(24) \qquad
\begin{aligned}
H_x(x, z, y) &= \frac{F_x(x, z, p)}{F(x, z, p)\Phi(x, z, p)}, & H_y(x, z, y) &= \frac{F_p(x, z, p)}{\Phi(x, z, p)}, \\[2mm]
H_z(x, z, y) &= \frac{F_z(x, z, p)}{F(x, z, p)\Phi(x, z, p)}, & \Psi(x, z, y) &= \frac{1}{\Phi(x, z, p)},
\end{aligned}$$

if x, z, p and x, z, y are connected by the Hölder transformation $\mathscr{H}_F$ described by (11) and (12).

Proof. Let us write $\mathscr{H}_H = \mathscr{H}_F^{-1}$ in the form

$$(25) \qquad \mathscr{H}_H(x, z, y) = (x, z, \wp(x, z, y)), \quad \wp(x, z, y) := \frac{y}{H(x, z, y)}.$$

We also use the notation $\hat{F} := F \circ \mathscr{H}_F$, $\hat{F}_p := F_p \circ \mathscr{H}_H$ etc., that is

$$(26) \qquad \hat{F}(x, z, y) := F(x, z, \wp(x, z, y)), \quad \hat{F}_p(x, z, y) := F_p(x, z, \wp(x, z, y)).$$

Then we have

$$(27) \qquad\qquad \hat{F}H = 1.$$

In order to prove

$$(28) \qquad\qquad H_y = \hat{F}_p/\hat{\Phi},$$

we fix x and z, i.e. we set $dx^i = 0$ and $dz = 0$ in the following differential forms. From

$$(29) \qquad \rlap{/}p_i(x, z, y) = \frac{y_i}{H(x, z, y)}$$

we infer that

$$d\rlap{/}p_k = H^{-1} \, dy_k - y_k H^{-2} H_{y_l} \, dy_l,$$

and (27) implies that

$$\hat{F} H_{y_i} \, dy_i + H \hat{F}_{p_k} \, d\rlap{/}p_k = 0.$$

Combining these two formulas we obtain

$$0 = \hat{F} \{H_{y_i} \, dy_i + \hat{F}_{p_k}(H \, dy_k - y_k H_{y_l} \, dy_l)\}.$$

Dividing by $\hat{F}$, it follows that

$$0 = (H_{y_i} + \hat{F}_{p_i} H - y_l \hat{F}_{p_l} H_{y_i}) \, dy_i$$

and therefore

$$H_{y_i} + H \hat{F}_{p_i} - y_l \hat{F}_{p_l} H_{y_i} = 0.$$

This is transformed into

$$H \hat{F}_{p_i} = H_{y_i}(y_l \hat{F}_{p_l} - 1) = H_{y_i}(\rlap{/}p_l \hat{F}^{-1} \hat{F}_{p_l} - 1),$$

and a multiplication by $\hat{F} = H^{-1}$ yields

$$\hat{F}_{p_i} = H_{y_i}(\rlap{/}p_l \hat{F}_{p_l} - \hat{F}) = H_{y_i} \hat{\Phi}$$

and therefore

$$H_{y_i} = F_{p_i}/\hat{\Phi},$$

which is just assertion (28). Moreover we obtain

$$\Psi = y_i H_{y_i} - H = \frac{\rlap{/}p_i \hat{F}_{p_i}}{\hat{F} \hat{\Phi}} - \frac{1}{\hat{F}} = \frac{\rlap{/}p_i \hat{F}_{p_i} - \hat{\Phi}}{\hat{F} \hat{\Phi}},$$

whence

$$(30) \qquad \Psi = 1/\hat{\Phi}.$$

Finally we infer from (29) that

$$(31) \qquad \rlap{/}p_z = -(H_z/H)\rlap{/}p, \qquad \rlap{/}p_{x^i} = -(H_{x^i}/H)\rlap{/}p.$$

Moreover, differentiating $H = 1/\hat{F}$ with respect to z, it follows that

$$H_z = -\hat{F}^{-2}(\hat{F}_z + \hat{F}_p \cdot \rlap{/}p_z)$$
$$= -\hat{F}_z \hat{F}^{-2} + (\rlap{/}p \cdot \hat{F}_p) H_z \hat{F}^{-1},$$

and therefore

$$H_z[1 - (\rlap{/}p \cdot \hat{F}_p)\hat{F}^{-1}] = -\hat{F}_z \hat{F}^{-2}.$$

Multiplying both sides by $\hat{F}$, we obtain

$$H_z(\hat{F} - \not{p} \cdot \hat{F}_p) = -\hat{F}_z\hat{F}^{-1} = -\hat{F}_zH,$$

whence, by virtue of $(\hat{F} - \not{p} \cdot \hat{F}_p) = (H - y \cdot H_y)^{-1}$, we see that

(32) $$H_z = H\varPsi\hat{F}_z = \hat{F}_z/(\hat{F}\hat{\varPhi}).$$

In exactly the same way the formula

(33) $$H_{x^i} = H\varPsi\hat{F}_{x^i} = \hat{F}_{x^i}/(\hat{F}\hat{\varPhi})$$

is verified.

Now we observe that (28), (30), (32), (33) yield the assertion of Proposition 2. $\square$

To make formulas (10), (11), (24) more transparent we write them in our sloppy notation as

(34) $$H = \frac{1}{F}, \quad \varPsi = \frac{1}{\varPhi}, \quad H_y = \frac{F_p}{\varPhi}, \quad H_x = \frac{F_x}{F\varPhi}, \quad H_z = \frac{F_z}{F\varPhi},$$

meaning that

(34') $$H(x, z, y) = \frac{1}{F(x, z, p)}, \quad \dots, \quad H_z(x, z, y) = \frac{F_z(x, z, p)}{F(x, z, p)\varPhi(x, z, p)}.$$

Because of the involutory character of Hölder's transformation we also have

(35) $$F = \frac{1}{H}, \quad \varPhi = \frac{1}{\varPsi}, \quad F_p = \frac{H_y}{\varPsi}, \quad F_x = \frac{H_x}{H\varPsi}, \quad F_z = \frac{H_z}{H\varPsi},$$

which means that

(35') $$F(x, z, p) = \frac{1}{H(x, z, y)}, \quad \dots, \quad F_z(x, z, p) = \frac{H_z(x, z, y)}{H(x, z, y)\varPsi(x, z, y)}.$$

Suppose now that the Legendre transformation $\mathscr{L}_F$ and the Hölder transformation $\mathscr{H}_F$ can be performed. Then it follows easily from Proposition 1 that the Hölder transformation $\mathscr{H}_W$ of the Legendre transform W of F can be carried out,

(36) $$W := \varPhi \circ \mathscr{L}_F^{-1}.$$

However, it is not obvious that the Legendre transformation $\mathscr{L}_H$ of the Hölder transform H of F is invertible, so that the Legendre transform L of H can be defined by

(37) $$L := \varPsi \circ \mathscr{L}_H^{-1}.$$

To discuss $\mathscr{L}_H$ we have to investigate the Hessian matrix H_{yy} of $H(x, z, y)$. In order to put our considerations on firm ground we supplement Assumption A by

Assumption B. *Legendre's transformation $\mathscr{L}_F : G \to G^*$ of G onto $\mathscr{L}_F(G) =: G^*$ defined by (2) is a diffeomorphism. In particular we have*

$$(38) \qquad \det F_{pp}(x, z, p) \neq 0 \quad \text{on } G.$$

In analogy to Φ and Ψ we define the adjoint M of W by

$$(39) \qquad M(x, z, \xi) := \xi \cdot W_\xi(x, z, \xi) - W(x, z, \xi).$$

Then we have

$$(40) \qquad F = M \circ \mathscr{L}_F^{-1}.$$

Analogous to the tensor field $T = p \otimes F_p - FI$ we introduce

$$\Gamma = (\Gamma_i^k) := \xi \otimes W_\xi - WI \quad \text{and} \quad P = (P_k^i) := y \otimes H_y - HI,$$

that is,

$$(41) \qquad \Gamma_i^k(x, z, \xi) := \xi^k W_{\xi^i}(x, z, \xi) - W(x, z, \xi)\delta_i^k,$$

$$(42) \qquad P_k^i(x, z, y) := y_k H_{y_i}(x, z, y) - H(x, z, y)\delta_k^i.$$

By Lemmata 1 and 2 we have

$$(43) \qquad \begin{aligned} -\Psi H^{-n-1} &= \det(-H^{-2}P) = \det \not{p}_y, \\ -MW^{-n-1} &= \det(-W^{-2}\Gamma). \end{aligned}$$

Next we introduce the mapping $\mathscr{A}_F : G_* \to G^*$ by

$$(44) \qquad \mathscr{A}_F := \mathscr{L}_F \circ \mathscr{H}_F^{-1}.$$

In coordinates we can express this mapping in the form

$$(45) \qquad x = x, \qquad z = z, \qquad \xi = x(x, z, y),$$

where

$$(46) \qquad x(x, z, y) := F_p(x, z, \not{p}(x, z, y))$$

and

$$(47) \qquad \not{p}(x, z, y) := \frac{y}{H(x, z, y)}.$$

On account of (34) we have

$$(48) \qquad H_y = (F_p/\Phi) \circ \mathscr{H}_F^{-1} = (\xi/W) \circ \mathscr{A}_F,$$

which can now be written as

$$(49) \qquad H_{y_i} = x^i/W(\cdot, \cdot, x), \quad i = 1, \ldots, n.$$

It follows that

$$(50) \qquad H_{y_i y_k} = \frac{\partial}{\partial y_k}[x^i/W(\cdot, \cdot, x)] = \left[\frac{\partial}{\partial \xi^l}(\xi^i/W)\right] \circ \mathscr{A}_F \frac{\partial x^l}{\partial y_k}.$$

We also have

(51)
$$\frac{\partial}{\partial \xi^l}(\xi^i/W) = W^{-2}[\delta_l^i W - \xi^i W_{\xi^l}] = -W^{-2}\Gamma_l^i,$$

and $x^l = F_{p_l}(\cdot, \cdot, \rlap{/}{p})$ yields

(52)
$$\frac{\partial x^l}{\partial y_k} = F_{p_l p_j}(\cdot, \cdot, \rlap{/}{p})\frac{\partial \rlap{/}{p}_j}{\partial y_k}.$$

By virtue of Lemma 2, formula (19) we have

(53)
$$\frac{\partial \rlap{/}{p}_j}{\partial y_k} = -H^{-2}P_j^k.$$

Then identities (50)–(53) yield

(54)
$$H_{y_i y_k} = [(-W^{-2}\Gamma_l^i) \circ \mathscr{A}_F]F_{p_l p_j}(\cdot, \cdot, \rlap{/}{p})[-H^{-2}P_j^k].$$

Using our sloppy notation explained before we can write this relation as

(54′)
$$H_{y_i y_k} = (W^{-2}\Gamma_l^i)F_{p_l p_j}(H^{-2}P_j^k),$$

and we also have

(55)
$$M = F = 1/H, \qquad W = \Phi = 1/\Psi,$$

which means that

(55′)
$$M(x, z, \xi) = F(x, z, p) = 1/H(x, z, y),$$
$$W(x, z, \xi) = \Phi(x, z, p) = 1/\Psi(x, z, y),$$

where $(x, z, \xi) \leftrightarrow (x, z, p) \leftrightarrow (x, z, y)$. On account of (43) and (55) we infer from (54′) that

(56)
$$\det H_{yy} = (F/\Phi)^{n+2} \det F_{pp}.$$

Precisely speaking we have found

Proposition 3. *If F satisfies Assumptions A and B, we have*

(56′)
$$(\det H_{yy}) \circ \mathscr{H}_F^{-1} = (F/\Phi)^{n+2} \det F_{pp},$$

and in particular

(57) $H(x, z, y) \neq 0, \qquad \Psi(x, z, y) \neq 0, \qquad \det H_{yy}(x, z, y) \neq 0 \quad \text{on } G_*.$

Hence, assuming Assumptions A, B for F, we see that the Hölder transform $H = 1/F \circ \mathscr{H}_F^{-1}$ locally satisfies the same assumptions, and thus we can carry out the Legendre transformations $\mathscr{L}_H$ and $\mathscr{L}_L$ where L is defined by (37). It is now easily seen that both L and W satisfy Assumptions A, B locally. Therefore we can proceed by alternately carrying out Hölder and Legendre transformations. However, the process

$$F \underset{\mathscr{H}_F}{\rightarrow} H \underset{\mathscr{L}_H}{\rightarrow} L \underset{\mathscr{H}_L}{\rightarrow} \cdots$$

does not lead to an infinite sequence of functions $F, H, L, \ldots$, since after four steps we return to the initial function F. This follows from

Proposition 4. *Suppose that $F(x, z, p) \neq 0$, $\Phi(x, z, p) \neq 0$, and $\det F_{pp}(x, z, p) \neq 0$. Then we can locally define W, H, L and $\mathcal{H}_F, \mathcal{L}_H, \mathcal{L}_F, \mathcal{H}_W$, and we (locally) have*

$$(58) \qquad \mathcal{L}_H \circ \mathcal{H}_F = \mathcal{H}_W \circ \mathcal{L}_F$$

as well as

$$(59) \qquad L := \Psi \circ \mathcal{L}_H^{-1} = (1/W) \circ \mathcal{H}_W^{-1}.$$

Proof. (i) The mappings $\mathcal{L}_F$ and $\mathcal{H}_W$ are described by

$$p \mapsto \xi = F_p(x, z, p) \quad \text{and} \quad \xi \mapsto v = \frac{\xi}{W(x, z, \xi)},$$

respectively. Since

$$W(x, z, \xi) = \Phi(x, z, p),$$

we obtain that $\mathcal{H}_W \circ \mathcal{L}_F$ is given by

$$(60) \qquad p \mapsto v = \frac{F_p(x, z, p)}{p \cdot F_p(x, z, p) - F(x, z, p)}.$$

(ii) On the other hand, $\mathcal{H}_F$ and $\mathcal{L}_H$ are described by

$$p \mapsto y = \frac{p}{F(x, z, p)} \quad \text{and} \quad y \mapsto v = H_y(x, z, y).$$

By Proposition 2 we have

$$H_y(x, z, y) = \frac{F_p(x, z, p)}{\Phi(x, z, p)},$$

and therefore $\mathcal{L}_H \circ \mathcal{H}_F$ is described by

$$(61) \qquad p \mapsto v = \frac{F_p(x, z, p)}{p \cdot F_p(x, z, p) - F(x, z, p)}.$$

(iii) Comparing (60) and (61), we obtain $\mathcal{L}_H \circ \mathcal{H}_F = \mathcal{H}_W \circ \mathcal{L}_F$, and thus (58) is verified.

By (37) we have defined $L(x, z, v)$ as $L := \Psi \circ \mathcal{L}_H^{-1}$, and Proposition 2 yields $\Psi = (1/\Phi) \circ \mathcal{H}_F^{-1}$. Therefore,

$$(62) \qquad L = (1/\Phi) \circ \mathcal{H}_F^{-1} \circ \mathcal{L}_H^{-1}.$$

Furthermore, by (58),

$$\mathcal{H}_F^{-1} \circ \mathcal{L}_H^{-1} = (\mathcal{L}_H \circ \mathcal{H}_F)^{-1} = (\mathcal{H}_W \circ \mathcal{L}_F)^{-1} = \mathcal{L}_F^{-1} \circ \mathcal{H}_W^{-1},$$

and thus we infer from (62) and (3) that

(63) $$L = (1/\Phi) \circ \mathscr{L}_F^{-1} \circ \mathscr{H}_W^{-1} = (1/W) \circ \mathscr{H}_W^{-1}.$$

Equation (63) now implies assertion (59). ▢

Remark 1. We note that $(1/W) \circ \mathscr{H}_W^{-1}$ is the Hölder transform of W, and $W = \Phi \circ \mathscr{L}_F^{-1}$ is the Legendre transform of F. Thus equation (58) means that the transform L of F under the mapping $\mathscr{L}_H \circ \mathscr{H}_F$ can also be viewed as transform of F under the mapping $\mathscr{H}_W \circ \mathscr{L}_F$.

We can, therefore, summarize the statements of Proposition 4 by saying that the following diagram is commutative:

(64)

$$
\begin{array}{ccc}
(x, z, p, F) & \xrightarrow{\;\mathscr{H}_F\;} & (x, z, y, H) \\
\downarrow{\scriptstyle\mathscr{L}_F} & & \downarrow{\scriptstyle\mathscr{L}_H} \\
(x, z, \xi, W) & \xrightarrow{\;\mathscr{H}_W\;} & (x, z, v, L)
\end{array}
$$

The mapping $\mathscr{R}_F := \mathscr{L}_H \circ \mathscr{H}_F = \mathscr{H}_W \circ \mathscr{L}_F$ is given by

(65) $$x = x, \qquad z = z, \qquad v = \frac{F_p(x, z, p)}{p \cdot F_p(x, z, p) - F(x, z, p)}.$$

Up to a minus-sign, $\mathscr{R}_F$ is just the transformation introduced by Haar [1]. From (58) we derive

(66) $$(\mathscr{L}_H \circ \mathscr{H}_F)^{-1} = \mathscr{L}_F^{-1} \circ \mathscr{H}_W^{-1} = \mathscr{L}_W \circ \mathscr{H}_L,$$

which expresses the well-known fact that $\mathscr{R}_F$ is an involution.

Moreover, because of (44) and (58) we can write $\mathscr{R}_F$ as

(67) $$\mathscr{R}_F = \mathscr{A}_H = \mathscr{A}_W^{-1}.$$

Finally we note that F and its *Haar transform* L are connected by

(68) $$L(x, z, v) = \frac{1}{p \cdot F_p(x, z, p) - F(x, z, p)}.$$

Remark 2. We infer from Lemma 2 that Hölder's transformation $\mathscr{H}_F$ is locally invertible if and only if both

$$F(x, z, p) \neq 0 \quad \text{and} \quad \Phi(x, z, p) \neq 0.$$

Hence $\mathscr{H}_F$ is not invertible if $F(x, z, p)$ is positively homogeneous of first degree with respect to p, since Euler's relation then implies $\Phi(x, z, p) \equiv 0$. Recall that in this case also Legendre's transformation $\mathscr{L}_F$ is not invertible.

Let us now discuss the *global invertibility of* $\mathscr{H}_F$. For this purpose we first fix x, z and consider the mapping $p \mapsto y = p/F(x, z, p)$. Let e be a unit vector in $\mathbb{R}^n$ and set $p = \lambda e$ where λ varies in some interval $I \subset \mathbb{R}$. Then the mapping $f : I \to \mathbb{R}^n$ defined by

$$f(\lambda) := \varphi(\lambda)e, \quad \varphi(\lambda) := \lambda F(x, z, \lambda e)$$

furnishes a bijection from the segment $\Sigma := \{\lambda e: \lambda \in I\}$ of the straight line $\mathscr{G} := \{\lambda e: \lambda \in \mathbb{R}\}$ onto a segment $\Sigma^* = \{\lambda^* e: \lambda^* \in \varphi(I)\}$ on $\mathscr{G}$ if both $F(x, z, \lambda e) \neq 0$ and $\Phi(x, z, \lambda e) \neq 0$ for all $\lambda \in I$, since

(69) $$\varphi'(\lambda) = \frac{F(x, z, \lambda e) - \lambda e \cdot F_p(x, z, \lambda e)}{F^2(x, z, \lambda e)} = -\frac{\Phi(x, z, \lambda e)}{F^2(x, z, \lambda e)}$$

implies $\varphi'(\lambda) \neq 0$ for λ. This observation immediately yields the following two results.

Lemma 3. *Let Ω be a domain in $\mathbb{R}^n$ which is star-shaped with respect to $p = 0$, and let $F(x, z, p) \neq 0$, $\Phi(x, z, p) \neq 0$ for all $p \in \Omega$. Then $p \mapsto y = p/F(x, z, p)$ maps Ω bijectively onto a domain Ω_* of $\mathbb{R}^n$ which is star-shaped with respect to $y = 0$, the image point of $p = 0$.*

Lemma 4. *Suppose that $F(x, z, p) \neq 0$ and $\Phi(x, z, p) \neq 0$ for all $p \in \mathbb{R}^n - \{0\}$ and that $p/F(p) \to 0$ as $|p| \to \infty$. Then the mapping $p \mapsto y = p/F(x, z, p)$ yields a bijective mapping of $\mathbb{R}^n - \{0\}$ onto a domain Ω_* which is star-shaped with respect to the origin.*

Definition. *Let $G := \{(x, z, p) \in \mathbb{R}^n \times \mathbb{R} \times \mathbb{R}^n: (x, z) \in U, p \in \Omega(x, z)\}$ where U is a domain in $\mathbb{R}^n \times \mathbb{R}$, and $\Omega(x, z)$ are domains in $\mathbb{R}^n$ containing the origin; suppose also that G is a domain in $\mathbb{R}^n \times \mathbb{R} \times \mathbb{R}^n$. Then G is called a* normal domain of type B *(or C, or S) if $\Omega(x, z) = B(0, R(x, z)), 0 < R \leq \infty$ (or if $\Omega(x, z)$ is convex, or star-shaped with respect to $p = 0$).*

By virtue of Lemmata 3 and 4 we obtain

Proposition 5. *Suppose that F and Φ are nonzero on some domain G of $\mathbb{R}^n \times \mathbb{R} \times \mathbb{R}^n$. Then Hölder's transformation $\mathscr{H}_F: G \to G_* := \mathscr{H}_F(G)$ yields a diffeomorphism of G onto G_* if either (a) G is a normal domain of type S, or (b) $G = U \times (\mathbb{R}^n - \{0\})$ where U is a domain in $\mathbb{R}^n \times \mathbb{R}$ and F satisfies $p/F(x, z, p) \to 0$ as $|p| \to \infty$. In case (a) the image G_* is a normal domain of type S; in case (b) the set $G_* \cup (U \times \{0\})$ is of type S.*

Before we discuss the invertibility of $\mathscr{L}_H$ and $\mathscr{R}_F := \mathscr{L}_H \circ \mathscr{H}_F$ in the large, it may be useful to consider some specific examples.

4 Let $G = \mathbb{R}^{2n+1}$ and

$$F(x, z, p) = \omega(x, z)\sqrt{1 + |p|^2},$$

where $\omega(x, z)$ is a positive function on $\mathbb{R}^n \times \mathbb{R}$. The adjoint Φ of F is given by

$$\Phi(x, z, p) = -\omega(x, z)/\sqrt{1 + |p|^2}.$$

Hence we have $F > 0$ and $\Phi < 0$ on G, and therefore assumption (a) of Proposition 5 is fulfilled. Thus $\mathscr{H}_F$ is a diffeomorphism. One easily verifies that the mapping

$$p \mapsto y = p/F(x, z, p)$$

maps $\mathbb{R}^n$ onto $\Omega_*(x, z) := \{y \in \mathbb{R}^n : |y| < \omega(x, z)\}$, and therefore $\mathcal{H}_F$ maps $\mathbb{R}^{2n+1}$ onto $G_* = \mathcal{H}_F(\mathbb{R}^{2n+1})$ which is given by

$$G_* = \{(x, z, y) : (x, z) \in \mathbb{R}^n \times \mathbb{R}, \ y \in B(0, \omega(x, z))\}.$$

A straight-forward computation shows that

$$H(x, z, y) = \sqrt{\omega^{-2}(x, z) - |y|^2} = \frac{1}{\omega(x, z)}\sqrt{1 - \omega^2(x, z)|y|^2}$$

and

$$H_{y_i y_k} = -(\omega^{-2} - |y|^2)^{-3/2}[(\omega^{-2} - |y|^2)\delta_{ik} + y_i y_k],$$
$$F_{p_i p_k} = \omega(1 + |p|^2)^{-3/2}[(1 + |p|^2)\delta_{ik} - p_i p_k].$$

From this we infer that H_{yy} is negative definite on G_*, while F_{pp} is positive definite on G. Thus we can form the Legendre transformation $\mathcal{L}_H$ defined by

$$v = H_y(x, z, y), \qquad L(x, z, v) + H(x, z, y) = y \cdot v.$$

The Legendre transform L of H turns out to be

$$L(x, z, v) = -\frac{1}{\omega(x, z)}\sqrt{1 + |v|^2}.$$

5   For later use we consider the following modification of the preceding example. Let $G = \mathbb{R}^{2n+1}$ and

$$F(x, z, p) = -\frac{1}{\omega(x, z)}\sqrt{1 + |p|^2}, \quad \omega(x, z) > 0.$$

Then the adjoint Φ of F is

$$\Phi(x, z, p) = \frac{1}{\omega(x, z)} \frac{1}{\sqrt{1 + |p|^2}},$$

and the three transforms H, L, W of F are found to be

$$H(x, z, y) = -\sqrt{\omega^2(x, z) - |y|^2},$$
$$L(x, z, v) = \omega(x, z)\sqrt{1 + |v|^2},$$
$$W(x, z, \xi) = \sqrt{\omega^{-2}(x, z) - |\xi|^2}.$$

Moreover we find that Haar's transformation $\mathcal{R}_F = \mathcal{L}_H \circ \mathcal{H}_F = \mathcal{H}_W \circ \mathcal{L}_F$ is given by

$$x = x, \qquad z = z, \qquad v = -p.$$

We also note the transformation rules

$$y = \frac{-\sigma p}{\sqrt{1 + |p|^2}}, \quad v = \frac{y}{\sqrt{\sigma^2 - |y|^2}}, \quad \xi = \frac{-\sigma p}{\sqrt{1 + |p|^2}}, \quad v = \frac{\xi}{\sqrt{\sigma^2 - |\xi|^2}},$$

where we have set $\sigma(x, z) := 1/\omega(x, z)$.

6   If $F(x, z, p)$ is positively homogeneous of second degree with respect to p and nonzero, then $\mathcal{H}_F$ yields a diffeomorphism. By 3 it follows that $F(x, z, p) = H(x, z, p)$; hence H_{yy} is positive definite if F_{pp} has this property.

Let us consider the specific case

$$F(x, z, p) = \tfrac{1}{2}a^{ik}(x, z)p_i p_k$$

for $(x, z, p) \in G := U \times (\mathbb{R}^n - \{0\})$ where U is a domain in $\mathbb{R}^n \times \mathbb{R}$. Suppose that the matrix $(a^{ik}(x, z))$ is symmetric and positive definite for all $(x, z) \in U$, and let $(a_{ik}(x, z))$ be its inverse. Then we find that

$$H(x, z, y) = \tfrac{1}{2} a^{ik}(x, z) y_i y_k, \qquad L(x, z, v) = \tfrac{1}{2} a_{ik}(x, z) v^i v^k, \qquad W(x, z, \xi) = \tfrac{1}{2} a_{ik}(x, z) \xi^i \xi^k,$$

whence

$$(F_{p_i p_k}) = (H_{y_i y_k}) = (a^{ik}) > 0, \qquad (L_{v^i v^k}) = (W_{\xi^i \xi^k}) = (a_{ik}) > 0.$$

Now we are going to discuss the global invertibility of $\mathscr{L}_H$ and $\mathscr{R}_F = \mathscr{L}_H \circ \mathscr{H}_F$.

Global invertibility of $\mathscr{H}_F$ is essentially guaranteed by the assumptions

(70) $$F(x, z, p) \neq 0 \quad \text{and} \quad \Phi(x, z, p) \neq 0 \quad \text{on } G,$$

whereas global invertibility of $\mathscr{L}_F$ is a consequence of

(71) $$F_{pp}(x, z, p) > 0 \ (\text{or} < 0) \text{ on } G,$$

provided that G is a normal domain of type C. If (70) and (71) hold true, then the Legendre transform W of F and its adjoint M satisfy

(72) $$W(x, z, \xi) \neq 0 \quad \text{and} \quad M(x, z, \xi) \neq 0 \text{ on } G^* = \mathscr{L}_F(G)$$

and

(73) $$W_{\xi\xi}(x, z, \xi) > 0 \ (\text{or} < 0) \text{ on } G^*.$$

Moreover, (70) implies

(74) $$H(x, z, y) \neq 0 \quad \text{and} \quad \Psi(x, z, y) \neq 0 \text{ on } G_* = \mathscr{H}_F(G).$$

To complete the symmetry, it would be desirable to prove that also

(75) $$H_{yy}(x, z, y) > 0 \ (\text{or} < 0) \text{ on } G_*$$

is a consequence of (70) and (71). To establish this result we use

Lemma 5. *Let* $a = (a_1, \dots, a_n)$, $b = (b_1, \dots, b_n)$ *be two vectors in* $\mathbb{R}^n$, $\lambda \in \mathbb{R}$, *and* $\mu := a \cdot b - \lambda$. *Then the matrix* $T = (t_{ik})$ *defined by*

(76) $$t_{ik} = a_i b_k - \lambda \delta_{ik}, \quad 1 \leq i, k \leq n,$$

is invertible if both $\lambda \neq 0$ *and* $\mu \neq 0$, *and its inverse* $S = (s_{ik})$ *is given by*

(77) $$s_{ik} = \frac{1}{\lambda \mu} (a_i b_k - \mu \delta_{ik}).$$

Proof. Set $s_{ik} := \alpha a_i b_k + \beta \delta_{ik}$, $\alpha, \beta \in \mathbb{R}$. Then we obtain

$$s_{ik} t_{kl} = [\alpha \mu + \beta] a_i b_l - \beta \lambda \delta_{il}.$$

Hence the equations $s_{ik} t_{kl} = \delta_{il}$ are satisfied if

$$\alpha \mu + \beta = 0 \quad \text{and} \quad -\beta \lambda = 1,$$

i.e. if

$$\alpha = \frac{1}{\lambda \mu} \quad \text{and} \quad \beta = -\frac{1}{\lambda}. \qquad \qquad \square$$

Consider now the matrices T, Γ, P defined by (15), (41), and (42) respectively. As usually we write T, Γ, P instead of $T(x, z, p), \Gamma(x, z, \xi), P(x, z, y)$.

Lemma 6. *Suppose that $F \neq 0$, $\Phi \neq 0$ and $\det F_{pp} \neq 0$. Then we have*

(78) $$P = T^{-1} \quad and \quad P = \frac{1}{F\Phi} \Gamma^T.$$

Proof. From

$$\frac{\partial p}{\partial y} = \left(\frac{\partial y}{\partial p}\right)^{-1}, \qquad \frac{\partial y}{\partial p} = -F^{-2}T, \qquad \frac{\partial p}{\partial y} = -H^{-2}P,$$

we infer that

$$-H^{-2}P = (-F^{-2}T)^{-1} = -F^2 T^{-1},$$

whence $P = T^{-1}$ on account of $FH = 1$.

Now we set $S = (S_k^i) := T^{-1}$. By Lemma 5 we have

$$S_k^i = \frac{1}{F\Phi}(p_k F_{p_i} - \Phi \delta_k^i).$$

Since $p_k = W_{\xi k}$, $F_{p_i} = \xi^i$, and $\Phi = W$, it follows that

$$T^{-1} = \frac{1}{F\Phi}(W_\xi \otimes \xi - WI) = \frac{1}{F\Phi}\Gamma^T.$$

By virtue of $P = T^{-1}$ we then arrive at the second assertion,

$$P = (F\Phi)^{-1}\Gamma^T. \qquad \qquad \square$$

Proposition 6. *Suppose that $F \neq 0$, $\Phi \neq 0$, and $\det F_{pp} \neq 0$. Then we have*

(79) $$H_{yy} = (F^3/\Phi)P^T F_{pp} P.$$

Proof. In our present notation relation (50) can be written as

$$\begin{aligned} H_{yy} &= W^{-2}H^{-2}\Gamma F_{pp} P = F\Phi^{-3}\Gamma F_{pp}\Gamma^T \\ &= F^3\Phi^{-1}[(F\Phi)^{-1}\Gamma]F_{pp}[(F\Phi)^{-1}\Gamma^T] \\ &= (F^3\Phi^{-1})P^T F_{pp} P, \end{aligned}$$

taking (78) into account. $\qquad \qquad \square$

As a consequence of Proposition 6 we obtain the following result:

Proposition 7. *Let $\varepsilon = \pm 1$ be the sign of $F\Phi$. Then $F_{pp} > 0 \ (< 0)$ implies that $\varepsilon H_{yy} > 0 \ (< 0)$ and $W_{\xi\xi} > 0 \ (< 0)$.*

Therefore $F_{pp} > 0$ does not necessarily imply $H_{yy} > 0$. In fact, if $F_{pp} > 0$, $F > 0$, and $\Phi < 0$, then $H_{yy} < 0$ because of (79), and $\boxed{4}$ furnishes an example where this change of sign occurs.

The preceding results can be used to formulate statements about global invertibility of $\mathscr{H}_F$, $\mathscr{L}_H$, and $\mathscr{R}_F = \mathscr{L}_H \circ \mathscr{H}_F$.

Proposition 8. *If $F \in C^2(G)$ satisfies $F(x, z, p) \neq 0$, $\Phi(x, z, p) \neq 0$, $F_{pp}(x, z, p) > 0$ (or < 0) and if both G and $G_* = \mathscr{H}_F(G)$ (or $G^* = \mathscr{L}_F(G)$ respectively) are normal domains of type C, then $\mathscr{H}_F$, $\mathscr{L}_H$, $\mathscr{L}_F$, $\mathscr{H}_W$ are diffeomorphisms satisfying*

$$\mathscr{L}_H \circ \mathscr{H}_F = \mathscr{H}_W \circ \mathscr{L}_F \quad and \quad L = \Psi \circ \mathscr{L}_H^{-1} = (1/W) \circ \mathscr{H}_W^{-1}.$$

3.3. Connection Between Lie Equations and Hamiltonian Systems

In this subsection we use Hölder's transformation to prove that every Lie system is equivalent to a Hamiltonian system, and that Huygens fields and Mayer fields are equivalent concepts.

Throughout the following we assume that $F(x, z, p)$ is of class $C^2(G)$ where G is a normal domain of type S, and that $F \neq 0$ and $\Phi = p \cdot F_p - F \neq 0$. Then the Hölder transformation $\mathscr{H}_F$ defined by

$$(1) \qquad\qquad y = p/(F(x, z, p)$$

maps G diffeomorphically onto a normal domain $G_* := \mathscr{H}_F(G)$ of type S where the Hölder transform $H(x, z, y)$ of F is given by $H := 1/(F \circ \mathscr{H}_F^{-1})$, that is,

$$(2) \qquad\qquad H(x, z, y) = 1/F(x, z, p).$$

Let $\Psi = y \cdot H_y - H$ be the adjoint of H. Then we recall the transformation rules (34) and (35) of 3.2,

$$(3) \qquad H = \frac{1}{F}, \quad \Psi = \frac{1}{\Phi}, \quad H_y = \frac{F_p}{\Phi}, \quad H_x = \frac{F_x}{F\Phi}, \quad H_z = \frac{F_z}{F\Phi};$$

$$(4) \qquad F = \frac{1}{H}, \quad \Phi = \frac{1}{\Psi}, \quad F_p = \frac{H_y}{\Psi}, \quad F_x = \frac{H_x}{H\Psi}, \quad F_z = \frac{H_z}{H\Psi}.$$

Conversely, we can proceed from H on G_*, and then we define $\mathscr{H}_H$ by $p = y/H(x, t, y)$ and F by $F := H \circ \mathscr{H}_H^{-1}$. The involutory character of $\mathscr{H}_F = \mathscr{H}_H^{-1}$ is described by the formulae (3) and (4).

We begin by proving the following auxiliary result.

Lemma 1. *Let $\sigma(\theta) = (x(\theta), z(\theta), p(\theta))$ be a solution of the Lie system*

$$(5) \qquad \dot{x} = F_p(\sigma), \qquad \dot{z} = p \cdot F_p(\sigma) - F(\sigma), \qquad \dot{p} = -F_x(\sigma) - pF_z(\sigma)$$

and introduce the function $y(\theta)$ by

(6) $$y(\theta) = \frac{p(\theta)}{F(\sigma(\theta))}.$$

Then its derivative $\dot{y}$ satisfies

(7) $$\dot{y} = -F_x(\sigma)/F(\sigma),$$

and therefore $\bar{\sigma}(\theta) := \mathscr{H}_F(\sigma(\theta)) = (x(\theta), z(\theta), y(\theta))$ is a solution of

(8) $$\dot{x}/\dot{z} = H_y(\bar{\sigma}), \qquad \dot{y}/\dot{z} = -H_x(\bar{\sigma}).$$

Proof. A straight-forward computation yields

$$\frac{d}{d\theta} F(\sigma) = -F_z(\sigma)F(\sigma),$$

taking (5) into account. This implies

$$\dot{y} = \frac{d}{d\theta} \frac{p}{F(\sigma)} = \frac{\dot{p} + pF_z(\sigma)}{F(\sigma)}.$$

Inserting $-F_x(\sigma) - pF_z(\sigma)$ for $\dot{p}$, we arrive at

$$\dot{y} = -\frac{F_x(\sigma)}{F(\sigma)},$$

and the other two equations of (5) can be written as

$$\dot{x} = F_p(\sigma), \qquad \dot{z} = \Phi(\sigma).$$

Thus we obtain

$$\frac{\dot{x}}{\dot{z}} = \frac{F_p(\sigma)}{\Phi(\sigma)}, \qquad \frac{\dot{y}}{\dot{z}} = \frac{F_x(\sigma)}{F(\sigma)\Phi(\sigma)}.$$

By virtue of (3) it follows that

$$\dot{x}/\dot{z} = H_y(\bar{\sigma}), \qquad \dot{y}/\dot{z} = -H_x(\bar{\sigma}). \qquad \square$$

Let us apply this result to an r-parameter Lie flow

(9) $$\sigma(\theta, c) = (X(\theta, c), Z(\theta, c), P(\theta, c)), \quad c = (c^1, \dots, c^r) \in \mathscr{P}.$$

Introducing the Hölder transformed flow $\bar{\sigma}(\theta, c)$ of $\sigma(\theta, c)$ by $\bar{\sigma} := \mathscr{H}_F \circ \sigma$, that is,

(10) $$\bar{\sigma}(\theta, c) = (X(\theta, c), Z(\theta, c), Y(\theta, c)), \quad Y := \frac{P}{F(\sigma)},$$

we obtain

(11) $$\dot{X}/\dot{Z} = H_y(\bar{\sigma}), \qquad \dot{Y}/\dot{Z} = -H_x(\bar{\sigma}).$$

For any $c \in \mathscr{P}$ we define a mapping $\theta \mapsto z$ by

(12) $$z = Z(\theta, c),$$

which is invertible because of $\dot{Z} = \Phi(\sigma) \neq 0$. Let

$$(13) \qquad z \mapsto \theta = \Theta(z, c)$$

be its inverse, i.e.

$$(14) \qquad \Theta(Z(\theta, c), c) = \theta, \qquad Z(\Theta(z, c), c) = z.$$

Let us also introduce the mapping $\zeta : (\theta, c) \mapsto (z, c)$ and its inverse $\vartheta := \zeta^{-1}$, $\vartheta : (z, c) \mapsto (\theta, c)$, by

$$(15) \qquad \zeta(\theta, c) := (Z(\theta, c), c), \qquad \vartheta(z, c) := (\Theta(z, c), c).$$

Because of (4) we have

$$(16) \qquad \dot{Z} = Z_\theta = \Phi(\sigma) = 1/\Psi(\bar{\sigma}),$$

whence $\Theta' := \Theta_z = 1/(Z_\theta \circ \vartheta)$ is obtained by

$$(17) \qquad \Theta' = \Psi \circ \bar{\sigma} \circ \vartheta.$$

(Here and in the following the partial derivative with respect to z is always denoted by ', while ˙ means the derivative with respect to θ.)

Now we define a new flow $h(z, c)$ by

$$(18) \qquad h := \bar{\sigma} \circ \vartheta,$$

that is,

$$(18') \qquad \begin{aligned} h(z, c) &= (\mathscr{X}(z, c), z, \mathscr{Y}(z, c)), \\ \mathscr{X}(z, c) &= X(\Theta(z, c), c), \qquad \mathscr{Y}(z, c) = Y(\Theta(z, c), c). \end{aligned}$$

Then we obtain

$$\mathscr{X}' = \dot{X}(\vartheta)\Theta' = \dot{X}(\vartheta)/\dot{Z}(\vartheta), \qquad \mathscr{Y}' = \dot{Y}(\vartheta)\Theta' = \dot{Y}(\vartheta)/\dot{Z}(\vartheta),$$

and now (11) implies that

$$(19) \qquad \mathscr{X}' = H_y(\mathscr{X}, z, \mathscr{Y}), \qquad \mathscr{Y}' = -H_x(\mathscr{X}, z, \mathscr{Y}).$$

In other words, the mapping $(z, c) \mapsto h(z, c)$ furnishes an r-parameter flow satisfying a Hamiltonian system whose Hamiltonian H is the Hölder transform $F \circ \mathscr{H}_F^{-1}$ of the Lie function F. Summarizing our results we can state

Theorem 1. *Let* $\sigma(\theta, c) = (X(\theta, c), Z(\theta, c), P(\theta, c))$ *be an* r-*parameter Lie flow generated by* F, *i.e.*

$$(20) \qquad \dot{X} = F_p(\sigma), \qquad \dot{Z} = P \cdot F_p(\sigma) - F(\sigma), \qquad \dot{P} = -F_x(\sigma) - PF_z(\sigma).$$

Then the Hölder transformation $\mathscr{H}_F$ *together with the "time transformation"* ϑ *defined by (14) and (15) transforms* σ *into an* r-*parameter Hamiltonian flow*

$$(21) \qquad h = \mathscr{H}_F \circ \sigma \circ \vartheta$$

generated by the Hamiltonian $H = F \circ \mathscr{H}_F^{-1}$, *that is,* $h(z, c) = (\mathscr{X}(z, c), z, \mathscr{Y}(z, c))$ *satisfies*

$$(22) \qquad \mathscr{X}' = H_y(h), \qquad \mathscr{Y}' = -H_x(h).$$

It is not hard to see that this result can be reversed. In fact, the following holds true:

Theorem 2. *Let* $h(z, c) = (\mathcal{X}(z, c), z, \mathcal{Y}(z, c))$ *be an r-parameter Hamiltonian flow generated by* H, *i.e. h satisfies (22). Then*

$$\sigma := \mathcal{H}_H \circ h \circ \zeta \tag{23}$$

is an r-parameter Lie flow $\sigma(\theta, c) = (X(\theta, c), Z(\theta, c), P(\theta, c))$ *generated by the Lie function* $F = H \circ \mathcal{H}_H^{-1}$, *that is,* σ *is an r-parameter solution of the Lie system (20). Here the transformation* ζ *is the inverse of the mapping* ϑ *defined by* $\vartheta(z, c) := (\Theta(z, c), c)$ *where*

$$\Theta(z, c) := \int_{z_0(c)}^z \{\mathcal{Y}(\underline{z}, c) \cdot \mathcal{X}'(\underline{z}, c) - H(h(\underline{z}, c))\} \, d\underline{z}, \tag{24}$$

$z_0(c)$ *being a smooth function of* c.

Proof. Because of $\Psi \neq 0$, (24) implies $\Theta' = \Psi \circ h \neq 0$. Hence for any $c \in \mathcal{P}$ we can invert the equation $\Theta(z, c) = \theta$. Let $Z(\cdot, c)$ be the inverse of $\Theta(\cdot, c)$ and set $\zeta(\theta, c) := (Z(\theta, c), c)$, i.e. $\zeta = \vartheta^{-1}$. Moreover we introduce

$$X(\theta, c) := \mathcal{X}(Z(\theta, c), c), \qquad Y(\theta, c) := \mathcal{Y}(Z(\theta, c), c). \tag{25}$$

Then (22) implies

$$\frac{dX}{d\theta} = H_y(X, Z, Y)\frac{dZ}{d\theta}, \qquad \frac{dY}{d\theta} = -H_x(X, Z, Y)\frac{dZ}{d\theta}. \tag{26}$$

Set $\bar{\sigma} := h \circ \zeta = (X, Z, Y)$ and $\sigma := \mathcal{H}_H \circ \bar{\sigma} = (X, Z, P)$, that is,

$$P := Y/H(X, Z, Y). \tag{27}$$

As before we write $' = \dfrac{d}{dz}$ and $\dot{} = \dfrac{d}{d\theta}$. Then we have $\dot{Z} = (1/\Theta') \circ \zeta = (1/\Psi) \circ h \circ \zeta = (1/\Psi) \circ \bar{\sigma}$. Since $\Phi = (1/\Psi) \circ \mathcal{H}_H^{-1}$, we obtain

$$\dot{Z} = \Phi(\sigma), \tag{28}$$

and in conjunction with (26) and (3) we arrive at

$$\dot{X} = F_p(\sigma), \qquad \dot{Y} = -F_x(\sigma)/F(\sigma). \tag{29}$$

Moreover we claim that

$$\frac{d}{d\theta} F(\sigma) = -F_z(\sigma)F(\sigma). \tag{30}$$

In fact,

$$-\left[\frac{d}{d\theta}F(\sigma)\right]\Big/F(\sigma) = F(\sigma)\frac{d}{d\theta}[1/F(\sigma)]$$

$$= F(\sigma)\frac{d}{d\theta}H(\bar\sigma) = F(\sigma)\left[\frac{d}{dz}H(h)\right]\circ \zeta\,\dot Z,$$

and (22) implies

$$\frac{d}{dz}H(h) = H_z(h).$$

Since $\dot Z = 1/\Psi(\bar\sigma)$ and $F(\sigma) = 1/H(\bar\sigma)$, it follows that

$$-\left[\frac{d}{d\theta}F(\sigma)\right]\Big/F(\sigma) = \frac{H_z(\bar\sigma)}{H(\bar\sigma)\Psi(\bar\sigma)},$$

and thus we obtain (30), taking (4) into account.

From $Y = P/F(\sigma)$ we infer that

$$\dot Y = \dot P F^{-1}(\sigma) - PF^{-2}(\sigma)\frac{d}{d\theta}F(\sigma);$$

thus it follows by virtue of (30) that

(31) $$\dot Y = [\dot P + PF_z(\sigma)]/F(\sigma).$$

Combining the second relation of (29) with (31) we find

(32) $$\dot P = -F_x(\sigma) - PF_z(\sigma).$$

Inspecting (28), (29), and (32) we see that $\sigma = (X, Z, P)$ is a solution of the Lie system (20). $\square$

The next result is an immediate consequence of (1), (3), and (4); therefore we can leave its proof to the reader.

Theorem 3. *A function $S(x, z)$ of class $C^1(U)$, $U \subset \mathbb{R}^n \times \mathbb{R}$, is a solution of Vessiot's equation*

(33) $$F(x, z, -S_x/S_z)S_z + 1 = 0$$

if and only if it is a solution of Hamilton–Jacobi's equation

(34) $$S_z + H(x, z, S_x) = 0.$$

Now we consider the connection between *Huygens flows* and *Mayer flows*. Let us recall the definitions of such flows.

A *Huygens flow* is an n-parameter Lie flow $\sigma \in C^2(\Omega^*, \hat M)$ in the contact space $\hat M = \mathbb{R}^n \times \mathbb{R} \times \mathbb{R}^n$ with the contact form $\omega = dz - p_i\, dx^i$ if

(35) $$\sigma^*\omega = -F(\sigma)\, d\theta,$$

where F is the characteristic Lie function of the flow σ.

Secondly a *Mayer flow* $h: \Gamma \to \mathbb{R}^n \times \mathbb{R} \times \mathbb{R}^n$ is an n-parameter Hamilton flow $h(z, c) = (\mathscr{X}(z, c), z, \mathscr{Y}(z, c))$ such that

$$(36) \qquad\qquad d(h^* \kappa_H) = 0,$$

where $\kappa_H = y_i \, dx^i - H(x, z, y) \, dz$ is the Cartan form on $\mathbb{R}^n \times \mathbb{R} \times \mathbb{R}^n$. Usually we assume that Γ is simply connected; then (36) is equivalent to

$$(36') \qquad\qquad h^* \kappa_H = d\Theta,$$

where $\Theta(z, c)$ is a function of class $C^2(\Gamma)$. In the sequel we take (36') as defining relation for Mayer flows h.

If $\sigma(\theta, c) = (X(\theta, c), Z(\theta, c), P(\theta, c))$ and $h(z, c) = (\mathscr{X}(z, c), z, \mathscr{Y}(z, c))$, then (35) is equivalent to

$$(35^*) \qquad\qquad \frac{P_i}{F(\sigma)} \, dX^i - \frac{1}{F(\sigma)} \, dZ = d\theta,$$

while (36') is equivalent to

$$(36^*) \qquad\qquad \mathscr{Y}_i \, d\mathscr{X}^i - H(h) \, dz = d\Theta.$$

Suppose now that σ is a Huygens flow, and let

$$h := \mathscr{H}_F \circ \sigma \circ \vartheta,$$

where $\vartheta : (z, c) \mapsto (\theta, c)$ is defined by (14) and (15); then we infer that (35) implies (36'). Conversely if h is a Mayer flow and if we define σ by

$$\sigma := \mathscr{H}_H \circ h \circ \zeta,$$

where ζ is the inverse of the mapping $\vartheta : (z, c) \mapsto (\theta, c)$, $\theta = \Theta(z, c)$, and Θ is a time function appearing on the right-hand side of (36'), then we obtain (35).

Similarly we find that the ray map $r : \Omega^* \to \Omega = r(\Omega^*)$,

$$(37) \qquad\qquad r(\theta, c) = (X(\theta, c), Z(\theta, c)),$$

of a Huygens flow $\sigma(\theta, c) = (X(\theta, c), Z(\theta, c), P(\theta, c))$ is a *Huygens field* on Ω if and only if the ray map $f : \Gamma \to \Omega$,

$$(38) \qquad\qquad f(z, c) = (\mathscr{X}(z, c), z),$$

of the corresponding Hamiltonian flow $h = \mathscr{H}_F \circ \sigma \circ \vartheta$ is a *Mayer field* on Ω.

Writing the inverse $s := r^{-1}$ of r in the form

$$(39) \qquad\qquad s(x, z) = (S(x, z), T(x, z)), \quad (x, z) \in \Omega,$$

we know by the discussion given in 2.5 that $S(x, z)$ satisfies Vessiot's equation

$$(40) \qquad\qquad F(x, z, -S_x/S_z)S_z + 1 = 0$$

and that the level surfaces

$$\mathscr{S}_\theta = \{(x, z) \in \Omega : S(x, z) = \theta\}$$

are the wave fronts of the Huygens field r whose propagation is described by

Huygens's principle (see 2.6). By Theorem 3 we also know that S is a solution of the Hamilton–Jacobi equation

$$(41) \qquad\qquad S_z + H(x, z, S_x) = 0.$$

In fact, it is easy to see that $S(x, z)$ is the eikonal of the Mayer field $f : \Gamma \to \Omega$ corresponding to the Huygens field r. To this end we note that r and f are related by $f = r \circ \vartheta$, whence $g := f^{-1}$ is given by

$$g = \vartheta^{-1} \circ r^{-1} = \zeta \circ s,$$

and therefore

$$\Theta \circ g = \Theta \circ \zeta \circ s = S.$$

On the the other hand, $h^* \kappa_H = d\Theta$ implies

$$g^*(h^* \kappa_H) = d(g^* \Theta),$$

that is,

$$(h \circ g)^* \kappa_H = d(\Theta \circ g).$$

Thus we have

$$(42) \qquad\qquad (h \circ g)^* \kappa_H = dS.$$

Writing $(h \circ g)(x, z) = (x, z, \eta(x, z))$, this relation can be expressed in the form

$$(42') \qquad\qquad \eta_i(x, z)\, dx^i - H(x, z, \eta(x, z))\, dz = dS(x, z),$$

that is,

$$(42'') \qquad\qquad S_x(x, z) = \eta(x, z), \qquad S_z(x, z) = -H(x, z, \eta(x, z)).$$

Consequently $S(x, z)$ is the eikonal of the Mayer field f, and in particular (41) holds true.

A similar reasoning shows that, conversely, the eikonal S of a Mayer field f is also the eikonal of the Huygens field r corresponding to f.

Summarizing these results we can state

Theorem 4. *To every Huygens field r with the Huygens flow $\sigma = (r, P)$ there corresponds a Mayer field f with the Mayer flow $h = (f, \mathscr{Y})$ such that*

$$(43) \qquad\qquad h = \mathscr{H}_F \circ \sigma \circ \vartheta,$$

and the eikonal S of r is also the eikonal of f. Conversely, to every Mayer field f with the Mayer flow $h = (f, \mathscr{Y})$ there corresponds a Huygens field r with the Huygens flow $\sigma = (r, P)$ such that

$$(44) \qquad\qquad \sigma = \mathscr{H}_H \circ h \circ \zeta,$$

and the eikonal S of f is also the eikonal of r.

In other words, Huygens fields and Mayer fields are equivalent descriptions of the same geometric facts: ray bundles and their transversal surfaces, forming Carathéodory's *complete figure*. Mayer fields $f(z, c) = (\mathscr{X}(z, c), z)$ yield "nonparametric" representations $f(\cdot, c)$ of rays, while Huygens fields $r(\theta, c) = (X(\theta, c), Z(\theta, c))$ furnish a parametric representation $r(\cdot, c)$ of rays with respect to a "distinguished" parameter θ. This is, $\theta = \Theta(z, c)$ describes the "eigentime" in which light (in optics) or action (in mechanics) is propagating along rays (cf. also 7,2.2).

For the sake of completeness we now describe how the pull-backs $\sigma^*\omega$ and $h^*\kappa_H$ of the contact form ω and the Cartan form κ_H with respect to a Lie flow σ and to its corresponding Hamilton flow $h = \mathscr{H}_F \circ \sigma \circ \vartheta$ are related. As before we write

$$\sigma = (X, Z, P), \qquad \bar{\sigma} = \mathscr{H}_F \circ \sigma = (X, Z, Y), \qquad h = (\mathscr{X}, z, \mathscr{Y}).$$

Theorem 5. *The pull-back $\sigma^*\omega = dZ - P_i \, dX_i$ with respect to a Lie flow σ satisfies*

(45) $$dZ - P_i \, dX^i = -F(\sigma) \, d\theta + \lambda_\alpha \, dc^\alpha, \qquad \dot{\lambda}_\alpha + F_z(\sigma)\lambda_\alpha = 0.$$

Relations (45) are equivalent to

(46) $$Y_i \, dX^i - H(\bar{\sigma}) \, dZ = d\theta + \mu_\alpha \, dc^\alpha, \qquad \dot{\mu}_\alpha = 0$$

and to

(47) $$\mathscr{Y}_i \, d\mathscr{X}^i - H(h) \, dz = d\Theta + \mu_\alpha \, dc^\alpha, \qquad \mu'_\alpha = 0,$$

where $\cdot = \dfrac{d}{d\theta}, \; ' = \dfrac{d}{dz}$. The coefficients λ_α and μ_α are related by

(48) $$\mu_\alpha = -\lambda_\alpha/F(\sigma).$$

The Lagrange brackets of σ and h can be computed

(49) $$P_{c^\alpha} \cdot X_{c^\beta} - P_{c^\beta} \cdot X_{c^\alpha} = \frac{\partial \lambda_\alpha}{\partial c^\beta} - \frac{\partial \lambda_\beta}{\partial c^\alpha},$$

(50) $$\mathscr{Y}_{c^\alpha} \cdot \mathscr{X}_{c^\beta} - \mathscr{Y}_{c^\beta} \cdot \mathscr{X}_{c^\alpha} = \frac{\partial \mu_\beta}{\partial c^\alpha} - \frac{\partial \mu_\alpha}{\partial c^\beta}.$$

Proof. Relations (45) were proved in 2.5, Lemma 1. Moreover, (45_1) is clearly equivalent to

$$(P_i/F(\sigma)) \, dX^i - (1/F(\sigma)) \, dZ = d\theta - (\lambda_\alpha/F(\sigma)) \, dc^\alpha,$$

which is the same as

$$Y_i \, dX^i - H(\bar{\sigma}) \, dZ = d\theta + \mu_\alpha \, dc^\alpha, \qquad \mu_\alpha = -\lambda_\alpha/F(\sigma).$$

Because of (30) it follows that

$$\dot{\mu}_\alpha = \frac{1}{F(\sigma)} \dot{\lambda}_\alpha + \lambda_\alpha \frac{\partial}{\partial \theta}\left(\frac{1}{F(\sigma)}\right) = \frac{1}{F(\sigma)} [\dot{\lambda}_\alpha + F_z(\sigma)\lambda_\alpha],$$

whence we see that $\dot{\mu}_\alpha = 0$ is equivalent to

$$\dot{\lambda}_\alpha + F_z(\sigma)\lambda_\alpha = 0,$$

i.e. to (45_2). The pull-back of (46) under ϑ yields (47) with the same coefficients μ_α as in (46). Equations (49) and (50) are a direct consequence of (45) and (47) respectively if we apply the exterior differential. $\square$

Remark. If $F(x, z, p)$ is positively homogeneous of degree two with respect to p, then its Hölder transform $H = F \circ \mathscr{H}_F^{-1}$ coincides with F, i.e. $F(x, z, p) = H(x, z, p)$. If F is independent of z, that is,

$F_z = 0$, then also $H_z = 0$, and vice versa. In this case Lie's equations reduce to

(51) $$\dot{x} = F_p(x, p), \qquad \dot{p} = -F_x(x, p), \qquad \dot{z} = F(x, p),$$

since $F = p \cdot F_p - F$. In (51) the first two equations on the one hand and the third on the other hand are decoupled. Moreover, F is a first integral of

(51') $$\dot{x} = F_p(x, p), \qquad \dot{p} = -F_x(x, p)$$

and therefore every solution $x(\theta)$, $p(\theta)$ of (51') satisfies

$$F(x(\theta), p(\theta)) \equiv \text{const} =: \gamma, \quad \gamma \neq 0.$$

Thus $\dot{z} = F(x, p)$ is equivalent to $\dot{z} = \gamma$, i.e. $z(\theta) = \gamma\theta + \theta_0$.

The Hamiltonian system associated with (51) is

(52) $$x' = H_y(x, y), \qquad y' = -H_x(x, y).$$

Since $H(x, y) = F(x, y)$ we see that in this case the systems (51') and (52) are the same. Hence for parametric Lagrangians $L(x, v)$ with the associated quadratic Lagrangian $Q(x, v) = \frac{1}{2}L^2(x, v)$ the Hamiltonian picture coincides with the Lie description, and Huygens's envelope principle therefore leads to a Hamiltonian system. This is the true reason why authors usually pass from nonparametric to parametric integrals if they want to establish the equivalence of Fermat's principle with Huygens's principle (cf. also Chapter 8, in particular *1.2*, *1.3*, *2.1*, and *3.4*).

3.4. Four Equivalent Descriptions of Rays and Waves. Fermat's and Huygens's Principles

Let us consider the commuting diagram (64) of *3.2*:

(1)

$$
\begin{array}{ccccc}
\text{(III)} & (x, z, p, F) & \xrightarrow{\ \mathscr{H}_F\ } & (x, z, y, H) & \text{(II)} \\[2mm]
& \Big\downarrow{\scriptstyle \mathscr{L}_F} & & \Big\downarrow{\scriptstyle \mathscr{L}_H} & \\[2mm]
\text{(IV)} & (x, z, \xi, W) & \xrightarrow[\ \mathscr{H}_W\ ]{} & (x, z, v, L) & \text{(I)}
\end{array}
$$

where

(2) $$\mathscr{R}_F := \mathscr{L}_H \circ \mathscr{H}_F = \mathscr{H}_W \circ \mathscr{L}_F.$$

Here we do not specify conditions guaranteeing local or global invertibility of the Hölder transformations $\mathscr{H}_F$, $\mathscr{H}_W$ and of the Legendre transformations $\mathscr{L}_F$, $\mathscr{L}_H$ as we have discussed such conditions in *3.2*; we just assume that all transformations can be carried out. However, it is important to know that one can express such conditions in terms of just one of the four functions F, H, L, W; then the other three functions satisfy analogous conditions.

It is irrelevant in which corner of the diagram (1) we are starting; so let us begin with the *Lie function* $F(x, z, p)$. Then we define the *Hamiltonian* $H(x, z, y)$ by

(3) $$H := (1/F) \circ \mathscr{H}_F^{-1},$$

the *Lagrangian* $L(x, v)$ by

(4) $$L := \Psi \circ \mathscr{L}_H^{-1} = (1/\Phi) \circ \mathscr{R}_F^{-1}$$

and the *Herglotz function* $W(x, z, \xi)$ by

(5) $$W := \Phi \circ \mathscr{L}_F^{-1}.$$

Here $\Phi(x, z, p)$ and $\Psi(x, z, y)$ denote the adjoint functions to $F(x, z, p)$ and $H(x, z, y)$ respectively,

(6) $$\Phi := p \cdot F_p - F, \qquad \Psi := y \cdot H_y - H;$$

similarly let $\Lambda(x, z, v)$ and $M(x, z, \xi)$ be the adjoints to $L(x, z, v)$ and $W(x, z, \xi)$ respectively, i.e.

(7) $$\Lambda := v \cdot L_v - L, \qquad M := \xi \cdot W_\xi - W.$$

Analogously to (3)–(5) we obtain also

(8) $$W = (1/L) \circ \mathscr{H}_L^{-1}$$

(9) $$F = M \circ \mathscr{L}_W^{-1} = (1/\Lambda) \circ \mathscr{R}_L^{-1}$$

(10) $$H = \Lambda \circ \mathscr{L}_L^{-1},$$

etc. We refrain from stating the analogous relations between F, Φ, H, Ψ, L, Λ, and W, M as the reader can easily supply the missing identities using the calculus developed in *3.2*.

Now we briefly summarize the description of rays, wave fronts and complete figures which we have found in the four different pictures generated by the four characteristic functions L, H, F, and W.

(I) *The Euler–Lagrange picture generated by the Lagrangian* $L(x, z, v)$. Here rays $(x(z), z)$ are described by solutions $x(z)$ of *Euler–Lagrange equations*

(EL) $$\frac{d}{dz}L_v - L_x = 0, \quad x' = v$$

where $' = \dfrac{d}{dz}$. Equations (EL) are the Euler equations of the unconstrained variational problem

(PI) $$\mathscr{L}(x) := \int L(x(z), z, x'(z))\, dz \to \text{stationary}.$$

Complete figures are described by the *Carathéodory equations*

(C) $$S_x = L_v(\cdot, \cdot, \mathscr{P}), \qquad S_z = -\Lambda(\cdot, \cdot, \mathscr{P}),$$

for $\{S, \mathscr{P}\}$. Here $\not{p}(x, z) = (x, z, \mathscr{P}(x, z))$ is the slope field of the rays $f(z, c) = (\mathscr{X}(z, c), z)$ of the complete figure, i.e.

(11) $$\mathscr{X} = \mathscr{P}(f),$$

and $S(x, z)$ is the eikonal of the Mayer field formed by the rays $f(x, c)$. The level surfaces

$$\mathscr{S}_\theta = \{(x, z): S(x, z) = \theta\},$$

the sharp wave fronts of geometrical optics, are "parallel surfaces" with respect to the distance function induced by the variational integral $\mathscr{L}$ on the configuration space (i.e. on the x, z-space). Moreover the surfaces $\mathscr{S}_\theta$ intersect the rays of the Mayer field f transversally (in the sense of the calculus of variations). We also note that the slope directions $\mathscr{P}(x, z)$ are related to S by the equation

$$\mathscr{P} = H_y(\cdot, \cdot, S_x).$$

(II) *The Hamiltonian picture generated by the Hamiltonian $H(x, z, y)$.* Here rays $(x(z), z)$ are projections of solutions $(x(z), z, y(z))$ of the *Hamiltonian system*

(HS) $$x' = H_y, \qquad y' = -H_x.$$

These equations are the Euler equations of the unconstrained variational problem.

(PII) $$\mathscr{I}_H(x, y) := \int [y(z) \cdot x'(z) - H(x(z), z, y(z))] \, dz \to \text{stationary}.$$

Complete figures are described by *Hamilton–Jacobi's equation*

(HJ) $$S_z + H(x, z, S_x) = 0$$

for the eikonal $S(x, z)$ of the Mayer field f formed by the rays $f(z, c) = (\mathscr{X}(z, c), z)$ of the complete figure. Essentially, these rays are the characteristic curves of (HJ), whereas S has the same meaning as in (I).

Solving the Cauchy problem for (HJ) by Cauchy's method of characteristics means simultaneously to construct the rays of a Mayer field, the corresponding Mayer flow in the phase space, and the eikonal S of this field.

We finally note that vector fields of the kind

(12) $$H_{y_i} \frac{\partial}{\partial x^i} - H_{x^i} \frac{\partial}{\partial y^i}$$

are just the infinitesimal transformations (generators) of *one-parameter groups of canonical* (or *symplectic*) *transformations*.

(III) *The Lie picture generated by the Lie function $F(x, z, p)$.* In this case the rays $(x(\theta), z(\theta))$ are projections of solutions $(x(\theta), z(\theta), p(\theta))$ of the *Lie system*

(LS) $$\dot{x} = F_p, \qquad \dot{z} = \Phi, \qquad \dot{p} = -F_x - pF_z,$$

$\cdot = \dfrac{\partial}{\partial \theta}$, which in turn coincides with the Euler equations of the constrained variational problem

(PIII) $$\int [p \cdot \dot{x} - F(x, z, p)] \, d\theta \to \text{stationary},$$

with $\dot{z} = p \cdot \dot{x} - F(x, z, p)$ as subsidiary condition.

Complete figures are described by *Vessiot's equation*

(V) $$F(x, z, -S_x/S_z)S_z + 1 = 0$$

for the eikonal $S(x, z)$ of the Huygens field r formed by the rays $r(\theta, c) = (X(\theta, c), Z(\theta, c))$ of the complete figure, whereas S has the same meaning as in (I) and (II). Moreover the ray bundle $r(\theta, c)$ is obtained as projection of a Huygens flow $\sigma(\theta, c) = (X(\theta, c), Z(\theta, c), P(\theta, c))$ in the contact space on the configuration space. Starting from a fixed wave front $\mathscr{S}_{\theta_0}$ of the complete figure at a time $\theta = \theta_0$, the flow $\sigma(\theta, c)$ describes the motion of points on wave front in time by means of $r(\theta, c)$ and the propagation of wave fronts since $(P(\theta, c), -1)$ yields the direction of the normal to the wave front $\mathscr{S}_\theta$ through the point $r(\theta, c)$. In other words, the Huygens flow σ associated with a Huygens field r permits us to observe the propagation of wave fronts simultaneously. Moreover the Huygens flow is constructed from an initial surface by means of *Huygens's principle*, i.e. by Huygens's envelope construction using elemetary waves, and Lie's character-istic function F is the Legendre transform of the indicatrix W describing these elementary waves.

Finally we mention that vector fields of the kind

(13) $$F_{p_i}\frac{\partial}{\partial x^i} + \Phi\frac{\partial}{\partial z} - (F_{x^i} + p_i F_z)\frac{\partial}{\partial p_i}$$

are exactly the infinitesimal transformations (generators) of *one-parameter groups of contact transformations*. Thus it turns out that Huygens's principle yields a geometric method to construct any one-parameter group of contact transformations.

(IV) *The Herglotz picture generated by the Herglotz function* $W(x, z, \xi)$. Here the rays $(x(\theta), z(\theta))$ are described as solutions of the Herglotz system

(HGS) $$\dot{x} = \xi, \qquad \dot{z} = W, \qquad \frac{d}{d\theta}W_\xi - W_x - W_z W_\xi = 0,$$

which in turn coincides with the Euler equations of the constrained variational problem

(PIV) $$\int W(x(\theta), z(\theta), \dot{x}(\theta))\, d\theta \to \text{stationary},$$

with $\dot{z} = W(x, z, \dot{x})$ as subsidary condition.

Complete figures are described by the *characteristic equations*

(CHE) $$S_x = W_\xi(\cdot, \cdot, \mathscr{D})/M(\cdot, \cdot, \mathscr{D}), \qquad S_z = -1/M(\cdot, \cdot, \mathscr{D})$$

for $\{S, \mathscr{D}\}$. Here $\mu(x, z) = (x, z, \mathscr{D}(x, z))$ is the slope field of the rays $r(\theta, c) = (X(\theta, c), Z(\theta, c))$ of the complete figure; one obtains the rays by integrating the system

(14) $$\dot{x} = \mathscr{D}(x, z), \qquad \dot{z} = W(x, z, \mathscr{D}(x, z)).$$

The function $S(x, z)$ is the eikonal of the Huygens field formed by the rays $r(\theta, c)$, and the level surfaces $\mathscr{S}_\theta$ of S are the wave fronts, as in (I), (II), (III). We also note that the slope directions $\mathscr{D}(x, z)$ are related to the eikonal S by the equation

$$\mathscr{D} = F_p(\cdot, \cdot, -S_x/S_z).$$

The parametrization of rays of a complete figure provided by the ray map $r(\theta, c)$ has the advantage that, starting from a fixed wave front $\mathscr{S}_{\theta_0}$ at a time $\theta = \theta_0$, one obtains any other transversal surface $\mathscr{S}_\theta$ by moving along the rays in a fixed time $\theta - \theta_0$.

Note that the descriptions in (I) and (II) use the geometric parameter z which in optics marks the points on an optical axis (say, of a telescope), whereas z in mechanics has the meaning of a time parameter t. On the other hand the descriptions in (III) and (IV) use the "dynamical" parameter θ which in optics is a time parameter ("eigentime") describing the propagation of light particles along rays, while in mechanics θ has the meaning of an action.

Let $h(z, c) = (\mathscr{X}(z, c), z, \mathscr{Y}(z, c))$ be the Mayer flow associated with a Mayer field $f(z, c) = (\mathscr{X}(z, c), z)$, and let $\sigma(\theta, c) = (X(\theta, c), Z(\theta, c), P(\theta, c))$ be the Huygens flow associated with a Huygens field $r(\theta, c) = (X(z, c), Z(z, c))$. Suppose that f and r are just different descriptions of the ray bundle of the same complete figure. Then the flows h and σ are related by the formulas

(15) $$h = \mathscr{H}_F \circ \sigma \circ \vartheta, \quad \sigma = \mathscr{H}_H \circ h \circ \zeta,$$

where $\vartheta : (z, c) \mapsto (\theta, c)$ is a parameter transformation given by $\theta = \Theta(z, c)$ where the function Θ is the eigentime function along rays defined by

(16) $$\Theta(z, c) := \int_{z_0(c)}^t \{\mathscr{Y}(\underline{z}, c) \cdot \mathscr{X}'(\underline{z}, c) - H(h(\underline{z}, c))\} \, d\underline{z}$$

and $\zeta := \vartheta^{-1}$ is the inverse of ϑ. Since $\mathscr{X}' = H_y(h)$, we can write Θ as

(16') $$\Theta(z, c) = \int_{z_0(c)}^t \Psi(h(\underline{z}, c)) \, d\underline{z}, \quad \text{i.e.} \quad \Theta' = \Psi \circ h,$$

whereas $\zeta : (\theta, c) \mapsto (z, c)$ is given by $z = Z(\theta, c)$, and

(17) $$\dot{Z} = \Phi \circ \sigma.$$

Furthermore, a Huygens flow σ satisfies

(18) $$\sigma^* \omega = -F(\sigma) \, d\theta,$$

whereas a Mayer flow h fulfils

(19) $$h^* \kappa_H = d\Theta.$$

Here ω and κ_H denote the contact form and the Cartan form respectively, i.e.

$$\omega = dz - p \cdot dx, \qquad \kappa_H = y \cdot dx - H(x, z, y) \, dz.$$

The equivalence $(I) \Leftrightarrow (II) \Leftrightarrow (III) \Leftrightarrow (IV)$ of the four pictures (I)–(IV) establishes the equivalence between FERMAT's PRINCIPLE and HUYGENS's PRINCIPLE, that is, between the variational principle (PI) and Huygens's envelope construction. Actually, the statement that (PI) and Huygens's construction are equivalent does not say very much without some further explanations; the survey given in this subsection provides the necessary interpretation of the statement. We also refer the reader to 8,3.4 and to the remark stated at the end of the previous subsection.

Let us close our survey with a remark on *Haar's transformation* $\mathscr{R}_L = \mathscr{H}_H \circ \mathscr{L}_L = \mathscr{L}_W \circ \mathscr{H}_L$ and its inverse $\mathscr{R}_L^{-1} = \mathscr{R}_F = \mathscr{L}_H \circ \mathscr{H}_F = \mathscr{H}_W \circ \mathscr{L}_F$. It follows from the discussion in 3.2 that the mapping $\mathscr{R}_L : (x, z, v) \mapsto (x, z, p)$ is given by

$$(20) \qquad x = x, \qquad z = z, \qquad p = \frac{L_v(x, z, v)}{\Lambda(x, z, v)},$$

where $\Lambda = v \cdot L_v - L$, and that $\mathscr{R}_F : (x, z, p) \mapsto (x, z, v)$ is described by

$$(21) \qquad x = x, \qquad z = z, \qquad v = \frac{F_p(x, z, p)}{\Phi(x, z, p)},$$

where $\Phi = p \cdot F_p - F$.

The geometric meaning of (20) and (21) is the following.

Theorem. *Let $\ell = (x, z, v)$ be a line element and $e = (x, z, p)$ a surface element with the same support point $Q = (x, z)$ in the configuration space $\mathbb{R}^n \times \mathbb{R}$, and suppose that ℓ and e are transversal. Then ℓ and e are related to each other by $e = \mathscr{R}_L(\ell)$ or, equivalently, by $\ell = \mathscr{R}_F(e)$. Vice versa, elements ℓ and e related by $e = \mathscr{R}_L(\ell)$ or, equivalently, by $\ell = \mathscr{R}_F(e)$ are transversal. In other words, transverality of line elements $\ell = (x, z, v)$ and surface elements $e = (x, z, p)$ is characterized by equations (20) or, equivalently, by (21).*

The proof of this result follows immediately from the preceding investigations; so we leave it to the reader to carry out the details. Moreover, we refer to 2.4, $\boxed{8}$ (especially formula (97)).

4. Scholia

Section 1

1. The beautiful geometric ideas connected with the "change of the space element" play an important role in Lie's work. An introduction and selected references to the literature (until 1925) can be found in the book of Lie-Scheffers [1] and in the lectures of F. Klein [2].

2. The first investigations on partial differential equations of first order are due to d'Alembert and Euler. In his *Institutionum calculi integralis*, Vol. 3, Euler integrated numerous such equations by applying various kinds of contact transformations and similar operations, but he did not have a general theory for obtaining solutions (see Euler [5]). Lagrange [6] in 1779 treated the general semilinear equation

(1) $$a(x, u) \cdot u_x = b(x, u)$$

and showed that the integration of (1) can be reduced to solving the system

(2) $$\dot{x} = a(x, z), \qquad \dot{z} = b(x, z),$$

and in his paper [7] from 1785 he proved a kind of converse. Thus the equivalence of equation (1) and of system (2) was essentially clear to Lagrange. Already in 1772 Lagrange [4] had shown for $n = 2$ that the general nonlinear equation

(3) $$F(x, u, u_x) = 0$$

can be reduced to (1). Therefore, as Lie pointed out, it was in principle known to Lagrange that the general equation (3) can be reduced to a system of ordinary differential equations. However, this statement has to be taken with some caution; in fact, Lagrange wrote in his paper from 1785 that the equation

$$1 + a(x, y, z)z_x + b(x, y, z)z_y - \cos \omega \sqrt{1 + a^2(x, y, z) + b^2(x, y, z)} \sqrt{1 + z_x^2 + z_y^2} = 0$$

could not be solved by any method known at the time, except for $\cos \omega = 0$. Some authors have tried to explain this assertion by remarking that for the moment Lagrange had not thought of his own theory from 1772. Yet Kowalewski[12] pointed out that also Monge [1] in 1784 was not aware of a general integration theory for first order equations in two independent variables although Lagrange's papers were familiar to him. Monge wrote in 1784 that the equation

$$bx^2(z + px - qy)^2 + aby^2(z - px + qy)^2 + az^2(z + px + qy)^2 = 0$$

could not be solved by any of the known methods.

A brief discussion of Lagrange's method can be found in Carathéodory [10], Section 168.

Lagrange's approach only covered the case $n = 2$. Pfaff [1] was the first to reduce equations (3) to a system of ordinary differential equations for arbitrary n, but his method was quite involved and cumbersome. In 1819 Cauchy [2] proved again Pfaff's result in a much simpler way for $n = 2$, and he noted that the generalization of his method to the general case would not run into any difficulties. Details were carried out by Cauchy in his *Exercises d'analyse et de physique mathématique* [1], Vol. 2 (pp. 238–272). It is this proof which we have presented in *1.1* using modifications given by Carathéodory [10], [11]. Apparently Cauchy's method yields the quickest access to solving the initial value problem for (3). Lie's method described in *1.2* is merely a variant of that of Cauchy, but it furnishes a beautiful interpretation of the integration process by means of contact transformations.

For further historical remarks and references to the old literature on partial differential equations we refer to E. v. Weber [1], [2], Goursat [1], [2], and the work of Lie, in particular to Lie-Scheffers [1]. According to Carathéodory, Lie's historical remarks are to be read with some caution, but they are certainly very interesting and instructive. We particularly refer to the extended work of Lie collected in his books and his *Gesammelte Abhandlungen* [3].

It is the merit of Monge [1], [2] to have introduced geometric pictures for describing Lagrange's purely analytical method as a kind of *envelope theory*, and he also introduced the notion of a *characteristic*.

---

[12] See annotations (pp. 48–49) to: *Zwei Abhandlungen zur Theorie der partiellen Differentialgleichungen erster Ordnung von Lagrange* (1772) *und Cauchy* (1819). Translated into German and edited by G. Kowalewski. Ostwald's Klassiker Nr. 113, Leipzig 1900.

3. Besides the book of Goursat [1], [2], the theory of partial differential equations of first order is for example presented in Carathéodory [10], [11]; Courant-Hilbert [2, 4]; Hadamard [2]; Kamke [3], Vol. 2, and also in the more recent textbook by John [1]. Of the modern development we mention the book by Benton [1] and the notes by P.L. Lions [1] on "generalized solutions" of Hamilton–Jacobi equations, relating the theory of partial differential equations of first order to optimal control theory. In the latter it becomes mandatory to treat initial-boundary problems of the kind

$$u_t + H(x, t, u, u_x) = 0 \quad \text{in } \Omega \times (0, T),$$

$$u = \varphi \quad \text{on } \partial\Omega \times (0, T), \qquad u(x, 0) = u_0(x) \quad \text{in } \Omega,$$

and also boundary value problems of the type

$$H(x, u, u_x) = 0 \quad \text{in } \Omega, \qquad u = \varphi \quad \text{on } \partial\Omega.$$

It is clear that, in general, one cannot expect to find classical solutions of these problems which are C^1 or C^2. Thus one has to look for *generalized solutions* which are merely Lipschitz continuous (or worse). This, of course, will create a pletora of solutions, and one might wonder which one should consider as "reasonable", "distinguished", or "preferable". It seems that so-called *viscosity solutions* yield a useful answer. This kind of solutions was introduced by Crandall and P.L. Lions; important contributions were later given by many authors, in particular Trudinger, and the method has become a powerful tool to treat also boundary value problems for general nonlinear elliptic equations of second order. We refer to the report by Crandall, Ishii, and P.L. Lions [1] for a survey of this by now rather extended field.

It is remarkable that, under certain conditions, one cannot only prove existence, but also uniqueness of "distinguished" generalized solutions of various kinds of initial value problems, boundary value problems etc. Already Haar [1, 2, 4] had noticed in 1928 that one can prove uniqueness of solutions of the initial value problem for $F(x, u, u_x) = 0$ under much weaker assumptions than those needed for proving existence by the classical methods. Later on A. Douglis and S.N. Kruzkov obtained uniqueness results for generalized solutions of the Cauchy problem; uniqueness of viscosity solutions was proved by Crandall and Lions. We refer the reader to the literature cited above for bibliographic references.

We mention also that the theory of *systems of differential equations* is now extensively developed; it is a field rich of analytic and geometric structures. A treatment of partial differential equations from the present-day geometric point of view is given by Alekseevskij, Vinogradov and Lychagin [1] in the *Encyclopaedia of Mathematical Sciences*, Vol. 28 (Geometry I). Various aspects of the linear theory of partial differential operators are studied in Hörmander's treatise [2]. A modern presentation of Lie's theory of partial differential equations emphasizing the application of Lie groups to partial differential equations can be found in Olver [1].

The importance of the calculus of differential forms for treating systems of partial differential equations has early been recognized by E. Cartan. The contributions of Kähler [1] and E. Cartan [4] have been very important. More recent presentations of Cartan's ideas can be found in Choquet-Bruhat [1] and Choquet–Bruhat/De Witt-Morette/Dillard-Bleick [1].

4. The notion of characteristics was introduced by Monge, but the exact meaning of this notion has undergone various changes. In the classical texts there is no general agreement about what is to be called a *characteristic*. Some authors apply this terminology to solutions of the system

(4) $\qquad \dot{x} = F_p(x, z, p), \qquad \dot{z} = p \cdot F_p(x, z, p), \qquad \dot{p} = -F_x(x, z, p) - pF_z(x, z, p),$

while others reserve it exclusively to solutions of (4) satisfying the *integral condition*

(5) $\qquad\qquad\qquad\qquad F(x, z, p) = 0.$

Also the term *characteristic strip* is used both ways. Often the term "characteristic" is used for the projections $\gamma(t) = (x(t), z(t))$ of solutions $\sigma(t) = (x(t), z(t), p(t))$ of (4) (or of (4), (5)) on the configuration space $\mathbb{R}^n \times \mathbb{R}$. Recently some authors have denoted solutions of (4) (or of (4), (5)) as *bicharacteristics* although classically this term was reserved to the characteristic strips of the so-called "characteristic equation" of a higher-order system of partial differential equations. (For instance the wave equation

$$u_{tt} - \Delta u = 0$$

has the characteristic equation

$$S_t^2 - |S_x|^2 = 0.)$$

As there seems to be no generally accepted convention, we took the liberty to use *characteristics* for solutions of (4), and *null characteristics* (or *integral characteristics*) for solutions of (4) satisfying also $F = 0$, and the projections of null characteristics to the x, z-space are called *characteristic curves*. For a detailed discussion we refer to Courant–Hilbert [4].

Section 2

1. Contact geometry and the theory of contact transformations are to a large part the creation of Sophus Lie. In his later years Lie was supported by his collaborator and younger colleague Friedrich Engel with whom he wrote the monumental treatise *Theorie der Transformationsgruppen*, volume 2 of which is dedicated to the theory of contact transformations (in German: *Berührungstransformationen*) and of groups of contact transformations. Engel also has great merits in editing Lie's collected works [3] together with numerous annotations, the result of many years' labor. The geometric aspects of the theory of contact transformations are presented in the joint monograph [1] written by Lie and Scheffers of which only one volume has appeared because of the untimely death of Lie.[13] In 1914 Liebmann finished his article [2] in the *Encyklopädie der mathematischen Wissenschaften*, edited by Klein, where also several other surveys are in part concerned with contact transformations, and in the same year Liebmann and Engel published their joint survey [1] on contact transformations which appeared as supplementary volume V of the *Jahresberichte der Deutschen Mathematiker-Vereinigung*. Another presentation of the theory of contact transformations was given by Herglotz in his Göttingen lectures (Summer 1930), notes of which are kept at the reading room of the Mathematics Department of Göttingen University. We acknowledge that in preparing *2.4* we have considerably dwelled on these lectures, the notes of which have not yet been published.

Having for some time sunk to oblivion, contact geometry found renewed interest during the last twenty years, particularly in connection with the classification of singularities of differentiable maps, but little or no reference is given to the work of Lie. For a presentation of recent developments we refer to Arnold [2], [4], Arnold-Givental [1], and Arnold/Gusein/Zade/Varchenko [1] where one can find many references to the modern literature.

2. A discussion of many special contact transformations generated by directrix equations can, for instance, be found in Liebmann [1], [2], Klein [2], and Herglotz [1], as well as in Lie-Scheffers [1]. It seems that Lie had discovered his celebrated *Geraden-Kugel-Transformation* already in 1869. From his first papers published in volume 1 of the *Gesammelte Abhandlungen* (Lie [3]) one can see how Lie conceived this transformation, and how he developed the concept of contact transformations studying many important examples. Of particular interest is the joint paper by Klein and Lie (1870) dealing with Kummer's surface. In his paper of 1872, a revision of his thesis, Lie used the G–K-transformation to relate Plücker's line theory to a geometry of spheres which later became known as Lie's sphere geometry (see Lie [3], Vol. 1, pp. 1–121).

---

[13] Three chapters of the uncompleted second volume are published in Lie [3], Vol. 2, II.

3. The description of vector fields generating one-parameter groups of contact transformations by means of a single characteristic function $F(x, z, p)$ was found by Lie in 1888 (see [3], Vol. 4, pp. 265–291). Thus it seems justified to denote F as *Lie's function* and the system

$$\dot{x} = F_p, \qquad \dot{z} = p \cdot F_p - F, \qquad \dot{p} = -F_x - pF_z$$

as *Lie equations.*

4. The connection between contact transformations and Huygens's principle in geometric optics was already emphasized by Lie (see [3], Vol. 6, pp. 615–617, and also Lie-Scheffers [1], pp. 96–102). Details were worked out by Vessiot [1] and again by E. Hölder [2] who also described these relations in his lectures given in Leipzig and Mainz. On account of Huygens's celebrated envelope construction described in his *Traité de la Lumière* [2] of 1690 it seems justified to introduce the notion of a *Huygens flow* which is the equivalent of a *Mayer flow* in the setting of a contact space.

Section 3

1. Herglotz's equations apparently appeared first in his Göttingen lectures [2] on *Mechanics of continuous media* held in 1926 and again in 1931.

2. Hölder's transformation was introduced in Hölder's fundamental paper [2] from 1939 where a new and more geometric proof is given for Boerner's theorem that every extremal of an n-dimensional variational problem can at least locally be embedded in a transversally intersecting geodesic field (in the sense of Carathéodory). Although this transformation already appeared in Carathéodory's work (see [16], Vol. 1, pp. 402–403), the terminology might be justified, since Hölder was apparently the first to realize the connection between the pictures of Lie and Hamilton. Carathéodory (see [16], Vol. 5, pp. 360–361) wrote about Hölder's paper: *Hierdurch wird ein recht verwickelter Tatsachenbestand endgültig aufgeklärt.* This, however, is not entirely true as the fourfold picture and the commuting diagram were still missing, despite of Haar's paper [3]. The complete picture was apparently first described in Hildebrandt [4], [5]. In this context we also mention an interesting paper by J. Douglas [1] dealing with an inverse problem of the calculus of variations; cf. also [2].

3. Recently Ulrich Clarenz (Diploma-thesis, Bonn 1995) has found an elegant way to discuss global invertibility of Haar's transformation $\mathscr{R}_F$. He uses the observation that $\mathscr{R}_F$ is injective if and only if the mapping $N_F(x, z, \cdot)$ is injective for any pair (x, z) in the configuration space, where $N_F := K_F / |K_F|$ and $K_F := (\Pi, \Phi), \Pi = F_p, \Phi = p \cdot F_p - F$. Since $K_F(x, z, \cdot)$ yields a parameter representation of $\mathscr{I}_Q, Q = (x, z)$, the mapping $\mathscr{R}_F$ is then linked in a geometric way with the indicatrices $\mathscr{I}_Q$, and the global invertibility of $\mathscr{R}_F$ becomes now more perspicuous than by the reasoning given in 3.2.

A List of Examples

Under this headline we have collected a list of facts, ideas and principles illustrating the general theory in specific relevant situations. So our "examples" are not always examples in the narrow sense of the word; rather they often are the starting point of further and more penetrating investigations.

The reader might find this collection useful for a quick orientation, as our examples are spread out over the entire text and need some effort to be located.

Length and Geodesics

The arc-length integral: $1,2.2$ [5]; $4,2.6$ [1]; $8,1.1$ [1] [2] [3] [4]

Arcs of constant curvature: $1,2.2$ [5]

Minimal surfaces of revolution: $1,2.2$ [7]; $5,2.4$ [5]; $6,2.3$ [2]; $8,4.3$

Catenaries or chain lines: $1,2.2$ [7]; $2,1$ [5]; $2,3$ [2]; $6,2.3$

Shortest connections: $2,2$ [2]; $2,4$ [1]

Obstacle problem: $1,3.2$ [8]

Geodesics: $2,2$ [2] [3] [4] and $2,5$ nrs. 14, 15; $3,1$ [2]; $5,2.4$ [3]; $8,4.4$; $9,1.7$ [3]

Weighted-length functional: $1,2.2$ [6] [7]; $2,1$ [5]; $2,4$ [1]; $3,1$ [2]; $4,2.2$ [2]; $4,2.3$ [1] [2] [3] [4]; $4,2.6$ [2]; $5,2.4$ [4] [5]; $6,1.3$ [5]; $6,2.3$; $6,2.4$; $8,1.1$ [1] [2] [3] [4] [5] [6] [7]; $8,2.3$ [1]; $9,3.3$ [2]; $10,3.2$ [4]

Brachystochrone and cycloids: $6,2.3$ [4]; $9,3.3$ [2]

Isoperimetric problem: $2,1$ [1]; $4,2.3$ [3]

Parameter invariant integrals: $3,1$ [2]

Conjugate points: $5,2.4$ [1] [5]

Goldschmidt curve: $8,4.3$

Poincaré's model of the hyperbolic plane: $6,2.3$ [3]

Area, Minimial Surfaces, *H*-Surfaces

Area functional: $1,2.2$ [5]; $1,2.4$ [2]; $1,6$ nr. 5 [1]; $3,1$ [3] [4]; $4,2.2$ [1]

Minimal surfaces of revolution: $1,2.2$ [7]; $5,2.4$ [5]; $6,2.3$ [2]; $8,4.3$

Minimal surfaces: 3,*1* $\boxed{3}$; 3,*2* $\boxed{4}$; 7,*1.1* $\boxed{2}$

Geodesics: 2,*2* $\boxed{2}$ $\boxed{3}$ $\boxed{4}$; 3,*1* $\boxed{2}$; 5,*2.4* $\boxed{3}$; 8,*4.4*; 9,*1.7* $\boxed{3}$

Isoperimetric problem: 2,*1* $\boxed{1}$; 4,*2.3* $\boxed{3}$

Parameter invariant integrals: 1,*6* nr. 3 of Sec. 5; 3,*1* $\boxed{3}$ $\boxed{4}$; 8,*1.1* $\boxed{7}$; 8,*1.3* $\boxed{1}$; 8,*4.3*

Mean curvature integral: 1,*2.2* $\boxed{5}$; 2,*1* $\boxed{4}$; 3,*2* $\boxed{4}$; 4,*2.2* $\boxed{3}$; 4,*2.5* $\boxed{1}$

Nonparametric surfaces of prescribed mean curvature: 1,*2.2* $\boxed{5}$; 1,*3.2* $\boxed{5}$; 2,*1* $\boxed{4}$; 4,*2.5* $\boxed{1}$

Parametric surfaces of prescribed mean curvature: 1,*3.2* $\boxed{6}$; 3,*2* $\boxed{4}$

Capillary surfaces: 1,*3.2* $\boxed{7}$

Dirichlet Integral and Harmonic Maps

Dirichlet's integral: 1,*2.2* $\boxed{1}$ $\boxed{2}$; 1,*2.4* $\boxed{1}$; 2,*4* $\boxed{2}$; 3,*2* $\boxed{3}$; 4,*2.2* $\boxed{1}$; 4,*2.4* $\boxed{1}$; 4,*2.6* $\boxed{3}$; 6,*1.3* $\boxed{1}$ $\boxed{2}$

Generalized Dirichlet integral: 2,*4* $\boxed{3}$; 3,*2* $\boxed{3}$; 3,*5* $\boxed{1}$ $\boxed{4}$; 5,*2.4* $\boxed{3}$

Laplace operator and harmonic functions: 1,*2.2* $\boxed{1}$ $\boxed{2}$ $\boxed{3}$

Laplace–Beltrami operator: 3,*5* $\boxed{3}$

Geodesics: 2,*2* $\boxed{2}$ $\boxed{3}$ $\boxed{4}$; 3,*1* $\boxed{2}$; 5,*2.4* $\boxed{3}$; 8,*4.4*; 9,*1.7* $\boxed{3}$

Harmonic maps: 2,*2* $\boxed{1}$ $\boxed{2}$ $\boxed{3}$; 2,*4* $\boxed{3}$; 3,*5* $\boxed{4}$; 4,*2.6* $\boxed{4}$; 5,*2.4* $\boxed{3}$

Transformation rules for the Laplacian: 3,*5* $\boxed{1}$ $\boxed{2}$

Eigenvalue problems: 2,*1* $\boxed{2}$ $\boxed{3}$; 4,*2.4* $\boxed{1}$; 5,*2.4* $\boxed{1}$ $\boxed{2}$; 6,*1.3* $\boxed{3}$

Conformality relations and area: 3,*2* $\boxed{3}$ $\boxed{4}$

Curvature Functionals

The total curvature: 1,*5* $\boxed{4}$; 1,*6* Section 5 nr. 5 $\boxed{3}$; 2,*5*, nrs. 16, 17

Curvature integrals: 1,*5* $\boxed{5}$; 1,*6* Section 5

Euler's area problem: 1,*5* $\boxed{7}$

Delaunay's problem: 2,*5* nr. 17

Radon's problem: 1,*6* Section 5 nr. 4

Irrgang's problem: 1,*6* Section 5 nr. 1

$\int f(K, H)\, dA \to$ stationary: 1,*6* Section 5 nr. 5

Willmore surfaces: 1,*6* Section 5 nr. 5 $\boxed{2}$

Einstein field equations: 1,*6* Section 5 nr. 6

Null Lagrangians

The divergence: 1,*4*
The Jacobian determinant: 1,*4*
The Hessian determinant: 1,*5* ③
Cauchy's integral theorem: 1,*4.1* ①
Rotation number of a closed curve: 1,*5* ⑥
Gauss-Bonnet theorem: 1,*5* ④
Calibrators: 4,*2.6* ① ② ③ ④

Counterexamples

Nonsmooth extremals: 1,*3.1* ① ② ③
Euler's paradox: 1,*3.1* ④
Weierstrass's example: 1,*3.2* ①
Non-existence of minimizers: 1,*3.2* ② ③ ④
Extremals and inner extremals: 3,*1*
Scheeffer's examples: 4,*1.1* ①; 5,*1.1* ①
The Lagrangian $\sqrt{u^2 + p^2}$: 4,*2.3* ①
Carathéodory's example: 4,*2.3* ②

Mechanics

Newton's variational problem: 1,*6* Section 2 nr. 13; 8,*1.1* ⑤
Hamilton's principle of least action: 2,*2* ⑤; 2,*3* ③; 2,*5* ⑧; 3,*1* ②
Lagrange's version of the least action principle: 2,*3* ③
Maupertuis's principle of least action: 2,*3* ③
Elastic line: Chapter 2 Scholia nr. 16
Jacobi's geometric version of the least action principle: 3,*1* ②; 8,*1.1* ⑧; 8,2.2; 9,3.5
Hamilton's principle: 3,*4* ④
Conservation of energy and conservation laws: 1,*2.2* ⑦; 2,*2* ⑦; 3,*1* ①; 3,*2* ①; 3,*4* ① ② ③
The *n*-body problem: 2,*2* ⑤; 2,*2* ③; 3,*4* ②

Optics

Canonical and Contact Transformations

Ampère's contact transformation: 10,*2.1* $\boxed{4}$

The 1-parameter group of dilatations: 10,*2.1* $\boxed{5}$

Prolonged point transformation: 10,*2.1* $\boxed{6}$

The pedal transformation: 10,*2.4* $\boxed{4}$

Apsidal transformation: 10,*2.4* $\boxed{10}$

Lie's G–K transformation: 10,*2.4* $\boxed{11}$ $\boxed{12}$

Bonnet's transformation: 10,*2.4* $\boxed{12}$

A Glimpse at the Literature

The literature on the calculus of variations is so vaste that a complete bibliographical survey would fill an entire volume of its own, even if we restricted ourselves to the classical theory. Therefore we only mention some of the historical bibliographies and sourcebooks and give a fairly complete list of textbooks on the classical calculus of variations. Some references to the work on optimization theory are also included without attempting to achieve completeness.

1. Bibliographical Sources

A rather complete list of books and papers on the calculus of variations from its origins until 1920 can be found in

Lecat, M.: Bibliographie du calcul des variations depuis les origines jusqu'à 1850. Hoste, Gand 1916
Lecat, M.: Bibliographie du calcul des variations 1850–1913. Hoste, Gand 1913
Lecat, M.: Bibliographie des séries trigonométriques. Louvain 1921, Appendice
Lecat, M.: Bibliographie de la relativité. Lambertin, Bruxelles 1924, Appendice II

Annoted bibliographical notes are given in

Woodhouse, R.: A treatise on isoperimetrical problems, and the calculus of variations, Deighton, Cambridge 1810
Todhunter, I.: Researches in the calculus of variations, principally on the theory of discontinuous solutions, Macmillan, London and Cambridge 1871
Pascal, E.: Calcolo delle variazioni. Hoepli, Milano 1897

A very detailed history of the one-dimensional calculus of variations from the times of Fermat until 1900 is given in

Goldstine, H.H.: A history of the calculus of variations. Springer, New York Heidelberg Berlin 1980

A rich source of material on the calculus of variations from the beginnings until 1941 can be found in the four volumes

Contributions to the calculus of variations 1938–1941. The University of Chicago Press, Chicago

Other historical references can be found in

Carathéodory, C.: The beginning of research in the calculus of variations. Math. Schriften, vol. 2, pp. 108–128
Carathéodory, C.: Basel und der Beginn der Variationsrechnung. Math. Schriften, vol. 2, pp. 108–128
Carathéodory, C.: Einführung in Eulers Arbeiten über Variationsrechnung. Math. Schriften, vol. 5, pp. 107–174
Bolza, O.: Gauss und die Variationsrechnung. In: Gauss, Werke, vol. 10

and in

Bolza, O.: Vorlesungen über Variationsrechnung. B.G. Teubner, Leipzig 1909, reprints 1933 and 1949.

Carathéodory, C.: Gesammelte mathematischen Schriften. C.H. Beck, München 1954–1957, Bd.I–V

Carathéodory, C.: Variationsrechnung und partielle Differentialgleichungen erster Ordnung. B.G. Teubner, Leipzig und Berlin 1937. New ed.: Teubner, Stuttgartu. Leipzig 1994, edit. and comm. by R. Klötzler (Engl. transl.: Holden-Day, San Francisco 1965 and 1967, and Chelsea Publ. Co., New York 1982)

Carathéodory, C.: Geometrische Optik. Springer, Berlin 1937

In the *Encyclopädie der mathematischen Wissenschaften* several articles are related to the content of this book, in particular

Kneser, A.: Variationsrechnung, II.1., art. 8, completed September 1900

Zermelo, E., Hahn, H.: Weiterentwickelung der Variationsrechnung in den letzten Jahren, II.1.1, art. 8a, completed January 1904

2. Textbooks

The following textbooks on the calculus of variations are quoted in chronological order

1. Euler, L.: Methodus inveniendi curvas maximi minimive proprietate gaudentes, sive problematis isoperimetrici latissimo sensu accepti. Bousquet, Lausannae and Genevae 1744

2. Euler, L.: Institutionum calculi integralis volumen tertium, cum appendice de calculo variationum. Acad. Imp. Scient., Petropoli 1770

3. Lacroix, S.F.: Traité du calcul differentiel et du calcul integral, vol. 2. Courcier, Paris 1797, 2nd edition 1814

4. Lagrange, J.L.: Théorie des fonctions analytiques. L'Imprimerie de la République, Prairial an V, Paris 1797. Nouvelle édition: Paris, Courcier 1813

5. Lagrange, J.L.: Leçons sur le calcul des fonctions. Courcier, Paris 1806

6. Brunacci, V.: Corso di matematica sublime, vol. 4. Pietro Allegrini, Firenze 1808

7. Woodhouse, R.: A treatise on isoperimetrical problems and the calculus of variations. Deighton, Cambridge 1810. Reprinted by Chelsea, New York

8. Buquoy, G. von: Eine eigene Darstellung der Grundlehren der Variationsrechnung. Leipzig, 1812

9. Dirksen, E.: Analytische Darstellung der Variationsrechnung. Schlesinger, Berlin 1823

10. Ohm, M.: Die Lehre vom Grössten und Kleinsten. Riemann, Berlin 1825

11. Bordoni, A.: Lezioni di calcolo sublime, vol. 2. Giusti Tip., Milano 1831

12. Momsen, P.: Elementa calculi variationum ratione ad analysin infinitorum quam proxime accedente tractata. Altona 1833 (Thesis Kiel)

13. Abbatt, R.: A treatise on the calculus of variations. London 1837

14. Almquist, E.: De principiis calculi variationis. Upsala 1837

15. Senff, C.: Elementa calculi variationum. Dorpat 1838

16. Bruun, H.: A manual of the calculus of variations. Odessa, 1848 (in Russian)

17. Strauch, G.W.: Theorie und Anwendung des sogenannten Variationscalculs. Meyer and Zeller, Zürich 1849

18. Jellett, J.H.: An elementary treatise on the calculus of variations. Dublin 1850 (German transl.: Die Grundlehren der Variationsrechnung, frei bearbeitet von C.H. Schnuse. E. Leinbrock, Braunschweig 1860)

19. Stegmann, F.L.: Lehrbuch der Variationsrechnung und ihrer Anwendung bei Untersuchungen über das Maximum und Minimum. Luckardt, Kassel 1854

20. Meyer, A.: Nouveaux éléments du calcul des variations. Leipzig et Liège 1856

21. Popoff, A.: Elements of the calculus of variations. Kazan 1856 (in Russian)

22. Simon, O.: Die Theorie der Variationsrechnung. Berlin 1857

23. Lindelöf, E.L.: Leçons de calcul des variations. Mallet-Bachelier, Paris 1861. This book also appeared as vol. 4 of F.M. Moigno, Leçons sur le calcul différentiel et intégral, Paris 1840–1861

24. Todhunter, I.: A history of the progress of the calculus of variations during the nineteenth century. Macmillan, Cambridge and London 1861
25. Mayer, A.: Beiträge zur Theorie der Maxima und Minima der einfachen Integrale. Leipzig 1866
26. Natani, L.: Die Variationsrechnung. Berlin 1866
27. Dienger, J.: Grundriss der Variationsrechnung. Vieweg, Braunschweig 1867
28. Todhunter, I.: Researches in the calculus of variations, principally on the theory of discontinuous solutions. Macmillan, London and Cambridge 1871
29. Carll, L.B.: A treatise on the calculus of variations. New York and London 1885
30. Vash'chenko-Zakharchenko, M.: Calculus of variations. Kiev 1889 (in Russian)
31. Sabinin, G.: Treatise of the calculus of variations. Moscow 1893 (in Russian)
32. Pascal, E.: Calcolo delle variazioni. Hoepli, Milano 1897, 2nd edition 1918
33. Kneser, A.: Lehrbuch der Variationsrechnung. Vieweg, Braunschweig 1900, 2nd edition 1925
34. Bolza, O.: Lectures on the calculus of variations. University of Chicago Press, Chicago 1904
35. Hancock, H.: Lectures on the calculus of Variations. University of Cincinnati Bulletin of Mathematics, Cincinnati 1904
36. Bolza, O.: Vorlesungen über Variationsrechnung. Teubner, Leipzig 1909. Reprinted in 1933, 1949
37. Hadamard, J.: Leçons sur le calcul des variations. Hermann, Paris 1910
38. Bagnera, G.: Lezioni sul calcolo delle variazioni. Palermo, 1914
39. Levi, E.E.: Elementi della teoria delle funzioni e calcolo delle variazioni. Tip-litografia G.B. Castello, Genova 1915
40. Tonelli, L.: Fondamenti del calcolo delle variazioni. Zanichelli, Bologna 1921–1923, 2 vols.
41. Vivanti, G.: Elementi di calcolo delle variazioni. Principato, Messina 1923
42. Courant, R., Hilbert, D.: Methoden der mathematischen Physik, vol. 1. Springer, Berlin 1924, 2nd edition 1930
43. Bliss, G.A.: Calculus of variations. M.A.A., La Salle, Ill. 1925. Carus Math. Monographs
44. Kneser, A.: Lehrbuch der Variationsrechnung. Vieweg, Braunschweig, 2nd edition 1925, 1st edition 1900
45. Forsyth, A.: Calculus of variations. University Press, Cambridge 1927
46. Weierstrass, K.: Vorlesungen über Variationsrechnung, Werke, Bd. 7. Akademische Verlagsgesellschaft, Leipzig 1927
47. Koschmieder, L.: Variationsrechnung. Sammlung Göschen 1074. W. de Gruyter, Berlin 1933
48. Smirnov, V., Krylov, V., Kantorovich, L.: The calculus of variations. Kubuch, 1933 (in Russian)
49. Ljusternik, L., Schnirelman, L.: Méthode topologique dans les problèmes variationnels. Hermann, Paris 1934
50. Morse, M.: The calculus of variations in the large. Amer. Math. Soc. Colloq. Publ., New York 1934
51. Carathéodory, C.: Variationsrechnung und partielle Differentialgleichungen erster Ordnung. B.G. Teubner, Berlin 1935, 2nd Edition Teubner 1993, with comments and supplements by R. Klötzler. (Engl. transl.: Chelsea Publ. Co., 1982)
52. De Donder, T.: Théorie invariantive du calcul des variations. Hyez, Bruxelles 1935
53. Lavrentiev, M., Lyusternik, L.: Fundamentals of the calculus of variations. Gostkhizdat 1935 (in Russian)
54. Carathéodory: Geometrische Optik. Ergebnisse der Mathematik und ihrer Grenzgebiete, Bd. 5. Springer, Berlin 1937
55. Courant, R., Hilbert, D.: Methoden der mathematischen Physik, vol. 2. Springer, Berlin 1937
56. Grüss, G.: Variationsrechnung. Quelle & Meyer, Leipzig 1938, 2nd edition Heidelberg 1955
57. Seifert, W., Threlfall, H.: Variationsrechnung im Grossen. Hamburger Math. Einzelschriften, Heft 24. Teubner, Leipzig 1938
58. Lewy, H.: Aspects of calculus of variations. Univ. California Press, Berkeley 1939
59. Mammana, G.: Calcolo della variazioni. Circolo Matematico di Catania, Catania 1939
60. Günther, N.: A course of the calculus of variations. Gostekhizdat 1941 (in Russian)

61. Pauc, C.: La methode métrique en calcul des variations. Hermann, Paris 1941
62. Baule, B.: Variationsrechnung. Hirzel, Leipzig 1945
63. Bliss, G.A.: Lectures on the calculus of variations. The University of Chicago Press, Chicago 1946
64. Courant, R.: Calculus of variations. Courant Inst. of Math. Sciences, New York 1946. Revised and amended by J. Moser in 1962, with supplementary notes by M. Kruskal and H. Rubin
65. Lanczos, C.: The variational principles of mechanics. University of Toronto Press, Toronto 1949. Reprinted by Dover Publ. 1970
66. Fox, C.: An introduction to calculus of variations. Oxford University Press, New York 1950
67. Kimball, W.: Calculus of variations by parallel displacement. Butterworths Scientific Publ., London 1952
68. Weinstock, R.: Calculus of variations. Mc Graw-Hill, New York 1952. Reprinted by Dover Publ., 1974
69. Courant, R. and Hilbert, D.: Methods of Mathematical Physics, vol. 1. Wiley-Interscience, New York 1953
70. Akhiezer, N.I.: Lectures on the calculus of variations. Gostekhizdat 1955 (in Russian). (Engl. transl.: The calculus of variations. Blaisdell Publ., New York 1962)
71. Rund, H.: The differential geometry of Finsler spaces. Grundlehren der mathematischen Wissenschaften, Bd. 101. Springer, Berlin 1959
72. Courant, R., Hilbert, D.: Methods of Mathematical Physics, vol. 2. Wiley-Interscience Publ., New York 1962
73. Elsgolc, L.: Calculus of variations. Addison-Wesley Publ. Co., Reading 1962. Translated from the Russian
74. Funk, P.: Variationsrechnung und ihre Anwendung in Physik und Technik. Grundlehren der mathematischen Wissenschaften, Bd. 94. Springer, Berlin Heidelberg New York 1962
75. Murnaghan, F.D.: The calculus of variations. Spartan Books, Washington 1962
76. Pars, L.A.: An introduction to the calculus of variations. Heinemann, London 1962
77. Gelfand, I.M., and Fomin, S.V.: Calculus of variations. Prentice-Hall, Inc., Englewood Cliffs 1963 (Russian ed.: Fizmatgiz, 1961)
78. Nevanlinna, R.: Prinzipien der Variationsrechnung mit Anwendungen auf die Physik. Lecture Notes T.H. Karlsruhe, Karlsruhe 1964
79. Hestenes, M.: Calculus of variations and optimal control theory. Wiley, New York 1966
80. Morrey, C.B.: Multiple integrals in the calculus of variations. Grundlehren der mathematischen Wissenschaften, Bd. 130. Springer, Berlin 1966
81. Rund, H.: The Hamilton-Jacobi theory in the calculus of variations. Van Nostrand, London 1966
82. Clegg, J.: Calculus of Variations. Oliver & Boyd, Edinburgh 1968
83. Hermann, R.: Differential geometry and the calculus of variations. Academic Press, New York 1968
84. Ewing, G.: Calculus of variations with applications. Norton, New York 1969
85. Klötzler, R.: Mehrdimensionale Variationsrechnung. Deutscher Verlag Wiss., Berlin 1969
86. Sagan, H.: Introduction to calculus of variations. Mc Graw-Hill, New York 1969
87. Young, L.: Calculus of variations and optimal control theory. W.B. Saunders Co., Philadelphia 1969
88. Elsgolts, L.: Differential equations and the calculus of variations. Mir Publ., Moscow 1970
89. Epheser, H.: Vorlesung über Variationsrechnung. Vandenhoeck & Ruprecht, Göttingen 1973
90. Morse, M.: Variational analysis. Wiley, New York 1973
91. Ioffe A., and Tichomirov, V.: Theory of extremal problems. Nauka, Moscow 1974 (in Russian). (Engl. transl.: North-Holland, New York 1978)
92. Arthurs, A.: Calculus of variations. Routledge and Kegan Paul, London 1975
93. Lovelock, D., and Rund, H.: Tensors, differential forms, and variational principles. Wiley, New York 1975
94. Fučik, S., Nečas, J., and Souček, V.: Einführung in die Variationsrechnung. Teubner-Texte zur Mathematik. Teubner, Leipzig 1977

95. Klingbeil, E.: Variationsrechnung. Wissenschaftverlag, Mannheim 1977, 2nd edition 1988
96. Talenti, G.: Calcolo delle variazioni. Quaderni dell'Unione Mat. Italiana. Pitagora Ed., Bologna 1977
97. Buslayev, W.: Calculus of variations. Izdatelstvo Leningradskovo Universiteta, Leningrad 1980 (in Russian)
98. Leitman, G.: The calculus of variations and optimal control. Plenum Press, New York London 1981
99. Blanchard, P., and Brüning, E.: Direkte Methoden der Variationsrechnung. Springer, Wien 1982
100. Tichomirov, V.: Grundprinzipien der Theorie der Extremalaufgaben. Teuber-Texte zur Mathematik 30. Teubner, Leipzig 1982
101. Brechtken-Manderscheid, U.: Einführung in die Variationsrechnung. Wiss. Buchgesellschaft, Darmstadt 1983
102. Cesari, L.: Optimization theory and applications. Applications of Mathematics, vol. 17. Springer, New York BH 1983
103. Clarke, F.: Optimization and nonsmooth analysis. Wiley, New York 1983
104. Griffiths, P.: Exterior differential systems and the calculus of variations. Birkhäuser, Boston 1983
105. Troutman, J.: Variational calculus with elementary convexity. Springer, New York BH 1983
106. Zeidler, E.: Nonlinear functional analysis and its applications, Variational methods and optimization, vol. 3. Springer, New York BH 1985

Bibliography

Abbatt, R.
1. A treatise on the calculus of variations. London, 1837

Abraham, R. and Marsden, J.
1. Foundation of mechanics. Benjamin/Cummings, Reading, Mass. 1978, 2nd edition

Akhiezer, N.I.
1. Lectures on the calculus of variations. Gostekhizdat, Moscow, 1955 (in Russian). (Engl. transl.: The calculus of variations. Blaisdell Publ., New York 1962)

Alekseevskij, D.V., Vinogradov, A.M. and Lychagin, V.L.
1. Basic ideas and concepts of differential geometry. Encyclopaedia of Mathematical Sciences, vol. 28: Geometry I. Springer, Berlin Heidelberg New York 1991

Alexandroff, P. and Hopf, H.
1. Topologie. Springer, Berlin 1935. (Reprint: Chelsea Publ. Co., New York 1965)

Allendorfer, C.B. and Weil, A.
1. The Gauss-Bonnet theorem for Riemann polyhedra. Trans. Am. Math. Soc. **53** 101–129 (1943)

Almquist, E.
1. De Principiis calculi variationis. Upsala 1837

Appell, P.
1. Traité de Mécanique Rationelle. 5 vols. 2nd edn. Gauthier-Villars, Paris 1902–1937

Arnold, V.I.
1. Small divisor problems in classical and celestial mechanics. Usp. Mat. Nauk **18** (114) 91–192 (1963)
2. Mathematical methods of classical mechanics. Springer, New York Heidelberg Berlin 1978
3. Ordinary differential equations. MIT-Press, Cambridge, Mass. 1978
4. Geometrical methods in the theory of ordinary differential equations. Grundlehren der mathematischen Wissenschaften, Bd. 250. Springer, Berlin Heidelberg New York 1988. 2nd edn.

Arnold, V.I. and Avez, A.
1. Ergodic problems of classical mechanics. Benjamin, New York 1968

Arnold, V.I. and Givental, A.B.
1. Symplectic geometry. Encyclopaedia of Mathematical Sciences, vol. 4. Springer, Berlin Heidelberg New York 1990, pp. 1–136

Arnold, V.I., Gusein-Zade, S.M. and Varchenko, A.N.
1. Singularities of differentiable maps I. Birkhäuser, Boston Basel Stuttgart 1985

Arnold, V.I. and Il'yashenko, Y.S.
1. Ordinary differential equations. Encyclopaedia of Mathematical Sciences, vol. 1. Dynamical systems I, pp. 1–148. Springer, Berlin Heidelberg New York 1988

Arnold, V.I., Kozlov, V.V. and Neishtadt, A.I.
1. Mathematical aspects of classical and celestial mechanics. Encyclopaedia of Mathematical Sciences, vol. 3: Dynamical Systems III. Springer, Berlin Heidelberg New York 1988

Arthurs, A.
1. Calculus of variations. Routledge and Kegan Paul, London 1975

Asanov, G.
1. Finsler geometry, relativity and gauge theories. Reidel Publ., Dordrecht 1985

Aubin, J.-P.
1. Mathematical methods in game theory. North-Holland, Amsterdam 1979

Aubin, J.P. and Cellina, A.
1. Differential inclusions. Set-valued maps and viability theory. Grundlehren der mathematischen Wissenschaften, Bd. 264. Springer, Berlin Heidelberg New York 1984

Aubin, J.-P. and Ekeland, I.
1. Applied nonlinear analysis. Wiley, New York 1984

Aubin, T.
1. Nonlinear analysis on manifolds. Monge-Ampère equations. Springer, New York Heidelberg Berlin 1982

Bagnera, G.
1. Lezioni sul calcolo delle variazioni. Palermo, 1914

Bakelman, I.Y.
1. Mean curvature and quasilinear elliptic equations. Sib. Mat. Zh. **9** 1014–1040 (1968)

Baule, B.
1. Variationsrechnung. Hirzel, Leipzig 1945

Beckenbach, E.F. and Bellman, R.
1. Inequalities. Springer, Berlin Heidelberg New York 1965. 2nd revised printing.

Beem, J.K. and Ehrlich, P.E.
1. Global Lorentzian geometry. Dekker, New York 1981

Bejancu, A.
1. Finsler geometry and applications. Ellis Horwood Ltd., Chichester 1990

Bellman, R.
1. Dynamic Programming. Princeton Univ. Press, Princeton 1957
2. Dynamic programming and a new formalism in the calculus of variations. Proc. Natl. Acad. Sci. USA, **40** 231–235 (1954)
3. The theory of dynamic programming. Bull. Am. Math. Soc. **60** 503–516 (1954)

Beltrami, E.
1. Ricerche di Analisi applicata alla Geometria. Giornale di Matematiche **2** 267–282, 297–306, 331–339, 355–375 (1864)
2. Ricerche di Analisi applicata alla Geometria. Giornale di Matematiche **3** 15–22, 33–41, 82–91, 228–240, 311–314 (1865). (Opere Matematiche, vol. I, nota IX, pp. 107–198)
3. Sulla teoria delle linee geodetiche. Rend. R. Ist. Lombardo, A **(2) 1** 708–718 (1868). (Opere Matematiche, vol. I., nota XXIII, pp. 366–373).
4. Sulla teoria generale dei parametri differentiali. Mem. Accad. Sci. Ist. Bologna, ser. II, **8** 551–590 (1868). (Opere Matematiche, vol II, nota XXX, pp. 74–118)

Benton, S.
1. The Hamilton-Jacobi equation. A global approach. Academic Press, New York San Francisco London 1977

Berge, C.
1. Espaces topologiques. Fonctions multivoques. Dunod, Paris 1966

Bernoulli, Jacob
1. Jacob Bernoulli, Basileensis, Opera, 2 vols. Cramer et Philibert, Geneva 1744

Bernoulli, Johann
1. Johannis Bernoulli, Opera Omnia, 4 vols. Bousquet, Lausanne and Geneva 1742

Bernoulli, Jacob and Johann
1. Die Streitschriften von Jacob und Johann Bernoulli. Bearbeitet u. Komment. von H.H. Gold-stine. Hrg. von D. Speiser. Birkhäuser, Basel 1991

Bessel-Hagen, E.
1. Über die Erhaltungssätze der Elektrodynamik. Math. Ann. **84** 258–276 (1921)

Birkhoff, G.D.
1. Dynamical Systems, vol. IX of Am. Math. Soc. Am. Math. Soc. Coll. Publ., New York 1927

Bittner, L.
1. New conditions for the validity of the Lagrange multiplier rule. Math. Nachr. **48** 353–370 (1971)

Blanchard, P. and Brüning, E.
1. Direkte Methoden der Variationsrechnung. Springer, Wien 1982

Blaschke, W.
1. Über die Figuratrix in der Variationsrechnung. Arch. Math. Phys. **20** 28–44 (1913)
2. Kreis und Kugel. W. de Gruyter, Berlin 1916
3. Räumliche Variationsprobleme mit symmetrischer Transversalitätsbedingung. Ber. kgl. Sächs. Ges. Wiss., Math. Phys. Kl. **68** 50–55 (1916)
4. Geometrische Untersuchungen zur Variationsrechnung I. Über Symmetralen. Math. Z. **6** 281–285 (1920)
5. Vorlesungen über Differentialgeometrie, vols. 1–3. Springer, Berlin 1923–30. Vol. 1: Elementare Differentialgeometrie (3rd edition 1930). Vol. 2: Affine Differentialgeometrie, prepared by K. Reidemeister (1923). Vol. 3: Differentialgeometrie der Kreise und Kugeln, prepared by G. Thomson (1929)
6. Integralgeometrie, XI. Zur Variationsrechnung. Abh. Math. Semin. Univ. Hamb. **11** 359–366 (1936)
7. Zur Variationsrechnung. Rev. Fac. Sci. Univ. Istanbul, Sér. A. **19** 106–107 (1954)

Bliss, G.A.
1. Jacobi's condition for problems of the calculus of variations in parametric form. Trans. Am. Math. Soc. **17** 195–206 (1916)
2. Calculus of variations. M.A.A., La Salle, Ill. 1925. Carus Math. Monographs.
3. A boundary value problem in the calculus of variations. Publ. Am. Math. Soc. **32** 317–331 (1926)
4. The problem of Bolza in the calculus of variations. Ann of Math. **33** 261–274 (1932)
5. Lectures on the calculus of variations. The University of Chicago Press, Chicago 1946

Bliss, G.A. and Hestenes, M.R.
1. Sufficient conditions for a problem of Mayer in the calculus of variations. Trans. Am. Math. Soc. **35** 305–326 (1933)

Bliss, G.A. and Schoenberg, I.J.
1. On separation, comparison and oscillation theorems for self-adjoint systems of linear second order differential equations. Am. J. Math., **53** 781–800, 1931

Bochner, S.
1. Harmonic surfaces in Riemannian metric. Trans. Am. Math. Soc., **47** 146–154, 1940

Boerner, H.
1. Über einige Eigenwertprobleme und ihre Anwendungen in der Variationsrechnung. Math. Z. **34** 293–310 (1931) and Math. Z. **35** 161–189 (1932)
2. Über die Extremalen und geodätischen Felder in der Variationsrechnung der mehrfachen Integrale. Math. Ann. **112** 187–220 (1936)
3. Über die Legendresche Bedingung und die Feldtheorien in der Variationsrechnung der mehrfachen Integrale. Math. Z. **46** 720–742 (1940)
4. Variationsrechnung aus dem Stokesschen Satz. Math. Z. **46** 709–719 (1940)
5. Carathéodory's Eingang zur Variationsrechnung. Jahresber. Deutsche Math.-Ver. **56** 31–58 (1953)

6. Variationsrechnung à la Carathéodory und das Zermelo'sche Navigationsproblem. Selecta Mathematica V, Heidelberger Taschenbücher Nr. 201. Springer, Berlin Heidelberg New York 1979, pp. 23–67

Boltyanskii, V.G., Gamkrelidze, R.V. and Pontryagin, L.S.
1. On the theory of optimal processes. Dokl Akad. Nauk SSSR **110** 7–10 (1956)

Boltzmann, L.
1. Vorlesungen über die Prinzipe der Mechanik, vol. 1 and 2. Johann Ambrosius Barth, Leipzig 1897 and 1904

Bolza, O.
1. Gauss und die Variationsrechnung. In Vol. 10 of Gauss, Werke.
2. Lectures on the calculus of variations. University of Chicago Press, Chicago 1904
3. Vorlesungen über Variationsrechnung. B.G. Teubner, Leipzig 1909. (Reprints 1933 and 1949)
4. Über den Hilbertschen Unabhängigkeitssatz beim Lagrangeschen Variationsproblem. Rend. Circ. Mat. Palermo **31** 257–272 (1911); (zweite Mitteilung) **32** 111–117 (1911)

Bonnesen, T. and Fenchel, W.
1. Theorie der konvexen Körper. Ergebnisse der Mathematik und ihrer Grenzgebiete, vol. 3, Heft I. Springer, Berlin 1934

Boothby, W.M.
1. An introduction to differentiable manifolds. Academic Press, 1986

Bordoni, A
1. Lezioni di calcolo sublime, vol. 2. Giusti Tip., Milano 1831

Born, M.
1. Untersuchung über die Stabilität der elastischen Linie in Ebene und Raum. Thesis, Göttingen 1909

Born, M. and Jordan, P.
1. Elementare Quantenmcchanik. Springer, Berlin 1930

Bottazini, U.
1. The higher calculus. A history of real and complex analysis from Euler to Weierstrass. Springer, Berlin (1986). (Ital. ed. 1981)

Braunmühl, A.V.
1. Über die Enveloppen geodätischer Linien. Math. Ann. **14** 557–566, (1879)
2. Geodätische Linien auf dreiachsigen Flächen zweiten Grades. Math. Ann. **20** 557–586 (1882)
3. Notiz über geodätische Linien auf den dreiachsigen Flächen zweiten Grades, welche sich durch elliptische Funktionen darstellen lassen. Math. Ann. **26** 151–153 (1885)

Brechtken-Manderscheid, U.
1. Einführung in die Variationsrechnung. Wiss. Buchgesellschaft, Darmstadt 1983

Brezis, H.
1. Some variational problems with lack of compactness. Proc. Symp. Pure Math. **45** Part 1, 165–201 (1986)

Brown, A.B.
1. Functional dependence. Trans. Am. Math. Soc. **38** 379–394 (1935)

Brunacci, V.
1. Corso di matematica sublime, vol. 4. Pietro Allegrini, Firenze 1808

Brunet, P.
1. Maupertuis: Etude biographique. Blanchard, Paris 1929
2. Maupertuis: L'Oeuvre et sa place dans le pensée scientifique et philosophique du XVIIIᵉ siècle. Blanchard, Paris 1929

Bruns, H.
1. Über die Integrale des Vielkörperproblems. Acta Math. **11** 25–96 (1887–1888); cf. also: Berichte der königl. Sächs. Ges. Wiss. (1887)

2. Das Eikonal. Abh. Sächs. Akad. Wiss. Leipzig, Math.-Naturwiss. Kl., **21** 323–436 (1895) also: Abh. der königl. Sächs. Ges. Wiss. **21** (1895)

Bruun, H.
1. A manual of the calculus of variations. Odessa 1848 (in Russian)

Bryant, R.L.
1. A duality theorem for Willmore surfaces. J. Differ. Geom. **20** 23–53 (1984)

Bryant, R.L., and Griffiths, P.
1. Reduction of order for the constrained variational problem and $\frac{1}{2}\int k^2\,ds$. Am. J. Math. **108**, 525–570 (1986)

Bulirsch, R. and Pesch, H.J.
1. The maximum principle, Bellmann's equation, and Carathéodory's work. Technical Report No. 396, Technische Universität, München, 1992. Schwerpunktprogramm der DFG: Anwendungsbezogene Optimierung und Steuerung

Buquoy, G. von
1. Zwei Aufsätze. Eine eigene Darstellung der Grundlehren der Variationsrechnung. Breitkopf und Härtel, Leipzig 1812 pp. 57–70

Busemann, H.
1. The geometry of geodesics. Acad. Press, New York 1955

Buslayev, W.
1. Calculus of variations. Izdatelstvo Leningradskovo Universiteta, Leningrad, 1980 (in Russian)

Buttazzo, G., Ferone, V. and Kawohl, B.
1. Minimum problems over sets of concave functions and related questions. Math. Nachr. **173** 71–89 (1995)

Buttazzo, G., Kawohl, B.
1. On Newton's problem of minimal resistance. Math. Intelligencer **15**, No. 4, 7–12 (1993)

Carathéodory, C.
1. Über die diskontinuierlichen Lösungen in der Variationsrechnung. Thesis, Göttingen 1904. Schriften I, pp. 3–79
2. Über die starken Maxima und Minima bei einfachen Integralen. Math. Ann. **62** 449–503 (1906). Schriften I, pp. 80–142
3. Über den Variabilitätsbereich der Fourierschen Konstanten von positiven harmonischen Funktionen. Rend. Circ. Mat. Palermo, **32** 193–217 (1911). Schriften III, pp. 78–110
4. Die Methode der geodätischen Äquidistanten und das Problem von Lagrange. Acta Math. **47** 199–236 (1926). Schriften I, pp. 212–248
5. Über die Variationsrechnung bei mehrfachen Integralen. Acta Math. Szeged **4** (1929). Schriften I, pp. 401–426
6. Untersuchungen über das Delaunaysche Problem der Variationsrechnung. Abh. Math. Semin. Univ. Hamb., **8** 32–55 (1930). Schriften I, pp. 12–39
7. Bemerkung über die Eulerschen Differentialgleichungen der Variationsrechnung. Göttinger Nachr., pp. 40–42 (1931). Schriften I, pp. 249–252
8. Über die Existenz der absoluten Minima bei regulären Variationsprobleme auf der Kugel. Ann. Sc. Norm. Super Pisa Cl. Sec., IV. Ser. (2), **1** 79–87 (1932)
9. Die Kurven mit beschränkten Biegungen. Sitzungsber. Preuss. Akad. Wiss., pp. 102–125 (1933). Schriften I, pp. 65–92
10. Variationsrechnung und partielle Differentialgleichungen erster Ordnung. B.G. Teubner, Berlin 1935. Second German Edition: Vol. 1, Teubner 1956, annotated by E. Hölder, Vol. 2, Teubner 1993, with comments and supplements by R. Klötzler. (Engl. transl.: Chelsea Publ. Co., 1982)
11. Geometrische Optik, vol. 4 of Ergebnisse der Mathematik und ihrer Grenzgebiete. Springer, Berlin 1937
12. The beginning of research in calculus of variations. Osiris III, Part I, 224–240 (1937). Schriften II, pp. 93–107

13. E. Hölder. Die infinitesimalen Berührungstransformationen der Variationsrechnung. Report in: Zentralbl. Math. **21** 414 (1939). Schriften V, pp. 360–361
14. Basel und der Beginn der Variationsrechnung. Festschrift zum 60. Geburtstag von Prof. A. Speiser, Zürich, pp. 1–18 (1945). Schriften II, pp. 108–128
15. Einführung in Eulers Arbeiten über Variationsrechnung. Leonhardi Euleri Opera Omnia I 24, Bern, pp. VIII–LXII (1952). Schriften V, pp. 107–174
16. Gesammelte mathematische Schriften, vols. I–V. C.H. Beck, München 1954–1957

Carll, L.B.
1. A treatise on the calculus of variations. Macmillan New York and London 1885

Cartan, E
1. Leçons sur les invariants integraux. Hermann, Paris 1922
2. Les espaces métriques fondés sur la notion d'aire. Actualités scientifiques n. 72, Paris 1933
3. Les espaces de Finsler. Actualités scientifiques n. 79, Paris 1934
4. Les systémes differentiels extérieurs et leurs applications géometriques. Actualités scientifiques n.994, Paris 1945
5. Géométrie des espaces de Riemann. Gauthier-Villars, Paris 1952
6. Oeuvres complètes, 3 vols. in 6 parts. Gauthier-Villars, Paris 1952–55

Castaing, C. and Valadier, M.
1. Convex analysis and measurable multifunctions. Lecture Notes Math., vol. 580. Springer, Berlin Heidelberg New York 1977

Cauchy, A.
1. Exercises d'analyse et de physique mathematique. Bachelier, Paris. tome 1 (1840), tome 2 (1841), tome 3 (1844)
2. Note sur l'intégration des équations aux differences partielles du premier ordre à un nombre quelconque de variables. Bull. Soc. philomathique de France, pp. 10–21 (1819)

Cayley, A.
1. Collected Mathematical Papers. Cambridge Univ. Press, Cambridge 1890

Cesari, L.
1. Optimization theory and applications. Applications of Mathematics, vol. 17. Springer, New York 1983

Charlier, C.L.
1. Die Mechanik des Himmels. Veit & Co. Leipzig. 2 vols, 1902, 1907

Chasles, M.
1. Aperçu historique sur l'origine et développement des méthodes en géométrie. First ed. 1837. Third ed. Gauthier–Villars 1889

Cheeger, J. and Ebin, D.G.
1. Comparison Theorems in Riemannian Geometry. North-Holland and American Elsevier, Amsterdam-Oxford and New York 1975

Chern, S.S.
1. A simple intrinsic proof of the Gauss-Bonnet formula for closed Riemannian manifolds. Ann. Math. **45** 747–752 (1944)

Choquet-Bruhat, Y.
1. Géométrie différentielle et systèmes extérieurs. Dunod, Paris 1968

Choquet-Bruhat, Y., DeWitt-Morette, C. and Dillard-Bleick, M.
1. Analysis, manifolds, and physics. North-Holland, Amsterdam New York Oxford 1982. Revised edition

Clarke, F. and Zeidan, V.
1. Sufficiency and the Jacobi condition in the calculus of variations. Can. J. Math. **38** 1199–1209 (1986)

Clarke, F.H.
1. Optimization and nonsmooth analysis. Wiley, New York 1983

Clegg, J.
1. Calculus of Variations. Oliver & Boyd, Edinburgh 1968

Coddington, E.A. and Levinson, N.
1. Theory of ordinary differential equations. McGraw-Hill, New York Toronto London 1955

Courant, R.
1. Calculus of variations. Courant Inst. of Math. Sciences, New York 1946. Revised and amended by J. Moser in 1962, with supplementary notes by M. Kruskal and H. Rubin
2. Dirichlet's principle, conformal mapping, and minimal surfaces. Interscience, New York London 1950

Courant, R. and Hilbert, D.
1. Methoden der mathematischen Physik, vol. 1. Springer, Berlin 1924. 2nd edition 1930
2. Methoden der mathematischen Physik, vol. 2. Springer, Berlin 1937
3. Methods of Mathematical Physics, vol. 1. Wiley-Interscience, New York 1953
4. Methods of Mathematical Physics, vol. 2. Wiley Interscience Publ., New York 1962

Courant, R. and John, F
1. Introduction to Calculus and Analysis, vols. 1 and 2. Wiley-Interscience, New York 1974

Crandall, M.G., Ishii, H., and Lions, P.L.
1. User's guide to viscosity solutions of second order partial differential equations. Bull. Am. Math. Soc. **27** 1–67 (1992)

Dadok, J. and Harvey, R.
1. Calibrations and spinors. Acta Math. **170** 83–120 (1993)

Damköhler, W.
1. Über indefinite Variationsprobleme. Math. Ann. **110** 220–283 (1934)
2. Über die Äquivalenz indefiniter mit definiten isoperimetrischen Variationsproblemen. Math. Ann. **120** 297–306 (1948)

Damköhler, W. and Hopf, E.
1. Über einige Eigenschaften von Kurvenintegralen und über die Äquivalenz von indefiniten mit definiten Variationsproblemen. Math. Ann. **120** 12–20 (1947)

Darboux, G.
1. Leçons sur la théorie generale des surfaces, vols. 1–4. Gauthier-Villars, Paris 1887–1896

Debever, R.
1. Les champs de Mayer dans le calcul des variations des intégrales multiples. Bull. Acad. Roy. Belg., Cl. Sci. **23** 809–815 (1937)

Dedecker, P.
1. Sur les integrales multiples du calcul des variations. C.R. du IIIe Congrès Nat. Sci., Bruxelles **2** 29–35 (1950)
2. Calcul des variations, formes differentielles et champs géodésiques. In Géometrie Differentielle, Strasbourg 1953, pp. 17–34, Paris, 1953. Coll. Internat. CNRS nr. 52
3. Calcul des variations et topologie algebrique. Mém. Soc. Roy. Sci. Liège **19** (4e sér.), Fasc. I, (1957)
4. A property of differential forms in the calculus of variations. Pac. J. Math. **7** 1545–1549 (1957)
5. On the generalization of symplectic geometry to multiple integrals in the calculus of variations. In: K. Bleuler and A. Reetz (eds.) Diff. Geom. Methods in Math. Phys. Lecture Notes in Mathematics, vol. 570. Springer, Berlin Heidelberg New York 1977, pp. 395–456

De Donder, T.
1. Sur les equations canoniques de Hamilton-Volterra. Acad. Roy. Belg., Cl. Sci. Mém., **3**, p. 4 (1911)
2. Sur le théorème d'independence de Hilbert. C.R. Acad. Sci. Paris, **156** 868–870 (1913)
3. Théorie invariantive de calcul des variations. Hyez, Bruxelles 1935 Nouv. ed.: Gauthier–Villars, Paris 1935

Dienger, J.
1. Grundriss der Variationsrechnung. Vieweg, Braunschweig, 1867

Dierkes, U.
1. A Hamilton–Jacobi theory for singular Riemannian metrics. Arch. Math. **61**, 260–271 (1993)

Dierkes, U., Hildebrandt, S., Küster, A. and Wohlrab, O.
1. Minimal surfaces I (Boundary value problems), II (Boundary regularity). Grundlehren der mathematischen Wissenschaften, vols. 295–296. Springer, Berlin Heidelberg New York 1992

Dirac, P.A.M.
1. Homogeneous variables in classical mechanics. Proc. Cambridge Phil. Soc., math. phys. sci. **29** 389–400 (1933)
2. The principles of quantum mechanics. Oxford University Press, Oxford 1944. 3rd edition

Dirichlet, G.L.
1. Werke, vols. 1 and 2. G. Reimer, Berlin 1889–1897

Dirksen, E.
1. Analytische Darstellung der Variationsrechnung. Schlesinger, Berlin 1823

Doetsch, G.
1. Die Funktionaldeterminante als Deformationsmass einer Abbildung und als Kriterium der Abhängigkeit von Funktionen. Math. Ann. **99** 590–601 (1928)

Dombrowski, P.
1. Differentialgeometrie. Ein Jahrhundert Mathematik, Festschrift zum Jubiläum der DMV. Vieweg, Braunschweig-Wiesbaden 1990

Dörrie, H.
1. Einführung in die Funktionentheorie. Oldenburg, München 1951

Douglas, J.
1. Extremals and transversality of the general calculus of variations problems of first order in space. Trans. Am. Math. Soc. **29** 401–420 (1927)
2. Solutions of the inverse problem of the calculus of variations. Trans. Am. Math. Soc. **50** 71–128 (1941)

Du Bois-Reymond, P.
1. Erläuterungen zu den Anfangsgründen der Variationsrechnung. Math. Ann. **15** 283–314 (1879)
2. Fortsetzung der Erläuterungen zu den Anfangsgründen der Variationsrechnung. Math. Ann. **15** 564–578 (1879)

Dubrovin, B.A., Fomenko, A.T. and Novikov, S.P.
1. Modern geometry – methods and applications, vols. 1, 2, 3. Springer, New York Berlin Heidelberg 1984–1991. Vol. 1: The geometry of surfaces, transformation groups, and fields (1984). Vol. 2: The geometry and topology of manifolds (1985). Vol. 3: Introduction to homology theory (1991)

Duvaut, G. and Lions, J.L.
1. Inequalities in Mechanics and Physics. Grundlehren der mathematischen Wissenschaften, vol. 219. Springer, Berlin Heidelberg New York 1976

Eells, J. and Lemaire, L.
1. A report on harmonic maps. Bull. Lond. Math. Soc. **10** 1–68 (1978)
2. Selected topics in harmonic maps. C.B.M.S. Regional Conf. Series 50. Amer. Math. Soc. 1983
3. Another report on harmonic maps. Bull. Lond. Math. Soc. **20** 385–524 (1988)

Eggleston, H.G.
1. Convexity. Cambridge Univ. Press, London New York 1958

Egorov, D.
1. Die hinreichenden Bedingungen des Extremums in der Theorie des Mayerschen Problems. Math. Ann. **62** 371–380 (1906)

Eisenhart, L.P.
1. Continuous groups of transformations. Dover Publ., 1961 (First printing 1933, Princeton University Press).
2. Riemannian geometry. Princeton University Press, Princeton, 1964 Fifth printing. (First printing 1925)

Ekeland, I.
1. Periodic solutions of Hamilton's equations and a theorem of P. Rabinowitz. J. Differ. Equations, **34** 523–534 (1979)
2. Une théorie de Morse pour les systèmes Hamiltoniens convexes. Ann. Inst. Henri Poincaré, Anal. Non Linéaire, **1** 19–78 (1984)

Ekeland, I. and Hofer, H.
1. Symplectic topology and Hamiltonian dynamics I, II. Math. Z. **200** 335–378 (1989); **203** 553–567 (1990)

Ekeland, I. and Lasry, J.M.
1. On the number of closed trajectories for a Hamiltonian flow on a convex energy surface. Ann. Math. **112** 283–319 (1980)

Ekeland, I. and Temam, R.
1. Analyse convexe et problèmes variationnels. Dunod/Gauthiers-Villars, Paris-Bruxelles-Montréal 1974

Eliashberg, Y. and Hofer, H.
1. An energy-capacity inequality for the symplectic holonomy of hypersurfaces flat at infinity. Proceedings of a Workshop on Symplectic Geometry, Warwick, 1990

Elsgolts, L.
1. Calculus of variations. Addison-Wesley Publ. Co., Reading 1962. Translated from the Russian (Nauka, Moscow 1965)
2. Differential equations and the calculus of variations. Mir Publ., Moscow 1970

Emmer, M.
1. Esistenza, unicità e regolarità nelle superfici di equilibrio nei capillari. Ann. Univ. Ferrara Nuova Ser., Sez. VII **18** 79–94 (1973)

Engel, F. and Faber, K.
1. Die Liesche Theorie der partiellen Differentialgleichungen erster Ordnung. Teubner, Leipzig Berlin 1932

Engel, F. and Liebmann, H.
1. Die Berührungstransformationen. Geschichte und Invariantentheorie. Zwei Referate. Jahresber. Dtsch. Math.-Ver. 5. Ergänzungsband, 1–79 (1914)

Epheser, H.
1. Vorlesung über Variationsrechnung. Vandenhoeck & Ruprecht, Göttingen 1973

Erdmann, G.
1. Über unstetige Lösungen in der Variationsrechnung. J. Reine Angew. Math. **82** 21–33 (1877)

Escherich, G. von
1. Die zweite Variation der einfachen Integrale. Wiener Ber., Abt. IIa **17** 1191–1250, 1267–1326, 1383–1430 (1898)
2. Die zweite Variation der einfachen Integrale. Wiener Ber., Abt. IIa **18** 1269–1340 (1899)

Euler, L.
1. Opera Omnia I–IV. Birkhäuser, Basel. Series I (29 vols.): Opera mathematica. Series II (31 vols.): Opera mechanica et astronomica. Series III (12 vols.): Opera physica, Miscellanea. Series IV (8 + 7 vols.): Manuscripta. Edited by the Euler Committee of the Swiss Academy of Sciences, Birkhäuser, Basel; formerly: Teubner, Leipzig, and Orell Füssli, Turici
2. Methodus inveniendi lineas curvas maximi minimive proprietate gaudentes, sive solutio problematis isoperimetrici lattisimo sensu accepti. Bousquet, Lausannae et Genevae 1744. E65A. O.O. Ser. I, vol. 24

3. Analytica explicatio methodi maximorum et minimorum. Novi comment. acad. sci. Petrop. **10** 94–134 (1766). O.O. Ser. I, vol. 25, 177–207
4. Elementa calculi variationum. Novi comment. acad. sci. Petrop. **10** 51–93 (1766) O.O. Ser. I, vol. 25, 141–176
5. Institutionum calculi integralis volumen tertium, cum appendice de calculo variationum. Acad. Imp. Scient., Petropoli 1770. O.O. Ser. I, vols. 11–13 (appeared as: Institutiones Calculi Integralis)
6. Methodus nova et facilis calculum variationum tractandi. Novi comment. acad. sci. Petrop. **16** 3–34 (1772). O.O. Ser. I. vol. 25, 208–235
7. De insigni paradoxo, quod in analysi maximorum et minimorum occurit. Mém. acad. sci. St. Pétersbourg **3** 16–25 (1811). O.O. Ser. I, vol. 25, 286–292

Ewing, G.
1. Calculus of variations with applications. Norton, New York 1969

Fenchel, W.
1. On conjugate convex functions. Can. J. Math. **1** 73–77 (1949)
2. Convex Cones, Sets and Functions. Princeton Univ. Press, Princeton 1953. Mimeographed lecture notes

Fierz, M.
1. Vorlesungen zur Entwicklungsgeschichte der Mechanik. Lecture Notes in Physics, Nr. 15. Springer, Berlin Heidelberg New York 1972

Finn, R.
1. Equilibrium capillary surfaces. Springer, New York Berlin Heidelberg 1986

Finsler, P.
1. Kurven und Flächen in allgemeinen Räumen. Thesis, Göttingen 1918. Reprint: Birkhäuser, Basel 1951

Flanders, H.
1. Differential forms with applications to the physical sciences. Academic Press, New York London 1963

Flaschka, H.
1. The Toda lattice I. Phys. Rev. **9** 1924–1925 (1974)

Fleckenstein, O.
1. Über das Wirkungsprinzip. Preface of the editor J.O. Fleckenstein to: L. Euler, Commentationes mechanicae. Principia mechanica. O.O. Ser. II, vol. 5, pp. VII–LI.

Fleming, W.H.
1. Functions of several variables. Addison-Wesley, Reading, Mass. 1965

Fleming, W.H. and Rishel, R.W.
1. Deterministic and stochastic optimal control. Springer, Berlin Heidelberg New York 1975

Floer, A. and Hofer, H.
1. Symplectic Homology I. Open Sets in $\mathbb{C}^n$. Math. Z. **215** 37–88 (1994)

Forsyth, A.
1. Calculus of variations. University Press, Cambridge 1927

Fox, C.
1. An introduction to calculus of variations. Oxford University Press, New York 1950

Friedrichs, K.O.
1. Ein Verfahren der Variationsrechnung, das Maximum eines Integrals als Maximum eines anderen Ausdrucks darzustellen. Göttinger Nachr., pp. 13–20 (1929)
2. On the identity of weak and strong extensions of differential operators. Trans. Am. Math. Soc. **55** 132–151 (1944)
3. On the differentiability of the solutions of linear elliptic equations. Commun. Pure Appl. Math. **6** 299–326 (1953)
4. On differential forms on Riemannian manifolds. Commun. Pure Appl. Math. **8** 551–558 (1955)

Fuller, F.B.
1. Harmonic mappings. Proc. Natl. Acad. Sci. **40** 987–991 (1954)

Funk, P.
1. Variationsrechnung und ihre Anwendung in Physik und Technik. Grundlehren der mathematischen Wissenschaften, Bd. 94. Springer, Berlin Heidelberg New York; 1962 first edition, 1970 second edition

Fučik, S., Nečas, J. and Souček, V.
1. Einführung in die Variationsrechnung. Teubner-Texte zur Mathematik. Teubner, Leipzig 1977

Gähler, S. and Gähler, W.
1. Über die Existenz von Kurven kleinster Länge. Math. Nachr. **22** 175–203 (1960)

Garabedian, P.
1. Partial differential equations. Wiley, New York 1964

Garber, W., Ruijsenaars, S., Seiler, E. and Burns, D.
1. On finite action solutions of the nonlinear σ-model. Ann. Phys., **119** 305–325 (1979)

Gauss, C.F.
1. Werke, vols. 1–12. B.G. Teubner, Leipzig 1863–1929
2. Disquisitiones generales circa superficies curvas. Göttinger Nachr. **6** 99–146 (1828). Cf. also Werke, vol. 4, pp. 217–258. (German transl.: Allgemeine Flächentheorie, herausg. v. A. Wangerin, Ostwald's Klassiker, Engelmann, Leipzig 1905. English transl.: General investigations of curved surfaces. Raven Press, New York 1965)
3. Principia generalia theoriae figurae fluidorum in statu aequilibrii. Göttingen 1830, and also Göttinger Abh. **7** 39–88 (1832), cf. Werke 5, 29–77

Gelfand, I.M. and Fomin, S.V.
1. Calculus of variations. Prentice-Hall, Inc., Englewood Cliffs 1963. Russian ed. Fizmatgiz, 1961

Gericke, H.
1. Zur Geschichte des isoperimetrischen Problems. Mathem. Semesterber., **29** 160–187 (1982)

Giaquinta, M.
1. On the Dirichlet problem for surfaces of prescribed mean curvature. Manuscr. Math. **12** 73–86 (1974)

Gilbarg, D. and Trudinger, N.S.
1. Elliptic partial differential equations. Springer, Berlin Heidelberg New York 1977 first edition, 1983 second edition

Goldschmidt, B.
1. Determinatio superficiei minimae rotatione curvae data duo puncta jungentis circa datum axem ortae. Thesis, Göttingen 1831

Goldschmidt, H. and Sternberg, S.
1. The Hamilton-Cartan formalism in the calculus of variations. Ann. Inst. Fourier (Grenoble) **23** 203–267 (1973)

Goldstein, H.
1. Classical mechanics. Addison-Wesley, Reading, Mass. and London 1950

Goldstine, H.H.
1. A history of the calculus of variations from the 17th through the 19th century. Springer, New York Heidelberg Berlin 1980

Goursat, E.
1. Leçons sur l'intégration des équations aux dérivées partielles du premier ordre. Paris 1921, 2nd edition
2. Leçons sur le problème de Pfaff. Hermann, Paris 1922

Graves, L.M.
1. Discontinuous solutions in space problems of the calculus of variations. Am. J. Math. **52** 1–28 (1930)

2. The Weierstrass condition for multiple integral variation problems. Duke Math. J. **5** 656–658 (1939)

Griffiths, P.
1. Exterior differential systems and the calculus of variations. Birkhäuser, Boston 1983

Gromoll, D., Klingenberg, W. and Meyer, W.
1. Riemannsche Geometrie im Großen. Lecture Notes in Mathematics, vol. 55. Springer, Berlin Heidelberg New York 1968

Gromov, M.
1. Pseudoholomorphic curves in symplectic manifolds. Invent. Math. **82** 307–347 (1985)

Grüss, G.
1. Variationsrechnung. Quelle & Meyer, Leipzig 1938. 2nd edition, Heidelberg 1955

Grüter, M.
1. Über die Regularität schwacher Lösungen des Systems $\Delta x = 2H(x)x_u \wedge x_v$. Thesis, Düsseldorf 1979
2. Regularity of weak H-surfaces. J. Reine Angew. Math. **329** 1–15 (1981)

Guillemin, V. and Pollack, A.
1. Differential topology. Prentice Hall, Englewood Cliffs, N. J. 1974

Guillemin, V. and Sternberg, S.
1. Geometric asymptotics. Am. Math. Soc. 1977. Survey vol. 14

Günther, C.
1. The polysymplectic Hamiltonian formalism in the field theory and calculus of variations. I: The local case. J. Differ. Geom. **25** 23–53 (1987)

Günther, N.
1. A course of the calculus of variations. Gostekhizdat, 1941 (in Russian)

Haar, A.
1. Zur Charakteristikentheorie. Acta Sci. Math. **4** 103–114 (1928)
2. Sur l'unicité des solutions des équations aux derivées partielles. C.R. **187** 23–25 (1928)
3. Über adjungierte Variationsprobleme und adjungierte Extremalflächen. Math. Ann., **100** 481–502 (1928)
4. Über die Eindeutigkeit und Analytizität der Lösungen partieller Differentialgleichungen. Atti del Congr. Int. Mat., Bologna 3–10 Sett. 1928, pp. 5–10 (1930)

Hadamard, J.
1. Sur quelques questions du Calcul des Variations. Bull. Soc. Math. Fr., **30** 153–156 (1902)
2. Leçons sur la propagation des ondes et les équations de l'hydrodynamique. Paris 1903
3. Sur le principe de Dirichlet. Bull. Soc. Math. Fr., **24** 135–138 (1906), cf. also Oeuvres, t. III, pp. 1245–1248
4. Leçons sur le calcul des variations. Hermann, Paris 1910
5. Le calcul fonctionelles. L'Enseign. Math., pp. 1–18 (1912), cf. Oeuvres IV, pp. 2253–2266
6. Le développement et le rôle scientifique du calcul fonctionelle. Int. Math. Congr., Bologna 1928
7. Œuvres, volume I–IV. Edition du CNRS, Paris 1968

Hagihara, Y.
1. Celestial mechanics, volume 1–V. M.I.T. Press, Cambridge, MA 1970

Hamel, G.
1. Über die Geometrien, in denen die Geraden die kürzesten sind. Thesis, Göttingen 1901
2. Über die Geometrien, in denen die Geraden die kürzesten Linien sind. Math. Ann. **57** 231–264 (1903)

Hamilton, W.R.
1. Mathematical papers. Cambridge University Press. Vol. 1: Geometrical Optics (1931), ed. by Conway and Synge; Vol. 2: Dynamics (1940), ed. by Conway and McConnel; Vol. 3: Algebra (1967), ed. by Alberstam and Ingram

Hancock, H.
1. Lectures on the calculus of variations. Univ. of Cincinnati Bull. of Mathematics, Cincinnati 1904

Hardy, G.H. and Littlewood, J.E. and Pólya, G.
1. Inequalities. Cambridge Univ. Press, Cambridge 1934

Hartman, P.
1. Ordinary differential equations. Birkhäuser, Boston Basel Stuttgart 1982. 2nd edition

Harvey, R.
1. Calibrated geometries. Proc. Int. Congr. Math., Warsaw, pp. 727–808 (1983)
2. Spinors and calibrations. Perspectives in Math. 9. Acad. Press, New York, 1990

Harvey, R. and Lawson, B.
1. Calibrated geometries. Acta Math. **148** 47–157 (1982)
2. Calibrated foliations (foliations and mass-minimizing currents). Am. J. Math. **104** 607–633 (1982)

Haupt, O. and Aumann, G.
1. Differential- und Integralrechnung, vols. I–III. Berlin 1938

Hawking, S.W. and Ellis, G.F.R.
1. The large scale structure of space-time. Cambridge University Press, London New York 1973

Heinz, E.
1. Über die Existenz einer Fläche konstanter mittlerer Krümmung bei vorgegebener Berandung. Math. Ann. **127** 258–287 (1954)
2. An elementary analytic theory of the degree of mapping in n-dimensional space. J. Math. Mech. **8** 231–247 (1959)
3. On the nonexistence of a surface of constant mean curvature with finite area and prescribed rectifiable boundary. Arch. Ration. Mech. Anal. **35** 249–252 (1969)
4. Über das Randverhalten quasilinearer ellipischer Systeme mit isothermen Parametern. Math. Z. **113** 99–105 (1970)

Henriques, P.G.
1. Calculus of variations in the context of exterior differential systems. Differ. Geom. Appl. **3** 331–372 (1993)
2. Well-posed variational problem with mixed endpoint conditions. Differ. Geom. Appl. **3** 373–392 (1993)
3. The Noether theorem and the reduction procedure for the variational calculus in the context of differential systems. C.R. Acad. Sci. Paris **317** (Ser. I), 987–992 (1993)

Herglotz, G.
1. Vorlesungen über die Theorie der Berührungstransformationen. Göttingen, Sommer, 1930. (Lecture Notes kept in the Library of the Dept. of Mathematics in Göttingen)
2. Vorlesungen über die Mechanik der Kontinua. Teubner-Archiv zur Mathematik, Teubner, Leipzig 1985. (Edited by R.B. Guenther and H. Schwerdtfeger; based on lectures by Herglotz held in Göttingen in 1926 and 1931)
3. Gesammelte Schriften. Edited by H. Schwerdtfeger. Van den Hoek & Ruprecht, Göttingen 1979

Hermann, R.
1. Differential geometry and the calculus of variations. Academic Press, 1968. Second enlarged edition by Math. Sci. Press, 1977

Herzig, A. and Szabó, I.
1. Die Kettenlinie, das Pendel und die "Brachistochrone" bei Galilei. Verh. Schweiz. Naturforsch. Ges. Basel **91** 51–78 (1981)

Hestenes, M.R.
1. Sufficient conditions for the problem of Bolza in the calculus of variations. Trans. Am. Math. Soc. **36** 793–818 (1934)
2. A sufficiency proof for isoperimetric problems in the calculus of variations. Bull. Am. Math. Soc. **44** 662–667 (1938)

3. A general problem in the calculus of variations with applications to paths of least time. Technical Report ASTIA Document No. AD 112382, RAND Corporation RM-100, Santa Monica, California 1950
4. Applications of the theory of quadatric forms in Hilbert space to the calculus of variations. Pac. J. Math. **1** 525–581 (1951)
5. Calculus of variations and optimal control theory. Wiley, New York London Sydney 1966

Hilbert, D.
1. Mathematische Probleme. Göttinger Nachrichten, pp. 253–297 (1900). Vortrag, gehalten auf dem internationalen Mathematikerkongreß zu Paris 1900
2. Über das Dirichletsche Prinzip. Jahresber. Dtsch. Math.-Ver., **8** 184–188, 1990. (Reprint in: Journ. reine angew. Math. **129** 63–67 (1905)
3. Mathematische Probleme. Arch. Math. Phys., (3) **1** 44–63 and 213–137 (1901), cf. also Ges. Abh., vol. 3, 290–329. (English transl.: Mathematical problems. Bull Amer. Math. Soc. **8** 437–479 (1902). French transl.: Sur les problèmes futurs des Mathématiques. Compt. rend. du deux. congr. internat. des math., Paris 1902, pp. 58–114)
4. Über das Dirichletsche Prinzip. Math. Ann. **59** 161–186 (1904). Festschrift zur Feier des 150-jährigen Bestehens der Königl. Gesell. d. Wiss. Göttingen 1901; cf. also Ges. Abhandl., vol. 3, pp. 15–37
5. Zur Variationsrechnung. Math. Ann. **62** 351–370 (1906). Also in: Göttinger Nachr. (1905) 159–180, and in: Ges. Abh., vol. 3, 38–55
6. Grundzüge einer allgemeinen Theorie der linearen Integralgleichungen. B.G. Teubner, Leipzig Berlin 1912
7. Gesammelte Abhandlungen, vols. 1–3. Springer, Berlin 1932–35

Hildebrandt, S.
1. Rand- und Eigenwertaufgaben bei stark elliptischen Systemen linearer Differentialgleichungen. Math. Ann. **148** 411–429 (1962)
2. Randwertprobleme für Flächen vorgeschriebener mittlerer Krümmung und Anwendungen auf die Kapillaritätstheorie, I: Fest vorgegebener Rand. Math. Z. **112** 205–213 (1969)
3. Über Flächen konstanter mittlerer Krümmung. Math. Z. **112** 107–144 (1969)
4. Contact transformations. Huygens's principle, and Calculus of Variations. Calc. Var. **2** 249–281 (1994)
5. On Hölder's transformation. J. Math. Sci. Univ. Tokyo. **1**, 1–21 (1994)

Hildebrandt, S. and Tromba, A.
1. Mathematics and optimal form. Scientific American Library, W.H. Freeman and Co., New York 1984 (German transl.: Panoptimum, Spektrum der Wiss., Heidelberg 1987. French translation: Pour la Science, Diff. Belin, Paris 1986. Dutch edition. Wet. Bibl., Natuur Technik, Maastricht 1989. Spanish edition: Prensa Cientifica, Viladomat, Barcelona 1990)

Hölder, E.
1. Die Lichtensteinsche Methode für die Entwicklung der zweiten Variation, angewandt auf das Problem von Lagrange. Prace mat.-fiz. **43** 307–346 (1935)
2. Die infinitesimalen Berührungstransformationen der Variationsrechnung. Jahresber. Dtsch. Math.-Ver. **49** 162–178 (1939)
3. Entwicklungssätze aus der Theorie der zweiten Variation. Allgemeine Randbedingungen. Acta Math. **70** 193–242 (1939)
4. Reihenentwicklungen aus der Theorie der zweiten Variation. Abh. Math. Semin. Univ. Hamburg **13** 273–283 (1939)
5. Stabknickung als funktionale Verzweigung und Stabilitätsproblem. Jahrb. dtsch. Luftfahrtforschung, pp. 1799–1819 (1940)
6. Einordnung besonderer Eigenwertprobleme in die Eigenwerttheorie kanonischer Differentialgleichungssysteme. Math. Ann. **119** 22–66 (1943)
7. Das Eigenwertkriterium der Variationsrechnung zweifacher Extremalintegrale. VEB Deutscher Verlag der Wissenschaften, pp. 291–302 (1953). (Ber. Math.-Tagung Berlin 1953)

8. Über die partiellen Differentialgleichungssysteme der mehrdimensionalen Variationsrechnung. Jahresber. Dtsch. Math.-Ver. **62** 34–52 (1959)
9. Beweise einiger Ergebnisse aus der Theorie der 2. Variation mehrfacher Extremalintegrale. Math. Ann. **148** 214–225 (1962)
10. Entwicklungslinien der Variationsrechnung seit Weierstraß (with appendices by R. Klötzler, S. Gähler, S. Hildebrandt). Arbeitsgemeinschaft für Forschung des Landes Nordrhein-Westfalen, **33** 183–240 (1966). Westdeutscher Verlag, Köln Opladen

Hölder, O.
1. Über die Prinzipien von Hamilton und Maupertuis. Göttinger Nachr., pp. 1–36 (1896)
2. Über einen Mittelwertsatz. Nachr. Ges. Wiss. Göttingen pp. 38–47 (1889)

Hofer, H.
1. On the topological properties of symplectic maps. Proc. R. Soc. Edinburg **115A** 25–83 (1990)
2. Symplectic invariants. Proceedings Internat. Congress of Math., Kyoto, 1990. Springer, Tokyo 1991.
3. Symplectic capacities. Lond. Math. Soc. Lect. Note Ser. **152** 1992

Hofer, H. and Zehnder, E.
1. A new capacity for symplectic manifolds. Analysis et cetera, Acad. Press, 1990, edited by P. Rabinowitz and E. Zehnder, pp. 405–428
2. Symplectic invariants and Hamiltonian dynamics. Birkhäuser, Basel 1994

Hopf, E.
1. Generalized solutions of non-linear equations of first order. J. Math. Mech. **14** 951–974 (1965)

Hopf, H.
1. Über die Curvatura integra geschlossener Hyperflächen. Math. Ann. **95** 340–367 (1925)

Hopf, H. and Rinow, W.
1. Über den Begriff der vollständigen differentialgeometrischen Fläche. Comment. Math. Helv. **3** 209–225 (1931)

Hörmander, L.
1. Linear Partial Differential Operators. Springer, Berlin Göttingen Heidelberg 1963
2. The analysis of linear partial differential operators, volume I–IV. Springer, Berlin Heidelberg New York 1983–85

Hove, L. van
1. Sur la construction des champs de De Donder-Weyl par la méthode des charactéristiques. Bull. Acad. Roy. Belg., Cl. Sci. V **31** 278–285 (1945)
2. Sur les champs de Carathéodory et leur construction par la méthode des characteristiques. Bull. Acad. Roy. Belg., Cl. Sci. V **31** 625–638 (1945)
3. Sur l'extension de la conditions de Legendre du calcul des variations aux intégrales multiples à plusieurs fonctions inconnues. Nederl. Akad. Wetensch. Proc. Ser. A, **50** 18–23 (1947). (Indag. Math. 9, 3–8)
4. Sur le signe de la variation seconde des intégrales multiples à plusieurs fonctions inconnues. Acad. Roy. Belg. Cl. Sci. Mém. Coll. (2) **24** 65 pp. (1949)

Huke, A.
1. An historical and critical study of the fundamental Lemma of the calculus of variations. Contributions to the calculus of variations 1930. The University of Chicago, Chicago 1931. Reprint: Johnson, New York 1965

Hund, F.
1. Materie als Feld. Springer, Berlin Göttingen Heidelberg 1954

Huygens, C.
1. Horologium oscillatorium sive de motu pendulorum ad horologia aptato demonstrationes geometricae. Muguet, Paris 1673
2. Traité de la Lumière. Avec un discours de la cause de la pesanteur. Vander Aa, Leiden 1690
3. Oeuvres complètes, 22 vols. M. Nijhoff, Den Haag 1888–1950

Ioffe, A. and Tichomirov, V.
1. Theory of extremal problems. Nauka, Moscow 1974 (In Russian). (Engl. transl.: North-Holland, New York 1978)

Irrgang, R.
1. Ein singuläres bewegungsinvariantes Variationsproblem. Math. Z. **37** 381–401 (1933)

Isaacs, R.
1. Games of pursuit. Technical Report Paper-No. P-257, RAND Corporation, Santa Monica, California 1951
2. Differential games. Wiley, New York 1965. 3rd printing: Krieger, New York 1975
3. Some fundamentals in differential games. In: A. Blaquière (ed.) Topics in Differential Games. North-Holland, Amsterdam 1973

Jacobi, C.G.J.
1. Zur Theorie der Variations-Rechnung und der Theorie der Differential-Gleichungen. Crelle's J. Reine Angew. Math. **17** 68–82 (1837). (See Werke, vol. 4, pp. 39–55)
2. Variationsrechnung. 1837/38. (Lectures Königsberg, Handwritten Notes by Rosenhain).
3. Gesammelte Werke, vols. 1–7. G. Reimer, Berlin 1881–1891
4. Vorlesungen über Dynamik, Supplementband der Ges. Werke. G. Reimer, Berlin 1884. (Lectures held at Königsberg University, Wintersemester 1842–43; Lecture notes by C.W. Borchardt; first edition by A. Clebsch, 1866; revised edition from 1884 by E. Lottner)

Jellett, J.H.
1. An elementary treatise on the calculus of variations. Dublin 1850. (German transl.: Die Grundlehren der Variationsrechnung, frei bearbeitet von C.H. Schnuse. E. Leibrock, Braunschweig 1860)

Jensen, J.L.W.V.
1. Om konvexe Funtioner og Uligheder mellem Middelvaerdier. Nyt Tidsskr. Math. **16B** 49–69 (1905)
2. Sur les fonctions convexes et les inegalités entre les valeurs moyennes. Acta Math. **30** 175–193 (1906)

John, F.
1. Partial differential equations. Springer, New York Heidelberg Berlin 1981. Fourth edition

Jost, J.
1. Two-dimensional geometric variational problems. Wiley-Interscience, Chichester New York 1991
2. Riemannsche Flächen. Springer, Berlin 1994

Kähler, E.
1. Einführung in die Theorie der Systeme von Differentialgleichungen. Hamburger Math. Einzelschriften Nr. 16. Teubner, Leipzig Berlin 1934

Kamke, E.
1. Abhängigkeit von Funktionen und Rang der Funktionalmatrix. Math. Z. **39** 672–676 (1935)
2. Differentialgleichungen reeller Funktionen. Akad. Verlagsgesellschaft, Leipzig 1950
3. Differentialgleichungen. Lösungsmethoden und Lösungen, vol. 1: Gewöhnliche Differentialgleichungen, 5th edition; vol. 2: Partielle Differentialgleichungen erster Ordnung für eine gesuchte Funktion, 3rd edition. Akad. Verlagsgesellschaft, Leipzig 1956

Kapitanskii, L.V. Ladyzhanskaya, D.A.
1. Coleman's principle for the determination of the stationary points of invariant functions. J. Soviet Math. **27** 2606–2616 (1984). Russian Orig.: Zap. Nauch. Sem. Leningradskovo Otdel. Mat. Inst. Steklova **127**, 84–102 (1982)

Kastrup, H.A.
1. Canonical theories of Lagrangian dynamical systems in physics. Physics Reports (Review Section of Physics Letters) **101** 1–167 (1983)

Kaul, H.
1. Variationsrechnung und Hamiltonsche Mechanik. Lecture Notes, Tübingen 1979/80

Kijowski, J., Tulczyjew, W.M.
1. A symplectic framework for field theories. Lecture Notes Math. **107**. Springer, Berlin Heidelberg New York 1979

Killing, W.
1. Über die Grundlagen der Geometrie. J. Reine Angew. Math., **109** 121–186 (1892)

Kimball, W.
1. Calculus of variations by parallel displacement. Butterworths Scientific Publ., London 1952

Klein, F.
1. Gesammelte mathematische Abhandlungen, vols. 1–3. Springer, Berlin 1921–1923
2. Vorlesungen über höhere Geometrie. Springer, Berlin 1926. (Edited by Blaschke, with Supplements by Blaschke, Radon, Artin, and Schreier)
3. Vorlesungen über die Entwicklung der Mathematik im 19. Jahrhundert, vols. 1 and 2. Springer, Berlin 1926/1927
4. Vorlesungen über nicht-euklidische Geometrie. Grundlehren der mathematischen Wissenschaften, vol. 26. Springer, Berlin 1928

Klein, F. and Sommerfeld, A.
1. Über die Theorie des Kreisels. Teubner, Leipzig. Heft I (1897): Die kinematischen und kinetischen Grundlagen der Theorie. Heft II (1898): Durchführung der Theorie im Falle des schweren symmetrischen Kreisels

Klingbeil, E.
1. Variationsrechnung. Wissenschaftverlag, Mannheim 1977. 2nd edition 1988

Klötzler, R.
1. Untersuchungen über geknickte Extremalen. Wiss. Z. Univ. Leipzig, math. nat. Reihe 1–2, pp. 193–206 (1954–55)
2. Bemerkungen zu einigen Untersuchungen von M.I.Višik im Hinblick auf die Variationsrechnung mehrfacher Integrale. Math. Nachr. **17** 47–56 (1958)
3. Die Konstruktion geodätischer Felder im Grossen in der Variationsrechnung mehrfacher Integrale. Ber. Verh. Sachs. Akad. Wiss. Leipzig **104** 84 pp. (1961)
4. Mehrdimensionale Variationsrechnung. Deutscher Verlag der Wiss., Berlin 1969. Reprint Birkhäuser
5. On Pontryagin's Maximum Principles for multiple integrals. Beitr. Anal., **8** 67–75 (1976)
6. On a general conception of duality in optimal control. Proceedings Equadiff 4, Prague, pp. 189–196 (1977)
7. Starke Dualität in der Steuerungstheorie. Math. Nachr. **95** 253–263 (1980)
8. Adolph Mayer und die Variationsrechnung. Deutscher Verlag der Wiss., Berlin 1981. In: 100 Jahre Mathematisches Seminar der Karl-Marx Universität Leipzig (H. Beckert and H. Schumann, eds.)
9. Dualität bei diskreten Steuerungsproblemen. Optimization **12** 411–420 (1981)
10. Globale Optimierung in der Steuerungstheorie. Z. Angew. Math. Mech., **63** 305–312 (1983)

Kneser, A.
1. Variationsrechnung. Encyk. math. Wiss. **2.1** IIA8, 571–625 B.G. Teubner, Leipzig 1900
2. Zur Variationsrechnung. Math. Ann. **50** 27–50 (1898)
3. Lehrbuch der Variationsrechnung. Vieweg, Braunschweig 1900. 2nd edition 1925
4. Euler und die Variationsrechnung. Abhandl. zur Geschichte der Mathematischen Wissenschaften, Heft 25, pp. 21–60, 1907. In: Festschrift zur Feier des 200. Geburtstages Leonhard Eulers, herausgeg. vom Vorstande der Berliner Mathematischen Gesellschaft
5. Das Prinzip der kleinsten Wirkung von Leibniz bis zur Gegenwart. Teubner, Leipzig 1928. In: Wissenschaftliche Grundfragen der Gegenwart, Bd. 9

Knopp, K. and Schmidt, R.
1. Funktionaldeterminanten und Abhängigkeit von Funktionen. Math. Z., **25** 373–381, 1926

Kobayashi, S. and Nomizu, K.
1. Foundations of differential geometry, vols. 1 and 2. Interscience Publ., New York London Sydney 1963 and 1969

Kolmogorov, A.
1. Théorie générale des systèmes dynamiques et mécanique classique. Proc. Int. Congress Math., Amsterdam 1957 (see also Abraham-Marsden, Appendix)

Koschmieder, L.
1. Variationsrechnung. Sammlung Göschen 1074. W. de Gruyter, Berlin 1933

Kowalewski, G.
1. Einführung in die Determinantentheorie, 4th edn. W. de Gruyter, Berlin 1954
2. Einführung in die Theorie der kontinuierlichen Gruppen. AVG, Leipzig 1931

Kronecker, L.
1. Werke. Edited by K. Hensel et al. 5 vols. Leipzig, Berlin 1895–1930

Krotow, W.F. and Gurman, W.J.
1. Methoden und Aufgaben der optimalen Steuerung. Nauka, Moskau 1973 (Russian)

Krupka, D.
1. A geometric theory of ordinary first order variational problems in fibered manifolds. I: Critical sections. II: Invariance. J. Math. Anal. Appl. **49** 180–206, 469–476 (1975)

Lacroix, S.F.
1. Traité du calcul différentiel et du calcul intégral, vol. 2. Courcier, Paris 1797. 2nd edition 1814

Lagrange, J.L.
1. Mécanique analytique, 2nd edition, vol. 1 (1811), vol. 2 (1815). Courcier, Paris. First ed.: Méchanique analitique, La Veuve Desaint, Paris 1788
2. Essai d'une nouvelle méthode pour determiner les maxima et les minima des formules intégrales indéfinies. Miscellanea Taurinensia **2** 173–195 (1760/61) Oeuvres 1, pp. 333–362; Application de la méthode exposée dans le mémoire précédent à la solution de différents problèmes de dynamique. Miscellanea Taurinensia **2**. Oeuvres 1, pp. 363–468
3. Sur la méthode des variations. Miscellanea Taurinensia **4** 163–187 (1766/69, 1771) Oeuvres 2, pp. 36–63
4. Sur l'integration des équations à différences partielles du premier ordre. Nouveaux Mém. Acad. Roy. Sci. Berlin, (1772). Oeuvres 3, pp. 549–577
5. Sur les intégrales particulières des équations différentielles. Noveaux Mém. Acad. Roy. Sci. Berlin, (1774). Oeuvres 4, pp. 5–108
6. Sur l'intégration des équations aux dérivées partielles du premier ordre. Noveaux Mém. Acad. Roy. Sci. Berlin, (1779). Oeuvres 4, pp. 624–634
7. Méthode générale pour intégrer les équations aux différences partielles du premier ordre, lorsque ces différences ne sont que linéaires. Noveaux Mém. Acad. Roy. Sci. Berlin, (1785). Oeuvres 5, pp. 543–562
8. Théorie des fonctions analytiques. L'Imprimerie de la République, Prairial an V, Paris 1797. Nouvelle édition: Paris, Courcier 1813
9. Leçons sur le calcul des fonctions. Courcier, Paris, 1806, second edition. Cf. also Oeuvres, vol. 10
10. Mémoire sur la théorie des variations des éléments des planètes. Mém. Cl. Sci. Inst. France 1–72 (1808)
11. Second mémoire sur la théorie de la variation des constantes arbitraires dans les problèmes de mécanique. Mém. Cl. Sci. Inst. France 343–352 (1809)
12. Œuvres, volume 1–14. Gauthier-Villars, Paris 1867–1892. Edited by Serret et Darboux
13. Lettre de Lagrange à Euler. August 12, 1755. Oeuvre 14, 138–144 (1892) (Euler's answer: loc. cit., pp. 144–146)

Lanczos, C.
1. The variational principles of mechanics. University of Toronto Press, Toronto 1949. Reprinted by Dover Publ. 1970

Landau, L. and Lifschitz, E.
1. Lehrbuch der theoretischen Physik, vol. 1: Mechanik, vol. 2: Feldtheorie. Akademie-Verlag, Berlin 1963

Langer, J. and Singer, D.A.
1. Knotted elastic curves in $\mathbb{R}^3$. J. Lond. Math. Soc. II. Ser. **30** 512–520 (1984)
2. The total squared curvature of closed curves. I. Differ. Geom. **20** 1–22 (1984)

Lavrentiev, M. and Lyusternik, L.
1. Fundamentals of the calculus of variations. Gostechizdat Moscow 1935 (in Russian)

Lebesgue, H.
1. Intégral, longueur, aire. Ann. Mat. Pura Appl. (III), **7** 231–359 (1902)
2. Sur la méthode de Carl Neumann. J. Math. Pures Appl. **16** 205–217 and 421–423 (1937)
3. En marge du calcul des variations. L'enseignement mathématique, Série II, t.9, 1963

Lecat, M.
1. Bibliographie du calcul des variations 1850–1913. Grand Hoste, Paris 1913
2. Bibliographie du calcul des variations depuis les origines jusqu'à 1850. Grand Hoste, Hermann, Paris 1916
3. Calcul des variations. Exposé, d'après articles allemands de A. Kneser, E. Zermelo et H. Hahn. In: Encycl. des sciences math., éd. franc. II, **6** (31) (J. Molk). Gauthier-Villars 1913

Lee, H.-C.
1. The universal integral invariants of Hamiltonian systems and application to the theory of canonical transformations. Proc. Roy. Soc. Edinburgh **A62** 237–246 (1947)

Legendre, A.
1. Sur la maniere de distinguer les maxima des minima dans le calcul des variations. Mémoires de l'Acad. Roy. des Sciences, pages 7–37 (1786) 1788

Lehto, O.
1. Univalent functions and Teichmüller theory. Springer, New York 1987

Leis, R.
1. Initial boundary value problems in mathematical physics. Teubner and John Wiley, New York 1986

Leitman, G.
1. The calculus of variations and optimal control. Plenum Press, New York London 1981

Lepage, J.T.
1. Sur les champs géodesiques du calcul des variations. Bull. Acad. Roy. Belg., Cl. Sci. V. s. **22** 716–729, 1036–1046 (1936)
2. Sur les champs géodesiques des integrales multiples. Bull. Acad. Roy. Belg., Cl. Sci. V s. **27** 27–46 (1941)
3. Champs stationnaires, champs géodesiques et formes integrables. Bull. Acad. Roy. Bel., Cl. Sci. V s. **28** 73–92, 247–265 (1942)

Leray, J.
1. Sur le mouvement d'un liquide visqueux emplissant l'espace. Acta Math. **63** 193–248 (1943)

Levi, E.E.
1. Elementi della teoria delle funzioni e Calcolo delle variazioni. Tip-litografia G.B. Castello, Genova 1915

Levi-Civita, T.
1. Sur la regularisation du problème des trois corps. Acta Math. **42** 99–144 (1920)
2. Fragen der klassischen und relativistischen Mechanik. Springer, Berlin Heidelberg New York 1924

Levi-Civita, T. and Amaldi, U.
1. Lezioni di mechanica razionale, vols. I, II.1, II.2. Zanichelli, Bologna 1923, 1926, 1927

Lévy, P.
1. Leçons d'Analyse fonctionnelles. Gauthier-Villars, Paris 1922

Lewy, H.
1. Aspects of calculus of variations. Univ. California Press, Berkeley 1939

Libermann, P. and Marle, C.
1. Symplectic geometry and analytical mechanics. D. Reidel Publ., Dordrecht 1987

Lichtenstein, L.
1. Untersuchungen über zweidimensionale reguläre Variationsprobleme. I. Das einfachste Problem bei fester Begrenzung. Jacobische Bedingung und die Existenz des Feldes. Verzweigung der Extremalflächen. Monatsh. Math. u. Phys. **28** 3–51 (1912)
2. Über einige Existenzprobleme der Variationsrechnung. Methode der unendlich vielen Variablen. J. Math. **145** 24–85 (1914)
3. Zur Analysis der unendlich vielen Variablen. I. Entwicklungssätze der Theorie gewöhnlicher linearer Differentialgleichungen zweiter Ordnung. Rend. Circ. Mat. Palermo. II. Ser. **38** 113–166 (1914)
4. Die Jacobische Bedingung bei zweidimensionalen regulären Variationsproblemen. Sitzungsber. BMG **14** 119–121 (1915)
5. Untersuchungen über zweidimensionale reguläre Variationsprobleme. I. Monatsh. Math. **28** 3–51 (1917)
6. Untersuchungen über zweidimensionale reguläre Variationsprobleme. 2. Abhandlung: Das einfachste Problem bei fester und bei freier Begrenzung. Math. Z. **5** 26–51 (1919)
7. Zur Variationsrechnung. I. Göttinger Nachr. pp. 161–192 (1919)
8. Zur Analysis der unendlichen vielen Variablen. 2. Abhandlung: Reihenentwicklungen nach Eigenfunktionen linearer partieller Differentialgleichungen von elliptischen Typus. Math. Z. **3** 127–160 (1919/20)
9. Über ein spezielles Problem der Variationsrechnung. Berichte Akad. Leipzig **79** 137–144 (1927)
10. Zur Variationsrechnung. II: Das isoperimetrische Problem. J. Math. **165** 194–216 (1931)

Lie, S.
1. Theorie der Transformationsgruppen I–III. Teubner, Leipzig 1888 (I), 1890 (II), 1893 (III). Unter Mitwirkung von F. Engel. Reprint Chelsea Publ. Comp., 1970
2. Vorlesungen über Differentialgleichungen mit bekannten infinitesimalen Transformationen. Teubner, Leipzig 1891
3. Gesammelte Abhandlungen, vols. 1–7. Teubner, Leipzig and Aschehoug, Oslo 1922–1960

Lie, S. and Scheffers, G.
1. Geometrie der Berührungstransformationen, vol. 1. Teubner, Leipzig 1896

Liebmann, H.
1. Lehrbuch der Differentialgleichungen. Veit and Co., Leipzig 1901
2. Berührungstransformationen. Encyclop. Math. Wiss. III D7, pages 441–502, Teubner, Leipzig

Liebmann, H. and Engel, F.
1. Die Berührungstransformationen. Geschichte und Invariantentheorie. Jahresberichte DMV, Ergänzungsbände: V. Band, pp. 1–79 (1914)

Liesen, A.
1. Feldtheorie in der Variationsrechnung mehrfacher Integrale I, II. Math. Ann. **171** 194–218, 273–392 (1967)

Li-Jost, X.
1. Uniqueness of minimal surfaces in Euclidean and hyperbolic 3-spaces. Math. Z. **217** 275–285 (1994)
2. Bifurcation near solutions of variational problems with degenerate second variation. Manuscr. math. **86** 1–14 (1995)

Lin, F.H.
1. Une remarque sur l'application $\frac{x}{|x|}$. C. R. Acad. Sci. Paris **305** 529–531 (1987)

Lindelöf, E.L.
1. Leçons de calcul des variations. Mallet-Bachelier, Paris 1861. This book also appeared as vol. 4 of F.M. Moigno, Leçons sur le calcul différentiel et intégral, Paris 1840–1861

Lions, P.L.
1. Generalized solutions of Hamilton-Jacobi equations. Pitman, London 1982

Ljusternik, L. and Schnirelman, L.
1. Méthode topologique dans les problèmes variationnels. Hermann, Paris 1934

Lovelock, D. and Rund, H.
1. Tensors, differential forms, and variational principles. Wiley, New York London Sydney Toronto 1975

MacLane, S.
1. Hamiltonian mechanics and geometry. Am. Math. Monthly **77** 570–586 (1970)

MacNeish, H.
1. Concerning the discontinuous solution in the problem of the minimum surface of revolution. Ann. Math. (2) **7** 72–80 (1905)
2. On the determination of a catenary with given directrix and passing through two given points. Ann. Math. (2) **7** 65–71 (1905)

Mammana, G.
1. Calcolo della variazioni. Circolo Matematico di Catania, Catania 1939

Mangoldt, H. von
1. Geodätische Linien auf positiv gekrümmten Flächen. J. Reine Angew. Math. **91** 23–52 (1881)

Maslov, V.P.
1. Théorie des perturbations et méthodes asymptotiques. Dunod, Paris, 1972. Russian original: 1965

Matsumoto, M.
1. Foundations of Finsler geometry and Finsler spaces. Kaiseicha, Otsu 1986

Mawhin, J. and Willem, M.
1. Critical point theory and Hamiltonian systems. Applied Mathematical Sciences, vol. 74. Springer, Berlin Heidelberg New York 1989

Mayer, A.
1. Beiträge zur Theorie der Maxima und Minima der einfachen Integrale. Habilitationsschrift. Leipzig 1866
2. Die Kriterien des Maximums und des Minimums der einfachen Integrale in dem isoperimetrischen Problem. Ber. Verh. Ges. Wiss. Leipzig **29** 114–132 (1877)
3. Über das allgemeinste Problem der Variationsrechnung bei einer einzigen unabhängigen Variablen. Ber. Verh. Ges. Wiss. Leipzig **30** 16–32 (1878)
4. Zur Aufstellung des Kriteriums des Maximums und Minimums der einfachen Integrale bei variablen Grenzwerten. Ber. Verh. Ges. Wiss. Leipzig **36** 99–127 (1884)
5. Begründung der Lagrangeschen Multiplikatorenmethode in der Variationsrechnung. Ber. Verh. Ges. Wiss. Leipzig **37** 7–14 (1885)
6. Zur Theorie des gewöhnlichen Maximums und Minimums. Ber. Verh. Ges. Wiss. Leipzig **41** 122–144 (1889)
7. Die Lagrangesche Multiplikatorenmethode und das allgemeinste Problem der Variationsrechnung bei einer unabhängigen Variablen. Ber. Verh. Ges. Wiss. Leipzig **47** 129–144 (1895)
8. Die Kriterien des Minimums einfacher Integrale bei variablen Grenzwerten. Ber. Verh. Ges. Wiss. Leipzig **48** 436–465 (1896)
9. Über den Hilbertschen Unabhängigkeitssatz der Theorie des Maximums und Minumums der einfachen Integrale. Ber. Verh. Ges. Wiss. Leipzig **55** 131–145 (1903)
10. Über den Hilbertschen Unabhängigkeitssatz in der Theorie des Maximums und Minimums der einfachen Integrale, zweite Mitteilung. Ber. Verh. Ges. Wiss. Leipzig **57**, 49–67 (1905), and: Nachträgliche Bemerkung zu meiner II. Mitteilung, loc. cit., vol. **57** (1905)

McShane, E.
1. On the necessary condition of Weierstrass in the multiple integral problem in the calculus of variations I, II. Ann. Math. **32** 578–590, 723–733 (1931)

2. On the second variation in certain anormal problems of the calculus of variations. Am. J. Math. **63** 516–530 (1941)
3. Sufficient conditions for a weak relative minimum in the problem of Bolza. Trans. Am. Math. Soc. **52** 344–379 (1942)
4. The calculus of variations from the beginning through optimal control theory. Academic Press, New York 1978 (A.B. Schwarzkopf, W.G. Kelley, S.B. Eliason, eds.)

Meusnier, J.
1. Mémoire sur la courbure des surface. Mémoires de Math. et Phys. (de savans etrangers) de l'Acad. **10** 447–550 (1785, lu 1776). Paris

Meyer, A.
1. Nouveaux éléments du calcul des variations. H. Dessain, Leipzig et Liège 1856

Milnor, J.
1. Morse theory. Princeton Univ. Press, Princeton 1963

Minkowski, H.
1. Vorlesungen über Variationsrechnung. Vorlesungsausarbeitung, Göttingen Sommersemester 1907
2. Gesammelte Abhandlungen. Teubner, Leipzig Berlin 1911. 2 vols., edited by D. Hilbert, assisted by A. Speiser and H. Weyl

Mishenko, A., Shatalov, V. and Sternin, B.
1. Lagrangian manifolds and the Maslov operator. Springer, Berlin Heidelberg New York 1990

Misner, C., Thorne, K. and Wheeler, J.
1. Gravitation. W.H. Freeman, San Francisco 1973

Möbius, A.F.
1. Der barycentrische Calcul. Johann Ambrosius Barth, Leipzig 1827

Momsen, P.
1. Elementa calculi variationum ratione ad analysin infinitorum quam proxime accedente tractata. Altona 1833

Monge, G.
1. Mémoire sur le calcul intégral des équations aux différences partielles. Histoire de l'Académie des Sciences, pages 168–185 (1784)
2. Application de l'analyse à la géométrie. Bachelier, Paris 1850. 5th edition

Monna, A.F.
1. Dirichlet's principle. Oosthoek, Scheltema and Holkema, Utrecht 1975

Moreau, J.J.
1. Fonctionnelles convexes. Séminaire Leray, Collège de France, Paris 1966

Morrey, C.B.
1. Multiple integrals in the calculus of variations. Grundlehren der mathematischen Wissenschaften, vol. 130. Springer, Berlin Heidelberg New York 1966

Morse, M.
1. Sufficient conditions in the problem of Lagrange with fixed end points. Ann. Math. **32** 567–577 (1931)
2. Sufficient conditions in the problem of Lagrange with variable end conditions. Am. J. Math. **53** 517–546 (1931)
3. The calculus of variations in the large. Amer. Math. Soc. Colloq. Publ., New York 1934
4. Sufficient conditions in the problem of Lagrange without assumption of normality. Trans. Am. Math. Soc. **37** 147–160 (1935)
5. Variational analysis. Wiley, New York 1973

Moser, J.
1. Lectures on Hamiltonian systems. Mem. Am. Math. Soc. **81** (1968)
2. A sharp form of an inequality of N. Trudinger. Indiana Univ. Math. J. **20** 1077–1092 (1971)
3. On a nonlinear problem in differential geometry. Acad. Press, New York 1973. In: Dynamical systems, ed. by M. Peixoto

4. Stable and random motions in dynamical systems with special emphasis on celestial mechanics. Princeton Univ. Press and Univ. of Tokyo Press, Princeton, N.J. 1973. Hermann Weyl Lectures, Institute for Advanced Study

5. Finitely many mass points on the line under the influence of an exponential potential – An integrable system. Lect. Notes Phys., **38** 467–497 (1975). Springer, Berlin Heidelberg New York

6. Three integrable Hamiltonian systems connected with isospectral deformation. Adv. Math. **16** 197–220 (1975)

7. Various aspects of integrable Hamiltonian systems. Birkhäuser, Boston-Basel-Stuttgart, pp. 233–289 (1980). In: Progress in Mathematics 8, "Dynamical systems", CIME Lectures Bressanone 1978

Moser, J. and Zehnder, E.

1. Lecture notes. Unpublished manuscript

Munkres, J.

1. Elementary differential topology. Princeton Univ. Press, Princeton, N.J. 1966. Annals of Math. Studies Nr. 54

Murnaghan, F.D.

1. The calculus of variations. Spartan Books, Washington 1962

Natani, L.

1. Die Variationsrechnung. Wiegand und Hempel, Berlin 1866

Nevanlinna, R.

1. Prinzipien der Variationsrechnung mit Anwendungen auf die Physik. Lecture Notes T.H. Karlsruhe, Karlsruhe 1964

Newton, I.

1. Philosophiae Naturalis Principia Mathematica. Apud plures Bibliopolas/T. Streater, London 1687. 2nd edition 1713, 3rd edition 1725–26. (English transl.: A. Motte, Sir Isaac Newton Mathematical Principles of Natural Phylosophy and his System of the World, London 1729)

2. The mathematical papers of Isaac Newton, 7 vols. Cambridge University Press, Cambridge, 1967–1976. Edited by T. Whiteside.

Nitsche, J.C.C.

1. Vorlesungen über Minimalflächen. Grundlehren der mathematischen Wissenschaften, vol. 199. Springer, Berlin Heidelberg New York 1975

2. Lectures on minimal surfaces. Vol. 1: Introduction, fundamentals, geometry and basic boundary problems. Cambridge Univ. Press, Cambridge 1989

Noether, E.

1. Invariante Variationsprobleme. Göttinger Nachr., Math.-Phys. Klasse, pages 235–257 (1918)

Nordheim, L.

1. Die Prinzipe der Dynamik. Handbuch der Physik, vol. V, pp. 43–90. Springer, Berlin 1927

Nordheim, L. and Fues, E.

1. Die Hamilton-Jacobische Theorie der Dynamik. Handbuch der Physik, vol. V, pp. 91–130. Springer, Berlin 1927

Ohm, M.

1. Die Lehre von Grössten und Kleinsten. Riemann, Berlin 1825

Olver, P.

1. Applications of Lie groups to differential equations. Springer, New York Berlin Heidelberg 1986

O'Neill, B.

1. Semi-Riemannian geometry with applications to relativity. Academic Press, New York 1983

Ostrowski, A.

1. Funktionaldeterminanten und Abhängigkeit von Funktionen. Jahresbe. Dtsch. Math.-Ver., **36** 129–134 (1927)

Palais, R.

1. Foundations of global non-linear analysis. Benjamin, New York Amsterdam 1968

2. The principle of symmetric criticality. Commun. Math. Phys. **69** 19–30 (1979)

Pars, L.A.
1. An introduction to the calculus of variations. Heinemann, London 1962
2. A treatise on analytical dynamics. Heinemann, London 1965

Pascal, E.
1. Calcolo delle variazioni. Hoepli, Milano 1897. 2nd edition 1918. German transl. by A. Schepp, B.G. Teubner, Leipzig 1899

Pauc, C.
1. La methode métrique en calcul des variations. Hermann, Paris 1941

Pauli, W.
1. Relativitätstheorie. Enzykl. math. Wiss., V. 19, vol. 4, part 2, pages 539–775. Teubner, Leipzig

Pfaff, J.
1. Methodus generalis, aequationes diffentiarum partialium, nec non aequationes differentiales vulgares, utrasque primi ordinis, inter quotcunque variabiles, complete integrandi. Abhandl. Königl. Akad. Wiss. Berlin, pages 76–136 (1814–1815)

Pincherle, S.
1. Mémoire sur le calcul fonctionnel distributif. Math. Ann. **49** 325–382 (1897) (cf. also Opere, vol. 2, note 16)
2. Funktionenoperationen und -gleichungen. Encyklopädie Math. Wiss., II.1.2, 763–817 (1904–1916). B.G. Teubner, Leipzig
3. Sulle operazioni funzionali lineari. Proceedings Congress Toronto, August 1924, pages 129–137 (1928)
4. Opere Scelte, vols. 1 and 2 Ed. Cremonese, Roma 1954

Plücker, J.
1. Über eine neue Art, in der analytische Geometrie Punkte und Curven durch Gleichungen darzustellen. Crelle's Journal **7** 107–146 (1829). Abhandlungen, pp. 178–219
2. System der Geometrie des Raumes in neuer analytischer Behandlungsweise, insbesondere die Theorie der Flächen zweiter Ordnung und Classe enthaltend. Schaub, Düsseldorf 1846. 2nd edition 1852
3. Neue Geometrie des Raumes, gegründet auf die Betrachtung der geraden Linie als Raumelement. B.G. Teubner, Leipzig 1868–69, edited by F. Klein
4. Gesammelte mathematische Abhandlungen. Teubner, Leipzig 1895. Edited by A. Schoenflies

Poincaré, H.
1. Sur le problème des trois corps et les équations de la dynamique. Acta Math., **13** 1–27 (1889). Mémoire couronné du prix de S.M. le Roi Oscar II le 21 Janvier 1889
2. Les méthodes nouvelles de la mécanique céleste, tomes I–III. Gauthier-Villars, Paris 1892, 1893, 1899
3. Oeuvres, vols. I–XI. Gauthier-Villars, Paris 1951–56

Poisson, S.
1. Mémoire sur le calcul des variations. Mem. Acad. Roy. Sic., **12** 223–331 (1833)

Poncelet, J.V.
1. Traité des propriétés projectives des figures. Bachelier, Paris 1822
2. Mémoire sur la théorie génerale des polaires réciproques. Crelle's Journal, **4** 1–71 (1829). Presented 1824 to the Paris Academy

Pontryagin, L.S., Boltyanskii, V.G., Gamkrelidze, R.V. and Mishchenko, E.F.
1. The mathematical theory of optimal process. Interscience, New York 1962

Popoff, A.
1. Elements of the calculus of variations. Kazan 1856 (in Russian)

Prange, G.
1. W.R. Hamilton's Arbeiten zur Strahlenoptik und analytischen Mechanik. Nova Acta Abh. Leopold., Neue Folge **107** 1–35 (1923)
2. Die allgemeinen Integrationsmethoden der analytischen Mechanik. Enzyklopädie math. Wiss., 4.1 II, 505–804. Teubner, Leipzig 1935

Pulte, H.
1. Das Prinzip der kleinsten Wirkung und die Kraftkonzeptionen der rationalen Mechanik. Franz Steiner Verlag, Stuttgart 1989

Quetelet, L.A.J.
1. Resumé d'une nouvelle théorie des caustiques. Nouv. Mémoires de l'Académie de Bruxelles, **4** p. 81

Rabinowitz, P.
1. Periodic solutions of Hamiltonian systems. Commun. Pure Appl. Math. **31** 157–184 (1978)
2. Periodic solutions of a Hamiltonian system on a prescribed energy surface. J. Differ. Equations **33** 336–352 (1979)
3. Periodic solutions of Hamiltonian systems: a survey. SIAM J. Math. Anal. **13** 343–352 (1982)

Rademacher, H.
1. Über partielle und totale Differenzierbarkeit von Funktionen mehrerer Variablen, und über die Transformation der Doppelintegrale. Math. Ann. **79** 340–359 (1918)

Radó, T.
1. On the problem of Plateau. Ergebnisse der Mathematik und ihrer Grenzgebiete, vol. 2. Springer, Berlin 1933

Radon, J.
1. Über das Minimum des Integrals $\int_{s_1}^{s_2} F(x, y, \vartheta, \kappa)\,ds$. Sitzungsber. Kaiserliche Akad. Wiss. Wien. Math.-nat. Kl., **69** 1257–1326 (1910)
2. Die Kettenlinie bei allgemeinster Massenverteilung. Sitzungsber. Kaiserliche Akad. Wiss. Wien. Math.-nat. Kl., **125** 221–240 (1916). Berichtigung: p. 339
3. Über die Oszillationstheoreme der konjugierten Punkte beim Problem von Lagrange. Münchner Berichte, pp. 243–257 (1927)
4. Zum Problem von Lagrange. Abh. Math. Semin. Univ. Hamb., **6** 273–299 (1928)
5. Bewegungsinvariante Variationsprobleme, betreffend Kurvenscharen. Abh. Math. Semin. Univ. Hamb. **12** 70–82 (1937)
6. Singuläre Variationsprobleme. Jahresber. Dtsch. Math.-Ver. **47** 220–232 (1937)
7. Gesammelte Abhandlungen, vols. 1 and 2. Publ. by the Austrian Acad. Sci. Verlag Österreich. Akad. Wiss./Birkhäuser, Wien 1987

Rayleigh, J.
1. The theory of sound. Reprint: Dover Publ., New York 1945. Second revised and enlarged edition 1894 and 1896

Reid, W.T.
1. Analogues of the Jacobi condition for the problem of Mayer in the calculus of variations. Ann. Math. **35** 836–848 (1934)
2. Discontinuous solutions in the non-parametric problem of Mayer in the calculus of variations. Am. J. Math. **57** 69–93 (1935)
3. The theory of the second variation for the non-parametric problem of Bolza. Am. J. Math. **57** 573–586 (1935)
4. A direct expansion proof of sufficient conditions for the non-parametric problem of Bolza. Trans. Am. Math. Soc. **42** 183–190 (1937)
5. Sufficient conditions by expansion methods for the problem of Bolza in the calculus of variations. Ann. Math., **38** 662–678 (1937)
6. Riccati differential equations. Academic Press, New York 1972
7. A historical note on Sturmian theory. J. Differ. Equations, **20** 316–320 (1976)
8. Sturmian theory for ordinary differential equations. Applied Mathematical Sciences, vol. 31. Springer, Berlin Heidelberg New York 1980

Riemann, B.
1. Über die Hypothesen, welche der Geometrie zu Grunde liegen. Habilitationskolloquium Göttingen, Göttinger Abh. 13, (1854). (Cf. also Werke, pp. 254–269 in the first edn., pp. 272–287 in the second edn.)

2. Commentatio mathematica, qua respondere tentatur quaestioni ab Illustrissima Academia Parisiensi propositae (1861). See Werke, pp. 370–399
3. Bernhard Riemann's Gesammelte Mathematische Werke. Teubner, Leipzig, First edition 1876, second edition 1892

Ritz, W.
1. Oeuvres. Gauthier-Villars, Paris 1911
2. Über eine neue Methode zur Lösung gewisser Variationsprobleme der mathematischen Physik. J. Reine Angew. Math. **135** 1–61 (1961)

Roberts, A.W. and Varberg, D.E.
1. Convex functions. Academic Press, New York 1973

Rockafellar, R.
1. Convex analysis. Princeton University Press, Princeton 1970

Routh, E.J.
1. The advanced part of a treatise on the dynamics of a system of rigid bodies. MacMillan, London, 6th edition 1905

Rund, H.
1. Die Hamiltonsche Funktion bei allgemeinen dynamischen Systemen. Arch. Math. **3** 207–215 (1952)
2. The differential geometry of Finsler spaces. Grundlehren der mathematischen Wissenschaften, vol. 101. Springer, Berlin Heidelberg New York 1959
3. On Carathéodory's methods of "equivalent integrals" in the calculus of variations. Nederl. Akad. Wetensch. Proc., Ser. A **62** (Indag. Math. 21), 135–141 (1959)
4. The Hamilton-Jacobi theory in the calculus of variations. Van Nostrand, London 1966
5. A canonical formalism for multiple integral problems in the calculus of variations. Aequations Math. **3** 44–63 (1969)
6. The Hamilton-Jacobi theory of the geodesic fields of Carathéodory in the calculus of variations of multiple integrals. The Greek Math. Soc., C. Carathéodory Symposium, pages 496–536 (1973)
7. Integral formulae associated with the Euler–Lagrange operators of multiple integral problems in the calculus of variations. Aequation Math. **11** 212–229 (1974)
8. Pontryagin functions for multiple integral control problems. J. Optimization Theory and Appl. **18** 511–520 (1976)
9. Invariant theory of variational problems on subspaces of a Riemannian submanifold. Hamburger Math. Einzelschriften Heft 5. Van denhoeck & Ruprecht, Göttingen 1971

Sabinin, G.
1. Treatise of the calculus of variations. Moscow 1893 (in Russian)

Sagan, H.
1. Introduction to calculus of variations. Mc Graw-Hill, New York 1969

Sarrus, M.
1. Recherches sur le calcul des variations. Imprimerie Royal, Paris 1844

Scheeffer, L.
1. Bemerkungen zu dem vorstehenden Aufsatze. Math. Ann. **25** 594–595 (1885)
2. Die Maxima und Minima der einfachen Integrale zwischen festen Grenzen. Math. Ann. **25** 522–593 (1885)
3. Über die Bedeutung der Begriffe "Maximum und Minimum" in der Variationsrechnung. Math. Ann. **26** 197–208 (1886)
4. Theorie der Maxima und Minima einer Funktion von 2 Variablen. Math. Ann. **35** 541–576 (1889/90). (Aus seinen hinterlassenen Papieren mitgeteilt von A. Mayer in Leipzig. Wiederabgedruckt aus den Berichten der Kgl. Sächs. Ges. der Wiss., 1886)

Schell, W.
1. Grundzüge einer neuen Methode der höheren Analysis. Archiv der Mathematik und Physik **25** 1–56 (1855)

Schramm, M.
1. Natur ohne Sinn? Das Ende des teleologischen Weltbildes. Styria, Graz Wien Köln 1985

Schrödinger, E.
1. Vier Vorlesungen über Wellenmechanik. Springer, Berlin 1928

Schwartz, L.
1. Théorie des distributions, vols. 1 and 2. Hermann, Paris 1951. Second edition Paris 1966

Schwarz, H.A.
1. Über ein die Flächen kleinsten Inhalts betreffendes Problem der Variationsrechnung. Acta soc. sci. Fenn. **15** 315–362 (1885). Cf. also Ges. Math. Abh. [1], vol. 1, pp. 223–269
2. Gesammelte Mathematische Abhandlungen, vols. 1 and 2. Springer, Berlin 1890

Schwarz, J. von
1. Das Delaunaysche Problem der Variationsrechnung in kanonischen Koordinaten. Math. Ann. **10** 357–389 (1934)

Seifert, H. and Threlfall, W.
1. Lehrbuch der Topologie. Teubner, Leipzig 1934. Reprint Chelsea, New York
2. Variationsrechnung im Grossen. Hamburger Math. Einzelschriften, Heft 24. Teubner, Leipzig 1938

Siegel, C.L.
1. Gesammelte Abhandlungen, vols. I–III (1966), vol. IV (1979). Springer, Berlin Heidelberg New York
2. Vorlesungen über Himmelsmechanik. Springer, Berlin Göttingen Heidelberg 1956
3. Integralfreie Variationsrechnung. Göttinger Nachrichten **4** 81–86 (1957)

Siegel, C.L. and Moser, J.
1. Lectures on Celestial Mechanics. Springer, Berlin Heidelberg New York 1971

Simon, O.
1. Die Theorie der Variationsrechnung. Berlin 1857

Sinclair, M.E.
1. On the minimum surface of revolution in the case of one variable end point. Ann. Math. (2), **8** 177–188 (1906–1907)
2. The absolute minimum in the problem of the surface of revolution of minimum area. Ann. Math. **9** 151–155 (1907–1908)
3. Concerning a compound discontinuous solution in the problem of the surface of revolution of minimum area. Ann. Math. (2) **10** 55–80 (1908–1909)

Smale, N.
1. A bridge principle for minimal and constant mean curvature submanifolds of R^N. Invent. Math. **90** 505–549 (1987)

Smale, S.
1. Differentiable dynamical systems. Bull. Am. Math. Soc., **73** 747–817 (1967)

Smirnov, V., Krylov, V. and Kantorovich, L.
1. The calculus of variations. Kubuch, 1933 (in Russian)

Sommerfeld, A.
1. Atombau und Spektrallinien, vols. I and II. Vieweg, Braunschweig. (Vol. I: first edition 1919, sixth edition 1944; vol. II: second edition 1944)
2. Mechanik. Akad. Verlagsgesellschaft, Leipzig, 1955. (First edition 1942)

Spivak, M.
1. Differential geometry, vols. 1–5. Publish or Perish, Berkeley 1979

Stäckel, P.
1. Antwort auf die Anfrage 84 über die Legendre'sche Transformation. Btbliotheca mathematica (3. Folge) **1** 517 (1900)
2. Über die Gestalt der Bahnkurven bei einer Klasse dynamischer Probleme. Math. Ann. **54** 86–90 (1901)

Steffen, K.
1. Two-dimensional minimal surfaces and harmonic maps. Technical report, Handwritten Notes, 1993

Stegmann, F.L.
1. Lehrbuch der Variationsrechnung und ihrer Anwendung bei Untersuchungen über das Maximum und Minimum. J.G. Luckardt, Kassel 1854

Steiner, J.
1. Sur le maximum et le minimum de figures dans le plan, sur la sphere et dans l'espace en general I, II. J. Reine Angew. Math. **24** 93–152, 189–250 (1842)
2. Gesammelte Werke, vols. 1, 2. G. Reimer, Berlin 1881–1882. Edited by Weierstrass

Sternberg, S.
1. Celestial mechanics, vols. 1 and 2. W.A. Benjamin, New York 1969
2. On the role of field theories in our physical conception of geometry. Lecture Notes in Mathematics, 676 (ed. by Bleuler/Petry/Reetz), Springer, Berlin Heidelberg New York 1978, 1–80

Strauch, G.W.
1. Theorie und Anwendung des sogenannten Variationscalculs. Meyer and Zeller, Zürich 1849, 2 vols.

Struwe, M.
1. Plateau's problem and the calculus of variations. Ann. Math. Studies nr. 35. Princeton Univ. Press, Princeton 1988

Study, E.
1. Über Hamilton's geometrische Optik und deren Beziehungen zur Geometrie der Berührungstransformationen. Jahresber. Dtsch. Math.-Ver. **14** 424–438 (1905)

Stumpf, K.
1. Himmelsmechanik, volume 1 and 2. Deutscher Verl. Wiss., Berlin 1959, 1965

Sundman, K.
1. Recherches sur le problème des trois corps. Acta Soc. Sci. Fenn. **34** No. 6, 1–43 (1907)
2. Mémoire sur le problème de trois corps. Acta Math. **36** 105–179 (1913)

Synge, J.
1. The absolute optical instrument. Trans. Am. Math. Soc. **44** 32–46 (1938)
2. Classical dynamics. Encyclopedia of Physics, Springer, III/I, 1–225 (1960)

Talenti, G.
1. Calcolo delle variazioni. Quaderni dell'Unione Mat. Italiana. Pitagora Ed., Bologna 1977

Thomson, W.
1. Isoperimetrical problems. Nature, p. 517 (1894)

Thomson, W. and Tait, P.G.
1. Treatise on natural philosophy. Cambridge Univ. Press, Cambridge 1867. (German transl.: H. Helmholtz and G. Wertheim: Handbuch der theoretischen Physik, 2 vols. Vieweg, Braunschweig 1871–1874)

Tichomirov, V.
1. Grundprinzipien der Theorie der Extremalaufgaben. Teubner-Texte zur Mathematik 30. Teubner, Leipzig 1982

Todhunter, I.
1. A history of the progress of the calculus of variations during the nineteenth century. Macmillan, Cambridge and London 1861
2. Researches in the Calculus of Variations, principally on the theory of discontinuous solutions. Macmillan, London Cambridge 1871

Tonelli, L.
1. Fondamenti del calcolo delle variazioni. Zanichelli, Bologna 1921–1923. 2 vols.
2. Opere scelte 4 vols. Edizioni Cremonese, Roma 1960–63

Trèves, F.
1. Applications of distributions to pde theory. Am. Math. Monthly **77** 241–248 (1970)

Tromba, A.
1. Teichmüller theory in Riemannian geometry. Birkhäuser, BaseL 1992

Troutman, J.
1. Variational calculus with elementary convexity. Springer, New York 1983

Truesdell, C.
1. The rational mechanics of flexible or elastic bodies 1638–1788. Appeared in Euler's Opera Omnia, Ser. II, vol. XI.2
2. Essays in the history of mechanics. Springer, New York 1968

Tuckey, C.
1. Nonstandard methods in calculus of variations. Wiley, Chichester 1993

Vainberg, M.M.
1. Variational methods for the study of nonlinear operators, Holden-Day, San Francisco 1964

Valentine, F.A.
1. Convex sets. McGraw-Hill, New York 1964

Vash'chenko-Zakharchenko, M.
1. Calculus of variations. Kiev, 1889 (in Russian)

Velte, W.
1. Bemerkung zu einer Arbeit von H. Rund. Arch. Math., **4** 343–345 (1953)
2. Zur Variationsrechnung mehrfacher Integrale in Parameterdarstellung. Mitt. Math. Semin. Gießen H.45, (1953)
3. Zur Variationsrechnung mehrfacher Integrale. Math. Z. **60** 367–383 (1954)

Venske, O.
1. Behandlung einiger Aufgaben der Variationsrechnung. Thesis, Göttingen 1891, pp. 1–60

Vessoit, E.
1. Sur l'interpretation mécanique des transformations de contact infinitésimales. Bull. Soc. Math. France **34** 230–269 (1906)
2. Essai sur la propagation par ondes. Ann. Ec. Norm. Sup. **26** 405–448 (1909)

Viterbo, C.
1. Capacités symplectiques et applications. Séminaire Bourbaki, June 1989. Astérisque **695**

Vivanti, G.
1. Elementi di calcolo delle variazioni. Principato, Messina 1923

Volterra, V.
1. Opere Matematiche, volume 1 (1954); vol. 2 (1956); vol. 3 (1957); vol. 4 (1960); vol. 5 (1962). Accademia Nazionale dei Lincei, Roma
2. Sopra le funzioni che dipendono da altre funzioni. Rend. R. Accad. Lincei, Ser. *IV* **3** 97–105 (Nota I); pp. 141–146 (Nota II); pp. 153–158 (Nota III), 1887. (Opere Matematiche vol. I, nota XVII, pp. 315–328)
3. Sopra le funzioni dipendenti da linee. Rend. R. Accad. Lincei, Ser. IV **3** 229–230 (Nota I); pp. 274–281 (Nota II), 1887. (Opere mathematiche vol. I, nota XVIII, pp. 319–328)
4. Leçons sur les equations intégrales et les equations integro-differentielles. Gauthier-Villars, Paris 1913
5. Leçons sur les fonctions de lignes. Gauthier-Villars, Paris 1913
6. Theory of functionals and of integral and integro-differential equations. Blaskie, London Glasgow 1930
7. Le calcul des variations, son evolution et ses progrès, son rôle dans la physique mathématiques. Publ. Fac. Sci. Univ. Charles e de l'Université Masaryk, Praha-Brno, 54pp., (1932). (Opere Matematiche, vol. V, note XI, pp. 217–267)

Warner, F.W.
1. Foundations of differentiable manifolds and Lie groups. Graduate Texts in Mathematics, vol. 94, Springer, New York Berlin Heidelberg 1983. (First edn.: Scott, Foresman, Glenview: In. 1971)

Weber, E. von
1. Vorlesungen über das Pfaffsche Problem. Teubner, Leipzig 1900
2. Partielle Differentialgleichungen. Enzykl. Math. Wiss. II A5 294–399. Teubner, Leipzig

Weierstrass, K.
1. Mathematische Werke, vols. 1–7. Mayer and Müller, Berlin and Akademische Verlagsgesellschaft Leipzig 1894–1927
2. Vorlesungen über Variationsrechnung, Werke, Bd. 7. Akademische Verlagsgesellschaft, Leipzig 1927

Weinstein, A.
1. Lectures on symplectic manifolds. CBMS regional conference series in Mathematics, vol. 29. AMS, Providence 1977
2. Symplectic geometry. In: The Mathematical Heritage of Henri Cartan. Proc. Symp. Pure Math. 39, 1983, pp. 61–70

Weinstock, R.
1. Calculus of variations. Mc Graw-Hill, New York 1952. Reprinted by Dover Publ., 1974

Weyl, H.
1. Die Idee der Riemannschen Fläche. Teubner, Leipzig Berlin 1913
2. Raum, Zeit und Materie. Springer, Berlin 1918. 5th edition 1923
3. Observations on Hilbert's independence theorem and Born's quantizations of field equations. Phys. Rev. 46 505–508 (1934)
4. Geodesics fields in the calculus of variations of multiple integrals. Ann. Math. 36 607–629 (1935)

Whitney, H.
1. A function not constant on a connected set of critical points. Duke Math. J. 1 514–517 (1935)

Whittaker, E.
1. A treatise on the analytical dynamics of particles and rigid bodies. Cambridge Univ. Press, Cambridge, 1964. German transl: Analytische Dynamik der Punkte und starren Körper, Springer, Berlin 1924

Whittemore, J.
1. Lagrange's equation in the calculus of variations, and the extension of a theorem by Erdmann. Ann. Math. 2 130–136 (1899–1901)

Wintner, A.
1. The analytical foundations of celestial mechanics. Princeton Univ. Press, Princeton 1947

Woodhouse, R.
1. A treatise on isoperimetrical problems and the calculus of variations. Deighton, Cambridge 1810. (A reprint under the title "A history of the calculus of variations in the eighteenth century" has been published by Chelsea Publ. Comp., New York)

Young, L.
1. Lectures on the calculus of variations and optimal control theory. W.B. Saunders, Philadelphia London Toronto 1968

Zeidan, V.
1. Sufficient conditions for the generalized problem of Bolza. Trans. Am. Math. Soc. 275 561–586 (1983)
2. Extended Jacobi sufficiency criterion for optimal control. SIAM J. Control Optimization, 22 294–301 (1984)
3. First- and second-order sufficient conditions for optimal control and calculus of variations. Appl. Math. Optimization 11 209–226 (1984)

Zeidler, E.
1. Nonlinear fundtional analysis and its applications, volume 1: Fixed-point theorems (1986); vol. 2A: Linear monotone operators (1990); vol. 2B: Nonlinear monotone operators (1990); vol. 3:

Variational methods and optimization (1985); vol. 4: Applications to mathematical physics; vol. 5 to appear. Springer, New York Berlin Heidelberg

Zermelo, E.
1. Untersuchungen zur Variationsrechnung. Thesis, Berlin 1894
2. Zur Theorie der kürzesten Linien. Jahresberichte der Deutsch. Math.-Ver. **11** 184–187 (1902)
3. Über das Navigationsproblem bei ruhender oder veränderlicher Windverteilung. Z. Angew. Math. Mech., **11** 114–124 (1931)

Zermelo, E. and Hahn, H.
1. Weiterentwicklung der Variationsrechnung in den letzten Jahren. Encycl. math. Wiss. II 1,1 pp. 626–641. Teubner, Leipzig 1904

Subject Index

(Page numbers in roman type refer to this volume, those in italics to Volume 310.)

Grundlehren der mathematischen Wissenschaften

A Series of Comprehensive Studies in Mathematics

A Selection

Springer-Verlag and the Environment

We at Springer-Verlag firmly believe that an international science publisher has a special obligation to the environment, and our corporate policies consistently reflect this conviction.

We also expect our business partners – paper mills, printers, packaging manufacturers, etc. – to commit themselves to using environmentally friendly materials and production processes.

The paper in this book is made from low- or no-chlorine pulp and is acid free, in conformance with international standards for paper permanency.

Printing: Saladruck, Berlin
Binding: Buchbinderei Lüderitz & Bauer, Berlin